Ernst Probst

Deutschland in der Steinzeit

*Jäger, Fischer und Bauern
zwischen Nordseeküste und
Alpenraum*

Orbis Verlag

Der Band enthält 61 Farbfotos, 3 farbige Tafeln,
528 Schwarzweißfotos, 62 Zeichnungen und 13 Karten.

Vorder- und Hintersatz: Großsteingrab »Große Slopstene«
(Große Schlupfsteine) aus der Zeit der Tricherbecher-Kultur
(vor etwa 4500 bis 3000 v. Chr.) bei Wersen (Kreis Steinfurt)
in Nordrhein-Westfalen.

Frontispiz: Darstellung eines Menschen mit zum Gebet erhobenen
Armen und zum Schrei geöffneten Mund auf einem Tongefäß
der Linienbandkeramischen Kultur (vor etwa 5500 bis 4900 v. Chr.)
von Gneiding (Kreis Deggendorf) in Bayern. Original in der
Prähistorischen Staatssammlung München.

Die farbigen Tafeln, Zeichnungen und Karten
wurden eigens für dieses Buch angefertigt.

Farbige Tafeln und Zeichnungen: Fritz Wendler
Karten: Adolf Böhm
Lektorat: Dr. Erich Rößler

Genehmigte Sonderausgabe 1999
Orbis Verlag für Publizistik, München
in der Verlagsgruppe Bertelsmann GmbH
© 1991 C. Bertelsmann Verlag GmbH, München
Satz: Setzerei Vornehm, München
Reproduktionen: Hofmüller-Repro, Linz
Druck und Bindung: Mohndruck, Gütersloh
Printed in Germany
ISBN 3-572-01058-6

Den Wissenschaftlern gewidmet,
die mich besonders unterstützt haben:

Dr. Gerd Albrecht, Tübingen,
Professor Dr. Niels Bantelmann, Mainz,
Dr. Klaus Bokelmann, Schleswig,
Dr. Alfred Czarnetzki, Tübingen,
Dr. Lutz Fiedler, Marburg,
Dr. Wolfgang Heinrich, Krems,
Dr. Winfried Henke, Mainz,
Dr. Dieter Kaufmann, Halle/Saale,
Professor Dr. Jens Lüning, Frankfurt/Main,
Dr. Elisabeth Ruttkay, Wien,
Dr. Helmut Schlichtherle, Gaienhofen,
Professor Dr. Elisabeth Schmid, Basel,
Dr. Ruth Drescher-Schneider, Graz,
Dr. Konrad Weidemann, Mainz,
Dr. René Wyss, Zürich,
Dr. Detert Zylmann, Mainz

Inhalt

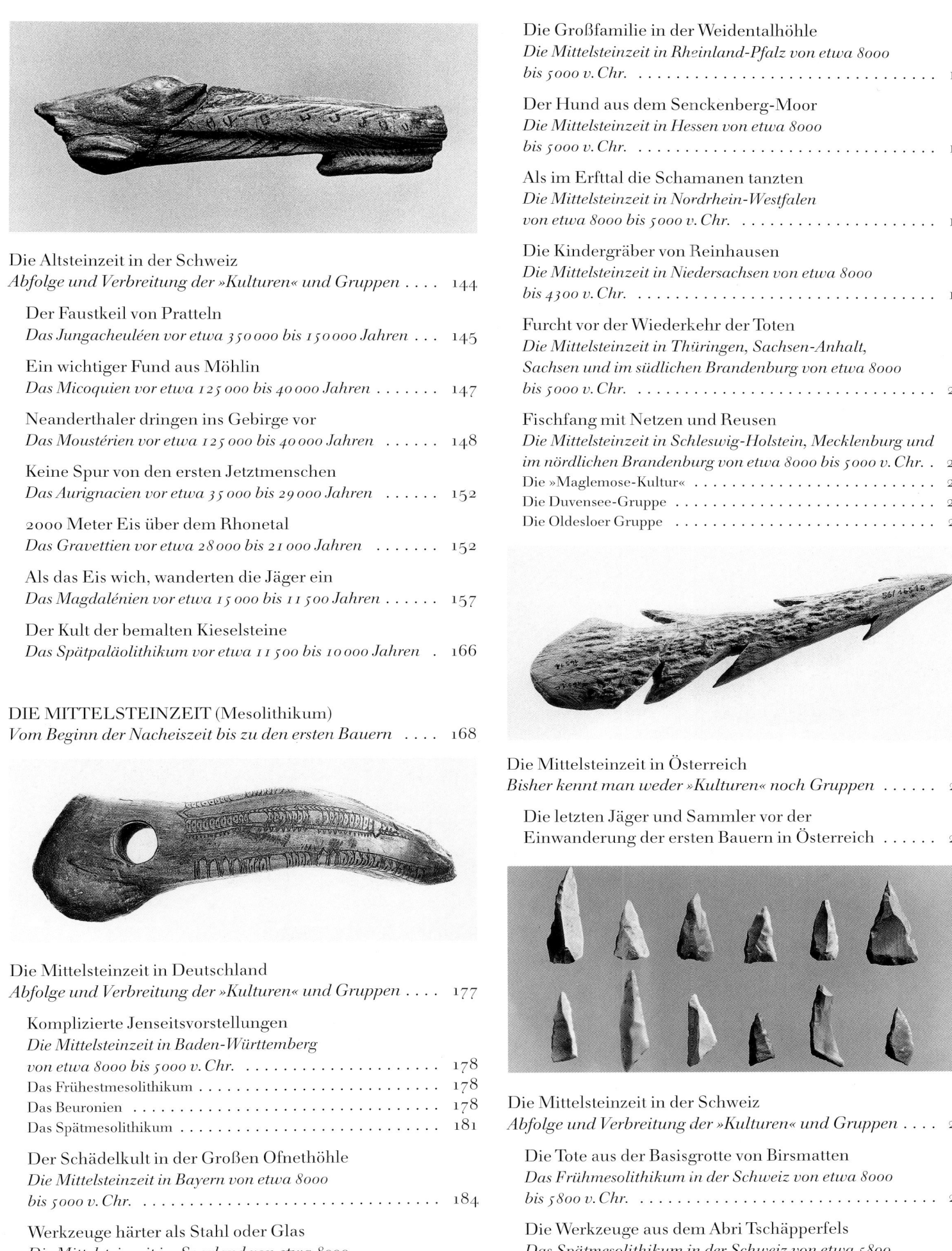

DIE JUNGSTEINZEIT (Neolithikum)
Die ersten Ackerbauern, Viehzüchter und Töpfer 226

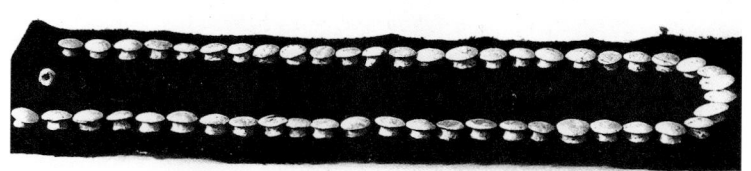

Dank

Für Auskünfte, kritische Durchsicht von Texten (Anmerkung: etwaige Fehler gehen zu Lasten des Verfassers), mancherlei Anregung, Diskussion und andere Arten der Hilfe danke ich:

Dr. Wolfgang Abel
emer. Professor . . . . Loibichl

Dr. Björn-Uwe Abels
Außenstelle für Oberfranken des
Bayerischen Landesamtes für Denkmal-
pflege . . . . Memmelsdorf

Dr. Zoja Aleksandrovna Abramova
Archäologisches Institut der Sowjetischen
Akademie der Wissenschaften . Leningrad

Dr. Karl Dietrich Adam
Professor an der Universität Stuttgart,
Fakultät Geo- und Biowissen-
schaften . . . . Ludwigsburg

Marco Adameck M. A. . . . . Pinneberg

Dr. Horst Adler
Bundesdenkmalamt, Abteilung für
Bodendenkmale . . . . Wien

Administration Communale de Liège
Service de la Population . . . . Lüttich

Dr. h. c. Walter Adrian . . . . Gießen

Dr. Claus Ahrens
Professor, Museums-
direktor i. R. . . . . . . Rosengarten/Sieversen

Dr. Leslie C. Aiello
Department of Anthropology
University of . . . . London

Siegfried Albert
Landesamt für Denkmalpflege,
Außenstelle . . . . Tübingen

Dr. Gerd Albrecht
Institut für Urgeschichte,
Eberhard-Karls-Universität . . . . Tübingen

Dr. Valerij Pavlovič Alexeev
Akademie der Wissenschaften . . . Moskau

Dr. Kurt W. Alt . . . . Freiburg i. Br.

Dr. Werner Altmeier
Museum Höxter-Corvey . . . . Höxter

Björn Ambrosiani
Svenska Arkaeologiska
Samfundet . . . . Stockholm

Leo Andereggen
Stadtbibliothek . . . . Zofingen

Søren H. Andersen
Lektor, M. A.,
Institut for forhistorik arkaeologi,
Ved Aarhus Universitet . . . . Moesgård

Frank Andraschko M. A.
Seminar für Ur- und Frühgeschichte
der Georg-August-Universität . . Göttingen

Dr. Wilhelm Angeli
Prähistorische Abteilung,
Naturhistorisches Museum . . . . Wien

Anthropologisches Institut
der Universität . . . . Zürich

Dr. Walpurga Antl-
Weiser . . . . Stillfried-Grub

Archiv der Stadt . . . . Oldesloe

Alexander Arens
Hellweg-Museum . . . . Geseke

Dr. Manfred Arndorfer
Wiener Stadt- und Landesbibliothek . Wien

Volker Arnold
Museum für Dithmarscher
Vorgeschichte . . . . Heide

Dr. Surendra K. Arora
Rheinisches Amt für Bodendenkmalpflege,
Außenstelle . . . . Niederzier-Hambach

Rüdiger Articus M. A.
Hamburger Museum für Vor- und
Frühgeschichte . . . . Hamburg

Dr. Antonio Ascenzi
Professor am Dipartimento di Biopatologia
Umana, Università di Roma . . . . Rom

Anneliese Asselmeyer
Meldeamt . . . . Westerkappeln

Catherine Atkinson
Bomann-Museum . . . . Celle

Dr. Jörg Aufdermauer
Kreisarchäologe, Hegau-Museum . Singen

Dr. Adelheid Bach
Institut für Anthropologie und Human-
genetik des Bereiches Medizin der
Friedrich-Schiller-Universität . . . . . . Jena

Emil Bächler . . Engelsburg bei St. Gallen

Dr. Elfriede Bachmann
Kreismuseum . . . . Bremervörde

Erich Bäcker
Archäologisches Museum . . . Donauwörth

Dr. Albert Bantelmann . . . . . . Schleswig

Dr. Niels Bantelmann
Professor am Institut für Vor- und
Frühgeschichte der Johannes-
Gutenberg-Universität . . . . Mainz

Dr. James H. Barr . . . . Obermeilen

Jean-Marc Barrelet
Services des Archives de
l'État Neuchâtel . . . . Neuenburg

Dr. Fritz Eckart Barth
Prähistorische Abteilung,
Naturhistorisches Museum . . . . Wien

Irmgard Bauer
Kantonales Museum für Urgeschichte . Zug

Walter Baumann
Bürgermeister . . . . Kematen a. d. Ybbs

Dr. Klaus-Chr. Baumgarten
Heimatmuseum . . . . Bad Oldesloe

Dr. Peter Bayerlein . . . . Wiesbaden

Dr. Cornelia Becker
Seminar für Ur- und Frühgeschichte,
Freie Universität . . . . Berlin

Dr. Karl-Ernst Behre
Niedersächsisches Institut für Historische
Küstenforschung . . . . Wilhelmshaven

Dr. Rolf-Heiner Behrends
Landesdenkmalamt Baden-Württemberg
Außenstelle . . . . Karlsruhe

Marianne Bell
Slg. Heinrich Bell . . . . . . Weiler bei Bingen

Walter Bencic . . . . Donnerskirchen

Ursula Benkö
Rosengartenmuseum . . . . Konstanz

Dr. Axel von Berg
Landesamt für Denkmalpflege, Abteilung
Archäologische Denkmalpflege . . Koblenz

Otto Berger
Heimatmuseum . . . . Bernhardsthal

Bezirksregierung . . . . Lüneburg

Dr. Jörg Biel
Landesdenkmalamt Baden-Württemberg,
Archäologische Denkmalpflege . . Stuttgart

Dr. Amilcare Bietti
Dipartimento di Biologia Animale e
dell'Uomo, Università di Roma . . . . . Rom

Dr. Jakob Bill
Denkmalpflege und Archäologie
des Kantons . . . . Luzern

DR. ANDRÉ BILLAMBOZ
Landesdenkmalamt Baden-Württemberg,
Abt. Bodendenkmalpflege,
Pfahlbauarchäologie Bodensee-Ober-
schwaben … Gaienhofen-Hemmenhofen

DR. GERHARD BILLIG
Professor an der Pädagogischen
Hochschule … Dresden

ULRICH BIROTH
Kreisarchivamtmann, Kreisarchiv
Märkischer Kreis … Altena

HEIN BJARTMANN BJERCK
Nordland Fylkeskommune, Kultur og
Fritidsavdelingen … Bodø

DR. PETER H. BLÄNKLE … Offenbach

DR. WILHELM BLEICHER
Studiendirektor … Iserlohn

DR. PIERFRANCO BLESIO
Direktor, Museo Civico
di Scienze Naturali … Brescia

DR. RONALD BOCKIUS
Römisch-Germanisches Zentralmuseum … Mainz

DR. JOACHIM BOESSNECK †
Professor am Institut für Paläoanatomie,
Domestikationsforschung und Geschichte
der Tiermedizin der Universität . München

DR. JÜRGEN BOHMACH
Stadtarchiv … Stade

DR. KLAUS BOKELMANN
Archäologisches Landesmuseum
der Christian-Albrechts-Universität
zu Kiel … Schleswig

JOSEF BOSCHEINEN
Löbbecke-Museum … Düsseldorf

GERD BÖTTCHER
Kulturhistorisches Museum … Magdeburg

DR. GERHARD BOSINSKI
Professor am Institut für Ur- und
Frühgeschichte, Universität … Köln

HANNELORE BOSINSKI
Römisch-Germanisches Zentralmuseum,
Forschungsinstitut für Vor- und Früh-
geschichte, Forschungsbereich Altsteinzeit,
Schloß Monrepos … Neuwied 13

JOSEF BOSSARDT
Wiggertaler-Museum … Schötz

DR. MARCUS BOURQUIN
Museum Schwab … Biel

OTTO BRAASCH
Spezialist für archäologische Luftprospektion … Schwäbisch Gmünd

DR. KARL HEINZ BRANDT
Landesarchäologe i. R. … Lilienthal

DR. KLAUS BRANDT
Archäologisches Landesmuseum
der Christian-Albrechts-Universität
zu Kiel … Schleswig

DR. FRIEDRICH BRANDTNER
emer. Professor … Gars-Thunau

DÖRTE BRAUNE-EGLOFF
Universitätsbibliothek,
Freie Universität … Berlin

JAKOB BREUER
1. Beigeordneter und Kulturdezernent
der Gemeinde … Weilerswist

DR. PETER BREUNIG
Seminar für Vor- und Frühgeschichte,
Johann-Wolfgang-Goethe-
Universität … Frankfurt am Main

JAMES S. BRINK
National Museum … Bloemfontein

BRITISH INSTITUTE OF
ARCHAEOLOGY … Ankara

DR. MITJA BRODAR
Professor, Znanstvenoraziskovalni Center
Sazu, Inštitut za Arheologijo … Ljubljana

MELITTA BRÖNNER
Museum für Deutsche Geschichte … Berlin

DR. HARTMUT BROSZINSKI
Akademischer Direktor, Gesamthochschul-
Bibliothek, Gesamthochschule … Kassel

DR. EVA BRÜES
Städtisches Museum
Schloß Rheydt … Mönchengladbach

GUNTRAM BRUMMER
Kulturreferent … Überlingen

DR. MARTIN BÜCHNER
Naturkundemuseum der Stadt … Bielefeld

CATHERINE BUDDIN
Société Jersiaise … Saint-Hélier, Jersey

ANDRÉ BUFFET … Fontéchevade

DR. ERIC BUFFETAUT
Laboratoire de Paléontologie des
Vertèbres et de Paléontologie Humaine,
Université Paris VI … Paris

ROLF W. BÜHLER
Konservator,
Museum Bally-Prior … Schönenwerd

BUNDESBAHNDIREKTION … Hannover

DR. INGRID BURGER
Archäologisches Museum
der Stadt … Kelheim

BÜRGERMEISTERAMT AMMERBUCH
Verwaltungsstelle … Reusten

BÜRGERMEISTERAMT HEIDENHEIM
an der Brenz, Ordnungs- und Standesamt,
Meldebehörde . Heidenheim an der Brenz

BÜRGERMEISTERAMT … Obergröningen

DR. RAINER BURGHARDT
Bezirks-Museums-Verein … Mödling

DR. RALF BUSCH
Professor, Hamburger Museum
für Archäologie … Hamburg

HELMUT BUSCHNER
Institut für Geologie, Bibliothek,
Freie Universität … Berlin

DR. ERNST WILHELM BUSSMANN
Kulturamt … Walsrode

DR. GERTRUD BUTTLAR
Hofrat, Magistrat … Wiener Neustadt

DR. ANITA BÜTTNER
Hessisches Landesmuseum … Darmstadt

DR. MANUAEL PELLICER CATALÁN
Professor an der Facultad de Geografía e
Historia, Departemento de Prehistoria y
Arqueología, Universidad de … Sevilla

MONIKA CHROMY
Stadtmuseum … Mödling

DR. GRAHAME CLARK
Professor am Department of
Archaeology and Anthropology,
University of … Cambridge

DR. PETER CLOUGH
British Museum (Natural History) … London

DR. WERNER COBLENZ
emer. Professor, Archäologisches Landesamt Sachsen mit Landesmuseum
für Vorgeschichte, Forschungsstelle
für Sachsen … Dresden

DR. EUGEN COMŞA
Institut de arheologie … Bukarest

DR. JÜRGEN CONRAD
Kreisheimatmuseum … Gifhorn

MAX CONRAD
Stadtpräsident … Burgdorf

PIERRE CORBOUD
Département d'Anthropologie et d'Écologie,
Université de Genève … Genf

DR. PIERRE CROTTI
Département d'Anthropologie et d'Écologie,
Université de Genève … Genf

DR. WOLFGANG CSYSZ
Außenstelle Augsburg
des Bayerischen Landesamtes
für Denkmalpflege … Augsburg

DR. ALFRED CZARNETZKI
Osteologische Sammlung an der
Eberhard-Karls-Universität … Tübingen

DR. ERWIN CZIESLA
Institut für Ur- und Frühgeschichte,
Forschungsstelle Afrika … Köln

GERHARD DAHM … Heiligenhafen

JOSEF DALHAUS
Stadt Rhede, Hauptamt … Rhede

DR. HERMANN DANNHEIMER
Prähistorische Staatssammlung . München

DR. KARL VIKTOR DECKER
Landesmuseum … Mainz

DR. RUDOLF DEGEN
Schweizerisches Landesmuseum … Zürich

DR. HENRI DELPORTE
Musée des Antiquités
Nationales … Saint-Germain-en-Laye

DEPARTMENT OF ANTIQUITIES
Ministry of Education
and Culture . . . . Jerusalem

KARL-HEINRICH DEUTMANN
Museum für Kunst und
Kulturgeschichte . . . . Dortmund

DR. BODO DIECKMANN
Landesamt Baden-Württemberg,
Abt. Bodendenkmalpflege,
Pfahlbauarchäologie Bodensee-Ober-
schwaben . . . Gaienhofen-Hemmenhofen

DR. WOLFGANG DILLMANN
Geologisches Landesamt
Rheinland-Pfalz . . . . Mainz

DIRECTION DE POLICE
Ville de . . . . Lausanne

DIREKTION DER VOLKS-
SCHULE . . . . Bad Fischau-Brunn

WERNER DÖNNI
Aargauische Kantonsbibliothek . . . . Aarau

DR. WALTER DRACK . . . . . . Utikon-Waldegg

DR. RUTH DRESCHER-SCHNEIDER
Institut für Botanik . . . . Graz

VERONIKA DRIEHAUS . . . . Nürnberg

RUDOLF DRÖSSLER
Schriftsteller . . . . Zeitz

ISABELLE DRUC
Musée d'art et d'histoire Genève . . . . Genf

MARIANNE DUNKEL, GEB. RÜCKRIEM . Neuss

DR. LOUIS DUPORT
Département d'Archéologie . . . Angoulême

PAULE DUPORT . . . . Angoulême

MICHAEL DUSCHER
Kulturamt . . . . Klosterneuburg

DR. KLAUS ECKERLE
Badisches Landesmuseum . . . . . Karlsruhe

DR. JÖRG ECKERT
Bezirksarchäologe für den Regierungsbezirk Weser-Ems . . . . Oldenburg

DR. EVA EGGEBRECHT
Roemer-Pelizaeus-Museum . . Hildesheim

DR. MICHEL EGLOFF
Professor, Musée d'Archéologie
Neuchâtel . . . . Neuenburg

WERNER EHRICH . . . . Hamburg

EINWOHNERAMT . . . . St. Gallen

EINWOHNERMELDEAMT . . Bad Schussenried

EMIL-FISCHER-MUSEUM
Heimatmuseum . . . . Berlin-Neukölln

DR. BERND ENGELHARDT
Bayerisches Landesamt für Denkmalpflege,
Archäologische Außenstelle . . . . Landshut

HERBERT ENGELHARDT
Bezirksbürgermeister . . Misburg-Anderten

DR. ERNST ENGLISCH
Magistrat . . . . Krems an der Donau

DAG ERICSON
Geologiske Institutionen Stockholms
Universitet . . . . Stockholm

RUDIBERT ETTELT
Stadtarchiv . . . . Kelheim

EVANGELISCH-REFORMIERTE KIRCH-
GEMEINDE . . . . Thayngen-Barzheim

DR. JOHN D. EVANS
Professor am Institute of Archaeology,
University of . . . . London

DR. MAMOUN FANSA
Staatliches Museum für Naturkunde
und Vorgeschichte . . . . Oldenburg

DR. RICHARD FAUST
Direktor, Zoologischer
Garten . . . . Frankfurt am Main

SÉBASTIEN FAVRE
Département d'Anthropologie et d'Écologie,
Université de Genève . . . . Genf

ERNST FEIST
Naturhistorische Gesellschaft . . Nürnberg

DR. FRITZ FELGENHAUER
Professor am Institut für Ur- und
Frühgeschichte der Universität . . . . . Wien

OTTO VON FELTEN
Bürgeramman . . . . Winznau

DR. FRITZ FENZL
Handschriften- und Monacensia-
Sammlung . . . . München

ANNE-MARIE FERRIER
Archives Municipales . . . . Angoulême

HEIDELORE FERTIG-MÖLLER
Karl-Pollender-Stadtmuseum . . . . . Werne

DR. RUDOLF FEUSTEL
Museum für Ur- und Frühgeschichte
Thüringens . . . . Weimar

DR. LUTZ FIEDLER
Landesamt für Denkmalpflege Hessen,
Außenstelle . . . . Marburg

WALTER FIEDLER . . . . Bredtstedt

ELLI FINDEISEN
Ernst-Moritz-Arndt-
Universität . . . . Greifswald

KARL FINKE
August-Holländer-Museum . . . Emsdetten

DR. THOMAS FISCHER
Prähistorische Staatssammlung . München

DR. ULRICH FISCHER
emer. Professor . . . . . Frankfurt am Main

LAURENT FLUTSCH
Schweizerisches Landesmuseum . . Zürich

GIULIO FOLETTI
Dipartimento dell'Ambiente, Ufficio
cantonale monumenti storici . . Bellinzona

DIETER FÖLSTER
Hellweg-Museum . . . . Unna

ALFRED FORSTMEYER †
Ministerialrat a. D. . . . . Greding

BIRGIT FRANK
Stadtbibliothek . . . . Mainz

DR. WERNER FRANKE
Geologisches Landesamt
Rheinland-Pfalz . . . . Mainz

DR. HERBERT FRANKENHÄUSER
Institut für spezielle Botanik,
Johannes-Gutenberg-Universität und
Naturhistorisches Museum . . . . Mainz

DR. JENS FRANZEN
Forschungsinstitut und Naturmuseum
Senckenberg . . . . Frankfurt am Main

DR. GISELA FREUND
emer. Professor, Institut für Ur- und
Frühgeschichte der Universität
Erlangen-Nürnberg . . . . Erlangen

DR. OTTO-H. FREY
Professor, Fachbereich Altertumswissen-
schaften, Vorgeschichtliches Seminar,
Philipps-Universität . . . . Marburg

TONI FREY
Historisches Museum . . . . Murten

FRIEDRICH-SCHILLER-UNIVERSITÄT
Universitätsarchiv . . . . Jena

DR. SIEGFRIED FRÖHLICH
Niedersächsisches Landesverwaltungsamt
Institut für Denkmalpflege . . . . . Hannover

DR. ALFRED FRÜHWALD
Professor, Städtische Sammlungen-Archiv/
Rollettmuseum . . . . Baden bei Wien

PETER FUCHS
Journalist . . . . Köln

DR. ALEX FURGER
Ausgrabungen . . . . Auxt/Kaiseraugst

DR. HEINZ FURRER
Geologisches Institut Eidgenössische
Technische Hochschule . . . . Zürich

SONJA FURRER-LINDER
Kanton Thurgau,
Amt für Archäologie . . . . Frauenfeld

PATER DR. ILDEFONS FUX OSB
Stiftsarchiv . . . . Göttweig

DR. VERONIKA GÁBORI-CSÁNK
Professor, Budapesti Törteneti
Muzeum . . . . Budapest

ALFRED GABRIEL
Stadtbibliothek . . . . Bremen

P. ROBERT GADPIC
Ville et Commune . . . . Boudry

DR. SYLVAIN GAGNIÈRE
Directeur des Antiquités Préhistoriques
de Provence et de Corse . . . . Avignon

DR. ALAIN GALLAY
Professor am Département d'Anthropologie
et d'Écologie, Université de Genève . . Genf

DR. DRAGA GARAŠANIN . . . . Belgrad

DR. GEORG GÄRTNER
Institut für Botanik
der Universität . . . . Innsbruck

Dr. Hans Georg Gebel
Seminar für Vorderasiatische Altertumskunde, Freie Universität . . . . Berlin

Dr. Michael Gebühr
Archäologisches Landesmuseum
der Christian-Albrechts-Universität
zu Kiel . . . . Schleswig

Dr. Helmut Geisslinger
Seminar für Ur- und Frühgeschichte,
Freie Universität . . . . Berlin

Gemeinde . . . . Ainring

Gemeinde . . . . Hermannsburg

Gemeinde . . . . Höhbeck

Gemeinde . . . . Trittnau

Gemeinde . . . . Wutöschingen

Gemeindeamt . . . Innerschwand/Mondsee

Gemeindeamt . . . . Lichtenwörth

Gemeindekanzlei . . . . Frick

Gemeindeverwaltung . . . . . . Moosseedorf

Gemeindeverwaltung . . . . . Schönenwerd

Gemeindevorstand . . . . Feldatal

Johanna Genck-Bosch
Stadtmuseum . . . . Nördlingen

Jean-Étienne Genequand
Archives d'État . . . . Genf

Dr. Egon Gersbach
Institut für Vor- und Frühgeschichte,
Eberhard-Karls-Universität . . . . Tübingen

Michael Geschwinde M. A.
Roemer- und Pelizaeus-
Museum . . . . Hildesheim

Dr. Wolfgang W. Gettmann
Pfalzmuseum für Naturkunde
(Pollichia-Museum) . . . . . . Bad Dürkheim

Dr. Volkmar Geupel
Archäologisches Landesamt Sachsen
mit Landesmuseum für Vorgeschichte,
Forschungsstelle für Sachsen . . . . Dresden

Lilian Gibbens
Westminster Heritage
Researcher . . . . London

Friedrich Giere
Bürgermeister . . . . Edemissen

René Gilliéron . . . . Pfeffingen

Dr. Marija Gimbutas
Professor am Institute of Archaeology,
University of California . . . . . Los Angeles

Marie Glassey
Direction des musées cantonaux . . . Sitten

Eitel-Arwed Glatzer
Hauptlehrer a. D. . . . . . . Felsberg-Rhünda

Karl Gleich
Stadtarchiv . . . . Hersbruck

Elisabeth von Gleichenstein
Rosgartenmuseum . . . . Konstanz

Kersti Gløersen
Institute of Geology, University . . Uppsala

Robert Gloss
Bürgermeister . . . . Poysdorf

Kathrin Göbel
Naturhistorische Gesellschaft . . Nürnberg

Otto Gödel . . . . Bad Dürkheim

Dr. Klaus Goldmann
Museum für Vor- und Früh-
geschichte . . . . Berlin

Regina Goldmann
Museum für Deutsche Geschichte . . Berlin

Dr. Holger Göldner
Landesamt für Denkmalpflege
Hessen . . . . Darmstadt

Dr. Walter Gräf
Professor, Abteilung für Geologie und
Paläontologie, Steiermärkisches Landes-
museum Joanneum . . . . Graz

Dr. Bernhard Gramsch
Museum für Ur- und Früh-
geschichte . . . . Potsdam

Dr. Charlotte von Grattenried
Bernisches Historisches Museum . . . . Bern

Dr. Siegfried Griesa
Museum für Deutsche Geschichte . . Berlin

Dr. Hans Grimm
emer. Professor . . . . Berlin

Dr. Paul Grimm
emer. Professor . . . . Berlin

Dr. Eckhard Grimmel
Professor am Institut für Geographie
und Wirtschaftsgeographie
der Universität . . . . Hamburg

Dr. Josef Theodor Groiss
Professor am Institut für
Paläontologie der Universität
Erlangen-Nürnberg . . . . Erlangen

Dr. Hermann Grosser
Heimatmuseum . . . . Appenzell

Klaus Grote M. A.
Kreisarchäologe . . . . Göttingen

Dr. Mathilde Grünewald
Museum im Andreasstift . . . . Worms

Dr. Irmgard Grüninger
Historisches Museum . . . . St. Gallen

Karl Grünwald
Dekan, Evangelisch-Lutherisches
Pfarramt . . . . Hersbruck

Dr. Friedrich Grube
Professor, Geologisches Landesamt
Schleswig-Holstein . . . . Kiel

Dr. François Guex
Archäologischer
Dienst . . . . Freiburg (Schweiz)

Jean Guilaine
Centre National de la Recherche Scientifique, Gallia et Gallia Préhistoire . . . . Paris

Dr. Rolf Gundlach
Professor am Institut für Ägyptologie,
Johannes-Gutenberg-Universität . . . Mainz

Albert J. Günther
Ur- und Frühgeschichtliches Museum
des Historischen Vereins . . . . Eichstätt

Dr. Klaus Günther
Westfälisches Museum für Archäologie,
Amt für Bodendenkmalpflege . . . Bielefeld

Dr. Wilhelm Günther
Amt der Salzburger Landes-
regierung . . . . Salzburg

Dr. Manfred Gutgesell
Roemer- und Pelizaeus-
Museum . . . . Hildesheim

Dr. Karl Gutkas
Professor . . . . St. Pölten

Dr. Susanne Haas
Abteilung Urgeschichte, Museum für
Völkerkunde und Schweizerisches
Museum für Völkerkunde . . . . Basel

Hans-Joachim Haecker
Studienrat . . . . Hannover

Geney Haeusler
. . . . Whakatane, Neuseeland

Karl Hager
Bürgermeister . . . . Wieselburg

Arthur Hagmann
Museum . . . . Zofingen

Dr. Joachim Hahn
Professor am Institut für Urgeschichte,
Eberhard-Karls-Universität . . . . Tübingen

Wolfgang Halfar
Regionalmuseum . . . . Wolfhagen

Gerhard Hallen
Ruhrtal-Museum . . . . Schwerte

Helmut Hanitzsch . . . . Leipzig

Dr. Rainer Hannig
Roemer- und Pelizaeus-
Museum . . . . Hildesheim

Hans Hänny
Archivar . . . . Lenzburg

Dr. René Hantke
Professor am Geologischen Institut
der Eidgenössischen Technischen
Hochschule . . . . Zürich

Dr. Ortolf Harl
Historisches Museum der Stadt . . . . . Wien

Anton Harrer
Kustos, Heimatmuseum . . . . Melk

Franz Hartmann
Bürgermeister . . . . Prigglitz

Dr. Idis Hartmann
Städtische Samm-
lungen . . . . Biberach an der Riß

Dr. Martin Hartmann
Kanton Aargau, Kantons-
archäologie . . . . Brugg

Harvard University
Department of Anthro-
pology . . . . Cambridge, Massachusetts

Norbert W. Hasler
Liechtensteinisches Landes-
museum . . . . Vaduz

Dr. Hans-Jürgen Hässler
Urgeschichts-Abteilung, Niedersächsisches
Landesmuseum . . . . Hannover

Dr. Hartmut Haubold
Martin-Luther-Universität
Halle-Wittenberg,
Geiseltalmuseum . . . . Halle/Saale

Brigitte Haug . . . . Weingarten/Baden

Dr. Alexander Häusler . . . . Halle/Saale

Volker Häussler
Bodendenkmalpfleger . . . . Kühlungsborn

Dr. Hajo Hayen
Staatliches Museum für Naturkunde
und Vorgeschichte . . . . Oldenburg

Andreas Heege M. A.
Seminar für Ur- und Frühgeschichte
der Universität . . . . Göttingen

Dr. Hans Heierli
Naturmuseum . . . . St. Gallen

Dr. Jörg Heiligmann
Institut für Vor- und Frühgeschichte,
Eberhard-Karls-Universität . . . . Tübingen

Arno Heinrich
Museum für Ur- und Orts-
geschichte . . . . Bottrop

Dr. Wolfgang Heinrich
Österreichische Akademie der Wissen-
schaften, Institut für Mittelalterliche
Realienkunde Österreichs . . . . Krems

Lothar Held
Bürgermeister . . . . Kufstein

Eva Heller
Museum . . . . Alzey

Catherine Hells
Department of Archaeology,
University of . . . . Cambridge

Dr. Helmut Hemmer
Professor am Institut für Zoologie,
Johannes-Gutenberg-Universität . . . Mainz

Dr. habil. Winfried Henke
Institut für Anthropologie,
Johannes-Gutenberg-Universität . . . Mainz

Egon Hennig
Museum für Thüringer Volkskunde . Erfurt

Lothar Hennig
Museumsdirektor,
Historisches Museum . . . . Bamberg

Werner Henschke
Arbeitsgemeinschaft Heimatmuseum
. . . . . Frankfurt am Main-Bergen-Enkheim

Dr. Helmut Herbst
Städtisches Heimatmuseum . . . Waiblingen

Dr. Wolfgang Herbst
Professor, Museum für Deutsche
Geschichte . . . . Berlin

Helene Hermes,
geb. Henneböhle . . . . Rüthen

Dr. Fritz-Rudolf Herrmann
Landesamt für Denkmalpflege Hessen,
Abteilung für Vor- und Früh-
geschichte . . . . Wiesbaden

Walter Hetmanek
Stadtarchiv . . . . Herzberg am Harz

Dr. Berndmark Heukemes
Kurpfälzisches Museum . . . . . . Heidelberg

Dr. Hans Hingst
Archäologisches Landesmuseum
für Vor- und Frühgeschichte der Christian-
Albrechts-Universität zu Kiel . . . Schleswig

Dr. Ferdinand Höbart
Kulturreferent . . . . Langenlois

Kurt Hochgesand . . . . . . Waldalgesheim

Andreas Hochrainer
Bürgermeister . . . . Tauplitz

Dr. Hans-Peter Hock
Hessisches Landesmuseum . . . Darmstadt

Dr. Volker Höck
Professor am Institut für Geowissenschaften der Universität . . . Salzburg

Dr. Olaf Höckmann
Römisch-Germanisches Zentral-
museum . . . . Mainz

Hans-Georg Hoeger
Stadt . . . . Hessisch Oldendorf

Ekkehard Hofbauer
Verein für Heimatkunde und
Heimatschutz in . . . . Kufstein

Dr. Dietrich Hoffmann
Institut für Ur- und Frühgeschichte
der Christian-Albrechts-Universität . . . Kiel

Helmuth Hoffmann
Städtisches Museum . Menden/Sauerland

Wolfgang Hofmann . . . . Breitenbach

Willy Hofstetter
Präsident der Vereinigung
Alpines Museum . . . . Zermatt

Dr. Jürgen Hoika
Archäologisches Landesmuseum
der Christian-Albrechts-Universität
zu Kiel . . . . Schleswig

Dr. Michael Hoppe
Archäologischer Sonderdienst am
Rhein-Main-Donau-Kanal . . . . . Dietfurt

Barbara Hörmann
Heimatmuseum . . . . Neumarkt/Oberpfalz

Dipl.-Ing. Hans Hoyos
Hoyos'sche Forstverwaltung . . . . . . Horn

Alfred Huber
Konservator,
Museum Burghalde . . . . Lenzburg

Iris J. Huckstep
Kent County Council,
Libraries & Museums . . . . Ramsgate

António A. Huet de B. Gonçalves
Instituto de Antropologia
»Prof. Mendes Corrêa«,
Universidade do . . . . Porto

Dieter Hupka
Clemens-Sels-Museum . . . . Neuss

Dr. Dirk van Husen
Institut für Geologie,
Technische Universität . . . . Wien

Institut für Anthropologie
der Universität . . . . Göttingen

Institut für Hochgebirgsforschung
Forschungsinstitut
der Universität . . . . Innsbruck

Institut für Ur- und Frühgeschichte
der Universität . . . . Heidelberg

Ruth Irlet . . . . Twann

Hans Isenschmid
Gemeindeschreiber . . . . Schötz

Christina Jacob
Historisches Museum der Stadt . Heilbronn

Marianne Jacoby-Zakfeld
Museum . . . . Bad Orb

Dr. Hermann Jaeger
Professor am Museum für Naturkunde
der Humboldt-Universität zu Berlin,
Paläontologisches Museum . . . . . . Berlin

Gerhard Jäger
Finanzministerium . . . . München

Dr. Herbert Jäkel
Heimatmuseum . . . . Alsfeld

Lutz Jastram
Pastor . . . . Karbow

Dr. Jan Jelínek
Moravské Muzeum . . . . Brünn

Dr. Hermann Jerz
Bayerisches Geologisches
Landesamt . . . . München

Dr. Christian Jeunesse
Direction des Antiquités Préhistoriques
d'Alsace . . . . Straßburg

Dr. Hans-Eckart Joachim
Rheinisches Landesmuseum . . . . . . Bonn

Dr. Lieselotte Jontes
Universitätsbibliothek, Montan-
universität . . . . Leoben

Dr. Werner Jorns † . . . . Darmstadt

Dr. Walter Jung
Professor am Universitäts-Institut
für Paläontologie und historische
Geologie . . . . München

Dr. Gilbert Kaenel
Musée cantonal d'archéologie
et d'histoire . . . . Lausanne

Dr. Ralf-Dietrich Kahlke, jr.
Institut für Quartärpaläontologie . Weimar

Dolf Kaiser
Archiv der Neuen Zürcher Zeitung . Zürich

Gerhard von der
Kammer . . . . Bergen 2, Eversen

Dr. Irene Kappel
Hessisches Landesmuseum . . . . Kassel

Peter Karanitsch
Bezirks-Museums-Verein . . . . Mödling

Eva-Lena Karlsson
Schwedisches Portraitarchiv . . . Stockholm

Katholisches Pfarramt
St. Marien . . . . Dudweiler

Dr. Dieter Kaufmann
Landesmuseum für Vor-
geschichte . . . . Halle/Saale

Dr. Hans Kaufmann
Archäologisches Landesamt Sachsen
mit Landesmuseum für Vor-
geschichte . . . . Dresden

Brigitte Kaulich M. A.
Institut für Ur- und Frühgeschichte,
Universität Erlangen-Nürnberg . Erlangen

Dr. Karl Kaus
Burgenländisches Landes-
museum . . . . Eisenstadt

Dr. Margarete Kaus
Institut für Ur- und Frühgeschichte
der Universität . . . . Wien

Dr. Erwin Keefer
Württembergisches Landes-
museum . . . . Stuttgart

Dr. Horst Keiling
Professor, Museum für Ur- und
Frühgeschichte . . . . Schwerin

Dr. Erwin Keller
Bayerisches Landesamt für Denkmalpflege,
Abteilung Bodendenkmalpflege . München

Dr. Tibor Kemenczei
Magyar Nemzeti Múzeum . . . . . Budapest

Peter Kempf
Konservator, Fürstlich Hohenzollersches
Museum . . . . Sigmaringen

Dr. Helga Kerchler
Institut für Ur- und Frühgeschichte
der Universität . . . . Wien

Dr. Alfred Kernd'l
Archäologisches Landesamt . . . . . . Berlin

Dr. Karl Kersten
Professor, Archäologisches Landesmuseum
für Vor- und Frühgeschichte der Christian-
Albrechts-Universität zu Kiel . . . Schleswig

Dr. Claus-Joachim Kind
Landesdenkmalamt Baden-Württemberg,
Außenstelle . . . . Tübingen

Bärbel Kirchner
Evangelische Kirchen-
gemeinde . . . . Schmalkalden

Werner Kitz . . . . Norden

Franz Kitzler . . . . Kottes

Dr. Otto Kleemann
Professor am Institut für Vor- und
Frühgeschichte der Universität . . . . . Bonn

Joachim Kleinowitz
Amtsrat, Bezirksvorstehung 19. Bezirk
der Stadt . . . . Wien

Dr. Bohuslav Klíma
Archäologisches Institut der Tschechoslowakei, Zweigstelle . . . . Brünn

Hans Klöti
Ortsmuseum . . . . Meilen

Antje Kluge-Pinsker
Museum der Stadt . . . . Rüsselsheim

Dr. Herbert Kneifel
Museum Lauriacum . . . . Enns

Dr. Alexander von Knorre
Emschertal-Museum . . . . Herne

Dr. Heinz Knöll . . . . Kassel

Herbert Koch
Stadt- und Landesarchiv . . . . Wien

Johannes Hugo Koch
Kreismuseum Ostholstein . . . . . . Neustadt

Dr. Hermann Kohl . . . . Linz

Dr. Mostefa Kokabi
Landesdenkmalamt Baden-Württemberg
Abt. Bodendenkmalpflege, Pfahlbauarchäologie Bodensee-Oberschwaben . . . . Gaienhofen/Hemmenhofen

L. P. Louwe Kooijmans
Archaeologisch Centrum, Instituut voor
Prehistorie, Rijksuniversiteit . . . . . Leiden

Hans Körber
Bürgermeister . . . . Pottenstein

Svetlana B. Koreneva
International Relations of the Library
of Academy of Sciences USSR . Leningrad

Dieter Korn
Kulturamt . . . . Warstein

Dr. Werner Korn
Naturwissenschaftliches Museum . Coburg

Dr. Georg Kossack
Professor am Institut für Vor- und Frühgeschichte der Universität . . . . . München

Josef Köstlbauer
Heimatmuseum . . . . Tulln

Dr. Kazimierz Kowalski
Professor an der Polish Academy of Sciences,
Institute of Systematic and Experimental
Zoology . . . . Krakau

Dr. Stefan Karol Kozlowski
Professor am Instytut Archaeologii,
Uniwersytet . . . . Warschau

Dr. Reinhart Kraatz
Akademischer Direktor,
Geologisch-Paläontologisches Institut
der Universität, Museum Geologie/
Paläontologie . . . . Heidelberg

Dr. Karl Krainer
Institut für Geologie und Paläontologie
der Universität . . . . Innsbruck

Dr. Diether Kramer
Steiermärkisches Landesmuseum
Joanneum . . . . Graz

Liesel Krämer
Bibliothek, Römisch-Germanisches
Zentralmuseum . . . . Mainz

Gisela Krause
Bibliothek, Eberhard-Karls-
Universität . . . . Tübingen

Dr. Günter Krause
Niederrheinisches Museum
der Stadt . . . . Duisburg

Wilhelmine Krause-Kleint
Diplom-Prähistorikerin,
Altmärkisches Museum . . . . Stendal

Kreismuseum . . . . Haldensleben

Dipl.-Ing.
Wolfgang Krippendorf . . . . Verden/Aller

Dr. Herbert Kritscher
Anthropologische Abteilung,
Naturhistorisches Museum . . . . Wien

Dr. Karl Kromer
emer. Professor . . . . Wien

Dr. Alfred Kröner
Professor am Institut für Geowissenschaften
der Johannes-Gutenberg-Universität,
Lehreinheit Geologie . . . . Mainz

Dr. Herbert Krüger
Museumsdirektor i. R. . . . Fürstenfeldbruck

Dr. Hans-Joachim Kruse
Museum des Kreises . . . . Plön

Robert Kruszynski
Department of Palaeontology,
British Museum (Natural
History) . . . . London

Dr. Peter Kühn
Gesellschaft für Umwelt- und
Wirtschaftsgeologie mbH Berlin i G,
Bibliothek . . . . Berlin

Friedrich Kunkel
Städtisches Museum . . . . Halberstadt

Anke Kunze
Museum . . . . Merseburg

Dr. Walter Kunze
Heimatbund Mondseeland mit Pfahlbaumuseum, Heimatmuseum Mondsee
und Freilichtmuseum
Mondseer Rauchhaus . . . . Mondsee

Dr. Heinz Küppers
Rheinisches Landesmuseum . . . . Trier

Dr. Gottfried Kurth
Professor .... Braunschweig

Dr. Hertha Ladenbauer .... Wien

Georg Ladenburger
Federseemuseum .... Bad Buchau

Annedore Lafrentz
Studentin .... Mainz

Landesdenkmalamt Baden-Württemberg
Archäologische Denkmalpflege
Außenstelle .... Freiburg i. Br.

Landeseinwohneramt .... Berlin

Landesoberbergamt Nordrhein-
Westfalen .... Dortmund

Dr. Beatrix Lang
Stadtarchiv .... Luzern

Langelands Museum .... Rudkøbing

Helmut Langer
Schulrat und Hauptschul-
direktor i. R. .... Altensteig

Dr. Wolfhart Langer
Professor am Institut für Paläontologie,
Universität .... Bonn

André-Jean Lansac
Notar .... Royan

Dr. Lars Larsson
Institute of Archaeology,
University of .... Lund

Dr. Friedrich Laux
Hamburger Museum
für Archäologie .... Hamburg

Dr. Walter Leitner
Institut für Ur- und Frühgeschichte,
Universität .... Innsbruck

Aloys Lengeling
Erzbischöfliches Generalvikariat
Erzbistumsarchiv, Kirchenbuch-
abteilung .... Paderborn

Dr. Eva Lenneis .... Wien

France LePesant-Reichert
Dolmetscherin .... Mainz

Dr. Jean-Marie Le Tensorer
Professor am Seminar für Ur- und
Frühgeschichte der Universität ..... Basel

Dr. Hans Lieb
Staatsarchiv .... Schaffhausen

Inge Lindblom
Oldsaksamlingen, Universiteit I ..... Oslo

Dr. med. Günter Lindig .... Weimar

Dr. Andreas Lippert
Professor am Institut für Ur- und
Frühgeschichte der Universität ..... Wien

Dr. Jerzy Lodowski
Direktor, Muzeum Archeologiczne .... Breslau

Dr. Hartwig Löhr
Rheinisches Landesmuseum .... Trier

Willi Luh
Büdinger Geschichtsverein .... Büdingen

Dr. Helmut Luley
Lippisches Landesmuseum ..... Detmold

Dr. Henry de Lumley
Professor, Muséum National d'Histoire
Naturelle .... Paris

Dr. Marie-Antoinette de Lumley
Muséum National d'Histoire
Naturelle .... Paris

Dr. Jens Lüning
Professor am Seminar für Vor- und Früh-
geschichte, Johann-Wolfgang-Goethe-
Universität .... Frankfurt am Main

Günther Lutzmann
.... Heidenheim an der Brenz

Dr. Karl Mägdefrau
Professor am Institut für Biologie I
der Universität .... Tübingen

Magistrat der Stadt .... Felsberg

Dr. Reinhard Maier
Niedersächsisches Landesverwaltungsamt,
Institut für Denkmalpflege ..... Hannover

Mairie de .... Montbron

Mairie de .... Montignac

Mairie de .... Sarrebourg

Dr. Franz Malec
Naturkundemuseum .... Kassel

Gail Malmgreen
Archiv, The Institute for Advanced Study
Historical Studies – Social Science
Library .... Princeton, New Jersey

Trudi Mamber .... Allschwil

Alessandro Manfredini
Dipartimento di Science Storiche, Archeo-
logiche e Antropologiche dell'Antichità,
Sezione di Paletnologia, Università di Roma
»La Sapienza« .... Rom

Marktgemeindeamt .... Bad Aussee

Marktgemeinde .... Bad Fischau-Brunn

Martin-Luther-Universität
Halle-Wittenberg, Universitäts- und Landesbibliothek Sachsen-Anhalt ... Halle/Saale

Dr. Gerhard Mathé
Staatliches Museum für Mineralogie
und Geologie .... Dresden

Jutta Matz
Dr. Carl Haeberlin – Friesenmuseum . Wyk

Dr. Eberhard May
Institut für Humanbiologie,
Technische Universität ..... Braunschweig

Dr. med. Johannes May . Bad Schussenried

Dr. Christian Mayer .... Wien

Dr. Marcel Mayer
Stadtarchiv .... St. Gallen

Dr. Harald W. Mechelk
Archäologisches Landesamt Sachsen
mit Landesmuseum für Vor-
geschichte .... Dresden

Dr. Walter Meier-Arendt
Professor, Museum für Vor- und Frühgeschichte .... Frankfurt am Main

Dr. Herbert Melichar
Prähistorische Abteilung,
Naturhistorisches Museum .... Wien

Ernst Mendelin
Gemeindeverwaltung .... Nenzlingen

Dr. Osmund Menghin † .... Mattsee

Dr. Burchard Menke
Geologisches Landesamt
Schleswig-Holstein .... Kiel

Josef Mertin .... Gudensberg

Dr. med. Rolf Meschig
Medizinische Einrichtungen der Universität
Düsseldorf, Hautklinik .... Düsseldorf

Dr. Gerd Mettjes
Schwedenspeicher-Museum ...... Stade

Dr. Ingrid R. Metzger
Raetisches Museum .... Chur

Dr. Jutta Meurers-Balke
Institut für Ur- und Frühgeschichte
der Universität .... Köln

Dr. Wilhelm Meyer
Professor am Geologischen Institut
der Universität .... Bonn

Rainer B. Michl M. A.
Archäologisches Institut,
Universität .... Hamburg

Dr. Renate Miglbauer
Stadtmuseum .... Wels

Natalia Mikhailova
Archaeological Institute of Ukrainian
Academy of Sciences Library .... Kiew

Dr. Andraej Mikolajczyk
Direktor des Muzeum Archaeologiczne
i Etnograficzne w Łodzi .... Lodz

Dr. Walter Minarz
Professor .... Wien

David Mitterkalkgruber
Wissenschaftlicher Konsulent ...... Linz

Günther Möbes
Museum für Ur- und Frühgeschichte
Thüringens .... Weimar

Patrick Moinat
Département d'Anthropologie,
Université de Genève .... Genf

Friedel Moll
Stadtarchiv .... Zwettl

Dipl.-Ing. Claus Möller
Stormansches Dorfmuseum ..... Hoisdorf

Dr. Theya Ivitsky Molleson
Department of Anthropology,
British Museum (Natural
History) .... London

Marie Claude Morand
Amt der kantonalen Museen ...... Sitten

Moravské Muzeum
Anthropos Institut . . . . Brünn

Irmgard Most
Museum der Stadt . . . . Bensheim

Werner Most
Museum der Stadt . . . . Bensheim

Dr. Yvette Mottier
Musée d'Art et d'Histoire . . . . Genf

Dr. Arnt Müller
Bundesanstalt für Geowissenschaften
und Rohstoffe, Referat Öffentlichkeits-
arbeit . . . . Hannover

Cornelius Müller
Institut für Vor- und Frühgeschichte
an der Universität . . . . Gießen

Dr. Detlef Müller
Landesmuseum für Vor-
geschichte . . . . Halle/Saale

Hans-Ehrhard Müller
Stadtarchivar . . . . Helmstedt

Helmut Müller
Bürgermeister . . . . Reilingen

Johannes Müller
Institut für Ur- und Frühgeschichte der
Albert-Ludwigs-Universität . Freiburg i. Br.

Dr. Hermann Müller-Beck
Professor am Institut für Urgeschichte,
Eberhard-Karls-Universität . . . . Tübingen

Ilse Müller-Kohler . . . . Laufen

Dr. Helga Müller-Schnepper
Württembergisches Landes-
museum . . . . Stuttgart

Johannes Müllner
Pfarrer, röm.-kath. Pfarramt . Roggendorf

Dr. Elisabeth Munksgaard
Kustos, Nationalmuseet, 1. Afdeling:
Danmarks Oldtid . . . . Kopenhagen

Erich Müsch
Eifeler Landschaftsmuseum
Genovevaburg . . . . Mayen

Musée d'Anthropologie
préhistorique de la Principauté
de Monaco . . . . Monte Carlo

Museo Arqueológico . . . . Barcelona

Dr. Rudolf Musil
Katedra geologie a paleontologie,
přírodovědecké fakulty Univerzity
J. E. Purkyně . . . . Brünn

Dr. Karl J. Narr
emer. Professor am Seminar für Ur- und
Frühgeschichte, Universität . . . . . Münster

National History Museum
Bibliothek . . . . London

Freiherr von Negri
. . . . Schloß Elsum, Wassenberg

Dr. Franz-Otto Neuffer
Naturhistorisches Museum . . . . Mainz

Dr. Johannes-Wolfgang Neugebauer
Bundesdenkmalamt, Abteilung für Bodendenkmale . . . . Wien

Dr. Christine Neugebauer-
Maresch . . . . Klosterneuburg

Dr. Dieter Neumann
Museum der Stadt . . . . Villach

Dr. Evžen Neustupný
Archeologický ústav ČSAV . . . . Prag

Dipl.-Forstw. Mechthild Neyses
Rheinisches Landesmuseum . . . . Trier

Niedersächsische Staats- und
Universitätsbibliothek . . . . . . Göttingen

Ebbe H. Nielsen
Seminar für Urgeschichte,
Universität . . . . Bern

Dr. Hans Nortmann
Rheinisches Landesmuseum . . . . Trier

Dr. Verena Nübling
Landesdenkmalamt Baden-Württemberg,
Archäologische Denkmalpflege,
Außenstelle . . . . Freiburg i. Br.

Dipl.-Ing. Hubert Nutz
Heimatmuseum . . . . Retz

Hubert Obenaus
Marktgemeinde . . . . Gars am Kamp

Dr. Walter Obermaier
Wiener Stadt- und Landesbibliothek . Wien

Johann Offenberger
Bundesdenkmalamt, Abteilung
für Bodenpflege . . . . Wien

Dr. Bernardo Martí Oliver
Servicio de Investigación Prehistórica
Diputación Provincial . . . . Valencia

Eilert Ommen
Museumsverein für die Grafschaften Hoya,
Diepholz und Wölpe e. V. . . . . . . Nienburg

Ortschaftsverwaltung
Reute . . . . Bad Waldsee

Ortsgemeinde . . . . Vättis

Jan Ossenbrüggen
Söl'ring Forüning e. V.
Sylter Verein . . . . Keitum

Dr. Udo Osterhaus
Bayerisches Landesamt für Denkmalpflege, Außenstelle . . . . Regensburg

Einar Østmo
Oldsaksamlingen, Universitet I . . . . . Oslo

Dr. Barbara S. Ottaway
Undergraduate School of Studies
in Archaeological Sciences,
University of . . . . Bradford

Dr. Marcel Otte
Service de Préhistoire, Université
de Liège . . . . Lüttich

Dr. vet. med. Sibylle Ott-Luy . . . . Ulm

Dr. Jakob Ozols
emer. Professor, Institut für Vor- und
Frühgeschichte der Universität . . . . . Bonn

Dr. Anibal Do Paço
Landesmuseum . . . . Mainz

Dr. Eberhard Pannkoke
Kreisheimatmuseum
Striediecks Hof . . . . Bünde

Dr. Pál Patay
Magyar Nemzeti Múzeum . . . . . Budapest

Dr. Anton A. Paul
Verein für Pfahlbau- und
Heimatkunde e. V. . . . . . . Unteruhldingen

Madeleine Paulian
Bibliothèque de la Sorbonne,
Universités de . . . . Paris

Günter Pausch . . . . Urbar

Yves Pautrat
Ministère de la Culture de la Communica-
tion, des Grands Travaux et du Bicentaire,
Préfecture de Région . . . . Limoges

Wolfgang Payrich
Augustiner-Chorherren-
stift . . . . Herzogenburg

Paul Pedoya . . . . Montseron

Eva Pepić
Archäologische Forschungs-
stelle . . . . Triesen/Liechtenstein

Claude Saint-Just Pequardt . . . . Carnac

Dr. Marie Perpere
Laboratoire de Préhistoire du Muséum
National d'Histoire Naturelle . . . . Paris

Harry Persand
Museum of Mankind,
The Ethnography Department of
the British Museum . . . . London

Dr. Manfred Pertlwieser
Professor, Oberösterreichisches
Landesmuseum . . . . Linz

Dr. Karl Peschel
Wissenschaftsbereich Ur- und
Frühgeschichte Friedrich-Schiller-
Universität . . . . Jena

Siegmar Peschke
Fostamt . . . . Braunschweig

Erik Brinch Petersen
Institut for Forhistorisk og Klassik Arkaeologi, Københavns Universitet . Kopenhagen

Dr. Sabine Peyer
Museum zu Allerheiligen . . . Schaffhausen

Ulrich Pfauth
Vor- und frühgeschichtliches
Museum . . . . Thalmässing

Gunda Pfundner
Abteilung für Vor- und Frühgeschichte,
Steiermärkisches Landesmuseum
Joanneum . . . . Graz

Dr. Bernhard Pinsker
Sammlung Nassauischer Altertümer,
Museum . . . . Wiesbaden

Rolf Plöger
Mindener Museum . . . . Minden

DANK

Dr. Vladimir Podborsky
J. E. Purkyně-Universität . . . . Brünn

Polizei- und Militärdepartement
des Kantons Basel-Stadt, Kontrollbüro,
Einwohnerkontrolle . . . . Basel

Dr. Rudolf Poppa
Stadt- und Hochstifts-
museum . . . . Dillingen a. d. Donau

Dr. Francesca Paola Porten-Palange
Römisch-Germanisches Zentral-
museum . . . . Mainz

Rosemary Powers
Department of Paleontology,
British Museum (Natural
History) . . . . London

Dr. Johann Preininger
Steiermärkisches Landesmuseum
Joanneum . . . . Graz

Helga Premper
Bibliothek, Römisch-Germanisches
Zentralmuseum . . . . Mainz

Dr. Ingo Prihoda
Höbarthmuseum . . . . Horn

Dr. Helmut Prilop
Stadtbibliothek . . . . Hannover

Dr. Hoyer von Prittwitz
Rheinisches Landesmuseum . . . . Bonn

Siegmund Probst
Universität . . . . Oxford

Dr. Reiner Protsch
Professor am Institut der Anthropologie
und Humangenetik für Biologen,
Johann-Wolfgang-
Goethe-Universität . . . Frankfurt am Main

Dr. Erich Pucher
Archäologisch-zoologische Sammlung,
Naturhistorisches Museum . . . . Wien

Qiu Cheng-zhong
Redaktion »China im Aufbau« . . . . Peking

Dr. Gernot Rabeder
Professor am Institut für Paläontologie
der Universität . . . . Wien

Dr. Elke Radespiel-Heege
Urgeschichts-Abteilung, Niedersächsisches
Landesmuseum . . . . Hannover

Dirk Raetzel-Fabian M. A.
Hessisches Landesmuseum . . . . Kassel

Dr. Jürg Rageth
Archäologischer Dienst
Graubünden . . . . Haldenstein

Rat der Gemeinde . . . . Baalberge

Rat der Stadt . . . . . . Camburg (Saale)

Rat der Stadt . . . . Haldensleben

Rat der Stadt . . . . Stralsund

Rat der Stadt . . . . Waren/Müritz

Rat des Kreises . . . . Königs Wusterhausen

Rat des Kreises . . . . Sternberg

Rat des Kreises . . . . Wernigerode

Dr. Anna M. Rauret
Instituto de Arqueología y Prehistória,
Universitat de . . . . Barcelona

Karl Rauscher
Stadtgemeinde . . . . Horn

Dr. Manfred Rech
Rheinisches Amt für Bodendenkmalpflege . . . . Bonn

Nikolaus Reichert
Journalist, Allgemeine Zeitung . . . . Mainz

Lieselotte Reinemer
Redaktionsarchiv,
Allgemeine Zeitung . . . . Mainz

Eugen Reinhard
Steinzeitmuseum . . . . Korb-Kleinheppach

Lothar Reinhard . . . Stuttgart-Degerloch

Dr. Ante Rendić-Miočevic
Arheološki Muzej . . . . Zagreb

Günter Rennebach
Museum für Ur- und Früh-
geschichte . . . . Schwerin

Fritz Reuter
Stadtarchiv . . . . Worms

Dr. Sabine Rieckhoff
Museum der Stadt . . . . Regensburg

Dr. Karl Heinz Rieder
Bayerisches Landesamt für Denkmalpflege
Grabungsbüro . . . . Ingolstadt

Rijksuniversiteit te . . . . Leiden

Rijksuniversiteit te . . . . Utrecht

Dr. Robert Rill
Österreichische Akademie der Wissen-
schaften, Österreichisches Biographisches
Lexikon, Redaktion . . . . Wien

Hans Rindlisbacher
Zentralbibliothek . . . . Solothurn

Carol Rivet
École des Hautes Études en Sciences
Sociales, »Archives d'Écologie
Préhistorique« . . . . Toulouse

Dr. Gerhard Röper
Kreismuseum Prinzeßhof . . . . Itzehoe

Beatrice Ruckstuhl
Amt für Vorgeschichte
des Kantons . . . . Schaffhausen

Dr. Carola Runge
Hohhaus-Museum . . . . Lauterbach

Dr. Ulrich Ruoff
Büro für Archäologie . . . . Zürich

Dr. Gerd Rupprecht
Landesamt für Denkmalpflege,
Abteilung Bodendenkmalpflege . . . . Mainz

Ruprecht-Karls-
Universität . . . . Heidelberg

Dr. Elisabeth Ruttkay
Prähistorische Abteilung,
Naturhistorisches Museum . . . . Wien

Dr. Michael Ryan
Ard-Mhusaeum na h Eireann
National Museum of Ireland . . . . . Dublin

Dr. Michael Salvator
Hoyos'sche Forstverwaltung . . . . Horn

Dr. Edward Sangmeister
Professor am Institut für Ur- und
Frühgeschichte, Albert-Ludwigs-
Universität . . . . Freiburg i. Br.

Dr. Paul Sartenaer
Institut Royal des Sciences Naturelles
de Belgique . . . . Brüssel

Willi Sartorius
Pfarrer . . . . Basel

Ferdinand Satzl
Bürgermeister . . . . Aggsbach

Angelika Sauer
Stadtbibliothek . . . . Karlsruhe

Egon Schaberick
Heimatmuseum . . . . Fritzlar

Dr. Hans Schaefer
Naturhistorisches Museum . . . . Basel

Dr. Dieter Schäfer
Museum für Ur- und Frühgeschichte
Thüringens . . . . Weimar

Dr. Klaus Schäfer . . . . Andernach

Dr. Peter Schauer
Römisch-Germanisches Zentral-
museum . . . . Mainz

Günther Schaumberg . . . . Eschwege

Dr. Jürgen H. Schawacht
Siegerlandmuseum . . . . Siegen

Gerhard Schiele
Bürgermeister . . . . Bottendorf

Dr. Kurt Schietzel
Professor, Archäologisches Landesmuseum
für Vor- und Frühgeschichte der Christian-
Albrechts-Universität zu Kiel . . . Schleswig

François Schifferdecker
Office du Patrimoine
historique . . . . Porrentruy

Dr. Friedrich Schlette
Professor, Institut für Ur- und
Frühgeschichte . . . . Halle/Saale

Dr. Helmut Schlichtherle
Landesdenkmalamt Baden-Württemberg,
Abteilung Bodendenkmalpflege, Pfahlbauarchäologie Bodensee-Oberschwaben . . . . Gaienhofen/Hemmenhofen

Dr. Elisabeth Schmid
emer. Prof. am Seminar für Ur- und
Frühgeschichte der Universität . . . . . Basel

Dr. Hans Schmid
Burgenländisches Landes-
museum . . . . Eisenstadt

Dr. Werner Schmid
Aargauisches Museum . . . . Aarau

Dr. Ulrich Schmidt
Hessisches Landesmuseum . . . . Kassel

ERIKA SCHMIDT-THIELBEER
Historisches Museum . . . . . Köthen/Anhalt

DR. MARION SCHMIED,
GEB. DIETERICH . . . . Mannheim

DR. KARL SCHMOTZ
Kreisarchäologe,
Landratsamt . . . . Deggendorf

ELISABETH SCHNEIDER
Österreichische Nationalbibliothek,
Abteilung Wissenschaftliche
Information . . . . Wien

DR. HUGO SCHNEIDER
Historisches Museum . . . . Olten

DR. RENATE SCHNEIDER
Freie und Hansestadt Hamburg, Abteilung
Bodendenkmalpflege . . . . Hamburg

DR. WOLFGANG SCHNEIDER
Museum der Stadt . . . . Gladbeck

BERNADETTE SCHNITZLER
Musée Archéologique . . . . Straßburg

DR. LUDWIG SCHNITZLER
Hochrheinmuseum . . . . . . Bad Säckingen

DR. GUNTER SCHÖBEL
Museum der Vorzeit . . . . . Unteruhldingen

DR. WOLF SCHÖFFEL
Stadtarchiv und Stadtmuseum . . Erlangen

DR. STEPHAN SCHÖLZEL
Museum für Stadt- und Heimat-
geschichte . . . . Hagen

DR. LOTHAR SCHOTT
Institut für Anthropologie des Bereichs
Medizin der Humboldt-Universität . Berlin

DR. WOLFGANG SCHÖTTLER
Heimatmuseum . . . . Verden (Aller)

DR. PETER SCHRÖTER
Anthropologische Staats-
sammlung . . . . München

DR. WILHELM SCHÜLE
Professor am Institut für Ur- und
Frühgeschichte der Albert-Ludwigs-
Universität . . . . Freiburg i. Br.

THOMAS SCHULTE IM WALDE M. A.
Institut für Ur- und Frühgeschichte,
Forschungsstelle Afrika . . . . Köln

BENNO SCHULTHEISS . . . . . Niederweningen

FRANZ JOSEF SCHUMACHER
Staatliches Konservatoramt . . Saarbrücken

DR. GISELA SCHUMACHER-MATTHÄUS
Westfälisches Museum für Archäologie,
Amt für Bodendenkmalpflege . . . Münster

WINFRIED SCHUNK . . . . Butzbach

SVEN SCHÜTTE
Stadtarchäologe . . . . Göttingen

ROSEMARIE SCHÜTZ
Kreismuseum . . . . Neuwied

HERIBERT SCHUTZBIER
Museum . . Mannersdorf am Leithagebirge

HELGA SCHÜTZE
Nationalmuseet . . . . Kopenhagen

DR. HANNI SCHWAB
Professor, Archäologischer
Dienst . . . . Freiburg (Schweiz)

DR. HERMANN SCHWABEDISSEN
emer. Professor für Ur- und Frühgeschichte
an der Universität . . . . Köln

HERMANN SCHWAMMENHÖFER
Amtsdirektor . . . . Wien

DR. WINRICH SCHWELLNUS
Rheinisches Amt für Bodendenkmalpflege,
Außenstelle . . . . Niederzier-Hambach

DR. ELLEN SCHWINZER
Städtisches Museum
Schloß Rheydt . . . . Mönchengladbach

SECRÉTARIAT COMMUNAL . . . . . Saint-Brais

SECRÉTARIAT GÉNÉRAL
Archives Municipales . . . . Vannes

DR. JÜRG SEDLMEIER . . . . Basel

ERIKA SEEGER
Stadtbibliothek . . . . Schaffhausen

ALFRED SEHMISCH
Kreisheimatmuseum . . Frankenberg/Eder

HERMANN JOSEF SEITZ
Heimatmuseum . . . . Lauingen

DR. GÜNTER SELLINGER
Bezirksmuseum . . . . Stockerau

DR. WOLFGANG SELZER
Landesmuseum . . . . Mainz

SENAT DER FREIEN UND HANSE-
STADT HAMBURG
Staatsarchiv . . . . Hamburg

DR. HEINZ SEYER
Bodendenkmalpflege . . . . Berlin

DR. SUSANNE SIEVERS
Römisch-Germanische Kommission
des Deutschen Archäologischen
Instituts . . . . Frankfurt am Main

DR. ARI SIIRIÄINEN
Professor, Helsingfors universitet,
Arkeologiska institutionen . . . . . . Helsinki

DR. ANGELA SIMONS
Leopold-Hoesch-Museum . . . . Düren

DR. KLAUS SIPPEL
. . . . Lohfelden-Vollmarshausen

JINDŘICH SKOPAL . . . . Mladeč

SOCIÉTÉ SCIENTIFIQUE,
HISTORIQUE ET ARCHÉOLOGIQUE
de la Corrèze . . . . Brive

MICHEL SOUBEYRAN
Musée du Périgord . . . . Périgueux

DR. CHRISTIAN SPAETH
Professor am Geologisch-Paläontologischen
Institut und Museum
der Universität . . . . Hamburg

DR. JOSEF SPECK . . . . Zug

SPENGLER-MUSEUM . . . . . . Sangerhausen

DR. LOTHAR SPERBER
Historisches Museum der Pfalz . . . Speyer

HELGA SPIEGELBERG
Evangelische Kirchengemeinde . . . . . Forst

DIETER SPOTT
Rat der Stadt . . . . Blankenburg (Harz)

DR. TOBIAS SPRINGER
Germanisches National-
museum . . . . Nürnberg

DR. RAINER SPRINGHORN
Lippisches Landesmuseum . . . . . Detmold

STAATSARCHIV . . . . Greifswald

STAATSARCHIV . . . . Landshut

DR. HARALD STADLER . . . . Lienz

ADOLF STADLBAUER
Oberstudiendirektor . . . . Krems

ING. HERBERT STADLER . . . . Mödling

STADT . . . . Freiburg i. Br.

STADT . . . . Freising

STADT . . . . Meppen

STADT . . . . Wasserburg a. Inn

STADT . . . . Wyk auf Föhr

STADTARCHIV . . . . Aachen

STADTARCHIV . . . . Bad Wildungen

STADTARCHIV . . . . Braunschweig

STADTARCHIV . . . . Deggendorf

STADTARCHIV . . . . Frankfurt/Oder

STADTARCHIV . . . . Hamm i. W.

STADTARCHIV . . . . Marburg

STADTARCHIV . . . . Mönchengladbach

STADTARCHIV . . . . Nürnberg

STADTARCHIV . . . . Tübingen

STADTARCHIV . . . . Verden (Aller)

STADTARCHIV UND WISSENSCHAFTLICHE
STADTBIBLIOTHEK . . . . Bonn

STADTBIBLIOTHEK . . . . Braunschweig

STADTBIBLIOTHEK . . . . Freiburg i. Br.

STADTBÜCHEREI . . . . Kiel

STADTGEMEINDE . . . . Mödling

STADTGEMEINDE . . . . Retz

STADTVERWALTUNG . . . . Bitburg

STADTVERWALTUNG . . . . Schlieren

DR. HANS R. STAMPFLI
Professor . . . . Bellach (Schweiz)

DR. NIELS STEENSGAARD
Direktor, Institute of History,
University of . . . . Kopenhagen

KARIN STEFFEN
Universitätsarchiv . . . . Rostock

UTE STEINER . . . . Weimar

DR. WALTER STEINER . . . . Weimar

DR. GERHARD STEINICH
Professor an der Sektion Geologische
Wissenschaften, Ernst-Moritz-Arndt-
Universität . . . . Greifswald

Dr. Hermann Steininger
Amt der Niederösterreichischen Landes-
regierung, Niederösterreichische Landesbibliothek . . . . Wien

Hanne Steinkopff . . . . Berlin

Wolf-Dieter Steinmetz
Braunschweigisches Landesmuseum
für Geschichte und Volkstum, Abteilung
Vor- und Frühgeschichte . . . Wolfenbüttel

Dr. Georg Stenitzer
Bürgermeister . . . . Laa an der Thaya

Dr. Hans-Jürgen Stephan
Geologisches Landesamt Schleswig-
Holstein . . . . Kiel

Helmut Stickroth
Heimatmuseum . . . . Friedberg

Dr. Werner Ernst Stöckli
Professor am Seminar für Urgeschichte,
Universität . . . . Bern

Ulrich Stodiek
Institut für Ur- und Frühgeschichte,
Universität . . . . Köln

Dr. Walter Stolle
Hessisches Landesmuseum . . . Darmstadt

Elfriede Storck . . . . Mutterstadt

Dr. Ingo Stork
Landesdenkmalamt Baden-Württemberg,
Abteilung Archäologische Denkmal-
pflege . . . . Stuttgart

Fred Storto
Stadtarchivar . . . . Diez/Lahn

Dr. Christian Strahm
Professor am Institut für Ur- und
Frühgeschichte der Albert-Ludwigs-
Universität . . . . Freiburg i. Br.

Wolfgang Strehn
Bürgermeister . . . . Deutschkreuz

Chris Stringer
Department of Palaeontology, British
Museum (Natural Museum) . . . . . London

Dr. Armin Stroh . . . . Burglengenfeld

Dr. Karl Struve †
Archäologisches Landesmuseum
der Christian-Albrechts-Universität
zu Kiel . . . . Schleswig

Franz Stüger . . . . Bad Ischl

Anton Stummer
Stadtmuseum . . . . Krems

Dr. Lothar Süss . . . . Rimhorn

Dr. Peter J. Suter
Archäologischer Dienst des Kantons . Bern

Irene Svensson
Folkens Museum Etnografiska . Stockholm

Wilhelm Swatschina
Heimatmuseum . . . . Hohenau/March

Dr. Helmut Swozilek
Direktor des Vorarlberger Landes-
museums . . . . Bregenz

Jackie Taffinder
Statens Historiska Museum . . . Stockholm

Annie Tarin
Musée Borély . . . . Marseille

Dr. Lothar Teichert
Martin-Luther-Universität Halle-
Wittenberg, Sektion Pflanzenproduktion,
Julius-Kühn-Sammlung . . . . Halle/Saale

Dr. Wolf-Dieter Tempel
Kreisarchäologe . . . . Rotenburg (W.)

Thomas Terberger M. A.
Institut für Vor- und Frühgeschichte der
Johannes-Gutenberg-Universität . . . Mainz

Dr. Maria Teschler-Nicola
Anthropologische Abteilung,
Naturhistorisches Museum . . . . Wien

Manfred Teske
Kreisbodendenkmal-
pfleger . . . . Wusterhausen

The Natural History Museum
Bibliothek . . . . London

Dr. Erich Thenius
emer. Professor am Institut für Paläontologie
der Universität . . . . Wien

Wolf Thieme M. A.
Hamburger Museum
für Archäologie . . . . Hamburg

Dr. Herbert Thomas
Institut de Paléontologie . . . . Paris

Dr. Gottfried Tichy
Professor am Institut für Geologie
und Paläontologie an der Univer-
sität . . . . Salzburg

Herbert Tietz
Braunschweigisches Landes-
museum . . . . Braunschweig

Hartwig Timm
Pastor . . . . Laage

Dr. Heinz Tobien
Professor am Institut für
Geowissenschaften der Johannes-
Gutenberg-Universität . . . . Mainz

Dr. Anton Točík
Archäologisches Institut der Slowakischen
Akademie der Wissenschaften . . . . . . Nitra

Dr. Alfred Tode
Ludwig-Roselius-Museum
für Frühgeschichte . . . . Worpswede

Artur Tomani
Kustos, Museum Lauriacum . . . . Enns

Dr. Andrzej J. Tomaszewski
Państwowe Muzeum Archeo-
logiczne . . . . Warschau

Dr. Walter Torbrügge
Professor, Lehrstuhl für Vor- und Frühgeschichte, Universität . . . . . . Regensburg

Maria Trettenhahn
Meldeamt . . . . Bisamberg

Maurice de Tribolet
Services des Archives
de l'État Neuchâtel . . . . Neuenburg

Dr. Victor Trifonov
Sowjetische Akademie der Wissenschaften,
Archäologisches Institut . . . . . . Leningrad

Dr. Gerhard Trnka
Institut für Ur- und Frühgeschichte
Universität . . . . Wien

Dr. Jørgen Andreas Troels-Smith
Nationalmuseum . . . . Kopenhagen

Dr. Gernot Tromnau
Kultur- und Stadthistorisches
Museum . . . . Duisburg

Johannes Tuzar
Engelshofen-Sammlung
auf der Rosenburg . . . . Horn

Dr. Hans Peter Uenze
Prähistorische Staatssammlung . München

Heinz Uhl
Historisches Bezirks-
museum . . . . Neubrandenburg

Dr. Ingrid Ulbricht
Archäologisches Landesmuseum der
Christian-Albrechts-Universität
zu Kiel . . . . Schleswig

Ferdinand Ullrich
Städtische Museen . . . . . . Recklinghausen

Universität des Saarlandes
Fachrichtung angewandte Geo-
chemie . . . . Saarbrücken

Universitätsbibliothek . . . . Marburg

University
Department of Archaeology . . . Edinburgh

Karl-Heinz Urmersbach . . Weißenthurm

Dr. Rafael von Uslar
emer. Professor, Institut für Vor- und
Frühgeschichte, Johannes-Gutenberg-
Universität . . . . Mainz

Werner Vasicek
Kustos, Krahuletz-Museum . . . Eggenburg

Dr. Stefan Veil
Urgeschichts-Abteilung, Niedersächsisches
Landesmuseum . . . . Hannover

Dr. Velizar Velkov
Professor am Archäologischen
Institut . . . . Sofia

Dr. Slavomil Vencl
Československá Akademie věd
Archeologicky Ústav . . . . Prag

Verbandsgemeindeverwaltung . . . . Irrel

Verbandsgemeinde-
verwaltung . . . . Stromberg

Silvia Vermetten
Bibliothek der Rijksuniversiteit . . . Leiden

Verwaltungsgemeinschaft . . . . . . Glonn

Gerd Vogt
Bürgermeister . . . . Erding

Dr. Giuseppe Voza
Regione Siciliana, Soprintendenza
ai beni culturali ambientali ..... Syrakus

Dr. Eberhard Wagner
Landesdenkmalamt Baden-
Württemberg .... Stuttgart

Dr. Joachim Wahl
Landesdenkmalamt Baden-Württemberg,
Osteologische Arbeitsstelle ..... Tübingen

Dr. Max Währen .... Bern

Dr. Karl F. Wälchli
Staatsarchiv des Kantons .... Bern

Dr. Eckart Wallbrecher
Professor am Institut für Geologie
und Paläontologie der Karl-Franzens-
Universität .... Graz

Wulf Walther
Heimatmuseum .... Mühlhausen

Dr. Ludwig Wamser
Bayerisches Landesamt für Denkmalpflege,
Abteilung für Vor- und Frühgeschichte
Außenstelle .... Würzburg

Dr. Gabriele Wand-Seyer
Emschertal-Museum der Stadt .... Herne

Dr. Burger Wanzek
Museum für Vor- und Früh-
geschichte .... Berlin

Martin Warren
Cromer and Walsingham Museum . Cromer

Dr. Manfred Warth
Staatliches Museum für Naturkunde .... Stuttgart

Dr. Virginia Watson
Transvaal Museum .... Pretoria

Dr. Willi Wegewitz
emer. Professor ...... Hamburg-Harburg

Dr. Günter Wegner
Urgeschichts-Abteilung, Niedersächsisches
Landesmuseum .... Hannover

Dr. Hans-Helmut Wegner
Landesamt für Denkmalpflege,
Abteilung Archäologische Denkmalpflege,
Amt .... Koblenz

Karl-Hermann Wegner
Stadtmuseum .... Kassel

Rita Wehner
Stadtarchiv .... Fulda

Kurt Wehrberger M. A.
Ulmer Museum .... Ulm

Joachim Weidemann
Student .... Mainz

Dr. Konrad Weidemann
Generaldirektor, Römisch-Germanisches
Zentralmuseum .... Mainz

Denis Weidmann
Monuments Historiques
et d'Archéologie .... Lausanne

Dr. Helmut Weiler
Professor, Geologisches Landesamt
Rheinland-Pfalz .... Mainz

Wolf Lüdecke v. Weltzien
Genealoge .... Pomérois

Andreas Wendowski M. A.
Stadtmuseum .... Cuxhaven

Andreas Werner .... Lichtenfels-Schney

Hansjürgen Werner ...... Neutraubling

Dr. Günter Wetzel
Arbeitsstelle für Boden-
denkmalpflege .... Cottbus

Herta Wichmann .... Langenwang

Esther Wiedmer
Einwohnergemeinde .... Grellingen

Dr. Georg Wieland
Städtisches Bodensee-
museum .... Friedrichshafen

Paul Wienand
Heimat- und Bergbau-
museum .... Weilburg/Lahn

Eberhard Wiese
Redaktionsarchiv,
Allgemeine Zeitung .... Mainz

Franz Wild
Marktgemeinde .... Peggau

Dr. Rupert Wild
Paläontologische Abteilung, Staatliches
Museum für Naturkunde ...... Stuttgart

Dr. Ulrich Willerding
Professor an der Universität .... Göttingen

Dr. Karl-Heinz Willroth
Institut für Ur- und Frühgeschichte
der Christian-Albrechts-Universität
zu Kiel .... Schleswig

Michael L. Wilson
South African Museum,
Archaeology Department .... Kapstadt

Erich Wimmer
Vizebürgermeister . Grafenwörth am Kamp

Dr. Stefan Winghart
Bayerisches Landesamt für Denkmalpflege,
Abteilung Bodendenkmalpflege . München

Dr. Christine Winkler
Rheinisches Landesmuseum .... Bonn

Dr. Hans Ulrich Wipf
Stadtarchiv .... Schaffhausen

Stefan Wirth M. A.
Städtische Kunstsammlungen –
Römisches Museum .... Augsburg

Peter Wollkopf
Rosgartenmuseum .... Konstanz

Günter Wullinger
Bayerisches Landesamt für Denkmalpflege
Außenstelle .... Landshut

Ernst Wurth
Oberschulrat, Heimat-
museum .... Guntramsdorf

John Wymer
Norfolk Archaeological Unit ..... Norfolk

Dr. René Wyss
Schweizerisches Landesmuseum .. Zürich

Dr. Waldo H. Zagwijn
Rijks Geologische Dienst .... Haarlem

Dr. Gisela Zahlhaas
Prähistorische Staatssammlung . München

Dr. Eva Zahn
Mainfränkisches Museum ..... Würzburg

Dr. Helmuth Zapfe
emer. Professor am Institut für Paläontologie
der Universität .... Wien

Dr. Liselotte Zemmer-Plank
Tiroler Landesmuseum
Ferdinandeum .... Innsbruck

Zentralbibliothek Zürich
Kantons-, Stadt- und Universitätsbibliothek .... Zürich

Dr. Reinhard Ziegler
Staatliches Museum für Naturkunde .... Stuttgart

Martin Zimmer
Stadtarchiv .... Plettenberg

Dr. Karl Zimmermann
Bernisches Historisches Museum .... Bern

Zivilstandesamt .... Wangen-SZ

Edward Werner Zollinger
Pfarrer, Evangelisches Pfarramt .... Kreuzlingen

Dr. Christian Züchner
Institut für Altertumskunde, Ur-
und Frühgeschichte, Universität
Erlangen-Nürnberg .... Erlangen

Andreas C. Zürchner
Denkmalpflege des Kantons ..... Zürich

Dr. Hartwig Zürn .... Stuttgart

Xaver Zwerger
Bürgermeister .... Polling

Dr. Jürgen Zwernemann
Professor, Hamburgisches Museum
für Völkerkunde .... Hamburg

Dieter W. Zygowski
Verband der Deutschen Höhlen-
und Karstforscher e. V. .... Münster

Dr. Detert Zylmann
Landesamt für Denkmalpflege,
Abteilung Bodendenkmalpflege .... Mainz

Nun steht der Mensch im Vordergrund

Mein 1986 erschienenes Buch »Deutschland in der Urzeit« beginnt mit der Entstehung des Lebens und schließt mit dem Ende des Eiszeitalters. Es beschreibt vorwiegend die erdgeschichtlichen Vorgänge, das Klima, die Veränderungen der Erdoberfläche sowie die Entstehung und Entwicklung der Pflanzen- und Tierwelt. Am Schluß wird dann auch kurz die Geschichte der ersten in Deutschland lebenden Menschen erzählt. Gemessen an den Zeiträumen von der Entstehung des Lebens bis zum Ende des Eiszeitalters nimmt das Auftreten des Menschen im Eiszeitalter jedoch nur einen Bruchteil der zu beschreibenden Zeit in Anspruch.

Im vorliegenden Buch bleiben Klima, Flora und Fauna natürlich nicht ausgespart, aber sie liefern gewissermaßen nur den Hintergrund für die sich entwickelnde Urgeschichte des Menschen in der Steinzeit. Damit ist keine Überheblichkeit gegenüber der Natur verbunden. Wir haben inzwischen gelernt, welche Verheerung »die Krone der Schöpfung – der Mensch« anrichtet, wenn er sich nicht als Teil der Natur empfindet und dementsprechend handelt. Trotz aller Warnungen ist er derzeit noch immer damit beschäftigt, seine eigenen Lebensgrundlagen zu zerstören. Dieses Buch weist darauf hin, daß der Mensch schon in der Steinzeit dazu neigte, die Natur auszuplündern.

Die Konzentration auf den Menschen macht einen Rückblick und eine Ausweitung des Themas erforderlich, damit auch der Leser, der »Deutschland in der Urzeit« nicht kennt, eine in sich geschlossene Darstellung erhält. Ausgeweitet wurde auch der geographische Rahmen des Beschriebenen. Hatte sich »Deutschland in der Urzeit« vorwiegend auf das Gebiet von Deutschland konzentriert, werden nun auch die deutschsprachigen Länder Österreich, die Schweiz und Liechtenstein einbezogen. Das Buch beginnt also mit dem ersten Auftreten des Menschen in den genannten Ländern, schildert die verschiedenen Phasen der Steinzeit und endet mit dem Beginn der Bronzezeit.

Seit dem Erscheinen von »Deutschland in der Urzeit« sind weitere wichtige Funde geborgen, neue Erkenntnisse gewonnen und dank verfeinerter Methoden die Altersdatierungen noch genauer geworden. Dies hat dazu geführt, daß im neuen Buch einige Angaben von denen abweichen, die in der »Urzeit« gemacht wurden. Das ist beispielsweise bei der Gliederung des Eiszeitalters und den Zeitangaben über verschiedene Abschnitte der Fall.

Bei jeder Stufe, Kultur oder Gruppe der Steinzeit von den Geröllgeräte-Industrien bis zur Dolchzeit werden deren Zeitdauer, Verbreitung und Herkunft des Namens behandelt. Hinzu kommen – soweit es die Funde erlauben – Angaben über die Anatomie und Krankheiten der Menschen aus diesen Abschnitten, ihre Siedlungen, Wirtschaft, ihr Verkehrswesen, Kleidung, ihren Schmuck, Kunst, Musik, Gebrauchsgüter, Gräber und Religion.

Der Anhang des Buches ist für diejenigen gedacht, die es noch genauer wissen wollen. Im Kapitel »Pioniere der Steinzeitforschung« werden beispielsweise solche Wissenschaftler in Wort und Bild vorgestellt, die den Namen einer in Deutschland, Österreich und der Schweiz vertretenen Stufe, Kultur oder Gruppe geprägt haben. Ein weiteres Kapitel zeigt auf, in welchen Museen man Zeugen der Steinzeit besichtigen kann. Die Anmerkungen schildern die Entdeckungsgeschichte vieler Fundstellen sowie die Herkunft zahlreicher Begriffe. Das für jedes einzelne Kapitel erstellte Literaturverzeichnis weist auf weiterführende Spezialliteratur hin und führt die Arbeiten auf, in denen erstmals der Name einer Stufe, Kultur oder Gruppe vorgeschlagen wurde.

Die Ölgemälde und Strichzeichnungen mit urgeschichtlichen Motiven sowie die Karten über die Verbreitung von Stufen, Kulturen und Gruppen wurden eigens für dieses Buch geschaffen. Auch ein Teil der Fotos ist extra angefertigt worden.

Prähistoriker, Geologen, Paläobotaniker, Paläontologen, Archäozoologen, Anthropologen, Museumsleute, Amateur-Archäologen, Archivare, Bürgermeister und Pfarrer aus vielen Ländern Europas haben durch Informationen und andere Hilfen diesen Band ermöglicht.

Ernst Probst   Winter 1990/91

DIE URGESCHICHTE

Vom ersten Auftreten des Menschen bis zur Erfindung der Schrift

Als Urgeschichte wird die Zeit seit dem ersten Auftreten des Menschen bis zum frühesten Gebrauch der Schrift bezeichnet. Diesen schriftlosen Abschnitt nennt man auch Vorgeschichte oder Prähistorie[1]. Genaugenommen sind die Begriffe Vorgeschichte oder Prähistorie nicht völlig korrekt, da diese Zeitspannen letztendlich ebenfalls ein Teil der Geschichte oder Historie des Menschen sind.

Nach den bisherigen Funden zu schließen, reicht die Urgeschichte in Afrika am weitesten zurück. Dort lebten vermutlich schon vor etwa vier Millionen Jahren frühe Vormenschen der Gattung *Australopithecus.* Diese Vormenschen sind bislang nur auf dem Schwarzen Erdteil sicher nachgewiesen.

Europa wurde offenbar vor mehr als einer Million Jahren durch weiter entwickelte Frühmenschen der Art *Homo erectus* besiedelt, Asien nach neueren Erkenntnissen vor weniger als einer Million Jahren. Australien ist wahrscheinlich vor ungefähr 30 000 Jahren von Jetztmenschen der Unterart *Homo sapiens sapiens,* zu der auch wir gehören, betreten worden. In Amerika wanderten die ersten Jetztmenschen vor etwa 25 000 Jahren ein.

Die angeführten Beispiele zeigen, daß man den Anfang der Urgeschichte in jedem Erdteil unterschiedlich datiert. Gleiches gilt für die einzelnen Länder. In Deutschland beispielsweise begann die Urgeschichte vor etwa einer Million Jahren, in der Schweiz vor schätzungsweise 300 000 Jahren und in Österreich vor mehr als 250 000 Jahren. Ältere Funde von Steinwerkzeugen oder menschlichen Knochenresten können jedoch Korrekturen bei diesen Zeitangaben erforderlich machen.

Die Urgeschichte endet in jedem Land zu dem Zeitpunkt, in dem dort die Schrift eingeführt wurde. Das ist in Sumer infolge der Erfindung der Keilschrift um 3500 v. Chr. der Fall, in Ägypten dank der Erfindung der Hieroglyphenschrift um 3000 v. Chr., auf Kreta um 1800 v. Chr., in Phönikien um 1700 v. Chr. und in Griechenland nach 1000 v. Chr. In Mitteleuropa setzte sich das griechische Alphabet erst kurz vor Christi Geburt zögernd durch, was dort ein relativ spätes Ende der Urgeschichte bewirkte.

Die Übergangsphase zwischen der Urgeschichte und der Geschichte wird Frühgeschichte genannt. Darunter versteht man jene Zeitspanne, für deren Erforschung neben der schriftlichen und mündlichen Überlieferung mit archäologischen Methoden erschließbare Überreste herangezogen werden können.

Die Urgeschichte wurde 1836 durch den dänischen Archäologen Christian Jürgensen Thomsen[2] (1788–1865) aus Kopenhagen in drei Zeitalter eingeteilt: die Steinzeit, die Bronzezeit und die Eisenzeit.[3] Diese Gliederung beruht auf dem in diesen Abschnitten jeweils am meisten verwendeten Rohstoff für Werkzeuge und Waffen. Da der Gebrauch von Stein, Bronze und Eisen zu unterschiedlichen Zeiten einsetzte, können der

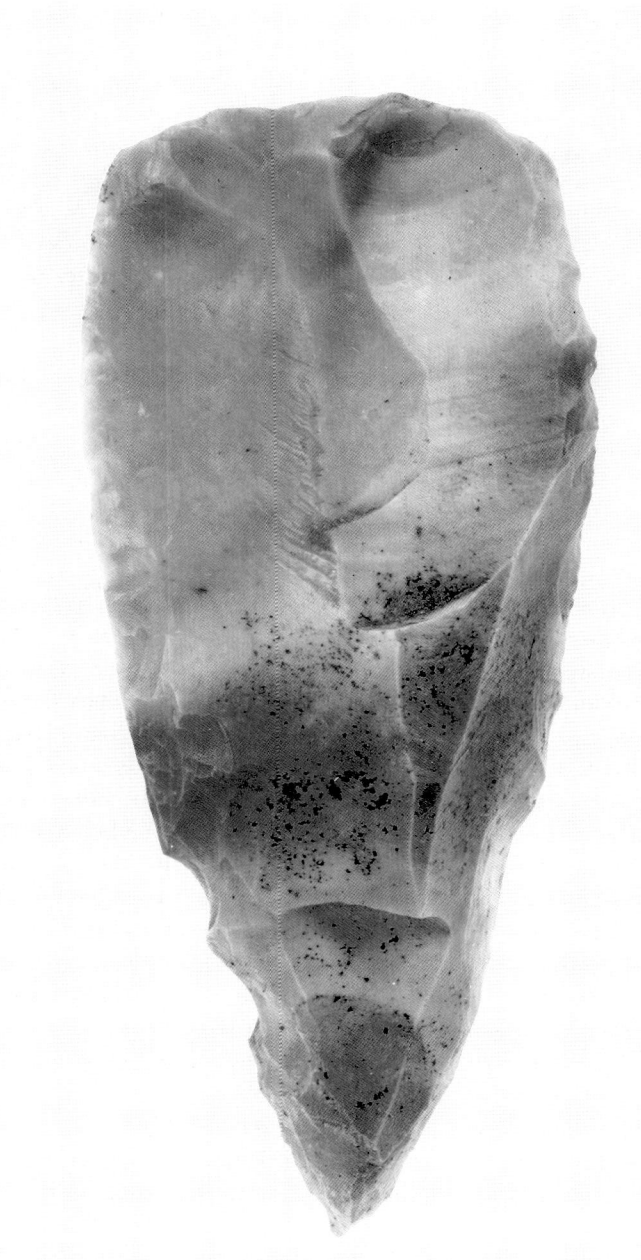

Werkzeug aus der Steinzeit: Spitze aus Feuerstein aus dem Jungacheuléen (vor etwa 350 000 bis 150 000 Jahren) von Markkleeberg bei Leipzig in Sachsen. Länge 11,1 Zentimeter. Original im Landesmuseum für Vorgeschichte Dresden.

Beginn und das Ende von Steinzeit, Bronzezeit und Eisenzeit in jedem Erdteil, Land oder sogar Bundesland anders datiert sein. Manche Autoren verwenden zudem für die letzte Phase der Steinzeit, nämlich einen entwickelten Abschnitt der Jungsteinzeit, in der neben dem Stein bereits Kupfer, Gold und Silber ver-

Der dänische Archäologe Christian Jürgensen Thomsen (1788–1865) aus Kopenhagen teilte 1836 die Urgeschichte nach dem jeweils am meisten verwendeten Rohstoff für Werkzeuge und Waffen in drei Zeitalter ein: Steinzeit, Bronzezeit und Eisenzeit.

arbeitet wurden, die Begriffe Kupferzeit, Kupfersteinzeit (Chalkolithikum) oder Äneolithikum (s. S. 298). Andere Prähistoriker dagegen sprechen weiterhin von der Jungsteinzeit, weil in dieser Periode der Stein noch das bevorzugte Rohmaterial war. Die Bronzezeit und die Eisenzeit werden zuweilen auch sprachlich zusammengefaßt und als Metallzeiten bezeichnet. Für die Bronzezeit sind je nach geographischer Lage und Forschungsstand die Einteilungen Früh-, Mittel- und Spätbronzezeit oder Früh-, Alt-, Mittel-, Jung- und Spätbronzezeit üblich. Dies gilt jedoch nur für Mitteleuropa. Daneben gibt es regional gebräuchliche Bezeichnungen wie Hockergräberbronzezeit, Hügelgräberbronzezeit und Urnenfelderzeit, deren Name auf der charakteristischen Art der Bestattung fußt.

Für die Jahrhunderte vor Christi Geburt wird die Eisenzeit als Vorrömische Eisenzeit bezeichnet. Sie gilt als letzter Abschnitt der europäischen Urgeschichte, während die nachchristliche oder römische Eisenzeit schon zur Geschichte zählt. Man teilt die Vorrömische Eisenzeit in zwei Abschnitte. Der ältere davon heißt ältere Vorrömische Eisenzeit oder nach einem besonders typischen Fundort in Österreich auch Hallstattzeit. Der jüngere Teil wird jüngere Vorrömische Eisenzeit oder nach einem besonders typischen Fundort in der Schweiz auch Latènezeit genannt.

Den Zeitaltern Steinzeit, Bronzezeit und Eisenzeit sowie deren Perioden lassen sich bestimmte Stufen, Kulturen oder Gruppen und manchmal sogar verschiedene Inventartypen zuordnen. Eine Kultur im Sinne der Archäologen besteht aus einer Reihe von Aspekten wie Geräteindustrie, Wirtschaft, Kunst, Siedlungsform, Grabritus, anthropologischer Charakteristik und

vielleicht auch, was sich kaum nachweisen läßt, aus derselben Sprache. Weil solche Merkmale in der Alt- und Mittelsteinzeit nur zum Teil nachweisbar sind, spricht man von Stufen oder Kulturstufen.

Statt Kultur verwendet man manchmal auch die Begriffe Gruppe oder Komplex, wenn noch unklar ist, ob es sich tatsächlich um eine neu erkannte Kultur handelt.

Der Name einer Stufe, Kultur oder Gruppe erinnert häufig an den Fundort, wo diese zum erstenmal bzw. am deutlichsten nachgewiesen wurde. Dieser Fundort gilt dann als sogenannte Patenstation. Eine Stufe, Kultur oder Gruppe kann aber auch nach charakteristischen Werkzeugen (beispielsweise: Geröllgeräte-Industrien), der typischen Form von Tongefäßen (Trichterbecher-Kultur) oder von deren Verzierung (Linienbandkeramische Kultur) oder der Art der Gräber (Einzelgrab-Kultur) benannt sein.

Bei manchen Stufen, Kulturen oder Gruppen lassen sich unterschiedliche Inventartypen unterscheiden, womit die jeweils übereinstimmende Zusammensetzung des Fundgutes mehrerer Fundorte zu verstehen ist. Besonders typische Werkzeuge, Waffen, Gefäße, Kunstwerke, Siedlungen oder Gräber bezeichnet man als Typen.

Schmuck aus der Bronzezeit: bronzener Beinschmuck aus der Zeit früher als 1300 v. Chr. von der Ehrenbürg (auch Walberla genannt) bei Schlaifhausen (Kreis Forchheim) in Bayern. Durchmesser 10,8 Zentimeter. Original im Historischen Museum Bamberg.

Waffe aus der Eisenzeit: eisernes Schwert aus der jüngeren vorrömischen Eisenzeit (Latènezeit von etwa 450 v. Chr. bis Christi Geburt) aus dem Rhein bei Mainz in Rheinland-Pfalz. Länge etwa 43 Zentimeter. Original im Landesmuseum Mainz.

DIE STEINZEIT

Das Zeitalter der steinernen Werkzeuge und Waffen

Als Steinzeit gilt jenes Zeitalter, in dem der Stein der am meisten verwendete Rohstoff für die Herstellung von Werkzeugen und Waffen war. Solche künstlich von Menschenhand angefertigten Geräte werden von den Archäologen als Artefakte[1] bezeichnet. Die Steinzeit ist das älteste und längste Zeitalter der Urgeschichte. Sie begann in Afrika schon vor mehr als zwei Millionen Jahren, in Europa vor mehr als einer Million Jahren, in Asien vor weniger als einer Million Jahren. Ihr Ende fand die Steinzeit in vielen Gebieten mit der Herstellung und Verwendung von Bronze, die mancherorts bis in die zweite Hälfte des dritten Jahrtausends vor Christus zurückreicht. Der Begriff Steinzeit geht – wie erwähnt – auf den dänischen Archäologen Thomsen zurück.

Aus der Steinzeit liegen mit Ausnahme von Sumer und Ägypten, wo bereits um 3500 bzw. 3000 v. Chr. eine heute noch lesbare Schrift gebräuchlich war, keinerlei schriftliche Nachrichten vor. Die frühesten Belege von Schriftgebrauch in den anderen Ländern fallen schon in die Bronzezeit. Deshalb kennen wir heute aus Europa keine Namen von Völkern, Städten, Herrschern und auch keine Texte von Gesetzen, Gebeten, Gedichten oder Liedern.

Die Steinzeit wird in Europa in die drei Perioden Altsteinzeit (Paläolithikum), Mittelsteinzeit (Mesolithikum) und Jungsteinzeit (Neolithikum) gegliedert. In anderen Erdteilen ist diese Einteilung nicht generell anwendbar.

Das Klima war in der Steinzeit sehr wechselhaft. Der weitaus größte Anteil der Steinzeit, nämlich die gesamte Altsteinzeit, entspricht dem Eiszeitalter (Pleistozän)[2], das in Mitteleuropa vor etwa 2,5 Millionen Jahren begann und ungefähr vor 10 000 Jahren, also um 8000 v. Chr., endete. Im Eiszeitalter lösten sich klimatisch milde Warmzeiten mehrfach mit grimmig kalten Eiszeiten ab. In den verschiedenen Eiszeiten bedeckten Gletscher weite Gebiete Europas, Nordamerikas und Asiens. Während kalter Perioden mußten die wärmeorientierten Pflanzen und Tiere den kälteorientierten weichen, die Wälder wurden durch Steppen abgelöst.

Vor Beginn des Eiszeitalters kehrte sich das Magnetfeld der Erde erneut um. Aus dem damaligen Nordpol wurde ein Südpol und aus dem Südpol ein Nordpol. Diese Zeit mit umgekehrter (auch reverser) Polarität wird Matuyama-Epoche[3] genannt. Der Beginn der Mittelsteinzeit in Mitteleuropa um 8000 v. Chr. fiel in den Anfang der Nacheiszeit (Holozän). Damals breiteten sich – bewirkt durch das günstigere Klima – die Wälder aus. Die früheste Phase der Jungsteinzeit in Mitteleuropa ab etwa 5500 v. Chr. fiel in ein feuchtwarmes Klima (Atlantikum), auf das um 3800 v. Chr. eine etwas kühlere Übergangszeit (Subboreal) folgte.

In manchen Gebieten Europas regte sich in der Steinzeit sehr starker Vulkanismus. In Nordamerika schlug gegen Ende der älteren Periode der Steinzeit ein aus dem Weltall auf die Erde

Steinwerkzeuge aus der Steinzeit: Faustkeile aus der Zeit der Neanderthaler vom Speckberg bei Meilenhofen (Kreis Eichstätt) in Bayern in den Händen des Amateur-Archäologen und Lehrers Oswald Böhme (1914–1973) aus Nassenfels, der diese Fundstelle entdeckt hat.

stürzender Meteorit einen tiefen Krater. Der Orient wurde in der ausgehenden Steinzeit von großen Überschwemmungen heimgesucht.[4]

Im Verlauf der Steinzeit entwickelte sich aus primitiven Vorläufern der heutige Mensch. Vor etwa 2,2 Millionen Jahren gingen in Afrika aus Vormenschen der Art *Australopithecus africanus* die ersten Frühmenschen der Gattung *Homo* (Mensch) hervor: zunächst *Homo habilis*, ihm folgten vor mehr als anderthalb Millionen Jahren die Frühmenschen der Art *Homo erectus*. Vor etwa 300 000 Jahren erschienen in Europa frühe Angehörige der auf noch höherem kulturellem Niveau stehenden Art *Homo sapiens*, die von den Wissenschaftlern als Präsapienten, Steinheim-Menschen, Anteneanderthaler oder frühe Neanderthaler bezeichnet werden.

Vor etwa 115 000 bis 35 000 Jahren lebten in Europa die späten oder sogenannten »klassischen Neanderthaler« *(Homo sapiens neanderthalensis)*. Ungefähr vor 100 000 Jahren traten im östlichen Mittelmeergebiet die frühesten Vertreter des anatomisch modernen Menschen oder Jetztmenschen *(Homo sapiens sapiens)* auf. Sie tauchten später auch in Europa, Amerika und Australien auf.

Die späten Neanderthaler in Europa wurden vor etwa 35 000 Jahren auf bisher ungeklärte Weise von diesen Jetztmenschen abgelöst. Eine interessante Theorie hat in diesem Zusammenhang der Tübinger Prähistoriker Gerd Albrecht entwickelt. Er vermutet, daß die Neanderhaler nördlich des Mittelmeerraumes entstanden sind. Ein Teil von ihnen sei dann zu Beginn der Würm-Eiszeit südwärts gewandert und habe sich im östlichen Mittelmeerraum teilweise mit frühen Formen von *Homo sapiens sapiens* vermischt. Ein anderer Teil blieb dagegen im Norden und entwickelte dort Errungenschaften, wie sie teilweise für die jüngere Altsteinzeit typisch werden sollten. Auf diesen Teil traf dann, über den Balkan kommend, vor etwa 35000 Jahren der *Homo sapiens sapiens* aus dem östlichen Mittelmeergebiet. In der entwickelten jüngeren Altsteinzeit scheint dann eine Rückbewegung von Europa in Richtung Vorderer Orient stattgefunden zu haben.

Der kulturelle Aufstieg vom Vormenschen zum Jetztmenschen war mit einer allmählichen Zunahme der Körpergröße, des Körpergewichtes und des Gehirns sowie mit merklichen Veränderungen der Schädelform und des Skelettbaues verbunden. Auch die Sprachfähigkeit wurde immer mehr verbessert. Diese Entwicklung vollzog sich ausschließlich in der Altsteinzeit.

Die Menschen der Alt- und Mittelsteinzeit waren nicht seßhaft. Die Vormenschen haben vermutlich aus Furcht vor Löwen, Leoparden oder Säbelzahnkatzen an geschützten Orten – wie in Höhlen, auf Felsen oder auf Bäumen – die Nacht verbracht. Die Frühmenschen bauten offenbar schon vor mehr als anderthalb Millionen Jahren mit Ästen und Zweigen windgeschützte Unterschlüpfe oder Hütten. Mindestens seit einer Million Jahren verstanden sie es, das Feuer zu nutzen (s. S. 35). Die Altmenschen vom Typ der Neanderthaler errichteten mit dicken Holzstangen und Tierfellen stabile Behausungen. Manchmal verwendeten sie Mammutschädel und -stoßzähne als Baugerüst. Die eiszeitlichen Jetztmenschen aus der Zeit vor etwa 35000 bis 10000 Jahren (8000 v. Chr.) schlugen leichtgebaute Zelte und Rundbauten auf, die sie mit Tierhäuten bedeckten. Die ersten Bauern Mitteleuropas zimmerten in der Jungsteinzeit um 5500 v. Chr. bis zu 40 Meter lange Holzhäuser.

In frühen Phasen der Altsteinzeit ernährten sich unsere Vorfahren noch häufig von Aas. Die Jagd auf wilde Tiere wurde erst in späteren Phasen immer wichtiger. Die Jagd war Angelegenheit der Männer, das Sammeln von wildwachsenden Beeren, Früchten und Kräutern, die Betreuung der Kinder und des Haushaltes oblag den Frauen. Es ist die »Zeit der Wildbeuter«, eine ausschließlich aneignende Wirtschaftsform, in der die in der Natur vorhandenen Pflanzen und Tiere ausgebeutet werden, ohne daß man für deren Vermehrung sorgte.

Als erste Haustiere des Menschen gelten gezähmte Jungwölfe aus der Zeit vor etwa 13000 Jahren. Sie dürften die Männer bei der Jagd begleitet und Schutzfunktionen übernommen haben.

In der Mittelsteinzeit ernährten sich die Menschen fast ausschließlich von der Jagd und vom Sammeln. Das Vorhandensein von Netzen, Reusen und Angelhaken läßt darauf schließen, daß der Fischfang damals in Europa an Bedeutung gewann.

Das unstete Wanderleben der Jäger, Sammler und Fischer endete in der Jungsteinzeit, als Ackerbau, Viehzucht und Töpferei die Lebensweise geradezu revolutionierten. Diese »neolithische Revolution« bahnte sich vor etwa 12000 Jahren zunächst im Vorderen Orient und vielleicht auch in Nordafrika an, breitete sich aus und erreichte um 5500 v. Chr. Teile Mitteleuropas. Die frühen Bauern bauten in der Nähe ihrer festen Häuser Getreide und Hülsenfrüchte an und hielten Rinder, Schafe, Ziegen und Schweine als Haustiere. Die neue Wirtschaftsform ermöglichte eine seßhafte Lebensweise.

Das Tauschen spielte in Europa bereits in der Altsteinzeit eine bescheidene Rolle. Manche Schmuckschnecken belegen schon für die Zeit vor mehr als 20000 Jahren erstaunliche Verbindun-

gen zu weit entfernten Gebieten. Vielleicht fungierten diese Schmuckschnecken als eine Art Zahlungsmittel. In der Jungsteinzeit blühte der Tausch mit seltenem Feuerstein als Rohmaterial für Werkzeuge und Waffen, aber auch mit Bernstein für Schmuckzwecke. Die ersten in den frühen Hochkulturen des Vorderen Orients geschaffenen Gegenstände aus Kupfer und Gold dürften in der entwickelten Jungsteinzeit auf dem Tauschweg nach Mitteleuropa gelangt sein.

Bei den frühen altsteinzeitlichen Jägern gab es wohl noch kein spezialisiertes Handwerk. Die für den Alltag benötigten Gegenstände konnten von jeder Familie bzw. Gruppe selbst hergestellt werden. Aber seit der jüngeren Altsteinzeit kann man davon ausgehen, daß Kunstwerke von Spezialisten geschaffen wurden. Bei besonders aufwendigen Hausbauten, später beim Wagenbau und bei der Herstellung von besonders kunstvoller Keramik wurden in den Dörfern der Jungsteinzeit wahrscheinlich eigens ausgebildete Spezialisten benötigt.

Die Menschen der Altsteinzeit legten große Entfernungen zu Fuß zurück. Gegen Ende der Altsteinzeit überquerten Jäger und Sammler vom griechischen Festland mit Wasserfahrzeugen – vielleicht mit Flößen – das Mittelmeer und setzten auf die Insel Korfu über. Ab der Mittelsteinzeit waren lange Einbäume mit Holzpaddeln in Gebrauch.

Als frühestes Zugtier für schwerfällige hölzerne Wagen mit Scheibenrädern diente ab dem vierten Jahrtausend v. Chr. das Rind. Das Pferd kam zu dieser frühen Zeit bereits als Reittier und später auch als Zugtier in Mode. In sumpfigen Gebieten wurden um 3000 v. Chr. holprige Holzbohlenwege angelegt. Kleidung dürfte bereits für den Frühmenschen *Homo erectus* in kühlen Abschnitten der Altsteinzeit erforderlich gewesen sein und erst recht für die in der letzten Eiszeit vor etwa 115000 bis 10000 Jahren lebenden Menschen. Belegt ist sie indirekt auf mehr als 30000 Jahre alten Kunstwerken (s. S. 80) sowie direkt bei den etwa 20000 bis 25000 Jahre alten Bestattungen von Sungir in der Sowjetunion (s. S. 85).

Die archäologischen Hinweise auf Schmuck schon zur Zeit der Neanderthaler sind bisher selten. Dabei handelt es sich um rote, gelbe oder schwarze Farbstückchen aus Frankreich und der Sowjetunion sowie um Anhänger. Seit etwa 30000 Jahren ist die Vorliebe für Schmuck in Form von durchbohrten Schneckengehäusen und Tierzähnen für Ketten und als Kleidungsbe-

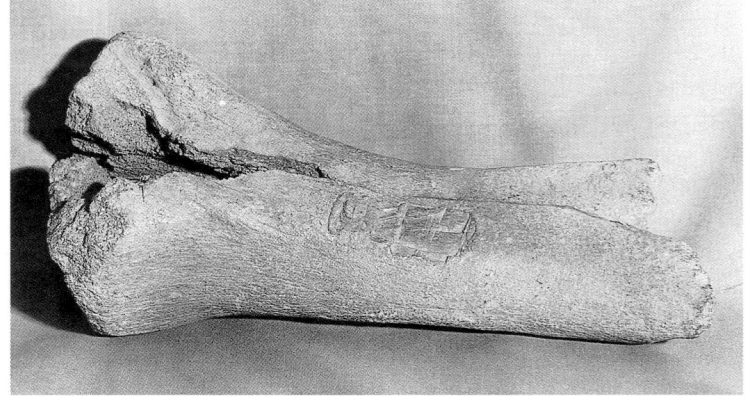

Knochenwerkzeug aus der Steinzeit: Unterarm eines Fellnashorns *(Coelodonta antiquitatis)* aus der Saale-Eiszeit von Bottrop in Nordrhein-Westfalen. Der Knochen diente einem frühen Neanderthaler als Arbeitsfläche (Amboß). Auf dem 24,6 Zentimeter langen Knochen sind deutlich die 5,2 Zentimeter langen Schlag- und Schneidespuren zu erkennen. Original im Museum für Ur- und Ortsgeschichte Bottrop.

satz belegt. Auch Elfenbeinschmuck und Farbstücke zum Schminken wurden in Siedlungen und Gräbern dieser Zeit entdeckt. Bernstein war in der Jungsteinzeit als Schmuck sehr begehrt.

Die Anfänge der Kunst reichen bis vor mehr als 30 000 Jahre zurück. Zu den beliebtesten Motiven zählten damals Jagdtiere. Weitaus seltener sind Darstellungen von Mischwesen mit tierischen und menschlichen Attributen, die charakteristisch für die damalige Vorstellungswelt waren. Die farbenprächtige Höhlenmalerei erlebte nach zaghaften Anfängen vor rund 17 000 Jahren einen grandiosen Höhepunkt.

Töne haben vielleicht schon die Neanderthaler in ihren Bann gezogen. Die als Beispiel für frühe Instrumente genannten Funde sind jedoch nicht überzeugend. Aus Frankreich kennt man echte Flöten aus Knochen seit etwa 30 000 Jahren. Die Verwendung von mit Tierhäuten überzogenen Tontrommeln gilt erst um 3500 v. Chr. in der Jungsteinzeit als gesichert. Sie geben eindrucksvolle Hinweise auf Tanz und Gesang in der Steinzeit. Die Herstellung von Gebrauchsgütern wurde im Laufe der Steinzeit immer mehr vervollkommnet. Die Altsteinzeit gilt als »Zeit des geschlagenen Steins«, in der Werkzeuge und Waffen aus verschiedenen Gesteinsarten durch immer raffiniertere Schlagtechniken angefertigt wurden. Am Beginn dieser Entwicklung standen plumpe, durch wenige Schläge zugerichtete Geröllgeräte, an ihrem Ende meisterhaft retuschierte Faustkeile. Holz war sicher oft wichtiger als Stein, ist aber kaum erhalten. Auch Knochen und Geweih dienten als Rohstoffe. Holzlanzen und -knüppel zählten zu den ersten Waffen der Frühmenschen. In den letzten Abschnitt der Altsteinzeit fielen die Erfindung von Pfeil und Bogen, Speerschleudern und Harpunen sowie von Nähnadeln aus Knochen.

Für die Mittelsteinzeit ist der Gebrauch von auffallend kleinen Steingeräten kennzeichnend, die man wegen ihrer geringen Größe Mikrolithen nennt. In manchen der damaligen Kulturstufen gab es Hacken und Beile aus Geweihen.

Die Jungsteinzeit präsentiert sich als »Zeit des geschliffenen Steins«, der – nach vereinzelten altsteinzeitlichen Vorläufern – eine erst in dieser Epoche stärker aufgekommene Neuerung darstellt. In Australien waren geschliffene Steinbeile schon vor etwa 20 000 Jahren üblich. Charakteristisch sind unter anderem geschliffene und für die Aufnahme des Schaftes durchbohrte Steinäxte. Spitzenerzeugnisse der weiterhin betriebenen Steinschlagtechnik waren gegen Ende der Jungsteinzeit die Feuersteindolche, die Metallvorbildern aus frühen Zentren der Kupfer- und Bronzezeit nachgeahmt wurden.

Die Neanderthaler gelten als die ersten unserer Vorfahren, die ihre Toten bestatteten. Speisebeigaben deuten an, daß sie an ein Leben nach dem Tode glaubten. Auch die nach ihnen lebenden Jetztmenschen der jüngeren Altsteinzeit betteten ihre Toten meist sorgfältig zur letzten Ruhe. Andererseits wurden damals manchmal Leichen zerstückelt oder nur die Köpfe bestattet (Schädelkult). Aus der Jungsteinzeit kennt man bereits große

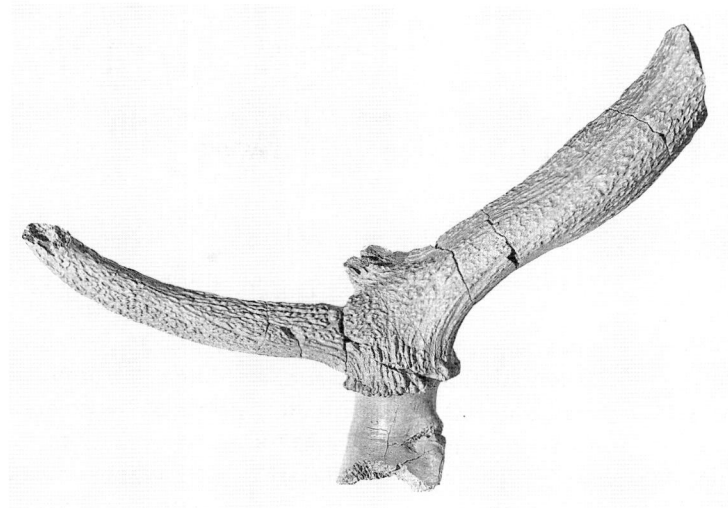

Geweihwerkzeug aus der Steinzeit: Pickel aus dem Jungacheuléen (vor etwa 350 000 bis 150 000 Jahren) von Bilzingsleben (Kreis Artern) in Thüringen. Länge mehr als einen halben Meter. Original im Landesmuseum für Vorgeschichte Halle/Saale.

Friedhöfe, aufwendige Grabformen – wie die Großsteingräber (Megalithgräber[5]) – und in manchen Kulturen auch schon die Leichenverbrennung.

Über die Religion der altsteinzeitlichen Bevölkerung wissen wir wenig. Da die Frühmenschen in der Zeit vor mehr als zwei Millionen bis 300 000 Jahren ihre Verstorbenen nicht bestatteten, machten sie sich vielleicht keine Gedanken über ein Leben nach dem Tode. Ob der von späten Frühmenschen praktizierte Kannibalismus in Choukoutien (China) religiös motiviert war, wissen wir nicht.

Bestattung und die Mitgabe von Wegzehrung oder Waffen scheinen erst bei den »klassischen Neanderthalern« vor mehr als 100 000 Jahren aufgekommen zu sein. Damit waren wohl Jenseitsvorstellungen verbunden. Der von Neanderthalern praktizierte Schädelkult mit den Köpfen von Toten bezeugt eine Form der Ahnenverehrung.

Besser unterrichtet sind wir über die Religion der frühen Jetztmenschen in Europa aus dem letzten Abschnitt der Altsteinzeit vor mehr als 30 000 bis etwa 10 000 Jahren. Zu deren religiöser Vorstellungswelt gehörten Mischwesen in Mensch-Tier-Gestalt und die Darstellung von Betenden (Adoranten); ob die Höhlenmalereien eine religiöse Funktion erfüllten, ist umstritten.

Eine noch ungeklärte Funktion im Kult spielten in der Mittelsteinzeit die Hirschschädelmasken.

Die Hauptsorge der jungsteinzeitlichen Bauern galt dem Gedeihen der stark vom Wetter abhängigen Ernte und der Viehzucht. Deshalb opferten sie vermutlich zu bestimmten Jahreszeiten sogar Menschen. Aus dem fünften Jahrtausend v. Chr. kennt man in Europa bereits ausgedehnte, mehrfach gestaffelte, kreisförmige Palisadenanlagen mit Zugängen in allen vier Himmelsrichtungen. Sie werden als Heiligtümer gedeutet.

DIE ALTSTEINZEIT (Paläolithikum)

Von den ersten Steinwerkzeugen bis zum Ende des Eiszeitalters

Die Altsteinzeit ist die älteste und längste Periode der Steinzeit. Wie die Steinzeit begann sie in jedem Land zu dem Zeitpunkt, von dem ab erstmals Stein als Rohmaterial für die Herstellung von Werkzeugen und Waffen benutzt wurde. Ihr Ende wird in Europa mit demjenigen des Eiszeitalters vor etwa 10 000 Jahren gleichgesetzt. Altsteinzeitliche Kulturen gab es in allen Erdteilen.

Der Begriff Altsteinzeit (Paläolithikum) wurde 1865 von dem englischen Prähistoriker John Lubbock[1] (1834–1913) eingeführt, der 1900 geadelt wurde und seitdem Lord Avebury hieß. Er teilte damals die Steinzeit in zwei Perioden. Die ältere davon nannte er Paläolithikum (deutsch: Altsteinzeit oder ältere Steinzeit) und definierte sie als »Periode des geschlagenen Steins«. Den jüngeren Abschnitt bezeichnete er als Neolithikum (Jungsteinzeit oder jüngere Steinzeit) bzw. als »Periode des geschliffenen Steins«. Der Begriff Mesolithikum (Mittelsteinzeit oder mittlere Steinzeit) wurde erst später geprägt (s. S. 168).

Zwergbirken *(Betula nana)* im östlichen Teil der großen Samojedentundra nahe dem polaren Ural in der Sowjetunion. Ähnliche Zwergstrauchsteppen breiteten sich während der Kalt- bzw. Eiszeiten des Eiszeitalters auch in Mitteleuropa aus.

Die Altsteinzeit wird in vielen Gebieten Europas in drei unterschiedlich lange Abschnitte gegliedert: ältere Altsteinzeit (Altpaläolithikum), mittlere Altsteinzeit (Mittelpaläolithikum) und jüngere Altsteinzeit (Jungpaläolithikum).

Leider sind sich die Prähistoriker über die Kriterien dieser Gliederung und somit über die Zeitdauer der einzelnen Abschnitte nicht einig. Deshalb gibt es voneinander abweichende Gliederungen der Altsteinzeit. In diesem Buch wird das von dem Tübinger Prähistoriker Hansjürgen Müller-Beck verwendete Schema verwendet:

Die ältere Altsteinzeit beginnt mit den ersten Steinwerkzeugen und dauert bis zum Ende des mittleren Eiszeitalters (Mittelpleistozän), das dem Ende der Saale-Eiszeit bzw. dem Beginn der folgenden Eem-Warmzeit vor etwa 125 000 Jahren entspricht (siehe Gliederung des Eiszeitalters auf Seite 29).

Die mittlere Altsteinzeit beginnt mit der Eem-Warmzeit vor etwa 125 000 Jahren und endet vor etwa 35 000 Jahren.

Die jüngere Altsteinzeit beginnt vor etwa 35 000 Jahren und endet vor etwa 10 000 Jahren. Damit ist die Altsteinzeit abgeschlossen.

Die ältere, mittlere und jüngere Altsteinzeit lassen sich vor allem durch bestimmte »Ensembles« von Steinwerkzeugen gliedern. Ab der jüngeren Altsteinzeit kommen Knochengeräte und Kunstwerke dazu. Diese »Ensembles« wurden früher von den Prähistorikern als Kulturen bezeichnet. Heute spricht man von Technokomplexen, Industrien, archäologischen Stufen oder Kulturstufen. Aus diesem Grunde werden die Begriffe »Hamburger Kultur«, »Bromme-Kultur« oder »Ahrensburger Kultur«, die schon vor einigen Jahrzehnten eingeführt wurden und häufig im Schrifttum zu finden sind, in diesem Buch in Anführung gesetzt.

Der englische Prähistoriker John Lubbock (1834–1913) aus London, 1900 zum Lord Avebury ernannt, verwendete 1865 als erster den Begriff Altsteinzeit (Paläolithikum). Darunter verstand er die »Periode des geschlagenen Steins«.

Die Technokomplexe der Altsteinzeit sind entweder nach der Form bestimmter typischer Steinwerkzeuge (beispielsweise Geröllgeräte-Industrien) oder nach den Fundorten (beispielsweise das Aurignacien nach der Höhle von Aurignac in Frankreich) benannt, an denen man die charakteristischen »Ensembles« zuerst entdeckte oder beschrieb. In diesem Buch wird weitgehend das von dem Marburger Prähistoriker Lutz Fiedler entworfene Schema über die Abfolge und Zeitdauer der altsteinzeitlichen Technokomplexe in Mitteleuropa benutzt:

Geröllgeräte-Industrien	etwa	2 000 000 – 1 000 000 Jahre
Protoacheuléen	etwa	1 200 000 – 600 000 Jahre
Altacheuléen	etwa	600 000 – 350 000 Jahre
Jungacheuléen	etwa	350 000 – 150 000 Jahre
Spätacheuléen	etwa	150 000 – 100 000 Jahre
Micoquien	etwa	125 000 – 40 000 Jahre
Moustérien	etwa	125 000 – 40 000 Jahre
Blattspitzen-Gruppen	etwa	50 000 – 35 000 Jahre
Aurignacien	etwa	35 000 – 29 000 Jahre
Gravettien	etwa	28 000 – 21 000 Jahre
Magdalénien	etwa	15 000* – 11 500 Jahre
»Hamburger Kultur«	etwa	15 000 – 14 000 Jahre
Federmesser-Gruppen	etwa	12 000 – 10 700 Jahre
»Bromme-Kultur«	etwa	11 700 – 11 000 Jahre
»Ahrensburger Kultur«	etwa	10 700 – 10 000 Jahre

* in Frankreich schon ab 18 000

Die ältere Altsteinzeit umfaßt demnach die Geröllgeräte-Industrien, das Protacheuléen, Altacheuléen, Jungacheuléen und den älteren Teil des Spätacheuléens.
Zur mittleren Altsteinzeit gehören der jüngere Teil des Spätacheuléens, das Micoquien, Moustérien und die Blattspitzen-Gruppen.

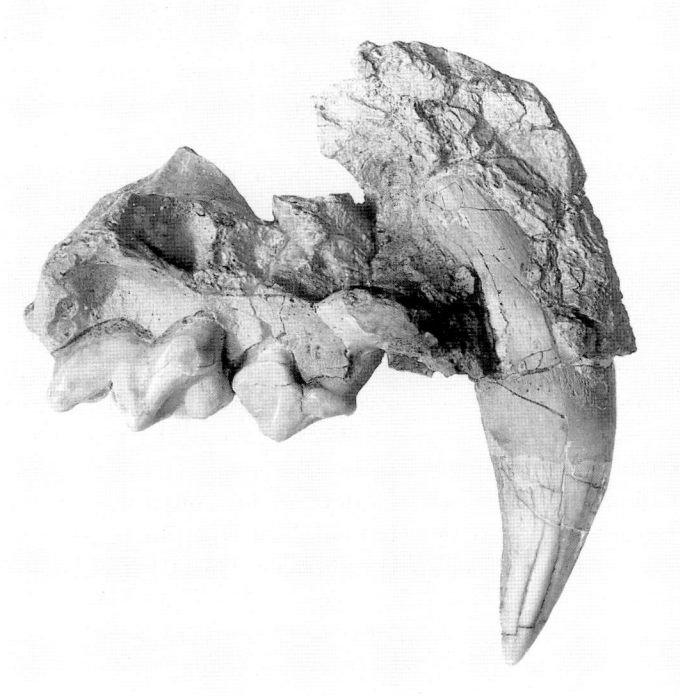

Raubtierfund aus der Altsteinzeit: Oberkiefer eines Löwen von Bilzingsleben (Kreis Artern) in Thüringen. Alter fast 300 000 Jahre. Länge des vorstehenden Eckzahns 6 Zentimeter. Original im Landesmuseum für Vorgeschichte Halle/Saale.

Der jüngeren Altsteinzeit werden das Aurignacien, Gravettien, Magdalénien, die »Hamburger Kultur«, die Federmesser-Gruppen, die »Bromme-Kultur« und die »Ahrensburger Kultur« zugerechnet.
All diese Technokomplexe waren aber nicht in jedem Land Mitteleuropas vertreten und schon gar nicht außerhalb davon, beispielsweise in Frankreich. In manchem Land erschienen die ersten Menschen früh, in anderen später. Zudem sind im Laufe der Altsteinzeit die Angehörigen bestimmter Kulturstufen nicht in jedes Land oder jeden Teil davon eingewandert.
Da die Altsteinzeit zum Eiszeitalter[2] (Pleistozän)[3] gehörte, das in Mitteleuropa vor etwa 2,5 Millionen Jahren begann und vor etwa 10 000 Jahren endete, war das Klima in dieser Periode extremen Schwankungen unterworfen. Im Eiszeitalter folgte auf eine Kaltzeit oder eine noch viel grimmigere Eiszeit (Glazial) jeweils eine klimatisch milde Warmzeit (Interglazial) und umgekehrt.

Gliederung des Eiszeitalters in Mitteleuropa*

Jahre		
2 300 000	Prätegelen-Kaltzeit	Biber-Eiszeiten
2 200 000		
2 100 000	Tegelen-Warmzeit	
2 000 000		
1 900 000		
1 800 000		
1 700 000		
1 600 000	Eburon-Kaltzeit	Donau-Eiszeiten
1 500 000		
1 400 000	Waal-Warmzeit	
1 300 000		
1 200 000		
1 100 000	Menap-Kaltzeit	
1 000 000	Bavel-Komplex	
900 000		
800 000		
700 000	Cromer-Komplex	
600 000		Günz-Eiszeit
500 000		Haslach-Eiszeit
400 000	Elster-Eiszeit	Mindel-Eiszeit
300 000	Holstein-Warmzeit	
	Saale-Eiszeit	Riß-Eiszeit
200 000	Eem-Warmzeit	
100 000	Weichsel-Eiszeit	Würm-Eiszeit

*weitgehend nach Waldo H. Zagwijn, Rijks Geologische Dienst, Haarlem/Holland

Von einer Kaltzeit spricht man, wenn eine langfristige Abkühlung des Klimas nicht mit Gletschervorstößen verbunden war, während es sich immer dann um eine Eiszeit handelte, wenn weitreichende Gletschervorstöße erfolgten. Eine Eiszeit konnte von einer kurzen wärmeren Phase (Interstadial) oder mehreren unterbrochen werden. Zu einer Warmzeit gehörte manchmal eine kurze kältere Phase (Stadial), manchmal waren es auch mehrere.
In den Kälteperioden des Eiszeitalters fiel auf dem Festland die mittlere Jahrestemperatur um etwa 10 bis 15 Grad Celsius gegenüber den heutigen Temperaturen. Auch in den oberen Wasserschichten des Meeres sank sie um etwa 6 bis 7 Grad Celsius gegenüber den jetzigen Verhältnissen. Sogar im Juli betru-

gen die Durchschnittstemperaturen nur zwischen plus 10 und 5 Grad Celsius. Andererseits war es in den Warmzeiten wärmer als in der Gegenwart.

Als Ursachen für die starken Klimaschwankungen des Eiszeitalters werden Schwankungen der Sonnenstrahlung durch Temperatur- und Zustandsänderungen der Sonne oder drastisch verringerte Strahlendurchlässigkeit des Weltraumes – etwa beim Dazwischentreten kosmischer Staubwolken – angenommen. Denkbar sind aber auch periodische Schwankungen in der Stellung der Erdachse und in der Erdbahn mit unterschiedlicher Sonnennähe oder geringe Durchlässigkeit der irdischen Lufthülle, die durch globalen Vulkanismus bewirkt worden sein könnte.

In den Eiszeiten wurden riesige Gebiete von Europa, Nordamerika und Asien unter einem mächtigen Eispanzer begraben. Dabei handelte es sich um Gletschereis, das nach besonders lang anhaltenden Schneefällen entstanden war. Am Beginn einer drastischen Klimaverschlechterung herrschte eine Wetterlage, die zu Dauerschneefällen führte. Dadurch wurden Schneemassen abgelagert, die in lockerem Zustand den mehr als 8000 Meter hohen Himalaja überragt hätten. Die ungeheure Auflast preßte jedoch den Schnee zu Gletschereis zusammen, das beispielsweise im Kerngebiet der skandinavischen Gletscher bis zu 2000 Meter dick war. Dem stärksten Druck waren die unteren Eisschichten der Gletscher ausgesetzt. Sie wurden bald weich und seitwärts aus dem Gletscher herausgepreßt und wanderten wie ein zäher Brei weiter. Da sich die Auflast lange Zeit nicht spürbar verringerte, drang dieses Gletschereis – ständig von neuem Nachschub genährt und geschoben – Hunderte von Kilometern vor. Manchmal vergingen Jahrzehntausende, bis eine solche Gletschervereisung ihren Höchststand erreicht hatte, und ähnlich lang währte der Rückzug der Eismassen.

Bei ihren Vorstößen haben die Gletscher vielfach das Gesicht ganzer Landschaften verändert. Sie rissen in Gebirgsgegenden bis zu hausgroße Felsbrocken los, umschlossen sie mit Eis, transportierten sie über große Entfernungen hinweg und ließen sie nach dem Abschmelzen des Eises liegen. Solche von Gletschern verfrachteten ortsfremden Gesteine nennt man Findlinge. Bei der langen Wanderung des Gletschereises wurde das mitgeschleppte Gestein teilweise auch zu Kies, Sand und Ton zermahlen. Dieser Gesteinsschutt wird als Moräne bezeichnet. Das Vorkommen der Moränen zeigt an, wie weit die Gletscher einst vorgedrungen sind. Sie lassen sich oft viele Kilometer weit verfolgen.

Die Gletscher füllten manchmal im Bergland tiefe Täler mit Gesteinsschutt auf, überdeckten auch die Gipfel und schufen so abgeflachte Landstriche. In Gebirgen formten Talgletscher zuweilen enge Flußtäler mit V-förmigem Querschnitt in breite Trogtäler mit U-förmigem Querschnitt um. Am Ende von Gletschern entstanden oft tiefe Zungenbecken, die nach dem Abschmelzen des Eises mit Wasser gefüllt wurden und heute als Seen in Erscheinung treten. In den Mittelgebirgen vergletscherten häufig nur die oberen Enden der Täler und die Nordflanken der Berge. Dabei bildeten sich tiefe Mulden, die Kare, die jetzt vielfach Seen bergen. Die riesigen Eisfächer der Gletscher waren Gebiete ständigen Lufthochdrucks. Von dort aus bliesen heftige Fallwinde aus dem vegetationslosen Boden am Rande des Eises den feinen Staub bis in die mit Moos, Flechten und Gras bewachsenen Tundren und Kältesteppen, wo er als

Löß angehäuft wurde. Dieser Löß wird heute als fruchtbarer Ackerboden sehr geschätzt. Gebietsweise entstanden auch Sanddünen.

In Europa existierten im Eiszeitalter mehrere Ausgangszentren von Gletschervorstößen. Von Skandinavien aus drangen die Hauptgletscher zum Ostseeraum und zeitweise weiter nach Süden (Polen, Ostdeutschland) und nach Westen (Norddeutschland, Niederlande) vor. Die skandinavischen Gletscher erstreckten sich aber auch bis in den europäischen Teil der Sowjetunion. Von Schottland und Irland aus stießen Gletscher nach Westen in den Atlantischen Ozean und nach Süden in die Irische See sowie nach Ostengland vor. Die Gletscher der Alpen rückten in den Eiszeiten weit nach Norden (Süddeutschland, Österreich) und nach Süden (Schweiz, Norditalien) vor. In Spanien waren die Pyrenäen vergletschert.

In Nordamerika wurde in den Eiszeiten die nördliche Hälfte von Gletschereis bedeckt. In Südamerika lastete vor allem auf den Kordilleren und den Anden mächtiges Gletschereis. In Asien trugen die hohen Gebirge im Iran, in Afghanistan, Indien, China und Japan eine dicke Kappe aus Gletschereis. In Sibirien entstanden nur gebietsweise Gletscher, weil dort ein trockenes Klima herrschte und daher nur wenig Schnee fiel. In Nordafrika war das Atlasgebirge vergletschert, in Ostafrika waren es einige hohe Vulkane. Auf Australien bildeten sich nur in den hohen Gebirgen Gletscher.

Nach dem Abschmelzen von gewaltigen Eismassen führte die dadurch eintretende Entlastung der Erdkruste zu einer spürbaren Veränderung des Gleichgewichtes zwischen Erdkruste und Erdmantel. Die vom Eis befreiten ehemaligen Inlandseisgebiete konnten nun allmählich aufsteigen. Dies war beispielsweise in Skandinavien der Fall.

In den Eiszeiten wurden riesige Wassermengen in Form von Schnee und Eis gebunden. Dies hatte zur Folge, daß der Meeresspiegel weltweit um etwa 100 Meter fiel. Dadurch entstanden zwischen manchen Gebieten, die bis dahin durch das Meer getrennt wurden, Landverbindungen, die Tier- und Menschenwanderungen erlaubten. So war beispielsweise England im Eiszeitalter zeitweise mit dem europäischen Kontinent verbunden. Auch etliche heutige Inseln im Mittelmeer waren in Eiszeiten trockenen Fußes vom jetzigen Festland aus erreichbar.

Nordamerika verdankt dem Trockenfallen der Bering-Meeresstraße die erste Besiedlung durch Menschen. Über die festländische Bering-Landbrücke konnten vor ungefähr 25000 Jahren sibirische Jäger und Sammler auf den bis dahin menschenleeren Kontinent wandern. Auch Japan besaß in den Eiszeiten eine feste Landverbindung zum asiatischen Kontinent. Australien war in den Eiszeiten im Norden mit Neuguinea und im Süden mit Tasmanien verbunden. In den Warmzeiten des Eiszeitalters stieg der Meeresspiegel weltweit durch das Schmelzwasser der Gletscher und die nun nicht mehr im Eis gebundenen Niederschläge. Das Meer überflutete jetzt auch Festlandsgebiete.

Im Eiszeitalter rissen die großen Grabenbrüche der Erde – wie der Oberrheingraben und die ostafrikanischen Gräben – weiter auf. Die Alpen und der Himalaja wurden gehoben und erreichten allmählich ihre heutige Höhe. In Frankreich (Auvergne), Deutschland (Eifel) und in der Tschechoslowakei (Sudetenland) brachen im Eiszeitalter immer wieder Vulkane aus.

Arizona war im Eiszeitalter zwischen etwa 30000 und 20000

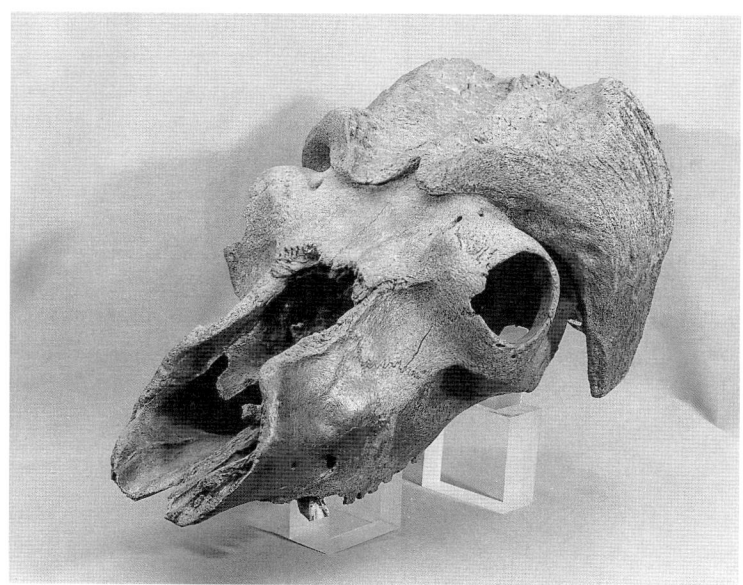

Schädel eines Moschusochsen *(Ovibos moschatus)* aus der Saale-Eiszeit, ein Fund aus Flußablagerungen der Emscher. Länge 48 Zentimeter. Original im Museum für Ur- und Ortsgeschichte Bottrop.

Jahren der Schauplatz einer kosmischen Katastrophe. Dort schlug ein mit einer Stundengeschwindigkeit von mehr als 50 000 Kilometern aus dem Weltall auf die Erde zurasender schätzungsweise 30 Meter großer Eisenmeteorit mit einem Gewicht von vermutlich 150 000 Tonnen den Arizona-Krater. Dieser zwischen Flagstaff und Winslow gelegene Krater hat einen Durchmesser von mehr als 1000 Metern und eine Tiefe von ungefähr 160 Metern.

Der Wechsel von einer Warmzeit zu einer Kaltzeit bzw. Eiszeit und umgekehrt war jeweils mit merklichen Veränderungen in der Pflanzen- und Tierwelt verbunden. In Mitteleuropa beispielsweise breiteten sich während einer Warmzeit die Wälder aus, in denen Eichen *(Quercus)*, Ulmen *(Ulmus)*, Eschen *(Fraxinus)*, Hasel *(Corylus)*, Hainbuchen *(Carpinus)* und Tannen *(Abies)* wuchsen. Vor einer nahenden Kalt- bzw. Eiszeit lockerten nordische Baumarten – wie Birke *(Betula)* und Kiefer *(Pinus)* – die Waldbestände auf und verdrängten allmählich den Eichenmischwald. Mit zunehmend kühlerem Klima lichteten sich die Wälder immer mehr. In der Kalt- bzw. Eiszeit selbst breiteten sich baumlose Gras- und Zwergstrauchsteppen (Tundren) zu ungunsten der Wälder aus. Sobald sich das Klima besserte, konnten zunächst Birken und Kiefern wieder gedeihen und später auch wärmeliebende Baumarten, die bald erneut Wälder bildeten.

In den Warmzeiten lebten in Mitteleuropa unter anderem wärmeorientierte Waldelefanten *(Palaeoloxodon antiquus)*, Waldnashörner *(Stephanorhinus etruscus)*, Flußpferde *(Hippopotamus antiquus)* und Affen der Gattung *Macaca*. In der Übergangszeit zwischen einer Warmzeit und einer Kalt- bzw. Eiszeit gesellten sich zu den wärmeorientierten Tieren auch kälteorientierte Tiere hinzu. In den Kalt- bzw. Eiszeiten verschwanden die wärmeorientierten Tiere, während die kälteorientierten Steppenelefanten *(Mammuthus trogontherii)*, Mammute *(Mammuthus primigenius)*, Fellnashörner *(Coelodonta antiquitatis)* und Rentiere *(Rangifer arcticus)* verstärkt einwanderten. Es gab aber auch etliche Tierarten, die sich sowohl in Warmzeiten als auch in Kalt- bzw. Eiszeiten behaupteten. Dazu gehörten beispielsweise Löwen, Hyänen und Bären.

Im Eiszeitalter begann die Entwicklung einiger Tierarten, die teilweise heute noch vorkommen oder bereits ausgestorben sind. So traten in Eurasien erstmals die Wölfe *(Canis lupus)* auf. In Europa erschienen die ersten Pantherkatzen *(Panthera gombaszoegensis)*. Die direkte Ahnform des Löwen *(Panthera leo)* tauchte zuerst in Afrika und später auch in Asien auf. Auch der Ursprung der frühesten Tiger *(Panthera tigris)* in Asien fiel ins Eiszeitalter. Aus Europa kennt man die ältesten Rehe *(Capreolus suessenbornensis)*, aus Asien die ersten Büffel *(Bubalus)*, Bisonten *(Bison)* und Wildrinder *(Bos)*. Gegen Ende des Eiszeitalters starben die Mammute, Fellnashörner, Höhlenlöwen *(Panthera leo spelaea)*, Höhlenhyänen *(Crocuta crocuta spelaea)* und Höhlenbären *(Ursus spelaeus)* weltweit aus.

Die kulturelle Geschichte der Menschen begann mit der Altsteinzeit. Alle während dieser Periode lebenden Menschen werden Paläolithiker genannt. In der Altsteinzeit lernten unsere Vorfahren, den Stein als Werkzeug zu gebrauchen und im Laufe der Zeit immer kompliziertere Geräte herzustellen. Als Geräte bezeichnet man sowohl Werkzeuge als auch Waffen. In der Altsteinzeit vollzog sich die Entwicklung von den teilweise noch recht äffisch wirkenden Vormenschen (auch Halbmenschen oder Präanthropinen genannt) zu den intelligenten Jetztmenschen, zu denen auch wir gehören.

Die frühesten Vormenschen haben vermutlich schon vor etwa vier Millionen Jahren – also lange vor dem Beginn der Altsteinzeit – in Afrika gelebt. Sie lassen sich jedoch wegen ihrer fragmentarischen Erhaltung nicht exakt einer Art zuordnen und werden deswegen als *Australopithecus spec. indeterminatus* bezeichnet.

Besser bekannt ist die afrikanische Vormenschenart *Australopithecus afarensis*.[4] Die Skelettreste dieser vor mehr als 3 Millionen Jahren in Hadar (Äthiopien) aufgetretenen Vormenschen gelten gegenwärtig als sichere Belege von ersten Menschenartigen (Hominiden). Von ihnen liegen aus Laetoli sogar 3,5 Millionen Jahre alte Fußspuren vor.

Am berühmtesten wurde das 1974 im Afar-Dreieck (Hadar) in Äthiopien entdeckte, zu etwa 40 Prozent erhaltene Skelett der *Australopithecus*-Frau »Lucy«. Dieses verdankt dem von den Ausgräbern häufig abgespielten Beatles-Song »Lucy in the Sky with Diamonds« seinen Namen. »Lucy« war etwa 1,10 Meter groß, hatte sehr lange Arme, relativ kurze Beine und konnte sich zweibeinig fortbewegen. Außer ihr barg man von 1973 bis 1977 im Afar-Dreieck Skelettreste von mindestens drei Dutzend Individuen der Art *Australopithecus afarensis*.

Die bisher von dieser Vormenschenart vorliegenden Funde zeigen, daß die Frauen bis zu 1,20 Meter und die Männer bis zu 1,40 Meter groß wurden. Dieser auffällige Größenunterschied zwischen den Geschlechtern wird als Sexualdimorphismus bezeichnet.

Australopithecus afarensis besaß ein im Vergleich mit den Menschenaffen eher menschenähnlich geformtes Becken sowie einen Bau der Füße und Beine, der aufrechte Körperhaltung und aufrechten Gang ermöglichte. Typisch für diese Art war, daß zwischen den äußeren Schneidezähnen und den Eckzähnen im Oberkiefer eine Lücke (Diastema) klaffte, in die die kräftigen Eckzähne des Unterkiefers ragten. Der Gehirnschädelinhalt von *Australopithecus afarensis* lag mit etwa 440 bis 530 Kubikzentimetern schon ein wenig über dem der Menschenaffen. Über seine Lebensweise ist wenig bekannt.

Aus *Australopithecus afarensis* ging vermutlich die in manchen Skelettmerkmalen etwas fortschrittlichere Vormenschenart *Australopithecus africanus*[5] hervor, die ab etwa 3 Millionen Jahren in Afrika existierte. Die Männer dieser Art wurden bis zu 1,20 Meter groß, die Frauen waren etwas kleiner. Da zusammen mit ihren Skelettresten manchmal auch Tierknochen entdeckt wurden, nahm man früher an, daß *Australopithecus africanus* gelegentlich gejagt und Fleisch gegessen hat. Es hieß, die männlichen Mitglieder einer Vormenschengruppe hätten wahrscheinlich gemeinsam junge, schwache, verletzte oder kranke Paviane gefangen, um sie mit Holzknüppeln oder Steinen zu erschlagen und ihr rohes Fleisch zu verzehren. Doch später zeigte sich, daß es sich nicht um Jagdbeutereste von Australopithecinen handelt, sondern um solche von Raubtieren, denen auch die Vormenschen zum Opfer fielen. *Australopithecus africanus* hat noch keine Steinwerkzeuge hergestellt, wie man einmal angenommen hatte. Diese Art behauptete sich bis vor etwa 2 Millionen Jahren, also nicht so lange, wie früher behauptet wurde.

Seit etwa 2,2 Millionen Jahren bis vor etwa 1,2 Millionen Jahren ist die deutlich kräftigere Vormenschenart *Australopithecus boisei*[6] und von vor etwa 2 Millionen Jahren bis etwa 900 000 Jahren die ebenfalls robuste Art *Australopithecus robustus*[7] nachweisbar. Beide Typen ernährten sich vorwiegend von harten Pflanzen und Körnern, was man aus ihrem massigen Bakkenzahngebiß, den kleinen Schneidezähnen, den starken Kaumuskeln sowie dem Scheitelkamm, der zur Befestigung des Schläfenmuskels diente, schließen kann.

Vor etwa 2,2 Millionen Jahren entwickelten sich aus *Australopithecus africanus* die Frühmenschen (Archaeanthropinen) der Art *Homo habilis*[8] (deutsch: fähiger Mensch). Sie sind die ersten unserer Vorfahren, die wie wir der Gattung Mensch *(Homo)* angehören. *Homo habilis* wurde bis zu 1,25 Meter groß. Er hatte im Vergleich zu seinen Vorgängern ein viel größeres Gehirnvolumen – nämlich 600 Kubikzentimeter – sowie ein fortschrittlicheres Gesichts- und Fußskelett. Er konnte als erster mit wenigen gezielten Steinschlägen aus Kieseln oder Felsgesteinsstücken primitive Werkzeuge herstellen. *Homo habilis* behauptete sich einige hunderttausend Jahre.

Aus *Homo habilis* ist vermutlich vor mehr als anderthalb Millionen Jahren der Frühmensch *Homo erectus*[9] (deutsch: aufrecht gehender Mensch) hervorgegangen. Sein Artname ist irreführend, da vor ihm schon die Australopithecinen aufrecht gehen konnten, was man zur Zeit der Namensgebung aber noch nicht wußte. *Homo erectus* wurde wohl meist bis zu 1,60 Meter groß. Er verfügte bereits über ein 900 Kubikzentimeter und mehr großes Gehirn. Sein Schädel bestand aus dicken Knochenwänden und hatte mächtige Überaugenwülste vor einer flachen, fliehenden Stirn. Das Gliedmaßenskelett unterschied sich nur wenig von dem der heutigen Menschen.

Homo erectus war nach dem jetzigen Kenntnisstand die erste Art der Menschenartigen, die außer in Afrika auch in Europa und Asien heimisch gewesen ist. Die ältesten Skelettreste dieses Typs von Koobi-Fora am Turkanasee in Kenia sind mehr als anderthalb Millionen Jahre alt. In Europa wird ein Schädelbruchstück aus Orce in Spanien, das allerdings auch als Rest eines Esels betrachtet wurde, auf 1,2 Millionen Jahre datiert. Bis zu dessen Entdeckung galt ein etwa 630 000 Jahre alter Unterkiefer von Mauer bei Heidelberg in Deutschland als »Senior unter den europäischen Urmenschen«. Die Skelett-

reste von Sangiran und Modjokerto auf Java sollen nach neueren Erkenntnissen weniger als eine Million Jahre alt sein.

Aus den Frühmenschen der Art *Homo erectus* gingen vor mehr als 300 000 Jahren die ersten Menschen der Art *Homo sapiens*[10] (deutsch: vernunftbegabter Mensch) hervor. Ob diese Entwicklung nur an einem einzigen Ort der Erde oder an mehreren Orten und zu unterschiedlichen Zeiten erfolgte, weiß man nicht.

Skelettreste von frühen Angehörigen der Art *Homo sapiens* wurden in Europa in Steinheim an der Murr (Deutschland), bei Barnfield nahe Swanscombe[11] (England) sowie in der Lazaret-Höhle bei Nizza[12], Fontéchevade[13] und Montmaurin[14] (alle drei in Frankreich) entdeckt.

Das Gehirnvolumen dieser Menschen lag zwischen etwa 1300 und 1500 Kubikzentimetern. Sie hatten einen kräftigen Knochenwulst über den Augen, eine fliehende Stirn und ein fliehendes Kinn wie *Homo erectus*. Aber ihre Stirn und vor allem ihr Hinterhaupt waren schon steiler und damit fortschrittlicher als bei *Homo erectus* und sogar beim zeitlich späteren »klassischen Neanderthaler«.

Ein Teil der Wissenschaftler bezeichnet diese frühen Vertreter der Art *Homo sapiens* in Europa als Praesapienten *(Homo sapiens praesapiens)*.[15] Andere sprechen in Anlehnung an den deutschen Fundort Steinheim an der Murr vom Steinheim-Menschen *(Homo sapiens steinheimensis)*.[16] Wiederum andere Anthropologen und Prähistoriker betrachten diese Vorfahren als Vorläufer der Neanderthaler und nennen sie deshalb Vor- oder Anteneanderthaler *(Homo sapiens anteneanderthalensis)*.[17]

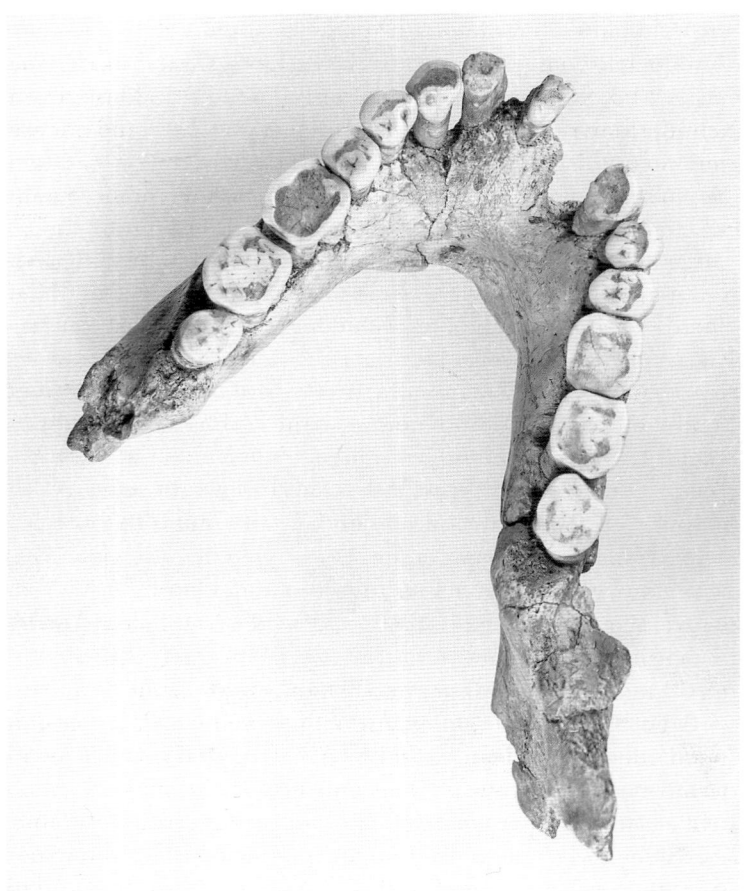

Unterkiefer eines erwachsenen frühen Neanderthalers aus dem Jungacheuléen (vor etwa 350 000 bis 150 000 Jahren) von Ehringsdorf bei Weimar in Thüringen. Länge 11,7 Zentimeter. Original im Museum für Ur- und Frühgeschichte Thüringens, Weimar.

Landschaft im Mittelrheingebiet in Rheinland-Pfalz mit Vulkan (links), Pflanzen, Südelefant (rechts) und Frühmenschen der Art *Homo erectus* zur Zeit des Protoacheuléen vor etwa 1 Million Jahren.

Mit diesen Begriffen sind unterschiedliche Vorstellungen von der weiteren Entwicklung verbunden.

So beruht die Praesapiens-Hypothese darauf, daß seit etwa 300 000 Jahren zwei getrennte Entwicklungslinien in Europa existiert hätten. Eine davon soll zum späten bzw. »klassischen Neanderthaler« *(Homo sapiens neanderthalensis)*[18], die andere zum anatomisch modernen Menschen bzw. Jetztmenschen *(Homo sapiens sapiens)*[19] geführt haben. Diese Hypothese geht auf den Pariser Paläontologen Marcellin Boule (1861–1942) zurück, der 1913 aufgrund seiner empirischen Studien an dem Neanderthaler von La-Chapelle-aux-Saints einen deutlichen Unterschied zwischen dem Neanderthaler und dem anatomisch modernen Menschen sah. Daraus folgerte er, daß der Neanderthaler nicht der Vorfahre des anatomisch modernen Menschen sein könne, sondern als eine archaische, ausgestorbene Art zu betrachten sei. Es war vor allem der Pariser Anthropologe Henri Victor Vallois (1889–1981), der 1954 und 1958 in den Funden von Fontéchévade und Swanscombe Beweise für die Existenz von sogenannten Praesapienten erblickte. Der Steinheimer Fund war schon 1950 von dem Göttinger Anthropologen Gerhard Heberer (1901–1973) als Praesapiens-Vertreter bezeichnet worden.

Im Gegensatz zur Praesapiens-Hypothese steht die Präneanderthaler-Hypothese. Deren Anhänger meinen, daß von den sogenannten Anteneanderthalern ein Übergang zu Präneanderthalern *(Homo sapiens praeneanderthalensis)* und schließlich zu den »klassischen Neanderthalern« verfolgt werden könne. Dieses Modell geht auf das Jahr 1924 zurück, als der Londoner Anatom Grafton Elliot Smith (1871–1937) postulierte, daß einige Neanderthaler-Fossilien, die als weniger spezialisiert, früh oder progressiv gekennzeichnet wurden, als Vorläufer sowohl des anatomisch modernen Menschen wie auch der »klassischen Neanderthaler« anzusehen seien.

Da gegenwärtig alle die aufgeführten Bezeichnungen – wie Praesapienten, Steinheim-Menschen, Anteneanderthaler und Präneanderthaler – umstritten sind, werden in diesem Buch die Menschen aus der Zeit vor etwa 300 000 Jahren bis zum Beginn der letzten Eiszeit vor etwa 115 000 Jahren »frühe Neanderthaler« genannt.

Auf die frühen Neanderthaler folgten in Europa in der vor etwa 115 000 Jahren beginnenden letzten Eiszeit die späten oder »klassischen Neanderthaler« *(Homo sapiens neanderthalensis)*, also die »eigentlichen« Neanderthaler. Sie werden Palaeanthropinen oder Altmenschen genannt. Die »klassischen Neanderthaler« wurden bis zu 1,60 Meter groß und hatten eine untersetzte Statur. Ihr Gehirnschädel war langgestreckt, relativ flach und besaß Brotlaibform. Ihre Hirnkapazität betrug 1350 bis 1750 Kubikzentimeter – im Durchschnitt also 1500 Kubikzentimeter – und lag damit im Variationsbereich der Jetztmenschen. Die Stirn war flach, über den Augen befanden sich kräftige Knochenwülste. Das Mittelgesicht trat stark hervor, die Augen- und Nasenöffnungen waren auffallend groß, die Nase wirkte plump und breit. Der mächtige Unterkiefer trug ein so weit nach vorn gerücktes Gebiß, daß zwischen dem letzten Backenzahn oder Weisheitszahn und dem aufsteigenden Ast des Unterkieferknochens eine Lücke entstand. Die Vorderzähne waren massiv und hochkronig und dienten vielleicht auch zum Festhalten von Gegenständen. Das Kinn hatte fliehende Form. Anders als die heutigen Menschen hatten die »klassischen Neanderthaler« einen robusteren Körperbau mit sehr massiven Extremitätenknochen, die im Unterarm und Oberschenkel oft stärker als bei uns gebogen waren. Nach den Muskelmarken zu schließen, handelte es sich um sehr kräftige Menschen.

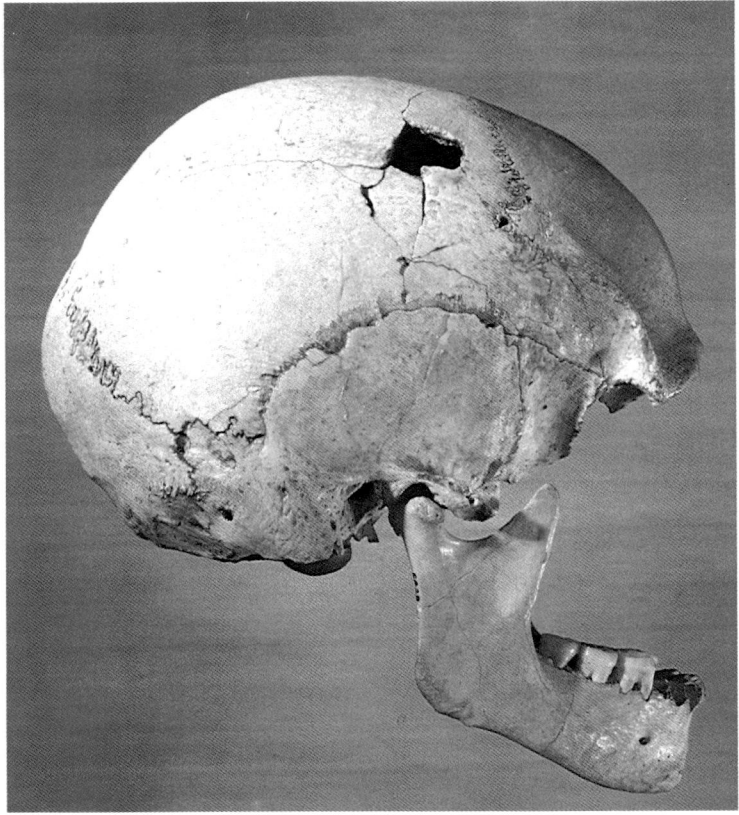

Hirnschädel und Unterkiefer eines Jetztmenschen *(Homo sapiens sapiens)* aus dem Aurignacien vor etwa 32000 Jahren aus der Vogelherdhöhle (Kreis Heidenheim) in Baden-Württemberg. Original in der Osteologischen Sammlung der Universität Tübingen.

Seit knapp 35000 Jahren sind in Europa die ersten anatomisch modernen Menschen *(Homo sapiens sapiens)* nachweisbar. Man nennt sie auch Jetztmenschen oder Neanthropinen. Sie waren im Durchschnitt größer als die früheren Menschenformen. Die Männer erreichten eine Körperhöhe bis zu 1,80 Meter, die Frauen bis zu 1,70 Meter. Diese Menschen hatten im Vergleich zu ihren Vorgängern generell ein stark verkleinertes, graziles Gesichtsskelett. Charakteristisch für den Schädel waren unter anderem die steile Stirn und das markant vorspringende Kinn. Die Hirnkapazität entsprach mit 1200 bis 1800 Kubikzentimetern derjenigen der heutigen Menschen. Die Herkunft der anatomisch modernen Menschen in Europa ist ungeklärt. Derzeit werden vor allem zwei Entwicklungsmodelle diskutiert. Eines davon wird Phasen- oder Stufen-Hypothese (auch gradualistische Transition) genannt, das andere Out-of-Africa-Hypothese (auch afro-europäische *Sapiens*-Hypothese).

Die Anhänger der Phasen- oder Stufen-Hypothese glauben, aus den »klassischen Neanderthalern« in Europa seien anatomisch moderne Menschen entstanden. Dies sei durch einen allmählichen Wandel bestimmter anatomischer Merkmale geschehen. Beispielsweise habe die Größe der Frontzähne immer mehr abgenommen und das Kinn sei immer ausgeprägter geworden. Die Phasen- oder Stufen-Hypothese geht auf den deutschen Anatomen Gustav Schwalbe (1844–1917) zurück, der zum Zeitpunkt entsprechender Äußerungen im Jahr 1904 in Straßburg wirkte.

Die Vertreter der Out-of-Africa-Hypothese dagegen meinen, der anatomisch moderne Mensch sei im südlichen und östlichen Afrika entstanden, habe allmählich weite Teile Afrikas besiedelt, sei nach Phasen der Vermischung im Nahen Osten nach Europa gelangt und habe dort die Neanderthaler abgelöst oder sich mit ihnen vermischt.

Es ist also derzeit nicht sicher, welche Rolle die anatomisch modernen Menschen bei der Ablösung der Neanderthaler spielten. Denkbar sind die Ausrottung der alteingesessenen Neanderthaler durch die neuankommenden Jetztmenschen oder eine Vermischung von beiden. Letzteres wäre gut möglich gewesen, da sich Unterarten – in diesem Fall *Homo sapiens neanderthalensis* und *Homo sapiens sapiens* – kreuzen können. Tatsächlich besitzen etwa 40000 bis 90000 Jahre alte Skelettreste aus Palästina (Skhul- und Tabun-Höhle im Karmelgebirge, Höhle im Berg Qafzeh bei Nazareth) eine eigenartige Mischung von Neanderthaler- und Jetztmenschen-Merkmalen, die man am besten als Kreuzung deuten kann.

Nach Australien sind die ersten Jetztmenschen vor ungefähr 30000 Jahren gelangt, nach Amerika vor etwa 25000 Jahren. Dort fanden sie menschenleere Gebiete vor.

In der Zeitspanne zwischen etwa 40000 und 15000 Jahren sind vermutlich die heutigen drei Großrassen Europide, Mongolide und Negride entstanden. Als älteste dieser Großrassen gelten die Europiden, deren Ursprung etwa 40000 Jahre zurückreichen dürfte. Charakteristisch für die Europiden sind ein reliefartiges Gesicht, glattes bis lockiges Kopfhaar und die schmale, hohe Nase.

Die Großrasse der Europiden bot bereits in der Altsteinzeit kein einheitliches Erscheinungsbild, sondern war mit einigen Rassen (auch Typen genannt) vertreten. Die nach einem maximal 30000 Jahre alten Schädel von Combe Capelle bei Bergerac (Dordogne) in Frankreich benannte Combe-Capelle-Rasse beispielsweise war mittelgroß und besaß ein auffallend hohes und schmales Gesicht. Die nach dem ungefähr 25000 bis 30000 Jahre alten Skelett des sogenannten »alten Mannes von Crô-Magnon« (Dordogne) in Frankreich abgeleitete Crô-Magnon-Rasse war groß und robust und hatte ein derbes, breites Gesicht mit extrem niedrigen Augenhöhlen. Die nach einem mehr als 25000 Jahre alten Skelett von Brünn (Brno) in der Tschechoslowakei bezeichnete Brünn-Rasse war hochgewachsen und trug einen langen und besonders schmalen Schädel.

Bei der Großrasse der Mongoliden handelt es sich um eine an die extrem kalten Klimaverhältnisse des ausgehenden Eiszeitalters in den Kältesteppen Innerasiens (Wüste Gobi) angepaßte Menschenform. Von dort aus stießen die Mongoliden nach Europa, Südostasien, Sibirien und Amerika vor. Typisch für die Mongoliden sind das flache Gesicht mit niedriger Nasenwurzel, die deutlich vorspringenden Jochbeine, die überhängenden Oberlider (Mongolenfalte genannt), das dicke, straffe, schwarze Kopfhaar und die gelbliche Hautfarbe.

Die Entwicklung der Großrasse der Negriden begann wahrscheinlich vor etwa 20000 oder 15000 Jahren gegen Ende des Eiszeitalters unter trocken-heißen Klimabedingungen im offenen Grasland (Savanne) in südlichen Gebieten der heutigen Sahara. Von diesem Ursprungsgebiet aus drangen sie später nach Süden vor, während die Ausbreitung nach Norden offenbar durch den Wüstengürtel der Sahara verhindert wurde. Zu den wichtigsten Merkmalen der Negriden gehören die dunkle Pigmentierung der Haut, das wollige Haar und die großporige Haut, die wohl als Klimaschutz entwickelt wurde. Weitere Kennzeichen sind die sehr breite Nase, wulstige Lippen und die vorspringende Mundpartie.

Wie die heutigen Menschen litten auch unsere Vorfahren in der

Altsteinzeit unter mancherlei Krankheiten, die aber nur in seltenen Fällen auf den Knochen Spuren hinterließen. Einer der ältesten Hinweise auf eine Krankheit ist am Oberkiefer der »Miss Ples« genannten *Australopithecus africanus*-Frau aus Sterkfontein in Südafrika zu finden. Dieser 2,5 bis 3 Millionen Jahre alte Fund hat teilweise eine schuppenartige Oberfläche – dabei handelt es sich um Metastasen (Tochtergeschwülste) von Knochenkrebs. Auch am mehr als anderthalb Millionen Jahre alten Unterkiefer eines *Australopithecus* oder *Homo erectus* aus Kanam in Kenia sind Anzeichen eines Tumors erkennbar, bei dem fraglich ist, ob dieser gut- oder bösartig war.

Der etwa 700 000 Jahre alte Oberschenkelknochen von Trinil auf Java, nach dem 1894 zusammen mit einem Schädeldach und einem Backenzahn erstmals der Frühmensch *Homo erectus* beschrieben wurde, weist unterhalb des Gelenkkopfes oberflächliche Knochenwucherungen auf. Sie stammen von einer Muskelentzündung, die diesen Frühmenschen im akuten Stadium geschmerzt haben muß. Der etwa 630 000 Jahre alte Unterkiefer des *Homo erectus* von Mauer bei Heidelberg wiederum läßt eine Abflachung der Gelenkfortsätze erkennen, die von einer Arthritis der Kiefergelenke herrührt. Ein später *Homo erectus* oder bereits früher *Homo sapiens* von Salé in Marokko besaß ein unregelmäßig geformtes Hinterhaupt, das Wachstumsstörungen dokumentiert.

Bei den Neanderthalern zeigen krankhafte Wucherungen an Skelettresten, daß diese Altmenschen nicht selten von Gicht und Rückenwirbelentzündungen geplagt wurden – vermutlich wurden sie durch den Aufenthalt in feuchten Höhlen hervorgerufen. Großköpfigkeit, später Schluß der Schädelnähte und Gebißanomalien bei Neanderthalern können als Folgen von Rachitis gedeutet werden. Unter dieser Krankheit litt auch der berühmte Neanderthaler aus dem Neandertal bei Düsseldorf-Mettmann. Einem Neanderthaler im Irak (Shanidar) wurde lange vor seinem Tod der kranke oder verletzte Arm amputiert. Dies dürfte wohl eine der frühesten Operationen in der Geschichte der Menschheit gewesen sein. Außerdem war dieser Mann wahrscheinlich auf dem linken Auge erblindet. Manche Gebisse von Neanderthalern und auch das des etwa gleichaltrigen Rhodesia-Menschen waren von Paradontose befallen. Schwerkranke oder behinderte Neanderthaler wurden offensichtlich von ihren Mitmenschen versorgt und gepflegt und erreichten deshalb teilweise ein hohes Alter.

Von den altsteinzeitlichen Jetztmenschen in Europa vor etwa 35 000 bis 10 000 Jahren wurden schätzungsweise allerdings kaum die Hälfte älter als 20 Jahre. Heute liegt in Westdeutschland die Lebenserwartung der Männer im Durchschnitt bei 72 und der Frauen bei 79 Jahren, in Ostdeutschland bei Männern um 70 und bei Frauen um 76 Jahre. Häufig starben die Mütter oder die Neugeborenen. Neben der Geburt selbst brachte der Zeitpunkt des Abstillens für die Kinder das größte Sterberisiko mit sich, da sie nun von der sterilen, keimfreien und ernährungsphysiologisch optimal zusammengesetzten Muttermilch auf die vergleichsweise grobe, unter Umständen mangelhafte und keineswegs sterile Normalkost umgestellt wurden.

Selbst Bagatellkrankheiten oder -verletzungen konnten tödlich enden, da die damaligen Heilkundigen nicht über das Wissen und die Medikamente heutiger Ärzte verfügten. An den Skelettfunden aus dieser Zeit kann man unter anderem Spuren von Geschwülsten an Schädeln, erkrankte Kiefergelenke, Fehlbiß, stark abgekaute Zähne und Wirbelsäulenschäden feststellen.

Die *Australopithecus*-Vormenschen zogen sich in der Nacht und in Schlechtwetterzeiten in natürliche Unterschlüpfe – wie in Höhlen, unter Felsvorsprünge oder andere geschützte Orte – zurück. Größere künstliche Behausungen wurden von ihnen anscheinend nicht errichtet.

Zu den ältesten Resten einer von Menschenhand erbauten Behausung gehört ein vor mehr als anderthalb Millionen Jahren von *Homo erectus*-Frühmenschen in der Olduvai-Schlucht in Tansania (Afrika) errichteter Steinwall von etwa drei Meter Durchmesser. Dabei handelte es sich wahrscheinlich um eine Art von Windschirm.

Aus Prezletice (Prag-Ost) in der Tschechoslowakei kennt man Reste einer Winterhütte, die vor schätzungsweise 600 000 Jahren errichtet worden war. Sie stand auf einem Platz, der an drei Seiten durch steile Felsen und an einer Seite teilweise durch ein Seeufer begrenzt wurde. Von der Hütte blieb ein ovaler Wall aus Steinen und Lehm erhalten. Er war an der niedrigsten Stelle noch 30 Zentimeter hoch und am Fuß 60 Zentimeter breit. Die Behausung hatte eine Wohnfläche von etwa 3 x 2 Metern und einen schmalen Durchlaß im Nordwesten.

Eindrucksvolle Belege für Hüttenbau durch *Homo erectus* in Europa entdeckte man auch auf dem Hügel Terra Amata in Nizza an der Côte d'Azur. Dort wurden vor etwa 400 000 Jahren unmittelbar an der Mittelmeerküste zu unterschiedlichen Zeiten relativ große Hütten oder Windschirme errichtet, die Elefantenjägern als Unterkunft dienten. Sie hatten einen ovalen Grundriß von 7 x 4 bis 15 x 6 Metern, ihr Boden war teilweise gepflastert. Die einstigen Bewohner kannten, wie die Feuerstellen zeigten, bereits das Feuer. Einer von ihnen hat im Dünensand einen 24 Zentimeter langen Fußabdruck hinterlassen. Aus noch früherer Zeit stammen lange Hölzer aus dem Mittelrheingebiet in Deutschland, die auf Zeltkonstruktionen hinweisen.

Der Frühmensch *Homo erectus* suchte aber auch Höhlen auf. Dies zeigen die rund eine Million Jahre alten Funde aus der Höhle Šandalja I bei Pula in Istrien (Jugoslawien). Die dort entdeckten angekohlten Tierknochen und Holzkohlestückchen deuteten darauf hin, daß man damals schon in Europa das Feuer zu nutzen verstand. In Frankreich hausten Frühmenschen vor etwa 450 000 Jahren in der Arago-Höhle bei Tautavel und in China vor etwa 350 000 Jahren in der Drachenhöhle von Choukoutien bei Peking. In letzterer beweisen Holzkohle- und Asceschichten die Kenntnis des Feuers.

Auch die frühen und späten Neanderthaler hielten sich im Freiland in selbstgebauten Hütten und Zelten oder kurzfristig in Höhlen und unter Felsvorsprüngen (Abris) auf. Im Mittelrheingebiet in Deutschland lagerten Neanderthaler sogar in den Kratern erloschener Vulkane. Besonders stabil waren Behausungen der »klassischen Neanderthaler« in der Sowjetunion (Molodowa/Ukraine) konstruiert, für die schwere Mammutschädel und lange Mammutstoßzähne als Baumaterial dienten.

Die altsteinzeitlichen Jetztmenschen wohnten überwiegend im Freiland in Hütten oder Zelten, die sie mit langen Holzstangen und Wildpferdhäuten errichteten. Kurzfristig haben sie sich aber auch in Höhlen oder unter Felsvorsprüngen aufgehalten, die sie in manchen Fällen durch Einbauten wohnlicher gestalteten.

Da das Leben unserer altsteinzeitlichen Vorfahren von der Jagd und vom Sammeln geprägt war, mußten die Behausungen häu-

Rekonstruktion einer Behausung aus dem Magdalénien vor etwa 12 000 Jahren von Gönnersdorf (Kreis Neuwied) in Rheinland-Pfalz. Durchmesser etwa 6 Meter. Die Rekonstruktion wurde von dem Amateur-Archäologen Dietrich Evers aus Wiesbaden-Naurod angefertigt.

fig aufgegeben werden, wenn das Wild verscheucht oder das pflanzliche Nahrungsangebot erschöpft war.

Als erste Jäger betätigten sich vermutlich die Frühmenschen der Art *Homo habilis* und danach die frühen Angehörigen von *Homo erectus* . Spätestens vor etwa 400 000 Jahren brachten dann jedoch Jägertrupps von *Homo erectus*-Frühmenschen mit Holzlanzen bereits große Elefanten zur Strecke. Sie erlegten auch Nashörner, Wildpferde, Wildschweine, Biber, seltener Löwen und Bären. Holzlanzen waren auch für die frühen und die späten Neanderthaler die wichtigsten Jagdwaffen, wenn sie Höhlenbären, Mammuten, Fellnashörnern oder Wisenten auflauerten.

Den altsteinzeitlichen Jetztmenschen standen anfangs ebenfalls nur hölzerne Stoßlanzen und Wurfspeere für die Jagd auf Mammute, Wildpferde und Rentiere zur Verfügung, ehe sie neue Waffen entwickelten. Vor mehr als 18 000 Jahren im Solutréen kamen in Frankreich die ersten Speerschleudern (s. S. 93) auf. Mit dieser Fernwaffe wurde der Arm des Werfers künstlich verlängert, wodurch sich der Beschleunigungsweg, die Abwurfgeschwindigkeit und die Durchschlagskraft des Speeres erhöhten. Der älteste Rest einer Speerschleuder wurde am französischen Fundort Combe Saunière in der Dordogne entdeckt. Seit etwa 25 000 Jahren setzte man »Wurfhölzer« in der Art von Bumerangs ein, die teilweise aus Knochen hergestellt wurden.

Pfeil und Bogen gab es in Frankreich vielleicht schon vor etwa 20 000 Jahren im Solutréen und in der Türkei vor etwa 16 000 Jahren. In Deutschland kamen Pfeil und Bogen erst relativ spät vor weniger als 12 000 Jahren in Gebrauch (s. S. 109). Sie machten die Jagd auf gefährliche Tiere weniger riskant und eigneten sich auch viel besser zum Erlegen von besonders scheuem Wild.

Vor etwa 13 000 Jahren wurden manche der damaligen Jäger und Sammler schon von gezähmten Jungwölfen, deren Eltern man getötet hatte, auf der Pirsch begleitet. Sie waren vermutlich die ersten Haustiere des Menschen.

Die *Australopithecus*-Vormenschen ernährten sich vorwiegend von pflanzlicher Kost wie Früchten, Blättern, Wurzeln und Samen, daneben aber wohl auch von Kleingetier wie Eidechsen, Larven, Insekten sowie von Vogeleiern. Bei den Frühmenschen wurde mit zunehmenden Jagderfolgen die Fleischnahrung immer wichtiger. Beeren, Früchte oder eßbare Samen waren jedoch eine willkommene Beikost.

Als die Frühmenschen lernten, das bei Blitzschlägen und selbstentzündeten Steppen- oder Waldbränden entstandene Feuer zu hüten und es selbst zu entfachen, konnte die Nahrung noch schmackhafter zubereitet werden. Kannibalistische Bräuche liegen in Einzelfällen nahe, spielten aber bei der Ernährung sicher keine entscheidende Rolle. Auch die verschiedenen

Neanderthalerformen lebten von der Jagd und vom Sammeln. Man kann darüber spekulieren, ob die Neanderthaler bereits bestimmte Konservierungsmethoden kannten, mit deren Hilfe sich das Fleisch von besonders großen Säugetieren für längere Zeit aufbewahren ließ. Zumindest bei den hochentwickelten altsteinzeitlichen Jetztmenschen gibt es gewisse Anzeichen dafür. Auf ihrem Speisezettel standen neben dem Fleisch getöteter Mammute, Wildpferde, Rentiere, Schneehasen und Schneehühner auch allerlei saftige Kräuter und Beeren.

Eine wichtige Neuerung in der Ernährung bahnte sich vor etwa 15 000 Jahren in Palästina an. Dort ernteten Jäger, die Gazellen, Auerochsen und Wildschweine erlegten, gelegentlich Wildgetreide und verzehrten dessen Körner. Diese Nahrung gewann vor etwa 12 000 Jahren größere Bedeutung. Damals führten vermutlich Klimaänderungen am Ende des Eiszeitalters zu einer Zunahme der Niederschläge, wodurch die Ausbreitung von Gräsern und damit auch Wildgetreide stark begünstigt wurde.

Das dürfte den Anstoß gegeben haben, Wildgetreide selbst auszusäen und für längere Zeit zu bevorraten. Diese neue Errungenschaft erlaubte es den bis dahin zumeist umherschweifenden Jägern, länger am Wohnort zu verweilen. Vielleicht war dies aber auch unumgänglich, weil man die gefüllten Getreidespeicher nicht lange unbeaufsichtigt lassen konnte. So kam es vor etwa 12 000 Jahren in Israel und Jordanien bereits zu Anfängen seßhafter Lebensweise mit ersten festen Siedlungen und einer bebauten Fläche von bis zu drei Hektar. Die Zeit dieser frühen Seßhaftigkeit im Vorderen Orient wird von den Prähistorikern bereits dem Protoneolithikum zugerechnet, da sie wichtige Wesenszüge des Neolithikums – Seßhaftigkeit und Ackerbau – aufweist.

Für die altsteinzeitlichen Menschen diente die Natur als riesiger »Selbstbedienungsladen«, dem sie entnahmen, was sie brauchten, ohne sich um die Erneuerung der Ressourcen zu kümmern. Solange die Bevölkerungsdichte und damit auch der Bedarf an pflanzlicher und tierischer Nahrung gering blieb, hatte dies keine gravierenden Folgen. Der Mensch veränderte seine Umwelt durch seine Aktivitäten nur in geringem Maße. Diese Veränderungen waren langfristig in der Natur nicht spürbar.

Wurfversuch eines verkleideten Prähistorikers mit einer nach Originalfunden aus dem Magdalénien (vor etwa 15 000 bis 12 000 Jahren) rekonstruierten Speerschleuder. Länge der verwendeten Speerschleuder 0,65 Meter, Länge des Speers 1,60 Meter.

Wenn das Nahrungsangebot in Form von Wildtieren und eßbaren Pflanzen nicht mehr den Bedürfnissen der Jäger entsprach bzw. anderswo besser war, zogen die Jäger weiter. Danach konnte sich die Tier- und Pflanzenwelt bald wieder erholen. Das änderte sich jedoch mit der Entwicklung von effektiveren Jagdtechniken, zunehmender Gesamtkopfzahl der Menschen und der damit verbundenen längeren Verweildauer an einem Lagerplatz. Deshalb vermuten manche Wissenschaftler, daß neben den rapiden Klimaänderungen gegen Ende des Eiszeitalters bzw. der Altsteinzeit auch die nun verstärkt betriebene Jagd mit zum Verschwinden einiger Tierarten (Mammut, Fellnashorn, Wildpferd) beigetragen habe.

Tauschgeschäfte sind vermutlich erstmals vor etwa 35 000 Jahren von den Jetztmenschen in Europa betrieben worden. Dabei wechselten zunächst vor allem attraktive Schmuckschnecken – also »Luxusgüter« – den Besitzer. Was man zum täglichen Leben benötigte, mußte sich jede Familie oder Gruppe selbst beschaffen.

Bis zum Auftauchen der ersten Jetztmenschen in Europa vor knapp 35 000 Jahren gab es nur zwei »Berufe«: denjenigen des Jägers, der von Männern ausgeübt wurde, und den der Sammlerin, die neben der Fürsorge für die aufwachsenden Kinder das Nahrungsangebot mit allerlei eßbaren Früchten, Samen und Kräutern erweiterte. Vielleicht erhielt aber auch die Funktion des Schamanen, der für das Gelingen der Jagd und das Wohlergehen der Stammesangehörigen zuständig war, schon in der jüngeren Altsteinzeit so großes Gewicht, daß dieser von anderen Tätigkeiten freigestellt und von seiner Gruppe ernährt wurde. Man kann auch darüber nachdenken, welchen Status jene hochbegabten Künstler hatten, die in Frankreich und Spanien zeitaufwendige Höhlenmalereien schufen, und wer sie während ihrer Arbeit ernährte. Denkbar wäre auch, daß besonders geübte Steinschläger nicht nur für sich selbst, sondern auch für andere besonders kunstvolle Steinwerkzeuge anfertigten.

Bei allen Jagdunternehmungen, bei der Beschaffung von Rohmaterial für Werkzeuge und Waffen sowie bei sämtlichen Sammelaktivitäten waren die Menschen der Altsteinzeit auf ihre eigenen zwei Beine angewiesen. Auf diese Weise gelangten die Frühmenschen und die Jetztmenschen sogar zu anderen Erdteilen. Gegen Ende der Altsteinzeit wagten sie sich mit einfachen Wasserfahrzeugen gelegentlich auf das Mittelmeer hinaus und entdeckten einzelne Inseln.

Die *Australopithecus*-Vormenschen in Afrika trugen sicher keine Kleidung. Diese war wegen des milden Klimas nicht nötig und hätte zudem von den das kulturelle Niveau der Menschenaffen nur wenig übertreffenden Wesen nicht hergestellt werden können. Auch die ersten Frühmenschen in Afrika und Asien dürften nackt durchs Leben gegangen sein. Vielleicht traf das sogar noch für die in den Warmzeiten des Eiszeitalters in Europa vorkommenden Frühmenschen – wie *Homo erectus heidelbergensis* aus Mauer bei Heidelberg – zu, doch in den Kälteperioden der Eiszeiten war Kleidung sicher erforderlich. Das gilt natürlich auch für die während der Eiszeiten in Europa existierenden Neanderthalerformen und für die frühen Jetztmenschen in der zweiten Hälfte der letzten Eiszeit, bei denen Kleidung nachgewiesen ist.

Unsere Vorfahren in der Altsteinzeit besaßen noch kein Tongeschirr, da die Töpferei erst später erfunden wurde. Die Vormenschen, Frühmenschen und womöglich auch noch die Neanderthaler haben vermutlich Wasser mit der hohlen Hand geschöpft und daraus getrunken oder sich mit dem Mund über Quellen, Bäche, Flüsse und Seen gebeugt, um das lebensnotwendige Naß zu schlürfen. Die technisch hochbegabten Jetztmenschen aus den letzten Jahrtausenden der Altsteinzeit dürften sich aus Tierhäuten Wasserbehälter angefertigt haben. Zumindest haben sie in mit Tierhäuten oder -därmen ausgelegten kleinen Erdgruben gekocht. Dabei wurden im Feuer erhitzte Steine in das Kochgut hineingeworfen, das daraufhin bald siedete.

Die Frühmenschen stellten in der Zeit bis vor etwa einer Million Jahren ihre primitiven Geröllgeräte auf eine Art und Weise her, die schon ein gewisses Maß an Überlegung erforderte. Sie zerschmetterten Geröllsteine und kleine Felsbrocken nicht einfach durch einen Wurf auf den Boden bzw. auf anderes Gestein, sondern bearbeiteten das Rohmaterial, den sogenannten Kernstein, mit einem Schlagstein. Damit schlugen sie Teile ab, bis aus dem Kernstein ein scharfkantiges Gerät entstand. Hiermit, und manchmal auch mit den Abfallstücken, konnten Beutetiere aufgeschnitten und zerteilt werden. Mit diesen Geräten ließen sich auch Knochen aufschlagen, deren Mark als Leckerbissen begehrt war. Oder man trennte mit ihrer Hilfe Äste ab, indem man rundum eine Kerbe schlug und dann das Holz abbrach. Primitive Geröllgeräte gab es zuweilen auch noch nach einer Million Jahren.

Auf die allerersten Steinwerkzeuge von Frühmenschen der Art *Homo habilis* vor mehr als zwei Millionen Jahren folgte eine erstaunlich lange Zeit ohne spürbare Veränderung dieser primitiven Formen. Erst zu Beginn des Protoacheuléen vor etwa 1,2 Millionen Jahren wurde von Frühmenschen der Art *Homo erectus* der Faustkeil als neues Steinwerkzeug erfunden. Ein derart hohes Alter haben Faustkeile aus Ubeidya in Israel. Aus Algerien kennt man etwa 600 000 bis 700 000 Jahre alte Faustkeile.

Bei der Herstellung eines Faustkeils schlug man ein Rohstück so zurecht, daß eine keilförmige Spitze entstand, die sich zum Stechen, Schneiden oder Schlagen eignete. Die obere, breitere Hälfte paßte gut in eine menschliche Hand, daher spricht man vom Faustkeil. Die Faustkeil-Industrien wurden im Laufe der Zeit immer weiter verfeinert.

Seit etwa 400 000 Jahren ist im Altacheuléen in Teilen Europas die nach dem englischen Fundort Clacton-on-Sea in der Grafschaft Essex benannte Clacton-Technik nachweisbar. Vielleicht handelt es sich dabei aber nicht um eine besondere Technik im eigentlichen Sinne, sondern eher um eine einfache Bearbeitung der Kernsteine nach bestimmten Regeln.

Im Jungacheuléen eigneten sich die frühen Neanderthaler vor schätzungsweise 250 000 Jahren eine neue Steinschlagtechnik an, bei der man von speziell zugerichteten Kernsteinen messerartige Abschläge (sogenannte Klingen) gewann. Weil man solche Steinwerkzeuge erstmals an der Fundstelle Levallois-Perret (heute ein Stadtteil von Paris) entdeckte, spricht man von der Levallois-Technik.

Das Spätacheuléen (etwa 150 000 bis 100 000 Jahre) brachte – abgesehen von erstmaligen Werkzeugschäftungen, also Verbindungen zwischen Steinwerkzeugen und einem Stiel aus Holz oder Geweih – keine wesentlichen Neuerungen hervor.

Im Micoquien (etwa 125 000 bis 40 000 Jahre) stellten die späten Neanderthaler vor allem Faustkeile mit dickem Griff und feiner langgezogener Spitze (sogenannte Micoquekeile), mit einem Rücken versehene Faustkeile (Keilmesser) sowie flache

Zu den ältesten Resten von Haustieren gehört der Unterkiefer eines Hundes aus dem Magdalénien vor etwa 15 000 Jahren von Oberkassel bei Bonn in Nordrhein-Westfalen. Erhaltene Länge 10,5 Zentimeter. Original im Rheinischen Landesmuseum Bonn.

breite Keile (Faustkeilblätter) her. Im etwa gleichzeitigen Moustérien wurden die Faustkeile durch sogenannte Handspitzen ersetzt. Darunter sind flache, meist längliche, dreieckige Werkzeuge mit spitzem Ende zu verstehen, die aus größeren Abschlägen geformt wurden. Damit konnte man stechen, bohren und schneiden.

In den Technokomplexen der jüngeren Altsteinzeit – wie Aurignacien, Gravettien und Magdalénien – erreichten die Klingen-Industrien ihren Höhepunkt. Bei dieser Herstellungstechnik wurden Steinknollen in lange, schmale Stücke zerlegt, die man Klingen nennt. Aus ihnen fertigte man verschiedene Werkzeuge wie Stichel, Kratzer, Bohrer und Rückenmesser an.

Die Waffen der altsteinzeitlichen Menschen für den Angriff auf Artgenossen oder für die Verteidigung gegen diese waren wohl dieselben wie jene, die bei der Jagd auf große Säugetiere benutzt wurden. Als Rohmaterial hierfür dienten neben dem Stein auch Holz, Knochen oder Geweih.

Die frühesten Schmuckstücke stammen aus der Zeit der Neanderthaler. An Wohnplätzen unter Felsdächern in Frankreich (La Ferrassie, Pech de l'Azé) und im Freiland in der Sowjetunion (Molodowa) fand man rote, gelbe und schwarze Farbstücke mit Abreibespuren oder in Form von zugespitzten Stiften. Auch in Gräbern von Neanderthalern aus Frankreich (La Chapelle-aux-Saints) und aus Palästina (Quafzeh) wurden rote Farbbrocken entdeckt. Seltene Funde von Anhängern glückten in Frankreich (La Quina) und in Deutschland (Bocksteinschmiede). In La Quina kam ein Fuchszahn zum Vorschein, der vielleicht eine angefangene Durchbohrung zeigt. In der Bocksteinschmiede im Lonetal (Baden-Württemberg) wurden ein durchbohrter Schwanzwirbel vom Wolf und ein anderes durchbohrtes Knochenstück vom Wolf geborgen.

In der Zeit vor etwa 35 000 Jahren entstand bei den altsteinzeitlichen Jetztmenschen verstärkt das Bedürfnis, sich auf vielfältige Art und Weise zu schmücken. Dies geschah durch Anhänger aus fossilem Holz (Gagat) und Mammutelfenbein, Ketten mit Schmuckschnecken und durchbohrten Tierzähnen sowie Arm- und Fingerringe aus Elfenbein. Auch auf die Kleidung waren häufig Schmuckschnecken aufgenäht. Vielleicht haben sich die damaligen Jäger und deren Frauen bei bestimmten Anlässen mit Farbe (Rötel, Ocker) festlich geschminkt. Das leicht zerreibbare Mineral Rötel bietet alle Farbtöne vom Gelb bis Dunkelrot. Die eisenhaltige Tonerde Ocker ist gelb, braun oder rot.

Die Geschichte der Kunst reicht nachweislich mindestens bis in das Aurignacien (etwa 35000 bis 29000 Jahre) zurück. Die in dieser Zeit in Europa hergestellten Kunstwerke zeugen bereits von beachtlichem Geschick und erstaunlicher Phantasie der damaligen Menschen. Der Pariser Prähistoriker André Leroi-Gourhan (1911–1986) rechnete die Kunst des Aurignacien dem sogenannten Stil I zu.

Die aus Mammutelfenbein geschnitzten Wildtiere (Mammut, Wildpferd, Fellnashorn, Wisent, Höhlenlöwe, Höhlenbär) wurden sehr realistisch dargestellt. Die Menschen hat man dagegen häufig merkwürdig verfremdet abgebildet. Sie tragen vielfach tierische Merkmale wie Tierköpfe, -pranken und -hufe. Bei diesen seltsamen Mischwesen kann es sich um die Darstellung von Zauberern (Schamanen), vielleicht aber auch um Naturgottheiten handeln. Nur schwer sind die zahlreichen, immer wiederkehrenden Zeichen – wie Punkte, Striche und Kreuze – auf Tier- und Menschenfiguren zu deuten.

Zu den ältesten Kunstwerken aus dem Aurignacien gehören die Elfenbeinfiguren von Wildtieren aus Südwestdeutschland (Geißenklösterle-, Hohlenstein-Stadel-, Vogelherdhöhle) und Mischwesen (Geißenklösterle, Hohlenstein-Stadel) sowie eine steinerne Frauenstatuette aus Niederösterreich (Stratzing bei Krems). Weitere Kunstwerke aus dem Aurignacien kennt man aus Frankreich, Italien, der Tschechoslowakei und der Sowjetunion.

Auch im Gravettien (vor etwa 28000 bis 21000 Jahren) gab es – von wenigen Höhlenmalereien in Frankreich abgesehen – fast nur bewegliche Kunstwerke. Die Kunst des Gravettien wird als Stil II bezeichnet. Im Gravettien wurden auffallend viele Wildtierarten in Form figürlicher Gravierungen auf Stein, Knochen, Geweih, fossilem Holz und Mammutelfenbein dargestellt. Vertreten sind vor allem Wildpferde, Rentier, Wisent, Mammut, Fellnashorn, Höhlenbär, Steinbock, Hirsch sowie – wesentlich seltener – Fisch, Vogel, Höhlenlöwe und Wolf.

Typisch für das Gravettien sind die zahlreichen fülligen Frauenfiguren aus Stein, Knochen und Mammutelfenbein mit üppigen Brüsten und prallem Gesäß. Solche Frauenfiguren waren in der Sowjetunion, der Tschechoslowakei, Österreich, Deutschland, Italien und Frankreich verbreitet. Die Forschung betrachtet sie einerseits als Fruchtbarkeitssymbole, die den erstrebten Kinderreichtum fördern sollten, andererseits aber auch als Darstellung einer weiblichen Gottheit, aus der alles Leben hervorging.[20]

Besonders produktiv und begabt waren die Künstler im Pavlovien, einer in Böhmen und Mähren vertretenen regionalen Variante des Gravettien zwischen etwa 26000 und 21000 Jahren. Eine Besonderheit des Pavlovien sind die aus Ton modellierten und gebrannten Figuren, vor allem von Tieren und – seltener – von Menschen. Vom namengebenden Fundort Pavlov (Pollau) in Böhmen kennt man tönerne Wildpferdköpfe und einen Nashornkopf sowie abgebrochene Tierfüße.

In Dolní Věstonice (Unter-Wisternitz) bei Brno in Mähren wurden tönerne Kleinplastiken vom Mammut, Höhlenlöwen sowie Köpfchen vom Höhlenlöwen, Wolf, Fuchs, Fellnashorn und Wildpferd entdeckt. Am berühmtesten wurde die 11,5 Zentimeter hohe tönerne Frauenfigur dieses Fundortes, die als »Venus von Dolní Věstonice« in die Fachliteratur einging. In Předmost bei Prerov in Mähren barg man unter anderem einen aus Ton gekneteten Vielfraß. Die Künstler des Pavlovien schnitzten aber auch Tier-, Frauen- und Männerfiguren aus

Steinwerkzeug aus der Altsteinzeit: Schaber aus dem Moustérien (vor etwa 125000 bis 40000 Jahren) aus der Balver Höhle im Hönnetal bei Balve (Märkischer Kreis) in Nordrhein-Westfalen. Länge 10 Zentimeter. Original im Westfälischen Museum für Archäologie, Münster.

Mammutelfenbein. Als einzigartig in der altsteinzeitlichen Kunst gilt das 4,8 Zentimeter hohe, aus Elfenbein geschnitzte Köpfchen einer jungen Frau aus Dolní Věstonice, weil es eine der wenigen figürlichen Darstellungen des Menschen ist, die ausgeprägte Gesichtszüge erkennen läßt.

Im Solutréen (vor etwa 21000 bis 19000 Jahren), das nur in Frankreich und Spanien vertreten war, drangen die Menschen – vermutlich mit Hilfe von Talglampen – auch in weit vom Eingang entfernte Höhlenbereiche vor, und schmückten sie mit Reliefs von Tieren aus. Die Kunst des Solutréen wird dem Stil III zugeschrieben. Dazu gehören unter anderem auch der große Fries von Roc de Sers in der Charente (Frankreich) mit Pferden, Wisenten (einer davon mit dem Kopf eines Ebers), kämpfenden Steinböcken und zwei Menschengestalten sowie die Auerochsenreliefs von Le Fourneau du Diable in der Dordogne (Frankreich).

Ihren Höhepunkt erlebte die Kunst der jüngeren Altsteinzeit im Magdalénien (vor etwa 18000 bis 11500 Jahren). Davon wird der ältere Teil bis vor etwa 15000 Jahren noch dem Stil III zugerechnet, der jüngere ab etwa vor 15000 Jahren dagegen dem Stil IV. Aus dem Magdalénien sind in Spanien, Frankreich,

Deutschland, der Tschechoslowakei und der Schweiz viel mehr Kunstwerke entdeckt worden als aus früheren Epochen.

Berühmt geworden ist das Magdalénien vor allem durch die Höhlenmalereien in Frankreich und Spanien. Inzwischen wurden in mehr als 150 Höhlen Bildnisse von Wildtieren und ganz selten auch von Menschen entdeckt. Bei den mit grandiosen Malereien ausgeschmückten Höhlen handelte es sich höchstwahrscheinlich um Kultstätten.

Die berühmtesten Höhlenmalereien aus dem älteren Teil des Magdalénien – auch unteres Magdalénien genannt – wurden vor etwa 17000 Jahren in der Höhle von Lascaux im Tal der Vézère bei Montignac in der Dordogne geschaffen. Es hat den Anschein, als ob hier eine bestimmte Künstlergruppe innerhalb von zwei oder drei Generationen die verschiedenen Höhlenräume – wie die »Halle der Stiere«, den Durchgang, die »Apsis«, das »Schiff«, das »Kabinett der Katzentiere« und den Schacht – mit insgesamt 800 Bildern ausgeschmückt hat. An den Höhlenwänden sind Auerochsen, Höhlenbären, Wisente, ein »Einhorn«-ähnliches Wesen, Hirsche, Fellnashörner, Wildpferde, Eber, Steinböcke, Moschusochsen, Rentiere, Vögel und Raubkatzen zu erkennen. Eine der rätselhaftesten Szenen befindet sich im weit vom Eingang entfernten stockdunklen Schacht, in den sich der Künstler sechs Meter tief an einem Seil herunterlassen und im Schein von Lampen malen mußte. Hier, wohl im Allerheiligsten der Höhle von Lascaux, liegt ein verletzter oder toter Mensch mit erigiertem Penis vor einem wut-

Frauendarstellung ohne Kopf aus dem Magdalénien (vor etwa 15000 bis 11500 Jahren) auf einer Kalksteinplatte mit Ritzzeichnungen vom Hohlenstein bei Ederheim (Kreis Donau-Ries) in Bayern. Länge der Darstellung 8 Zentimeter. Original in der Prähistorischen Staatssammlung München.

schnaubenden Wisent, aus dem die Eingeweide hervorquellen. Unterhalb des Mannes sitzt ein Vogel auf einem Stab. Möglicherweise wird hier eine reale Jagdszene in Bildern erzählt. Nicht auszuschließen ist aber, daß die realistische Szene einen magisch-mythischen Hintergrund hat.

Im jüngeren Teil des Magdalénien – also im mittleren und oberen Magdalénien – drangen die Maler in bis zu zwei Kilometer vom Eingang entfernte Höhlenräume vor und verzierten sie mit ihren großformatigen und farbenprächtigen Gemälden. Dabei scheuten sie auch nicht vor größten Mühen zurück. So mußten beispielsweise in der Höhle von Etcheberriko-Karbia im Baskenland (Spanien) kleine Seen durchquert und glatte, meterhohe Hänge erklommen werden, ehe man sich durch ein schmales Loch zwängen und in einen schmalen Gang gelangen konnte, der abrupt endete und zwei Meter tief abfiel. Ob die an diesem Endpunkt angebrachten Malereien die eigentliche Kultstätte waren, wissen wir nicht.

Zu den bedeutendsten Bilderhöhlen aus dem jüngeren Teil des Magdalénien gehören die Höhlen von Font de Gaume, Les Combarelles, Rouffignac in Südwestfrankreich, von Niaux in den Pyrenäen sowie von Altamira im kantabrischen Spanien. Ohne Parallele sind die beiden aus Ton geformten Wisente in der Höhle von Tuc-d'Audobert im Ariège (Frankreich).

Über die Beweggründe unserer Vorfahren, derartige mit viel Schweiß und Mühen verbundene Kunstwerke zu schaffen, rätselt man immer noch. Als Motiv wird – in unterschiedlichen Variationen – oft ein Jagdzauber genannt: Demnach wollten die Höhlenmaler durch die Wiedergabe der Beutetiere in den Höhlen die Zahl der jagdbaren Tiere vermehren oder sie in die betreffende Gegend locken. Im Hintergrund stand dabei die Vorstellung, ein Geist oder ein Tier müsse sich dort aufhalten, wo man seinen Körper in Bildern oder Skulpturen festhielt. Eine andere Variante der Jagdzauber-Theorie geht davon aus, daß man durch die bildliche Darstellung Macht über die Tiere gewinnen könne. Tatsächlich wurden bei einigen Tierdarstellungen Speere oder Pfeile in das Tier eingezeichnet und andere sogar mit Speerwürfen und Pfeilschüssen attackiert, aber bei den meisten Tierbildern ist eine solche »magische Tötung« offensichtlich nicht durchgeführt worden. Man hielt die Höhlenmalereien aber auch für Erinnerungen an besonders erfolgreiche Jagdunternehmungen oder für den Ausdruck eines Totemkults, bei dem jeder Stamm eine bestimmte Tierart verehrte, mit der er in magischer Beziehung stand. Mitunter werden die einzelnen Tierarten auch mit bestimmten Gottheiten oder dem männlichen bzw. weiblichen Prinzip der Natur in Verbindung gebracht. Dabei scheint sich der Respekt vor ihnen jedoch in Grenzen gehalten zu haben. Denn viele Bilder wurden von späteren Malern übermalt.

Schwer zu deuten sind jene Höhlenmalereien, die Menschengestalten mit Tiermasken oder in Verkleidung zeigen. Solche Darstellungen findet man unter den zahlreichen Tierbildern eher selten. Vielleicht stellen sie Schamanen bei rituellen Handlungen dar.

Häufig vertreten wird auch die Ansicht, bei den Bilderhöhlen handle es sich um unterirdische Heiligtümer, in denen die Initiationsriten bei der Aufnahme der Jugendlichen in den Kreis der Erwachsenen und vielleicht auch andere Zeremonien stattgefunden haben.

Auch die Kleinkunstwerke aus Stein, fossilem Holz, Knochen, Rentiergeweih und Mammutelfenbein gelangten im Magdalé-

Männerdarstellung mit behaarten Beinen aus dem Magdalénien vor etwa 12 000 Jahren von Gönnersdorf (Kreis Neuwied) in Rheinland-Pfalz. Länge des Fundes 9,5 Zentimeter. Original im Landesamt für Denkmalpflege Rheinland-Pfalz, Außenstelle Koblenz.

nien zu einer außerordentlichen Blüte. Bei den Tierdarstellungen waren Wildpferde und Rentiere sowie in manchen Gegenden Mammute die beliebtesten Motive. Sogar Fußböden, löffelartiges Gerät, Lochstäbe und Speerschleudern wurden mit Tiermotiven geschmückt. Bei den Menschendarstellungen überwiegen ganz eindeutig solche von Frauen, die zumeist ohne Kopf und Füße wiedergegeben sind. Die Bedeutung symbolischer Zeichen – wie Linien, Gittermuster, Kreise oder Ovale – ist weitgehend ungeklärt.

Musik und Tanz waren vielleicht schon bei den »klassischen Neanderthalern« in der Zeit vor etwa 115 000 bis 35 000 Jahren verbreitet. Als Indiz dafür werden der Fund eines Schwirrgerätes in England sowie von Menschenhand bearbeitete Höhlenbärenreste genannt, mit denen sich Töne erzeugen ließen.

Aus der jüngeren Altsteinzeit vor etwa 35 000 bis 10 000 Jahren liegen einige Hinweise über Musik und Tanz vor, so daß deren Ausübung als gesichert gelten kann. Dazu gehören unter anderem Funde von knöchernen Flöten aus Lespaux und Pair-non-Pair in Frankreich. Umstritten ist die Verwendung der am Stirnbein bunt bemalten Mammutschädel von Mežirič in der Ukraine als Trommelkörper und auch die Deutung der unverzierten Lochstäbe aus dem Aurignacien als Trommelschlegel der Zauberer. In Deutschland ist Tanz durch mehr als 12 000 Jahre alte Ritzeichnungen aus dem Mittelrheingebiet sicher belegt.

Die an Altersschwäche oder Krankheiten gestorbenen sowie bei Angriffen wilder Tiere oder fremder Artgenossen ums Leben gekommenen Menschen wurden bis vor etwa 100 000 Jahren nicht bestattet, sondern einfach liegengelassen. So findet man heute Skelettreste von Vormenschen in Afrika häufig direkt auf der Erdoberfläche im Freiland und manchmal auch in Höhlen, in denen die altersschwachen, schwerkranken oder schwerverletzten Australopithecinen den Tod erwarteten. Ähnlich verhielt es sich bei den Frühmenschen *Homo habilis* und *Homo erectus*. Bei *Homo erectus* ist auffällig, daß in Europa Schädelreste überwiegen und diese oft in Flußablagerungen entdeckt werden. Dies kann aber vielleicht damit erklärt werden, daß die in Flüsse geratenen oder geworfenen Skelettreste viel größere Chancen hatten, der Nachwelt erhalten zu bleiben, weil sie dort von Ablagerungen bedeckt und so vor Zerstörung bewahrt blieben. Hinzu kommt, daß Flußablagerungen – wie Kies und Sand – vielfach in großem Umfang abgebaut werden, um Baumaterial zu gewinnen. Aus diesem Grunde darf man vielleicht auch die häufig in Flußablagerungen verborgenen Skelettreste von frühen Neanderthalern nicht überbewerten.

Erst die späten bzw. »klassischen Neanderthaler« des Moustérien haben ihre Toten sorgfältig in Höhlen bestattet. Es mutet eigentümlich an, daß von den zur selben Zeit lebenden Neanderthalern des Micoquien keine Bestattungen vorliegen. Entweder haben die Micoquien-Leute ihre Toten außerhalb der Höhlen, wo man sie kaum finden kann, oder überhaupt nicht bestattet.

Die Moustérien-Leute betteten ihre Verstorbenen vielfach liebevoll zur letzten Ruhe. Sie hoben manchmal sogar Grabgruben in Höhlen aus, in die sie den Leichnam legten. Zuweilen pflasterten sie eigens den Boden mit Feuersteinen und bedeckten Tote mit Steinen bzw. den Kopf mit einer Stein- oder Knochenplatte.

Nicht selten wurden den toten Neanderthalern Speisen, Jagdtrophäen, Steinwerkzeuge und rote Farbstücke mitgegeben. Daraus kann man schließen, daß die Moustérien-Leute an ein Leben nach dem Tode glaubten. Nach der Körper- und Armhaltung sowie der Blickrichtung und Orientierung der Bestatteten zu schließen, sind Männer, Frauen und Kinder gleichberechtigt behandelt worden.

In starkem Kontrast zu diesen fürsorglich durchgeführten Bestattungen stehen etliche Fälle aus derselben Zeit, in denen man Menschen gewaltsam getötet, danach den Kopf vom Körper getrennt, gesondert behandelt und sichtbar in Höhlen aufbewahrt hat. An solchen Schädeln ist häufig das Hinterhauptsloch, durch das Rückenmark und Gehirn verbunden sind, künstlich erweitert worden, damit man das Hirn entnehmen und verzehren konnte. Dieser Schädelkult wurde auch später noch praktiziert.

Darstellung von drei tanzenden Männern oder Geistern und eines Mammuts (rechts) aus dem Magdalénien vor etwa 12 000 Jahren auf einem Geröll von der Höhlenruine Teufelsbrücke auf dem Gleitsch (Kreis Saalfeld) in Thüringen. Länge des Gerölls 12,6 Zentimeter, Höhe 4,4 Zentimeter. Original im Museum für Ur- und Frühgeschichte Thüringens, Weimar.

Wie zuvor die Moustérien-Leute haben auch die Jetztmenschen aus der jüngeren Altsteinzeit ihre Toten in Höhlen bestattet – jedoch nicht ausschließlich, wie etliche Funde von Gräbern im Freiland zeigen. In dieser Zeitspanne kamen neben Bestattungen in gestreckter Lage erstmals sogenannte Hockerbestattungen auf, bei denen der Tote mit mehr oder weniger an den Leib gezogenen Knien auf der rechten oder linken Körperseite im Grab lag. Eine weitere Neuheit war, daß der Verstorbene reichlich mit Farbstoff (Rötel oder Ocker) bestreut wurde. Man kann darüber spekulieren, ob dadurch lediglich ein besseres Aussehen des Verstorbenen bzw. eine gewisse Festlichkeit erreicht werden sollte oder ob man glaubte, mit der Farbe des Blutes und somit auch des Lebens den Toten wieder erwecken zu können. Der Farbstoff wurde so stark verwendet, daß er sich im Erdreich nach Auflösung der Kleidung und der Weichteile des Leichnams auf den Knochen absetzen konnte. Deshalb sind viele Skelettfunde aus der jüngeren Altsteinzeit rötlich gefärbt. Auch den Verstorbenen der jüngeren Altsteinzeit gab man Speisen, Jagdtrophäen und Steinwerkzeuge mit, außerdem manchmal Waffen, Schmuck und Kunstwerke.

Über die Religion unserer Vorfahren in der älteren Altsteinzeit können wir nur Vermutungen äußern. Von den *Australopithecus*-Vormenschen liegen überhaupt keine Funde vor, die man in irgendeinem Zusammenhang mit einer Religion sehen könnte. Ob das auffällige Überwiegen von Schädelresten des Frühmenschen *Homo erectus* in Flüssen auf einen bestimmten rituellen Brauch zurückzuführen oder sie dort nur zufällig erhalten geblieben sind, läßt sich nicht entscheiden. Auch der vom *Homo erectus* vor etwa 350 000 Jahren in der Drachenhöhle von Choukoutien bei Peking praktizierte Kannibalismus läßt sich unterschiedlich deuten: Entweder als Hinweis für die magische Vorstellung, durch den Verzehr von Körperteilen anderer Menschen könne man deren Fähigkeiten erlangen, oder nur als profane Abwechslung des Speisezettels.

Die beginnende Religiosität der Menschen fand wohl am deutlichsten in der Einstellung zum Tod und zu den Verstorbenen ihren Ausdruck. Nach diesem Kriterium dürften die »klassischen Neanderthaler« die ersten gewesen sein, die an ein Leben nach dem Tode glaubten. Auch die isolierten Kopfbestattungen, Becher aus menschlichen Schädeln und die Vermutung eines Kultes um den Höhlenbären werden als Hinweise für religiöse Vorstellungen der Neanderthaler angesehen.

Viel mehr als all ihre Vorgänger haben die Jetztmenschen aus der jüngeren Altsteinzeit in Europa Spuren ihrer Religion hinterlassen, aber auch diese sind sehr unterschiedlich interpretierbar. So ist keineswegs völlig gesichert, daß die teilweise mit üppigen Malereien geschmückten Höhlen in Frankreich und Spanien wirklich Heiligtümer waren, wenngleich die damalige Kunst wohl kaum allein dem künstlerischen Bedürfnis nach Ausdruck entsprungen sein dürfte. Triebfeder der Höhlenmaler können sehr wohl magische Motive gewesen sein. Die zahlreichen Darstellungen nackter Frauen in Reliefs oder Plastiken lassen darauf schließen, daß der weiblichen Fruchtbarkeit eine wichtige Rolle in der Gedankenwelt der damaligen Menschen zugesprochen wurde. Farbige Handabdrücke und Fußspuren in weit vom Tageslicht entfernten Höhlenbereichen lassen an geheimnisvolle Initiationsriten für die herangewachsenen Jünglinge und Mädchen denken.

Manche der unter merkwürdigen Umständen vorgefundenen Tierskelette und Menschenbestattungen aus der jüngeren Altsteinzeit könnten von Opfern an überirdische Mächte stammen. In diesem Zusammenhang ist die vor mehr als 20 000 Jahren in Dolní Věstonice (Tschechoslowakei) erfolgte Bestattung von drei Menschen interessant, deren gleichzeitiger und teilweise gewaltsamer Tod rätselhaft wirkt. Hier lagen drei junge Menschen, die wahrscheinlich aus einer Familie stammten, auf dem Rücken nebeneinander. In der Mitte ruhte eine behinderte Frau, deren eine Körperhälfte verkürzt war und die nur schlecht laufen konnte. Sie war eventuell schwanger, konnte jedoch wegen ihrer Behinderung das Kind nicht austragen und zur Welt bringen. Auf dem Schoß der Frau war rote Farbe gehäuft. Links von ihr und ihr zugewandt lag ein junger Mann, vielleicht ihr Bruder, dessen ausgestreckte Hände auf ihrer Schamgegend ruhten. Der Kopf der Frau war auf einen zweiten jungen Mann gerichtet, vielleicht ebenfalls ein Bruder oder naher Verwandter. Sein rechter Arm lag über dem linken der Frau. Alle Köpfe waren mit einer Lehmkruste überzogen. Über der Bestattung hatte man ein Feuer abgebrannt. Vielleicht hatten die beiden jungen Männer die Frau vergewaltigt und dafür mit dem Leben büßen müssen?

Die Altsteinzeit in Deutschland

Abfolge und Verbreitung der »Kulturen« und Gruppen

In Deutschland konnten bisher keine Funde aus der Zeit der Geröllgeräte-Industrien (s. S. 45) vor mehr als zwei Millionen bis einer Million Jahren[1] entdeckt werden. Man nimmt deshalb an, daß Deutschland während des Pliozäns und des frühen Eiszeitalters nicht von Vormenschen bewohnt wurde. Jedenfalls wurden keine Überreste der Gattung *Australopithecus* in unserem Land entdeckt.

Die ältesten Hinterlassenschaften von Frühmenschen stammen aus dem Protoacheuléen (s. S. 46) vor etwa 1,2 Millionen bis 600 000 Jahren. Dabei handelt es sich um einen menschlichen Unterkiefer, Steinwerkzeuge, Jagdbeute- und Siedlungsreste von Frühmenschen. Die Fundorte liegen in Baden-Württemberg, Rheinland-Pfalz und Hessen.

Aus dem Altacheuléen (s. S. 50) vor etwa 600 000 bis 350 000 Jahren kennt man neben Steinwerkzeugen, Jagdbeute- und Siedlungsresten auch spärliche Schädelreste von Frühmenschen. Hinweise für den Aufenthalt von Jägern und Sammlern zu dieser Zeit fand man in Baden-Württemberg, Bayern, Rheinland-Pfalz, Hessen und Nordrhein-Westfalen.

Im Jungacheuléen (s. S. 52) vor etwa 350 000 bis 150 000 Jahren mehren sich die Zeugnisse für die Anwesenheit verschiedener Menschentypen (Frühmenschen, frühe Neanderthaler). Neben Steinwerkzeugen, Waffen, Jagdbeute-, Siedlungs- und Schädelresten wies man auch den Gebrauch des Feuers und Kannibalismus nach. Die Funde kamen in Baden-Württemberg, Bayern, Rheinland-Pfalz, Hessen, Nordrhein-Westfalen, Niedersachsen, Hamburg, Schleswig-Holstein, Thüringen, Sachsen-Anhalt und Sachsen zum Vorschein.

Das Spätacheuléen (s. S. 58) vor etwa 150 000 bis 100 000 Jahren ist ebenfalls durch Funde von Werkzeugen, Waffen, Jagdbeute- und Siedlungsresten sowie menschlichen Überresten vertreten. Sie stammen von Neanderthalern. Das Spätacheuléen ist in Baden-Württemberg, Bayern, Rheinland-Pfalz, Hessen, Nordrhein-Westfalen und Niedersachsen belegt.

Aus dem Micoquien (s. S. 62) vor etwa 125 000 bis 40 000 Jahren sind vor allem Werkzeuge, Waffen, Jagdbeute- und Siedlungsreste bekannt, jedoch keine menschlichen Skeletteile. Die Vertreter dieser Kulturstufe waren Neanderthaler. Das Micoquien konnte in Baden-Württemberg, Bayern, Rheinland-Pfalz, Hessen, Nordrhein-Westfalen, Niedersachsen, Berlin und in Sachsen-Anhalt nachgewiesen werden.

Das mit dem Micoquien etwa zeitgleiche Moustérien (ebenfalls vor etwa 125 000 bis 40 000 Jahren) ist überwiegend durch Werkzeuge, Waffen, Jagdbeute- und Siedlungsreste dokumentiert. Daneben gibt es auch einige Skelettreste von Neanderthalern. In das Moustérien (s. S. 69) werden Funde aus Baden-Württemberg, Bayern, Rheinland-Pfalz, Hessen, Nordrhein-Westfalen, Thüringen und Sachsen datiert. Bis Norddeutschland drang diese Industrie offensichtlich nicht vor.

Die Blattspitzen-Gruppen (s. S. 75) vor etwa 50 000 bis 35 000

Eines der ältesten Steingeräte in Deutschland: ein Chopper (Hackgerät) aus Quarzit aus der Zeit des Protoacheuléen vor mehr als 700 000 Jahren von Gondorf (Kreis Bitburg-Prüm) in Rheinland-Pfalz. Länge 9 Zentimeter, Breite 9,2 Zentimeter. Original im Landesamt für Denkmalpflege Hessen, Außenstelle Marburg.

Jahren hinterließen nur Werkzeug-, Waffen- und Siedlungsfunde. Ihnen gehörte ein Teil der letzten »klassischen Neanderthaler« an, die entlang der Altmühl in Bayern, vereinzelt in Nordrhein-Westfalen und in Thüringen lebten.

Das Aurignacien (s. S. 77) vor etwa 35 000 bis 29 000 Jahren gilt als erste Kulturstufe, in der sich außer Werkzeug-, Waffen-, Jagdbeute-, Siedlungs- und menschlichen Schädelfunden auch Kunstobjekte finden. Es hinterließ vor allem in Baden-Württemberg, aber auch in Bayern, Rheinland-Pfalz, Hessen, Nordrhein-Westfalen, Thüringen und Sachsen-Anhalt seine Spuren. Aus Norddeutschland liegen keine Funde vor. Die Aurignacien-Leute waren bereits Jetztmenschen.

Aus dem Gravettien (s. S. 83) vor etwa 28 000 bis 21 000 Jahren kennt man Werkzeuge, Waffen, Jagdbeute-, Siedlungs- und menschliche Skelettreste sowie Kunstobjekte. Man fand sie in Baden-Württemberg, Bayern, Rheinland-Pfalz, Hessen, Nordrhein-Westfalen und in Thüringen. Auch diese Kulturstufe war in Norddeutschland nicht vertreten.

In den Jahrtausenden der Maximalvereisung zwischen etwa 20 000 und 18 000 Jahren dürfte Deutschland nicht von Menschen bewohnt worden sein. Dazu waren vermutlich die klimatischen Bedingungen zu ungünstig.

Im Magdalénien (in Deutschland vor etwa 15 000 bis 11 500 Jahren) sind zahlreiche Gruppen von Rentierjägern in unser Land eingewandert. An ihre Anwesenheit erinnern viele Funde von Werkzeugen, Waffen, Jagdbeuteresten, Inventare aus Höhlen- und Freilandsiedlungen, Kunstwerke sowie menschliche Skelettreste und sorgfältig angelegte Gräber. Das Magdalénien (s. S. 89) ist in Baden-Württemberg, Bayern, Rheinland-Pfalz, Hessen, Nordrhein-Westfalen, im südlichen Niedersachsen, in Thüringen, Sachsen-Anhalt und Sachsen belegt, jedoch nicht in weiten Teilen Norddeutschlands.

Teilweise zeitgleich mit dem Magdalénien war die »Hamburger Kultur« (s. S. 102) vor etwa 15 000 bis 14 000 Jahren. Sie hinterließ Werkzeuge, Waffen, Jagdbeutereste sowie einige Kunstwerke. Menschliche Skelettreste fehlen bisher. Die »Hamburger Kultur« war außer im Raum Hamburg auch in Schleswig-Holstein, im nördlichen Niedersachsen und in Nordrhein-Westfalen verbreitet, nicht jedoch in Süddeutschland.

Auf das Magdalénien und die »Hamburger Kultur« folgten in weiten Teilen Deutschlands vor etwa 12 000 bis 10 700 Jahren die Federmesser-Gruppen (s. S. 107). Von ihnen kennt man Werkzeuge und Waffen (darunter die typischen Federmesser) sowie Jagdbeute- und Siedlungsreste. Die sehr seltenen Skelettreste im Rheinland sind leider verlorengegangen. Die Federmesser-Gruppen existierten in Rheinland-Pfalz, Hessen, Nordrhein-Westfalen, Niedersachsen, im südlichen Schleswig-Holstein, Berlin und in Sachsen-Anhalt.

Im nördlichen Schleswig-Holstein folgte auf die »Hamburger Kultur« vor etwa 11 700 bis 11 000 Jahren die »Bromme-Kultur« (s. S. 111). Die Angehörigen dieser Stufe haben vor allem Stein- und Geweihgeräte hinterlassen. Skelettreste von Menschen sind bisher unbekannt.

Ein Teil der Funde aus der Zeit zwischen 11 500 und 10 000 Jahren in Süddeutschland wird keiner bestimmten Kulturstufe, sondern ganz allgemein dem Spätpaläolithikum (s. S. 113) zugerechnet. Werkzeuge und Waffen aus dieser Zeit haben große Ähnlichkeit mit denjenigen aus dem Magdalénien.

Als letzte altsteinzeitliche Kulturstufe in Norddeutschland gilt die »Ahrensburger Kultur« (s. S. 115) vor etwa 10 700 bis 10 000 Jahren. Sie wird durch Funde von Werkzeugen, Waffen, Jagdbeute- und Siedlungsresten repräsentiert. Die »Ahrensburger Kultur« war in Schleswig-Holstein, Nordrhein-Westfalen, Rheinland-Pfalz, Brandenburg und in Mecklenburg heimisch.

Eines der ältesten Kunstwerke in Deutschland: Plastik eines aus Mammutelfenbein geschnitzten Höhlenbären aus dem Aurignacien vor mehr als 30 000 Jahren von der Geißenklösterlehöhle bei Blaubeuren-Weiler (Alb-Donau-Kreis) in Baden-Württemberg. Höhe 5,5 Zentimeter. Original im Württembergischen Landesmuseum Stuttgart.

Keine Spur von Vor- oder Frühmenschen

Die Geröllgeräte-Industrien

Aus der Zeit der Geröllgeräte-Industrien vor mehr als zwei Millionen bis einer Million Jahren konnten bisher in Deutschland keine Hinweise für die Anwesenheit von Vor- oder Frühmenschen gefunden werden. Der Begriff Geröllgeräte-Industrien (Pebble Industry) wurde in den zwanziger Jahren durch den damals in Entebbe beim Geological Survey of Uganda tätigen englischen Geologen Edward James Wayland (1888–1966, s. S. 515) eingeführt.[1]

Die Anfänge der Geröllgeräte-Industrien reichen in Afrika ungefähr bis in die Zeit zurück, zu der in Europa das Eiszeitalter (Pleistozän) begann. In Norddeutschland gilt die Prätegelen-Kaltzeit[2] vor etwa 2,5 Millionen Jahren als dessen ältester Abschnitt.

Die Prätegelen-Kaltzeit war offenbar nicht mit Gletschervorstößen aus Skandinavien verbunden. Im Laufe dieser Kaltzeit verschwanden aber wärmeorientierte Pflanzen wie die Mammutbäume *(Sequoia)* und die Sumpfzypressen *(Taxodium)*. Bald dehnten sich auf Kosten der Wälder immer mehr die Tundren aus.

In Süddeutschland herrschten vielleicht etwa zur gleichen Zeit wie die Prätegelen-Kaltzeit die Biber-Eiszeiten.[3] Sie sind nach dem Flüßchen Biber nordwestlich von Augsburg benannt und umfassen vermutlich zwei kalte Abschnitte. Während der Biber-Eiszeiten wurden Schmelzwasserschotter damaliger Vorlandgletscher bis in die Gegend von Augsburg verfrachtet.

Vor etwa 2,1 Millionen Jahren folgte eine in ganz Deutschland spürbare Klimaverbesserung, die nach einem holländischen Fundort als Tegelen-Warmzeit[4] bezeichnet wird. Nun gediehen wieder die Wälder. Die Pflanzenwelt glich vielerorts der heutigen am Südufer des Kaspischen Meeres. Im Rhein-Main-Gebiet wuchsen Flügelnuß *(Pterocarya)*, Pfingstrosen *(Paeonia)*, kautschukhaltige Bäume wie die Eukommien *(Eucommia)* und transkaukasische Eisenhölzer wie die Parrotien *(Parrotia)*. Zur damaligen Tierwelt gehörten Affen *(Macaca)*, im Wald lebende, wärmeorientierte Südelefanten *(Archidiskodon)*, aber auch Nashörner *(Dicerorhinus)*, Hirsche *(Cervus)* und Biber *(Trogontherium)*.

Vor etwa 1,6 Millionen Jahren verschlechterte sich das Klima erneut. In Norddeutschland begann die nach der Völkerschaft der Eburonen im heutigen Holland benannte Eburon-Kaltzeit.[5] Auch in dieser Kaltzeit kam es offenbar zu keinen Vorstößen der skandinavischen Gletscher bis nach Norddeutschland. Statt ausgedehnter Wälder gab es nun eine offene parkähnliche Landschaft, in der Nadelbäume und Erlen wuchsen.

Die klimatisch anspruchsvollen Rüsseltiere, die sogenannten Mastodonten, verschwanden. Diese unterschieden sich von Elefanten unter anderem dadurch, daß ihre Backenzähne nicht nachwuchsen. Die größten Tiere waren damals die laubfressenden Südelefanten. Außerdem existierten Lemminge *(Lemmus)*, Hasen *(Hypolagus)*, schäferhundgroße Hirsche *(Cervus)* und

Wildpferde *(Equus)*. Zeitgenossen dieser Tiere waren bis zu 1,90 Meter lange räuberische Säbelzahnkatzen *(Homotherium)*, Luchse *(Lynx)*, Marderhunde *(Nyctereutes)*, Hyänenartige *(Chasmoporthes)* und Bären *(Ursus)*.

Ähnlich alt wie die Eburon-Kaltzeit gelten die Donau-Eiszeiten[6] in Süddeutschland, die nach dem gleichnamigen Fluß bezeichnet sind. Sie umfaßten vermutlich drei kalte Abschnitte. Während dieser Eiszeiten rückten die Gletscher der Alpen weit ins Alpenvorland vor. Beispielsweise reichte der westliche Teil des Lechgletschers bis in die Gegend von Kaufbeuren. In den vom Eis begrabenen Gebieten erstarb jegliches Leben. Die Donau-Eiszeiten wurden jedoch von kurzfristigen Wärmeschwankungen unterbrochen, in denen sogar wieder Lebensbäume *(Thuja)* und Scheinzypressen *(Chamaecyparis)* im Raum Augsburg wachsen konnten.

An die Eburon-Kaltzeit und die Donau-Eiszeiten schloß sich vor etwa 1,4 Millionen Jahren die nach einem holländischen Fluß bezeichnete Waal-Warmzeit[7] an. Im Waal breiteten sich wieder die Wälder aus, in denen erneut auch wärmeliebende Südelefanten lebten. Aus jener Zeit stammen die schätzungsweise 1,2 Millionen Jahre alten Schädelbruchstücke eines Frühmenschen von Orce in Spanien.

Vor etwa 1,1 Millionen Jahren bahnte sich in Norddeutschland die Menap-Kaltzeit[8] an, die nach der Völkerschaft der Menapier in Holland benannt ist. Während dieser Kaltzeit sind skandinavische Gerölle mit Treibeis bis nach Holland gelangt. Dagegen kennt man bisher aus Norddeutschland keine Spuren von skandinavischen Gletschervorstößen. Die Klimaverschlechterung machte sich auch in der Zusammensetzung der Pflanzen- und Tierwelt bemerkbar.

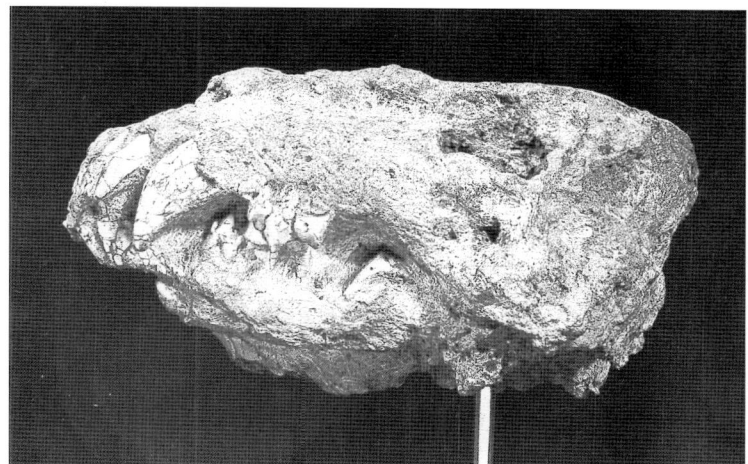

Schädelrest einer jugendlichen Säbelzahnkatze vermutlich der Art *Homotherium crenatidens* aus dem älteren Eiszeitalter von Neuleiningen bei Grünstadt in Rheinland-Pfalz. Länge 18 Zentimeter, Höhe 9 Zentimeter. Original im Pfalzmuseum für Naturkunde in Bad Dürkheim, Sammlung von Ulrich Heidtke.

Die ersten Frühmenschen wandern ein

Das Protoacheuléen

Die ältesten archäologischen Zeugnisse für die Existenz von Frühmenschen in Deutschland stammen aus dem Protoacheuléen vor etwa 1,2 Millionen bis 600 000 Jahren. In dieser Zeitspanne sind offensichtlich die ersten Jäger und Sammler eingewandert. Der Begriff Protoacheuléen wurde 1985 von dem Marburger Prähistoriker Lutz Fiedler (s. S. 511) geprägt. Dieser Name besagt, daß es sich um eine Kulturstufe vor dem eigentlichen Acheuléen handelt. Der Name Acheuléen[1] erinnert an den französischen Fundort Saint-Acheul bei Amiens an der Somme.

Auch während der Zeitdauer des Protoacheuléen kam es in Deutschland zu einem mehrfachen Wechsel von Kalt- und Warmzeiten. In der bereits erwähnten Waal-Warmzeit (s. S. 45) war das Klima so mild, daß selbst wärmeliebende Bäume wieder wachsen konnten. In der Werra schwammen damals tonnenschwere Flußpferde *(Hippopotamus amphibius antiquus)*. Dieser Fluß dürfte deshalb selbst im Winter nicht zugefroren sein. In den Laubwäldern weideten Südelefanten. Tierreste aus der Waal-Warmzeit kennt man aus Untermaßfeld in Thüringen. Dort wurden Skelettreste vom Flußpferd, Elefanten, Nashorn, Wildpferd, Wildschwein, von verschiedenen Hirschen, vom Elch, Bison, Wolf und von der Hyäne entdeckt. Seltener kamen Reste vom Gepard, Luchs, Löwen und von der Säbelzahnkatze zum Vorschein.

In Norddeutschland folgte vor etwa 1,1 Millionen Jahren die Menap-Kaltzeit (s. S. 45). An die Stelle der Laubwälder traten in diesem Abschnitt Landschaften, die wahrscheinlich Ähnlichkeit mit gras- und heidereichen Tundren hatten. Vor etwa einer Million Jahren begann in Deutschland der Bavel-Komplex[2] (auch Bavelien genannt), dessen Name von dem holländischen Fundort Bavel abgeleitet wurde. Zum Bavel-Komplex gehören die Bavel-Warmzeit, die Linge-Kaltzeit, die Leerdam-Warmzeit und die Dorst-Kaltzeit, die allesamt nach holländischen Fundorten bezeichnet sind.

Im Bavelien wanderten allmählich wieder Bäume wie die Kiefer *(Pinus)*, die Hemlocktanne *(Tsuga)*, Erle *(Alnus)*, Ulme *(Ulmus)*, Eibe *(Taxus)*, Buche *(Carpinus)* und die kautschukhaltige Eukommie *(Eucommia)* ein. Auffällig ist der zeitweise sehr hohe Anteil von Hemlocktannen, der — nach pollenanalytischen Untersuchungen zu schließen — manchmal etwa 25 bis 50 Prozent erreicht. Wegen ihres teilweise hohen Prozentsatzes von Hemlocktannen-Pollen könnten unter anderem die Fundstellen Schwanheim im Mainzer Becken und Uhlenberg bei Zusmarshausen westlich von Augsburg in das Bavelien gehören.

Vor fast einer Million Jahren brachen in der Hohen Eifel, West- und Osteifel immer wieder Vulkane aus. Solche Naturkatastrophen dürften Tiere und vielleicht auch die Frühmenschen erschreckt haben. In der Linge-Kaltzeit wandelte sich die Flora. Nun beherrschten klimatisch weniger anspruchsvolle Bäume wie die Kiefer und die Birke *(Betula)* das Bild der Landschaft. In der Leerdam-Warmzeit setzten sich neben der Birke und der Kiefer auch die Ulme, die Eiche *(Quercus)* und die Buche durch. In der Dorst-Kaltzeit dominierten dann wieder niedrige Gräser und Heidepflanzen. Nach dem Bavelien-Komplex gab es in Deutschland keine wärmeliebenden Eukommien, aber auch keine Hemlocktannen mehr.

Seit etwa 750 000 Jahren spricht man vom Cromer-Komplex.[3] In diesem gab es sehr kurze milde Abschnitte (Cromer I, II, III und IV) und kalte lange Abschnitte dazwischen. Die Warmzeit Cromer I vor schätzungsweise 750 000 Jahren, die Kaltzeit dazwischen, die Warmzeit Cromer II vor etwa 650 000 Jahren und die Kaltzeit danach entsprachen noch dem Protoacheuléen. Auch im Cromer herrschte im Gebiet der Eifel starker Vulkanismus. Die vulkanischen Auswurfprodukte erweisen sich manchmal als Glücksfall für die Prähistoriker. Da sie gut radiometrisch datierbar sind, kann man mit ihrer Hilfe zuweilen das geologische Alter einer Fundschicht ermitteln.

In klimatisch günstigen Abschnitten des Cromer gediehen Eichenmischwälder, in denen neben Eichen auch Eiben und Erlen standen. Seltener waren Haselnußsträucher und Hainbuchen. Während kühlerer Abschnitte breiteten sich Nadelwälder aus, in denen Kiefern dominierten. Birken waren zu Beginn und gegen Ende jeder Warmzeit des Cromer häufig.

Zeitweilig dürfte das Klima im Cromer so warm gewesen sein wie in der heutigen Kurzgrassavanne Serengeti in Tansania (Afrika). In solchen Phasen schwammen ganze Herden von Flußpferden im Rhein. An Land lebten ebenfalls viele Exoten. Dazu gehörten unter anderem Affen, Säbelzahnkatzen, von der Kopf- bis zur Schwanzspitze maximal 3,60 Meter lange Löwen, Jaguare, Geparden, Hyänen, Südelefanten, Waldelefanten und Nashörner. Außerdem gab es Hirsche, Rehe, Wildpferde, Bisons, Bären, Wölfe, Luchse, Wildschweine, Biber und Hasen. Zu den Fundstellen mit reichen Tierresten aus dem Cromer zählen unter anderem die Mosbacher Sande[4] im Stadtkreis von Wiesbaden (Hessen), die Mauerer Sande[5] von Mauer bei Heidelberg (Baden-Württemberg), mehrere Orte am Mittelmain in Unterfranken (Bayern) sowie Voigtstedt (Thüringen).

Zu den ältesten Belegen für die Anwesenheit von Frühmenschen in Deutschland zählt ein schätzungsweise eine Million Jahre altes primitives Steinwerkzeug, das in einer Tongrube von Kärlich bei Koblenz im Mittelrheingebiet (Rheinland-Pfalz) gefunden wurde. Dabei handelt es sich um einen Rhein-Flußkiesel aus Quarzit, an dem ein Frühmensch mit wenigen Schlägen eine Schneidekante geschaffen hatte. Dieses einfache Werkzeug dürfte dem Protoacheuléen zuzurechnen sein. Der seltene Fund glückte 1982 dem Sammler Konrad Würges aus Kärlich und wurde von dem Kölner Prähistoriker Gerhard Bosinski als Werkzeug bestätigt.

Ins Protoacheuléen datieren kann man vermutlich auch die Steinwerkzeuge von Gondorf in Rheinland-Pfalz. Die Flußkiesel, aus denen diese Werkzeuge zurechtgehauen wurden, stammen aus etwa 1,2 Millionen bis 600 000 Jahre alten Schichten der Mosel. Die Steinwerkzeuge von Gondorf hat 1970 der Marburger Prähistoriker Lutz Fiedler entdeckt. Später trugen der Marburger Archäologiestudent Axel von Berg und der Sammler Horst Klingelhöfer aus Marl an diesem Fundort ganze Kollektionen solcher Werkzeuge zusammen.

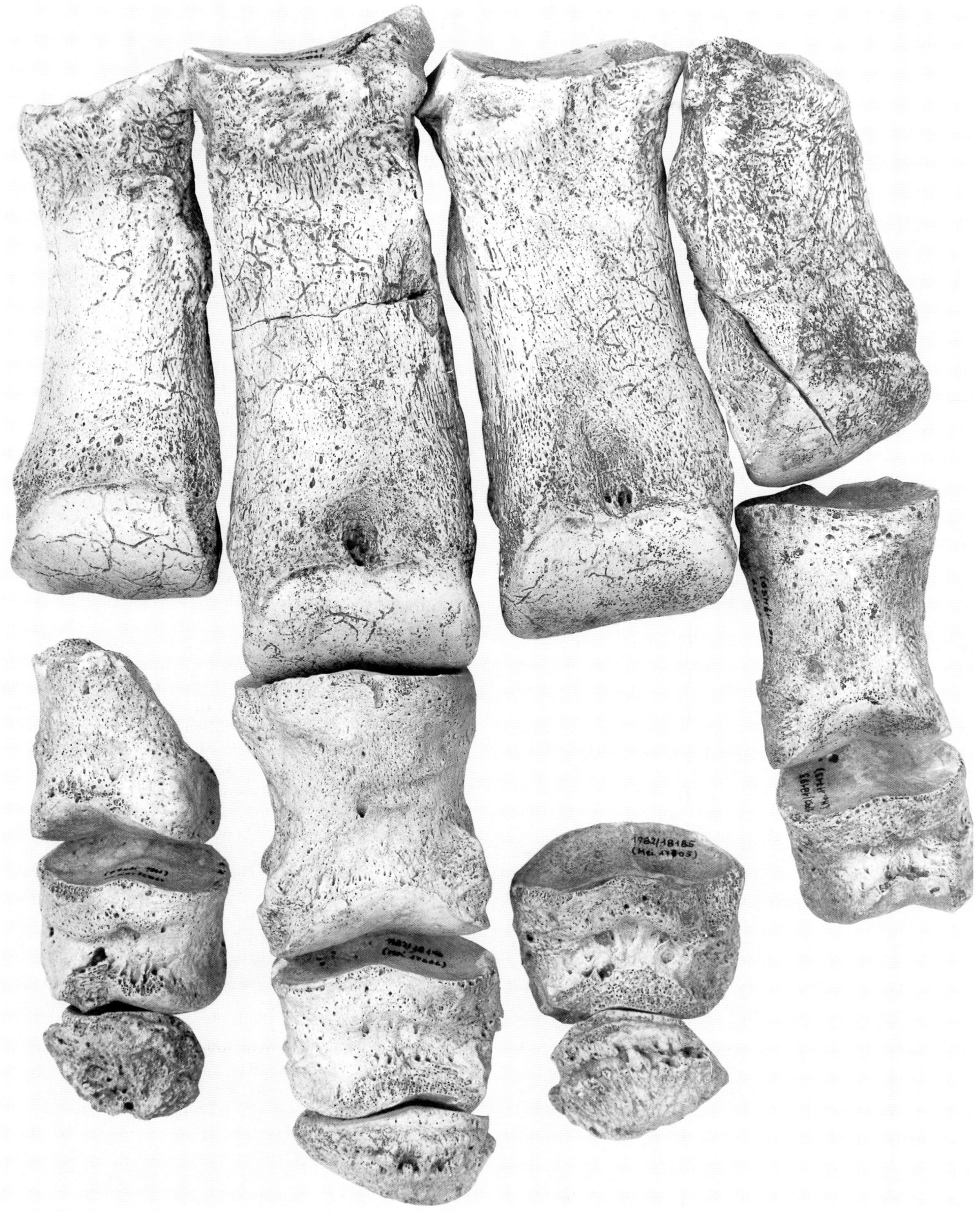

Fußskelett eines Flußpferdes *(Hippopotamus amphibius antiquus)* aus der Waal-Warmzeit vor etwa 1,2 Millionen Jahren von Untermaßfeld (Kreis Meiningen) in Thüringen. Länge fast 30 Zentimeter. Original im Institut für Quartärpaläontologie Weimar.

Ein Alter von nahezu einer Million Jahren wird außerdem für ein- oder zweiseitig behauene Quarzit-Kiesel von Hünfeld-Großenbach im Kreis Fulda (Hessen) diskutiert. Derart archaische Steinwerkzeuge mit einer einzigen Schneidekante wurden 1979 durch den Sammler Heinrich Leister aus Rothenkirchen entdeckt.

Zwischen 700000 und 600000 Jahre alt sollen Steinwerkzeuge von Winningen[6] an der Mosel und von Weiler[7] bei Bingen sein. Vielleicht haben auch die bereits 1910 im Lindengrund bei Heddesheim[8] nordwestlich von Bad Kreuznach aufgelesenen Steinwerkzeuge ein ähnlich hohes Alter. Diese drei Fundorte liegen alle in Rheinland-Pfalz.

Auf mehr als 650000 Jahre alt werden zwei Faustkeile aus Quarzit geschätzt, die von einem Sammler aus Kiesschichten des Rheins bei Kirchhellen zwischen Bottrop und Dorsten geborgen wurden. Sie sind die bisher ältesten bekannten Funde aus Nordrhein-Westfalen.

Mehr als 600000 Jahre alt könnten auch einige Geröllgeräte aus dem Rodachtal von Kronach in Oberfranken (Bayern) sein. Die bisher älteste Siedlung Deutschlands wurde bei Miesenheim im Mittelrheingebiet (Rheinland-Pfalz) entdeckt. Man hatte sie vor etwa 680000 Jahren auf einem Geländesporn, der heute Kalbrichskopf heißt, angelegt. Der Siedlungsplatz Miesenheim I befindet sich am östlichen Ufer der Nette, einem Nebenfluß des Rheins. Auf ihn war 1982 der Sammler Karl Heinz Urmersbach aus Weißenthurm aufmerksam geworden, als er Tierknochen bemerkte, die bei Baggerarbeiten im Gefolge des industriellen Bimsabbaus zum Vorschein kamen.

Die Siedlungsreste von Miesenheim wurden nach einem Vulkanausbruch durch einen Basaltlavastrom bedeckt, vor späterer Abtragung und Zerstörung bewahrt und so der Nachwelt erhalten. Der hohe Anteil von Wasserpflanzen am Fundort deutet darauf hin, daß nicht weit davon ein See gelegen haben muß. Reste irgendeiner Behausung konnte man in Miesenheim nicht nachweisen. Man barg aber eine große Anzahl von Tierknochen, die von Waldelefant, Nashorn, Wildpferd, Hirsch und Reh stammten. Die meisten Knochen trugen keine Schnitt- oder Schlagspuren. Jedoch deuten typische Brüche von drei Knochenfragmenten eines Rothirschen auf das Zerlegen dieser Jagdbeute durch Frühmenschen hin.

Die Frühmenschen von Miesenheim dürften manchmal vom Jäger zum Gejagten geworden sein, wenn sie großen Raubtieren begegneten. Bei Angriffen von Säbelzahnkatzen, Löwen, Jaguaren, Hyänen, Bären oder Wölfen standen vermutlich nur zugespitzte Holzspeere zur Verfügung. Mit Steinwürfen ließ sich wohl keines der genannten Raubtiere vertreiben, wenn es hungrig war. Wahrscheinlich fiel der Frühmensch *Homo erectus* gar nicht so selten Raubtieren zum Opfer.

Die Steinwerkzeuge aus Quarz, Quarzit und Kieselschiefer bestanden aus einfachen Abschlägen. Diese Gesteinsarten kommen in der näheren Umgebung von Miesenheim vor. Die Frühmenschen benutzten als Rohmaterial für ihre Werkzeuge nur Gesteine, die sie nicht weit transportieren mußten. Beim Weiterziehen ließ man die Steinwerkzeuge liegen und fertigte andernorts neue an.

Die Siedlung von Miesenheim wurde zunächst von dem Kölner Prähistoriker Bosinski auf etwa 350000 Jahre geschätzt, was der Holstein-Warmzeit entspricht. Später mußte diese Ansicht korrigiert werden, weil die vulkanischen Ablagerungen über der Hauptfundschicht von Miesenheim von dem Bochumer

Frühmensch am Neckar von Mauer bei Heidelberg in Baden-Württemberg zur Zeit des Protoacheuléen vor etwa 630000 Jahren. Dieser Vorfahre wird als Heidelberg-Mensch (*Homo erectus heidelbergensis*) bezeichnet.

Vulkanologen Paul van der Boogard mit modernen naturwissenschaftlichen Methoden auf etwa 680000 Jahre datiert worden waren. Dies wurde im März 1988 bei einem internationalen Kolloquium in Andernach über die ältesten Siedlungen Europas bekannt.

Als eindrucksvollster Hinweis für die Anwesenheit von Frühmenschen in Deutschland gilt der in einer Sandgrube von Mauer bei Heidelberg (Baden-Württemberg) entdeckte mächtige Unterkiefer mitsamt Zähnen. Wenn sein durch radiometrische Datierungsmethoden ermitteltes Alter von etwa 630000 Jahren zutrifft, hat dieser *Homo erectus* vermutlich in der Warmzeit Cromer II gelebt, die dem Ende des Protoacheuléen entspricht. In der Vergangenheit sind die Altersangaben für diesen berühmten Fund mehrfach korrigiert worden. Bevor man 1982 die auf etwa 1,2 Millionen Jahre datierten Schädelreste des Mannes von Orce in Spanien entdeckte, die zeitweise einem Esel zugeschrieben wurden, galt der sogenannte Heidelberg-Mensch von Mauer als der älteste Europäer.

Der Fundort in Mauer liegt im Bereich einer ehemaligen Schleife des eiszeitlichen Neckars, die von Neckargemünd bis Mauer reichte. Der Fluß hatte in diesem Abschnitt Sand, Kies, Reste toter Tiere und auch den Unterkiefer jenes Frühmenschen transportiert und abgelagert. Sehr weit dürfte er den Unterkiefer nicht mitgerissen haben, weil dieser keine Abrollspuren erkennen läßt. Unterkiefer sind ziemlich sperrig und verhaken sich relativ leicht beim Transport im Wasser, gelangen in den Untergrund, werden mit Ablagerungen überdeckt und dadurch erhalten. Als der Neckar später seinen Lauf änderte, fiel die Fundstelle trocken.

Wie der Unterkiefer in den Neckar geraten ist, weiß man nicht. Vielleicht stammte er von einem Frühmenschen, der an den Folgen einer Krankheit am Ufer starb? Danach war womöglich der Leichnam verwest, der Unterkiefer auf natürliche Weise vom Skelett gelöst und durch Hochwasser oder Raubtiere in den Fluß gelangt. Denkbar ist aber auch ein Unglücksfall beim Überqueren des Neckars, wobei dieser Frühmensch ertrank. Vielleicht haben aber auch Zeitgenossen nach seinem Tode den Schädel vom Körper getrennt – wie es oftmals in der Altsteinzeit geschah – und ins Wasser geworfen?

Der Unterkiefer des Heidelberg-Menschen zeigt, daß dieser kein Kinn besaß. Er ist mit 12,5 Zentimetern länger als die Unterkiefer heutiger Menschen. Im Verhältnis zur Höhe von 6,8 Zentimetern wirkt er mit 14 Zentimetern auffallend breit. Die Form des aufsteigenden Astes deutet auf kräftige Kaumuskeln hin. Die Größe und Robustheit des Unterkiefers sprechen für einen Mann.

Da die Schneidezähne und die Backenzähne stark abgekaut sind, die Weisheitszähne dagegen kaum Abnutzungsspuren aufweisen, schätzt man das Sterbealter des Heidelberg-Menschen auf etwa 20 bis 25 Jahre. Die Schneide- und Eckzähne waren länger als bei jetzigen Menschen, die Backenzähne jedoch nicht wesentlich größer. Der Zahnbogen besitzt also keine Lücken für etwaige über die Zahnreihe im Oberkiefer hinausragende Reißzähne wie bei den Menschenaffen.

Die Gestalt des Unterkiefers von Mauer liefert einen Hinweis dafür, daß der Heidelberg-Mensch noch nicht so artikuliert sprechen konnte wie die Menschen der Gegenwart. Vor allem die Bildung von verschiedenen Konsonanten – wie beispielsweise H, L, R, S und Z – war bei der flachen und weiten Führung der Luft im Mund nicht möglich. Bei der Aussprache von Konsonanten muß nämlich die ausströmende Atemluft während einer gewissen Zeit gehemmt oder eingeengt werden.

Nach Untersuchungen des französischen Zahnarztes Pierre-François Puech aus Nîmes hat der Heidelberg-Mensch nicht nur Fleisch, sondern auch pflanzliche Nahrung gegessen. Er las dies an den Kratzern auf den seitlichen Oberflächen der Zähne ab, die typische Muster für die eine wie für die andere Art der Ernährung zeigen. Auffällige Kratzer an den Außenflächen der Schneidezähne verraten, wie der Heidelberg-Mensch rohes Fleisch verzehrte. Er biß hinein und trennte das Fleisch dann mit einem scharfen Steinsplitter ab, wie es heute noch die Eskimos praktizieren.

Der Tübinger Anthropologe Alfred Czarnetzki stellte am Gebiß des Unterkiefers von Mauer Spuren von Paradontitis fest. Durch diese Zahnbetterkrankung war aber noch kein Zahn ausgefallen. Heute fehlen lediglich zwei Backenzahnkronen, die nach dem Zweiten Weltkrieg verlorengingen, als Plünderer den in ein Bergwerk ausgelagerten Unterkiefer achtlos wegwarfen. Der Heidelberg-Mensch litt außerdem an einer schmerzhaften Arthritis der Kiefergelenke, die durch eine Infektion oder Fehlbelastung beim Kauen entstanden sein konnte. Darauf deuten die abgeflachten Gelenkfortsätze hin.

Den Unterkiefer des Heidelberg-Menschen hat der Sandgrubenarbeiter Daniel Hartmann (1854–1952) aus Mauer am 21. Oktober 1907 entdeckt. Er grub in der Sandgrube Rösch im Gewann Grafenrain auf der Gemarkung Mauer nach Sand, als er zufällig auf den Unterkiefer stieß. Vielleicht traf er diesen dabei hart mit seiner Schaufel, denn der Knochen brach entzwei, als er davon herunterglitt.

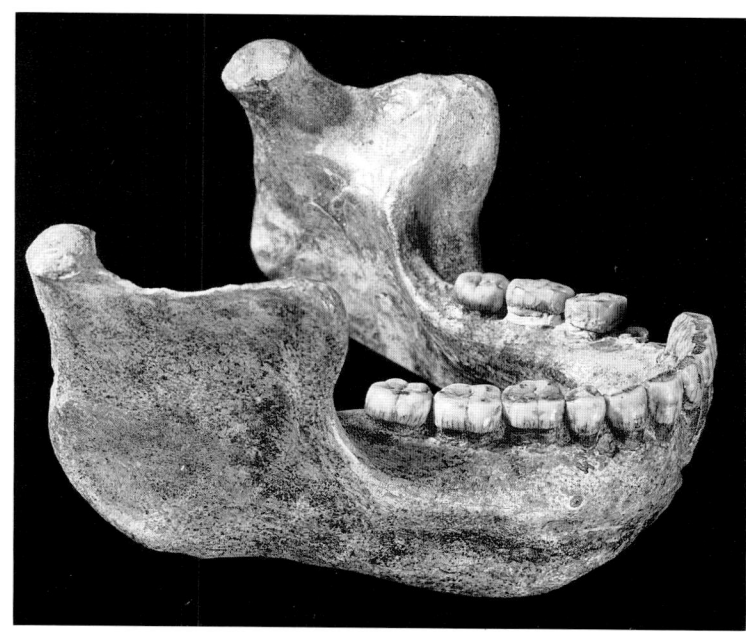

Unterkiefer des Frühmenschen *Homo erectus heidelbergensis* aus dem Protoacheuléen vor etwa 630 000 Jahren von Mauer bei Heidelberg in Baden-Württemberg. Länge 12,5 Zentimeter, Höhe 6,8 Zentimeter. Original im Geologisch-Paläontologischen Institut der Universität Heidelberg.

Über den Unterkieferfund wurde noch am Entdeckungstag der Heidelberger Paläontologe Otto Schoetensack (1850–1912) per Telegramm informiert. Er war in Mauer bekannt, weil er dort häufig Knochenreste untersuchte, die von Sandgrubenarbeitern geborgen wurden. Dabei bat er den Sandgrubenbesitzer und die Arbeiter immer wieder, auf außergewöhnliche Funde zu achten und sie ihm zu melden. Schoetensack fuhr mit der Bahn nach Mauer, um den Unterkiefer abzuholen. Er ließ das Fossil, auf dem sich noch ein Kalksteingeröll befand, präparieren, untersuchte es und beschrieb 1908 den Fund als *Homo heidelbergensis*, obwohl er in Mauer geborgen worden war. Heute wird der Unterkiefer des Heidelberg-Menschen als *Homo erectus heidelbergensis* bezeichnet – also als eine Unterart des Frühmenschen *Homo erectus*.

Am Fundort des berühmten Heidelberg-Menschen von Mauer konnten bisher keine Steinwerkzeuge aus dem Protoacheuléen entdeckt werden. Die von dem Ahrensburger Prähistoriker Alfred Rust (1900–1983) in Mauer entdeckten Hackgeräte (Choppers) sind – wie sich später herausstellte – auf natürliche Weise entstanden und nicht von Heidelberg-Menschen zugeschlagen worden. Daher hat der 1956 von Rust geprägte Begriff »Heidelberger Kultur« keine Gültigkeit.

Umstritten sind auffällig geformte Knochen von Wildpferd, Wisent und Elefant aus der Zeit des Heidelberg-Menschen, die 1929, 1931 und 1936 in den Mosbacher Sanden bei Wiesbaden gefunden wurden. Der Mainzer Zoologe Otto Schmidtgen (1879–1938) nahm an, diese von ihm entdeckten Knochen seien durch Abschlagen und Abschleifen von Teilen zu Artefakten umgearbeitet worden. Er deutete die Funde als Dolch, Messer, Glätter, Stichel, Bohrer und Schaber.

Fraglich sind auch die 1976 auf dem Baugelände der Würzburger Universitäts-Nervenklinik am Steinberg geborgenen angeblichen Steinwerkzeuge aus der Zeit des Heidelberg-Menschen. Sie wurden bei Ausgrabungen des Würzburger Geologen Erwin Rutte zusammen mit Tierknochen entdeckt, bei denen es sich um Jagdbeutereste handeln soll.

Die Wildpferdjäger von Kärlich

Das Altacheuléen

Das Altacheuléen vor etwa 600000 bis 350000 Jahren ist der älteste Abschnitt des nach einem französischen Fundort benannten Acheuléen (s. S.46). Aus dieser Kulturstufe kennt man in Deutschland keine Skelettreste von Frühmenschen, sondern lediglich Siedlungsspuren, Jagdbeutereste und Steinwerkzeuge. Der Begriff Altacheuléen wurde 1924 von dem damals in Spanien tätigen deutschen Prähistoriker Hugo Obermaier (1877–1946, s. S.513) vorgeschlagen.

Der größte Teil des Altacheuléen fiel in die Warmzeit Cromer III vor weniger als 600000 Jahren, eine darauffolgende Kaltzeit und in die Warmzeit Cromer IV vor etwa 500000 Jahren. Es gab weiterhin stattliche Löwen, riesige Elefanten, massige Nashörner und große Herden von Wildpferden. In den Warmzeiten konnten sich wärmeorientierte Waldelefanten (*Palaeoloxodon antiquus*) behaupten, die in den Kaltzeiten von den ein kühleres Klima vertragenden Steppenelefanten (*Mammuthus trogontherii*) abgelöst wurden.

In Süddeutschland rechnet man die Zeit vor mehr als 500000 Jahren der Günz-Eiszeit zu.[1] Sie wurde nach Funden im Iller-Lech-Gebiet – und hier vor allem im Bereich des Flusses Günz – definiert. Im Günz erreichten die Gletscher des Salzachgebietes und des österreichischen Traungletschergebietes ihre größte Ausdehnung.

Nach der Günz-Eiszeit gab es im Alpenvorland die Haslach-Eiszeit.[2] Ihr Name erinnert an Gletscherablagerungen im Gebiet von Haslach bei Leutkirch in Oberschwaben.

Vor etwa 400000 Jahren folgte in Norddeutschland die nach einem Nebenfluß der Saale benannte Elster-Eiszeit.[3] Während dieser drangen erstmals skandinavische Gletscher nach Süden bis Sachsen (Dresden), Thüringen (Erfurt) und Nordrhein-Westfalen (Soest, Recklinghausen, Kettwig) vor. Der Gletschervorstoß verwandelte weite Gebiete in Eiswüsten, in denen kein Leben möglich war.

Die Klimaverschlechterung der Elster-Eiszeit hatte auch im Vorfeld des Eises spürbare Folgen. Statt der Wälder mit klimatisch anspruchsvollen Bäumen machten sich allmählich Tundren und Steppen breit. Im Laufe der Elster-Eiszeit wanderten extreme Kälte vertragende nordostsibirische Tierarten – wie Fellnashörner, Moschusochsen und Rentiere – in die nicht vergletscherten Gebiete Deutschlands ein. Sie lebten zunächst wahrscheinlich noch mit den wärmeorientierten Waldelefanten und Waldnashörnern zusammen, doch auf Dauer konnten sich die letzteren nicht behaupten. Statt der Waldelefanten weideten in den Grassteppen nun Steppenelefanten, die als Vorläufer der späteren Mammute gelten.

Tierreste aus der frühen Elster-Eiszeit kennt man aus Süßenborn bei Weimar in Thüringen. Die forschungsgeschichtlich ältesten Funde liegen in der geologisch-paläontologischen Sammlung Goethes und werden im Goethe-Nationalmuseum Weimar aufbewahrt. Der Hauptteil des Materials befindet sich dagegen im Institut für Quartärpaläontologie Weimar. In Süßenborn wurden Reste von Wildrind, Hirsch, Wildschwein, Wildpferd, Nashorn, Elefant, Bär, Marder, Wolf, der Hyäne und vom Löwen geborgen.

Als sich das Klima erwärmte, schmolzen die Gletscher in Nord- und Nordostdeutschland. In das Nordseebecken flossen eiskalte Schmelzwässer, die fast kein Leben zuließen. Die kälteorientierten Steppenelefanten, Fellnashörner, Moschusochsen und Rentiere zogen der innerhalb von Jahrtausenden nach Nordosten zurückweichenden Gletscherfront nach, dafür kehrten wärmeorientierte Tiere aus Südosteuropa zurück.

Etwa zur gleichen Zeit wie die Elster-Eiszeit in Norddeutschland herrschte vermutlich die nach einem rechten Nebenfluß der Donau bezeichnete Mindel-Eiszeit[4] in Süddeutschland. Während dieser Eiszeit stießen der Rheingletscher, der Illergletscher, der Lechgletscher, der Isar-Loisach-Gletscher und der Inn-Chiemsee-Gletscher weit in das Alpenvorland vor. Das Eis reichte bis Biberach an der Riß, Ottobeuren, Mindelheim, Fürstenfeldbruck, Erding, Mühldorf am Inn und Burghausen an der Salzach. Im Vorfeld der süddeutschen Gletscher entsprachen die Verhältnisse in der Pflanzen- und Tierwelt denjenigen in Norddeutschland.

Die bisher älteste Siedlung von Frühmenschen aus der Zeit des Altacheuléen wurde in Kärlich (Kreis Mayen-Koblenz) in Rheinland-Pfalz entdeckt. Sie bestand – nach der Datierung vulkanischer Ablagerungen unter der Fundschicht – vor etwa 440000 Jahren. Bis 1988 hatte der Kölner Prähistoriker Gerhard Bosinski diese Siedlungsreste noch für schätzungsweise 250000 Jahre alt gehalten. Die Kärlicher Siedlung hatte einst inmitten eines nicht mehr aktiven Vulkans gelegen. Sie befand

Steingerät aus dem Altacheuléen vor mindestens 500000 Jahren: ein Chopping-tool aus Quarzit von Münzenberg (Wetteraukreis) in Hessen. Länge 6 Zentimeter, Breite 5,2 Zentimeter. Original im Landesamt für Denkmalpflege Hessen, Außenstelle Marburg.

Steinschläger von Kärlich (Kreis Mayen-Koblenz) in Rheinland-Pfalz zur Zeit des Altacheuléen vor etwa 440 000 Jahren.

sich am Ufer eines kleinen Gewässers, das später austrocknete. In den ehemals feuchten Uferablagerungen barg man neben Resten von Wasserpflanzen auch viele Holzbruchstücke, die vielleicht Teile einer größeren Behausung waren.

Gefunden wurden in Kärlich auch große Schaber, Spaltkeile und Faustkeile. Als Rohmaterial hierfür dienten Quarz und Quarzit, wie sie in Schottern des nahen Rheins reichlich vorkommen. Alle größeren Steine innerhalb der Siedlungsfläche wurden vermutlich von Frühmenschen auf den Platz getragen. Ein 15 Kilogramm schweres Quarzitgeröll verwendete man – nach den Abnutzungsspuren zu schließen – als Amboß. Der Werkzeugcharakter der Kärlicher Funde ist oft unklar, weil auch viele bei Vulkanausbrüchen zerschlagene Steine vorhanden sind.

Die Entdeckung der Kärlicher Siedlung ist dem Sammler Konrad Würges aus Kärlich zu verdanken. Er hatte im Spätsommer 1980 bei der Besichtigung neuerschlossener Schichten in einer Tongrube im Baggerschutt einen Faustkeil aus Quarzit gefunden und dies dem Kölner Prähistoriker Bosinski mitgeteilt, der dann seit 1982 in Kärlich Ausgrabungen durchführte.

Die Frühmenschen von Kärlich brachten – wie zerschlagene Knochen aus der Siedlungsschicht zeigen – Wildpferde, Wildrinder und Wildschweine zur Strecke. Ob man auch den rund zwei Meter langen Stoßzahnrest eines Waldelefanten als Jagdbeute betrachten kann, ist ungewiß. Unzählige Haselnußschalen deuten darauf hin, daß die Bewohner dieser Siedlung nicht nur Jäger, sondern auch Sammler gewesen sind.

Zu den ältesten Steinwerkzeugen aus dem Altacheuléen in Deutschland gehören die im Oktober 1952 von dem damaligen Gießener Museumsdirektor Herbert Krüger in Münzenberg (Hessen) gefundenen Geräte. Sie werden auf mindestens 500 000 Jahre datiert. Neben primitiven Hackgeräten (Choppers) barg er auch besser zugeschlagene Stücke mit längeren

Schneiden (Cleaver) und Übergangsformen zu einfachen Faustkeilen (sogenannte Protofaustkeile). Kurz darauf – im November 1952 – las der Sammler Otto Bommersheim aus Bettenhausen auf einem Acker von Treis-Münzenberg ein vielleicht ähnlich altes Geröllgerät (Pebble-tool) auf.

Bei den seit 1952 durch den Ahrensburger Prähistoriker Alfred Rust auf der Nordseeinsel Sylt zusammengetragenen Funden handelt es sich um keine von Menschenhand bearbeitete Quarzitsteine, sondern um Naturprodukte. Trotzdem darf man davon ausgehen, daß Norddeutschland während der Cromer-Warmzeiten III und IV von Frühmenschen besiedelt war. Allerdings kann man Hinterlassenschaften aus diesen Abschnitten in dem später von Gletschervorstößen betroffenen Gebiet nicht mehr nachweisen. Denn dort wurde die alte Landoberfläche durch das Gletschereis abgetragen oder durch mächtige Gletscherablagerungen bedeckt. Dies gilt auch für die von Gletschervorstößen heimgesuchten Teile Nordrhein-Westfalens und Süddeutschlands.

Spuren menschlicher Anwesenheit in der auf den Cromer-Komplex seit etwa 400 000 Jahren folgenden norddeutschen Elster-Eiszeit bzw. der damit zeitgleichen Mindel-Eiszeit sind bisher in Deutschland sehr selten. Offenbar fanden die Frühmenschen infolge der Klimaverschlechterung selbst in den eisfreien Gebieten keine günstigen Lebensbedingungen mehr vor.

Zu den spärlichen Funden aus der drittletzten Eiszeit gehören drei Quarzitwerkzeuge aus der Fundschicht D 1 von Mönchengladbach-Rheindahlen, die 1977 von dem Prähistoriker Hartmut Thieme aus Hannover entdeckt wurden. In dieselbe Eiszeit wird auch ein ortsfremdes Gangquarzitstück aus der Fundschicht D 1 von Mönchengladbach-Rheindahlen eingeordnet. Dieses fast 30 Zentimeter lange, etwa acht Zentimeter Durchmesser erreichende und 2,5 Kilogramm schwere Gestein kann nur durch einen Frühmenschen herbeigeschafft worden sein.

Gegen Ende des Altacheuléen sind manche Gebiete Deutschlands offenbar wieder stärker besiedelt worden. Aus dieser Zeitspanne vor mehr als 350 000 Jahren stammen die Faustkeile, Schaber und Cleaver aus Quarzit, die in Schwalmtal-Rainrod[5], Oberaula-Hausen[6] und Schwalmtal-Ziegenhain[7] (Fundstelle »Reutersruh«) in Hessen gefunden wurden. An all diesen Fundorten gibt es reiche Quarzitvorkommen, die über Jahrtausende hinweg immer wieder Steinschläger anlockten. Ihr stark vermischter Schlagschutt mit Abfällen aus verschiedenen Zeiten läßt sich nicht leicht bestimmen. Leider erlauben die archäologischen Funde keine Schlüsse auf die geistige Vorstellungswelt der Frühmenschen aus dem Altacheuléen.

Ausgrabungen im Bereich der etwa 440 000 Jahre alten Siedlung von Kärlich (Kreis Mayen-Koblenz) in Rheinland-Pfalz. Die Siedlung lag inmitten eines erloschenen Vulkans am Ufer eines kleinen Sees.

Letzte Frühmenschen, frühe Neanderthaler

Das Jungacheuléen

Aus der Zeit des Jungacheuléen vor etwa 350 000 bis 150 000 Jahren kennt man in Deutschland im Gegensatz zu früheren Stufen der Altsteinzeit bereits etliche Skelettreste, Siedlungen und Steinwerkzeuge von letzten Frühmenschen und frühen Neanderthalern. Die größere Zahl der Funde spiegelt vielleicht eine dichtere Besiedlung wider. Der Begriff Jungacheuléen wurde 1924 ebenfalls von dem deutschen Prähistoriker Hugo Obermaier (s. S. 513) eingeführt.

Auf die Elster- und die Mindel-Eiszeit folgte vor etwa 300 000 Jahren die in ganz Deutschland vertretene Holstein-Warmzeit[1], die zuerst in Schleswig-Holstein floristisch nachgewiesen wurde. Das milde Klima der Holstein-Warmzeit ließ vor allem Erlen und Kiefern, daneben aber auch Eiben und Eschen gedeihen. Auf warme Zeiten deutet unter anderem das Vorkommen von Weinreben, Buchs, Stechlaub und amerikanischem Wasserfarn hin.

Zur Tierwelt der Holstein-Warmzeit gehörten Waldelefanten, Säbelzahnkatzen, Löwen, Braunbären, Waldnashörner, Waldwisente, Wildpferde, Riesenhirsche, Rothirsche und Rehe. Aus subtropischen Gebieten Asiens wanderten sogar erstmals Wasserbüffel ein. Ein weiterer Neuankömmling aus Asien war der Auerochse (auch Ur genannt). In der Osteifel wurden vor etwa

350 000 Jahren weiterhin Vulkane aktiv. Damals kam es beispielsweise im Riedener Kessel durch den Kontakt von Magma und Grundwasser zu verheerenden Vulkankatastrophen. Spuren davon sind die bis zu anderthalb Meter mächtigen Tuff- und Bimsschichten im etwa 20 Kilometer entfernten Ariendorf (Kreis Neuwied). Von einer Explosion im Wehrer Kessel vor etwa 300 000 Jahren stammen die mehr als einen Meter mächtigen Bimsschichten in Kärlich.

Auf die Holstein-Warmzeit folgte vor etwa 280 000 Jahren die nach dem gleichnamigen Fluß bezeichnete Saale-Eiszeit[2]. Während dieser stießen skandinavische Gletscher weit nach Mitteleuropa vor, so fast bis Düsseldorf, Krefeld und Geldern. Über Kleve verlief der Eisrand nach Holland.

Auch in der Saale-Eiszeit kamen die Vulkane der Osteifel nicht zur Ruhe. In diesem Abschnitt brachen im Mittelrheingebiet die Vulkane Schweinskopf am Karmelenberg, Wannen, Plaidter Hummerich und Tönchesberg aus.

Die sinkenden Durchschnittstemperaturen und die verkürzte Vegetationsperiode führten in der Saale-Eiszeit dazu, daß sich in Deutschland wie in früheren Eiszeiten wieder Tundren und Steppen bildeten. Dort erschienen neben Fellnashörnern nun erstmals auch Mammute *(Mammuthus primigenius)*.

Lagerleben von Frühmenschen in Bilzingsleben (Kreis Artern) in Thüringen zur Zeit des Jungacheuléen vor fast 300 000 Jahren.

Die Mammute erreichten mit einer maximalen Schulterhöhe von drei Metern nicht ganz die Größe der heutigen Afrikanischen Elefanten. Ihre Stoßzähne waren bis zu vier Meter lang und pro Stück etwa 150 Kilogramm schwer. Mammute konnten dank ihres dichten rötlich-braunen Felles mit bis zu 35 Zentimeter langen Wollhaaren und darüber halbmeterlangen Deckhaaren selbst grimmiger Kälte trotzen. Hierbei halfen ihnen außerdem die etwa drei Zentimeter dicke Haut und eine starke Fettschicht. Die maximal sechs Tonnen schweren Mammute fraßen täglich bis zu 300 Kilogramm Pflanzennahrung.

Die Saale-Eiszeit wurde vor schätzungsweise 250 000 Jahren durch die nach einem holländischen Fundort benannte Hoogeven-Warmzeit[3] unterbrochen. Letztere dürfte zeitlich der Wakken-Warmzeit[4] und der Dömnitz-Warmzeit[5] entsprochen haben, die in Schleswig-Holstein und in Ostdeutschland nachgewiesen wurden.

Als zeitlich mit der Saale-Eiszeit in Norddeutschland identisch wird die nach einem rechten Nebenfluß der Donau benannte Riß-Eiszeit[6] in Süddeutschland betrachtet. Während dieser Eiszeit überquerte der Rheingletscher bei Sigmaringen in Baden-Württemberg die Donau und staute den Fluß zu einem riesigen See auf. Der Lechgletscher stieß bis Wörishofen vor. Der Loisachgletscher hinterließ zwischen Landsberg und Merching seine Spuren. Der Isargletscher rückte bis auf weniger als 20 Kilometer Entfernung an München heran. Der Inn-Chiemsee-Gletscher begrub die Landschaft im Raum Markt Schwaben, Erding, Isen, Bierwang und Trostberg unter mächtigem Eis. Nördlich der süddeutschen Gletscher erstreckte sich eine Tundra, in der Steppenelefanten, Mammute, Fellnashörner, Steppenwisente, Wildpferde, Riesenhirsche und Rothirsche lebten. Außerdem gab es Höhlenbären und Löwen.

Aus dem Jungacheuléen kennt man bisher nur sehr wenige Knochenreste vom Frühmenschen *Homo erectus*. Von der Entdeckung des Heidelberg-Menschen in Mauer bis zum Fund des zweiten *Homo erectus* in Deutschland vergingen fast 65 Jahre. Im Oktober 1972 barg der Prähistoriker Dietrich Mania aus Halle/Saale bei einer gezielten Ausgrabung in Bilzingsleben (Kreis Artern) in Thüringen das Hinterhaupt eines Menschen, der vor fast 300 000 Jahren gelebt hatte. Er erkannte die Bedeutung dieses sensationellen Fundes jedoch erst bei der Präparation am 17. April 1974.

Von 1974 bis heute konnten in Bilzingsleben neun Schädelfragmente und sechs Backenzähne mehrerer Frühmenschen entdeckt werden. Diese Reste ähneln auffällig dem weit älteren Schädel des *Homo erectus* aus der Olduvai-Schlucht in Tansania, aber auch den Funden von Vértesszöllös[7] in Ungarn, Choukoutien[8] in China sowie auf Java[9]. Die Hirnschädelreste von Bilzingsleben lassen erkennen, daß der Frühmensch, von dem sie stammen, einen langgestreckten, flachen Schädel hatte. Auffällig daran sind die niedrige, fliehende Stirn, der mächtige Knochenwulst über den Augen, das abgewinkelte Hinterhaupt, die starke Nackenmuskulatur und die kräftige Kaumuskulatur an den Schädelseiten. Der Prager Anthropologe Emanuel Vlček beschrieb 1978 die Schädelreste aus Bilzingsleben als *Homo erectus bilzingslebenensis*.

Vielleicht handelt es sich auch bei dem bereits 1818 im Travertin von Bilzingsleben entdeckten Menschenschädel um einen Frühmenschen der Art *Homo erectus*. Leider läßt sich dies nicht mehr nachprüfen, da der 1820 von Ernst Friedrich von Schlotheim (1764–1832) erwähnte Fund verschollen ist.

1986 meldete der Tübinger Anthropologe Alfred Czarnetzki den dritten Nachweis des Frühmenschen *Homo erectus* aus Deutschland: den hinteren Teil eines Schädels aus einer Kiesgrube in Reilingen bei Schwetzingen in Baden-Württemberg. Der Fundort liegt im Bereich einer ehemaligen Schlinge des eiszeitlichen Rheins. Der Schädelrest war 1978 von dem Baggerführer Helmut Dautel aus Reilingen auf dem Förderband der Kiesgrube entdeckt worden. Er wurde dem Staatlichen Museum für Naturkunde in Stuttgart übergeben. Dort zeigte 1984 der Stuttgarter Paläontologe Karl Dietrich Adam dem Anthropologen Czarnetzki die bis dahin nicht genauer untersuchten Schädelreste und überließ sie diesem großzügigerweise zur wissenschaftlichen Untersuchung. Czarnetzki stellte an den Schädelresten am Übergang vom Hinterhaupt zum Nakkenmuskelfeld einen markanten Knick von etwa 109 Grad fest, der als typisches Merkmal des Frühmenschen *Homo erectus* gilt. 1986 schlug er für diesen Frühmenschen den Namen *Homo erectus reilingensis* vor, der damals erstmals in meinem Buch »Deutschland in der Urzeit« bekanntgemacht wurde. Das hohe geologische Alter dieses Fundes wurde jedoch zunächst von dem Stuttgarter Paläontologen Karl Dietrich Adam und später auch von dem Berliner Anthropologen Lothar Schott bezweifelt.

Einer der am besten erhaltenen und aussagekräftigsten Menschenschädel aus dem Jungacheuléen ist der einer jungen Frau aus Steinheim an der Murr (Kreis Ludwigsburg) in Baden-Württemberg (s. S. 65). Diese Frau war vermutlich vor mehr als 300 000 Jahren gestorben. Ihr Schädel besaß bereits den für die Menschen der Gegenwart typischen fünfeckigen Umriß und eine tiefliegende Nasenwurzel mitsamt Wangengruben, die unseren heutigen gleichen. Das Fassungsvermögen des Schädelinnenraumes beträgt etwa 1100 Kubikzentimeter. Das sind rund 200 Kubikzentimeter weniger als bei einer jetzigen mitteleuropäischen Frau. Da die Zähne der Steinheimerin im Oberkiefer – der Unterkiefer fehlt – nicht stark abgekaut sind, dürfte sie im dritten Lebensjahrzehnt gestorben sein.

Der Steinheimer Frauenschädel wurde am 24. Juli 1933 in der Sandgrube Sigrist entdeckt. Karl Sigrist, der Sohn des Grubenbesitzers, meldete der damaligen Württembergischen Naturaliensammlung in Stuttgart – der Vorläuferin des heutigen

Hinterhauptsbein des Frühmenschen *Homo erectus bilzingslebenensis* (Bilzingsleben-Mensch) aus dem Jungacheuléen vor fast 500 000 Jahren von Bilzingsleben (Kreis Artern) in Thüringen. Länge 10,5 Zentimeter. Original im Landesmuseum für Vorgeschichte Halle/Saale.

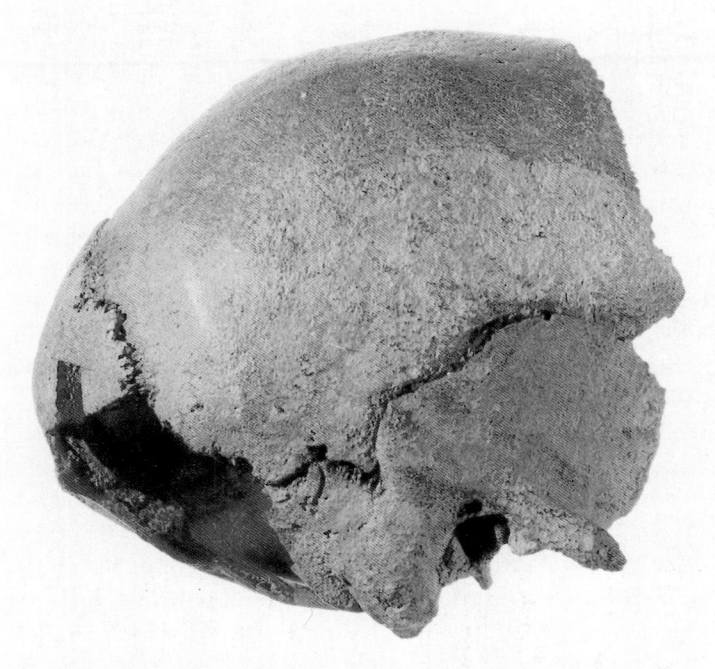 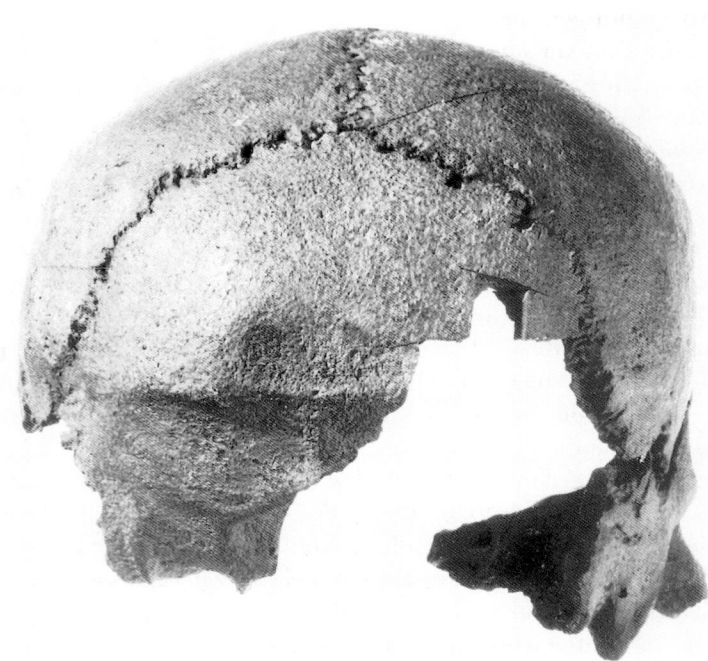

Schädelrest des Frühmenschen *Homo erectus reilingensis* aus dem Jungacheuléen vor mindestens 500 000 Jahren von Reilingen bei Schwetzingen (Rhein-Neckar-Kreis) in Baden-Württemberg in verschiedenen Ansichten. Breite 14,9 Zentimeter. Original im Staatlichen Museum für Naturkunde in Stuttgart.

Naturkundemuseums – telefonisch einen affenartigen Schädelfund. Über diesem hatten etwa fünf Meter mächtige eiszeitliche Schotter gelegen. Am Tag darauf barg der Stuttgarter Oberpräparator Max Böck (1877–1945) den Schädel.

Die wissenschaftliche Untersuchung oblag dem Stuttgarter Paläontologen Fritz Berckhemer (1890–1954), der den Fund 1934 als *Homo steinheimensis* beschrieb. Heute wird er von einem Teil der Wissenschaftler der sogenannten Präsapiens-Stufe *(Homo sapiens praesapiens)* zugerechnet, von anderen Experten jedoch den Anteneanderthalern *(Homo sapiens anteneanderthalensis)* oder den frühen Neanderthalern zugeordnet. Während des NS-Regimes wollte man in der Steinheimerin die lange gesuchte Ahnherrin der nordischen Rasse sehen. Die Verletzungsspuren am Steinheimer Frauenschädel werden als Hinweis auf rituell motivierten Kannibalismus diskutiert.

Ähnlich hohes Alter wie der Fund aus Steinheim an der Murr hat vielleicht auch ein menschliches Zahnbruchstück aus einem Travertinsteinbruch von Bad Cannstatt in Baden-Württemberg. Es handelt sich um eine Eckzahnkrone. Der Tübinger Anthropologe Czarnetzki schreibt sie einem Frühmenschen zu, der Stuttgarter Paläontologe Adam dagegen einem Rothirsch. Der bescheidene Fund kam 1980 bei Ausgrabungen des Stuttgarter Prähistorikers Eberhard Wagner zum Vorschein.

Aus der Höhlenruine von Hunas unweit von Hartmannshof (Kreis Nürnberger Land) in Mittelfranken barg man einen rechten dritten Backenzahn, der mehr als 250 000 Jahre alt sein soll und daher von einem frühen Neanderthaler herrühren könnte. Dieser Zahn wurde 1976 von dem Präparator Albert J. Günther bei Ausgrabungen des Instituts für Paläontologie der Universität Erlangen-Nürnberg entdeckt, die unter der Leitung des Paläontologen Josef Theodor Groiß standen.

Mit frühen Neanderthalern werden auch die in den Travertinsteinbrüchen von Ehringsdorf bei Weimar gefundenen Teile von Schädeln, ein Oberkieferbruchstück, Unterkieferbruchstücke und das deformierte Schädeldach einer Frau in Zusammenhang gebracht. Die Datierungen dieser Funde sind jedoch sehr umstritten. Sie erstrecken sich über einen Zeitraum von etwa 260 000 bis 115 000 Jahren. Die ersten menschlichen Skelettreste in Ehringsdorf wurden 1908 von dem Steinbruchbesitzer Robert Fischer (1882–1959) entdeckt. Danach gelangen zahlreiche weitere Funde, von denen das Fundjahr nicht immer bekannt ist.

Selbst an den teilweise nur bruchstückhaften Knochenresten von Frühmenschen oder frühen Neanderthalern aus dem Jungacheuléen konnten Anthropologen gelegentlich Spuren von Krankheiten erkennen. So fand man beispielsweise auf den Schädelknochen eines Frühmenschen aus Bilzingsleben Hinweise für eine eventuelle Fettgewebsgeschwulst (Lipom) am rechten Augenhöhlendach. Der Unterkiefer eines mutmaßlichen frühen Neanderthalers aus Ehringsdorf weist Anzeichen von Knochenmarkeiterung und eitriger Zahnbetterkrankung (Parodontose) auf.

Zu den ältesten Siedlungen des Jungacheuléen gehört die von Ariendorf bei Bad Hönningen im Mittelrheingebiet (Rheinland-Pfalz). Sie wird auf etwa 350 000 Jahre datiert. In Ariendorf hinterließen Frühmenschen außer Jagdbeuteresten von Nashorn, Wildpferd und Hirsch einige Steinwerkzeuge. Auf diese Siedlungsstelle war 1981 der Kölner Prähistoriker Gerhard Bosinski bei einem seiner Streifzüge durch das Neuwieder Becken gestoßen.

Im Mittelrheingebiet befindet sich auch die Siedlung auf dem Vulkan Schweinskopf, die vor etwa 350 000 Jahren bestand. Dort lagerten Frühmenschen im Schutze eines Kraterwalles in Nachbarschaft einer kleinen Wasserfläche, die sich in der Kratermulde gebildet hatte. Auch hier konnte man nur bescheidene Hinweise für die Anwesenheit von Frühmenschen finden. Die Siedlungsstelle auf dem Schweinskopf wurde im März 1983 von dem Sammler Karl-Heinz Urmersbach und dessen Sohn Andreas aus Weißenthurm entdeckt, als sie einen Faustkeil und einen Breitschaber aus Quarz bargen. Doris Winter von der Forschungsstelle Altsteinzeit in Neuwied nahm dann Ausgrabungen vor.

In die Zeit vor etwa 350000 Jahren dürften auch Jagdbeutereste und Steinwerkzeuge gehören, die am Kartstein[10] bei Eiserfey (Kreis Euskirchen) in der Eifel in Ablagerungen einer kalkhaltigen Quelle zum Vorschein kamen.

Als bisher bedeutendste Siedlungsspuren aus dem Jungacheuléen gelten diejenigen von Bilzingsleben im Wittertal in Thüringen (s. S. 66). Sie stammen aus der Zeit vor fast 300000 Jahren. Ovale und kreisförmige Grundrisse mit drei bis vier Meter Durchmesser aus angehäuften großen Knochen und Steinen zeugen von Hütten. Holzkohle sowie brandrissige Gerölle und Steinplatten belegen Feuerstellen, die teilweise vor den Behausungen lagen. Es sind die ältesten Feuerspuren in Deutschland!

Die Bilzingslebener Siedlung lag an der Uferpartie eines etwa 400 x 300 Meter großen Sees, in den ein Bach mündete. Dieser Bach hatte vor der Einmündung einen breiten Schwemmfächer hinterlassen. Die Frühmenschen hielten sich offenbar gern auf den trockengefallenen Sandbänken des Schwemmfächers auf und verrichteten dort verschiedene Arbeiten. Ihre Hinterlassenschaften wurden später von dem seinen Lauf verändernden Bach erfaßt und einige Meter weit verfrachtet.

Die Ehre, diese aufschlußreiche Siedlung entdeckt zu haben, gebührt dem erwähnten Prähistoriker Mania. Er hatte am 20. August 1969 – damals noch Aspirant am Geologisch-Paläontologischen Institut der Universität Halle/Saale – in einem Travertinsteinbruch Abfallsplitter aus Feuerstein entdeckt, wie sie bei der Werkzeugherstellung durch Frühmenschen entstehen. Die wahre Bedeutung dieses Fundortes zeigte sich jedoch erst bei späteren Ausgrabungen. Vor Mania – nämlich 1908 – hatte bereits der Paläontologe Ewald Wüst (1875 bis 1934) aus Halle/Saale in Bilzingsleben Feuersteinwerkzeuge geborgen. Damit waren aber keine weiteren aufsehenerregenden Funde verbunden gewesen.

Die Siedlungen von Ariendorf, auf dem Schweinskopf, am Kartstein und von Bilzingsleben sind von letzten Frühmenschen der Art *Homo erectus* angelegt worden. Daneben gab es im Jungacheuléen aber auch Siedlungen, die mit frühen Neanderthalern in Verbindung gebracht werden.

Von frühen Neanderthalern dürften die Siedlungsspuren aus der erwähnten Höhlenruine von Hunas unweit von Hartmannshof stammen. Diese Funde aus Bayern werden in die süddeutsche Riß-Eiszeit datiert und sollen mehr als 250000 Jahre alt sein. Die zerfallene Höhle bei Hunas ist im Mai 1956 von dem Erlanger Paläontologen Florian Heller (1905–1978) entdeckt und ausgegraben worden. Dabei kamen auch Steinwerkzeuge zum Vorschein.

Frühen Neanderthalern rechnet man auch Siedlungsfunde aus den verschiedenen übereinanderliegenden Feuerstellenschichten von Ehringsdorf bei Weimar in Thüringen zu, die von manchen Experten für mehr als 200000 Jahre alt gehalten werden. Gleiches gilt für Funde aus Mönchengladbach-Rheindahlen (Ostecke), die mehr als 150000 Jahre alt sein sollen.

Über die Jagd der Frühmenschen im Jungacheuléen geben vor allem die insgesamt zweieinhalb Tonnen Speiseabfälle aus der Siedlung Bilzingsleben Auskunft. Die dort vorgefundenen zerschlagenen Tierknochen und Gebißreste stammen vom Wald- und Steppenelefanten, Wald- und Steppennashorn, Wisent, Wildpferd, Rothirsch, Damhirsch, Biber und Bär. Merklich sel-

Aus Feuerstein geschlagener Faustkeil von Markkleeberg bei Leipzig in Sachsen. Länge 9,8 Zentimeter, Breite 5,8 Zentimeter. Original im Landesamt für Denkmalpflege Hessen, Außenstelle Marburg.

tener waren Knochenreste vom Reh, Wildschwein, Fuchs, Dachs, Wolf, Löwen, der Wildkatze und vom Affen. Dies zeigt, daß die Frühmenschen tüchtige Jäger waren, die selbst vor großen und gefährlichen Tieren nicht zurückschreckten.

Die frühen Neanderthaler waren nicht minder tapfere und erfolgreiche Jäger. In Ehringsdorf erlegten sie gern Waldnashörner und daneben Waldelefanten. Solche tonnenschweren Tiere garantierten große Fleischmengen. In Ehringsdorf wurde die Jagd auf derart riesige Tiere vielleicht dadurch erleichtert, daß diese beim Gang zur Tränke manchmal in den Kalkschlammtümpeln in natürliche Fallen gerieten.

Über die Kleidung der Frühmenschen und frühen Neanderthaler kann man lediglich spekulieren, da keine Reste davon bekannt sind. Während der warmen Sommer einer Warmzeit dürfte eine Art von Lendenschurz als einziges Bekleidungsstück genügt haben. In regnerischen Wintern mußte man sich wohl besser einhüllen. Und das Leben in der Saale-Eiszeit ist dagegen ohne wärmende Kleidung, die außer dem Körper auch die Arme, Beine und Füße bedeckte, kaum vorstellbar.

Aus dem Jungacheuléen liegen in Deutschland seltene und oft fragliche Geweih-, Knochen- und sogar Elfenbeinwerkzeuge vor. Auch in dieser Kulturstufe wurden neben anderen Werkzeugformen weiterhin Faustkeile angefertigt. Manche von ihnen wirken über das notwendige Maß hinaus perfekt und formschön.

Die Vielfalt der für die Werkzeugherstellung verwendeten Rohstoffe sowie der geschaffenen Formen spiegelt sich am besten im Fundgut von Bilzingsleben wider. Dort wurden 20000 Werkzeuge und 80000 Abfallstücke geborgen.

Die Frühmenschen von Bilzingsleben schlugen mit länglichen Quarzgeröllen so kräftig auf einen Feuerstein, daß davon ein

Stück absplitterte und eine scharfe Arbeitskante entstand. Durch gezielte Schläge auf diese Kante stellte man unter anderem sägeartige Schneiden her. Man spricht hierbei von Kantenretusche. Aus Felsgestein formte man mit Hilfe von Schlagsteinen einflächig zurechtgehauene Hackgeräte (Choppers) und zweiflächige (Chopping tools) mit mehr oder weniger geraden Schneidekanten. Andere Felsgesteine versah man mit stumpfkegeligen Spitzen. Manche dieser Werkzeuge wiegen mehr als fünf Kilogramm. Einige Gerölle haben auf ebenen Flächen tiefe Narbenfelder, die auf eine Verwendung als Amboß hindeuten. Schaberartige Geräte hat man aus flachen Quarzitabschlägen oder -trümmern geschaffen. Die Steinwerkzeuge von Bilzingsleben wurden vorzugsweise in der sogenannten Clacton-Technik hergestellt, die man vom englischen Fundort Clacton-on-Sea her kennt.

Die Bilzingslebener Frühmenschen schätzten auch die Geweihstange vom Rothirsch als Rohmaterial für Werkzeuge. Sie brachen oder schlugen davon die Kronen sowie die beiden Basissprossen – oder nur eine davon – ab, bis die jeweilige Geweihstange die Form eines Hiebwerkzeuges erhielt.

Die großen Schulterblätter von Wildpferden. Wildrindern oder Nashörnern dienten als Arbeitsunterlagen, auf denen mit Feuersteinmessern das Fleisch von Beutetieren zerteilt wurde. Dies konnte man an den zahlreichen quer verlaufenden dünnen Schnittspuren ablesen. Robustere Beckenschaufel- oder Schulterblattstücke von Elefanten tragen noch tiefere und längere Schnittspuren. Sie könnten Arbeitsunterlagen gewesen sein, auf denen Tierfelle oder andere Materialien mit kräftig aufgedrückten Feuersteinmessern zurechtgeschnitten wurden. Beim Bohren benutzte man Teile von großen Gelenkköpfen mancher Tiere als Unterlagen.

Neben Bilzingsleben kennt man noch etliche Fundorte mit oft viel bescheideneren Werkzeuginventaren aus dem Jungacheuléen, von denen die meisten in die Saale-Eiszeit datiert werden. Vor mehr als 250 000 Jahren dürften beispielsweise massive und grob bearbeitete ovale oder gestreckte Faustkeile sowie Hackgeräte (Cleaver) auf der Hügelkuppe »Reutersruh« bei Ziegenhain in Hessen hergestellt worden sein. Sie bestehen zumeist aus örtlich vorkommendem Quarz. Diese Steinwerkzeuge wurden im Dezember 1938 von dem Lehrer Adolf Luttrop (1896–1984) aus Steina im Auffüllmaterial für einen Weg vor seinem Haus entdeckt. Er konnte den Herkunftsort – eine Sandgrube auf der »Reutersruh« am Rand des Schwalmtales – ausfindig machen und weitere Werkzeuge verschieden hohen Alters bergen.

Ähnlich alte Steinwerkzeuge wurden in Ablagerungen der Unstrut bei Memleben[11] (Kreis Nebra) in Thüringen und in Wallendorf (Kreis Merseburg) in Sachsen-Anhalt entdeckt. Sie sind in Clacton-Technik angefertigte.

Ein altbekannter Fundplatz von weniger als 200 000 Jahren alten Steinwerkzeugen aus der Saale-Eiszeit ist Markkleeberg bei Leipzig. Dort entdeckte der Geologe Franz Etzold (1859 bis 1928) aus Leipzig bereits 1895 in einer Kiesgrube ein eindeutig von Menschenhand bearbeitetes Feuersteinwerkzeug. 1905 fand der Gymnasiast Karl Hermann Jacob (1866–1960) in einer Kiesgrube südlich von Markkleeberg zwei Feuersteinabschläge. Bis 1913 konnte er an diesem Fundort mehr als 300 Artefakte sammeln. Noch viel umfangreicher war die Ausbeute in den Jahren 1977 bis 1980 im Braunkohlentagebau bei Markkleeberg. Dort wurden etwa 4500 Feuersteinartefakte

geborgen. Sie sind aus Geröllen nordischen Feuersteins angefertigt, die am Rande des Pleiße-Gösel-Tales zu Tausenden vorkommen. Die meisten Artefakte waren Abschläge. Insgesamt wurden nur fünf fertige Faustkeile gefunden.

Zu den Fundorten in Ostdeutschland mit Steinwerkzeugen aus der Saale-Eiszeit gehören unter anderem Zehmen südlich von Markkleeberg, Gröbern zwischen Markkleeberg und Zehmen, Böhlen im Kreis Borna (alle in Sachsen) sowie Hundisburg[12] im Kreis Haldensleben (Sachsen-Anhalt).

In Nordrhein-Westfalen hat vor allem die Ziegeleigrube Dreesen in Mönchengladbach-Rheindahlen zahlreiche saaleeiszeitliche Werkzeugfunde geliefert. Auf deren Areal sind mehrere Fund- und Siedlungshorizonte altsteinzeitlicher Jäger und Sammler entdeckt worden. Den ersten Fund hatte 1915 der Mönchengladbacher Realschullehrer Heinrich Brockmeier (1857–1941) geborgen und bekanntgemacht. In die Saale-Eiszeit werden die Fundschichten B5 und B3 und vielleicht auch B2 von Mönchengladbach datiert. Allein in B3 konnte man etwa 10 000 Steinartefakte bergen, die teilweise in Clacton-Technik, aber auch in Levallois-Technik (s. S. 38), zugeschlagen sind. Zum Werkzeugspektrum von B3 gehören vor allem Spitzen und Schaber, daneben Haugeräte (Choppers, Chopping-tools) aus Quarz und Quarzit, zahlreiche Abfälle und drei Sandsteinplatten mit Schleifspuren. Weitere Fundorte von Werkzeugen saaleeiszeitlichen Alters in Nordrhein-Westfalen sind Herne,[13] Selm-Ternsche[14] (Kreis Lüdinghausen) und Bielefeld-Johannistal.[15]

Als die bisher ältesten in Niedersachsen gefundenen Werkzeuge gelten zwei Faustkeile aus Hemmingen (Kreis Hannover), die der Schriftsteller Hans-Joachim Haecker aus Hannover 1970 entdeckt hat. Sie stammen aus Schichten vor der Saale-Eiszeit und sind damit mehr als 250 000 Jahre alt. Saaleeiszeitliche Steinwerkzeuge kamen in Hannover-Döhren,[16] Reethen (Kreis Hannover) sowie im Raum von Lübbow (Kreis

Ritzlinien auf Knochen von Bilzingsleben (Kreis Artern) in Thüringen. Breite des Ausschnitts etwa 6 Zentimeter. Original im Landesmuseum für Vorgeschichte Halle/Saale.

Lüchow-Dannenberg) zum Vorschein. Die Funde aus dem Raum Lübbow stammen aus frühsaaleeiszeitlichen Schmelz-wasserablagerungen, die in Kiesgruben zugänglich sind. Sie werden seit 1961 von zahlreichen rührigen Sammlern gesucht und für wissenschaftliche Untersuchungen zur Verfügung gestellt.[17] Ein großer Teil der Fundstücke aus diesem Gebiet entspricht weitgehend dem Erscheinungsbild derjenigen von Markkleeberg in Sachsen.

Steinwerkzeuge aus Schichten der Saale-Eiszeit im Raum Hamburg deuten darauf hin, daß sich frühe Neanderthaler während vorübergehender Rückzugsphasen der skandinavi-schen Gletscher bis in diese Gegend vorwagten. Berühmt sind vor allem die von dem Hamburg-Altonaer Großkaufmann und Sammler Gustav Steffens (1888–1973) seit 1938 zusammenge-tragenen Stücke. Er hat seine Funde entlang des Elbufers von Övelgönne bis Wittenbergen im Bereich von Hamburg-Altona der Altonaer Gruppe zugeordnet. Diese ähneln stark den Werk-zeugen von Clacton-on-Sea in England. Zeitlich etwas jüngere Funde vom hohen Elbufer bei Wedel-Schulau im Raum Ham-burg rechnete Steffens der Wedeler Gruppe zu. In der Saale-Eiszeit dürften auch die 1933 von dem Hamburger Kunsthand-werker Otto Karl Pielenz (1887–1980) entdeckten Feuerstein-werkzeuge zurechtgeschlagen worden sein.

Als Hinterlassenschaften von Jägern aus der Saale-Eiszeit dis-kutiert man auch einen 9,5 Zentimeter langen Faustkeil von Drelsdorf im Kreis Nordfriesland, dessen Oberseite durch Sandstürme feingeschliffen wurde.

Über die geistige Vorstellungswelt der Frühmenschen der Art *Homo erectus* im Jungacheuléen weiß man wenig. Nach den Schädelresten von Bilzingsleben und Reilingen zu schließen, sind die Verstorbenen nicht bestattet worden, dies war auch in anderen Teilen der damals von Frühmenschen bewohnten Welt nicht üblich. Da man nur Schädelreste, aber keine Teile vom übrigen Skelett fand, kann man darüber spekulieren, ob damals der Kopf und der Körper von Toten unterschiedlich behandelt worden sind.

Bei den Ausgrabungen in Bilzingsleben kam ein gestampftes Pflaster-Halbrund aus Knochen und Geröll zum Vorschein, das vermutlich als Ritualplatz diente. Dort wurden offenbar die Schädel verstorbener Angehöriger zertrümmert und deren Gehirn bei einem rituellen Mahl verzehrt. Schnitt- und Ritz-spuren auf einem Hinterhauptfragment von Bilzingsleben könnten von Manipulationen nach dem Tode herrühren.

Als Schlüsselfund für die Gedankenwelt der Menschen im Jungacheuléen wird von vielen Prähistorikern der Oberschädel der erwähnten Frau aus Steinheim an der Murr betrachtet. Deren schwere Verletzungsspuren an der linken Schläfenseite hat der Tübinger Anatom und Anthropologe Wilhelm Gieseler (1900–1976) als Zeugnis für rituell motivierten Kannibalismus gedeutet. Er vertrat die Auffassung, ein Zeitgenosse dieser Frau habe mit einem stumpfen Gegenstand deren linke Schädelseite eingeschlagen. Nach dem Tode müsse der Kopf vom Hals getrennt und das Hinterhauptsloch (Foramen magnum) erwei-

Frau aus der Zeit des Jungacheuléen vor mehr als 300 000 Jahren von Steinheim an der Murr (Kreis Ludwigsburg) in Baden-Württemberg. Sie wird als Steinheim-Mensch, Anteneanderthalerin oder frühe Neanderthalerin bezeichnet.

tert worden sein, damit man das Gehirn entnehmen und ver-zehren konnte. Dieser Theorie schlossen sich zahlreiche Exper-ten an.

Im Gegensatz dazu meint jedoch der Tübinger Anthropologe Czarnetzki, die linke Schläfenseite der Steinheimerin könne durch einen großen Kiesel zerstört worden sein, der in den Bergungsberichten erwähnt wird. Und der Defekt am Hinter-hauptsloch wäre durch den Druck auflastender Schichten erklärbar, weil an dieser Stelle der Schädel besonders dünn ist. Als Zeugnis von rituell motiviertem Kannibalismus wird häufig auch das deformierte Schädeldach einer mutmaßlichen frühen Neanderthalerin von Ehringsdorf bei Weimar zitiert. Es ist jedoch umstritten, ob dieses Schädeldach durch die Auflast dar-überliegender Schichten zerdrückt, durch Frost gesprengt oder von Zeitgenossen der Frau zertrümmert wurde. Das Schädel-dach war am 21. September 1925 nach einer Sprengung in etwa 18 Meter Tiefe in oder dicht unter einer Brandschicht ans Tageslicht gekommen. Es wurde durch den erwähnten Stein-bruchbesitzer Robert Fischer und den Weimarer Präparator Ernst Lindig (1869–1954) entdeckt und geborgen.

Sieben Jahre Streit um eine Holzlanze

Das Spätacheuléen

Als letzter Faustkeil-Formenkreis des nach einem französischen Fundort benannten Acheuléen gilt in Deutschland das Spätacheuléen vor etwa 150000 bis 100000 Jahren. Seine zweite Hälfte verläuft parallel zu den vor etwa 125000 Jahren beginnenden Kulturstufen Micoquien (s. S.62) und Moustérien (s. S.69). Das Spätacheuléen konnte sich im norddeutschen Flachland, wo das Micoquien nicht vertreten war, vielleicht sogar noch wesentlich länger behaupten. Der Begriff Spätacheuléen wurde 1964 von dem Prähistoriker Klaus Günther (s. S.511) aus Münster für Funde von verschiedenen nordrhein-westfälischen und niedersächsischen Fundorten geprägt.[1]

Das Spätacheuléen fiel teilweise in die ausgehende Saale-Eiszeit, in die Eem-Warmzeit[2] vor etwa 125000 bis 115000 Jahren und in die Anfangszeit der vor etwa 115000 Jahren beginnenden Weichsel-Eiszeit[3].

Gegen Ende der norddeutschen Saale-Eiszeit zogen sich allmählich die skandinavischen Gletscher wieder in ihr Ausgangsgebiet zurück. In den Tundren und Steppen jener Zeitspanne weideten unter anderem Mammute, Fellnashörner, Wildpferde und Rentiere.

In der frühen Eem-Warmzeit überflutete das durch Schmelzwasser der Gletscher stark angestiegene Meer das Nordsee- und das Ostseebecken bis nach Ostpreußen. Danach wurde Skandinavien vom übrigen Europa getrennt. In Norddeutschland gediehen im Eem zunächst Birken- und Kiefernwälder. Mit zunehmender Erwärmung folgten Eichenmischwälder, in denen neben Eichen auch Ulmen stark vertreten waren. In

Panzer einer Sumpfschildkröte *(Emys orbicularis)* aus der Eem-Warmzeit von Weimar in Thüringen. Länge 17 Zentimeter. Original im Institut für Quartärpaläontologie Weimar.

Abschnitten mit besonders günstigem Klima wuchsen sogar Stein- und Traubeneiche, Sommer- und Winterlinde, Lebensbaum, südosteuropäische Schwarzkiefer, Buchs, Stechpalme, Waldrebe und thüringischer Flieder *(Syringa turingiaca)*.

Mit der Klimaverbesserung im Eem war die erneute Einwanderung wärmeorientierter Tiere verbunden, während sich die an die Kälte angepaßten Mammute, Fellnashörner und Rentiere zurückzogen. Im Eem eroberten Flußpferde wieder den Rhein und waren bis nach England verbreitet. In den Eichenmischwäldern Deutschlands lebten Löwen, Leoparden, Waldelefanten, Waldnashörner, Wildschweine, Riesen-, Dam- und Rothirsche sowie Rehe und Wildkatzen.

In der norddeutschen Weichsel-Eiszeit wechselten sich immer wieder jeweils einige tausend Jahre lang Kaltphasen (Stadiale) und Warmphasen (Interstadiale) miteinander ab. In den frühen Kaltphasen dieser Eiszeit kam es noch zu keinen gravierenden Gletschervorstößen in Deutschland. Typische Tiere der Kaltphasen der Weichsel-Eiszeit waren Mammute, Fellnashörner, Rentiere und Moschusochsen. In den Warmphasen lebten statt dessen unter anderem Höhlenlöwen, Höhlenhyänen, Wildpferde und Hirsche.

Von den Neanderthalern aus dem Spätacheuléen kennt man bisher nur bescheidene und noch dazu unsicher datierte Reste. Dazu gehören zwei Backenzähne aus Taubach[4] bei Weimar in Thüringen, die bereits 1887 und 1892 entdeckt worden sind. Der Fund von 1887 soll von einem etwa Vierzehnjährigen stammen, derjenige von 1892 von einem Neunjährigen. Diese Funde sollen schätzungsweise 100000 Jahre alt sein.

Mit frühen oder späten Neanderthalern werden auch verschiedene menschliche Skelettreste aus dem Emschertal bei Bottrop in Verbindung gebracht, die zwischen 250000 und 50000 Jahre alt sein sollen. Der erste dieser Funde war ein Oberschenkelknochen, den der Bottroper Museumsdirektor Arno Heinrich 1964 bei Ausschachtungsarbeiten für eine Pumpstation an der Auffahrt zum Emscher-Schnellweg barg. 1970 kam bei Baggerarbeiten im Rhein-Herne-Kanal westlich neben der Brücke an der Essener Straße ein Ellenknochen zum Vorschein. Außerdem stieß man 1970 im Fundgut aus dem Rhein-Herne-Kanal

Abdrücke von Schwanenfedern aus der Eem-Warmzeit (vor etwa 125000 bis 115000 Jahren) von Stuttgart-Untertürkheim in Baden-Württemberg. Länge der Federn 10 bis 15 Zentimeter. Original im Staatlichen Museum für Naturkunde in Stuttgart.

auf zwei Schädeldachfragmente. Bei all diesen Fossilien ist die genaue Fundschicht nicht bekannt, was die Altersbestimmung erschwert.

Auch im Spätacheuléen vor etwa 150 000 Jahren lagerten Gruppen von Neanderthalern im Mittelrheingebiet in den Kratern erloschener Vulkane, welche die Umgebung bis zu 150 Metern überragten. Das dokumentieren Jagdbeutereste und Steinwerkzeuge auf den Vulkanen Plaidter Hummerich, Schweinskopf, Tönchesberg und Wannen.[5]

Offenbar schätzten die damaligen Bewohner der Vulkankrater die Vorteile dieser ungewöhnlichen Siedlungsstandorte. Das dunkle Lavagestein der Vulkane speicherte tagsüber die Strahlungswärme der Sonne und gab diese nachts, wenn es kühler wurde, noch stundenlang ab. In den Kratermulden war man vom Wind geschützt und konnte so auch leichter als im Flachland das Feuer hüten. Oft sicherte zudem das an der tiefsten Stelle der Krater angesammelte Regenwasser die Trinkwasserversorgung. Von der luftigen Höhe der Vulkane aus konnte man große Wildtiere gut erspähen. Auch vor ungebetenen vier- oder zweibeinigen Gästen war man hier sicherer als in der Ebene.

Im Flachland haben die damaligen Menschen mehrere Meter Durchmesser erreichende Zelte oder Hütten errichtet. Grundrisse von solchen Behausungen vermutet man in Ariendorf[6] (Kreis Neuwied) im Mittelrheintal (Rheinland-Pfalz) sowie in Mönchengladbach-Rheindahlen[7] (Nordrhein-Westfalen).

Als Durchmesser des mutmaßlichen Zeltes von Ariendorf werden 2,70 Meter angegeben. Es soll an einem Bach gestanden haben. In der Mitte des runden Grundrisses befanden sich zahlreiche Tierknochen, die als Jagdbeutereste und Arbeitsunterlagen gedeutet werden. Manche Prähistoriker zweifeln jedoch daran, daß es sich hierbei um Siedlungsspuren handelt. Sie sehen in den Funden vom Bach zusammengeschwemmte Tierreste.

Spitzenbruchstück der Holzlanze aus Eibenholz von Lehringen an der Aller (Kreis Verden) in Niedersachsen. Die Lanze steckte im Skelett eines Waldelefanten. Länge des Spitzenbruchstücks 27 Zentimeter. Original im Heimatmuseum Verden.

In Mönchengladbach-Rheindahlen glaubte man sogar, zwei Grundrisse von zu verschiedenen Zeiten errichteten Behausungen erkannt zu haben. Eine davon soll 5,20 x 3,80 Meter und die andere 6 Meter groß gewesen sein. Im Gegensatz zu den Ausgräbern meinen andere Experten, bei diesen Gruben könne es sich auch um Wurzellöcher von umgestürzten Bäumen handeln.

Konzentrationen von Steinwerkzeugen aus der Stufe des Spätacheuléen zeugen jedoch an manchen Orten im Freiland davon, daß die damaligen Menschen unter freiem Himmel siedelten. Gelegentlich hielten sich diese Jäger und Sammler aber auch in Höhlen auf. Eine dieser selten aufgesuchten Höhlen ist die Balver Höhle in der Nachbarschaft der nordrhein-westfälischen Stadt Balve (Märkischer Kreis). Sie liegt am Oberlauf der Hönne, einem linken Nebenfluß der Ruhr. Die Balver Höhle besitzt einen riesigen 12 Meter breiten und 11 Meter hohen Eingang. Ihr durchschnittlich etwa 15 Meter breiter Hauptarm führt 54 Meter weit in den Berg und teilt sich dort in zwei geräu-

Die Balver Höhle im Hönnetal bei Balve (Märkischer Kreis) in Nordrhein-Westfalen wurde bereits zur Zeit des Spätacheuléen vor mehr als 100 000 Jahren von Jägern und Sammlern aufgesucht. Der Eingang der Höhle ist 11 Meter hoch und 12 Meter breit.

mige Seitenarme, die nach berühmten Ausgräbern benannt sind. Der linke davon heißt Virchow-Arm und endet in einigen Ausbuchtungen, der rechte ist der Dechen-Arm, von dem nach 20 Metern nochmals zwei kurze Ausläufer abzweigen. In der Balver Höhle wird seit 1843 geforscht.[8] Sie ist von Angehörigen verschiedener altsteinzeitlicher Kulturstufen bewohnt worden. Wie ein Fund aus einer Mergelgrube von Lehringen an der Aller im niedersächsischen Kreis Verden zeigt, haben die Jäger des Spätacheuléen selbst die großen Waldelefanten nicht gefürchtet. Dort hatte man im März 1948 auffällig große Tierknochen entdeckt, die man bei der ersten Besichtigung für Mammutreste hielt. Tatsächlich handelte es sich jedoch um Knochen eines Waldelefanten. Wegen anhaltend schlechtem Wetter konnten diese aber nicht sofort, sondern erst etliche Tage später ausgegraben werden. Bei der Bergung stieß der Mittelschulrektor i. R. Alexander Rosenbrock (1880–1955) auf eine 2,24 Meter lange Holzlanze aus Eibenholz, die im Skelett des Waldelefanten steckte. Der Schaft dieser Lehringer Jagd-

waffe war vollständig entrindet und glatt geschabt. Nahezu 40 Astansätze hatte man sorgfältig entfernt. Das dünnere Ende der Lanze ist zugespitzt und mit Hilfe von Feuer gehärtet worden. Verrundungen am Unterende der Lanze deuten auf eine längere Verwendung hin.

Über den weiteren Verbleib der Lanze kam es zwischen dem Land Niedersachsen und dem Heimatbund Verden zu einem siebenjährigen Rechtsstreit, der erst 1955 beigelegt werden konnte. Die bis dahin im Niedersächsischen Landesmuseum in Hannover aufbewahrte Lanze wurde dem Heimatmuseum Verden übergeben. In der Umgebung der Lehringer Waldelefantenknochen hatte man auch Feuersteinabschläge aufgesammelt, die vielleicht zum Schneiden von Fleisch benutzt worden sind.

Ähnlich alt wie die Lehringer Funde sind vielleicht die Hinterlassenschaften vom Schlachtplatz eines Waldelefanten bei Gröbern (Kreis Hainichen) in Sachsen-Anhalt. Diese Reste wurden 1987 von Arbeitern im Braunkohlentagebau entdeckt. Ein Teil der dort geborgenen Feuersteinwerkzeuge weist Abnutzungsspuren auf, die wohl beim Zerlegen des Tierkadavers entstanden sind. Sie stammen von etwa einem halben Dutzend verschiedener Rohstücke und womöglich ebenso vielen Jägern. Für die Werkzeugfunde aus der Balver Höhle (Balve I), von der

Jagd auf einen Waldelefanten *(Palaeoloxodon antiquus)* zur Zeit des Spätacheuléen vor mehr als 100 000 Jahren in der Gegend von Lehringen an der Aller (Kreis Verden) in Niedersachsen.

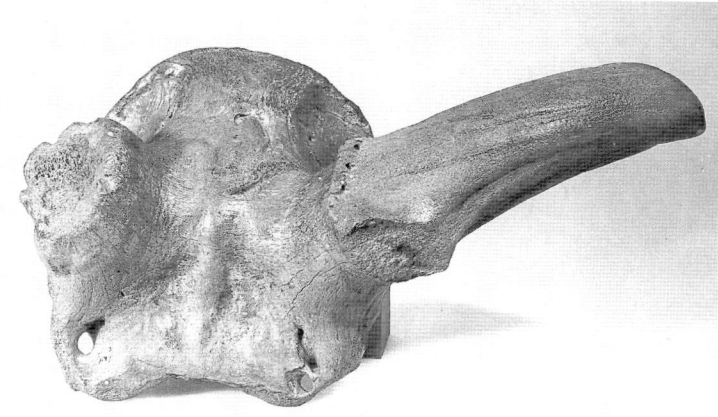

Mutmaßlicher Schlachtplatz eines Waldelefanten *(Palaeoloxodon antiquus)* aus der Eem-Warmzeit von Gröbern (Kreis Hainichen) in Sachsen-Anhalt. Der Schlachtplatz wurde 1987 entdeckt. Originale im Landesmuseum für Vorgeschichte Halle/Saale.

Von Menschenhand bearbeiteter Riesenhirschschädel aus dem Rhein-Herne-Kanal bei Bottrop in Nordrhein-Westfalen. Breite 40,1 Zentimeter, Höhe 24,3 Zentimeter. Original im Museum für Ur- und Ortsgeschichte Bottrop.

Nollheide bei Borgholzhausen im Kreis Gütersloh, aus dem Rhein-Herne-Kanal in Bottrop und Herne und von anderen Fundorten hat der Prähistoriker Klaus Günther den Begriff Spätacheuléen eingeführt. Typisch waren vor allem herzförmige Faustkeile in Levallois-Technik (s. S. 38) und beidflächig bearbeitete Schaber.

Außer Gestein verwendete man im Spätacheuléen auch andere Rohstoffe zur Werkzeugherstellung. So kennt man aus dem Rhein-Herne-Kanal von Bottrop eine Speiche vom Fellnashorn mit Schlagkerben, einen Knochen mit abgeschrägtem Ende und vier abgeschnittene Rentiergeweihstangen. Auf dem Vulkan Tönchesberg bei Kruft (Kreis Mayen-Koblenz) in Rheinland-Pfalz fand man etwa hundert Abwurfstangen vom Rothirsch, von denen offenbar viele als Hacken benutzt wurden.

Die wichtigste Waffe dürfte im Spätacheuléen die aus einem mehrere Zentimeter dicken Baumstämmchen angefertigte Lanze gewesen sein. Damit ging man – wie der erwähnte Lehringer Fund demonstriert – sogar auf Großwildjagd. Auch bei Angriffen von Raubtieren – wie beispielsweise Löwen, Leoparden oder Bären – waren solche Lanzen wohl die wirksamste Verteidigungswaffe.

Die Nachbildung der Jagdlanze aus Lehringen zeigte, daß eine derartige Waffe mit Hilfe von Steinwerkzeugen innerhalb von etwa fünf Stunden hergestellt werden kann. Vielleicht schafften es die Neanderthaler wegen ihrer größeren Körperkraft und mehr Übung in noch kürzerer Zeit. Ungeachtet dessen darf man die Holzlanze als das Gerät mit der längsten Herstellungsdauer betrachten, das aus der Zeit der Neanderthaler und davor bekannt ist. Für das Zurechtschlagen eines Faustkeils benötigte man nicht mehr als 15 Minuten.

Über die religiösen Vorstellungen der Neanderthaler im Spätacheuléen besitzen wir kaum Anhaltspunkte. Da man keine Gräber fand, machte man sich damals offenbar keine Gedanken über ein Leben nach dem Tode. Wie in vorhergehenden und nachfolgenden Stufen der Altsteinzeit wird wahrscheinlich auch im Spätacheuléen rituell motivierter Kannibalismus

Herzförmiger Faustkeil aus dem Spätacheuléen in Levallois-Technik von Haltern (Kreis Recklinghausen) in Nordrhein-Westfalen. Länge 8,5 Zentimeter. Original im Westfälischen Museum für Archäologie, Münster.

üblich gewesen sein. Mit kultischen Riten kann man vielleicht vier von Menschenhand bearbeitete Schädel von Riesenhirschen in Zusammenhang bringen, die bei Nachbaggerungen im Rhein-Herne-Kanal von Bottrop entdeckt wurden.

Micoque-Keile und Keilmesser

Das Micoquien

Eine vor etwa 125 000 bis 40 000 Jahren in West-, Mittel- und im westlichen Osteuropa anzutreffende Kulturstufe der Altsteinzeit wird nach einem französischen Fundort als Micoquien bezeichnet. Funde dieses Technokomplexes kennt man auch aus vielen Teilen Deutschlands, auffälligerweise jedoch nicht aus Norddeutschland.

Der Begriff Micoquien wird heute noch oft dem französischen Prähistoriker Henri Breuil (1877–1961) zugeschrieben. In Wirklichkeit hat ihn 1916 der damals in Basel lebende Archäologe und Antiquitätenhändler Otto Hauser (1874–1932, s. S.512) eingeführt, als er seine Funde aus der eingestürzten Halbhöhle von La Micoque bei Les Eyzies-de-Tayac im Departement Dordogne beschrieb.

Die ersten 10 000 Jahre des Micoquien entsprachen der bereits erwähnten Eem-Warmzeit vor etwa 125 000 bis 115 000 Jahren. Während dieser Warmzeit konnten sich klimatisch anspruchsvolle Pflanzen ausbreiten (s. S.58). Zu den wärmeorientierten Tieren im Eem gehörten unter anderem Waldelefanten, Waldnashörner und Flußpferde.

Die restlichen 75 000 Jahre fielen in die Abkühlungsphase der frühen Würm-Eiszeit. Auch für diese Eiszeit war ein ständiger Wechsel typisch: Auf die einige tausend Jahre währenden Kaltphasen, in denen die Gletscher vordrangen, folgten Warmphasen, in denen sich die Gletscher wieder zurückzogen. Charakteristische Tiere der Kaltphasen waren Mammute, Fellnashörner, Rentiere und Moschusochsen. In den Warmphasen behaupteten sich andere Tiere wie Höhlenhyänen, Höhlenbären, Wildpferde und Hirsche.

Bisher hat man in Deutschland keine menschlichen Skelettreste aus dem Micoquien zusammen mit Funden dieser Stufe entdeckt. Zur fraglichen Zeit müßte man in diesem Gebiet mit Neanderthalern rechnen.

Die Micoquien-Leute haben sich in Schlechtwetterzeiten häufig in Höhlen und Halbhöhlen aufgehalten. Man kennt aber auch Behausungen im Freiland, die dieser Stufe zugerechnet werden können. Die Anwesenheit von Jägern und Sammlern wird vor allem durch die aufgefundenen Steinwerkzeuge belegt.

In Baden-Württemberg sind im Micoquien die Bocksteinhöhle[1] im Lonetal bei Rammingen (Alb-Donau-Kreis), die Vogelherdhöhle[2] im Lonetal bei Stetten (Kreis Heidenheim) sowie die Halbhöhle Heidenschmiede[3] (Kreis Heidenheim) von Neanderthalern bewohnt worden. Die Bocksteinhöhle wurde nach dem Kalkfelsen benannt, in dem sie sich befindet. Ihr alter Eingang heißt »Törle«. Im Bockstein befindet sich außerdem noch die Halbhöhle Bocksteingrotte sowie die Höhle Bocksteinloch, deren Vorplatz Bocksteinschmiede[4] genannt wird. Die Vogelherdhöhle führt in eine Kuppe namens Vogelherd. Und die Heidenschmiede wird durch einen überhängenden Fels unterhalb Schloß Hellenstein gebildet.

In Bayern konzentrieren sich Höhlen mit Funden aus dem Micoquien vor allem im Altmühltal. Hier sind die Klausennische[5] bei Essing und das Große Schulerloch[6] (Kreis Kelheim) besonders erwähnenswert. Funde aus dem Micoquien ent-

deckte man jedoch auch in der Breitenfurter Höhle[7] bei Breitenfurt und in der Höhle Hohler Stein[8] im Hirtetal bei Schambach (beide Kreis Eichstätt) und in der Höhle Hohler Fels[9] bei Happurg (Kreis Nürnberger Land). In Rheinland-Pfalz rechnet man die Funde der Höhle Buchenloch[10] im Kylltal bei Gerolstein (Kreis Daun) dem Micoquien zu.

In Nordrhein-Westfalen hielten sich Micoquien-Leute gern in den Höhlen des Hönnetales auf. Dazu gehören die Balver Höhle[11] bei Balve, die Feldhofhöhle[12] bei Balve und die Volkringhauser Höhle[13] bei Volkringhausen (alle Märkischer Kreis). In der Balver Höhle wurde am Höhleneingang ein Rastplatz entdeckt, der mit einem riesigen, 4,40 Meter langen Mammutstoßzahn und einigen großen, von vielen Steingeräten und Knochen umgebenen Kalksteinblöcken ausgestattet war. In einer anderen Siedlungsschicht stieß man auf Reste eines Lagerfeuers. Als Heizmaterial verwendeten die Menschen des Micoquien Knochenbruchstücke und Fett – das sogenannte »briquet néanderthal«. Im Micoquien war auch die größere der beiden Kartsteinhöhlen[14] im Hauserbachtal bei Eiserfey (Kreis Euskirchen) bewohnt. Die sogenannte Große Kirche ist 30 Meter breit und 10 Meter hoch, besitzt drei Ausgänge und einen Nebenraum, der Dunkle Kammer genannt wird. Diese große Höhle befindet sich im Kartstein, einer etwa 30 Meter hohen Dolomitkuppe. Zu den im Micoquien bewohnten Höhlen gehört auch die Lindenthaler Hyänenhöhle[15] bei Gera in Thüringen.

Grabungsmannschaft im September 1952 vor der Höhle Hohler Stein im Hirtetal bei Schambach (Kreis Eichstätt) in Bayern. Die Höhle wurde zur Zeit des Micoquien von Neanderthalern aufgesucht. Zweiter von links der Baumeister und Amateur-Archäologe Karl Gumpert (1878–1955) aus Ansbach, der sich um die Erforschung der Steinzeit in Franken verdient gemacht hat.

Micoque-Keil aus der Balver Höhle im Hönnetal bei Balve (Märkischer Kreis) in Nordrhein-Westfalen. Länge 10,5 Zentimeter. Original im Westfälischen Museum für Archäologie, Münster.

Keilmesser aus der Balver Höhle im Hönnetal bei Balve (Märkischer Kreis) in Nordrhein-Westfalen. Länge etwa 8 Zentimeter. Original im Westfälischen Museum für Archäologie, Münster.

Fast alle Höhlenwohnungen der Micoquien-Leute lagen im Fluß-, Bach- oder Seitental eines Gewässers, das die Trinkwasserversorgung sicherte. Außerdem konnte man den zur Tränke kommenden Wildtieren auflauern und sie erlegen. Zudem fand man in Fluß- und Bachschottern reichlich Kiesel als Rohmaterial für Steinwerkzeuge. Früher hatte man angenommen, daß die Neanderthaler ausschließlich in Höhlen hausten. Man schilderte sie regelrecht als Höhlenmenschen. Die Entdeckungen und Ausgrabungen in den letzten Jahrzehnten korrigierten diese Anschauung. Demnach dürfte es weit mehr Siedlungen im Freiland als in Höhlen gegeben haben. Doch diese Freilandstationen sind viel schwerer zu finden.

Im Mittelrheingebiet lagerten auch Micoquien-Leute zeitweise in den Kratern erloschener Vulkane, so wie es vor ihnen schon die Jäger und Sammler des Jung- und Spätacheuléen getan hatten (s. S. 54, 59). Steinwerkzeuge und Tierknochen mit Brandspuren zeugen von einstmaligen Feuerstellen. Der schon in früheren Zeiten besiedelte Platz von Mönchengladbach-Rheindahlen zog auch im Micoquien gelegentlich Jägerfamilien oder -gruppen an.

Ein beliebter Aufenthaltsort war das Ufer des ehemaligen Ascherslebener Sees bei Königsaue[16] in Sachsen-Anhalt. Dort belegen Konzentrationen von Steinwerkzeugen sowie Einzelfunde aus dem Micoquien die mehrmalige Anwesenheit von Menschen. Vielleicht kann man auch die Serien von Steinwerk-

zeugen und Abfällen aus Salzgitter-Lebenstedt[17] in Niedersachsen dem Micoquien zurechnen. Dieser Fundort liegt in Nähe einer Bacheinmündung in das Fuhsetal.

Die Jäger von Salzgitter-Lebenstedt haben – nach den Resten ihrer Jagdbeute zu schließen – innerhalb kurzer Zeit 16 Mammute, 80 Rentiere sowie etwa ein halbes Dutzend Wisente und Wildpferde erlegt. Manchmal erbeuteten sie auch so gefährliche Tiere wie das 3 Meter lange und 1,60 Meter hohe Fellnashorn oder den Höhlenlöwen, der größer und kräftiger als heutige Löwen war.

Im Sumpfgebiet von Wallertheim[18] (Kreis Alzey-Worms) in Rheinland-Pfalz hatten es die Micoquien-Leute nur auf Wisente abgesehen. Im Umkreis des Vulkans Plaidter Hummerich jagte man Wildesel und Gemsen. Die Micoquien-Jäger von Königsaue töteten Rentiere, Wildpferde, Wisente, Mammute, Fellnashörner, Wildesel und Rothirsche. Ihr Speisezettel war also recht abwechslungsreich.

Welche Kleidung die Neanderthaler des Micoquien trugen, weiß man nicht. Zumindest in der Würm-Eiszeit dürften sie aber nicht ohne sie ausgekommen sein. Ein kleiner durchbohrter Schwanzwirbel und ein ebenfalls durchlochtes Knochenstück, beide vom Wolf, aus der Micoquien-Schicht der Bocksteinschmiede könnten vielleicht als Anhänger getragen worden sein. In älterer Literatur war man davon ausgegangen, daß die Neanderthaler noch keinen Schmuck kannten.

Die Steinwerkzeuge des Micoquien wurden in einer charakteristischen Bearbeitungstechnik hergestellt, durch die sie sich von denen älterer oder jüngerer Technokomplexe unterscheiden. Die Steinschläger haben die Kanten ihrer Werkzeuge wechselseitig in der gleichen Richtung zurechtgehauen. Typische Formen des Micoquien sind Micoque-Keile, langgestreckte Halbkeile, spitze Fäustel, Faustkeilblätter, Keilmesser und beidflächig retuschierte Schaber.

Der Micoque-Keil besitzt einen dicken, gegen die betont herausgearbeitete Spitzenpartie deutlich abgesetzten, gut in der Hand liegenden Griffteil. Seine Spitze befindet sich meist seitlich der Mittelachse. Häufig wurde eine Längskante bevorzugt zurechtgeschlagen, während man die ihr gegenüberliegende Kante nachlässiger retuschierte.

In Baden-Württemberg, Bayern, Rheinland-Pfalz, Hessen, Nordrhein-Westfalen und Sachsen-Anhalt wurden zahlreiche für das Micoquien typische Steinwerkzeuge entdeckt. Sie kamen an Fundstellen im Freiland und in Höhlen zum Vorschein.[19] An manchen dieser Steinwerkzeuge ließen sich interessante Beobachtungen machen. So gibt es unter den Funden von Buhlen im Netzetal (Kreis Waldeck-Frankenberg) einige Keilmesser, die dadurch besonders geschärft sind, daß man von der Spitze flache Stücke abschlug. Sie werden nach einem polnischen Fundort als Pradnikmesser bezeichnet.

Vom Fundort Königsaue kennt man einen Harzrest mit dem Negativabdruck eines Steinwerkzeuges und schwachen Abdrücken von Fingerlinien. Hierbei handelt es sich offenbar um harzige Kittmasse, mit der ein Feuersteinwerkzeug in einem hölzernen Griff befestigt wurde. Dies beweist, daß manche Feuersteinwerkzeuge einen Griff aus organischem Material besaßen.

Die Micoquien-Leute stellten neben Werkzeugen aus Stein auch solche aus Tierknochen her. So fand man in Königsaue ein Bruchstück, das von einer Wildpferdbrustrippe abgeschlagen worden war und vielleicht als Schabegerät diente. Damit konnte man unter anderem Fleisch von Tierhäuten lösen.

Vielleicht gehören die mehr als 50 000 Jahre alten Knochenwerkzeuge aus Kiesgruben von Berlin-Spandau zum Micoquien. Darunter gibt es ein meißelförmiges Werkzeug aus dem aufgespaltenen Laufknochen des Riesenhirsches sowie eine abgeschnittene Mammutrippe, die an einem Ende zugespitzt wurde. Dies sind bisher die ältesten bekannten Werkzeuge aus Berlin.

Aus Salzgitter-Lebenstedt sind angespitzte Mammutrippen sowie eine sorgfältig bearbeitete kleine Knochenspitze besonders bemerkenswert. Letztere gilt zusammen mit einem Stück aus der Großen Grotte bei Blaubeuren von etwas fraglicher Zuordnung sowie einem weiteren aus der mittelpaläolithischen Schicht VI der Vogelherdhöhle bei Stetten als die älteste aus Knochen angefertigte Lanzenspitze der Altsteinzeit.

Da man von den Micoquien-Leuten bisher keinen einzigen Skelettrest entdecken konnte, weiß man nicht, wie sie ihre Toten behandelten und ob sie wie die zeitgleichen Moustérien-Leute an ein Weiterleben im Jenseits glaubten.

Zu den Farbtafeln

1 Früher Neanderthaler: Oberschädel einer Frau aus dem Jungacheuléen vor mehr als 300 000 Jahren von Steinheim an der Murr (Kreis Ludwigsburg) in Baden-Württemberg. Länge 18,5 Zentimeter, Breite 13,2 Zentimeter. Original im Staatlichen Museum für Naturkunde in Stuttgart.

2 Später Neanderthaler: Schädeldach des Neanderthaler-Fundes von 1856 aus dem Moustérien vor etwa 70 000 Jahren vom Neandertal bei Düsseldorf-Mettmann in Nordrhein-Westfalen. Länge 18,5 Zentimeter, Breite 13,2 Zentimeter. Original im Rheinischen Landesmuseum Bonn.

3 Die Wildscheuerhöhle bei Steeden an der Lahn (Kreis Limburg-Weilburg) in Hessen wurde im Moustérien vor etwa 70 000 Jahren von späten Neanderthalern aufgesucht. Die Höhle – hier auf einem Foto von 1950 – ist durch einen Steinbruchbetrieb zerstört worden.

4 Teil der Uferregion aus dem Jungacheuléen vor fast 300 000 Jahren von Bilzingsleben (Kreis Artern) in Thüringen mit Skelettresten vom Nashorn (großes Fragment eines Beckenknochens Bildmitte, Unterkiefer darunter und weiterer Knochen links), vom Elefanten (Gelenkkugel vom Oberarm Bildmitte, Rippenfragment rechts unten), Geweihsprosse vom Hirsch (neben Nashorn-Unterkiefer) und Steinwerkzeuge. Originale im Landesmuseum für Vorgeschichte Halle/Saale.

5 Verschiedene Schmuckschnecken aus dem Gravettien (vor etwa 28 000 bis 21 000 Jahren) von Sprendlingen (Kreis Mainz-Bingen) in Rheinland-Pfalz. Sie sind etwa 30 Millionen Jahre alt und stammen aus dem Mainzer Becken. Originale im Institut für Ur- und Frühgeschichte der Universität Köln.

6 Faustkeil aus dem Moustérien (vor etwa 125 000 bis 40 000 Jahren) von Rhede (Kreis Borken) in Nordrhein-Westfalen. Aus dem Oberschenkelknochen eines Mammuts angefertigt. Länge 14,2 Zentimeter. Original in der Sammlung von Manfred Tangerding, Bocholt.

7 Blattspitze aus der Haldensteinhöhle bei Ursprung (Alb-Donau-Kreis) in Baden-Württemberg aus der Zeit der Blattspitzen-Gruppen (vor etwa 50 000 bis 35 000 Jahren). Länge 8,8 Zentimeter. Original im Institut für Urgeschichte der Universität Tübingen.

8 Durchbohrter Retuscheur (rechts) und zwei Steinperlen (Mitte) aus dem Aurignacien sowie verzierter Vogelknochen (links) aus dem Gravettien von der Wildscheuerhöhle bei Steeden (Kreis Limburg-Weilburg) in Hessen. Originale im Museum Wiesbaden.

9 Elfenbeinplättchen mit Menschendarstellung aus dem Aurignacien vor etwa 32 000 Jahren aus der Geißenklösterlehöhle bei Blaubeuren-Weiler (Alb-Donau-Kreis) in Baden-Württemberg. Höhe 5,8 Zentimeter. Original im Landesdenkmalamt Baden-Württemberg, Außenstelle Tübingen.

10 Aus Mammutelfenbein geschnitzte Frauenfigur mit Löwenkopf aus dem Aurignacien vor etwa 32 000 Jahren aus der Höhle Hohlenstein-Stadel bei Asselfingen (Alb-Donau-Kreis) in Baden-Württemberg. Höhe 29,6 Zentimeter. Original im Ulmer Museum.

11 Verzierte Löwenfigur ohne Kopf aus dem Aurignacien (vor etwa 35 000 bis 20 000 Jahren) von der Vogelherdhöhle (Kreis Heidenheim) in Baden-Württemberg. Länge 8,8 Zentimeter. Original im Institut für Urgeschichte der Universität Tübingen.

12 Rekonstruktion eines Zeltes von Rentierjägern der »Hamburger Kultur« (vor etwa 15 000 bis 14 000 Jahren) von Ahrensburg-Poggenwisch bei Hamburg (Kreis Stormarn) in Schleswig-Holstein. Rekonstruktion im Archäologischen Freilichtmuseum Oerlinghausen.

13 Anhänger in Form stark stilisierter Frauenfiguren aus dem Magdalénien vor mehr als 12 000 Jahren vom Petersfels bei Engen-Bittelbrunn (Kreis Konstanz) in Baden-Württemberg. Größter Anhänger 4 Zentimeter lang. Kopien im Städtischen Museum Engen.

14 Stielspitze aus der »Ahrensburger Kultur« (vor etwa 10 700 bis 10 000 Jahren) von Ahrensburg-Stellmoor (Kreis Stormarn) in Schleswig-Holstein. Länge 4,1 Zentimeter. Original im Archäologischen Landesmuseum der Christian-Albrechts-Universität, Schleswig.

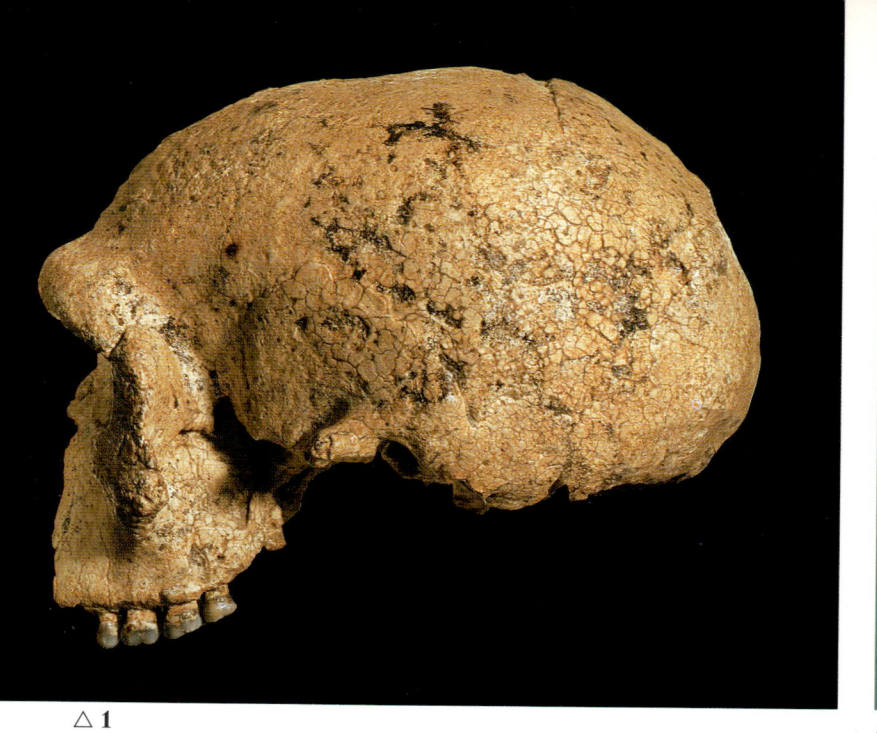

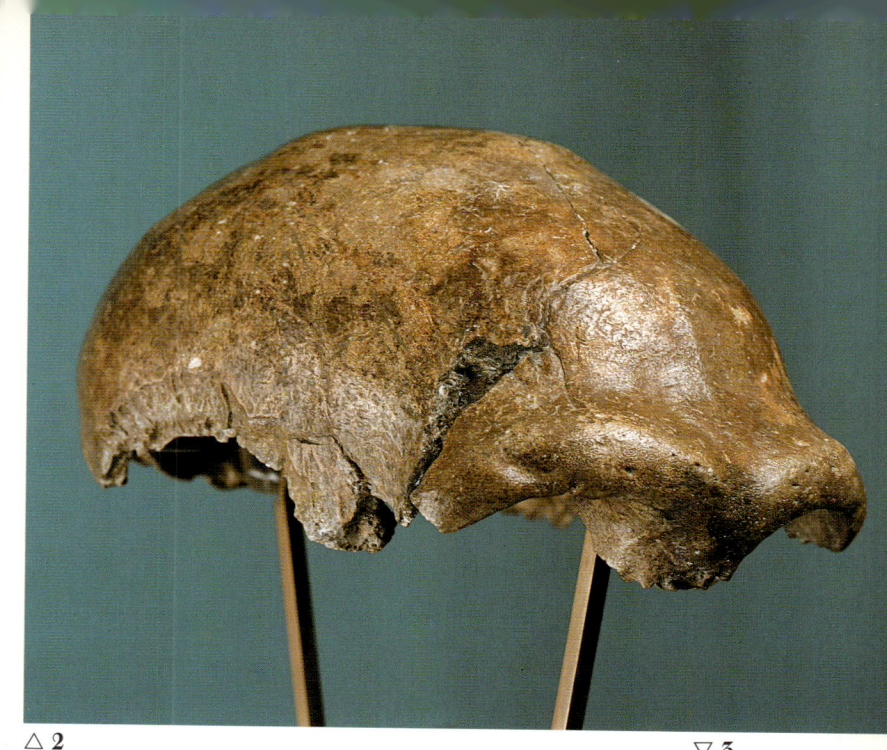

△ 1   △ 2   ▽ 3

▽ 6   ▽ 7   ▽ 8

△ 9   △ 10   ▽ 11

△ 12　　　　　　　　　　　　　　　　　　　▽ 13　　　　　　　　　　　　　　　　　　　▽ 14

Die große Zeit der Neanderthaler

Das Moustérien

Als die bedeutendste und fundreichste Kulturstufe der Neanderthaler in der mittleren Altsteinzeit gilt das Moustérien vor etwa 125 000 bis 40 000 Jahren, das in Europa, im Mittelmeergebiet und in Mittelasien sehr verbreitet war. Der Begriff Moustérien wurde 1869 von dem Prähistoriker Gabriel de Mortillet (1821–1898, s. S. 513) aus Saint-Germain bei Paris nach den Funden aus der Höhle von Le Moustier bei Les Eyzies-de-Tayac im Departement Dordogne geprägt. Auch in Deutschland wurden zahlreiche Hinterlassenschaften aus dem Moustérien entdeckt.

Die ersten 10 000 Jahre des Moustérien entsprachen der bereits erwähnten Eem-Warmzeit vor etwa 125 000 bis 115 000 Jahren (s. S. 58). Während dieser Zeit herrschte in ganz Deutschland zumeist ein sehr mildes Klima. Daher konnten sich viele klimatisch anspruchsvolle Pflanzen und Tiere behaupten. Der ins Eem fallende Teil des Moustérien wird als »warmes Moustérien« bezeichnet.

Die restliche Zeit des Moustérien fiel in die Abkühlungsphase der frühen norddeutschen Weichsel-Eiszeit bzw. der süddeutschen Würm-Eiszeit. Auch in dieser Eiszeit gab es wiederholt einen Wechsel von Kalt- und Warmphasen, die jeweils die Zusammensetzung der Pflanzen- und Tierwelt beeinflußten. So lebten in den Kaltphasen vor allem Mammute, Fellnashörner, Rentiere und Moschusochsen. In den Warmphasen traten Höhlenlöwen, Höhlenhyänen, Höhlenbären, Wildpferde und Hirsche auf. Der in die Weichsel- bzw. in die Würm-Eiszeit reichende Abschnitt des Moustérien wird als »kaltes Moustérien« bezeichnet.

Die Menschen aus dem Moustérien gelten als späte Neanderthaler oder »klassische Neanderthaler«. Der weltweit berühmteste Fund dieses Typs wurde im August 1856 beim Abbruch der kleinen Feldhofer Grotte im Neandertal bei Düsseldorf-Mettmann von zwei Steinbrucharbeitern entdeckt. Sie und die Steinbruchbesitzer hielten die Skelettreste für die Knochen eines Höhlenbären, wie sie häufig in Höhlen zu finden sind. Daß es sich hierbei um sehr seltene Überreste eines urzeitlichen Menschen handelte, erkannte als erster der herbeigerufene Realschullehrer Johann Carl Fuhlrott (1803–1877) aus Wuppertal-Elberfeld, der im Bergischen Land einen guten Ruf als Forscher und Sammler genoß. Die Steinbruchbesitzer überließen Fuhlrott den Fund, zu dem das Schädeldach, der rechte und der linke Oberarm, fünf Rippenfragmente, die linke Beckenhälfte und beide Oberschenkel gehören, die von einem mindestens 40jährigen Mann stammen.

Anfang Juni 1857 trug Fuhlrott bei der Generalversammlung des Naturhistorischen Vereins der preußischen Rheinlande und Westphalens in Bonn seine Auffassung vor, der Fund aus dem Neandertal gehöre der »vorhistorischen« Zeit an – vermutlich dem Diluvium (also dem Eiszeitalter). Dabei widersprach man ihm so heftig, daß er zunächst darauf verzichtete, seine Erkenntnisse zu publizieren. Fuhlrotts erster Aufsatz über die Skelettreste aus dem Neandertal erschien erst 1859. Auch dieser fand kaum Zustimmung in der Fachwelt. Immerhin betrachtete der englische Geologe William King (1809–1866)

Rekonstruktion des Neanderthalers aus dem Jahre 1888 durch den Bonner Anatomen und Anthropologen Hermann Schaaffhausen (1816–1893). Er war der erste wissenschaftliche Bearbeiter der 1856 im Neandertal entdeckten Skelettreste eines Neanderthalers.

die Knochenfunde aus dem Neandertal als Überreste eines vorzeitlichen Menschen, den er 1864 *Homo neanderthalensis* nannte. Erst 1901 konnte der Straßburger Anatom Gustav Schwalbe (1844–1916) die Anerkennung des hohen geologischen Alters des Neanderthalers in der Fachwelt durchsetzen.[1] Die wissenschaftliche Bezeichnung *Homo neanderthalensis* blieb bis 1931 erhalten. In jenem Jahr fügte der Wittenberger Ornithologe und Theologe Otto Kleinschmidt (1870–1954) das Adjektiv »*sapiens*« hinzu – also nicht erst 1964 der englische Paläoanthropologe Bernard Campbell, wie manchmal in der Literatur nachzulesen ist. Der Name *Homo sapiens neanderthalensis* besagt, daß der Neanderthaler nicht nur der Gattung *Homo*, sondern – wie der moderne Mensch – auch der Art *Homo sapiens* angehört. Unzutreffend ist auch die häufig in populärwissenschaftlichen Beiträgen vertretene Ansicht, der Fund aus dem Neandertal sei der am frühesten in Europa entdeckte Neanderthaler: In Engis bei Lüttich (Belgien) und auf Gibraltar wurden schon 1830 bzw. 1848 Skelettreste von Neanderthalern geborgen, jedoch erst nach der aufsehenerregenden Entdeckung im Neandertal identifiziert.[2]

Die Knochenreste aus dem Neandertal werden auf etwa 70 000 Jahre geschätzt. Für ähnlich alt hält man Skelettreste von Neanderthalern aus der Wildscheuerhöhle bei Steeden an der Lahn (Kreis Limburg-Weilburg) in Hessen und vielleicht aus der Klausennische bei Essing (Kreis Kelheim) im Altmühltal in Bayern.

Auf dem Vorplatz der Wildscheuerhöhle im Lahntal wurden 1953 bei Ausgrabungen des Wiesbadener Prähistorikers Heinz Eberhard Mandera kurz vor der Zerstörung durch einen Steinbruchbetrieb drei Schädelfragmente von Neanderthalern entdeckt. Zwei davon stammen von einem Erwachsenen, eines von einem Kind.

Das Eingangsmassiv des Neandertals bei Düsseldorf-Mettmann in Nordrhein-Westfalen mit Düsselbach und Feldhofscher Walkmühle auf einem 1807 entstandenen Aquarell. In diesem malerischen Tal wurden 1856 beim Abbruch der Kleinen Feldhofer Grotte durch einen Steinbruchbetrieb die Skelettreste eines Neanderthalers entdeckt.

Unter dem Felsvorsprung der Klausennische kam 1913 bei Ausgrabungen des damals in Paris tätigen deutschen Prähistorikers Hugo Obermaier (1877–1946) ein rechter oberer Milchschneidezahn zum Vorschein. Er wurde 1936 von dem Berliner Anthropologen Wolfgang Abel untersucht und beschrieben. Abel wies auf eine große Übereinstimmung zwischen dem Milchschneidezahn aus der Klausennische und entsprechenden Zähnen der Neanderthaler vom jugoslawischen Fundort Krapina hin. Daher nahm er an, daß dieser Zahn von einem Neanderthaler-Kind oder dem Kind einer neanderthalerähnlichen Form stamme. Bedauerlicherweise ist dieser Fund in der Anthropologischen Staatssammlung in München nicht mehr vorhanden; er soll in der Nachkriegszeit verlorengegangen sein.

Schätzungsweise 50 000 Jahre alt dürfte das rechte Oberschenkelfragment eines Neanderthalers sein, das in der Höhle Hohlenstein-Stadel bei Asselfingen (Alb-Donau-Kreis) im Lonetal in Baden-Württemberg ans Tageslicht kam. Dieses Fossil wurde 1937 bei Ausgrabungen des Tübinger Geologen und Prähistorikers Otto Völzing und des Tübinger Anatomen Robert Wetzel (1898–1962) geborgen.

Von einem Neanderthaler soll auch ein Oberschenkelknochen stammen, der bei Baggerarbeiten in einer Kiesgrube von Altrip (Kreis Ludwigshafen) in Rheinland-Pfalz zusammen mit eiszeitlichen Tierresten gefunden wurde. Die Kiesgrubenbesitzer schenkten diesen Fund im Mai 1914 dem Historischen Museum der Pfalz in Speyer. Der Prähistoriker Friedrich Sprater (1884–1952) aus Speyer sandte den Oberschenkelknochen an das Anthropologische Institut der Universität Breslau. Dessen Vorstand, der Anatom und Anthropologe Hermann Klaatsch (1863–1916), identifizierte den Fund als einen Neanderthaler-Knochen.

Vielleicht handelt es sich auch bei den Schädelresten eines Menschen aus Salzgitter-Lebenstedt in Niedersachsen um Reste eines Neanderthalers aus dem Moustérien. Sie wurden 1952 bei den Ausgrabungen des Braunschweiger Prähistorikers Alfred Tode geborgen, jedoch erst im Juni 1956 unter den Tierknochen als menschliche Überreste erkannt. Der Braunschweiger Paläontologe Adolf Kleinschmidt identifizierte diese Funde als Hinterhauptsbein und fragmentarisches rechtes Scheitel-

bein. Nach Ansicht des Hamburger Anthropologen Rainer Knußmann bestehen Ähnlichkeiten mit den sogenannten Praeneanderthalern aus Ehringsdorf und Taubach in Thüringen sowie den »klassischen Neanderthalern«, zu denen der Fund aus dem Neandertal gehört. Die in Salzgitter-Lebenstedt entdeckten Feuersteingeräte lassen sich nur teilweise dem Moustérien zuordnen.

Von den erwähnten Neanderthaler-Skelettresten aus Deutschland sind die aus dem Neandertal am aussagekräftigsten. Sie stammen von einem Mann, der nicht viel mehr als 1,60 Meter groß war. Er litt unter verschiedenen Krankheiten und Verletzungen.[5] Daraus läßt sich ableiten, daß dieser Mensch nur durch den Schutz und die Fürsorge einer Gemeinschaft ein für damalige Verhältnisse so hohes Alter von mindestens 40 Jahren erreichen konnte.

Hinweise für die Anwesenheit von Neanderthalern aus dem Moustérien liegen vor allem aus Höhlen in Süddeutschland vor. In Baden-Württemberg suchten sie beispielsweise die Große Grotte[4] bei Blaubeuren, die Höhle Hohlenstein-Stadel,[5] die Sirgensteinhöhle[6] bei Weiler (alle drei im Alb-Donau-Kreis) und die Vogelherdhöhle[7] bei Stetten (Kreis Heidenheim) auf. Manche dieser Höhlen sind auch von Jägern und Sammlern des Micoquien begangen und kurzfristig bewohnt worden (s. S. 62).

In Bayern konzentrieren sich Höhlen mit Moustérien-Funden vor allem im Altmühltal. Dazu gehören unter anderem die Obernederhöhle[8], das Schulerloch[9] und die Fischleitenhöhle[10] bei Mühlbach (alle drei im Kreis Kelheim) und die Breitenfurter Höhle[11] (Kreis Eichstätt). Weitere Höhlen mit Moustérien-Inventar sind die Höhle am Buchberg[12] bei Münster (Kreis Straubing-Bogen), das Große Hasenloch[13] bei Pottenstein (Kreis Bayreuth) und die Petershöhle[14] bei Velden im Viehtriftberg (Kreis Nürnberger Land).

In Nordrhein-Westfalen haben sich Moustérien-Leute zeitweise in der Balver Höhle[15] (Märkischer Kreis) und in der größeren der beiden Kartsteinhöhlen bei Eiserfey, der Großen Kirche[16] (Kreis Euskirchen), aufgehalten.

In Thüringen bewohnten Moustérien-Leute vorübergehend die Höhle Wüste Scheuer[17] bei Döbritz und die Ilsenhöhle[18] bei Ranis (beide im Kreis Pößneck) sowie die Baumannshöhle[19] bei Rübeland im Harz (Kreis Wernigerode). In Sachsen gilt die Bienerthöhle bei Dresden-Plauen als Moustérien-Station.

Die Moustérien-Leute haben sich – wie Angehörige aus anderen Stufen der Altsteinzeit – mit Vorliebe im noch vom Tageslicht erhellten Eingangsbereich der Höhlen aufgehalten. Dort konnte man in Schlechtwetterzeiten verschiedene Arbeiten verrichten.

Vor dem Höhleneingang legte man gelegentlich Feuerstellen an, um Fleisch zu braten oder um sich bei großer Kälte zu wärmen. Größere Feuer im Inneren der Höhlen waren auf Dauer nicht ratsam, weil der Rauch schlecht abzog und die Gefahr von Rauchvergiftungen bestand.

Die Moustérien-Jäger errichteten bei ihren Streifzügen aber auch Behausungen im Freiland. Dies geschah vermutlich viel häufiger, als es die wenigen im offenen Gelände entdeckten Fundstätten anzeigen. Denn im Freiland sind die vor etlichen Jahrzehntausenden hinterlassenen Siedlungsspuren meist nur durch Zufall zu entdecken, wenn bei Bauarbeiten über den Siedlungsresten abgelagerte Schichten entfernt werden oder bei Abbau von Sand, Kies und Vulkangestein.

Rechts krankhafte Veränderung am linken Ellenbogengelenk des Neanderthalers aus dem Neandertal. Der Tübinger Anthropologe Alfred Czarnetzki identifizierte sie 1980 als Unterarmbruch. Die Verdickung am linken
Ellenbogengelenk entstand durch den Heilungsprozeß. Länge des links
abgebildeten gesunden Ellenbogengelenkes, das während der Lagerung
im Boden gebrochen ist, 14,9 Zentimeter. Originale im Rheinischen Landesmuseum Bonn.

Zu den deutlichsten Nachweisen von Behausungen im Freiland aus dem Moustérien zählen Siedlungsspuren im Netzetal
bei Edertal-Buhlen[20] im Kreis Waldeck-Frankenberg (Nordhessen). Bei Edertal-Buhlen stieß man auf eine von größeren
Steinen umstellte Fläche mit einem Durchmesser von vier
Metern. In deren Innern gab es mehrere Brandstellen. Der Eingang war zum nahen Fluß orientiert. Die Konzentration von
Werkzeugabfällen im Eingangsbereich spricht für Arbeiten im
helleren Teil einer überdachten Behausung, die für vier bis
sechs Personen Platz bot. Die am Rand gesetzten größeren
Steine gaben der Anlage festen Halt. Zur Konstruktion gehörte
vermutlich ein Mittelpfosten, an den man schräggestellte Stangen lehnen konnte. Als Dach dienten wohl Tierfelle.
Dem Moustérien wird auch eine der Siedlungsstellen am ehemaligen Aschersleber See bei Königsaue[21] in Sachsen-

Anhalt zugerechnet. Die Einstufung ist durch typische Steinwerkzeuge dieser Kulturstufe gesichert. Holzkohlenreste belegen die Nutzung des Feuers.
Wie die Menschen des Micoquien erlegten die Jäger des Moustérien verschiedene Tierarten. Als einzige Waffe standen ihnen
dafür Holzlanzen bzw. -speere zur Verfügung, mit denen sie aus
geringer Entfernung auf die in die Enge getriebenen Wildtiere
einstachen oder warfen. Bei solchen Jagdunternehmungen
bestand die Gefahr, daß gelegentlich Jäger durch Großtiere verletzt wurden, die nur verwundet waren. Aus diesem Grund hat
man gefährliche Tiere in natürliche oder künstliche Fallen
getrieben, wo sie mehr oder minder wehrlos waren.
Die Vielfalt der von Moustérien-Jägern erlegten Tierarten spiegelt sich eindrucksvoll in den Jagdbeuteresten von Königsaue
wider. Dort wurden vor mehr als 50 000 Jahren Mammute, Fellnashörner, Wisente, Wildpferde, Wildesel, Rentiere und Hirsche gejagt. Nach dem Abkauungsgrad konnte man die Zähne
junger Rentiere auf ein Alter von 12 bis 15 Monaten schätzen.
Die in Königsaue lagernden Jäger machten ihre Beute offensichtlich im Frühling und/oder Sommer. Dazu kam jeweils eine
20 bis 30 Mitglieder umfassende Gruppe von Männern, Frauen
und Kindern an das Ufer des ehemaligen Aschersleber Sees.
Vor dem Winter sind diese Menschen dann in klimatisch günstigere Gegenden abgewandert.
Am Fundort Edertal-Buhlen ist bei den Mammutresten das
zahlenmäßige Übergewicht von Jungtieren auffällig. Vielleicht
hatten die sich dort aufhaltenden Jäger wohlüberlegt statt älterer erfahrener Mammute vor allem Jungtiere von der Herde
abgedrängt und getötet. Eine solche Praxis versprach leichteren Jagderfolg und war auch weniger riskant.
Die Moustérien-Leute haben zumindest in den Kaltphasen der
Weichsel-/Würm-Eiszeit aus Tierfellen oder -häuten wärmende Kleidungsstücke angefertigt und getragen. Sie mußten
so beschaffen sein, daß sie auch in frostigen Phasen die Beweglichkeit der Jäger nicht allzusehr einschränkten. Archäologisch
ist diese Kleidung bisher zwar nicht nachgewiesen, aber man
kann sie der niedrigen Temperaturen wegen voraussetzen.
Die Steinwerkzeuge des Moustérien sind überwiegend einflächig bearbeitet worden. Die Faustkeile wurden von sogenannten Handspitzen verdrängt. So bezeichnet man flache, meist
längliche, dreieckige Werkzeuge mit spitzem Ende, die man
aus großen Abschlägen formte. Als Rohmaterial dienten unter
anderem Feuerstein, Kieselschiefer, Hornstein, Quarz und
Quarzit.
In Deutschland wurden zahlreiche Steinwerkzeuge aus dem
Moustérien in Höhlen und im Freiland entdeckt.[22] Sie kamen
teilweise an Orten zum Vorschein, an denen – allerdings in
anderen Fundschichten – auch der zeitgleiche Technokomplex
des Micoquien vertreten war.
Auch wenige Meter von der Fundstelle des berühmten Neanderthalers im Neandertal entfernt kamen zwei Werkzeuge zum
Vorschein, die vielleicht zum Moustérien gehören.[23] Dabei handelt es sich um einen Faustkeil und um einen Kratzer oder
Schaber aus Quarzit. Beide wurden in ähnlicher Lagerung wie
die Skelettreste aus der Kleinen Feldhofer Grotte im Neandertal entdeckt.
Seltene Funde belegen, daß die Moustérien-Leute ihre Werkzeuge auch aus Holz, Knochen, Geweih oder Mammutelfenbein herstellten. Die Bearbeitung von Holz dürfte eine wichtige
Rolle gespielt haben, weil die zahlreichen Schaber aus Stein,

Handspitze aus dem Moustérien von der Balver Höhle im Hönnetal bei Balve (Märkischer Kreis) in Nordrhein-Westfalen. Länge etwa 7 Zentimeter. Original im Westfälischen Museum für Archäologie, Münster.

die man aufgefunden hat, dafür ideal geeignet erscheinen. Als einer der wenigen Belege für Knochenwerkzeuge aus dem Moustérien wurden zwei rechte Unterkieferhälften vom Höhlenbären aus der Großen Grotte bei Blaubeuren (Kreis Ulm) diskutiert, die man offenbar als Schlagwerkzeuge hergerichtet hatte. Außer dem letzten Backenzahn und dem Eckzahn entfernte man alle anderen Zähne. Sämtliche scharfgratigen Teile wurden geglättet, damit die Finger, die den Unterkiefer hielten, nicht verletzt werden konnten. Der bewußt stehengelassene Eckzahn bot der Handkante ein sicheres Widerlager gegen ein Ausrutschen dieses Unterkieferbeiles.

Die Moustérien-Leute haben auch aus Skeletteilen von Mammuten bestimmte Werkzeuge und Waffen geschaffen. Hierzu gehört vielleicht eine 1936 bei einem Schulausflug in den Rheinkiesen bei Duisburg entdeckte, von Menschenhand bearbeitete Mammutrippe. Das 55 Zentimeter lange Rippenfragment ist an einem Ende zugeschärft.

Als besondere Rarität gilt ein 1982 von einem Sammler in einer Sandgrube von Rhede (Kreis Borken) in Nordrhein-Westfalen entdeckter Faustkeil aus dem Oberschenkelknochen eines Mammuts[24] (s. S. 65). Er befand sich unter den von einem Saugbagger mit Flußkiesen der Bocholter Aa zutage geförderten Faunaresten der beginnenden Weichsel-Eiszeit.

Die Stoßlanzen und Wurfspeere der Moustérien-Jäger wurden am dünneren Ende mit scharfkantigen Steinwerkzeugen zugespitzt und im Feuer gehärtet. Diese Waffen dürften gelegentlich mit Spitzen aus Stein, Knochen oder Geweih versehen worden sein. Je eine Knochenspitze, die sich als Bewehrung einer Holzlanze geeignet hätte, wurde in der Großen Grotte bei Blaubeuren sowie in der Vogelherdhöhle gefunden.

Bisher hat man in Deutschland keine sorgfältig durchgeführten Bestattungen aus dem Moustérien entdeckt. Eine Ausnahme ist der berühmte Fund aus der Kleinen Feldhofer Grotte im Neandertal. Die Prähistoriker halten es kaum für möglich, daß dieser Mann nach seinem Tode frei in der Höhle liegen blieb. Aasfresser, besonders Höhlenhyänen, hätten von dem Leichnam kaum etwas übriggelassen. Die wenigen Knochen, die zum Zerbeißen und Fressen zu groß sind, wären weit verschleppt worden. Daher nimmt man an, daß der Verstorbene eingegraben wurde. Die unsachgemäße Bergung des wohl noch zusammenhängenden Skelettes durch die Steinbrucharbeiter führte jedoch dazu, daß die Bestattung nicht erkannt wurde. Auch auf eventuelle Beigaben für den Toten achtete man nicht.

Dagegen kennt man aus dem Nachbarland Frankreich etliche Bestattungen von Moustérien-Leuten, die Einblicke in das Totenbrauchtum dieser Menschen erlauben.

In der Höhle von Le Moustier[25] in der Dordogne hatte man einen schätzungsweise 16 Jahre alten Jugendlichen liebevoll zur letzten Ruhe gebettet. Sein Kopf lag auf einem künstlichen Pflaster aus Feuerstein. Außerdem gab man ihm zwei Steingeräte und Fleischstücke von einem Wildrind als Wegzehrung für das Jenseits mit. Für ein Neugeborenes wurde in derselben Höhle eigens eine Grube angelegt.

In der Höhle Bouffia von La Chapelle-aux-Saints[26] im Departement Corrèze bestattete man einen erwachsenen Mann in einer künstlich geschaffenen Grube. Sein Kopf wurde mit einer großen Knochenplatte bedeckt, um ihn zu schützen. Für das Leben nach dem Tod stattete man ihn mit Steingeräten, Fleisch- und Ockerstücken aus.

In der Höhle von La Ferrassie[27] bei Le Bugue in der Dordogne sind sogar sechs Menschen (zwei Erwachsene und vier Kinder) zu Grabe getragen worden. Sie ruhten – mit einer Ausnahme – in seichten, bis zu 40 Zentimeter tiefen ovalen Mulden, die teilweise künstlich gegraben wurden. Drei der Kinder waren mit besonders sorgfältig hergestellten Steingeräten ausgerüstet.

Speisebeigaben oder Tiertrophäen fand man auch zusammen mit Moustérien-Bestattungen in der Skhul-Höhle[28] im Karmelgebirge (Israel), in der Höhle im Berg Qafzeh[29] bei Nazareth (Israel) und in der Höhle Tešik Taš[30] in Usbekistan (Sowjetunion). In einem Grab der Skhul-Höhle barg man den Unterkiefer eines Wildschweins. Ein etwa zehnjähriges Kind vom Fundort Qafzeh hatte ein Damhirschgeweih auf den Händen. Und um das Skelett eines etwa neunjährigen Jungen aus der Höhle Tešik Taš im Tal des Turgan-Darja hatte man Bergziegenschädel gelegt.

All diese Bestattungen zeugen von der großen Achtung und Zuneigung, die man offenbar vielen Verstorbenen entgegenbrachte. In Kontrast dazu stehen Kopfbestattungen, Schädelbecher und Anzeichen für Kannibalismus aus derselben Zeit.

Die wenigen Funde aus Deutschland, die als Zeugnisse für die religiöse Vorstellungswelt der Moustérien-Leute diskutiert werden, sind zumeist umstritten. Es hat den Anschein, als ob hierzu auch der berühmte Fund aus dem Neandertal gehören würde. Gewisse Abnutzungsspuren an dessen Schädeldach deuten darauf hin, daß dieses bewußt als Trinkschale zugerichtet wurde. Dafür spricht, daß die Bruchränder des Schädeldachs fast parallel verlaufen, wenn man es auf eine ebene Unterlage stellt. Zudem wurden die weggebrochenen Teile nicht – wie unter natürlichen Bedingungen durch die Last darüberliegender Erdschichten – von außen nach innen gedrückt, sondern von innen nach außen.

Der mutmaßliche Schädelbecher aus dem Neandertal ist keine Einzelerscheinung. Menschliche Schädel wurden zu verschiedenen Zeiten als Trinkgefäße umgestaltet. Vielleicht erhoffte man sich, durch den Trunk aus einem Schädelbecher die Kraft des Feindes (oder bei Kindern deren Jugendlichkeit) in sich aufnehmen zu können.

Die bereits erwähnten Schädeldachfragmente aus der Wildscheuerhöhle und der Oberschenkelrest aus der Höhle Hohlenstein-Stadel werden von manchen Prähistorikern als Hinweise auf Kannibalismus betrachtet. Sie lagen regellos zwischen den als Mahlzeitresten gedeuteten Tierknochen. Deshalb sieht man auch in den menschlichen Knochen Speiseabfälle.

Kannibalismus wurde im Moustérien in ganz Europa praktiziert. Allein in der Halbhöhle von Krapina[51] nördlich der jugoslawischen Stadt Zagreb fielen mindestens 24 Neanderthaler diesem Brauch zum Opfer. Davon zeugten ihre zur Gewinnung des Markes aufgeschlagenen und vom Feuer angesengten Knochen, die 1899 entdeckt wurden. Früher vermuteten manche Prähistoriker, die Bewohner von Krapina seien von höher entwickelten Zeitgenossen angegriffen und getötet worden, und sprachen deshalb von der »Schlacht von Krapina«. Aufgrund der Verteilung der menschlichen Skelettteile und der Werkzeuge auf verschiedene Schichten ist es jedoch viel wahrscheinlicher, daß die Höhle von Krapina als Kultstätte diente, die in großen zeitlichen Abständen wiederholt aufgesucht wurde.

Von Kannibalenmahlzeiten dürften auch die zerbrochenen Skelettreste von mindestens 20 Neanderthalern aus Hortus in Südfrankreich stammen (s. S. 149).

Der durch Funde aus Frankreich (La Chaise) überlieferte Schädelkult der Moustérien-Leute konnte in Deutschland bisher archäologisch nicht nachgewiesen werden.

In der Höhle von La Chaise im französischen Departement Charente herrschten auffälligerweise Schädel und Unterkiefer vor, während Reste vom übrigen Skelett fehlten. Dagegen fand man in der Grotte von René Simhard in der Charente Skelettreste eines etwa zwölfjährigen Kindes und von zwei Kleinkindern, deren Schädel und Unterkiefer fehlten. Die menschlichen Knochen lagen zwischen den Tierknochen der Jagdbeutereste und waren ebenso wie diese aufgeschlagen worden, um in den Genuß des Marks zu kommen. Diese Befunde deuten darauf hin, daß man Kopf und Unterkiefer anders als die übrigen Skelettreste behandelt hat.

Als einer der wichtigsten Belege für Schädelkult und Kannibalismus galt früher der 1939 in der Grotta Guattari im Monte Circeo, etwa 100 Kilometer südöstlich von Rom, entdeckte Schädel eines ungefähr 40 Jahre alten Neanderthalers.[52] Doch neue Untersuchungen, deren Ergebnisse 1990 publiziert wurden, zeigten, daß die Spuren, die man ursprünglich als Anhalts-

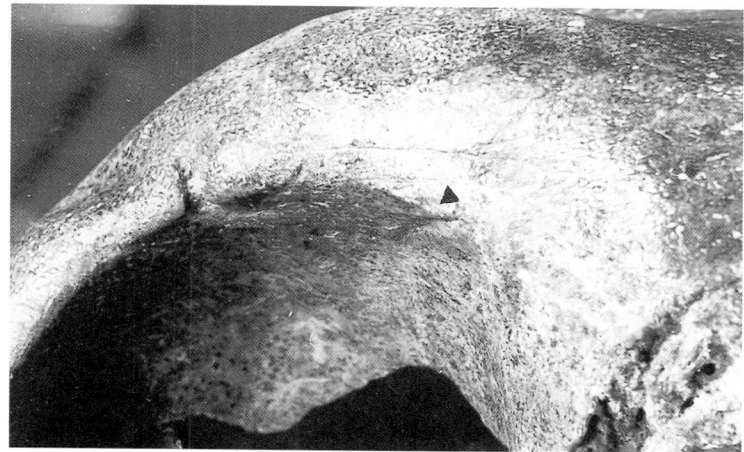
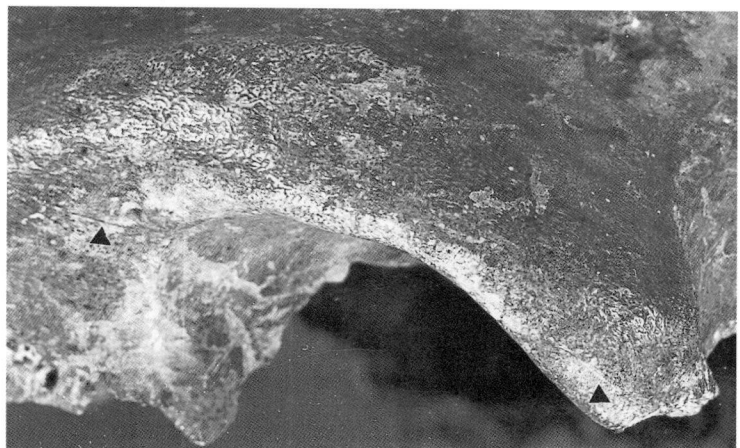
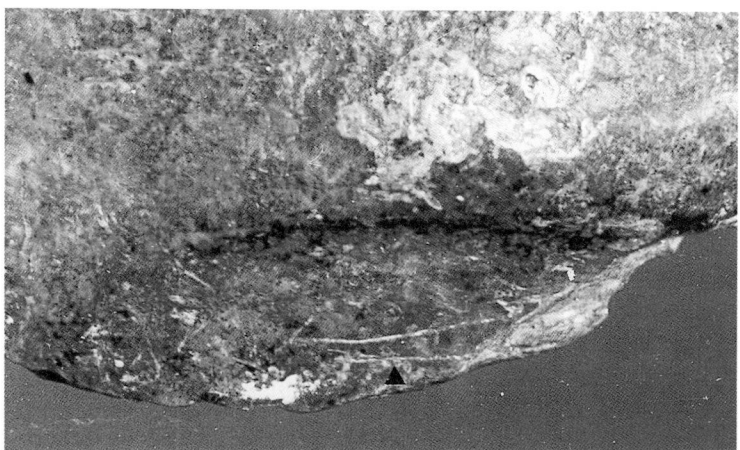
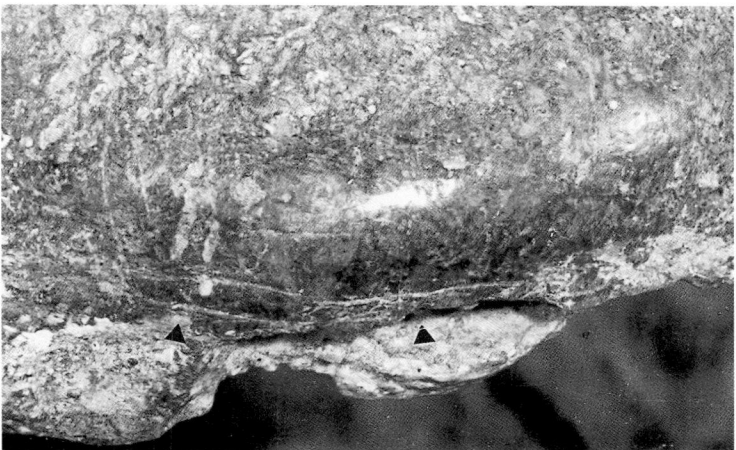

Detailaufnahmen verschiedener Schnittspuren am Schädeldach des Neanderthalers aus dem Neandertal bei Düsseldorf-Mettmann in Nordrhein-Westfalen. Originale im Rheinischen Landesmuseum Bonn.

punkte für einen rituellen Kannibalismus deutete, von Hyänen stammen. Ein an anderer Stelle der Höhle geborgener Unterkiefer gehört nicht zu dem Schädel, dessen Unterkiefer fehlte.

Auf makabre kultische Praktiken deuten dagegen die Knochenfragmente – vorwiegend Schädelteile – von mindestens vier Männern und Frauen sowie drei Jugendlichen aus der Vindija-Höhle[55] nordöstlich von Zagreb hin. Die an diesen Funden sichtbaren Schnittspuren und anderen Defekte sind vermutlich Zeugnisse von Leichenzerstückelung und Schädelkult.

Vielleicht wird eines Tages der Schädelkult der Moustérien-Leute auch in Deutschland durch einen eindeutigen Fund belegt. In anderen Kulturstufen der Steinzeit ist er bereits nachgewiesen (s. S. 181, 187). Nach Analogien bei Naturvölkern ist anzunehmen, daß das Gehirn nicht nur als Nahrung verzehrt

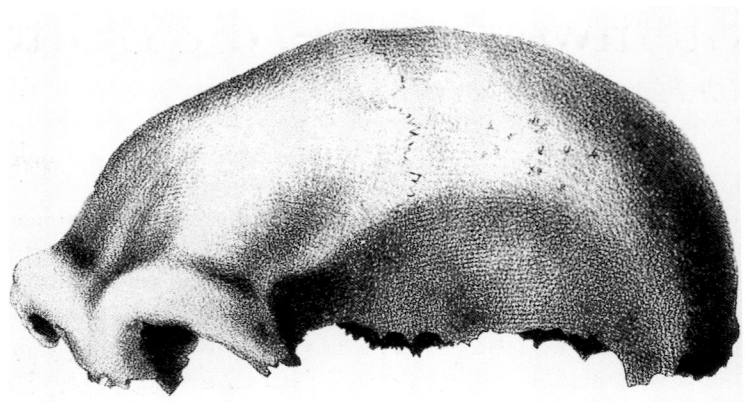

Das Schädeldach aus dem Neandertal mit seinem über den Augenhöhlen kräftig vorspringenden Knochenwulst in der von dem Realschullehrer Johann Carl Fuhlrott (1803–1877) veröffentlichten Zeichnung.

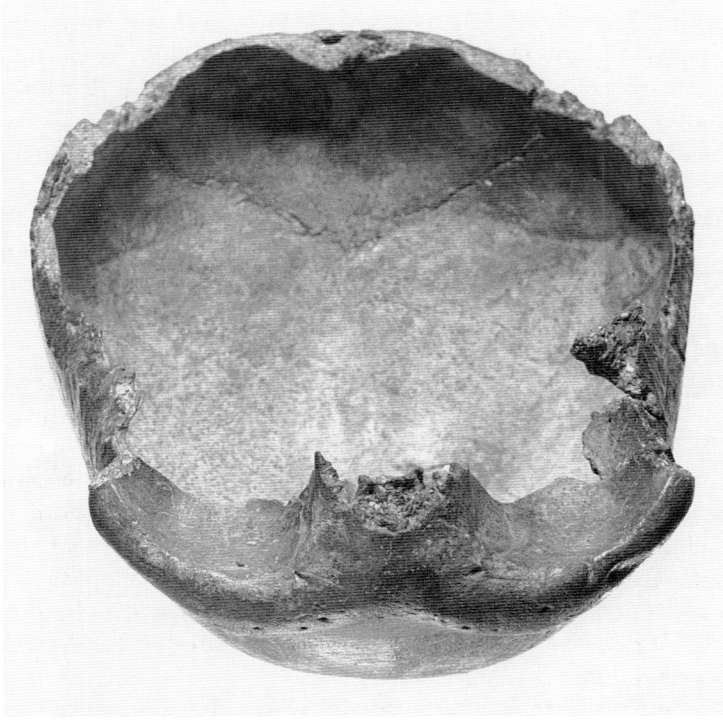

Als Becher zugerichtetes Schädeldach des Neanderthalers aus dem Neandertal bei Düsseldorf-Mettmann in Nordrhein-Westfalen. Länge 18,5 Zentimeter, Breite 13,2 Zentimeter. Original im Rheinischen Landesmuseum Bonn.

wurde, sondern man sich mit ihm auch die geistigen oder magischen Kräfte des Toten einverleiben wollte.

Umstritten ist der mysteriöse Bärenkult, den die Moustérien-Jäger ausgeübt haben sollen. Die Annahme, daß ein solcher Kult existiert hat, beruht auf angeblich auffällig deponierten Schädeln und Knochen von Höhlenbären in manchen Höhlen. In Deutschland wird vor allem die Petershöhle bei Velden (Kreis Nürnberger Land) in Mittelfranken als Schauplatz des Bärenkults diskutiert. Dort entdeckte der Heimatforscher Konrad Hörmann (1859–1933) aus Nürnberg bei Ausgrabungen zwischen 1914 und 1928 Brandstellen mit verkohlten Höhlenbärenknochen sowie angeblich Höhlenbärenschädel in ungewöhnlicher Lagerung. Nach Ansicht Hörmanns wurden die Höhlenbärenschädel absichtlich in seitliche Wandnischen und an anderen Stellen niedergelegt. Einmal soll ein Schädel sogar zwischen Steinen in Holzkohle eingebettet und mit dieser bedeckt worden sein. Mehrfach waren angeblich ganze Haufen von Höhlenbärenschädeln – bis zu zehn Exemplaren – von Steinen umgeben. Hörmann deutete die Petershöhle als Heiligtum für eine Gruppe oder mehrere Gruppen von Jägern.

Die Funde aus der Petershöhle haben den Wiener Prähistoriker Oswald Menghin (1888–1973) bewogen, dafür 1931 den Begriff »Veldener Kultur« zu prägen. Dieser Name wurde von den anderen Prähistorikern jedoch nicht akzeptiert, von denen viele auch an der Existenz eines Bärenkultes Zweifel hegen.

Steinwerkzeuge, die Blättern ähneln

Die Blattspitzen-Gruppen

In der Zeit vor etwa 50000 bis 35000 Jahren behaupteten sich in Teilen Deutschlands, in der Tschechoslowakei und in Ungarn die sogenannten Blattspitzen-Gruppen. Diesen Begriff haben 1929 der damals in Madrid tätige deutsche Prähistoriker Hugo Obermaier (1877–1946, s. S.513) und der Straßburger Geologe Paul Wernert (1899–1972, s. S.515) geprägt. Der Ausdruck nimmt Bezug auf die für diese Kulturstufe typischen Steinwerkzeuge, die Baum- oder Lorbeerblättern ähneln.

Zu den Blattspitzen-Gruppen gehören die Altmühl-Gruppe und das Szeletien. Dabei handelt es sich vermutlich nicht um selbständige Gruppen, sondern um Synonyme für eine einzige Kulturstufe, nämlich die Blattspitzen-Gruppen.

Die Altmühl-Gruppe war vor allem in Bayern, aber auch in Nordrhein-Westfalen und in Thüringen verbreitet. Diese Bezeichnung hat 1954 der holländische Prähistoriker Assien Bohmers aus Groningen vorgeschlagen. Er fand 1937/38 in den Weinberghöhlen bei Mauern (Kreis Neuburg-Schrobenhausen) unweit des Altmühltales in Bayern über einer Schicht aus dem Moustérien eine jüngere Schicht mit Blattspitzen und einflächig bearbeiteten Steinwerkzeugen aus der mittleren Altsteinzeit wie Schaber und Spitzschaber. Diese Funde und andere aus Höhlen des Altmühltales ermutigten ihn, hierfür den Namen Altmühl-Gruppe vorzuschlagen.

Das Szeletien kam vor allem in der Tschechoslowakei und in Ungarn vor. Es wurde nach Funden aus der Szeleta-Höhle im Bükk-Gebirge nahe des ungarischen Ortes Hámor benannt. Den Namen Szeletien hat der tschechische Prähistoriker Josef Skutil (1904–1965) schon vor 1927 in seiner Dissertation verwendet. In die Literatur eingeführt wurde er 1927 von dem Prähistoriker Inocenc Ladislav Cervinka (1869–1952) aus Brünn. 1930 schlug der deutsche Prähistoriker Julius Andree (1889–1942) aus Münster erneut diesen Begriff vor, der sich aber immer noch nicht durchsetzte. 1953 übernahm dann der Prager Prähistoriker František Prošek (1922–1958) in einer Studie den Namen Szeletien, der von da ab in der europäischen Fachliteratur verbreitet wurde.

Während der Zeit der Blattspitzen-Gruppen änderte sich in Deutschland mehrfach das Klima. Ihr Auftreten fiel zunächst mit einer Warmphase der Würm-Eiszeit zusammen, die nach einem holländischen Fundort als Moershoofd-Interstadial[1] (vor 50000 bis 43000 Jahren) bezeichnet wird. Es folgten eine Kaltphase, eine Warmphase, die ebenfalls nach einem holländischen Fundort als Hengelo-Interstadial[2] (vor 39000 bis 37000 Jahren) benannt ist, und erneut eine Kaltphase.

In den Warmphasen Moershoofd und Hengelo konnten sich im Gegensatz zu den Kaltphasen auch wieder klimatisch anspruchsvollere Bäume behaupten. Zur Tierwelt in den Kaltphasen gehörten unter anderem Mammute, Fellnashörner und Rentiere, in den Warmphasen statt dessen Höhlenlöwen, Höhlenhyänen, Höhlenbären, Braunbären und Wildpferde.

Aus der Zeit der Blattspitzen-Gruppen kennt man bisher in Deutschland keinen einzigen Skelettrest von Menschen. Man weiß nicht einmal, ob es sich dabei noch um späte Neanderthaler oder schon um frühe Jetztmenschen handelt, wie der Tübinger Prähistoriker Gerd Albrecht vermutet.

Siedlungsspuren dieser Stufe wurden vor allem in Höhlen entdeckt. Es sind ausschließlich Steinwerkzeuge, die je nach ihrer Häufigkeit von mehr oder minder langen Aufenthalten in den Höhlen zeugen. Besonders viele bewohnte Höhlen kennt man aus Bayern. Hierzu zählte schon Assien Bohmers neben den Weinberghöhlen[3] auch die Höhle Steinerner Rosenkranz[4], die Haldensteinhöhle[5], die Mittlere Klause[6], die Buchberghöhle[7] und vermutlich die Kleine Ofnethöhle[8]. In Thüringen hielten sich Angehörige der Blattspitzen-Gruppen in der Ilsenhöhle[9] bei Ranis auf.

Bei den Weinberghöhlen in der Nähe von Mauern handelt es sich um vier nebeneinanderliegende Höhlen und eine weitere Höhle im sogenannten Wellheimer Trockental, durch das vor

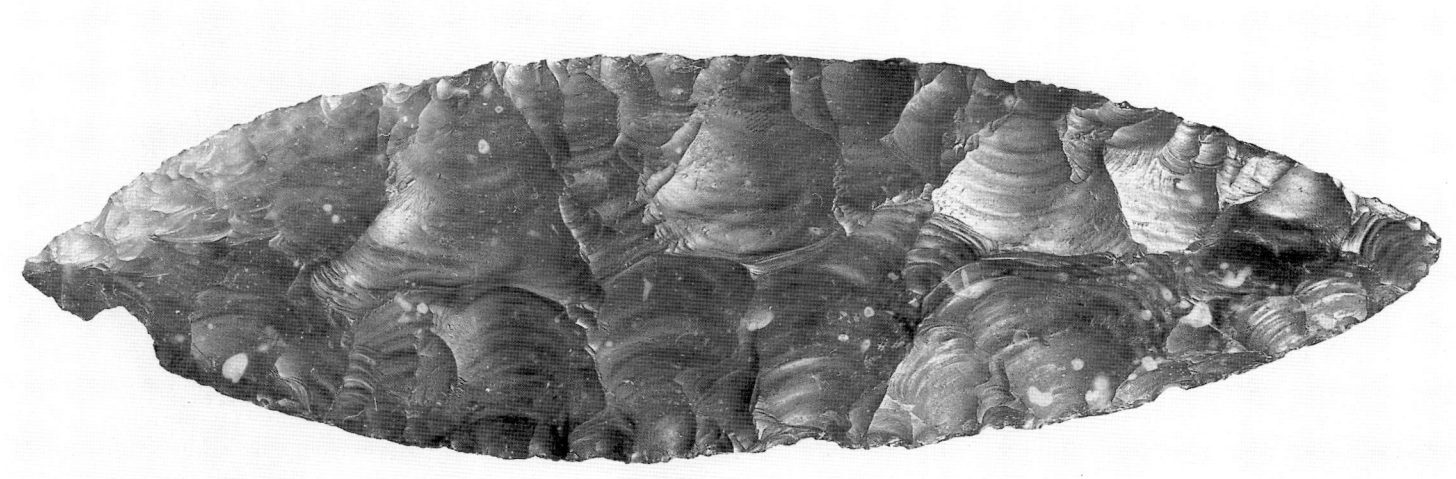

Meisterhaft geschlagene Blattspitze aus der Ilsenhöhle unter der Burg Ranis (Kreis Pößneck) in Thüringen. Die größte Blattspitze aus der Ilsenhöhle ist 18 Zentimeter lang. Original im Museum für Ur- und Frühgeschichte Thüringens, Weimar.

Die Weinberghöhlen am Eingang des Wellheimer Trockentals westlich von Mauern (Kreis Neuburg-Schrobenhausen) in Bayern wurden zur Zeit der Blatt-spitzen-Gruppen von Jägern und Sammlern aufgesucht. Sie lockten auch später immer wieder Menschen an.

mehr als 125 000 Jahren in der Riß-Eiszeit die Donau geflossen ist. Die Höhle Steinerner Rosenkranz befindet sich im Gailach-tal über dem Dorf Altendorf bei Mörnsheim (Kreis Eichstätt). Die Haldensteinhöhle liegt bei Urspring (Alb-Donau-Kreis). Die Mittlere Klause im Altmühltal bei Essing (Kreis Kelheim) gehört zu vier übereinanderliegenden Höhlen. Sie ist etwa 20 Meter breit und 15 Meter lang und verfügt über zwei Eingänge. Die Buchberghöhle bei Münster (Kreis Straubing-Bogen) exi-stiert heute nicht mehr. Ihr größter Teil wurde durch einen Steinbruchbetrieb vernichtet. Die Kleine Ofnethöhle bei Hol-heim (Kreis Donau-Ries) mißt 8 Meter Breite und 14 Meter Länge.

In der sagenumwobenen Ilsenhöhle bei Ranis (Kreis Pößneck) in Thüringen kamen die Funde der Blattspitzen-Gruppen in der Schicht 2 zum Vorschein. Diese Höhle unter der Burg Ranis diente – nach den zahlreichen Skelettresten von Höhlenbären zu schließen – diesen großen und starken Raubtieren häufig als Unterschlupf und Sterbeort. Vielleicht haben die damaligen Jäger erst Höhlenbären vertreiben, fernhalten oder töten müs-sen, bevor sie sich in der Ilsenhöhle niederlassen konnten. Sie bereiteten sich mit Zweigen, die sie vielleicht noch mit Tierfel-len überdeckten, ihr Nachtlager. Vermutlich dichteten sie auch den Eingang der Höhle etwas ab, um die kalte Außenluft am Eindringen zu hindern.

Manche Funde erwecken den Anschein, als hätten sich die Jäger dieser Stufe in einigen Gebieten regelrecht auf die Höh-lenbärenjagd spezialisiert. Dabei mußten sie versuchen, dem gestellten Höhlenbären mit ihren hölzernen Stoßlanzen oder Wurfspeeren in relativ kurzer Zeit eine tödliche Verletzung bei-zubringen, wenn sie nicht in Gefahr geraten wollten, von dem verletzten und gereizten Tier getötet zu werden. Es liegt in der

Natur der Sache, daß sich an der Jagd auf große Tiere alle Män-ner einer Gruppe beteiligten. Das gilt sicher auch für die Jagd auf Mammute, die besonders viel Fleisch boten und deren Kno-chen und Stoßzähne begehrte Rohstoffe waren.

Sicher trugen die Männer, Frauen und Kinder aus jener Zeit eine aus Tierfellen oder -leder gefertigte Kleidung, deren Details nicht bekannt sind. Denn in den Warmphasen Moers-hoofd und Hengelo war es nicht so warm wie heute, es gab auch kühle Nächte, Schlechtwetterperioden und frostige Winter, geschweige denn erst in den Kaltzeiten.

Typisch für die Blattspitzen-Gruppen waren flächenhaft bear-beitete, große lorbeerblatt-, kleine buchenblatt- und lange, schmale weidenblattförmige Spitzen sowie langovale Blattfor-men und zugespitzte oder schaberartige Klingen. Solche For-men fand man in den bereits erwähnten Höhlen, aber auch im Freiland, wie Funde aus Kösten/Schönsreuth[10] (Kreis Lichten-fels) und Zeitlarn[11] (Kreis Regensburg) in Bayern, Coesfeld[12] (Kreis Borken) und bei Stapelage[13] (Stadt Lage, Kreis Lippe) in Nordrhein-Westfalen zeigen. Die Blattspitzen von Coesfeld und Stapellage beweisen, daß die Blattspitzen-Gruppen auch in Nordwestdeutschland verbreitet waren.

Über die Bestattungssitten und die Religion der Menschen, welche die Blattspitzen herstellten, sind keine konkreten Aussa-gen möglich, da keine entsprechenden archäologischen Funde vorliegen. Vielleicht haben sie ähnlich wie späte Neanderthaler ihre Toten sorgfältig bestattet und magisch motivierten Kanni-balismus praktiziert. Wünschenswert wäre eine neuentdeckte aussagekräftige Fundstelle dieser Stufe, die etwas mehr Ein-blick in das Leben dieser Vorfahren zuläßt, denen vor weniger als 35 000 Jahren in Deutschland die ersten anatomisch moder-nen Jetztmenschen *(Homo sapiens sapiens)* folgten.

Götter, die halb Mensch halb Tier waren

Das Aurignacien

Mitten in einer Kaltzeit der norddeutschen Weichsel-Eiszeit und der süddeutschen Würm-Eiszeit erschienen in Deutschland die Angehörigen einer Kulturstufe, die nach einem französischen Fundort als Aurignacien (vor etwa 35 000 bis 29 000 Jahren in Mitteleuropa) bezeichnet wird. Außer in Frankreich und Deutschland war diese Stufe auch in Italien, Österreich und der Tschechoslowakei verbreitet. Im Nahen und im Mittleren Osten trat das Aurignacien sogar schon vor etwa 40 000 Jahren auf. Es ist vermutlich aus dem Moustérien (s. S. 69) hervorgegangen.

Der Begriff Aurignacien wurde 1869 durch den bereits erwähnten französischen Prähistoriker Gabriel de Mortillet (s. S. 513) eingeführt. Namengebender Fundort ist die Höhle von Aurignac[1] im Departement Haute Garonne. Als Sonderformen des Aurignacien gelten das nach den Funden aus den Grimaldi-Höhlen[2] bei Ventimiglia an der westitalienischen Küste benannte Grimaldien[3] sowie das nach den Funden aus der Potočka-Höhle[4] in der Olševa (einem Gebirgsstock der Ostkarawanken) bezeichnete Olschewien[5].

Das Aurignacien fiel in Deutschland in eine Kaltphase, die schon vor etwa 37 000 Jahren begonnen hatte, sowie in eine Warmphase, die nach einem holländischen Fundort als Denekamp-Interstadial[6] (vor etwa 32 000 bis 29 000 Jahren) bezeichnet wird. Während der Kaltphase breiteten sich Steppen aus, in der Warmphase konnten sich wieder Bäume behaupten. Zur damaligen Tierwelt gehörten unter anderem – je nach dem jeweiligen Klima – Höhlenlöwen, Höhlenbären, Wölfe, Rot- und Eisfüchse, Mammute, Fellnashörner, Wildpferde, Rentiere und Schneehasen.

Die Aurignacien-Leute waren in Deutschland wahrscheinlich die ersten Jetztmenschen. Im Laufe der Forschungsgeschichte hat man ihnen verschiedene Namen gegeben. Davon konnten sich die Begriffe *Homo sapiens fossilis, Homo aurignacensis* und

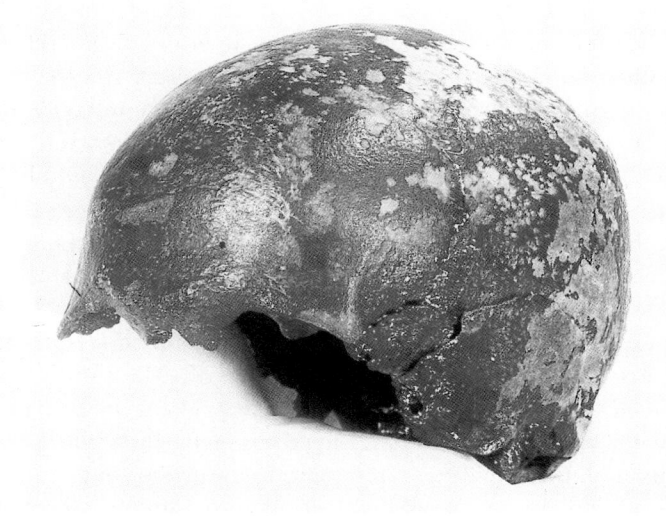

Schädelrest einer Frau aus dem Aurignacien vor etwa 32 000 Jahren von Kelsterbach (Groß-Gerau) in Hessen. Sie starb im Alter von etwa 50 Jahren. Original im Institut für Anthropologie und Humangenetik für Biologen, Johann-Wolfgang-Goethe-Universität Frankfurt am Main.

Homo grimaldicus nicht durchsetzen.[7] Heute rechnet man die Jäger und Sammler aus dem Aurignacien generell der Unterart *Homo sapiens sapiens* zu, der auch alle danach lebenden Menschen angehören, Für die Aurignacien-Leute ist daneben die Bezeichnung Crô-Magnon-Menschen[8] gebräuchlich, die auf einem Fund in der Höhle von Crô-Magnon bei Les Eyzies-de-Tayac im Tal der Vézère (Departement Dordogne) in Südwestfrankreich zurückgeht.

Von den Aurignacien-Leuten dürfte kaum die Hälfte älter als 20 Jahre geworden sein. Über die damalige Säuglingssterblichkeit ist allerdings keine Aussage möglich, da sich die Knochen von Kleinkindern sehr viel schlechter erhalten als die von Erwachsenen.

Aus Deutschland kennt man heute bereits eine ganze Reihe von Skelettresten der Aurignacien-Leute. Dazu gehören unter anderem die Funde am Elbufer nahe der Insel Hahnöfersand[9] bei Hamburg, von Brühl[10] bei Heidelberg, aus der Honerthöhle[11] (Märkischer Kreis) in Nordrhein-Westfalen, aus der Vogelherdhöhle[12] (Kreis Heidenheim) in Baden-Württemberg und aus einer Kiesgrube von Kelsterbach[13] bei Frankfurt. Vielleicht kann man auch die schätzungsweise zwischen 30 000 und 20 000 Jahre alten Funde aus der Ilsenhöhle bei Ranis (Kreis Pößneck) in Thüringen und von Oppau (Kreis Ludwigshafen) in Rheinland-Pfalz dazurechnen. Das schon 1936 in Oppau entdeckte Stirnfragment ist bisher nicht wissenschaftlich untersucht worden.

An den etwa 32 000 Jahren alten Skelettresten aus der Vogelherdhöhle bei Stetten und von Kelsterbach konnten sogar Spuren von Krankheiten nachgewiesen werden, die diese Menschen plagten. Der etwa 40 bis 50 Jahre alte, in der Vogelherdhöhle bestattete Mann (Stetten I genannt) litt beim Kauen unter Schmerzen im Kiefergelenk. Außerdem hatte er Rückenbeschwerden, weil zwei Lendenwirbel verwachsen waren. Seine Backenzähne sind so stark abgeschliffen, daß dies zu Fehlbiß führte. Der ungefähr 20 Jahre alte Mann aus der Vogelherdhöhle (Stetten II) hatte im Scheitelbereich eine leichte Verwölbung der Schädeldecke, die von Geschwülsten (Meningeom oder Zysten) im oder auf dem Gehirn stammte. Die schätzungsweise 50 Jahre alte Frau von Kelsterbach litt vielleicht ebenfalls unter einer Geschwulst im Schädel, die unter Umständen als Todesursache gelten kann.

Die Aurignacien-Leute lebten zumeist im Freiland, wo sie Zelte oder Hütten errichteten. Daneben lagerten sie aber auch in Höhlen und Halbhöhlen. Die Aurignacien-Bevölkerung in Westdeutschland wird von manchen Autoren auf weniger als 25 000 Menschen geschätzt. Dies entspräche 0,1 bis 0,2 Personen pro Quadratkilometer und damit etwa der Bevölkerungsdichte der nordamerikanischen Indianer zu den Zeiten, bevor die Weißen kamen. Heute leben in Westdeutschland etwa 245 Menschen auf einem Quadratkilometer, in Ostdeutschland 154.

In Baden-Württemberg konzentrierten sich die Höhlenwohnungen der Aurignacien-Leute auf drei Täler von Flüssen, die in die Donau münden: das Lonetal auf der Ostalb mit den Höh-

Vermutlich aus einer Mammutrippe geschnitzte Speerspitze vom Lautscher Typ aus der Wildhaushöhle bei Steeden an der Lahn (Kreis Limburg-Weilburg) in Hessen. Länge 40 Zentimeter. Original im Museum Wiesbaden.

len Hohlenstein-Stadel[14] und Hohlenstein-Bärenhöhle sowie die Vogelherdhöhle[15], das Achtal auf der mittleren Alb mit der Brillenhöhle[16], der Geißenklösterlehöhle[17] und der Sirgensteinhöhle[18], das Laucherttal auf der westlichen Alb mit der Göpfelsteinhöhle[19], der Nikolaushöhle[20] und dem Schafstall[21]. Die Höhlen der Schwäbischen Alb wurden nur zwischen dem Frühjahr und dem Herbst besiedelt. Dies läßt sich an gesammelten Vogeleiern, am Alter der Zähne und der Geweihreste der erlegten Rentiere sowie am Wachstum der Schuppen und Wirbel gefangener Fische ablesen.

In der Höhle Hohlenstein-Stadel hielten sich Jäger und ihre Angehörigen vor allem im hellen Eingangsbereich auf. Dort konnte man bei Tageslicht verschiedene Arbeiten erledigen. Dagegen fand man die Reste einer Elfenbeinfigur mit mensch-

lichen und tierischen Merkmalen im hinteren Höhlenteil. Vielleicht war dieser dem Kult vorbehalten.

Die Vogelherdhöhle wurde im Aurignacien mehrfach von Großwildjägern bewohnt. Sie hatte eine günstige Lage. Gar nicht weit von ihr befand sich ein Engpaß, durch den viele Wildtiere auf dem Weg zur Tränke an die Lone wechselten. Außerdem bot sie gute Verteidigungs- und Fluchtmöglichkeiten, da sie zwei Haupteingänge und einen Spaltenausgang in das Lonetal besitzt. Werkzeuge und Waffen aus Knochen, Geweih und Elfenbein sowie Kunstwerke zeugen von Aufenthalten in der Höhle. Die Steinbearbeitung erfolgte auf dem Vorplatz.

Auch die Geißenklösterlehöhle ist immer wieder besiedelt worden. Im vor Regen und Wind geschützten Teil des Höhleneingangs unterhielt man eine Feuerstelle, an der Elfenbein geschnitzt wurde. Auf den Höhlenboden wurden vermutlich Mammut-, Fellnashorn- oder Höhlenbärfelle gelegt, auf denen man bequem lagern konnte. Darauf deuten Spuren von Wollfett in Siedlungsschichten hin. Beim Weiterziehen ließ man die Felle zurück.

In Bayern beweisen Aurignacien-Werkzeuge aus der Großen und der Kleinen Ofnethöhle[22] bei Holheim die Anwesenheit von Menschen dieser Kulturstufe. In Rheinland-Pfalz war die Höhle Buchenloch[23] bei Gerolstein (Kreis Daun) im Aurignacien bewohnt. In Hessen dienten die Wildhaushöhle[24] und die Wildscheuerhöhle[25] (s. S. 65) bei Steeden (Kreis Limburg-Weilburg) als Aufenthaltsort. Und in Nordrhein-Westfalen besiedelten Aurignacien-Leute die Kartsteinhöhle[26] bei Eiserfey (Kreis Euskirchen) und die Honerthöhle[27] bei Balve (Märkischer Kreis). Niedersachsen und Schleswig-Holstein wurden – nach den fehlenden Funden zu schließen – offenbar gemieden.

Zu den im Aurignacien aufgesuchten Höhlen gehören außerdem die Ilsenhöhle[28] bei Ranis (Kreis Pößneck) in Thüringen und die Hermannshöhle[29] bei Rübeland (Kreis Blankenburg) in Sachsen-Anhalt.

Als die am besten erforschte Aurignacien-Siedlung im Freiland Westdeutschlands gilt die Fundstelle Weilerswist-Lommersum[30] (Kreis Euskirchen) in Nordrhein-Westfalen. Dort kamen bei Ausgrabungen des Tübinger Prähistorikers Joachim Hahn außer Jagdbeuteresten auch Spuren einer Feuerstelle, Steinwerkzeuge und Rötel zum Vorschein.

Auf dem Zoitzberg[31] südlich von Gera in Thüringen ließen sich sogar Spuren von Zelten oder Hütten nachweisen, die dort einst hoch über dem Elstertal von Aurignacien-Jägern errichtet worden sind. Siedlungsspuren fand man auch auf einem Hang bei Breitenbach[32] (Kreis Zeitz) in Sachsen-Anhalt. Dort wurden neben Jagdbeuteresten etliche Werkzeuge aus Feuerstein entdeckt.

Nach ihren Jagdbeuteresten zu schließen, haben sich die Aurignacien-Jäger nicht auf bestimmte Wildarten spezialisiert. Statt dessen beuteten sie in verschiedenen Teilen ihres Schweifgebietes die saisonal unterschiedlich zusammengesetzte Tierwelt aus und brachten Wildpferde, Rentiere, Mammute und Fellnashörner zur Strecke. In höhlenreichen und hochgelegenen Gebieten dürfte vor allem die mit mancherlei Risiken verbundene Jagd auf Höhlenbären betrieben worden sein.

Die Vielfalt der von den Aurignacien-Jägern erlegten Tierarten kommt sehr deutlich in den Jagdbeuteresten aus der Vogelherdhöhle zum Ausdruck. Dort barg man vor allem Reste vom Mammut, Wildpferd, Rentier, Fellnashorn und Höhlenbären. Deutlich seltener waren Knochen vom Wolf, Fuchs, Eisfuchs, Viel-

Steingeräte (Kratzer, Spitze) aus dem Aurignacien von der Ilsenhöhle unter Burg Ranis (Kreis Pößneck) in Thüringen. Größtes Gerät 7,6 Zentimeter lang. Originale im Museum für Ur- und Frühgeschichte Thüringens, Weimar.

fraß, Wildrind, Hirsch und der Gemse. Um Jagdbeutereste aus dem Aurignacien – oder dem nachfolgenden Gravettien – könnte es sich vielleicht auch bei den im Herbst 1816 in einer Lehmgrube am Cannstatter Seelberg bei Stuttgart entdeckten aufeinandergehäuften zwölf Mammutstoßzähnen handeln. Die Ausgrabungen an diesem Fundort fesselten König Friedrich von Württemberg (1754–1816) so sehr, daß er sich trotz des schlechten Wetters lange dort aufhielt. Dabei zog er sich eine Erkältung zu, der er nach wenigen Tagen erlag.

Der Tübinger Prähistoriker Hahn hat errechnet, daß eine Familie mit fünf Personen von einem erlegten Rentier etwa eine Woche lang leben konnte. Allein für die Ernährung benötigte diese kleine Gemeinschaft also im Jahr etwa 50 Rentiere. Bei größeren Wildarten waren natürlich weniger Beutetiere erforderlich.

Vielleicht sind sogar noch viel mehr als 50 Rentiere im Jahr erlegt worden, da man für die Überdachung und den Fußbodenbelag von Zelten oder Hütten sowie für Kleidung und Schuhwerk zahlreiche Tierfelle brauchte. Schon für eine einzige Behausung waren Dutzende von Fellen erforderlich.

Beim Braten von Fleisch hatten die Aurignacien-Leute manchmal Mühe, in den baumlosen Steppen ausreichend Brennholz zu finden. Deshalb verwendeten sie zuweilen auch Knochen von Beutetieren als zusätzliches Brennmaterial. So war in Weilerswist-Lommersum der Boden unter der Feuerstelle mit Knochenöl angereichert. Es war offenbar aus brennenden Knochen ausgeschmolzen.

Die Aurignacien-Leute trugen Kleidung aus Tierfellen und -leder etwa nach Art der nordamerikanischen Indianer des 19. Jahrhunderts. Die Felle bzw. das daraus angefertigte Leder schnitt man mit Feuersteinwerkzeugen zurecht. Die Stücke wurden am Rand mit Pfriemen durchstochen. Durch die dabei entstandenen Löcher steckte man Sehnen oder dünne Lederriemen, mit denen man die einzelnen Teile verband.

Das Aurignacien ist die älteste Klingen-Industrie der jüngeren Altsteinzeit. Als Rohmaterial für die Werkzeuge dieser Kulturstufe wurde fast ausschließlich Feuerstein verwendet. Durch wohlüberlegte Hiebe mit einem Schlagstein schuf man aus einer Rohknolle zunächst ein Kernstück (Nukleus). Dann wurden von diesem möglichst lange, regelmäßige Späne – nämlich die Klingen – losgetrennt. Aus solchen Klingen oder weniger regelmäßigen Abfallstücken (Abspliß) formte man durch Abdrücken oder Abschlagen von Gesteinsteilchen bestimmte Werkzeugformen wie Schaber, Bohrer und Stichel. Dieser Vorgang wird Retuschieren genannt. Die Bezeichnungen Klingen, Schaber, Bohrer, Stichel und andere Begriffe haben in erster Linie formenkundliche Bedeutung. Sie sagen nicht von vornherein etwas über den tatsächlichen Verwendungszweck aus, obwohl die Prähistoriker, die den Geräten diese Namen gaben, dies meinten (Klinge zum Schneiden, Bohrer zum Bohren, Schaber zum Schaben).

Das Rohmaterial für die Herstellung von Steinwerkzeugen stammte teilweise aus örtlichen Vorkommen, zuweilen aber aus entfernten Gebieten. So barg man in der Geißenklösterlehöhle neben Werkzeugen, die aus Gestein der näheren Umgebung angefertigt waren, auch solche aus sehr glattem, gebändertem Jaspis, wie er in der Fränkischen Alb oder deren Vorland in mindestens 100 Kilometer Entfernung vorkommt.

Die Steinwerkzeuge aus dem älteren Aurignacien der Geißenklösterlehöhle wurden vor allem zur Bearbeitung von harten Materialien – wie Knochen, Geweih oder Elfenbein – benutzt. Dies zeigte die Untersuchung von Gebrauchsspuren. Im mittleren Aurignacien dienten die Steinwerkzeuge aus dem Geißenklösterle zur Fellbearbeitung sowie zum Schnitzen von Knochen, Geweih oder Elfenbein. Außer Werkzeugen aus Stein fertigten die Aurignacien-Leute solche aus Tierknochen an, beispielsweise Glätter, Kerbstäbe und Pfrieme.

Die Holzlanzen und -speere wurden mit aus Tierknochen oder Mammutelfenbein geschnitzten Spitzen bewehrt. Es gab im Aurignacien solche mit gespaltener Basis und andere mit massiver Basis, die Lautscher Spitzen genannt werden. Die Knochenspitzen vom Lautscher Typ ohne gespaltene Basis sind zuerst aus den Tropfsteinhöhlen von Mladeč[33] (früher Lautsch) bei Litovel (Littau) in Mähren (Tschechoslowakei) beschrieben worden. Als die berühmteste dieser Höhlen gilt die Höhle Bočkova díra (früher Fürst-Johann-Höhle), in der zahlreiche wichtige Entdeckungen gelangen.

Eine Spitze mit gespaltener Basis fand man in der Fischleitenhöhle in Bayern. Eine besonders prächtige Lautscher Spitze kam bei Ausgrabungen in der Wildhaushöhle in Hessen zum Vorschein. Dieses aus einem Mammutknochen geschaffene Stück ist etwa 40 Zentimeter lang und maximal fünfeinhalb Zentimeter breit. Außerdem barg man in der Hermannshöhle in Thüringen eine Lautscher Spitze.

In seltenen Fällen geben jetzt sogar Kunstwerke aus dem Aurignacien einen Hinweis für das Tragen von Kleidung. So wird beispielsweise ein zwischen den Beinen einer Menschendarstellung aus der Geißenklösterlehöhle erkennbarer Fortsatz als Lendenschurz gedeutet.

Die Aurignacien-Leute hatten bereits ein ausgeprägtes Bedürfnis, sich zu schmücken. Hierzu verwendeten sie unter anderem Schneckengehäuse, die sie durchlochten, auf Ketten auffädelten oder auf die Kleidung nähten. Eine solche Schmuckschnecke mit einer Durchbrechung wurde in Königsbach-Stein (Enzkreis) in Baden-Württemberg gefunden. Die Bewohner der Brillenhöhle bei Blaubeuren trugen durchlochte Eisfuchszähne und eine Halskette aus Elfenbeinanhängern. In der Geißenklösterlehöhle bei Blaubeuren fand man einen 6,7 Zentimeter langen Elfenbeinanhänger, der doppelt durchlocht war. Außerdem barg man dort durchlochte Zähne vom Eisfuchs und Steinbock sowie Perlen aus Röhrenknochen vom Schneehasen, die wohl Bestandteile von Ketten waren. Ein Ammonit aus der Vogelherdhöhle weist die Aurignacien-Leute als frühe Fossiliensammler aus. Ein Anhänger aus der Geißenklösterlehöhle besteht aus grünlich-braunem Speckstein, dessen nächste Vorkommen im Fichtelgebirge und in der Schweiz liegen. Damit ist dieses Schmuckstück ein Beleg für weite Wanderungen oder beginnende Tauschgeschäfte. Aus ähnlichem Material sind die Specksteinanhänger aus der Wildscheuerhöhle in Hessen angefertigt worden. Die Beliebtheit von durchbohrten Eisfuchszähnen für Schmuckzwecke wird außerdem durch Funde aus Breitenbach in Thüringen belegt.

Es ist ein merkwürdiger Zufall, daß in Deutschland bisher sämtliche Funde von Kunstwerken aus dem Aurignacien ausschließlich in den eng benachbarten Höhlen des Achtals und des Lonetals in Baden-Württemberg zum Vorschein kamen. Dabei handelt es sich um die Geißenklösterlehöhle im Achtal, um die Vogelherdhöhle und die Höhle Hohlenstein-Stadel im Lonetal, die schon in anderem Zusammenhang erwähnt wurden. In diesen drei Höhlen entdeckte man aus Mammutelfenbein geschnitzte Figuren, die in einem letzten Arbeitsgang mit einem weichen Stein oder Leder poliert wurden.

Unter den Kunstwerken aus der Geißenklösterlehöhle ist vor allem ein vor etwa 32 000 Jahren geschaffenes Elfenbeinplättchen beachtenswert, auf dem das Halbrelief eines Menschen zu erkennen ist (s. S. 67). Mit hoch erhobenen Armen und gespreizten, hufartigen Füßen nimmt er die Körperhaltung eines Betenden oder Schamanen (Zauberer) ein. Am linken Arm sind mehrere Kerben eingeschnitten. Der lange Fortsatz zwischen den Beinen wird – wie erwähnt – als Lendenschurz, aber auch als übertrieben großer Phallus oder Tierschwanz gedeutet. Der Rand des 3,8 Zentimeter langen, 1,4 Zentimeter breiten und fast einen halben Zentimeter dicken Elfenbeinplättchens ist auf der Rückseite ringsum gekerbt. Die Rückfront enthält außerdem vier Einstichreihen mit unterschiedlich vielen Vertiefungen (13, 13, 12, 10), die nach Ansicht mancher Prähistoriker vielleicht als kalenderartige Aufzeichnungen gedacht waren.

Gefunden wurde das Elfenbeinplättchen aus der Geißenklösterlehöhle in einer Ansammlung besonderer Objekte. Zu ihnen gehörten ein Lochstab, Schmuck, ein Rötelfleck und als große Seltenheit ein rot, gelb und schwarz bemalter, ehemals weißer Kalkstein. Der 8,4 Zentimeter lange, 6,2 Zentimeter breite und 4,5 Zentimeter hohe, recht unregelmäßige Stein hatte vermutlich eine gelbe Fläche, die rotschwarz eingerahmt war. Man deutet diese Häufung von ungewöhnlichen Objekten auf engstem Raum als einen Hinweis darauf, daß hier etwas Besonderes stattfand.

Aus der Geißenklösterlehöhle stammen außerdem Elfenbeinschnitzereien, die das Mammut (zwei Funde), den Wisent und

Elfenbeinschmuckstücke aus dem Aurignacien (links oben) und aus dem Gravettien (rechts) von der Geißenklösterlehöhle bei Blaubeuren-Weiler (Alb-Donau-Kreis) in Baden-Württemberg. Länge 0,5 bis 3 Zentimeter. Originale im Institut für Urgeschichte der Universität Tübingen.

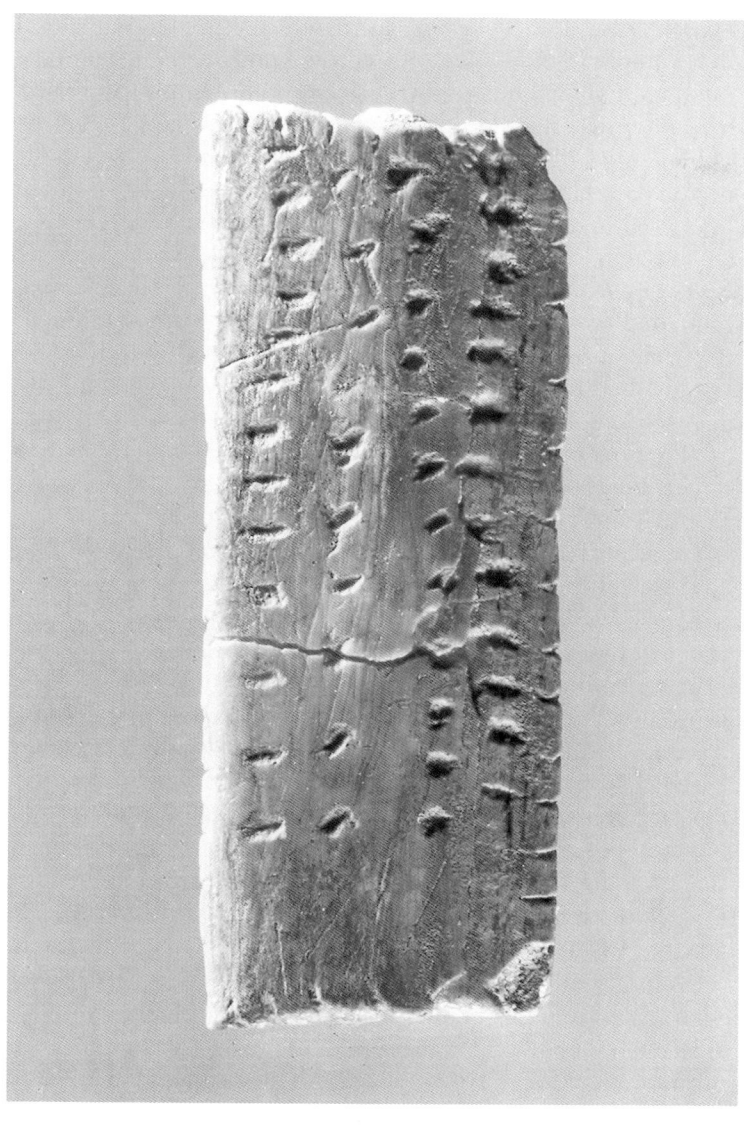

Rückseite der Menschendarstellung aus der Geißenklösterlehöhle bei Blaubeuren-Weiler (Alb-Donau-Kreis) in Baden-Württemberg. Das Elfenbeinplättchen ist am Rand gekerbt und enthält vier Einstichreihen mit unterschiedlich vielen Vertiefungen, die vielleicht als kalenderartige Aufzeichnungen dienten. Länge des Plättchens 3,8 Zentimeter, Breite 1,4 Zentimeter. Original im Landesdenkmalamt Baden-Württemberg, Außenstelle Tübingen.

den Höhlenbären zeigen. Letzter wird besonders eindrucksvoll aufgerichtet mit offenem Maul in Droh- oder Angriffshaltung dargestellt.

Besonders gelungene Tierfiguren aus Elfenbein wurden vor etwa 32 000 Jahren in der Vogelherdhöhle zu unterschiedlichen Zeiten absichtlich abgelegt. Seit den ersten Ausgrabungen des Tübinger Prähistorikers Gustav Riek (1900–1976) im Jahre 1931 hat man drei Mammute, ein Fellnashorn, einen Wisent, ein Wildpferd und fünf Raubkatzen (s. S.67) entdeckt. Diese Kunstwerke sind nur wenige Zentimeter groß. Sie wirken erstaunlich realistisch, obwohl Details manchmal fehlen oder übertrieben dargestellt sind. So ist beispielsweise der schwanenhafte Hals des fünf Zentimeter langen Wildpferdes zu lang. Doch gerade der geschwungene Hals läßt diese Schnitzerei so lebendig erscheinen.

Da an etlichen der Tierfiguren aus der Vogelherdhöhle Reste von Ösen erkennbar sind, dürften sie als Amulette gedient haben, die dem Träger vielleicht magische Kraft für die Jagd oder für den Wettbewerb mit anderen Stammesgenossen verlei-

hen sollten. Möglicherweise waren diese wertvollen Objekte nur Schamanen vorbehalten. Viel plumper als die meisterhaften Tierfiguren ist eine Menschendarstellung mit knopfartigem Kopf gestaltet vom gleichen Fundort.

Das geheimnisvollste Kunstwerk aus dem Aurignacien in Deutschland ist wohl ein fast 30 Zentimeter hohes, aus Elfenbein geschnitztes Mensch-Tier-Wesen aus der Höhle Hohlenstein-Stadel (s. S.67). Die leicht gekrümmte Form der schlanken Gestalt rührt von der natürlichen Biegung des von einem jungen Mammut stammenden Stoßzahns her. Die Figur steht aufrecht, trägt den Kopf einer Höhlenlöwin mit nach vorn gerichteten Ohren, sie blickt aufmerksam in die Ferne, hat einen ruhig herabhängenden linken Arm (der rechte fehlt), gespreizte Beine und Füße mit Hufen.

Auf dem linken Arm wurden Einschnitte vorgenommen. Im Bereich des Bauches schließt eine scharf geschnittene Querrille fast in der Mitte zwischen Nabel und Schritt den Schamberg oben ab. Dessen Dreieck tritt durch die markant geschnittenen Leisten- und Schenkellinien deutlich hervor. Das Tier-Mensch-Wesen besitzt demnach weibliches Geschlecht. Die schräg gestellten Fußsohlen eigneten sich nicht als Standfläche. Man weiß nicht, ob diese Figur einst gestützt, aufgehängt, gelegt oder getragen wurde.

Die Fragmente des Mensch-Tier-Wesens wurden erst 1970 bei der Inventarisierung des Fundmaterials aus dem Hohlenstein-Stadel in den Prähistorischen Sammlungen in Ulm entdeckt. Sie kamen in einem Karton voller Tierknochen zum Vorschein. Die Tübinger Prähistoriker Joachim Hahn, Hartwig Löhr und Gerd Albrecht bemerkten an den etwa 200 Bruchstellen Bearbeitungsspuren und fügten sie allmählich zu einer Figur zusammen. Später fand man weitere Fragmente, darunter zwei länglich-ovale Lamellen, die vielleicht Teile einer weiblichen Brust darstellten. Das mysteriöse Mischwesen aus dem Hohlenstein-Stadel könnte sich vielleicht einmal als Schlüsselfigur für das Verständnis der Vorstellungswelt der Aurignacien-Leute erweisen.

Aus Mammutelfenbein geschnitzter Löwenkopf aus der Vogelherdhöhle (Kreis Heidenheim) in Baden-Württemberg. Länge 2,9 Zentimeter. Höhe 2,1 Zentimeter, größte Dicke 0,6 Zentimeter. Original im Württembergischen Landesmuseum Stuttgart.

Früher Jetztmensch *(Homo sapiens sapiens)* aus der Zeit des Aurignacien vor etwa 32 000 Jahren beim Schnitzen einer Mensch-Tier-Darstellung aus Mammutelfenbein, wie sie in der Höhle Hohlenstein-Stadel bei Asselfingen (Alb-Donau-Kreis) in Baden-Württemberg gefunden wurde.

Höhlenbilder aus dem Aurignacien, wie es sie in Frankreich gibt, konnten bisher in Deutschland nicht nachgewiesen werden. Zwei in der älteren Literatur aufgeführte Felszeichnungen aus Bayern (Kleines Schulerloch, Kastlhänghöhle) sind viel jünger. Die kunstsinnigen Aurignacien-Menschen haben vermutlich auch die Musik geschätzt. Womit sie bei ihren Tänzen den Rhythmus angaben, ist jedoch unbekannt.

In Deutschland konnte bisher weder in einer Höhle noch im Freiland das vollständig erhaltene Skelett eines Aurignacien-Menschen entdeckt werden. Statt dessen barg man zumeist Schädelreste (Hahnöfersand bei Hamburg, Brühl, Honerthöhle, Kelsterbach, Oppau, Ilsenhöhle), einzelne Zähne (Kleine Ofnethöhle, Schafstall, Sirgensteinhöhle) und an manchen dieser Fundorte noch spärliche Reste vom übrigen Skelett. Nur in der Vogelherdhöhle fand man neben zwei Hirnschädelresten noch ein rechtes Unterkieferbruchstück, den Oberarm, den rechten Mittelhandknochen und zwei Lendenwirbel.

Im Gegensatz zu Deutschland wurden in Frankreich (Combe Capelle), Italien (Grimaldihöhlen), der Tschechoslowakei

(Mladeč bzw. Lautsch) und in Großbritannien (Paviland[34]) auch komplette Skelette von Menschen aus dem Aurignacien geborgen. Ob man hierzu die unsicher datierten verschollenen 17 Skelette aus der Höhle von Aurignac in Frankreich zählen darf, ist ungewiß. Die hohe Zahl der Bestatteten spricht eher für ein jüngeres Alter.

Das Überwiegen von Schädelresten und weitgehende Fehlen von anderen Skelettresten in Deutschland ist dennoch nicht durch einen eventuellen Schädelkult (s. S. 73) zu erklären. Denn die Bestattungen sind weitgehend ohne Schädelmanipulationen. Lediglich am Gelenkköpfchen des Kinderunterkiefers aus der Ilsenhöhle bei Ranis sind Defekte sowie auf der Innenseite dieses Fundes Schnittspuren zu erkennen. Belege für rituell motivierten Kannibalismus kennt man bisher aus Deutschland nicht.

Über die religiöse Vorstellungswelt der Aurignacien-Leute liefern die Kunstwerke aus dieser Zeit einige Anhaltspunkte. Das Mischwesen aus dem Hohlenstein-Stadel – und womöglich auch die Gestalt aus der Geißenklösterlehöhle – mit der Kombination von menschlichen und tierischen Merkmalen repräsentierte vielleicht ein Maximum an Kraft und Stärke. Wenn diese Vermutung zuträfe, könnte es sich dabei um die Darstellung einer Gottheit handeln, vielleicht um den Herrn der Tiere oder des Jagdreviers? Daneben werden die Löwenfiguren aus der Vogelherdhöhle sowie die Bärenfigur aus dem Geißenklösterle als Sinnbild für Kraft und Stärke angesehen. Sie dürften wohl als bewegliche Heiligtümer gedient haben. Manche Prähistoriker spekulieren darüber, ob die Aurignacien-Leute bestimmte Tiere als Schutzgeist – sozusagen als zweites Ich – betrachteten. Vielleicht haben sich die damaligen Jäger sogar mit den von ihnen getöteten Wildtieren durch bestimmte Riten versöhnt.

Mammutfigur aus Mammutelfenbein von der Geißenklösterlehöhle bei Blaubeuren-Weiler. Die 6,7 Zentimeter lange und 3,8 Zentimeter hohe Figur war zerbrochen und wurde aus zahlreichen Teilen zusammengefügt. Original im Württembergischen Landesmuseum Stuttgart.

Der Kult der üppigen Frauengestalten

Das Gravettien

In den Jahrtausenden vor der maximalen Ausbreitung der skandinavischen Gletscher wanderten in Deutschland Menschen ein, deren Kulturstufe als Gravettien bezeichnet wird. Das Gravettien war vor etwa 28 000 bis 21 000 Jahren auch in Spanien, Frankreich, Italien, Belgien, Österreich, der Tschechoslowakei und in der Sowjetunion vertreten. Es verschwand in Deutschland vor dem Höchststand der Gletscher, der etwa vor 20 000 Jahren erreicht wurde. In Osteuropa behauptete es sich dagegen als Spätgravettien weiter.

Der Begriff Gravettien wurde 1938 von der englischen Archäologin Dorothy Garrod (1892–1968, s. S.511) in Cambridge geprägt. Namengebender Fundort ist die Halbhöhle La Gravette bei Bayac im französischen Departement Dordogne. Als Sonderformen des Gravettien gelten das obere Périgordien im südwestlichen Frankreich, das Pavlovien in der Tschechoslowakei und das Kostenkien in der Sowjetunion. Das obere Périgordien[1] ist nach dem französischen Fundgebiet Périgord benannt, das Pavlovien[2] nach dem Fundort Pavlov (deutsch: Pollau) in Südmähren (Tschechoslowakei) und das Kostenkien[3] nach dem Fundort Kostenki bei Woronesch in der Sowjetunion. Der von einem österreichischen Fundort entlehnte Begriff Aggsbachien (s. S. 134) konnte sich nicht durchsetzen.

Das Gravettien fiel in eine Kaltphase der norddeutschen Weichsel-Eiszeit bzw. der süddeutschen Würm-Eiszeit. Damals brachen im Neuwieder Becken am Mittelrhein noch immer Vulkane aus. An diese Naturkatastrophen erinnern noch heute vulkanische Auswurfprodukte in mehr als hundert Kilometer Entfernung, beispielsweise im Mainzer Becken. Da man das Alter der vulkanischen Aschen und Tuffe gut mit modernen Datierungsmethoden ermitteln kann, liefern diese häufig – wenn sie direkt unter oder über Fundschichten liegen – wertvolle Anhaltspunkte für deren Einstufung.

Im Gravettien erstreckten sich im Vorfeld der Gletscher weithin baumlose Steppen. In dieser mit Gras und Kräutern bewachsenen Landschaft weideten vor allem kältegewohnte Mammute, Fellnashörner, Moschusochsen und Rentiere. An Raubtieren gab es Höhlenlöwen, Höhlenbären und Höhlenhyänen.

Die männlichen Gravettien-Leute erreichten teilweise bereits eine beachtliche Größe. So war beispielsweise ein Mann aus Pavlov in der Tschechoslowakei 1,85 Meter groß. Die Frauen maßen selten mehr als 1,60 Meter. Komplette Skelette entdeckte man vor allem in der Tschechoslowakei, wo allein am Fundort Předmost bei Přerov in Mähren 20 vollständige Bestattungen entdeckt wurden.

In Deutschland hat man bisher kein einziges vollständiges Skelett eines Menschen aus dem Gravettien gefunden. Geborgen wurden lediglich Schädelreste (Sande[4] bei Paderborn in Nordrhein-Westfalen, Binshof[5] bei Speyer in Rheinland-Pfalz, vielleicht auch die Ilsenhöhle bei Ranis in Thüringen). Ein rechter oberer Backenzahn kam 1989 bei Ausgrabungen in der Geißenklösterlehöhle bei Blaubeuren-Weiler in einer Gravettienschicht zum Vorschein. Sollten die zwischen 20 000 und 30 000 Jahre alten Zähne aus der Sirgensteinhöhle bei Blaubeuren-Weiler in Baden-Württemberg nicht mehr ins ausgehende Auri-

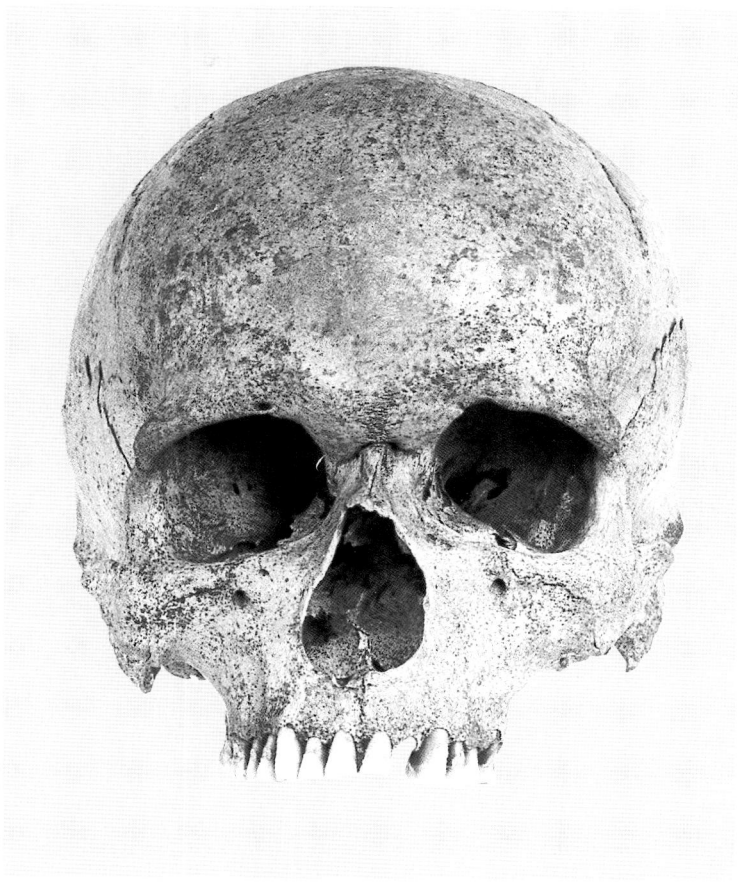

Oberschädel einer mindestens 50 Jahre alten Frau aus dem Gravettien von Binshof bei Speyer in Rheinland-Pfalz. Die Frau hatte ein schiefes Gesicht. Länge 18,4 Zentimeter, Breite 13,7 Zentimeter. Original im Römermuseum Schwarzenacker bei Homburg/Saar.

gnacien gehören, dann dürften auch sie aus dem Gravettien stammen.

Daß die Menschen des Gravettien in Deutschland unter mancherlei Krankheiten litten, zeigt der etwa 21 000 Jahre alte Oberschädel einer Frau aus Binshof bei Speyer in Rheinland-Pfalz. Der Mainzer Anthropologe Winfried Henke stellte bei der Untersuchung dieses Fundes fest, daß sowohl das Gesichtsskelett als auch der Gehirnschädel asymmetrisch geformt sind. Die bisher älteste Rheinland-Pfälzerin hatte also ein schiefes Gesicht. Ihre Zähne waren hochgradig abgekaut. Die Frau ist im Alter von etwa 50 bis 60 Jahren gestorben.

Die Gravettien-Leute haben in Deutschland in etlichen Höhlen Spuren ihrer Anwesenheit hinterlassen. In Baden-Württemberg hielten sie sich unter anderem im Eingangsbereich der Bocksteinhöhle[6] bei Rammingen (auch Bockstein-Törle genannt) auf, außerdem in der Brillenhöhle[7], in der Geißenklösterlehöhle[8] und in der Sirgensteinhöhle[9] (alle bei Blaubeuren im Alb-Donau-Kreis).

In der Brillenhöhle errichteten Gravettien-Leute aus Steinen zwei Gehäuse zum Schutz vor der Kälte. Darin hielt sich die Wärme der Feuerstellen besser als in der weiträumigen Höhlenhalle. Eine der beiden Anlagen befand sich in der Nordost-

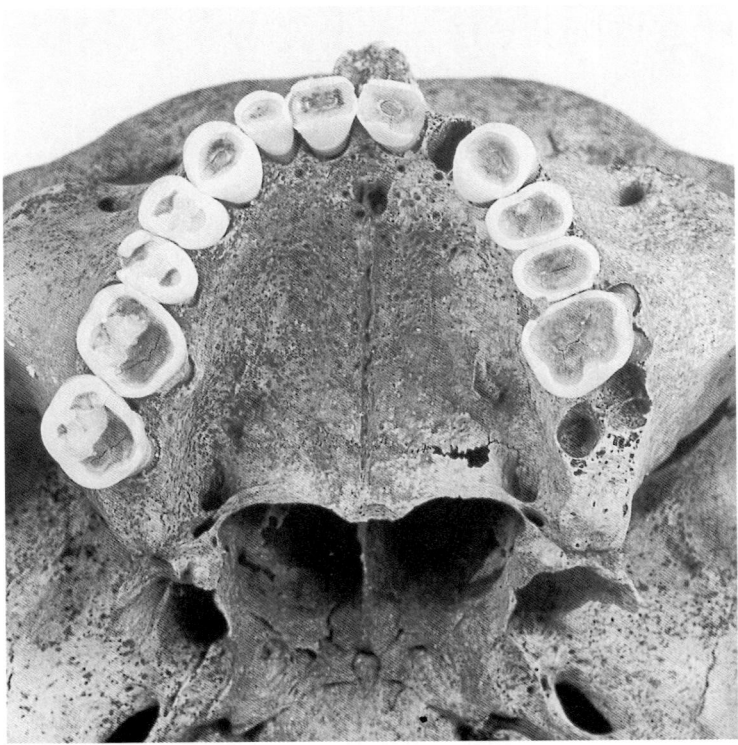

Stark abgekaute Zähne im Oberkiefer der mindestens 50 Jahre alten Frau von Binshof bei Speyer in Rheinland-Pfalz. Original im Römermuseum Schwarzenacker bei Homburg/Saar.

ecke. Sie war 6 Meter lang, 5 Meter breit und lehnte sich an die Höhlenwand an. Da die Anlage zerstört ist, kennt man ihre einstige Höhe nicht. Als Baumaterial wurden Steinblöcke verwendet, die von zwei Männern bewegt werden mußten. Womöglich war das Steingehäuse mit Tierfellen überdeckt, die man an Klüften, Löchern und Vorsprüngen der Höhlenwand befestigte und auf der Mauer mit Steinen beschwerte. Eine zweite, wesentlich kleinere Anlage stand frei inmitten der Brillenhöhle. Sie hatte rund 5 Quadratmeter Innenfläche. Ihr Eingang war etwa 90 Zentimeter breit. Auch dieses Steingehäuse ist zerstört. Deswegen kann man auch hier keine Höhe nennen. Diese Anlage dürfte ebenfalls mit Tierfellen überdacht gewesen sein. Ein solches Dach hielt auch Regen und Schnee ab, die durch Öffnungen in der Hallenkuppel eindringen konnten.

In Bayern haben Gravettien-Leute die Weinberghöhlen[10] bei Mauern (Kreis Neuburg-Schrobenhausen) und den Hohlen Fels[11] bei Happurg (Kreis Nürnberger Land) bewohnt, in Rheinland-Pfalz die Magdalenahöhle[12] bei Gerolstein (Kreis Daun), in Hessen die Wildscheuerhöhle[13] bei Steeden (Kreis Limburg-Weilburg), in Nordrhein-Westfalen die Balver Höhle[14] bei Balve (Märkischer Kreis) und in Thüringen die Ilsenhöhle[15] bei Ranis (Kreis Pößneck).

Siedlungen der Gravettien-Leute im Freiland kennt man vor allem aus dem Rheinland. Dazu gehören die Freilandstationen Mainz-Linsenberg[16], Sprendlingen[17] (Kreis Mainz-Bingen), Koblenz-Metternich[18] und Rhens[19] (Kreis Mayen-Koblenz), die alle in Rheinland-Pfalz liegen.

Als der wichtigste dieser Fundorte gilt Mainz-Linsenberg. Dort entdeckte man eine Art flacher Wanne aus festem Lehm. Der davon erhaltene Rest war 1,80 Meter lang und 0,60 Meter breit. Vielleicht handelte es sich um den Teil einer Behausung. Innerhalb von Steinsetzungen ließen sich zwei Feuerstellen mit Asche und Knochenresten nachweisen. Die größere davon

diente vermutlich zum Wärmen und wurde mit Tierknochen beheizt, auf der kleineren bereitete man Nahrung zu. Der Fundort Mainz-Linsenberg wurde vor allem durch zwei Kunstwerke berühmt.

Auf dem Steinberg (auch Napoleonshöhe genannt) von Sprendlingen lagerten vor etwa 25 000 Jahren auf der höchsten Stelle einige Rentierjäger. In Koblenz-Metternich hielten sich am linken Moselufer Gravettien-Leute am Hang des Kimmelberges auf. Und in Rhens siedelten sie unweit des linken Rheinufers. Besonders aufschlußreiche Spuren von ähnlich alten Freilandsiedlungen kennt man aus Österreich (Langenlois), der Tschechoslowakei (Dolní Věstonice, Ostrava-Petřkovice, Pavlov) und aus der Sowjetunion (Kostenki).

In Langenlois (Niederösterreich) entdeckte man wannenförmige Vertiefungen, Feuerstellen, Pfostenlöcher und teilweise noch aufrecht stehende Mammutstoßzähne (s. S. 135).

Aus Dolní Věstonice[20] (Unterwisternitz) in Mähren kennt man die Grundrisse von zwei an einem leichten Hang in Nähe einer Quelle errichteten Hütten. In einer davon (Dolní Věstonice I) gab es fünf Feuerstellen, in einer anderen (Dolní Věstonice II) eine Feuerstelle, in deren Asche man Bruchstücke von Menschen- und Tierfiguren aus Ton barg. Aus den Pfahlgruben schloß man, daß das Dach der letzteren Behausung pultförmig gestaltet war: Auf einer Seite ruhte es auf Tragpfählen, auf der anderen auf dem Boden des Hanges. Die Siedlung von Ostrava-Petřkovice[21] war auf dem Hügel Landek am linken Ufer der Oder angelegt. Dort wurden Grundrisse von drei ovalen Siedlungsobjekten mit je zwei Feuerstellen gefunden. Als Heizmaterial verwendete man auch die bis an die Erdoberfläche des Hügels reichende Steinkohle. In Pavlov[22] wurden sogar Grundrisse von elf kreis- und nierenförmigen sowie unregelmäßigen Behausungen entdeckt.

Besonders große Behausungen konnten in Kostenki am rechten Ufer des Don nachgewiesen werden. Vielleicht handelte es sich um Umfassungen in der Art eines Windschirms ohne Dach. Am Lagerplatz IV – einer von insgesamt 18 Fundstellen – lagen im Abstand von mehr als 15 Metern entfernt zwei längliche Wohnstellen. Die größere davon war 34 Meter lang und 5,50 Meter breit. Im Innern wurde diese Behausung durch Bodenschwellen in drei Teile gegliedert. In der Längsachse gab es neun Feuerstellen. Die kleinere Wohnstelle hatte eine Länge von 21 Metern und eine Breite von 5,50 Metern. Darin zählte man zehn Feuerstellen. Vielleicht wurde jede von bestimmten Bewohnern benutzt.

Diese Beispiele von Siedlungen aus Österreich, der Tschechoslowakei und der Sowjetunion zeigen, daß die Gravettien-Leute fähig gewesen sind, technisch aufwendige Behausungen zu planen und aufzubauen. Gleiches darf man von den damaligen Jägern und Sammlern in Deutschland annehmen. Vielleicht gelingt auch hier einmal eine derart aufschlußreiche Entdeckung.

Die Gravettien-Jäger haben – nach den Jagdbeuteresten zu schließen – vor allem Mammute, Rentiere und Wildpferde zur Strecke gebracht. Gelegentlich erlegten sie auch Höhlenbären, Wölfe und Eisfüchse. Als einzige Waffen standen ihnen dafür Stoßlanzen und Wurfspeere zur Verfügung.

Die Mammutjagd ist durch Funde aus den Weinberghöhlen bei Mauern in Bayern besonders eindrucksvoll belegt. Dabei handelt es sich um vier nebeneinanderliegende, miteinander verbundene Höhlen sowie um eine weitere Höhle im Wellheimer

Versöhnungszeremonie von Jägern aus dem Gravettien vor etwa 25 000 Jahren für ein getötetes Mammut vor den Weinberghöhlen bei Mauern (Kreis Neuburg-Schrobenhausen) in Bayern.

Trockental. Am östlichen Eingang zur sogenannten Mittelhöhle fand man den vollständigen Schädel eines jugendlichen Mammuts, dessen Stoßzähne teilweise abgebrochen waren und dicht davor lagen. Außerdem barg man Teile von Mammutwirbelsäulen, zwei Mammutschulterblätter, viele Rippen und vordere Extremitätenknochen vom Mammut sowie 14 durchlochte Elfenbeinanhänger und ebenfalls durchbohrte Zähne vom Höhlenbären, Wolf, Eisfuchs und Rentier. Da die Fundstelle stark von Rötel gefärbt war und Holzkohlereste enthielt, vermutete der Ausgräber Assien Bohmers aus Groningen in Holland eine kultische Funktion. Später entdeckte man am östlichen Eingang der Mittelhöhle das Skelett eines etwa zehn Jahre alten Mammuts, das noch die Stoßzähne trug. Das Skelett ruhte auf einer mehrere Zentimeter dicken Schicht roter Erde und war mit vielen durchlochten Elfenbeinperlen und zahlreichen Feuersteinwerkzeugen überhäuft. Die »Perlen« und die Werkzeuge waren rot gefärbt. Handelte es sich hier etwa um eine Versöhnungszeremonie für ein getötetes Mammut?

Jagdbeutereste sowie Werkzeug- und Schmuckfunde aus Elfenbein belegen auch in anderen Teilen Deutschlands die Jagd auf Mammute. Sie wirken jedoch sehr bescheiden, wenn man sie mit der auffällig großen Zahl an Mammutresten von Gravettien-Fundorten der Tschechoslowakei und der Sowjetunion vergleicht. Allein in Předmost in der Tschechoslowakei hat man im Laufe der Zeit schätzungsweise tausend Mammute erlegt.

Die Rentierjagd im Gravettien ist in Deutschland unter anderem durch das Fundgut aus der Brillenhöhle in Baden-Württemberg sowie von Mainz-Linsenberg und Sprendlingen in Rheinland-Pfalz nachgewiesen. Vom Linsenberg in Mainz und vom Steinberg bei Sprendlingen konnten die Jäger weithin die Landschaft überblicken und das Wild beobachten.
Unter den Jagdbeuteresten von Mainz-Linsenberg und auf der anderen Rheinseite an der Adlerquelle in Wiesbaden fand man auch Knochen von Wildpferden. Bei der Wiesbadener Adler-

quelle handelt es sich um eine heute noch fast 70 Grad Celsius warme Mineralquelle, die für den Kurbetrieb benutzt wird. Offenbar haben bereits die Gravettien-Jäger, die vor mehr als 21 000 Jahren an dieser Quelle lagerten, von dieser Besonderheit gewußt und sie genutzt.

Wenn von der Jagd auf Wildpferde in der jüngeren Altsteinzeit die Rede ist, verweisen die Prähistoriker gern auf die Funde bei dem französischen Dorf Solutré[23] bei Macon. Dort haben Jäger vor etwa 23 000 Jahren im Laufe der Zeit schätzungsweise 25 000 Wildpferde getötet und zerlegt. Diese Jagdbeutereste entsprechen zeitlich dem Gravettien. Der dazugehörende Technokomplex wird jedoch dem nur in Frankreich und Spanien vertretenen Solutréen[24] zugerechnet.

Früher nahm man an, die Jäger von Solutré hätten laut schreiend und wild gestikulierend ganze Herden von Wildpferden auf einen allmählich aus der Ebene ansteigenden Felsen zugetrieben. An dessen steil abfallendem Ende sollen die Tiere dann in die Tiefe und somit in den Tod gestürzt sein. Dies wird heute bezweifelt, weil die Fundstelle mit den Abertausenden von Wildpferdknochen weit von der angenommenen Absturzstelle entfernt ist. Am wahrscheinlichsten ist, daß man die Wildpferde bei ihren jahreszeitlichen Wanderungen vom Rhonetal auf die westliche Hochebene am Engpaß unterhalb des Felsens erwartete.

Bestattungen von Sungir bei Vladimir, unweit der sowjetischen Hauptstadt Moskau, liefern Anhaltspunkte dafür, wie die damalige Ober- und Unterbekleidung aussah. Zwar war die Kleidung selbst nicht mehr erhalten, aber sie ließ sich aus der Lage des aufgenähten Schmuckes aus Tierzähnen, Mammutelfenbein und durchlochten Schnecken rekonstruieren.
Die Verteilung der Schmuckperlen aus fossilem Holz oder Elfenbein bei der 1964 gefundenen Bestattung von Sungir zeigt, daß dieser Mensch als Oberbekleidung eine Pelz- oder Lederjacke ohne Vorderausschnitt trug. Als Unterbekleidung diente eine Pelz- oder Wildlederhose, die vermutlich mit leichten Schuhen zusammengenäht war. Letztere hatten wahr-

Aus Feuerstein geschlagene Klinge aus dem Gravettien vor etwa 25 000 Jahren vom Linsenberg in Mainz (Rheinland-Pfalz). Länge 8,2 Zentimeter. Original im Landesmuseum Mainz.

scheinlich das Aussehen indianischer Mokassins und dürften aus Tierleder angefertigt gewesen sein. Die Hose wurde an den Knien und an den Knöcheln durch eine breite Schärpe aus Leder zusammengezogen, die mit Perlen geschmückt war. Zusätzliche Erkenntnisse über die damalige Kleidung und den Schmuck konnte man an den 1969 geborgenen Bestattungen von Sungir gewinnen. Demnach schützte man den Kopf durch eine reich mit Perlen verzierte Pelzmütze. Die kurzgeschnittene

Oberbekleidung wurde vorn mit langen Nadeln aus Mammutelfenbein zugeknöpft. Auf der Brust trug man aus Knochen gefertigten Schmuck. Hinzu kamen dünne Armbänder aus Elfenbein und Ringe aus Knochen an den Daumen. Die Füße waren mit Pelzstiefeln beschuht.

Die Gravettien-Leute in Deutschland hatten eine Vorliebe für Schmuckketten, auf denen beispielsweise kleine durchbohrte Schneckengehäuse, »Perlen« aus fossilem Holz oder Elfenbein oder Tierzähne aufgefädelt waren. Neu gegenüber vorangegangenen Kulturstufen waren Armringe aus Elfenbein.

Unter den durchlochten und undurchlochten Schmuckschnekken von Mainz-Linsenberg befanden sich neben 26 Exemplaren der Gattung *Cerithium* aus dem Mainzer Becken auch zwei kleine Schneckenarten aus dem Mittelmeergebiet. Fernverbindungen belegen auch die auf dem Steinberg bei Sprendlingen gefundenen Schmuckschnecken. Darunter ließen sich Schneckengehäuse von zwei im Mittelmeerraum heimischen Arten *(Cyclope neriteus, Hinia crassata)* identifizieren. Die Mehrzahl der Sprendlinger Schmuckschnecken stammte dagegen von Arten wie *Tympanotonus margaritaceus, Pirenella plicata, Potamides lamarcki* und *Cominella cassidaria*, die am Steinberg und anderen Orten des Mainzer Beckens vorkommen (s. S. 66). Die Schmuckschnecken aus dem Mittelmeergebiet dürften durch Tausch in den Besitz der Jäger von Mainz-Linsenberg und Sprendlingen gelangt sein. Umgekehrt schätzten Gravettien-Leute im »Ausland« die Schmuckschnecken aus dem Mainzer Becken.

Bewohner der Geißenklösterlehöhle bei Blaubeuren-Weiler schmückten sich mit kleinen »Perlen«, die sie serienweise aus Mammutstoßzähnen schnitzten. Sie stellten längliche Elfenbeinstäbe her, die sie mit Steinmessern in bestimmten Abständen rundum einkerbten. An diesen dünnen Stellen ließen sich die einzelnen »Perlen« abbrechen. Man glättete sie dann an den Bruchstellen und durchlochte sie von beiden Seiten mit Steinbohrern. Danach konnte man die fertigen »Perlen« auf einem dünnen Lederband aufreihen. Aus der Geißenklösterlehöhle kennt man außerdem künstlich durchbohrte Zähne vom Hirsch, Wolf und Fuchs, die als Anhänger dienten. Auch kleine durchbohrte Ammoniten aus der Geißenklösterlehöhle und dem Hohlen Felsen bei Schelklingen gelten als Schmuckstücke.

In der Magdalenahöhle bei Gerolstein in der Eifel entdeckte man Bruchstücke von mindestens drei Ringen aus Elfenbein. Nach ihrem Durchmesser zu schließen, wurden sie am Arm getragen. Diese Ringe sind mit einem fein eingeritzten Sparrenmuster und in einem Fall durch eingebohrte Punktreihen verziert.

Die Gravettien-Leute haben in Deutschland nur sehr wenige Kunstwerke hinterlassen. Dazu zählen Bruchstücke von zwei sogenannten »Venusfiguren« aus grauem Sandstein von Mainz-Linsenberg und eine »Venusfigur« aus rot »gebranntem« Kalkstein in den Weinberghöhlen bei Mauern. Als dritter Fundort einer »Venusfigur« kommt vielleicht die Brillenhöhle bei Blaubeuren in Betracht. Außerdem kennt man einen zugespitzten Vogelknochen mit vierreihigem Zickzackmuster aus der Wildscheuerhöhle in Hessen, der vom Schönheitssinn der einstigen Bewohner zeugt (s. S. 66). Diese Funde sind sehr bescheiden im Vergleich zu den reichen Funden an Kunstwerken aus dem vorhergehenden Aurignacien, in dem man neben einigen Menschenfiguren auch etliche Tierdarstellungen schuf.

Die »Venusfiguren« vom Linsenberg oberhalb des Zahlbachtals in Mainz wurden 1921 bei Ausgrabungen entdeckt. Diese waren durch Funde von Tierknochen und Feuersteinklingen angeregt worden, auf die man bei Kanalbauarbeiten unterhalb der heutigen Universitätskliniken stieß. Beide Figurenfragmente sind rund dreieinhalb Zentimeter groß. Bei einem dieser Funde handelt es sich um den unteren Teil einer weiblichen Statuette. Erkennbar sind die Schampartie und die auffällig dicken Oberschenkel. Auf der Oberfläche kann man Schnitz- und Glättspuren beobachten. Beim zweiten Fund liegt der mittlere Teil einer vermutlich ebenfalls weiblichen Figur vor. Auf der Vorderseite sind nur Teile der rechten Körperhälfte und des linken Unterschenkels – jedoch keine Schampartie – vorhanden. Die Rückseite präsentiert den unteren Rückenteil, das Gesäß und die Oberschenkel. Die Statuenbruchstücke befanden sich zwischen den übrigen Siedlungsresten, also an keinem besonderen Aufbewahrungsort.

Die Fundumstände der 1949 bei Ausgrabungen in den Weinberghöhlen geborgenen, 7,2 Zentimeter großen »Venusfigur« liegen im Dunkel. Sie wurde gleich nach dem Auffinden zwecks besserer Konservierung in einem Brennofen »gehärtet«. Angeblich wurde diese »Venusfigur« aus Kalkstein geschaffen. Bisher ist jedoch keine mineralogische Untersuchung vorgenommen worden, die beweist, ob es sich tatsächlich um Kalkstein handelt. Die Figur besitzt einen roten Überzug. Man weiß nicht, ob dieser von der Lage der Figur in einer rotgefärbten Schicht stammt oder ob es sich um eine von Menschenhand vorgenommene Färbung handelt.[25]

Als Reste einer mutmaßlichen »Venusfigur« werden auch zwei 1973 aus der Brillenhöhle beschriebene Elfenbeinlamellen gedeutet, die in aufgeblättertem und zermürbtem Zustand geborgen wurden. Der Ausgräber hielt sie für Gesäßreste einer Figur, die als Torso auf den einstigen Höhlenboden gelangte.

Die »Venusfiguren« von Mainz-Linsenberg und aus den Weinberghöhlen sind in Europa keine Einzelerscheinungen. Sie gehören zu einem Kreis ähnlich gestalteter Statuetten aus Stein, Knochen und Elfenbein, die vom Don bis an den Atlantik verbreitet waren. »Venusfiguren« kennt man aus der Sowjetunion (Ardeevo, Chotylevo, Gagarino, Kostenki), der Tschechoslowakei (Dolní Věstonice, Pavlov, Petřkovice), Österreich (Willendorf), Italien (Chiozza, Grimaldihöhlen, Savignano, Trasimeno) und Frankreich (Lespugue, Monpazier, Péchialet, Sireuil). Diese fülligen »Venusfiguren« besitzen manchmal im Gegensatz zu den deutschen Funden auch einen kugelförmigen Kopf ohne Details des Gesichtes. Mitunter ist eine Haube oder eine haubenartige Haartracht erkennbar. Die »Venus« von Dolní Věstonice wirkt so, als trüge sie eine Kapuze mit Sehschlitzen. Die »Venusfiguren« aus Dolní Věstonice, Willendorf, den Grimaldihöhlen, Savignano, Lespugue und anderen Fundorten haben auffällig große Brüste. Bei einigen ist der Leib so stark vorgewölbt, daß es sich um schwangere Frauen handeln könnte. Verschiedentlich sind die »Venusfiguren« mit Halsketten geschmückt und mit einem Gürtel bekleidet.

Die generell gesichtslosen, nach einem bestimmten Schema geformten Statuetten stellten keine Einzelpersonen dar, wie das aus Elfenbein geschnitzte naturgetreue »Portraitköpfchen« aus Dolní Věstonice. Man darf diese Statuetten nicht als einen Beweis dafür ansehen, daß die Frauen im Gravettien derart dick und üppig gewesen sind. Vielmehr verkörpern diese »Venusfiguren« die weibliche Fruchtbarkeit, die durch die Betonung des mittleren Körperteils besonders hervorgehoben wurde.

Manchmal wurden im Gravettien weibliche Figuren in Fels gehauen. Als eines der berühmtesten unter diesen Kunstwerken gilt die nackte Frau mit einem Wisenthorn in der Hand aus der Halbhöhle von Laussel in der Dordogne (Frankreich). Vom selben Fundort kennt man außerdem vier andere Frauenfiguren und eine Männergestalt. Diese Darstellungen sind 20 bis 38 Zentimeter hoch und rot bemalt. Ins Gravettien oder Aurignacien datiert werden auch zwei weibliche Figuren vom Fundort Terme Pialat in der Dordogne. Die linke davon trägt eine Art von Ponyfrisur.

Tierfiguren vom Mammut, Fellnashorn, Höhlenbären, Höhlenlöwen und Wildpferd – wie man sie beispielsweise in Dolní Věstonice aus Lehm geschaffen hat – konnten bisher in Deutschland nicht nachgewiesen werden. Auch Höhlenmalereien wie in Frankreich und Italien (Pagliccihöhle) sowie Ritzzeichnungen wie in Frankreich (Pair-non-Pair) wurden ebenfalls nicht entdeckt.

Das Gravettien gilt in Deutschland nach dem Aurignacien als die zweitälteste Klingen-Industrie (s. S. 79). Ein besonders typisches Feuersteinwerkzeug war die Gravette-Spitze, ein schmales, lamellenartiges spitzes Gerät mit abgestumpftem Rücken. Im Pavlovien Mährens fertigten Steinschläger bereits besonders kleine Steinwerkzeuge an: die Mikrolithen. Neben Werkzeugen aus Stein stellten die Gravettien-Leute auch solche aus Mammutelfenbein her. So fand man in einem der sogenannten »Abris im Dorf« von Neuessing (Kreis Kelheim) in Bayern eine etwa einen halben Meter lange Elfenbeinschaufel. Ähnliche Funde sind aus Dolní Věstonice und Předmost in Mähren bekannt.

Fragmentarisch erhaltene Frauenfigur aus Kalkstein vom Linsenberg in Mainz (sogenannte »Venus vom Linsenberg«). Höhe 3,6 Zentimeter, Breite 3 Zentimeter, Dicke 1,8 Zentimeter, Alter etwa 25 000 Jahre. Original im Landesmuseum Mainz.

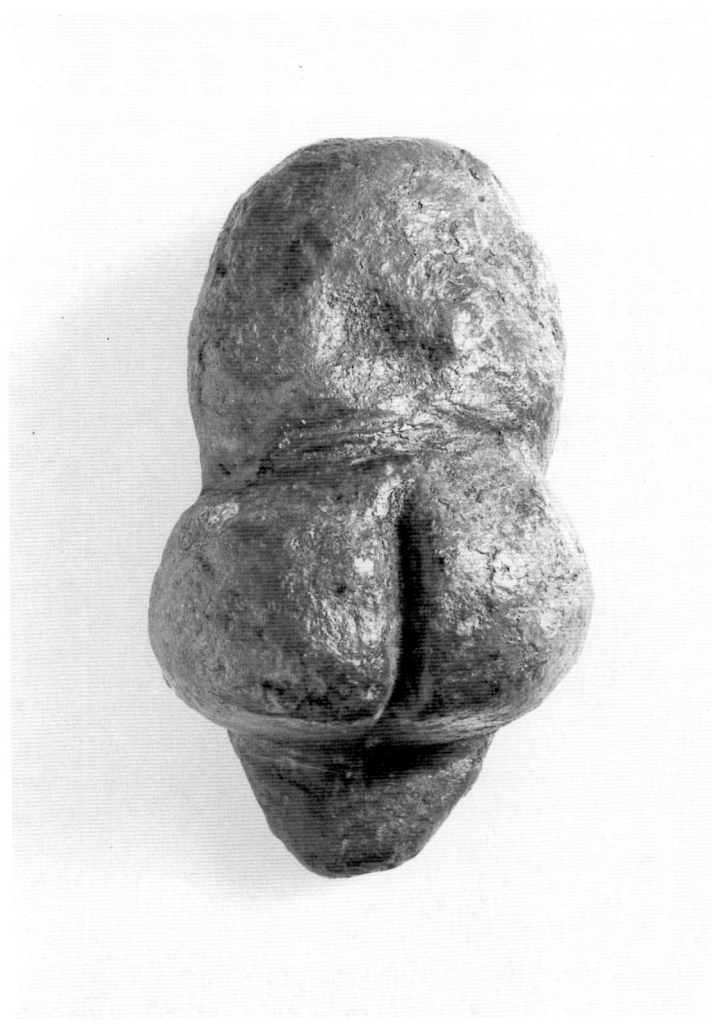

Vermutlich gefälschte »Venusfigur« aus den Weinberghöhlen bei Mauern (Kreis Neuburg-Schrobenhausen) in Bayern. Die rot eingefärbte Figur wird auch als »Rote von Mauern« bezeichnet. Höhe 7 Zentimeter. Original in der Prähistorischen Staatssammlung München.

Im Gravettien waren Stoßlanzen und Wurfspeere aus Holz sowie Dolche aus Tierknochen vermutlich die einzigen Waffen. Bisher wurde in Deutschland kein vollständig erhaltenes Skelett eines Menschen in einer Höhle, Halbhöhle (Abri) oder im Freiland entdeckt. Man kennt jedoch Funde außerhalb von Deutschland – wie beispielsweise aus Dolní Věstonice –, die belegen, daß zu dieser Zeit Verstorbene komplett – also nicht etwa zerstückelt – bestattet wurden. Auch Verspeisen als Bestattungsart – Patrophagie genannt – ist nicht nachgewiesen. Die Religion der Gravettien-Leute spiegelt sich aber nicht nur in den Bestattungssitten wider. So kann man das bereits erwähnte, auf roter Erde liegende und auffällig geschmückte Mammut aus den Weinberghöhlen bei Mauern als ein Zeugnis für die Versöhnung mit dem getöteten Tier betrachten. Solche Versöhnungszeremonien gab es in historischer Zeit noch bei den Eskimos, die sich bei den getöteten Tieren entschuldigten. Ab dem Gravettien kam in Frankreich (Gargas) und in Italien (Paglicchöhle) der Brauch auf, menschliche Handabdrücke in Farbe an den Wänden von Höhlen und Halbhöhlen zu ver-

ewigen. Sogenannte negative Handabdrücke entstanden dabei durch Auftupfen von Farbe rund um die auf den Felsen gelegte Hand. Positive Handabdrücke dagegen fertigte man durch Aufdrücken der mit Farbe bestrichenen Hand an. Derartige Handabdrücke mit schwarzer, roter oder schwarzbraun-ockerner Farbe fand man einzeln oder in Gruppen.

Vielleicht verweisen diese Handabdrücke auf Initiationsriten, bei denen die Jugendlichen feierlich in den Kreis der Erwachsenen aufgenommen wurden. Zu mancherlei Spekulationen geben vor allem jene Handabdrücke Anlaß, bei denen Finger oder Fingerglieder fehlen. Dies führte zu der Annahme, ähnlich wie bei bestimmten afrikanischen, indianischen und australischen Naturvölkern seien aus rituellen Gründen Finger abgetrennt worden. Beispielsweise als Opfergabe für die Abwehr von Krankheit und Tod oder aus Trauer beim Tod eines Kindes, Gatten oder Häuptlings.

Die fehlenden Finger oder Fingerglieder lassen sich aber auch durch Erfrierungen in strengen Wintern, Krankheit oder Unglücksfälle erklären. Der französische Prähistoriker Henri Breuil (1877–1961) stellte fest, daß es sich meistens um Abdrücke der linken Hand handelte. Demnach hätte ein Rechtshänder die linke Hand auf die Höhlenwand gedrückt und mit der rechten Hand ummalt. Der Pariser Prähistoriker André Leroi-Gourhan (1911–1985) meinte dagegen, es seien lediglich die Handrücken mit bestimmten, nach innen gebogenen Fingern an die Höhlenwand gelegt worden. Denkbar wäre auch, daß ein Schamane die Handabdrücke bei bestimmten Feierlichkeiten herstellte.

Manchmal ließen sich sogar Handabdrücke von zwei- bis dreijährigen Kindern beobachten. Die Kleinen sind – nach der Höhe der Abdrücke zu schließen – von Erwachsenen hochgehoben worden.

In deutschen Höhlen konnten bisher keine solchen Handabdrücke nachgewiesen werden. Entweder gab es in dem riesigen Verbreitungsgebiet des Gravettien von der Sowjetunion bis nach Spanien regionale Unterschiede im Kult, oder solche Handabdrücke sind in Deutschland allesamt durch die Witterungsunbilden der letzten Eiszeit zerstört worden.

Die Funde von »Venusfiguren« in Mainz-Linsenberg lassen darauf schließen, daß die Gravettien-Leute in Deutschland denselben Fruchtbarkeitskult pflegten wie andere Zeitgenossen in dem unendlich weiten Gebiet zwischen Don und Atlantik.

Für die Gravettien-Leute stellten die »Venusfiguren« bewegliche Heiligtümer dar. Man weiß jedoch nicht, wie sie mit diesen umgingen und was sie in ihnen erblickten. Nach der Fundlage der »Venusfiguren« von Mainz-Linsenberg und in den Weinberghöhlen zu urteilen, sind die Statuetten dort achtlos liegengelassen worden.

Sicher scheint jedoch zu sein, daß die »Venusfiguren« in Verbindung zur menschlichen Fruchtbarkeit standen. Womöglich spielten sie auch bei der Aufnahme von geschlechtsreifen Jugendlichen in den Kreis der Erwachsenen eine Rolle. Es ist auch denkbar, daß solche Figuren nur von Zauberern hergestellt und aufbewahrt werden durften.

Die Blütezeit der Rentierjäger

Das Magdalénien

In den Jahrtausenden zwischen dem Ende des Gravettien vor etwa 21 000 Jahren bis zum Beginn der nächsten nachweisbaren Kulturstufe, dem Magdalénien, vor etwa 15 000 Jahren waren die Landstriche West- und Ostdeutschlands zeitweise menschenleer oder zumindest sehr dünn besiedelt. Besonders lebensfeindlich dürfte das Hochglazial der norddeutschen Weichsel-Eiszeit bzw. der süddeutschen Würm-Eiszeit gewesen sein (beide vor etwa 20 000 bis 18 000 Jahren). In diesem Hochglazial näherten sich die skandinavischen und alpinen Gletscher einander bis auf eine Distanz von 600 Kilometern. Sie erreichten damit innerhalb der letzten Eiszeit ihre größte Ausdehnung.

Das Hochglazial der norddeutschen Weichsel-Eiszeit begann mit dem Brandenburger Stadium[1] vor etwa 20 000 Jahren. Damals stießen die weichseleiszeitlichen Gletscher am weitesten vor, nämlich bis nach Brandenburg. Das Eis bedeckte unter anderem die Gebiete um Kiel, Lübeck, Berlin und Frankfurt an der Oder. Hamburg wurde nicht ganz erreicht. Im Brandenburger Stadium entstand das Glogau-Baruther Urstromtal. Im folgenden Frankfurter Stadium[2] kreuzte das Gletschereis bei Frankfurt die Oder. Damals wurde das Warschau-Berliner Urstromtal gebildet. Mit dem Pommerschen Stadium[3], in dem die Gletscher nur noch bis Stettin reichten, endete das Hochglazial im nördlichen Mitteleuropa.

In Süddeutschland bedeckten die würmeiszeitlichen Gletscher – mit Ausnahme weniger eisfreier Gebiete – das Alpenvorland vom Bodensee bis nach Salzburg. Auf manchen Alpentälern lastete bis zu 1500 Meter mächtiges Eis. Im Alpenvorland war das Eis noch 500 bis 800 Meter dick. Die Alpengletscher reichten in der süddeutschen Würm-Eiszeit bis Bad Schussenried in Oberschwaben, Kaufbeuren, Fürstenfeldbruck, Starnberg, Seesburg, über Wasserburg hinaus sowie fast bis nach Burghausen an der Salzach. Im Schwarzwald waren im Hochglazial die Berge Blauen, Belchen, Schauinsland, Feldberg, Kandel und Ruhrhardsberg vereist. Von dort gingen bis zu 20 Kilometer weite Gletschervorstöße aus. Der Titisee im Schwarzwald war in dieser Zeit ein Gletschersee.

Im Hochglazial gefror der Boden sogar im eisfreien Gebiet in allen vier Jahreszeiten mehrere Meter tief, im Sommer taute er nur an der Oberfläche auf. Über dieser »Ewigen Gefrornis« (Permafrost) konnte sich lediglich eine klimatisch anspruchslose Tundrenvegetation behaupten. In der baumlosen Landschaft weideten die extreme Kälte vertragenden Mammute und Fellnashörner.

Das auf das Gravettien folgende Magdalénien fiel bereits in das Spätglazial (etwa vor 18 000 bis 10 000 Jahren). Das Magdalénien währte in Südfrankreich und in Nordspanien vor etwa 18 000 bis 11 500 Jahren in einem Gebiet, das während der gesamten jüngeren Altsteinzeit eisfrei war. Deshalb konnten sich dort Menschen aufhalten, als Deutschland vermutlich nahezu menschenleer war.

Vor etwa 15 000 Jahren wanderten Magdalénien-Leute auch in Nordfrankreich, Belgien, Südengland, Deutschland und in der Nordostschweiz ein. Vielleicht sind auch schon vorher verein-

Als charakteristische Pflanze der Dryas-Zeit (vor etwa 15 000 bis 10 000 Jahren) gilt die Silberwurz *(Dryas octopetala)*, nach der diese Kaltphase benannt wurde. Das kleine Rosengewächs ist heute nur noch in den Alpen und in den arktischen Regionen anzutreffen.

zelt Magdalénien-Jäger eingesickert. In Deutschland rechnet man die Zeit vor etwa 15 000 bis 11 500 Jahren dem Magdalénien zu.

Der Begriff Magdalénien wurde 1869 von dem bereits erwähnten französischen Prähistoriker Gabriel de Mortillet (s. S. 513) eingeführt. Benannt wurde es nach dem Abri La Madeleine[4] gegenüber von Tursac in der Dordogne (Frankreich). Ursprünglich hat man das Magdalénien auch das »Zeitalter des Rentieres« genannt, weil damals vor allem Rentiere erlegt wurden.

Als Sondergruppen des Magdalénien gelten das Creswellien[5] in England sowie das Swiderien[6] in Polen und Ungarn. Der Name Creswellien fußt auf den Funden aus der Höhle »Mother-Grundy's Parlour« in Creswell Crags, einem gebirgigen Gebiet in Derbyshire (England). Namengebender Fundort für das Swiderien ist die Freilandstation Świdry Wielkie bei Warschau in Polen. In Osteuropa lebte das Gravettien in Form des Spätgravettien fort.

Im Laufe des Magdalénien bzw. des Spätglazials zogen sich die skandinavischen und alpinen Gletscher in Deutschland immer mehr zurück. Dabei gab es neben Phasen der Stagnation vereinzelt auch wieder kurzfristige Vorstöße.

Die skandinavischen Gletscher hinterließen nach ihrem Rückzug in Norddeutschland die sogenannten Endmoränen (s. S. 30), an denen auch heute noch das maximale Vordringen des Eises zu erkennen ist. Das Nordseebecken lag etwa bis zur Doggerbank trocken. In diesem »Nordseeland« gab es Moore und Wälder und viele Wildtiere.

Die alpinen Gletscher schufen bei ihrem Rückzug im Alpenvorland tiefe Bewegungsbahnen und Zungenbecken. Als sich diese allmählich mit Wasser füllten, entstanden unter anderem der Bodensee, Ammersee, Starnberger See, Kochelsee, Tegernsee, Schliersee, Simssee, Chiemsee, Waginger See und Tachinger See.

An den Rückzug von Ammer-, Isar- und Inngletscher erinnern die riesigen Kiesvorkommen in der sogenannten Schiefen Ebene von München. Sie erstrecken sich im Süden in einer Breite von etwa 60 Kilometern auf der Linie Weyarn-Gauting-Fürstenfeldbruck und reichen im Norden bis zum rund 60 Kilometer entfernten Moosburg. Die Kiesschichten sind im Süden bis zu 100 Meter mächtig, im Norden betragen sie nur noch wenige Meter.

Das Magdalénien entsprach in Deutschland weitgehend den ersten drei Abschnitten einer Kaltphase, die nach der häufig vorkommenden Silberwurz *Dryas octopetala* als Dryas-Zeit[7] (etwa 15 000 bis 10 000 Jahre) bezeichnet wird. Die Dryas-Zeit

ist durch zwei gemäßigte Abschnitte – das Bölling-Interstadial[8] und das Alleröd-Interstadial[9] – geteilt.

Das Magdalénien fiel in:

- die älteste Dryas (in Frankreich Dryas I), eine Kaltphase vor etwa 15 000 bis 13 000 Jahren,
- das Bölling-Interstadial, eine Warmphase vor etwa 13 000 bis 12 000 Jahren,
- die ältere Dryas (Dryas II), eine Kaltphase vor etwa 12 000 bis 11 700 Jahren,
- und geringfügig in das Alleröd-Interstadial, eine Warmphase vor etwa 11 700 bis 10 700 Jahren.

Der größte Teil des Alleröd-Interstadials sowie die darauffolgende jüngere Dryas (Dryas III), eine Kaltphase vor etwa 10 700 bis 10 000 Jahren, lagen außerhalb der Zeit des Magdalénien. In der ältesten Dryas lagen die Durchschnittstemperaturen in Deutschland etwa um 6 bis 8 Grad Celsius niedriger als heute. Damals beherrschten Zwergstrauchtundren das Bild der Landschaft. Charakteristische Pflanzen waren neben der Silberwurz nur 30 Zentimeter hohe Zwergbirken, Zwergweiden, Sanddorn, Wacholder, Heidekraut und Alpenazaleen. Vor etwa 15 000 Jahren drangen langsam schwimmende Glattwale im Rhein bis in die Kölner Gegend vor. In den Tundren traten Wild-

Doppelbestattung eines alten Mannes und einer jungen Frau zur Zeit des Magdalénien vor etwa 13 000 Jahren von Oberkassel bei Bonn in Nordrhein-Westfalen.

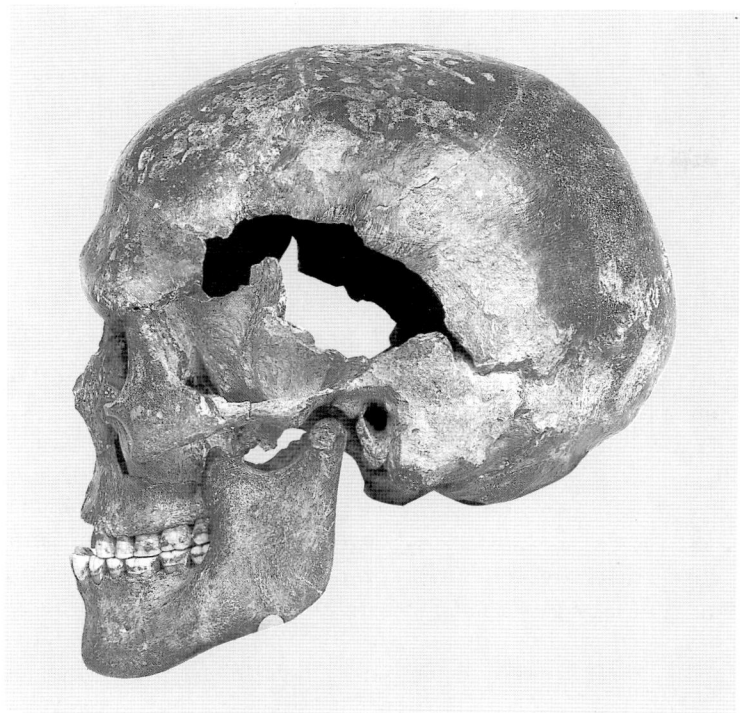

Schädel der jungen Frau von Oberkassel bei Bonn in Nordrhein-Westfalen, die vor etwa 13 000 Jahren zusammen mit einem alten Mann bestattet wurde. Sie starb im Alter von etwa 20 bis 25 Jahren. Original im Rheinischen Landesmuseum Bonn.

pferde und Rentiere in großen Herden auf. Außerdem gab es noch Mammute und Fellnashörner und als Besonderheit Saiga-Antilopen, die mit ihrer eigenartig gekrümmten Nase gut Sandstürmen trotzen konnten.

Während des zuerst im Gebiet der ehemaligen Bölling-See in Nordjütland (Dänemark) nachgewiesenen Bölling-Interstadials wichen die Gletscher in Deutschland noch weiter zurück. Daraufhin konnten sich Wacholder und Zwergbirken ausbreiten. Später gediehen sogar wieder hohe Birken. Die Durchschnittstemperaturen lagen etwa um 4 Grad Celsius niedriger als heute. Zur damaligen Tierwelt gehörten unter anderem Wölfe, Wisente, Auerochsen, Wildpferde, Rentiere, Hirsche und Schneehühner. Vielleicht kamen in dieser Zeit im Mittelrhein sogar noch Robben vor. Zumindest wurden diese Tiere von Magdalénien-Leuten in Gönnersdorf (Kreis Neuwied) in Rheinland-Pfalz dargestellt. Robben könnte man aber auch bei Jagdausflügen weit nach Norden gesehen und sie nachher zur Erinnerung als Ritzzeichnung verewigt haben. Mammute und Fellnashörner waren fast ausgestorben.

In der älteren Dryas breiteten sich wieder Zwergstrauchtundren aus. In diesen gediehen wie in der ältesten Dryas neben der Silberwurz auch Zwergbirken, Zwergweiden, Heidekraut und Alpenazaleen. Es gab weiterhin große Wildpferd- und Rentierherden, aber keine Mammute und Fellnashörner mehr. Im Alleröd-Interstadial konnten sich zunächst Birkenwälder und später auch Kiefernwälder behaupten. In diesen Wäldern lebten unter anderem Elche, Hirsche und Auerochsen.

Über die Zahl der gleichzeitig im Magdalénien existierenden Menschen in Deutschland liegen keine Schätzungen vor. In Baden-Württemberg vermutet man in jener Zeit etwa 1000 Menschen. Diese waren jedoch weniger kräftig und hatten zumeist eine geringere Körpergröße als ihre Vorgänger aus der jüngeren Altsteinzeit. Die Männer erreichten eine Höhe bis zu

1,60 Meter, die Frauen bis zu 1,55 Meter. Auf Kunstwerken aus dem Magdalénien sind die Männer mit Bart (Isturitz, La Madeleine, Lourdes) und ohne Bart (Gourdan, Isturitz, La Madeleine) dargestellt. Es gab also keine einheitliche Barttracht.

In Deutschland konnten bisher nur bei der Doppelbestattung eines alten Mannes und einer jungen Frau am Stingenberg von Oberkassel bei Bonn[10] vollständig erhaltene Skelette von Magdalénien-Leuten geborgen werden. Aus Frankreich kennt man etliche komplette Skelette von Menschen dieser Kulturstufe, beispielsweise von Chancelade, La Madeleine, Laugerie-Basse, Rochereil und Saint-Germain-la-Rivière.

Der etwa 1,60 Meter große Mann von Oberkassel dürfte im Alter von etwa 50 bis 60 Jahren gestorben sein. Sein Gesicht war merklich breiter als bei anderen Zeitgenossen. Das Skelett wirkt robust. Dieser Mann wird dem Crô-Magnon-Typ (s. S. 77) zugerechnet. Die neben ihm liegende, etwa 1,55 Meter große Frau ist nicht viel älter als 20 oder 25 Jahre alt geworden. Auch ihr Gesicht war etwas breiter als bei anderen Frauen dieser Zeit. Auffällig sind außerdem die extrem schmale Hirnschädelbreite, die relativ niedrige Nase sowie die schräg nach vorn vorspringenden Zähne. Das Skelett der Frau ist grazil. Die beiden Skelettfunde von Oberkassel sind 1925 von dem damals in Göttingen wirkenden Anthropologen Karl Saller (1902–1969) als Oberkassel-Rasse beschrieben worden. Dieser Begriff konnte sich aber nicht durchsetzen.

Aus der Zeit des Magdalénien stammen weitere menschliche Skelettreste aus Bayern (Mittlere Klause), Baden-Württemberg (Petersfels, Brillenhöhle, Gnirshöhle) und Thüringen (Urdhöhle, Kniegrotte). In der Mittleren Klause bei Essing (Kreis Kelheim) wurden Skelettreste eines etwa 30 Jahre alten Mannes entdeckt. Aus der Höhle Petersfels bei Engen-Bittelbrunn (Kreis Konstanz) kennt man Skelettreste von zwei Kindern. In der benachbarten Gnirshöhle (nach ihrem Besitzer Friedrich Gnirs aus Bittelbrunn benannt) kamen drei Bruchstücke vom linken und rechten Oberschenkelknochen zum Vorschein. Die Gnirshöhle wird manchmal auch Hohlefels genannt. In der Brillenhöhle bei Blaubeuren (Alb-Donau-Kreis) hat man Reste von mindestens drei Menschen geborgen. Bei den Funden aus der Urdhöhle bei Döbritz (Kreis Pößneck) handelt es sich um Reste von mindestens drei Frauen und eines 13- bis 15jährigen Jugendlichen. In der nahegelegenen Kniegrotte stieß man auf den Oberarmknochen, das Schlüsselbein und den Fußknochen einer jungen Frau. Auch die drei Menschenzähne aus der Kleinen Scheuer im Rosenstein bei Heubach (Ostalbkreis) stammen aus dem Magdalénien.

Im Magdalénien war Deutschland – nach den zahlreichen Funden in Höhlen und im Freiland zu schließen – viel dichter besiedelt als in den vorhergehenden Kulturstufen. Siedlungsspuren in Höhlen und im Freiland kennt man aus Baden-Württemberg, Bayern, Rheinland-Pfalz, Hessen, Nordrhein-Westfalen, dem südlichen Niedersachsen und Thüringen. Im nördlichen Niedersachsen und in Schleswig-Holstein lebten etwa zur selben Zeit die Angehörigen der »Hamburger Kultur« (s. S. 102). Allein in Baden-Württemberg gibt es Dutzende von Höhlen, in denen sich Magdalénien-Leute kurz- oder langfristig aufgehalten haben. In manchen von ihnen nahmen die einstigen Bewohner sogar bauliche Veränderungen vor. So wurde auf der Ostseite der Bärenfelsgrotte[11] am Bruckersberg in Giengen an der Brenz (Kreis Heidenheim) durch Felsblöcke eine Schutzmauer geschaffen. Die größten Blöcke davon sind 1,25 Meter lang und

Höhlenruine Teufelsbrücke auf dem Gleitsch bei Saalfeld (Kreis Saalfeld) in Thüringen nach den Ausgrabungen in den Jahren 1970 bis 1972 durch das Museum für Ur- und Frühgeschichte Thüringens, Weimar. Die Höhle wurde von Magdalénien-Leuten aufgesucht.

0,60 Meter breit. In der Brillenhöhle[12] bei Blaubeuren (Alb-Donau-Kreis) faßte man eine Feuerstelle mit bis zu 70 Zentimeter hohen Felsblöcken ein.

Besonders aufwendige Bauarbeiten führten die Bewohner der Kniegrotte[13] bei Döbritz (Kreis Pößneck) in Thüringen durch. Sie legten in und vor der Höhle mit Steinplatten ein Pflaster an, das 21 Meter lang und 6 Meter breit war und den Hang vor der Höhle hinabführte. Unmittelbar vor dem Höhleneingang zweigte ein Steg ab, der an einem 6 Quadratmeter großen zweiten Pflaster endete. Die Pflasterung wurde immer wieder erneuert und war an manchen Stellen bis zu 1,10 Meter aufgehöht. Zwischen den Plattenschichten fand man Feuerstellen und Kulturreste. Ein großer Steinblock diente als Amboß bei der Herstellung von Werkzeugen. Jede dieser Plattenschichten stellte den Fußboden eines Wohnplatzes dar, der vermutlich überdacht war. Im Winter scheint man sich vorwiegend in der Kniehöhle aufgehalten zu haben, im Sommer dagegen in Zelten auf dem Vorplatz, welche sich an die steile Felswand anlehnten. In den Zelten lebte eine Gruppe von schätzungsweise 15 bis 25 Personen. Die durch Erde, Speisereste und andere Abfälle verunreinigte Fläche wurde offensichtlich von den nachfolgenden Bewohnern mit einer neuen Schicht von Schieferplatten belegt. Das Material dafür holte man von einer einige hundert Meter entfernten Stelle. Bei den Ausgrabungen vor der Kniegrotte kam eine maximal einen Meter mächtige Kulturschicht zum Vorschein, die in die Grotte hinein immer dünner wurde. Dies gilt als ein weiterer Beweis dafür, daß damals meist nur der helle, noch von der Sonne erwärmte, aber schon vor Regen, Schnee und Wind geschützte Eingangsbereich bewohnt wurde. Zu den bekanntesten Freilandsiedlungen aus dem Magdalénien in Deutschland gehört die von Gönnersdorf[14] (Kreis Neuwied) im Mittelrheingebiet. Dort entdeckte man bei Ausgrabungen die Grundrisse von insgesamt sieben Behausungen. Drei davon waren Pfostenbauten mit einem Durchmesser von 6

bis 8 Metern. Außerdem gab es drei kleinere Stangenzelte mit einem Durchmesser von 2,50 Metern und ein großes Stangenzelt mit etwa 5 Meter Durchmesser. Man weiß aber nicht, ob alle Behausungen zu gleicher Zeit errichtet und bewohnt waren.

Die großen Pfostenbauten von Gönnersdorf dienten vermutlich als Basislager für eine längere Jagdsaison. Wie diese Behausungen wahrscheinlich konzipiert waren, zeigt eine Rekonstruktion. In der Mitte grub man einen starken Stamm in die Erde ein. Ihm wurden an der Spitze einige Zweige belassen. Dann tiefte man im Abstand von drei oder vier Metern rundum zwölf kürzere Außenpfosten ein, die oben mit einer Astgabel endeten. Das bis dahin noch wackelige Gerüst wurde durch Stäbe zwischen den Außenpfosten sowie zwischen diesen und dem Mittelmast versteift. Die Stäbe legte man in die Astgabel und band sie mit Lederriemen fest. Die ganze Konstruktion wurde mit schätzungsweise 40 Wildpferdhäuten überdeckt, die man mit Hilfe von Feuersteinpfriemen durchlochte und mit Knochennähnadeln und Sehnen oder Därmen zusammennähte. Nur in der Mitte rings um den Mast ließ man eine Öffnung, damit der Rauch abziehen konnte. Im Südosten und Westen konnte der Pfostenbau durch Öffnungen betreten oder verlassen werden. Der Boden der Behausung wurde mit Schieferplatten gepflastert. Darauf dürfte man Tierfelle gelegt haben.

Die Feuerstelle befand sich in einer Grube, in der ein Glutfeuer unterhalten wurde, das die Hitze besser bewahrte als ein Flammfeuer und weniger Brennmaterial erforderte. Wenn man Fleisch braten wollte, mußte nur die Asche von der Glut entfernt werden.

Da es noch keine Töpfe gab, kochten die Gönnersdorfer Magdalénien-Menschen in kleinen, mit Leder, Pferdemägen oder Rentierblasen ausgekleideten Gruben. In diese wurde Wasser und Fleisch gefüllt, dann erhitzte man im Glutfeuer Steine, warf sie mit Hilfe einer Astgabel in die Gruben und brachte so die »Suppe« zum Sieden. Nicht selten zersprangen die erhitzten Steine durch das Abschrecken in der kalten Flüssigkeit. Trümmer solcher Kochsteine hat man in Gönnerdorf gefunden.

Nachts oder an trüben Tagen wurden die Behausungen von Gönnersdorf mit Steinlampen beleuchtet. Diese bestanden aus einer dicken Schieferplatte, die in der Mitte ausgehöhlt wurde. In diese Vertiefung füllte man Fett, legte einen Docht hinein und zündete ihn bei Bedarf an.

Vermutlich haben die Gönnersdorfer Magdalénien-Leute zahlreiche Gegenstände und vielleicht auch sich selbst nach Art der Indianer bemalt. Dies schließt man aus den unter großen Steinen und in Gruben reichlich vorhandenen roten Farbspuren. Sie stammen von dem Eisenoxyd Hämatit. Sobald man dieses auf einem Stein reibt, entsteht rotes Pulver, aus dem man durch Verrühren mit Wasser oder Fett eine intensiv rot färbende Paste herstellen kann. Durch Erhitzen von Hämatit (Rötel) kann man zudem den Farbton verändern.

Interessante Einblicke in das Leben der Magdalénien-Leute erlauben auch die Siedlungsspuren auf dem Sandberg bei Oelknitz[15] (Kreis Jena) in Thüringen. Auf diesem Bergsporn zwischen dem Saaletal und einem Bachtal wurden insgesamt neun Zeltlager angelegt. Diese werden zwei Besiedlungsphasen zugerechnet: In der ersten davon entstanden sechs Zeltlager, in der zweiten die restlichen drei.

Das in der ersten Besiedlungsphase errichtete Hauptzelt auf dem höchsten Punkt des Sandberges hatte einen Grundriß von fünf Meter Länge und vier Meter Breite. Im Innern war eine Feuerstelle eingetieft. Wie in Gönnersdorf barg man in Oelknitz Steinlampen und in der Hälfte eines aufgeschlagenen Steines mit Hohlraum rote Farbspuren. Vielleicht hatte dieser Stein als Behälter für Rötel gedient. Vom Standplatz des Hauptzeltes aus konnte man das Saaletal weit überblicken. Die anderen Zelte waren etwas kleiner.

Die in der zweiten Besiedlungsphase auf dem Sandberg aufgestellten drei Zelte lagen in einer Reihe jeweils zwei Meter voneinander entfernt. In zwei von ihnen ließ sich rekonstruieren, daß ein Kranz von Steinblöcken die an Zeltstangen befestigten Tierfelle am Boden beschwerte. Der dritte Grundriß war mit Steinen und Knochen »gepflastert«. Hier konnte man keine Stangengruben feststellen. Der Grundriß des Hauptzeltes war 4,50 Meter lang und 3,20 Meter breit. Die beiden anderen Zelte maßen 4 x 3,50 und 4 x 4 Meter.

Die bei den Ausgrabungen in Oelknitz entdeckten Pfostenlöcher hatten einen Durchmesser von 20 bis 30 Zentimetern und reichten bis 60 Zentimeter tief in den Untergrund. Die darin steckenden Baumstämme dürften schätzungsweise 10 bis 15 Zentimeter dick gewesen sein. Sie waren in den Pfostenlöchern mit Steinen, Knochen und Geweihteilen verkeilt. Viele Pfosten steckten schräg im Boden, wie es für Zelte typisch ist. Die Pfostenlöcher waren deutlich bogenförmig angeordnet. Die tief eingegrabenen Stämme bildeten ein Gerüst, das man vermutlich mit Wildpferdfellen und Zweigen bedeckte. Um den nach Regenfällen aufgeweichten Lehmboden trocken und begehbar zu halten, haben ihn die Bewohner der Oelknitzer Siedlung mit Geröll aus der Saale und mit Sandsteinen bedeckt.

Wenige Kilometer von Oelknitz entfernt lagerte im Magdalénien eine Familie auf einer Hochfläche bei Hummelshain[16] in Thüringen. Von dieser kleinen Siedlung haben eine in Trockenbauweise errichtete Steinmauer und eine ovale Grube mit einem Durchmesser von 1,80 Meter, die 0,75 Meter in den

Rekonstruktion der Feuerstelle und des westlichen Wandteils einer Behausung aus dem Magdalénien vor etwa 12 000 Jahren in Gönnersdorf (Kreis Neuwied) in Rheinland-Pfalz. Durchmesser etwa 6 Meter. In Gönnersdorf wurden drei Grundrisse von Pfostenbauten entdeckt.

Sandboden eingetieft und teilweise mit Asche gefüllt war, die Jahrtausende überstanden. Durch die Mauer schützten sich die einstigen Bewohner sich und das Lagerfeuer vor den über die Hochfläche wehenden Winden. Hinter diesem bogenförmigen Windschirm, der an der West-, Nordwest- und Nordseite aufgetürmt war, spielte sich das Lagerleben der Familie ab.

Bei Bad Frankenhausen[17] (Kreis Artern) in Thüringen zeugen drei Konzentrationen von Steinplatten von einer ehemaligen Siedlung. Auf einem 3 Meter langen und 2,50 Meter breiten Plattenlager könnte ein Zelt gestanden haben, das an einer Längsseite einen Vorbau oder einen gepflasterten Vorplatz besaß. Ein rechteckiges Pflaster von fünf Meter Länge und drei Meter Breite bot vielleicht zwei kleinen Zelten Platz. Und auf einer etwa 3,50 Meter langen Steinbank befand sich vermutlich ein Windschirm.

Die Magdalénien-Leute erlegten vor allem Rentiere und Wildpferde. Dabei setzten sie die Speerschleuder (s. S. 36) und die Harpune ein. Mit der Speerschleuder konnte man Geschosse mit großer Durchschlagskraft auf Beutetiere lenken.

Die Speerschleuder bestand aus einem bis zu 30 oder 40 Zentimeter langen hinteren Teil aus Rentiergeweih mit einem Widerhaken am Ende und einem mindestens ebenso langen Holzschaft. Bisher hat man nur Reste der widerstandsfähigeren Speerschleuderenden gefunden. Aus dem gesamten Jungpaläolithikum sind gegenwärtig etwa 125 Hakenenden von Speerschleudern bekannt, von denen die meisten aus dem Ende des Magdalénien stammen.

Beim Wurf auf ein Wildtier hielt der Jäger die Speerschleuder in der weit nach hinten gestreckten rechten Hand, wobei der Widerhaken hinten lag und nach oben ragte. Das Wurfgerät verlängerte auf diese Weise den rechten Arm und somit dessen Hebelkraft. Der Wurfspeer ruhte mit seinem Ende auf der

Feuersteingeräte aus dem Magdalénien vor mehr als 12 000 Jahren vom Petersfels bei Engen-Bittelbrunn (Kreis Konstanz) in Baden-Württemberg. Länge des Gerätes links oben 3,1 Zentimeter. Originale im Hegau-Museum Singen.

Speerschleuder und wurde vom Widerhaken sowie – zusammen mit der Speerschleuder – von der Hand des Jägers gehalten. Beim Schuß schnellte der Arm mitsamt Speerschleuder und Wurfspeer nach vorne, wobei sich das Geschoß löste und mit Wucht in Richtung des Beutetieres flog.

Experimente des Kölner Prähistorikers Ulrich Stodiek mit rekonstruierten Speerschleudern haben gezeigt, daß mit längeren Speeren von etwa 2 bis 2,20 Meter Länge und 10 Zentimeter Dicke bei Zielwürfen eine bessere Trefferquote erzielt wurde als mit kürzeren Geschossen von nur 1,20 bis 1,50 Meter Länge. Die kürzeren und leichteren Speere konnten dagegen viel weiter als die längeren geworfen werden. Mit ihnen wurden schon Weiten von mehr als 140 Metern erreicht.

Für Speerschleudern wurden ein- oder zweiteilige Geschosse verwendet. Die einteiligen versah man mit einer fest eingesetzten Geweih- oder Elfenbeinspitze. Die zweiteiligen bestückte man mit einer lose in dem Holzschaft eingesteckten Harpune, die sich nach dem Wurf löste. Solche Harpunen wurden aus Rentiergeweih geschnitzt. Sie besaßen auf einer oder auf zwei Seiten Widerhaken und einen zapfenförmigen Fuß.

Speerspitzen aus Tierknochen und Geweih – darunter eine mit 44 Zentimetern extrem lange aus Rentiergeweih – kennt man aus der Höhle Bärenkeller bei Königssee-Garnitz (Kreis Rudol-

stadt) in Thüringen. Speerschleudern sind bisher in Deutschland im Gegensatz zur Schweiz sehr selten nachgewiesen. In der Höhlenruine Teufelsbrücke[18] auf dem Gleitsch bei Saalfeld (Kreis Saalfeld) in Thüringen wurde das Widerhakenende einer Speerschleuder entdeckt, das mit einem Pferdekopf verziert ist. Harpunen fand man in Baden-Württemberg (Brillenhöhle, Kleine Scheuer, Petersfels, Schussenquelle), Bayern (Kastlhänghöhle[19] im Altmühltal, Obere Klause) und in Thüringen (Kniegrotte).

Rentiere und Wildpferde kamen in den damaligen Graslandschaften in großen Herden vor. Sie hielten sich vermutlich nur im Herbst und Winter in den Fluß- und Seeniederungen auf. In diesen Jahreszeiten fanden sie hier ein besseres Nahrungsangebot vor als in den angrenzenden Mittelgebirgen, in denen sie im Frühjahr und Sommer lebten und wo sie von der lästigen Mückenplage verschont blieben, mit denen in den Fluß- und Seenlandschaften zu rechnen war.

Die Rentiere litten zeitweise besonders unter der Dasselfliege *(Oedemagena tarandi)*, die im Sommer an den Haaren der Tiere ihre Eier ablegte. Daraus schlüpften nach wenigen Tagen die Larven und drangen unter die Haut des Rentiers ein. Dort wanderten sie zum Rücken des Tieres und wuchsen in den sogenannten Dasselbeulen heran. Im nächsten Frühjahr durchbrachen sie die Haut, fielen zu Boden und verwandelten sich in Puppen, aus denen nach einigen Wochen eine neue Generation von Dasselfliegen schlüpfte.

Die jahreszeitlichen Wanderungen der Rentiere und Wildpferde zwangen die Jäger, hinter diesen Tieren herzuziehen oder sie in bestimmten Gegenden zu erwarten. Auf diese Weise dürften die Menschen des Magdalénien periodische Wanderungen über eine Entfernung von 100 bis 200 Kilometern unternommen haben. Dabei trafen sie mitunter andere Jägersippen oder -familien.

Zu den Orten, an denen Jäger zu bestimmten Zeiten den Rentierherden auflauerten, gehört das Brudertal bei Engen-Bittelbrunn (Kreis Konstanz) in Baden-Württemberg. Dieses bildet einen der Aufgänge von der Ebene zwischen Engen und dem Bodensee zur Albhochfläche. Dort konnten Jägernomaden die Rentiere in das sich talaufwärts immer mehr verengende Brudertal treiben. Von beiden Seiten in das Tal hineinragende Felsrippen erwiesen sich für die in Panik geratenen Herden als tückische Fallen, in denen sie ein leichtes Opfer für die mit Wurfspeeren ausgerüsteten Jäger wurden.

Eine der Engstellen im Brudertal liegt unweit der Höhle Petersfels[20] (s. S. 154). Sie gilt als eine der bedeutendsten Fundstellen aus dem Magdalénien in Baden-Württemberg. Am Petersfels sind in verschiedenen Schichten die Skelettreste von mindestens 1500 erlegten Rentieren entdeckt worden. Der Tübinger Prähistoriker Gerd Albrecht schätzt, daß diese Tiere bei ungefähr 25 bis 40 Jagdunternehmungen erbeutet wurden, bei denen jeweils bis zu maximal 50 Rentiere zur Strecke gebracht worden sind. Besonders wichtig dürfte die Rentierjagd im September und Oktober gewesen sein, weil man sich dabei mit Fleischvorräten für den bevorstehenden Winter versorgen konnte. Wahrscheinlich hat man einen Teil der Beute für die schlechte Jahreszeit konserviert.

In großem Stil wurde die Rentierjagd auch an der Schussenquelle bei Schussenried[21] (Kreis Biberach) in Baden-Württemberg betrieben. Dort fand man Skelettreste von etwa 400 Rentieren, aber nur von zwölf anderen Großsäugetieren. Diese beiden Zahlen demonstrieren eindrucksvoll, welche große Bedeutung die Rentierjagd in bestimmten Gebieten für die Magdalénien-Jäger hatte.

Erlegte Rentiere dienten nicht nur als willkommene Fleischlieferanten, sondern auch als wertvolle Rohstoffquelle. Aus Knochen und Geweih von Rentieren schufen die Menschen des Magdalénien verschiedene Werkzeuge, Waffen und Klein-

kunstwerke. Auf letzteren wurden manchmal – wie Funde aus der Petersfelshöhle zeigen – auch Rentiere dargestellt. Mit Rentierfellen deckte man Hütten- und Zeltdächer und damit wurde auch der Boden der Behausungen ausgelegt. Sie dienten zudem als Decken und wurden zu Mützen, Jacken, Hosen, Schuhen, Riemen und vielleicht auch zu Taschen und Beuteln verarbeitet. Aus den Sehnen ließen sich Fäden gewinnen, mit denen man Tierhäute zusammennähen konnte. Magen, Darm und Harnblase eigneten sich außer zum Auskleiden von Kochgruben auch als kleine Behältnisse. Und Rentierfett wurde als Brennstoff für Steinlampen geschätzt.

Die Magdalénien-Jäger haben neben Rentieren noch etliche andere Tierarten zur Strecke gebracht. In manchen Gegenden spielte die Jagd auf Wildpferde eine wichtige Rolle. Jagdbeutereste vom Wildpferd kennt man vom Petersfels in Baden-Württemberg, von Andernach und Gönnersdorf in Rheinland-Pfalz, aber auch von Bad Frankenhausen und Lausnitz in Thüringen sowie Saaleck in Sachsen-Anhalt. Die Stückzahlen der erlegten Wildpferde an all diesen Fundorten sind aber viel niedriger als die der Rentiere am Petersfels und an der Schussenquelle. Ein wichtiger Grund dafür war wohl, daß ein Wildpferd mit etwa 150 Kilogramm Fleisch etwa dreimal soviel Nahrung lieferte wie ein Rentier.

Die während des Magdalénien in Deutschland vorkommenden Wildpferde sind von den Künstlern oft sehr realistisch mit stehender Mähne, etwas hängender Bauchlinie und Backenbart dargestellt worden. Allein unter den Tiermotiven auf den Schieferplatten von Gönnersdorf, die als Fußböden dienten, sind mehr als 70 Wildpferde zu erkennen.

Im Gegensatz zu früheren Stufen der jüngeren Altsteinzeit sind im Magdalénien nur noch sehr wenige Mammute erlegt worden. Diese kältegewohnten Rüsseltiere standen gegen Ende des Magdalénien kurz vor dem Aussterben. Die Hauptursache dürfte das Abklingen der extrem kaltzeitlichen Verhältnisse in der ausgehenden Weichsel- bzw. Würm-Eiszeit gewesen sein. Den auffällig wenigen Jagdbeuteresten vom Mammut steht in Gönnersdorf jedoch die erstaunlich hohe Zahl von mehr als 60 auf Schieferplatten eingravierten Mammuten gegenüber. Vereinzelt wurde das Mammut durch Gegenstände aus Elfenbein indirekt nachgewiesen.

Neben großen Säugetieren – wie Rentier, Wildpferd und Mammut – stellten die Magdalénien-Jäger etlichen deutlich kleineren Tierarten nach. Beispielsweise barg man am Petersfels außer den zahlreichen Skelettresten vom Rentier und Wildpferd auch Knochen von mehr als 1000 Schneehasen. Im Hohlen Fels bei Schelklingen (Alb-Donau-Kreis) im Achtal wurden neben Jagdbeuteresten vom Rentier und Wildpferd solche von Hasen, Füchsen, Vögeln und Fischen gefunden. In Lausnitz in der Orlasenke (Kreis Pößneck) in Thüringen barg man vor allem Jagdbeutereste vom Wildpferd, außerdem jedoch vom Rentier, Reh und vielleicht vom Eisfuchs.

Manche Magdalénien-Jäger töteten Wolfseltern, zogen deren Junge auf und gingen vielleicht mit diesen Vorläufern des Haushundes schon auf die Pirsch. Die ältesten Nachweise von Haushunden stammen aus der Zeit vor etwa 13 000 Jahren. Dazu gehören ein gut erhaltener rechter Unterkieferast von Oberkassel bei Bonn sowie Skelettreste aus der Kniegrotte bei Döbritz und aus der Gnirshöhle bei Engen-Bittelbrunn. Der Fund aus Oberkassel lag unter den Grabbeigaben der Doppelbestattung. Seine Zahnreihe und der Reißzahn erreichten

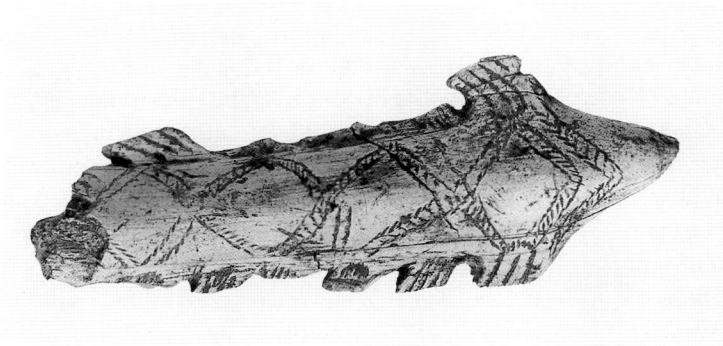

Verzierte Harpune aus der Kniegrotte bei Döbritz (Kreis Pößneck) in Thüringen. Die Harpune ähnelt einem Fisch im Netz. Länge 6,8 Zentimeter, Breite 2,4 Zentimeter, Dicke 1,1 Zentimeter. Original im Museum für Ur- und Frühgeschichte Thüringens, Weimar.

nicht die Maße wie bei späteiszeitlichen Wölfen. Vermutlich handelte es sich um ein Tier von der Größe eines kleinen Schäferhundes. Auch die Skelettreste aus der Kniegrotte waren kleiner als die von Wölfen aus der gleichen Zeit. Darunter befand sich ein Oberkiefer, an dem sich die Verkürzung der Gesichtspartie des Schädels erkennen ließ.

Weitere Hinweise für die späteiszeitliche Domestizierung des Wolfes entdeckte man in der ebenfalls etwa 13 000 Jahre alten ukrainischen Freilandstation Mezin sowie unter den ungefähr 12 000 Jahre alten Siedlungsresten der Palegawrahöhle im Nordost-Irak und unter ähnlich alten Grabbeigaben bei Ain Mallaha im oberen Jordantal in Israel. Die Zähmung von Wölfen ist demnach in verschiedenen Gebieten zu unterschiedlichen Zeiten gelungen.

Die Menschen des Magdalénien ernährten sich vom Fleisch erlegter Rentiere, Wildpferde, Mammute, Schneehasen, Schneehühner und von Fischen. Das Fleisch dürfte man meist über dem Feuer gebraten haben, wenn man es nicht, wie in Gönnersdorf, zu kochen versuchte.

In der Feuerstelle der Brillenhöhle bei Blaubeuren wurden zahlreiche Vogel- und Hasenknochen entdeckt. Teile von Vogeleiern aus dem Hohlen Fels bei Schelklingen belegen das Sammeln solcher Nahrung. Für etwas Abwechslung in der Ernährung dürften außerdem eßbare Kräuter, Pilze, Beeren sowie die schon von den Frühmenschen gern gegessenen Haselnüsse gesorgt haben.

Bei ihren Wanderungen stießen die Magdalénien-Jäger gewiß auch auf andere Zeitgenossen, die ebenfalls umherzogen. Dabei kam es sicher zu mancherlei Tauschgeschäften, bei denen seltene oder besonders schöne Feuersteinarten und Schmuckschnecken den Besitzer wechselten.

Auf dem Tauschweg gelangten Magdalénien-Leute aus der Gnirshöhle im Brudertal bei Engen-Bittelbrunn beispielsweise zu Purpurschnecken (Purpur lapillus) und zu einer Schmuckmuschel (Astarte montagui) aus dem mehr als 600 Kilometer entfernten Atlantik. Andere in der Gnirshöhle geborgene Schmuckschnecken (Sycum spec.) stammen aus dem etwa 450 Kilometer entfernten Pariser Becken. Alle diese Stücke sind also im heutigen Frankreich gesammelt worden.

Bewohner vom Petersfels im Brudertal trugen Schmuckschnecken aus dem Steinheimer Becken in Baden-Württemberg, aus dem Mainzer Becken in Rheinland-Pfalz sowie vom Mittelmeer. Die durchbohrten Schmuckschnecken aus Gönnersdorf hat man im Mittelmeergebiet aufgelesen.

Diese Beispiele von ortsfremden Schmuckschnecken zeigen, daß im Magdalénien mit begehrten Produkten florierende Tauschgeschäfte betrieben wurden.

Bei ihren Jagdunternehmungen und Wanderungen waren die Magdalénien-Leute ausschließlich auf ihre eigenen zwei Beine angewiesen. Auf die Idee, Rentiere zu Zugtieren oder Wildpferde zu Reittieren abzurichten, kamen sie offensichtlich nicht. Vielleicht haben sie aber die ersten aus gezähmten Wölfen hervorgegangenen Haushunde als Trag- oder Zugtiere für kleinere Lasten benutzt. Archäologisch wird sich dies jedoch kaum nachweisen lassen.

Die Magdalénien-Leute haben vermutlich wie ihre Vorgänger im Gravettien Kleidung getragen, die aus zusammengenähten Tierhäuten angefertigt wurde. Männer, Frauen und Kinder hüllten sich – ähnlich wie die Indianer der Neuzeit – in mittellange Jacken und enge Hosen aus Rentier- oder Wildpferd-

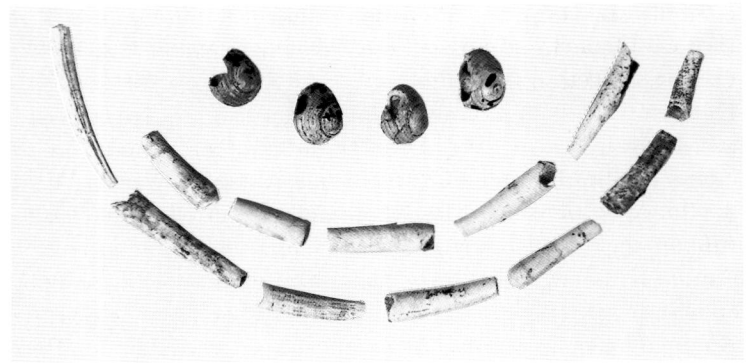

Durchlochte Schneckengehäuse (Homalopoma sanguineum) und tütenförmige Muscheln (Dentalium) vom Mittelmeer und Atlantik von Gönnersdorf (Kreis Neuwied) in Rheinland-Pfalz dienten als Schmuckstücke. Größte Dentalie links fast 2 Zentimeter lang. Originale im Landesamt für Denkmalpflege Rheinland-Pfalz, Außenstelle Koblenz.

leder. Die Füße steckten in Schlupfschuhen. Reste solcher Kleidung sind bisher nicht gefunden worden. Die Anordnung von Schmuck bei manchen Bestattungen sowie künstlerische Darstellungen lassen aber Schlüsse auf deren Aussehen zu.

Vom Petersfels bei Engen-Bittelbrunn kennt man zentimeterlange, durchlochte Besatzstücke oder Knöpfe in schmaler D-Form aus Gagat, Sandstein und Knochen. Kleidung lassen auch einige der in Gönnersdorf bei Neuwied entdeckten Ritzzeichnungen von Frauen erkennen. Diese besitzen im Inneren ein Muster aus Linien. Besonders gut ist dies auf einem Motiv zu beobachten, das vier kopf- und fußlose Frauen hintereinander aufgereiht zeigt, wobei die dritte von links ein Kleinkind in einer Trage auf dem Rücken transportiert.

Hinweise auf Kleidung gibt außerdem der Schmuck eines am sibirischen Fundort Malta bestatteten Jungen. Er trug neben einem Halsband einen eigenartigen Anhänger in der linken Schultergegend, der vermutlich an der Oberbekleidung befestigt war. Im sibirischen Malta[22] barg man zudem geschnitzte Frauenfiguren, die Kapuzen aufhaben. Querliegende Einkerbungen am Ober- und Unterkörper sowie an den Armen und Beinen deuten Kleidung an. Die Funde aus Malta werden von sowjetischen Prähistorikern unterschiedlich datiert, unter anderem ins Spätgravettien, das zeitlich dem Magdalénien entspricht.

Wie ihre Vorgänger aus dem Aurignacien und Gravettien erfreuten sich auch die Menschen des Magdalénien an Schmuck. Darauf verweisen vor allem die zahlreichen Funde von Schmuckschnecken, die teilweise aus weit entfernten Gegenden stammen. Die Schneckengehäuse wurden mit spitzen Feuersteinwerkzeugen durchbohrt, auf Fäden aufgereiht und als Halsketten getragen. Oft sind sie auch auf Kleidungsstücke aufgenäht worden. Daneben schätzte man Schmuck aus durchbohrten Tierzähnen und unterschiedlich geformte Anhänger. Vermutlich haben sich die Menschen zu bestimmten Gelegenheiten auch festlich mit Rötel geschminkt.

Am Petersfels bei Engen-Bittelbrunn fand man durchbohrte Zähne vom Höhlenbären, Höhlenlöwen, Wolf, Fuchs, Luchs, Biber, Wildpferd, Ren und Hirsch sowie Zahnreihen vom Ren, Hirsch, Wisent, Steinbock, Murmeltier, der Gemse und sogar vom Höhlenbären. Die Zahnreihen wurden vom Unterkiefer wie eine dichte Perlenreihe abgeschnitten und durch das Zahnfleisch zusammengehalten. Man nähte sie auf die Kleidung auf oder trug sie als Anhänger. Außerdem kennt man vom Petersfels teilweise verzierte Scheiben aus Mammutelfenbein, durchlochte Dreiecksanhänger und Gagatschnitzereien, Stäbchenanhänger sowie durchbohrte Muschel- und Schneckenschalen.

Als weiteres Beispiel für verschiedene Schmuckformen lassen sich auch Funde aus der Kniegrotte bei Döbritz anführen. Dazu zählen durchbohrte Tierzähne, Muscheln und Steine sowie ein dreieckig zugeschnittenes Rötelstück.

Ausdruck des Schönheitssinns sind zudem die sorgfältig ausgeführten Verzierungen auf Gebrauchsgegenständen wie Lochstäben oder Speerschleudern.

Wie in Spanien und Frankreich wurden auch in Deutschland viel mehr Kunstwerke aus dem Magdalénien entdeckt als aus den vorhergehenden Kulturstufen der jüngeren Altsteinzeit. Und dies, obwohl man hier bisher im Gegensatz zu Westeuropa noch keine einzige Höhlenmalerei nachweisen konnte. Dafür entdeckte man kleinformatige Gravierungen auf Steinplatten, Geröllen, Tierknochen, Geweih, fossilem Holz und Mammutelfenbein sowie Schnitzereien aus denselben Materialien. Diese Kunstwerke zeigen Tiere, Menschen (fast nur Frauen) und rätselhafte Zeichen.

Die meisten Gravierungen auf Steinplatten wurden in der Freilandsiedlung Gönnersdorf in Rheinland-Pfalz gefunden. Dort haben die einstigen Bewohner etwa 200 Darstellungen von Tieren und etwa 400 von Frauen in grauschwarze Schieferplatten eingraviert, die in den Behausungen als Fußböden dienten. Man trat also die Kunst buchstäblich mit Füßen. Das auf manchen dieser Platten zu beobachtende Liniengewirr kann vielleicht damit erklärt werden, daß die Platten mehrfach mit einer Farbschicht überzogen und dann erst graviert wurden, wodurch es zu Überschneidungen kam. In Gönnersdorf diente wahrscheinlich das reichlich vorhandene Hämatit dazu, die Platten mit roter Farbe zu überziehen.

Unter den Darstellungen von Tieren überwiegen in Gönnersdorf vor allem Wildpferde (74 Motive) und Mammute (61 Motive). Wesentlich seltener wurden Fellnashörner und Hirsche abgebildet. Nur je einmal sind Elch (oder Saiga-Antilope), Auerochse, Wisent, Wolf und Höhlenlöwe (ohne Kopf) dargestellt. Andere Motive zeigen Fische, Vögel (Wasservögel, Schneehuhn, Kolkrabe) und Robben. All diese Tiergravierungen wirken sehr realistisch. Die größte von ihnen ist ein 50 Zentimeter erreichendes Wildpferd.

Die Frauendarstellungen von Gönnersdorf wurden stets nach einem einheitlichen Schema gestaltet. Sie sind in strenger Profilansicht mit nur einem Arm und einer Brust sowie mit auffällig betontem Gesäß abgebildet. Der Kopf ist niemals zu sehen. Auch die Füße fehlen fast immer. Die jungen Mädchen oder Frauen befinden sich in der Halbhocke oder sogar im Sprung. Nicht selten sind die Frauenfiguren hintereinander aufgereiht. Oder man kann zwei einander zugewandte Frauen erkennen.

Es gibt bisher keine Erklärung dafür, weshalb man in Gönnersdorf so viele Frauen – und fast keine Männer – in die Schieferplatten eingravierte. Um Männer scheint es sich lediglich bei einigen Gestalten mit behaarten Beinen zu handeln. Vielleicht sollen auch einige fratzenartige Gesichter mit großen Augen und vorspringender Mund- und Nasenpartie Männer sein. Solche fratzenhaften Gesichter entdeckte man außerhalb Deutschlands auch in Frankreich und Spanien.

Neben Tier- und Menschendarstellungen fand man in Gönnersdorf einige auf den ersten Blick rätselhaft aussehende Zei-

chen. Diese Kreise, Ovale und Dreiecke sind häufig mit einem Strich versehen. Da eine andere Gravierung eine Vulva mit eingeführtem Penis zeigt, vermutet man, daß es sich bei den Kreisen, Ovalen und Dreiecken mit einem Strich um eine abstrakte Version der Vereinigung zwischen Mann und Frau handelt.

Erotische Motive aus dem Magdalénien hat man außerdem in der Freilandsiedlung Oelknitz (Kreis Jena) in Thüringen entdeckt. Zwei 19 und 10,7 Zentimeter lange Gerölle, eines davon mit deutlichen Bearbeitungsspuren, besitzen die Form eines Phallus. Ein rechteckiger Sandsteinblock von 48 Zentimeter Länge wurde mit der Gravierung einer 5,5 Zentimeter großen Vulva versehen.

Gravierungen auf Steinplatten kennt man außerdem aus Andernach (Rheinland-Pfalz), der Hohlensteinhöhle (Bayern), Groitzsch (Sachsen) und Saaleck (Sachsen-Anhalt). Auf dem Martinsberg in Andernach[25] (Kreis Mayen-Koblenz) kamen Schieferplatten mit einer schematisierten Frauendarstellung, mit Pferdekopf (zwei Funde) und Hinterbeinen eines Wildpfer-

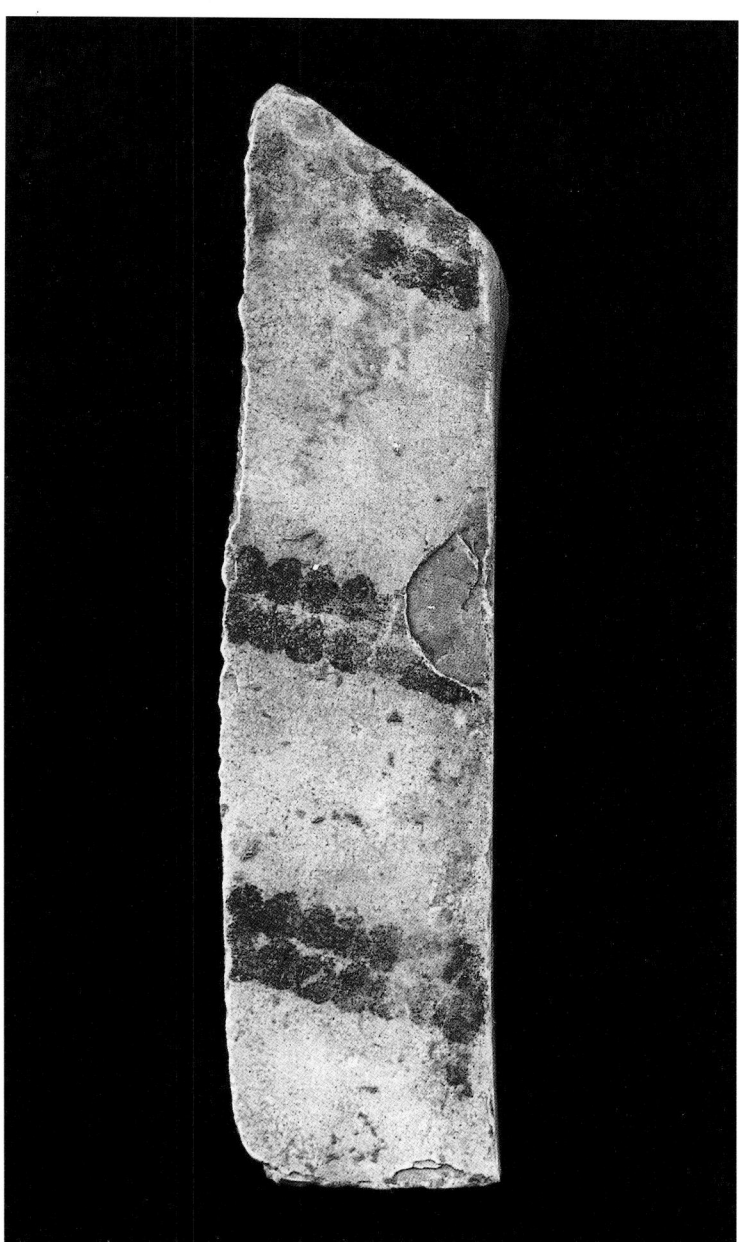

Kalksteinplatte mit roten Fingertupfenreihen aus der Oberen Klause bei Essing (Kreis Kelheim) in Bayern. Länge 14,7 Zentimeter. Original in der Prähistorischen Staatssammlung München.

des (ein Fund) zum Vorschein. Diese Platten dienten – wie in Gönnersdorf – als Fußbodenbelag. In der Hohlensteinhöhle[24] bei Ederheim (Kreis Donau-Ries) wurden Teile einer Kalksteinplatte entdeckt, auf der neben Wildpferdmotiven sechs schematisierte Frauen erkennbar sind. Auf den Freilandfundplätzen Groitzsch-Nord[25] (Kreis Eilenburg) und Saaleck[26] (Kreis Naumburg) fand man Schieferplatten mit Wildpferdmotiven. Kommaförmige Einschnitte an der Halslinie der Wildpferde werden als magische Tötungsmarken und somit als Beleg für Jagdzauber gedeutet.

Gravierungen auf Geröllen konnte man in Baden-Württemberg (Felsställe[27]) und Nordrhein-Westfalen (Balver Höhle[28]) nachweisen. In der Halbhöhle Felsställe bei Mühlen (Alb-Donau-Kreis) kam bei Ausgrabungen ein durch Feuereinwirkung zersprungenes Kalksteingeröll ans Tageslicht, in das eine kopf- und fußlose Frau eingeritzt ist. Ein in der Balver Höhle bei Balve (Märkischer Kreis) aufgelesenes Tonschiefergeröll weist einen Pferdekopf auf. An der Echtheit dieses Fundes wurden jedoch verschiedentlich Zweifel geäußert.

Gravierungen auf Tierknochen sind nur vom Petersfels bei Engen-Bittelbrunn (Kreis Konstanz) in Baden-Württemberg bekannt. Darunter befinden sich die Darstellung eines Rentieres, mehrerer Pferdeköpfe, eines armleuchterartigen Motives und einiger nicht deutbarer Zeichen sowie mehr oder weniger paralleler Liniengruppen.

Gravierungen auf Geweih fand man in Baden-Württemberg (Petersfels, Schussenquelle) und in Thüringen (Kniegrotte). Am Petersfels kamen besonders reiche Funde zum Vorschein. Ein Geweihmeißel trägt die Darstellung eines Wildpferdes, ein anderer die eines Rentieres. In einen Geweihspan sind sogar sechs nach links gerichtete Pferdeköpfe hintereinander aufgereiht. Ein Geweihstab unbekannter Funktion trägt Gravierungen fischähnlicher Tiere. Mehrere Lochstäbe zeigen Wildpferd-, Rentier- und Fischdarstellungen sowie geometrische Verzierungen. In einem Fall sind zwei einander folgende Rentiere zu sehen. Zu den am frühesten in Deutschland entdeckten Kunstwerken aus dem Magdalénien gehört ein 1866 an der Schussenquelle bei Schussenried (Kreis Biberach) entdecktes Geweihstück mit einem schwer deutbaren fackel- oder buschartigen Motiv. Der Ausgräber, der Stuttgarter Geologe Oskar Fraas (1821–1897), erblickte darin Rüben oder Rettiche und Zwiebeln. In der Kniegrotte bei Döbritz (Kreis Pößneck) barg man eine in der Längsrichtung durchbohrte Rengeweihstange mit Gravierungen eines Wildpferdes und – was ganz selten ist – eines Fellnashorns. Von dem Nashorn wurde nur ein Teil der Konturen des Rückens und des Kopfes wiedergegeben. Besonders betont hat man die Hörner, die gefährlichsten Waffen dieses Tieres. Vermutlich wollte der Künstler dadurch den Abwehrcharakter verstärken. Vielleicht gehörte dieser Fund einst einem Zauberer, der damit Krankheitsgeister vertreiben wollte. Aus der Kniegrotte kennt man außerdem einen Geweihmeißel mit Wildpferdgravierung.

Gravierungen auf Mammutelfenbein sind in Deutschland ebenfalls sehr selten. Der einzige Fund stammt aus der Oberen Klause bei Essing (Kreis Kelheim) in Bayern. Dabei handelt es sich um ein gebogenes, vom Stoßzahn eines Mammuts abgeplatztes Elfenbeinstück, in das Mammute eingraviert wurden – also jene Tierart, von der das Stück herrührt.

Schnitzereien aus fossilem Holz fand man bisher ausschließlich in Baden-Württemberg (Petersfels, Kleine Scheuer, Hohler

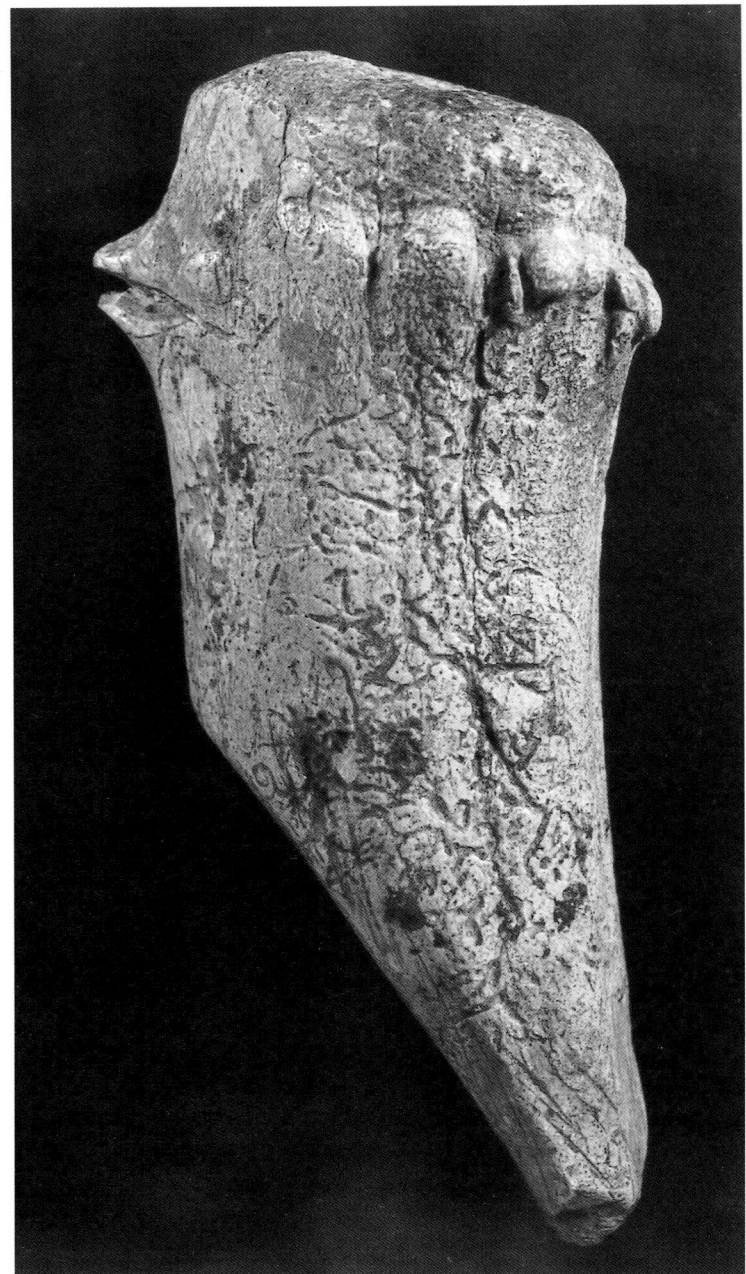

Aus Rengeweih geschnitzter Vogel von Andernach (Kreis Mayen-Koblenz) in Rheinland-Pfalz. Länge 10,3 Zentimeter. Original im Rheinischen Landesmuseum Bonn.

Fels/Schelklingen[29]). Am Petersfels bei Engen-Bittelbrunn wurden neben Kunstwerken aus anderen Materialien etliche Schnitzereien aus Gagat entdeckt. Dazu gehört beispielsweise eine quer durchbohrte Tierdarstellung, die ihrem Besitzer wohl als Anhänger diente. Das Motiv wird von den Experten als kleiner Käfer, aber auch als Igel gedeutet. Durchbohrt waren mit einer Ausnahme auch mehr als ein Dutzend Frauenfiguren aus fossilem Holz (s. S. 68). Bei ihnen ist jeweils das Gesäß stark betont. Die Leistenregion hat man durch eine Einziehung auf der Vorder- und Rückseite markiert. Hinter der Knieregion liegt ein deutlicher Knick. Von diesen Figuren unterscheidet sich eine anders geformte Frauenstatuette aus Gagat, bei der auch der Kopf und die Brüste dargestellt sind. Dagegen fehlt hier das ausladende Gesäß. Nur eine einzige Schnitzerei aus Gagat konnte man in der Höhle Kleine Scheuer im Rosenstein von Heubach (Ostalbkreis) bergen. Sie wird als Larve einer Rentier-Dasselfliege betrachtet.

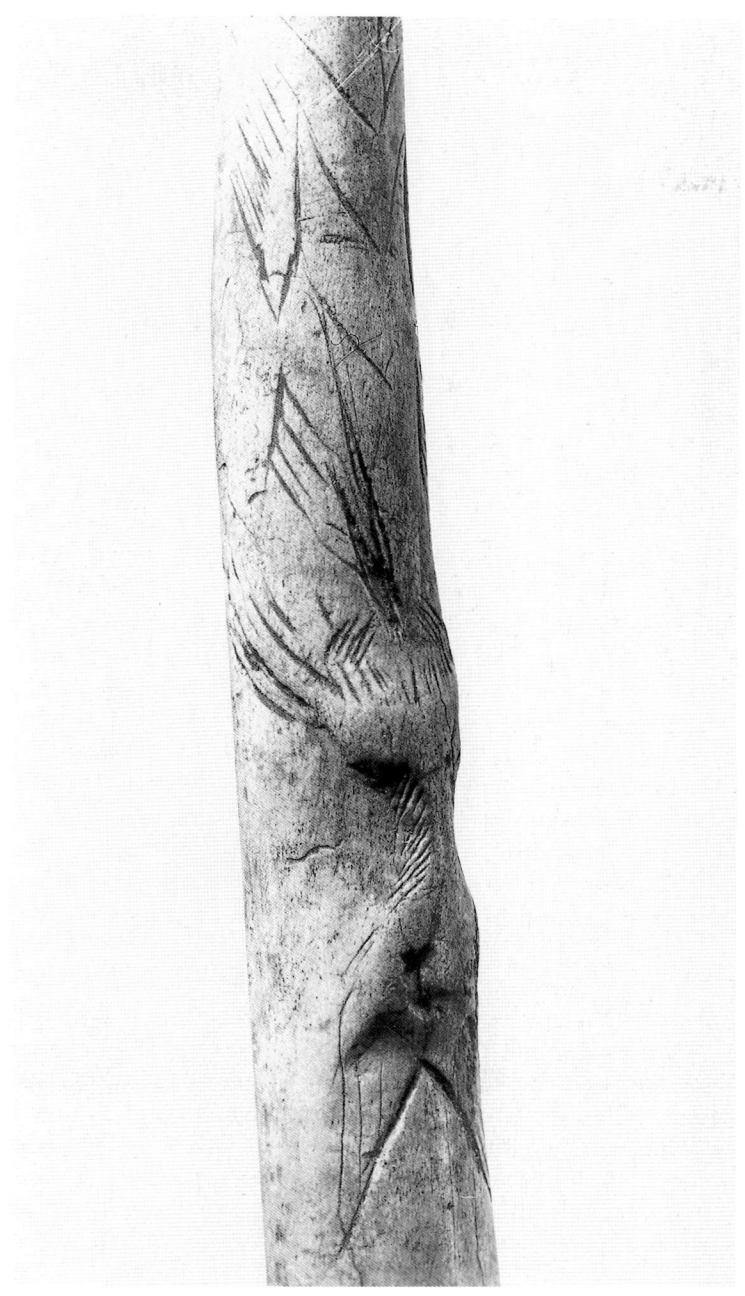

Teil eines figürlich verzierten Lochstabes aus der Mittleren Klause bei Essing (Kreis Kelheim) in Bayern. Länge des Ausschnittes etwa 11 Zentimeter. Original in der Prähistorischen Staatssammlung München.

Schnitzereien aus Tierknochen konnte man in Nordrhein-Westfalen (Oberkassel) nachweisen. Bei den zwei Kunstwerken von Oberkassel bei Bonn handelt es sich um Grabbeigaben der erwähnten Doppelbestattung. Ein 20 Zentimeter langer Knochenstab wird von einem mutmaßlichen Pferdekopf gekrönt. Der Stab ist mit Winkelzeichen verziert und endet zungenförmig. Aus Knochen oder Geweih besteht außerdem die flache Schnitzerei eines Tierkörpers von Oberkassel. Körperform und die Art des Schwanzes deuten auf einen Hirsch hin. Kopf und Beine sind abgebrochen und fehlen. Die Innenfläche wurde auf beiden Seiten mit parallel verlaufenden Linien versehen.

Schnitzereien aus Geweih entdeckte man in Baden-Württemberg (Petersfels), Bayern (Mittlere Klause), Rheinland-Pfalz (Andernach) und Hessen (Steeden). Am bereits mehrfach erwähnten Petersfels wurde eine stilisierte Frauenfigur ohne Kopf und Füße gefunden. Aus der Mittleren Klause bei Essing (Kreis Kelheim) stammt ein 42 Zentimeter langer Lochstab aus

Geweih mit einem seltsamen Halbrelief: Es stellt ein Tier mit den Hörnern eines Rindes, einem Geweih und einem dreiteiligen Bart vor. Auf dem Martinsberg in Andernach wurde ein zehn Zentimeter hoher, aus Rentiergeweih geschnitzter Vogel geborgen. Und in Steeden an der Lahn (Kreis Limburg-Weilburg) stieß man vermutlich auf die Darstellung eines Fischkopfes.

Nach den Funden zu schließen, waren Schnitzereien aus Mammutelfenbein im Magdalénien nicht selten. Es handelt sich fast ausschließlich um Frauenfiguren. Solche Kunstwerke kamen in Rheinland-Pfalz (Andernach) und in Thüringen (Bärenkeller, Kniegrotte, Nebra, Oelknitz) zum Vorschein. Die auf dem Martinsberg in Andernach siedelnden Magdalénien-Leute hinterließen eine mehr als 20 Zentimeter hohe, stark schematisierte Frauenfigur. Sie ist am Oberkörper durch ein Winkelmuster verziert, wie es von den ukrainischen Fundstellen Mezin und Mežirič bekannt ist. Dies deutet auf Kontakte zwischen Mittel- und Osteuropa hin. In der Höhle Bärenkeller[50] bei Königssee (Kreis Rudolstadt) wurde eine 7,5 Zentimeter große Frauenfigur geborgen. In der Kniegrotte bei Döbritz (Kreis Pößneck) kamen zwei menschengestaltige Elfenbeinstäbe sowie ein Elfenbeinplättchen in der Form einer menschlichen Fußsohle zum Vorschein. Dieses auch als »magische Hand« beschriebene, 4,2 Zentimeter lange und 0,5 Zentimeter dicke Elfenbeinplättchen könnte vielleicht bei Kulthandlungen eine Rolle gespielt haben. Innerhalb der Freilandsiedlung auf dem Geländesporn »Altenburg« bei Nebra entdeckte man zwei nur wenige Zentimeter große Frauenfiguren ohne Kopf und Füße. Zwei Frauenfiguren gehören auch zum Fundgut aus der Freilandsiedlung Oelknitz (Kreis Jena).

Zum Kreis der schematisierten Frauenfiguren aus dem Magdalénien wird auch ein Fund aus Weiler bei Bingen[51] (Kreis Mainz-Bingen) in Rheinland-Pfalz gerechnet. Dieses Stück ist aus Achat – einem in der Umgebung von Idar-Oberstein vorkommenden Halbedelstein – angefertigt. Es wurde durch Schläge mit einem Stichel und Retusche des Randes geformt.

Einige der künstlerischen Darstellungen aus dem Magdalénien in Deutschland liefern Hinweise dafür, daß zum Leben dieser Menschen auch Musik und Tanz gehörten. So sind aus Gönnersdorf Gravierungen auf Schieferplatten bekannt, die offenbar Tanzszenen zeigen. Zwei Reihen vermutlich tanzender Frauen stellte man auf vier Fragmenten eines Knochenspans vom Petersfels fest. Vielleicht ist bei diesen Tänzen der Rhythmus durch Händeklatschen oder in Deutschland archäologisch nicht nachgewiesene Instrumente – etwa Knochenpfeifen – angegeben worden.

Auch das Magdalénien wird zu den Klingen-Industrien (s. S. 38) gerechnet. Besonders typische Steinwerkzeuge waren Kratzer, Bohrer, Klingen mit abgestumpftem Rücken und Stichel. Die Klingen mit abgestumpftem Rücken waren einseitig scharf und auf der anderen Seite zum Schäften im Holz stumpf.

Steinwerkzeuge aus dem Magdalénien wurden in Deutschland an Hunderten von Fundorten entdeckt; diese Höhlen, Halbhöhlen, Freilandsiedlungen, Raststellen und Steinschlagplätze können hier nicht vollständig aufgelistet werden. Der Rohstoff für die Steinwerkzeuge stammt manchmal aus mehr als hundert Kilometer entfernten Gebieten. Beispielsweise ist ein Teil der Steinwerkzeuge von Gönnersdorf aus Feuerstein angefertigt, dessen nächste Vorkommen in etwa 120 Kilometer Luftlinie bei Krefeld und Duisburg liegen.

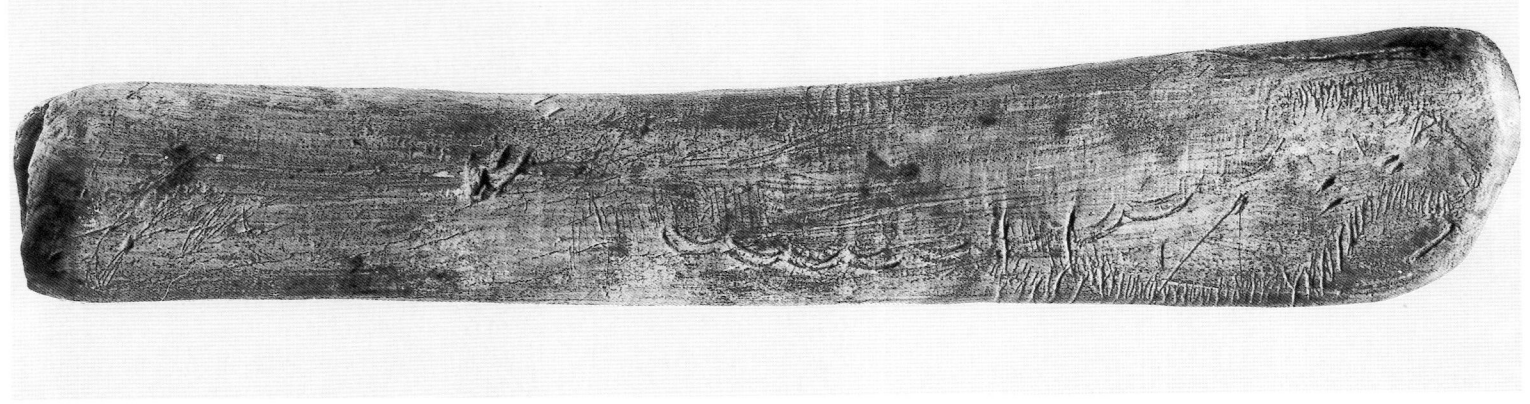

Rengeweihstück mit Gravierungen aus der Kniegrotte bei Döbritz (Kreis Pößneck) in Thüringen. Rechts ist ein Wisent zu erkennen, links (auf dem Kopf stehend) der Schädel eines Fellnashorns. Länge 8,3 Zentimeter, Breite 3,6 Zentimeter.

Aus Tierknochen, Geweih und Mammutelfenbein wurden Lochstäbe hergestellt, mit deren Hilfe vermutlich Holzschäfte oder Geweihspäne über Wasserdampf gebogen werden konnten. Früher betrachtete man die Lochstäbe als Rangabzeichen von Häuptlingen oder Zauberern und nannte sie daher »Kommandostäbe«. Solche Lochstäbe hat man oft sorgfältig mit Tiermotiven geschmückt.

Obwohl es Vorläufer im Gravettien aus der Geißenklösterlehöhle gibt, gelten Nähnadeln mit Öhr als Erfindung der Magdalénien-Leute. Diese Nadeln schuf man aus Tierknochen, Geweih und Mammutelfenbein. Allein am Petersfels wurden Fragmente von etwa 2000 Nadeln entdeckt, die aus Knochen von Schneehasen angefertigt wurden. Mit Hilfe derartiger Nadeln nähte man Kleidungsstücke oder Zeltbahnen zusammen.

Auch bei der Herstellung von Waffen dienten Tierknochen, Geweih und Mammutelfenbein als Rohstoffe. Aus diesen Materialien fertigte man Speerspitzen, Speerschleudern und Harpunen an.

Die Magdalénien-Leute haben ihre Toten in gestreckter Rükkenlage (Oberkassel), in Frankreich auch als Hocker mit zum Körper hin angezogenen Beinen (Chancelade[32]) oder in Form von Schädelbestattungen in Höhlen oder im Freiland beigesetzt. Manchmal zeigen die Bestattungen aus dieser Zeit, daß sie äußerst liebevoll vorgenommen wurden. Mitunter spiegeln sie aber auch archaische Bräuche wider.

Bei der Doppelbestattung eines alten Mannes und einer jungen Frau in Oberkassel bei Bonn ist unklar, ob diese beiden Menschen gleichzeitig oder in größerem zeitlichem Abstand zur letzten Ruhe gebettet wurden. Ein Teil der Skelettreste ist von Steinbrucharbeitern entdeckt, unsachgemäß geborgen und in einer Arbeitshütte aufbewahrt worden. Weitere Skeletteile barg man bei einer Nachgrabung. Die beiden Verstorbenen ruhten auf einer roten Farbschicht. Auch alle Knochen waren stark rot gefärbt, was auf Überstreuung der Leichname mit Ocker hindeutet. Zwei Knochenschnitzereien dienten als Beigaben. Tötungsspuren konnten nicht nachgewiesen werden.

Umstritten sind die magdalénienzeitlichen Skelettreste des Mannes aus der Mittleren Klause bei Essing in Bayern.[33] Der Tübinger Anthropologe Wilhelm Gieseler (1900–1976) deutete die von ihm an vielen dieser Knochen beobachteten Stichverletzungen, Kratz- und Schlagspuren als Hinweise auf Leichenzerstückelung und rituell motivierten Kannibalismus. Andere Experten hegen daran starke Zweifel. Erwähnenswert ist noch, daß über und unter dem Kopf des Skelettes Stücke zerbrochener Mammutstoßzähne lagen.

Aus Frankreich kennt man einzeln abgetrennte und in Höhlen bestattete Schädel aus dem Magdalénien. Je eine Kopfbestattung kamen in der Grotte des Hommes bei Arcy-sur-Cure (Departement Yonne) und in der Le-Placard-Höhle (Departement Charente) zum Vorschein.

Die seltsam anmutenden Bestattungssitten waren Teil der religiösen Vorstellungswelt der Magdalénien-Leute. Bei den Kopfbestattungen ging es vermutlich darum, den wichtigsten Teil des Verstorbenen zu erhalten. Vielleicht gedachte man bei bestimmten Anlässen in Höhlen mit Kopfbestattungen der Verstorbenen.

Auch der uns heute so grauenhaft erscheinende Kannibalismus war womöglich nur Ausdruck des Bestrebens, einen vertrauten Toten in sich aufzunehmen oder sich besonderer Fähigkeiten zu bemächtigen.

Einige Höhlenmalereien aus dem Magdalénien in Frankreich zeigen menschenähnliche Gestalten mit tierischen Attributen, die von den Prähistorikern als Zauberer oder Götter betrachtet werden. In der Gallibou-Höhle (Dordogne) ist ein solcher Zauberer mit einer Wisentmaske dargestellt. Aus der Höhle Les Trois Frères (Ariège) kennt man sogar drei mischgestaltige Wesen. Das bekannteste davon trägt ein mächtiges hirschähnliches Geweih, eine Hirschmaske mit langem Bart, ein Fell mit Schwanz, einen tierischen Penis sowie menschliche Beine und befindet sich in springender Haltung. Ein anderes hat eine Wisentmaske, ein rätselhaftes bogenartiges Gebilde vor dem Maul, ein Wisentfell mit Schwanz, einen erigierten Penis und menschliche Beine. Beim dritten Motiv entspricht der aufgerichtete Unterleib einschließlich des Geschlechtsorgans dem Menschen, der Oberkörper dagegen dem eines zurückblickenden Wisents.

Ähnlich merkwürdige Gestalten wurden in einen Lochstab eingraviert, der in der Höhle Teyat (Dordogne) zum Vorschein kam. Nämlich drei Gestalten mit menschlichen Beinen, die voluminöse, behaarte Oberkörper mit gemsenartigen Köpfen tragen.

Unter den in Deutschland entdeckten Kunstwerken hat man bisher keine eindeutigen Darstellungen ähnlicher Mischwesen erkannt. Vielleicht handelt es sich aber bei einigen Gravierungen auf den Schieferplatten von Gönnersdorf, die Köpfe mit ungewöhnlich großen Augen und merkwürdig vorspringender Nasen-Mund-Partie zeigen, um Teile solcher Mischwesen.

Dasselbe Rengeweihstück wie links von der anderen Seite mit zwei eingravierten langgestreckten, spitzovalen Gebilden. Original im Museum für Ur- und Frühgeschichte Thüringens, Weimar.

Auch die überlangen Haare an den Beinen einiger mutmaßlich männlicher zweibeiniger Wesen wirken wie tierische Attribute an einem ansonsten menschlichen Unterleib.

Wie dem auch sei, es läßt sich nicht leugnen, daß rätselhafte Mischwesen in der Vorstellungswelt der Menschen im Magdalénien einen festen Platz hatten. Vermutlich verkörperten sie, wie zuvor schon im Aurignacien und Gravettien, mit übernatürlichen Kräften ausgestattete Wesen. Daher schlüpften auch die Zauberer bei bestimmten Gelegenheiten in eine Verkleidung, zu der Geweihe, Tierfelle und -schwänze gehörten. Man kann sich gut vorstellen, wie sie auf diese Weise vermummt ekstatische Tänze am nächtlichen Lagerfeuer aufführten und damit die Zuschauer in ihren Bann schlugen.

Als Heiligtümer dienten damals vor allem die seit jeher auf Menschen etwas unheimlich wirkenden dunklen Höhlen. In ihnen wurden vermutlich die Jugendlichen in den Kreis der Erwachsenen aufgenommen. Indizien für solche Initiationsriten sind vielleicht die von nackten Füßen stammenden Spuren von Jugendlichen in einigen französischen Höhlen wie Montespan, Niaux, Pech-Merle und Tuc d'Audobert. In letzterer Höhle hatte ein Jugendlicher etwa 700 Meter vom Eingang entfernt vor zwei aus Lehm modellierten Bisons etwa 50 Fersenabdrücke hinterlassen. Sie lagen stellenweise dicht beieinander und werden deswegen als Spuren eines Tanzes gedeutet.

Solche Kulthöhlen – wenngleich ohne Fußspuren – gab es im Magdalénien auch in Deutschland. Dem Kult diente beispielsweise der hintere Teil der Höhle Bärenkeller bei Königssee-Garsitz in Thüringen. Etwa 15 Meter vom Eingang dieser ungemütlichen, ungesunden und nassen Höhle entfernt und 8 Meter tiefer gelegen standen an kleinen Feuerstellen lange, spitze Stäbe aus Geweih und Mammutelfenbein sowie eine kleine stilisierte Frauenfigur aus Elfenbein. Der Ausgräber Rudolf Feustel aus Weimar vermutet, daß auf die Stäbe Fleischstücke gespießt und der »Mutter der Tiere« geopfert wurden. Auf diese Weise sollte die Gottheit gnädig gestimmt werden, den Opfernden reiche Jagdbeute sichern, die Tierherden vermehren und die Menschen vor Unheil bewahren.

Mit dem Kult stand vielleicht auch ein Tonschiefergeröll aus der Höhle Teufelsbrücke auf dem Gleitsch (Kreis Saalfeld) in Thüringen in Verbindung. Es zeigt neben Wildpferden, einem Mammut und einem Vogel eine stilisierte Frauenfigur sowie seltsame menschliche Gestalten mit rechteckigem Körper, flossenartigen Armen und Händen mit Fingern. Die zuletzt genannten Gestalten wurden unter anderem als Darstellungen von Geistern gedeutet.

Als eindrucksvolles Beispiel einer Kultstätte im Freiland gilt das im Nordosten der Siedlung Oelknitz (Kreis Jena) in Thüringen liegende »sakrale Zentrum« von etwa fünf Meter Durchmesser. Um dieses gruppierten sich im Halbkreis drei Behausungen und ein kleineres Zelt. Im westlichen Teil stand die bereits erwähnte, 48 Zentimeter hohe Sandsteinstele, auf der ein 5,5 Zentimeter großes Vulvazeichen eingemeißelt ist. Sie war nach Westen orientiert. Eine zweite, 53 Zentimeter hohe Sandsteinstele im nördlichen Teil der Kultstätte war mit einem andersartigen weiblichen Geschlechtssymbol versehen und nach Osten ausgerichtet. Eine in den Boden eingetiefte Feuerstelle wurde teilweise von Steinen umrahmt, von denen einer eine auf dem Kopf stehende Wildpferdgravierung trug. Am Rand der Kultstätte lag eine kleine, aus Mammutelfenbein geschnitzte, stilisierte Frauenfigur. Weitere drei solcher Frauenfiguren kamen aus Gruben im Bereich der Wohnzelte zum Vorschein. Auf dem Areal der Kultstätte fand man außerdem viele Rötelstücke, mit denen verschiedene Gegenstände bemalt worden sein dürften.

Die meist nur wenige Zentimeter großen geschnitzten Frauenfiguren aus Deutschland von den Fundorten Petersfels, Andernach, Gönnersdorf und Oelknitz hatten vielleicht eine bislang unbekannte Funktion im Kult der Magdalénien-Leute. Manche Prähistoriker deuten sie als sexuelle Amulette, die persönlicher Besitz der Männer gewesen sein sollen. Andere Autoren meinen, die häufige Darstellung von Frauen gebe einen Hinweis auf deren hohe gesellschaftliche Stellung und betone die wichtige Rolle als Frau und Mutter. Letztere Auffassung steht im Einklang mit der Vermutung, daß die Jägergemeinschaften des Magdalénien ebenso wie die des Aurignacien und Gravettien mutterrechtlich organisiert gewesen seien. Eine solche Dominanz der Frauen ist allerdings angesichts der großen Bedeutung, welche die durch Männer ausgeübte Jagd damals hatte, schlecht vorstellbar.

Die Rentierjäger im Norden

Die »Hamburger Kultur«

In Schleswig-Holstein und im nördlichen Niedersachsen lebten teilweise zur gleichen Zeit wie die Magdalénien-Leute in den südlich angrenzenden Gebieten Deutschlands vor etwa 15 000 bis 14 000 Jahren die Jäger und Sammler der »Hamburger Kultur«. Diese Kulturstufe war auch in den niederländischen Provinzen Drenthe, Friesland, Groningen, Gelderland, Utrecht sowie in Polen verbreitet.

Den Begriff »Hamburger Kultur« (auch Hamburgium) hat 1933 der Kieler Prähistoriker Gustav Schwantes (1881–1960, s. S. 514) vorgeschlagen, weil bei Hamburg besonders viele Fundstellen dieser Stufe entdeckt wurden.

Die »Hamburger Kultur« fiel in die als älteste Dryaszeit bezeichnete Kaltphase (vor etwa 15 000 bis 13 000 Jahren). Während dieser Zeit lag die Nordseeküste nördlich der Doggerbank, also etwa 300 Kilometer nördlicher als heute. Deshalb konnten die Angehörigen der »Hamburger Kultur« auch in Gegenden jagen und wohnen, die heute vom Meer bedeckt sind.

Wie die Landschaft in der Hamburger Gegend nach dem Abschmelzen des Gletschereises vor etwa 15 000 Jahren aussah, hat der Ahrensburger Prähistoriker Alfred Rust[1] (1900–1983), der sich um die Erforschung der »Hamburger Kultur« sehr verdient machte, anschaulich beschrieben. So wie heute in Nordsibirien und Grönland breitete sich eine Tundrenvegetation aus, in der Silberwurz und Steinbrech, aber auch zwergförmige Birken und Weiden gediehen. Da diese Pflanzen kaum Kniehöhe erreichten, war das Land weit zu überblicken.

Von den restlichen Gletscherfeldern Skandinaviens wehten eisige Stürme. Der eis- und schneefreie Sommer dauerte nur etwa drei Monate. In dieser kurzen Wachstumsspanne mußten Blüte, Befruchtung und Samenbildung abgeschlossen sein. Denn bald war das Land wieder von meterhohem Schnee bedeckt. Der Boden blieb sogar im Sommer tief gefroren und taute nur oberflächlich ein wenig auf. Der Dauerfrostboden reichte bis zu 50 oder gar 100 Meter tief.

Rust nahm an, daß während des kurzen Sommers Rentierherden in Schleswig-Holstein einwanderten, wo sie Gras und Renmoos ästen und weniger von lästigen Insekten geplagt wurden als in dem südlicher gelegenen Klimagürtel, in dem sie sich im Winter aufhielten. Das reiche Vorkommen an Rentieren und die geringere Insektenplage hätten die Jäger der »Hamburger Kultur« bewogen, sich im Sommer in Schleswig-Holstein aufzuhalten.

Gestützt auf die neuere Klimaforschung vertrat der Schleswiger Prähistoriker Klaus Bokelmann 1979 eine von Rust abweichende Auffassung, indem er darauf verwies, daß der Gletscherrand zur Zeit der »Hamburger Kultur« einige hundert Kilometer weiter nördlich von Schleswig-Holstein lag und die klimatischen Bedingungen keinesfalls so hart waren, wie früher angenommen wurde. Auch im Winter hätten sich Rentiere in Schleswig-Holstein behaupten können und den Hamburger Jägern zumindest zeitweise reiche Beute geboten.

Von Fundstellen der »Hamburger Kultur« kennt man Reste von Enten, Gänsen, Möwen, Schneehühnern, Alpenstrandläufern, Kranichen, Tüpfelsumpfhühnern und Schwänen. Außerdem sind dort Skelettreste vom Rentier, Wildpferd, Fuchs, Vielfraß, Iltis, Ziesel, Hasen, Lemming und der Ungarischen Bisamspitzmaus geborgen worden.

Da von den Angehörigen der »Hamburger Kultur« bisher keine Skelettreste oder bewußt durchgeführten Bestattungen entdeckt wurden, ist über ihr Aussehen, ihre Körpergröße und über ihre Krankheiten nichts bekannt. Sicher ist nur, daß sie wie ihre südlichen Nachbarn, die Magdalénien-Leute, zu den eiszeitlichen Jetztmenschen (*Homo sapiens sapiens*) gehörten.

Vielleicht schlossen sich die Jäger der »Hamburger Kultur« im Winter zu einem Stamm mit bis zu 50 Männern, Frauen und Kindern zusammen. In der kalten Jahreszeit dürften sie vor allem von ihren Vorräten gelebt haben. Im Sommer teilte sich vermutlich der Stamm in einzelne Familien auf. Andernfalls wäre der Wildbestand bald stark gelichtet und die Tiere vergrämt worden.

Besonders viele Winterlager wurden im Ahrensburg-Meiendorfer Tunneltal[2] (Kreis Stormarn) entdeckt. Dorthin mußten die Jäger allerdings die für den Aufbau von Zelten benötigten

Der Prähistoriker Alfred Rust (1900–1983) aus Ahrensburg (Kreis Stormarn) hat sich durch seine Ausgrabungen und Veröffentlichungen um die Erforschung der »Hamburger Kultur« und der »Ahrensburger Kultur« große Verdienste erworben.

Zeltlager von Rentierjägern der »Hamburger Kultur« vor mehr als
14 000 Jahren in der Gegend von Hamburg in Schleswig-Holstein.

Holzstangen mitbringen, weil es in dieser baumlosen Gegend
kein ausreichend langes Holz gab. Diese Ansicht vertrat jedenfalls Alfred Rust. Vielleicht haben sie auch die aus aneinander-
genähten, gegerbten Rentierfellen bestehenden Zeltplanen
mitgebracht. Für deren Transport wären allerdings Schlitten
erforderlich gewesen.

Am Ziel angekommen, band man die Holzstangen oben mit
einem Lederriemen zusammen und stellte sie als schräges Zelt-
gerüst auf. Auf diese Konstruktion wurde die Zeltplane gelegt.
Den Rand der Zeltwand hat man mit Sand beschwert. Sturm-
fest gemacht wurde das Zelt mit schweren Steinen, an denen
man lederne Haltetaue befestigte, die vom First des Zeltes her-
unterhingen. Den Fußboden im Zeltinnern bedeckte man mit
Zweigen von Zwergbirken und -weiden und Moosen, darüber
breitete man die Rentierfelle aus. Auf diesem bequemen Lager
konnte man gut sitzen oder liegen.

Nach den bisherigen Funden zu schließen, bestanden die Winterlager der »Hamburger Kultur« stets aus Zelten, die man in
dieser oder ähnlicher Weise errichtete. Überreste solcher Zelte
sind die verwendeten Steine, Wohngruben und -mulden sowie
Reste von Feuerstellen.

Am Fundort Ahrensburg-Borneck[3] markiert eine Ansammlung
größerer Steine, die in Form zweier ineinander gelegter Kränze
gesetzt waren, die Grundrisse eines Sommerlagers. Der innere
ovale Steinkranz hatte einen Durchmesser von 3,50 bzw.

2,50 Metern. Er diente zur Befestigung eines Innenzeltes, das
wohl als Schlafraum diente. Um das Innenzelt lag eine Reihe
kleinerer Steine, die vermutlich die Belastungssteine eines
5,50 Meter messenden hufeisenförmigen Außenzeltes waren.
Eine Feuerstelle und ein Arbeitsplatz mit einer Anhäufung verschiedener Werkzeuge befanden sich außerhalb des Zeltes und
verwiesen damit darauf, daß es sich hier um eine Sommerbe-
hausung handelte.

Am Fundort Ahrensburg-Teltwisch[14] entdeckte man Reste
eines Zeltes mit einem Durchmesser von etwa 5 Metern. Von
Ahrensburg-Teltwisch 3 sind Reste eines Zeltes mit etwa
3,50 Meter Durchmesser bekannt. Noch größer war ein am
Fundort Ahrensburg-Poggenwisch[5] aufgebautes Zelt (s. S. 68).
Es hatte einen Durchmesser von 5 Metern. Seine Wände wur-
den am Boden ringsum von einem 50 Zentimeter breiten und
10 Zentimeter hohen Sandwall beschwert. Der Eingang lag im
Osten und war einem Gewässer zugekehrt. Und am Fundort
Ahrensburg-Hasewisch[6] konnte man eine 3 Meter breite und
15 Zentimeter tiefe Mulde als Rest eines Zeltes nachweisen.
Andere im Ahrensburg-Meiendorfer Tunneltal ausgegrabene
Reste von Zeltlagern stammen von den zeitlich etwas jüngeren
Federmesser-Gruppen (s. S. 107) und von der »Ahrensburger
Kultur« (s. S. 115). All diese Funde belegen, daß jene Gegend
Schleswig-Holsteins gegen Ende der letzten Eiszeit immer wie-
der gern von Jägern und Sammlern aufgesucht worden ist.

Skelett eines Rentieres aus Meiendorf bei Ahrensburg (Kreis Stormarn) in Schleswig-Holstein. Die schweren Steine im Brustkorb sollten vermutlich dafür sorgen, daß das Rentier in einem See versenkt werden konnte. Ob es sich hierbei um eine besondere Art der Vorratshaltung oder um eine Opfergabe für eine im Untergrund vermutete Gottheit handelte, ist ungeklärt. Original im Archäologischen Landesmuseum der Christian-Albrechts-Universität, Schleswig.

Auf Spuren von Zelten der »Hamburger Kultur« stieß man außerdem noch in anderen Gegenden Schleswig-Holsteins (Schalkholz[7]) und Niedersachsens (Querenstede[8], Dörgen[9], Heber[10], Deimern[11]). In Schalkholz (Kreis Dithmarschen) wurde der Rest einer 2 bis 3 Meter großen Wohngrube gefunden. Von Querenstede (Kreis Ammerland) kennt man eine birnenförmige flache Mulde von 2,90 x 1,40 Meter Ausdehnung und zwei kreisförmige Steinsetzungen. In Dörgen (Kreis Emsland) wurde eine 2,50 Meter breite und 0,65 Meter tiefe Mulde nachgewiesen. Steinansammlungen in Heber (Kreis Soltau-Fallingbostel) werden als Reste von Wohnböden ehemaliger Zelte gedeutet.

Die Jäger der »Hamburger Kultur« hatten sich auf das Erlegen von Rentieren spezialisiert. Die Jagdstreifzüge in der Hamburger Gegend erfolgten größtenteils im Herbst.

Bei der Jagd auf Rentiere wurden Harpunen aus Rentiergeweih mit etwa zwei Meter langem Holzschaft verwendet. Die gezackte Harpunenspitze saß lose im ausgehöhlten Holzschaft. An ihrem Ende war ein langer Lederriemen befestigt, der zu großen Ringen aufgerollt gewesen sein könnte und vom Jäger getragen wurde. Nach dem gelungenen Wurf auf ein Rentier steckte die Harpunenspitze im Körper des Tieres, das sich sozusagen an der Leine des Jägers befand.

Manche Prähistoriker nehmen an, die Jäger der »Hamburger Kultur« hätten die Rentiere bereits mit Pfeil und Bogen erlegt. Die Bögen hätten aus Kiefernholz, die Sehnen aus getrockneten Rentierdärmen und die Pfeilspitzen aus Tierknochen oder Feuerstein bestanden. Archäologisch ist diese Fernwaffe in Deutschland jedoch erst bei den später auftretenden Federmesser-Gruppen (s. S. 110) und der »Ahrensburger Kultur« (s. S. 117) nachgewiesen. Auch die Verwendung des Wurfbretts – Atlatl genannt – wird diskutiert. Damit konnte man wie mit der Speerschleuder Speere werfen.

Bei der Ernährung spielte das Fleisch der Rentiere eine wichtige Rolle. Es ist denkbar, daß man sogar den Inhalt des Rentiermagens verzehrte. Das im Rentiermagen durch die Magen-

säure verdaute, also aufgeschlossene Renmoos hätte wie säuerliches Gemüse geschmeckt.

Sowohl bei ihren Wanderungen zu neuen Lagerplätzen als auch bei Jagdstreifzügen waren die Menschen der »Hamburger Kultur« ausschließlich auf ihre eigenen Beine angewiesen. Offenbar war man noch nicht dazu übergegangen, Rentiere einzufangen, zu zähmen und als Zugtiere von Schlitten zu benutzen. Man weiß allerdings nicht, ob die Jäger der »Hamburger Kultur« überhaupt Schlitten bauten und damit sperrige oder schwere Lasten transportierten. Sollten sie bereits gezähmte Wölfe als Haushunde besessen haben, könnten diese in gewissem Umfang als Zugtiere herangezogen worden sein.

Nach Ansicht von Alfred Rust waren die Männer, Frauen und Kinder vermutlich wie Eskimos gekleidet. Diese Kleidung wurde aus mühsam gegerbten Rentierfellen angefertigt. Beide Geschlechter trugen wahrscheinlich jeweils eine Überwurfjacke mit nach hinten hängender Kapuze, eine Fellhose und lederne Schuhe. Die Frauen dürften auf ihre Kleidung bunte Besätze aufgenäht haben.

Schmuck ist bisher nicht gefunden worden. Auffällig ist vor allem das Fehlen der bei den zeitgleichen Magdalénien-Leuten so beliebten Schmuckschnecken. Man kann aber vielleicht

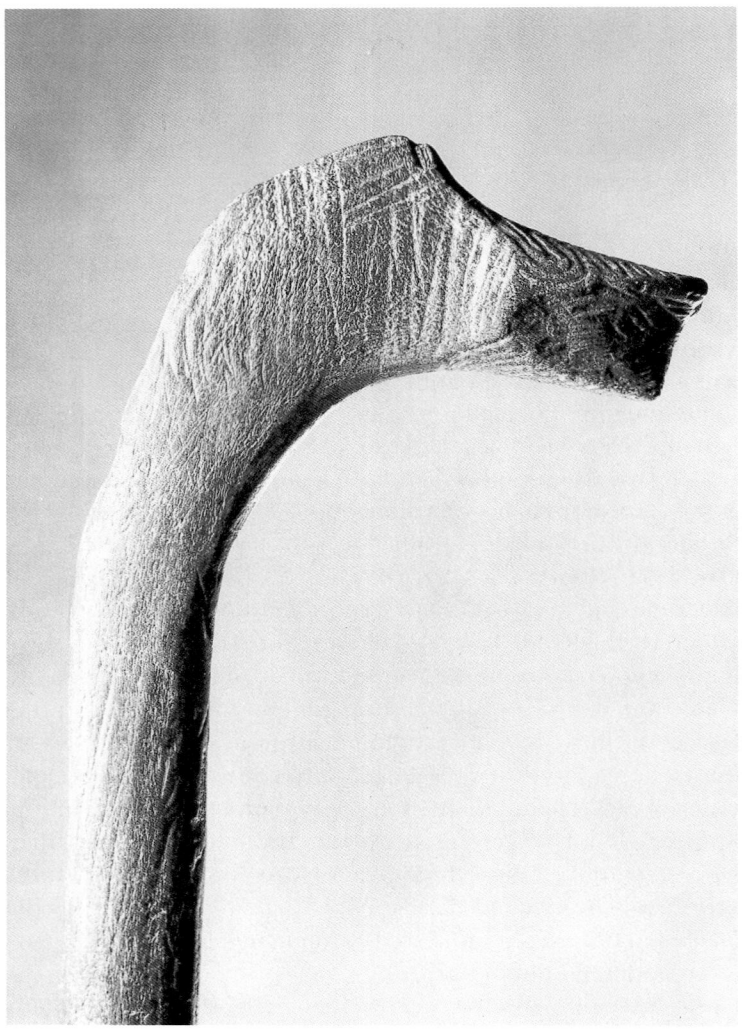

Verzierter Riemenschneider aus Rengeweih mit stilisiertem Gänse- oder Schwanenkopf von Meiendorf bei Ahrensburg (Kreis Stormarn) in Schleswig-Holstein. Im inneren Bogen der Schaftkrümmung steckte einst eine Feuersteinklinge. Länge des Riemenschneiders 17 Zentimeter. Original im Archäologischen Landesmuseum der Christian-Albrechts-Universität, Schleswig.

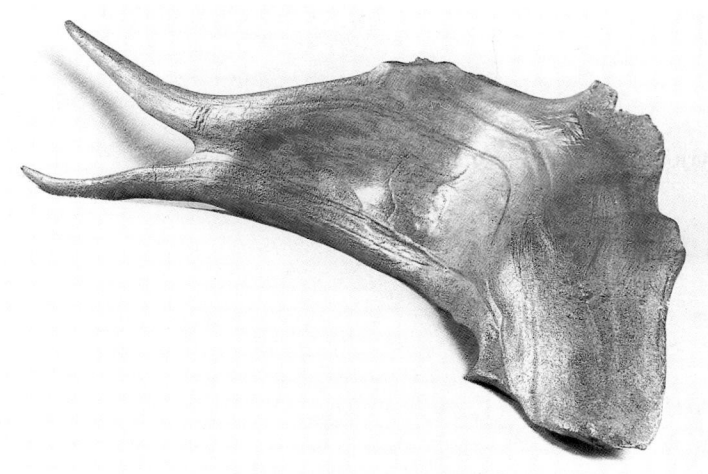

Geweihschaufel in Gestalt eines Fisches von Meiendorf bei Ahrensburg (Kreis Stormarn) in Schleswig-Holstein. Länge nahezu 75 Zentimeter. Original im Archäologischen Landesmuseum der Christian-Albrechts-Universität, Schleswig.

davon ausgehen, daß die Angehörigen der »Hamburger Kultur« zumindest Schmuck aus durchbohrten Rentierzähnen trugen.

Die Kunstwerke der »Hamburger Kultur« wurden aus Stein, Bernstein, Knochen und Rentiergeweih angefertigt. Meist stellte man Tiere dar, nur in einem einzigen Fall auch den Menschen. Verglichen mit den zahlreichen Kunstwerken des Magdalénien in Deutschland beschränken sich die Funde aus der »Hamburger Kultur« auf wenige Exemplare.

In zwei Sandsteingeröllen von Meiendorf im Ahrensburg-Meiendorfer Tunneltal soll ein Raubtierkopf bzw. ein Pferdekopf eingraviert sein. Beide Deutungen sind jedoch sehr umstritten. Andererseits waren Tiermotive auf Geröllen im zeitgleichen Magdalénien durchaus üblich.

Von Meiendorf stammt außerdem eine maximal 5,6 Zentimeter breite durchbohrte Bernsteinscheibe, die auf beiden Seiten mit Gravuren versehen ist. Alfred Rust erkannte in diesem Liniengewirr einen Pferdekopf und andere Tierdarstellungen. Andere Autoren sahen statt eines Pferdekopfes eine unvollständige und unregelmäßige, die Durchbohrung einschließende Kreisfigur. Vielleicht sollte man dem Umriß dieser Bernsteinscheibe mehr Aufmerksamkeit widmen, weil dieser sehr stark einem Tierkopf ähnelt, wobei die Durchbohrung als Auge angesehen werden könnte. Aber dies ist natürlich nur eine weitere Spekulation.

Der »Hamburger Kultur« wird auch ein etwa 13 Zentimeter langes, nadel- oder pfriemartiges Knochengerät aus Groß-Wusternitz[12] (Kreis Brandenburg) zugeordnet, dessen dem der Spitze gegenüberliegendes stumpfes Ende als maskenartiges Gesicht gestaltet ist. Dieses Motiv wurde als Rinder- oder Moschusochsenkopf gedeutet. Man datiert das Kunstwerk in die »Hamburger Kultur«, weil es dem sogenannten Poggenwischstab sehr ähnelt.

Dieser Poggenwischstab[13] vom Fundort Ahrensburg-Poggenwisch (Kreis Stormarn) gilt als eines der schönsten Kunstwerke der »Hamburger Kultur«. Er wurde aus Rentiergeweih geschnitzt, ist 14,8 Zentimeter lang, maximal 1 Zentimeter breit und bis zu 0,85 Zentimeter dick. Das Ober- und das Mittelteil des Stabes sind reich mit Ornamenten verziert. Das unterste Stabende schließt mit einem Zapfen ab, der das Kinn

eines maskenartigen Männergesichtes bildet. Zu erkennen sind zwei große Ohren, eine markante Nase, Wangen und der Mund. Die Ohren sitzen seltsamerweise da, wo sich bei manchen Tieren Hörner befinden. Vermutlich handelt es sich auch bei diesem Fund um die Darstellung eines Mischwesens. Das maskenartige Gesicht des Poggenwischstabes gleicht demjenigen auf einem Stab mit einem menschlichen Kopf aus der Placardhöhle bei Vilhonneur (Departement Charente) in Frankreich.

Das von den Maßen her bisher größte Kunstwerk der »Hamburger Kultur« kam in Meiendorf zum Vorschein: der nahezu 75 Zentimeter lange Rest einer Geweihschaufel, deren Umriß durch Abtrennen von Sprossen und Bearbeitung des dem Schaft zugewendeten Endes so verändert wurde, daß die Form eines Fisches entstand.[14] Der Ausgräber Alfred Rust hatte diesen Fund zunächst als Schaufel zum Graben gedeutet. Er schloß sich jedoch später der Auffassung des französischen Prähistorikers Henri Breuil an, der in ihm eine Fischdarstellung erkannte.

Die bislang entdeckten spärlichen Funde von Kunstwerken der »Hamburger Kultur« könnte man bequem in einem einzigen großen Reisekoffer unterbringen. Trotzdem bezeugen bereits diese wenigen Funde einen beachtlichen Kunstsinn der Menschen jener Kulturstufe.

Auch die »Hamburger Kultur« wird zu den Klingen-Industrien der jüngeren Altsteinzeit gerechnet (s. S. 38). Für die Steinwerkzeuge verwendete man fast ausschließlich Feuerstein als Rohstoff, der den Vorteil hatte, daß die von einem Rohstück abgeschlagenen Klingen zumeist außerordentlich scharfe Schneiden aufweisen.

Feuersteinwerkzeuge der »Hamburger Kultur« wurden bereits 1875 und vor 1888 in der Glaner Heide bei Wildeshausen[15] (Kreis Oldenburg) in Niedersachsen entdeckt. Als bisher südlichster Fundort von Feuersteinwerkzeugen der »Hamburger Kultur« gilt der Stadtteil Frille von Petershagen (Kreis Minden-Lübbecke) in Niedersachsen.

Durchbohrte Bernsteinscheibe mit Einritzungen von Meiendorf bei Ahrensburg (Kreis Stormarn) in Schleswig-Holstein. Die Konturen des mutmaßlichen »Pferdekopfes« sind nachgezogen. Länge 5,6 Zentimeter. Original im Archäologischen Landesmuseum der Christian-Albrechts-Universität, Schleswig.

Ein großer Teil der Werkzeuge und Waffen der »Hamburger Kultur« wurde aus Rentiergeweih angefertigt. Eine Kombination aus Feuerstein und Rentiergeweih war der sogenannte Riemenschneider. So nennt man einen Messergriff aus einer Geweihsprosse, in die schmale Schlitze gestichelt wurden, in die man Feuersteinmesser einsetzte. Einen solchen – verzierten – Riemenschneider hat man in Meiendorf gefunden. Aus Rentiergeweih wurden Nähnadeln mit Öhr geschaffen, die sich zum Nähen von Kleidung und Zeltplanen eigneten.

Zu den Waffen aus Geweih gehörten Harpunen- und Speerspitzen. Ihre Herstellung begann damit, daß man aus der Innenseite von Rentierstangen lange Späne schnitt. Dabei zog man mit einem Feuersteinstichel eine schmale Rinne von oben nach unten und vertiefte sie allmählich durch wiederholtes Herunterziehen, bis man das poröse Innengewebe erreichte. Dann wurde etwa einen Fingerbreit daneben ein zweiter Trennkanal angelegt und mit einem krummen Zinken der Span weiter von der Unterlage gelöst. Mit Hilfe zugespitzter Knochenkeile und durch Hebeldruck hob man dann den Span ab, dem man durch Schnitzen die endgültige Form gab.

Wie die Angehörigen der »Hamburger Kultur« ihre Verstorbenen bestatteten, ist nicht bekannt, weil bisher keine Skelettreste oder Gräber entdeckt wurden. Vielleicht pflegten sie ähnliche Bestattungssitten wie die Magdalénien-Leute, bei denen Ganzkörperbestattungen, Kopfbestattungen und Leichenzerstückelung nachgewiesen sind.

Recht dürftig und umstritten sind die Hinweise auf die Religion der Menschen dieser Kulturstufe. Ob die in einem Eissee bei Meiendorf mit Steinen im Bauch versenkten Rentiere als Opfer für eine in der Unterwelt vermutete Gottheit dienten, die alle Tiere erschuf und immer wieder neue Tiere gebären ließ, wie Alfred Rust annahm, ist umstritten. Andere Prähistoriker meinen, auf diese Weise habe man die getöteten Rentiere lediglich in dem eiskalten Wasser konservieren wollen, wie dies noch in unserer Zeit in der Antarktis praktiziert wird. Vielleicht sind nur die extrem mageren Tiere ohne Nährwert ins Wasser geworfen worden, um den Siedlungsplatz von Fleischresten freizuhalten, damit keine Wölfe angelockt wurden.

Man kann auch darüber spekulieren, ob der mit viel Mühe geschnitzte Poggenwischstab eine Rolle im Kult spielte. Für einen normalen Gebrauchsgegenstand hätte man wohl kaum soviel Zeit aufgewendet.

Generell dürfte die geistige Welt dieser Jäger und Sammler von der Furcht vor unerklärlichen Naturerscheinungen, in denen man das Werk von Geistern oder Göttern erblickte, geprägt gewesen sein. Die Bitten an die Geister oder Gottheiten galten wohl meist dem erhofften Jagdglück und der Abwehr von Krankheit und Tod.

Verziertes Stäbchen aus Rengeweih von Ahrensburg-Poggenwisch (Kreis Stormarn) in Schleswig-Holstein mit maskenartigem Gesicht am Ende. Der sogenannte »Poggenwischstab« ist 14,8 Zentimeter lang, maximal 1 Zentimeter breit und 0,85 Zentimeter dick. Original im Archäologischen Landesmuseum der Christian-Albrechts-Universität, Schleswig.

Mit Pfeil und Bogen auf die Jagd

Die Federmesser-Gruppen

Als Nachfolger der »Hamburger Kultur« in Schleswig-Holstein und im südlichen Niedersachsen sowie des Magdalénien in den daran angrenzenden Gebieten traten vor etwa 12 000 bis 10 700 Jahren die nach einem typischen Waffenteil bezeichneten Federmesser-Gruppen in Deutschland auf. Sie waren auch in Holland und Belgien verbreitet. Die Federmesser-Gruppen werden dem Spätpaläolithikum bzw. dem Spätmagdalénien zugerechnet.

Als Federmesser bezeichnete 1912 der Tübinger Prähistoriker Richard Rudolf Schmidt (1882–1950) ein aus Feuerstein hergestelltes kleines Messer mit bogenförmiger Rundbearbeitung. Der Name beruht darauf, daß diese Messer den Federmessern ähneln, mit denen man in früheren Zeiten die Schreibfedern spitzte. Den Begriff Federmesser-Gruppen hat 1954 der damals in Kiel lehrende Prähistoriker Hermann Schwabedissen (s. S. 514) in die Fachliteratur eingeführt. Dabei unterschied er zwischen drei Gruppen, auf die wir später noch zurückkommen werden.

Während die Federmesser-Gruppen auftraten, wechselte das Klima. Sie fielen zunächst in die ältere Dryaszeit genannte Kaltphase vor etwa 12 000 bis 11 700 Jahren, dann in die als Alleröd-Interstadial bezeichnete Warmphase vor etwa 11 700 bis 10 700 Jahren und teilweise noch in die jüngere Dryaszeit geheißene Kaltphase vor etwa 10 700 bis 10 000 Jahren.

Die Klimaverschlechterung der älteren Dryaszeit (auch ältere Subarktische Zeit oder ältere Parktundrenzeit genannt) führte dazu, daß sich statt Wäldern baumarme parkartige Tundren ausbreiteten. Ein typisches Gewächs in dieser Kaltzeit war die weißblühende Silberwurz *(Dryas octopetala)*. Sie gilt als charakteristische Pflanze subpolarer Tundrengebiete und der Hochgebirgsregion. Zur damaligen Tierwelt gehörten unter anderem Wildpferd, Rentier, Steinbock und Rothirsch. Mammut, Fellnashorn, Höhlenlöwe, Höhlenhyäne und Höhlenbär dagegen waren bereits aus Deutschland verschwunden.

Während der darauffolgenden Klimaverbesserung des Alleröd-Interstadials (auch mittlere Subarktische Zeit oder Birken-Kiefernwald-Zeit) breiteten sich mit zunehmender Erwärmung zunächst Birken- und später Kiefernwälder aus. Bei einer verheerenden Vulkankatastrophe im Gebiet des Laacher Sees in der Eifel (Rheinland-Pfalz) sind im Neuwieder Becken am Mittelrhein weithin Wälder aus dem Alleröd unter Auswurfmassen begraben worden. So entstand eine unvergleichliche Momentaufnahme der Pflanzenwelt vor etwa 11 000 Jahren.

Vor diesem Vulkanausbruch wuchsen – nach den Funden unter der mehrere Meter mächtigen Bimsschicht zu schließen – im Neuwieder Becken unter anderem Birken, Kiefern, Traubenkirschen, Weiden und Pappeln. Diese Bäume sind aufrecht stehend durch den auf sie fallenden Bims verschüttet worden und nicht verbrannt. Die Pappeln von der Fundstelle Miesenheim II (Kreis Mayen-Koblenz) im Nettetal hatten bis zu 70 Zentimeter dicke Stämme. In Thür bei Mayen fand man sogar einen Birkenstamm, an dem ein Mensch mit einem Steinwerkzeug – vielleicht bei der Gewinnung von Rinde – zwei Kerben angebracht hatte.

Im Naturschutzgebiet Mainzer Sand zwischen den Mainzer Stadtteilen Mombach und Gonsenheim (Rheinland-Pfalz) wachsen heute noch Gräser, Kräuter und Blumen wie im Alleröd-Interstadial zwischen etwa 11 700 und 10 700 Jahren. Zu den botanischen Raritäten vom Mainzer Sand gehört die abgebildete Gemeine Küchenschelle *(Pulsatilla vulgaris)*.

Gräser, Kräuter und Blumen, wie sie im Alleröd gediehen, findet man heute noch im Naturschutzgebiet Mainzer Sand zwischen den Mainzer Stadtteilen Mombach und Gonsenheim sowie in bescheidenerem Maße zwischen Eberstadt und Bikkenbach bei Darmstadt. Auf dem welligen Dünengelände des Mainzer Sandes[1] mit Flugsanden aus der Würm-Eiszeit kann man im Frühling die dunkelviolett blühende Gemeine Küchenschelle *(Pulsatilla vulgaris)* und die sehr selten gewordene Violette Schwarzwurzel *(Scorzonera purpurea)* mit hellvioletten Schaublüten beobachten. Außerdem blüht dort zu dieser Jahreszeit das Frühlings-Adonisröschen *(Adonis vernalis)*, das gelbe Farbtupfer setzt. Im Sommer sieht man auf dem Mainzer Sand die Sand-Filzscharte *(Jurinea cyanoides)*, das Ebensträußige Gipskraut *(Gypsophila fastigiata)* und die Sand-Strohblume *(Helichrysum arenarium)* mit gelben bis orangegelben Blütenköpfchen. Im Spätsommer fallen die Federgräser auf, besonders das Haar-Federgras *(Stipa capillata)* und das Grauscheidige Federgras *(Stipa joannis)*. Eine Rarität in der Steppenflora des Mainzer Sandes ist die Sand-Lotwurz *(Onosma arenarium)*, die sonst nirgendwo in Deutschland gedeiht.

Die Flora des Mainzer Sandes umfaßt Pflanzen der russischen Tundra (sarmantisches Gebiet), der russischen und ungarischen Steppen (pontisch-pannonisches Gebiet) sowie des Schwarzmeer- und Mittelmeerraumes (pontisch-mediterranes Gebiet). Leider wird dieses Naturschutzgebiet von einer Autobahn durchschnitten, durch Neubaugebiete eingeengt und durch von den Wegen abweichende Spaziergänger zertrampelt. Am Ende des Alleröd-Interstadials kam es gebiets- und zeitweise zu ausgedehnten Bränden der ausgedörrten Kiefernwälder. Als eine charakteristische Brandschicht aus dieser Zeit gilt der sogenannte Usselo-Horizont.[2]

Im Alleröd waren in den meisten Gebieten Deutschlands die Wildpferde und Rentiere bereits verschwunden. In Baden-

Württemberg beispielsweise gab es vor allem Rothirsche und Rehe und nur noch sehr selten Elche.

Im Rheinland lebten zahlreiche Hirsche, aber auch Biber, Auerochsen, Elche, Gemsen, Dachse und gelegentlich sogar noch Wildpferde. Die erwähnte Vulkankatastrophe im Gebiet des Laacher Sees hat offenbar kaum größere Tiere überrascht. Von ihnen wurden nur selten Skelettreste unter dem Bims geborgen. Vermutlich sind die großen Tiere durch gewisse Vorzeichen eines Ausbruches in die Flucht gejagt worden. Viele Schnecken, Käfer, aber auch Nagetiere kamen jedoch durch den »Bimsregen« ums Leben.

Als Opfer der Vulkankatastrophe gelten auch menschliche Skelettreste aus Weißenthurm bei Koblenz und von der Rauschersmühle bei Plaidt (beide Kreis Mayen-Koblenz). In Weißenthurm stießen Arbeiter 1922 unter einer sieben Meter mächtigen Bimsschicht auf menschliche Skelettreste. Sie schenkten diesen jedoch keine Beachtung und zerstörten sie teilweise. Als der Koblenzer Heimatforscher Adam Günther[3] (1871–1940) zur Fundstelle kam, fand er nur noch einige Skelettreste, Teile des Schädels und 14 Zähne vor. Die Untersuchung der Zähne zeigte, daß es sich um einen etwa 50jährigen Mann handelte. Einige der Knochen waren durch Feuereinwirkung schwarz gefärbt. Günther nahm an, daß dieser Mensch durch den explosionsartigen Vulkanausbruch getötet worden war. Leider gingen diese Skelettreste später verloren. Ebenfalls verschollen sind die menschlichen Knochen von der Rauschersmühle bei Plaidt.

Nach dem Vulkanausbruch gegen Ende des Alleröd-Interstadials dürfte das Neuwieder Becken einige Jahrzehnte lang eine trostlose Bimswüste gewesen sein, ehe es erneut von einem grünen Pflanzenkleid überzogen sowie von größeren Tieren und von Menschen besiedelt wurde. Der Aschenregen konnte sogar auf der dänischen Insel Bornholm nachgewiesen werden, jedoch nicht in Schleswig-Holstein, da die Hauptwindrichtung, südöstlich lag.

In den ersten beiden Jahrhunderten der jüngeren Dryaszeit, die noch in die Zeit der Federmesser-Leute fielen, führte eine Klimaverschlechterung zur Bildung von Parktundren mit einem lichten Birkenbestand, Gräsern, Beifußgewächsen (Artemisia) und der Silberwurz (Dryas). In dieser relativ baumarmen Landschaft lebten vor allem Hirsche und Rehe und natürlich allerlei Kleintiere.

Die erwähnten menschlichen Skelettreste von Weißenthurm und Plaidt blieben die einzigen direkten Belege für die Anwesenheit von Federmesser-Menschen in Deutschland. Da diese aus den Menschen des Magdalénien hervorgingen, könnten die Männer der Federmesser-Gruppen wie die Magdalénien-Jäger maximal 1,60 Meter groß und die Frauen bis zu 1,55 Meter groß gewesen sein.

Die zumeist geringe Größe der Lagerplätze der Federmesser-Leute von maximal 15 Meter Durchmesser deutet darauf hin, daß diese Jäger und Sammler überwiegend in kleinen Gruppen von höchstens 10 bis 15 Menschen zusammenlebten. Nach den Funden zu schließen, wohnten die Federmesser-Leute meist in Freilandsiedlungen.

Siedlungsspuren von Federmesser-Leuten fand man auch unter einem Felsdach am Bettenroder Berg bei Reinhausen[4] (Kreis Göttingen) in Niedersachsen. Diese Fundstelle wird Abri I genannt. Auf dem Platz unter dem schützenden Felsdach hatte man einen Teil der Fläche mit Sandsteinplatten gepfla-

stert. Darauf lagen das Fragment eines großen Rothirschschädels mit von Menschenhand abgetrennten Geweihstangen sowie Steingeräte aus Kieselschiefer und nordischem Feuerstein.

Rastplätze und Freilandsiedlungen der Federmesser-Leute kennt man aus Rheinland-Pfalz (Niederbieber, Urbar), Hessen (Rüsselsheim), Nordrhein-Westfalen (Westerkappeln), Niedersachsen (Achmer), Schleswig-Holstein (Ahrensburg-Borneck, Hamburg-Rissen, Wehlen) und Berlin. Dort wurden Siedlungsreste sowie Grundrisse von Windschirmen, Zelten oder Hütten nachgewiesen.

In Niederbieber[5] (Kreis Mayen-Koblenz) entdeckte man Spuren eines Rastplatzes mit Feuerstellen, in denen sich verbrannte Tierknochen befanden. Vermutlich wurden die Knochen als Heizmaterial verwendet. Außerdem barg man dort Jagdbeutereste und Steinwerkzeuge. Von einem Rastplatz stammen auch die Jagdbeutereste und Steinwerkzeuge, die an einem zum Felsmassiv des Ehrenbreitsteins gehörenden Hang in Urbar[6] bei Vallendar (Kreis Mayen-Koblenz) zum Vorschein kamen. Sowohl in Niederbieber als auch in Urbar konnte man keine Reste einer Behausung nachweisen.

Dagegen stand in Rüsselsheim[7] (Kreis Groß-Gerau) am Hang eines flachen Sandrückens ein Zelt mit ovalem Grundriß, das einer Familie Platz bot. Dessen Eingang lag im Westen. Im Zelt brannte ein Feuer, in dem zeitweise Gerölle erhitzt wurden, die man in Kochgruben warf, um eine Suppe zum Sieden zu bringen. Beim Zurechtschlagen und bei der Nachschärfung von Steingeräten splitterten kleine Teile ab und prallten teilweise gegen die Innenseite der Zeltwand. Da die Arbeiten innerhalb des Zeltes an der Feuerstelle durchgeführt wurden, dürfte es sich um eine Winterbehausung gehandelt haben.

Besonders viele Lagerplätze wurden in der Westerbecker Heide bei Westerkappeln[8] (Kreis Steinfurt) angelegt. Dort stieß ein Heimatforscher auf eine Ansammlung von mindestens zehn Lagerplätzen der Federmesser-Leute. Bei den ehemaligen Behausungen handelte es sich um ovale Hütten mit einem Durchmesser bis zu 3,50 Metern. Sie wurden vermutlich aus mit Schilf verkleideten armdicken Ästen errichtet. Im Innern einer dieser Hütten entdeckte man Spuren von Feuer. In ihrem

Rekonstruierte Hütten aus der Zeit der Federmesser-Gruppen in der Westerbecker Heide bei Westerkappeln (Kreis Steinfurt) in Nordrhein-Westfalen. Die ovalen Behausungen hatten einen Durchmesser bis zu 3,50 Metern.

hinteren Teil befand sich eine flache, breite Mulde, die als Schlafstelle gedeutet wird.

Im Stadtteil Achmer[9] von Bramsche (Kreis Osnabrück) wies man eine Feuerstelle, brandrissige Feuersteinwerkzeuge und mutmaßliche Spuren von Windschirmen nach, die vielleicht aus Ästen, Strauchwerk und Tierfellen konstruiert waren. Die Wände der Windschirme dürfte man durch Erdaushub verankert haben. Solche offenen Behausungen sind beispielsweise von Sommerlagern der Pápago-Indianer im Südwesten Nordamerikas bekannt.

Auch am Fundort Ahrensburg-Borneck[10], wo sich bereits Rentierjäger der »Hamburger Kultur« aufgehalten hatten (s. S. 103), stieß man auf Reste einer Siedlung. Dabei handelte es sich um eine etwa 12 Meter lange Setzung von größeren Steinen, die teilweise ein regelrechtes Pflaster bildeten. Der schon mehrfach erwähnte Ahrensburger Prähistoriker Alfred Rust deutete die Steinsetzung als Rest einer mehrteiligen Zeltanlage, die offenbar aus zwei Rundzelten mit einem Grundriß von 4 bzw. 3 Metern bestand. Die Zelte waren durch ein rechteckiges Zwischenstück verbunden. Im Bereich des Steinpflasters befanden sich eine Feuerstelle und die meisten der etwa 1000 Steinartefakte. Der Steinsockel sollte vermutlich die beiden beheizbaren Wohn- und Schlafräume gegen das vom nahen Hang herabfließende oder unterirdisch heraufdringende Schmelzwasser schützen. Die Zeltanlage von Ahrensburg-Borneck gilt als Behausung für den Winter.

Die Federmesser-Leute legten ihre Siedlungen in manchen Gegenden vorzugsweise in den Dünen an. Dort schmolz im Winter der Schnee wegen der ungehinderten Sonneneinstrahlung sehr rasch, und Niederschläge versickerten ebenso ungehindert im sandigen Boden, den der ständig wehende Wind schnell trocknete. Neben den bereits erwähnten Lagerstellen von Westerkappeln befanden sich auch die Wohnplätze von Hamburg-Rissen[11] und von Wehlen[12] (Kreis Harburg) in Dünengebieten. In Hamburg-Rissen stellte man fest, daß die Fundschicht der Federmesser-Gruppen unter Funden der »Ahrensburger Kultur« (s. S. 115) lag. Die Federmesser-Gruppen sind demnach älter als die »Ahrensburger Kultur«.

Den Federmesser-Gruppen wird auch ein Teil der Funde zugerechnet, auf die man 1953 beim Pflügen eines Ackers in Berlin-Tegel aufmerksam wurde. Bei Ausgrabungen im Sommer 1957 kam an diesem Fundort eine Feuerstelle zum Vorschein, die mit Tierknochen beheizt worden war. Außerdem barg man Feuersteinwerkzeuge. Ein Teil dieser Funde stammte von Rentierjägern der vorhergehenden »Ahrensburger Kultur«.

Die Menschen der Federmesser-Gruppen im Rheinland erbeuteten mit Pfeil und Bogen Elche, Hirsche, Auerochsen, Wildpferde, Gemsen und Biber. Jagdbeutereste dieser Tiere wurden in Niederbieber (Kreis Neuwied) nachgewiesen. Pfeil und Bogen, die in dieser Zeit in Deutschland zum erstenmal auftraten, erleichterten vor allem die Jagd auf scheue und gefährliche Tiere. Auch im norddeutschen Flachland jagten die Federmesser-Leute Elche. Im Winter konnten sie dort außerdem Rentiere erlegen, die im Herbst aus den südskandinavischen Sommeräsungsgebieten einwanderten.

Die Knochenreste eines Hundes aus dem Abri I am Bettenroder Berg bei Reinhausen in Niedersachsen beweisen, daß die Menschen der Federmesser-Gruppen wie ihre Vorgänger aus dem Magdalénien mit den domestizierten Nachfahren des Wolfes zusammenlebten. Die Knochen wurden in einer dünnen

Pfeilspitze (»Federmesser«) aus der Zeit der Federmesser-Gruppen aus dem Wald von Miesenheim II (Kreis Mayen-Koblenz) in Rheinland-Pfalz von beiden Seiten gesehen. Länge 3,6 Zentimeter. Original im Landesamt für Denkmalpflege Rheinland-Pfalz, Außenstelle Koblenz.

Brandschicht entdeckt, in der sich auch Steingeräte der Federmesser-Gruppen befanden.

Über die Kleidung, den Schmuck und etwaige Tauschgeschäfte mit begehrten Produkten sind bei den Federmesser-Leuten keine konkreten Aussagen möglich, weil bisher entsprechende Funde fehlen. Da es damals bei Wanderungen oder Jagdstreifzügen zu Kontakten mit anderen Menschen kam, wird man dabei manchmal bestimmte Gegenstände getauscht haben. Kleidung war wohl nicht nur in den Kaltphasen, sondern auch in der Warmphase des Alleröd-Interstadials unabdingbar, sei es im Winter, bei schlechtem Wetter in den übrigen Jahreszeiten oder wegen der nächtlichen Abkühlung. Als Rohmaterial für Jacken, Hosen und Schuhe dürfte Hirschleder gedient haben. Und Schmuck gehörte schon seit dem Aurignacien vor mehr als 30 000 Jahren zum Leben der Menschen (s. S. 80).

Bisher ist nur ein einziges Kunstwerk der Federmesser-Leute bekannt geworden. Bei diesem seltenen Fund handelt es sich um einen Pfeilschaftglätter aus rötlichem Sandstein, der bei Ausgrabungen in Niederbieber ans Tageslicht kam. Eine der beiden Seitenkanten dieses Gerätes ist mit stark schematisierten Frauengestalten verziert. Diese Gravuren erinnern an die Ritzzeichnungen auf den Schieferplatten der Magdalénien-Siedlungen Gönnersdorf und Andernach (s. S. 97). Auch auf dem Pfeilschaftglätter von Niederbieber sind die hintereinander aufgereihten Frauen ohne Kopf und Füße abgebildet, auffällig betont ist auch hier das Gesäß.

Dargestellt wird vermutlich eine Tanzszene. Wie in anderen steinzeitlichen Kulturstufen dürften Tanz und Musik im Alltag, aber auch im Kult der Federmesser-Leute eine erhebliche Rolle gespielt haben. Vielleicht handelt es sich um eine Initiationsfeier, bei der Jugendliche in den Kreis der Erwachsenen aufgenommen wurden.

Die Steinwerkzeuge der Federmesser-Leute wurden häufig aus Feuerstein, aber auch aus anderen Steinarten hergestellt. In Miesenheim II[13] (Kreis Mayen-Koblenz) in Rheinland-Pfalz fand man Abschläge aus Maas-Feuerstein, der in mehr als 100 Kilometer Entfernung vorkommt. In Thür[14] (Kreis Mayen-Koblenz) entdeckte man Abschläge aus Quarzit. Und in Niederbieber (Kreis Mayen-Koblenz) barg man Werkzeuge aus Chalzedon, Kieselschiefer und Radiolarit. Chalzedon ist ein Silikatgestein, das nach dem Vorkommen dieses Gesteins bei der griechischen Stadt Chalkedon am Bosporus benannt ist. Chalzedon und Kieselschiefer gibt es im Mittelrheingebiet recht häufig. Bei dem rötlichen Radiolarit dagegen ist unklar, ob er im Rheinschotter vereinzelt vorhanden war oder auf andere Weise aus Süddeutschland nach Niederbieber gelangt ist.

Zu den Werkzeugformen der Federmesser-Leute gehörten kurze Kratzer zur Fell- oder Lederbearbeitung, Steineinsätze (sogenannte Rückenmesser, darunter die Spezialform Federmesser), die in hölzerne Griffe oder Schäfte eingeklemmt wurden, und Stichel. All diese Werkzeuge wurden mit langgestreckten Geröllen (sogenannten Retuscheuren) bearbeitet. Man drückte damit die Kanten ab, indem man den Retuscheur auf die Kante des zu bearbeitenden Steins setzte und mit Geweih- oder Holzstücken darauf schlug.

Die Federmesser dienten vermutlich zum großen Teil als seitliche Einsätze in Holzschäften und nicht nur als Pfeilspitzen,

Pfeilschaftglätter aus rötlichem Sandstein von Niederbieber (Kreis Neuwied) in Rheinland-Pfalz mit Schleifrille (oben) und eingravierten Frauenfiguren (unten). Vermutlich wird eine Tanzszene dargestellt. Länge 15,3 Zentimeter, Höhe 4,1 Zentimeter. Original im Landesamt für Denkmalpflege Rheinland-Pfalz, Außenstelle Koblenz.

wie manchmal behauptet wird. Der seltene Fund eines Pfeilschaftglätters aus grobkörnigem Sandstein in Niederbieber und Funde von Pfeilspitzen bezeugen – erstmals für Deutschland – die Verwendung von Pfeil und Bogen als Waffe bei der Jagd oder im Kampf. Der Pfeilschaftglätter weist eine längliche Rille auf, die zum Schmirgeln und Glätten der hölzernen Pfeilschäfte diente. Die Pfeilspitzen sind meist aus nordischem Feuerstein, aber auch aus Chalzedon, angefertigt worden. Sie waren bis zu 4 Zentimeter lang, in der Mitte maximal 1 Zentimeter breit und wiesen scharfe Schneiden und Spitzen auf. Von den Holzschäften und Bögen selbst hat man bisher keine Überreste entdeckt.

Hermann Schwabedissen teilte 1954 die Federmesser-Gruppen nach der unterschiedlichen Zusammensetzung des Fundgutes in drei Gruppen ein: die Tjonger Gruppe, die Rissener Gruppe und die Wehlener Gruppe. Dieses Schema gilt noch heute.

Die Tjonger Gruppe war in Nordbelgien, in den Niederlanden sowie gebietsweise in Niedersachsen und Schleswig-Holstein verbreitet. Sie ist nach dem Fluß Tjonger, der in die Zuider-See mündet, benannt. Diese Gruppe folgte auf das englische Creswellien, eine bereits erwähnte Sondergruppe des Magdalénien (s. S. 89). Zu den am östlichsten gelegenen Fundstellen der Tjonger Gruppe gehören Hohenholz bei Steinhude und Schobüll bei Husum.

Die Rissener Gruppe wurde in Nordwestdeutschland und im nordöstlichen Teil der Niederlande nachgewiesen. Sie hatte offenbar Beziehungen zum zeitgleichen Spätmagdalénien im Rheinland und in Südwestdeutschland. Der Name Rissener Gruppe erinnert an den Fundort Hamburg-Rissen innerhalb eines Dünengebietes, der etwa zwei Kilometer vom Steilufer der Elbe entfernt ist. Zur Rissener Gruppe zählen die Freilandfundplätze Dowesee[15] bei Braunschweig, Leiferde[16] und Westerbeck[17] (beide Kreis Gifhorn), Misburg[18] bei Hannover, Sögel[19] im Hümmling (Kreis Emsland) in Niedersachsen sowie Kalbe-Kremkau[20] in Sachsen-Anhalt. Werkzeuge der Rissener Gruppe entdeckte man auch in einigen nordrhein-westfälischen Höhlen. Beispielsweise in der Balver Höhle[21], Feldhofhöhle[22] bei Balve, Grürmannshöhle[23] bei Iserlohn und in der Martinshöhle[24] bei Letmathe (alle Märkischer Kreis) und im Eppenloch[25] (Kreis Steinfurt). In der niederländischen Provinz Friesland gehören die Fundorte Donkerbroek, Kjellinge und Prandinge dazu.

Die Wehlener Gruppe kam im südlichen Schleswig-Holstein, im nordöstlichen Niedersachsen und in Sachsen-Anhalt vor. Sie wurde nach einer Fundstelle von Feuersteinartefakten in einem Dünengelände bei Wehlen in der Lüneburger Heide benannt. Zur Wehlener Gruppe rechnet man unter anderem auch die Freilandfundplätze Ahrensburg-Bornwisch[26], Grande[27] östlich von Hamburg und Sprenge[28] nördlich von Kiel in Schleswig-Holstein sowie Nettelhorst[29] (Kreis Gardelegen) in Sachsen-Anhalt.

Wie schon erwähnt, konnten bisher keine Gräber mit aussagekräftigen Skelettresten von Federmesser-Leuten nachgewiesen werden. Dies ist angesichts der relativ zahlreichen sonstigen Funde im Freiland und in etlichen Höhlen erstaunlich. Da sich die Religion altsteinzeitlicher Kulturstufen am ehesten in der Behandlung und Bestattung der Toten widerspiegelt, sind keine konkreten Aussagen über die Gedankenwelt der Federmesser-Leute möglich.

Elchjäger in den Birkenwäldern
Die »Bromme-Kultur«

Nördlich der verschiedenen Federmesser-Gruppen (s. S. 110) breitete sich vor etwa 11 700 bis 11 000 Jahren im nördlichen Schleswig-Holstein, Dänemark und Südschweden die »Bromme-Kultur« aus. Die Menschen jener Kulturstufe lebten offenbar in den Birkenwäldern dieser Gegend. Den Namen »Bromme-Kultur« hat 1946 der dänische Archäologe Therkel Mathiassen (1892–1967, s. S. 513) aus Kopenhagen vorgeschlagen. Er fußt auf den Funden von Bromme bei Sorø auf der dänischen Insel Seeland.

Die Fundstelle Bromme lag zur Zeit der »Bromme-Kultur« auf einer flachen sandigen Halbinsel, die in einen See hineinragte, der später verlandet ist. Wo sich einst der See erstreckte, markiert heute das sumpfige Gebiet des Glarmose. In Bromme wurden 1942 an der Erdoberfläche zahlreiche Feuersteingeräte entdeckt.[1] Sie stammen – wie man heute weiß – von der altsteinzeitlichen »Bromme-Kultur«, der mittelsteinzeitlichen »Maglemose-Kultur« (s. S. 203) und aus der Jungsteinzeit.

Früher wurden die Funde der »Bromme-Kultur« der »Lyngby-Kultur« zugerechnet. Diese Bezeichnung hatte 1920 der norwegische Geologe Peter Annaeus Øyen (1863–1932) aus Oslo geprägt. Sie erinnert an den dänischen Fundort Nørre-Lyngby auf Nordjütland, wo eine Feuersteinspitze (Lyngby-Spitze) und ein Rengeweihbeil (ein sogenanntes Lyngby-Beil) entdeckt wurden. Diese beiden Funde waren aus der lehmigen Steilküste auf den Sandstrand hinabgefallen.

Die »Bromme-Kultur« im nördlichen Schleswig-Holstein fiel in eine Warmphase, die, wie erwähnt, nach einem dänischen Fundort als Alleröd-Interstadial bezeichnet wird.[2] Damals waren weite Gebiete, die heute von der südlichen Nordsee bedeckt sind, noch festes Land. Zur gleichen Zeit wurde das jetzige südliche Becken der Ostsee von dem Baltischen Eisstausee ausgefüllt. Dieser wurde zwischen dem Festland im Süden und dem Inlandseis im Norden, von dessen Schmelzwässern er gespeist wurde, aufgestaut. Der Baltische Eisstausee hatte im Alleröd durch Hebungen in Dänemark seine Verbindung mit der Nordsee verloren. Sein Wasserspiegel lag mehr als 50 Meter über dem des Meeresspiegels im Kattegat.

Bedingt durch die höheren Temperaturen in dieser Phase breiteten sich Birken-, später Kiefernwälder aus. Auch die Weiden gediehen nun wieder. Die Bäume verdrängten die lichthungrigen Tundrapflanzen wie Sanddorn, Sonnenröschen und Beifuß. In der Tierwelt des Verbreitungsgebietes der »Bromme-Kultur« dominierten bei den größeren Säugetieren die Elche. Auch am namengebenden Fundort Bromme überwogen unter den Tierresten diejenigen vom Elch. Außerdem wurden dort Reste vom Rentier, Vielfraß, Biber, Schwan und Hecht geborgen. Von der Anwesenheit des Bibers zeugen bei Nørre-Lyngby auch Stücke von Weidenzweigen, die typische treppenförmige Bibernagespuren aufweisen. Bei Jyderup in Dänemark ist der Braunbär nachgewiesen sowie auf Fünen und Schonen der Riesenhirsch *(Megaloceros)* mit weit ausladendem Geweih.

In Schleswig-Holstein sind bisher ebenso wie im übrigen Verbreitungsgebiet dieser Kulturstufe keine Skelettreste der Bromme-Leute entdeckt worden.[3]

Zweireihige Harpune mit wappenschildförmigem Fuß aus Rengeweih von Bistoft (Kreis Schleswig-Flensburg) in Schleswig-Holstein von verschiedenen Seiten gesehen. Der Fund stammt vermutlich aus der Zeit der »Bromme-Kultur« oder der nachfolgenden »Ahrensburger Kultur«. Erhaltene Länge 26,5 Zentimeter, maximale Breite 2,6 Zentimeter, Gewicht 37,1 Gramm. Original in der Sammlung von Fred Jansen, Fahrdorf.

Die angeblichen Siedlungsspuren vom Pinnberg bei Ahrensburg (Kreis Stormarn) werden heute nicht mehr als Reste von Hütten der Bromme-Leute, sondern als natürliche Erscheinungen betrachtet. In der älteren Literatur wurden irrtümlich sechs Grundrisse von Hütten mit einem 2,50 x 1,50 Meter großen Innenraum beschrieben. In Bromme hatte sich eine kleine Jägerschar kurze Zeit niedergelassen, was aber lediglich durch Feuersteingeräte belegt ist. Aufgrund der Fundverteilungen an manchen Orten geht man von runden, teilweise aber auch langovalen Zeltanlagen aus.

In Hasselo (Dänemark) wurde 1987 ein Siedlungsplatz der »Bromme-Kultur« ausgegraben, wobei eine Fläche von etwa 200 Quadratmetern untersucht worden ist. Von einer Siedlung zeugen ausschließlich Klingen, Kernsteine, Stichel und Klingenkratzer aus Feuerstein.

Die Jäger der »Bromme-Kultur« in Schleswig-Holstein haben mit Wurfspeeren, Pfeil und Bogen vor allem Elche getötet. In anderen Gebieten jagten sie auch Rentiere. Neben über dem Feuer gebratenem Fleisch verzehrte man sicher mancherlei Beeren und Kräuter.

Die Menschen der »Bromme-Kultur« stellten vor allem aus Feuerstein und Geweih verschiedene Werkzeuge und Waffen her. Unter den Feuersteinwerkzeugen gab es Stichel, Messer, Bohrer und Schaber. Der Stichel eignete sich zur Bearbeitung von Geweih und Knochen, das Messer mit einer Schneide und stumpfem Rücken zum Schneiden von Fleisch. Mit dem Bohrer konnte man Löcher oder andere Vertiefungen herstellen, der Schaber diente zum Reinigen und Weichmachen von Fellen.

Das Vorkommen von kräftig gestielten Bromme-Spitzen aus Feuerstein an Fundplätzen der »Bromme-Kultur« wird von manchen Prähistorikern als Hinweis dafür angesehen, daß auch diese Menschen bereits Pfeil und Bogen kannten. Wegen dieser Spitzen rechnet man die »Bromme-Kultur« zu den Stielspitzen-Gruppen (s. S. 117). Der Prähistoriker Klaus Bokelmann aus Schleswig hält die Bromme-Spitzen allerdings für Bewehrungen von Wurfspeeren.

In Schleswig-Holstein wurden viele Bromme-Spitzen entdeckt. Auf diesen Fundplätzen kamen die Bromme-Spitzen zusammen mit Federmessern (s. S. 110) vor. Das hängt nach Ansicht von Experten vermutlich mit unterschiedlichen Biotopen und Jagdtechniken zusammen. Einer dieser Fundplätze ist Tolk bei Schleswig.

Die Lyngby-Beile aus Rengeweih hatten unter Umständen die Funktion von Jagdwaffen, wenn man den Tieren sehr nahe kommen konnte. Vielleicht dienten sie aber auch zusammen mit Feuersteinklingen zum Zerlegen der Jagdbeute.

Der Wald verdrängt Tiere und Menschen

Das Spätpaläolithikum in Süddeutschland

Die letzten anderthalbtausend Jahre der jüngeren Altsteinzeit in Süddeutschland vor etwa 11 500 bis 10 000 Jahren werden als Spätpaläolithikum oder späte Altsteinzeit bezeichnet. Im Gegensatz zum vorhergehenden Magdalénien gilt das süddeutsche Spätpaläolithikum nicht als eine eigenständige Kulturstufe. Damit wird lediglich die Übergangzeit zwischen der späteiszeitlichen jüngeren Altsteinzeit und der nacheiszeitlichen Mittelsteinzeit bezeichnet. Den Begriff Spätpaläolithikum hat 1970 der Prähistoriker Slavomil Vencl (s. S. 515) aus Prag geprägt.

Zu Beginn des Spätpaläolithikums vor etwa 11 500 Jahren war in Baden-Württemberg und Bayern das Eiszeitalter eigentlich schon zu Ende. Die alpinen Gletscher hatten sich damals bereits weit in ihr Ausgangsgebiet zurückgezogen. Und auch die mittleren Jahrestemperaturen und die Vegetation entsprachen nicht mehr dem Eiszeitalter. Doch die Wissenschaftler haben sich darauf geeinigt, die Nacheiszeit (Holozän) in Deutschland generell erst vor 10 000 Jahren (8000 v. Chr.) beginnen zu lassen, weil sich in weiter nördlicher liegenden Gebieten das Eiszeitalter länger behauptete.[1]

Die Anfangszeit des Spätpaläolithikums fiel in die Alleröd-Warmphase (vor etwa 11 700 bis 10 700 Jahren). In diesem Abschnitt breiteten sich die zuvor vereinzelt vorkommenden Kiefernbestände zu weiten und dichten Wäldern aus. Neben Kiefern waren auch Birken relativ häufig. Die Wälder verdrängten innerhalb weniger Jahrhunderte die früheren Parktundren. Damit verloren die ehedem in großen Herden vorkommenden Rentiere und Wildpferde ihren Lebensraum und ihre Nahrungsquellen. In die Wälder wanderten Rehe und Elche ein. Außerdem vermehrte sich das Rotwild stark, das nun ideale Bedingungen vorfand.

Die Klimaverbesserung im Alleröd verschlechterte die Existenzbedingungen der damaligen Jäger und Sammler dramatisch. Durch das Abwandern der Rentiere und Wildpferde verloren die Rentier- und Wildpferdjäger ihre Existenzgrundlage. Ein Teil von ihnen folgte wahrscheinlich den Rentieren und Wildpferden nach Nordosten, die übrigen mußten sich auf das Erlegen von Rehen, Elchen und Rotwild und vielleicht auch eine vermehrte Sammeltätigkeit umstellen.

Der in Norddeutschland spürbare Klimarückschlag der jüngeren Dryaszeit (vor etwa 10 700 bis 10 000 Jahren) wirkte sich in Süddeutschland kaum aus. Die geringfügigen Gletschervorstöße in den Alpen machten sich in Baden-Württemberg und Bayern fast nicht bemerkbar. Dort scheint nur gebietsweise die Waldvegetation etwas aufgelockert worden zu sein. Die Tierwelt glich weitgehend der vorherigen.

Aus dem Spätpaläolithikum liegen bisher in Süddeutschland auffällig wenige Funde vor, welche die Anwesenheit von Menschen belegen. Manche Wissenschaftler schätzen, daß sich zu dieser Zeit in Baden-Württemberg nur noch höchstens 200 Menschen gleichzeitig aufhielten – also etwa ein Fünftel der Bevölkerungszahl des vorhergehenden Magdalénien. Ähnlich dürfte es im benachbarten Bayern gewesen sein.

Von den Spätpaläolithikern in Süddeutschland sind bisher kaum Skelettreste entdeckt worden. Vielleicht hängt dies außer mit der geringen Bevölkerungsdichte auch ein wenig mit den nun schlechteren Bedingungen für den Erhalt von Bodenfunden zusammen: Bei zunehmendem Pflanzenbewuchs werden Knochen durch Humussäuren stärker zerstört.

Der erste Skelettrest eines Menschen aus dieser Zeit in Süddeutschland kam 1988 bei Ausgrabungen des Landesdenkmalamtes Baden-Württemberg und des Instituts für Ur- und Frühgeschichte der Universität Köln in der Burghöhle von Dietfurt (Kreis Sigmaringen) zum Vorschein. Dabei handelt es sich um mehrere Fragmente eines zertrümmerten Schädels mit auffälligen Schnittspuren auf der Außenfläche des Hinterhauptbeines. Da diese Schnitte im Bereich des Haaransatzes laufen, vermutet der Kölner Prähistoriker Wolfgang Taute, daß der betreffende Mensch, dessen Lebensalter und Geschlecht nicht bekannt sind, skalpiert worden ist. Sollte sich diese Vermutung bewahrheiten, so wäre dies der älteste archäologisch nachgewiesene Fall dieser Art. Belege für das Skalpieren im alten Europa kannte man vorher erst von der späten Mittelsteinzeit an.

Ebenfalls aus dem Spätpaläolithikum stammt ein menschlicher Zahn von der Fundstelle Henauhof-West am Federsee (Kreis Biberach) in Baden-Württemberg. Er wurde 1989 bei Ausgrabungen geborgen.

Aus dem Spätpaläolithikum kennt man in Süddeutschland nur kleine Lager, die kurzfristig von wenigen Jägern aufgesucht wurden. Dazu gehören die Halbhöhle Zigeunerfels[2] im Schmeiental (Kreis Sigmaringen), die benachbarte Burghöhle von Dietfurt[3] (Kreis Sigmaringen), die Höhle Kleine Scheuer[4] im Rosenstein bei Heubach (Ostalbkreis) im Lonetal, das Helga-Abri[5] bei Schelklingen (Alb-Donau-Kreis) und der Hohle Fels[6] bei Schelklingen (Alb-Donau-Kreis) im Achtal.

Die Spätpaläolithiker haben mit Wurfspeeren in den Wäldern vor allem die häufig vorkommenden Rothirsche erlegt, daneben wohl auch Rehe und Elche. All diese Tiere kamen nicht in großen Herden, sondern in kleiner Stückzahl oder sogar einzeln vor. Jagdbeutereste vom Hirsch, Reh und Elch fand man beispielsweise in der Halbhöhle Zigeunerfels.

Angesichts der dichten Wälder könnte man darüber spekulieren, ob zu dieser Zeit vielleicht Wasserfahrzeuge eine größere Rolle spielten, weil man auf Flüssen oder Seen besser vorankam als im Walddickicht.

Die Werkzeugfunde aus den im Spätpaläolithikum bewohnten Höhlen und Halbhöhlen lassen erkennen, daß zu jener Zeit keine neuen Geräteformen geschaffen wurden. Von den Werkzeugen des Magdalénien unterscheiden sich diejenigen aus dem Spätpaläolithikum allenfalls durch ihre Größe und Ausformung.

Die Weiterentwicklung der Steinwerkzeuge läßt sich gut am Fundgut aus den verschieden alten Schichten des Zigeunerfels ablesen. In Schicht F, die den Übergang vom Magdalénien zum Spätpaläolithikum repräsentiert, entdeckte man neben Jagdbeuteresten vom Steinbock, Rothirsch und Wildpferd aus der älteren Dryas (vor etwa 12 000 bis 11 700 Jahren) gedrungene

Die Halbhöhle Zigeunerfels im Schmeiental (Kreis Sigmaringen) in Baden-Württemberg wurde zur Zeit des Spätpaläolithikums vor mehr als 10 000 Jahren kurzfristig von Jägern und Sammlern aufgesucht.

Kratzer, wie sie sonst in dieser Form im Magdalénien Süddeutschlands nicht vorkommen. Außerdem fand man eine größere Anzahl von Rückenspitzen, die schon aus dem Magdalénien bekannt sind.

Die Schichten E und D des Zigeunerfels werden bereits in das Spätpaläolithikum datiert. In der Schicht E zu Beginn der Alleröd-Warmphase vor 11 500 Jahren ist bei den Steinwerkzeugen kaum ein Unterschied zu denjenigen von F festzustellen. Doch in der höher liegenden und somit jüngeren Schicht D zu Ende des Alleröd oder zu Beginn der jüngeren Dryas vor 10 700 Jahren wirken die Werkzeuge stark verändert. Sie sind nun sehr klein und ähneln auffällig den Mikrolithen der Mittelsteinzeit (s. S. 170). Die Kratzer erreichen manchmal nur noch einen Quadratzentimeter Größe und die Stichel bloß noch einige Zentimeter Länge. Bohrer fehlen. Die Rückenspitzen sind teilweise schon kleine mittelsteinzeitliche Dreiecke und leiten direkt in die ebenfalls am Zigeunerfels vorhandene früheste mittelsteinzeitliche Schicht C über.

Die Zeltlager von Ahrensburg

Die »Ahrensburger Kultur«

Zu Beginn der letzten Kaltzeit innerhalb der Weichsel-Eiszeit, die als jüngere Dryaszeit (vor etwa 10 700 bis 10 000 Jahren) bezeichnet wird, löste die zeitgleiche »Ahrensburger Kultur« in Norddeutschland die Federmesser-Gruppen ab. Die »Ahrensburger Kultur« war vor allem in Schleswig-Holstein und Niedersachsen, gebietsweise aber auch in Mecklenburg, Brandenburg, Nordrhein-Westfalen, Rheinland-Pfalz und Luxemburg verbreitet.

Den Begriff »Ahrensburger Kultur« hat 1928 der damals in Hamburg lebende Prähistoriker Gustav Schwantes (s. S. 514) geprägt, auf den auch die Bezeichnung »Hamburger Kultur« zurückgeht. Benannt wurde die »Ahrensburger Kultur« nach einigen Fundstellen in der Umgebung der etwa 25 Kilometer nordöstlich von Hamburg gelegenen Stadt Ahrensburg in Schleswig-Holstein (Borneck, Hagewisch, Hopfenbach und Poggenwisch).

Die »Ahrensburger Kultur« fiel in die jüngere Dryaszeit. Während dieser kälteren Periode breiteten sich Parktundren mit vereinzelten Birken sowie Gräsern, Beifußgewächsen und die Silberwurz *(Dryas)* aus. In Ahrensburg wurden auch Reste von Kiefernholz entdeckt, die von bis zu 30 Zentimeter dicken Bäumen stammen.

Nach den Vogelresten an Fundstellen dieser Kulturstufe zu schließen, lebten damals Steinadler, Eulen, Kampfläufer, Lerchen, Möwen, Krähen, Schwäne und Polartaucher in Nord-

deutschland. In den Parktundren Norddeutschlands und Nordrhein-Westfalens existierten im Gegensatz zu Süddeutschland sogar noch Rentiere. Außerdem gab es Elche, Auerochsen, Wisente, Wildpferde, Wildschweine, Wölfe, Füchse, Luchse, Hasen, Lemminge, Ungarische Bisamspitzmäuse, Wühlmäuse und Biber.

Von Angehörigen der »Ahrensburger Kultur« sind bisher keine Skelettreste entdeckt worden. Daher kann man weder über ihr Aussehen noch ihre Größe konkrete Aussagen machen.

Die Lagerplätze der »Ahrensburger Kultur« haben allesamt eine geringe Ausdehnung von maximal 15 Meter Durchmesser. Dies deutet darauf hin, daß die Ahrensburger Leute überwiegend in kleinen Gruppen von höchstens 10 bis 15 Menschen zusammenlebten. Bewohnt wurden vor allem Zelte und Hütten. Man fand aber auch Wohnspuren und Einzelfunde dieser Kulturstufe in einigen nordrhein-westfälischen Höhlen.

Grundrisse von Zelten kennt man von Ahrensburg-Borneck[1] und Ahrensburg-Bornwisch[2] (beide Kreis Stormarn). In dem Zelt von Borneck hielten sich nur wenige Menschen auf, die etliche Steinwerkzeuge hinterließen. Die Behausung von Bornwisch wurde durch einen Kranz großer Steine markiert, mit denen man die Zeltränder beschwert hatte. Die Zelte der »Ahrensburger Kultur« bestanden vermutlich aus schräggestellten langen Holzstangen, die man mit zusammengenähten Rentierfellen bedeckte. In der Ahrensburger Gegend lagen sie

Der Hohle Stein beim Stadtteil Kallenhardt von Rüthen (Kreis Soest) in Nordrhein-Westfalen wurde zur Zeit der »Ahrensburger Kultur« vor mehr als 10 000 Jahren kurzfristig von Jägern und Sammlern bewohnt. Der Hohle Stein besteht aus einer größeren Höhle (links) und einer kleineren Höhle (rechts). Beide sind durch einen schrägen, 17 Meter langen, 1,50 Meter breiten und 0,90 Meter hohen Gang miteinander verbunden.

Skelett eines von Jägern verwundeten oder getöteten Auerochsen von Potsdam-Schlaatz in Brandenburg. Länge des Fundes etwa 2,50 Meter. Original im Museum für Ur- und Frühgeschichte Potsdam.

an Stellen, in deren Umgebung früher schon Rentierjäger der »Hamburger Kultur« gesiedelt hatten.

Am Fundort Ahrensburg-Teltwisch-Mitte[3] stieß man auf den ovalen Grundriß einer Hütte von 3,50 x 3 Metern. Die Behausung war einst von einem Graben umgeben, in dem vermutlich die Pfosten für die Wandbekleidung oder Dachkonstruktion eingegraben waren. In Nähe des Eingangs befand sich eine Feuerstelle mit einem Durchmesser von 40 bis 60 Zentimetern. Zu den südlicher gelegenen Lagerplätzen im Freiland gehört diejenige am Kaiserberg in Duisburg[4] (Nordrhein-Westfalen). Dort entdeckte man bei Ausgrabungen in 1,50 bis 1,70 Meter Tiefe auf etwa 30 Quadratmeter Fläche verstreut Steinwerkzeuge der »Ahrensburger Kultur« sowie Holzkohleteile. Obwohl keine Spuren einer Behausung nachweisbar waren, rechnet man diese Fundkonzentration einem Lagerplatz zu.

Wohnspuren der »Ahrensburger Kultur« kamen auch in der Höhle Hohler Stein[5] des Stadtteils Kallenhardt von Rüthen (Kreis Soest) in Nordrhein-Westfalen zum Vorschein. Die Steinwerkzeuge und Jagdbeutereste aus dieser Höhle wurden 1933 von dem Prähistoriker Julius Andree (1889–1942) aus Münster der »Callenhardter Stufe« zugeschrieben.

Der »Ahrensburger Kultur« werden außerdem Einzelfunde aus den nordrhein-westfälischen Höhlen Bilsteinhöhle[6] und Eppenloch[7] bei Warstein (beide Kreis Soest), aus der Martinshöhle[8] bei Letmathe (Märkischer Kreis) und der Kartsteinhöhle[9] bei Mechernich (Kreis Euskirchen) in der Eifel zugerechnet.

Da seit 1985 vereinzelte Stielspitzen der »Ahrensburger Kultur« aus Luxemburg (Hobscheid, Sandweiler) bekanntgemacht wurden, dürfte auch der benachbarte Raum von Trier in Rheinland-Pfalz zum Verbreitungsgebiet dieser Kulturstufe gehört haben. Mehrere Funde von Stielspitzen in Fußgönheim[10] (Vorderpfalz) belegen einen bisher für unmöglich gehaltenen Vorstoß dieser Jägerkultur nach Süden.

Die Jäger der »Ahrensburger Kultur« haben mit Pfeil und Bogen sowie Wurfspeeren hauptsächlich Rentiere zur Strecke gebracht. Allein in Stellmoor bei Ahrensburg (Kreis Stormarn)

wurden mehr als 1000 Rentiere erlegt und ins Lager geschafft. Unter den Jagdbeuteresten entdeckte man durchschossene Schulterblätter, Knochen mit darin steckenden Feuersteinpfeilspitzen und einen zerschlagenen Schädel von einem Rentier. Zwei vollständige Rentiere, mit je vier schweren Steinen in der Brust beschwert, hatte man in einen nahen See geworfen. Den genauen Grund hierfür kennt man nicht.

Rentierfleisch war auch die Hauptnahrung der Ahrensburger Jäger, die in der Höhle Hohler Stein von Kallenhardt lagerten. Dies belegen die zerschlagen vorgefundenen Knochen, Schädelteile und Geweihstangen. Die dort geborgenen Geweihe waren dünner und kümmerlicher als die von Rentieren aus früheren Zeiten. Man schrieb sie deshalb den sogenannten Waldrentieren zu, die im sich erwärmenden Klima degenerierten und schließlich ausstarben.

In Potsdam-Schlaatz[11] (Brandenburg) kamen Schädelreste, Knochen mit und ohne Kratz- und Schnittspuren sowie vier Zähne eines Auerochsen zusammen mit Feuersteinwerkzeugen, die teilweise Gebrauchsspuren aufweisen, zum Vorschein. Hierbei handelt es sich wahrscheinlich um ein von Jägern verwundetes oder getötetes Beutetier, das an der Fundstelle ausgeweidet und zerteilt wurde, wozu man offenbar die Feuersteinwerkzeuge verwendete.

Die in Potsdam-Schlaatz vorhandenen Knochen des Auerochsen verweisen darauf, daß der Schädel und Teile der Wirbelsäule mit dem Hals und dem Oberteil des Rumpfes noch einen zusammenhängenden Restkörper bildeten. Größere zusammenhängende Partien des Tierkörpers – wie das Hüftstück und die Gliedmaßen – waren anscheinend von Menschen abgetrennt und abtransportiert worden. Der Potsdamer Prähistoriker Bernhard Gramsch vermutet, daß die Funde von Potsdam-Schlaatz am ehesten der »Ahrensburger Kultur« zugerechnet werden können. Denn die Fundschicht gehört aufgrund geologischer Kriterien, der Pollenanalyse und der radiometrischen Datierung von Holzstücken auf 10560 Jahre, in die jüngere Dryaszeit.

Nach den Jagdbeuteresten zu schließen, haben die Menschen der »Ahrensburger Kultur« vor allem Rentierfleisch als Nahrung geschätzt. Für Abwechslung in der Ernährung sorgten zusätzlich erlegte Wildtiere wie große Vögel oder Auerochsen. Daneben dürften archäologisch nicht nachweisbare eßbare Pflanzen eine nicht zu unterschätzende Rolle auf dem Speisezettel gespielt haben.

In Husum (Schleswig-Holstein) wurde bei Baggerarbeiten einer der angeblich ältesten Belege für ein Wasserfahrzeug aus der Steinzeit entdeckt: ein Gerät aus Rentiergeweih, das der Prähistoriker Detlev Ellmers aus Bremerhaven als Teil des Spantgerüstes eines Fellbootes deutet.

Die Kunstwerke der »Ahrensburger Kultur« zeigen weder Tier- noch Menschenmotive. Ihre starren ornamentalen Muster wirken genormt. Meist hat man einfache V-förmige Muster und Strichgruppen miteinander kombiniert oder durch Aneinanderreihen von V-Zeichen lange Zickzackbänder geschaffen. Solche Muster sind auf Rentier- und Elchrippen sowie auf Beile aus Rengeweih eingeritzt worden. Nach der Blüte der realistischen Kunst im Magdalénien wirkt der Übergang zum abstrakten Ornament als Verarmung.

Die Menschen der »Ahrensburger Kultur« verfügten über knöcherne Schwirrgeräte als Musikinstrumente, mit denen sie einen wechselnden hohen und tiefen Summton erzeugen konnten, wenn man sie an einem Riemen hängend rasch kreisen ließ. Derartige Schwirrgeräte aus Knochen oder Holz wurden noch in historischer Zeit vor allem als Kultobjekt von Ureinwohnern Australiens, Melanesiens, Afrikas und Südamerikas benutzt. Ihren Überlieferungen zufolge soll das Schwirrgerät in der Urzeit der Menschheit von einem mythischen Wesen geschaffen worden sein, als dessen Stimme es galt.

Das kleinste Schwirrgerät der »Ahrensburger Kultur« ist 12,8 Zentimeter lang, das größte 21 Zentimeter. Das erste dieser Schwirrgeräte wurde 1943 von Alfred Rust in einer Ahrensburger Fundschicht geborgen. Es hat eine länglich-ovale Form und einen flachen Querschnitt. Ein Ende läuft spitz zu, das andere gerade. Am breiten Ende ist es durchlocht. Rust erkannte, daß dieser Fund den Schwirrhölzern der australischen Ureinwohner glich und ähnliche Summtöne von sich geben konnte. Als erster hatte 1930 der französische Lehrer und Prähistoriker Denis Peyrony (1896–1954) aus Les Eyzies-de-Tayac (Dordogne) ähnliche Funde aus Frankreich als Schwirr- und Kultgeräte gedeutet.

Die Angehörigen der »Ahrensburger Kultur« stellten Werkzeuge und Waffen aus Feuerstein, Knochen oder Geweih her. Die Steinwerkzeuge und -waffen werden den Stielspitzen-Gruppen zugeordnet, zu denen neben der »Ahrensburger Kultur« auch die »Bromme-Kultur« (s. S. 112) und das Swidérien (s. S. 89) in Osteuropa gehören. Die Feuersteingeräte der »Ahrensburger Kultur« hatten hauptsächlich symmetrische Formen. Es gab Riesenklingen, Kratzer, Stichel, Bohrer, Schaber und Sägen aus Feuerstein. Diese Formen befanden sich beispielsweise unter den mehr als 200 000 Feuersteingeräten von Stellmoor bei Ahrensburg.

Viele Werkzeuge der »Ahrensburger Kultur« bestanden aus Knochen oder Geweih. In Stellmoor bei Ahrensburg fand man Dutzende von Rentierschulterblättern, die als Schaber zum Entfernen von Fleischresten von den Fellen erlegter Tiere dienten. Fast gleichartige Schaber werden heute noch von Eskimos für dieselbe Tätigkeit verwendet. Außerdem besaßen die

Jagd mit Pfeil und Bogen zur Zeit der »Ahrensburger Kultur« vor mehr als 10 000 Jahren in der Gegend von Ahrensburg in Schleswig-Holstein.

Ahrensburger Leute kleinere Schaber aus Wirbeln, Knochenmesser aus Rippen und Druckstäbe aus Geweih zum Retuschieren der Kanten von Feuersteinwerkzeugen oder -waffen. Durch Zerschlagen von Rentiergeweihen gewann man Splitterstücke, aus denen man Werkzeuge oder Waffen herstellte.

Zu den Waffen der Ahrensburger Jäger gehörten Pfeil und Bogen, Harpunen und Beile aus Rentiergeweih.

Die eindrucksvollsten Belege für die Herstellung und Verwendung von Pfeil und Bogen fand man in Stellmoor bei Ahrensburg. Dort barg man mehr als 100 aus Kiefernholz geschnitzte Pfeilschäfte. Sie sind bis zu 75 Zentimeter lang und einen halben bis einen Zentimeter dick. Am Ende ist jeweils eine Kerbe zum Aufsetzen auf die Bogensehne angebracht. Die Pfeilspitzen mit Stiel – daher der Name Stielspitzen-Gruppen – steckten teilweise noch in den Pfeilschäften. Daneben wurden in Stellmoor bis zu vier Zentimeter lange Feuersteinpfeilspitzen geborgen. Pfeilspitzen entdeckte man auch an anderen Lagerplätzen der »Ahrensburger Kultur«. In seltenen Fällen steckten sie sogar noch in den Knochen von Beutetieren.

Eine weitere Waffe der damaligen Jäger waren Wurfspeere mit harpunenartig gezähnter Spitze, die bei der Flucht des getroffenen Tieres nicht aus der Wunde rutschen konnte. In Stellmoor bei Ahrensburg fand man Harpunen aus Rentiergeweih, die zwei Reihen von Widerhaken aufweisen, zusammen mit Resten erlegter Rentiere am Grund eines Sees. Von einem Harpunenspeer könnte die Verletzung auf einem Rentierschulterblatt aus Meiendorf bei Ahrensburg stammen. Offenbar hatte man die Waffe von hinten auf das Tier geschleudert. Harpunen aus Rentiergeweih kennt man auch aus Brandenburg. Sie wurden zumeist bei Baggerarbeiten entdeckt.

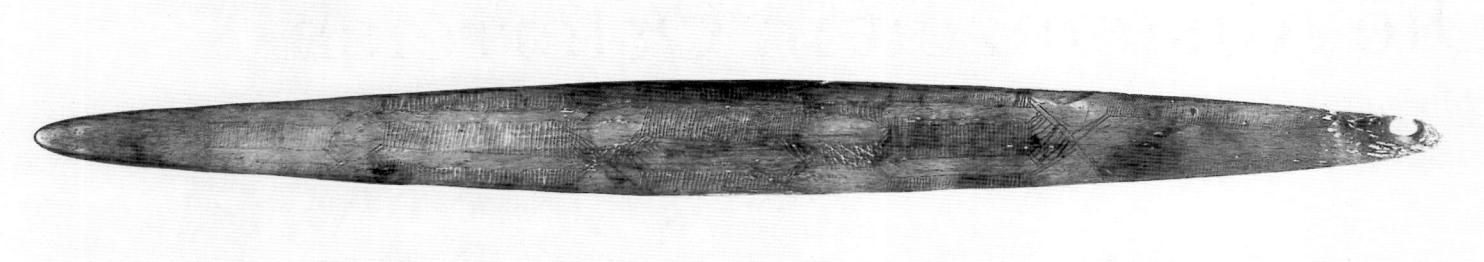

Knöchernes Schwirrgerät von Ahrensburg-Stellmoor (Kreis Stormarn) in Schleswig-Holstein. Länge des als Musikinstrument verwendeten Gerätes 21 Zentimeter. Original im Archäologischen Landesmuseum der Christian-Albrechts-Universität, Schleswig.

Die Ausgrabungen in Stellmoor bei Ahrensburg zeigten, daß die Ahrensburger Jäger auch Beile aus Rentiergeweih besaßen, wie sie für die südskandinavische »Bromme-Kultur« (s. S. 112) typisch sind. Das Rengeweih- oder Lyngby-Beil von Stellmoor ist etwa 50 Zentimeter lang. Es besteht aus einer Rentiergeweihstange, an der man die Augsprossen entfernt und die Eissprosse auf etwa 5 bis 10 Zentimeter verkürzt und angeschärft hatte. Das Beil wurde als Schlaggerät benutzt. Zusammen mit ihm fand man in Stellmoor einen eingeschlagenen Rentierschädel. Ein Teil solcher Beile hatte eine gerade Schneide. Sie werden daher Geradbeile genannt. Andere Beile besaßen eine Querschneide, man bezeichnet sie als Querbeile. Daneben gab es aber auch Beile mit spitzem oder hammerartig geformtem Klingenende. Man nimmt an, daß mit derartigen Beilen Rentiere aus unmittelbarer Nähe – etwa beim Überqueren von Bächen oder Flüssen – erschlagen wurden.

Bisher hat man keinen einzigen Skelettrest oder eine Bestattung dieser Kulturstufe bergen können.

Alfred Rust vermutete, daß die Ahrensburger Jäger nach erfolgreichen Jagdzügen weibliche Rentiere geopfert haben, die sie mit Steinen beschwerten und in Seen versenkten. In Stellmoor bei Ahrensburg stieß er bei Ausgrabungen auf einen im Wasser aufgerichteten langen Pfahl, der unten zugespitzt und am oberen Ende mit dem Schädel eines etwa 13jährigen Rentieres gekrönt war.

Rust deutete diesen Fund als Kultpfahl und meinte, der Rentierschädel gehöre dem ältesten von den im Laufe der Zeit insgesamt 1000 getöteten Rentieren. Ob diese Deutung zutrifft, sei dahingestellt.

Ziemlich sicher dürfte dagegen sein, daß auch die Menschen der »Ahrensburger Kultur« auffällige Naturerscheinungen nicht als natürliche Vorgänge erklären konnten und versuchten, durch Bitten und Opfer unsichtbare Mächte gnädig zu stimmen. Rentiere waren für sie eine wichtige Nahrungs- und Rohstoffquelle. Diese Tiere könnten deshalb durchaus ein Teil ihrer Naturreligion gewesen sein.

Die Altsteinzeit in Österreich

Abfolge und Verbreitung der »Kulturen« und Gruppen

In Österreich fand man bisher keine Hinterlassenschaften der Geröllgeräte-Industrien sowie des Proto- und Altacheuléen. Die frühesten Zeugnisse für die Anwesenheit von Menschen aus der Altsteinzeit[1] stammen aus der Zeit vor mehr als 250000 Jahren, die in Deutschland dem Jungacheuléen zugerechnet wird. Dabei handelt es sich um Funde aus einer einzigen Höhle in Niederösterreich, die frühen Neanderthalern zugeschrieben wurden (s. S. 120).

Die Kulturstufe des Moustérien (s. S. 121) ist durch Steinwerkzeuge sowie Jagdbeute- und Siedlungsreste in den Höhlen mehrerer Bundesländer belegt. Die Angehörigen dieser Stufe waren späte Neanderthaler. Dem Moustérien ordnet man heute die früher als »Alpines Paläolithikum« bezeichneten Funde zu. Es sind Steinwerkzeuge aus Höhlen in oftmals beträchtlicher Höhe innerhalb der Alpen. Die vermeintlichen Werkzeuge aus Höhlenbärenknochen sind jedoch fast alle nicht durch Menschenhand, sondern auf natürliche Weise entstanden.

Im Aurignacien (s. S. 129) wanderten die ersten anatomisch modernen Jetztmenschen ein. Von ihnen kennt man Steinwerkzeuge, Waffen, Jagdbeutereste vor allem vom Mammut, Siedlungsreste, Feuerstellen, Schmuckschnecken und ein Kunstwerk. Die Funde wurden in Höhlen und im Freiland entdeckt. Das Aurignacien war entlang der Donau in Niederösterreich, in der Steiermark und in Tirol vertreten.

Das Gravettien (s. S. 134) wird durch Stein- und Knochenwerkzeuge, Jagdbeutereste überwiegend vom Mammut, Siedlungsspuren und Feuerstellen, bedeutende Kunstwerke (»Venusfiguren« von Willendorf) sowie menschliche Skelettreste dokumentiert. Das Gravettien konzentrierte sich in der Wachau, im Kamptal und im angrenzenden nördlichen Niederösterreich.

Aus dem Magdalénien (s. S. 139) kennt man in Österreich Steinwerkzeuge, Knochengeräte, Waffen, Siedlungsspuren in Höhlen, Schmuck und ein Kunstwerk. Die Funde stammen vor allem aus Niederösterreich und der Steiermark.

Vom Spätpaläolithikum (s. S. 142) zeugen bisher in Österreich nur wenige Funde. Dabei handelt es sich um Steinwerkzeuge und Siedlungsspuren aus Niederösterreich, der Steiermark und dem Bundesland Salzburg.

In der Repolusthöhle bei Peggau (Steiermark) wurden die bisher ältesten Hinterlassenschaften von Menschen in Österreich entdeckt. Diese Funde sind nach den Erkenntnissen des Wiener Paläontologen Gernot Rabeder mehr als 250000 Jahre alt.

Die »ersten Österreicher«

Das Jungacheuléen

Die Urgeschichte Österreichs läßt sich jetzt bis vor mehr als 250 000 Jahre zurückverfolgen. Diese Erkenntnis ist dem Wiener Paläontologen Gernot Rabeder[1] zu verdanken. Zuvor hatten die bis zu 100 000 Jahre alten Funde aus dem Moustérien (s. S. 121) als die frühesten archäologischen Belege für die Existenz von Jägern und Sammlern in Österreich gegolten.

Das neue Wissen über die »ersten Österreicher« aus einer Zeit, die in Deutschland als Jungacheuléen (s. S. 52) bezeichnet wird, basiert unter anderem auf den Ergebnissen der Untersuchung von Höhlenbärenknochen aus der Repolusthöhle[2] bei Peggau in der Steiermark. Als Rabeder diese Bärenreste im Steiermärkischen Landesmuseum Joanneum[3] in Graz begutachtete, fiel ihm – wie zuvor schon der Grazer Paläontologin und Geologin Maria Mottl (1906–1980) – auf, daß die Funde von wenig entwickelten Höhlenbären stammen. Sie repräsentieren den Übergang von der Bärenart *Ursus deningeri*[4] zum Höhlenbären *Ursus spelaeus*[5]. Da in der Höhlenruine von Hunas (Kreis Nürnberger Land) in Bayern Bärenreste desselben Entwicklungsstadiums in einer mit modernen Methoden auf mehr als 250 000 Jahre datierten Schicht geborgen wurden, konnte der Wiener Experte auf ein ähnlich hohes Alter der Fundschichten in der Repolusthöhle schließen.

Die nach ihrem Entdecker benannte Repolusthöhle ist eine von mehreren Höhlen im Badlgraben, einem Seitental des Murtales. Sie liegt etwa 70 Meter über dem Tal und gilt als Rest eines ehemaligen unterirdischen Entwässerungssystems. Die Repolusthöhle erstreckt sich heute etwa 35 Meter tief in die Felswand. In der Fachliteratur ist sie schon seit Jahrzehnten als Rastplatz von späten Neanderthalern *(Homo sapiens neanderthalensis)* aufgeführt.

Tatsächlich haben sich dort jedoch – nach Rabeders Schlußfolgerungen – mehr als 100 000 Jahre zuvor frühe Neanderthaler aufgehalten, die auch als Anteneanderthaler *(Homo sapiens anteneanderthalensis)* bezeichnet werden. Diese Menschen hinterließen in der Repolusthöhle in der Schicht mit den Bärenfossilien ihre Jagdbeutereste, mehrere Feuerstellen und Steinwerkzeuge.

Die ehemaligen Bewohner der Repolusthöhle erlegten vor allem Bären, Steinböcke und Wildschweine. Dies dürfte mit Holzlanzen bzw. -speeren geschehen sein, deren Spitzen an mehreren Fundorten Europas nachgewiesen sind. Ihre Feuerstellen gelten als die frühesten archäologischen Beweise für die Nutzung des Feuers in Österreich. Über dem Feuer haben die frühen Neanderthaler in der Repolusthöhle das Fleisch von Wildtieren gebraten. Nach den Mahlzeiten warfen sie die Speiseabfälle in einen mehr als 10 Meter tiefen Schacht im engeren und niedrigeren hinteren Teil der Höhle.

Zeitgenossen dieser Menschen waren unter anderem die erwähnten Bären sowie Löwen, Wölfe, Dachse, Biber, Stachelschweine, Riesenhirsche, Wildschweine, Steinböcke und Wisente. Nach Ansicht von Gernot Rabeder sprechen die Tier-

reste aus der Repolusthöhle für eine Warmphase, die vielleicht vor der Riß-Eiszeit (s. S. 53) lag.

Während der Riß-Eiszeit reichten die Gletscher der Alpen zeitweise weit in deren Vorland. In Österreich erstreckte sich das Eis beispielsweise bis Salzburg. Aber es gab dazwischen auch Warmphasen.

Die in der Repolusthöhle lagernden Menschen schlugen aus Quarzit und Hornstein ihre Geräte zurecht. Die Rohstoffe kommen teilweise in der Umgebung der Höhle vor, teilweise müssen sie aber auch von weit her getragen worden sein, weil Hornstein dort nicht vorhanden ist. Unter den Steinwerkzeugen aus der Repolusthöhle befinden sich beidseitig behauene breite Klingenabschläge, Schaber und kleine Faustkeile (Fäustel). Ihre Form spricht nicht gegen das angenommene hohe Alter von mehr als 250 000 Jahren. Wenn man die von dem Marburger Prähistoriker Lutz Fiedler für Deutschland vorgenommene Gliederung der Altsteinzeit auch für Österreich verwendet, fallen die Funde aus der Repolusthöhle in das Jungacheuléen, dessen Beginn auf vor etwa 350 000 Jahren und dessen Ende auf vor etwa 150 000 Jahren datiert wird.

Bedauerlicherweise ist der Höhlenboden in der Repolusthöhle bei früheren Grabungen in den fünfziger Jahren restlos abgetragen worden. Daher sind keine neuen Untersuchungen an dieser für Österreich so bedeutsamen Fundstelle möglich und auch keine modernen Altersdatierungen von Funden aus der Zeit der frühen Neanderthaler. Rabeders neue Erkenntnisse über die alten Funde aus der Repolusthöhle können vielleicht aber der Ansporn dafür sein, auch die Inventare anderer österreichischer Höhlen, die bisher dem Moustérien zugeordnet werden, kritisch zu untersuchen. Eventuell ist mit weiteren Überraschungen zu rechnen.

Vielleicht werden eines Tages in Österreich auch Funde aus der in Deutschland nachgewiesenen Kulturstufe des Spätacheuléen (s. S. 58) vor etwa 150 000 bis 100 000 Jahren entdeckt.

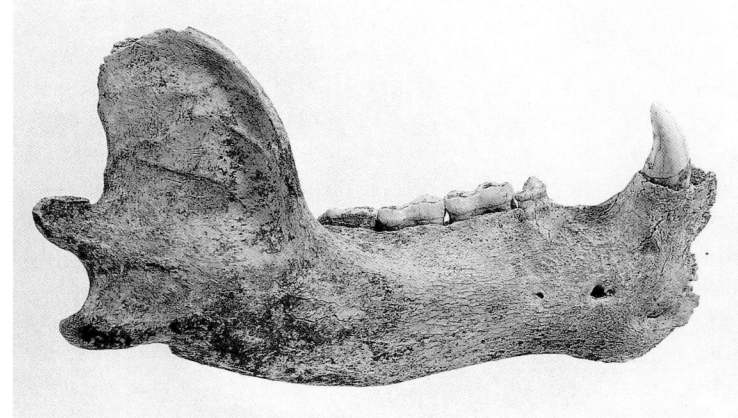

Mehr als 250 000 Jahre alter Unterkiefer eines Höhlenbären aus der Repolusthöhle bei Peggau in der Steiermark. Länge knapp 27 Zentimeter. Original im Institut für Paläontologie der Universität Wien.

Die Höhlenbärenjäger in den Alpen

Das Moustérien

Aus der Kulturstufe des Moustérien vor etwa 125 000 bis 40 000 Jahren liegen in den Bundesländern Salzburg, Tirol, Kärnten, Steiermark, Oberösterreich, Niederösterreich und Burgenland Funde vor. Im Vergleich zu Deutschland oder gar Frankreich kennt man jedoch in Österreich viel weniger Hinterlassenschaften dieser Zeit.

Das Moustérien fiel zunächst in eine Warmzeit, die in Österreich als Riß/Würm-Interglazial[1] (vor etwa 125 000 bis 115 000 Jahren) bezeichnet wird, weil sie zwischen der Riß- und Würm-Eiszeit lag. Die restliche Zeit des Moustérien war zeitgleich mit den ersten 75 000 Jahren der Würm-Eiszeit, die insgesamt etwa von vor 115 000 bis 10 000 Jahren währte.

Im Riß/Würm-Interglazial war es in Österreich einige Grad Celsius wärmer als heute. Die alpinen Gletscher schmolzen im Laufe dieser Warmzeit bis in ihre Ausgangsgebiete im Hochgebirge zurück. Statt der baumlosen Steppe vor den Alpen breiteten sich wieder Wälder aus. Zu Beginn dieser Warmzeit behaupteten sich vor allem Birken und alpine Kiefern. Es folgten klimatisch anspruchsvolle Eichenmischwälder mit Ulmen und Eschen. Nach der Haselnuß setzten sich Fichten, Eiben, schließlich Hainbuchen und vor allem Tannen durch. Gegen Ende der Warmzeit traten langsam lichter werdende Fichten- und Kiefernwälder auf.

Zur Tierwelt Österreichs im Riß/Würm-Interglazial gehörten unter anderem Waldelefanten, Waldnashörner, Höhlenlöwen und Höhlenbären. Die Waldelefanten waren mit einer maximalen Schulterhöhe von 4,50 Metern die größten Landsäugetiere der damaligen Zeit. Wie die riesigen Waldelefanten gelten auch die tonnenschweren Waldnashörner als typische Tiere von Warmzeiten des Eiszeitalters. Höhlenlöwen dürften die gefährlichsten Raubtiere gewesen sein.

Im Riß/Würm-Interglazial und in den klimatisch relativ günstigen Abschnitten der frühen und mittleren Würm-Eiszeit wagten sich in den Ostalpen Jäger in die hochgelegenen Bereiche des Gebirges vor, um dort vor allem die kräftigen und wohl auch gefürchteten Höhlenbären zu jagen.

Die Würm-Eiszeit begann mit kräftigen Klimaschwankungen, die zumindest am Alpenrand und gebietsweise im Vorland – wo es ausreichend Niederschläge gab – einen Wechsel zwischen waldfreien Steppen und dichten Fichten-Kiefern-Wäldern zur Folge hatte. Dabei schwächten sich die Warmphasen immer mehr ab. Wie Ergebnisse der Grabungen in der Ramesch-Höhle oder in der Salzofenhöhle gezeigt haben, waren die Ostalpen in ihrem östlichen Bereich bis hoch in die Berge eisfrei.

In Kaltphasen der Würm-Eiszeit lebten Mammute und Fellnashörner, aber auch Riesenhirsche, Elche, Rentiere, Moschusochsen und Wisente. Dagegen gab es in Warmphasen unter anderem Höhlenbären, -löwen, -hyänen und Wildpferde.

In Österreich konnten bisher keine menschlichen Skelettreste aus dem Moustérien entdeckt werden. Man kann davon ausgehen, daß sich die Moustérien-Leute in Österreich wenig von ihren Zeitgenossen in den Nachbarländern Deutschland, Tschechoslowakei, Ungarn, Jugoslawien und Italien unterschieden, wo man Skelettreste von Neanderthalern fand.

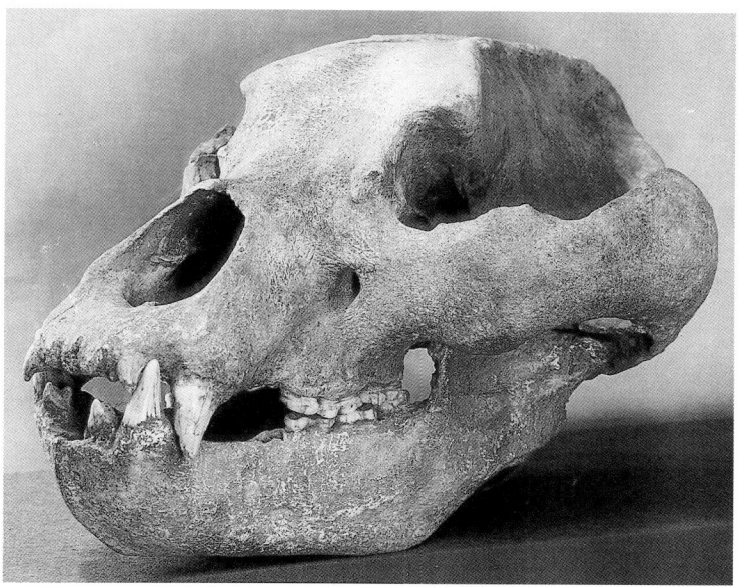

Schädel eines Höhlenbären *(Ursus spelaeus)* aus der letzten Zwischeneiszeit vor mehr als 115 000 Jahren von der Drachenhöhle bei Mixnitz in der Steiermark. Länge 25,5 Zentimeter. Original im Landesmuseum Joanneum, Graz.

Die Zahl der gleichzeitig im Moustérien in Österreich lebenden Menschen läßt sich nicht abschätzen. Bisher kennt man ein Dutzend Fundstellen von Steinwerkzeugen von moustéroidem Charakter, die jedoch ein unterschiedlich hohes Alter aufweisen. Denkbar ist, daß sich im Moustérien einige hundert bis einige tausend Neanderthaler in Österreich aufhielten.

Im Bundesland Salzburg wurde die Durchgangshöhle unterhalb des Schlenkenberggipfels bei Vigaun in der Nähe von Hallein während des Riß/Würm-Interglazials von Menschen aufgesucht. Hier fand man Holzkohlespuren, die von einer Feuerstelle stammen, und Werkzeuge. Zeitweise diente diese Höhle auch Höhlenbären als Unterschlupf. Sie wurde 1968 bis 1970 durch den Wiener Paläontologen Kurt Ehrenberg[2] (1896 bis 1979) erforscht.

In Tirol gilt die Tischoferhöhle[3] im Kaisertal bei Kufstein als Aufenthaltsort von Moustérien-Leuten. Sie wird auch Schäfer- oder Bärenhöhle genannt. In Kärnten wurde die Höhle im Griffener Burgberg im Moustérien bewohnt.

In der Steiermark sind im Riß/Würm-Interglazial die Große Badlhöhle[4] im Badlgraben bei Peggau, die Drachenhöhle[5] bei Mixnitz sowie das Lieglloch im Toten Gebirge bei Tauplitz von Moustérien-Leuten begangen worden. Dort hat man vor allem Steinwerkzeuge entdeckt. Die früher dem Moustérien zugerechneten Funde in der Repolusthöhle[6] bei Peggau sind nach neueren Erkenntnissen viel älter (s. S. 120).

In der 950 Meter hoch gelegenen Drachenhöhle bei Mixnitz (auch Kogellucken genannt) konnten neben Steinwerkzeugen auch Jagdbeutereste und Spuren von Feuerstellen nachgewiesen werden. Dort wurde ab 1919 Phosphaterde als Düngemittel abgebaut. Dabei fand man 1921 einen ersten von Menschenhand bearbeiteten Kieselstein.

Die Gudenushöhle in der Felswand unterhalb der Burg Hartenstein in Niederösterreich diente im Moustérien zeitweise späten Neanderthalern als Aufenthaltsort. In dieser Höhle über dem Kremstal glückten schon 1883 die ersten prähistorischen Funde.

Danach erforschte der Wiener Paläontologe Othenio Abel[7] (1875–1946) die Überreste von Tieren aus der Drachenhöhle und der Wiener Höhlenkundler Georg Kyrle[8] (1887–1937) die urgeschichtlichen Funde.

Als Höhlenwohnungen des Moustérien in der Steiermark betrachtet man außerdem die Fundorte Kugelsteinhöhle III (Tunnelhöhle) und Kugelsteinhöhle II (Bärenhöhle) bei Deutschfeistritz, in denen Steinwerkzeuge dieser Kulturstufe zum Vorschein kamen. Die beiden Höhlen liegen in 500 bzw. 480 Meter Höhe.

In Oberösterreich wurde die Salzofenhöhle[9] im Toten Gebirge bei Bad Aussee von Jägern aus dem Moustérien kurzfristig besiedelt. Sie befindet sich in etwa 2000 Meter Höhe und ist damit eine der am höchsten gelegenen Höhlenwohnungen der Neanderthaler. In historischer Zeit versteckten sich dort Salzschmuggler, woran der Höhlenname erinnert.

Auch die in etwa 1960 Meter Höhe gelegene Ramesch-Knochenhöhle[10] (s. S. 125) im Toten Gebirge (Oberösterreich) wurde im Moustérien von Höhlenbärenjägern aufgesucht. Dies dokumentieren die 1980, 1981 und 1983 bei Ausgrabungen unter der Leitung des Wiener Paläontologen Gernot Rabeder entdeckten Feuersteingeräte aus ortsfremdem Material. Rabeder konnte 1986 auch in der 770 Meter hoch gelegenen Nixluckenhöhle im Ennstal zwischen Ternberg und Losenstein (Oberösterreich) vier Schabewerkzeuge aus schwarzem Hornstein bergen, die ins Moustérien gehören. Häufiger als von den Bärenjägern wurde die Nixluckenhöhle allerdings von Höhlenbären bewohnt.

In Niederösterreich haben sich Menschen des Moustérien in der Gudenushöhle, in der Höhle Teufelslucken (auch Fuchsenlucken genannt), auf dem Plateau des Königsberges, an der Fundstelle Willendorf I und in Krems-Hundssteig aufgehalten.

In der Gudenushöhle[11] in der Felswand unterhalb der Burg Hartenstein über dem Kremstal hinterließen Moustérien-Leute etliche Steinwerkzeuge. Hier wurden am 27. September 1883 als erste die Heimatforscher Pater Leopold Hacker (1843–1926) aus Purk bei Kottes, der Ingenieur Ferdinand Brun (1850–1903) und der Oberlehrer Walter Werner (*1857), beide aus Kottes, fündig. An der Bergung von Funden beteiligte sich später auch Pater Benedikt Kißling (1851–1926), der damals als Kooperator in Kottes wirkte.

Auch in den Teufelslucken am Nordabhang des Königsberges bei Roggendorf unweit der Stadt Eggenburg sowie im Freiland auf dem Plateau des Königsberges beweisen Steinwerkzeuge die Anwesenheit von Moustérien-Leuten.

In der Wachau, dem etwa 30 Kilometer langen Durchbruchstal der Donau zwischen Melk und Krems, ließen sich Moustérien-Jäger bei Willendorf nieder. Hinterlassenschaften von ihnen barg man an der Fundstelle Willendorf I in der Ziegelei Großensteiner.[12] Es sind ausschließlich Steinwerkzeuge. Am nördlichen Ufer der Donau haben sich später auch Jäger jüngerer Kulturstufen bei Willendorf aufgehalten. Insgesamt kennt man dort mindestens sieben Freilandstationen. Davon liegen vier (Willendorf I bis IV) im Bereich der Ortsgemeinde Willendorf und drei (Willendorf V bis VII) im Bereich der Ortsgemeinde Schwallenbach.

Hinweise auf die Existenz von Jägern aus dem Moustérien fand man auch im Burgenland. So diente die etwa drei Kilometer nördlich von Winden gelegene Bärenhöhle als Quartier für eine kleine Gruppe von Neanderthalern. Die Bärenhöhle befindet sich am Westhang des Zeilerberges in etwa 210 Meter Höhe. Sie ist 1,70 Meter hoch und 45 Meter lang.

Die Neanderthaler aus dem Moustérien haben die Höhlen nicht ihr ganzes Leben lang bewohnt, sondern sich jeweils nur einige Zeit darin aufgehalten. Vermutlich deckten sie den Höhlenboden mit weichen Tierfellen ab, auf denen sie bequem sit-

Abschlag aus dunkelbraun patiniertem Feuerstein aus der Ramesch-Knochenhöhle im Toten Gebirge in Oberösterreich. Länge 5,3 Zentimeter, maximale Breite 3,6 Zentimeter. Original im Institut für Paläontologie der Universität Wien.

Neanderthaler zur Zeit des Moustérien bei der gefährlichen Jagd auf
Höhlenbären *(Ursus spelaeus)* im österreichischen Alpengebiet.

zen und schlafen konnten. Vielleicht verwendete man außerdem Steinblöcke als Sitzgelegenheiten oder Tische. Feuerstellen sorgten an trüben Tagen und nach Anbruch der Dunkelheit
für Licht und bei Kälte für Wärme. Ein wichtiges Kriterium bei
der Wahl einer Höhlenunterkunft war die Nähe eines Flusses,
eines Baches oder einer Quelle, um die Trinkwasserversorgung
zu sichern.

Im Freiland wurden bisher in Österreich keine aussagekräftigen Reste von Siedlungen, einzelnen Hütten oder Zelten von
Neanderthalern entdeckt, wie man sie beispielsweise aus
Deutschland (s. S. 71), der Schweiz (s. S. 150) oder der Sowjetunion kennt. Dessen ungeachtet dürften aber auch die Moustérien-Leute in Österreich – viel häufiger, als es die spärlichen
Funde belegen – aus Holzstangen und Tierfellen stabile Hütten
oder Zelte im Freiland errichtet haben, wie sie damals bereits in
vielen Gebieten üblich waren.

Diese Moustérien-Leute jagten Höhlenbären, Steinböcke, Rothirsche, Wildschweine, Höhlenlöwen, Wölfe und Murmeltiere.
In Gebirgsgegenden spezialisierten sie sich offenbar auf die
Jagd von Höhlenbären. Hinweise dafür entdeckte man unter
anderem in der Drachenhöhle bei Mixnitz, in der Überreste von
sage und schreibe 30 000 Höhlenbären entdeckt wurden. Diese

ungeheure Menge an Knochen erklärte man sich in früheren
Jahrhunderten durch die Existenz von Drachen, worauf der
Name Drachenhöhle zurückzuführen ist. Etliche der Schädel
von Höhlenbären aus der Drachenhöhle lassen Hiebverletzungen über der Nasenwurzel erkennen. Auffällig viele Hand- und
Fußknochen vor allem von jungen Höhlenbären deuten darauf
hin, daß diese Teile der Jagdbeute besonders gern verspeist
wurden.

Der aufgerichtet bis zu zwei Meter große Höhlenbär mit seinem
furchterregenden Gebiß und den kräftigen Tatzen war keine
leichte Beute für die damaligen Jäger. Sie mußten ihm von
Angesicht zu Angesicht gegenübertreten und einen günstigen
Augenblick abwarten, ehe sie dem muskulösen Tier eine Stoß-
lanze in den Leib rammen konnten. Vermutlich führte ein einziger Stoß nicht sofort zum Tode, weshalb weitere Lanzenstiche
oder wuchtige Hiebe mit schweren Keulen folgen mußten. Bei
dieser gefährlichen Jagd dürfte mancher Jäger schwer verletzt
oder getötet worden sein.

Außer dem Fleisch vom Höhlenbären, Steinbock, Rothirsch,
Wildschwein und anderen Tieren werden die Moustérien-
Leute vielerlei archäologisch nicht nachweisbare eßbare
Früchte, Kräuter und Samen verzehrt haben.

Im Fundgut der Moustérien-Leute aus Österreich und anderswo stieß man bisher auf keine Objekte, die beim Tauschen eine Rolle gespielt haben könnten. Gelegenheit dazu hätte es beim Zusammentreffen mit anderen Sippen während der Wanderungen oder Jagdstreifzüge sicher gegeben.

Die während des Riß/Würm-Interglazials in Österreich lebenden Moustérien-Leute haben vermutlich ebenso Kleidung getragen wie die spätere Bevölkerung in der Würm-Eiszeit. Ein Aufenthalt von nackten Neanderthalern in hochgelegenen Höhlen der Alpen ist allein schon wegen der nächtlichen Kälte nicht vorstellbar. Im Gegensatz zu den dort hausenden Höhlenbären hatten die Neanderthaler kein dichtes Haarkleid. Der steinige Boden in Gebirgsgegenden erforderte vermutlich eine strapazierfähige Fußbekleidung, also irgendeine Art von »Schuhen« in Form von Lappen aus Leder. Als Rohmaterial für Kleidungsstücke dürfte man Tierfelle oder -häute vom Rothirsch verwendet haben.

Die Steinwerkzeuge der das flache Land bewohnenden Neanderthaler ähnelten denjenigen aus den anderen Verbreitungsgebieten des Moustérien in Europa. Sie waren sorgfältig zugeschlagen und besaßen dieselben Formen. Man fertigte vor allem einflächig bearbeitete Werkzeuge an. Faustkeile wurden nur noch selten geschaffen. Dagegen setzten sich immer mehr die flachen, dreieckigen Handspitzen durch.

In auffälligem Kontrast zu den Funden aus dem Flachland stehen die Steinwerkzeuge aus den hochgelegenen Höhlen im Alpengebiet. Diese früher dem »Alpinen Paläolithikum« (s. S. 148) zugerechneten Werkzeuge wurden meist aus minderwertigerem Material hergestellt, das den Gestaltungswillen des Steinschlägers kaum erkennen läßt.

In der Durchgangshöhle unterhalb des Schlenkenberggipfels fand man Werkzeuge aus Kalkstein mit Schlagbuckel und -flächen, jedoch ohne Retuschen, außerdem Werkzeuge aus Hornstein mit Randretuschen und eine sieben Zentimeter lange Handspitze aus ortsfremdem Gestein. Die Steinwerkzeuge aus der Gudenushöhle bestehen aus Quarzit, Bergkristall und Hornstein. Von diesem Fundort kennt man Handspitzen, Schaber und kleine Faustkeile (Fäustel). Die Steinwerkzeuge aus den Teufelslucken und vom Plateau des Königsberges wurden aus grauem Hornstein angefertigt.

Wie die Moustérien-Leute im Gebiet des heutigen Österreich ihre Toten bestatteten, weiß man nicht. Bisher sind, wie schon erwähnt, keine Bestattungs- oder Skelettreste geborgen worden. Bestattungen aus dem Moustérien in Frankreich (s. S. 72), aus Deutschland und aus dem Nahen Osten beweisen jedoch, daß die Menschen des Moustérien als erste unserer Vorfahren ihre Verstorbenen sorgfältig zur letzten Ruhe betteten und sie mit Beigaben versahen. Damals waren in den Nachbarländern aber auch Schädelkult und rituell motivierter Kannibalismus üblich.

Der häufig erwähnte Höhlenbärenkult ist umstritten. Auffällig deponierte Reste von Höhlenbären, die er mit kultischen Riten in Verbindung brachte, entdeckte der Wiener Paläontologe Kurt Ehrenberg bei seinen Ausgrabungen von 1968 bis 1970 in der Salzofenhöhle. Seine Schlußfolgerungen sind nicht allgemein anerkannt. Bärenkulte wurden noch in historischer Zeit bei nordasiatischen und nordamerikanischen Naturvölkern praktiziert. Sinn dieser Zeremonien war es, die getöteten Bären »wieder zum Leben zu erwecken« und sich auf diese Weise mit ihnen zu versöhnen.

Zu den Farbtafeln

15 Die Ramesch-Knochenhöhle im Toten Gebirge (Oberösterreich) – links unten – diente im Moustérien vor weniger als 65 000 Jahren späten Neanderthalern, die Höhlenbären jagten, als Unterschlupf. Die Höhle liegt in etwa 1960 Meter Höhe.

16 Menschenfigur aus dem Aurignacien vor fast 32 000 Jahren vom Galgenberg bei Stratzing unweit von Krems in Niederösterreich. Sie gilt als das älteste Kunstwerk Österreichs und wurde aus grünem Amphibolit angefertigt. Höhe 7,2 Zentimeter. Original im Bundesdenkmalamt Wien, Abteilung für Bodendenkmale.

17 Frauenfigur aus dem Gravettien (vor etwa 28 000 bis 21 000 Jahren) von Willendorf II in Niederösterreich. Die sogenannte »Venus von Willendorf« wurde 1908 bei Ausgrabungen entdeckt. Höhe 10,5 Zentimeter. Original im Naturhistorischen Museum Wien.

18 Kopf einer Moschusochsen-Skulptur aus Rengeweih aus dem Magdalénien (vor etwa 15 000 bis 11 500 Jahren) vom Kesslerloch bei Thayngen (Kanton Schaffhausen). Länge 6,2 Zentimeter. Dabei handelt es sich um einen der zahlreichen Funde aus dem Kesslerloch, die der Apotheker, Stadtrat, Natur- und Heimatforscher, Prähistoriker und Gründer des Rosgartenmuseums in Konstanz, Ludwig Leiner (1830–1901), im Jahre 1875 erworben hat. Die Originale werden im Rosgartenmuseum Konstanz aufbewahrt.

19 Lochstab aus Rengeweih mit Gravierung eines Wildpferdes aus dem Magdalénien (vor etwa 15 000 bis 11 500 Jahren) aus dem Kesslerloch bei Thayngen (Kanton Schaffhausen). Gesamtlänge des Lochstabes 31,8 Zentimeter, Durchmesser des Stabes 3,6 Zentimeter, Lochdurchmesser 2,4 Zentimeter. Auf dem Stab sind außerdem zwei Hirsche dargestellt. Original im Rosgartenmuseum Konstanz.

20 Menschliches Schädeldach (sogenannter Schädelbecher) aus dem Magdalénien (vor etwa 15 000 bis 11 500 Jahren) mit eingeritzter Darstellung eines Hirsches vom Berg Baarburg bei Baar (Kanton Zug). Original als Leihgabe im Museum in der Burg in Zug.

△ 18   ▽ 19   ▽ 20

Mit Holzlanzen auf Mammutjagd

Das Aurignacien

Im Aurignacien vor etwa 35 000 bis 29 000 Jahren lösten auch im Gebiet des heutigen Österreich die ersten anatomisch modernen Jetztmenschen *(Homo sapiens sapiens)* auf bisher unbekannte Weise die letzten Neanderthaler des vorhergehenden Moustérien ab. Nach den Funden zu schließen, lebten Menschen des Aurignacien in Niederösterreich, in der Steiermark und in Tirol.

Das Aurignacien fiel in Österreich weitgehend in eine Warmphase, die Stillfried-B-Interstadial[1] genannt wird und dem Denekamp-Interstadial (s. S. 77) entspricht. Damals konnten sich am Alpenrand vorübergehend wieder Fichtenwälder behaupten. Während dieser Warmphase existierten in Österreich unter anderem Höhlenbären, Höhlenlöwen, Höhlenhyänen, Wölfe, Rotfüchse, Auerochsen, Wildpferde, Steinböcke, Gemsen und Rothirsche. In der vorausgehenden und nachfolgenden Kaltphase traten Mammute, Fellnashörner, Rentiere, Eisfüchse und Schneehasen auf.

In der Tischoferhöhle im Kaisertal bei Kufstein in Tirol entdeckte man in einer Lehmschicht aus dem Aurignacien die Knochen von etwa 400 Höhlenbären. Deutlich spärlicher waren Reste von Höhlenlöwe, Höhlenhyäne, Wolf, Fuchs, Steinbock, Gemse und Murmeltier. Aus der Repolusthöhle in der Steiermark kennt man Skelettreste von Höhlenbär, Braunbär, Wolf, Fuchs, Wisent, Steinbock, Rothirsch, Wildschwein, Murmeltier, Dachs, Marder und Hamster. Auf dem Freilandfundplatz Horn in Niederösterreich barg man Knochen von Fellnashorn, Wildpferd und Rentier.

Aus Österreich liegen bisher keine menschlichen Skelettreste des *Homo sapiens sapiens* aus dem Aurignacien vor, solche sind aber in den Nachbarländern Deutschland, Tschechoslowakei und Italien gefunden worden (s. S. 77).

Die Jäger und Sammler des Aurignacien wohnten in Höhlen und im Freiland. Manche der Höhlen war schon von Neanderthalern bewohnt worden. Nach der Ausdehnung der Siedlungsspuren zu schließen, lebten die Menschen des Aurignacien in Familien oder Sippen mit geringer Kopfzahl. Die Höhlen- und Freilandsiedlungen lagen meist in Fluß- oder Bachtälern oder in der Nähe einer Quelle.

Höhlen mit Spuren der Anwesenheit von Aurignacien-Leuten kennt man aus Tirol (Tischoferhöhle) und aus der Steiermark (Große Badlhöhle, Repolusthöhle, Lieglloch).

Die Tischoferhöhle[2] im Kaisertal bei Kufstein ist am Eingang etwa 20 Meter breit und 9 Meter hoch. Sie führt ungefähr 20 Meter weit in den Berg. Die Große Badlhöhle[3] bei Peggau liegt 495 Meter hoch im höhlenreichen Badlgraben. Man unterscheidet darin die »Löwenhalle«, »Bärenhalle« und »Steinzeithalle«. Ebenfalls im Badlgraben befindet sich in 525 Meter Höhe die Repolusthöhle[4] bei Peggau. Sie liegt an einem sonnigen Südhang und weist verhältnismäßig trockene Böden und Wände auf, in der Nähe befindet sich eine Quelle. In noch größerer Höhe ist die Höhle Lieglloch[5] (auch Bergerwandhöhle) am Fuße der Bergerwand im Toten Gebirge bei Tauplitz anzutreffen. Sie liegt 1290 Meter über dem Meer. Das Lieglloch diente vermutlich Höhlenbärenjägern als Lager.

Siedlungen im Freiland gab es vor allem in Niederösterreich. Dazu gehören die fundreichen Stationen Willendorf, Gösing, Krems-Hundssteig, Langmannersdorf, Senftenberg, aber auch die weniger ergiebigen Lagerplätze Getzersdorf, Großweikersdorf, Horn, Kamegg und Stratzing-Galgenberg. Auf einige dieser Fundorte wurde man bereits im 19. Jahrhundert aufmerksam. Im Freiland haben die Menschen des Aurignacien vermutlich Zelte oder Hütten errichtet.

Im Gebiet von Willendorf am nördlichen Donauufer in der Wachau rechnet man von den insgesamt sieben Freilandstationen nur die Fundstelle II[6] dem Aurignacien zu. Von den neun Fundschichten in Willendorf II (Ziegelei Ebner) werden die zweite, dritte und vierte Schicht dem Aurignacien zugeordnet. Bei den Funden aus dem Aurignacien handelt es sich hauptsächlich um Steinwerkzeuge. Die Willendorfer Stationen liegen auf einem Lößrücken zwischen dem Donauufer und den Ausläufern des Nußberges und boten den Jägern einen guten Ausblick ins Donautal. Beim Abbau des Löß wurden bereits Mitte des 19. Jahrhunderts einzelne Funde geborgen. Die erste planmäßige Ausgrabung nahm 1883 der Wiener Prähistoriker Josef Szombathy[7] (1853–1943) vor. Weitere Ausgrabungen folgten 1907–1909 im Zusammenhang mit dem Bau der Wachaubahn und später.

Seit langem sind auch Siedlungsreste aus der Gegend von Gösing bei Kirchberg am Wagram bekannt. Der Wiener Fabrikant und Heimatforscher Matthäus Much (1832–1909) berichtete bereits 1871 von durch Menschenhand gespaltenen Mammutknochen und Holzkohlenstücken aus der Feuerstelle, die in einem Keller von Gösing zum Vorschein gekommen war. 1877 entdeckte er nördlich von Gösing im Ort Ronthal eine Station aus dem Aurignacien. 1882 informierte er über Funde bei dem nördlich von Gösing gelegenen Ort Stettenhof sowie über schon 1862 geborgene Funde. 1925 glückten im Raum Gösing weitere Entdeckungen.[8]

Zu den berühmtesten Fundstellen aus dem Aurignacien in Österreich zählt ein Lößrücken namens »Hundssteig« im Stadtgebiet von Krems an der Donau. Dort wurden schon 1645 von schwedischen Soldaten unter General Torstenson beim Ausheben von Schanzwerken Mammutknochen und ein Zahn entdeckt, die man damals dem sogenannten »Riesen von Krems« zuschrieb. Der »Kremser Riesenzahn« wurde 1647 von dem Frankfurter Künstler Matthäus Merian d. Ä. (1593–1650) im fünften Band seines Werkes »Theatrum Europaeum« abgebildet. Damals ahnte niemand, daß einst in Mitteleuropa Elefanten gelebt hatten.

Die ersten Siedlungsreste am Hundssteig wurden 1893 gefunden, als man eine Lößkuppe nordwestlich des sogenannten Wächtertores abbaute, um Erdmaterial zum Aufschütten eines Hochwasserschutzdammes an der Donau bei Krems zu gewinnen. Dabei stieß man in etwa acht Meter Tiefe auf Asche, Holzkohle, Tierknochen und Steinwerkzeuge. Die Steine waren teilweise dem Feuer ausgesetzt gewesen und dadurch in der Farbe verändert. Der Obmann des Städtischen Museumsausschusses, Propst Anton Kerschbaumer (1823–1909), und Professor

Knöcherne Speerspitze vom Lautscher Typ aus der »Löwenhalle« der Großen Badlhöhle bei Peggau in der Steiermark. Länge 24,8 Zentimeter. Original im Landesmuseum Joanneum, Graz.

Johann Strobl (1844–1910) aus Krems vermuteten, daß man hier ähnliche urgeschichtliche Funde entdeckt hatte, wie man sie aus Willendorf kannte. Weitere Funde glückten beim Abbau von Löß in den Jahren 1899, 1900, 1902/03 und 1904. Meist waren es Steinwerkzeuge, aber auch schwarzgebrannte Knochensplitter, Rötelknollen und Schmuckschnecken.

Seit langem kennt man auch die Freilandstation Senftenberg[9] im Tal der Krems. Dort wurden in der Ziegelei Gneisl Steinwerkzeuge und eine Feuerstelle im Lehm entdeckt.

Interessante Einblicke in das Leben der Aurignacien-Leute erlauben besonders die beiden Lagerplätze von Mammutjägern in Langmannersdorf an der Perschling. Der erste davon, der Lagerplatz A, wurde entdeckt, als Regenwasser einen Hohlweg auswusch und Mammutknochen freilegte. Ein Heimatforscher bemerkte an diesen Knochen Spuren menschlicher Tätigkeit.[10] Daraufhin unternahmen er und der damals gerade in Wien wirkende deutsche Prähistoriker Hugo Obermaier (1877–1946) im Jahr 1907 eine Versuchsgrabung. Sie fanden eine mit Sandsteinplatten bedeckte Fläche von mehreren Metern Ausdehnung, auf der Knochenreste vom Mammut, Fellnashorn und Rentier sowie Feuersteingeräte lagen. Offenbar war dies einst ein Tranchierplatz gewesen, auf dem die Menschen des Aurignacien ihre Jagdbeute zerlegten und verzehrten. Vermutlich hielt sich hier eine Gruppe von vielleicht acht bis zehn Personen auf. Etwa zwei Meter davon entfernt befand sich einst eine kreisrunde Feuerstelle. Sie enthielt eine dicke Schicht von Brandresten, vor allem kleine verkohlte Knochenstücke, die man als Heizmaterial ins Feuer geworfen hatte.

Im Frühjahr 1919 fand der Wiener Prähistoriker Josef Bayer (1882–1931) in Langmannersdorf den Lagerplatz B, der etwa 60 Meter südlich von Lagerplatz A lag. Während der Ausgrabung vom Spätsommer 1919 an stellte Bayer eine große Feuerstelle fest, um die sich Mahlzeit-, Steinschläger- und Knochenabfallplätze gruppierten. Die wichtigste Entdeckung aber war eine Wohngrube mit fast rundem Grundriß von 2,50 Meter Durchmesser, die 1,70 Meter tief in den Boden reichte. Diese Grube soll nach Ansicht von Bayer mit einem Dach aus Reisig und Tierfellen bedeckt gewesen sein. Windschirme an der Nord- und Westseite schützten vermutlich vor Kälte und Wind, der häufig feinen Löß herbeiwehte. Zwei durch Löß getrennte Kulturschichten in der Wohngrube deuten auf einen zweimaligen Aufenthalt von Aurignacien-Leuten hin. Beim Ausgraben der Wohngrube hatte man einen länglichen Lößblock stehengelassen, der beim ersten Aufenthalt als Sitzbank diente. Im Boden der Wohngrube befand sich eine dicke Schicht aus zahlreichen Tierknochen und Feuersteinen, deren Ausdehnung die Größe und Form der Grube erkennen ließ. Die Wände waren zumeist steil, nur im Süden bildeten sie einen schrägen Zugang. Drei dazugehörige Pfostenlöcher lassen auf eine pultartige Überdachung schließen. Etwa 1000 Feuersteinabschläge in der Grube zeigen, daß sich dort ein Steinschläger betätigt hat.

Von anderen Fundorten in Niederösterreich liegen bescheidenere Siedlungsspuren aus dem Aurignacien vor. In Getzersdorf[11] unweit von St. Pölten beispielsweise barg man bearbeitete Steine, Knochen und Mammutelfenbein, die auf die Existenz einer Freilandstation hindeuten. In der Ziegelei Rieger in Großweikersdorf[12] fand man Steinwerkzeuge, Holzkohle, Jagdbeutereste und Schneckengehäuse. In Horn-Raabserstraße[15] ist eine Feuerstelle mit Holzkohleresten und Feuersteinwerkzeugen entdeckt worden.

Als weitere, wenngleich unsicher datierte Station aus dem Aurignacien wurde früher die schon 1870 entdeckte Fundstelle im Gruebgraben bei Kammern am Kamp[14] angesehen. Doch neue Grabungen in den achtziger Jahren zeigten, daß die dortigen Fundschichten jünger sind (s. S. 136). Auf diese Station wurde man durch Fundschichten rechts und links eines Hohlweges aufmerksam. Der Gruebgraben befindet sich zwischen den Bergen Heiligenstein und Gaisberg.

Von einem Hohlweg ist auch die Freilandstation in der Ziegeleigrube östlich des Galgenberges von Stratzing[15] durchschnitten. In der dunklen Fundschicht barg ein Amateur-Archäologe das Stoßzahnfragment eines Mammuts, Holzkohle, zerbrochene Jagdbeutereste vor allem vom Rentier und zahlreiche Werkzeuge aus Hornstein. Von dieser Station aus hatte man einen guten Überblick über die Umgebung.

Umstritten ist die Zuordnung zahlreicher Fundorte von Steinwerkzeugen aus dem Gebiet von Drosendorf an der Thaya im Waldviertel (Niederösterreich) ins Aurignacien. Der bereits erwähnte Prähistoriker Hugo Obermaier und der Wiener Ingenieur und Heimatforscher Frank Kießling (1859–1940) faßten 1911 diese Fundorte unter dem Begriff »Plateaulehmpaläolithikum« zusammen und rechneten sie dem Aurignacien zu. Dem »Plateaulehmpaläolithikum« gehörten nach ihrer Auffassung die Fundorte Drosendorf an der Thaya, Thürnau, Autendorf, Trabersdorf, Nonndorf (alle links der Thaya gelegen) sowie Zissersdorf (rechts der Thaya) an.[16] Die Steinwerkzeuge dieser Fundorte wurden meist von Kießling selbst entdeckt.

Große Mengen an Knochenresten vom Mammut in Freilandstationen zeigen, daß dieses Rüsseltier von den Aurignacien-Jägern sehr häufig gejagt wurde. Außerdem haben sie aber auch Wildpferde und Rentiere erlegt. Zu dieser Zeit standen für die Jagd lediglich Stoßlanzen und Wurfspeere zur Verfügung. Jagdbeutereste vom Mammut kennt man aus Großweikersdorf, Krems-Hundssteig, Langmannersdorf und Senftenberg (alle in Niederösterreich). Die Jäger von Krems-Hundssteig erbeuteten neben Mammuten auch Wildpferde und Rentiere.

Besonders aussagekräftig sind die in zwei Knochenhaufen von Langmannersdorf an der Perschling (Fundstelle B) entdeckten Jagdbeutereste. In einem dieser in einiger Entfernung von einer großen Feuerstelle liegenden Haufen barg man zwei vollständige Wolfsskelette, einen Wolfsschädel und andere Knochen dieses Raubtieres sowie eine Anzahl von Mammutknochen, die allesamt keine Brandspuren aufwiesen. Der Wolfsschädel trug Spuren von Verletzungen. Im anderen Knochenhaufen fand man den beschädigten Schädel eines jungen Mammuts mit beiden Stoßzähnen. Er lag mit dem Gaumen nach oben. Die Backenzähne waren herausgerissen. Mit einem Quarzgeröll, das sich mitten auf dem Gaumen befand, hatte man offenbar alles Eßbare durch Einschlagen der Schädeldecke herausgeholt. Der Unterkiefer fehlte. Weitere Funde waren einige Mammutknochen und ein mit dem Gaumen nach oben gewandter Wolfsschädel ohne Unterkiefer.

In Senftenberg konnten außer Jagdbeuteresten vom Mammut, Wildpferd und Rentier auch solche vom Höhlenlöwen, Auerochsen und Rothirsch nachgewiesen werden. Zerschlagene Rentierknochen gehören zum Fundgut von Stratzing-Galgenberg.

Für die jetzt aufkommenden Tauschgeschäfte sprechen Schmuckschnecken und ein Bernsteinstück aus niederöster-

Frühe Jetztmenschen zur Zeit des Aurignacien vor mehr als 30 000 Jahren bei der Mammutjagd in Niederösterreich

reichischen Freilandsiedlungen, die nicht aus Österreich stammen. Beispielsweise fand man in Kamegg Schmuckschnecken aus Südungarn und aus dem nördlichen Jugoslawien. Bei den Schmuckschnecken von Krems-Hundssteig handelt es sich um einheimische Arten aus der Umgebung des Fundortes, aber auch aus der Donau bei Krems, aus dem Wiener Becken, und aus dem Mittelmeer. Die unterschiedlichen Herkunftsgebiete der verschiedenen Schmuckschneckenarten belegen weitreichende Fernverbindungen im Aurignacien. Die aus fremden Gebieten stammenden Schmuckschnecken dürften über eine Vielzahl von Zwischenhändlern nach Niederösterreich gelangt sein. Sie wurden weitergereicht, wenn sich die Menschen des Aurignacien bei ihren Wanderungen oder Jagdunternehmungen trafen.

Die durchbohrten Schneckengehäuse nähte man meist auf die aus Tierfellen oder -leder angefertigte Kleidung auf. Kleidungsreste aus dem Aurignacien hat man jedoch bisher in Österreich nicht nachweisen können, aber auf manchen Kunstwerken aus dem Aurignacien wird Kleidung angedeutet (s. S. 80).

Bei den Aurignacien-Leuten war das Bedürfnis, sich zu schmücken, stark ausgeprägt. Dies zeigen die an den niederösterreichischen Fundstellen Getzersdorf, Kamegg, Krems-Hundssteig, Langmannersdorf und Senftenberg entdeckten Schmuckstücke. Neben nur wenige Millimeter bis einige Zentimeter großen Schmuckschnecken gab es auch Objekte aus Kalk, Nephrit (ein dichtes, grünes, verworren-faseriges Gestein) und Bernstein.

Die durchlochten Schmuckschnecken dienten außer als Verzierung für die Kleidung auch als Bestandteile von Hals- oder Armketten, dazu wurden sie auf Schnüre oder Lederbänder aufgefädelt. Manche Schmuckschnecken wiesen beim Auffinden noch Farbspuren auf. Das war beispielsweise in Krems-Hundssteig der Fall. Die Farbe stammte von Hämatit (einem rötlichen Eisenerz) oder Ocker. Dieses Material wurde unter anderem in Langmannersdorf entdeckt. Man konnte es zu Pulver zerreiben, mit Wasser vermischen und so eine intensiv färbende Paste herstellen, mit der man unterschiedliche Gegenstände verschönerte.

Schmuck aus Kalk ist aus Getzersdorf bekannt. Dabei handelt es sich um zwei große, rundliche und durchbohrte Kalkkonkretionen, die vielleicht Teil einer Kette waren. Einen Anhänger aus Nephrit barg man in Krems-Hundssteig. Und in Langmannersdorf kam ein Bernsteinstück zum Vorschein.

Als das älteste Kunstwerk Österreichs gilt die am 23. September 1988 bei Ausgrabungen der Klosterneuburger Prähistorikerin Christine Neugebauer-Maresch am Galgenberg von Stratzing bei Krems entdeckte Menschenfigur (s. S. 126). Sie wurde aus einer schieferigen, grünen Amphibolitplatte geschaffen. Die Vorderseite des 7,20 Zentimeter hohen Kunstwerks ist halbrund gestaltet, die Rückseite teilweise flach belassen. Auf der Rückseite sind deutliche Ritzlinien erkennbar. Der Kopf weist an der dem erhobenen Arm zugewandten Seite Kerben auf.

Die aus mehreren Bruchstücken zusammengesetzte Figur ist vielleicht weiblich, Christine Neugebauer-Maresch meinte jedenfalls eine links zur Seite gedrehte Brust zu erkennen. Sie wirkt nicht steif und dick wie die etwa 5000 Jahre später geschaffene »Venus von Willendorf« (s. S. 127) aus dem Gravettien, die 1908 geborgen wurde. Mit ihren normalen Proportionen, dem erhobenen linken Arm, dem seitlich abgestemmten

rechten Arm, dem gedrehten Körper und den deutlich getrennten Beinen erscheint sie eher grazil und tänzerisch. Deshalb hat man sie auch in Anlehnung an Fanny Elßler, die berühmteste Tänzerin Österreichs, als »Fanny – die tanzende Venus vom Galgenberg« bezeichnet.

Das geologische Alter von »Fanny« wurde durch Radiokarbondatierungen von Holzkohleresten aus der Fundschicht am Centrum voor Isotopen Onderzoek in Groningen (Holland) ermittelt. Demnach ist diese Figur etwa 31 790 Jahre alt und stammt also aus dem Aurignacien.

Am weiblichen Geschlecht der Menschenfigur von Stratzing sind später allerdings Zweifel laut geworden. Der Prähistoriker Friedrich Brandtner aus Gars deutet das Kunstwerk als einen Jäger mit geschulterter Keule. Derartige Keulen sind aus mährischen Lagern von Mammutjägern bekannt. Die von Christine Neugebauer-Maresch erwähnte weibliche Brust wird von Brandtner als Rest eines abgewinkelten Armes betrachtet.

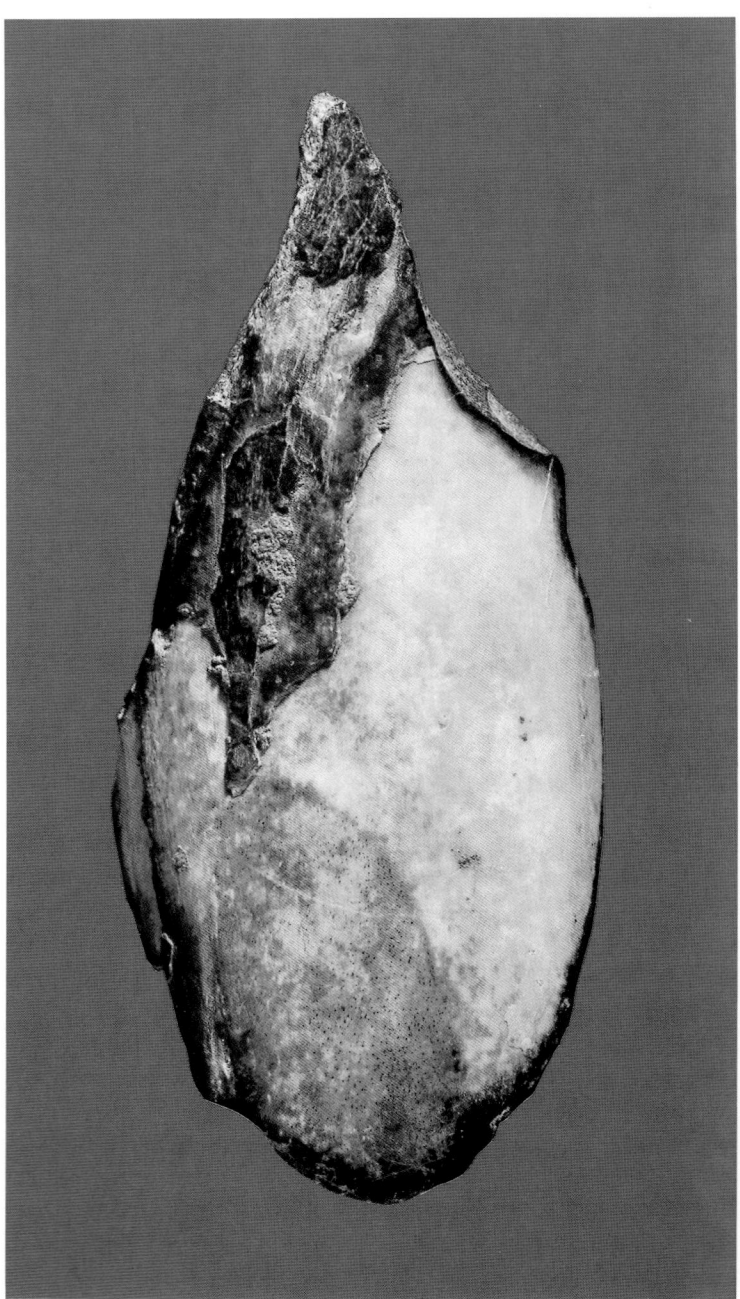

Steinwerkzeug aus dem Aurignacien vor mehr als 30 000 Jahren aus der Großen Badlhöhle bei Peggau in der Steiermark. Höhe 7,4 Zentimeter. Original im Landesmuseum Joanneum, Graz.

Eines der ältesten Schmuckstücke in Österreich: Kette mit durchbohrten Schneckengehäusen vom »Hundssteig« im Stadtgebiet von Krems in Niederösterreich. Sie wurde vor mehr als 30 000 Jahren von einem Menschen getragen. Länge der Kette 13 Zentimeter. Durchmesser des größten Schneckengehäuses 1,4 Zentimeter. Original im Stadtmuseum Krems.

Bei den zumeist aus Feuerstein geschlagenen Steinwerkzeugen der Aurignacien-Leute überwogen die Klingen. Die Feuersteinwerkzeuge von Krems-Hundssteig gleichen in Machart und Material so auffällig denen von Gobelsburg in Niederösterreich, daß man verleitet sein könnte, dahinter dieselben Hersteller zu vermuten.

Zu den bekanntesten Steinwerkzeugen von Krems-Hundssteig zählt die sogenannte Kremser Spitze. Sie ist an beiden Seitenkanten sehr fein perlartig retuschiert. Die Kremser Spitze könnte zum Ritzen oder Bohren gedient haben, meinen manche Prähistoriker.

Bei der Werkzeugherstellung benötigte man eine feste Unterlage, auf die man das zu bearbeitende Rohmaterial legen konnte. Dafür wurde in Langmannersdorf offenbar ein zwei Meter langer Mammutstoßzahn ohne Spitze benutzt. Seine Oberfläche sieht jedenfalls so aus, als habe man darauf Knochen oder anderes Material zerschlagen.

Die wichtigsten Waffen der Aurignacien-Jäger dürften Stoßlanzen und Wurfspeere gewesen sein. Diese bestanden aus langen, mit scharfkantigen Feuersteinwerkzeugen geglätteten Holzschäften, die man mit knöchernen Spitzen bewehrte oder bloß zuspitzte und im Feuer härtete. Insgesamt acht solcher

Knochenspitzen kamen in der Tischoferhöhle bei Kufstein zum Vorschein. In einer Seitennische der »Löwenhalle« der Großen Badlhöhle wurde bereits 1837 bei Ausgrabungen durch Wilhelm Ritter von Haidinger (1795–1871) aus Wien und den Botaniker Franz Unger (1800–1870) aus Graz eine Knochenspitze entdeckt. Dabei handelt es sich um eine sogenannte Lautscher Spitze, die nach dem mährischen Fundort Mladeč (Lautsch) bezeichnet ist.

Der Technokomplex des Aurignacien ist in Ost- und Mitteleuropa älter als in Südwestfrankreich. Das legt eine Ost-West-Bewegung nahe. Der in Krems arbeitende Wissenschaftler Wolfgang Heinrich geht davon aus, daß die Aurignacien-Leute von ihrem Ursprungsgebiet im Vorderen Orient auf ihrem Weg von Osten nach Westen entlang der Karpaten, die Donau aufwärts, ins Illyrikum gezogen seien. Für denkbar hält er aber auch, daß sie, der Mittelmeerküste bis Istrien folgend, nach Mitteleuropa gelangt seien.

Über die Geisteswelt der Aurignacien-Leute auf dem Gebiet des heutigen Österreich kann man lediglich spekulieren. Das Fehlen von Bestattungen zwingt dazu, entsprechende Funde aus Nachbarländern zum Vergleich heranzuziehen und ähnliche Verhältnisse zu vermuten.

Die »Venus von Willendorf«

Das Gravettien

Nach dem Aurignacien folgte in Österreich das Gravettien vor etwa 28 000 bis 21 000 Jahren als zweitälteste Kulturstufe der jüngeren Altsteinzeit. Das Gravettien konzentrierte sich in der Wachau, im Kamptal und im angrenzenden nördlichen Niederösterreich. Die Menschen des Gravettien waren Bewohner des flachen Landes. Sie kamen über die ukrainisch-polnischen Ebenen aus Sibirien.

Die aus dem Gravettien stammenden Funde in Österreich wurden bis Ende der zwanziger Jahre dem schon seit 1869 eingeführten Aurignacien (s. S. 77) zugeordnet. Dann jedoch erkannte der Wiener Prähistoriker Josef Bayer, daß sich die Zusammensetzung der Steinwerkzeuge aus den Schichten 2, 3 und 4 der Fundstelle Willendorf II (Ziegelei Ebner) auffällig von derjenigen der Schichten 5 bis 9 unterscheidet. In Schicht 4 lagen Kiel- und Kegelschaber, während die nach einem französischen Fundort benannten Gravette-Spitzen, Kerbspitzen und Stichel fehlten. Bayer ordnete Schicht 4 dem Mittelaurignacien zu. Die darüberliegende Schicht 5 der Fundstelle Willendorf II zeigt dagegen einen vollkommen anderen Charakter. Sie enthielt unter anderem acht Stichel, acht Gravette-Spitzen und sechs Klingen. Bayer stufte Schicht 5 ins Spätaurignacien und schlug dafür 1928 den Begriff Aggsbachien vor, weil in Aggsbach (Niederösterreich) bereits früher ein ähnliches Inventar von Steinwerkzeugen entdeckt worden war. Da dort keine älteren Fundschichten vorlagen, konnte man jedoch noch keine Unterschiede feststellen. Der Name Aggsbachien setzte sich jedoch nicht durch. 1938 prägte die englische Archäologin Dorothy Garrod (s. S. 511) für die Funde aus der Halbhöhle von La Gravette bei Bayac im französischen Departement Dordogne, unter denen sich die charakteristischen Gravette-Spitzen befanden, den Begriff Gravettien, der heute auch in Österreich gebräuchlich ist.

Das Gravettien fiel in Österreich in eine Phase der Abkühlung und Ausbreitung der Alpengletscher. Anstelle von Wäldern gab es baumlose Steppen, in denen Mammute, Fellnashörner, Wisente, Rentiere und Steinböcke lebten. Außerdem kennt man aus dieser Zeit die Überreste von Höhlenlöwen, Höhlenbären, Wölfen und Luchsen.

Skelettreste der Gravettien-Leute entdeckte man bisher ausschließlich in Niederösterreich, so in Krems-Hundssteig, im Mießlingtal bei Spitz und in Willendorf. In Aggsbach kam ein Zahnrest zum Vorschein. Die fragmentarische Erhaltung der Skelettreste erlaubt kaum Aussagen über das Aussehen dieser Menschen. Sie werden vermutlich ähnlich groß wie die auf tschechoslowakischem Gebiet lebenden Zeitgenossen gewesen sein. Dort erreichte ein Mann von Pavlov das Gardemaß von 1,85 Meter, was wohl ein Sonderfall war, während die Frauen meist etwa 1,60 Meter groß gewesen sind.

Im Krems-Hundssteig barg der von 1890 bis 1893 die Lehrerbildungsanstalt besuchende Alois Kesseldorfer sechs Röhrenknochen einer etwa 1,60 Meter großen Frau, die im Alter von etwa 30 Jahren gestorben war. Bei den Funden handelt es sich um den rechten und linken Oberarmknochen, den rechten und linken Oberschenkel sowie um das rechte und linke Schienbein. Diese Skelettreste wurden etwa 60 Jahre später der Anthropologischen Abteilung des Naturhistorischen Museums in Wien übergeben, wo sie heute noch aufbewahrt werden. Bedauerlicherweise sind zwei ebenfalls in Krems-Hundssteig geborgene menschliche Skelette weggeworfen worden. Ein später von derselben Fundstelle zusammen mit Tierknochen zum Vorschein gekommener Oberschenkelknochen sowie ein Unterschenkelknochen gingen ebenfalls verloren. Dies sind Beispiele dafür, welch geringe Beachtung man früher urgeschichtlichen Skelettfunden schenkte.

Der nächste Fund eines Menschen aus dem Gravettien in Österreich erfolgte 1896 am nordöstlichen Ortsende von Spitz in Niederösterreich. Am Fuße des Arzberges stießen der Landwirt Anton Pichler und sein Helfer Josef Lagler beim Ausheben eines Fundaments für das Wohnhaus von Pichler auf eine Schicht mit Steinwerkzeugen, Tierknochen und das vollständig(!) erhaltene Skelett eines Menschen. In der Fachliteratur wird diese Fundstelle als Mießlingtal A bezeichnet. Bedauerlicherweise wurde das Skelett wegen der abergläubischen Furcht von Frau Pichler vor Toten zerschlagen und in den vorbeifließenden Bach geworfen, während man das übrige Material neben dem Haus aufschüttete. Damit ging einer der wertvollsten urgeschichtlichen Funde Österreichs für die Wissenschaft verloren.

Der Wiener Prähistoriker Josef Bayer (1882–1931) gilt als einer der Pioniere bei der Erforschung der Altsteinzeit in Österreich. Das Foto zeigt ihn zur Zeit der Ausgrabungen am Fundort Willendorf II in der Wachau (Niederösterreich) im Jahre 1908.

1912 barg der Wiener Prähistoriker Josef Bayer bei einer Exkursion mit dem damals in Berlin wirkenden Geographen Albrecht Penck (1858–1945) im Mießlingtal zertrümmerte Tierknochen, Steinwerkzeuge und Rötelstücke zum Färben von Körper und Gegenständen. Diese Fundstelle wird Mießlingtal E genannt. Angesichts dieser Funde und des Hinweises von Pichler auf seine Entdeckung von 1896 beschloß Bayer, in den nächsten Jahren eine Grabung im Mießlingtal vorzunehmen. Im März 1914 begann Pichler mit weiteren Erdarbeiten in der Umgebung seines Wohnhauses. Als die Prähistorische Abteilung des Naturhistorischen Museums in Wien davon erfuhr, bewirkte sie eine Einstellung dieser Arbeiten.

Bei seinen Grabungen vom 1. bis 4. April 1914 im Mießlingtal untersuchte Bayer zunächst jene Stelle, an der 1896 das komplette Skelett gefunden worden war. Er ließ sogar die Pflasterung des Hofes aufreißen, um die näheren Fundumstände zu klären. Dabei barg er am 3. April ein Unterkieferbruchstück von einem etwa acht bis neun Jahre alten Kind. Zugleich erforschte Bayer den Talhang zwischen dem Wohnhaus von Pichler und dem benachbarten Felsvorsprung. Insgesamt konnte Bayer vier verschiedene Fundstellen nachweisen, die in der Fachliteratur Mießlingtal A, B, C und D genannt werden.

Vom 26. April bis 11. Juli 1914 nahm Bayer im Mießlingtal eine zweite Grabung vor, bei der er auf verschiedene Siedlungsspuren stieß. 1921 folgte eine weitere Untersuchung, als für den Bau eines Stalles Erdarbeiten erforderlich waren.

Zu den Fundorten mit menschlichen Skelettresten aus dem Gravettien gehören auch Willendorf I und Willendorf II (Ziegelei Ebner) in der Wachau. In Willendorf I barg man bei der Grabung 1884/85 das 20 Zentimeter lange rechte Oberschenkelfragment einer mutmaßlich weiblichen Erwachsenen, für die man eine Körpergröße von 1,54 Meter errechnete. In Willendorf II (Schicht 9) wurde bei der Grabung 1908/09 ein Unterkieferbruchstück entdeckt.

In Aggsbach gelang Josef Bayer 1911 der Fund eines fragmentarisch erhaltenen menschlichen Mahlzahns. Der Wiener Anthropologe Wilhelm Ehgartner[1] (1914–1965) identifizierte diese Entdeckung später als rechten, unteren dritten Backenzahn.

Vielleicht gehören auch zwei Ober- und Unterschenkelknochen eines Menschen, die im Sommer 1987 in Grafensulz (Niederösterreich) entdeckt wurden, ins Gravettien. Sie kamen bei Instandsetzungsarbeiten für ein im strengen Winter 1986/87 eingestürztes Kellergewölbe zum Vorschein, als ein Bagger den eingefallenen Teil großräumig ausgrub. Dabei stieß der Arbeiter Johann Meisel etwa sechs Meter unter der Erdoberfläche auf die erwähnten Knochen. Die intensive Nachforschung durch den Heimatforscher Hermann Maurer[2] aus Wien erbrachte keine weiteren Hinweise. Bei den Funden aus Grafensulz handelt es sich nach Meinung der Wiener Anthropologin Maria Teschler-Nicola vermutlich um Reste einer kleinen grazilen Frau aus der Altsteinzeit. Ihr Erhaltungszustand stimmt mit demjenigen der menschlichen Knochenfunde von Krems-Hundssteig überein. Da der Fundort nicht weit von Freilandstationen aus dem Gravettien entfernt ist, könnten diese Knochenreste derselben Kulturstufe angehören.

Aus Österreich sind meist Siedlungen im Freiland bekannt. In den Nachbarländern Deutschland, Tschechoslowakei und Italien entdeckte man dagegen auch in Höhlen aussagekräftige Siedlungsspuren.

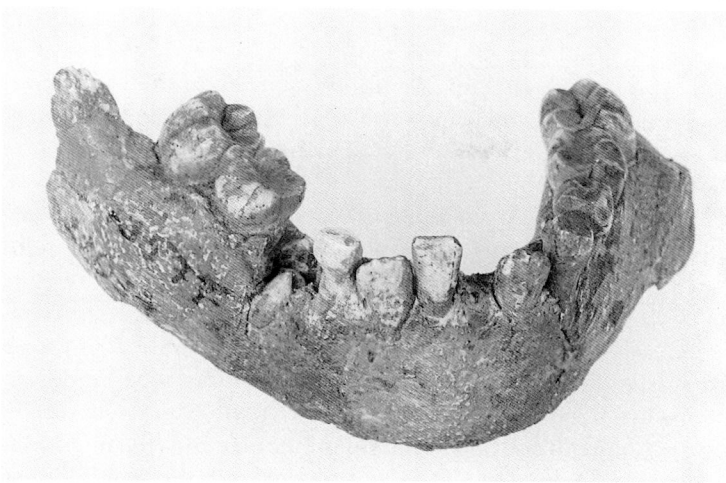

Unterkiefer eines acht bis neun Jahre alten Kindes aus dem Gravettien vor mehr als 21 000 Jahren von Mießlingtal bei Spitz in Niederösterreich. Original im Naturhistorischen Museum Wien.

Die wichtigsten Freilandstationen aus dem Gravettien in Österreich liegen in Niederösterreich (Aggsbach, Langenlois, Willendorf II).

Eine Siedlungsstelle unter einem vorspringenden Felsen (Abri) fand man im Mießlingtal bei Spitz in Niederösterreich. Die Felswand ist dort etwa 7 Meter hoch und 5 Meter lang. Die überhängenden Felspartien sind heute durch Abbruch und Verwitterung größtenteils zerstört. Dieses Lager war nach zwei Seiten hin windgeschützt und nur nach Süden zu offen. In unmittelbarer Nähe floß ein Bach, der die Trinkwasserversorgung sicherte. Unter dem Felsdach befanden sich einst zwei Feuerstellen, die jedoch nicht unbedingt gleichzeitig benutzt worden sein müssen.

In Aggsbach[3] an der Donau, etwa drei Kilometer von der weltberühmten Fundstelle Willendorf II entfernt, gelten die dort gefundenen Steinwerkzeuge als Beleg für einen Siedlungsplatz aus dem Gravettien. Entdeckt wurden die ersten Funde von dem Ingenieur Ferdinand Brun (1850–1903) aus Kottes. Eine umfassende Bearbeitung der Funde aus Aggsbach unter den heute üblichen wissenschaftlichen Maßstäben nahm 1951 der Wiener Prähistoriker Fritz Felgenhauer vor.

Zu den aufschlußreichsten Freilandsiedlungen aus dem Gravettien Österreichs gehört jene von der Ziegelei Kargl in Langenlois unweit von Krems. Dort stieß Fritz Felgenhauer 1961 bei Grabungen auf wannenförmige Vertiefungen, Pfostenlöcher mit Resten aufgestellter Mammutstoßzähne sowie Spuren von Feuerstellen. In Langenlois hatten Gravettien-Leute vermutlich einige kegelförmige oder längliche Hütten errichtet. Dabei dienten Stoßzähne und Knochen vom Mammut sowie Steine als Wandstützen. Nach der Ausdehnung der Siedlungsspuren zu schließen, dürften hier etwa acht Personen gelebt haben.

An der Fundstelle Willendorf II betrachtet man die Schichten 5 bis 9 als Siedlungsreste aus dem Gravettien. Sie enthalten vor allem Steinwerkzeuge. Willendorf II wurde bereits 1889 entdeckt. An der Bergung der Funde waren Pioniere der Urgeschichtsforschung aus Österreich beteiligt.

Die Menschen des Gravettien haben vor allem Mammute erlegt. Diese großen Rüsseltiere lieferten ihnen viel Fleisch, aber auch Knochen und Stoßzähne als Baumaterial für ihre Behausungen, wie das Beispiel von Langenlois zeigt. Daneben wurden Mammutknochen als Rohstoff für Werkzeuge und Mammutelfenbein als Material für Kunstwerke verwendet. Den Mammuten rückte man mit Stoßlanzen und Wurfspeeren aus Holz zu Leibe. Dazu waren viel Mut, List und Geschick nötig, wenn die Jagd nicht für manchen der daran Beteiligten tödlich enden sollte.

Die Jagdbeutereste von verschiedenen Fundstellen in Niederösterreich zeigen, daß neben dem Mammut auch der Höhlenbär sowie Wolf, Luchs, Wisent, Steinbock und das Rentier zur Strecke gebracht wurden. Im Mießlingtal bei Spitz waren auffällig viele der Rentierknochen zerschlagen, so als hätte man ihr Mark entnehmen wollen. Jagdbeutereste vom Rentier kennt man auch von Stillfried an der March[4] in Niederösterreich. Häufig legten die Gravettien-Jäger ihre Lagerplätze und Siedlungen im Freiland in Nähe der großen Wildwechsel am Rande von Auenlandschaften an.

Mit dem Gravettien wird auch ein Teil der Funde in Verbindung gebracht, die ab 1986 bei den Grabungen des Prähistorikers Friedrich Brandtner aus Gars im Gruebgraben bei Kammern am Kamp (Niederösterreich) zum Vorschein kamen. Er entdeckte unter anderem dichte Steinsetzungen, Feuerstellen, Steinschlägerwerkstätten und Reste von Konstruktionen, die von Zelten stammen dürften. Die Bewohner dieses Lagers waren Rentier- und Wildpferdjäger. Teilweise verwendeten sie die Langknochen ihrer Jagdbeute als Brennmaterial.

Das Fleisch der getöteten Wildtiere dürfte von den Jägern des Gravettien, meist an Holzstöcken oder Knochen großer Säugetiere aufgespießt, über offenem Feuer gebraten worden sein. Größere Stücke rohen oder gebratenen Fleisches hat man vermutlich mit scharfkantigen Feuersteinwerkzeugen zerteilt. Außer Fleisch spielte wahrscheinlich eine große Zahl eßbarer Früchte, Beeren, Kräuter und Samen, die von den Frauen und Kindern gesammelt wurden, eine wichtige Rolle bei der Ernährung.

Im Gegensatz zum vorhergehenden Aurignacien (s. S. 132) liegen aus dem Gravettien in Österreich keine Funde von Schmuckschnecken aus außerösterreichischen Gebieten vor, die auf Tauschgeschäfte hindeuten. Vielleicht ist dies aber nur eine Fundlücke und kein Beweis für fehlende Tauschgeschäfte. Da die Menschen des Gravettien während einer Kaltzeit in der Würm-Eiszeit lebten, trugen sie sicher wärmende Kleidung. Dies ist für diese Zeit in der Sowjetunion (Sungir) auch archäologisch belegt (s. S. 85).

Wie die Gravettien-Leute in anderen Gebieten Europas dürften sich auch die Jäger in Österreich mit durchbohrten Schmuckschnecken, die man auf die Kleidung aufnähte oder auf dünnen Schnüren auffädelte und als Ketten trug, geschmückt haben. In Deutschland gab es damals aus Mammutelfenbein geschnitzte Armringe (s. S. 86). Die Rötelstücke aus dem Mießlingtal bei Spitz lassen die Möglichkeit zu, daß sich die Gravettien-Leute wie die nordamerikanischen Indianer bei bestimmten Gelegenheiten das Gesicht und den Körper bemalten. Daneben haben sie wohl auch verschiedene Gegenstände und vielleicht sogar die Zeltdächer damit verschönert.

Österreich gehörte im Gravettien zu dem riesigen, von der heutigen Sowjetunion bis nach Frankreich reichenden Verbreitungsgebiet der für diese Kulturstufe typischen üppigen Frauenfiguren (»Venusfiguren«) aus Stein, Knochen oder Elfenbein (s. S. 88). Als eines der weltweit bekannten Kunstwerke dieser Art gilt die am 7. August 1908 am niederöster-

reichischen Fundort Willendorf II entdeckte »Venus von Willendorf« aus Kalkstein (s. S. 127). Sie wurde bei Ausgrabungen unter der Leitung des Wiener Prähistorikers Josef Szombathy (1853–1943) geborgen, an der sich auch die Prähistoriker Josef Bayer und Hugo Obermaier beteiligten.

Zum Zeitpunkt der Entdeckung der »Venus von Willendorf« durch einen Arbeiter hielten sich Szombathy, Bayer und Obermaier zufällig in einem nahen Gasthaus auf. Obwohl keiner der drei Prähistoriker wirklich Augenzeuge des Fundes war, behaupteten sie später, dabeigewesen zu sein, und stritten darüber, wem die Ehre des Entdeckers gebühre.

Der Arbeiter hatte die »Venusfigur« im ersten Augenblick für einen merkwürdigen Stein gehalten. Als er ihn mit seinem Taschentuch abrieb, erkannte er, daß er wie eine dicke Frau aussah. Er zeigte den seltsamen Fund zunächst seinen Kollegen und später Josef Szombathy. Vor lauter Aufregung über diese ungewöhnliche Entdeckung hatte man nicht genau darauf geachtet, aus welcher der insgesamt neun Kulturschichten der Fundstelle Willendorf II die »Venus« zum Vorschein gekommen war. Wie schon erwähnt, datiert man die Schicht 1 ins Moustérien, die Schichten 2 bis 4 ins Aurignacien und die Schichten 5 bis 9 ins Gravettien. Szombathy informierte sich über die Fundumstände, notierte Schicht 7 in sein Tagebuch, korrigierte jedoch später diese Angabe und trug Schicht 9 ein. Noch heute wird der Fund der neunten, also chronologisch jüngsten Schicht zugeordnet.

Die 1908 entdeckte »Venus I« von Willendorf ist 10,3 Zentimeter hoch und besteht aus einer Kalksteinart, die am Fundort

Die Ausgrabungen in Willendorf II standen unter der Leitung des Wiener Prähistorikers Josef Szombathy (1853–1943). Er leitete und überwachte damals zahlreiche Ausgrabungen in verschiedenen Ländern des Habsburgerreiches.

Die Fundstelle Willendorf II in der Wachau (Niederösterreich) auf einem Foto vom 7. August 1908, dem Tag, an dem die »Venus von Willendorf« (auch »Venus I« genannt) entdeckt wurde. Links der Wiener Prähistoriker Josef Bayer (1882–1931).

nicht vorkommt. Die Plastik stellt eine nackte Frau in aufrechter Haltung dar, die einen runden Kopf mit einer seltsamen, durch mehrere Wülste angedeuteten »Haartracht« besitzt. Am Gesicht sind weder Augen noch Ohren, Nase, Mund und Kinn zu erkennen. Auffällig sind die Hängebrüste, der Spitzbauch, die stark betonten Genitalien, das dicke Gesäß und die breiten Oberschenkel. Die Füße fehlen hier ebenso wie bei anderen »Venusfiguren«. Farbreste weisen darauf hin, daß die ganze Figur ursprünglich rot gefärbt war.

Eine weitere Frauenfigur – »Venus II« genannt – wurde bei Ausgrabungen unter der Leitung von Josef Bayer vom Juni bis Juli 1926 ebenfalls am Fundort Willendorf II geborgen. Sie kam in Schicht 5 ans Tageslicht, besteht aus Mammutelfenbein, maß ursprünglich 30 Zentimeter Länge und hat die Gestalt einer grob stilisierten, schlanken Frau. Diese »Venus« ruhte auf dem rechten Ast eines Mammutunterkiefers, der in einer Grube lag. Kopf und Fußspitze dieser Figur sind schon in der Altsteinzeit abgebrochen, daher ist sie nur noch 23,2 Zentimeter lang. Die Fundlage in der ältesten Gravettien-Schicht von Willendorf II zeigt, daß die zweite »Venus« früher geschnitzt wurde als die zuerst geborgene.

Außer den beiden »Venusfiguren« von Willendorf II wird in der Fachliteratur nur noch ein aus Mammutelfenbein angefertigter Pfriem mit eingeritztem Fischgrätenmuster aus Aggsbach als Gravettien-Kunstwerk in Österreich aufgeführt. Höhlenmalereien gab es damals in Österreich offensichtlich nicht.

Die Steinwerkzeuge der Gravettien-Leute werden ebenfalls den Klingen-Industrien (s. S. 38) zugerechnet. Als besonders

charakteristisch gelten die bereits erwähnten Gravette-Spitzen mit einer dünnen Spitze und einer abgestumpften Längskante. Derartige Gravette-Spitzen kennt man unter anderem von den niederösterreichischen Fundorten Aggsbach, Stillfried und Willendorf II.

Auf dem Arbeitsplatz eines Steinschlägers in Stillfried wurden nicht nur zahlreiche fertige Gravette-Spitzen gefunden, sondern auch die als Rohmaterial dienenden, 6 bis 10 Zentimeter großen Steinknollen, die davon abgeschlagenen Lamellen und verschiedene Zwischenstufen von Gravette-Spitzen. Besonders wichtig ist die Entdeckung einer Rentiergeweihstange, die als eine Art von Zwingenschäftung benutzt worden ist. Man steckte die halbfertigen Steinklingen in die Rillen der Geweihstange, um diese bei der Retuschierung besser halten zu können. Eine solche Halterung bei der Herstellung von Steinspitzen hatte man schon lange vermutet, nun aber erstmals nachgewiesen.

Eine beachtliche Kollektion von Feuersteinwerkzeugen aus dem Gravettien hat der Pressezeichner und Sammler Ladislaus Kmoch (1897–1971) aus Bisamberg gemeinsam mit seiner Ehefrau Theresia (1902–1987) auf Äckern von Klein-Wilfersdorf bei Korneuburg in Niederösterreich zusammengetragen. Derartigen Heimatforschern verdankt die österreichische Urgeschichtsforschung viele interessante Funde und wichtige Erkenntnisse.

Im Fundgut aus dem Mießlingtal bei Spitz gibt es außer Klingen aus Feuerstein auch Stichel, Schaber und Feuersteinknollen (Nukleus), von denen man die zum Anfertigen von feineren

Werkzeugformen erforderlichen kleineren Absplisse abgeschlagen hat. Die Feuersteinwerkzeuge dieses Fundortes wurden mit Klopfsteinen aus Quarz zurechtgehauen. Das Rohmaterial holte man von der nahen Donau, schaffte es ins Mießlingtal und verarbeitete es dort.

Daß man außer Stein auch anderes Material für Werkzeuge
verwendete, belegt ein bearbeiteter Mammutstoßzahn aus Stillfried an der March, von wo der erwähnte Arbeitsplatz eines
Steinschlägers bekannt ist.

Wie im Aurignacien dienten im Gravettien hölzerne Stoßlanzen und Wurfspeere als Waffen für die Jagd und möglicherweise auch beim Kampf mit feindlichen Artgenossen. Die
Speerschäfte stellte man aus langen, geraden Stämmchen von
jungen Bäumen her, deren Zweige und Unebenheiten mit
scharfkantigen Feuersteinwerkzeugen entfernt wurden.

Nach Ansicht mancher österreichischer Prähistoriker trat
spätestens im Gravettien neben Lanze und Speer erstmals der
Bogen als präzise Fernwaffe. Sie interpretieren bestimmte
Kerbspitzen als Pfeilspitzen. Daneben könnte es Steinschleu-
dern oder Bolas (wofür Funde von offensichtlich gezielt aufgesammelten, gut gerundeten Geröllen von etwa fünf Zentimeter
Durchmesser sprechen) und Wurfhölzer (eine Art von Bume-
rang) gegeben haben.

Über die Bestattungssitten der Gravettien-Leute in Österreich
weiß man wenig, da bisher keine Gräber gefunden worden
sind. Die vernichteten vollständigen Skelette aus Krems-
Hundssteig und dem Mießlingtal bei Spitz beweisen aber
zumindest, daß in manchen Fällen Ganzkörperbestattungen
üblich waren. Vom Körper getrennte und isoliert bestattete
Schädel, wie sie für Kopfbestattungen bzw. den Schädelkult
typisch sind, oder Schädelbecher, wie man sie in der Tschechoslowakei kennt, fand man bisher in Österreich nicht. Für die in
anderen Teilen Europas praktizierte Leichenzerstückelung
sowie für rituell motivierten Kannibalismus entdeckte man
ebenfalls bis jetzt keine Anzeichen.

Wie im übrigen Europa huldigten die Gravettien-Leute in
Österreich einem Fruchtbarkeitskult, bei dem die zumeist fett-
leibigen Frauengestalten eine wichtige, aber nicht genau
geklärte Funktion hatten. Die meisten Prähistoriker betrachten
»Venusfiguren« wie die von Willendorf als bewegliche Heiligtümer, die einst Fruchtbarkeits- oder Muttergottheiten, wenn
nicht Schutz- oder Hausgottheiten verkörperten. Der deutsche
Prähistoriker Hermann Müller-Karpe hält sie dagegen eher für
Darstellungen von tatsächlich lebenden Einzelmenschen in
ihrer Beziehung zu einer übernatürlichen Macht.

Der Wiener Prähistoriker Josef Bayer deutete die Fundlage der
elfenbeinernen »Venus II« von Willendorf II auf einem Mammutunterkiefer als Ausdruck des Kults. Er spekulierte, man
habe sie sich als Göttin des Jagdglücks und der Fruchtbarkeit
vorgestellt. Tatsächlich fanden sich in der Nachbarschaft dieser
»Venus« weitere Mammutunterkiefer und -schulterblätter.

Die 1926 entdeckte zweite Frauenfigur aus Mammutelfenbein von Willendorf II – »Venus II« genannt. Kopf und Fußspitze sind schon in alter Zeit
abgebrochen. Höhe 23,2 Zentimeter. Original im Naturhistorischen
Museum Wien.

Mit dem Kult wird auch ein von Menschenhand bearbeiteter
Bärenzahn von Gobelsburg-Zeiselberg[5] in Niederösterreich in
Zusammenhang gebracht. Die Oberfläche des Zahns ist mit
quer zur Längsrichtung stehenden, leicht eingeritzten, 3 bis 5
Millimeter langen Strichen versehen, die reihenweise in regel-
mäßigen Abständen voneinander angeordnet sind. Da die
Zahnwurzel durchlocht ist, wurde der Bärenzahn vielleicht als
Amulett (oder nur als Körperschmuck) getragen. Vielleicht
erhoffte sich der Besitzer, daß dadurch die Stärke des Bären auf
ihn übertragen werde.

Der Rentierkopf auf dem Adlerknochen

Das Magdalénien

Vor etwa 20 000 bis 18 000 Jahren stießen die alpinen Gletscher viel weiter als jemals zuvor in der Würm-Eiszeit ins österreichische Alpenvorland vor. Diese Zeitspanne wird als Hochglazial oder Maximalvereisung der Würm-Eiszeit bezeichnet.

Damals rückte der Inn-Gletscher bis vor Gars am Inn nördlich von Rosenheim vor. Der Salzach-Gletscher endete zwischen Tittmoning und Burghausen. Die Ausläufer des Traun-Gletschers reichten bis an die Nordenden der Salzkammergutseen (Irrsee, Attersee, Traunsee).

Dagegen endete der Phyrn-Gletscher weiter östlich infolge der an Höhe abnehmenden und niederschlagsärmeren östlichen Ostalpen bereits tief im Gebirge bei Windischgarsten, ebenso auch der Enns-Gletscher (im Gesäuse) und der Mur-Gletscher (bei Judenburg). Der Drau-Gletscher füllte noch einen großen Teil des Klagenfurter Beckens. Östlich dieses Eisstromnetzes gab es nur noch in den isolierten höheren Gebirgsstöcken (Hochschwab, Rax, Schneeberg, Koralpe, Saualpe und andere) eine entsprechende Lokalvergletscherung.

In den von mächtigem Gletschereis begrabenen Gebieten vermochte sich weder pflanzliches noch tierisches Leben zu behaupten. Auch Menschen konnten in dieser trostlosen Eiswüste nicht existieren.

Erst nach dem Abschmelzen der Eismassen, das mit allmählicher Erwärmung vor etwa 18 000 Jahren einsetzte, wanderten in Österreich wieder Sammler und Jäger ein. Sie kamen aus Gebieten, in denen es keine großräumigen Vereisungen gab. Die Neuankömmlinge werden dem Magdalénien zugerechnet, das in Österreich vermutlich vor etwa 15 000 bis 11 500 Jahren heimisch war.

Der auf das Hochglazial folgende, noch überwiegend kaltzeitliche Abschnitt wird nach der häufig in den damaligen Tundren vorkommenden Silberwurz *(Dryas octopetala)* als älteste Dryas-Zeit oder älteste Tundrenzeit (vor etwa 15 000 bis 13 000 Jahren) bezeichnet.

Während der sich abschwächenden Kaltphase schmolzen die Alpengletscher bereits etappenweise zurück. So reichte beispielsweise der Inn-Gletscher im – nach Funden aus dem Raum Kufstein-Kirchbichl benannten – Bühlstadium[1] vor etwa 15 000 Jahren nur noch bis Kufstein in Tirol.

Die nachfolgende Erwärmung sorgte dann für ein sehr rasches Abschmelzen der Gletscher bis in die innersten Alpentäler, wobei es nochmals zu kurzen Gletschervorstößen kam, die als Steinachstadium[2] (vor 14 000 Jahren) und Gschnitzstadium[3] (vor 13 000 Jahren) bezeichnet werden. Diese Stadien sind nach Steinach am Brenner und nach dem Gschnitztal in Tirol benannt.

In der ältesten Dryas breiteten sich im Vorfeld der alpinen Gletscher baumlose Zwergstrauchtundren aus, in denen neben der Silberwurz auch Zwergbirken, Zwergweiden, Heidekraut und Alpenazaleen wuchsen. In dieser Landschaft lebten Mammute, Fellnashörner, Wildpferde, Rentiere und Riesenhirsche. Letztere trugen Geweihe mit einer Spannweite bis zu drei Metern. Mit den folgenden sehr ausgeprägten Warmphasen des Böl-

Lochstab vom Gruebgraben bei Kammern am Kamp in Niederösterreich. Er wurde 1989 bei Grabungen entdeckt. Länge 19,5 Zentimeter. Original im Niederösterreichischen Landesmuseum für Urgeschichte, Asparn an der Zaya.

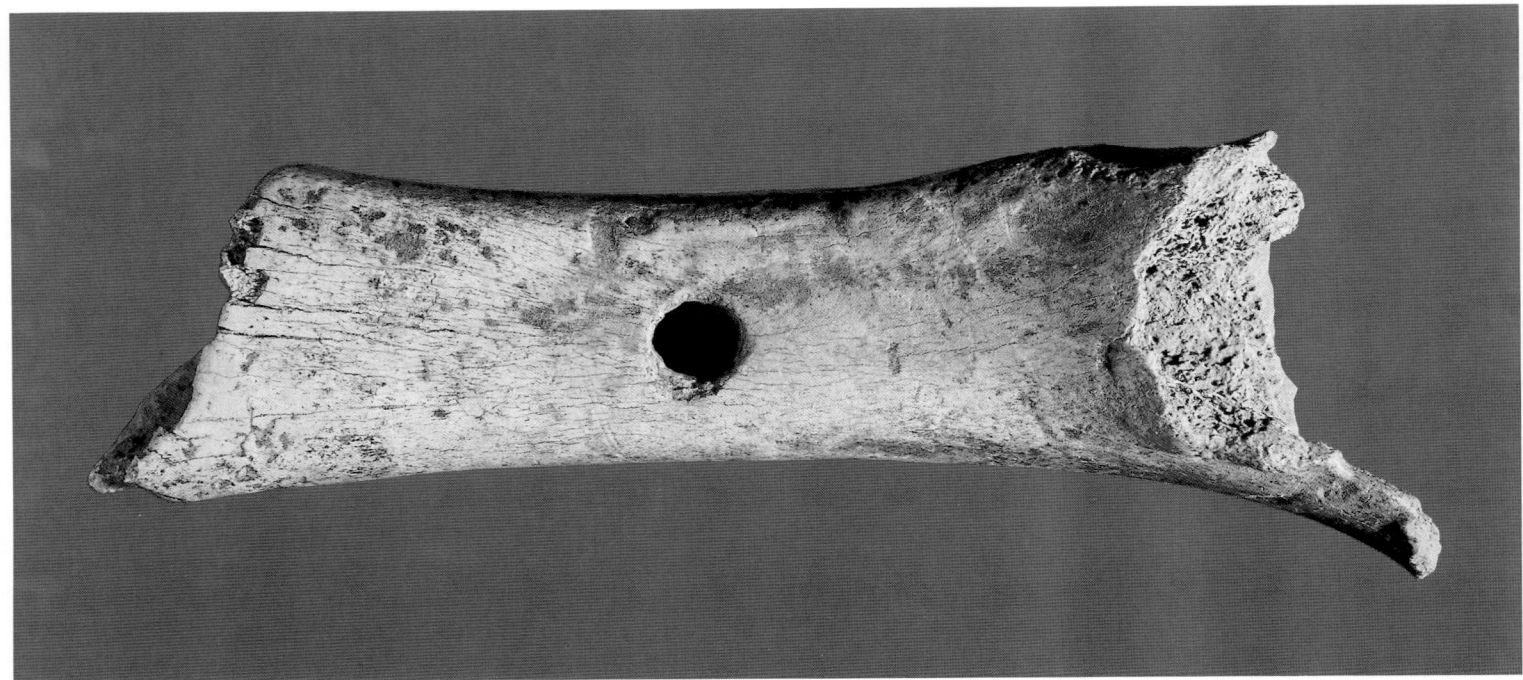

Als Rentierpfeife gedeuteter durchlochter Rentierzehenknochen aus der Steinbockhöhle bei Peggau in der Steiermark. Der Fund könnte aus dem Magdalénien, aber auch aus dem Aurignacien stammen. Länge 12,5 Zentimeter. Original im Landesmuseum Joanneum, Graz.

ling-Interstadials (vor etwa 13000 bis 12000 Jahren) und des Alleröd-Interstadials (vor etwa 11700 bis 10700 Jahren) setzte dann die allgemeine Klimaverbesserung ein. Sie führte rasch – beginnend mit Birken- und Kiefernwäldern – zur Wiederbewaldung bis tief in die Alpen hinein.

Daran änderten auch kurze Rückschläge nicht viel. Der erste erfolgte vor etwa 12000 Jahren durch die Gletschervorstöße des Daunstadiums[4] und wurde vermutlich durch eine kurze Abkühlung während der älteren Dryas (vor etwa 12000 bis 11700 Jahren) bewirkt. Der zweite Rückschlag vor etwa 10000 Jahren wurde durch die Gletschervorstöße des Egesenstadiums[5] während der jüngeren Dryas (vor etwa 10700 bis 10000 Jahren) ausgelöst. Daun- und Egesenstadium sind nach Gletschern in den Stubaier Alpen (Tirol) benannt.

Im Bölling gab es noch Wölfe, Wisente, Auerochsen, Wildpferde, Rentiere und Rothirsche. Mammute und Fellnashörner waren fast ausgestorben. In der älteren Dryas existierten bereits keine Mammute und Fellnashörner mehr. Im Alleröd waren auch die Wildpferde und Rentiere verschwunden, in den Wäldern lebten jetzt Elche, Rothirsche und Auerochsen.

Von den Jägern und Sammlern aus dem Magdalénien sind bisher in Österreich keine Skelettreste gefunden worden. Deshalb kann man über ihr Aussehen und ihre Körpergröße keine konkreten Angaben machen. Wahrscheinlich waren sie ebenso groß wie die Menschen des Magdalénien in Deutschland, wo die Männer etwa 1,60 Meter und die Frauen bis zu 1,55 Meter groß waren (s. S. 91).

Im Vergleich mit den zahlreichen Siedlungsspuren aus dem vorhergehenden Gravettien hat man aus dem Magdalénien in Österreich auffällig wenig Siedlungsreste entdeckt. Dies deutet zusammen mit dem Fehlen von Skelettresten darauf hin, daß die Bevölkerungsdichte Österreichs im Magdalénien geringer war als im Gravettien. Nach den Funden zu schließen, müßten die Magdalénien-Leute vor allem in Höhlen gewohnt haben. Auch dies steht im Gegensatz zu den Funden aus dem Gravettien, die zumeist aus dem Freiland stammen.

Höhlenwohnungen aus dem Magdalénien kennt man aus Niederösterreich (Frauenlucken, Gudenushöhle, Teufelslucken) und aus der Steiermark (Emmalucke, Steinbockhöhle). Nach den verhältnismäßig wenigen Funden zu urteilen, scheinen die Höhlen allesamt nicht lange besiedelt worden zu sein.

In der Höhle Frauenlucken[6] im Kamptal bei Schmerbach wurden bereits 1919 erstmals Steinwerkzeuge aus dem Magdalénien geborgen. Ins Magdalénien stuft man auch die Funde aus der obersten Kulturschicht der Gudenushöhle[7] unterhalb der Burg Hartenstein im Kremstal ein. Diese Höhle hatte schon Neanderthaler aus dem Moustérien angelockt (s. S. 122). Das gilt auch für die Höhle Teufelslucken bei Roggendorf. In der Höhle Emmalucke unter dem Gipfel des 496 Meter hohen Hausberges von Gratkorn zeugen Reste einer Feuerstelle mit Hornsteinabsplissen von der Anwesenheit einiger Magdalénien-Leute. Und in der 430 Meter hoch gelegenen Steinbock-

Adlerspeiche mit eingeritztem Rentierkopf (oben) und Speerspitze mit Blutrille (unten) aus der Gudenushöhle in der Felswand unterhalb der Burg Hartenstein in Niederösterreich. Länge der Adlerspeiche 20 Zentimeter, Länge der Speerspitze 13,5 Zentimeter. Der eingeritzte Rentierkopf auf der Adlerspeiche ist auf diesem Foto wegen der geringen Höhe schlecht zu erkennen. Original im Naturhistorischen Museum Wien.

höhle bei Peggau fand man einen durchlochten Rentierknochen aus dieser Kulturstufe.

Vermutlich haben die Menschen des Magdalénien in Österreich außer in den erwähnten und anderen Höhlen doch auch im Freiland gewohnt. Dort errichteten sie wahrscheinlich wie die Magdalénien-Jäger in Deutschland (s. S. 92) oder wie die Spätgravettien-Leute in der Sowjetunion aus langen Holzstangen und Tierfellen oder -häuten Zelte oder Hütten. Sowohl in Höhlen als in Freilandbehausungen ruhte und schlief man nicht auf dem blanken Fußboden, sondern auf weichen und warmen Tierfellen. Für Wärme und Licht sorgten Feuerstellen vor oder in den Behausungen.

Die Magdalénien-Jäger in Österreich jagten mit Stoßlanzen und Wurfspeeren vor allem Wildpferde und Rentiere, die während der älteren Dryaszeit noch in großen Herden vorkamen. Das Fleisch der erbeuteten Wildtiere dürfte meist gebraten worden sein. Außer Fleisch gehörten damals wohl auch viele eßbare Pflanzen zum Nahrungsangebot, was sich jedoch wegen deren schlechter Erhaltungsfähigkeit kaum nachweisen läßt.

Für Tauschgeschäfte, wie sie die gleichzeitig lebenden Magdalénien-Leute in Frankreich, Deutschland (s. S. 96) und der Schweiz (s. S. 161) mit Schmuckschnecken betrieben, fand man bisher in Österreich kaum Belege. Als einen der wenigen Hinweise in dieser Richtung kann man den in der Gudenushöhle entdeckten Bernstein werten.

Die Männer, Frauen und Kinder aus dem Magdalénien trugen vermutlich aus Rentier- und Wildpferdhäuten zusammengenähte Jacken, Hosen und Schlupfschuhe. Reste derartiger Kleidung wurden bisher in Österreich zwar nicht nachgewiesen. Man kennt jedoch knöcherne Nadeln aus der Gudenushöhle und aus der Höhle Frauenlucken, die sich zum Zusammennähen solcher Kleidung eigneten. Anhaltspunkte dafür, wie die damalige Garderobe aussah, liefern zudem eine Bestattung sowie Kunstwerke vom sibirischen Fundort Malta, die dem Spätgravettien zugerechnet werden (s. S. 96).

Wie ihre Vorgänger aus dem Aurignacien und Gravettien erfreuten sich auch die Magdalénien-Leute an mancherlei Schmuck. So fand man in der Gudenushöhle aus Tierzähnen und Bernstein bestehende Schmuckstücke. In der Höhle Teufelslucken wurden Reste des Roteisenerzes Hämatit entdeckt, das sich zum Schminken eignete.

Als einziges Kunstwerk aus dem Magdalénien Österreichs gilt eine in der Gudenushöhle gefundene Adlerspeiche, in die ein Rentierkopf eingeritzt ist. Dieses seltene Stück diente als Behälter für Knochennadeln. In anderen Gegenden Mitteleuropas sind zur selben Zeit von Magdalénien-Leuten vor allem stilisierte Frauen ohne Kopf und Füße, Mammute, Wildpferde und einige andere Tiere dargestellt worden (s. S. 97).

Ein durchlochter Rentierzehenknochen aus der Steinbockhöhle bei Peggau wird als sogenannte Rentierpfeife gedeutet.

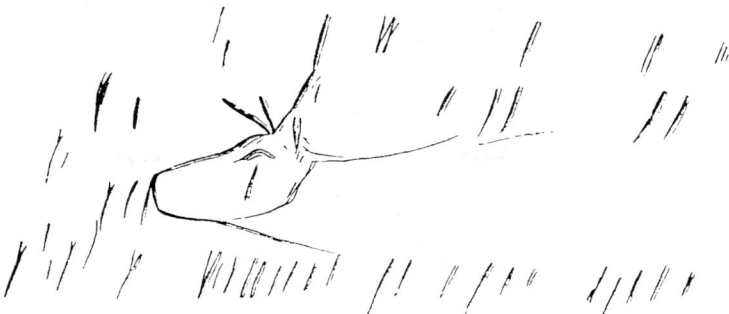

Eingeritzter Rentierkopf auf der Adlerspeiche aus der Gudenushöhle in Niederösterreich.

Auch in der Gudenushöhle kam ein ähnlicher Fund zum Vorschein. Bei einer solchen Pfeife handelt es sich vielleicht um ein Signalinstrument, das bei der Jagd verwendet wurde. Ob diese schrill klingende Pfeife auch als Musikinstrument diente, das bei Tänzen den Takt angab, läßt sich nicht entscheiden. Tanz ist in Deutschland für dieselbe Zeit durch Gravierungen archäologisch belegt (s. S. 99). Manche Prähistoriker halten die Knochenpfeifen für sogenannte »Geisterpfeifen« zum Anlocken von Geistern in Höhlen.

Die Formenvielfalt der Steinwerkzeuge läßt sich im Fundgut aus der Höhle Frauenlucken ablesen. Dort entdeckte man ein Klingenbruchstück, einen Kantenstichel, einen gebrochenen Klingenschaber, zwei Mikroklingen mit retuschiertem Rücken und eine Mikrogravetteklinge. All diese Werkzeuge hatte man aus Feuerstein angefertigt.

Außerdem gab es zu dieser Zeit aber auch Werkzeuge aus Tierknochen wie die bereits erwähnten Nähnadeln aus der Gudenushöhle und aus den Frauenlucken. In der Gudenushöhle und im Gruebgraben bei Kammern am Kamp (Niederösterreich) fand man zudem je einen Lochstab zum Geradebiegen von Geweihspänen.

Reste der hölzernen Schäfte von Stoßlanzen oder Wurfspeeren sind bisher nicht nachgewiesen worden. Dafür kennt man aber aus der Gudenushöhle eine aus Rentiergeweih geschnitzte Speerspitze mit Blutrille sowie Harpunen. Die Blutrille an der Speerspitze hatte den Zweck, daß ein durch einen Speer getroffenes Wildtier möglichst viel Blut verlor und so schneller geschwächt wurde als durch eine Speerspitze ohne Rille.

Das Bestattungswesen der Magdalénien-Leute in Österreich entsprach wohl demjenigen ihrer Zeitgenossen in anderen Gebieten. Damals hat man die Verstorbenen häufig unversehrt und – wie die Kinderbestattung von Malta in der Sowjetunion beweist – liebevoll zur letzten Ruhe gebettet.

Wie damals weltweit üblich, war wohl auch die Gedankenwelt der Magdalénien-Leute in Österreich von der Furcht vor unerklärlichen Naturerscheinungen geprägt, die man übermächtigen Geistern oder Gottheiten zuschrieb.

Die Jäger von Unken an der Saalach

Das Spätpaläolithikum

Aus den letzten 1500 Jahren der Altsteinzeit, dem Spätpaläolithikum vor etwa 11 500 bis 10 000 Jahren, liegen aus Österreich erstaunlich wenig Hinweise für die Anwesenheit von Menschen vor. Die Situation war also damals ähnlich wie in Süddeutschland (s. S. 113).

Die Funde aus dieser Zeit lassen sich keiner bestimmten Kulturstufe zuordnen, wie dies gebietsweise in Deutschland möglich ist, wo die Federmesser-Gruppen (s. S. 107), die »Bromme-Kultur« (s. S. 111) und die »Ahrensburger Kultur« (s. S. 115) gegeneinander abgrenzbar sind.

Das Spätpaläolithikum fiel zunächst in die Warmphase des Alleröd-Interstadials (vor etwa 11 700 bis 10 700 Jahren), in der Elche, Rothirsche und Auerochsen bis hoch ins Gebirge hinauf lebten. Danach entsprach es der kurzen Kaltphase der jüngeren Dryas (vor etwa 10 700 bis 10 000 Jahren), während der die Waldgrenze im Gebirge um einige 100 Meter niedriger lag als heute.

Skelettreste von Menschen aus dem Spätpaläolithikum konnten bisher in Österreich nicht entdeckt werden. Dabei wären sie von besonderem Interesse, weil es sich um die letzten Jäger und Sammler der Altsteinzeit und somit um die Vorgänger der Mittelsteinzeit-Leute handelt.

Zu den aussagekräftigsten Fundstellen aus dem Spätpaläolithikum in Österreich gehört die Halbhöhle (Abri) von Unken an der Saalach bei Saalbach im Pinzgau (Bundesland Salzburg). Sie liegt über dem linken Flußufer der Saalach am Oberrainkogel bei Schloß Oberrain. Leider ist ausgerechnet diese bedeutende Halbhöhle nicht mehr vollständig erhalten, da man im vorigen Jahrhundert bei Wegbauten einen Teil von ihr weggesprengt hat. Als die Halbhöhle durch den geplanten Neubau der Straße von Lofer zur deutschen Grenze erneut bedroht schien, beauftragte der Salzburger Landesgeologe Martin Hell[1] (1885–1975) den Tierarzt und Heimatforscher Helmut Adler aus Lofer damit, Probegrabungen durchzuführen. Bei diesen Nachforschungen in den Jahren 1968/69 kamen zahlreiche Funde zum Vorschein. Holzkohlestückchen und ausgeglühte Knochensplitter stammen von einer Feuerstelle, an der sich die einstigen Bewohner der Halbhöhle wärmten und das Fleisch von Beutetieren brieten. Unter den fragmentarisch erhaltenen Tierknochen befand sich eine ausgeglühte Adlerkralle. Vielleicht zählte dieser Raubvogel zur Jagdbeute der damaligen Jäger. Etwa 450 Werkzeuge und Abschläge aus Hornstein, Quarzit und Bergkristall zeugen vom Fleiß eines Steinschlägers. Als einziger Waffenbestandteil wurde das aus Geweih angefertigte Bruchstück einer Harpune geborgen.

Nach radiometrischen Datierungsmethoden ist das Fundgut aus der Halbhöhle von Unken etwa 11 500 Jahre alt. Dies entspricht der Zeit, in der sich in Deutschland, Holland und Belgien die Federmesser-Leute aufhielten. Vor der Entdeckung der Siedlungsreste in jener Halbhöhle hatte man angenommen, daß das Alpenvorland und die Nordabdachung der Alpen in Österreich erst während der nacheiszeitlichen Mittelsteinzeit von Menschen erschlossen worden wären. Die Funde in der etwa 600 Meter über dem Meeresspiegel gelegenen Halbhöhle

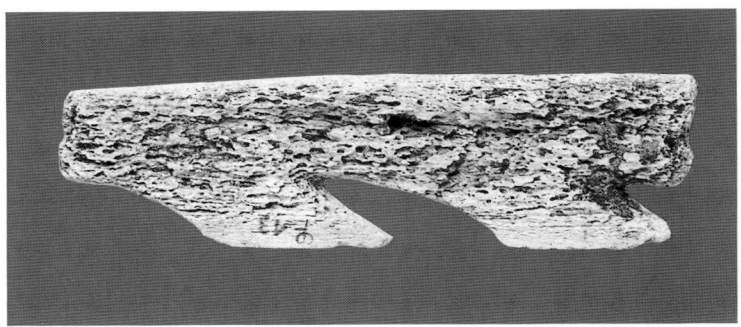

Knöchernes Harpunenbruchstück aus dem Spätpaläolithikum vor mehr als 10 000 Jahren von der Zigeunerhöhle im Hausberg von Gratkorn in der Steiermark. Länge 7,5 Zentimeter. Original im Landesmuseum Joanneum, Graz.

beweisen aber, daß der Alpenrand schon seit dem Alleröd-Interstadial eisfrei war.

Auch die Zigeunerhöhle[2] im Hausberg von Gratkorn (Steiermark) wurde im Spätpaläolithikum von Menschen aufgesucht. Die Siedlungsreste befanden sich an trockenen, windgeschützten Stellen der nach Westen hin offenen Höhle. In der Zigeunerhöhle entdeckte 1923 der Archäologe Walter Schmid (1875–1951) aus Graz bei Ausgrabungen außer Resten einer Feuerstelle auch Stein- und Knochengeräte, welche die einstigen Bewohner hinterlassen hatten. Von den Knochengeräten sind ein Harpunenbruchstück und ein 10,3 Zentimeter großer Haken erwähnenswert, dessen Funktion unbekannt ist.

Vielleicht hat auch die Tropfsteinhöhle des Schloßberges bei Griffen[3] (Kärnten) im Spätpaläolithikum als Aufenthaltsort für Jäger und Sammler gedient. Die Werkzeuge aus Quarz von dieser Fundstelle sind jedoch noch nicht wissenschaftlich untersucht.

Nach den Funden aus der Zigeunerhöhle zu schließen, haben die Spätpaläolithiker vor allem Rothirsche erlegt. Dies könnte

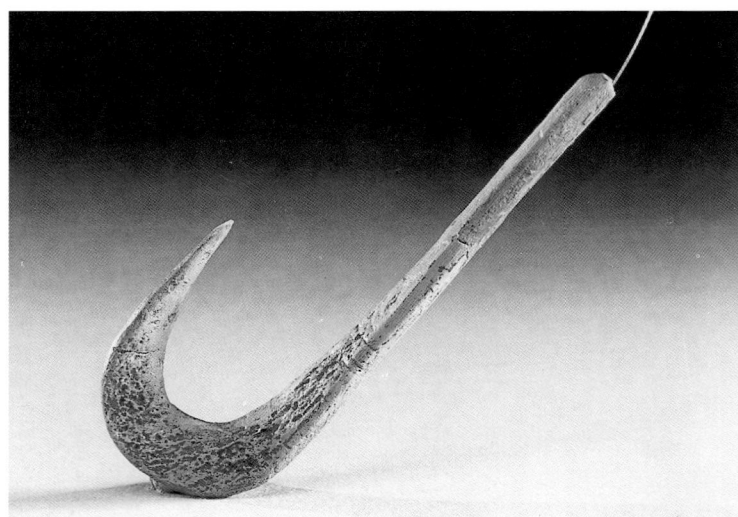

Knöcherner Haken aus der Zigeunerhöhle von Gratkorn in der Steiermark, der von manchen Prähistorikern als Angelhaken gedeutet wird. Länge 10,3 Zentimeter. Original im Landesmuseum Joanneum, Graz.

mit Pfeil und Bogen geschehen sein, die zu dieser Zeit bereits in Deutschland bekannt sind (s. S. 110).

Als die bedeutendste Freilandfundstelle aus dem Spätpaläolithikum in Österreich gilt der Galgenberg bei Horn (Niederösterreich). Auf sie wurde 1930 der Postbeamte Josef Höbarth (1891–1952) aus Horn aufmerksam. Später sammelten dort auch der Ingenieur Otto Ritter (1901–1973) aus Wien und der Bankdirektor Alois Gulder (1900–1972) aus Wien Steinwerkzeuge.

Die Funde vom Galgenberg wurden früher als mittelsteinzeitlich betrachtet. Doch während der Arbeit an ihrer Dissertation (1983–1986) erkannte die Prähistorikerin Walpurga Antl-Weiser aus Stillfried-Grub, daß die Gerätetypen von Horn-Galgenberg in Form, Größe und Anzahl dem Erscheinungsbild spätpaläolithischer Industrien entsprechen. Dies trifft vor allem für Spitzen mit abgedrücktem Rücken und für bestimmte Kratzer zu.

Als das bisher einzige Kunstwerk aus dem Spätpaläolithikum in Österreich gilt ein Hirschgeweihgerät aus der Zigeunerhöhle bei Gratkorn. Es ist mit Ornamenten verziert und mit der Darstellung einer kriechenden Schlange versehen. Diese Motive hat man offenbar mit einem spitzen Steingerät in das Geweih eingraviert. Das Kunstwerk wurde neben der Feuerstelle in der Zigeunerhöhle entdeckt.

Das Spätpaläolithikum ist bisher in Österreich noch unzureichend durch Funde dokumentiert.

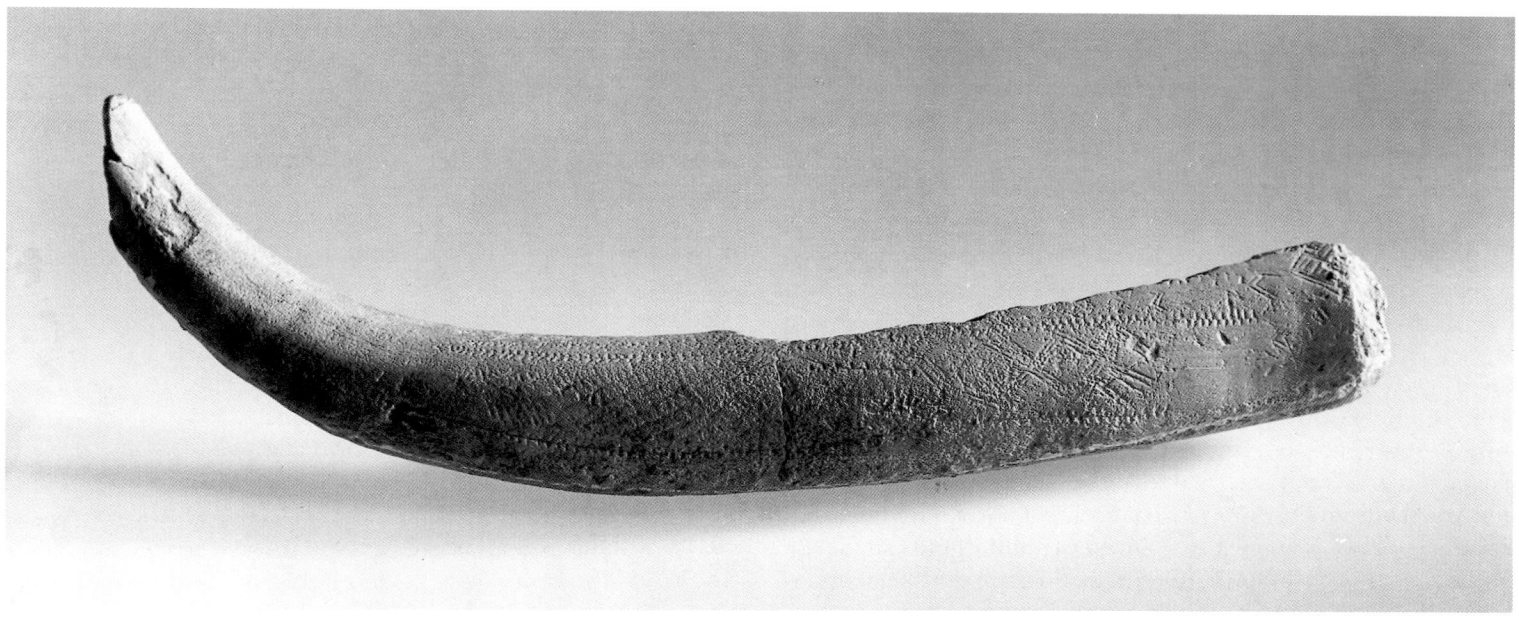

Mit Ornamenten und der Darstellung einer kriechenden Schlange versehenes Hirschgeweihgerät aus der Zigeunerhöhle von Gratkorn in der Steiermark. Länge 31,2 Zentimeter, Breite 3,5 Zentimeter. Original im Landesmuseum Joanneum, Graz.

Die Altsteinzeit in der Schweiz

Abfolge und Verbreitung der »Kulturen« und Gruppen

In der Schweiz konnte man bisher keine Hinweise auf die Existenz der Geröllgeräte-Industrien (vor mehr als 2 bis 1 Million Jahren), des Protoacheuléen (vor etwa 1,2 Millionen bis 600 000 Jahren) und des Altachauléen (vor etwa 600 000 bis 350 000 Jahren) entdecken.[1]

Das muß aber nicht heißen, daß auf dem Gebiet der heutigen Schweiz bis vor etwa 350 000 Jahren überhaupt keine Menschen gelebt haben. Schließlich existierten vor dieser Zeit in den Nachbarländern Frankreich, Deutschland und Italien bereits Frühmenschen. Zumindest in den Warmzeiten des Eiszeitalters hätten im Gebiet der Schweiz günstige Bedingungen für Jäger und Sammler geherrscht. Vermutlich sind Lebensspuren dieser frühesten Menschen bei den Gletschervorstößen in den Kaltzeiten vernichtet worden.

Als ältester Hinweis auf die Anwesenheit von Menschen in der Schweiz gilt der im Kanton Basel-Land entdeckte Faustkeil von Pratteln. Er wird wegen seiner Form und Fundlage für schätzungsweise 300 000 Jahre alt gehalten. Damit gehört er ins Jungacheuléen (s. S. 145), das vor etwa 350 000 bis 150 000 Jahren existierte. Die meisten Autoren schreiben diesen Faustkeil einem Frühmenschen zu, es könnte sich aber genausogut um einen frühen Neanderthaler (auch Präsapiens, Steinheim-Mensch oder Anteneanderthaler genannt) gehandelt haben.

Das in Deutschland reich vertretene Spätacheuléen (s. S. 58) vor etwa 150 000 bis 100 000 Jahren ist bisher in der Schweiz kaum belegt. Zeitlich entspricht der Faustkeil von Schlieren dieser Kulturstufe.

Aus dem Micoquien (s. S. 147) vor etwa 125 000 bis 40 000 Jahren liegt aus der Schweiz als einziger Fund nur der Faustkeil von Möhlin im Kanton Aargau vor.

Das Moustérien (s. S. 148) vor ebenfalls etwa 125 000 bis 40 000 Jahren ist durch Steinwerkzeuge, Jagdbeutereste, Siedlungsspuren und Feuerstellen im östlichen und mittleren Voralpengebiet überliefert. In einer Höhle des Kantons Jura entdeckte man einen menschlichen Schneidezahn von einem Neanderthaler, in einer Höhle des Neuenburger Jura ein Oberkieferstück. Bei den Fundstellen überwiegen die Höhlen. Wohnplätze im Freiland wurden bisher selten nachgewiesen, darunter aber ein sehr reichhaltiger bei der Löwenburg im Kanton Jura.

Aus dem Aurignacien (s. S. 152) vor etwa 35 000 bis 29 000 Jahren und dem Gravettien (s. S. 152) vor etwa 28 000 bis 21 000 Jahren kennt man in der Schweiz noch keine Anhaltspunkte für menschliche Anwesenheit. Die Prähistoriker vermuten, daß das Gebiet der Schweiz damals wegen des sehr kalten Klimas und der bis weit ins Mittelland vorgedrungenen Gletscher gemieden worden ist.

Im Magdalénien (s. S. 157) vor etwa 15 000 bis 11 500 Jahren bestanden Wanderwege von Jägergruppen zwischen Frank-

Gravierung eines Steinbockkopfes auf einem Steinbock-Schulterblatt aus dem Magdalénien (vor etwa 15 000 bis 12 000 Jahren) von der Rislisberghöhle (Kanton Solothurn). Höhe der Darstellung etwa 5,5 Zentimeter. Original im Historischen Museum Olten.

reich und Süddeutschland durch die Schweiz. Dabei hinterließen die Jäger des Magdalénien Waffen und Werkzeuge aus Feuerstein, Holz und Geweih, ferner zahlreiche Siedlungsspuren und Schmuck sowie meisterhaft ausgeführte Kunstwerke. Schönstes Beispiel für letztere ist das weltberühmte »Suchende Rentier«[2] aus dem Kesslerloch. Auch etliche menschliche Skelettreste von Magdalénien-Leuten konnten geborgen werden. Das Magdalénien war im ganzen Jurabogen von Genf bis Schaffhausen vertreten.

Im Spätpaläolithikum (s. S. 166) vor etwa 12 000/11 500 Jahren dürfte die Schweiz – nach den nun etwas selteneren Funden zu schließen – nicht mehr so stark von Jägergruppen durchwandert worden sein. Aus dieser Zeit stammen einige Freilandsiedlungen, bemalte Kiesel und vielleicht das Skelett eines Jugendlichen aus einer Höhle im Kanton Neuenburg.

Der Faustkeil von Pratteln

Das Jungacheuléen

Frühmensch der Art *Homo erectus* von Pratteln (Kanton Basel-Land) zur Zeit des Jungacheuléen vor schätzungsweise 300 000 Jahren.

In der Schweiz gilt, wie gesagt, das Jungacheuléen vor etwa 350 000 bis 150 000 Jahren als die erste Kulturstufe, in der die Existenz von urgeschichtlichen Menschen archäologisch belegt ist. Dabei handelt es sich um einen einzigen Fund aus dem Kanton Basel-Land, nämlich den schätzungsweise 300 000 Jahre alten Faustkeil von Pratteln. Ein noch höheres Alter von etwa 400 000 bis 500 000 Jahren wird für sehr archaisch aussehende Steinwerkzeuge aus der Gegend von Burgdorf[1] im Kanton Bern diskutiert. Doch diese Funde sind ebenso wie ein primitives

Hackgerät vom Typ Chopper (s. S. 56) aus Raedersdorf im französischen Departement Haut-Rhin, das nur einige Kilometer von der Schweizer Grenze entfernt liegt, unsicher datiert. Man kann sie daher lediglich als einen möglichen Hinweis auf die frühe Anwesenheit von Menschen im Jura betrachten.

Statt des Begriffs Jungacheuléen, der in Deutschland gebräuchlich ist, verwenden die Schweizer Prähistoriker überwiegend die Bezeichnung ältere Altsteinzeit (Altpaläolithikum). Darunter verstehen sie eine längere Zeitspanne vor etwa

Der aus Feuerstein geschlagene Faustkeil von Pratteln (Kanton Basel-Land) gilt als das älteste Steinwerkzeug in der Schweiz. Er wird auf etwa 300000 Jahre geschätzt. Länge etwa 20 Zentimeter, Gewicht 1 Kilogramm. Original im Kantonsmuseum Basel-Land, Liestal.

600000 bis 125000 Jahren, in der verschiedene Faustkeil-Industrien auftraten.

Geologisch entspräche ein Alter von etwa 400000 Jahren der Mindel-Eiszeit (s. S.50). Auf diese folgte vor etwa 300000 Jahren eine Warmzeit, die im alpinen Gebiet Mindel/Riß-Interglazial genannt wird, und danach die Riß-Eiszeit (s. S.53).

Während der Riß-Eiszeit stießen die alpinen Gletscher weit ins Alpenvorland vor. Wie in früheren Eiszeiten vereinigten sich Bodensee/Rhein-Gletscher, Linth/Rhein-Gletscher, Aare/Reuß-Gletscher und Aare/Rhone-Gletscher zu einem zusammenhängenden Helvetischen Eisstromnetz. Nur die höchsten Berge ragten noch über das Gletschereis empor. Der Rhone-Gletscher floß durch einige Juratäler und stieß bis Besançon und Lyon in Frankreich vor.

Im Vorfeld der rißeiszeitlichen Gletscher breiteten sich baumlose Tundren aus. Während der Riß-Eiszeit entwickelte sich aus dem Steppenelefanten das kältevertragende Mammut. Auch das Fellnashorn trat erstmals auf. Weitere Wildtiere der damaligen Zeit waren Löwe, Höhlenbär, Riesenhirsch, Wildpferd und Steppenwisent.

Von den Menschen aus dem Jungacheuléen fand man bisher in der Schweiz keine Skelettreste.

Der erwähnte etwa 20 Zentimeter lange und ein Kilogramm schwere Faustkeil aus der Gegend von Pratteln im Kanton Basel-Land wurde am 16. Februar 1974 von dem zwölfjährigen Mittelschüler Christoph Hauser aus Basel beim Fossiliensammeln entdeckt. Er zeigte den Fund seinem Nachbarn Ernst Maurer, der dessen Bedeutung ahnte. Hauser meldete deshalb seinen Fund und lieferte ihn im Kantonsmuseum Basel-Land ab.

Der Faustkeil von Pratteln wurde aus einem gelb-braunen Feuerstein zurechtgeschlagen, der am Fundort und in dessen Umgebung nicht vorkommt. Dies kann als Zeichen der Mobilität seines einstigen Besitzers gewertet werden. Der Faustkeil eignete sich zum Zuschlagen, Schneiden, Schaben, Zerhacken und Spalten von Holz oder Knochen. Er war also eine Art von Universalwerkzeug für verschiedene Tätigkeiten.

Der Prähistoriker Rolf d'Aujourd'hui aus Basel kam 1977 nach der Untersuchung des Faustkeils von Pratteln zu dem Schluß, daß dieser am besten mit bestimmten Steinwerkzeugen der mittleren Somme-Terrasse von Cagny-la-Garenne in Frankreich zu vergleichen sei. Jene Werkzeuge haben ein Alter von etwa 300000 Jahren. Wenn diese Datierung zutrifft, gehört der Faustkeil von Pratteln ins Jungacheuléen, aus dem in Deutschland etliche Funde vorliegen.

Die Rohform dieses Faustkeils wurde mit einem Schlagstein geschaffen und danach mit einem Schlegel aus weichem Material bearbeitet. Sein eher rohes Aussehen wird damit erklärt, daß es sich vermutlich um ein unfertiges Stück handelt.

Die Fundsituation der menschlichen Skelettreste aus dem Jungacheuléen in Deutschland deutet darauf hin, daß die Frühmenschen und frühen Neanderthaler nicht bestattet worden sind.

Ein wichtiger Fund aus Möhlin

Das Micoquien

Nur durch einen einzigen Fund aus dem Kanton Aargau ist in der Schweiz auch das Micoquien (vor etwa 125 000 bis 40 000 Jahren) belegt. Die Micoquien-Leute gelten als Neanderthaler. Das Micoquien wird als eine Parallelerscheinung zum Moustérien betrachtet. Dessen Angehörige haben in der Schweiz vor allem zahlreiche Steinwerkzeuge hinterlassen.

Das Micoquien fiel zunächst in eine Warmzeit, die im alpinen Gebiet als Riß/Würm-Interglazial (vor etwa 125 000 bis 115 000 Jahren) bezeichnet wird. Die zunehmende Erwärmung nach dem Ende der Riß-Eiszeit ermöglichte zunächst die Ausbreitung von Kiefern- und Birkenwäldern, die später durch Eichenmischwälder, dann durch Hainbuchenwälder mit viel Hasel, und nach dem klimatischen Optimum durch Weißtannen- und Fichtenwälder abgelöst wurden. Zur damaligen Tierwelt gehörten unter anderem Waldelefanten, Waldnashörner, Wildpferde, Höhlenlöwen und Höhlenbären.

Der größte Teil des Micoquien fiel dann in die Würm-Eiszeit (vor etwa 115 000 bis 10 000 Jahren). Während dieses Abschnittes wurde es kühler. In mehreren Vorstoßphasen drangen die Gletscher immer weiter aus den Tälern ins Alpenvorland vor. In den vom Eis bedeckten Gebieten herrschte kaum Leben. Im Vorfeld der Gletscher weideten die Herden der kältevertragenden Tiere wie Mammut, Fellnashorn, Wildpferd, Rentier, Wisent und Moschusochse, begleitet von den großen Raubtieren.

Daß sich in der Schweiz auch Micoquien-Leute aufhielten, bezeugt bisher lediglich der 1976 in der Gegend von Möhlin[1] (Kanton Aargau) gefundene kleine Faustkeil von kaum zehn Zentimeter Länge aus rostrotem Quarzit. Er wurde mit einem Schlagstein aus einem Kiesel zurechtgeschlagen. Der Basler Prähistoriker Jean-Marie Le Tensorer stufte diesen Faustkeil aufgrund der kleinen Form und seiner nur ganz schwach konkav zugerichteten Kanten in das Micoquien ein.

Die Fundlage des Faustkeils von Möhlin oberhalb der Moräne, die beim maximalen Vorstoß des rißeiszeitlichen Gletschers in dieser Gegend abgelagert wurde, weist darauf hin, daß er nicht vor dem darauffolgenden Riß/Würm-Interglazial (Eem-Warmzeit) geschaffen worden sein kann. Dieses Stück dürfte schätzungsweise vor mehr als 100 000 Jahren von einem Neanderthaler angefertigt und als Werkzeug benutzt worden sein.

Mit dem Micoquien wurde zunächst auch der bereits Ende August 1954 zufällig bei Aushubarbeiten für ein Wasserreservoir entdeckte Faustkeil aus Schlieren[2] (Kanton Zürich) in Verbindung gebracht. Doch Le Tensorer ordnete dieses aus Feuerstein geformte, etwa 18 Zentimeter lange und 584 Gramm schwere Werkzeug aufgrund typologischer Merkmale ins obere Acheuléen ein. Damit wird nach seiner Ansicht die Anwesenheit von Angehörigen des jüngeren Acheuléen im Riß/Würm-Interglazial in der Region Zürich belegt. Zeitlich entspricht dies dem Spätacheuléen (vor etwa 150 000 bis 100 000 Jahren) in Deutschland (s. S. 58).

Der Faustkeil von Schlieren war in einer drei Meter tiefen Baugrube zum Vorschein gekommen. Damals ahnte niemand seine Bedeutung. Der Grundstückseigentümer, der Malermeister

Max Steiner (1908–1986) aus Schlieren, bewahrte den Fund jedoch wegen seiner besonderen Form und Gesteinsart auf und übergab ihn einige Jahre später dem neugegründeten Ortsmuseum von Schlieren. Der danach in Vergessenheit geratene Fund wurde erst 1982 dem Zürcher Prähistoriker René Wyss im Schweizerischen Landesmuseum vorgelegt, der sofort dessen hohes altsteinzeitliches Alter erkannte.

Wyss recherchierte, daß der Faustkeil nachträglich aus dem Aushub aufgelesen wurde. Er datierte das Werkzeug aus typologischen Erwägungen und wegen seiner Fundlage ins Micoquien, obwohl ihm auch Merkmale des Jungacheuléen aufgefallen waren.

Der Faustkeil von Schlieren besteht aus einer graubeige- bis leicht ockerfarbenen Feuersteinvarietät, wie sie in dieser Region vorkommt. Er ist von beiden Seiten her aus einem flachen Rohknollen zurechtgeschlagen worden, der nur wenig größer gewesen sein dürfte als das daraus angefertigte Endprodukt. Eine der beiden Schneiden wurde merklich sorgfältiger bearbeitet als die gegenüberliegende Randkante. Die flach geformte Spitze deutet darauf hin, daß dieser Fund nicht als Schlaggerät mit beilartiger Funktion, sondern als keilförmiges Schneidegerät benutzt wurde. Damit ließ sich wahrscheinlich die Jagdbeute zerlegen.

Aus Feuerstein zugehauener Faustkeil von Schlieren im Kanton Zürich. Länge etwa 18 Zentimeter, Gewicht 584 Gramm. Original im Schweizerischen Landesmuseum Zürich.

Neanderthaler dringen ins Gebirge vor

Das Moustérien

Erst aus der Kulturstufe des Moustérien (vor etwa 125 000 bis 40 000 Jahren) kennt man zahlreiche Hinweise für die Existenz von urgeschichtlichen Menschen in der Schweiz. Hinterlassenschaften dieser Stufe liegen aus dem Gebiet der Voralpen und des Jura vor.

Anfangs fiel das Moustérien in das Riß/Würm-Interglazial. In dieser Warmzeit herrschte ein mildes Klima mit etwas höheren Durchschnittstemperaturen als heute. Die alpinen Gletscher hatten sich weiter zurückgezogen, als dies gegenwärtig der Fall ist.

Anstelle von baumlosen Tundren konnten sich wieder Wälder ausbreiten. Zunächst gediehen vor allem Birken. Später folgten auch Kiefern, Eichen, Haselnußsträucher, Ulmen, Eschen, Hainbuchen, Tannen und Fichten. Im Raum Flurlingen (Kanton Zürich) wuchsen beispielsweise in einem feuchten Schluchtwald unter anderem Bergahorn, Buchs, Rasenschmiele und Hänge-Segge.

Typische Wildtiere in dieser Warmzeit waren Waldelefant und Waldnashorn. Außerdem gab es Höhlenlöwen, Leoparden, Höhlenhyänen, Wisente, Wildpferde, Damhirsche und Wildschweine. Im Rhein schwammen Flußpferde, wie Funde aus Deutschland zeigen (s. S. 58). Die Zeugnisse menschlicher Anwesenheit im Riß/Würm-Interglazial mit moustéroidem Charakter werden von den Prähistorikern dem »warmen Moustérien« zugerechnet.

Der größte Teil des Moustérien fiel jedoch in die Würm-Eiszeit (vor etwa 115 000 bis 10 000 Jahren). In diesem Abschnitt kühlte sich das Klima ab. Im Vorfeld der Eiswüste mußten die Wälder baumlosen Tundren weichen. Dort lebten nun wieder die kältevertragenden Mammute, Fellnashörner, Rentiere, Moschusochsen, aber auch Höhlenlöwen, Höhlenhyänen und Höhlenbären. Im Neuenburger Jura gab es neben Fellnashörnern und Höhlenbären unter anderem auch Gemsen, Steinböcke, Eichhörnchen, Siebenschläfer, Gartenschläfer, Lemminge, Eisfüchse und Schneehühner, wie Funde aus der Höhle von Cotencher zeigen. Die Hinterlassenschaften von Menschen aus dieser Zeit werden dem »kalten Moustérien« zugeordnet.

In der Würm-Eiszeit drangen Neanderthaler in der Schweiz, Österreich (s. S. 124) und in Jugoslawien in hochgelegene Regionen der Alpen vor. Dort, in den Gebieten oberhalb der Waldgrenze, wo die Jagdbeute leicht für sie zu erlegen war, jagten sie Gemsen und Steinböcke. Der Aufstieg ins Gebirge zeugt vom Entdeckergeist dieser Menschen.

Die Zeitspanne, in der Jäger und Sammler ins Gebirge zogen, wurde 1908 von dem Heimatforscher, Lehrer und Museumsleiter Emil Bächler (1868–1950) aus St. Gallen als »Alpines Paläolithikum« bezeichnet. Als Besonderheiten dieser Kulturstufe galten für Bächler Höhlen im Alpengebiet in mehr als 1000 Meter Höhe, weitgehende Verwendung von Tierknochen bei der Herstellung von Werkzeugen sowie die Opferung der besten Beutestücke, die zumeist vom Höhlenbären stammten. Vor allem die Knochenwerkzeuge und der Bärenkult werden heute nicht mehr anerkannt. Deshalb spricht man auch nicht mehr von einem »Alpinen Paläolithikum«. Die ihm früher

zugerechneten Funde werden jetzt ins späte Moustérien eingestuft.

Nicht mehr gebräuchlich ist auch der Ausdruck »Wildkirchli-Kultur«, den 1931 der österreichische Prähistoriker Oswald Menghin (1888–1973) vorgeschlagen hatte. Er fußte auf den Funden aus den Wildkirchli-Höhlen im Kanton Appenzell und war ehedem ein Synonym für das »Alpine Paläolithikum«. Ebenfalls nicht auf Dauer behaupten konnte sich der 1938 von dem deutschen Prähistoriker Lothar Zotz (1889–1967) geprägte Name »Höhlenbärenjäger-Kultur«. Darunter verstand er eine Gruppe von verschiedenen Kulturstufen, bei der die Jagd auf Höhenbären eine wichtige Rolle spielte. An ihren Anfang stellte Zotz das »Alpine Paläolithikum«.

Von den Moustérien-Leuten konnten bisher in der Schweiz nur zwei bescheidene Skelettreste entdeckt werden. Dabei handelt es sich um den Schneidezahn eines Neanderthalers aus der Höhle St. Brais II im Kanton Jura und um ein Oberkieferstück mit Zähnen aus der schon erwähnten Höhle von Cotencher.

Der Schneidezahn von St. Brais II wurde 1955 von dem Augenarzt und Höhlenforscher Frédéric-Édouard Koby (1890–1969) aus Basel nach jahrzehntelangen, immer nur kurzfristigen Grabungsphasen entdeckt. Der Fund des Oberkieferstücks von Cotencher gelang am 14. Juni 1964 dem Arzt Hermann-Frédéric Moll aus Neuenburg (Neuchâtel). Er stieß beim Vermessen der Höhle in deren rückwärtigem Teil an der Felswand auf eine braune Schicht, in der er menschliche Zähne feststellte. Bei näherer Überprüfung zeigte sich, daß das Oberkieferfragment eines Menschen in sehr schlechtem Zustand in eine kleine Sandlinse eingebettet war. Nach dem Vermessen und Fotogra-

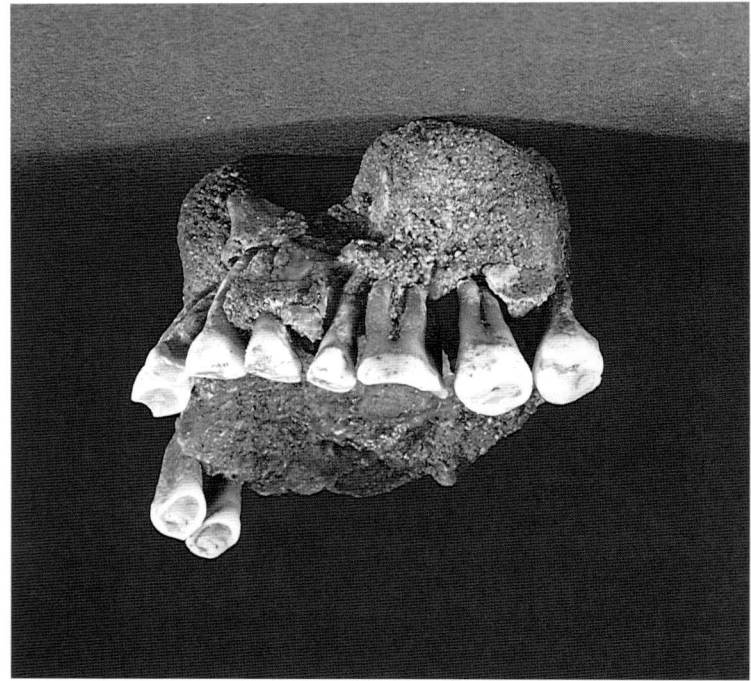

Oberkieferstück mit Zähnen eines Neanderthalers aus der Höhle von Cotencher (Kanton Neuenburg). Original im Musée cantonal d'archéologie, Neuenburg.

Höhlenwohnung im schweizerischen Alpengebiet zur Zeit des Moustérien. Bewohner sind späte Neanderthaler *(Homo sapiens neanderthalensis)*, die gerade einen erlegten Steinbock aufbrechen.

fieren wurde der Fund in Anwesenheit der kantonalen Kommission für Archäologie sorgfältig geborgen.

Der Oberkiefer wurde durch den Professor für Zahnheilkunde, Roland Bay aus Basel, untersucht. Er stammte wahrscheinlich von einer Frau, die im Alter von etwa 40 Jahren gestorben war. Der Oberkiefer und der Gaumen sind lang und breit, was für Neanderthaler – im Gegensatz zu anatomisch modernen Menschen – typisch ist. Die insgesamt zehn erhaltenen Zähne sind auffällig klein und teilweise stark abgekaut. Zwei Backenzähne waren von Karies befallen.

Der Kiefer und die Zähne von Cotencher ähneln den Neanderthaler-Funden von Hortus in Südfrankreich. Dort wurden von 1960 bis 1964 bei Ausgrabungen des Pariser Paläontologen Henry de Lumley Reste von 20 bis maximal 36 Menschen entdeckt, darunter viele Jugendliche und Kinder. Die Knochen waren alle zerbrochen, auf dem Wohnboden zerstreut und lagen in engem Kontakt mit Mahlzeit- und Tierresten. Henry de Lumley vermutet, daß diese Menschenknochen entweder zu rituellen Zwecken gedient haben oder daß sie Zeugnisse von Kannibalismus darstellen.

Die Zahl der gleichzeitig im Moustérien in der Schweiz lebenden Menschen wird von manchen Prähistorikern auf etwa 10 bis 15 Personen geschätzt. Vielleicht entsprach die Bevölkerungszahl aber auch derjenigen von Österreich, die mindestens einige hundert Menschen betragen haben soll.

Wenn man von den Funden ausgeht, haben die Moustérien-Leute in der Schweiz vorwiegend in Höhlen gewohnt. Diese dienten jedoch nicht ständig, sondern nur für kurze Zeit als Unterschlupf, wie die relativ spärlichen Lagerreste zeigen. Die

Wahl einer Höhle als vorübergehender Aufenthaltsort hatte den Vorteil, daß man sich die Mühe des Zelt- oder Hüttenbaus ersparen konnte. Wetterfeste Zelte oder Hütten wurden mit Holzstangen und Tierfellen errichtet, eine Zeitlang bewohnt und dann wieder verlassen.

Als Aufenthaltsort von Moustérien-Leuten gilt beispielsweise die bereits genannte Höhle von Cotencher in der Gemeinde Rochefort (Kanton Neuenburg). Diese Höhle liegt in 659 Meter Höhe am Eingang der Areuseschlucht, die eine alte Verbindung vom Schweizer Mittelland nach Ostfrankreich bildet. Der Lagerplatz in dieser Höhle wurde bereits 1867 durch den Grundbuchinspektor und Notar Henri-Louis Otz (1820–1902) aus Neuenburg (Neuchâtel) zusammen mit dem Kantonsingenieur Charles-Frédéric Knab (1822–1874) aus Neuenburg und danach von anderen Heimatforschern untersucht.

Erste systematische Untersuchungen in der Höhle von Cotencher nahmen von 1916 bis 1918 der Paläontologe Hans Georg Stehlin (1870–1941) aus Basel und der Geologe Auguste Dubois (1862–1923) aus Neuenburg vor. Eine Grabung zur Datierung der Höhlenablagerungen erfolgte 1954 durch die Geologin, Paläontologin und Prähistorikerin Elisabeth Schmid aus Basel sowie 1988 durch das Labor für Urgeschichte der Universität Basel. Zu den Funden aus Cotencher zählen neben vielen Knochen vom Höhlenbären und anderen Tieren auch Spuren von Feuerstellen sowie Steinwerkzeuge.

Früher wurden auch die hoch im Simmental (Kanton Bern) gelegenen Höhlen Ranggiloch und Schnurenloch als Lager von Moustérien-Leuten betrachtet, um deren Erforschung sich die Lehrer David Andrist (1866–1960) aus Pieterlen, dessen

Emil Bächler (1868–1950) aus St. Gallen war einer der Pioniere bei der Erforschung der Altsteinzeit in der Schweiz.

Bruder Albert Andrist (1887–1978) aus Bern und Walter Flükiger (1899–1973) aus Koppigen verdient gemacht hatten. Die Funde von dort sind jedoch deutlich jünger.

Bei St. Brais im Kanton Jura haben Jäger und Sammler aus dem Moustérien in nahezu 1000 Meter Höhe zwei von insgesamt drei jeweils Hunderte von Metern entfernte Höhlen kurzfristig besiedelt. In diesen Höhlen nahmen seit 1934 der bereits erwähnte Augenarzt Koby und der Chemie-Professor Albert Peronne (1891–1982) aus Porrentruy Ausgrabungen vor. Neben dem schon erwähnten menschlichen Schneidezahn konnten Steinwerkzeuge geborgen werden.

Von den Menschen des Moustérien ist auch eine Höhle im Birstal bei Liesberg begangen worden. Den Beweis dafür erbrachte 1948 der Basler Lehrer und Paläontologe Samuel Schaub (1882–1962), als er den Fund eines vereinzelten, aus ortsfremdem Quarzit angefertigten Steinwerkzeuges meldete. Auch in einem Seitental des Birstals, dem Kaltbrunnental, enthielten zwei Höhlen Hinterlassenschaften aus dem Moustérien: nämlich die Kohlerhöhle und die Kastelhöhle.

In einer anderen Höhle des unteren Birstals bei Aesch stieß 1926/27 der Zürcher Prähistoriker Emil Vogt (1906–1974) auf zahlreiche Skelettreste von Höhlenhyänen und auf Steinwerkzeuge aus dem Moustérien.

Zu den berühmtesten Wohnhöhlen aus dem Moustérien gehörten die ungefähr 1500 Meter hoch gelegenen Wildkirchli-Höhlen im Ebenalpstock des Säntisgebirges (Kanton Appenzell). Die Höhlen bestehen aus verschiedenen Räumen, die Altarhöhle, Kellerhöhle, Gasthaushöhle und Obere Höhle genannt werden. Die ersten Wohnspuren im Wildkirchli wurden 1904

bei Ausgrabungen des bereits genannten Heimatforschers Bächler entdeckt. Dieser hatte zusammen mit zwei Helfern[1] für das Naturhistorische Museum St. Gallen Skelettreste von Höhlenbären gesucht und dabei zufällig auch Steinwerkzeuge gefunden. Das Wildkirchli diente abwechselnd Höhlenbären und Moustérien-Leuten als Unterschlupf. Da sein großes Höhlentor nach Osten ausgerichtet ist, konnten sich die einstigen Bewohner bei schönem Wetter schon am frühen Morgen an Sonnenlicht und -wärme erfreuen.

In der älteren Literatur werden auch die Höhlen Drachenloch[2] bei Vättis im Taminatal (2455 Meter über dem Meeresspiegel) und Wildenmannisloch[3] in den Churfirsten am Selun (1628 Meter über dem Meeresspiegel), beide im Kanton St. Gallen gelegen, sowie die Höhle Steigelfadbalm[4] oberhalb Vitznau im Kanton Luzern als Wohnhöhlen aus dem Moustérien aufgeführt. Das etwa 70 Meter lange Drachenloch hatte früher sogar als der höchstgelegene Lagerplatz von Höhlenbärenjägern aus der Kulturstufe des Moustérien gegolten. Dies trifft jedoch mit wenigen Feuersteingeräten nur für das Wildenmannisloch zu. Spätere Untersuchungen zeigten, daß das Drachenloch und die Steigelfadbalm lediglich Unterschlüpfe von Höhlenbären waren.

Als eine der wenigen Freilandstationen aus dem Moustérien in der Schweiz gilt der 1966 bei der Löwenburg unweit von Pleigne im Lützeltal (Kanton Jura) von dem Ehepaar Erwin und Nelly Jagher-Mundwiler aus Basel entdeckte Fundplatz. Die beiden bargen auf einem Acker, der zum Hofgut Löwenburg gehört und die Bezeichnung Neumühlefeld III trägt, zahlreiche Feuersteinwerkzeuge. Später konnten noch weitere geborgen werden, doch nicht mehr in Originallage, weil durch die Grabungen der Basler Prähistorikerin Elisabeth Schmid die Lehmoberfläche auf dem schrägen Areal ins Rutschen geraten war.

Die Moustérien-Leute in der Schweiz erlegten die großen Tiere vermutlich mit hölzernen Stoßlanzen und Wurfspeeren bei gemeinsamen Treibjagden. Daneben beweisen die Knochen in

Das Wildkirchli (rechts unten) im Ebenalpstock des Säntisgebirges (Kanton Appenzell) gehört zu den berühmtesten Höhlen, die zur Zeit des Moustérien von Neanderthalern aufgesucht wurden. Die Höhle liegt in etwa 1500 Meter Höhe.

Angebliche Zeugen für einen Kult um den Höhlenbären; 1921 in einer Steinkiste zusammen mit einigen langen Knochen der Gliedmaßen gefundener Schädel aus dem von Emil Bächler erforschten Drachenloch bei Vättis. Originale im Historischen Museum St. Gallen.

den Fundschichten der Höhlen des Jura und der Voralpen, daß im Gebirge Gemsen, Steinböcke und Schneehasen gejagt worden sind. Ohne aus Tierfellen angefertigte Kleidung ist der Aufenthalt von Menschen im Gebirge kaum vorstellbar. Anders als in früheren Kulturstufen fertigten die Steinschläger im Moustérien nur noch selten Faustkeile an. Statt dessen gewannen die sogenannten Handspitzen und Schaber immer mehr an Bedeutung. Unter Handspitzen versteht man flache, meist längliche, dreieckige Werkzeuge mit spitzem Ende, die aus Abschlägen gefertigt wurden. Deshalb wird das Moustérien auch zu den Abschlag-Industrien gerechnet.

Faustkeile, Handspitzen und Schaber aus Feuerstein kennt man aus der Höhle von Cotencher. Sie sind allesamt in derselben Technik zurechtgeschlagen worden wie die Steinwerkzeuge am namengebenden Fundort Le Moustier in Frankreich. Deren Kennzeichen ist die einseitige Bearbeitung. Ähnlich geformte Feuersteinwerkzeuge kamen in den Höhlen von St. Brais und des Simmentales zum Vorschein. In den Wildkirchli-Höhlen entdeckte man auch einzelne ortsfremde Gerölle aus rotem Nummuliten-Kalk[5], wie sie darunter im Talboden von Schwendi-Weißbad anzutreffen sind. Vielleicht wurden sie wegen ihrer auffälligen Farbe aufgelesen und in die hochgelegene Höhle mitgenommen, wo sie eventuell als Spielzeug für Kinder dienten.

Früher hat man auch Bruchstücke von Höhlenbärenknochen mit angerundeten oder geglätteten Kanten, die stellenweise sogar Politurglanz aufwiesen, als Werkzeuge von Moustérien-Leuten betrachtet. Heute wird die Form, Abnutzung und Politur dieser in den Höhlen Wildkirchli, Drachenloch, Wildenmannisloch und St. Brais gefundenen Knochen auf natürliche Druck-, Schieb- und Witterungseinflüsse im Höhlenboden zurückgeführt.

Wie die Jäger und Sammler des Moustérien in der Schweiz ihre Toten behandelten, ist unbekannt. Menschliche Skelettreste und Gräber dieser Kulturstufe aus anderen Ländern zeigen, daß damals erstmals in der Geschichte der Menschheit manche Verstorbene sorgfältig zur letzten Ruhe gebettet worden sind (s. S. 72).

Keine Spur von den ersten Jetztmenschen

Das Aurignacien

2000 Meter Eis über dem Rhonetal

Das Gravettien

Aus der Zeitspanne, in der in Mitteleuropa die ersten Jetztmenschen *(Homo sapiens sapiens)* auftraten, liegen bisher aus der Schweiz keine Belege für deren Anwesenheit vor. Die Kulturstufe, der diese Vorfahren angehörten, ist das Aurignacien vor etwa 35000 bis 29000 Jahren.

Das Aurignacien fiel zunächst noch in eine Kaltphase der Würm-Eiszeit, die bereits vor etwa 37000 Jahren begonnen hatte. Dann jedoch folgte eine etwas wärmere Phase, die nach einem holländischen Fundort als Denekamp-Interstadial (vor etwa 32000 bis 29000 Jahren) bezeichnet wird.

Während des Denekamp-Interstadials erreichten im Raum Zürich und Basel in der Nordschweiz die Temperaturen im kältesten Monat etwa minus 6 bis 8 Grad Celsius, im wärmsten Monat etwa 12 bis 14 Grad Celsius.[1] Damals konnten sich wieder lichte Kiefernwälder behaupten.

Aus dem Aurignacien wurden in der Schweiz in Bioley-Orjulaz (Kanton Waadt) neben Skelettresten vom Mammut auch Knochen vom Moschusochsen gefunden.

Skelettreste von den Menschen des Aurignacien konnten in der Schweiz bisher noch nicht ausgegraben werden. Die Männer dieser Zeit wurden in anderen Gegenden bis zu 1,80 Meter groß.

Möglicherweise wird man eines Tages im ehemals nicht vom Gletschereis bedeckten Gebiet der Schweiz Siedlungsspuren von diesen Menschen entdecken.

Wer sich ein Bild von dem Leben der wahrscheinlich auch in das Gebiet der Schweiz eingewanderten Aurignacien-Leute machen will, muß zum Vergleich die Funde aus Deutschland (s. S. 77) und aus Österreich (s. S. 129) heranziehen.

Auch aus dem Gravettien vor etwa 28000 bis 21000 Jahren kennt man bisher in der Schweiz keine Spuren von der Existenz urgeschichtlicher Jäger und Sammler. Das Gravettien entsprach in Mitteleuropa einer Kaltphase der Würm-Eiszeit (s. S. 83). Im schmalen Vorfeld der das Mittelland überdeckenden alpinen Gletscher war die Landschaft der Schweiz weithin durch eine baumarme Tundra geprägt. Dort wie im Umland gab es Mammute, Fellnashörner, Moschusochsen, Rentiere und all die anderen für eine Kaltphase der Würm-Eiszeit typischen Tierarten.

Wie in anderen Teilen Mitteleuropas erreichte die Ausbreitung der Gletscher auch in der Schweiz vor etwa 20000 Jahren ihren Höhepunkt[1] (s. S. 89). Zu dieser Zeit war das Gravettien bereits vorüber. Damals lastete auf dem Rhonetal im Wallis bis zu 2000 Meter mächtiges Gletschereis. Dieser Gletscher breitete sich von den Alpen über das ganze Schweizer Mittelland aus und wurde am Rand des Juragebirges halbiert. Ein Teil des Gletschers stieß am Jurafuß nach Nordosten vor, vereinigte sich mit dem Aare-Gletscher und drang bis über Solothurn hinaus vor. Der andere Teil drang zusammen mit dem Eis des vergletscherten Jura und mit dem Aare-Gletscher durch das Rhonetal nach Westen und rückte bis etwa 20 Kilometer vor Lyon in Frankreich vor.

In den von Gletschern bedeckten Gebieten der Schweiz erstarb nahezu alles Leben. Dort konnten sich auch keine Jäger und Sammler behaupten.

Von den möglicherweise in den eisfreien Gebieten der Schweiz lebenden Jägern und Sammlern sind bisher noch keine Überreste entdeckt worden.

Zu den Farbtafeln

21 Geschoßspitzen (rechts und 3. von rechts) sowie zweireihige Harpunen aus dem Magdalénien (vor etwa 15000 bis 11500 Jahren) aus dem Kesslerloch bei Thayngen (Kanton Schaffhausen). Länge der größten Harpune 15 Zentimeter. Originale im Rosgartenmuseum Konstanz.

22 *(folgende Doppelseite)* Rentierjagd mit Speerschleudern zur Zeit des Magdalénien vor mehr als 12000 Jahren am Petersfels bei Engen-Bittelbrunn (Kreis Konstanz) in Baden-Württemberg. Rentiere und Wildpferde waren die wichtigsten Jagdtiere der damaligen Menschen. Links oben ist die Höhle Petersfels zu sehen.

23 Knöcherne Nähnadeln, teilweise mit abgebrochenem Öhr, aus dem Magdalénien (vor etwa 15000 bis 11500 Jahren) aus dem Kesslerloch bei Thayngen (Kanton Schaffhausen). Länge der größten Nadel mehr als 6 Zentimeter. Originale im Rosgartenmuseum Konstanz.

24 Durchlochte Zähne vom Rentier und von einem Bären (2. von links) aus dem Magdalénien (vor etwa 15000 bis 11500 Jahren) aus dem Kesslerloch bei Thayngen (Kanton Schaffhausen). Die Zähne wurden auf Halsketten aufgereiht oder auf die Kleidung genäht. Länge des größten Zahnes 6 Zentimeter. Originale im Rosgartenmuseum Konstanz.

Als das Eis wich, wanderten die Jäger ein

Das Magdalénien

Die fundreichste und grandioseste Kulturstufe der Altsteinzeit in der Schweiz ist zweifellos das Magdalénien vor etwa 15 000 bis 11 500 Jahren. Ihm waren ungefähr 20 000 Jahre vorangegangen, aus denen bisher im Gebiet der Schweiz keine Hinterlassenschaften von eiszeitlichen Jägern und Sammlern vorliegen.

Auch in der Schweiz fiel der größte Teil des Magdalénien in eine Kaltphase der ausklingenden Würm-Eiszeit. Nach einem häufig vorkommenden Zwergstrauch wird diese Kaltphase als älteste Dryaszeit (vor etwa 15 000 bis 13 000 Jahren) bezeichnet. Trotzdem zogen sich die Gletscher allmählich in die Alpentäler zurück. Vor etwa 15 000 Jahren waren der gesamte Jura und weite Teile des angrenzenden Schweizer Mittellandes eisfrei. Aber der Genfer-See-Kessel wurde vor 14 000 Jahren noch von einem riesigen Eisblock ausgefüllt, während das Mittelwallis schon eisfrei war.

In den Gebieten, die von den Gletschern freigegeben wurden, konnten wieder Pflanzen Fuß fassen und Tiere einwandern. Zu Beginn der warmen Jahreszeit verließen Rentierherden Südfrankreich und wechselten in die kühleren Regionen der Schweiz. Im Gefolge dieser Tiere kamen Jäger des Magdalénien, die auf die Rentierjagd spezialisiert waren. Spuren von ihnen fand man im gesamten Jurabogen von Genf bis Schaffhausen.

Während der nächsten 1000 Jahre des Magdalénien herrschte eine etwas wärmere Phase, das Bölling-Interstadial (vor etwa 13 000 bis 12 000 Jahren). Im Bölling zerfielen die alpinen Gletscher vollständig und schmolzen in die Seitentäler zurück. Vor etwa 13 000 Jahren war beispielsweise das Gebiet des Simplonpasses vom Eis befreit und trug wieder eine Vegetation. Der von Gletscherschmelzwässern gespeiste Genfer See hatte eine größere Ausdehnung als heute. Während des Bölling-Interstadials breiteten sich im Flachland unter anderem Wacholder, Sanddorn, Zwergbirken und sogar hohe Birken aus. Zur damaligen Tierwelt gehörten Wölfe, Wisente, Auerochsen, Wildpferde, Rentiere, Rothirsche und Schneehühner. Höhlenbären, Höhlenlöwen; Mammute und Fellnashörner kamen dagegen nur noch selten vor.

Auf das Bölling-Interstadial folgte eine kurze Periode klimatischer Instabilität, die ältere Dryaszeit (vor etwa 12 000 bis 11 700 Jahren). Sie hemmte vorübergehend in höher gelegenen Gebieten die weitere Ausbreitung der Birken- und vor allem der Kiefernwälder. Bewohner dieser lichten Wälder waren Wildpferde und Rentiere; Mammute und Fellnashörner fehlten bereits.

Im Alleröd-Interstadial ab etwa 11 700 Jahren setzten sich die Auswirkungen der böllingzeitlichen Klimaverbesserung fort. Dank der zunehmend günstigeren klimatischen Bedingungen konnten sich die Birken- und Kiefernwälder ausbreiten. Darin lebten vor allem Rothirsch, Reh, Elch, Auerochse, Wisent, Wildschwein und Wolf. Dagegen gab es keine Wildpferde und Rentiere mehr, die auf das offene Land angewiesen waren.

Von den Menschen des Magdalénien hat man in der Schweiz etliche Skelettreste entdeckt. Die Männer waren meist bis zu 1,60 Meter groß, die Frauen bis zu 1,55 Meter. Es gab aber auch Ausnahmen, wo diese Maße übertroffen wurden.

Die meisten menschlichen Skelettreste aus dem Magdalénien wurden in der Gegend von Genf geborgen. Der nur etwa sechs Kilometer von Genf entfernte Fundort Veyrier am Mont Salève liegt jedoch bereits auf dem Gebiet des benachbarten französischen Departements Haute-Savoie (Hochsavoyen).

Die ersten Skelettreste von Magdalénien-Leuten aus Veyrier kamen bereits in den Jahren 1867 bis 1871 im Steinbruch Fenouillet zum Vorschein. Dabei handelt es sich um einen Oberarm sowie um Fragmente von Speiche, Elle und Oberschenkel. 1875 fand man in Veyrier den Schädelknochen eines Kindes. 1879 wurde im Steinbruch von Chavaz an der Station Mayor in Veyrier das Gesichtsskelett eines Mannes entdeckt. 1916 barg man im schon größtenteils zerstörten Steinbruch Achard an der Station des Grenouilles (Station der Frösche) in Veyrier die Schädelkapsel und weitere Skelettreste eines etwa 25jährigen Mannes. Er war mit 1,69 Meter für seine Zeit relativ groß. Im Bereich seines rechten Scheitelbeins hatte er Verletzungen erlitten. Außerdem hatte sich dieser Mensch einen Unterschenkel gebrochen, der jedoch verheilt war. Der merkwürdige Name dieser Station beruht darauf, daß dort zahlreiche Froschknochen lagen. 1933 entdeckte man im Steinbruch Achard in Veyrier ein Grab, das drei Schaftreste langer Knochen enthielt. 1935 glückte im Steinbruch Chavaz der Fund

Frau mit Muschelschmuck aus der Zeit des Magdalénien vor mehr als 12 000 Jahren. Sie trägt durchbohrte Schneckengehäuse, wie sie in etlichen nordschweizerischen Höhlen entdeckt wurden.

Die Höhle Kesslerloch im Fulachtal bei Thayngen (Kanton Schaffhausen) wurde im Magdalénien zeitweise von Jägern und Sammlern bewohnt. Dort sind schon 1874 erste systematische Ausgrabungen vorgenommen worden.

eines weiblichen Schädels. 1954 wurde in Veyrier ein weiterer menschlicher Schädel entdeckt.

Neben diesen Funden aus Veyrier kennt man aber auch Skelettreste von Magdalénien-Leuten aus der Schweiz selbst. In der Grotte du Scé[1] oberhalb von Villeneuve (Kanton Waadt) kamen das Bruchstück eines rechten Oberkiefers mit sieben Zähnen sowie ein rechter Mittelhandknochen zum Vorschein. Aus der Halbhöhle im Schloßfelsen von Thierstein bei Büsserach (Kanton Solothurn) stammt das Bruchstück eines Wadenbeins. Vielleicht darf man auch das inzwischen verschollene Schlüsselbein eines jungen Menschen aus der Höhle Kesslerloch bei Thayngen (Kanton Schaffhausen) dem Magdalénien zurechnen. Weitere Skelettreste wurden in der Freudenthaler Höhle (Kanton Schaffhausen) und auf dem Berg Baarburg[2] bei Baar (Kanton Zug) gefunden.

Die Zahl der gleichzeitig im Magdalénien im Gebiet der Schweiz lebenden Jäger und Sammler wird von manchen Prähistorikern auf etwa 1000 Personen geschätzt. Dies wäre ungefähr sechzig- bis hundertmal mehr als zu Zeiten der Neanderthaler (s. S. 149).

Die Menschen des Magdalénien wohnten in Höhlen, unter Felsdächern (Abri oder Halbhöhle) und im Freiland, wo sie Zelte oder Hütten errichteten. Man nimmt an, daß sich die Magdalénien-Jägergruppen zunächst nur im Sommer in der Schweiz aufhielten, weil in dieser Jahreszeit die aus Südfrank-

reich eingewanderten Rentierherden hier ästen, denen der Pflanzenwuchs jetzt reichlich Nahrung bot. Die Jägergruppen verließen die Schweiz im Herbst wieder, sobald sich die Rentiere nach Südfrankreich zurückzogen. Als gegen Ende des Magdalénien das Klima wärmer wurde, blieben die bereits dezimierten Rentierherden und ihre Jäger auch im Winter im Gebiet der Schweiz. Für die Jäger wurde nun das Sammeln von Kräutern, Samen, Beeren und Pilzen noch ergiebiger.

An dem mehr oder minder reichen Fundgut läßt sich ablesen, daß manche der Höhlen- oder Freilandstationen in der Schweiz in mehreren Sommern aufgesucht wurden, andere nur einen Sommer lang oder lediglich für eine kurze Rast. Das Innere der Höhlen und die Plätze unter den Felsdächern dürften oft durch Astwerk, Steine oder zeltartig aufgespannte Felle vor Niederschlägen, Wind und Kälte geschützt worden sein. Das geringe Ausmaß der einzelnen Wohnplätze deutet darauf hin, daß in einem Lager zumeist nur eine einzige Familie oder eine Sippe lebte.

Die Höhlenwohnungen der Magdalénien-Leute konzentrierten sich in der Gegend um Genf (dem bereits erwähnten Veyrier in Frankreich), im Birstal (Kantone Bern, Jura, Solothurn und Basel-Land), in der Gegend von Olten (Kanton Solothurn) und im Kanton Schaffhausen. Vereinzelte Höhlen gab es auch im Kanton Waadt, beispielsweise die erwähnte Grotte du Scé und die Balm Derrière le Scé bei Villeneuve.

Allein am Nordostabhang des Mont Salève bei Veyrier unweit von Genf haben Magdalénien-Leute mindestens fünf Stationen aufgesucht: die Grotte Mayor[3], die Grotte Taillefer[4], den Abri Favre-Thioly[5], den Abri Gosse[6] und die Station des Grenouilles[7]. Die Grotten und Abris von Veyrier sind leider allesamt durch Steinbruchbetriebe zerstört worden.

Besonders gern haben die Magdalénien-Leute das Tal der Birs im mittleren Jura sowie deren Seitentäler aufgesucht. Dort liegen etliche Höhlen und Halbhöhlen mit Siedlungsspuren dieser Kulturstufe.

Bei der Halbhöhle im Birstal unweit von Liesberg (Kanton Bern) weiß man nicht mehr, ob diese erst 1874 beim Bahnbau geöffnet wurde oder ob man sie schon vorher kannte und ausräumte, um sie als Geräteschuppen nutzen zu können. Fest steht nur, daß der größte Teil des prähistorischen Inventars verlorenging. Eine Nachgrabung im Jahr 1906 durch die Vettern Fritz und Paul Sarasin aus Basel blieb ergebnislos.

Auch die Brügglihöhle an der Kohlholzhalde bei Nenzlingen (Kanton Bern) wurde von Magdalénien-Leuten aufgesucht. Darin hatten 1940 der Amateur-Archäologe Carl Lüdin (1900 bis 1986) aus Basel sowie 1951/54 der Heimatforscher Willy Mamber (1908–1978) aus Allschwil gegraben. Die einstigen Bewohner haben in der Brügglihöhle Feuersteinwerkzeuge, Schlagsteine aus Quarz, Spuren von mehreren Feuerstellen, durch Hitzeeinwirkung gerötete Steine und ein Rötelstück hinterlassen.

Als weiterer Aufenthaltsort von Magdalénien-Leuten diente die im Kaltbrunnental – einem Seitental des Birstales – gelegene Kohlerhöhle bei Brislach (Kanton Bern). Sie wurde 1934 von dem damals in Cham tätigen Chemiker Heinz Kohler (1915–1972) entdeckt und nach ihm benannt. Kohler hat diese Höhle zusammen mit dem Ingenieur Emil Kräuliger (1879 bis 1950) aus Grellingen erforscht. Später grub der Amateur-Archäologe Lüdin darin. Im Kaltbrunnental befindet sich auch die Halbhöhle Heidenküche bei Himmelried (Kanton Solothurn). Sie wurde 1883 von dem Lehrer, Jounalisten und Höhlenforscher Johann Benedikt Thiessing (1834–1903) aus Basel als urgeschichtliche Station erkannt und untersucht. Nach ihm forschten noch andere in dieser Halbhöhle.

Ein gutes Stück talaufwärts, wo sich das Kaltbrunnental etwas weitet, lockte die Kastelhöhle zeitweise Menschen des Magdalénien an. Allerdings ließen sie sich nur in der Nordhöhle dieser Doppelhöhle nieder, weil diese im Gegensatz zur angrenzenden Südhöhle auch am Nachmittag Sonnenlicht erhielt. In der Kastelhöhle hatte 1948 der Lehrer Walter Kellenberg aus Allschwil mit Grabungen begonnen. 1949/50 untersuchte der Prähistoriker Theodor Schweizer (1893–1956) aus Olten diese Höhle.

In einem Seitental des Birstales befindet sich außerdem die Halbhöhle im Schloßfelsen von Thierstein südlich von Büsserach (Kanton Solothurn). Sie ging für die Wissenschaft fast vollständig verloren, als sie 1890 von einem Bauern ausgeräumt wurde, der sich darin mit seiner Frau und seinen sechs Kindern häuslich niederließ. Nur wenige Funde konnten gerettet werden. 1906 erfolgte in der Thierstein-Höhle eine Nachgrabung.[8] Der Abri Chesselgraben bei Erschwil (Kanton Solothurn) befindet sich ebenfalls in einem Seitental des Birstales. Er wurde 1985 durch den Basler Prähistoriker Jürg Sedlmeier untersucht, der eine Feuerstelle nachweisen konnte, die mit plattigen, stark von der Hitze verfärbten Kalksteinen ausgelegt und

von einer tiefschwarzen Asche- und Kohleschicht überdeckt war. Die einstigen Bewohner hatten etliche Feuersteingeräte zurückgelassen.

In einem anderen Seitental des Birstales liegt die Hollenberg-Höhle 3 im Gobenmatt-Tälchen bei Arlesheim (Kanton Basel-Land). Die ersten Funde in dieser Höhle, deren vorderer Teil bereits eingestürzt war, gelangen Anfang Januar 1950 dem Heimatforscher Martin Herkert aus Arlesheim. Er nahm damals unter teilweiser Mitarbeit von Andreas Schwabe aus Arlesheim eine erste Untersuchung vor. Weitere Ausgrabungen erfolgten 1950 und 1952 durch den Professor der Zahnheilkunde und Leiter der Prähistorischen Abteilung des Museums für Völkerkunde Basel, Roland Bay, unter Mithilfe der Heimatforscher Herkert und Schwabe. Die Hollenberg-Höhle 3 besaß zur Zeit der Magdalénien-Leute im Dach eine große Öffnung. Daher war bei Schlechtwetter lediglich ihr hinterer Teil trocken. Sie dürfte deswegen nur selten und wahrscheinlich auch nur kurz aufgesucht worden sein, worauf auch die fehlenden Feuerspuren hindeuten.

Zu den seit Jahrzehnten bekannten Fundstellen aus dem Birstal gehört die Halbhöhle Birseck-Ermitage im Schloßfelsen von Birseck bei Arlesheim (Kanton Basel-Land). Bedauerlicherweise wurden die prähistorischen Schichten darin in der zweiten Hälfte des 18. Jahrhunderts bei der Umgestaltung des

Der Realschullehrer Konrad Merk (1846–1914) aus Thayngen (Kanton Schaffhausen) war der erste Ausgräber im Kesslerloch bei Thayngen. Seine aufsehenerregenden Entdeckungen wurden durch eine Fälschungsaffäre überschattet, an der er unschuldig war.

Schloßfelsens in eine romantische Einsiedelei teilweise zerstört. 1910 führte der Bankbeamte Friedrich Adolf Sartorius-Preiswerk (1862–1935) aus Arlesheim eine erste Probegrabung durch, die einige Funde lieferte. Im selben Jahr und 1914 wurde diese Halbhöhle von Fritz Sarasin systematisch erforscht.

Die Höhlenwohnungen in der Gegend von Olten (Kanton Solothurn) liegen im Aaretal. Dieses bot den Magdalénien-Leuten offenbar günstige Aufenthaltsbedingungen.

Zu den am westlichsten gelegenen Fundstellen aus dem Gebiet von Olten zählt die Rislisberghöhle bei Oensingen. Die ersten Spuren der Anwesenheit von Magdalénien-Leuten wurden von Schülern aus Oensingen entdeckt, die in ihrer Freizeit in der Höhle gespielt hatten. Als ihre Lehrerin beim Unterricht erwähnte, daß prähistorische Steingeräte in dieser Gegend nicht aus dem Kalkstein des Jura, sondern aus gut spaltbarem Feuerstein hergestellt wurden, berichteten die Schüler über ihre Funde aus der Rislisberghöhle. Die von der Lehrerin erbetenen Beweise erwiesen sich tatsächlich als Feuersteingeräte. Bei den wissenschaftlichen Untersuchungen der Höhle wurden drei Feuerstellen sowie zahlreiche Werkzeuge aus Stein, Knochen und Geweih geborgen, ferner die Gravierung eines Steinbocks auf einem Knochen.

In einer Felswand auf der linken Seite der Aare befindet sich die Höhle Käsloch bei Winznau unweit von Olten. Auf Funde aus der neben seinem Haus gelegenen Höhle machte als erster der Lokomotivführer Eduard von Felten (1875–1931) aus Winznau aufmerksam. Bald darauf bemühten sich der Schuhfabrikant Eduard Bally-Prior jun. (1847–1926) aus Schönenwerd, der Prähistoriker Jakob Heierli (1853–1912) aus Zürich und der Volksschullehrer Alexander Furrer (1867–1940) aus Schönenwerd um die Erforschung der Höhle. Später glückten dem Prähistoriker Karl Sulzberger[9] (1876–1963) aus Schaffhausen weitere Funde.

Im Tal Mühleloch bei Starrkirch-Wil – ebenfalls nicht weit von Olten – liegt eine Balm (Halbhöhle), die im Magdalénien besiedelt war. Sie wurde durch den erwähnten Prähistoriker Theodor Schweizer entdeckt und von ihm erst allein, 1922/23 dann zusammen mit dem Archäologen Louis Reverdin (1894–1933) aus Genf ausgegraben.

In der Gegend von Olten stieß man auch auf drei Freilandstationen aus dem Magdalénien.

Besonders aufschlußreich sind die Siedlungsspuren aus der Freilandstation Hard I auf dem Hardfelsen nordöstlich von Olten. Diese etwa 50 Meter hoch über der Aare gelegene Fundstelle wurde 1919 von Theodor Schweizer aufgespürt und erforscht. Er wies eine Grube mit einem Durchmesser von 2,20 Meter und 0,70 Meter Tiefe nach, deren Boden mit Steinen gepflastert war. Außerhalb der Grube lag eine Feuerstelle. Ein von Menschenhand geschaffener Erdwall schützte die Grube vor einsickerndem Regenwasser. Etwas weiter nordöstlich lag die Freilandstation Hard II, die ebenfalls von Schweizer gefunden worden war. Auch die etwa 60 Meter über der Aare befindliche Freilandstation »Sälihöhle oben« am Abhang des Felskopfes Säli wurde von Schweizer entdeckt. Er grub erst allein, 1922/23 dann zusammen mit dem erwähnten Genfer Archäologen Louis Reverdin.

Erwähnenswert sind auch die Freilandstationen Champréveyres[10] am Ufer des Neuenburger Sees (Kanton Neuenburg) sowie Moosbühl[11] bei Moosseedorf (Kanton Bern) südwestlich von Moossee. Die Freilandstation Champréveyres gilt als die

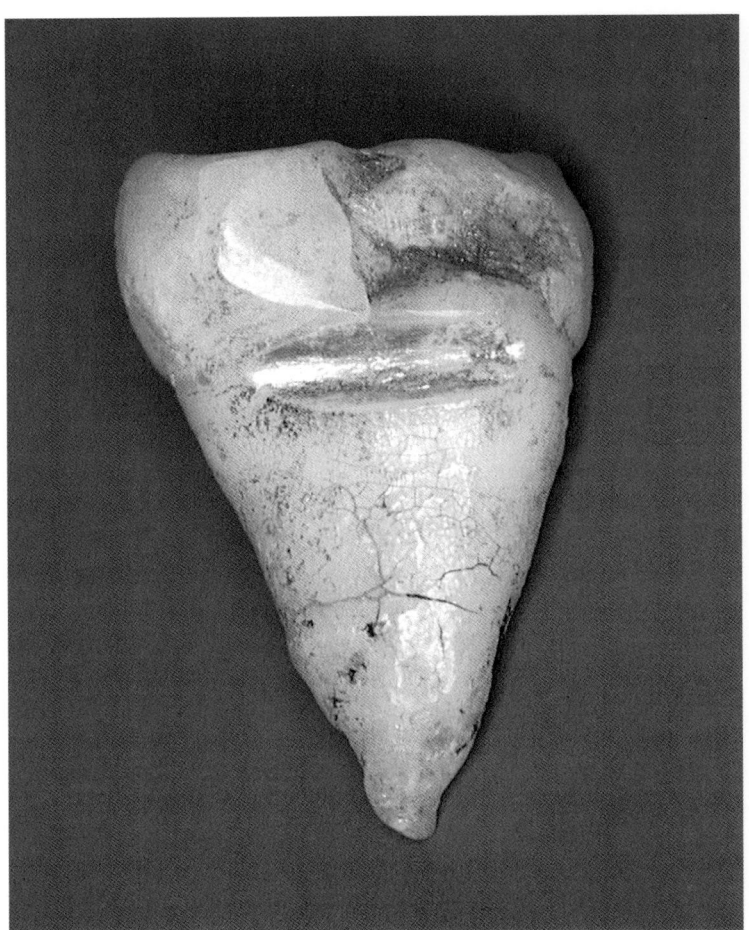

Menschlicher Backenzahn aus der Kohlerhöhle bei Brislach (Kanton Bern). Die Furche im oberen Drittel des Zahns ist vermutlich durch häufige Manipulationen mit einem runden und relativ harten Gegenstand (eine Art »Zahnstocher«) entstanden. Länge des Backenzahns 1,5 Zentimeter. Original im Archäologischen Dienst Bern.

erste magdalénienzeitliche Seeufersiedlung der Schweiz. Dort haben vor mehr als 13000 Jahren Menschen gelagert. Am Fundort Moosbühl zeugen zwei Zelt- oder Hüttenplätze, zahlreiche Werkzeuge und Abfälle von ihrer Herstellung, eine 2,65 x 0,80 Meter große Feuerstelle sowie eine Brandgrube mit Rentierknochen, die Feuerspuren aufweisen, vom Aufenthalt einer kleinen Menschengruppe.

Weit über die Grenzen der Schweiz hinaus ist die Höhle Kesslerloch im Fulachtal bei Thayngen (Kanton Schaffhausen) bekannt geworden. Ihr Name leitet sich davon ab, daß sie früher gelegentlich von umherziehenden Kesselflickern bewohnt wurde. Das Kesslerloch war dem damals in Thayngen unterrichtenden Realschullehrer Konrad Merk (1846–1914) bei einer botanischen Exkursion im Sommer 1873 erstmals aufgefallen. Angeregt durch Entdeckungen in französischen Höhlen zu jener Zeit, entschloß er sich zu Ausgrabungen, die er am 4. Dezember 1873 in Begleitung eines Lehrerkollegen und zweier älterer Schüler begann. Dabei konnte er bald Feuersteinsplitter und bearbeitete Rentiergeweihe bergen. Die eigentlichen systematischen Ausgrabungen folgten vom 16. Februar bis 11. April 1874. Die Aufsicht darüber hatte der Antiquar Bernhard Schenk von Eschenz (1833–1893). Weitere Untersuchungen gab es 1898/99 und 1902/03. Das Kesslerloch diente – nach den zahlreichen Funden zu schließen – als ein Haupt- oder Basislager für die dort vorwiegend im Sommer lebenden Rentierjäger.

Etwa 600 Meter vom Kesslerloch entfernt befindet sich die Halbhöhle Vorder Eichen auf der rechten Seite des Fulachtales bei Thayngen. Sie wurde 1913 durch den schon erwähnten Schweizer Prähistoriker Karl Sulzberger und dessen Bruder, den Zollbeamten Hans Sulzberger (1886–1949) aus Thayngen, als prähistorische Station erkannt und anschließend untersucht.

Anläßlich ihrer Ausgrabungen in der Halbhöhle Vorder Eichen erforschten Karl und Hans Sulzberger 1915 auch die Halbhöhle Untere Bsetzi auf der linken Seite des Fulachtales bei Thayngen und wurden dort auch fündig.

Zum Kreis der Höhlen im Kanton Schaffhausen gehört das Schweizersbild. Die Höhle ist nach dem Heiligenbild benannt, das ein Bürger namens Schweizer aus Schaffhausen im Mittelalter in einem gemauerten Häuschen dort aufstellen ließ. Im Schweizersbild stieß 1891 der Lehrer Jakob Nüesch (1845 bis 1915) aus Schaffhausen auf Hinterlassenschaften aus dem Magdalénien. Daraufhin grub er dort auf eigene Kosten bis 1893. Zeitweise half ihm dabei der Realschullehrer Rudolf Häusler (1857–1929), der später nach Neuseeland auswanderte und in Auckland starb.

Sehr früh begann die Fundgeschichte einer Höhle auf der linken Seite des Freudenthals bei Schaffhausen. Sie wird entweder nach dem Tal als Freudenthaler Höhle oder nach dem Hügel, auf dessen Westhang sie liegt, als Höhle an der Rosenhalde bezeichnet. Die ersten Funde wurden im Frühjahr 1874 von Jakob Nüesch, dem Botaniker Hermann Karsten (1817 bis 1908) aus Berlin und dem Regierungsrat Emil Joos (1826 bis 1895) aus Schaffhausen geborgen.

Die Jäger des Magdalénien erlegten mit Wurfspeeren vor allem Rentiere, aber auch Wildpferde, Schneehasen, Schneehühner sowie die zu dieser Zeit bereits selten gewordenen Mammute und Fellnashörner. Die Wurfspeere wurden teilweise nur mit der Hand, teilweise aber auch mit Hilfe der bereits erwähnten Speerschleudern auf Beutetiere gelenkt (s. S. 93). Am Fundort Kesslerloch konnte man Jagdbeutereste von etwa 500 Rentieren, 50 Wildpferden, 1000 Schneehasen, 170 Schneehühnern sowie – deutlich weniger – von Steinböcken, Gemsen und Murmeltieren nachweisen. Im Gebiet des Neuenburger Sees brachte man neben Rentieren, Wildpferden und Schneehasen

auch Füchse, Auerochsen, Wisente und Murmeltiere zur Strecke. Größere Fische dürften harpuniert worden sein. Die gezähnten Harpunenspitzen aus Rentiergeweih waren nur lose am Holzschaft befestigt. Sie fielen nach einem Treffer ab. Damit verwundete Fische nicht flüchten konnten, hatte man am Ende der Harpunenspitze eine Leine aus Tiersehnen oder Hautstreifen befestigt, die der Jäger in der linken Hand hielt. Andere Harpunen ohne Leinen setzte man gegen größere Säugetiere ein.

Wenn die Menschen des Magdalénien bei ihren Jagdunternehmungen und Wanderungen zu neuen Lagerplätzen auf andere Familien oder Sippen stießen, tauschten sie formschöne Schmuckschnecken aus fremden Gegenden ein. Der Basler Prähistoriker Jürg Sedlmeier hat 1988 die Herkunft der an nordwestschweizerischen Fundstellen entdeckten Schmuckschnecken aufgelistet. Demnach stammen beispielsweise die in der Kohlerhöhle, Kastelhöhle, im Abri Chesselgraben, der Hollenberghöhle 3 und Rislisberghöhle geborgenen Schmuckschnecken entweder aus dem Mainzer Becken oder aus dem Belgischen oder Pariser Becken.[12] Andere Schmuckschneckenarten aus nordwestschweizerischen Höhlen kommen im Mittelmeergebiet oder in der Region der oberen Donau vor. Offenbar sind sie durch viele Hände gegangen, bevor sie in die Schweiz gelangten.

Nach den zahlreichen Funden zu schließen, hatten die Menschen des Magdalénien in der Schweiz ein ausgeprägtes Bedürfnis, sich mit durchbohrten Schneckengehäusen, Tierzähnen oder anderen Gegenständen zu schmücken. Die durchbohrten Schmuckschnecken nähte man als Besatz auf die Kleidung oder man trug sie als Bestandteile von Halsketten. Die ehemaligen Bewohner der Kohlerhöhle verschönerten sich beispielsweise mit durchlochten Eckzähnen vom Fuchs und Rothirsch. In der Rislisberghöhle entdeckte man Rentierschneidezähne, die für eine Schmuckkette verwendet wurden, sowie einen durch parallele Stichgruppen verzierten Vogelknochen mit unbekannter Funktion. Aus dem Kesslerloch kennt man an den Wurzeln durchbohrte Eckzähne vom männlichen Rentier sowie ebenfalls durchlochte gebogene Schneide- und Eckzähne vom Wildpferd und Raubtier-Eckzähne, die als Kleidungs- oder Amulettschmuck dienten (s. S. 156).

Fragment einer Speerschleuder aus Rengeweih vom Kesslerloch bei Thayngen (Kanton Schaffhausen). Das 9 Zentimeter lange Stück ist mit Reihen von Einkerbungen und kleinen gravierten Rhomben verziert. Der Tierkopf wird als Wildpferd- oder Rentierkopf gedeutet. Original im Museum zu Allerheiligen, Schaffhausen.

An der Freilandstation am Hollenberg barg man neben Schmuckschnecken und einem durchbohrten Fuchszahn auch eine kreisrunde Scheibe aus Kohle. Sie hat einen Durchmesser von 5,5 Zentimetern, ist 10 Millimeter dick und wurde in der Mitte von beiden Seiten her angebohrt, so daß ein Loch entstand. Hierbei handelt es sich vermutlich um einen Anhänger. Auf einer Seite läßt er ein Bündel feiner Einritzungen erkennen. Ähnliche Anhänger aus Knochen wurden auch an anderen Fundstellen der Schweiz und in Deutschland gefunden. Etliche Stücke von Ocker, Roteisenstein und Eisenkies aus dem Kesslerloch zeigen, daß rote Farbe zum Schminken von Gesichtern oder Bemalen von Gegenständen benutzt worden ist. Manchmal sammelten die Magdalénien-Leute auch Fossilien, wie Funde von Ammoniten oder Haifischzähnen belegen.

Als Gewandverschluß deuten manche Prähistoriker einen 13,8 Zentimeter langen und 1,3 Zentimeter dicken Stab aus fossilem Holz in Form einer leicht gekrümmten Zigarre mit sich verjüngenden Enden aus der Freilandstation am Hollenberg bei Arlesheim (Kanton Basel-Land). Dieses Objekt ist auf zwei Seiten mit schrägen Einritzungen verziert.

Die Menschen des Magdalénien in der Schweiz hinterließen zahlreiche Kleinkunstwerke aus Rentiergeweih sowie deutlich

Die Kohlerhöhle bei Brislach im Kaltbrunnental (Kanton Bern) wurde 1934 von dem damals in Cham arbeitenden Chemiker Heinz Kohler (1915–1972) entdeckt und trägt seinen Namen. Das Foto vom Eingang der Höhle wurde 1958 von dem Basler Amateur-Archäologen Carl Lüdin (1900–1986) aufgenommen.

seltener aus Knochen und fossilem Holz (Gagat). Anders als in Südfrankreich und Nordspanien haben sie jedoch in der Schweiz wie in Deutschland keine Höhlenmalereien geschaffen. Allein im Kesslerloch kamen insgesamt 22 Kunstwerke aus dem Magdalénien zum Vorschein. Als das berühmteste davon gilt der Lochstab aus Rengeweih mit der eingravierten Darstellung des sogenannten »Suchenden Rentieres«, bei dem es sich um ein witterndes männliches Rentier während der Brunft handeln könnte. Dieses bedeutende Kunstwerk wurde 1874 anläßlich der Vorarbeiten zur Grabungskampagne im Kesslerloch von dem zu Besuch weilenden Geologen Albert Heim (1849 bis 1937) aus Zürich entdeckt. Ein anderer Lochstab zeigt ein Wildpferd sowie zwei in Gegenrichtung orientierte mutmaßliche Rentierkühe. Ein weiterer Lochstab ist wahrscheinlich mit einem Halbesel verziert.

Zu den Kunstwerken aus Rentiergeweih vom Kesslerloch gehören außerdem Speerschleudern mit der Wiedergabe von Rentierkühen und Wildpferden, drei Endstücke von Speerschleudern in Gestalt eines Wildpferdkopfes, ein Wildpferd-, ein Rothirsch- und ein Moschusochsenkopf (s. S. 128) sowie Skulpturen mit der mutmaßlichen Darstellung von Fischen. Zu den wenigen Kunstwerken aus Knochen zählen eine Rippe mit einem Wildpferdkopf und ein Knochenstück mit einem Wildschweinkörper, der aber auch als Rentiermotiv gedeutet wird. Von zwei Kohleplättchen zeigt eines auf beiden Seiten einen eingravierten Pferdekopf, das andere eine Wildpferdfigur.

Die Entdeckung der Kunstwerke aus dem Kesslerloch wurde durch eine Fälschungsaffäre überschattet. Der an den Ausgrabungen beteiligte Arbeiter Martin Stamm (1833–1923) aus Thayngen hatte den mit ihm verwandten Schüler Konrad Bollinger überredet, in zwei alte Knochen Tierzeichnungen einzuritzen. Damit wollte er sich vermutlich als Entdecker hervortun und etwas Geld hinzuverdienen. Der Bub nahm für seine Arbeit das Kinderbuch »Die Thiergärten und Menagerien mit ihren Insassen« aus dem Jahre 1868 von dem Leipziger Künstler Heinrich Leutemann (1824–1905) als Vorbild und gravierte mit Federmesser und Stricknadel einen sitzenden Bären und einen Fuchs ein.

Stamm schickte die beiden Fälschungen im Mai 1875 an den Zoologen und vergleichenden Anatomen Ludwig Rütimeyer (1825–1895) in Basel und gab an, daß er sie im Grabungsschutt des Kesslerlochs geborgen habe. Davon erfuhr auch der Prähistoriker Ferdinand Keller (1800–1881) aus Zürich. Nach längerem Überlegen gelangte er zu der Überzeugung, daß die beiden Gravierungen echt seien, fragte aber am 14. Mai 1875 brieflich bei Konrad Merk nach dessen Meinung über diese Stücke an. Merk antwortete am 16. Mai 1875, er sei von der Echtheit dieser Abbildungen nicht überzeugt.

Ungeachtet dessen fügte Keller in den ihm vorliegenden Bericht Merks mit dem Titel »Der Höhlenfund im Kesslerloch bei Thayngen (Kanton Schaffhausen)« die Zeichnungen von Bär und Fuchs sowie eine Notiz über diese Funde ein, ohne Merks Zweifel zu erwähnen. Er teilte sein Vorgehen Merk mit, und dieser gab dem berühmten Prähistoriker nach. Der erwähnte Bericht erschien vor dem 10. Juli 1875 in den Mitteilungen der Antiquarischen Gesellschaft in Zürich. Damit begann für Merk ein langer Leidensweg.

Als erste zweifelten die englischen Prähistoriker John Edward Lee (1808–1887) und Augustus Wollaston Franks (1826 bis 1897), beide aus London, an der Echtheit der Zeichnungen in

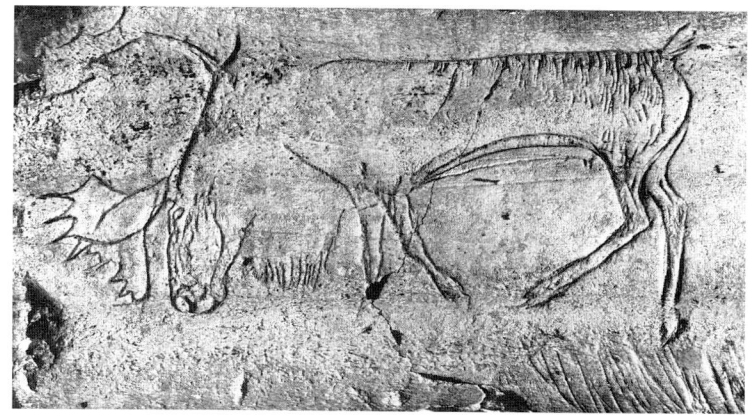

Gravierung des sogenannten »Suchenden Rentieres« auf einem Lochstab aus Rengeweih vom Kesslerloch bei Thayngen (Kanton Schaffhausen). Länge der Gravierung 8,5 Zentimeter. Original im Rosgartenmuseum Konstanz.

der Publikation von Merk. Sie ließen sich in Schaffhausen durch den Stadtarzt Franz Mandach (1855–1939), der zugunsten des angeblichen Entdeckers den Verkauf übernehmen wollte, die Originalknochen zeigen. Dabei wurden die beiden Engländer in ihrer Ablehnung bestärkt. Franks erwarb aus eigener Tasche für 80 Franken die nach seiner Ansicht gefälschten Stücke und stiftete sie der Sammlung Christy[13] als ein Beispiel einer bewußten Fälschung. Lee übersetzte 1876 Merks Publikation ins Englische und trug dabei seine schwerwiegenden Bedenken gegen die Echtheit der Bären- und Fuchsdarstellung vor.

Im Juli 1876 entlarvte der Mainzer Prähistoriker Ludwig Lindenschmit (1809–1893) in seinem Aufsatz »Ueber die Thierzeichnungen auf den Knochen der Thaynger Höhle« in der Publikation »Archiv für Anthropologie« die Fälschungen von Bär und Fuchs und hielt darüber hinaus auch die übrigen Kunstwerke aus dem Kesslerloch für unecht. Sein Sohn Ludwig (1850–1922) hatte in der Zeitschrift »Globus« einen Artikel über die Thaynger Funde entdeckt, der unter anderem mit Abbildungen des Bären und Fuchses illustriert war. Er erinnerte sich, diese Darstellungen schon woanders in moderner Ausführung gesehen zu haben, und fand sie in jenem Kinderbuch, nach dem die beiden Gravierungen angefertigt worden waren.

Erst eine gerichtliche Untersuchung klärte die Fälschungsaffäre auf und bewies Merks Unschuld. Im Mai 1877 erschien eine »Oeffentliche Erklärung über die bei den Thäynger Höhlenfunden vorgekommene Fälschung«. Sie war von dem Aktuar der Antiquarischen Gesellschaft in Zürich, Johann Jakob Müller (1847–1878), im Namen dieser Gesellschaft verfaßt. Darin wurde unter anderem der Verdacht zurückgewiesen, auch das Kunstwerk »Weidendes Rentier«, das heute als »Suchendes Rentier« bezeichnet wird, sei gefälscht. Diese Erklärung überzeugte den Großteil der damaligen Fachwelt. Bei der Eröffnungsrede der Tagung der Deutschen Anthropologischen Gesellschaft im September 1877 in Konstanz ließ der berühmte Berliner Anatom Rudolf Virchow (1821–1902) erkennen, daß er – mit Ausnahme der beiden Fälschungen – an die Echtheit der Thaynger Kunstwerke glaubte. Diese Auffassung wurde auch von den meisten anderen Rednern vertreten.

Der größte Teil der Funde aus dem Kesslerloch war schon 1875 von dem Apotheker und Stadtrat Ludwig Leiner (1830–1901)

aus Konstanz für 2000 Franken gekauft und dem von ihm gegründeten Rosgartenmuseum in Konstanz übergeben worden. Die ersten Ausgräber hatten ihre Untersuchungen nur durch den Verkauf von Funden finanzieren können. Manche Stücke sind später auch durch Tausch in andere Museen gelangt.

Bemerkenswerte Kunstwerke – wenngleich in geringerer Zahl als im Kesslerloch – hat man auch an anderen Fundorten der Schweiz entdeckt. Hier ist in erster Linie das Schweizersbild zu nennen. Von dort kennt man beispielsweise ein Kalksteinplättchen mit Ritzzeichnungen auf beiden Seiten. Eine zeigt vermutlich einen Halbesel, die andere drei Wildpferde und vielleicht ein Mammut. Außerdem stieß man im Schweizersbild auf einen Lochstab mit zwei einander folgenden Wildpferden, ein Lochstabbruchstück mit Rentiergravierung, ein Knochenfragment mit Resten einer nicht identifizierbaren Tierdarstellung und ein Geweihstück mit einem mutmaßlichen Fischmotiv, ferner unter den Gagatstückchen eine nur 28 Millimeter hohe stilisierte Frauenstatuette.

In der Rislisberghöhle wurde die Gravierung eines Steinbockkopfes auf einem mutmaßlichen Steinbockschulterblatt geborgen. Dabei handelt es sich um die einzige Steinbockdarstellung aus dem Magdalénien der Schweiz, wenn man von dem ältesten Fund von Veyrier bei Genf als französischem Fundort absieht. Außerdem kam in dieser Höhle das Bruchstück einer Tierrippe zum Vorschein, in die ein kleiner Fisch oder Vogel graviert ist.

An der Freilandstation am Hollenberg bei Arlesheim fand man das Fragment einer stilisierten Frauenfigur ohne Kopf und Füße, die aus Braunkohle geschaffen wurde. Die komplette Figur dürfte etwa vier Zentimeter groß gewesen sein. Ähnliche Kunstwerke kennt man von etlichen Fundstellen in Deutschland (s. S. 98). Sie dienten vermutlich als Schmuck oder Amulett.

Zu den mysteriösesten Kunstwerken gehört ein menschliches Schädeldach mit der eingeritzten Darstellung eines Hirsches, das auf dem 687 Meter hohen Berg Baarburg bei Baar (Kanton Zug) entdeckt wurde (s. S. 128). Der Verwendungszweck dieses ungewöhnlichen Objektes ist unbekannt. Am selben Fundort wurden außerdem ein steinerner Anhänger mit einem eingravierten mutmaßlichen Höhlenlöwen sowie eine rohe Plastik aus Stein geborgen, die vielleicht ein Wildrind darstellen soll.

In der Gegend von Genf – und zwar in Veyrier – wurden im vorigen Jahrhundert einige Lochstäbe mit eingravierten Tiermotiven entdeckt. Sie sind teilweise nicht klar zu deuten.

Bei den aus Zehenknochen (Phalangen) von Rentieren angefertigten Rentier- oder Phalangenpfeifen handelt es sich wohl eher um Signal- als um Musikinstrumente. Allein im Schweizersbild wurden insgesamt 41 solcher Pfeifen nachgewiesen, während sie im Kesslerloch und in der Heidenküche nur selten zu finden waren. Kennzeichnende Steinwerkzeuge des Magdalénien sind Bohrer, Klingen mit bearbeitetem Rücken und Stichel. Daneben gab es noch andere Formen.

In der Schweiz sind ab etwa 13000 Jahren mindestens zwei Gruppen des Magdalénien vertreten gewesen: die Moosbühl-Gruppe und die Thayngener Gruppe. Beide unterscheiden sich durch die verwendeten Steinwerkzeuge.

Für die Moosbühl-Gruppe waren Langbohrer und eine große Zahl von Kantenmesserchen typisch. Der Name dieser Gruppe wurde 1960 durch den Berner Prähistoriker Hans-Georg Bandi eingeführt. Er erinnert an die Funde aus der seit 1860 bekannten Freilandstation Moosbühl (Kanton Bern).

Für die Thayngener Gruppe gelten Dreieck- und Segmentmesser als charakteristisch. Der Begriff Thayngener Gruppe wurde 1944 durch den deutschen Prähistoriker Hermann Schwabedissen geprägt. Er fußt auf den Funden aus der Gegend von Thayngen (Kesslerloch, Schweizersbild, Vorder Eichen). Neben der Moosbühl- und der Thayngener Gruppe hat es in der Schweiz vielleicht noch andere Gruppen des Magdalénien gegeben, die noch nicht entdeckt sind.

Die Formenvielfalt der Steinwerkzeuge aus dem Magdalénien spiegelt sich in den Funden aus dem Kesslerloch gut wider. Das dortige Inventar ist charakteristisch für die Thayngener Gruppe. Man fand hier vor allem Kratzer und Stichel, die vermutlich als Hauptwerkzeuge dienten, sowie Arbeitsspitzen, Klingen und Schaber.

Die Kratzer vom Kesslerloch eigneten sich ideal dazu, flächige Gegenstände zu bearbeiten. Stichel mit gerader Arbeitskante verwendete man vielleicht bei der Herstellung gerundeter Objekte – etwa bei den Knochenspitzen. Größere Stichel wurden vermutlich frei in der Hand geführt, kleinere dürften geschäftet worden sein. Mit den sogenannten Arbeitsspitzen konnte man Hölzer und Tierhäute durchlochen, aber auch Gravierungen anfertigen. Klingen hatten wahrscheinlich die Funktion von Schneidegeräten, mit denen man Pflanzen oder Fleisch durchtrennte. Stabileres Material ließ sich mit Hilfe von Schabern, deren Schneidekanten nachretuschiert waren, durchsägen. Daneben dienten sie wahrscheinlich zum Entfetten von Tierhäuten.

Außer Werkzeugen aus Stein gab es auch solche aus Holz, Knochen und Geweih.

Zu den Objekten aus Holz gehört auch der erwähnte 13,8 Zentimeter lange und 1,3 Zentimeter dicke Stab, der in der Hollenberg-Höhle 3 bei Arlesheim gefunden wurde. Er ist mit eingravierten Strichreihen verziert, die diagonal zur Längsachse des Objektes orientiert sind. Vergleichbare Stücke sind bisher aus Mitteleuropa nicht bekannt. Aus Holz besteht auch eines der insgesamt vier Rondelle aus dieser Höhle. Es hat einen Durchmesser von 5,6 Zentimetern und ist 1,1 Zentimeter dick. Seine Oberfläche hat man glatt poliert. Ein Bündel von parallel verlaufenden Schnittspuren deutet darauf hin, daß dieses Rondell nach der Fertigstellung als Unterlage für eine schneidende Tätigkeit benutzt wurde. Von den anderen Rondellen aus der Hollenberg-Höhle 3 waren eines aus Stein und zwei aus Rentierknochen hergestellt. Solche Rondelle kennt man auch aus dem Kesslerloch, dem Schweizersbild und aus der Freudenthaler Höhle.

Knochen waren vor allem als Rohmaterial für Nähnadeln beliebt, mit deren Hilfe man Zeltdecken, Kleidung oder Behälter aus Tierhäuten zusammenfügen konnte. Im Kesslerloch kamen Nähnadeln aus Vogelknochen oder aus Fußknochen von Wildpferden zum Vorschein (s. S. 156). Sie sind meist etwa 5 Millimeter breit. Es gibt aber auch feinere Exemplare mit nur 3 Millimeter Stärke oder noch weniger. Das Öhr dieser Nadeln ist vorsichtig mit steinernen Arbeitsspitzen eingeschnitten worden. Derartige Nähnadeln wurden auch in der Rislisberghöhle geborgen. In der Balm im Tal Mühleloch entdeckte man Knochen, aus denen – wie die darauf erkennbaren Rillen zeigen – feine Nadeln abgetrennt wurden.

Aus Rentiergeweih schuf man häufig die wohl zum Geradebiegen von Geweihspänen über Wasserdampf gedachten Lochstäbe, wie sie im Kesslerloch und im Schweizersbild zum Vorschein kamen. Auf einem Lochstab vom Kesslerloch sind jeweils oberhalb und unterhalb des Loches Arbeitsspuren zu beobachten, die deutlich die hebelnde Nutzung des Gerätes zeigen. Mit einem Durchmesser von zwei Zentimetern wäre das Loch groß genug gewesen, um auch einen hölzernen Wurfspeer strecken zu können. Eine derartige Streckung erhöhte die Treffsicherheit von Waffen.

Von den Waffen der Magdalénien-Jäger in der Schweiz blieben nur die aus Rentiergeweih geschnitzten Speerschleudern sowie die aus Knochen oder Geweih angefertigten Speerspitzen und Harpunenenden erhalten. Dabei handelte es sich wohl hauptsächlich um Jagdwaffen.

Kopf einer Moschusochsen-Skulptur aus Rengeweih vom Kesslerloch bei Thayngen (Kanton Schaffhausen). Länge 6,2 Zentimeter. Original im Rosgartenmuseum Konstanz.

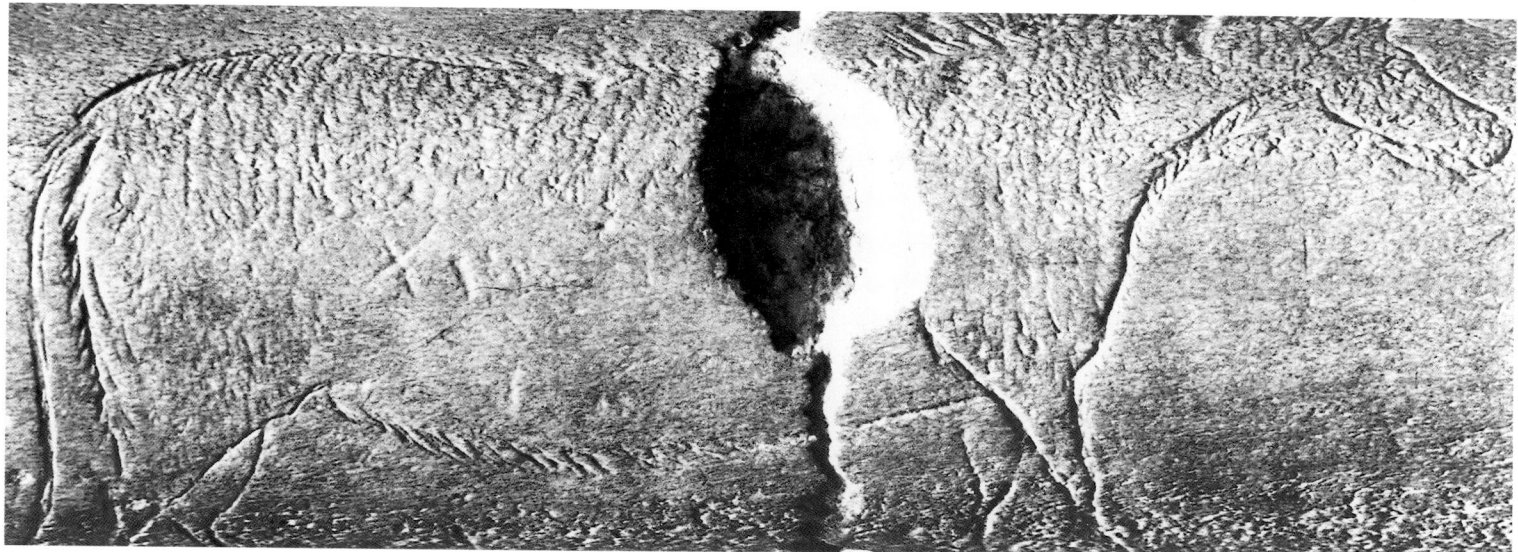

Gravierung eines Wildpferdes auf einem 26,7 Zentimeter langen Lochstab aus Rengeweih aus dem Kesslerloch bei Thayngen (Kanton Schaffhausen). Die Figur ist 6,8 Zentimeter lang. Der Fund wurde bei der Entdeckung entzweigeschlagen. Original im Museum zu Allerheiligen, Schaffhausen.

Die Speerschleudern waren, wie die erwähnten Funde aus dem Kesslerloch belegen, oft kunstvoll gestaltet. Viele von ihnen trugen Gravierungen von Rentieren oder Wildpferden oder hatten ein Ende in Gestalt eines Tierkopfes. Man schmückte diese Waffen also mit Abbildern jener Tiere, die besonders häufig erlegt wurden.

Die Speerspitzen erreichten eine Länge von 5 bis manchmal über 30 Zentimetern. Teilweise waren sie mit Längsrillen versehen, die man als Blutrillen betrachtet. Ein Teil der Speerspitzen wurde mit Zeichen verziert. Vielleicht waren dies Eigentumsmarken, anhand derer der Jäger seine Waffe und das von ihm getroffene Wild erkennen konnte. Allein aus dem Kesslerloch hat man schätzungsweise mehr als 200 solcher Geschoßspitzen geborgen (s. S. 153). Die genaue Zahl ist nicht eruierbar, da die Funde in etlichen Museen aufbewahrt werden. Speerspitzen kennt man auch aus der Thierstein-Höhle, Rislisberghöhle, Heidenküche, Freudenthaler Höhle sowie von der Freilandstation am Hollenberg bei Arlesheim.

Bei den Harpunen aus Rentiergeweih gab es ein- oder zweireihig gezähnte Formen, die manchmal eine Blutrille besaßen. Die mit Widerhaken versehenen Harpunenenden hatten gegenüber den glatten Speerspitzen den Vorteil, daß sie nach einem Treffer nicht aus dem Beutetier glitten. Im Kesslerloch wurden insgesamt zehn ein- und zweireihige Harpunenspitzen geborgen. Eine einzige zweireihige Harpunenspitze kam in der Heidenküche zum Vorschein.

Über das Bestattungswesen der Magdalénien-Leute in der Schweiz sind keine konkreten Aussagen möglich, da bisher nur bruchstückhafte Skelettreste und keine planmäßig angelegten Gräber entdeckt wurden.

Die religiöse Gedankenwelt dieser Magdalénien-Leute dürfte sich nicht wesentlich von derjenigen ihrer Zeitgenossen im benachbarten Deutschland unterschieden haben. Einen kleinen Einblick in den Kult jener Zeit erlaubt das erwähnte menschliche Schädeldach mit Hirschdarstellung vom Gipfelplateau des Berges Baarburg bei Baar. Es dürfte vermutlich als Trinkschale benutzt worden sein – eine Sitte, die schon bei den Neanderthalern gepflegt wurde (s. S. 73). Welche Vorstellungen man damit verknüpfte, ist unbekannt. Vielleicht wollte man damit das Andenken des betreffenden Toten ehren?

Der Prähistoriker Jakob Heierli (1853–1912) aus Zürich führte in den Jahren 1902 und 1903 abschließende Grabungen in der Höhle Kesslerloch bei Thayngen durch.

Der Kult der bemalten Kieselsteine

Das Spätpaläolithikum

Auf das Magdalénien folgte in der Schweiz das Spätpaläolithikum vor etwa 12 000/11 500 bis 10 000 Jahren. Früher wurden die Funde aus dieser Zeitspanne dem aus Frankreich bekannten Azilien[1] zugerechnet, heute weiß man jedoch, daß diese Kulturstufe nur in Südfrankreich und Nordspanien vertreten war.

Das Spätpaläolithikum begann in einer Periode mit etwas unstabilen klimatischen Verhältnissen, die ältere Dryaszeit (vor etwa 12 000 bis 11 700 Jahren) genannt wird. Die alpinen Gletscher waren fast auf ihre heutige Ausdehnung abgeschmolzen. Die im vorangegangenen Bölling-Interstadial begonnene Ausbreitung von Birken und teilweise Kiefern wurde kurzfristig etwas gebremst. Damals lebten unter anderem Braunbären, Wildpferde, Rentiere und Rothirsche. Ausgestorben waren in der Schweiz bereits Mammute, Fellnashörner, Höhlenlöwen, Höhlenhyänen und Höhlenbären.

Das nächste Jahrtausend war mit einer Warmphase identisch, die als Alleröd-Interstadial (vor etwa 11 700 bis 10 700 Jahren) bezeichnet wird. In diesem Abschnitt schmolzen die alpinen Gletscher bis in die Hochlagen der Alpen zurück. Der Vorderrhein-Gletscher beispielsweise reichte nur noch bis ins Quellgebiet des Rheins, der Hinterrhein-Gletscher bis ins Zapport. Bedingt durch das milde Klima breiteten sich Birken- und sehr rasch Kiefernwälder aus. In diesen Wäldern existierten kaum noch Wildpferde und Rentiere, vertreten waren jetzt Rothirsche, Rehe, Wildrinder und Wildschweine.

Die letzten 700 Jahre des Spätpaläolithikums fielen in eine Kaltphase, die jüngere Dryaszeit (vor etwa 10 700 bis 10 000 Jahren). Während dieser letzten Klimaverschlechterung der Würm-Eiszeit stießen die alpinen Gletscher noch einmal erkennbar vor. Beispielsweise vereinigten sich der Maighels- und der Curnera-Gletscher bei Tschamut und drangen bis unterhalb Selva vor. Der Paradies-Gletscher rückte bis zum Hinterrhein, später reichte er nur noch bis zum heutigen Nordportal des Bernhardin-Tunnels. Anstelle von Wäldern beherrschten nun Parktundren mit licht stehenden Kiefern, Birken, Gräsern, Beifußgewächsen und der Silberwurz das Landschaftsbild. Dort lebten vor allem Rothirsche und Rehe, aber auch Braunbären und Wölfe.

Bisher wurde in der Schweiz nur ein einziges menschliches Skelett entdeckt, das vielleicht in die Zeit des Spätpaläolithikums gehört. Es stammt von einem hochgewachsenen, mindestens 1,75, wenn nicht sogar 1,85 Meter großen Jüngling, dessen Grab im März 1956 in der hoch über dem Fluß Doubs gelegenen Höhle des Bichon bei La Chaux-de-Fonds (Kanton Neuenburg) gefunden worden ist. Die Skelettreste kamen zum Vorschein, als die Neuenburger Heimatforscher Raymond Gigon und François Gallay die kleine Höhle erforschten. Dieser Fund wurde durch den Anthropologen und Prähistoriker Marc-Rodolphe Sauter (1914–1983) aus Genf untersucht. Er kam dabei zu dem Ergebnis, daß es sich um einen Angehörigen des Crô-Magnon-Typs (s. S. 77) handelt. Der junge Mann besaß ein breites und niedriges Gesicht und einen gedrungen wirkenden Unterkiefer.

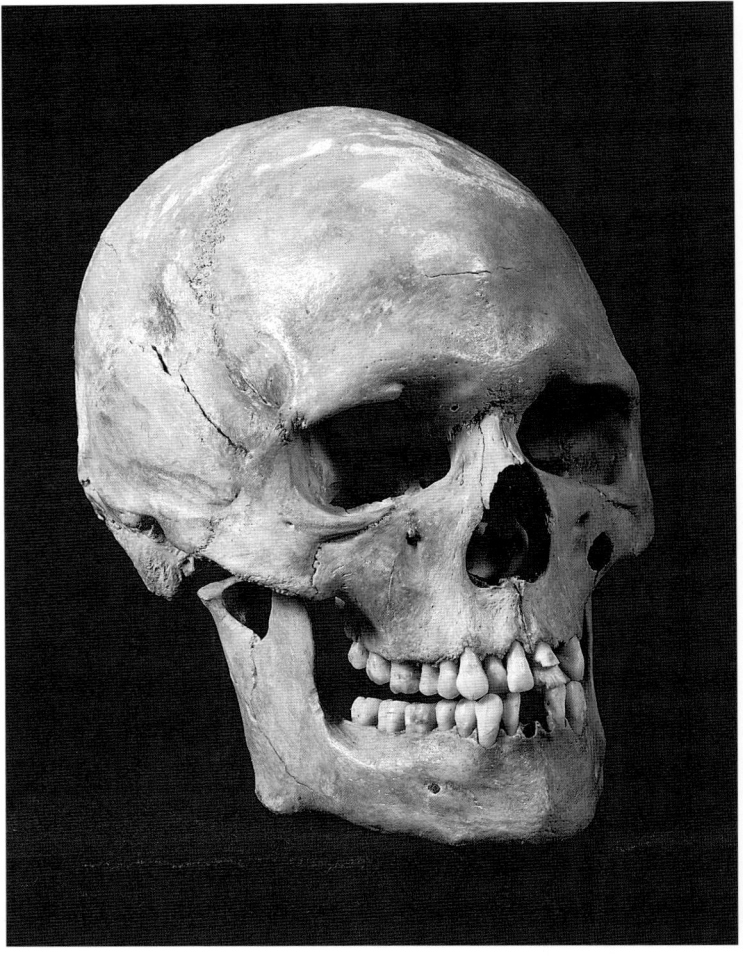

Schädel eines hochgewachsenen, mindestens 1,75 Meter großen Jünglings aus dem Spätpaläolithikum vor mehr als 10 000 Jahren von der Höhle des Bichon bei La Chaux-de-Fonds im Kanton Neuenburg. Original im Musée cantonal d'archéologie, Neuenburg.

Wenn die spärlichen Funde aus dem Spätpaläolithikum nicht eine Forschungslücke widerspiegeln, war die Schweiz in diesem Abschnitt nur schwach besiedelt, wie dies zur selben Zeit auch in Süddeutschland der Fall war (s. S. 113). Zu den wenigen Stationen aus dem Spätpaläolithikum gehören unter anderem eine kleine Halbhöhle oberhalb der Neumühle[2] (Kanton Bern) im Lützeltal, der Abri Wachtfels[3] von Grellingen (Kanton Basel-Land) und die Höhle Birseck-Ermitage[4] im Schloßfelsen von Birseck bei Arlesheim (Kanton Basel-Land). Demnach haben sich die damaligen Jäger und Sammler ebenso wie ihre Vorgänger aus dem Magdalénien kurzfristig in Höhlen, unter Felsdächern und im Freiland in Zelten oder Hütten aufgehalten.

Die Jäger im Spätpaläolithikum brachten mit Wurfspeeren und Harpunen überwiegend Rothirsche, Rehe und Wildschweine zur Strecke. Da diese Tierarten Standwild sind, verweilten die Jäger vermutlich länger, als dies in vorherigen Zeiten möglich war, an einem Platz. Vielleicht verfügten sie auch bereits wie ihre Zeitgenossen aus den Federmesser-Gruppen in Deutschland über Hunde (s. S. 109).

Hinweise für ausgeprägte Tauschgeschäfte, wie sie früher die Magdalénien-Leute mit Schmuckschnecken betrieben hatten, fehlen bisher für das Spätpaläolithikum. Trotzdem darf man wohl davon ausgehen, daß bei Kontakten mit anderen Familien oder Sippen bestimmte Gegenstände den Besitzer wechselten. Die Kleidung der Spätpaläolithiker wurde vermutlich vor allem aus Hirschleder und vielleicht auch aus Fuchspelz angefertigt. Wie der Schmuck beschaffen war, weiß man nicht.

Die Kunstwerke aus dem Spätpaläolithikum wirken im Vergleich zu denjenigen aus dem vorhergehenden Magdalénien ärmlich. Typisch waren vor allem mit roten Punkten und Linien bemalte kleine flache Kiesel. Sie werden von den meisten Prähistorikern mit einem in Einzelheiten unbekannten Kult in Verbindung gebracht, wurden aber auch schon für Kinderspielzeug gehalten. Solche bemalten Kiesel entdeckte man in der bereits erwähnten Höhle Birseck-Ermitage.[5]

Diese buntbemalten Kiesel hatten vielleicht eine wichtige Funktion im Kult. Es scheint so, als hätte man sie in »Nestern« zusammengelegt. Viele von ihnen sind zerbrochen. Die Höhlen, in denen man sie deponierte, dienten vielleicht als Stammesheiligtümer.

Die Steinschläger im Spätpaläolithikum stellten aus Feuerstein und feuersteinartigen Gesteinen vor allem kleine Rundkratzer, Segmentmesser, Dreiecke, Kantenstichel und Klingen mit abgestumpftem, bogenförmigem Rücken her. Auffällig ist die Tendenz zu kleineren Formen, die in der folgenden Mittelsteinzeit in den winzigen Mikrolithen (s. S. 170) gipfelte.

Die Bestattung des Jünglings in der Höhle des Bichon demonstriert, daß die Menschen im Spätpaläolithikum ihre Toten sorgfältig zur letzten Ruhe betteten. Wahrscheinlich glaubten sie wie die Jäger und Sammler älterer oder jüngerer Kulturstufen an ein Weiterleben im Jenseits.

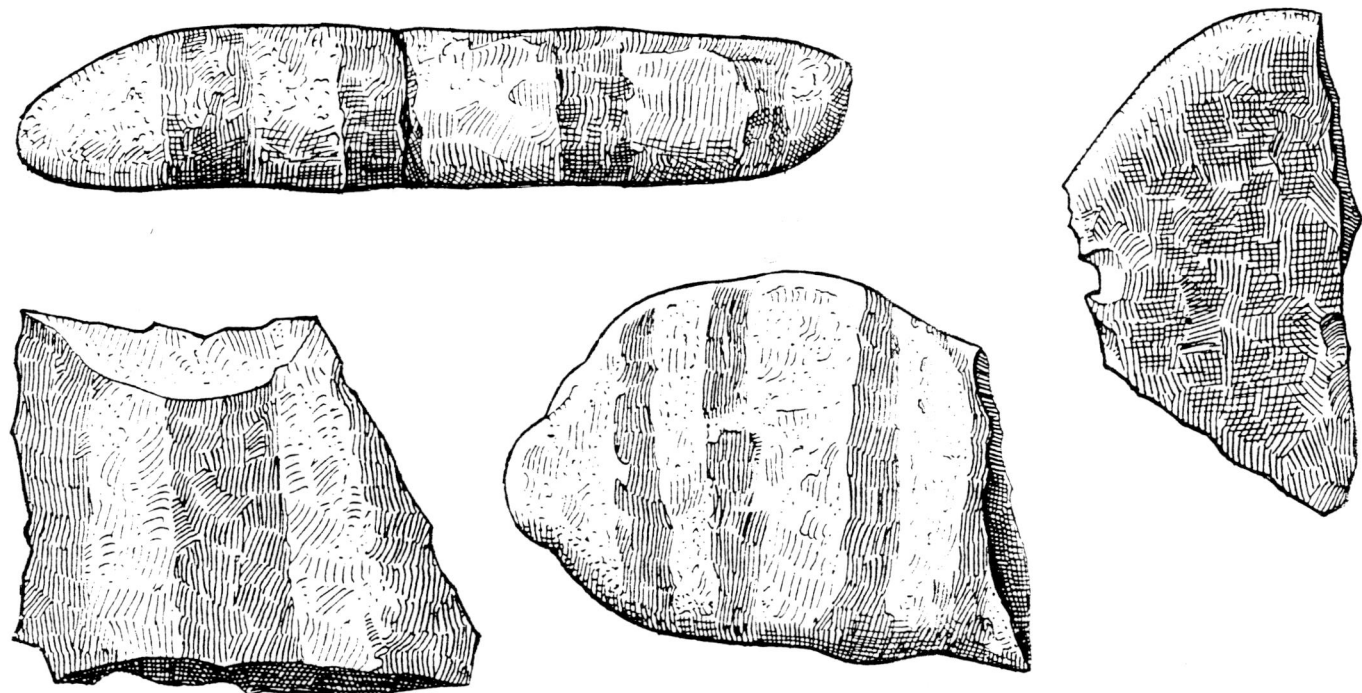

Buntbemalte Kiesel aus der Höhle Birseck-Ermitage bei Arlesheim (Kanton Basel-Land). Die Zeichnungen stammen aus der Publikation des Ausgräbers Fritz Sarasin (1859–1942) aus Basel über diese Funde. Die drei Kiesel links sind mit roten Bändern verziert, das Plattenfragment rechts ist ganz rot bemalt.

DIE MITTELSTEINZEIT (Mesolithikum)

Vom Beginn der Nacheiszeit bis zu den ersten Bauern

Die Mittelsteinzeit kennzeichnet den Übergang zwischen Alt- und Jungsteinzeit. Sie beginnt nach allgemeiner Übereinkunft der Wissenschaftler vor etwa 10 000 Jahren, also um 8000 v. Chr. Geologisch wird ihr Anfang mit dem Beginn der Nacheiszeit (Holozän[1]) definiert, kulturell sind die meisten Entwicklungen jedoch bereits im Alleröd-Interstadial (vor etwa 11 700 bis 10 700 Jahren) ausgebildet.

Die Mittelsteinzeit endete jeweils regional verschieden mit dem Beginn von Ackerbau, Viehzucht und Töpferei bei den letzten mittelsteinzeitlichen Jägern, Fischern und Sammlern. Dies war in Mitteleuropa frühestens um etwa 5000 v. Chr. der Fall. Mittel- und Jungsteinzeit haben sich in der Übergangsphase überlappt. Mittelsteinzeitliche »Kulturen« gab es vor allem in Europa.

Den Namen Mittelsteinzeit (Mesolithikum) hat 1874 der schwedische Geologe und Polarforscher Otto Martin Torell (1828–1900) aus Stockholm erstmals vorgeschlagen. Dieser Begriff setzte sich allmählich durch. Daneben ist vor allem im romanischen Sprachbereich die Bezeichnung Epipaläolithikum (Nachpaläolithikum) gebräuchlich.

In Deutschland wird die Mittelsteinzeit häufig in zwei oder drei Abschnitte gegliedert. So spricht man in Hessen, Nordrhein-Westfalen, Niedersachsen und in Ostdeutschland von der älteren Mittelsteinzeit (Altmesolithikum) und von der jüngeren Mittelsteinzeit (Jungmesolithikum). In Baden-Württemberg, Bayern und in Rheinland-Pfalz teilt man das Mesolithikum in die früheste Mittelsteinzeit (Frühestmesolithikum), die frühe Mittelsteinzeit (Frühmesolithikum oder Beuronien) und die späte Mittelsteinzeit (Spätmesolithikum) auf.

Die Kulturstufen bzw. Gruppen der Mittelsteinzeit haben ihren Namen meist von Fundorten mit typischen Inventaren von Werkzeugen und Waffen erhalten. Wie zuvor schon in der Altsteinzeit handelt es sich auch in der Mittelsteinzeit in der Hauptsache um Technokomplexe (s. S. 28) und nicht um umfassend bekannte »Kulturen«. Deswegen werden Begriffe wie »Maglemose-Kultur« usw. in Anführung gesetzt. Aus Frankreich sowie der Süd- und Südwestschweiz kennt man das Sauveterrien[2], aus der Nordschweiz und Süddeutschland das bereits erwähnte Beuronien. In Ostengland, Dänemark, Südschweden, Norddeutschland und im nördlichen Ostdeutschland war die »Maglemose-Kultur« (s. S. 203) verbreitet. In norwegischen Küstengebieten existierte die »Fosna-Kultur«[3], die auch »Komsa-Kultur« genannt wird. An der spanischen Küste gab es das Asturien[4] und in Portugal die Mugem-Gruppe[5]. In Palästina war das Natufien[6] heimisch, das den bruchlosen Übergang zwischen später Altsteinzeit und früher Jungsteinzeit repräsentiert.

Vom Beginn der Mittelsteinzeit um 8000 v. Chr. am Ende des Eiszeitalters bis etwa 7000 v. Chr. herrschte in Mitteleuropa ein kühl-kontinentales Klima, das jedoch im Vergleich zur letzten Eiszeit viel milder war. Diese Zeitspanne wird Präboreal[7] oder Vorwärmezeit genannt. Während des Präboreals betrug die mittlere Julitemperatur in Mitteleuropa etwa 8 bis 12 Grad Celsius, heute liegt sie in den meisten Ländern Mitteleuropas bei ungefähr 17 bis 18 Grad Celsius.

Zu Beginn der Mittelsteinzeit hatten sich die Gletscher in Skandinavien und in den Alpen bereits weit zurückgezogen. Nach 7500 v. Chr. waren die skandinavischen Gletscher schon etwa 800 Kilometer von der deutschen Ostseeküste entfernt und nur noch auf Teilbereiche Norwegens, Schwedens und Finnlands, mit einem Zentrum im Nordteil des Bottnischen Meerbusens, beschränkt.

Die Küste der Nordsee befand sich im Präboreal viel weiter nördlich als heute. Zwischen Südengland und Jütland er-

Außer in Hütten und Zelten wohnten die mittelsteinzeitlichen Jäger und Sammler auch in von der Natur geschaffenen Höhlen wie der Mühlberggrotte bei Dollnstein (Kreis Eichstätt) in Bayern. Breite der Höhle 3,50 Meter, Höhe 2 Meter, Tiefe 5 Meter.

Der schwedische Geologe und Polarforscher Otto Martin Torell (1828 bis 1900) aus Stockholm prägte 1874 den Begriff Mittelsteinzeit (Mesolithikum). Dieser Name setzte sich allmählich durch und wird heute in zahlreichen Ländern Europas verwendet.

streckte sich – wie während der letzten Kaltzeit – ein schmales Festlandsband. Hier lebte ein Teil der Angehörigen der erwähnten »Maglemose-Kultur«, die durch vielfach von den Fischern in ihren Netzen hochgezogene Funde anschaulich belegt wird.

Im Gebiet der heutigen Ostsee wurde seit dem ausgehenden Eiszeitalter durch die Schmelzwässer der tauenden skandinavischen Gletscher das Baltische Becken mit Süßwasser gefüllt. In diesem Becken erstreckte sich einige Jahrhunderte lang der Baltische Eisstausee als Vorläufer der Ostsee, der später einen Abfluß zur Nordsee erzwang.

Etwa ab 7700 v. Chr. wurde die Verbindung zwischen der Nordsee und dem Baltischen Becken noch größer. Dies hatte zur Folge, daß Meerwasser in das Baltische Becken eindringen konnte. Wegen der von da ab häufig darin vorkommenden Salzwassermuschel *Yoldia arctica* (heute *Portlandia*) spricht man vom Yoldia-Meer[8]. Die Küstenlinie des noch sehr kalten Yoldia-Meeres lag in Mittelschweden und Südfinnland. Die jetzigen Ostseeinseln Bornholm, Wolin, Usedom und Rügen bildeten zusammen mit Mecklenburg, Jütland, den dänischen Inseln und Südschweden eine große Landmasse. Ungefähr tausend Jahre später existierten nur noch zwei Eisschilde in Nordschweden und in Südnorwegen. Durch die Entlastung vom Eis hoben sich Skandinavien und mit ihm der Untergrund des Baltischen Beckens, das immer mehr seine Verbindung mit der Nordsee verlor.

Im Präboreal beherrschten reichlich mit Kiefern durchsetzte Birkenwälder das Landschaftsbild. Daher nennt man diesen Abschnitt auch Birken-Kiefernwald-Zeit. In den weit verbreiteten Laubwäldern lebten vor allem Waldtiere. Besonders zahlreich waren Rothirsche und Rehe. Daneben gab es unter anderem Auerochsen, Waldwisente, Wildschweine, Hasen, Braunbären, Wölfe, Füchse, Wildkatzen, Dachse und Baummarder. Im Flachland mit seinen Feuchtgebieten waren besonders Elche verbreitet. Auch einige Reliktformen der letzten Eiszeit – wie nordische Wühlmäuse, Birkenmäuse und Hamster – kamen gebietsweise noch vor. In Griechenland konnten sich sogar Nachfahren der eiszeitlichen Höhlenlöwen weiter behaupten.

In den damaligen Gewässern schwammen Äschen, Döbel, Hechte, Forellen, Rutten, Weißfische, Frauenfische, Huchen und Lachse, außerdem Sumpfschildkröten, Biber und Fischotter. Zur Vogelwelt gehörten Auerhähne, Seeadler, Wildgänse, Wildenten, Reiher, Schwäne, Kraniche, Bläßhühner und Säger. Im folgenden Abschnitt von etwa 7000 bis 5800 v. Chr. wurde das Klima wärmer und trockener. Diese Zeitspanne bezeichnet man als Boreal[9] oder frühe Wärmezeit. Damals herrschte in Mitteleuropa bereits eine mittlere Julitemperatur von etwa 12 bis 16 Grad Celsius. Es war also fast so warm wie heute.

Nach 7000 v. Chr. stieß die Nordsee immer mehr nach Süden vor. Dadurch gingen die ehemaligen Landverbindungen zwischen Holland, Belgien und Frankreich zu England verloren. Der Ärmelkanal war aber noch bedeutend schmäler als jetzt. Die gegenwärtig von der Nordsee bedeckte Doggerbank hatte die Gestalt einer aus dem Wasser ragenden Insel.

Der Vorläufer der heutigen Ostsee erreichte um 6000 v. Chr. das Stadium eines Binnensees. Er wird nach der häufig darin vertretenen Süßwassermuschel *Ancylus fluviatilis* als Ancylus-See[10] bezeichnet. Das Übergewicht des Süßwassers bewirkten die sehr wasserreichen Flüsse aus dem Baltikum, die in die Ancylus-See mündeten. Gegen Ende des Boreals existierten nur noch spärliche inselartige Reste der einst riesigen skandinavischen Gletschereismasse. Im Südwestteil des Ostseegebietes senkte sich zur gleichen Zeit das Land spürbar und wurde überflutet, Kattegat und Skagerrak wurden breiter.

Die Haselnuß, damals ein wichtiger Nahrungslieferant des Menschen, die schon im Präboreal vorkam, breitete sich im Boreal massenhaft aus. Außerdem gedieh häufig die Wassernuß *(Trapa natans)*. Unter den Laubbäumen gab es vor allem Eichen, Eschen und Ulmen.

Bewohner der damaligen Laubwälder waren weiterhin Braunbären, Füchse, Auerochsen, Rothirsche, Rehe und Hasen. Die Voralpen und vielleicht auch der Schwarzwald und die Vogesen waren das Revier von Gemsen und Steinböcken.

Im letzten Abschnitt der Mittelsteinzeit von etwa 5800 bis 5000 v. Chr. – in Teilen Norddeutschlands noch etliche Jahrhunderte länger – herrschte in Mitteleuropa ein feuchtwarmes, vom atlantischen Wettergeschehen geprägtes Klima. Diese Zeitspanne wird Atlantikum[11] oder mittlere Wärmezeit genannt und dauerte bis etwa 3800 v. Chr. Davon entsprach ein Teil noch der Mittelsteinzeit, der Rest jedoch bereits der Jungsteinzeit.

Im Atlantikum lag die Durchschnittstemperatur im Juli bei etwa 18 Grad Celsius. Es war also ähnlich warm wie heute. Deshalb konnten sich Mischwälder mit Eichen, Ahorn, Eschen, Linden und Ulmen ausbreiten. Besonders auf nährstoffreichen Lehm- und Lößböden waren diese »Eichenmischwälder« allerdings ganz anders zusammengesetzt als heute. Eichen kamen darin vergleichsweise selten vor. Dagegen verdunkelten zunehmend zahllose Linden unter ihrem geschlossenen Laubdach

Paddel aus Eibenholz aus der Zeit der mittelsteinzeitlichen »Maglemose-Kultur« (von etwa 7000 bis 6000 v. Chr.) vom Duxmoor bei Gettorf (Kreis Rendsburg-Eckernförde) in Schleswig-Holstein. Länge etwa 90 Zentimeter. Original im Archäologischen Landesmuseum der Christian-Albrechts-Universität, Schleswig.

den Waldboden und verdrängten lichtliebende Gehölze wie die Haselnuß immer mehr. Die Tierwelt glich derjenigen aus dem vorhergehenden Boreal.

Um 5000 v. Chr. kam es zu einer erneuten Verbindung des Baltischen Beckens mit der Nordsee, wobei die Landverbindungen zwischen Jütland, den dänischen Inseln und Südschweden zerrissen wurden. Es bildete sich das nach der Strandschnecke *Litorina litorea* benannte Litorina-Meer[12]. Später verengte sich die Verbindung zur Nordsee wieder. Um ungefähr 4000 v. Chr., also bereits in der Jungsteinzeit, entstand allmählich das heute gewohnte Bild des Ostseeraums.

Die Menschen des Mesolithikums waren klein bis höchstens mittelgroß. Sie erreichten selten eine Körpergröße, die über 1,70 Meter lag. Die Gesichtsskelette wurden von der Mittelsteinzeit bis zur frühen Jungsteinzeit immer schmaler und höher. Auf ostspanischen Felsbildern sind die Gesichter der Männer stets bartlos dargestellt.

Nach den Skelettresten von Mesolithikern aus Mitteleuropa zu schließen, litten diese Menschen nicht selten unter Kiefer-, Gebiß- und Zahnkrankheiten. Anthropologen haben unter anderem Geschwülste an Kiefern, Arthrosen der Kieferge-

lenke, Fehlbiß in Form von ausschließlichem Linkskauen, extremen Abschliff der Schneide- und Backenzähne durch harte Nahrung oder Benutzung als Werkzeug, Karies und Zahnausfall festgestellt. Manchmal ließen sich ganze Leidensgeschichten rekonstruieren, die mit dem Tod endeten.

Wie ihre Vorgänger in der Altsteinzeit waren auch die Menschen der Mittelsteinzeit weiterhin Nomaden. Im Unterschied zu ihren Vorgängern errichteten sie aber in manchen Fällen bereits relativ große Siedlungen mit etlichen Hütten oder Zelten, in denen sie oft monatelang wohnten. In solchen großen Siedlungen dürften gelegentlich bis zu hundert Männer, Frauen und Kinder gelebt haben. Für die tragende Konstruktion der Hütten verwendete man Baumstämme oder dicke Äste. Das Dach wurde wohl mit belaubten Zweigen, Schilf oder ähnlichem gedeckt. Das Bauholz schlug man mit geschäfteten Stein- oder Knochenbeilen. Für Zelte benötigte man lange Holzstangen und Tierhäute von Rothirschen oder Rehen und wohl auch Rindenbahnen. Wie die Funde zeigen, wurden aber auch Höhlen und Plätze unter Felsdächern (Abri) aufgesucht. An die Felswände solcher natürlichen Unterschlüpfe lehnte man zuweilen hütten- oder windschirmartige Behausungen. Besonders im Sommer dürfte man oft unter freiem Himmel kampiert haben.

Die mittelsteinzeitlichen Jäger stellten größerem Standwild, wie Rothirschen, Rehen und Auerochsen, mit Wurfspeeren sowie Pfeil und Bogen nach. Außerdem dürften sie verschiedene Arten von Fallen erfunden haben. Zum Standwild werden Tiere gerechnet, die sich nur innerhalb eines bestimmten Revieres aufhalten, also keine großen Wanderungen unternehmen. Daneben wandten sich die damaligen Jäger und Sammler stärker der Kleintier- und Vogeljagd sowie dem Fischfang zu. Darauf deuten die vielfach sehr feinen Pfeilspitzen hin, die sich nur zur Erlegung kleiner Tiere eigneten, außerdem stumpfe Holzpfeile, die Vögel nur betäuben sollten, sowie Angelhaken aus Knochen oder Geweih, Reste von Fischreusen und -netzen. Die Jagd auf das Standwild und viele kleinere Tierarten sowie der Fischfang versetzten die mittelsteinzeitlichen Jäger, Fischer und Sammler vermutlich in die Lage, länger als vorher üblich an einem Siedlungsplatz zu verweilen.

Auch in der Mittelsteinzeit wurde ein beträchtlicher Teil der Werkzeuge und Waffen aus denselben Steinarten wie in der jüngeren Altsteinzeit hergestellt. Besonders typisch waren für diese Periode der Steinzeit die auffallend kleinen und feinen Feuersteingeräte, die man Mikrolithen nennt.

Die manchmal nur daumennagelgroßen Mikrolithen klemmte man in aufgespaltene Stiele aus Holz, Knochen oder Geweih und kittete sie mit klebrigem Birkensaft oder Harz fest. Auf diese Weise entstanden teilweise Geräte, die in normaler Klingentechnik nicht herstellbar gewesen wären. Mikrolithen in Form von Dreiecksmesserchen dienten als Zacken von Harpunen, Fischspeeren und Pfeilen. Manchmal bestückte man Hirschgeweihstangen so dicht hintereinander mit dreieckigen Mikrolithen, daß man von einer Säge sprechen kann. Quadratische Mikrolithen mit einer scharfen Schneide wurden in Jagdpfeile eingesetzt. Stichel benutzte man zum Lösen von Spänen aus Knochen oder Geweih. Kerbklingen eigneten sich vor allem für die Bearbeitung bzw. das Glätten von hölzernen Pfeilschäften und knöchernen Pfriemen.

Die Mikrolithen sind keine Erfindung der Mittelsteinzeit, wie manchmal zu lesen ist. Sie wurden bereits von Steinschlägern des Pavlovien (s. S. 83) in Mähren (Tschechoslowakei) vor mehr als 25000 Jahren hergestellt. Vereinzelt kamen sie auch im Magdalénien vor mehr als 11500 Jahren vor. Aber erst in der Mittelsteinzeit wurden diese winzigen Geräte massenhaft angefertigt und verwendet. Die häufigen Mikrolithenfunde in Europa führten in früheren Jahrhunderten zu zahlreichen Sagen über Zwerge, denen man die rätselhaften kleinen Geräte zuschrieb, zumal wenn sie in Höhlen entdeckt wurden.

Daß Mikrolithen zur Bewehrung von Pfeilen dienten, ist durch einen eindeutigen Fund aus dem Lilla-Losholt-Moor im Kirchspiel Loshnet in Schweden gesichert. Eines von insgesamt

Links: Knöcherne Speerspitze (auch Knochenspitze genannt) mit Bastbindung vom mittelsteinzeitlichen Fundplatz Friesack 4 (Kreis Nauen) in Brandenburg. Länge mehr als 16 Zentimeter. Original im Museum für Ur- und Frühgeschichte Potsdam.
Rechts: Fragment eines Pfeiles aus Kiefernholz vom Fundplatz Friesack 4 (Kreis Nauen) in Brandenburg. Erhaltene Länge 13,1 Zentimeter. Original im Museum für Ur- und Frühgeschichte Potsdam.

17 Pfeilfragmenten trug als Spitze einen langen, schmalen, mit Harz festgeklebten Mikrolithen, hinter dem seitlich ein weiterer als Widerhaken angebracht war. Die Pfeile hatten eine Gesamtlänge von fast 90 Zentimetern.

Pfeil und Bogen waren in der Mittelsteinzeit – nach den relativ häufigen Funden von Pfeilspitzen zu schließen – die Hauptwaffe bei der Jagd. Sie stellten eine tödliche Fernwaffe dar. So war beispielsweise ein Auerochse, dessen Reste in Vig auf Seeland (Dänemark) im Moor entdeckt wurden, von zwei Pfeilschüssen getroffen. Da Holz nur selten über Jahrtausende hinweg erhalten bleibt, sind Funde von Bögen selten. Sie beweisen aber zumindest in einem Fall, daß solche Waffen an manchen Orten serienweise produziert wurden. Der umfangreichste Fund kam im Vis-Moor nahe dem Sindor-See in der Autonomen Sowjetischen Republik Komi zum Vorschein. Dort barg man eine ganze Serie von 31 Bögen sowie Bruchstücke weiterer Bögen. Darunter gab es Riesenbögen mit einer Länge bis zu 3,50 Metern. Reste von zwei Bögen wurden in Holmegård auf der Insel Seeland (Dänemark) entdeckt. Indirekt wird die Existenz von Pfeil und Bogen auch durch Funde von Pfeilschaftglättern aus Stein belegt. Weitere Waffen aus der Mittelsteinzeit waren Holzspeere und Harpunen.

Außer den Mikrolithen stellte man in der Mittelsteinzeit auch größere Geräte aus Feuerstein, wie grob zugeschlagene Beile und Pickel, her.

Zu den wichtigsten Erfindungen der Mittelsteinzeit zählt das geschäftete Feuersteinbeil. Mit ihm konnte man den Wald bei der Anlage von Siedlungen lichten, Bauholz für Hütten oder Zelte zurechthauen, Einbäume aushöhlen sowie Holzgeräte und Waffen herstellen. Von den zwei Beiltypen wurde beim Kernbeil die Klinge beidseitig aus einem Feuersteinkern – daher der Name – herausgeschlagen und am Ende mit einer Schneide versehen. Diese Klinge steckte man in ein Stück Wurzelholz oder Geweih – man spricht hierbei von Zwischenfutter –, das man durchlochte, damit es einen Holzstiel aufnehmen konnte. Ein Zwischenfutter mit Stiel wurde beispielsweise am schleswig-holsteinischen Fundort Duvensee ausgegraben. In anderen Fällen wurde die Beilklinge ohne Zwischenfutter in einer Geweihsprosse befestigt.

Das Scheibenbeil wurde dagegen aus einer Feuersteinscheibe angefertigt, die man in einen Holzstiel klemmte. Mit diesem Werkzeug konnte man Baumstämme entrinden und Einbäume aushauen. Feuersteinpickel unterschieden sich von den Beilen dadurch, daß sie anstelle der Schneide eine Spitze besaßen.

Kern- und Scheibenbeile aus Feuerstein gibt es fast nur nördlich der Elbe, in Skandinavien, Mecklenburg, im ehemaligen Pommern, in Südost-England und in der holländischen Provinz Groningen, also in Nähe der reichen Feuersteinlager, die wohl eine Voraussetzung für die Herstellung dieser Beile waren.

Neben Feuerstein wurden für größere Geräte auch andere Steinarten verwendet. Dabei benutzte man Sandstein mit geglätteten Flächen als Schleifplatten für die Bearbeitung von Knochenspitzen.

Zu den wichtigsten Knochengeräten gehörten die Spitzen, die aus den Fußknochen vom Rothirsch oder vom Reh – selten aus Rippenknochen – angefertigt wurden. Man befestigte sie mit Baumharz und Bast an mehr oder minder langen Holzschäften. Große Knochenspitzen wurden auf Speeren bei der Großwildjagd verwendet, kleinere als Bewehrung von Pfeilen bei der

Jagd auf Flugwild oder an schlanken Speeren zum Fischstechen.

Aus besonders dicken Knochen von Auerochsen wurden mehr als 30 Zentimeter lange Hacken angefertigt. Da sie manchmal mit Ritzzeichnungen verziert waren, brachte man diese Geräte mit kultischen Handlungen in Verbindung. Genausogut wäre aber eine Verwendung als Erdhacke, Eispickel oder Waffe denkbar.

Mittelfußknochen von Auerochsen, Waldwisenten und Rothirschen dienten als Rohmaterial für Tüllenbeile. Diese hatten vorn eine Schneide und unten ein Loch (Tülle), in das ein Holzschaft gesteckt wurde. Mit solchen Geräten konnte man nicht nur Baumrinde abschälen, sondern auch Bäume fällen.

Neben Stein und Knochen lieferte auch das Geweih von Rothirschen einen beliebten Rohstoff für mancherlei Geräte. Aus Geweihen fertigte man Geweihhacken und -äxte mit Schaftloch, in dem der Holzschaft steckte. Bei der Geweihhacke stand die Schneide quer zum eingebohrten Schaftloch, bei der Geweihaxt dagegen parallel zur Bohrung. Außerdem stellte man aus Geweih Spitzhacken mit oder ohne Holzschaft sowie Beilklingen und Druckstäbe für die Bearbeitung von Feuerstein her.

Gelegentlich wurden auch Tierzähne als Werkzeuge benutzt. So konnte man mit Bären-, Eber- und Biberzähnen Holz, Knochen und Häute bearbeiten. Knorriges und besonders festes Holz verwendete man zuweilen als Beilköpfe, die man durchlochte und mit einem Holzschaft versah. Damit stand ein Hammer zur Verfügung.

Der von gezähmten Wölfen abstammende Hund blieb in der Mittelsteinzeit in Europa das einzige Haustier. Skelettreste von Hunden aus dieser Periode wurden in England (Star Carr[15]), an mehreren Orten in Deutschland und Dänemark (Maglemose) entdeckt. Im Vorderen Orient züchteten damals frühe jungsteinzeitliche Bauern bereits das Schaf, das Schwein und die Ziege. In manchen Gebieten wurde dort schon Wildgetreide geerntet. In Griechenland kennt man aus dieser Zeit bereits Pistazien, Maronen und Walnüsse als Nahrungsmittel.

Aber auch in Mitteleuropa bereicherten zahlreiche gesammelte Pflanzen sowie deren Früchte und Samen das Nahrungsangebot. Gegessen wurden unter anderem Samenkörner, Wildgemüse, Beeren, frische oder im Feuer geröstete Haselnüsse, Wassernüsse und viele eßbare Pflanzen, die wegen ihrer schlechten Erhaltungsfähigkeit kaum nachzuweisen sind. Hinzu kamen Muscheln aus Bächen, Flüssen und Seen sowie Weinbergschnecken und Vogeleier.

Tauschgeschäfte fanden auch in der Mittelsteinzeit statt, wenngleich damals nicht mehr so viel umhergezogen wurde wie in früheren Zeiten. Vor allem die weiterhin beliebten Schmuckschnecken belegen weitreichende, wenngleich wohl meist indirekte Fernverbindungen. So trug man in Deutschland neben einheimischen Schmuckschnecken auch weiterhin solche aus dem Mittelmeerraum und von der Atlantikküste. In die Schweiz sind Schmuckschnecken aus dem Mittelmeerraum und aus Deutschland importiert worden. Tauschgeschäfte wurden zudem mit seltenen Feuersteinarten betrieben.

Zu den bereits in der jüngeren Altsteinzeit bekannten »Berufen« des Jägers, Zauberers und Künstlers, die wohl nur selten ausschließlich ausgeübt wurden, kam in der Mittelsteinzeit in gewässer- und fischreichen Gegenden derjenige des Fischers hinzu, der saisonal mit unterschiedlichen Methoden (Reusen,

Netzen, Angelruten, Harpunen) seinem Handwerk nachging. Außerdem entstanden vermutlich noch andere Spezialisierungen. Denn in größeren, über längere Zeit ansässigen Gemeinschaften erlangten die besonderen Fähigkeiten eines Menschen eher Anerkennung als in den nur wenige Mitglieder zählenden Familien von nomadisierenden Jägern. Hinzu kam, daß in der Mittelsteinzeit etliche neue Errungenschaften zu beob-

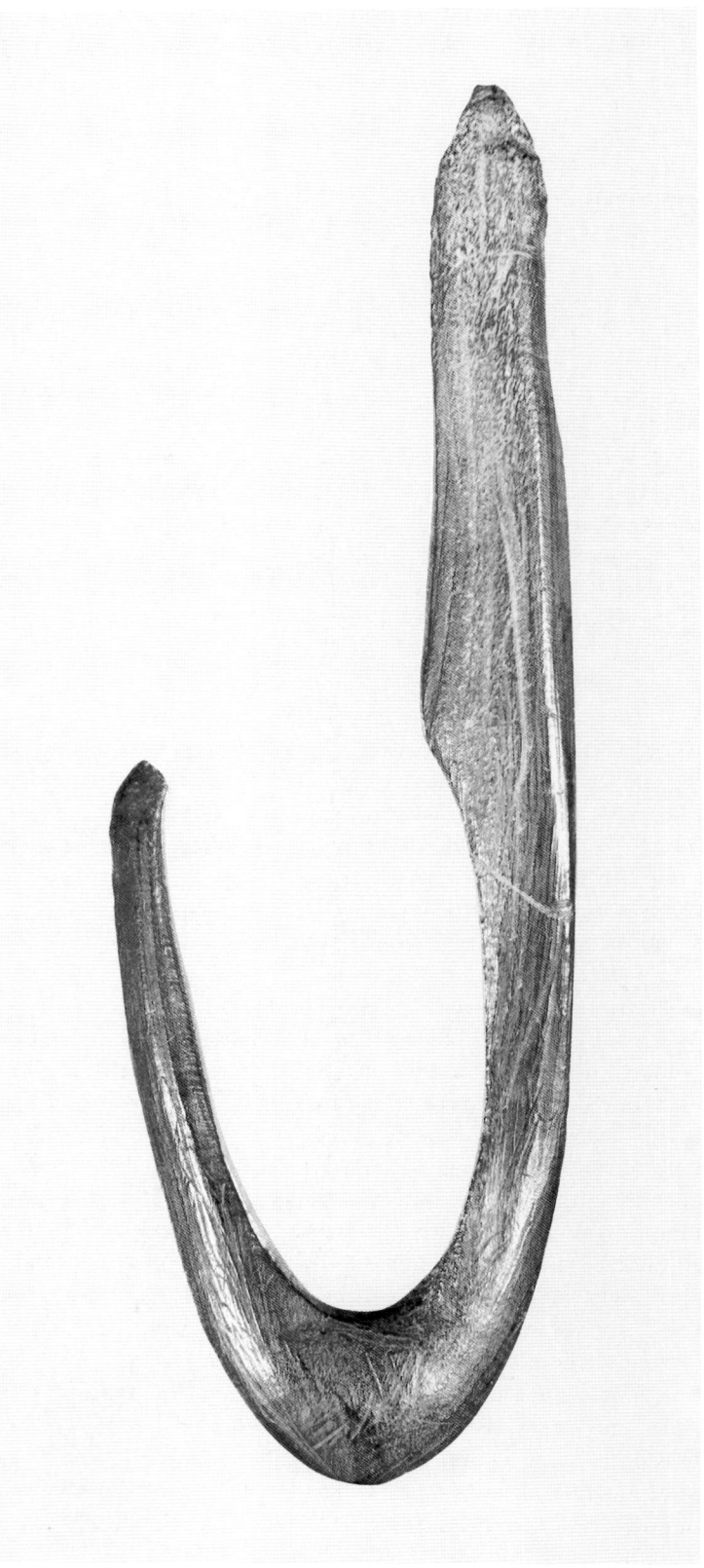

Für den Fang von großen Fischen verwendeter Angelhaken aus dem Dreetzer See bei Dreetz (Kreis Kyritz) in Brandenburg. Länge 18,2 Zentimeter. Original im Museum für Ur- und Frühgeschichte Potsdam.

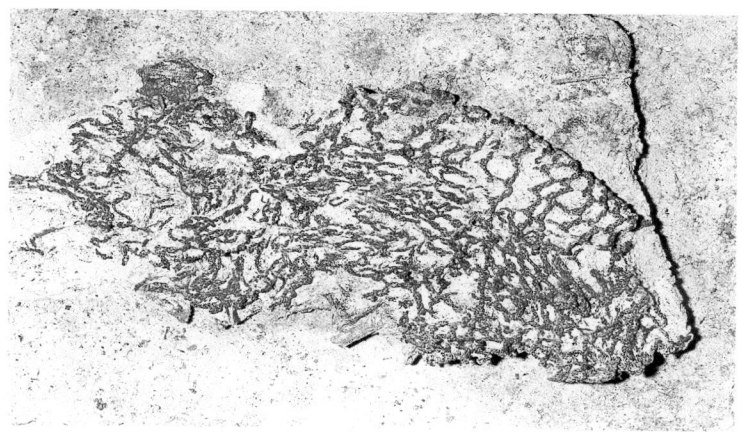

Fragment eines vermutlich zum Fischfang verwendeten Netzes aus der Zeit um 7000 v. Chr. von Friesack 4 (Kreis Nauen) in Brandenburg. Länge mehr als 60 Zentimeter. Original im Museum für Ur- und Frühgeschichte Potsdam.

achten sind: Einbäume aus dicken Baumstämmen, hölzerne Paddel, Fischreusen aus Weidenruten, Fischnetze, Stricke aus Bast und Behältnisse aus Rinde.

Auch in der Mittelsteinzeit waren die Menschen auf dem Festland selbst bei weitesten Wanderungen auf ihre eigenen Beine angewiesen. Die Fortbewegung auf dem Wasser gewann aber immer mehr an Bedeutung. Fortbewegt wurden die mit Hilfe von Steinäxten und Feuer ausgehöhlten Einbäume mit langen hölzernen Paddeln. Neben Einbäumen gab es vielleicht auch größere Wasserfahrzeuge wie Flöße oder Katamarane. Damit hat man wahrscheinlich vom englischen Festland aus über zwölf Kilometer entfernte Inseln aufgesucht oder die Irische See überquert, um Irland zu besiedeln.

Als eindrucksvollstes Belegstück für die mittelsteinzeitliche Schiffahrt gilt der Einbaum aus einem Moor bei Pesse in der holländischen Provinz Drenthe. Er ist fast 3 Meter lang, ungefähr 30 Zentimeter hoch und fast 45 Zentimeter breit. Eine radiometrische Altersdatierung ergab, daß der Einbaum um 6315 v. Chr. hergestellt worden ist. Vielleicht wurde dieses Wasserfahrzeug beim Fischfang und Aufsuchen von Muschelbänken benutzt. In Norddeutschland wurden Paddel aus der Mittelsteinzeit in Duvensee (Kreis Herzogtum-Lauenburg) und in Gettorf (Kreis Rendsburg-Eckernförde) entdeckt, in Ostdeutschland in Friesack (Kreis Nauen). Je ein Paddel konnte auch in Holmegård auf Seeland (Dänemark) sowie in Star Carr (England) geborgen werden.

Über die Kleidung der mesolithischen Bevölkerung in Mitteleuropa kann man nur durch indirekte Hinweise Schlüsse ziehen. So wurden, wie teilweise bereits in der jüngeren Altsteinzeit üblich, auch in der Mittelsteinzeit manchmal durchbohrte Schmuckschnecken auf Kleidungsstücke aufgenäht. Während die Bestandteile der Kleidung längst verwest sind, blieben die Schneckengehäuse erhalten. Vom Klima her konnte zumindest im Winter kaum auf Kleidung verzichtet werden. Als Rohmaterial diente vermutlich vielfach Hirschleder. Auf ostspanischen Felsbildern der Mittelsteinzeit sind Männer entweder nackt oder nur mit einem Lendenschurz bekleidet dargestellt. Seltener tragen sie knielange Hosen. In Ostspanien herrschten in der Mittelsteinzeit allerdings klimatisch günstigere Verhältnisse. Manchmal sind auf diesen Felsbildern auch Kopfbedeckungen oder -putz erkennbar. Kopfbedeckungen werden zudem durch die Anordnung der Schmuckschnecken auf Schädeln – etwa in

der Großen Ofnethöhle (Bayern) – in Mitteleuropa belegt. Die Frauen in Ostspanien trugen – nach den Felsbildern zu schließen – meist einen glockenförmigen Rock. Schultern, Brüste und Arme waren nackt.

Auf Fäden aneinandergereihte, gelochte Schneckengehäuse trug man auch als Ketten um den Hals. Beliebte Schmuckobjekte waren daneben durchbohrte Schneidezähne vom Rothirsch, Wildschwein und Auerochsen oder Eckzähne vom Wolf, Fuchs und Fischotter, aber auch Eck- oder Backenzähne vom Menschen. Mit Rothirsch-, Wildschwein- und Menschenzähnen in der Lendengegend waren die auf dem Bögebakken bei Vedbaek[14] an der Ostküste der dänischen Insel Seeland Bestatteten geschmückt. An etlichen Fundstellen entdeckte man auch rote Farbstücke zur Körperbemalung. Ostspanische Felsbilder zeigen mitunter Arm- und Beinschmuck bei Männern sowie Armschmuck bei Frauen.

Die in der Mittelsteinzeit geschaffenen Kunstwerke erreichen nicht mehr die außerordentlich hohe Qualität der jüngeren Alt-

Kleines Netzfragment von Friesack 4 (Kreis Nauen) in Brandenburg. Länge 3 Zentimeter. Original im Museum für Ur- und Frühgeschichte Potsdam.

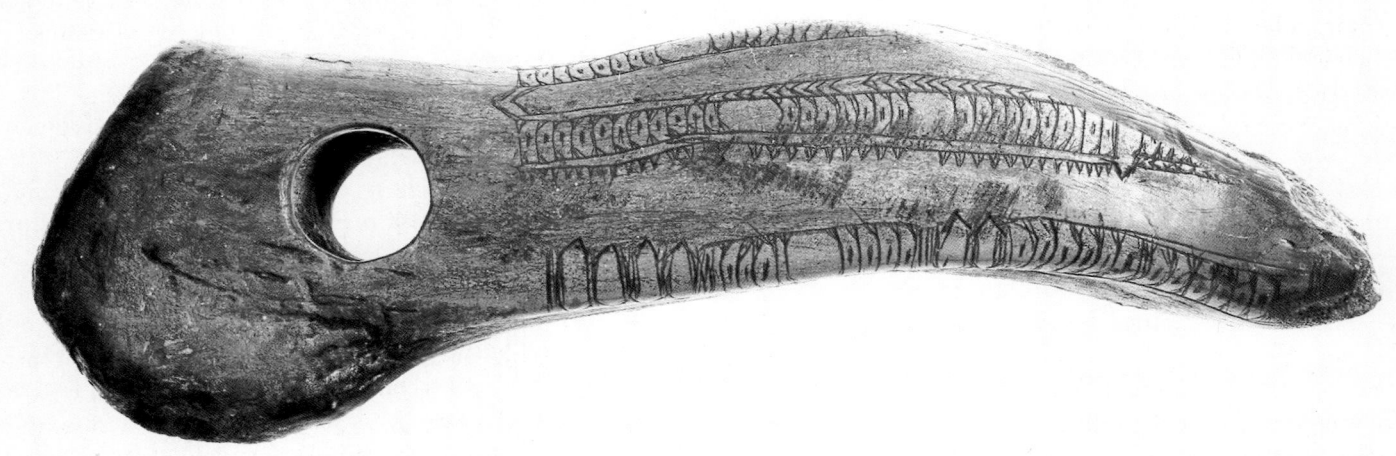

Verzierte Axt aus Rothirschgeweih aus der Trave bei Lübeck-Travemünde in Schleswig-Holstein. Länge 21,5 Zentimeter. Original in der Studiensammlung der Bodenfunde im Amt für Vor- und Frühgeschichte (Bodendenkmalpflege) der Hansestadt Lübeck.

steinzeit. Selbst die mit schönen Motiven verzierten Knochen- und Geweihgeräte halten keinem Vergleich mit den Werken aus dem Magdalénien stand. Das gilt auch für die mittelsteinzeitlichen Felsbilder, deren expressionistische Darstellungsweise oft fast bis zur Abstraktion reicht. Felsbilder aus der Mittelsteinzeit kennt man aus Ostspanien, Norwegen, Schweden, der Sowjetunion, Italien, Nordafrika, Südamerika und Nordamerika. Im Pariser Becken entdeckte man ornamentale Gravierungen.

Die Felsbilder der Ostspanischen Kunst (auch Levante-Kunst genannt) befinden sich im hügeligen und gebirgigen Hinterland des Küstengebietes von der Provinz Lérida im Norden bis zur Provinz Murcia im Süden. Diese Malereien und seltener auch Gravierungen wurden an Felswänden unter Felsvorsprüngen angebracht. Die Gemälde sind meist nur mit einer einzigen Farbe ausgeführt: hellrot, rotbraun, schwarz oder weiß. Die Motive zeigen Hirsche und Wildziegen (Cueva del Civil, Valltorta), Menschen beim Sammeln von Nahrungsmitteln wie Honig (Cueva de la Araña), beim Tanz (Cogul), bei der Jagd (Gasulla-Schlucht) und beim Kampf (Morella la Vella, Castellón). Manchmal haben die Figuren nur die Größe einer menschlichen Hand.

Die nordafrikanischen Felsgravierungen und -malereien können vielfach nicht mit letzter Sicherheit einer bestimmten Periode zugeordnet werden. Aber die ältesten von ihnen dürften bereits in der Mittelsteinzeit entstanden sein. Besonders aufschlußreich sind einige Felsbilder in der Sahara, die beweisen, daß dieses heutige Wüstengebiet vor 10 000 Jahren teilweise noch eine fruchtbare Landschaft war, in der Elefanten, Nashörner und Giraffen lebten. Andere Gravierungen in Algerien zeigen Büffel.

Reich an mittelsteinzeitlichen Felsbildern ist auch der skandinavisch-karelische Kreis. Sein Verbreitungsschwerpunkt befindet sich längs der fjordreichen norwegischen Küste von Finnmarken im Norden bis Oslo im Süden. Mit Ablegern ist diese arktische Kunst in Mittelschweden sowie im sowjetischen Karelien am Onegasee und am Weißen Meer vertreten.

Auf den norwegischen Felsbildern wurden meistens Jagdtiere dargestellt: etwa ein Rentier in der Falle (Sletjord), ein Elch (Leiknesfeld), viele Hirsche (Vingen-Bucht), selten die Robbe, aber auch Lachs, Heilbutt, Schwäne (Leiknes) und ein acht

Meter langer Wal (Leiknes), der wie manche Hirschbilder mit einem rätselhaften Netz von Linien ausgefüllt ist. Der norwegische Prähistoriker Gutorm Gjessing (1906–1979) bezeichnete diese Felsbilder als »Weidmannsgruppe«. Sie sind nach seiner Auffassung von Jägern als Bannbilder von Jagdtieren geschaffen worden, deren man damit habhaft werden wollte. Menschen wurden von diesen Künstlern selten – und wenn, dann nur stilisiert – abgebildet (Vingen-Bucht und Ausevik-Fels). Nur ein Teil der norwegischen Felsbilder ist rotbraun bemalt worden.

Auch die mittelsteinzeitlichen Jäger in Mittelschweden und Karelien schufen überwiegend Tierbilder, während Menschen oder gar Szenen Ausnahmen waren. Auf den karelischen Felsbildern wurden häufig das Rentier, der Elch und der Wal dargestellt, daneben vereinzelt Fische oder Vögel. Szenen, auf denen Menschen und Tiere zu erkennen sind, lassen sich manchmal schwer deuten, zumal wenn die Menschengestalten Tiermasken tragen oder wenn sie seltsame Gegenstände in den Händen halten.

Mit Musik und Tanz erfreuten sich auch die Menschen der Mittelsteinzeit. Durchlochten Tierknochen entlockte man schrille Pfeiftöne oder ließ an einer Schnur befestigte Schwirrgeräte summend durch die Luft sausen. Daneben gab es vermutlich etliche andere Musikinstrumente aus vergänglichem Material, die nicht erhalten blieben. Tanzende hat man mitunter auf Geweihäxten oder auf Felsbildern dargestellt. Am berühmtesten ist eine Wandmalerei unter einem Felsüberhang bei Cogul in der spanischen Provinz Lérida. Sie zeigt eine Gruppe von gertenschlanken Frauen, die sich offenbar – bekleidet mit glockenförmigen Röcken – mit freiem Oberkörper und barfuß im Tanze wiegen. Die zwei kümmerlichen Gestalten dazwischen sollten wohl Männer sein. Sie trugen anscheinend keine Kleidung.

Die Menschen in der Mittelsteinzeit bestatteten ihre Toten meistens in Hockerlage mit zum Körper hin angezogenen Knien, aber auch als »sitzende Hocker« und in gestreckter Körperlage. Neben Einzelbestattungen gab es Kollektivbestattungen mit mehr als 40 Verstorbenen. Die Gräber wurden im Freiland oder in Halbhöhlen angelegt. Wie in der jüngeren Altsteinzeit hat man offenbar auch in der Mittelsteinzeit die Leichname oft mit rotem oder gelbbraunem Farbstoff überschüttet (s. S. 42).

Nicht selten erfolgten Sonderbehandlungen des Leichnams. So sind unter anderem Schädelbestattungen, Körperbestattungen ohne Schädel und Leichenzerstückelungen nachgewiesen.

In Hockerlage waren beispielsweise 23 Menschen auf der westfranzösischen Insel Téviec[15] im Golfe du Morbihan bestattet. Dieser Fundort gehörte in der Mittelsteinzeit noch zum Uferland der Loire-Mündung. Bei den Toten von Téviec handelte es sich um sieben Männer, acht Frauen und acht Kinder. Man hatte sie alle mit rotem Farbstoff bestreut und unter Muschelhaufen zur letzten Ruhe gebettet. Nur etwa 30 Kilometer von Téviec entfernt liegt die Insel Hoëdic[16] im Golfe du Morbihan, auf der vier Männer, fünf Frauen und vier Kinder in Hockerlage und mit Ocker überhäuft bestattet wurden.

Im Freiland hat man auch die 22 Toten von Vedbaek an der Ostküste der dänischen Insel Seeland bestattet. Sie wurden auf dem Bögebakken (deutsch: Buchenhügel) begraben, der in der Mittelsteinzeit als kleine Insel in dem später verlandeten Fjord

lag. Offenbar hat man ihnen aus Furcht vor der Wiederkehr aus dem Jenseits die Füße gefesselt und in einem Fall aus demselben Grund sogar schwere Felsbrocken über die Beine gewälzt. Unter den Bestatteten war eine etwa 18 Jahre alte Frau, die gemeinsam mit ihrem zu früh geborenen Kind beigesetzt worden ist. Der Kopf der Mutter ruhte auf einem weichen Kissen aus einem reich mit Perlen verzierten Lederbekleidungsstück, der des Kindes auf der Schwinge eines Höckerschwanes.

Als eines der eindrucksvollsten Beispiele für Bestattungen in einer Höhle gelten die Funde in der Caverna delle Arene Candide[17], die etwa 20 Kilometer von der italienischen Stadt Savona in Ligurien entfernt ist. Dort wurden in der Mittelsteinzeit 15 Erwachsene, Jugendliche und Neugeborene bestattet.

Der schon in der Altsteinzeit praktizierte Schädelkult wurde auch in der Mittelsteinzeit ausgeübt. Als bedeutendster Beleg für diesen Schädelkult gelten die insgesamt 33 Schädel aus der Großen Ofnethöhle (s. S. 187) bei Holheim unweit von Nördlin-

Jäger der Mittelsteinzeit mit Hund bei der Jagd auf Auerochsen.

Gelochter Eckzahn vom Wolf von Friesack 4 (Kreis Nauen) in Brandenburg. Der Zahn diente als Schmuckstück. Länge 4,8 Zentimeter. Original im Museum für Ur- und Frühgeschichte Potsdam.

gen in Deutschland. Am ukrainischen Fundort Lysaja Gora[18] entdeckte man in einer Grube insgesamt 21 Schädel, die mitsamt Halswirbel abgetrennt worden sind. Als Schädelbestattung gilt unter anderem ein Fund vom Mannlefelsen bei Oberlarg im Elsaß.

Auch an Einzel-, Doppel- oder Dreifachbestattungen machte man interessante Beobachtungen. So wurden manche Tote auf eine glühende Feuerstelle gelegt – vielleicht in der Hoffnung, sie so wieder zum Leben zu erwecken –, andere mit Steinen oder Hirschgeweih bedeckt oder mit Werkzeugen und Schmuck für das Jenseits versehen.

Die Art und Weise vieler Bestattungen aus der Mittelsteinzeit – wie Beisetzung auf Siedlungsplätzen, »liegende Hocker« in Schlafstellung, »sitzende Hocker«, Rotfärbung des Toten sowie Werkzeug- und Schmuckbeigaben – deuten darauf hin, daß die damaligen Menschen an einen »lebenden Leichnam« glaubten. Verstorbene waren nach dieser Auffassung nicht tot, sondern »lebten« weiter und wurden als Mitglied der Gemeinschaft betrachtet. Durch die Zerstückelung von bestimmten

Leichen wollte man vielleicht die Wiederkehr von gefürchteten Personen verhindern.

Weniger von archäologisch gesicherten Funden als von Bräuchen heutiger Naturvölker wird die Vorstellung abgeleitet, daß der Zauberer eines jeden Stammes über die Einhaltung religiöser Vorschriften gewacht hat. Ihm oblag auch die Durchführung magischer Riten. Dabei soll er sich meist durch eine unheimlich wirkende Verkleidung – wie etwa eine Hirschschädelmaske vor dem Gesicht, ein Tierfell mit Schwanz als Umhang und andere tierische Attribute – in eine übernatürliche Mischung aus Mensch und Tier verwandelt haben. So ausgestattet, konnte der Zauberer für reichen Wild- und Fischbestand sorgen, Krankheiten vertreiben und vielleicht auch dafür beten, daß der große Wald, der immer endloser zu werden schien, nicht noch größer wurde.[19] Dies tat er vielleicht, indem er ekstatische Tänze aufführte, an denen sich die übrigen Stammesgenossen beteiligten, die dann ebenfalls in Verzückung gerieten.

Schauplätze solcher Riten, die einer uns unbekannten Gottheit galten, lagen, wie die Funde zeigen, im Freiland und in Halbhöhlen.

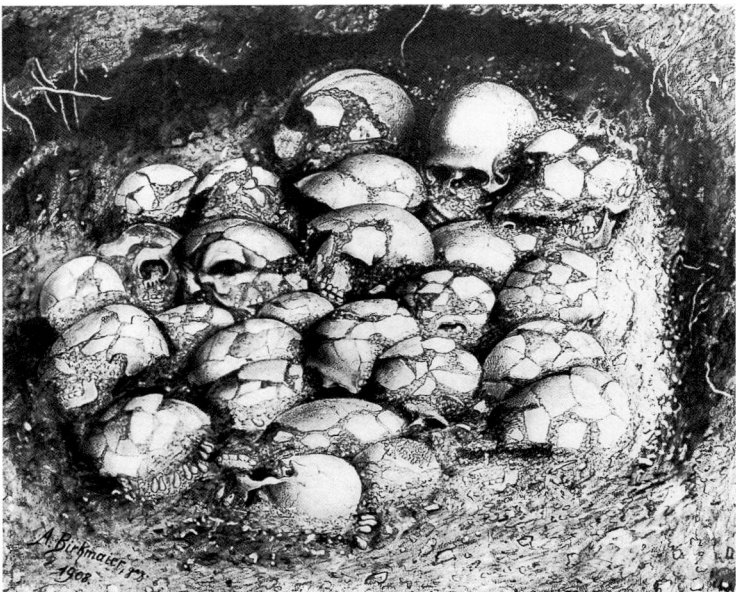

Zeugnis des mittelsteinzeitlichen Schädelkults: Kopfbestattung in einer Mulde der Großen Ofnethöhle bei Holheim (Kreis Donau-Ries) in Bayern mit 27 Schädeln von Männern, Frauen und Kindern, denen man den Kopf vom Hals geschnitten hatte. In einer zweiten Mulde – hier nicht zu sehen – lagen sechs weitere Schädel. Die Abbildung wurde von dem paläontologischen Zeichner Anton Birkmaier (1869–1926) aus München nach einer Fotografie angefertigt.

Die Mittelsteinzeit in Deutschland
Abfolge und Verbreitung der »Kulturen« und Gruppen

Die Mittelsteinzeit begann in allen Teilen Deutschlands vor etwa 10 000 Jahren (8000 v. Chr.). Ihr Anfang wird – wie allgemein in Mitteleuropa üblich – mit dem Beginn der Nacheiszeit, dem Holozän, gleichgesetzt. Sie endete jeweils, als die letzten mittelsteinzeitlichen Jäger, Fischer und Sammler von den eingewanderten ersten Bauern den Ackerbau, die Viehzucht und die Töpferei übernahmen. Dies war in Baden-Württemberg, Bayern, im Saarland, in Rheinland-Pfalz, Hessen, Nordrhein-Westfalen, im südlichen Niedersachsen sowie in Thüringen, Sachsen-Anhalt, Sachsen und im südlichen Brandenburg etwa um 5000 v. Chr. der Fall. In Schleswig-Holstein, dem nördlichen Niedersachsen und Mecklenburg wurde dieses Stadium erst etwa um 4300 v. Chr. erreicht.

Früher wurden die Funde aus der Mittelsteinzeit in den meisten Teilen Deutschlands drei schon vor einigen Jahrzehnten nach französischen Fundorten benannten Kulturstufen zugeteilt: dem Sauveterrien[1], dem Tardenoisien[2] und dem Campignien[3]. Später kamen neue Namen von Stufen oder Gruppen hinzu. Deshalb haben die Begriffe Sauveterrien und Tardenoisien weitgehend ihre Bedeutung verloren. Vom Campignien, das den Übergang zwischen der Mittelsteinzeit und der Jungsteinzeit markieren sollte, spricht heute niemand mehr.

In Baden-Württemberg teilt man die Mittelsteinzeit aufgrund der bei Grabungen in einer Höhle festgestellten Abfolge der Fundschichten in das Frühestmesolithikum, das Frühmesolithikum (auch Beuronien genannt) und das Spätmesolithikum ein. Die Funde aus dem Frühestmesolithikum sind spärlich. Besser ist das Beuronien (s. S. 178) überliefert. Von dieser Stufe kennt man menschliche Skelettreste, Siedlungsspuren aus Höhlen, unter Felsdächern und im Freiland, Jagdbeutereste, Werkzeuge, Waffen, Schmuck und sogar ein Kunstwerk. Das Spätmesolithikum (s. S. 181) ist in den Schichtfolgen der Höhlen nur durch wenige Siedlungsreste belegt, kommt aber im Freiland öfter vor.

In Bayern wurde die in Baden-Württemberg festgestellte Abfolge übernommen. Auch dort hat man menschliche Skelettreste in Höhlen, unter Felsdächern und in freiem Gelände, Jagdbeutereste, Werkzeuge, Waffen, Schmuck und ein Kunstwerk entdeckt (s. S. 184).

Aus dem Saarland kennt man bisher nur etliche Steinwerkzeuge aus der Mittelsteinzeit (s. S. 188). In Rheinland-Pfalz handelt es sich bei den Funden zumeist um Steinwerkzeuge und Waffen (s. S. 189). Die Einteilung Frühestmesolithikum, Beuronien und Spätmesolithikum ist anscheinend nur bis zum Moselgebiet praktikabel. Offenbar bestand dort eine Kulturgrenze, nördlich deren sich andere Stufen oder Gruppen behaupteten.

Für Hessen (s. S. 192), Nordrhein-Westfalen, Niedersachsen, Brandenburg, Thüringen, Sachsen-Anhalt und Sachsen sind die Begriffe ältere Mittelsteinzeit und jüngere Mittelsteinzeit üblich. Kriterium für die Zugehörigkeit zu einer der beiden Gruppen ist, ob im Fundgut trapezförmige Pfeilspitzen fehlen oder nicht. In ersterem Fall handelt es sich um den älteren Abschnitt, in zweitem um den jüngeren. Bisher konnten zumeist Werkzeuge und Waffen aus Stein oder Geweih, aber gebietsweise auch Skelettreste und andere Funde geborgen werden.

In Nordrhein-Westfalen sind – je nach Zusammensetzung des Fundgutes – weitere Untergliederungen vorgenommen worden (s. S. 194). Nachgewiesen sind hier ein menschlicher Schädelrest, Siedlungsspuren im Freiland, Werkzeuge, Waffen und ein Kunstwerk.

In Niedersachsen werden die einzelnen Stufen vor allem durch Steinwerkzeuge und -waffen charakterisiert (s. S. 198). Man fand aber auch Siedlungsreste im Freiland und ein umstrittenes Kunstwerk.

Auch in Teilen von Brandenburg, Thüringen, Sachsen-Anhalt und Sachsen sind menschliche Skelettreste, Siedlungsspuren, Werkzeuge und Waffen entdeckt worden (s. S. 201).

In Schleswig-Holstein, Mecklenburg und im nördlichen Teil Brandenburgs war in der Mittelsteinzeit die »Maglemose-Kultur« (s. S. 203) verbreitet, die man in die Duvensee-Gruppe und die Oldesloer Gruppe unterteilt (s. S. 203, 212). Die Angehörigen der »Maglemose-Kultur« haben reiche Funde hinterlassen, unter anderem Gräber, menschliche Skelettreste, Siedlungsspuren, Jagdbeutereste, Werkzeuge, Waffen, Schmuck und Kunstwerke.

Wildschweinjagd zur Zeit des Frühmesolithikums (Beuronien) um 7000 v. Chr. in Baden-Württemberg.

Komplizierte Jenseitsvorstellungen

Die Mittelsteinzeit in Baden-Württemberg

Das Frühestmesolithikum

Die ältesten Belege für die Anwesenheit von mittelsteinzeitlichen Menschen in Baden-Württemberg stammen aus dem Frühestmesolithikum (etwa 8000 bis 7700 v. Chr.). Dieser Begriff wurde 1972 durch den damals in Tübingen lehrenden Prähistoriker Wolfgang Taute bei der Veröffentlichung seiner Funde aus dem Felsdach Zigeunerfels bei Sigmaringen-Unterschmeien geprägt. Bei den Grabungen im Zigeunerfels von 1971 bis 1973 entdeckte Taute mehrere Fundschichten, die er dem Übergang von der Altsteinzeit zur Mittelsteinzeit zurechnete.

Das Frühestmesolithikum fiel in das nacheiszeitliche Präboreal (etwa 8000 bis 7000 v. Chr.), in dem ein kühles kontinentales Klima herrschte und sich weithin mit Kiefern durchsetzte Birkenwälder über die anfangs noch vorhandenen Grasflächen ausbreiteten. In diesen Wäldern lebten vor allem Rothirsche und Rehe, Auerochsen, Wildschweine, Braunbären, Wölfe, Dachse und Füchse. An den Gewässern gab es Biber und Fischotter.

Die Jäger, Fischer und Sammler aus dem Frühestmesolithikum Baden-Württembergs haben meist im Freiland, aber auch in Höhlen und unter Felsdächern gewohnt. Bisher sind vor allem Höhlen und Felsdächer erforscht worden. Bei den Hinterlassenschaften dieser Menschen handelt es sich ausschließlich um kleinformatige Steinwerkzeuge.

Im Zigeunerfels fand man außer den Schichten aus der späten Altsteinzeit und dem Frühestmesolithikum auch solche der nächsten Stufe, dem Beuronien. Dies zeigt, daß jene Höhle in der Mittelsteinzeit wiederholt aufgesucht wurde.

Die Menschen des Frühestmesolithikums dürften auch Zelte oder Hütten unter freiem Himmel errichtet haben. An Stangenholz herrschte damals kein Mangel. Als Material für das Dach boten sich Felle von Rothirschen oder Rehen, belaubte Äste, Schilf oder Rindenbahnen an. Auch den Erdboden konnte man mit solchen Materialien belegen.

Wie in der späten Altsteinzeit waren diese Menschen Jäger und Sammler. Für die Jagd standen außer Stoßlanzen und Wurfspeeren auch Bogen und Pfeile zur Verfügung. Als Jagdbeute dürften Rothirsche und Rehe besonders begehrt gewesen sein. Hinweise auf die Haltung von Hunden, auf Tauschgeschäfte, Boote oder Einbäume, auf Kleidung, Schmuck und Kunst aus dem Frühestmesolithikum in Baden-Württemberg fehlen bisher. Da es solche aber aus anderen mittelsteinzeitlichen Stufen oder Gruppen gibt, ist es durchaus möglich, daß in den Moorgebieten Oberschwabens, etwa um den Federsee, entsprechende Funde noch gemacht werden.

Im Fundgut aus dem Zigeunerfels sind die für das Frühestmesolithikum typischen Steinwerkzeuge gut vertreten. Ganz deutlich ist die Tendenz zu kleineren Formen der aus Stein geschlagenen Werkzeuge, die als Charakteristikum der Mittelsteinzeit gilt. Die in der späten Altsteinzeit noch üblichen Rückenspitzen gab es im Spätmesolithikum nicht mehr, Rückenmesser nur noch vereinzelt. Häufig waren dagegen Mikrospitzen und Dreiecke (Mikrolithen).

Wie die Frühestmesolithiker in Baden-Württemberg ihre Toten behandelten, weiß man nicht, weil weder menschliche Skelettreste noch Gräber aus dieser Kulturstufe bekannt sind. Auch über die religiösen Vorstellungen der damals lebenden Menschen lassen sich nur Spekulationen anstellen, wobei man sich häufig an der Religion der heute noch existierenden Naturvölker orientiert.

Das Beuronien

An das verhältnismäßig kurze Frühestmesolithikum schloß sich in Baden-Württemberg das auch in Bayern, Rheinland-Pfalz und in der Nordschweiz verbreitete Beuronien[1] (etwa 7700 bis 5800 v. Chr.) an. Der von Wolfgang Taute (s. S. 515) geprägte Begriff wurde erstmals 1971 in seiner ungedruckten Habilitationsschrift verwendet. In der Literatur fand er 1972 in einem Vorbericht über die Grabungen unter dem Felsdach Zigeunerfels Eingang. Der Name erinnert an den württembergischen Ort Beuron (Kreis Tuttlingen), in dessen Nähe in der Jägerhaushöhle[2] bei Fridingen-Bronnen Fundschichten des Frühmesolithikums entdeckt wurden. Taute unterschied zwischen Beuronien A (Jägerhaushöhle, Zigeunerfels und die Schuntershöhle bei Allmendingen im Alb-Donau-Kreis), Beuronien B (Höhle Fohlenhaus[3] bei Langenau im Alb-Donau-Kreis) und Beuronien C (unter anderem das Felsdach Inzigkofen[4] im Kreis Sigmaringen und die Höhle Fohlenhaus).

Das Beuronien fiel zunächst in das Präboreal (etwa 8000 bis 7000 v. Chr.). Zu dieser Zeit gab es mit Kiefern durchsetzte Birkenwälder, in denen außerdem auch einige klimatisch anspruchsvollere Kräuter und Sträucher gediehen. Die letzten 1200 Jahre des Beuronien entsprachen dem Boreal (etwa 7000 bis 5800 v. Chr.). Damals setzten sich massenhaft Haselnußsträucher durch. Daneben wuchsen aber auch Eichen, Eschen und Ulmen, die an das Klima etwas höhere Ansprüche stellten als die Birken oder Kiefern.

Während des Beuronien existierte in Baden-Württemberg eine artenreiche Tierwelt. In der Donau und deren Nebenflüssen lebten Äschen, Döbel, Hechte, Forellen, Rutten, Weißfische, Flußmuscheln und Krebse. Zur Vogelwelt gehörten unter anderem Auerhähne. In und am Wasser lebten Biber, Fischotter, Enten, Wildgänse und Reiher. Auf dem Land hielten sich Rothirsche, Rehe, Auerochsen, Braunbären, Füchse, Wildkatzen, Dachse und Baummarder auf. Von all diesen Tieren hat man an verschiedenen Fundstellen Reste geborgen.

Skelettreste von Beuronien-Leuten sind in Baden-Württemberg bisher selten entdeckt worden. Dazu zählen die Knochen eines Erwachsenen aus der Falkensteinhöhle bei Thiergarten (Kreis Sigmaringen). Womöglich gehören auch die an der Universität Zürich auf 7835 Jahre datierten Schädel von drei Menschen aus der Höhle Hohlenstein-Stadel bei Asselfingen (Alb-Donau-Kreis) und ein unsicher datierter Schädel mit Unterkiefer von Blaubeuren-Altental (Alb-Donau-Kreis) ins Beuronien. Die menschlichen Knochen aus der Falkensteinhöhle wurden

Alltag in einer Höhle zur Zeit des Frühmesolithikums (Beuronien) um 7000 v. Chr. in Baden-Württemberg. Die Beuronien-Leute wohnten außer in Höhlen auch unter Felsdächern sowie in Zelten und Hütten.

1933 von dem Oberpostrat i. R. Eduard Peters (1869–1948) aus Veringenstadt entdeckt. Sie stammen von einem etwa 30 bis 40 Jahre alten Mann, der etwa 1,70 Meter groß gewesen sein dürfte.

Die drei Schädel im Hohlenstein-Stadel kamen 1937 bei Ausgrabungen des Tübinger Anatomen Robert Wetzel (1898–1962) und des Tübinger Geologen und Prähistorikers Otto Völzing zum Vorschein. Es sind die Schädel von einer etwa 20 Jahre alten Frau, einem etwa 20- bis 30jährigen Mann und einem zwei- bis vierjährigen Kind.

Der Schädel mit Unterkiefer von Blaubeuren-Altental gehörte zu einem Skelett, das im Herbst 1949 bei der Anlage eines kleinen Parkplatzes unterhalb des Schotterwerkes E. Merkle dicht an einem Felsen im Blautal gefunden wurde. Die Reste wurden von dem Besitzer des Schotterwerkes, Eduard Merkle (1904 bis 1951), geborgen. Davon sind nur noch der Schädel und der Unterkiefer im Ulmer Museum vorhanden. Die übrigen Skelletteile sowie Feuerstein- und Knochenwerkzeuge gelten als verschollen. Für den Fund von Blaubeuren-Altental wird zwar ein mittelsteinzeitliches Alter vermutet, aber eine ältere oder jüngere Datierung nicht ausgeschlossen.

Früher hat man auch die Skelettreste eines Kindes aus der Halbhöhle Felsställe bei Ehingen-Mühlen (Alb-Donau-Kreis) als mittelsteinzeitlich betrachtet. Doch nach einer Altersdatie-

rung in Zürich gehören die Reste dieses Kindes im Alter zwischen ein und zwei Jahren in die Jungsteinzeit.

Die Beuronien-Leute wohnten in Höhlen, unter Felsdächern und unter freiem Himmel in Zelten oder Hütten. In der Höhle Jägerhaus, der Falkensteinhöhle sowie unter den Felsdächern Helga-Abri[5] und Inzigkofen (alle auf der mittleren Alb gelegen) stieß man auf räumlich begrenzte Brandschichten und andere Siedlungsreste. Im Helga-Abri beispielsweise war eine Mulde mit einem Durchmesser von etwa zwei Metern eingetieft. Darin hatte man aus Steinen eine kreisförmige Feuerstelle angelegt. Vermutlich markierte diese Mulde den Grundriß eines an die Felswand angelehnten Windschirms oder einer Hütte. In dieser Behausung fand vielleicht eine Familie für kurze Zeit einen Unterschlupf. Es hat den Anschein, als seien im Helga-Abri mehrere solcher Mulden an der Felswand aufgereiht gewesen. Eine ähnliche Behausung wie im Helga-Abri vermutet man auch in der Spitalhöhle[6] am Bruckersberg bei Giengen (Kreis Heidenheim).

Als Standorte für Siedlungen unter freiem Himmel wurden vielfach Kuppen oder vorspringende Erhebungen im Gelände in der Nähe von Quellen, Bächen, Flüssen oder Seen ausgewählt. Allein rund um den Federsee, der in der Mittelsteinzeit viel größer als heute war, konnte man etwa hundert Fundstellen von Steinwerkzeugen nachweisen. Die einzelnen Siedlungen dürften an diesem See wie an einer Perlenschnur aufgereiht gewesen sein. Sie haben jedoch nicht alle gleichzeitig bestanden.

In der älteren Literatur spielt der Fundort Tannstock am Federsee (Kreis Biberach) eine wichtige Rolle als angeblicher Standort von zwei verschiedenaltrigen mittelsteinzeitlichen Siedlungen. Der damals in Berlin lehrende Prähistoriker Hans Reinerth (1900–1990) deutete 1936 längliche, ovale und rundliche Gruben von zwei bis vier Meter Durchmesser als Grundrisse von Hütten. Insgesamt konnte er 54 solcher Gruben nachweisen, von denen einige am Rand Feuerstellen besaßen. Über diesen Gruben stellte sich Reinerth ein korbartiges Stangengerüst vor, das eine 25 bis 30 Zentimeter starke Reisigwand trug und dessen Dach mit Schilf bedeckt war. In die Hütten soll ein schräger, schmaler Gang geführt haben. Jedes der beiden Dörfer hätte 40 bis 60 Menschen beherbergt.

Heute bezweifelt man, daß es sich bei den Gruben von Tannstock tatsächlich um Reste von Behausungen handelt. Vielleicht war es nur die von umgestürzten Bäumen und deren Wurzelballen herausgerissene Erde, die diese Gruben schuf. Immerhin hat man in einigen der Gruben unverzierte Keramikreste entdeckt. Dies könnte damit erklärt werden, daß es sich um jungsteinzeitliche Gruben handelt, in welche die mittelsteinzeitlichen Funde durch Überpflügen gerieten.

Mit dem Beuronien läßt sich vielleicht auch der Grundriß einer ovalen Hütte von 2,80 Meter Länge und 1,80 Meter Breite am Obersee bei Kißlegg (Kreis Ravensburg) in Zusammenhang bringen. Sie war etwa 50 Zentimeter in den Boden eingetieft und bestand aus 4 bis 8 Zentimeter dicken Holzstangen, die man vermutlich mit Reisig abdeckte. Vielleicht hat man auf das Dach auch Schilf gelegt. Im Innern dieser Behausung brannte ein Feuer. Der niedrige Eingang war wahrscheinlich mit einem Fell verhängt.

Die Jäger des Beuronien haben mit Stoßlanzen, Wurfspeeren sowie Pfeil und Bogen vor allem Rothirsche, Rehe und Wildschweine erlegt. Jagdbeutereste dieser Tiere fand man am Felsdach Inzigkofen, in der Falkensteinhöhle, in der Jägerhaushöhle, in der Höhle Malerfels[7] und in der Freilandsiedlung Henauhof-Nordwest (Stadt Buchau, Kreis Biberach) im Bereich des alten Federseeufers. Im Malerfels bei Heidenheim-Herbrechtingen (Kreis Heidenheim) barg man die Reste von zwei Rehen, einem Wildschwein, einem Rothirsch, einem Auerhahn, einer Wildgans sowie von Fischen (fünf Hechte, zwei Äschen, eine Rutte, ein Döbel). Dies ergab insgesamt etwa 400 Kilogramm Fleisch, wovon sich eine fünfköpfige Familie ungefähr zwei Monate lang ernähren konnte. Mahlzeitreste von Fischen kennt man auch aus der Jägerhaushöhle (Weißfische) und von Henauhof-Nordwest (ein Hecht).

Die Jagd mit Pfeil und Bogen ist eindrucksvoll durch den Fund aus einem Moor bei Villingen-Schwenningen belegt. Dort stieß man auf das Skelett eines verendeten Auerochsen, in dessen Becken eine steinerne Pfeilspitze steckte. Sie stammt von einem Pfeil, der schräg von hinten auf dieses Wildrind abgeschossen worden war. Das verwundete Tier konnte zwar flüchten, ertrank aber in dem ehemaligen See. Der Fund wurde mit Hilfe von Blütenstaub pollenanalytisch in das Frühmesolithikum, also das Beuronien, datiert.

Außer dem Fleisch von Fischen, größeren Vögeln und von Säugetieren verzehrten die Menschen des Beuronien auch Muscheln, Vogeleier, eßbare Pflanzen und Haselnüsse. Reste

von Schildampfer (Rumex scutatus) und Bärlauch (Allium ursinum) wies man in der Jägerhaushöhle nach. In der Burghöhle von Dietfurt[8] bei Inzigkofen (Kreis Sigmaringen) sowie in der Falkensteinhöhle und im Helga-Abri entdeckte man im Feuer verbrannte Haselnußschalen. Zum Fundgut der Burghöhle von Dietfurt und der Jägerhaushöhle gehörten auch Muscheln (Unioniden), bei denen Teile des Schlosses fehlten. Sie wurden also aufgebrochen, um an das Muschelfleisch zu gelangen. Im Helga-Abri stieß man auf große Bruchstücke von Eierschalen; offenbar waren die Eier von Menschen hierhergebracht und gegessen worden.

Die Jäger, Fischer und Sammler des Beuronien haben bei Begegnungen mit anderen Familien oder Sippen häufig begehrte Produkte getauscht. Dies läßt sich vor allem an der Herkunft von Schmuckschnecken aus fernen Gebieten ablesen. Fossile Schmuckschnecken aus dem Mainzer Becken kennt man aus der Burghöhle von Dietfurt (Potamides lamarcki), aus der Falkensteinhöhle (Potamides plicatus, Potamides laevissimus) und aus dem Probstfels[9] bei Beuron im Kreis Sigmaringen (Potamides laevissimus). In der Falkensteinhöhle und im Probstfels entdeckte man sogar Schmuckschnecken der Art Columbella rustica, die auf das Mittelmeer und die spanisch-portugiesische Atlantikküste beschränkt ist. Außerdem kamen in diesen beiden Höhlen Schalen der Schneckenart Cerithium repestre zum Vorschein, die im Mittelmeer beheimatet ist.

Die Kleidung der Beuronien-Leute wurde vermutlich aus Hirschleder angefertigt. Wahrscheinlich trug man ebenso wie

Mikrolithen in Dreiecks- und Vierecksform aus der Jägerhaushöhle bei Fridingen-Bronnen (Kreis Tuttlingen) in Baden-Württemberg. Untere Reihe Beuronien A, 2. Reihe von unten Beuronien B, 3. Reihe von unten Beuronien C, obere Reihe Spätmesolithikum. Länge zwischen 1,1 und 2,2 Zentimetern. Originale im Institut für Ur- und Frühgeschichte der Universität Tübingen.

in der jüngeren Altsteinzeit an kühleren Tagen Jacken, lange Hosen und Schuhe. In der warmen Jahreszeit genügte vielleicht ein Lendenschurz.

Die zahlreichen Funde von Schmuckschnecken aus Höhlen in Baden-Württemberg dokumentieren den Schönheitssinn der Beuronien-Leute. Die Schneckengehäuse wurden durchbohrt und dann entweder als Verzierung der Kleidung oder als Bestandteile von Halsketten getragen. Daneben schätzte man auch durchlochte Tierzähne als Schmuckstücke. Von Henauhof-Nordwest sind durchbohrte Fuchszähne bekannt.

Besonders viele Schmuckstücke hat man in der Burghöhle von Dietfurt geborgen. Dazu gehören zentral durchbohrte Fischwirbel, seitlich durchbohrte Schlundzähne des Perlfisches *(Rutilus frisii)* – ein Karpfenartiger, der heute nicht mehr in der Donau vorkommt – und Schneckengehäuse *(Gyraulus trochiformis)*. Manchmal haben die Beuronien-Leute auch Gebrauchsgegenstände verziert, wie ein Knochenglätter aus Henauhof-Nordwest zeigt.

Die Steinwerkzeuge wurden im Beuronien auf ähnliche Weise wie in der jüngeren Altsteinzeit hergestellt. Die Steinschläger spalteten von vorbereiteten Feuersteinknollen lange und schmale Klingen oder Späne ab. Lange Klingen setzte man als Messer in Holzschäfte ein. Kurze, dicke Abschläge dienten als Kratzer, mit denen man Holz, Knochen oder Geweih bearbeiten konnte. Ein Teil der Klingen wurde zu weniger als zwei Zentimeter langen Mikrolithen (s. S. 170) in Dreiecksform zurechtgehauen.

Das Rohmaterial für die Steinwerkzeuge stammte meist aus einem Umkreis von zehn oder weniger Kilometern. Wenn das örtlich vorkommende Gestein schlecht spaltbar war, beschaffte man den geeigneten Rohstoff aus größerer Entfernung. In Einzelfällen liegt der Herkunftsort einer Gesteinsart bis zu 60 Kilometer weit von der Fundstelle entfernt, an der Werkzeuge entdeckt wurden.

Auffällig sind die weißlich-rosa Färbung und der seidige Glanz vieler Steinwerkzeuge aus dem Beuronien. Sie rühren daher, daß das für die Anfertigung von Werkzeugen bestimmte Gestein unter einer Feuerstelle im Sand vergraben und bewußt auf 290 bis 370 Grad Celsius erhitzt wurde. Dieses Aufheizen wird als Tempern bezeichnet und war offenbar nur in Süddeutschland üblich. Durch das Tempern verbesserte man die schlagtechnischen Eigenschaften des Jurahornsteins.

Für die Jagd härtete man die Spitzen der Holzspeere im Feuer. Um Waffen aus dem Beuronien handelt es sich vielleicht bei zwei im Moor des Federseegebietes entdeckten Speeren. Einer davon wurde 1980 an der Fundstelle Taubried II gefunden. Sein Holzschaft ist sorgfältig geglättet, seine Spitze im Feuer gehärtet. Die Holzpfeile versah man mit steinernen Spitzen, beispielsweise Dreiecksmikrolithen. Eine solche Pfeilspitze steckte im Skelett des schon erwähnten Wildrindes aus Villingen-Schwenningen.

Die Befunde aus der Falkensteinhöhle und vielleicht auch von Blaubeuren-Altental deuten darauf hin, daß das Feuer bei den Bestattungen im Beuronien eine bestimmte, noch ungeklärte Funktion hatte. So lassen zahlreiche angekohlte oder dunkel gefärbte Schädeldachfragmente unter den menschlichen Skelettresten aus der Falkensteinhöhle auf Feuereinwirkung schließen. Spuren von Feuer entdeckte man auch im Zusammenhang mit der unsicher datierten Bestattung von Blaubeuren-Altental. Einige Steine waren angebrannt.

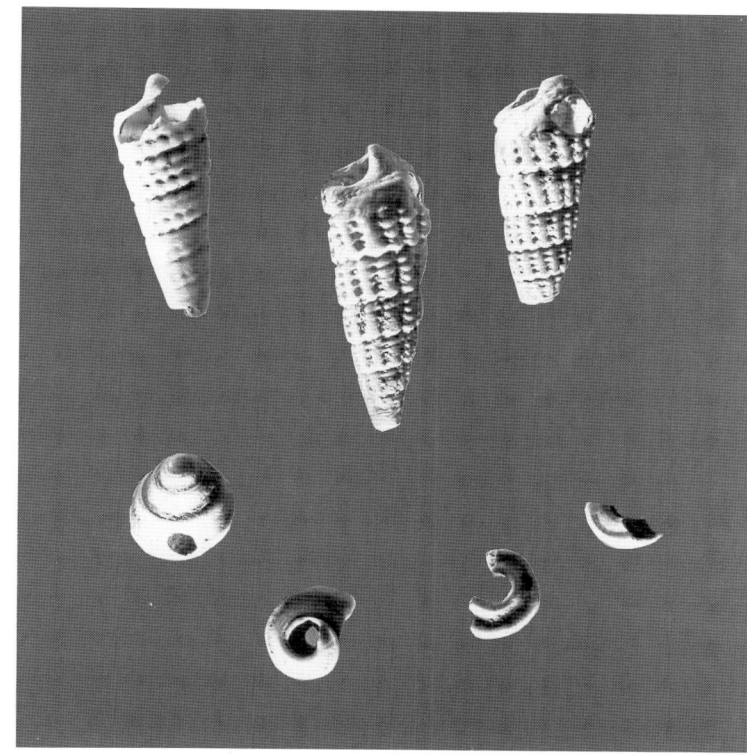

Schmuckschnecken aus der Burghöhle von Dietfurt (Kreis Sigmaringen) in Baden-Württemberg. Die kleinen Schmuckschnecken stammen von der Art *Gyraulus trochiformis* und sind etwa 0,5 Zentimeter lang, die großen gehören zur Art *Potamides plicatum*. Originale im Institut für Urgeschichte der Universität Tübingen.

Von den in einer rotgefärbten Grube deponierten Schädeln einer Frau, eines Mannes und eines Kindes aus der Höhle Hohlenstein-Stadel weisen die Schädel der beiden Erwachsenen auf der linken Seite ovale Schlagmarken einer keulenartigen Hiebwaffe auf (s. S. 216). Das Kind ist durch einen Schlag auf den Hinterkopf getötet worden. An den Halswirbeln zeigen Schnittspuren, wie die Schädel vom Körper abgelöst wurden. Man hatte sie von vorn nach hinten durchtrennt. Ihre Gesichter waren nach Südwesten ausgerichtet. Als Schmuckbeigaben dienten Zähne vom Perlfisch. Vermutlich ist diese Kopfbestattung aus den gleichen Motiven vorgenommen worden, aus denen auch die Kopfbestattungen in der Großen Ofnethöhle bei Holheim (Kreis Donau-Ries) in Bayern erfolgten (s. S. 187). Die Behandlung der Toten im Beuronien deutet auf komplizierte Jenseitsvorstellungen. Noch rätselhafter ist die Kopfbestattung im Hohlenstein-Stadel. Welche Geister oder Gottheiten die Beuronien-Leute fürchteten, wissen wir nicht.

Das Spätmesolithikum

Als letzter Abschnitt der Mittelsteinzeit in Baden-Württemberg gilt wie im übrigen südlichen Mitteleuropa das Spätmesolithikum (etwa 5800 bis 5000 v. Chr.). Dieser Begriff wurde 1972 für diese Region von dem Tübinger Prähistoriker Wolfgang Taute in die Literatur eingeführt. Noch vor der Mitte des Spätmesolithikums trafen etwa um 5500 v. Chr. die ersten aus dem Osten eingewanderten Bauern der Linienbandkeramischen Kultur (s. S. 249) in Baden-Württemberg ein. Die Spätmesolithiker haben etliche Generationen lang weiterhin als Jäger, Fischer und Sammler gelebt, bevor sie von den Bauern den Ackerbau,

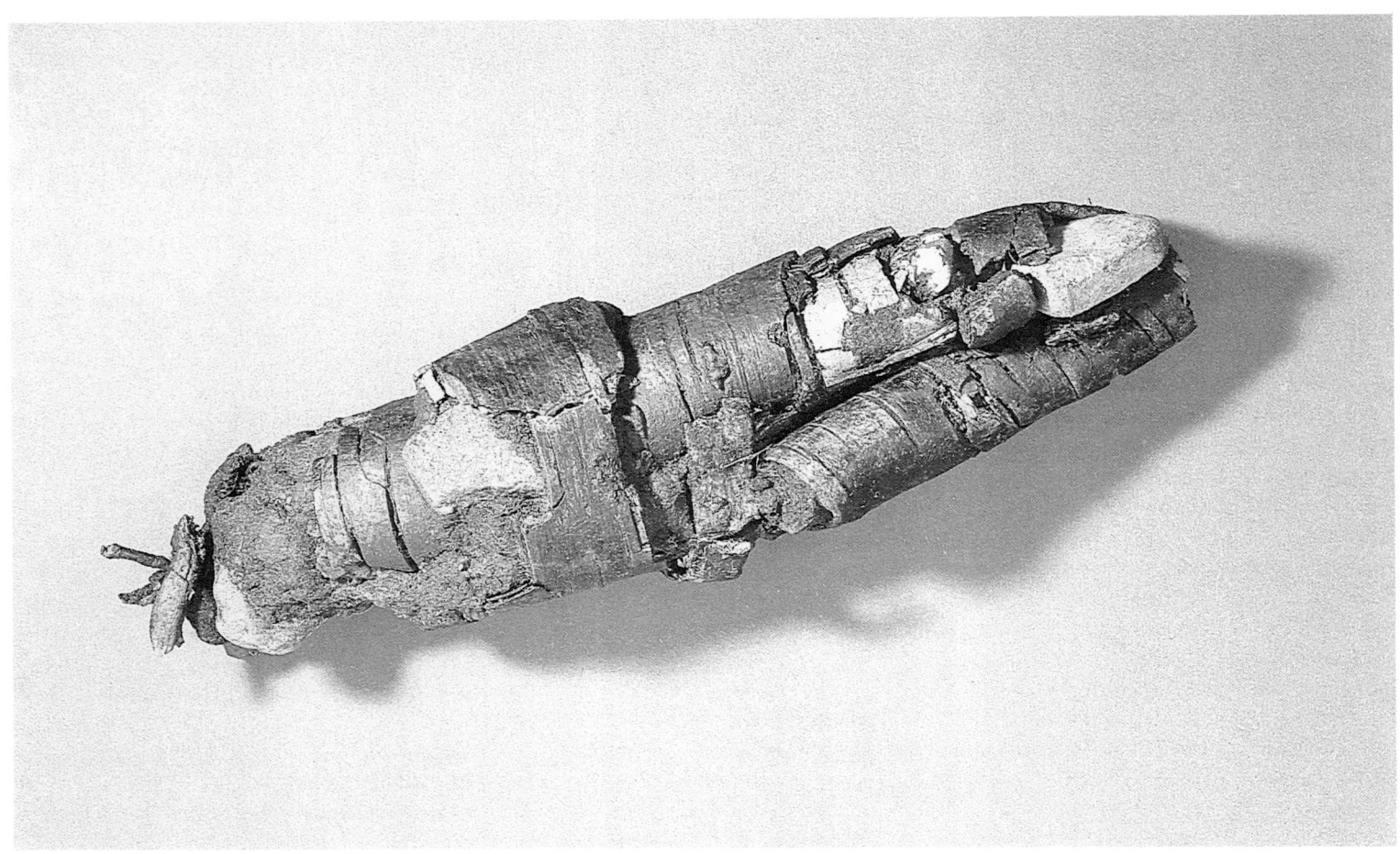

Vermutlich beim Fischfang mit Netz benutzter Netzsenker aus Birkenrinde, mit Lehm und Geröllen gefüllt, von Henauhof-Nord II am Federsee bei Bad Buchau (Kreis Biberach) in Baden-Württemberg. Länge etwa 30 Zentimeter. Original im Landesdenkmalamt Baden-Württemberg, Außenstelle Tübingen.

die Viehzucht und die Töpferei als neue Errungenschaften übernahmen, die für die Jungsteinzeit kennzeichnend sind.

Das Spätmesolithikum entsprach den ersten 800 Jahren des Atlantikums, das um 5800 v. Chr. begann. Während dieser Zeitspanne gediehen vor allem Eichenmischwälder mit Eichen, Ahorn, Eschen, Linden und Ulmen. In den damaligen Gewässern tummelten sich Äschen, Döbel, Perlfische, Hechte und Huchen sowie zahlreiche Wasservögel, darunter Enten und Säger. Daneben gab es am Wasser manchmal Biber und Fischotter. Der immer dichter werdende Urwald beherbergte Rothirsche, Rehe, Auerochsen, Wildschweine, Hasen, Braunbären, Wölfe und Füchse. In felsigen Regionen existierten Gemsen und Steinböcke.

Im Spätmesolithikum haben nach Schätzungen des Tübinger Prähistorikers Hansjürgen Müller-Beck mindestens einige hundert Menschen in Baden-Württemberg gleichzeitig gelebt, vielleicht sogar etwa tausend, was ungefähr 200 Familien entspräche. Von den Spätmesolithikern liegen bisher nur kümmerliche menschliche Reste vor: ein einzelner Backenzahn unter dem Felsdach Inzigkofen und zwei Zähne aus der Jägerhaushöhle.

Der Backenzahn unter dem Felsdach Inzigkofen stammt von einem Menschen, der im Alter von mehr als 20 Jahren starb. Es handelt sich um einen linken oberen dritten Backenzahn, bei dem die Höcker bereits stark abgeschliffen waren. An einer Stelle lag bereits das Zahnbein (Dentin) frei. Demnach ist dieser Zahn zu Lebzeiten seines Trägers erheblich beansprucht worden.

Die beiden menschlichen Zähne aus der Jägerhaushöhle kamen in der spätmesolithischen Kulturschicht 7 zum Vorschein. Einer dieser Funde wurde als Fragment eines rechten oberen ersten Schneidezahns identifiziert, der andere als rechter unterer Milchzahn. Diese Zähne gehörten einem etwa sechs bis elf Jahre alten Kind.

Siedlungsspuren aus dem Spätmesolithikum grub man vor allem in Höhlen und unter Felsdächern aus. Zu den Höhlenfundstellen zählen die Burghöhle Dietfurt bei Inzigkofen, die Falkensteinhöhle bei Beuron und der Zigeunerfels bei Sigmaringen (alle drei im Kreis Sigmaringen), das Jägerhaus bei Fridingen-Bronnen (Kreis Tuttlingen) und die Schuntershöhle bei Allmendingen (Alb-Donau-Kreis). Als Unterschlüpfe unter Felsvorsprüngen sind das Felsdach Lautereck[10] bei Lautrach (Alb-Donau-Kreis) und das Felsdach Inzigkofen (Kreis Sigmaringen) bekannt.

Die Zahl der bisher entdeckten Freilandsiedlungen aus dem Spätmesolithikum ist geringer als die der vorangegangenen Epochen. Ihr Standort wurde bewußt in der Nähe von Gewässern gewählt. Dort fand man nicht nur ausreichend Trinkwasser, sondern häufig auch Fische und Wildtiere vor, die hier zur Tränke kamen. Mit dem in den Wäldern reichlich vorhandenen Holz konnte man leicht Zelte oder Hütten errichten.

Für die Spätmesolithiker hatte die Jagd noch große Bedeutung, wobei das Wild im jetzt dichter gewordenen Urwald schwerer aufzuspüren war. Die damaligen Jäger brachten mit Pfeil und Bogen vor allem Rothirsche, Wildschweine und die wehrhaften Auerochsen zur Strecke. Jagdbeutereste vom Rothirsch, Reh und Fuchs wurden in Henauhof-Nord II am Federsee gefunden. Dort barg man auch ein etwa 30 Zentimeter langes Stück Birkenrinde, das mehrfach übereinandergerollt und mit ortsfremdem Lehm und einigen bis zu 4 Zentimeter großen Kieseln gefüllt ist. Dieser Fund wird als Netzsenker betrachtet und dokumentiert somit indirekt den Fang von Fischen.

Außer dem Fleisch erlegter Wildtiere und gefangener Fische, das man wohl meist briet, aß man auch das Fleisch von Flußmuscheln und das Innere von Vogeleiern. Hinzu kam vegetarische Kost wie Haselnüsse, die es zu dieser Zeit in Hülle und Fülle gab, sowie Beeren und schmackhafte Kräuter. Ernsthafte Versorgungsprobleme gab es vermutlich nur dann, wenn ein Winter ungewöhnlich lang dauerte und die Nahrungsvorräte aufgebraucht waren.

Zum Leben der Spätmesolithiker dürften in einem gewissen Umfang auch Tauschgeschäfte gehört haben. Begehrt waren vor allem Produkte, die im näheren Umkreis nicht vorhanden waren: bestimmte Schmuckschnecken oder seltene Feuersteinarten. Bei diesen Tauschgeschäften konnten jedoch nur geringe Mengen den Besitzer wechseln. Für größere Stückzahlen mangelte es an Transportmöglichkeiten.

Vielleicht haben die an Seen wohnenden Spätmesolithiker bereits dicke Baumstämme gefällt, ausgehöhlt und als Einbäume zur Jagd oder für kürzere Reisen benutzt. Zumindest hat man solche Wasserfahrzeuge in anderen Kulturstufen der Mittelsteinzeit schon gekannt (s. S. 207).

Zur Kleidung der Spätmesolithiker gehörten vermutlich eine Jacke, Hose und Schuhe aus Tierhäuten, die man zu geschmeidigem Leder verarbeitete und zusammennähte. Als Material hierfür eignete sich wohl am besten Hirschleder, weil man daraus große Stücke schneiden konnte.

Wie in früheren Abschnitten der Mittelsteinzeit wurden auch im Spätmesolithikum bestimmte Gehäuse von Schnecken als Schmuck geschätzt. Beispielsweise fand man in der Jägerhaushöhle an der oberen Donau ein von Menschenhand durchbohrtes Gehäuse der fossilen Süßwasserschnecke *Gyraulus trochiformis* aus dem Steinheimer Becken. Dieser Fund ist ein Beleg für die Mobilität der damaligen Jäger, Fischer und Sammler.

Die Steinwerkzeuge und -waffen der Spätmesolithiker zeugen von guter Beherrschung der Schlagtechnik und von großer Sorgfalt bei der Bearbeitung. Von vorbereiteten Steinkernen wurden noch regelmäßigere relativ breite und dünne Klingen als bisher abgetrennt, die man zu bestimmten Formen weiterverarbeitete. Unter anderem fertigte man scharfkantige Einsätze für Schneidegeräte mit einem Griff aus Holz oder Geweih, kurze Kratzer zur Holz- oder Lederbearbeitung sowie Stichel zum Beschnitzen von Knochen oder Geweih an.

Die aus Jurahornstein oder Keuperhornstein geschaffenen Mikrolithen dienten vielfach zur Bewehrung von Pfeilen. Dazu verwendete man nur noch selten lange und spitze Mikrolithen wie in früheren Kulturstufen der Mittelsteinzeit. Viel häufiger waren Pfeilbewehrungen in Form relativ hoher, trapezförmiger Mikrolithen, deren breiteres Ende die Schneide bildete. Solche Trapeze oder Querschneider hatten gegenüber spitzen Geschossen den Vorteil, daß sie bei der Jagd im Wald nicht durch Berührung von kleinsten Zweigen aus der geplanten Flugbahn abgelenkt wurden. Außerdem glitten die mit Querschneidern versehenen Pfeile am dichten Balg der Vögel nicht so leicht ab.

Die Spätmesolithiker in Baden-Württemberg haben auch Werkzeuge und Waffen aus Geweih hergestellt. Unter dem Felsdach Inzigkofen und in der Jägerhaushöhle wurden aus breiten Hirschgeweihspänen geschnitzte Harpunen geborgen. Bei ihnen ist unklar, ob sie fest mit dem Holzschaft verbunden waren oder ob sie sich nach einem Treffer davon lösten. In letzterem Fall dürfte die mit Widerhaken versehene Waffenspitze nach dem Wurf an einer langen Lederleine gehangen haben.

Wie die Spätmesolithiker in Baden-Württemberg ihre Toten bestatteten, ist unbekannt. Die Zahnfunde unter dem Felsdach Inzigkofen und aus der Jägerhaushöhle erlauben hierüber keine Aussagen. In anderen Kulturstufen aus dieser Zeit wurden Verstorbene mit Rötel überschüttet und aus religiösen Motiven zerstückelt (s. S. 202).

Über die Religion der Spätmesolithiker in Baden-Württemberg weiß man ebenfalls nichts Konkretes. Möglicherweise war die Geisteswelt dieser Jäger, Fischer und Sammler von der Furcht vor unerklärlichen Naturerscheinungen geprägt.

Der Schädelkult in der Großen Ofnethöhle

Die Mittelsteinzeit in Bayern

Nach dem Vorbild von Baden-Württemberg wird auch in Bayern die Mittelsteinzeit in Frühestmesolithikum, Frühmesolithikum (Beuronien) und Spätmesolithikum eingeteilt. Hier gibt es aber noch sehr viele Fundstellen und Funde, die schon vor einigen Jahrzehnten entdeckt, untersucht, beschrieben und zumeist dem Tardenoisien (s. S. 177) zugeordnet wurden. Hinter diesem heute nicht mehr verwendeten Begriff können sich unterschiedlich alte Kulturstufen verbergen. Deshalb werden etliche der nachfolgend erwähnten Fundstellen und Funde keiner bestimmten Stufe, sondern lediglich allgemein der Mittelsteinzeit zugerechnet.

Aus dem Frühestmesolithikum liegen bisher in Bayern keine Funde vor. Dagegen kennt man etliche Hinterlassenschaften von Jägern, Fischern und Sammlern aus dem Beuronien und aus dem Spätmesolithikum.

Flora und Fauna des Frühmesolithikums in Bayern unterscheiden sich kaum von denen Baden-Württembergs. Während des warmen und trockenen Boreals gegen Ende des Beuronien gediehen auf den südbayerischen Flußheiden etliche Pflanzen, die in Etappen aus Steppen des Ostens und von den Bergen Südeuropas eingewandert sind. Solche floristischen Kostbarkeiten kann man heute noch im Naturschutzgebiet Garchinger Heide vor den Toren Münchens bewundern.

In der Garchinger Heide blühen alljährlich Adonisröschen, Heide-Kuhschelle, Mädesüß, Regensburger Geißklee, Steppen-Lein, Österreichischer Ehrenpreis und die Purpur-Schwarzwurzel. Sie gelten als Sendboten der Pußta. Durch die Föhnpforten der Alpen – wie Lechtal, Fernpaß, Seefelder Sattel oder Inntal – gelangten im Boreal das rosa Steinröserl mit seinem betörenden Duft, der zweifarbige Zwergbuchs und der weiße Backenklee in die südbayerischen Flußheiden. Diese in den Bergen Südeuropas heimischen Pflanzen findet man ebenfalls in der Garchinger Heide.

In den borealen Laubwäldern Bayerns lebten Braunbären, Füchse, Auerochsen, Rothirsche, Rehe und Hasen. Die für den Menschen der damaligen Zeit gefährlichsten Tiere waren die Braunbären.

Das warme und feuchte Klima des Atlantikums ließ im Spätmesolithikum vor allem Eichenmischwälder gedeihen, in denen Braunbären, Auerochsen, Rothirsche, Rehe und Wildschweine existierten. Ein wichtiger Fundplatz dieser Zeit liegt am Forggensee im Allgäu.

Die meisten Knochenreste von Menschen aus der Mittelsteinzeit wurden 1908 von dem Tübinger Prähistoriker Richard Rudolf Schmidt (1882–1950) in der Großen Ofnethöhle bei Holheim (Kreis Donau-Ries) in Schwaben entdeckt. Dort kamen insgesamt 33 Schädel von Männern, Frauen und Kindern zum Vorschein, von denen später noch in anderem Zusammenhang die Rede sein wird. Die Altersdatierungen dieser Funde reichen von mindestens 7000 bis maximal 13000 Jahren.[1] Da die neuesten Datierungen ein jüngeres Alter näher legen, werden die berühmten Schädel aus der Großen Ofnethöhle auch in diesem Buch dem Mesolithikum zugerechnet.

Der seinerzeit in Göttingen tätige Anthropologe Karl Saller

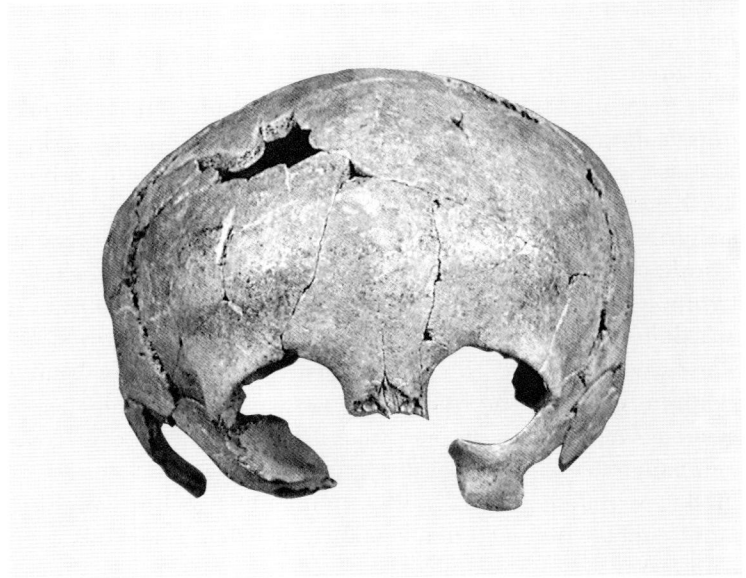

Schädel eines der beiden Kinder im Alter von zwei bis vier Jahren aus dem Innenhof von Burg Nassenfels (Kreis Eichstätt) in Bayern, die 1982 entdeckt wurden. Original in der Anthropologischen Staatssammlung München.

(1902–1969) hat 1933 die unter den Ofnet-Schädeln in einigen Fällen vertretene »niedere Kurzkopfform« bzw. »Rundkopfform« als Ofnettypus bezeichnet. Die Bezeichnung Ofnetrasse konnte sich jedoch nicht behaupten. Bei einer Nachuntersuchung der Ofnet-Schädel entdeckte 1936 der Münchner Anthropologe Theodor Mollison (1874–1952), daß man diesen Menschen den Schädel eingeschlagen hatte.

In das Mesolithikum wird auch der Schädel eines etwa 25 bis 35 Jahre alten Mannes datiert, der 1913 in Nähe des Eingangs der Halbhöhle Hexenküche[2] am Kaufertsberg bei Lierheim (Kreis Donau-Ries) in Schwaben gefunden wurde. Seine beiden ersten Halswirbel lagen noch in natürlicher Verbindung mit dem Schädel. Am Schädel selbst ließen sich keine Anzeichen einer Verletzung – etwa durch eine Hiebwaffe – feststellen.

Mittelsteinzeitliches Alter sollen auch die Skelettreste von drei Menschen haben, die im Sommer 1982 im Innenhof von Burg Nassenfels (Kreis Eichstätt) in Oberbayern geborgen wurden. Auf sie stieß man, als Bagger Gräben für Versorgungsleitungen aushoben. Schon bei der ersten Routinekontrolle dieser Arbeiten durch den Archäologen Karl Heinz Rieder aus Ingolstadt wurden Funde aus verschiedenen Zeiten geborgen. Darunter war ein menschliches Schädeldach, das noch in der Profilwand steckte. Bei der genauen Untersuchung des vom Bagger ausgehobenen Erdreichs und des Profils auf der gegenüberliegenden Seite des Grabens entdeckte man weitere Skelettreste. Die Funde von Burg Nassenfels stammen nach Ansicht des Münchner Anthropologen Gerfried Ziegelmeier von zwei Kindern im Alter von 2 bis 4 Jahren und einem Jugendlichen zwischen 14 und 16 Jahren.

Bis vor wenigen Jahren wurde die im Sommer 1972 unmittelbar an der Rückwand der Halbhöhle unter den »Schellnecker

Wänd« bei Essing (Kreis Kelheim) in Niederbayern entdeckte Doppelbestattung als mittelsteinzeitlich bezeichnet. Sie kam bei Grabungen des Bonner Prähistorikers Friedrich B. Naber (1935–1980) zum Vorschein. Nach den Ergebnissen einer späteren Untersuchung durch die Prähistorikerin Brigitte Kaulich aus Nürnberg ist diese Datierung der Bestattung einer etwa 20 Jahre alten Frau und eines etwa 2 bis 3 Jahre alten Kindes jedoch keineswegs gesichert.

Siedlungsspuren aus der Mittelsteinzeit wurden in Bayern in Höhlen, Halbhöhlen und im Freiland festgestellt. Als besonders fundreich erwiesen sich die Frankenalb, das Altmühltal und das Nördlinger Ries, wo zahlreiche Höhlen und Halbhöhlen liegen. Eine beachtliche Konzentration von Freilandfundstellen gab es am rechten Donauufer zwischen Barbing und Friesheim unweit Regensburg in der Oberpfalz sowie im Donaumoos zwischen Neuburg an der Donau und Ingolstadt.

Vor der Mühlberggrotte nördlich von Dollnstein (Kreis Eichstätt) in Oberbayern beispielsweise wies 1947 der Ansbacher Baumeister Karl Gumpert (1878–1955), der sich um die Erforschung der Steinzeit in Bayern verdient gemacht hat, einige Feuerstellen nach. Man hatte sie grubenartig in den Untergrund eingetieft und mit faustgroßen Steinen eingefaßt. In der Umgebung dieser Feuerstellen barg man die für die Mittelsteinzeit typischen Mikrolithen.

Spuren von Feuer wurden auch im Höhlensystem Euerwanger Bühl[5] bei Greding (Kreis Roth) in Mittelfranken entdeckt.

Der Baumeister und Amateur-Archäologe Karl Gumpert (1878–1955) aus Ansbach während seiner Ausgrabungsarbeiten in der Breitenfurter Höhle (Kreis Eichstätt) in Bayern. Gumpert hat 1949/50 den Eingangsbereich dieser Höhle intensiv untersucht.

Neben Holzkohleresten fand man Jagdbeutereste, die vom Feuer geröstet waren. In der Halbhöhle Hohlstein[4] im Klumpertal unweit der Schüttersmühle (Kreis Bayreuth) in Oberfranken haben mittelsteinzeitliche Jäger ebenfalls Feuerstellen und Jagdbeutereste hinterlassen. Daneben kamen dort Steinwerkzeuge und Hirschgeweihspitzen zum Vorschein.

Im Kreis Bayreuth fanden sich auch in der Höhle Adamsfels[5] bei Pottenstein, der Halbhöhle »In der Breit«[6] bei Pottenstein, der Halbhöhle Fuchsenloch[7] bei Siegmannsbrunn, der Halbhöhle Gaiskirche[8] im Püttlachtal bei Pottenstein, der Halbhöhle Rennerfels[9] bei Behringersmühle im Ailsbachtal und in der Stempfermühlhöhle[10] bei Gößweinstein Überreste aus der Mittelsteinzeit. Die Fundstätten liegen allesamt im Bereich der Frankenalb.

Manchmal haben die Menschen jener Zeit die von ihnen kurzfristig bewohnten Höhlen oder Halbhöhlen nach außen hin durch eine Art von Windschirm aus Stangen oder Flechtwerk vor Wind, Regen und Kälte geschützt. Dies nimmt man beispielsweise für die Halbhöhle Schräge Wand[11] bei Weismain (Kreis Lichtenfels) in Oberfranken und für das Felsdach an der Steinbergwand[12] bei Ensdorf (Kreis Amberg-Sulzbach) in der Oberpfalz an. Letzteres wurde in der Mittelsteinzeit mehrfach aufgesucht.

In Franken wurden neben Freilandsiedlungen im Flachland auffällig viele Lagerplätze auf markanten Bergen angelegt. Dazu zählen unter anderem der Staffelberg bei Staffelstein, die Ehrenbürg (auch Walberla genannt) bei Forchheim, die Houbirg bei Hersbruck, der Schwanberg bei Kitzingen und der Hesselberg bei Dinkelsbühl.

Nach den Funden am rechten Donauufer zwischen Barbing und Friesheim in der Oberpfalz zu schließen, haben hier wiederholt mittelsteinzeitliche Jäger Rast gemacht. Diese Lagerplätze wurden von den erfahrenen Amateur-Archäologen Werner Schönweiß aus Coburg und Hans-Jürgen Werner aus Neutraubling entdeckt, untersucht und beschrieben.

Allein auf den Sanddünen bei Sarching konnten Schönweiß und Werner 15 verschiedenaltrige Raststellen nachweisen. In Sarching 1 beispielsweise gehörten eine Feuerstelle und eine Grube zu einem annähernd runden Lager. An den Grubenwänden waren Spuren des Heraushackens oder Abtragens mittels

Doppelbestattung einer etwa 20 Jahre alten Frau und eines zwei bis drei Jahre alten Kindes an der Rückwand der Halbhöhle unter den »Schellnekker Wänd« bei Essing (Kreis Kelheim) in Bayern. Die Datierung in die Mittelsteinzeit ist umstritten.

Rekonstruktion einer mit Mikrolithen bestückten Harpune aus der frühen Mittelsteinzeit in Bayern. Sie wurde nach Angaben des Prähistorikers Karl Heinz Rieder aus Ingolstadt angefertigt. Rekonstruktion im Museum für Ur- und Frühgeschichte Eichstätt.

eines steinernen Grabgerätes zu erkennen. In Sarching 3 stieß man auf ein mit Pfählen umstelltes Quadrat von hüttenähnlicher Gestalt mit einem tief in den Boden eingerammten Mittelpfahl. Alle Pfähle hatte man zugespitzt und senkrecht aufgestellt. In Sarching 15 wurden eine Feuerstelle und eine tiefe Grube entdeckt. Die hier aufgezählten Fundstellen stammten – nach den Mikrolithenfunden zu urteilen – aus dem Beuronien.

Zu den Fundstellen am rechten Donauufer zählen auch zwei unterschiedlich alte mittelsteinzeitliche Rastplätze bei Friesheim. Zum ersten gehörte eine Feuerstelle mit einem Durchmesser von 0,80 Meter. Auf dem zweiten Rastplatz hatte offenbar ein rechteckiges Zelt oder eine Hütte gestanden. Das Gerüst dieser Behausung wurde durch Holzstangen gebildet, die man vielleicht mit Tierhäuten bedeckt hatte. Spuren von kleinen Gräben im Boden bezeugen, daß die Häute oder eine andere Bedeckung auf dem Boden auflagen. Außerdem stieß man auf zwei Feuerstellen und auf vorbereitete Gruben, die etwa 0,75 Meter tief waren. Neben kleinen Knochenresten und Haselnußschalen wurden auch Abfälle der Werkzeugherstellung, Steinwerkzeuge und reichlich Mikrolithen aus dem Frühmesolithikum gefunden.

Die damaligen Jäger erbeuteten mit Wurfspeeren sowie mit Pfeil und Bogen Auerochsen, Rothirsche, Rehe, Füchse und

Hasen. Jagdbeutereste von diesen Tieren kennt man beispielsweise im erwähnten Höhlensystem Euerwanger Bühl bei Greding. Wie die zahlreichen Fischgräten und -wirbel beweisen, ernährten sich die Bewohner der Lochschlaghöhle bei Obereichstätt (Kreis Eichstätt) auch von Fischen.

Aus dem Höhlensystem Euerwanger Bühl stammt der bisher älteste Nachweis eines Haustieres in Bayern. Es handelt sich um den Kiefer eines etwa 3 bis 4 Monate alten Hundes mit starken Wolfsmerkmalen. Erwachsene Hunde wurden vermutlich mit auf die Jagd genommen und erfüllten Schutzfunktionen in der Siedlung. Daneben waren Hunde wahrscheinlich Spielgefährten für Kinder und Erwachsene, dienten in schlechten Zeiten aber auch als Fleischvorrat.

Das Fleisch der erlegten Wildtiere wurde meist vor dem Verzehr über dem Feuer gebraten. Am Fundort Euerwanger Bühl entdeckte man Knochen vom Auerochsen, die vom Feuer erhitzt und danach von Menschen zerschlagen worden sind, um an das als Leckerbissen geschätzte Mark zu gelangen. Außerdem aß man wohl zahlreiche Beeren, Kräuter und vor allem die massenhaft vorkommenden Haselnüsse.

Die damalige Kleidung wurde wohl überwiegend aus Hirschleder angefertigt. Als Schmuck dienten formschöne Schneckengehäuse und Fischzähne. Damit waren auch die Schädel der Frauen in der Großen Ofnethöhle verziert.

Bisher hat man in Bayern nur spärliche mittelsteinzeitliche Kunstwerke entdeckt. Als Beispiel läßt sich ein 5,3 Zentimeter langes Knochenfragment aus der Halbhöhle Hohlstein unweit der Schüttersmühle anführen, das eine feine zweig- oder netzartige Gravierung trägt.

Die mittelsteinzeitlichen Steinschläger in Bayern fertigten ihre winzigen Werkzeug- und Waffenteile (Mikrolithen) aus verschiedenen gut spaltbaren Steinarten. In Nordbayern erfreute sich vor allem der kleinknollige, bunte Jurahornstein großer Beliebtheit. Dieser Rohstoff konnte auf der von Lichtenfels im Norden bis nahezu Regensburg im Süden reichenden Frankenalb gewonnen werden. Wie der Jurahornstein zu den Steinschlägern gelangte, ist unbekannt. Vielleicht hat man Rohstofflager gekannt und selbst bei gelegentlichen Expeditionen ausgebeutet oder aber den Jurahornstein eingetauscht.

Dieser Jurahornstein ließ sich bis zum allerkleinsten Rest gut in Abschläge (Klingen) spalten, die anschließend noch verfeinert wurden. Die Kanten der gewünschten Endprodukte wurden selten abgeschlagen, sondern meistens mit Geweihteilen abgedrückt. Die oft wie Kinderspielzeug aussehenden Klingen und Kratzer hatten überwiegend Holz- oder Geweihgriffe.

Gravierter Knochen aus der Halbhöhle Hohlstein im Klumpertal unweit der Schüttersmühle (Kreis Bayreuth) in Bayern. Länge etwa 8,5 Zentimeter. Original im Institut für Altertumskunde, Ur- und Frühgeschichte der Universität Erlangen-Nürnberg.

Schädelkult in der Großen Ofnethöhle bei Holheim (Kreis Donau-Ries) in Bayern früher als 7000 v. Chr. in der Mittelsteinzeit.

Als Rohmaterial für die Herstellung von Werkzeug- und Waffenteilen verwendete man außerdem Lydit aus der Maingegend, Keuperhornsteine aus Nordfranken, Muschelkalkhornsteine aus Unter- und teilweise auch aus Oberfranken, Bergkristall aus dem Regental, spaltbare Gerölle wie etwa Kreidequarzit und Radiolarit aus Alpenflüssen und Quarz aus dem Bayerischen Wald. Das für die Anfertigung von Geräten bestimmte Gestein wurde häufig im Feuer erhitzt, damit man es besser verarbeiten konnte (s. S. 181).

Die mikrolithischen Spitzen dienten zur Bewehrung von Pfeilen, die mit Bogen abgeschossen wurden, sowie von Harpunen, die man mit der Hand warf. Die vielen Pfeilspitzen aus der Mittelsteinzeit deuten vielleicht auf besonders aktive Jäger und weniger auf kriegerische Auseinandersetzungen hin.

Mikrolithen hat man mitunter in großer Zahl geschaffen. So fand man in Hesselbach[15] (Kreis Schweinfurt) in Unterfranken mehr als 7000 Mikrolithen, die teilweise ins Frühmesolithikum und zu einem geringen Teil auch ins Spätmesolithikum gehören. Es handelt sich demnach um einen der fundreichsten Freilandplätze der Mittelsteinzeit in Mitteleuropa!

Werner Schönweiß hat die Mikrolithen von etlichen nordbayerischen Fundorten untersucht und nach ihrer Form unterschiedlichen Stufen der Mittelsteinzeit zugeordnet. Die meisten Funde ließen sich dem Frühmesolithikum (Beuronien) zurechnen. Mikrolithen aus dieser Zeit wurden auch im Osten von Nürnberg[14] entdeckt. Die für das Spätmesolithikum typische trapezförmige Pfeilspitze wurde unter anderem in Königsfeld (Kreis Bamberg) in Oberfranken nachgewiesen.

Als Rohmaterial für Werkzeuge und Waffen dienten auch bestimmte Knochen mancher Tiere. Einen Anhaltspunkt dafür liefert ein Röhrenknochen vom Rothirsch aus der Halbhöhle Hohlstein unweit von Pegnitz, welcher der Länge nach gespalten ist. Aus derartigen langen Knochenstücken konnte man schmale Späne lostrennen und zu Nadeln, Harpunen- oder Pfeilspitzen verarbeiten. Ebenfalls vom Hohlstein stammt eine Speerspitze aus Hirschgeweih.

Die Form der Bestattung wird am eindrucksvollsten durch die Kopfbestattungen aus der Großen Ofnethöhle dokumentiert. Dort deponierten Menschen aus der Mittelsteinzeit die Köpfe von vier Männern, neun Frauen und 20 Kindern in zwei Mulden, die mit Asche und rotem Farbstoff bedeckt waren. In einer Mulde befanden sich 27 Schädel, kaum zwei Meter davon entfernt in der anderen weitere sechs. Sie waren so niedergelegt, daß sie zum im Westen befindlichen Höhlenausgang blickten – also in Richtung der untergehenden Sonne.

An fünf der Schädel aus der Großen Ofnethöhle konnten Verletzungen durch eine Hiebwaffe festgestellt werden. Weitere zehn Schädel weisen ebenfalls Spuren auf, die sich mehr oder minder als Hiebverletzungen deuten lassen. Es ist unklar, ob diese mit großer Wucht ausgeführten Schläge lebende Menschen trafen und somit deren Tod bewirkten oder ob sie einem bereits Verstorbenen galten. Schnittspuren an den Halswirbeln zeigen, daß die Schädel mit Gewalt vom übrigen Körper getrennt wurden. Angebrannte Knochen und Kohlestückchen in einer Grube zwischen den Schädeln liefern einen Anhaltspunkt dafür, daß die zu den Kopfbestattungen gehörenden Körper verbrannt worden sind. Die große Zahl der nacheinander beigesetzten Schädel läßt an längeres Verweilen einer Gruppe von Menschen an diesem Ort denken.

Auch die erwähnte Kopfbestattung in Nähe der Halbhöhle Hexenküche am Kaufertsberg hatte man mit rotem Farbstoff überschüttet. Das Erdreich ringsum war rötlich gefärbt.

Die mittelsteinzeitlichen Kopfbestattungen erinnern an die Rituale mancher Naturvölker, bei denen der Kopf als wichtigster Teil des Menschen im Mittelpunkt stand und besonders verehrt wurde. Außer diesen Bestattungen liegen keine weiteren archäologischen Zeugnisse über die religiöse Vorstellungswelt der damaligen Jäger, Fischer und Sammler in Bayern vor.

Werkzeuge härter als Stahl oder Glas

Die Mittelsteinzeit im Saarland

Im Vergleich mit den Funden aus den – allerdings viel größeren – Bundesländern Baden-Württemberg, Bayern, Nordrhein-Westfalen, Niedersachsen und Schleswig-Holstein ist das Saarland arm an bekannten Hinterlassenschaften aus der Mittelsteinzeit. Bisher wurden weder aussagekräftige Bestattungen entdeckt, noch aufschlußreiche Siedlungsspuren untersucht. Dennoch haben sich auch im Saarland während des Mesolithikums einige Jäger und Sammler aufgehalten. Dies beweist die Entdeckung eines Siedlungsplatzes auf dem Sonnenberg bei Saarbrücken durch den Heimatforscher Robert Seyler (1922 bis 1987) aus Dudweiler/Saar. Er sammelte dort von 1950 bis 1961 auf der Erdoberfläche zahlreiche Steinwerkzeuge aus unterschiedlichem Material.

Die meisten Werkzeuge vom Sonnenberg bestehen aus örtlich vorkommendem Muschelkalkhornstein.[1] Der Anteil dieser gut spaltbaren Gesteinsart beträgt etwa 90 Prozent. Fast fünf Prozent der Werkzeuge wurden aus dem Halbedelstein Achat angefertigt, der etwa 30 Kilometer vom Fundort entfernt im nördlichen Saarland vorkommt. Achat ist sehr hart, er ritzt sogar Stahl und Glas. Rund vier Prozent der Werkzeuge hat man aus gelblichem oder blutrotem Karneol aus dem Buntsandstein[2] hergestellt. Für ein Prozent der Werkzeuge diente das vulkanische Ergußgestein Melaphyr als Rohstoff. Auch Melaphyr ist sehr hart und widerstandsfähig. Die nächstgelegenen Vorkommen befinden sich in der Gegend von Nunkirchen (Kreis Merzig-Wadern).

Die teilweise aus entfernten Gegenden stammenden Rohstoffe für Steinwerkzeuge auf dem Sonnenberg deuten auf eine gewisse Mobilität der mittelsteinzeitlichen Menschen im Saarland hin, falls sie diese ortsfremden Gesteine selbst bei Expeditionen gesammelt und herbeigeschafft hatten.

Mittelsteinzeitliche Steinwerkzeuge kennt man auch vom Großen Stiefel bei St. Ingbert (Saar-Pfalz-Kreis), vom Dreibannstein bei Dudweiler und vom Guckelsberg bei Dudweiler (beide im Stadtverband Saarbrücken) und vom Schaumberg bei Tholey (Kreis St. Wendel). All diese auf Bergen befindlichen Fundorte sind von Robert Seyler entdeckt worden.

Steingeräte verschiedener Größe und Funktion aus der Mittelsteinzeit von St. Arnual/Saarbrücken. Länge des größten Fundstückes 3 Zentimeter. Originale im Museum für Vor- und Frühgeschichte Saarbrücken.

Die Großfamilie in der Weidentalhöhle

Die Mittelsteinzeit in Rheinland-Pfalz

Aus Rheinland-Pfalz kennt man bisher mehr als hundert Fundstellen, die in die Mittelsteinzeit datiert werden.[1] Es wurden fast ausschließlich kleine und unscheinbare Steingeräte entdeckt. Gräber oder Schmuckstücke konnte man bisher nicht nachweisen. Die Erforschung des Mesolithikums hat in Rheinland-Pfalz erst begonnen.

Hinweise auf das Klima der Mittelsteinzeit in Rheinland-Pfalz liefern die Ablagerungen kalkhaltiger Quellen, besonders im Muschelkalkgebiet der Südwesteifel und des Saargaus. Eine detaillierte Untersuchung dieser Ablagerungen steht noch aus. Die Kalktuffe von Hüttingen an der Kyll, Ahlbachsmühle, Issel, Weilersbach oder Holstum lassen jedoch Blattabdrücke wärmeliebender Laubbäume und Schneckengehäuse erkennen.

Bisher konnte von den Menschen aus der Mittelsteinzeit in Rheinland-Pfalz kein einziger Skelettrest entdeckt werden.

Seit 1935 kennt man jedoch aus dem Felsdach Loschbour im benachbarten Luxemburg eine mittelsteinzeitliche Bestattung. Hierbei handelt es sich um einen in gestreckter Rückenlage unter einer Steinplatte bestatteten, erwachsenen Mann von kleiner Statur, der etwa 1,60 Meter groß war. Bei ihm wurden zwei Auerochsenrippen gefunden, die wohl Reste einer Fleischbeigabe darstellten.

Die Mittelsteinzeit-Leute in Rheinland-Pfalz wohnten kurzfristig in Höhlen, meist jedoch in Zelten oder Hütten unter freiem Himmel.

Als die am besten erforschte Wohnhöhle in der Pfalz gilt die Weidentalhöhle[2] (s. S. 213) bei Wilgartswiesen (Kreis Pirmasens). Sie liegt in 247 Meter Höhe auf dem Hang des 422 Meter hohen Göckelberges. Der durch einen Pfeiler in zwei Halbbögen unterteilte Eingang ist insgesamt etwa 20 Meter lang. In den Berg ragt die Höhle etwa drei Meter tief. Nördlich von ihr sprudelte in der Mittelsteinzeit eine Quelle, und etwa 500 Meter entfernt fließt der Fluß Queich. In der Höhle hatte sich im späten Beuronien eine kleine Gruppe von Menschen aufgehalten. Wahrscheinlich handelte es sich um etwa drei bis fünf Erwachsene und einige Kinder.

Der Kölner Prähistoriker Erwin Cziesla, der Ausgräber der Weidentalhöhle, hat 1987 in einem Aufsatz das Leben in diesem Lager zu skizzieren versucht. Nach erfolgreicher Jagd wurde die Beute vor der Höhle zerlegt. Man weidete die Tiere aus, zog

Luftbild der Weidentalhöhle bei Wilgartswiesen (Kreis Pirmasens) in Rheinland-Pfalz auf dem Hang des Göckelberges während der Ausgrabungen des Kölner Prähistorikers Erwin Cziesla. Die Höhle ist etwa 20 Meter lang und 3 Meter tief.

ihnen das Fell ab und verteilte das Fleisch an die Mitglieder der Gruppe. Anschließend säuberten einige der Höhlenbewohner mit scharfkantigen Schabern das Fell von Fleisch- und Hautresten. Danach wurde es vielleicht am Höhlenvordach befestigt oder über dem Feuer hängend haltbar gemacht.

Mitunter saßen die Jäger an der etwa 50 x 30 Zentimeter großen Feuerstelle und wechselten die beschädigten Pfeilspitzen an den Holzschäften aus, wobei sich das für die Befestigung der Pfeilspitzen benutzte Birkenpech durch Hitze erweichen und gut formen ließ. Da in Reichweite des Feuers noch andere Tätigkeiten ausgeübt wurden, war dieser Bereich die intensivste Arbeitszone. Dort entdeckte man auch den größten Teil der Funde.

Als Aufenthaltsort mittelsteinzeitlicher Menschen gilt auch der Platz unter dem Felsdach Völkerhöhle bei Biesdorf (Kreis Bitburg-Prüm). Er wurde vor dem Zweiten Weltkrieg unsachgemäß von einem Amateur-Archäologen angegraben.

Die mittelsteinzeitlichen Siedlungen im Freiland werden in Rheinland-Pfalz nur durch Konzentrationen von Steingeräten markiert. Dabei handelt es sich keineswegs – wie manchmal gesagt wird – nur um Hinterlassenschaften einer Steinschlägerwerkstätte, sondern um einen Siedlungsplatz, der eine gewisse Zeit bewohnt war.

Geschliffenes Bimsgerät unbekannter Funktion aus der Weidentalhöhle bei Wilgartswiesen (Kreis Pirmasens) in Rheinland-Pfalz. Länge etwa 8 Zentimeter, maximale Breite etwa 4,5 Zentimeter. Originale im Landesamt für Denkmalpflege Rheinland-Pfalz, Abteilung Bodendenkmalpflege, Außenstelle Speyer.

Aus der Pfalz kennt man eine solche lediglich durch Steingeräte nachgewiesene Freilandstation beispielsweise vom Hochplateau des Benneberges[3] bei Burgalben/Waldfischbach (Kreis Pirmasens). Sie wurde entdeckt, als man einen Teil des Geländesporns durch den Bau der Eisenbahnlinie Pirmasens—Kaiserslautern anschnitt, wobei Steingeräte zum Vorschein kamen. Weitere Wohnplätze dieser Art sind die Kleine Kalmit[4] bei Ilbesheim (Kreis Landau), der Kohlwoog-Acker[5] bei Wilgartswiesen sowie Fundstellen am nördlichen Rand des Pfälzer Waldes bei Kaiserslautern.

In Rheinhessen, also der Gegend um Mainz, konnten bisher keine bedeutenden Freilandstationen aus dem Mesolithikum entdeckt werden. Dies dürfte aber eher auf eine Lücke in der Forschung als auf das Meiden dieses Gebietes zurückzuführen sein. Denn Rheinhessen bot damals ebenso gute Voraussetzungen für eine Besiedlung wie andere Gegenden in Rheinland-Pfalz. Erste Hinweise auf eine mittelsteinzeitliche Besiedlung in Form einiger typischer Mikrolithen fand der Waldalgesheimer Sammler Kurt Hochgesand.

Im Mittelrheingebiet, wo gegen Ende der jüngeren Altsteinzeit die großen Freilandstationen Gönnersdorf (s. S. 92) und Andernach bestanden hatten, fand man bisher keine Siedlungsspuren aus der Mittelsteinzeit. Dies liegt vermutlich daran, daß diese Funde jünger als der Bims sind, der von einem Vulkanausbruch vor etwa 11 000 Jahren stammt (s. S. 107) und industriell abgebaut wurde. In der Mittelsteinzeit ruhten die Vulkane der Eifel bereits, und die bei der erwähnten Naturkatastrophe verwüstete Landschaft war schon längst wieder begrünt, so daß die Lebensbedingungen sicherlich hervorragend gewesen sein müssen. Die spätestens seit der Jungsteinzeit immer intensiver landwirtschaftlich genutzten Bimsböden sind wahrscheinlich so locker, daß sie noch stärker als andere Böden abgespült wurden. Dabei fielen mittelsteinzeitliche Landoberflächen und Lagerplätze der Erosion zum Opfer. Aus dem Raum Trier kennt man etliche mittelsteinzeitliche Siedlungen im Freiland. Eine der wichtigsten davon wurde 1982 beim Straßenbau in Hüttingen an der Kyll[6] (Kreis Bitburg-Prüm) entdeckt. Sie befand sich an einem Hang des Kylltales nahe einer Quelle. Vom einstigen Lagerleben zeugen Holzkohlen als Reste einer Feuerstelle sowie Speiseabfälle und Steingeräte.

Die in Hüttingen geborgenen verkohlten Haselnußschalen könnten beim Rösten von Haselnüssen zurückgeblieben sein. Sie sind vielleicht nicht verbrannt, weil sie noch feucht waren und eventuell als Treibgut aus der nahegelegenen Kyll gefischt wurden.

Die Siedlungsspuren von Hüttingen stammen aus der frühen Mittelsteinzeit. Viele Fundplätze im Raum Trier datiert man wegen des Vorkommens von trapezförmigen Pfeilspitzen in die späte Mittelsteinzeit.

Die Menschen der Mittelsteinzeit in Rheinland-Pfalz haben mit Pfeil und Bogen wohl vor allem Auerochsen, Rothirsche, Rehe und Wildschweine erlegt. Diese Tiere kamen als Standwild in den damaligen Wäldern vor. Ihr Fleisch reichte für etliche Mahlzeiten.

Die damaligen Menschen haben in den immer dichter werdenden Wäldern durch Feuerlegen stellenweise Lichtungen geschaffen. Hinweise für ein solches Verfahren fand der Trierer Prähistoriker Hartwig Löhr in einer Torfschicht bei Schloß Weilersbach unweit von Bollendorf (Kreis Bitburg-Prüm) im Sauertal sowie in Hüttingen an der Kyll, bei Welschbillig-Kunkel-

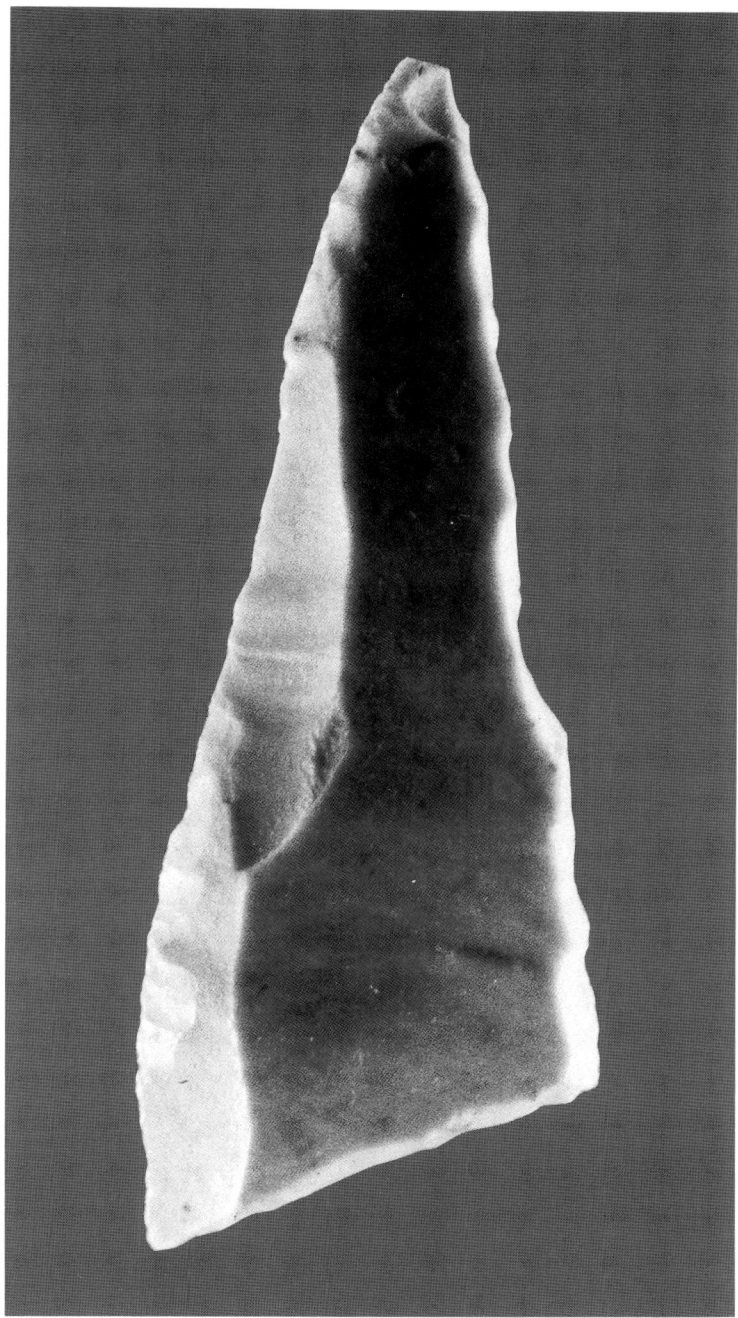

Dreieckige Pfeilspitze aus dem Frühmesolithikum (Beuronien C) von der Weidentalhöhle bei Wilgartswiesen (Kreis Pirmasens) in Rheinland-Pfalz. Länge 2,6 Zentimeter. Original im Landesamt für Denkmalpflege Rheinland-Pfalz, Abteilung Bodendenkmalpflege, Außenstelle Speyer.

born, bei Wincheringen und bei Wasserliesch (alle Kreis Trier-Saarburg). Durch die Lichtungen schaffte man künstliche Weideplätze für das Wild. Holzkohlelagen wurden auch in entsprechend alten Schichten einiger Eifelmaare erbohrt.

Nachweise von Kunstwerken aus der Mittelsteinzeit sind bislang in Rheinland-Pfalz eine sehr große Seltenheit. Zu solchen Raritäten gehört ein rundum gekerbtes Geröll aus dem rheinland-pfälzischen Eisenach sowie ein Geröll mit Ritzlinien von Ingendorf (beide im Kreis Bitburg-Prüm). Auch im angrenzenden Luxemburg wurde ein derartiges Kunstwerk gefunden.

In feuersteinarmen Regionen von Rheinland-Pfalz haben die mittelsteinzeitlichen Steinschläger neben dem seltenen Feuerstein etliche andere Steinarten für die Herstellung von Werk-

zeugen und Waffen verwendet. Teilweise kam der Rohstoff aus mehr als hundert Kilometer entfernten Gebieten. So kennt man von rheinland-pfälzischen Fundstellen Achat aus dem Nahegebiet, Tertiärquarzit aus Wommersum bei Tienen/Tirlemont in Belgien und Feuerstein vom Vetschauer Berg bei Aachen.

Die Menschen, die im Beuronien auf dem erwähnten Benneberg bei Burgalben/Waldfischbach in der Pfalz lagerten, fertigten ihre Geräte aus Feuerstein, Chalzedon, Hornstein, Quarzit, Quarz, Jaspis, Tonschiefer und Tertiärquarzit an. Außer Feuerstein und vielleicht auch Chalzedon konnten alle übrigen Steinarten als kleine Gerölle in Bächen oder Flüssen der Pfalz gesammelt werden. Zum Formenspektrum der Geräte auf dem Benneberg gehörten Kerne, Klingen, Lamellen und mikrolithische Spitzen, die dem Beuronien B in Baden-Württemberg entsprechen. Die einstigen Bewohner der Weidentalhöhle bei Wilgartswiesen in der Pfalz aus der zu Ende gehenden frühen Mittelsteinzeit verwendeten zur Geräteherstellung in erster Linie Bachgerölle, die direkt aus dem wenige hundert Meter entfernt liegenden Flußbett der Queich geborgen und herbeigeschafft wurden. Zum Inventar der Steingeräte aus der Weidentalhöhle gehörten unter anderem Klingen mit unregelmäßigem Kantenverlauf sowie ungleichschenkelige dreieckige Pfeilspitzen, wobei häufig die kurze Kante konvex zugerichtet ist. Solche Dreiecke sind vereinzelt auch von anderen Fundstellen der beginnenden späten Mittelsteinzeit bekannt. Insgesamt ist das Inventar dem Beuronien C vergleichbar.

In der Weidentalhöhle wurden auch eine geschliffene Platte aus vergneistem Granit sowie einzelne, konzentriert gelegene Granite geborgen. Diese Granite stammen von einem Steinbruch in Albersweiler (Kreis Landau). Sie dienten – wie im Falle der geschliffenen Platte – als Unterlage für die Zubereitung von Nahrung oder – wie bei den kleineren Stücken – vermutlich als Kochsteine, da Granit in besonderem Maße Wärme speichern kann. Die im Feuer erhitzten Granite wurden in eine mit Tierhaut ausgekleidete und mit Wasser gefüllte Grube gelegt und brachten das Kochgut bald zum Sieden.

Auch im Raum Trier benutzte man neben dem raren Feuerstein andere Steinarten wie Muschelkalkhornstein, Quarz, Tertiärquarzit und Kieselschiefer. Da die Geräte in der Mittelsteinzeit überwiegend sehr klein waren, genügten für ihre Herstellung kleine Rohstücke und lohnte sich selbst die Ausbeutung relativ unergiebiger Lagerstätten. Der besonders gut spaltbare Feuerstein und anderer wertvoller Rohstoff mußten manchmal von weither beschafft werden. Ob dies durch eigene Expeditionen oder per Tausch geschah, ist ungeklärt. Der graublaue Muschelkalkhornstein im Fundgut von Biesdorf (Kreis Bitburg-Prüm) stammt beispielsweise aus dem etwa 30 Kilometer entfernten Saargau. Eine solche Entfernung konnte wohl kaum an einem einzigen Tag hin und her bewältigt werden. In der Oberrheinischen Tiefebene wurden auch vielfach dichte »Quarzporphyre« (vulkanische Rhyolithe) verwendet.

Im Trierer Gebiet sind die südöstlichsten Funde von flächenretuschierten Mikrolithen gefunden worden. Solche sogenannten Mistelblattspitzen wurden seit dem Beginn des Boreals um 7000 v. Chr. im Niederrhein-Maas-Schelde-Gebiet angefertigt. Sie gelten als das Werk einer Regionaltradition, die auch nach dem Wechsel zu trapezförmigen Mikrolithen in der späten Mittelsteinzeit eine Weile neben diesen fortgeführt wurde.

Der Hund aus dem Senckenberg-Moor

Die Mittelsteinzeit in Hessen

In Hessen fällt eine klare Aufteilung der Mittelsteinzeit schwer. Die meisten Fundstellen lassen jedoch eine mehr oder weniger ausgeprägte Typologie der Steingeräte erkennen, die der älteren Mittelsteinzeit zugerechnet wird.[1] Es dominierte eine Abschlagtechnik, mit der gedrungene Klingen und als Mikrolithen einfache Spitzen, Segmente und Dreiecksspitzen erzielt wurden.

Nur wenige und zumeist im Bestand nicht sehr umfangreiche Fundstellen zeigen Tendenzen der jüngeren Mittelsteinzeit, nämlich schlanke Klingen, gestreckte Dreiecksmikrolithen, trapezförmige Mikrolithen und Pfeilschneiden. Die Menschen dieses späteren Abschnittes hatten vermutlich Kontakte zu den ersten Bauern der Linienbandkeramischen Kultur (s. S. 249), die ab 5500 v. Chr. in Mitteleuropa nachweisbar sind. Deren zivilisatorische Überlegenheit veranlaßte die späten Jäger bald, ihre bisherige Lebensweise weitgehend aufzugeben.

Wie in anderen Gebieten Deutschlands breiteten sich auch in Hessen während der Nacheiszeit immer mehr die Wälder aus. Auf mit Kiefern durchsetzten Birkenwäldern im Präboreal folgten im Boreal Landschaften mit zahlreichen Haselnußsträuchern und daneben Eichen, Eschen und Ulmen. Zur damaligen Tierwelt gehörten unter anderem Auerochsen, Rothirsche, Rehe, Wildschweine und Schwäne. Im Atlantikum beherrschten ab 5800 v. Chr. schließlich Eichenmischwälder das Landschaftsbild.

Von den Menschen der Mittelsteinzeit in Hessen liegen bisher keine mit Sicherheit datierbaren Skelettreste vor. Vielleicht gehört der auf ein Alter von etwa 12000 bis 8000 Jahren geschätzte Schädel von Rhünda[2] (Kreis Melsungen) in diese Zeit.

Bisher sind in Hessen auch keine aussagekräftigen Siedlungsstrukturen – wie Grundrisse von Behausungen und Feuerstellen – entdeckt worden. Man kennt lediglich eine Anzahl von Freilandstationen mit mehr oder minder zahlreichen Steinwerkzeugen und -waffen, die auf der Erdoberfläche aufgelesen wurden. Wie in anderen Bundesländern dürften sich die Menschen der Mittelsteinzeit in Höhlen, Halbhöhlen, aber auch durch Zelte oder Hütten vor den Unbilden der Witterung geschützt haben. Aus der auffällig großen Menge von Steinwerkzeugen und -waffen kann man schließen, daß sich in Hombressen[3] bei Hofgeismar (Kreis Kassel) sowie in Stumpertenrod[4] (Vogelsbergkreis) langfristig oder wiederholt bewohnte Kernlager befanden. Die dort lebenden Menschen ernährten sich von den bei der Jagd erlegten Wildtieren und vom Sammeln eßbarer Pflanzen. Vermutlich hielten sie sich jetzt länger an einem Ort auf als ihre Vorgänger in der jüngeren Altsteinzeit, weil ihr Jagdwild standorttreu war und sie es besser verstanden, Nahrung zu konservieren und vorrätig zu halten.

Im Senckenberg-Moor bei Frankfurt gelang der Nachweis, daß die mittelsteinzeitlichen Jäger in Hessen bereits Haushunde besaßen.[5] Dort fand man Skelettreste eines Hundes, der etwa so groß wie ein heutiger Spitz war. Die schräggestellten und etwas ineinandergeschobenen Backenzähne dieses Tieres lassen auf eine bemerkenswerte Verkürzung des Gesichtsschädels schlie-

ßen. Diese gilt als eindeutiges Merkmal dafür, daß es sich um ein Haustier handelt. Der sogenannte »Senckenberghund« kam zusammen mit dem Skelett eines Auerochsen zum Vorschein. Deshalb vermutete der Frankfurter Zoologe Robert Mertens (1894–1975), dieser Hund habe an dem erlegten Auerochsen seinen Hunger gestillt.

Außer dem Fleisch von Säugetieren, Fischen und Vögeln verzehrten die Menschen der Mittelsteinzeit in Hessen mancherlei Früchte, Beeren, Haselnüsse, Kräuter und Samen. Das Fleisch wurde meist über offenem Feuer gebraten. Haselnüsse schätzte man besonders, wenn sie geröstet waren. Vielleicht sind geröstete Haselnüsse und andere vegetarische Kost zuweilen zerstampft und zu Brei oder Fladen verarbeitet worden.

Bis 1953 kannte man in Hessen nur wenige Fundstellen von Steinwerkzeugen und -waffen aus der Mittelsteinzeit: Dazu gehörten die Fundstätten von Bad Orb (Wegscheideküppel), bei Neustadt (Driftsandgrube) und bei Neustadt-Momberg (Huterain). Dann jedoch folgten Entdeckungen im Schwalmgebiet (Riebelsdorf, Trutzhain), im Raum Fritzlar (Dissen, Kirchberg, Ungedanken), im Raum Kassel (Hofgeismar), im Raum Arolsen, im Vogelsbergkreis (Stumpertenrod), bei Hattendorf[6] unweit von Alsfeld (alle in Nordhessen) und neuerdings auch vermehrt in Südhessen (Rüsselsheim, Groß-Gerau und andere).

Als besonders wichtig erwiesen sich die Funde aus Hombressen bei Hofgeismar. Dort entdeckte man ein umfangreiches Inventar verschiedener Formen von Steingeräten aus unterschiedlichen Materialien. Die Formen von Hombressen werden allesamt in die ältere Mittelsteinzeit eingestuft. Man barg kleine Klingen, Kratzer, Stichel und Bohrer aus Kieselschiefer, Feuerstein, Quarzit, Basalthornstein sowie zahlreiche Klopfsteine und Retuschegeräte, mit deren Hilfe man all diese Formen hergestellt hatte. Als Seltenheit gilt ein kleines Kernbeil, das wohl

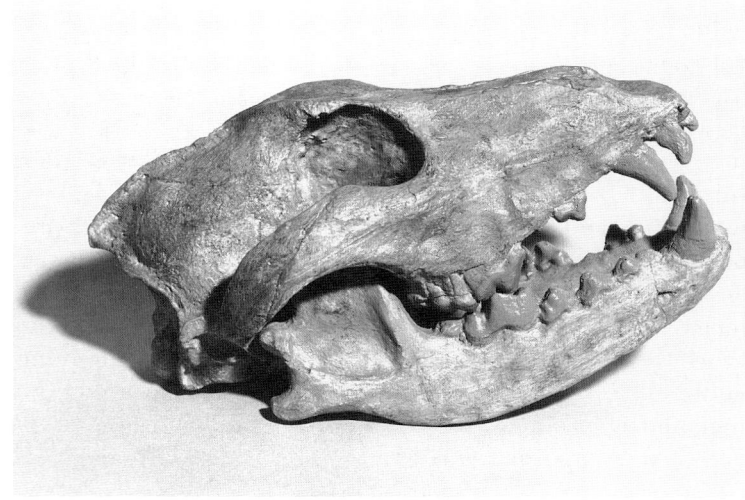

Schädel eines Hundes (sogenannter »Senckenberghund«) aus der Mittelsteinzeit vom Senckenberg-Moor bei Frankfurt/Main in Hessen. Länge 19 Zentimeter. Original im Forschungsinstitut Senckenberg, Sektion Paläozoologie II, Frankfurt am Main.

Zwei Kernbeile (oben) aus Quarzit von Kirtorf-Wahlen und Mikrolithen (unten) aus Stumpertenrod (Vogelsbergkreis) in Hessen. Größeres Kernbeil links oben 5,4 Zentimeter. Originale in der Sammlung von Horst Quehl, Alsfeld.

als Schneide in ein hackenartiges Holzbearbeitungsgerät eingesetzt war. Solche Kernbeile findet man sonst fast nur nördlich der Elbe, wo entsprechendes Rohmaterial vorhanden gewesen ist. Einige Steinplatten aus Hombressen und Stumpertenrod lassen Reibspuren erkennen, die vermutlich von der Verarbeitung organischer Stoffe oder der Zubereitung von Nahrung herrühren.

Kennzeichnend für die ältere Mittelsteinzeit sind die in Hombressen entdeckten Mikrolithen. Diese winzigen Spitzen mit einfachen schrägen Retuschen oder in breiter Dreiecksform dienten zur Bewehrung von Pfeilen. Zahlreiche solcher Mikrolithen aus der älteren Mittelsteinzeit fand man auch in Stumpertenrod im Vogelsberg. Von dort sowie von Weitershain kennt man zudem Spitzen, deren Schäftungsteil eingekerbt ist. Ihr

Aussehen erinnert an Stielspitzen aus der »Ahrensburger Kultur« in Norddeutschland (s. S. 117).

Der jüngeren Mittelsteinzeit werden dagegen die Steingeräte aus Dissen, Hattendorf und Riebelsdorf in Nordhessen zugerechnet. Zum Fundgut von Riebelsdorf gehören beispielsweise gestreckte Dreiecksmikrolithen und trapezförmige Pfeilschneiden – sogenannte Querschneider (s. S. 183). Vielleicht sind eine 14,7 Zentimeter lange Axt aus Hirschgeweih von Meinhard-Grebendorf und eine 18,4 Zentimeter lange, aus Geröll angefertigte Spitzhaue von Berkatal-Frankershausen (beide in Nordhessen) ebenfalls in dieser Zeit entstanden.

Wie die Menschen der Mittelsteinzeit in Hessen ihre Verstorbenen behandelten, weiß man nicht, da bisher kein Grab aus diesem Zeitabschnitt gefunden wurde.

Als im Erfttal die Schamanen tanzten

Die Mittelsteinzeit in Nordrhein-Westfalen

In Nordrhein-Westfalen teilt man die Mittelsteinzeit nach dem Fehlen oder Vorkommen von trapezförmigen Pfeilspitzen in die ältere Mittelsteinzeit und die jüngere Mittelsteinzeit ein. Je nach der Zusammensetzung des Fundgutes unterscheidet man außerdem verschiedene regional verbreitete Gruppen oder Unterstufen. Sie sind allesamt ausschließlich nach den Formen der Steingeräte definiert.

Zur älteren Mittelsteinzeit im Niederrheingebiet gehören die frühe Mittelsteinzeit und die Hambacher Gruppe. Diese beiden Begriffe wurden 1972 von dem aus Indien stammenden Prähistoriker Surendra K. Arora aus Niederzier-Hambach geprägt. Der Name Hambacher Gruppe umfaßt all jene Fundorte, an denen ein ähnliches Inventar von Steingeräten entdeckt wurde wie in Hambach I (Kreis Düren).

Der jüngeren Mittelsteinzeit im Niederrheingebiet rechnet man die Erkelenzer Gruppe zu. Auch diese Bezeichnung stammt von Surendra K. Arora. Der Begriff Erkelenzer Gruppe erinnert an die Funde dieses Abschnitts aus dem Kreis Erkelenz, die dem späten Formengut des Rhein-Maas-Schelde-Gebietes entsprechen.

Die ebenfalls von Arora eingeführten Namen Abdissenboscher Gruppe (entspricht zeitlich etwa dem Beuronien C) und Teverener Gruppe (1973) gehören zum Rhein-Maas-Schelde-Kreis. Die Abdissenboscher Gruppe basiert auf dem einzigen Fundplatz Abdissenbosch I bei Nieuwenhagen/Heerlen in Holland, der sich in geringer Entfernung von der deutschen Grenze befindet.

Die Teverener Gruppe ist nach dem Fundort Teveren (Kreis Heinsberg) benannt. Die Einstufung dieser Gruppe bereitet keine Schwierigkeiten, da an den zu ihr gerechneten Fundstellen im älteren Abschnitt Trapeze fehlen, die im jüngeren vorkommen.

Im nördlichen Nordrhein-Westfalen war in der älteren Mittelsteinzeit die Halterner Stufe verbreitet, die auch im angrenzenden Niedersachsen heimisch gewesen ist. Diesen Begriff hat 1944 der damals in Kiel lehrende Prähistoriker Hermann Schwabedissen vorgeschlagen, als er für Nordwestdeutschland zwei große Formenkreise (Nordwestkreis und Nordkreis) feststellte. Seine Gliederung wurde später teilweise korrigiert. Der Ausdruck Halterner Stufe fußt auf den Funden von Haltern (Kreis Recklinghausen) in Nordrhein-Westfalen.

Die jüngere Mittelsteinzeit wurde im nördlichen Nordrhein-Westfalen durch die nach dem Fundort Boberg unweit von Hamburg nachgewiesene Boberger Stufe repräsentiert. Dieser 1939 geprägte Name stammt von dem damals in Kiel lebenden Prähistoriker Gustav Schwantes (1881–1960). Im westlichen Nordrhein-Westfalen war in der jüngeren Mittelsteinzeit die Hülstener Gruppe heimisch, deren Name ebenfalls 1944 von Schwabedissen eingeführt wurde. Diese Gruppe umfaßt Fundorte mit einem Formenspektrum der Steingeräte wie in Hülsten (Kreis Borken) in Nordrhein-Westfalen.

Neben diesen auf den ersten Blick schon verwirrend genug wirkenden Gliederungen verwenden einige Autoren noch andere Einteilungen, auf die hier aber nicht weiter eingegangen wer-

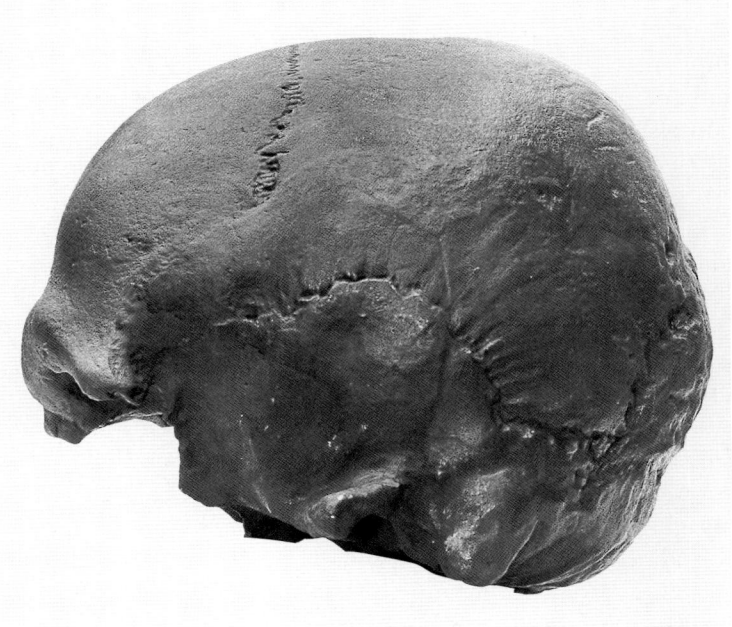

Kopie des 1911 beim Bau des Rhein-Herne-Kanals in Oberhausen (Nordrhein-Westfalen) entdeckten menschlichen Oberschädels ohne Zähne, der vielleicht aus der Mittelsteinzeit stammt. Kopie im Museum für Ur- und Ortsgeschichte Bottrop.

den kann, weil sie den Rahmen eines populärwissenschaftlichen Buches sprengen.

Von den Menschen der Mittelsteinzeit in Nordrhein-Westfalen hat man bisher keine exakt datierbaren Skelettreste entdeckt. Aus dieser Zeit könnte allerdings ein 1911 beim Bau des Rhein-Herne-Kanals in Oberhausen vier Meter tief unter der Erdoberfläche geborgener Oberschädel ohne Zähne stammen. Er wurde durch den Berliner Anatomen Hans Virchow (1852 bis 1940) untersucht und 1911 beschrieben, wobei Virchow ein höheres geologisches Alter nicht ausschloß. Der Originalfund ging später durch Kriegswirren verloren. Im Bottroper Museum für Ur- und Ortsgeschichte sowie im Stadtarchiv Oberhausen bewahrt man jedoch Abgußkopien auf.

Die bisherigen mittelsteinzeitlichen Siedlungsspuren in Nordrhein-Westfalen wurden ausschließlich im Freiland gefunden. Dort hat man mit Holzstangen und Tierhäuten stabile Zelte oder Hütten errichtet. Daneben dürften damals kurzfristig Höhlen aufgesucht worden sein.

An den Retlager Quellen in der Dörenschlucht bei Detmold (Kreis Lippe) stieß der Schulrat und Heimatforscher Heinrich Schwanold (1867–1932) aus Detmold zwischen den Jahren 1929 und 1931 auf die Grundrisse mehrerer ovaler Hütten (s. S. 216). Der am besten zu beobachtende Grundriß war etwa 3,50 Meter lang und 2,70 Meter breit. Für diese Behausung hatte man 21 armdicke Holzstangen senkrecht in den Sandboden gesteckt und auf unbekannte Weise überdacht. In einem der Hüttengrundrisse wurde eine Feuerstelle nachgewiesen. Unter den Feuersteingeräten befanden sich typische mittelsteinzeitliche Formen.

In die Mittelsteinzeit gehört auch der durch Pfostenlöcher markierte Grundriß einer Hütte bei Oerlingshausen/Lippe (Kreis Lippe). Diese Behausung erreichte eine Länge von 5,50 Metern und eine Breite von 4,50 Metern. Die Pfosten des Hüttengerüstes hatte man bis zu 20 Zentimeter tief in den Boden eingegraben, um ihnen Standfestigkeit zu verleihen. Vor dem Eingang lagen eine Aschengrube, eine Feuerstelle und ein Arbeitsplatz für die Herstellung von Steingeräten.

Im Erfttal unweit des ehemaligen Dorfes Morken bei Bedburg fand man ins Wasser geworfene Jagdbeutereste aus der frühen Mittelsteinzeit.[1] Darunter waren allein fünf Schädel von Auerochsen mit Hornzapfen und viele Knochen dieser Wildrinder. An einem Auerochsenschulterblatt kann man sogar das Einschußloch einer Jagdwaffe erkennen. Sämtliche Röhrenknochen hatte man zerschlagen, um an das Mark zu gelangen. Zahlreiche Knochen weisen Schnitt- und Hiebspuren auf. Bei der Beseitigung der nicht von den Menschen verwerteten Jagdbeutereste halfen auch die Hunde der Jäger mit. Dies zeigen die Hundeverbißspuren vor allem an den häufigen Knochen von Auerochsen. Außerdem barg man Jagdbeutereste von mindestens drei Rothirschen, aber auch vom Reh und Dachs. Letzterer war vielleicht wegen seines schönen Felles begehrt.

Welche Tiere von den Angehörigen der Hambacher Gruppe in der älteren Mittelsteinzeit erbeutet wurden, zeigen Jagdbeutereste von der Fundstelle Gustorf 8 im Erfttal bei Grevenbroich. Dort wurden zerschlagene Knochen vom Auerochsen, Waldwisent und Elch geborgen. Anzunehmen ist, daß das Fleisch dieser großen Tiere konserviert wurde, um es vor dem Verderben zu bewahren. Die unzähligen Schalen von Haselnüssen, die bei Scherpenseel[2] am Heidehaus, unweit von Übach-Palenberg im Kreis Heinsberg, gefunden wurden, verweisen darauf, daß sich die mesolithischen Jäger und Sammler um eine ausgeglichene Ernährung bemühten.

Die Reste von zwei Hunden aus der frühen Mittelsteinzeit im Erfttal gelten als der zweitälteste Nachweis von Haustieren in Nordrhein-Westfalen. Diese Tiere waren von kleinem Wuchs. Schnittspuren an ihren Knochen zeigen, daß Hunde damals nicht nur enthäutet, sondern auch von den Menschen gegessen wurden.

Bei Tauschgeschäften mit Zeitgenossen aus anderen Gegenden wechselten seltene Steinarten den Besitzer. Quarzit aus Wommersum und Feuerstein vom Vetschauer Berg sind bis ins

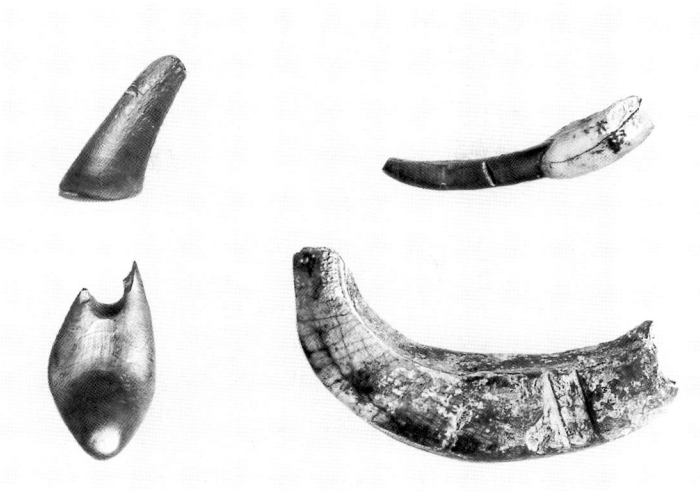

Durchbohrte Hirschzähne (Hirschgrandel) sowie angeschnittene und eingekerbte Tierzähne aus dem Erfttal bei Bedburg (Erftkreis) in Nordrhein-Westfalen. Die Zähne wurden vermutlich als Schmuck verwendet. Länge des größten Exemplares 4 Zentimeter. Originale im Rheinischen Landesmuseum Bonn.

rechtsrheinische Gebiet über etwa 120 Kilometer Entfernung transportiert worden.

Um ein Zeugnis der frühen Schiffahrt aus der Mittelsteinzeit handelt es sich vielleicht bei einem im August 1952 in Bottrop entdeckten Einbaum. Der ausgehöhlte Baumstamm kam bei Ausschachtungsarbeiten für die Siedlung »Auf der Bette« in moorigen Ablagerungen des Piekenbrocksbaches zum Vorschein. Er wurde von städtischen Arbeitern in den Keller einer ehemaligen Schule gebracht und dort später zersägt und verfeuert.

Vom Kunstsinn der Angehörigen der Hambacher Gruppe aus der älteren Mittelsteinzeit zeugt ein 1974 bei Grabungen des Rheinischen Landesmuseums Bonn am Fundort Gustorf 8[3] entdeckter verzierter Knochen. Bei diesem 4,8 Zentimeter langen Fund handelt es sich vermutlich um das Bruchstück eines Knochengerätes. Das Fragment ist mit insgesamt neun Kreisen bzw. Kreisabschnitten geschmückt. Unter diesem Kreismuster hat man zwei parallele Linien eingeritzt, innerhalb derer man mit einer gewissen Phantasie – so Surendra K. Arora – einen Vogelkopf erkennen kann.

Als weiteres Kunstwerk aus der Hambacher Gruppe wird in der Fachliteratur eine Schieferplatte mit feinen geometrischen Gravierungen vom Brockenberg innerhalb der Stadt Stolberg (Kreis Aachen) angeführt. Das Motiv läßt sich jedoch nicht deuten.

Die Werkzeuge und Waffenbestandteile aus der Mittelsteinzeit in Nordrhein-Westfalen wurden – nach den Funden zu schließen – größtenteils aus Stein angefertigt. All diese Geräte sind auffallend klein (Mikrolithen).

Aus der Anfangsphase der älteren Mittelsteinzeit stammen die aus Feuerstein geschlagenen Geräte, die im Winter 1987/88 bei Grabungen im Erfttal bei Bedburg geborgen wurden. Nach ihrer Machart und Form stehen sie zwischen der jüngeren Altsteinzeit und der Mittelsteinzeit. Außerdem fand man dort einen Knochenmeißel und eine Geweihspitze. Die Geräte aus Feuerstein, Knochen und Geweih hatten ursprünglich im Wasser eines vom Flußlauf der Erft weitgehend abgetrennten, sichelförmigen Altarms gelegen.

Hundeschädel aus dem Erfttal bei Bedburg (Erftkreis) in Nordrhein-Westfalen. Dort wurden die Skelettreste von zwei kleinen Hunden entdeckt. Länge des abgebildeten Schädels 16,5 Zentimeter. Original im Rheinischen Landesmuseum Bonn.

Detailaufnahme einer der beiden Hirschschädelmasken mit Durchlochung am Hinterkopf aus dem Erfttal bei Bedburg (Erftkreis) in Nordrhein-Westfalen. Die Maske wurde vermutlich mitsamt Fell und Ohren des Hirsches von einem mittelsteinzeitlichen Zauberer getragen. Original im Rheinischen Landesmuseum Bonn.

Für die Hambacher Gruppe aus der älteren Mittelsteinzeit ist das überwiegende Vorkommen von einfachen Spitzen unter den Mikrolithen typisch. Diese werden nach Funden aus Zonhoven[4] in Holland als Zonhoven-Spitzen bezeichnet. Darunter versteht man eine kurze, dünne Klinge, die am oberen Ende derart abgeschrägt ist, daß die Spitze in einer Verlängerung der Seitenkante liegt. Damit wurde eine Werkzeugtradition der späteiszeitlichen »Ahrensburger Kultur« fortgesetzt. Trapezförmige Pfeilspitzen fehlen in der Hambacher Gruppe. Die spitzen Mikrolithen dieser Gruppe dienten als Einsätze in hölzernen Schäften – etwa zur Bewehrung von Pfeilen. Die ersten Funde dieser Gruppe in Hambach glückten 1936 dem Studienrat Jacob Gerhards (1895–1975) aus Düren. Später wurde diese Fundstelle von mehreren Privatsammlern intensiv abgesucht.

Auch für die Halterner Stufe aus der älteren Mittelsteinzeit sind Zonhoven-Spitzen charakteristisch. Trapezförmige Pfeilspitzen sind dieser Stufe ebenfalls fremd. Der Halterner Stufe gehören neben dem namengebenden Fundort Haltern I unter anderem folgende Fundstellen an: Beck bei Löhne[5] (Kreis Bünde), Gahlen[6] (Kreis Dinslaken) und der Stimberg[7] (Kreis Recklinghausen) im Münsterland.

Zur Erkelenzer Gruppe aus der jüngeren Mittelsteinzeit gehören außer trapezförmigen Pfeilspitzen auch Mistelblattspitzen und Rückenmesserchen.

Die Boberger Stufe im nordöstlichen Nordrhein-Westfalen war Bestandteil des nordeuropäischen Flachlandes und seiner Kulturentwicklung. Gefunden wurden hier außer trapezförmigen Pfeilspitzen kleine und zierliche Dreiecksklingen, Klingen mit halbkreisförmigem Rücken, länglich-schmale Dreiecksklingen und lanzettförmige Spitzen mit Schneiden auf beiden Seiten. Der Boberger Stufe rechnet man unter anderem die Fundstellen Retlager Quellen bei Detmold, Emscher III[8] (Kreis Recklinghausen), Haltern II und Haltern III (Kreis Recklinghausen) zu.

Die Hülstener Gruppe aus der jüngeren Mittelsteinzeit hat teilweise Ähnlichkeit mit der Boberger Stufe. Es fehlen jedoch länglich-schmale Dreiecksklingen, während schmale Dreiecke

und Kleindreiecke sowie trapezförmige Pfeilspitzen vorhanden sind. Neu sind Kreisabschnitte mit nadelförmiger Spitze, feingerätige Spitzen und flächenretuschierte Dreiecke. Ihren Namen erhielt diese Stufe von dem Fundort Hülsten.

Die Steinschläger der zeitlich vom Boreal bis zum frühen Atlantikum datierten Teverener Gruppe fertigten vor allem Dreiecksspitzen, flächenretuschierte Spitzen, Rückenmesserchen sowie in ihrer späten Phase Trapeze an. Die Verwendung von Pfeil und Bogen durch Angehörige dieser Gruppe wird indirekt durch den Fund eines Pfeilschaftglätters aus Sandstein aus der Teverener Heide belegt.

Die Teverener Heide erstreckt sich etwa drei Kilometer südwestlich des Ortes Teveren und setzt sich auf holländischem Gebiet als Heerlener Heide fort. Über Kleinstgerätefunde aus der Teverener Heide berichtete 1927 als erster Werner Freiherr von Negri (1890–1946) auf Haus Elsum bei Wassenberg anläßlich einer Ausstellung über die Mittelsteinzeit in Köln. Der Untergrund dieser Heidelandschaft wird aus Ablagerungen der Maas gebildet und enthält unter anderem Feuerstein. Aus diesem heimischen Feuerstein wurden die in der Teverener Heide entdeckten Werkzeuge hergestellt.

Ein seltener Glücksfund im schon mehrfach genannten Erfttal bei Bedburg erlaubt einen faszinierenden Einblick in die religiöse Gedankenwelt der mittelsteinzeitlichen Jäger und Sammler in Nordrhein-Westfalen. Es sind zwei kapitale Rothirschgeweihe, denen jeweils ein größeres Stück des Schädeldaches anhaftet. In beiden Fällen wurde das Schädeldach mit zwei Löchern versehen. Derartige Objekte werden von Prähistori-

Tanzender Zauberer (Schamane) mit Hirschgeweih auf dem Kopf im Erfttal bei Bedburg (Erftkreis) in Nordrhein-Westfalen um nahezu 8000 v. Chr. in der frühen Mittelsteinzeit.

Die Schamanen der sibirischen Tungusen tanzten noch im frühen 18. Jahrhundert in ähnlich abenteuerlicher Aufmachung wie der mittelsteinzeitliche Zauberer bei Bedburg in Nordrhein-Westfalen. Die Zeichnung zeigt einen Schamanen der Tungusen, wie ihn der holländische Reisende Nicolaas Witsen (1641–1717) beobachtet hat.

kern als Hirschschädelmasken gedeutet. Darunter versteht man einen Kopfschmuck, der vermutlich mit dem Fell und den Ohren des Hirsches auf dem Kopf eines Zauberers befestigt war. Festgehalten wurde diese Maske durch Lederriemen, die man durch die erwähnten Löcher zog.

Eine derartige Vermummung ist auf einer etwa 13 000 Jahre alten Darstellung aus dem Magdalénien in der Höhle Les Trois Frères im französischen Pyrenäenvorland zu sehen (s. S. 100). Offenbar wollten sich die damaligen Schamanen damit in ein Mischwesen verwandeln, dem sie übernatürliche Kraft nach-

sagten. Zu dem Hirschgeweih kamen als Teil der Verkleidung in Les Trois Frères Attribute vom Bären, vom Pferd und vom Raubvogel.

In ähnlich abenteuerlich aussehender Aufmachung tanzten noch zu Beginn des 18. Jahrhunderts die Schamanen der sibirischen Tungusen, wenn sie sich in Ekstase versetzten, um Krankheiten zu heilen oder erneutes Jagdglück zu beschwören. Die Hirschschädelmasken aus dem Erfttal bezeugen, daß im Rheinland in der ältesten Mittelsteinzeit um 8000 v. Chr. vergleichbare Rituale praktiziert wurden.

Die Kindergräber von Reinhausen

Die Mittelsteinzeit in Niedersachsen

In Niedersachsen gliedern die Prähistoriker die Mittelsteinzeit nach dem Fehlen oder Vorkommen von trapezförmigen Pfeilspitzen in zwei Abschnitte, die ältere Mittelsteinzeit und die jüngere Mittelsteinzeit. Das Kriterium für die Zugehörigkeit zu einem der beiden Abschnitte ist die Zusammensetzung der Steingeräteformen im Fundgut.

Zur älteren Mittelsteinzeit gehören in Niedersachsen die Halterner Stufe und die Duvensee-Gruppe. Die Halterner Stufe war, wie erwähnt, auch im angrenzenden nördlichen Nordrhein-Westfalen vertreten. In ihr finden sich keine Stielspitzen, und im Gegensatz zur vorangegangenen »Ahrensburger Kultur« (s. S. 115) treten weniger Typen von Werkzeugen auf.

Die Duvensee-Gruppe konnte auch in Schleswig-Holstein und Mecklenburg nachgewiesen werden. Sie ist nach einem schleswig-holsteinischen Fundort benannt (s. S. 203).

Der jüngeren Mittelsteinzeit entspricht in Niedersachsen die Boberger Stufe, die außerdem im nördlichen Nordrhein-Westfalen und in Schleswig-Holstein heimisch war. Dieser Name fußt auf einer Fundstelle unweit von Hamburg in Schleswig-Holstein.

Im südlichen Niedersachsen wanderten schon um 5500 v. Chr. – und somit früher als im linksrheinischen Gebiet – die ersten Bauern der jungsteinzeitlichen Linienbandkeramischen Kultur (s. S. 249) ein. Die mittelsteinzeitlichen Jäger, Fischer und Sammler haben noch eine Zeitlang ihre althergebrachte Lebensweise beibehalten, bevor sie von den frühen Bauern die Kenntnisse von Ackerbau, Viehzucht und Töpferei übernahmen. Diese Anpassung dürfte schätzungsweise um 5000 v. Chr. abgeschlossen gewesen sein. Damit endete in diesem Gebiet die Mittelsteinzeit.

Im nördlichen Niedersachsen, in das die Linienbandkeramiker nur vereinzelt vordrangen, weil es außerhalb der fruchtbaren Lößböden liegt, dauerte die Mittelsteinzeit noch bis etwa 4300 v. Chr. Die zahlreichen Einzelfunde geschliffener Dechsel (Querbeile), die aus der Linienbandkeramischen Kultur bekannt sind, stammen entweder von jenen Zuwanderern, die über das Siedlungsgebiet der Linienbandkeramiker nach Norden vorgedrungen waren, oder sie wurden von den Menschen der Mittelsteinzeit im Tausch erworben. Dann entwickelte sich in diesem Gebiet aus einer Spätstufe der jungsteinzeitlichen Rössener Kultur (s. S. 292), die am Dümmer und in Boberg nachgewiesen ist, die bäuerliche Trichterbecher-Kultur (s. S. 323). Damit begann auch hier die Jungsteinzeit.

Das erste Jahrtausend der Mittelsteinzeit in Niedersachsen war mit dem Präboreal identisch. Die Küstenlinie der Nordsee befand sich damals viel weiter im Norden als heute, drang aber in den folgenden 1200 Jahren während des Boreals immer mehr nach Süden vor.

Von den Menschen aus der älteren Mittelsteinzeit konnte bisher in Niedersachsen kein einziger Skelettrest nachgewiesen werden. Aus der jüngeren Mittelsteinzeit kennt man dagegen zwei Kinderskelette. Das erste davon wurde 1988 bei Grabungen unter der Leitung des Göttinger Kreisarchäologen Klaus Grote unter einem der insgesamt 14 Felsdächer an der Süd-

Bestattung eines Kindes aus der Mittelsteinzeit unter dem Felsdach Abri IX bei Reinhausen (Kreis Göttingen) in Niedersachsen. Das etwa 75 Zentimeter lange Skelett stammt von einem anderthalbjährigen Mädchen. Original im Landratsamt Göttingen.

flanke des Bettenroder Berges bei Reinhausen (Kreis Göttingen) im Abri IX entdeckt. Dabei handelt es sich um das etwa 75 Zentimeter große Skelett eines etwa anderthalbjährigen Mädchens.

Dieser Fund ist besonders interessant, da sich in der Füllerde der Grabgrube eine angerundet dreieckige Pfeilspitze aus Quarzit befand, wie sie für die Jungsteinzeit typisch ist. Das kleine Waffenteil dokumentiert vielleicht das zeitliche Nebeneinander der letzten Jäger, Fischer und Sammler der jüngeren Mittelsteinzeit mit den ersten jungsteinzeitlichen Bauern der Linienbandkeramischen Kultur. Die Todesursache des um schätzungsweise 5500 v. Chr. gestorbenen Kindes ist ungeklärt. Das zweite Kindergrab kam 1989 bei den Grabungen von Grote unter demselben Felsdach zum Vorschein. Es ist die Bestattung eines etwa 3 Jahre alten Kindes, das etwa 85 Zentimeter groß war. Die beiden Kinder sind – wie die Lage in der Fundschicht andeutet – offensichtlich von denselben Menschen bestattet worden. Auch bei diesem zweiten Kind ist die Todesursache ungeklärt.

Die Menschen der Mittelsteinzeit in Niedersachsen haben – nach den Funden zu schließen – vor allem im Freiland gewohnt. Häufig handelt es sich bei diesen Siedlungsspuren lediglich um eine auffällige Konzentration von Steingeräten unmittelbar auf der Erdoberfläche. Solche Fundstellen liegen meist auf Kuppen, vorspringenden Geländeerhebungen wie

Dünen oder an Hängen über Niederungen. Typisch für diese Freilandstationen ist die Nähe eines Wasserlaufes, der die Trinkwasserversorgung gewährleistete.

Derartige nur durch zahlreiche Steingeräte an der Oberfläche belegte Siedlungen lassen sich oft weder allein der älteren noch der jüngeren Mittelsteinzeit zuweisen. Denn diese bevorzugt für Aufenthalte genutzten Plätze wurden nicht selten in beiden Abschnitten der Mittelsteinzeit in gewissen Abständen immer wieder aufgesucht, wobei jedesmal Hinterlassenschaften zurückblieben. Die Steingeräte und die bei ihrer Herstellung entstandenen Abfälle wurden von den ehemaligen Bewohnern, aber auch von späteren Nachfahren oft beim Pflügen miteinander vermischt. Eine solche durch den Pflug an die Erdoberfläche gelangte Konzentration von Steingeräten aus der älteren Mittelsteinzeit entdeckte im Frühjahr 1964 der Schriftsteller Hans-Joachim Haecker aus Hannover bei Bredenbeck am Deister (Kreis Hannover). Weitere Funde glückten bei einer Grabung, die unter der Leitung des Archäologen Walter Nowothnig (1907–1971) aus Hannover durchgeführt wurde.

Umstritten ist die angeblich mittelsteinzeitliche Freilandsiedlung von Bockum (Kreis Lüneburg). Auf sie stieß der Landwirt

Eines der insgesamt 14 Felsdächer an der Südflanke des Bettenroder Berges bei Reinhausen (Kreis Göttingen) in Niedersachsen: der Abri IX im Jahre 1987 vor den Ausgrabungen des Göttinger Kreisarchäologen Klaus Grote, bei denen 1988 und 1989 zwei Bestattungen von jeweils einem Kind entdeckt wurden.

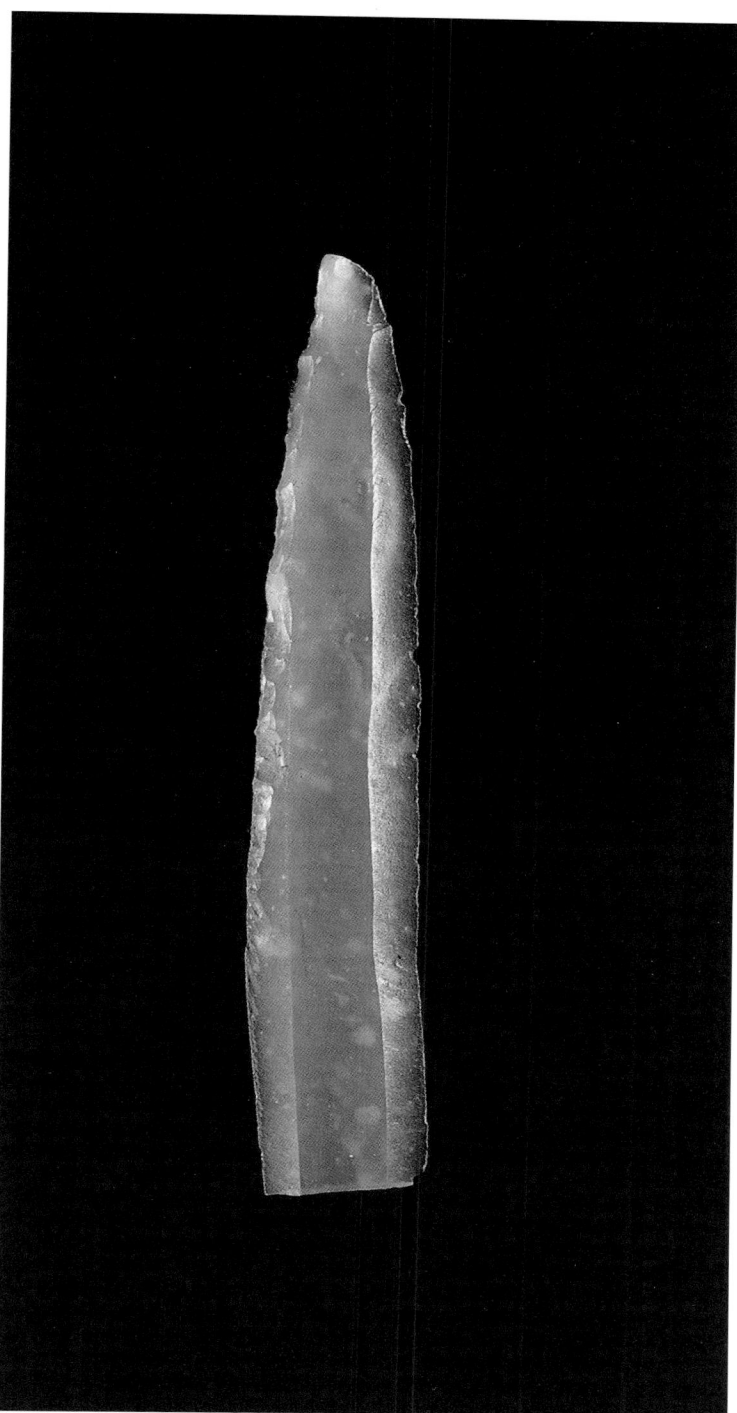

Sorgfältig bearbeitete Feuersteinspitze aus der Boberger Stufe von Berumerfehn (Kreis Aurich) in Niedersachsen. Länge 3 Zentimeter. Original im Forschungsinstitut der Ostfriesischen Landschaft in Aurich.

und Heimatforscher Hans Piesker (1894–1977) aus Hermannsburg, als er im Sommer 1934 eine am östlichen Ufer der Lopau angelegte kleine Sandgrube untersuchte. Dabei fand er Kratzer, Klingen und Abfälle der Geräteherstellung aus Feuerstein. Bei einer genaueren Erforschung der Sandgrube durch Piesker und zwei Helfer kam der bereits teilweise durch den Abbau von Sand zerstörte, 3,50 x 2,50 Meter große mutmaßliche Grundriß einer Hütte zum Vorschein. Andere Prähistoriker halten diesen Fund allerdings für den Bestandteil eines bronzezeitlichen Grabhügels.

In die jüngere Mittelsteinzeit wird ein Rastplatz bei Coldinne (Kreis Aurich) im nördlichen Niedersachsen datiert, den 1979 der Heimatforscher Werner Kitz aus Norden untersuchte. Wie eine kleine Feuerstelle von etwa 40 Zentimeter Durchmesser und etliche Steinwerkzeuge belegen, hatten dort für kurze Zeit Jäger gelagert. Bei den Funden handelt es sich fast ausschließlich um Trapezspitzen. Die Lagerstelle wurde zu einer Zeit angelegt, in der im südlichen Niedersachsen bereits linienbandkeramische Bauern lebten.

In manchen Gebieten Niedersachsens – wie am südwestlichen Harzrand (Felsdächer am Schulenberg bei Scharzfeld) und im Reinhäuser Wald bei Göttingen – haben die damaligen Menschen kurzfristig auch Plätze unter Felsdächern als Lager benutzt.

So diente beispielsweise das Felsdach Sphinx II bei Reiffenhausen (Kreis Göttingen) mindestens achtmal als Aufenthaltsort von Jägern und Sammlern. Dies kann man aus der Zahl unterschiedlich alter Brandhorizonte ablesen. Im Bereich ehemaliger Feuerstellen fanden sich zahlreiche Steingeräte und ein aus Steinen errichteter Röstofen für Haselnüsse. Auch unter dem nur wenig vorspringenden Felsdach am Allerberg bei Reinhausen (Kreis Göttingen) haben sich in der Mittelsteinzeit kurzfristig Menschen aufgehalten, wie einige verstreute Steingeräte aus dieser Zeit zeigen. Besonders aufschlußreich erwiesen sich die Funde aus der etwa 30 Zentimeter dicken, durch Brandreste schwarz gefärbten Kulturschicht unter einem der vielen Felsdächer am Bettenroder Berg, das in der Fachliteratur als Abri I bezeichnet wird. Dort hatte man in der Mittelsteinzeit den Boden mit kleinen Sandsteinplatten gepflastert und darauf eine Feuerstelle angelegt. In deren Umkreis fand man zahlreiche Nahrungsabfälle, darunter Jagdbeutereste vom Auerochsen, Reh und Wildschwein, aber auch Skelettreste eines Haushundes. Verbrannte Haselnußschalen verweisen auf die Vorliebe für diese Nahrung.

Als bisher einziges mittelsteinzeitliches Kunstwerk in Niedersachsen gilt ein längliches Tonschiefergeröll mit eingraviertem Fischgrätmesser. Es wurde von einem Sammler im Fundgebiet »Wedebruch« von Langelsheim (Kreis Goslar) entdeckt. Die dort seit den siebziger Jahren geborgenen Mikrolithen stammen aus der älteren Mittelsteinzeit.

Für die Steingeräte der Halterner Stufe aus der älteren Mittelsteinzeit ist typisch, daß unter ihnen die nach einem holländischen Fundort benannten Zonhoven-Spitzen (s. S. 196) vorherrschen, während trapezförmige Pfeilspitzen fehlen. Etwa gleichaltrig wie die Halterner Stufe ist die weit von Nordosten nach Niedersachsen hineinreichende Duvensee-Gruppe (s. S. 203). Diese beiden Stufen unterscheiden sich völlig im Inventar der Steinwerkzeuge: In der Halterner Stufe fehlen Beile, während für die Duvensee-Gruppe die Kern- und Scheibenbeile (s. S. 171) aus Feuerstein charakteristisch sind.

Der Halterner Stufe werden in Niedersachsen unter anderem folgende Fundstellen zugerechnet: Ahlerstedt[1] (Kreis Stade), Darlaten-Moor[2] bei Uchte (Kreis Nienburg), Diddersee[3] (Kreis Gifhorn), Klausheide[4] bei Nordhorn (Kreis Grafschaft Bentheim) und Schinderkuhle I bei Celle (Kreis Celle).

Zur Duvensee-Gruppe gehört beispielsweise die erwähnte Fundstelle Bredenbeck am Deister (Kreis Hannover). Dort fand man neben Schlagsteinen und Kratzern auch Kern- und Scheibenbeile aus Feuerstein, die sich zur Holzbearbeitung eigneten.

Unter den Steingeräten der Boberger Stufe aus der jüngeren Mittelsteinzeit gelten trapezförmige Pfeilspitzen, kleine und zierliche Dreiecksmikrolithen, Klingen mit halbkreisförmigem Rücken, länglich-schmale Dreiecksmikrolithen und lanzett-

Trapezförmige Mikrolithen aus der jüngeren Mittelsteinzeit von der Schinderkuhle (Kreis Celle) in Niedersachsen. Länge des größten Exemplars 2,1 Zentimeter. Originale im Niedersächsischen Landesmuseum Hannover.

förmige Spitzen mit Schneiden auf beiden Seiten als charakteristisch. Die Boberger Stufe entsprach zeitlich etwa der benachbarten Oldesloer Gruppe (s. S. 212) im angrenzenden Schleswig-Holstein. Im Gegensatz zu dieser verfügte sie aber über keine Kern- und Scheibenbeile.

Von der Boberger Stufe kennt man zahlreiche Fundstellen. Am namengebenden Fundplatz Boberg unweit von Hamburg sammelte vor allem der Amateur-Archäologe Max Behrens aus Lohbrügge. Weitere Fundstellen dieser Stufe sind unter anderem Bienrode[5] (Kreis Gifhorn), Westerbeck[6] (Kreis Gifhorn), Elmer See[7] (Kreis Bremervörde), Holter Moor[8] bei Cuxhaven, Ohrensen/Issendorf[9] und Wangersen[10] (Kreis Stade), Nordhemmern[11] (Kreis Minden-Lübbecke), der Schäferberg[12] bei Hambühren (Kreis Celle), Schinderkuhle II[13] (Kreis Celle) und Sögel[14] im Hümling (Kreis Emsland).

Die erwähnten Kinderbestattungen bei Reinhausen unweit von Göttingen zeigen, daß damals auch Kleinkinder mit großer Sorgfalt zur letzten Ruhe gebettet wurden. In beiden Fällen hatte man unter dem Felsdach eine Grube ausgehoben, den Leichnam hineingelegt und mit Erdreich bedeckt. Die Grabbeigaben liefern Anhaltspunkte für den Glauben an ein Leben nach dem Tod. Beide Kinder erhielten nämlich ungeachtet ihres niedrigen Alters verschiedene Steingeräte, die ihnen im Jenseits nützlich sein sollten, und – wie Tierknochen verraten – Fleisch als Speise mit ins Grab.

Mikrolithen aus der jüngeren Mittelsteinzeit (Boberger Stufe) von Coldinne (Kreis Aurich) in Niedersachsen. Der zweite Mikrolith von links ist fast 2,5 Zentimeter lang. Originale im Forschungsinstitut der Ostfriesischen Landschaft in Aurich.

Furcht vor der Wiederkehr der Toten

Die Mittelsteinzeit in Thüringen, Sachsen-Anhalt, Sachsen und im südlichen Brandenburg

In Thüringen, Sachsen-Anhalt, Sachsen und im südlichen Teil Brandenburgs war die Mittelsteinzeit um etwa 700 Jahre kürzer als in Mecklenburg und dem nördlichen Teil Brandenburgs, weil die ersten jungsteinzeitlichen Bauern der Linienbandkeramischen Kultur in den eingangs genannten Gebieten bereits um 5500 v. Chr. eintrafen.

Die letzten mittelsteinzeitlichen Jäger, Fischer und Sammler im südlichen Mitteldeutschland haben spätestens um 5000 v. Chr. die mit Ackerbau, Viehzucht und Töpferei verbundene Lebensweise dieser Bauern übernommen. Nördlich davon setzte sich diese Lebensweise dagegen erst nach dem Erscheinen der Trichterbecher-Kultur (s. S. 323) ab etwa 4300 v. Chr. durch.

Das Mesolithikum in Thüringen, Sachsen-Anhalt, Sachsen und in Teilen Brandenburgs wird in die ältere Mittelsteinzeit ohne trapezförmige Pfeilspitzen und die jüngere Mittelsteinzeit geteilt, in der solche Trapeze vorkommen. Diesen beiden Abschnitten werden keine bestimmten Kulturstufen oder Gruppen zugeordnet.

Von den Menschen aus der älteren Mittelsteinzeit kennt man nur aus Bottendorf (Kreis Artern) in Thüringen aussagekräftige Skelettreste. Die Fundgeschichte der Gräber in Bottendorf begann am 14. März 1939 mit der Entdeckung eines menschlichen Skeletts durch den Arbeitsdienst.[1] Am Tag darauf barg der Prähistoriker Friedrich Karl Bicker (1908–1967) aus Halle/Saale dieses von einem erwachsenen Mann stammende Skelett. Es wird in der Fachliteratur als Bottendorf I erwähnt. Ein weiterer erwachsener Mensch (Bottendorf II/1) sowie ein sieben bis acht Jahre altes Kind (Bottendorf II/2) wurden am 25. März 1939 entdeckt. Außerdem kamen bei diesen Grabungen Reste bronzezeitlicher Menschen zum Vorschein.

Die drei mittelsteinzeitlichen Toten von Bottendorf wurden mitten in der Siedlung bestattet. Vielleicht ist dies ein Hinweis dafür, daß man jenen Menschen auch nach dem Tode noch nahe sein wollte. Das am 15. März 1939 in Bottendorf geborgene Männerskelett wurde als »sitzender Hocker« vorgefunden, wodurch vielleicht die Vorstellung vom »lebenden Leichnam« (s. S. 176) zum Ausdruck kommt. Dieser Fund war ebenso wie die beiden übrigen mittelsteinzeitlichen Skelette von Bottendorf mit Rötel als der Farbe des Lebens oder zumindest der Festlichkeit bedeckt.

Aus der jüngeren Mittelsteinzeit liegen aus Brandenburg (Berlin-Schmöckwitz, bei Königs Wusterhausen) und Sachsen-Anhalt (Bad Dürrenberg) menschliche Skelettreste vor. Weitere Bestattungen aus der Mittelsteinzeit sind von Schöpsdorf (Kreis Hoyerswerda) in Sachsen und Unseburg (Kreis Staßfurt) in Sachsen-Anhalt bekannt. Letztere können nur allgemein der Mittelsteinzeit zugeordnet werden. Ein Teil dieser Funde zeigt, wie groß die Menschen aus dieser Zeit waren und unter welchen Krankheiten sie gelitten haben.

In Berlin-Schmöckwitz stieß 1925 der Oberstudiendirektor Karl Hohmann (1886–1969) aus Eichwalde bei Berlin nahe der Dahme auf drei Bestattungen. Bei einer davon handelte es sich um einen 1,55 bis 1,60 Meter großen Mann mit bemerkenswert großem Schädel. Von Karl Hohmann wurde 1956 auch der Bericht über eine mittelsteinzeitliche Bestattung veröffentlicht, die 1955 in Kolberg am Wolziger See (Kreis Königs Wusterhausen) entdeckt worden war. Dort hatte man eine etwa 20 bis 25 Jahre alte Frau mit einer Körpergröße von 1,42 Meter begraben.

In Bad Dürrenberg kamen am 4. Mai 1934 bei Kanalisationsarbeiten mitten im Kurpark die Skelettreste einer Frau und eines Kleinkindes im Alter von einem halben bis einem Jahr zum Vorschein. Sie wurden in großer Eile durch den Prähistoriker Wilhelm Henning aus Halle/Saale geborgen, da der Kurpark bereits am nächsten Tag eingeweiht werden sollte. Die Frau war fast 1,60 Meter groß. Die Bestattung in Bad Dürrenberg wird von dem Prähistoriker Volkmar Geupel aus Dresden in eine Zeit datiert, in der Jäger, Fischer und Sammler aus der späten Mittelsteinzeit bereits Kontakte zu den jungsteinzeitlichen Bauern der Linienbandkeramischen Kultur hatten. Bestattungssitte und Beigaben sprechen für die Mittelsteinzeit, eine ebenfalls mitgegebene Flachhacke aus Hornblendeschiefer stammt dagegen bereits aus dem jungsteinzeitlichen Kulturmilieu.

Nach der Bestattungssitte gehört auch ein 1930 auf dem Schafberg[2] bei Niederkaina (Kreis Bautzen) in Sachsen entdecktes Grab in die späte Mittelsteinzeit. In dem dortigen Sandboden waren die Knochen jedoch schon verwest.

Auch in den 1983 aufgespürten fünf Gräbern von Schöpsdorf[3] (Kreis Hoyerswerda) hatten sich die Skelettreste bis auf winzige Zahnschmelzpartikel im Sandboden bereits aufgelöst. Daß es sich um mittelsteinzeitliche Bestattungen handelte, zeigten die Rötelverfärbungen und Feuersteingeräte.

Weitgehend erhalten ist dagegen das Skelett einer mehr als 50-jährigen Frau, das im Juli 1984 auf dem Weinberg südlich von Unseburg (Kreis Staßfurt) gefunden wurde. Diese Bestattung

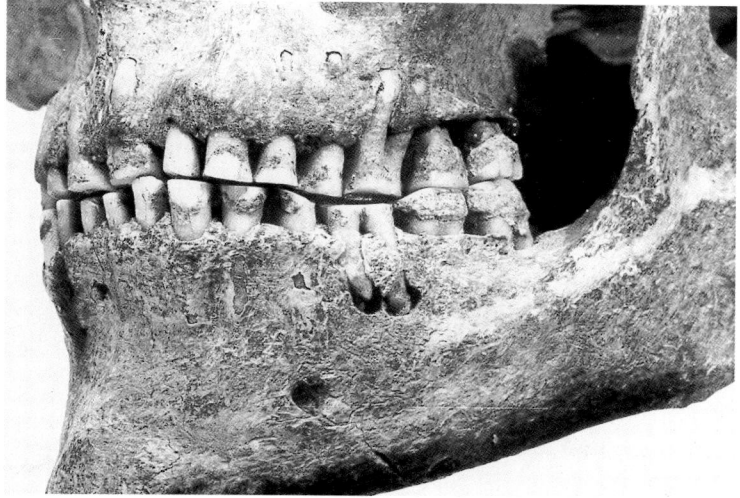

Kariesfreies Gebiß einer etwa 50jährigen Frau aus der Mittelsteinzeit von Unseburg (Kreis Staßfurt) in Sachsen-Anhalt. Die Zähne sind stark abgekaut, beim ersten Backenzahn so stark, daß das lockere Gewebe im Inneren (Pulpa) freilag und es zu Entzündungsreaktionen kam. Am gesamten Gebiß ist Zahnstein zu erkennen. Außerdem litt die Frau unter Parodontose. Original im Landesmuseum für Vorgeschichte Halle/Saale.

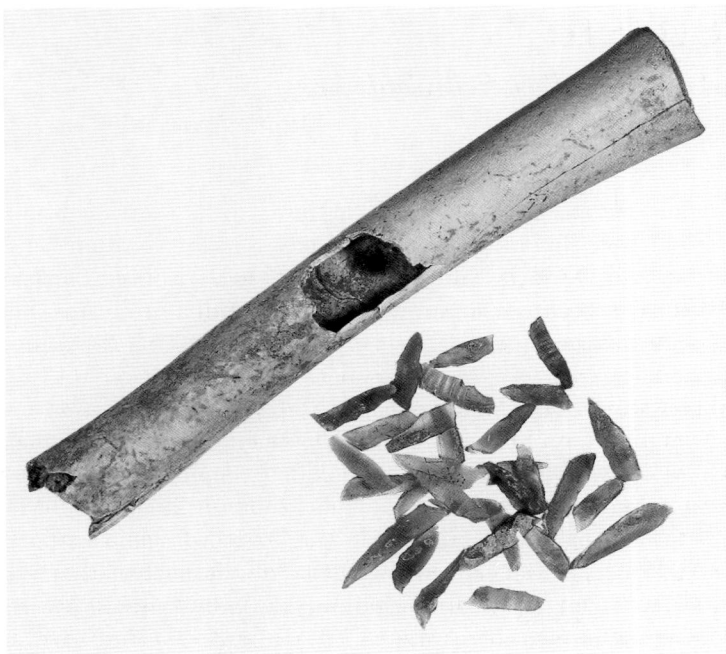

Kranichknochen mit Mikrolithen von Bad Dürrenberg (Kreis Merseburg) in Sachsen-Anhalt. Die Mikrolithen befanden sich ursprünglich in dem Knochen und waren vielleicht Pfeilspitzen. Länge des Kranichknochens 14,2 Zentimeter. Original im Landesmuseum für Vorgeschichte Halle/Saale.

kam bei Grabungen des Landesmuseums für Vorgeschichte in Halle/Saale zum Vorschein, an der sich auch andere Helfer beteiligten. Die Frau ruhte auf der linken Seite mit zum Körper angezogenen Beinen. Ihre Grabbeigaben – Feuersteinabschläge und zwei Dreiecksmikrolithen aus Feuerstein – ließen erkennen, daß sie in der Mittelsteinzeit gelebt hatte. Sie war 1,57 Meter groß.

Die stark abgeschliffenen Schneidezähne der in Bad Dürrenberg begrabenen Frau belegen die starke Beanspruchung des Gebisses bei den damals lebenden Menschen. Die Schneidezähne waren bereits bis zur Zahnmarkhöhle abgekaut. Deshalb hatten beim Zubeißen nur noch die Backenzähne Kontakt. Keiner der Zähne zeigte jedoch Spuren von Karies.

Auch bei der unweit von Unseburg entdeckten Frau waren sämtliche noch im Gebiß erhaltenen 32 Zähne stark abgenutzt. Außerdem litt sie unter Infektionen des Wurzelkanals an drei Zähnen und hatte Zahnstein. An Gelenkflächen des linken Schulter-, rechten Ellenbogen- und Kniegelenks wurden Anzeichen von Arthrosis deformans beobachtet, bei denen es sich um Verschleißerscheinungen gehandelt haben dürfte.

Vom Kunstsinn der Menschen in der Mittelsteinzeit zeugen mit geometrischen Motiven verzierte Gegenstände des Alltags wie etwa Geräte aus Hirschgeweih. Die Freude an der Musik ist durch Funde von Schwirrgeräten belegt. Solche Musikinstrumente entdeckte man in Fernewerder und Pritzerbe in Brandenburg.

In den Siedlungen aus der älteren und jüngeren Mittelsteinzeit zeugen häufig nur noch auffällige Konzentrationen von Steingeräten von den einstigen Bewohnern. Eine solche Siedlungsstelle aus der älteren Mittelsteinzeit kennt man etwa in Gerwisch[4] (Kreis Burg) im Magdeburger Raum, also in Sachsen-Anhalt. Die Lagerplätze befanden sich meist im Freiland. In höhlenreichen Gebieten dürften damals aber auch Höhlen kurzfristig als Unterschlupf gedient haben. Die Werkzeuge und

Waffen wurden aus Stein, Holz, Knochen und Geweih angefertigt. Für die Feuersteingeräte aus der älteren Mittelsteinzeit sind im hier behandelten Gebiet die nach einem holländischen Fundort benannten Zonhoven-Spitzen (s. S. 196) typisch. Sie dienten als Pfeilspitzen. Dagegen fehlten in diesem Abschnitt trapezförmige Pfeilspitzen, die als Kennzeichen der jüngeren Mittelsteinzeit gelten. Die steinernen Pfeilspitzen befestigte man mit Hilfe von Birkenpech und aus Baumbast hergestellten Schnüren an Holzschäften. Letzte Unebenheiten an Pfeilschäften wurden durch Reiben auf grobkörnigen Sandsteinen abgeschmirgelt. Solche Pfeilschaftglätter hat man in verschiedenen mittelsteinzeitlichen Kulturstufen gefunden. Aus Knochen wurden Angelhaken, Meißel und Nadeln geschnitzt. Geweihteile benutzte man als Druckstäbe für die Bearbeitung von Kleinstgeräten (Mikrolithen) wie den erwähnten Pfeilspitzen. Aus Hirschgeweih fertigte man zudem Lochstäbe an, mit denen man Geweihspäne über Wasserdampf geradebiegen konnte.

Die Art und Weise, wie damals Verstorbene bestattet wurden, erlaubt einen kleinen Einblick in die religiöse Gedankenwelt der mittelsteinzeitlichen Jäger, Sammler und Fischer. Zu mancherlei abenteuerlichen Spekulationen geben vor allem die drei Bestattungen aus der späten Mittelsteinzeit von Berlin-Schmöckwitz Anlaß. Denn dort sind alle Leichen mit scharfkantigen Feuersteinwerkzeugen zerstückelt worden, vermutlich aus Furcht vor der Wiederkehr der Toten. Angesichts einer solchen Prozedur dürfte es sich bei diesen Menschen wohl kaum um liebe Verwandte oder geschätzte Sippenmitglieder gehandelt haben. Allerdings hatte man auch diese Toten mit Rötel überschüttet. Die Skelettreste wurden in ovalen Mulden gefunden.

Weniger makaber ging die Bestattung einer jungen Frau in Kolberg am Wolziger See vonstatten. Sie wurde als »sitzender Hocker« zur letzten Ruhe gebettet und erhielt als Beigabe einen Hauer vom Wildschwein mit ins Grab.

Besonders aufschlußreich ist die Bestattung einer Frau mit einem Kleinkind auf den Beinen in Bad Dürrenberg. Angesichts der körperlichen Nähe der beiden dürfte es sich um Mutter und Kind handeln. Das Skelett der Frau hatte die Stellung eines »liegenden Hockers«. Es war mit auffällig vielen Gegenständen umgeben, von denen etliche vermutlich zur Benutzung im Jenseits gedacht gewesen sind. So entdeckte man in dem Grab einen Schlagstein aus Quarzgeröll zum Bearbeiten von Steingeräten, neun Feuersteinklingen, die bereits erwähnte jungsteinzeitliche Flachhacke aus Hornblendeschiefer und einen 14,2 Zentimeter langen Kranichknochen, in dessen Innerem 31 Mikrolithen aus Feuerstein steckten, die sich als Pfeilspitzen eigneten. Außerdem barg man Bruchstücke vom Panzer einer Sumpfschildkröte, Vogelknochen, ein Rehgeweih und drei Rehunterkiefer. 18 durchbohrte Zähne vom Auerochsen oder Wisent und vom Wildschwein sowie undurchbohrte Zähne vom Wisent, Rothirsch und Reh, Reste von Muscheln und ein Rötelstück dienten offenbar für Schmuckzwecke. Diese reichen Beigaben darf man wohl als Ausdruck der Wertschätzung für die tote Frau betrachten.

Aufgrund der Verwendung von Rötel wird auch die Bestattung auf dem Schafberg in Niederkaina in die Mittelsteinzeit datiert. Als Beigaben des bereits aufgelösten Skeletts dienten Feuersteingeräte und eine Querhaue. Diese spärlichen Stücke deuten ebenfalls auf den Glauben an ein Weiterleben nach dem Tode hin.

Fischfang mit Netzen und Reusen

Die Mittelsteinzeit in Schleswig-Holstein, Mecklenburg und im nördlichen Brandenburg

Die »Maglemose-Kultur«

Aus den ersten 1000 Jahren der Mittelsteinzeit – also von etwa 8000 bis 7000 v. Chr. – kennt man bisher aus Schleswig-Holstein, Mecklenburg und dem nördlichen Teil Brandenburgs nur wenige Siedlungsspuren. Dazu gehören die Hinterlassenschaften von Menschen, die ab etwa 8000 v. Chr. mehrfach in Abständen von etlichen Jahren einen bestimmten Platz bei Friesack (Kreis Potsdam) in Brandenburg aufsuchten. Die Funde aus der Zeitspanne von etwa 8000 bis 7000 v. Chr. gehören der Frühstufe der »Maglemose-Kultur« an.

Ab etwa 7000 v. Chr. ist diese Kulturstufe in Schleswig-Holstein, Mecklenburg und Teilen Brandenburgs nachweisbar. Ihr Verbreitungsgebiet reicht von Ostengland über Norddeutschland, Dänemark, Südschweden bis in die Sowjetunion. Sie behauptete sich bis etwa 6000 v. Chr.

Den Begriff »Maglemose-Kultur« hat 1912 der dänische Archäologe Georg F. L. Sarauw (1862–1928, s. S. 514) aus Kopenhagen geprägt. Er erinnert an das große Sumpfgebiet magle mose¹ bei Mullerup an der Westküste der dänischen Insel Seeland, wo Sarauw von 1900 bis 1915 grub. Dort sind erstmals Hinterlassenschaften der »Maglemose-Kultur« entdeckt worden.

Die Duvensee-Gruppe

Für die Zeitspanne von 7000 bis 6000 v. Chr. bezeichnet man die »Maglemose-Kultur« in Norddeutschland als Duvensee-Gruppe. Diesen Namen hat 1925 der damals in Hamburg lehrende Prähistoriker Gustav Schwantes (1881–1960, s. S. 514) nach dem Fundort Duvenseer Moor (Kreis Herzogtum Lauenburg) in Schleswig-Holstein vorgeschlagen.

Unweit des westlichen Randes dieses Moores entdeckte 1923 der Hamburger Geologe Karl Gripp (1891–1985) an einer Stelle, an der man einen Entwässerungsgraben angelegt hatte, weiße Feuersteinsplitter und Schalen von Haselnüssen. Diese Hinweise auf die Anwesenheit von Menschen führten von 1924 bis 1927 zu Grabungen des Museums für Völkerkunde in Hamburg unter der Leitung von Schwantes, an denen sich auch Gripp beteiligte. Bei diesen Grabungen wurden verschiedene Wohnplätze der Duvensee-Gruppe nachgewiesen. Weitere Wohnplätze dieser Gruppe am Duvensee hat der Prähistoriker Klaus Bokelmann aus Schleswig in den letzten Jahren bei vorbildlichen Ausgrabungen aufgedeckt.

Die Frühstufe der »Maglemose-Kultur« entsprach dem Präboreal (von etwa 8000 bis 7000 v. Chr.). In dieser Phase der Nacheiszeit lag die Küstenlinie der Nordsee nördlich der Doggerbank. Auch der Vorgänger der heutigen Ostsee, das sogenannte Yoldia-Meer (s. S. 169), bedeckte eine merklich geringere Fläche. Weitere Gebiete, die heute von der Nord- und Ostsee überflutet sind, trugen damals eine Vegetation.

Die Duvensee-Gruppe fiel weitgehend in das Boreal (etwa 7000 bis 5800 v. Chr.). Auch in dieser Phase hatte der Vorgänger der

Ostsee eine geringere Ausdehnung als heute. Die Küste des Yoldia-Meeres lag in Mittelschweden und Südfinnland.

Die Einstufung in die Duvensee-Gruppe wird für die Skelettreste von drei Menschen aus Nehringen (Kreis Grimmen) und ein Skelett aus Plau (Kreis Lübz), beide in Mecklenburg, erwogen. Für einen menschlichen Schädeldachrest und zwei Zähne bei Friesack (Kreis Nauen), etwa 60 Kilometer nordwestlich von Berlin, ist die Zuordnung zu dieser Kulturstufe gesichert.

Die Skelettreste von drei Menschen in angeblich sitzender Hockerstellung aus Nehringen wurden 1923 entdeckt. Bei ihnen sollen sich einige einfache Feuersteinklingen befunden haben. Diese Skelettreste hat man weder fachmännisch geborgen, noch existieren davon Zeichnungen, Fotos oder exakte Beschreibungen dieser Funde. Auch ihr Verbleib ist leider unbekannt.

Auf das Skelett aus Plau stieß man 1846 in dem Weinberg, der heute Klüschenberg heißt. Es lag etwa 1,80 Meter tief unter der Erdoberfläche im Kiessand. Bedauerlicherweise wurde dieser seltene Fund von Arbeitern zerschlagen. Die Skelettreste gelangten in den Besitz eines Einwohners aus Plau, der sie dem als Heimatforscher bekannten Pastor Johann Ritter (1799 bis 1880) aus Vietlübbe schenkte. Der Fund wurde 1847 durch den Schweriner Archivar und Prähistoriker Friedrich Lisch² (1801 bis 1883) beschrieben.

Der Schädelrest und die beiden Zähne von Friesack wurden bei den Grabungen des Potsdamer Prähistorikers Bernhard Gramsch am Fundplatz Friesack 4 entdeckt. Dies ist ein Talsandhügel innerhalb des Warschau-Berliner-Urstromtales, das in der Weichsel-Eiszeit entstanden ist (s. S. 89). Wenn nachfol-

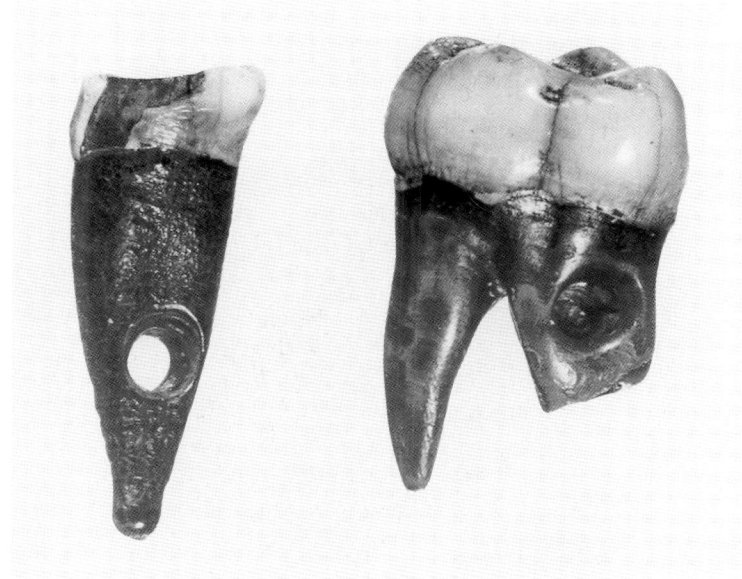

Durchbohrte Menschenzähne von Friesack 4 (Kreis Nauen) in Brandenburg, die als Kettenschmuck verwendet wurden. Links Eckzahn (1,95 Zentimeter hoch), rechts Backenzahn. Originale im Museum für Ur- und Frühgeschichte Potsdam.

gend Friesack erwähnt wird, ist immer der Fundplatz 4 gemeint.

Neben diesen menschlichen Skelettresten aus Deutschland kennt man auch ähnlich alte Funde der »Maglemose-Kultur« aus Dänemark (Maglemose, Ravnstrup, Svaereborg) und aus Schweden (Stångenäs). Die Knochenreste von Maglemose stammen von einem sieben bis acht Jahre alten Kind, die von Ravnstrup von einer Frau und die von Svaereborg von einem 14- bis 18jährigen Jüngling. In Stångenäs barg man zwei Skelette.

Die Menschen der Duvensee-Gruppe errichteten ihre Siedlungen häufig an höhergelegenen Ufern von Seen, Flüssen oder Bächen. Solche Standorte boten etliche Vorteile. Dort war die lebensnotwendige Trinkwasserversorgung gesichert. Zudem konnten von hier aus die zur Tränke kommenden Tiere gut beobachtet werden. Vielfach lagen auch reiche Fischgründe und Unterschlupfgebiete von Wasservögeln nicht weit entfernt. Die Jäger und Fischer hatten daher kurze Anmarschwege. Hinter den Seen und Flüssen schloß sich meist der sich immer mehr ausbreitende Wald an, in dem man in der warmen Jahreszeit eßbare Beeren, Nüsse, Pilze oder Kräuter sammeln konnte. Der überwiegend sandige Untergrund wurde durch die Sonne schnell erwärmt und trocknete nach Regenfällen ebenso rasch wieder ab.

Bevor eine solche Siedlung angelegt werden konnte, mußte oft erst mühsam mit Steinbeilen eine Lichtung in das Dickicht des Waldes geschlagen werden. Als Baumaterial für die Hütten dienten Holzstangen und Zweige und für das Dach Felle aus der Jagdbeute. Im Gegensatz zu den Rentierjägern aus der ausgehenden jüngeren Altsteinzeit lebten die Jäger, Fischer und Sammler der Duvensee-Gruppe bereits längere Zeit an einem Ort, da ihr Jagdwild – Rothirsche, Rehe und Wildschweine – standorttreu war.

Die Bewohner einer Siedlung am Duvenseer Moor (s. S. 214) hatten sich auf eine schilfbewachsene Halbinsel zurückgezogen. Auf diesem Areal bauten sie Hütten, deren Fußböden zum Schutz gegen Feuchtigkeit mit Holz, Schilf, Birken- und Kiefernrindenstücken belegt wurden. Ein bei Grabungen fast vollständig freigelegter Hüttenboden war etwa fünf Meter lang. Die Wände dieser Behausung bestanden vermutlich aus Holzstangen, die man in den Boden steckte, mit Zweigen untereinander verband und mit Moos abdichtete. Für das Dach verwendete man wahrscheinlich Schilf oder Gras. Feuerstellen in den Hütten sorgten für Licht, bei Kälte für Wärme und dienten als Herd für die Nahrungszubereitung. Das Feuer entfachte man mit Hilfe von Zunderschwamm und Schwefelkies. Reste davon fand man in der Siedlung am Duvenseer Moor. Ein anderer, von Klaus Bokelmann untersuchter Lagerplatz wurde für kurze Zeit mitten im Wald unter offenem Himmel angelegt.

Siedlungen der Duvensee-Gruppe kennt man auch aus Mecklenburg (Hohen Viecheln, Flessenow, Wustrow) und aus Brandenburg (Friesack). Dort wurden zahlreiche Werkzeuge, Waffen und andere Funde geborgen, von denen später noch öfter die Rede ist.

Die Entdeckung der fundreichen Siedlung Hohen Viecheln (Kreis Wismar) am Ufer des Schweriner Sees ist dem Schüler Wolfgang Zeug aus Hohen Viecheln zu verdanken. Er sah in einer Sonderausstellung des Museums für Ur- und Frühgeschichte Schwerin ähnlich gezähnte Knochenspitzen, wie er und andere Jungen sie in der Nähe ihres Dorfes aufgesammelt hatten. Am 10. September 1952 legte er dem Prähistoriker Ewald Schuldt[3] (1914–1987) in Schwerin eine gekerbte Knochenspitze vor, die er am Ausfluß des sogenannten Wallensteingrabens aus dem Schweriner See gefunden hatte. Er berichtete, daß auch andere Schüler aus Hohen Viecheln am gleichen Platz solche Werkzeuge aus Knochen aufgelesen hatten. Daraufhin stellte das Schweriner Museum sofort Ermittlungen über den Verbleib der übrigen Funde an und konnte nach deren Abschluß sieben gut erhaltene Knochenspitzen sowie Reste von Rothirschgeweih und Rehgehörn übernehmen. Am 26. September 1952 wurde an der von dem Schüler angegebenen Fundstelle ein etwa zwei Quadratmeter großer Einschnitt vorgenommen. Dabei stieß man in einem halben Meter Tiefe unter feinem Sand auf eine etwa 15 Zentimeter dicke Torfschicht, die zahlreiche verbrannte Holzteile, Knochenstücke sowie Feuersteinwerkzeuge und -abschläge enthielt. Unter der Torfschicht kamen drei weitere gekerbte Knochenspitzen zum Vorschein. Insgesamt konnten aus diesem kleinen Einschnitt 320 Fundstücke verschiedenster Art geborgen werden. Dies ermutigte zu weiteren Untersuchungen in den Jahren 1953 bis 1956.

Fischfang mit Stellnetz zur Zeit der Duvensee-Gruppe innerhalb der »Maglemose-Kultur«, früher als 6000 v. Chr. in Schleswig-Holstein.

Gefalteter Behälter aus Birkenrinde von Friesack 4 (Kreis Nauen) in Brandenburg. Länge des deformierten Behälters 19 Zentimeter, ursprünglich war er 16 Zentimeter lang und 6 Zentimeter breit. Original im Museum für Ur- und Frühgeschichte Potsdam.

Während der mehrjährigen Grabungen auf dem Wohnplatz von Hohen Viecheln wurde auch die Umgebung nach anderen gleichaltrigen Freilandstationen abgesucht. Dabei glückte der Bodendenkmalpflegerin von Sternberg, der Lehrerin Gertrud Gärtner (1893–1985) aus Ventschow, die Entdeckung einer Siedlung auf dem Hasenberg bei Flessenow am Nordostufer des Schweriner Sees. Nach dem Bekanntwerden dieser Funde forschten die Ausgräber von Hohen Viecheln 1954 auch dort und konnten vor allem Werkzeuge und Waffen bergen.

Zu den Siedlungen, die tiefere Einblicke in das Leben der damaligen Jäger, Fischer und Sammler erlauben, gehört auch diejenige auf dem Moorfundplatz bei Friesack (Kreis Nauen). Sie lag in einer Landschaft, die Unteres Rhinluch genannt wird. Noch im 17. Jahrhundert war dies eine Sumpfwildnis, die man erst im folgenden Jahrhundert trockenlegte und urbar machte.

Die Siedlungsfundstelle Friesack wurde um 1910 durch den Berliner Gymnasiallehrer und Amateur-Archäologen Max Schneider (1869–1935) entdeckt, der von 1916 bis 1925 hier erste Grabungen vornahm. Über seine Grabungsergebnisse berichtete er in dem 1932 erschienenen Buch »Die Urkerami-ker«, das er durch den Verkauf eines Teils seiner Sammlung in die USA finanzierte. 1940 grub der Berliner Prähistoriker Hans Reinerth (1900–1990) in Friesack. Bei den Untersuchungen von 1916 bis 1940 kamen zahlreiche Geräte aus Feuerstein, Knochen oder Geweih zum Vorschein. Am ergiebigsten waren jedoch die von 1977 bis 1985 durch den Potsdamer Prähistori-ker Bernhard Gramsch durchgeführten Grabungen, bei denen Jagdbeutereste, Geräte aus Stein, Holz, Knochen oder Geweih, ein Rindenbehälter, Fragmente von Zwirn, Schnüren, Stricken und Netzen, Schmuck, durchlochte Menschenzähne und ein kleines menschliches Schädeldachbruchstück geborgen wur-den. Insgesamt ließen sich in Friesack vier mittelsteinzeitliche Besiedlungsperioden nachweisen.

Die Männer der Duvensee-Gruppe jagten unter anderem Auer-ochsen, Rothirsche, Elche, Rehe, Wildschweine und gelegent-lich sogar Braunbären und Wölfe. Daneben stellten sie großen Vögeln nach und fingen mancherlei Fische.

Die Jagdbeutereste von Hohen Viecheln zeigen, daß die meck-lenburgischen Jäger hauptsächlich Rothirsche, Rehe sowie sel-tener Wildschweine, Auerochsen, Elche, Braunbären, Biber, Hasen, Dachse und Fischotter erlegten. Bevorzugte Jagdbeute waren in Hohen Viecheln auch Wildenten, Schwäne, Wasser-hühner, Taucher und Kraniche.

Die Jäger im Trebeltal bei Tribsees[4] in Mecklenburg jagten Auerochsen, Elche, Rothirsche, Rehe, Wildpferde, Wild-

Knöcherne Speerspitzen (sogenannte Knochenspitzen) mit Resten des Schäftungspechs von Friesack 4 (Kreis Nauen) in Brandenburg. Länge der größten Speerspitze 14,3 Zentimeter. Originale im Museum für Ur- und Frühgeschichte Potsdam.

Knöcherne Speerspitze (Knochenspitze) von Hohen Viecheln (Kreis Wismar) in Mecklenburg. Länge 20 Zentimeter. Original im Museum für Ur- und Frühgeschichte Schwerin.

schweine und verschiedene Vogelarten. Sie lagerten in Nähe eines Flußarms der Trebel, der vielen Tierarten als Tränke diente, und gingen von dort auf die Jagd. Ein bearbeitetes gestieltes Holzstück mit verdicktem, spitz zulaufendem Kopfende wird von dem Ausgräber dieses Rastplatzes, dem Prähistoriker Horst Keiling aus Schwerin, als Pfeil für die Vogeljagd gedeutet. Ob allerdings ein gespaltener Holzrest von einem Speer stammt, ist unsicher.

Für die Jagd auf große Säugetiere wendete man unterschiedliche Methoden und Waffen an. Neben Stoßlanzen und Wurfspeeren mit hölzerner oder knöcherner Spitze kamen vor allem Pfeile zum Einsatz, die am Ende mit einer Schneide aus Feuerstein bewehrt wurden.

Beim Anschleichen an das Wild trugen die Jäger manchmal Hirschgeweihmasken als Verkleidung, die vielleicht auch im Kult eine gewisse Rolle spielten. Großwild trieb man mitunter auf Fallgruben zu. Als solche deutet man in drei Reihen mit Lücken angeordnete Gruben in Fernewerder (Kreis Nauen) in Brandenburg. Die Gruben hatten einen Durchmesser von etwa ein bis zwei Metern und waren bis zu drei Meter tief. Die insgesamt 24 Fallgruben waren so angelegt, daß jeweils eine Grube einen Zwischenraum in der parallelen Reihe abdeckte. Vermutlich wurde dieses Grubensystem an einem Wildpfad angelegt. Unklar ist, ob die in den Gruben entdeckten Knochenspitzen zu Speeren gehörten oder ob sie an Pfählen in den Gruben befestigt waren.

Zur Jagd auf Vögel oder auf Tiere, deren Gefieder oder Pelz unbeschädigt bleiben sollte, benutzte man spezielle Holzpfeile mit einem kolbenförmig zugeschnitzten Ende. Sie sollten nicht töten oder verwunden, sondern lediglich betäuben. Derartige Holzpfeile mit verdicktem stumpfem Kopf kamen in Friesack und in Hohen Viecheln zum Vorschein. Vielleicht setzte man für die Wasservogeljagd auch Bumerangs ein, wie man sie aus Dänemark kennt.

In etlichen Siedlungen der Duvensee-Gruppe belegen Grätenreste von Fischen und verschiedene Geräte den Fischfang. Die zumeist aus Röhrenknochen von großen Säugetieren, manchmal aber auch aus Hirschgeweih angefertigten Angelhaken waren im Vergleich zu den heutigen auffällig groß. Die Mehrzahl davon erreichte eine Länge von 8 bis 15 Zentimetern und eignete sich somit nur für große Fische, etwa für Hechte oder für Welse, wie sie in Hohen Viecheln auch nachgewiesen sind. Manche Funde der Duvensee-Gruppe spiegeln einen erstaunlich hohen Entwicklungsstand der Fischfangmethoden wider. So entdeckte man im Pristermoor bei Duvensee, in Schlüsbeck bei Kiel und an dänischen Fundstellen Reste von aus langen Haselgerten angefertigten und mit aufgeschlitzten Weidenzweigen quer durchflochtenen Reusen. Eine Ritzzeichnung auf einem Knochengerät aus dem Fluß Trave bei Groß Rönnau (Kreis Segedorf) in Schleswig-Holstein zeigt einen sanduhrförmigen Reusentyp mit Netzen an beiden Enden. In Satrup (Kreis Schleswig-Flensburg) wies man ein an Holzstangen befestigtes Stellnetz nach. Aus Hohen Viecheln sind Netzfragmente und durchlochte Baumrindenstücke bekannt, die als Netzschwimmer dienten. Solche Netze wurden aus Fasern von Baumrinden geknüpft und mit steinernen Netzsenkern beschwert.

Aus Skelettresten von Hohen Viecheln und Tribsees ist ersichtlich, daß die Menschen der Duvensee-Gruppe auch Hunde hielten. Die Schädelgrößen von Hundefunden der gleichen Zeit variieren in verschiedenen Ländern zwischen heutigen

Wolfsspitzen und Schäferhunden. Die an sich seltenen Hundeknochen sind häufig in typischer Weise zur Gewinnung des Marks aufgeschlagen und stammen zumeist von jüngeren Tieren. Demnach wurde sporadisch Hundefleisch gegessen – vielleicht in Notzeiten, wenn kein Wildbret verfügbar war.

Bei Grabungen an Wohnplätzen entdeckte man bis zu 40 Zentimeter dicke Schichten aus Haselnußschalen, die man als Küchenabfälle vor die Hütten geworfen hatte. Am Duvenseer Moor wurde nachgewiesen, daß die Haselnüsse im Feuer geröstet worden sind. An diesem Fundort stellte man zudem fest, daß die ehemaligen Bewohner Samenkörner des mit dem Buchweizen verwandten Windenden Knöterichs gesammelt und gegessen haben.

Angesichts der vielen verschiedenen Gegenstände, welche die Angehörigen der Duvensse-Gruppe aus unterschiedlichen Materialien anfertigten, kann man über die Existenz von Spezialisten spekulieren. Deren Produkte hätten sich dann besonders als Objekte für Tauschgeschäfte geeignet.

Als Beispiele für die handwerklichen Fähigkeiten der Duvensee-Leute kann man außer den bereits erwähnten Fischreusen und Netzen, Werkzeugen und Waffen auch einen aus Birkenrinde gefalteten Behälter aus Friesack nennen. Da dieser auf der Sohle einer bis unter das damalige Grundwasserniveau eingetieften Grube geborgen wurde, diente er wohl zum Schöpfen von Wasser. Ein ähnlicher Birkenrindenbehälter aus der Mittelsteinzeit ist bisher nur im Viss-Moor im Norden des europäischen Teils der Sowjetunion bekannt. Handwerkliches Geschick verraten auch die aus Bast geschaffenen Schnüre und Stricke aus Friesack.

Knöcherner Angelhaken aus Ecklak (Seedorf) im Kreis Steinburg in Schleswig-Holstein. Länge 8,5 Zentimeter. Original im Archäologischen Landesmuseum der Christian-Albrechts-Universität, Schleswig.

Netzschwimmer aus Birkenrinde von Friesack 4 (Kreis Nauen) in Brandenburg. Größter Durchmesser 7 Zentimeter. Original im Museum für Ur- und Frühgeschichte Potsdam.

Die damaligen Menschen haben es zudem schon verstanden, dicke Baumstämme mit Hilfe von Steinbeilen und Feuer auszuhöhlen und auf diese Weise Einbäume herzustellen. Einbäume der Duvensee-Gruppe wurden zwar bisher in Deutschland nicht entdeckt, aber man fand die für ihre Fortbewegung bestimmten hölzernen Paddel. Reste solcher Paddel kennt man vom Duvenseer Moor, aus dem Duxmoor bei Gettorf (Kreis Rendsburg-Eckernförde) und aus Friesack. Von dem bereits 1926 geborgenen Paddel vom Duvenseer Moor blieb nur ein etwa 60 Zentimeter langer Teil erhalten. Das Paddel aus dem Duxmoor besteht aus Eibenholz und mißt etwa 90 Zentimeter. Sein Blatt wurde mit Feuersteinwerkzeugen bearbeitet und – nach den Brandspuren zu schließen – offenbar im Feuer gehärtet. Bei den Grabungen in Friesack kamen Fragmente von drei Paddeln zum Vorschein, von denen zwei wahrscheinlich aus Ebereschenholz angefertigt sind.

Ein mittelsteinzeitlicher Einbaumfund bei Pesse in Holland zeigt, daß solche Wasserfahrzeuge bis zu drei Meter lang gewesen sind. Vielleicht sind Duvensee-Leute mit Einbäumen auf Seen zum Fischfang hinausgefahren, haben aus den Nestern von Wasservögeln Eier entnommen oder Wasservögel im Schilf gejagt.

Von der Kleidung der damaligen Männer, Frauen und Kinder konnte man bisher keine Reste bergen.

Die Menschen der Duvensee-Gruppe schmückten sich gerne mit durchbohrten Tierzähnen. Aus Friesack kennt man an der Wurzel durchlochte Schneidezähne vom Rothirsch, Wildschwein und Auerochsen sowie ebenso bearbeitete Reißzähne vom Wolf, Fuchs und Fischotter. Als bisher einzigartig für die Mittelsteinzeit Europas gelten zwei durchbohrte Menschenzähne aus Friesack: ein Eckzahn und ein Backenzahn. Alle diese Tier- und Menschenzähne wurden als Kettenschmuck verwendet, der wohl den Hals zierte.

Die Kunstwerke der Duvensee-Gruppe geben manchmal Szenen aus dem Alltag wieder. Die bereits erwähnte Ritzzeichnung

Rest eines Paddels aus Ebereschenholz mit gebrochenem Blatt von Friesack 4 (Kreis Nauen) in Brandenburg. Erhaltene Länge 43 Zentimeter. Original im Museum für Ur- und Frühgeschichte Potsdam.

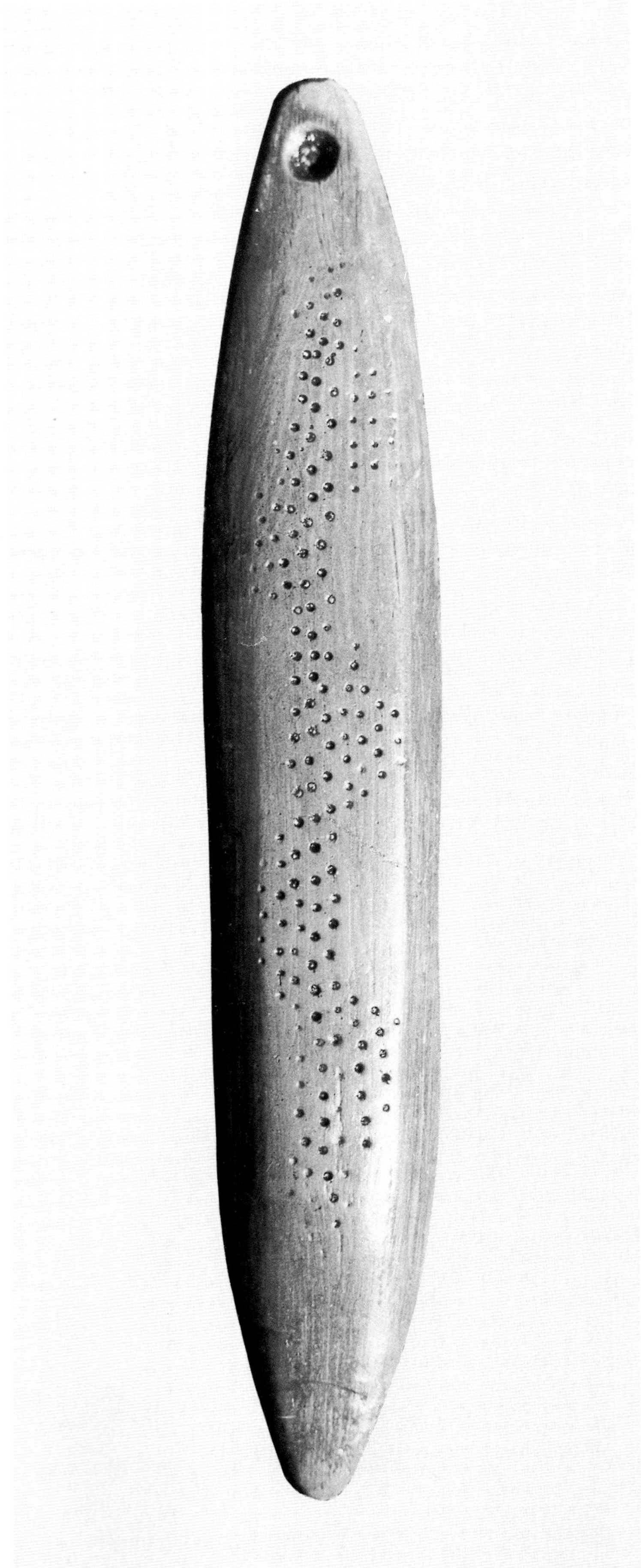

Musikinstrument aus der Mittelsteinzeit: knöchernes Schwirrgerät von
Pritzerbe (Kreis Brandenburg) in Brandenburg. Länge 12,8 Zentimeter.
Original im Museum für Ur- und Frühgeschichte Potsdam.

von Groß Rönnau zeigt eine Fischreuse. Eine aus der Eckernförder Bucht in Schleswig-Holstein gebaggerte Geweihaxt, die
sich allerdings nicht genau datieren läßt und daher auch aus
der zeitlich jüngeren Oldesloer Gruppe stammen könnte, läßt
einen eingravierten Tänzer erkennen. Ornamente auf einer
Geweihstange aus Hohen Viecheln werden als Darstellungen
von Behausungen oder von Fallen gedeutet. Ein aus der Peene
bei Verchen (Kreis Demmin) in Mecklenburg geborgenes Loch-
stabfragment trägt ein aus Winkeln bestehendes Ornament, das
an zeltartige Behausungen auf einem Rastplatz erinnert.
Manchmal sind Werkzeuge oder andere Objekte aus Knochen
oder Geweih lediglich durch eingeritzte oder eingeschnittene
lineare Muster und Gruppen von Strichen verschönert.

Zu den besonders bemerkenswerten Kunstwerken gehört der
verzierte Rückenpanzer einer Sumpfschildkröte aus Friesack.
Er ist auf der Außenseite mit sieben Dreiecken und mit inein-
andergreifenden, langgestreckten, dreiecksförmigen Figuren
ornamentiert; sowohl die Dreiecke als auch die Figuren sind
mit Strichen gefüllt. Auf der Innenseite dieses Schildkröten-
panzers befinden sich zahlreiche Kratzspuren, die vom sorgfäl-
tigen Entfernen aller Weichteile stammen. Dieser Fund wird
nach den Erkenntnissen einer pollenanalytischen Untersuchung des anhaftenden Torfs in die Zeit des Übergangs
zwischen dem Boreal und dem Atlantikum datiert, was etwa
5800 v. Chr. entspricht.

Auf Musik und Tanz weisen einige wenige Funde hin. So läßt
sich ein außen teilweise beschnittenes, längsdurchlochtes
Zweigfragment mit zungenartigem Ende aus Friesack als Flöte
deuten. Außerdem gelten einige von Menschenhand bearbeitete Stücke aus dem Holz von Haselnußsträuchern aus Hohen
Viecheln als Pfeifen – allerdings nur zum Anlocken von Vögeln
bei der Jagd. Tanz dagegen ist durch die erwähnte Darstellung
eines Tänzers aus der Eckernförder Bucht belegt.

Die Menschen der Duvensee-Gruppe verfügten über ein
erstaunlich reiches Formenspektrum an Werkzeugen und Waffen aus Stein, Holz, Knochen, Geweih oder Tierzähnen. Man
kann sich kaum vorstellen, daß alle diese Gegenstände beim
Weiterziehen zu einem anderen Wohnplatz mitgenommen
wurden. Vielleicht ist der größte Teil davon bis zur nächsten
Wiederkehr an dem verlassenen Ort deponiert worden.

Wegen ihren typischen Kern- und Scheibenbeilen (s. S. 171),
die in weiter südlich verbreiteten Kulturstufen nicht vorkommen, rechnet man die Duvensee-Gruppe dem Kern- und Scheibenbeil-Kreis zu. Daneben gab es Pickel und Kleinstgeräte in
Form der Mikrolithen. Für die Mikrolithen verwendete man
ausschließlich nordischen Feuerstein, der in Gletscherablagerungen aus dem Eiszeitalter gefunden wurde. Unter den
Mikrolithen der Duvensee-Gruppe fehlen trapezförmige Pfeilspitzen. Besonders häufig waren mikrolithische Spitzen, die zur
Bewehrung von Pfeilen dienten. Allein bei Friesack fand man
etwa 2000 Mikrolithen, Dort barg man auch das Bruchstück
eines Pfeilschaftglätters aus Sandstein und Gerölle mit Schlagmarken, mit denen man offenbar Werkzeuge oder Waffen bearbeitet hatte.

Mehr als hundert Funde aus Friesack belegen, daß Holz ein
wichtiger Rohstoff bei der Werkzeugherstellung war. Von dort
kennt man unter anderem zwei Brettchen mit Kerben auf beiden Seiten zum Aufwickeln von Bastschnur, zwei Grabstöcke
mit feuergehärtetem halbrundem Ende, hammerartige Beilköpfe aus festem Wurzelholz mit Schaftloch (solche gab es auch

Geweihaxt mit eingraviertem Tänzer von Eckernförde (Kreis Rendsburg-
Eckernförde) in Schleswig-Holstein. Länge der Geweihaxt etwa 19 Zentimeter. Original im Archäologischen Landesmuseum der Christian-Albrechts-Universität, Schleswig.

in Duvensee), die bereits erwähnten Paddelfragmente sowie
Reste von Speeren und Pfeilen. Ein Teil der zahlreichen Funde
von gerollter Birkenrinde ist vermutlich bei der Gewinnung von
Birkenpech angefallen, mit dem Pfeil- und Speerspitzen an
Holzschäften festgeklebt wurden. Aus Birkenrinde wurden
auch kleine Behältnisse hergestellt. Baumbast, also Pflanzenfa-
sern, verarbeitete man zu Zwirn, Schnüren, Stricken und Net-

Knochenhacken von Kessin (Kreis Altentreptow) und Hohen Viecheln (Kreis Wismar) in Mecklenburg. Größere Knochenhacke von Kessin (links) 33,5 Zentimeter lang, kleinere Knochenhacke von Hohen Viecheln (rechts) 28,5 Zentimeter lang. Originale im Museum für Ur- und Frühgeschichte Schwerin.

zen. Bei Friesack kamen zahlreiche Reste von knotenlosen und geknoteten Netzen zum Vorschein. Ein kleines Netzfragment mit Knoten aus dem späten Präboreal um 7000 v. Chr. ist etwa ein halbes Jahrtausend älter als ein ähnlicher Fund aus Antrea nordwestlich von Leningrad in der Sowjetunion.

Auch aus Knochen wurden zahlreiche Werkzeuge und Waffen hergestellt. An Werkzeugen sind unter anderem spitze Pfriemen, meißelartige Geräte, Nadeln, Hacken und Tüllenbeile zu nennen. Aus Friesack ist beispielsweise ein Vogelknochenspan mit spitzem Ende und Widerhaken bekannt, der einer heutigen Häkelnadel ähnelt. In Hohen Viecheln fand man mehr als 30 Zentimeter lange Hacken aus Knochen von Auerochsen, die manchmal mit Ritzungen verziert sind. Man brachte sie deshalb mit kultischen Handlungen in Verbindung, deutet sie aber auch als Erdhacken, Eispickel oder Waffen. Am selben Fundort barg man zudem Tüllenbeile aus Mittelfußknochen vom Auerochsen, Wisent und Rothirsch. Diese hatten einen bis zu 20 Zentimeter langen Holzschaft, der in der Tülle steckte. Mit

Tüllenbeilen konnte man Baumrinde abschälen und – wie Experimente zeigten – auch Bäume fällen.

Am häufigsten verwendete man Knochen jedoch als Spitzen von Wurfspeeren. Diese Spitzen bestanden zumeist aus Fußknochen vom Rothirsch oder vom Reh, ganz selten aus Rippenknochen. Zunächst fertigte man einfache glatte Spitzen an, später kamen sägemesserartig gekerbte Spitzen und zuletzt Spitzen mit kleinen Widerhaken auf. Die Spitzen wurden mit Baumharz oder Bast oder beidem am Holzschaft befestigt.

Unter den mehr als 300 Spitzen aus Friesack befanden sich auch drei einfache Knochenspitzen, die mit Bast und Pech noch mit dem abgebrochenen Holzschaft verbunden waren. Auch in Hohen Viecheln wies man über 300 Knochenspitzen nach. Bruchstücke von Knochenspitzen kennt man außerdem aus dem Trebeltal bei Tribsees. Dies ist einer der bedeutendsten Fundplätze im östlichen Mecklenburg. Dort wurden zahlreiche Geweih- und Knochengeräte, Steinwerkzeuge und -abfälle geborgen.

Eine in Wyk auf Föhr entdeckte Knochenharpune mit einer Zahnreihe dokumentiert, daß sich Jäger der Duvensee-Gruppe auch auf den nordfriesischen Inseln aufgehalten haben. Das gleiche gilt für das ehemalige Festland, das heute von der Nordsee bedeckt wird und wo man Waffen und Geräte aus der Steinzeit auffischte. Große Knochenspitzen wurden für die Jagd auf Auerochsen, Wisente und andere stattliche Säugetiere eingesetzt, kleine für Flugwild und zum Fischfang.

Ein beliebter Rohstoff für Werkzeuge und Waffen waren auch Geweihe oder Geweihteile von Rothirschen oder Elchen. Mit Hilfe von Druckstäben aus Geweih drückte man von Feuersteinklingen feine Mikrolithen ab oder retuschierte damit Arbeitskanten von Steinwerkzeugen. Aus Elchgeweih wurden schaufelartige Werkzeuge zum Graben geschaffen. Außerdem gab es Geweihhacken mit einem Schaftloch zur Aufnahme eines Holzschaftes und Spitzhacken aus Geweih mit natürlichem Schaft. Unter einer Geweihhacke versteht man ein Werkzeug, bei dem die Schneide quer zum Schaftloch steht. Dagegen spricht man von einer Geweihaxt, wenn die Schneide parallel zum Schaftloch orientiert ist, wie dies bei den Funden von Friesack der Fall ist. In seltenen Fällen wurden auch Spitzen aus Hirschgeweih mit kleinen Widerhaken geschnitzt. Mitunter verarbeitete man sogar Tierzähne zu Werkzeugen. So kennt man aus Friesack einige Hauer von Wildschweinen, die zum Schaben oder Glätten dienten. Dabei handelte es sich wohl um eine Art von Feinwerkzeugen für besonders genau durchzuführende Arbeiten.

Die zahlreichen Werkzeug- und Waffenformen aus unterschiedlichen Materialien weisen die Menschen der Duvensee-Gruppe als geschickte Handwerker aus, die teilweise bereits mit sehr überlegten Techniken arbeiteten.

Angesichts des hohen kulturellen Niveaus dieser mittelsteinzeitlichen Jäger, Fischer und Sammler ist deren Verhältnis zum Tod und ihre Religion von besonderem Interesse. Die bereits erwähnte Bestattung aus Plau in Mecklenburg demonstriert, daß die Angehörigen der Duvensee-Gruppe an das Weiterleben der Verstorbenen glaubten. Denn die Hinterbliebenen haben

Hirschschädelmaske von Hohen Viecheln (Kreis Wismar) in Mecklenburg. ▷
Höhe 22,8 Zentimeter. Solche Masken wurden vielleicht von Jägern beim Anschleichen an das Wild oder von Zauberern bei kultischen Handlungen getragen. Original im Museum für Ur- und Frühgeschichte Schwerin.

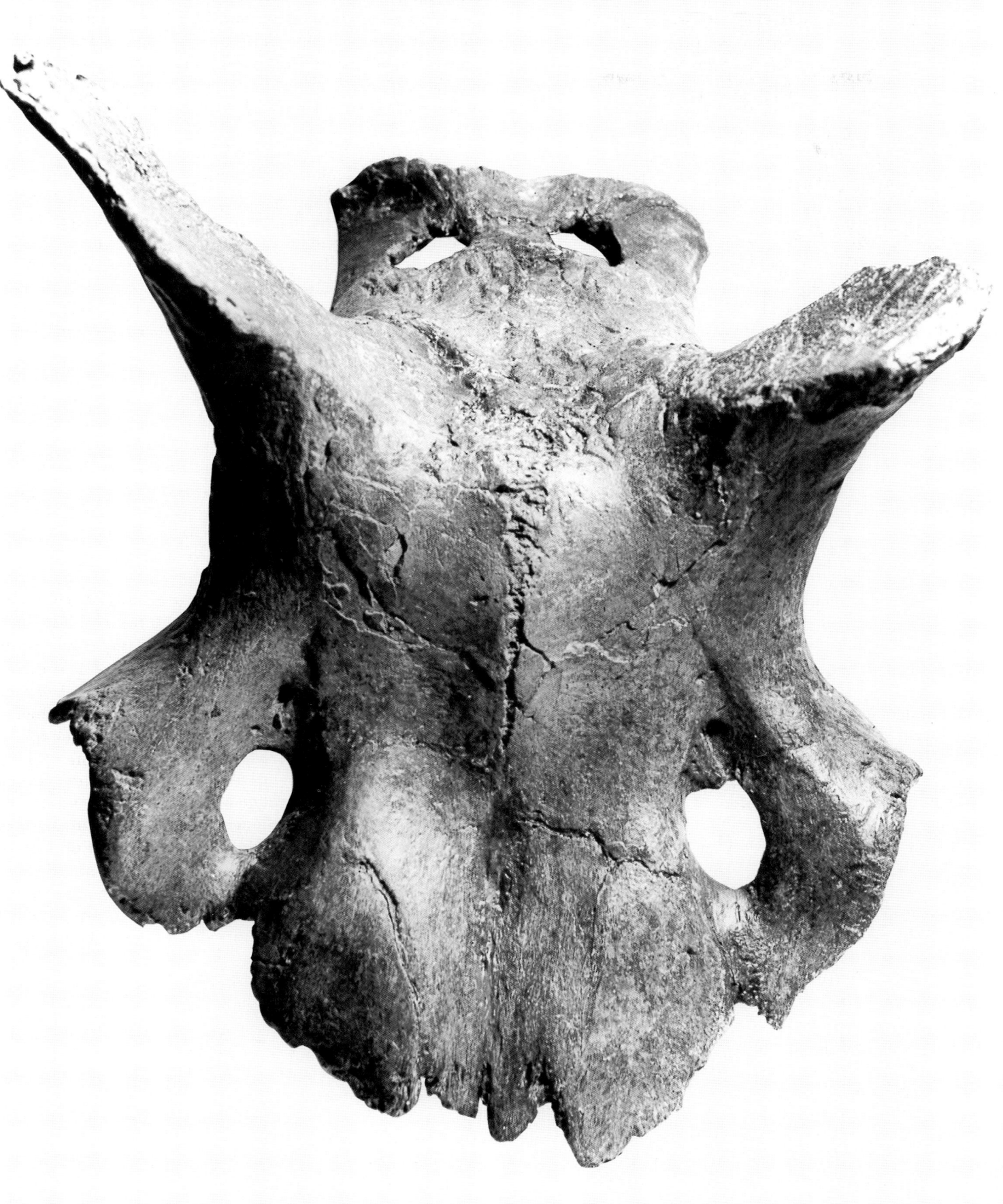

den in fast kniender Hockerstellung zur letzten Ruhe gebetteten Toten mit einigen Beigaben versehen, die ihm auch im Jenseits nützlich sein sollten. Dazu gehören eine Hirschgeweihaxt und zwei längsgeteilte, scharfkantige Eberhauerhälften.

Schlaglichter auf die Religion der Duvensee-Gruppe werfen vor allem die Funde von Hirschschädelmasken (s. S. 177) aus Mecklenburg (Hohen Viecheln, Plau) und Brandenburg (Berlin-Biesdorf), die mit dem Kult in Verbindung gebracht werden. Ähnliche Objekte, aber aus einer anderen Stufe, kennt man, wie erwähnt, aus dem Erfttal bei Bedburg in Nordrhein-Westfalen (s. S. 196). Auch in Star Carr (England) wurden solche Masken entdeckt. Das dortige Fundgut wird ebenfalls der Duvensee-Gruppe zugerechnet. In Hohen Viecheln fand man zwei jeweils aus der Stirnpartie eines Rothirschschädels gearbeitete Masken mit abgetrenntem Geweih. Sie wurden vermutlich von Schamanen vor das Gesicht gebunden und bei kultischen Tänzen oder bestimmten Zeremonien getragen. Vielleicht wollte man damit den Verlauf von größeren Jagdunternehmungen günstig beeinflussen. Höchstwahrscheinlich haftete dabei das Hirschfell noch an der Maske. Eigens geschaffene Öffnungen neben den Augenhöhlen sorgten für ein gutes Blickfeld des vermummten Schamanen. Durch ovale Löcher an den Seiten des Schädeldaches konnte man eine Schnur ziehen und damit die Maske unter dem Kinn bzw. dem Nacken festbinden. In Plau und Berlin-Biesdorf barg man jeweils eine Hirschschädelmaske.

Vielleicht hatten auch die bereits erwähnten durchbohrten menschlichen Zähne aus Friesack eine gewisse Bedeutung in der religiösen Gedankenwelt. Womöglich wollte der Besitzer dieser Zähne eines anderen Menschen dessen Andenken bewahren oder erhoffte sich davon, dessen besondere Fähigkeiten zu erlangen.

Die Oldesloer Gruppe

Der Abschnitt von etwa 6000 bis 5000 v. Chr. wird in Schleswig-Holstein, Mecklenburg und Teilen Brandenburgs der Oldesloer Gruppe zugerechnet. Dieser Begriff wurde 1925 durch den schon erwähnten Prähistoriker Gustav Schwantes eingeführt. Den ersten Wohnplatz dieser Gruppe hat der Schüler Wilhelm Wolf (1890–1968) aus Bad Oldesloe entdeckt, der später Amtmann in Bredstedt war. Durch seine Untersuchungen wurde der Apotheker Wolfgang Sonder (1893–1955) aus Oldesloe angeregt, Steinwerkzeuge dieser Gruppe im Raum Oldesloe zu sammeln. Seine Funde bildeten den Grundstock der urgeschichtlichen Ausstellung im Heimatmuseum Oldesloe.

Die Oldesloer Gruppe fiel in die letzte Phase des Boreals (etwa 7000 bis 5800 v. Chr.) und danach in das Atlantikum (etwa 5800 bis 3800 v. Chr.).

Bis zum Atlantikum lag zwischen England und Schleswig-Holstein ein ausgedehntes Festland, das bis Nordfinnland reichte. Um 5500 v. Chr. drang das Meer in dieses Gebiet ein, wodurch die heutige Nordsee entstand, aus der die Doggerbank noch eine Weile als Insel herausragte. Während des Atlantikums gediehen Eichenmischwälder, in denen es neben Eichen auch Ahorn, Eschen, Linden und Ulmen gab. In Schleswig-Holstein breitete sich damals die Erle aus und bildete an Seeufern oder in Niederungen Busch- oder Bruchwälder. Als Indiz für ein relativ warmes Klima läßt sich unter anderem die häufig vorkommende Wassernuß werten. Diese stachelige Frucht, die in auf dem Wasser treibenden Blattrosetten wächst, ist heute aus Deutschland verschwunden. Im Atlantikum war sie – ähnlich wie die Sumpfschildkröte – bis nördlich von Stockholm in Schweden und in Südfinnland heimisch. Die Tierwelt des Atlantikums entsprach weitgehend jener aus dem Boreal.

Von den Menschen der Oldesloer Gruppe sind bisher keine Skelettreste oder Gräber entdeckt worden. Bei ihren Siedlungsresten handelt es sich ausschließlich um Konzentrationen von Steinwerkzeugen und -waffen.

Das Formenspektrum an Werkzeugen und Waffen aus Stein der Oldesloer Gruppe unterscheidet sich von demjenigen der Duvensee-Gruppe durch das Vorkommen von langen, schmalen Dreiecken und trapezförmigen Pfeilspitzen. Ansonsten gab es in dieser Stufe aus Feuerstein angefertigte Kern- und Scheibenbeile mit Holzschäften wie vorher. Deshalb wird die Oldesloer Gruppe wie die Duvensee-Gruppe dem Kern- und Scheibenbeil-Kreis zugeordnet.

Die nach 5500 v. Chr. lebenden Menschen der Oldesloer Gruppe waren bereits Zeitgenossen von jungsteinzeitlichen Bauern aus den südlicher gelegenen Gebieten Deutschlands. Die ab etwa 5000 v. Chr. nachweisbare Ertebölle-Ellerbek-Kultur (s. S. 287) repräsentierte in Schleswig-Holstein und in Mecklenburg den Übergang von den Wildbeutern zu den Bauern.

Zu den Farbtafeln

25 Die Weidentalhöhle bei Wilgartswiesen (Kreis Pirmasens) in Rheinland-Pfalz wurde in der Mittelsteinzeit (von etwa 8000 bis 5000 v. Chr.) von einer Großfamilie aufgesucht. Diese Wohnhöhle gilt als die am besten untersuchte in der Pfalz.

26 *(folgende Doppelseite)* Alltag in einer Siedlung von Jägern, Fischern und Sammlern zur Zeit der mittelsteinzeitlichen Duvensee-Gruppe (von etwa 7000 bis 6000 v. Chr.) am namengebenden Fundort Duvenseer Moor (Kreis Herzogtum Lauenburg) in Schleswig-Holstein.

27 Rekonstruktion der mehr als 7800 Jahre alten Kopfbestattung einer mittelsteinzeitlichen Familie aus der Höhle Hohlenstein-Stadel bei Asselfingen (Alb-Donau-Kreis) in Baden-Württemberg. Originale in der Osteologischen Sammlung der Universität Tübingen.

28 Rekonstruktion mittelsteinzeitlicher Korbhütten mit ovalem Grundriß (3 x 2 Meter, Höhe 1,70 Meter). Die Rekonstruktion im Archäologischen Freilichtmuseum Oerlinghausen beruht auf einem Ausgrabungsbefund von den Retlager Quellen (Kreis Lippe) in Nordrhein-Westfalen.

25 ▷

△ 27 ▽ 28

Die Mittelsteinzeit in Österreich

Bisher kennt man weder »Kulturen« noch Gruppen

Die Mittelsteinzeit begann in Österreich wie in Deutschland vor etwa 10000 Jahren (8000 v.Chr.) gleichzeitig mit der Nacheiszeit, dem Holozän. Sie endete etwa um 5000 v.Chr., als die mittelsteinzeitlichen Jäger, Fischer und Sammler von den schon um 5500 v.Chr. eingewanderten Bauern der Linienbandkeramischen Kultur (s. S. 417) Ackerbau, Viehzucht und Töpferei übernahmen.

Im Gegensatz zu Deutschland und der Schweiz lassen sich bisher in Österreich keine nach den Steinwerkzeugen definierten »Kulturen« (heute spricht man von Technokomplexen oder Stufen) unterscheiden. Man unterteilt das österreichische Mesolithikum in die frühe Mittelsteinzeit (Frühmesolithikum) und die späte Mittelsteinzeit (Spätmesolithikum). Kriterium dafür ist – wie in Deutschland – das Fehlen oder Vorkommen von trapezförmigen Pfeilspitzen (s. S. 177). Diese Abgrenzung kann nur im Vergleich mit deutschen Fundstellen vorgenommen werden. Die Belege der österreichischen Funde würden dafür allein nicht ausreichen.

Nach einer Aufstellung der Prähistorikerin Walpurga Antl-Weiser aus Stillfried-Grub sind Steinwerkzeuge aus dem Frühmesolithikum in Salzburg/Maxglan, Limberg-Mühlberg, Bisamberg bei Klein-Engersdorf, Kamegg sowie möglicherweise auch in Burgschleinitz bei Horn und Mühlfeld bei Horn gefunden worden.[1] Ins Spätmesolithikum werden andere Funde aus Burgschleinitz sowie aus Oberösterreich und Vorarlberg datiert. Laut Walpurga Antl-Weiser gehört das Mesolithikum »zu den am wenigsten erforschten Zeitabschnitten der österreichischen Urgeschichte«. Eine Liste der bisher über diesen Zeitabschnitt veröffentlichten wissenschaftlichen Arbeiten würde nicht viel mehr als eine Seite füllen. Der Fundbestand aus der Mittelsteinzeit in Österreich stammt größtenteils an der Erdoberfläche aufgesammelten, häufig mit Stücken aus anderen Zeiten vermischten Funden, die mit heute veralteten, dem Stand neuer Grabungen in anderen Ländern nicht mehr entsprechenden Ausgrabungsmethoden geborgen wurden.

Der erste Skelettfund eines Menschen aus der Mittelsteinzeit glückte 1987 im Bundesland Salzburg in einer Höhle (s. S. 219).

Außerdem kennt man Siedlungsspuren und Geräte aus den Bundesländern Vorarlberg, Salzburg, Steiermark, Oberösterreich und Niederösterreich.

In dem Geländeeinschnitt auf der rechten Bildhälfte liegt die Halbhöhle Krinnenbalme bei Koblach in Vorarlberg, die in der späten Mittelsteinzeit kurzfristig von Jägern und Sammlern bewohnt wurde. Das Foto entstand im Oktober 1990.

Die letzten Jäger und Sammler vor der Einwanderung der ersten Bauern in Österreich

Aus der Mittelsteinzeit liegen bisher in Österreich nur wenige und zumeist nicht sehr aussagekräftige Funde vor, die das Vorkommen von Menschen belegen. Das ist um so erstaunlicher, als im benachbarten Bayern zahlreiche Höhlenwohnungen und Freilandstationen mit mittelsteinzeitlichen Siedlungsspuren entdeckt worden sind (s. S. 185).

Im Präboreal (etwa 8000 bis 7000 v. Chr.) war auch in Österreich das Klima kühl-kontinental, allerdings schon spürbar wärmer als das in der vorhergehenden Eiszeit. Die alpinen Gletscher entsprachen in den Hochlagen der Alpen mehr oder weniger ihrem heutigen Ausmaß. Neben Birken- und Kiefernwäldern breiteten sich jetzt Laubwälder aus, in denen, wie in Deutschland, Braunbären, Wisente, Rothirsche, Elche, Rehe, Wildschweine, Luchse, Wölfe, Füchse, Dachse, Marder und Wildkatzen lebten. Im Gebirge kamen Steinböcke und Gemsen hinzu. Die Gewässer waren das Revier von Schwänen, Enten, Bibern und Fischottern.

Im nachfolgenden Boreal (von etwa 7000 bis 5800 v. Chr.) wurde das Klima wärmer und trockener, kühlte sich aber zwischen 6800 und 6000 v. Chr. wieder ab. In der Venediger Kühlphase[1] erreichten die Gletscher der Venediger Gruppe in den Hohen Tauern jetzt einen Höchststand. Im Alpenvorland gediehen massenhaft Haselnußsträucher. Daneben wuchsen Eichen, Eschen und Ulmen. Wie die Knochenfunde von der Krinnenbalme bei Koblach in Vorarlberg zeigen, glich die Tierwelt des Boreals weitgehend der des Präboreals. Dort fand man die Überreste von Braunbär, Steinbock, Wolf, Rothirsch, Reh, der Gemse, von Biber, Fischotter, Marder, Fuchs, der Wildkatze und Sumpfschildkröte.

Die mittelsteinzeitlichen Jäger und Sammler in Österreich hielten sich kurzfristig in Höhlen, unter Felsdächern, aber auch im Freiland in Zelten und Hütten auf. Die zumeist geringe flächenmäßige Ausdehnung der Siedlungsschichten aus dieser Zeit deutet auf die Anwesenheit von nur wenigen Menschen hin. Wahrscheinlich handelte es sich oft nur um eine Familie oder höchstens um eine Sippe.

Zu den Freilandstationen aus der frühen Mittelsteinzeit gehört auch ein Lagerplatz auf dem Bisamberg bei Klein-Engersdorf in Niederösterreich. Er wurde 1926 durch den Oberlehrer Ludwig Fober (1896–1970) aus Klein-Engersdorf entdeckt, nach dem das dortige Ludwig-Fober-Museum benannt ist. Auf dem Bisamberg fanden sich die für die frühe Mittelsteinzeit typischen Feuersteingeräte, darunter charakteristische Dreiecke, Klingen, Messer, Schaber, Stichel und Pfeilspitzen. Sie erlauben einen guten Einblick in das Formenspektrum des Mesolithikums.

Ein weiterer Lagerplatz aus der frühen Mittelsteinzeit wurde 1930 nahe der Bahnstation Limberg-Maissau in Niederösterreich gefunden. Heute wird diese Fundstätte meist Limberg-Mühlberg genannt. Dort entdeckten der Postbeamte Josef Höbarth (1891–1952) aus Horn, der Ingenieur Otto Ritter (1901–1972) aus Wien, der Bankdirektor Alois Gulder (1900–1972) aus Wien und der Bergingenieur Ernst Freiherr von Preuschen (1898–1973) aus Salzburg zahlreiche Steinwerkzeuge. Im Raum Limberg-Maissau konnte der Prähistoriker Friedrich Brandtner aus Wien 1951 und 1952 anhand von Steinwerkzeugen zwei mutmaßliche Lagerplätze nachweisen.

Unter den Tausenden von Feuersteingeräten der Fundstelle Kamegg (Parzelle Nummer 74) in Niederösterreich entdeckte man auch Geräte aus der frühen Mittelsteinzeit. Auf diese Fundstelle war 1937 der Müller und Heimatforscher Karl Docekal (1919–1979) aus Horn aufmerksam geworden, als er die ersten Hornsteinsplitter fand. Nachdem er die Bedeutung dieser Funde erkannt hatte, stellte er weitere Nachforschungen an.

Harpune aus dem Spätmesolithikum von der Halbhöhle Rheinbalme bei Koblach in Vorarlberg. Länge 15,8 Zentimeter. Original im Vorarlberger Landesmuseum, Bregenz.

Das Sammeln von Beeren oder anderer pflanzlicher Nahrung war in der Mittelsteinzeit vor allem Sache der Frauen.

Bei Grabungen in den Jahren 1954, 1956, 1958 und 1959 kamen neue Funde zutage. Hinterlassenschaften aus der frühen Mittelsteinzeit kennt man außerdem von der Parzelle Nummer 80/1, allerdings in erkennbar geringerer Zahl.

In Salzburg/Maxglan (Station I)[2] barg der Salzburger Landesgeologe Martin Hell (1885–1975) bereits 1912 einige Feuersteingeräte, welche für die frühe Mittelsteinzeit typisch sind. Sie waren offenbar in eine jungsteinzeitliche Siedlungsgrube eingeschwemmt worden, die Hell 1909 angegraben hatte.

Aus der frühen Mittelsteinzeit sollen Feuersteingeräte vom Kirchberg von Burgschleinitz[3] bei Horn und von Mühlfeld[4] bei Horn stammen. Auf dem Kirchberg von Burgschleinitz fand man aus Feuerstein angefertigte Pfeilspitzen.

Zu den wenigen Rast- oder Wohnstätten aus der späten Mittelsteinzeit in Österreich zählt das Felsdach links der Traun, unweit des Ortsteils Roith von Bad Ischl in Oberösterreich. Es wurde mindestens dreimal von Spätmesolithikern aufgesucht. Der Erlanger Prähistoriker Robert Strouhal barg bei den im Spätsommer 1952 im Auftrag des Oberösterreichischen Landesmuseums vorgenommenen Ausgrabungen Reste von Holzkohle, Tierknochen mit Brandspuren und Feuersteingeräte.

Die Halbhöhle Krinne (Krinnenbalme) bei Koblach in Vorarlberg wurde in der späten Mittelsteinzeit bewohnt. Das zeigten eine Feuerstelle, zahlreiche gespaltene Röhrenknochen und mehrere Hornsteingeräte, die bei Grabungen des Vorarlberger Landesmuseums Bregenz in den Jahren 1951/52 und 1955 zum Vorschein kamen. Die Grabungen standen unter der Leitung des Bregenzer Archäologen Elmar Vonbank.

In Burgschleinitz und Mühlfeld bei Horn scheinen sich ebenfalls in der späten Mittelsteinzeit einige Jäger und Sammler aufgehalten zu haben. Aus dieser Zeit könnten auch einige der in Neusiedl/Seeäcker[5] im Burgenland gefundenen Feuersteingeräte stammen.

Die letzten mittelsteinzeitlichen Jäger, Fischer und Sammler haben für eine gewisse Zeitspanne in Nachbarschaft der aus dem Osten eingewanderten ersten Bauern gelebt. Allerdings hielten sich die Jäger, Fischer und Sammler vorzugsweise in

Landschaften mit sandigen Böden auf, während die Bauern die fruchtbaren Lößböden bevorzugten. Beide Bevölkerungsgruppen siedelten gern in der Nähe von Flüssen und Seen.

Für die mittelsteinzeitliche Bevölkerung Österreichs spielte die Jagd noch eine große Rolle bei der Ernährung. Man brachte mit Pfeil und Bogen sowie Wurfspeeren und Harpunen viele Tierarten zur Strecke. In der Halbhöhle Rheinbalme bei Koblach wurden Jagdbeutereste von Wildtieren aus verschiedenen Lebensräumen gefunden: Tiere des Waldes wie Waldwisent, Rothirsch, Wildschwein, Braunbär, Wolf, Wildkatze und Marder, des Gebirges wie Steinbock und Gemse, der Gewässer wie Fisch, Sumpfschildkröte, Fischotter und Biber.

Kunstwerke aus der Mittelsteinzeit konnten bisher in Österreich nicht geborgen werden. Das früher dieser Zeit zugerechnete verzierte Hirschgeweihgerät aus der Zigeunerhöhle bei Gratkorn in der Steiermark wird heute in das Spätpaläolithikum (s. S. 143) datiert.

Im Gegensatz zur jüngeren Altsteinzeit fertigten die Steinschläger der Mittelsteinzeit merklich weniger Werkzeugformen an. Neu waren die winzigen Mikrolithen (s. S. 170) aus Feuerstein. Sie hatten vielfach geometrische Formen wie kleine Dreiecke, Halbmonde und Trapeze. Letztere sind für die späte Mittelsteinzeit typisch und werden für Pfeilspitzen gehalten. Die meisten Mikrolithen dienten als Einsätze in Holz-, Knochen- oder Geweihgriffe.

Bis 1987 kannte man in Österreich keine menschlichen Skelettreste aus der Mittelsteinzeit. Doch dann entdeckte der aus Elsbethen stammende Urgeschichtsstudent Christian Rettenbacher bei Untersuchungen in der Zigeunerhöhle bei Elsbethen (Bundesland Salzburg) das komplett erhaltene Skelett eines etwa zweieinhalb- bis dreijährigen Mädchens. Das Kind war im Schneidersitz mit aufrechtem Oberkörper begraben worden. Das Skelett wurde von Rettenbacher zusammen mit dem Salzburger Paläontologen Gottfried Tichy geborgen. Auch der Wiener Prähistoriker Fritz Felgenhauer hat die Untersuchungen unterstützt. Im Grab des Mädchens fand man einige Feuersteingeräte sowie einen von Menschenhand bearbeiteten Eberhauer. Über dem Grab liegt ein Brandhorizont, der einen Zusammenhang mit der Bestattung des Kindes vermuten läßt. Nach der C-14-Datierung einer Rippe des Kindes durch die Eidgenössische Technische Hochschule in Zürich zu schließen, handelt es sich um eine Bestattung aus der Mittelsteinzeit um etwa 6800 v. Chr.

Hornsteingeräte aus dem Spätmesolithikum von der Halbhöhle Krinnenbalme bei Koblach in Vorarlberg. Die größten davon sind maximal 3 Zentimeter lang. Originale im Vorarlberger Landesmuseum, Bregenz.

Die Mittelsteinzeit in der Schweiz

Abfolge und Verbreitung der »Kulturen« und Gruppen

Bis 1930 kannte man in der Schweiz keinen Hinweis auf die Anwesenheit von Jägern, Fischern und Sammlern aus dem Mesolithikum in der Zeit von 8000 bis 5000 v. Chr. Vor diesem Zeitpunkt gingen die Fachgelehrten von einer Siedlungslücke (Hiatus) zwischen dem Ende der jüngeren Altsteinzeit und dem Beginn der Jungsteinzeit aus.

Diese Vorstellung mußte korrigiert werden, als 1930 bei den Ausgrabungen in der Höhle Col des Roches[1] im Kanton Neuenburg (Neuchâtel) mittelsteinzeitliche Hinterlassenschaften entdeckt wurden. Es folgten weitere Untersuchungen mittelsteinzeitlicher Fundstellen, wie der Freilandsiedlung Fischerhäusern[2] im Kanton Luzern (1933), der Basisgrotte[3] von Birsmatten im Kanton Bern (1955) und der Freilandsiedlung Robenhausen-Furtacker[4] im Kanton Zürich (1959).

Wie in Österreich unterteilt man das Mesolithikum in die frühe Mittelsteinzeit bzw. das Frühmesolithikum (etwa 8000 bis 5800 v. Chr.) und die späte Mittelsteinzeit bzw. das Spätmesolithikum (etwa 5800 bis 5000 v. Chr.).

Aus dem Frühmesolithikum (s. S. 221) wurden ein menschliches Skelett, eine Brandbestattung, Siedlungsspuren, Jagdbeutereste, Werkzeuge, Waffen und Schmuck gefunden. Dagegen kennt man aus dem Spätmesolithikum (s. S. 224) nur Siedlungsspuren, Jagdbeutereste, Werkzeuge und Waffen.

Die Basisgrotte von Birsmatten bei Nenzlingen (Kanton Bern). In dieser Höhle hat 1944 der Basler Amateur-Archäologe Carl Lüdin (1900–1986) – hier auf dem Foto zu sehen – die Skelettreste einer Frau aus der Mittelsteinzeit entdeckt, die um 6200 v. Chr. gestorben ist.

Die Tote aus der Basisgrotte von Birsmatten

Das Frühmesolithikum in der Schweiz

Mittelsteinzeitlicher Jäger mit Harpunen bei der Jagd auf Rothirsche, die damals zu den wichtigsten Jagdtieren zählten.

Aus dem mehr als zwei Jahrtausende dauernden Frühmesolithikum kennt man in etlichen Kantonen der Schweiz teilweise aussagekräftige Zeugnisse für die Existenz von Jägern, Fischern und Sammlern.

Während des Präboreals (etwa 8000 bis 7000 v. Chr.), in dem das Klima bereits spürbar milder war als in der vorangehenden Eiszeit, breitete sich in den tieferen Lagen des Jura, des Schweizer Mittellandes, der Alpennordseite und des Wallis geschlossene Kiefernwälder aus, in denen allerdings gebietsweise auch zahlreiche Birken vorkamen. Später setzten sich in den Tälern Eichenmischwälder und Erlen, in den Bergregionen die Weißtannen durch. Bewohner der damaligen Wälder waren unter anderem Rothirsche, Elche, Rehe, Auerochsen, Wildschweine, Braunbären und Füchse. An den Flüssen lebten Biber.

Im nachfolgenden Boreal – etwa 7000 bis 5800 v. Chr. – war es wärmer und trockener. Deshalb breiteten sich klimatisch anspruchsvollere Arten von Laubbäumen in den Mischwäldern aus. Im Jura und im Schweizer Mittelland gediehen Eichen, Ulmen und Linden. Außerdem nahmen auch in der Schweiz die Haselnußsträucher stark zu. Im Wallis herrschte ein so trocken-warmes Klima, daß sich an den Nordhängen der Berge noch Kiefern und Birken behaupten konnten, während die Süd-

hänge von Eichenmischwäldern und Haselnußsträuchern besiedelt wurden. In den Graubündener Tälern drangen Fichten nach Westen vor und erreichten um 6000 v. Chr. das Vorderrheintal. Im Tessin wuchsen in den Tälern Erlen- und Eichenmischwälder, auf die Berge drang dagegen die Weißtanne vor.

Zur Tierwelt des Boreals gehörten die gleichen Arten wie zuvor im Präboreal. In der Umgebung des Abri von Vionnaz (Kanton Wallis) lebten unter anderem Lurche, Süßwasserschildkröten, Rothirsche, Rehe, Wildschweine, Braunbären, Dachse, Wildkatzen, Marder, Iltisse, Eichhörnchen , Biber und Fischotter.

Bisher konnte von den Menschen aus dem Frühmesolithikum in der Schweiz nur ein einziges Skelett entdeckt werden. Dieser wichtige Fund glückte im Mai 1944 dem Tapezierer und Amateur-Archäologen Carl Lüdin (1900–1986) aus Basel in der sogenannten Basisgrotte[1] von Birsmatten bei Nenzlingen (Kanton Bern). Das fast vollständige Skelett mitsamt Schädel kam in Horizont 3 zum Vorschein. Man datiert den Fund in das Boreal um 6200 v. Chr.

Bei der Bestattung in der Basisgrotte handelt es sich um das Skelett eines etwa 1,60 Meter großen, erwachsenen Menschen. Man hielt diesen nach der ersten anthropologischen Untersuchung für einen Mann. Doch diese Deutung wurde später

Rekonstruktion des Kopfes der Frau aus der Basisgrotte bei Nenzlingen (Kanton Bern) durch Gyula Skultéty in Basel. Oben Rekonstruktion in Form eines modellierten Kopfes, für die ein Kunststoffmodell des Originalschädels als Grundlage diente. Unten zeichnerische Rekonstruktion.

durch neue Forschungsergebnisse korrigiert. Heute gilt die Zugehörigkeit zum weiblichen Geschlecht als wahrscheinlich. Die Frau litt in der letzten Zeit ihres Lebens unter ihren schlechten Zähnen und unter Fehlbiß. Das Gebiß war weitgehend durch Karies zerstört. Die Zähne auf der linken Seite waren merklich stärker abgekaut als die auf der rechten. Die Frau kaute also vorwiegend links.

Ein mittelsteinzeitliches Alter wird auch für drei in der Gegend von Genf geborgene menschliche Zähne vermutet. Sie wurden in Veyrier gefunden, das bereits im französischen Departement Haute-Savoie liegt. Angesichts der unsicheren Datierung läßt sich jedoch nicht sagen, ob diese Zähne aus dem Frühmesolithikum oder aus dem Spätmesolithikum stammen.

Die Jäger und Sammler aus dem Frühmesolithikum der Schweiz wohnten in Höhlen, unter Felsdächern und im Freiland, wo sie Zelte oder Hütten errichteten. Sie hielten sich in den natürlichen Unterschlüpfen oder selbst erbauten Behausungen jeweils nur so lange auf, wie in der Umgebung reichlich Wild und pflanzliche Kost vorhanden waren. Von den Höhlen und Felsdächern wurden jene bevorzugt, die sich in der Nähe von Flüssen, Bächen oder Quellen befanden.

Im Kanton Wallis suchten Jäger und Sammler im Frühmesolithikum den am Fuß eines Felsens über der Rhone gelegenen Abri von Vionnaz bei Colombey-Muraz auf. Davon zeugen die von den einstigen Bewohnern zurückgelassenen Steingeräte. Diese Höhlenstation wurde 1963 durch den Geologen Hans Stauber aus Zürich entdeckt und wird deswegen auch Abri Stauber genannt. Ab 1980 grub der Genfer Prähistoriker Pierre Crotti in der Halbhöhle, die wohl um 6500 v.Chr. als Unterschlupf diente.

Vor etwa 6800 bis 6600 v.Chr. hielten sich im Abri La Baume d'Ogens (Kanton Waadt) Frühmesolithiker auf. Die ersten Funde wurden 1955 durch den an der Genfer Universität lehrenden Professor Rodolphe Kasser entdeckt. 1964 grub der Prähistoriker Michel Egloff aus Neuenburg dort.

Die Jäger und Sammler aus dem Frühmesolithikum haben vermutlich auch in hochgelegenen Regionen über 1000 und mehr Metern für eine gewisse Zeit in Höhlen und unter Felsdächern gewohnt. Sie nahmen den beschwerlichen Aufstieg auf sich, um Gemsen und Steinböcke jagen zu können. Eines dieser Lager war das Felsdach beim Oeyenriedschopf[2] im Diemtigtal (Kanton Bern) in etwa 1100 Meter Höhe.

Freilandsiedlungen wurden im Frühmesolithikum häufig auch an Ufern von Seen errichtet: beispielsweise am Burgäschisee (Kanton Bern), am inzwischen verlandeten Wauwiler See (heute Wauwiler Moos, Kanton Luzern), Zuger See (Kanton Zug), Greifensee und Pfäffiker See (beide Kanton Zürich). Dort boten sich gute Möglichkeiten zur Jagd und zum Fischfang.

Zu den berühmtesten Fundstellen vom Wauwiler Moos zählt die Station Fischerhäusern[3] (Schötz 1), die aus dem Mesolithikum stammen soll. Die Freilandsiedlung Fischerhäusern umfaßte angeblich insgesamt 35 Wohnanlagen mit ovalen bis rundlichen Grundrissen, deren Innenmaße mit 4 x 2,50 Metern angegeben werden. Dabei könnte es sich um zeltartige Konstruktionen, Flechtwerkhütten oder Windschirme gehandelt haben. Diese Behausungen besaßen offenbar einen Ausgang zum See hin und in ihrem Innern eine in den Boden eingetiefte Herdgrube. Ihr Holzgerüst dürfte mit Reisig, Flechtwerk, Schilf, Tierhäuten oder Rindenbahnen bedeckt worden sein.

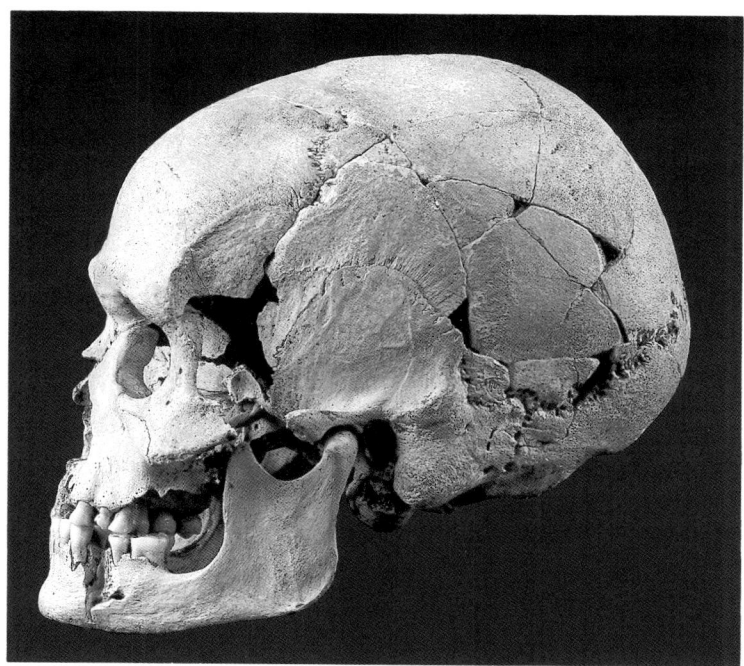

Schädel der Frau aus dem Frühmesolithikum, deren Skelettreste 1944 in der Basisgrotte bei Nenzlingen (Kanton Bern) gefunden wurden. Ihre Skelettreste hat man zunächst irrtümlich für die eines Mannes gehalten. Original im Naturhistorischen Museum der Burgergemeinde Bern.

Die Wände wurden mit ins Flechtwerk gepreßtem Lehm abgedichtet.

Außer den bereits erwähnten Siedlungsstellen aus dem Frühmesolithikum entdeckte man weitere, unter anderem in den Kantonen Bern (Liesbergmühle VI[4], Moosmatten[5]), Solothurn (Hintere Burg[6]), Basel-Land (Birseck[7]), Zürich (Robenhausen-Furtacker[8]) und St. Gallen (Dietrichberg[9]).

Die Frühmesolithiker jagten mit Pfeil und Bogen zahlreiche Wildarten. So fand man beispielsweise in der Basisgrotte von Birsmatten Jagdbeutereste vom Braunbären, Waldwisent, Rothirsch, Reh, Wildschwein und Biber. Nach der Häufigkeit der Knochenreste zu schließen, haben die dortigen Jäger aber vor allem Wildschweine, Rothirsche und Biber erlegt. Dagegen waren die ehemaligen Bewohner des Platzes unter dem Felsdach beim Oeyenriedschopf, wie die in einer Holzkohlenschicht entdeckten Knochen zeigen, auf die Steinbockjagd spezialisiert.

Von der damaligen Schiffahrt zeugt der beim alten Hafen von Estavayer (Kanton Freiburg) in sandigen Seeablagerungen entdeckte unfertige Einbaum aus Eichenholz von 6,50 Meter Länge. Er stammt aus der zweiten Hälfte des siebten Jahrtausends v. Chr.

Bei ihren Jagdexpeditionen und Wanderungen zu neuen Siedlungsplätzen trafen die Frühmesolithiker auf andere Jäger oder Familien. Auf Tauschgeschäfte bei Wanderungen und Jagdexpeditionen, bei denen seltene Feuersteinarten den Besitzer wechselten, verweist die Tatsache, daß ein Teil der Werkzeuge aus dem Abri von Vionnaz aus einer Feuersteinart angefertigt wurde, die aus hundert Kilometer Entfernung stammt.

Reste von Rötel in der Grotte von Birsmatten und von Schötz deuten auf Schminken oder Körperbemalung hin.

Für die Steingeräte aus dem Frühmesolithikum der Schweiz gelten Mikrolithen in der Form von Dreiecken und sehr kleinen schmalen Spitzen als typisch, während trapezförmige Pfeilspitzen fehlen. Diese Geräte wurden vor allem aus Feuerstein hergestellt. Im Abri von Vionnaz barg man auch einige Werkzeuge aus Bergkristall, der ähnliche Eigenschaften wie Feuerstein hat. Die Verwendung von Pfeil und Bogen bei der Jagd ist durch Funde von Pfeilspitzen aus Feuerstein belegt. Derartige Pfeilspitzen kennt man von den meisten Fundstellen, beispielsweise auch aus dem Abri von Vionnaz.

Hinweise auf das Bestattungswesen im Frühmesolithikum der Schweiz liefern die bereits erwähnte Bestattung der Frau in der Basisgrotte von Birsmatten und Reste einer Brandbestattung im Abri von Vionnaz. Die Frau in der Basisgrotte wurde von den Hinterbliebenen in gestreckter Rückenlage zur letzten Ruhe gebettet. Im Abri von Vionnaz hat man um 6700 v. Chr. den Leichnam in einer Art Ofen bei Temperaturen von etwa 700 Grad Celsius eingeäschert.

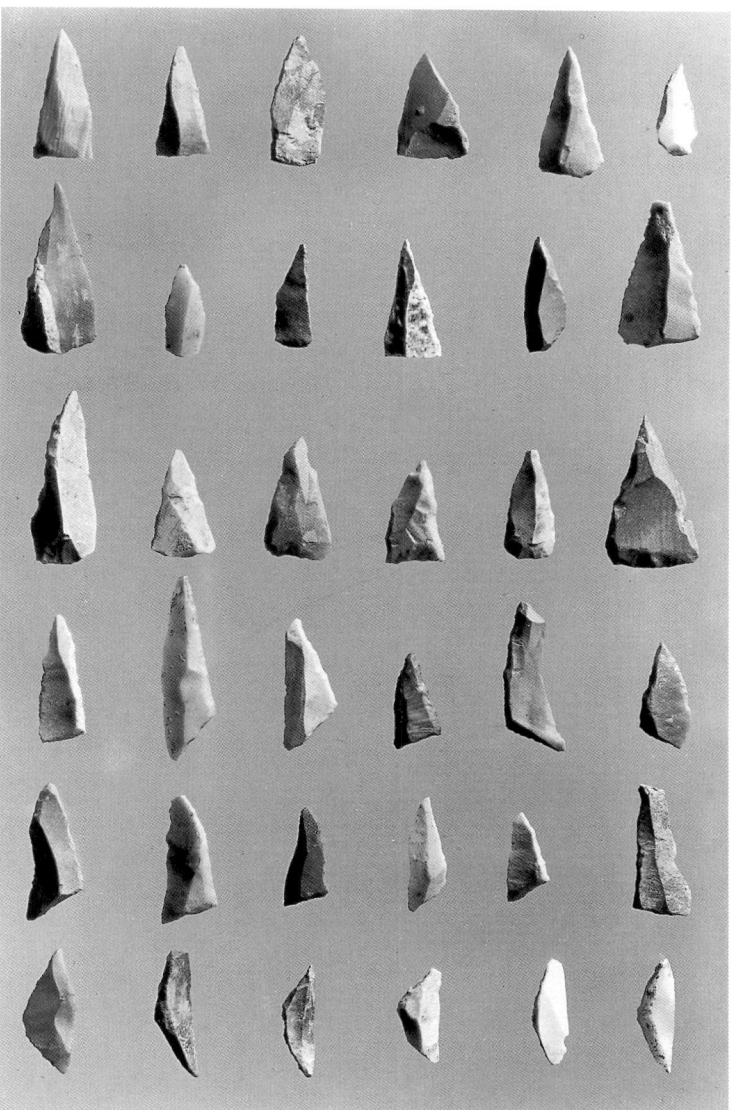

Mikrolithen aus dem Frühmesolithikum von der Basisgrotte bei Nenzlingen (Kanton Bern). Der größte Mikrolith ist 2,5 Zentimeter lang. Originale im Bernischen Historischen Museum.

Die Werkzeuge aus dem Abri Tschäpperfels

Das Spätmesolithikum in der Schweiz

Aus dem verhältnismäßig kurzen Spätmesolithikum (etwa 5800 bis 5000 v.Chr.) liegen in der Schweiz viele, wenngleich oft wenig aussagekräftige Siedlungsspuren vor. Hinterlassenschaften von Menschen aus diesem Abschnitt sind in etlichen Schweizer Kantonen geborgen worden.

Das Spätmesolithikum fiel in die ersten 800 Jahre des Atlantikums (etwa 5800 bis 5800 v.Chr.). Diese Phase war von einem feuchten und warmen Klima geprägt. Damals beherrschten Eichenmischwälder mit Eichen, Ahorn, Eschen, Linden und Ulmen das Bild der Landschaft.

Im Lützeltal (Kanton Bern), durch das sich der in Frankreich entspringende Lützelbach windet, lebten damals unter anderem Rothirsche, Rehe, Gemsen, Auerochsen, Wildschweine, Wildkatzen, Füchse, Dachse, Maulwürfe, Feldwühlmäuse und Biber.

Im Gegensatz zum Frühmesolithikum hat man bisher aus dem Spätmesolithikum keinen menschlichen Skelettrest bergen können.

Wie ihre Vorgänger im Frühmesolithikum wohnten auch die Menschen der späten Mittelsteinzeit in der Schweiz in Höhlen, unter Felsdächern und im Freiland, wo sie die Nähe von Gewässern bevorzugten.

Zu den Felsdächern, die im Spätmesolithikum besiedelt waren, gehört der Abri Tschäpperfels im Lützeltal bei Röschenz unweit von Laufen, (Kanton Bern). Das Lützeltal ist eines der vielen Seitentäler des Birstales, das schon in der mittleren und in der jüngeren Altsteinzeit gern von Jägern und Sammlern aufgesucht wurde. Der Abri befindet sich am Fuß des etwa 20 Meter hohen Tschäpperfels, der ungefähr vier Kilometer von der Einmündung des Baches Lützel ins Birstal entfernt ist.

Die Fundgeschichte des Abri Tschäpperfels begann 1985, als der Basler Prähistoriker Jürg Sedlmeier bei einer Geländebegehung auf dieses Felsdach stieß und wegen dessen Lage eine urgeschichtliche Besiedlung vermutete. Bei der anschließenden Sondierung kam tatsächlich eine spätmesolithische Kulturschicht zum Vorschein. Sie wurde in den darauffolgenden Jahren systematisch untersucht. Dabei konnten unter anderem Geräte aus Feuerstein, Knochen und Geweih geborgen werden. Im Spätmesolithikum ist auch die Basisgrotte[1] von Birsmatten bei Nenzlingen (Kanton Bern), in der sich schon Frühmesolithiker aufgehalten hatten, noch einmal bewohnt worden. Dies zeigen die Siedlungsspuren aus dem Horizont 1 und teilweise auch aus dem Horizont 2. Die darin enthaltenen Steingeräte haben auffallende Ähnlichkeit mit denjenigen aus dem Abri Tschäpperfels. Weitere Aufenthaltsorte aus dem Spätmesolithikum im Kanton Bern sind die Fundstellen Liesbergmühle VI[2] bei Liesberg und Wachtfels[3] bei Grellingen.

Im Kanton Neuenburg (Neuchâtel) wurde das Felsdach Col des Roches[4] und im Kanton Solothurn das Felsdach Hintere Burg von Spätmesolithikern aufgesucht.

Unter den Freilandsiedlungen sind vor allem die Fundstellen Schötz 7 am Ufer des ehemaligen Wauwiler Sees (Kanton Luzern) und Furtacker am Pfäffiker See (Kanton Zürich) erwähnenswert.

Im Schötz 7 wurden keine Hüttengrundrisse, sondern lediglich große Geröllsteine von Feuerstellen, Holzkohle, Tierknochen und Geräte entdeckt. Diese Hinterlassenschaften sind von dem Hang, auf dem sich einst die Siedlung erstreckte, heruntergespült und in der Uferzone konserviert worden. Der vorgelagerte Sandstrand war mit Abfällen von Mahlzeiten in Form von zertrümmerten Tierknochen sowie mit zahlreichen Hirschgeweihstangen geradezu übersät.

In Furtacker stieß man auf von Menschen geschaffene Vertiefungen, die möglicherweise von Hüttengruben stammten. Außerdem wies man eine mit Holzkohle gefüllte Feuergrube nach. Eine Ansammlung vieler Kernstücke aus Feuerstein deutet man als Arbeitsplatz eines Steinschlägers. In ihrer Nähe lag ein aus einem großen Quarzitgeröll zugehauener Amboß mit zahlreichen Schlagspuren. Von der Werkzeugherstellung zeugen mehrere tausend Absplisse und Geräte aus Feuerstein und verwandtem Material.

Die spätmesolithischen Jäger erlegten mit Pfeil und Bogen hauptsächlich Rothirsche und Wildschweine. Auffällig ist die deutliche Größenabnahme der an der Freilandstation Schötz 7 nachgewiesenen Rothirsche. Der Zoologe Hans R. Stampfli aus Bellach vermutet, daß diese durch verstärkte Bejagung und den damit verbundenen Streß für die Tiere verursacht worden sein könnte. Er mag aber auch verschlechterte Umweltbedingun-

Das Felsdach Abri Wachtfels bei Grellingen (Kanton Bern) während der Ausgrabungen durch die Amateur-Archäologen Albert Kohler (1887 bis 1951) und dessen Sohn Heinz Kohler (sitzend) aus Grellingen im Jahre 1939. Albert Kohler hat dort die ersten Funde entdeckt.

Harpunen aus Hirschgeweih aus dem Spätmesolithikum von der Höhle Liesbergmühle bei Liesberg (Kanton Bern). Die Harpunen sind 5 bis 12 Zentimeter lang. Originale im Schweizerischen Landesmuseum Zürich.

gen oder starken Konkurrenzdruck für die Rothirsche durch Auerochsen, von denen in Schötz 7 ebenfalls Reste gefunden wurden, nicht ausschließen. Außer Pfeil und Bogen besaßen die Spätmesolithiker auch Wurfspeere und Harpunen. Letztere wurden vielleicht vor allem zum Fischstechen verwendet.

Beim Fischfang und Transport von schweren Gegenständen hat man vermutlich wie im Frühmesolithikum auch Einbäume eingesetzt (s. S. 223).

Die Kleidung dürfte vorwiegend aus Hirschleder hergestellt worden sein. Schmuck aus durchlochten Schneckengehäusen oder Tierzähnen erfreute sich vermutlich immer noch großer Beliebtheit. Ockerstücke aus dem Abri Tschäpperfels belegen, daß man sich bei bestimmten Gelegenheiten schminkte. Belege künstlerischen Schaffens sowie Reste von Musikinstrumenten fehlen bisher im Fundgut, angesichts des kulturellen Niveaus der Spätmesolithiker darf man sie aber vermuten.

Unter den Geräten aus dem Spätmesolithikum gelten lamellenförmige Werkzeuge und trapezförmige Pfeilspitzen aus Feuerstein sowie flache Harpunen aus Hirschgeweih mit durchbohrter oder gekerbter Basis als charakteristisch für diese Kulturstufe. Daneben gab es damals noch andere Geräte aus Stein, Knochen, Geweih oder Tierzähnen.

Die im Abri Tschäpperfels geborgenen Steingeräte wurden hauptsächlich aus Jurahornstein – einer Feuersteinart – angefertigt. An Werkzeugen gab es Bohrer, Kratzer, Klingen und Messer. Unter den Kleingeräten (Mikrolithen) befanden sich fünf trapezförmige Pfeilspitzen. Auch die für die Herstellung dieser Geräte benutzten Schlagsteine und Reststücke (Nuklei) konnte man nachweisen.

Die Verwendung von Tierknochen als Rohmaterial für Geräte ist durch Funde aus dem Abri Tschäpperfels sowie vom Wacht-

fels bei Grellingen dokumentiert. Aus dem Abri Tschäpperfels kennt man ein meißelartiges Gerät aus einem Röhrenknochen, der an einem Ende mit einer scharfen Schneide versehen ist. Eventuell diente dieses Objekt zum Ablösen von Tierfellen. Fellablöser und -schaber sowie Ahlen und Langknochen mit Sägeschnitten barg man auch am Wachtfels.

Andere Funde aus dem Abri Tschäpperfels belegen die Nutzung von Geweih als Rohstoff für Geräte. Eines dieser Stücke ist ein Hirschgeweihfragment mit Gebrauchsspuren am Ende, die durch Schlag oder Druck auf einen Gegenstand aus hartem Material erzeugt wurden. Vielleicht handelt es sich hierbei um einen Druckstab für die Bearbeitung von feinen Steingeräten. Außerdem stieß man auf eine Hirschgeweihsprosse, die durch eine ringsumlaufende Schnittkerbe vom restlichen Geweihteil abgetrennt wurde. Bearbeitete Geweihstücke kennt man außerdem von der Fundstelle Liesbergmühle.

Daß man manchmal auch Tierzähne als Werkzeuge benützte, demonstrieren Funde von gespaltenen Eberhauern aus dem Wachtfels. Sie dürften vor allem für besonders diffizile Arbeiten und an weichem Material verwendet worden sein.

Außer den schon erwähnten Pfeilspitzen aus Feuerstein gab es im Spätmesolithikum auch andere Bewehrungen von Waffen. So versahen die Jäger aus der Basisgrotte von Birsmatten ihre Wurfspeere mit Spitzen aus Hirschgeweih, wie ein einzelner Fund andeutet. Am selben Fundort kam zudem etwa ein Dutzend meist fragmentarisch erhaltener Harpunen aus Hirschgeweih zum Vorschein. Solche Harpunenspitzen kennt man auch von Liesbergmühle und vom Wachtfels.

Leider sind bisher über das Bestattungswesen und über die Religion der Spätmesolithiker in der Schweiz keine konkreten Aussagen möglich, weil archäologische Belege fehlen.

DIE JUNGSTEINZEIT (Neolithikum)

Die ersten Ackerbauern, Viehzüchter und Töpfer

Die Jungsteinzeit ist – wie ihr Name sagt – die jüngste und damit letzte Periode der Steinzeit. Sie begann in jedem Land jeweils mit dem Auftreten von Ackerbau, Viehzucht und Töpferei. Diese Neuerungen führten zur Seßhaftigkeit, nachdem sich schon zuvor die Jäger, Sammler und Fischer des Mesolithikums sehr viel länger an ihren Siedlungsplätzen aufgehalten hatten als ihre Vorgänger aus dem Paläolithikum. Da die neuen Errungenschaften nicht alle auf einmal erfunden wurden, gingen der Jungsteinzeit gewisse Vorstufen – wie das Protoneolithikum[1] oder das Präkeramische Neolithikum[2] – voraus.

Als Protoneolithikum wird im Vorderen Orient die Zeitspanne bezeichnet, in der man bereits wildes Getreide erntete, davon Vorräte anlegte, es bei Bedarf verzehrte und in festen Siedlungen wohnte. Dieses Stadium war auf dem Gebiet des heutigen Israel und Jordanien schon um 10000 v. Chr. erreicht (s. S. 37). Präkeramisches Neolithikum nennt man die Zeitspanne, in der man schon Ackerbau und Viehzucht betrieb, aber noch keine Töpferei kannte. Das war im Vorderen Orient von etwa 8000 bis 6000 v. Chr. der Fall. Manche der präkeramischen Fundschichten sind ebenso alt wie die frühesten Keramikvorkommen, man bezeichnet sie auch als Akeramikum[3].

Die Anfänge der Töpferei reichen im östlichen Mittelmeergebiet bis 7000 v. Chr. zurück, nennenswert durchgesetzt hat sie sich jedoch erst ab etwa 6000 v. Chr. Dies ist auch der Zeitpunkt, von dem ab im Vorderen Orient die frühesten jungsteinzeitlichen Kulturen auftraten, die Ackerbau, Viehzucht und Töpferei betrieben. Von dort – und vermutlich auch von Nordafrika aus – wurden diese Neuerungen im Laufe der Zeit immer mehr verbreitet.

Im südlichen Mitteleuropa begann die Jungsteinzeit teilweise bereits um 5500 v. Chr., in Nordeuropa dagegen mehr als tausend Jahre später. Die Jungsteinzeit endete in Mesopotamien, Ägypten und auf Kreta mit der allgemeinen Verwendung von Bronze für die Herstellung von Waffen und Schmuck um 2500 v. Chr., im südlichen Mitteleuropa in einzelnen Gebieten um 2300 v. Chr. und in anderen Gebieten noch später.

Jungsteinzeitliche Kulturen entwickelten sich vor allem in Asien, Nordafrika und Europa. In Afrika südlich der Sahara und in großen Teilen Südasiens ist die Bezeichnung späte Steinzeit (Later Stone Age) gebräuchlich, die dort unmittelbar in die Eisenzeit übergeht. Auch in Amerika wird der Begriff Jungsteinzeit nur ausnahmsweise verwendet.

In den einzelnen Gebieten wird die Jungsteinzeit unterschiedlich unterteilt. So bezeichnet man den Beginn der Jungsteinzeit in Süddeutschland, Österreich und der Schweiz als Altneolithikum, in Mitteldeutschland dagegen als Frühneolithikum. In Norddeutschland behauptete sich zur gleichen Zeit noch das Spätmesolithikum.

Die Kulturen bzw. Gruppen der Jungsteinzeit sind nach der Art der Verzierung der Keramikgefäße (beispielsweise Linienbandkeramische Kultur), der Form der Keramikgefäße (Trichterbecher-Kultur), dem Fundort, an dem eine Kultur oder Gruppe erstmals oder besonders typisch nachgewiesen wurde (Rössener Kultur, Oberlauterbacher Gruppe) oder nach der typischen Bestattungsart (Einzelgrab-Kultur) benannt. Die Abfolge der

Verschiedene Gliederungen der Jungsteinzeit in Mitteleuropa

Süddeutschland Österreich	Schweiz	Südskandinavien Norddeutschland	Mitteldeutschland	Polen	Tschechoslowakei	Ungarn
		Spätneolithikum				Frühbronzezeit
Endneolithikum	Spätneolithikum	Mittelneolithikum	Spätneolithikum	Spätneolithikum	Jüngeres Äneolithikum	Kupferzeit
Jungneolithikum	Jungneolithikum	Frühneolithikum	Mittelneolithikum	Mittelneolithikum	Älteres Äneolithikum (Äneolithikum)	Kupferzeit
Mittelneolithikum	Mittelneolithikum	Spätmesolithikum	Frühneolithikum		Neolithikum	Neolithikum
Altneolithikum	Altneolithikum			Frühneolithikum		

226

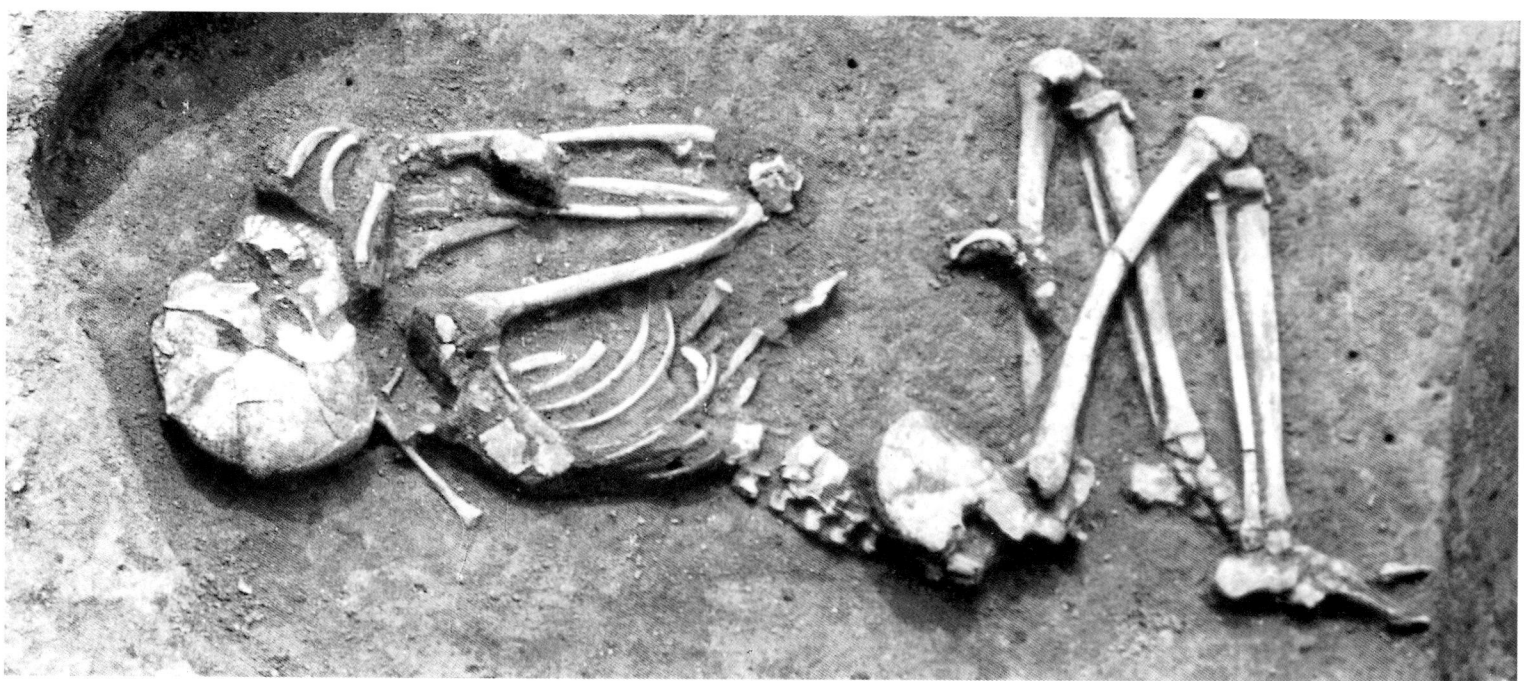

Bestattung der Linienbandkeramischen Kultur (von etwa 5500 bis 4900 v. Chr.) von Wandersleben (Kreis Gotha) in Thüringen. Eine derartige Bestattung mit zum Körper hin angezogenen Beinen wird als Hockerbestattung oder Hocker bezeichnet.

jungsteinzeitlichen Kulturstufen war in jedem Land und oft sogar in einzelnen Landesteilen unterschiedlich.

Unter einer Kultur versteht man eine Reihe von Elementen wie Geräteindustrie, Wirtschaft, Kunst, Siedlungsform, Grabritus und anthropologische Charakteristik. In der Jungsteinzeit sind alle diese Teilbereiche besser bekannt als in den vorangegangenen Perioden. So beschreibt hier der Begriff Kultur nicht nur einen Technokomplex (s. S. 28) oder die materielle Kultur. In der Wissenschaft verzichtet man daher auf die Anführungszeichen bei Begriffen wie Kultur, Linienbandkeramische Kultur usw. Solange noch unklar ist, ob eine neu erkannte Kultur vorliegt, spricht man von einer Gruppe. Leider sind sich die Prähistoriker in einigen Fällen nicht einig, ob es sich um eine Kultur oder um eine Gruppe handelt. So findet man in der Fachliteratur je nach Autor beispielsweise den Begriff Baalberger Kultur oder Baalberger Gruppe bzw. Wartberg-Kultur oder Wartberg-Gruppe.

In manchen Teilen Mitteleuropas fiel der Beginn der Jungsteinzeit um 5500 v. Chr. in das Atlantikum[4] (etwa 5800 bis 3800 v. Chr.). In dieser Zeitspanne herrschte in Europa ein vom Wettergeschehen des Atlantischen Ozeans (daher der Name Atlantikum) bestimmtes niederschlagsreiches und warmes Klima. Wie erwähnt, dominierte damals der Eichenmischwald mit Eichen, Ahorn, Eschen, Linden und Ulmen. Um 3800 v. Chr. folgte das Subboreal[5], das als eine Zeit des Überganges gilt, in der in Europa gebietsweise Eichenmischwälder, aber auch Buchen-, Buchen-Tannen- oder reine Fichtenwälder wuchsen. In der Anfangszeit dieses Abschnittes, der bis 800 v. Chr. währte, setzte im nördlichen Europa der Rückgang der Ulmen ein.

Zu Beginn der Jungsteinzeit war es in Mitteleuropa mindestens ebenso warm wie heute. Damals kam hier noch die Europäische Sumpfschildkröte (Emys orbicularis) in den Sümpfen, Seen und Flüssen vor. Diese behauptet sich heute nur noch in Gebieten mit langer Sonnenscheindauer im Sommer. In den Flüssen und Bächen der Jungsteinzeit existierte eine reiche Fischwelt, zu der Barbe, Döbel, Flußbarsch, Forelle, Hecht, Rotauge, Rotfeder und Schleie gehörten. Das gute Nahrungsangebot in manchen Gewässern zog Fischreiher an, die gebiets-

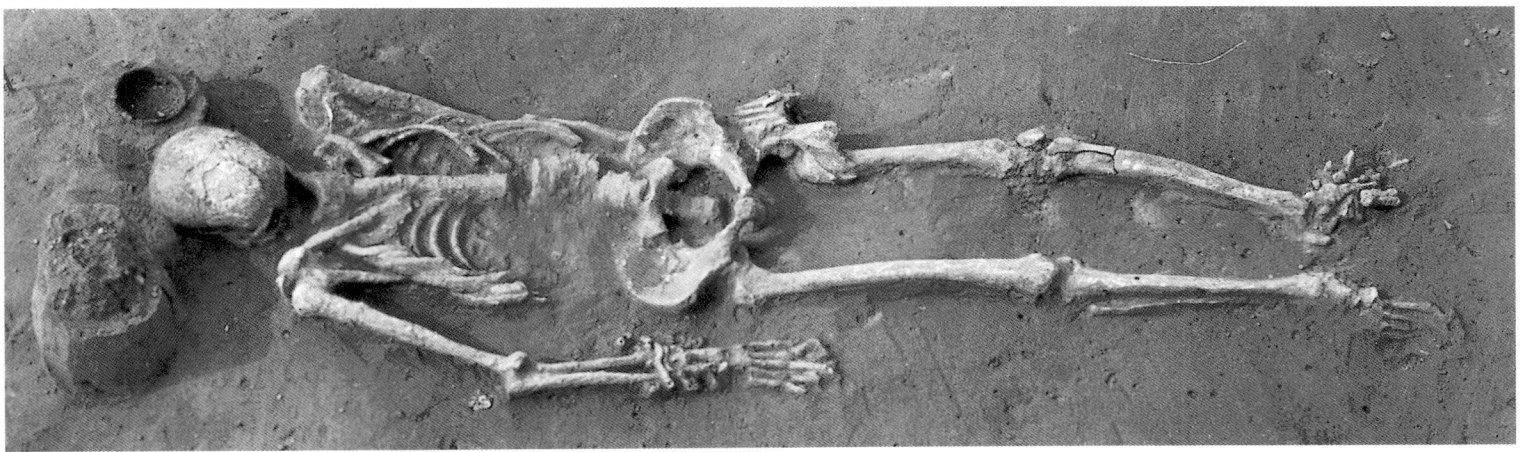

Bestattung der Rössener Kultur (von etwa 4600 bis 4300 v. Chr.) von Jechtingen bei Sasbach (Kreis Emmendingen) in Baden-Württemberg. Das Skelett befindet sich in gestreckter Rückenlage. In diesem Fall spricht man von einer Gestrecktbestattung oder einem Strecker.

weise in großen Kolonien brüteten. Vielfach bauten Biber in Flüssen und Seen ihre Burgen. Und an den Küsten der Nord- und Ostsee tummelten sich Seehunde im sauberen Meer. Das größte und für den Menschen gefährlichste Tier auf dem Festland war damals nach wie vor der Braunbär. In den Wäldern Mitteleuropas lebten neben Braunbären und Wölfen auch Füchse, Dachse, Marder, Luchse, Wildkatzen, Auerochsen, Wisente, Elche, Rothirsche, Rehwild und Wildschweine. In waldarmen Gebieten fanden vermutlich sogar Wildpferde wieder günstige Lebensbedingungen.

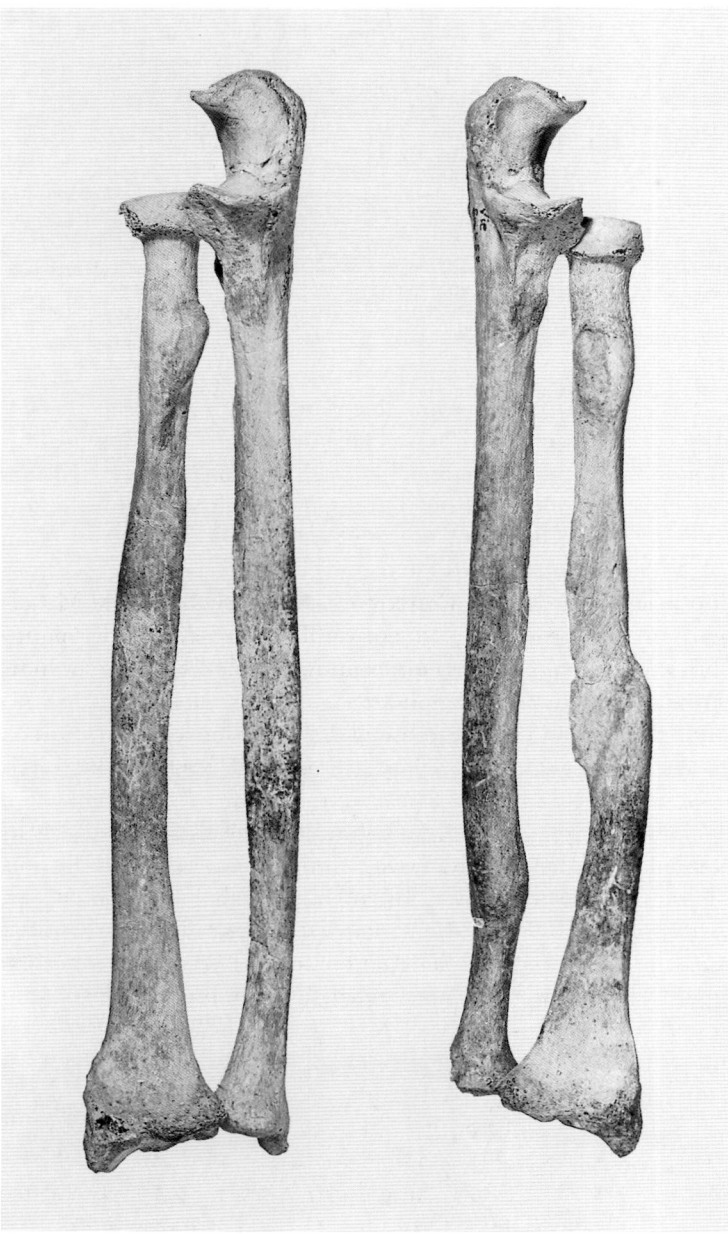

Verheilter Bruch des linken Unterarmes eines Mannes aus der Linienbandkeramischen Kultur (von etwa 5500 bis 4900 v. Chr.) vom Viesenhäuser Hof bei Stuttgart-Mühlhausen in Baden-Württemberg. Der Unterarm des etwa 40- bis 50jährigen war gebrochen. Die Fraktur verlief schräg durch Elle und Speiche. Sie wurde offenbar eingerichtet und ruhiggestellt. Trotzdem kam es zu einer Verschiebung der Bruchenden zueinander, die zu einer Verkürzung des Unterarmes führte. Letztere wird durch den Vergleich mit dem daneben zu sehenden, gesunden rechten Unterarmknochen deutlich. Die Folge der Verkürzung war, daß der Mann den Handrücken nicht mehr vollständig nach oben drehen konnte. Original im Landesdenkmalamt Baden-Württemberg, Stuttgart.

Bei den Menschen der Jungsteinzeit erreichten die Männer anfangs in manchen Kulturen eine Körpergröße von 1,70 Meter, die Frauen wurden nur selten 1,60 Meter groß. Die ganz frühen Neolithiker – etwa die frühen Linienbandkeramiker – ähnelten noch den Menschen der Mittelsteinzeit. Erst ab der späten Linienbandkeramischen Kultur traten die sogenannten »Grazilmediterraniden« auf. Diese hatten neben der geringen Körpergröße auch einen grazilen Schädel- und Körperbau, eine relativ starke Wölbung der Stirn, eine geringe Höhe des Gesichtes und des Obergesichtes und eine relativ breite Nase.

Nach den tönerner Menschenfiguren aus dieser Zeit zu schließen, trugen die Männer keinen Bart. In den Schnurkeramischen Kulturen nach 2800 v. Chr. waren die Skelette der Menschen wieder weniger grazil. In Osteuropa lebten während der gesamten Jungsteinzeit Menschen mit kräftig gebauten Skeletten.

In der Jungsteinzeit und auch in der nachfolgenden Bronzezeit sind im Vergleich zum Mittelalter weniger Kleinkinder, jedoch mehr ältere Kinder und Jugendliche gestorben. Zu dieser Erkenntnis gelangten die Jenaer Anthropologen Herbert und Adelheid Bach bei der Untersuchung von ur- und frühgeschichtlichen Skelettresten. Von den insgesamt untersuchten 1383 verstorbenen Kindern und Jugendlichen aus 33 Bestattungsplätzen der Jungsteinzeit und Bronzezeit Mitteleuropas entfallen 37 Prozent auf Kinder im Alter von 1 bis 6 Jahren, 39 Prozent auf Kinder zwischen 6 und 14 Jahren und 24 Prozent auf Jugendliche im Alter von 14 bis 20 Jahren. Dagegen betrug der Anteil der jugendlichen Verstorbenen im Mittelalter nur 13 Prozent, derjenige der 6- bis 14jährigen 25 Prozent und der 1- bis 6jährigen 62 Prozent.

Die beiden Jenaer Anthropologen halten es für denkbar, daß sich in der Jungsteinzeit die Mütter den Kleinkindern intensiver zuwandten. Da während der langen Stillperiode meistens keine Empfängnis möglich ist, hatte dies größere Geburtenabstände zur Folge, und die Muttermilch gewährleistete Immunität der Kleinkinder gegenüber Infektionskrankheiten. Der Aufbau eigener Abwehrkräfte gegenüber Infektionen war deshalb in die spätere Kindheits- und Jugendphase verschoben. Hinzu kam sicher auch die relativ geringe Infektionsgefährdung unter den damaligen Lebensbedingungen in den dünn besiedelten Gebieten mit kleinen Siedlergemeinschaften. Außerdem dürfte noch unerfahrenen Jugendlichen nicht selten die Jagd und das Fällen großer Bäume, die zum Hausbau verwendet wurden, zum Verhängnis geworden sein.

Die Ackerbauern und Viehzüchter der Jungsteinzeit litten unter zahlreichen Krankheiten, von denen ein beträchtlicher Teil den heutigen Zivilisationskrankheiten entsprach. Durch intensiven Gebrauch wurden vielfach die Schneide- und Backenzähne bis auf kümmerliche Stummel abgekaut. Stark abgekaute Zähne gab es mitunter schon in Milchgebissen. Karies trat offenbar selten auf, weil durch den starken Abschliff der Zähne die kleinen Herde von Zahnfäule meist vor der Ausbreitung beseitigt wurden. Fehlende Mundpflege förderte die Bildung von Zahnstein, von dem manchmal sogar Gebisse achtjähriger Kinder befallen waren. Auch Parodontose war keine Einzelerscheinung.

An vielen Wirbelsäulen von Jungsteinzeit-Leuten in Mitteleuropa ließ sich die Spondylose nachweisen. Dabei handelt es sich um ein chronisches Wirbelsäulenleiden, das mit ausstrahlenden Schmerzen und Einschränkung der Beweglichkeit –

Einwandernde Ackerbauern und Viehzüchter
der Linienbandkeramischen Kultur (von etwa 5500 bis 4900 v. Chr.)
mit Rindern und anderem Hab und Gut.

ähnlich unseren heutigen Bandscheibenschäden – verbunden sein kann. In manchen jungsteinzeitlichen Kulturen Mitteleuropas litten fast zwei Drittel der Bevölkerung an ernährungsbedingten Krankheiten, die durch Mangel an Vitaminen und Spurenelementen (beispielsweise Eisen) verursacht wurden. Sogar bösartige Tumore (Knochenkrebs) konnten in einem süddeutschen Gräberfeld mehrfach festgestellt werden.

Mitunter lassen Bestattungen aus der Jungsteinzeit erkennen, daß Schwerkranke und -verletzte lange Zeit von Angehörigen gepflegt und von Medizinmännern behandelt worden sind. So kennt man aus Deutschland beispielsweise einen Fall von schwerer Knochenmarksentzündung (Osteomyelitis), die zu jahrelanger Invalidität und Arbeitsunfähigkeit führte und intensive Pflege erforderte. In dieser Periode verstand man es schon, Armbrüche zum Teil besser als heute so einzurichten und so zu schienen, daß der Arm wieder gut verheilte und voll funktionstüchtig war.

In einigen jungsteinzeitlichen Kulturen Europas führten Medizinmänner bei schweren Verletzungen und bestimmten Krankheiten sogar komplizierte Schädeloperationen (Trepanationen) mit großem Erfolg durch. Dabei hat man den Patienten wohl vorher durch die Einnahme von berauschenden oder betäubenden Getränken in den Zustand der Bewußtlosigkeit versetzt. Dann wurde durch Schnitte die Kopfhaut aufgeklappt und schließlich ein wenige Zentimeter großes scheibenförmiges Knochenstück aus dem Schädeldach entfernt. Am häufigsten wurde das Knochenstück wahrscheinlich durch die Schabetechnik (Grattage) entfernt, bei der mit einem scharfkantigen Steinwerkzeug allmählich ein kreisrundes oder ovales Loch in das Schädeldach gekratzt wurde. Diese Art der Schädelopera-

tion wurde vor allem in Frankreich, Niedersachsen und Mitteldeutschland ausgeführt, wo vermutlich spezialisierte Trepanationsschulen wirkten. Bei einer anderen Methode bohrte man mit Steinspitzen hintereinander kleine Öffnungen in das Schädeldach, vereinigte sie und brach die Knochenscheibe heraus. Es kam auch vor, daß eine Trepanation mit der Schabetechnik begonnen und durch Bohren beendet wurde.

In französischen Großsteingräbern (Dolmen oder Ganggräbern) entdeckte man Trepanationen in Form von T-förmig zueinander verlaufenden Rillen, die durch Wegschaben der äußeren Schädelschicht entstanden waren. Dieser Eingriff wurde durch Ausbrennen (Kauterisation) beendet. Versuche des französischen Chirurgen Lucas Championère gegen Ende des 19. und zu Beginn des 20. Jahrhunderts zeigten, daß eine mit Hilfe von Feuersteingeräten durchgeführte Trepanation etwa eine halbe Stunde dauerte.

Der Berliner Anthropologe Herbert Ullrich vermutet, daß die Technik der Trepanation im südfranzösischen Lozère-Tal entwickelt worden ist. Bald darauf wurde sie in England, Dänemark, Südschweden, Niedersachsen, Mitteldeutschland und Mähren praktiziert. In Mitteldeutschland, wo man besonders viele trepanierte Schädel entdeckte, wurden solche Operationen in der Walternienburg-Bernburger Kultur, der Kugelamphoren-Kultur und den Schnurkeramischen Kulturen relativ häufig vorgenommen.

Die Geschichte dieser frühen Schädeloperationen begann vermutlich bei der Behandlung von schweren Schädeldachverletzungen, die wohl zumeist von Überfällen und nur selten von Unfällen herrührten. Dabei machte man bald die Erfahrung, daß nach der Entfernung von Splittern, Glättung der Knochen-

Rekonstruktion eines Langhauses der Linienbandkeramischen Kultur (von etwa 5500 bis 4900 v. Chr.) im Niederösterreichischen Landesmuseum für Urgeschichte in Asparn an der Zaya. Gezeigt wird ein Haus vom Fundort Köln-Lindenthal in Nordrhein-Westfalen.

ränder sowie Erweiterung der Öffnung zahlreiche Begleitsymptome von Schädelverletzungen verschwanden. Dies führte wahrscheinlich zu der Überlegung, daß man auch andere Krankheitsbilder mit ähnlichen Symptomen – wie starken Schmerzen, Lähmungen, Anfällen, Bewußtseinsstörungen usw. – auf diese Weise kurieren könne. So erfolgte der Schritt von der Behandlung der Schädelbrüche zur Öffnung des intakten Schädeldaches.

Vom heutigen ärztlichen Standpunkt betrachtet, dürften die meisten Trepanationen sinnlos gewesen sein. Sie konnten vielleicht in seltenen Fällen den von Tumoren auf die Schädeldecke ausgeübten Druck mildern, boten aber bei bösartigen Geschwülsten gewiß ebenso wenig Abhilfe wie bei Geistesoder Nervenkrankheiten, die man durch Trepanationen zu heilen versuchte. Nach den häufig an den Trepanationsrändern zu beobachtenden Heilungsspuren haben immerhin etwa 80 Prozent der Trepanierten diesen schweren Eingriff um Jahre überstanden. In manchen Fällen wurde die Trepanation sogar wiederholt.

Mit der Trepanation könnten aber auch gewisse religiöse Vorstellungen verknüpft gewesen sein, die wir heute nur noch erahnen können. Denkbar wäre, daß man in einzelnen Fällen den Schädel öffnete, um einen bösen Geist ausfahren zu lassen, der angeblich bei dem Patienten große Schmerzen oder Wahnvorstellungen verursachte.

In der Jungsteinzeit wurden – bedingt durch die zunehmende Bedeutung von Ackerbau und Viehzucht sowie manchmal durch das Vorkommen bestimmter Rohstoffe – immer mehr Menschen seßhaft. Diese Entwicklung vollzog sich am frühe-

sten im Vorderen Orient, wo in dieser Epoche die ersten Hochkulturen am Nil, Euphrat und Tigris entstanden.

Als eine der ältesten stadtartig befestigten Siedlungen gilt die um 7000 v. Chr. errichtete Anlage von Jericho.[6] Sie war von einer zwei Meter dicken und sechs Meter hohen Steinmauer umgeben. Ein neun Meter breiter Rundturm mißt heute noch neun Meter Höhe und besaß eine Treppe aus Steinplatten. Vor der Mauer, die Jericho umschloß, hatte man einen drei Meter tiefen und neun Meter breiten Verteidigungsgraben in den Fels geschlagen. Im Schutze dieser monumentalen Befestigungsanlage wohnten schätzungsweise 2000 bis 3000 Menschen in zahlreichen aus Lehmziegeln erbauten, bienenkorbähnlichen Häusern.

In der Zeit von etwa 5500 bis 4900 v. Chr. machten im südlichen Mitteleuropa der Hausbau und das Siedlungswesen spürbare Fortschritte. Hier errichteten die frühen Bauern der Linienbandkeramischen Kultur bis zu 40 Meter lange Großbauten. Diese Häuser waren in einen Wohn-, Speicher- und Stallteil gegliedert. Die Linienbandkeramiker legten bereits Dörfer mit bis zu 40 Häusern an, in denen manchmal mehrere hundert Menschen lebten, nicht selten waren diese Siedlungen von Gräben, Wällen und Palisaden umgeben. Demnach muß man feindliche Angriffe befürchtet haben.

Ab etwa 4500 v. Chr. entwickelten einige Kulturen oder Gruppen im südlichen Mitteleuropa eine merkwürdige Vorliebe dafür, ihre Holzhäuser auf feuchtem und überflutungsgefährdetem Grund von Seeufern zu errichten. Die Seeufersiedlungen wurden früher generell als »Pfahlbauten« bezeichnet, weil man davon ausging, daß sie auf langen Pfählen mitten im Wasser gestanden hätten. Diese romantische Vorstellung ist inzwischen der Erkenntnis gewichen, daß es zwei verschiedene Typen von Seeufersiedlungen gegeben hat. Ein Teil der Seeufersiedlungen besaß tatsächlich beträchtlich vom Grund abgehobene Häuser, weil das darunter liegende Land zeitweise überschwemmt wurde. Der vermutlich größere Teil der Seeufersiedlungen bestand jedoch aus Häusern, deren Fußböden ursprünglich direkt auf dem Grund auflagen.

Die frühesten Seeufersiedlungen wurden von Kulturen in Norditalien (Bocca-quadrata-Kultur, etwa 4800 bis 3800 v. Chr.), in der Mittelschweiz (Egolzwiler Kultur, etwa 4500 bis 4000 v. Chr.) und in Süddeutschland (Aichbühler Gruppe etwa 4200 bis 4000 v. Chr.) gebaut. Im Lauf der Zeit setzte sich diese neue Siedlungsform in anderen seenreichen Gebieten (s. S. 348) rings um den Fuß der Alpen durch und behauptete sich dort bis zum Ende der Bronzezeit um 800 v. Chr. Die Wahl von Seeufern als Standorte für größere Siedlungen erfolgte vielleicht aus Gründen der Sicherheit, da man nur die dem Land zugekehrten Seiten durch Palisaden besonders schützen mußte. Außerdem stand hier für die unterschiedlichsten Aktivitäten stets ausreichend viel Wasser zur Verfügung, beispielsweise für die Bewässerung der Felder und die Tränke des Viehs. Zudem konnte man durch Fischfang den Speiseplan bereichern und mit dem Einbaum andere Ziele am See erreichen. Für die Forschung sind die im feuchten Milieu der Seeufersiedlungen besonders gut erhaltenen Reste, unter denen sich oft auch Gegenstände aus leicht vergänglichem Material befinden, wahre Glücksfälle, Die aus ehemaligen Seeufersiedlungen geborgenen Reste von Eichenholz erlauben die exakte Datierung des Fälldatums mit Hilfe der Dendrochronologie[7].

In der Jungsteinzeit entstanden in Mitteleuropa auffallend viele, stark mit Gräben, Wällen und Palisaden geschützte Siedlungen von fast burgartigem Charakter. Sie wurden auf Bergen, im offenen Flachland und zuweilen an Flußläufen angelegt und spiegeln vermutlich unruhige Zeiten wider. Solche wehrhaften Siedlungen waren besonders für die Michelsberger Kultur (s. S. 316) typisch und werden als Erdwerke bezeichnet. Die größten unter ihnen umschlossen eine Fläche von hundert Hektar und besaßen mehr als zwei Meter tiefe und bis zu zehn Meter breite Gräben, die mit primitiven Schaufelwerkzeugen ausgehoben wurden. Sie dokumentieren eine beachtliche Gemeinschaftsleistung dieser vorgeschichtlichen Burgenbauer.

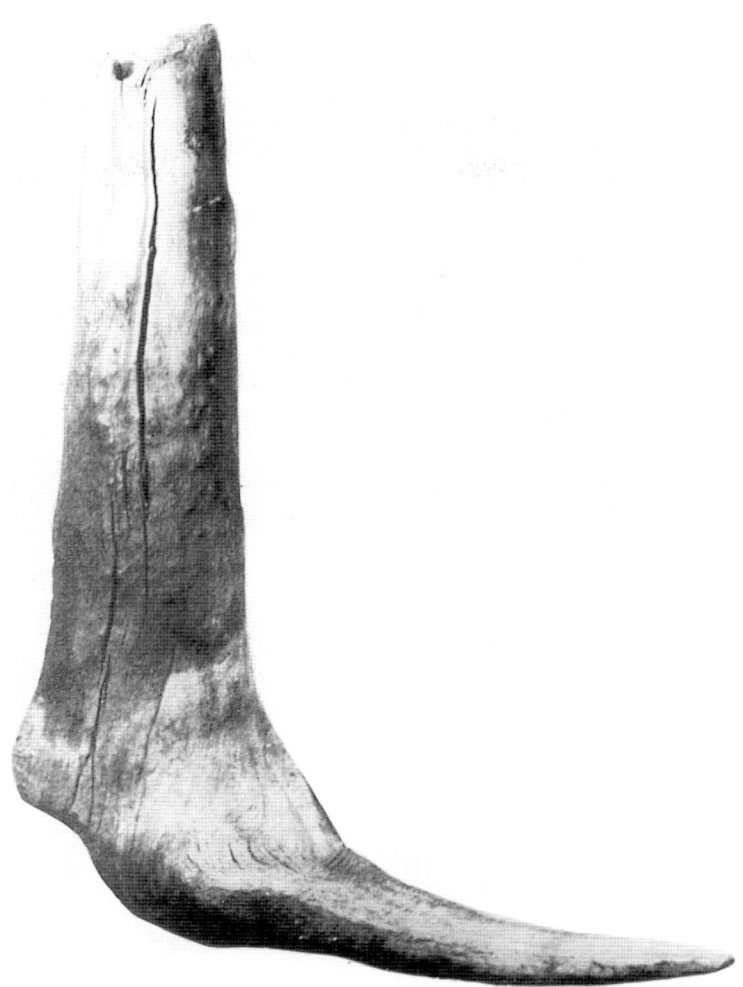

Pflug aus Eichenholz aus der Zeit um 2300 v. Chr. von Duisburg-Rheinhausen in Nordrhein-Westfalen. Der 88 Zentimeter lange Pflug mit einem 40 Zentimeter langen Haken wurde 1956 zufällig in einem Baggerloch entdeckt. Der Fund wird im Kultur- und Stadthistorischen Museum Duisburg aufbewahrt.

Jagd und Fischfang, die in der Mittelsteinzeit noch die Grundlagen der Ernährung bildeten, verloren in der Jungsteinzeit durch die Einführung von Ackerbau und Viehzucht allmählich an Bedeutung. Dies läßt sich an dem auffallend geringen Anteil von Wildknochen und Fischresten in den meisten Dörfern der frühen Bauern sowie in den ersten Städten des Vorderen Orients ablesen. Wildbret sorgte meist nur noch für eine gewisse Abwechslung auf dem Speisezettel.

Die Veränderung der Ernährung setzte schon vor etwa 15 000 Jahren gegen Ende der Altsteinzeit in Palästina ein. In dieser Region ernteten Jäger erstmals wildwachsendes Getreide und aßen dessen Körner (s. S. 37). Um etwa 10 000 v. Chr. legte man in Palästina bereits Vorräte von Getreidekörnern an und konnte dank solcher Nahrungsreserven länger als in früheren Zeiten an einem Ort wohnen.

Die bisher ältesten Belege für Ackerbau und Viehzucht stammen aus dem als »Fruchtbarer Halbmond«[8] bezeichneten sichelförmigen Landstrich im Vorderen Orient, der sich von Palästina bis zum Oberlauf des Tigris über die Fußzonen der türkisch-iranischen Gebirgsketten bis zum Persischen Golf erstreckt. Dort existierten die Wildformen von Getreide (Einkorn, Emmer, Gerste) und einigen Gemüsearten (Linsen, Bohnen) sowie die Ausgangsformen erster Haustiere (Wildrinder, -schafe, -ziegen, -schweine).

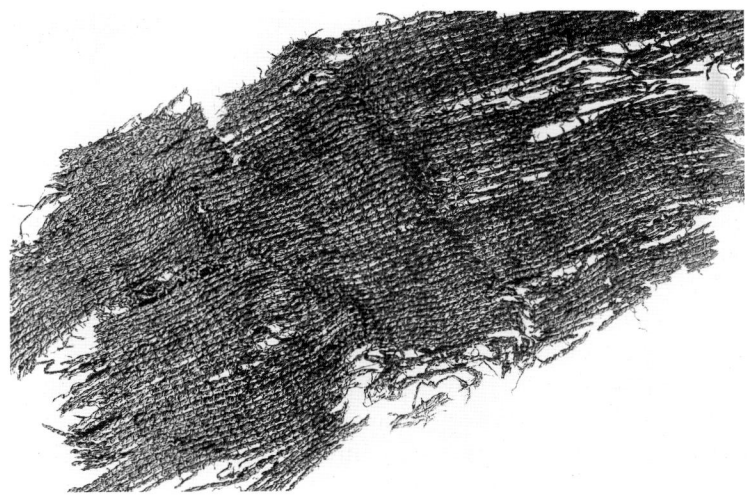

Geflecht aus der Zeit der Cortaillod-Kultur (von etwa 4000 bis 3500 v. Chr.) von Port bei Nidau im Kanton Bern. Länge 50 Zentimeter. Original im Bernischen Historischen Museum.

Bei den frühen Getreidefunden aus dem »Fruchtbaren Halbmond« läßt sich nicht immer mit letzter Sicherheit sagen, ob es sich um wildwachsendes oder angebautes Getreide handelte. Intensiv betriebene Getreidenutzung ist am Siedlungsplatz Ain Mallaha[9] im nördlichen Israel für die Zeit zwischen 9500 und 8500 v. Chr. überliefert. In dieser Siedlung der Natuf-Kultur (Natufien) entdeckte man große Mörser aus Stein zum Zerquetschen der Getreidekörner sowie Klingen und andere Teile von Sicheln zum Abschneiden der Halme. Wildgetreide aus der Zeit um 8500 v. Chr. fand man in Abu Hurreira[10] am rechten Ufer des Euphrat in Syrien; in jüngeren Schichten, die zwischen 7500 bis 6000 v. Chr. datiert werden, stießen die Ausgräber auf angebautes Getreide und Hülsenfrüchte. Hinweise auf Getreidenutzung zwischen 9000 und 7000 v. Chr. liegen aus Muraibit[11] am linken Ufer des Euphrat in Syrien vor. Steinerne Sicheln und Mahlsteine aus der Zeit zwischen 9000 und 8000 v. Chr. verweisen auch in Zaw-e Chami Shanidar[12] im nördlichen Irak auf Getreidenutzung hin.

Bei der Lagerung von Getreidevorräten in Erdgruben machte man vermutlich die Erfahrung, daß Getreidekörner auskeimen und sich daraus neue Pflanzen entwickeln können. Dies führte bald zur bewußten ersten Aussaat. Das konnte man an frühen Funden von Kulturgetreide feststellen. Über längere Zeit hinweg kultiviertes Getreide unterscheidet sich nämlich durch die zunehmende Stabilität der Ährenachse von Wildgetreide. Deshalb verlor Kulturgetreide bei der Ernte viel weniger Ähren und Körner als Wildgetreide, bei dem die Ährenachse leicht in einzelne Ährchen und Körner zerfiel, was der Verbreitung sehr förderlich war. Ähnlich unterschieden sich auch die Wildformen von Erbsen und Linsen von den kultivierten Formen. Während bei den wilden Hülsenfrüchten die reifen Hülsen aufsprangen und die Samen fortschleuderten, blieben bei den vom Menschen angebauten Pflanzen die reifen Hülsen geschlossen.

Kulturgetreide fand man beispielsweise in der Siedlung Çayönü[13] in der südöstlichen Türkei im Quellgebiet des Tigris, es wurde um 7500 v. Chr. angebaut und geerntet. Reste von Kulturgetreide und Hülsenfrüchten kamen in der Siedlung Can Hasan[14] bei Karaman in der Türkei zum Vorschein, die zwischen 7000 und 6250 v. Chr. existierte.

Zu den ältesten Belegen von Haustieren in der Jungsteinzeit gehören die Hunde in der ab 9500 v. Chr. bestehenden Siedlung Ain Mallaha in Israel. Ziegen und Schafe wurden ab 7000 v. Chr. in der Siedlung Can Hasan in der Türkei gehalten. Die Anfänge der Viehzucht waren vermutlich das Ergebnis von Jagdunternehmungen, bei denen Jungtiere eingefangen und eine Zeitlang gefangengehalten wurden, bis man sie schlachtete und verzehrte. Dabei zeigte sich, daß solche lebenden Fleischreserven für Notzeiten gewisse Vorteile hatten und daß man bestimmte Tierarten in Gefangenschaft vermehren konnte.

Die zunehmende Beherrschung von Ackerbau und Viehzucht führte ab 7000 v. Chr. zu einer reichen kulturellen Entfaltung im Vorderen Orient. Da die Ernährung durch diese neuen Errungenschaften gesichert war, stieg die Bevölkerungszahl merklich an. Der daraus resultierende Bevölkerungsdruck löste Wanderungen und Siedlungsgründungen aus, die vermutlich jeweils von den jungen Leuten aus den von Übervölkerung bedrohten Dörfern vorgenommen wurden. Noch im Laufe des siebten Jahrtausends v. Chr. entstanden immer mehr neue Siedlungen in den Randbereichen des »Fruchtbaren Halbmondes«.

Unreife Einkornähren *(Triticum monococcum)*. Diese Weizenart wurde in Mitteleuropa schon von den Bauern der Linienbandkeramischen Kultur (von etwa 5500 bis 4900 v. Chr.) angebaut. Das Foto entstand im Archäologischen Freilichtmuseum Oerlinghausen.

Die frühen Bauern zogen bald weiter nach Süden und gelangten beim Marsch entlang der Ströme nach Mesopotamien. Sie stießen auch zum Rand des Zentralpersischen Beckens vor und legten dort Siedlungen an. Während des siebten Jahrtausends v. Chr. erstreckte sich das bäuerliche Siedlungsgebiet im Norden bereits bis nach Südanatolien (Türkei).

Gegen Ende des siebten Jahrtausends v. Chr. wagten junge Ackerbauern und Viehzüchter auf Schiffen mit ihren Familien, Nahrungsvorräten, Saatgut und Haustieren den Sprung über die Ägäis. Nun entstanden entlang der griechischen Ostküste – und somit erstmals auf europäischem Boden – zahlreiche Bauerndörfer. Zu den frühesten bäuerlichen Siedlungen Griechenlands gehörte Argissa Magula[15] am linken Ufer des Peneios in Thessalien, wo bereits um 6000 v. Chr. Emmer, Einkorn, Gerste, Hirse und Linse angebaut sowie Schafe, Schweine und Rinder gehalten wurden. Mit Schiffen erreichte man auch Mittelmeerinseln wie Kreta und Zypern.

Bald darauf siedelten bäuerliche Kolonisten in anderen Balkanländern wie Bulgarien, Rumänien und Jugoslawien. Die frühesten Bauern in Bulgarien werden der Karanovo-Kultur[16], in Rumänien der Çris-Kultur[17], in Jugoslawien der Starčevo-Kultur[18] und in Ungarn der Körös-Kultur[19] zugerechnet.

Holzbohlenweg aus der Jungsteinzeit (3. Jahrtausend v. Chr.) im Meerhusener Moor (Kreis Aurich) in Niedersachsen. Die aus Holzbohlen errichtete Fahrbahn über das Moor war mehrere Kilometer lang und bis zu 4 Meter breit.

Von Südosteuropa aus drangen Ackerbauern und Viehzüchter auf zwei Wegen ins übrige Europa vor: Eine Gruppe siedelte entlang der Mittelmeerküste und gelangte allmählich bis nach Spanien. Für diese Gruppe war die Keramik mit eingedrückten Mustern (Impresso-Keramik) typisch, bei denen Abdrücke vom gewellten Rand der Herzmuschel *Cardium* (Cardial-Keramik) überwogen. Die andere Gruppe wanderte vom unteren Donaugebiet aus zu den fruchtbaren Lößböden der Ukraine, Tschechoslowakei, von Österreich, Deutschland, der Nordschweiz, der Niederlande und des Pariser Beckens. Für diese Gruppe war die mit eingeritzten Bandmustern verzierte Keramik (Linienbandkeramik oder Bandkeramik genannt) charakteristisch. Diese sogenannten Linienbandkeramiker oder Bandkeramiker gelten in weiten Teilen Mitteleuropas als die ersten Ackerbauern, Viehzüchter und Töpfer. Sie sind ab etwa 5500 v. Chr. nachweisbar.

Die Ausbreitung der bäuerlichen Lebensweise und der damit verbundene starke Anstieg der Bevölkerungszahlen hat 1936 den Prähistoriker Vere Gordon Childe (1892–1957) aus Edinburgh bewogen, dafür den Begriff der »neolithischen Revolution« zu prägen. Diese Bezeichnung hat sich in der Fachliteratur durchgesetzt, weil der Ackerbau, die Viehzucht und die Töp-

ferei tatsächlich das Leben der jungsteinzeitlichen Menschen auf revolutionäre Weise verändert haben.[20]

Die ersten Bauern in Mitteleuropa mußten die lindenreichen Eichenmischwälder mit ihren Steinbeilen roden, bevor sie Siedlungen und Ackerflächen anlegen konnten. Häufig wurden Brandrodungen vorgenommen, wobei die anfallende Asche für eine gewisse Düngung der Felder sorgte. Das Vieh hat man in die Wälder getrieben, wo es das Jungholz abweidete. Dies und die Gewinnung von Laubheu als Winterfutter führten vermutlich bereits innerhalb weniger Jahrzehnte dazu, daß die Wälder gelichtet und artenmäßig umgestaltet wurden. Seit dieser Zeit gab es in Mitteleuropa keine reinen Lindenwälder mehr.

Der Anbau von Getreide, dessen Ernte und Verarbeitung waren für die frühen Bauern mit großen Mühen verbunden. Für die Bodenbearbeitung standen zunächst nur Stöcke zum Graben von Saatlöchern zur Verfügung. Später wurden Holzspaten zum Umgraben des Erdreiches und zum Ziehen von Furchen eingesetzt. Der von Rindern gezogene Hakenpflug, mit dem man den Ackerboden aufreißen konnte, wurde vermutlich vor 3000 v. Chr. erfunden. Zu dieser Zeit tauchte er unter den Schriftzeichen der Sumerer in Uruk auf.

Das Getreide erreichte in der Jungsteinzeit nicht die Höhe der heutigen Halme, daher hat es die Unkräuter kaum überragt. Bei der Ernte raffte man einige Ähren, die oft mit Unkräutern vermischt waren, zusammen und schnitt sie mit Sicheln ab. So gelangten auch Unkräuter in das Erntegut. Bei den Sicheln handelte es sich um eine bogenförmige Holzfassung, in die man mehrere Feuersteinklingen einklemmte. An diesen Klingen entstand durch den Schneidekontakt der Feuersteinklingen mit der in den Getreidehalmen enthaltenen Kieselsäure der sogenannte Sichelglanz. Er bildete sich auch beim Schneiden von Schilf, Rohr-Glanzgras und Wasser-Schwaden, die zum Dachdecken verwendet wurden.

Das geerntete Getreide wurde in Erdgruben oder in großen tönernen Vorratsgefäßen gespeichert, wo es vor Mäusen sicher war. Oft ließ man die Getreidekörner bis kurz vor ihrer Verwendung als Nahrungsmittel von den Spelzen umhüllt und befreite sie erst beim Dreschen davon. Gedroschen hat man, indem man mit Steinen oder Knüppeln durch Schlagen oder Stampfen die Körner aus den Spelzen herausdrückte.

Die Getreidekörner wurden auf grobkörnigen Mahlsteinen zerrieben. Solche Mühlen bestanden aus einer größeren Steinplatte, dem sogenannten Unterlieger, auf den man die Körner schüttete und dann mit einem länglichen Läuferstein, der unten flach war, zerquetschte. Aussortierte Mühlen fand man oft in jungsteinzeitlichen Siedlungen, weil die Steine nur eine begrenzte Haltbarkeit hatten. Wenn sich nach einiger Zeit muldenförmige Vertiefungen bildeten, waren sie nicht mehr zu gebrauchen. Versuche haben ergeben, daß man nach etwa drei Stunden Arbeit auf einem solchen Mahlstein mit Läufer ungefähr drei Kilogramm Mehl gewinnen konnte. Dieses Mehl war weniger mit Gesteinsabrieb vermischt, als man mitunter annimmt, dennoch dürfte es beim Essen vielfach stark zwischen den Zähnen geknirscht haben, was den baldigen Verschleiß der Schneide- und Backenzähne förderte.

Mit den Getreidekörnern oder dem -mehl stellten die jungsteinzeitlichen Bauersfrauen Grützbrei her, der aus tönernem Geschirr mit Tonlöffeln gegessen wurde. Brot hat man in Form von scheibenartigen Fladen gebacken. Es gab auch schon

Backöfen, so daß man echtes Brot backen konnte. In jungsteinzeitlichen Seeufersiedlungen der Schweiz wurden infolge der dort herrschenden ungewöhnlich guten Erhaltungsbedingungen sogar jahrtausendealte Brotreste geborgen.

Nicht selten wurden Getreidekörner geröstet, um ihren Feuchtigkeitsgehalt zu verringern, ihr Auskeimen zu verhindern und der Bildung von Schimmel und Fäulnis vorzubeugen. Nach dieser Behandlung konnte man die Körner längere Zeit risikolos lagern. Beim Röstvorgang leicht angekohlte Getreidekörner blieben in etlichen Fällen sogar bis zum heutigen Tag erhalten. Man entdeckte sie in ehemaligen Vorratsgruben oder in Tongefäße eingebacken, wenn sie in den für die Keramikherstellung verwendeten Ton geraten waren. In Böhmen stieß man auf gebrannte Lehmplatten mit flacher Überkuppelung, die als Röstplätze von Getreide oder als Backöfen gedeutet werden. Fleisch stand durch die Haltung verschiedener Haustiere aus-

reichend zur Verfügung. Außerdem konnte man in Notzeiten auf die Jagd gehen. Das Fleisch wurde wohl meist gebraten, vielleicht hat man es gelegentlich auch in Tontöpfen gekocht. Salz dürfte auch in Europa nicht unbekannt gewesen sein. In Jericho, das in der Nähe großer Salzlagerstätten am Toten Meer erbaut worden war, hat man die Speisen vielleicht schon gesalzen.

Die Haustiere der frühen Bauern in Mitteleuropa stammten einerseits von einheimischen Wildformen ab (Rind, Schwein), aber auch von Tierarten, die im Vorderen Orient heimisch waren (Ziege, Schaf). Diese ersten Rinder, Schweine, Schafe und Ziegen waren erheblich größer als im Mittelalter und ähnlich groß wie heutige Haustiere; Kühe und Ziegen gaben damals jedoch nicht viel Milch.

Bei zahlreichen Rinderknochen aus jungsteinzeitlichen Siedlungen in Mitteleuropa hat es den Anschein, daß die damaligen

Reste von zwei Scheibenrädern aus der Zeit der Goldberg III-Gruppe (von etwa 3500 bis 2800 v. Chr.) von Seekirch (Kreis Biberach) in Baden-Württemberg. Höhe mehr als 60 Zentimeter. Originale im Landesdenkmalamt Baden-Württemberg, Pfahlbauarchäologie Bodensee-Oberschwaben, Gaienhofen-Hemmenhofen.

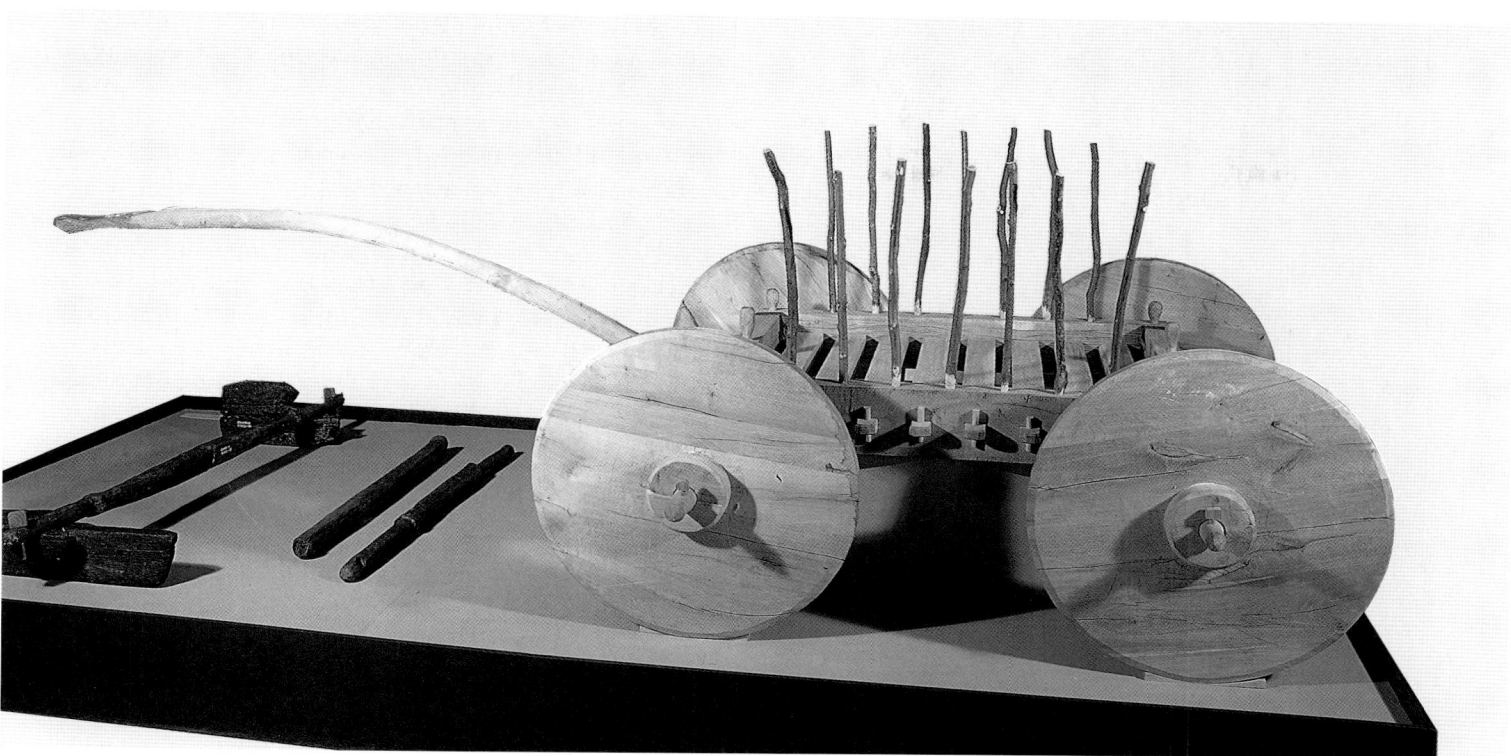

Rekonstruktion eines vierrädrigen Wagens aus der Jungsteinzeit (drittes Jahrtausend v. Chr.) nach Funden aus Nordwestdeutschland. Länge ohne Deichsel 1,40 Meter, Breite 1,15 Meter. Durchmesser der Scheibenräder etwa 90 Zentimeter. Rekonstruktion im Staatlichen Museum für Naturkunde und Vorgeschichte in Oldenburg.

Hausrinder aus eingefangenen einheimischen Auerochsen hervorgegangen sind, bei denen die männlichen Tiere eine Widerristhöhe von 1,75 Meter erreichten und mächtige Hörner trugen. Die Abkömmlinge dieser Auerochsen waren ebenfalls groß und besaßen stattlichere Hörner als die ebenfalls in Mitteleuropa vertretenen Kurzhornrinder, die anscheinend von Kolonisten aus Südosteuropa mitgebracht wurden.

Die ersten Hausschweine leitet man von Wildschweinen der Art *Sus scrofa* her. Diese Wildform existiert heute noch in den meisten Gebieten Europas und Asiens. Die ersten Hausschafe in Mitteleuropa haben sich vermutlich aus dem südwestasiatischen Wildschaf *(Ovis orientalis)* entwickelt. Eine Abstammung vom europäischen Mufflon wird von den Fachwissenschaftlern bestritten. Die frühesten säbelhörnigen Ziegen in Mitteleuropa sind wohl Nachfahren der im Vorderen Orient vorkommenden Bezoarziegen *(Capra aegagrus)*. Die ersten Hausgänse schnatterten ab dem dritten Jahrtausend v. Chr. bei den alten Ägyptern.

Die Anfänge der Pferdezucht reichen bis 4000 v. Chr. zurück. Zu dieser Zeit hat man in der Ukraine bereits Pferde als Reittiere benutzt. Das zeigen die Abnutzungserscheinungen an den Backenzähnen eines Pferdes, dessen Skelettreste an einer Ausgrabungsstätte südlich von Kiew gefunden wurden. Diese Abnutzungsspuren entsprechen nach Ansicht des amerikanischen Archäologen David W. Anthony aus Oneota denjenigen, die auch heute bei Reitpferden durch das Zaumzeug entstehen. Ein ähnlich hohes Alter haben einige Pferdreste aus Süddeutschland (s. S. 358). Um 3000 v. Chr. ist Pferdehaltung auch in der sibirischen Waldsteppe für die Afanaśevo-Kultur[21] und in der Waldsteppe am oberen Dnjestr (Sowjetunion) für die Tripolje-Kultur[22] belegt. Auch in Derejewka südlich von Kiew am Dnepr konnte man Reste früher Hauspferde für die Zeit der Dnepr-Donec-Kultur[23] bergen. Mit den Schnurkeramischen

Kulturen scheinen Hauspferde nach 2800 v. Chr. in größerer Zahl nach Mitteleuropa gelangt zu sein.

Ackerbau, Viehzucht, Töpferei und andere neue Errungenschaften versetzten die Menschen der Jungsteinzeit in die Lage, mit den Überschüssen ihrer Produktion rege Tauschgeschäfte zu betreiben. Als Tauschobjekte dienten vermutlich unter anderem Saatgut, Getreidemehl, Zuchttiere, besonders formschöne und dekorative Tongefäße, aber auch seltene Steinarten und Schmuckschnecken. In der entwickelten Jungsteinzeit (Kupferzeit) kamen dazu noch erste Gegenstände aus gediegenem Kupfer und Gold, die sich vermutlich aber nur besonders Begüterte leisten konnten. Manche Tauschobjekte deuten auf weitreichende Fernverbindungen hin.

In der Jungsteinzeit verlor die Jagd, die in Europa neben dem Sammeln über eine Million Jahre lang der wichtigste Garant für das menschliche Leben gewesen war, ihre Bedeutung. Auch der erst seit wenigen Jahrtausenden aufgekommene Fischfang war nun nicht mehr so wichtig, weil die Ernährung jetzt vor allem durch Ackerbau und Viehzucht gesichert wurde, die sich allmählich in Asien, Europa und Afrika durchsetzten.

Eine der wichtigsten technischen Neuerungen der Jungsteinzeit war die Erfindung der Töpferei, die – wie erwähnt – im Vorderen Orient und in Nordafrika wohl schon um 7000 v. Chr. geglückt ist. Allgemein durchgesetzt haben sich Keramikgefäße aber erst um 6000 v. Chr. Die Herstellung von Keramikgefäßen dürfte eine Folge der Seßhaftigkeit der frühen Ackerbauern und Viehzüchter gewesen sein. Denn seit die Siedlungen nicht mehr ständig verlegt wurden, war es möglich, leicht zerbrechliche Tongefäße zu entwickeln, die an die Stelle der vorher gebräuchlichen Vorratsbehälter aus organischem Material traten.

Alle Tongefäße in der Jungsteinzeit mußten frei mit der Hand modelliert werden, da die schnell rotierende Töpferscheibe erst

men, die in Nähe der Behausungen lagen. Daraus stammte auch der für den Bau von Hütten und Häusern verwendete Lehm. Die Gruben nutzte man später als Müllkippe, in die man mißlungene oder zerbrochene Tongefäße, Küchenabfälle (Tierknochen) und in manchen Kulturen sogar Verstorbene warf.

Im Laufe der Jungsteinzeit wurden immer mehr Formen von Tongefäßen entwickelt, beispielsweise Töpfe[24], Schüsseln[25], Näpfe[26], Tassen[27], Becher[28] und Amphoren[29]. Nach der charakteristischen Form und Verzierung der Tongefäße lassen sich vielfach jungsteinzeitliche Kulturen oder Gruppen unterscheiden.

Die Tongefäße wurden vor dem Brennen häufig mit mehr oder minder aufwendigen Mustern verziert. Jede Kultur der Jungsteinzeit wendete dabei bestimmte Techniken an und entwickelte oder übernahm gewisse Modeerscheinungen. In manchen Kulturen lassen sich Stilrichtungen unterscheiden, die Geschmacksänderungen innerhalb der Dauer einer Kultur dokumentieren. Die Verzierungsmotive wurden in den noch weichen Ton eingestochen, eingeritzt, eingestempelt oder eingedrückt. Dazu benutzte man unter anderem hölzerne oder knöcherne Stichel mit verschiedenen Enden, Stempel, Schnüre oder die Fingernägel. Zuweilen kniff man den Ton mit Daumen und Zeigefinger zusammen. Die Vertiefungen wurden in manchen Kulturen mit weißer oder roter Paste ausgefüllt. In frühen Phasen der Lengyel-Kultur (s. S. 428) hat man die Keramik teilweise erst nach dem Brand bemalt. Manche Tongefäße wurden mit aus dem Ton herausmodellierten Wülsten oder aufgelegten Leisten geschmückt. Vielfach ist die jungsteinzeitliche Keramik so geschmackvoll geformt und verziert, daß man getrost von Kunstwerken sprechen kann.

Die Herstellung von Werkzeugen und Waffen aus verschiedenen Steinarten erreichte in der Jungsteinzeit ihren Höhepunkt. Die schon in der Alt- und Mittelsteinzeit praktizierte Schlagtechnik wurde weiter verfeinert und gipfelte gegen Ende der Jungsteinzeit in prachtvoll geformten Feuersteindolchen. Neuerungen waren der Schliff von Feuersteingeräten sowie die Erfindung der Bohrtechnik bei der Anfertigung von Klingen für Steinbeile und -äxte.

Die Schleiftechnik stellte eine wichtige Verbesserung bei der Steinbearbeitung dar. Sie ermöglichte die Herstellung scharfer, geradlinig verlaufender Schneiden. Zum Schleifen verwendete man Steine mit ausgeprägter Körnung und harten Mineralien wie Quarzit, Granit und Basalt. Beim Schleifen wurde entweder das Werkstück auf einem größeren Schleifstein hin und her gerieben oder ein kleinerer Schleifstein auf dem Werkstück bewegt.

Die Bohrtechnik diente dazu, die Klingen von Steinäxten mit einem Loch zu versehen, das den Schaft aufnehmen konnte. Am mühsamsten erwies sich das Bohren mit einem spitzen Stein, der auf dem Werkstück mit der Hand hin und her bewegt wurde, bis sich allmählich eine Vertiefung bildete. Für ein auf diese Weise geschaffenes Bohrloch benötigte man einige hundert Arbeitsstunden. Man kam jedoch eher zum Ziel, wenn man an der Stelle des Bohrloches eine Vertiefung pickte.

Zum Bohren konnte man auch einen Holzstab verwenden, an dessen Ende ein spitzer Stein, Geweih oder Knochen befestigt wurde. Dieser Bohrstock ließ sich zwischen den Handflächen in rasche Drehung versetzen. Bei einer anderen Technik führte man dem stumpfen Ende eines Bohrstockes ständig Sand als Schleifmittel zu und erzielte so ein Loch mit dem Durchmesser

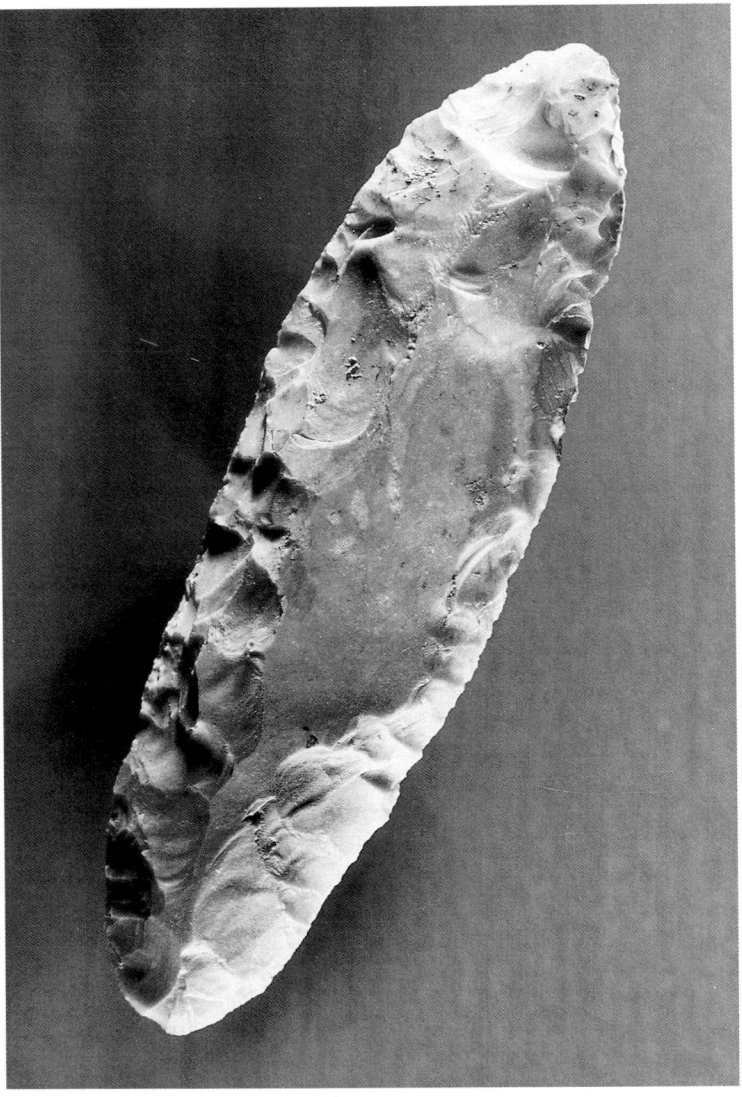

Zweiseitig bearbeitete Sichelklinge der Altheimer Kultur (von etwa 3900 bis 3500 v. Chr.) vom Hof der Burg Nassenfels (Kreis Eichstätt) in Bayern. Länge 7,2 Zentimeter, maximale Breite 2,7 Zentimeter, Dicke 0,7 Zentimeter. Original im Bayerischen Landesamt für Denkmalpflege, Grabungsbüro Ingolstadt.

viel später erfunden wurde. Hierzu verwendete man Tonerde (Lehm), die vielfach mit Getreidespelzen gemagert, also stabilisiert wurde. Die jungsteinzeitlichen Töpfer bauten Tongefäße durch Aneinanderkneten einzelner ringförmiger Tonwülste vom Boden bis zum Rand auf. Dieser Aufbau läßt sich vielfach an der nicht glattgestrichenen Innenseite von Tongefäßen und bei zerbrochenen Stücken beobachten. Bei dieser Technik konnten sich einzelne Teile der Gefäßwandung noch verformen, ehe sie unter großer Hitze gebrannt und verfestigt wurden.

Die feuerbeständigen und wasserdichten Tongefäße versetzten die Menschen der Jungsteinzeit in die Lage, manche Nahrungsmittel leichter und besser zu kochen, als es vorher möglich gewesen war. Und in ihnen ließen sich viele Produkte längere Zeit aufbewahren. Tongefäße mit runden oder spitzen Böden sowie manchmal auch Ösen an der Außenwand deuten darauf hin, daß die Gefäße als Hängebehälter dienten und die Vorräte vor Mäusen, Ratten oder kriechendem Ungeziefer schützen sollten. Tongefäße boten den Vorteil, daß man sie überall in großen Mengen produzieren konnte, wo es geeignete Tonvorkommen gab. Der Ton wurde meist aus Gruben entnom-

des benutzten Stockes. Noch besser funktionierte das Bohren mit einem hohlen Holunderholz, Schilfrohr oder Knochen, weil man nun nicht mehr das ganze Bohrloch ausschleifen mußte, sondern nur noch den äußeren Rand in der Stärke der Wandung des Hohlstabes. Dabei blieb ein Bohrkern in der Mitte der Bohrung so lange stehen, bis das andere Ende erreicht war. Für eine solche Hohlbohrung benötigte man etwa 15 Stunden, was etwa der Hälfte der Zeit einer Vollbohrung entsprach. Noch wirkungsvoller verlief das Bohren, wenn ein Riemen mit Schlinge um den Bohrstock gelegt und durch abwechselndes Ziehen an beiden Seiten der Bohrstock in Bewegung gehalten wurde. Durch die größere Drehzahl und -bewegung schliff sich der Bohrer nun schneller in ein Werkstück ein. Bei dieser Methode mußte an jedem Riemenende eine Person ziehen.

Unter den Geräten aus Felsgestein war der sogenannte Schuhleistenkeil mit gewölbter Ober- und flacher Unterseite – also mit D-förmigem Querschnitt – ein Universalgerät für alle Holzarbeiten. Er wurde zunächst durch Behauen in groben Umrissen in die gewünschte Form gebracht und danach zugeschliffen. Die Schuhleistenkeile dienten je nach Größe und Schäftung sowohl zum Fällen von Bäumen für den Hausbau als auch zu Meißel- oder Hobelarbeiten. Wenn sie querbeilartig geschäftet waren, spricht man vom Dechsel. Vielleicht benutzte man Schuhleistenkeile – wenn sie beilartig geschäftet waren – auch als Waffe.

Zum Schneiden und Durchbohren von Holz, Knochen oder Geweih wurde vor allem scharfkantiger Feuerstein verwendet. Aus diesem Material fertigte man Kratzer zur Bearbeitung organischer Werkstoffe, Bohrer, Klingen als Einsätze für Sicheln zur Getreideernte und Pfeilspitzen für die Jagd oder den Kampf.

Pfeil und Bogen waren bei vielen Kulturen der Jungsteinzeit die wichtigste Waffe. Ihr Gebrauch ist durch zahlreiche Funde von Pfeilspitzen, die vielfach männlichen Toten ins Grab mitgegeben wurden, seltene Bogenfunde sowie durch Darstellungen auf Steinplatten von Gräbern oder auf Felsbildern belegt. In der gegen Ende der Jungsteinzeit auftretenden Glockenbecher-Kultur gab es neben Pfeilspitzen und Pfeilschaftglättern sogar steinerne Armschutzplatten, die den Unterarm des Schützen nach dem Pfeilschuß vor dem Zurückschnellen der Bogensehne schützten.

Einer der seltenen Bogenfunde aus der Jungsteinzeit glückte um 1970 in einer Kiesgrube von Koldingen (Kreis Hannover) in Niedersachsen. Dieser aus Eibenholz geschnitzte, nicht mehr ganz erhaltene Bogen dürfte zur Zeit seiner Verwendung etwa 1,75 Meter lang gewesen sein. Er läßt sich keiner bestimmten Kultur zuweisen, eine Holzprobe ergab aber, daß er gegen Ende der Jungsteinzeit hergestellt worden ist. Schußversuche mit einem Nachbau jenes Bogens mit nahezu 80 Zentimeter langen befiederten Pfeilen erbrachten durchschnittliche Weiten von mehr als 120 Metern. Die hölzernen Pfeilschäfte überstanden die Treffer meist heil. Nur ganz selten wurden querschneidige Pfeilspitzen in den Schaft zurückgestaucht. Dagegen sind die steinernen Pfeilspitzen beim Aufprall auf Tierknochen oder bei Fehlschüssen häufig beschädigt worden. Man mußte also einst die Pfeilspitzen oft austauschen. Dies erforderte keinen großen Zeitaufwand.

In einigen Kulturen der Jungsteinzeit wurden außer Pfeil und Bogen auch häufig Streitäxte aus Felsgestein angefertigt. Des-

Mahlstein (Unterlieger) und Reibstein (Läufer) zum Mahlen von Getreidekörnern aus der Jungsteinzeit von Zollchow (Kreis Prenzlau) in Mecklenburg. Länge der Mahlsteinplatte 25,7 Zentimeter. Original im Museum für Ur- und Frühgeschichte Schwerin.

halb bezeichnet man sie als Streitaxt-Kulturen. Dazu gehören beispielsweise die Schnurkeramischen Kulturen und die Einzelgrab-Kultur. In der Übergangszeit von der Jungsteinzeit zur Bronzezeit erfreuten sich im nördlichen Mitteleuropa und in Nordeuropa meisterhaft in Steinschlagtechnik ausgeführte Feuersteindolche großer Beliebtheit. Diese Phase wird deshalb als Dolchzeit bezeichnet (s. S. 414).

Das Rohmaterial für anspruchsvolle Steinwerkzeuge und -waffen mußte in einigen Gebieten, in denen es keine entsprechenden Vorkommen gab, von weither beschafft oder eingetauscht werden. Der Bedarf an Feuerstein beispielsweise wurde in der Jungsteinzeit so groß, daß man in Frankreich, Belgien, Holland, England, Deutschland und Polen bereits Feuersteinbergwerke im Tagebau betrieben hat. Zur Zeit der Glockenbecher-Kultur ab 2500 v. Chr. war Feuerstein aus Grand Pressigny im französischen Departement Indre-et-Loire sehr gefragt. Die sogenannten Grand-Pressigny-Klingen und -Dolchklingen wurden bis in die Bretagne, in die Schweiz, nach Belgien und in die Niederlande importiert. Ähnliche Tauschgeschäfte gab es für andere Steinarten. Beispielsweise sind in Deutschland manche Schuhleistenkeile aus einer Felsgesteinsart angefertigt worden, das nur im Hohen Balkan und in den Westkarpaten vorkommt.

Kleidung, Werkzeuge, Waffen, Keramik und Schmuck wurden wohl in jedem Haushalt selbst hergestellt. Besonders schöne und zeitaufwendige Stücke waren vielleicht aber schon eine Domäne von Spezialisten, die besser als andere das Spinnen und Weben von Textilien, das Steinschlagen, -schleifen und Durchbohren beherrschten oder besonders künstlerisch begabt waren. Der Abbau von Feuerstein könnte in manchen Gebieten bereits von Bergleuten betrieben worden sein.

Angesichts der großen, maximal 35 Meter langen Wohnhäuser der ersten Bauern kann man darüber spekulieren, ob es damals schon ein eigenes Zimmerhandwerk gegeben hat. Die ersten Holzwagen mit primitiven Scheibenrädern waren vielleicht das Werk von frühen Schreinern.

Auch die Entdeckung neuer Werkstoffe – wie Kupfer, Gold, Silber und Glas – war mit der Entstehung neuer Tätigkeiten verbunden. So kann man den Beginn der Metallurgie bis in das frühe siebte Jahrtausend v. Chr. zurückverfolgen. Damals wurden in Çatal Hüyük in der Türkei bereits Rohkupferperlen hergestellt.

Die ältesten Nachweise von Kupfer stammen allesamt aus dem siebten und sechsten Jahrtausend v. Chr., und zwar aus der Randzone der Gebirge zwischen Anatolien und dem südlichen Iran. Von dort aus begann der Siegeszug des Kupfers, das später auch in Südwestasien, im Transkaukasus, auf dem Balkan, im östlichen Mittelmeerraum und in Mitteleuropa bekannt wurde (s. S. 298). Bei den ersten Kupfererzeugnissen handelte es sich um Schmuck, Werkzeuge und Waffen.

Gold war schon vor mehr als 4000 v. Chr. in Europa bekannt (s. S. 300). Die frühesten Goldfunde aus Deutschland und Österreich stammen aus dem vierten Jahrtausend v. Chr. Sie sind jedoch nicht von der einheimischen Bevölkerung hergestellt, sondern importiert worden. In Ägypten wurde Gold im Alten Reich bei Assuan und in Nubien sogar bergmännisch abgebaut.

Silber ist ab etwa 2500 v. Chr. in den frühen Stadtkulturen Vorderasiens und bald darauf auch bei den in weiten Teilen Europas auftretenden Angehörigen der Glockenbecher-Kultur nachweisbar.

Glas hat man in Oberägypten und Mesopotamien schon im vierten Jahrtausend v. Chr. hergestellt. Damals fertigte man vor allem Glasperlen an, während im dritten Jahrtausend v. Chr. erste kleine, 5 bis 20 Zentimeter große Salbgefäße für die Aufnahme von kosmetischen und pharmazeutischen Essenzen aufkamen. Diese frühen Glasgefäße stellte man dadurch her, daß man Glasmasse um einen Tonkern wickelte oder indem man den Tonkern in die Glasmasse tauchte. Wenn die Glasmasse erkaltet war, schlug man den Tonkern heraus.

Manche Kunstwerke in Mesopotamien, Ägypten, aber auch in Europa sind so meisterhaft ausgeführt, daß sie nur von besonders begabten Künstlern geschaffen worden sein können. Die Künstler der Jungsteinzeit schufen neben Felsbildern, Malereien und Tonfiguren, die es schon in früheren Zeiten gegeben hatte, auch neuartige Kunstwerke wie lebensgroße menschengestaltige Stelen oder Statuen aus Stein. Felsbilder in Form von Gravierungen oder Malereien waren ab 5000 v. Chr. vor allem in Nordafrika verbreitet, wo solche Kunstwerke teilweise schon in der vorhergehenden Mittelsteinzeit angefertigt worden sind. Besonders viele jungsteinzeitliche Felsbilder entstanden im Tassili n'Ajjer, einem schluchtenreichen Hochplateau in der Sahara, das in Algerien liegt. Sie zeigen Wildtiere (Elefanten, Stiere), Haustiere (Rinder) und rundköpfige Menschen mit Pfeil und Bogen.

Neu in der Kunst Europas waren die etwa seit 4000 v. Chr. auf Wand- und Deckplatten von Großsteingräbern der Megalith-Kultur in der Bretagne (Frankreich) eingemeißelten Gravierungen. Mysteriöse schild- oder kochkesselförmige Zeichen, manchmal mit einem Strahlenkranz bekrönt oder auch mit farnkraut- oder augenähnlichen Zeichen gefüllt, gelten als Symbole der »Großen Mutter«. Außerdem pickte man konzentrische Halbkreise, aufgerichtete Schlangen, Beile, Krummstäbe, Joche, Wellen, Zickzacklinien, Schiffe und rätselhafte Figuren in die Grabplatten. In einem Grab von Barnenez ist die Gravierung eines Bogens mit aufgelegtem Pfeil auf den Eingang gerichtet, so als wollte man damit Grabschänder bedrohen.

Zur Palette der Musikinstrumente gehörten in der Jungsteinzeit weiterhin Pfeifen aus Tierknochen, mit denen man schrille Töne erzeugen konnte. Die Bauern der Linienbandkeramischen Kultur in Mitteleuropa benutzten neben solchen Knochenpfeifen auch importierte Mittelmeermuscheln als Trompeten. Bei der Trichterbecher-Kultur, Salzmünder Kultur und

Beispiele für die Steinbearbeitung in der Jungsteinzeit: zwei nicht fertig ausgearbeitete Steinäxte aus der Gegend von Vanola-Schaan im Fürstentum Liechtenstein. Die obere Axt zeigt Schleifspuren, die untere ein angefangenes Bohrloch. Länge der angebohrten Axt 17 Zentimeter. Originale im Liechtensteinischen Landesmuseum, Vaduz.

Vorarbeit für eine Geröllkeule (oben) von Pasewalk und eine fertige Geröllkeule von Jatznick (Kreis Pasewalk) in Mecklenburg. Größter Durchmesser der Geröllkeule von Pasewalk 10,2 Zentimeter, von Jatznick 12 Zentimeter. Original im Museum für Ur- und Frühgeschichte Schwerin.

Walternienburg-Bernburger Kultur in Mitteleuropa spielten mit Tierhäuten überzogene Tontrommeln eine große Rolle. Vielleicht wurden sie von Zauberern (Schamanen) bei kultischen Handlungen, Tänzen und Totenfeiern geschlagen.

In vielen Kulturen dürfte der Zauberer oder Priester fast ausschließlich mit der Ausübung kultischer Zeremonien beschäftigt gewesen sein.

Die komplizierten Schädeloperationen an lebenden Menschen verweisen auf die Existenz von Medizinmännern, die man als die ältesten Ärzte der Menschheit ansehen kann.

Jegliche Leistung konnte in der Jungsteinzeit nur durch Naturalien oder eine bestimmte Gegenleistung – etwa indem man bei irgendeiner Arbeit half – abgegolten werden. Das Geld wurde erst viel später in der Eisenzeit erfunden.

Irgendwann um 3500 v. Chr. wurde das Verkehrswesen um eine Neuerung von großer Tragweite bereichert. Zu dieser Zeit hat man die Vorteile der rollenden Bewegung von Rädern erkannt und den Wagen erfunden, vor den man in Mesopotamien[30] Rinder und Halbesel (Onager), in Europa dagegen zunächst nur Rinder vorspannte. Diese Erfindung wurde offenbar in verschiedenen Gegenden der Erde in geringem zeitlichem Abstand gemacht.

Ähnlich alt wie die frühesten Belege von Wagen in Mesopotamien sind einige Funde von Bohlenwegen, Rädern und anderen Wagenteilen in europäischen Mooren. Sie verdanken der Einbettung im Torf ihre Erhaltung.

In Holland, Norddeutschland und Dänemark baute man bereits vom vierten Jahrtausend v. Chr. an in ausgedehnten Hochmoorgebieten hölzerne Bohlenwege, die so breit waren, daß darauf Wagen fahren konnten. Auf und neben solchen Bohlenwegen fand man Räder und andere Wagenteile, die nach Unfällen liegengeblieben waren.

Besonders eindrucksvolle Hinweise auf das Verkehrswesen im frühen dritten Jahrtausend v. Chr. hat der Oldenburger Archäologe Hajo Hayen im Meerhusener Moor bei Aurich in Niedersachsen entdeckt. Sie lassen sich bisher keiner bestimmten Kultur zuordnen, weil man keine Keramikreste gefunden hat. Die aus Holzbohlen errichtete Fahrbahn über das Meerhusener Moor war mehrere Kilometer lang und bis zu vier Meter breit. Außerdem stieß man dort auf einteilige Scheibenräder, höl-

Steinerne Streitaxt der Einzelgrab-Kultur (von etwa 2800 bis 2300 v. Chr.) aus einem Grabhügel bei Werl (Kreis Soest) in Nordrhein-Westfalen. Länge 20 Zentimeter. Original im Westfälischen Museum für Archäologie, Münster.

Feuersteindolch mit Bastumschnürung aus der späten Jungsteinzeit von Vinelz am Bieler See (Kanton Bern). Länge 15 Zentimeter. Original im Bernischen Historischen Museum.

zerne Wagenachsen, Teile von Mitteldeichseln, Reste eines Doppeljochs, des Oberwagens und 50 Hufschalen von Rindern. Diese Reste stammen vielleicht von Unglücksfällen, die sich ereigneten, wenn Scheibenräder brachen oder Rinder mit ihren Hufen zwischen Holzbohlen gerieten.

Auch der etwa 700 Meter lange Bohlenweg im Gnarrenburger Moor (Kreis Rotenburg/Wümme) in Niedersachsen läßt sich mit keiner bestimmten Kultur in Verbindung bringen, sondern lediglich allgemein der ausgehenden Jungsteinzeit zuordnen. Die Bohlen dieses Weges sind miteinander verbunden und durch seitlich ins Moor gerammte senkrechte Bohlen am Verrutschen gehindert worden.

Reste von ein- oder zweiteiligen Scheibenrädern in Europa aus dem dritten Jahrtausend v.Chr. beweisen die Verwendung von zwei- oder vierrädrigen Wagen zu dieser frühen Zeit. Je ein einteiliges Scheibenrad entdeckte man zum Beispiel in Holland (de Eese) und in Polen (Schönsee in Ostpreußen). In der Schweiz kamen an einem einzigen Fundort (Zürich-Dufourstraße) sogar drei mehrteilige Scheibenräder zum Vorschein, die von einem vierrädrigen Wagen stammen (s. S.503). Das vierte Rad ist wohl verlorengegangen. In Deutschland (Bad Waldsee-Aulendorf in Südwürttemberg) wurde ein mit Hilfe von hölzernen Dübeln aus zwei Teilen zusammengesetztes Scheibenrad gefunden. Seine nur noch auf einer Seite erhaltene Buchse ist separat hergestellt und mit Dübeln befestigt worden. 1989 gelang in Deutschland (Seekirch-Achwiesen in Baden-Württemberg) die Entdeckung von Fragmenten zweier zweiteiliger Scheibenräder (s. S.371). Scheibenräder hat man immer dann aus mehreren Brettern zusammengefügt, wenn keine genügend breiten Baumstämme für einteilige Räder vorhanden waren.

Auch in der Sowjetunion sind Wagen mit Scheibenrädern seit dem dritten Jahrtausend v.Chr. nachgewiesen. In Gräbern der älteren Ockergrab-Kultur[51] zwischen dem Fluß Dnepr und dem Ural wurden vielfach komplette oder zerlegte vier- oder zweirädrige Wagen entdeckt, die man dem Verstorbenen mitgegeben hatte. Diese Wagen besaßen meist mehrteilige Scheibenräder, einteilige waren selten.

Das einteilige Scheibenrad mit einem Durchmesser von 92 Zentimetern aus de Eese in der holländischen Provinz Oberijssel zeigt durch die Richtung der Holzfasern, daß solche Räder nicht als runde Scheiben vom Baumstamm abgeschnitten wur-

den. Statt dessen hat man das Scheibenrad in Längsrichtung aus einem dicken Eichenstamm herausgearbeitet. Dies hatte den Vorteil, daß es länger hielt. Hätte man nämlich eine runde Scheibe vom Holzstamm abgetrennt, dann hätten die Fasern, die den lebenden Baum der Länge nach durchziehen, parallel zur Richtung der Abnutzung gelegen und wären bald abgerieben worden. So aber befanden sich die Fasern längs zur Abnutzung und hielten länger stand.

Die zweiachsigen, auf vier Rädern rollenden Wagen der Jungsteinzeit eigneten sich nur für Fahrten in gerader Richtung und konnten nur mit großer Mühe gewendet werden, weil die Deichsel fest mit der Karosserie verbunden war. Deshalb mußte man in Kurven oder beim Wenden das Wagenende anheben oder die Zugtiere beiseite treten lassen, bevor man eine neue Richtung einschlagen konnte. Die Funde in Nordwestdeutschland zeigen, daß die eichenen Achsen häufig unter starken Lasten gebrochen sind. Sie konnten jedoch leicht ausgetauscht werden.

Aus dem vierten und dritten Jahrtausend v.Chr. liegen aus Europa etliche Darstellungen von Wagen auf Felsbildern, in Gräbern, auf Tongefäßen, als Tonmodelle und in einem Fall sogar als Kupfermodell vor.[52] Diese Darstellungen sowie die Originalfunde von Rädern, Wagenteilen und Wagen deuten darauf hin, daß in dieser Zeit in Europa zum erstenmal intensiv Wagen benützt wurden.

Wie schon erwähnt, haben frühe Bauern bereits vor 6000 v.Chr. mit Schiffen das Meer überquert, um aus dem Vorderen Orient nach Europa oder auf Inseln im Mittelmeer zu gelangen. Über das Aussehen dieser Wasserfahrzeuge wissen wir nichts. Sicher ist nur, daß sie groß genug sein mußten, um die Familien der bäuerlichen Kolonisten mitsamt ihrem Hab und Gut aufzunehmen. Diese Schiffe trugen keine Segel, sondern mußten mit Paddeln fortbewegt werden.

In Mitteleuropa dürften vor allem die Bewohner von Seeufersiedlungen ab 4500 v.Chr. aus dicken Baumstämmen lange Einbäume angefertigt haben. Damit konnten sie auf den Seen Fischfang betreiben und Waren oder Menschen über kurze Distanzen transportieren.

In der Jungsteinzeit verloren Tierfelle und -häute ihre Bedeutung als Rohmaterial für die Bekleidung. Die neu entwickelten Techniken des Spinnens und Webens versetzten die damaligen Menschen in die Lage, Kleidungsstücke aus Schafwolle anzufertigen. Zeugen dieses Wandels sind Reste von glatt und gemustert gewebten Stoffen aus der Seeufersiedlung von Vinelz am Bieler See und Robenhausen am Pfäffiker See in der Schweiz, Stoffstücke mit roten Farbspuren aus der Seeufersiedlung am Utoquai in Zürich sowie Garnknäuel aus einer Seeufersiedlung bei Lüscherz am Bieler See.

Der Schmuck wurde im Laufe der Jungsteinzeit aus verschiedensten Materialien hergestellt und immer raffinierter gestaltet. Manche Rohstoffe und Schmuckstücke hat man sich durch Tausch beschafft. Die frühen Bauern der Linienbandkeramischen Kultur in Mitteleuropa beispielsweise haben Schmuck aus den Gehäusen der *Spondylus*-Muschel besonders geschätzt. Die meisten Forscher halten diese Muscheln für Importware aus Südosteuropa, einige andere erwägen auch heimische Vorkommen in Mitteleuropa. Aus *Spondylus*-Gehäusen wurden von den Linienbandkeramikern Anhänger und vor allem Armringe hergestellt. Daneben verwendete man damals andere Muscheln der Gattungen *Cardium* und *Dentalium* sowie Tierzähne und in seltenen Fällen auch Menschenzähne als Schmuckstücke.

Angehörige anderer Kulturen der Jungsteinzeit in Mitteleuropa stellten Schmuck aus Kalkgestein, Ton, Marmor, fossilem Holz (Gagat), Knochen, Hirschgeweih, Perlmutt oder Bernstein her. Die Menschen einiger Kulturen oder Gruppen – wie beispielsweise der Hornstaader Gruppe, der Trichterbecher-Kultur, der Pfyner Kultur, der Wartberg-Gruppe, der Walternienburg-Bernburger Kultur, der Schnurkeramischen Kulturen und der Glockenbecher-Kultur – kannten bereits Schmuckgegenstände aus Kupfer und Gold.

Kupferbeile aus der späten Jungsteinzeit von Vinelz am Bieler See (Kanton Bern). Länge des größeren Kupferbeils 12 Zentimeter. Originale im Bernischen Historischen Museum.

In der entwickelten Jungsteinzeit, die man in manchen Gebieten auch Äneolithikum, Chalkolithikum, Kupfersteinzeit oder Kupferzeit nennt (s. S. 298), entwickelten die Angehörigen einiger Kulturen im Vorderen Orient und in Südosteuropa bereits erste Dolche mit flachen kupfernen Klingen und Griffen aus Holz oder Geweih. Da Kupfer anfangs noch ein kostbares Metall war, konnten sich nur angesehene Persönlichkeiten solche wertvollen Waffen leisten. Sie waren daher wohl eine Art Statussymbol, das ihren Träger aus der Masse heraushob. Kupferdolche wurden beispielsweise von Kriegern der Bodrogkeresztúr-Kultur[33] (etwa 4200 bis 3500 v. Chr.) in Ungarn sowie der in Mitteleuropa weit verbreiteten Schnurkeramischen Kulturen und der Glockenbecher-Kultur getragen.

Wie in der vorhergehenden Mittelsteinzeit wurden auch in der Jungsteinzeit die Toten vielfach in Hockerlage mit zum Körper angezogenen Knien, als »sitzende Hocker« und in gestreckter Körperlage bestattet. Neu waren Bestattungen in Behausungen, Anfänge der Brandbestattung in manchen Kulturen, aufwendige Großsteingräber, Kollektivbestattungen mit insgesamt bis zu 200 Toten in einem einzigen Steinkammergrab, die Tötung von Verwandten oder Gefolgsleuten eines Verstorbenen sowie die riesigen Pyramiden und die Mumien in Ägypten. Die Gräber wurden meist im Freiland angelegt, gelegentlich aber auch in Halbhöhlen. Weiterhin üblich waren Sonderbehandlungen des Leichnams wie Kopfbestattungen, Körperbestattungen ohne Schädel, Leichenzerstückelung und Kannibalismus. Vielfach erhielten die Verstorbenen reiche Beigaben.

Brandbestattungen kamen gelegentlich bereits in der Linienbandkeramischen Kultur und der Stichbandkeramischen Kultur in Mitteleuropa vor. Die Wissenschaftler erklären diese vom üblichen Bestattungsritus abweichenden Brandbestattungen damit, daß man mit dem Verbrennen der Verstorbenen deren Wiederkehr verhindern wollte. Die Angehörigen der Gaterslebener Gruppe und der Schönfelder Kultur in Ostdeutschland verbrannten sogar alle ihre Toten.

Etwas völlig Neuartiges im Bestattungswesen stellten die erstmals schätzungsweise um 4800 v. Chr. in Europa angelegten Großsteingräber (auch Megalithgräber genannt) dar. Die Erbauer der Großsteingräber haben bei der Errichtung ihrer Grabmonumente große Anstrengungen auf sich genommen. Nicht selten wogen die für Dolmen, Ganggräber, Steinkammergräber oder Menhire verwendeten Steine Dutzende von Tonnen und in Einzelfällen sogar bis zu 300 Tonnen. Solche Steinkolosse mußten manchmal über etliche Kilometer hinweg bis zum vorgesehenen Standort des Bauwerkes transportiert werden.

Dafür standen damals nur primitive Hilfsmittel zur Verfügung. So bewegte man vermutlich die riesigen Steinplatten auf hölzernen Rollen, auf gefrorenem, glattem Boden oder auf hölzernen Schlitten, vor die man Wasser goß, wie es die Ägypter beim Pyramidenbau praktizierten. Die meist besonders großen und schweren Deckplatten von Großsteingräbern hat man wahrscheinlich über leicht ansteigende Erdrampen in ihre endgültige Position gebracht.

Französische Archäologen haben in einem Experiment nachgewiesen, daß 170 Männer notwendig waren, um beispielsweise einen 32 Tonnen schweren Stein auf Rundhölzern zu schieben. Ein normales Großsteingrab auf den Orkney-Inseln konnte in etwa 5000 Arbeitsstunden errichtet werden.[34] Das heißt: bei einem Arbeitstag von 10 Stunden durch 50 Menschen in 10

Tongefäße der Linienbandkeramischen Kultur (von etwa 5500 bis 4900 v. Chr.) aus der Jungfernhöhle bei Tiefenellern (Kreis Bamberg) in Bayern. Höhe der Schale links 13,8 Zentimeter, des Fläschchens rechts 13,5 Zentimeter. Originale im Bayerischen Landesamt für Denkmalpflege, München.

Tagen. Bei größeren Megalithgräbern ist eine viel längere Zeit und höhere Zahl von Arbeitskräften anzusetzen. So wurde für ein Ganggrab der Trichterbecher-Kultur in Norddeutschland eine Arbeitszeit von mehr als 100 000 Arbeitsstunden errechnet. Der Bau eines Großsteingrabes ließ sich nur von einer Dorfgemeinschaft bewältigen. Vielleicht gab es aber auch bereits eigens auf den Bau solcher Bauten spezialisierte Männer.

Ein Vergleich der Radiokarbon-Daten west- und nordeuropäischer Megalithgräber durch den Freiburger Prähistoriker Johannes Müller im Jahre 1987 hat ergeben, daß in der Bretagne und in der Normandie schon um 4800 v. Chr. die ersten Ganggräber errichtet wurden. Danach schuf man Ganggräber in Irland (ab etwa 3900 v. Chr.), in der englisch-walisischen Cotswold-Severn Region (ab etwa 3850 v. Chr.), in Schottland (ab etwa 3700 v. Chr.), in Norddeutschland, Holland und Südskandinavien (ab etwa 3400 v. Chr.). Auf der Iberischen Halbinsel, wo man früher die ältesten Megalithgräber vermutete, hat man offenbar spätestens ab 4500 v. Chr. Großsteingräber erbaut, also etwas später als in der Bretagne und in der Normandie.

Besonders reich an megalithischen Bauten ist die Bretagne im Nordwesten Frankreichs. Auf dieser vom Atlantik umgebenen Halbinsel sind auffällig viele Dolmen[35], Ganggräber, Steinkistengräber und Menhire[36] errichtet worden. Schon 1863 prägte der französische Archäologe René Galles (1819–1881) aus Vannes in der Bretagne für sie den Begriff »megalithische Monumente«, aus dem der Name Megalith-Kulturen hervorging.

Eine rätselhafte Erscheinung der bretonischen Megalith-Kultur waren die zahlreichen, offenbar mit dem Totenkult in Verbindung stehenden Kultanlagen aus aufgerichteten Steinen (Menhire), die zu mehrreihigen Alleen (Alignements) und runden oder ovalen Umhegungen (Cromlechs) ausgedehnter Kultplätze angeordnet wurden. Die eindrucksvollsten Alignements sind diejenigen von Ménec[37], Kermario und Kerlescan in der Gemeinde Carnac im Departement Morbihan.

Sehr häufig sind Menhire auch in den südfranzösischen Departements Gard, Aveyron, Hérault und Tarn sowie an der unteren Rhone vertreten. Dort bildeten sie jedoch keine großen Alleen, sondern stehen zumeist einzeln in Verbindung mit Gräbern. Die südfranzösischen Menhire haben oft menschliche Gesichter, Arme, einen Gürtel und tragen manchmal auch Dolche.

Menhire gab es auch in anderen Gebieten Europas, beispielsweise in Italien (Ligurien), in der Schweiz, in Deutschland, in Irland und England. Oft ist jedoch ihre Zuordnung zu einer bestimmten Periode wie der Jungsteinzeit oder der Bronzezeit sehr problematisch, weil so gut wie nie ein sicherer Zusammenhang zwischen Menhiren und datierbarem archäologischem Material herstellbar ist. Die meisten Prähistoriker nehmen an, daß die Sitte, Menhire aufzurichten, von den Erbauern der Megalithgräber ausging und danach in verschiedenen Kulturen bis in die Frühbronzezeit weiter gepflegt wurde.

Wir wissen nicht, welche Bedeutung die Menhire für ihre Schöpfer hatten. Der Prähistoriker Paul Grimm aus Halle/Saale hielt sie 1932 für Opfersteine, an denen Kult- und Opferhandlungen vorgenommen wurden, bevor man Verstorbene bestattete. Nach einer anderen Interpretation des Koblenzer Archäologen Josef Röder sollen die Menhire Opfersteine gewesen sein, in denen angeblich die Seelen der Toten wohnten, die an bestimmten Tagen am Zeremoniell von Opferhandlungen teilnehmen durften. Zugleich sollen sie Ahnenbild und Ahnenkult verkörpert haben. Nach einer weiteren Theorie des damals in Heidelberg wirkenden Prähistorikers Horst Kirchner galten Menhire als Ersatzleiber von Verstorbenen, wobei der Tote nicht unbedingt an diesem Ort begraben sein mußte. Der Berliner Prähistoriker Carl von Schuchhardt (1859–1943) deutete die Menhire als Seelenthrone für die Seelen der Verstorbenen, die bei schönem Wetter als Vögel aus dem Innern der Gräber gekommen seien, um sich auf den Steinen zu sonnen und an dem ihnen huldigenden Spiel und Gesang der Hinterbliebenen zu erfreuen. Man erklärte die Menhire auch als steinerne Zeichen auf Gräbern, die an die Verstorbenen erinnern sollten. Der Archäologe Friedrich Sprater (1884–1952) aus Speyer brachte die Menhire mit einem Himmelskult in Verbindung, bei dem sie eine Art von Weltsäule darstellten. Die Menhire wurden von dem Archäologen Emil Linckenheld (1880–1967) aus Straßburg sogar als simple Grenzsteine der Ur- und Frühzeit bezeichnet. Dies dürfte aber nur für Grenzsteine aus der römischen Zeit zutreffen, die mit dem Jupiter-Terminus-Kult verknüpft waren und nur irrtümlich für Menhire gehalten werden.

Die frühesten Megalithgräber in Norddeutschland, Holland und Südskandinavien sind von Angehörigen der Trichterbecher-Kultur (s. S. 323) errichtet worden. Diese hatten lange Zeit ihre Toten in nichtmegalithischen Erdgruben bestattet, bevor sie erstmals aus vier seitlichen Steinblöcken und einem bis zu zwei Meter langen Überlieger sogenannte Dolmen konstruierten. Die Beigabenfunde deuten auf Bestattungen einer Oberschicht hin. Später baute man etwas größere Dolmen mit einem Einstieg über einem halbhohen Wandstein an einer Schmalseite, noch geräumigere Polygonaldolmen und schließlich

Kopf einer aus Ton modellierten menschlichen Figur der Lengyel-Kultur (von etwa 4900 bis 4400 v. Chr.) von Maiersch in Niederösterreich. Höhe des Kopfes 4,1 Zentimeter. Original im Museum der Stadt Horn.

Schmuck aus einer *Spondylus*-Muschel aus der Zeit der Linienbandkeramischen Kultur (von etwa 5500 bis 4900 v. Chr.) von Rutzing in Oberösterreich. Länge 10,8 Zentimeter, Breite 8,6 Zentimeter. Original im Oberösterreichischen Landesmuseum, Linz.

Langbetten bis zu 130 Meter Länge und maximal 18 Meter Breite. Über all diesen Formen von Steingräbern wurden Hügel aufgeschüttet. Trotz ihrer beachtlichen Maße waren die Megalithgräber in Europa nicht die größten Steingräber der Jungsteinzeit. Diese Ehre gebührt den Pyramiden in Ägypten, die gegen Ende der Jungsteinzeit erbaut wurden.

Die Religionen der Jungsteinzeit waren wahrscheinlich von der Furcht vor den Naturgewalten geprägt. Man betrachtete die gleißende Sonne, den in wechselnden Formen auftretenden Mond sowie den ohrenbetäubenden Blitz und Donner als das Werk von Göttern, die man fürchtete und anbetete. Für die Ackerbauern und Viehzüchter, aber auch für die Bewohner der ersten stadtartigen Siedlungen dürfte der Sonnengott oft eine wichtige Rolle gespielt haben. Daneben oder statt dessen gab es vermutlich häufig eine Fruchtbarkeitsgöttin und in besonders streitbaren Kulturen wohl einen Kriegsgott.

Nach den Darstellungen von Gottheiten zu schließen, stellte man sich diese zwar meist in menschlicher Gestalt vor, maß ihnen jedoch übernatürliche Kräfte zu. Als Abbild einer weiblichen Gottheit wird etwa der Rest einer Frauenfigur aus der seit 6500 v. Chr. bestehenden stadtähnlichen Siedlung Çatal Hüyük betrachtet. Sie zeigt eine Frau bei der Geburt ihres Kindes, die sich dabei auf zwei Leoparden stützt. Manche Autoren halten diese Figur für die »Große Mutter«, die Herrin über Leben und Tod. Als Beispiel für eine männliche Gottheit läßt sich der sogenannte Sichelgott von Szegvár-Tüzköves aus der Theiß-Kultur[58] in Ungarn anführen. Sein Name fußt darauf, daß er angeblich eine Sichel, ein Krummesser oder ein Würdezeichen hält. Der Sichelgott ist in thronender Haltung mit einer Maske vor dem Gesicht dargestellt.

Die bäuerliche Bevölkerung der Jungsteinzeit in Europa versuchte, die Naturgottheiten durch Opfer, Beschwörungen, Zauber und kultische Darstellungen gnädig zu stimmen. Dazu gehörten auch Menschenopfer und religiös motivierter Kannibalismus. Dabei gibt es zahlreiche Hinweise darauf, daß man vor allem Kinder, Jugendliche sowie junge Frauen und Männer opferte, also die Schwächsten in der Gesellschaft.

Menschenopfer und Kannibalismus wurden oft in Höhlen vollzogen, weil man dort häufig die Eingänge zu den Wohnsitzen unterirdischer Götter vermutete. Als eines der eindrucksvollsten Beispiele für diese Opfersitten gilt die Jungfernhöhle bei Bamberg in Deutschland, in der bereits Bauern der Linienbandkeramischen Kultur geopfert haben (s. S. 263). Die Linienbandkeramiker und andere bäuerliche Kulturen der Jungsteinzeit opferten aber auch auf freiem Feld, wie Funde von Eilsleben und Zauschwitz in Mitteldeutschland belegen.

Eine bislang noch nicht ganz geklärte Rolle in der Religion der Linienbandkeramiker haben kleine, aus Ton modellierte Menschenfiguren gespielt. Solche Figuren werden von einem Teil der Prähistoriker als Götterbilder (Idole) betrachtet. Andere Archäologen halten sie dagegen für Darstellungen von Menschen. Die Funde von Eilsleben deuten darauf hin, daß diese Tonfiguren von den Linienbandkeramikern zusammen mit Menschen oder als Ersatz für diese geopfert wurden.

Auch um den Tod und das Jenseits kreisten die Gedanken der Menschen in der Jungsteinzeit. Viele auffällige Befunde aus Gräbern und Siedlungen bezeugen die Furcht vor den Toten. Fremdartige Rituale verweisen auf phantastische Jenseits- und Ahnenvorstellungen. In etlichen Kulturen verwendete man auf

Türlochstein des Steinkammergrabes von Züschen bei Fritzlar (Schwalm-Eder-Kreis) in Hessen aus der Zeit der Wartberg-Gruppe (von etwa 3500 bis 2800 v. Chr.). Der Türlochstein ist mit Zickzacklinien verziert. Durch die 50 Zentimeter große Öffnung (das sogenannte »Seelenloch«) erfolgten die Bestattungen.

den Bau von aufwendigen Gräbern weitaus mehr Sorgfalt als auf die Behausungen der Lebenden. So sind gar nicht selten die für die Ewigkeit gedachten Gräber der Megalith-Kulturen bis heute erhalten geblieben, während man von den Wohnungen vielfach kaum noch Spuren findet. Offenbar erhofften sich die an Entbehrungen gewohnten Angehörigen der jungsteinzeitlichen Kulturen wenigstens im Jenseits ein angenehmeres Dasein und konnten so die Mühsal des irdischen Lebens leichter ertragen.

Etwas vorher noch nie Dagewesenes waren die nach 4900 v. Chr. von Angehörigen der Stichbandkeramischen Kultur in Deutschland, der Tschechoslowakei und in Österreich geschaffenen Kreisgrabenanlagen (auch Rondelle genannt). Die Forschung hält sie für tempelartige Kultplätze unter freiem Himmel. Die größten von ihnen hatten einen Durchmesser bis zu 150 Metern. Die Kreisgrabenanlagen waren von einem mehrere Meter tiefen und breiten Graben oder von zwei solchen Gräben umgeben. Jeder Graben wurde durch vier Erdbrücken unterbrochen, die in verschiedenen Himmelsrichtungen lagen. Diese Erdbrücken dienten als Zugänge zum Inneren der Anlage, das durch maximal fünf Palisadenringe vor neugierigen Blicken geschützt war. Auch die Palisadenringe besaßen an den Stellen, an denen die Erdbrücken auf sie trafen, jeweils einen Durchlaß, also insgesamt deren vier. Das Zentrum der Anlage war unbebaut.

Als Einzäunungen für Rinder oder andere Haustiere erscheinen die Kreisgrabenanlagen den Prähistorikern viel zu aufwendig. Mußten doch für die größten von ihnen bis zu 5000 Baumstämme gefällt und als Palisaden aufgerichtet sowie mehr als 5000 Kubikmeter Erde bewegt werden. Die Orientierung der Erdbrücken und der Unterbrechungen in den Palisaden jeweils in vier Himmelsrichtungen bewog die Prähistoriker, diese Anlagen als Kultplätze zu deuten. Es ist jedoch unklar, ob sie als Observatorium zur Beobachtung grundlegender Kalenderperioden (Sonnenwende, Mondzyklen), als Versammlungsort des Rates der Familienältesten oder als Schauplatz von kultischen Riten dienten.

Großsteingrab der Trichterbecher-Kultur (von etwa 4300 bis 3000 v. Chr.) von Gnewitz (Kreis Rostock) in Mecklenburg. Derartige Großsteingräber mit tonnenschweren Wand- und Decksteinen werden auch als Megalithgräber bezeichnet.

Ähnliche Kreisgrabenanlagen erbauten und benutzten die Angehörigen der in Ungarn, Österreich und in der Tschechoslowakei verbreiteten Lengyel-Kultur. Auch hier hatten die kleinsten Anlagen nur einen einzigen Grabenring, jedoch auch die vier obligatorischen Erdbrücken und Palisadendurchbrüche. Die einfachsten Kreisgrabenanlagen der Lengyel-Kultur mit einem einzigen Graben erreichten einen Durchmesser von etwa 50 Metern, die größeren mit zwei oder drei Gräben dehnten sich bis zu 150 Meter aus. In manchen dieser Anlagen entdeckte man tönerne Frauenfiguren, Bestattungen oder sogar Getötete.

In England und Schottland haben die Angehörigen endjungsteinzeitlicher Gruppen, die unter anderem »Grooved Ware« (gerillte Keramik) erzeugten, zwischen etwa 2800 und 2400 v. Chr. besonders eindrucksvolle Kultanlagen – die sogenannten Henge-Rotunden – hinterlassen. Darunter versteht man kreisförmige, mit Wall und davorliegendem Graben geschützte Kultplätze mit einem oder zwei Eingängen. In ihrem Zentrum wurden aus Holzpfosten bestehende Anlagen errichtet oder ein Kranz von Ritualschächten angelegt, in die man Opfergaben

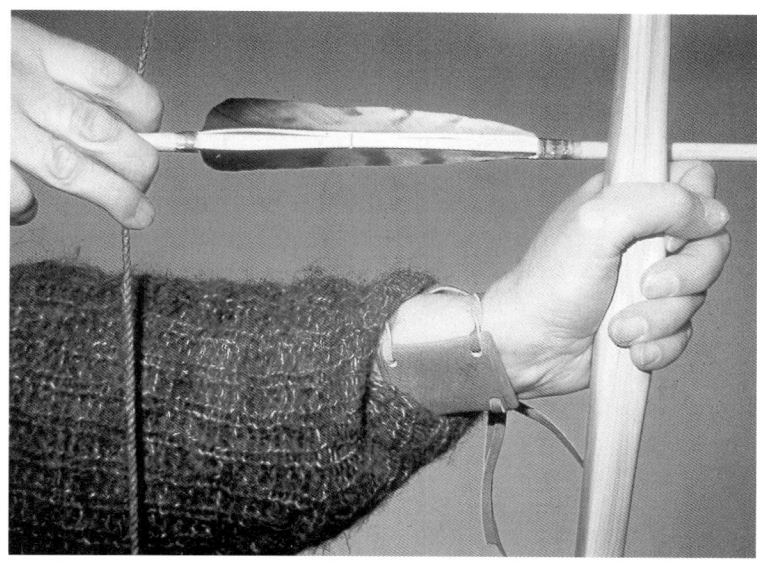

Schußversuch mit dem Nachbau des Eibenholzbogens von Koldingen (Kreis Hannover) in Niedersachsen aus der zu Ende gehenden Jungsteinzeit. Die Rekonstruktion wurde von dem Amateur-Archäologen Harm Paulsen aus Schleswig angefertigt.

warf. In einigen Henge-Rotunden hat man Bestattungen oder obeliskartige Steinstelen entdeckt. Die Kreisgestalt der Henge-Rotunden wird von manchen Autoren als Abbild der Sonne betrachtet.

In die zu Ende gehende Jungsteinzeit wird auch die erste Bauphase des größten prähistorischen Steindenkmals in Europa datiert: die Steinkreisanlage (Cromlech) von Stonehenge[39] unweit von Salisbury in Südengland. Stonehenge I bestand aus einem äußeren Ringgraben mit innerem Wall und erreichte einen Gesamtdurchmesser von etwa 110 Metern. Stonehenge II und die heute noch sichtbare Anlage Stonehenge III wurden in der Frühbronzezeit errichtet. Die Konzeption dieser großartigen Anlage und die besondere Stellung einzelner Steine zum jeweiligen Sonnenstand deuten darauf hin, daß hier zu bestimmten Zeiten im Jahreslauf – beispielsweise zur Sonnenwende – kultische Handlungen vorgenommen wurden.

Zu den wichtigsten Erfindungen der Jungsteinzeit zählt zweifellos die Einführung der Schrift. Die schon im sechsten Jahrtausend v. Chr. existierenden Vorformen sind heute nicht mehr entzifferbar. Als erste entwickelten die Sumerer eine heute noch lesbare Schrift. Sie verwendeten bereits um 3500 v. Chr. eine von links nach rechts geschriebene Bilderschrift, aus der sich die sogenannte Keilschrift entwickelte, die durch Griffeleindrücke in weichem Ton geschaffen wurde. Auch das Prinzip der um 3000 v. Chr. faßbaren Hieroglyphenschrift in Ägypten beruhte darauf, daß zunächst zeichenbare Gegenstände standardisiert gezeichnet wurden und mit dem Dargestellten das entsprechende Wort verkörperten. Diese Zeichen verwendete man allmählich für Wörter, die ähnlich lauteten und sich zeichnerisch nicht darstellen ließen. Wörter, für die kein zeichenbares ähnlich klingendes Wort parat war, buchstabierte man, setzte sie also zusammen und versah sie mit einem Determinativ zur eindeutigen Unterscheidung. Damit ließen sich selbst komplizierte Sachverhalte beschreiben.

Menhir »Langstein« aus der Jungsteinzeit auf einer Hochfläche von Nöggenschwiel, Gemeinde Weilheim (Kreis Waldshut) in Baden-Württemberg. Höhe etwa 1,80 Meter.

Die Jungsteinzeit in Deutschland

Abfolge und Verbreitung der Kulturen und Gruppen

Die Jungsteinzeit wird in Süddeutschland in vier Abschnitte geteilt: Altneolithikum (etwa 5500 bis 4900 v. Chr.), Mittelneolithikum (etwa 4900 bis 4000 v. Chr.), Jungneolithikum (etwa 4000 bis 2800 v. Chr.) und Endneolithikum (etwa 2800 bis 2300 v. Chr.). Diese Gliederung wurde von den Münchner Prähistorikern Paul Reinecke (1872–1958) und Jürgen Driehaus (1927–1986) vorgeschlagen.

In Mitteldeutschland spricht man dagegen vom Frühneolithikum (etwa 5500 bis 4000 v. Chr.), Mittelneolithikum (etwa 4000 bis 2800 v. Chr.) und Spätneolithikum (etwa 2800 bis 2300 v. Chr.). Diese Dreigliederung wird von dem früher in Halle/Saale tätigen Prähistoriker Hermann Behrens vertreten. Auch in Norddeutschland verwendet man die Begriffe Früh-, Mittel- und Spätneolithikum. Dort gelten jedoch gebietsweise niedrigere Jahreszahlen für diese Abschnitte, weil hier die ersten Ackerbauern und Viehzüchter später erschienen sind. Unabhängig davon unterscheidet man eine Vielzahl von Kulturen und Gruppen, die in diesem Buch nach ihrem Alter und meist von Süden nach Norden chronologisch aufgezählt werden.

In den meisten Teilen Deutschlands setzte das Neolithikum etwa um 5500 v. Chr. mit dem Erscheinen der Linienbandkeramischen Kultur (s. S. 245) ein, die sich bis etwa 4900 v. Chr. behauptete.[1] Diese Kultur konnte in Baden-Württemberg, Bayern, im Saarland, Rheinland-Pfalz, Hessen, Nordrhein-Westfalen und im südlichen Niedersachsen nachgewiesen werden. In Ostdeutschland stieß man in Thüringen, Sachsen-Anhalt, Sachsen, Brandenburg und im unteren Odergebiet auf ihre Spuren. In den übrigen Gebieten lebten weiterhin mittelsteinzeitliche Jäger, Fischer und Sammler.

Zur Zeit der Linienbandkeramischen Kultur existierte im Westen und in einigen anderen Teilen Deutschlands auch die La-Hoguette-Gruppe (s. S. 269). Diese erst seit 1983 bekannte Gruppe ist durch Keramikfunde aus Baden-Württemberg, Rheinland-Pfalz, Bayern, Hessen und Nordrhein-Westfalen belegt.

An einigen Fundorten Nordrhein-Westfalens gab es noch die Limburg-Gruppe (s. S. 269), die vielleicht zur Linienbandkeramischen Kultur gehörte.

Um etwa 4900 v. Chr. wurde die Linienbandkeramische Kultur in Bayern, Hessen, im südlichen Niedersachsen sowie in Thüringen, Sachsen-Anhalt, Sachsen und Teilen Brandenburgs durch die Stichbandkeramische Kultur (s. S. 272) abgelöst. Diese Kultur fand etwa um 4500 v. Chr. ihr Ende.

In Südostbayern existierte von etwa 4900 bis 4500 v. Chr. die mit der Stichbandkeramischen Kultur verwandte Oberlauterbacher Gruppe (s. S. 276). Sie war vor allem in den bayerischen Regierungsbezirken Niederbayern, Oberpfalz und Schwaben, gebietsweise jedoch auch in Unterfranken, Mittelfranken und Oberbayern heimisch.

In Südwestdeutschland trat von etwa 4900 bis 4800 v. Chr. die ebenfalls mit der Stichbandkeramischen Kultur verwandte Hinkelstein-Gruppe (s. S. 281) die Nachfolge der Linienbandkeramischen Kultur an. Sie war in Teilen von Baden-Württemberg, Rheinland-Pfalz und Hessen verbreitet.

In Teilen von Baden-Württemberg, Bayern, Rheinland-Pfalz, Hessen sowie in Nordrhein-Westfalen erschien von etwa 4800 bis 4600 v. Chr. die mit der Stichbandkeramischen Kultur verwandte Großgartacher Gruppe (s. S. 285). Sie wird als Vorläuferin der nachfolgenden Rössener Kultur gedeutet.

In Schleswig-Holstein, Mecklenburg und im nördlichen Niedersachsen entstand vor etwa 5000 v. Chr. die Ertebölle-Ellerbek-Kultur (s. S. 287), die Relikte des Mesolithikums und jungsteinzeitliche Kulturelemente vereinte. Deshalb rechnet man diese Kulturstufe dem sogenannten Protoneolithikum zu. Die Ertebölle-Ellerbek-Kultur währte bis etwa 4300 v. Chr.

Von etwa 4600 bis 4300 v. Chr. existierte in Mitteldeutschland und Südwestdeutschland die Rössener Kultur (s. S. 292). Sie war in Baden-Württemberg, Bayern, im Saarland, Rheinland-Pfalz, Hessen, Nordrhein-Westfalen, im südlichen Niedersachsen, in Thüringen, Sachsen-Anhalt, Sachsen, Brandenburg und im östlichen Mecklenburg verbreitet.

Im mittleren Neckarraum um Stuttgart trat etwa 4300 bis 4200 v. Chr. die Schwieberdinger Gruppe (s. S. 297) auf. Sie hatte noch Kontakt mit der Rössener Kultur.

In Sachsen, Thüringen und in Teilen von Sachsen-Anhalt erschien von etwa 4400 bis 4200 v. Chr. die Gaterslebener Gruppe (s. S. 305).

Im Mittelrheingebiet sowie in Teilen Bayerns (Unterfranken) lebten von etwa 4400 bis 4200 v. Chr. die Menschen der Bischheimer Gruppe (s. S. 307).

Am Bodensee sowie an den Seen und Mooren Oberschwabens in Baden-Württemberg ist von etwa 4200 bis 4000 v. Chr. die Aichbühler Gruppe (s. S. 309) nachweisbar. Sie wird dem sogenannten Epi-Lengyel-Komplex (s. S. 437) zugerechnet.

In Niederbayern war von etwa 4300 bis 3900 v. Chr. die Münchshöfener Gruppe (s. S. 311) heimisch, die ebenfalls zum Epi-Lengyel-Komplex gehört.

Zum Epi-Lengyel-Komplex zählt man auch die von etwa 4300 bis 3900 v. Chr. in Sachsen und Sachsen-Anhalt verbreitete Jordansmühler Gruppe (s. S. 313).

Von etwa 4300 bis 3500 v. Chr. entwickelte sich in Baden-Württemberg, Rheinland-Pfalz, Hessen und in Nordrhein-Westfalen die Michelsberger Kultur (s. S. 315).

In Norddeutschland nördlich des Teutoburger Waldes, auf den Nordfriesischen Inseln, in Mitteldeutschland und in Mecklenburg entstanden ab etwa 4300 v. Chr. zahlreiche Gruppen der Trichterbecher-Kultur, von denen sich die letzten bis etwa 2700 v. Chr. behaupteten. Mit der Trichterbecher-Kultur begann auch in Schleswig-Holstein, im nördlichen Niedersachsen und in Mecklenburg die Jungsteinzeit.

Tönernes Dreitüllengefäß aus der Hinkelstein-Gruppe (von etwa 4900 bis 4800 v. Chr.) von Gernsheim (Kreis Groß-Gerau) in Hessen. Höhe 24 Zentimeter, Bauchdurchmesser 24,5 Zentimeter. Das Gefäß hatte vermutlich einen kultischen Charakter. Original im Hessischen Landesmuseum Darmstadt.

Der nordwestdeutsche Zweig der Trichterbecher-Kultur (s. S. 323), der früher als Tiefstichkeramik bezeichnet wurde, war von etwa 4300 bis 3000 v. Chr. in Schleswig-Holstein, im nördlichen Niedersachsen sowie in Mecklenburg vertreten. In den meisten Gebieten von Mitteldeutschland (Thüringen, Sachsen-Anhalt, Sachsen) mit Ausläufern in Mecklenburg und im ehemaligen Pommern war die Baalberger Kultur (s. S. 338) die älteste Gruppe der Trichterbecher-Kultur. Sie existierte von etwa 4300 bis 3700 v. Chr.

Zeitgleich, aber unabhängig von der Trichterbecher-Kultur, entwickelten sich weitere Gruppen. Hierzu gehören die Schussenrieder Gruppe, Hornstaader Gruppe, Pfyner Kultur, Horgener Kultur, Altheimer Kultur und die Pollinger Gruppe.

Die Schussenrieder Gruppe (s. S. 342) war ab etwa 4200 bis fast 3500 v. Chr. in Teilen Baden-Württembergs verbreitet, und zwar vor allem im Federseegebiet und am Neckar.

Die erst seit 1985 bekannte Hornstaader Gruppe (s. S. 349) existierte von etwa 4100 bis 3900 v. Chr. im Bodenseegebiet Baden-

Württembergs. Sie ist nach dem gegenwärtigen Kenntnisstand die früheste Gruppe in Deutschland, die Pfahlbausiedlungen errichtet hat.

Etwas jünger ist die von etwa 3900 bis 3500 v. Chr. im württembergischen Bodenseegebiet nachweisbare Pfyner Kultur (s. S. 353), die hauptsächlich in der Schweiz heimisch war.

Im bayerischen Teil des Donautales, im Nördlinger Ries sowie im Alpenvorland bis zur Höhe von München siedelten von etwa 3900 bis 3500 v. Chr. die Angehörigen der Altheimer Kultur (s. S. 357). An sie erinnern besonders eindrucksvolle Siedlungsspuren in Niederbayern.

In den Teilen Bayerns, in denen die Altheimer Kultur nicht heimisch war, behauptete sich von etwa 3900 bis 3500 v. Chr. die Pollinger Gruppe (s. S. 360).

Im unteren und mittleren Saalegebiet in Mitteldeutschland ging aus der bereits erwähnten Baalberger Kultur die von etwa 3700 bis 3200 v. Chr. vertretene Salzmünder Kultur (s. S. 363) hervor. Sie gilt als ein weiterer Zweig der Trichterbecher-Kultur.

Im Bodenseegebiet, aber auch am Federsee und in anderen Gebieten Baden-Württembergs, existierte von etwa 3300 bis 2800 v. Chr. die Horgener Kultur (s. S. 366). Auch diese konzentrierte sich vor allem in der Schweiz.

In den bayerischen Regierungsbezirken Oberpfalz, Niederbayern und Oberbayern trat von etwa 3500 bis 2700 v. Chr. die Chamer Gruppe (s. S. 368) auf. Im Nördlinger Ries (Bayern) und in Teilen Baden-Württembergs gab es zur selben Zeit eine Kulturstufe, die Goldberg III-Gruppe (s. S. 371) genannt wird, vielleicht aber zur Chamer Gruppe gehört.

In Teilen von Hessen, Nordrhein-Westfalen sowie Thüringen existierte von etwa 3500 bis 2800 v. Chr. die Wartberg-Gruppe (s. S. 372). Sie grenzte zwar unmittelbar an das Verbreitungsgebiet der Trichterbecher-Kultur, wird ihr aber nicht zugerechnet.

In Mitteldeutschland, im Havelland, in Teilen von Niedersachsen und im bayerischen Regierungsbezirk Unterfranken breitete sich von etwa 3200 bis 2800 v. Chr. die Walternienburg-Bernburger Kultur (s. S. 380) aus. Sie wurde von der Trichterbecher-Kultur inspiriert, gehört jedoch nicht zu ihr.

Als zeitgleiche Erscheinung der Walternienburg-Bernburger Kultur gilt die von etwa 3200 bis 2800 v. Chr. im Gebiet zwischen Mittelelbe und unterer Oder in Ostdeutschland heimische Havelländische Kultur (s. S. 386).

Von etwa 3100 bis 2700 v. Chr. erschien in Mitteldeutschland, Brandenburg, Vorpommern, Teilen Schleswig-Holsteins und Niedersachsens die Kugelamphoren-Kultur (s. S. 393).

In der Zeit von etwa 2800 bis 2400 v. Chr. existierten in verschiedenen Landstrichen Westdeutschlands sowie in Sachsen, Sachsen-Anhalt, Thüringen, Brandenburg und Mecklenburg die Schnurkeramischen Kulturen (s. S. 397).

In Norddeutschland und im nördlichen Mitteldeutschland war von etwa 2800 bis 2300 v. Chr. die Einzelgrab-Kultur (s. S. 404) vertreten. Sie gilt als nördlicher Zweig der Schnurkeramischen Kulturen.

Keramikreste des Typus Gröna vom namengebenden Fundort Gröna (Kreis Bernburg) in Sachsen-Anhalt. Fragment links oben 11,4 Zentimeter breit, Schöpfkelle links unten 10,5 Zentimeter lang, Fragment rechts 12,5 Zentimeter hoch. Originale im Landesmuseum für Vorgeschichte Halle/Saale.

Noch während der Zeit der Schnurkeramischen Kulturen und der Einzelgrab-Kultur folgte in weiten Teilen Westdeutschlands und Mitteldeutschlands die rätselhafte Glockenbecher-Kultur (s. S. 407). Sie ist von etwa 2500 bis 2200 v. Chr. nachweisbar.

Auf bisher unbekannte Weise entstand ab etwa 2500 v. Chr. im nördlichen Mitteldeutschland die Schönfelder Kultur (s. S. 412). Diese war im Saalegebiet, an der mittleren Elbe, an der unteren Havel, in der Altmark, östlich und nördlich vom Harz, sowie im östlichen Niedersachsen verbreitet. Die Schönfelder Kultur fand etwa um 2100 v. Chr. ihr Ende.

In Schleswig-Holstein folgte von etwa 2300 bis 1600 v. Chr. die Dolchzeit (s. S. 414).

Außer den genannten Kulturen und Gruppen der Jungsteinzeit hat es in Deutschland auch noch andere gegeben, die bisher wenig erforscht oder sogar unbekannt sind. So lassen sich Keramikreste von der Eyersheimer Mühle[2] in der Gemarkung Weisenheim am Sand (Kreis Bad Dürkheim) in Rheinland-Pfalz, aus Gröna[3] (Kreis Bernburg) in Sachsen-Anhalt und bei Schöningen[4] (Kreis Helmstedt) in Niedersachsen keiner der bislang bekannten einheimischen Kulturen oder Gruppen aus der Jungsteinzeit zuordnen.

Unklar ist auch, ob die Steinkistengräber von Degernau[5] bei Wutöschingen (Kreis Waldshut), Schwörstadt[6] bei Säckingen und bei Wiechs[7] (beide Kreis Lörrach) einer der bekannten oder einer der bislang noch nicht auf deutschem Gebiet nachgewiesenen Kulturen oder Gruppen angehören. Diese Steinkistengräber werden von manchen Prähistorikern mit der in Frankreich verbreiteten Seine-Oise-Marne-Kultur in Verbindung gebracht. Offen ist auch die kulturelle Einstufung des Steinkistengrabes von Schankweiler[8] (Kreis Bitburg) in Rheinland-Pfalz.

Verbreitung der Linienbandkeramischen Kultur in Deutschland. ▷

Die ersten Bauern besiedeln das Land

Die Linienbandkeramische Kultur

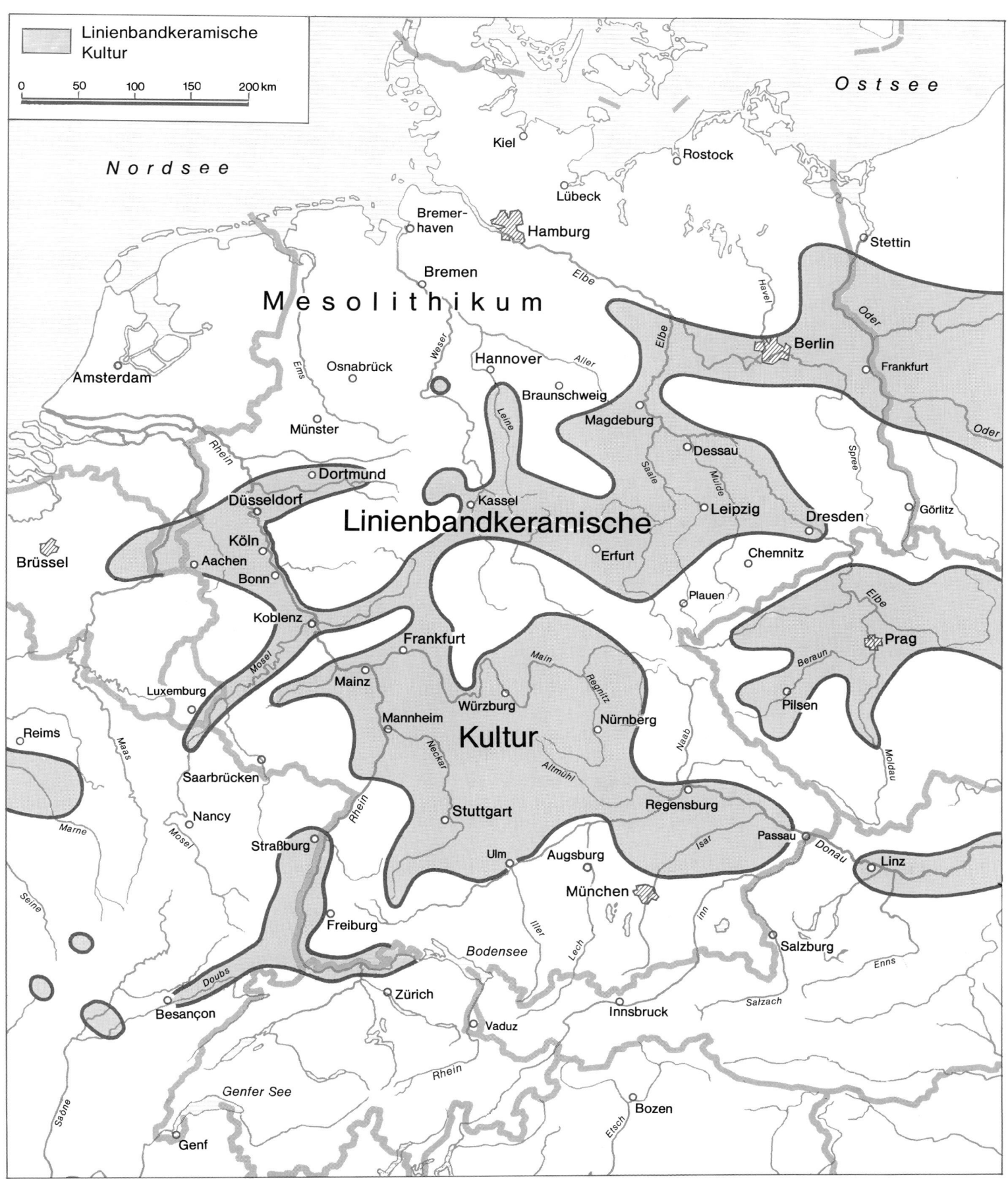

Linienbandkeramische Kultur

| 0 | 50 | 100 | 150 | 200 km |

Ostsee

Nordsee

Kiel

Rostock

Lübeck

Bremer-haven

Hamburg

Stettin

Bremen

Elbe

Havel

Oder

Berlin

Frankfurt

M e s o l i t h i k u m

Hannover

Aller

Elbe

Oder

Osnabrück

Weser

Braunschweig

Magdeburg

Amsterdam

Ens

Leine

Dessau

Saale

Spree

Münster

Mulde

Görlitz

Dortmund

Kassel

Leipzig

Dresden

Düsseldorf

Linienbandkeramische

Erfurt

Chemnitz

Köln

Rhein

Elbe

Brüssel

Aachen

Plauen

Prag

Bonn

Beraun

Koblenz

Frankfurt

Main

Pilsen

Mosel

Mainz

Würzburg

Regnitz

Nürnberg

Luxemburg

Moldau

Mannheim

Kultur

Naab

Reims

Neckar

Altmühl

Marne

Saarbrücken

Regensburg

Mosel

Nancy

Rhein

Stuttgart

Passau

Donau

Linz

Straßburg

Ulm

Augsburg

Isar

Seine

München

Salzburg

Freiburg

Iller

Lech

Inn

Enns

Doubs

Bodensee

Salzach

Zürich

Besançon

Innsbruck

Saône

Vaduz

Rhein

Genfer See

Bozen

Genf

Etsch

249

Der Beginn der Jungsteinzeit wird in Deutschland durch das Auftreten der Linienbandkeramischen Kultur (etwa 5500 bis 4900 v. Chr.) markiert. Ihre Angehörigen gelten in vielen Teilen Mitteleuropas als die ersten Ackerbauern und Viehzüchter. Die Linienbandkeramische Kultur war von der Sowjetunion (Ukraine) bis Frankreich (Pariser Becken) und von Ungarn – mit Ausnahme der Küste – bis Norddeutschland verbreitet. Funde dieser Kultur kennt man aus Baden-Württemberg, Bayern, dem Saarland, Rheinland-Pfalz, Hessen, Nordrhein-Westfalen, dem südlichen Niedersachsen, aus Thüringen, Sachsen-Anhalt, Sachsen, Brandenburg und aus dem unteren Odergebiet. Allein in Ostdeutschland befinden sich schätzungsweise etwa 1000 Fundstellen der Linienbandkeramischen Kultur.

Die Bezeichnung Bandkeramik wurde 1884 durch den Kunsthistoriker Friedrich Klopffleisch (1831–1898, s. S. 512) aus Jena eingeführt. Von Linearkeramik sprach 1902 als erster der Stadtarzt und Urgeschichtsforscher Alfred Schliz (1849–1915, s. S. 514) aus Heilbronn. Der daraus abgeleitete Begriff Linienbandkeramische Kultur basiert auf der bänderartigen Verzierung der Tongefäße dieser Kultur.

Ihre Herkunft ist umstritten. Der bereits erwähnte Prähistoriker Vere Gordon Childe (s. S. 233) vertrat 1929 die Hypothese einer ausschließlich südöstlichen Herkunft. Dabei berief er sich auf die Einflüsse des Balkans im Kult und in verschiedenen Bereichen der materiellen Kultur. Childe und andere Wissenschaftler gingen davon aus, daß die explosionsartige Zunahme der Bevölkerung die frühen Bauern gezwungen habe, neues Acker- und Weideland zu erschließen und zu diesem Zweck begrenzte Wanderungen zu unternehmen. Die einheimische jägerische Bevölkerung habe dann jeweils nach einer gewissen Zeit die neuen Errungenschaften übernommen.

Dagegen ließ der Wiener Prähistoriker Richard Pittioni (1906 bis 1985) die ersten Bauern der Linienbandkeramischen Kultur aus einheimischen Jägern der späten Mittelsteinzeit hervorgehen und führte 1954 das Aufkommen von Ackerbau und Viehzucht in Mitteleuropa auf das günstige Klima der Nacheiszeit zurück. Eine Einwanderung aus dem Südosten Europas habe es nicht gegeben.

Ähnlich argumentiert der Berliner Prähistoriker Hans Quitta. Er nimmt an, eine noch unbekannte jägerische Bevölkerungsgruppe Mitteleuropas habe nach dem Kontakt mit frühen Bauern aus Südosteuropa Ackerbau und Viehzucht von ihnen übernommen. Ich selbst schließe mich der alten Auffassung von einer Einwanderung der ersten Bauern aus Süosteuropa an. Die Hausbauweise, der Keramikstil, der Schmuck, der Kunststil, die Bestattungsweise und die Religion der Linienbandkeramischen Kultur unterscheiden sich zu auffällig von den Errungenschaften der vorhergehenden mittelsteinzeitlichen Jäger, Fischer und Sammler. Die Linienbandkeramiker schufen eine völlig neue Welt, in der eine neue Wirtschafts- und Lebensweise, aber auch neue Werte und Glaubensvorstellungen alles verdrängten, was über Jahrtausende gewachsen war.

Die linienbandkeramischen Pioniere drangen von ihrem ursprünglichen Siedlungsgebiet auf dem Balkan entlang der Donau nach Bayern und Südwestdeutschland vor, wo einige von ihnen den Rhein erreichten und überschritten. Eine andere Einwanderungsroute führte die March aufwärts nach Nordmähren und Böhmen, dann entlang der Elbe nach Mitteldeutschland und von hier aus nach Hessen und ins südliche Niedersachsen.

Tongefäß der ältesten Stufe der Linienbandkeramischen Kultur von Schwanfeld (Kreis Schweinfurt) in Bayern. Höhe 23 Zentimeter. Diese Form wird als Flasche bezeichnet. Original im Seminar für Ur- und Frühgeschichte der Johann-Wolfgang-Goethe-Universität, Frankfurt am Main.

Die linienbandkeramischen Einwanderer besiedelten bevorzugt die fruchtbaren Lößlandschaften, deren nährstoffreiche Böden sich besonders gut für den Ackerbau eigneten. Zunächst ließen sie sich auf flachen Hängen entlang der Gewässer nieder und lichteten dort die Eichenmischwälder in der näheren Umgebung durch Fällen von Bäumen mit Steinbeilen oder durch Brandrodung mit Feuer. So gewannen sie Holz für den Bau von Häusern und freie Flächen für Äcker und das Vieh. Ihre Siedlungen lagen wie kleine Inseln im Waldmeer. Im Laufe der Zeit breiteten sie sich infolge des starken Bevölkerungszuwachses immer mehr aus. Bald wurde eine Bevölkerungsdichte von etwa 17 Einwohnern pro Quadratkilometer erreicht, die damit mindestens halb so hoch war wie die des 15. Jahrhunderts in Deutschland.

Die frühen bäuerlichen Kolonisatoren hatten in Deutschland ein relativ dünn von mittelsteinzeitlichen Jägern, Fischern und Sammlern sowie La-Hoguette-Leuten (s. S. 269) besiedeltes Gebiet angetroffen. Dennoch ist nicht auszuschließen, daß es bei der Landnahme vereinzelt zu kriegerischen Auseinandersetzungen mit der einheimischen Bevölkerung kam. Zumeist dürften sich die Jäger, Fischer und Sammler jedoch in unwegsamere Gebiete zurückgezogen und dort das Leben von »Hinterwäldlern« geführt haben. Allmählich mehrten sich aber die Kontakte mit den Einwanderern, und die Jäger, Fischer und Sammler übernahmen deren neue Errungenschaften.

Die Entstehung der Linienbandkeramischen Kultur fiel in das Atlantikum (etwa 5800 bis 3800 v. Chr.). In diesem Abschnitt förderten hohe und gleichmäßige Durchschnittstemperaturen

(s. S. 169) die Ausbreitung eines dichten Eichenmischwaldes mit Eichen, Linden, Ulmen und Haselnußsträuchern. Nach den Ergebnissen der Pollenanalyse veränderte sich im nördlichen Mitteleuropa jedoch seit dem Auftreten der Linienbandkeramischen Kultur der Anteil der verschiedenen Gehölzarten. Die Pollen von Eichen und Linden gingen merklich zurück, gleichzeitig nahmen diejenigen von Birke, Haselnuß und Esche deutlich zu. Dieser Wandel im Vegetationsbild war offensichtlich eine Folge der Rodungen in den Eichenmischwäldern. Die frühen Bauern fällten zahlreiche Eichen, um ihr Holz zur Errichtung der großen Wohnhäuser und für Palisaden zu gewinnen. Die Linden mußten häufig bei der Anlage von Siedlungs- oder Ackerflächen weichen.

In einer Siedlung bei Singen am Hohentwiel (Kreis Konstanz) in Baden-Württemberg fand man die Überreste von Barben, Forellen, Hechten, Rotaugen, Rotfedern und Schleien. An Gewässern lebten unter anderem Schwäne, Wildgänse und Enten.

Nach den Funden von Straubing-Lerchenhaid in Niederbayern zu schließen, lebten in dieser Gegend Sumpfschildkröten, Gänse, Kraniche, Auerhühner und Biber. Außerdem fand man dort die Überreste von Auerochsen, Elchen, Rothirschen, Rehen, Wildschweinen, Braunbären und Füchsen.

Die Menschen der Linienbandkeramischen Kultur – auch Linienbandkeramiker oder Bandkeramiker genannt – waren kleiner als die heutige Bevölkerung in Deutschland. Auf dem Gräberfeld von Butzbach (Wetteraukreis) in Hessen erreichten die Männer eine Körpergröße bis zu 1,71 Meter, die Frauen bis zu 1,57 Meter.

An den Skelettresten ließen sich manchmal auch Krankheiten nachweisen. So stellten 1982 und 1983 der Tübinger Anthropologe Alfred Czarnetzki und sein Schüler Matthias Seitz fest, daß von den etwa 80 Bestatteten auf dem Gräberfeld vom Viesenhäuser Hof[1] bei Stuttgart-Mühlhausen ungefähr jeder Fünfte an einem bösartigen Tumor (Krebs) litt. Möglicherweise handelte es sich bei diesen Gräbern um eine Art von Seuchenfriedhof, in dem fast ausschließlich die Opfer von schweren Krankheiten beerdigt wurden. Das Durchschnittsalter der dort Bestatteten liegt unter 30 Jahren. Ein männliches Skelett vom Viesen-

Unterkieferfragment eines Mannes vom Viesenhäuser Hof bei Stuttgart-Mühlhausen in Baden-Württemberg mit plastischen Metastasen, die vielleicht von einem Prostatakrebs verursacht wurden. In der Bruchfläche rechts vorne sind unregelmäßig schwammartige Knochenneubildungen sichtbar, die eine weit feinere Struktur aufweisen als das umgebende, normale spongiöse Gewebe. Länge des Unterkieferfragments etwa 8 Zentimeter. Original im Landesdenkmalamt Baden-Württemberg, Stuttgart.

häuser Hof hielt im Grab das Beil ausnahmsweise in der linken Hand. Sein rechter Arm war von Metastasen befallen, wie ein Sieb durchlöchert und deswegen gebrochen.

Im Grab 38 vom Viesenhäuser Hof lag der Schädel eines Mannes, dessen linke Gesichts- und Stirnpartie auffällig deformiert ist. Die Verletzung könnte durch einen Sturz oder Schlag entstanden sein. Vermutlich wurde sie medizinisch versorgt, wobei man die Knochensplitter entfernte. Dank dieser Fürsorge ist die Fraktur verheilt. Ein Fund aus dem Gräberfeld von Hönheim-Suffelweyersheim im Elsaß (Frankreich) läßt auch das Vorkommen von Trepanationen (s. S. 229) erkennen.

Auf medizinische Versorgung deutet auch ein im Grab 57 vom Viesenhäuser Hof beobachteter Bruch des linken Unterarmes eines Mannes hin, der gut verheilt ist. Offenbar hatte man diesen Arm eingerichtet und ruhiggestellt. Dagegen ist der gebrochene Unterarm eines Linienbandkeramikers aus Westeregeln südöstlich von Magdeburg schief zusammengewachsen.

Die Zähne der Linienbandkeramiker sind mitunter durch starke Beanspruchung beim Beißen harter Nahrung stark abgekaut worden. So waren die oberen Schneidezähne eines Erwachsenen aus Bischleben bei Erfurt in Thüringen fast bis zur Schmelzgrenze abgerieben. Aus Roßleben in Thüringen kennt man sogar Milchzähne mit deutlichen Abnutzungsspuren und aus Sondershausen in Thüringen bis zur Zahnhöhle abgeschliffene Zähne, bei denen das Gefäß- und Nervengeflecht freilag.

Zahnfäule (Karies) kam dagegen selten vor, weil durch den Abschliff kleine Herde überwiegend schon vor der Ausbreitung beseitigt wurden. So wies in Sondershausen von insgesamt 185 Zähnen des Dauergebisses im Unterkiefer kein einziger Anzeichen von Karies auf. Von 207 untersuchten Zähnen des Dauergebisses im Oberkiefer sowie 19 Milchzähnen stellte man nur bei 2,45 Prozent Karies fest. Vereinzelt gab es auch Zahnstein, wie Funde aus Sondershausen und das Gebiß eines etwa achtjährigen Kindes aus Zauschwitz in Sachsen zeigen.

Eine auffällige Erscheinung ist die gehäuft bei mitteldeutschen Linienbandkeramikern auftretende erbliche Lückenbildung zwischen den mittleren oberen Schneidezähnen, das soge-

Tongefäß der jüngeren Stufe der Linienbandkeramischen Kultur von Königsaue (Kreis Aschersleben) in Sachsen-Anhalt. Höhe 14,6 bis 15,5 Zentimeter, größter Durchmesser 21,5 Zentimeter. Original im Landesmuseum für Vorgeschichte Halle/Saale.

nannte obere Diastema. Diese Lücke mißt bei einigen der in Sondershausen Bestatteten drei bis sechs Millimeter Breite.

Daß es im Leben der Linienbandkeramiker keineswegs immer friedlich zuging, veranschaulicht das Massengrab von Talheim[2] (Kreis Heilbronn) in Baden-Württemberg. Die dort gefundenen Skelette zeigen deutlich Hiebspuren von Steinbeilklingen. Vielleicht handelt es sich auch bei dem Schädel mit einer starken, offenbar zum Tode führenden Verletzung aus einem Hockergrab in Frankfurt-Praunheim um ein Opfer von Gewalt. In diesem Fall hatte man ein verziertes Tongefäß mit der Mündung über die Verletzung gestülpt.

Natürlich ereigneten sich damals auch Unglücksfälle. So dürfte ein im Ortsteil Zauschwitz von Weideroda (Kreis Borna) in Sachsen unter einer zusammengebrochenen Hüttenwand entdecktes Kind verschüttet worden und dabei erstickt sein. Möglicherweise waren auch die erwähnten Armbrüche vom Viesenhäuser Hof und Westeregeln auf Unglücksfälle zurückzuführen.

Die Linienbandkeramiker wohnten teilweise in Einzelgehöften, die nur einer einzigen Familie Platz boten, aber auch in Dörfern mit bis zu elf großen, aber auch kleineren Häusern. In einem solchen Dorf lebten dann etwa 50 bis 80 Personen. Nach Berechnungen des Frankfurter Prähistorikers Jens Lüning dürfte die Bevölkerungszahl zur Zeit der Linienbandkeramischen Kultur auf dem Gebiet Westdeutschlands maximal 360 000 Personen betragen haben, auf dem Gebiet Ostdeutschlands lebten etwa 210 000 Menschen. Die Bevölkerungsdichte war damit merklich höher als in der Mittelsteinzeit.

Natürliche Höhlen dienten den frühen Bauern nur noch in Ausnahmefällen als Unterschlupf. Beispielsweise als Versteck bei feindlichen Angriffen oder als Rastplatz bei Expeditionen, etwa zur Beschaffung von Feuerstein oder anderen für die Geräteherstellung benötigten Steinarten. So wurden unter anderem die Weinberghöhlen von Mauern (Kreis Neuburg-Schrobenhausen) in Bayern zeitweise von Linienbandkeramikern aufgesucht, wie Tonscherben in den Höhlen 1 und 3 zeigen.

Ansonsten wohnten die Linienbandkeramiker in ihren auffällig großen, teilweise bis zu 40 Meter langen und über 6 Meter breiten Holzhäusern. Diese Langhäuser hatten ein tragendes Gerüst aus drei Reihen in bestimmten Abständen tief in den Lößboden eingegrabenen dicken Innenpfosten. Auf ihnen lag die mit Schilf oder Stroh gedeckte Dachkonstruktion. Die Wände wurden durch locker gestellte dünnere Pfosten an den Außenseiten gebildet, deren Zwischenräume man mit Flechtwerk aus Ruten füllte. Anschließend verputzte man das Flechtwerk und die Holzwände mit Lehm. Funde aus Herkheim und Nähermemmingen bei Nördlingen in Bayern zeigen, daß man den Hüttenlehm mit Kalk weiß getüncht hat.

Der zum Verputzen verwendete Lehm wurde in der Nachbarschaft der Baustelle aus dem Lößboden entnommen. Dabei entstanden große Gruben, in die man später Speiseabfälle, unbrauchbar gewordene Tongefäße oder Geräte warf. Solche Gruben liefern daher vielfach bei archäologischen Ausgrabungen wertvolle Hinweise auf das Leben der damaligen Menschen.

Auf derartige Gruben war man erstmals gegen Ende des 19. Jahrhunderts in Baden, Württemberg, Rheinhessen und im Elsaß gestoßen. Ihre Entdeckung – vor allem die Ausgrabungen von Eberstadt[3] in der Wetterau (Hessen), bei denen sehr große und komplizierte Gruben freigelegt wurden – führte zu

der irrigen Vorstellung, es handle sich dabei um Wohngruben. Später entdeckte Grundrisse von Rechteckhäusern schrieb man dagegen Scheunen oder Wirtschaftsgebäuden der frühen Bauern zu. Erst die scharfsinnigen Überlegungen des Prähistorikers Oscar Paret (1889–1972) aus Stuttgart in den Jahren 1942 und 1946 zeigten, daß das Gegenteil der Fall war.

Manchmal lassen die durch Pfostenlöcher markierten Grundrisse erkennen, daß die Langhäuser drei Räume besaßen. Vermutlich handelte es sich hierbei um einen Wohnraum für die Bauernfamilie, um einen Speicher und um einen Stall, in dem in Schlechtwetterzeiten das Vieh untergestellt wurde. Der Lößboden war mit den Füßen festgestampft und wahrscheinlich zumindest im Schlafbereich mit Tierfellen oder anderem Material gepolstert. Zum Inventar eines Langhauses gehörte vermutlich ein aus Lehm errichteter Backofen.

Die stabilste und schmalste Seite der Langhäuser orientierte sich meist in der Hauptwetterrichtung nach Nordwesten, um Wind und Regen möglichst wenig Angriffsflächen zu bieten und die begrenzte Haltbarkeit der Behausungen zu erhöhen. Nach 30 oder spätestens 40 Jahren waren die aus Holz und Lehm errichteten Langhäuser baufällig. Diese Zeitspanne entsprach bei der damaligen niedrigen Lebenserwartung etwa einer Generation. Die Nachfolgebauten wurden überwiegend in einem gewissen Abstand neben den alten Langhäusern errichtet. Deshalb findet man heute an den von vielen Generationen besiedelten Plätzen zahlreiche Hausgrundrisse, die nicht von einer einzigen großen Siedlung, sondern von einer kleinen, aber immer wieder neu erbauten Häusergruppe herrühren.

Roden eines Siedlungsplatzes im Wald mit Schuhleistenkeil zur Zeit der Linienbandkeramischen Kultur.

kirch, Köln-Lindenthal, Köln-Mengerich, Köln-Müngersdorf, Langweiler 3, 8, 9, Lohn 3, Niederzier, Rödingen), Niedersachsen (Esbeck) und Sachsen-Anhalt (Eilsleben). Manche dieser Grabenanlagen konnten nur teilweise aufgedeckt werden, andere dagegen ganz. So ließ sich beispielsweise in Altdorf (Kreis Landshut) nur ein kleiner gekrümmter Palisadengraben von etwa 30 Meter Länge verfolgen. Im Stadtteil Langenamming von Osterhofen (Kreis Deggendorf) entdeckte man einen Graben, der einen Durchmesser von etwa 150 Metern hatte. Der Graben in Wallersdorf (Kreis Dingolfing-Landau) war etwa drei Meter breit und einen Meter tief.

Zu den schon seit etlichen Jahrzehnten bekannten Grabenanlagen der Linienbandkeramischen Kultur gehört diejenige von Plaidt (Kreis Mayen-Koblenz) im Nettetal. Sie wurde 1911 von dem Direktor des Rheinischen Provinzialmuseums Bonn, dem Prähistoriker Hans Lehner (1865–1938), entdeckt. Er hatte 1910 in der Sammlung Queckenberg in Niederbreisig etliche Tonscherben von einer einzigen Fundstelle gesehen und 1911 dort gegraben. Dabei stellte er einen älteren Graben mit einem Durchmesser von maximal 100 Metern sowie einen jüngeren mit einem Durchmesser bis zu 140 Metern fest. Der zuletzt geschaffene äußere Graben mit Pfahlresten und Durchlässen sowie die dazugehörige Siedlung sind durch einen Brand zerstört worden. Vielleicht geschah dies bei einem Überfall. Auch

Fischreste aus der linienbandkeramischen Siedlung bei Singen am Hohentwiel (Kreis Konstanz) in Baden-Württemberg. Die kleinsten Reste dieser Wirbel, Gräten und Schuppen sind nur 2 Millimeter groß. Original im Landesdenkmalamt Baden-Württemberg, Pfahlbauarchäologie Bodensee-Oberschwaben, Gaienhofen-Hemmenhofen.

Allein der Bau eines einzigen Langhauses stellte bereits eine beachtliche Gemeinschaftsleistung dar, die viel Überlegung und handwerkliches Geschick erforderte. Noch erheblich größer war jedoch der Aufwand bei den aus Gräben und Palisaden bestehenden Schutzanlagen, die Erdwerke genannt werden. Man denke nur an das Ausheben der kreisförmigen Gräben, die einen Durchmesser von bis zu 150 Metern hatten, einige Meter breit und mehr als einen Meter tief waren. Hinzu kam das Fällen und Aufstellen von Tausenden von Baumstämmen für die Palisadenwände. Eine solche Mühsal nahm man wohl nur deswegen auf sich, weil Gefahren drohten und ein entsprechendes Schutzbedürfnis vorhanden war. Manche Prähistoriker halten solche Grabenanlagen allerdings auch für Viehkräle oder Kultplätze.

Derartige Grabenanlagen der Linienbandkeramischen Kultur kennt man aus Baden-Württemberg (Bietigheim, Brackenheim, Grießen, Schwaigern), Bayern (Altdorf, Langenamming, Lautertal, Meindling, Niederpöring, Straubing-Lerchenhaid, Wallersdorf), Rheinland-Pfalz (Plaidt, Sarmsheim), Hessen (Bracht, Friedberg, Hattenheim), Nordrhein-Westfalen (Bad Sassendorf, Barmen 1, Bergheim-Glesch, Jünchen-Hochneu-

Schädelrest eines Ziegenbockes aus Ludwigsburg-Poppenweiler in Baden-Württemberg. Gesamtlänge etwa 25 Zentimeter, Hornzapfen etwa 18 Zentimeter. Original im Landesdenkmalamt Baden-Württemberg, Pfahlbauarchäologie Bodensee-Oberschwaben, Gaienhofen-Hemmenhofen.

Wahrscheinlich linienbandkeramische Reibmühle zum Mahlen von Getreidekörnern aus Thüringen. Länge der Mahlsteinplatte etwa 50 Zentimeter. Original im Museum für Ur- und Frühgeschichte Thüringens, Weimar.

der Palisadenzaun, der die Siedlung von Gerlingen (Kreis Ludwigsburg) in Baden-Württemberg schützte, könnte bei einem Überfall abgebrannt sein.

Im Raum Köln konnte man sogar drei linienbandkeramische Grabenanlagen nachweisen. Als berühmteste davon gilt die von Köln-Lindenthal (s. S. 266). Ihre Entdeckungsgeschichte begann Ende 1928 bei Abtragungsarbeiten für den geplanten Botanischen Garten der Universität zwischen der Dürener Straße und dem Gleis der Frechener Bahn. Dabei wurde auch der Frechener Bach verlegt. Bei dieser Arbeit stieß man auf Keramik- und Brandreste. Bei den Ausgrabungen von 1929 bis 1934 fanden der Kölner Prähistoriker Werner Buttler (1907 bis 1940) und der Bonner Archäologe Waldemar Haberey (1901 bis 1985) über 30 mehr oder weniger vollständige Grundrisse von Langhäusern, außerdem Lehmentnahmegruben, Feuersteingeräte, Keramik und Teile eines 1,10 Meter tiefen und 1,40 Meter breiten Spitzgrabens. An die Innenseite des Grabens schloß sich ein Wall an, der aus dem Aushubmaterial des Grabens errichtet worden sein dürfte. Graben und Wall wurden durch einige Durchlässe von mehreren Meter Breite unterbrochen, die teilweise von einer nach innen versetzten Reihe dicht stehender Pfosten begleitet waren. Die mehr als 30 Langhäuser innerhalb des schützenden Grabens und Walles haben nicht alle zu gleicher Zeit bestanden. Sie waren meist etwa 25 Meter lang und bis zu 7 Meter breit. Das größte davon erreichte eine Länge von 36 Metern.

Auffällig viele linienbandkeramische Grabenanlagen befinden sich auf dem Gebiet der Aldenhovener Platte zwischen Köln und Aachen. Sie erstreckt sich zwischen dem Gebirgsfuß der Eifel und den Flüssen Rur, Inde und Wurm. In dieser Gegend wurden beim Abbau von Braunkohle im Tagebau durch die

Rheinische Braunkohlen AG und durch parallel dazu vorgenommene archäologische Untersuchungen des damals in Köln lehrenden Prähistorikers Jens Lüning unter anderem sieben linienbandkeramische Erdwerke entdeckt: Barmen 1, Broichweiden 1, Lamersdorf 2, Langweiler 3, 8, 9 und Lohn 3. An der Fundstelle Langweiler 8 bestand die Grabenanlage aus drei hintereinander gestaffelten Gräben. Die Erbauer und Benutzer dieser Anlage wohnten teilweise in Häusern, die sich unmittelbar hinter dem nördlichen Eingang des Erdwerkes befanden. Im Gegensatz dazu gab es in Langweiler 9 weder im Innern des Grabenrings noch in seiner unmittelbaren Umgebung irgendwelche Häuser. Offenbar war dieser leere Grabenring von Bewohnern benachbarter Einzelhöfe und Gruppensiedlungen geschaffen und genutzt worden.

Von zwei nahezu parallel verlaufenden Gräben war eine Siedlung auf dem Nachtwiesen-Berg des Stadtteils Esbeck[4] von Schöningen (Kreis Helmstedt) umgeben. Jeder von ihnen hatte eine Breite von etwa 3 Metern und eine Tiefe bis zu 1,20 Meter. Der Abstand zwischen den beiden Gräben betrug 16 bis 20 Meter. Vermutlich schloß sich jeweils auf der Innenseite ein Wall an.

Anders als bei den mittelsteinzeitlichen Menschen spielte die Jagd bei den Linienbandkeramikern nur noch eine unbedeutende Rolle. Der Anteil von Wildtierknochen im Fundgut der Siedlungen ist gering. In der linienbandkeramischen Siedlung Singen am Hohentwiel (Kreis Konstanz) stieß man in zwei Gruben auf zahlreiche Wirbel und Gräten von Fischen. Sie stammen von Rotauge, Rotfeder, Barbe, Döbel, Alet, Schleie, Hecht, Forelle und Flußbarsch. Am häufigsten waren Reste von Fischen mit einer Körperlänge zwischen 7 und 15 Zentimetern. Um derart kleine Fische zu fangen, benötigte man sehr feine

Netze bzw. Reusen mit einer Maschenweite von höchstens drei bis vier Zentimetern. Der Fund eines knöchernen Angelhakens aus Pfalzel (Kreis Trier-Saarburg) zeigt, daß man damals auch geangelt hat.

Die linienbandkeramischen Ackerbauern und Viehzüchter siedelten ausschließlich in Gegenden mit fruchtbaren Böden, die sie offenbar anhand von gut beobachteten Anzeichen erkannten. Die Laubwälder wurden mit Hilfe von Steinbeilen, Schuhleistenkeilen und Feuer gerodet. Den Boden bearbeitete man vermutlich mit Holzhacken, Holzspaten, Furchen- und Grabstöcken. Als Dünger diente lediglich die bei der Brandrodung anfallende Asche.

Zu den wichtigsten von den Linienbandkeramikern angebauten Getreidearten gehörten das Einkorn *(Triticum monococcum)*, der Emmer *(Triticum dicoccum)* und die mehrzeilige Gerste *(Hordeum vulgare)*. Verkohlte Reste von Emmer, Einkorn und Gerste sind unter anderem am bereits erwähnten Fundort Esbeck geborgen worden. Manchmal lassen sich Kornabdrücke von Emmer, Einkorn und Gerste sogar an Tongefäßen erkennen.

Die reifen Ähren wurden mit der Sichel abgeschnitten, die aus einem gekrümmten Holzschaft mit scharfkantigen Einsätzen aus Feuerstein bestand. Die Ähren sammelte man vermutlich in Körben und drosch sie später mit Mörsern, weil sich bei diesen frühen Getreidearten Spelzen und Körner nur schwer voneinander trennen ließen. Die auf diese Weise von den Spelzen gelösten Körner wurden auf Steinplatten (Unterlieger) geschüttet und darauf mit einem kleineren Stein (Läufer) zerrieben.

Mit dem so gewonnenen Getreideschrot oder dem -mehl stellte man durch Zugabe von Wasser Grützbrei her oder buk Brotfladen. Zum Backen von Brot dienten möglicherweise die insgesamt zwölf Öfen, deren Reste in der linienbandkeramischen Siedlung von Untergaiching/Rottal in Niederbayern entdeckt wurden. Sie haben trapezförmige oder ovale Grundrisse von 0,80 bis 1,60 Meter. Zu ihnen gehörte eine Grube, die mit Kieseln ausgelegt wurde. Darüber strich man eine dünne Lage Lehm, welche die Ofentenne bildete. Die Lehmkuppel wurde durch ein Gerüst aus Weidenruten gestützt, das beim Beheizen des Ofens verkohlte.

Neben Getreide schätzten die Linienbandkeramiker auch andere Nutzpflanzen wie Schlafmohn *(Papaver somniferum)*, Flachs *(Linum usitatissimum)*, Linse *(Lens culinaris)* und Erbse *(Pisum sativum)*. Allein in einer Siedlungsgrube von Dresden-Nickern in Sachsen wurden schätzungsweise mehr als 30 000 Erbsen entdeckt. In geringerer Zahl hat man Erbsen, Linsen und Lein auch in Esbeck nachgewiesen.

Die nach Deutschland einwandernden Linienbandkeramiker brachten außer Saatgut auch Haustiere mit, und zwar Rinder, Schafe, Ziegen und Schweine. Im Laufe der Zeit haben diese erfahrenen Viehzüchter einheimische Auerochsen und Wildschweine als Jungtiere eingefangen und domestiziert. Knochen von mindestens sechs Rindern sowie Zähne von Ziegen oder Schafen kennt man aus der linienbandkeramischen Siedlung von Eitzum (Kreis Wolfenbüttel) in Niedersachsen. Hunde wurden seltener gehalten.

Neben Nahrung aus Getreide, Linsen, Erbsen und dem Fleisch von geschlachteten Haustieren verzehrten die Linienbandkeramiker auch wildwachsende eßbare Pflanzen oder Früchte wie Holzäpfel, Kornelkirschen, Himbeeren, Erdbeeren, Haselnüsse, Weißen Gänsefuß und Knöterich. Abdrücke von Apfelre-

Sogenannter Schuhleistenkeil aus Felsgestein von Coburg in Bayern. Länge 34 Zentimeter, Breite 5 Zentimeter, Höhe 5,5 Zentimeter. Dabei handelte es sich um ein Gerät für Holzarbeiten. Original im Germanischen Nationalmuseum Nürnberg.

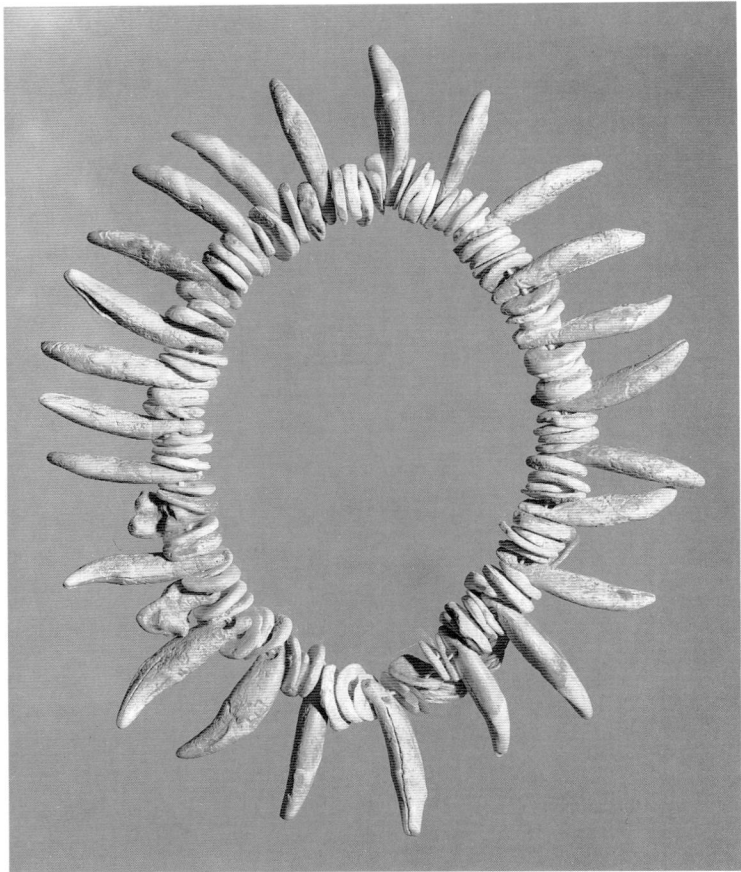

Halskette aus durchbohrten Muschelscheibchen und 24 Raubtierzähnen, dazwischen einige Knöchelchen und Knochen von Kalbsrieth (Kreis Sangerhausen) in Sachsen-Anhalt. Durchmesser der Kette 12,5 bis 18 Zentimeter. Original im Germanischen Nationalmuseum Nürnberg.

sten kennt man auf linienbandkeramischen Tonscherben vom bereits erwähnten Fundort Nerkewitz. In einer Siedlungsgrube von Lamersdorf (Kreis Düren) in Nordrhein-Westfalen kamen etwa 6000 Samen vom Weißen Gänsefuß zum Vorschein, dessen grüne Blätter offenbar als Salat verspeist wurden.

Die Linienbandkeramiker betrieben Tauschgeschäfte mit schönen Tongefäßen, seltenen Steinarten und Schmuckstücken, aber vermutlich auch mit Saatgut, Getreidemehl und Zuchttieren. Manche der dabei erworbenen Gegenstände stammen aus weit entfernten Gebieten. So wurden in Siedlungen der Aldenhovener Platte Feuersteine gefunden, die aus der rund 150 Kilometer entfernten Region von Mons in Belgien oder aus dem etwa 60 Kilometer entfernten Raum Lüttich stammen. Manche Werkzeuge von Fundstellen der Aldenhovener Platte waren aus Aktinolith-Hornblendeschiefer geschaffen worden, wie er im Hohen Balkan und in den Westkarpaten vorkommt. In Nordrhein-Westfalen fand man außerdem aus Schlesien stammenden Hornblendestein (Amphibolit) und in Nordhessen Maasfeuerstein aus Belgien.

In einem Grab von Flomborn (Kreis Alzey-Worms) in Rheinland-Pfalz soll angeblich sogar ein aus Afrika oder aus dem Orient eingeführter Pflock aus Elfenbein entdeckt worden sein. An mehreren Fundorten barg man aus den Gehäusen der Spondylus-Muschel geschaffene Schmuckstücke, die vielleicht Importware aus Südosteuropa waren. Spondylus-Muscheln kamen unter anderem in Aiterhofen-Ödmühle (Kreis Straubing-Bogen), Sengkofen (Kreis Regensburg), Bornstedt (Kreis Eisleben) und Wulfen (Kreis Köthen) zum Vorschein.

Die von den Linienbandkeramikern gehaltenen Rinder dienten bei Wanderungen zu neuen Siedlungsstandorten vielleicht als Lasttiere. Reittiere, Wagen und Straßen kannte man damals noch nicht. Für das Überqueren von Flüssen baute man vermutlich Flöße, mit denen man die Familien, den Hausrat und das Vieh ans andere Ufer brachte. Es ist nicht auszuschließen, daß die Linienbandkeramiker auch Einbäume herstellten, mit denen sie Seen befuhren. Technisch waren sie dazu zweifellos in der Lage.

Man nimmt an, daß die Linienbandkeramiker Kleidung aus Leder trugen, wie dies schon für die vorangegangene Mittelsteinzeit vermutet wird. Als Rohstoff hierfür käme neben Hirsch- vor allem Rindsleder in Betracht. Archäologisch nachgewiesen ist dies jedoch nicht. Daher ist genausogut Kleidung aus Schafwolle oder Lein aus angebautem Flachs denkbar. Die Männer trugen vielleicht in der warmen Jahreszeit Jacken und Röcke, welche die Beine weitgehend unbedeckt ließen. In der kalten Jahreszeit dürfte an die Stelle des Rockes eine lange Hose getreten sein. Bei den Frauen wurde im Winter vermutlich der kurze Rock durch einen langen ersetzt. Schuhe fertigte man wahrscheinlich aus Leder an.

Die Linienbandkeramiker hatten eine Vorliebe für Schmuck aus Muschelschalen, Schneckengehäusen und durchbohrten Tierzähnen. Solche Schmuckstücke wurden in etlichen Gräbern dieser Kultur gefunden. Einige der im Gräberfeld von Aiterhofen-Ödmühle in Niederbayern bestatteten Männer trugen einen Gürtel aus organischem Material um die Hüfte, der mit der Klappe einer V-förmig eingeschnittenen Spondylus-Muschel geschlossen war. Als Gürtelverschluß diente vermutlich auch ein des öfteren in der Bauchgegend beobachteter Knebel aus Hirschgeweih. Manche Männer von Aiterhofen-Ödmühle waren am Oberarm mit Spondylus-Ringen und auf der Brust mit prächtigen Gehängen geschmückt.

Auch einige der in Aiterhofen-Ödmühle bestatteten Frauen fielen durch reichen Schmuck auf. Manche von ihnen besaßen

Tongefäß (sogenannter Kumpf) von Gneiding (Kreis Deggendorf) in Bayern. Die Figur des Männchens unter dem Rand ist 8 Zentimeter hoch, hat die Arme wie zum Gebet erhoben und den Mund wie zu einem Schrei geöffnet. Original in der Prähistorischen Staatssammlung München.

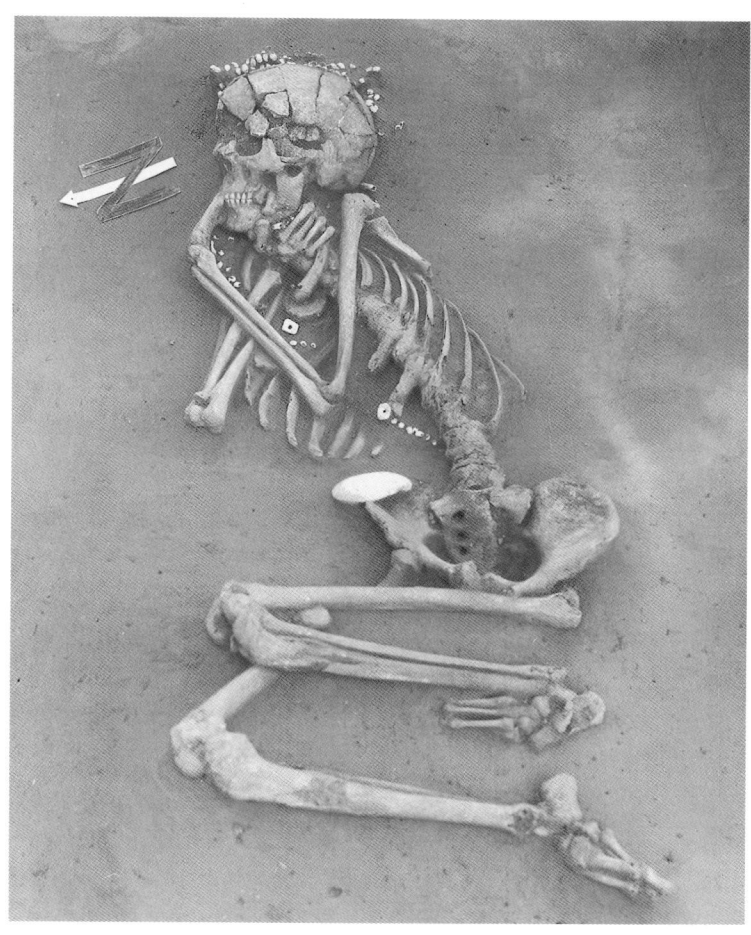

Bestattung einer Frau von Aiterhofen (Kreis Straubing-Bogen) in Bayern. In ihre Haartracht waren zu Lebzeiten einheimische Schneckengehäuse eingeflochten.

einen Gürtel mit *Spondylus*-Klappe. Andere hatten einheimische Schneckengehäuse aus der Donau in die Haartracht eingeflochten. In zwei Fällen – und zwar bei einer Frau und bei einem Mann – war der Haarschopf mit einem Knochenkamm im Nacken zusammengesteckt. Schminkservices, bestehend aus Schminkplatte, Rötel- und Feuersteinknolle sowie Knochenspachtel bei Frauen und Männern deuten darauf hin, daß man bei bestimmten Gelegenheiten das Gesicht rot bemalte. Im Gräberfeld von Sengkofen unweit von Regensburg fand man in sechs Gräbern unter anderem Ketten oder Gehänge aus einheimischen Donauschnecken *(Theodoxus danubialis)*, ein Gehänge aus Zähnen vom Wolf und Eber am Gürtel eines Kindes, Haarschmuck aus Schneckengehäusen der Gattung *Lithoglyphus*, ein Kammfragment in der Nackengegend sowie aus *Spondylus*-Muscheln geschaffene Schmuckstücke. Zu den *Spondylus*-Schmuckstücken gehörten zweifach durchbohrte, an der Hüfte getragene Klappen, zu Armreifen verarbeitete Schalen sowie aus dem Schloß von *Spondylus*-Muscheln hergestellte Halsperlen.

In seltenen Fällen hat man auch in vorübergehend aufgesuchten Höhlen Schmuckstücke geborgen. So kam in der Höhle 4 der Weinberghöhlen bei Mauern ein durchbohrter Rötelanhänger zum Vorschein. Ähnliche Stücke kennt man aus linienbandkeramischen Siedlungen im Nördlinger Ries.

Die Linienbandkeramiker haben in Deutschland zahlreiche Kunstwerke hinterlassen, die allesamt auf Ton angebracht oder aus Ton geformt wurden. Gegenüber den Kunstobjekten aus Stein, Knochen oder Geweih der vorhergehenden Mittelstein-

zeit stellen sie etwas völlig Neues dar. Neben den linienbandartigen Ornamenten, die man nicht der Kunst zuordnet, ritzten oder stachen die frühen Bauern mitunter auch Tier- oder Menschenmotive auf die Außenwände von Tongefäßen. In anderen Fällen modellierten sie darauf Tierköpfe oder menschliche Gestalten und Gesichter heraus. Außerdem schufen sie Tongefäße und Plastiken in Tier- oder Menschengestalt sowie sogenannte »Altärchen« bzw. Postamente, die wahrscheinlich als Sitzgelegenheiten für Menschenfiguren dienten. Die Kunstwerke spielten vermutlich eine Rolle im Kult.

Die Tiermotive zeigen vor allem die Haustiere Rind und Schwein, in ganz seltenen Fällen aber auch Wildtiere wie eine Schlange oder einen Vogel. Manchmal läßt sich nicht klar entscheiden, worum es sich handelt. Als Beispiel einer auf einem Tongefäß herausmodellierten Rinderdarstellung kann man unter anderem eine am bereits erwähnten Fundort Zauschwitz geborgene Randscherbe anführen. Zu den raren Wildtiermotiven zählt die halbplastische Schlangendarstellung auf der Bodenscherbe einer Schale aus Piskowitz (Kreis Meißen) in Sachsen. Aus Würzburg-Heidingsfeld in Bayern und aus Halle-Trotha in Sachsen-Anhalt kennt man das Bruchstück eines Tiergefäßes in Rindergestalt, aus Zauschwitz ein vogelartiges Tiergefäß, aus Herkheim bei Nördlingen in Bayern und aus Endorf (Kreis Hettstedt) in Thüringen je ein nicht näher identifizierbares Tiergefäß. In Hienheim (Kreis Kelheim) in Bayern entdeckte man die Plastik eines Rindes, in Nieder-Weisel (Wetteraukreis) in Hessen die eines Schweines.

Plastische Gesichtsdarstellungen auf Tongefäßen wurden in Dorna (Kreis Gera) in Thüringen, Barleben (Kreis Wolmirstedt) und Derenburg (Kreis Wernigerode) in Sachsen-Anhalt sowie in Draschwitz (Kreis Grimma) und Zauschwitz (Kreis Borna) in Sachsen nachgewiesen.

Von den auf Tongefäßen herausmodellierten Menschendarstellungen ist diejenige aus Gneiding bei Landau an der Isar (Kreis Deggendorf) in Bayern besonders bemerkenswert. Das 7,5 Zentimeter hohe Männchen wurde mit wie zum Gebet erhobenen Armen und wie zu einem Schrei geöffnetem Mund unter dem Rand des Gefäßes angebracht.

Tier- oder menschengestaltiges Motiv auf einer Tonscherbe von Assenheim (Wetteraukreis) in Hessen. Erhaltene Höhe der Scherbe 12 Zentimeter, Breite 19,5 Zentimeter. Original im Hessischen Landesmuseum Darmstadt.

Tonfigur eines Schweines von Nieder-Weisel (Wetteraukreis) in Hessen. Höhe 6,8 Zentimeter, Länge 13,5 Zentimeter. Original im Hessischen Landesmuseum Darmstadt.

Unter den zahlreichen menschengestaltigen Plastiken ragen vor allem die Reste einer im Herbst 1979 auf einem Acker bei Gaukönigshofen (Kreis Würzburg) in Bayern entdeckten Figur heraus. Dabei handelt es sich um den 8,5 Zentimeter langen und 4,2 Zentimeter breiten Oberkörper einer Frau. Die Bestimmung des Geschlechtes basiert auf Ansatzstellen im Bereich der Brustpartie und auf einer Mulde in der Höhe des Brustbeines. Nach dem erhaltenen Bruchansatz zu schließen, waren die beiden Arme nach vorne abgewinkelt. Sie trugen einen Gegenstand vor sich, von dem nur noch eine 4,1 Zentimeter lange, vom Schoß bis zur Brusthöhe reichende Bruchfläche sowie je ein Ansatzstück der Wandung beiderseits der Figur zeugen. Man vermutet, daß dieses Objekt ein kleines Gefäß war. Damit ähnelt die Frauenfigur aus Gaukönigshofen der thronenden weiblichen »Gottheit« von Novi Bečej-Bordjoš in Jugoslawien, die ebenfalls ein Gefäß auf dem Schoß hält. Der Rücken der Gaukönigshofener Plastik ist mit einem Winkelmuster in Form

eines hängenden Tannenzweiges bedeckt. Ein solches Muster weisen auch andere tönerne Menschenfiguren der Linienbandkeramischen Kultur auf. Es soll das Skelett darstellen. Diesen sogenannten Röntgenstil hat 1975 der Kölner Prähistoriker Jacob Ozols ausführlich beschrieben. Auffälligerweise konnte man bisher keine einzige vollständig erhaltene linienbandkeramische Menschenfigur bergen. Man nimmt an, daß diese Kunstwerke absichtlich zerbrochen worden sind.

Die Linienbandkeramiker besaßen offenbar auch Musikinstrumente. Darauf deutet der schon 1898 entdeckte Fund einer 25,8 Zentimeter langen und 12,8 Zentimeter hohen Muschel vom Berg Ösel südlich von Wolfenbüttel in Niedersachsen hin, die – wie das abgenutzte Endstück nahelegt – vermutlich als Trompete diente (s. S. 265). In Abel Jonszoon Tasman's Journal von 1642/43 werden drei in einem Boot befindliche Eingeborene aus der Südsee von Neu-Irland gezeigt, von denen einer ein solches Blasinstrument benutzt. Die Muschel vom Ösel gehört der im Mittelmeer vorkommenden Art *Charonia nodifera* (früher: *Tritonium*) an und dokumentiert damit Fernverbindungen bei Tauschgeschäften. Im Muschelgehäuse lagen zwölf Feuersteinstücke, dicht daneben sieben weitere.

Aus Bretten (Kreis Karlsruhe) in Baden-Württemberg kennt man eine aus dem Mittelfußknochen eines Rindes geschaffene linienbandkeramische Knochenpfeife. Sie paßt wie angegossen in die Hand zwischen Daumen und Zeigefinger. Beim Überblasen des Loches gibt das Instrument einen schrillen Pfeifton von sich, der sich je nach der Stellung des Mundes variieren läßt. Vielleicht handelte es sich dabei um ein Signalinstrument oder um eine Jagdpfeife zur Imitation von Vogelstimmen.

Die frei mit der Hand geformten und im Feuer gebrannten Tongefäße der Linienbandkeramischen Kultur wurden für die Aufbewahrung und Zubereitung pflanzlicher und tierischer Nahrung verwendet. Es gab Vorrats- und Transportgefäße, Kochtöpfe, Eß- und Trinkgeschirre, die sich in der Form unterschieden. Als charakteristische linienbandkeramische Formen gelten die flache Kalottenschale, der mehr oder weniger geschlossene Topf in Gestalt einer Dreiviertel- oder Dreifünftel-Hohlkugel (auch Kumpf genannt) und die Flasche. Daneben schuf man Sonderformen wie beispielsweise Tongefäße in Gestalt eines Schiffchens oder einer Tasche.

Viele Tongefäße waren auf einem großen Teil ihrer Oberfläche mit eingeritzten Linien oder Linienbändern verziert, nach denen diese Kultur benannt wurde. Zu den häufigsten Motiven zählen Spiralen, Wellenbänder, Mäander, Winkelmuster, aber auch gerade Linien, kurze Striche, Kerben, Grübchen oder Kreuze. Große und grobe Keramik, die überwiegend zu Vorratszwecken benutzt wurde, ließ man häufig unverziert. Hierzu werden unter anderem bauchig-flaschenartige Gefäße (auch Butten genannt) mit Handhaben und Schnurösen gerechnet. Ösen oder Henkel an der Wand von Tongefäßen waren für die Aufnahme von Schnüren bestimmt, mit denen man das betreffende Objekt aufhängen und so seinen Inhalt vor Ungeziefer schützen konnte. Um das Ausbrechen der Gefäßwand an den mitunter kleinen Ösen zu verhindern, könnte man eine rundum laufende Schnur durch die Ösen gefädelt haben, an der Tragschnüre befestigt waren. Auf diese Art und Weise hängte man eventuell auch Kochtöpfe über das offene Feuer. Die Tongefäße der ältesten Stufe der Linienbandkeramischen Kultur[5] haben noch starke Ähnlichkeit mit denjenigen der Körös-Kultur (s. S. 232) und der Starčevo-Kultur (s. S. 232) in

Darstellung eines menschlichen Gesichtes auf einem Tongefäß von Zauschwitz (Kreis Borna) in Sachsen. Breite 4,1 Zentimeter. Original im Landesmuseum für Vorgeschichte Dresden.

Tönerne Menschenfigur von Gaukönigshofen (Kreis Würzburg). Oben links Vorderansicht des Originalfundes (Höhe 8,8 Zentimeter), unten links Rekonstruktion (Höhe 12 Zentimeter) und oben rechts Rückansicht des Originalfundes mit Darstellung des Skelettes als Winkelmuster im sogenannten Röntgenstil. Original und Rekonstruktion in der Prähistorischen Staatssammlung München.

Doppelbestattungen nachgewiesen, bei denen in drei Fällen ein »seitlicher Hocker« mit einem Skelett in Bauchlage gepaart war. Außerdem stieß man auf vier auf dem Bauch liegende Bestattungen und auf zwei Fälle von absichtlicher Leichenzerstückelung.

Auf dem Bauch, mit dem Gesicht zur Erde liegende Tote werden als Verstorbene gedeutet, denen man im Jenseits die Schlafstellung der »liegenden Hocker« verwehrte. Mit der Leichenzerstückelung wollte man vielleicht die Wiederkehr mißliebiger Zeitgenossen verhindern.

Die 31 Bestatteten auf dem Gräberfeld von Sengkofen[10] (Kreis Regensburg) in Bayern ruhten allesamt als »liegende Hocker« auf der linken Körperseite. Die Arme lagen so auf der Brust, daß die Hände die Kinnspitze berührten.

Dagegen wurden die Skelettreste von etwa 20 bis 25 Männern, Frauen, Jugendlichen und Kindern in Talheim (Kreis Heilbronn) in Baden-Württemberg ohne erkennbare Ordnung vorgefunden. Dies sowie die bereits erwähnten Verletzungsspuren deuten auf Opfer eines Überfalls hin.

Ein Kindergrab aus Quedlinburg in Sachsen-Anhalt zeigt, daß auch zur Zeit der Linienbandkeramischen Kultur vom Körper getrennte Schädel bestattet worden sind. Im betreffenden Fall lag der Schädel in einer großen unverzierten Tonschale, über die ein kleineres Gefäß gestülpt war.

Brandbestattungen kennt man außer vom erwähnten Fundort Aiterhofen-Ödmühle unter anderem aus Arnstadt in Thüringen und bei Mannheim-Seckenheim in Baden-Württemberg. In Arnstadt wurden die ausgeglühten Knochenreste von zehn nach dem Tode verbrannten Menschen in Behältnissen aus vergänglichem Material in geringer Tiefe deponiert. Die beigefügten Tongefäße enthielten nie solchen Leichenbrand.

Die Linienbandkeramiker haben die meisten ihrer Toten mit Beigaben versehen. Darin kommt der Glaube an ein Weiterleben im Jenseits zum Ausdruck. Als Grabbeigaben dienten vor

Kopffragment einer Tonfigur von Meindling (Kreis Straubing-Bogen) in Bayern. Höhe des Kopffragments etwa 5 Zentimeter. Original in der Prähistorischen Staatssammlung München.

allem Tongefäße (ein bis vier Stück), aber auch einzelne Flachhacken und Schuhleistenkeile, Mahlsteine, Pfeilspitzen sowie durchbohrte Schmuckstücke aus Schalen der *Spondylus*-Muschel und aus Hirschgeweih. Die den Verstorbenen beigegebenen Tongefäße dürften vermutlich mit Speisen oder Getränken gefüllt gewesen sein, die wohl als Nahrung dienen sollten. Eine aus dem Rahmen des Üblichen fallende Beigabe wurde im Grab eines Jungen in Schwetzingen beobachtet, der kurz vor dem Zahnwechsel gestorben war. Ihn hatte man mit einer Zeremonialaxt für das Jenseits ausgerüstet, die für den praktischen Gebrauch ungeeignet erscheint und deshalb wohl im Zusammenhang mit rituellen Handlungen gesehen werden muß. Bei den weiblichen Skeletten fand man vereinzelt steinerne Schminkpaletten zusammen mit Rötel-, Ocker- oder Weichmanganerzstücken zum Schminken. Manchmal sind die Leichen mit der »Lebensfarbe« Rot geschminkt worden. Das war beispielsweise bei der erwähnten Linienbandkeramikerin aus Wulfen (Kreis Köthen) in Sachsen-Anhalt der Fall. Wegen der roten Farbe meinte ein an der Entdeckung beteiligter Arbeiter, die Tote müsse noch sehr stark geblutet haben.

Die religiösen Vorstellungen der Linienbandkeramiker waren von der Sorge der frühen Ackerbauern und Viehzüchter um das Gedeihen der Ernte und der Haustiere geprägt. Deshalb opferte man Getreide, Haustiere, kleine tier- und menschengestaltige Statuen aus Ton und sogar Menschen. Die Opfer wurden vermutlich zu Ehren einer Fruchtbarkeitsgottheit dargebracht, deren Sitz man im Schoß der Erde oder in Höhlen vermutete. Dieses Wesen wollte man durch die Gaben gnädig stimmen. Mit dem Kult in Verbindung haben vielleicht auch Amulette und Gefäße aus Ton mit Darstellungen von Menschen gestanden.

Als Kultobjekt betrachtet man das Bruchstück eines wohl einst mit zwei Löchern versehenen Amulettes aus Ton, das in Ballenstedt (Kreis Quedlinburg) in Sachsen-Anhalt gefunden wurde. Seine Vorderseite ist gewölbt, die Rückseite dagegen eben. Beide Seiten sind mit eingeritzten menschengestaltigen Darstellungen versehen worden, derentwegen man diesen Fund in den religiös-kultischen Bereich verweist. Auf der Vorderseite sind unter anderem drei M-Zeichen zu erkennen. Der auf der Rückseite abgebildete Unterkörper einer menschlichen Gestalt wird wegen eines kurzen dreilinigen Bandes im Zwickel als Gebärakt oder phallisches Motiv gedeutet.

Eine wichtige Rolle im Kult hatten die menschengestaltigen Tonfiguren. Untersuchungen zeigten, daß man dem Ton dafür bei der Herstellung gelegentlich Getreidemehl beimengte. Den Grund kennt man bislang nicht. Ein Befund aus Eilsleben bei Magdeburg in Sachsen-Anhalt deutet darauf hin, daß die Tonstatuetten zusammen mit Menschen geopfert wurden. Dort hatte man in Gruben Skeletteile von zerstückelten Menschen entdeckt. Besonders bedeutungsvoll war dabei, daß sich in einer Grube ein menschliches Bein zusammen mit einem Schädelfragment und dem Bruchstück einer menschlichen Tonfigur befand. Man hatte also neben den Menschen auch eine Tonfigur zerstückelt.

Da bisher keine der menschengestaltigen Figuren aus der Linienbandkeramischen Kultur komplett überliefert geborgen wurde, nimmt der Prähistoriker Dieter Kaufmann aus Halle/Saale an, daß diese in all den Fällen, in denen keine Skelettreste vorlagen, als Ersatz für Menschenopfer dienten. Nach seiner Auffassung mußten nicht bei jeder Opferhandlung Menschen ihr Leben lassen. Dies hätte bald zum Aussterben der Linienbandkeramiker geführt.

Menschen wurden vermutlich einmal im Jahr bei einer Feier durch eine größere Gemeinschaft geopfert. Dies geschah möglicherweise an Orten, die zuvor Schauplatz unerklärlicher Naturphänomene – wie Blitzschlag, Erdbeben oder Überschwemmung – gewesen waren. Vorstellbar ist aber auch, daß die Opferhandlung dort stattfand, wo man den Sitz der unterirdischen Fruchtbarkeitsgöttin vermutete. Dort wurde dann der komplette Körper oder nur Teile desselben vergraben. Opfer eines ganzen menschlichen Körpers bzw. nur von einem Schä-

Symbolische Zeichen auf einem Tongefäß der älteren Stufe der Linienbandkeramischen Kultur von Halle-Trotha in Sachsen-Anhalt. Größeres Zeichen 7,2 Zentimeter. Original im Landesmuseum für Vorgeschichte Halle/Saale.

Die Jungfernhöhle bei Tiefenellern (Kreis Bamberg) in Bayern. In dieser Höhle wurden zur Zeit der Linienbandkeramischen Kultur die Reste von Menschenopfern geworfen.

del, einer Hand oder einem Fuß kennt man aus Eilsleben. Das bedauerliche Opfer kam offensichtlich aus den eigenen Reihen. Vor einigen Jahrzehnten hatte man noch angenommen, die Linienbandkeramiker hätten Kopfjagden auf die letzten mittelsteinzeitlichen Jäger, Fischer und Sammler veranstaltet und aus deren Reihen die Opfer rekrutiert.

In Eilsleben ist in einem Fall auch ein Mensch zusammen mit einem Tier geopfert worden. Über einer 17- bis 19jährigen Frau lag der Schädel eines weiblichen Auerochsen mit abgeschlagenen Hornzapfen und Schlagverletzungen in der Stirn. Als Opferhandlungen werden auch Bestattungen von Menschen innerhalb linienbandkeramischer Siedlungen interpretiert, die zumeist in Abfallgruben gefunden wurden.

Weniger makaber ging es bei den Opferzeremonien einzelner Familien zu. Dabei brachte man keine blutigen Menschen- und Tieropfer, sondern menschen- und tiergestaltige Tonfiguren als Ersatzopfer dar. Diese Tonfiguren wurden von den Linienbandkeramikern als lebendige Menschen betrachtet, absichtlich zerstückelt und dann auf Äckern oder in Siedlungen vergraben. Bei den menschengestaltigen Figuren handelte es sich überwiegend um Frauen.

Manche Prähistoriker nehmen an, die Linienbandkeramiker hätten anläßlich der Errichtung eines Hauses auch sogenannte Bauopfer dargebracht. Als solche Opfer werden beispielsweise Funde von Feuersteinklingen in Pfostengruben von Häusern der Siedlung Köln-Lindenthal und sieben mit roten Farbspuren versehene Schuhleistenkeile aus Dresden-Nickern erwogen. Um Bauopfer soll es sich auch bei den menschlichen Skelettresten in den Siedlungen von Butzbach und Griedel (beide Wetteraukreis) sowie von Gudensberg (Schwalm-Eder-Kreis) in Hessen handeln. Dadurch erhoffte man sich offenbar Wohlergehen für die Bewohner.

Das eindrucksvollste Beispiel von Menschenopfern und rituell motiviertem Kannibalismus der Linienbandkeramiker sind die Funde aus der Jungfernhöhle auf dem Schloßberg bei Tiefenellern (Kreis Bamberg) in Bayern. Dort hat man vor allem Frauen, Jugendliche und Kinder zu bestimmten Anlässen geopfert. Vielleicht handelte es sich dabei um ein alljährlich dargebrachtes Fruchtbarkeitsopfer.

Die Entdeckungsgeschichte dieser Kultstätte begann damit, daß der »Schatzsucher« Georg Zimmer aus Tiefenellern Ende 1951 im engen Schlund der Jungfernhöhle Tongefäßscherben, Steingeräte sowie Tier- und Menschenknochen fand. Als Bamberger Wissenschaftler davon erfuhren, veranlaßten sie eine Untersuchung durch das Bayerische Landesamt für Denkmalpflege. Die Ausgrabung erfolgte 1952, daran schlossen sich 1953 und 1954 Nachuntersuchungen an. Um die Erforschung der Jungfernhöhle hat sich der Münchner Prähistoriker Otto Kunkel[11] (1895–1960) verdient gemacht.

Die Ausgräber trafen in der Jungfernhöhle ein wirres Durcheinander von Tonscherben, Steingeräten, Rötelstückchen, Holzkohleresten sowie von Tier- und Menschenknochen an. Nach den Keramikresten zu schließen, stammten die ältesten Funde aus der jüngeren Linienbandkeramischen Kultur. Insgesamt wurden in der Jungfernhöhle Knochen von 38 Personen geborgen, bei denen es sich wohl überwiegend um Linienbandkeramiker handelte. Die Untersuchung der Menschenknochen zeigte, daß sie mit einer einzigen Ausnahme von Frauen, Jugendlichen und Kindern stammten. Unter den 38 Toten befanden sich zehn Erwachsene über 18 bis 20 Jahren, fünf Jungendliche zwischen 12 und 14 Jahren, zehn Kinder zwischen 5 bis 7 Jahren, acht Kinder zwischen 3 und 4 Jahren und fünf Kleinkinder bis zu einem Jahr und wenig darüber. Es handelte sich also dabei um die schwächsten Mitglieder der Gesellschaft.

Die menschlichen Skelettreste in der Jungfernhöhle befanden sich alle nicht mehr in ihrer ursprünglichen Lage. Sie sind wie Abfall durch die kleine Höhlenpforte und teilweise auch durch einen engen Kamin im Höhlendach geworfen worden und mit großer Wucht auf dem schräg verlaufenden Höhlenboden aufgetroffen. Jede neue Zufuhr hat die Unordnung verstärkt. An den Skelettresten konnte man zahlreiche Manipulationen beobachten. Schon während der Ausgrabung fiel auf, daß den Kiefern die Vorderzähne fehlten. Insgesamt wurden an den Kiefern mindestens 500 Vorderzähne vermißt, von denen nur 21 lose in der Höhle gefunden werden konnten. Die anderen können unmöglich alle übersehen worden sein.

Der Zustand der Zahnfächer zeigt, daß die Zähne unmittelbar vor oder nach dem Tode herausgerissen wurden. Dies traf bei allen Kiefern zu, bei denen schon einwurzelige Zähne durchgebrochen waren. Was mit den menschlichen Zähnen geschehen sein könnte, deutet der Fund von 29 durchbohrten Menschenzähnen aus einer Siedlungsgrube der Linienbandkeramischen Kultur von Werneck-Zeuzleben (Kreis Schweinfurt) in Bayern an: Sie dienten vermutlich als Bestandteile einer Halskette, die möglicherweise eine magische Funktion hatte.

Auffällig sind außerdem in der Jungfernhöhle die Verletzungsspuren an Schädeldächern, Hirnkapseln und größeren Röhrenknochen. Von den Schädeldächern barg man überwiegend nur Schuppen. In den Fällen, in denen man Hirnkapseln mehr oder minder zusammensetzen konnte, deuten gleichartige Beschädigungen auf eine gezielte Öffnung hin. An den langen Röhrenknochen wurden häufig die Gelenkteile abgeschlagen. Einzelne Menschen- und Tierknochen weisen deutliche Brandspuren auf. All diese Befunde lassen sich am besten damit erklären, daß man nach bestimmten Gesichtspunkten ausgewählte Menschen getötet, ihre Hirnkapseln und Markknochen geöffnet sowie die Vorderzähne herausgerissen hat. Wahrscheinlich geschah es im Rahmen eines Rituals mit kannibalischem Hintergrund.

Diese Menschenopfer dürften von den Bewohnern einer etwa 500 Meter von der Jungfernhöhle entfernten zeitgleichen Siedlung praktiziert worden sein. Während des Bestehens dieser Siedlung tat sich vermutlich infolge eines Felseinsturzes, dessen Trümmer bei den Ausgrabungen vorgefunden wurden, eine Kluft auf und gab Einblick in das Dunkel der darunterliegenden Jungfernhöhle. Das unheimliche Erlebnis hat nach der Meinung von Otto Kunkel die Dorfbewohner bewogen, den geheimnisvollen Erdschlund, in dem man offenbar eine unterirdische Macht vermutete, durch das Opfern eines Ferkels als Kultstätte in Gebrauch zu nehmen. Diese Handlung ist durch archäologische Funde belegt. Die späteren Rituale, bei denen ebenfalls Tiere, aber auch Menschen geopfert wurden, fanden auf dem kleinen Plateau abseits des Felsdaches statt. Das dabei benutzte, zumeist zertrümmerte Tongeschirr, wurde zusammen mit Stein-, Knochen und Horngerät, Rötel- und Holzkohlebröckchen sowie Tier- und Menschenresten aufgesammelt und durch die ebenerdige Höhlenpforte oder durch den Kamin geworfen. Die Rötelstückchen, Reibeplättchen und -kiesel im Fundgut wurden wahrscheinlich zum Schminken des Gesichtes oder Bemalen des Körpers der an dem Ritual Beteiligten verwendet. Ob es sich bei den Opfern um Menschen aus dem nahen Dorf oder um Fremde handelte, weiß man nicht. Keramikreste der später auftretenden Rössener Kultur (s. S. 292) in der Jungfernhöhle deuten darauf hin, daß auch die Menschen dieser Kultur einen ähnlichen mit Menschenopfern verbundenen Kult gepflogen haben.

Hinweise auf rituelle Tötungen von Menschen, die mit kultischem Kannibalismus verknüpft sind, kennt man auch aus der Höhle Hanseles Hohl[12] (Kreis Donau-Ries) in Bayern sowie von den Freilandfundstellen Ober-Hörgern[13] (Wetteraukreis) und Wiesbaden-Erbenheim, beide in Hessen, und von Zauschwitz (Kreis Borna) in Sachsen.

In der größtenteils zusammengestürzten Höhle Hanseles Hohl am Nordabhang des Michelsberges bei Fronhofen stieß man 1925 bei Grabungen auf zertrümmerte Menschenknochen von etwa zehn Personen. Nach den Begleitfunden zu schließen, handelte es sich um Linienbandkeramiker.

Bei Ober-Hörgern barg man in einigen Abfallgruben neben Resten von Haus- und Wildtieren auch Schädelteile und größere Teile linker Schienbeinschäfte. Vor allem letztere wiesen Spuren von Kannibalismus auf. Die Schienbeinschäfte waren allesamt längs aufgespalten worden, damit man das Knochenmark entnehmen und verzehren konnte. An einem Unterkiefer markieren tiefe Schnittkerben jene Stellen, an denen man versucht hatte, die Kaumuskulatur zu durchtrennen, um den Unterkiefer vom Kopf lösen zu können.

An Kannibalismus lassen auch die Knochenreste von mindestens drei Männern, zwei Frauen, einem Jugendlichen und drei Kindern von Wiesbaden-Erbenheim denken. Sie wurden in einer Grube der 1978 beim Straßenbau entdeckten Siedlung entdeckt und lagen auf einer Fläche von etwa zwei mal zwei Metern ungeordnet durcheinander.

In Zauschwitz fand man in einer Grube mit Gefäßresten der jüngeren Linienbandkeramischen Kultur zerschlagene Schädelteile und Röhrenknochen von mindestens fünf Menschen verschiedenen Alters. Manche Teile der Schädelstücke hatten an den Außenseiten starke Brandspuren. Wegen der Verletzungs- und Brandspuren gelten diese Skelettreste als Dokumente für kultisch motivierten Kannibalismus. Dagegen handelt es sich bei den bereits erwähnten Hockergräbern an diesem Fundort um reguläre Bestattungen.

Der Berliner Prähistoriker Hans Quitta vertritt die These, der rituelle Kannibalismus der Linienbandkeramiker könnte mit zeitweiligen Trockenphasen in Verbindung gestanden haben. Demnach hätten die Linienbandkeramiker versucht, durch Menschenopfer eine Besserung dieses Zustandes zu erreichen. Allerdings gilt das Atlantikum, in dem die Linienbandkeramische Kultur auftrat, als eine von einem feuchten und warmen Klima beherrschte Zeitspanne.

Zu den Farbtafeln

29 Oberteil eines Vorratsgefäßes der Linienbandkeramischen Kultur (von etwa 5500 bis 4900 v. Chr.) mit Gesichtsdarstellung von Stuttgart-Bad Cannstatt in Baden-Württemberg. Randdurchmesser 13,9 Zentimeter. Original im Württembergischen Landesmuseum Stuttgart.

30 Verziertes Tongefäß der Stichbandkeramischen Kultur (von etwa 4900 bis 4500 v. Chr.) von Hausneindorf (Kreis Achersleben) in Sachsen-Anhalt. Höhe 15,3 Zentimeter. Original im Landesmuseum für Vorgeschichte Halle/Saale.

31 Vermutlich als Trompete benutzte Muschel der Linienbandkeramischen Kultur (von etwa 5500 bis 4900 v. Chr.) vom Berg Ösel bei Wolfenbüttel (Kreis Braunschweig) in Niedersachsen. Länge 25,8 Zentimeter. Original im Braunschweigischen Landesmuseum, Abteilung Archäologie, Wolfenbüttel.

32 *(folgende Doppelseite)* Befestigte Siedlung von Ackerbauern und Viehzüchtern zur Zeit der Linienbandkeramischen Kultur (von etwa 5500 bis 4900 v. Chr.) in Köln-Lindenthal (Nordrhein-Westfalen). Derartige Anlagen lassen auf unruhige Zeiten schließen.

33 Rekonstruktion eines trapezförmigen Langhauses der Rössener Kultur (von etwa 4600 bis 4300 v. Chr.) nach dem Befund von Inden I (Kreis Düren) in Nordrhein-Westfalen. Länge 23 Meter, Breite 7,30 Meter, Höhe 5,30 Meter, Innenfläche 120 Quadratmeter. Rekonstruktion im Archäologischen Freilichtmuseum Oerlinghausen.

△ 29

△ 30

▽ 31

Westliche Nachbarn der Linienbandkeramiker

La-Hoguette- und Limburg-Gruppe

Zur Zeit der Linienbandkeramischen Kultur gab es in Deutschland zwei Gruppen, deren Angehörige ebenfalls eine typische Keramik herstellten. Eine davon, die La-Hoguette-Gruppe, existierte – nach den Funden zu schließen – bereits während der ältesten Stufe der Linienbandkeramischen Kultur (s. S. 259). Die andere, die Limburg-Gruppe, ist erst etwas später ab der sogenannten älteren Linienbandkeramischen Kultur nachgewiesen.

Die La-Hoguette-Gruppe war in einigen französischen Departements, in der holländischen Provinz Limburg, in Luxemburg sowie in West-, Südwest- und Süddeutschland verbreitet. Der Begriff La-Hoguette-Gruppe wurde 1983 von dem französischen Prähistoriker Christian Jeunesse (s. S. 512) aus Straßburg geprägt. Er erkannte die Ähnlichkeit von Keramikfunden aus dem Elsaß und der burgundischen Pforte (Bavans, Departement Doubs) mit dem Material des Fundortes La Hoguette. An letzterem Ort im französischen Departement Calvados in der Normandie waren bei Ausgrabungen Keramikreste dieser bislang unbekannten Gruppe zum Vorschein gekommen.[1]

Daß die La-Hoguette-Gruppe auch in Deutschland verbreitet war, haben 1989 die Prähistoriker Jens Lüning und Ulrich Kloos aus Frankfurt sowie Siegfried Albert aus Tübingen bekanntgemacht. In ihrem Aufsatz in der Zeitschrift »Germania« erwähnen sie insgesamt 19 Fundorte von La-Hoguette-Keramik. Die meisten davon, nämlich 9, liegen in Baden-Württemberg[2], weitere in Rheinland-Pfalz[3] (3), Bayern[4] (2), Hessen[5] (3) und Nordrhein-Westfalen[6] (2).

Auffälligerweise sind bisher Keramikreste vom Typus La Hoguette rechts des Rheins nur zusammen mit Funden aus der ältesten Stufe der Linienbandkeramischen Kultur angetroffen worden. Dagegen kommt die La-Hoguette-Keramik links des Rheins vor allem gemeinsam mit jüngerer Linienbandkeramik vor. Die Scherben von La-Hoguette-Tongefäßen wurden meist vermischt mit Resten von Linienbandkeramik angetroffen. Trotzdem handelt es sich dabei nicht um eine bislang nicht erkannte spezielle Tonware der Linienbandkeramiker. Denn es gibt auch Fundorte – wie Himeling an der mittleren Mosel –, wo La-Hoguette-Keramik unvermischt aufgefunden worden ist.

Die Entdeckung der La-Hoguette-Keramik wirft nach Ansicht der Prähistoriker Lüning, Kloos und Albert ein neues Licht auf die Anfänge der mitteleuropäischen Jungsteinzeit. Sie liefert den Beweis dafür, daß die um etwa 5500 v. Chr. in Deutschland einwandernden Linienbandkeramiker am Rhein und am Neckar auf Menschen gestoßen sind, die bereits Tongefäße herstellten und ebenfalls einen weiten Weg hinter sich hatten. Gewisse Ähnlichkeiten der La-Hoguette-Keramik mit den Tongefäßen der erwähnten Cardial-Keramik (s. S. 233) an der französisch-spanischen Mittelmeerküste deuten darauf hin, daß die La-Hoguette-Leute aus dem Westen stammen.

Derzeit hat man keine sicheren Beweise dafür, daß die La-Hoguette-Leute bereits vor den Linienbandkeramikern den mitteleuropäischen Raum östlich des Rheins beeinflußt haben. Allerdings wird diskutiert, ob die La-Hoguette-Gruppe viel-

leicht die Ursache dafür war, daß die frühen Pioniere der ältesten Linienbandkeramischen Kultur am Rhein haltmachten. Frankreich wurde nämlich erst später von den Linienbandkeramikern erreicht.

Die La-Hoguette-Tonscherben rechts des Rheins finden sich in der Regel in relativ kleinen Mengen fast nur in Gruben der ältesten Linienbandkeramischen Kultur. Im Kreis Tübingen gibt es La-Hoguette-Keramikreste nur an Fundplätzen der ältesten Linienbandkeramischen Kultur. Deshalb kann man darüber spekulieren, daß hier die La-Hoguette-Leute schon siedelten, ehe die Linienbandkeramiker erschienen. Die Erhaltung der La-Hoguette-Keramik wird vielleicht nur der Tatsache verdankt, daß die Linienbandkeramiker im Gegensatz zu den La-Hoguette-Leuten große Lehmentnahmegruben anlegten, in denen neben linienbandkeramischem Abfall auch Scherben der La-Hoguette-Gruppe erhalten blieben.

Bei ihrem Vordringen nach Westen trafen dann Linienbandkeramiker aus verschiedenen Phasen auf die dort ansässigen La-Hoguette-Leute, was erklären würde, daß man später beide Gruppierungen zusammen entdeckte.

Von den Angehörigen dieser Gruppe sind bisher keine Skelettreste entdeckt worden. Deshalb läßt sich nicht sagen, ob sich die La-Hoguette-Leute von den Linienbandkeramikern anatomisch unterschieden.

Ob die La-Hoguette-Leute ihre Behausungen ohne Gruben und Pfosten errichteten, ist bisher ungeklärt. Eine gruben- und pfostenlose Bauweise könnte der Grund dafür sein, daß die Hinterlassenschaften dieser Gruppe so lange nicht aufgefallen sind. Die Größe der in Dautenheim (Kreis Alzey-Worms) in Rheinland-Pfalz entdeckten Tongefäße belegt Seßhaftigkeit, Dreschabfälle deuten auf Ackerbau hin.

Das Wissen über die La-Hoguette-Gruppe stützt sich ausschließlich auf die Keramikfunde. Am längsten bekannt dürfte eine um 1910 geborgene Scherbe aus Freiberg-Heutingsheim (Kreis Ludwigsburg) in Baden-Württemberg sein. Als eindrucksvollstes Zeugnis gilt bisher ein eiförmiger Topf, der aus Tonscherben von zwei Gefäßen zusammengefügt wurde, die 1936 in Dautenheim entdeckt worden sind. Diese Scherben wurden früher mit mehr oder weniger großer Vorsicht der Hinkelstein-Gruppe (s. S. 281) zugewiesen. Das Dautenheimer Gefäß ist im Museum Alzey ausgestellt. Insgesamt 120 Scherben von La-Hoguette-Keramik wurden in den siebziger Jahren bei Flurbegehungen in Rottenburg-Hailfingen und Ammerbuch-Reusten (beide im Kreis Tübingen) durch Siegfried Albert aufgelesen und teilweise auch ausgegraben.

Die La-Hoguette-Tongefäße sind in sogenannter Ringwulsttechnik aufgebaut. Dabei fügte man Tonringe aneinander und strich diese glatt. Diese Art des Aufbaus läßt sich an häufig zu beobachtenden waagrechten Bruchzonen und erhaltenen Ringwulstansätzen erkennen. Dem als Rohmaterial verwendeten Ton mengten die Töpfer zerstoßene Tierknochen sowie Dreschabfälle bei, aber auch vielfach Sand, Quarzkies, Schamotte, Eisenmineralien (beispielsweise Hämatit). Diese Zutaten verhinderten, daß beim Brennen in den Wänden der

Eiförmiger tönerner Topf der La-Hoguette-Gruppe von Dautenheim (Kreis Alzey-Worms) in Rheinland-Pfalz. Höhe des Tongefäßes etwa 52 Zentimeter. Original im Museum Alzey.

Gefäße störende Risse entstanden. Die Beigabe von zerstoßenen Knochen ist eine Eigenart der La-Hoguette-Keramik, die von der Linienbandkeramik nicht bekannt ist, die sie aber mit einem Teil der westeuropäischen jungsteinzeitlichen Keramik gemein hat.

Zumeist haben die La-Hoguette-Leute eiförmige Töpfe mit eingezogenem Rand modelliert. Die Gefäße besitzen häufig abgerundete Spitz- oder Wackelböden, seltener flache Standböden. Die Töpfe ohne Standböden konnten nur dann gefüllt oder als Kochgefäß benutzt werden, wenn man sie zwischen Steinen aufstellte. Die größten Tongefäße verfügen über einen Mündungsdurchmesser von bis zu 30 Zentimetern, die kleinsten erreichen nur 10 Zentimeter. Deutlich seltener sind Schalen oder becherartige Gefäße. Die Wände der La-Hoguette-Keramik sind durchschnittlich acht Millimeter dick.

Die glattgestrichenen Tongefäße wurden häufig an der Außenwand mit mehrzinkigen Geräten verziert, die der Töpfer mit der rechten Hand in den noch frischen Ton einstach. Die für die Verzierung verwendeten Geräte besaßen eine unterschiedlich große Zahl von Zinken – zwei, drei oder gelegentlich auch nur einen einzigen. Manchmal hat man auf demselben Gefäß zwei verschiedene mehrzinkige Geräte benutzt.

Die La-Hoguette-Keramik wurde häufig durch waagrecht verlaufende Bänder oder Wellenlinien verschönert, die aus zahlreichen Einstichen bestanden. Außer rundlich-ovalen, deutlich voneinander getrennten Einstichen gab es auch langrechteckige oder halbkreisförmige Stempel. Insgesamt wurden bis zu fünf Doppelstichreihen in Form von sogenannten Hauptbändern unter einer plastischen Leiste angebracht. Entlang der Hauptbänder gab es begleitende Einstiche. Über dem Hauptband oder auf der plastischen Leiste befand sich häufig nur eine Einstichreihe.

Außerdem gestaltete man die Tongefäße durch Knubben und Ösen attraktiver. Sie wurden isoliert oder als Bestandteil von plastischen Leisten plaziert. Die Knubben dienten der Handlichkeit und besaßen spitze, flache, ovale oder grifflappenartige Form. Für die Aufnahme von Schnüren zum Tragen oder Aufhängen der Gefäße gedachte senkrecht oder waagrecht durchlochte Ösen waren selten. Knubben und Ösen findet man unter dem Rand, auf dem Gefäßbauch und auf dem Gefäßoberteil von La-Hoguette-Keramik.

Die Oberfläche der La-Hoguette-Gefäße ist generell auffällig rotbraun gefärbt. Dies wird von den Prähistorikern als Folge einer abschließenden oxidierenden Brennphase gedeutet, bei der kaum freier Luftzutritt herrschte. Die ungleiche Farbtönung der Gefäßwände verrät eine unzureichende Beherrschung des Brennvorgangs. Man findet diese Tönung beim Brennen von Tongefäßen im Feld- oder Grubenbrand. Bei einem Teil der Gefäße ist der Bereich unmittelbar am Rand merklich dunkler getönt als der restliche Gefäßkörper. Derartige Gefäße dürften demnach mit der Mündung nach unten im Brennfeuer gestanden haben.

Von der Limburg-Gruppe zeugen bisher nur Keramikfunde.[7] Diese Gruppe war im Pariser Becken, in Niederländisch- und Belgisch-Limburg sowie in Nordrhein-Westfalen heimisch. Die Limburg-Leute existierten in der Zeitspanne von der älteren bis zu jüngsten Linienbandkeramischen Kultur. Den Begriff Limburg-Gruppe hat 1970 der holländische Prähistoriker Pieter J. R. Modderman (s. S. 513) aus Leiden geprägt.

Fragment eines Tongefäßes der Limburg-Gruppe von Peffingen (Kreis Bitburg-Prüm) in Rheinland-Pfalz. Länge 4,6 Zentimeter. Original im Rheinischen Landesmuseum Trier.

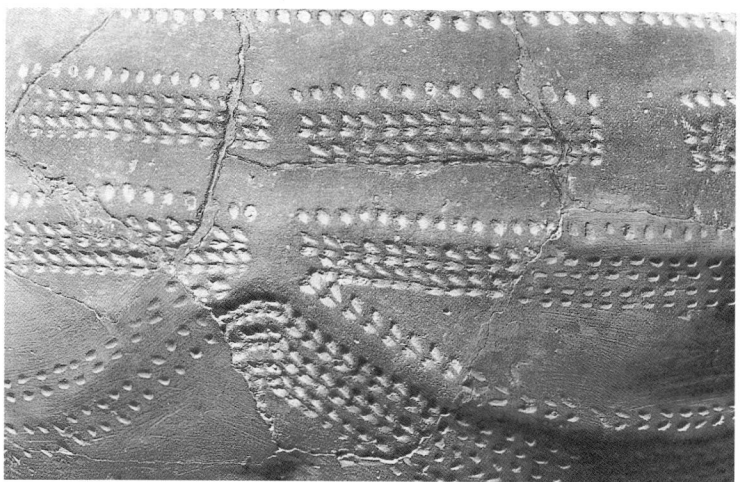

Detailfoto eines Tongefäßes der La-Hoguette-Gruppe von Dautenheim (Kreis Alzey-Worms) in Rheinland-Pfalz. Originalgröße des Ausschnittes 19 × 12,5 Zentimeter. Original im Museum Alzey.

Offenbar war auch den Menschen der Limburg-Gruppe das Graben von Gruben beim Hausbau fremd. Dies erklärt nach Auffassung von Modderman, warum bisher über diese Menschen so wenig bekannt ist. Der holländische Prähistoriker betrachtet die Limburg-Keramik als Hinterlassenschaften einer Bevölkerung, welche bereits Landwirtschaft betrieb. Im Gegensatz dazu hält es der Pariser Prähistoriker Claude Constantin für möglich, daß die Limburger Keramik als eine funktionelle Sonderform von den Linienbandkeramikern hergestellt wurde oder von einer nichtlinienbandkeramischen Bevölkerung mit jungsteinzeitlicher oder auch nichtjungsteinzeitlicher Wirtschaftsweise stammt.

Anders als bei der La-Hoguette-Gruppe ist die Herkunft der Limburg-Gruppe unbekannt. Daher weiß man nicht, wie die Limburger Leute zu ihrem Wissen über die Töpferei und möglicherweise auch die Landwirtschaft gekommen sind.

Wie bei der La-Hoguette-Keramik wurde auch bei der Herstellung der Limburg-Keramik der Ton mit Knochen vermengt. Weitere Ähnlichkeiten sind die Färbung der Oberfläche sowie deren Beschaffenheit, Neigung zur Spitzbodigkeit, verdickte Ränder, breite Ritzlinien und flache Leisten mit seitlichen Stichreihen. Bei der Verzierung unterscheiden sich La-Hoguette- und Limburg-Keramik dagegen deutlich. So haben die Limburg-Leute kaum die Doppelstrichverzierung praktiziert, Ornamente fast ausschließlich aus Ritzlinien geschaffen und die Muster senkrecht angeordnet. Außerdem schätzten sie plastische Verzierungen nicht allzu sehr. Selten brachten sie kleine runde Spitzknubben und waagrecht durchlochte Schnurösen an.

Kultanlagen unter freiem Himmel

Die Stichbandkeramische Kultur

Im östlichen Mitteleuropa, in Bayern, im südlichen Niedersachsen sowie in Thüringen, Sachsen-Anhalt, Sachsen, Teilen Brandenburgs, in der Tschechoslowakei und seltener in Niederösterreich folgte auf die Kultur der Linienbandkeramiker die Stichbandkeramische Kultur (etwa 4900 bis 4500 v. Chr.). Zeitgleiche und verwandte Erscheinungen waren die Oberlauterbacher Gruppe (s. S. 276), die Hinkelstein-Gruppe (s. S. 281) und die Großgartacher Gruppe (s. S 285).

Der Begriff Stichbandkeramische Kultur (auch Stichbandkeramik) wurde 1889 durch den Finanzoberrat und Prähistoriker Karel Buchtela (1864–1946, s. S. 510) aus Prag eingeführt. Er beruht auf der typischen Verzierung der Tongefäße (s. S. 265). Anstelle der geschlossenen Linien der Linienbandkeramischen Kultur waren für die Stichbandkeramische Kultur eingestochene Muster charakteristisch.

Die Stichbandkeramiker stammten von späten Linienbandkeramikern ab. Es handelt sich also um keine neu eingewanderte Bevölkerungsgruppe. Aus Großkorbetha (Kreis Weißenfels) und aus Roßleben (Kreis Querfurt) in Sachsen-Anhalt kennt man männliche Skelette von 1,64 Meter Größe, aus Halle/Saale von 1,69 Meter. Eine Frau aus Wengelsdorf (Kreis Weißenfels) maß 1,58 Meter.

Wie die Linienbandkeramiker wohnten auch die Stichbandkeramiker in geräumigen Langhäusern, die manchmal mehr als 30 Meter lang waren. Aus Straubing-Lerchenhaid[1] in Niederbayern kennt man den Grundriß eines 31 Meter langen Hauses mit leicht nach außen gebogenen, aus Doppelpfosten bestehenden Seitenwänden. Dieses Gebäude war im Nordwesten 4,50 Meter breit, in der Mitte 6 Meter und im Südosten 5,50 Meter. Drei ebenfalls leicht gebogene Pfostenreihen trugen das Dach. Es gab Einzelgehöfte sowie unbefestigte oder mit Gräben, Wällen und Palisaden befestigte Dörfer. Günstige Plätze sind meist längere Zeit besiedelt worden. In Zwenkau-Hart[2] (Kreis Leipzig) in Sachsen wurden drei Siedlungsphasen der Stichbandkeramischen Kultur entdeckt. Zur ersten gehörten drei Langhäuser, zur zweiten zwei Hausgrundrisse und zur dritten drei Hausgrundrisse von trapezförmiger Gestalt.

Die Jagd spielte bei der Stichbandkeramischen Kultur nur noch eine bescheidene Rolle. Mit Pfeil und Bogen erlegte man ganz selten Wildtiere, um für Abwechslung bei der Ernährung zu sorgen. Knochenreste von Braunbären, Auerochsen, Rothirschen, Rehen und Hasen sind in Siedlungsgruben von Erfurt geborgen worden.

Die Stichbandkeramiker waren wie ihre Vorgänger Ackerbauern und Viehzüchter. Sie bauten unter anderem Getreide, Linsen und Erbsen an und hielten vor allem Rinder, aber auch Schafe, Ziegen und Schweine. Knochenreste dieser Tierarten fand man in den erwähnten Siedlungsgruben von Erfurt.

Die geernteten Getreidekörner, Linsen, Erbsen und das Fleisch geschlachteter Haustiere bildeten die Grundlage der Ernährung. Aus den Getreidekörnern oder dem -mehl bereitete man durch Hinzutun von Wasser Grützbrei oder buk Brot in aus Lehm errichteten Öfen. Das Fleisch dürfte überwiegend über offenem Feuer gebraten worden sein.

Auch die Stichbandkeramiker tauschten mit Saatgut, Getreidemehl, Zuchttieren, attraktiven Tongefäßen, seltenen Steinarten und Schmuckstücken, so wie dies zuvor schon die Linienbandkeramiker getan hatten. Teilweise stammten die eingetauschten Waren aus weit entfernten Gegenden. So kennt man von einigen Fundstellen in Thüringen beispielsweise Plattensilex aus dem Altmühltal in Bayern.

Die Stichbandkeramiker schmückten sich mit Muschelschalen, Schneckengehäusen und durchbohrten Tierzähnen, die man auf die Kleidung nähte oder als Halsketten trug. Bei bestimmten Gelegenheiten schminkte man das Gesicht und vielleicht auch andere Körperteile mit roter Farbe.

Kunstwerke wurden in Form von mit Tier- oder Menschendarstellungen versehenen Tongefäßen sowie von Gefäßen und Plastiken aus Ton in Tier- oder Menschengestalt geschaffen. Außer Ton verwendete man bei der Herstellung von Kunstobjekten keine anderen Rohstoffe wie etwa Holz, Knochen oder Geweih. Unter den auf der Außenwand von Tongefäßen herausmodellierten Tiermotiven überwog das Rind, das wichtigste Haustier der Stichbandkeramiker. Dieses Tier diente auch bei den meisten Tongefäßen in Tiergestalt als Vorbild. Sicher kam damit eine besondere Verehrung zum Ausdruck.

Die in Tongefäße eingestochenen Menschendarstellungen zeigen häufig Frauen in Gebärstellung, die man mit einem Fruchtbarkeitskult in Verbindung bringt. Manche innenverzierten Tonschalen tragen auf dem Boden stark stilisierte menschengestaltige Zeichen, die man früher als »Krötendarstellungen« deutete.

Darstellung einer gebärenden Frau auf einem Tongefäß von Egeln (Kreis Staßfurt) in Sachsen-Anhalt. Höhe der Darstellung 6 Zentimeter. Original im Landesmuseum für Vorgeschichte Halle/Saale.

Verziertes Tongefäß der Stichbandkeramischen Kultur von Magdeburg-Neustadt in Sachsen-Anhalt. Höhe 8,4 Zentimeter. Mündungsdurchmesser 22,3 Zentimeter. Die Verzierung zeigt stark stilisierte menschengestaltige Zeichen, die man früher als »Krötendarstellungen« deutete. Original im Landesmuseum für Vorgeschichte Halle/Saale.

Auf den Außenwänden von Tongefäßen sind mitunter plastische menschliche Gesichter angebracht worden. Dies war bei einem großen becherförmigen Gefäß aus Heldrungen (Kreis Artern) in Thüringen der Fall. Eine Randscherbe davon enthält etwa zwei Drittel einer halbplastischen Gesichtsdarstellung. Auffälligerweise sind bisher keine kompletten Menschenfiguren aus Ton geborgen worden. Zu den fragmentarisch vorgefundenen Kunstwerken gehört unter anderem eine »Venusstatuette« mit erhobenen spitzkonischen Armen von Zauschwitz (Kreis Borna) in Sachsen. Vielleicht stellt sie eine Betende dar.

Unter den Tongefäßen der Stichbandkeramiker gab es überwiegend die gleichen Formen wie bei den Linienbandkeramikern, nämlich flache Schalen, mehr oder weniger geschlossene Töpfe

(auch Kümpfe genannt) und Flaschen. Eine neue Form war der Becher. Fast alle Keramikgefäße hatten runde Böden.

Die Stichbandkeramiker verzierten ihre Tongefäße mit zwei-, drei- oder vierzinkigen Geräten aus Holz oder Knochen, die sie kurz vor dem Brand in den noch weichen Ton einstachen. Besonders gern schufen sie Zickzackbänder in verschiedenen Variationen, daneben aber auch waagrechte und senkrechte Stichbänder. Hauptsächlich auf Schalen beschränkt waren Kreuz- und Sternmuster sowie deutlich seltener Dreieck-, Girlanden- und Schachbrettmuster. Schalen wurden gelegentlich sogar innen verziert.

Wenn besonders schöne Tongefäße zerbrachen, hat man diese häufig nicht weggeworfen, sondern repariert. So kennt man

von mehr als 30 Siedlungsplätzen im Saalegebiet Keramikbruchstücke mit Harzresten, die als Klebstoff für ausgebro-
chene Teile gedient hatten. Mitunter wurden zerbrochene Tongefäße auch auf andere Weise geflickt. Man durchbohrte sie
beiderseits der Bruchstelle und zog einen Faden oder eine
Sehne durch die Löcher des Gefäßes und des Scherbens. Auch
in diesen Fällen hat man den Rand des Bruchstückes mit klebrigem Harz bestrichen und damit für guten Halt gesorgt.
Als bisher am nördlichsten gelegener Fundort der Stichbandkeramischen Kultur gilt Boberg[5] an der Elbe unweit von Hamburg. Dort entdeckte man stichbandkeramische Tonscherben
zusammen mit typischen Spitzböden von Tongefäßen der Ertebölle-Ellerbek-Kultur (s. S. 287). Sie belegen Kontakte zwischen diesen beiden Kulturen.
Zum Werkzeuginventar der Stichbandkeramiker gehörten
undurchbohrte und quergelochte Schuhleistenkeile sowie
Flachhacken aus Stein zur Holzbearbeitung, Kleingeräte aus
Feuerstein und Knochengeräte wie Pfriemen, Spachteln und
Spitzen. Solche Geräte besaßen bereits die Linienbandkeramiker.
Als Waffe für die Jagd und vermutlich auch bei kriegerischen
Auseinandersetzungen mit Zeitgenossen benutzte man Pfeil
und Bogen, wie die Funde steinerner Pfeilspitzen belegen, mit
denen hölzerne Pfeilschäfte bewehrt wurden. Die Pfeilschäfte
dürften wohl auf grobkörnigen Pfeilschaftglättern aus Sandstein mit langer Rille abgeschmirgelt worden sein.
Die Stichbandkeramiker haben ihre Toten meist unverbrannt,
manchmal aber auch verbrannt, bestattet. Wenn sie die Körper
zur letzten Ruhe betteten, legten sie diese häufig auf die linke
Seite und zogen ihre Beine leicht an. Es handelte sich also um
sogenannte »linksseitige Hocker«. Manche Skelette fand man
jedoch auch in Bauchlage, andere zerstückelt oder mit abgetrenntem Schädel. Die mit ins Grab gelegten Beigaben – Keramik, Schuhleistenkeile, Flachhacken und Schmuck – deuten
darauf hin, daß man damals an ein Weiterleben nach dem Tode
glaubte.

Sogenannte »Venusstatuette« mit erhobenen Armen von Zauschwitz (Kreis
Borna) in Sachsen. Höhe 6,7 Zentimeter. Original im Landesmuseum für
Vorgeschichte Dresden.

Zu den größten stichbandkeramischen Gräberfeldern zählt das
von Erfurt-Steiger[4] in Thüringen. Dort wurden mindestens 40
Menschen bestattet. Sie sind alle unverbrannt begraben worden. Dieses Gräberfeld befindet sich auf einem ehemaligen
linienbandkeramischen Siedlungsplatz.
Interessante Einblicke in das Bestattungswesen der Stichbandkeramiker erlauben vor allem die Funde aus dem Ortsteil
Zauschwitz von Weideroda (Kreis Borna) in Sachsen. Dort wurden in einer 1,75 Meter tiefen kreisförmigen Grube mit einem
Durchmesser von 2,20 Metern Überreste von mehreren Menschen geborgen, die auf unterschiedliche Weise bestattet worden sind.
Das Skelett des zuunterst in der Zauschwitzer Grube vorgefundenen, etwa 18 Jahre alten Menschen ruhte auf dem Bauch.
Der teilweise zertrümmerte Schädel lag auf einem halben
Mahlstein. Auch zwei jüngere, etwas höher in der Grube bestattete Menschen wurden in Bauchlage angetroffen. Einer davon
war etwa 14, der andere 8 bis 9 Jahre alt. Bei einem der beiden
hatte man die Oberschenkel gekreuzt und die Unterschenkel

Fragment eines Siebgefäßes unbekannter Funktion von Mühlhausen-
Schadeberg (Kreis Mühlhausen) in Thüringen. Länge 4,6 Zentimeter.
Höhe 3,7 Zentimeter. Original im Heimatmuseum Mühlhausen.

gewaltsam übereinandergeschlagen. Offenbar sind die Beine verschnürt worden, weil sie sonst kaum in dieser unnatürlichen Stellung verharrt hätten. Außerdem barg man einen Mahlstein, der beim Zerschlagen eines vierten Schädels verwendet worden war, von dem an dem Stein noch Reste hafteten. Unter einem Stein stieß man auf Bruchstücke weiterer Schädel und isolierte Halswirbel. Sie lassen darauf schließen, daß man den Kopf vom Rumpf getrennt hatte. All diese Befunde deuten auf Opfer von Gewaltakten hin.

In der Religion der stichbandkeramischen Ackerbauern und Viehzüchter spielten kreisrunde Plätze mit Durchmessern von 60 bis 150 Metern, die von einem Spitzgraben oder zwei davon umgeben waren, eine wichtige, aber in Einzelheiten noch ungeklärte Rolle. Solche Erdwerke oder Grabenrondelle wurden häufig von in allen vier Himmelsrichtungen liegenden Erdbrücken unterbrochen, über die man Zugang zum Inneren dieser imposanten Anlagen hatte. Derartige Grabenanlagen kennt man aus Bayern, Sachsen-Anhalt, Österreich und aus der Tschechoslowakei. Ihre Funktion als Schauplatz von Kulthandlungen ist durch Funde von tönernen Menschenfiguren im Innern solcher Anlagen in Niederösterreich und Mähren gesichert. Man kann also getrost von Tempelanlagen unter freiem Himmel sprechen.

Als eine den Stichbandkeramikern zugeschriebene Kultanlage gilt diejenige bei Quenstedt (Kreis Hettstedt) in Sachsen-Anhalt. Sie wurde von 1968 bis 1985 durch die Prähistoriker Hermann Behrens[5] und Erhard Schröter (1935–1988) aus Halle/Saale untersucht. Das auf einem Bergsporn namens Schalkenburg angelegte Heiligtum besaß fünf im Abstand von wenigen Metern hintereinander gestaffelte, im Grundriß eiförmige Palisadenringe. Der äußerste Palisadenring hatte einen Durchmesser von etwa 90 bis 100 Metern, der innerste von etwa 35 Metern. Dieses Ringpalisadensystem wurde durch drei Durchlässe unterbrochen. Der Bau des Tempels auf der Schalkenburg stellte eine faszinierende Gemeinschaftsleistung dar.

Denn für die fünf Palisadenringe mußte man schätzungsweise etwa 5000 Baumstämme mit einem Durchmesser von 10 bis 20 Zentimetern fällen – und dies mit einfachen Steingeräten. Hinzu kamen das Ausheben des Grabens, in den die Palisaden gestellt wurden, sowie dessen Auffüllung. Solche Mühen nahm man wohl nur auf sich, weil eine eindrucksvolle Idee damit verbunden war.

Die Kultanlage bei Quenstedt ist mit den sogenannten »Holz-Henges« (Woodhenges) aus England vergleichbar. Dabei handelt es sich um hölzerne Kultanlagen aus dem dritten und zweiten Jahrtausend v.Chr. Sie wurden von Ackerbauern und Viehzüchtern errichtet, die »gerillte Keramik« (Grooved Ware) herstellten. Manche Prähistoriker meinen, die Woodhenges hätten eine ähnliche Funktion wie die Versammlungshäuser nordamerikanischer Creek- und Cherokee-Indianer gehabt.

Die Stichbandkeramiker pflegten vermutlich einen ähnlichen Fruchtbarkeitskult wie zuvor die Linienbandkeramiker. Ihr wichtigstes Anliegen war das Gedeihen der Ernte und der Haustiere. Um dies zu fördern, opferten sie Tiere, menschengestaltige Tonfiguren und bei besonderen Anlässen wohl auch Menschen.

Stiergehörne in stichbandkeramischen Siedlungsgruppen aus dem Saalegebiet lieferten Hinweise dafür, welche Tiere vorzugsweise als Opfer dienten. Am erwähnten Fundort Zauschwitz barg man in einer Grube die Gehörne von drei Rindern sowie Tierknochen und einen Topf. Auch in Deersheim (Kreis Halberstadt) und in Lißdorf (Kreis Naumburg) – beide in Sachsen-Anhalt gelegen – entdeckte man in Siedlungsgruben Stiergehörne, die als Opfergaben angesehen werden.

Als Opfer im Rahmen des Fruchtbarkeitskultes wird auch die Schädelbestattung in einer Siedlungsgrube bei Taubach (Kreis Weimar) in Thüringen betrachtet. Dabei handelt es sich um den Schädel eines etwa eineinhalb bis zwei Jahre alten Kindes ohne Unterkiefer, über den man das Unterteil eines stichbandkeramischen Tongefäßes gestülpt hatte.

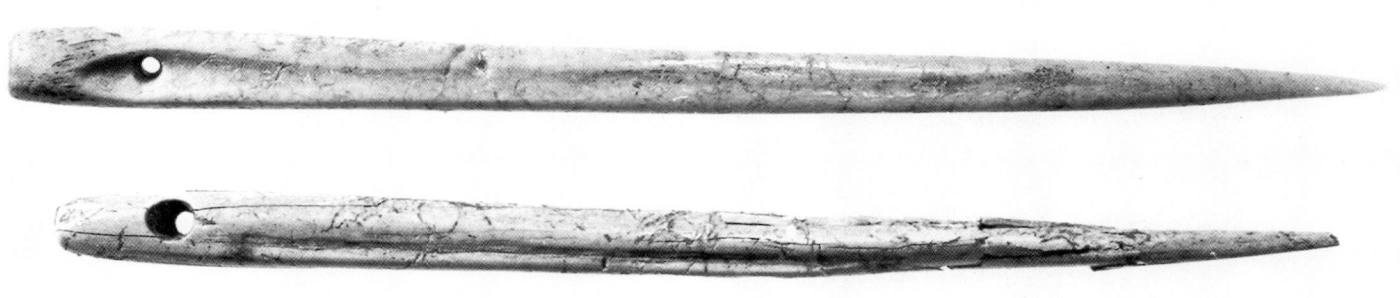

Knochennadeln von Mühlhausen-Schadeberg (Kreis Mühlhausen) und Wandersleben (Kreis Gotha), beide in Thüringen. Länge der kleineren Nadel (unten) aus Mühlhausen 18,4 Zentimeter, größter Durchmesser 1,1 Zentimeter, Länge der größeren Nadel (oben) aus Wandersleben 19,9 Zentimeter, größter Durchmesser 1,2 Zentimeter. Vielleicht wurden damit Geflechte zusammengenäht. Originale im Heimatmuseum Mühlhausen und im Museum für Regionalgeschichte Gotha.

Das Heiligtum von Kothingeichendorf

Die Oberlauterbacher Gruppe

In Südostbayern folgte auf die Linienbandkeramische Kultur die Oberlauterbacher Gruppe (etwa 4900 bis 4500 v.Chr.). Sie gilt als eine mit der Stichbandkeramischen Kultur (s. S. 272) verwandte Erscheinung und war vor allem in Niederbayern, der südlichen Oberpfalz und im bayerischen Schwaben verbreitet. Daneben kam sie gebietsweise in Mittelfranken und Oberbayern sowie im Salzburger Land vor. Vereinzelte Zeugnisse dieser Gruppe fanden sich auch noch in Böhmen und in Unterfranken.

Den Begriff Oberlauterbacher Gruppe hat 1980 der Prähistoriker Peter Michael Bayerlein (s. S. 510) in seiner Heidelberger Dissertationsarbeit vorgeschlagen.[1] Er erinnert an den Fundort Oberlauterbach (Kreis Landshut) in Niederbayern. Dort hatten 1913 und 1914 die Prähistoriker Ferdinand Birkner (1868 bis 1944) und Gero von Merhart[2] (1866–1959) aus München Grabungen vorgenommen, nachdem man beim Hopfenanbau auf urgeschichtliche Gruben gestoßen war.

Die Oberlauterbacher Gruppe war lange ein Stiefkind der archäologischen Forschung. Funde aus dieser Gruppe wurden unterschiedlich benannt. Man sprach unter anderem von Oberlauterbacher Keramik, Hinkelsteinkeramik, Winkelbandkeramik, Bayerisch-Rössen, Bayerisch-Aichbühl oder dem Typus Unterisling, ehe sich der Ausdruck Oberlauterbacher Gruppe durchsetzte.

Auch diese Gruppe lebte im Atlantikum. Das Klima war warm und niederschlagsreich. In den riesigen Wäldern überwogen Fichte, Linde, Ulme, Eiche und Esche. In Höhenlagen über 900 Metern nahm der Fichtenanteil zuungunsten des Eichenmischwaldes zu.

Dank der Untersuchung von mehr als 10 000 Tierknochen und anderen -resten von der Fundstelle Künzing-Unternberg (Kreis Deggendorf) in Niederbayern ist die Tierwelt zur Zeit der Oberlauterbacher Gruppe gut erforscht.[3] In der Donau schwammen

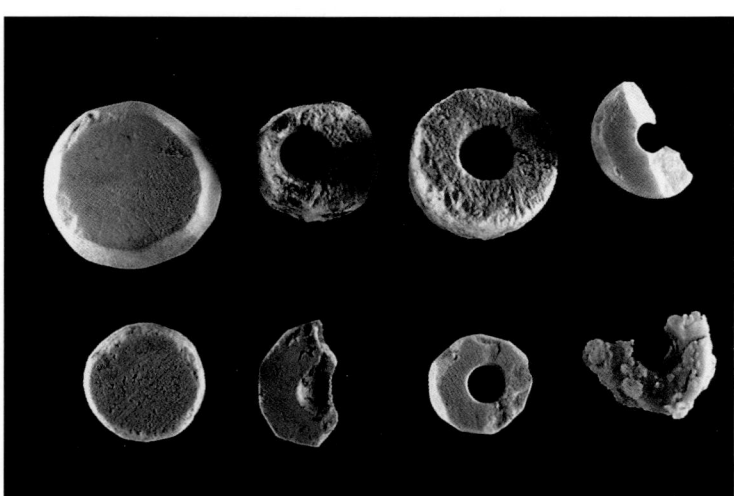

Produktionsreste einer Schmuckwerkstätte vermutlich aus der Zeit der Oberlauterbacher Gruppe von Gaimersheim (Kreis Eichstätt) in Bayern. Als Rohmaterial dienten Kiesel aus der Donau. Durchmesser des größten Schmuckstückes 1 Zentimeter. Originale im Bayerischen Landesamt für Denkmalpflege, Grabungsbüro Ingolstadt.

damals Perlfische, Döbel, Huchen, bis zu 1 Meter lange Forellen und Zander sowie bis zu 2,30 Meter lange Welse. Das Vorkommen von Sumpfschildkröten im Donautal spricht für ein warmes Klima. Aus derselben Gegend sind auch Ringelnattern, Erdkröten, Wasser- und Grasfrösche nachgewiesen. An Vögeln kennt man Gänse, Enten, Kraniche, Birkhühner, Kiebitze und Drosseln.

Unter den größeren Säugetieren waren vor allem Rothirsche besonders zahlreich vertreten. Außerdem gab es Elche, Rehe, Wildschweine, Wildpferde, Braunbären, Wildkatzen, Rotfüchse, Steinmarder, Dachse, Biber, Hasen und verschiedene Kleinsäuger wie Maulwürfe, Ostschermäuse, Wühlmäuse und Waldmäuse.

Von den Angehörigen der Oberlauterbacher Gruppe wurden etliche Skelettreste gefunden. Sie unterschieden sich anatomisch nicht von den gleichzeitig existierenden Stichbandkeramikern, bei denen die Männer bis zu 1,70 Meter und die Frauen bis zu 1,60 Meter groß wurden.

Die Siedlungen der Oberlauterbacher Gruppe lagen häufig in der Randzone zwischen dem fruchtbaren Ackerland und den Aueböden entlang den Niederungen von fließenden Gewässern wie etwa der Donau oder der Isar. Besonders bevorzugt bei der Wahl von Siedlungsstandorten wurden auch hochgelegene Stellen zwischen kleineren Tälern.

Die Langhäuser der Oberlauterbacher Leute erreichten manchmal eine Länge von mehr als 30 Metern. Bei Ausgrabungen in Hienheim (Kreis Kelheim) entdeckte man etwa 15 verschiedene Hausgrundrisse, die eine Länge von 14 bis 20 Metern aufwiesen. Sie waren aber nicht alle vollständig erhalten und stammten vermutlich aus mehreren Bauphasen. Die Hausgrundrisse von Hienheim besaßen auffällig nach innen geschwungene Längswände. Wegen dieses besonderen Merkmals wurde dafür von einem Prähistoriker der Begriff Typ Hienheim[4] geprägt.

Zu den bemerkenswertesten befestigten Siedlungen der Oberlauterbacher Gruppe gehört diejenige von Zeholfing-Kothingeichendorf[5] (Kreis Dingolfing-Landau) in Niederbayern. Sie lag südlich der Isar auf einem zum Fluß hin steil abfallenden Geländesporn. Die von einem Wall geschützte Siedlung war etwa 350 Meter lang und 175 Meter breit. In ihrem Inneren befand sich ein von zwei kreisförmigen Gräben umgebenes Heiligtum mit einem Außendurchmesser von rund 60 Metern. Auf diesem Platz hatten zuvor bereits Linienbandkeramiker gesiedelt.

Als weiteres Beispiel einer hochgelegenen Siedlung läßt sich diejenige von Künzing-Unternberg (Kreis Deggendorf) in Niederbayern anführen. Sie erstreckte sich nördlich von Unternberg auf einem Vorsprung der Hochterrasse der nahen Donau. Der Münchner Prähistoriker Rainer Christlein (1940–1983) entdeckte auf Luftaufnahmen, daß zu dieser Siedlung ein von zwei Gräben umfriedetes Heiligtum gehörte. Der äußere der beiden Gräben hat einen Durchmesser von etwa 120 Metern. Nordöstlich dieser Kultanlage wurden zwei weitere parallele Gräben festgestellt.

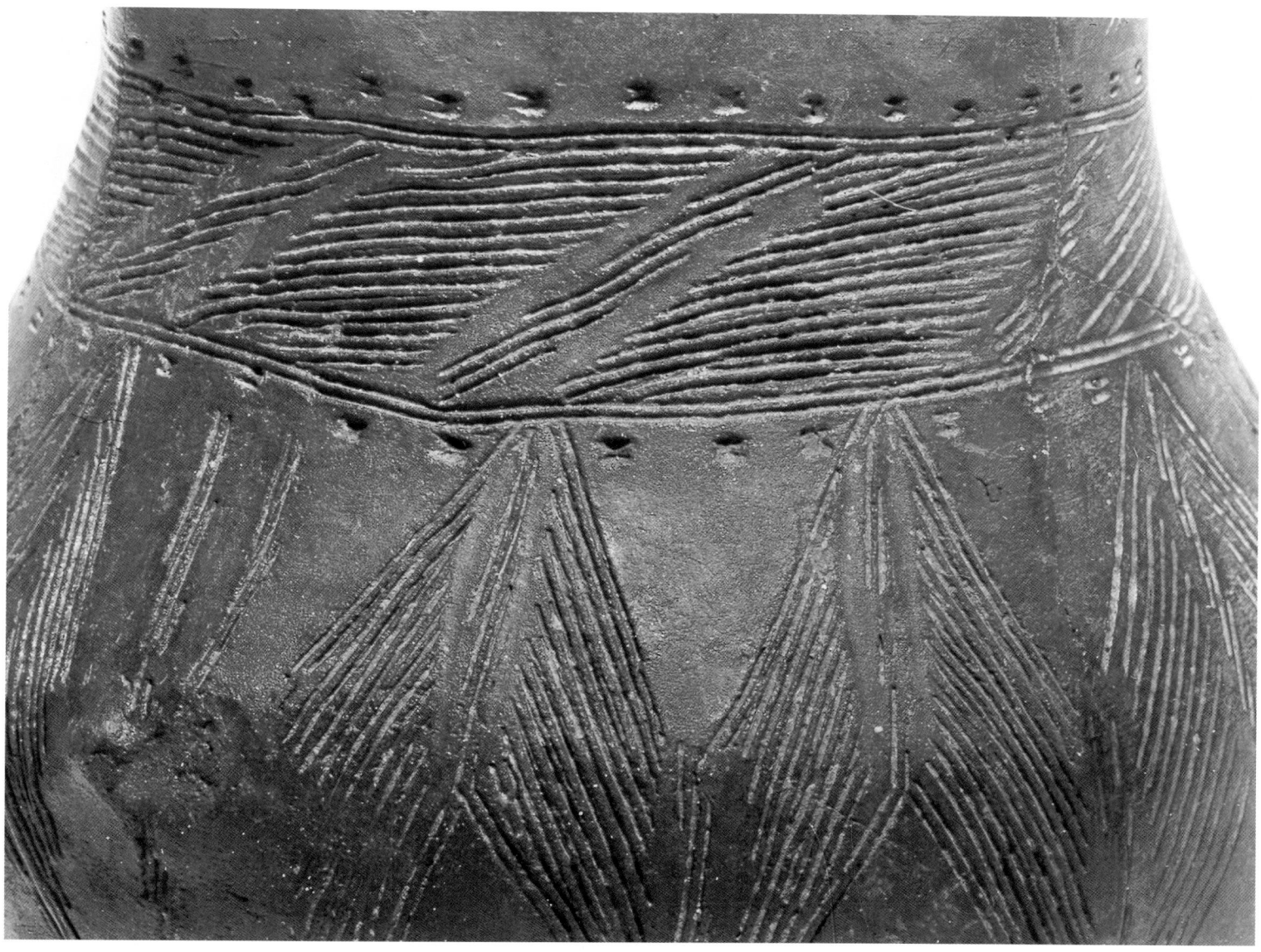

Tongefäß mit Einstichverzierung aus der Zeit der Oberlauterbacher Gruppe von Kothingeichendorf (Kreis Dingolfing-Landau) in Bayern. Höhe des Ausschnittes etwa 7 Zentimeter. Original in der Prähistorischen Staatssammlung München.

Diese und andere, teilweise nicht sicher der Oberlauterbacher Gruppe oder der Stichbandkeramischen Kultur zuweisbare Befestigungen deuten auf unruhige Zeiten hin, in denen man jederzeit mit Überfällen rechnen mußte.

Reste von Tongefäßen der Oberlauterbacher Gruppe in Höhlen zeugen davon, daß die Angehörigen dieser Kulturstufe solche natürlichen Unterschlüpfe zumindest vorübergehend aufsuchten. Zeitweise bewohnt waren die Kastlhänghöhle, die Klausennische bei Essing, die drei zusammenhängenden Galeriehöhlen in den Felswänden des Donaudurchbruchs zwischen dem Kloster Weltenburg und Kelheim sowie die unweit davon gelegene Räuberhöhle (alle im Kreis Kelheim). Ebenfalls von Oberlauterbacher Leuten aufgesucht wurden die Räuberhöhle bei Sinzing (Kreis Regensburg) und die Weinberghöhlen bei Mauern (Kreis Neuburg-Schrobenhausen).

Die Menschen der Oberlauterbacher Gruppe von Künzing-Unternberg deckten ihren Fleischbedarf weitgehend durch die Jagd auf Rothirsche. Der Anteil von Knochen dieser Tierart an den Säugetierknochen beträgt mehr als ein Viertel. Deutlich seltener wurden Rehe, Wildschweine, Elche, Wildpferde und Braunbären erlegt. Da die Knochen dieser Wildtiere zumeist zerschlagen sind und manchmal Zerlegungsspuren aufweisen,

handelt es sich um Speiseabfälle. Drei Braunbärknochen zeigen zudem Hundeverbißspuren.

Die erwähnte Lage der Siedlungen der Oberlauterbacher Gruppe in der Randzone zwischen den fruchtbaren Ackerböden und den feuchteren, eher als Weide zu nutzenden Aueböden gilt als Indiz für Ackerbau. Vermutlich wurden Einkorn, Emmer, Erbsen, Linsen, Lein und Mohn angebaut und geerntet.

Die Menschen von Künzing-Unternberg hielten Rinder, Schweine, Schafe, Ziegen und Hunde als Haustiere. Die Hausrindknochen sind teilweise so groß, daß man annimmt, die Rinder seien gelegentlich mit Auerochsen gekreuzt worden. Dagegen hatten die Hausschweinknochen deutlich geringere Maße als die von Wildschweinen. Das Rind und das Schwein sind auch durch Funde von Kieferbruchstücken in Zeholfing-Kothingeichendorf, nachgewiesen.

In einer der Gruben von Künzing-Unternberg lag das nahezu vollständig erhaltene Skelett eines feingliedrigen erwachsenen männlichen Hundes, dessen Widerristhöhe fast 50 Zentimeter betrug. Das Vergraben eines kompletten Hundekörpers in einer Grube unweit eines Tores deutet auf eine regelrechte Bestattung dieses Tieres oder auf ein Bauopfer hin, durch das man sich offenbar das Wohlergehen der Bewohner der Siedlung erhoffte.

Die Ackerbauern und Viehzüchter der Oberlauterbacher Gruppe ernährten sich von landwirtschaftlichen Produkten sowie von geschlachteten Haustieren (vor allem Rinder), Wildbret, Fischen und einigen Kleintieren. Reste von mindestens 35 Malermuscheln in Künzing-Unternberg lassen darauf schließen, daß deren Inneres verzehrt wurde.

In etlichen Siedlungen der Oberlauterbacher Gruppe wurde Plattenhornstein von der Fränkischen Alb geborgen, der als Rohstoff bei der Herstellung von Geräten diente. Dieses Material fand man teilweise bis in 100 Kilometer Entfernung vom Abbauort, beispielsweise im Vilstal. Demnach gab es auch in dieser Kulturstufe gewisse Fernverbindungen. Sie zeugen entweder von Tauschgeschäften oder von mehrtägigen Expeditionen, bei denen Plattenhornstein beschafft worden ist. Vielleicht benutzte man dafür Rinder gelegentlich als Lasttiere.

Die Kleidung der Oberlauterbacher Leute könnte aus Tierleder, Schafwolle oder Lein hergestellt worden sein. Die an verschiedenen Fundorten geborgenen, in der Mitte durchbohrten Tonscheiben werden von manchen Prähistorikern als Spinnwirtel gedeutet, von anderen jedoch als Spielzeug oder Schmuck. Schuhe fertigte man wohl aus Tierleder an.

Als Schmuck waren Halsketten mit durchbohrten Schneckenhäusern und Kalksteinperlen beliebt. So trug ein Toter von Irlbach bei Straßkirchen (Kreis Straubing-Bogen) eine kurze Kette mit Schneckenhäusern und einer einzigen Kalksteinperle um den Hals. Ein anderer Toter vom Fundort Regensburg-Mühlweg besaß eine Kette mit 41 Kalksteindoppelknöpfen, während der Tote in Grab 8 von Regensburg-Pürkelgut mit einer oder mehreren Ketten aus etwa 250 Kalkstein- oder Muschelperlen versehen war. Auch eine der sieben Bestattungen von Zeholfing-Kothingeichendorf, bei welcher der Kopf fehlte, wurde mit Muschelschmuck in der Halsgegend aufgefunden. Aus Künzing-Unternberg kennt man zwei durchlochte Hundezähne und eine durchlochte Lamelle von einem Schweinezahn, die als Schmuckstücke dienten.

Im Gegensatz zu den Stichbandkeramikern versahen die Oberlauterbacher Leute ihre Tongefäße nicht mit eingestochenen menschlichen Motiven oder dem sogenannten Krötenmuster und auch nicht mit plastisch geformten Menschendarstellungen. Fremd waren ihnen offenbar auch Tongefäße in Tiergestalt, wie sie aus der Stichbandkeramischen Kultur gefunden wurden.

Als eines der seltenen Kunstwerke der Oberlauterbacher Gruppe gilt der Torso einer kleinen menschlichen Tonfigur, die 1977 auf einem Acker bei Oberpöring (Kreis Deggendorf) aufgelesen wurde. Sie stammt nach Auskunft des Entdeckers, des Mechanikers Manfred Schlaipfer aus Oberpöring, von einer engbegrenzten dunklen Stelle des Ackers, an der Tonscherben der Oberlauterbacher Gruppe zum Vorschein kamen. Trotzdem ist die Kulturzugehörigkeit dieses Stückes nicht gesichert, da auf diesem Fundplatz verschiedene Kulturstufen ihre Spuren hinterlassen haben und diese beim Pflügen vermischt worden sein können.

Der Oberpöringer Torso ist 3,2 Zentimeter lang und weist innen einen länglichen Hohlraum auf. Demnach hat man ihn entweder senkrecht durchbohrt oder um ein dünnes rundes Stück Holz herum geformt. Nach den Brüsten zu schließen, handelt es sich um eine weibliche Figur. Auf ihrer Vorderseite wurde am Hals ein Muster eingedrückt, das vielleicht als Schmuck gedacht war. Winkelig gegeneinander versetzte Längsstriche auf der Rückseite werden als stilisiertes Haar gedeutet. Wie alle anderen menschengestaltigen Tonfiguren aus dieser Zeit hatte man auch dieses Kunstwerk zerbrochen.

Zum Formenschatz der Tongefäße der Oberlauterbacher Gruppe gehörten vor allem mehr oder weniger geschlossene Töpfe mit ausschwingendem Hals. Daneben gab es Schüsseln, flaschenartige Gefäße, Näpfe, Schalen, Becher und große Vorratsgefäße. Die kleinsten Tongefäße waren sieben Zentimeter hoch, die größten bis zu 35 Zentimetern.

Bei den auf den Tongefäßen eingeritzten Ornamenten lassen sich zwei Hauptelemente unterscheiden. Das eine davon ist das Halsband, das andere das Bauchmuster. Außerdem brachte man Nebenmuster an, welche die strenge Ordnung auflockerten, und versah plastische Knubben, Schnurösen oder Hörnchen auf dem Gefäßbauch mit Zwischenmustern.

Schalen und Schüsseln verzierte man häufig nur mit einem breiten Halsband. Dagegen verschönerte man steilwandige Becher flächendeckend, wobei oft das steil Aufragende der senkrechten Gefäßwände durch vertikale Zierbänder besonders betont wurde. Als Muster für das Halsband wählte man unter anderem Linien, Striche, Schrägstriche, Stacheldraht- und Fischgrätmuster. Beim Bauchmuster waren Winkelband, geschlossene Rauten, offen »hängende Bänder«, waagrechte Bänder und Dreieckmotive üblich.

Zu den Werkzeugen der Oberlauterbacher Gruppe gehörten Beil- und Axtklingen sowie durchbohrte Scheibenkeulen, die mit einem hölzernen Stiel versehen wurden. Außerdem schlug man Bohrer, Kratzer und Klingen für verschiedene Zwecke zurecht. Aus Geweihsprossen von Rothirschen entstanden häufig Schlag- und Grabgeräte und aus Knochen von Wild- und Haustieren vor allem Spitzen.

Aus Plattenhornstein schuf man Pfeilspitzen, welche die Verwendung von Pfeil und Bogen belegen. Reste der Bögen selbst konnte man bisher nicht nachweisen.

Die Menschen der Oberlauterbacher Gruppe haben ihre Toten einzeln oder in kleinen Gruppen bestattet. Der Leichnam

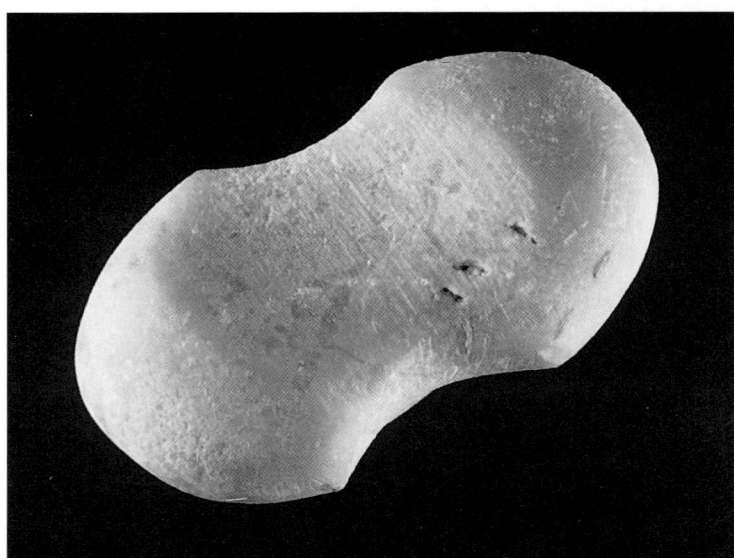

Kleiner, noch undurchbohrter Anhänger aus Stein in Form eines Hirschzahnes vermutlich aus der Zeit der Oberlauterbacher Gruppe von Gaimersheim (Kreis Eichstätt). Länge 2,1 Zentimeter. Original im Bayerischen Landesamt für Denkmalpflege, Grabungsbüro Ingolstadt.

Torso einer weiblichen Tonfigur von Oberpöring (Kreis Deggendorf). Höhe 3,2 Zentimeter. Das Muster unter dem Hals soll wohl eine Halskette darstellen. Original im Stadtmuseum Deggendorf.

wurde meist in Rückenlage und häufig mit leicht angezogenen Beinen zur letzten Ruhe gebettet. Neben solchen »liegenden Hockern« gab es manchmal auch »seitliche Hocker«, die statt auf dem Rücken auf der Seite lagen. Als Kennzeichen der Oberlauterbacher Gruppe gilt, daß man die Verstorbenen mit wenig oder gar keinen Beigaben versah.

Am bereits erwähnten Fundort Irlbach lag ein Toter auf dem Rücken. Seine Arme waren auf der Brust gefaltet und seine Beine etwas hochgezogen. Neben seinem Kopf standen zwei Tongefäße. In Regensburg-Mühlweg fand man ein auf dem Rücken ruhendes Skelett mit angewinkelten Armen und Beinen, wobei letztere gespreizt waren. Die in Regensburg-Pürkelgut entdeckten Toten hatte man in verschiedenen Hockstellungen bestattet.

Manchmal beerdigten die Oberlauterbacher Leute ihre Verstorbenen innerhalb ihrer Siedlungen. So wurden im Ortsteil Riedensheim von Rennertshofen (Kreis Neuburg-Schrobenhau-

sen) in Oberbayern zwei Skelette im Palisadengraben geborgen. Innerhalb der erwähnten befestigten Siedlung Zeholfing-Kothingeichendorf fand man sogar insgesamt sieben Bestattungen. Sie lagen allesamt im südlichen Teil der Anlage in einem Grabenstück und hatten keinerlei Beigaben. Zwei davon waren hintereinander begrabene Kinder in leichter Hockerstellung.

In seltenen Fällen hat man Tote in Höhlen zu Grabe getragen. Dies zeigt ein Fund von zwei beigabenlosen Kinderskeletten aus einer der erwähnten Galeriehöhlen nahe des Donaudurchbruches im Kreis Kelheim.

In der Religion der Oberlauterbacher Leute hatten mit doppelten Kreisgräben umgebene Heiligtümer eine wichtige Funktion. Von den aus Niederbayern bekannten Kultanlagen dieser Art dürften zumindest die Doppelgrabenrondelle Zeholfing-Kothingeichendorf und Künzing-Unternberg – nach den Keramikresten zu schließen – in die Oberlauterbacher Gruppe einzustufen sein.

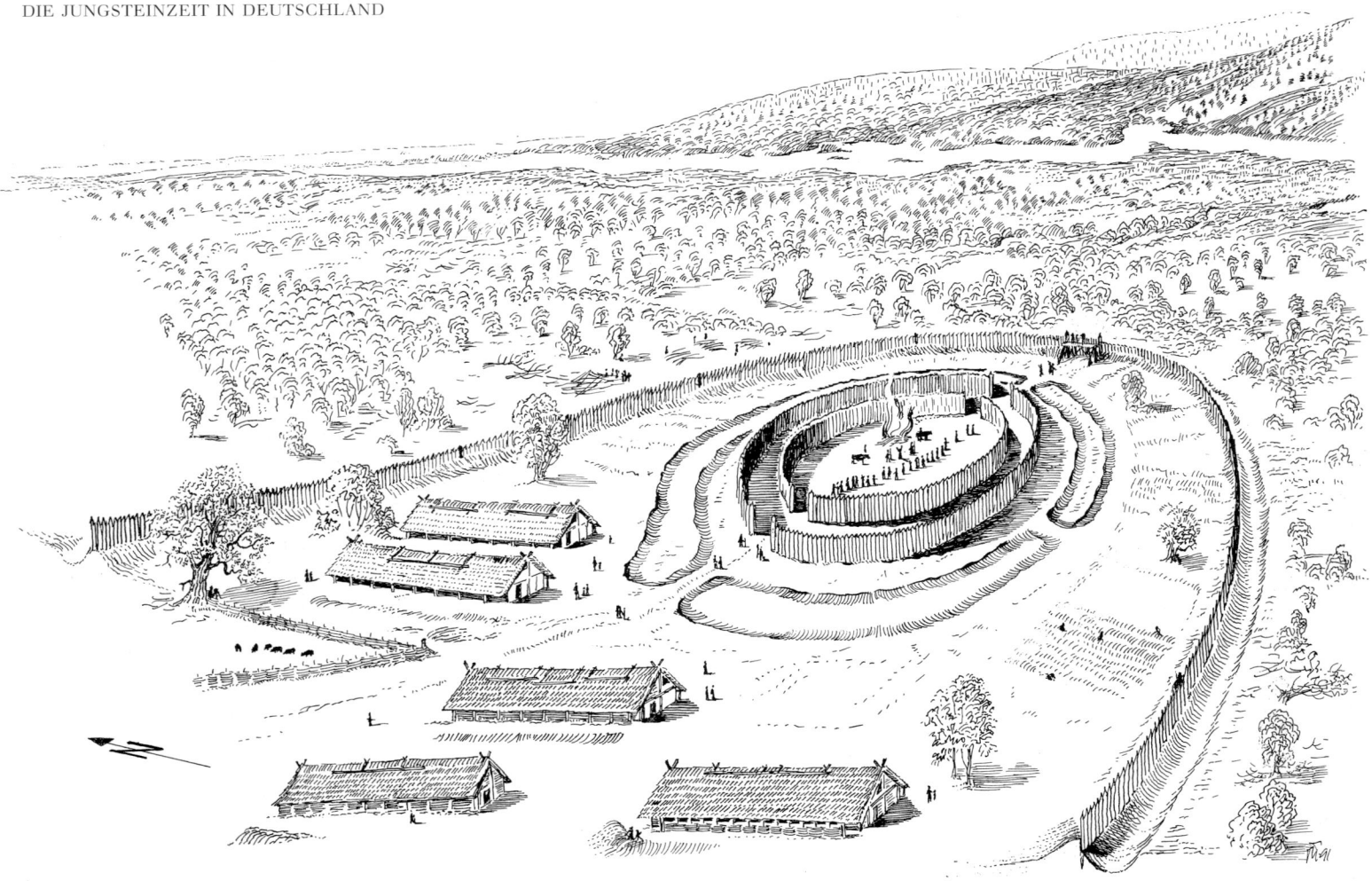

Das Heiligtum von Künzingberg-Unternberg (Kreis Deggendorf) in Bayern zur Zeit der Oberlauterbacher Gruppe. Die Kultanlage wurde von zwei Gräben mit vier Eingängen umgeben. Palisadenwände schützten das Innere des Heiligtums.

Zu den am besten erforschten Kultanlagen der Oberlauterbacher Gruppe gehört das Grabenrondell innerhalb der Siedlung von Künzing-Unternberg. Es wurde 1985 durch das Bayerische Landesamt für Denkmalpflege unter der Leitung der Archäologen Bernd Engelhardt und Jörg Petrasch aus Landshut untersucht.

Die Siedlung von Künzing-Unternberg befand sich auf Teilen eines kleinen Hügels, dessen Fuß von zwei schützenden Gräben umgeben war. Der äußere der beiden Gräben umhegte ein Areal mit einer Länge von etwa 400 Metern und einer Breite von etwa 200 Metern. Die Kuppe des Hügels im Zentrum der Siedlung wurde durch einen kreisförmigen Doppelgraben mit vier regelmäßig angeordneten Eingängen gekrönt. Dies war der Tempel, der vermutlich von einigen Kultgemeinden angelegt worden ist. Eine einzige kleine Dorfgemeinschaft dürfte durch den Bau und Unterhalt einer solchen riesigen Anlage überfordert gewesen sein.

Die Gräben der Kultanlage hatten eine Breite bis zu fünf Metern und reichten stellenweise mehr als vier Meter tief in den Untergrund. Ihr unterster Teil besaß die Form eines langen, engen Schlitzes. Pfostenlöcher in den Grabenböschungen an den Seiten der Eingänge zeigten, daß diese Durchlässe überdacht waren. Das Innere des Heiligtums wurde durch mehrere hintereinander gestaffelte Palisadenwände vor neugierigen Blicken geschützt. Welche kultischen Zeremonien innerhalb dieses Grabenrondells vollzogen wurden, weiß man nicht.

Auf dem Gelände südwestlich vor dem Tempel befand sich ein ovaler Graben, der vermutlich ebenfalls eine kultische Funktion hatte. Vielleicht diente er als Vorläufer des Grabenrondells oder er sollte den Vorplatz des Heiligtums umhegen.

Im Fundgut der Siedlung Künzing-Unternberg sind einige bemalte Tonscherben von besonderem Interesse, da solche sonst der Oberlauterbacher Gruppe fremd sind. Die auffälligen Tonscherben stammen von der in Österreich und Ungarn beheimateten Lengyel-Kultur (s. S. 424). Vermutlich handelt es sich um Reste von Importware.

Neben den erwähnten Grabenrondellen kennt man aus Niederbayern weitere von Gräben umgebene Kultanlagen. Bei ihnen läßt sich oft nicht klar unterscheiden, ob sie der Oberlauterbacher Gruppe oder der zeitgleichen Stichbandkeramischen Kultur (s. S. 272) angehören. Die Forschung rechnet diese unsicher datierten Anlagen allgemein dem älteren ostbayerischen Mittelneolithikum zu.

Der bereits erwähnte Torso einer weiblichen Tonfigur von Oberpöring läßt darauf schließen, daß auch die Oberlauterbacher Leute solche Statuen absichtlich zerbrachen und im Rahmen eines Fruchtbarkeitskultes opferten. Vielleicht mußten dabei – wie in der Linienbandkeramischen und Stichbandkeramischen Kultur üblich – sogar Menschen ihr Leben lassen.

Ein auffälliger Befund aus Dingolfing-Spiegelbrunn[6] (Kreis Dingolfing-Landau) wird als Tieropfer diskutiert. Dort entdeckte man etwa drei Meter von einer mutmaßlichen Palisade entfernt das vollständig bestattete Skelett eines Junghirsches, auf dem eine 5,5 Zentimeter lange Feuersteinklinge lag. Die Art und Weise der Niederlegung läßt an eine rituell motivierte Handlung denken.

Mit Rinderrippen und Geschirr ins Grab

Die Hinkelstein-Gruppe

In Südwestdeutschland ging aus der Linienbandkeramischen Kultur (s. S. 249) die Hinkelstein-Gruppe (etwa 4900 bis 4800 v. Chr.) hervor. Sie war hauptsächlich in Teilen von Baden-Württemberg, Rheinland-Pfalz und Hessen verbreitet. Als Kerngebiete dieser Gruppe gelten die Gegend am Mittel- und Unterlauf des Neckars in Baden-Württemberg sowie das Gebiet von Rheinhessen zwischen Ludwigshafen im Süden und den Flüssen Rhein und Nahe im Norden in Rheinland-Pfalz. Die Hinkelstein-Gruppe wurde als eine mit der Stichbandkeramischen Kultur (s. S. 272) verwandte Erscheinung betrachtet.

Der Begriff Hinkelstein-Gruppe geht auf den Arzt und Heimatforscher Karl Koehl (1847–1929, s. S. 512) aus Worms zurück, der 1898 den Ausdruck Hinkelsteintypus vorschlug. Dieser Name erinnert an das 1866 beim Roden eines Feldes zur Anlage eines Weinberges in Monsheim (Kreis Alzey-Worms) im Gewann Hinkelstein entdeckte Gräberfeld. Dort stand ursprünglich ein etwa zwei Meter hoher Menhir, der im rheinhessischen Volksmund »Hinkelstein« genannt und heute im Schloßhof von Monsheim aufbewahrt wird.[1] Die Funde wurden durch den Mainzer Prähistoriker Ludwig Lindenschmit[2] (1809–1893) untersucht und 1868 beschrieben.

Verziertes Tongefäß der Hinkelstein-Gruppe aus Worms in Rheinland-Pfalz. Höhe 16,5 Zentimeter, größter Durchmesser 23,5 Zentimeter. Original im Museum der Stadt Worms im Andreasstift.

Der Menhir »Hinkelstein« von Monsheim (Kreis Alzey-Worms) in Rheinland-Pfalz, nach dem das Gewann Hinkelstein benannt wurde, auf das der Begriff Hinkelstein-Gruppe zurückgeht. Höhe etwa 2 Meter. Original im Schloßhof von Monsheim.

Die Hinkelstein-Leute unterschieden sich anatomisch nicht von anderen Abkömmlingen der Linienbandkeramiker. Die Männer erreichten manchmal eine Körpergröße bis zu 1,75 Meter – wie ein Skelettfund aus Offenau (Kreis Heilbronn) in Baden-Württemberg zeigt – und die Frauen bis zu 1,60 Meter. Mitunter fand man auch die Skelette von kleinwüchsigen Menschen. So war eine der beiden Frauen unter den fünf Bestattungen von Ditzingen (Kreis Böblingen) in Baden-Württemberg höchstens 1,40 Meter groß.

Untersuchungen der Skelettreste vom Gräberfeld Trebur (Kreis Groß-Gerau) in Hessen zeigten, daß in dieser Gegend etwa ein Drittel der Frauen bereits zwischen dem 20. und 30. Lebensjahr starb. Ursache hierfür waren vor allem schwere körperliche Arbeit und Komplikationen bei der Geburt. Von den Männern erreichten 40,5 Prozent ein Alter über 50 Jahre, von den Frauen nur knapp ein Viertel. Ein 20jähriger Hinkelstein-Mann konnte damit rechnen, 45,8 Jahre alt zu werden. Eine gleichaltrige Frau hatte nur eine Lebenserwartung von knapp 39 Jahren.

Die Skelettreste von den Gräberfeldern Worms-Rheingewann und Worms-Rheindürkheim ließen erkennen, daß auffällig viele Hinkelstein-Leute an Krankheiten litten, die durch einen Mangel an Vitaminen verursacht wurden. So kennt man aus Worms-Rheingewann und Worms-Rheindürkheim unter anderem Fälle von Rachitis (Vitamin-D-Mangel-Krankheit), Skorbut (Vitamin-C-Mangel-Krankheit) und Osteoporose (Knochenschwund). In Worms-Rheindürkheim wies man außerdem die Müller-Barlowsche Krankheit (Vitaminmangelkrankheit bei Kindern), Osteomalazie (Knochenerweichung) und Osteosklerose (Verhärtung des Knochengewebes) nach. Karies wurde an zwei linken oberen Backenzähnen des erwähnten großen Mannes aus Offenau festgestellt.

Frau aus der Zeit der Hinkelstein-Gruppe mit verschiedenen Schmuckstücken und verziertem Tongefäß dieser Kulturstufe.

Über die Wohnweise und die Hausformen der Hinkelstein-Leute weiß man bisher wenig. Spärliche Funde von Hüttenlehm aus Ilsfeld und Lauffen (beide Kreis Heilbronn) in Baden-Württemberg sowie aus Bad Kreuznach und Esselborn (Kreis Alzey-Worms) in Rheinland-Pfalz dokumentieren lediglich die längere Besiedlung eines Platzes. Vermutlich haben diese Menschen ähnliche Häuser wie die Stichbandkeramiker erbaut und bewohnt.

Wie fast allgemein bei den jungsteinzeitlichen Ackerbauern und Viehzüchtern üblich, spielte die Jagd auch bei den Hinkelstein-Leuten keine wichtige Rolle. Daß man gelegentlich mit Pfeil und Bogen einen Rothirsch erlegt hat, deuten durchlochte Hirschzähne aus Gräbern an. Hauptgrundlage der Ernährung waren angebautes Getreide und Linsen sowie geschlachtete Haustiere, zu denen das Rind, das Schwein, das Schaf und die Ziege zählten.

Funde von Steinwerkzeugen aus Amphibolit, Basalt und gebändertem Feuerstein sowie von Schmuckstücken aus *Spondylus*-Muscheln aus Gräbern der Hinkelstein-Gruppe lassen auf Fernverbindungen schließen, da diese Objekte ortsfremd sind. Sie deuten darüber hinaus auf im gewissen Umfang betriebene Tauschgeschäfte hin.

Flüsse wie die Nahe, der Rhein und der Neckar, an deren Ufern die Menschen der Hinkelstein-Gruppe gebietsweise lebten, dürften mit Flößen oder Einbäumen überquert worden sein. Beispielsweise könnte aus der Lage des reichen Gräberfeldes von Worms-Rheingewann geschlossen werden, daß es an der – noch nicht gefundenen, aber gewiß nicht weit entfernt gelegenen – dazugehörigen Siedlung eine Fährstation gab. Die Anzeichen mehren sich, daß die Binnenschiffahrt schon in der Jungsteinzeit eine nicht zu unterschätzende Rolle für den Güteraustausch gespielt hat. So könnte die gewiß flußnahe Lage der Siedlung auch auf wirtschaftliche Motive zurückzuführen sein. Da in den Rheindörfern bis ins vorige Jahrhundert die Malaria

grassierte, wird man auch für urgeschichtliche Zeiten voraussetzen dürfen, daß das Leben in flußnahen Siedlungen gesundheitlich nicht ungefährlich war. Tatsächlich weisen manche pathologische Veränderungen an den Skeletten von Worms-Rheingewann in diese Richtung.

Über die Kleidung der Hinkelstein-Leute weiß man nichts Konkretes. Man nimmt an, daß sie aus Tierleder oder Schafwolle oder Lein geschaffen war. V-förmig eingeschnittene *Spondylus*-Muscheln, wie man sie im Gräberfeld von Flomborn (Kreis Alzey-Worms) gefunden hat, dienten vielleicht als Bestandteile der Kleidung.

Die Hinkelstein-Gruppe unterscheidet sich durch eine große Zahl an Schmuckstücken von der vorhergehenden Linienbandkeramischen Kultur. Bekannt sind unter anderem Hals-, Arm- und Beinketten, Arm- und Beinreifen, Anhänger sowie roter Farbstoff für Schminkzwecke. Schmuck war vor allem bei Frauen beliebt. Man konnte aber auch in Männergräbern mancherlei Schmuckstücke nachweisen. Als Bestandteile von Ketten dienten formschöne Muschel- und Schneckenschalen sowie durchbohrte Eber- und Hirschzähne. Letztere waren so sehr geschätzt, daß man sogar Imitationen davon aus anderem Material anfertigte. Eine in Worms-Rheindürkheim bestattete Frau trug eine Halskette und eine um die Hüften geschlungene Kette. Ein in Offenau (Kreis Heilbronn) beerdigter Mann war mit einer Halskette aus durchlochten Hirschschneidezähnen geschmückt. Neben seinem rechten Oberarm lag ein Rötelstein mit Schleifspuren, unter seinem linken Oberschenkel eine Schminkplatte, die sich zum Abreiben von Rötel eignete.

Nach einem Fund aus Rockenberg (Wetteraukreis) in Hessen zu schließen, haben die Hinkelstein-Leute ebenso wie die gleichzeitigen Stichbandkeramiker und Oberlauterbacher Leute menschengestaltige Tonfiguren geformt. Es handelt sich um ein 5,7 Zentimeter großes Kopffragment. An der Halsunterseite ist der Abdruck eines vierkantig zugeschliffenen Hölzchens zu erkennen, das 0,9 Zentimeter in den Hals bzw. den Kopf hineinreichte. Dieser Paßstift diente dazu, den Anschluß des Kopf-Hals-Teiles am Körper zu stabilisieren. Einzelheiten des Kopfes wurden durch Einstiche in den Ton dargestellt. Sollte es eine stehende Figur gewesen sein, so war sie wohl insgesamt etwa 20 Zentimeter groß. Das tannenzweigartige Muster auf der Rückseite deutete vielleicht das Skelett an.

Die Tongefäße der Hinkelstein-Gruppe wirken insgesamt dunkler als diejenigen der Linienbandkeramischen Kultur. Offenbar wurden sie bei niedrigen Temperaturen gebrannt. Daher macht diese Keramik heute häufig einen brüchigen, wenig haltbaren Eindruck. Vielfach verwendete man bei der Herstellung dieses Geschirrs sandigen oder unreinen Ton. Die Töpfe (Kümpfe) und Becher wurden mit typischen Winkel-, Rauten- und Zweigmustern verziert. Eingeritzte und eingestochene Motive befinden sich oft eng nebeneinander.

Zum Steingeräte-Inventar der Hinkelstein-Gruppe gehörten vor allem Schuhleistenkeile und Flachkeile, die man aus Felsgestein zuschliff. Im Vergleich zur vorhergehenden Linienbandkeramischen Kultur stellte man mehr durchbohrte Werkzeugteile her, die man bequem mit Holzschäften versehen konnte. Die Schuhleistenkeile und Flachkeile dienten als Holzbearbeitungsgeräte beim Fällen von Bäumen sowie beim Haus- und Bootsbau. Außerdem gab es Klingen und Schaber aus Feuerstein, die mit Hilfe von Schlagsteinen geformt wurden. Solche Schlagsteine aus Feuerstein wurden häufig in Männergräbern gefunden. Früher nahm man an, diese Feuersteinknollen mit Schlagspuren seien zum Feuerschlagen benutzt worden. In Frauengräbern lagen vielfach Mahlsteine aus Sandstein, auf denen mit einem kleineren Stein Getreidekörner zerquetscht wurden.

Von den Waffen der Hinkelstein-Leute blieben nur die steinernen Pfeilspitzen erhalten. Sie belegen die Herstellung und Verwendung von Pfeil und Bogen.

Die Hinkelstein-Leute bestatteten ihre Toten unverbrannt in flachen Erdgräbern. In der Regel wurden die Verstorbenen in gestreckter Rückenlage sowie mit ausgestreckten Armen und Beinen zur letzten Ruhe gebettet. Damit und durch reichere

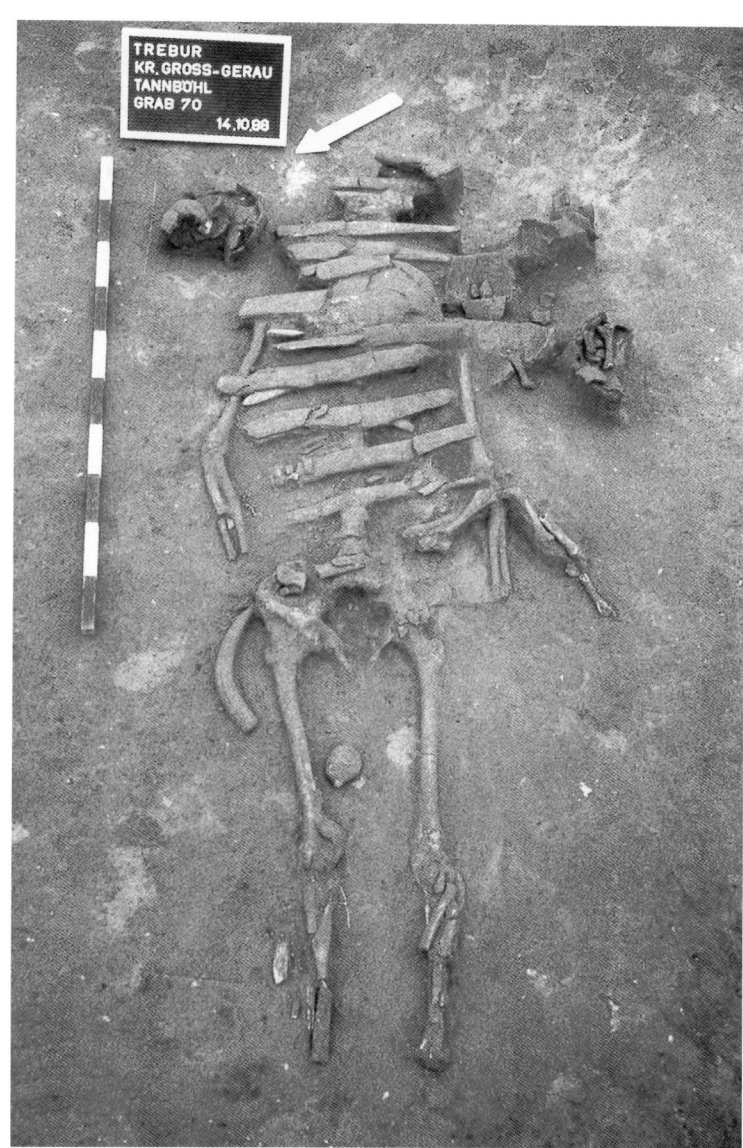

Bestattung eines erwachsenen Mannes von Trebur (Kreis Groß-Gerau) in Hessen mit Rinderrippen über dem Oberkörper. Original im Hessischen Landesmuseum Darmstadt.

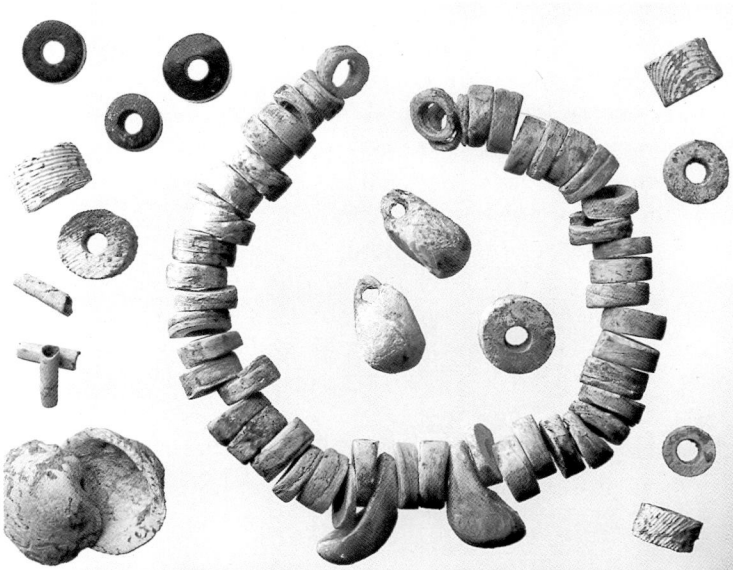

Schmuck aus dem Gräberfeld der Hinkelstein-Gruppe von Trebur (Kreis Groß-Gerau) in Hessen. Durchmesser der Schmuckscheiben etwa 1 Zentimeter. Original im Hessischen Landesmuseum Darmstadt.

Beigaben unterschieden sie sich von den Bestattungen ihrer Vorgänger, die eine Hockerstellung bevorzugten.

Das bisher größte Gräberfeld der Hinkelstein-Gruppe wurde 1988 und 1989 in Trebur[5] (Kreis Groß-Gerau) in Südhessen aufgedeckt. Dort kamen bei Grabungen der Außenstelle Darmstadt des Landesamtes für Denkmalpflege Hessen unter der Leitung des Prähistorikers Holger Göldner insgesamt mehr als 120 Gräber zum Vorschein. Davon werden etwa zwei Drittel der Hinkelstein-Gruppe und ein Drittel der zeitlich folgenden Großgartacher Gruppe (s. S. 285) zugerechnet.

Die Treburer Hinkelstein-Leute betteten ihre Verstorbenen allesamt so zur letzten Ruhe, daß deren Kopf im Südosten lag und die Füße nach Nordwesten wiesen. Bei einem Teil der Toten wurde der Oberkörper, manchmal aber auch der Kopf oder die Beine, mit Rinderrippen abgedeckt. Das Motiv hierfür kennt man nicht. Ein Hinkelstein-Mann ruhte auf einem kopflosen Haustier, vermutlich einem Schaf oder einer Ziege.

Zu den größten Gräberfeldern der Hinkelstein-Gruppe zählen auch die von den bereits erwähnten Fundorten Monsheim-Hinkelstein, Worms-Rheingewann und Worms-Rheindürkheim in Rheinland-Pfalz. Sie sind nur jeweils sechs bis zehn Kilometer

Kopffragment einer menschengestaltigen Tonfigur aus Rockenberg (Wetteraukreis) in Hessen. Höhe 5,7 Zentimeter. Original in der Sammlung von Dipl.-Ing. Peter Schöttler, Friedberg.

voneinander entfernt und wurden allesamt schon im vorigen Jahrhundert entdeckt.

Auf dem Gräberfeld von Monsheim (Gewann Hinkelstein) wies man mehr als 50 Gräber nach. Das Gräberfeld von Worms-Rheingewann wurde 1893 gefunden, als man auf einem Fabrikgelände Nebengebäude errichtete. Bei den Grabungen von Karl Koehl konnte man insgesamt 69 Bestattungen freilegen. Das Gräberfeld von Worms-Rheindürkheim wurde im April 1898 kurz vor Ostern entdeckt. Dort barg Koehl insgesamt

32 Bestattungen. 1902 stieß man in Alzey auf einen kleineren Friedhof mit 13 Bestattungen.

Die in Monsheim-Hinkelstein, Worms-Rheingewann und Worms-Rheindürkheim bestatteten Toten waren fast ausnahmslos streng von Südosten nach Nordwesten ausgerichtet, was offenbar ein Charakteristikum der Hinkelstein-Gruppe ist. Ihr Kopf lag im Südosten. Der Blick war nach Nordwesten gewandt und auch die Beine wiesen in diese Richtung.

Die auffällig reichen Grabbeigaben sollten offenbar das Weiterleben im Jenseits angenehmer gestalten. Auch in einem der Gräber von Alzey waren die Beine des Toten mit Tierrippen überdeckt. Häufig legte man tönernes Eß- und Trinkgeschirr mit ins Grab. Als typische Beigaben in Männergräbern gelten vor allem Schuhleistenkeile, daneben Flachkeile, Feuersteingeräte, Klopfsteine und Rötelstücke zum Schminken. In Frauengräbern fand man neben Mahlsteinplatten und dazugehörigen Läufersteinen vielfach auch Hals- und Armschmuck.

Besonders interessant ist die kleine Gräbergruppe von Ditzingen (Kreis Böblingen) mit insgesamt fünf Bestattungen. Ein Teil der dort beerdigten Menschen wies nämlich anatomische Merkmale der Hinkelstein-Gruppe auf, während die übrigen solche der Großgartacher Gruppe hatten. Demnach dürfte es manchmal Hochzeiten zwischen Angehörigen beider Gruppen gegeben haben.

Die bereits in anderem Zusammenhang erwähnte Bestattung von Offenau[4] fällt durch ihre ungewöhnlich reichen Beigaben aus dem Rahmen des Üblichen. Außer der schon aufgeführten Halskette mit Hirschschneidezähnen sowie dem Rötelstein und der Schminkplatte hatte man diesem Mann auch etwa 50 Hornzapfen von meist jugendlichen Ziegen oder Schafen mit ins Grab gelegt. Diese Trophäen reichten vom Kopf bis zur rechten Hüfte der Leiche, bei der es sich wohl um einen Menschen handelte, der zu Lebzeiten eine besondere gesellschaftliche Stellung innehatte.

Über die Religion der Hinkelstein-Leute läßt sich wenig Konkretes sagen. Man nimmt an, daß es ein Fruchtbarkeitskult ähnlicher Art wie derjenige der Stichbandkeramischen Kultur war. Als Hinweis in dieser Richtung darf man vielleicht das tönerne Kopffragment in Rockenberg werten. Wenn dessen Datierung in die Hinkelstein-Gruppe zutrifft, haben auch die Angehörigen dieser Kulturstufe tönerne Menschenfiguren symbolisch getötet. Spuren von Heiligtümern unter freiem Himmel mit Doppelgräben sowie Hinweise auf Menschenopfer kennt man bisher allerdings noch nicht. Angesichts der Nachweise aus der zeitgleichen Stichbandkeramischen Kultur (s. S. 272) wären sie eigentlich zu erwarten.

Die buntbemalten Häuser von Großgartach

Die Großgartacher Gruppe

Ebenfalls mit der Stichbandkeramischen Kultur (s. S. 272) verwandt gilt die Großgartacher Gruppe (etwa 4800 bis 4600 v. Chr.). Sie war in Teilen von Baden-Württemberg (Nekkarland, Hegau), Bayern (Nördlinger Ries, Unterfranken), Rheinland-Pfalz (Pfalz, Rheinhessen), Hessen (Main-Mündungsgebiet, Wetterau, Nordhessen), Nordrhein-Westfalen und im Elsaß beheimatet.

Den Begriff Großgartacher Gruppe hat 1901 der Arzt und Urgeschichtsforscher Alfred Schliz (1849–1915, s. S. 514) aus Heilbronn vorgeschlagen. Er basiert auf den Funden aus der Siedlung von Großgartach[1] (Kreis Heilbronn) in Baden-Württemberg. Die Großgartacher Gruppe wird als Vorläuferin der Rössener Kultur (s. S. 292) betrachtet. Statt der Bezeichnung Großgartacher Gruppe findet man in der älteren Fachliteratur auch die Synonyme Südwestdeutsche Stichkeramik oder Jungrössen.

Die Großgartacher Leute erreichten – ähnlich wie die Stichbandkeramiker – eine Körpergröße bis zu 1,70 Meter bei den Männern und bis zu 1,60 Meter bei den Frauen. Bei der Bevölkerung im Raum Trebur (Kreis Groß-Gerau) in Hessen herrschte im Gegensatz zu vergleichbaren Kulturstufen ein Frauenüberschuß. Das zeigte der Anteil der Geschlechter im dortigen Gräberfeld. Ungeachtet einer starken Abkauung der Zähne waren Karies und Parodontose äußerst selten.

Diese Menschen lebten in Einzelgehöften, unbefestigten oder mit Gräben und Palisaden befestigten Dörfern. In der namengebenden Siedlung Großgartach entdeckte man Lehmbrocken mit geglätteter Oberfläche, auf die bunte Zickzackmuster aufgemalt waren. Demnach haben die einstigen Bewohner vermutlich die Innenwände ihrer Behausungen farbig ausgeschmückt. Als Baumaterial für die Häuser dienten Baumstämme für das tragende Gerüst, Lehm und Ruten für das Flechtwerk der Außenwände sowie Schilf oder anderes Abdeckmaterial für das Dach.

Mancherorts stieß man auf Reste von ausgedehnten Befestigungsanlagen. So fand man beispielsweise an der Fundstelle Langweiler 12[2] (Kreis Düren) auf der Aldenhovener Platte in Nordrhein-Westfalen eine noch teilweise erhaltene Grabenanlage. Es handelt sich um einen Grabenhalbkreis von 136 Meter Länge, dessen offene Seite zu einem Oval von etwa 75 bis 100 Metern zu ergänzen sein dürfte. Der Graben ist 0,50 bis 1,80 Meter breit und 0,30 bis 1,10 Meter tief. Die Grabenwände wurden steil gestaltet, die Grabensohle war flach. An der talwärts gerichteten Ostseite des Grabenteilstückes stellte man drei Unterbrechungen von 3,50, 4,50 und 2 Meter Breite fest, die wohl als Durchlässe dienten. Im Abstand von zwei bis vier Metern hinter dem Graben hatte man einst eine Palisadenreihe errichtet, die als Schutz vor eventuellen Angreifern gedacht war. Im Innern der Grabenanlage konnte man keine Gebäudereste beobachten. Dagegen barg man aus Gruben vor dem Graben Reste von Tongefäßen der Großgartacher Gruppe, die von einer ehemaligen Besiedlung zeugen.

Eine andere Befestigungsanlage auf der Aldenhovener Platte, nämlich die von Jülich-Welldorf (Kreis Düren), wird in die Übergangzeit zwischen Großgartacher Gruppe und Rössener Kultur datiert.

Die Ackerbauern und Viehzüchter der Großgartacher Gruppe haben gelegentlich mit Pfeil und Bogen verschiedene Wildtiere erlegt. Dies geschah vermutlich, um für etwas Abwechslung in der Ernährung zu sorgen oder um Rohmaterial für bestimmte Geräte oder Schmuck zu gewinnen. Verbrannte Jagdbeutereste kennt man von der innerhalb der Gemeinde Ammerbuch-Reusten (Kreis Tübingen) gelegenen Flur »Stützbrunnen«. Dort fand man neben Tongefäßen der Großgartacher Gruppe auch ein Fragment vom rechten Oberschenkelknochen eines Rothirsches, den Hornzapfenrest eines Rindes und ein Gerätebruchstück aus einem Knochen, der vermutlich von einem Auerochsen stammte.

Keramik aus Grab 17 von Trebur (Kreis Groß-Gerau) in Hessen, in dem eine 52- bis 57jährige Frau aus der Großgartacher Gruppe lag. Höhe des zweiten Tongefäßes von links 15,5 Zentimeter. Original im Hessischen Landesmuseum Darmstadt.

Funde aus Siedlungen und Gräbern der Großgartacher Gruppe dokumentieren eine Vorliebe für Schmuck aus durchbohrten Eberhauern. In Gräbern wurden solche Schmuckstücke auf der Brust oder paarig am Oberarm des Toten angetroffen. Vielleicht handelt es sich um Besatzteile der Kleidung oder um Anhänger. Der Eberhauerschmuck ist zudem ein Hinweis dafür, daß mitunter Wildschweine gejagt wurden.

Typische Tongefäße der Großgartacher Gruppe sind der Knickbecher, der Fußbecher, die Zipfelschale und das Schiffchen. Die Gefäße wurden mit Stichreihenbändern, aber auch Doppelstich, Girlanden und Wolfszahnmustern in stark aufgelockerter Anordnung verziert. Manchmal brachte man auf der Außenseite Ösen, Knubben oder Zipfel an.

Als eine Übergangserscheinung zwischen der Großgartacher Gruppe und der folgenden Rössener Kultur gelten die Tongefäße der Planig-Friedberg-Gruppe. Sie besitzen sowohl Kennzeichen der erstgenannten als auch der Rössener Kultur. Den Namen Planig-Friedberg-Gruppe hat 1938 der damals in Marburg studierende Prähistoriker Armin Stroh geprägt. Er erinnert an die Fundorte Planig (Kreis Bad Kreuznach) in Rheinland-Pfalz und Friedberg (Wetteraukreis) in Hessen. Charakteristisch für diese Keramik ist die flächendeckende, teppichartige Stichverzierung.

Die Töpfer der Großgartacher Gruppe und der Planig-Friedberg-Gruppe formten unter anderem auch merkwürdige Traggefäße, die einer in Ton nachgeahmten Tasche aus Leder gleichen. Je ein solches Gefäß wurde in Eberstadt (Wetteraukreis) und bei Ammerbuch-Reusten (Kreis Tübingen) entdeckt. Ersteres wird in die Großgartacher Gruppe datiert, zweites in die Planig-Friedberg-Gruppe.

Das besonders gut erhaltene Traggefäß von Ammerbuch-Reusten besaß keinen Standboden, dafür jedoch eine Aufhängevorrichtung, die auf einen Transport am Körper hindeutet, sowie eine ovale Mündung mit ausladendem Rand. Die Bodenlänge des Traggefäßes mißt 22,5 Zentimeter, die Höhe maximal 11,5 Zentimeter und der Mündungsdurchmesser 17,8 x 16 Zentimeter. Die 0,6 Zentimeter starke Wandung ist steil geformt. An den Schmalseiten endet sie in zwei zipfelförmigen Spitzen.

Knapp vier Zentimeter unter dem Rand des Traggefäßes im Bereich der Rand- und Schulterverzierung befinden sich drei horizontal angebrachte Ösen: zwei an den Langseiten, eine in der Mitte der gegenüberliegenden Seite. Durch diese Ösen fädelte man die Tragschnüre. An der dem Körper zugewandten Seite sind Abnutzungsspuren zu erkennen.

Ähnlich ovale Traggefäße kennt man auch von anderen jungsteinzeitlichen Kulturstufen.

Das Geräteinventar der Großgartacher Leute umfaßte unter anderem Schuhleistenkeile und Flachkeile aus Felsgestein zur Holzbearbeitung sowie Feuersteinwerkzeuge für verschiedene Zwecke. Auch aus Tierknochen stellte man Werkzeuge her. Als Waffe für die Jagd und den Kampf standen Pfeil und Bogen zur Verfügung.

Die Großgartacher Leute haben ihre Verstorbenen meist unverbrannt einzeln oder in Gruppen bestattet. Ein größeres Gräber-

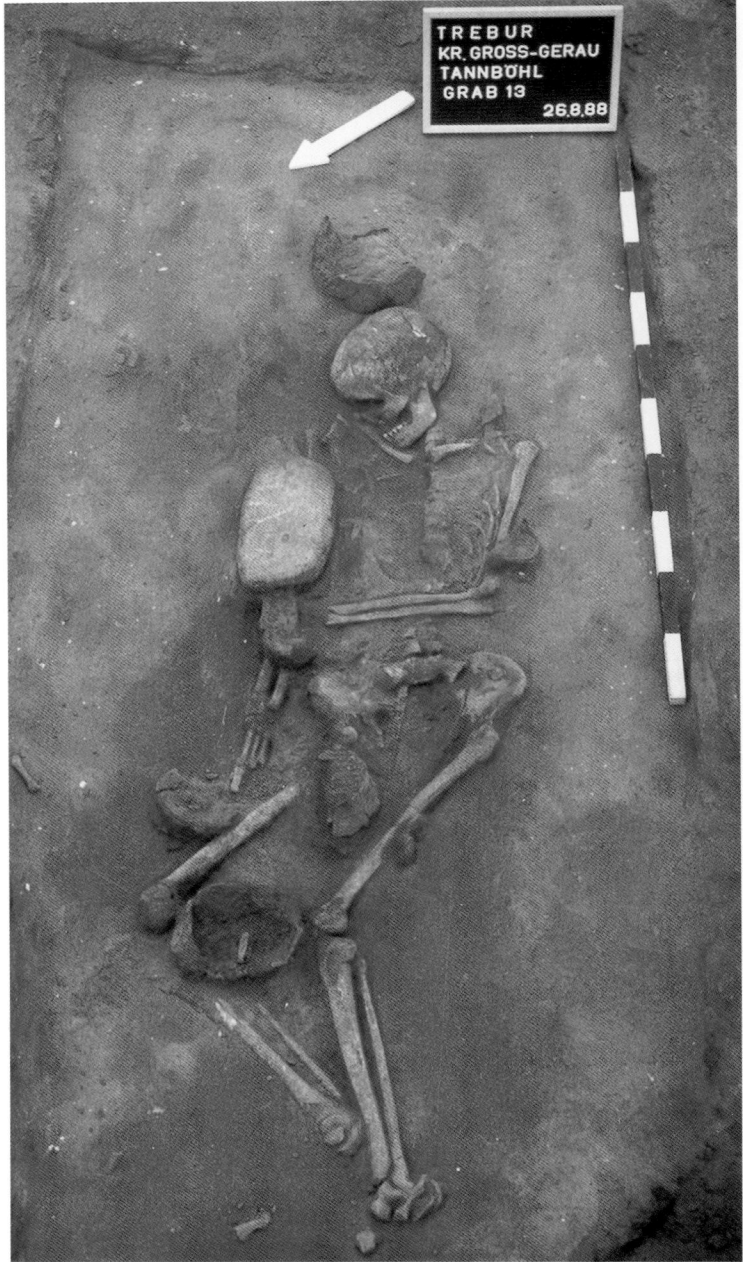

Grab 13 von Trebur (Groß-Gerau) in Hessen mit der Bestattung einer 35- bis 40jährigen Frau. Original im Hessischen Landesmuseum Darmstadt.

feld wurde – wie erwähnt (s. S. 283) – in Trebur[3] (Kreis Groß-Gerau) in Hessen entdeckt. Dort hat man 1988/89 mehr als drei Dutzend Bestattungen der Großgartacher Gruppe freigelegt. Die in Trebur zur letzten Ruhe gebetteten Verstorbenen lagen gestreckt auf dem Rücken. Nur in seltenen Fällen waren die Beine leicht zum Körper hin angezogen. Anders als bei der zeitlich vorangegangenen Hinkelstein-Gruppe richteten die Großgartacher Leute von Trebur die Bestattungen nicht mehr akkurat in Südost-Nordwest-Richtung aus. Der Kopf befand sich häufig im Nordwesten. Vereinzelt hat man Tote auch verbrannt. Ein Teil der Beigaben in Gräbern der Großgartacher Gruppe belegt den Glauben an das Weiterleben nach dem Tode.

Kulturen zur Zeit der Ertebölle-Ellerbek-Kultur ▷
(Rössener Kultur folgte auf die Stichbandkeramische Kultur).

Vorboten der Jungsteinzeit im Norden

Die Ertebölle-Ellerbek-Kultur

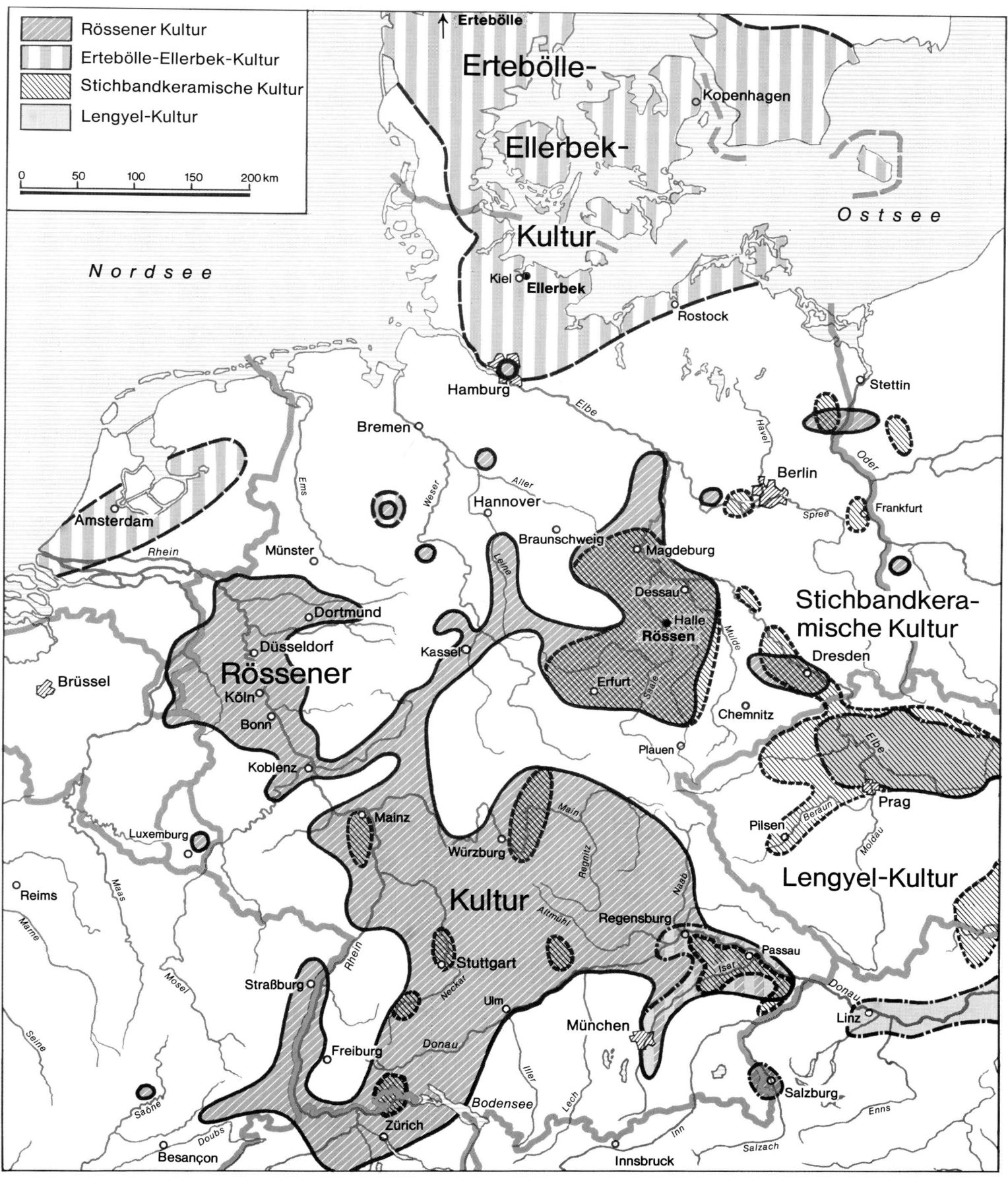

Legend:
- Rössener Kultur
- Ertebölle-Ellerbek-Kultur
- Stichbandkeramische Kultur
- Lengyel-Kultur

0 50 100 150 200 km

Ertebölle

Ertebölle-Ellerbek-Kultur

Kopenhagen

O s t s e e

N o r d s e e

Kiel
Ellerbek

Rostock

Stettin

Hamburg

Elbe

Bremen

Havel

Berlin

Oder

Frankfurt

Amsterdam

Aller

Hannover

Spree

Weser

Münster

Braunschweig

Magdeburg

**Stichbandkera-
mische Kultur**

Rhein

Ems

Leine

Dessau

Halle

Rössen

Dresden

Dortmund

Kassel

Saale

Erfurt

Mulde

Düsseldorf

Rössener

Chemnitz

Brüssel

Köln

Plauen

Bonn

Koblenz

Pilsen

Beraun

Prag

Luxemburg

Mainz

Main

Lengyel-Kultur

Moldau

Reims

Würzburg

Regnitz

Maas

Kultur

Naab

Marne

Altmühl

Regensburg

Passau

Stuttgart

Donau

Straßburg

Neckar

Ulm

Isar

Linz

Rhein

München

Freiburg

Donau

Iller

Salzburg

Mosel

Seine

Lech

Enns

Bodensee

Inn

Saône

Zürich

Salzach

Doubs

Besançon

Innsbruck

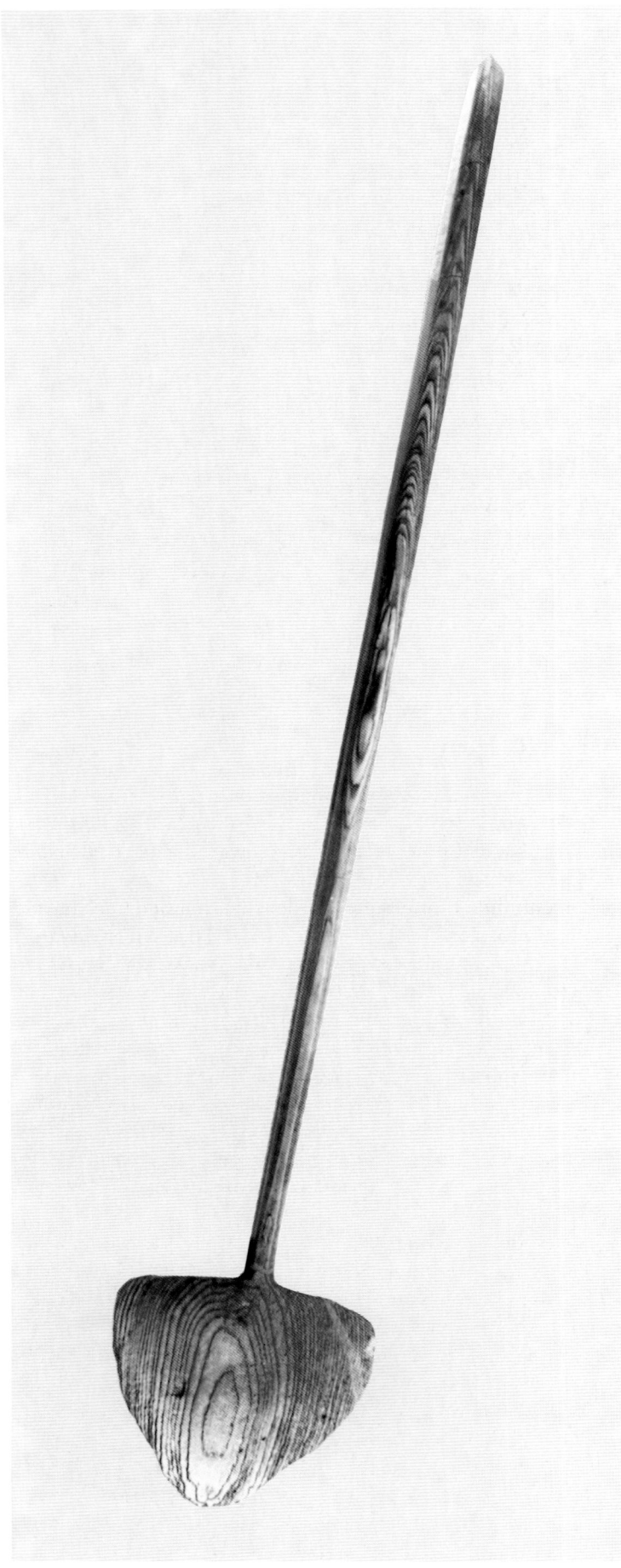

Holzspaten aus dem Satruper Moor von Satrup (Kreis Schleswig-Flensburg) in Schleswig-Holstein. Länge nahezu 1,50 Meter. Original im Archäologischen Landesmuseum der Christian-Albrechts-Universität, Schleswig.

Im nördlichen Mitteleuropa begann die Jungsteinzeit merklich später als in den südlicher gelegenen Gebieten, wo die ersten Bauern, wie erwähnt, schon um 5500 v.Chr. eingewandert sind. Unter dem Einfluß der frühen Ackerbauern und Viehzüchter aus dem südlichen Mitteleuropa bildete sich im Norden die Ertebölle-Ellerbek-Kultur (etwa 5000 bis 4300 v.Chr.) heraus. Sie war in Schleswig-Holstein, Mecklenburg, im nördlichen Niedersachsen, in Dänemark und in Südschweden verbreitet und hat die spätmittelsteinzeitliche Oldesloer Gruppe (s. S. 212) abgelöst.

Die Ertebölle-Ellerbek-Kultur vereinte mittelsteinzeitliche Relikte und jungsteinzeitliche Kulturelemente. Diese Kultur wird nach einem Vorschlag des damals in Köln lehrenden Prähistorikers Hermann Schwabedissen aus dem Jahr 1972 nicht mehr der Mittelsteinzeit, sondern der sich anbahnenden Jungsteinzeit zugerechnet. Dafür verwendete er den Begriff Protoneolithikum. Ungeachtet dessen ordnet man in Dänemark diese Kultur weiterhin der Mittelsteinzeit zu.

Der Name Ertebölle-Ellerbek-Kultur wurde 1958 von Schwabedissen (s. S. 514) eingeführt. Älter sind die Bezeichnungen Ertebölle-Kultur, die 1900 von dem dänischen Prähistoriker Sophus Müller (1846–1934) aus Kopenhagen vorgeschlagen worden ist, und Ellerbek-Stufe, die 1925 von dem damals in Hamburg tätigen Prähistoriker Gustav Schwantes (1881–1960) geprägt wurde. Diese Bezeichnungen erinnern an die Fundorte Ertebölle im Limfjord bei Aalborg in Dänemark und Kiel-Ellerbek auf dem Ostufer der Kieler Förde in Schleswig-Holstein.

Eine lokale Gruppe der Ertebölle-Ellerbek-Kultur auf Rügen wird nach dem Fundort Lietzow als Lietzow-Kultur[1] bezeichnet.

In den linden- und teilweise erlenreichen Eichenmischwäldern aus dieser Zeit lebten unter anderem Braunbären, Auerochsen, Rothirsche, Rehe, Wildschweine, Luchse, Wölfe, Füchse, Wildkatzen und Marder. Robbenknochen aus der Husumer Gegend belegen das Vorkommen dieser Tierart in der Nordsee. In vielen Seen gab es Biber und Fischotter.

Zur Zeit der Ertebölle-Ellerbek-Kultur lag der Meeresspiegel der Ostsee etwa zwei bis drei Meter tiefer als heute. Deshalb waren damals etliche Gebiete vor Schleswig-Holstein, Mecklenburg und Dänemark, die heute von der Ostsee bedeckt werden, noch Festland. Dies und das spätere Absinken des Untergrundes sind die Ursachen dafür, daß zahlreiche Ufersiedlungen der Ertebölle-Ellerbek-Kultur jetzt im Meer versunken sind.

Die Menschen der Ertebölle-Ellerbek-Kultur stammten von mittelsteinzeitlichen Jägern, Fischern und Sammlern ab – beispielsweise von Angehörigen der Boberger Stufe (s. S. 200) und der Oldesloer Gruppe (s. S. 212). Es handelte sich also um eine alteingesessene, bodenständige Bevölkerung, welche die neuen Kultureinflüsse aus dem südlichen Mitteleuropa übernahm. Dies erfolgte durch Kontakte mit Stichbandkeramikern und wohl besonders Rössener Leuten, mit denen neben bestimmten Produkten auch Ideen ausgetauscht wurden.

Bisher sind aus Deutschland nur wenige Skelettreste von Ertebölle-Ellerbek-Leuten bekannt geworden. Dazu gehören vermutlich einige Skelette aus Groß Fredenwalde (Kreis Templin) in Mecklenburg, die früher der darauffolgenden Trichterbecher-Kultur zugeordnet wurden. In die Ertebölle-Ellerbek-Kultur datiert man auch den Schädelrest eines wenig über 30 Jahre alten kräftigen Mannes, der in etwa fünf Meter Tiefe unter dem

Fischfang mit Einbaum und Aalstecher zur Zeit der Ertebölle-Ellerbek-Kultur in Schleswig-Holstein.

heutigen Meeresspiegel vor der Küste der Ostseeinsel Rügen bei Drigge ausgebaggert wurde. Außerdem rechnet man Schädelreste einer erwachsenen Frau aus Ralswiek-Augustenhof (Kreis Rügen) zu dieser Kultur.

Die bisher aus Dänemark bekannten Skelettfunde von Ertebölle-Ellerbek-Leuten zeigen, daß die Männer dieser Kultur eine Durchschnittsgröße von etwa 1,70 Meter und die Frauen von etwa 1,55 Meter erreichten.

Die Ertebölle-Ellerbek-Leute wohnten in wenige Meter großen Hütten. Manchmal bildeten mehrere solcher Behausungen kleine Dörfer. Die Siedlungen lagen an der Ostseeküste und im Binnenland. Als Baumaterial für die Hütten dienten vermutlich Baumstämme für das Gerüst und Schilf für das Dach.

Am Limfjord stieß man auf die Siedlungsspuren des namengebenden dänischen Fundortes Ertebölle. Dabei handelt es sich um einen 140 Meter langen, 30 bis 40 Meter breiten und bis zu 1,50 Meter hohen Muschelhaufen, der von 1893 bis 1897 bei Ausgrabungen des Nationalmuseums Kopenhagen untersucht wurde. Der Muschelhaufen enthielt neben unzähligen Speiseresten reiche Hinterlassenschaften der Ertebölle-Ellerbek-Kultur. Solche Küchenabfallhaufen (dänisch: Kjøkkenmøddinger) waren innerhalb der Ertebölle-Ellerbek-Kultur eine Sondererscheinung an den Küsten Jütlands und Seelands. Die ersten Kjøkkenmøddinger wurden 1849 durch den dänischen Archäologen Jens Jacob Asmussen Worsaae (1821–1885) aus Kopenhagen entdeckt und 1850 beschrieben. Eine eigene Muschelhaufen-Kultur – wie man früher annahm – gab es jedoch nicht. An der schleswig-holsteinischen Ostseeküste konnte man keine derartigen Muschelhaufen nachweisen.

Der namengebende deutsche Fundort Ellerbek an der Kieler Förde, der heute vom Wasser der Ostsee bedeckt ist, befand sich einst im küstennahen Binnenland. Auf ihn wurde man bei Baggerungen von 1876 bis 1903 für die Reichskriegsmarine aufmerksam, als urtümliche Tongefäße sowie Geräte aus Knochen und Geweih zum Vorschein kamen.

Im küstennahen Binnenland wurde in Marienbad bei Neustadt in Holstein in der Nähe eines Binnensees eine Siedlung angelegt. Die ersten Siedlungsspuren entdeckte 1889 der Sanitätsrat Ernst Brüchmann (1840–1911), der in Neustadt als Arzt wirkte und 1908 das Kreismuseum in Neustadt gründete.

Besonders viele Siedlungen kennt man von der heutigen Ostseeinsel Rügen, die in der Jungsteinzeit noch ein Teil des Festlandes war (s. S. 169). Dort konnte man bisher 15 Siedlungen feststellen, die an der damaligen Ostseeküste lagen und der schon erwähnten lokalen Lietzow-Kultur angehörten. Zu den bekanntesten dieser Fundorte auf Rügen zählen Lietzow[2] und Ralswiek.

Im Leben der Ertebölle-Ellerbek-Leute spielten die Jagd, der Fischfang und das Sammeln – im Gegensatz zu den zeitgleichen frühen Bauernkulturen – noch eine große Rolle. Die Jagd und der Fischfang waren vermutlich Sache der Männer, während das Sammeln von eßbaren Pflanzen und Kleintieren wahrscheinlich von den Frauen und Kindern besorgt wurde. Die Funde auf Rügen legen nahe, daß man unter anderem Kegel- und Ringelrobben jagte.

Zum Fischfang wurden auch sogenannte Aalstecher verwendet, mit denen man Fische vor allem während ihrer Winterstarre im Schlamm der Binnenseen aufspießen konnte. Beim Stoß mit diesem Gerät geriet die Beute zwischen zwei federnde Zinken aus Holz. Sie wurde von diesen eingeklemmt und auf den dazwischenliegenden Dorn gespießt. Am dänischen Fundort Tybrind Vig auf Fünen hat man aus Knochen geschnitzte Angelhaken gefunden.

Der Ackerbau war für die Menschen der Ertebölle-Ellerbek-Kultur noch nicht so wichtig wie beispielsweise für die zeitgleichen stichbandkeramischen und Rössener Bauern in südlicheren Gebieten Deutschlands. Man nimmt an, daß sie Getreide nur auf kleinen Ackerbeeten oder in einer Art von Hausgarten aussäten und ernteten. Manche Prähistoriker vermuten, diese Hausgärten seien von Frauen mit Hilfe von Holzspaten bestellt worden.

Als erste Ansätze von Viehzucht deutet man Knochenfunde von Haustieren an mehreren Fundorten der Ertebölle-Ellerbek-Kultur, die zumeist vom Rind stammen. Vermutlich hat man in unmittelbarer Nachbarschaft der Behausung einige Rinder als Fleischlieferanten gehalten. Diese ersten Elemente der Bauernsteinzeit sind allerdings nur auf dem schleswig-holsteinischen Fundplatz Rosenhof bei Dahme (Kreis Ostholstein) am einstigen Ostseeufer nachweisbar. Die Deutung der Funde ist jedoch noch umstritten.

Als Nahrungsmittel dienten vor allem Wildbret, Fische sowie gesammelte Haselnüsse, Beeren und Kräuter. Getreidekörner und geschlachtete Haustiere waren lediglich eine zusätzliche Nahrung. Auf Jütland und Seeland wurden, wie die Abfälle zeigen, Austern und Muscheln als Speise geschätzt. Die an der schleswig-holsteinischen Ostseeküste lebenden Menschen mußten auf solche Leckerbissen verzichten, weil dort Austern und bestimmte Muschelarten infolge des geringen Salzgehaltes schlechte Lebensbedingungen vorfanden.

Das Saatgut und die Haustiere sind wahrscheinlich durch Tauschgeschäfte mit Angehörigen der Rössener Kultur in die Hände der Ertebölle-Ellerbek-Leute gelangt, die dafür Naturalien als Gegengabe boten. Der Kontakt mit den südlichen Zeitgenossen wird durch Funde von Boberg bei Hamburg belegt, wo Tongefäße der Stichbandkeramischen Kultur und der Rössener Kultur zusammen mit solchen der Ertebölle-Ellerbek-Kultur angetroffen wurden. Vielleicht hat man in diesen importierten Tongefäßen gewisse Tauschwaren – beispielsweise Saatgut – transportiert.

Auf dem Wasser bewegten sich die Ertebölle-Ellerbek-Leute mit großen Einbäumen, die einer ganzen Familie Platz boten. Damit konnte man zum Fischfang fahren, aber auch schwere oder sperrige Güter befördern.

Ein 6 Meter langer und maximal 60 Zentimeter breiter Einbaum ließ sich von drei Erwachsenen mit Hilfe von Feuersteinbeilen innerhalb von elf Tagen herstellen, wenn sie täglich acht Stunden daran arbeiteten. Dies ergab der Bau eines solchen Wasserfahrzeuges durch die Archäologen Marco Adameck aus Pinneberg sowie Marquardt Lund und Kai Martens aus Hamburg. In diesem Gefährt konnten drei Paddler eine durchschnittliche Reisegeschwindigkeit von 3,5 Stundenkilometern erreichen.

Fahrversuche mit dem Einbaum ergaben, daß in ihm auf einem ruhigen Gewässer bis zu fünf erwachsene Menschen paddeln konnten. Auch wenn er nur von einer Person besetzt war, konnte der Einbaum nahezu auf der Stelle gewendet werden. Der dicke und schwere Boden verhinderte das Kentern. Selbst bei der einseitigen Belastung einer Bordwand durch zwei Personen kippte der Einbaum weder um, noch schlug Wasser hinein. Die größte Gefahr bildeten kurze, in den Einbaum hineinschlagende Wellen, wie sie auf den größeren Ostholsteiner Seen ab Windstärke 4 bis 5 auftreten. Bei ruhigem Wetter läßt sich sogar die Ostsee damit befahren.

Tongefäß (sogenannte Kruke) mit dicken Wänden und spitzem Boden von Grube (Rosenhof) im Kreis Ostholstein in Schleswig-Holstein. Höhe etwa 12 Zentimeter. Original im Archäologischen Landesmuseum der Christian-Albrechts-Universität, Schleswig.

In Tybrind Vig auf Fünen (Dänemark) wurden ein fast komplett erhaltener Einbaum sowie ein Bruchstück des Hecks eines noch größeren Bootes ähnlichen Typs entdeckt.[3] Der weitgehend erhaltene Einbaum ist etwa 9,50 Meter lang, 0,65 Meter breit und besitzt 3 Zentimeter dicke Wände. Darin konnten ungefähr sechs bis acht Personen sitzen.

Die Einbäume von Tybrind Vig wurden mit Paddeln fortbewegt, von denen etliche Exemplare zum Vorschein kamen. Diese Paddel hatte man aus Eschenholz geschnitzt. Sie bestehen aus einem einzigen Stück, haben ein kurzes, herzförmiges Ruderblatt und einen Schaft von mehr als einem Meter Länge. Zwei der größeren Paddel waren auf dem Ruderblatt verziert. Das Muster wurde in die Oberfläche des Holzes eingeschnitten und mit einem bräunlichen Material gefüllt.

Womit sich die Ertebölle-Ellerbek-Leute gerne schmückten, verraten die Funde von dem erwähnten kleinen Gräberfeld Stroby Egede[4] in Dänemark. So barg man hinter dem Schädel einer 18jährigen Frau eine Knochennadel, mit der vermutlich die Frisur aufgesteckt wurde. In der Beckenregion derselben Frau fand man Perlen aus Hirschzähnen, die vielleicht auf den Rock aufgenäht waren oder von einer Kette stammten. Auch bei einem neun- bis zehnjährigen Kind konnte man Perlen aus Hirschzähnen am Becken nachweisen.

Sogar neugeborene Kinder wurden mit Schmuck ins Grab gelegt. Beim Schädel eines Neugeborenen in Stroby Egede fand man eine aus dem Zahn eines Wildschweines geschnitzte Perle und Reste eines Rehhufes, der womöglich ebenfalls als schmückendes Element gedacht war. Ein weiteres Neugeborenes trug am Schädel einen durchlochten Schneidezahn von einem Wildschwein sowie einige Perlen aus Hirschzähnen. Vielleicht hat dieser Schmuck eine Mütze oder Haube verschönert.

Kunstwerke aus der Ertebölle-Ellerbek-Kultur gelten bisher als Seltenheiten. Eines dieser raren Stücke ist ein Hirschgeweihbeil, das senkrecht neben dem Schädel eines in Strøby Egede bestatteten, etwa 30jährigen Mannes steckte und Stichornamente aufwies.

Die dickwandigen und spitzbödigen Tongefäße der Ertebölle-Ellerbek-Kultur gelten als die älteste Keramik im nördlichen Niedersachsen, in Schleswig-Holstein, in Mecklenburg und in Dänemark. Diese Gefäße wurden aus Tonwülsten aufgebaut, die man innen und außen glatt strich. Die auffällige Spitze am Boden setzte man abschließend an oder drückte sie von innen heraus. Derartige Tongefäße mit spitzem Boden konnte man gut zwischen zwei Steine über ein Feuer stellen. Die Spitze sorgte dabei für sicheren Halt. Die spitzbödigen Tongefäße werden als Kruken bezeichnet.

Zum Geräteinventar der Ertebölle-Ellerbek-Kultur gehörten weiterhin die schon in der Mittelsteinzeit im Norden üblichen Scheibenbeile und Kernbeile, wobei erstere überwogen. Außerdem fand man Scheibenmeißel und zahlreiche Sägen aus Feuerstein. Daneben gab es auch Geräte aus Knochen und Geweih wie beispielsweise Hirschgeweihäxte mit Tülle um das Schaftloch.

Auch bei den Waffen entwickelte man neue Formen. So kamen kleine Pfeilspitzen und Harpunenzähne, die in der Mittelsteinzeit typisch waren, außer Mode. Dagegen wurden die klaffende Wunden verursachenden querschneidigen Pfeilbewehrungen weiter verwendet. Sie belegen den Gebrauch von Pfeil und Bogen als Jagd- und Kampfwaffe. Außerdem hat man große Harpunenspitzen aus Geweih geschnitzt und damit Holzschäfte bewehrt.

Die Ertebölle-Ellerbek-Leute haben ihre Toten fürsorglich zur letzten Ruhe gebettet und mit Grabbeigaben versehen. So wurden die Bestattungen vom erwähnten Fundort Groß Fredenwalde mit Rötel überhäuft und mit Feuersteinklingen ausgestattet. Auch der damals offenbar recht beliebte Schmuck aus Zahnperlen fehlte nicht. Im Gräberfeld von Strøby Egede sind vielleicht die männlichen und die weiblichen Toten getrennt beerdigt worden. Die mit ins Grab gelegten Geräte aus Stein oder Geweih lassen darauf schließen, daß man an das Weiterleben im Jenseits glaubte.

Im Gräberfeld Skateholm II⁵ in Schweden wurde ein rätselhafter, bis dahin von keiner Fundstelle aus dieser Zeit bekannter Kultplatz entdeckt. Dabei handelt es sich um eine rechteckige Fläche von 4 x 4 Metern, deren Seiten durch einen Gürtel von ockerfarbenem Sand begrenzt worden sind. Die Innenfläche wurde von einer Mischung aus Ruß und Sand bedeckt. In der westlichen Hälfte der Innenfläche lag eine trapezförmige dünne Ockerschicht unter der Ruß-Sand-Mischung. Pfostenlö-

Scheibenbeile aus Feuerstein vom namengebenden Fundort Ellerbek bei Kiel in Schleswig-Holstein. Länge etwa 8 Zentimeter. Originale im Archäologischen Landesmuseum der Christian-Albrechts-Universität, Schleswig.

cher deuten darauf hin, daß der Kultplatz überdacht gewesen sein könnte. Im äußeren Gürtel aus ockerfarbenem Sand fand man Feuerstein und Knochen.

Mit der Religion der Ertebölle-Ellerbek-Leute waren auch Menschenopfer und rituell motivierter Kannibalismus verbunden. Einen sicheren Hinweis hierfür lieferte ein Fund aus Dyrholmen im östlichen Jütland (Dänemark). An dort entdeckten Skeletteilen eines Menschen konnte man zahlreiche Schnittspuren beobachten, die vom Entfernen des Fleisches mit Hilfe von Feuersteinmessern herrühren. Außerdem waren Röhrenknochen zertrümmert worden, damit man das Mark entnehmen und verzehren konnte.

Als weiterer Beleg für eine kultische Handlung, bei der ein Mensch geopfert und verspeist wurde, gelten zwei Stücke vom zerschlagenen Schädel eines Erwachsenen von der Insel Rothenberg im Malchiner See bei Basedow (Kreis Malchin) in Mecklenburg. Sie sind aber unsicher datiert und könnten statt der Ertebölle-Ellerbek-Kultur auch der nachfolgenden Trichterbecher-Kultur (s. S. 323) angehören. An beiden Schädeldachstücken kann man auf der Außenseite parallel verlaufende Schnittspuren erkennen, die darauf hindeuten, daß die Kopfhaut streifenweise abgetrennt wurde. Diese Prozedur ist vor der Zertrümmerung des Schädels erfolgt, da durchgehende Schnittlinien auf beiden Teilen sichtbar sind.

Kannibalenmahlzeiten im Hohlenstein

Die Rössener Kultur

Als am weitesten verbreitete Kultur der mittleren Jungstein-zeit gilt die Rössener Kultur (etwa 4600 bis 4300 v. Chr.). Sie ging aus der Stichbandkeramischen Kultur, Oberlauterba-cher Gruppe und Großgartacher Gruppe hervor. Die Rössener Kultur nahm in Deutschland ein ähnlich großes Gebiet wie die Linienbandkeramische Kultur ein und war hauptsächlich in Mitteldeutschland und Südwestdeutschland verbreitet. Rösse-ner Siedlungen und Gräber kennt man aus Baden-Württem-berg, Bayern, im Saarland, Rheinland-Pfalz, Hessen, Nord-rhein-Westfalen, im südlichen Niedersachsen, aber auch in Thüringen, Sachsen-Anhalt, Sachsen, Brandenburg und im östlichen Mecklenburg.

Der Begriff Rössener Kultur wurde 1900 von dem Berliner Prä-historiker Alfred Götze (1865–1948, s. S. 511) geprägt. Er erin-nert an das Gräberfeld des Ortsteils Rössen von Leuna (Kreis Merseburg) in Sachsen-Anhalt. Dort wurden insgesamt 74 Grä-ber entdeckt, von denen mindestens 21 der Rössener Kultur angehören. Die restlichen Gräber werden in die nachfolgende Gaterslebener Gruppe (s. S. 305) datiert, weisen Rössener und Gaterslebener Beigaben auf oder sind keiner der beiden Kultu-ren zurechenbar. Als Ausgräber des Rössener Gräberfeldes machte sich vor allem der Restaurator August Nagel (1843 bis 1902) aus Merseburg verdient, der von 1882 an insgesamt 69 Gräber freilegte. Eine weitere Grabung erfolgte durch

Frau der Rössener Kultur beim Mahlen von Getreidekörnern, im Hintergrund ein Haus aus der damaligen Zeit.

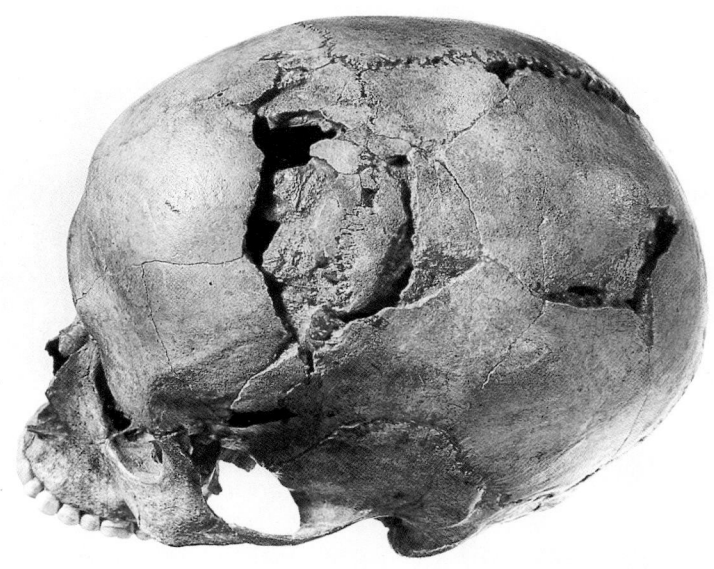

Schädel mit Hiebspuren aus der Höhle Hohlenstein im Lonetal (Alb-Donau-Kreis) in Baden-Württemberg. Original in der Osteologischen Sammlung der Universität Tübingen.

Oberst Hans von Borries[1] (1819–1901), der für das damalige Provinzial-Museum in Halle/Saale fünf Gräber barg.

Auch die Rössener Kultur fiel in das Atlantikum. Es gibt Anzeichen dafür, daß während dieser Kultur die Durchschnittstemperaturen allmählich zurückgingen, die Feuchtigkeit starken Schwankungen unterworfen war, die Winter kälter und die Sommer wärmer wurden. In der damaligen Landschaft erstreckten sich weithin Eichenmischwälder. Innerhalb einer befestigten Siedlung auf dem Hetzenberg bei Heilbronn-Nekkargartach in Baden-Württemberg konnten Knochen vom Auerochsen, Rothirsch, Reh, Wildschwein und Biber nachgewiesen werden.

Die Menschen der Rössener Kultur unterschieden sich anatomisch nicht von den Linienbandkeramikern und den von diesen abstammenden Angehörigen der Nachfolgekulturen. Unter welchen Krankheiten die Rössener Leute litten, zeigen beispielsweise die Skelettreste eines 1,60 Meter großen Mannes aus Trebur (Kreis Groß-Gerau) in Hessen. Einer seiner Bakkenzähne war durch Karies bis auf einen kleinen Stummel der Wurzel zerstört. Außerdem litt er an Parodontose, Spondylose und Arthritis. Bei manchen Skeletten auf dem Gräberfeld von Rössen wurde eine angeborene Lücke zwischen den mittleren Schneidezähnen (Diastema) beobachtet.

Die Rössener Leute wohnten in Einzelgehöften, unbefestigten oder mit Gräben und Palisaden umgebenen befestigten Siedlungen, die manchmal in besonders geschützter Lage auf Bergen angelegt wurden. Ihre Langhäuser waren ähnlich groß wie diejenigen der Linienbandkeramiker. Auch sie maßen bis zu 30 und mehr Metern, waren jedoch technisch fortschrittlicher konstruiert. Als Baumaterial dienten weiterhin Baumstämme für das Gerüst, Ruten und Lehm für die Wände sowie Schilf oder Stroh für das Dach.

Eine befestigte Siedlung der Rössener Kultur befand sich auf dem Goldberg bei Riesbürg (Ostalbkreis) in Baden-Württemberg. Der Name dieses Berges geht auf die goldgelbe Farbe der durch Steinbrüche angegrabenen Sprudelkalkkuppe zurück. Die Rössener Siedlung auf dem Goldberg (in der Fachliteratur Goldberg I[2] genannt) wurde nur an der leicht zugänglichen Westseite durch einen Graben mit dahinterliegender Palisade geschützt. An den übrigen steil abfallenden Hängen war ohnehin kein Zutritt möglich. Die Siedlung ging durch ein Feuer zugrunde. Es ist unbekannt, ob die Brandkatastrophe durch ein Unglück oder durch einen Überfall ausgelöst wurde. Auf dem Goldberg haben später auch noch andere Kulturen Siedlungen angelegt.

Weitere befestigte Siedlungen der Rössener Kultur entdeckte man unter anderem auch an einigen Fundstellen in Nordrhein-Westfalen. Dazu gehört beispielsweise die Siedlung Inden 1[3] (Kreis Düren) am südöstlichen Rand der Aldenhovener Platte. Sie bestand – nach modernen Altersdatierungen zu schließen – mindestens hundert Jahre. Diese Siedlung wurde von Palisaden umgeben. In Bochum-Harpen[4] hat man eine Fläche mit einem etwa 1,50 Meter breiten und 0,50 Meter tiefen Graben mit steilen Wänden umgeben, der einen Durchmesser von 46 Metern hatte und ein Rondell bildete. Der Graben war von mindestens acht Durchlässen unterbrochen, die eine Breite von 2 bis 5 Metern aufwiesen. In Bochum-Laer[5] konnte man einen etwa 1,50 Meter breiten, ebenfalls von Erdbrücken unterbrochenen Graben nachweisen, der eine nahezu quadratische Fläche von etwa 60 × 65 Metern umschloß. Unmittelbar südwestlich davon stieß man auf den Grundriß eines Trapezhauses.

Zu den größten befestigten Siedlungen der Rössener Kultur gehört diejenige bei Moringen-Großenrode[6] (Kreis Northeim) in Niedersachsen. Der Durchmesser dieser ovalförmigen Anlage beträgt maximal 150 Meter. Sie wurde durch einen Graben geschützt, der bis heute auf 87 Meter Länge bei 1,20 Meter Breite und maximal 0,90 Meter Tiefe nachgewiesen werden konnte (Stand der Ausgrabung 1989). Etwa zwei Meter hinter dem Graben folgte eine Palisade, die einen aufgeschütteten Erdwall stabilisierte. Das Grabenteilstück wurde durch eine

Hausgrundriß der Rössener Kultur vom Hillerberg in Bochum-Hiltrop (Nordrhein-Westfalen). Länge 65 Meter, Breite 7 Meter. Das Foto entstand 1952 bei den Ausgrabungen durch den Museumsdirektor a. D. Karl Brandt (1898–1974) aus Bochum.

fünf Meter breite Toranlage unterbrochen, in welche die Palisade rechtwinklig einbiegt. Innerhalb der Befestigungsanlage standen mindestens sieben Häuser, von denen das größte 29 Meter lang und 8 Meter breit war.

Als weiteres Beispiel einer befestigten Rössener Siedlung läßt sich Wahlitz[7] (Kreis Burg) in Sachsen-Anhalt anführen. Auch dieses Dorf war mit einem Graben und einer Palisade bewehrt. Zur Siedlung zählten sechs Großhäuser, neun kleinere Rechteckhäuser, zwei Feuersteinschlagplätze und mindestens eine Stelle, an der Tongefäße hergestellt wurden.

Die mit erheblichem Arbeits- und Zeitaufwand durch Gräben und Palisaden geschützten Siedlungen der Rössener Kultur deuten auf unruhige Zeiten hin, in denen Angriffe zu befürchten waren. Vielleicht handelte es sich dabei um Raubzüge, bei denen man sich des Saat- und Erntegutes oder des Viehs bemächtigen wollte. Mitunter wurden bestimmte Bereiche einer Siedlung durch Palisaden abgegrenzt. Womöglich dienten diese als Viehpferche.

In den Rössener Dörfern standen die gleichzeitig existierenden Häuser dichter zusammen, als dies in der Linienbandkeramischen Kultur üblich war. Sie machen daher den Eindruck einer geschlossenen Siedlung. Kennzeichnend für die Rössener Häuser war der langgestreckte, trapezförmige Grundriß mit leicht nach außen geschwungenen Längswänden, der an einen Schiffsrumpf erinnert (s. S. 268). All diese Häuser hatten im Nordwesten eine kleinere Schmalseite, die der Hauptwindrichtung zugewandt war und wenig Angriffsfläche bot.

Am Hillerberg in Bochum-Hiltrop[8] wurde einer der größten Hausgrundrisse der Rössener Kultur entdeckt. Er war fast 65 Meter lang. Der Eingang dieses Gebäudes lag vermutlich auf der der Hauptwindrichtung entgegengesetzten Seite und scheint durch vorspringende Seitenwände geschützt gewesen zu sein. Im Innern dieses ungewöhnlich großen Hauses stieß man auf Spuren von zwei Trennwänden. Bisher ist ungewiß, ob alle Bereiche der Rössener Langhäuser als Wohnung dienten oder ob man Teile davon als Stall für das Vieh oder Speicher für die Ernte benutzte. Die Grundrisse der Rössener Häuser zeigen, daß man damals bestrebt war, den Innenraum mit möglichst wenigen Stützpfosten zu verstellen. Anders als bei den Häusern der Linienbandkeramiker plazierte man in den Gebäuden der Rössener Kultur die dachtragenden Pfosten in größeren Abständen, wodurch sich annähernd quadratische freie Flächen oder Kammern ergaben. Die Dachlast dürfte überwiegend von dicht aneinandergereihten, in Wandgräben stehenden Bohlen getragen worden sein.

Neben den auffällig großen Langhäusern gab es vereinzelt auch merklich kleinere Gebäude. So hatte ein Pfostenhaus in Kottenheim[9] (Kreis Mayen-Koblenz) in Rheinland-Pfalz nur die Maße 3 x 5,60 bis 6,50 Meter.

Die seßhaften Rössener Leute gingen nur gelegentlich zur Jagd. Dabei erbeuteten sie mit Pfeil und Bogen größere Wasservögel, Rothirsche oder Wildschweine. Mit dem erlegten Wild bereicherte man nicht nur den Speisezettel, sondern gewann Rohmaterial für bestimmte Schmuckstücke. Jagdbeutereste von Graugans und Stockente kennt man aus Flemsdorf (Kreis Angermünde) in Brandenburg. Die Jagd auf Rothirsche oder Wildschweine ist durch Schmuck aus Hirschzähnen oder Eberhauern belegt.

Die Rössener Leute säten in fruchtbaren Ackerbaugebieten Zwergweizen, Emmer, Einkorn und Nacktgerste aus. Geerntet

Verziertes Prachtgefäß der Rössener Kultur vom namengebenden Fundort Leuna-Rössen (Kreis Merseburg) in Sachsen-Anhalt. Höhe 18 Zentimeter. Original im Landesmuseum für Vorgeschichte Halle/Saale.

wurde mit trapezförmigen Sichelklingen aus Feuerstein, die in Holzgriffe eingeklemmt waren. Damit schnitt man die Ähren ab, sammelte sie und drosch sie. Die Getreidekörner wurden auf Steinplatten mit kleineren Steinen gemahlen.

Die Rössener Bauern hielten Rinder, Schafe, Ziegen und Schweine. Von diesen Haustieren wies man beispielsweise in Flemsdorf Knochenreste nach. Aus Wahlitz sind Rinderzähne bekannt. In einem Grab der Rössener Kultur von Nierstein (Kreis Mainz-Bingen) wurden Überreste eines großen Hundes entdeckt.

Auch die Menschen der Rössener Kultur haben bei Kontakten mit anderen Zeitgenossen begehrte Produkte ausgetauscht. Eine besonders geschätzte Ware war – nach den Funden zu schließen – der gebänderte Plattenhornstein aus Abensberg-Arnhofen (Kreis Kelheim) in Bayern, wo diese Feuersteinart in Schächten abgebaut wurde. Sein Vorkommen in Böhmen, Bayern, Baden-Württemberg und im Rheinland dokumentiert die Fernverbindungen zur Zeit der Rössener Kultur. Im Raum Regensburg fertigte man stellenweise etwa die Hälfte aller Feuersteingeräte aus diesem Gestein an. Im gut 130 Kilometer Luftlinie entfernten Rothenburg ob der Tauber (Kreis Ansbach) in Mittelfranken betrug der Anteil noch etwa zehn Prozent. Der Abensberg-Arnhofener Plattenhornstein war deswegen so gefragt, weil er sich besonders gut für lange, schmale Klingen eignete, die sich damals großer Beliebtheit erfreuten. Es ist jedoch nicht mit letzter Sicherheit geklärt, ob dieser Rohstoff bei Expeditionen nach Abensberg-Arnhofen beschafft oder von ortsansässigen Bergleuten abgebaut und vertrieben wurde.

Besser als über die Kleidung der Rössener Leute, über die man nur Vermutungen anstellen kann, weil archäologische Funde fehlen, ist man über ihren Schmuck informiert, der reichlich in den Gräbern gefunden wurde. Charakteristische Schmuckstücke waren damals Marmorringe sowie Imitationen davon aus Knochen, Geweih, Kalkstein, Ton oder Erdpech. Daneben verschönerte man sich mit Anhängern oder Perlen aus Marmor,

Kalkstein, fossilem Holz (Gagat), Muscheln und Knochen, die man zusammen mit durchbohrten Tierzähnen und mit aus Eberhauern geschnitzten Doppelknöpfen an Ketten trug. Bei bestimmten Gelegenheiten hat man das Gesicht und vielleicht auch einzelne Körperteile mit Rötel bemalt.

Manche der im namengebenden Gräberfeld von Rössen bestatteten Toten waren mit Marmorarmringen, Armringen aus Geweih, Ton oder Erdpech, bis zu 100 Marmorperlen, durchbohrten Tierzähnen sowie Doppelknöpfen aus Eberhauern geschmückt. Sogar Kinder trugen bereits reichlich Schmuck, wie die Bestattung eines fünf bis sieben Jahre alten Kindes in Storkau (Kreis Stendal) in Sachsen-Anhalt zeigt. In diesem Kindergrab fand man neben einem tönernen Kugeltopf auch einen Ring aus Kalkstein am linken Oberarm, eine Halskette mit 75 Kalksteinperlen, drei Muschelperlen und 16 durchbohrten Tierzähnen von Fuchs, Wildkatze und Fischotter, eine Armkette mit 33 Kalksteinperlen und ein Stück Rötel.

Über die Kunst der Rössener Kultur weiß man bisher nichts Konkretes, weil aussagekräftige Funde fehlen. Dies ist erstaunlich, weil frühere bäuerliche Kulturen relativ viele Darstellungen von Tieren und Menschen auf oder aus Ton hinterlassen haben.

Unter den Tongefäßen der Rössener Kultur waren kugelförmige Becher oder Töpfe (Kugelbecher oder -töpfe) sowie Schüsseln mit ausladendem Rand besonders typisch. Große Becher trugen Ösen auf der Schulter oder auf dem Bauch und werden daher Ösenbecher genannt. Auch unterschiedlich große Schüsseln hatten am Unterbauch Schnurösen zur Aufnahme von Tragschnüren. Außerdem gab es tönerne Flaschen mit engem Hals, ovale Wannen, Schalen und Siebe. Die Schalen wurden häufig mit flachen Böden, Standwülsten oder -ringen sowie deutlich seltener mit Füßchen versehen.

Die Rössener Tongefäße waren teilweise unverziert und teilweise verziert. Ohne schmückenden Dekor blieb vor allem die grobe Gebrauchskeramik. Charakteristisch für die Rössener Verzierungen war der sogenannte Doppelstich, der mit zweikantigen Geräten aus Holz oder Knochen, einzeln, gereiht oder in Furchen (Furchenstich) ausgeführt und kombiniert wurde. Die Verzierung bedeckte oft große Flächen der Tongefäße. Zu den geläufigsten Motiven zählten unter anderem Furchenstich-

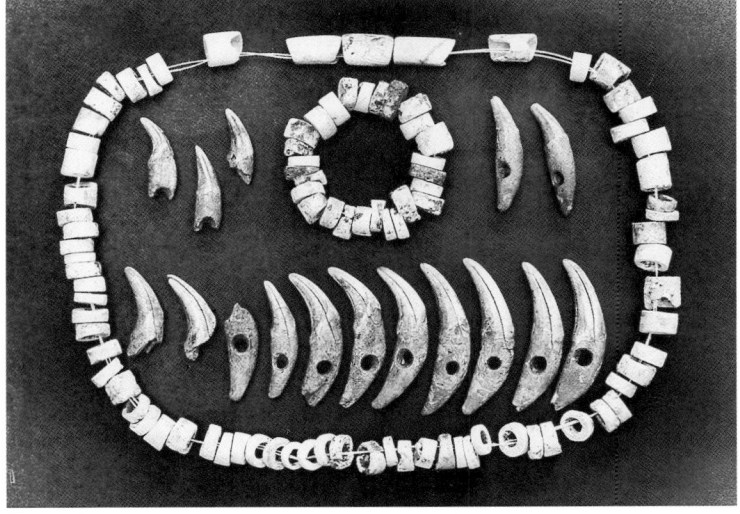

Perlenschmuck und durchbohrte Tierzähne aus dem Kindergrab von Storkau (Kreis Stendal) in Sachsen-Anhalt. Originale im Landesmuseum für Vorgeschichte Halle/Saale.

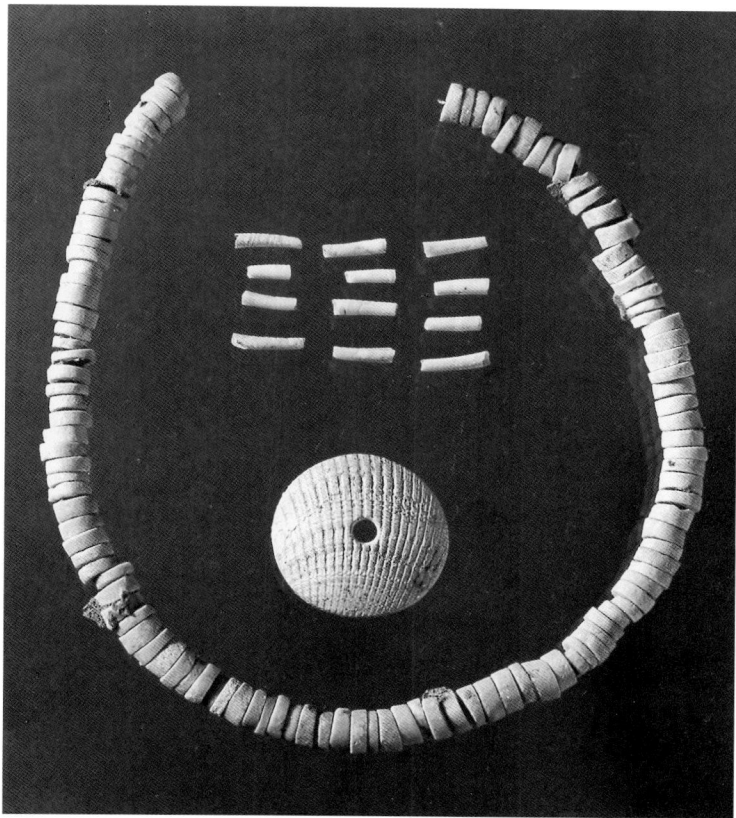

Stein- und Muschelperlen sowie Muschelscheibe aus Jechtingen bei Sasbach (Kreis Emmendingen) in Baden-Württemberg. Durchmesser der Muschelscheibe 5,2 Zentimeter. Originale im Landesdenkmalamt Baden-Württemberg, Außenstelle Freiburg/Br.

Winkelbänder bzw. -stapel, Fransen, strich- oder stichgefüllte hängende Dreiecke bzw. Zwickel und Strichrauhung von Zwischenflächen.

Die tief eingestochenen bzw. eingeritzten Verzierungen dienten vielfach zur Aufnahme einer weißen, manchmal auch leicht gelben, braunen oder rot getönten Füllmasse (Inkrustationsmasse). Diese hob sich von der dunklen Gefäßaußenseite deutlich ab und ist an etlichen Funden zumindest fragmentarisch erhalten.

Offenbar sind die Tongefäße der Rössener Kultur an manchen Orten bereits in großen Serien mit der Hand geformt, verziert und dann bei hohen Temperaturen gebrannt worden. So deutet man Reste von mehr als 1000 Tongefäßen in der Rössener Siedlung Heidelberg-Neuenheim (Baden-Württemberg) als Überreste einer Töpferei.

Das Steingeräteinventar der Rössener Leute umfaßte undurchbohrte und durchbohrte Schuhleistenkeile, Querbeile, Geradbeile, Flachhacken und schuhleistenkeilähnliche Lochäxte aus Felsgestein. Diese Geräte wurden durch sogenanntes Picken oder Bosseln geformt. Bei dieser Technik schlug man mit einem spitzen Gegenstand so lange kleine Stückchen ab, bis die gewünschte Form erreicht war. Zuletzt schliff man das Gerät zurecht.

Zum Bohren des Loches für die Aufnahme des Holzschaftes verwendete man meistens Hohlbohrer. Ein solcher konnte aus relativ weichem Material – wie etwa Holunder oder Schilf – bestehen, da die eigentliche Schleifarbeit durch den Quarzsand, den man um die Bohrerspitze anhäufte, erledigt wurde. Es genügte vermutlich, den Bohrstock zwischen den Händen hin- und herzureiben. Der Zeitaufwand für eine durchbohrte

Marmorarmringe von Leuna-Rössen (Kreis Merseburg) in Sachsen-Anhalt. Durchmesser 9,2 und 9,6 Zentimeter. Originale im Landesmuseum für Vorgeschichte Halle/Saale.

Steinaxt einschließlich Zuschlagen, Schleifen und Bohren dürfte etwa 80 Stunden betragen haben.

Außer den Geräten aus Felsgestein gab es damals solche aus gut spaltbarem Feuerstein, denen man ihre Form durch Zurechtschlagen verlieh. Zu diesen Feuersteinwerkzeugen zählten unter anderem Rundschaber, Klingenkratzer, Bohrer und einfache Klingen.

Aus Feuerstein waren auch die querschneidigen und dreieckigen Rössener Pfeilspitzen geschaffen. Sie bezeugen die Verwendung von Pfeil und Bogen als Fernwaffe. Pfeilspitzen kennt man beispielsweise aus Rössen selbst.

Die Menschen der Rössener Kultur bestatteten ihre Toten unverbrannt in Flachgräbern. Zu manchen Siedlungen gehörten große Gräberfelder, die längere Zeit belegt wurden. Neben Hockerbestattungen mit zum Körper hin angezogenen Beinen waren auch Gestrecktbestattungen mit ausgestrecktem Körper und Beinen üblich. Bei der Ausrichtung der Verstorbenen bevorzugte man offensichtlich keine bestimmte Himmelsrichtung.

Die reichen Beigaben in den Gräbern verraten, daß man an das Weiterleben im Jenseits glaubte. Auf dem Gräberfeld von Rössen konnte man fast in jedem Grab Knochen vom Rind oder vom Schaf nachweisen, bei denen es sich wohl um Speisebeigaben handelte. In einem Fall hatte man dem Toten sogar ein Fleischstück zwischen die Zähne geschoben, in einem anderen auf die Brust gelegt und in einem weiteren zwischen die Knie, wo es von der ausgestreckten rechten Hand berührt wurde. Als Grabbeigaben dienten außerdem unverzierte und verzierte Tongefäße, Steingeräte und Schmuck.

Als eines der größten Gräberfelder der Rössener Kultur gilt das von Jechtingen[10] bei Sasbach (Kreis Emmendingen) in Baden-Württemberg, das 1973 entdeckt worden ist. Dort konnte man 105 Bestattungen bergen. Weitere 15 bis 20 Gräber waren bereits der landwirtschaftlichen Nutzung zum Opfer gefallen. Ein in Wittmar[11] (Kreis Wolfenbüttel) in Niedersachsen nachgewiesenes Gräberfeld der Rössener Kultur enthielt 34 Bestattungen, bei denen der Kopf einheitlich im Süden lag, während die Beine nach Norden wiesen.

Zu den am nördlichsten gelegenen Rössener Gräbern gehört die Doppelbestattung von Grünow (Kreis Prenzlau), die anzeigt, daß Ausläufer der Rössener Kultur bis in die Uckermark (Brandenburg) vorgedrungen sind. Bei den zwei Toten handelt es sich um ein Kind und um eine erwachsene Person, neben denen man spärliche Keramikreste und zwei Marmorringe barg.

Die Religion der Rössener Kultur dürfte sich nicht wesentlich von Fruchtbarkeitskulten früherer jungsteinzeitlicher Kulturen unterschieden haben, in denen man sich darum bemühte, überirdische Mächte durch Sach- oder gar Menschenopfer gnädig zu stimmen. Als solche Opfer werden beispielsweise Rössener Schuhleistenkeile und andere Felsgesteingeräte betrachtet, die man auf dem Grund von Flüssen fand.

Von den Opferbräuchen zeugen vermutlich auch die Überreste von mindestens 44 Menschen, die in der Höhle Hohlenstein[12] im Lonetal (Alb-Donau-Kreis) in Baden-Württemberg entdeckt wurden. Sie stammen hauptsächlich von Frauen und Kindern und nur von wenigen jungen Männern. Vereinzelt konnten an Schädelknochen deutliche Spuren von Hieben, Schnitten und von Feuer festgestellt werden. Demnach dürfte es sich hierbei um die Reste einer vermutlich aus rituellen Gründen erfolgten Kannibalenmahlzeit handeln. Dieser Befund ist kein Einzelfall. Auch in der bereits erwähnten Jungfernhöhle bei Tiefenellern (Kreis Bamberg) in Bayern hat man zur Zeit der Rössener Kultur weiterhin einen mit Menschenopfern verbundenen Kult ausgeübt, der bereits in der Linienbandkeramischen Kultur seinen Anfang genommen hatte (s. S. 263).

Zeitgenossen der Rössener Kultur
Die Schwieberdinger Gruppe

Im mittleren Neckarraum um Stuttgart in Baden-Württemberg existierte von etwa 4300 bis 4200 v. Chr. die Schwieberdinger Gruppe. Sie besaß zeitlichen und kulturellen Kontakt zur Rössener Kultur (s. S. 292), war aber nicht, wie früher angenommen wurde, eine Gruppe von ihr. Den Begriff Schwieberdinger Gruppe hat 1938 der Prähistoriker Armin Stroh (s. S. 515) vorgeschlagen. Dieser Name basiert auf dem Fundort Schwieberdingen (Kreis Ludwigsburg).

Von den Menschen der Schwieberdinger Gruppe sind bisher keine Skelettreste entdeckt worden. Deshalb kann man über ihre durchschnittliche Körpergröße, ihre anatomischen Merkmale und Krankheiten nichts sagen.

Auch über die Schwieberdinger Siedlungen weiß man bisher wenig. Am namengebenden Fundort Schwieberdingen[1] fand man ein Stück gebrannten Lehms mit Abdrücken von größeren Rundhölzern auf der einen und von feinen Zweigen auf der anderen Seite. Dieser bescheidene Rest belegt, daß die aus Holzstämmen oder Zweiggeflecht konstruierten Außenwände der Häuser mit Lehm verschmiert waren. In Stuttgart-Gablenberg barg man fünf Stücke gebrannten Lehms, von denen zwei Abdrücke brettartiger Flächen auf beiden Seiten erkennen lassen.

Von Siedlungen der Schwieberdinger Gruppe zeugen die in Stuttgart-Zuffenhausen und Leonberg-Eltlingen (Kreis Böblingen) aufgedeckten Gruben. Die Grube von Stuttgart-Zuffenhausen erreichte eine Länge von acht Metern und gehörte wohl einst zu einem Haus. Von den in Leonberg-Eltlingen gefundenen Gruben war eine bienenkorbförmig. Sie hatte oben einen Durchmesser von einem Meter, unten von 2,20 Metern und reichte 2,20 Meter tief. Dabei handelte es sich um eine Vorratsgrube.

Siedlungsspuren auf dem Kirchberg von Reusten[2] (Kreis Tübingen) zeigen, daß die Schwieberdinger Leute auch Höhensiedlungen errichteten.

Welche Getreidearten die Schwieberdinger Leute anbauten und ernteten, verraten die Funde aus Gruben einer Siedlung in Aldingen (Kreis Ludwigsburg). Sie enthielten verkohltes Vorratsgetreide, das nach einem Brand zusammen mit anderen Abfällen in die Gruben gelangt ist. Die Getreidereste stammten von Weizen, Einkorn, Emmer und Nacktgerste.

Viehzucht ist durch Knochenfunde vom Rind, Schwein, Schaf oder der Ziege aus Bönnigheim (Kreis Ludwigsburg) belegt.

Zum keramischen Formenschatz der Schwieberdinger Ackerbauern und Viehzüchter zählten unverzierte tönerne Becher, unverzierte und verzierte Schüsseln und Schalen sowie reich verzierte Flaschen.

Die Tongefäße wurden durch Fingertupfenreihen an Gefäßrändern und Leisten sowie mit dem länglichen spitzen Ende eines Gerätes verziert, mit dem man auf den Außenwänden Einstiche und Furchenstichlinien erzeugte. Die Verzierung erfolgte in geschlossenen Zonen oder – bei den Schüsseln – in Form einer fensterartigen Ornamentik.

Tongefäß der Schwieberdinger Gruppe von Stuttgart-Bad Cannstatt (Steinbruch Haas) in Baden-Württemberg. Höhe etwa 60 Zentimeter. Original im Württembergischen Landesmuseum Stuttgart.

Bei der ersteren Verzierungsart schuf man einen oberen Streifen, der aus waagrechten Linien gebildet wurde, deren Zwischenräume man in Abständen mit Stichfeldern füllte. In diesem oberen Streifen war ein Winkelband ausgespart. Den unteren Streifen stellte man durch parallel verlaufende Furchenstichlinien her. Die Striche und Linien auf den Außenwänden der Schwieberdinger Keramik wurden häufig mit weißer Farbe gefüllt.

Die Schwieberdinger Leute fertigten Werkzeuge aus Feuerstein, Felsgestein und Tierknochen an. Aus Feuerstein schlug man vor allem Kratzer und Schaber zurecht, die man relativ häufig in den Siedlungen dieser Kulturstufe fand. Felsgestein diente als Rohmaterial für Unterlieger und Läufer zum Getreidemahlen sowie für Beilklingen. Aus Tierknochen stellte man zumeist Pfriemen her.

Pfeilspitzen aus Feuerstein dokumentieren die Verwendung von Pfeil und Bogen als Waffe, die bei der Jagd und bei kriegerischen Auseinandersetzungen eingesetzt wurde.

Wie die Schwieberdinger Leute ihre Toten bestatteten, ist bisher unbekannt. Auch ihre Religion bleibt bisher jeder Deutung verschlossen.

Kupfer, Gold und Silber

Wie die ersten Metalle in Mitteleuropa bekannt wurden

Die Zeit, von der an erstmals in verschiedenen Kulturen und Gruppen in nennenswertem Umfang Metalle wie Kupfer, Gold und Silber abgebaut, verarbeitet, getauscht und importiert wurden, bezeichnet man mit unterschiedlichen Namen. Und dies ungeachtet der Tatsache, daß die entsprechenden Kulturstufen häufig zeitgleich und sogar geographisch benachbart waren.

In Vorderasien, wo schon im siebten Jahrtausend v. Chr. und damit nachweislich am frühesten Kupfer verwendet wurde, spricht man vom Chalkolithikum[1] (Kupfersteinzeit[2]). Damit ist die Periode zwischen Jungsteinzeit und Bronzezeit gemeint, in der neben Stein auch Kupfer als Rohstoff zur Herstellung von Werkzeugen, Waffen und Schmuck diente.

Auf dem Balkan und im südöstlichen Mitteleuropa (beispielsweise Ungarn), wo ab dem fünften Jahrtausend v. Chr. verschiedene Gegenstände aus Kupfer und Gold hergestellt wurden, benutzen die Prähistoriker den Begriff Kupferzeit[3]. In der tschechoslowakischen Forschung ist der Ausdruck Äneolithikum[4] für die Periode ab der Spät-Lengyel-Zeit üblich, in der neben Stein auch Kupfer verarbeitet wurde.

In Mitteleuropa – unter anderem in Deutschland, Österreich und der Schweiz – war der Gebrauch des Kupfers in der entwickelten Jungsteinzeit nicht so alltäglich wie in den bereits genannten Gebieten. Deshalb ist der Begriff Kupferzeit in der Wissenschaft hier auch umstritten. Wenn man ihn in den deutschsprachigen Ländern anwendet, läßt man die Kupferzeit schon früher als 4000 v. Chr. beginnen und um 2300 v. Chr. mit dem Beginn der Bronzezeit ausklingen.

Der Name Kupfer (lateinisch: cuprum) erinnert an die kupferreiche Mittelmeerinsel Zypern. Zu den frühesten Kupferfunden aus Vorderasien gehören die zu Schmuckzwecken angefertigten Kupferperlen aus Çatal Hüyük in Anatolien aus dem siebten Jahrtausend v. Chr. Auch an anderen Fundorten innerhalb der Gebirgsrandzone zwischen Anatolien und Südiran kamen kupferne Gegenstände zum Vorschein, die aus dem siebten und sechsten Jahrtausend v. Chr. stammen. Das Rohma-

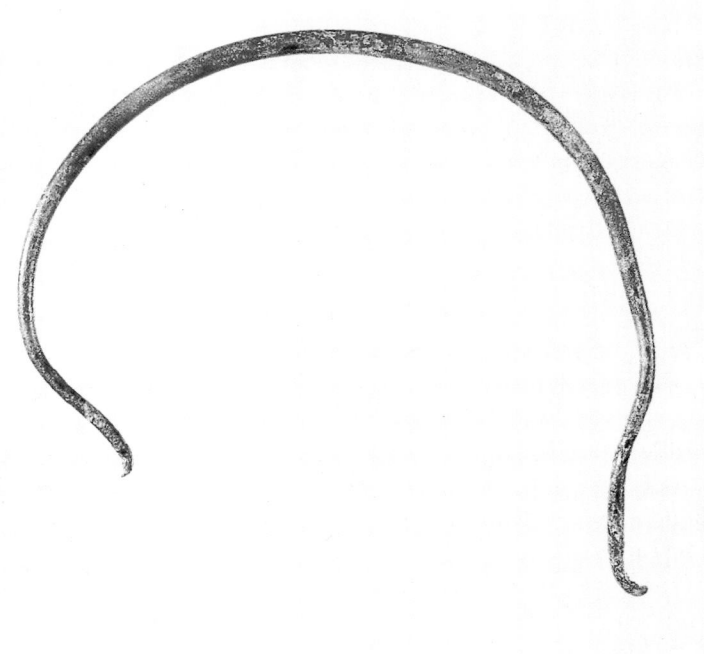

Kupferner Ösenhalsring der Walternienburg-Bernburger Kultur (von etwa 3200 bis 2800 v. Chr.) von Buchow-Karpzow (Kreis Nauen) in Brandenburg. Größter Durchmesser des Ringes 13,5 Zentimeter, des Drahtes in der Mitte 0,5 Zentimeter. Original im Museum für Ur- und Frühgeschichte Potsdam.

terial dafür wurde von Kupfervorkommen gewonnen, die bis zur Erdoberfläche reichten.

Das im siebten und sechsten Jahrtausend abgebaute Kupfer formte man zunächst in kaltem Zustand durch Hämmern, wie dies auch bei Gold und Silber möglich ist. Allmählich wurden die Methoden verbessert, indem man das Kupfer erhitzte und zu Nadeln, Pfriemen, Perlen oder anderen Objekten verarbeitete.

Die Erzverhüttung hat man vielleicht zufällig entdeckt, als Erzstücke in Töpferöfen gerieten, wie es sie seit etwa 7000 v. Chr. gab. Bergmännisch gewonnenes Kupfererz wurde bei Temperaturen von mehr als 1080 Grad Celsius geschmolzen. Das glühend heiße, flüssige Metall holte man mit Hilfe von tönernen Gußtiegeln aus dem Schmelzofen. Aus solchen Gußtiegeln goß man das flüssige Kupfer in Stein- bzw. Lehmformen, deren Hälften Negativabdrücke des gewünschten Endproduktes enthielten. Nach dem Abkühlen konnte man den Formen das gewünschte Kupfergerät entnehmen.

Zu einer weiteren Neuerung kam es im fünften Jahrtausend v. Chr. Damals verwendeten die Angehörigen der Tell-Halaf-Kultur[5] in Südwestasien und Kupfergießer in Transkaukasien erstmals arsenhaltiges Kupfer zum Guß von Werkzeugen, Waffen und Schmuck. Die aus solchem Metall geschaffenen Produkte waren härter als das normale Kupfer und besaßen bereits Eigenschaften wie die später in Mode kommende erste Metalllegierung aus Kupfer und Zinn, die Bronze genannt wird. Bald darauf gab es auf dem Balkan verschiedene Kulturen, die in

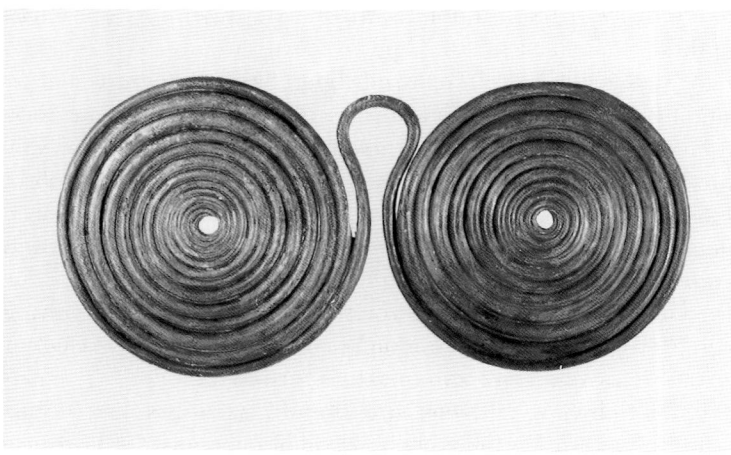

Kupferspirale aus der Epi-Lengyel-Zeit um schätzungsweise 3800 v. Chr. von Stollhof westlich von Wiener Neustadt in Niederösterreich. Breite etwa 21,5 Zentimeter. Original im Naturhistorischen Museum Wien.

Kupferaxt vom Typ Eschollbrücken aus der Zeit der Schnurkeramischen Kulturen (von etwa 2800 bis 2400 v. Chr.) von Weeze-Baal (Kreis Kleve) in Nordrhein-Westfalen. Länge 30 Zentimeter. Original im Rheinischen Landesmuseum Bonn.

größerem Umfang aus einheimischen Kupfererzlagerstätten verschiedene Geräte und Schmuckstücke schufen. Zu den bedeutendsten Kupfertagebauen aus diesem Abschnitt gehören die Lagerstätten von Ai-Bunar nördlich der südbulgarischen Stadt Stara Zagora. Deren nahe an der Erdoberfläche befindliche Kupfervorkommen wurden von Angehörigen der Gumelniţa-Kultur[6] ausgebeutet.

Bei den Ausgrabungen von 1971 bis 1974 in Ai-Bunar kamen bis zu 20 Meter tiefe und 100 Meter lange kammerartige Stollen zum Vorschein. Daraus wurden mehrere tausend Tonnen erzreiches Gestein abgebaut und vermutlich auf nahegelegenen Schmelzplätzen zu Kupferbarren und verschiedenartigen Beilen und Äxten weiter verarbeitet. Die Gußnähte mancher dieser Erzeugnisse dokumentieren, daß die dortigen Handwerker schon Gußmethoden mit dreiteiligen Formen beherrschten.

Metallographische und spektralanalytische Untersuchungen an Kupferfunden auf dem Nordostbalkan und von Fundstellen der ukrainischen Tripolje-Kultur[7] belegen, daß diese aus dem in Ai-Bunar geförderten Kupfererz bestehen. Das dort gewonnene Erz wurde also über weite Strecken transportiert und getauscht.

Durch Austausch und durch Erzsucher (Prospektoren) gelangte das Wissen um die Verwendungsmöglichkeiten des Kupfers vom Balkan und dem östlichen Mittelmeer in das übrige Europa. Dort wurden von manchen Kulturen oder Gruppen entweder Kupfererzeugnisse importiert oder bewußt abgelehnt. In den Kulturen, die Kupferprodukte einführten, lernte man bald, sie umzuarbeiten oder importierte Kupferbarren selbst zu verarbeiten. Wenn heimische Kupfervorkommen vorhanden waren, begann man selbst mit dem Abbau des Erzes und einer eigenen Produktion von Werkzeugen, Waffen und Schmuck.

Das unterschiedliche Interesse am Kupfer führte dazu, daß es in Europa zur selben Zeit Kulturen oder Gruppen gab, die bereits kupferzeitliches Niveau aufwiesen, daneben aber auch solche, die noch rein jungsteinzeitlich waren. Im Laufe der Jahrtausende kam es keineswegs zu einem gleichmäßigen Ansteigen des Kupfergebrauches, statt dessen ist ein ständiges Auf und Ab zu beobachten.

Mitunter verzichtete man in einer Kultur oder Gruppe auf die Verwendung von Kupfer, obwohl die Vorgänger bereits die Kupferverarbeitung beherrscht hatten. Der Grund dafür konnten kriegerische Auseinandersetzungen, Bevölkerungsumschichtungen, ein Versiegen der Kupferimporte oder unruhige Zeiten sein, welche die heimische Produktion destabilisierten.

Die ältesten Kupferfunde in Deutschland sind aus der Gaterslebener Gruppe (s. S. 305), Bischheimer Gruppe (s. S. 307), Jordansmühler Gruppe (s. S. 313), der nordwestdeutschen Trichterbecher-Kultur (s. S. 323) und der Baalberger Kultur (s. S. 338) bekannt. Sie wurden früher als 4000 v. Chr. angefertigt. Wenn keine Funde von Gußtiegeln mit Kupferresten oder Werkzeugen zur Kupferverarbeitung vorliegen, ist es schwer nachweisbar, ob die betreffende Kultur selbst Kupfer verarbeitet oder lediglich Kupfererzeugnisse importiert hat. Nach den Funden zu schließen, haben in Deutschland fast alle Kulturen und Gruppen in der Zeit von etwa 4400 bis 2300 v. Chr. Kupfergegenstände besessen – sei es aus eigener Produktion oder als Importware. Nur die Menschen der Schönfelder Kultur (s. S. 412) zeigten an dem Metall offensichtlich wenig Interesse.

Kupferperlen aus der späten Jungsteinzeit früher als 2400 v. Chr. von Vinelz am Bieler See (Kanton Bern). Länge der Kette 48 Zentimeter. Original im Bernischen Historischen Museum.

In Österreich erzeugten die Angehörigen der Bisamberg-Oberpullendorf-Gruppe (s. S. 438), der Badener Kultur (s. S. 444), der Mondsee-Gruppe (s. S. 451) und der Cosihy-Čaka/Makó-Gruppe (s. S. 457) selbst Kupferprodukte. Den Mondsee-Leuten standen dafür vermutlich die Kupfererzvorkommen im Salzkammergut zur Verfügung.

In der Schweiz taten sich die Leute der Pfyner Kultur (s. S. 488), die auch in Süddeutschland verbreitet war, bei der Kupferverarbeitung besonders hervor. Die gleichzeitig existierende, westlich benachbarte Cortaillod-Kultur (s. S. 482) importierte dagegen offenbar die Kupferprodukte.

Weitere Kupferfunde kennt man aus der Vinča-Kultur[8] in Serbien, Siebenbürgen und im westlichen Teil Bulgariens, der Gumelniţa-Kultur in Süd- und Ostrumänien und Nordostbulgarien sowie in Ungarn aus der Tiszapolgár-Kultur[9], Balaton-Gruppe[10], Bodrogkeresztúr-Kultur[11] und Badener Kultur[12], die auch in Österreich verbreitet war.

Das Kupfer hat das Leben der damaligen Menschen nicht grundsätzlich verändert. Der größte Teil der im Alltag verwendeten Gegenstände wurde weiterhin aus Stein, Knochen, Geweih und Holz angefertigt. Die Gewinnung und Verarbeitung von Kupfer erforderten jedoch die Beteiligung von Spezialisten. Dazu benötigte man Erzsucher, Zimmerleute für den Ausbau von Schächten, Bergleute für den Abbau des erzhaltigen Gesteins und Metallarbeiter (Schmiede, Kupfergießer), die das Erz einschmolzen. Diese Metallwerker waren aller Wahrscheinlichkeit nach auch selbst am Vertrieb des Kupfers beteiligt.

Später als auf das Kupfer wurde der Mensch auf das Gold aufmerksam. Dieses Metall war schon früher als 4000 v. Chr. bekannt. Aus dieser frühen Zeit stammen die reichen Goldfunde aus dem Gräberfeld von Varna[13] in Bulgarien. Dort wurden zusammen mit 40 Kupfergeräten insgesamt etwa 3000 goldene Schmuckstücke mit einem Gesamtgewicht von 6000 Gramm geborgen. Zum Goldschmuck von Varna gehören Arm- und Stirnreifen, Halsketten, massive Zierenden von Zepterstäben und zahlreiche auf die Kleidung aufgenähte Anhänger aus Goldblech. In Varna sind wahrscheinlich Angehörige einer an Tauschgeschäften mit balkanischem Kupfer beteiligten Oberschicht bestattet worden.

Aber auch aus Ungarn, Österreich, der Tschechoslowakei und Deutschland liegen Goldfunde aus dem vierten Jahrtausend v. Chr. vor. Besonders viel Gold haben die Menschen der Bodrogkeresztúr-Kultur in Ungarn hinterlassen. Bisher wurde an 15 Fundplätzen dieser Kultur Gold entdeckt. Die reichsten Goldfunde kamen in Bodrogkeresztúr, Jászladány, Tiszaszeszi und Tiszazölös zum Vorschein. Dabei handelt es sich um Kopf- oder Brustschmuck in Form von gerippten Blechröhren, Perlen, Scheiben- oder Ringanhängern. Auffällig große und schwere Goldplatten der Bodrogkeresztúr-Kultur sind mit stilisierten Darstellungen von Menschen versehen, die möglicherweise die kultisch verehrte »Große Mutter« (s. S. 243) symbolisierten. Eine Goldscheibe aus Moigrad in Rumänien hatte einen Durchmesser von 31 Zentimetern und wiegt 750 Gramm. Derartige Kostbarkeiten dürften das Eigentum von Häuptlingen oder Priestern gewesen und bei Zeremonien getragen worden sein.

In Österreich gelten die beiden Goldscheiben von Stollhof bei Wiener Neustadt als die frühesten Goldfunde (s. S. 438). In Deutschland belegen Gräberfunde, daß Angehörige der nordwestdeutschen Trichterbecher-Kultur massive Goldringe importierten (s. S. 328).

Noch später als Kupfer und Gold lernten die Menschen der Kupferzeit das Silber schätzen. Von den frühen Stadtkulturen im Vorderen Orient wurde es seit etwa 2500 v. Chr. verarbeitet. Etwas jünger sind Funde von Silberschmuck der in weiten Teilen Europas verbreiteten Glockenbecher-Kultur. Silberfunde dieser Kultur wurden in Österreich (s. S. 400) und in der Schweiz (s. S. 507) entdeckt.

Revolutionierender als die Verarbeitung der Metalle waren andere Erfindungen während der Kupferzeit, so die Nutzung der ersten Reittiere, des Wagens und der ersten Schrift. Für letztere hatte es schon seit der Vinča-Kultur und der Linienbandkeramischen Kultur (s. S. 259) Vorformen gegeben.

Zu den Farbtafeln

34 Von einer Schädeloperation früher als 3000 v. Chr. stammt das Loch im Schädel eines Mannes der Trichterbecher-Kultur von Nebel (Kreis Nordfriesland) in Schleswig-Holstein. Original im Archäologischen Landesmuseum der Christian-Albrechts-Universität, Schleswig.

35 (folgende Doppelseite) Großsteingrab aus der Trichterbecher-Kultur (von etwa 4300 bis 3000 v. Chr.) im Klecker Wald bei Hittfeld (Kreis Harburg) in Niedersachsen. Die Grabkammer war ursprünglich von einem 48 Meter langen dammartigen Hügel bedeckt, der von großen Findlingen eingefaßt wurde.

36 Das Großsteingrab »Visbecker Bräutigam« aus der Trichterbecher-Kultur (von etwa 4300 bis 3000 v. Chr.) bei Wildeshausen (Kreis Oldenburg) in Niedersachsen gilt mit einer Gesamtlänge von 110 Metern als das größte Megalithgrab in Norddeutschland.

37 Goldener Armring aus der Trichterbecher-Kultur von Schwesing (Kreis Nordfriesland) in Schleswig-Holstein. Größter Durchmesser 8,5 Zentimeter. Original im Archäologischen Landesmuseum der Christian-Albrechts-Universität, Schleswig.

38 Amazonenaxt der Trichterbecher-Kultur von Ahrensburg (Kreis Stormarn) in Schleswig-Holstein. Länge 15,7 Zentimeter. Original im Archäologischen Landesmuseum der Christian-Albrechts-Universität, Schleswig.

39 Bernsteinperle in Form einer Doppelaxt aus der Trichterbecher-Kultur von Seedorf (Kreis Segeberg) in Schleswig-Holstein. Länge 2,5 Zentimeter. Original im Archäologischen Landesmuseum der Christian-Albrechts-Universität, Schleswig.

54 ▷

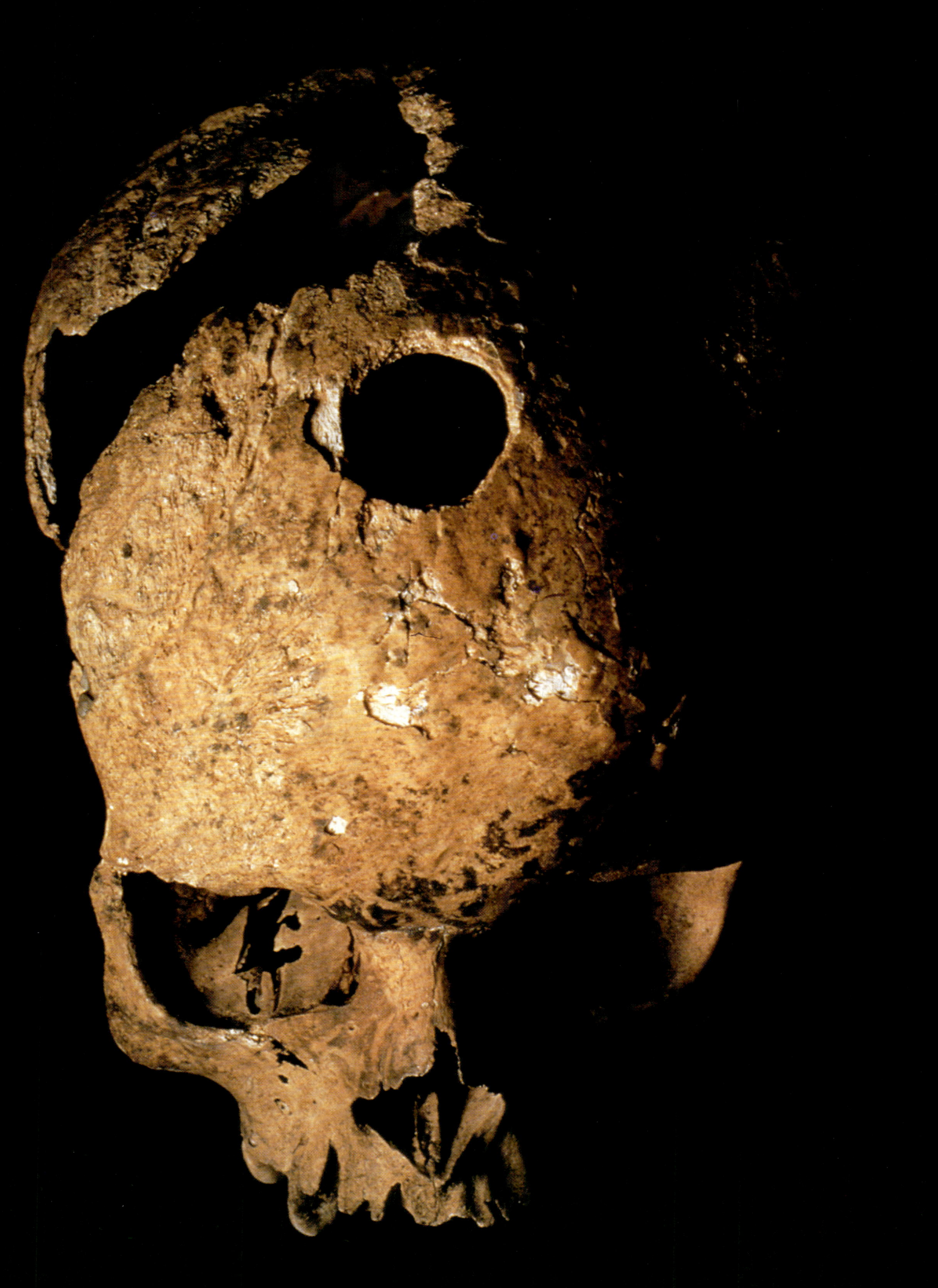

△ 36

▽ 37

▽ 38   ▽ 39

Die fehlgedeuteten Brandgräber von Rössen

Die Gaterslebener Gruppe

In Sachsen, Thüringen und in Teilen von Sachsen-Anhalt erschien gegen Ende der Rössener Kultur um 4400 v. Chr. die Gaterslebener Gruppe, die sich etwa bis 4200 v. Chr. behauptete. Diese Kulturstufe wurde 1951 von der Prähistorikerin Gisela Buschendorf aus Halle/Saale als eigenständige Erscheinung innerhalb der mitteldeutschen Jungsteinzeit aus der Jordansmühler Gruppe ausgesondert. 1952 erhielt sie von dem damals in Mainz tätigen Prähistoriker Ulrich Fischer (s. S. 511) ihren heutigen Namen.

Der Begriff Gaterslebener Gruppe fußt auf den Funden vom Karnickelberg bei Gatersleben[1] (Kreis Aschersleben) in Sachsen-Anhalt. Diese Gruppe gilt als ein Ableger der hauptsächlich in Ungarn, Österreich und in der Tschechoslowakei verbreiteten Lengyel-Kultur (s. S. 424).

Über die Siedlungen dieser Gruppe weiß man bisher wenig. Bei den meisten Siedlungsspuren handelt es sich um Gruben mit Keramikresten. Solche Gruben kennt man beispielsweise von Kloster Gröningen (Kreis Oschersleben), Libehna (Kreis Köthen) und Weddestedt (Kreis Aschersleben), die allesamt in Sachsen-Anhalt liegen.

In einer Siedlungsgrube von Gröna (Kreis Bernburg) in Sachsen-Anhalt fand man neben Knochenresten von Haustieren auch solche von einem Rothirsch, zwei Hamstern, einer Schermaus und einer Sumpfschildkröte. Fischknochen vom Blei und von der Plötze aus der Siedlungsgrube von Gröna zeugen vom Fischfang in der Saale.

Ackerbauern dieser Kulturstufe säten und ernteten vor allem die Getreidearten Emmer und Einkorn. Außerdem hielten sie Rinder, Schweine, Schafe und Ziegen. Knochenreste dieser Haustiere befanden sich ebenfalls in der Grönaer Siedlungsgrube. Die Gaterslebener Leute aßen Speisen aus Getreidekörnern oder -mehl und das Fleisch von geschlachteten Haustieren. Hinzu kamen wildwachsende Früchte, Beeren, Kräuter und Samen, die man im Sommer und Herbst sammelte.

An einem der schätzungsweise 50 Fundplätze der Gaterslebener Gruppe wurden zwei Kupferblechröhrchen entdeckt, die als Schmuck dienten. Sie kamen in einem der Gräber des Ortsteils Rössen von Leuna (Kreis Merseburg) zum Vorschein, sind heute aber leider verschollen.

Manche Prähistoriker halten es für möglich, daß ein Teil der in Mitteldeutschland geborgenen kreuzschneidigen Kupferäxte von Angehörigen der Gaterslebener Gruppe eingetauscht worden ist. Solche nicht genau datierbaren Äxte, bei denen es sich meist um Einzelfunde handelt, werden allgemein in die Zeitspanne zwischen der Gaterslebener Gruppe und der Salzmünder Kultur eingestuft.

Typische Tongefäße der Gaterslebener Gruppe waren Becher mit flachem Boden, Fußschalen, Amphoren mit Henkeln und langovale Wannen. Die Außenwände der Becher weisen manchmal Knubben oder zwei Henkelösen auf. Die Amphoren besaßen mindestens zwei bis acht Henkel. Fast alle Tongefäße blieben ohne Verzierung.

Als Rohstoffe für Werkzeuge wählte man je nach Form und Zweck gut spaltbaren Feuerstein, widerstandsfähiges Felsstein, Tierknochen oder Geweih. Aus Feuerstein wurden unter anderem Klingenkratzer geschaffen, aus Felsgestein dagegen Querbeile (auch Flachhacke genannt) und schlanke Lochäxte von schuhleistenkeilförmiger Gestalt. Aus Knochen schnitzte man Pfriemen zum Durchlochen von Gegenständen. Hirschgeweihe wurden zu durchlochten Lochäxten verarbeitet. Letztere benutzte man vielleicht auch als Waffe. Außer solchen mutmaßlichen Hiebwaffen gab es sicher Pfeil und Bogen als Fernwaffe.

Die Gaterslebener Leute bestatteten ihre Toten sowohl unverbrannt als auch verbrannt auf mehr oder minder großen Friedhöfen. Körperbestattungen in schwacher Hocklage kennt man vom namengebenden Fundort Gatersleben und von Kloster Gröningen[2] (Kreis Halberstadt) in Sachsen-Anhalt, wo man 20 zerstörte Gräber vorfand.

Im Ortsteil Rössen von Leuna (Kreis Merseburg) in Sachsen-Anhalt fand man neben Körperbestattungen der Rössener Kultur (s. S. 292) auch etliche Dutzend Brandbestattungen der Gaterslebener Gruppe. Das Nebeneinander der Rössener und Gaterslebener Brandbestattungen in Rössen hat dazu geführt, daß die Gaterslebener Brandbestattungen zunächst irrtümlich der Rössener Brandgräber-Gruppe und später der Jordansmühler Gruppe (s. S. 313) zugeordnet wurden.

Tönerne Amphore vom namengebenden Fundort Gatersleben (Kreis Aschersleben) in Sachsen-Anhalt. Höhe 42 Zentimeter. Original im Institut für Kulturpflanzenforschung Gatersleben.

Kreuzschneidige Kupferaxt von Auleben (Kreis Nordhausen) in Thüringen. Länge des Fundes 15,5 Zentimeter. Original im Landesmuseum für Vorgeschichte Halle/Saale.

Bei Körperbestattungen legte man Wert darauf, daß der Kopf im Süden und die Füße im Norden lagen. Das Gesicht der Toten war nach Westen oder Osten gewandt. Alle Bestatteten – ob unverbrannt oder verbrannt – erhielten Beigaben. In den Gräbern mit Brandbestattungen hatte man den Leichenbrand und die keramischen Beigaben in der Regel getrennt. Als Beigaben dienten meist zwei Tongefäße, Stein- und Knochengeräte sowie Schmuck.

Ein im Ortsteil Zauschwitz von Weideroda (Kreis Borna) in Sachsen bestatteter Mann war auf die rechte Körperseite gebettet. Seine Beine hatte man leicht zum Körper hin angezogen. Der Schädel lag im Westen, die Füße waren nach Osten ausgerichtet. Das Gesicht blickte nach Süden. Die Hinterbliebenen hatten den Schädel dieses Toten auf Rinderrippen gelegt. Nördlich davon fand man einen Schafknochen. Als weitere Beigaben dienten zwei tönerne Töpfe, eine Axt und ein Feuersteinspan.

Stubenputz vor mehr als 6200 Jahren
Die Bischheimer Gruppe

Im Mittelrheingebiet und in Teilen Bayerns (Unterfranken) lebten von etwa 4400 bis 4200 v. Chr. die Menschen der Bischheimer Gruppe. Sie ist wie die ungefähr zeitgleiche Schwieberdinger Gruppe (s. S. 297) gegen Ende der Rössener Kultur entstanden. Auch der Begriff Bischheimer Gruppe wurde 1938 von dem erwähnten Prähistoriker Armin Stroh (s. S. 515) eingeführt. Namengebender Fundort ist Bischheim[1] bei Kirchheimbolanden (Donnersbergkreis) in Rheinland-Pfalz.

Im Verbreitungsgebiet der Bischheimer Gruppe beherrschten Eichenmischwälder das Landschaftsbild. Zur damaligen Tierwelt gehörten – nach den Funden zu schließen – unter anderem Auerochsen, Rothirsche, Rehe, Wildpferde, Wildschweine, Hasen und Füchse. Die zu jener Zeit noch anzutreffenden Schildkröten sind ein Indikator für ein warmes Klima.

Von den Bischheimer Leuten sind bisher nur wenige und nicht sehr aussagekräftige Skelettreste gefunden worden. Dabei handelt es sich um Teile des Skelettes eines acht- bis neunjährigen Kindes sowie um den Oberarmknochen eines Erwachsenen aus

Tönerner Kugeltopf (sogenanntes Prunkgefäß) mit reicher Verzierung von Nieder-Ramstadt (Kreis Darmstadt-Dieburg) in Hessen. Höhe 29 Zentimeter. Original im Hessischen Landesmuseum Darmstadt.

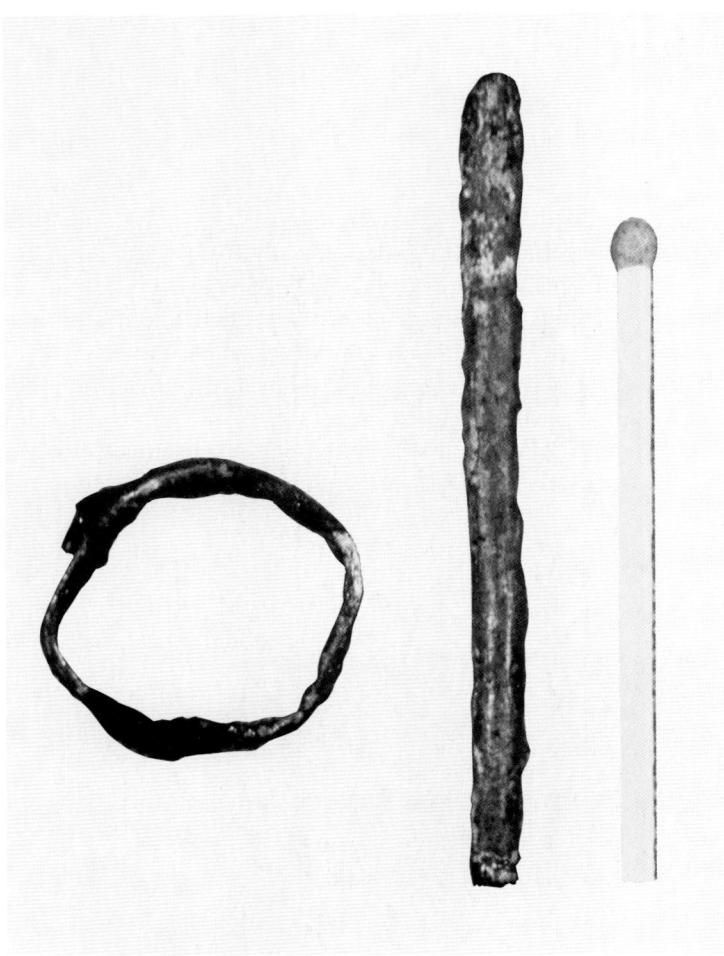

Kupferner Meißel und Ring aus Schernau (Kreis Kitzingen) in Bayern. Länge des Meißels 5,5 Zentimeter, Durchmesser des Rings etwa 2 Zentimeter. Originale im Seminar für Ur- und Frühgeschichte der Johann-Wolfgang-Goethe-Universität, Frankfurt am Main.

Schernau bei Dettelbach (Kreis Kitzingen) im bayerischen Regierungsbezirk Unterfranken.

Als eine der am besten erforschten Siedlungen der Bischheimer Gruppe gilt diejenige von Schernau[2]. Dort entdeckte man Grundrisse von viereckigen, trapez- und schiffsförmigen Häusern, die zumeist zwei Räume hatten. Diese Behausungen waren in den Boden eingetieft und verfügten über einen Eingang an einer der beiden Schmalseiten. Ein unvollständig erhaltener Hausgrundriß erreichte die Maße von 14,90 x 6,80 Metern.

Die Häuser von Schernau besaßen im vorderen Raum einen aus Lehm errichteten Backofen und im hinteren Raum eine offene Feuerstelle. Der Lehmfußboden und die mit Lehm beworfenen Wände wurden in diesen Behausungen gelegentlich durch frisch aufgebrachten Lehm renoviert. Dabei planierte man das von den Wänden entfernte alte Verputzmaterial auf dem Fußboden ein. Bei jeder Erneuerungsaktion wurde somit der Fußboden höher. In zwei Schernauer Häusern erreichte er zuletzt eine Höhe von 70 Zentimetern.

Für die Bewohner der Siedlung von Schernau war – nach den Knochenfunden zu schließen – die Jagd noch ein wichtiger Zuerwerb. Etwa zwei Drittel der dort geborgenen Knochen stammten von Wildtieren, und zwar vor allem vom Rothirsch, Wildschwein, Reh und Auerochsen. Man fand aber auch Jagdbeutereste vom Wildpferd, Feldhasen und Fuchs. Vermutlich sind diese Tiere meist mit Pfeil und Bogen erlegt worden.

Die Hinweise auf den Ackerbau sind bisher eher spärlich. Dazu zählen in Schernau Mahlsteine aus grobkörnigem Sandstein, die indirekt auf Getreideanbau und -verarbeitung hindeuten. Wie das restliche Drittel der Tierknochenfunde zeigt, hielten die Bauern von Schernau Rinder, Schweine und Hunde als Haustiere. Offenbar sind manchmal auch die Hunde geschlachtet und verzehrt worden. Darauf verweist die Anhäufung von bestimmten Hundeknochen neben einer Herdstelle.

Tauschgeschäfte und Fernverbindungen werden durch einen kleinen kupfernen Meißel sowie einen Ring aus einer Grube von Schernau dokumentiert. Die Bischheimer Gruppe gehört zu den ältesten jungsteinzeitlichen Kulturstufen in Deutschland, die Kupfererzeugnisse von höher entwickelten Kulturen Südosteuropas importierten.

Die Keramik der Bischheimer Gruppe ist in »Nachrössener Art« verziert. Das Werkzeugspektrum umfaßte neben Schuhleistenkeilen (s. S. 259), die als Holzbearbeitungsgeräte dienten, und Getreidemahlsteinen in seltenen Fällen auch importierte kupferne Geräte. Als Fernwaffen standen Pfeil und Bogen zur Verfügung. Steinerne Pfeilspitzen wurden beispielsweise in Schernau geborgen. An einer von ihnen hafteten an beiden Seiten noch Pechreste.

Über das Bestattungswesen und die Religion der Bischheimer Leute läßt sich nicht viel sagen. Die wenigen menschlichen Skelettreste aus Schernau deuten lediglich darauf hin, daß Verstorbene nicht verbrannt worden sind. In dem bisher einzigen Grab dieser Gruppe in Hessen – nämlich in Wiesbaden-Biebrich – hatte man einen unverbrannten Leichnam bestattet.

Das Dorf Aichbühl am Federsee

Die Aichbühler Gruppe

Von etwa 4200 bis 4000 v. Chr. war an den Seen und Mooren Oberschwabens sowie entlang der Donau in Baden-Württemberg die Aichbühler Gruppe verbreitet. Sie gehört in die Endphase der in Ungarn, der Tschechoslowakei und in Österreich heimischen Lengyel-Kultur (s. S. 424) und war ein Teil dieses als Epi-Lengyel-Komplex (s. S. 437) bezeichneten Abschnittes.

Der Begriff Aichbühler Gruppe im heute verwendeten Sinn stammt von dem damals in Köln lehrenden Prähistoriker Jens Lüning. Er schlug 1967 eine engere Definition der Keramik der Aichbühler Gruppe vor und grenzte davon 1969 die bereits vorher als eigenständige Kulturstufe erkannte Schwieberdinger Gruppe (s. S. 297) schärfer ab. Vor ihm hatten andere Experten bereits von Aichbühler Kultur[1] oder Aichbühler Gruppe[2] gesprochen, darunter jedoch verschiedene Kulturstufen zusammengefaßt.

Der Ausdruck Aichbühler Gruppe wurde von dem Fundort Aichbühl am ehemaligen Ufer des einst viel größeren Federsees bei Bad Schussenried (Kreis Biberach) in Oberschwaben abgeleitet. Dort hatte 1892 und 1897 der Oberförster und Heimatforscher Eugen Frank (1842–1897) aus Schussenried Grabungen vorgenommen und als erster die Ufersiedlungen im Federseegebiet erforscht.

Die Aichbühler Gruppe fiel in die Endphase des Atlantikums. Damals gab es vor allem buchenreiche Eichenmischwälder. Daneben wurden auch Erle, Weide, Hasel, Birke, Ahorn, Esche, Kirsche, Hainbuche, Kiefer und Eibe nachgewiesen.

Im Federseegebiet hat man Knochenreste von Braunbären, Wildkatzen, Füchsen, Auerochsen, Wisenten, Elchen, Rothirschen und Wildschweinen gefunden. Am Federsee lebten Biber und Fischotter. In den Seggen- und Röhrichtsümpfen rings um den Federsee hielten sich Fischreiher auf, die im See reiche Beute vorfanden.

Von den Menschen der Aichbühler Gruppe hat man bisher keine Skelettreste entdeckt. Ihre Dörfer bestanden aus maximal zwei Dutzend Häusern. Die Wohnhäuser wurden in ebenerdiger Bauweise auf Plätzen an Seeufern oder Mooren, an denen man kein Hochwasser befürchten mußte, aber auch auf trockenen Standorten errichtet. Die Nähe zum Wasser bot ihren Bewohnern an der dem See oder Moor zugewandten Seite eine geschützte Lage und unbegrenzte Wasservorräte.

Zu den aussagekräftigsten Seeufersiedlungen der Aichbühler Gruppe zählen die vom namengebenden Fundort Aichbühl am Federsee sowie die etwa hundert Meter davon entfernte Siedlung Riedschachen I. Das Wissen über diese Kulturstufe basiert fast ausschließlich auf den Funden von diesen beiden Plätzen. Sie wurden von 1919 bis 1928 bei mehreren Ausgrabungen durch den Tübinger Prähistoriker Richard Rudolf Schmidt (1882–1950) unter zeitweiser Mitarbeit der damals in Tübingen wirkenden Prähistoriker Hans Reinerth[3] und Georg Kraft[4] erforscht.

Die Siedlung Aichbühl befand sich einst am Ufer des Federsees, der im Laufe der Zeit immer mehr verlandete. Deshalb befinden sich die Siedlungsspuren heute nicht mehr am Ufer,

Becher der Aichbühler Gruppe von Riedschachen am Federsee bei Bad Schussenried (Kreis Biberach) in Baden-Württemberg. Höhe 11 Zentimeter, Durchmesser 9 Zentimeter. Original im Württembergischen Landesmuseum Stuttgart.

sondern weitab davon. Das Dorf Aichbühl war unbefestigt. Es wurde aus insgesamt 23 Häusern gebildet, die vielleicht alle gleichzeitig bewohnt gewesen sind. Die Wohnhäuser erreichten eine Länge bis zu acht und eine Breite bis zu fünf Metern. Ihre Giebelseite wies zum Federbach, der in den Federsee einmündete. Der Eingang lag stets auf der südöstlichen Schmalseite, wo sich jeweils ein nicht überdachter, mit Holz ausgelegter Vorplatz anschloß. Mehrere dieser Vorplätze waren untereinander verbunden und bildeten so einen Gang vor den Häusern, der gemeinschaftlich genutzt, aber nicht gemeinsam errichtet wurde. Die aus Baumstämmen angefertigten Holzfußböden bedeckte man mit Birkenrindenschichten, die man mit Lehm überstrich. Jedes Haus besaß einen kürzeren vorderen und einen längeren hinteren Raum. In ersterem befand sich häufig ein aus Lehm geformter kuppelartiger Backofen. Daneben gab es manchmal einen offenen Herd im größeren Raum. Für den Fußboden und für das tragende Gerüst dieser Wohnhäuser benötigte man schätzungsweise etwa 150 bis 200 Baumstämme, für die ganze Siedlung demnach mindestens 3500. Zum Fällen und Bearbeiten der Baumstämme wurden Geräte aus Felsgestein benutzt. Das Dach deckte man mit Schilf oder ähnlichem Material.

Die nach dem angrenzenden Wäldchen benannte Seeufersiedlung Riedschachen I[5] erstreckte sich in östlicher Nachbarschaft von Aichbühl auf einer kiesigen Landzunge und wurde auf drei Seiten vom Federsee umgeben. Dieses Dorf befand sich also in

Die namengebende Seeufersiedlung Aichbühl am Federsee bei Bad Schussenried (Kreis Biberach) in Baden-Württemberg.

einer besonders geschützten Lage. Es bestand vermutlich aus sechs Häusern. Auch in diesen Gebäuden gab es jeweils einen Holzfußboden mit Lehmestrich sowie einen vorderen und einen hinteren Raum. Zur Innenausstattung gehörten ein mit Lehm überwölbter und am Boden mit Steinen gepflasterter Backofen sowie ein offener mit Steinen ausgekleideter Herd.

Funde von Aichbühler Keramik im Hohlenstein bei Asselfingen und unter dem Felsdach Lautereck (beide Alb-Donau-Kreis) beweisen, daß Angehörige dieser Gruppe auch Höhlen aufgesucht haben.

Die in der Siedlung Riedschachen geborgenen Knochenreste von Wildtieren belegen die Jagd auf Auerochse, Rothirsch, Reh, Wildschwein und sogar auf die kräftigen und gefährlichen Braunbären. Vermutlich ging man mit Pfeil und Bogen auf die Pirsch. Daneben sind aber auch andere Jagdpraktiken denkbar, die bisher nicht archäologisch belegt sind. In Riedschachen hat man außerdem Reste von Fischen gefunden.

Hauptgrundlagen der Ernährung waren jedoch der Ackerbau und die Viehzucht. Nach den Funden in den Seeufersiedlungen Aichbühl und Riedschachen zu schließen, haben die Aichbühler Leute Zwergweizen, Emmer, Einkorn, Gerste und Mohn angebaut und geerntet. Zudem sammelten und aßen sie aber auch wildwachsende Haselnüsse, Himbeeren, Brombeeren, Erdbeeren, Wildäpfel, Schlehen und Wassernüsse.

Knochenreste von Tieren aus Riedschachen bezeugen die Haltung von Rind, Schaf und Ziege. Auch der Hund gehörte zu den Haustieren dieser Dorfbewohner. Womöglich war er nicht nur Spielgefährte, sondern zudem Wach- und Jagdhund.

Die Aichbühler Leute verfügten offenbar über ein vielseitiges Nahrungsangebot, das von wildwachsenden und angebauten pflanzlichen Produkten bis hin zu Wildbret und gelegentlich geschlachteten Haustieren reichte. Die Backöfen und offenen Herde in den Wohnhäusern dienten zum Brotbacken und Fleischbraten.

Typisch für die Tongefäße der Aichbühler Gruppe sind verzierte Becher. Diese tragen im oberen Teil in Furchenstichtechnik gefertigte Muster mit Metopen- und Zickzackbändern. Daneben gibt es grob wirkende Töpfe mit großen Trichterrändern, die häufig einen gekerbten Rand aufweisen. In den Ritzmustern sind manchmal weiße Farbreste zu erkennen.

Auffällig unter den Geräten aus Stein, Knochen und Geweih sind erstmals auftretende schlanke Streitäxte. Die sogenannte Aichbühler Hammeraxt ist den durchbohrten Äxten der Lengyel-Kultur sehr ähnlich.

Aichbühler Hammeraxt vom namengebenden Fundort Aichbühl am Federsee bei Bad Schussenried (Kreis Biberach) in Baden-Württemberg. Länge der Fragmente 6,3 und 7,1 Zentimeter, größte Breite der Axt 4,6 Zentimeter. Original im Institut für Vor- und Frühgeschichte der Universität Tübingen.

Kulturelle Einflüsse aus der Ägäis

Die Münchshöfener Gruppe

In Niederbayern war von etwa 4300 bis 3900 v.Chr. die Münchshöfener Gruppe heimisch, die auch in angrenzenden Teilen Bayerns und Österreichs vertreten gewesen ist. Die Münchshöfener Gruppe wird wie die Aichbühler Gruppe (s. S.309) aus Oberschwaben zum sogenannten Epi-Lengyel-Komplex (s. S.437) gerechnet, der vor allem in Ungarn, Österreich und in der Tschechoslowakei nachweisbar ist.

Der Name der Gruppe geht auf den damals in Mainz tätigen Prähistoriker Walther Bremer (1887–1926, s. S.510) zurück, der die Siedlungsfunde unweit des niederbayerischen Dorfes Münchshöfen (Kreis Straubing-Bogen) als Münchshöfener Typus bezeichnete.

Die Entdeckung der namengebenden Siedlung Münchshöfen ist dem Pfarrer und Konservator der Sammlungen des Historischen Vereins zu Regensburg, Joseph Dahlem (1826–1900), zu verdanken. Als er sich Mitte der siebziger Jahre des 19.Jahrhunderts in einem kleinen niederbayerischen Bad aufhielt, entdeckte er in einer Lehmgrube hinter Münchshöfen eine urgeschichtliche Grube von 3,50 Meter Durchmesser und einem Meter Tiefe, die Keramik- und andere Siedlungsreste enthielt. Diese Hinterlassenschaften wurden von Dahlem geborgen und in das Ulrichsmuseum von Regensburg gebracht. Später kamen beim Abbau von Lehm in der Nachbarschaft des Fundortes weitere Siedlungsspuren zum Vorschein.

Die Münchshöfener Leute entsprachen weitgehend dem Erscheinungsbild anderer jungsteinzeitlicher Zeitgenossen. An den bisher vorliegenden wenigen Skelettresten ließen sich keine auffälligen Krankheiten feststellen.

Die Angehörigen der Münchshöfener Gruppe wohnten in kleinen Siedlungen mit nur wenigen Häusern. Vielleicht spiegeln diese kleineren Siedlungen und Häuser und die spärlichen Keramikfunde eine geringere Bevölkerungszahl als in früheren Kulturstufen wider.

Nach Keramikresten der Münchshöfener Gruppe in Höhlen zu schließen, haben deren Angehörige gelegentlich auch solche natürlichen Unterschlüpfe aufgesucht. Derartige Wohnhöhlen kennt man vor allem aus dem Kreis Kelheim in Niederbayern – etwa die Höhle bei Bad Abbach[1], die Kastlhänghöhle[2], die Räuberhöhle[3] und drei Galeriehöhlen[4] in den Felswänden des Donaudurchbruches. Aber man entdeckte die Münchshöfener Keramik auch in anderen Teilen Bayerns, wie in der Hexenküche[5] am Kaufertsberg (Kreis Donau-Ries) in Schwaben.

Die Münchshöfener Leute sind gelegentlich mit Pfeil und Bogen auf die Jagd gegangen. Jagdbeutereste vom Rothirsch, Rehbock, Wildschwein und Biber hat man beispielsweise in Glonn[6] (Kreis Ebersberg) in Oberbayern gefunden.

Getreidekörnerfunde aus Langenhettenbach bei Ergoldsbach (Kreis Landshut) belegen den Anbau von Einkorn, Emmer und Zwergweizen. In Grube 1 der Siedlung Riekofen (Kreis Regensburg) barg man verkohlte Einkorn-, Emmer- und Gerstenkörner. Vom Ackerbau zeugen auch Bruchstücke von Mahlsteinen aus Granit, die in Langenhettenbach zum Vorschein kamen, sowie Erntemessereinsätze aus Feuerstein mit Gebrauchsspuren.

Die Münchshöfener Leute hielten Rinder, Schweine und Hunde als Haustiere. Reste dieser Arten sind von den erwähnten Fundorten Glonn und Riekofen nachgewiesen. In einer Siedlungsgrube von Mintraching (Kreis Regensburg) kam das Skelett eines etwa ein Jahr alten Hundes zum Vorschein, der eine Schulterhöhe von etwa 35 Zentimetern hatte. Bei dem in Riekofen gefundenen Pferdeknochen läßt sich nicht entscheiden, ob er von einem Wild- oder von einem Hauspferd stammt. Sollte letzteres der Fall gewesen sein, hätte es sich wohl um lebenden Fleischvorrat gehandelt.

Zur Nahrung gehörten Speisen aus Getreideprodukten sowie das Fleisch geschlachteter Haustiere und Wildbret. Steinwerk-

Reich verzierter Hohlfuß einer Fußschale der Münchshöfener Gruppe von Enzkofen (Kreis Deggendorf) in Bayern. Höhe etwa 52 Zentimeter. Original im Museum Deggendorf.

zeuge aus ortsfremdem Material lassen auf Tauschgeschäfte schließen. Tönerne Spinnwirtel deuten auf Textilien aus Schafwolle hin. Schmuck wurde bisher nicht entdeckt.

Unter den Kunstwerken der Münchshöfener Gruppe gibt es Tier- und Menschendarstellungen. Ein Tiergefäß in Rindergestalt aus Geiselhöring (Kreis Straubing-Bogen), das im Sommer 1984 entdeckt worden ist, hatte möglicherweise eine kultische Funktion. Der Tierkörper wird aus einer Schale mit vier Beinen gebildet. Die Schale hat einen Durchmesser von 11 x 16 Zentimetern und ist 2,5 Zentimeter tief.

Auch die Bruchstücke von menschlichen Tonfiguren spielten vermutlich in der religiösen Gedankenwelt der Münchshöfener Leute eine Rolle. Von Natternberg-Mainkofen (Kreis Deggendorf) ist ein Bruchstück von einer Tonplastik bekannt. In Straubing-Ittling wurden zwei Bruchstücke von Armen und Beinen geborgen. Und auf einem Acker von Haidlfing, Markt Wallersdorf (Kreis Dingolfing), wurde 1980 der 6,5 Zentimeter lange Teil eines Beines unterhalb des Knies geborgen. Das mit einem umlaufenden Linienmuster verzierte Beinfragment dürfte von einer etwa 25 Zentimeter hohen Figur stammen.

Zahlreiche Gefäßformen und Verzierungen der Münchshöfener Keramik können von der vor allem in Ungarn, Österreich und in der Tschechoslowakei verbreiteten Lengyel-Kultur (s. S. 424) abgeleitet werden. Es gibt unter den Münchshöfener Tongefäßen aber auch Formen, die auf einen Einfluß der ägäischen Kultur schließen lassen. Dazu gehören hauptsächlich Schüssel- und Schalenformen mit einbiegenden, teilweise verdickten Wulsträndern.

Als Unikum gilt eine mit vier Henkeln versehene, 35 Zentimeter hohe tönerne Butte aus Langenhettenbach. Nach der Anordnung der Henkel zu schließen, konnte dieses Tongefäß wie ein Rucksack auf dem Rücken getragen werden. Ein weiterer seltener Fund aus Langenhettenbach ist eine 32 Zentimeter hohe Fußschale, deren Rand mit Kerben verschönert ist.

Die Münchshöfener Keramik hat man vorzugsweise in Stich- und Furchentechnik mit Holz- und Knochenstäbchen verziert, seltener mit einem kammartigen Stichgerät mit zwei bis sieben Zinken. Gar nicht selten wurden Muster in verschiedenen Techniken eingelegt: Einzel-, Furchen-, Kammstich, gelegentlich auch Ritzlinien.

Die Menschen der Münchshöfener Gruppe gewannen verschiedene Geräte aus dem Platten- und Knollenfeuerstein des Kelheimer Jura. Außerdem fertigten sie aus dem Felsgestein Amphibolit Querbeile, Schuhleistenkeile und hammerförmige Äxte an, die mit Holzschäften versehen wurden. Vielleicht imitiert ein sehr flaches Beil aus Enzkofen (Kreis Deggendorf) ein Kupferbeil.

Steinerne Pfeilspitzen von einigen Fundorten beweisen den Gebrauch von Pfeil und Bogen als Fernwaffe. Pfeilspitzen kennt man aus einer Siedlungsgrube von Oberisling (Kreis

Skelett eines jungen Hundes im Alter von etwa einem Jahr aus einer Grube der Münchshöfener Gruppe bei Mintraching (Kreis Regensburg) in Bayern. Schulterhöhe des Hundes etwa 35 Zentimeter. Original im Museum der Stadt Regensburg.

Regensburg), aus der Räuberhöhle (Kreis Kelheim) und von Wallerdorf (Kreis Ingolstadt).

Gräber und Skelettreste der Münchshöfener Leute sind nur selten entdeckt worden. In einem Kindergrab von Pielweichs[7] bei Plattling (Kreis Deggendorf) lag das unverbrannt bestattete Kind auf dem Rücken, wobei sein Kopf nach Westen ausgerichtet war. Als Beigaben dienten ein kleiner tönerner Becher und ein Geweihgerät, das als Glätter bei der Keramikherstellung verwendet worden sein könnte.

In Riekofen[8] hatte man einen erwachsenen Toten auf der linken Körperseite liegend mit angezogenen Beinen zur letzten Ruhe gebettet. Sein Kopf war auf den Rücken gedreht, das Gesicht nach Süden gewandt. Bei dieser Bestattung fand man zwei Tongefäße als Beigaben.

In einer der Siedlungsgruben von Langenhettenbach[9] lag mitten unter Abfall die Hälfte eines menschlichen Schädels, in einer anderen Grube fand man ein Skelett mit ebenfalls halbiertem Kopf. Bei ersterem handelt es sich – nach den Zähnen zu urteilen – um ein drei- bis vierjähriges Kind, während das Skelett von einem etwa 15jährigen Menschen stammte. Vielleicht liegt in beiden Fällen rituelle Tötung vor.

Die zwölf kopflosen Idole von Wulfen

Die Jordansmühler Gruppe

In Sachsen und Sachsen-Anhalt war von etwa 4300 bis 3900 v.Chr. die Jordansmühler Gruppe verbreitet, die hauptsächlich in Schlesien, Böhmen und Mähren heimisch gewesen ist. Den Begriff Jordansmühler Gruppe hat 1916 der Breslauer Prähistoriker Hans Seger (1864–1943, s. S. 514) eingeführt. Diese Gruppe wurde nach dem heute in Polen liegenden niederschlesischen Fundort auf dem Bischkowitzer Berge bei Jordansmühl (polnisch: Jordanów Śląski) benannt. Auch diese Gruppe zählt zum Epi-Lengyel-Komplex (s. S. 437).

Von den Menschen der Jordansmühler Gruppe hat man allein bei den Ausgrabungen zwischen 1898 und 1911 am namengebenden Fundort bei Jordansmühl mehr als 50 Körpergräber entdeckt.[1] Nach den dortigen Skelettresten zu schließen, entsprach das Erscheinungsbild dieser Menschen demjenigen von Angehörigen zeitgleicher Kulturstufen. In Ostdeutschland konnte man bisher nur wenige Skelette von Jordansmühlern nachweisen.

Verzierte tönerne Tasse der Jordansmühler Gruppe von Wulfen (Kreis Köthen) in Sachsen-Anhalt. Höhe 7,1 Zentimeter. Original im Historischen Museum Köthen.

Die Siedlungen der Jordansmühler Gruppe sind schlecht erforscht. In Sachsen konzentrierten sie sich vor allem im Raum Dresden. Spuren der Anwesenheit von Menschen der Jordansmühler Gruppe fand man etwa in Dresden-Briesnitz, Dresden-Nickern, Heidenau (Kreis Pirna) in Sachsen sowie aus Wulfen (Kreis Köthen) in Sachsen-Anhalt.

In den Gräbern von Jordansmühl sowie in Böhmen und Mähren wurde reicher Kupferschmuck entdeckt. Die Angehörigen der Jordansmühler Gruppe haben aus dem Südosten, vor allem aus dem Bereich der Bodrogkeresztúr-Kultur (s. S. 300), die Kenntnis des Kupfers übernommen. Sie nutzten einheimische Kupferfunde (Nuggets) oder Erze und verarbeiteten diese. Die Jordansmühler Leute gehören in Mitteleuropa mit zu den ersten jungsteinzeitlichen Siedlern, die in großer Zahl Kupfergegenstände herstellten und nutzten. Offensichtlich übernahmen dann die Menschen der Brześć-Kujawski-Gruppe in Polen die Kenntnis der Kupferverarbeitung von der älteren Jordansmühler Gruppe, denn in jener ist Kupfer sehr zahlreich vertreten und erinnert stark an Jordansmühler Formen. Als Schmuck dienten unter anderem auch durchlochte Eberzähne.

Die Jordansmühler Gruppe brachte formvollendete Kunstwerke hervor, unter denen vor allem die tönerne Widderfigur aus Jordansmühl herausragt, die eine gute Beobachtungsgabe verrät.[2] Außer Tieren haben die Jordansmühler Künstler auch Menschen dargestellt, wie der Fund von zwölf tönernen Figuren in Wulfen[3] belegt. Leider sind diese bemerkenswerten Objekte bis auf drei zerfallen, da sie nicht gebrannt waren.

Die Jordansmühler Töpfer schufen neue Gefäßformen, die bis dahin in der mitteldeutschen Jungsteinzeit nicht vorkamen.

Tönerne Figur eines Widders von Jordanów Śląski (Jordansmühl) aus Schlesien im heutigen Polen. Der sogenannte »Widder von Jordansmühl« ist 37 Zentimeter lang und 33 Zentimeter hoch. Original im Muzeum Archaeologizne Wrocław (Breslau).

Menschengestaltige Tonfiguren von Wulfen (Kreis Köthen) in Sachsen-Anhalt. Höhe der größeren Figur noch 10,9 Zentimeter, der kleineren noch 6,5 Zentimeter. Originale im Landesmuseum für Vorgeschichte Halle/Saale.

Dabei handelte es sich um unverzierte, verzierte, einhenkelige oder zweihenkelige tönerne Henkelkannen. Während in Sachsen einhenkelige Kannen typisch waren, fand man in Schlesien vor allem zweihenkelige. Zum Formenschatz der Jordansmühler Keramik gehörten außerdem Fußschalen mit nicht allzu hohem Fuß und doppelkonische Näpfe.

Die Werkzeuge wurden aus Stein, Knochen und Geweih geschaffen. Feuerstein diente als Rohmaterial für Erntemesser, Felsgestein für robuste Holzbearbeitungsgeräte. Aus Knochen und Geweih stellte man häufig Spitzen zum Durchbohren von weichen Materialien her. Unterlieger und Läufer aus Sandstein dokumentieren das Mahlen von Getreidekörnern.

Funde von aus Feuerstein zurechtgeschlagenen Pfeilspitzen belegen die Verwendung von Pfeil und Bogen als Fernwaffe für die Jagd und den Kampf. Solche Pfeilspitzen konnte man in Jordansmühl bergen.

Die Menschen dieser Gruppe haben ihre Toten unverbrannt bestattet. Dies geschah, wie das Beispiel Jordansmühl zeigt, teilweise auf großen Gräberfeldern. An Beigaben konnte man verschiedene Formen von Tongefäßen, Feuersteinklingen sowie Schmuckstücke nachweisen.

In Sachsen und Sachsen-Anhalt hat man bisher kein ähnlich ausgedehntes Gräberfeld wie in Jordansmühl entdeckt. Doch veranschaulichen die Gräber von Wulfen, wie man damals die Verstorbenen beerdigte. Die Toten wurden mit zum Körper hin angezogenen Beinen – also in Hockerlage – bestattet. Ihre Köpfe wiesen nach Osten oder Westen mit Blick nach Norden oder Süden. Die Wulfener Gräber wurden teilweise von Steinen eingefaßt. Als Beigaben dienten Tongefäße, Feuersteinmesser und Knochengeräte.

Als auffällige Erscheinung am Fundort Jordansmühl gelten zwei Tiergräber. In einem davon stieß man auf das Skelett eines jungen Hausrindes sowie auf Reste eines Schafes. Dazwischen lag ein Schleifstein. Im anderen Tiergrab barg man das fast vollständige Skelett eines jungen Wildrindes. Darauf ruhten ein Hundeskelett, zwei Hundeschädel und ein menschlicher Kinderschädel mit einigen Knochen. Unter diesen Funden entdeckte man eine mit Steinen umstellte Grube mit zahlreichen Tierknochen und vier Hundeschädeln. Beide Tiergräber dürften die Reste einer kultisch motivierten Opferhandlung sein.

Hinweise auf kultische Motive liefert eine mit Steinen gepflasterte Grube in Jordansmühl. Darin entdeckte man das von Steinen bedeckte Skelett eines jungen Schweines, dem man den Schädel zertrümmert hatte, und das Stirnteil eines Rindes mit Hornzapfen.

Schauplatz einer rituellen Handlung war auch der Fundort Wulfen. Dort hatten Angehörige der Jordansmühler Gruppe zwölf stark schematisierte menschliche Tonfiguren kreisförmig um einen großen Stein aufgestellt. Jeder dieser Figuren wurden der Kopf und die Gliedmaßen abgeschlagen. Dies erinnert an Praktiken der Linienbandkeramiker (s. S. 262) und Stichbandkeramiker (s. S. 275), die symbolisch tönerne Menschenfiguren töteten und uns unbekannten Gottheiten opferten. Vielleicht hat man in Wulfen eine Art Altar entdeckt.

Verbreitung der Michelsberger Kultur und ihre Nachbarn in Deutschland. ▷

Frühe Burgen der Steinzeit

Die Michelsberger Kultur

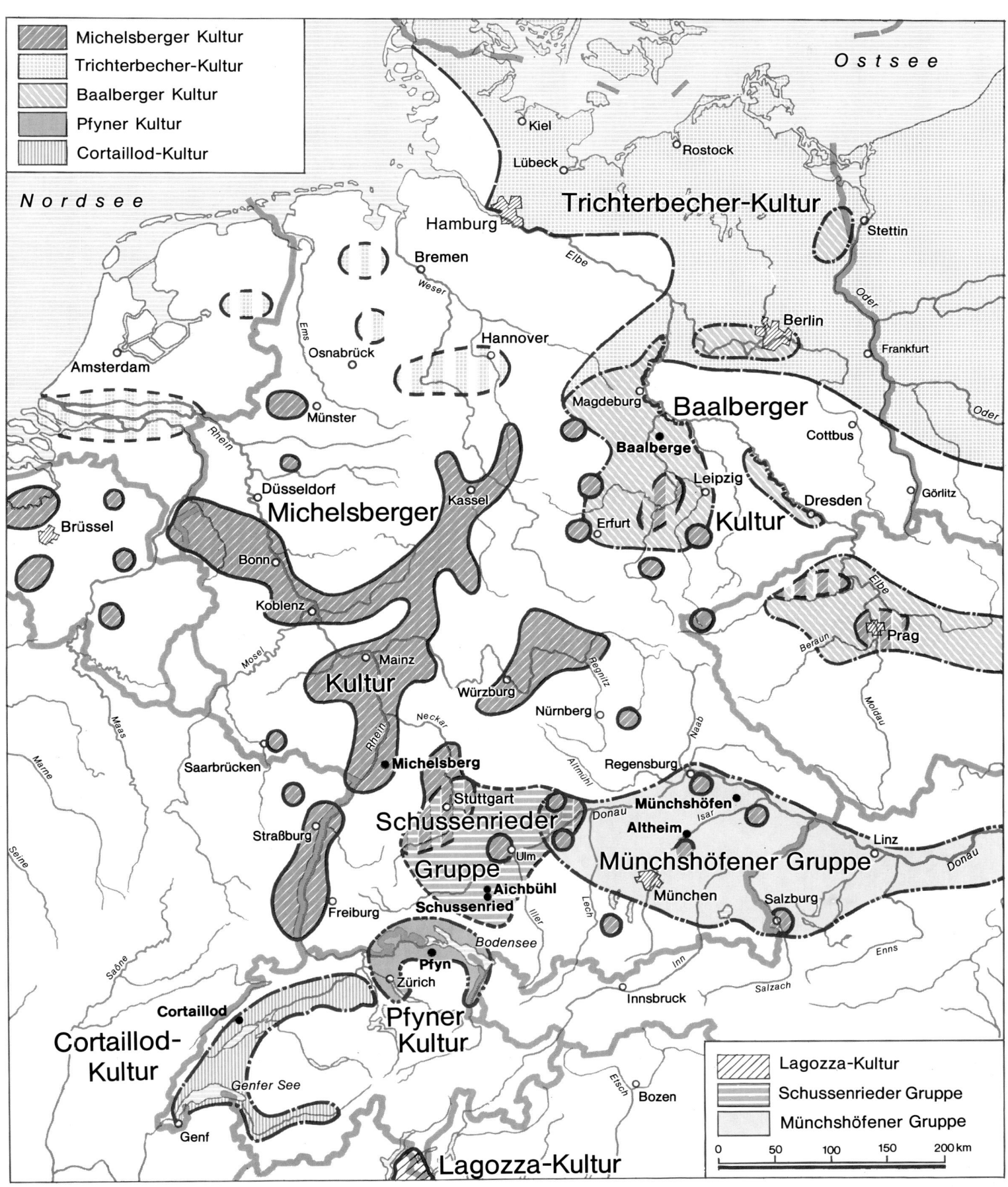

Legend (top left):

- Michelsberger Kultur
- Trichterbecher-Kultur
- Baalberger Kultur
- Pfyner Kultur
- Cortaillod-Kultur

Legend (bottom right):

- Lagozza-Kultur
- Schussenrieder Gruppe
- Münchshöfener Gruppe

0 50 100 150 200 km

Map labels:

O s t s e e

N o r d s e e

Trichterbecher-Kultur

Baalberger

Kultur

Michelsberger

Kultur

Schussenrieder

Gruppe

Münchshöfener Gruppe

Pfyner

Kultur

Cortaillod-

Kultur

Lagozza-Kultur

Kiel, Rostock, Lübeck, Stettin, Hamburg, Bremen, Berlin, Frankfurt, Hannover, Osnabrück, Münster, Amsterdam, Magdeburg, Baalberge, Cottbus, Leipzig, Dresden, Görlitz, Düsseldorf, Kassel, Erfurt, Brüssel, Bonn, Koblenz, Prag, Mainz, Würzburg, Nürnberg, Saarbrücken, Michelsberg, Straßburg, Stuttgart, Münchshöfen, Altheim, Regensburg, Linz, Ulm, Aichbühl, Freiburg, Schussenried, München, Salzburg, Bodensee, Pfyn, Zürich, Innsbruck, Cortaillod, Genfer See, Genf, Bozen

Elbe, Oder, Weser, Ems, Rhein, Mosel, Maas, Marne, Seine, Saône, Neckar, Regnitz, Naab, Altmühl, Moldau, Beraun, Donau, Isar, Lech, Iller, Inn, Salzach, Enns, Etsch

315

Von etwa 4300 bis 3500 v. Chr. existierte in Baden-Württemberg, im Saarland, in Rheinland-Pfalz, Hessen, Nordrhein-Westfalen, im südlichen Holland, in Belgien und Nordostfrankreich die aus der Rössener Kultur (s. S. 292) hervorgegangene Michelsberger Kultur. Diesen Begriff hat 1908 der Prähistoriker Paul Reinecke (1872–1958, s. S. 514) aus München eingeführt. Der Name erinnert an den Michelsberg beim Ortsteil Untergrombach von Bruchsal (Kreis Karlsruhe), auf dem sich eine befestigte Siedlung der Michelsberger Leute befand.

Die Michelsberger Kultur fiel teilweise in das feuchtwarme Atlantikum und teilweise in das kühlere, aber gleichfalls feuchte Subboreal. Im nördlichen Verbreitungsgebiet dieser Kultur konnten sich die Eichenmischwälder auch im Subboreal halten, wobei aber Ulmen und Linden stark zurückgingen, die Erlen dafür an Bedeutung gewannen. Im südlichen Verbreitungsgebiet wurden dagegen die Eichenmischwälder zum Teil schon von den an kühlere Temperaturen besser angepaßten Buchen- und Tannenwäldern abgelöst.

Schädelreste von mindestens 20 Menschen aus Siedlungsgräben auf dem Altenberg bei Heidelsheim (Kreis Karlsruhe) in Baden-Württemberg geben Hinweise auf die Lebenserwartung dieser Ackerbauern und Viehzüchter. 30 Prozent davon stammten von Kindern im Alter bis zu 7 Jahren, 20 Prozent von Kindern zwischen 7 und 14 Jahren, 17 Prozent von Jugendlichen zwischen 14 und 20 Jahren und 33 Prozent von Erwachsenen über 20 Jahren. Auffälligerweise überwogen dabei weibliche Skelette. Daß auch die Michelsberger Menschen an Karies litten, belegen zwei von dieser Krankheit betroffene Backenzähne eines Mannes aus Stuttgart-Münster.

Von der Michelsberger Kultur sind in Deutschland mehr als 200 Siedlungsplätze bekannt. Sie befinden sich im Flachland und auf Höhen. Nicht selten wurden die Siedlungen in schwer zugänglicher Lage errichtet und durch ebenso ausgedehnte wie aufwendige Befestigungsanlagen geschützt. Diese frühen »Burgen der Steinzeit« waren von breiten und tiefen Gräben und Palisaden umgeben. Das deutet auf ein gewisses Schutzbedürf-

Der namengebende Fundort der Michelsberger Kultur, der 272 Meter hohe Michelsberg mit Michaelskapelle von Untergrombach, Stadt Bruchsal (Kreis Karlsruhe), in Baden-Württemberg. Die Siedlung zur Zeit der Michelsberger Kultur lag rechts der Kapelle.

nis und unruhige Zeiten hin, in denen man mit Überfällen rechnen mußte.

Die Michelsberger Befestigungsanlagen bzw. Erdwerke wurden im Laufe der Forschungsgeschichte unterschiedlich gedeutet. So schrieb ihnen der Prähistoriker Hans Lehner[1] (1865–1938) aus Bonn schon 1917 Festungscharakter zu. Der Bonner Archäologe Franz Oelmann[2] (1883–1963) und der Bonner Prähistoriker Walter Rest (1912–1942) hielten die Erdwerke 1923 und 1940 für geschützte Marktplätze. Der Stuttgarter Prähistoriker Oscar Paret (1889–1972) betrachtete sie als Viehkrale.

Zu den schon seit langem bekannten befestigten Flachlandsiedlungen der Michelsberger Kultur gehört die von Wiesbaden-Schierstein in Hessen. Die ersten Funde wurden bereits 1894 in der Ziegelei Dr. Peters geborgen. Weitere Entdeckungen glückten ab 1914/15 in einem 120 Meter langen Grabensystem, das offenbar Teil einer am rechten Rheinufer angelegten halbkreisförmigen Siedlung gewesen ist. Der schützende Graben war auf der Sohle zwischen 1,10 und 2,45 Meter breit und 2,70 bis 3 Meter tief.

Eine weitere stark geschützte Flachlandsiedlung wurde 1898 durch den Bonner Archäologen Constantin Koenen (1854 bis 1925) bei Urmitz (Kreis Mayen-Koblenz) in Rheinland-Pfalz entdeckt. Dort konnten insgesamt vier Bau- und Benutzungsphasen unterschieden werden. In der ersten und ältesten Phase war diese Siedlung nur von einer Palisade umgeben. In der zweiten Phase wurde sie von einer Palisade und einem Graben geschützt, in der dritten Phase nur von einem Graben und in der vierten und letzten Phase von zwei Gräben.

Dieses Erdwerk am linken Rheinufer hatte halbkreisförmige Gestalt und wies riesige Ausmaße auf. Die Länge am Rhein

Grabenwerk der Michelsberger Kultur bei Odendorf (Rhein-Sieg-Kreis) in Nordrhein-Westfalen. Die Anlage wurde im Herbst 1989 auf einer Luftaufnahme entdeckt. Durchmesser des Grabenwerkes etwa 400 Meter.

betrug etwa 1275 Meter, die Breite ungefähr 840 Meter. Der äußerste der beiden Gräben der letzten Phase erreichte eine Länge von rund 2550 Metern. Insgesamt wurde eine Fläche von etwa 100 Hektar umfriedet. Die Gräben hatten schräg verlaufende Wände. Sie waren oben 6,50 bis 10 Meter und unten 4 bis 5 Meter breit sowie 1,70 bis 2,30 Meter tief. Der Abstand zwischen den beiden Gräben betrug 7 bis 20 Meter. Diese Gräben wurden von zahlreichen Erdbrücken unterbrochen, die als Zugänge ins Innere der Anlage dienten. Der äußere Graben hatte schätzungsweise 21 solcher Zugänge bzw. Tordurchlässe. Für den inneren Graben nimmt man sogar doppelt so viele Zugänge an.

Zu den seit etlichen Jahrzehnten bekannten befestigten Flachlandsiedlungen zählt auch das im Herbst 1907 von dem bereits erwähnten Bonner Archäologen Hans Lehner in Mayen[3] (Kreis Mayen-Koblenz) entdeckte Erdwerk. Diese Siedlung war etwa 360 Meter lang, 200 Meter breit und wurde von nur einem Graben umgeben. Der Graben erreichte oben eine Breite von 3,50 bis 6,30 Metern, unten von 1,40 bis 3,40 Metern und reichte 1,20 bis 2,60 Meter tief in den Boden. Teilweise fielen die Grabenwände sehr steil ab. Auf der Außen- und Innenseite des Grabens hatte man aus dem Erdaushub niedrige Wälle geschaffen. Der Graben wurde an mindestens elf Stellen durch dammartige Erdbrücken bzw. Tordurchlässe von fünf bis zehn Meter Breite unterbrochen, die mit Holzbalken verbarrikadiert waren. Manche Experten schätzen, daß es insgesamt 17 solcher Zugänge gab. In einem Abstand von 25 Metern hinter dem Graben schloß sich eine Palisade an.

Außerdem gab es solche Flachlandsiedlungen in Hessen bei Felsberg-Wolfershausen[4] und bei Wabern-Uttershausen[5] (Schwalm-Eder-Kreis) sowie in Edertal-Bergheim[6] (Kreis Waldeck-Frankenberg), in Nordrhein-Westfalen unter anderem in Miel[7] (Kreis Bonn) sowie Inden 9[8] und Koslar[9] auf der Aldenhovener Platte (Kreis Düren).

Die Entdeckungsgeschichte der namengebenden Höhensiedlung auf dem Michelsberg bei Untergrombach begann bereits 1884, als der Wiesbadener Konservator Carl August von Cohausen (1812–1894) dort einige Keramikreste fand, die er an die Karlsruher Sammlungen schickte. Die ersten Grabungen von 1888/89 erfolgten durch den Leiter der Großherzoglichen Sammlungen Karlsruhe, Karl Schumacher[10] (1860–1934). Zehn Jahre später kam es zu weiteren Untersuchungen durch den Karlsruher Ingenieur Albrecht Bonnet (1861–1900).

Der Michelsberg bei Untergrombach ist ein am Rand des Rheintales 274 Meter hoch aufragender Berg. Die darauf angelegte Siedlung erstreckte sich auf einer Fläche von etwa 400 x 250 Metern. Sie wurde von einem 5 bis 6 Meter breiten Graben geschützt, der sich auf 720 Meter Länge verfolgen ließ. Hinter dem Graben hatte man eine Palisade als zusätzliches Hindernis aufgerichtet. Wie bei anderen Erdwerken der Michelsberger Kultur war auch hier der Graben durch Erdbrücken unterbrochen, welche die Funktion von Zugängen hatten. Im Inneren der Höhensiedlung auf dem Michelsberg stieß man auf Hüttengrundrisse oder -gruben.

Bei der Anlage von befestigten Höhensiedlungen nutzten die Menschen der Michelsberger Kultur bewußt die jeweiligen natürlichen Gegebenheiten. So riegelten sie beispielsweise auf dem Schloßberg von Heilbronn-Klingenberg[11] in Baden-Württemberg nur den zugänglichen Teil durch ein doppeltes Grabensystem gegen Westen ab, während man auf den steil abfallenden Seiten auf Gräben verzichtete. Die beiden Gräben umschlossen eine Fläche von mindestens zwei Hektar. Jeder dieser Gräben war einst wohl vier Meter tief und wurde durch etwa sechs Meter breite Erdbrücken unterbrochen. Im Inneren dieses Erdwerkes konnte man zwar keine Häuser, dafür aber runde Kellergruben bis zu zwei Meter Tiefe feststellen, die nach Aufgabe ihrer ursprünglichen Funktion als Abfallplätze dienten.

»Steinzeitburg« der Michelsberger Kultur bei Urmitz (Kreis Mayen-Koblenz) in Rheinland-Pfalz. Sie hatte halbkreisförmige Gestalt und riesige Ausmaße. Die Länge am Rhein erreichte etwa 1275 Meter, die Breite betrug etwa 840 Meter. Der äußere der beiden Gräben der letzten Bauphase war etwa 2550 Meter lang.

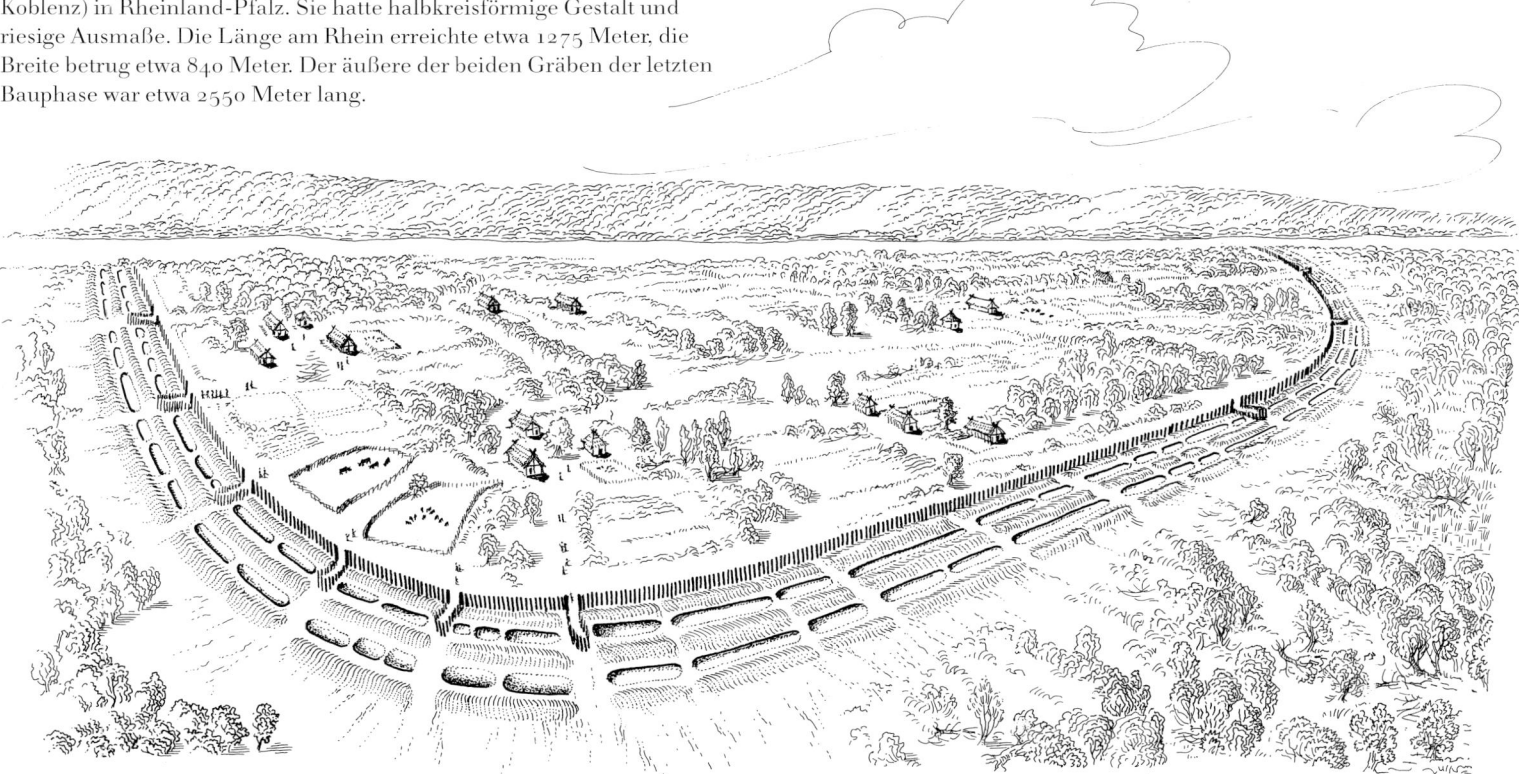

Mehrfachbestattung erschlagener Menschen in Heidelberg-Handschuhsheim (Rhein-Neckar-Kreis) in Baden-Württemberg. In einer Grube, aus der man Lehm für den Hausbau entnommen hatte, sind drei Erwachsene, ein Jugendlicher und ein Kleinkind gleichzeitig bestattet worden. Alle fünf Toten wurden mit zum Körper hin angezogenen Beinen (Hockerbestattung) zur letzten Ruhe gebettet.

Auf dem Goldberg[12] bei Riesbürg (Ostalbkreis) in Baden-Württemberg schützte man die leicht zugängliche Westseite durch einen Graben und zwei Meter dahinter mit einer Palisade. Das Ausheben dieses Grabens dürfte mit großer Mühe verbunden gewesen sein, weil er über eine Strecke von etwa 100 Metern tief in den Fels gehauen werden mußte. Diese in der Fachliteratur als Goldberg II bezeichnete Michelsberger Siedlung ging durch einen Brand zugrunde. Vielleicht brach das Feuer infolge eines Überfalles aus.

Auch in Hessen entdeckte man etliche befestigte Höhensiedlungen der Michelsberger Kultur. In Südhessen konnte auf dem Kapellenberg[13] von Hofheim (Main-Taunus-Kreis) der Nachweis für eine derartige Siedlung erbracht werden. Auffällig viele Höhensiedlungen waren in Nordhessen konzentriert, beispielsweise auf dem Bilstein[14] von Besse, auf dem Büraberg[15] bei Fritzlar, auf dem Lamsberg[16] von Gudensberg (alle im Schwalm-Eder-Kreis) sowie auf der Altenburg[17] bei Niedenstein, dem Burgberg[18] von Großenritte und dem Dörnberg[19] bei Zierenberg (alle im Kreis Kassel). Manche dieser Berge hatten steil abfallende Hänge, an denen keine Angriffe möglich waren.

In Nordrhein-Westfalen gehört die erst 1986 in Bonn auf dem Venusberg[20] in Richtung Universitätskliniken entdeckte befe-

stigte Höhensiedlung zu den Erdwerken dieser Art. Dort riegelten Michelsberger Leute durch einen breiten Graben mit dahinter liegendem Erdwall und Palisaden an dessen Frontseite einen nach Norden vorspringenden Bergsporn ab. Auch hier erlaubten Erdbrücken im Graben den Zugang ins Innere der Anlage.

In Niedersachsen läßt sich die Beusterburg[21] im Hildesheimer Wald als Beispiel einer befestigten Michelsberger Höhensiedlung anführen. Auf dem Ende eines Bergrückens, der von zwei Bachtälern begrenzt ist, befand sich das Erdwerk mit dem 6 bis 7 Meter breiten und unterschiedlich tiefen Graben, an den sich ein Wall anschloß. 1,50 bis 3 Meter dahinter folgte eine Palisadenreihe. Der Graben wurde durch Erdbrücken unterbrochen. Im Wall und in der Palisadenreihe gab es mindestens 20 schmale Durchschlüpfe und Eingänge.

Da innerhalb der Michelsberger Erdwerke nur selten Siedlungsspuren entdeckt wurden, ist es denkbar, daß diese vielleicht nur bei Gefahr als Zufluchtsstätte für die Menschen in ihrem Umkreis dienten. Bei einem befürchteten Angriff zogen sich Frauen und Kinder vermutlich zusammen mit dem Vieh hinter die Palisade zurück. Bei Großanlagen wie in Wiesbaden-Schierstein konnten die vielen über Erdbrücken zugänglichen Einlässe allerdings unmöglich alle gleichzeitig verteidigt werden. Wie groß die Häuser der Michelsberger Leute gewesen sind, zeigten die Ausgrabungen auf dem Gelände der Limburg[22] bei Weilheim an der Teck (Kreis Esslingen). Dort stellte man Grundrisse von vier kleinen rechteckigen Behausungen fest, die nicht größer als 8 x 6 Meter waren. Man hatte sie in Pfostenbautechnik errichtet und jeweils mit einer eingetieften Kellergrube ausgestattet.

Zu den Michelsberger Siedlungen gehörten häufig Vorratsgruben, in denen man meist das geerntete Getreide aufbewahrte. Damit die Grubenwände nicht einstürzten, verkleidete man sie unter anderem mit Flechtwerk. Dies war in Mainz-Hechtsheim in Rheinland-Pfalz der Fall. Eine dieser Gruben hatte einen Durchmesser von etwa 1,50 Meter. Sie reichte 1,50 Meter tief in den Boden und besaß eine Flechtwerkwand mit Lehmverputz. Mitunter haben die Michelsberger Leute auch Höhlen kurzfristig als Unterschlupf benutzt. Darauf deuten Michelsberger Keramikfunde aus der Baumannshöhle bei Rübeland (Kreis Wernigerode) in Sachsen-Anhalt hin. Vielleicht nutzte man Höhlen auch als Raststätten bei Wanderungen oder als Verstecke in kriegerischen Zeiten.

Die Michelsberger Ackerbauern bauten Getreide an und verarbeiteten die Ernte zu unterschiedlichen Nahrungsmitteln. Auf den Anbau von Getreide verweisen unter anderem Abdrücke von Getreidekörnern in Tongefäßen, Häcksel im Hüttenlehm sowie zahlreiche Mahlsteinfunde. Nach den auffällig vielen Tierknochenfunden in den Siedlungen zu schließen, hielt man vor allem Rinder und Schweine. In der Michelsberger Siedlung auf dem Tuniberg bei Munzingen (Kreis Freiburg) in Baden-Württemberg betrug der Anteil der Rinderknochen 53 Prozent und derjenige der Schweine 32 Prozent. Die übrigen 15 Prozent entfielen auf Ziegen oder Schafe und Hunde. Auf dem Speisezettel der Michelsberger Leute standen Grützbrei und Fladenbrot aus Getreidekörnern und -mehl, aber auch das Fleisch geschlachteter Haustiere. Saisonal bereicherten eßbare Früchte, Beeren, Kräuter und Samen sowie Wildbret die Ernährung. Dabei spielte die Jagd im Leben der Michelsberger Menschen allerdings nur eine geringe Rolle. Belegt ist sie unter anderem durch Knochenfunde vom Rothirsch und Fuchs auf dem Michelsberg. Die Tiere wurden wahrscheinlich mit Pfeil und Bogen erlegt.

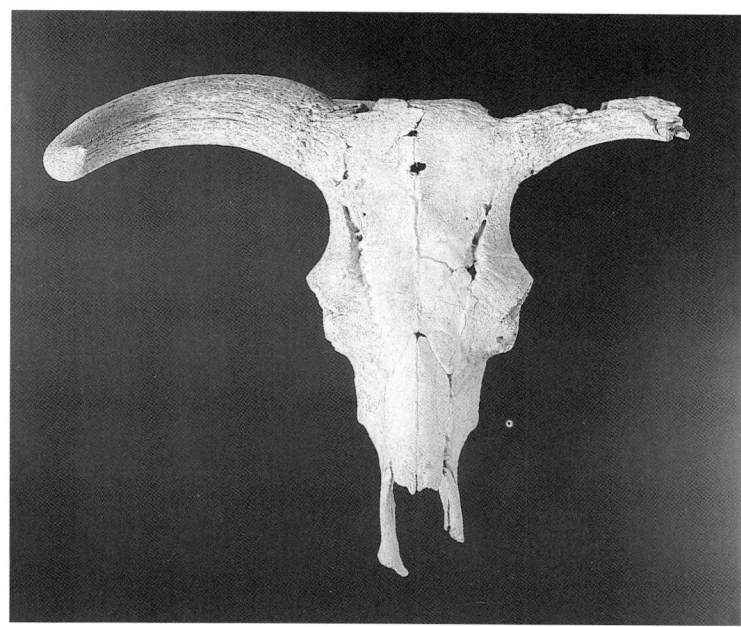

Schädel eines Auerochsen-Stieres aus dem Erdwerk von Heilbronn-Klingenberg in Baden-Württemberg. Dabei handelt es sich wohl um Schlachtabfall. Höhe des Gesichtsschädels etwa 70 Zentimeter. Original im Württembergischen Landesmuseum Stuttgart.

Die Angehörigen der Michelsberger Kultur hatten Kontakte mit Menschen anderer Kulturen. Auf Tauschgeschäfte und Fernverbindungen weist vielfach das Vorkommen belgischen Feuersteins an deutschen Fundorten hin. Solchen Rohstoff entdeckte man unter anderem in Bochum in Nordrhein-Westfalen, in Kollig (Kreis Mayen-Koblenz) und in Altenbamberg (Donnersbergkreis) in Rheinland-Pfalz sowie im Ortsteil Harb von Nidda (Wetteraukreis) in Hessen.

Belgischer Feuerstein wurde vor allem in Spiennes in der Provinz Hainaut unterirdisch gewonnen, wo ein etwa 60 Hektar großes Abbaugebiet mit zahlreichen Schächten bekannt ist. Die Schächte hatten einen auffällig geringen Durchmesser von nur einem Meter und reichten mitunter bis zu 20 Meter weit in den Berg.

Qualitativ hochwertiger Feuerstein wurde zur Zeit der Michelsberger Kultur auch in Deutschland bergmännisch abgebaut. Und zwar auf dem Lousberg in Aachen in Nordrhein-Westfalen, in Kleinkrems (Kreis Lörrach) in Baden-Württemberg und in Baiersdorf (Kreis Kelheim) in Bayern. Auch von dorther haben die Menschen der Michelsberger Kultur teilweise Rohmaterial für Feuersteingeräte bezogen.

Die Michelsberger Männer und Frauen trugen unter anderem durchbohrte Tierzähne, zylindrische, längs durchbohrte Tonperlen und durchlochte Muschelschalen an Halsketten. Ein jugendlicher Toter aus einem Grab in Heidelberg-Handschuhsheim (Rhein-Neckar-Kreis) besaß eine Halskette, auf der um einen durchbohrten spitzen Stein neun durchlochte tierische Fangzähne aufgereiht waren, die unter anderem vom Wildschwein und vom Hund stammten.

Bisher kennt man keine Kunstwerke der Michelsberger Kultur. Tönerne Gefäße oder Figuren in Tier- oder Menschengestalt waren diesen Menschen offenbar fremd.

Die Keramik der Michelsberger Kultur umfaßte eine verwirrende Vielfalt von Formen. Als besonders typische Tongefäße galten Tulpenbecher, Schöpflöffel und tellerförmige Scheiben. Außerdem gab es Flaschen, Krüge, Schüsseln und Schalen.

Hüttenlehmbrocken mit Gewebe- oder Flechtwerkabdruck von Rauenthal (Rheingau-Taunus-Kreis) in Hessen. Länge des Brockens etwa 22 Zentimeter. Original im Museum Wiesbaden.

319

Viele der Michelsberger Tongefäße hatten runde Böden und konnten deshalb nicht ohne besondere Vorrichtung stehen, vermutlich mußten sie mit Schnüren aufgehängt werden. Der Ton war meistens lederbraun und blieb oft unverziert.

Die Tulpenbecher ähneln den Blütenkelchen von Tulpen oder umgekehrten Glocken. Bei den schlanken Bechern mit einer trichterförmigen weiten Mündung handelte es sich wohl um Trinkgefäße. Die Schöpfkellen hatten häufig eine ovale Grundform mit einem an einer Seite hochgezogenen Grifflappen. Eine auffällige Besonderheit der Michelsberger Kultur sind tellerförmige Scheiben, in denen man Unterlagen zum Backen von Brotfladen sieht (deshalb »Backteller«), es könnten aber auch Eßteller, Gefäßdeckel oder Untersetzer zum Formen von Tongefäßen gewesen sein.

Die Michelsberger Töpfer bauten ihre Tongefäße frei mit der Hand überwiegend aus Wülsten auf. Nur ein Teil der kleinen Schalen scheint aus einem einzigen Tonklumpen geformt worden zu sein. Wie die Verstrichspuren zeigen, wurden die Wände anschließend sorgfältig mit den Fingern geplättet. Die Feinkeramik blieb im allgemeinen unverziert. Großkeramik bewarf man mit Tonschlick, um die Oberfläche aufzurauhen, außerdem tupfte man die Randleisten. Die Tongefäße hat man in Töpferöfen gebrannt. Letztere legte man auch unterirdisch an, wie ein Fund in Ludwigsburg-Hoheneck in Baden-Württemberg beweist. Farbreste an zwei der in der Baumannshöhle entdeckten Tongefäße lassen darauf schließen, daß die Keramik in seltenen Fällen auch bemalt worden ist.

Die Michelsberger Leute fertigten ihre Geräte vor allem aus Feuerstein und Felsgestein und nur selten aus Knochen an. Aus Feuerstein oder Felsgestein schliffen sie beispielsweise kleine trapezförmige oder dreieckige Beilklingen, die an Holzschäften befestigt wurden. Mitunter setzte man solche Beilklingen auch in Hirschgeweihstücke ein, die als Zwischenfutter zwischen der Klinge und dem Holzschaft dienten. Außerdem fand man Unterlieger und Läufer zum Mahlen von Getreidekörnern. Von

Sogenannter Tulpenbecher der Michelsberger Kultur von Wackernheim (Kreis Mainz-Bingen) in Rheinland-Pfalz. Das Gefäß wurde aus rötlichbraunem Ton modelliert. Höhe 15,7 Zentimeter. Original im Landesmuseum Mainz.

drei brotlaibförmigen Mahlsteinen am Fundort Kollig hatte man zwei aus Basaltlava und einen aus Sandstein hergestellt.

Eine spitznackige Beilklinge aus Kupfer von Baunatal (Kreis Kassel) soll der Michelsberger Kultur angehören, sonst ließen sich keine Metallobjekte für diese Kultur nachweisen. Falls dieser Fund tatsächlich aus dieser Zeit stammt, dürfte es sich um Importware aus Südosteuropa handeln.

Die Herstellung und Verwendung von Pfeil und Bogen wird durch flächig retuschierte Pfeilspitzen aus Feuerstein belegt. Von den hölzernen Bögen und den Pfeilschäften fand man keine Reste.

Die Michelsberger Leute bestatteten ihre Verstorbenen unverbrannt oder verbrannt, vollständig oder unvollständig, in Gruben, breiten oder schmalen Gräben, Gräbern oder in Höhlen. Die Beigaben für die Toten belegen den Glauben an ein Weiterleben im Jenseits.

In Heidelberg-Handschuhsheim[23] hat man in einer Lehmentnahmegrube drei Erwachsene, einen Jugendlichen und ein Kleinkind zur letzten Ruhe gebettet. Diese Menschen sind erschlagen worden. Ihre Beine waren zum Körper hin angezogen. Die Gesichter der Erwachsenen blickten nach Süden. Die Toten scheinen aufgrund der eng zusammengezogenen Unterschenkel an den Beinen gefesselt gewesen zu sein. Dies vermutet man auch bei einer Männerbestattung in Jechtingen (Kreis Emmendingen) in Baden-Württemberg. Wenn es sich hierbei tatsächlich um Fesselungen handelt, so erfolgten diese vermutlich aus Furcht vor der Wiederkehr der Toten. Bei den Toten von Heidelberg-Handschuhsheim sorgte man sich dagegen um deren Wohlergehen im Jenseits, da man ihnen etwa 50 Tongefäße als Eß- und Trinkgeschirr ins Grab legte.

Auf dem Michelsberg bei Untergrombach entdeckte man in zehn Gruben unvollständige Skelettreste von mindestens 34, wenn nicht sogar 46 Menschen. Darunter befanden sich auffäl-

Feuersteinbeil und Schleifstein aus feinkörnigem Quarzit von Osterwick (Kreis Coesfeld) in Nordrhein-Westfalen. Länge des Schleifsteins 40 Zentimeter. Original im Westfälischen Museum für Archäologie, Münster.

Abbau von Feuerstein am Lousberg in Aachen in Nordrhein-Westfalen zur Zeit der Michelsberger Kultur.

lig wenig Schädelreste. Die Mehrzahl der Knochen war schwer beschädigt oder nur fragmentarisch erhalten. An etlichen Knochen ließen sich Spuren von Gewalt nachweisen. Offenbar hatte man die dort Bestatteten getötet. Der Anteil der Knochen von Kindern und Jugendlichen betrug über 14 Prozent.

Menschliche Skelettreste kamen auch in den Gräben der erwähnten Erdwerke von Untergrombach, Munzingen und Urmitz zum Vorschein. In Urmitz hatte man darin drei Menschen bestattet. Auf dem ebenfalls schon erwähnten Altenberg bei Heidelsheim enthielten schmale Gräben Schädelreste von mindestens 20 Menschen.

Bei den Untersuchungen des äußeren von zwei Gräben eines der Erdwerke von Bruchsal (Kreis Karlsruhe) wurden insgesamt sechs Bestattungen entdeckt. Unweit davon befanden sich

Die Art der Bestattung in der Michelsberger Kultur erlaubt gewisse Rückschlüsse auf die damalige Religion. Die häufig nur fragmentarisch erhaltenen Skelette lassen sich damit erklären, daß die Michelsberger Leute überirdischen Mächten Menschenopfer darbrachten und dabei einen rituell motivierten Kannibalismus praktizierten. Als Anhaltspunkt für diese Überlegungen dienen vor allem die erwähnten Skelettreste von Heidelsheim. Dort hatte man eigens schmale Gräben für rituelle Zwecke geschaffen. Auffälligerweise stammen zwei Drittel der darin entdeckten Knochen vermutlich von weiblichen Personen. Dieser Befund stimmt mit den Beobachtungen aus der Jungfernhöhle bei Tiefenellern überein, die zuvor schon linienbandkeramischen Ackerbauern als Opferheiligtum gedient hatte (s. S. 263).

Spuren vom Kannibalismus der Michelsberger Leute kennt man außerdem von den belgischen Fundorten Furfooz und Spiennes. In einer kleinen Höhle am Fuße eines Felsens bei Furfooz (Provinz Namur) wurden Skelette von 16 Menschen ohne jeden anatomischen Zusammenhang entdeckt. An mindestens 50 Knochen konnte man Schnittspuren beobachten, die offenbar vom Entfernen des Fleisches herrührten. In sechs Gruben des schon erwähnten Feuersteinabbaugebietes von Spiennes ruhte jeweils ein einzelner menschlicher Schädel oder Teile davon – und zwar stets ohne Unterkiefer. Diese Schädelreste werden als Teilbestattungen von Skeletten gedeutet, deren Weichteile vorher entfernt worden waren.

Die Michelsberger Ackerbauern und Viehzüchter brachten diese Menschenopfer möglicherweise dar, um Gottheiten um das Gedeihen der Ernte und das Wohl des Viehs zu bitten.

Tönerner Henkelkrug der Michelsberger Kultur vom Michelsberg von Untergrombach, Stadt Bruchsal (Kreis Karlsruhe), in Baden-Württemberg. Höhe des Kruges 19,9 Zentimeter. Original im Badischen Landesmuseum Karlsruhe.

zwei Tore, in deren Bereich offenbar mächtige Hörner von Auerochsen auf einer Konstruktion aus Holz befestigt und aufgestellt waren. Eines dieser Gehörne erreicht eine Spannweite von etwa einem Meter. Vielleicht ist es kein Zufall, daß diese Hörner zu beiden Seiten das Areal der Bestattungen begrenzten.

In Inningen[24] (Kreis Augsburg) in Bayern entdeckte man vier Gräber der Michelsberger Kultur. Eines davon barg sechs komplette Skelette, dazu weitere, nicht zu diesen gehörende Skelettreste. Zwischen diesen Bestattungen lagen die Knochen mehrerer Tiere, die man – wie Verletzungen am Schädel zeigen – erschlagen hatte. Vielleicht sollten die getöteten Tiere im Jenseits als Wegzehrung dienen.

Reguläre Bestattungen in Gräbern fand man unter anderem in Stuttgart, Hofheim (Main-Taunus-Kreis) in Hessen sowie in Bad Kreuznach in Rheinland-Pfalz. Die dort beerdigten Toten ruhten in gestreckter Rückenlage oder mit zum Körper angezogenen Beinen (sogenannte Hocker) und hatten verschiedene Formen von Tongefäßen (Becher, Schöpflöffel, Schüsseln) als Beigaben bei sich. Derartige Bestattungen dürften aber in der Michelsberger Kultur eher die Ausnahme gewesen sein. Meist fand man die menschlichen Skelettreste ohne intakten Zusammenhang.

Die Ausgrabungen in der Jungfernhöhle bei Tiefenellern (Kreis Bamberg) verweisen darauf, daß die Michelsberger Leute manchmal Skelettreste auch in Höhlen warfen oder sie verbrannten.

Sogenannter »Backteller« der Michelsberger Kultur von Wackernheim (Kreis Mainz-Bingen) in Rheinland-Pfalz. Durchmesser 24 Zentimeter. Original im Landesmuseum Mainz.

Das Rätsel der Großsteingräber
Die nordwestdeutsche Trichterbecher-Kultur

Unter dem Einfluß bäuerlicher Kulturen aus dem südlichen Mitteleuropa entstand in dem riesigen Gebiet zwischen der Ukraine und dem östlichen Holland die Trichterbecher-Kultur. Der Begriff Trichterbecher-Kultur wurde 1930 von dem polnischen Prähistoriker Konrad Jażdżewski (1908-1985, s. S. 512) aus Lodz geprägt. Älter ist die Bezeichnung Trichterrandbecher, die schon vor dem Ersten Weltkrieg aufkam. Der Name der Kultur fußt auf dem charakteristischen mittelgroßen Gefäß mit trichterförmigem Hals, dem sogenannten Trichterbecher.

Genaugenommen ist der Ausdruck Trichterbecher-Kultur ein Begriff, unter dem mehrere Kulturen zusammengefaßt werden, für die der Besitz von Trichterbechern kennzeichnend ist.[1] Deshalb spricht man auch von Trichterbecher-Kulturen und ordnet diesen verschiedene Zweige zu. Einer der ältesten davon ist die nordwestdeutsche Trichterbecher-Kultur, die von etwa 4300 bis 3000 v. Chr. in Schleswig-Holstein, im nördlichen Niedersachsen sowie in Mecklenburg verbreitet war.

Die nordwestdeutsche Trichterbecher-Kultur läßt sich nach dem Fundgut in verschiedene Kulturgruppen gliedern. Die älteste davon ist die Rosenhof-Gruppe[2] mit dem namengebenden Fundort Rosenhof bei Dahme (Kreis Ostholstein). Weitere Gruppen sind die Satrup-Gruppe[3] (nach Satrup, Kreis Schleswig-Flensburg), die Fuchsberg-Gruppe[4] (nach Fuchsberg bei Satrup, Kreis Schleswig-Flensburg), die Troldebjerg-Gruppe[5] (nach Troldebjerg auf der dänischen Insel Langeland), die Klintebakken-Gruppe[6] (nach Klintebakken in Dänemark) und die Curslack-Gruppe[7] (nach Curslack bei Boberg, unweit von Hamburg).

Auf dem Höhepunkt ihrer Entwicklung (etwa um 3400 v. Chr.) übernahmen die Menschen der nordwestdeutschen Trichterbecher-Kultur die vermutlich in den Küstengebieten Westeuropas entstandenen monumentalen Großsteingräber (die sogenannten Megalithgräber, s. S. 241). Diese Großsteingräber sind demnach eine jüngere Erscheinung der Trichterbecher-Kultur.

Die nordwestdeutsche Trichterbecher-Kultur fiel teilweise noch in das Atlantikum, überwiegend dann jedoch ins Subboreal. Um 4000 v. Chr. lag der Meeresspiegel im Nordseebereich etwa vier bis fünf Meter niedriger als heute und derjenige im Ostseebereich mehr als zwei Meter tiefer. Das niedersächsische Flachland wurde weithin von Eichenmischwäldern bedeckt, die je nach Bodenart unterschiedlich zusammengesetzt waren. Auf sandigen Böden wuchsen außer Eichen auch Birken und Ebereschen. Auf besseren Böden gediehen neben Eichen anspruchsvollere Laubhölzer wie Linden, Ulmen und Ahorn, vereinzelt Buchen. Nadelhölzer spielten kaum eine Rolle. Wie die Funde belegen, lebten im Dümmer, dem zweitgrößten See Niedersachsens, Hechte, Flußbarsche, Schleien, Flußaale, Kaulbarsche und Brachsen. An diesem See existierte auch eine artenreiche Vogelwelt. Es gab Haubentaucher, Krauskopfpelikane, Fischreiher, Rohrdommeln, Stock-, Schnatter- und Knäkenten, Gänsesäger mit einem sägeartig gezähnten Schnabel, Zwergsäger, Rotmilane, Habichte, Teich- und Bläßhühner, Kiebitze, Kormorane, Störche, Höckerschwäne, Graugänse, Fisch-

Verzierter Trichterbecher aus Rohstorf (Kreis Lüneburg) in Niedersachsen. Höhe knapp 15 Zentimeter. Der Begriff Trichterbecher-Kultur basiert auf solchen Tongefäßen mit trichterförmigem Hals. Original im Museum Lüneburg.

und Seeadler, Wanderfalken und Kraniche, die sich an diesem See nicht nur zeitweilig aufhielten. In den Wäldern Norddeutschlands lebten damals Auerochsen, Rothirsche, Elche, Wildschweine, Braunbären, Wildkatzen, Wölfe und Füchse. Viele Seen wurden von Bibern bewohnt.

Aus den Untersuchungen der Skelettreste von Sorsum (Kreis Hildesheim) in Niedersachsen und anderen Gräbern aus dieser Zeit geht hervor, daß die männlichen Trichterbecher-Leute zwischen 1,68 und 1,73 Meter, die weiblichen maximal 1,65 Meter groß waren. Die in Sorsum und Bredelem (Kreis Goslar) in Niedersachsen bestatteten Menschen hatten relativ lange und hohe Hirnschädel, wie man sie heute in Deutschland nur noch selten sieht. Wegen der niedrigen Augenhöhlen wirkt das Gesicht jedoch trotzdem breit und derb. Die stark ausgeprägten Muskelansatzmarken am Oberarm- und Oberschenkelknochen verweisen darauf, daß die Trichterbecher Leute im Verhältnis zu ihrer Körpergröße merklich kräftiger als durchschnittliche jetzige Mitteleuropäer waren. Ungewöhnlich war auch, daß ihre oberen Schneidezähne nicht wie bei den heutigen Europäern vor den unteren Schneidezähnen standen, sondern genau aufeinanderpaßten. Dieses Merkmal wird Aufbiß oder Zangenbiß genannt. Das Durchschnittsalter der in Sorsum beerdigten erwachsenen Männer lag bei etwa 36 Jahren, das der erwachsenen Frauen bei etwa 34 Jahren. Daß die Lebenserwartung der Trichterbecher-Leute gering war, demonstrierten auch die Bestattungen im Großsteingrab von Alt Reddewitz auf der Ost-

Bestattung aus der Zeit der Trichterbecher-Kultur von der Insel Tannenwerder im Ostorfer See bei Schwerin in Mecklenburg. Am linken Arm sind mutmaßliche Teile eines Pferdegeschirrs zu sehen. Originale im Museum für Ur- und Frühgeschichte Schwerin.

seeinsel Rügen. Nur drei der insgesamt 17 dort zur letzten Ruhe gebetteten Menschen erreichten das Erwachsenenalter.

In Alt Reddewitz und an zahlreichen anderen Bestattungsplätzen konnte man an den Ober- und Unterkiefern mehrfach Spuren einer eitrigen Wurzelhautentzündung sowie an Kieferfragmenten Spuren entzündlicher Prozesse feststellen. Manche Extremitätenknochen sind an den Enden verkrümmt oder verdickt, was auf eine in der Jugend durchgemachte Rachitis hindeutet. An Wirbeln und Extremitätengelenken befanden sich Knochenwucherungen, die durch chronische oder infektiöse Arthritis entstanden waren. Vereinzelt beobachtete man am unteren Ende des Schienbeins die sogenannte »Hockerfacette« oder die Abknickung des Schienbeinkopfes nach hinten (Retroversion), die häufiges Hocken auf den Fersen verraten.

Mitunter konnten Anthropologen bei der Untersuchung von Bestattungen auch Unglücksfälle oder Überfälle nachweisen. So hatte sich ein auf der Insel Liepse im Krakower See (Kreis Güstrow) in Mecklenburg bestatteter Mensch zu Lebzeiten sämtliche Rippen und ein Bein gebrochen. Er muß zeitweise unter großen Schmerzen gelitten haben. Die gebrochenen Knochen sind wieder zusammengewachsen, und der Betroffene hat den Unfall überlebt. Vermutlich ist er bis zu seiner Genesung gepflegt worden. Aus Henglarn (Kreis Paderborn) in Westfalen kennt man einen gut verheilten Unterkieferbruch.

In einigen Gräbern der nordwestdeutschen Trichterbecher-Kultur stieß man auf Männerschädel mit einer runden Öffnung auf dem Schädeldach, die von Schädeloperationen (Trepanationen, s. S. 229) stammen. In diesen Fällen hatte ein Heilkundiger einem Verletzten, Schwerkranken oder Geisteskranken mit einem steinernen Werkzeug ein wenige Zentimeter großes Loch in den Schädelknochen geschabt. Diese »Chirurgen« besaßen offenbar große Erfahrung, weil die meisten Operierten den gefährlichen Eingriff überstanden. Je eine Trepanation wurde in Sorsum, außerdem in Nebel (s. S. 301) auf der Nordseeinsel Amrum (Kreis Nordfriesland) und in Serrahn (Kreis Güstrow) in Mecklenburg nachgewiesen. Aus Sorsum kennt man außerdem einen Frauenschädel mit einer Fraktur, die operativ behandelt worden ist.

Die Trichterbecher-Leute waren seßhafte Ackerbauern und Viehzüchter, die neben Landschaften mit fruchtbaren Böden auch weniger ertragreiche Gebiete besiedelten. Die meisten, größten und reichsten Siedlungen befanden sich jedoch in Landstrichen, die sich besonders gut für den Ackerbau eigneten. Neben unbefestigten Siedlungen gab es befestigte auf Anhöhen oder vom Wasser umgebenem Gelände, die mit Gräben, Wällen und Palisaden geschützt wurden. Bei der Wahl eines Siedlungsstandortes wußte man häufig die Nähe eines Gewässers – Bach, Fluß oder See – zu schätzen.

So lag das sogenannte Huntedorf bei Lembrock (Kreis Grafschaft Diepholz) in Niedersachsen am Ufer des Flusses Hunte unweit des Dümmer. Diese Siedlung wurde von 1938 bis 1941 durch den Berliner Prähistoriker Hans Reinerth (1900–1990) ausgegraben und nach dem Fluß, an dem sie sich einst erstreckte, als Hunte 1 bezeichnet. Angeblich sollen dort dicht beieinander etwa 40 Häuser gestanden haben. Diese hohe Zahl sowie andere Befunde werden heute bezweifelt, da bei den Ausgrabungen Funde aus verschiedenen Zeiten nicht oder unzureichend auseinandergehalten wurden. Wahrscheinlich stammen nur vier Häuser aus der Jungsteinzeit.

Eine weitere Siedlung am Dümmer hatte man direkt am Südufer dieses Sees errichtet. Die Reste davon wurden von 1961 bis 1977 bei mehreren Ausgrabungen durch den Prähistoriker Jürgen Deichmüller aus Hannover untersucht, der feststellte, daß auf diesem Platz zuvor schon Ertebölle-Ellerbek-Leute (s. S. 287) gewohnt hatten.

Im Brennermoor bei Oldesloe (Kreis Stormarn), Heidmoor (Kreis Segeberg) und im Satruper Moor (Kreis Schleswig-Flensburg) – alle in Schleswig-Holstein gelegen – entdeckte man Siedlungen der nordwestdeutschen Trichterbecher-Kultur auf kleinen Anhöhen im Moor. Die Dörfer im Brennermoor und im Heidmoor sind an einem kleinen See bzw. einem Wasserlauf angelegt worden. Zur Siedlung auf dem Fuchsberg im Satruper Moor gehörte ein Teich von etwa 32 x 12 Meter Größe. Die Bewohner der Siedlung auf der 40 x 30 Meter großen Erhebung im Heidmoor konnten inmitten des sumpfigen, mit Schilf bewachsenen Gebietes weder Ackerbau noch Viehzucht betreiben. Die Äcker und Viehweiden dürften daher in einer Entfernung von etwa einem Kilometer auf dem festen Land gelegen haben.

Zu den auf Anhöhen errichteten Siedlungen der Trichterbecher-Leute gehören auch zwei Siedlungen auf dem nur 77 Meter hohen Lührsberg bei Dohnsen (Kreis Celle) in Niedersachsen. Eine davon lag am südöstlichen Rand des Lührsberges in der Gemarkung Beckedorf, die andere etwa 150 Meter davon entfernt auf dem südwestlichen Teil des Berges in der Gemarkung Dohnsen. Letztere wurde 1936 durch den Landwirt und Heimatforscher Hans Piesker (1894–1977) untersucht, wobei er Pfostengruben und andere Siedlungsspuren entdeckte.

Vielleicht befand sich auch am Fuße des Eisenberges bei Hassel südöstlich von St. Ingbert (Saar-Pfalz-Kreis) im Saarland eine

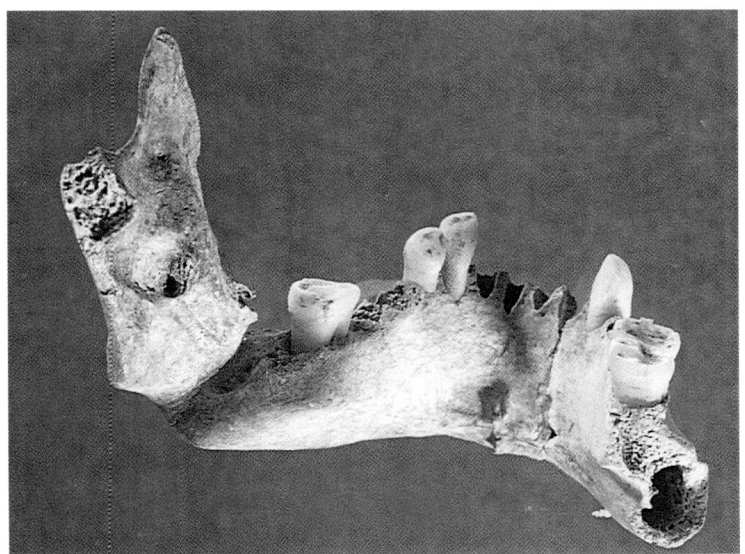

Verheilter Bruch eines Unterkiefers aus dem Steinkammergrab von Henglarn (Kreis Paderborn) in Nordrhein-Westfalen. Original in der Osteologischen Sammlung der Universität Tübingen.

Einbaum von Hüde 1 am Dümmer (Kreis Diepholz) in Niedersachsen in Fundlage. Länge des erhaltenen Restes etwa 5,50 Meter. Original im Niedersächsischen Landesverwaltungsamt, Institut für Denkmalpflege, Hannover.

Siedlung der Trichterbecher-Leute. Allerdings liegt dieser Platz, auf dem der Heimatforscher Jakob Bauer (1895–1977) einige Keramikreste der Trichterbecher-Kultur auflas, weit außerhalb des Verbreitungsgebietes dieser Kultur. Untersucht wurde diese Fundstelle 1978 durch den Saarbrückener Prähistoriker Jan Lichardus.

Daß die Trichterbecher-Leute auf Anhöhen sogar stark befestigte Siedlungen erbauten, demonstriert vor allem die Ansiedlung von Büdelsdorf[8] (Kreis Rendsburg-Eckernförde) in Schleswig-Holstein. Diese befestigte Anlage wurde auf einer Anhöhe errichtet, die in einer Flußschlinge der Eider liegt. Der vom Wasser umgebene Felssporn fällt auf drei Seiten bis zu 20 Meter steil ab. Auf der vierten, weder durch einen Steilhang noch durch Wasser geschützten Seite wurde der Zugang mit vier Gräben von 300 Meter Länge, bis zu 4 Meter Breite und maximal 2 Meter Tiefe geschützt. Hinter jedem dieser Gräben bildete eine Palisade ein weiteres Hindernis. Die Gräben und die Palisaden wurden durch zahlreiche Durchlässe unterbrochen. Dieses tief gestaffelte, unter großem Arbeitsaufwand geschaffene Befestigungssystem verweist darauf, daß man mit Überfällen rechnen mußte. Nach den Keramikfunden wird die befestigte Siedlung von Büdelsdorf in die Troldebjerg-Gruppe datiert.

Reste einer Befestigungsanlage kennt man auch von Walstorf (Kreis Uelzen) in Niedersachsen.

Die bisher bekannten Hausgrundrisse aus den Siedlungen der Trichterbecher-Leute in Deutschland stammen von Gebäuden mit einer Länge bis zu 16 Metern, die meist in mehrere Räume aufgeteilt waren.

Einen vom Üblichen abweichenden Grundriß besaß ein Haus auf dem Schwarzen Berg bei Wittenwater[9] (Kreis Uelzen) in Niedersachsen. Dieses 15,60 Meter lange und 6 Meter breite Gebäude war im Gegensatz zu den meisten Häusern der Trichterbecher-Kultur an den beiden Schmalseiten bogenförmig gestaltet. Das Innere wurde durch querverlaufende Pfostenreihen zweimal unterteilt. Es gab also insgesamt drei Räume, von denen der mittlere mit einer Herdstelle ausgestattet war. Etwa einen Meter südlich des Hauses stieß man auf vier Pfostengru-

ben, die ein Quadrat von jeweils 1,60 Meter Seitenlänge bildeten und einen Mittelpfosten umgaben. Vielleicht handelte es
sich hierbei um einen Getreidespeicher. Etwa fünf Meter davon
entfernt wies man zwei weitere Pfostengruben mit einem
Abstand von 1,20 Meter nach, zwischen denen ein beschädigter
Mahlstein zum Vorschein kam. Eventuell dienten diese Pfostengruben als Teil eines Regen- oder Windschutzes, unter dem
man Getreide mahlte. Die Keramikreste dieser Siedlung stammen aus der Curslack-Gruppe.

Zu der bereits erwähnten zweiten Siedlung auf dem Lührsberg
bei Dohnsen gehörten mehrere rechteckige Häuser, die häufig
an einer Schmalseite eine Vorhalle besaßen. Letztere ließ man
an drei Seiten offen. Die Längswände von Haus I waren einschließlich des Vorraums 5,90 Meter lang, während die Breitseiten bzw. Giebelwände bis zu 4,50 Meter erreichten. Sämtliche Wände wurden aus Flechtwerk zwischen den Pfosten gebildet, das man mit Lehm bewarf. Die Innenräume hatte man
0,80 Meter bis 1,40 Meter in den Boden eingetieft. An den Wänden blieb eine Erdbank als Sitz- und Schlafgelegenheit stehen.
Gekocht und gebraten wurde an Herdstellen, die man mit Steinen einfaßte.

Manche Siedlungen der nordwestdeutschen Trichterbecher-
Kultur lagen in Meeresnähe. So befanden sich beispielsweise
auf der damals von Mooren und Bächen umgebenen Halbinsel
von Flögeln[10] (Kreis Cuxhaven) in Niedersachsen gleich zwei
Siedlungen. Eine davon schloß sich dem auf der Höhe der
Halbinsel angelegten kleinen Flachgräberfeld an. Von dieser
Siedlung zeugen jedoch nur noch wenige schwach erkennbare
Pfostenlöcher. Aufschlußreicher sind dagegen die etwa 250
Meter nordöstlich davon im Bachtal »Im Örtjen« entdeckten
Pfostenlöcher. Sie gehören zu einem 12,75 Meter langen und
4,80 Meter breiten Hausgrundriß. Das betreffende Gebäude
umfaßte vermutlich vier Räume. Als tragendes Element fun-
gierten Doppelpfosten entlang der Mittelachse. Der Flögelner
Hausgrundriß stammte von einem Einzelgehöft.

Am Meer lag auch die Siedlung von Neukirchen[11] (Kreis Flensburg) in Schleswig-Holstein. Man hatte sie auf der in die Ostsee
ragenden Halbinsel Bostolm errichtet. Unter anderem ent-

deckte man dort gebrannten Hüttenlehm, der von lehmverstri-
chenen Hauswänden stammen dürfte.

Neben Grundrissen von Wohnhäusern hat man manchmal die
von Wirtschaftsgebäuden nachweisen können, in denen einst
unterschiedliche Arbeiten erledigt wurden. Als Teil eines derartigen Wirtschaftsgebäudes wird beispielsweise eine unregelmä-
ßig-trapezförmige Grube mit drei bis vier Meter Durchmesser
in den »Schwarzen Bergen« bei Ralswiek[12] auf der Ostseeinsel
Rügen gedeutet. Darin gab es eine ovale Feuerstelle von einem
Meter Durchmesser sowie Keramik und Steingeräte.

Mehr oder minder aussagekräftige Siedlungsspuren dieser Zeit
kennt man auch aus Mitteldeutschland. Hierzu zählen unter
anderem die Pfostenbauten von Flötz[13] (Kreis Zerbst) in Sachsen-Anhalt sowie Pfostenlöcher in der Altmark und in der Magdeburger Gegend. Neben Hausgrundrissen oder Teilen davon
zeugen Keramik, Feuersteingeräte, Knochengeräte und Knochen von Haustieren von ehemaligen Siedlungen. Solche Hinterlassenschaften hat man in Glasow[14] (Kreis Pasewalk) in
Mecklenburg geborgen.

In der Siedlung Hüde 1 am Dümmer in Niedersachsen erlegte
man mit Pfeil und Bogen vor allem Biber, daneben aber auch
Wolf, Fuchs, Bär, Dachs, Otter, Marder, Wildkatze, Wildpferd,
Wildschwein, Reh und Rothirsch. Die Leute aus der binnenlän-
dischen Siedlung im Heidmoor, die mehr als 40 Kilometer vom
Meer entfernt siedelten, jagten die in der Lübecker Bucht
vorkommenden Seehunde. Die Menschen aus der Siedlung
Fuchsberg erlegten unter anderem Rothirsche, Wildschweine,
Auerochsen, Rehe, Wildpferde, Biber und Wildkatzen. An
anderen Fundorten entdeckte man Jagdbeutereste vom Elch
und von Wasservögeln.

Die in Hüde 1 am Dümmer lebenden Trichterbecher-Leute
wußten den Fischreichtum des nahen Sees zu schätzen. Darauf
deuten Fischgräten und Kopfreste bestimmter Fischarten hin.
Ein in dieser Siedlung geborgenes Bündel von Ruten war vielleicht für die Herstellung von Fischreusen bestimmt. Fischfang
wird auch durch Fragmente von Aalstechern aus der Siedlung
Siggeneben-Süd südlich von Oldenburg (Kreis Ostholstein) an
der Ostseeküste belegt.

In der vorhergehenden Ertebölle-Ellerbek-Kultur (s. S. 289)
waren Wildbret und Fische noch die Hauptgrundlage der
Ernährung gewesen, während Getreide und das Fleisch der
Haustiere nur als zusätzliche Nahrung dienten. In der nordwestdeutschen Trichterbecher-Kultur war es umgekehrt. Nun
ernährte man sich hauptsächlich von den Erträgen des Acker-
baus und der Viehzucht und ging nur noch gelegentlich auf
die Jagd oder zum Fischen. Die Trichterbecher-Kultur gilt deshalb im nördlichen Norddeutschland, in Mecklenburg sowie in
Dänemark und Südschweden als erste jungsteinzeitliche
Kultur.

Ackerbau ist durch den Nachweis von Getreidepollen in Fundschichten, verkohlte Getreidekörner aus Siedlungen und Gräbern, Abdrücke von Getreidekörnern in Tongefäßen, Pflugspuren und Funde trogförmiger Mahlsteine sicher belegt. In Norddeutschland wurden Einkorn, Emmer, Zwergweizen, Nacktgerste, vierzeilige Spelzgerste und als Ölpflanze auch Lein
angebaut. Verkohlte Reste von Emmer und Nacktgerste hat
man unter anderem in der schon erwähnten Siedlung von Flögeln (»Im Örtjen«) gefunden.

Die Äcker wurden auf gerodeten Flächen angelegt. Die Bäume
der Eichenmischwälder fällte man mit Feuersteinbeilen oder

Die Geweihspitzen aus einem Grab der Trichterbecher-Kultur von der
Insel Tannenwerder im Ostorfer See bei Schwerin in Mecklenburg werden
als Seitenstangen von Pferdetrensen gedeutet. Länge 17,8 und 18,5 Zentimeter. Originale im Museum für Ur- und Frühgeschichte Schwerin.

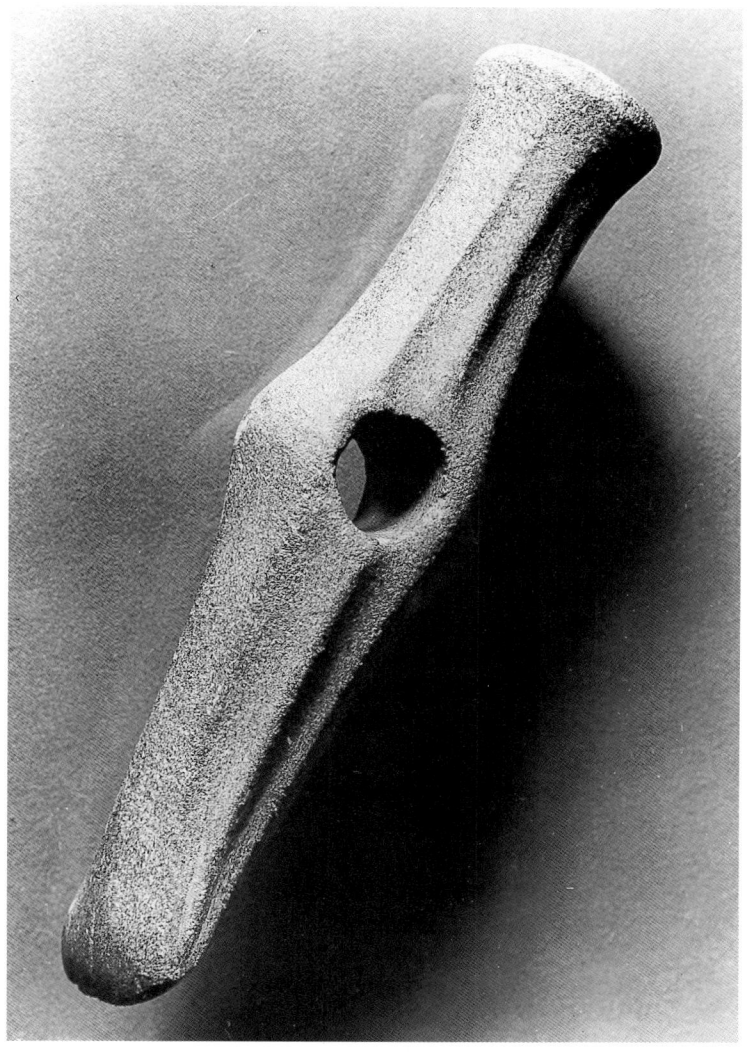

Knaufhammeraxt aus Felsgestein von Frauenmark (Kreis Parchim) in Mecklenburg. Länge 20,5 Zentimeter. Original im Museum für Ur- und Frühgeschichte Schwerin.

Die Menschen der Trichterbecher-Kultur hielten Rinder, Schweine, Schafe, Ziegen, Hunde und vielleicht auch schon Pferde als Haustiere. In der Siedlung auf dem Fuchsberg stammen 84,8 Prozent der dort gefundenen Knochen von Haustieren und nur 15,2 Prozent von Wildtieren. Auf einigen anderen Fundplätzen lag der Anteil an Wildtieren jedoch etwas höher. Auf dem Fuchsberg sind Rind, Schwein, Ziege und Hund als Haustier belegt, in Hüde I am Dümmer Rind, Schwein und Hund. In einem Flachgrab von Ostorf (Kreis Schwerin) in Mecklenburg kam ein Pferdezahn zum Vorschein.

Die Trichterbecher-Leute trieben die Rinder, Schweine, Ziegen und Schafe in die Laubwälder und ließen sie dort das Grün abweiden. Vermutlich hat man im Sommer die belaubten Äste und Zweige von Ulmen, Eschen und einigen anderen Laubbäumen abgeschnitten und die getrockneten Blätter im Winter als Futter für das Vieh benutzt. Diese Methode schädigte bestimmte Baumarten, was am deutlich geringeren Anteil der Pollen ablesbar ist.

Wahrscheinlich sind zur Zeit der Trichterbecher-Leute die ersten, wenngleich noch nicht sehr großen Heideflächen in Niedersachsen entstanden. Heideflächen bildeten sich immer dann, wenn Wälder auf nährstoffarmen Böden längere Zeit regelmäßig als Weide für das Vieh dienten. Sie bewaldeten sich allmählich wieder, wenn die Nutzung als Weide aufgegeben wurde.

Ehemalige Besenheideflächen konnte man durch das Vorkommen des für diese charakteristischen Bodenprofils, des sogenannten Calluna-Podsols, unter Großsteingräbern der Trichterbecher-Kultur nachweisen. Unter der dünnen Humusdecke liegt eine etwa 20 Zentimeter mächtige Schicht aus Bleichsand. Die aus dieser Schicht vom Regen ausgewaschenen mineralischen Substanzen – vor allem Eisen und Mangan – sammeln sich darunter in einer etwa fünf Zentimeter dicken dunkelbraunen Schicht, dem sogenannten Orterdehorizont, der häufig zu zementartiger Härte zusammengebacken ist.

durch Brandrodung. Experimente zeigten, daß ein einziger Mann mit Hilfe eines Steinbeils pro Woche etwa 0,2 Hektar Wald urbar machen konnte. Die Äcker der Trichterbecher-Leute waren jedoch nicht mit den heutigen vergleichbar. Nach dem Fällen der Bäume blieben die Baumstümpfe und -wurzeln im Boden. Zwischen diesen wurde gesät und geerntet.

Pflugspuren unter Gräbern der Trichterbecher-Kultur in Steneng bei Tøndern in Südjütland (Dänemark), in Lundehøj auf der Insel Møn (ebenfalls Dänemark), in Sarnowo bei Włocławek (Polen) und in Zandwerven (Holland) beweisen die Verwendung des Hakenpfluges. Mit diesem Ackerbaugerät, vor das man vermutlich Rinder spannte, ließ sich der Boden aufreißen, jedoch nicht wenden. Die Furchen dienten dazu, das Saatgut aufzunehmen, das sonst vom Wind weggeweht und von den Vögeln gefressen worden wäre. Zur Ernte wurden Feuersteinsicheln benutzt, zum Zerquetschen der Getreidekörner verwendete man Mahlsteine. Durch den Ackerbau wurde im Verbreitungsgebiet der nordwestdeutschen Trichterbecher-Kultur teilweise die Zusammensetzung der Pflanzenwelt verändert. So konnten sich beispielsweise bestimmte Ackerunkräuter aus dem Südosten Europas ausbreiten. Im Laufe der Zeit gelangten außerdem zahlreiche neue Pflanzenarten nach Mitteleuropa, die vorher in den Laubwäldern nicht hatten existieren können.

Doppelaxt aus Felsgestein von Großenaspe (Kreis Segeberg) in Schleswig-Holstein. Länge 17 Zentimeter. Original im Archäologischen Landesmuseum der Christian-Albrechts-Universität, Schleswig.

Kragenflasche der Trichterbecher-Kultur vom Everstofer Forst (Kreis Grevesmühlen) in Mecklenburg. Höhe 16,8 Zentimeter. Solche Kragenflaschen dienten vermutlich als Medizinfläschchen. Original im Museum für Ur- und Frühgeschichte Schwerin.

Auch zur Zeit der nordwestdeutschen Trichterbecher-Kultur betrieb man mit bestimmten Feuerstein- und Felsgesteinsarten, Bernstein und Gegenständen aus Metall rege Tauschgeschäfte. So erwarben beispielsweise die Bewohner der Siedlung Lübz in Mecklenburg auf dem Tauschweg farbenprächtigen Feuerstein aus der Gegend von Krzemionki im heutigen Polen. Dieser Rohstoff wurde zunächst im Tagebau und später unterirdisch gewonnen. In Schleswig-Holstein und in Dänemark waren Schuhleistenkeile (s. S. 259) aus schieferartigem Gestein begehrt, die – nach ihrer Form zu schließen – aus südlicheren Gebieten eingeführt worden sind.

Die Menschen der nordwestdeutschen Trichterbecher-Kultur an der Meeresküste im Norden bezahlten die Importwaren vermutlich unter anderem mit Bernstein. Besonders reiche Bernsteinvorkommen gab es damals an der Westküste Jütlands. Außerhalb der Fundgebiete läßt sich exportierter Bernstein entlang der Nordsee- und Atlantikküste bis nach Spanien, aber auch im Mittelmeergebiet, nachweisen. Sogar in Ägypten erfreute sich der nordische Bernstein großer Beliebtheit. Als Importstücke gelten umgekehrt die sehr seltenen Schmuckstücke aus Gold. Hierzu gehört ein Armring aus drei Millimeter dickem Golddraht, der in einem der Flachgräber von Himmelpforten[15] (Kreis Stade) in Niedersachsen zum Vorschein kam. Man vermutet, daß dieses Gold aus Irland oder Siebenbürgen stammt. Ähnliche Herkunft wird auch für einen 43 Gramm

schweren, massiven goldenen Armring mit einem Durchmesser von maximal 8,5 Zentimetern aus Schwesing[16] (Kreis Nordfriesland) in Schleswig-Holstein vermutet.

Als Handelswege dürften damals vor allem Flüsse und Meeresküsten gedient haben, die mit Einbäumen, Flößen und Booten befahren wurden. Über einen Einbaum verfügten beispielsweise die Bewohner der Siedlung Hüde 1 am Dümmer. Der erhaltene Rest des Wasserfahrzeuges ist 5,50 Meter lang. Diesen Einbaum hatte man um 3000 v. Chr. aus einem dicken Baumstamm gewonnen.

Der damals übliche Wagen taucht als Verzierungsmotiv auf einem Tongefäß der Trichterbecher-Kultur von Bronocice[17] bei Krakau in Polen auf. Dabei handelt es sich um einen vierrädrigen Wagen, der anscheinend ohne Zugtiere dargestellt wurde. Die Schüssel von Bronocice wurde in zerbrochenem Zustand in der flachen Grube einer Siedlung geborgen.

Nach Ansicht des Saarbrücker Prähistorikers Jan Lichardus hatten die Trichterbecher-Leute auch schon gezähmte Pferde. Er deutet die Geweihspitzen aus einem Grab von Ostorf (Kreis Schwerin) in Mecklenburg als Seitenstangen von Pferdetrensen.

Von der Kleidung jener Zeit sind nur aus Knochen geschnitzte, fünf bis zehn Zentimeter lange, halbrunde oder dreieckige Gürtelschließen mit Löchern und Schlitzen erhalten geblieben. Die Trichterbecher-Leute trugen Schmuck aus Bernstein, fossilem Holz (Gagat), durchbohrten Ammoniten oder Tierzähnen, Armringe aus Knochen, dünn ausgehämmertem Kupferblech und – wie bereits erwähnt – sogar aus Gold. Bernsteinketten bestanden vielfach aus röhrenförmigen Perlen sowie beil- oder axtförmigen Gliedern. Häufig prangte in der Mitte einer solchen Kette ein besonders großes Stück. Es gab aber auch einzelne Anhänger in Tropfenform oder in Gestalt einer Doppelaxt. Eine solche doppelaxtförmige honigfarbene Bernsteinperle von 2,5 Zentimeter Länge hat man in Seedorf (Kreis Segeberg) in Schleswig Holstein gefunden (s. S. 304). Durchbohrte Ammoniten, die als Amulette dienten, kennt man aus Emmeln an der Ems und Lastrup in Südoldenburg.

Für Ketten mit durchbohrten Tierzähnen verwendete man die Zähne von Braunbären, Wölfen, Ebern und Hunden. Bärenzähne wurden auch einzeln getragen. Ein besonders großer Bärenzahn aus der Siedlung im Heidmoor war vom langen Tragen bereits blank gescheuert. Sein Besitzer erinnerte damit wohl an einen erlegten Bären oder betrachtete den Bärenzahn als Glückszeichen oder Symbol der Stärke. Schmuck aus Gräbern auf der Insel Tannenwerder[18] im Ostorfer See (Kreis Schwerin) in Mecklenburg zeigte, daß durchlochte Tierzähne nicht nur an Halsketten, sondern auch an Gürteln getragen wurden.

Wohlhabende Trichterbecher-Leute konnten sich sogar importierten Goldschmuck leisten, wie er aus Himmelpforten und Schlesing (s. S. 304) überliefert ist.

Zu den größten Kunstwerken der nordwestdeutschen Trichterbecher-Kultur in Norddeutschland zählen in Deckplatten von Großsteingräbern eingemeißelte Sonnenräder sowie Hand- und Fußdarstellungen, die vermutlich eine religiöse Bedeutung hatten. Ein Sonnenrad, Hand- und Fußdarstellungen sowie Schalengrübchen sind beispielsweise auf einem Stein von Klein-Meinsdorf (Kreis Plön) in Schleswig-Holstein angebracht. In den Stollen des Feuersteinbergwerkes von Krzemionki (Polen) haben Trichterbecher-Leute mit Holzkohle-

Kette aus Bernstein- und Gagatperlen aus dem Großsteingrab 2 von Emmeln (Kreis Emsland) in Niedersachsen. Durchmesser der größten Perle etwa 2,5 Zentimeter. Original im Niedersächsischen Landesmuseum Hannover.

stückchen gemalte, stark schematisierte Zeichnungen hinterlassen, die als Darstellungen von betenden Menschen, einer thronenden weiblichen Gottheit, eines Bootes und anderer Objekte gedeutet werden.

Die Trichterbecher-Leute modellierten aus Ton bis zu 30 Zentimeter hohe Trommeln, deren hohler oberer Teil mit Tierhäuten bespannt wurde. Die Häute konnte man an den rings um den Klangkörper angebrachten Ösen festzurren. Diese Tontrommeln sind meist reich verziert und mit symbolischen Zeichen versehen. Man hat sie häufig in Großsteingräbern gefunden. Allein in einem Großsteingrab von Oldendorf an der Luhe (Kreis Lüneburg) wurden vier Tontrommeln entdeckt, drei solcher Musikinstrumente barg man in einem Ganggrab von Barskamp (Kreis Lüneburg) in Schleswig-Holstein. An anderen Fundorten konnte man nur eine einzige Trommel nachweisen. Ihr häufiges Vorkommen in Gräbern deutet darauf hin, daß sie bei den Bestattungsfeiern eine Rolle spielten. Vielleicht wurden die Trommeln aber nicht nur zu Ehren der Toten, sondern auch bei anderen kultischen oder sogar profanen Anlässen zum Tanz geschlagen.

Die Angehörigen der Trichterbecher-Kultur haben vor allem Trichterbecher, Tassen, Schalen, Kragenflaschen, Henkeltassen, Amphoren mit zwei Henkeln, steilwandige Kessel, flache Schüsseln und gelegentlich auch sogenannte »Fruchtschalen« angefertigt. Die der Kultur ihren Namen gebenden Trichterbecher verwendete man als Trinkgefäße. Als Kragenflaschen bezeichnet man kleine kugelige Gefäße mit Hals und Halskra-

gen. Sie eigneten sich wegen ihrer geringen Höhe und ihres engen Halses, der keine Reinigung der Innenwände zuließ, wohl kaum als Trinkgefäße. Wofür man sie benutzte, deutet eine mit Schwefel gefüllte Kragenflasche aus der Siedlung von Gellenerdeich bei Oldenburg in Niedersachsen an. Da Schwefel noch im Altertum als Medizin bei Krankheiten und zum Ausräuchern bei kultischen Handlungen diente, könnte es sich um ein Medizinfläschchen handeln. Vielleicht wurden in den Kragenflaschen außer Schwefel auch seltene Flüssigkeiten aufbewahrt und ihr enger Hals mit einem Stöpsel verschlossen. Unter »Fruchtschalen« versteht man schalenförmige Gefäße mit einem hohen konischen Fuß, die heutigen Fruchtschalen ähneln.

Großen Seltenheitswert besitzen drei hochhenklige Tontassen (sogenannte Omphalosschalen) aus zwei Großsteingräbern von Oldendorf an der Luhe. Im Großsteingrab II der Totenstatt von Oldendorf kamen eine komplett und eine nur fragmentarisch erhaltene Omphalosschale zum Vorschein, im Großsteingrab IV fand man ein weiteres solches Gefäß. Das Besondere an diesen Tongefäßen ist, daß sie offensichtlich metallenen Vorbildern aus dem südöstlichen Europa und Anatolien nachgeahmt wurden. Diese Tongefäße besitzen nämlich einen ungewöhnlich scharfkantigen Gefäßkörper, eine glatte, polierte Oberfläche, auf der Oberseite des Henkels ist sogar der Nietkopf kopiert, mit dem bei metallenen Tassen der Henkel befestigt war. Ähnliche, ebenfalls Metallvorbildern nachempfundene Henkeltassen waren für die in Ungarn und Österreich verbreitete Badener Kultur (s. S. 442) typisch. Vielleicht sind die drei Oldendorfer Omphalosschalen von Angehörigen der Badener Kultur bezogen worden.

Die Keramik der Trichterbecher-Kultur ist mit reichem Dekor geschmückt. Häufig sind die Tongefäße mit verzierten Feldern oder Zonen, die sich mit unverzierten Flächen abwechseln, überzogen. Dabei hat man die einzelnen Zierstreifen, die oft für die Aufnahme von Farbpaste bestimmt waren, tief in die Gefäßwand eingedrückt. Deshalb hat man früher die Trichterbecher-Kultur als Tiefstichkeramik bezeichnet.[19]

Manche Gefäßformen wurden mit einer spezifisch an bestimmte Typen gebundenen Ornamentik versehen. So verzierte man beispielsweise Trichterbecher ohne Ösen mit senkrechten Linien. Trichterbecher mit vier Ösen (auch Ösenbecher genannt) dagegen verschönerte man mit einem besonders aufwendigen, die ganze Fläche bedeckenden Dekor, weshalb sie als Prunkbecher betrachtet werden. Letztere hatten unterhalb des Randes eine Reihe strichgefüllter, langschmaler Trapeze oder Dreiecke als oberes Abschlußmuster. Der restliche Gefäßkörper wurde mit kombinierten senkrechten und waagrechten

Kupfernes Schmuckstück aus dem Steinkammergrab von Beckum I (Kreis Warendorf) in Nordrhein-Westfalen. Länge 9,3 Zentimeter. Original im Westfälischen Museum für Archäologie, Münster.

Ornamenten gefüllt. Henkeltassen verzierte man dicht unterhalb des Randes mit einem aus Einstichen bestehenden bandartigen Ornament. An ihrer Schulter brachte man gefüllte Dreiecke an, und der meist verzierte Henkel wurde beidseits von senkrechten Linienmustern flankiert.

Die Trichterbecher-Leute stellten ihre Werkzeuge vor allem aus Feuerstein und Felsgestein her. Seltener waren Geräte aus Knochen oder Geweih. Rundschaber, Klingenschaber, Zinken und Bohrer aus Feuerstein schlug man mehr oder minder sorgfältig zurecht. Mit ihnen ließen sich Felle, Holz oder Knochen bearbeiten. Bei der Herstellung von Beilklingen aus Feuerstein schlug man zunächst die Rohform aus dem Stein, dann schliff man diese mit Sand und Wasser auf einem trogförmigen Schleifstein und polierte die Schneide zum Schluß wahrscheinlich auf einem Knochen. Diese Beilklingen sind so meisterhaft geformt, daß man annehmen könnte, sie seien von speziellen Handwerkern geschaffen worden.

Anfangs fertigten die Trichterbecher-Leute dünnackige Beile mit etwa rechteckigem Querschnitt an. Später folgten dicknackige Beile mit mehr oder minder quadratischem Querschnitt. Die Beilklinge wurde in einem Holzschaft befestigt, für den man gern Eschenholz verwendete.

Neben Beilklingen wurden auch Meißel aus Feuerstein mit unterschiedlich breiten Schneiden zurechtgeschliffen.

Andere Werkzeuge – wie dünnackige Beile und Keulen[20] – gewann man aus Felsgestein, das man zuschliff. Die wichtigste Waffe der Trichterbecher-Leute war die Streitaxt mit einer Klinge aus Felsgestein und einem langen Holzschaft als Griff. Man nennt sie auch Amazonenaxt (s. S. 304), weil es sich um eine Kampfwaffe handeln soll. Eine solche Axtklinge konnte bis zu 20 Zentimeter lang sein. Das für die Aufnahme des Holz-

schaftes bestimmte Loch wurde nicht in die Mitte, sondern seitlich versetzt angebracht. Jede dieser Axtklingen schloß am vorderen und hinteren Ende mit einem halbkreis- und schneidenförmigen Nacken ab, weshalb sie das Aussehen einer Doppelaxt hat. Derartige Waffen hat man häufig in Großsteingräbern gefunden. Diese formvollendeten Waffen könnten einst Statussymbole vornehmer Krieger oder vielleicht sogar Kultgeräte gewesen sein. Es hat den Anschein, als habe man diese und andere steinerne Streitaxtformen nach dem Vorbild von Kupferäxten gestaltet, wie es sie damals in Südosteuropa gab.

Die Verwendung von Pfeil und Bogen wird durch den Fund von zwei aus Eibenholz geschnitzten Bogenstäben belegt, die beim Ausheben von Gräben im Ochsenmoor am Südufer des Dümmer bei Hüde geborgen wurden. Einer davon ist 1,46 Meter lang, der andere erreicht 1,26 Meter. Diese Bogenstäbe wurden im Herbst 1949 von dem Studenten Günther Vogt entdeckt, der sich als Moorarbeiter seinen Unterhalt verdiente. Er hielt sie irrtümlich für Speerschäfte. Die beiden Fundstücke wurden präpariert und als jungsteinzeitliche Bogenstäbe identifiziert.

Außer Geräten aus Stein, Knochen und Geweih hat man im Verbreitungsgebiet der nordwestdeutschen Trichterbecher-Kultur flache Beilklingen und andere Gegenstände aus Kupfer nachgewiesen. Da diese vor allem im Küstengebiet gefunden wurden, nimmt man an, daß sie auf dem Wasserweg – vielleicht über die Oder – aus Südosteuropa nach Norddeutschland gelangt sind. Kupferstücke stammen vor allem aus Großsteingräbern. Für einen Abbau der Kupfervorkommen auf der Nordseeinsel Helgoland durch Trichterbecher-Leute konnten bisher keine archäologischen Belege gefunden werden. Nach Ansicht der meisten Prähistoriker handelt es sich bei den Kupferfunden dieser Kultur um Importware.

Bau eines Großsteingrabes zur Zeit der Trichterbecher-Kultur in Norddeutschland mit aufgeschüttetem Hügel, Balkenrollen, Hebebalken und tonnenschweren Steinplatten. Die Errichtung solcher arbeits- und zeitaufwendiger Gräber stellt eine imposante Leistung dar.

Großsteingrab »Brutkamp« (Brautkamp) in Albersdorf (Kreis Dithmarschen) in Schleswig-Holstein. Länge der Deckplatte etwa 10 Meter. Auf alten Darstellungen wird dieses sagenumwobene Großsteingrab mit mancherlei Volk und tanzenden Teufelsfiguren abgebildet. In früheren Jahrhunderten legten Verliebte in einem Baumloch nahe des »Brutkamp« ihre Liebesbriefe nieder.

In der Anfangszeit der nordwestdeutschen Trichterbecher-Kultur wurden die Toten ohne besonderen Aufwand in gestreckter Rückenlage bestattet. Doch seit der Fuchsberg-Gruppe setzte sich geradezu schlagartig eine völlig neue Bestattungssitte durch, die mit dem Bau von monumentalen Großsteingräbern verbunden war. Die aus großen Findlingsblöcken errichteten Megalithgräber waren im Verbreitungsgebiet der Trichterbecher-Kultur etwas völlig Neues. Daher nahm man früher an, die Trichterbecher-Leute seien eingewanderte Seefahrer oder Metallsucher. Heute vermutet man, daß der Bau von Megalithgräbern, die damit verbundene Bestattungssitte und die megalithische Religion durch den Kontakt mit Seeleuten, Händlern oder Priestern initiiert wurde.

Die ursprünglichste, einfachste und kleinste Form des Megalithgrabes war der Urdolmen mit einer bescheiden dimensionierten Grabkammer, deren lichte Weite maximal 2,50 x 1 Meter betrug.[21] Jede Wand des Urdolmens bestand in der Regel aus einem einzigen, etwa 1,50 bis 2 Meter langen Stein, dem sogenannten Träger. Die meist von vier Wandsteinen gebildete Grabkammer überdeckte man mit einer mehr als 2 Meter langen Deckplatte, dem sogenannten Überlieger. Gelegentlich benutzte man für die Längswände anstelle einer einzigen, längs liegenden Steinplatte auch zwei aufrecht stehende schmale Steine. Die Lücken zwischen den Wandsteinen füllte man durch Trockenmauerwerk aus. Bewundernswert ist der genau ausgewogene Neigungswinkel der Trägersteine, die über Jahrtausende nicht durch die Tonnenlasten der Decksteine auseinandergedrückt wurden. Urdolmen besaßen entweder überhaupt keinen Zugang oder aber einen Einstieg an einer der beiden Schmalseiten, wo der Abschlußstein nur halbhoch gesetzt wurde. Durch diesen Einstieg konnte man auch Nachbestattungen vornehmen. Den Boden der Grabkammer pflasterte man mit faustgroßen Steinen, wobei man Unebenheiten mit zerschlagenen Steinen (Granitgrus) ausglich und darüber feinen Sand streute. Urdolmen standen vielfach in Gruppen beieinander. Häufig wurden sie mit runden Hügeln oder Langhügeln (sogenannten Hünenbetten) bedeckt. Wenn sie heute frei in der Landschaft anzutreffen sind, hat man sie zumeist ausgegraben. In einem Urdolmen hatte in der Regel nur ein einziger Toter Platz.

Unter den heute bekannten insgesamt etwa 400 Großsteingräbern[22] in Niedersachsen befinden sich nur ein einziger Urdolmen ohne Eingang (Barskamp[23], Kreis Lüneburg, nahe der Elbe) sowie zwei Urdolmen mit einem kurzen Gang an einer der Schmalseiten (Altenmedingen-Haaßel[24], Kreis Uelzen; Nahrendorf[25], Kreis Lüneburg). Die übrigen sind zerstört. Dagegen kennt man aus Schleswig-Holstein etliche Urdolmen (darunter den Urdolmen »Sanjberg« (Sandberg) bei Utersum[26] auf der nordfriesischen Insel Föhr). Die meisten Urdolmen blieben in Mecklenburg der Nachwelt erhalten: insgesamt 51.

Etwas größer und zeitlich jünger als die Urdolmen waren die erweiterten Dolmen. Bei ihnen bestanden die Längswände zumeist aus zwei senkrecht aufgerichteten Wandsteinen. Die

Großsteingrab von Neu Gaarz (Kreis Bad Doberan) in Mecklenburg. Dabei handelt es sich um einen Urdolmen mit Gang. Länge der Deckplatte (Überlieger) etwa 3 Meter, Gewicht 8 Tonnen.

Bedeckung der maximal 2,50 Meter langen und 1,50 Meter breiten und hohen Grabkammer erfolgte durch zwei Decksteine. Damit besaßen erweiterte Dolmen je zwei Joche. Als Joch bezeichnet man jene Konstruktion, die aus einem senkrecht stehenden Trägersteinpaar und dem darüber liegenden Deckstein zusammengefügt wurde. Eine selten auftretende Form des erweiterten Dolmen hatte fünf oder mehr Wandsteine, die man oval oder kreisrund aufstellte. Solche sogenannten Polygonaldolmen wurden mit einem einzigen mächtigen

Großsteingrab im Forst Waldhusen bei Lübeck in Schleswig-Holstein. Dabei handelt es sich um ein Ganggrab mit einem kurzen Gang, der ins Innere der Grabkammer führt. Länge der Grabkammer außen 6 Meter, Breite 3,70 Meter.

Deckstein überdacht. Auch erweiterte Dolmen hat man mit Rundhügeln oder Langhügeln geschützt.

Die meisten erweiterten Dolmen befinden sich in Mecklenburg, wo 54 derartiger Großsteingräber bekannt sind. Polygonaldolmen kennt man in Niedersachsen nur noch aus der Literatur, in Schleswig-Holstein dagegen auch noch vor Ort (beispielsweise das Großsteingrab »Brutkamp«[27] bei Albersdorf in Dithmarschen).

Eine weitere Form der Megalithgräber repräsentieren die Großdolmen. Für sie war typisch, daß ihre Grabkammer auf drei Joche erweitert wurde. Ein Großdolmen bestand demnach aus drei Trägersteinen auf jeder Längsseite, drei Überliegern und je einem Schlußstein auf den beiden Breitseiten. Diese Form hat man ebenfalls mit Rund- oder Langhügeln überwölbt.

Großdolmen waren in Niedersachsen sehr selten und fast nur auf das Emsland beschränkt. Ein solcher wurde beispielsweise in Werpeloh[28] (Kreis Emsland) errichtet. In Mecklenburg existieren heute noch 146 Großdolmen. Dort hatte es früher noch viel mehr gegeben. Vor zwei Jahrhunderten standen allein auf der Ostseeinsel Rügen etwa 230 Großdolmen mit windfangartigem Eingang. Von ihnen wurden etwa vier Fünftel durch menschliche Unvernunft zerstört.

Eine andere, noch später entwickelte Variante der Megalithgräber stellten die Ganggräber dar. Ihr Charakteristikum ist der Zugang an einer Längsseite. Die kleinsten Kammern von Ganggräbern wurden nur von drei Jochen gebildet, die größten Ganggräber hatten jedoch bis zu 18 Joche. Der Eingang zu Ganggräbern mit gerader Jochzahl – also vier, sechs, acht oder mehr Jochen – lag zumeist in der Mitte. Bei sehr langen Ganggräbern mit ungerader Jochzahl – etwa fünf oder sieben Jochen – befand sich der Eingang naturgemäß etwas zur Seite verschoben oder aber zwischen dem zweiten und dem dritten Joch.

Die unterschiedliche Zahl der Joche dürfte darauf zurückzuführen sein, daß lokale Bautrupps bestimmte traditionelle Bauweisen bevorzugten. So sind in der Lüneburger Heide Kammern mit fünf bis sieben Jochen besonders typisch, im Raum Stade und Bremerhaven vier und sechs Joche, westlich der Weser überlange »Emsländische Kammern« mit bis zu 15 Jochen (Werlte[29], Kreis Emsland) und maximal 18 Jochen (Thuine[30], Kreis Emsland). Alle Kammern mit drei bis sieben Jochen und rechteckigem Grundriß werden »Hannoversche Kammern« genannt.

Häufig wurde der Eingang von Ganggräbern durch ein Joch oder zwei Joche geschützt. In diesem Zugang hat man oft einen flachen Schwellenstein mit Trittsteinen davor eingebaut. Der Eingang zur Grabkammer wurde nach der Belegung mit Toten durch bis zu kopfgroße Feldsteine oder einzelne Steinplatten versperrt. Über den Ganggräbern hat man gelegentlich lange, oft aber auch nur ovale und runde, von Steinsetzungen abgestützte Hügel errichtet.

In Niedersachsen sind Ganggräber die am häufigsten vorkommende Form der Großsteingräber. Eines der bekanntesten Ganggräber ist hier der »Visbecker Bräutigam«[31] (s. S. 304) bei Wildeshausen (Kreis Oldenburg). Dieses Ganggrab mit vier Jochen wird von mehr als 70 Findlingen umrahmt und gilt mit

Großsteingrab »Große Slopstene« (»Große Schlupfsteine«) bei Wersen (Kreis Steinfurt) in Nordrhein-Westfalen. Länge der Grabkammer 18 Meter, Breite 2 Meter, Länge der Einfassung etwa 23 Meter, Breite 7,50 Meter. ▷

Großsteingrab im Nenndorfer Interessentenforst bei Rosengarten (Kreis Harburg) in Niedersachsen. Es ist ein sogenanntes Langbett oder Hünenbett. Darunter versteht man ein Großsteingrab, bei dem die Grabkammer in einem langen, schmalen und dammförmigen Hügel liegt, welcher von großen Steinen eingefaßt wird. Bei dem 1949 entdeckten Großsteingrab im Nenndorfer Interessentenforst blieb ein Rest des etwa 55 Meter langen und 8 Meter breiten Hügels erhalten, während die Einfassungssteine entfernt und für den Straßen- und Hausbau verwendet wurden. Die bei der Ausgrabung bis auf die Decksteine vollständig vorgefundene Grabkammer liegt heute frei.

einer Gesamtlänge von 110 Metern als das größte Megalithgrab in Norddeutschland. Weitere erwähnenswerte Ganggräber in Niedersachsen befinden sich bei Großenkneten[52] (Kreis Oldenburg), Helmstedt[53] (Lübbensteine Grab B), Oldenburg bei Raven[54] (Kreis Lüneburg) und Westerloh[55] (Kreis Emsland).

In Schleswig-Holstein gilt der Denghoog[56] (Thinghügel) bei Wenningstedt auf der Nordseeinsel Sylt als eindrucksvollstes Beispiel eines Ganggrabes mit noch vorhandenem Hügel. Ganggräber gibt es außerdem bei Idstedt[57] an der Straße Schleswig–Flensburg und im Forst Waldhusen bei Lübeck[58].

In Mecklenburg sind 47 Ganggräber erhalten geblieben. Das größte davon ist das Ganggrab von Stralendorf[59] (Kreis Schwerin) mit einer Länge von 125 Metern.

Welcher enorme Arbeitsaufwand für ein Ganggrab erforderlich war, hat 1990 der Freiburger Prähistoriker Johannes Müller errechnet. Er ermittelte für das 1934 und 1936 ausgegrabene Ganggrab Kleinenkneten 1 (Kreis Oldenburg) in Niedersachsen eine Gesamtarbeitsleistung von etwa 109 500 Personenstunden. Demnach hätte dieses Großsteingrab beispielsweise von 100 Personen bei einem 10-Stunden-Tag in weniger als dreieinhalb Monaten errichtet werden können.

Das Ganggrab Kleinenkneten 1 liegt inmitten einer rechteckigen Steinsetzung von etwa 70 Meter Länge und einigen Meter Breite. Diese Umfassung besteht aus 69 durchschnittlich zwei Tonnen schweren Blöcken. Für die Grabkammer und den an einer Längsseite angesetzten Gang benötigte man weitere 18 Blöcke. Die gesamte Anlage wurde einst durch einen Grabhügel bedeckt.

Die Gewinnung von Baumaterial für dieses Ganggrab bildete offenbar kein großes Problem. Für das Lockern von Erde und Spalten von Steinen mußten nur etwa 1400 Personenstunden aufgewendet werden. Dagegen entfielen auf den Transport der 2 bis 8,6 Tonnen schweren Trägersteine und 15 bis 42 Tonnen schweren Decksteine sowie anderer Steine und Gerölle etwa 74 490 Stunden. Die Arbeitsgänge am Bauplatz wurden auf

etwa 33 160 Stunden veranschlagt, wovon fast 77 Prozent auf die Außenanlage und 23 Prozent für die Kammer- und Gangkonstruktion entfielen. Den größten Teil der Arbeiten am Bauplatz nahmen das Aufrichten der Blöcke zu Trägersteinen und das Auflegen der Decksteine in Anspruch. Weniger aufwendig waren das Ausheben der Standgruben für die Trägersteine, das Auffüllen der Lücken zwischen den Trägern und das Aufschütten von Erde. Nach Ansicht von Müller dürfte das Ganggrab Kleinenkneten 1 von einer kleinen prähistorischen Gemeinschaft oder einem Zusammenschluß nur weniger lokaler Gruppen errichtet worden sein.

Der Anblick solcher imposanter Ganggräber hat früher zur Entstehung von mancherlei Sagen geführt. So hieß es beispielsweise über das Ganggrab Lübbensteine B auf dem Annenberg bei Helmstedt im Braunschweiger Land, ein Riese solle diese Steine gesammelt, in einer Tasche aufbewahrt und bei einem Spaziergang verloren haben.

Eine auffällige Erscheinung in den Langhügeln, die unterschiedliche Formen von Großsteingräbern bedeckten, waren vielfach große Eckpfeiler, die über die Einfassung hinausragten und dadurch manchem Hünengrab ein monumentales Aussehen verliehen. Manchmal erreichten diese Eckpfeiler, die man auch Wächtersteine nennt, mehr als drei Meter Höhe.

Als jüngste Form der Großsteingräber gelten die Steinkammergräber, die man auch Galeriegräber nennt. Sie waren im Gegensatz zu den Dolmen und Ganggräbern aus früherer Zeit generell mehr im Binnenland verbreitet. Die rechteckigen Kammern der Steinkammer- bzw. Galeriegräber tiefte man meist in den Untergrund ein. Sie erreichten eine Länge bis zu 30 Metern und eine Breite von einigen Metern. Die Wände ringsum bestanden aus ausgewählten flachen Steinplatten, die mit Decksteinen oder langen Holzbalken belegt wurden. War ein Eingang vorhanden, so befand er sich an einer der beiden Schmalseiten – und zwar in Form eines nicht ganz bis zur Decke reichenden Schlußsteins oder als runde Öffnung in demselben, die man poetisch als »Seelenloch« (s. S. 374) bezeichnet. Durch diese engen Öffnungen hindurch erfolgten die Bestattungen.

Steinkammer- bzw. Galeriegräber mit Inventaren der Trichterbecher-Kultur kennt man aus Westfalen, Niedersachsen und Mecklenburg.

In Westfalen existierten zwei Gruppen, die ihre Toten in Steinkammergräbern bzw. Galeriegräbern bestatteten. Ein Teil der Gräber dieser Art gehört zur Westfälischen Galeriegrab-Gruppe[40], die in der Westfälischen Bucht verbreitet war und nach den Keramikbeigaben zur Trichterbecher-Kultur gerechnet wird. Dagegen zählen die in der Warburger Börde angelegten Steinkammergräber zur Wartberg-Gruppe (s. S. 372), die vor allem im südlich benachbarten Nordhessen heimisch war.

Die Galeriegräber in Westfalen konzentrieren sich in den Kreisen Paderborn (Atteln[41], Brenken[42], Etteln[43], Henglarn[44], Kirchborchen[45], Schloß Neuhaus[46], Wewelsburg[47], Wünnenberg[48]), Soest (Lippborg[49], Hiddingsen[50], Lippstadt[51], Ostönnen[52], Schmerlecke[53], Uelde[54], Völlinghausen[55]) und Warendorf (Beckum[56]). Sie sind innen bis zu 18,50 Meter lang und maximal 2,80 Meter breit.

In Niedersachsen kennt man Steinkammergräber aus den Kreisen Goslar (Bredelem[57], Liebenburg[58]), Hameln (Rohden[59]), Helmstedt (Watenstedt[60]), Hildesheim (Heyersum[61], Sorsum[62]) und Wolfenbüttel (Evessen[63]). Von diesen Gräbern ist das von Liebenburg besonders bemerkenswert. Auf einer seiner Außenseiten wurde nämlich an einer im Erdboden liegenden und daher nicht sichtbaren Stelle ein schuhsohlenartiges Motiv eingemeißelt. Beim Bau des Grabes von Sorsum hatte man sich besondere Mühe gegeben, da man es etwa zur Hälfte in einen Kalksteinfelsen eintiefte.

Aus Mecklenburg sind insgesamt 45 Steinkammergräber der Trichterbecher-Kultur bekannt.

Der schwedische Archäologe Oscar Montelius (1843–1921) hat bereits im vorigen Jahrhundert die zeitliche Aufeinanderfolge der verschiedenen Grabformen in Skandinavien und Norddeutschland erkannt. Darauf aufbauend faßte er das Verbreitungsgebiet der Megalithgräber von Mittelschweden bis Norddeutschland im sogenannten Nordischen Kreis zusammen. Außerdem teilte er die Jungsteinzeit in diesem Gebiet in vier Entwicklungsstufen ein. Kennzeichnend für die erste Periode waren Erdgräber unter Bodenniveau, für die zweite die Dolmen, für die dritte die Ganggräber und für die vierte die Steinkistengräber. Darauf basieren die manchmal verwendeten Begriffe Erdgräberzeit, Dolmenzeit, Ganggräberzeit und Steinkistenzeit, die aber heute kaum noch angewandt werden.

Die imposanten Großsteingräber sind früher vielfach fehlgedeutet worden. Der dänische Geschichtschreiber Saxo Grammaticus (1150–1208) interpretierte sie in seinem Werk »Historia Danica« als Grabstätten von Riesen. Er und andere Zeitgenossen konnten sich nicht vorstellen, daß normal gewachsene Menschen solche schweren Lasten hätten transportieren können. Der dänische Mediziner und Runenforscher Ole Worm (1588–1654) betrachtete die Großsteingräber als Thingplätze oder – was ihm wahrscheinlicher erschien – als Opferaltäre. Der holländische Theologe und Arzt Johan Picardt (1600 bis 1670) hielt 1660 die Großsteingräber für das Werk von Riesen. Der Pfarrer Martin Mushard (1699–1770) aus Bremerhaven belegte 1762 die Großsteingräber in seinem Werk »Palaeogentilismus Bremensis« mit dem lateinischen Namen »monu-

mentae lapidae« und erklärte sie zu von Menschen mit Hilfe von Hebebäumen und Kränen erbauten Altären. Sogar im Dritten Reich versuchte man noch, die Großsteingräber als Sockel überdachter Kultstätten von germanischen Gotteshäusern zu erklären.

Die genaue Funktion der Großsteingräber ist auch heute noch umstritten. Ein großer Teil der Prähistoriker bezeichnet die Megalithgräber als Erbbegräbnisse der bäuerlichen Bevölkerung der Trichterbecher-Kultur, die über Generationen hinweg ihre Toten in bestimmten Grabkammern bestattete. So konnte man beispielsweise in einem schwedischen Ganggrab Skelettreste von mehr als 100 Menschen und im erwähnten Steinkammergrab von Sorsum insgesamt 105 Bestattungen nachweisen. Die Anhänger dieser Theorie gehen davon aus, daß bei jedem Sterbefall der Leichnam in der Kammer zur letzten Ruhe gebettet wurde. Das auffällige Durcheinander der Skelettreste in den Grabkammern erklärte man damit, daß bei Nachbestattungen frühere Beisetzungen beiseite geräumt wurden, um Platz zu schaffen.

Im Gegensatz dazu steht die 1979 vertretene Auffassung des Göttinger Prähistorikers Klaus Raddatz, wonach die Großsteingräber als eine Art von Beinhäusern (Ossuarien) dienten, in denen lediglich fleischlose Skelettreste aufbewahrt wurden. Er begründet dies damit, daß in den Grabkammern kaum intakte Skelette gefunden worden sind. Selbst in den kleinen Urdolmen – beispielsweise im Everstorfer Forst (Kreis Grevesmühlen) in Mecklenburg – lagen die Gebeine zumeist wirr durcheinander. Gelegentlich vorkommende intakt beigesetzte Leichname in den ältesten Formen der Großsteingräber, den Dolmen, spiegeln vermutlich das Fortleben der ursprünglichen, durch das einzelne Grab gekennzeichneten jungsteinzeitlichen Bestattungsweise wider.

Raddatz nimmt an, die Leichen seien nicht sofort in den Großsteingräbern bestattet, sondern erst eine Zeit lang im Freien auf Gestellen aufbewahrt oder nur vorübergehend begraben worden. Sobald das Fleisch verfault war und nur das blanke Skelett übrig blieb, habe man die Schädel und die übrigen Knochen in das Großsteingrab gebracht. Dieser Brauch wird in der Fachsprache als Exkarnation bezeichnet. In der Grabkammer habe man die Skelettreste mit Erde überschüttet.

Mit der Grablegung waren rituelle, magische oder religiöse Handlungen verbunden, von denen unter anderem Feuerstellen zeugen, die vielleicht als Opfer- oder Reinigungsfeuer dienten. In diesem Zusammenhang diskutiert man auch über eine Verwendung der Großsteingräber als tempelartige Anlagen im Rahmen eines Ahnenkults. Nach einer anderen Theorie könnten die Großsteingräber als Wohnung der darin Bestatteten betrachtet worden sein. Als Indiz hierfür wird der altnordische Begriff »hel« angeführt, der ursprünglich das Innere des Grabhügels umschrieb und von dem das heutige Wort »Hölle« abstammt.

Die den Bestatteten mit ins Grab gelegten Beigaben liefern Anhaltspunkte dafür, daß die Trichterbecher-Leute an ein Weiterleben im Jenseits glaubten. Allein in einem Großsteingrab von Wechte bei Lengerich (Kreis Steinfurt) in Nordrhein-Westfalen wurden innerhalb einiger Generationen insgesamt 470 Tongefäße deponiert, außerdem ein Dutzend Beile aus Feuerstein und Kieselschiefer, mehr als 30 querschneidige Pfeilspitzen und Knochengeräte. Daneben hat man den Bestatteten den Schmuck belassen.

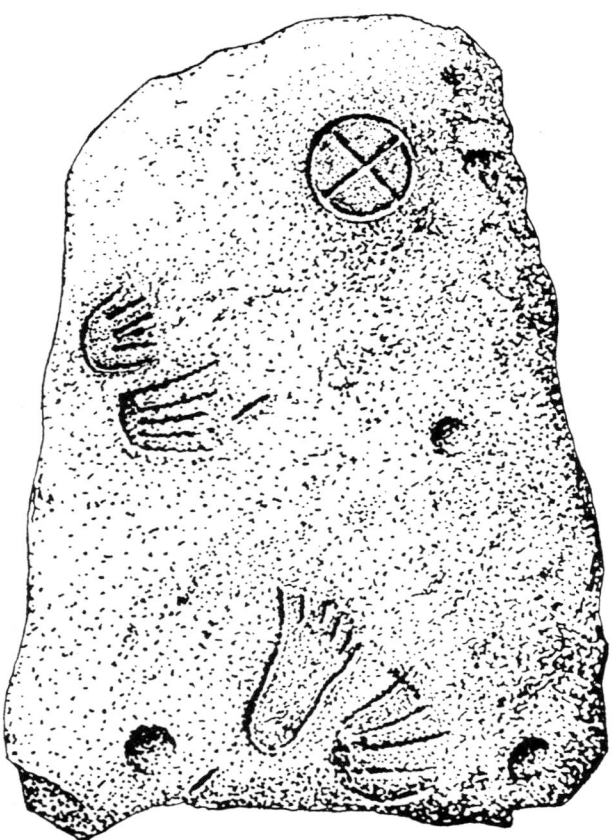

Sonnenrad-, Hand- und Fußdarstellungen sowie Schalengrübchen auf dem Stein von Klein-Meinsdorf (Kreis Plön) in Schleswig-Holstein. Länge 1,22 Meter, Breite 0,85 Meter. Original im Archäologischen Landesmuseum der Christian-Albrechts-Universität, Schleswig.

Außer den beschriebenen Formen von Großsteingräbern legten die Trichterbecher-Leute aber auch weniger aufwendige Erdgräber an. Diese befanden sich teilweise unter den Hügeln mancher Großsteingräber, unter Grabhügeln und in kleinen Gruben. In den Erdgräbern gab es mitunter Holzkammern oder Einbauten aus kleinen Feldsteinen.

Aus Himmelpforten[64] (Kreis Stade) in Niedersachsen kennt man mindestens sechs solcher Erdgräber. Das größte davon (Grab I) ist 4,50 Meter lang und 3 Meter breit. Es wurde von einer rechteckigen Steinpackung aus plattenartig gebrochenen Granitsteinen geschützt. In diesem Erdgrab hat man den erwähnten goldenen Armring entdeckt. Dieser Fund zeigt, daß man die Erdgräber nicht als Gräber ärmerer Bevölkerungsschichten der nordwestdeutschen Trichterbecher-Kultur ansehen darf. Interessant ist zudem das Grab V in Himmelpforten, weil darin ein Baumsarg nachgewiesen werden konnte.

Mindestens vier Flachgräber konnten in Issendorf[65] (Kreis Stade) aufgedeckt werden. Erwähnenswert unter vielen anderen Flachgräbern ist dasjenige von Cuxhaven-Gudendorf[66] in Niedersachsen, weil es eine Doppelbestattung enthielt.

Flachgräberfelder gab es auch in Nordrhein-Westfalen. Bei Heek[67] (Kreis Borken) wurden 15 mit Beigaben versehene Erdgräber und weitere ohne Beigaben entdeckt. Dort hatte man 2 x 1 Meter große und bis zu 2 Meter tiefe Gruben ausgehoben, mit Eckpfosten versehen und mit Brettern verschalt. In einem Fall war deutlich zu erkennen, daß der Leichnam auf eine Unterlage aus organischem Material gebettet worden war. Mehrfach wurden die Toten mit einer 20 bis 30 Zentimeter dicken Sandschicht bedeckt, auf der man Tongefäße deponierte. Darüber wurde erneut Sand geschüttet, auf den man ebenfalls

Tongefäße abstellte. Auf der darauffolgenden Schicht lag Holzkohle, die von Feuern stammte, die außerhalb der Gräber abgebrannt worden waren.

Auf der bereits in anderem Zusammenhang erwähnten Insel Tannenwerder im Ostorfer See bei Schwerin in Mecklenburg sind mindestens 45 Menschen in Erdgräbern bestattet worden. Diese Gräber wurden auf dem höhergelegenen Teil der Insel angelegt. Es handelte sich um ovale, stufenartig eingetiefte Gruben, die man 0,40 bis 1 Meter tief unter der heutigen Erdoberfläche vorfand. Die Toten wurden mit einer einzigen Ausnahme in gestreckter Körperlage zur letzten Ruhe gebettet. Als Grabbeigaben dienten unter anderem Feuerstein- und Felsgesteinbeile, Pfeilbündel mit Köcher und vermutlich auch Bogen, Schmuck in Form durchlochter Tierzähne sowie Schlagbestecke zum Feuermachen. Ein kleines Baumharzstück mit Bißabdruck in der Mundöffnung eines Bestatteten spiegelt eine bestimmte Grabsitte wider.

Trotz ungeklärter Fragen sind die dauerhafter als die Häuser der Lebenden erbauten Großsteingräber der Schlüssel für das Verständnis der damaligen Religion. Denn die Errichtung solcher gewissermaßen für die Ewigkeit bestimmten Bauwerke ist nur denkbar, wenn dahinter eine religiöse Idee stand, welche die damaligen Menschen zu solchen grandiosen Leistungen anspornte. Welcher Art ihr Lohn war, weiß man nicht. Vielleicht genügte ihnen die Hoffnung, nach dem Tode darin »weiterleben« zu dürfen?

Es ist anzunehmen, daß die Menschen der nordwestdeutschen Trichterbecher-Kultur bereits eine gesellschaftliche Hierarchie kannten, zu der auch Häuptlinge und Priester gehörten, die auf die Einhaltung kultischer Vorschriften zu achten hatten. Ein solch einflußreicher Mann wurde angeblich im Großsteingrab IV[68] bei Oldendorf an der Luhe (Kreis Lüneburg) bestattet. Eine aus dem Rahmen fallende Männerbestattung von Laschendorf[69] (Kreis Waren) in Mecklenburg wird als Beisetzung eines Priesters interpretiert. Der Tote hatte seine Hand im Mund und war mit ungewöhnlichen Beigaben ausgerüstet. Dazu gehörten mit Durchbohrungen, Kerben und Schlitzen versehene Knochen, mit denen man Geräusche erzeugen konnte, und eine aus einem Knochen geschnitzte Pfeife.

Funde aus Oldesloe-Wolkenwehe (Kreis Stormarn) lassen darauf schließen, daß die Trichterbecher-Leute vermutlich rituell motivierten Kannibalismus praktizierten. Dort entdeckte man in Gruben neben Tierknochen und anderen Hinterlassenschaften auch Teile menschlicher Skelette. Die Unterkieferfragmente stammen durchweg von jüngeren Individuen. Die Fundsituation läßt sich am besten durch Anthropophagie erklären.

Mit den religiösen Vorstellungen der Trichterbecher-Leute werden auch die auf faustgroßen Steinen, Steinäxten, Findlingen und Decksteinen von Grabkammern eingetieften kleinen rundlichen Schälchen in Verbindung gebracht. Man betrachtet sie einerseits als Opferschälchen, andererseits aber auch als Hinweis auf die Gewinnung von Gesteinspulver zu medizinischen Zwecken. Als sichtbare Zeichen der damaligen Religion deutet man Darstellungen des Sonnenrades, der Hand, des Fußes und der Axt, die als heilige Zeichen bzw. Symbole eines Himmels- und Sonnengottes interpretiert werden.

Die mit Durchbohrungen, Kerben und Schlitzen versehenen Knochen aus einem Grab von Laschendorf (Kreis Waren) in Mecklenburg werden als Ausrüstung eines Priesters gedeutet. Länge des größten Objektes 23,5 Zentimeter. Originale im Museum für Ur- und Frühgeschichte Schwerin. ▷

20 000 Bäume für die Palisade gefällt

Die Baalberger Kultur

In den meisten Gebieten Mitteldeutschlands, in Mittelböhmen und im nördlichen Niederösterreich war von etwa 4300 bis 3700 v. Chr. die Baalberger Kultur heimisch. Sie gelangte mit Ausläufern sogar bis nach Brandenburg, Mecklenburg und Pommern. Die Baalberger Kultur gilt als ein Zweig der Trichterbecher-Kultur, weil zu ihrem keramischen Formenschatz auch der Trichterbecher als typisches Tongefäß gehört. In Mitteldeutschland trat sie die Nachfolge der Rössener Kultur (s. S. 292) an und existierte etwa sechs Jahrhunderte lang als östlicher Nachbar der nordwestdeutschen Trichterbecher-Kultur, bevor sie von der Salzmünder Kultur (s. S. 363) abgelöst wurde.

Den ersten Hinweis auf diese Kultur lieferte 1925 der damals als Assistent an der Landesanstalt für Vorgeschichte in Halle/Saale wirkende schwedische Archäologe Nils Hermann Niklasson[1] (1890–1966), als er in einer Publikation die »Kannen vom Baalberger Typus« und deren Begleitgefäße erwähnte. 1930 faßte der Prähistoriker Paul Grimm (s. S. 511), der an der Landesanstalt Zimmernachbar von Niklasson gewesen war, in seiner Dissertation Gefäße dieser Art als »Baalberger Gruppe« zusammen. Von ihm stammt auch der heute übliche Begriff Baalberger Kultur, der nach einem Steinkistengrab auf dem Schneiderberg von Baalberge[2] (Kreis Bernburg) in Sachsen-Anhalt geprägt wurde.

Die Baalberger Leute erreichten eine ähnliche Größe wie die Trichterbecher-Leute (s. S. 323). Unter welchen Krankheiten einige dieser Menschen litten, zeigten Untersuchungen der Skelettreste aus dem Ortsteil Zauschwitz von Weideroda (Kreis Borna) in Sachsen. Dort wurden eine einseitig vergrößerte rechte Augenhöhle, Abszesse und Knochenmarkseiterungen sowie Vitaminmangelerkrankungen bzw. Mineralisationsstörungen der Knochen (in einem Fall mit Oberschenkelverkrümmung) nachgewiesen. Karies kam offenbar selten vor. Von 287 Zähnen waren nur drei – also rund ein Prozent – von Karies befallen. Eine Jugendliche aus Zauschwitz war mit einem Ungeborenen im Becken gestorben. An Skelettresten aus Stemmern (Kreis Wanzleben) in Sachsen-Anhalt wurden Spuren entzündlicher Vorgänge in der Umgebung der Zahnwurzelspitzen sowie entsprechende Hohlraumbildungen und Fisteleröffnungen festgestellt.

Die Angehörigen dieser Kultur wohnten in Einzelgehöften in unbefestigten Siedlungen oder mit Graben, Wall und Palisaden geschützten Ansiedlungen, die mitunter auf Anhöhen errichtet wurden. Die Häuser waren klein bis mittelgroß und hatten einen rechteckigen oder quadratischen Grundriß. Aus Diebzig (Kreis Köthen) in Sachsen-Anhalt kennt man einen 5 x 4 Meter großen Hausgrundriß. In Gebäuden dieser Größe hatte nur eine einzige Familie mit etwa fünf Personen Platz.

Zu den wehrhaftesten Siedlungen der Baalberger Kultur zählt die auf der Flur Bischofswiese in der Dölauer Heide bei Halle/Saale[3] in Sachsen-Anhalt. Sie war von einem 2,2 Kilometer langen, maximal 3,25 Meter tiefen und bis zu 5 Meter breiten Grabensystem umgeben. An dieses schloß sich ein Erdwall an, den man mit dem aus dem Graben stammenden Aushubmaterial

Verzierter Trichterbecher der Baalberger Kultur von Langendorf (Kreis Weißenfels) in Sachsen-Anhalt. Höhe 21,3 Zentimeter. Original im Landesmuseum für Vorgeschichte Halle/Saale.

aufgeschüttet hatte. In einem Abstand von etwa 4 bis 7 Metern hinter der Grabenkante folgte eine Palisade, die 0,80 bis 1,50 Meter tief in den Erdboden eingegraben worden war.

Diese Befestigungsanlage umfriedete eine Fläche von etwa 25 Hektar. Es handelte sich um die größte befestigte Siedlung der Jungsteinzeit in Mitteldeutschland. Ins Innere der Anlage führten mindestens drei Zugänge. Im Zentrum befanden sich keine Häuser, die freie Fläche diente offenbar dem Vieh als Weide.

Am Nordostrand der Bischofswiese stand ein 20 Meter langes und maximal 8 Meter breites Haus, dessen Maße aus den Pfostenlöchern erschlossen wurden.

Der Bau der befestigten Siedlung in der Dölauer Heide setzt nicht nur eine ungeheure Arbeitsleistung voraus, sondern auch eine durchdachte Arbeitsorganisation. Der früher in Halle/Saale wirkende Prähistoriker Hermann Behrens berechnete, daß das Wehrsystem von zehn Männern in etwa drei Jahren hätte errichtet werden können. Für die 2,2 Kilometer lange Palisade mußten schätzungsweise 20 000 Bäume mit einem Durchmesser von 10 Zentimetern (oder 10 000 Bäume mit einem Durchmesser von 20 Zentimetern) gefällt werden. Bis ein einziger, 10 Zentimeter dicker Baum fiel, vergingen etwa 10 Minuten, bei einem doppelt so dicken Baum etwa 20 Minuten. Demnach konnte man in 8 Stunden etwa 50 dünnere oder 25 dickere Bäume schlagen, was einer ungefähren Jahresleistung von 20 000 Bäumen entspricht. Ein weiteres Jahr veranschlagte Behrens für das Herrichten der Bäume als Pfosten und ebenfalls ein Jahr für das Setzen der Pfosten im eigens dafür ausgehobenen Palisadengraben. Derartige Strapazen nahm man sicherlich nur in Kauf, weil man sich bedroht fühlte.

Manchmal haben die Baalberger Leute eine Siedlung auf einer Anhöhe errichtet. Dies war auch auf dem nur 16 Meter hohen Hutberg[4] bei Wallendorf (Kreis Merseburg) in Sachsen-Anhalt der Fall, einer Landzunge zwischen Saale, Elster und Luppe, auf der auch Angehörige späterer Kulturen siedelten. Vermutlich wurde die Baalberger Siedlung auf dem Hutberg wegen dessen geschützter Lage erbaut. Höhensiedlungen der Baalberger Kultur gab es auch in Böhmen (Mužský, Slanska Hora).

Wie die nordwestdeutschen Trichterbecher-Leute gingen die Baalberger Leute gelegentlich mit Pfeil und Bogen auf die Jagd. Die Grundlage ihrer Ernährung waren jedoch die Produkte von Ackerbau und Viehzucht. Im Verbreitungsgebiet der Baalberger Kultur wurden die Getreidearten Emmer, Einkorn, Zwergweizen und Gerste angebaut und geerntet. Als Haustiere hielt man Rinder, Schafe, Ziegen, Schweine und Hunde. In einer Siedlungsgrube von Erfurt wurden stark zertrümmerte Küchenabfälle vom Rind, Schwein sowie vom Schaf oder der Ziege vorgefunden. Offenbar maß man vor allem dem Rind eine große Bedeutung zu, da man in den Gräbern oft Knochenreste von diesem Haustier fand. Die auffällig vielen Rinderreste an Fundstellen der Baalberger Kultur legen den Schluß nahe, daß diese Tiere nicht nur als lebender Fleischvorrat, sondern vielleicht auch als Zugtiere von Wagen dienten, wie dies in anderen Gegenden bereits üblich war. Nach den Grabfunden zu schließen, dürfte es in vielen Haushalten Hunde gegeben haben.

Die Baalberger Leute tauschten untereinander und mit den Angehörigen benachbarter Kulturen begehrte und seltene Produkte aus.

Am mittelböhmischen Fundort Makotřasy wurde ein fragmentarisch erhaltener Tontiegel mit Resten von Kupferschlacke entdeckt. Er beweist, daß die dort ansässigen Baalberger Leute bereits selbst Kupfererzeugnisse herstellten. Vielleicht hatten sie diese Fähigkeit von ostalpenländischen Zeitgenossen aus rund 200 Kilometer Entfernung gelernt.

Kupferfunde kamen vor allem in Gräbern der Baalberger Kultur zum Vorschein. Dabei handelt es sich meist um Spiralröllchen oder Blechanhänger mit eingerolltem Ende (auch Blechzungen genannt). So entdeckte man in einem Kindergrab von Preußlitz (Kreis Bernburg) in Sachsen-Anhalt kupferne Spiralröllchen und Blechzungen, die vielleicht zu einer Halskette gehörten. Reste von mindestens zwei Kupferspiralen, die vermutlich Teil einer Halskette waren, wurden in einem Grab von Büden (Kreis Burg) östlich von Magdeburg geborgen. Und in einem Kindergrab von Unseburg (Kreis Staßfurt) in Sachsen-Anhalt fand man außer einem kupfernen Spiralröllchen auch einen Spiralarmring. Außer den seltenen kupfernen Spiralröllchen, Blechzungen und Armringen fertigte man Schmuck aus Bernstein, Knochen und durchbohrten Tierzähnen an.

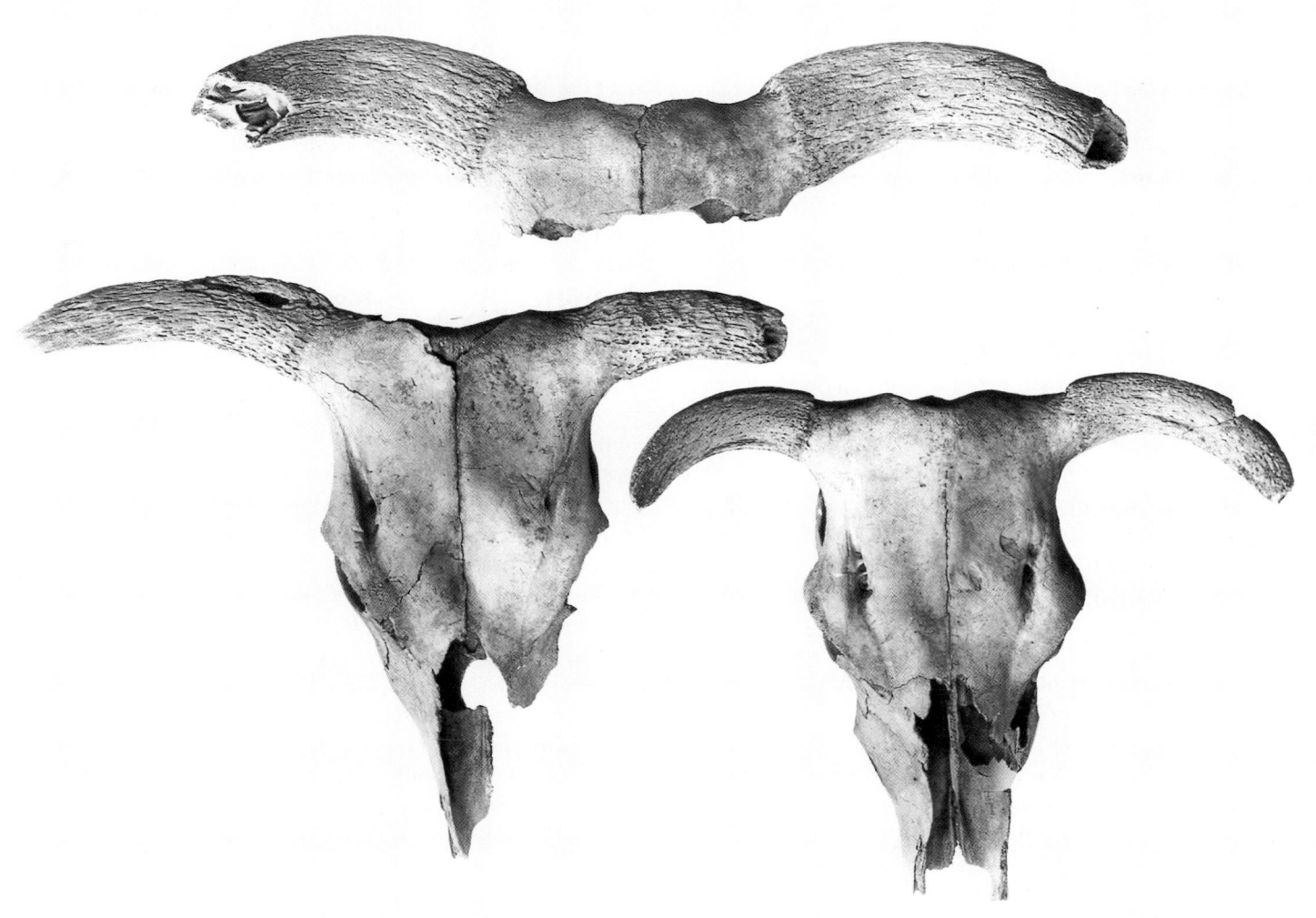

Rinderschädel aus einer Grube der Baalberger Kultur von Weißenfels (Kreis Weißenfels) in Sachsen-Anhalt. Originale im Landesmuseum für Vorgeschichte Halle/Saale.

Kupferspiralring aus einem Grab von Unseburg (Kreis Staßfurt) in Sachsen-Anhalt. Durchmesser etwa 4,5 Zentimeter. Original im Landesmuseum für Vorgeschichte Halle/Saale.

Unter den Tongefäßen der Baalberger Kultur waren Amphoren mit zwei, vier oder mehr Henkeln, Henkelkannen und Trichterbecher die wichtigsten Formen. Sie gingen offenbar auf Vorbilder in Südosteuropa zurück. Die Trichterbecher der Baalberger Kultur besaßen ein langgestrecktes Unterteil und eine sich weit öffnende Trichtermündung. Bei den meisten dieser Gefäße gab es einen kleinen Henkel, vereinzelt auch vier Henkelösen. Außer den erwähnten Formen schuf man verschiedene Schalen sowie – wenngleich selten – runde Tonscheiben ähnlich den »Backtellern« der Michelsberger Kultur (s. S. 320) und Näpfe mit Grifflappen (sogenannte Schöpfer).

Die Baalberger Keramik wurde ganz selten verziert. Manche Amphoren und Trichterbecher verschönerte man mit eingestempelten, bandförmigen Ornamenten an Schulter und Rand bzw. Punktreihen am Rand.

Zum Gerätebestand der Baalberger Kultur gehörten kurze rundnackige Äxte und flache Beile aus Felsgestein, aus Knochen hergestellte Pfriemen, Meißel und Dolche sowie Geweihäxte. Die Beilklingen wurden an hölzernen Schäften befestigt, die als Griff dienten.

Bewaffnet waren die Baalberger Leute mit steinernen Streitäxten, die ebenfalls Holzgriffe hatten. Als Fernwaffe für die Jagd oder den Kampf standen Pfeil und Bogen zur Verfügung, wie Funde von Pfeilspitzen aus Feuerstein bezeugen.

Innerhalb der Baalberger Kultur gab es verschiedene Formen der Bestattung. Man setzte die Toten in einfachen Erdgräbern bei, aber auch in mit Hügeln überwölbten, mit Steinen geschützten oder eingefaßten Gräbern. Die Grabhügel, der Steinschutz um das Grab und dessen Steineinfassung stellten Neuerungen dar. Bei den Gräbern mit Steinschutz gab es mit Platten errichtete Steinkistengräber, an denen ein sogenanntes »Seelenloch« (s. S. 374) angebracht war, oder mit einer dicken Steinschicht überhäufte Steinpackungsgräber. Die Steineinfassungen von Gräbern hatten rechteckige, trapezförmige und runde Formen. In manchen Gräbern stieß man auf Holzeinbauten.

Die meisten Verstorbenen wurden einzeln zur letzten Ruhe gebettet. Ausnahmen von dieser Regel waren Doppel- und Gruppenbestattungen mit Erwachsenen und Kindern beson-

ders in Siedlungen. Man legte den Leichnam meist so nieder, daß der Kopf nach Osten wies, die Füße nach Westen zeigten und der Blick nach Norden gerichtet war. Nur bei wenigen Bestattungen lag der Kopf im Westen mit Blickrichtung nach Süden. Sowohl Männer als auch Frauen ruhten überwiegend auf der rechten Seite, wobei die Beine zum Körper hin angezogen waren. Es handelte sich also um sogenannte Hockerbestattungen.

In der Regel hat man den Körper des Toten komplett bestattet. Man kennt jedoch einige vom Üblichen abweichende Befunde, die auf Teilbestattungen oder sogar Reste von Kannibalenmahlzeiten hinweisen. Zwei mehr als 200 Meter voneinander entfernte Gruppenbestattungen der Baalberger Kultur von Wansleben[5] (Kreis Eisleben) in Sachsen-Anhalt werden als Opferbestattungen gedeutet. In dem einem Grab wurden mindestens elf Menschen, darunter auch Kinder, zerstückelt und teilbestattet. Im anderen sind Schädelreste von mehr als fünf Menschen bestattet worden. Weitere Gruppenbestattungen fand man in Gehofen[6] (Kreis Artern), Preußlitz[7] (Kreis Bernburg), Weißenfels[8] (Kreis Weißenfels) und in Wildschütz (Kreis Hohenmölsen). Eine einzelne Schädelbestattung entdeckte man in Braunsdorf[9] (Kreis Merseburg) in Sachsen-Anhalt auf der Sohle einer 1,80 Meter tiefen Grube. Der Schädel war mit Knochen vom Rind, Schwein und von der Ziege umgeben. Über ihm lag ein umgestülpter Trichtertopf, dessen Rand von 13 Steinen bekränzt wurde.

In Weißenfels sind Verstorbene innerhalb der Siedlung beerdigt worden. Dort fand man in insgesamt acht Gruben jeweils eine einzelne Hockerbestattung. Einmal lag der Tote auf einer dicht mit Tierknochen durchsetzten Schicht oberhalb einer ringförmigen Steinsetzung und einer dicken Brandschicht.

Die Grabhügel der Baalberger Kultur sind zuweilen von Angehörigen späterer Kulturen für ihre Bestattungen benutzt worden (sogenannte Nachbestattungen). Das bekannteste Beispiel hierfür liefert der Grabhügel vom namengebenden Fundort Baalberge. In diesem zum Zeitpunkt der Ausgrabung im Jahr 1901 noch 5,75 Meter hohen Grabhügel mit einem Durchmesser von 40 Metern befand sich als zentrale Bestattung eine auf der ursprünglichen Erdoberfläche errichtete Steinplattenkiste. Sie hatte eine lichte Weite von 1,50 x 0,80 Meter und war mit Steinplatten bedeckt. Bei den Skelettresten im Steinkistengrab standen zwei Henkelgefäße der nach diesem Fundort benannten Kultur. Später haben jungsteinzeitliche Schnurkeramiker (s. S. 397) und bronzezeitliche Aunjetitzer Leute in diesem Hügel ihre Toten begraben.

Als Beigaben für die Toten konnte man in den Gräbern der Baalberger Kultur meist ein Tongefäß, vereinzelt Feuerstein- oder Knochengeräte, Tierreste und Schmuck nachweisen.

Auffällig viele Tierreste kamen in den Siedlungsgruben von Weißenfels bei den erwähnten acht Hockerbestattungen zum Vorschein. Sie stammten vor allem vom Rind und vom Hund, seltener vom Schwein, Schaf und von der Ziege. Besonders viele Tierreste entdeckte man in der Grube 27 von Weißenfels, in der ein männlicher Toter, eine weibliche Tote in Bauchlage und zwei Kinder bestattet waren. Zusammen mit diesen Toten barg man 19 Rinderschädel, 10 Hundeskelette, einen Hundeschädel und weitere Knochen. Dieses Knochenmaterial stammte von mindestens 24 Rindern und 20 Hunden. Ähnliche Beobachtungen machte man auch in Gehofen in einem Grab mit zwei Männern und fünf Kindern, in dem man sieben Hun-

Mehrfachbestattung von drei Menschen in einer Grube von Deuben-Wildschütz (Kreis Hohenmölsen) in Sachsen-Anhalt. Originale im Landesmuseum für Vorgeschichte Halle/Saale.

deskelette und andere Tierknochen entdeckte. In Döberitz bei Dallgow (Kreis Nauen) in Brandenburg fand man die Tierknochen nicht in Gräbern, sondern in zwei benachbarten länglichen Gruben, die außerdem Brandreste, Reste vermoderter organischer Substanzen, Feuersteinabsplisse und Keramik enthielten. Diese Befunde werden als Opfergruben der Baalberger Leute gedeutet.

Vermutlich sollten die Reste von Rindern oder anderen Haustieren den Bestatteten das Weiterleben im Jenseits erleichtern. In diesem Sinne könnte man auch die Gruppenbestattungen der Baalberger Kultur so deuten, daß einem verstorbenen Häuptling eine bestimmte Anzahl von Menschen ins Grab folgen mußte, um ihm zu dienen. Gleiches galt vielleicht für die Hunde, auf deren Begleitung ein Verstorbener in der anderen Welt nicht verzichten sollte.

Während der Baalberger Kultur war die megalithische Religion (s. S. 331), die mit dem Bau von monumentalen Großsteingräbern verbunden war, noch nicht bis nach Mitteleuropa vorgedrungen. Deshalb gab es im Verbreitungsgebiet dieser Kultur noch keine Megalithgräber. Abgesehen von den Bestattungssitten, die ein Teil des damals üblichen Kultes gewesen sind, weiß man wenig über die Religion der Baalberger Leute.

Vier Brandkatastrophen im Dorf Ehrenstein

Die Schussenrieder Gruppe

Ab etwa 4200 bis fast 3500 v. Chr. war in Teilen von Baden-Württemberg die Schussenrieder Gruppe verbreitet. Fundstellen dieser Kulturstufe kennt man vor allem aus dem Federseegebiet in Oberschwaben, aus dem Blautal bei Ulm und im oberen Donaugebiet. Den Begriff Schussenrieder Gruppe prägte 1960 der damals in Mainz wirkende Prähistoriker Jürgen Driehaus (1927–1986, s. S. 511). Zuvor sprach man bereits von Schussenrieder Typus[1], Schussenrieder Keramik[2] und Schussenrieder Kultur[3]. Ihren Namen erhielt die Gruppe von dem Fundort Bad Schussenried im Federseegebiet, an dem 1875 der Oberförster und Heimatforscher Eugen Frank aus Schussenried als erster Ausgrabungen vornahm.

Die Schussenrieder Gruppe fiel einerseits noch in das meist feuchtwarme Atlantikum, andererseits bereits in das kühlere Subboreal. Zu Beginn des Subboreals kam es zu einer raschen Ausbreitung der Buchen, die bald den Eichenmischwald verdrängten. Einen kleinen Einblick in die damalige Pflanzenwelt erlauben Funde aus Ludwigsburg-Schlößlesfeld. Dort wurden Reste von Sommer- bzw. Stieleichen *(Quercus pendunculata)*, Winter- oder Steineichen *(Quercus sessiliflora)*, Eschen *(Fracinus excelsior)*, Bergulmen *(Ulmus montana)* und Haselnußsträuchern *(Corylus avellana)* nachgewiesen.

Von den Schussenrieder Leuten hat man bisher keine sicher datierten Skelettreste entdeckt. Mit ihnen wurde allerdings ein 1876 beim Torfstechen im Steinhauser Ried bei Schussenried entdecktes Schädeldach in Verbindung gebracht, nach dem der

Heilbronner Arzt und Prähistoriker Alfred Schliz (1849–1915) die sogenannte Pfahlbau-Rasse beschrieb. Um einen Angehörigen der Schussenrieder Gruppe könnte es sich auch bei einem 1929 in einem Steinbruch von Schwieberdingen (Kreis Heilbronn) geborgenen Skelett handeln, dessen Grabgrube mit Steinplatten abgedeckt war.

Die Schussenrieder Menschen wohnten gern an Ufern von Seen oder Flüssen. Seeufersiedlungen der Schussenrieder Gruppe kennt man von den Fundorten Hartöschle bei Alleshausen[4] und Riedschachen II[5] am Federsee. Das Schussenrieder Dorf in Ehrenstein (s. S. 345) bei Ulm lag nahe des Flusses Blau.

Zu den am besten erforschten Siedlungen dieser Gruppe gehört die im Ortsteil Ehrenstein (s. S. 345) von Blaustein (Alb-Donau-Kreis) unweit von Ulm. Auf sie stieß man 1952 bei Baggerarbeiten im moorigen Talboden der Blau. Bei den im selben Jahr begonnenen Ausgrabungen durch den Stuttgarter Archäologen Oscar Paret (1889–1972) wurden Grundrisse und Böden von ein- und zweiräumigen Holzhäusern festgestellt. Dieses Dorf umfaßte einst schätzungsweise 40 Gebäude, die etwa sechs Meter lang und vier Meter breit waren. Ihre Giebel hatte man zur Dorfstraße ausgerichtet.

Jedes der Häuser von Ehrenstein besaß einen Boden aus Holzbalken, die man mit einem dicken Lehmestrich überzogen hatte. Die Außenwände bestanden aus dicht senkrecht stehenden oder waagrecht liegenden Spalthölzern, aber auch aus Flechtwänden aus Hasel- oder Weidenruten. Sowohl die Spalthölzer als auch die Flechtwände wurden mit Lehm verschmiert. Manchmal hatte sogar ein- und dasselbe Haus unterschiedlich konstruierte Wände. Das Dach dürfte mit Schilf oder ähnlichem Material gedeckt worden sein.

Bei den zweiräumigen Häusern gab es im Eingangsbereich einen kleinen Küchenraum mit einem kuppelartigen Backofen. Letzterer hatte ein Gerüst aus Rutengeflecht, das innen und außen dick mit Lehm überzogen war. Seine einzige Öffnung für Brennmaterial und Backgut wies in den Raum und wurde wohl, wenn das Feuer darin brannte, mit einer Steinplatte verschlossen. An den Küchenraum grenzte ein durch eine Zwischenwand abgetrennter Hauptraum mit einer steingepflasterten Feuerstelle. Dies war wohl der Wohn- und Schlafraum.

Von der Gründung bis zur Aufgabe der Siedlung in Ehrenstein sind – radiometrischen Datierungen zufolge – weniger als 200 Jahre vergangen. In dieser Zeitspanne ist das Dorf viermal durch Brandkatastrophen zerstört worden. Ob das vernichtende Feuer durch Unglücksfälle entstand oder ob es das Werk von Angreifern war, ist nicht feststellbar.

Eine weitere aufschlußreiche Siedlung der Schussenrieder Gruppe ist die von Eberdingen-Hochdorf (Kreis Ludwigsburg). Auf sie stieß man im Sommer 1978 bei den Ausgrabungen eines hallstattzeitlichen Fürstengrabes unter einem riesigen Grabhügel. Diese Siedlung lag an einem flachen Hang, etwa 200 Meter von einem Bach entfernt. Sie wurde durch den Stuttgarter Prähistoriker Jörg Biel erforscht. In Eberdingen-Hochdorf kamen unter anderem etliche Siedlungsgruben zum Vorschein, aus

Schmuckscheibe der Schussenrieder Gruppe aus weißem Jurakalk vom Ortsteil Ehrenstein von Blaustein (Alb-Donau-Kreis) in Baden-Württemberg. Durchmesser 6,8 Zentimeter. Original im Württembergischen Landesmuseum Stuttgart.

Tongefäße der Schussenrieder Gruppe vom Fundort Riedschachen II am Federsee bei Schussenried (Kreis Biberach) in Baden-Württemberg. Höhe des größten Gefäßes 28,5 Zentimeter. Originale im Württembergischen Landesmuseum Stuttgart.

denen man einst Lößlehm und Löß entnommen hatte, der für die Herstellung von Tongefäßen sowie als Baustoff für Behausungen verwendet wurde. Aus einigen Pfostengruben ließen sich Hausgrundrisse rekonstruieren, die von dreireihigen Pfostenhäusern mit mindestens zehn Meter Länge stammten. In einer der Siedlungsgruben fand man Reste eines aus gebranntem Lehm erbauten Darrofens, der zum Trocknen von Getreide diente.

An anderen Fundstellen der Schussenrieder Gruppe konnten weniger aussagekräftige Siedlungsspuren geborgen werden. So kennt man von Ludwigsburg-Schlößlesfeld[6] zwar 55 Gruben mit Keramikresten, jedoch kaum Spuren von Häusern.

Funde von Schussenrieder Keramik in Höhlen belegen, daß auch solche natürlichen Unterschlüpfe kurzfristig aufgesucht wurden. Dies war beispielsweise in der Rechtensteiner Höhle bei Rechtenstein, im Abri am Hohlefelsen bei Schelklingen und im Bockstein bei Rammingen (alle im Alb-Donau-Kreis), der Nikolaushöhle bei Veringenstadt und in der Falkensteinhöhle bei Vilsingen (beide Kreis Sigmaringen) der Fall gewesen. Die für kriegerische Auseinandersetzungen ungeeigneten Pfeilspitzen aus Vogelknochen verweisen darauf, daß die Schussenrieder Ackerbauern und Viehzüchter gelegentlich auf die Jagd gingen.

Auch die Angehörigen dieser Gruppe säten verschiedene Getreidearten aus und ernteten mit Feuersteinmessern, die in Griffe eingesetzt waren, die reifen Ähren. Welche Getreidearten angebaut wurden, zeigten unter anderem Reste von Einkorn, Emmer, Binkel-Weizen, Dinkel, Spelz- und Nacktgerste aus der Siedlung Ehrenstein bei Ulm. Dort wies man außerdem Wildäpfel, Walderdbeeren, Himbeeren und Pflaumen nach. In Siedlungsgruben von Großsachsenheim (Kreis Ludwigsburg) konnte man neben Resten von Emmer, Nacktgerste und Weizen auch Erbsen bergen.

In Eberdingen-Hochdorf wurden Einkorn, Emmer, Nacktweizen, Nacktgerste und Kolbenhirse getrennt voneinander auf den Äckern angebaut, während man Petersilie und Schlafmohn in Gärten zog. Die Bodenbearbeitung war so gründlich, daß sich ausdauernde Unkräuter nicht ausbreiten konnten. Das Getreide hat man sowohl am Halm als auch bodennah geerntet. Das Erntegut wurde sorgfältig gereinigt und mitunter im Darrofen getrocknet. Neben Getreide kamen auch Reste der Früchte von wildwachsenden Pflanzen wie Haselnuß, Apfel und Walderdbeere zum Vorschein.

Die damaligen Viehzüchter hielten – nach den Funden zu schließen – vor allem Rinder und Schweine. Knochenreste von diesen Haustieren zeigen, daß sie merklich kleiner als ihre heutigen hochgezüchteten Artgenossen waren. In der Siedlung von Reusten (Kreis Tübingen) gab es außer Rindern und Schweinen auch Schafe und Ziegen.

Ein Zufallsfund aus der erwähnten Siedlung in Ehrenstein liefert einen kleinen Hinweis auf den Speisezettel der Schussenrieder Leute. Dort barg man ein Tongefäß mit dem Rest einer dicken Suppe aus gut gemahlenem und gesiebtem Emmer sowie von Einkorn. Bevor man eine derartige Suppe für drei bis vier Personen kochen konnte, mußte man vermutlich etwa 40 Minuten lang Getreidekörner mahlen. Neben solchen Suppen wurden wohl wildwachsende eßbare Beeren, Kräuter und Samen sowie das Fleisch von Fischen, Jagdtieren und geschlachteten Haustieren verzehrt.

Manche Funde aus Schussenrieder Siedlungen deuten auf Tauschgeschäfte und Fernverbindungen hin. So kennt man beispielsweise aus der Siedlung von Ludwigsburg-Schlößlesfeld neben lokal vorkommenden Gesteinen auch Material aus Gegenden, die eine Tagesreise und mehr entfernt waren. Dazu zählen Mahlsteine aus etwa 30 bis 35 Kilometer Entfernung, Amphibolite für Äxte und Beile aus dem Donaugebiet (über 80 Kilometer), ein Klopfstein aus Basalt vom südlichen Oberrhein (110 Kilometer) sowie Klopf- und Reibsteine aus Porphyr vom mittleren Oberrhein (75 Kilometer). Ein Stück nordischen Feuersteins stammt sogar aus mindestens 400 Kilometer Entfernung!

In Schwieberdingen (Kreis Ludwigsburg) sind Dreiviertel der Steingeräte aus am Fundort vorrätigen Gesteinen angefertigt worden. Die übrigen stammten aus mindestens 35 Kilometer Entfernung oder von noch weiter her aus dem Oberrhein- oder Donaugebiet. Auf Kontakte und Tauschgeschäfte weisen ferner Funde von Tongefäßen der zeitgleichen Michelsberger Kultur (s. S. 315) in Schussenrieder Dörfern hin. Trotz dieser Belege für einen regen Tausch weiß man nicht, wie man die einzelnen Materialien transportierte.

Von der Kleidung der Schussenrieder Leute sind in der Siedlung Ehrenstein nur aus weichem Kalkstein geschaffene Knöpfe erhalten geblieben. Diese besaßen in der Mitte zwei Löcher, durch die man einen Faden aus Bast oder anderem Material ziehen konnte. Bei einem dieser Knöpfe läßt der Mittelsteg zwischen den beiden Löchern deutliche Abnutzungsspuren durch den einst befestigten Faden erkennen. Diese Knöpfe waren am Rand mit eingeritzten Strichgruppen verziert.

Wie die Angehörigen anderer jungsteinzeitlicher Kulturstufen trugen die Schussenrieder Leute auch Schmuck (s. S. 345). Das zeigen beispielsweise vier durchbohrte Tierzähne aus der Siedlung in Ehrenstein. Einer dieser Zähne stammt vom Wolf, die übrigen vom Schwein.

Unter den Schussenrieder Tongefäßen sind vor allem verzierte Henkelkrüge besonders typisch. Sie wurden teilweise ohne Dekor belassen oder mit Ritzmustern verschönert. Als typische Muster der Schussenrieder Gruppe gelten schräg- oder kreuzschraffierte Dreiecke und Bandmotive. Diese säumen vielfach ausgesparte Zickzackbänder. Häufig hat man die eingeritzten Muster mit weißer Paste gefüllt, die sich von den dunkel polierten Gefäßoberflächen kontrastreich abhob.

Zum Formenspektrum der Schussenrieder Steingeräte gehörten unter anderem Erntemesser aus Feuerstein mit gezähnter Schneide sowie Äxte und Beile aus dem Felsgestein Amphibolit. Die Erntemesser wurden zurechtgeschlagen, die Äxte und Beile zugeschliffen. Daneben gab es Geräte aus Tierknochen und aus Geweih.

Die Pfeilspitzen wurden meist aus verschiedenen gut spaltbaren Gesteinen geschaffen. Manchmal hat man aber auch Pfeilspitzen aus Röhrenknochen von großen Vögeln angefertigt. Solche Bestandteile von Jagdwaffen konnte man in Schussenried bergen. Die größte dieser Pfeilspitzen ist 10,7 Zentimeter lang. Sie wog zusammen mit dem als Klebstoff benutzten Birkenpech etwa neun Gramm. Ihr Gewicht entsprach damit fast demjenigen von heutigen Hochleistungspfeilspitzen, die etwa acht Gramm schwer sind. Für eine derart große Pfeilspitze bedurfte es eines mindestens 85 Zentimeter langen und 0,9 Zentimeter dicken Pfeilschaftes. Wäre dieser leichter gewesen, hätte dies zur Kopflastigkeit des Pfeils geführt.

Zu den Farbtafeln

40 Kette aus der Schussenrieder Gruppe (von etwa 4200 bis 3500 v. Chr.) von Sachsenheim (Kreis Ludwigsburg) in Baden-Württemberg. Länge der Anhänger bis zu 1,6 Zentimeter. Original im Württembergischen Landesmuseum Stuttgart.

41 Holzfußboden eines der Häuser aus der Schussenrieder Gruppe (von etwa 4200 bis 3500 v. Chr.) vom Ortsteil Ehrenstein von Blaustein (Alb-Donau-Kreis) in Baden-Württemberg. Die Gebäude dort waren meist etwa 6 Meter lang und 4 Meter breit. Auf die Siedlung in Ehrenstein stieß man 1952 bei Baggerarbeiten. Sie wurde noch im selben Jahr untersucht. Dabei wurden Grundrisse und Böden von etwa 40 Häusern entdeckt.

42 *(folgende Doppelseite)* Rekonstruktion eines Pfahlbaudorfes aus der Jungsteinzeit im Freilichtmuseum von Unteruhldingen (Bodenseekreis) in Baden-Württemberg. Die Rekonstruktion spiegelt den heute teilweise überholten Kenntnisstand der Jahre 1922 bis 1939 wider.

43 Romantische Darstellung der Pfahlbaustation von Konstanz-Rauenegg in Baden-Württemberg auf einem Ölgemälde von Anton Johann Nepomuk Seder (1850–1916) aus München aus dem Jahre 1881. Das Ölgemälde befindet sich im Rosgartenmuseum Konstanz.

44 Satellitenfoto der Alpenregion mit bedeutenden Fundgebieten der Pfahlbauforschung: 1 Federsee, 2 Oberschwaben, 3 Bodensee (Deutschland); 4 Thurgau, 5 Greifensee/Pfäffiker See, 6 Zürichsee, 7 Zuger See, 8 Baldegger See, 9 Wauwiler Moos, 10 Burgäschisee, 11 Bieler See, 12 Murtensee, 13 Neuenburger See, 14 Genfer See (Schweiz); 15 Lac de Chalain, 16 Lac de Clairvaux, 17 Lac d'Annecy, 18 Lac de Bourget (Frankreich); 19 Viverone/Piverone, 20 Lago di Varese/Monato/Lagozza, 21 Lago di Garda, 22 Lago di Ledro/Fiave, 23 Lago di Fimon (Italien); 24 Laibacher Moor (Jugoslawien); 25 Mondsee, 26 Attersee (Österreich); 27 Starnberger See (Deutschland).

△ 43

▽ 44

Erste Pfahlbauten am Bodensee

Die Hornstaader Gruppe

Im Bodenseegebiet existierte von etwa 4100 bis 3900 v. Chr. die Hornstaader Gruppe. Dieser Begriff wurde 1985 durch den baden-württembergischen Prähistoriker Bodo Dieckmann (s. S. 510) aus Gaienhofen-Hemmenhofen eingeführt. Als Grundlage dafür dienten ihm die Funde von der Siedlung Hornstaad-Hörnle I bei Gaienhofen (Kreis Konstanz). Diese Funde hatte der Prähistoriker Helmut Schlichtherle[1] bereits 1979 in seiner Dissertation als Einheit beschrieben und mit weiteren Funden vom Bodensee in Zusammenhang gebracht.

Der Name Hornstaader Gruppe wird von Dieckmann und Schlichtherle als Arbeitsbegriff verstanden, der zunächst nicht in den Rang einer Kultur erhoben werden sollte. Es fällt auf, daß die Keramik der Hornstaader Gruppe Beziehungen zur Schussenrieder Gruppe (s. S. 342), zur frühen Pfyner Kultur (s. S. 353) und zur Lutzengüetle-Kultur (s. S. 475) hat. Im Augenblick ist es jedoch noch nicht möglich, die Hornstaader Gruppe einer dieser drei schon länger bekannten Kulturstufen zuzuordnen.

Von den Menschen der Hornstaader Gruppe sind bisher weder aus Hornstaad noch aus dem übrigen Bodenseegebiet Skelettreste entdeckt worden. In Höhlen und unter Felsdächern im schweizerischen Kanton Schaffhausen hat man jedoch Körperbestattungen mit ähnlichen Perlenketten gefunden, wie sie in Hornstaad angefertigt wurden.

Nach dem gegenwärtigen Wissensstand dürften die Hornstaader Leute die ersten Menschen gewesen sein, die in Deutschland sogenannte Pfahlbausiedlungen errichteten. Darunter versteht man an hochwassergefährdeten Seeufern angelegte Dörfer mit Holzhäusern, deren Fußböden deutlich vom Untergrund abgehoben waren. Dieser Umstand schützte die Bewohner nach langanhaltenden Regenfällen oder bei Schneeschmelze vor Überschwemmung ihrer Behausung durch das Wasser des angrenzenden Sees und zwang sie nicht zum Verlassen ihrer Häuser.

Die Erforschung der Pfahlbausiedlungen hat bereits im Winter 1853/54 begonnen. Damals war es im Gebiet der Schweizer Alpen so trocken, daß der Wasserspiegel in den Seen stark fiel. Dies bewog Grundbesitzer, in trockengefallenen Teilen des Zürichsees den vom Wasser freien Boden bis zur Uferhöhe mit Seeablagerungen aufzufüllen. Bei deren Entnahme stieß man zwischen Obermeilen und Dollikon auf Pfähle und andere Siedlungsspuren.

Von dieser Entdeckung hörte der Lehrer Johannes Aeppli (1815–1886) aus Obermeilen. Er besichtigte die Funde und schickte Proben an die Antiquarische Gesellschaft in Zürich, deren Präsident der Altertumsforscher Ferdinand Keller (1800–1881) war. Unter dessen Leitung begannen 1854 die ersten Grabungen am Zürichsee. Noch im selben Jahr veröffentlichte Keller seinen ersten sogenannten Pfahlbaubericht. Dabei stellte er die Frage, ob die Bewohner der von ihm untersuchten Siedlung am Zürichsee zu ebener Erde am Ufer oder über dem Wasser im See gewohnt hätten.

In der Folgezeit mehrten sich die Meldungen über Pfahlbaufunde in der Schweiz, aber auch in Österreich und Deutschland. Im Laufe der Forschungsgeschichte haben sich die Ansichten über die Konstruktion und den Standort der Pfahlbauten mehrfach geändert:

1854 nahm der erwähnte Züricher Altertumsforscher Ferdinand Keller an, diese Siedlungen habe man auf einer gemeinsamen Plattform im See errichtet.

1877 betrachtete sie der Archäologe Eduard von Paulus[2] (1837 bis 1907) aus Stuttgart als Moorbauten.

1922 kam der damals in Tübingen wirkende Prähistoriker Hans Reinerth (1900–1990) nach großen Grabungen im Federseegebiet zu dem Schluß, die Siedlungen seien am Ufer angelegt und nur bei Hochwasser vom See erreicht worden.

Seit 1942 bezeichnete der Stuttgarter Archäologe Oscar Paret (1889–1972) die Annahme von Pfahlbauten im Wasser als romantischen Irrtum.

1953 hielt der Züricher Prähistoriker Emil Vogt (1906–1974) die Existenz von Pfahlbauten in Mitteleuropa letztlich für unbewiesen. Nach seiner Auffassung waren die Siedlungen ebenerdig am Seeufer errichtet worden.

Seit 1970 geht die Fachwelt – gestützt auf neuerliche Grabungen – davon aus, daß es neben ebenerdigen Ufersiedlungen auch Pfahlbaudörfer gegeben hat, die am überschwemmungsgefährdeten Ufer lagen oder von Inseln aus in den See hinausterrassiert wurden.

Es bleibt die Frage, was die damaligen Bewohner von Pfahlbauten dazu bewogen hat, auf feuchtem und von Überflutungen bedrohtem Grund zu siedeln. Denkbar wäre unter anderem, daß sie die geschützte Lage, die Nähe von großen Wasservorkommen, die für viele Zwecke von Nutzen sein konnte, und die Möglichkeit zum Fischfang zu schätzen wußten. Außerdem konnte man beim Hausbau ohne große Mühe Pfosten in den

Frau am Webstuhl in der Siedlung von Hornstaad-Hörnle I bei Gaienhofen-Hemmenhofen (Kreis Konstanz) zur Zeit der Hornstaader Gruppe.

Tongefäß (sogenannte Flasche) vom namengebenden Fundort Hornstaad-Hörnle I bei Gaienhofen (Kreis Konstanz) in Baden-Württemberg. Höhe 36 Zentimeter. Original im Landesdenkmalamt Baden-Württemberg, Pfahlbauarchäologie Bodensee-Oberschwaben, Gaienhofen-Hemmenhofen.

weichen Untergrund rammen und auf dem angrenzenden See bequemer mit dem Einbaum benachbarte Siedlungen erreichen als zu Lande durch den dichten Wald.

Unter den etwa ein Dutzend Siedlungen der Hornstaader Gruppe am Bodensee konnte bisher nur an der Fundstelle Hornstaad-Hörnle I[3] nachgewiesen werden, daß es sich tatsächlich um ein Pfahlbaudorf handelte. Dieses lag an der Spitze der Halbinsel Höri, die von den Einheimischen als Hörnle bezeichnet wird. Dort entdeckte man Pfahlreste von 17 Häusern. Tatsächlich dürften auf der Grundfläche von etwa 4000 Quadratmetern maximal 50 Häuser gleichzeitig gestanden haben. Die Siedlung war weder mit Gräben noch Wällen oder Palisaden befestigt. Vermutlich hatte man die Häuser zu einzelnen Zeilen innerhalb des Dorfes aufgereiht.

Die Gebäude von Hornstaad-Hörnle I waren etwa acht bis zehn Meter lang und etwa 3,50 Meter breit. Weil man in den Ruinen abgebrannter Häuser keine Reste von Fußböden aus Holzprügeln und auch keinen Lehmestrich fand, wie sie für ebenerdige Ufersiedlungen typisch sind, schließt man daraus, daß es sich um Pfahlbauten handelte.

Das mit Schilf, Stroh, Rinde oder Grassoden gedeckte Dach wurde von langen Stangen aus Hasel-, Erlen- oder Eschenholz mit behauener Astgabel getragen. Eine komplett erhaltene Stange aus einer seitlichen Hauswand zeigt, daß diese etwa vier Meter hoch war. Demnach muß der Giebel an der Stirnseite mindestens fünf bis sechs Meter hoch gewesen sein. Die Stangen wurden nicht direkt in den Uferschlamm gerammt,

sondern in querliegende, 0,50 bis einen Meter lange Holzteile (auch Flecklinge oder Pfahlschuhe genannt) eingezapft. Damit verankerte man die Stangen und verhinderte ihr Einsinken in den Untergrund. Der Fußboden ruhte vermutlich auf mehr als einen Meter tief in den Untergrund reichenden Eichenpfählen. Es ist unbekannt, in welcher Höhe der Hausboden über dem Baugrund lag. Zum Vergleich: Heutige Ferien- oder Badehäuser in ähnlicher Uferlage am Bodensee besitzen zwei Meter hohe Pfähle oder Sockel.

Für die Fußböden der Häuser von Hornstaad-Hörnle I wählte man vielleicht mit Bedacht langsam gewachsenes, engringiges und deshalb gut spaltbares Eichenholz, aus dem man Bretter anfertigte. Solche Bretter sind in Einzelfällen erhalten geblieben. An den langen, für das Gerüst bestimmten Stangen hat man schon Jahre vor dem Fällen der etwa 10 bis 15 Zentimeter dicken Baumstämme die Seitenäste entfernt. Der Hausbau wurde also sorgfältig geplant.

Die Wände wurden mit Lehm verstrichen, wie entsprechende Reste belegen. Teilweise hat man Fugen mit Moospolstern abgedichtet. Moos diente auch als »Klopapier«, wie Untersuchungen im botanischen Labor in Gaienhofen-Hemmenhofen zeigten. Zur Inneneinrichtung der Häuser gehörten mit Steinen gepflasterte Feuerstellen, an denen Nahrung zubereitet wurde.

Die Pfahlbausiedlung Hornstaad-Hörnle I ist kurz nach ihrer Erbauung einem katastrophalen Brand zum Opfer gefallen. Man weiß nicht, ob es sich dabei um die Folge eines Unglücks oder eines Überfalles handelte.

Weitere Seeufersiedlungen der Hornstaader Gruppe kennt man von Hemmenhofen[4] und Nußdorf[5].

Für die Hornstaader Leute spielten – nach den Funden zu schließen – die Jagd und der Fischfang eine wichtige Rolle. So ist Hornstaad-Hörnle I eine der wenigen jungsteinzeitlichen Siedlungen, in denen der Anteil der Jagdtiere den der Haustiere übertrifft. Mehr als zwei Drittel der dort geborgenen Tierknochen stammen von Wildtieren und Fischen. Unter den Jagdbeuteresten überwogen diejenigen vom Rothirsch. Außerdem fand man Knochen vom Auerochsen, Wildschwein, Biber, Reh und Hasen sowie von Vögeln.

Rindenschachtel von Hornstaad-Hörnle I bei Gaienhofen (Kreis Konstanz) in Baden-Württemberg. Maximaler Durchmesser 38 Zentimeter, Höhe 7,5 Zentimeter. Original im Landesdenkmalamt Baden-Württemberg, Pfahlbauarchäologie Bodensee-Oberschwaben, Gaienhofen-Hemmenhofen.

Kupferscheibe von Hornstaad-Hörnle I bei Gaienhofen (Kreis Konstanz) in Baden-Württemberg. Durchmesser 11,3 Zentimeter. Original im Landesdenkmalamt Baden-Württemberg, Pfahlbauarchäologie Bodensee-Oberschwaben, Gaienhofen-Hemmenhofen.

Fischfang wird in Hornstaad-Hörnle I durch Fischreste und Netzsenker belegt. Die damaligen Fischnetze wurden aus Flachsfasern hergestellt und hatten eine Maschenweite von etwa vier Zentimetern. Am Netz waren Netzsenker in Form von flachen Kieseln befestigt, in die zwecks besserem Halt einer Schnur Kerben eingehauen sind. Die Netzsenker hatten die Aufgabe, das Netz im Wasser gespannt zu halten und nicht auftreiben zu lassen.

Ungeachtet der Hinweise auf Jagd und Fischfang waren die Angehörigen der Hornstaader Gruppe in erster Linie Ackerbauern und Viehzüchter. Ihre Felder lagen – wie man es auch von anderen Seeufersiedlungen kennt – häufig bis zu mehrere hundert Meter vom Dorf entfernt auf nicht vom Hochwasser bedrohten Flächen. Dort zogen sie mit einem Furchenstock aus Holz, wie er in Hornstaad belegt ist, Rillen in den Boden und säten darin Getreidekörner aus. Saatfunde aus Hornstaad dokumentieren, daß das Saatgut frei von Unkräutern war. Möglicherweise wurden die Getreidekörner gesiebt und ausgelesen. Einen Hinweis hierfür liefert ein feines Sieb aus geflochtenem Bast aus Hornstaad. Es war von einem korbartigen Rahmen eingefaßt und dürfte für die Reinigung der Ernte benutzt worden sein.

Die reifen Ähren wurden mit in Holzgriffe eingesetzten Feuersteinklingen geschnitten. Man brachte sie zur Siedlung, lagerte sie dort und drosch – worauf ein Fund aus Hornstaad hindeutet – mit hölzernen Dreschflegeln bei Bedarf kleine Mengen. Letzteres nimmt man an, weil keine nennenswerten Vorräte der von Spelzen befreiten Getreidekörner und auch keine großen Dreschplätze entdeckt wurden. Da man bei den Getreidearten Einkorn und Emmer die nicht eßbaren Spelzen nur mühsam entfernen kann, dürfte das Getreide wohl in Backöfen vorge-

darrt worden sein, wodurch man das Dreschen merklich erleichterte.

Die Viehzüchter der Hornstaader Gruppe hielten – nach dem Anteil der Haustierknochen in Hornstaad-Hörnle I zu schließen – vor allem Rinder. Überreste von Schweinen sind auffällig selten vertreten. Da bisher keine Ställe nachgewiesen sind, dürfte man diese Tiere in den Wald getrieben haben, wo sie Laub, Kräuter, Eicheln oder Bucheckern als Futter vorfanden. Weite Grasflächen entstanden erst später im Laufe der Bronzezeit.

Die Hornstaader Ackerbauern und Viehzüchter verzehrten Grützbrei, Suppen und Fladenbrot aus Getreidekörnern bzw. -mehl, Flußbarsche, Felchen und Schleien aus dem Bodensee, das Fleisch von geschlachteten Haustieren und von erlegten Jagdtieren. Hinzu kamen wildwachsende eßbare Beeren, Kräuter und Samen. Viele Speisen wurden in tönernen Töpfen gekocht oder über offenem Feuer gebraten.

Auch die Hornstaader Leute haben bei Kontakten mit Zeitgenossen begehrte Produkte getauscht. Vielleicht galten dabei Röhrenperlen aus Kalkstein als eine Art Zahlungsmittel. Um ein sehr seltenes Importstück dürfte es sich bei einer nahezu runden Kupferscheibe von maximal 11,3 Zentimeter Durchmesser und einem Gewicht von 56 Gramm handeln, die im Brandhorizont der Siedlung Hornstaad-Hörnle I entdeckt wurde. Diese Scheibe gilt als einer der ältesten Kupferfunde in Deutschland. Das ungewöhnliche Stück stammt vielleicht aus Südosteuropa, da man von dort ähnliche Funde kennt, die aus Kupfer und mitunter sogar aus Gold angefertigt wurden.

Gekaute Birkenpechklumpen mit menschlichen Zahnabdrücken von Hornstaad-Hörnle I bei Gaienhofen (Kreis Konstanz) in Baden-Württemberg. Länge fast 3 Zentimeter. Original im Landesdenkmalamt Baden-Württemberg, Pfahlbauarchäologie Bodensee-Oberschwaben, Gaienhofen-Hemmenhofen.

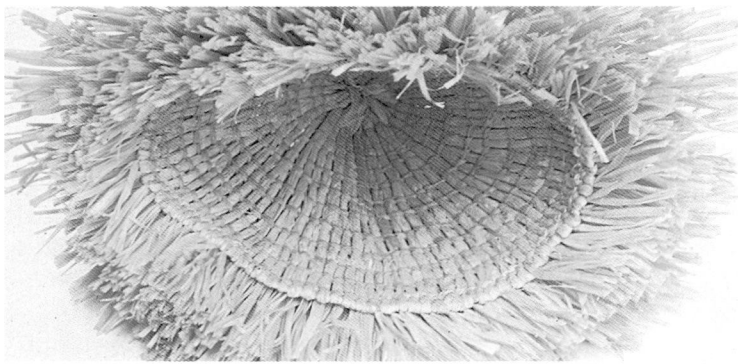

Rekonstruktion (oben) und Originalfund (unten) eines Hutes von Hornstaad-Hörnle I bei Gaienhofen (Kreis Konstanz) in Baden-Württemberg. Rekonstruktion und Originalfund im Landesdenkmalamt Baden-Württemberg, Pfahlbauarchäologie Bodensee-Oberschwaben, Gaienhofen-Hemmenhofen.

Angesichts der Uferlage der Bodenseesiedlungen darf man wohl davon ausgehen, daß Einbäume als Wasserfahrzeuge dienten, obwohl man bisher noch keine Reste von ihnen entdeckt hat. Fündig wurde man dagegen jetzt zum erstenmal bei der Bekleidung. So werden kegelförmige Vliesgeflechte aus Hornstaad-Hörnle I als spitzhutartige Kopfbedeckungen gedeutet. Dichte Zwirngeflechte aus Bast könnten zu mantelartigen Umhängen gehört haben. Ein Beutel aus leinwandartigem Gewebe vom selben Fundort belegt das Weben.

Als Schmuck trug man Röhrenperlen aus Kalkstein, Kettenschieber sowie Knöpfe aus Kalk und rotem Gestein und sogar durchbohrte Schlehenkerne, wie Funde aus Hornstaad zeigen. Typische Schmuckstücke der Hornstaader Leute waren vor allem die Röhrenperlen, deren Herstellungsprozeß sich anhand mißlungener oder unvollendeter Perlen rekonstruieren läßt. Demnach schliff man zunächst aus Kalkstein tönnchenförmige Rohlinge zurecht. Diese wurden mit länglichen Feuersteinspitzen angebohrt, bis sie völlig durchlocht waren; solche Bohrer werden nach einem Fundort bei Olten-Trimbach in der Schweiz, dem Refugium Dickenbännli, als »Dickenbännlibohrer« bezeichnet. Erst dann gab man ihnen durch weiteren Schliff auf Sandsteinplatten die endgültige zylindrische Form. Experimente zeigten, daß die Feuersteinspitze pro Millimeter Bohrung um einen Millimeter abgenutzt wurde.

Die Keramik der Hornstaader Gruppe ähnelt – wie bereits gesagt – derjenigen der Schussenrieder Gruppe, der frühen Pfyner Kultur und der Lutzengüetle-Kultur. Die Tongefäße der Hornstaader Leute besitzen dünne Wände und flache Böden. Sie weisen größtenteils kein Dekor auf.

Zum Geräteinventar der Hornstaader Gruppe gehörten Werkzeuge aus Holz, Stein, Knochen und Geweih. Aus Holz fertigte man die bereits erwähnten Furchenstöcke und keulenförmige Dreschflegel an. Feuerstein von der Schwäbischen Alb diente als Rohmaterial für Kratzer, Messer und Bohrer. Auch Unterlieger und Läufer aus Felsgestein zum Mahlen von Getreidekörnern hat man geborgen. Besonders widerstandsfähige Mittelhand- oder Mittelfußknochen vom Hirsch wählte man als Rohmaterial für Meißel und Spitzen. Aus Hirschgeweih wurden Meißel und Spitzen hergestellt, mit denen man unter anderem Rinde oder Leder durchbohren konnte. Das Geweih diente auch zur Herstellung von Hacken. Die Menschen der Hornstaader Gruppe verfügten über Pfeil und Bogen als Fernwaffe für die Jagd oder für Angriff und Verteidigung. Ein Belegstück dafür ist eine Feuersteinpfeilspitze aus Hornstaad-Hörnle I, an der noch Reste von Birkenteer haften, mit dem das Waffenteil an einem Holzschaft befestigt war. Vom selben Fundort kennt man auch einige gekaute braune Birkenpechklumpen mit menschlichen Zahnabdrücken. Sie wurden aus Birkenrinde destilliert und als Klebstoff benutzt. Diese Birkenpechklumpen haben einen ähnlichen Geschmack wie Kautabak, weshalb sie vielleicht auch als »vorzeitlicher Kaugummi« geschätzt worden sein dürften.

Die frühen Kupfergießer

Die Pfyner Kultur

Von etwa 3900 bis 3500 v.Chr. reichte die in der östlichen Schweiz verbreitete Pfyner Kultur (s. S. 485) auch bis zum baden-württembergischen Bodenseegebiet. Der Begriff Pfyner Kultur wurde 1960 von dem bereits erwähnten Prähistoriker Jürgen Driehaus (s. S. 511) geprägt. Dieser Name ist von dem schweizerischen Fundort Pfyn im Kanton Thurgau abgeleitet. Die Pfyner Kultur gilt als eine der ältesten Kulturstufen des von manchen Prähistorikern als Kupferzeit (etwa 4000 bis 2000 v.Chr.) bezeichneten Abschnittes der Jungsteinzeit. Die Menschen jener Kultur kannten bereits das Kupfer und verwendeten es zur Herstellung von bestimmten Geräten.

Die Pfyner Kultur fiel weitgehend in die ersten Jahrhunderte des Subboreals. Zu dieser Zeit wuchsen in den Wäldern am Bodensee vor allem Buchen und Linden. Hinzu kamen gebietsweise Eichen, Erlen, Ulmen, Ahorn, Hasel, Tannen, Kiefern, Birken, Eiben und Rosengewächse. Als die Bauern diese Wälder zu roden begannen, nahm der Anteil anspruchsvoller Schatt- und Edellaubhölzer wie Ulme, Buche und Linde ab. Dafür traten jetzt Hasel, Birke und Eiche häufiger auf. An Wildtieren lebten unter anderem Auerochsen, Elche, Rothirsche, Rehe, Wildschweine, Braunbären, Füchse, Wildkatzen, Dachse, Otter und Biber.

In Deutschland konnten von den Pfyner Leuten bisher keine Skelettreste entdeckt werden, auch die in der Schweiz geborgenen Skelettreste sind wenig aussagekräftig. Zeitgenossen dieser Menschen waren die Michelsberger Leute (s. S. 315) in Südwestdeutschland, die Altheimer Leute (s. S. 357) in Bayern, die Trichterbecher-Leute (s. S. 323) in Norddeutschland und die Baalberger Leute (s. S. 338) in Mitteldeutschland.

Die Pfyner Leute legten ihre Siedlungen gern an Seeufern an.[1] An großen Seen baute man vermutlich auch Pfahlbaudörfer. Die auf moorigem Gelände errichteten Gebäude hatten ebenerdige Fußböden, die man mit einem Lehmestrich versah. Die Dörfer umfaßten maximal 40 Häuser, wovon die größten bis zu 4,50 Meter breit und bis zu 9 Meter lang waren. In einer solch großen Siedlung lebten schätzungsweise bis zu 200 oder gar 300 Menschen. Ausgrabungen in der Schweiz zeigten, daß es in Pfyner Siedlungen Wohnhäuser und Ställe sowie aus Holzbohlen geschaffene Wege gab. Manche dieser Dörfer wurden durch Palisaden oder Zäune geschützt.

Im baden-württembergischen Anteil des Bodensees lagen Pfyner Siedlungen unter anderem bei Wangen, Hornstaad-Hörnle, Markelfingen und Bodman (alle im Kreis Konstanz). Allein bei Wangen existierten drei Pfyner Siedlungen.

Freigelegter Hausboden mit steingepflasterter Feuerstelle aus der Zeit der Pfyner Kultur im Schorrenried bei Reute unweit von Bad Waldsee (Kreis Ravensburg) in Baden-Württemberg.

Die Ufersiedlung Wangen auf der Halbinsel Höri ist forschungsgeschichtlich besonders interessant. Sie wurde bereits 1856 durch den Bauern und Ratsschreiber Kaspar Löhle (1799–1878) aus Wangen entdeckt und untersucht. Wangen gilt deshalb als die erste bekannte Ufersiedlung am Bodensee. Zwei Jahre zuvor war die aufsehenerregende Entdeckung der ersten Pfahlbausiedlung am Zürichsee erfolgt (s. S. 349).

Zu dem Dorf bei Wangen gehörten wahrscheinlich 20 bis 40 gleichzeitig bewohnte Häuser, die jeweils einige Meter voneinander entfernt waren. Ihre Giebelfront hatte man zum Bodensee ausgerichtet. Wegen der beschränkten Haltbarkeit des Bauholzes besaßen die Gebäude vermutlich nur eine Lebensdauer von etwa 15 bis 25 Jahren. Dies erforderte nach gewisser Zeit entweder Ausbesserungen oder Neubauten. Für das tragende Gerüst der Wohnhäuser wählte man häufig nur eine einzige Holzart. So bestand eines der Gebäude in Wangen aus Eschenpfosten. Es lag seewärts eines Zaunes aus Haselnußholz.

Mehrere Umbauphasen konnte man unter anderem durch dendrochronologische Datierungen von Eichenhölzern der Pfyner Siedlung am Fundort Hornstaad-Hörnle feststellen, wo zuvor bereits Angehörige der Hornstaader Gruppe (s. S. 350) gelebt hatten. Die ersten Häuser wurden 3586 v. Chr. erbaut. Schon 16, 19, 20 und 21 Jahre später wurden Umbauten erforderlich, wie neu eingeschlagene Pfähle zeigen. Außerdem errichtete man in dieser Zeitspanne neue Häuser. Es folgten weitere Bauphasen zwischen 3541 und 3531 v. Chr. sowie 3520 und 3508 bis 3507 v. Chr. Dabei legte man Wert darauf, den alten Standort der Gebäude beizubehalten.

Der geringe Anteil von Wildtierknochen in den Siedlungen läßt erkennen, daß die Menschen der Pfyner Kultur nur selten auf die Jagd gingen. Die Jagdbeute lieferte auch Rohmaterial für Geräte und Schmuck. Vermutlich hat man mit Pfeil und Bogen auch Vögeln nachgestellt. Darauf deutet beispielsweise der Fund eines stumpfen, etwa drei Zentimeter langen, durchlochten Geweihstückes von Wolpertswende am Schreckensee (Kreis Ravensburg) hin. Es wird als Bewehrung eines für die Vogeljagd bestimmten Pfeiles betrachtet. Fischfang ist durch mehrere aus Eberzahnlamellen und Knochen geschnitzte Angelhaken aus Wangen-Hinterhorn dokumentiert.

Die Pfyner Ackerbauern am Bodensee säten und ernteten Getreide. Außerdem gewann der Anbau von Ölfrüchten – wie Mohn und Lein – an Bedeutung. Die Bewohner der Ufersiedlung Bodman-Blissenhalde[2] am Überlinger See (ein Teil des Bodensees) unterhalb des nördlichen Steilhangs des Berges Bodanrück konnten nur in einiger Entfernung von ihrem Dorf Ackerbau betreiben, da der schmale Uferstreifen zwischen Steilhang und Wasser gerade für die Wohnhäuser, nicht aber für Ackerflächen reichte. Gegen eine landwirtschaftliche Nutzung sprechen außer der Enge auch die zeitweilige Schattenlage sowie der jäh ansteigende Hang hinter der Siedlung. Da aus Bodman-Blissenhalde aber Kulturpflanzen- und Getreidedreschreste vorliegen, dürften die Felder auf der Hochfläche des Bodanrück gelegen haben.

◁ Mit zahlreichen groben Ritzlinien aufgerauhter Kochtopf der Pfyner Kultur von Bodmann-Weiler (Kreis Konstanz) in Baden-Württemberg. Höhe 21,8 Zentimeter, Randdurchmesser 20 Zentimeter. Das Gefäß wurde 1980 bei einer Tauchuntersuchung im Bodensee entdeckt. Angekohlte Speisereste im Innern belegen die Verwendung bei der Zubereitung von Speisen. Original im Landesdenkmalamt Baden-Württemberg, Pfahlbauarchäologie Bodensee-Oberschwaben, Gaienhofen-Hemmenhofen.

Leinwandbindiges Gewebe aus Flachs von Wangen (Kreis Konstanz) in Baden-Württemberg. Durchmesser etwa 13,5 Zentimeter. Original im Landesdenkmalamt Baden-Württemberg, Pfahlbauarchäologie Bodensee-Oberschwaben, Gaienhofen-Hemmenhofen.

In den Dörfern der Pfyner Kultur am Bodensee hatte die Viehzucht eine viel größere Bedeutung, als es noch in den einige Jahrhunderte älteren Siedlungen der Hornstaader Gruppe (s. S. 350) der Fall gewesen war. Dies kann man aus dem deutlich überwiegenden Anteil von Haustierknochen gegenüber Wildtierknochen ablesen. Die Haltung von Rindern ist in der Siedlung Wangen belegt.

Neben Wildbret, Fischen, Grützbrei und Fladenbrot aus Getreidekörnern und dem Fleisch geschlachteter Haustiere verzehrte man damals auch eßbare Früchte, Beeren, Kräuter und Samen wildwachsender Pflanzen. Einen Hinweis in dieser Richtung geben Funde von gedarrten Äpfeln aus der Siedlung Wangen.

Auf Verbindungen zu anderen Kulturen und auf Tauschgeschäfte der Pfyner Leute deuten unter anderem Tongefäße der zeitgleichen Michelsberger Kultur (s. S. 315) und der Altheimer Kultur (s. S. 357) hin, die in Pfyner Siedlungen entdeckt wurden. Vielleicht hat sich auch in den Gefäßen selbst Tauschgut befunden.

Die Pfyner Leute trugen offenbar Kleidung aus leinwandartigem Gewebe, das aus Flachs hergestellt wurde. Der Rest eines solchen Gewebes kam in der Siedlung Wangen zum Vorschein. Als Schmuck dienten durchbohrte flache Kiesel oder Hirschgeweihanhänger und manchmal auch ritzverzierte Spangen aus Knochen. Derartige Objekte hat man als Einzelstücke in Wangen gefunden. Die besonders dekorative Knochenspange wird im Britischen Museum in London aufbewahrt.

Die Tongefäße der Pfyner Kultur aus den Ufersiedlungen am Bodensee waren häufig glänzend poliert und unverziert. Die Oberfläche von Kochtöpfen hat man oft mit Tonschlick künstlich aufgerauht. Eine Besonderheit unter der Pfyner Keramik sind Henkelkrüge mit plastisch herausmodellierten weiblichen Brüsten, die manchmal auch nur durch ein Knubbenpaar symbolisiert sein können.

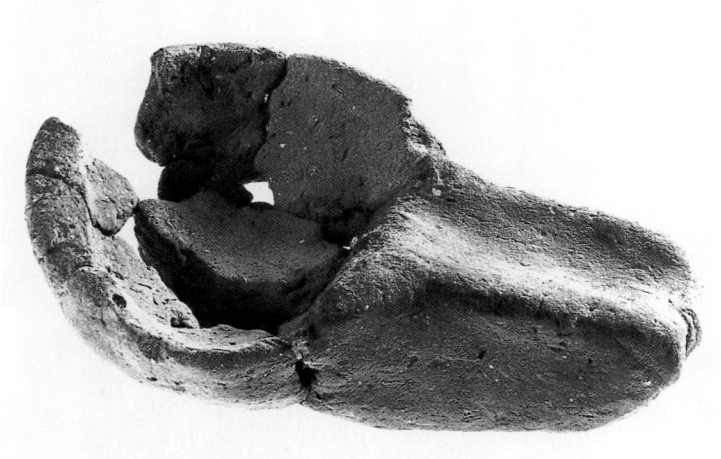

Tönerner Gußtiegel von Wolpertswende am Schreckensee (Kreis Ravensburg) in Baden-Württemberg. Länge 16,8 Zentimeter. Damit wurde heißes und flüssiges Kupfer in die Form gegossen. Original im Landesdenkmalamt Baden-Württemberg, Pfahlbauarchäologie Bodensee-Oberschwaben, Gaienhofen-Hemmenhofen.

In oberschwäbischen Siedlungen weisen die Tongefäße Merkmale der Pfyner Kultur aus der Nordschweiz und der Altheimer Kultur aus Bayern auf. Deswegen spricht man hier von der Pfyn-Altheimer Kultur. Dieser rechnet man die Siedlungen Ruhestetten, Ruprechtsbruck, Schreckensee, Reute, Musbach, Ödenahlen und vielleicht auch die Ufersiedlung am Ruschweiler See zu.

Die Pfyner Leute haben aus Ahorn- oder Eichenholz besonders robuste Gefäße geschaffen. Als Rohmaterial dafür dienten vorzugsweise Auswüchse oder Geschwüre von Bäumen. Diese Maserknollen hackte man aus dem Stamm oder Ast und höhlte sie mit Steinmeißeln innen aus. Derartige Maserholzgefäße erwiesen sich dank ihrer verschlungenen Faserstruktur als sehr stabil. Sie rissen auch dann kaum, wenn das frische Holz austrocknete, und waren weniger zerbrechlich als Keramik. Solche Maserholzgefäße hat man im Schorrenried bei Reute[3] unweit von Bad Waldsee (Kreis Ravensburg) geborgen.

Zu den Werkzeugen der Pfyner Kultur zählten unter anderem zurechtgeschlagene Feuersteinmesser und zugeschliffene Beilklingen aus verschiedenen Felsgesteinarten.

Um Feuersteinmesser handhaben zu können, klebte man sie mit Birkenteer in Griffe aus Holz oder Rinde ein. Entsprechende Funde liegen aus Wangen, Sipplingen und Bodman (alle im Kreis Konstanz) vor.

Die Beilklingen wurden mit unterschiedlich konstruierten Schäftungen versehen. So dienten sorgfältig ausgesuchte Astgabeln oder Äste am Stamm als Knieholme für hackenartige Holzbearbeitungsgeräte mit querstehender Schneide. Aus widerstandsfähigen Stamm- oder Stamm-Wurzel-Ansatzstücken fertigte man Stangenholme für Steinbeile. An gegabelten Schaftenden wurden die Klingen häufig mit Bastschnüren angebunden. Feine Klingen setzte man in Zwischenfutter aus Rothirschgeweih ein und befestigte dieses am Holzschaft. Das hatte den Vorteil, daß das Zwischenfutter, in dem die Klinge steckte, die Wucht des Schlages auffing und den Verschleiß des Holzschaftes minderte.

Die Pfyner Leute besaßen ebenso wie die Angehörigen vieler anderer jungsteinzeitlicher Kulturstufen Pfeil und Bogen. Neben Werkzeugen und Waffen aus Holz, Stein, Knochen und

Geweih stellten die Pfyner Ackerbauern und Viehzüchter auch bereits mancherlei Geräte aus Kupfer her. Dies verraten einige Funde von tönernen Gußtiegeln in den Siedlungen Wangen und Bodman sowie in Wolpertswende am Schreckensee. Sie unterscheiden sich durch ihre dicken Wände, den groben Ton und anhaftende Metallreste von normalen Keramikschöpfern. Der Gußtiegel aus Wolpertswende ist einschließlich Griff 16,8 Zentimeter lang, 12,2 Zentimeter breit und hat bis zu 1,8 Zentimeter dicke Wände. Solche Gußtiegel dienten dazu, das heiße und flüssige Kupfer in die Form zu gießen.

Funde von Kupfergeräten der Pfyner Kultur haben bisher Seltenheitswert. Zu diesen Raritäten gehören die Klinge eines Dolches aus dem Schorrenried bei Reute sowie Flachbeile aus Bodman, Überlingen, Nußdorf, Maurach und Konstanz. Von wem die Pfyner Leute die Kupferverarbeitung übernommen haben, ist noch nicht genau erforscht.

Klinge eines Kupferdolches aus dem Schorrenried bei Reute unweit von Bad Waldsee (Kreis Ravensburg) in Baden-Württemberg. Länge 11,8 Zentimeter. Original im Württembergischen Landesmuseum Stuttgart.

Ein Erdwerk, das im Kampf zerstört wurde

Die Altheimer Kultur

Im bayerischen Teil des Donautales, im Nördlinger Ries sowie im Alpenvorland bis München war von etwa 3900 bis 3500 v.Chr. die Altheimer Kultur verbreitet. Nach einigen Kupferfunden zu schließen, handelt es sich um eine der ältesten Kulturen der Kupferzeit in Bayern. Den Begriff Altheimer Kultur hat 1915 der Prähistoriker Paul Reinecke (1872–1958, s. S. 514) aus München geprägt. Der Name erinnert an die befestigte Siedlung von Altheim (Kreis Landshut) in Niederbayern.

Wie die damalige Pflanzenwelt in Feuchtgebieten Oberbayerns zusammengesetzt war, zeigte die botanische Untersuchung im Bereich der Siedlung Pestenacker (Kreis Landsberg am Lech), wo Gewächse nasser Standorte überwogen.[1] An Wasserpflanzen gab es dort unter anderem Armleuchteralgen, Laichkraut und Teichrosen. In Ufernähe eines Gewässers wuchsen Fieberklee, Igelkolben, Rohrkolben, Schilf, Schneidried, Sumpfbinsen, Teichbinsen und Ufer-Wolfstrapp. Auf den Feuchtwiesen gediehen Binsen, Kuckucks-Lichtnelken, Mädesüß und Seggen. In den Bruchwäldern der Gegend von Pestenacker standen Birken, Schwarzerlen, Bittersüßer Nachtschatten, Kratzbeere, Seggen und Wasserdost.

Die wenigen bisher bekannten Skelettreste der Altheimer Menschen weisen große, schlanke Köpfe mit mittelbreiten Gesichtern auf. Mit ihrer Körperhöhe passen Männer und Frauen jedoch in das gewohnte Bild.

Die namengebende Siedlung Altheim wurde 1911 durch den Oberlehrer Johann Pollinger[2] (1858–1912) aus Landshut von einem vorbeifahrenden Zug aus entdeckt. Ihm fielen dunkle Grabeneinfüllungen auf, die seine Neugier weckten. Nach ersten Funden folgten 1914 und 1938 umfangreiche Untersuchungen. Heute weiß man, daß es sich bei der Siedlung von Altheim um ein durch drei Gräben gesichertes Erdwerk handelt. In den mitunter bis zu zwei Meter tiefen Gräben stieß man auf mehrere Dutzend menschlicher Skelette, die nur zum Teil unversehrt waren. Außerdem barg man reichlich Keramik und Waffen. Bei der letzten Grabung im Jahre 1979 gelangte man zu der Überzeugung, daß es sich in Altheim um die Hinterlassenschaften einer im Kampf untergegangenen, befestigten Siedlung handele. Ursprünglich hatte man diese Fundstelle als Bestattungs- oder Kultplatz gedeutet.

Von einer Siedlung der Altheimer Kultur stammen auch die umfangreichen Funde auf dem Berg Auhögl bei Ainring (Kreis Berchtesgadener Land) in Oberbayern, die bei der Anlage eines Steinbruches zum Vorschein kamen. Die Keramikreste und Steingeräte von dort wurden von 1884 bis 1894 durch den Bäckermeister Peter Lichtenecker (1836–1912) aus Au gesammelt und an verschiedene Museen verkauft. Den größten Teil seiner Funde hat 1903 die Anthropologische Staatssammlung in München erworben. Leider gingen die meisten dieser Stücke im Zweiten Weltkrieg verloren.

Eine weitere Siedlung der Altheimer Kultur befand sich auf dem Raimlinger Berg im Nördlinger Ries bei Herkheim (Kreis Donau-Ries) in Schwaben. Die ersten Funde wurden bereits 1912 geborgen. 1920/21 legte der Apotheker und Heimatforscher Ernst Frickhinger (1876–1940) aus Nördlingen vier Pfo-

Für die Getreideernte benutzte Sicheln aus Feuerstein von Fundorten der Altheimer Kultur aus Bayern. Länge der größten Sichel etwa 16,5 Zentimeter. Originale im Bayerischen Landesamt für Denkmalpflege, München.

stengruben frei. Davon waren drei auf eine Länge von 6,60 Metern gleichmäßig verteilt. Die vierte Pfostengrube lag in sieben Meter Abstand rechtwinklig zum nordwestlichen Außenpfosten. Es handelte sich also um ein Gebäude mit einem Grundriß von etwa 6,60 x 7 Metern. Außerdem wurden reichlich Hüttenlehmreste mit Rutenabdrücken gefunden.

1934 gelang bei Bachkorrekturen im Ortsteil Pestenacker von Weil (Kreis Landsberg) in Oberbayern der Nachweis einer durch einen Brand zerstörten Siedlung. An sie erinnerten Reste hölzerner Hüttenböden und beträchtliche Mengen an Hüttenlehm. Das Holz war zumeist durch das Feuer verkohlt. Vielleicht ist auch diese Siedlung bei einem Kampf vernichtet worden.

Zu den in Höhenlage errichteten Siedlungen der Altheimer Kultur gehört auch diejenige auf dem Fuchsberg bei Altenerding (Kreis Erding) in Oberbayern, die 1949 durch den Redakteur Eugen Preß[3] (1909–1979) aus Erding entdeckt wurde. Bei

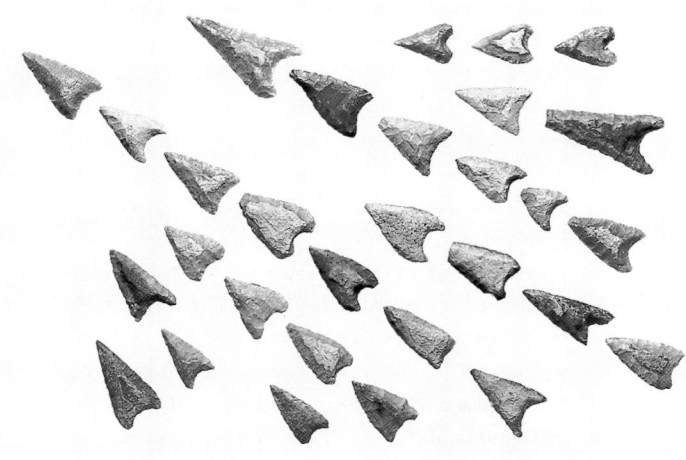

Einige der zahlreichen Pfeilspitzen aus Feuerstein aus dem Erdwerk von Altheim (Kreis Landshut) in Bayern. Länge der größten Pfeilspitze etwa 4,5 Zentimeter. Originale im Bayerischen Landesamt für Denkmalpflege, München.

Einer der drei Gräben des Erdwerkes von Altheim (Kreis Landshut) in Bayern bei der Untersuchung im Jahre 1914. Der Begriff Altheimer Kultur erinnert an diesen Fundort. Die Gräben der befestigten Siedlung von Altheim waren bis zu 2 Meter tief.

Bauarbeiten in den Jahren 1949 und 1951 hat man im oberen Hangteil des Fuchsberges zwei Grundrisse von Hütten angeschnitten, die im Abstand von etwa 15 Metern parallel nebeneinander standen. Auch von diesen Behausungen blieben große Mengen verbrannten Hüttenlehms und Holzkohlenreste von größeren Balken und Brettern erhalten. Von Pfostenlöchern fand man dagegen keine Spur. 1952 stellte man außerdem eine Feuerstelle in Form einer kreisrunden Steinsetzung fest.

In Ergolding[4] (Kreis Landshut) in Niederbayern wurde 1985 der Grundriß eines 20 Meter langen und 3 Meter breiten Hauses der Altheimer Kultur entdeckt. Als tragende Elemente dieses Gebäudes dienten Wanddoppelpfosten mit teilweise erhaltenem Flechtwerk und eine mittlere Firstpfostenreihe. Außerdem stieß man auf Reste eines Zaunes, der aus einer Reihe von Pfosten bestand, die durch Flechtwerk miteinander verbunden waren.

Keramikreste der Altheimer Kultur in der Galeriehöhle II im Donaudurchbruch bei Kelheim zeigen, daß die Menschen dieser Kultur gelegentlich auch Höhlen als Unterschlupf aufsuchten.

Die damaligen Ackerbauern säten und ernteten Einkorn, Emmer, Nacktweizen und Spelzgerste. Reste dieser Getreidearten kamen in der Siedlung Pestenacker zum Vorschein, wo auch Erbsen und Saatlein nachgewiesen wurden. In Ergolding hat man am häufigsten Einkorn und Emmer angebaut. Abdrücke von Einkorn, Emmer und Spelzgerste stellte man an Tonscherben aus Altheim fest. In einem Fall hatte auch ein Apfel einen Abdruck hinterlassen. Das Nahrungsangebot wurde durch Sammelfrüchte ergänzt. Funde aus Pestenacker zeigen, daß die einstigen Bewohner wildwachsende Äpfel, Erdbeeren, Brombeeren und Holunderbeeren sammelten. Das Getreide hat man mit Feuersteinsicheln geerntet, wie sie in Altheim und Pestenacker geborgen wurden. Sie ahmten bereits Vorbilder aus Kupfer nach. An die Weiterverarbeitung der Getreidekörner erinnern Funde von Mahlsteinen.

Tierknochenreste in Altheimer Siedlungen belegen die Haltung von Rindern, Schafen, Ziegen, Schweinen, Hunden und Pferden. Die äußerst seltenen Nachweise von Pferderesten gelangen in Altenerding (Kreis Erding) und in Pestenacker.[5] Sie dürften von domestizierten, aber sehr frei gehaltenen Pferden stammen, die man einst als lebenden Fleischvorrat hielt. Diese Pferde hatten eine Widerristhöhe von etwa 1,35 Meter.

Auch in der Altheimer Kultur spielte der Tausch mit begehrten Produkten eine Rolle. Dazu zählte vor allem Feuerstein aus der Gegend zwischen Baiersdorf und Keilsdorf (Kreis Kelheim). Geräte aus Feuerstein fand man in etlichen Siedlungen.

Ein seltener Fund aus der Siedlung von Ergolding beweist, daß zur Kleidung manchmal ein verzierter Gürtelhaken aus dem Geweih eines Hirsches getragen wurde (s. S. 390). Man hatte ihn mit aus gebohrten Vertiefungen bestehenden Linien verschönert, die wie eine abstrakte bildliche Darstellung wirken. Um Bestandteile der Kleidung handelte es sich vielleicht auch bei den Knochen- und Geweihschnitzereien aus Ergolding, die im Umriß Feuersteinpfeilspitzen ähneln. Ihre knopflochartigen Durchbohrungen lassen an Kleidungsbesatz denken.

Durchbohrte Tierzähne, wie man sie vom Auhögl bei Ainring und aus Ergolding kennt, wurden als Schmuckanhänger an Ketten getragen. Große Raritäten sind ein aus einem menschlichen Schädeldach gewonnenes Amulett sowie eine Kupferblechplatte aus Altheim, die beide als Schmuck dienten. Manche Prähistoriker betrachten Doppelpfrieme aus Kupfer von Fundplätzen der Altheimer Kultur als Tätowierstifte. Mehr als eine Spekulation ist dies freilich nicht.

Als typische Tongefäße der Altheimer Kultur gelten große vierhenkelige Amphoren, Schüsseln, Näpfe mit einem Schnurösenpaar, Becher und Näpfe mit Knubben unter dem Rand, Henkelkrüge und -tassen sowie Flaschen mit vertikal oder horizontal durchbohrten Schnurösen. All diese Formen besaßen einen Standboden und blieben größtenteils unverziert.

Die Altheimer Leute stellten Werkzeuge aus Feuerstein, Felsgestein, Knochen, Geweih und Kupfer her. Aus Feuerstein schlugen sie beispielsweise doppelseitig retuschierte Erntemesser zurecht. Felsgestein benutzte man als Rohmaterial für spitznackige Steinbeile und Knaufhammeräxte, die man zuschliff.

Funde aus Ergolding zeigen, daß aus Knochen Pfrieme, Ahlen, Nadeln, Schaber und Spatel geschnitzt wurden. Am selben Fundort barg man auch einen Handfäustel aus einem Oberschenkelgelenk, dessen hölzerner Stiel erhalten blieb. Schlagmarken auf dem Handfäustel lassen erkennen, daß mit ihm hartes Material – möglicherweise Feuerstein – bearbeitet wurde.

Auffällig ist der Reichtum an Geweihgeräten, unter denen durchbohrte Hacken und Äxte häufig sind. Als Rohstoff hierfür dienten zumeist Abwurfstangen vom Rothirsch. In Ergolding fand man außer diesen Werkzeugen auch Hirschgeweihstangen mit Schnitt- und Bohrspuren, welche die örtliche Produktion belegen.

Aus dem damals sehr seltenen und damit wertvollen Kupfer fertigte man Pfrieme und Klingen von Flachbeilen an. Vielleicht wurden die Steinbeile, Knaufhammeräxte und kupfernen Flachbeile auch als Waffen benutzt.

Zu den formschönsten Waffenfunden der Altheimer Kultur

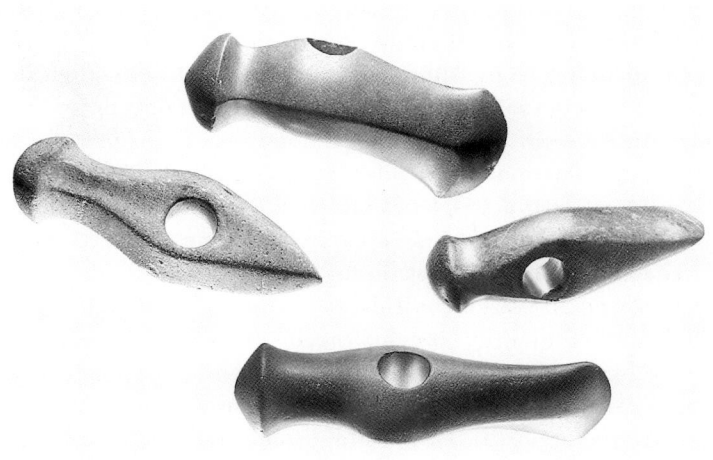

Einzelfunde steinerner Knaufhammeräxte von Fundorten der Altheimer Kultur in Bayern. Länge des größten Exemplars etwa 16 Zentimeter. Originale im Bayerischen Landesamt für Denkmalpflege, München.

Tongefäß der Altheimer Kultur vom namengebenden Fundort Altheim (Kreis Landshut) in Bayern. Der Fund stammt von der Untersuchung aus dem Jahre 1914. Höhe 23,5 Zentimeter. Original im Stadt- und Kreismuseum Landshut.

zählt ein Dolch aus Ergolding, der aus honiggelbem Feuerstein zurechtgeschlagen wurde. Er besitzt die Form eines Weidenblattes und wurde auf der ganzen Fläche retuschiert. Prähistoriker betrachten dieses Stück als Nachahmung eines Kupferdolches. Solche Kupferdolche gab es damals bereits in der gleichzeitigen Pfyner Kultur (s. S. 356) und im mittleren Donauraum. Die Verwendung von Pfeil und Bogen wird durch Pfeilspitzen aus Feuerstein in Dreiecksform dokumentiert. Allein in Altheim wurden 174 Pfeilspitzen geborgen. Auf dem Raimlinger Berg bei Herkheim fand man 21 Pfeilspitzen.

Eine beigabenlose Bestattung von Ergolding demonstriert, wie die Altheimer Leute ihre Toten zur letzten Ruhe betteten. Der Leichnam wurde mit dem Kopf nach Osten und den Beinen nach Westen auf den Boden gelegt. Man bedeckte ihn nur mit wenig Erde. Vielleicht ist diese Art der Bestattung in geringer Tiefe der Grund dafür, daß man bisher nur wenige Gräber der Altheimer Kultur entdeckt hat, weil diese oft zerstört wurden.

Mit dem Kult wird lediglich ein leicht gewölbtes Pflaster mit dicht gepackten Gefäßscherben in Ergolding in Verbindung gebracht. Vielleicht ist dort bewußt Keramik zerschlagen worden, wie es in Mitteldeutschland bei Siedlungsbestattungen beobachtet wurde (s. S. 364).

Die Siedlung am ehemaligen Jakob-See

Die Pollinger Gruppe

In der Zeit von etwa 3900 bis 3500 v.Chr. war in Bayern auf einem schmalen Landstreifen zwischen dem Nördlinger Ries und dem Alpenrand die Pollinger Gruppe verbreitet. Sie kam in Gebieten vor, in denen die gleichzeitig existierende Altheimer Kultur (s. S. 357) nicht heimisch gewesen ist. Der Begriff Pollinger Gruppe geht auf den Prähistoriker und Anthropologen Ferdinand Birkner (1866–1944, s. S. 510) zurück, der 1936 den Ausdruck Pollinger Typus prägte. Der Name der Pollinger Gruppe erinnert an das Dorf Polling (Kreis Weilheim-Schongau) am ehemaligen Jakob-See.

Hirschzungenfarn *(Phyllitis scolopendrium)* aus dem Kalktuff von Polling (Kreis Weilheim-Schongau) in Bayern. Höhe etwa 40 Zentimeter. Original in der Bayerischen Staatssammlung für Paläontologie und historische Geologie, München.

Von den Menschen der Pollinger Gruppe sind bisher keine sicher datierten Skelettreste gefunden worden. Mit dieser Gruppe wird allerdings ein im Sommer 1955 in Polling entdecktes Skelett in Verbindung gebracht. Es stammt von einem erwachsenen Mann, dessen lange Extremitätenknochen nicht vollständig erhalten und daher auch nicht meßbar sind.[1] Deshalb kann seine Körpergröße nicht ermittelt werden.

Auf prähistorische Funde von der namengebenden Siedlung Polling machte 1921 als erster der Lehrer Korbinian Rutz (1877–1958) aus Polling das bayerische Kultusministerium aufmerksam. 1925 meldete der Pollinger Pfarrer Georg Rückert (1843–1941) der Prähistorischen Staatssammlung in München die Entdeckung einer vermeintlichen Urne, die im Steinbruch Buchner in drei Meter Tiefe zum Vorschein gekommen war. Außerdem wies er auf frühere Funde hin. Daraufhin erwarb die Prähistorische Staatssammlung derartige Hinterlassenschaften aus Pollinger Steinbrüchen. Ab 1926 gelangten die Funde zum größten Teil in das damals gegründete Heimatmuseum von Polling.[2] 1937 konnte die Prähistorische Staatssammlung jedoch die Funde eines Pollinger Steinbrucharbeiters erwerben. Durch diesen Kauf wurde das Interesse der Münchner Prähistoriker an der Fundstelle erneut geweckt. Doch der Plan, eine systematische Grabung durchzuführen, konnte nicht gleich verwirklicht werden. Als 1942 die letzten Schwierigkeiten beseitigt schienen, verhinderte der Zweite Weltkrieg das Vorhaben. Nach Kriegsende ließ der damals in München tätige Prähistoriker Werner Krämer durch den Grabungstechniker Wilfried Titze in den Jahren 1950, 1952 und 1954 Grabungen vornehmen.

Bei den Grabungen von Titze wurde eine Fläche von etwa 55 Quadratmetern am Südrand des Steinbruches Lindner in Polling untersucht. Es zeigte sich, daß die Funde nicht – wie man früher meinte – von einer anderswo vermuteten Siedlung durch das Wasser des Jakob-Sees angeschwemmt worden sind und auch nicht von einer Opferstätte stammten. Die Siedlung Polling am Ufer des einst wohl über einen Kilometer langen Jakob-Sees dürfte nach den Scherbenfunden eine Fläche von etwa 300 Meter Länge und 80 Meter Breite bedeckt haben.

Aus den insgesamt 36 festgestellten Pfostenlöchern im Bereich der Grabungsfläche konnte man keinen kompletten Grundriß einer Behausung rekonstruieren. Die Verteilung dieser bis zu 40 Zentimeter tief in den Boden gegrabenen Löcher machte aber deutlich, daß die Behausungen rechtwinklig waren. Das dichte Nebeneinander einiger Pfostenlöcher ist vielleicht das Ergebnis von Wandreparaturen oder mehrmaliger Errichtung von Behausungen an der gleichen Stelle. Sie belegen, daß die Hüttenwände mit Lehm verputzt gewesen sind.

1966 erfolgte eine Grabung des Bayerischen Landesamtes für Denkmalpflege. Dabei zeigte sich, daß die eigentliche Siedlungsfläche in Polling auf einen Uferstreifen von etwa 40 Me-

Ein verziertes Tongefäß der Pollinger Gruppe vom namengebenden Fundort Polling (Kreis Weilheim-Schongau) in Bayern. Höhe etwa 10 Zentimeter. Das Original wird in der Prähistorischen Staatssammlung München aufbewahrt.

tern beschränkt blieb. Dort hatten die Siedler den unebenen felsigen Untergrund, in dem es große natürliche Mulden und Wannen gab, stellenweise durch Schutt ausgeglichen.

Das Ende der Siedlung Polling ist ungeklärt. Denkbar wäre, daß sie aus unbekannten Gründen von ihren Bewohnern verlassen wurde, einer Brandkatastrophe zum Opfer fiel, von Angreifern zerstört oder durch ein Hochwasser vernichtet wurde. Auf einen Untergang durch Feuer könnten die stellenweise reichlich vertretenen Holzkohlenreste hindeuten.

Die in Polling entdeckten Tierknochen stammen größtenteils von Wildtieren.[3] Nach den Jagdbeuteresten zu schließen, haben die Pollinger Leute vor allem Rothirsche und etwas seltener Wildschweine erlegt. Von den größeren Wildarten wurden nur die viel Fleisch enthaltenden Partien wie Rücken und Schlegel in die Siedlung getragen. Gelegentlich jagte man auch Biber, Elche, Rehe, Braunbären, Wölfe und Dachse. Eine in etwa zwei Kilometer Entfernung von der Siedlung Polling entdeckte Pfeilspitze der in Polling vorhandenen Form könnte bei der Jagd verschossen worden und verloren gegangen sein.

Vom Getreideanbau zeugen lediglich die zahlreichen mehr oder minder vollständigen Mahlsteine aus Polling. Vereinzelt wurden die dazugehörigen Läufersteine gefunden, mit denen man die auf dem Mahlstein liegenden Getreidekörner zerquetschte.

Die Pollinger Ackerbauern betätigten sich auch als Viehzüchter. Sie hielten vor allem Rinder, daneben Schafe oder Ziegen und Pferde. All diese Tiere dienten als lebender Fleischvorrat, auf den man bei Bedarf zurückgreifen konnte. Die Haustiere wurden meist im jugendlichen Alter geschlachtet. Außerdem gab es in der Siedlung auch Hunde.

In der Siedlung Polling haben vielleicht Jäger und Gerber gelebt. Darauf deuten der auffällig geringe Anteil von Haustieren und das deutliche Überwiegen von Wildtieren im Fundgut, die wassernahe Lage am Jakob-See und die zahlreichen zum Klopfen, Schleifen, Schaben und Glätten geeigneten Werkzeuge aus Felsgestein hin. Die Basler Prähistorikerin Elisabeth Schmid hatte schon 1967 bei einer Besichtigung der Pollinger Felsgeräte erstmals deren mögliche gerbereitechnische Verwendung erwogen.

Durch Keramikreste, die bereits 1907 vom Historischen Verein Dillingen auf der »Kleinen Schanze« des Sebastianberges bei Aislingen[4] unweit von Dillingen an der Donau ausgegraben wurden, ist dort die Anwesenheit von Angehörigen der Pollinger Gruppe belegt. Die Scherben von Tongefäßen kamen in Gruben zusammen mit Keramikresten der Michelsberger Kultur (s. S. 315) zum Vorschein.

Die Tonscherben der Michelsberger Kultur bei Aislingen sowie jene von Polling, die sich zu einem typischen Michelsberger Tulpenbecher zusammenfügen ließen, deuten auf Tauschgeschäfte hin.

Als Schmuck trugen die Pollinger Leute dreieckige, durchlochte Amulette aus leicht zu bearbeitendem Tuffstein, wie er im Untergrund der Siedlung Polling vorkommt. Andere Anhänger wurden aus geschnitzten Eberhauerlamellen geschaffen. Kleine zylindrische, durchbohrte Perlen aus Kalkstein hat man wahrscheinlich auf Halsketten aufgereiht.

Unter den Formen der Pollinger Keramik gelten die sogenannten Teppichgefäße als besonders typisch. Ihr Name basiert darauf, daß sie teppichartig verziert sind. Außerdem stellte man glattwandige Henkelkrüge, Becher und Ösengefäße, kleine Flaschen, Buckelgefäße mit Buckelpaaren auf der Schulter, Schalen und Löffel her.

Die Tongefäße der Pollinger Gruppe sind manchmal mit breiten Bändern sowie Dreiecken und Rauten aus feinen bis kräftig geritzten Gitterlinien verziert. Diese Motive wurden häufig mit weißer Farbe gefüllt. Zwischen den Feldern sind durch Punktreihen ausgeführte Muster erkennbar.

Die Menschen der Pollinger Gruppe schufen Werkzeuge und Waffen aus Feuerstein, Felsgestein, Knochen und Geweih. Messer und Pfeilspitzen schlug man aus Jura-Feuerstein zurecht, den man aus bis zu 120 Kilometer Entfernung herbeiholte und erst in der Siedlung verarbeitete. In Polling wurden insgesamt 28 Pfeilspitzen gefunden.

Der genaue Verwendungszweck der in großer Anzahl in Polling geborgenen Schleif- und Glättsteine aus Felsgestein ist meist nicht klar. Nur ein Teil davon eignete sich hinsichtlich der Größe, Beschaffenheit und Form für die erwähnten Getreidemühlen. Einige der stabförmigen Schleifsteine weisen am Ende Pechspuren einer Halterung auf. Die aus Felsgestein (Amphibolit) zurechtgeschliffenen Beile sind vermutlich nicht als Fertigwaren importiert, sondern in der Siedlung aus herbeigeschafftem Rohstoff angefertigt worden.

Aus Tierknochen hat man Meißel und Pfrieme geschnitzt. Eine große Seltenheit im Fundgut ist eine Hirschgeweihaxt, deren Schneidenpartie fehlt. Das während der Jungsteinzeit meist als Rohstoff begehrte Hirschgeweih wurde in Polling trotz erwiesener Hirschjagd kaum genutzt. Die von den Ausgräbern in Polling vermißten Hirschschädel und -geweihe sind vielleicht von den ehemaligen Bewohnern in den Jakob-See geworfen worden.

Wenn die bereits erwähnte Bestattung von Polling tatsächlich in die Pollinger Gruppe gehört, dann haben deren Angehörige ihre Toten unverbrannt, auf dem Rücken liegend und mit zum Körper hin angezogenen Beinen zur letzten Ruhe gebettet. Der Kopf des Pollinger Toten lag im Osten, seine Beine wiesen nach Westen.

Über die religiöse Vorstellungswelt der Pollinger Leute weiß man nichts. Die 1926 von dem damals in München wirkenden Botaniker Helmut Gams[5] (1893–1976) vertretene Ansicht, die prähistorischen Keramikfunde von Polling seien Zeugnisse eines Quell- oder Wasserkultes, konnte sich nicht durchsetzen. Er hatte angenommen, Gefäße und Fleischstücke seien als Opfergaben in das nasse Moos am Ausfluß des Jakob-Sees deponiert worden.

Scherbenpflaster über den Toten

Die Salzmünder Kultur

Im unteren und mittleren Saalegebiet in Mitteldeutschland sowie in Böhmen entwickelte sich aus der Baalberger Kultur (s. S. 338) die Salzmünder Kultur (etwa 3700 bis 3200 v. Chr.). Sie gilt als ein weiterer Zweig der Trichterbecher-Kultur (s. S. 323), weil in ihr die sogenannten Trichterrandschalen auftreten. Der Begriff Salzmünder Kultur wurde 1958 von dem damals in Halle/Saale tätigen Archäologen Paul Grimm (s. S. 511) geprägt. Namengebender Fundort ist die Höhensiedlung von Salzmünde (Saalkreis) in Sachsen-Anhalt, in der auch Bestattungen entdeckt wurden.

Siedlungen dieser Kultur wurden zumeist im Flachland, vereinzelt aber auch auf Anhöhen errichtet. Die Höhensiedlungen hat man mit Gräben, Wällen und Palisaden befestigt. Solche Befestigungen kennt man bei Salzmünde[1], in der Dölauer Heide[2] bei Halle/Saale, auf dem Goldberg[3] bei Mötzlich (Saalkreis), auf dem Hutberg[4] bei Wallendorf (Kreis Merseburg) und auf dem Kahlenberg[5] bei Quenstedt (Kreis Hettstedt) in Sachsen-Anhalt. Die mit großem Arbeitsaufwand befestigten Höhensiedlungen sprechen dafür, daß es in dieser Kultur bereits größere, gut organisierte Gemeinschaften gab. Antriebskraft für derartige Befestigungen dürfte die Furcht vor Überfällen gewesen sein.

Die namengebende Siedlung Salzmünde wurde nur unvollständig untersucht. Statt einer planmäßigen Ausgrabung kam es lediglich zur Bergung der an der Baggerkante der Kiesgrube zutage getretenen Funde, auf dem Areal der Grube hatte sich die Siedlung einst erstreckt. Zur nur teilweise ausgegrabenen Siedlung Salzmünde gehörten fünf Pfostenbauten. Auf dem Hutberg bei Wallendorf befanden sich ebenfalls Gebäude in Pfostenbauweise. Aufschlußreicher erwiesen sich Pfostenspuren in einer Siedlung bei Halle/Saale. Sie stammten von einem etwa 20 Meter langen Hallenbau, der in zwei Räume unterteilt war.

Auf die Jagd mit Pfeil und Bogen lassen Keramikreste aus Salzmünde schließen, auf denen ein Bogenschütze und stilisierte vierfüßige Wildtiere zu erkennen sind. In erster Linie waren die Salzmünder Leute jedoch Ackerbauern und Viehzüchter, die Emmer, Einkorn und sechszeilige Gerste säten und ernteten sowie Rinder, Schafe, Ziegen und Schweine hielten. Hunde waren Spielgefährten, Begleiter bei der Jagd und Hüter des Hauses.

Die Salzmünder Leute trugen Halsketten mit durchbohrten Tierzähnen als Anhänger. Manche dieser Ackerbauern und Viehzüchter erwarben möglicherweise auf dem Tauschweg kupferne Spiralen und schmückten sich damit. Eine solche Kupferspirale lag in einem Grab von Köttichau[6] (Kreis Hohenmölsen) in Sachsen-Anhalt.

Die Salzmünder Kultur hat – nach den Funden zu schließen – offenbar nur wenige Kunstwerke hervorgebracht. Dazu zählen die bereits im Zusammenhang mit der Jagd erwähnten Keramikreste von Salzmünde mit der Darstellung eines Bogenschützen und Wildtieren sowie zwei Fragmente von Tonfiguren mit Beinen und Füßen eines Menschen vom selben Fundort. Auf Musik und Tanz deuten zwei Dutzend gefundene Tontrom-

Jagddarstellung auf dem Rest eines Tongefäßes vom namengebenden Fundort Salzmünde (Saalkreis) in Sachsen-Anhalt aus der Zeit der Salzmünder Kultur. Länge des Fundes 15,5 Zentimeter. Original im Landesmuseum für Vorgeschichte Halle/Saale.

meln hin, die einst mit Tierhäuten bespannt waren. Wahrscheinlich sorgten die Trommler für den Rhythmus bei kultischen Tänzen. Da Reste von Tontrommeln aber häufig in Gräbern geborgen wurden, könnten sie auch im Totenkult eine wichtige Rolle gespielt haben.

Die Tontrommeln hat man auf der Außenseite mit Ornamenten geschmückt. Auf manchen dieser Musikinstrumente sind außer flächenfüllenden Mustern auch Einzelornamente – wie ein einfaches Balkenkreuz, Kreuz-, Anker-, Bogen- oder Sonnenmuster – eingeritzt.

Unter den Tongefäßen der Salzmünder Kultur sind vor allem Kannen mit zylindrischem, langgestrecktem Hals und weitgespanntem Henkel typisch. Manchmal besaßen sie sogar zwei Henkel. Diese Gefäße trugen auf der Schulter eine Ritz-, Stich- oder Furchenstichverzierung. Kannen sind in vielen Gräbern der Salzmünder Kultur die einzige Beigabe.[7]

Zum Formenschatz der Salzmünder Keramik gehörten außerdem Henkeltassen, Trichterrandschalen mit Verzierung am Wandungsknick und auf der Randinnenzone, ritzverzierte Amphoren mit zwei oder vier Henkeln, Töpfe und vereinzelt flache Tonscheiben (sogenannte »Backteller«).

Im Gegensatz zur Baalberger Keramik, die ganz selten verziert war (s. S. 340), ist etwa die Hälfte der Salzmünder Tongefäße mit Ornamenten geschmückt worden. Die Verzierung beschränkte sich zumeist auf die Schulter- und Randpartie. Besonders beliebt waren rundliche Knubben auf der Außenseite der Tongefäße.

Unter den Ornamenten gab es häufig senkrecht angeordnete Liniengruppen und sogenannte Leiterbänder. An Gefäßrändern und anderen Stellen brachte man mehrfach Zickzackmuster und Stichreihen an. Außerdem schmückte man manche Tongefäße mit punktgefüllten Dreiecken oder in seltenen Fäl-

Musikanten mit verzierten und mit Tierhäuten bespannten Tontrommeln zur Zeit der Salzmünder Kultur in Sachsen-Anhalt. Die Trommeln wurden mit bloßen Händen geschlagen.

len mit einem Flechtbandmuster. Als Einzelornament erschien unter anderem ein Tannenzweig- oder Hufeisenmotiv.

Die Menschen der Salzmünder Kultur schufen und benutzten Werkzeuge aus Feuerstein und Knochen. Aus Feuerstein schlugen sie Kratzer, Schaber und Beilklingen zurecht. Letztere versah man mit einem Holzschaft als Griff. Da die Beilklingen aus Feuerstein undurchbohrt blieben, spaltete man den Schaft ab seinem Ende, zwängte die Beilklinge hinein und band sie fest. Aus Knochen wurden vielfach Pfrieme zum Durchlochen von weichem Material geschnitzt.

Bei den sorgfältig zurechtgeschliffenen Äxten und Beilen aus Wiedaer Schiefer und anderen Felsgesteinarten handelte es sich wohl kaum um Werkzeuge, sondern um Waffen. Diesen Äxten und Beilen gab man zunächst durch Abschlagen von kleinen Teilen die Rohform und dann durch Schleifen die Endform. Solche Felsgesteinäxte wurden durchbohrt, damit sie den Holzschaft aufnehmen konnten.

Wie eine Axt aus einem Grab von Ammendorf-Radewell[8] (Stadtkreis Halle/Saale) in Sachsen-Anhalt zeigt, hat man solche Äxte aus Felsgestein mitunter kunstvoll verziert. Sie wurde auf der Oberseite durch ein Kreis- und Tannenzweigmuster verschönert. Das für die Aufnahme des Holzschaftes bestimmte Loch ist von einer eigenartigen, kreisrunden Figur umgeben. Vielleicht war dieses ungewöhnliche Stück im Besitz eines vornehmen Kriegers oder Häuptlings. Eine andere in einem Grab von Wegwitz[9] (Kreis Merseburg) in Sachsen-Anhalt gefundene Axt trug neben Kreisen, einem Winkel- und Tannenzweigmu-

ster noch zwei hufeisenförmige Gebilde, die mit senkrechten Strichen gefüllt sind. Eine weitere Axt aus grauem Schiefer von Strodehne (Kreis Rathenow) in Brandenburg war auf beiden Seiten mit flach eingetieften Kreisen verziert, die einen Durchmesser von 1,1 Zentimeter haben. Die betreffende Axt ist 15,2 Zentimeter lang, 4,1 Zentimeter breit und maximal 2,3 Zentimeter dick. Die Durchbohrung für den Schaft hat einen Durchmesser von 1,9 Zentimeter.

In Gräbern und Siedlungsgruben der Salzmünder Kultur kamen auch vereinzelt Kupfererzeugnisse zum Vorschein. Gefunden wurden ein Pfriem sowie Spiralröllchen, Spiralarmringe und ein offener Armring.

Die Salzmünder Leute bestatteten ihre Toten in den Siedlungen und auf Friedhöfen. Sie betteten die Verstorbenen in Gruben, Erdgräbern, unter Grabhügeln, in Steinkistengräbern, Gräbern unter Steinpackungen oder mit Steineinfassungen zur letzten Ruhe. Dabei hielten sie sich an keine festen Regeln bei der Ausrichtung des Leichnams und der Blickrichtung des Gesichtes.

Eine Eigenart der Salzmünder Bestattungen war, daß diese vielfach von einem dicken Scherbenpflaster umgeben und bedeckt wurden. Offenbar gehörte es zur Bestattungssitte, den Leichnam mit absichtlich zerbrochenen Keramikresten zu überhäufen. So hatte man beispielsweise einen jugendlichen Toten von Reichardtswerben[10] (Kreis Weißenfels) in Sachsen-Anhalt mit Scherben im Gesamtgewicht von 16,5 Kilogramm überschüttet. Vielleicht stammten solche Scherbenpflaster von jenen Tongefäßen, aus denen bei der Totenfeier gegessen und getrunken wurde. Oder wollte man damit das persönliche Geschirr des Verstorbenen unbrauchbar machen? Die Beigaben für die Toten fielen in der Regel spärlich aus. Meist legte man nur ein einziges Tongefäß mit ins Grab, selten mehrere.

Verzierte Kanne der Salzmünder Kultur von Brachwitz (Saalkreis) in Sachsen-Anhalt. Höhe 16,7 Zentimeter. Original im Landesmuseum für Vorgeschichte Halle/Saale.

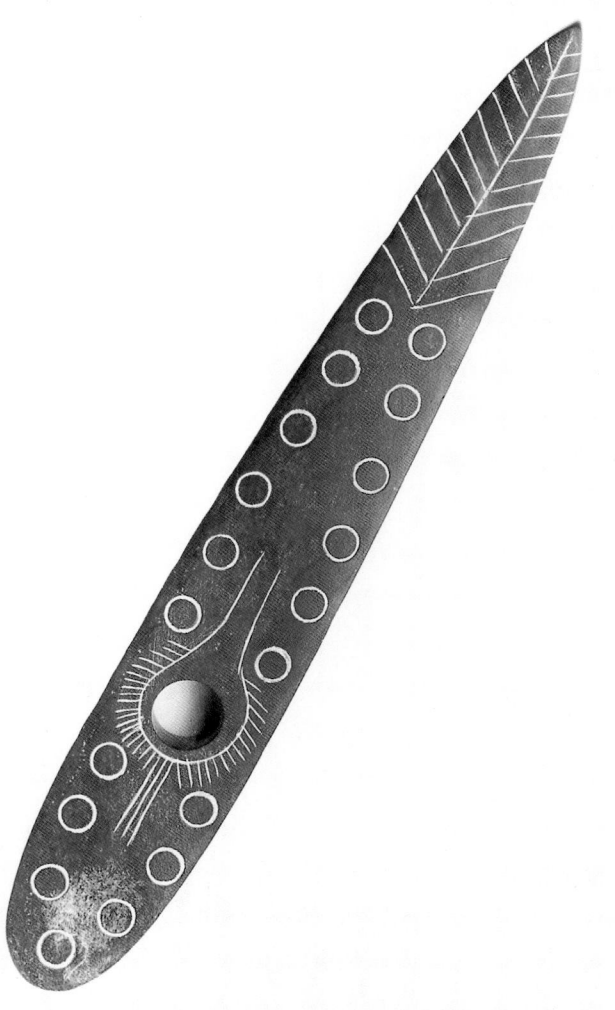

Felsgesteinaxt mit Kreis- und Tannenzweigmuster von Ammendorf-Rade-well (Stadtkreis Halle/Saale) in Sachsen-Anhalt. Länge 35 Zentimeter. Original im Landesmuseum für Vorgeschichte Halle/Saale.

Die bisher größte Zahl von Bestattungen entdeckte man in der namengebenden Höhensiedlung bei Salzmünde. Dort hatte man insgesamt 23 Menschen in Gruben beerdigt, die als ausgeräumte Herdgruben von Wohnhäusern betrachtet werden. In einer dieser Gruben befanden sich fünf Skelette, in einer anderen die Reste von zwei zerstückelten Kindern mit einem darüberliegendem Scherbenpflaster. Auch in Brachwitz[11] (Saal-

kreis) in Sachsen-Anhalt sind die Verstorbenen innerhalb der Siedlung begraben worden. Dort konnte man insgesamt 15 Bestattungen nachweisen.

Im Forst Harth südlich von Leipzig in Sachsen wurden mehrere Hügelgräber der Salzmünder Kultur angelegt. Zu den schon seit langem bekannten Steinkistengräbern dieser Kultur zählen die beiden von der Wüstung Opperschöner Mark zwischen Niemberg und Spickendorf (Saalkreis) in Sachsen Anhalt. Sie wurden bereits 1858 untersucht.

Rätsel geben vereinzelte Kinderbestattungen mit ungewöhnlich reichen Beigaben auf. Sie deuten darauf hin, daß in diesen Fällen ein Kind aus einer vornehmen und begüterten Familie mit entsprechendem Aufwand beigesetzt worden ist. Manche Prähistoriker halten derartige Bestattungen allerdings auch für Menschenopfer und verweisen auf den relativ hohen Anteil von Kindergräbern im Verbreitungsgebiet der Salzmünder Kultur.

Zu diesen aus dem Rahmen fallenden Bestattungen gehört vor allem die von einem Kleinstkind im Ortsteil Zauschwitz[12] von Weideroda (Kreis Borna) in Sachsen. Es wurde in einer fast kreisrunden Siedlungsgrube beerdigt und mit ungewöhnlich vielen Beigaben versehen. Man barg unter anderem eine unverzierte Tontrommel, Salzmünder Keramik und Steinbeile.

Besonders auffällig sind die zusammen mit dieser Bestattung vorgefundenen Reste von zahlreichen Tierarten. So entdeckte man Skeletteile von mindestens fünf jungen Hunden und drei Wild- bzw. Hausschweinen, Reste von Schaf und Ziege, von Auerochsen oder Rindern, vom Rothirsch, mindestens zehn Vogelknochen, Bruchstücke von hühner- bis gänsegroßen Vögeln und Reste von drei Sumpfschildkröten. Die jungen Hunde hatte man – nach Verletzungsspuren am Schädel zu schließen – beim Totenzeremoniell geopfert oder verspeist. Auf dem Boden der Grube befanden sich zertrampelte Muschelschalen.

Als Beispiel einer weiteren rätselhaften Kinderbestattung läßt sich ein Befund bei Plotha[13] (Kreis Weißenfels) in Sachsen-Anhalt anführen. In diesem Fall hatte man einem Rind den Kopf auf den linken Oberschenkel zurückgedreht und über die hinteren Extremitäten einen Hund gelegt. Zusammen mit diesen Tierknochen wurden ein Oberarmknochen und das Beckenbruchstück eines etwa 14jährigen Kindes geborgen. Auch hier könnte man ein Menschenopfer annehmen.

Außer diesen mutmaßlichen Opfern, mit denen man vielleicht das Wohlwollen überirdischer Mächte erflehen wollte, ist über die Religion der Salzmünder Kultur wenig bekannt.

Siedlungen am Bodensee und Federsee

Die Horgener Kultur

In der Zeit von etwa 3300 bis 2800 v. Chr. existierte am Bodensee und am Federsee sowie in anderen Gebieten Baden-Württembergs die Horgener Kultur, die vor allem in der Schweiz verbreitet war (s. S. 489). Den Begriff Horgener Kultur hat 1934 der Züricher Prähistoriker Emil Vogt (1906–1974, s. S. 515) von der Ufersiedlung Horgen-Scheller am Zürichsee abgeleitet.

Nach den Knochenfunden aus Sipplingen zu schließen, lebten zu dieser Zeit am Bodensee in den mit Eichen durchsetzten Buchen-, Birken- und Tannenwäldern unter anderem Braunbären, Wisente, Auerochsen, Elche, Rothirsche, Rehe, Wildpferde, Wildschweine, Wildkatzen und Füchse. Im Bodensee selbst schwammen Hechte, Biber und Fischotter. Auch Kormorane sind nachgewiesen worden.

Aussagekräftige Skelettfunde von Menschen konnten bisher nicht geborgen werden. Aus Wangen (Kreis Konstanz) liegt lediglich ein Oberarmknochen vor. Auch in der Schweiz fand man bisher keine sicheren Gräber der Horgener Kultur.

Die Horgener Leute haben ihre Dörfer vorzugsweise an Seeufern, teilweise aber auch fernab von Seen und sogar in Höhenlagen errichtet.

Am Ufer des Bodensees lagen unter anderem die Horgener Siedlungen Sipplingen, Wangen, Bodman, Wallhausen, Hornstaad-Hörnle V und Allensbach. An den meisten dieser Fundorte hatten zuvor schon Menschen anderer jungsteinzeitlicher Kulturen ein Dorf gebaut und bewohnt. Zu den immer wieder gerne aufgesuchten Standorten zählt die Fundstelle Hornstaad-Hörnle auf der Bodenseehalbinsel Höri, wo sich bereits Angehörige der Hornstaader Gruppe (s. S. 349) und der Pfyner Kultur (s. S. 353) niedergelassen hatten. Am Fundort Hornstaad-Hörnle V erstreckte sich einst ein Dorf der Horgener Kultur. Es umfaßte mehrere Häuser, die hinter einer Palisade parallel zum Bodenseeufer ausgerichtet waren. Nach dem Alter einiger Pfahlproben zu urteilen, hat diese Siedlung etwa um 3200 v. Chr. bestanden.

Schuhfragment aus Rindenbast von Allensbach am Bodensee (Kreis Konstanz) in Baden-Württemberg. Länge etwa 25 Zentimeter. Original im Landesdenkmalamt Baden-Württemberg, Pfahlbauarchäologie Bodensee-Oberschwaben, Gaienhofen-Hemmenhofen.

Verzierter Holzkamm aus Sipplingen-Osthafen (Bodenseekreis) in Baden-Württemberg. Länge etwa 9 Zentimeter. Original im Landesdenkmalamt Baden-Württemberg, Pfahlbauarchäologie Bodensee-Oberschwaben, Gaienhofen-Hemmenhofen.

Am ehemaligen Ufer des Federsees erstreckte sich die Horgener Siedlung Dullenried[1] (Kreis Biberach). Sie umfaßte mehrere kleine Häuser mit rechteckigem Grundriß. Früher hatte man die unklaren, vom Seewasser abgespülten Überreste als Spuren einfacher ovaler Reisighütten gedeutet und für den Beginn der Hausentwicklung am Federsee gehalten. Dieses Bild wurde jedoch durch spätere Untersuchungen korrigiert. Heute gilt Dullenried als die jüngste der in den zwanziger Jahren am Federsee aufgedeckten jungsteinzeitlichen Siedlungen. Siedlungsspuren der Horgener Kultur bei Fridingen an der Donau (Kreis Tuttlingen) lieferten einen Anhaltspunkt dafür, daß die Horgener Leute auch in Höhenlagen wohnten. Dies verrät ein gewisses Schutzbedürfnis.

Vermutlich spielte – wie in den meisten jungsteinzeitlichen Kulturstufen – auch in der Horgener Kultur die Jagd keine wichtige Rolle. Die Horgener Leute betrieben Ackerbau und Viehzucht, sie säten und ernteten Getreide und hielten – wie Funde aus Sipplingen zeigen – Rinder, Schafe, Ziegen, Schweine und Hunde.

Das 33 Zentimeter lange Modell eines Einbaumes aus Sipplingen liefert einen Hinweis dafür, daß man offenbar Einbäume als Wasserfahrzeuge kannte und benutzte (s. S. 491). Es ist aus Eschenholz geschnitzt und diente wohl als Spielzeug.

Die Horgener Leute trugen Jacken und Röcke aus Leinengewebe, worauf ein Fund aus der Schweiz deutet. In der Siedlung Allensbach (Kreis Konstanz) wurden 1986 Reste eines sandalenartigen Schuhes aus flachen Baststreifen entdeckt. Er ist 24,9 x 12,5 Zentimeter groß, was der heutigen Schuhgröße 36 entspricht. Am selben Fundort hatte man schon 1984 einen ähnlichen Geflechtrest geborgen, den man jedoch zunächst nicht recht zu interpretieren wußte. Ein Vergleich mit dem späteren Fund läßt keinen Zweifel daran, daß es sich auch hierbei um ein Schuhfragment handelt. Schuhreste aus der Jungsteinzeit sind bisher selten.[2]

Aus der Siedlung Sipplingen-Osthafen (Bodenseekreis) kennt man einige Schmuckstücke der Horgener Kultur. Dort fand man durchbohrte Tierzähne, Perlen, eine sehr seltene Flügelperle sowie Anhänger aus Stein oder Hirschgeweih.

Kunstwerke der Horgener Kultur hat man dagegen an deutschen Fundorten noch nicht nachweisen können. Keramikreste aus der Schweiz belegen aber, daß manchmal auf der Außenwand eines Tongefäßes ein menschliches Gesicht oder eine menschliche Figur in Punktmanier dargestellt wurde (s. S. 491).

Die Tongefäße der Horgener Kultur wirken auffällig grob. Häufig sind ihre Ränder durchlocht. Auf den am Bodensee geborgenen Horgener Tongefäßen sind oft flüchtig eingeritzte symbolische Zeichen zu erkennen, die an Tannenzweige und an sonnenartige Halbkreise erinnern.

Neben Geschirr aus Ton hat man große tonnenartige Gefäße aus sorgfältig präparierten Abschnitten von hohlen Baumstämmen hergestellt, bei denen der Boden aus Rinde oder Leder angefügt wurde. Rohmaterial für solche Holzgefäße wurde am bereits erwähnten Fundort Wangen geborgen.

Zu den Werkzeugen der Horgener Kultur zählten unter anderem Feuersteinmesser, die man mit Griffen versah, und Dechsel zur Holzbearbeitung (s. S. 390). Dies bewerkstelligte man dadurch, daß man Birkenpech auf die Feuersteinmesser auftrug, in das man Birkenrinde oder ein Textilstück eindrückte. Derart »griffiger« gemachte Feuersteinmesser kamen in Sipplingen-Osthafen zum Vorschein. Vom selben Ort stammt auch

Tongefäß der Horgener Kultur mit eingeritzten sonnenartigen Symbolen von Wangen-Hinterhorn (Kreis Konstanz) in Baden-Württemberg. Höhe 13,5 Zentimeter, Randdurchmesser maximal 12 Zentimeter. Original im Landesdenkmalamt Baden-Württemberg, Pfahlbauarchäologie Bodensee-Oberschwaben, Gaienhofen-Hemmenhofen.

ein mit einem Kreisbogenmuster verzierter Holzkamm, der wohl als Steckkamm für die Haare diente. Die Horgener Leute verfügten über steinerne Dolche sowie über Pfeil und Bogen als Waffen. In der Schweiz barg man auch Harpunen aus Hirschgeweih und als Seltenheit kupferne Dolchklingen.

Das auffällig seltene Vorkommen von Kupfer in der Horgener Kultur ist erstaunlich. Denn die vorhergehende Pfyner Kultur, die weitgehend im gleichen Gebiet verbreitet war, hat selbst Kupfergeräte hergestellt und etliche Zeugnisse dieser Fertigkeit hinterlassen (s. S. 356). Die Horgener Kultur gehörte vielleicht zu jenen Kulturen, die – aus nicht bekannten Gründen – dieses Metall ablehnten.

Offensichtlich bestatteten diese Menschen ihre Toten nicht in den Siedlungen, jedenfalls hat man in keinem Horgener Dorf ein Grab entdeckt.

Modell eines Einbaumes aus Eschenholz von Sipplingen (Bodenseekreis) in Baden-Württemberg. Länge 33 Zentimeter. Original im Landesdenkmalamt Baden-Württemberg, Pfahlbauarchäologie Bodensee-Oberschwaben, Gaienhofen-Hemmenhofen.

Immer wieder Überfälle

Die Chamer Gruppe

In Teilen von Bayern (Oberpfalz, Niederbayern, Oberbayern), Oberösterreich, Niederösterreich und Böhmen existierte von etwa 3500 bis 2700 v. Chr. die Chamer Gruppe. Diese folgte im bayerischen Verbreitungsgebiet auf die Altheimer Kultur (s. S. 357). Den Begriff Chamer Gruppe hat 1951 der damals in Straubing wirkende Prähistoriker Hans-Jürgen Hundt (1909 bis 1990, s. S. 512) vorgeschlagen. Bei der Namenwahl bezog er sich auf den Fundort Knöbling (Kreis Cham) in der Chamer Senke im bayerischen Regierungsbezirk Oberpfalz.

Einen Einblick in die damalige Pflanzenwelt erlauben die am Fundort Dobl bei Prutting (Kreis Rosenheim) in Oberbayern geborgenen und untersuchten Hölzer. Dort wuchsen in der Bachuferzone ein Erlen-Weiden-Buschwald, in der bachufernahen Zone ein Ahorn-Eschen-Wald oder Ulmen-Eschen-Wald sowie ein Hang- und Plateauwald in Gestalt eines Buchenwaldes.

Die Tierwelt zur Zeit der Chamer Gruppe ist dank der mehr als 22 000 Knochenfunde aus einem Graben der befestigten Siedlung Riekofen 1 (Flur Kellnerfelder) im Kreis Regensburg gut bekannt. Offenbar wurde dieser vier Meter breite und zwei Meter tiefe Graben mit Abfall gefüllt.

In der Donau schwammen damals Hechte, Weißfische, Döbel, Brachsen, Nasen, Zander und bis zu 2,50 Meter lange Welse. Die heute nicht mehr in Süddeutschland heimischen, wärmeliebenden Sumpfschildkröten waren noch vorhanden. Außerdem gab es Grasfrösche und Erdkröten.

Unter den in Riekofen geborgenen Vogelknochen konnten Reste vom Gänsesäger, Sperber, Haselhuhn, Auerhahn, Birkhuhn, Waldkauz, Schwarzspecht, Eichelhäher, von der Ringeltaube, Amsel und Elster identifiziert werden. Die in der Gegenwart bis in die Städte vordringenden Ringeltauben lebten damals in den Wäldern und offenen Waldlandschaften.

In der Gegend von Riekofen jagten unter anderem Wölfe, Füchse, Marder, Wildkatzen und Dachse. Außerdem lebten hier Braunbären, Rothirsche, Wildschweine, Rehe, Auerochsen, Elche, Hasen, Eichhörnchen und Igel. An der Donau und anderen Gewässern bauten Biber ihre Burgen.

Bei den 1,30 bis 1,40 Meter Schulterhöhe erreichenden und kräftig gebauten Pferden von Riekofen läßt sich nicht entscheiden, ob es sich um Wild- oder Hauspferde handelte. Etwa zwei Drittel der insgesamt 22 866 Tierknochenfunde aus Riekofen stammen von Haustieren.

Skelettreste von Menschen der Chamer Gruppe sind an den Fundstellen Riekofen 1 und Moosham (Flickermühle) entdeckt worden, die beide im Kreis Regensburg-Süd liegen. Sie kamen im Bereich der befestigten Siedlungen (sogenannte Erdwerke) zum Vorschein.

In Riekofen 1 wurden drei Scheitelbeinbruchstücke geborgen, die offenbar von einem erwachsenen Menschen stammen. Das Geschlecht ließ sich nicht bestimmen. Die Knochenbruchstücke weisen weder Schnitt- noch Feuerspuren auf. In Moosham fand man Reste von mindestens zwei Menschen, nämlich den Unterkiefer von einem fast einjährigen Säugling sowie etliche Knochen und einen Backenzahn von einem Erwachsenen.

Verzierter tönerner Spinnwirtel aus Riekofen (Kreis Regensburg) in Bayern. Höhe 4,8 Zentimeter, Durchmesser 6,6 Zentimeter. Original im Museum der Stadt Regensburg.

Ein spitzovales Loch von 1,2 x 0,8 Zentimeter Größe auf dem Scheitelbein des Erwachsenen läßt sich als Schußverletzung deuten. Der Backenzahn ist wenig abgekaut und nicht von Karies befallen.

Die Entdeckungsgeschichte der schon erwähnten Siedlung Knöbling begann 1935. Damals stießen Arbeiter beim Straßenerweiterungsbau zwischen Knöbling und Neuhaus in der Flur Steinboß auf zwei Steinbeildepots. Davon erfuhr der zu dieser Zeit an der Realschule Cham unterrichtende Studienrat Eugen Keßler[1] (1892–1973), der sich in seiner Freizeit mit Geologie und Urgeschichte befaßte. Obwohl der renommierte Münchner Prähistoriker Paul Reinecke (1872–1958) dem Bezirksamt Cham schrieb, daß in Knöbling keine Siedlungsfunde zu erwarten seien, untersuchte Keßler das umliegende Gelände und fand dabei Hornsteingeräte und Tonscherben.

Bei Versuchsgrabungen in den Jahren 1936/37 barg Keßler mehr als 1000 Fundstücke. Damit widerlegte er die damals herrschende Lehrmeinung, der Oberpfälzer Wald und der Bayerische Wald seien in urgeschichtlicher Zeit unbesiedelt gewesen.

Die Siedlung von Knöbling erstreckte sich – nach der Streuung der Oberflächenfunde zu schließen – über eine Fläche von etwa 900 Quadratmetern. Ihre einstigen Bewohner lebten in Hütten, deren Flechtwerkwände mit Lehm verputzt waren. Davon zeugen Reste von Hüttenlehm mit Astabdrücken. Auch eine teilweise mit Steinen eingefaßte Feuerstelle kam in Knöbling zum Vorschein.

Später wurden in anderen Gegenden Bayerns weitere, teilweise aussagekräftige Siedlungsspuren der Chamer Gruppe entdeckt. In der Siedlung Unterisling (Kreis Regensburg) wies man Pfostenlöcher von Hütten, Gruben, eine steinumstellte Feuerstelle sowie mehrere Steinbeile nach. In Hienheim (Kreis

Kelheim) entdeckte der holländische Prähistoriker Pieter J. R. Modderman aus Leiden neben einigen Gruben auch zwei Gräben von 1,60 Meter Breite und 1,30 Meter Tiefe, die einen kleinen Teil des Siedlungsterrains abriegeln.

Bei Piesenkofen unweit von Obertraubling (Kreis Regensburg) konnte der Münchner Prähistoriker Hans Peter Uenze eine annähernd kreisförmige, befestigte Siedlung mit einem durchschnittlichen Durchmesser von etwa 50 Metern untersuchen. Im Graben, der diese Siedlung schützte, hatten die Erbauer der Anlage eine Palisade aus 10 bis 15 Zentimeter dicken Rundhölzern aufgestellt. Brandreste, wie verkohlte Hölzer und Hüttenlehm, die in den Graben einplaniert wurden, beweisen, daß die Siedlung trotz dieser Schutzvorkehrungen bei einem Überfall zerstört wurde. Von anderen Siedlungen der Chamer Gruppe in Alkofen (Kreis Straubing-Bogen), Straubing, Thundorf (Kreis Deggendorf) und Leidersdorf (Kreis Amberg) zeugen lediglich Keramikreste und Werkzeuge.

Neben Siedlungen im Flachland haben die Chamer Leute häufig mit Graben, Wall und Palisaden befestigte Höhensiedlungen angelegt. Die Erbauer solcher Befestigungen auf Anhöhen tauschten bewußt die schlechte Wasserversorgung oder die größere Entfernung zu ihren Äckern gegen eine bessere Verteidigungsposition ein. Die Befestigungen deuten zusammen mit den in einigen Fällen beobachteten Spuren der Zerstörung auf unruhige Zeiten hin.

Als die größte befestigte Höhensiedlung der Chamer Gruppe gilt Hadersbach bei Geiselhöring (Kreis Straubing-Bogen). Sie

Kupferner Angelhaken aus Riekofen (Kreis Regensburg) in Bayern. Länge 4,5 Zentimeter, Gewicht etwa 5 Gramm. Original im Museum der Stadt Regensburg.

wurde 1982 durch den Landshuter Prähistoriker Bernd Engelhardt erforscht. In Hadersbach riegelte der bis zu 1,80 Meter tiefe und 5 Meter breite äußere Graben einen von zwei Tälern flankierten Bergsporn gegen das Hinterland ab. Dieser Graben schützte eine ovale Fläche von etwa 270 Meter Länge und 150 Meter Breite. Das mehr als 30 000 Quadratmeter umfassende Areal hatte vielleicht wegen seiner beachtlichen Ausdehnung eine Art von Mittelpunktfunktion. Hinter dem Graben verlief in etwa fünf Meter Entfernung eine mit Lehm beworfene Palisade.

Mit Hüttenlehmbrocken durchsetzte, dicke Holzkohleschichten an der Innenseite des Grabens dürften von einer Brandkatastrophe stammen, bei der die befestigte Höhensiedlung von Hadersbach vernichtet wurde. Die Siedlung konnte am höchsten Punkt der Anlage über eine sieben Meter breite Erdbrücke, die den Graben unterbrach, und durch einen zwei Meter breiten Durchlaß in der Palisade betreten werden. Zwei kurze Palisadenwände zu beiden Seiten bildeten eine Art Torgasse. Zahlreiche Pfostenspuren auf der Erdbrücke lassen darauf schließen, daß der Zugang hastig verbarrikadiert worden ist. Auf der Innenfläche der Siedlung stieß man auf Spuren eines weiteren Grabens.

Mit zu den größten befestigten Siedlungen der Chamer Gruppe gehört auch das Erdwerk I von Riekofen[2] (Kreis Regensburg), dessen Innenfläche auf etwa 8500 Quadratmeter geschätzt wird. Dort sicherten zwei Gräben mit Palisade eine von zwei Bächen begrenzte Terrassenzunge gegen das Hinterland ab.

Weitere befestigte Höhensiedlungen kennt man von Dobl bei Prutting (Kreis Rosenheim), dem Galgenberg bei Kopfham nahe Ergolding (Kreis Landshut) und dem Gänsberg bei Oberschneiding (Kreis Straubing-Bogen).

In Dobl schützte ein Graben die zugängliche Seite des Bergsporns, der auf den übrigen Seiten mit steilen und hohen Hängen zur Innaue abfiel. Der Bergsporn ist heute durch einen Kiesgrubenbetrieb weitgehend zerstört. Die Höhensiedlung erstreckte sich einst auf einer dreieckigen Fläche von etwa 60 x 50 Meter Ausdehnung. Die Spuren von zwei Brandkatastrophen in Dobl könnten von Überfällen herrühren. Die Höhensiedlung Dobl wurde 1972 und 1974/75 von dem Münchner Prähistoriker Hans Peter Uenze ausgegraben.

Die Befunde auf dem Galgenberg bei Kopfham[3] deuten ebenfalls auf einen Überfall und die Zerstörung der Höhensiedlung. Hier umgab ein ovaler Grabenring eine etwa 60 Meter lange und 45 Meter breite Fläche. Der an der südlichen Talseite geschaffene Eingang wurde durch ein kleines Vorwerk zusätzlich geschützt. Diese Siedlung hatte man im Herbst 1980 am gleichen Tage durch Luftbildaufnahmen und Funde auf einem frischgepflügten Acker entdeckt.

Den nur teilweise erhaltenen, wohl ovalen Grabenring auf dem Gänsberg bei Oberschneiding fand man 1981 mit Hilfe von Luftbildaufnahmen. Der Graben umschloß ein etwa 60 Meter langes und 55 Meter breites Areal.

Nach den Jagdbeuteresten aus der Siedlung Dobl zu schließen, haben deren Bewohner Rothirsche, Elche, Wildschweine, Wölfe und Biber gejagt. In der Gegend von Riekofen wurden häufig Rothirsche, Wildschweine, Rehe, seltener jedoch Auerochsen, Elche und Braunbären erlegt. Die Menschen aus der Siedlung Untersaal (Kreis Kelheim) erbeuteten neben Rothirschen und Wildschweinen auch Rehe und Wildpferde. Als Jagdwaffen dienten vermutlich vor allem Pfeil und Bogen. Ein

Tongefäß der Chamer Gruppe mit Leistenverzierung aus der namengebenden Siedlung von Knöbling (Kreis Cham) in Bayern. Das Gefäß ist aus Scherben rekonstruiert und 17 Zentimeter hoch. Original im Museum der Stadt Regensburg.

kupferner Angelhaken aus Riekofen dokumentiert den Fischfang in der nahen Donau.

Wichtiger als die Jagd waren für den Lebensunterhalt der Ackerbau und die Viehzucht. 1972 gelang der Botanikerin Maria Hopf aus Mainz der erste Nachweis von Getreide in einer Siedlung der Chamer Gruppe. Sie entdeckte an drei Scherben von Tongefäßen aus Knöbling deutliche Kornabdrücke. In zwei Fällen stammten sie von mehrzeiliger Gerste, in einem Fall vom Einkorn. Ein Gerstenkorn und eine Einkornähre wiesen noch bzw. nur Spelzen auf. Es handelte sich wohl um Dreschrückstände. Außerdem fand man in Knöbling drei steinerne Erntemesser mit Gebrauchsspuren, Dreschrückstände kennt man auch aus Dobl.

Die Bauern von Dobl hielten Rinder, Schweine, Schafe oder Ziegen und Pferde als Haustiere. Die Haltung von Pferden als vermutlich lebender Fleischvorrat wird durch den Fund eines Pferdegebisses auf dem Galgenberg bei Kopfham belegt. In Riekofen sind Rinder, Schweine, Schafe, Ziegen und Hunde nachgewiesen worden.

Neben der aus Getreidekörnern und -mehl zubereiteten Nahrung, dem Fleisch von geschlachteten Haustieren und Wildbret haben die Chamer Leute auch eßbare Wildpflanzen und Kleintiere verzehrt. Auf letzteres weisen vier Muschelschalen aus Untersaal hin, die Spuren gewaltsamer Öffnung tragen.

Von Tauschgeschäften zeugen honiggelbe Feuersteindolche aus Grand Pressigny in Frankreich (s. S. 237). Solche Importstücke fand man auf der Roseninsel im Starnberger See und in der erwähnten Höhensiedlung Dobl. Der Dolch von der Roseninsel ist 15,1 Zentimeter lang, derjenige von Dobl 12,7 Zentimeter. Diese Waffen hatten damals die Funktion von Prunk- oder Prachtstücken.

Funde von tönernen Spinnwirteln und Webgewichten aus Siedlungen der Chamer Gruppe beweisen die Kenntnis des Spinnens und Webens. Demzufolge dürften die Chamer Leute aus Wolle angefertigte Kleidung getragen haben. Wegen ihres großen Durchmessers bis zu sechs Zentimetern und einem Gewicht bis zu 150 Gramm sprechen die Experten von geradezu »bombastischen« Spinnwirteln. Sie gelten als ein Charakteristikum der Chamer Gruppe. Die Spinnwirtel wurden offensichtlich als Schwungrad beim Spinnen der Schafwolle benutzt. Häufig sind sie auf der Oberseite mit Ritz- und Strichgruppen verziert.

Schmuckstücke kamen bei Ausgrabungen auf einem Siedlungsplatz in Griesstetten[4] bei Dietfurt im Altmühltal zum Vorschein. Dabei handelt es sich um mehrere bis zu 1,5 Zentimeter lange und maximal 0,8 Zentimeter dicke Calziträllchen, die der Länge nach durchbohrt worden sind. Diese steinernen Röllchen dienten vermutlich als Bestandteile einer Kette. Am selben Fundort barg man außerdem je einen durchbohrten Eckzahn des Braunbären und eines Hundes oder Wolfes. Auch diese Zähne dürften Schmuckstücke gewesen sein. Fünf tiefrote Eisensteinstücke aus Knöbling, die teilweise Schleifspuren aufweisen, sind wohl zur Herstellung von Schminkfarbe benutzt worden.

Unter den Tongefäßen der Chamer Gruppe herrschen die sogenannten Knickwandgefäße vor. Die Keramik dieser Kulturstufe ist meist bräunlich bis schwärzlich. Typisch sind die häufig vorkommenden plastischen Verzierungen und gestempelten Ornamente. Einige Gefäßfragmente aus Knöbling veranschaulichen, wie die Keramik geschaffen wurde. Zunächst formte man die Bodenplatte, dann wulstete man darauf die Wände hoch und verstärkte diese zumindest im unteren Teil von außen. Dem dafür verwendeten Ton wurde Granitgrus und manchmal Glimmer beigemischt.

Die Gefäße der Chamer Gruppe wirken vielfach so, als sei man bei ihrer Herstellung nicht besonders sorgfältig vorgegangen. Ein Teil der Gefäße ist schief, nicht selten lösten sich Scherben an den beim Gefäßaufbau kritischen Stellen wie dem Wandansatz am Boden oder dem Übergang vom Bauch zur Schulter.

Die Werkzeuge der Chamer Gruppe wurden aus Hornstein und Plattenhornstein (beide sind Feuersteinarten) sowie vereinzelt aus Rosenquarz und Bergkristall zurechtgeschlagen oder aus Felsgestein wie Strahlsteinschiefer oder Amphibolit zurechtgeschliffen. In Knöbling verwendete man Hornstein aus der näheren Umgebung, aber auch ortsfremden Plattenhornstein, Rosenquarz und Bergkristall. Der ortsfremde Rohstoff wurde vermutlich bei Expeditionen beschafft.

Ein Serpentingeröll mit 1,8 Zentimeter tiefer und 7,1 Zentimeter langer Sägespur aus Knöbling dokumentiert die Herstellung von Felsgesteingeräten an Ort und Stelle. Das Geröll dürfte aus dem etwa sechs Kilometer entfernten Fluß Regen stammen. Ein anderes angesägtes Geröll wurde in Stamsried (Kreis Cham) geborgen. An Werkzeugen gab es unter anderem Erntemesser und Kratzer aus Feuerstein, Schleifsteine aus Sandstein, Reibsteine aus Geröllen und Beilklingen aus Felsgestein.

Als Fernwaffe dienten auch in dieser Kulturstufe Pfeil und Bogen, wovon vier Pfeilspitzen aus Feuerstein von der Siedlung Knöbling künden. Am selben Fundort kam auch ein kunstvoll aus grauem Plattenhornstein zurechtgeschlagener Dolch von 8,3 Zentimeter Länge zum Vorschein.

Da an den Fundstellen der Chamer Gruppe noch keine Gräber entdeckt wurden, ist unbekannt, wie deren Angehörige ihre Toten bestatteten.

Der versunkene Wagen von Seekirch

Die Goldberg III-Gruppe

Zwischen etwa 3500 und 2800 v. Chr. existierten im Nördlinger Ries (Bayern) und in Oberschwaben (Baden-Württemberg) Siedlungen mit Hinterlassenschaften, wie sie vor allem in dem dritten auf dem Goldberg bei Riesbürg (Ostalbkreis) entdeckten Dorf zum Vorschein kamen.[1] Ein Teil der Prähistoriker betrachtet die sogenannte Goldberg III-Gruppe als eine eigenständige Kulturstufe, andere dagegen bezweifeln dies und rechnen die Siedlung Goldberg III zusammen mit einigen anderen der Chamer Gruppe zu.

Den seltsam klingenden Namen Goldberg III hat 1937 der Frankfurter Prähistoriker Gerhard Bersu (1889–1964, s. S. 510) geprägt. Bersu hatte auf dem Goldberg von 1911 bis 1929 – mit Unterbrechungen im Ersten Weltkrieg und in den Nachkriegsjahren – Ausgrabungen vorgenommen.

Bei der Siedlung Goldberg III handelte es sich um mehr als 50 Häuser, die teilweise in annähernd kreisförmigen Gruppen angeordnet waren. Die Behausungen hatten einen fast quadratischen Grundriß. Bis zu vier Meter tiefe Gruben mit steilen nach unten zu enger werdenden Wänden deutet man als Keller. Die Gruben wurden während der Besiedlungsdauer mit mancherlei Gegenständen gefüllt. Häufig fand man darin auch menschliche Skelettreste, unter denen Schädelfragmente von Kindern überwiegen. Die Siedlung ist vermutlich nach einer gewissen Zeit wieder verlassen worden.

Siedlungen aus der Zeit von Goldberg III kennt man auch am Schreckensee (Kreis Ravensburg) sowie in den Täschenwiesen bei Alleshausen und in den Achwiesen von Seekirch (beide Kreis Biberach) im Federseemoor. Bei Alleshausen wurde 1985/86 ein auf dem Torfgrund liegender Prügelboden eines kleinen Blockhauses ausgegraben. Dieser Fund gilt als der mit Abstand älteste Nachweis der sonst erst ab der Spätbronzezeit bekannten Bautechnik. In Seekirch stieß man dagegen 1989 auf Reste von Pfostenbauten unbekannter Größe, in deren Innerem sich mehrfach erneuerte Herdstellen befanden.

Fragmente von zwei Wagenrädern aus der Siedlung Seekirch-Achwiesen zeigen, daß deren Bewohner zwei- oder vierrädrige Karren zum Transport von schweren Lasten besaßen. Jedes der beiden Wagenräder besteht aus zwei Teilen, die mit Einschubleisten verbunden wurden. Die 1989 bei Ausgrabungen entdeckten Räderfragmente lagen etwa 1,20 Meter voneinander entfernt und machten auf den Ausgräber Helmut Schlichtherle aus Gaienhofen-Hemmenhofen den Eindruck, als seien sie hier mitsamt dem Wagen eingesunken und steckengeblieben. Im Gegensatz zu dem an der Erdoberfläche verrotteten Oberteil des Wagens sind die Räder weitgehend erhalten.

Die Radreste von Seekirch-Achwiesen entsprechen in allen Einzelheiten den in Schweizer Seeufersiedlungen geborgenen Rädern. Sie gehörten zu zwei- oder vierrädrigen Karren, deren mit einem viereckigen Loch in der Mitte versehene Scheibenräder fest auf der rotierenden Achse saßen. Die Räder von Seekirch-Achwiesen und aus der Schweiz unterscheiden sich mit ihren rechteckigen, buchsenlosen Achslöchern von den aus Nordeuropa und dem Donauraum bekannten Radtypen ganz deutlich.

Wie die Funde auf dem Goldberg zeigen, haben die einstigen Bewohner verschiedene Werkzeuge aus Feuerstein, Felsgestein, Geweih und Knochen hergestellt. Aus Feuerstein schufen die Goldberg III-Leute beispielsweise lange Klingen und Sicheln für die Getreideernte. Felsgestein diente als Rohstoff für rechteckige und trapezförmige Beilklingen, die häufig in Hirschgeweih gefaßt waren. Die systematische Verwendung von Hirschgeweih als Rohstoff erreichte während dieser Kulturstufe einen Höhepunkt. Auffällig ist auch der Reichtum an Knochengeräten für verschiedene Zwecke.

Bei den unsicher datierten menschlichen Skelettresten aus Gruben von Goldberg III dürfte es sich nicht um Bestattungen, sondern um achtlos hingeworfene Überreste handeln, vermutet der Münchner Anthropologe Peter Schröter.

Der Goldberg bei Riesbürg (Ostalbkreis) in Baden-Württemberg. Nach der dritten dort entdeckten Siedlung wurde die Goldberg III-Gruppe benannt. Manche Prähistoriker rechnen sie jedoch der Chamer Gruppe zu.

250 Bestattungen in einem einzigen Grab

Die Wartberg-Gruppe

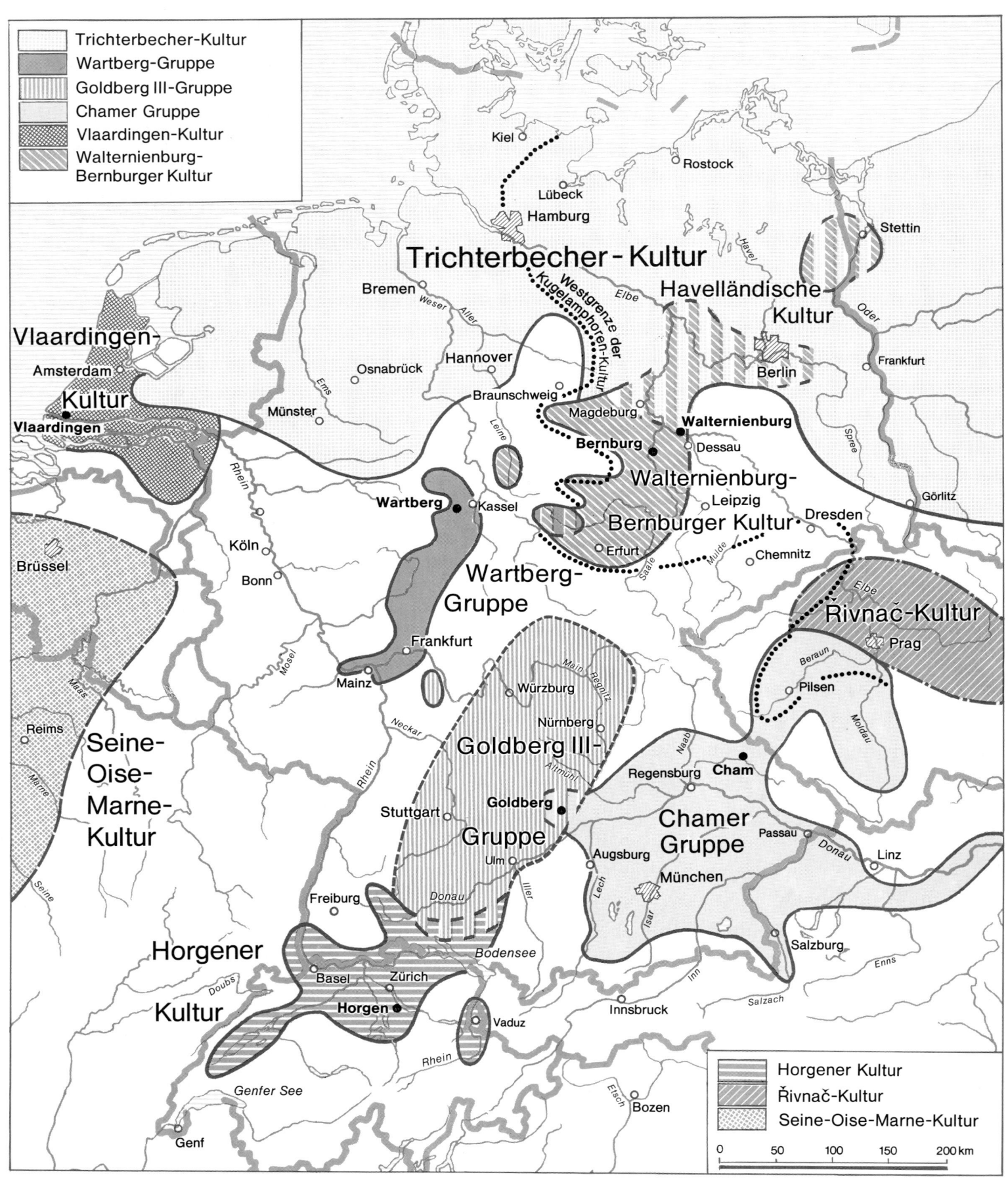

Legende:
- Trichterbecher-Kultur
- Wartberg-Gruppe
- Goldberg III-Gruppe
- Chamer Gruppe
- Vlaardingen-Kultur
- Walternienburg-Bernburger Kultur

- Horgener Kultur
- Řivnač-Kultur
- Seine-Oise-Marne-Kultur

0   50   100   150   200 km

In Teilen von Hessen, Nordrhein-Westfalen und Thüringen hat zwischen 3500 und 2800 v. Chr. die Wartberg-Gruppe existiert. Sie war von Wiesbaden im Süden bis in die Warburger Börde im Norden verbreitet. In Thüringen sind in der Umgebung von Mühlhausen Siedlungsspuren dieser Kulturstufe bekannt. In Hessen trat die Wartberg-Gruppe die Nachfolge der Michelsberger Kultur (s. S. 315) an.

Die Bezeichnung Wartberg-Gruppe hat zwei Väter. Der damals in Kassel tätige Prähistoriker Hermann Müller-Karpe (s. S. 513) hat 1951 diesen Namen als erster verwendet. Er meinte damit jedoch nur die Siedlungen vom Wartberg bei Niedenstein-Kirchberg (Schwalm-Eder-Kreis) in Nordhessen. Dagegen benutzte der Prähistoriker Winrich Schwellnus diesen Begriff in seiner 1974 in Marburg verfaßten, aber erst 1979 gedruckten Dissertation generell für Siedlungen mit Keramik nach Art der Funde vom Wartberg.

Obwohl die Gräber der Wartberg-Gruppe den megalithischen Steinkammergräbern der Trichterbecher-Kultur (s. S. 335) ähnelten, rechnet man sie nicht dieser Kultur zu. Bevor Winrich Schwellnus ihren Erbauern den Rang einer eigenen Gruppe einräumte, wurden sie unter den Begriffen Steinkisten- oder Steinkammergrab-Kultur zusammengefaßt.

Das biologische Erscheinungsbild der Wartberg-Leute ist gut bekannt, da in den Steinkammergräbern dieser Kulturstufe meist über 100 Bestattungen geborgen werden konnten. So waren im Steinkammergrab von Altendorf bei Naumburg (Kreis Kassel) in Nordhessen die allgemein sehr grazilen Männer 1,60 bis 1,63 Meter und die Frauen 1,51 bis 1,54 Meter groß. Das ermittelte der Tübinger Anthropologe Alfred Czarnetzki. Im Steinkammergrab von Calden (Kreis Kassel) erreichten die gegenüber Altendorf eher grobwüchsigen Männer eine Körpergröße von 1,62 bis 1,65 Meter und die Frauen von 1,50 bis 1,59 Meter. Auffällig bei zahlreichen Skeletten sind stark ausladende Hinterköpfe, in Calden außerdem die breiten Nasen.

Von den Angehörigen der Wartberg-Gruppe starben knapp ein Drittel vor Erreichen des 20. Lebensjahres. Das durchschnittliche Sterbealter in Calden betrug etwa 27 Jahre. Diese Menschen litten unter zahlreichen Krankheiten, die am Skelett ihre Spuren hinterließen. Dazu gehörten nach den Untersuchungen aus Altendorf und Calden unter anderem ineinandergewachsene Hals- und Lendenwirbel, Wachstumsstillstände und Blutarmut (Anämie), die Verwachsung von Schien- und Wadenbein sowie verheilte Finger- und Zehenbrüche. Der Zustand ihrer Zähne war im Vergleich zu heute wesentlich besser. In Calden wiesen nur vier Prozent aller Zähne Spuren von Karies auf. Erkrankungen im Bereich der Zahnwurzel und Zahnsteinbefall waren ebenfalls viel seltener als in der Gegenwart. Aus Altendorf und anderen Orten kennt man allerdings stark abgekaute, aber auch krankhafte, hohle und von Zahnstein befallene Zähne.

Die Menschen der Wartberg-Gruppe haben ihre Siedlungen gern auf Bergen errichtet. Spuren solcher Höhensiedlungen entdeckte man außer auf dem namengebenden Wartberg[1] auch auf dem Hasenberg[2] bei Lohne unweit von Fritzlar (Schwalm-Eder-Kreis), auf dem Bürgel[3], Güntersberg[4] und Odenberg[5] bei Gudensberg (alle drei im Schwalm-Eder-Kreis), einem Berg bei Lohra[6] (Kreis Marburg-Biedenkopf) und auf dem Plateau des Weißen Holzes bei Rimbeck[7] (Kreis Höxter). Die Wahl sol-

Nach dem Wartberg bei Niedenstein-Kirchberg (Schwalm-Eder-Kreis) in Hessen ist die Wartberg-Gruppe benannt. Auf dem Berg lag eine Siedlung dieser Kulturstufe der Jungsteinzeit.

cher hochgelegener Standorte deutet auf ein gewisses Schutzbedürfnis und somit auf unruhige Zeiten hin.

Die erwähnte Siedlung bei Lohra befand sich auf einem Sporn, der auf drei Seiten steil abfiel und die Siedler vor Angriffen bewahrte. Auf dem Bürgel bei Gudensberg, einem rundlichen Vorsprung im Südosten des Schloßberges, fand man Spuren einer 60 Meter langen Palisade. Die Siedlung bei Rimbeck war von einem mannstiefen Graben umgeben.

Wo es keine Anhöhen gab, legten die Wartberg-Leute ihre Siedlungen auch im Flachland an. Sie waren teilweise mit Gräben, Wällen und Palisaden geschützt. Die Erforschung dieser Siedlungen ist noch nicht abgeschlossen.

Bei Calden wurde 1976 aus der Luft ein Erdwerk entdeckt, weil das Getreide auf den in den Kalkboden eingetieften und später mit Humus verfüllten ehemaligen Gräben dieser Anlage höher wuchs als in der Umgebung. Die längeren Halme warfen bei bestimmten Lichtverhältnissen Schatten und waren zudem intensiver gefärbt. Im Sommer 1988 konnte man diese Erscheinungen sogar vom Boden aus erkennen und die Anlage zum Teil vermessen. Seit 1988 wird sie durch die Prähistoriker Irene Kappel und Dirk Raetzel-Fabian aus Kassel untersucht.

Das Caldener Erdwerk ist von zwei ovalen bis kreisförmigen Gräben umgeben, die eine Fläche von etwa 480 x 400 Metern einschließen. Damit ist es etwa so groß wie die schon erwähnte Rimbecker Anlage. Luftbilder und geophysikalische Messungen zeigten, daß der Doppelgraben an sieben Stellen durch Erdbrücken unterbrochen war. Bei Grabungen an einer dieser Unterbrechungen wurden kleine Fundamentgräben eines zweiräumigen Einbaues gefunden. Auch in den anderen Lücken im Verlauf des Grabens könnte es ähnliche Einbauten gegeben haben, welche die Funktion von Toren oder Bastionen hatten. Am ehesten hat dieser Befund Parallelen zum Erdwerk bei Urmitz (s. S. 316), das der Michelsberger Kultur angehört. Das Caldener Erdwerk läßt sich aufgrund der in den Gräben nachgewiesenen Keramik eindeutig der Wartberg-Gruppe zuweisen.

Eine weitere eindrucksvolle befestigte Siedlung der Wartberg-Gruppe wurde 1989/90 bei Wittelsberg im Ebsdorfergrund öst-

◁ Verbreitung der Wartberg-Gruppe und ihre Nachbarn in Deutschland.

lich von Marburg durch den Marburger Prähistoriker Lutz
Fiedler untersucht. Zwei mehrere Meter breite und 3 Meter
tiefe Gräben schützten dort ein 140 x 130 Meter großes ovales
Siedlungsareal vor Angreifern. Der Erdaushub aus den Gräben
war zu Wällen und Bastionen aufgeschüttet. Die Wälle hatte
man durch starke Pfostenreihen vor dem Abrutschen bewahrt.
Die Außenfront der Umwallung ragte ursprünglich bis zu
7 Meter aus dem Grabenwerk. Innerhalb der Gräben wurden
Reste von 5 bis 6 Meter breiten Langhäusern, deren Länge
nicht bekannt ist, und sieben Kellergruben von jeweils 4 x 4,50
Meter Größe festgestellt.

Vor wem sich die Wartberg-Leute zu schützen versuchten, weiß
man nicht. Vielleicht kam es zeitweise zu bewaffneten Konflik-
ten um Vieh, Vorräte und Land. Auch Frauenraub ist nicht auszuschließen. Die Erdwerke hatten neben der Funktion als
Festungsanlage auch den Zweck, wirtschaftliche, militärische,
religiöse und politische Macht zu repräsentieren. Eine solche
Anlage dürfte nach einem Konzept angelegt worden sein, das
nicht allein von den Funktionen, sondern von traditionellen
Weltbildern und Wertvorstellungen geprägt ist.

Nach Ansicht von Lutz Fiedler dokumentiert eine befestigte
Siedlung dieser Art mit den dafür notwendigen Vorausset-
zungen sozialer und politischer Organisation die Ursprünge und
Anfänge stadtähnlicher Siedlungen Mitteleuropas schon in
der Jungsteinzeit. Für unser Geschichtsbild bedeute dies ein
Umdenken.

Die von den Wartberg-Leuten errichteten Steinkammergräber
(auch Galeriegräber genannt) stellen eine bedeutende Leistung dieser Menschen dar. Sie wurden meist etwa einen Kilometer von der Siedlung entfernt angelegt. Dabei handelte es
sich um Kollektivgräber, die von kleinen Gemeinschaften etwa
in der Größe eines Weilers über Generationen hinweg benutzt
wurden.

Der Bau von diesen mindestens 6 und maximal 20 Meter langen sowie zwischen 2 und 3,50 Meter breiten Steinkammergräbern ist ohne die Verwendung von Rollen aus Baumstämmen,
Rampen, Hebebäumen oder ähnlichen Hilfsmitteln kaum

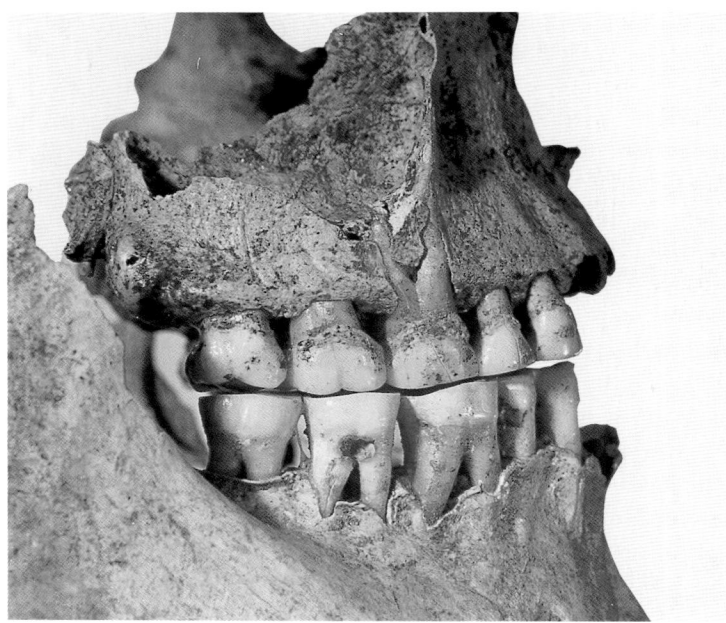

Stark abgekautes Gebiß eines Menschen aus dem Steinkammergrab von
Altendorf bei Naumburg (Kreis Kassel) in Hessen. Original in der Osteologischen Sammlung der Universität Tübingen.

Einer der Hundeunterkiefer aus dem Steinkammergrab von Niedertiefenbach (Kreis Limburg-Weilburg) in Hessen. Original im Museum Wiesbaden.

denkbar. Manchmal mußten die für die Wände und die Decke
der Grabkammer benötigten Steinplatten aus einigen Kilometer Entfernung herbeigeschafft werden. Dies bewerkstelligte
man vermutlich durch Unterlagen von Rollen. Dabei bewegte
man die schweren Lasten vielleicht nicht nur allein mit Men-
schenkraft, sondern auch durch den Einsatz von Rindern als
Zugtiere. An der Baustelle mußten die Platten dann in die aus-
gehobene Grube hinabgelassen werden, dort standsicher aufgestellt und mit Steinplatten oder Holzbalken überdeckt werden. Zuletzt wurde die Konstruktion unter einem flachen Erdhügel verborgen.

Als Zugang in die Grabkammer diente bei Bestattungen meist
ein rundes Loch in der Abschlußplatte auf einer der beiden
Schmalseiten. Durch diese oft kaum einen halben Meter breite
Öffnung hindurch zwängten sich bei Bestattungen die Hinterbliebenen und betteten den Verstorbenen im Innern der Grabkammer zur letzten Ruhe. Der Vorraum der Steinkammergräber war offenbar den mit der Grablegung verbundenen Opferhandlungen vorbehalten. Die runde Öffnung zwischen dem
Vorraum und der Grabkammer war vielleicht als eine Art Tür
gedacht, durch die Lebende und Tote kommunizieren konnten.
Sie wird in Anlehnung an skandinavische Bräuche als »Seelenloch« bezeichnet.

Die Idee für die Errichtung derartiger Steinkammergräber mit
einem »Seelenloch« stammt offenbar aus Frankreich, wo solche Gräber vor allem im Pariser Becken, aber auch in der Normandie und in der Bretagne sehr häufig anzutreffen sind. Von
dort aus gelangte die Kenntnis dieser Grabform in verschiedenen Varianten nach Hessen, Westfalen mit Ausläufern nach
Südniedersachsen und Mitteldeutschland. Die aus Nordhessen
bekannten Steinkammergräber ähneln meist der im Pariser
Becken vorkommenden Grabform.

Im berühmten Steinkammergrab von Züschen bei Fritzlar
haben vermutlich die Bewohner der schon erwähnten Siedlung
auf dem Hasenberg ihre Verstorbenen bestattet. Das Grab
befindet sich auf einem leicht ansteigenden Hang in der Flur
»Engelshecke« östlich von Züschen. Auf der gegenüberliegenden Talseite erstreckte sich ehedem die Siedlung auf dem
Hasenberg. Die Längsachse des Grabes weist auf den etwa
fünf Kilometer entfernten Fundort Wartberg hin. Ob diese Ausrichtung zufällig oder bewußt erfolgte, ist ungewiß.

Das Züschener Steinkammergrab ist etwa 20 Meter lang, 2,50
Meter breit und in den Boden eingetieft.[8] Die Grabkammer
wurde aus Sandsteinplatten errichtet, wie sie auf der gegenüberliegenden Talseite zu finden sind. Jede der beiden Längswände umfaßte einst ein Dutzend Steine. Die beiden Schmalseiten hat man jeweils mit einer einzigen Platte abgeschlossen.

Eine dieser Abschlußplatten enthält eine etwa 50 Zentimeter große kreisrunde Öffnung, eben das sogenannte »Seelenloch«. Die eigentliche Grabkammer hat die Innenmaße von 16,50 x 2,50 Metern. Vor der Platte mit dem »Seelenloch« lag ein kleiner, etwa 2,50 Meter langer Vorraum, dessen Lehmboden festgestampft ist.

In der Grabkammer entdeckte man zahlreiche menschliche Skelettreste, welche auf die Ausgräber den Eindruck machten, als hätte man sie durcheinandergeworfen. Insgesamt fand man am Boden der Grabkammer die Knochen von mindestens 27 Toten. Ursprünglich muß die Zahl der dort Bestatteten noch viel größer gewesen sein, weil auch der über dem Boden liegende Schutt viele Menschenknochen enthielt. Es hat den Anschein, als seien die Toten meist mit den Füßen voran und mit dem Kopf zum Eingang hin in mehreren Schichten übereinandergelegt worden.

Nach den Funden im Züschener Steinkammergrab zu schließen, haben die Wartberg-Leute ihre Toten nur mit wenig Beigaben versehen. Man barg lediglich spärliche Keramikreste, einige Stein- oder Knochenwerkzeuge sowie Tierknochen vor allem vom Rind, die wohl Reste von Fleischbeigaben waren. Auch in der kleinen Vorkammer entdeckte man einige Funde. Dabei dürfte es sich um Opfergaben oder um Überreste der Totenfeiern handeln, von denen auch mehrere Brandplätze zeugen.

Die Entdeckungsgeschichte des Züschener Steinkammergrabes begann, als der Besitzer des Ackers, unter dem sich das Bauwerk befand, beim Pflügen auf eine Reihe von Sandsteinen stieß. Er wollte sie im Frühjahr 1894 entfernen, doch dazu kam es nicht, weil der Inspektor des Rittergutes Garvens in Züschen erkannte, daß es sich bei den Steinen um einen urgeschichtli-

Fundamentgräben eines zweiräumigen Einbaues zwischen den Gräben des Erdwerks von Calden (Kreis Kassel) in Hessen. Bei dem Einbau handelt es sich nach Ansicht der Ausgräberin Irene Kappel aus Kassel vermutlich eher um eine Bastion als um ein Tor. Breite der mutmaßlichen Bastion maximal 10 Meter, Länge etwa 20 Meter.

chen Fund handelte. Der Inspektor überredete den Eigentümer des Ackers, die Erde an den Enden der Plattenreihe zu entfernen. Dabei wurden Tonscherben und menschliche Knochen entdeckt.

Nachdem Baron Felix von und zu Gilsa (1840–1916) die Fundstelle in Augenschein genommen hatte, informierte er die Direktion des Kasseler Museums über die Entdeckung, worauf das Grab durch den Archäologen Johannes Boehlau[9] (1861 bis 1941) ausgegraben wurde. Als Finanzier und Helfer betätigte sich dabei der Rittergutsbesitzer Wilhelm von Garvens (1841 bis 1913) aus Züschen.

Befestigte Siedlung aus der Zeit der Wartberg-Gruppe bei Wittelsberg im Ebsdorfergrund östlich von Marburg in Hessen. Zwei Gräben sowie Wälle und Bastionen schützten die Bewohner der Anlage vor Angreifern. Die Rekonstruktion der befestigten Siedlung basiert auf den Ausgrabungsbefunden des Marburger Prähistorikers Lutz Fiedler.

Tongefäß der Wartberg-Gruppe aus dem Steinkammergrab von Lohra (Kreis Marburg-Biedenkopf) in Hessen. Maximaler Durchmesser etwa 33 Zentimeter. Original im Hessischen Landesmuseum Kassel.

Etwa 150 Meter nordwestlich dieses berühmten Züschener Grabes wurde 1894 ein weiteres Grab zerstört vorgefunden. Es ist 12 Meter lang, 2,50 Meter breit und in den Boden eingetieft. Für die Wandsteine verwendete man Sandsteinplatten und eine Kalksteinplatte. Neben einer nicht genau bekannten Zahl von Menschenknochen barg man spärliche Keramikreste, Steingeräte und Rinderknochen.

Von den nordhessischen Steinkammergräbern der Wartberg-Gruppe hat das südlich von Altendorf bei Naumburg (Kreis Kassel) mit mindestens 235 Bestattungen entdeckte Grab den besten Einblick in die Bestattungssitten dieser Kulturstufe ermöglicht. Dieses Grab hatte seit etwa 1907 beim Pflügen gestört. Als der Besitzer des Ackers 1921 die Steinplatten entfernen wollte, fand er menschliche Knochen und Schädel. Er meldete seine Entdeckung, worauf der damalige Vorsitzende des Hessischen Geschichtsvereins, General a.D. Gustav Eisentraut[10] (1844–1926) aus Kassel und der Kasseler Bibliothekar Wilhelm Christian Lange (1857–1928) das Grab untersuchten. Weil die beiden das Alter des Fundes nicht ahnten, erlaubte man dem Bauern, die Steine zu beseitigen. Dabei kamen auch zwei Steine mit jeweils der Hälfte eines »Seelenloches« ans Tageslicht. Erst der damals in Kassel wirkende Archäologe Wilhelm Jordan (1903–1983) hat 1934 die Bedeutung des Steinkammergrabes erkannt und dessen Reste ausgegraben.

Dieses Steinkammergrab war 17 Meter lang und 2,90 Meter breit. Die Grabkammer und der Vorraum wurden durch den Türlochstein getrennt. Das »Seelenloch« darin ist nur 33 bis 37 Zentimeter breit. Wenn es tatsächlich zur Beerdigung diente, konnten sich wohl nur schmalgebaute Erwachsene oder Jugendliche hindurchzwängen. Auch der Tote durfte nicht übergewichtig sein. Den Boden hatte man stellenweise mit kleinen Kalksteinplatten gepflastert.

Der Ausgräber Wilhelm Jordan hatte bei seinen Untersuchungen das Glück, daß beim Beseitigen der Wandplatten durch den Bauern der Inhalt der Grabkammer weitgehend unzerstört geblieben war. Deshalb konnte er zahlreiche interessante Beobachtungen machen. Er stellte fest, daß die Verstorbenen in Rükkenlage auf den Boden der Grabkammer gebettet, vielleicht mit Zweigen bedeckt und dann mit kiesigem Erdreich überdeckt worden waren. Im Laufe der Zeit hatte man eine Schicht des Grabraumes mit etwa 32 Toten belegt: acht hintereinander und vier nebeneinander. Die folgenden Bestattungen wurden teil-

weise zwischen die älteren gelegt, wobei man sie mit Erde und Steinen bedeckte, die man in gewissem Maße älteren Gräbern entnahm, die man gelegentlich aus Platzmangel umräumen mußte. Die sich dabei ansammelnden Knochen stapelte man aufeinander. Manchmal räumte man Schädel zur Seite, türmte einige von ihnen zu einer Pyramide auf, legte andere zu »Nestern« zusammen oder reihte sie längs der Wände auf dem Knochenlager auf. Die Schädel lagen meist mit dem Schädeldach nach unten. In allen Fällen war der Unterkiefer abgelöst, befand sich aber oft in der Nähe.

Auch im 12 Meter langen und 2 Meter breiten Steinkammergrab von Calden[11] (Kreis Kassel) hatte man die Toten bis zu vier Schichten übereinander bestattet. Insgesamt wurden dort Skelettreste von etwa 40 Menschen nachgewiesen. In Calden fand man häufig vom Körper gelöste Schädel, die man an den Wänden aufgereiht hatte.

Von den bisher erwähnten Steinkammergräbern aus Nordhessen unterscheidet sich das sogenannte Lautariusgrab[12] von Gudensberg (Schwalm-Eder-Kreis) durch seine Bauweise. Es wurde oberirdisch errichtet und in drei Kammern eingeteilt, wie man das auch aus Frankreich kennt. Dieses Grab ist 10 Meter lang und mindestens 4,50 Meter breit. Wegen seiner großen Breite nimmt man an, daß das Gudensberger Grab nicht mit riesigen Steinplatten, sondern mit Holzbalken abgedeckt war. Außer einigen verbrannten Knochensplittern blieben keine Skelettreste erhalten.

Leichenbrandreste aus dem 6 x 3 Meter großen Steinkammergrab von Lohra[13] (Kreis Marburg-Biedenkopf) beweisen, daß

Das Steinkammergrab von Züschen bei Fritzlar (Schwalm-Eder-Kreis) in Hessen auf einer alten Aufnahme von 1897. Länge etwa 20 Meter, Breite 2,50 Meter. Die runde Öffnung (»Seelenloch«) im Türlochstein hat einen Durchmesser von 50 Zentimetern.

Bernsteinperlen aus dem Steinkammergrab von Niedertiefenbach (Kreis Limburg-Weilburg) in Hessen. Durchmesser der größten Perle 3,6 Zentimeter. Originale im Museum Wiesbaden.

die dort bestatteten 20 Männer, Frauen und Kinder nach ihrem Tod verbrannt worden sind. Auffälligerweise hatte man diesen Brandbestattungen reichlich Keramik mit ins Grab gegeben. Die mehr als 20 teilweise vollständig erhaltenen Gefäße standen oder lagen auf dem Boden der Grabkammer und wurden von den Überresten des Brandes umhüllt.

Außer den bisher aufgezählten Steinkammergräbern der Wartberg-Gruppe gab es in Hessen weitere Gräber dieser Kulturstufe. Beispielsweise am Jettenberg bei Willingshausen[14], im »Rosenfeld« bei Gleichen[15] südlich des Wartberges und im »Wehrengrund« bei Lohne[16] östlich des Hasenberges (alle drei im Schwalm-Eder-Kreis), sowie in Niedertiefenbach[17] und Niederzeuzheim[18] (Kreis Limburg-Weilburg). In Niedertiefenbach waren mindestens 177 Tote in bis zu zehn Schichten übereinander bestattet.

Nach den Keramikresten in den Steinkammergräbern der Stadtteile Hohenwepel[19] und Rimbeck[20] von Warburg (Kreis Höxter) in Westfalen zu urteilen, gehören auch diese Gräber zur Wartberg-Gruppe. Das 25 Meter lange und bis zu 3 Meter breite Steinkammergrab von Hohenwepel war aus ortsfremdem Buntsandstein errichtet worden, wie er in drei- bis viereinhalb Kilometer Entfernung vorkommt. Für die Decke verwendete man vermutlich Holzbalken. Die Zahl der darin Bestatteten ist unbekannt, weil nur wenige bruchstückhafte Skelettreste geborgen werden konnten. In Rimbeck hatte man mehr als 150 Menschen zur letzten Ruhe gebettet.

Der aufwendige Grabbau und die merkwürdige Bestattungsart in den Steinkammergräbern der Wartberg-Gruppe deuten auf komplizierte Jenseitsvorstellungen dieser Menschen hin. Zur Religion der Wartberg-Leute könnten Fruchtbarkeitskulte gehört haben, in deren Mittelpunkt vermutlich die Sorge um das Wachstum des Getreides und das Gedeihen der Haustiere stand. Die Darstellungen von Rindern und Wagen an den Wänden des Züschener Steinkammergrabes dienten wahrscheinlich nicht nur als Schmuck, sonder spiegelten bestimmte Vorstellungen dieser Ackerbauern und Viehzüchter wider. Das in knappster Andeutung auf einem Wandstein verewigte menschliche Gesicht könnte man als Antlitz der sogenannten »Dolmengöttin« deuten. Vergleichbare Motive kennt man auch in französischen Großsteingräbern, die Dolmen genannt werden.

Die vielen nahezu abstrakten Abbildungen von Rindern an den Wänden des Steinkammergrabes von Züschen bei Fritzlar belegen, wie wichtig die Haltung dieser Tiere für die Menschen der Wartberg-Gruppe war. Dies wird auch durch Knochenreste von Rindern im selben Steinkammergrab dokumentiert.

Die seit 1894 bekannten Rinderdarstellungen im Züschener Steinkammergrab galten lange Zeit als die einzigen Kunstwerke der Wartberg-Gruppe (s. S. 389). Sie wurden mit Hilfe eines mehr oder weniger spitzen Steingerätes punktförmig in die jeweilige Steinplatte eingeschlagen und zu Gruppen aneinandergereiht. Dabei hat man die Rinder und Wagen vermutlich in bestimmten zeitlichen Abständen einzeln auf den Steinplatten angebracht. Es handelte sich also nicht eigentlich um eine Gruppendarstellung oder Szene, wogegen auch manche Überschneidungen der Motive sprechen. Nicht zu klären ist der Zeitpunkt, zu dem diese Darstellungen angebracht wurden. Es kann bereits bei der Errichtung des Steinkammergrabes oder jeweils erst bei den einzelnen Bestattungen geschehen sein. 1986 hat man dann ein weiteres Kunstwerk dieser Gruppe im Nordwesten von Warburg (Kreis Höxter) in Nordrhein-Westfalen entdeckt. Es wurde bei der Ausgrabung eines bereits weitgehend zerstörten Steinkammergrabes unter der Leitung des Prä-historikers Klaus Günther aus Bielefeld und des Studenten Dirk Krauße-Steinberger aus Kiel geborgen. Dabei handelte es sich um einen von 25 Wandsteinen der etwa 26 Meter langen und durchschnittlich 2,50 Meter breiten Steinkammer mit ein-gravierten Motiven. Auf der Standfläche, einer der beiden Schmalseiten und am oberen Rand der der Grabkammer zuge-wandten Seite dieser 1,90 Meter breiten, 2,40 Meter langen und 0,50 Meter dicken Steinplatte wurden Wellen- und Zick-zacklinien, ein kammähnliches und gabelförmige Zeichen und ein kleiner Kreis eingepickt. Die gabelförmigen Zeichen wer-den – wie in Züschen – als abstrakte Rinder gedeutet. Die Stel-len, an denen diese Darstellungen angebracht sind, waren zu der Zeit, in der das Steinkammergrab intakt war, nicht bzw. kaum zu sehen. Sie wurden also schon vor dem Transport vom mindestens zweieinhalb Kilometer entfernten Steinbruch oder unmittelbar vor der Errichtung der Grabkammer an der Bau-stelle geschaffen.

Die Darstellungen im Züschener Steinkammergrab zeigen auch zweirädrige Wagen mit Deichseln, die jeweils von zwei Rindern gezogen werden. Ein derartiges Motiv befand sich in einem besonders guten Erhaltungszustand auf einem kleinen menhirartigen Stein von etwa 50 Zentimeter Höhe im Inneren des Steinkammergrabes.

Der Bielefelder Prähistoriker Klaus Günther deutet die sche-matischen Rinder- und Wagendarstellungen sowie die geome-trischen Zeichen auf den Steinkammergräbern von Züschen und bei Warburg als religiöse Symbole. Sie spielten nach seiner Ansicht eine wichtige Rolle im Totenkult jener Zeit, hatten aber darüber hinaus eine das ganze Leben umfassende religiöse und kultische Bedeutung. Die Rindergespanne und Wagen an den Wänden der Gemeinschaftsgräber waren laut Günther keine bildlichen Beigaben für die Toten, sondern Attribute einer auch im Jenseits herrschenden, wahrscheinlich weiblichen Gottheit, der sogenannten »Dolmengöttin«. Die Zeichen Kreis, Kamm- und Zickzacklinie symbolisierten vermutlich die Naturerschei-nungen der Sonne, des Regens und des Wassers bzw. der Lebenskraft.

Die Keramikreste in Wartberger Siedlungen lassen darauf schließen, daß die Angehörigen dieser Gruppe intensive Kon-takte zur Walternienburg-Bernburger Kultur (s. S. 380) in Mit-teldeutschland besaßen, von der sie Anregungen erhielten, die ihrerseits aber auch von der Wartberg-Gruppe beeinflußt wurde. Außerdem bestanden Beziehungen zur Kugelamphoren-Kultur (s. S. 393), zur Trichterbecher-Kultur (s. S. 323) und im Süden zur Goldberg III-Gruppe (s. S. 371).

Aus einigen Steinkammergräbern der Wartberg-Gruppe kennt man etliche Schmuckstücke aus unterschiedlichem Rohmate-rial. Besonders beliebt waren offensichtlich Unterkieferhälften von Wild- oder Haustieren, die vielleicht als Bestandteile von Amuletten dienten. Allein im Steinkammergrab von Altendorf fand man 66 Unterkieferhälften vor allem vom Fuchs, aber auch von der Wildkatze, vom Iltis, Igel, Hund und Schwein. Im selben Grab wurden außerdem insgesamt 118 durchbohrte Reißzähne von Hunden geborgen, die einzeln oder in Gruppen bis zu 14 Stück an einer Halskette hingen. Ebenfalls von dort stammen drei ringförmige Bernsteinperlen. In der Siedlung auf dem Hasenberg bei Lohne entdeckte man einen durchbohrten Bärenzahn.

Unter den Schmuckstücken aus Altendorf befand sich als Sel-tenheit ein kupfernes Spiralröllchen, das man auf einem Kin-derschädel entdeckte. In Niedertiefenbach kamen sogar

Eingepickte Zeichen auf einem der Wandsteine des Steinkammergrabes von Warburg (Kreis Höxter) in Nordrhein-Westfalen (von links nach rechts): Rinder, Zickzacklinie, Rindergespann, Kammzeichen und weitere Zickzacklinie. Dicke der Wandsteinplatte 40 bis 50 Zentimeter. Original im West-fälischen Museum für Archäologie, Münster.

Gesichtsähnliche Darstellung der sogenannten »Dolmengöttin« (Mitte) auf einem Wandstein des Steinkammergrabes von Züschen bei Fritzlar (Schwalm-Eder-Kreis) in Hessen. Höhe der »Dolmengöttin« 18 Zentimeter.

21 Bernsteinperlen, fünf Kupferspiralen und ein kupferner Ohrring zum Vorschein (s. S. 389).

Figurale tönerne Gefäße und plastische Tonfiguren – wie sie frühere Kulturen der Jungsteinzeit schufen – waren den Wartberg-Leuten offenbar unbekannt. Jedenfalls hat man bisher keine Spur von solchen Kunstwerken gefunden.

Einen Hinweis auf Musikinstrumente liefert eine Miniaturtrommel aus Ton vom Wartberg. In der benachbarten Walternienburg-Bernburger Kultur waren damals mit Tierhäuten bespannte Tontrommeln keine Seltenheit (s. S. 383).

Die Töpfer der Wartberg-Gruppe haben unterschiedlich geformte Tongefäße modelliert, teilweise verziert und gebrannt. In den Siedlungen und Steinkammergräbern barg man unter anderem Henkelbecher, Tassen, Schalen mit und ohne Henkel und Füßen sowie Kragenflaschen mit rundlichem Bauch und engem Kragen. Letztere sind auch aus der nordwestdeutschen Trichterbecher-Kultur und der mitteldeutschen Walternienburg-Bernburger Kultur bekannt. In den Siedlungen und im Grab von Altendorf stieß man außerdem auf große Töpfe mit zum Teil durchlochtem Rand, der vermutlich zur Befestigung der Abdeckung mit Schnüren diente. Im Steinkammergrab von Calden barg man einen Becher mit Ösen auf der Innenseite.

Die Wartberg-Leute besaßen Werkzeuge aus Feuerstein, Felsgestein, Knochen und vermutlich auch aus Kupfer. Aus Feuerstein wurden Klingen, Erntemesser und Beilklingen zurechtgehauen. Felsgestein wie Kieselschiefer, Wiedaer Schiefer oder Serpentin diente als Rohmaterial für Axt- oder Beilklingen. Letzteren gab man zunächst durch Abschlagen von kleinen Tei-

len die Rohform, erst dann schliff man sie zu. Aus Tierknochen fertigte man Meißel oder Spitzen zum Durchlochen von weichen Gegenständen wie beispielsweise Leder. Daneben goß und schmiedete man vielleicht schon kupferne Flachbeilklingen, die – wie Steinbeile und -äxte – mit einem Holzschaft versehen wurden. Denn vielleicht gehören verschiedene kupferne Flachbeile, die als Einzelfunde in Nordhessen zutage kamen, in die Wartberg-Gruppe.

Auch die Angehörigen der Wartberg-Gruppe verfügten über Pfeil und Bogen als Fernwaffe für die Jagd oder für den Kampf. Davon zeugen aus Feuerstein und teilweise auch aus Kieselschiefer zurechtgeschlagene Pfeilspitzen. Solche Bewehrungen von hölzernen Pfeilschäften hat man beispielsweise in der Siedlung auf dem Hasenberg bei Lohne sowie in den Steinkammergräbern von Altendorf und Calden geborgen. Diese Pfeilspitzen weisen unterschiedliche Formen auf. Teilweise waren sie zwecks besserer Befestigungsmöglichkeit am Schaft gestielt, teilweise ungestielt.

Auf Ackerbau weisen steinerne Erntemesser hin, mit denen Getreidehalme abgeschnitten wurden. Der Boden dürfte vor der Saat mit Holzpflügen, vor die man Rinder spannte, vorbereitet worden sein.

Bestattung eines verstorbenen Angehörigen der Wartberg-Gruppe im Steinkammergrab von Züschen bei Fritzlar (Schwalm-Eder-Kreis) in Hessen. Der Tote wurde durch die runde Öffnung (»Seelenloch«) im Türlochstein geschoben und im Inneren der Grabkammer zur letzten Ruhe gebettet.

Ein Thron aus Ton für den Gott?

Die Walternienburg-Bernburger Kultur

Im mitteldeutschen Raum, im Havelland sowie in Teilen von Niedersachsen und Unterfranken (Bayern) existierte von etwa 3200 bis 2800 v. Chr. die Walternienburg-Bernburger Kultur. Dabei handelte es sich um zwei Gruppen mit einem jeweils eigenständigen keramischen Stil – nämlich die Walternienburger Gruppe und die Bernburger Gruppe –, die teilweise selbständig nebeneinander vorkamen, teilweise aber auch miteinander vermischt waren.

Die Walternienburger Gruppe wurzelte in Teilen von Sachsen-Anhalt und reichte bis nach Thüringen. Die Bernburger Gruppe kam vor allem im Saalemündungsgebiet vor. Gebietsweise haben sich diese beiden Gruppen jedoch überschnitten, weshalb man von der Walternienburg-Bernburger Kultur spricht.

Die Walternienburger Gruppe wurde von der Altmark und den angrenzenden norddeutschen Gebieten her durch die dortige Trichterbecher-Kultur (s. S. 323) inspiriert. Die Bernburger Gruppe weist dagegen südöstliche Einflüsse aus Böhmen auf.

Der Begriff Walternienburg-Bernburger Kultur ist auf den schwedischen Archäologen Nils Åberg (1888–1957, s. S. 510) zurückzuführen, der 1918 von Walternienburg-Bernburger Keramik sprach. Älter ist die Bezeichnung Bernburger Kultur. Der schon mehrfach erwähnte Berliner Prähistoriker Alfred Götze hat bereits 1892 den Namen Bernburger Typus und 1911 den Begriff Walternienburger Kultur eingeführt. Der Ausdruck Walternienburg-Bernburger Kultur erinnert an zwei Fundorte in Sachsen-Anhalt: das Gräberfeld von Walternienburg (Kreis Zerbst) und an die Gräber von Bernburg (Kreis Bernburg).

Im nördlichen Verbreitungsgebiet dieser Kultur herrschten die Eichenmischwälder weiterhin vor, während im südlichen Teil vermehrt eichenreiche Buchen-, Buchen-Tannen- und auch reine Fichtenwälder verbreitet waren. In diesen Wäldern lebten Braunbären, Auerochsen, Rothirsche, Rehe, Wildschweine und Hasen. Gebietsweise kamen auch Steinadler vor.

Die männlichen Angehörigen der Walternienburg-Bernburger Kultur erreichten eine Körpergröße von 1,59 bis zu 1,76 Meter, die weiblichen von 1,50 bis zu 1,62 Meter. Wie damals allgemein üblich, hatten auch die Menschen der Walternienburg-Bernburger Kultur eine niedrige Lebenserwartung. So betrug das durchschnittliche Sterbealter der in Schönstedt (Kreis Langensalza) bestatteten Menschen 21,6 Jahre, im Gräberfeld von Niederbösa (Kreis Nordhausen) 21,7 Jahre und im Gräberfeld von Nordhausen (Kreis Nordhausen) 24,6 Jahre. Alle drei Fundorte liegen in Thüringen. In Schönstedt waren mehr als die Hälfte der Bestatteten schon als Kinder oder Jugendliche gestorben.

In manchen Fällen konnte man an den Skelettresten feststellen, unter welchen Krankheiten diese Menschen einst gelitten haben. Aus Niederbösa sind Spuren von Vitaminmangelerkrankungen bzw. Mineralisationsstörungen der Knochen bekannt, die in einem Fall zur Verbiegung des Brustbeins führten. Am selben Fundort schloß man auch auf durch Tuberkulose verursachte Veränderungen. Es könnte sich aber genausogut um entzündliche und tumoröse Prozesse gehandelt haben. Untersu-

chungen der Skelettreste in Schönstedt zeigen, daß an den Zähnen nur selten Karies auftrat.

Mehrfach konnte man Verletzungen nachweisen. So zeigen drei Schädel aus Niederbösa Eindellungen, die als Hiebverletzungen gedeutet werden. Auch bei zwei Bestattungen aus Schönstedt besteht der Verdacht auf tödliche Hiebe. Anders ein Mann aus Niederbösa: Er war am Oberarm von einem Pfeil getroffen worden, die Pfeilspitze aus Feuerstein steckte noch im Knochen. Trotzdem war die Wunde verheilt. Ein weiterer Fall eines Pfeilschusses wurde aus Gotha-Siebleben[1] in Thüringen bekannt. In der linken Rippe eines der dort Bestatteten entdeckte man eine Pfeilspitze, die von neu gebildetem Knochengewebe umgeben ist. Der Verletzte hat demnach den Schuß lange Zeit überlebt. Es läßt sich in diesen Fällen nicht entscheiden, ob es sich hierbei um Jagdunfälle oder um Kampfverletzungen handelte.

In einem Steinkistengrab von Seeburg (Kreis Eisleben) in Sachsen-Anhalt stieß man auf die Bestattung eines etwa fünf bis sechs Jahre alten Kindes, das einen Wasserkopf hatte. Da solche Kinder sorgfältiger Pflege bedürfen, belegt das Überleben dieses Kindes bis zum sechsten Lebensjahr eine entsprechende Fürsorge und hohe soziale Einstellung.

Ab der Zeit der Walternienburg-Bernburger Kultur wurden auch in Mitteldeutschland erstmals Schädeloperationen (Trepanationen, s. S. 229) nachgewiesen. Daß etwa 90 Prozent der Patienten die lediglich mit Steingeräten vorgenommenen Öffnungen des Schädeldaches überlebten, beweist das große fachliche Können der damaligen Medizinmänner. Offenbar war Mitteldeutschland in dieser Zeit ein Zentrum der Trepanation. Bei den Walternienburg-Bernburger Leuten wurden Trepanationen fast nur bei Männern (92,3 Prozent) und nur äußerst selten bei Frauen (7,7 Prozent) vorgenommen.

Die Walternienburg-Bernburger Leute haben außer in Einzelgehöften und unbefestigten Siedlungen auch in mit Gräben,

Schädeloperation (Trepanation) eines Mannes zur Zeit der Walternienburg-Bernburger Kultur. Der Eingriff wird durch einen Medizinmann vorgenommen, dem ein Helfer beisteht. Für die Öffnung des Schädeldaches stehen Steingeräte zur Verfügung.

Wällen und Palisaden geschützten Höhensiedlungen gewohnt. Dies weist darauf hin, daß sie Überfälle durch Nachbargruppen befürchteten.

Zu den befestigten Höhensiedlungen der Walternienburg-Bernburger Kultur gehört die auf dem Langen Berg[2] in der Dölauer Heide bei Halle/Saale in Sachsen-Anhalt entdeckte Anlage. Sie erstreckte sich auf dem Nordteil dieses Berges und lag demnach in Nachbarschaft der Bischofswiese, auf der sich zuvor Baalberger und Salzmünder Leute (s. S. 338, 363) niedergelassen hatten. Diese Bernburger Siedlung befand sich auf einem steil abfallenden Hochplateau, etwa 20 Meter über der Umgebung. Der schmale Zugang im Nordwesten wurde durch eine etwa 35 Meter lange Doppelpalisade geschützt. Im Nordteil der Palisade hatte man eine kleine Bastion errichtet, die vielleicht als Ausguck und weitere Schutzeinrichtung diente. Zu dieser Höhensiedlung mit etwa anderthalb Hektar Fläche gehörten schätzungsweise fünf bis zehn Häuser. Ein aufgedeckter Hausgrundriß ist 6,60 Meter lang und 5,50 Meter breit.

Auf dem Steinkuhlenberg[3] bei Derenburg (Kreis Wernigerode) in Sachsen-Anhalt errichteten Bernburger Leute eine drei Hektar große befestigte Höhensiedlung. Sie lag etwa 18 Meter über der Flußniederung auf der Bergnase und wurde auf einer Seite durch einen Steilhang, auf den übrigen drei Seiten durch einen 3 Meter breiten und 1,20 Meter tiefen Graben gesichert.

Höhensiedlungen der Walternienburg-Bernburger Kultur kamen auch im bayerischen Regierungsbezirk Unterfranken vor, der an Thüringen grenzt. Sie markieren vermutlich die Westgrenze des Verbreitungsgebietes der Walternienburg-Bernburger Leute. Spuren solcher Höhensiedlungen kennt man bei Burgerroth (Kreis Würzburg), auf dem Judenhügel bei Kleinbaudorf (Kreis Rhön-Grabfeld) und auf dem Schwanberg bei Kitzingen (Kreis Kitzingen).

Wie andere Zeitgenossen aus ähnlich alten Kulturen gingen die Walternienburg-Bernburger Leute gelegentlich mit Pfeil und Bogen auf die Jagd. Wenn es in der Nähe der Siedlung ein fischreiches Gewässer gab, hat man auch Fischfang betrieben. Einen Hinweis hierfür liefert ein Angelhaken aus einer Siedlungsgrube von Passendorf (Stadtkreis Halle-Neustadt) in Sachsen-Anhalt.

Grundlage der Nahrungsgewinnung waren der Ackerbau und die Viehzucht für das Leben dieser Menschen. Sie säten und ernteten Emmer, Einkorn und Gerste. Auch Flachs wurde angebaut, um aus Fasern Textilien herstellen zu können.

Als Haustiere sind Rinder, Schafe, Ziegen, Schweine, Hunde und – wahrscheinlich erstmals in Mitteldeutschland – sogar Pferde nachgewiesen. Wie Skelettreste aus Abfallgruben beweisen, wurden all diese Tierarten in der Siedlung auf der Schalkenburg bei Quenstedt (Kreis Hettstedt) in Sachsen-Anhalt gehalten. Dort waren auffällig kleine Rinder die häufigsten Haustiere. Die Kühe erreichten Widerristhöhen von nur 1,04 bis 1,14 Meter, die Stiere dagegen 1,24 bis 1,39 Meter.

Hieb- und Schnittspuren an Hundeknochen, von denen einige angekohlt sind, lassen die Vermutung zu, daß man diese Tiere geschlachtet und verzehrt hat. Funde von Hundeeckzähnen, die an der Wurzel durchbohrt sind, bezeugen deren Verwendung als Schmuck oder Amulett.

Von besonderem Interesse sind die auf der Schalkenburg bei Quenstedt gefundenen Pferdeknochen. Sie stammen nach Berechnungen von Archäozoologen von kleinen Tieren, die Widerristhöhen von etwa 1,20 bis 1,35 Meter erreichten. In

Menschlicher Oberarmknochen mit verheilter Pfeilschußwunde aus der Totenhütte von Niederbösa (Kreis Nordhausen) in Thüringen. Deutlich ist die abgebrochene, eingewachsene Pfeilspitze aus Feuerstein zu erkennen. Original im Museum für Ur- und Frühgeschichte Thüringens, Weimar.

Gräbern kamen Knochen- und Geweihobjekte zum Vorschein, die von manchen Prähistorikern als Knebel gedeutet und als Beweis dafür betrachtet werden, daß die Walternienburg-Bernburger Leute die Pferde als Reittiere benutzten. Auch in einem Grab von Schönstedt (Kreis Langensalza) in Thüringen wurden vereinzelt Knochenreste von einem Pferd entdeckt. Ein Pferdehuf kam in einem Grab von Tangermünde (Kreis Stendal) in Sachsen-Anhalt zum Vorschein.

Die Walternienburg-Bernburger Leute aßen Speisen aus Getreidekörnern oder -mehl, Fleisch von Haustieren, eßbare Pflanzen, Wildbret und Fische. Knochenreste vom Rind, Schaf oder der Ziege, vom Schwein und Pferd hat man beispielsweise in der Siedlung auf dem Langen Berg bei Halle/Saale geborgen.

Tönerne Gegenstände und Gefäße zur Salzgewinnung im Elbe-Saale-Gebiet liefern Anhaltspunkte dafür, daß die Walternienburg-Bernburger Leute manche ihrer Mahlzeiten salzten. Funde von Werkzeugen aus ortsfremdem Gestein und von Schmuck aus Bernstein dokumentieren Tauschgeschäfte und Fernverbindungen. Vielleicht wurden diese Importgüter teilweise mit Salz »bezahlt«.

Für Transporte von Tauschwaren und anderen Gütern verfügte man vermutlich ebenso wie die Trichterbecher-Leute und die Wartberg-Leute bereits über Zugtiere und Wagen (s. S. 328, 378), obwohl man bisher keine archäologischen Hinweise dafür fand. Vielleicht hat man damals tatsächlich schon Pferde als Reittiere verwendet, wie einige Prähistoriker vermuten. Auch Wegebau und Einbäume – wie in Norddeutschland nachgewiesen – wären denkbar.

Die Walternienburg-Bernburger Leute schmückten sich mit durchbohrten Tierzähnen (vor allem vom Hund), Knochennadeln, importierten Bernsteinperlen sowie Kupferspiralen und -röllchen, kupfernen Ösenhalsringen und Spiralarmringen. Allein in dem bereits erwähnten Grab von Schönstedt befanden sich mehr als 220 Hundezähne sowie je zwei Zähne vom Braunbär, Dachs und Iltis, die durchbohrt sind. In Niederbösa konnten 36 durchbohrte Hundezähne und ein durchlochter Schweinezahn geborgen werden, die als Kettenbestandteile oder Anhänger dienten.

Einige Gußtiegelreste aus der befestigten Siedlung von Großobringen (Kreis Weimar) belegen eigene Kupferproduktion. Demnach sind die an Fundplätzen dieser Kultur entdeckten kupfernen Schmuckstücke selbst hergestellt worden.

Die Angehörigen der Walternienburg-Bernburger Kultur haben auch etliche Kunstwerke hinterlassen. Dazu gehören verzierte Platten von Steinkistengräbern, ein Menhir, eine Gesichtsdarstellung aus Ton, eine fragmentarisch erhaltene menschliche Tonfigur und tönerne Throne, von denen später noch in anderem Zusammenhang die Rede sein wird.

Verzierte Platten von Steinkistengräbern kennt man aus Nietleben[4] (Stadtkreis Halle/Saale) und aus Schkopau[5] (Kreis Merseburg) in Sachsen-Anhalt. Sie sind auf der zur Grabkammer gewandten Seite verschönert worden. In Nietleben hatte man zwei Wandsteine mit verschiedenen Motiven versehen. Zu erkennen sind Tannenzweige, das Leitermotiv, Kammuster, sich teilweise kreuzende Linien sowie ein Dreiviertelkreis, ein Kreuz, eine liegende B-ähnliche Figur und darunter ein waagerechter Strich. Der Sinn dieser in das Gestein eingetieften Darstellungen ist unklar.

Zu den eindrucksvollsten Kunstwerken, die je in einem Grab der Walternienburg-Bernburger Kultur zum Vorschein kamen, zählt eine mannshohe Menhirstatue aus Sandstein, die als Deckstein für ein Steinkistengrab in Langeneichstädt[6] (Kreis Querfurt) in Sachsen-Anhalt verwendet wurde. Unter einer Menhirstatue versteht man ein Steinbildwerk oder einen Steinblock mit einfacher, oft mehr gezeichneter Wiedergabe des menschlichen Körpers.

Die aus hellgrau-gelbem Sandstein zurechtgehauene Menhirstatue aus Langeneichstädt ist 1,76 Meter lang, 34 Zentimeter breit und 25 Zentimeter dick. Auf ihrem oberen Ende wurde in

Die Schalkenburg bei Quenstedt (Kreis Hettstedt) in Sachsen-Anhalt. Diese tafelbergähnliche Höhe mit Steilhängen auf drei Seiten etwa 25 Meter über dem Hengstbachtal trug zur Zeit der Walternienburg-Bernburger Kultur eine Höhensiedlung.

Die Gräben der befestigten Höhensiedlung auf dem Steinkuhlenberg bei Derenburg (Kreis Wernigerode) in Sachsen-Anhalt zeigen sich als Hochwuchsstellen im Getreide. Der Tordurchlaß ist dadurch deutlich zu erkennen.

mühsamer Arbeit ein stilisiertes Bild eingraviert, das als Fruchtbarkeitsgöttin interpretiert wird. Dargestellt wird diese sogenannte »Dolmengöttin« (s. S. 391) als 16 Zentimeter langes und 12 Zentimeter breites Eirund mit einem 23 Zentimeter langen Stiel, der das Oval durchläuft und über den Kopf hinausragt. Deutlich sind beide Augen zu erkennen.

Die Menhirstatue aus Langeneichstädt wurde vermutlich von Angehörigen der Walternienburg-Bernburger Kultur geschaffen und als einer der Decksteine für die 5,30 Meter lange, 1,90 Meter breite und 1,70 Meter hohe Kammer des Steinkistengrabes verwendet. Auf die Zugehörigkeit zu dieser Kultur deuten die auf Bruchstücken von Tontrommeln angebrachten typischen Verzierungen hin.

Bemerkenswerte Kunstwerke hat man auch in der Höhensiedlung der Dölauer Heide bei Halle/Saale entdeckt. Dabei handelt es sich um den fragmentarisch überlieferten Kopf einer menschlichen Tonfigur sowie um einen kleinen tönernen Thron. Ob beide zusammengehörten, ist ungewiß.

Im Leben der Walternienburg-Bernburger Leute spielten mit Tierhäuten bespannte Tontrommeln offenbar eine wichtige Rolle (s. S. 390). Man nimmt an, daß diese Musikinstrumente den Medizinmännern vorbehalten waren. Vielleicht wurden die Trommeln zu rituell motivierten Tänzen, bei Feiern und im Rahmen eines Totenkultes geschlagen. Auf eine Funktion im Kult deuten bestimmte Symbolzeichen hin, die häufig an den Trommeln angebracht worden sind.

Erstaunlich viele Bruchstücke von zerbrochenen Tontrommeln kamen in den Siedlungen auf dem Langen Berg in der Dölauer Heide sowie auf der Schalkenburg bei Quenstedt ans Tageslicht. In jeder dieser beiden Höhensiedlungen hat man Scherben von etwa 30 Tontrommeln auflesen können. Mehrere Tontrommeln fand man auch in Pevestorf (Kreis Lüchow-Dannen-

Pfeilspitzen aus der Totenhütte von Schönstedt (Kreis Langensalza) in Thüringen. Länge der größten Pfeilspitze etwa 5 Zentimeter. Originale im Museum für Ur- und Frühgeschichte Thüringens, Weimar.

Teilansicht des Gemeinschaftsgrabes von Schönstedt (Kreis Langensalza) in Thüringen mit 64 Bestattungen. Länge der Grabgrube 9 Meter, Breite 4 Meter. Originale im Museum für Ur- und Frühgeschichte Thüringens, Weimar.

berg) in Niedersachsen. Außer den genannten Fundstellen von Tontrommeln gibt es noch andere.

Auf manchen der in Thüringen entdeckten Tontrommeln – beispielsweise in Erfurt und Hornsömmern (Kreis Langensalza) – ist die Außenseite mit Kreisornamenten geschmückt, die als Augen- oder Sonnenmotiv interpretiert werden. Im Fall der dreilinigen eingestochenen Kreisornamente mit einem Durchmesser von 2,2 bis 3,4 Zentimetern auf einer Tontrommel in Erfurt dürfte es sich eher um Sonnensymbole handeln.

Etliche Hinterlassenschaften der Walternienburg-Bernburger Leute belegen, daß diese bereits die wichtigsten mathematisch-geometrischen Grundformen kannten. Ihnen waren der Kreis, das Rechteck, das Dreieck, die Ellipse, das Trapez und die Raute vertraut. Der Kreis, das Rechteck und das Trapez kamen beispielsweise bei den Grabumrandungen vor. Das Palisadensystem auf der Schalkenburg bei Quenstedt hat die Form einer Ellipse. Das Dreieck, das Quadrat und die Raute gehörten zu den Verzierungsmotiven auf den Tongefäßen.

Für die Keramik der Walternienburger Gruppe bzw. des Walternienburger Stils waren verzierte Henkeltassen, Amphoren, innenverzierte Trichterschalen und verzierte Trommeln mit Ösenkranz typisch. Daneben gab es vereinzelt ovale Traggefäße (Taschengefäße). Die Tongefäße der Walternienburger Gruppe wurden in Tiefstichtechnik mit waagrechten und senkrechten Mustern im Wechsel verziert. Sie besaßen Ähnlichkeit mit der Keramik der norddeutschen Trichterbecher-Kultur, weshalb die Walternienburger Gruppe mit ihr in Verbindung gebracht wird.

Als Keramikformen der Bernburger Gruppe bzw. des Bernburger Stils gelten verzierte bauchige Henkeltassen und Amphoren ohne und mit Schulterabsatz, unverzierte schrägwandige Henkeltassen (teilweise mit Griffzapfen), unverzierte Trichterschalen, verzierte oder unverzierte Tonnengefäße mit Grifflap-

pen, weitmundige Näpfe ohne und mit Schulterabsatz, verzierte Tontrommeln mit Zapfen sowie vielfach mit Henkel oder Öse. Die Tongefäße wurden mit waagrechten Linienbändern, Zickzack-, Dreieck-, Schachbrett- sowie Textil- bzw. Binsenmustern verziert.

Die Werkzeuge stellte man aus Gestein und Knochen her. Bei den Steinwerkzeugen schätzte man besonders den im Harz vorkommenden Wiedaer Schiefer. Aus Knochen schnitzte man Meißel, aus tierischen Schulterblättern mitunter Flachshecheln, mit denen man den Flachs auskämmte. Dabei wurden die Faserbündel in parallel liegende Fasern geordnet und holzige Bestandteile entfernt.

Streitäxte wurden aus Felsgestein zurechtgeschliffen. Viele von ihnen besaßen die Form doppelschneidiger Amazonenäxte (s. S. 330). Pfeil und Bogen sind durch Funde von Pfeilspitzen aus Feuerstein und Knochen belegt. Die Feuersteinpfeilspitzen hatten querschneidige und gestreckt dreieckige Form, vereinzelt waren sie gestielt.

Die Menschen der Walternienburg-Bernburger Kultur betteten ihre Toten in Steinkistengräbern, Gräbern mit Steinpackungen oder Holzbohlenverkleidung und einfachen Erdgräbern zur letzten Ruhe. Neben auffällig vielen Kollektivbestattungen nahmen sie Einzelbestattungen vor. Der Leichnam wurde unverbrannt beerdigt. In der Walternienburger Gruppppe gab es sowohl gestreckte Bestattungen als auch sogenannte Hockerbestattungen, bei denen die Beine zum Körper hin angezogen waren. Manchmal kamen sogar beide Körperlagen in Kollektivgräbern vor. In der Bernburger Gruppe überwogen auf der rechten Körperseite liegende Hocker.

Gemeinschaftsgräber der Walternienburg-Bernburger Kultur kennt man aus Niederbösa (78 Bestattungen), Schönstedt (mehr als 60 Bestattungen), Nordhausen (50 Bestattungen), Holzsussra (30 bis 40 Bestattungen), Dedeleben (25 Bestattungen), Hornsömmern (15 Bestattungen) in Mitteldeutschland sowie aus Großeibstadt (Kreis Rhön-Grabfeld) im bayerischen Regierungsbezirk Unterfranken.

Die 7,50 x 3 Meter große Grabkammer von Niederbösa[7] hatte man mühsam in den steinigen Untergrund eingetieft. In diesem Grab beerdigte man nacheinander insgesamt 78 Tote teils

Rinderbestattungen von Derenburg (Kreis Wernigerode) in Sachsen-Anhalt. Solche Tierbestattungen spielten in der religiösen Gedankenwelt der Ackerbauern und Viehzüchter zur Zeit der Walternienburg-Bernburger Kultur eine wichtige Rolle.

Tönerner Thron vom Langen Berg in der Dölauer Heide bei Halle/Saale in Sachsen-Anhalt. Länge 19,8 Zentimeter. Höhe 6 Zentimeter. Vielleicht ein Sitzmöbel für eine tönerne Götterfigur. Original im Landesmuseum für Vorgeschichte Halle/Saale.

in Streck-, teils in Hockerlage. Bei den Ausgrabungen wurde eine Holzkonstruktion nachgewiesen.

Das Steinkistengrab von Holzsussra (Kreis Sondershausen) in Thüringen mit schätzungsweise mindestens 30 Bestattungen kennt man schon seit 1870. Das große Steinkistengrab von Hornsömmern mit 15 Skeletten sowie das kleinere mit drei Skeletten vom selben Fundort wurden 1886 aufgedeckt. Zwischen diesen beiden Steinkistengräbern hat man einen Steinkreis gefunden.

In der 9 x 4 Meter messenden Grabkammer von Schönstedt[8] ruhten die Bestatteten meist in Hockerlage mit dem Kopf nach Osten. Von den mehr als 60 Bestatteten waren 15 Männer, 13 Frauen, 35 Jugendliche und Kinder. Auf dieses Kollektivgrab wurde man Ende August 1969 beim Ausheben eines Kabelgrabens aufmerksam.

Eine Eigenart im Bestattungswesen der Walternienburg-Bernburger Kultur waren aus Holzkonstruktionen errichtete Totenhütten über dem Grab, die bei Bestattungen verbrannt wurden und so manchmal den fälschlichen Eindruck von Brandbestattungen erweckt haben. Reste solcher eingeäscherter Totenhütten fand man in Schönstedt (Kreis Langensalza), Niederbösa, Nordhausen, Dedeleben (Kreis Halberstadt), auf dem Wichshäuser Hügel bei Derenburg (Kreis Wernigerode) und in Großeibstadt.

In der etwa 30 Zentimeter dicken Brandschicht über dem Kollektivgrab von Dedeleben barg man neben zahlreichen beim Abbrennen der Totenhütte verkohlten menschlichen Skelettfragmenten auch Scherben von Tongefäßen im Gesamtgewicht von 100 Kilogramm. Vermutlich hatte man absichtlich Tongefäße zerschlagen. Im Kollektivgrab von Großeibstadt[9] ruhten die Toten auf einem Bodenpflaster aus Steinplatten. Unter den Beigaben in diesem Grab befand sich eine 32,5 Zentimeter hohe Tontrommel, die bewußt dem Feuer ausgesetzt und dabei zerstört wurde.

Am namengebenden Fundort Walternienburg[10] waren insgesamt 20 Erdgräber mit Einzelbestattungen angelegt worden. Sie enthielten tönerne Amphoren, Tassen, Schalen, Zwillingsgefäße, Schöpflöffel, Spinnwirtel sowie Amazonenäxte (Doppeläxte) und Steinbeile. Der bisher größte Friedhof mit Erd-

gräbern konnte bei Pevestorf[11] aufgedeckt werden. Er umfaßt 32 Gräber mit Bestattungen in Strecklage. Darüber stieß man auf Brandopfer mit Schweine- und Vogelknochen.

Als Beigaben für die Toten dienten Tongefäße, gelegentlich Knochen- und Geweihgeräte, Pfeilspitzen aus Feuerstein, Beile aus Wiedaer Schiefer und Schmuckstücke, zu denen auch Unterkieferhälften vom Fuchs gehörten. Ein Teil der Tonscherbenfunde in den Gräbern stellte keine Reste von Grabbeigaben dar, sondern ist auf das bewußte Zertrümmern von Tongefäßen zurückzuführen, das schon in der Salzmünder Kultur praktiziert wurde (s. S. 364).

Auf eine ungewöhnliche Szenerie stieß man in einem Grab von Biendorf (Kreis Bernburg) in Sachsen-Anhalt. Dort lagen eine Kuh und ein Kalb mit dem Kopf im Nordwesten in der 1,10 Meter tiefen Grube. Über diesen beiden Tieren fand man eine auf dem Bauch ruhende Frau in Strecklage. Unter dem Kalb war ein etwa fünfjähriges Kind in Hockerlage bestattet. In Nähe des Kindes hatte man drei Tongefäße und eine Tontrommel niedergelegt. Oberhalb dieser Tierskelette fand man mitten in der Grube eine Brandschicht mit kalzinierten Tierknochen, die unter anderem von einem Hund stammten.

Einen kleinen Einblick in die religiöse Gedankenwelt der Walternienburg-Bernburger Leute ermöglichen merkwürdige tönerne Gegenstände aus Sachsen-Anhalt, um deren Deutung sich der früher in Halle/Saale tätige Prähistoriker Hermann Behrens bemüht hat. Er entdeckte 1969 in der Höhensiedlung auf dem Langen Berg in der Dölauer Heide in einer Siedlungsgrube ein Objekt, wie es bis dahin aus der mitteldeutschen Jungsteinzeit nicht bekannt war. Dabei handelte es sich um ein 10 Zentimeter langes und 6 Zentimeter hohes Gebilde in Gestalt eines Reitersattels, das auf vier Füßen steht und in der Mitte ein Loch aufweist. Ähnlichkeit mit ihm hatte ein bruchstückhaft erhaltener Tongegenstand, der schon 1968 am selben Fundort zum Vorschein gekommen war. An diesem Fragment konnte man ein muldenförmiges Oberteil mit einem Loch sowie zwei schlittenartige Kufen an der Basis erkennen. Dieser Fund ist 9 Zentimeter lang und 4 Zentimeter hoch.

Bei einer Grabung innerhalb der Höhensiedlung auf der Schalkenburg bei Quenstedt glückte Behrens der Fund von zwei weiteren Tonobjekten des gleichen Typs in Gruben. Beide wiesen eine sattelförmige Einmuldung auf und besaßen an der Basis zwei Kufen. Eines der beiden Stücke hatte ein Mittelloch, das andere keines. Diese zwei Funde sind 7,5 Zentimeter lang und 4,5 Zentimeter hoch bzw. 5 Zentimeter lang und 2,5 Zentimeter hoch.

Behrens deutet diese seltsamen Tonobjekte als Sitzmöbel für eine tönerne Götterfigur bzw. als Altar zum Einsetzen eines bestimmten Gegenstandes. Dabei beruft er sich auf ähnliche Funde in Mähren (Jevišovice, Brünn-Líšeň) in der Tschechoslowakei, die als Modelle von Stühlen betrachtet werden. Andere Autoren halten diese Stücke jedoch für Kinderspielzeug im Sinne von Miniaturmöbeln.

Tatsächlich gibt es in der Jungsteinzeit und in der Kupferzeit Europas neben stehenden Figuren auch Sitzplastiken im Kleinformat, bei denen der Sitz teilweise getrennt hergestellt worden ist. Da die Benutzung einer Sitzgelegenheit in primitiven Gesellschaften und sogar noch im Altertum sozial hochstehenden Persönlichkeiten bzw. Gottheiten vorbehalten war, vermutet Behrens, daß es sich auch bei den in Sachsen-Anhalt gefundenen Stühlchen um Götterthrone handeln könnte.

Der Opferplatz von Buchow-Karpzow
Die Havelländische Kultur

Zu der Zeit, in der die Walternienburg-Bernburger Kultur von etwa 3200 bis 2800 v. Chr. den größten Teil des Saalegebietes beherrschte, wurde das Gebiet zwischen Mittelelbe und unterer Oder von Stämmen besiedelt, die man der Havelländischen Kultur (auch Elb-Havel-Kultur) zurechnet. Verbreitet war diese Kultur vor allem im Havelgebiet. Schon 1911 hatte deshalb der Berliner Prähistoriker Alfred Götze (1865–1948, s. S. 511) von Havelländischer Keramik gesprochen, aus der später der Begriff Havelländische Kultur abgeleitet wurde.

Von den ehemaligen Siedlungen der Havelländischen Kultur zeugen zumeist Keramikreste, Geräte und Gräber. Über die Bauweise und Größe der Häuser ist nichts bekannt, weil diese Behausungen keine Spuren im Boden hinterlassen haben.

Vielleicht sind die eigenständigen Züge der Havelländischen Kultur darauf zurückzuführen, daß deren Angehörige am Rande der schon lange von Ackerbauern und Viehzüchtern beherrschten Gebiete weiterhin Jagd und Fischfang betrieben hatten, bevor sie die neue Wirtschaftsweise übernahmen. Als auch sie zu Ackerbau und Viehzucht übergingen, brachten sie Teile ihres geistigen und kulturellen Erbes in die entstehende Havelländische Kultur ein.

Wie die Abdrücke von Getreidekörnern auf Tongefäßen zeigen, säten und ernteten die Menschen der Havelländischen Kultur verschiedene Getreidearten. So wurden in Butzow (Kreis Brandenburg) Einkorn und in Mützlitz (Kreis Rathenow) Emmer und Gerste nachgewiesen.

Die Bauern der Havelländischen Kultur hielten vor allem Rinder, daneben aber auch Schweine, Schafe und Hunde als Haustiere. Nach den Grabbeigaben von Dreetz (Kreis Kyritz) zu schließen, sind vermutlich auch Pferde gehalten worden. Die Produkte von Ackerbau und Viehzucht stellten die Hauptgrundlage der Ernährung dar.

Schmuckstücke aus ortsfremdem Bernstein deuten darauf hin, daß auch die Angehörigen der Havelländischen Kultur gern

Die Fundlage durchbohrter Tierzähne in Gräbern von Tangermünde (Kreis Stendal) in Sachsen-Anhalt gibt Hinweise auf deren ehemalige Trageweise. Die Tierzähne säumten die Unterkante, Nähte und Ärmel der Oberbekleidung und schmückten manchmal auch Hauben oder Mützen.

Diese drei Tongefäße wurden als Beigaben von Bestattungen in Gräbern der Havelländischen Kultur von Tangermünde (Kreis Stendal) in Sachsen-Anhalt gefunden. Höhe des größten Tongefäßes in der Mitte 7 Zentimeter. Originale im Landesmuseum für Vorgeschichte Halle/Saale.

Tauschgeschäfte betrieben. An Schmuckstücken kennt man Ketten, meist aus durchbohrten Eckzähnen von Hunden, knöcherne Perlen in Knebel- oder Doppelaxtform sowie – wenngleich nur ganz selten – Bernsteinperlen in Gestalt einer Doppelaxt.

Durchbohrte Tierzähne dienten auch als Zierstücke auf der Kleidung. Sie stammen meist vom Hund, aber auch vom Rothirsch, Dachs und von der Wildkatze. In Gräbern von Tangermünde (Kreis Stendal) hat man Hinweise dafür entdeckt, wie die Tierzähne einst getragen wurden. Sie säumten die Unterkante, Nähte und Ärmel der Oberbekleidung und scheinen auch Hauben oder Mützen verziert zu haben.

Metallschmuck aus Kupfer war damals offenbar noch eine große Rarität. Die wenigen Funde von kupfernen Blechröhrchen, gelochten Blechstreifen und Drahtringen sind leider teilweise verschollen.

Die Angehörigen der Havelländischen Kultur haben keine Kunstwerke hinterlassen. Nachgewiesen ist dagegen der Gebrauch von Musikinstrumenten durch Reste von Tontrommeln.

Standardformen unter den Tongefäßen der Havelländischen Kultur waren vor allem Henkeltassen, daneben zweihenkelige Amphoren, Tonnengefäße und weitmündige Näpfe. Als Hauptelemente der tief eingestochenen Ornamente dienten Kreuzstich, Bogenstich und Winkelstich. Man ordnete sie meist zu waagrechten Bändern.

An Werkzeugen gab es Beilklingen aus Feuerstein und Felsgestein (darunter solche aus Wiedaer Schiefer) sowie Geräte aus Knochen oder Geweih. Die Beilklingen wurden mit Holzschäften versehen.

Als Hiebwaffen dienten doppelschneidige Doppeläxte (auch Amazonenäxte genannt, s. S. 330). Sie wurden aus Felsgestein zurechtgeschliffen und durchbohrt, damit sie geschäftet werden konnten. Die Verwendung von Pfeil und Bogen als Fernwaffen ist durch Funde von steinernen Pfeilspitzen nachgewiesen.

Die Menschen der Havelländischen Kultur haben ihre Toten auf unterschiedliche Art und Weise bestattet. Häufig bettete man die Verstorbenen in einfache Erdgräber, die man manchmal zu größeren Friedhöfen vereinigte.

Das Gräberfeld bei Dreetz[1] (Kreis Kyritz) in Brandenburg umfaßte mindestens 35 Gräber. Ursprünglich sollen es mehr als

100 Gräber gewesen sein. Mit Ausnahme einiger Zahnkronen blieben dort keine anderen menschlichen Skelettreste erhalten. Zum Gräberfeld von Tangermünde[2] (Kreis Stendal) in Sachsen-Anhalt gehörten 31 Bestattungen. In vielen dieser Gräber war Körperbestattung in gestreckter Lage die Regel.

Ein davon abweichendes Bild bieten die Bestattungen von Buchow-Karpzow[3] (Kreis Nauen) in Brandenburg. Dort fand man ein Grab mit dem Leichenbrand von mehreren Toten zusammen mit zertrümmerten Tongefäßen, steinernen Pfeilspitzen, mehr als 100 durchbohrten Hundezähnen, knöchernen Perlen in Knebel- und Doppelaxtform sowie eine große beschädigte Bernsteinperle in Gestalt einer Amazonenaxt.

Etwa fünf Meter von diesem Grab entfernt lag ein Opferplatz mit Tonscherben, Bruchstücken von Feuersteingeräten, einem tönernen Spinnwirtel, Fragmenten von Amazonenäxten, Beilen aus Wiedaer Schiefer und über diese Fläche verteilten Leichenbrandsplittern. Als man diese Fundschicht abtrug, entdeckte man zehn 3 x 1,50 Meter große ovale und bis zu einem Meter tiefe Gruben. In diesen Gruben befanden sich Ton-

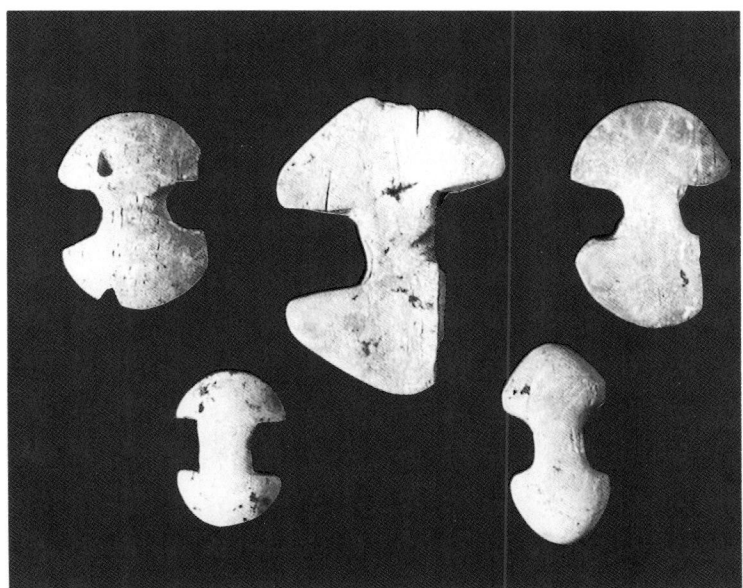

Knöcherne Perlen in Form einer Doppelaxt von Buchow-Karpzow (Kreis Nauen) in Brandenburg. Die größte Perle ist 2,7 Zentimeter lang und 1,9 Zentimeter breit. Originale im Museum für Ur- und Frühgeschichte Potsdam.

scherben, Feuersteinsplitter, Kieferreste und Langknochen von Rindern sowie menschlicher Leichenbrand.

Mitunter wurde der Körper der zumeist paarweise geopferten und westöstlich ausgerichteten Rinder mit Feldsteinen beschwert. In zwei Gruben konnte man in Nähe der Rinderkiefer große Bernsteinperlen bergen, die einst wohl am Kopf oder Hals des Tieres befestigt waren.

Am östlichen Rand dieses Platzes war eine Grube eingetieft, in der Spuren eines fast vollständig vergangenen Zahnbogens entdeckt wurden, der vermutlich von einem Kind stammte. Dieser Fund wird als Bestattung oder sogar Opferung eines Kindes im Rahmen des Totenkultes gedeutet.

Die auffällig vielen Fundstücke, die besonders massiert über den Gruben vorkamen, lassen auf Opferzeremonien am Grab schließen, bei denen Tongefäße, steinerne Werkzeuge und Waffen zerschlagen wurden. Die Mächtigkeit dieses Fundhorizontes könnte darauf hindeuten, daß solche kultischen Handlungen hier wiederholt vorgenommen wurden. Erwähnenswert sind außerdem Funde von Bruchstücken einer kleinen unverzierten Tontrommel auf dem Opferplatz.

Einblicke in das Bestattungswesen der Havelländischen Kultur gewährt auch ein Grab im Gräberfeld von Tangermünde. Darin lag ein Toter in gestreckter Haltung. Links neben ihm ruhte ein zweiter Toter mit zum Körper hin angezogenen Beinen, in sogenannter Hockerlage, rechts neben ihm befand sich ein Rinderskelett mit einem verzierten Anhänger aus Hirschgeweih auf den ersten Halswirbeln. Auf den Hinterbeinen dieses Tieres fand man den isolierten Schädel eines zweiten Rindes mit verziertem Anhänger.

Die Beobachtungen von Buchow-Karpzow und Tangermünde lassen den Schluß zu, daß zum Totenkult in der Havelländischen Kultur ein Rinderopfer gehörte. Vielleicht waren diese Rinder als Fleischvorrat für die Verstorbenen im Jenseits gedacht. Demnach hätten auch diese Menschen an ein Weiterleben nach dem Tode geglaubt, worauf auch die Werkzeug- und Waffenbeigaben hindeuten.

Zu den Farbtafeln

45 Sandsteinfragment aus dem Steinkammergrab der Wartberg-Gruppe (von etwa 3500 bis 2800 v. Chr.) von Züschen bei Lohne (Schwalm-Eder-Kreis) in Hessen mit abstrakten Darstellungen von Rindergespannen mit Wagen. Höhe 49 Zentimeter, Breite 33 Zentimeter, Dicke 10 bis 13 Zentimeter. Original im Hessischen Landesmuseum Kassel.

46 Kupferspiralen und -ohrring aus dem Steinkammergrab der Wartberg-Gruppe (von etwa 3500 bis 2800 v. Chr.) von Niedertiefenbach (Kreis Limburg-Weilburg) in Hessen. Länge der größten Spirale 8,6 Zentimeter. Originale im Museum Wiesbaden.

47 Verzierter Gürtelhaken (Mitte) aus der Altheimer Kultur (von etwa 3900 bis 3500 v. Chr.) aus Ergolding (Kreis Landshut) in Bayern. Länge 15,1 Zentimeter. Links und rechts zwei Besatzstücke in der Form von Pfeilspitzen. Originale im Bayerischen Landesamt für Denkmalpflege, Außenstelle Landshut.

48 Verzierte Tontrommel der Walternienburg-Bernburger Kultur (von etwa 3200 bis 2800 v. Chr.) von Hornsömmern (Kreis Langensalza) in Thüringen. Höhe 24,8 Zentimeter. Original im Landesmuseum für Vorgeschichte Halle/Saale.

49 Dechsel der Horgener Kultur (von etwa 3500 bis 2800 v. Chr.) von Sipplingen (Bodenseekreis) in Baden-Württemberg. Beilholm aus Holz, Zwischenfutter aus Hirschgeweih, Beil aus Stein. Länge 31 Zentimeter. Original im Württembergischen Landesmuseum Stuttgart.

50 Menhir mit Menschengesicht und Schmuck aus der Zeit der Schnurkeramischen Kulturen (von etwa 2800 bis 2400 v. Chr.) von Schafstädt (Kreis Merseburg) in Sachsen-Anhalt. Höhe 94 Zentimeter. Original im Landesmuseum für Vorgeschichte Halle/Saale.

51 Menhir mit Darstellung der »Dolmengöttin« aus der Walternienburg-Bernburger Kultur (von etwa 3200 bis 2800 v. Chr.) von Langeneichstädt (Kreis Querfurt) in Sachsen-Anhalt. Höhe 1,76 Meter. Original im Landesmuseum für Vorgeschichte Halle/Saale.

52 Becher aus der Zeit der Schnurkeramischen Kulturen (von etwa 2800 bis 2400 v. Chr.) von Halle-Neustadt (rechts) in Sachsen-Anhalt und Schönstedt (Kreis Langensalza) in Thüringen. Höhe des Tongefäßes rechts 15,8 Zentimeter, des Tongefäßes links 13,1 Zentimeter. Wegen derartiger Becher werden die Schnurkeramischen Kulturen zu den Becher-Kulturen gerechnet. Original im Landesmuseum für Vorgeschichte Halle/Saale.

53 Verzierter Glockenbecher der Glockenbecher-Kultur (von etwa 2500 bis 2200 v. Chr.) aus Eschwege (Werra-Meißner-Kreis) in Hessen. Höhe 12 Zentimeter, Breite 14 Zentimeter. Original im Hessischen Landesmuseum Kassel.

54 Goldenes Diadem aus einem Grab der Glockenbecher-Kultur von Großmehring (Kreis Ingolstadt) in Bayern. Dieser wertvolle Fund erreicht eine Länge von 18,5 Zentimetern. Original im Städtischen Museum Ingolstadt.

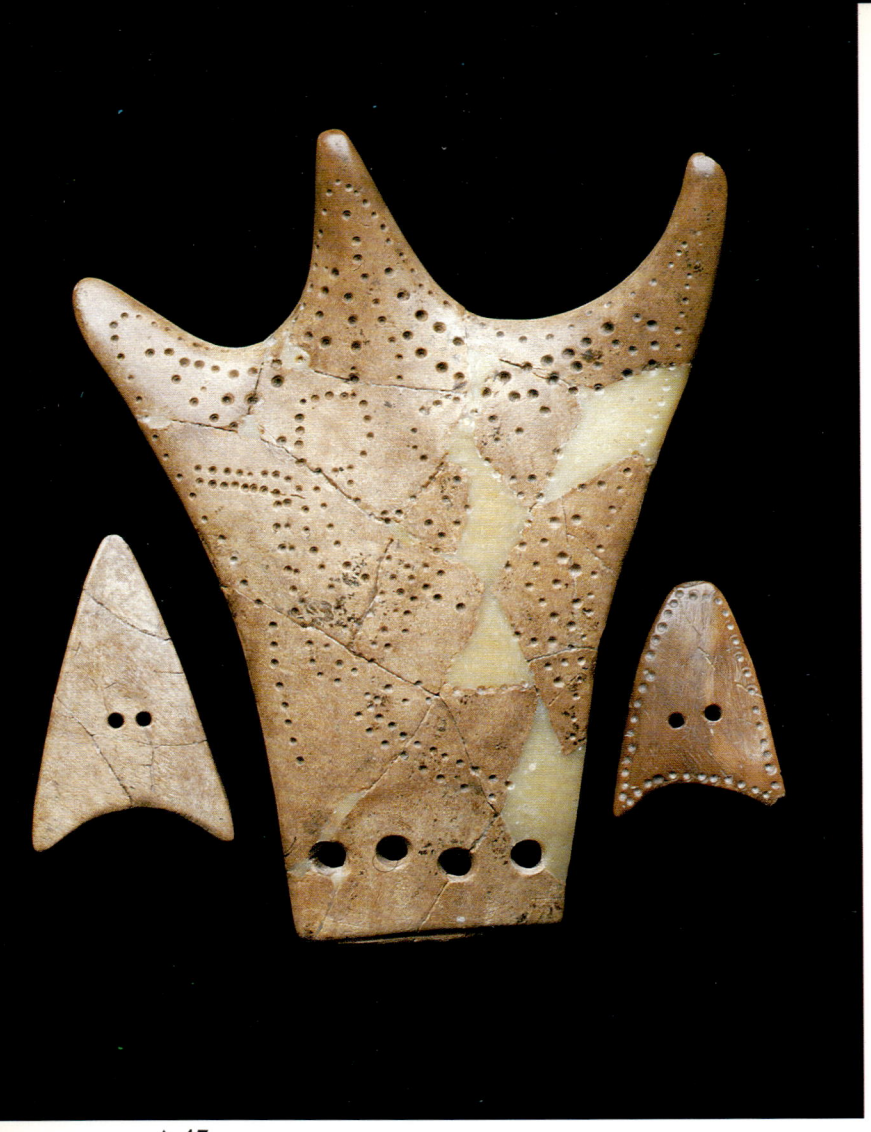

△ 47

△ 48

▽ 49

△ 50

△ 51   ▽ 52

△ 53

▽ 54

Die Rinder mußten mit ins Grab

Die Kugelamphoren-Kultur

In dem riesigen Gebiet zwischen der mittleren Elbe in Mitteldeutschland und dem mittleren Dnepr in der Sowjetunion ist in der Zeit von etwa 3100 bis 2700 v. Chr. die Kugelamphoren-Kultur nachweisbar. Sie ging vielleicht aus der östlichen Trichterbecher-Kultur (s. S. 323) hervor und hatte zeitweise zur Walternienburg-Bernburger Kultur (s. S. 380) und zu den Schnurkeramischen Kulturen (s. S. 397) Kontakt.

Die Prähistoriker gliedern die Kugelamphoren-Kultur in eine östliche, eine polnische und eine westliche Gruppe. Die östliche Gruppe erstreckt sich vom mittleren Dnepr bis nach Polen und in das ehemalige Ostpreußen. Die polnische Gruppe war in ganz Polen heimisch. Die westliche Gruppe behauptete sich in Mitteldeutschland, Brandenburg, in Mecklenburg sowie in Teilen Schleswig-Holsteins und Niedersachsens.

Den Begriff Kugelamphoren-Kultur hat 1900 der schon erwähnte Berliner Prähistoriker Alfred Götze (s. S. 511) eingeführt. Ihm ist die erste Beschreibung der westlichen Gruppe der Kugelamphoren-Kultur zu verdanken. Der Name dieser Kultur basiert auf den für sie charakteristischen Gefäßen, die man als Kugelamphoren bezeichnet.

Im Verbreitungsgebiet der Kugelamphoren-Kultur wuchsen auf guten Böden weiterhin Eichenmischwälder mit wenig Buche und Hainbuche, während auf den schlechten Böden Eichen- und Kiefernwälder vorherrschten. Tierknochenfunde aus Gräbern dieser Zeit belegen das Vorkommen von Rebhühnern, Stockenten, Luchsen, Wölfen, Dachsen und Hasen. Daneben gab es Braunbären, Auerochsen, Rothirsche, Rehe und Wildschweine.

Die Kugelamphoren-Leute unterschieden sich in ihrem Aussehen nicht wesentlich von ihren Vorgängern und Zeitgenossen im gleichen Siedlungsraum. So erreichten die Männer wie überall eine Körpergröße um 1,70 Meter und die Frauen um 1,60 Meter. Die Untersuchungen ihrer Skelettreste zeigten, daß auch bei ihnen die Zähne nicht selten durch harte Nahrung weitgehend abgekaut waren. Ein ohne Komplikationen verheilter Ellenbruch von Ketzin (Kreis Nauen) in Brandenburg sowie zwei Schädel mit Trepanationslöchern aus einem Grab in Kruckow (Kreis Demmin) in Vorpommern belegen, daß die Medizinmänner ihr Handwerk beherrschten.

Die Menschen der Kugelamphoren-Kultur wohnten in weit über das Land verstreuten Einzelgehöften, aber auch in nicht allzu großen Siedlungen. Mit Gräben, Wällen und Palisaden befestigte Höhensiedlungen, wie sie aus gebirgigen Gebieten Böhmens bekannt sind, waren in der westlichen Gruppe offenbar nicht üblich. Die Bauweise der Häuser war uneinheitlich. Neben Behausungen in Pfostenbauweise wurden Blockhäuser ohne Pfosten sowie ebenerdige Gebäude bis zu 20 Meter Länge über muldenförmigen Wohngruben errichtet. Im Inneren unterhielt man zumeist eine Feuerstelle.

Früher vermutete man, daß die Angehörigen der Kugelamphoren-Kultur kaum länger an einem Ort verweilten, und betrachtete sie als nomadische Viehzüchter, die vor allem Rinder hielten. Diese Anschauung mußte später korrigiert werden, als man in den Siedlungen Getreidereste und Abdrücke von Getreidekörnern in Tongefäßen entdeckte. Demnach haben die Kugelamphoren-Leute die Getreidearten Emmer und Gerste ausgesät und geerntet. Der Ackerbau bedingte eine seßhafte Lebensweise.

Welch große Bedeutung die Haustierhaltung im Leben der Kugelamphoren-Leute hatte, läßt sich an der überwiegend von Haustierarten stammenden Knochenresten in Siedlungen und Gräbern nachweisen. Meist wurden Rinder, daneben aber auch Schweine, Schafe und Hunde gehalten. Anders als in Polen, wo an einigen Orten Pferdeknochen gefunden wurden, konnte das Pferd bisher im Bereich der westlichen Kugelamphoren-Kultur nicht nachgewiesen werden.

Auf Tauschgeschäfte und Fernverbindungen deuten ortsfremde Feuersteinarten, Bernstein von der Ostseeküste und vor allem Kupfergegenstände von fortschrittlicheren südosteuropäischen Kulturen hin. Als Gegenleistung für diese begehrten Importwaren dürfte man unter anderem Klingen von Feuersteinäxten und Rinder angeboten haben.

Die zahlreichen Rinderfunde sowie deren häufig paarweise erfolgte Bestattung deutet nach Ansicht vieler Prähistoriker auf mit einem Doppeljoch verbundene Zweiergespanne hin, die außer dem Pflug auch Wagen zogen. Funde aus anderen Kulturen zeigen, daß Wagen und ausgebaute Straßen zu jener Zeit in Mitteleuropa keine Seltenheit mehr waren. Im Bereich der westlichen Kugelamphoren-Kultur hat man diese Errungenschaften jedoch bisher nicht nachweisen können.

Verzierte Kugelamphore von Dahme (Kreis Luckau) in Brandenburg. Nach solchen Tongefäßen ist die Kugelamphoren-Kultur benannt worden. Höhe des Gefäßes 16,4 Zentimeter, Breite 17,7 Zentimeter. Original im Museum Cottbus.

Mutmaßliche Gürtelplatte aus Knochen von Ketzin (Kreis Nauen) in Brandenburg. Länge 5,5 Zentimeter, Breite 5,4 Zentimeter. Original im Museum für Ur- und Frühgeschichte Potsdam.

Zur Garderobe gehörten aus Knochen geschnitzte Gürtelhaken (Kosewo in Polen) und Gürtelplatten (Ketzin in Brandenburg). Die Kugelamphoren-Leute haben – nach den Funden zu schließen – nur wenig Schmuck getragen. Dazu gehörten Perlen aus Bernstein, durchbohrte Tierzähne und – vereinzelt – Kupferperlen und -röllchen. Bernsteinschmuck wurde in einem Grab von Berlin-Friedrichsfelde geborgen. In einem Grab bei Gotha in Thüringen entdeckte man 26 durchbohrte Hundezähne und einen Bärenzahn. Letzterer hatte für seinen Besitzer sicherlich großen Wert. Kupferschmuckstücke kennt man aus einem Grab von Pevestorf (Kreis Lüchow-Dannenberg) in Niedersachsen und aus einem Steinkistengrab bei Pacanów in Polen.

Im Gegensatz zur Walternienburg-Bernburger Kultur und zu den Schnurkeramischen Kulturen hat die Kugelamphoren-Kultur keine verzierten Stelen aus Stein hervorgebracht (s. S. 382, 403). Auch tönerne Figuren waren den Kugelamphoren-Leuten fremd.

Bisher hat man im Verbreitungsgebiet der Kugelamphoren-Kultur nur wenig Reste von Musikinstrumenten gefunden. Zwei Trommeln wurden in Niedersachsen geborgen, drei in Kujawien (Polen) und eine in Böhmen.

Unter den Tongefäßen der Kugelamphoren-Kultur hatten die namengebenden rundbödigen Kugelamphoren mit etwa 50 Prozent und weitmundige, flachbödige Töpfe mit etwa 25 Prozent den größten Anteil. Wegen ihres gewölbten Bodens konnte man die kugelförmigen Amphoren nicht auf ebener Erde abstellen. Sie hatten vermutlich die Funktion von Vorratsgefäßen, die an durch die beiden Henkel geführten Schnüren aufgehängt wurden. Die weitmundigen Töpfe wiesen manchmal bis zu vier Henkel auf. Weitere typische Tongefäße waren Schalen mit Rundboden und zwei Henkeln, flachbödige Näpfe ohne und mit warzenartigen Vorsprüngen sowie trichterförmige »Warzenbecher«.

In der älteren Phase der Kugelamphoren-Kultur wurde die Keramik mit ganzflächigen Mustern verziert, die man vielleicht nach dem Vorbild von Stickereien übernommen hatte. Man drückte die Ornamente mit verschiedenartigen Stempeln in den weichen Ton ein, bevor man die Gefäße brannte. Hauptmotive waren hängende, also mit der Spitze nach unten weisende

Dreiecke, Rhomben, Zickzackmuster, Tannenzweige und flächenfüllende Punktmuster. An der Gefäßschulter überwiegen Fransenmuster. In der jüngeren Phase der Kugelamphoren-Kultur kamen zunehmend Schnureindrücke, wie sie für die gleichzeitigen Schnurkeramischen Kulturen (s. S. 398) typisch waren, in Mode. Damals erschienen hängende Bögen als weiteres Ziermotiv.

Zum Werkzeug der Kugelamphoren-Kultur gehörten dicknackige, sorgfältig zugeschliffene Beilklingen aus Feuerstein mit Holzschaft sowie ähnlich bearbeitete Klingen von Querbeilen und schmale Meißel. Dagegen fehlen aus Felsgestein geschliffene Klingen von Steinäxten, wie sie bei den Trichterbecher-Leuten üblich waren. Außerdem gab es Pfrieme, Spitzen und Dolche aus Knochen, aufgespaltene Eberhauer als Schneidinstrumente und Äxte aus Knochen oder Hirschgeweih.

Daß die Kugelamphoren-Leute auch kupferne Werkzeuge besaßen, zeigt der Fund einer kleinen Ahle aus einem Steinkistengrab von Kolonia Stary Brześć in Polen. Nach dem Ergebnis der Metallanalyse dieses Objektes soll der für seine Herstellung verwendete Rohstoff aus dem Goslarer Revier im Nordharz stammen. Möglicherweise haben Angehörige der Kugelamphoren-Kultur im Mittelelbe-Saale-Gebiet das Rohmaterial vermittelt.

Vereinzelte Funde von aus Feuerstein zurechtgeschlagenen Pfeilspitzen belegen, daß für die Jagd oder den Kampf nach wie vor Pfeil und Bogen zur Verfügung standen.

Die Bestattungen der Kugelamphoren-Leute wurden nur noch indirekt von der megalithischen Kultur beeinflußt. Diese Menschen errichteten zwar weder Dolmen noch Ganggräber und auch keine großen Steinkistengräber. Sie bestatteten ihre Toten jedoch nicht selten in den von früheren Kulturen erbauten Großsteingräbern. Dies geschah beispielsweise in einigen Großsteingräbern im niedersächsischen Kreis Lüneburg wie in Diersbüttel, Oldendorf (Hünenbett IV) und Rohstorf (Steingrab III). Manche Prähistoriker vergleichen diese Nachbestattungen in Megalithgräbern mit dem Vorgehen der Konquistadoren, die ihre Toten mitunter in den monumentalen Gräbern der einheimischen Bevölkerung beerdigten.

Die von den Kugelamphoren-Leuten selbst geschaffenen Gräber waren von bescheidener Art. Sie bestatteten ihre Toten in ovalen, rechteckigen oder runden Erdgrabhügeln, die in Extremfällen bis zu 30 Meter lang waren, meist jedoch ein geringeres Ausmaß erreichten. Außerdem bauten sie kleine Steinkistengräber oder hoben flache Erdgräber aus, die sie mit Steinen pflasterten und bedeckten.

In der westlichen Gruppe der Kugelamphoren-Kultur bestattete man häufig nur einen einzigen Verstorbenen in einem Grab. Manchmal legte man aber auch mehrere Erwachsene in ein Grab. Es hat den Anschein, als sei in keinem Grab eine Frau oder ein Kind allein begraben worden. Daraus leitet man ab, daß Frauen und Kinder männlichen Toten ins Grab folgen mußten. Für die Theorie liegen allerdings keine sicheren Beweise vor. Der Leichnam wurde grundsätzlich mit zum Körper hin angezogenen Beinen niedergelegt.

Eine Eigenart des Bestattungswesens der Kugelamphoren-Kultur war die Sitte, dem oder den Verstorbenen ein Rind oder sogar zwei oder drei Rinder zu opfern und mit ins Grab zu

Steinkistengrab von Flarchheim (Kreis Mühlhausen) in Thüringen. Länge der Vitrinenkanten 1,55 Meter, Breite 1,02 Meter. Original im Heimatmuseum Mühlhausen. ▷

Opferung von Rindern bei einer Bestattung von Menschen der Kugelamphoren-Kultur im Gebiet des heutigen Sachsen-Anhalt.

geben. Offenbar geschah dies nach einem genau festgelegten Ritual. Denn die Rinderpaare wurden immer so auf die Flanke gelegt, daß die Füße und das Maul der Tiere beieinander lagen. In der östlichen Gruppe der Kugelamphoren-Kultur legte man zu den Rindern mitunter Gefäße, die vielleicht Speise und Trank enthielten, und hängte den getöteten Tieren Knochenmedaillons mit einem Sonnensymbol um den Hals. Diese Rinderopfer sollten womöglich als Nahrungsvorrat für das Leben im Jenseits dienen.

Rinderopfer in Menschengräbern wurden unter anderem in Dölkau[1] (Kreis Merseburg), Langendorf[2] (Kreis Weißenfels), Mittelhausen[3] bei Allstedt (Kreis Sangerhausen) in Sachsen-Anhalt, in Cossebaude[4] (Kreis Dresden) in Sachsen sowie in Ketzin[5] (Kreis Nauen) in Brandenburg entdeckt. In Dölkau befanden sich menschliche Skelettreste einer jüngeren Person zwischen den beiden mit angewinkelten Beinen gegeneinander gerichteten Rindern. In Langendorf fand man ein Menschenskelett und ein Rinderskelett im selben Grab. In Mittelhausen hatte man einem Mann und einer Frau ein Rinderpaar geopfert. Sowohl die Köpfe der Menschen als auch die der beiden Rinder lagen dort in Richtung Osten.

Auch in eigenen Gräbern bestattete Rinder waren keine Ausnahmeerscheinung. So sind aus Cossebaude sowohl Rinder im Menschengrab als auch eigene Rinderbestattungen bekannt. Im Ortsteil Zauschwitz[6] von Weideroda (Kreis Borna) in Sachsen entdeckte man zwei Menschengräber in Nachbarschaft eines Tiergrabes. Etwa einen Meter südlich von einer Hockerbestattung lag ein ovales Tiergrab mit drei Rindern, und anderthalb Meter von diesem entfernt ruhten in derselben Linie und Tiefe wie diese Tiere zwei an den Füßen zusammenstoßende Hockerbestattungen in einer Grube. In Schönebeck[7] in Sachsen-Anhalt stieß man viereinhalb Meter entfernt von einem Steinkistengrab mit einem Toten auf ein Tiergrab mit fünf Rindern. Und in Stobra[8] (Kreis Apolda) in Thüringen kamen zwei Rinderbestattungen zum Vorschein. In einem der beiden Gräber lagen jeweils zwei Rinder als Paare mit den Beinen zueinandergekehrt, während man ein fünftes Tier dazwischen gebettet hatte. Im anderen beobachtete man zwei junge Rinder mit zueinander gewandten Beinen und spitzen Löchern im Schädel, die als Spuren der Tötung gelten. Zwischen den Rinderschädeln barg man Schweineknochen.

Die Rinderopferung in den Menschengräbern und die separaten Rinderbestattungen sind ein Hinweis darauf, daß die Kugelamphoren-Leute an ein Weiterleben nach dem Tode glaubten. Außerdem spiegeln sie die starke Verbundenheit mit diesen Haustieren wider. Vermutlich galt die Hauptsorge dem Wohlergehen der Rinder, die – nach der Art und Weise ihrer Bestattung – große Wertschätzung genossen. Manche Historiker betrachten die Sonnensymbole auf Bernsteinscheiben und auf tönernen Amphoren, die im Bereich der östlichen Gruppe der Kugelamphoren-Kultur gefunden wurden, als Zeugnisse eines Sonnenkultes.

Verbreitung der Schnurkeramischen Kulturen und ihre Nachbarn in ▷ Deutschland.

Vermeintliche Indogermanen

Die Schnurkeramischen Kulturen

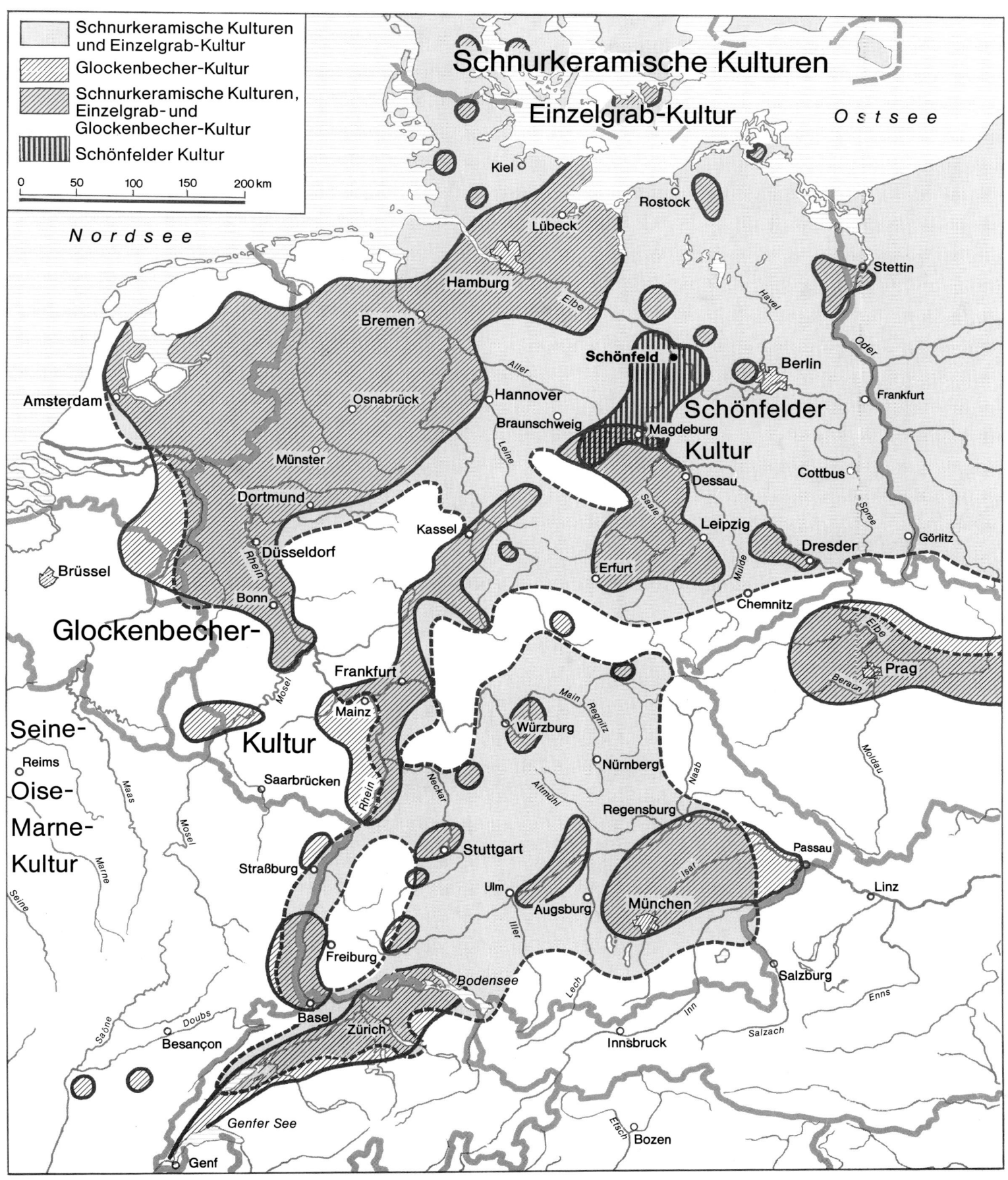

Schnurkeramische Kulturen und Einzelgrab-Kultur

Glockenbecher-Kultur

Schnurkeramische Kulturen, Einzelgrab- und Glockenbecher-Kultur

Schönfelder Kultur

0   50   100   150   200 km

N o r d s e e

Schnurkeramische Kulturen

Einzelgrab-Kultur

O s t s e e

Kiel

Rostock

Lübeck

Stettin

Hamburg

Bremen

Schönfeld

Berlin

Frankfurt

Amsterdam

Osnabrück

Hannover

Braunschweig

Magdeburg

Schönfelder Kultur

Dessau

Cottbus

Münster

Dortmund

Kassel

Leipzig

Dresden

Görlitz

Brüssel

Düsseldorf

Erfurt

Chemnitz

Bonn

Prag

Glockenbecher-

Frankfurt

Würzburg

Seine-

Mainz

Nürnberg

Oise-

Kultur

Saarbrücken

Regensburg

Passau

Marne-

Stuttgart

Linz

Kultur

Straßburg

Ulm

Augsburg

München

Freiburg

Salzburg

Bodensee

Basel

Zürich

Besançon

Innsbruck

Genfer See

Bozen

Genf

397

Von etwa 2800 bis 2400 v. Chr. traten in weiten Teilen Mitteleuropas und darüber hinaus die Schnurkeramischen Kulturen auf. Ihr Verbreitungsgebiet reichte vom Elsaß im Westen bis zur Ukraine im Osten und von der Westschweiz im Süden bis nach Südnorwegen im Norden. Da für diese Kulturen der Besitz von tönernen Bechern und Streitäxten kennzeichnend ist, spricht man auch von Becher-Kulturen[1] oder Streitaxt-Kulturen[2].

Der Begriff Schnurkeramische Kulturen geht auf den Berliner Prähistoriker Alfred Götze (s. S. 511) zurück, der 1891 als erster von Schnurverzierter Keramik und Schnurkeramik sprach. Dieser Name bezieht sich darauf, daß die Tongefäße jener Kulturen häufig durch die Abdrücke von Schnüren verziert sind. Manche Zweige der Schnurkeramischen Kulturen hat man nach anderen Merkmalen benannt.[3]

In Westdeutschland existierten diese Kulturen in fast allen Gebieten. In Norddeutschland bildete die Einzelgrab-Kultur (s. S. 404) den nordöstlichsten Zweig der Schnurkeramischen Kulturen. Und in Ostdeutschland behaupteten sich die Schnurkeramischen Kulturen in Sachsen, Sachsen-Anhalt, Thüringen, Brandenburg und Mecklenburg neben der dort teilweise gleichzeitig auftretenden Kugelamphoren-Kultur (s. S. 393).

Im nördlichen Verbreitungsgebiet der Schnurkeramischen Kulturen blieben die Eichenmischwälder zu einem großen Teil erhalten, während im Süden Buchen-, Buchen-Tannen- und teilweise Fichtenwälder wuchsen. In schnurkeramischen Gräbern Ostdeutschlands wurden Überreste von Braunbären, Rothirschen, Wildschweinen, Wildkatzen, Füchsen, Dachsen, Iltissen und Fischottern gefunden.

Während ein in Landersdorf[4] bei Thalmässing (Kreis Roth) in Mittelfranken entdecktes männliches Skelett 1,70 Meter aufwies, errechnete man für die in dem Gräberfeld von Schafstädt (Kreis Merseburg) bestatteten Männer eine Durchschnittsgröße von 1,62 Meter und für die Frauen von 1,54 Meter, was den Maßen der vorher dort lebenden Menschen entspricht. In Südwestdeutschland wurden die Männer dagegen wesentlich größer als bisher. Mit dem Auftreten der Schnurkeramiker änderte sich das Aussehen der Menschen in der Jungsteinzeit erheblich. Die stärker ausgeprägten großen Langschädel und schmalen Gesichter wiesen deutlich gröbere Gesichtszüge auf. Sie glichen darin wieder mehr den Menschen, die in der Mittelsteinzeit und in der frühesten Jungsteinzeit im gleichen Siedlungsraum lebten.

Die Herkunft der Schnurkeramiker in Mitteleuropa war lange umstritten. Früher hielt man sie für aus dem Osten eingewanderte Steppennomaden, die in die Gebiete der Trichterbecher-Kultur (s. S. 323) und anderer gleichzeitiger Kulturen eingedrungen waren. Die Annahme, es handle sich um nichtseßhafte Viehzüchter, begründete man mit den auffällig seltenen Siedlungsspuren, dem Übergewicht an Grabfunden, dem angeblichen Fehlen von Hinweisen auf Ackerbau und Viehhaltung. Nach dem neuesten Forschungsstand geht man jedoch davon aus, daß sich die Schnurkeramischen Kulturen unter Aufnahme neuer kultureller Strömungen aus der Trichterbecher-Kultur entwickelten und daß auch die Schnurkeramiker Bauern waren. Zeitweise hatte man in ihnen wegen ihrer weit nach Osten reichenden Verbreitung sogar die ersten bekannten Indogermanen gesehen.[5] In Wirklichkeit waren sie jedoch keine einheitliche Erscheinung, weshalb von einem Volk mit gleicher Sprache keine Rede sein kann.

Verzierter Becher von Wiesbaden (Waldstück »Hebenkies«) in Hessen. Gesamthöhe etwa 21,5 Zentimeter. Das Tongefäß wurde 1817 bei der Grabung des preußischen Gesandtschaftssekretärs in Kopenhagen, Wilhelm Dorow (1790–1846), während eines Kuraufenthaltes entdeckt. Original im Museum Wiesbaden.

Von den Schnurkeramikern hat man vor allem in Mitteldeutschland zahlreiche Skelettreste entdeckt. Die anthropologische Untersuchung dieser Funde ergab, daß die damals lebenden Menschen unter mancherlei Krankheiten litten.

Aus Reichardtswerben (Kreis Weißenfels) in Sachsen-Anhalt konnte man stark abgeschliffene Zähne und Zahnstein nachweisen. Dies zeugt von übermäßiger Beanspruchung der Zähne durch harte Nahrung sowie von mangelhafter Mundpflege. Bei männlichen Schnurkeramikern aus Thüringen waren 7,2 Prozent der Zähne von Karies befallen, bei weiblichen Personen dagegen nur 1,4 Prozent. Am bereits erwähnten Fundort Schafstädt in Sachsen-Anhalt wies man Spuren entzündlicher Vorgänge in der Umgebung der Zahnwurzelspitzen sowie entsprechende Hohlraumbildungen und Fisteleröffnungen nach. Ein Fund von Dornburg (Kreis Jena) in Thüringen deutet darauf hin, daß man kranke Zähne gezogen hat.

Ein in Hausneindorf (Kreis Aschersleben) in Sachsen-Anhalt bestatteter älterer Schnurkeramiker litt in seinen späten Lebensjahren unter Schäden der Wirbelsäule. An der Fundstelle Erfurt-Günterstraße hatte man unter anderem einen alten Mann zur letzten Ruhe gebettet, dessen rechtes Hüftgelenk nicht mehr beweglich war, weil der Gelenkkopf des Oberschenkels und die Gelenkpfanne des Hüftbeins von Arthritis deformans, der sogenannten Altersgicht, betroffen waren. Von Erfurt-Nord kennt man einen infolge von Rachitis stark gekrümmten Oberschenkelknochen. Spuren von Rachitis beobachtete man auch bei anderen Schnurkeramikern. Aus Schafstädt und Schwerborn (Kreis Erfurt) sind Fälle von Spondylose (eine Wirbelerkrankung) belegt.

An manchen Skeletten von Schnurkeramikern stellte man verheilte Brüche fest. Besonders interessant ist in diesem Zusammenhang der auf beiden Seiten gebrochene Unterkiefer einer Frau aus Braunsberg (Kreis Neuruppin) in Brandenburg, der ohne Komplikationen wieder zusammengewachsen war. Normalerweise erfordert ein Kieferbruch eine sorgfältige Behandlung. Gut verheilt sind auch der Ellenbruch eines Schnurkeramikers aus Udestedt (Kreis Erfurt) sowie der Oberschenkelbruch eines anderen Menschen in Auleben (Kreis Nordhausen) in Thüringen. Vermutlich hat man in dem einen Fall den kranken Arm und in dem anderen das betroffene Bein geschient.

Die hohe Kunst der schnurkeramischen Medizinmänner spiegelt sich vor allem in den Schädeloperationen wider. Bisher kennt man allein aus Mitteldeutschland mehr als 15 solcher Eingriffe, die ausschließlich an Männern vorgenommen wurden. Heilungsspuren an den Knochen rund um die Trepanationsöffnung zeigen, daß die meisten Operierten die Prozedur längere Zeit überlebten. Bei je einem Fall in Pritschöna (Kreis Merseburg) und in Wechmar (Kreis Gotha) sind sogar zwei hintereinander heil überstandene Trepanationen nachgewiesen.

Zu solchen langwierigen, zumeist in Schabetechnik ausgeführten Operationen entschloß man sich vermutlich nur bei schweren Leiden und starken Schmerzen der Betroffenen. Im Falle der Wechmarer Trepanation dürfte ein Abszeß oder Tumor am Hirnschädel das Motiv für den Eingriff gewesen sein. Die Untersuchung eines trepanierten Schädels aus Wiedebach (Kreis Weißenfels) ergab, daß in diesem Fall die Operation mindestens 20 Jahre vor dem Tode ausgeführt wurde.

Über die Siedlungen der Schnurkeramiker weiß man bisher wenig. Die auffällig geringe Zahl an bekannten Siedlungen ist vielleicht durch eine Bauweise bedingt, die kaum Spuren im Boden hinterließ. In Mitteldeutschland haben die Schnurkeramiker auch in Ödgebieten und an Gebirgsrändern gewohnt. Diese Ausweitung des Siedlungsgebietes auf Regionen mit schlechten Ackerböden deutet auf eine Zunahme der Bevölkerung und vermehrte Viehzucht hin.

Zu den wenigen Siedlungsspuren der Schnurkeramiker zählen beispielsweise Pfostenverfärbungen bei Bottendorf (Kreis Artern) und Siedlungsgruben im Luckauer Forst (Kreis Altenburg), beide in Thüringen. Die Verstorbenen wurden in sogenannten Totenhütten beigesetzt. Solche Hütten waren möglicherweise ähnlich konstruiert wie die Behausungen der Lebenden und liefern damit einen Anhaltspunkt für das Aussehen der Häuser. Schnurkeramische Siedlungsreste am Fundort Hornstaad-Schlößle[6] (Kreis Konstanz) auf der Halbinsel Höri am Bodensee in Baden-Württemberg und in der Schweiz belegen, daß die Schnurkeramiker auch Seeufersiedlungen errichteten. Befestigte Siedlungen auf Höhen sind bisher nicht bekannt.

Die in wildreichen Gegenden lebenden Schnurkeramiker dürften gelegentlich mit Pfeil und Bogen auf die Jagd gegangen sein. In einer Siedlungsgrube von Speyer in Rheinland-Pfalz

wurden Jagdbeutereste vom Rothirsch, Reh und Wildschwein gefunden.

Reste von Getreide und Hülsenfrüchten, Abdrücke von Getreidekörnern an Tongefäßen sowie Hakenpflugspuren unter schnurkeramischen Grabhügeln in Holland, Norddeutschland und Dänemark zeugen vom Ackerbau. Ausgesät und geerntet wurden vor allem Emmer und Gerste, daneben aber auch Einkorn, Zwergweizen, Rispenhirse und Linse.

Knochenreste aus schnurkeramischen Siedlungen beweisen, daß deren Bewohner neben Rindern, Schweinen, Schafen, Ziegen und Hunden auch Pferde als Haustiere hielten. Hunde erfreuten sich offenbar besonderer Wertschätzung, wie die häufige Verwendung ihrer Eckzähne für Schmuckketten zeigt.

An manchen Fundorten der Schnurkeramischen Kulturen wurden eindrucksvolle Belege für Tauschgeschäfte und weitreichende Fernverbindungen entdeckt. So stieß man in einem Grabhügel von Horbach (Main-Kinzig-Kreis) in Hessen auf eine Dolchklinge aus Grand-Pressigny-Feuerstein, dessen Griff aus organischem Material nicht mehr erhalten ist. Diese wegen ihrer außerordentlichen Qualität geschätzte goldgelbe Feuersteinart wurde in Grand Pressigny im französischen Departement Indre-et-Loire abgebaut und war vor allem in Gebieten begehrt, in denen es keine heimischen Feuersteinvorkommen gab.

Große Wertschätzung als Tauschobjekt genoß damals Bernstein von der Ostseeküste. Aus diesem Material hat man verschieden geformte Anhänger geschaffen. Eines der Vorkommen befand sich im Weichseldelta. Dort wurden im Sommer auf trockengefallenen Sandbänken zwischen den Wiesen der Flußmarschen große Mengen Bernstein aufgesammelt.

Die Schnurkeramiker setzten für den Transport von schweren oder sperrigen Lasten zuweilen von Rindern gezogene Wagen ein. Ableiten läßt sich dies aus den Funden von drei hölzernen Rädern aus der schweizerischen Siedlung Zürich-Dufourstraße (s. S. 503) und eines hölzernen Scheibenrades aus de Eese in der holländischen Provinz Overijssel. Von Schnurkeramikern sind vermutlich die durch morastige Gegenden führenden Holzbohlenwege in der holländischen Provinz Drenthe angelegt worden. Es liegt nahe, daß auch die Schnurkeramiker in Deutschland Wägen und Wege bauten. Bei den an Seeufern liegenden Siedlungen ist die Verwendung von Einbäumen als Wasserfahrzeuge denkbar.

Nach den Funden in den Gräbern zu schließen, hatten die Angehörigen der Schnurkeramischen Kulturen eine große Vor-

Aus Felsgestein geschliffene Hammeraxt von Wiesbaden (Waldstück »Hebenkies«) in Hessen. Länge 21 Zentimeter. Ein Fund aus dem Jahre 1817. Original im Museum Wiesbaden.

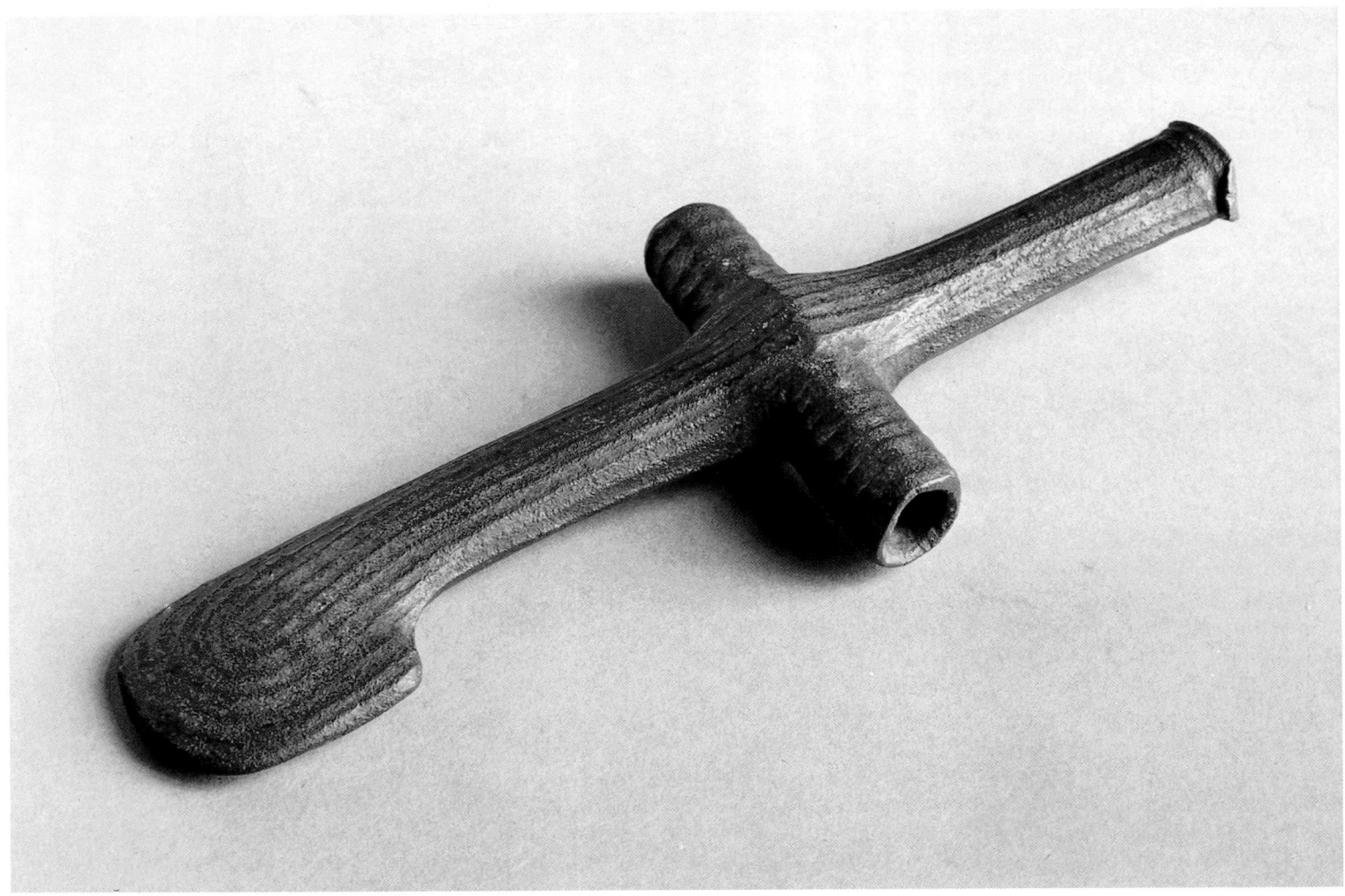

Verzierte kupferne Streitaxt vermutlich aus der Zeit der Schnurkeramischen Kulturen aus der Gegend von Mainz in Rheinland-Pfalz. Länge 25,5 Zentimeter. Original im Landesmuseum Mainz.

liebe für Schmuck. In Frauengräbern barg man häufig Halsketten mit durchbohrten Tierzähnen, die meist von Hunden stammten. Manchmal verwendete man sogar Tierzahnimitationen aus anderem Material für Ketten. An den Ketten hingen mitunter bis zu 100 Tierzähne. In Wolkshausen (Kreis Würzburg) fand man etwa 130 durchbohrte Tierzähne, die anscheinend auf die Kopfzier einer Frau aufgenäht waren. Um den Leib gelegte Gürtel verschloß man mit aus Knochen geschnitzten Platten. Ein derartiger Kleidungsbestandteil kam in einem schnurkeramischen Männergrab von Edertal-Bergheim (Kreis Waldeck-Frankenberg) in Hessen zum Vorschein. In anderen Männergräbern entdeckte man – wenngleich viel seltener – aus Eberzähnen und Bernstein geschaffene Schmuckstücke. Außerdem gab es Knochennadeln, Muschelschmuck, Rötel zum Schminken und Kupferschmuck.

Allein in Mitteldeutschland wurden in etwa 50 Gräbern kupferne Schmuckstücke gefunden: nämlich Blechröhrchen, Spiralröllchen, Spiralringe, Armringe, Kopfbänder, Fingerringe und Perlen. Manchmal zeugen nur Patinaspuren an Skelettresten von vergangenen Kupferschmuckstücken. Ähnliche Funde kennt man auch aus Westdeutschland. So wurden beispielsweise in Kelsterbach bei Frankfurt in Hessen drei Armspiralen, vier Fingerspiralen und 106 Tropfenperlen aus Kupfer entdeckt.

Zu welch großen künstlerischen Leistungen die Schnurkeramiker fähig waren, zeigt die Ausschmückung der Steinkammer-gräber im Ortsteil Göhlitzsch von Leuna (Kreis Merseburg) und in der Dölauer Heide bei Halle/Saale in Sachsen-Anhalt.

Das Steinkammergrab von Göhlitzsch wurde bereits 1750 entdeckt. Alle sechs Wandplatten des 2,19 Meter langen, 1,25 Meter breiten, 1,25 Meter hohen, mit drei Blöcken abgedeckten Grabes wurden auf der Innenseite durch eingravierte sowie aufgemalte Muster und Darstellungen verschönert. Die Muster ahmen vielleicht Wandbehänge nach, die es damals womöglich schon in manchen Häusern gab. Diese Vermutung äußerte jedenfalls bereits der Prähistoriker Hans Hahne[7] (1875–1935) aus Halle/Saale. Sämtliche Wandplatten des Göhlitzscher Steinkammergrabes wurden oben durch einen Zackenfries begrenzt. Auf der bekanntesten Platte fand sich darunter eine waagrechte Linie, die beidseitig von kleinen Zacken gesäumt war. Darunter folgte die Darstellung eines querliegenden Bogens. An dieses Waffenmotiv schloß sich ein Teppichmuster aus vier Feldern mit Zickzacklinien an. Zwischen den Feldern sind jeweils zwei senkrechte Linien mit kurzen waagrechten oder schrägen Strichen angebracht. Links neben Zackenfries, Bogen und Teppichmuster ist ein mit sechs Pfeilen gefüllter Köcher zu erkennen.

Auch auf anderen Göhlitzscher Wandplatten sind neben Zackenfriesen und Tannenzweigmustern bemerkenswerte Darstellungen hinterlassen worden. So ist im unteren Drittel eines dieser Wandsteine eine querliegende geschäftete Axt abgebildet, deren Klinge zum Boden weist.

Das verzierte Steinkammergrab auf dem kleinen Hochplateau namens Bischofswiese in der Dölauer Heide wurde bei Ausgrabungen des früher in Halle/Saale tätigen Prähistorikers Hermann Behrens in den Jahren 1953 und 1955 erforscht.[8] Dieses Grab bestand aus 13 Wandsteinen und wurde mit sechs länglichen Platten abgedeckt. Die Grabkammer war innen 3,20 x 1,30 Meter groß und einen Meter hoch. Von den Wandsteinen sind sieben auf der Innenseite mit eingravierten und zum Teil aufgemalten Mustern geschmückt. Als Verzierung dienten Wolfszahn-, Tannenzweig-, Zickzack-, Leiter- und alternierende Schrägstrichmuster. Auf einer der Wandplatten befindet sich am linken Rand eine 36 Zentimeter hohe und maximal 21,5 Zentimeter breite eiförmige Gestalt, die als stilisiertes Abbild der sogenannten »Dolmengöttin« (s. S. 377) gilt. Rechts neben dieser Gottheit wurde ein rätselhaftes haken- oder galgenförmiges Zeichen eingraviert, das aus einem senkrechten Balken mit nach links gewandtem kürzerem Querbalken besteht. Solche galgenförmigen Zeichen treten auf einem anderen Wandstein sogar viermal auf.

Die Knochenreste aus dem Steinkammergrab in der Dölauer Heide stammen vermutlich nur von einem einzigen Menschen. Dieses mit so viel Aufwand und Geschick verzierte Grab dürfte ebenso wie das von Göhlitzsch für einen Häuptling bestimmt gewesen sein, den man vermutlich mit reichen Beigaben versah, damit es ihm im Jenseits an nichts mangeln sollte. Sein Reichtum hat offenbar Zeitgenossen nicht ruhen lassen. Ein nach der Bestattung in der nordöstlichen oberen Grabkammerecke geschlagenes Loch verrät, daß der Tote seiner Beigaben (Waffen, Schmuck) beraubt wurde.

Angehörige einer derart kunstsinnigen Kultur dürften wohl auch Musik und Tanz geschätzt haben. Dafür konnten jedoch bisher noch keine archäologischen Hinweise erbracht werden. Nur als Kuriosum sei erwähnt, daß die Darstellung des mit sechs Pfeilen gefüllten Köchers aus dem Göhlitzscher Steinkammergrab früher irrtümlich als sechssaitige Laute fehlgedeutet wurde.

Unter den Tongefäßen der Schnurkeramischen Kulturen überwogen die Becher und Amphoren, die beide je einen Anteil von schätzungsweise 40 Prozent hatten. Bei den Bechern handelte es sich um hohe schlanke Gefäße von häufig erstaunlicher Größe, die heutige Vorstellungen vom Becher weit übertrifft

Berittener Krieger aus der Zeit der Schnurkeramischen Kulturen mit Streitaxt in der linken Hand und Feuersteindolch am Gürtel. Derartige Reiterkrieger oder Streitaxtleute wurden früher irrtümlich mit den Indogermanen gleichgesetzt.

(s. S. 391). Die Becher besaßen einen ausgeprägten Standboden und waren meist auf dem Gefäßoberteil verziert. Die rundbauchigen Amphoren trugen Henkel am Bauch und Verzierungen auf der Gefäßschulter. Weitere 10 Prozent entfielen auf Schalen ohne und mit Füßchen, etwa 5 Prozent auf Henkelkannen und -tassen und die restlichen 5 Prozent auf Näpfe, Deckeldosen und ovale Wannen.

Die schnurkeramischen Töpfer haben die Außenwand der meisten Tongefäße verziert, der Boden blieb in der Regel ohne Muster. Unter den Verzierungsmustern überwogen Ornamente, die man mit Hilfe von geflochtenen Schnüren herstellte, die vor dem Brand im Töpferofen in den weichen Ton eingedrückt wurden. Auf diese Schnurabdrücke geht — wie erwähnt

Blick in das Innere des verzierten Steinkammergrabes von der Bischofswiese in der Dölauer Heide bei Halle/Saale in Sachsen-Anhalt. Länge der Grabkammer innen 3,20 Meter, Breite 1,30 Meter, Höhe 1 Meter. Original im Landesmuseum für Vorgeschichte Halle/Saale.

– der Name dieser Kultur zurück. Die Schnurmuster erzeugte man auf verschiedene Art und Weise. So wand man beispielsweise eine lange Schnur spiralig um das Gefäß und drückte sie gleichmäßig ein. Bei einer anderen Methode nahm man eine Schnur oder mehrere nebeneinanderliegende Schnüre zwischen Daumen und Zeigefinger beider Hände und hielt sie ringförmig um den Gefäßkörper. In diesem Fall mußte eine zweite Person die Schnüre in den Ton pressen. Bei solcherart verschönerten Gefäßen kann man bei genauem Hinsehen deutlich die Nahtstelle der aneinanderstoßenden Schnurenden erkennen. Bei einer weiteren Verzierungstechnik drückte man kurze Schnurstücke in den Ton und fügte sie zu Dreieck- oder Fransenmustern zusammen.

Außer diesen Schnurverzierungen gab es aber auch einen Dekor, der mit spitzen, kantigen oder rundlichen Holzstäben eingeschnitten oder gestochen wurde. So hat man unter anderem Linien-, Zickzack-, Strichbündel-, Tannenzweig-, Sparren-, Dreieck-, Trapez-, Leiter- und Flechtbandmuster geschaffen. Generell war die Machart der schnurkeramischen Tongefäße im Gegensatz zur Keramik vorhergehender Kulturstufen relativ einfach.

Die Schnurkeramiker beherrschten meisterhaft die Herstellung von Werkzeugen und Waffen aus unterschiedlichen Stein-

Wandplatte aus dem Steinkammergrab von der Bischofswiese in der Dölauer Heide bei Halle/Saale in Sachsen-Anhalt mit Darstellung der »Dolmengöttin« und galgenförmigen Zeichen. Höhe der Platte 1,41 Meter, Breite 73 Zentimeter. Original im Landesmuseum für Vorgeschichte Halle/Saale.

arten. Aus Feuerstein schlugen sie neben Beilen, Meißeln und Klingen, die wohl als Werkzeuge dienten, auch formvollendete Waffen wie Dolche und Pfeilspitzen zurecht. Felsgestein diente als Rohstoff für durchlochte Keulenköpfe, Arbeits- und vor allem Streitäxte, die kunstgerecht zugeschliffen wurden.

Bei der Formgebung der Feuersteindolche und steinernen Streitäxte kopierte man das Erscheinungsbild kupferner Vorbilder. Für die Streitäxte der Schnurkeramiker sind die asymmetrische Schneide und die feinpolierte metallisch glänzende Oberfläche kennzeichnend. Bei den Streitäxten wurden sogar die Gußnähte der Kupferäxte nachgeahmt.

Deutlich seltener als Steingeräte hat man Werkzeuge und Waffen aus Tierknochen geschnitzt. Aus Knochen schuf man unter anderem Meißel, Pfrieme und Dolche. Das Rohmaterial hierfür stammte von geschlachteten Haustieren.

Daneben besaßen die Schnurkeramiker aber auch Pfrieme und Dolche aus Kupfer. Die Dolche waren – nach ihrer Verwendbarkeit zu schließen – eher Prunk- als Gebrauchsgeräte. Es hat den Anschein, als habe das Metall bei den Schnurkeramikern eine besondere, prestigebehaftete Bedeutung besessen. Als eine Axtform dieser Kultur gilt der Typ Eschollbrücken. Darunter versteht man hammerartige Äxte, wie sie im Stadtteil Eschollbrücken von Pfungstadt (Kreis Darmstadt-Dieburg) in Hessen gefunden wurden.

Die Schnurkeramiker haben ihre Toten nur ganz selten verbrannt. Einzelbestattungen waren die Regel. Es gab aber auch Doppelbestattungen sowie zu Gruppen vereinte Gräber und sogar große Gräberfelder. Der Körper eines Verstorbenen wurde mit Vorliebe in westöstlicher Richtung zur letzten Ruhe gebettet. Die Beine waren zum Körper hin angezogen. Es handelte sich also um sogenannte »liegende Hocker«. Nord-südliche Ausrichtung der Leichen bildete die Ausnahme. Das Gesicht der Toten wies überwiegend nach Süden. Männer lagen auf der rechten Körperseite mit dem Schädel im Westen, Frauen auf der linken Körperseite mit dem Kopf im Osten.

Manche Bestattungen wichen in einer auffälligen Weise vom Üblichen ab. So hatte man beispielsweise je einem Schnurkeramiker in Elstertrebnitz-Trautzschen (Kreis Borna) in Sachsen und auf dem Säringsberge bei Helmsdorf (Kreis Hettstedt) in Sachsen-Anhalt den Kiefer abgetrennt. Bei der Bestattung von Elstertrebnitz-Trautzschen waren Ober- und Unterkiefer zerbrochen und zwischen den vermutlich gefesselten Schenkeln eingeklemmt. Vielleicht handelte es sich bei diesen Sonderbestattungen um Außenseiter der Gesellschaft, deren Wiederkehr man verhindern wollte.

Die Gräber der Schnurkeramiker hatten unterschiedliche Formen. Man kennt vor allem Hügelgräber, die mitunter von Steinringen und Ringgräben umgeben waren, aber auch einfache flache Erdgräber, Gräber mit Holzeinbau (Totenhütten) oder Steinkammergräber. Auch die hölzernen Totenhütten für vornehme Krieger oder Häuptlinge überdeckte man mit Erdhügeln. Bei einzelnen Steinkammergräbern – beispielsweise dem erwähnten Grab von Göhlitzsch – ist unklar, ob sie von den Schnurkeramikern selbst erbaut wurden oder ob es sich um vorgefundene Anlagen handelt, die man für eigene Bestattungen benutzte.

Als größtes schnurkeramisches Gräberfeld gilt der bereits erwähnte Fundort Schafstädt[9] in Sachsen-Anhalt. Dort konnte man rund 100 Gräber nachweisen. Besonders interessant ist ein Steinkammergrab, für das ein 94 Zentimeter langer Menhir als

Wandplatte aus dem Steinkammergrab von Leuna-Göhlitzsch (Kreis Merseburg) in Sachsen-Anhalt mit Darstellung von Pfeilen im Köcher (links), einem querliegenden Bogen (rechts) und darunter einem Teppichmuster aus vier Feldern mit Zickzacklinien. Länge der Platte 1,94 Meter, Breite 95 Zentimeter, Dicke 26 Zentimeter. Original im Landesmuseum für Vorgeschichte Halle/Saale.

Baumaterial verwendet wurde (s. S. 391). Auf der Vorderseite des Menhirs sind ein menschliches Gesicht, Arme, Hals- und Brustschmuck, ein Gürtel und ein kammartiger Gegenstand zwischen den Händen zu erkennen. Der Menhir wurde mit der Spitze, also mit dem Gesicht nach unten, in den Boden gesteckt und als Wandteil benutzt. Man hat also die Bilddarstellung darauf ignoriert.

Auf einigen Grabhügeln, deren Zugehörigkeit zu den Schnurkeramischen Kulturen umstritten sind, wurden menhirartige Stelen entdeckt. Dazu gehören Funde in Trebsdorf (Kreis Nebra), Leuna (Kreis Merseburg), Poserna (Kreis Hohenmölsen) und Halle-Heide (alle in Sachsen-Anhalt gelegen). In Halle-Heide stieß man im Boden vor einem großen verzierten Steinkammergrab auf zwei große Grabstelen, von denen eine 1,87 und die andere 1,73 Meter hoch ist.

In Süddeutschland ist das Gräberfeld im Stadtteil Dittigheim[10] von Tauberbischofsheim (Main-Tauber-Kreis) in Baden-Württemberg mit 33 Gräbern und insgesamt 63 Bestattungen der umfangreichste schnurkeramische Friedhof. Dort kamen auffällig viele Gemeinschaftsbestattungen vor. In drei Gräbern hatte man zwei Menschen beerdigt, in acht Gräbern fand man Dreierbestattungen und in zwei Gräbern sogar mehr als drei Tote. Einzelbestattungen waren ausschließlich Männern oder Kindern vorbehalten. Dagegen wurden Frauen in immer wieder benutzten Gräbern oder bei gleichzeitig erfolgten Gemeinschaftsbestattungen zur letzten Ruhe gebettet.

Ein etwas kleineres Gräberfeld hat man in Bergrheinfeld[11] (Kreis Schweinfurt) in Bayern entdeckt. Es ist mit mehr als 25 Gräbern der größte schnurkeramische Friedhof in diesem Bundesland.

Zur Standardausrüstung der bestatteten Schnurkeramiker gehörten ein Becher und eine Amphore, daneben fand man noch andere Tongefäße. Den Männern legte man Waffen aus Stein, aus Knochen und mitunter aus dem wertvollen Metall Kupfer ins Grab. Die Frauen stattete man reichlich mit Schmuck aus. Diese Grabbeigaben zeugen nicht nur von großer Wertschätzung der Verstorbenen, sondern auch vom Glauben an das Weiterleben im Jenseits. Gelegentlich mußten den Toten sogar Hunde als Begleiter ins Grab folgen, wie Funde aus Thüringen zeigen. Beispielsweise befanden sich in einem Steinkammergrab im Zeitzer Forst bei Nickelsdorf (Kreis Eisenberg) Reste von zwei Hunden neben einem menschlichen Skelett und in Uthleben (Kreis Nordhausen) Hundeknochen neben den Beinen eines Toten.

Was und wie diese Menschen ihren Gottheiten opferten, weiß man nicht. Vielleicht schreckten sie sogar vor Menschenopfern nicht zurück. Als Hinweise in dieser Richtung gelten die erwähnten Dreifachbestattungen von Dittigheim. Bei den offenbar gleichzeitig beerdigten Menschen handelt es sich fast immer um eine erwachsene Frau, die zusammen mit einem Kleinkind und einem größeren Kind oder Jugendlichen bestattet wurde.

Die Zeit der Unter- und Obergräber

Die Einzelgrab-Kultur

In Norddeutschland, Dänemark und Holland existierte von etwa 2800 bis 2300 v. Chr. die sogenannte Einzelgrab-Kultur als nördlicher Zweig der bereits beschriebenen Schnurkeramischen Kulturen (s. S. 397). Den Begriff Einzelgrab-Kultur hat 1882 die Prähistorikerin Johanna Mestorf (1829–1909, s. S. 513) aus Kiel eingeführt. Sie wurde 1891 Direktorin des Kieler Museums und war damit die erste Museumsdirektorin Deutschlands. Charakteristisch für diese Kultur sind einzelne Gräber unter Erdhügeln.

Bei den Siedlungsspuren der Einzelgrab-Kultur handelt es sich meist um Keramikreste, die zusammen mit einigen anderen Hinterlassenschaften die Anwesenheit von Einzelgrab-Leuten belegen. Pfostenlöcher im Erdboden sowie Reste einer Herdstelle, wie sie in Biederitz-Heyrothsberge, östlich von Magdeburg in Sachsen-Anhalt, entdeckt wurden, bezeugen, daß die Menschen dieser Kultur ihre Häuser in Pfostenbauweise errichteten.

Unsicher datierte Pflugspuren unter einem Grabhügel von Ostenfelde (Kreis Nordfriesland) in Schleswig-Holstein und vereinzelte Abdrücke von Getreidekörnern auf Tongefäßen liefern Hinweise auf den Ackerbau zur Zeit der Einzelgrab-Kultur. So ist in Biederitz (Kreis Burg) in Sachsen-Anhalt der Anbau von Einkorn und Emmer, in Brackel (Kreis Harburg) in Niedersachsen der von Emmer und Gerste durch Getreidekörnerabdrücke belegt.

Wie bei den zeitgleichen Schnurkeramischen Kulturen hat man Rinder, Schweine, Schafe, Ziegen und Hunde gehalten. Vielleicht besaßen die Einzelgrab-Leute sogar Hauspferde. Denn in Borgstedt (Kreis Rendsburg-Eckernförde) in Schleswig-Holstein wurde zusammen mit einer Bestattung dieser Kultur auch das Oberkieferfragment eines Pferdes mit je sechs Backenzähnen der linken und rechten Oberkieferseite gefunden. Nach den Zähnen zu schließen, handelt es sich um ein etwa zehn Jahre altes Pferd, ungewiß ist, ob es ein Wild- oder ein Hauspferd war.

Die Einzelgrab-Leute verfügten offenbar wie die Schnurkeramiker über Wagen, die von Rindern gezogen wurden. Darauf deuten zwei tönerne Scheibenräder eines kleinen Wagens hin, die bei Rohstorf (Kreis Lüneburg) in Niedersachsen entdeckt wurden. Dort stieß der Hamburger Prähistoriker Friedrich Laux 1974 bei einer Nachgrabung im Steingrab III auf das Bruchstück einer durchlochten tönernen Scheibe mit glattem Rand. Ein zweites, besser erhaltenes Exemplar bemerkte er unter den Funden einer älteren Ausgrabung. Laux erkannte in diesen beiden tönernen Objekten zwei Scheibenräder eines Wägelchens, das einem vierrädrigen Wagen der Badener Kultur aus Budakalász (s. S. 444) nördlich der ungarischen Hauptstadt Budapest ähnelte.

Die Frauen der Einzelgrab-Leute erfreuten sich an mancherlei Schmuck. Beliebt waren vor allem aus Bernstein geschaffene Perlen, welche den Kopf, den Hals oder die Handgelenke zierten. Zwei große Scheiben aus Bernstein mit Mittelloch, die bei den Toten meist in Nähe der Schenkel lagen, deutet man als herabhängende Enden eines Gürtels.

Riesenbecher der Einzelgrab-Kultur von Erle (Kreis Borken) in Nordrhein-Westfalen. Höhe 44 Zentimeter. Original im Westfälischen Museum für Archäologie, Münster.

Als eventuelle Kunstwerke der Einzelgrab-Kultur gelten die steinernen Stelen von Ellenberg bei Guxhagen (Schwalm-Eder-Kreis) und von Wellen bei Edertal (Kreis Waldeck-Frankenberg) in Hessen. Man bringt sie aufgrund ihrer Ornamentik (Zickzacklinien, Dreiecke und Schrägstriche) mit der Einzelgrab-Kultur in Verbindung.

Die erste der Ellenberger Stelen kam bereits 1907 in einem Grabhügel zum Vorschein, der zum Zeitpunkt der Ausgrabungen noch eine Höhe von 70 Zentimetern und einen Durchmesser von 15 Metern aufwies. Der Fuß des Grabhügels wurde von kleineren Steinplatten umgeben, die man senkrecht in den Boden gestellt hatte. Nur im Nordteil des Hügels dienten größere Steine als Begrenzung. Darunter befand sich der 85 Zentimeter hohe obere Teil einer ursprünglich vielleicht doppelt so großen Stele. Sie ist auf der Vorderseite mit abwechselnd eingetieften und erhabenen Dreiecken, deren Spitze nach oben weist, verschönert. Der weggebrochene untere Teil blieb unauffindbar. Als man auf diese Stele stieß, lag sie mit der Bildseite nach unten. Diese Position läßt auf eine sekundäre Verwendung als Baumaterial schließen. Die zweite Ellenberger Stele kam 1923 oder 1924 etwa 800 Meter südwestlich vom Fundort der ersten zum Vorschein. Sie ist in zwei Teile zerbrochen. Die Bruchstelle liegt in einer Einschnürung, die den verzierten, oben abgerundeten »Kopf« ehedem vom unverzierten

»Rumpf« abhob. Die Gesamthöhe dieser Stele beträgt 1,84 Meter. Der obere Teil der Stele trägt ein Zickzackmuster (sogenanntes Fischgrätenmuster), wie es besonders typisch auf manchen Tongefäßen der Einzelgrab-Kultur auftritt.

Die Stele von Wellen hat man 1961 in einer Kiesgrube an der Eder geborgen. Sie wurde aus rotem Sandstein geschaffen und ist 1,51 Meter hoch. Ihre Vorderseite ist mit Schrägstrichbändern verziert, die der Länge nach durch ebenso breite Freiräume voneinander getrennt sind. Die obere Hälfte wird durch eine Doppellinie von der unteren getrennt. Die Schrägstrichbänder in der unteren Hälfte schließen nicht an die oberen an, sondern stehen seitlich versetzt unter den Freiräumen der oberen Hälfte. Auch im unteren Teil bildet eine Doppellinie den Abschluß.

Die Einzelgrab-Kultur unterscheidet sich vor allem durch die Keramik von den Schnurkeramischen Kulturen. Als typisches Tongefäß gelten die sogenannten geschweiften Becher. Darunter versteht man ein schlankes Tongefäß mit abgesetztem Boden und geschweiftem Oberteil. Schätzungsweise Dreiviertel aller Becher wurden mit Schnureindrücken, Fischgräten- oder Tannenzweigmustern verziert. Deutlich seltener waren rundbauchige Amphoren, die in den Schnurkeramischen Kulturen häufig auftraten, und Schalen mit und ohne Fuß. Die Ornamente auf Tongefäßen der Einzelgrab-Kultur sind vielfach in einzelnen Zonen angeordnet. In solchen Fällen spricht man von Zonenbechern.

Mit einem Fischgrätenmuster verzierte Stele von Elenberg bei Guxhagen (Schwalm-Eder-Kreis) in Hessen. Höhe 1,84 Meter, Breite 71 Zentimeter. Original im Hessischen Landesmuseum Kassel.

Eine Eigenart aus einer späten Phase der Einzelgrab-Kultur waren 30 bis 55 Zentimeter hohe, meist graubraune Riesenbecher mit einer Wandstärke bis zu zwei Zentimetern und einer kleinen Standfläche. Sie wurden teilweise mit Fingernageleindrücken verziert oder unverziert belassen. Solche Riesenbecher dienten vermutlich als Vorratsgefäße in den Siedlungen, manchmal fand man sie aber auch in Verbindung mit Bestattungen.

Der Begriff Riesenbecher wurde 1939 durch den Prähistoriker Karl Hermann Jacob-Friesen[1] (1886–1960) aus Hannover geprägt, der diese auffällig großen Tongefäße als die grobe Siedlungskeramik der Einzelgrab-Kultur betrachtete. Im Gegensatz dazu sah der Saarbrückener Prähistoriker Jan Lichardus 1979 in den Riesenbechern Zeugnisse einer völlig eigenständigen Kultur. Diese Ansicht konnte sich aber nicht durchsetzen.

Wie die Schnurkeramiker besaßen die Einzelgrab-Leute geschäftete Feuersteinbeile und Felsgesteinäxte, die als Arbeitsgeräte anzusehen sind. Als Waffen standen ihnen vor allem Streitäxte mit sorgfältig aus Felsgestein gearbeiteten und polierten Klingen zur Verfügung. Da ihre Form von der Seite gesehen manchmal an ein Boot erinnert, nennt man sie auch Bootäxte.

Aus Mecklenburg kennt man etliche mit Ritzverzierungen versehene Steinäxte, deren Verzierungen vielleicht auf die Zahl des damit erlegten Wildes oder gar der getöteten Feinde hin-

Streitaxt aus Felsgestein mit Nachbildung der Gußnaht metallener Vorbilder von Wittenborn (Kreis Segeberg) in Schleswig-Holstein. Länge 18,5 Zentimeter. Original im Archäologischen Landesmuseum der Christian-Albrechts-Universität, Schleswig.

405

Stele aus rotem Standstein von Wellen bei Edertal (Kreis Waldeck-Frankenberg) in Hessen. Höhe 1,51 Meter, Breite 99 Zentimeter. Kopie im Hessischen Landesmuseum Kassel, Original in Bringhausen oberhalb des Edersees.

weisen sollen. Manche dieser Steinäxte weisen deutliche Gebrauchsspuren auf.

Die Streitäxte der Einzelgrab-Kultur imitieren teilweise kupferne Vorbilder. Man hat die Steinäxte mit Rippen versehen, welche die charakteristische Gußnaht von im Zweischalenguß hergestellten Metallgegenständen nachahmen. Eine solche Steinaxt mit Gußnaht wurde beispielsweise in Wittenborn (Kreis Segeberg) gefunden. Bisher sind an Fundstellen der Einzelgrab-Kultur keine Kupferprodukte entdeckt worden.

Die Einzelgrab-Leute haben ihre Toten meist unverbrannt bestattet, wobei ein Grab über dem anderen angelegt wurde. Bestattungen in tönernen Urnen oder Behältnissen aus vergänglichem Material bildeten Ausnahmen von der Regel. In der frühesten Periode der Einzelgrab-Kultur tiefte man eine Art von Schachtgrab in den Boden. Es wird als Untergrab[2] bezeichnet. Im folgenden Abschnitt legte man die Gräber auf dem ebenen Erdboden an und schüttete darüber Sand oder Erde zu Hügeln von selten mehr als einem Meter Höhe und 8 bis 15 Meter Durchmesser auf. In diesem Fall ist von einem Bodengrab die Rede. Spätere Gräber nennt man Obergrab, und noch höher gelegene heißen Oberstgrab.

Die Gräber wurden zuweilen mit einer Reihe oder zwei Reihen kleinerer Steine oder Holzpalisaden umgeben. Die Verstorbenen ruhten in einem Baumsarg oder in einem aus Holzbohlen zusammengesetzten Sarg mit Eckpfosten, der keinen Boden besaß. Die Särge sind manchmal als dunkle Verfärbung im Erdreich erkennbar. Die Körperhaltung und Ausrichtung der Toten entsprach derjenigen der Schnurkeramischen Kulturen. Generell war seitliche Hockerlage mit zum Körper angezogenen Bei

nen üblich. Bei den Männern lag der Kopf im Westen, bei den Frauen im Osten.

Zu den größten Friedhöfen der Einzelgrab-Kultur zählt der bei Goldbeck[3] (Kreis Stade) in Niedersachsen mit etwa 140 Hügelgräbern, von denen jedoch ein beträchtlicher Teil aus der Zeit vor und nach der Einzelgrab-Kultur stammen dürfte. Andere Friedhöfe umfaßten kaum ein Dutzend Grabhügel. In diese Kategorie fällt ein 1936 im Lohwald bei Altenbauna[4] (Kreis Kassel) in Nordhessen untersuchtes Gräberfeld. Heute befindet sich an dieser Stelle des Waldes das VW-Werk Baunatal.

Die männlichen Bestatteten der Einzelgrab-Kultur wurden in der Regel mit einer Streitaxt, mindestens einem Feuersteinbeil, einem Feuersteinmesser und einem tönernen Becher versehen. Den Frauen gab man ebenfalls häufig ein Feuersteinmesser und einen Becher mit ins Grab. Außerdem trugen sie vielfach Halsketten mit Bernsteinperlen. Solche Beigaben deuten auf den Glauben an ein Weiterleben im Jenseits hin.

Gewisse Einblicke in die religiöse Vorstellungswelt der Einzelgrab-Leute erlauben zwei ungewöhnliche Bestattungen in Metzendorf-Woxdorf (Kreis Harburg) in Niedersachsen sowie in Tensfeld (Kreis Segeberg) in Schleswig-Holstein.

In Metzendorf-Woxdorf[5] lag ein männlicher Schädel in einer Fußschale mit 10,5 Zentimeter Höhe und einem Mündungsdurchmesser von 20,7 Zentimetern. Die Fußschale war am oberen Teil mit einer für die Einzelgrab-Kultur typischen Verzierung geschmückt. Sie stand auf Steinen und war von weiteren Steinen umgeben. In der Schale befand sich das bis zu den Ohrknochen und zum Nasenbein erhaltene Schädeldach, während der Gesichtsteil fehlte. Letzterer dürfte in der humosen Schalenfüllung verwest sein. Über diese Schädelreste hatte man einen 42,5 Zentimeter hohen Riesenbecher mit einem Mündungsdurchmesser von 24 Zentimetern gestülpt.

Die Schädelbestattung von Metzendorf-Woxdorf weist Parallelen zu ähnlichen Erscheinungen in der bronzezeitlichen Aunjetitzer Kultur Böhmens auf, wo solche Schädelbestattungen in einigen Gräberfeldern nachgewiesen wurden. In jener Zeit läßt sich in Niedersachsen ein verstärktes Vordringen der Leichenverbrennung beobachten. Dokumentiert wird dies beispielsweise durch den Urnenfriedhof Sande-Hekathen bei Hamburg.

In Tensfeld[6] hatte man offenbar einen verstorbenen Häuptling in einem Hügelgrab, das von einem Steinkreis mit 14,50 Meter Durchmesser umfriedet war, zur letzten Ruhe gebettet. Der Anführer lag in einem von Steinen bedeckten Holzsarg. Damit es ihm auch im Jenseits an nichts mangelte, hatte man ihm einen Becher, einen Feuersteindolch, ein Feuersteinbeil und eine Streitaxt mitgegeben. Unweit davon lagen auf engstem Raum zehn menschliche Schädel und zahlreiche Knochen auf einem Haufen. An den Schädeln fällt auf, daß jeweils der Unterkiefer fehlt. Der Prähistoriker Karl Struve (1917–1988) aus Schleswig meinte, daß es sich bei diesem ungewöhnlichen Fund um die Überreste von Sklaven oder Gefangenen handelt, die dem toten Häuptling geopfert wurden. Vielleicht sollten sie ihm als Dienerschaft im Jenseits auch weiterhin zur Verfügung stehen.

Axtfunde der Einzelgrab-Kultur werden gelegentlich als Opfer für überirdische Mächte interpretiert.

Ein »Volk reisiger Bogenschützen«

Die Glockenbecher-Kultur

Zu den rätselhaftesten Erscheinungen der Jungsteinzeit in Europa gehört die von Portugal im Westen bis nach Ungarn im Osten sowie von Italien im Süden bis nach England im Norden reichende Glockenbecher-Kultur, die von etwa 2500 bis 2200 v. Chr. nachweisbar ist. Sie war außer in den genannten Ländern auch in Spanien, Frankreich, Holland, Deutschland, der Schweiz, Österreich, der Tschechoslowakei und Polen vertreten. Ihre Herkunft ist unbekannt.

Der Begriff Glockenbecher-Kultur bezieht sich auf den weitmundigen Becher in Gestalt einer umgestülpten Glocke, der als typisches Tongefäß jener Kultur gilt. Dieser Becher wurde 1895 durch den Prähistoriker Albert Voß (1837–1905) in Anlehnung an einen tschechoslowakischen Fundort als Brannowitzer Typus bezeichnet. Der damals in Mainz wirkende Prähistoriker Paul Reinecke (1872–1958, s. S. 514) verwendete 1900 den Ausdruck Glockenbecher, den zuvor schon italienische und tschechoslowakische Prähistoriker benutzt hatten. Auch die Glockenbecher-Kultur wird zu den Becher-Kulturen (s. S. 398) gerechnet.

Manche Menschen, vor allem Männer, der Glockenbecher-Kultur besaßen einen auffällig steilen Hinterkopf, den sogenannten planoccipitalen Steilkopf. Ein Merkmal, für das es bis dahin in Mitteleuropa kaum Vorläufer gab. Dies und einige andere Besonderheiten – beispielsweise spärliche Siedlungsspuren und zahlreiche Hinweise auf Pfeil und Bogen – hat dazu geführt, daß die Glockenbecher-Leute früher für einwandernde Bogenschützen und Kupfersucher gehalten wurden, die sich im Laufe der Zeit mit der einheimischen Bevölkerung vermischten.

Der Heilbronner Arzt und Prähistoriker Alfred Schliz (1849 bis 1915) und der Mainzer Prähistoriker Karl Schumacher (1860 bis 1934) bezeichneten die Glockenbecher-Leute 1912 und 1921 als ein »Volk reisiger Bogenschützen«. Der Stuttgarter Prähistoriker Oscar Paret (1889–1972) sprach von »Nomaden«, und der Freiburger Prähistoriker Edward Sangmeister vergleicht die Glockenbecher-Leute mit Zigeunern.

Sangmeister sah 1972 in den Angehörigen der Glockenbecher-Kultur eine sehr bewegliche, in Kleingruppen, vielleicht in Clans, aufgespaltene Gesellschaft, die keinen Ackerbau, vielleicht aber Kleintierzucht und Jagd betrieb. Die Glockenbecher-Leute besaßen nach seiner Ansicht spezielle Kenntnisse im Suchen, Verarbeiten und im Austausch vor allem von Kupfer. Sie brauchten den Kontakt mit den Seßhaften, um aus dem Tausch Gewinn zu ziehen.

Da die Frauen in Böhmen – im Gegensatz zu den Männern – in der Zeitspanne von der zu Ende gehenden Jungsteinzeit bis zur frühen Bronzezeit kaum ihr Aussehen veränderten, schloß der Tübinger Anthropologe Alfred Czarnetzki 1984 zumindest für Böhmen, daß dort offensichtlich nur Männer der Glockenbecher-Kultur eingewandert sind. Am Anfang der darauffolgenden Bronzezeit sind sie dort nicht mehr anzutreffen.

Nach den bisher bekannten Skelettresten waren die Menschen der Glockenbecher-Kultur bis zu 1,77 Meter groß, so ein Mann aus Münchingen (Kreis Ludwigsburg) in Baden-Württemberg.

Ein anderer Mann aus Stuttgart-Zuffenhausen maß 1,76 Meter. Es gab aber auch kleinere Männer. So war beispielsweise ein im Ortsteil Kötzschen von Merseburg in Sachsen-Anhalt bestatteter Glockenbecher-Mann nur 1,66 Meter groß. Die Frauen hatten dort eine durchschnittliche Körpergröße von 1,60 Meter.

In Neugattersleben (Kreis Staßfurt) in Sachsen-Anhalt beobachtete man an einem Skelett frühe Entwicklungsschäden, die zu einem sogenannten Turmschädel geführt hatten. In Köthen in Sachsen-Anhalt fand man einen Spitzschädel, der auf ähnliche Ursachen zurückgeht, sowie einen Wasserkopf. In Langendorf (Kreis Weißenfels) in Sachsen-Anhalt wies man die immer wieder feststellbaren Schäden an der Wirbelsäule nach. Von 130 untersuchten Glockenbecher-Leuten aus Mitteldeutschland hatten 14 von Karies befallene Zähne, was einem Anteil von 10,8 Prozent entspricht.

Bei dem bereits erwähnten 1,66 Meter großen Mann aus Kötzschen waren in jungen Jahren die linke Speiche, die Elle, das Wadenbein sowie eine Rippe gebrochen. Beim Heilprozeß scheint es zu Komplikationen gekommen zu sein: In das Ende des linken Schlüsselbeins hatte sich die zweite Rippe eingeschoben. Vermutlich kam es dadurch zu einer schiefen Körperhaltung, weshalb das wahrscheinlich anfänglich nur in der Knochenhaut verletzte Schlüsselbeinende sich in seiner losen Lage ständig weiter in die zweite Rippe einschob bzw. eindrückte.

Obwohl die Glockenbecher-Kultur in weiten Teilen Deutschlands verbreitet war, kennt man nur wenige aussagekräftige Siedlungsreste. Offenbar haben die Angehörigen dieser Kultur

Glockenbecher der Glockenbecher-Kultur von München-Zamdorf in Bayern. Höhe 11,5 Zentimeter. Solche Gefäße in Gestalt einer umgestülpten Glocke gelten als typisch für die Glockenbecher-Kultur. Original in der Prähistorischen Staatssammlung München.

Krieger der Glockenbecher-Kultur zu Pferd mit Pfeil und Bogen sowie Armschutzplatte am linken Unterarm, die vor der zurückschnellenden Bogensehne schützte. Die Pfeile befinden sich in einem ledernen Köcher.

wie die Schnurkeramiker überwiegend Häuser errichtet, die im Boden kaum Spuren hinterließen.

Zu diesen seltenen Nachweisen gehören Hausgrundrisse von Ochtendung (Kreis Mayen-Koblenz) in Rheinland-Pfalz sowie von Hüls (Kreis Recklinghausen), Haldern (Kreis Kleve) und Paderborn in Nordrhein-Westfalen. Sie stammten einerseits von quadratischen Wohngebäuden, bei denen das Dach durch den Mittelpfosten gestützt wurde (Ochtendung-Fressenhöfe, Paderborn), andererseits von dreischiffigen rechteckigen Häusern (Haldern, Ochtendung-Autobahn).

In Ochtendung wurden sogar zwei kleine Siedlungen nachgewiesen. Auf die erste davon stieß man im Sommer 1939 beim Bau der Autobahn Koblenz – Trier.[1] Es handelte sich um zwei rechteckige Hausgrundrisse, die etwa sechs Meter voneinander entfernt lagen. Haus 1 hatte einen Grundriß von 6 x 6 Metern mit wahrscheinlich eingetieftem Boden, Haus 2 einen Grundriß von 6,50 x 4,50 Metern.

Auf die zweite Ochtendunger Siedlung wurde man im Herbst 1976 bei der Anlage einer neuen Bimsgrube etwa 450 Meter südlich der Fressenhöfe aufmerksam.[2] Bei den Untersuchungen im darauffolgenden Jahr kamen zunächst drei Hausgrundrisse von 5 x 4,50, 4,50 x 4 und 5,60 x 4,50 Metern und später in etwa 70 Meter Entfernung ein weiterer Grundriß von etwa 6,50 x 4,70 Metern zum Vorschein.

In den Ochtendunger Behausungen hatte wohl jeweils nur eine einzige Familie Platz. Etwas größer war der aus Hüls bekannte Hausgrundriß mit den Maßen 10 x 5 Meter. Der einzelne Hausgrundriß in Haldern erreichte 5 x 3 und derjenige in Paderborn 6 x 6 Meter.

Eine Siedlung der Glockenbecher-Kultur von wehrhaftem Charakter kennt man aus Spanien. Bei Pedro de Ouro in der Provinz Estremadura erstreckte sich eine mit Mauern und Türmen befestigte Siedlung auf einem Geländesporn, der auf drei Seiten von Steilabfällen umgeben und somit vor Angriffen geschützt war. In Holland hat man Spuren einer Palisade gefunden. All dies paßt nicht zum Bild eines »Volkes reisiger Bogenschützen«.

Auch andere Befunde sprechen dagegen, daß es sich bei den Glockenbecher-Leuten um Menschen ohne festen Wohnsitz handelte. Abdrücke von Gersten-, Emmer- und Weizenkörnern an Glockenbechern liefern Hinweise auf Ackerbau. Tierknochen vom Hausschwein bezeugen die Haltung von Haustieren. Manche Funde deuten darauf hin, daß die Glockenbecher-Leute auch Hauspferde besaßen. So entdeckte man in einem Männergrab von Oberstimm[3] bei Manching (Kreis Pfaffenhofen a. d. Ilm) in Oberbayern ein Pferdeschädelfragment. In Zuchering (Kreis Ingolstadt) hatte man einem Bestatteten einen Pferdeknochen mit ins Grab gelegt. Aus Vyškov in Mähren kennt man eine Bestattung, der zwei Pferdeschädel beigegeben waren. In einer Siedlung mit Häusern aus Lehmziegeln auf dem Cerro de la Virgen in der spanischen Provinz Granada enthielten die untersten Schichten keine Pferdeknochen, während solche gleichzeitig mit dem Auftreten der Glockenbecher häufig nachweisbar sind.

Auf manchen Fundplätzen der Glockenbecher-Kultur stieß man auf Objekte, die Tauschgeschäfte und Fernverbindungen belegen. Dazu gehören Klingen und Dolchklingen aus dem Feuerstein von Grand Pressigny im französischen Departement Indre-et-Loire, den auch die Schnurkeramiker schätzten (s. S. 399). Dieser begehrte Rohstoff wurde zur Zeit der Glockenbecher-Kultur bis in die Bretagne, nach Belgien, Holland, Deutschland und in die Schweiz geliefert. Importwaren dürften auch andere seltene Steinarten sowie Bernstein, Metall und Kupfergeräte gewesen sein. Nach Ansicht mancher Prähistoriker haben die Glockenbecher-Leute die damals bekannten Vorkommen von Kupfer, Gold und Silber in Europa ausgebeutet und mit diesen Rohstoffen gehandelt.

Als Bestandteile der Kleidung oder Schmuck gelten zumeist runde, seltener ovale Knöpfe aus Rothirschgeweih oder Tierknochen. Die Löcher darin sind V-förmig angeordnet. Derartige Knöpfe wurden in einer Reihe oder in drei Reihen vom Hals bis zur Gürtelgegend auf der Körpervorderseite auf die Garderobe aufgenäht. Dabei ist ungewiß, ob sie zum Zuknöpfen oder als Zierde gedacht waren. Manchmal sind solche Knöpfe anscheinend auch auf Halsbändern oder Kopfbedeckungen angebracht worden. Mitunter verwendete man als Rohmaterial für die Knöpfe auch Bernstein.

Als Schmuck dienten Halsketten mit Bernsteinperlen, halbmondförmige Zierstücke aus Knochen oder Geweih, verschiedene Tierzahnanhänger wie beispielsweise Eberhauer und sogar metallene Ohr- oder Lockenringe. Kostbarkeiten wie goldene oder silberne Ohrringe sowie silberne oder aus Elektron hergestellte Lockenringe waren offensichtlich vornehmen Männern vorbehalten.

In einem Grab in Hedersleben (Kreis Eisleben) in Sachsen-Anhalt wurden drei Bernsteinperlen gefunden. Am Hals und oberen Brustbereich eines in Oberstimm† bestatteten Mannes lagen fünf reich verzierte Anhänger aus Ebereckzähnen. Patinaspuren am Schädel eines in Roßleben (Kreis Querfurt) in Sachsen-Anhalt bestatteten Glockenbecher-Menschen weisen auf ein Diadem als Kopfschmuck hin. Ein goldenes Diadem von 18,5 Zentimeter Länge kam in einem Grab von Großmehring (Kreis Ingolstadt) in Bayern zum Vorschein.

Funde aus der Schweiz verraten, daß die Glockenbecher-Leute sogar große Kunstwerke aus Stein geschaffen haben. Als eindrucksvollster Beweis hierfür gelten Fragmente überlebensgroßer menschengestaltiger Stelen im Gräberfeld Petit-Chasseur in Sitten im Kanton Wallis (s. S. 506). Auf ihnen sind unter anderem Teile der Kleidung, des Schmuckes und der Bewaffnung zu erkennen.

Aus Deutschland kennt man bisher noch keine sicher in die Glockenbecher-Kultur datierte Stele. Eine Zugehörigkeit zur Glockenbecher-Kultur wird für eine menhirartige Grabstele erwogen, die im Ortsteil Rössen von Leuna (Kreis Merseburg) in Sachsen-Anhalt gefunden wurde, die jedoch auch den Schnurkeramischen Kulturen zugerechnet werden könnte.

Unter den Tongefäßen der Glockenbecher-Kultur überwiegen becherartige Formen, vor allem die bereits erwähnten Glockenbecher (s. S. 392). Diese waren in der Regel ohne Henkel und zumeist verziert. Typisch für die Glockenbecher ist zudem der rotgebrannte Ton. Außerdem gab es verzierte und unverzierte flache Schalen mit Fußring oder mit vier und mehr Füßchen, Trichterschalen und Henkelkrüge.

Die Verzierungen wurden mit kammartigen Stempeln, feingezähnten Holzstöckchen oder Knochenstäbchen vor dem Brand im Töpferofen auf dem weichen Ton angebracht. Dabei hat man nur die Außenseite verschönert, die Innenseite und der Gefäßboden blieben frei. Weit verbreitet war auch die Verzierung mit Schnurabdrücken.

Die Verzierung baute sich aus parallelen waagrechten Ornamentstreifen auf, die Zickzackmotive (darunter das Fischgrätenmuster), unterbrochen von leeren Feldern oder senkrechten Strichen, Strichgruppen, Leitermuster, Dreiecke oder Kreuze enthielten. Teilweise war die Keramik der Glockenbecher-Kultur vom Rand bis zum Boden verziert. Manchmal bestand die Verzierung aus zwei waagrechten Zonen, die durch eine breite leere Zone voneinander getrennt sind, oder nur aus einer einzigen Zone am Gefäßoberteil. Es gab aber auch völlig unverzierte Tongefäße.

In seltenen Fällen konnte man sogar Reste von Farbpaste in den eingetieften Mustern oder von der Bemalung auf der Gefäßwand nachweisen.

Auch in der Zeit der Glockenbecher-Kultur war der Bedarf an Feuerstein für die Herstellung von Werkzeugen und Waffen noch groß. Deshalb baute man in manchen Gegenden die natürlichen Vorkommen von Feuerstein in großem Stil ab. Einer dieser Abbaue war der Isteiner Klotz bei Efringen-Kirchen (Kreis Lörrach) in Baden-Württemberg. Dort arbeitete man sich auf eine Länge von 1200 Metern an einem Steilhang in das massive Gestein ein, um die Feuersteinknollen zu gewinnen.

Armschutzplatte von Ludwigslust-Techentin (Kreis Ludwigslust) in Mecklenburg. Höhe 5,5 Zentimeter, Breite maximal 3,5 Zentimeter. Original im Museum für Ur- und Frühgeschichte Schwerin.

Die Glockenbecher-Leute verfügten neben Werkzeugen aus Feuerstein, zu denen vor allem Klingen gehörten, auch über Geräte aus Felsgestein sowie aus Knochen oder Geweih, die man zu Meißeln und Spitzen verarbeitete. Mitunter haben diese Menschen sogar Werkzeuge geschaffen, die offenbar nicht für den Alltag gedacht waren. Etwas Besonderes stellte zweifellos ein Depot von fünf feinpolierten Jadeitbeilen aus Mainz-Gonsenheim[5] in Rheinland-Pfalz dar. Jadeit ist ein grünliches bis weißliches Mineral, das in der Mainzer Gegend nicht vorkommt. Diese Jadeitbeile eigneten sich nicht als Werkzeuge. Sie weisen auch keinerlei Gebrauchsspuren auf.

Als Hauptwaffe der Glockenbecher-Leute dienten Pfeil und Bogen. Darauf deuten weniger die sehr seltenen Bögen aus Eibenholz in Holland und England hin als die zahlreichen aus Feuerstein geschlagenen Pfeilspitzen sowie die sorgfältig zuge-

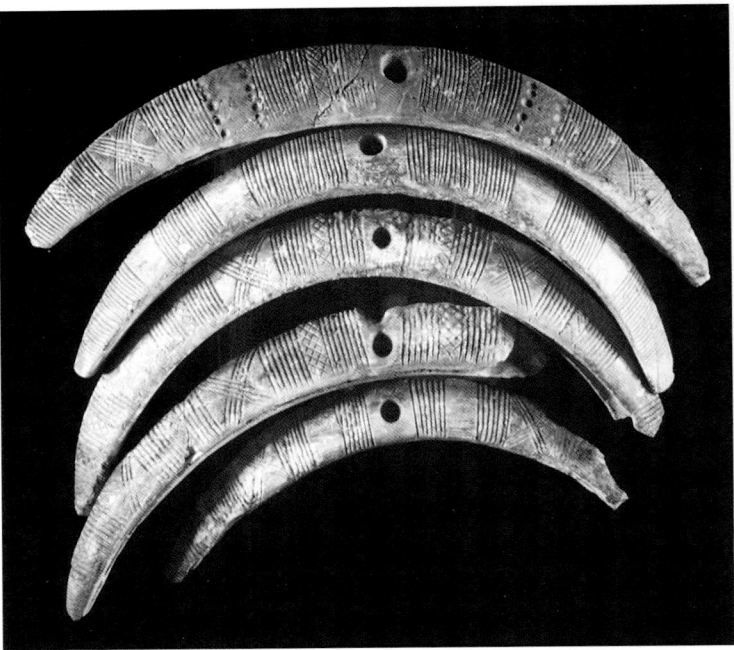

Verzierte Eberzahnanhänger der Glockenbecher-Kultur von Oberstimm (Kreis Pfaffenhofen) in Bayern. Länge etwa 13 Zentimeter. Originale im Bayerischen Landesamt für Denkmalpflege, Grabungsbüro Ingolstadt.

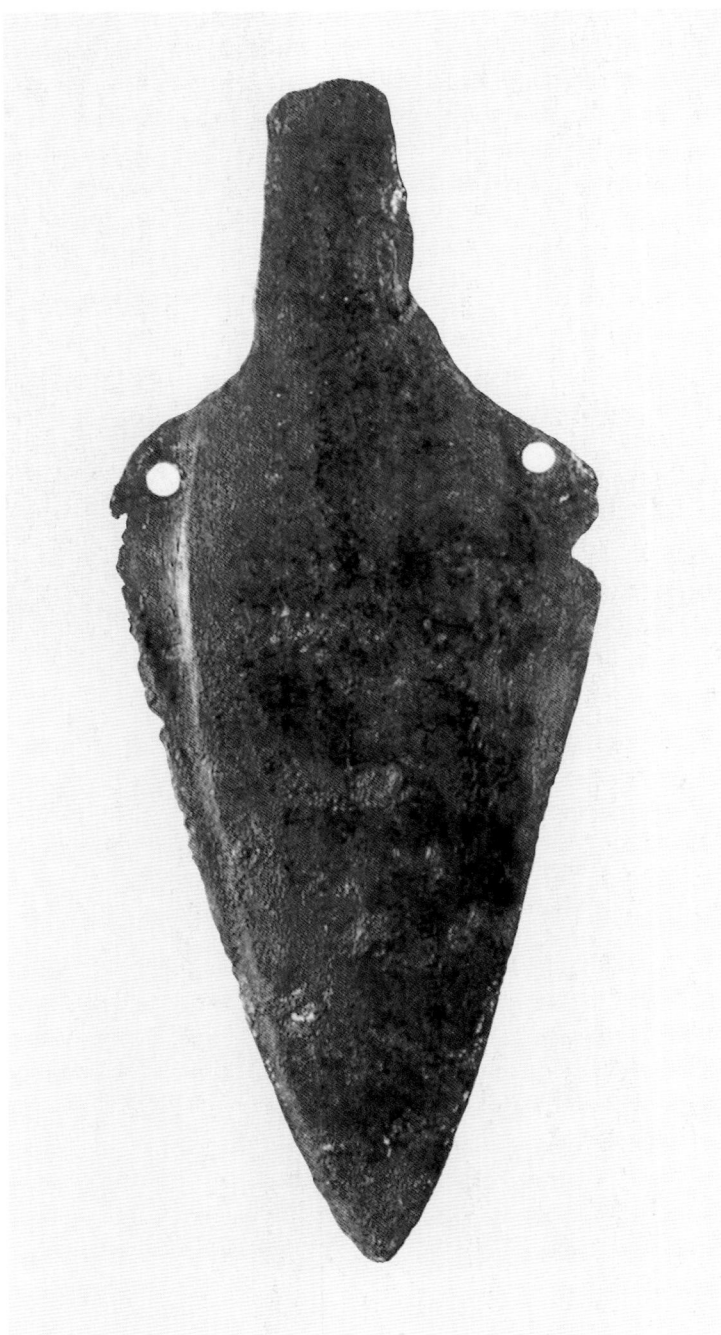

Kupferdolch aus der Bilsteinhöhle bei Warstein (Kreis Soest) in Nordrhein-Westfalen. Länge 8,4 Zentimeter. Original im Stadtmuseum »Haus Kupferhammer« Warstein.

schliffenen Armschutzplatten. Diese länglichen, zumeist gewölbten Objekte aus Stein mit Durchbohrungen in den Ecken sind eine Eigenart der Glockenbecher-Kultur. Man betrachtet sie als Schutz vor der nach dem Pfeilschuß zurückschnellenden Bogensehne. Daß diese Annahme berechtigt ist, zeigten manche Bestattungen von männlichen Glockenbecher-Kriegern. In einem Grab von Kornwestheim (Kreis Ludwigsburg) in Baden-Württemberg lag beispielsweise eine solche Armschutzplatte tatsächlich in ihrer angenommenen Position am linken Unterarm.[6]

Als weitere Waffe standen den Glockenbecher-Leuten meisterlich zurechtgeschlagene Feuersteindolche zur Verfügung, die vielfach aus dem bereits erwähnten Grand-Pressigny-Feuerstein angefertigt wurden.

Aus Gräbern der Glockenbecher-Kultur kamen mitunter auch Werkzeuge (Pfrieme) und Waffen (Äxte, Dolche) aus Kupfer zum Vorschein. Steinerne Werkzeuge zum Schmieden des Kupfers in kaltem Zustand wurden in Gräbern von Großkayna (Kreis Merseburg), Sandersdorf (Kreis Bitterfeld) und Stedten (Kreis Eisleben), alle in Sachsen-Anhalt gelegen, gefunden. In der Tschechoslowakei hat man Gußformen entdeckt, die belegen, daß die Glockenbecher-Leute hervorragende Metallurgen waren.

Die Menschen der Glockenbecher-Kultur bestatteten ihre Toten zumeist unverbrannt vor allem in Erdgräbern sowie seltener in Steinkistengräbern, Gräbern unter Steinplatten und Gräbern mit Holzeinbauten. Bei Brandgräbern, die anscheinend in einem jüngeren Abschnitt häufiger auftraten, bewahrte man die Asche entweder in einer Urne auf, stülpte einen Glockenbecher darüber oder schüttete sie in die Grabgrube.

Die Verstorbenen wurden je nach Geschlechtszugehörigkeit in unterschiedlicher Lage zur letzten Ruhe gebettet. Männer bestattete man vorzugsweise in nord-südlicher Richtung. Ihr Kopf wies nach Norden, die Füße lagen im Süden, der Körper ruhte auf der linken Seite mit angezogenen Beinen, und das Gesicht war nach Osten gewandt. Bei Frauen lag der Kopf meistens im Süden, die Füße befanden sich im Norden, der Körper mit ebenfalls angezogenen Beinen war auf die rechte Seite gebettet. Wie bei den Männern herrschte bei den Frauen die Blickrichtung nach Osten vor, also dorthin, wo die Sonne aufgeht.

Zu den größten Friedhöfen der Glockenbecher-Kultur in Deutschland zählen die Gräberfelder von Wehrstedt[7] (Kreis Halberstadt) mit 23 Gräbern und von Schafstädt[8] (Kreis Merseburg), die sich beide in Sachsen-Anhalt befinden. Von vielen anderen Orten kennt man wesentlich weniger Gräber und Bestattungen.

Auch die Glockenbecher-Leute haben ihre Verstorbenen mit Beigaben für das Weiterleben im Jenseits versehen. Im Gegensatz zu anderen Kulturen der Jungsteinzeit wurden diese Gegenstände jedoch nicht vor dem Toten, sondern hinter seinem Rücken deponiert. Viele Gräber enthielten als einzige Beigabe einen Glockenbecher, seltener eine Schale oder zwei Tongefäße. In Männergräbern fand man häufig eine Feuersteinpfeilspitze oder mehrere davon, Feuersteinklingen, Armschutz-

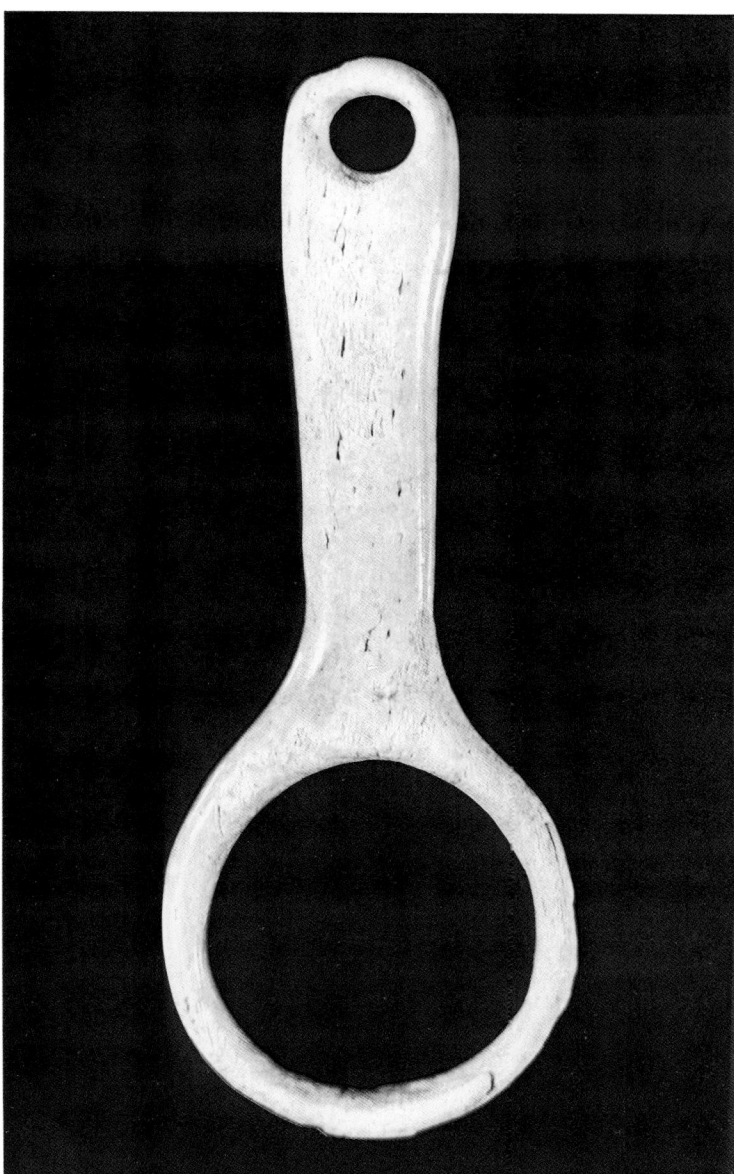

Ringstielanhänger aus einem Grab von Mühlhausen-Forstbergstraße (Kreis Mühlhausen) in Thüringen. Länge 7,2 Zentimeter. Original im Heimatmuseum Mühlhausen.

Fünf aus Jadeit geschliffene Beile von Mainz-Gonsenheim in Rheinland-Pfalz. Länge des größten Beiles 23,5 Zentimeter. Original im Landesmuseum Mainz.

platten, Knochen- und Geweihgeräte sowie kleine Kupferdolche. In Frauengräbern barg man meistens Schmuck aus unterschiedlichen Materialien.

Welcher Art die Religion der Glockenbecher-Leute war, weiß man bisher nicht. Da es sich bei ihnen offenbar um Einwanderer handelte, hilft auch der Vergleich mit zeitgleichen Erscheinungen nicht weiter. Manche Prähistoriker vermuten, die Glockenbecher-Leute hätten im Gegensatz zu den übrigen jungsteinzeitlichen Bauernkulturen in Mitteleuropa nicht an eine Fruchtbarkeitsgottheit, sondern an einen einzigen Himmelsgott geglaubt.

Die Idee der aufgehängten Sonne

Die Schönfelder Kultur

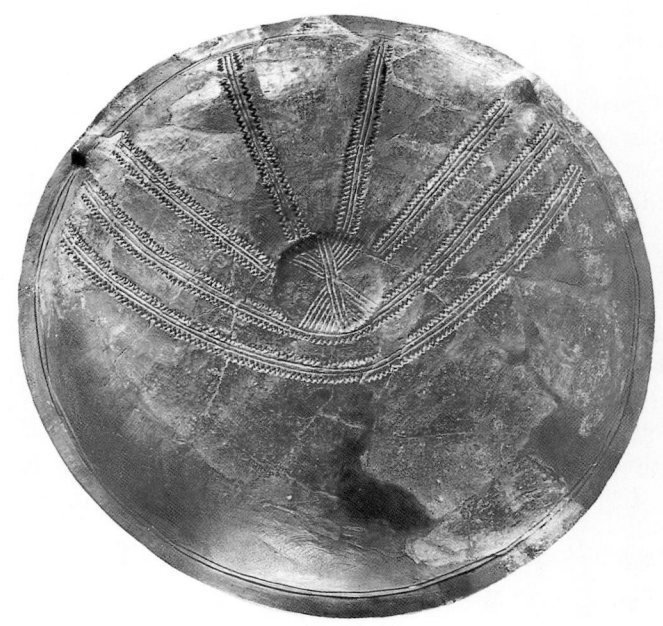

Schale der Schönfelder Kultur mit Sonnendarstellung von Klein Möringen (Kreis Stendal) in Sachsen-Anhalt. Durchmesser der Schale 36,8 Zentimeter. Original im Landesmuseum für Vorgeschichte Halle/Saale.

Auf bisher unbekannte Weise entstand im nördlichen Mitteldeutschland die Schönfelder Kultur (etwa 2500 bis 2100 v. Chr.). Sie war im Saalegebiet, an der mittleren Elbe, an der unteren Havel, in der Altmark, östlich und nördlich vom Harz sowie im östlichen Niedersachsen verbreitet. Diese Kultur bildete räumlich und kulturell einen Keil zwischen den Schnurkeramischen Kulturen (s. S. 397) und deren nördlichem Zweig, der Einzelgrab-Kultur (s. S. 404).

Den Begriff Schönfelder Kultur hat 1910 der Gymnasialprofessor und Prähistoriker Paul Kupka (1866–1949, s. S. 512) aus Stendal in der Altmark geprägt. Er ist von der Fundstelle Schönfeld (Kreis Stendal) nördlich Magdeburg abgeleitet.

Auf guten Böden behaupteten sich damals weiterhin Eichenmischwälder, auf nährstoffarmen Sandböden herrschten dagegen jetzt Kiefernwälder vor. Wildtierknochen fand man von Auerochsen, Rothirschen, Rehen, Hasen, Füchsen, Hamstern, Fischottern, Mardern und Iltissen.

Die Menschen der Schönfelder Kultur wohnten in kleinen bis mittelgroßen Holzhäusern mit Pfostenbauweise. Von diesen Behausungen sind meist nur die Grundrisse und manchmal Spuren von Feuerstellen erkennbar. Ein Pfostenbau von Randau (Kreis Schönebeck) in Sachsen-Anhalt erreichte eine Länge von etwa 20 Metern und eine Breite von 5,50 Metern. In seinem Innern gab es mehrere Feuerstellen. Ein Haus in Gerwisch (Kreis Burg) in Sachsen-Anhalt war etwa 13 Meter lang und 5 Meter breit. In Brandenburg-Neuendorf (Kreis Brandenburg) ist ein Hausgrundriß mit den Maßen von 8 x 4 Metern entdeckt worden, zu dem eine Feuerstelle und eine Kellergrube gehörten.

Die Schönfelder Ackerbauern säten und ernteten die Getreidearten Emmer und Gerste, von denen Abdrücke von Körnern auf Tongefäßen nachgewiesen werden konnten. Knochenreste vom Rind, Schaf und Schwein belegen die Viehzucht, Reste von Schuppen den Fischfang.

Besonders typische Schmuckstücke der Schönfelder Kultur waren gestielte Knochenanhänger mit einer Durchbohrung am Ende des Stiels. Sie wurden als Amulett an einer Halskette getragen. Dem früher in Halle/Saale wirkenden Prähistoriker Hermann Behrens fiel 1970 auf, daß diese Knochenanhänger kupferzeitlichen Goldringen aus Ungarn ähneln. Vielleicht ahmten die Schönfelder Leute, die in ihrem Verbreitungsgebiet kaum über Metall verfügten, die begehrten Modegegenstände aus dem höher entwickelten Südosteuropa nach.

Als Schmuck wurden außerdem durchbohrte Tierzähne, Kieferhälften mancher Tiere, Perlen aus Knochen und Nadeln geschätzt. Am Fundort Polkern (Kreis Osterburg) in Sachsen-Anhalt hat man zwei an der Wurzel durchbohrte Reißzähne von Hunden geborgen, die einst als Anhänger dienten. Dort kam auch der rechte Unterkieferast eines Baummarders mit dem Rest einer Durchbohrung zum Vorschein, der ebenfalls als Anhänger betrachtet wird.

Im Gegensatz zu den Schnurkeramikern, Einzelgrab- und Glockenbecher-Leuten haben die Menschen der Schönfelder Kultur keine monumentalen Kunstwerke in Form von verzierten Stelen geschaffen. Manche ihrer Tongefäße besitzen jedoch den Charakter von Kunstwerken. Dabei handelt es sich um Schalen, an deren Rand zwei Ösen auffällig nahe nebeneinander angebracht sind und deren Boden ungewöhnlich dekorativ verziert ist.

Schale mit Sonnenmotiv aus der Zeit der Schönfelder Kultur von der Gemarkung Mahndorf (Kreis Halberstadt) in Sachsen-Anhalt, Höhe 10,5 Zentimeter, oberer Durchmesser 32,5 Zentimeter. Original im Städtischen Museum Halberstadt.

Solche Schalen wurden offenbar mittels durch die Ösen gezogener Schnüre als Wandschmuck im Haus aufgehängt, und zwar so, daß der geschmückte Boden sichtbar war. Die Bodenmuster in Form von konzentrischen Kreisen und manchmal davon ausgehenden Strahlenbündeln waren vielleicht als Symbol der Sonne gedacht. Nach der 1950 vertretenen Ansicht des Weimarer Prähistorikers Günter Behm-Blancke[1] sollte jede dieser merkwürdigen Schönfelder Schalen die Sonne darstellen.

Als Teil eines Kunstwerkes wird auch eine Tonscherbe aus Klein Ammensleben (Kreis Wolmirstedt) in Sachsen-Anhalt angesehen. Sie enthält ein Motiv, das als Umriß eines Tieres (etwa ein Rind) deutbar und mit hängenden Furchenstrichbögen verziert ist.

Reste von Tontrommeln, die einst mit Tierhaut überzogen waren, verweisen darauf, daß die Schönfelder Leute bei bestimmten Gelegenheiten musizierten und tanzten. An den bereits erwähnten Fundorten Gerwisch und Polkern sind mehrere Trommeln nachgewiesen. Je eine Tontrommel kennt man außerdem von Aspenstedt (Kreis Halberstadt) sowie von Wahlitz (Kreis Burg). All diese Fundorte liegen in Sachsen-Anhalt.

Für die Schönfelder Kultur waren die schon beschriebenen Schalen mit zwei Henkelösen und Bodenverzierung kennzeichnend und am häufigsten, während in gleichzeitigen Kulturen die Becher vorherrschten. Als zweitwichtigste Charakterform unter den Tongefäßen gelten Becher mit zwei asymmetrisch angebrachten Henkelösen. Offenbar hängte man auch diese an Schnüren auf. Merklich seltener gab es Amphoren mit niedrigem Hals und ohne Hals sowie Füßchenschalen.

Die Schönfelder Keramik wurde vor allem mit Stichen (darunter der sogenannte Pfeilstich) und kurzen Strichen verziert. Beliebte Verzierungsmotive waren Zickzacklinien, gefüllte Zickzackbänder und Furchenstichlinien. Als Einzelmuster tauchte mitunter das Kreuz auf. Besonders schön wirken einige

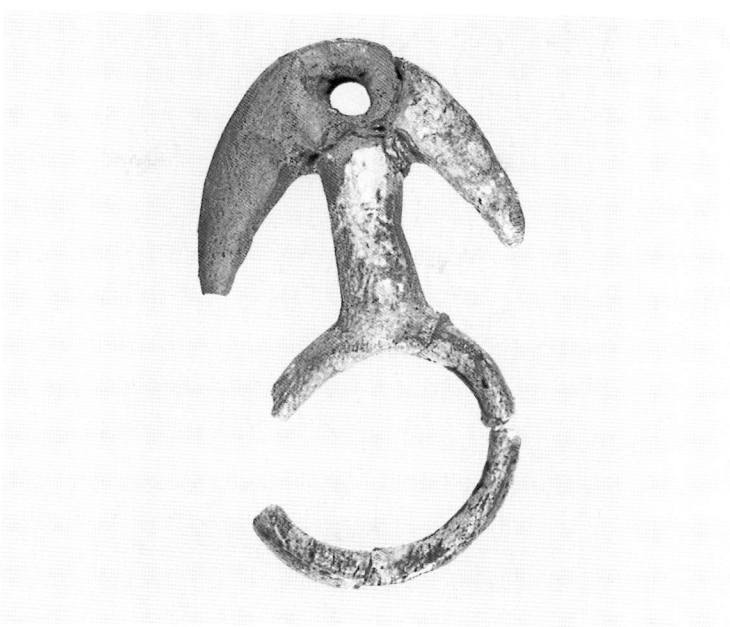

Gestielter Knochenanhänger von Biederitz (Kreis Burg) in Sachsen-Anhalt. Höhe 1,9 Zentimeter. Original im Landesmuseum für Vorgeschichte Halle/Saale.

Schalen mit asymmetrisch angeordneten, aus gefüllten Bändern konstruierten Ornamentkompositionen.

Zu den Werkzeugen gehörten unter anderem Feuersteinklingen sowie dünn- und dickblattige Feuersteinbeile. Seltener fand man durchbohrte Äxte aus Felsgestein, die mit einem Holzschaft versehen waren.

Trapez- und lanzettförmige Feuersteinpfeilspitzen belegen die Verwendung von Pfeil und Bogen als Fernwaffe. Damit dürfte man vor allem schnellfüßiges Wild erlegt haben.

Die Angehörigen der Schönfelder Kultur haben im Gegensatz zu allen benachbarten Kulturen ihre Toten verbrannt. Der Leichenbrand wurde meist in tönernen Schalen, aber auch in anderen Gefäßen, abgedeckt oder offen und manchmal außerhalb der Schale beigesetzt. Die Bestattung erfolgte überwiegend in Flachgräbern, gelegentlich jedoch in Großsteingräbern früherer Kulturen. Die auffällig von den Normen jener Zeit abweichende Sitte der Brandbestattung ist nach Ansicht mancher Prähistoriker unter Fremdeinfluß entstanden, weil es keine erkennbaren Vorstufen gab. Bei den Brandbestattungen der Schönfelder Kultur in Tongefäßen handelte es sich um die ersten Urnengräber in der mitteldeutschen Jungsteinzeit!

Auch die Beigaben, mit denen man die Verstorbenen versah, wurden – nach den Brandspuren zu schließen – meist mit auf den Scheiterhaufen gelegt.

Das Gräberfeld von Schönfeld wurde bereits 1905 von dem eingangs erwähnten Prähistoriker Paul Kupka erforscht. Er konnte insgesamt 23 Brandgräber freilegen und Keramik- sowie Schmuckbeigaben bergen. Noch größere Friedhöfe der Schönfelder Kultur wurden in Klein Möringen[2] (Kreis Stendal) und in Wahlitz[3] (Kreis Burg) entdeckt. Auf jedem dieser beiden in Sachsen-Anhalt gelegenen Fundorte hatte man etwa 40 Gräber angelegt.

Die sonnenähnlichen Motive auf den Böden der Schönfelder Schalen sowie die ungewöhnliche Sitte der Brandbestattungen liefern Anhaltspunkte dafür, daß die Religion der Schönfelder Leute mit Vorstellungen verbunden gewesen sein dürfte, in denen die Sonne und das Feuer eine wichtige Rolle spielten.

Tontrommel der Schönfelder Kultur aus der Gemarkung Aspenstedt (Kreis Halberstadt) in Sachsen-Anhalt. Höhe 33 Zentimeter, Durchmesser der oberen Öffnung 18,5 Zentimeter. Original im Städtischen Museum Halberstadt.

Der Feuersteindolch ersetzt die Axt

Die Dolchzeit

Im Raum Hamburg, in Schleswig-Holstein und in Dänemark folgte auf die Einzelgrab-Kultur (s. S.404) die Dolchzeit (etwa 2300 bis 1600 v.Chr.). Diese gilt als die letzte jungsteinzeitliche Kulturstufe im nördlichen Mitteleuropa und wird dem nordischen Spätneolithikum zugerechnet. Sie begann zu einem Zeitpunkt, zu dem in Böhmen und Mitteldeutschland, in Süd- und Südwestdeutschland schon die ersten frühbronzezeitlichen Kulturen erschienen.

Den Begriff Dolchzeit hat 1902 der damalige Direktor des Nationalmuseums in Kopenhagen, der Prähistoriker Sophus Müller (1846–1934, s. S.513), geprägt. Er basiert auf den zahlreichen Funden von Feuersteindolchen aus der fraglichen Zeitspanne.

Im Verbreitungsgebiet dieser Kulturstufe waren hauptsächlich Eichenwälder mit viel Erlen und sehr viel Haselnußsträuchern verbreitet. Buchen kamen nur noch sehr selten vor. An Wildtieren wurden in den Gräbern unter anderem die Überreste von Auerochsen, Rothirschen, Rehen und Wildschweinen gefunden.

Zeitgenossen der noch auf jungsteinzeitlichem Entwicklungsniveau verharrenden Dolchzeit-Leute waren die allesamt bereits frühbronzezeitlichen Aunjetitzer Leute in Böhmen und Mitteldeutschland, die Straubinger Leute in Bayern, die Singener Leute in Baden-Württemberg und die Adlerberg-Leute in Rheinland-Pfalz. Sie beherrschten im Gegensatz zu den Dolchzeit-Leuten bereits die Herstellung von Bronze. Auch in dieser Phase der Urgeschichte war der Norden Europas rückschrittlicher als der Süden.

Wie die Einzelgrab-Leute betätigten sich auch die Dolchzeit-Leute als Ackerbauern und Viehzüchter und ernährten sich vor allem von den Erträgen ihrer Landwirtschaft. Die Tongefäße der Dolchzeit-Leute wurden nicht mehr so sorgfältig hergestellt, wie dies in früheren jungsteinzeitlichen Kulturen der Fall gewesen ist.

In der Dolchzeit wurde die Streitaxt mit steinerner Klinge und Holzschaft, die vorher im Verbreitungsgebiet dieser Kulturstufe die wichtigste Waffe darstellte, durch den Feuersteindolch ersetzt. Diese Waffen sind von Meistern ihres Faches zurechtgeschlagen worden. Die Anfertigung eines 15 bis 20 Zentimeter langen Dolches nahm mindestens zweieinhalb Stunden in Anspruch. Es hat den Anschein, daß die Feuersteindolche metallene Vorbilder der frühbronzezeitlichen Aunjetitzer Kultur nachahmten.

Die ältesten Formen der dolchzeitlichen Feuersteindolche besaßen noch keinen Griff. Diese prächtigen Waffen wurden erst im Laufe der Zeit mit einem Schaft und später mit einem verdickten Griff versehen. Die höchste Vollendung erreichten die sogenannten Fischschwanzdolche, deren Umriß fischähnlich wirkt. Ihnen folgten gegen Ende der Dolchzeit »degenerierte Fischschwanzdolche«.

Zu den schönsten Funden aus der Dolchzeit zählt der Feuersteindolch von Wiepenkathen[1] (Kreis Stade) in Niedersachsen. Er kam in 2,75 Meter Tiefe im Moor zum Vorschein und war offenbar als Opfergabe für eine überirdische Macht gedacht.

Fischschwanzdolch (auch Prachtdolch genannt) von Dörphof (Kreis Rendsburg-Eckernförde) in Schleswig-Holstein. Länge etwa 30 Zentimeter. Original im Archäologischen Landesmuseum der Christian-Albrechts-Universität, Schleswig.

Die Dolchklinge ist aus hellgrauem Feuerstein zurechtgeschlagen worden. Sie mißt 19,8 Zentimeter. Einmalig an diesem Dolch sind die Erhaltung des Textilgewebes unter dem Holzgriff und die Reste der Lederscheide aus Schafleder. An den beiden Knickstellen im Innern der Lederscheide, die mit den Schneiden des Dolches in Berührung kamen, hatte man zur Verstärkung je einen Streifen dünnen Schafleders eingeklebt. Die beiden Enden der Lederscheide wurden nach außen aufgebogen und mit einem dünnen Lederfaden vernäht. In die Oberseite der Lederscheide schlug man ein Tannenzweigmuster ein. Diese Verzierung dürfte beim Tragen der Waffe auf der dem Körper abgewandten Seite sichtbar gewesen sein. Die Feuersteinklinge wurde mit einem Tuchfetzen umwickelt und in den Holzgriff eingeklemmt. Die Wollfäden des Tuches stammten vor allem von Schafen. Sie waren aber mit Haaren vom Rind, von der Ziege und vom Pferd vermischt.

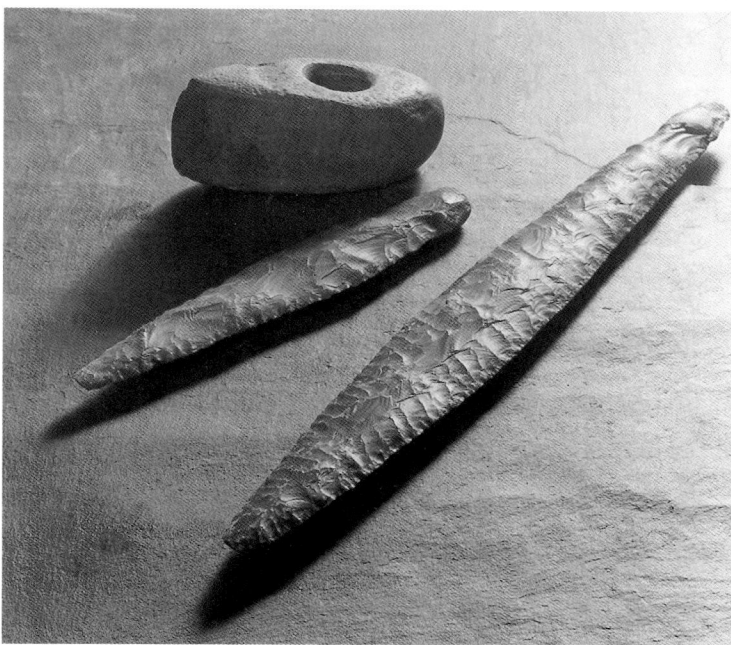

Streitaxt aus Felsgestein und Dolche aus Feuerstein aus Bovenau (Kreis Rendsburg-Eckernförde) in Schleswig-Holstein. Länge des rechten Dolches 30 Zentimeter. Originale im Archäologischen Landesmuseum der Christian-Albrechts-Universität, Schleswig.

Außer Dolchen aus grauem Feuerstein hat man vereinzelt auch solche aus schwarzem Feuerstein geschaffen, wie ein Fund aus Husum (Kreis Nordfriesland) in Schleswig-Holstein belegt.
Die meisten Feuersteindolche wurden in Erd- und Steinpackungsgräbern entdeckt. Typische Beigaben für Bestattungen der Dolchzeit sind ein Feuersteindolch, ein kleiner Becher und ein Feuersteinschläger. Ein Grab mit diesen Beigaben wurde zum Beispiel in Friedland (Neubrandenburg) entdeckt.
Die Ausrüstung der Toten mit der wichtigsten Waffe der Lebenden belegt den Glauben an das Weiterleben im Jenseits. Die Niederlegung des prächtigen Dolches von Wiepenkathen im Moor deutet nach Ansicht von Prähistorikern darauf hin, daß die Religion der Dolchzeit mit Opfergaben an Gottheiten verbunden war, deren Wohnsitz man in solch unwegsamem Gelände vermutete.

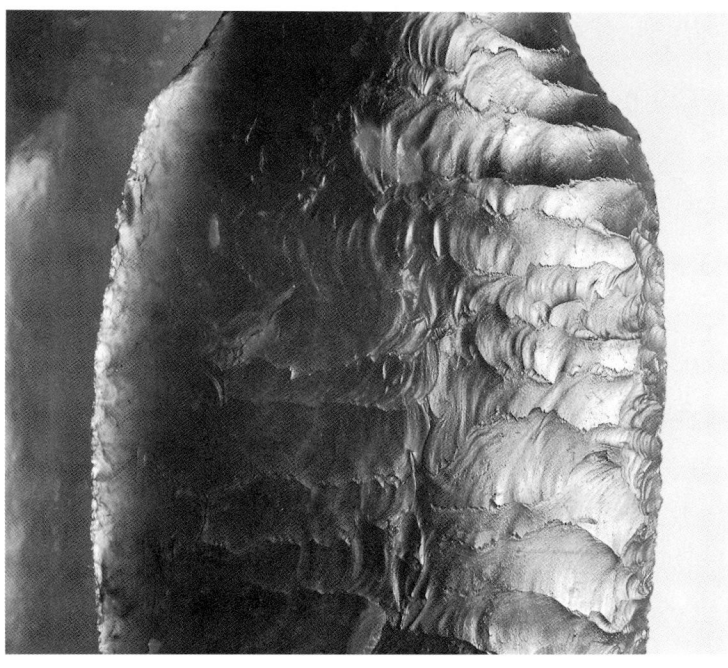

Teilansicht des Fischschwanzdolches von Dörphof (Kreis Rendsburg-Eckernförde) in Schleswig-Holstein (s. S. 414).

Die Jungsteinzeit in Österreich

Abfolge und Verbreitung der Kulturen und Gruppen

Die Jungsteinzeit[1] begann in einigen Teilen Österreichs um 5500 v. Chr. mit dem Auftreten der Linienbandkeramischen Kultur (s. S. 417), die sich bis etwa 4900 v. Chr. behauptete.[2] Von dieser ersten bäuerlichen Kultur Österreichs kennt man vor allem in Niederösterreich, aber auch im Burgenland und in Oberösterreich menschliche Skelettreste, Siedlungsspuren im Freiland, Werkzeuge, Waffen, Schmuck, Kunstwerke, Gräber und Kultanlagen. In den übrigen Bundesländern lebten wahrscheinlich weiterhin mittelsteinzeitliche Jäger, Fischer und Sammler.

Auf die Linienbandkeramische Kultur folgte in einigen Gebieten Niederösterreichs von etwa 4900 bis 4500 v. Chr. die Stichbandkeramische Kultur (s. S. 423), von der auffällig wenig Spuren entdeckt wurden. Dazu gehören Reste einer Siedlung mit Grabenanlage und Tongefäßen. Die geringe Präsenz dieser Kultur ist darauf zurückzuführen, daß es sich lediglich um einen Ausläufer der hauptsächlich auf dem Gebiet der Tschechoslowakei heimischen Kultur handelte.

Im größten Teil Niederösterreichs, im Burgenland, in Oberösterreich und in der Steiermark existierte von etwa 4900 bis 4400 v. Chr. die mährisch-ostösterreichische Gruppe der Lengyel-Kultur (s. S. 424). Von ihr zeugen im Gegensatz zur Stichbandkeramischen Kultur zahlreiche Funde wie menschliche Skelettreste, Siedlungsspuren im Freiland und befestigte Siedlungen, Getreide- und Haustierreste, Schmuck, Kunstwerke, Keramik, Werkzeuge, Waffen und Kultanlagen.

Aus der Zeit der zur Neige gehenden Lengyel-Kultur und dem anschließenden Abschnitt um die Wende vom 5. bis zum 4. Jahrtausend v. Chr., aus der sogenannten Epi-Lengyel-Zeit (s. S. 437), liegen bisher nur wenige archäologische Zeugnisse vor. So kennt man aus der zum Epi-Lengyel-Komplex gerechneten Bisamberg-Oberpullendorf-Gruppe (s. S. 437) Hausgrundrisse, Steingeräte, Kupferreste und Keramik. Von der Lasinja-Gruppe (s. S. 439) zeugen spärliche menschliche Skelettreste, Stein- und Knochengeräte und Keramik. Und an Fundstellen der etwa gleichzeitigen Baalberger Kultur (s. S. 441) kamen Keramik und Kupferdrahtstücke zum Vorschein. Nach der nur ansatzweise erforschten Übergangszeit zwischen der Lengyel-Kultur und der Badener Kultur existierte von etwa 3600 bis 2900 v. Chr. die Badener Kultur (s. S. 442). An sie erinnern menschliche Skelettreste, Kupferschmuck, Keramik, Werkzeuge, Waffen, Gräber und Kultobjekte.

In Oberösterreich und im Bundesland Salzburg war in der Zeitspanne von etwa 3700 bis 2900 v. Chr. oder vielleicht auch noch länger die Mondsee-Gruppe (s. S. 447) heimisch. Von ihr künden Siedlungsspuren vor allem an Seen, Jagdbeute-, Getreide- und Haustierreste, Schmuck, Kunstwerke, Keramik sowie Stein- und Kupferwerkzeuge.

Die in Bayern und Böhmen von etwa 3500 bis 2700 v. Chr. verbreitete Chamer Gruppe (s. S. 368) ist durch wenig aussagekräftige Funde auch in Ober- und Niederösterreich nachgewiesen. Da diese Hinterlassenschaften spärlich und umstritten sind, wird ihnen hier kein eigenes Kapitel gewidmet.

Im östlichen Niederösterreich erschien zwischen 3200 und 2800 v. Chr. die Mödling-Zöbing/Jevišovice-Gruppe (s. S. 452). Von dieser Kulturstufe entdeckte man Flachlandsiedlungen und mit Gräben befestigte Höhensiedlungen, Schmuck, ein Kunstwerk, Keramik sowie Werkzeuge und Waffen aus Stein und Kupfer.

Nach der Mödling-Zöbing/Jevišovice-Gruppe etablierte sich von etwa 2800 bis 2500 v. Chr. in Teilen von Niederösterreich die Kosihy-Čaka/Makó-Gruppe (s. S. 456). Ihre Existenz ist lediglich durch Keramikfunde belegt.

Irgendwann am Ende der Zeitspanne von etwa 2800 bis 2400 v. Chr. existierte in Teilen von Niederösterreich eine späte Lokalgruppe der Schnurkeramischen Kultur (s. S. 458). Bisher hat man menschliche Skelettreste, Haustierreste, Schmuck, Keramik, Werkzeuge, Waffen und Gräber gefunden.

Das Ende der Jungsteinzeit wurde in Österreich durch die von etwa 2500 bis 2200 v. Chr. existierende Glockenbecher-Kultur (s. S. 460) eingeleitet. Sie war nachweislich im Bundesland Salzburg, in Oberösterreich, in Niederösterreich und im Burgenland heimisch. Aus der Zeit der Glockenbecher-Kultur barg man menschliche Skelettreste, Schmuck, Keramik, Werkzeuge und Waffenteile.

Gefäßbruchstück mit Gesichtsdarstellung von Poigen (Flur Bachrain) in Niederösterreich. Länge 9,8 Zentimeter. Original im Höbarthmuseum der Stadt Horn.

Der Opferaltar von Herrnbaumgarten

Die Linienbandkeramische Kultur

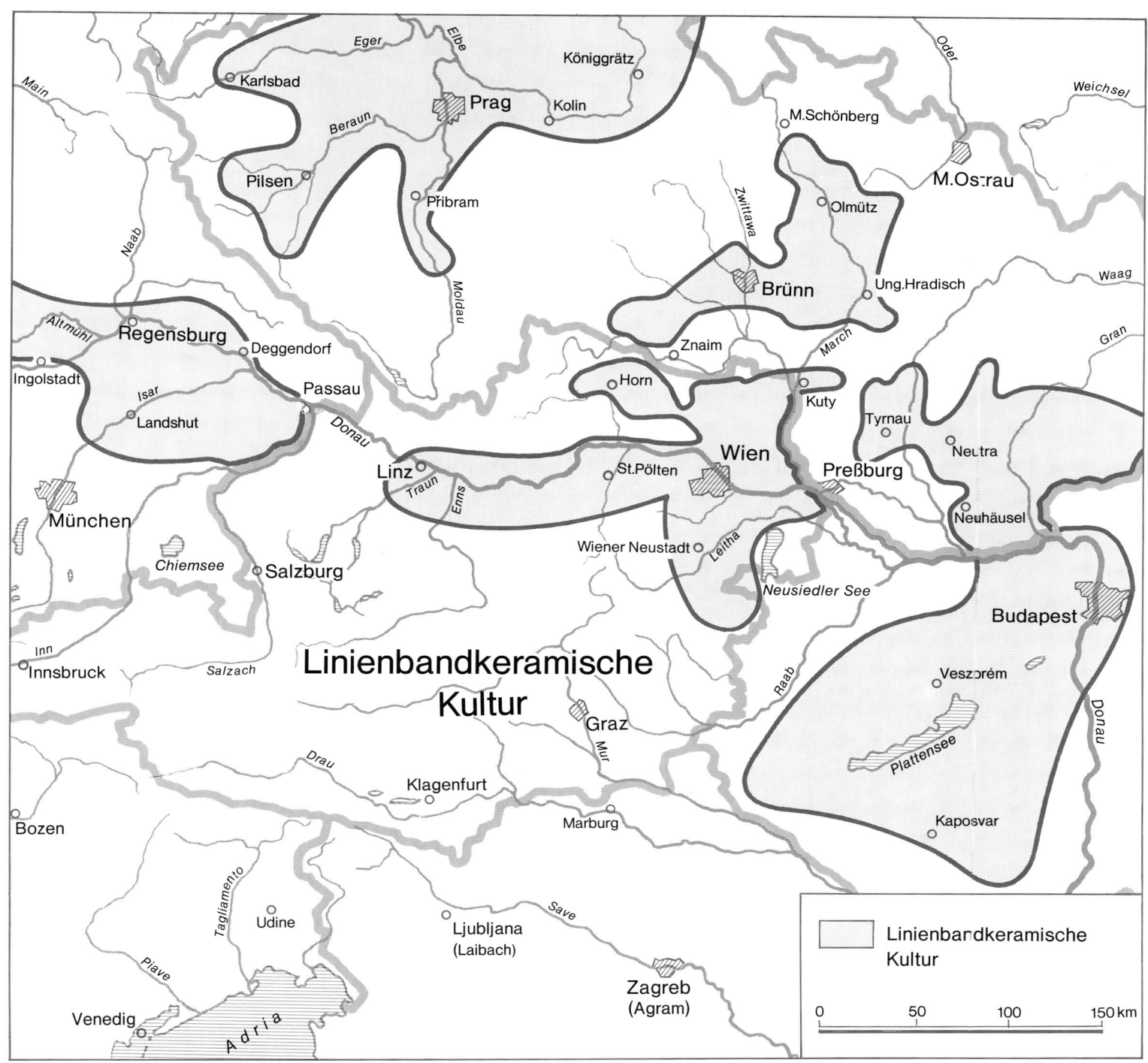

Verbreitung der Linienbandkeramischen Kultur in Österreich.

Als erste Kultur der Jungsteinzeit trat in Österreich die nach den bänderartigen Verzierungen der Tongefäße benannte Linienbandkeramische Kultur (etwa 5500 bis 4900 v. Chr.) auf. Sie war vor allem in Niederösterreich, aber auch im Burgenland und in Oberösterreich verbreitet. In den übrigen Bundesländern behaupteten sich wahrscheinlich weiterhin mittelsteinzeitliche Jäger, Fischer und Sammler.

Wie in den benachbarten Ländern fiel die Linienbandkeramische Kultur in das Atlantikum (etwa 5800 bis 3800 v. Chr.) mit warmem und feuchtem Klima. Es breitete sich dichte Eichenmischwälder aus, in denen neben den besonders zahlreich vertretenen Eichen auch Linden, Ulmen, Eschen und Haselnußsträucher gediehen. In diesen Wäldern lebten unter anderem Braunbären, Auerochsen, Rothirsche, Rehe und Wildschweine.

Das Skelett eines in Kleinhadersdorf (Niederösterreich) gefundenen Linienbandkeramikers erreichte die beachtliche Körpergröße von 1,77 Meter und überragte damit deutlich die am glei-

chen Ort bestatteten Männer, die zwischen 1,50 und 1,59 Meter
groß waren. Aus Rutzing in Oberösterreich kennt man einen
1,72 Meter großen Mann. Zu den größten Frauen gehört eine
1,65 Meter große Linienbandkeramikerin von Hankenfeld-
Saladorf in Niederösterreich.

Die Menschen der damaligen Zeit führten ein entbehrungsrei-
ches Leben. Für die meisten Arbeiten standen nur primitive
Geräte zur Verfügung, bei deren Gebrauch sie ihre eigene Körperkraft einsetzen mußten. Deshalb waren diese frühen Bauern
schon nach wenigen Jahrzehnten verbraucht. Das begrenzte
medizinische Wissen führte dazu, daß viele Menschen bereits
in jungen Jahren starben. Vielfach waren die Zähne durch harte
Nahrung stark abgekaut. In Kleinhadersdorf wurde mehrfach
Karies nachgewiesen.

Die bisher bekannten Darstellungen von männlichen Gesichtern auf Tongefäßen und -figuren lassen keinen Bart erkennen.
Der angebliche Schnurrbart auf einem Keramikrest von Ebenthal bei Gänserndorf in Niederösterreich stellt nur die Nase und
die Augenbrauen dar.

Die Linienbandkeramiker wohnten auf fruchtbaren Böden in
weit voneinander entfernt liegenden Einzelgehöften, in unbefestigten oder mit Graben, Wall und Palisaden befestigten Dörfern sowie gelegentlich kurzfristig in Höhlen. Die Einwohner-
zahl in den größten Siedlungen dürfte manchmal 100 oder sogar 200 Personen übertroffen haben. Die Häuser erreichten
eine Länge bis zu 35 Metern und eine Breite bis zu 5 Metern.
Ihre Maße können aus den ehemaligen Pfostenlöchern erschlossen werden, die im Boden als dunkle Verfärbungen sichtbar sind.

Manchmal belegen nur Reste von Tongefäßen, deren Form und
Verzierung für die Linienbandkeramische Kultur typisch sind,
die Existenz ehemaliger Einzelgehöfte oder Dörfer. Auf diese

Gesichtsdarstellung auf einem Keramikrest von Ebenthal bei Gänserndorf
in Niederösterreich. Breite 5,5 Zentimeter, Höhe 5 Zentimeter. Original in
der Sammlung von Hermann Schwammenhöfer, Wien.

Weise wurden unter anderem in Ravelsbach, Kleinmeiseldorf,
Langenlois, Mold bei Horn, Missingdorf, Reikersdorf und
Stockern (alle in Niederösterreich) Siedlungsplätze der älteren
Linienbandkeramischen Kultur erkannt. Umfangreiche Siedlungen aus dieser Zeit gab es in Großburgstall und Untermixnitz im Waldviertel sowie in Ebenthal und Grafensulz im Weinviertel.

Die meisten Siedlungsspuren stammen aus der jüngeren
Linienbandkeramischen Kultur, die in Österreich wegen der
dort vorkommenden notenkopfartigen Vierzierungselemente
als Notenkopfkeramik[1] bezeichnet wird. In dieser Zeit waren in
Niederösterreich nördlich der Donau vor allem das Weinviertel
und das Waldviertel dicht besiedelt. Daneben gab es in Nieder-

Bau eines Langhauses in einer Waldlichtung zur Zeit der
Linienbandkeramischen Kultur in Niederösterreich.

österreich aber auch südlich der Donau etliche Siedlungen (unter anderem in Sommerein, Hainburg, Schwechat, Mödling). Weitere Siedlungen existierten im Burgenland (Oberpullendorf, Oslip, Pöttsching, Draßburg) und in Oberösterreich (Rutzing). Bisher wurden in Österreich insgesamt 240 linienbandkeramische Fundstellen registriert.

Zu der notenkopfkeramischen Siedlung nördlich der Bundesstraße Wien–Deutsch Altenburg bei Mannswörth in Niederösterreich gehörten vermutlich zwölf Langhäuser, deren Grundrisse aus Pfostenlöchern rekonstruiert wurden. Dagegen konnte man in Pulkau (Niederösterreich) nur zwei nebeneinanderliegende nord-südlich orientierte Hausgrundrisse feststellen.

Die damaligen Häuser besaßen ein tragendes Gerüst aus drei Reihen in den Boden eingetiefter Innenpfosten, auf denen die mit Schilf oder Stroh bedeckte Dachkonstruktion lastete. Die Wände bestanden aus locker gestellten dünnen Pfosten an den Außenseiten. Die Lücken zwischen diesen Pfosten wurden mit Flechtwerk aus Ruten geschlossen. Die Wände hat man mit Lehm verputzt, dem man zerkleinertes Stroh beimengte, damit beim Trocknen keine starken Risse auftraten. Funde aus Herrnbaumgarten und Schwechat in Niederösterreich zeigen, daß der Lehmverputz manchmal rot bemalt wurde. Aus Deutschland kennt man weiß getünchte Hüttenwände (s. S. 252).

Die Häuser der Linienbandkeramiker besaßen drei Räume. Der Fußboden bestand offenbar aus festgestampftem Lehm. Vielleicht wurde dieser durch Matten aus Schilf oder Stroh oder durch weiche Tierfelle von Haus- oder Wildtieren wohnlicher gestaltet. In den Häusern hat es wohl jeweils eine Feuerstelle zum Braten und Kochen gegeben. Abfälle aller Art wurden in Gruben geworfen, aus denen man vorher Lehm für den Hausbau und die Herstellung von Keramik entnommen hatte. Diese Funde geben zuweilen interessante Aufschlüsse über das Leben der Linienbandkeramiker.

Die mit Graben, Wall und vermutlich auch mit einer Palisade befestigten Siedlungen von Schletz, Pulkau und Weinsteig in Niederösterreich liefern Hinweise auf unruhige Zeiten, in denen offenbar Überfälle zu befürchten waren. Auf die linienbandkeramischen Befestigungen von Schletz bei Asparn an der Zaya und von Weinsteig bei Großrußbach war man durch systematische luftbildarchäologische Untersuchungen des Luftbildreferates am Institut für Ur- und Frühgeschichte in Wien unter Leitung des Prähistorikers Herwig Friesinger gestoßen.

Wie die Scherbenfunde in den drei Gräben von Schletz zeigen, wurden diese in verschiedenen Phasen der Linienbandkeramischen Kultur ausgehoben. Das größte Grabensystem war oval und hatte einen Längsdurchmesser von 330 Metern. Im Osten und Westen existierten Toranlagen in Form von Unterbrechungen der Gräben. Speichergruben im Inneren der Befestigung weisen auf eine Besiedlung der Anlage hin. In den Gräben wurden menschliche Skelette und Teile davon entdeckt.

Funde von notenkopfkeramischen Tongefäßen bzw. Resten davon in verschiedenen Höhlen bezeugen, daß neben Häusern im Freiland mitunter solche natürlichen Unterschlüpfe aufgesucht wurden. Als Aufenthaltsorte dienten unter anderem die Königshöhle bei Baden, die Merkensteiner Höhle bei Gainfarn und die Geoleshöhle bei Kaltenleutgeben in Niederösterreich. Vielleicht hat man die Höhlen als Rastplätze bei Wanderungen oder als Versteck in Not- und Gefahrenzeiten benutzt. In Deutschland wurden Höhlen auch als Schauplatz kultischer Handlun-

gen gewählt (s. S. 264). Vielleicht vermutete man in ihnen den Eingang zu den Wohnsitzen unterirdischer Mächte.

Im Gegensatz zu den mittelsteinzeitlichen Jägern, Fischern und Sammlern gingen die Linienbandkeramiker nur selten mit Pfeil und Bogen auf die Jagd. Die Bauern von Strögen in Niederösterreich erlegten Auerochsen, Rothirsche, Rehe, Wildschweine, Biber und sogar den Luchs. Biber kamen vielleicht in der benachbarten Kleinen Taffa oder im Kamp-Fluß vor. In Neckenmarkt im Burgenland fand man dagegen ausschließlich Jagdbeutereste vom Wildschwein. Außerdem dürften die Linienbandkeramiker mit Netzen, Reusen und Angeln mancherlei Fischarten gefangen haben.

Viel wichtiger als die Jagd, der Fischfang oder das Sammeln von eßbaren wildwachsenden Pflanzen war für die Linienbandkeramiker der Anbau von Getreide auf gerodeten Waldflächen sowie die Haltung verschiedener Haustiere, wobei der Ackerbau und die Viehzucht die Vorratshaltung von Nahrungsmitteln förderte und die Seßhaftigkeit erforderlich machte.

Bevor man Getreidekörner aussäen konnte, mußte man erst mühsam mit Hilfe von Steingeräten und durch Feuer eine Lichtung im Eichenmischwald schaffen. Der Boden zwischen den übriggebliebenen Baumstümpfen wurde wahrscheinlich mit Holzhacken und -spaten, Furchen- und Grabstöcken sowie Hirschgeweihhacken vor der Aussaat aufgelockert, damit die Getreidekörner besser keimen konnten.

Angebaut wurden Einkorn, Emmer und Gerste. Die reifen Ähren schnitt man mit scharfkantigen Feuersteinklingen, die in

Hockerbestattung eines Jugendlichen mit Steinbeil, Knochenpfriem und Tongefäßen von Kleinhadersdorf in Niederösterreich. 1990 bei Ausgrabungen des Bundesdenkmalamtes Wien entdeckt.

einem gekrümmten Holzschaft eingeklemmt waren. Danach sind die Ähren mit Steinen oder Knüppeln gedroschen worden. Die hierbei von den Spelzen befreiten Körner hat man auf Steinplatten (Unterlieger) mit einem kleineren Stein (Läufer) zerquetscht und so Mehl gewonnen. Außer Getreide bauten die Linienbandkeramiker auch Linsen und Erbsen sowie Schlafmohn und Flachs an.

Die frühen Bauern hielten in der warmen Jahreszeit Rinder, Ziegen, Schafe und Schweine im Freien. Im Winter wurden diese Haustiere in einem Raum der großen Langhäuser untergebracht. In der Siedlung Neckenmarkt gab es vor allem Schafe und Ziegen, aber auch Rinder und Schweine. Die dortigen Bewohner fingen bereits in großem Umfang Auerochsen ein und domestizierten sie. Dagegen basiert die Viehwirtschaft in der Siedlung Strögen im Waldviertel auf der Haltung von Schafen, während Ziegen und Schweine selten waren. Daneben fand man immer wieder auch die Überreste von Hunden.

Die Linienbandkeramiker betrieben bei Kontakten untereinander und mit benachbarten »Jägerkulturen« in gewissem Maße Tauschgeschäfte, bei denen agrarische Produkte, Tongefäße, seltene Steinarten und Schmuckstücke den Besitzer wechselten. Auf diese Weise sind auch Erfindungen weitergereicht worden.

Sowohl Männer als auch Frauen schmückten sich gern mit Muschelschalen, Schneckengehäusen und mit durchbohrten Tierzähnen. Man trug die Schmuckstücke an Ketten oder nähte sie als Besatzteile auf die vermutlich aus Leder, Schafwolle oder Leinen hergestellte Kleidung. Diesen Schmuck hat man vor allem in Gräbern gefunden. Zu jener Zeit waren *Spondylus*-Muscheln aus dem Mittelmeergebiet sehr gefragt. Ihr Vorkommen an linienbandkeramischen Fundstellen in Österreich belegt, daß es auch in dieser Phase der Jungsteinzeit weitreichende Fernverbindungen gab. So kennt man beispielsweise aus einem Grab von Emmersdorf in Niederösterreich 30 aus einer *Spondylus*-Muschel angefertigte Perlen.

Die auf Ton angebrachten oder aus diesem Material modellierten Kunstwerke der Linienbandkeramiker werden mit dem kultischen Brauchtum der frühen Ackerbauer und Viehzüchter in Zusammenhang gebracht. Zu diesen vor mehr als 7000 Jahren geschaffenen Kunstwerken gehören Darstellungen von Haustieren (meist das Rind) auf der Außenseite von Gefäßen oder in Gestalt von Tongefäßen. Menschen wurden ebenfalls auf Gefäßwänden, aber auch als Tonfiguren dargestellt.

Neben Böhmen gilt Niederösterreich als das reichste Fundgebiet linienbandkeramischer Kunstwerke. Darstellungen von Haustieren kennt man beispielsweise aus Obermixnitz, Poigen und Sommerein. Menschliche Motive wies man in Breiteneich, Etzmannsdorf, Frauenhofen, Poigen, Pulkau, Sommerein, Zellerndorf, Ziersdorf und Zogelsdorf nach.

Die berühmteste Menschendarstellung auf einem linienbandkeramischen Tongefäß wurde 1933 am Taborac von Draßburg im Burgenland entdeckt.[2] Es ist die sogenannte »Venus von Draßburg« (s. S. 433). Dabei handelt es sich um die auf dem Bruchstück eines Gefäßes erkennbare halbplastische Darstellung einer nackten Frau. Die Augen, der Mund und das Schamdreieck wurden in den Ton eingeritzt. Die Nase, die Arme, die Brüste und die Beine sind dagegen herausmodelliert.

In der Spätphase der Linienbandkeramischen Kultur – im sogenannten Sárka- und Zselizhorizont – kamen in Niederösterreich Gesichts- und Maskendarstellungen auf der Außenwand von Tongefäßen auf. Die manchmal auch Rinderhörner tragenden Masken hatten vermutlich eine bestimmte Funktion bei kultischen Handlungen.

Auffällig ist die große Zahl von fragmentarisch erhaltenen menschlichen Tonfiguren. Auf diese hatte 1923 erstmals der niederösterreichische Pfarrer und Heimatforscher Anton Hrodegh (1875–1926) aus Schwarzau im Gebirge hingewiesen. Heute kennt man bereits von nahezu 20 Fundorten in Niederösterreich Reste derartiger Kunstwerke, die wohl ebenfalls im Kult eine Rolle spielten. Besonders viele dieser Fundstellen liegen in der Umgebung des Manhartsberges.

Solche menschengestaltigen Tonfiguren wurden in Niederösterreich bereits in der ältesten Phase der Linienbandkeramischen Kultur geschaffen. Dazu gehört das Unterteil einer sitzenden Figur aus Maiersch. In dieser frühen Phase waren Sitzfiguren noch Seltenheiten. Die Figur aus Maiersch thronte vielleicht auf einem Sitzmöbel mit Lehne jener Art, von dem man in Poigen ein Bruchstück bergen konnte.

Die meisten Tonfiguren der Linienbandkeramischen Kultur wurden stehend dargestellt. Eine der wenigen Ausnahmen davon bildet der Torso einer liegenden Frauenfigur aus Grübern in Niederösterreich. Häufig hat man auf dem Körper der Tonfiguren Verzierungen im sogenannten Röntgenstil angebracht, mit denen man das Skelett darstellen wollte. Bei einem Fund aus Reikersdorf sind Schulterknochen und Rippen im Röntgenstil zu erkennen, in Maiersch und Pulkau die Wirbelsäule und die Rippen, in Mold die Unterschenkelknochen und in Frauenhofen auf der Fußsohle eines Beines die Fußknochen. Demnach verfügten die Linienbandkeramiker bereits über ein gewisses Maß an anatomischem Wissen.

Von den menschlichen Tonfiguren liegen nur Teile des Oberkörpers, des Unterkörpers oder bloß ein Bein vor. Entsprechende Funde kennt man unter anderem aus Etzmannsdorf bei Straning, Hainburg an der Donau, Hameten, Poigen, Röhrawiesen, Sommerein, Wetzleinsdorf und Zissersdorf. Lediglich in Kleinhadersdorf wurde eine ziemlich vollständig erhaltene Tonfigur geborgen. In Breiteneich bei Horn fand man den Teil

Tongefäß der Linienbandkeramischen Kultur mit Notenkopfverzierung von Poysdorf in Niederösterreich. Höhe 13 Zentimeter. Original im Naturhistorischen Museum Wien.

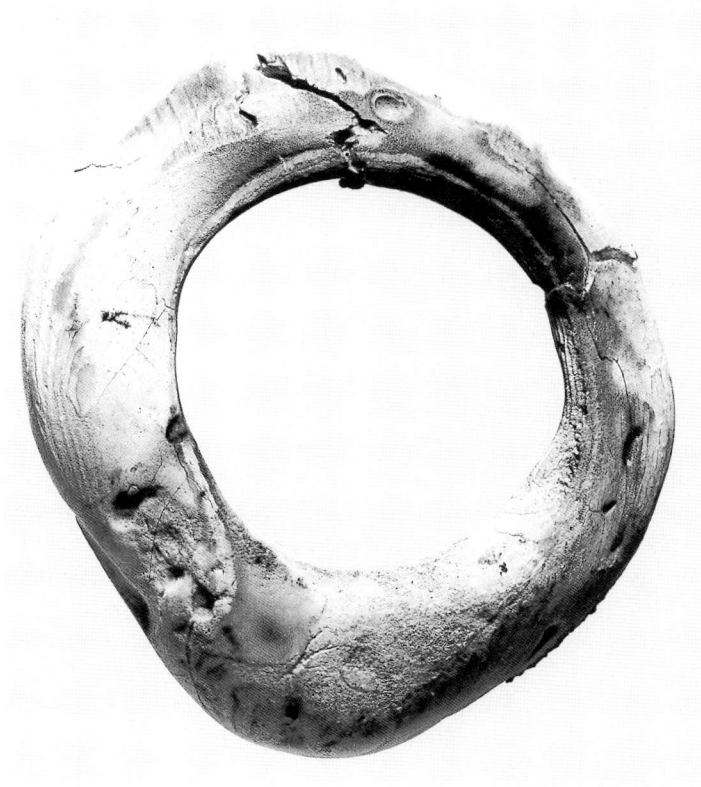

Schmuckreif aus der Klappe einer *Spondylus*-Muschel aus dem Gräberfeld von Rutzing bei Hörsching in Oberösterreich. Maximaler Durchmesser 8,2 Zentimeter. Original im Oberösterreichischen Landesmuseum, Linz.

Unterteil einer menschlichen Tonfigur in thronender Haltung aus Maiersch in Niederösterreich. Erhaltene Höhe 8,1 Zentimeter. Original im Archiv für die Waldviertler Urgeschichtsforschung, Horn.

eines Oberkörpers mit Unterarm und einer gut gestalteten Hand. Die bruchstückhaft überlieferten Menschenfiguren spiegeln rituell motivierte Opferbräuche wider, die auch in Deutschland nachgewiesen sind (s. S. 262).

Unter den Hinterlassenschaften der Linienbandkeramiker überwiegen eindeutig die Reste von Tongefäßen. Diese wurden frei mit der Hand geformt, verziert und im Feuer gebrannt. Als besonders typische Formen gelten Schalen, mehr oder minder geschlossene Töpfe in Gestalt einer Dreiviertel- oder Dreifünftel-Hohlkugel (Kumpf genannt) und Tonflaschen.

In der ältesten Phase mengte man dem Ton bei allen Gefäßformen Häcksel bei, baute aus Wülsten dicke Wände auf, strich sie glatt, versah die Gefäße mit Standböden und verzierte die Außenwand mit Knubben sowie bis zu vier Millimeter breiten, im Querschnitt U-förmigen, bandartigen Linien.

Typisch für die jüngste Phase der Linienbandkeramischen Kultur in Österreich sind Tongefäße des Typus Zseliz[3] (nach einem ehemals ungarischen Fundort; heute Želiezovce in der Südwestslowakei), des Typus Šárka[4] (nach einem Fundort in Böhmen) und der Bükker Kultur[5] (nach Funden aus dem Bükk-Gebirge in Ungarn). Keramik des Typus Zseliz und der Bükker Kultur kam stets gleichzeitig mit Notenkopfkeramik vor. Dagegen ist der Typus Šárka vor allem im Raum von Horn sowie im Waldviertel (beispielsweise Grafensulz und Thomasl) in Niederösterreich nachgewiesen und scheint sich an das südmährische Verbreitungsgebiet dieses Typus anzuschließen.

Zu den wichtigsten Steinwerkzeugen der Linienbandkeramiker gehörten Beile mit einer parallel zum Holzschaft verlaufenden Schneide sowie Dechsel (auch Schuhleistenkeile genannt, s. S. 259) mit einer quer zum Schaft stehenden Schneide, die man deswegen als Querbeile bezeichnet. Damit konnte man Bäume fällen, Bauholz für die Häuser oder Palisaden bearbeiten oder Baumstämme für Einbäume aushöhlen. Die Äxte für diese Holzbearbeitungsgeräte wurden aus Felsgestein zurechtgeschliffen und zwecks Aufnahme des Schaftes durchbohrt.

Daneben gab es aus Feuerstein zurechtgeschlagene Kratzer, Klingen und Bohrer für unterschiedliche Tätigkeiten, aus Tierknochen geschnitzte Pfrieme, Spitzen, Meißel und spachtelartige Geräte sowie wahrscheinlich etliche Geräteformen aus Holz, die nicht erhalten blieben.

Aus Feuerstein wurden auch Pfeilspitzen zurechtgeschlagen, die man mit Hilfe von Pech und Schnüren an Holzschäften befestigte.

Die Linienbandkeramiker bestatteten ihre Toten meist unverbrannt in Siedlungen, Abfallgruben oder Friedhöfen. Größere Gräberfelder kennt man von Kleinhadersdorf[6] bei Poysdorf (Niederösterreich) und von Rutzing[7] bei Hörsching (Oberösterreich). In Kleinhadersdorf hat man schätzungsweise bis zu 200 Menschen bestattet, in Rutzing 23 Personen. Die Verstorbenen wurden mit zum Körper hin angezogenen Beinen auf der linken Seite zur letzten Ruhe gebettet. Es handelte sich also um sogenannte »liegende Hocker«. In Kleinhadersdorf kamen auch einige Brandbestattungen zum Vorschein. Der Leichnam war in diesen Fällen auf einem Scheiterhaufen verbrannt worden. Danach hatte man die ausgeglühten Knochenstücke in einer Grube deponiert.

In einem der Gräber von Kleinhadersdorf mit Resten von drei Schädeln hatte man zwei Schädel mit Rötel bestreut. Damit

Gesichtsdarstellung auf einem Gefäßhenkel von Poigen (Flur Bachrain) in Niederösterreich. Höhe 4,8 Zentimeter. Mund und Augen sind durch ovale Eindrücke dargestellt, die Kopfhaare durch drei senkrechte parallele Linien oberhalb der Augen. Die Nase wird durch einen spitzen Buckel gebildet. Original im Höbarthmuseum der Stadt Horn.

wurde eine Tradition gepflegt, die seit der Altsteinzeit nachweisbar ist (s. S. 42) und auch bei den Linienbandkeramikern in Deutschland in Erinnerung geblieben war (s. S. 262). Die Toten wurden mit Tongefäßen, Steinwerkzeugen, Waffen und Schmuck für das Weiterleben im Jenseits ausgerüstet.

Bei der Religion dieser frühen Ackerbauern und Viehzüchter handelte es sich offensichtlich um einen Fruchtbarkeitskult. Man glaubte vermutlich daran, daß das Gedeihen der Ernte und des Viehs von einer überirdischen Macht abhängig war, deren Gunst man durch bestimmte Opfer erringen konnte. Einen kleinen Einblick in die komplizierte religiöse Gedankenwelt der damaligen Zeit erlauben Opferplätze, manche Kunstwerke, Opfergaben und aus dem Rahmen des Üblichen fallende Bestattungen.

Als Schauplatz von Opfern im Rahmen des Fruchtbarkeitskultes wird der Tonaltar von Herrnbaumgarten unweit von Mistelbach in Niederösterreich gedeutet, den 1954 der Wiener Prähistoriker Fritz Felgenhauer untersuchte.[8] Dabei handelt es sich um eine T-förmige Anlage von 1,50 Meter Länge, 0,50 Meter Breite und etwa 0,30 Meter Höhe. Sie bestand aus insgesamt acht übereinanderliegenden, einzeln ausgebrannten Tonschichten, denen man Häcksel beigemengt hatte. Zwischen den Tonschichten stieß man auf verschiedene, nicht genau identifizierbare organische Substanzen, darunter Tierknochen, die vielleicht von Opfergaben stammten.

Wegen der tischartigen Form der Anlage und der mehrfach erneuerten Tonschichten vermutete der Ausgräber eine kultische Nutzung als Altar. Vielleicht brachte man nach jedem Opfer, bei dem die Oberfläche verunreinigt wurde, eine frische Tonschicht auf. Fragmente von notenkopfkeramischen Tongefäßen in den Zwischenschichten des Tonaltars lieferten Hinweise auf das Alter dieser Anlage. Ähnliche Tonaltäre kennt man auch im Verbreitungsgebiet der Tripolje-Kultur[9] in der Sowjetunion und der Cucuteni-Kultur[10] in Rumänien, die man ebenfalls als Opferstellen ansieht. Was auf solchen Tonaltären geopfert worden ist, läßt sich nicht sagen.

Mit dem Kult könnte auch die schon erwähnte »Venus von Draßburg« in Verbindung stehen. Die Wiener Prähistorikerin Eva Lenneis, geht davon aus, daß die mit menschlichen Gesichtsdarstellungen versehenen Tongefäße eventuell zur Aufnahme eines Inhaltes gedient haben, der unter den Schutz einer Gottheit gestellt oder einer solchen geweiht werden sollte. Die nackte »Venus von Draßburg« wird von manchen Autoren als Fruchtbarkeitsgöttin gedeutet. Sie ziert den Hals eines Topfes vom Zselizer Typus.

Eine wichtige Funktion bei den Opferhandlungen der Linienbandkeramiker, mit denen überirdische Mächte beschworen oder besänftigt werden sollten, besaßen die bereits erwähnten kleinen menschengestaltigen Tonfiguren. Funde aus Mitteldeutschland beweisen, daß derartige Tonfiguren und Menschen das gleiche Schicksal erlitten: Sie wurden zerstückelt geopfert (s. S. 262). Diese Praxis erklärt, weshalb man bisher keine vollständigen menschlichen Tonfiguren entdeckt hat.

Aus Deutschland kennt man etliche Fälle von Menschenopfern und rituell motiviertem Kannibalismus der Linienbandkeramiker, bei denen im Laufe der Zeit einige Dutzend Menschen ihr Leben lassen mußten (s. S. 264). Als Opfer wurden offenbar vor allem Frauen, Jugendliche und Kinder ausgewählt.

Auch manche Funde aus Österreich lassen auf geheimnisvolle Opferbräuche schließen. So hatte vermutlich das Kalottenbruchstück eines Kindes aus Rutzing die Funktion eines Schädelbechers. Man vermutet, solche Schädelbecher seien einst als Trinkgefäß verwendet worden (s. S. 73). Durch den Trunk aus einem Schädelbecher wollte man vielleicht das Andenken des betreffenden Toten ehren oder dessen besondere Fähigkeiten übernehmen.

Mindestens drei Schädelbecher kamen in der Befestigung von Schletz zum Vorschein. Sie befanden sich unter den in Gräben geborgenen Skelettresten. Um einen weiteren Schädelbecher handelt es sich wahrscheinlich bei einem Fund im Hainburger Teichtal (Niederösterreich). Dort wurde in einer Siedlungsgrube ein Menschenschädel entdeckt, dessen Kalotte abgetrennt war. Die umgedrehte Kalotte lag zusammen mit dem löffelartig ausgehöhlten Gelenkteil eines Tierknochens neben dem Schädel.

Als eindrucksvollster Beleg für den Schädelkult der Linienbandkeramiker in Österreich galten früher die 18 Schädelbecher vom Taborac.[11] Doch sie stammen – nach neueren eingehenden Forschungen zu schließen – aus einer viel späteren Zeit. Man datiert sie heute ins 9. bis 10. Jahrhundert n. Chr. und schreibt sie den Petschenegen oder Bessenern zu.

Kultische Motive dürften manche Linienbandkeramiker bewogen haben, aus menschlichen Schädeln herausgelöste Knochenscheiben als Amulett zu tragen. Zwei solcher ungewöhnlicher Schmuckstücke wurden 1981/82 in der Gegend von Sommerein (Niederösterreich) durch einen Heimatforscher entdeckt.[12] Eines davon ist 3,1 x 2,9 Zentimeter groß, 0,7 bis 0,9 Zentimeter dick und weist drei Bohrlöcher auf. Das andere ist noch undurchbohrt. Letzteres kam in einer Siedlungsgrube zum Vorschein, die Tonscherben von Notenkopfkeramik enthielt.

Derartige Amulette sollten nicht nur schmücken, sondern vermutlich gegen den »bösen Blick«, Krankheiten, Unfälle und andere Unbill schützen. Möglicherweise galt der Kopf damals als Sitz magischer Kräfte, in deren Besitz man durch das Tragen eines Schädelamulettes gelangen wollte.

Die Ringgrabenanlage von Frauenhofen

Die Stichbandkeramische Kultur

Die vor allem in Deutschland und in der Tschechoslowakei weit verbreitete Stichbandkeramische Kultur (s. S. 272) faßte in geringerem Maße auch in Niederösterreich Fuß. Sie ist dort zwischen etwa 4900 und 4700 v. Chr. nachgewiesen. Im Vergleich mit der ungefähr zeitgleichen Lengyel-Kultur (s. S. 424) hat sie jedoch auffällig wenig Spuren hinterlassen, da ihr Verbreitungsgebiet nur im südlichen Randgebiet nach Niederösterreich hereinreichte.

Ihren Namen erhielt die aus der Linienbandkeramischen Kultur hervorgegangene Stichbandkeramische Kultur von den typischen Verzierungen der Tongefäße. Statt der geschlossenen Linien der Linienbandkeramischen Kultur bevorzugte man nun eingestochene Muster.

Von den Häusern der Stichbandkeramiker sind bisher aus Österreich so gut wie keine Spuren bekannt. Zahlreiche Grabungen in der Tschechoslowakei, insbesondere in Bylany[1], zeigen aber, daß die Behausungen dieser Kultur einen leicht trapezförmigen Grundriß mit schwach nach außen gebauchten Wänden hatten. Anhaltspunkte für die Bauweise der Häuser lieferten gebrannte Hüttenlehmbrocken mit Abdrücken von Rundhölzern, Brettern und Ruten sowie Pfostenspuren.

Die Stichbandkeramiker von Frauenhofen bei Horn in Niederösterreich erlegten gelegentlich Rehe, Rothirsche und Wildschweine.[2] Neben der Jagd betrieben die Stichbandkeramiker aber vor allem Ackerbau und Viehzucht.

Fragmente stichbandkeramischer Tongefäße in Siedlungen der Lengyel-Kultur von Unterwölbling, Friebritz und Eggendorf am Walde belegen Tauschgeschäfte zwischen den verschiedenen Kulturen. Tönerne Spinnwirtel und Webstuhlgewichte zeigen, daß Textilien erzeugt wurden.

In der religiösen Vorstellungswelt der Stichbandkeramiker hatten Plätze, die mit einem oder zwei Gräben umgeben waren, offensichtlich eine wichtige Funktion. Sie wurden meist von in allen vier Himmelsrichtungen liegenden Erdbrücken unterbrochen. Solche Anlagen ohne Siedlungsspuren werden als Kultplätze gedeutet, auf denen bestimmte Opferzeremonien oder andere Rituale stattgefunden haben dürften. Über die Art der Opfer gibt es vorläufig keine ausreichenden Hinweise.

Derartige Kultplätze (auch Rondelle genannt) sind vor allem in Bayern (s. S. 275, 279), in der Tschechoslowakei, in Nieder- und Oberösterreich entdeckt worden. Die Anlagen in Österreich wurden überwiegend durch Luftaufnahmen aufgespürt.

Als Rest eines solchen Heiligtums gilt die Ringgrabenanlage etwa drei Kilometer westlich von Frauenhofen (Flur Neue Breiten) in Niederösterreich. Ihre Entdeckungsgeschichte begann damit, daß dem Landwirt Karl Grötz aus Frauenhofen beim Pflügen auf seinem Acker eine dunkle Verfärbung auffiel. Seine Mitteilung über diese Entdeckung führte 1962 zu ersten Testuntersuchungen durch den Wiener Prähistoriker Friedrich Berg. Dabei zeigte sich, daß es sich um einen Spitzgraben handelt. Es folgten weitere Untersuchungen durch den Wiener Prähistoriker Herwig Friesinger (1965) und durch die Wiener Prähistorikerin Eva Lenneis in den Jahren 1975, 1977, 1978 und 1979.

Von der ursprünglich schätzungsweise etwa 55 Meter großen Ringgrabenanlage von Frauenhofen ist nur ein Teil in Form einer halben Ellipse erhalten geblieben. Der Graben hat einen V-förmigen Querschnitt. Er ist oben 1,50 bis 2,50 Meter breit erhalten und noch bis in maximal 1,75 Meter Tiefe nachweisbar. Der Spitzgraben wird an vier Stellen durch Erdbrücken unterbrochen, über die man einst ins Innere der Anlage gelangte. Die beiden Seiten der Erdbrücken fielen nahezu senkrecht zum Graben ab. Spuren eines Walles oder einer Palisade als weitere Hindernisse fehlen. Weil innerhalb der durch den Graben umgebenen Fläche keine Siedlungsspuren zum Vorschein kamen und der Platz für einen Viehkral zu groß erscheint, vermutet Eva Lenneis, daß auch die Ringgrabenanlage von Frauenhofen als Kultplatz fungierte.

Als Kultobjekt gilt auch ein 8,1 Zentimeter hoher Fuß aus dunkelgrauem bis schwarzem Ton von Untermixnitz in Niederösterreich. Dieser seltene Fund glückte 1982 dem damals in Horn wohnenden Finanzbeamten und Heimatforscher Hermann Maurer. Mit Ausnahme der Fußsohle ist dieses Objekt mit einem typischen Stichbandmuster verziert. Der Entdecker betrachtet den Fuß als Bestandteil eines Tongefäßes.

Tönerne Darstellung eines menschlichen Fußes von Untermixnitz in Niederösterreich. Höhe 8,1 Zentimeter. Original im Archiv für die Waldviertler Urgeschichtsforschung, Horn.

Die frühen Wallburgen auf dem Schanzboden

Die Lengyel-Kultur

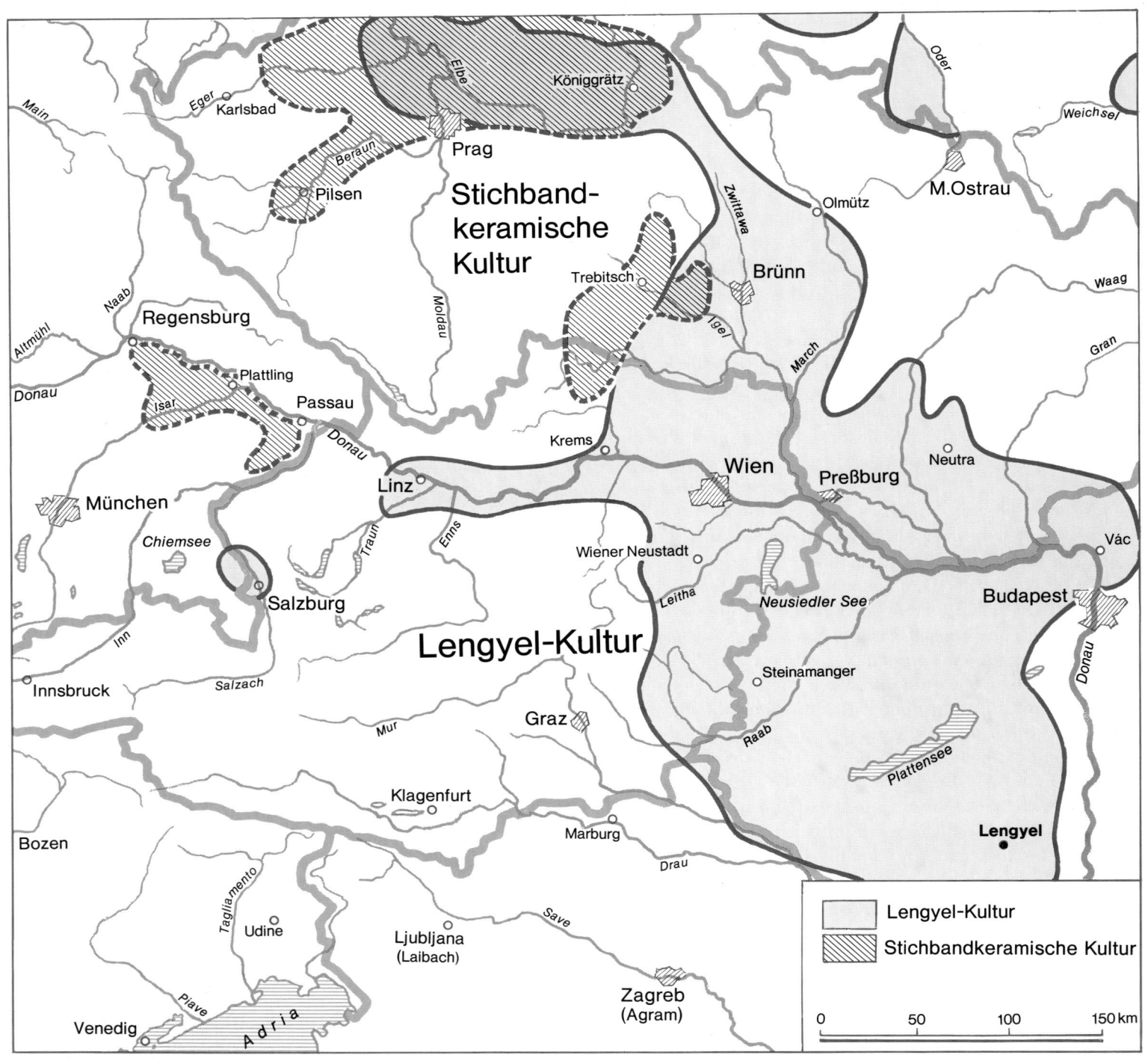

Verbreitung der Lengyel-Kultur und der Stichbandkeramischen Kultur in Österreich.

Niederösterreich, das Burgenland, Oberösterreich und die Steiermark gehörten von etwa 4900 bis 4400 v. Chr. zum Verbreitungsgebiet der Lengyel-Kultur, das sich von Westungarn bis zur Südwestslowakei und Polen sowie von Niederösterreich bis nach Böhmen und Mähren erstreckte. Der in Niederösterreich vertretene Zweig der Lengyel-Kultur bildete mit demjenigen im benachbarten Südmähren eine gemeinsame mährisch-ostösterreichische Gruppe – in der Fachliteratur oft als MOG abgekürzt.

Den Begriff Lengyel-Kultur hat Anfang der zwanziger Jahre der Wiener Prähistoriker Oswald Menghin (1888–1973, s. S. 513) eingeführt. Der Name erinnert an den westungarischen Fundort Lengyel im Komitat Tolna, wo von 1882 bis 1888 ein Friedhof mit 90 Gräbern dieser Kultur freigelegt worden ist. Entdecker der namengebenden Fundstelle war der Pfarrer und Archäologe Maurus Wosinsky (1854–1907) aus Szekszárd.
Statt von Lengyel-Kultur sprechen heute viele Prähistoriker vom Lengyel-Komplex, weil gegen Ende dieser Kultur eine

immer stärkere Regionalisierung und großräumigere Verbreitung eintrat und von diesem Zeitpunkt an von einer einheitlichen Kultur nicht mehr die Rede sein kann. Die älteren Abschnitte der Lengyel-Kultur werden wegen der nach dem Brand bemalten Tongefäße im deutschsprachigen Raum als Bemaltkeramische Kultur oder Bemaltkeramik bezeichnet.

Die Lengyel-Kultur fiel in die erste Hälfte des Atlantikums. Zwischen etwa 4600 und 4450 v. Chr. gab es einen Klimarückschlag mit niedrigeren Temperaturen, der Frosnitz-Kälteschwankung[1] genannt wird. In diesem Abschnitt wurde das Wachstum der Bäume in höheren Lagen gehemmt. In den klimatisch milden Phasen des Atlantikums breiteten sich weithin Eichenmischwälder aus, in denen unter anderem Braunbären, Auerochsen, Elche, Rothirsche, Rehe, Hasen und Wildschweine vorkamen.

Die Lengyel-Leute hatten zumeist einen grazilen Körperbau und oft nur eine geringe Körpergröße. Der im Doppelgrab von Friebritz in Niederösterreich bestattete 20 bis 30 Jahre alte Mann war allerdings 1,70 Meter groß. Die an seiner Seite liegende etwa 18 bis 25 Jahre alte Frau erreichte eine Körperhöhe von 1,60 Meter. Ein 25 bis 30 Jahre alter Mann auf der Antonshöhe von Mauer bei Wien maß mindestens 1,65 Meter, eine etwa gleichaltrige Frau vom gleichen Fundort mindestens 1,50 Meter.

Vom Erscheinungsbild der Lengyel-Leute wich eine männliche Bestattung aus Eggenburg in Niederösterreich ab, die 1932 von der Leiterin des örtlichen Krahuletz-Museums, Angela Stifft-Gottlieb (1881–1949), ausgegraben wurde. Der Schädel dieses mindestens 35 Jahre alten Mannes wies charakteristische Merkmale der erst viel später in Österreich einwandernden Glockenbecher-Leute (s. S. 460) auf, für die ein auffällig steiles Hinterhaupt typisch war.

Wie allgemein in der Jungsteinzeit war auch in der Lengyel-Kultur die Lebenserwartung der Menschen niedrig. So wurde keiner der auf der Antonshöhe[2] von Mauer bei Wien bestatteten zwei Männer und drei Frauen (und zwei Kinder) älter als 35 Jahre.

Bei allen Erwachsenen von der Antonshöhe waren die Zähne stark abgekaut. Jede der Frauen hatte Zahnstein, eine davon zudem eine beginnende Parodontose und Karies an mehreren Zähnen. Eine der Frauen hatte sich zu Lebzeiten den rechten Oberarmknochen und die rechte Speiche des Unterarmes gebrochen. Beide Frakturen sind ohne erkennbare Maßnahmen verheilt.

Bei einer erwachsenen Frau aus Wetzleinsdorf in Niederösterreich waren die Zähne ebenfalls stark abgekaut. Anzeichen von Parodontose oder Karies fand man dagegen nicht. Außerdem war der letzte Lendenwirbel mit dem Kreuzbein verwachsen.

Eine junge Frau vom Bisamberg bei Wien hat einen Schädelbruch heil überstanden. Später wurde ihr der Schädel mit einem im Querschnitt dreieckigen Gerät (vermutlich einem Steinbeil) eingeschlagen und somit ihr gewaltsamer Tod herbeigeführt. Dieses Schicksal läßt sich an dem spitzdreieckigen Ausbruch an der linken Seite des Schädeldaches ablesen. Der todbringende Hieb dürfte ziemlich senkrecht ausgeführt worden sein.

Ein zehn- bis elfjähriges Mädchen von Kamegg bei Gars am Kamp (Niederösterreich) hatte einen krankhaft vergrößerten Schädel (Wasserkopf). Es wurde in einer aufgelassenen Vorratsgrube inmitten von Abfällen pietätlos niedergelegt.

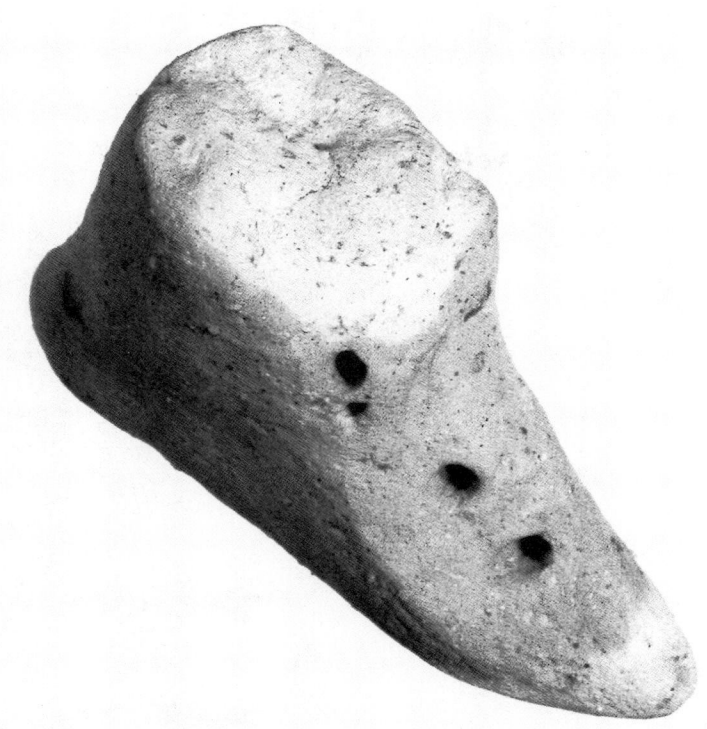

Tönerner Schnürschuh von Grafenberg-Vitusberg in Niederösterreich. Dabei handelt es sich um den Rest einer menschlichen Tonfigur. Länge der Sohle 4,4 Zentimeter. Breite beim Knöchel 1,8 Zentimeter, Höhe des Schuhes 2,8 Zentimeter. Original in der Prähistorica-Sammlung Engelshofen auf der Rosenburg.

Die damalige Bevölkerung wohnte in Einzelgehöften, in unbefestigten Dörfern, aber auch in mit Graben, Wall und Palisaden geschützten Siedlungen, die manchmal auf Anhöhen errichtet wurden. Vielleicht hatten diese Siedlungen bis zu 100 und mehr Einwohner. Die größten Häuser waren fast 30 Meter lang, mehrere Meter breit und im Innern durch Trennwände geteilt.

Unter den Befestigungen der Lengyel-Kultur ist die kleinere und jüngere von zwei derartigen Anlagen zwischen Poysdorf und Falkenstein in Niederösterreich am längsten bekannt. Sie hat einen Durchmesser von mindestens 120 Metern. Der versteckt in dichten Wäldern liegende Fundort wurde im Volksmund als Schanzboden bezeichnet.

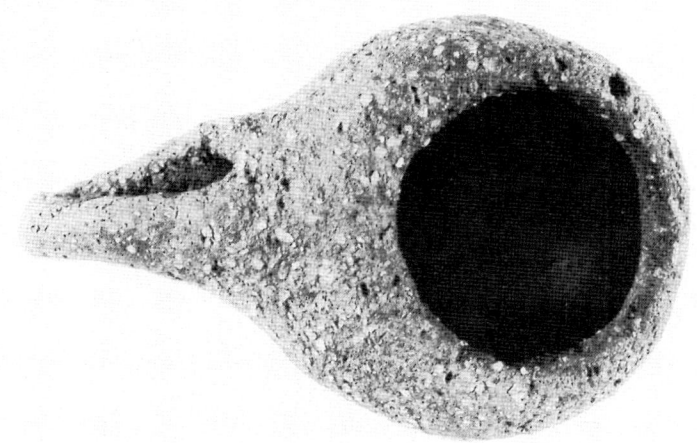

Tönernes Sauggefäß aus Untermixnitz in Niederösterreich. Länge 9 Zentimeter, Höhe 5,2 Zentimeter. Original im Archiv für die Waldviertler Urgeschichtsforschung, Horn.

In den zwanziger Jahren nahmen der Friseurmeister Karl Heinrich (1895–1965) und der Lehrer Franz Thiel (1896–1972) aus Poysdorf auf dem Schanzboden Ausgrabungen vor. Dabei konnten sie einige Keramikreste bergen, die von den Wiener Prähistorikern Herbert Mitscha-Märheim (1900–1976) und Eduard Beninger (1897–1963) als jungsteinzeitlich eingestuft wurden. Sie nahmen auch für den Ringwall ein jungsteinzeitliches Alter an. Ihre zutreffende Auffassung setzte sich aber nicht durch, weil der renommierte Wiener Prähistoriker Oswald Menghin 1931 behauptete, in der Jungsteinzeit habe es in Mitteleuropa keine Befestigungen gegeben.

1973 spürte der Geschäftsmann Fritz Parisch aus Poysdorf im dichten Unterholz den kleinen Ringwall erneut auf und untersuchte systematisch die Oberfläche in dessen Bereich. Seine Mühe wurde bald belohnt. Er entdeckte neben einigen buntbemalten Keramikresten und Steingeräten das Seitenteil eines tönernen Thrones, der einst für eine mindestens 30 Zentimeter hohe Tonfigur als Sitzgelegenheit diente. Diese Funde wurden dem Wiener Prähistoriker Johannes-Wolfgang Neugebauer zur Begutachtung vorgelegt, der rasch erkannte, daß es sich hierbei um Hinterlassenschaften der Lengyel-Kultur handelte. Damit war bewiesen, daß der Schanzboden in der Jungsteinzeit besiedelt gewesen ist, aber weiterhin ungeklärt, zu welcher Zeit der Ringwall aufgeschüttet wurde, dessen Entstehungszeit erst 1975 ermittelt werden konnte. Damals schlug man unter Leitung von Neugebauer und unter Mithilfe von vielen Freiwilligen aus umliegenden Orten eine Schneise in das Unterholz und legte von der Mitte der Innenfläche der Anlage durch den Graben und den davorliegenden Wall einen 60 Meter langen Suchschnitt an. Darin barg man ausschließlich Funde aus der Lengyel-Kultur, weshalb auch der Ringwall dieser Kultur zugeordnet wurde.

Dieses Ergebnis ermutigte zu einem mehrjährigen Forschungsprojekt, bei dem die Befestigung sorgfältig untersucht werden sollte. Schon bei der ersten großen Grabungskampagne im Jahr 1976 glückte der Nachweis, daß auf dem Schanzboden außer der kleinen Wallburg noch eine viel größere und ältere bestanden hatte. Man stieß nämlich bei der Verlängerung des 1975 angelegten Suchschnittes auf einen viel mächtigeren Befestigungsgraben. Dieser stammte – nach den Fundumständen zu schließen – von einer ausgedehnteren befestigten Siedlung, die den gesamten Höhenrücken bedeckte und einen Durchmesser von etwa 400 Metern hatte. Sie wurde auf drei Seiten durch Steilabfälle und auf der vierten durch einen bis zu 2,50 Meter tiefen Hauptgraben sowie zwei vorgelagerte kleinere Gräben geschützt.

Vor den Gräben befand sich jeweils ein durch Aushubmaterial aus diesen aufgeschütteter Wall. Bei anderen Befestigungen aus der Jungsteinzeit war das genaue Gegenteil der Fall (s. S. 293). Dort hatte man den Wall stets hinter dem Graben angelegt, wodurch zwischen den auf dem Wall verschanzten Verteidigern und den im Graben stehenden Angreifern ein beträchtlicher Höhenunterschied erreicht wurde. Weshalb man auf dem Schanzboden von diesem bewährten Prinzip abwich, weiß man nicht.

Die große Wallburg gilt als die älteste in Höhenlage errichtete Befestigung in Mitteleuropa. Sie hat vor mehr als 6500 Jahren bestanden. In ihrem Inneren konnte man lediglich einen einzigen 5,50 x 3,50 Meter großen Pfostenbau nachweisen. Nach wenigen Generationen wurde diese imposante Anlage aus

Fußschüssel von Oberbergern in Niederösterreich. Höhe 31 Zentimeter. Original im Institut für Ur- und Frühgeschichte der Universität Wien.

unbekannten Gründen dem Erdboden gleichgemacht. Danach errichtete man am äußersten Ende des Schanzbodens den heute noch erkennbaren kleineren ovalen Ringwall mit einem Durchmesser von 165 x 120 Metern. Der wiederum aus dem Aushubmaterial des Grabens aufgeschüttete Wall dürfte einst wohl drei Meter hoch gewesen sein, heute erreicht er etwa die Hälfte. Der Graben dahinter war 5,50 Meter breit und reichte anderthalb Meter tief in den Boden. Im Inneren der kleinen Wallburg konnte man keine Siedlungsspuren nachweisen. Vielleicht hatte diese nur die Funktion einer Fluchtburg in Notzeiten.

Eines der größten Häuser der Lengyel-Kultur hatte man innerhalb eines Grabens der befestigten Siedlung Wetzleinsdorf bei Korneuburg erbaut.[3] Sein Grundriß war 27 Meter lang und 5 Meter breit. Südöstlich davon schloß sich ein rechteckiger Hof mit einer Fläche von etwa 130 Quadratmetern an. Mährische und slowakische Prähistoriker betrachten derart große Gebäude ohne Unterteilung in verschiedene Räume als Versammlungshaus.

In Steinabrunn[4] (Niederösterreich) stieß man beim Pflügen auf vier Wohngruben mit ovalem Grundriß, in denen man Keramikreste fand. Eine weitere elliptische Siedlungsgrube kam in Antau[5] am linken Ufer der Wulka im Burgenland zum Vorschein. Sie war 5 x 3 Meter groß und einen Meter tief.

Wie die Häuser der Lengyel-Kultur konstruiert gewesen sind, demonstriert das vollständig erhaltene Tonmodell eines Gebäudes aus Střelice in der Tschechoslowakei. Demnach lag der Eingang an einer der beiden Schmalseiten. Sowohl der Fußboden als auch die Wände waren mit Lehm verschmiert. Der Fußbodenestrich wurde mit weißer Farbe gestrichen, vielleicht waren auch die Wände bemalt. Teile von Hausmodellen fand man auch auf dem Schanzboden und in St. Pölten-Galgenleithen.

Bei ersterem war der Eingang an einer der beiden Längsseiten, von dem anderen barg man nur das Dach. Kleine Tonwürfel mit hohlem Innenraum dienten vermutlich zur Beleuchtung. Diese Lampen dürften mit Öl gefüllt gewesen sein.

Daß auch Höhlen vereinzelt zur Zeit der Lengyel-Kultur aufgesucht wurden, belegen Funde von Keramikresten dieser Kultur in der Königshöhle bei Baden sowie in der Merkensteiner Höhle von Gainfarn in Niederösterreich. Vermutlich waren die Aufenthalte in diesen natürlichen Unterschlüpfen nur von kurzer Dauer.

Wie die Linienbandkeramiker bauten auch die Menschen der Lengyel-Kultur Getreide an. So kennt man aus Eggendorf am Walde in Niederösterreich Reste von Emmer und Einkorn und aus Vösendorf in Niederösterreich Reste von Zwergweizen und Roggen. Die reifen Ähren schnitt man mit Feuersteinklingen ab. Sie wurden vermutlich mit Steinen oder Knüppeln gedroschen. Die Körner hat man auf Steinplatten mit kleineren Steinen gemahlen.

Die Bewohner der befestigten Siedlungen auf dem Schanzboden hielten Rinder, Schafe, Ziegen, Schweine und Hunde als Haustiere. Die dort geborgenen und von dem Wiener Archäozoologen Erich Pucher untersuchten Knochenreste von Wild- und Hausrindern deuten darauf hin, daß immer wieder Auerochsen eingefangen, die Bullen erlegt, aber Kühe mit Kälbern gezähmt und gehalten wurden. Diese Tiere wurden vermutlich in eine bereits bestehende Gruppe von Hausrindern eingegliedert, die nur wenig früher dasselbe Schicksal wie die Neuzukömmlinge erlitten hatte. Solche Neuzukömmlinge und die Jungtiere der ersten Gefangenschaftsgeneration unterschieden sich bereits in der Größe voneinander, da letztere unter den verschlechterten Lebensbedingungen der jungsteinzeitlichen Tierhaltung kümmerten.

Die Widerristhöhe der Kühe auf dem Schanzboden lag unter derjenigen von wildlebenden Rindern, die etwa 1,50 Meter erreichten. Die Hausschweine in der gleichen Siedlung waren kleiner und schlanker als ihre heutigen Artgenossen. Sie wirkten noch sehr wildschweinähnlich. Die Hundereste vom Schanzboden gelten als die ältesten Nachweise des Haushundes in Österreich. In anderen Ländern hatte man gezähmte Wölfe schon in der ausklingenden Altsteinzeit nachgewiesen (s. S. 96).

Auf Tauschgeschäfte und Fernverbindungen weisen feine Klingen aus Obsidian sowie Schmuck aus *Spondylus*-Muscheln (s. S. 241) hin. Der vulkanische glasartige Obsidian stammte aus der Slowakei oder aus Ungarn. Nach den bisherigen Funden zu schließen, wurde dieses Gestein nur in den älteren Phasen der Lengyel-Kultur bezogen. Aus Obsidian zugeschlagene Werkzeuge hat man beispielsweise auf dem Schanzboden entdeckt. *Spondylus*-Muscheln importierte man aus dem Mittelmeergebiet oder vom Schwarzen Meer.

In der warmen Jahreszeit lebte man vielleicht »oben ohne«, worauf eine bemalte tönerne Frauenfigur vom Schanzboden hinweist. Sie war nur mit einem Schurz bekleidet. Zu diesem gehörte ein roter, um die Hüfte geschlungener Gürtel, der bis über den Schurz herabhing. Ein Rock ist auf einem Tonfigurenfragment aus Obritzberg in Niederösterreich erkennbar. Aus Grafenberg in Niederösterreich kennt man einen von einer Tonfigur stammenden Schnürschuh.

Vor allem die Frauen erfreuten sich häufig an Schmuck aus der *Spondylus*-Muschel, aber auch aus der heimischen Flußmuschel, an Kalkstein- und Tonperlen sowie an Kupferschmuck. Die erwähnte Frauenfigur vom Schanzboden trug an der höchsten Stelle des Kopfes ein rotes Schmuckstück und einen roten doppelspiraligen Anhänger auf der Brust, der eventuell auf die Verwendung von Kupferschmuck hinweist. Doch auch Männer schmückten sich gern mit Muscheln. Bei Flußmuscheln rieb man häufig den Boden ab, wodurch ein ovaler Reifen entstand, der sich als Anhänger oder Kleiderbesatz eignete. Zu den Kupferschmuckstücken gehörten Spiralröllchen, brillenförmige Anhänger und schmale Armreifen. Solche Kostbarkeiten konnte sich vermutlich nicht jeder leisten.

Die Menschen der Lengyel-Kultur haben aus Ton zahlreiche kleine Tier- und Menschenfiguren geschaffen und teilweise sogar bemalt. Bei den Tierdarstellungen handelte es sich manchmal um Hunde oder Rinder. Vielfach hat man diese Figuren jedoch so schematisch gestaltet, daß sich die Tierart nicht identifizieren läßt. Meist standen die Tierfiguren auf Deckeln von Tongefäßen. Solche Funde kennt man aus Eggendorf am Walde, Frauenhofen, Gauderndorf, Großburgstall und Grübern in Niederösterreich. Die Tierfiguren von Gauderndorf und Großburgstall waren mit Rötel bemalt. Eine freistehende Tierfigur wurde in Kleinmeiseldorf (Niederösterreich) gefunden. Sie wird wegen der betonten Darstellung des Geschlechtes als Stier betrachtet.

Die Menschenfiguren der Lengyel-Kultur tragen zumeist weibliche Züge. Der Kopf und das Gesicht wirken häufig unbehol-

Aus der Klappe der *Spondylus*-Muschel hergestellte Knöpfchen von Haid in Oberösterreich. Durchmesser etwa 1 Zentimeter. Originale im Oberösterreichischen Landesmuseum, Linz.

fen. Die Brüste wurden durch zwei kleine spitze Hügel angedeutet. Von den Armen sind oft nur Stummel erhalten. Besonders betont wurden die Hüften und die Oberschenkel. Manchmal hat man durch Grübchen oder Ritzlinien die Haarfrisur angedeutet. Das konnte man an Funden aus Eggenburg, Eggendorf am Walde, Stockern (alle in Niederösterreich) und Unterpullendorf (Burgenland) beobachten. Der Oberkörper wurde zuweilen rot oder gelb bemalt. Bei einer Frauenfigur aus Großburgstall in Niederösterreich wurde das Schamdreieck weiß gestaltet.

Zu den am besten erhaltenen weiblichen Tonfiguren der Lengyel-Kultur gehört eine in den fünfziger Jahren am Fuße des Bisambergs in Langenzersdorf bei Wien entdeckte Statue. Die bei Ausgrabungen unter Leitung der Wiener Prähistorikerin Hertha Ladenbauer-Orel geborgene Plastik war in mehrere Teile zerbrochen, aus denen sich eine 18 Zentimeter hohe stehende Frauenfigur zusammenfügen ließ, der nur die Unterschenkel und die Füße fehlten.

Der Fund aus Langenzersdorf wird an Schönheit noch von der Frauenfigur aus der Wallburg vom Schanzboden übertroffen (s. S. 434). Diese ist vom Kopf bis zu den Füßen weitgehend erhalten. Sie besitzt einen stilisierten Kopf, einen langen Hals, einen schlanken Körper, kleine Brüste, seitlich weggestreckte Armstümpfe, dicke Hüften, kräftige Oberschenkel und große Füße. Diese Frauenfigur trägt einen mit schwarzer Farbe angedeuteten Schurz oder einen kurzen Rock mit rotem Gürtel. Die langen, schwarz aufgemalten Locken fallen weit über die Schultern. Auf dem Kopf und auf der Brust sind – wie erwähnt – Schmuckstücke zu erkennen. Die unbekleidete Haut wird durch gelbe Farbe gekennzeichnet.

Daß es neben den überwiegend stehenden Frauenfiguren auch sitzende gegeben hat, belegen ein Torso aus Wetzleinsdorf und Bruchstücke eines Thrones vom Schanzboden sowie aus Eggendorf am Walde, alle in Niederösterreich gelegen. Sitzmöbel für Tonfiguren hatte es schon zu Zeiten der Linienbandkeramischen Kultur gegeben (s. S. 257).

Männliche Menschenfiguren sind bisher sehr selten entdeckt worden. Eine solche Rarität ist eine bruchstückhaft überlieferte Figur mit Penis aus Etzmannsdorf bei Straning in Niederösterreich. Bei ihr fehlen der Kopf, der Hals, Teile des Oberkörpers, die Arme und die Füße. Das Gesäß ist auffällig ausladend dargestellt. Als männlich gelten besonders eindrucksvoll gestaltete Tonköpfe vom Schanzboden und aus Maiersch in Niederösterreich. Es hat den Anschein, als sei bei dem Kopf aus Maiersch der Mund wie zu einem Schrei geöffnet.

Als Kunstwerke werden von manchen Autoren auch vier bis zehn Zentimeter lange Tonröhrchen mit und ohne Mittelrille bezeichnet, wie sie unter anderem in Altenburg, Fuglau, Kamegg und Etzmannsdorf bei Straning in Niederösterreich sowie in Mähren zum Vorschein kamen. Derartige Tonröhrchen wurden 1934 von dem Wiener Ingenieur und Heimatforscher Franz Kießling (1859–1940) als Phallusdarstellungen gedeutet, von anderen Prähistorikern jedoch für Spinnwirtel oder Tonperlen gehalten.

Die auffällig vielen Kunstwerke der Lengyel-Kultur aus Österreich, die man unmöglich lückenlos aufzählen kann, dokumentieren das hohe Niveau dieser Kultur.

Die grobe Hauskeramik der Lengyel-Kultur wurde vermutlich in jedem Haushalt selbst hergestellt. Dagegen ist die Feinkeramik in der älteren Phase so kunstvoll gestaltet und bemalt, daß man diese Tätigkeiten besonderen Spezialisten zuschreibt. Als wichtigste Keramikformen der mährisch-ostösterreichischen Gruppe dieser Kultur gelten der Becher, der Topf, die Fußschüssel mit auffällig langem Fuß, die profilierte Schüssel, die Butte und der schöpflöffelartige Tüllenlöffel. Diese Gefäße hat man besonders in der sogenannten Frühstufe der Lengyel-Kultur vor dem Brand im Töpferofen mit eingeritzten Mustern verziert und nach dem Brand bemalt (s. S. 435). Unter den Verzierungsmustern gab es Streifen, Zickzack-Bänder und Mäander.

Die Prähistoriker teilen die Keramik der Lengyel-Kultur in drei Phasen ein. Davon ist die polychrome – also die vielfarbige – Phase die älteste. In diesem Abschnitt verwendete man vor allem die Farben Rot und Gelb, daneben Weiß, Schwarz und Rosa. Für die Einstufung in diese Phase genügt bereits das Vorhandensein der gelben Farbe, die im nächsten Abschnitt nicht mehr vorkommt.

Tönerne Frauenfigur von Unterpullendorf im Burgenland. Oberer Teil 4,5 Zentimeter, mittlerer Teil 6,5 Zentimeter, untere Teile 5,7 Zentimeter lang. Originale im Burgenländischen Landesmuseum Eisenstadt.

Oberkörper einer weiblichen Tonfigur von Stallegg am Kamp in Niederösterreich. Höhe 8,6 Zentimeter. Original im Höbarthmuseum der Stadt Horn.

Die polychrome Phase wird in eine Anfangsstufe mit Keramik vom Typus Wölbling[6] und in eine Frühstufe mit Keramik vom Typus Langenzersdorf-Wetzleinsdorf[7] gegliedert.

Dann folgte die bichrome – also die zweifarbige – Phase mit roter Grundierung und weißer Bemalung. Sie wird als Mittelstufe oder Keramik vom Typus Oberbergern[8] bezeichnet. Den Abschluß bildete die unbemalte Phase (Spätstufe oder Keramik vom Typus Wolfsbach[9]), in der die Bemalung der Tongefäße aufgegeben wurde.

Keramik der polychromen Phase wurde beispielsweise in zwei tiefen Lehmentnahmegruben der erwähnten älteren Wallburg vom Schanzboden entdeckt. Die Reste der Tongefäße von dort waren rot, gelb, weiß und schwarz bemalt. Die Becher und Schüsseln darunter hatten eine auffällig geringe Wandstärke von nur einem Millimeter bis maximal drei Millimetern. Sie wurden bei hohen Temperaturen gebrannt, wodurch ihre Wände oft klingend hart geraten sind.

Generell war die feine Keramik der Lengyel-Kultur in der Anfangszeit dünn und grau, gegen Ende zwar auch noch dünn, aber nun dunkel und geglättet. Der technische Fortschritt im Töpferwesen läßt sich am besten an der groben Hauskeramik ablesen. Diese war in der Anfangszeit noch sehr dickwandig, doch schon in der Mittelstufe wurde die Wandstärke deutlich dünner gestaltet.

Aus Tongefäßen haben schon die Kleinkinder der Lengyel-Leute getrunken. Darauf läßt sich ein 9 Zentimeter langes und 5,2 Zentimeter breites Sauggefäß schließen, das von einem Landwirt aus Untermixnitz in Niederösterreich zusammen mit anderen Objekten beim Pflügen ans Tageslicht geholt wurde.[10] Es ist der erste Nachweis eines Sauggefäßes aus der Jungsteinzeit in Österreich.

Zur Zeit der Lengyel-Kultur war der Bedarf an Feuerstein für die Werkzeugherstellung bereits so groß, daß dieser Rohstoff im Bergbau gewonnen wurde. Dort beutete man die bänderartigen Feuersteinschichten vermutlich mit Hacken, Keilen und Hämmern aus Hirschgeweih sowie Klopfsteinen, Beilen und Äxten aus Felsgestein aus. Zwei solcher Feuersteinbergwerke wurden von Lengyel-Leuten auf der Antonshöhe in Mauer (XXIII. Wiener Bezirk) und auf dem Flohberg (XIII. Wiener Bezirk) betrieben.

Auf der Antonshöhe haben die Bergleute die bis zur Erdoberfläche reichenden Feuersteinschichten bis tief in den Berg hinein verfolgt. Zunächst genügte es, die auf den Feuersteinknollen liegende Deckschicht aus Erde und Gestein zu entfernen und den Feuerstein im Tagebau herauszustemmen. Bald jedoch ging man dazu über, den Feuerstein im Untertagebau zu gewinnen. Von diesen Bemühungen zeugen vier bis zwölf Meter tiefe Gruben, die anfangs noch bis zu drei Meter, am Ende aber nur einen Meter breit sind. Der unterirdisch abgebaute Feuerstein ließ sich wegen seines höheren Feuchtigkeitsgehaltes besser verarbeiten als das an der Erdoberfläche zu findende Material. Die Lengyel-Leute haben vermutlich regelrechte Expeditionen unternommen, um den Feuerstein abzubauen. Manchmal dürfte es beim Untertagebau zu Unfällen gekommen sein, wenn in den Gruben die Decke herabstürzte. Auf der Antonshöhe wurden in stillgelegten, mit Feuersteintrümmern gefüllten Gruben insgesamt sieben Menschen bestattet, von denen man nicht weiß, wie sie ums Leben gekommen sind. Dabei handelte es sich um die bereits erwähnten zwei Männer, drei Frauen und zwei Kinder. Nach der Beerdigung dieser Menschen häufte man über ihren Gräbern im Laufe der Zeit eine zwei Meter mächtige Abraumschicht auf, die beweist, daß man den Abbau fortgesetzt hat.

Kopf einer vermutlich männlichen Tonfigur vom Schanzboden zwischen Poysdorf und Falkenstein in Niederösterreich. Höhe 2,8 Zentimeter. Original im Bundesdenkmalamt Wien, Abteilung für Bodendenkmale.

Unterteil einer männlichenTonfigur mit Geschlechtsorganen von Etzmannsdorf bei Straning in Niederösterreich. Höhe 5,8 Zentimeter. Original im Höbarthmuseum der Stadt Horn.

Aus dem Feuerstein hat man am Abbauort oder später in der Siedlung verschiedene Werkzeuge (beispielsweise Klingen) oder Waffenteile (Pfeilspitzen) zurechtgeschlagen. Außerdem schliff man aus Felsgestein Klingen von Flachbeilen, die man mit einem Holzschaft versah. Aus Knochen wurden Pfrieme und Glätter geschaffen. Hinzu kamen aus Hirschgeweih angefertigte Hacken und Hämmer.

Als Fernwaffe für die Jagd oder für den Kampf standen den Lengyel-Leuten Pfeil und Bogen zur Verfügung. Die hölzernen Pfeilschäfte wurden mit aus Feuerstein geschlagenen Spitzen bewehrt.

Die Lengyel-Leute bestatteten ihre Toten meist unverbrannt mit zum Körper hin angezogenen Beinen, selten in gestreckter Lage. Aber sie praktizierten auch die Brandbestattung, wobei man den Leichenbrand auf den Boden schüttete oder in einer tönernen Urne aufbewahrte.

In Österreich wurden bisher keine so großen Ansammlungen von Gräbern wie in Ungarn (Aszód und Zengővárkony) entdeckt. Allein in Aszód[11] konnte man insgesamt 188 Bestattungen aufdecken, von denen 178 Körperbestattungen in Hockerlage und nur zehn Brandbestattungen waren. Aus Zengővárkony[12] kennt man 368 Bestattungen, darunter 32 ohne Schädel. Letztere Art der Bestattung zeugt von der Sonderbehandlung des Kopfes.

Die meisten Bestattungen der mährisch-ostösterreichischen Gruppe hat man im Bereich der doppelten Kreisgrabenanlage von Friebritz bei Fallbach in Niederösterreich vorgefunden. Dort entdeckte man zehn Bestattungen und eine Sonderbestattung von zwei Personen in einer Grube. Als der nächstgrößere Friedhof gilt das bereits erwähnte kleine Gräberfeld auf der Antonshöhe von Mauer mit sieben Bestattungen, auf das man im August 1924 nach einer Sprengung aufmerksam geworden war. Fünf Bestattungen kennt man von Kleinhadersdorf[13], je zwei von Eggenburg[14], Langenzersdorf[15] und Mödling[16] (alle in Niederösterreich) sowie über dem rechten Ufer der Traun bei Ebelsberg[17] (Oberösterreich). Auch Einzelgräber sind bekannt. Den Verstorbenen legte man meist Tongefäße, Geräte aus Feuerstein, Felsgestein und Knochen, Mahlsteine sowie Schmuck mit ins Grab. Diese Ausstattung beweist, daß auch die Lengyel-Leute an ein Weiterleben nach dem Tode glaubten, sonst hätte man die Toten auf der Antonshöhe von Mauer wohl kaum mit Tongeschirr und Tierfleisch versorgt.

Neben einfachen Bestattungen von auf natürliche Weise gestorbenen Menschen entdeckte man auch ganze Skelette, Teile derselben oder Schädel von Personen, die gewaltsam ums Leben gekommen waren und deren Fundumstände auf Menschenopfer oder auf rituell motivierten Kannibalismus hindeuten. Sie spiegeln die komplizierten religiösen Vorstellungen der Lengyel-Leute wider.

In Langenlois[18] (Niederösterreich) stieß man auf fünf menschliche Schädel und stark zertrümmerte Skelettreste mehrerer Menschen sowie einen Hundeschädel zusammen mit Resten von mehr als zehn rekonstruierbaren Tongefäßen. Hierbei handelte es sich vermutlich um die Überreste einer Kannibalenmahlzeit, bei der das Fleisch der Opfer verzehrt worden war.

Eine ungewöhnliche Szenerie wurde auch in Poigen[19] bei Horn (Niederösterreich) angetroffen. Dort fand man in einer Grube die Schädel von fünf Menschen. Sie stammen von einem Mann, drei Frauen und einem weniger als sechs Jahre alten Kind. Die Schädel der Erwachsenen weisen allesamt Hiebverletzungen auf, die wahrscheinlich zum Tode geführt haben. Da bei ihnen jeweils der erste Halswirbel und in einem Fall auch der zweite vorhanden ist, sind die vom Hals abgetrennten Köpfe kurz danach in die Grube gelegt worden. Hätte man nämlich nur fleischlose Schädel deponiert, müßten die Wirbel gefehlt haben, da diese abfallen, sobald Fleisch und Sehnen verwest sind. Zusammen mit diesen Schädeln barg man Tonscherben, Tierknochenfragmente, Hüttenlehm, Schneckengehäuse und Asche.

Als Zeugnisse von Menschenopfern werden auch ein Skelett und weitere Skelettteile von drei bis vier Personen gedeutet, die im freigelegten Teil des Grabens um den Westteil der Siedlung Eggenburg[20] in Niederösterreich zum Vorschein kamen. Diese Funde wurden von manchen Prähistorikern als Bauopfer interpretiert, von denen sich die Erbauer einer Siedlung oder eines Hauses für die Bewohner Glück und Segen erhofften.

Auch die aus dem üblichen Rahmen fallende Sonderbestattung von zwei Menschen in der erwähnten doppelten Kreisgrabenanlage von Friebritz[21] läßt sich am besten durch Menschenopfer oder eine Bestrafungsaktion erklären. Dort lagen in Bauchlage zuunterst ein Mann und darüber eine Frau. Im Rücken und im Rumpfbereich vorgefundene steinerne Pfeilspitzen legen den Schluß nahe, daß diese beiden Menschen durch Pfeilschüsse hingerichtet worden sind. Nach der Körperhal-

Kreisgrabenanlage von Friebritz in Niederösterreich. Der größte Durchmesser des äußeren Grabens beträgt 140 Meter, der des inneren Grabens 115 Meter. Die Gräben sind bis zu 12 Meter breit (innerer Graben) und maximal 5 Meter tief.

tung des Mannes zu schließen, könnte man diesem die Arme vor der Brust gefesselt haben.

Ein ungewöhnliches Bild bot auch die Bestattung eines Mannes inmitten einer Siedlung auf dem Bisamberg[22] unweit von Wien. Neben seinem Skelett lag das Schädeldach einer Frau, das von manchen Autoren als Beigabe betrachtet wird. In diesem Sinne könnte man auch das Bruchstück eines Schädeldaches von einem Erwachsenen deuten, das über einer Kinderbestattung in Kamegg (Niederösterreich) lag und an einer Bruchstelle Schnittspuren aufwies. Das Kind hatte die Hände vor dem Gesicht.

Außer Menschen mußten bei Opferhandlungen mitunter Tiere ihr Leben lassen. Dies war offenbar in Bernhardsthal[23] (Niederösterreich) der Fall. Dort fand man innerhalb eines von sechs doppeltfaustgroßen Steinen gebildeten Ovals ein fast vollständiges Hundeskelett. Der Hund scheint ein beliebtes Opfertier gewesen zu sein. Denn Reste von Hunden wurden auch in Gräbern von Zengövárkony und im Grab von Dzbánice entdeckt, in dem zwölf Menschenschädel lagen.

Bei den Opferzeremonien der Lengyel-Leute spielten nicht zuletzt die tönernen Menschenfiguren eine wichtige Rolle. Die

weiblichen unter ihnen wurden früher als Darstellungen der »Großen Mutter« gedeutet, einer Fruchtbarkeitsgöttin, die angeblich alles Leben hervorbrachte und schützte.

Im Laufe der Forschungsgeschichte haben die jungsteinzeitlichen Menschenfiguren unterschiedliche Deutungen erfahren. So sah der deutsche Prähistoriker Hermann Müller-Karpe in ihnen Darstellungen von Ahnen oder des Herstellers selbst, wobei er davon ausging, daß die jungsteinzeitlichen Kulturen Europas sehr stark von den frühen Hochkulturen im Vorderen Orient beeinflußt worden sind. Der Mainzer Prähistoriker Olaf Höckmann vermutet, daß die tönernen Menschenfiguren als lebende Wesen betrachtet wurden. Als Hinweis darauf führt er unter anderem Lochungen von Tonfiguren an, die zu ihrer Fesselung an einen bestimmten Ort gedient haben sollen. Der Prähistoriker Dieter Kaufmann aus Halle/Saale hat nachgewiesen, daß derartige Tonfiguren als Ersatz für Menschenopfer angesehen wurden (s. S. 262).

Kaufmanns Erkenntnisse werden durch manche Funde aus der Lengyel-Kultur in Österreich eindrucksvoll bestätigt. Abgesehen von der tönernen Frauenfigur vom Schanzboden hat man keine Menschendarstellung unversehrt vorgefunden. Vielleicht stand auch der offenbar festlich herausgeputzten Figur vom Schanzboden noch das Schicksal bevor, aus rituell motivierten Gründen verstümmelt und geopfert zu werden, wie man dies für die übrigen Funde annimmt.

Schauplatz eines tatsächlichen Menschenopfers und eines Ersatzopfers könnte beispielsweise die doppelte Grabenanlage von Kamegg in Niederösterreich gewesen sein. Dort wurden neben Keramikresten und Getreidekörnern zwei menschliche Knochen entdeckt, die von keiner Bestattung stammen und deshalb als Überreste einer Kannibalenmahlzeit gelten. Bei der in Nachbarschaft dieser Menschenknochen gefundenen Frauenfigur wurden der Kopf und der linke Arm abgeschnitten.

Vielleicht handelt es sich bei der länglichen Kerbe auf dem Hinterkopf eines isoliert gefundenen Tonkopfes von Obermixnitz in Niederösterreich, die vor dem Brand angebracht wurde, um die Darstellung einer kultisch motivierten Hiebverletzung, denn für eine Schädeloperation ist diese Kerbe zu lang. Zudem hat man derartige Eingriffe im Verbreitungsgebiet der Lengyel-Kultur in Österreich nicht nachgewiesen.

Zu allerlei Spekulationen geben die kreisförmigen Grabenanlagen der Lengyel-Kultur Anlaß, die aus einem Graben oder sogar aus zwei oder drei Gräben bestehen und in allen vier Himmelsrichtungen einen Zugang besitzen. Derartige Kreisgrabenanlagen oder Rondelle wurden in Österreich, der Tschechoslowakei und in Ungarn entdeckt und werden von den meisten Prähistorikern als Kultplätze gedeutet, da die Gräben mit einem Durchmesser bis zu 300 Metern als Einzäunungen für das Vieh viel zu aufwendig waren. Auch als Siedlungen kommen die Kreisgrabenanlagen kaum in Betracht, weil man bisher darin keine Siedlungsspuren gefunden hat.

Manche Prähistoriker interpretieren die Kreisgrabenanlagen als riesige Sonnensymbole. Andere halten sie für eine Art von Observatorium zur Beobachtung grundlegender Kalenderperioden, in denen bestimmte wichtige astronomische Ereignisse – wie die Sonnenwende oder der Mondzyklus – eine Rolle spielten. Es gibt aber auch Wissenschaftler, die in den Kreisgrabenanlagen einen Versammlungsort oder den Schauplatz eines Fruchtbarkeitskultes sehen.

Die kleinsten Kreisgrabenanlagen der Lengyel-Kultur in Niederösterreich hatten nur einen einzigen Graben. Dieser erreichte in Mühlbach am Manhartsberg und in Rosenburg einen Durchmesser von etwa 50 Metern.

Bei den von zwei Gräben umrundeten Kreisgrabenanlagen gab es beträchtliche Größenunterschiede. Zu den kleineren Anlagen dieser Art gehört die von Strögen[24] mit einem äußeren Graben von 55 Meter Durchmesser und einem inneren Graben von 35 Meter Durchmesser. Die doppelte Kreisgrabenanlage von Kamegg[25] hat einen äußeren Graben von 140 Meter Durchmesser und einen inneren Graben von 80 Meter Durchmesser. Ebenso imposant ist das Rondell von Friebritz[26]; dessen äußerer Graben mit einem Durchmesser von 140 Metern ist 2,50 bis 4 Meter breit und 1,60 bis 2,70 Meter tief. Der innere Graben besitzt einen Durchmesser von 115 Metern ist 8 bis 12 Meter breit und 4 bis 5 Meter tief. Die Gräben wurden von etwa 4,50 Meter breiten Erdbrücken unterbrochen, über die man zum Inneren der Anlagen gelangen konnte. Beim Ausheben der beiden Gräben des Rondells von Friebritz mußten mindestens 6000 Kubikmeter Erdmaterial bewegt werden. Diese Arbeit wurde mit primitiven Stein-, Knochen- oder Holzgeräten vorgenommen. Das Aushubmaterial dürfte vor dem äußeren und vor dem inneren Grabenring jeweils zu einem Wall aufgeschüttet worden sein. Zu den imposantesten doppelten Kreisgrabenanlagen zählt das größere von zwei Rondellen in Porrau[27]. Es hat einen äußeren Graben von 300 Meter und einen inneren von 190 Meter Durchmesser.

Die von drei Gräben umgebenen Kreisgrabenanlagen erreichten einen maximalen Durchmesser bis zu 150 Metern. Dies war beispielsweise in Immendorf[28] der Fall. Das von drei Gräben umrundete Rondell von Glaubendorf[29] brachte es auf 110 Meter Gesamtdurchmesser.

Die Errichtung derartiger Anlagen ist nur vorstellbar, wenn dahinter eine Idee stand, welche die damaligen Menschen zu begeistern vermochte. Da es sich hierbei offenbar um keine Siedlungen im Sinne einer Wallburg handelte, dürfte der Lohn für diese Anstrengungen im religiösen Bereich erhofft worden sein.

Zu den Farbtafeln

55 Die »Venus von Draßburg« im Burgenland: Darstellung einer nackten Frau auf dem Bruchstück eines Tongefäßes der Linienbandkeramischen Kultur (von etwa 5500 bis 4900 v. Chr.). Höhe etwa 9,8 Zentimeter. Original im Burgenländischen Landesmuseum Eisenstadt.

56 Bemalte tönerne Frauenfigur aus der Lengyel-Kultur (von etwa 4900 bis 4000 v. Chr.) vom Schanzboden zwischen Poysdorf und Falkenstein in Niederösterreich. Höhe 13,8 Zentimeter. Original im Bundesdenkmalamt Wien, Abteilung für Bodendenkmale.

57 Bemalte Tongefäße der Lengyel-Kultur (von etwa 4900 bis 4400 v. Chr.) vom Schanzboden zwischen Poysdorf und Falkenstein in Niederösterreich. Erstes Gefäß in der zweiten Reihe 11,4 Zentimeter hoch. Originale im Bundesdenkmalamt Wien, Abteilung für Bodendenkmale.

58 Goldscheiben aus der Epi-Lengyel-Zeit um schätzungsweise 3800 v. Chr. vor der Hohen Wand bei Stollhof westlich von Wiener Neustadt in Niederösterreich. Durchmesser der größeren Scheibe 13,8 Zentimeter. Original im Naturhistorischen Museum Wien.

59 Glockenbecher aus einem Brandgrab der Glockenbecher-Kultur von Laa an der Thaya in Niederösterreich. Höhe 20,7 Zentimeter. Original im Naturhistorischen Museum Wien.

60 Verzierte Henkelkrüge der Mondsee-Gruppe (von etwa 3700 bis 2900 v. Chr.) vom Mondsee in Oberösterreich. Höhe des größeren Tongefäßes 15 Zentimeter. In den kleineren Krug links sind sogenannte Sonnenräder eingestochen worden. Sie spiegeln vielleicht eine besondere Verehrung der Sonne wider. Originale im Heimatmuseum Mondsee.

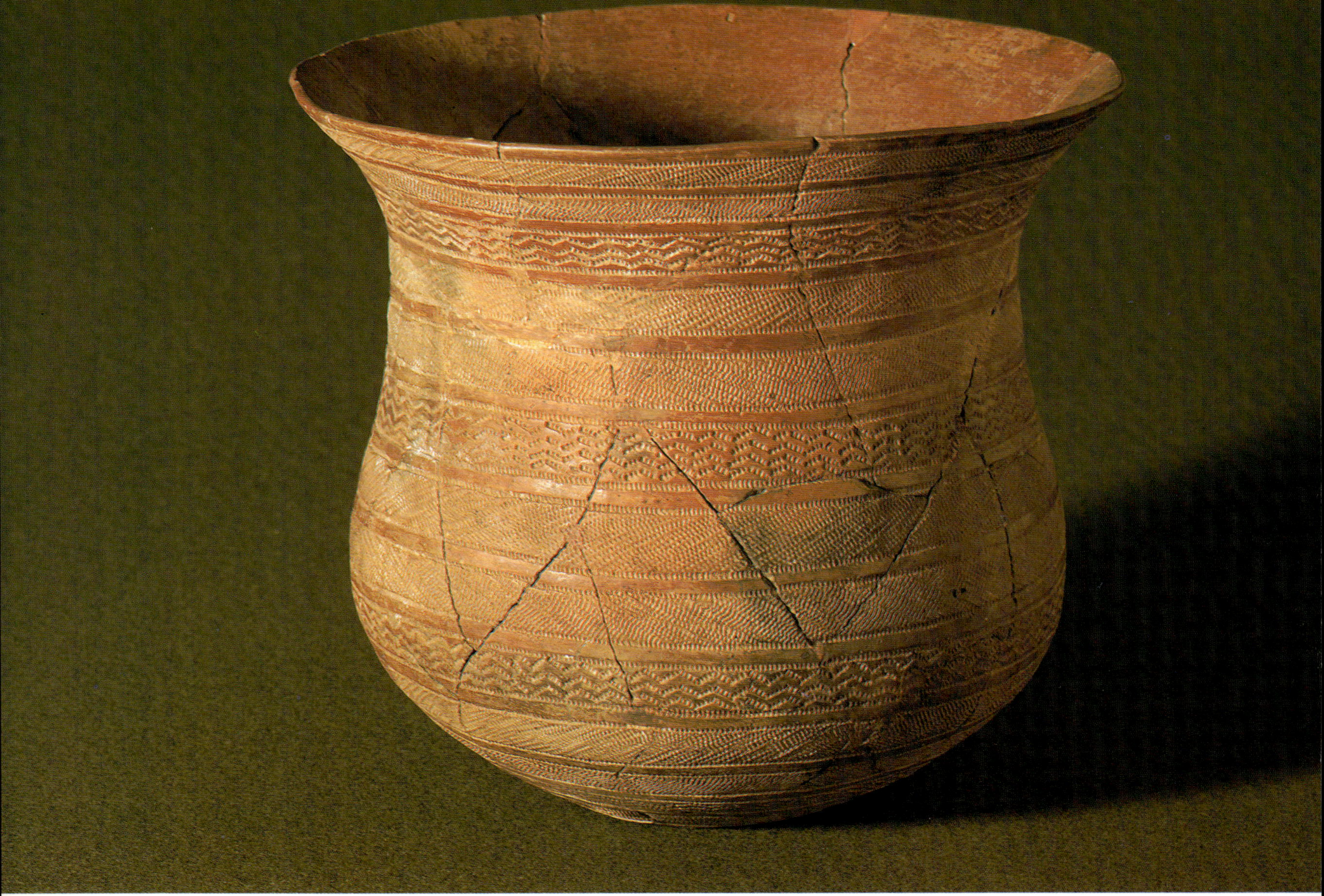

△ 59 ▽ 60

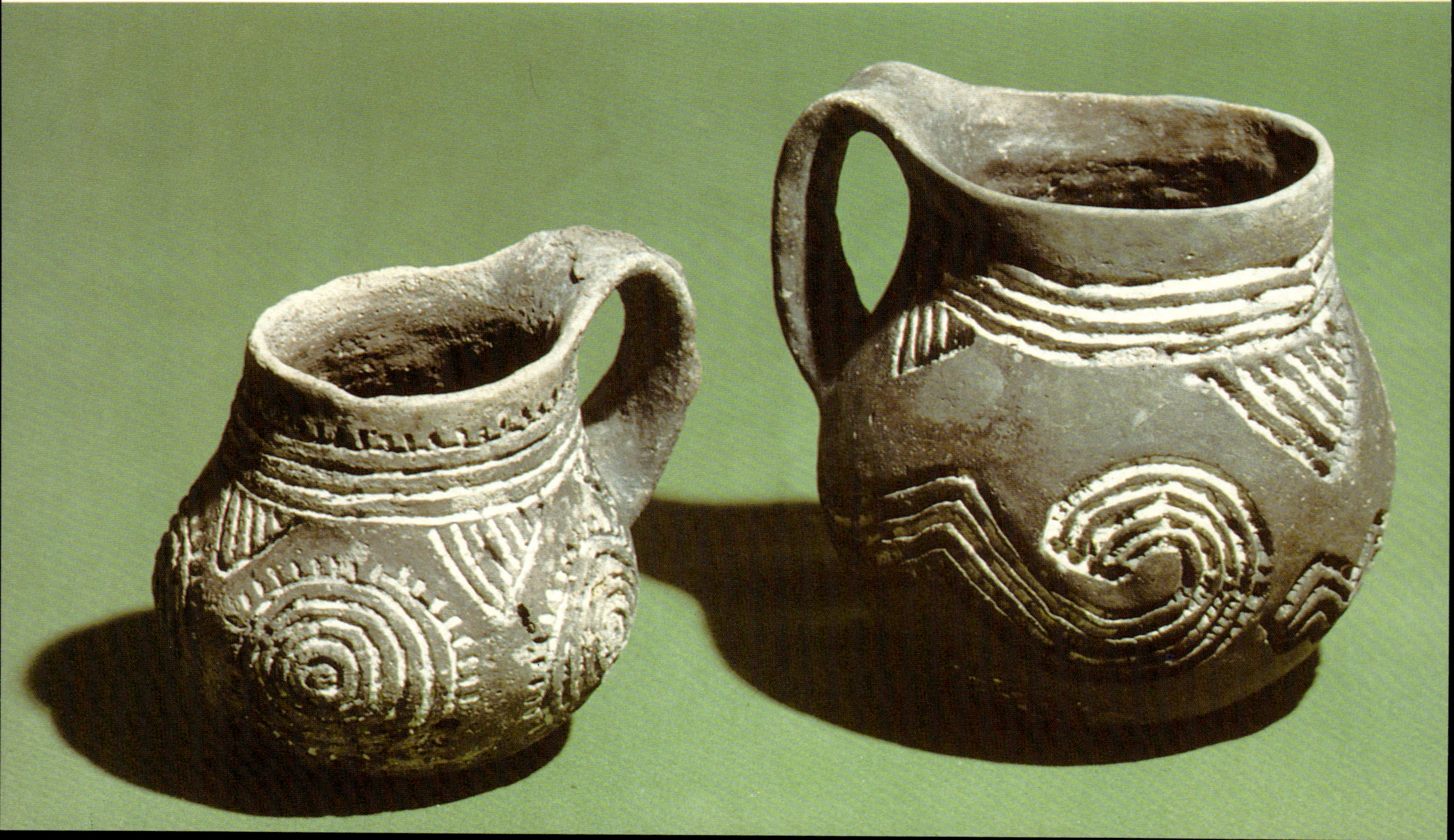

Der Beginn der Kupferverarbeitung
Die Bisamberg-Oberpullendorf-Gruppe

Der allmähliche Übergang der Lengyel-Kultur in die Trichterbecher-Kultur etwa 3800 v.Chr. und die Zeit bis zum Auftreten der Badener Kultur (s. S.442) etwa 3600 v.Chr. ist in Österreich noch nicht ausreichend erforscht. Der Anfang dieser Periode wird als Epi-Lengyel-Komplex bezeichnet. Der Begriff Epi-Lengyel wurde 1969 von dem deutschen Prähistoriker Lothar Süß (s. S.515) aus Darmstadt erstmals verwendet.[1] Heute werden unter diesem Namen unterschiedliche Gruppen zusammengefaßt.

Die Epi-Lengyel-Zeit fiel zunächst in das schon erwähnte Atlantikum (s. S.417), dann in das Subboreal (etwa 3800 bis 800 v.Chr.). Anfangs herrschte ein warmes und feuchtes Klima, das die Existenz von Eichenmischwäldern begünstigte, in denen Braunbären, Auerochsen, Rothirsche, Rehe und Wildschweine lebten. Als sich das Klima abkühlte, wurden die Eichenmischwälder an vielen Stellen von Buchen-Tannen- und Fichtenwäldern verdrängt.

In der Epi-Lengyel-Zeit behauptete sich in Niederösterreich noch die erwähnte mährisch-ostösterreichische Gruppe der Lengyel-Kultur (s. S.424), deren Ende archäologisch schlecht faßbar ist. In deren Endphase erschienen in Niederösterreich fremdartige Keramiktypen wie der zweihenkelige Becher und Schüsseln mit einbiegendem Rand, die oft mit Linien verziert sind. Da diese neuen Formen früher im Zentral- und Ostbalkangebiet üblich waren, nimmt man eine südöstliche Herkunft dieser andersartigen Keramik an.

Die Kulturstufe mit dieser fremdartigen Keramik wird Bisamberg-Oberpullendorf-Gruppe genannt. Den Namen dieser Gruppe hat 1976 die Wiener Prähistorikerin Elisabeth Ruttkay (s. S.514) geprägt. Abgeleitet ist er vom Bisamberg bei Klein-Engersdorf unweit von Wien in Niederösterreich und von Oberpullendorf im Burgenland, wo entsprechende Keramik entdeckt wurde. Die typische Schüssel mit einbiegendem Rand ist ab der frühen Badener Kultur verschwunden.

Die Bisamberg-Oberpullendorf-Gruppe war in Niederösterreich und im Burgenland heimisch. In Niederösterreich konnte sie am Steinfeld, im Raum Wien, im Weinviertel, im Waldviertel und im Alpenvorland nachgewiesen werden, im Burgenland unter anderem am erwähnten Fundort Oberpullendorf.

Wie die Angehörigen der Bisamberg-Oberpullendorf-Gruppe aussahen, weiß man nicht, da bisher keine aussagekräftigen Gräber oder Skelettreste entdeckt werden konnten.

Zu den am besten untersuchten Siedlungen dieser Zeit gehört eine Gehöftgruppe nahe des heute nicht mehr existierenden Sees von Schleinbach[2] bei Mistelbach in Niederösterreich. Sie umfaßte zwei Häuser und ein weiteres Gebäude, das als Wirtschaftsraum oder Stall gedeutet wird.

Eines der beiden Wohnhäuser von Schleinbach hatte einen rechteckigen Grundriß von 13 Meter Länge und 7,50 Meter Breite. Es besaß zwei vermutlich durch eine Wand getrennte Räume. Der größere Hauptraum mit einem Mittelpfosten hatte die Maße 7,50 x 8 Meter. Der kleinere Nebenraum mit einem Mittelpfosten nahm die restliche Fläche ein. Dieses Wohnhaus hatte an der Südwestseite einen Eingang. Das zweite Wohnhaus verfügte über einen Grundriß von 17 x 7 Metern und ebenfalls über zwei getrennte Räume. Der Hauptraum mit Mittelpfosten war 9 Meter lang und 7 Meter breit, der Nebenraum nicht viel kleiner. Das einräumige Wirtschaftsgebäude hatte einen Grundriß von 16 x 6 Metern. Die Gehöftgruppe von Schleinbach wurde nach einem Brand aufgegeben.

Über viele Bereiche des Lebens der Menschen der Bisamberg-Oberpullendorf-Gruppe sind keine konkreten Aussagen möglich, weil entsprechende Funde fehlen. Man nimmt jedoch an, daß es sich – wie damals allgemein in Mitteleuropa üblich – um Ackerbauern und Viehzüchter handelte, die Getreide anbauten, ernteten und verarbeiteten sowie verschiedene Haustiere hielten.

Am besten ist die Keramik der Bisamberg-Oberpullendorf-Gruppe erforscht. Dem hierfür verwendeten Ton mischte man Sand bei, damit er beim Trocknen nicht riß. Die Ränder der Tongefäße schnitt man gerade ab, wovon eine waagrechte glatte Fläche mit Randkanten zeugt. Die Henkel brachte man so am Rand an, daß der Henkelbogen mit der Oberkante des Gefäßes abschloß.

Besonders typische Formen sind die erwähnten zweihenkeligen Becher und die Schüsseln mit einbiegendem, oft verziertem Rand und Zapfenbuckeln. Daneben gab es Fußschüsseln mit tierpfotenähnlichen Knubben, bauchige Töpfe mit zylindrischem Hals und gegenständigen Henkeln, Butten, Henkelbecher, Tüllen- und Zapfenstiellöffel. Die Verzierungen wurden eingeritzt und eingestempelt. Schüsseln verzierte man am Rand, bauchige Töpfe auf der Schulter.

Keramik der Epi-Lengyel-Zeit wurde beispielsweise auf der westlichen Kuppe des 795 Meter hohen Kanzianiberges südlich von Finkenstein in Kärnten entdeckt. Diese Funde hatten den

Tönerne Schüssel der Bisamberg-Oberpullendorf-Gruppe vom namengebenden Fundort Oberpullendorf im Burgenland. Höhe 13,6 Zentimeter. Original im Naturhistorischen Museum Wien.

Frau mit Kupferschmuck aus der Epi-Lengyel-Zeit in Niederösterreich während der warmen Jahreszeit.

Wiener Prähistoriker Richard Pittioni bewogen, 1954 vom Typ Kanzianiberg zu sprechen. Irrtümlicherweise brachte er ihn mit der Badener Kultur (etwa 3600 bis 2900 v. Chr.) in Zusammenhang. Diese Datierung wurde später durch den eingangs erwähnten Prähistoriker Lothar Süß korrigiert. Letzterer hat diesen Typus anhand der Parallelerscheinungen der Münchshofener Gruppe (etwa 4300 bis 3900 v. Chr.) früher, nämlich in die Epi-Lengyel-Zeit vor der älteren Badener Kultur, richtig eingestuft.

Die Menschen der Bisamberg-Oberpullendorf-Gruppe haben bereits selbst Kupfer verarbeitet. Das dokumentieren Gußlöffelfragmente vom Bisamberg. Sie werden als die frühesten Belege einer einheimischen Kupferindustrie in Niederösterreich betrachtet und markieren den Beginn der Kupferverwertung in Österreich. Ähnlich alt dürfte ein kleines Schmelzstück aus Kupfer aus Salzburg sein.

Aus der Epi-Lengyel-Zeit stammt vielleicht auch der älteste Goldfund Österreichs. Dabei handelt es sich um zwei im Sommer 1864 von einem Hirtenjungen auf der Hohen Wand bei Stollhof westlich von Wiener Neustadt entdeckte Scheiben aus getriebenem Goldblech (s. S. 435). Eine davon hat einen Durchmesser von 13,8 Zentimetern und ein Gewicht von 121 Gramm, die andere einen Durchmesser von 10,6 Zentimeter und ein Gewicht von 71 Gramm. Die Scheiben sind am Rand

mit Punktreihen und in der Mitte mit drei Buckeln verziert. Die beiden Goldscheiben waren vermutlich an einer Halskette befestigt. Jede von ihnen hatte man an zwei Stellen paarweise durchlocht. Diese sicherlich auch damals sehr wertvollen Stücke dürften von einem Häuptling oder Priester als Brustschmuck getragen worden sein. Die beiden Goldstreifen wurden zusammen mit schweren Spiralen und Flachbeilen aus reinem Kupfer geborgen.

Für die Beerdigung der Toten darf man in der Bisamberg-Oberpullendorf-Gruppe – wie ein Körpergrab aus Schleinbach[3] (Niederösterreich) und ein Brandgrab aus Siegendorf[4] (Burgenland) andeuten – vermutlich ähnliche Bräuche wie in der Lengyel-Kultur (s. S. 430) annehmen. Demnach bettete man die Toten unverbrannt oder verbrannt zur letzten Ruhe.

In Schleinbach wurde ein Kind auf der linken Seite liegend mit zum Körper hin angezogenen Beinen bestattet. Sein Kopf lag im Südwesten, das Gesicht war nach Nordwesten gewandt. Dem Kind hatte man einen tönernen Henkeltopf mit ins Grab gegeben. Dieser stand beim Kopf und enthielt ein Flachbeilchen, ein dicknackiges Steinbeil und einen Rötelbrocken, der vielleicht zum Schminken oder zum Bemalen von Gegenständen gedacht war.

Im östlichen Österreich wurde in der Epi-Lengyel-Zeit der Höhepunkt der einheimischen »donauländischen Entwicklung« erreicht. Danach erschienen häufig Kulturen und Gruppen, deren Ursprung außerhalb des Donauraumes lag.

Zum Epi-Lengyel-Komplex werden auch außerhalb von Österreich existierende Gruppen gerechnet. Dazu gehören die Münchshöfener Gruppe (s. S. 311) in Niederbayern, die Aichbühler Gruppe (s. S. 309) in Oberschwaben, die Jordansmühler Gruppe (s. S. 313) im ehemaligen Schlesien sowie in Böhmen und Mähren, die Lasinja-Gruppe[5] (s. S. 439) in Kroatien und Slowenien, die Balaton-Gruppe in Westungarn sowie der Ludanice-Typus[6] in der Slowakei. Mit diesen Gruppen sind stets die Schüssel mit einbiegendem Rand und der zweihenkelige Becher als Leittypen verbunden.

Kupferspirale von der Hohen Wand bei Stollhof westlich von Wiener Neustadt in Niederösterreich. Breite etwa 22,2 Zentimeter. Original im Naturhistorischen Museum Wien.

Die Festung auf dem Kanzianiberg

Die Lasinja-Gruppe

In Kärnten, der Steiermark und vermutlich auch im südlichen Burgenland existierte zwischen etwa 3900 und 3500 v.Chr. die in Slowenien und Kroatien (Jugoslawien) sowie in Westungarn heimische Lasinja-Gruppe. Der Name Lasinja-Gruppe geht auf den jugoslawischen Prähistoriker Stojan Dimitrijević (1928–1981, s. S. 511) aus Zagreb zurück, der 1961 den Begriff Lasinjska-Kultura prägte.[1] Der namensgebende Fundort Lasinja liegt am Fluß Kulpa in Kroatien. Wie bereits erwähnt, rechnet man in Österreich die Lasinja-Gruppe zum Epi-Lengyel-Komplex (s. S. 438).

Von den Menschen der Lasinja-Gruppe im Gebiet des heutigen Österreich sind bisher nur spärliche Skelettreste gefunden worden. Dabei handelt es sich um das Bruchstück eines Oberschenkelknochens und um das linke Scheitelbein eines 20- bis 25-jährigen Erwachsenen. Beide Reste kamen bei Tauchaktionen im Keutschacher See in Kärnten zum Vorschein.[2]

Die Lasinja-Leute lebten häufig in schwer zugänglichen Höhensiedlungen, was auf ein gewisses Schutzbedürfnis und unruhige Zeiten hindeutet. Solche Höhensiedlungen gab es außer am kroatischen Fundort Lasinja auch in Kärnten (Kanzianiberg, Strappelkogel, Steinkögelen) und in der Steiermark (Pölshals, Buchkogel und Schloßberg bei Wildon, Kögelberg und Raababerg). Als Ausnahmeerscheinung gilt bisher eine »Pfahlbausiedlung« mitten im Keutschacher See.

Der Kanzianiberg südlich von Finkenstein liegt am Fuße der Karawanken. Er besteht aus einer Kalkklippe, die von steilen Felswänden umgeben ist. Lediglich über weniger steil abfallende Hänge im Nordosten und Osten war der Zutritt möglich. Im Schutz dieser von der Natur geschaffenen Felsenfestung haben einst Angehörige der Lasinja-Gruppe gesiedelt. Davon zeugen Reste von Feuerstellen, Stein- und Knochengeräte sowie zahlreiche für diese Kultur typische Keramikreste. Die Funde von diesem 716 Meter hohen Berg werden in der Fachliteratur als Typus Kanzianiberg[3] bezeichnet.

Forschungsgeschichtlich interessant sind auch die Höhensiedlungen Strappelkogel bei Wolfersberg und Pölshals bei Judenburg. Nach den Funden von dort ist der Typus Pölshals-Strappelkogel[4] benannt. Der Begriff Strappelkogel erinnert daran, daß sich dort die Äcker des Bauern Strappel aus Forst erstreckten. Vom Pölshals kennt man außer dem Grundriß eines rechteckigen Hauses auch Keramik und ein kleines, trapezförmiges Kupferbeil, also einen Beleg für kupferzeitliches Alter.

Bruchstücke steinerner Beile und Keramik wurden von den Bewohnern der einstigen Höhensiedlung Steinkögelen[5] bei Völkermarkt hinterlassen. Die Höhensiedlung lag auf Kalkklippen. Bei Wildon südlich von Graz sind zwei Höhensiedlungen bekannt. Eine davon lag auf dem 550 Meter hohen Buchkogel[6], die andere auf dem 450 Meter hohen Schloßberg. Auf beiden Bergen wurden neben Streufunden aus verschiedenen Zeiten unter anderem Reste der Lasinja-Gruppe geborgen. Zu den bemerkenswertesten Funden vom Buchkogel zählt ein fragmentarisch erhaltenes Kunstwerk, das von manchen Prähistorikern mit der späten Lasinja-Gruppe in Zusammenhang gebracht wird. Um einen von Natur aus geschützten Siedlungs-

platz der Lasinja-Gruppe handelt es sich auch beim Kögelberg[7] in der Gemeinde St. Ulrich am Waasen südöstlich von Graz. Er wird an drei Seiten von relativ steilen Hängen begrenzt. Wie groß die damaligen Häuser waren, zeigt ein weitgehend ausgegrabener Grundriß von etwa 15 Meter Länge und mehr als 8,50 Meter Breite. Außer zahlreichen Keramikresten wurden geschliffene und geschlagene Steingeräte, verkohlte Getreidekörner und ein tönernes Kunstwerk gefunden.

Von Lasinja-Leuten besiedelt wurde auch der Raababerg[8] bei Raaba südöstlich von Graz. Der ursprünglich 421 Meter hohe Bergrücken ist heute nach umfangreichen Abbauarbeiten noch 407 Meter hoch. Ein großer Teil der Keramikreste und Steingeräte vom Raababerg gehört zur Lasinja-Gruppe.

Zu den aufschlußreichsten Fundorten der Lasinja-Gruppe gehören die Reste der »Pfahlbausiedlung« inmitten des Keutschacher Sees. Der See ist 1,4 Kilometer lang und maximal 16 Meter tief. Dieser Pfahlbau befand sich einst auf einer ovalen, ungefähr 45 x 25 Meter großen Insel, deren höchste Erhebung heute etwa 1,30 Meter unter dem Wasserspiegel liegt. Zeugnisse dieser Siedlung sind schon 1864 vom Kärntner

Fragment einer menschlichen Tonfigur mit Bekleidung aus der späten Jungsteinzeit vom Buchkogel bei Wildon in der Steiermark. Höhe 5,2 Zentimeter. Original im Landesmuseum Joanneum, Graz.

Zwei Tonstempel vom Kanzianiberg bei Finkenstein in Kärnten. Länge des größeren Tonstempels (unten) 9 Zentimeter, des kleineren (oben) 7 Zentimeter. Original im Museum der Stadt Villach.

Geschichtsverein aufgespürt worden.[9] Es handelt sich um den ersten in Österreich nachgewiesenen »Pfahlbau« (s. S. 449).
Nach modernen Altersdatierungen von Holzresten zu schließen, ist die »Pfahlbausiedlung« im Keutschacher See bereits um 3900 v. Chr. errichtet worden.[10] Die »Pfahlbauten« der Mondsee-Gruppe (s. S. 447) in Oberösterreich stammen erst aus der Zeit nach 3700 v. Chr. Aus dem Gewirr von Pfählen im Keutschacher See konnte kein Grundriß eines Hauses rekonstruiert werden. Die erste moderne Untersuchung in Keutschacher See erfolgte 1951/52 durch ein Taucherteam unter der Leitung der Wiener Prähistorikerin Gertrud Moßler. Weitere Tauchuntersuchungen nahm die Abteilung für Bodendenkmalpflege des Bundesdenkmalamtes in Wien vor. Letztere wurde von Tauchern des Union-Tauchclubs Wels unter Leitung des Geländeforschers Johann Offenberger durchgeführt. Seit 1953 steht der »Pfahlbau« im Keutschacher See unter Denkmalschutz. Zuvor war er jahrelang von Sporttauchern geplündert worden. Die Hinterlassenschaften vom Keutschacher See hatte der Zagreber Prähistoriker Stojan Dimitrijević 1979 der von ihm beschriebenen Lasinjska-Kultura zugeordnet.
Neben den bereits erwähnten menschlichen Skelettresten hat man im Keutschacher See auch Holzpfähle, Hüttenlehm, steinerne Unterlagsplatten und Reibsteine zum Mahlen von Getreidekörnern, Stein- und Geweihgeräte sowie Fragmente von Tongefäßen geborgen. Die zum Hausbau verwendeten Pfähle stammen aus dem Holz von Rotbuchen, Erlen, Linden, Eichen, Pappeln, Eschen und Tannen. Ob die Behausungen vom Baugrund abgehobene Böden besaßen und somit tatsächliche Pfahlbauten waren, ist unklar.
Funde aus Jugoslawien zeigen, daß die Angehörigen der Lasinja-Gruppe auch Höhlen aufsuchten. Dies war in den Höhlen von Vindija, Ozalj und Ajdovska der Fall.
Die Getreidemühlen vom Keutschacher See und verkohlte

Getreidekörner vom Kögelberg weisen die Lasinja-Leute als Bauern aus. Zahlreiche Funde von Pfeilspitzen aus Feuerstein vom Kanzianiberg belegen, daß diese Ackerbauern auch auf die Jagd gegangen sind. Vermutlich handelt es sich bei den Knochen- und Geweihresten von Wildtieren aus der »Pfahlbausiedlung« im Keutschacher See um Jagdbeutereste. Die dort entdeckten Tierreste stammen vom Wildschwein, Rothirsch und Elch. Die Geweihstücke lassen Schnittspuren und in einem Fall eine Bohrung erkennen. Einen Knochenpfriem und -spatel kennt man auch vom Kanzianiberg.
Die meisten Geräte der Lasinja-Leute wurden jedoch aus Stein angefertigt. Mit Hilfe von Klopfsteinen aus Sandstein schlugen sie aus Feuerstein messerscharfe Klingen, Schaber und Pfeilspitzen. Solche Zeugnisse des Fleißes von Steinschlägern wurden auf dem Kanzianiberg gefunden. Aus Felsgestein – wie Grün- und Hornblendeschiefer, Serpentin und Sandstein – schliff man Flachbeile, Beile und Lochäxte, die mit einem hölzernen Stiel geschäftet wurden. Die Kupfergeräte stammen vielleicht aus eigener Produktion.
Unter den Tongefäßen der Lasinja-Gruppe gab es Schüsseln mit einbiegendem Rand und zweihenklige Becher, wie sie für die Epi-Lengyel-Zeit typisch sind. Daneben formte man aber auch Henkeltassen, Schalen, Fußschalen, kleine Flaschen, bauchige Näpfe und Töpfe, Henkelkannen und Schöpflöffel. Die Verzierungen wurden in den frischen Ton eingeritzt oder eingestempelt. Ein Teil der Gefäße weist Reste weißer Farbpaste auf, die man in die Muster eingedrückt hatte. Manche Gefäße wurden mit schwarzer Pechfarbe oder roter Farbe überzogen. Als Muster dienten Linienbündel, Netzmuster, Leitermuster, Netzbänder, Stacheldrahtmuster, Stichreihenmuster, Tropfenmuster, Harpunenmuster, Stichreihen und Zickzackmuster. Spinnwirtel vom Kanzianiberg liefern Hinweise dafür, daß die Lasinja-Leute auch das Spinnen beherrschten. Die am selben Fundort zum Vorschein gekommenen Tonstempel werden von manchen Prähistorikern als Tätowiergeräte betrachtet, andere halten sie für Stempel zur Kenntlichmachung von Eigentum.
Als Beispiele für das Kunstschaffen der Lasinja-Leute lassen sich die Funde vom Buchkogel bei Wildon und vom Kögelberg bei St. Ulrich am Waasen aufführen. Vom Buchkogel kennt man das 5,2 Zentimeter hohe Fragment einer menschlichen Tonfigur mit Bekleidung. Auf dem Kögelberg barg man ein ebenfalls 5,2 Zentimeter großes maskentragendes menschliches Köpfchen aus Ton. Es besitzt ein gerundetes dreieckiges Gesicht mit gut erkennbaren Augenbrauen über den ovalen Augenhöhlen und eine markante Nase. Der Mund und die Ohren sind angedeutet, der Kopf ist deutlich vom kräftigen Hals abgesetzt. Die Kunstwerke vom Buchkogel und Kögelberg gelten als die bisher ältesten menschlichen Darstellungen in der Steiermark.

Trichterbecher und Furchenstichkeramik

Die Baalberger Kultur

Allmählich sickerten in die epilengyelzeitliche Kultur Niederösterreichs Elemente der Trichterbecher-Kultur ein. Ein früher Zweig dieser Trichterbecher-Kultur, die Baalberger Kultur (s. S. 338), war von etwa 4300 bis 3700 v. Chr. vor allem in Mitteldeutschland und Böhmen verbreitet, wird jedoch ab 3800 v. Chr. archäologisch auch nördlich der Donau in Niederösterreich faßbar.

Die Baalberger Leute wohnten in Einzelgehöften, in unbefestigten, aber auch in mit Graben, Wall und Palisaden bewehrten Ansiedlungen. Letztere sind bisher jedoch nur außerhalb von Österreich nachgewiesen worden. Ihre Häuser waren bis zu sieben Meter lang und vier Meter breit. Siedlungsspuren der Baalberger Leute kennt man unter anderem von Steinabrunn[1], Retz[2] und Pfaffstetten[3] in Niederösterreich. In Pfaffstetten wurde Hüttenlehm mit Abdrücken von 2,5 Zentimeter breiten, runden Hölzern geborgen.

Die damaligen Ackerbauern und Viehzüchter bauten Emmer, Einkorn, Zwergweizen und Gerste an und hielten Rinder, Schafe, Ziegen, Schweine und Hunde als Haustiere. Ein Stirnzapfenrest vom Rind kam in Pfaffstetten zum Vorschein.

Zu den wichtigsten Formen der Baalberger Tongefäße gehörten Amphoren mit zwei, vier oder mehr Henkeln, Henkelkannen und Trichterbecher. Die Gefäße wurden nur ganz selten verziert. Wenn man sie verschönern wollte, brachte man auf den vornehmlich glatten Außenwänden unverzierte Leisten und aufgesetzte Buckel an.

Außer der glatten Keramik stieß man an manchen niederösterreichischen Fundorten – wie Retz und Pfaffstetten – allerdings auf eine reichverzierte Furchenstichkeramik, die in Mitteldeutschland und Böhmen in dieser Zeit unbekannt war und deshalb auch nicht dort entstanden sein kann. Ihr Ursprung liegt bis heute im dunkeln.

Die Baalberger Leute verfügten über Werkzeuge aus Stein, Knochen und Geweih. In Pfaffstetten wurden eine Klinge und ein Messer aus Feuerstein und drei Klopfsteine zum Zurechtschlagen von Werkzeugen oder Waffenteilen gefunden. Von tschechoslowakischen Fundorten kennt man kleine Rechteckbeile, Ovalbeile, Knaufhämmeräxte und Rundnackenäxte aus Felsgestein, Schaber und Spitzen aus Feuerstein sowie Schleifsteine aus Sandstein. Zu den Knochenwerkzeugen gehörten Doppelspitzen und -meißel, einfache Spitzen und Spitzen mit Gelenkenden. Aus Geweih wurden Flachhacken und Meißel geschaffen.

Der Fund einer 3,4 Zentimeter langen, 1,5 Zentimeter breiten und 0,4 Zentimeter dicken Feuersteinpfeilspitze aus Pfaffstetten belegt die Verwendung von Pfeil und Bogen.

Tönerner Trichterbecher von Steinabrunn in Niederösterreich. Höhe 17,5 Zentimeter. Original im Naturhistorischen Museum Wien.

Einflüssen aus dem Karpatenbecken verdanken die Baalberger Leute die Bekanntschaft mit dem Kupfer. In einer Siedlungsgrube von Steinabrunn kam ein kleines, am Ende zurückgebogenes Kupferdrahtstückchen zum Vorschein. Möglicherweise wurden importierte kupferne Äxte im Lande für Schmuckstücke nach einheimischem Geschmack umgeschmolzen. In Mitterretzbach, Missingdorf und Mannsdorf in Niederösterreich wurden solche eingehandelten östlichen Äxte gefunden.

Als Schmuck dienten gelochte Muscheln und Tierzähne, die man als Anhänger trug. Ein Bewohner der Siedlung in Pfaffstetten hatte sich mit einem Bärenzahn geschmückt.

Gräber der Baalberger Kultur wurden bisher in Österreich nicht entdeckt. Aus der benachbarten Tschechoslowakei kennt man sowohl Brandgräber unter Hügeln als auch Körperbestattungen von Kindern in Steinkistengräbern unter Hügeln. Die in Ostichovec bei Slatinky[4] in der Tschechoslowakei beerdigten Kinder ruhten auf der rechten Körperseite. Ihr Kopf lag im Nordwesten, die Beine wiesen nach Nordosten. Den Verstorbenen hatte man Tongefäße mit ins Grab gegeben.

In manchen Gefäßen dieser Kultur in Mitteldeutschland fand man Reste von Rindern oder Hunden, die vermutlich das Leben der Verstorbenen im Jenseits angenehmer gestalten sollten. Es hat den Anschein, als ob Häuptlingen sogar Menschen ins Grab folgen mußten. Die Religion der Baalberger Leute war unter anderem mit rituell motiviertem Kannibalismus verbunden. Eine unbekannte Rolle im Kult spielten aus Ton modellierte Miniaturäxte und Hörner.

Gefäßopfer und Ochsenkarren

Die Badener Kultur

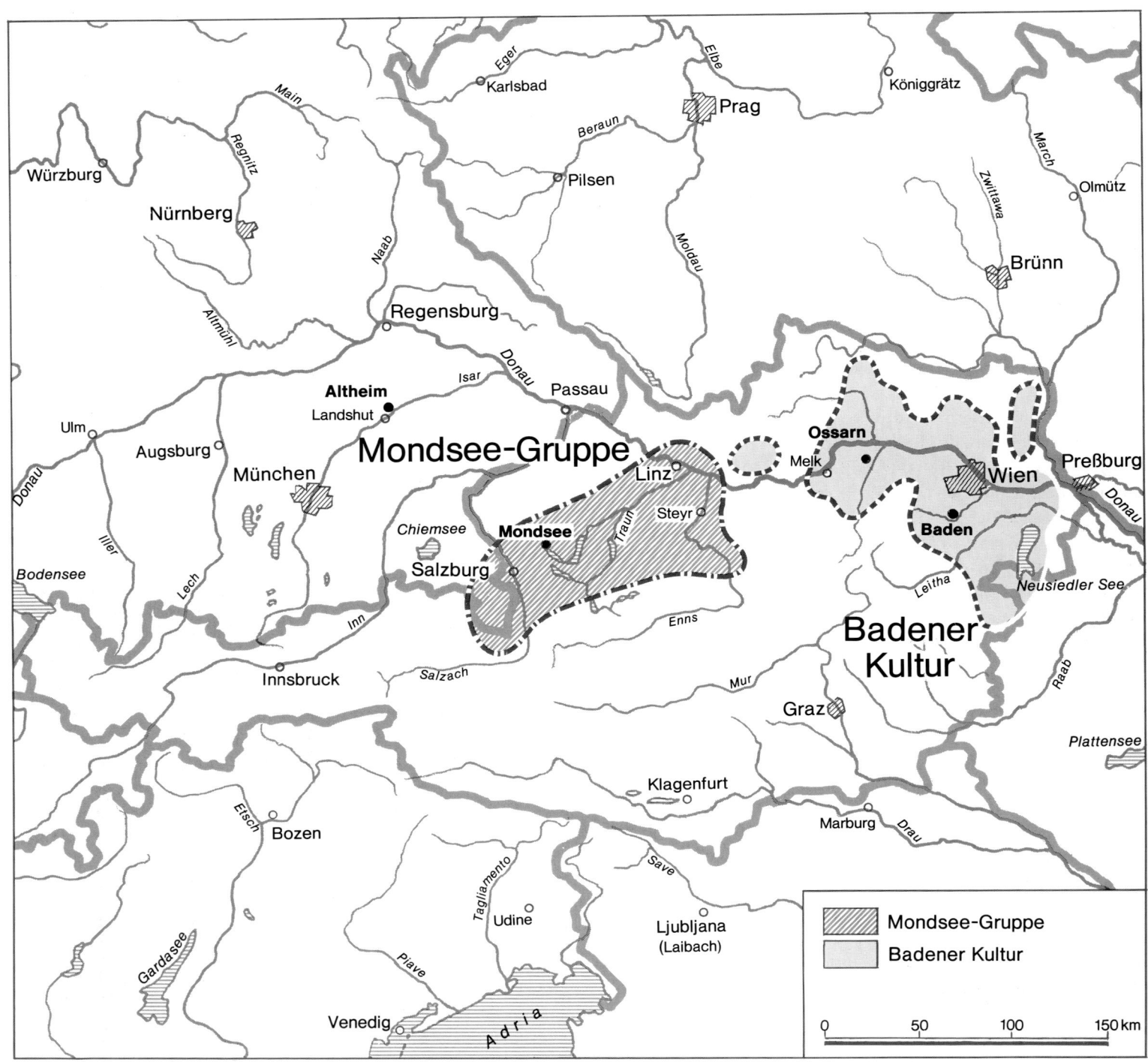

Verbreitung der Badener Kultur und der Mondsee-Gruppe in Österreich.

Von etwa 3600 bis 2900 v. Chr. war im Burgenland und im östlichen Niederösterreich die Badener Kultur vertreten. Sie ist außerdem in Mähren, in der Slowakei, in Ungarn, gebietsweise in Polen sowie in nördlichen Randgebieten Jugoslawiens verbreitet gewesen. In Oberösterreich und im Bundesland Salzburg lebten zum Teil zur gleichen Zeit die Menschen der Mondsee-Gruppe (s. S. 447).

Den Begriff Badener Kultur hat Anfang der zwanziger Jahre der schon erwähnte Wiener Prähistoriker Oswald Menghin

(s. S. 513) geprägt.[1] Dieser Name ist von den Funden in der Königshöhle im Wolfstal bei Baden in Niederösterreich abgeleitet. Darin hatten 1892 die Brüder Carl Calliano[2] (1857–1934) und Gustav Calliano[3] (1853–1930) aus Baden sowie der Heimatforscher Franz Skribany[4] (1865–1938) aus Mödling verschiedene Hinterlassenschaften dieser Kultur entdeckt.

Die Badener Kultur wird heute in Österreich in zwei unterschiedlich alte Phasen eingeteilt: die Frühphase oder Boleráz-Gruppe[5] und die nachfolgende Reife Phase oder Ossarn-

Gruppe[6]. In Boleráz bei Trnava in der Tschechoslowakei entdeckte man eine Siedlung dieser Kultur. Der heute übliche Ausdruck Ossarn-Gruppe basiert auf den Funden vom Grasberg bei Ossarn in Niederösterreich. Sie wurde unlängst von dem Wiener Prähistoriker Christian Mayer in zwei Abschnitte gegliedert.

Die Badener Kultur fiel in die erste Hälfte des Subboreals. In diesem Abschnitt war es kühler und feuchter als im vorhergehenden. Das hatte zur Folge, daß die Eichenmischwälder an vielen Stellen von Buchen- und Buchen-Tannen-Wäldern verdrängt wurden. In den Wäldern lebten – nach den Funden zu schließen – unter anderem Braunbären, Auerochsen, Rothirsche, Rehe und Wildschweine.

Obwohl in der Frühzeit der Badener Kultur die Toten verbrannt wurden, kennt man von zwei Menschen aus dieser Phase die Körpergröße. Dabei handelt es sich um einen Mann und um eine Frau aus Sitzenberg[7] bei Tulln in Niederösterreich, deren Leichen zwar auf dem Scheiterhaufen verbrannt worden waren, von denen aber ungewöhnlich große Knochenfragmente erhalten blieben, die eine Größenberechnung erlaubten. Der Mann aus Sitzenberg war 1,71 Meter groß, die Frau erreichte 1,62 Meter.

Auch bei einer von zwei schlecht erhaltenen Körperbestattungen aus der Spätstufe der Badener Kultur in Wolfersdorf[8] (Niederösterreich) konnte die Körpergröße ermittelt werden. Der Mann hatte eine Größe von schätzungsweise 1,67 Meter. Querlaufende tiefe Rinnen an seinem Eckzahn in der linken Oberkieferhälfte gelten als Zeichen krankhafter Veränderungen. Am benachbarten zweiten Schneidezahn ist beginnende Karies zu beobachten. Spuren von Krankheiten wurden auch an anderen Skelettresten festgestellt. Beispielsweise haben ein junger Mann aus Wagram[9] an der Traisen und ein Mann aus Lichtenwörth in Niederösterreich an chronischer Schleimhautentzündung gelitten. Aus Lichtenwörth und Leobersdorf kennt man überdurchschnittlich viele Fälle von ernährungsbedingten Eisenmangel- oder Eiweißmangelanämien, die sich wie die Schleimhautentzündung an den Knochen ablesen ließen.

In Zillingtal im Burgenland gelang im April 1984 der älteste Nachweis einer Schädeloperation in Österreich. Dabei handelt es sich um den Schädel eines 35 bis 45 Jahre alten Mannes, in den ein Medizinmann mit einem Steinwerkzeug eine 3 Zentimeter große Öffnung geschabt hat. Da die Trepanationsränder verheilt sind, hat der Operierte den Eingriff überlebt. Am Oberkiefer dieses Mannes hatten eine hochgradige Abszeßbildung und eine Zahnfleischentzündung ihre Spuren hinterlassen. Diese Erkrankungen sind mit starken Schmerzen verbunden, die auch in den Oberschädel ausstrahlen. Vielleicht sind es diese Schmerzen gewesen, derentwegen die Schädeloperation vorgenommen wurde, weil man womöglich hoffte, so deren Ursache zu beseitigen.

Nach den bisherigen Funden zu schließen, lag der Siedlungsschwerpunkt der Boleráz-Gruppe im östlichen Niederösterreich und im Burgenland. Siedlungen aus dieser Phase gab es in der Gegend von Mödling (Jennyberg, Frauenstein, Anninger), auf dem Gemeindeberg in Wien XIII, Stadlau in Wien XXI, Schwechat, Mannswörth, Prellenkirchen, Pleissing und Baiersdorf in Niederösterreich. An all diesen Orten wurden zumeist Reste von Tongefäßen geborgen. Pfostenspuren von Häusern, aus denen man Grundrisse rekonstruieren könnte, kamen nicht zum Vorschein.

Als eine der bedeutendsten Siedlungsfundstellen der Boleráz-Gruppe in Niederösterreich gilt der Jennyberg bei Mödling. Dort hat vor allem der Drogist und Heimatforscher Oskar Spiegel (1903–1985) aus Gießhübel zahlreiche Hinterlassenschaften der einstigen Bewohner zusammengetragen. Auf dem Jennyberg fand man unter anderem Reste von Tongefäßen und von tönernen Tierfiguren.

Die Fundstellen der Ossarn-Gruppe konzentrieren sich vor allem südlich der Donau in Niederösterreich. Hier wurde offenbar vorzugsweise das Traisental besiedelt. Es konnten aber auch Siedlungsstellen nördlich der Donau und im Burgenland nachgewiesen werden. Auffällig ist, daß in Niederösterreich offenbar das nördliche Weinviertel und das Waldviertel gemieden worden sind. Bei Ausgrabungen in Pottenbrunn (Niederösterreich) stieß man auf einen trapezförmigen Hausgrundriß, dessen Breite sechs Meter betrug.

Zu den wichtigsten Siedlungsfundstellen der Ossarn-Gruppe in Niederösterreich gehört der Nordhang des 333 Meter hohen Grasberges am rechten Ufer der Traisen bei Ossarn. Dort hat 1927/28 der Wiener Prähistoriker Josef Bayer (1882–1931) Grabungen vorgenommen. Dabei entdeckte er insgesamt 30 Abfallgruben mit Hinterlassenschaften der ehemaligen Bewohner.

In einer von ihnen wurde der bisher eindrucksvollste Beleg für den Ackerbau gefunden. Sie enthielt verkohlte Weizenkörner im Gesamtgewicht von etwa 30 Kilogramm. Von der wohl grundsätzlich mit Pfeil und Bogen erlegten Jagdbeute sind in Ossarn die Überreste von Wildschwein, Elch, Rothirsch und Siebenschläfer nachgewiesen.

Doppelbestattung einer Frau (rechts zuunterst) und eines Mannes (links darüber) von Franzhausen I in Niederösterreich. Sie wurde 1982 bei Ausgrabungen des Bundesdenkmalamtes Wien freigelegt.

Die Königshöhle im Wolfstal bei Baden in Niederösterreich, nach der die Badener Kultur benannt ist. In dieser Höhle wurden zahlreiche Funde aus der Zeit der Badener Kultur entdeckt. Nach einer Sage soll sich in der Höhle ein König versteckt gehalten haben.

Der Ossarn-Gruppe rechnet man auch die Funde aus der Königshöhle[10] bei Baden zu. In dieser 25 Meter langen Höhle mit einem 16 Meter breiten und 3 Meter hohen Eingang wurden in einer Aschenschicht verschiedene Tongefäße, Stein- und Knochengeräte sowie ein kupferner Ösenhalsring geborgen. Diese Gegenstände belegen die kurzfristige Anwesenheit von Angehörigen der Badener Kultur. Was sie bewogen hat, diesen Unterschlupf aufzusuchen, weiß man nicht.

Die Badener Leute verfügten über vierrädrige Wagen, vor die man vermutlich Ochsen oder Kühe spannte. Denn in Budakalász und Szigetszentmárton bei Budapest entdeckte man Tonmodelle eines Wagentyps mit vier Scheibenrädern, einem sich nach oben verbreiternden Wagenkasten, einem nicht drehbaren Vordergestell und einer nach oben gerichteten Deichsel.

Eine Darstellung auf einem Gefäß aus der Merkensteiner Höhle bei Gainfarn zeigt, daß die Frauen weitstehende Röcke trugen. Ein Spinnwirtel aus der Königshöhle bei Baden und mehrere aus Ossarn liefern einen Anhaltspunkt dafür, daß man technisch in der Lage war, aus Schafwolle Wollfäden zu spinnen und daraus Kleidung herzustellen.

Neben Schmuckstücken aus organischem Material – Hunde-, Marder- und Bärenzähne – wie von altersher trugen die Bade-

Zweigeteilte Schüssel der Ossarn-Gruppe der Badener Kultur vom namengebenden Fundort Ossarn bei Herzogenburg in Niederösterreich. Höhe 10,7 Zentimeter. Original im Naturhistorischen Museum Wien.

ner Leute in manchen Fällen bereits kupferne Halsringe mit eingerollter Öse an jedem der beiden Enden. Sie gelten als Vorläufer der frühbronzezeitlichen Ringe. Solche Ösenhalsringe hat man in der Königshöhle bei Baden sowie in Leobersdorf und Lichtenwörth (alle in Niederösterreich) geborgen. Die große Anzahl dieser kupfernen Drahthalsringe – bisher sind neun Stück aus spätbadener Zeit bekannt geworden – ist bemerkenswert. Die Grabzusammenhänge legen nahe, daß sie wohl außergewöhnlichen Personen vorbehalten blieben.

Mit einem ungewöhnlichen Schmuckstück hatte man auch einen toten Mann in Vörs (Ungarn) bestattet. Er trug ein kupfernes Diadem mit stilisierten Tierhörnern auf dem Kopf. Vermutlich war der Verstorbene ein Häuptling oder Priester.

Im österreichischen Verbreitungsgebiet der Badener Kultur wurden – bis auf kleine Tierplastiken – keine nennenswerten Kunstwerke gefunden. Dagegen kennt man aus Mähren, der Slowakei, Ungarn und Serbien tönerne Menschenfiguren, wie sie bereits in der Lengyel-Kultur (s. S. 427) und – noch früher – in der Linienbandkeramischen Kultur (s. S. 421) vorkamen. Eine Eigenart unter diesen Kleinplastiken sind kopflose Menschenfiguren an der Wende von der Boleráz-Gruppe zur Ossarn-Gruppe. Sie hatten wie die verstümmelten Tonfiguren aus früheren Abschnitten der Jungsteinzeit eine Funktion im Kult.

Während in Nieder- und Oberösterreich vergeblich nach Musikinstrumenten Ausschau gehalten wurde, fand man in Budapest-Békásmegyer in einer Badener Siedlung ein Horn aus dem Gehäuse einer Triton-Schnecke. Aus den mitteldeutschen Kulturen Salzmünde und Walternienburg-Bernburg, die teilweise mit der Badener Kultur parallel auftraten, kennt man aus dieser Zeit tönerne Trommeln, die mit Tierhaut bespannt waren (s. S. 363, 383).

Als typische Formen unter den Tongefäßen der Boleráz-Gruppe gelten die kannelierte Henkelschale mit nicht hochgezogenem Bandhenkel und Töpfe mit Fischgrätenrauhung. Der Ton ist in der Regel mäßig gut gebrannt, hellbraun oder rötlich. Die Feinkeramik hat man sorgfältig kanneliert, worauf der jetzt nur noch in der Tschechoslowakei verwendete Begriff Kannelierte Keramik beruht. Viele Gefäße wurden mit dem sogenannten Wolfszahnmuster versehen, das aus ineinandergeschachtelten, stehenden und hängenden schraffierten Dreiecken besteht. Die Grobkeramik rauhte man häufig künstlich durch Tonbewurf oder manchmal durch das eingestempelte Fischgrätenmuster auf. Der Hals der Gefäße ist vielfach geglättet worden.

Kennzeichnend für die Ossarn-Gruppe sind die zweigeteilten Schüsseln mit einem Mittelsteg im Inneren, die Henkelschalen mit hochgezogenem, breitem oft kannelierten Bandhenkel und die Hängegefäße. Der Ton wurde bei diesen Gefäßen meist hart gebrannt. Neben der senkrechten und waagrechten Kannelur wurden viele Gefäße mit einem waagrechten Band stehender eingeritzter Dreiecke verziert, die mit eingestochenen Punkten gefüllt sind.

Außer Werkzeugen aus Feuerstein und Felsgestein besaßen die Badener Leute auch solche aus Kupfer. Weitaus mehr Kupfergeräte als in Österreich kamen im slowakisch-ungarischen Gebiet zum Vorschein. Sie bestanden vermutlich aus Kupfer, das in der mittleren Slowakei gewonnen wurde. Zu den Werkzeugen aus Kupfer gehörten Ahlen und sogenannte Hammeräxte.

Aus Feuerstein und Felsgestein wurden unter anderem Klingen für mit Holzstielen geschäftete Äxte oder Beile hergestellt. Als

Verschiedene Tongefäße der Badener Kultur aus dem Keramikdepot von Donnerskirchen im Burgenland. Höhe des größten Gefäßes in der Mitte des Bildes 54 Zentimeter. Originale im Burgenländischen Museum Eisenstadt.

Holzbearbeitungsgerät standen weiterhin Dechseln aus Felsgestein zur Verfügung.

Für die Jagd und für den Kampf dienten Pfeil und Bogen als Fernwaffe. Dies belegt beispielsweise eine Pfeilspitze aus Feuerstein unter den Beigaben der schon erwähnten Brandbestattungen aus Sitzenberg. Dem jungen Mann aus Wagram hatte man sogar drei Pfeilspitzen mit ins Grab gegeben.

Die Menschen der frühen Badener Kultur haben ihre Toten verbrannt. Bei der Brandbestattung von zwei Menschen in Sitzenberg wurden die beiden Leichname auf den Scheiterhaufen gelegt und den Flammen überantwortet. Dort hat man ihren Leichenbrand liegengelassen und an Ort und Stelle beerdigt. Dem Mann legte man die Pfeilspitze auf die Seite, hinter dem Kopf der Frau stellte man einen Krug auf. Außerdem wurden am Südostrand der Grube inmitten der holzkohlehaltigen Füllung noch Reste eines Schweineunterkiefers geborgen, der nach der Fundsituation allerdings keine Speisebeigabe gewesen sein dürfte.

Im Gegensatz zur frühen Badener Kultur haben die Angehörigen der Ossarn-Gruppe ihre Toten unverbrannt bestattet. Charakteristisch war das vereinzelt auftretende Grab, in dem ein mit dem Kopf nach Osten und mit den Beinen nach Westen ausgerichteter Leichnam lag. Manchmal wurde das Grab mit einer Steinsetzung umgeben und mit Beigaben versehen, zu denen beispielsweise ein Tongefäß, eine Feuersteinspitze und eine Felsgesteinaxt zählten. In einigen Gräbern traf man Skelette von Erwachsenen zusammen mit Kinderschädeln an.

Die Fälle, in denen Erwachsene und Kinderschädel im selben Grab vorgefunden wurden, spiegeln vermutlich den Brauch der Totenfolge wider. Offenbar mußten Kinder bedeutenden Persönlichkeiten ins Grab folgen, damit diese im Jenseits nicht auf Gesellschaft zu verzichten brauchten. Die bedauernswerten Opfer dieses Brauches wurden gewaltsam getötet, man schnitt ihnen den Kopf ab, legte diesen mit ins Grab und verspeiste vermutlich das Fleisch ihres Körpers.

Zu diesen auffälligen Bestattungen mit rituell motivierter Tötung von Kindern zählt eines der zwei Gräber von Leobersdorf[11] südlich von Wien. In diesem ruhte ein Erwachsener mit fünf Kinderschädeln zu seinen Füßen. Bei dem Grab handelte es sich um eine mit Steinen ausgekleidete Grube. Im zweiten Grab fand man das Skelett eines Jugendlichen und neben ihm Reste eines verbrannten Erwachsenen.

Mit dem Kult der Badener Leute wird auch die Mehrfachbestattung von Lichtenwörth[12] bei Wiener Neustadt in Verbindung gebracht. An diesem Fundort stieß man innerhalb eines Steinovals, das wohl kultische Bedeutung hatte, auf die Skelette von

445

sieben meist jugendlichen Menschen, die teilweise übereinander lagen. Darunter befanden sich auch drei Kinder. Zwischen den Skelettresten der Menschen lagen Tierknochen. Die Schädel der Bestatteten sind teilweise gespalten. Diese Befunde deuten auf gewaltsame Tötung hin.

Das größte Gräberfeld der Badener Kultur wurde nicht in Österreich, sondern in Budakalász[15] nördlich von Budapest entdeckt. Es umfaßte mehr als 430 Gräber, von denen die meisten Körperbestattungen, 68 aber Brandbestattungen enthielten. Außerdem gab es drei Schädelbestattungen und zehn »symbolische Gräber«, durch die man vielleicht das Andenken von in der Ferne gestorbenen Angehörigen ehrte. In einem dieser »symbolischen Gräber« kam eines der erwähnten tönernen Wagenmodelle ans Tageslicht. Als zweitgrößtes Gräberfeld der Badener Kultur gilt das von Alsónémedi[14] in Ungarn mit 41 Gräbern.

In der religiösen Vorstellungswelt der Badener Leute spielte – nach den Funden zu schließen – das Opfer eine Rolle. Dadurch erhoffte man, für die Lebenden das Wohlwollen überirdischer Mächte zu erlangen.

Als Zeugnis einer solchen Opferhandlung wird ein im Juli 1971 in Donnerskirchen-Kreutberg[15] (Burgenland) entdecktes Gefäßdepot aus der Zeit der Boleráz-Gruppe gedeutet. Es bestand aus mindestens 15 ganzen Gefäßen, von denen auffälligerweise fünf Groß- und Vorratsgefäße verkehrt mit dem Boden nach oben und der Öffnung nach unten gestellt wurden. Die Wiener Prähistorikerin Margarete Kaus nimmt an, daß in Donnerskirchen-Kreutberg aus rituellen Motiven ein mehr oder weniger kompletter Satz Hausgeschirr in leerem Zustand intakt deponiert und sorgsam verschüttet wurde. Ähnliche Gefäßdepots aus der Zeit der Badener Kultur sind auch aus Ungarn (Uny, Viss II, Jászberény) und aus der Slowakei (Svodín) bekannt.

Teil des Kults waren vermutlich auch die tönernen Kastenwagenmodelle der Boleráz-Gruppe, die in Siedlungen und Gräbern zum Vorschein kamen. Kastenwagen ohne Räder, aber mit

Tongefäß der Ossarn-Gruppe der Badener-Kultur von Höbenbach in Niederösterreich. Höhe der Schale 12 Zentimeter. Original im Naturhistorischen Museum Wien.

plastischer Darstellung der Zugtiere, kennt man aus der Zeit der Boleráz-Gruppe in der Südwestslowakei (Radosina) und von Boglárlele (Ungarn). Das Bruchstück eines derartigen Wagenmodells wurde in der Boleráz-Siedlung auf dem Jennyberg bei Mödling entdeckt.

Die »Pfahlbauern« der Salzkammergut-Seen
Die Mondsee-Gruppe

In Oberösterreich und im Bundesland Salzburg behauptete sich von etwa 3700 bis 2900 v.Chr. oder noch länger die durch ihre Seeufersiedlungen charakterisierte Mondsee-Gruppe. Bronzefunde und die neuentdeckte Siedlung Abtsdorf I¹ im Attersee deuten darauf hin, daß dieses Gebiet auch in der späten Frühbronzezeit besiedelt wurde. Die Angehörigen der Mondsee-Gruppe waren zum Teil Zeitgenossen der Badener Leute (s. S. 442), die im östlichen Niederösterreich und im Burgenland heimisch gewesen sind.

Der Begriff Mondsee-Gruppe geht auf den Berliner Prähistoriker Alfred Götze (1865–1948, s. S. 511) zurück, der 1900 vom Mondsee-Typus oder von der Mondsee-Gruppe gesprochen hatte. Dieser Name erinnert an den Mondsee in Oberösterreich, in dem 1872 durch den Fabrikbesitzer und Prähistoriker Matthäus Much (1832–1909) aus Wien am Ausfluß der See-

ache das sogenannte Pfahlfeld See bzw. die Station See entdeckt wurde.

Man hat die Mondsee-Gruppe von Anfang an wegen der Kupferfunde der späten Jungsteinzeit oder der Kupferzeit (s. S. 298) zugerechnet. Heute wird sie von den Prähistorikern in drei Phasen unterteilt.

Die Mondsee-Gruppe fiel in das Subboreal. Die Ufer des Mondsees waren von Auwäldern und Resten wärmeliebender Laubmischwälder mit Haselnußsträuchern, Eichen, Ulmen, Linden und Ahorn gesäumt. Im bergigen Umland gediehen vorwiegend Tannen-Fichten-Buchen-Wälder.

An den Fundstätten wurden die Überreste von Hecht und Huchen, Biber, Fischotter und Grasfrosch entdeckt. Knochen von ausgewachsenen und jungen Gänsesägern zeigen, daß diese Vogelart damals noch im Salzkammergut brütete. Nach-

Alltag in einer Seeufersiedlung am Mondsee in Oberösterreich zur Zeit der Mondsee-Gruppe.

447

Ehemalige Rekonstruktion eines Pfahlbaudorfes der Mondsee-Gruppe bei Kammerl am Nordende des Attersees in Oberösterreich. Das Pfahlbaudorf wurde 1910 erbaut, nach dem Ersten Weltkrieg nicht mehr betreut und verfiel. 1922 hat man es bei Aufnahmen für den Film »Sterbende Völker« niedergebrannt.

gewiesen wurden außerdem Auerhähne, Haselhühner, Kolkraben, Mittelsäger, Pirole, Waldkäuze und Waldschnepfen.

In der Umgebung des Mondsees lebten Braunbären, Auerochsen, Rothirsche, Elche, Rehe, Gemsen, Steinböcke, Wildschweine, Feldhasen, Luchse, Dachse, Iltisse, Siebenschläfer und Wildkatzen. Bei einem Pferdeknochenfund läßt sich nicht klar entscheiden, ob er von einem Wild- oder Hauspferd stammt. Nach den Knochenresten zu schließen, waren Rothirsche besonders häufig vertreten. Als Lebensraum für die Gemsen dürften die nahen Felswände des fast 1800 Meter hohen Schafberges gedient haben.

Obwohl die Siedlungen an den Salzkammergut-Seen sehr lange bestanden, kennt man bisher kein komplettes Skelett von den Menschen. Daher weiß man nichts über ihre anatomischen Merkmale, ihre Körpergröße, ihre Krankheiten und über ihre Heilkunst.

Die Herkunft der Mondsee-Leute hat in der Vergangenheit viele Prähistoriker beschäftigt, aber sie ist auch heute noch ungeklärt. 1893 sah Matthäus Much in der Keramik Verbindungslinien bis zur Ägäis. Der Wiener Prähistoriker Moritz Hoernes[2] (1853–1917) wies 1905 auf Ähnlichkeiten mit der kupferzeitlichen Keramik Zyperns hin. Der Heidelberger Prä-

historiker Ernst Wahle (1889–1981) sah 1932 in den Mondsee-Leuten Menschen des Pfahlbaukreises, die Berührung mit Bandkeramikern gekommen seien. Die aus Litauen stammende amerikanische Prähistorikerin Marija Gimbutas aus Cambridge spekulierte 1975 über einen Zusammenhang der Mondsee-Gruppe mit der Kurgan-Kultur[3] im Kaukasus. Und der polnische Prähistoriker Jan Machnik aus Krakau vermutete im gleichen Jahr eine Herkunft aus dem Südkaukasus oder Ostanatolien zur Zeit der Kura-Araks-Kultur[4].

Als im vorigen Jahrhundert in den Salzkammergut-Seen Mondsee, Fraunsee und Attersee die ersten Pfahl- und Keramikreste entdeckt wurden, hielt man sie für Hinterlassenschaften von Pfahlbausiedlungen. Man stellte sich vor, daß die Häuser im Wasser auf Pfählen standen und ihre Fußböden merklich vom Seespiegel abgehoben waren. Tatsächlich lagen die vermeintlichen »Pfahlbauten« am Mondsee, am Fraunsee und am Attersee ursprünglich am Ufer und sind erst später durch den Anstieg des Seespiegels unter Wasser geraten. Die heutige Fundsituation entspricht also nicht mehr den ursprünglichen Verhältnissen.

Die Erforschung der »Pfahlbauten« in Österreich begann zehn Jahre später als in der Schweiz, wo 1854 der erste »Pfahlbau«

am Zürichsee entdeckt worden war (s. S. 470). 1864 regte der Präsident der Kaiserlichen Akademie der Wissenschaften in Wien, Andreas Freiherr von Baumgartner (1793–1865), an, die österreichischen Seen nach »Pfahlbauten« zu untersuchen. Noch im selben Jahr konnte der Kärntner Geschichtsverein einen im Keutschacher See liegenden »Pfahlbau« entdecken, der nach heutigen Erkenntnissen schon um 3900 v. Chr. errichtet worden war (s. S. 440).

Es folgten weitere Entdeckungen. So stieß man 1870 im Attersee am Abfluß der Ager bei Seewalchen auf eine Siedlungsschicht mit Pfahlresten und Tonscherben. Diese Siedlung heißt heute Station Seewalchen und ist der früheste am Attersee nachgewiesene »Pfahlbau«. Die Funde wurden von einem in der Pfahlbauforschung erfahrenen Schweizer Fischer aus Nidau am Bielersee geborgen, den man dazu eingeladen und der spezielle Such- und Bergungsgeräte mitgebracht hatte.

1871 entdeckte Gundaker Graf Wurmbrand (1838–1901) aus Wien beim Landungssteg in Weyregg etwa sieben Meter vom Ufer entfernt im Wasser des Attersees eine andere Seeufersiedlung, die heute auf etwa 3400 v. Chr. datiert wird. Später beuteten der Sandfischer[5] Theodor Wang (1870–1957) aus Seewalchen und der Fischer Albert Wendl (1892–1944) aus Seewalchen diese Fundstelle aus und verkauften die Objekte an Interessierte.

An der Erforschung der »Pfahlbauten« in Österreich beteiligte sich auch Matthäus Much. Er entdeckte 1872 die bereits erwähnte Station See am Mondsee. Dort kamen derart viele Funde zum Vorschein, daß der Mondsee namengebend für die betreffende Kulturstufe wurde. 1874 konnte derselbe Forscher die um 3700 v. Chr. angelegte Station Scharfling bei St. Lorenz am Mondsee nachweisen. Sie erstreckte sich unweit der Mündung des Kienbaches in den Mondsee.

Heute kennt man insgesamt 20 Siedlungen bzw. Stationen vom Mondsee und vom Attersee. Die Erforschung dieser ehemaligen Seeufersiedlungen hat nach dem Zweiten Weltkrieg durch unterwasserarchäologische Untersuchungen neuen Auftrieb erhalten. Es begann 1951/52 damit, daß ein Taucherteam unter der Leitung der Wiener Prähistorikerin Gertrud Moßler im Keutschacher See den schon 1864 entdeckten »Pfahlbau« untersuchte und mit wissenschaftlichen Methoden dokumentierte. Dann folgten 1960 Tauchaktionen in der 1872 von Matthäus Much aufgespürten Station See im Mondsee und ab 1970 unterwasserarchäologische Untersuchungen durch die Abteilung für Bodendenkmale des Bundesdenkmalamtes in Wien unter der Leitung des Grabungstechnikers Johann Offenberger.

Bei den vom Bundesdenkmalamt initiierten Tauchaktionen wurden alle Uferzonen des Fuschlsees und Mondsees sowie teilweise des Attersees und des Traunsees nach »Pfahlbauten« abgesucht. Zweck dieser Arbeiten war es, eine Übersicht über die Lage der einstigen Seeufersiedlungen zu gewinnen, damit diese geschützt und für die Wissenschaft erhalten werden können. Dabei wurden früher entdeckte »Pfahlbauten« wieder geortet, neu entdeckt, interessante Beobachtungen gemacht und zahlreiche Funde geborgen. Unter anderem konnte Johann Offenberger dabei im Mondsee in der Bucht von Mooswinkl eine bis dahin unbekannte Seeufersiedlung nachweisen – die Station Mooswinkl. Außerdem stieß man am Westufer des Attersees auf Reste mehrerer Siedlungsobjekte. In seltenen Fällen konnte man am Seegrund liegende und sich kreuzende

Der Fabrikbesitzer und Prähistoriker Matthäus Much (1832–1909) aus Wien, der »Altmeister der prähistorischen Forschung in Österreich«, entdeckte 1872 beim Ausfluß der Seeache aus dem Mondsee einen Pfahlbau und 1874 den Pfahlbau von Scharfling bei St. Lorenz am Mondsee.

Balken beobachten, die belegen, daß die »Pfahlbauten« Böden besaßen, die direkt auf dem Untergrund auflagen. Zudem gelang die Bergung von zahlreichen organischen Materialien, die durch die Bedeckung mit Wasser bis zur Gegenwart erhalten geblieben sind.

Außer den Seeufersiedlungen errichteten die Mondsee-Leute gar nicht selten hochgelegene Siedlungen auf 500 bis 800 Meter hohen Bergen. Solche Höhensiedlungen existierten auf der Prücklermauer und auf der Langensteiner Wand bei Laussa, auf dem Sonnenbichl bei Garsten, auf der Rebsteinmauer bei Mühlbach (alle in Oberösterreich), auf dem Hauser-

Tönerne Rinderfigur von der Station See am Mondsee in Oberösterreich. Länge 7,1 Zentimeter. Original im Naturhistorischen Museum Wien.

Kupferner Griffplattendolch von Weyregg am Attersee in Oberösterreich.
Länge 15 Zentimeter. Original im Naturhistorischen Museum Wien.

kogel bei Ertl (Niederösterreich) und auf dem Götschenberg bei Bischofshofen (Salzburg). Solche Höhensiedlungen deuten auf ein gewisses Schutzbedürfnis hin. Vereinzelte verzierte Scherben der Mondsee-Gruppe wurden auf dem Rainberg und Grillberg (Elsbethen) im Stadtumkreis von Salzburg gefunden.

Die Häuser der Mondsee-Leute bestanden aus einer massiven Konstruktion dicker Holzpfosten. Die hierfür benötigten Baumstämme mußte man mit Steinbeilen schlagen, die mit Holzstielen geschäftet waren. Um den Wohnraum vor Bodenfeuchtigkeit zu schützen, zimmerte man Holzkonstruktionen, die man auf den Untergrund legte. Die Wände der Gebäude wurden durch in gewissen Abständen aufgestellte Pfosten gebildet, die man mit Flechtwerk verband und mit Lehm verputzte. Das Dach dürfte mit Schilf, Stroh oder ähnlichem Material gedeckt worden sein.

Die Bewohner der Station See am Mondsee jagten mit Pfeil und Bogen vor allem Rothirsche, aber auch Rehe, Gemsen, Steinböcke, Auerochsen, Wildschweine und Biber. Die Jagdbeutereste vom Biber hatten Schnittspuren am Schädel und an Schwanzwirbeln. Sie rührten davon her, daß man das Gehirn entnommen und bestimmte Leckerbissen bevorzugt hatte. In der Station Scharfling am Mondsee waren die Jagdbeutereste sogar häufiger als Knochen von Haustieren. Vielleicht lag dies daran, daß es in diesem bergigen Gebiet keine ausreichenden Weideflächen für Haustiere gab.

Ackerbau wird durch Funde von Weizen-, Gersten- und Hirsekörnern aus Siedlungen der Mondsee-Gruppe belegt. Als indirekte Hinweise für Getreideanbau kann man Reste von Feuersteinsicheln werten, mit denen man die reifen Ähren abgeschnitten hat.

Die Viehzüchter am Mondsee hielten vor allem Rinder, daneben aber auch Schafe, Ziegen und Schweine. Nach den Knochenresten zu schließen, hat man die Schweine häufig im jungen Alter von sechs bis neun Monaten geschlachtet. Demnach wußten auch die Mondsee-Leute bereits Spanferkelbraten zu schätzen. Schafe dürften nicht nur Fleisch-, sondern auch Wolllieferant gewesen sein. In manchen Haushalten gehörte ein Hund zum lebenden Inventar.

Neben Speisen aus Getreidekörnern oder -mehl, Fleisch von geschlachteten Haustieren und Wildbret aßen die Mondsee-Leute auch saisonal wachsende Früchte, Beeren, Kräuter und Samen.

Von Tauschgeschäften zeugen unter anderem manche Kupferfunde. Denn das in oberösterreichischen Seeufersiedlungen verarbeitete Kupfer ist teilweise aus Ungarn oder Siebenbürgen importiert worden. Im ostalpinen Bergbaugebiet, vor allem aus dem von Mühlbach-Bischofshofen (Bundesland Salzburg), dürften die Mondsee-Leute selbst Kupfer gefördert haben.

Die Lage der Seeufersiedlungen hat vermutlich den Bau von Wasserfahrzeugen begünstigt, mit denen man zu anderen Ufern oder zum Fischen paddeln konnte.[6]

Die Mondsee-Leute trugen vermutlich Jacken und Röcke aus Schafwolle. Wie ihre Kleidung aussah, weiß man jedoch nicht, da weder Reste davon noch Kunstwerke geborgen werden konnten, auf denen Kleidung erkennbar ist. Angesichts der prachtvoll verzierten Keramik dieser Kulturstufe fragt man sich unwillkürlich, ob nicht manche Gewänder ebenso kunstvoll geschmückt gewesen sind.

An Schmuck gab es durchbohrte Tierzähne und kleine Ringe aus Kalk, die man an Halsketten auffädelte, sowie Drahtspira-

Tönerne Gußlöffel und Schmelztiegel vom Mondsee und anderen Fundorten sowie einfache Kupferwerkzeuge und Kupferschmuck belegen die Verarbeitung von Kupfer vor bereits 5700 Jahren. Vermutlich wurden hierbei die Kupfervorkommen im Salzkammergut genutzt.

Neben metallenen Geräten verwendete man meist weiterhin Werkzeuge aus Feuerstein und Felsgestein. Aus Feuerstein schlug man Schaber und Sicheln für die Getreideernte, aus Felsgestein schliff man Keulenköpfe, Klingen von Flach- oder Lochbeilen sowie bootförmige Äxte mit hammerartigen Knäufen.

Als Fernwaffe konnte man Pfeil und Bogen einsetzen. Diese Jagd- und Kampfwaffe ist durch Funde von Feuersteinpfeilspitzen nachgewiesen.

Tongefäß der Mondsee-Gruppe mit Sonnenmuster von der Station See am Mondsee in Oberösterreich. Höhe 10,4 Zentimeter. Original im Museum Mondsee.

len aus Kupfer. Letztere kennt man beispielsweise vom Mondsee. Die sogenannten Knöpfe, deren Löcher V-förmig angebracht sind, waren vermutlich keine Kleidungsbestandteile. Sie dürften zusammen mit anderen Objekten an Ketten aufgereiht worden sein.

Unter den bisher entdeckten Kunstwerken der Mondsee-Gruppe befanden sich lediglich tönerne Tierfiguren. Sie stellen Haustiere dar, vor allem das Rind.

Als typische Tongefäße der Mondsee-Gruppe gelten Henkelkrüge (s. S. 436), Schalen und birnenförmige Gefäße. Am kleinsten waren die Näpfe, am größten die Vorratsgefäße. Der für die Keramikherstellung benötigte Ton stand an den Ufern des Mondsees reichlich zur Verfügung. Die Gefäße wurden frei mit der Hand geformt. Die Verzierungen stach man in den noch weichen Ton ein und versah sie mit weißer Kalkmasse, welche die Ornamente besonders kräftig hervortreten läßt. Dann wurde die Keramik in Feuergruben gebrannt. Besonders dekorativ wirken die tief eingestochenen Sonnenräder, Winkelbänder und Schachbrettmuster auf den Henkelkrügen und Schalen. Die aus mehreren konzentrischen Kreisen mit strahlenförmig angeordneten Strichen bestehenden Sonnenräder bzw. -muster spiegeln vielleicht eine besondere Verehrung der Sonne wider.

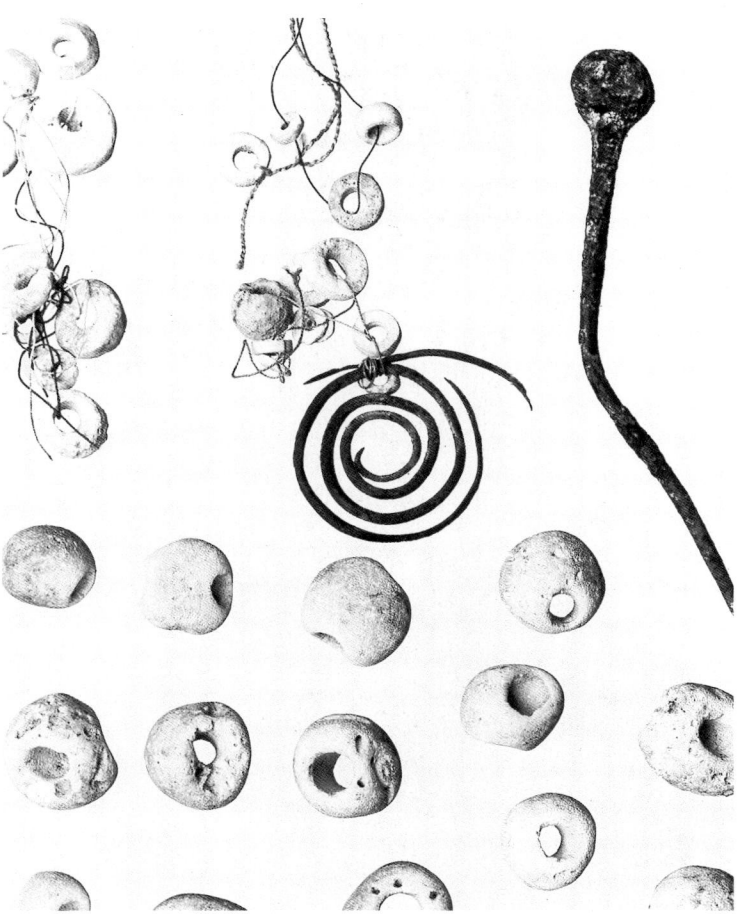

Kupferspirale und andere Schmuckstücke vom Attersee in Oberösterreich. Durchmesser der Kupferspirale etwa 2 Zentimeter. Originale ehemals in der Sammlung von Max Schmidt, Budapest, heute verschollen.

Gab es einen Mond- oder Stierkult?

Die Mödling-Zöbing/Jevišovice-Gruppe

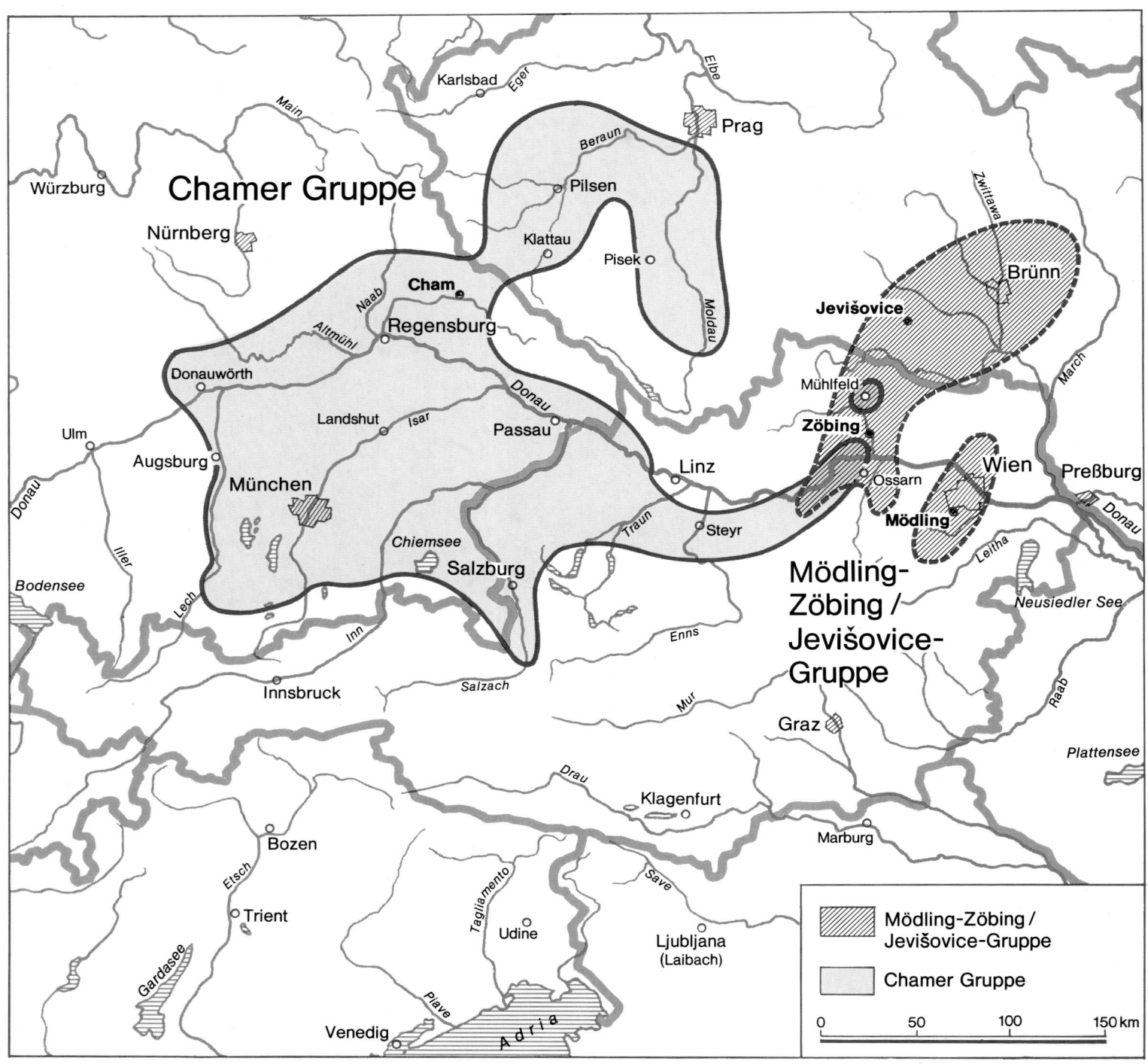

Verbreitung der Mödling-Zöbing/Jevišovice-Gruppe in Österreich.

Im östlichen Niederösterreich und im benachbarten Südmähren war von etwa 3200 bis 2800 v. Chr. die mit der bayerischen Chamer Gruppe[1] (s. S. 368) zeitgleiche Mödling-Zöbing/Jevišovice-Gruppe heimisch. Ihr ungewöhnlich langer und kompliziert klingender Name erinnert an zwei niederösterreichische Fundorte und an eine mährische Fundstelle. Er ist das Ergebnis von ursprünglich zwei Namen für dieselbe Kulturstufe: nämlich die Mödling-Zöbing-Gruppe in Niederösterreich und die Jevišovice-Gruppe in Mähren.

Bis 1973 wurden die Fundstellen der Mödling-Zöbing/Jevišovice-Gruppe in Niederösterreich irrtümlich der späten Badener Kultur zugerechnet. Dann veröffentlichte die Wiener Prähistorikerin Elisabeth Ruttkay (s. S. 514) ihre Untersuchungsergebnisse über die Keramik aus diesem Abschnitt in Niederösterreich. Sie hatte herausgefunden, daß diese einer jüngeren Kulturstufe als der Badener Kultur angehörte, die sie 1973 nach Funden vom Hirschkogel bei Mödling und vom Koglberg bei Zöbing als Mödling-Zöbing-Gruppe bezeichnete.

In der Tschechoslowakei ordnete man die Fundstellen dieser Kulturstufe der nach dem Fundort Jaispitz (Jevišovice) benannten Jaispitzer Kultur oder Jevišovice-Gruppe zu. Die Bezeichnung Jaispitzer Kultur hatte 1912 der Wiener Prähistoriker Oswald Menghin (1888–1973) vorgeschlagen. Zeitgleich und ähnlich ist die in Nordjugoslawien verbreitete Vučedol-Kultur. Dieser Begriff wurde 1925 ebenfalls von Oswald Menghin geprägt und basiert auf den Funden bei Vučedol östlich von Vukovar in Kroatien.

Noch während der Drucklegung der Arbeit von Frau Ruttkay über die Mödling-Zöbing-Gruppe erschien der erste von der Prähistorikerin Anna Medunová-Benešová aus Brünn verfaßten Kataloge über die südmährischen Höhensiedlungen der Jevišovice-Gruppe. Diese und weitere Publikationen von 1973, 1977 und 1981 sowie eine Studie über die Jevišovice-Gruppe ergaben, daß die Mödling-Zöbing-Gruppe kein eigenständiges, von der Jevišovice-Gruppe abweichendes Fundgut besitzt, sondern zu dieser gehört.

Bis sich diese Erkenntnis allgemein durchsetzte, wurde der Begriff Mödling-Zöbing-Gruppe mehrfach von verschiedenen Autoren in ihren Veröffentlichungen verwendet. Deshalb behielten die österreichischen Prähistoriker den Ausdruck Mödling-Zöbing bei und fügten noch einen Schrägstrich und das Wort Jevišovice hinzu. Die Wortschöpfung Mödling-Zöbing/Jevišovice-Gruppe ist nicht ganz so ungewöhnlich, wie es zunächst scheint. Auch einige andere Gruppen der späten Jungsteinzeit tragen aus zwei oder drei Fundorten abgeleitete Namen.

Die Mödling-Zöbing/Jevišovice-Gruppe fiel in das erste Jahrtausend des Subboreals. In diesem Abschnitt war es kühler und niederschlagsreicher als vorher. Die Eichenmischwälder wurden jetzt in höheren Lagen durch Buchenwälder ersetzt, während sich in tieferen Lagen lindenreiche Eichenwälder halten konnten. Im Verbreitungsgebiet der Mödling-Zöbing/Jevišovice-Gruppe lebten unter anderen Braunbären, Auerochsen, Rothirsche, Rehe und Wildschweine.

Weder in Niederösterreich noch im benachbarten Südmähren wurden bisher Skelettreste der Mödling-Zöbing/Jevišovice-Gruppe gefunden.

Die Siedlungen konzentrierten sich in Niederösterreich vor allem im Kamptal und Traisental sowie am Ostrand der Alpen. Im Flachland wurden sie wie in Südmähren auch auf Anhöhen errichtet. Höhensiedlungen gab es beispielsweise auf dem Hirschkogel bei Mödling, auf dem Koglberg bei Zöbing und auf dem Kleinen Anzingerberg bei Meidling. Die Siedlung Spielberg[2] bei Melk in Niederösterreich wies einen Graben gegen Süden auf, zu dem auch eine innere Palisadenreihe gehörte. Der Graben war ursprünglich 2,50 Meter tief.

Zu den bekanntesten Höhensiedlungen dieser Gruppe in Südmähren zählen Starý Zámek bei Jevišovice, der Palliardi-Burgwall bei Vysočany und Grešlové Mýto.

Die Höhensiedlung Starý Zámek (deutsch: »Altes Schloß«) erstreckte sich auf dem gleichnamigen, etwa 50 Meter hohen Felsvorsprung am linken Ufer des Flusses Jevišovka. Diese Siedlung wurde 1909 bis 1915 durch den Notar und Heimatforscher Jaroslav Palliardi (1861–1922) aus Moravské Budějovice und dessen Freund, den Lehrer František Vildomec (1878 bis 1975) aus Boskovštejn bei Znojmo, untersucht. Zum Fundgut gehören unter anderem rotgebrannte Hüttenlehmbrocken mit Holz- und Rutenabdrücken. Demnach haben die Behausungen

Oberteil einer menschlichen Tonfigur von Meidling im Thale (Kleiner Anzingerberg) in Niederösterreich (oben Vorderseite, unten Rückseite). Höhe 4,2 Zentimeter. Original in der Sammlung von Wolfgang Schön im Naturhistorischen Museum Wien.

Fragment einer Kreuzfußschüssel der Mödling-Zöbing/Jevišovice-Gruppe von Melk in Niederösterreich: oben Innenverzierung (maximale Länge des Fragments etwa 12 Zentimeter), unten Kreuzfuß (Durchmesser etwa 10 Zentimeter) desselben Gefäßes. Original im Stadtmuseum Melk.

dort Flechtwände aus Ruten besessen, die mit Lehm beworfen wurden. Von der Höhensiedlung Vysočany, die – zum Leidwesen der Prähistoriker – durch einen Heimatforscher unsach-

gemäß ausgegraben wurde, liegen Werkzeuge aus Stein, Knochen und Geweih sowie einige Kunstwerke vor. Die Höhensiedlung Grešlové Mýto gehört – nach den Funden zu schließen – zu den ältesten Siedlungen der Mödling-Zöbing/Jevišovice-Gruppe. Um ihre Erforschung machte sich ebenfalls Jaroslav Palliardi verdient. Diese Höhensiedlung konzentrierte sich vor allem auf dem nordwestlichen Vorsprung eines Berges. Bei den Grabungen Palliardis von 1889 bis 1894 wurden neben Keramikresten auch Werkzeuge aus Stein und – deutlich seltener – aus Knochen entdeckt.

Auf einem tönernen Füßchen von Grešlové Mýto wird erkennbar, daß die dargestellte Person gestickte Stiefelchen trägt. Als Schmuck trug man mehrreihige Halsketten und Tierzahnanhänger. Erstere sind auf dem tönernen Idol vom Kleinen Anzingerberg zu erkennen.

Kunstwerke aus der Zeit der Mödling-Zöbing/Jevišovice-Gruppe gelten bisher in Niederösterreich als große Seltenheiten. Zu diesen Raritäten gehört das Oberteil der erwähnten tönernen Menschenfigur aus der Höhensiedlung vom Kleinen Anzingerberg bei Meidling[5]. Dieses bescheidene Stück beweist, daß die seit der Linienbandkeramischen Kultur bekannte Tradition, aus Ton menschliche Figuren zu formen, recht langlebig war.

Im Gegensatz zu Niederösterreich sind aus Südmähren einige Kunstwerke bekannt. In Jevišovice entdeckte man zwei stark stilisierte Steinfiguren. Die meisten Kunstwerke wurden in Vysočany gefunden. Dort barg man drei menschliche Tonfiguren mit mondförmigem Kopf, ein mutmaßlich tönernes Mondsymbol und das Bruchstück eines flachen Knochens mit zwei Einkerbungen. Letzterer erinnert stark an ähnliche Knochenfunde aus Böhmen, die von dem Prähistoriker Jiří Neustupný aus Prag als einfache Menschenfiguren gedeutet werden. Aus Ostopovice kennt man Bruchstücke von zweiköpfigen Menschenfiguren.

Unter den Tongefäßen der Mödling-Zöbing/Jevišovice-Gruppe ist die Henkelschale mit kurzem, zylindrischem Hals und nicht hochgezogenem Bandhenkel, der sich von dem entsprechenden Gefäß der Badener Kultur (s. S. 444) deutlich abhebt, besonders typisch. Der Ton dieser Keramik ist gut gebrannt und hell bis dunkelbraun. Bei den charakteristischen Henkelschalen wurden vor allem die Schulter, aber auch der Henkel, verziert. Den Dekor hat man eingeritzt oder eingestochen. Ein besonders beliebtes Muster waren gefüllte hängende Dreiecke. Manche Tongefäße wurden mit Sonnensymbolen verziert. Mitunter kam sogar Schnurverzierung vor. Der zuweilen verwendete Leistenschmuck wurde mit verschiedenen Formstempeln oder Knubben verziert.

Neben Werkzeugen aus Feuerstein, Felsgestein, Knochen und Geweih verfügten die Mödling-Zöbing/Jevišovice-Leute bereits über Hohlmeißel sowie über Flachbeilklingen und Schaftlochäxte aus Kupfer. Ein derartiger Hohlmeißel wurde beispielsweise auf der Höhensiedlung vom Hirschkogel bei Mödling geborgen. Auch in Jevišovice (Südmähren) hat man neben Werkzeugen aus Stein und Knochen solche aus Kupfer (Meißel, Flachbeil) gefunden. Aus Staré Zámky bei Brünn-Lišeň kennt man ein Depot von Kupfergegenständen mit Schaftlochaxt, Flachbeil, Hohlmeißel und Pfriemen. Die Kupfergeräte der Mödling-Zöbing/Jevišovice-Gruppe stammten vielleicht schon aus eigener Produktion. Als Fernwaffe für die Jagd oder kriegerische Auseinandersetzungen mit Zeitge-

Innenverzierung einer Kreuzfußschüssel von Girn im Burgenland. Durchmesser 19,5 Zentimeter, Höhe 8,2 Zentimeter. Original im Burgenländischen Landesmuseum Eisenstadt.

nossen dienten Pfeil und Bogen, von denen nur steinerne Pfeilspitzen erhalten blieben.

Aus Niederösterreich sind bisher keine sicher datierten Bestattungen der Mödling-Zöbing/Jevišovice-Gruppe bekannt. Auch in Südmähren wurden noch keine Gräber dieser Gruppe aufgedeckt.

Über die Religion der Mödling-Zöbing/Jevišovice-Gruppe ist wenig bekannt. Das erwähnte Oberteil einer tönernen Menschenfigur vom Kleinen Anzingerberg bei Meidling spiegelt vielleicht ähnliche Opferbräuche wie in früheren Kulturen oder Gruppen wider, bei denen solche Kunstwerke überirdischen Mächten geopfert wurden.

Die drei erwähnten menschlichen Tonfiguren mit mondförmigem Kopf sowie das mutmaßliche Mondsymbol von Vysočany, das aber auch ein Rindergehörn symbolisieren könnte, werden mit einem Mond- bzw. Stierkult in Verbindung gebracht. Ähnliche Hinweise liegen auch aus der gleichzeitigen Řivnáč-Kultur[+] in Böhmen vor.

Bisher kennt man nur ihre Keramik

Die Kosihy-Čaka/Makó-Gruppe

Von etwa 2800 bis 2500 v. Chr. behauptete sich die vor allem in der Tschechoslowakei und in Ungarn verbreitete Kosihy-Čaka/Makó-Gruppe auch in Niederösterreich. Wie die Funde in Wien XXII-Aspern zeigten, folgte diese Gruppe auf die Mödling-Zöbing/Jevišovice-Gruppe (s. S. 452). Dort fand man Hinterlassenschaften der Kosihy-Čaka/Makó-Gruppe über denen der Mödling-Zöbing/Jevišovice-Gruppe.

Auch der Begriff Kosihy-Čaka/Makó-Gruppe setzt sich aus den Namen von ursprünglich zwei Gruppen zusammen. Die eine davon ist die in der Slowakei und in Mähren heimische Kosihy-Čaka-Gruppe. Diese Bezeichnung hat 1966 der tschechoslowakische Prähistoriker Jozef Vladár (s. S. 515) aus Nitra eingeführt von den Fundorten Malé Kosihy und Čaka in der Slowakei abgeleitet. Die andere Gruppe ist die in Ungarn existierende Makó-Gruppe. Sie wurde 1966 durch den ungarischen Prähistoriker Nándor Kalicz (s. S. 512) aus Budapest benannt. Namengebender Fundort ist Makó in Ungarn.

Von den Kosihy-Čaka/Makó-Leuten sind bisher in Niederösterreich keine Skelettreste entdeckt worden. Man kennt solche jedoch von Skelett- und Brandbestattungen in Ungarn und in der Tschechoslowakei.

Auf ehemalige Siedlungen in Niederösterreich weisen lediglich Keramikreste an verschiedenen Orten hin. Dazu gehören beispielsweise Deutsch-Altenburg, Eggendorf am Wagram, Hohenau an der March, Mannersdorf am Leithagebirge, Obersulz, Schleinbach, Schwechat, Sommerein und – wie erwähnt – Wien XXII-Aspern.

In der Slowakei wurden die Siedlungen häufig auf terrassenförmigen Fluß- und Bachufern in zumeist nicht allzu großer Entfernung von einer die Trinkwasserversorgung sichernden Quelle errichtet. Vielleicht waren diese in exponierter Lage befindlichen Siedlungen – ebenso wie in gleichzeitigen Kulturen oder Gruppen üblich – mit Gräben oder Palisaden geschützt. Archäologische Hinweise hierfür liegen jedoch bisher nicht vor. Allerdings sind nur kleine Ausschnitte der vermutlich größeren Siedlung untersucht worden.

Die namengebende Siedlung Malé Kosihy[1] lag an einer erhöhten Stelle im Schutz des Flusses Eipel. Sie wurde – nach der nicht allzu mächtigen Fundschicht zu schließen – nur kurzfristig bewohnt.

Bei Grabungen in der namengebenden Siedlung Čaka[2] stieß man auf mehrere Gruben, zwei davon gefüllt mit dem Inhalt eines Töpferofens, Resten einer Hütte sowie Bruchstücken von Hüttenlehm. Unweit dieser Siedlung in der Flur Diely medzi lukami beerdigte man die Toten in der Flur Kopec.

Eine Grabung an der Fundstelle Zámeček[3] in der Slowakei zeigte, daß die Menschen dieser Gruppe in Behausungen lebten, die man als Halbgrubenhütten bezeichnet. Solche Hütten wurden über einer in den Untergrund eingetieften Grube mit Hilfe von Holzpfosten erbaut.

In Ungarn liegen die Fundstellen meist an Plätzen, wo Holz und Lehm zum Hausbau reichlich vorhanden sind. Man nimmt daher an, daß die Behausungen mit Lehm verschmierte Wände besaßen. Am ungarischen Fundort Kiskánya wurden Pfostenlöcher von viereckigen Behausungen entdeckt. Eine davon war 2,40 x 2,90 Meter groß, eine andere 3,10 x 2,60 Meter. Dort barg man auch Bruchstücke von Hüttenlehm mit Schilfabdrücken.

Die Menschen der Kosihy-Čaka/Makó-Gruppe säten und ernteten Getreide und zerquetschten die Körner mit Mahlsteinen. In der Nähe von einer der Behausungen in Kiskánya hatte man einen Backofen halb in den Boden eingetieft. An Haustieren wurden Rinder, Schweine und manchmal sogar Pferde gehalten. Als Nahrung dienten weitgehend landwirtschaftliche Erzeugnisse. Gegessen wurden aber auch Flußmuscheln.

Funde von Spinnwirteln in der Slowakei deuten darauf hin, daß der Rohstoff für die Kleidung gesponnen wurde. Schmuck ist bisher selten geborgen worden. Am slowakischen Fundort Nové Zámky sind Klümpchen von Ockerfarbe zum Schminken ans Tageslicht gekommen.

Ein Fund aus Sommerein[4] in Niederösterreich belegt, daß die Angehörigen dieser Gruppe auch Kunstwerke herstellten. Dabei handelt es sich um das Bruchstück eines tönernen menschlichen Fußes, der innen hohl ist und auf dem die Zehen durch Einritzung angedeutet sind. Der etwa fünf Zentimeter lange Fuß gehörte entweder zu einem menschengestaltigen Gefäß oder zu einer Menschenfigur.

Die Keramik der Kosihy-Čaka/Makó-Gruppe wurde aus Ton geformt, dem man Sand beimengte. Bei einem Teil der Gefäße hat man die Oberfläche weder geglättet noch poliert. Daneben gab es helle, gelbe Tongefäße, die man hart brannte, glättete und polierte. Die Reste von zwei Töpferöfen in Čaka verweisen

Mit Sternmuster innenverzierte Schüssel der Makó-Gruppe von Letenye (Komitat Zala) in Ungarn (von oben). Durchmesser 15,2 Zentimeter, Höhe 9,6 Zentimeter. Original im Archäologischen Institut der Ungarischen Akademie der Wissenschaften, Budapest.

Seitenansicht derselben Schüssel der Makó-Gruppe von Letenye wie auf Seite 456. Aus Österreich sind bisher keine vollständig erhaltenen Tongefäße dieser Kulturstufe gefunden worden. Original im Archäologischen Institut der Ungarischen Akademie der Wissenschaften, Budapest.

auf eine spezialisierte Keramikerzeugung. Die Oberfläche der Keramik blieb meist unverziert. Wenn man in seltenen Fällen größere Gefäße verzierte, trug man unterhalb der glatt gehaltenen Randpartien Besenstrichrauhung auf. Außerdem gab es gelegentlich glatte Leisten, halbmondförmige kurze Leistenauflagen, Kannelur, Riefelung und Kammstrich. Bei größeren Gefäßen wurde der Rand häufig verdickt, nach außen umgelegt und mitunter unten gekerbt.

Als besonders charakteristische Form dieser Zeit gilt die innenverzierte Schüssel mit Hohlfuß, der im Querschnitt entweder rund oder viereckig gestaltet ist. Auf den Schüsseln ritzte man Muster ein, die man mitunter mit weißer Paste füllte. Besonders beliebt unter den Mustern war ein Sternenornament.

Die Kosihy-Čaka/Makó-Leute stellten Werkzeuge aus Stein, Knochen (beispielsweise Ahlen) und Kupfer her. In einem Brandgrab von Šal'a[5] in der Slowakei barg man einen 12,3 Zentimeter langen und 3,7 Zentimeter breiten Gegenstand aus Kupfer, der an einer Stelle des Randes drei kleine Löcher aufweist. Dieses Stück wird als Rasiermesser oder Messer interpretiert.

Die Toten aus dieser Gruppe sind meist verbrannt worden. Zu den wenigen kleinen Gräberfeldern zählt das von Čaka. Dort wurden drei Brandgräber entdeckt. In zweien davon hatte man den Leichenbrand in einem Tongefäß (Amphore oder Krug) aufbewahrt. Im dritten Fall lag der Leichenbrand neben mehreren Tongefäßen auf dem Erdboden.

Die bisher einzigen Körpergräber aus dieser Gruppe in der Slowakei sind die von Invanka pri Nitre[6]. In einem davon lagen zwei Tongefäße vor dem Becken eines in gestreckter Rückenlage bestatteten Erwachsenen.

Die in der Slowakei untersuchten Gruben der Brandgräber reichten nur wenig unter die heutige Erdoberfläche. Deswegen wurden viele von ihnen beim Pflügen zerstört.

Auch in Ungarn wurden Brand- und Körperbestattungen entdeckt. Bei den Brandbestattungen bewahrte man die Asche und die ausgeglühten Knochenstücke in tönernen Urnen auf. Bei den Körperbestattungen wurden die Beine des Verstorbenen zum Körper hin angezogen. In Ungarn waren die Siedlung und die Gräber manchmal durch einen Bach getrennt.

Am namengebenden ungarischen Fundort Makó hat man im Juni 1938 vermutlich eine »symbolische Bestattung« entdeckt. Dort wurden in etwa 50 Zentimeter Tiefe sechs Tongefäße nebeneinander geborgen, welche als kennzeichnende Typen dieser Gruppe gelten. Von menschlichen Skelettresten fand man keine Spur. Solche »symbolischen« Bestattungen dürften für Verstorbene gedacht gewesen sein, die in der Fremde den Tod fanden und nicht in der Heimat beerdigt wurden.

Die späten Angehörigen der Kosihy-Čaka/Makó-Gruppe hatten noch Kontakt mit den ersten Leuten der Glockenbecher-Kultur (s. S. 460), die ab etwa 2500 v. Chr. in vielen Teilen Europas nachweisbar ist. Das Zusammentreffen dieser beiden Kulturstufen wird durch Funde in der Hollandstraße der ungarischen Hauptstadt Budapest dokumentiert. Dort kamen neben einem zylindrischen Becher der späten Kosihy-Čaka/Makó-Gruppe auch rote Bruchstücke von Glockenbechern und eine verzierte Schüssel der Glockenbecher-Kultur zum Vorschein.

Streitäxte als Würdezeichen der Oberschicht

Die Schnurkeramischen Kulturen

Irgendwann gegen 2500 v.Chr. erschienen in Niederösterreich und im Burgenland Angehörige der Schnurkeramischen Kulturen. Letztere waren – wie erwähnt – damals vom Elsaß im Westen bis zur Ukraine im Osten und von der Westschweiz im Süden bis nach Südnorwegen im Norden verbreitet (s. S. 398).

Skelettreste der Schnurkeramiker zeigen, daß diese Menschen teilweise bereits auffällig groß waren. Die Männer in Südwestdeutschland beispielsweise maßen manchmal mehr als 1,70 Meter, die Frauen bis zu 1,65 Meter.

Die Keramikfunde aus Niederösterreich werden dem sogenannten Lokaltyp Herzogenburg zugeschrieben, den 1981 die Wiener Prähistorikerin Elisabeth Ruttkay als erste erkannte. Er wird von ihr knapp vor die ältere Glockenbecher-Kultur datiert. Dies entspricht der Zeit von mehr als 2500 v.Chr., in der die ostniederösterreichische Kosihy-Čaka/Makó-Gruppe (s. S. 456) noch existierte.

Für die Tongefäße des Typs Herzogenburg sind einige Formen besonders typisch. Dazu gehört vor allem der weichprofilierte große Becher mit verschiedenartig eingestochener und eingestempelter Verzierung. Sein Rand wurde oft als umlaufende,

etwas vorspringende, gestempelte Leiste gestaltet. Eine weitere kennzeichnende Form ist der Krug mit bauchigem Gefäßkörper, zylindrischem, leicht eingezogenem Hals und einem Henkel, der den Hals überbrückt. Den Krug hat man am Rand und auf der Schulter mit eingestochenen doppelten Punktreihen verziert. Er trägt vom Halsumbruch ausgehend ein Band aus schraffierten hängenden Dreiecken oder Warzengruppen am Bauchumbruch.

Die Schnurkeramiker besaßen Werkzeuge aus Feuerstein (Beile, Meißel, Klingen), Felsgestein (Keulenköpfe, Arbeitsäxte), Knochen (Meißel, Pfrieme, Dolche) und aus Kupfer (Pfrieme). Die Werkzeuge aus Feuerstein, Felsgestein und Knochen stellten sie selbst durch Zuschlagen, Zuschleifen und Schnitzen her, die Kupferwerkzeuge dagegen wurden wahrscheinlich importiert.

Die schnurkeramischen Steinschläger oder -schleifer waren Meister ihres Faches. Sie schufen neben allerlei Gebrauchsgegenständen auch formvollendete Waffen wie Dolche und Pfeilspitzen aus Feuerstein sowie Streitäxte aus Felsgestein (s. S. 402). Bei der Formgebung der zurechtgeschlagenen Feuersteindolche und geschliffenen Steinäxte imitierten sie möglich-

Hockerbestattung eines Mannes mit Steinbeil und Feuersteindolch von Franzhausen-Schnellstraße 33 in Niederösterreich. 1981 bei Ausgrabungen des Bundesdenkmalamtes Wien entdeckt.

Verzierter Becher vom Typ Geiselgasteig von Inzersdorf ob der Traisen bei Herzogenburg in Niederösterreich. Höhe 26,8 Zentimeter. Original im Bundesdenkmalamt Wien, Abteilung für Bodendenkmale.

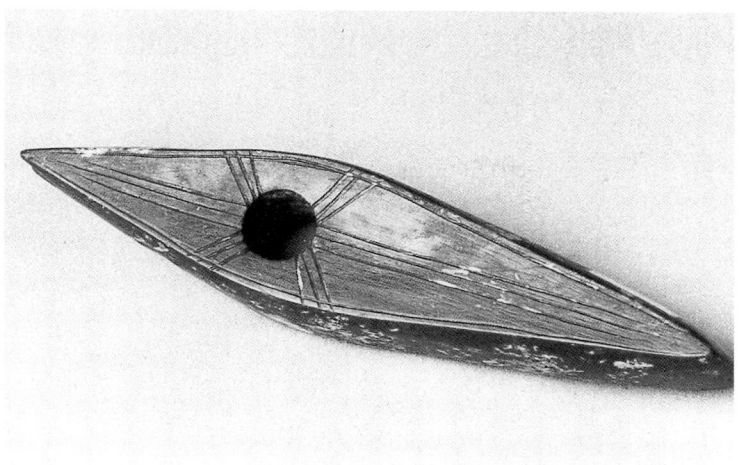

Verzierte Schüssel aus einem Brandgrab von Oberndorf in der Ebene bei Herzogenburg in Niederösterreich. Erhaltene Höhe 7,4 Zentimeter. Original im Bundesdenkmalamt Wien, Abteilung für Bodendenkmale.

Verzierte Lochaxt aus Serpentin von Enns in Oberösterreich. Länge 19,5 Zentimeter, Breite 4,5 Zentimeter. Höhe 5 Zentimeter. Original im Museum Lauriacum, Enns.

erweise kupferne Vorbilder. Die Streitäxte gelten als Würdezeichen der Oberschicht.

Die meisten schnurkeramischen Bestattungen wurden im Traisental in Niederösterreich entdeckt. Auf sie stieß man bei Ausgrabungen, die durch Funde beim Bau der Kremser Schnellstraße S 33 ausgelöst worden sind. Im Traisental deckten der Wiener Prähistoriker Johannes-Wolfgang Neugebauer und der Amateur-Geologe Alois Gattringer an verschiedenen Fundstellen insgesamt 34 schnurkeramische Bestattungen auf. Allein am Fundort Franzhausen I kamen – neben zahlreichen frühbronzezeitlichen Gräbern – auch elf schnurkeramische Gräber zum Vorschein. Die übrigen Gräber wurden in Franzhausen II[1], Franzhausen-Schnellstraße S 33[2], Inzersdorf[3], Ossarn[4], St. Andrä an der Traisen[5] und in Gemeinlebarn-Mitte[6] entdeckt.

Im Traisental gab es auch zwei Fälle von Doppelbestattungen. Ein Männergrab fiel durch ungewöhnlich reiche Beigaben auf. Man hatte dem Mann ein Flachbeil aus Felsgestein, zwei Feuersteinpfeilspitzen, einen Pfriem und einen Spatel aus Knochen, einen Eberzahnanhänger als Würdezeichen sowie zwei Tongefäße für Speisen und Getränke ins Grab gelegt. Einem 15jährigen mußte ein Hund in den Tod folgen.

Die im Traisental unverbrannt zur letzten Ruhe gebetteten Männer lagen auf der rechten Körperseite mit dem Kopf nach Westen. Ihre Beine waren leicht zum Körper hin angezogen. Die Frauen ruhten auf der linken Körperseite mit dem Kopf nach Osten. Auch bei ihnen hatte man die Beine zum Körper hin angezogen. Typische Beigaben in Männergräbern sind Feuersteindolch, Pfeilspitzen, Knochenglätter, Pfrieme, Lochbeile und Flachbeile. In einem Mädchen- und in einem Kindergrab

von Inzersdorf barg man kupferne Blechröllchen, Spiralringe mit ausgehämmerten Enden, rundstabige Armspiralen und einen Halsreif.

Auch einige Brandgräber konnten im Traisental nachgewiesen werden. Warum ein Teil der Verstorbenen dem Feuer überantwortet wurde, weiß man nicht.

Kupferschmuck aus einem Kindergrab von Inzersdorf ob der Traisen bei Herzogenburg in Niederösterreich: Spiralringe mit ausgehämmerten Enden, Halsreif (Bildmitte, Durchmesser 11,8 Zentimeter) und rundstabige Armspiralen. Originale im Bundesdenkmalamt Wien, Abteilung für Bodendenkmale.

Gold und Silber für die Reichen

Die Glockenbecher-Kultur

Als letzte Kultur der Jungsteinzeit trat von etwa 2500 bis 2200 v.Chr. in Österreich die damals von Portugal im Westen bis nach Ungarn im Osten verbreitete Glockenbecher-Kultur auf. Sie wurde in den Bundesländern Salzburg, Oberösterreich, Niederösterreich und Burgenland heimisch. Wie in den meisten europäischen Ländern wird auch in Österreich die Glockenbecher-Kultur in zwei Phasen gegliedert: in eine ältere Phase mit klassischen, roten Glockenbechern und in eine jüngere Phase, die hier Ragelsdorf-Oggau-Gruppe[1] heißt. Die für diese Kultur typischen weitmundigen Becher in Form einer umgestülpten Glocke sind in beiden Phasen vertreten.

Das auffallend steile Hinterhaupt mancher Menschen dieser Kultur, spärliche Siedlungsspuren und zahlreiche Hinweise auf Pfeil und Bogen haben auch unter den österreichischen Prähistorikern Spekulationen über die Herkunft der Glockenbecher-Leute angeregt. Zwar kann man die Gründe für das Erscheinen dieser Kultur im östlichen Alpenvorland noch nicht erkennen, doch sieht man die Glockenbecher-Leute nicht zuletzt wegen ihrer charakteristischen Schädelform, die bei den vorangehenden einheimischen Bevölkerungsgruppen noch nicht ausgebildet war, als Einwanderer an. Ein Grab aus Oberndorf in der Ebene im Traisental (Niederösterreich) mit einer stempelverzierten roten Schüssel und Silberschmuck stammt aus der Zeit der frühen Einwanderer.

Die männlichen Glockenbecher-Leute der jüngeren Phase wurden – nach Funden aus Henzing in Niederösterreich zu schließen – 1,66 bis 1,72 Meter groß. Aus anderen Gräbern liegen häufig nur Schädelreste vor, die keine Größenberechnung zulassen.

An den bisher gefundenen Skelettresten konnte man keine Spuren von schweren Krankheiten ablesen. Bisher ist in Österreich auch kein einziger Fall einer Schädeloperation bekannt geworden, während man in der Tschechoslowakei einen solchen Eingriff in Slavko na Moravě (Austerlitz) nachwies.

Aussagekräftige Siedlungsspuren fehlen bisher. Auf die Existenz von ehemaligen Einzelgehöften oder Siedlungen deuten nur Funde der typischen Glockenbecher-Keramik hin. Der erste fragmentarisch erhaltene Glockenbecher in Österreich wurde 1926 von dem Lehrer Karl Mosler (1891–1988) aus Wien in Groß-Weikersdorf (Niederösterreich) entdeckt. 1927 hat der mehrfach erwähnte Wiener Prähistoriker Josef Bayer darüber berichtet.

Ein bevorzugtes Siedlungsgebiet der Glockenbecher-Kultur in Niederösterreich war offenbar der Raum von Laa an der Thaya. Dort sind mindestens fünf Siedlungsstellen durch Keramikreste belegt worden.

Auch die Glockenbecher-Leute lebten von Ackerbau und Viehzucht. Sie säten und ernteten Emmer, Gerste und Weizen und hielten Schweine als Haustiere. In glockenbecherzeitlichen Gräbern Süddeutschlands wurden Pferdereste geborgen (s. S.408).

Die Glockenbecher-Leute tauschten von teilweise weit entfernt lebenden Zeitgenossen seltene Steinarten für die Werkzeugherstellung ein, aber auch Bernstein, Metall und Kupfergeräte.

Vielleicht waren sie selbst auf den Abbau von und den Handel mit Kupfer, Gold und Silber spezialisiert, wie manche Prähistoriker vermuten.

Von der Kleidung dieser Menschen sind lediglich Bernsteinknöpfe mit V-förmig angeordneten Löchern nachgewiesen. Es ist noch unklar, ob diese zum Zuknöpfen oder nur zur Zierde dienten.

An welch kostbaren Schmuckstücken man sich damals erfreute, belegen Funde aus den Gräbern von Leopoldsdorf[2] bei Wien. Dort wurden offensichtlich die Mitglieder gesellschaftlich herausragender Familien bestattet, denen man Gold- und Bernsteinschmuck mit ins Grab legte. Aus dem erwähnten Brandgrab von Oberndorf in der Ebene barg man einen fragmentarisch erhaltenen verzierten Lockenring aus dünnem Silberblech. In anderen Glockenbecher-Gräbern kamen Eberhauer-Schmuck und halbmondförmige, verzierte Knochenanhänger zum Vorschein.

Der dieser Kultur den Namen gebende Glockenbecher (s. S.436) wurde in der Regel ohne Henkel geformt und meist verziert, bevor man ihn brannte. Typisch für die Tongefäße dieser Kultur ist der rötliche Ton. Die Verzierungen brachte man mit kammartigen Stempeln, feingezähnten Holzstöckchen und Knochenstäbchen an. Außer den Glockenbechern schuf man flache Schalen mit einem Fußring oder mit Füßchen sowie Henkelkrüge.

Fragmentarisch erhaltener silberner Lockenring von Oberndorf in der Ebene bei Herzogenburg in Niederösterreich. Länge 8,3 Zentimeter. Original im Bundesdenkmalamt Wien, Abteilung für Bodendenkmale.

Verzierte Eberzähne aus einem Grab von Henzing in Niederösterreich. Großes Exemplar 14 Zentimeter lang, 1,4 Zentimeter breit, Durchmesser 1,2 Zentimeter. Kleines Exemplar 10 Zentimeter lang, 1,3 Zentimeter breit, Durchmesser 1 Zentimeter. Originale im Heimatmuseum Tulln.

An Werkzeugen gab es unter anderem Klingen aus Feuerstein, Geräte aus Felsgestein sowie Meißel und Spitzen aus Knochen und Geweih. Daneben verfügte man über kupferne Pfrieme und Beile. Letztere versah man mit Holzschäften.

Aus Feuerstein zurechtgeschlagene Pfeilspitzen und aus Felsgestein zugeschliffene Armschutzplatten verweisen auf die Verwendung von Pfeil und Bogen als wichtigste Waffen der Glockenbecher-Leute. Manche von ihnen besaßen sogar kupferne Dolche.

Die Angehörigen dieser Kultur wurden meist unverbrannt bestattet. So ausgedehnte Gräberfelder wie in Deutschland, wo an einem einzigen Fundort 23 Gräber der Glockenbecher-Kultur aufgedeckt worden sind, hat man bisher in Österreich nicht finden können. Je vier Bestattungen der jüngeren Glockenbecher-Kultur kennt man aus Henzing[3] in Niederösterreich und aus Oggau[4] im Burgenland. In Henzing hatte man drei Männer

und ein fünfjähriges Kind beerdigt. In Oggau wurden lediglich Schädelreste geborgen. In Deutschkreuz[5] (Burgenland) entdeckte man Schädelreste von zwei Männern und in Linz-Scharlinz (Oberösterreich) ein Schädeldach.

In Laa an der Thaya[6] (Niederösterreich) sind in zwei Brandgräbern nur Hinterlassenschaften der älteren Glockenbecher-Kultur zum Vorschein gekommen. Den beiden auf dem Scheiterhaufen verbrannten Toten hatte man mehrere verzierte Glockenbecher, zwei Armschutzplatten, einen Bernsteinknopf und zwei Eberzähne mitgegeben. Das Brandgrab von Oberndorf[7] in der Ebene lag inmitten eines Kreisgrabens.

Die Beigaben in den Gräbern der Glockenbecher-Leute belegen, daß auch diese Menschen an das Weiterleben im Jenseits glaubten. Sonst hätte man die Toten wohl kaum so reichlich mit Tongeschirr, Waffenbestandteilen und Schmuckstücken ausgestattet.

Die Jungsteinzeit in der Schweiz

Abfolge und Verbreitung der Kulturen und Gruppen

Die Jungsteinzeit wird in der Schweiz in vier Abschnitte eingeteilt: das Frühneolithikum (etwa 5500 bis 4000 v. Chr.), Mittelneolithikum (etwa 4000 bis 2800 v. Chr.), Jungneolithikum (etwa 2800 bis 2500 v. Chr.) und Spätneolithikum (etwa 2500 bis 2300 v. Chr.).[1] Diese Einteilung geht auf den Neuenburger Prähistoriker Paul Vouga (1880–1939) zurück. Die Angaben über die Dauer der jeweiligen Abschnitte stammen von dem Züricher Prähistoriker René Wyss.

In den Jahrhunderten von etwa 5500 bis 5000 v. Chr.[2] wurde die Schweiz nur in ihren Randbereichen von jungsteinzeitlichen Kulturen besiedelt. Im Kanton Wallis wanderten in dieser Zeit Menschen aus Norditalien über die Alpenpässe ein, von denen man Siedlungsspuren, Jagdbeute- und Haustierreste (s. S. 464) entdeckte. Diese Funde können jedoch vorerst keiner bestimmten Kultur zugerechnet werden. Ähnlich ist es bei den frühesten jungsteinzeitlichen Zeugnissen aus dem Tessin und in Graubünden.

In den nordschweizerischen Kantonen Schaffhausen und Basel drangen zwischen etwa 5500 und 4900 v. Chr. erste Ackerbauern und Viehzüchter der Linienbandkeramischen Kultur ein (s. S. 466). Von diesen Pionieren kennt man vor allem Haustier- und Keramikreste.

Außerhalb der Kantone Wallis, Tessin, Graubünden, Schaffhausen und Basel behaupteten sich damals weiterhin mittelsteinzeitliche Jäger, Fischer und Sammler.

Die frühesten Funde aus dem fünften Jahrtausend stammen von der Fundstelle Sitten-Sous-le-Scex im Kanton Wallis. Es handelt sich um Siedlungsspuren und Haustierreste, die man keiner bestimmten Kultur zuordnen kann (s. S. 467). Ähnlich alt sind auch die Funde vom Felsen des Castel Grande von Bellinzona (Kanton Tessin), die der norditalienischen Bocca-quadrata-Kultur (s. S. 467) angehören.

Scheibenrad aus der Zeit der Saône-Rhone-Kultur (von etwa 2800 bis 2400 v. Chr.) von Saint-Blaise im Kanton Neuenburg. Durchmesser 42 Zentimeter. Bisher kleinster Radfund der Schweiz. Original im Musée cantonal d'archéologie, Neuenburg.

Von etwa 4500 bis 4000 v. Chr. existierte im zentralen Mittelland vom Burgäschisee (Kanton Bern) bis zum Zürichsee (Kanton Zürich) die Egolzwiler Kultur (s. S. 472). Die Angehörigen dieser Kultur haben Siedlungsspuren, Getreide- und Haustierreste, mancherlei Keramik, Werkzeuge und Waffen hinterlassen.

Ebenfalls von etwa 4500 bis 4000 v. Chr. war in den Kantonen Zürich, Schaffhausen und Graubünden sowie im Fürstentum Liechtenstein die Lutzengüetle-Kultur (s. S. 475) verbreitet. An sie erinnern vor allem Keramikreste.

Von etwa 4000 bis 3500 v. Chr. behauptete sich in den Kantonen Genf, Waadt, Neuenburg, Freiburg, Wallis, Bern, Solothurn, Aargau, Luzern und Zürich die Cortaillod-Kultur (s. S. 476), von der man menschliche Skelettreste, Siedlungsspuren, Jagdbeute-, Haustier-, Getreide- und Nahrungsreste, Schmuck, Kunstwerke, Keramik, Werkzeuge und Waffen ausgegraben hat.

Etwa zur gleichen Zeit wie die Cortaillod-Kultur existierte von 4000 bis 3500 v. Chr. in der Nordostschweiz nordöstlich von Zürichsee, Limmat und Aare in den Kantonen Basel, Zürich, Schaffhausen und Thurgau die Pfyner-Kultur (s. S. 485). Sie hinterließ Siedlungsspuren, Schmuck, Keramik, Werkzeuge und Waffen. Zu dieser Zeit existierten in allen Gebieten der

Modell der Seeufersiedlung Egolzwil 5 am ehemaligen Wauwiler See im Kanton Luzern. Es zeigt das jüngere von zwei nacheinander am gleichen Ort errichteten Bauerndörfern aus der Zeit der Pfyner Kultur (von etwa 4000 bis 3500 v. Chr.).

Schweiz Kulturen, die auf dem Entwicklungsniveau der Jungsteinzeit standen.

In der darauffolgenden Zeit erschien zwischen etwa 3500 und 2800 v. Chr. im ganzen Mittelland bis auf den Petrushügel bei Cazis im bündnerischen Rheintal die Horgener Kultur (s. S. 489). An sie erinnern vor allem Siedlungsspuren, Haustier- und Kleidungsreste, Schmuck, Kunstwerke, Keramik, Werkzeuge und Waffen.

In den Kantonen Neuenburg und Bern glaubt man eine westschweizerische Variante der mit der Seine-Oise-Marne-Kultur verwandten Horgener Kultur zu fassen. Ihr schreibt man auch die wenigen Großsteingräber mit menschlichen Skelettresten und Beigaben zu (s. S. 497).

In den Kantonen Waadt, Neuenburg, Freiburg, Bern und Wallis gab es ab dem Jungneolithikum von etwa 2800 v. Chr. die Saône-Rhone-Kultur (s. S. 499), die bis etwa 2400 v. Chr. existierte. Von dieser kennt man menschliche Skelettreste, Siedlungsspuren, Schmuck, Kunstwerke, Keramik, Werkzeuge und Waffen.

In der Zeit von etwa 2800 bis 2400 v. Chr. breiteten sich die Schnurkeramischen Kulturen (s. S. 502) über das ganze Mittelland aus. Neben Resten von Brandbestattungen fand man Siedlungsspuren, Wagenräder, Schmuck, Keramik, Werkzeuge und Waffen. Wenig später, vielleicht noch gleichzeitig mit den Schnurkeramischen Kulturen siedelten im Spätneolithikum Menschen der Glockenbecher-Kultur (s. S. 505) in den Kantonen Genf, Neuenburg, Waadt, Bern, Basel, Zürich und Thurgau. Von dieser Kultur stammen menschliche Skelettreste, äußerst spärliche Siedlungsspuren, Schmuck, Kunstwerke, Keramik, Werkzeuge und Waffen.

Rekonstruktionsversuch eines Gewebes aus der Jungsteinzeit von der Seeufersiedlung Pfäffikon-Irgenhausen am Pfäffiker See im Kanton Zürich anhand von sechs Fragmenten eines broschierten Stoffes, die im vorigen Jahrhundert entdeckt wurden. Rekonstruktion im Schweizerischen Landesmuseum Zürich.

Bauern, die über die Alpen zogen

Die Anfänge der Jungsteinzeit im Wallis, Tessin und in Graubünden

Im klimatisch begünstigten Kanton Wallis reichen die Anfänge der Jungsteinzeit bis in das Frühneolithikum vor etwa 5000 v. Chr. zurück. Während dieses Abschnittes sind Teile der Bevölkerung aus Norditalien über Alpenpässe – man denkt vor allem an den Großen St. Bernhard – in die Schweiz eingewandert und haben sich dort niedergelassen. Diese Menschen scheinen bereits über jungsteinzeitliches Niveau verfügt zu haben. Sie bauten Getreide an, hielten Haustiere und stellten Tongefäße her.

Die fragliche Zeit fiel in die erste Hälfte des Atlantikums (etwa 5800 bis 3800 v. Chr.). Damals herrschte zumeist ein warmes und feuchtes Klima, das in weiten Teilen der Schweiz die Ausbreitung von Eichenmischwäldern begünstigte.

Auf den stark von der Sonne beschienenen und dadurch sommertrockenen Südhängen des Mittelwallis wuchsen vor allem Kiefern und Birken und nur wenige Eichen. Dagegen konnten sich an den feuchteren Nordhängen üppige Eichenmischwälder entwickeln. In den höheren Lagen gab es vor allem lichte Wälder aus Kiefern und Zirbelkiefern. In den damaligen Wäldern der Schweiz lebten unter anderem Braunbären, Rothirsche und Wildschweine.

Von den ersten jungsteinzeitlichen Bauern im Wallis konnten bisher keine Skelettreste geborgen werden. Daher sind über ihre anatomischen Merkmale, ihre durchschnittliche Körpergröße und ihre Krankheiten keine Aussagen möglich. Man weiß auch nicht, welcher Kultur sie angehörten. Die spärlichen Hinterlassenschaften deuten zwar auf italische Einflüsse hin, stimmen aber mit keiner der in Norditalien heimischen Kulturen völlig überein.

Die bisher einzige Siedlung aus der Anfangsphase des Frühneolithikums im Wallis wurde 1980 in Sitten (Sion) beim Bau einer Tiefgarage unter dem Planta-Platz entdeckt.[1] Zu verdanken ist dieser Fund dem Spürsinn des Genfer Anthropologen und Prähistorikers Alain Gallay, der in der Hoffnung auf urgeschichtliche Funde die Überwachung der umfangreichen Bauarbeiten angeregt hatte. Tatsächlich kam schon bei den ersten Erdarbeiten in einer Tiefe von etwa fünf Metern in Anschwemmungen des Flusses Sionne eine ausgedehnte archäologische Schicht zum Vorschein.

Bei den anschließenden Ausgrabungen unter Leitung des Prähistorikers Riccardo Carazzetti wurden in der Schicht C 6 zahlreiche Hinterlassenschaften einer Siedlung geborgen, die vor etwa 5000 v. Chr. angelegt worden ist. Das Alter wurde durch radiometrische Messungen ermittelt.

Auf die Existenz einer Siedlung weisen unter anderem etliche Feuerstellen hin, bei denen drei Typen unterscheidbar sind. Es gab flache Feuerstellen ohne besondere Vorrichtungen, beckenförmige, in den Boden eingetiefte Feuerstellen und scheibenförmige Feuerstellen, die aus einer runden Anordnung von Steinplättchen gebildet wurden.

Außer diesen Feuerstellen, an denen vielleicht auch Nahrung zubereitet wurde, stieß man auf einige Gruben und Löcher für Pfosten mit geringer Dicke. Sie ließen sich nicht zu einem Behausungsgrundriß zusammenfügen. Dagegen wird eine

Bauern der Zeit des Frühneolithikums von Sitten-Planta im Kanton Wallis bei der Getreideernte, Bodenbearbeitung und beim Viehhüten.

viereckige Lage aus Steinen von etwa zwei Meter Ausdehnung als Überrest einer kleinen Hütte gedeutet. Sollte es sich hierbei wirklich um den Teil eines Grundrisses gehandelt haben, wären die Hütten der Bewohner auf dem Planta-Platz in Sitten merklich kleiner als die mitunter bis zu 40 Meter langen Häuser der zeitgleichen Linienbandkeramiker (s. S. 252) gewesen.

Das Fundgut von Sitten-Planta weist eine gewisse Verwandtschaft mit dem der um 5000 v. Chr. in Italien heimischen Gruppen von Vhò[2], Gaban[3], Fagnigola[4] und Fiorano[5] auf. Bei diesen hatte im Gegensatz zu den Bewohnern von Sitten-Planta die Jagd allerdings noch eine große Bedeutung, während Haustiere relativ selten waren.

Zu den frühesten jungsteinzeitlichen Zeugnissen der Schweiz gehören die Hinterlassenschaften aus frühneolithischen Kulturschichten auf dem Felsen des Castel Grande von Bellinzona im Kanton Tessin. Dort untersuchten 1984 und 1985 die Tessiner Archäologen Riccardo Carazetti und Pierangelo Donati de Reste zweier unterschiedlich alter Siedlungen. Die ältere davon existierte schon um 5300 v. Chr. Zu ihr gehörten – nach den Pfostenlöchern zu schließen – zwei Gebäude. Das größere Gebäude war 10 Meter lang und 4 Meter breit und hatte zwei Räume, das kleiner maß 4 × 1,50 Meter. Vermutlich handelte es sich um ein Wohnhaus mit Speicher. Auf dem Felsen hätten maximal vier solcher Bauernhöfe Platz gefunden. Die Reste von Tongefäßen aus den ältesten Schichten des Castel Grande mit Standfüßen, Bandhenkellösen, Strich- und Eindruckverzierungen ähneln Funden aus Norditalien und an der ligurischen Küste. Die jüngere Siedlung existierte in der zweiten Hälfte des fünften Jahrtausends v. Chr. (s. S. 467).

Ins beginnende Frühneolithikum werden auch die Siedlungsreste von Mesocco-Tec nev in Graubünden datiert. Sie wurden beim Bau der Nationalstraße N 13 durch Baumaschinen in sieben bis elf Meter Tiefe entdeckt und 1972/73 durch den Archäologischen Dienst Graubünden untersucht. Bei den Funden handelt es sich um Keramikreste und Feuersteingeräte der ältesten Siedlung in Graubünden. Sie liegt südlich der Alpen und dürfte von Menschen besiedelt worden sein, die aus dem Trentino oder aus der nördlichen Lombardei kamen. Jenseits des Alpenkammes in Graubünden sind bisher keine frühneolithischen Hinterlassenschaften geborgen worden.

Jagdbeutereste von Rothirschen und Wildschweinen in der Nachbarschaft der erwähnten Feuerstellen von Sitten-Planta belegen, daß die Bewohner dieser Siedlung gelegentlich auf die Pirsch gingen. Unter den Tierknochen dieser Fundstelle hatten die von Wildtieren jedoch nur einen äußerst bescheidenen Anteil von 2,3 Prozent.

Ackerbau konnte bei den Ausgrabungen in Sitten-Planta durch Reste von Mahlsteinen zum Zerquetschen der Getreidekörner nachgewiesen werden. Getreidereste und Sicheln für die Ernte fand man nicht, dafür aber Getreidepollen am Montorgesee oberhalb von Sitten.

Knochenfragmente vor allem von Ziegen, Schafen und Rindern, daneben merklich weniger von Schweinen, bezeugen eindeutig die Viehzucht. Der Anteil von Ziegen- und Schafresten unter den Knochenfunden auf dem Planta-Platz in Sitten betrug etwa 50 Prozent, derjenige von Rindern 40 Prozent. Der Rest verteilte sich auf Schweine, Hunde und Wildtiere.

Wie Angehörige anderer jungsteinzeitlicher Kulturstufen dürften diese Menschen in gewissem Umfang Tauschgeschäfte betrieben haben, obwohl sie im Wallis vielleicht nur selten auf Fremde gestoßen sind. Als Tauschobjekte kämen unter anderem seltene Steinarten oder formschöne Schmuckstücke in

Keramikfragment aus dem Frühneolithikum von Sitten-Planta im Kanton Wallis. Höhe 9,7 Zentimeter. Original im Musée cantonal d'archéologie, Sitten.

Betracht. Bei ihrer Einwanderung in die Schweiz hatten diese Bauern womöglich ihre Rinder als Lasttiere eingesetzt hatten.

Die Kleidung bestand wahrscheinlich aus einer Jacke und einem Rock aus Schafwolle. Ohne lederne Schuhe sind Wanderungen über das Gebirge kaum denkbar.

Ein perforiertes Schmuckstück aus einer Muschel der Gattung *Glycymeris* vom Fundort Sitten-Planta dokumentiert die Freude an Schmuck. Kunstwerke und Musikinstrumente konnten nicht nachgewiesen werden.

Die Keramik der Siedler auf dem Planta-Platz wurde aus grobem Ton geformt und schlecht gebrannt. Die ungefähr 50 Tonscherben stammen von Gefäßen mit flachem Boden und Henkeln. Anders als die Tongefäße der zeitgleichen Linienbandkeramischen Kultur (s. S. 466) blieben sie offenbar generell unverziert.

Die Werkzeuge von Sitten-Planta wurden aus Feuerstein oder Bergkristall zurechtgeschlagen oder aus Felsgestein geschliffen. Zwei Drittel der Werkzeuge von dieser Fundstelle bestanden aus durchsichtigem Bergkristall. Dieser Rohstoff wurde vermutlich bei Expeditionen beschafft, bei denen man den Bergkristall in Felsspalten und Klüften der Höhenlagen abbaute. Zum Werkzeuginventar von Sitten-Planta gehören an einem Ende oder an beiden Enden abgestumpfte Klingen, ein geschliffenes Beil aus Grünstein und zwei Bruchstücke von Mahlsteinen.

Reste von Waffen wurden nicht entdeckt. Vielleicht hat man die Waffen beim Weiterziehen mitgenommen. Auf einen nur kurzen Aufenthalt deutet unter anderem die Tatsache hin, daß von den Behausungen in Sitten-Planta an der Erdoberfläche nur wenige Spuren übrigblieben.

Bäuerliche Pioniere in der Nordschweiz

Die Linienbandkeramische Kultur

In den nordschweizerischen Kantonen Schaffhausen und Basel begann die Jungsteinzeit irgendwann in der Zeitspanne zwischen 5500 und 4900 v. Chr., als dort die ersten bäuerlichen Pioniere der Linienbandkeramischen Kultur (s. S. 249) eintrafen. In den meisten anderen Gebieten der Schweiz behaupteten sich weiterhin mittelsteinzeitliche Jäger, Fischer und Sammler.

Die wenigen linienbandkeramischen Fundorte in der Nordschweiz werden von den Prähistorikern als Ableger des in der oberrheinischen Tiefebene in Süddeutschland verbreiteten Zweiges dieser Kultur betrachtet. Man nimmt an, daß die in Süddeutschland und in der Nordschweiz heimischen Linienbandkeramiker aus Südosten kommend an der Donau entlang eingewandert sind. Vermutlich haben die damaligen Pioniere die weiter im Süden liegenden Gebiete der Schweiz gemieden, weil dort die von ihnen besonders geschätzten schweren und fruchtbaren Lößböden fehlten.

Im älteren Teil des meist warmen und feuchten Atlantikums gediehen Eichenmischwälder auf der Alpen-Nordseite, im Schweizer Mittelland und im Schweizer Jura in mittleren Höhenlagen von 1000 bis 1200 Metern über dem Meeresspiegel am besten.

Bewohner dieser Wälder waren unter anderem Braunbären, Auerochsen, Wisente, Rothirsche, Elche, Rehe und Wildschweine. Als Charaktertier dieser Wildfauna gilt der Rothirsch, der im Vergleich zu seinen heutigen Artgenossen sehr viel stattlicher gewesen ist. Die geringere Größe heutiger Rothirsche wurde zum Teil durch den Rückgang der Waldareale bewirkt. Auch die Wildschweine waren zu jener Zeit

kräftiger als die gegenwärtigen. In Flußtälern, Auenwäldern und Sümpfen kamen häufig Biber vor.

In der Schweiz konnten bisher keine Skelettreste von Linienbandkeramikern entdeckt werden.

Auch die Spuren der Besiedlung sind nicht so aussagekräftig wie im benachbarten Süddeutschland. Der erste Nachweis von Linienbandkeramikern in der Schweiz gelang am Tiefenbach bei Gächlingen (Kanton Schaffhausen). Dort stießen die Brüder Hans Vögeli-Schöttli und Otto Vögeli bei Grabungen für den Bau einer Berieselungsanlage auf eine Feuerstelle, ein Pfostenloch und Tonscherben linienbandkeramischer Art. Diese Funde wurden 1953 durch den Prähistoriker Walter Ulrich Guyan[1] aus Schaffhausen publiziert.

Der zweite Nachweis von Linienbandkeramikern in der Schweiz glückte zu Beginn des Jahres 1965 in Bottmingen südlich von Basel (Kanton Basel). In einem etwa 140 Meter langen Graben, den die Gemeinde Bottmingen für die Anlage einer Straße ausheben ließ, fand der Prähistoriker Rolf d'Aujourd'hui aus Basel linienbandkeramische Tonscherben, Feuersteingeräte und -abschläge sowie das Fragment eines Läufersteins, der zum Getreidemahlen benutzt wurde. Bei diesen Funden handelt es sich um Reste der ehemaligen Siedlungsschicht. Der Fundort liegt etwa 300 Meter von einem Bach entfernt, der einst die Versorgung der Bewohner mit Trinkwasser sicherte.

Die spärlichen Hinterlassenschaften der Linienbandkeramiker in der Nordschweiz sagen wenig über das Leben dieser Menschen aus. Man kann jedoch ähnliche Verhältnisse wie im benachbarten Süddeutschland annehmen, wo zahlreiche Funde aus dieser Kultur vorliegen (s. S. 249).

Tonscherben der Linienbandkeramischen Kultur von Gächlingen im Kanton Schaffhausen. Länge der großen Scherbe (links) 4,4 Zentimeter, der kleinen Scherbe (rechts) 2,3 Zentimeter. Originale im Museum zu Allerheiligen, Schaffhausen.

Ein Glücksfall für die Prähistoriker

Die Funde von Sitten-Sous-le-Scex

Aus der ersten Hälfte des 5.Jahrtausends v. Chr. kennt man bisher nur wenige Spuren von der Anwesenheit urgeschichtlicher Menschen auf Schweizer Gebiet. Dazu gehören vor allem die Funde aus Sitten-Sous-le-Scex[1] im Kanton Wallis.

Im Mittelland herrschten damals die Eichenmischwälder vor, während im trockeneren Mittelwallis die unteren Höhenlagen von lichten Kiefern- und Eichenwäldern geprägt wurden, die sich in Höhen von etwa 1000 Metern auszubreiten begannen.

Von den Menschen von Sitten-Sous-le-Scex zeugen keine menschlichen Knochenfunde oder aussagekräftige Siedlungsspuren, sondern lediglich Knochenfunde von Haustieren, die von Rindern und Ziegen stammen.

Die Fundschicht, in der die Haustierreste zum Vorschein kamen, wurde auf ein Alter zwischen etwa 5200 und 4700 v. Chr. datiert. Dies entspricht teilweise der Zeit, zu der in Norditalien die Bocca-quadrata-Kultur[2] (etwa 4800 bis 3800 v. Chr.) verbreitet war. Angehörige dieser Kultur, die durch Tongefäße mit quadratischen Mündungen gekennzeichnet ist, sind – nach den Funden auf dem Felsen des Castel Grande von Bellinzona zu schließen – bis in den Kanton Tessin vorgedrungen. Auf Beziehungen zu Norditalien weist auch eine Schale der Bocca-quadrata-Kultur von Saint-Léonard im Kanton Wallis hin.

Der Fundort Sous-le-Scex am Fuße des Felsens von Valeria und am Rande des Flusses Sionne galt unter Prähistorikern schon seit etlichen Jahren als eine günstige Gegend für die Entdeckung von urgeschichtlichen Siedlungen, da man in seiner Umgebung bereits mehrfach prähistorische Objekte gefunden hatte. Beispielsweise wurden 1976 an dem benachbarten Ort Sous-Tourbillon einige Steinkistengräber vom Typ Chamblandes aus der Cortaillod-Kultur (s. S.482) aufgedeckt. Zudem verwiesen verschiedene geologische Bohrungen aus dem Jahre 1983 auf die Existenz einer ungewöhnlich hohen Zahl lehmiger Niveaus, in denen man archäologische Funde erwartete. Tatsächlich hat sich diese Hoffnung erfüllt. Mitarbeiter von Alain Gallay, die im April 1984 die umfangreichen Erdarbeiten für den Bau einer Tiefgarage auf dem Planta-Platz in Sitten überwachten (s. S.464), entdeckten bei der Kontrolle von Bauarbeiten in Sous-le-Scex zunächst die Ruinen einer altchristlichen Grabkirche. Eine Tiefensondierung zwischen der Kirche und dem Fuß des Felsens von Valeria bestätigte, daß zahlreiche urgeschichtliche Siedlungsniveaus vorhanden waren. Daraufhin entschloß sich die Abteilung für Anthropologie der Universität Genf zu sofortigen Ausgrabungen.

Bei diesen Ausgrabungen wurde eine acht Meter mächtige Schicht untersucht. Sie besteht aus Kiesschichten der Sionne und von Wind angewehtem Löß, der durch Wassertransport unterschiedlich geschichtet und mit groben Gefällablagerungen aus dem diese Zone überragenden Felsen vermischt ist. Innerhalb des Schichtpaketes wurden sechs aufeinanderfolgende Schichten unterschieden. Die unterste und älteste davon besteht aus Anschwemmungen der Sionne, die mindestens aus der Zeit vor 6000 v. Chr., also aus der späten Mittelsteinzeit, stammen. Darüber befanden sich mehrere lehmige Niveaus,

Geschliffenes Steinbeil vom Weg über den Theodulpaß bei Zermatt im Wallis. Länge 34,5 Zentimeter. Original im Alpinen Museum Zermatt.

die sich mit dünnen Sandschichten abwechselten. Diese untere lehmige Schicht enthielt die erwähnten Knochenreste von Rindern und Ziegen aus der Zeit zwischen 5200 und 4700 v. Chr. Sonst konnten keine weiteren Anzeichen für die Anwesenheit von Menschen nachgewiesen werden. Die Haustierknochenreste dokumentieren nur, daß hier Bauern am Ufer der Sionne ihr Vieh weiden ließen.

Über den lehmigen Niveaus mit den Haustierresten wurden weitere Anschwemmungen der Sionne gefunden. Darauf folgte eine etwa zwei Meter mächtige Lehmschicht mit Siedlungsspuren aus der zweiten Hälfte des Frühneolithikums[3], die auf etwa 4500 bis 4100 v. Chr. datiert wurde. Sie stammten aus einer Zeit, in der in anderen Gebieten der Schweiz die Egolzwiler Kultur (s. S.472) und die Lutzengüetle-Kultur (s. S.475) existierten.

Der nächste Horizont in Sous-le-Scex gehörte bereits in die Anfangszeit des Mittelneolithikums, das um 4000 v. Chr. beginnt und bis etwa 2800 v. Chr. reicht. Er enthielt unverzierte Keramik der Cortaillod-Kultur (etwa 4000 bis 3500 v. Chr.), die mit derjenigen des Fundortes Petit-Chasseur in Sitten (s. S.482) vergleichbar ist. Zu dieser Siedlung in Sous-le-Scex gehörten auch zwei Steinkistengräber vom Typ Chamblandes, die vielleicht schon um 3900 v. Chr. angelegt wurden.

Es folgte ein weiterer Horizont des Mittelneolithikums mit Keramikresten der jüngeren Cortaillod-Kultur, die mit Rillen verziert sind und mit denen von Saint-Léonard (s. S.478) verglichen werden können. Diese Funde sind vielleicht aus der Zeit vor 3500 v. Chr. Darüber lagern eine Schicht aus dem Spätneolithikum (etwa 2800 bis 2300 v.Chr.), ein durch Keramik der Frühbronzezeit gekennzeichnetes Niveau, zwei Gräber aus der Frühbronzezeit, drei Meter starke Anschwemmungen der Sionne ohne archäologische Funde sowie obere Lehmschichten mit Objekten aus der Spätbronzezeit (etwa 1200 bis 750 v. Chr.) und der Latènezeit (etwa 450 v. Chr. bis Christi Geburt) und zu allerletzt die Reste der altchristlichen Grabkirche.

Die aus unterschiedlichen Zeiten stammenden Funde von Sitten-Sous-le-Scex lieferten wichtige Anhaltspunkte für die

Tongefäß der Bocca-quadrata-Kultur mit quadratischer Mündung vom Felsen des Castel Grande von Bellinzona im Tessin. Original im Ufficio cantonale dei monumenti storici, Bellinzona.

Abfolge der jungsteinzeitlichen Kulturen im Wallis. Sie beweisen vorerst, daß im Wallis die Anfänge der Landwirtschaft viel weiter zurückreichen als im Mittelland. Zudem zeugen sie von einer auffällig dichten Besiedelung der Gegend von Sitten in der Jungsteinzeit.

Irgendwann zwischen 5000 und 4300 v. Chr. ist auch der Kanton Waadt von jungsteinzeitlichen Bauern besiedelt worden. Davon zeugen Siedlungsspuren im Abri Freymond am Col du Mollendruz mit vier Feuerstellen, deren hohes Alter durch C-14-Datierungen ermittelt wurde. Die dort geborgenen Reste von Tongefäßen weisen Randkerben auf, die vielleicht zeitgleich mit solchen aus der in Deutschland verbreiteten Rössener Kultur (s. S. 292) und der Bischheimer Gruppe (s. S. 307) sind. Eine sogenannte Knickschale und von hinten herausgestoßene Knubben deuten auf Verbindungen zu der in Frankreich heimischen Chassey-Kultur (vin etwa 4600 bis 3500 v. Chr.) hin.

In die Zeit von etwa 5000 bis 4500 v. Chr. wird eine Beilklinge datiert, die 1959 im Zusammenhang mit einer Tunnelbohrung in der Nähe des Weges über den 2400 Meter hohen Theodulpaß bei Zermatt (Kanton Wallis) entdeckt wurde.[4] Die 34,30 Zentimeter lange Beilklinge ist aus grünem Eklogit geschliffen worden. Dabei handelt es sich um ein in den Alpen und in der Bretagne vorkommendes Gestein, das hohem Druck ausgesetzt

war. Nach der Anordnung gewisser Mineralien hat man die Beilklinge in der Gegend von Nantes hergestellt, wo Eklogit auf 100 Kilometer Länge an der Erdoberfläche vorkommt.

Auf eine Herkunft aus der Bretagne könnte auch die Form dieses Fundes hinweisen. Der ovale Querschnitt und der spitze Nacken der Beilklinge sind typisch für Klingen vom Carnac-Typ, wie sie aus Carnac (s. S. 242) in Frankreich bekannt sind. Allerdings begegnet man dieser Form auch häufig in der Cortaillod-Kultur (s. S. 476). In Carnac wurden Steinbeile mit Klingen dieser Art in Großsteingräbern (Dolmen) gefunden und manchmal auf Teilen derselben dargestellt. Der Fund belegt Tauschgeschäfte und Fernverbindungen für diese frühe Zeit. Er gilt unter den in der Bretagne hergestellten Beilklingen als das am weitesten vom Ursprungsort entfernte Stück.

Die Beilklinge, die am Weg über den Theodulpaß gefunden wurde, läßt sich als Indiz für gelegentliche oder regelmäßige Nutzungen der weidenreichen Höhenlagen durch die jungsteinzeitlichen Schafzüchter im Wallis deuten. Manche Prähistoriker vermuten, daß solche Beilklingen von Schäfern stammten, die den Theodulpaß überquerten, um über Valtournanche ins Aostatal zu gelangen. Sollte dies zutreffen, wäre dieser im Gegensatz zur Gegenwart damals nicht vereist gewesen. Angesichts des in der Jungsteinzeit milderen Klimas ist das durchaus denkbar.

Die Anfänge der Pfahlbauforschung an den Schweizer Seen

Eines der schillerndsten Kapitel in der Geschichte der Archäologie Mitteleuropas ist das der Entdeckung und Erforschung der sogenannten »Pfahlbauten«[1], von denen schon die Rede war (s. S. 230, 349). Unter diesem Begriff versteht man Häuser und Dörfer, von denen man annahm, daß sie auf Pfählen in einem See errichtet wurden, wobei ihre Böden deutlich vom Wasser abgehoben waren. Heute weiß man, daß die früher als »Pfahlbauten« bezeichneten Dörfer meist ebenerdige Seeufersiedlungen gewesen sind, deren Reste später durch Ansteigen des Seespiegels überflutet wurden. Echte Pfahlbausiedlungen mit abgehobenen Böden an überschwemmungsgefährdeten Seeufern waren relativ selten.

In der Schweiz sind die ersten Seeufersiedlungen am ehemaligen Wauwiler See (Kanton Luzern) und am Zürichsee (Kanton Zürich) bereits in der Jungsteinzeit von Bauern der Egolzwiler Kultur (s. S. 472) ab etwa 4500 v. Chr. errichtet worden. Später gründeten andere jungsteinzeitliche Kulturen ebenfalls Seeufersiedlungen. Dazu gehörten außer der Egolzwiler Kultur die Cortaillod-Kultur (s. S. 476), die Pfyner Kultur (s. S. 485), die Horgener Kultur (s. S. 489), die Saône-Rhone-Kultur (s. S. 499), die Schnurkeramischen Kulturen (s. S. 502) und die Glockenbecher-Kultur (s. S. 505).

Seeufersiedlungen gab es auch während der ganzen Bronzezeit von etwa 2300 bis 750 v. Chr. in der Schweiz.

Diese Siedlungsform mußte erst zu Beginn der vorrömischen Eisenzeit in der Hallstattzeit um 750 v. Chr. aufgegeben werden, als eine Klimaverschlechterung den Wasserspiegel der Schweizer Seen ansteigen ließ. Demnach hat es in der Schweiz mehr als dreieinhalb Jahrtausende lang auf den Uferstreifen von Seen immer wieder Bauerndörfer gegeben. Ähnlich war es in Süddeutschland, Österreich, Oberitalien und Ostfrankreich. Bei der Erforschung der Seeufersiedlungen und Pfahlbaudörfer haben Schweizer Laienforscher und Wissenschaftler wertvolle Pionierarbeit geleistet. Sie entdeckten die ersten solcher Siedlungen, untersuchten sie, bargen Funde und regten durch ihre Veröffentlichungen, welche die damalige Fachwelt aufhorchen ließen, Interessierte in anderen Ländern Europas zur Nachahmung an.

Die bei Niedrigwasserständen sichtbaren Pfahlreste der einst an Seen gelegenen Siedlungen sind bereits den Menschen aus dem Mittelalter aufgefallen. Einen diesbezüglichen Hinweis findet man in einem 1472 geschlossenen Grenzvertrag zwischen dem Fürstbistum Basel und der Stadt Bern. Darin hat man Überreste eines »Pfahlbaues« im Bieler See (Kanton Bern) unter der Bezeichnung »in den Pfählen« als altbekannte Stelle zum Grenzpunkt ausgewählt. Sichtbar gemacht wurde dieser Grenzpunkt durch die sogenannte Eherne Hand[2], die man auf einem Pfahlrost im See aufstellte. Der Rücken der Hand war der Berner Seite zugekehrt und weist das Berner Wappen auf. Die Hand zeigt die ausgestreckten Schwurfinger.

1548 kamen Pfahlreste aus Arbon (Kanton Thurgau) und Rorschach (Kanton Sankt Gallen) in der Schweizer Chronik des Dekans Johannes Stumpf (1500–1577) aus Stein zu literarischen Ehren. Darin wurde erwähnt, daß im Bodensee starke und breite Pfähle von Gebäuden auf dem Seegrund zu erkennen seien. Der Bürgermeister von Sankt Gallen, Joachim Vadian[3] (1484–1551), deutete sie richtig als Überreste alter Siedlungen.

1768 erwähnte der Stadtschreiber von Nidau, Abraham Pagan (1729–1783), in einer historischen Beschreibung der Vogtei

Die erste Rekonstruktion eines »Pfahlbaues« durch den Zürcher Prähistoriker Ferdinand Keller (1800–1881) zeigt den 1854 am Zürichsee zwischen Obermeilen und Dollikon entdeckten »Pfahlbau«. Diese Lithographie ist in dem Buch Kellers mit dem Titel »Die keltischen Pfahlbauten in den Schweizer Seen« abgebildet. Die Siedlung wird als im Wasser stehender »Pfahlbau« dargestellt.

Der Zürcher Prähistoriker Ferdinand Keller (1800–1881) hat als erster die »Pfahlbauten« wissenschaftlich erforscht. Hierüber berichtete er seit 1854 fortlaufend in seinen Pfahlbauberichten.

Nidau und des Tessenberges Pfähle aus dem Bieler See, die nach seiner Auffassung von einem Gebäude oder – was er für wahrscheinlicher hielt – von einer Fischfangkonstruktion stammen sollten. Auch in der Folgezeit stieß man immer wieder in Schweizer Seen auf Pfähle.

Die bis Anfang des 19. Jahrhunderts in den Schweizer Seen entdeckten Pfähle wurden durch den Archäologen Franz Ludwig Haller (1755–1838) aus Königsfelden und den Pfarrer Charles Morel (1772–1848) aus Corgémont als Hinterlassenschaften römischer Bauten gedeutet. Ende der zwanziger Jahre des 19. Jahrhunderts sah der Schriftsteller und Historiker Sigmund von Wagner (1759–1835) aus Bern in einem »Pfahlbau« im Bieler See das Fundament der keltisch-römischen Stadt Noidenolex.

Als der erste Entdecker von »Pfahlbauten« im Bieler See gilt der einstige Inselschaffner Wilhelm Irlet-Engel (1802–1857) aus Twann. Er informierte 1846 den Notar Emanuel Müller (1800–1858) in Nidau und den Oberst Friedrich Schwab (1803–1869) in Biel darüber, daß sich in der Bucht von Mörigeneggen eine erhöhte Stelle befinde, an der man Bruchstücke von Tongefäßen bergen könne. Daraufhin stellte Müller Nachforschungen an, sammelte die von Fischern geborgenen Gegenstände und legte eine erste Sammlung von »Pfahlbaufunden« an.

Müller wird als der erste bedeutende Pfahlbauforscher am Bieler See betrachtet. Er informierte 1849 den Präsidenten der Antiquarischen Gesellschaft in Zürich, Ferdinand Keller (1800–1881), über seine Funde und machte diese auch den Archäologen Albert Jahn (1811–1900) aus Bern sowie Frédéric Louis Troyon (1815–1866) aus Lausanne bekannt.

1852 erhielt der Notar Müller von einem Fischer einige Tonscherben aus dem »Pfahlbau« von Nidau im Bieler See, der bis dahin als vermeintliches römisches Kastell galt und nicht erforscht worden war. Da die Keramikreste denen von Mörigen im Bieler See ähnelten, beuteten Müller und Schwab diese Fundstelle aus.

Besonders erfolgreich verlief die Suche nach Pfahlbauresten im Winter 1853/54. Damals war es im Gebiet der Schweizer Alpen so trocken, daß der Wasserspiegel in den Seen stark sank. Nun waren viele ehemalige Seeufersiedlungen sichtbar und leicht zugänglich. Auch im Zürichsee fiel der Seeboden im milden Winter 1853/54 in den Randbereichen trocken. Dadurch witterten Besitzer von Grundstücken am Seeufer die Chance, neues Land gewinnen zu können. Sie errichteten in den neu entstandenen Trockengebieten rasch Dämme, damit das eventuell wieder ansteigende Wasser den Zuwachs an Grund nicht zunichte machen konnte. Der neue Boden wurde zudem bis zur Uferhöhe mit Seeablagerungen (Letten) aufgefüllt. Bei deren Entnahme entdeckte man am Zürichsee zwischen Obermeilen und Dollikon Siedlungsspuren, zwischen denen Pfähle erkennbar waren. Von diesen Funden hörte im Frühjahr 1854 auch der Lehrer Johannes Aeppli (1815–1886) aus Obermeilen. Er sah sich die Funde an und schickte Proben davon an die Antiquarische Gesellschaft in Zürich, deren Präsident – wie erwähnt – Ferdinand Keller war. Letzterer entschloß sich noch 1854 zu Grabungen. Damit begann die eigentliche wissenschaftliche Erforschung der »Pfahlbauten«, über die Keller fortlaufend in seinen Pfahlbauberichten[4] informierte.

Ebenfalls 1854 besuchte Keller den Bieler See, von dessen Funden er durch den Notar Müller erfahren hatte. Müller kannte damals bereits sechs »Pfahlbauten« im Bieler See.

Ferdinand Keller nahm 1854 an, daß die »Pfahlbauten« auf einer gemeinsamen Plattform in Seen errichtet worden seien. Seine Ansicht gründete offenbar auf Reisebeschreibungen anderer Autoren. So erwähnten der französische Forscher Jules Dumont d'Urville (1780–1842) und der britische Weltumsegler James Cook (1728–1779) große pfahlgetragene Häuser im Wasser aus dem Westen Neuguineas bzw. von Neuseeland.

1856 glückte in Süddeutschland die erste Entdeckung eines »Pfahlbaues«. Der Bauer und Ratsschreiber Kaspar Löhle (1799–1878) aus Wangen stieß im Bodensee bei Wangen auf Siedlungsspuren und begann sofort mit deren Bergung.

Ab Ende der fünfziger Jahre des 19. Jahrhunderts beteiligte sich der Geologe Victor Gilliéron (1826–1890) aus Neuenburg an der Erforschung der »Pfahlbauten«. Er untersuchte Siedlungsspuren im Bieler See in Schaffis, auf der Kanincheninsel und beim alten Zihlschloß in der alten Thiele.

Der Geologe Édouard Désor (1811–1882) aus Neuenburg ließ zu jener Zeit durch Fischer aus Lattrigen Funde aus dem Bieler See sammeln. Es folgten die Entdeckungen der »Pfahlbauten« bei Lüscherz, Lattrigen, Hagneck, Landeron und Sutz im Bieler See.

Oberst Schwab, der schon 1856 die Pfahlbausammlung von Notar Müller aus Nidau übernommen hatte, schickte seine Ver-

Der Notar Emanuel Müller (1800–1858) aus Biel machte sich als erster Pfahlbauforscher am Bieler See im Kanton Bern verdient. Er trug eine bedeutende Sammlung von Pfahlbaufunden zusammen.

trauensleute auch zum Murtensee und Neuenburger See und untersuchte selbst den Sempacher See und den Baldegger See. 1864 begann in Österreich die Erforschung der »Pfahlbauten« (s. S. 448). Damals wurde im Keutschacher See in Kärnten der erste »Pfahlbau« untersucht.

1866 kannte man in der Schweiz bereits etwa 200 »Pfahlbauten«, von denen die meisten nach heutiger Kenntnis in Wirklichkeit Seeufersiedlungen gewesen sind. Davon lagen am Neuenburger See 51, am Genfer See 27, am Bieler See 20, am Murner See 18 und am Zürichsee 10 Stationen. Weitere Siedlungen hatte man am Bodensee, Sempacher See, Greifensee, Zuger See und Pfäffiker See aufgespürt. Sie stammen teilweise aus der Jungsteinzeit und teilweise aus der Bronzezeit.

Damit war die Erforschung der »Pfahlbauten« in der Schweiz aber noch lange nicht beendet. 1869 untersuchte der Geologe Edmund von Fellenberg (1830–1902) aus Bern den »Pfahlbau« Lüscherz im Bieler See. Dieser verdiente Forscher war der Begründer und erste Leiter des Historischen Museums von Bern.

1869 erhielt die Stadt Biel nach dem Tod von Oberst Schwab dessen Pfahlbausammlung als Geschenk. Sie wird im Museum Schwab in Biel aufbewahrt, das nach dem Spender benannt wurde.

Seit 1873 wurde Fellenberg bei den Grabungen im »Pfahlbau« Lüscherz durch den Arzt Victor Groß (1845–1920) aus Neuenstadt unterstützt, mit dem er sich zeitweise abwechselte.

1873 verbot die Regierung private Grabungen oder Bergungen in den »Pfahlbauten«. Mit den Ausgrabungen wurden Edmund

von Fellenberg und – bei dessen Abwesenheit – Eduard von Jenner (1830–1917) aus Bern beauftragt.

Jenner grub am 3. September 1873 den »Pfahlbau« Lüscherz im Bieler See aus. Am 2. Oktober 1873 untersuchte er den »Pfahlbau« in der Bucht von Mörigen im Bieler See, wo Fellenberg die Arbeiten fortsetzte. Außerdem grub Fellenberg bei Schaffis in der Nähe von Ligerz. Weitere Ausgrabungen erfolgten in Gerolfingen, auf der Petersinsel, auf dem Heidenweg und in Twann am Bieler See. 1874 wurde die »Pfahlbaustation« bei Vingelz unweit von Biel entdeckt, und 1875 grub der Arzt Groß aus Neuenstadt den ebenfalls am Bieler See gelegenen »Pfahlbau« von Sutz aus.

Einige Jahrzehnte später beteiligte sich der Pfarrer Carl Irlet (1879–1953) aus Twann an der Erforschung der »Pfahlbauten«. Er entdeckte zwei »Pfahlbauten« aus Wingreis und barg einen Teil der dortigen Hinterlassenschaften. An diesen archäologisch interessierten Geistlichen erinnert heute noch das Pfahlbaumuseum Dr. Carl Irlet in Twann.

In den Jahrzehnten nach der Entdeckung des »Pfahlbaues« von Obermeilen am Zürichsee von 1854 kam es zu zahlreichen Veröffentlichungen in Zeitschriften und Büchern über die »Pfahlbauten« und das Leben in denselben. Auch Dichter und Maler nahmen sich des Themas an. Diese Pionierphase in der Erforschung der »Pfahlbauten« nennt man heute Pfahlbauromantik.

Zweifel daran, daß die »Pfahlbauten« im Wasser gestanden hätten, kamen erste einige Jahrzehnte später auf. Zu den ersten, die das romantisch verklärte Bild der »Pfahlbauten« korrigierten, gehörte der deutsche Prähistoriker Hans Reinerth (1900–1990). Er kam nach seinen großen Grabungen im Federseegebiet in Baden-Württemberg zu dem Schluß, die Siedlungen seien am Ufer angelegt und nur jeweils bei Hochwasser vom See aus erreicht worden.

Erst seit 1970 geht die Fachwelt – gestützt auf moderne Grabungen – davon aus, daß es neben den ebenerdigen Seeufersiedlungen auch echte Pfahlbaudörfer gab, deren Häuser vom Wasser abgehobene Böden besaßen.

Oberst Friedrich Schwab (1803–1869) aus Biel gilt als einer der Pioniere bei der Erforschung der »Pfahlbauten« am Bieler See. Auf dem Foto ist er im Alter von 60 Jahren zu sehen.

Die ersten Seeufersiedlungen

Die Egolzwiler Kultur

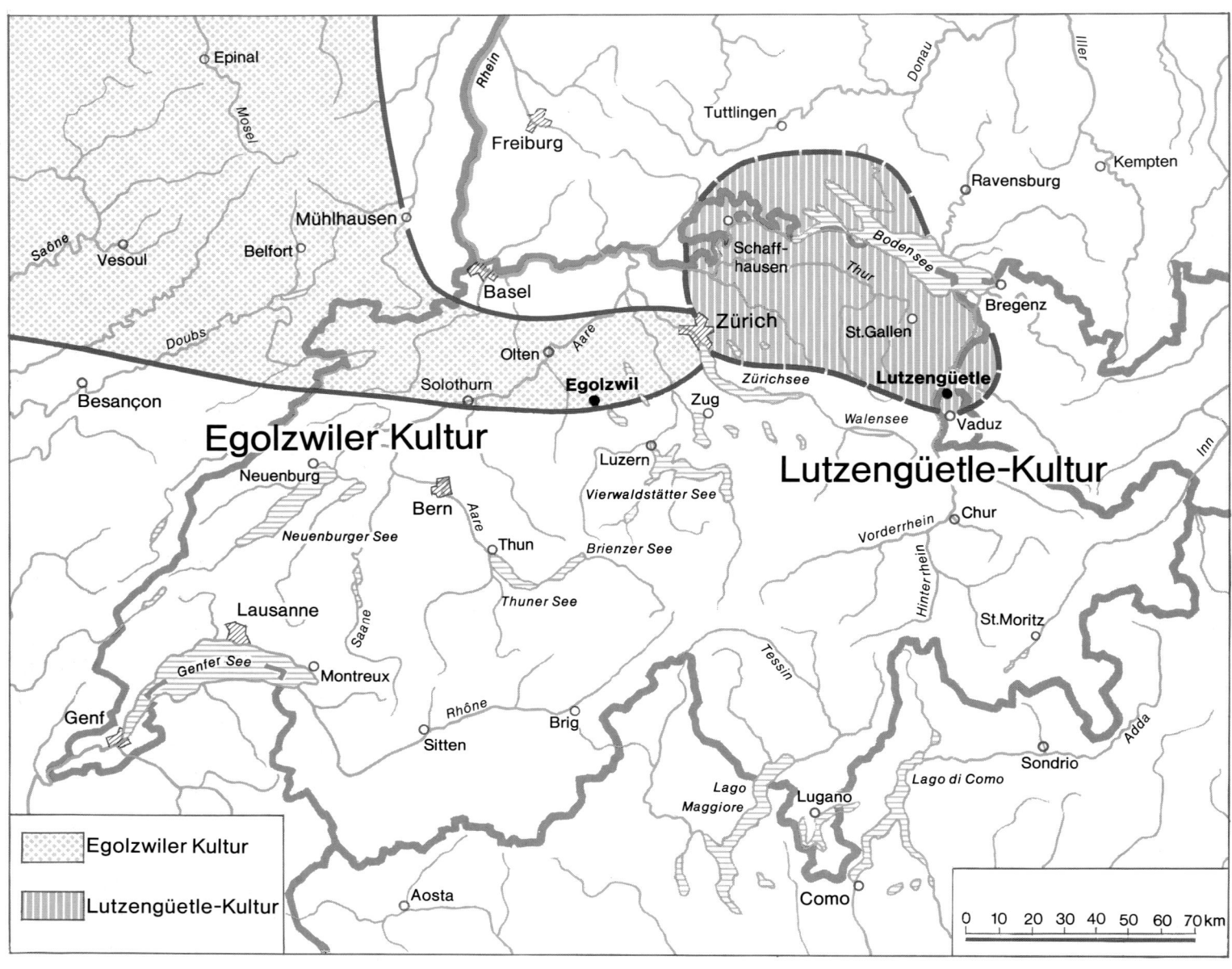

Verbreitung der Egolzwiler Kultur und der Lutzengüetle-Kultur in der Schweiz sowie im Fürstentum Liechtenstein.

In den Kantonen Bern, Solothurn, Luzern und Zürich setzten sich die für den Beginn der Jungsteinzeit kennzeichnenden Errungenschaften Ackerbau, Viehzucht und Töpferei erst ab der Egolzwiler Kultur (etwa 4500 bis 4000 v.Chr.) durch. Zu dieser Zeit ging in den genannten Kantonen, in denen sich bis dahin noch mittelsteinzeitliche Jäger, Fischer und Sammler behauptet hatten, die Mittelsteinzeit zu Ende. Nun begann auch in diesen Gebieten die »neolithische Revolution« (s. S. 233).

Den Begriff Egolzwiler Kultur hat 1951 der Zürcher Prähistoriker Emil Vogt (1906–1974, s. S. 515) vorgeschlagen. Der Name bezieht sich auf die Seeufersiedlung Egolzwil 3 innerhalb der gleichnamigen Gemeinde am ehemaligen Wauwiler See im Kanton Luzern. Egolzwil 3 wurde in den Jahren 1930 bis 1932 durch den Schlossermeister Franz Graf (1880–1947) aus Schötz entdeckt, von 1950 bis 1952 durch den Prähistoriker

Vogt und von 1985 bis 1988 durch das Schweizerische Landesmuseum, Zürich, erforscht.

Die Egolzwiler Kultur fiel in die zweite Hälfte des Atlantikums. Das Klima war noch immer relativ warm und feucht, wahrscheinlich aber schon deutlich unbeständiger als im älteren Atlantikum, da um 4000 v.Chr. eine Kälteschwankung, die sogenannte Göschener Schwankung[1], zu Ende ging.

Pollendiagramme aus dem ganzen Schweizer Mittelland zeigen für das jüngere Atlantikum Eichenwälder mit hohem Buchenanteil oder schon Buchenwälder mit noch beachtlichem Eichenanteil. Dagegen herrschten im Schweizer Jura (außer dem Jura-Südfuß) Eichenmischwälder mit einem sehr hohem Tannen- und Buchenanteil und in der Ostschweiz Fichten-Tannen-Wälder mit einem je nach Höhenlage unterschiedlichen Anteil Eichen vor. Die Eichenmischwälder des älteren Atlantikums gab es nicht mehr, da Ulmen, Linden und teilweise auch

Eschen schon sehr stark zurückgegangen oder gar verschwunden waren.

Im Wauwiler See schwammen neben mancherlei Fischarten auch Fischotter und Biber. In der Umgebung dieses Gewässers lebten unter anderem Rothirsche, Rehe, Wildschweine, Braunbären, Elche, Luchse und Igel. Knochenreste von all diesen Tierarten wurden bei den Ausgrabungen in der Seeufersiedlung Egolzwil 3 gefunden.

Von den Egolzwiler Leuten hat man bisher keine Skelettreste entdeckt.

Bevor die Angehörigen der Egolzwiler Kultur ihre Siedlungen errichten und Äcker anlegen konnten, mußten erst Lichtungen in den dichten Urwald geschlagen oder über Brandrodung solche geschaffen werden. Die Bauern fällten die Bäume mit Hilfe von Steinbeilen, die mit Holzschäften versehen waren, und verwendeten sie als Bauholz für ihre Häuser, die sie vermutlich mit Schilf bedeckten.

Die Menschen der Egolzwiler Kultur wählten häufig Seeufer als Standorte für ihre Siedlungen. Vielleicht hatte dies den Vorteil, daß deren dem Gewässer zugewandte Seite manchmal nicht so hoch bewaldet war, weshalb mitunter das Roden entfiel. Außerdem bot der nahe See reichlich Wasser und Gelegenheit zum Fischfang und zur Jagd auf die zur Tränke kommenden Wildtiere.

Die in der Nachbarschaft von Gewässern erbauten Dörfer der Egolzwiler Leute gelten als die ältesten jungsteinzeitlichen Seeufersiedlungen der Schweiz.

Zur Seeufersiedlung Egolzwil 3 am Wauwiler See gehörten Rechteckhäuser von etwa 8 Meter Länge und 4 bis 5 Meter Breite, in denen zahlreiche immer wieder neu angelegte Herdstellen nachgewiesen wurden. Der Fußboden in den Behausungen bestand aus dicken Rindenlagen, die vor Bodenfeuchtigkeit schützen sollten. Die Siedlung war von einem Zaun umgeben, der wahrscheinlich das Vieh am Ausbrechen hindern sollte. Doch muß auch der Abwehrcharakter dieser mindestens 2,50 Meter hohen Einfriedung in Betracht gezogen werden. Die stehenden Pfosten hatten einen Durchmesser bis zu 25 Zentimetern und waren 3 Meter tief in der Seekreide verankert.

Außer Egolzwil 3 gehören auch die Seeufersiedlungen Egolzwil 2, Schötz 1 und Wauwil 1 am einstigen Wauwiler See zur Egolzwiler Kultur. Diese Siedlungen wurden allesamt durch den Seidenfabrikanten Rudolf Suter (1789–1875) aus Zofingen sowie durch den damals am Bahnbau beschäftigten Ingenieur Vinzenz Nager (1822–1889) aus Luzern entdeckt und ausgewertet. Die nach heutigen Maßstäben unsachgemäß durchgeführten Bergungsaktionen aus dieser Zeit sind der Grund dafür, daß über diese Siedlungen keine konkreten Aussagen möglich sind.

In die Egolzwiler Kultur werden auch die Siedlungsspuren aus der Schicht 5 an der Fundstelle Kleiner Hafner in Zürich datiert. Diese Seeufersiedlung am Zürichsee hat etwa zwischen 4400 und 4200 v.Chr. existiert. Auch dort zeugen vor allem Keramikreste von der Anwesenheit der ehemaligen Bewohner.

Die Egolzwiler Leute waren in erster Linie Ackerbauern und Viehzüchter. Manchmal gingen sie jedoch auch mit Pfeil und Bogen auf die Jagd. Dabei erlegten sie vor allem Rehe und Wildschweine.

Reste von Einkorn, Emmer, Nacktweizen und mehrzeiliger Gerste aus Siedlungen der Egolzwiler Kultur beweisen den Anbau dieser Getreidearten. Außerdem fand man häufig Erb-

Tönernes Vorratsgefäß der Egolzwiler Kultur von Egolzwil 3 am ehemaligen Wauwiler See im Kanton Luzern. Dabei handelt es sich um eine sogenannte rundbodige Flasche mit drei Ösen, die das Aufhängen des Gefäßes mit Schnüren ermöglichten. Höhe 34 Zentimeter. Original im Schweizerischen Landesmuseum Zürich.

sen. Schlafmohn diente vermutlich als Nahrungs- und Öllieferant. Die seltenen Leinfunde deuten auf die Herstellung leinener Erzeugnisse hin. Vom Ackerbau zeugen zudem Erntesicheln mit geradem Holzschaft und darin eingesetzter Feuersteinklinge.

In den Seeufersiedlungen Egolzwil 3 und Kleiner Hafner überwogen auffälligerweise die Knochenreste von Schweinen und Ziegen, während diejenigen von Rindern ausgesprochen selten waren. Manche Prähistoriker nehmen deshalb an, daß die Egolzwiler Leute die wenigen Rinder von anderen Stämmen eingetauscht haben.

Die Nahrung der Egolzwiler Leute war vielseitig. Gegessen wurden vor allem Speisen aus Getreidekörnern und -mehl sowie Erbsen. Das Fleisch geschlachteter Haustiere und Wildbret war nach den Abfällen zu schließen von untergeordneter Bedeutung. Daneben hat man saisonal wildwachsende Haselnüsse, Brombeeren und Himbeeren in großen Mengen gesammelt und gegessen.

Zum Leben dieser Ackerbauern und Viehzüchter dürften auch in gewissem Umfang betriebene Tauschgeschäfte gehört haben, bei denen – wie die neuesten Grabungen zeigten – man

Axtschäfte aus Eschenholz von Egolzwil 3 im Kanton Luzern. Länge des größeren Schaftes in der Mitte des Bildes 66 Zentimeter. Originale im Schweizerischen Landesmuseum Zürich.

cherlei begehrte oder seltene Produkte (beispielsweise Schmuck) den Besitzer wechselten. Über das Verkehrswesen ist nicht viel bekannt. Sollten die Egolzwiler Leute tatsächlich selbst keine Rinder gezüchtet haben, hätte es nicht einmal Tragtiere gegeben.

Die Anhänger aus dem Gehäuse großer Meeresschnecken vom Mittelmeer, die in Egolzwil 3 gefunden wurden, belegen Tauschgeschäfte. Höhe des größeren Anhängers etwa 5,6 Zentimeter, Breite 6 Zentimeter. Original im Schweizerischen Landesmuseum Zürich.

Der Anbau von Lein und die Schafzucht deuten darauf hin, daß für die Kleidung der Egolzwiler Bauern – abgesehen von Fasern aus Wildpflanzen und Lindenbast – auch Leinen oder Schafwolle zur Verfügung standen. Für die Schuhe käme Leder als Rohmaterial in Frage. Schmuckstücke sind erst jüngst entdeckt worden. Kunstwerke und Musikinstrumente konnte man noch nicht nachweisen.

Die Bruchstücke von Tongefäßen an Fundplätzen der Egolzwiler Kultur stammen meistens von unverzierten, weitmündigen Kochtöpfen, sack- und eiförmigen Behältnissen bzw. Tonflaschen. Diese Tongefäße besaßen stets halbkugelige Böden und leistenförmige, senkrecht durchlochte Hängeösen, aber auch Henkelösen. Nur die Kochtöpfe mit Henkelösen eigneten sich dazu, mittels Haltestäben auf den Boden gestellt zu werden. Gefäße mit vertikalen, feingliedrigen Ösen sowie Flaschen mit horizontalen Bandösen wurden an Schnüren aufgehängt.

Zum Werkzeuginventar der Seeufersiedlung Egolzwil 3 gehörten Erntesicheln mit langen Feuersteinklingen, die man zurechtgeschlagen hatte, sowie Felsgesteinklingen, deren Form man zunächst roh zugehauen und dann überschliffen hatte. Am gleichen Fundort stieß man auch auf steinerne Pfeilspitzen, welche die Verwendung von Pfeil und Bogen als Fernwaffe für die Jagd und den Kampf belegen.

Über das Bestattungswesen und die Religion der Egolzwiler Leute wissen wir nichts.

Ihr Name erinnert an eine Bergkuppe

Die Lutzengüetle-Kultur

In den Schweizer Kantonen Zürich, Schaffhausen und Graubünden sowie in einigen Gebieten Baden-Württembergs existierte von etwa 4500 bis 4000 v. Chr. eine Kultur, deren namengebender Fundort in Liechtenstein liegt. Sie wurde 1964 von dem Zürcher Prähistoriker Emil Vogt (s. S. 515) als Lutzengüetle-Kultur bezeichnet. Dieser Begriff erinnert an das typische Fundgut auf dem Lutzengüetle[1], der westlichen Kuppe auf dem Eschnerberg im Fürstentum Liechtenstein. Vorher hatte Vogt diese Funde wegen bestimmter Ähnlichkeiten der Keramik der süddeutschen Schussenrieder Gruppe (s. S. 342) zugerechnet.

Die Lutzengüetle-Kultur fiel in die zweite Hälfte des Atlantikums. Das Klima war immer noch relativ warm und feucht. Im Verbreitungsgebiet der Lutzengüetle-Kultur wuchsen Fichten-Tannen-Wälder mit je nach Höhenlage unterschiedlichem Anteil von Eichenmischwald. Die Tierwelt glich der im Gebiet der Egolzwiler Kultur (s. S. 473).

Von den Lutzengüetle-Leuten sind bisher keine Skelettreste entdeckt worden. Sie waren Ackerbauern und Viehzüchter, die verschiedene Getreidearten anbauten und Haustiere hielten. Die Bewohner der Höhensiedlung Grüthalde[2] bei Herblingen (Kanton Schaffhausen) besaßen Rinder, Schweine, Ziegen, Schafe und Hunde. Nach den Funden zu schließen, haben sich diese Menschen vor allem von landwirtschaftlichen Produkten ernährt.

In den achtziger Jahren wurden am Blinden See bei Ruprechtsbruck (Kreis Ravensburg) und am Federsee (Fundort Henauhof I, Kreis Biberach) in Baden-Württemberg etliche Netzsenker entdeckt, die aus verzierten Tonscherben der Lutzengüetle-Kultur zurechtgeschnitzt worden sind. Sie kamen weit außerhalb des bis dahin bekannten Verbreitungsgebietes dieser Kultur zum Vorschein und belegen Fischfang mit Netzen.

Am besten ist die Keramik der Lutzengüetle-Kultur bekannt. Dazu gehörten vor allem Henkelkrüge (s. S. 493), Schüsseln und Vorratsgefäße in Amphorenform mit Aufhängeösen. In diese Tongefäße wurden vor dem Brand verschiedene Muster eingeritzt. Darunter befanden sich beispielsweise aufgereihte »fliegende Vögel« und »Bäumchenornamente«.

Reste von Tongefäßen der Lutzengüetle-Kultur wurden außer auf dem namengebenden Lutzengüetle als Einsprengsel auch in der Seeufersiedlung Zürich-Bauschanze (Kanton Zürich), in der Seeufersiedlung Sipplingen am Überlinger See einem Teil des Bodensees) in Baden-Württemberg sowie in der Höhensiedlung Grüthalde bei Herblingen (Kanton Schaffhausen) entdeckt.

Nach Ansicht mancher Prähistoriker verband die Lutzengüetle-Kultur einheimische Traditionen mit Einflüssen vom Balkan.

Die Lutzengüetle-Leute verfügten über Werkzeuge aus Feuerstein, Felsgestein und Knochen. Zum Fundgut der erwähnten Grüthalde gehören unter anderem 40 »Dickenbännlibohrer« zum Durchbohren von Gegenständen (beispielsweise Anhänger für Schmuckketten), andere Bohrer, Klingen und Schaber aus Feuerstein sowie Bruchstücke von Beilen aus Felsgestein und Knochengeräte.

Ein Dutzend aus Feuerstein zurechtgeschlagene Pfeilspitzen von der Grüthalde beweisen die Verwendung von Pfeil und Bogen. Mit dieser Waffe sind vermutlich Rothirsche gejagt worden. Knochenreste vom Rothirsch wurden ebenfalls an dieser Fundstelle geborgen.

Die Fundstellen Malanser (1), Schneller (2), Lutzengüetlekopf (3) und Lutzengüetle (4) im Fürstentum Liechtenstein. Nach dem Fundort Lutzengüetle auf dem Eschnerberg ist die Lutzengüetle-Kultur benannt.

Seeufersiedlungen und Steinkistengräber

Die Cortaillod-Kultur

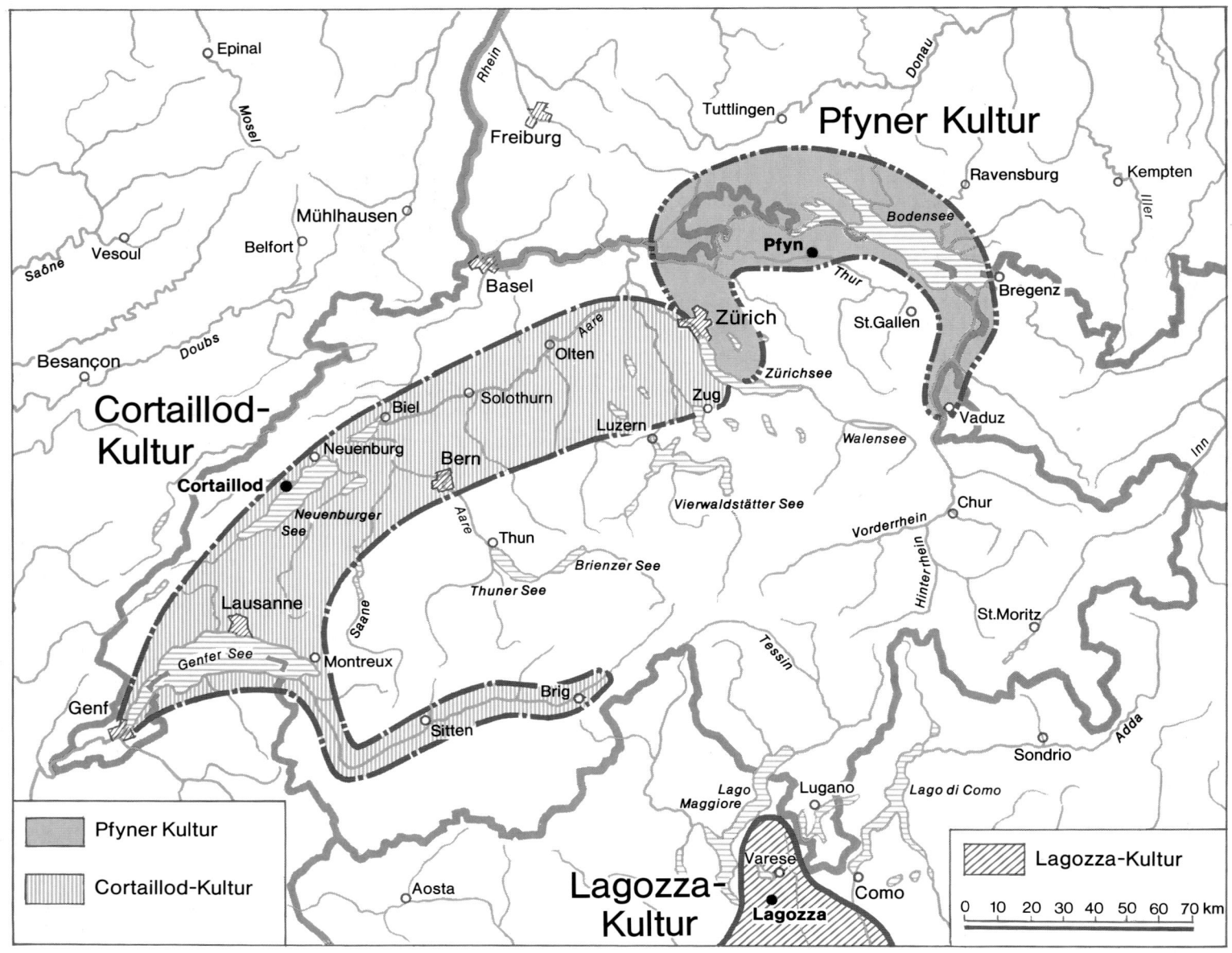

Verbreitung der Cortaillod-Kultur und der Pfyner Kultur in der Schweiz.

In den Kantonen Genf, Waadt, Neuenburg, Freiburg, Wallis, Bern, Solothurn, Aargau, Luzern und Zürich war von etwa 4000 bis 3500 v. Chr. die Cortaillod-Kultur verbreitet. Dieser 1934 von dem Zürcher Prähistoriker Emil Vogt (s. S. 515) geprägte Begriff leitet sich von der Seeufersiedlung Cortaillod am Westufer des Neuenburger Sees in der Westschweiz ab. Sie wurde 1922 durch den Prähistoriker Paul Vouga (1880–1939) aus Neuenburg untersucht.

Wegen gewisser Übereinstimmungen zwischen der Keramik der Cortaillod-Kultur, der südfranzösischen Chassey-Kultur[1] (etwa 4600 bis 3500 v. Chr.) und der norditalienischen Lagozza-Kultur[2] (etwa 3900 bis 3400 v. Chr.) spricht man von der westeuropäischen Chassey-Lagozza-Cortaillod-Kultur.

Die Cortaillod-Kultur wird von den Prähistorikern in vier Abschnitte eingeteilt: frühes Cortaillod (etwa 4000 bis 3850 v. Chr.), älteres oder klassisches Cortaillod (etwa 3850 bis 3700 v. Chr.), mittleres Cortaillod (etwa 3700 bis 3600 v. Chr.) und spätes Cortaillod (etwa 3600 bis 3500 v. Chr.).

Diese Abschnitte lassen sich so exakt datieren, weil aus vielen Seeufersiedlungen Reste von Bauholz vorliegen, deren Fälldatum und somit auch die Bauzeit mit Hilfe der Dendrochronologie (s. S. 231) ermittelt werden können. Denn das Holz ist sicher bald nach dem Fällen verwendet worden.

Die Cortaillod-Kultur fiel in die Übergangszeit vom Atlantikum zum Subboreal. Das Klima war zunächst noch wärmer als heute, aber im Laufe der Zeit unbeständiger und mehr immer durch kühle, regnerische Sommer gekennzeichnet, was zur sogenannten Piora-Schwankung[3] zwischen etwa 4200 und 3900 v. Chr. führte. In dieser Zeit kam es in über 1850 Meter Höhe in den Alpen zu einigen kleinen Gletschervorstößen.

476

Das Bild der Landschaft wurde am Südfuß des Jura durch Eichen-Buchen-Wälder, in höheren Lagen des Jura durch Weißtannenwälder, im Mittelland durch Buchen-Eichen-Wälder und in den mittleren Lagen der Ostschweiz durch Fichten-Weißtannen-Wälder geprägt. In der Umgebung der Siedlungen waren Erlenwälder stark verbreitet. Die ursprünglichen Wälder sind damals durch den Menschen gebietsweise schon erkennbar gerodet worden.

Die Funde in den Siedlungen belegen, daß im Bieler See (Kanton Bern) zu dieser Zeit Hechte, Flußbarsche, Brachsen und Welse gefangen wurden. Die Welsreste von Twann am Bieler See stammten von einem etwa 1,60 Meter langen Exemplar. Besonders prächtige Welse können maximal 2,50 Meter lang werden. Weitere Bewohner des Bieler Sees waren Biber und Fischotter.

An diesem See lebten aber auch Kormorane, Grau-, Purpur- und Silberreiher, Stock-, Spieß-, Krick- oder Knäk-, Tafel-, Samt- und Schellenten, Gänsesäger, Haselhühner, Kraniche, Mantelmöven und Ringeltauben. Außerdem gab es dort Fisch- und Seeadler, Schwarzmilane, Sperber, Habichte, Mäusebussarde, Wanderfalken, Waldkäuze, Eichelhäher, Rabenkrähen und Kolkraben.

Auch vom Burgäschisee (Kanton Bern) sind Reste einer reichen Vogelwelt bekannt. Demnach lebten dort Krick-, Reiher-, Tafel-, Moor- und Schellenten, Gänsesäger, Grau- oder Saatgänse, Kraniche, Zwergtaucher, Teichhühner, Bläßhühner, Mäusebussarde, Wespenbussarde, Schwarzmilane, Schlangenadler, Waldkäuze und Rabenkrähen.

In der Umgebung des Bieler Sees fand man Überreste von Rothirsch, Reh, Gemse, Elch, Wildpferd, Braunbär, Dachs, Luchs, Wildkatze, Marder, Iltis, Eichhörnchen, Gelbhalsmaus, Hase und Igel.

Nach den Skelettresten aus dem Gräberfeld von Chamblandes bei Lausanne im Kanton Waadt zu schließen, wurden die männlichen Cortaillod-Leute nur bis zu 1,60 Meter groß. Die Frauen waren sogar noch einige Zentimeter kleiner. Diese Menschen erreichten zumeist kein hohes Alter. So wiesen beispielsweise die im Gräberfeld von Lenzburg (Kanton Aargau) Bestatteten nur ein Durchschnittsalter von 21 Jahren auf. Allerdings wirkte sich auf diesen statistischen Durchschnitt vor allem die hohe Säuglingssterblichkeit aus.

In manchen Fällen konnten Anthropologen den Skelettresten Spuren von Krankheiten feststellen. Etliche der im Gräberfeld Barmaz I (Kanton Wallis) beerdigten Menschen beispielsweise hatten zu Lebzeiten unter Karies gelitten, die mit Zahnausfall und Abszessen verbunden war. Der geschädigte Zahnschmelz einer Frau von diesem Gräberfeld zeigt, daß sie in der Kindheit wiederholt unter Ernährungsmangel oder Infektionskrankheiten litt. Von den Jugendlichen aus diesem Gräberfeld wurden bei dreien Karies und bei vieren Ansätze von Zahnstein festgestellt.

Bei einer jungen Frau vom benachbarten Gräberfeld Barmaz II hatte man offenbar kurz vor oder nach dem Tode in Nähe der Augenhöhle eine Schädeloperation vorgenommen. Die Knochenränder der Öffnung weisen keine Heilungsspuren auf. Bei drei Erwachsenen von Barmaz II hatte Rheuma zu Nackenarthrose geführt. Von den sechs in Barmaz II bestatteten Kindern hatten zwei Zahnstein und zwei andere einen schadhaften Zahnschmelz, der von Ernährungsstörungen oder Infektionskrankheiten herrühren dürfte.

Die Angehörigen der Cortaillod-Kultur errichteten ihre Siedlungen in der Regel an den Ufern von Seen, seltener fernab von Gewässern auf Anhöhen. Seeufersiedlungen kennt man vom Genfer See, Neuenburger See, Bieler See, Lobsiger See, Moosseedorfsee, Burgäschisee, vom ehemaligen Wauwiler See (s. S. 222), Baldegger See, Zürichsee und Greifensee. Eine Höhensiedlung wurde auf dem Hügelzug Heidnischbühl[4] zwischen Raron und Saint-Germain über der Rhoneebene im Kanton Wallis entdeckt. Zu ihr gehörten nur wenige Häuser. Daß die Cortaillod-Leute zuweilen auch natürliche Unterschlüpfe aufsuchten, zeigen Siedlungsspuren aus einer Halbhöhle bei Chavannes-Le-Chêne (Kanton Waadt) im Vallon des Vaux.

Zu den ältesten Siedlungen der Cortaillod-Kultur gehört die Fundstelle Kleiner Hafner in Zürich. Die Hinterlassenschaften dieser Siedlung am Zürichsee wurden innerhalb eines Schichtpaketes geborgen, das sich über Funden der vorhergehenden Egolzwiler Kultur (s. S. 472) befand. Das sogenannte Schichtpaket 4 mit den Schichten A, B, C und D repräsentiert mehrere Dörfer der frühen Cortaillod-Kultur um 4000 v. Chr.

Die Cortaillod-Schichten wurden durch eine fundlose Seekreideschicht von den darunterliegenden Egolzwiler Schichten getrennt. Die Seekreideschicht beweist, daß der Wasserspiegel des Zürichsees angestiegen war und das ehemalige Siedlungsareal von den Egolzwiler Leuten aufgegeben werden mußte. Später, nach dem Sinken des Wasserspiegels, konnte es dann

Steinkistengräber vom Typ Chamblandes aus der Zeit der Cortaillod-Kultur von Collombey-Muraz (Gräberfeld Barmaz I) im Kanton Wallis. Die Aufnahme entstand 1948 während der Ausgrabungen des Genfer Anthropologen und Prähistorikers Marc-Rodolphe Sauter (1914–1983). Er gilt als einer der Pioniere bei der Erforschung der Jungsteinzeit im Wallis.

Aus Hirschgeweih geschnitzte Harpune vom Fundort Egolzwil 2 im Kanton Luzern. Länge 19,4 Zentimeter. Original im Natur-Museum Luzern.

von den Menschen der Cortaillod-Kultur wieder besiedelt werden.

Die noch höher gelegenen Siedlungsspuren aus der Schicht 4 E vom Kleinen Hafner sind auf etwa 3950 bis 3750 v. Chr. datiert worden. Die Reste dieser Keramik aus der Ostschweiz unterscheiden sich nun bedeutend weniger von den Hinterlassenschaften der klassischen Cortaillod-Kultur aus der Westschweiz. Daher wird eine zumindest teilweise Gleichzeitigkeit mit ihr vermutet. Am Zürichsee und auch am Greifensee existierten nach 3750 v. Chr. keine Siedlungen der Cortaillod-Kultur mehr.

Die Funde aus der etwa einen Meter mächtigen Kulturschichtabfolge von Twann am Bieler See (Kanton Bern) stammen von Siedlungen zwischen etwa 3840 und 3530 v. Chr. Sie gehören demnach dem älteren bzw. klassischen, mittleren und späten Cortaillod an.

Etwas jünger sind die Siedlungsschichten von Sur-le-Grand-Pré[5] in Saint-Léonard (Kanton Wallis). Die älteste Datierung reicht bis etwa 3700 v. Chr., die jüngste bis 3450 v. Chr. Demnach haben diese Siedlungen im mittleren und späten Cortaillod bestanden.

Manche der Seeufersiedlungen wurden offensichtlich aus Schutzbedürfnis mit Palisaden versehen. Bei Ausgrabungen in der Seeufersiedlung Burgäschisee-Süd (Kanton Bern) unter Leitung des Berner Prähistorikers Hans-Georg Bandi wies man eine dichte Pfostenreihe aus Eichenstämmen von 49 Meter Länge nach. Sie bogen an beiden Seiten rechteckig zum Ufer hin ab. Für den Bau dieser Pfostenreihe benötigte man etwa 400 Pfosten von ca. zwei Meter Länge. Der Zutritt ins Innere der Siedlung erfolgte durch zwei Eingänge.

In Burgäschisee Ost hatten die Häuser der Cortaillod-Leute rechteckige Grundrisse von maximal 12 x 7 Metern. Die Außenwände wurden durch Holzpfosten gebildet, deren Abstände man mit Flechtwerk füllte. Das Dach dürfte mit Schilf gedeckt worden sein. Der Fußboden bestand aus Holzbohlen oder Rutenlagen mit darüber ausgebreiteten Rindenbahnen, die das Eindringen von Feuchtigkeit verhinderten.

Geflechte aus Binsen, anderen Gräsern, Haselruten und vielleicht auch Bastmatten gestalteten die Räume wohnlicher. Der Rest einer aus Birkenrinde geflochtenen Matte kam in der Seeufersiedlung Moosseedorf (Kanton Bern) zum Vorschein. Zum Mobiliar gehörten außerdem Rutenmatten. Bei Dunkelheit hat man den Wohnraum mit Lampen aus tönernen Hohlringen mit Aufsätzen für die Dochte beleuchtet. Die Lampen wurden mit Talg als Brennmaterial gefüllt. Zusammengerollte Birkenrinde, die man anzündete, besaß die Funktion von Kerzen. Vielleicht dienten auch Hirschgeweihbecher, wie man sie bei Ausgrabungen in nahezu allen Cortaillod-Siedlungen fand, als Lampen. Das ist zumindest eine der verschiedenen Deutungen für diese eigenartigen Becher.

Zu besonders interessanten Erkenntnissen über das Siedlungswesen der Cortaillod-Leute gelangte man bei den zehnjährigen Untersuchungen des Schweizerischen Landesmuseums in Zürich am Wohnplatz Egolzwil 4, der einst unmittelbar am ehemaligen Ufer des Wauwiler Sees lag. Dort waren im Laufe der Zeit nacheinander sechs Dörfer errichtet worden, deren Baugeschichte der Zürcher Prähistoriker René Wyss erforscht hat. In dem bisher kaum zur Hälfte freigelegten Dorf 1 fand man die Überreste von sechs Häusern mit sieben mehrschichtigen Herdkomplexen. Dagegen ist die landeinwärts leicht versetzte

Pflügender Ackerbauer der Cortaillod-Kultur auf dem Heidnischbühl
bei Raron im Kanton Wallis. Dort wurden Pflugspuren entdeckt.

Häuserzeile von Dorf 2 in ihrer vollen Ausdehnung untersucht worden. Zu ihm gehörten mindestens neun Häuser. Zu ihrer tragenden Konstruktion gehörten Pfähle, deren unteres Ende dachförmig zugespitzt und in den Untergrund gerammt worden war. Von einstigen Herden in den Behausungen zeugen Fundstellen mit acht oder mehr Lehmbelägen. Gelegentlich waren diese so schwer geworden, daß der instabile Baugrund der Belastung nicht mehr standhielt und die Herdplatten einbrachen. Das Dorf 2 ist nach einer nicht genau bekannten Anzahl von Jahren verlassen worden.

Dorf 3 wurde von neuen Siedlern leicht landseitig versetzt errichtet. Es bestand aus acht Kleinhäusern von etwa vier Meter Länge und ebensolcher Breite. Im Gegensatz zu den beiden früheren Dörfern versah man nun die Häuser mit Fußböden, die geringfügig vom feuchten Baugrund abgehoben wurden, indem man Holzstangen in regelmäßigen Abständen verlegte und dazwischen Reisig und Ruten ausbreitete. Zur Ausstattung dieser Kleinhäuser gehörte eine nicht sehr große Feuerstelle. Gebäude mit langschmaler Form ohne Feuerstelle deutet man als Wirtschaftsräume.

Der Innenraum der Wohnhäuser von Dorf 3 bot nach Abzug der Feuerstelle und der Eingangszone allenfalls 15 Quadratmeter Fläche zum Kochen und Schlafen. Eine fünfköpfige Familie mußte demnach bereits unter sehr beengten Wohnverhältnissen leben. Die geringe Fläche der Häuser nötigte die Bewohner dazu, gewisse Arbeiten in einem eigenen Wirtschaftsgebäude vorzunehmen, in dem auch landwirtschaftliche Geräte aufbewahrt und Vorräte gelagert wurden. Das Dorf 3 wurde nach etlichen Jahren erneuert.

Dorf 4 war eine Reihensiedlung mit sieben Kleinhäusern. Wie zuvor im Dorf 3 umgab auch im Dorf 4 ein Zaun aus geflochtenen Ruten die Siedlung. In das Dorf gelangte man über einen mit Astwerk abgedeckten Weg, der ebenfalls mit einem Zaun eingefriedet war. Beide Dörfer besaßen zudem einen an ihren östlichen Rand angefügten Platz für das Vieh. Die Zahl der in diesen Siedlungen lebenden Menschen wird auf 30 bis 40 Personen geschätzt. Die Dörfer 3 und 4 sind – nach den Feuerstel-

len und Bodenbelägen zu schließen – zusammen nicht viel länger als 15 Jahre bewohnt gewesen.

Es folgte eine relativ kurze Unterbrechung der Besiedelung, nach der neuankommende Cortaillod-Leute das Dorf 5 gründeten. Sie übernahmen die noch erkennbare Dorfordnung hinsichtlich Zugang, Einfriedung, Orientierung der Häuser und Lage des Viehplatzes, bauten aber Langhäuser ganz anderer Art. Bei der Errichtung der Behausungen traf man mit Hilfe von Stangen Vorkehrungen gegen das Absenken des Bodens. Auf den Fußboden wurde ein Stangenrost gelegt, der als Träger für den eigentlichen Bodenbelag aus verschnürten Rutenmatten oder Rindenbahnen diente.

Einräumige Wohngebäude hatten eine Herdplatte, zweiräumige von zehn und mehr Meter Länge sogar deren zwei. Vereinzelt ist bei den Herden der Stangenboden ausgespart worden. Die Herdplatte aus Lehm ruhte auf kräftigen, einzeln verlegten Rundhölzern sowie einer verschnürten Matte aus Haselruten. Diese Konstruktion hatte den Vorteil, daß der Hausboden von Senkungen der Feuerstelle unberührt blieb. Solche waren unvermeidlich, da die Herdplatten wiederholt mit neuen Lehmschichten versehen wurden. Bei einem Herdkomplex im Haus 3 ließen sich beispielsweise 13 Schichten feststellen.

Das Großhäuserdorf 5 setzte sich aus mindestens sieben gleichzeitig vorhandenen Gebäuden zusammen, in denen schätzungsweise 30 bis 50 Einwohner lebten. Der First dieser Gebäude war zum See gewandt. Später kamen zwei Stangenhäuser mit quer gestelltem First dazu, die zu unterschiedlicher Zeit errichtet worden sind. Im Dorf 5 gab es auch Wirtschaftsgebäude, die unter anderem am Fehlen einer Herdstelle erkennbar waren. In einem der Wirtschaftsgebäude wurden zwischen und unter den Bodenstangen große Mengen von Puppen einer Fliegenart entdeckt, die sich bevorzugt von Stallmist ernährt. Demnach sind in diesem Gebäude zumindest zeitweise Haustiere gehalten worden. Viehhaltung unter freiem Himmel wird durch einen Viehstandplatz im östlichen Dorfareal belegt. Zwischen den Holzstangen, mit denen der Boden abgedeckt worden war, fand man massenweise Chitinpanzer von Puppen der

479

Stallfliege. Der Platz wurde gegen das Land hin durch einen solide gebauten Zaun begrenzt, der die Siedlung bogenförmig umspannte. Er bestand aus gegenläufig zwischen drei stehende Pfosten eingespannten Ruten und mußte nach einer gewissen Zeit erneuert werden.

Zum Viehlager gelangte man vom Dorfeingang den Zaun entlang über einen massiven Weg aus Stangen und Bohlen. Auch zum Dorf selbst führte ein Prügelweg. Am Eingang gab es ein 90 Zentimeter breites Tor, dessen Drehbalken in einer Schwelle eine deutliche Eintiefung hinterließ.

Ähnlich gestaltet wie Dorf 5 war offenbar das Nachfolgedorf 6. Dessen Reste sind durch den Abbau von Torf großteils zerstört. Die Dörfer 1 bis 6 hatten jeweils eine annähernd gleiche Zahl von sechs bis neun Wohnhäusern und 30 bis 50 Bewohnern. Wenn man alle Aufenthalte zusammenrechnet und die Unterbrechungen der Besiedlung nicht berücksichtigt, haben sich die Cortaillod-Leute etwa 50 Jahre lang am Wohnplatz Egolzwil 4 aufgehalten.

Welche Wildtiere von den Cortaillod-Leuten zur Strecke gebracht wurden, zeigen Jagdbeutereste aus der erwähnten Seeufersiedlung Burgäschisee-Süd. Von dort kennt man Knochenreste vom Auerochsen, Rothirsch, Reh, Wildschwein, Biber und von der Stockente. In manchen Siedlungen stammen mindestens 30 Prozent der Knochenfunde von Wildtieren. Die Jagd hatte demnach ihre Bedeutung noch nicht ganz verloren. Als Jagdwaffen standen Pfeil und Bogen sowie bumerangähnliche Wurfhölzer zur Verfügung.

Die Bewohner von Seeufersiedlungen haben natürlich auch Fischfang betrieben. Darauf weisen Angelhaken aus Knochen, Netzreste und Netzschwimmer aus Rinde hin. Überdies ist Fischfang durch Harpunen aus Lamellen von Hirschgeweihstangen belegt.

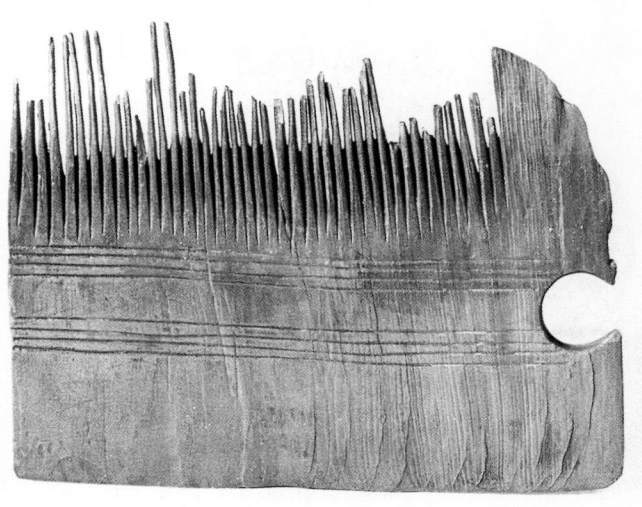

Kamm aus Eibenholz vom Fundort Egolzwil 3 im Kanton Luzern. Länge 13 Zentimeter, Breite 10,3 Zentimeter. Original im Natur-Museum Luzern.

Vom Ackerbau zeugen Reste von Gerste, Hirse, Erbsen und Linsen in Siedlungen der Cortaillod-Kultur. Weitere Belege für den Anbau und die Weiterverarbeitung von Getreide sind Pflugspuren auf dem Heidnischbühl bei Raron, Feuersteinsicheln mit Holzschaft sowie Mahlsteine. Hölzerne Hechelkämme für Hanf und Flachs weisen auf den Anbau dieser beiden Pflanzenarten hin.

Die Bauern der Cortaillod-Kultur hielten Rinder, Schweine, Ziegen und Schafe als Haustiere. Auch der Hund gehörte zu manchen Haushalten. Reste vom Rind, Schwein, Schaf und von der Ziege hat man beispielsweise in der Seeufersiedlung Burgäschisee-Süd geborgen. Die Ziegen von diesem Fundort tragen säbelartige Hörner.

Aufsehenerregende Entdeckungen gelangen dem Brotforscher Max Währen aus Bern, als er die an über 100 Scherben von Tongefäßen anhaftenden Speisereste und andere Getreideprodukte aus der Seeufersiedlung Twann untersuchte. Dabei konnte er an Tonscherben aus der Zeit um 3800 v. Chr. den ältesten bekannten Breifladen nachweisen. Interessante Funde glückten ihm auch aus der Zeit um 3700 v. Chr. Hierzu zählen ein in einer Herdmulde gebackenes, schon gesäuertes Brot, außerdem das älteste auf der Herdfläche durch Überdecken mit Asche gebackene gesäuerte Gerstenbrot sowie drei verschiedene Arten von Getreide-, Getreideschrot- und Brei-»Konserven«. Diese Konserven wurden auf erhitzten Kieselsteinen bis zu acht Zentimeter Größe getrocknet und gebacken. Gebacken deshalb, weil der Breiteig bereits gesäuert war und Poren bildete. Solche Konserven von fester Mehlsuppe und -brei erleichterten die Arbeit der Hausfrau genauso wie heute der Suppenwürfel oder der Plastikbeutel mit kochfertiger Suppe. Man mußte die »Konserven« nur noch ins heiße Kochtopfwasser geben, umrühren und kochen.

Aus der Zeit um 3600 v. Chr. entdeckte Währen das bisher backtechnisch älteste Urbrot in Form eines gesäuerten Scheibenbrotes und den ältesten noch primitiven Kuchen, der auf einem gewölbten Stück Birkenrinde gebacken worden war.

Zu den bemerkenswertesten Funden von Twann gehörte nicht zuletzt ein aus der Zeit zwischen etwa 3560 bis 3530 v. Chr. hergestelltes Brot, das als das älteste vollständige Brot der Welt gilt.

Brot aus der Zeit zwischen 3560 und 3530 v. Chr. von Twann im Kanton Bern. Durchschnittlicher Durchmesser 7 Zentimeter, Höhe 1,5 bis 2,4 Zentimeter, Gewicht 25,2 Gramm. Original im Archäologischen Dienst des Kantons Bern.

Tönerne Schale der Cortaillod-Kultur von Saint-Léonard, Sur le Grand Pré, im Kanton Wallis. Durchmesser der Mündung 13,8 Zentimeter, Höhe 1,8 Zentimeter. Original im Musée cantonal d'archéologie, Sitten.

Sein heutiger Durchmesser beträgt durchschnittlich sieben Zentimeter. Im Frischzustand hatte es vielleicht einen Durchmesser von etwa 16 bis 17 Zentimetern und ein Gewicht von etwa 250 Gramm.

Daß die damaligen Menschen bereits eine gewisse Körperpflege betrieben, zeigen Funde von Kämmen aus Knochen, Holz, Gerten oder Birkenrinde. Schmuck wurde aus organischem Material (Samen, Tierzähnen), aber auch aus dem noch seltenen Kupfer hergestellt.

Manche Schmuckstücke zeugen von beachtlicher Erfindungsgabe und erstaunlichem Schönheitssinn. So fand man in zwei der insgesamt drei Steinkistengräber von Les Bâtiments südlich von Saint-Léonard weiße glänzende Perlen, die durch Perforierung von Samen einer Kräuterart geschaffen wurden. Dabei handelt es sich um zwei bis drei Millimeter große Samen des Perlenkrauts oder Blauen Steinsamens (*Lithospermum purpureocoeruleum*). In jedem der zwei Gräber konnte man etwa hundert solcher Perlen auf Brust und Taille der Bestatteten feststellen. Sie dürften daher auf das Gewand genäht oder an einer Halskette getragen worden sein.

Am Fundort Muntelier/Dorf entdeckte man Anhänger aus durchbohrten Eberhauern und Bärenzähnen. An Halsketten wurden auch Kupferperlen aufgereiht. Derartigen Schmuck hat man beispielsweise in der Seeufersiedlung Burgäschisee-Süd geborgen. Die Kupferperlen stammen vielleicht aus eigener Produktion. Man könnte sie aus Kupferstangen hergestellt und dann zu Perlen gebogen haben. Die Perlen und Beile aus Kupfer der Cortaillod-Kultur ähneln denjenigen aus der zeitgleichen Pfyner Kultur. Bisher hat man jedoch für die Cortaillod-Kultur noch keine Beweise für Metallschmelzen gefunden. In Font und in der Gegend am Murtensee stieß man auf aus dickem Kupferdraht geschaffene Anhänger in Form einer Doppelspirale. Solche Kupferstücke wurden damals im östlichen Mitteleuropa hergestellt und sind als Importware auch in die Schweiz gelangt.

Mit der Cortaillod-Kultur werden die ältesten der Felszeichnungen am Nordhang der Crête-des-Barmes[6] bei Saint-Léonard in Zusammenhang gebracht. Diese Kunstwerke sind stärker verwittert als die jüngeren aus der Bronzezeit. Die Fels-

zeichnungen zeigen betende Menschen (Adoranten) und konzentrische Kreise, die als Sonnensymbole gelten. Außer diesen etwas unsicher datierten Funden kennt man bisher keine weiteren Kunstwerke dieser Kultur.

Die Töpfer formten tönerne Amphoren, Näpfe und Schüsseln mit rundem Boden, die für die Cortaillod-Kultur spezifischen sogenannten Knickwandschalen, Schöpflöffel und Lampen. Manche Tongefäße verzierte man mit einer Auflage von weißglänzenden Birkenrindenlamellen, die man mit teerartigem Klebstoff auf den Außenwänden befestigte. Die helle Birkenrinde bildete einen wirkungsvollen Kontrast zu den schwarzglänzenden Tongefäßen. Sogar aus Holz wurden Schalen und Tassen geschnitzt.

Die Cortaillod-Leute stellten aus Stein, Holz, Knochen und Geweih unterschiedliche Werkzeuge und Waffen her. Diese wurden zurechtgeschlagen, zugeschliffen und geschnitzt. Außerdem importierte man Kupfergeräte.

Zu den Werkzeugen aus Stein zählen neben den bereits erwähnten Feuersteinsicheln für die Getreideernte auch Meißel, Dechseln, Äxte und Beile aus Felsgestein für die Holzbearbeitung. Die Feuersteinsicheln wurden zurechtgeschlagen. Die Meißel, Dechseln, Axt- und Beilklingen schliff man zu. Die Beilklingen steckten häufig in Geweihtüllen und diese in Holzschäften. Das hatte den Vorteil, daß die Geweihtülle bei Schlägen als Puffer zwischen der Beilklinge und dem Holzschaft

Rest eines Geflechtes aus Port bei Nidau im Kanton Bern. Länge etwa 16 Zentimeter. Original im Bernischen Historischen Museum.

Einer der ältesten in der Schweiz gefundenen Metallgegenstände: der 1901 in Font (Kanton Freiburg) entdeckte Anhänger aus dickem Kupferdraht in Form einer Doppelspirale. Länge und Breite etwa 10 Zentimeter. Original im Kantonalen Archäologischen Dienst, Freiburg.

wirkte. In Saint-Léonard sind die Werkzeuge und Waffen vorwiegend aus Bergkristall hergestellt worden.

Aus Holz fertigte man neben Schäften für Feuersteinsicheln und für Axt- und Beilklingen auch Löffel, Dreschflegel, Haken und Hechelkämme für Hanf und Flachs an.

Geweih diente als Rohmaterial für Beile, Hämmer und Haken, die zu unterschiedlichen Arbeiten benutzt wurden. Bei den Geweihen handelte es sich um im Herbst gesammelte Abwurfstangen von Rothirschen oder um Jagdtrophäen.

Die seltenen kupfernen Flachäxte werden von den Prähistorikern als Importstücke betrachtet, die von den Cortaillod-Leuten eingetauscht wurden.

Dreieckige oder herzförmige Feuersteinpfeilspitzen belegen die Verwendung von Pfeil und Bogen als Fernwaffe bei der Jagd oder für den Kampf. Von den Bögen und den Pfeilschäften selbst hat man überwiegend Reste in fragmentarischem Zustand geborgen. Vielleicht wurden auch die aus Knochen geschnitzten Dolche als Stichwaffen verwendet.

Beim Fischfang setzten die Cortaillod-Leute aus Hirschgeweih geschnitzte Harpunen ein, mit denen man lange Holzschäfte bewehrte. Diese Harpunenspitzen sind bis zu 30 Zentimeter lang, besitzen häufig auf einer Seite vier und auf der anderen fünf Widerhaken sowie gelegentlich eine runde Öse, durch die man eine Schnur fädelte, mit der man die Spitze am Holzschaft festband. Hirschgeweihharpunen kennt man aus zahlreichen Siedlungen (Autavaux, Burgäschisee-Süd und -Südwest, Egolzwil 2, 3, 4 und 5, Estavayer, Font, Forel, Muntelier, Seematte).

Die Menschen der Cortaillod-Kultur haben ihre Toten unverbrannt in engen Steinkistengräbern bestattet, die offenbar vorzugsweise auf sonnigen Hängen angelegt wurden. Vier zumeist

einen Meter lange Steinplatten bildeten die Seitenwände, während eine fünfte Platte als Abdeckung diente. In den vielfach quadratischen Steinkistengräbern bettete man die Verstorbenen mit eng zum Körper hin angezogenen Beinen zur letzten Ruhe. Es hat den Anschein, als seien die Beine manchmal an die Brust geschnürt worden. Auffällig sind die linksseitige Körperlage und die Blickrichtung zur aufgehenden Sonne.

Bestattungen von Neugeborenen und Kleinkindern in Häusern – so in Petit-Chasseur in Sitten und in Sur-le-Grand-Pré in Saint-Léonard (beide im Wallis) – deuten auf eine enge Beziehung zwischen den Lebenden und den Toten hin. Auch sonst wurden Jugendliche und Erwachsene nicht selten in unmittelbarer Nähe der Siedlungen bestattet (Les Bâtiments, Sembrancher, Saint-Léonard, Sitten und Sitten-Sous-le-Scex, alle im Kanton Wallis). Man legte aber auch alleinstehende Gräberfelder an, bei denen die dazugehörige Siedlung unbekannt ist. Zu ihnen gehören die Gräberfelder von Barmaz und Collombey (beide im Wallis).

Mit der Cortaillod-Kultur wird auch das seit langem bekannte Gräberfeld von Chamblandes[7] bei Pully am Genfer See im Kanton Waadt in Verbindung gebracht. Die ersten Steinkistengräber in Chamblandes wurden 1880 beim Fundamentieren eines Hauses entdeckt. Es soll sich um fünf Gräber gehandelt haben. 1881 stieß man in Chamblandes auf weitere Steinkistengräber, die meist ein Skelett, seltener zwei, enthielten. Diese Gräber waren nur etwa einen Meter lang und einen halben Meter breit und tief. 1901 folgten neue Untersuchungen in Chamblandes durch den Architekten und Archäologen Albert Naef (1862–1936) aus Lausanne und Alexander Schenk (1874–1910) aus Lausanne, bei denen etwa ein Dutzend weiterer Steinkistengräber gefunden wurde. Weitere Ausgrabungen und Funde folgten 1905 und 1910. Insgesamt wurden in Chamblandes mehrere Dutzend von Steinkistengräbern nachgewiesen. Man spricht von Steinkistengräbern des Typs Chamblandes.

Derartige Steinkistengräber mit Hockerbestattungen waren in der Gegend des Genfer Sees außer in Chamblandes in Verney,

Der Kalksteinfelsen Crête-des-Barmes von Saint-Léonard im Kanton Wallis – etwa 200 Meter von der Siedlung »Sur le Grand Pré« aus der Zeit der Cortaillod-Kultur entfernt – ist mit Felsgravuren aus der Jungsteinzeit und Bronzezeit geschmückt.

Vermutlich zu kultischen Zwecken benutztes Tongefäß mit weiblichen Brüsten als Symbol für Fruchtbarkeit und Ernährung vom Fundort Kleiner Hafner in Zürich. Höhe 29 Zentimeter. Original im Schweizerischen Landesmuseum Zürich.

Pierra-Portay, Lutry, Le Châtelard-Montreux und im Rhonetal (Ollon, Saint-Triphon, Barmaz) weit verbreitet. Man kennt sie aber auch in anderen Gebieten wie beispielsweise im Raum von Sitten, Granges, Brig bei Glis, Niederried am Brienzer See und Lenzburg.

Auf den eingangs erwähnten Gräberfeldern Barmaz I und II im Wallis wurden insgesamt 56 Steinkistengräber vom Typ Chamblandes aufgedeckt. Diese beiden Friedhöfe hatte man auf Ausläufern der Bellevue-Spitze in 467 bzw. 445 Meter Höhe über dem Rhonetal angelegt. Beide sind etwa 170 Meter voneinander entfernt und liegen in einer Mulde.

Zum Gräberfeld Barmaz I gehörten 36 Steinkistengräber, von denen 30 je eine Bestattung und sechs je zwei Tote enthielten. In allen Fällen wurden vom zweiten Skelett nur Fragmente gefunden. Vielleicht hat man bei den Doppelbestattungen den zweiten Toten in ein bereits benutztes Steingrab gelegt. Die ersten Gräber von Barmaz I wurden Ende des 19. Jahrhunderts beim Abbau von Granit entdeckt. 1947, 1948, 1950 und 1955 führte der Anthropologe und Prähistoriker Marc-Rodolphe Sauter (1914–1983) aus Genf dort Ausgrabungen durch. Da außerhalb der Steinkistengräber auch ein einzelner Oberschenkelknochen geborgen wurde, sind in Barmaz I insgesamt 43 Menschen bestattet worden. Davon waren 21 Erwachsene und 22 Jugendliche. Diese Toten wurden mit wenig Grabbeigaben versehen. Man fand nur einige Tonscherben, Tierknochen, zwei Feuersteinklingen und eine Kalksteinperle.

Das Gräberfeld Barmaz II umfaßte 20 Steinkistengräber mit je einem Toten darin. Auf diesen Friedhof war man 1948 nach einer Minenexplosion in einem Steinbruch aufmerksam geworden, als in einer Mulde mit roter Erde zwei Steinkistengräber zum Vorschein kamen. Die beiden Gräber wurden von Marc-Rodolphe Sauter untersucht, der 1948, 1951 und 1953 die Ausgrabungen vornahm.

Interessante Einblicke in das Bestattungswesen der Cortaillod-Leute erlaubte vor allem das Gräberfeld auf dem Goffersberg in Lenzburg (Kanton Aargau). Zu diesem gehörten 16 Steinkistengräber und eine mehrkammerige Großgrabanlage. Auf das Lenzburger Gräberfeld stieß man 1959, als Gärtner beim Errichten einer Mauer für einen Parkplatz hochgestellte Steinplatten und menschliche Knochen fanden. Dies führte 1959 und 1960 zu Ausgrabungen durch die Prähistoriker Rudolf Moosbrugger aus Basel und René Wyss aus Zürich. Mit Ausnahme von Grab 12 enthielten alle Steinkistengräber von Lenzburg die Skelettreste von mehreren Menschen. In Grab 4 traf man beispielsweise sechs Skelette an, in Grab 8 neun, in Grab 9 elf und in Grab 13 sechs. Grab 12 war besonders reich ausgestattet. Vielleicht hatte darin ein Häuptling seine letzte Ruhe gefunden (s. S. 494).

Aus dem Rahmen mutmaßlicher Bestattungen der Cortaillod-Kultur fiel besonders die mehrkammerige Großgrabanlage mit sieben Meter Länge und Breite. Sie bestand aus mindestens elf aneinandergebauten Steinkisten, von denen bis auf eine Ausnahme jede ein Kind enthielt. Die Ausgräber nehmen an, daß es sich hierbei um die Kinder einer einflußreichen Familie handelte.

Manche Prähistoriker vermuten, hinter der Hockerbestattung in den Steinkistengräbern stünden Auferstehungsvorstellungen. Sie verweisen dabei auf die Orientierung der Verstorbenen zur aufgehenden Sonne hin, deuten die Beigabe von Ocker als

Aus der Zeit der Cortaillod-Kultur stammt diese Felsgravur eines baumförmigen Zeichens von Saint-Léonard (Crête-des-Barmes) im Kanton Wallis. Höhe der Darstellung 34 Zentimeter.

Darstellung eines betenden Menschen (sogenannter Adorant) – eine der Felsgravuren von Saint-Léonard (Crête-des-Barmes) im Kanton Wallis. Höhe der Felsgravur etwa 30 Zentimeter.

»Lebensfarbe« und interpretieren die Hockerlage als vorübergehende Schlafstellung. Die vermutete Leichenfesselung oder -umhüllung gilt anderen Prähistorikern als Anzeichen dafür, daß man die Wiederkehr dieser Toten verhindern wollte. Demnach glaubten die Cortaillod-Leute an eine Wiederkehr der Toten, was die spärlichen Grabbeigaben auch nahelegen.

Einige Funde liefern Anhaltspunkte für die religiöse Vorstellungswelt der Cortaillod-Leute. Beispielsweise befinden sich unter der Keramik auch stark fragmentierte Scherben mit plastisch wiedergegebenen Frauenbrüsten. Sie könnten von Kultgefäßen stammen, die bei religiösen Feiern verwendet wurden, bei denen man die »Große Mutter« (s. S. 431) verehrte.

Andererseits deuten die erwähnten Felsbilder von Saint-Léonard mit betenden Menschen und Sonnensymbolen auf einen Sonnenkult hin. Mit einem solchen ließen sich auch die häufig auf sonnigen Hängen errichteten Steinkistengräber und die zur aufgehenden Sonne gewandten Gesichter der Bestatteten gut in Einklang bringen.

Als Zeugnisse eines solchen Kults werden die in einer Reihe aufgestellten Menhire etwa 600 Meter westlich der Cortaillod-Siedlung von Petit-Chasseur in Sitten betrachtet. Man hat sie einen Meter tief in den Boden eingegraben. Diese Menhire überragten die Erdoberfläche noch durchschnittlich um drei Meter.

Das verlassene Dorf von Egolzwil 5

Die Pfyner Kultur

In den nordschweizerischen Kantonen Basel, Zürich, Schaffhausen und Thurgau existierte von etwa 4000 bis 3500 v. Chr. die Pfyner Kultur[1], die ihren Namen von der Seeufersiedlung Pfyn-Breitenloo, nordöstlich von Frauenfeld im Kanton Thurgau, erhielt und deren Verbreitungsgebiet bis zum baden-württembergischen Anteil des Bodenseeufers reichte (s. S. 353). Die Pfyner Kultur trat etwa zur gleichen Zeit auf wie die in vielen Teilen der Schweiz vertretene Cortaillod-Kultur.

Wie die bei Ausgrabungen in Feldmeilen (Flur Vorderfeld) geborgenen Knochenfunde belegen, lebten in der Übergangszeit zwischen Atlantikum und Subboreal am Zürichsee Sumpfschildkröten, Weißstörche, Stock- und Tafelenten, Seeadler, Habichte, Ringeltauben, daneben Rothirsche, Rehe, Elche, Steinböcke, Gemsen, Wildschweine, Braunbären, Füchse, Edelmarder, Wildkatzen, Igel und Biber.

Die Angehörigen der Pfyner Kultur errichteten ihre Siedlungen vorzugsweise an Seeufern oder an Mooren. Zu manchen ihrer Dörfer gehörten vielleicht ein Dutzend gleichzeitig bewohnter Häuser mit insgesamt schätzungsweise bis zu 100 Einwohnern. Bei den Häusern handelte es sich um Gebäude mit hölzernem Fußboden, also nicht um im Wasser stehende Pfahlbauten mit abgehobenem Fußboden.

Die namengebende Seeufersiedlung Pfyn-Breitenloo im Kanton Thurgau wurde 1944 bei einer Ausgrabung unter Leitung des Prähistorikers Karl Keller-Tarnuzzer[2] (1891–1973) aus Frauenfeld erforscht. Dabei wurden polnische Internierte aus einem Arbeitslager eingesetzt. Das jungsteinzeitliche Dorf Pfyn-Breitenloo umfaßte neun Häuser, die meist 6 bis 9 Meter lang und 4,50 Meter breit waren. Die Böden dieser Häuser bestanden aus vierfachen hölzernen Unterlagen, die vor allem im Bereich des Herdes mit einem Lehmestrich versiegelt worden sind.

Zu den schon seit langem bekannten Pfyner Siedlungen im Kanton Thurgau gehört das Dorf Niederwil[3] bei Gachnang. Diese am Egelsee angelegte Siedlung wurde 1862 durch den Dekan Johann Adam Pupikofer (1797–1882) aus Frauenfeld entdeckt und bei Ausgrabungen noch im selben Jahr sowie von 1863 bis 1878 erforscht. Zu dieser Siedlung gehörten 10 und mehr Meter lange sowie 5 Meter breite Häuser, zwischen denen jeweils ein Abstand von etwa 1,50 Meter lag.

In die älteste Phase der Pfyner Kultur rechnet man die ebenfalls im Kanton Thurgau gelegenen Siedlungen Eschenz-Insel Werd und Steckborn-Turgi.[4]

Im Moorgebiet von Thayngen-Weier (Kanton Schaffhausen) stieß man auf drei unterschiedlich alte Siedlungen. Ihre Entdeckungsgeschichte begann damit, daß der Zollbeamte und Heimatforscher Hans Sulzberger (1886–1949) aus Thayngen 1914 in einem Maulwurfshaufen einige Tonscherben jungsteinzeitlichen Alters fand. Daraufhin nahm sein Bruder, der Prähistoriker Karl Sulzberger (1876–1963) aus Schaffhausen, von 1915 bis 1921 erste Grabungen vor.

Die Siedlung Thayngen-Weier I bestand nach den dendrochronologisch ermittelten Fälldaten des Bauholzes zwischen etwa 3820 und 3760 v. Chr. Zu ihr gehörten mindestens acht Häuser von 5 bis 6 Meter Breite. Diese Siedlung wurde von einem Dorfzaun umgeben.

Die Siedlung Thayngen-Weier II existierte etwa um 3750 v. Chr. Sie umfaßte mindestens zehn Häuser. Die Bewohner dieses Dorfes hatten aus Holzbohlen einen Weg gebaut, auf dem sie auch in Schlechtwetterzeiten trockenen Fußes gehen konnten, und ihre Siedlung mit einem Zaun umfriedet.

Die Siedlung Thayngen-Weier III wurde seit 3584 v. Chr. bewohnt. In diesem Jahr sind die als Baumaterial verwendeten Baumstämme gefällt worden. Zum Dorf sollen etwa 30 Häuser gehört haben, die aber nicht alle gleichzeitig errichtet wurden. Die dortigen Siedler haben zwei Holzbohlenwege angelegt und das Dorf umzäunt.

Türbrett von Robenhausen bei Wetzikon am Pfäffiker See im Kanton Zürich. Es wurde bereits gegen Ende der 1870er Jahre bei den Ausgrabungen des Landwirts und Heimatforschers Jakob Messikommer (1828–1917) entdeckt. Der Fund läßt sich nur allgemein der Jungsteinzeit, aber keiner bestimmten Kultur derselben zuordnen. Länge ohne Türzapfen 1,45 Meter, Breite 55 Zentimeter, Dicke 4 Zentimeter. Original des Türbretts in modernem Rahmen im Schweizerischen Landesmuseum Zürich.

Rekonstruktion eines Hauses aus der Zeit der Pfyner Kultur vom Fundort Thayngen-Weier im Kanton Schaffhausen. Rekonstruktion im Museum zu Allerheiligen, Schaffhausen.

Interessante Erkenntnisse über das Siedlungswesen zur Zeit der Pfyner Kultur wurden 1966 bei den Ausgrabungen von zwei Dörfern am Wohnplatz Egolzwil 5 (Kanton Luzern) unter der Leitung des Zürcher Prähistorikers Emil Vogt gewonnen. Dabei handelte es sich um zwei nacheinander erbaute Siedlungen am Ufer des ehemaligen Wauwiler Sees, der damals noch einen Durchmesser von etwa drei Kilometern hatte.

Das ältere der beiden Dörfer wurde von einer schätzungsweise 35köpfigen Gemeinschaft als Reihensiedlung in Pfostenbautechnik konzipiert. Es bestand aus sieben etwa 10 Meter langen und 4 Meter breiten Häusern, die jeweils in einem Abstand von knapp 2 Metern errichtet worden waren. Ihre Firste waren zum See ausgerichtet. Die Pfosten der Seitenwände dürften mit Flechtwerk verkleidet gewesen sein. Das Dach dichtete man vermutlich mit Schilf ab.

In den größten dieser Häuser gab es zwei Herdstellen. Dies läßt an eine Einteilung in zwei Räume denken. Die Herdstellen bestanden aus einer Lehmplatte oder mehreren davon. Die Lehmplatte ruhte auf Rindenbahnen und Tannenreisig, manchmal auch auf einem Stangenrost mit aufgelegter Rutenmatte. Trotzdem senkten sich die Herde mitunter, was neue Herdauflagen aus Lehm erforderte.

Die Böden der Häuser waren offenbar mit Rindenbahnen belegt. Liegeplätze hat man vor allem mit Farnen, aber auch mit Laub und Moos gepolstert.

Das jüngere Dorf wurde mindestens sechs bis höchstens acht Jahre nach dem Bau der älteren Siedlung errichtet. Es bestand aus neun schlanken, durchschnittlich 9 Meter langen und 3,70 Meter breiten Häusern, deren Firste ebenfalls zum See gewandt waren.

Aus den Bestattungen des Gräberfeldes von Lenzburg (Kanton Aargau), die der zeitgleichen Cortaillod-Kultur angehören, schließt der in Zürich wirkende deutsche Anthropologe Wolfgang Scheffrahn, daß die Bevölkerung der beiden Dörfer vermutlich aus jeweils 16 Kindern unter 14 Jahren und 19 Erwachsenen bestanden habe.

Angehörige des Stammes, der am Wohnplatz Egolzwil 5 siedelte, sind wahrscheinlich etwa 40 Meter vom Dorfzaun entfernt entdeckt worden. Hier fand man die Skelettreste einer etwa 20- bis 25jährigen Frau mit grazilem Körperbau, von einem etwa neunjährigen Kind und von einer Frau zwischen 30 und 40 Jahren. Völlig gesichert ist ihre Zugehörigkeit zur Pfyner Kultur jedoch nicht.

Das jüngere Dorf von Egolzwil 5 hat vermutlich ebenfalls sechs bis acht Jahre existiert. Seine Bewohner sind offenbar durch eine Überschwemmung zum Verlassen der Siedlung gezwungen worden. Die Dürftigkeit der Fundschicht ist darauf zurückzuführen, daß der Aufbruch mit Hab und Gut erfolgte. Eine Rückkehr war wohl wegen längerandauerndem Hochwasserstand nicht möglich.

Im Kanton Zürich konzentrierten sich die Seeufersiedlungen der Pfyner Kultur vor allem am Zürichsee. Gefunden wurden Überreste in Zürich-Enge, Zürich-Bauschanze[5], Zürich-Seefeld (Seehof), Zürich-Dufourstraße, Zürich-Mozartstraße, Zürich-Rentenanstalt[6], Zürich-Utoquai[7], Meilen-Feldmeilen/Vorderfeld, Meilen-Schelle, Meilen-Obermeilen/Rohrenhaab[8], Männedorf-Unterdorf[9], Männedorf-Vorderfeld, Stäfa-Uerikon, Hombrechtikon-Feldbach, Horgen-Dampfschifffahrtssteg[10] und Pfäffikon-Irgenhausen.

Andere Seeufersiedlungen im Kanton Zürich erstreckten sich am Greifensee (Storen/Wildsberg[11]), Hausersee (Ossingen[12]) und Pfäffiker See (Robenhausen[13]).

Vom Fundort Robenhausen ist ein Türbrett besonders interessant. Es war unten in die Schwelle eingezapft und vermutlich mit Lederriemen oder Schnüren am Türpfosten befestigt. Das Türbrett läßt sich jedoch nicht einer bestimmten der in Robenhausen vorkommenden Fundschichten zuweisen. Es könnte aus der Pfyner Kultur, der Horgener Kultur (s. S. 489) oder den Schnurkeramischen Kulturen (s. S. 502) stammen.[14]

Bei den Pfyner Leuten hatte die Jagd mit Pfeil und Bogen eine geringere Bedeutung als bei den zeitgleichen Cortaillod-Leuten. Die Bewohner von Egolzwil 5 haben vor allem Rothirsche erlegt.

Viel wichtiger für den Lebensunterhalt der Pfyner Leute waren Ackerbau und Viehzucht. Diese Bauern säten und ernteten Getreide und hielten unter anderem Rinder als Haustiere. Getreideanbau wird in Egolzwil 5 durch Getreidepollen und Funde von zwei Erntemessern belegt. Vielleicht schon aus der Zeit der Pfyner Kultur – oder aber aus der darauffolgenden Horgener Kultur – stammen die Pflugspuren von Chur-Welschdörfli im Kanton Graubünden.

Unter den Haustierknochen von Egolzwil 5 hatten diejenigen von Rindern mit 97 Prozent einen erstaunlich hohen Anteil. Es handelte sich vor allem um ein- bis eineinhalbjährige Jungtiere einer Rasse, als deren Nachfahren die heute noch im Wallis lebenden Eringer Kühe gelten.

Als Nahrung dienten den Bauern landwirtschaftliche Produkte, Fleisch geschlachteter Haustiere, Wildbret, wildwachsende Früchte, Beeren, Kräuter und Samen. Aus Egolzwil 5

Pfeilspitze von Cham-St. Andreas im Kanton Zug. Länge etwa 5 Zentimeter. Original im Kantonalen Museum für Urgeschichte, Zug.

kennt man zahlreiche Kochgefäße mit Resten von verkrustetem Getreidebrei.

Als Neuerungen gelten in der Pfyner Kultur die schon erwähnten Holzbohlenwege in den Siedlungen. Ein Holzrad aus der Siedlung Zürich-Seehofstraße belegt die Existenz von Wagen. Allerdings kann dieses wertvolle Beweisstück sowohl aus einem Horizont der späten Pfyner Kultur als auch aus einer Schicht der folgenden Horgener Kultur stammen.

Schleifstein mit Tierknochen, die zu Ahlen oder Gewandnadeln geschliffen wurden, vom Lutzengüetle im Fürstentum Liechtenstein. Länge des Schleifsteins 23,5 Zentimeter, Breite 13,5 Zentimeter. Originale im Liechtensteinischen Landesmuseum, Vaduz.

Aus Bergahorn geschnitzte Schöpfkelle von Thayngen-Weier im Kanton Schaffhausen. Die Gesamtlänge des Gefäßes mit Griff beträgt 24 Zentimeter. Solche Holzgefäße sind bruchfester als Keramik. Original im Museum zu Allerheiligen, Schaffhausen.

Kupfergießer der Pfyner Kultur bei der Arbeit.
Er gießt das flüssige und heiße Kupfer in eine Gußform für
einen Kupferdolch.

Die Tongefäße der Pfyner Kultur wurden nicht – wie in anderen jungsteinzeitlichen Kulturen üblich – durch Auflegen von jeweils neuen Tonwülsten, sondern durch Ansetzen von Flekken geschaffen. Typisch waren große Gefäße von S-förmig geschweifter Form mit geraden Standböden. Offenbar stellte man Kleingefäße nur selten her.

Als Verzierungselemente tauchten randständige Knubben oder unter der Randlippe umlaufende Fingertupfenbänder auf. Ob der auf der Außenwand aufgetragene Schlick als Zier dienen sollte, ist unsicher.

Zu den Werkzeugen der Pfyner Kultur gehörten unter anderem durchlochte Beilklingen, die man als Streithämmer bezeichnet. In Axtschäften versenkte Beilklingen werden dem alltäglichen Gebrauch zur Holzbearbeitung zugeschrieben.

Als Importware gelten dagegen die offenbar auf Metallvorbilder zurückgehenden Knaufäxte aus Felsgestein, die man wohl als Waffen benutzte. Eine besonders schöne Knaufaxt wurde im Egelsee bei Niederwil-Gachnang entdeckt.

Im Bereich einer der Seeufersiedlungen von Thayngen-Weier stieß man auf Hinterlassenschaften aus der Werkstatt eines Holzschnitzers. Neben Schalen, Schöpfern und Schüsseln aus Holz wurden auch ein Bogen aus Eibenholz sowie ein Pfeilschaft gefunden. Letzterer war durch Adlerfedern, die man mit Birkenpech festklebte, am Ende befiedert.

Ungeklärt ist die Funktion von auffällig kleinen hölzernen Dolchen aus Eibenholz aus Niederwil-Gachnang. Sie wurden als Nachahmungen von Metallvorbildern, als Kinderspielzeug oder als Kernmatrizen für voll auszugießende Dolchformen gedeutet. Viel wahrscheinlicher ist jedoch ihre Verwendung beim Weben von Textilien. Funde von tönernen Schmelztiegeln und Kupferäxten beweisen, daß die Pfyner Leute bereits Metallgeräte herstellen konnten. Solche Schmelztiegel fand man in elf Siedlungen aus den Kantonen Zürich (Wetzikon-Robenhausen, Männedorf-Unterdorf, Uerikon-ImLänder, Horgen-Dampfschiffahrtssteg, Zürich-Rentenanstalt, Zürich-Bauschanze, Meilen-Feldmeilen), Thurgau (Steckborn-Turgi, Steckborn-Schanz, Niederwil-Egelsee) und Schaffhausen (Stein am Rhein-Hof). Allein in der Seeufersiedlung Wetzikon-Robenhausen konnte man zehn Schmelztiegel bergen. Dort kamen auch kleine Kupferäxte zum Vorschein.

Das Bestattungswesen der Pfyner Kultur ist noch weitgehend unerforscht. Die in Zürich-Mozartstraße vorgefundenen Skelettreste von vermutlich zwei Menschen stammen nicht von einer regulären Bestattung, da sie an der Oberfläche der Siedlungsschichten geborgen wurden. Und die Skelettreste von Egolzwil 5 lassen sich – wie erwähnt – nicht sicher der Pfyner Kultur zuordnen. Diese Funde deuten aber zumindest darauf hin, daß die Verstorbenen nicht verbrannt worden sind.

Verbreitung der Horgener Kultur in der Schweiz. ▷

Ein kultureller Rückschritt

Die Horgener Kultur

Zwischen etwa 3500 und 2800 v. Chr. erschien in den Kantonen Neuenburg, Freiburg, Bern, Basel, Aargau, Zürich, Zug, Schaffhausen, Thurgau und Sankt Gallen die Horgener Kultur. Sie war außerdem in Süddeutschland (Baden-Württemberg, s. S. 366) und im Bündner Rheintal verbreitet. Die Horgener Kultur löste die Pfyner Kultur (s. S. 485) und die Cortaillod-Kultur (s. S. 476) ab.

Das Auftreten der Horgener Kultur in weiten Teilen der Schweiz war mit einem spürbaren kulturellen Rückschritt innerhalb der Entwicklung der europäischen Jungsteinzeit verbunden. Dieser spiegelte sich vor allem in der Keramik wider, die deutlich primitiver ist als in früheren Kulturen.

Den Begriff Horgener Kultur hat 1934 der bereits erwähnte Zürcher Prähistoriker Emil Vogt (s. S. 515) eingeführt. Dabei berief er sich auf die für diese Kultur typischen Funde aus der Ufersiedlung Horgen-Scheller am Zürichsee. Dieser Fundort war schon 1923 untersucht worden.

Die Horgener Kultur fiel in das erste Jahrtausend des Subboreals. Nach dem Ende der erwähnten Piora-Schwankung (s. S. 476) wurde das Klima vorübergehend günstiger, was in den Alpen zu einem Anstieg der Waldgrenze auf 2000 bis 2400 Meter über dem Meeresspiegel führte. Im Hauptverbreitungsgebiet der Horgener Kultur war die Landschaft durch eichenreiche Buchenwälder geprägt, während in den benachbarten Voralpen und im Jura Weißtannen- und Fichtenwälder vorherrschten.

Nach den Tierknochenfunden aus Feldmeilen (Flur Vorderfeld) zu schließen, lebten in der Gegend des Zürichsees unter anderem Gänsesäger, Biber, Igel, Rothirsche, Rehe, Steinböcke, Gemsen, Auerochsen, Wildschweine, Braunbären, Füchse, Dachse und Wildkatzen.

Von den Horgener Leuten im Gebiet der Schweiz sind bisher keine mit ausreichender Sicherheit dieser Kultur zuzuordnenden und zuverlässig datierbaren Skelettreste entdeckt worden.

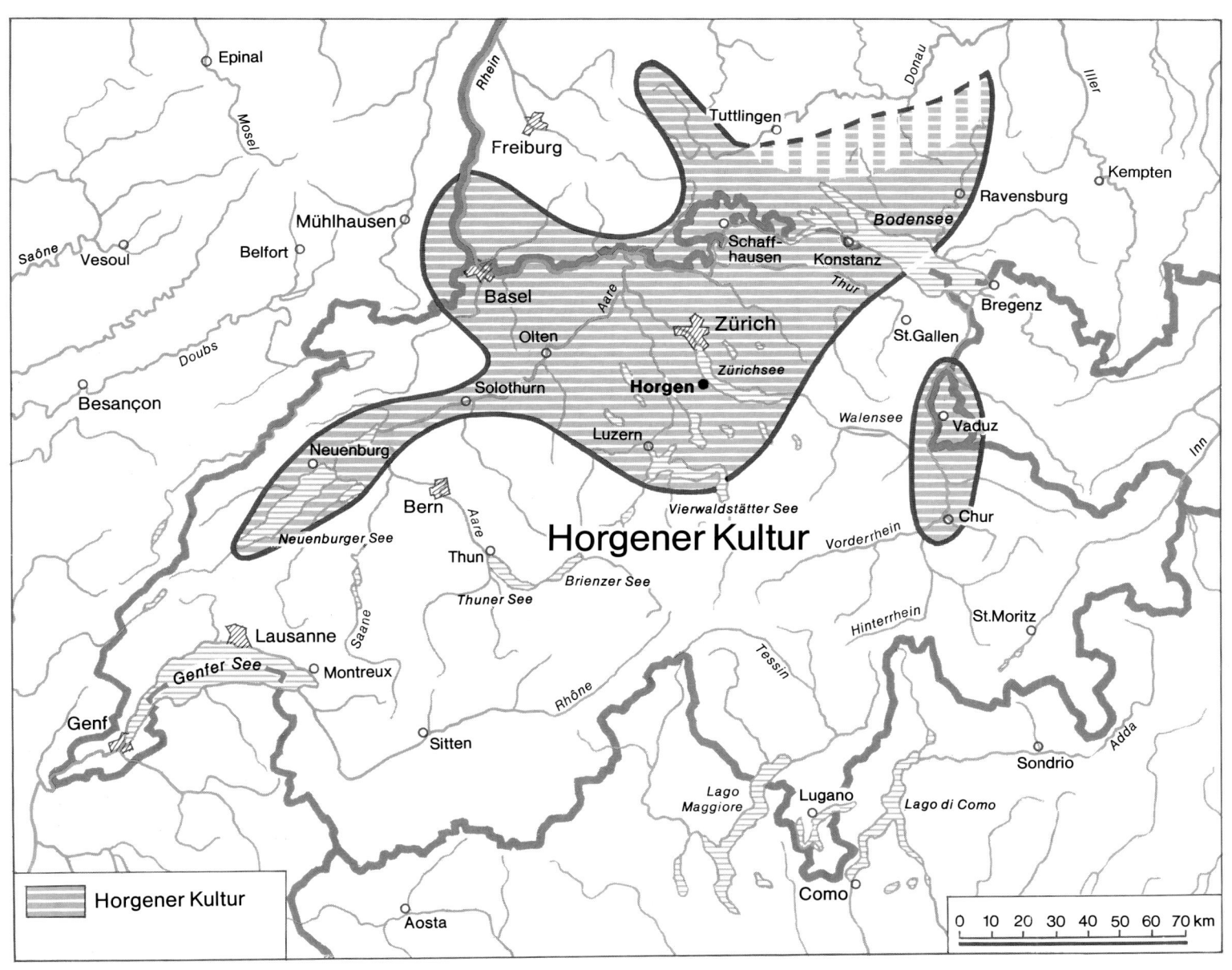

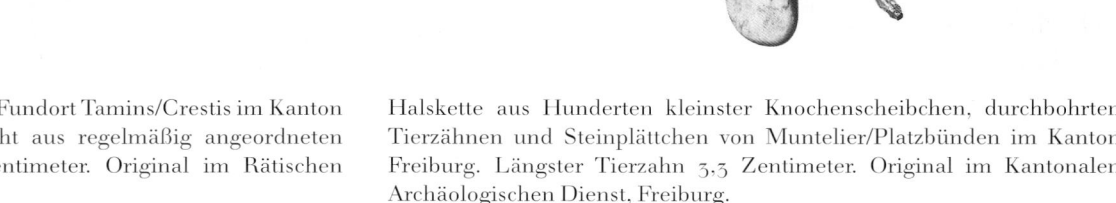

Großer Topf der Horgener Kultur vom Fundort Tamins/Crestis im Kanton Graubünden. Seine Verzierung besteht aus regelmäßig angeordneten waagrechten Leisten. Höhe 42,5 Zentimeter. Original im Rätischen Museum Chur.

Halskette aus Hunderten kleinster Knochenscheibchen, durchbohrten Tierzähnen und Steinplättchen von Muntelier/Platzbünden im Kanton Freiburg. Längster Tierzahn 3,3 Zentimeter. Original im Kantonalen Archäologischen Dienst, Freiburg.

Auch aus Süddeutschland liegt bislang lediglich ein menschlicher Oberarmknochen vor (s. S. 366).

Manche Prähistoriker bringen die Doppelbestattung einer Frau und eines Mannes aus dem Steinkistengrab von Opfikon im Kanton Zürich mit der Horgener Kultur in Zusammenhang.[1] Das Grab kam 1931 bei Bauarbeiten auf einer Geflügelfarm zum Vorschein. Der Zürcher Anthropologe Otto Schlaginhaufen (1879–1973) hat für die Frau eine Körpergröße von nur 1,45 Meter errechnet. Der neben ihr liegende Mann soll kaum größer gewesen sein.

Die Horgener Leute siedelten gern an Seeufern, manchmal aber auch weitab von Seen und mitunter sogar in Höhenlagen. Letzteres war beispielsweise auf dem Petrushügel bei Cazis[2] im Domleschg (Kanton Graubünden) und oberhalb von Egerkingen auf der Höhensiedlung Ramelen[3] im Solothurner Jura der Fall. Nach den zahlreichen Funden am Zürichsee und am Zuger See zu schließen, waren diese beiden Gewässer von einem Kranz von Seeufersiedlungen umgeben. Am Zürichsee lagen – teilweise zu unterschiedlichen Zeiten – die Seeufersiedlungen Zürich-Großer Hafner[4], Zürich-Wollishofen[5], Haumesser, Zürich-Rentenanstalt[6], Zürich-Bauschanze[7], Zürich-Kleiner Hafner[8], Zürich-Utoquai[9], Zürich-Seewarte[10], Erlenbach-Wyden[11], Meilen-Feldmeilen-Vorderfeld, Meilen-Im Grund, Meilen-Obermeilen[12], Stäfa-Uerikon, Feldbach-Im Länder, Freienbach und die namengebende Siedlung Horgen-Scheller. An etlichen dieser Fundstellen hatten früher Dörfer der Pfyner Kultur gelegen (s. S. 487).

Am Zuger See erstreckten sich – ebenfalls teilweise zu unterschiedlichen Zeiten – die Seeufersiedlungen Zug-Schützenhaus[13], Zug-Vorstadt, Zug-Schutzengel[14], Steinhausen-Sennwald, Cham-Bachgraben[15], Hünenberg-Chämleten[16], Risch-Schwarzbach-Nord[17], Risch-Schwarzbach-Mitte, Risch III-West[18], Risch-Oberrisch und Risch III-Ost.

Andere Seeufersiedlungen befanden sich am Pfäffiker See (Irgenhausen) im Kanton Zürich, am Baldegger See (Seematte[19]), am ehemaligen Wauwiler See im Kanton Luzern, am Bieler See (Twann) im Kanton Bern oder am Neuenburger See (Portalban-Les Grèves) im Kanton Neuenburg, um noch einige Beispiele zu nennen.

Zu solchen Seeufersiedlungen gehörten einige Häuser mit einem oder zwei Räumen. Sie hatten ebenerdige Holzfußböden, die mit einem Lehmestrich versehen wurden.

Für die Menschen der Horgener Kultur spielte die Jagd keine bedeutende Rolle, da sie in erster Linie Ackerbauern und Viehzüchter waren. Sie bauten Emmer, Einkorn, sechszeilige Gerste, Hirse, Erbsen und Schlafmohn an und besaßen vielleicht auch Pflüge (s. S. 487). Als Haustiere hielten sie Rinder, Schweine, Schafe und Hunde. Knochenreste vom Rind, Schaf und Hund kennt man unter anderem aus der Ufersiedlung Seematte am Baldegger See nördlich von Luzern.

Ein in der Seeufersiedlung Zürich-Seehofstraße entdecktes Holzrad könnte, wenn es nicht in der Pfyner Kultur hergestellt wurde, aus der Zeit der Horgener Leute stammen. Auf den Bau von Einbäumen als Wasserfahrzeuge deutet ein 10,5 Zentimeter langes Einbaummodell aus der Seeufersiedlung Meilen-Feldmeilen-Vorderfeld am Zürichsee hin.

Die Kleidung bestand aus leinenen Jacken und Röcken sowie sandalenartigen Schuhen aus Bast. Von der damaligen Webkunst zeugen außer Spinnwirteln auch Gewebereste mit vierfarbigen Ziermotiven aus der Seeufersiedlung Irgenhausen am Pfäffiker See sowie das Fragment eines Leinengewebes mit Webekante und Abschlußborte mit Fransen aus der Seeufersiedlung Zürich-Utoquai. Wie das Schuhwerk beschaffen war, lassen sandalenartige Schuhe aus Baststreifen erkennen, die man in einer süddeutschen Siedlung barg (s. S. 367).

Andere Funde geben Auskunft darüber, wie man sich zu dieser Zeit schmückte. So wurden in der Siedlung Muntelier (Kanton Freiburg) zwei Halsketten mit Hunderten von Knochenscheibchen zusammen mit Anhängern aus durchbohrten Tierzähnen und Steinplättchen entdeckt. Am selben Fundort barg man außerdem breitovale Muschelscheibchen mit zweifacher Durchbohrung. Die von verschiedenen Orten bekannten Anhänger aus Tierzähnen stammten von Braunbären oder Hunden. Auch Hirschgeweihsprossen hat man gern zu Anhängern verarbeitet. In Portalban am Neuenburger See kam als Seltenheit ein dünner halbmondförmiger Anhänger aus Kupfer zum Vorschein.

Ein 8,5 Zentimeter langer hölzerner Kamm mit sechs Zinken und einer Öse aus Meilen kann als Hinweis auf die Pflege der Haare gewertet werden. Dieser Kamm hatte eine Öse, an der man ihn aufhängen konnte.

Die Horgener Leute haben auch bescheidene Kunstwerke geschaffen. So ist auf der Tonscherbe eines großen Vorratsgefäßes aus der Seeufersiedlung Meilen-Feldmeilen-Vorderfeld eine mit eingestochenen Punkten dargestellte menschliche Figur zu erkennen. Sie gilt als die älteste, auf einem Tongefäß abgebildete Menschenfigur in der Schweiz. Eine Scherbe aus Eschenz-Seeäcker im Kanton Thurgau trägt ein in Punktmanier porträtiertes menschliches Gesicht. Andere Keramikreste enthalten Ritzverzierungen, die vielleicht symbolischen Charakter haben. Hierzu zählt ein Keramikfragment vom Lutzengüetle bei Eschen in Liechtenstein mit einem strahlenartigen Motiv, das vielleicht die Sonne darstellt.

Frau aus der Zeit der Horgener Kultur mit Schmuck und Kamm bei der Morgentoilette. Die damaligen Kämme bestanden teilweise aus Holz und hatten eine Öse zum Aufhängen.

Die Töpfer der Horgener Kultur modellierten auffallend grobe und plumpe zylindrische Tongefäße. Typische Formen waren große Töpfe, gedrungene eiförmige Gefäße und einfache Schalen. Die Wände der größten dieser Tongefäße waren bis zu vier Zentimeter dick. Dem dafür verwendeten Ton fügte man Sand und andere grobkörnige Mineralien zu. Darunter befanden sich sogar Sandkörner von einem Zentimeter Durchmesser. Die Tongefäße waren unter dem Rand oft mit Stichen verziert oder mit umlaufenden Rillen versehen.

Wie ihre Zeitgenossen in Süddeutschland haben die Horgener Leute in der Schweiz aus Holz mancherlei Gefäße geschnitzt (s. S. 367). Die hölzernen Schüsseln oder Schöpfkellen hatten gegenüber Tongefäßen den Vorteil, daß sie bruchfester waren.

Als Rohmaterial bei der Herstellung von Werkzeugen benutzte man Feuerstein, Felsgestein, Holz und Geweih. Aus Feuerstein schlug man Messer zurecht, die man häufig mit Griffen versah, wie zahlreiche Funde rund um den Zürichsee zeigen. Felsge-

Geflecht aus Flachs von Robenhausen bei Wetzikon am Pfäffiker See im Kanton Luzern. Breite 5,5 Zentimeter, Höhe 3,5 Zentimeter. Original im Museum Schwab, Biel.

Mit Ritzzeichnungen verzierte Randpartie eines Tongefäßes der Horgener Kultur vom Lutzengüetle auf dem Eschnerberg im Fürstentum Liechtenstein. Breite 16 Zentimeter, Höhe 8 Zentimeter. Original im Liechtensteinischen Landesmuseum, Vaduz.

stein schliff man zu Klingen von Steinbeilen. Vom Fleiß eines Steinschleifers der Horgener Kultur zeugen in Muntelier mehr als 1000 Schleifsteine mit teilweise starken Schleifspuren auf allen Seiten. Vermutlich war der einst hier tätige Horgener auf das Anfertigen geschliffener Steinbeile spezialisiert. Außerdem verfügten diese Bauern über Hacken aus festem Eichenholz mit im Feuer gehärteten Schneiden sowie über Geweihfassungen für Steinbeile und Dechsel.

Als Fernwaffe für die Jagd oder den Kampf besaßen die Horgener Leute Pfeil und Bogen. Pfeilspitzen fand man beispielsweise unter den Beigaben der eingangs erwähnten Doppelbestattung von Opfikon. Zwei davon waren dreieckig geformt, die übrigen dreigestielt. Dem männlichen Verstorbenen von Opfikon hatte man zudem einen 13 Zentimeter langen Feuersteindolch vor das Gesicht gelegt und ein kleines grünliches Steinbeil mitgegeben. Bei der Frau fand man ein zerbrochenes Feuersteinmesser.

Wenn die Opfikoner Doppelbestattung tatsächlich in der Zeit der Horgener Kultur erfolgt wäre – was nicht gesichert ist –, hätte man damals die Verstorbenen unverbrannt in Steinkistengräbern bestattet. Die Beigaben könnte man als Indizien für den Glauben an das Weiterleben im Jenseits betrachten. Manche Prähistoriker vermuten, die Frau habe dem zuerst ins Grab gelegten Mann in den Tod folgen müssen. Träfe dies zu, wäre es ein Beleg für Witwentötung. Gesichert ist lediglich, daß der linke Arm der Frau über dem rechten Arm des Mannes lag.

Welcher Art die Religion der Horgener Leute war, ist unbekannt. Es könnte sich um einen Fruchtbarkeitskult gehandelt haben, wegen der Sonnensymbole auf der Keramik aber auch um einen Sonnenkult. Denkbar ist auch eine Beeinflussung durch die Vorstellungen, die mit den Megalithgräbern verbunden waren. Solche Großsteingräber wurden von Angehörigen der etwa zeitgleichen Seine-Oise-Marne-Kultur errichtet und sind teilweise auch in der Schweiz nachweisbar.

Zu den Farbtafeln

61 Verzierter Henkelkrug der Lutzengüetle-Kultur (von etwa 4500 bis 4000 v. Chr.) vom namengebenden Fundort Lutzengüetle auf dem Eschnerberg im Fürstentum Liechtenstein. Höhe 19,5 Zentimeter. Original im Liechtensteinischen Landesmuseum, Vaduz.

62 Häuptlingsgrab aus der Zeit der Cortaillod-Kultur (von etwa 4000 bis 3500 v. Chr.) von Lenzburg im Kanton Aargau. Originale im Schweizerischen Landesmuseum Zürich.

63 Steinerne Stele in Menschengestalt mit einem Bogen als Waffe aus der Zeit der Glockenbecher-Kultur (von etwa 2800 bis 2400 v. Chr.) von Sitten-Petit-Chasseur im Kanton Wallis. Höhe 1,57 Meter, Breite 85 Zentimeter. Original im Musée cantonal d'archéologie, Sitten.

64 Pflanzliche Nahrungsmittel in der Jungsteinzeit (von oben links nach unten rechts): Leinsamen, Holzäpfel, Wildbirnen, Gerste, Erbsen, Weizen, Brombeeren, Eicheln, Wacholderbeeren, Haselnüsse und Mohnsamen.

Großsteingräber in der Schweiz

Zeugnisse der Horgener Kultur?

In einigen Teilen der Westschweiz kennt man schon seit Jahrzehnten eindrucksvolle Großsteingräber mit zahlreichen nacheinander erfolgten Bestattungen. Solche Grablegen sind in den Kantonen Neuenburg, Bern und Basel entdeckt worden. Ihre kulturelle Zugehörigkeit war bisher stets umstritten. Gegenwärtig werden zumindest die Großsteingräber in Neuenburg und Bern sowie im Kanton Jura mit einer westschweizerischen Variante der Horgener Kultur (s. S. 489) in Verbindung gebracht. Diese stand mit der in Nordfrankreich heimischen Seine-Oise-Marne-Kultur in enger Beziehung.

Der Begriff Seine-Oise-Marne-Kultur wurde 1926 von den spanischen Prähistorikern Pere Bosch-Gimpera (1891–1974) aus Barcelona und Josep C. Serra-Ràfols (1902–1971) geprägt. Sie hatten erkannt, daß sich die Fundorte dieser Kultur in den Gebieten der Flüsse Seine, Oise und Marne häufen.

Zu den Großsteingräbern in der Schweiz gehört vor allem eine Form, bei der die Seitenwände durch Steinplatten gebildet wurden, die man mit weiteren Steinplatten überdeckte. Die Bestattungen in einem solchen Steinkistengrab erfolgten durch die im oberen Teil einer Steinplatte eingemeißelte runde Öffnung. Letztere wurde früher als »Seelenloch« (s. S. 374) bezeichnet, sollte in Wirklichkeit aber das Betreten des Grabes ermöglichen.

Diese Großsteingrabform wurde 1966 von dem Tübinger Prähistoriker Egon Gersbach als Dolmen vom Typ Aesch-Schwörstadt bezeichnet. Der Name erinnert an entsprechende Gräber in Aesch (Kanton Basel) und in Schwörstadt bei Säckingen in Baden-Württemberg – also außerhalb der Westschweiz. Großsteingräber mit Lochplatte kennt man außer in Aesch und Schwörstadt auch in Laufen (Kanton Bern), Courgenay und Fregiecourt (Kanton Jura) sowie von Fresens (Kanton Neuenburg). In Frankreich sind sie an der oberen Saône konzentriert.[1] Ähnlichkeit mit diesen Steinkistengräbern haben die Gräber der Wartberg-Gruppe (s. S. 372) in Hessen und Westfalen.

Der Dolmen von Aesch wurde 1909 durch die Vettern Fritz Sarasin (1859–1942) und Paul Sarasin (1856–1929) aus Basel untersucht. Dabei entdeckte man Skelettreste von insgesamt 47 Menschen, die verschiedenen Altersstufen angehörten. Der Boden dieses Großsteingrabes war mit Steinen gepflastert. Der außerhalb der Schweizer Grenzen liegende Dolmen von Schwörstadt wurde Mitte der zwanziger Jahre erforscht.[2]

Der Dolmen von Laufen kam 1947 auf dem Gelände einer Wandplattenfabrik ans Tageslicht. Ihn hat der Architekt Alban Gerster (1898–1986) aus Laufen ausgegraben. Die darin befindlichen Skelettreste waren sehr schlecht erhalten.

Ein anderer Typ der Großsteingräber – Allée couverte genannt – wurde in Auvernier[3] am Neuenburger See (Kanton Neuenburg) aufgedeckt. Dabei handelt es sich um einen mannshohen, dreigliedrigen Bau mit zentralem Bestattungsraum, an den seitliche schmale Gänge angegliedert waren. Über den Eingang im Südosten gelangte man in einen kleinen Vorhof und dann in die Hauptkammer, in der man 13 menschliche Schädel und etliche Langknochen barg. Zusammen mit den Skelettresten von Nachbestattungen aus den seitlichen Gängen

sind in dieser Anlage insgesamt etwa 20 Tote zur letzten Ruhe gebettet worden. Sie hatten nur wenige Beigaben wie durchbohrte Eberhauer, Wolfs- und Bärenzähne sowie eine Beilklinge erhalten.

Die im Großsteingrab von Aesch bestatteten Männer erreichten – nach den kleinen Kniescheiben zu schließen – eine Körpergröße bis zu 1,60 Meter, die Frauen bis zu 1,50 Meter. Diese Menschen starben häufig in jungen Jahren. In Aesch und Laufen fand man nur ganz wenige Personen, die älter als 40 Jahre geworden waren. In Aesch hatte man 24 Erwachsene und 8 Kinder bestattet. Demnach lag die Kindersterblichkeit bei 25 Prozent. In Laufen war es ähnlich: Dort hatte man insgesamt 25 Tote zur letzten Ruhe gebettet, nämlich 19 Erwachsene und 6 Kinder.

Anthropologische Untersuchungen der Skelettreste aus Aesch und Laufen ergaben, daß die damalige Bevölkerung nur selten unter Karies litt. In Aesch stellte man bei 3,6 Prozent der Zähne Karies fest, in Laufen bei nur einem Prozent. Am häufigsten wurden die Backenzähne von Karies betroffen.

Wandstein mit »Seelenloch« des Großsteingrabes von Courgenay im Kanton Jura. Höhe des Wandsteins maximal 2,60 Meter, Breite 2,57 Meter, Dicke 50 Zentimeter.

Großsteingrab (auch Dolmen genannt) von Auvernier im Kanton Neuenburg bei seiner Freilegung im Jahre 1876. In diesem Grab sind im Laufe der Zeit etwa 20 Verstorbene zur letzten Ruhe gebettet worden.

Ein Schädelstück mit eckiger Kante aus dem Großsteingrab von Aesch wird als ein Beweis dafür angesehen, daß damals auch in der Schweiz komplizierte Schädeloperationen (Trepanationen) ausgeführt wurden, wie sie relativ häufig aus Deutschland bekannt sind (s. S. 380). Bei dem bescheidenen Fund stellte man einen Rand mit Heilungsspuren fest. Diese dokumentieren, daß der operierte Mensch den Eingriff einige Zeit überlebt hat.

Nach dem Tod dieses Patienten dürften Reste von seiner Schädeldecke in mehrere Stücke geteilt und daraus Amulette angefertigt worden sein, von denen sich die Träger vielleicht Heilkraft versprachen.

Die Menhire mit den Remedello-Dolchen

Die Saône-Rhone-Kultur

In der Westschweiz, das heißt an den Juraseen und im Gebiet des Genfer Sees, war die auch in Frankreich (Savoyen, Burgund) verbreitete Saône-Rhone-Kultur von etwa 2800 bis 2400 v. Chr. heimisch. Hinterlassenschaften dieser Kultur wurden 1964 und 1965 bei Ausgrabungen in der Seeufersiedlung Auvernier-La Saunerie[1] am Neuenburger See unter Leitung des in Freiburg i. Br. tätigen Prähistorikers Christian Strahm (s. S. 514) bekannt. Er schlug dafür 1969 den Begriff Auvernier-Kultur vor.

Seit 1974 ordnet man die bis dahin der Auvernier-Kultur zugeschriebenen Fundstellen der überregionalen Saône-Rhone-Kultur zu. Dieser Name wurde auf einem Symposion, das 1974 im Anschluß an die Auswertung der Ausgrabungen von Auvernier-La Saunerie von Christian Strahm organisiert worden war, durch eine Gruppe von Archäologen beschlossen.

Die Saône-Rhone-Kultur fiel in die erste und damit klimatisch günstige Hälfte des Subboreals. In der Westschweiz waren hauptsächlich Weißtannenwälder vorherrschend, während an den Sonnenhängen des Wallis noch immer lichte Eichen-Kiefern-Wälder wuchsen. Bewohnt wurden diese Landschaften unter anderem von Braunbären, Füchsen, Mardern, Auerochsen, Rothirschen, Elchen, Rehen und Wildschweinen.

Von den Saône-Rhone-Leuten hat man bisher in der Schweiz keine aussagekräftigen Skelettreste bergen können, die Aufschlüsse über ihre durchschnittliche Körpergröße, anatomischen Merkmale und Krankheiten ermöglichen. Die Saône-Rhone-Leute errichteten ihre Siedlungen wie die Menschen der Horgener-Kultur gern an den Ufern von Seen. Seeufersiedlungen von ihnen kennt man vom Neuenburger See (Auvernier-La Saunerie, Portalban, Yverdon-Avenue des Sports[2]), Bieler See und Murtensee.

Bei den Ausgrabungen in Auvernier-La Saunerie und Yverdon-Avenue des Sports konnten Häuser in Pfahlbauweise nachgewiesen werden, deren Fußböden nach Ansicht der Ausgräber vom Strand abgehoben waren. Durch diese Vorsichtsmaßnahme wappnete man sich vor gelegentlichen Überschwemmungen. Sowohl in Auvernier-La Saunerie als auch in Yverdon-Avenue des Sports fand man Bauholz, dessen Alter dendrochronologisch ermittelt werden konnte. Demnach haben diese beiden Siedlungen von etwa 2750 bis 2450 v. Chr. bestanden.

Unter den Jagdbeuteresten von Auvernier-La Saunerie war der Elch sehr stark vertreten. Elche wurden eventuell nicht in nächster Umgebung der Siedlung, sondern im Gebiet des heutigen »Großen Moores« erlegt. Möglicherweise hat man die erlegten Elche mit einem Floß zur Siedlung transportiert. Gut erhaltene Skelette vom Fuchs und Marder deuten darauf hin, daß bestimmte Tierarten nur ihres begehrten Felles wegen getötet worden sind.

Für den Lebensunterhalt der Saône-Rhone-Leute dürften Ackerbau und Viehzucht jedoch wichtiger gewesen sein als die Jagd. Sie bauten verschiedene Getreidearten an und hielten auch Haustiere.

Der Archäozoologe Hans R. Stampfli aus Bellach konnte in Auvernier-La Saunerie beispielsweise Knochenreste vom

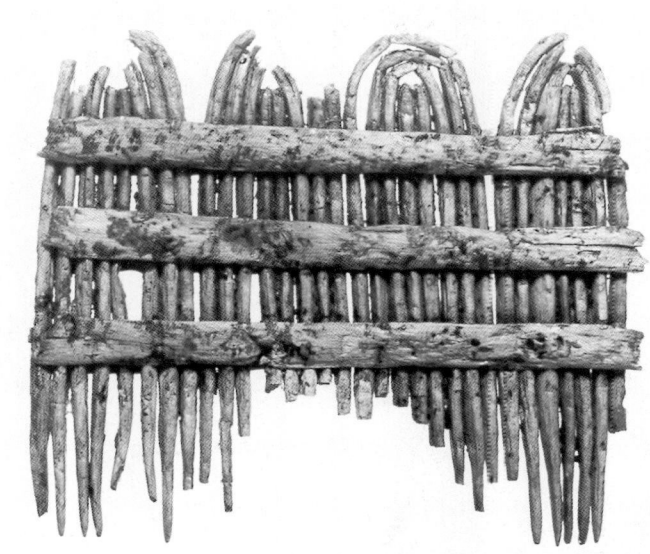

Holzkamm aus Yverdon im Kanton Waadt. Länge etwa 7 Zentimeter, Breite 6,1 Zentimeter. Original im Museum für Kunst und Geschichte, Freiburg.

Schwein, Rind, Schaf, der Ziege, Hund und Pferd identifizieren. Nach der Fundhäufigkeit besaß die Schweinehaltung eine große Bedeutung. Beim Hund ist ungewiß, ob er als Wächter, Luxustier, Kulttier oder Jagdgefährte diente. Die Pferde wurden vielleicht frei gehalten und bei Bedarf geschlachtet.

Das Überwintern der Haustiere war für die damaligen Viehzüchter vermutlich problematisch, da sie wahrscheinlich nur in geringem Maße entsprechende Vorräte anlegten. Der Futtermangel zwang sie vielleicht, schon im Spätsommer oder Herbst einen Teil der Haustiere zu schlachten. Gefunden wurden auch Schlachtabfälle von Haustieren im jugendlichen Alter von einem halben Jahr bis anderthalb Jahren.

Von Tauschgeschäften und Fernverbindungen zeugen unter anderem Dolche aus Grand-Pressigny-Feuerstein (s. S. 237) aus Frankreich von der Fundstelle Sitten-Petit-Chasseur im Kanton Wallis. Auch andernorts haben die Menschen der Saône-Rhone-Kultur im Wallis und in der Westschweiz Dolche und Klingen aus Frankreich bezogen.

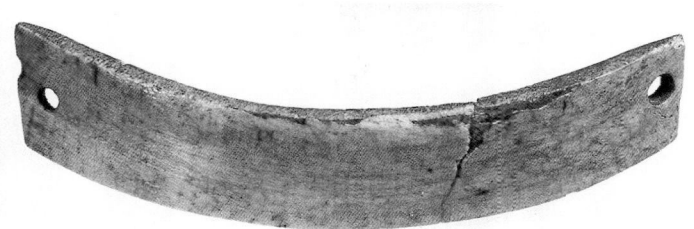

An beiden Enden durchlochte Eberzahnlamelle von Sitten-Petit-Chasseur im Kanton Wallis. Länge 6 Zentimeter, Breite 1,3 Zentimeter, Dicke 0,2 Zentimeter. Original im Musée cantonal d'archéologie, Sitten.

Schwere und sperrige Güter wurden auf zwei- oder vierrädrigen Karren transportiert, vor die man wohl Rinder spannte. Diese Fahrzeuge hatten aus mehreren Teilen zusammengesetzte Scheibenräder mit jeweils viereckigem, buchsenlosem Achsloch, wie ein Fund aus Saint-Blaise im Kanton Neuenburg zeigt. Die Räder steckten fest auf der rotierenden Achse.

Auf steinernen Stelen aus dieser Zeit sind gemusterte Kleidung und Gürtel erkennbar. Als Schmuckstücke dienten zuweilen Eberzahnlamellen, die man als Anhänger trug. Ein solches 6 Zentimeter langes, 1,3 Zentimeter breites, 2 Millimeter dickes, leicht gebogenes und an beiden Enden durchbohrtes Schmuckstück wurde in Sitten-Petit-Chasseur geborgen. Aus Delley/Port-Alban (Kanton Freiburg) kennt man kleine Flügelperlen sowie Röhren- und Scheibenperlen aus Stein. Und in Port-Alban hat man eine kleine Kugelperle aus fossilem Holz (Gagat) geborgen.

Die imposantesten in der Tradition der Saône-Rhone-Kultur ausgeführten Kunstwerke hat man in Sitten-Petit-Chasseur entdeckt. Dabei handelt es sich um insgesamt drei menschengestaltige steinerne Stelen, die Gottheiten oder Verstorbene darstellen sollten.

Eine dieser Stelen war 2,50 Meter hoch, unten 1,12 Meter breit und mindestens 8 Zentimeter dick. Der Kopf ist in späterer Zeit abgeschlagen worden. Die beiden dünnen Arme mit jeweils fünf Fingern an jeder Hand sind über dem Bauch abgewinkelt. Unter der Brust hängt an einem V-förmigen Band eine Doppelspirale, die ein wenig an ein Sonnensymbol erinnert. Darunter befinden sich ein unverzierter Gürtel sowie ein dreieckiger Dolch mit Mittelrippe und halbmondförmigem Knauf vom Typ Remedello.

Remedello-Dolche sind für die norditalische Remedello-Kultur[5] (etwa 3400 bis 2600 v.Chr.) typisch, die nach dem Gräberfeld von Remedello, 37 Kilometer südöstlich von Brescia, benannt ist. Es sind Kupferdolche mit ziemlich breiter Klinge, die man um eine flache, manchmal durchlochte Griffzunge erweitert hat. Derartige Waffen wurden außer in Sitten-Petit-Chasseur auch auf Felsbildern im Val Camonica sowie auf Stelen in Ligurien (beide in Italien) dargestellt.

Die auf den Stelen von Sitten-Petit-Chasseur erkennbaren Dolche haben große Ähnlichkeit mit den dreieckigen Kupferdolchen des Gräberfeldes von Spilamberto in Norditalien, die mit bogenförmigen Griffknäufen versehen sind.

Eine andere Stele von Sitten-Petit-Chasseur trägt statt eines Gesichtes eine strahlende Sonne. Darunter folgt eine ungewöhnlich reiche Verzierung, die wohl die gemusterte Kleidung andeutet. Eine weitere Stele läßt außer zwei Händen einen Gürtel sowie insgesamt vier Remedello-Dolche erkennen.

Die Keramik der Saône-Rhone-Kultur war arm an Formen und selten verziert. Als typische Tongefäße dieser Kultur gelten tonnenförmige Behältnisse mit flachem Boden und breiten Griffknubben. Sie wurden mit Fingerknubben, Einstichen und unregelmäßigen Zickzacklinien verziert.

Die Saône-Rhone-Leute verfügten über Werkzeuge aus Feuerstein, Felsgestein, Knochen und Geweih. Aus Feuerstein schlu-

Tongefäße der Saône-Rhone-Kultur von Auvernier im Kanton Neuenburg. Originale im Musée cantonal d'archéologie, Neuenburg.

gen sie beispielsweise Messer zurecht. Felsgestein diente als Rohmaterial für walzenförmige Steinbeile, die man zurechtschliff. Aus Knochen wurden Meißel und Pfrieme geschnitzt. Außerdem schuf man Hacken aus Hirschgeweih.

Bewaffnet waren die Bauern der Saône-Rhone-Kultur mit Pfeil und Bogen sowie Dolchklingen aus Feuerstein. Die Verwendung von Pfeil und Bogen wird durch Pfeilspitzen aus Feuerstein bezeugt. Remedello-Dolche sind bisher nicht gefunden worden, aber dafür Kupferdolche in anderer Form.

Das Bestattungswesen der Saône-Rhone-Kultur wurde offenbar von der Megalithreligion (s. S. 331) beeinflußt, für die der Bau von Großsteingräbern kennzeichnend war. Gräber aus dieser Zeit sind der um 2700 v.Chr. errichtete Dolmen MVI und der Dolmen MXII von Sitten-Petit-Chasseur. Das zuerst genannte Großsteingrab steht an der Stirnseite einer etwa 15 Meter langen dreieckigen, langgezogenen Rampe, die mit Steinen und Erdreich aufgeschüttet worden ist. Die Seitenwände und die Decke der Grabkammer wurden aus großen Steinplatten gebildet. Seitlich des Dolmen MVI stellte man zwei Stelen auf, vor ihm die erwähnte besonders große Stele von etwa 2,50 Meter Höhe.

Im Dolmen MVI wurden im Laufe der Zeit insgesamt fast 20 Verstorbene unverbrannt zur letzten Ruhe gebettet. Man versah sie mit Werkzeugen, Waffen und Schmuck, damit es ihnen auch im Jenseits an nichts mangele.

Die Fundstelle Sitten-Petit-Chasseur mit Hinterlassenschaften aus verschiedenen Kulturstufen von der Jungsteinzeit bis zur Römerzeit wurde 1961 entdeckt, als Arbeiter beim Bau einer Wasserleitung in der Avenue du Petit-Chasseur von Sitten auf zwei Grabkisten (MI und MII) stießen. Die darauffolgenden Ausgrabungen von 1961 und 1969 wurden durch den Prähistoriker Olivier-Jean Bocksberger (1925–1970) aus Genf vorgenommen. Nach seinem Tod gruben 1968/69 der Anthropologe und Prähistoriker Marc-Rodolphe Sauter (1914–1983) aus Genf sowie dessen Mitarbeiter Alain Gallay weiter und anschließend bis 1973 Gallay allein.

◁ Menschengestaltige steinerne Stele aus der Zeit der Saône-Rhone-Kultur von Sitten-Petit-Chasseur im Kanton Wallis. Höhe etwa 2,50 Meter, maximale Breite 1,12 Meter, Dicke 8 Zentimeter. Der Kopf wurde später abgeschlagen. Auf der Stele sind die Arme, Schmuck, ein Gürtel und ein Dolch vom Typ Remedello zu erkennen. Original im Musée cantonal d'archéologie, Sitten.

Die Totenhütten von Schöfflisdorf

Die Schnurkeramischen Kulturen

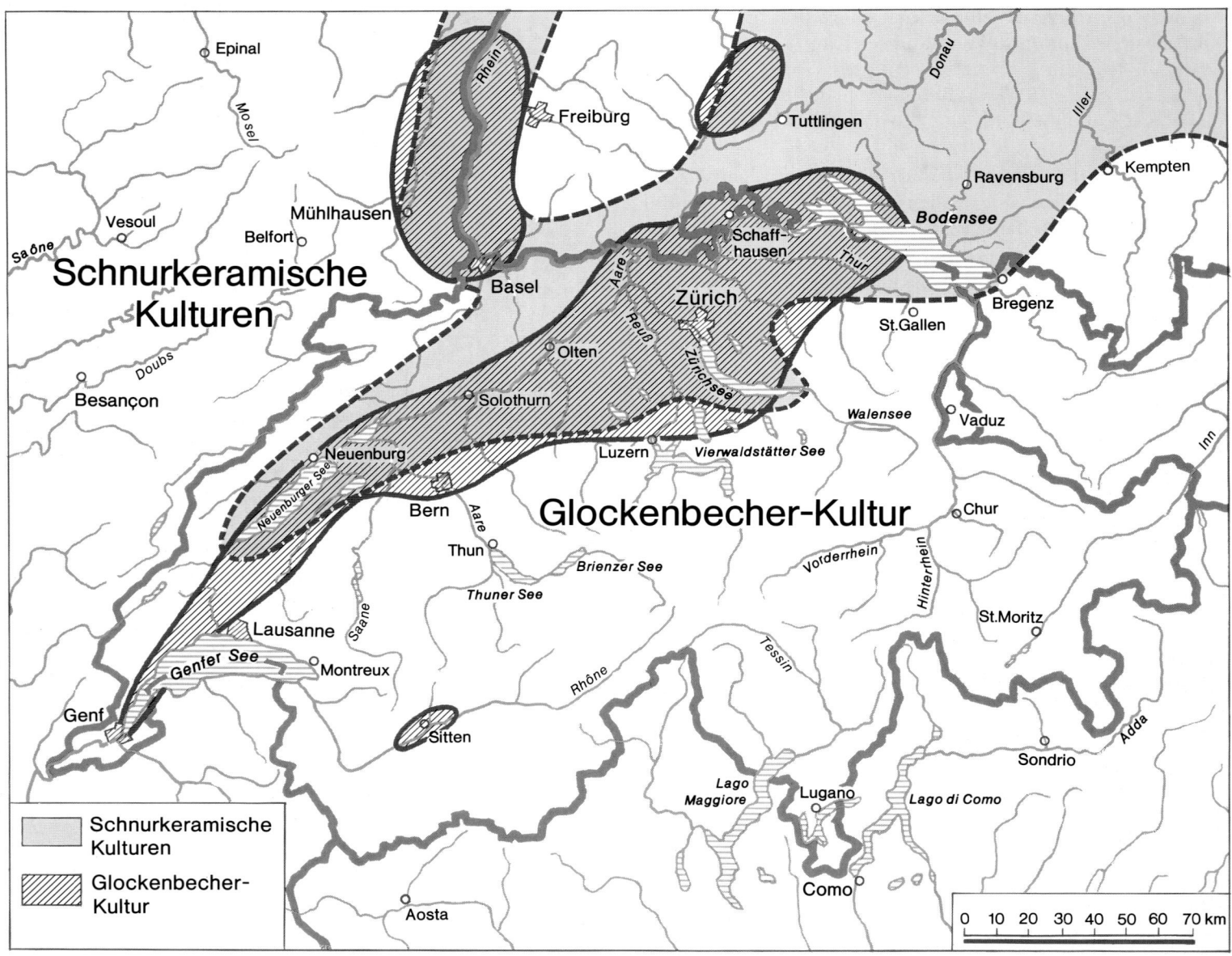

Verbreitung der Schnurkeramischen Kulturen und der Glockenbecher-Kultur in der Schweiz.

Irgendwann in der Zeit zwischen 2800 und 2400 v. Chr. drangen Angehörige der Schnurkeramischen Kulturen (s. S. 397) aus Deutschland nach Süden in die Schweiz vor. Sie zogen im Schweizer Mittelland entlang der Aare bis in die Gegend von Genf in der Westschweiz, mieden jedoch den Jura und überschritten auch die Alpen nicht.

Funde und Fundstellen der Schnurkeramischen Kulturen kennt man unter anderem aus den Kantonen Aargau, Luzern, Zürich, Schaffhausen, Zug und Thurgau. Der in der Schweiz vertretene Zweig der Schnurkeramiker gilt als die am südwestlichsten entdeckte Gruppe der Schnurkeramischen Kulturen, deren Verbreitungsgebiet vom Elsaß im Westen bis zur Ukraine im Osten reichte.

Die Schnurkeramischen Kulturen lösten in der Nord- und Ostschweiz die Horgener Kultur (s. S. 489) ab. Dieser Übergang

vollzog sich – nach den Funden zu schließen – innerhalb von weniger als 100 Jahren, was nach archäologischen Kriterien als ein recht abrupter Wechsel gilt.

In der Westschweiz erschienen die ersten Schnurkeramiker gebietsweise während der Lebensdauer der Saône-Rhône-Kultur (s. S. 499) und lebten in deren Nachbarschaft. Im Laufe der Zeit besiedelten die Schnurkeramiker alle damals bewohnten Teile der Schweiz.

Nach 2500 v. Chr. sind in einigen Gebieten der Schweiz auch Angehörige der rätselhaften Glockenbecher-Kultur (s. S. 505) aufgetaucht. Diese hatte aber nicht den Charakter einer selbständigen Kultur, sondern existierte als neue und fremdartige Erscheinung neben der einheimischen Bevölkerung.

Die Schnurkeramischen Kulturen fielen in die erste Hälfte des Subboreals. Das Klima war noch immer günstiger als einige

Jahrhunderte zuvor. Durch die wachsende Bevölkerungsdichte wurden die Wälder in der Umgebung der Siedlungen je länger desto stärker dezimiert. Am Südfuß des Jura waren Eichen-Buchen-Wälder mit starkem Hasel-Unterwuchs (sicher durch die Menschen gefördert) verbreitet. In der Ostschweiz herrschten vor allem Buchen- und Erlenwälder vor, während in den nördlichen Voralpen die ehemaligen Laubwälder durch Nadelwälder aus Fichten und Weißtannen völlig verdrängt worden waren.

Zu den damals in freier Wildbahn lebenden Tieren zählten unter anderen Auerochsen, Rothirsche, Rehe und Wildschweine.

Skelettreste von Schnurkeramikern aus Körpergräbern in Süddeutschland zeigten, daß manche Männer eine Körpergröße von mehr als 1,70 Meter und die Frauen bis zu 1,65 Meter erreichten. Über die Größe der in der Schweiz existierenden Schnurkeramiker sind keine Aussagen möglich, da man diese nach ihrem Tod verbrannt hat.

Im Gegensatz zu anderen Teilen des Verbreitungsgebietes der Schnurkeramischen Kulturen, wo die Funde meist aus Gräbern stammen, wurden in der Schweiz auch Hinterlassenschaften aus Siedlungen entdeckt.

Zu den frühesten Siedlungen aus der älteren Phase der Schnurkeramischen Kulturen gehört die Seeufersiedlung Zürich-Mythenschloß am Zürichsee. Die für den Bau dieses Dorfes verwendeten Baumstämme wurden nach dendrochronologischen Altersdatierungen um 2620 v. Chr. gefällt.

Etwas später ist die Seeufersiedlung Zürich-Mozartstraße am Zürichsee entstanden. Von dort sind Hölzer aus der Zeit von

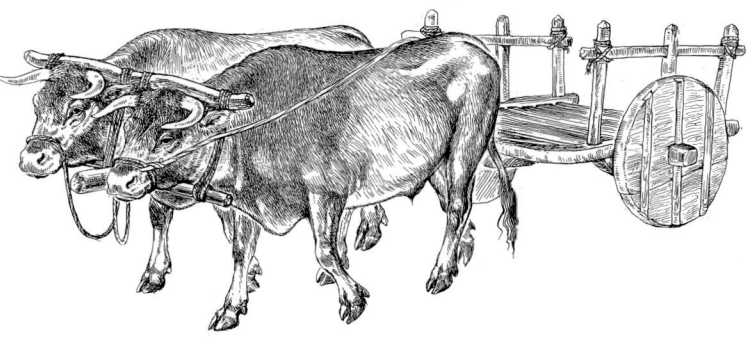

Zweirädriger Wagen mit zwei als Zugtiere vorgespannten Rindern aus der Zeit der Schnurkeramischen Kulturen. Reste derartiger Gefährte sind aus Seeufersiedlungen geborgen worden.

2602 bis 2573 v. Chr., um 2516 v. Chr. sowie um 2490 v. Chr. bekannt. Demnach wurde diese Siedlung teilweise zu einer Zeit bewohnt, in der man in Ägypten die ersten Pyramiden errichtete.

Die Seeufersiedlung Zürich-Dufourstraße wurde durch eine vierfache Umzäunung gegen die Landseite hin geschützt. Die ehemaligen Bewohner hatten ihre Hütten auf einem Strandwall am Zürichsee erbaut. Auf diese Siedlung war man beim Bau des Pressehauses in der Dufourstraße gestoßen. Deshalb spricht man manchmal auch von der Fundstelle Zürich-Pressehaus.

Seeufersiedlungen der Schnurkeramiker kennt man unter anderem vom Zürichsee (Zürich-Dufourstraße, Zürich-Mozartstraße, Zürich-Mythenschloß, Zürich-Utoquai, Zürich-Wollishofen, Erlenbach, Meilen), vom Greifensee und vom Pfäffiker See (Robenhausen) im Kanton Zürich. Die Schnurkeramiker haben also teilweise an denselben Plätzen gesiedelt wie zuvor die Horgener Leute (s. S. 490).

Weitere Seeufersiedlungen wurden am Baldegger See (Baldegg) im Kanton Luzern, am Bieler See (Lüscherz, Sutz, Vinelz) im Kanton Bern sowie am Neuenburger See (Auvernier, Portalban) entdeckt. In Auvernier und Portalban folgten sie auf Siedlungen der Saône-Rhone-Kultur (s. S. 490).

Wie Pflugspuren in Castaneda im Kanton Graubünden zeigen, haben Schweizer Schnurkeramiker den Boden bearbeitet. Dort zeichneten sich die Furchen als gitterartige, dunkle Verfärbung im hellen Untergrund ab. Der Abstand der Furchen voneinander betrug durchschnittlich etwa 60 Zentimeter, ihre maximale Breite etwa 6 bis 7 Zentimeter.

Die Schnurkeramiker bauten verschiedene Getreidearten an und hielten Rinder, Schweine, Schafe, Ziegen, Hunde sowie offenbar auch Pferde (s. S. 399) als Haustiere. Ihre Nahrung bestand hauptsächlich aus landwirtschaftlichen Produkten.

Begehrte Tauschobjekte waren auch damals noch der Grand-Pressigny-Feuerstein aus Frankreich und Bernstein von der Ostseeküste, wie Funde aus Deutschland zeigen.

Diese Menschen bauten bereits Karren oder Wagen mit Holzrädern, vor die sie vermutlich Rinder spannten. Reste eines solchen Gefährts kamen in der Seeufersiedlung Zürich-Dufourstraße zum Vorschein. Dabei handelt es sich um drei Räder aus Buchenholz mit einem ursprünglichen Durchmesser von 65 Zentimetern und einer Dicke von 6 Zentimetern. Jedes dieser Räder wurde aus zwei Brettern geschaffen, die miteinander durch Einschubleisten aus Eschenholz in Nuten verbunden waren. Diese Räder gehörten entweder zu einem vierrädrigen

Pflugspuren von Castaneda im Kanton Graubünden aus der Zeit um 2600 v. Chr. Abstand der Furchen voneinander etwa 60 Zentimeter, maximale Breite der einzelnen Furchen etwa 6 bis 7 Zentimeter.

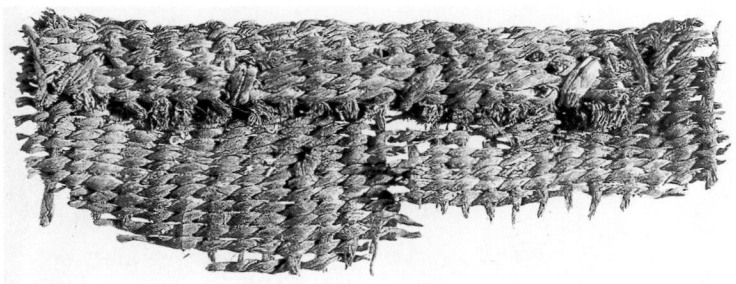

Geflecht aus Vinelz im Kanton Bern. Breite 9,5 Zentimeter, Höhe 3,2 Zentimeter. Original im Bernischen Historischen Museum.

Wagen oder zu zwei zweirädrigen Karren. Das vierte Rad wurde nicht gefunden.

Aus der Zeit der Schnurkeramischen Kulturen dürften auch das Bruchstück eines hölzernen Scheibenrades sowie ein Doppeljoch aus der Seeufersiedlung von Vinelz am Bieler See stammen, die sich beide nicht exakt einer bestimmten Kultur zuordnen lassen. Der Räderrest aus Vinelz ist Teil eines Rades, das schätzungsweise um 2500 v. Chr. geschaffen wurde. Er könnte also auch aus einem Dorf der Saône-Rhone-Kultur stammen. Das Doppeljoch aus Vinelz besteht aus Ahornholz und ist 1,42 Meter lang.

Als Schmuck waren Halsketten mit durchbohrten Tierzähnen sowie Schmuckstücke aus Knochen, Muscheln, Bernstein und Kupfer beliebt. Aus den schnurkeramischen Siedlungen von Greng und Portalban (Kanton Freiburg) kennt man kleine Schmucknadeln aus Eberhauern und Hirschgeweih.

Die Schweizer Schnurkeramiker haben im Gegensatz zu ihren mitteldeutschen Zeitgenossen keine großartigen Kunstwerke hinterlassen. (s. S. 400).

Unter den Tongefäßen der Schnurkeramischen Kulturen waren Becher und Amphoren die am häufigsten hergestellten Formen. Daneben gab es Schalen mit und ohne Füßchen sowie Henkelkannen und -tassen. Die Außenwand der Tongefäße wurde mit Schnurabdrücken, aber auch mit eingeschnittenen oder eingestochenen Mustern verziert.

Die Schnurkeramiker stellten Werkzeuge und Waffen aus Feuerstein, Felsgestein und Knochen her. Sie importierten zudem Pfrieme, Äxte und Dolche aus Kupfer, deren Herstellung sie selbst nicht beherrschten. Manche der Metallgeräte wurden von ihnen aus billigerem Rohmaterial wie Feuerstein oder Hirschgeweih nachgeahmt.

Im Gegensatz zu anderen Zweigen der Schnurkeramischen Kulturen haben die Schweizer Schnurkeramiker ihre Toten verbrannt. Gefunden wurden Brandbestattungen, die von kleinen oder großen Grabhügeln mit einem Durchmesser bis zu 20 Metern überwölbt sind. Manchmal bilden die einzelnen Grabhügel regelrechte Gräberfelder. Zu den größten Gräberfeldern der Schnurkeramischen Kulturen gehören diejenigen von Schöfflisdorf im Kanton Zürich und von Sarmensdorf im Kanton Aargau.

Das Gräberfeld von Schöfflisdorf umfaßte 31 Grabhügel. Seine Entdeckungsgeschichte begann bereits 1846. Damals wurde der Antiquarischen Gesellschaft in Zürich mitgeteilt, der Gemeindeförster von Schöfflisdorf habe mehrere Grabhügel gefunden. Darauf beauftragte die Gesellschaft den Prähistoriker Ferdinand Keller (1800–1881) mit der Ausgrabung, der 1866 und 1909 weitere Untersuchungen durch andere Forscher folgten.[2]

Die bei den Grabungen in Schöfflisdorf gewonnenen Erkenntnisse erlaubten interessante Einblicke in das Bestattungswesen der Schweizer Schnurkeramiker. In Schöfflisdorf wurde jeder Verstorbene auf einem mächtigen Scheiterhaufen verbrannt. Danach schüttete man den Brandschutt mitsamt dem Leichenbrand zu einem Haufen auf. Über diesen legte man Beigaben in Form von Tongefäßen, die vermutlich eine für den Toten bestimmte Wegzehrung enthielten, sowie Steingeräte für das Weiterleben im Jenseits, in dem der Verstorbene nichts entbehren sollte. Nun errichtete man entweder einen kleinen Holzbau – eine sogenannte Totenhütte – darüber oder bedeckte das Ganze mit einer Steinpackung, über die man einen flachen Erdhügel aufschüttete. Letzterer wurde manchmal mit einem Steinmantel versehen, den man ebenfalls mit Erde bedeckte. Manche dieser Grabhügel wurden später für Nachbestattungen benutzt, bei denen man sich weniger Mühe machte.

Zum Gräberfeld von Sarmensdorf gehörten 21 sich teilweise überschneidende Grabhügel. Besonders aufschlußreich war das Innere des Grabhügels 2. Er enthielt eine Totenhütte mit einem Grundriß von 5 x 3,30 Metern. Diese wurde durch ein Mäuerchen in zwei Räume geteilt, von denen der westliche über eine gepflasterte Herdstelle verfügte. Die Totenhütte baute man in den Brandschutt des Scheiterhaufens hinein und füllte sie mit dessen Resten bis auf 1,20 Meter Höhe. Die sorgfältig aufgelesenen Knochenreste und die verbrannten Beigaben hat man an je einer Stelle der beiden Räume deponiert. Die Totenhütte wurde mit Balken überdacht und mit einer Steinsetzung versehen. Dann umfriedete man die Totenhütte mit einem Steinkranz und begrub sie unter einem Erdhügel.

Das Bestattungswesen der Schweizer Schnurkeramiker spiegelt komplizierte Jenseitsvorstellungen wider, die mit dem Glauben an den »lebenden Leichnam« (s. S. 176) verbunden gewesen sein könnten. In diesem Sinne lassen sich die Totenhütten in den Grabhügeln vielleicht als Häuser für die Bestatteten deuten. Aus Süddeutschland kennt man Dreifachbestattungen, die von manchen Prähistorikern mit Menschenopfern in Zusammenhang gebracht werden (s. S. 403).

Fragment eines Tongefäßes mit Schnurverzierung aus der Zeit der Schnurkeramischen Kulturen vom Gräberfeld Sarmenstorf im Kanton Aargau. Höhe 18 Zentimeter. Anhand dieses Fundes wurden die Grabhügel von Sarmenstorf datiert. Original im Museum Burghalde, Lenzburg.

Die Totenstadt von Sitten-Petit-Chasseur

Die Glockenbecher-Kultur

In der Zeit von etwa 2500 bis 2200 v. Chr. erschien die von Portugal bis Ungarn verbreitete Glockenbecher-Kultur (s. S. 407) auch in den Kantonen Genf, Neuenburg, Waadt, Bern, Basel, Luzern, Zürich und Thurgau. Vielleicht war sie daneben auch in anderen Teilen der Schweiz vertreten, aus denen bisher keine Funde vorliegen. Die Glockenbecher-Kultur ist die letzte jungsteinzeitliche Kultur der Schweiz. Ihr Ende wird durch den Beginn der Frühbronzezeit markiert. Dort, wo Schnurkeramische Kulturen verbreitet waren, existierte sie neben diesen (s. S. 502).

Die Glockenbecher-Kultur fiel in das Subboreal, in dem das Klima immer noch günstiger als einige Jahrhunderte zuvor war. Am Südfuß des Jura gediehen weiterhin Eichen-Buchen-Mischwälder mit starkem Hasel-Unterwuchs. In der Ostschweiz behaupteten sich vor allem Buchen- und Erlenwälder. Und in den nördlichen Voralpen waren die ehemaligen Laubwälder durch Nadelwälder aus Fichten und Weißtannen völlig verdrängt.

Die Siedlungen der Glockenbecher-Leute sind schlecht erforscht. Offenbar haben die Angehörigen dieser Kultur meist Häuser errichtet, die im Boden wenig Spuren hinterließen. Auf ehemalige Siedlungen deuten häufig Konzentrationen von typischen Keramikresten der Glockenbecher-Kultur hin. Daneben kann man auch bei den Gräbern vielfach auf nahegelegene Siedlungen schließen. Sicherlich bestand in der Nähe des Gräberfeldes von Sitten-Petit-Chasseur im Wallis zwischen etwa 2400 und 2200 v. Chr. eine Siedlung der Glockenbecher-Leute, deren Bewohner dort ihre Toten bestatteten. Vorher hatten bereits Angehörige der Saône-Rhone-Kultur ihre Verstorbenen zur letzten Ruhe gebettet (s. S. 501). Nach den Glockenbecher-Leuten beerdigten dann Menschen der Frühbronzezeit auf diesem Friedhof ihre Toten.

In Rances (Kanton Waadt) gab es von etwa 2400 bis 2200 v. Chr. ebenfalls eine Siedlung der Glockenbecher-Kultur. Ihre Spuren fand man direkt unter frühbronzezeitlichen Schichten. In die gleiche Zeit werden Siedlungsspuren der Glockenbecher-Kultur aus Bavois im Kanton Waadt datiert.

Wie die Häuser dieser Menschen konstruiert waren, ist unbekannt. Bisher konnte man nirgendwo in der Schweiz Pfostenspuren entdecken, anhand derer man einen Hausgrundriß hätte rekonstruieren können.

Abdrücke von Getreidekörnern an Glockenbechern zeugen vom Ackerbau und Schweineknochen von Viehzucht. Die Jagd mit Pfeil und Bogen wurde vermutlich selten ausgeübt. Als Nahrung dienten vor allem landwirtschaftliche Produkte. Die Geräte aus Grand-Pressigny-Feuerstein und Muscheln der Gattung *Columbella* aus dem Mittelmeer belegen Tauschgeschäfte und Fernverbindungen.

Zu den imposantesten Gräbern der Glockenbecher-Leute in der Schweiz gehören diejenigen der Totenstadt von Sitten-Petit-Chasseur.[1] Die Benutzungsdauer dieses Gräberfeldes läßt sich in verschiedene Perioden gliedern.

In der frühesten glockenbecherzeitlichen Periode wurden die Steinkistengräber MI, MV und MXI erbaut und benutzt. Diese

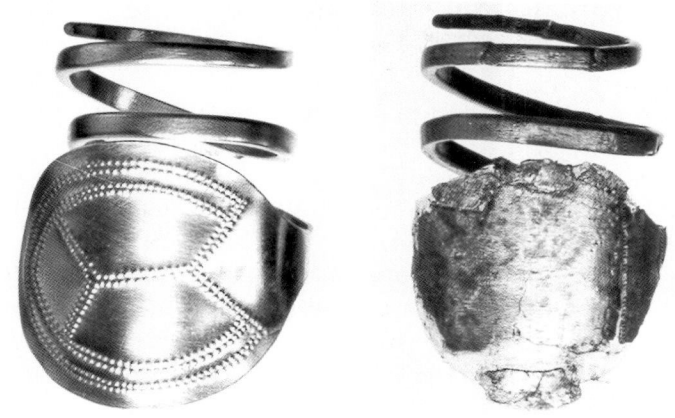

Silberner Ohrring aus der Totenstadt von Sitten-Petit-Chasseur im Kanton Wallis. Links Rekonstruktion, rechts Original. Durchmesser 1,6 Zentimeter. Original im Musée cantonal d'archéologie, Sitten.

Gräber haben im Gegensatz zum Dolmen MVI aus der vorhergehenden Saône-Rhone-Kultur keinen dreieckigen Sockel mehr. Sie besitzen aber ebenso wie dieser Dolmen einen Eingang an der Seite. Die im Umkreis des Steinkistengrabes MXI festgestellten Pfostenlöcher stammten von einem Holzbau mit mutmaßlichem Strohdach, der dieses Grab schützte. Schutzbauten ähnlicher Art gab es zu dieser Zeit auch im Jura, wie der Dolmen von Aillevans zeigt. Die menschengestaltigen Stelen aus dieser Periode tragen geometrische Motive und Darstellungen von Bogen.

In der nächsten Periode wurden die früher beigesetzten Saône-Rhone-Leute aus dem Dolmen MVI entfernt, um Platz für neue Bestattungen zu gewinnen. Dabei schaffte man die Knochenreste der Körper achtlos nach draußen. Die Schädel stellte man dagegen sorgfältig am Fuße der niedrigen, den dreiecki-

Goldener Ring aus dem Steinkistengrab 5 von Sitten-Petit-Chasseur im Kanton Wallis. Durchmesser des Ringes etwa 1 Zentimeter. Original im Musée cantonal d'archéologie, Sitten.

gen Sockel begrenzenden Mauer in einer Reihe auf. In der Grabkammer des Dolmen MVI, die merklich größer als die benachbarten Steinkistengräber war, bestattete man fortan die eigenen Toten.

Während der letzten glockenbecherzeitlichen Periode baute man die kleinen Steinkisten MII, MIII, MVII, MVIII, MIX und MX. Dabei verwendete man die ehedem aufrecht stehenden Stelen als Baumaterial. Diese Statuenmenhire besaßen also zu dieser Zeit keine kultische Bedeutung mehr. Auch in der anschließenden Frühbronzezeit wurde diese Totenstadt weiter benutzt.

In sämtlichen Perioden der Glockenbecher-Kultur wurden den Bestatteten Glockenbecher und Muscheln der Gattung *Pectunculus* und *Columbella* mit ins Grab gegeben.

Interessante Einblicke in das Bestattungswesen der Glockenbecher-Leute ermöglichten auch zwei am nordöstlichen Hang des Lienne-Tales unterhalb des Hügels Lin-Château von Ayent im Kanton Wallis entdeckte Steinkistengräber. An dieser Fundstelle, die Zampon Noale genannt wird, hatten Glockenbecher-Leute offenbar zwei Steinkistengräber vom Typ Chamblandes (s. S. 482), die gut 1000 Jahre früher von Cortaillod-Leuten gebaut worden waren, ausgeräumt. Im 1,27 x 0,80 Meter großen Grab 1 bestatteten sie einen mehr als 50 Jahre alten Mann und im 1,25 x 0,60 Meter großen Grab 2 einen ungefähr 40 Jahre alten Mann.

Daß es sich in diesen beiden Fällen um Glockenbecher-Leute handeln dürfte, zeigten das steile Hinterhaupt des über 50jährigen aus Grab 1 sowie die darin vorgefundene kleine Glockenbe-cher-Tasse aus rötlich-braunem Ton. Im besser erhaltenen Grab 2 lag der Schädel des Toten wie auf einem Kopfkissen auf einer von einem Kieselstein getragenen kleinen Steinplatte. Eine solche Beobachtung wurde bisher in keinem anderen Grab aus dieser Zeit gemacht. Von einem der aus diesen zwei Gräbern entfernten Bestatteten der Cortaillod-Kultur wurden außerhalb von Grab 2 Knochenreste geborgen.

Auf manchen der von Glockenbecher-Leuten geschaffenen menschengestaltigen steinernen Stelen der Totenstadt von Sitten-Petit-Chasseur sind Einzelheiten zu erkennen, die Hinweise auf die Kleidung der Glockenbecher-Leute geben. Diese menschengestaltigen Statuenmenhire tragen eine reich verzierte Kopfbedeckung und Oberbekleidung sowie schachbrettartig geschmückte Gürtel (zum Beispiel die Stele beim Steinkistengrab MX).

Manche der von Glockenbecher-Leuten geschaffenen Stelen in Sitten-Petit-Chasseur tragen auch Schmuckstücke. Beispielsweise hat die 1,50 Meter große, auf Schulterhöhe 1,10 Meter breite und 4 bis 5 Zentimeter dicke Stele in Nähe der Steinkiste MX einen Halsschmuck, der durch drei parallele Bänder angedeutet ist. Eine Anordnung von Punkten im Mittelteil soll vielleicht eine Perle darstellen. Aus glockenbecherzeitlichen Gräbern dieser Totenstadt kamen ein silberner Ohrring, ritzverzierte Knebelanhänger und halbmondförmige Anhänger zum Vorschein.

Einige der Stelen bzw. Statuenmenhire von Sitten-Petit-Chasseur gelten als die eindrucksvollsten Beispiele für das künstlerische Schaffen der Glockenbecher-Leute in der Schweiz

Steinerne Grabstele des Dolmen MI aus der Totenstadt von Sitten-Petit-Chasseur mit Sonnenmotiv. Höhe der Stele 1,27 Meter, Breite 1,02 Meter. Original im Musée cantonal d'archéologie, Sitten.

Steinerne Stele in Menschengestalt von Sitten-Petit-Chasseur im Kanton Wallis. Höhe 1,50 Meter, größte Breite auf Schulterhöhe 1,10 Meter, Dicke 4 bis 5 Zentimeter. Original im Musée cantonal d'archéologie, Sitten.

Großsteingrab (Dolmen MVI) mit Menhiren aus der Totenstadt von Sitten-Petit-Chasseur im Kanton Wallis zur Zeit der Glockenbecher-Kultur. Der Dolmen MVI war bereits von Angehörigen der Saône-Rhone-Kultur errichtet worden. Die Glockenbecher-Leute vor dem Großsteingrab tragen reich verzierte Kopfbedeckungen und gemusterte Kleidung.

(s. S. 495). Die glockenbecherzeitlichen Kunstwerke in dieser Totenstadt unterscheiden sich von den älteren aus der Saône-Rhone-Kultur durch reichere Verzierung, die stark an diejenige der Glockenbecher erinnert. Außerdem sind sie anstelle von Kupferdolchen zumeist mit Pfeil und Bogen ausgerüstet, also mit der typischen Waffe der Glockenbecher-Leute.

Die größten dieser Stelen waren bis zu 3 Meter hoch. Sie wurden aus Steinplatten von 5 bis 6 Zentimeter Dicke geschaffen. Der Kopf ist lediglich durch einen Halbkreis angedeutet. Die Seiten sind gerade gestaltet. Die Arme liegen angewinkelt auf der Brust. Die Beine hat man nicht dargestellt. Kleidung, Schmuck und Waffen sind auf den Stelen zumeist erhaben abgebildet. Sie wurden vermutlich mit Meißeln aus Stein oder Kupfer herausgearbeitet.

Der für die Keramik kennzeichnende Glockenbecher besaß in der Regel keinen Henkel und war meist unverziert. Verzierungen bauten sich aus parallelen waagrechten Ornamentstreifen auf. Charakteristisch für die Glockenbecher ist der rotgebrannte Ton. In diesen Glockenbechern drückte sich offenbar ein gewisses Schönheitsideal aus. Neben Glockenbechern wurden auch Schalen, Trichterschalen und Henkelkrüge geformt.

Als Rohstoffe für die Herstellung von Werkzeugen benutzte man Feuerstein, Felsgestein, Knochen, Geweih und sogar Kupfer. Die Pfrieme und Äxte aus Kupfer sowie einige andere Gegenstände aus diesem Metall stammen vermutlich aus eigener Produktion.

Als wichtigste Waffe der Glockenbecher-Leute gelten Pfeil und Bogen. Dies belegen die zahlreichen Feuersteinpfeilspitzen und Armschutzplatten. Außerdem besaßen diese Menschen meisterhaft zugeschlagene Feuersteindolche und gegossene Kupferdolche als Stichwaffen.

Die Angehörigen der Glockenbecher-Kultur haben ihre Toten meist unverbrannt bestattet. Sie wurden so ins Grab gelegt, daß die Beine zum Körper hin angezogen waren. Manchmal beerdigten die Glockenbecher-Leute ihre Verstorbenen in Gräbern früherer oder gleichzeitiger Kulturen und sparten sich so die Mühe, selbst eine Grabstätte zu errichten.

Ein neues Metall markiert das Ende der Steinzeit

Mehr als eine Million Jahre lang währte in Europa jener Abschnitt in der Geschichte der Menschheit, in dem Stein der am meisten verwendete Rohstoff für Werkzeuge und Waffen war. In Afrika dauerte diese Phase sogar über zwei Millionen Jahre. Aber auch nach dem Aufkommen des Kupfers im frühen siebten Jahrtausend v. Chr. im Vorderen Orient, um 4300 v. Chr. in Südosteuropa und bald darauf in Mitteleuropa blieb der Stein das dominierende Rohmaterial. Deshalb rechnen viele Prähistoriker die Kulturen oder Gruppen, die bereits Kupfer verarbeiteten, auch weiterhin der Jungsteinzeit zu. Andere sprechen von der Kupferzeit, Kupfersteinzeit (Chalkolithikum) oder vom Äneolithikum (s. S. 298).

Zu den letzten Kulturstufen der Jungsteinzeit in Mitteleuropa gehören die Schnurkeramischen Kulturen (s. S. 397), die Glokkenbecher-Kultur (s. S. 407), die Schönfelder Kultur (s. S. 412) und die Dolchzeit (s. S. 414). Danach folgen Kulturstufen – wie beispielsweise die Straubinger Kultur[1], die Singener Gruppe[2], die Adlerberg-Gruppe[3] und die Aunjetitzer Kultur[4] –, deren Angehörige erstmals in größerem Umfang Werkzeuge, Waffen und Schmuck aus Bronze anfertigten.

Die Herstellung dieses neuen Metalls aus Kupfer und Zinn markiert das Ende der Jungsteinzeit und zugleich den Auftakt zur Bronzezeit. Dieser Abschnitt wird von manchen Prähistorikern den sogenannten Metallzeiten oder dem Metallikum zugeordnet. Im Vergleich mit der Steinzeit repräsentiert die maximal 1500 Jahre dauernde Bronzezeit in Mitteleuropa eine verhältnismäßig kurze Periode der Urgeschichte.

Trotz der Millionen von archäologischen Funden aus der Steinzeit weiß man immer noch über viele Bereiche des Lebens der steinzeitlichen Menschen sehr wenig oder gar nichts. Denn meist sind nur die widerstandsfähigsten Zeugnisse aus Stein, Ton, Geweih, Knochen und Kupfer bis auf den heutigen Tag überliefert worden. Leicht vergängliche Gegenstände aus Holz, Rinde, Pflanzen und Stoff dagegen kann man nur relativ selten bergen.

Aus diesem Grund ist beispielsweise über die Inneneinrichtung der Behausungen, die Kleidung und die Musik kaum etwas bekannt. Im dunkel liegen auch die Sprache, die Gedanken, die Handlungsweisen, die Rolle von Mann, Frau und Kind in der Familie und in der Gesellschaft, die Macht der Häuptlinge und Zauberer sowie die Moral der steinzeitlichen Menschen.

Sicher ist jedoch, daß die Steinzeit nicht als »gute alte Zeit« bezeichnet werden kann. Wegen mangelnder medizinischer Versorgung konnten selbst Bagatellkrankheiten oder Verletzungen zum Tod führen. In Schlechtwetterperioden oder im Winter wurde manchmal die Nahrung knapp. Die Umwelt nahm gegen Ende der Steinzeit spürbaren Schaden – ohne die

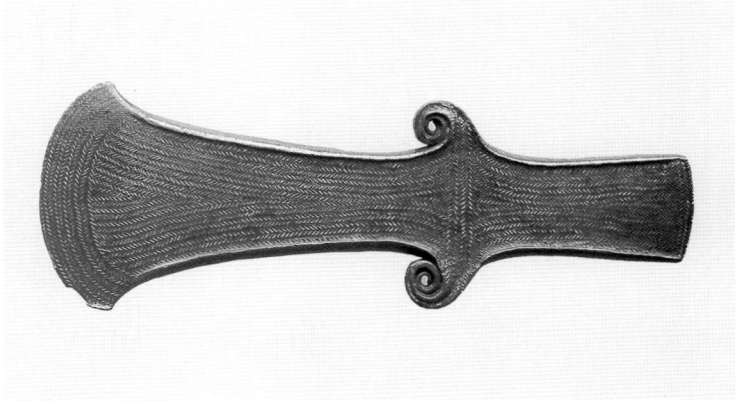

Verziertes Prunkbeil aus der Frühbronzezeit von Frankenthal in Rheinland-Pfalz. Original im Museum Wiesbaden.

Rodungen der Ackerbauern und Viehzüchter aus der Jungsteinzeit wäre heute ganz Mitteleuropa von Wäldern bedeckt.

Verletzungsspuren an Skeletten zeigen, daß die damaligen Menschen keine »edlen Wilden« waren, denen jede Gewalt fremd gewesen ist. Schon in der Steinzeit gab es Mord und Totschlag und Menschenopfer; die damit verbundenen Vorstellungen sind heute kaum nachvollziehbar. Und dies trotz – oder gerade wegen – des im Vergleich zu den Tieren viel leistungsfähigeren Gehirns der Menschen, das zwar zwischen Gut und Böse unterscheiden kann, aber auf letzteres nicht verzichtet.

Allerdings erscheinen die Sünden unserer steinzeitlichen Vorfahren in einem etwas milderen Licht, wenn man sich die Untaten heutiger Menschen in der angeblich zivilisierten Welt vor Augen führt. Viel humaner ist offenbar ein großer Teil der Menschheit nicht geworden.

Hält man sich die umwälzenden Erfindungen und Neuerungen der Jungsteinzeit vor Augen, wird ganz deutlich, daß der Vordere Orient in dieser Periode unbestreitbar eine Vorreiterfunktion besaß. Das sollten jene Mitteleuropäer bedenken, die heute in reichen Industrieländern leben und verächtlich auf die Menschen im Vorderen Orient herabblicken.

In einer Zeit beängstigend zunehmender Fremdenfeindlichkeit wäre es zudem wünschenswert, wenn sich so mancher mit Vorurteilen gegenüber Ausländern behaftete Deutsche, Österreicher oder Schweizer überlegen würde, ob nicht auch er dieselben Vorfahren hat wie die von ihm Kritisierten. Niemand von uns kann mit letzter Gewißheit sagen, ob in seinen Adern ausschließlich das Blut von Mitteleuropäern, ursprünglichen Bewohnern des Balkans oder gar Vorderasiens fließt. Und selbst wenn er es wüßte, bestände überhaupt kein Grund zur Überheblichkeit.

ANHANG

Pioniere der Steinzeitforschung (Auswahl)

Die Auswahl der Porträts und Kurzbiographien beschränkt sich auf Prähistorikerinnen und Prähistoriker, die den Namen einer in Deutschland, Österreich und der Schweiz vertretenen Stufe, Kultur oder Gruppe der Steinzeit in der Fachliteratur eingeführt haben.

NILS ÅBERG, geboren am 24. Juli 1888 in Norrköping/Schweden, gestorben am 28. Februar 1957 in Uppsala. Nach dem Abitur in Norrköping (1907) studierte er in Uppsala. 1912 promovierte er. 1915 wurde er Dozent für nordische und vergleichende Vorgeschichte an der Universität Uppsala. Seit 1928 vertrat er das an der Hochschule Stockholm neu eingerichtete Fach, das 1949 in einen Lehrstuhl umgewandelt wurde. Auf ihn geht der Begriff Walternienburg-Bernburger Kultur zurück (1918).

PETER MICHAEL BAYERLEIN, geboren am 1. Mai 1944 in Nürnberg, studierte in Heidelberg. Ab 1981 war er beim Deutschen Archäologischen Institut in Kairo beschäftigt. Er schlug 1980 in seiner Dissertation den Begriff Oberlauterbacher Gruppe vor für Funde, die bis dahin verschiedenen Kulturen zugeschrieben wurden. Den Namen wählte er in Anlehnung an den 1936 von dem Münchner Prähistoriker Ferdinand Birkner verwendeten Begriff Oberlauterbacher Keramik.

GERHARD BERSU, geboren am 26. September 1889 in Jauer (Schlesien), gestorben am 19. November 1964 in Magdeburg. Er wurde 1929 zweiter Direktor der Römisch-Germanischen Kommission und 1931 erster Direktor. Weil er Jude war, entließ ihn 1935 das NS-Regime. 1947 bis 1950 wirkte er an der Irish Academy Dublin und von 1950 bis 1956 wieder als Direktor der Römisch-Germanischen Kommission in Frankfurt. Bersu hat den Begriff Goldberg III geprägt (1937).

FERDINAND BIRKNER, geboren am 28. Dezember 1868 in München, gestorben am 29. Dezember 1944 in München. Er habilitierte sich 1904 und wurde 1909 außerordentlicher Professor, Direktor der Prähistorischen Staatssammlung (bis 1934) und Professor an der Ludwig-Maximilians-Universität München. Birkner verfaßte zahlreiche wissenschaftliche Aufsätze über alt-, mittel- und jungsteinzeitliche Themen. Auf ihn wird der Begriff Pollinger Gruppe zurückgeführt (1936).

WALTER BREMER, geboren am 8. Juni 1887 in Wismar, gestorben am 9. November 1926 in Dublin. Zu seinem Ruhm trugen vor allem die Ausgrabungen in der jungsteinzeitlichen Siedlung Eberstadt in Hessen und die darüber veröffentlichte Arbeit bei. Er wurde 1920 Privatdozent und 1922 außerordentlicher Professor an der Universität Marburg. 1925/26 wirkte er als Kurator der Irischen Altertümer in Dublin (Irland). Auf Walter Bremer geht der Name Münchshöfener Gruppe zurück.

KAREL BUCHTELA, geboren am 6. März 1864 in Nový Pavlov, gestorben am 19. März 1946 in Prag. Er war Finanzoberrat und bekleidete von 1924 bis 1938 das Amt des Direktors des Staatlichen Archäologischen Instituts in Prag. Bei seinen Forschungen arbeitete er mit dem tschechoslowakischen Archäologen Lubor Niederle (1865–1944) aus Prag zusammen. Buchtela betätigte sich als Ausgräber und schrieb wichtige Abhandlungen. Er prägte den Begriff Stichbandkeramik (1889).

BODO DIECKMANN, geboren am 23. März 1952 in Jüterbog, Bezirk Potsdam. Er studierte in Göttingen und Freiburg und promovierte 1985 mit einer Arbeit über das Mittel- und Jungneolithikum am südlichen Oberrhein. Seit 1983 leitet er beim Landesdenkmalamt Baden-Württemberg die Ausgrabungen in der Pfahlbausiedlung Hornstaad am westlichen Bodensee. Sein besonderes Interesse gilt siedlungsarchäologischen Fragestellungen. 1985 prägte er den Begriff Hornstaader Gruppe.

STOJAN DIMITRIJEVIĆ, geboren am 11. August 1928 in Horgoš-Kameraš, gestorben am 13. Dezember 1981 in Zagreb. Er arbeitete ab 1954 als Assistent an der Philosophischen Fakultät in Zagreb. 1961 wurde er dort Dozent für Urgeschichte. Er spezialisierte sich auf das Neolithikum und Anäolithikum und nahm Grabungen an verschiedenen urgeschichtlichen Fundstellen in Vinkovci und Umgebung vor. 1961 prägte er den Begriff Lasinjska-Kultura (heute Lasinja-Gruppe).

JÜRGEN DRIEHAUS, geboren am 23. August 1927 in Osnabrück, gestorben am 29. Dezember 1986 in Nürnberg. Er promovierte 1953 in München und wirkte von 1953 bis 1954 am Bayerischen Landesamt für Denkmalpflege in München, 1955 bis 1961 am Römisch-Germanischen Zentralmuseum Mainz und 1962 bis 1968 am Rheinischen Landesmuseum Bonn. 1972 habilitierte er sich an der Universität Göttingen. Von ihm stammen die Begriffe Schussenrieder Gruppe und Pfyner Kultur (beide 1960).

LUTZ FIEDLER, geboren am 17. Januar 1940 in Berlin, ist seit 1977 für die archäologische Denkmalpflege in Hessen tätig. Er leitete ab 1980 die Ausgrabungen am mittelpaläolithischen Fundplatz Buhlen (Kreis Waldeck-Frankenberg) in Hessen. Seine wissenschaftlichen Interessen liegen in der Erforschung der gesamten Steinzeit, besonders des Altpaläolithikums. Fiedler prägte 1985 den Begriff Protoacheuléen für faustkeilarme Fundkomplexe des älteren Pleistozäns.

ULRICH FISCHER, geboren am 3. Juli 1915 in Königsberg. Er promovierte 1940 an der Universität Halle/Saale und war von 1947 bis 1950 freier Mitarbeiter des Museums in Halle. Von 1950 bis 1952 wirkte er am Römisch-Germanischen Zentralmuseum Mainz und 1953 am Museum Kempten. Von 1954 bis 1980 leitete er das Museum für Vor- und Frühgeschichte in Frankfurt. Sein Interesse gilt den Grabsitten der Jungsteinzeit. Von ihm stammt der Begriff Gaterslebener Gruppe (1952).

DOROTHY GARROD, geboren am 5. Mai 1892 in Oxford, gestorben am 18. Dezember 1968 in Cambridge/England. Sie studierte am Newnham College in Cambridge und an der Universität Oxford. 1925/26 unternahm sie Ausgrabungen auf Gibraltar, 1928 in Kurdistan und 1932 am Karmel in Palästina. Von 1939 bis 1952 wirkte sie als Professorin für Archäologie in Cambridge, wo sie ab 1949 das Department für Archäologie und Anthropologie leitete. 1938 prägte sie den Begriff Gravettien.

ALFRED GÖTZE, geboren am 1. Juni 1865 in Weimar, gestorben am 20. November 1948 in Römhild. Seine Arbeit über die keramischen Stilarten der jüngeren Steinzeit war die erste Dissertation über ein prähistorisches Thema in Deutschland. Er wurde Direktorialassistent, dann Leiter und Professor der vorgeschichtlichen Abteilung des Berliner Museums. Auf Götze gehen die Begriffe Rössener Kultur, Havelländische Kultur, Kugelamphoren-Kultur und Schnurkeramische Kulturen zurück.

PAUL GRIMM, geboren am 18. August 1907 in Torgau, promovierte 1929, wurde Assistent, später Kustos und Stellvertreter des Direktors am Landesmuseum für Vorgeschichte in Halle/Saale. Ab 1939 war er Dozent an der Universität Halle, ab 1951 am Akademischen Institut in Berlin, ab 1955 Professor in Berlin. 1957 wurde er Stellvertreter des Direktors für Vor- und Frühgeschichte der Deutschen Akademie der Wissenschaften in Berlin. Von ihm stammt der Begriff Baalberger Kultur (1930).

KLAUS GÜNTHER, geboren am 12. Juli 1932 in Mönchröden bei Coburg. Er bearbeitete 1960 in einer Dissertation den altsteinzeitlichen Fundplatz Balver Höhle im Hönnetal bei Balve in Nordrhein-Westfalen. Danach ging er in den archäologischen Landesdienst Nordrhein-Westfalens. 1972 wurde er Leiter der Außenstelle des Westfälischen Amtes für Bodendenkmalpflege in Bielefeld. Klaus Günther führte 1964 den Begriff Spätacheuléen in die Fachliteratur ein.

OTTO HAUSER, geboren am 27. April 1874 in Wädenswil (Kanton Zürich), gestorben am 14. Juni 1932 in Berlin-Wilmersdorf. Der Antiquitätenhändler und Archäologe wurde vor allem durch seine aufsehenerregenden altsteinzeitlichen Funde in der Dordogne (Frankreich) und die Publikationen darüber berühmt. In der Fachwelt genießt der Name Otto Hauser auch heute noch teilweise keinen guten Ruf, weil er Funde verkaufte. Er verwendete 1916 als erster den Begriff Micoquien.

HANS-JÜRGEN HUNDT, geboren am 25. Juli 1909 in Potsdam, gestorben am 12. November 1990 in Wiesbaden. Er studierte in Berlin, Prag und Marburg, wo er promovierte. Ab 1950 beim Bayerischen Landesamt für Denkmalpflege in Straubing, 1952 Direktor des Museums für Vorgeschichte in Frankfurt, war er von 1954 bis 1974 Direktor der vorgeschichtlichen Abteilung und Leiter der Werkstätten des Römisch-Germanischen Zentralmuseums in Mainz. Er prägte 1951 den Begriff Chamer Gruppe.

KONRAD JAŻDŻEWSKI, geboren am 23. November 1908 in Kluczbork (Oberschlesien), gestorben am 21. März 1985 in Lodz. Er war von 1931 bis 1944 stellvertretender Direktor des Staatlichen Archäologischen Museums in Warschau, von 1945 bis 1972 Professor für Urgeschichte an der Universität Lodz und von 1945 bis 1979 Direktor des Archäologischen und Ethnographischen Museums Lodz. Konrad Jażdżewski hat 1930 den Begriff der Trichterbecher-Kultur eingeführt.

CHRISTIAN JEUNESSE, geboren am 21. Juni 1955 in Straßburg (Frankreich), studierte in Straßburg und Paris. In den Jahren von 1978 bis 1985 war er als Lehrer an einem Gymnasium tätig, wo er Geschichtsunterricht erteilte. Seit 1983 wirkt er an der Direction des Antiquités Préhistoriques d'Alsace in Straßburg. Sein besonderes Interesse gilt dem Fragenkomplex der Jungsteinzeit. Christian Jeunesse hat 1985 den Begriff La-Hoguette-Gruppe in die Fachliteratur eingeführt.

NÁNDOR KALICZ, geboren am 6. März 1928 in Tarnabod (Ungarn). Er erwarb 1955 sein Diplom als Archäologe. Von 1955 bis 1957 wirkte er als Mitarbeiter des Museums in Nyíregyháza und 1957/58 am Museum in Miskolc. Seit 1958 ist er am Vorgeschichtlichen Institut der Universität Budapest tätig. Er hat sich auf die Jungsteinzeit und die Frühbronzezeit spezialisiert. 1968 führte er den Begriff Makó-Gruppe in die Literatur ein (in Österreich spricht man von der Kosihy-Čaka/Makó-Gruppe).

FRIEDRICH KLOPFFLEISCH, geboren am 12. August 1831 in Heusdorf bei Apolda, gestorben am 30. Mai 1898 in Jena. Nach dem Schulbesuch in Jena und Weimar studierte er Medizin, dann Philosophie in Jena und München. 1856 promovierte er in Jena zum Dr. phil. Dort war er zunächst Privatdozent. 1875 wurde er außerordentlicher Professor. Klopffleisch wirkte außerdem als Konservator des von ihm gegründeten Germanischen Museums in Jena. 1884 führte er den Begriff Bandkeramik ein.

KARL KOEHL, geboren am 7. November 1847 in Meisenheim am Glan, gestorben am 12. April 1929 in Worms. Er studierte bis 1873 in Heidelberg, Marburg und Gießen Medizin. Nach dem Studium lebte er in Wien, unternahm aber auch jahrelang Reisen als Schiffsarzt. 1876 ließ er sich in Pfeddersheim als Arzt nieder, und 1884 siedelte er nach Worms über. Koehl führte Ausgrabungen in Rheinhessen durch und publizierte die Funde. Auf ihn geht der Begriff Hinkelstein-Gruppe (1898) zurück.

PAUL KUPKA, geboren am 2. September 1866 in Guben, gestorben am 27. April 1949 in Stendal. Er wirkte von 1899 bis 1931 als Gymnasialprofessor in Stendal. Außerdem war er Leiter und wissenschaftlicher Berater des dortigen Museums und Begründer der Stendaler Beiträge zur Geschichte, Landes- und Volkskunde der Altmark. Kupkas Interesse galt den jungsteinzeitlichen Kulturen, über die er zahlreiche Aufsätze verfaßte. Auf ihn geht der Begriff Schönfelder Kultur zurück (1910).

THERKEL MATHIASSEN, geboren am 5. September 1892 in Faurbo (Dänemark), gestorben am 15. März 1987 in Kopenhagen. Er promovierte 1927 und wurde 1933 Inspektor am National-museum in Kopenhagen. Von 1941 bis 1962 leitete er die archäologische Abteilung des Nationalmuseums. Von 1921 bis 1934 beteiligte er sich an arktischen Expeditionen. Seine Spezialgebiete waren die Steinzeit und die Eskimo-Archäologie. Mathiassen prägte 1946 den Begriff Bromme-Kultur.

OSWALD MENGHIN, geboren am 19. April 1888 in Meran, gestorben am 29. November 1973 in Buenos Aires. Er war ab 1913 Privatdozent an der Universität Wien (1914 gründete er die Wiener Prähistorische Gesellschaft), 1918 außerordentlicher Professor, 1922 ordentlicher Professor, 1930 bis 1933 Resident-Professor der Universität in Kairo und 1938 bis 1945 österreichischer Minister für Kultus und Unterricht. In den zwanziger Jahren prägte er die Begriffe Lengyel-Kultur und Badener Kultur.

JOHANNA MESTORF, geboren am 15. April 1828 in Bramstedt/Holstein, gestorben am 20. Juli 1909 in Kiel. Die Tochter eines Arztes wurde 1873 Kustodin und 1891 Direktorin des Kieler Museums. Sie war die erste Museumsdirektorin in Deutschland und erhielt als erste Frau zu ihrem 70. Geburtstag den Professorentitel der Universität Kiel. Johanna Mestorf verfaßte viele Arbeiten über die vorgeschichtlichen Altertümer von Schleswig-Holstein und prägte 1882 den Begriff der Einzelgrab-Kultur.

PIETER J. R. MODDERMAN, geboren am 10. März 1919 in Tanah Radja (Sumatra), promovierte 1945 in Groningen (Holland). Danach war er Konservator bei der Staatlichen Denkmalpflege in den Niederlanden in Amersfoort und Privatdozent für niederländische Prähistorie an der Reichsuniversität in Utrecht. Zuletzt wirkte er als Professor an der Universität in Leiden. Modderman hat sich auf die Jungsteinzeit spezialisiert. 1970 führte er den Begriff der Limburg-Gruppe in die Literatur ein.

GABRIEL DE MORTILLET, geboren am 29. August 1821 in Meylan (Isère), gestorben am 25. September 1898 in Saint-Germain-en-Laye. Er war Autodidakt. Zunächst studierte er Maschinenbau, nebenbei auch Geologie und Paläontologie. 1868 wurde er Direktor des Museums in Saint-Germain-en-Laye, 1878 Professor an der École d'Anthropologie. 1869 führte er das erste chronologische System der Altsteinzeit mit den vier Stufen Moustérien, Aurignacien, Solutréen und Magdalénien ein.

SOPHUS MÜLLER, geboren am 24. Mai 1846 in Kopenhagen, gestorben am 24. Februar 1934 in Kopenhagen. Er war zunächst im Schuldienst und unternahm Studienreisen. 1878 wurde er Assistent beim Altnordischen Museum in Kopenhagen, 1885 dort Inspektor und von 1892 bis 1921 Direktor des Nationalmuseums in Kopenhagen. Er erwarb sich große Verdienste um die archäologische Denkmalpflege, leitete Grabungen und publizierte darüber. Von ihm stammt der Name Dolchzeit (1902).

HERMANN MÜLLER-KARPE, geboren am 1. Februar 1925 in Hanau, promovierte 1948 in Marburg. 1948/49 wirkte er am Landesmuseum Kassel, 1950 bis 1958 an der Prähistorischen Staatssammlung München. 1958 habilitierte er sich. Ab 1959 lehrte er in Würzburg, ab 1963 in Frankfurt am Main. Von 1980 bis 1986 gehörte er der Kommission für Allgemeine und Vergleichende Archäologie des Deutschen Archäologischen Instituts in Bonn an. Er prägte 1951 den Begriff Wartberg-Gruppe.

HUGO OBERMAIER, geboren am 29. Januar 1877 in Regensburg, gestorben am 12. November 1946 in Freiburg (Schweiz), promovierte 1904 in Wien. 1909 bis 1911 war er Dozent für Vorgeschichte in Wien, 1911 bis 1914 Professor am Institut de Paléontologie Humaine in Paris. 1914 bis 1936 wirkte er in Spanien. 1936 ging er nach Italien, 1937 in die Schweiz, wo er 1939 Ordinarius für Urgeschichte an der Universität Freiburg wurde. Er schuf die Begriffe Alt- und Jungacheuléen und Blattspitzen-Gruppe.

PAUL REINECKE, geboren am 25. September 1872 in Berlin-Charlottenburg, gestorben am 12. Mai 1958 in Herrsching. Er wirkte 1897 bis 1908 am Römisch-Germanischen Zentralmuseum in Mainz. 1908 bis 1937 war er Hauptkonservator am Bayerischen Landesamt für Denkmalpflege in München. 1917 wurde er kgl. Professor. Reinecke gilt als einer der bedeutendsten Prähistoriker. Auf ihn gehen die Namen Michelsberger Kultur (1908) und Altheimer Kultur (1915) zurück.

ELISABETH RUTTKAY, gebürtige Ungarin, lebt seit 1956 in Österreich. Sie studierte in Wien und arbeitet seit 1968 an der Prähistorischen Abteilung des Naturhistorischen Museums Wien. Elisabeth Ruttkay hat sich große Verdienste um die Erforschung der Jungsteinzeit in Österreich erworben. Von ihr stammen die Begriffe Bisamberg-Oberpullendorf-Gruppe (1976), Mödling-Zöbing-Gruppe (1973) und Herzogenburg-Gruppe (1981) für Kulturstufen der Jungsteinzeit.

GEORG F. L. SARAUW, geboren am 12. November 1862 in der Nähe von Vordingsborg/Dänemark, gestorben am 17. Februar 1928 in Göteborg/Schweden. Er studierte in Kopenhagen, München, Rostock, Berlin und Paris und beschäftigte sich mit Forstwissenschaft und Botanik. Ab 1894 als Archäologe am Nationalmuseum in Kopenhagen, wurde er 1912 Leiter der prähistorischen Abteilung des städtischen Museums Göteborg. 1911 prägte er den Begriff Maglemose-Kultur.

ALFRED SCHLIZ, geboren am 18. September 1849 in Heilbronn, gestorben am 22. Juni 1915 in Heilbronn. Er trat 1877 die Nachfolge seines Vaters als Stadtarzt in Heilbronn an und wurde 1899 zum Hofrat ernannt. Schliz gilt als einer der bedeutendsten deutschen Prähistoriker. Er befaßte sich vor allem mit der Urgeschichte Süddeutschlands und des Alpengebietes sowie mit Fragen der Anthropologie. Auf Alfred Schliz geht der Begriff Großgartacher Gruppe zurück (1901).

HERMANN SCHWABEDISSEN, geboren am 16. Januar 1911 in Meierberg, Lippe. Er promovierte 1938 in Kiel. Zunächst war er Assistent am Museum für Vorgeschichtliche Altertümer in Kiel, später Kustos am Schleswig-Holsteinischen Landesmuseum in Schleswig. Ab 1957 wirkte er als außerordentlicher Professor in Köln, wo er Direktor des Instituts für Ur- und Frühgeschichte wurde. Schwabedissen hat die Begriffe Federmesser-Gruppen (1954) und Ertebölle-Ellerbek-Kultur (1958) geprägt.

GUSTAV SCHWANTES, geboren am 18. September 1881 in Bleckede, gestorben am 17. November 1960 in Hamburg. Er war Lehrer, promovierte 1923 und wirkte ab 1923 als Kustos am Museum für Völkerkunde und Vorgeschichte in Hamburg. 1928 habilitierte er sich, wurde 1929 Museumsdirektor in Kiel, 1931 außerordentlicher Professor und 1937 Ordinarius an der Universität Kiel. Von ihm stammen die Begriffe »Hamburger Kultur«, »Ahrensburger Kultur«, Duvensee-Gruppe und Oldesloer Gruppe.

HANS SEGER, geboren am 28. August 1864 in Neurade, gestorben am 15. August 1943 in Breslau. Er habilitierte sich 1907, wurde Direktor des Museums in Breslau und Honorarprofessor an der Universität. Seger machte sich um die Urgeschichtsforschung im ehemaligen Schlesien verdient. Er grub am namengebenden Fundort Jordansmühl eine jungsteinzeitliche Siedlung aus, auf ihn geht der Begriff Jordansmühler Gruppe (1916) zurück. Zahlreiche Aufsätze der Fachliteratur stammen von ihm.

CHRISTIAN STRAHM, geboren am 1. Oktober 1937 in Niederwichtrach, Kanton Bern, promovierte 1961 in Bern und wirkte zunächst am Bernischen Historischen Museum. Seit 1964 arbeitet er an der Universität Freiburg i. Br., wo er sich später habilitierte und 1977 Universitätsprofessor wurde. 1976 wurde er zum außerordentlichen Professor in Bern ernannt. Auf einem 1974 von Strahm einberufenen Symposium wurde von ihm und anderen Prähistorikern der Begriff Saône-Rhone-Kultur geprägt.

ARMIN STROH, geboren am 24. April 1912 in Reutlingen, studierte an den Universitäten Freiburg, Kiel, Wien, Tübingen und Marburg Vorgeschichte. 1938 promovierte er. Stroh wirkte als Assistent an der Universität Marburg, von 1949 bis 1951 am Städtischen Museum Regensburg und von 1952 bis 1966 am Bayerischen Landesamt für Denkmalpflege München, Außenstelle Regensburg. Er hat der Schwieberdinger Gruppe (1938) und der Bischheimer Gruppe (1938) den Namen gegeben.

LOTHAR SÜSS, geboren am 2. März 1923 in Annaberg-Buchholz im Erzgebirge, wurde 1960 in Marburg promoviert. Von 1960 bis 1974 wirkte er als wissenschaftlicher Mitarbeiter am Landesamt für Denkmalpflege Hessen in Darmstadt und Wiesbaden. Ab 1960 führte er die Ausgrabungen der urgeschichtlichen Salzproduktionsstätten in Bad Nauheim (Hessen) durch. Auf Lothar Süß geht der Begriff Epi-Lengyel-Zeit zurück, den er 1969 erstmals in einer Veröffentlichung verwendete.

WOLFGANG TAUTE, geboren am 18. Mai 1934 in Berlin. Er studierte in Kiel, Köln, Bonn und Tübingen und promovierte 1962 in Köln. Danach war er Assistent in Tübingen, wo er sich 1971 habilitierte. Seit 1980 ist er Direktor des Kölner Instituts für Ur- und Frühgeschichte. Er beschäftigte sich mit den letzten Rentierjägern im nördlichen Mitteleuropa, den nacheiszeitlichen Jägerkulturen und den ersten Bauernkulturen im Vorderen Orient. 1972 führte er den Begriff Beuronien in die Literatur ein.

SLAVOMIL VENCL, geboren am 18. Oktober 1936 in Dlouhá Třebová/Tschechoslowakei. Er wirkte 1959 kurz am Nationalmuseum in Prag und danach als wissenschaftlicher Mitarbeiter am dortigen Archäologischen Institut. Vencl beschäftigt sich hauptsächlich mit der Steinzeit und mit methodischen Problemen. Er hat als erster den Begriff Spätpaläolithikum in die deutschsprachige Literatur eingeführt. Früher existierten schon ähnliche Begriffe in der polnischen Urgeschichte.

JOZEF VLADÁR, geboren am 20. Januar 1934 in der Tschechoslowakei. Er studierte an der Universität Preßburg. 1958 erwarb er sein Diplom als Archäologe. Sein Spezialgebiet ist die ältere Bronzezeit, er beschäftigte sich aber auch mit Fragen der Jungsteinzeit. Vladár wirkt seit 1958 als wissenschaftlicher Mitarbeiter am Archäologischen Institut der Slowakischen Akademie der Wissenschaften in Nitra. 1966 prägte er in einer Publikation den Begriff Kosihy-Čaka-Gruppe.

EMIL VOGT, geboren am 12. April 1906 in Basel, gestorben am 2. Dezember 1974 in Zürich. Er promovierte 1929, wurde 1930 Konservator am Schweizerischen Landesmuseum, habilitierte sich 1933 und wurde 1945 Extraordinarius an der Universität Zürich. Ab 1961 wirkte Emil Vogt als Direktor des Schweizerischen Landesmuseums in Zürich. Er prägte die Namen Egolzwiler Kultur (1951), Lutzengüetle-Kultur (1964), Cortaillod-Kultur (1954) und Horgener Kultur (1954).

EDWARD JAMES WAYLAND, geboren am 23. Januar 1888 in Clerkenwell, gestorben am 11. Juli 1966 in Ramsgate/Kent. Er wirkte als Geologe in Portugiesisch-Ostafrika (1911), auf Ceylon (1912–1916), in Uganda (1919–1939) und im Betschuanaland (ab 1943). In Uganda und im Betschuanaland war er zuletzt Direktor des Geological Survey. Seinen Lebensabend verbrachte er in England. Wayland prägte in den zwanziger Jahren den Begriff Pebble Industry (zu deutsch: Geröllgeräte-Industrie).

PAUL WERNERT, geboren am 29. Oktober 1889 in Straßburg, gestorben am 19. September 1972 in Straßburg. Er hatte sich auf die Paläontologie und die Paläoethnographie spezialisiert und wirkte in Madrid, Straßburg und Paris. Von Wernert stammen zahlreiche Abhandlungen über geologische, paläontologische und urgeschichtliche Fragen. Auf ihn und den aus Deutschland stammenden Prähistoriker Hugo Obermaier geht der Begriff Blattspitzen-Gruppen zurück, der 1929 eingeführt wurde.

Zeugen der Steinzeit in Museen

Deutschland (Auswahl)

ALSFELD *Heimatmuseum*
Altsteinzeit: Faustkeile aus Quarzit, Abschläge, Schaber, Kernsteine.
Mittelsteinzeit: Klingen, Messer, Schaber, Stichel.
Jungsteinzeit: Schnurkeramische Streitaxt, Zonenbecher, Beile.

ALZEY *Museum*
Jungsteinzeit: Vorratsgefäß der La-Hoguette-Gruppe aus Alzey-Dautenheim.

ANDERNACH *Stadtmuseum*
Altsteinzeit: Abschläge und Artefakte der Magdalénien-Station Andernach-Martinsberg.
Jungsteinzeit: Scherben von der linienbandkeramischen Siedlung Plaidt, fünf Becher der spätneolithischen Becher-Kultur, Steinbeile.

ASCHAFFENBURG *Stiftsmuseum*
Altsteinzeit: Zu den ältesten Funden zählt eine in Waldmichelbach bei Aschaffenburg entdeckte, ca. 40 000 Jahre alte Blattspitze aus Feuerstein aus der Zeit der Neanderthaler, die als Geschoßkopf eines Wurfspeeres diente.
Jungsteinzeit: Keramik der Linienbandkeramischen Kultur, der Schnurkeramischen Kulturen und der Glockenbecher-Kultur von unterfränkischen Fundstellen.

AUGSBURG *Städtische Kunstsammlungen – Römisches Museum*
Altsteinzeit: Faustkeil von Mündling aus dem Kreis Donauwörth.
Jungsteinzeit: Grabfunde der Schnurkeramischen Kulturen von Hirblingen, Kreis Augsburg.

BAD BUCHAU *Federseemuseum*
Altsteinzeit: Feuersteingeräte, Harpune und Rentierstange aus dem Magdalénien vom Rentierjägerlager an der Schussenquelle.
Mittelsteinzeit: Mikrolithen von rund hundert Fundplätzen an ehemaligen Ufern des Federsees.
Jungsteinzeit: Keramik, Inventar, Werkzeuge und Waffen aus den Moordörfern Riedschachen, Aichbühl, Taubried und Dullenried.

BAD HERSFELD *Städtisches Museum*
Mittelsteinzeit: Steinartefakte aus dem Bad Hersfelder Gebiet.
Jungsteinzeit: zahlreiche Steinäxte und -beile aus dem ehemaligen Kreis Hersfeld.

BAD KREUZNACH *Schloßparkmuseum*
Altsteinzeit: Steinwerkzeuge von Bad Kreuznach-Kauzenburg (200 000 bis 50 000 Jahre) und von Heddesheim-Lindengrund (15 000 bis 10 000 Jahre).
Jungsteinzeit: Linienbandkeramische Kultur (Geweihhacken aus Langenlonsheim und Münster-Sarmsheim, Tongefäße aus Münster-Sarmsheim), Hinkelstein-Gruppe (Kumpf aus Bad Kreuznach), Rössener Kultur (Tongefäße aus Bretzenheim und Rüdesheim/Nahe), Michelsberger Kultur (Schale und Tulpenbecher aus Bad Kreuznach), Glockenbecher-Kultur (Glockenbecher aus Siefersheim), Schnurkeramische Kulturen (Bestattung eines Erwachsenen und eines Kindes aus Bad Kreuznach-Martinsberg, Tongefäße aus Bretzenheim, Webgewichte und Werkzeuge aus Bad Kreuznach-Martinsberg).

BAD OLDESLOE *Heimatmuseum*
Altsteinzeit: Artefakte aus den im Kreis Stormarn entdeckten jungpaläolithischen Siedlungen der »Hamburger Kultur« und der »Ahrensburger Kultur«.
Mittelsteinzeit: Funde der Oldesloer Stufe aus dem Bereich der Trave und Oberalster mit dem namengebenden Fundplatz aus Oldesloe.
Jungsteinzeit: Funde aus der Siedlung der Trichterbecher-Kultur bei Wolkenwehe im Brenner Moor.

BAD ORB *Heimatmuseum*
Jungsteinzeit: Bruchstück eines Schuhleistenkeils aus grünlich-grauem Hornblendeschiefer und fünf Feuersteinklingen.

BAD SÄCKINGEN *Hochrheinmuseum*
Altsteinzeit: Funde aus einer Lößgrube und vom Kalvarienberg-»Bitzelen« in Murg, Kreis Waldshut, vom Röthekopf bei Bad Säckingen (Schädeldach eines Mannes von Typ Crô-Magnon) und von Wehr-Öflingen-Brennet (Flur »Humbel«).
Mittelsteinzeit: Funde aus Säckingen (Flur »Buchbrunnen«).

Jungsteinzeit: Funde aus Bad Säckingen (Fluren »Buchbrunnen«, »Sandäcker«), Wehr-Öflingen, Bad Säckingen-Wallbach, Laufenburg (Baden), Lienheim Kreis Waldshut (Fluren »Hinter der Flüh«, »Im Keller«), Rheinfelden-Karsau-Beuggen, Schwörstadt, Kreis Lörrach (Fluren »Heidenstein«, »Ramenkostets«).

BAMBERG *Historisches Museum*
Jungsteinzeit: Linienbandkeramische Kultur: Tongefäße aus der Jungfernhöhle von Tiefenellern (Kreis Bamberg). Rössener Kultur: Tongefäße aus der Jungfernhöhle. Schnurkeramische Kulturen: Steinäxte aus Oberleinleiter, Viereth (beide Kreis Bamberg) und aus Bamberg.

BENSHEIM *Museum der Stadt Bensheim*
Altsteinzeit: Schädel eines Auerochsen mit Verletzung durch Wurfspeer.
Jungsteinzeit: Großes linienbandkeramisches Vorratsgefäß. 16 Steinbeile bzw. -äxte der Linienbandkeramischen Kultur bis zum Endneolithikum.

BERGEN *Heimatmuseum »Römstedthaus«*
Altsteinzeit: Funde von Dr. Hans Piesker, Hermannsburg. Funde aus der Zeit der Rentierjäger (Magdalénien) vom Rastplatz bei Dohnsen.
Mittelsteinzeit: Funde von Dr. Hans Piesker, Hermannsburg, aus dem mittelsteinzeitlichen Dorf bei Dohnsen.
Jungsteinzeit: Etwa 800 Exponate, darunter das schwarze Beil von Dageförde (Grabung Niebuhr).

BERLIN *Märkisches Museum*
Altsteinzeit: Stielspitzen von Berlin-Biesdorf aus dem 9. Jt. v. Chr.
Mittelsteinzeit: Hirschschädelmaske von Berlin-Biesdorf aus dem 7./6. Jt. v. Chr. Funde von den Siedlungsplätzen Berlin-Buchholz und Berlin-Schmöckwitz.
Jungsteinzeit: Funde aus dem Grab der Oderschnurkeramik von Berlin-Grünau und aus dem Grab der Kugelamphoren-Kultur von Berlin-Friedrichsfelde.

BERLIN *Museum für Deutsche Geschichte*
Altsteinzeit: Steinwerkzeuge aus Choukoutien, Volksrepublik China, Leipzig-Markkleeberg und Weimar-Ehringsdorf. Eine größere Anzahl von Werkzeugen, darunter auch Faustkeile, aus der Dordogne (La Micoque, Le Moustier und anderen Fundorten).
Mittelsteinzeit: Kern- und Scheibenbeile, Harpunen, Spitzen, Mikrolithen, Geweihhacke und Netzsenker vom Wohnplatz bei Hohen Viecheln, Kreis Wismar.
Jungsteinzeit: Keramik aus nahezu allen Zeitphasen der Jungsteinzeit. Zwei Prunkbeile aus Halbedelstein aus Mönchpfiffel, Kreis Artern. Acht doppelaxtförmige Bernsteinperlen aus Großsteingräbern der Insel Rügen. Steinkiste der Kugelamphoren-Kultur aus Barby, Kreis Schönebeck.

BERLIN *Museum für Vor- und Frühgeschichte*
Mittelsteinzeit: Steinwerkzeuge aus dem Berlin-Tegeler Fließ sowie knöcherne Angelhaken und Harpunen aus Stationen im Havelland.
Jungsteinzeit: Linienbandkeramische Kultur (Funde aus Siedlungen), Rössener Kultur (Funde aus Gräbern), Walternienburg-Bernburger Kultur (Tontrommel aus Ebendorf, Kreis Wolmirstedt), Kugelamphoren-Kultur (Keramik, Geräte und Waffen), Schnurkeramische Kulturen (Keramik, Geräte und Waffen), Einzelgrab-Kultur (Feuersteindolche aus Norddeutschland).

BERNBURG *Schloßmuseum*
Jungsteinzeit: *Spondylus*-Muschelschmuck der Linienbandkeramischen Kultur von Bernburg. Namengebende Fundkomplexe der Baalberger Kultur und Bernburger Kultur (Grabhügel »Spitzes Hoch«, 1880; »Stockhof«, 1884; »Pohlsberg«, 1904). Geweberest aus dem Grabhügel »Spitzes Hoch«.

BONN *Rheinisches Landesmuseum*
Altsteinzeit: Skelettreste des Neanderthaler-Fundes von 1856 aus dem Neandertal bei Düsseldorf-Mettmann. Skelettreste der Doppelbestattung aus dem Magdalénien von Bonn-Oberkassel sowie zwei Knochenschnitzereien.
Jungsteinzeit: Linienbandkeramische Kultur: Tongefäße aus dem Mittelrheingebiet (Plaidt, Gering, beide Kreis Mayen-Koblenz), Tongefäße der Rössener Kultur, Michelsberger Kultur, Schnurkeramischen Kulturen und Glockenbecher-Kultur des Rheinlandes.

BOTTROP *Quadrat, Museum für Ur- und Ortsgeschichte*
Altsteinzeit: etwa 400 Feuersteingeräte aus der Zeit der Neanderthaler von Bottrop-Einbleckstraße (Faustkeile, Schaber, Klingen, Abschläge), bearbei-

tete Knochen, u. a. Geweihkeulen. Oberschenkel, Elle und Schädelfragment eines eiszeitlichen Menschen aus Bottrop. Etwa 10000 Jahre altes Harpunenfragment aus dem Rhein-Herne-Kanal.

Mittelsteinzeit: Rothirschgeweihäxte und Mikrolithen aus Bottrop.

Jungsteinzeit: Scheibenkeule der Rössener Kultur aus Bottrop-Kirchhellen. Beile und Äxte der Rössener Kultur, Michelsberger Kultur, Trichterbecher-Kultur, Einzelgrab-Kultur und Glockenbecher-Kultur. Kupferrandleistenbeil aus der Boye in Bottrop, sonstige Steingeräte und Keramik.

BREMEN *Focke-Museum*

Altsteinzeit: Steinwerkzeuge aus Feuerstein der »Hamburger Kultur« und »Ahrensburger Kultur«.

Mittelsteinzeit: Scheibenbeil und Kernbeil aus Feuerstein aus Bierden, Kreis Verden.

Jungsteinzeit: Keramik und Geräte der Trichterbecher-Kultur. Keramik und Streitäxte der Einzelgrab-Kultur.

BREMERVÖRDE *August-Bachmann-Museum, Kreismuseum des Landkreises Rotenburg (Wümme)*

Altsteinzeit: Funde der »Ahrensburger Kultur« aus Lavenstedt-Eitzte.

Mittelsteinzeit: zahlreiche Sammelfunde aus den früheren Landkreisen Bremervörde und Zeven: Feuersteingeräte, Geröllkeulen, Kernbeile, Scheibenbeile, Mikrolithen.

Jungsteinzeit: Grabfunde aus zahlreichen Megalithgräbern und Erdgräbern der Trichterbecher-Kultur und Einzelgrab-Kultur. Wagenrad aus dem Moor bei Gnarrenburg, Kreis Rotenburg (Wümme).

BRUCHSAL *Städtisches Museum*

Jungsteinzeit: Funde der Linienbandkeramischen Kultur. Grabbeigaben der Rössener Kultur. Ausgrabungsfunde der Michelsberger Kultur vom namengebenden Fundort Michelsberg bei Untergrombach, vom Altenberg bei Heidelsheim und vom Scheelkopf in Bruchsal. Hirschhornwerkzeuge und Tongefäße aus Rheinsanden im Bruchrain. Dolch aus Feuerstein.

BÜDINGEN *Heuson-Museum im Rathaus*

Altsteinzeit: Basalt- und Quarzklingen aus Büdingen und Umgebung. Handstücke (faustkeilförmiger Basalt) aus Wohngruben bei Ostheim und Windecken.

Jungsteinzeit: Tongefäß und -scherben der Linienbandkeramischen Kultur. Steinaxt der Michelsberger Kultur. Waffen und zahlreiche Werkzeuge aus Basalt, Tonschiefer, Quarz und Knochen (Steinbeile, Klingen, Schuhleistenkeile, Glätt-, Reib- und Mahlsteine, Pfeilspitze).

COBURG *Naturwissenschaftliches Museum*

Altsteinzeit: Faustkeil aus dem Mittelpaläolithikum aus Itzgrund. Spitzen und Schaber aus dem Coburger Land.

Mittelsteinzeit: Inventare von Rastplätzen.

Jungsteinzeit: reiche Funde der Linienbandkeramischen Kultur (größte Scheibenkeule Nordbayerns, Geräte aus geschliffenem Feuerstein), Keramik und Feuersteingeräte verschiedener jungsteinzeitlicher Kulturen. »Füßchen« von Püchitz, Teile der Grabungsfunde von Zilgendorf und Grabungsfunde von Unterlauter.

COTTBUS *Bezirksmuseum*

Jungsteinzeit: Funde der Trichterbecher-Kultur, Kugelamphoren-Kultur und der Schnurkeramischen Kulturen.

CUXHAVEN *Stadtmuseum*

Altsteinzeit: Abschläge und Werkzeuge (Klingen, Schaber, Stichel, Zinken u. a.) der »Ahrensburger Kultur« und »Hamburger Kultur« von den Fundplätzen Prangenbusch, Pennworthmoor, Hasenworth (Sahlenburg).

Mittelsteinzeit: Werkzeuge (Klingen, Schaber, Kernbeile) und Waffen (Pfeilspitzen) von den Fundplätzen Nordmoor (Oxstedt), Twellbergsmoor, Steertmoor (Sahlenburg).

Jungsteinzeit: Keramikreste, Werkzeuge (Sicheln, Bohrer, Meißel, Äxte und Beile) sowie Waffen (Dolch- und Pfeilspitzen) von den Fundplätzen Nordmoor (Sahlenburg), Scharmoor, Twellbergsmoor und Pennworthsmoor (Sahlenburg).

DARMSTADT *Hessisches Landesmuseum*

Darmstadt: Linienbandkeramische Kultur: Tierplastik aus Ton (vermutlich ein kleines Schwein) aus Niederweisel. Hinkelstein-Gruppe: Dreitüllengefäß aus einer Kiesgrube bei Gernsheim.

DEGGENDORF *Städtisches Heimatmuseum*

Altsteinzeit: Steinwerkzeuge des Mittel- und Jungpaläolithikums.

Jungsteinzeit: Funde aus dem linienbandkeramischen Gräberfeld von Stephansposching, Kreis Deggendorf. Keramik aus der mittelneolithischen Kreisgrabenanlage von Künzing-Unternberg, Kreis Deggendorf. Beigaben aus Gräbern der Glockenbecher-Kultur von Osterhofen und Stephansposching.

DETMOLD *Lippisches Landesmuseum*

Altsteinzeit: Einzelfunde aus dem Mittel- und Jungpaläolithikum, u. a. Faustkeil aus Detmold/Nienhagen und Blattspitze aus Lage/Stapelage.

Mittelsteinzeit: spätmesolithische Siedlungsfunde von den »Retlager Quellen«.

Jungsteinzeit: alt-, mittel- und jungneolithische Geräte aus Feuerstein und Felsgestein verschiedener Herkunft. Keramik der Rössener Kultur vom Fundort Kalletal/Hellinghausen.

DIEBURG *Kreis- und Stadtmuseum*

Jungsteinzeit: Mahlstein und Tongefäße der Linienbandkeramischen Kultur. Michelsberger »Backteller« und Tongefäße. Schnurkeramische Beile. Grab der Glockenbecher-Kultur aus Altheim.

DIEZ *Diezer Heimatmuseum*

Altsteinzeit: naturgetreue Wiedergabe eines Werkplatzes aus der Höhle Wildscheuer bei Steeden an der Lahn. Steinwerkzeuge aus der Höhle Wildweiberlei bei Altendiez, von Steeden a. d. Lahn und von Lindenholzhausen.

Jungsteinzeit: Keramik und Steinwerkzeuge verschiedener Kulturen aus dem Raum Diez.

DILLINGEN A. D. DONAU *Stadt- und Hochstiftsmuseum*

Jungsteinzeit: Funde der Linienbandkeramischen Kultur, Michelsberger Kultur und Glockenbecher-Kultur aus dem Kreis Dillingen. Funde aus der linienbandkeramischen Höhlenkultstätte »Hanseles Hohl«.

DONAUWÖRTH *Archäologisches Museum*

Altsteinzeit: Schaber, Kratzer, Bohrer, Stichel, Faustkeilfragmente, Abschläge aus Jurahornstein (Silex) aus einer mittelpaläolithischen Freilandstation.

Mittelsteinzeit: Mikrolithen, Klingeneinsätze für Harpunen und Jagdpfeile.

Jungsteinzeit: Tonscherben der Linienbandkeramischen Kultur, Flachbeile, gebohrte Äxte, Schuhleistenkeile, Feuersteinpfeilspitzen, Scheibenkeule, Feuersteinklingen, Mahlstein.

DORTMUND *Museum für Kunst und Kulturgeschichte*

Altsteinzeit: mittelpaläolithische Kieselschieferartefakte aus der Balver Höhle im Hönnetal.

Mittelsteinzeit: mesolithische Inventare aus dem Hohlen Stein bei Kallenhardt und Halloh, Kreis Meschede.

Jungsteinzeit: eine größere Sammlung neolithischer Äxte und Beile.

DRESDEN *Landesmuseum für Vorgeschichte*

Altsteinzeit: Feuersteinartefakte von Markkleeberg bei Leipzig.

Mittelsteinzeit: Funde u. a. von Nadelwitz, Kreis Bautzen, Dresden-Wilschdorf, Leckwitz und Münchritz, Kreis Riesa, sowie Dehnitz, Oelschütz und Pausitz, Kreis Wurzen.

Jungsteinzeit: besonders reiches Siedlungsmaterial, dazu Funde aus den Grabanlagen von Zauschwitz, Kreis Borna.

DUISBURG *Niederrheinisches Museum*

Altsteinzeit: Steinwerkzeuge aus einem Lager von Rentierjägern am Kaiserberg in Duisburg.

Mittelsteinzeit: Mikrolithen aus dem Niederrheingebiet.

Jungsteinzeit: hölzerne Pflugschar aus Duisburg-Asterlagen.

DÜREN *Leopold-Hoesch-Museum, Archäologische Abteilung*

Altsteinzeit: Oberflächenfunde aus dem Mittel- und Jungpaläolithikum.

Mittelsteinzeit: Mikrolithen aus Düren (»Flur Tirol«). Einige Oberflächenfunde aus der Umgebung von Düren.

Jungsteinzeit: Siedlungsfunde der Linienbandkeramischen Kultur und der Rössener Kultur (Keramik, viele Feuersteingeräte, Dechsel, Mahl- und Schleifsteine, Flintbeile). Mittel- und spätneolithische Siedlungsfunde vom Neuenburger See (Schweiz): geschäftete Beile, Knochengerät.

EICHSTÄTT *Museum für Ur- und Frühgeschichte*

Altsteinzeit: die Welt der eiszeitlichen Jäger des Mittel- und Jungpaläolithikums mit Originalfunden aus dem Raum Eichstätt (Faustkeile, Pfeilspitzen, Schaber und diverse Knochenwerkzeuge).

Jungsteinzeit: Werkzeuge und Waffen von verschiedenen Fundorten aus dem Raum Eichstätt.

EMSDETTEN *Heimatmuseum*

Altsteinzeit: drei Federmesser der Federmesser-Gruppen von einem unbekannten Fundort im Raum Emsdetten, außerdem einige andere Steinwerkzeuge aus der Altsteinzeit.

Jungsteinzeit: Keramikreste aus der Glockenbecher-Kultur von Emsdetten-Holligen und Emsdetten-Westum.

ERFURT *Museum für Thüringer Volkskunde*

Altsteinzeit: Handspitze aus Feuerstein aus der Mittleren Altsteinzeit von Erfurt-Nord.

Jungsteinzeit: Tongefäß der Rössener Kultur aus Erfurt-Freiligrathstraße. Trepanierter Schädel eines Schnurkeramikers aus Erfurt-Nord.

ESSEN *Museum Altenessen*
Altsteinzeit: Funde aus Westfalen und aus dem Rheinland.
Mittelsteinzeit: Steinwerkzeuge der Halterner Stufe.
Jungsteinzeit: Keramik und Steingeräte der Trichterbecher-Kultur Nordwestdeutschlands.

FORCHHEIM *Pfalzmuseum*
Jungsteinzeit: Keramik der Glockenbecher-Kultur.

FRANKENBERG *Kreisheimatmuseum*
Altsteinzeit: Steinäxte und Axthammer.
Jungsteinzeit: Steinbeile.

FRANKFURT AM MAIN *Museum für Vor- und Frühgeschichte*
Altsteinzeit: jungpaläolithische Funde aus Heddernheim.
Jungsteinzeit: Funde der Linienbandkeramischen Kultur aus Praunheim und Niedereschbach.

FRIEDBERG *Heimatmuseum*
Mittelsteinzeit: umfangreiche Steingeräteinventare aus Mühlhausen und Sielenbach.
Jungsteinzeit: Keramikreste und Steingeräte der Stichbandkeramischen Kultur von Schmiechen. Funde aus der Siedlung der Altheimer Kultur von Merching: Keramik, Steingeräte, Waffen (Pfeilspitzen), Schmuck und Nahrungsreste. Keramikreste und Steingeräte aus einer Höhensiedlung der Chamer Gruppe von Friedberg, Kreis Aichach-Friedberg.

FRIEDBERG *Wetterau-Museum*
Jungsteinzeit: Geräte aus Stein und Knochen sowie Keramik aus dem Alt-, Mittel- und Jungneolithikum von Friedberg und Umgebung.

FRIEDRICHSHAFEN *Stadtarchiv*
Jungsteinzeit: Sammlung Pufahl mit Funden aus Friedrichshafen-Manzell, Friedrichshafen-Seemoos und Überlingen-Nußdorf.

FRITZLAR *Heimatmuseum*
Altsteinzeit: zahlreiche Faustkeile, Schaber, Blattspitzen, Handspitzen und andere Funde.
Mittelsteinzeit: zahlreiche Spitzen, Klingen, Bohrer und Schaber.
Jungsteinzeit: Keramik und Werkzeuge der Linienbandkeramischen Kultur, Rössener Kultur, Michelsberger Kultur und der Becher-Kulturen. Keramik und Werkzeuge von den Höhensiedlungen der Wartberg-Gruppe.

FULDA *Vonderaumuseum*
Jungsteinzeit: Grabfunde des Spät- bzw. Endneolithikums vom Schulzenberg bei Fulda.

GESEKE *Hellweg-Museum*
Jungsteinzeit: Steinbeile und -hammer sowie Geröllbeil mit Schäftungsrille.

GIESSEN *Oberhessisches Museum*
Altsteinzeit: mehr als 500000 Jahre alte Geröllgeräte aus Münzenberg. Faustkeile und andere Werkzeuge aus dem Mittelpaläolithikum von Treis, Nieder-Bessingen, Bellersheim und Lich. Spitzen, Schaber, Klingen, Bohrer und Knochenwerkzeuge aus dem Jungpaläolithikum von verschiedenen Fundorten in Hessen.
Mittelsteinzeit: Klingen, Kratzer und Mikrolithen aus Stumpertenrod.
Jungsteinzeit: Linienbandkeramische Kultur: Tongefäße, Hacken, Beile und Hämmer aus Butzbach-Griedel. Rössener Kultur: Bauchknickgefäße, Fußringgefäße, Schalen, Siebgefäß und ein taschenförmiges Gefäß von verschiedenen Fundorten in Hessen. Michelsberger Kultur: Tulpenbecher, »Backteller«, Schöpfgefäße und spitznackige Beile von verschiedenen Fundorten in Hessen. Schnurkeramische Kulturen: Tongefäße, Arbeitsäxte und Streitäxte von verschiedenen Fundorten in Hessen. Glockenbecher-Kultur: Glockenbecher aus Gießen, Schalen aus Butzbach und Alsfeld, Langdolch aus Ruppertsburg, Webgewichte und Pfeilspitzen.

GIFHORN *Kreisheimatmuseum*
Altsteinzeit: Grabungsausschnitt der mittelpaläolithischen Fundstelle Salzgitter-Lebenstedt.
Mittelsteinzeit: Mikrolithen von verschiedenen Fundstellen.
Jungsteinzeit: Getreidereibsteine und Läufer, Feuersteinbeile, Felsgesteinäxte und Flintdolche von verschiedenen Fundstellen.

GLADBECK *Museum der Stadt*
Mittelsteinzeit: Feuersteinbeil aus Gladbeck-Brauck. Abguß eines Waldwisentskeletts aus dem Präboreal von Gladbeck-Brauck.
Jungsteinzeit: Steinwerkzeug aus Lydit aus der Rössener Kultur.

GÖTTINGEN *Städtisches Museum*
Altsteinzeit: Quarzitwerkzeuge aus der Umgebung Göttingens. Rengeweihstange mit Schnitzspuren und Steingeräte.
Mittelsteinzeit: zahlreiche Steingeräte aus Abschlagfundstellen.
Jungsteinzeit: Funde der Linienbandkeramischen Kultur, Stichbandkeramischen Kultur, Rössener Kultur, Baalberger Kultur, Michelsberger Kultur und

Becher-Kulturen. Hockergrab der Glockenbecher-Kultur. Hockergrab der Schnurkeramischen Kulturen.

GREDING *Museum Mensch und Natur*
Altsteinzeit: vermeintliche Geröllgeräte aus der Sandgrube Grafenrain bei Mauer (Fundort des Unterkiefers des Heidelberg-Menschen). Schätzungsweise 250000 Jahre alte Steinwerkzeuge aus Wittenbergen bei Hamburg und Greding. Jagdbeutereste und Knochenwerkzeuge von Neanderthalern aus Kratzmühle im Altmühltal.
Mittelsteinzeit: Steingeräte, Feuerstelle und Kiefer eines Hundes aus der frühen Mittelsteinzeit vom Euerwanger Bühl.
Jungsteinzeit: Keramik, Werkzeuge und Waffen verschiedener jungsteinzeitlicher Kulturen und Fundorte. Modell eines Langhauses der Linienbandkeramischen Kultur von Hienheim an der Donau.

GROSSKOTZENBURG *Museum der Gemeinde*
Altsteinzeit: ein Faustkeil.
Jungsteinzeit: durchbohrte Axt, geschliffene Beile, Hornsteinklinge, Pfeilspitzen, Gefäßreste.

GÜNZBURG *Heimatmuseum*
Mittelsteinzeit: Steingeräte aus Feuerstein, Quarzit und Radiolarit.
Jungsteinzeit: Tongefäße der Linienbandkeramischen Kultur und Schussenrieder Gruppe. Gebohrte und geschliffene Steingeräte, Pfeilspitzen, Kleinwerkzeuge sowie Hacken aus Geweihteilen der Altheimer Kultur.

HALBERSTADT *Städtisches Museum*
Jungsteinzeit: Rössener Kultur: Marmorarmring aus der Gemarkung Halberstadt (Pfeffermühle). Bernburger Kultur: Tontrommel aus der Gemarkung Klein Quenstedt, Kreis Halberstadt (Windmühlenberg). Kugelamphoren-Kultur: Amphore aus der Gemarkung Groß Quenstedt, Kreis Halberstadt (Wirbecke Feld). Schnurkeramische Kulturen: verzierte Axt aus grünem Felsgestein aus der Gemarkung Rodersdorf, Kreis Halberstadt (Speckberg). Glockenbecher-Kultur: Glockenbecher aus den Gemarkungen Halberstadt (Winterberg) und Klein Quenstedt, Kreis Halberstadt, Füßchenschale aus der Gemarkung Klein Quenstedt, Kreis Halberstadt. Schönfelder Kultur: Tontrommel aus der Gemarkung Aspenstedt, Kreis Halberstadt (Großer Berg), je eine Schale aus den Gemarkungen Mahndorf (Kiesgrube Rauhe) und Ströbeck, beide Kreis Halberstadt, Kanne aus der Gemarkung von Halberstadt (Braunschweiger Chaussee). Äneolithikum/frühe Bronzezeit: anthropomorph verzierter Bildstein von Dingelstedt, Kreis Halberstadt.

HALLE/SAALE *Landesmuseum für Vorgeschichte*
Altsteinzeit: Artefakte und Hominidenreste des *Homo erectus* von Bilzingsleben, Kreis Artern. Reste eines Schlachtplatzes mit Waldelefanten und Feuersteinartefakten von Gröbern, Kreis Gräfenhainichen. Bedeutende Sammlung paläolithischer Artefakte, u. a. Faustkeil von Gerwisch, Blattspitzen von Ranis, Funde von Königsaue, von Saaleck und Nebra (»Venusfiguren«).
Mittelsteinzeit: Menschenreste von Bad Dürrenberg, Bottendorf und Unseburg. Harpunen von Glindenberg, Kreis Wolmirstedt. Feuersteinartefakte aus dem Fiener Bruch, Kreis Genthin (Dünenmesolithikum).
Jungsteinzeit: Fundkomplexe aus befestigten neolithischen Siedlungen und Plätzen von Eilsleben, Kreis Wanzleben, Quenstedt, Kreis Hettstedt, und Halle-Dölauer Heide (mit innenverziertem Steinkammergrab). Holzschalen und hölzerne Dechselschäftung der Schnurkeramischen Kulturen von Stedten, Kreis Eisleben. Mittel- bzw. spätneolithische Menhire von Schafstädt, Kreis Merseburg, Langeneichstädt, Kreis Querfurt, und Pfützthal, Saalkreis. Trepanierter Schädel aus dem Spätneolithikum von Pritschöna, Saalkreis. Innenverzierte Steinkiste der Schnurkeramischen Kulturen von Leuna-Göhlitzsch, Kreis Merseburg.

HAMBURG *Helms-Museum, Museum für Vor- und Frühgeschichte*
Altsteinzeit: Faustkeil aus Maschen. Schädelkalotte von Hahnöfersand. Feuersteingeräte aus Rissen und Wittenbergen. Funde der Altonaer Stufe und »Hamburger Kultur« von verschiedenen Fundplätzen (auch von den namengebenden).
Mittelsteinzeit: Holzpaddel aus Duvensee.
Jungsteinzeit: Siedlungsfunde aus den Boberger Dünen. Megalithgrab aus Hamburg-Fischbek. Schädelbestattung aus Metzendorf-Woxdorf, Kreis Harburg. Körpergräber aus Jordansmühl und Rössen (Gaterslebener Gruppe). Brandgräber der Einzelgrab-Kultur aus Hamburg-Sande (Bergedorf).

HANNOVER *Niedersächsisches Landesmuseum (Urgeschichts-Abteilung)*
Altsteinzeit: größte Sammlung mittelpaläolithischer Funde in Nordwestdeutschland (Leine- und Weserschotter). Funde der »Hamburger Kultur« und »Ahrensburger Kultur« und der Federmesser-Gruppen.
Mittelsteinzeit: Stein-, Geweih- und Knochenartefakte.
Jungsteinzeit: Überblick der Kulturentwicklung der Jungsteinzeit aus allen Abschnitten. Funde vom frühneolithischen Siedlungsplatz Hüde I am Dümmer.

HEIDE *Museum für Dithmarscher Vorgeschichte*

Altsteinzeit: Abschläge aus der mittelpaläolithischen Fundschicht (Brørup-Interstadial) bei Schalkholz mit großem Lackprofil.

Jungsteinzeit: Keramik und zahlreiche Steingeräte aus Steingräbern.

HEIDELBERG *Kurpfälzisches Museum*

Altsteinzeit: Schädel eines Crô-Magnon-Menschen aus einer Kiesgrube in Rohrhof bei Brühl, Rhein-Neckar-Kreis.

Jungsteinzeit: reiche Keramikfunde der Rössener Kultur aus »Pfaffs großer Grube« von Heidelberg-Neuenheim.

HEILBRONN *Städtisches Museum*

Altsteinzeit: Spitzklinge aus Weißjurahornstein von der Freilandstation in Heilbronn-Neckargartach.

Jungsteinzeit: Keramik, Felssteingeräte und Knochenwerkzeuge aus der linienbandkeramischen Siedlung Heilbronn-Klingenberg. Kette aus durchlochten Hirschgrandeln, Reibplatte aus Sandstein, ein Stück Hämatit, Klinge aus Jaspis und Hornzapfen von Hausschafen von einer Bestattung der Hinkelstein-Gruppe in Offenau. Keramik, Knochenwerkzeuge und Mahlsteine der Michelsberger Kultur aus Heilbronn-Neckargartach/Obereisisheim.

HERFORD *Städtisches Museum*

Altsteinzeit: Hacke aus dem Geweih eines Rentieres aus dem Jungpaläolithikum vor etwa 15 000 Jahren.

Jungsteinzeit: Keramik und Steinwerkzeuge verschiedener Kulturen aus dem Raum Herford.

HERNE *Emschertal-Museum*

Altsteinzeit: Faustkeile von Herne-Baukau, Schleuse VI des Rhein-Herne-Kanals. Stielspitzen aus Marl-Sinsen, Scharpenberg, Kreis Recklinghausen.

Mittelsteinzeit: Rengeweihbeil aus der Lippe bei Marl-Sickingmühle, Kreis Recklinghausen. Mikrolithen aus dem ehemaligen Fleutebach in Herten, Kreis Recklinghausen. Geröllkeule von der Emscher in Recklinghausen.

Jungsteinzeit: Tongefäße und Steingeräte der linienbandkeramischen Siedlung von Bochum-Bergen-Eifelstraße. Zahlreiche neolithische Steinbeile aus Herne und den Nachbarstädten. Zwei durchbohrte Steinanhänger aus Herne.

HOCHHEIM AM MAIN *Otto-Schwabe-Museum*

Jungsteinzeit: Keramikreste der Rössener Kultur, Reibsteine, Schuhleistenkeil, Steinbeil, Feuersteinklinge.

HOHENLIMBURG *Museum*

Altsteinzeit: Funde aus der Balver Höhle im Hönnetal: Faustkeile, Schaber und Klingen, überwiegend aus dem Micoquien und Moustérien. Freilandfunde im südwestfälischen Bergland: Steinwerkzeuge des Magdalénien, der Federmesser-Gruppe und der Stielspitzen-Gruppe.

Mittelsteinzeit: Mikrolithen und Werkzeuge vom frühen bis zum späten Mesolithikum von zahlreichen Oberflächenfundplätzen aus dem südwestfälischen Bergland.

Jungsteinzeit: Keramik und Steinwerkzeuge der Linienbandkeramischen Kultur von der Lenneterrasse Garenfeld. Funde der Rössener Kultur vom Burgberg bei Letmathe. Zahlreiche Beilklingen und Werkzeuge aus importierten Feuersteinarten.

HÖXTER-CORVEY *Museum*

Mittelsteinzeit: Steinwerkzeuge vom Forsthaus Schwedenbusch bei Natzungen im Solling.

Jungsteinzeit: Steinbeile verschiedener Kulturen, unter anderem bei Ottbergen, Altenbergen, Kreis Höxter, Räuschenberg bei Höxter, Bosseborn. Steinäxte aus Bellersen, Kreis Höxter, Godelheim, Höxter, Kollerbeck/Langenkamp.

INGOLSTADT *Stadtmuseum*

Wegen bedeutender Neuzugänge wird eine Umgestaltung geplant.

Altsteinzeit: bisher: zwei Artefakte aus dem Mittelpaläolithikum von Gaimersheim; zukünftig: Funde aus dem Alt-, Mittel- und Jungpaläolithikum von Wettstetten, Gaimersheim, Nassenfels, Irgertsheim, Eitensheim und Buxheim.

Mittelsteinzeit: bisher: wenige Artefakte vom Speckberg, Nassenfels; zukünftig: umfangreiche Bestände aus dem Ingolstädter Becken und dem Donaumoos.

Jungsteinzeit: bisher: Funde aus der Linienbandkeramischen Kultur von Kösching, Gaimersheim und Menning, aus der Oberlauterbacher Gruppe von Gaimersheim, aus der Glockenbecher-Kultur von Großmehring, Zuchering; zukünftig: Kalksteinperlen aus Gaimersheim, Grabfunde aus der Glockenbecher-Kultur von Oberstimm, bedeutende Einzelfunde an Steinbeilen.

ITZEHOE *Kreismuseum Prinzeßhof*

Mittelsteinzeit: Geweihaxt aus Holler-Wettern und Funde des Voßbargs bei Itzehoe.

Jungsteinzeit: Feuersteindolche und Streitäxte der Einzelgrab-Kultur von verschiedenen Fundorten.

JENA *Sammlung des Bereichs Ur- und Frühgeschichte der Friedrich-Schiller-Universität (nicht öffentlich zugänglich)*

Altsteinzeit: mittelpaläolithische Funde von Taubach und Ehringsdorf, Kreis Weimar. Funde aus den Magdalénien-Freilandstationen von Oelknitz und Kahla-Löbschütz, Kreis Jena, sowie von Ahlendorf und Etzdorf, Kreis Eisenberg.

Mittelsteinzeit: Funde von der Freilandstation Gösen, Kreis Eisenberg.

Jungsteinzeit: umfangreiche Bestände an Steingeräten. Funde aus linienbandkeramischen Brandgräbern von Arnstadt. Grabfunde der Schnurkeramischen Kulturen und der Glockenbecher-Kultur.

KARLSRUHE *Badisches Landesmuseum*

Altsteinzeit: Funde aus dem Magdalénien vom Petersfels bei Engen im Hegau.

Jungsteinzeit: umfangreiches Material der Michelsberger Kultur von dem namengebenden Fundplatz Michelsberg bei Bruchsal-Untergrombach.

KASSEL *Hessisches Landesmuseum (Abteilung Vor- und Frühgeschichte der Staatlichen Kunstsammlungen)*

Altsteinzeit: Steinwerkzeuge aus dem Alt- und Mittelpaläolithikum von der Reutersruh bei Ziegenhain, Rörshain, Lenderscheid sowie Funde von der mittelpaläolithischen Jagdstation Buhlen bei Waldeck.

Jungsteinzeit: Ausgrabungsfunde aus linienbandkeramischen Siedlungen von Hofgeismar, Kreis Kassel, Gudensberg und Arnsbach, Schwalm-Eder-Kreis, Bracht, Kreis Marburg-Biedenkopf. Funde aus Siedlungen der Wartberg-Gruppe auf dem Wartberg bei Kirchberg, auf dem Hasenberg bei Lohne, auf dem Güntersberg und dem Bürgel bei Gudensberg (alle im Schwalm-Eder-Kreis). Funde aus den Steinkammergräbern der Wartberg-Gruppe von Züschen, Schwalm-Eder-Kreis, Altendorf und Calden, Kreis Kassel, Lohra, Kreis Marburg-Biedenkopf. Zwei verzierte Steine von Ellenberg, Schwalm-Eder-Kreis, die vielleicht der Einzelgrab-Kultur zuzurechnen sind.

KEITUM *Sylter Heimatmuseum*

Jungsteinzeit: Steinwerkzeuge (Klingen, Sicheln, Schaber, Bohrer, Beile, Meißel), Waffen (Pfeilspitzen, Streitäxte, Dolche), Keramik und Schmuck (Perlen, Bernstein) von Sylt.

KELHEIM *Archäologisches Museum der Stadt*

Altsteinzeit: mittel- und jungpaläolithische Geräte aus den Klausenhöhlen bei Essing, der Kastlhänghöhle bei Prunn und dem Schulerloch in Oberau.

Mittelsteinzeit: Mikrolithen von den Schellnecker Wänd.

Jungsteinzeit: Modell der linienbandkeramischen Häuser von Hienheim. Funde aus dem Erdwerk der Altheimer Kultur von Lengfeld-Alkofen. Schnurkeramische Grabinventare von Kelheim und Hienheim.

KOBLENZ *Mittelrhein-Museum*

Jungsteinzeit: Tongefäße der Linienbandkeramischen Kultur, Michelsberger Kultur, Schnurkeramischen Kulturen und Glockenbecher-Kultur.

KONSTANZ: *Rosgartenmuseum*

Altsteinzeit: Funde aus dem Magdalénien der Höhle Kesslerloch bei Thayngen (Schweiz), wie Lochstäbe (darunter das »Suchende Rentier«), Speerschleuderfragment mit Andeutung eines Pferdekopfes, Schnitzerei eines Moschusochsenköpfchens (alle aus Rengeweih), zwei Wildpferdkopfgravierungen auf Gagatplättchen, mutmaßliche Skulptur eines Fisches. Außerdem Stein-, Knochen- und Geweihgeräte sowie Waffen aus dem Kesslerloch.

Jungsteinzeit: Funde aus Seeufersiedlungen am Bodensee, wie Artefakte, Keramik.

KORB-KLEINHEPPACH *Steinzeitmuseum*

Altsteinzeit: Faustkeile, Schräg-, Bogen-, Breitschaber, Fäustel u. a. aus dem Mittelpaläolithikum von Kleinheppach und Beinstein. Verschiedene Stichel, Klingenschaber aus dem Jungpaläolithikum.

Mittelsteinzeit: einige hundert Mikrolithen von fünf Freilandstationen.

Jungsteinzeit: Feuersteingeräte, geschliffene Felssteingeräte und Keramik der Linienbandkeramischen Kultur, Rössener Kultur, Schussenrieder Gruppe und Michelsberger Kultur.

KÖTHEN *Heimatmuseum*

Altsteinzeit: mehr als 250 000 Jahre alte Faustkeile aus der Holstein-Warmzeit von Köthen, Werdershausen und Mosigkau. Mehr als 10 000 Jahre alte Feuersteinpfeilspitzen der »Ahrensburger Kultur« aus Kühren, Steckby und Brambach.

Mittelsteinzeit: Steingeräte und Angelhaken aus Knochen und Geweih von Siedlungsplätzen aus dem Köthener Land.

Jungsteinzeit: Kultschale der Linienbandkeramischen Kultur aus Köthen-Geuz. Keramik der Stichbandkeramischen Kultur, Rössener Kultur, Baalberger Kultur, Salzmünder Kultur, Walternienburg-Bernburger Kultur, Kugel-amphoren-Kultur, Schnurkeramischen Kulturen, Schönfelder Kultur und Glockenbecher-Kultur.

LANDSHUT *Stadt- und Kreismuseum*

Jungsteinzeit: Linienbandkeramische Kultur: Keramikreste, unter anderem aus Kopfham, und Schuhleistenkeile. Oberlauterbacher Gruppe: Keramik-reste. Stichbandkeramische Kultur: Keramikreste und -gefäße. Münchs-höfener Gruppe: großer Getreidefund mit Emmer und Einkorn, Keramik-reste und Feuersteinwerkzeuge aus Langenhettenbach. Altheimer Kultur: Funde vom namengebenden Fundort Altheim, wie Keramikreste und Steinwerkzeuge. Glockenbecher-Kultur: Keramikreste und Hockergrab mit Armschutzplatte und mondförmigem Knochenanhänger von Hauners-dorf.

LAUINGEN *Heimatmuseum*

Altsteinzeit: Steinwerkzeuge aus dem Mittel- und Jungpaläolithikum.

Mittelsteinzeit: Steinwerkzeuge von verschiedenen Fundorten.

Jungsteinzeit: Siedlungsfunde der Linienbandkeramischen Kultur, der Alt-heimer Kultur, Rössener Kultur und Schussenrieder Gruppe, Tulpenbecher der Michelsberger Kultur.

LAUTERBACH *Hohhaus-Museum*

Altsteinzeit: Schaber, Kratzer, Bohrer, Messerklingen und Kernsteine aus Quarzit aus der Umgebung von Lauterbach.

Mittelsteinzeit: Schaber, Stichel und Kochsteine aus Quarzit aus der Umge-bung von Lauterbach.

Jungsteinzeit: Mahlsteine, glatt polierte Steinbeile, Hämmer und Äxte. Tönerne Amphore aus einem Grab der Schnurkeramischen Kulturen.

LEIPZIG *Naturkundemuseum*

Altsteinzeit: etwa 250 000 Jahre alte Feuersteinwerkzeuge aus Markkleeberg bei Leipzig.

Jungsteinzeit: Keramik und Steinwerkzeuge verschiedener jungsteinzeitli-cher Kulturen aus dem Raum Leipzig.

LIPPSTADT *Städtisches Heimatmuseum*

Mittelsteinzeit: Funde aus dem Hohlen Stein bei Kallenhardt, unter anderem Geweihkeulen, Knochenflöten.

Jungsteinzeit: Steinbeile und -äxte.

MAGDEBURG *Kulturhistorisches Museum*

Altsteinzeit: Faustkeil von Hundisburg, Faustkeile, Schaber und Abschläge aus Flußschottern der Elbe in und um Magdeburg.

Mittelsteinzeit: Feuersteingeräte von Dünenfundplätzen aus dem Fiener Bruch und von Gerwisch.

Jungsteinzeit: Gesichtsflasche und Tonfiguren der Linienbandkeramischen Kultur von Barleben. Knochengeräte zur Verzierung von Tongefäßen der Stichbandkeramischen Kultur von Magdeburg. Prunkvase der Rössener Kul-tur von Königsborn. Tongefäße der Gaterslebener Gruppe, Baalberger Kul-tur, Walternienburg-Bernburger Kultur, Kugelamphoren-Kultur. Inventar eines Hauses der Schönfelder Kultur von Randau mit Tontrommel. Funde aus der Einzelgrab-Kultur und Glockenbecher-Kultur. Fünf Schädeltrepana-tionen aus der Umgebung von Magdeburg.

MAINZ *Landesmuseum*

Altsteinzeit: Steinwerkzeuge, Schmuckschnecken und Fragmente von zwei Frauenstatuetten aus dem Gravettien von der Jägerraststelle Mainz-Linsen-berg.

Jungsteinzeit: reiche Funde an Keramik, Stein- und Knochengerät der Linienbandkeramischen Kultur, Rössener Kultur, Michelsberger Kultur und der Glockenbecher-Kultur.

MAYEN *Eifeler Landschaftsmuseum*

Altsteinzeit: Geräte aus Feuerstein, Quarz und Knochen.

Mittelsteinzeit: Streitaxt, Feuersteinmesser, durchbohrtes Geweihstück.

Jungsteinzeit: Keramikreste der Linienbandkeramischen Kultur und Michelsberger Kultur. Polierte Steinbeile, Steinhämmer und damit herge-stellte Reibsteine aus Basaltlava vom Mayener Grubenfeld.

MENDEN/SAUERLAND *Städtisches Museum*

Altsteinzeit: Artefakte in Levallois-Technik, aus dem Micoquien und dem Aurignacien aus der Balver Höhle im Hönnetal bei Balve.

Jungsteinzeit: zahlreiche Steinbeile und einige Pfeilspitzen, u. a. der Linien-bandkeramischen Kultur und der Einzelgrab-Kultur.

MINDEN *Museum für Geschichte, Landes- und Volkskunde*

Altsteinzeit: Stielspitze aus Eickhorst, Lyngby-Rengeweihbeil aus Minden, Speerspitze aus Geweih von Huddestorf, Kreis Nienburg, alles aus dem Jung-paläolithikum.

Mittelsteinzeit: verschiedene Geweihäxte, -keulen und -hämmer aus dem Kreis Minden-Lübbecke und Umgebung.

Jungsteinzeit: verschiedene Beile und Äxte mehrerer jungsteinzeitlicher Kul-turen aus dem Kreis Minden-Lübbecke und Umgebung. Becher der Einzel-grab-Kultur aus Friedewalde und Heimsen. Glockenbecher aus Werste und Windheim.

MÖNCHENGLADBACH *Städtisches Museum Schloß Rheydt*

Altsteinzeit: Artefakte von dem altsteinzeitlichen Siedlungsplatz Mönchen-gladbach-Rheindahlen, Ziegeleigrube Dreesen (Altpaläolithikum bis Jung-paläolithikum): Reibplatte, Faustkeile, Schaber und Spitzen. Oberflächen-funde aus dem Mittelpaläolithikum von der Rur, Kreis Düren. Steinwerk-zeuge aus dem Endpaläolithikum von verschiedenen Mönchengladbacher Fundstellen.

Mittelsteinzeit: Artefakte von einem Fundplatz in der Niersniederung bei Korschenbroich, östlich von Schloß Rheydt. Lesefunde: Mikrolithen, Klin-gen, Klingenfragmente, Messerchen, Stichel, Kratzer und Kernsteine.

Jungsteinzeit: Linienbandkeramische Kultur: Keramik und Artefakte vom Siedlungsplatz Mönchengladbach-Wanlo. Michelsberger Kultur und Becher-Kulturen: Schleifwanne, Liedberger Quarzit, geschliffene Beile, Pfeilspitzen und Schlagsteine.

MÜHLHAUSEN *Heimatmuseum*

Altsteinzeit: Kopie des Faustkeils von Höngeda, Kreis Mühlhausen (1939 bei Erdarbeiten entdeckt, wohl noch jungholsteinzeitlich, Acheuléen, Original im Germanischen Nationalmuseum Nürnberg).

Jungsteinzeit: Funde fast aller in Thüringen verbreiteten jungsteinzeitlichen Kulturen. Depotfund der Linienbandkeramischen Kultur aus fünf geschliffe-nen Beilen aus Amphibolit von Grabe, Kreis Mühlhausen. Keramikgefäße, Felsstein-, Feuerstein-, Geweih- bzw. Knochengeräte aus einer Siedlung der Bernburger Kultur von Ammern, Kreis Mühlhausen. In Originallage auf-gebautes Plattenkistengrab der Kugelamphoren-Kultur von Flarchheim, Kreis Mühlhausen. Beigaben eines reich ausgestatteten Männergrabes der Glockenbecher-Kultur von Mühlhausen-Forstbergstraße (Kupferdolch, Armschutzplatte, sechs Feuersteinpfeilspitzen, ein Ringstilanhänger aus Knochen).

MÜNCHEN *Prähistorische Staatssammlung, Museum für Vor-und Frühge-schichte*

Altsteinzeit: Steinwerkzeuge aus den Weinberghöhlen bei Mauern, Kreis Neuburg-Schrobenhausen. Ritzzeichnungen aus dem Magdalénien vom Hohlen Stein bei Ederheim, Kreis Donau-Ries. Steinwerkzeuge aus der Klausenhöhle bei Essing, Kreis Kelheim.

Mittelsteinzeit: Steinwerkzeuge aus Schwimmbach, Kreis Roth. Schmuck aus den Ofnethöhlen, Kreis Donau-Ries.

Jungsteinzeit: Siedlungsfunde der Linienbandkeramischen Kultur aus Hien-heim, Kreis Kelheim. Idole von verschiedenen bayerischen Fundorten. Sied-lungsfunde der Altheimer Kultur aus Altheim, Kreis Landshut.

MÜNSTER *Westfälisches Museum für Archäologie*

Altsteinzeit: Knochen-, Feuerstein- und Quarzitgeräte aus Freilandstationen und Höhlen (Balver Höhle, Hohler Stein bei Kallenhardt), Steingeräte aus Westerkappeln (Federmesser-Gruppen).

Mittelsteinzeit: Mikrolithen der Halterner und Boberger Stufe.

Jungsteinzeit: Funde der Linienbandkeramischen Kultur, Rössener Kultur (unter anderem großes Vorratsgefäß aus Deiringen-Ruploh), Michelsberger Kultur, Trichterbecher-Kultur (Großsteingrab von Lengerich-Wechte), Funde aus westfälischen Steinkammergräbern der Schnurkeramischen Kul-turen und der Glockenbecher-Kultur.

NEUBRANDENBURG *Historisches Bezirksmuseum*

Mittelsteinzeit: größere Kollektionen von Mikrolithen, Geweihschäftungen für Steinbeile, Geweihäxte und Knochengeräte.

Jungsteinzeit: Grabausstattung aus dem Großdolmen von Damerow, Kreis Demmin, in einem großräumigen Modell dieser Grabanlage der Trichterbe-cher-Kultur. Zahlreiche Steinwerkzeuge. Mehrere Keramikgefäße (Ampho-ren, Kannen, Becher).

NEUSS *Clemens-Sels-Museum*

Altsteinzeit: Quarzit- und Feuersteinartefakte, Oberflächenfunde vom Lied-berg, Korschenbroich, Kreis Neuss.

Mittelsteinzeit: Oberflächenfunde von Hoisten (Neuss 21), Hülchrath (Stadt Grevenbroich), Speck/Wehl (Neuss), Rosellen (Neuss 21) und weitere Fund-stellen im Stadtgebiet von Neuss.

Jungsteinzeit: Linienbandkeramische Kultur: Feuersteinartefakte und Scherben aus Ramrath/Hoeningen, weitere Funde im Bereich Neuss-Norf (Neuss 21) und beiderseits der Erftmündung (Neuss-Gnadental bzw. -Grin-linghausen). Rössener Kultur: Funde im römischen Lagerbereich von Neuss-Gnadental. Endneolithikum: Oberflächenfunde zwischen Eselspfad und Bauerbahn (westliche Stadtgrenze von Neuss).

NEUSTADT *Kreismuseum Ostholstein*
Mittelsteinzeit: Steinwerkzeuge vom Heisterbusch in Neustadt.
Jungsteinzeit: Steinwerkzeuge und Knochengerät der Ertebölle-Ellerbek-Kultur aus dem Raum Neustadt.

NEUWIED *Kreismuseum*
Altsteinzeit: zahlreiche Knochenfunde von Jagdtieren und Werkzeugen aus dem Magdalénien des Neuwieder Beckens, vor allem aus Gönnersdorf.
Jungsteinzeit: Linienbandkeramische Kultur: Keramik und Geräte aus Gladbach, Heimbach und Weis. Rössener Kultur: Keramik und Geräte aus Gladbach, Heimbach und Irlich. Michelsberger Kultur: Keramik und Geräte aus Urmitz, Rheinische Becher-Kultur: Keramik, Hockergrab aus Engers.

NEUWIED 13 – NIEDERBIEBER-SEGENDORF *Museum Monrepos*
Altsteinzeit: Im Museum für die Archäologie des Eiszeitalters im Schloß Monrepos wird die Geschichte der Jäger und Sammler vor dem Beginn von Ackerbau und Viehzucht dargestellt. Es ist ein Schaufenster des Forschungsbereiches Altsteinzeit des Römisch-Germanischen Zentralmuseums Mainz und präsentiert vor allem Ergebnisse von 20 Jahren Forschungsarbeit am Mittelrhein. Nach einem Überblick über Raum und Zeit, insbesondere auch über den Vulkanismus der Osteifel, wird die älteste Besiedlung Europas durch den Frühmenschen *Homo erectus* (vor etwa 1 Million bis 500 000 Jahren) anhand der Fundplätze Miesenheim und Kärlich dargestellt. Die Zeit des Neanderthalers (vor etwa 300 000 bis 40 000 Jahren) wird durch wichtige Fundplätze (Wallertheim, Ariendorf, Rheindahlen) illustriert. Von besonderer Bedeutung sind hier auch die Siedlungsplätze der Neanderthaler in den Kratermulden der Osteifelvulkane (beispielsweise Plaidter Hummerich, Schweinskopf, Tönchesberg). Die große Zeit der Eiszeitjäger im zweiten Teil der Würm-Eiszeit (vor etwa 40 000 bis 10 000 Jahren) ist besonders durch die Funde von Gönnersdorf und Andernach-Martinsberg vertreten.
Mittelsteinzeit: Jäger aus der Zeit von etwa 8000 bis 5000 v. Chr. werden mit Funden aus dem Erfttal bei Bedburg und aus der Weidentalhöhle bei Wilgartswiesen (Pfälzer Wald) vorgestellt.

NIENBURG *Museum*
Altsteinzeit: Rekonstruktion eines Zeltes späteiszeitlicher Rentierjäger vom Giebichenstein bei Stöckse. Endpaläolithische Feuersteinartefakte.
Mittelsteinzeit: Mikrolithen und Geröllkeulen.
Jungsteinzeit: Tongefäße und Feuersteinbeile der Trichterbecher-Kultur. Becher und Äxte der Einzelgrab-Kultur.

NÖRDLINGEN *Stadtmuseum*
Altsteinzeit: Steinwerkzeuge aus dem Moustérien, Aurignacien und Magdalénien.
Mittelsteinzeit: zwei Schädel (Kopien) der Kopfbestattung aus der Großen Ofnethöhle mit Original-Schmuckbeigaben (Schnecken und Hirschzähne).
Jungsteinzeit: Linienbandkeramische Kultur: Stiergefäß aus Herkheim, *Spondylus*-Muschelschmuck aus der Höhle »Hanseles Hohl«.

NÜRNBERG *Germanisches Nationalmuseum*
Altsteinzeit: Faustkeil aus dem Kreis Mühlhausen, Thüringen. Steinartefakte und Knochen aus Ehringsdorf bei Weimar. Kratzer und Schaber aus der Balver Höhle, Kreis Arnsberg, Westfalen. Schieferplatte mit graviertem Pferdekopf aus Saaleck, Kreis Naumburg, Knochenharpune aus Lötzen, Kreis Gumbinnen, Ostpreußen.
Mittelsteinzeit: Mikrolithen aus Nürnberg-Erlenstegen. Stielspitzen aus Fienerode, Kreis Genthin.
Jungsteinzeit: Axt aus Tribbewitz, Rügen. Steinbeil mit Hirschgeweihschäftung aus Schaffis, Kanton Aargau, Schweiz, Hockergrab aus Rössen, Kreis Magdeburg, Sachsen-Anhalt, Schuhleistenkeil aus Coburg, Oberfranken. Halskollier aus Kalbrieth, Kreis Sangerhausen, Thüringen. Glockenbecher aus Neuburg/Donau, Oberbayern. Tongefäße aus Großsteingräbern des nordischen Neolithikums.

NÜRNBERG *Naturhistorisches Museum*
Altsteinzeit: Steinwerkzeuge und angeblich rituell deponierte Höhlenbärenreste aus der Petershöhle bei Velden. Menschenreste und Steingeräte aus dem Hohlen Fels bei Happurg.
Mittelsteinzeit: Schlagplatz- und Siedlungsplatzreste aus der südlichen Fränkischen Alb.
Jungsteinzeit: Beispielsammlung vorgeschichtlichen Getreides. Linienbandkeramisches Hockergrab mit Skelett, Steingeräte und Keramik.

OLDENBURG *Staatliches Museum für Naturkunde und Vorgeschichte*
Altsteinzeit: Werkzeuge von Rentierjägern der »Hamburger Kultur« aus der Glaner Heide, Kreis Oldenburg.
Jungsteinzeit: Keramik der Trichterbecher-Kultur aus Großsteingräbern. »Öllampe« aus dem Großsteingrab Kleinenkneten. Hölzerne Scheibenräder aus dem Vehnemoor, Kreis Oldenburg.

PLÖN *Museum des Kreises*
Altsteinzeit: Faustkeil von Kalübbe
Mittelsteinzeit: Steinwerkzeuge von verschiedenen Fundorten im Raum Plön. Mit Hilfe von Feuer gefällte Mooreiche aus Klausdorf.
Jungsteinzeit: umfassende Gerätesammlung aus dem Kreis Plön.

POTSDAM-BABELSBERG *Museum für Ur- und Frühgeschichte*
Altsteinzeit: mittelpaläolithische Geräte von Schulzendorf, Kreis Königs Wusterhausen, und Vogelsang, Kreis Eisenhüttenstadt. Spätpaläolithische Feuersteingeräte der »Ahrensburger Kultur« von Burow, Kreis Gransee.
Mittelsteinzeit: Knochen-, Geweih- und Holzgeräte sowie Reste von Netzen und Seilen von Friesack, Kreis Nauen. Feuersteingeräte von zahlreichen Fundplätzen der Mark Brandenburg.
Jungsteinzeit: reich verzierte Keramik, Schmuck aus Tierzähnen und Bernstein von Bestattungs- und Opferplätzen der Havelländischen Kultur in Buchow-Karpzow, Kreis Nauen. Keramik, Geweihgeräte und Knochenplatte aus Gräbern der Kugelamphoren-Kultur von Ketzin, Kreis Nauen.

RECKLINGHAUSEN *Vestisches Museum*
Altsteinzeit: Faustkeil aus Feuerstein aus norddeutschem Hochmoor.
Mittelsteinzeit: mehrere Äxte aus Hirschhorngeweih aus Vest Recklinghausen. Funde von einem Steinwerkzeug-Schlagplatz: Kernsteine, Klingen, Spitzen, Abfallstücke und Schlagstein aus Recklinghausen.
Jungsteinzeit: mehrere Beile und Äxte u. a. der Trichterbecher-Kultur und Rössener Kultur aus Vest Recklinghausen.

REGENSBURG *Museum der Stadt*
Altsteinzeit: Schaber, Faustkeil, Keilmesser (?) aus der mittelpaläolithischen Freilandstation bei Regensburg-Oberisling. Geräte und Abschläge aus der Räuberhöhle im Naabtal.
Mittelsteinzeit: Feuersteinwerkzeuge aus der mutmaßlichen Wohnanlage bei Sarching, Kreis Regensburg.
Jungsteinzeit: Keramik, Knochen- und Steingeräte aus der linienbandkeramischen Siedlung von Regensburg-Pürkelgut, der Oberlauterbacher Gruppe in Niederbayern und der Chamer Gruppe.

ROTENBURG (WÜMME) *Heimatmuseum*
Altsteinzeit: Faustkeil aus dem Acheuléen von Scheeßel. Feuersteingeräte der »Ahrensburger Kultur« aus Schwitschen.
Mittelsteinzeit: Feuersteingeräte aus Schwitschen.
Jungsteinzeit: Keramik, Steinbeile und Streitäxte der Trichterbecher-Kultur. Steinbeile und Streitäxte der Einzelgrab-Kultur. Keramik der Einzelgrab-Kultur und Glockenbecher-Kultur.

RÜSSELSHEIM *Museum der Stadt*
Altsteinzeit: schätzungsweise 100 000 Jahre alter Schaber aus Quarzit aus Rüsselsheim-Bauschheim
Mittelsteinzeit: Mikrolithen von einem mittelsteinzeitlichen Siedlungsplatz südlich von Rüsselsheim.
Jungsteinzeit: Steinwerkzeuge der Linienbandkeramischen Kultur aus dem Raum Rüsselsheim. Keramik der Michelsberger Kultur aus Flörsheim. Einzelne Becher und Axtfragment der Schnurkeramischen Kulturen von Rüsselsheim. Glockenbecher der Glockenbecher-Kultur aus Darmstadt-Roßdorf.

SALZWEDEL *Johann-Friedrich-Danneil-Museum*
Altsteinzeit: Feuersteinartefakte vom Wolfsberg in Salzwedel, aus Kleistau und Stappenbeck, beide Kreis Salzwedel.
Mittelsteinzeit: umfangreiche Feuersteinkollektion und diverse Knochenharpunen aus Kalbe an der Milde, Kreis Gardelegen.
Jungsteinzeit: Hinterlassenschaften der Alttiefstichkeramiker (Bretsch, Kreis Osterburg, Leetze und Püggen, Kreis Salzwedel), Kugelamphoren-Kultur (Thüritz, Kreis Salzwedel, Estedt, Kreis Gardelegen, Hanum, Kreis Klötze), Einzelgrab-Kultur (Riebau, Kreis Salzwedel).

SCHLESWIG *Archäologisches Landesmuseum der Christian-Albrechts-Universität*
Altsteinzeit: Schätzungsweise 500 000 Jahre alte Quarzitgeräte vom Morsumkliff auf Sylt. Mehr als 200 000 Jahre alte Feuersteingeräte bei Wittenbergen unterhalb Altona sowie etwa gleichaltrige Steingeräte bei Hamburg-Eidelstedt. Etwa 100 000 Jahre alter Faustkeil bei Kalübbe, Kreis Plön. Funde der »Hamburger Kultur«: Harpunen, Geräte aus Rengeweih und -knochen, Holzpfeile und Kunstwerke (Bernsteinscheibe mit eingeritztem Wildpferdkopf von Ahrensburg, »Poggenwischstab« aus Rengeweih).
Mittelsteinzeit: Pfeilspitzen und kleine Klingen aus Feuerstein vom Pinnberg bei Ahrensburg. Feuerstein-, Knochen- und Holzgeräte, Schäftungen für Steinbeile, Grabstock, Schaufeln, Holzlanzen, Fischreuse, Angelhaken und Paddel der Duvensee- und Oldesloer Gruppe. Geweihaxt mit Gravierung eines Tänzers aus Eckernförde.
Jungsteinzeit: Keramik und langstielige Holzspaten der Ertebölle-Ellerbek-Kultur aus dem Satruper Moor, Kreis Schleswig. Keramik, Steinäxte, Feuer-

steinbeile und Bernsteinanhänger der Trichterbecher-Kultur in Beil- oder Axtform. Gefäße und Streitäxte der Einzelgrab-Kultur. Steindolche der Dolchzeit.

SCHÖNEBECK/ELBE *Kreismuseum*

Altsteinzeit: etwa 220000 Jahre alte Feuersteinabschläge aus Biere und Barby.

Jungsteinzeit: reich verzierter Topf der Rössener Kultur. Funde aus einem Gräberfeld der Kugelamphoren-Kultur aus Barby. Verziertes Stirnband aus Knochen. Trepanierter Schädel aus Barby.

SCHWÄBISCH-HALL *Keckenburgmuseum*

Mittelsteinzeit: Steinwerkzeuge von verschiedenen Fundstellen in Baden-Württemberg.

Jungsteinzeit: Keramik, tönerne Webgewichte, Steinwerkzeuge (Schuhleistenkeile, Mahlsteine, Feuersteinklingen), Knochengeräte, Waffen (Pfeilspitzen) und Schmuck der Linienbandkeramischen Kultur und der Rössener Kultur in Baden-Württemberg.

SCHWERIN *Museum für Ur- und Frühgeschichte*

Mittelsteinzeit: Hirschschädelmaske, Lochstab, verzierte Hacke, Kern- und Scheibenbeile sowie Netzschwimmer aus Hohen Viecheln bei Wismar.

Jungsteinzeit: Tongefäße der Linienbandkeramischen Kultur (Zollchow), Trichterbecher-Kultur (Moltzow), Havelländischen Kultur (Suckow), Kugelamphoren-Kultur (Schlutow), Einzelgrab-Kultur (Tönchow, Flessenow, Zickhusen), Oderschnurkeramik (Plöwen) und Glockenbecher-Kultur (Bobzin). Äxte der Trichterbecher-Kultur, Kugelamphoren-Kultur und Einzelgrab-Kultur. Feuersteindolche, -sicheln, -pfeilspitzen, -beile und -meißel von verschiedenen Fundorten.

SCHWERTE *Ruhrtal-Museum*

Altsteinzeit: Faustkeilschaber des Endacheuléen aus Hullern. Fundgut des Micoquien und Moustérien aus der Balver Höhle. Feuersteingeräte aus dem Magdalénien aus der Höhle Hohler Stein bei Kallenhardt im Warsteiner Land.

Mittelsteinzeit: Funde aus Wennemen bei Arnsberg und aus Schwerte, vorwiegend von der Gemarkung »Im Gänsewinkel«.

Jungsteinzeit: Funde aus dem Raum Schwerte, darunter umfangreiche Sammlung steinerner Äxte und Beile.

SIEGEN *Siegerlandmuseum im Oberen Schloß*

Mittelsteinzeit: Einzelfunde von Steinbeilen und -äxten.

SIGMARINGEN *Fürstlich Hohenzollersches Museum*

Altsteinzeit: Messer und Stichel aus dem Probstfels bei Beuron, Kreis Sigmaringen.

Mittelsteinzeit: bearbeitete Hirschgeweihstücke und -knochen. Fuchs- und Eberzähne aus Inzigkofen, Kreis Sigmaringen.

Jungsteinzeit: Reste von Textilien (Stoffe), Schnüre und Matten aus Robenhausen, Kanton Zürich.

SIMMERN *Hunsrückmuseum*

Jungsteinzeit: Steinbeile, Dolche, Äxte, eine Axt aus Hirschhorn.

STADE *Schwedenspeicher-Museum*

Mittelsteinzeit: Lesefunde vom Elmer See und aus Ahlerstedt, beide Kreis Stade.

Jungsteinzeit: Feuersteindolch mit Holz-/Lederscheide aus Stade-Wiepenkathen. Goldener Armreif aus einem Flachgrab der Trichterbecher-Kultur von Himmelpforten, Kreis Stade. Hölzernes Wagenrad aus der Zeit von 2500 v.Chr. von Beckdorf, Kreis Stade.

STENDAL *Altmärkisches Museum*

Altsteinzeit: Federmesser, Gravettespitzen und Rückenmesserchen aus dem Jungpaläolithikum bei Kalbe an der Milde.

Mittelsteinzeit: feingezähnte Wurfspeerspitzen aus Knochen, Kern- und Scheibenbeile, Meißel, Kernsteine, Kratzer und Mikrolithen vom Wohnplatz Kalbe an der Milde. Geweihhacken aus Tangermünde, Kreis Stendal, und Groß Rossau, Kreis Osterburg.

Jungsteinzeit: Trichterbecher und andere Funde von der Siedlung der Trichterbecher-Kultur aus Rochau, Kreis Stendal. Verzierte Henkelkrüge, Tassen, Dose, Tonnengefäß, querschneidige Pfeilspitzen, Tierzahnschmuck, Körpergrab vom Gräberfeld der Havelländischen Kultur bei Tangermünde, Kreis Stendal. Schalen, Becher, Trommel, Bootsaxt der Schönfelder Kultur vom namengebenden Fundplatz bei Schönfeld und Klein Möringen, Kreis Stendal. Schuhleistenkeile, schiefnackige Äxte, Feuerstein- und Felsgesteinbeile bzw. -äxte als Einzelfunde aus verschiedenen Ortschaften der Altmark.

STRALSUND *Kulturhistorisches Museum*

Mittelsteinzeit: Feuersteinartefakte der Lietzow-Kultur, Knochen und Geweihhort von Drigge, Kreis Rügen.

Jungsteinzeit: Keramikhortfund von Gingst, Kreis Rügen. Zahlreiche Keramiken sowie Artefakte aus Feuerstein und Felsgestein verschiedener Kulturen. Feuersteinbeile und -dolche des Flinthorts von Tribsees, Kreis Stralsund.

STRAUBING *Gäubodenmuseum*

Jungsteinzeit: Linienbandkeramische Kultur: Hausmodelle aus Ton von der Siedlung Lärchenhaid. Funde aus dem Gräberfeld Aiterhofen-Ödmühle.

STUTTGART *Württembergisches Landesmuseum*

Altsteinzeit: Funde aus der Zeit vor etwa 400000 bis 10000 Jahren. Aurignacien: die ältesten figürlichen Darstellungen der Welt aus Mammutelfenbein, ein mehr als 30000 Jahre alter kleiner Löwenkopf aus der Vogelherdhöhle im Lonetal und Tierfiguren aus der Geißenklösterlehöhle bei Blaubeuren.

Mittelsteinzeit: Steinwerkzeuge von verschiedenen Fundorten.

Jungsteinzeit: Siedlungsfunde und Grabinventare aus dem 6.Jahrtausend bis um 2500 Jahre v.Chr. Keramik und Steingeräte aus dem linienbandkeramischen Gräberfeld vom Viesenhäuser Hof bei Stuttgart. Tongefäße der Schussenrieder Gruppe aus der Siedlung Ehrenstein im Blautal. Erster Kupferdolch und Funde von frühen Hauspferden aus Reute bei Bad Waldsee.

THALMÄSSING *Vor- und frühgeschichtliches Museum*

Altsteinzeit: Feuersteingeräte bei Reichersdorf und Hilpoltstein (Kreis Roth).

Mittelsteinzeit: Feuersteingeräte bei Aue und Schwimbach (Kreis Roth).

Jungsteinzeit: Tongefäße, Feuersteingeräte und Steinbeile des Alt-, Mittel- und Endeolithikums bei Reichersdorf und Schloßberg (Kreis Roth). Hockergrab der Schnurkeramischen Kulturen von Landersdorf (Kreis Roth).

TRIER *Landesmuseum*

Altsteinzeit: steinerne Jagdgeräte der Neanderthaler von Freilandfundstellen im Mosel- und Sauertal. Jagdbeutereste und Abfallprodukte der Steingeräteherstellung aus dem Gravettien von der Buchenlochhöhle bei Gerolstein in der Eifel. Pfeilspitzen aus Feuerstein von verschiedenen Fundstellen.

Mittelsteinzeit: Mikrolithen aus Oberkail, Mannebach und zahlreichen anderen Fundorten.

Jungsteinzeit: Linienbandkeramische Kultur: Tongefäße, Steingeräte und Mahlsteine aus Bernkastel-Kues und Maring-Noviand. Keramik und Feuersteinpfeilspitzen aus dem Steinkistengrab von Schankweiler, Kreis Bitburg. Becher-Kulturen: Keramik und Streitäxte aus Preist. Glockenbecher-Kultur: Armschutzplatten.

ÜBERLINGEN *Heimatmuseum*

Jungsteinzeit: Keramik, Steinbeile, Feuersteingeräte, Werkzeuge (Glätter, Meißel, Angelhaken, Netzsenker, Spinnwirtel) und Schmuck aus Knochen aus den Ufersiedlungen Bodman, Ludwigshafen, Maurach und Seefelden.

ULM *Ulmer Museum, Prähistorische Sammlungen*

Altsteinzeit: Sammlung Robert Wetzel aus Höhlen des Lonetales, darunter die neanderthalerzeitlichen Funde der Bocksteinschmiede und die älteste Tier/Mensch-Plastik der Welt aus Mammutelfenbein aus dem Aurignacien aus der Höhle Hohlenstein-Stadel.

Mittelsteinzeit: Funde aus Höhlen und Abris des Blau- und Lonetales. Beigaben der dreifachen Kopfbestattung aus dem Hohlenstein-Stadel.

Jungsteinzeit: Linienbandkeramische Kultur: Funde aus der Siedlung bei Ulm-Eggingen. Schussenrieder Gruppe: Funde aus dem Moordorf bei Ehrenstein im Blautal (Grabung Oscar Paret 1952). Neolithische Funde aus Höhlen des Lonetales.

UNNA *Hellwegmuseum*

Mittelsteinzeit: Mikrolithen vom Fundort Netteberge/Selm. Hirschhornhacke vom Fundort Fuestrup/Ems.

Jungsteinzeit: Steinbeile und -äxte aus Feuerstein, Grauwacke und anderem Gestein, Klingen, Dolche, Schaber, Meißel, Speer- und Pfeilspitzen, Tonschale und Mahlstein aus Unna und Umgebung.

UNTERUHLDINGEN *Freilichtmuseum der Vorzeit (»Pfahlbauten«)*

Mittelsteinzeit: Klingen, Schaber, Bohrer, Stichel und Harpuneneinsätze aus Feuerstein sowie Pfeilspitzen vom Ufer des Bodensees bei Bodman und Radolfzell.

Jungsteinzeit: Ausgrabungsfunde bei Sipplingen: Feuersteingeräte und -waffen (Klingen, Sägen, Schaber, Pfeilspitzen), Steinbeile, Steinmeißel, Schleifsteine, Streitaxt und Schmucksteine. Steinbeil- und Werkzeugfassungen, Hacken, Pfrieme, Gewandnadeln, Schmuckanhänger, Netznadeln und Spitzangeln aus Hirschgeweih. Verzierte Tonscherben und Hüttenlehmreste mit Flechtwerkabdrücken. Funde aus dem »Pfahldorf« Unteruhldingen: Klingen, Kratzer, Sägen mit teilweise erhaltener Hirschhornfassung, Bohrer, Rundschaber und Pfeilspitzen aus Feuerstein. Rechteckbeile, Nephritbeile, Jadeitbeile, Steinmeißel, Rundbeile, Arbeitshämmer und Hammeraxt. Hacken, Spitzhacken, Steinbeilfassungen, Meißel und Pfrieme aus Hirschgeweih. Getreidemahlstein. Schalen, Krüge, Henkeltassen, Hängeamphoren, Vorratsgefäße und Scherben aus Ton. Napf aus Holz. Funde aus dem »Pfahldorf« Sipplingen: Vorratsgefäße, Näpfe, Schalen, Netzsenker, Spinnwirtel, Webegewichte, verzierte Scherben aus Ton.

VERDEN (ALLER) *Heimatmuseum*

Altsteinzeit: Lehringer Funde mit der ältesten Holzlanze der Welt, Reste eines Elefantenskeletts und Abschläge.

Mittelsteinzeit: Klingen, längs- und querschneidige Pfeilspitzen, Rundschaber, Geweihäxte, spitznackige Steinbeile.

Jungsteinzeit: Tongefäße mit Tiefstich-, Schnur- und Bandverzierung. Geschliffene und durchbohrte Beile. Dolche und Sicheln.

WALSRODE *Heidemuseum*

Mittelsteinzeit: zahlreiche Steinwerkzeuge von verschiedenen Fundorten.

Jungsteinzeit: Feuersteinwerkzeuge, Spinnwirtel, Pfriem aus Horn zum Nähen von Fellen, Steinbeil.

WARSTEIN *Stadtmuseum »Haus Kupferhammer«*

Altsteinzeit: Klingen, Pfeile und Stichel aus dem Magdalénien der Birsteinhöhle. Mikrolithen, Pfeilspitzen, Messerchen etc. aus dem Hohlen Stein bei Kallenhardt.

WEIMAR *Museum für Ur- und Frühgeschichte Thüringens*

Altsteinzeit: Menschen- und Tierreste, Pflanzenabdrücke und Steingeräte aus dem Mittelpaläolithikum von Weimar-Ehringsdorf. Wildpferdreste, Steingeräte, Kunstwerke (u.a. Frauenfigürchen, Wildpferdritzungen) aus dem Magdalénien der Freilandstation Oelknitz, Kreis Jena. Jagdtierreste, Stein-, Knochen- und Geweihgeräte, Kunstwerke (u.a. Geröll mit Gravierung eines Tanzes von drei Männern) aus dem Magdalénien von der Teufelsbrücke bei Saalfeld-Obernitz, Kreis Saalfeld. Tierreste, Geräte (darunter mikrolithische Dreiecke), Kunstwerke (u.a. Fußsohlenamulett, verzierte Elfenbeinharpune, Röhre aus Rengeweih mit Tier- und abstrakten Darstellungen).

Jungsteinzeit: segmentförmiges Gießgefäß mit zwei Öffnungen und Gesichtsdarstellung aus der Linienbandkeramischen Kultur von Ichstädt, Kreis Artern. Schädel, dessen gesamte Kalotte abgeschnitten worden ist, von Nordhausen.

WERNE *Altes Amtshaus, Karl-Pollender-Stadtmuseum*

Mittelsteinzeit: Hacken, Äxte und Hammer aus Hirschgeweih aus der Lippe in Werne.

Jungsteinzeit: Steinbeil aus Stockum, Stockum-Hasenbrink, Werne, Werne-Schmintrup, Werne-Holthausen, Werne-Nonnenheide und Heil, Kreis Unna. Gelochter Schuhleistenkeil der Linienbandkeramischen Kultur aus Werne-Evenkamp. Feuersteinklinge aus dem Endneolithikum von Lüdinghausen-Elvert. Pfeilspitzen aus dem Endneolithikum oder der Frühbronzezeit aus Werne.

WIESBADEN *Museum Wiesbaden, Sammlung Nassauischer Altertümer*

Altsteinzeit: Funde aus der mittel- bis spätpaläolithischen Höhlenstation Wildscheuer bei Steeden an der Lahn, östlich von Limburg.

Jungsteinzeit: Funde aus den Großsteingräbern (Steinkammergräbern) der Wartberg-Gruppe von Niederzeuzheim, Kreis Limburg, und Niedertiefenbach, Oberlahnkreis.

WEILBURG/LAHN *Heimat- und Bergbaumuseum*

Altsteinzeit: verschiedene Werkzeuge aus Kieselschiefer, Hornstein und Feuerstein (Bohrer, Schaber, Klingen, Klingenkratzer, Stichel, Glätter, Meißel, Messer, Spitzkratzer, Knochenschaber, Nucleus und verzierte Knochen.

Jungsteinzeit: Steinbeile von verschiedenen Fundstellen. Kopien jungsteinzeitlicher Tongefäße.

WOLFENBÜTTEL *Braunschweigisches Landesmuseum*

Altsteinzeit: Funde aus dem Jägerlager von Salzgitter-Lebenstedt aus der Zeit der Neanderthaler.

Jungsteinzeit: Linienbandkeramische Kultur: Funde aus der frühestbandkeramischen Siedlung von Eitzum, Kreis Wolfenbüttel, und aus dem Gräberfeld von Wittmar. Tritoniummuschel vom Ösel (Mittelmeerimport). Walternienburg-Bernburger Kultur: Funde aus dem Kollektivgrab von Börnecke.

WOLFHAGEN *Regionalmuseum/Neues Museum im Alten Renthof*

Jungsteinzeit: »Seelenloch«-(Türloch-)Stein vom Altendorfer Steinkammergrab aus der Wartberg-Gruppe. Menhir mit Ritzzeichnungen von Istha. Kleinfunde der Linienbandkeramischen Kultur, Rössener-Kultur und Michelsberger Kultur.

WORMS *Museum der Stadt im Andreasstift*

Jungsteinzeit: Hinkelstein-Gruppe: Funde aus dem Gräberfeld von Flomborn.

WÜRZBURG *Mainfränkisches Museum*

Altsteinzeit: Einzelfunde von Steingeräten aus Unterfranken.

Jungsteinzeit: Linienbandkeramische Kultur: 29 im Wurzelbereich durchbohrte Menschenzähne aus einer Siedlungsgrube von Werneck-Zeuzleben,

Kreis Schweinfurt. Stein- und Knochengeräte sowie Keramik verschiedener jungsteinzeitlicher Kulturen aus Unterfranken. Walternienburg-Bernburger Kultur: Tontrommel von Großeibstadt.

WYK AUF FÖHR *Dr.-Carl-Häberlin-Friesen-Museum*

Mittelsteinzeit: Knochenharpune und Kernbeil der Duvensee-Gruppe von der nordfriesischen Insel Föhr.

Jungsteinzeit: Keramik, Steinbeile und Steinwerkzeuge der Trichterbecher-Kultur, Streitäxte und Schleifsteine der Einzelgrab-Kultur sowie Feuersteindolche von der Insel Föhr.

Österreich (Auswahl)

ASPARN AN DER ZAYA *Museum für Urgeschichte*

Altsteinzeit: Steingeräte von Neanderthalern aus der Gudenushöhle bei Hartenstein sowie andere Funde aus der Altsteinzeit in Niederösterreich (hauptsächlich aus Stationen der Wachau).

Mittelsteinzeit: Funde vom Bisamberg bei Wien.

Jungsteinzeit: Funde aus der Linienbandkeramischen Kultur, der Stichbandkeramischen Kultur, der Lengyel-Kultur, der Trichterbecher-Kultur, der Badener Kultur und der Glockenbecher-Kultur.

Freilichtmuseum: Rekonstruktionen in Originalgröße für Anschauungszwecke und für Experimente.

Altsteinzeit: Windschirme verschiedener Art (nach völkerkundlichen Vorbildern), Mammutjägerhütte nach dem Befund von Ostrava-Petřkovice (Mähren), Sommerzelt der Rentierjäger nach dem Befund von Ahrensburg bei Hamburg.

Jungsteinzeit: Langhaus der Linienbandkeramischen Kultur nach dem Befund von Köln-Lindenthal.

Allgemein: Repräsentative Aufstellung der urgeschichtlichen Funde Niederösterreichs im Rahmen der gesamteuropäischen Urgeschichte. Neben Originalfunden sind auch Abgüsse ausgestellt.

BERNHARDSTHAL *Heimatmuseum*

Jungsteinzeit: Klingen, Schaber, Bohrer, Pfeilspitzen, Bruchstücke von Tongefäßen der Notenkopfkeramik. Fußschüssel, großes Vorratsgefäß, zahlreiche Feuersteinabschläge, Geräte aus Knochen, geschliffene Lochbeile aus Grünstein, Webgewichte.

BREGENZ *Vorarlberger Landesmuseum*

Mittelsteinzeit: Mikrolithen aus Feuerstein aus der Krinnenbalme und Rheinbalme bei Koblach. Zwei Harpunen aus Hirschgeweih aus der Rheinbalme bei Koblach.

Jungsteinzeit: Funde aus verschiedenen jungsteinzeitlichen Kulturen aus dem Raum Koblach.

EGGENBURG *Krahuletz-Museum*

Altsteinzeit: Steinwerkzeuge von einem Lagerplatz aus dem Aurignacien von Gösing am Wagram. Artefakte aus dem Magdalénien aus der Teufelslucken bei Roggendorf.

Mittelsteinzeit: Steinwerkzeuge und -waffen vom Kirchberg bei Burgschleinitz.

Jungsteinzeit: Grabfunde (Keramiken, Steingeräte, *Spondylus*-Schmuck) der Linienbandkeramischen Kultur aus Eggenburg, Kleinmeiseldorf, Maigen und Pulkau. Bemalte Keramiken und Tonfiguren der Lengyel-Kultur aus Eggendorf, Pulkau und Kleinwetzdorf. Armschutzplatten der Glockenbecher-Kultur vom Vitusberg und der Heidenstatt.

EISENSTADT *Burgenländisches Landesmuseum*

Mittelsteinzeit: Mikrolithen aus Neusiedl/Seeäcker, Jois und am Föllik bei Großhöflein, alle im Burgenland.

Jungsteinzeit: Tongefäße der Linienbandkeramischen Kultur. Tönerne »Venus« der Linienbandkeramischen Kultur vom Taborac bei Draßburg im Burgenland. Keramik und tönerne Idolbruchstücke der Lengyel-Kultur aus Unterpullendorf im Burgenland. Keramik der Badener Kultur sowie Keramik und Armschutzplatten der Glockenbecher-Kultur aus dem Burgenland.

ENNS *Museum Lauriacum*

Jungsteinzeit: Flachbeile, Knaufhammer, Lochäxte, Bohrzapfen, Schuhleistenkeil, linienbandkeramische Queraxt, verzierte schnurkeramische Lochaxt, Pfeilspitzen aus Quarz und Hornstein, Werkstücke mit Sägespuren.

GARS *Grabungs-Dokumentation »5000 Jahre Siedlung im Garser Raum«*

Jungsteinzeit: Siedlungsfunde aus der Mödling-Zöbing/Jevišovice-Gruppe von Thunau: unverzierte Henkeltasse, Keramik-Wandbruchstücke mit Verzierung, Schöpflöffel aus Ton, Lochbeil und Lochbeil-Bruchstücke aus Grünstein, Bohrkerne, Flachbeile aus Quarzit, Serpentin und Grünstein, Steinhammer, Pfeilspitzen, Klingen und Schaber aus Hornstein.

GARS *Heimatmuseum*

Jungsteinzeit: Aufsammlungen aus Loibersdorf, Maiersch. Etzmannsdorf und Gars, bestehend aus unbemalten Keramikbruchstücken mit Griffknuben, Fragmenten von Schöpflöffeln, Spinnwirtel, Reibplatte, Klopfsteinen, Hornsteinklingen, Schaber, Pfeilspitze, zwei Lochbeilen aus Grünstein und mehreren Flachbeilen.

GRAZ *Steiermärkisches Landesmuseum Joanneum*

Altsteinzeit: Steinwerkzeuge und Höhlenbärschädel des »Alpinen Paläolithikums« aus der Drachenhöhle bei Mixnitz. Steinwerkzeuge des Jungacheuléen und des Aurignacien aus der Repolusthöhle. Steinwerkzeuge und Knochengeräte des Aurignacien aus der Großen Badlhöhle bei Peggau. Steinwerkzeuge aus dem Magdalénien der Steinbockhöhle bei Peggau. Stein- und Knochengeräte des Spätpaläolithikums aus der Zigeunerhöhle bei Gratkorn.

Jungsteinzeit: Steinwerkzeuge der Lengyel-Kultur aus Gleichenberg. Keramik vom Buchkogel bei Wildon, Tieschen und Raababerg sowie aus der Drachenhöhle. Steingerät, Idol, Rollsiegel und Spinnwirtel. Schmuck aus Kupfer und Knochen sowie Kupferbeile von verschiedenen Fundorten.

GUNTRAMSDORF *Heimatmuseum*

Jungsteinzeit: Funde der Linienbandkeramischen Kultur, Notenkopfkeramik, Lengyel-Kultur und Badener Kultur.

HERZOGENBURG *Augustiner-Chorherrenstift*

Altsteinzeit: Klingen, Schaber und Abschläge von einem etwa 30 000 Jahre alten Rastplatz jungpaläolithischer Jäger in Stollhofen.

Jungsteinzeit: Tongefäße, Werkzeuge aus Grünstein und Knochen sowie steinerne Pfeilspitzen aus der Gegend um Herzogenburg.

HOHENAU/MARCH *Heimatmuseum*

Jungsteinzeit: Werkzeuge (Flachbeile, Lochkeulen, Lochbeile, Feuersteinschaber), Gefäße (kleiner Napf, Henkeltöpfchen), Gefäßbruchstücke, Tonlöffel, aus verschiedenen jungsteinzeitlichen Kulturen vom ehemaligen Schloßberghügel von Hohenau/March.

HORN *Archiv für die Waldviertler Urgeschichtsforschung*

Altsteinzeit: Funde aus der Gudenushöhle bei Hartenstein, vom Gruebgraben bei Kammern, Fernitz, Langenlois und Galgenberg bei Horn.

Jungsteinzeit: Funde von 96 Fundstellen. Gefäße und Gefäßreste der älteren und jüngeren Linienbandkeramischen Kultur (Vornotenkopfkeramik, Notenkopfkeramik, Sarka- und Zselitzformung), der Stichbandkeramischen Kultur, der Lengyel-Kultur und der späten Jungsteinzeit (Mödling-Zöbing/Jevišovice-Gruppe, Schnurkeramische Kulturen, Furchenstichkeramik und Glockenbecher-Kultur). Bedeutendste Sammlung Niederösterreichs von Bruchstücken mensch- und tiergestaltiger Tonfiguren und Gefäßbestandteilen mit menschlichen und tierischen Motiven aus dem frühen und mittleren Neolithikum. Geschliffene und geschlagene Steinwerkzeuge aus allen Phasen der Jungsteinzeit.

HORN *Höbarth-Museum*

Altsteinzeit: mehr als 100 000 Jahre alte Steinwerkzeuge (großer Schaber, Klinge, Faustkeil). Funde aus dem Aurignacien von Horn, dem Gravettien von Kamegg und dem Spätpaläolithikum von Horn-Galgenberg.

Mittelsteinzeit: kleine Steinwerkzeuge von Kamegg, Limberg-Maissau und Burgschleinitz.

Jungsteinzeit: Tongefäße der Linienbandkeramischen Kultur von Poigen, der Stichbandkeramischen Kultur von Frauenhofen und der Lengyel-Kultur von Eggendorf am Wald. Bruchstücke von tönernen Idolen.

INNSBRUCK *Tiroler Landesmuseum Ferdinandeum*

Jungsteinzeit: Einzelfunde von meist nicht eindeutig einer bestimmten Kultur zuzuordnenden Steinwerkzeugen aus Tirol.

KLAGENFURT *Landesmuseum für Kärnten*

Altsteinzeit: Funde aus der Tropfsteinhöhle in Griffen.

Jungsteinzeit: Siedlungsfunde vom Kanzianiberg und Strappelkogel.

KLOSTERNEUBURG *Stadtmuseum*

Jungsteinzeit: Keramikbruchstücke, Feuersteingeräte und Flachbeile der Lengyel-Kultur aus Klosterneuburg. Streufunde der Lengyel-Kultur vom Kumenberg zu St. Andrä vor dem Hagenthale.

KREMS *Stadtmuseum*

Altsteinzeit: Stein- und Knochenwerkzeuge, Schmuckschnecken, Rötel, Ocker, Glättsteine aus dem Aurignacien vom Hundssteig in Krems. Werkzeuge aus dem Gravettien vom Wachtberg bei Krems. Feuerstein- und Knochenfunde aus dem Magdalénien von der Gudenushöhle bei Hartenstein.

Jungsteinzeit: Funde der Linienbandkeramischen Kultur und der Lengyel-Kultur, wie Schuhleistenkeile, Lochbeile, Flachbeile, Beile, Stichelmesser, Spinnwirtel und Tonidole, aus der Umgebung von Krems.

LANGENLOIS *Heimatmuseum*

Altsteinzeit: Zahn eines Höhlenbären von Gobelsburg-Zeiselberg mit Einkerbungen, vermutlich als Kalendarium benutzt.

Jungsteinzeit: Keramik, Steinaxt und -beile sowie Lochhämmer der Linienbandkeramischen Kultur aus Langenlois und Umgebung. Keramik der Lengyel-Kultur aus Zöbing.

LINZ *Oberösterreichisches Landesmuseum*

Altsteinzeit: Funde aus der jungpaläolithischen Freilandstation Gusen-Berglitzl, Bezirk Perg.

Mittelsteinzeit: Funde vom Werkplatz einer mesolithischen Silexindustrie von Gusen-Berglitzl, Bezirk Perg.

Jungsteinzeit: Funde aus einer ausgedehnten Siedlung und einem Gräberfeld der Linienbandkeramischen Kultur von Rutzing und Haid in der Welser Heide, Bezirk Linz-Land. Funde aus Gräbern der Lengyel-Kultur von den genannten Orten. Funde der Mondsee-Gruppe aus Schörfling, Unterach am Attersee und Weyregg.

LINZ *Stadtmuseum*

Jungsteinzeit: Steinbeil meist kleiner Form, darunter auch eines aus Granit. Vollständig erhaltenes sogenanntes Pilzgefäß.

MELK *Heimatmuseum*

Altsteinzeit: Absplisse, Klingen und Stichel aus dem Jungpaläolithikum von Aggsbach und Willendorf in der Wachau.

Jungsteinzeit: Kreuzfußschüssel, Vorratsgefäße, Steinbeile.

MÖDLING *Stadtmuseum*

Jungsteinzeit: Reste von Tongefäßen der Linienbandkeramischen Kultur aus Guntramsdorf und Mödling (In den Leinerinnen). Zahlreiche Funde der Badener Kultur vom Jennyberg bei Mödling (davon mehr als 200 Stück aus der Sammlung von Oskar Spiegel): weichprofilierte Schüsseln und Töpfe, kleine Henkelschalen, Trichterrandschüsseln, große Vorratsgefäße, großes Gefäß mit sechs trichterförmigen Filialgefäßen (sogenannter Pseudo-Kernos) aus der Boleráz-Gruppe, kleine zoomorphe Idole und Steinmühlen (Läufer und Unterlagsplatte).

MONDSEE *Österreichisches Pfahlbaumuseum und Heimatmuseum*

Jungsteinzeit: umfangreiches Fundgut von der Mondsee-Gruppe aus dem Mondsee und Attersee: Rekonstruktion eines Pfahlfeldes mit waagrechter Grundschwelle (Unterbau der Häuser), Keramik (von kleinen Näpfen bis zu großen Vorratsgefäßen), Steinbeile, Werkzeuge aus Knochen und Schmuck (durchbohrte Tierzähne, kleine Ringe aus Kalk).

RETZ *Heimatmuseum*

Jungsteinzeit: Tongefäße und Steingeräte der Linienbandkeramischen Kultur. Keramik der Trichterbecher-Kultur (Furchenstichkeramik Typus Retz-Gajary, Siedlungsfunde).

ROSENBURG-MOLD *Sammlung Engelshofen*

Altsteinzeit: einige Feuersteinartefakte – Blattspitzen, Schaber, Absplisse –, nicht genau datierbar, da Einzelfunde aus dem vorigen Jahrhundert, vor allem aus Sigmundsherberg und Missingdorf.

Jungsteinzeit: steinerne Flachbeile, Schuhleistenkeile, Lochäxte und Feuersteinklingen. Keramik vor allem der Linienbandkeramischen Kultur, der Lengyel-Kultur, Spinnwirtel und bearbeitete Knochen aus Grafenberg-Vituskapelle und Breiteneich.

SALZBURG *Museum Carolino-Augusteum*

Jungsteinzeit: Steingeräte und Keramik vom Rainberg in der Stadt Salzburg.

SANKT PÖLTEN *Diözesanmuseum*

Jungsteinzeit: Sechs Flachbeile und zwei Lochbeile von versch. Fundorten.

SANKT PÖLTEN *Stadtmuseum*

Altsteinzeit: Feuersteingeräte aus dem Aurignacien von Langmannersdorf.

Jungsteinzeit: Keramik der Linienbandkeramischen Kultur aus Hameten. Steingeräte und weibliches Tonidol der Lengyel-Kultur aus St. Pölten. Keramik der Badener Kultur aus Ossarn.

STILLFRIED/MARCH *Museum für Ur- und Frühgeschichte*

Altsteinzeit: Steinwerkzeuge von einer Steinschläger-Werkstatt aus dem Gravettien von Stillfried/March.

Jungsteinzeit: Reste von Tongefäßen der Linienbandkeramischen Kultur und der Lengyel-Kultur aus Mannersdorf und Zwerndorf. Keramik der Lengyel-Kultur aus dem Raum Stillfried/March.

STOCKERAU *Bezirksmuseum*

Jungsteinzeit: Hängebutte aus der Linienbandkeramischen Kultur. Bemalte Keramik sowie geschliffene Steinbeile zur Holz- und Feldbearbeitung aus der mittleren Jungsteinzeit. Keramik der Glockenbecher-Kultur.

TULLN *Heimatmuseum*

Altsteinzeit: Feuersteinwerkzeuge aus dem Aurignacien von der Mammutjägerstation Gösing.

Jungsteinzeit: Tongefäße der Linienbandkeramischen Kultur aus Henzing und Diendorf. Keramik der Lengyel-Kultur, Badener Kultur (Fundort: Rust) und der Glockenbecher-Kultur (Fundorte: Henzing, Wipfing, Feuersbrunn). Armschutzplatten für Bogenschützen der Glockenbecher-Kultur aus Großweikersdorf und Henzing.

VILLACH *Museum der Stadt*

Jungsteinzeit: Steinbeile, Pfeilspitzen, Schaber, Klingen, Knochengeräte, Gefäßscherben, Spinnwirtel, Tonstempel mit geometrischen Mustern, Löffel aus gebranntem Ton und Beilklinge aus Kupfer aus dem Spätneolithikum, Typus Kanzianiberg, vom Kanzianiberg südlich von Villach. Sieben kleine Schaftlochäxte aus der Übergangsphase zwischen der Jungsteinzeit und der Bronzezeit.

WELS *Stadtmuseum*

Jungsteinzeit: Steinwerkzeuge der Linienbandkeramischen Kultur aus dem Raum Wels. Steinwerkzeuge und Keramik der Münchshöfener Gruppe aus Niederperwendt. Einzelfunde der Mondsee-Gruppe aus dem Raum Wels. Modell einer jungsteinzeitlichen Siedlung in der Welser Heide.

WIEN *Historisches Museum der Stadt*

Jungsteinzeit: Gefäße aus Ton und Geräte aus Stein aus verschiedenen Siedlungen des Wiener Stadtgebietes.

WIEN *Naturhistorisches Museum, Schausammlung der Prähistorischen Abteilung*

Altsteinzeit: typologische Entwicklungsreihe des geschlagenen Steins von den Geröllgeräte-Industrien über die Faustkeil- und Handspitzen-Industrie zu den Klingen-Industrien. Sonderdarstellung: Kalksteinstatuette »Venus von Willendorf« (Wachau/Niederösterreich).

Jungsteinzeit: Keramik und Steingeräte des Früh- und Spätneolithikums von verschiedenen Fundorten. Schwerpunkte: Linienbandkeramische Kultur, Lengyel-Kultur, Epi-Lengyel-Komplex, Baalberger Kultur, Badener Kultur, Mondsee-Gruppe, Schnurkeramische Kulturen und Glockenbecher-Kultur.

WIENER NEUSTADT *Stadtmuseum*

Jungsteinzeit: Lochäxte aus Serpentin, Schöpflöffel aus grobem Ton aus Lichtenwörth.

WIESELBURG *Stefan-Denk-Sammlung der Stadtgemeinde*

Jungsteinzeit: Beile, Kratzer und Schaber aus Stein sowie tönerne Spinnwirtel aus der Umgebung von Wieselburg.

Schweiz (Auswahl)

AARAU *Aargauisches Naturmuseum*

Jungsteinzeit: menschliches Skelett aus Lenzburg. Säugetierknochen aus schweizerischen »Pfahlbauten«.

APPENZELL *Heimatmuseum*

Altsteinzeit: große Sammlung der Funde von Knochen und Steinwerkzeugen vom Wildkirchli und aus einer nahen Höhle bei Garten.

Mittelsteinzeit oder Jungsteinzeit: zwei Steinbeile aus dem Weißbachtal.

ARBON *Historisches Museum*

Jungsteinzeit: Funde aus der Seeufersiedlung Arbon.

BASEL *Museum für Völkerkunde und Schweizerisches Museum für Volkskunde*

Altsteinzeit: Darstellung der Entwicklung des Menschen und der altsteinzeitlichen Kulturstufen allgemein und in der Schweiz. Steinwerkzeuge aus dem Magdalénien verschiedener Höhlen und Freilandstationen der Schweiz. Knochennadeln und stilisierte Frauenstatuette aus Pechkohle aus dem Magdalénien vom Schweizersbild.

Mittelsteinzeit: Darstellung der Mittelsteinzeit allgemein und in der Schweiz. Zum Beispiel Feuersteinwerkzeuge von der Fundstelle Birsmatten-Basisgrotte, Kanton Bern, Harpune von der Halbhöhle beim Wachtfelsen bei Grellingen, Kanton Bern.

Jungsteinzeit: Darstellung der Grundlagen der neuen Wirtschaftsform der Jungsteinzeit und der vielfältigen Kulturerscheinungen in der Schweiz. Steinwerkzeuge und -waffen, Holzgeräte, Keramik, Schmuck und Stoffreste der Egolzwiler Kultur, Cortaillod-Kultur, Pfyner Kultur, Horgener Kultur, Saône-Rhone-Kultur und Glockenbecher-Kultur aus verschiedenen Siedlungen und Gräbern der Schweiz.

BERN *Historisches Museum*

Altsteinzeit: Höhlenfunde aus dem Mittelpaläolithikum aus dem Simmental, Berner Oberland, Kanton Bern: Schnurenloch, Gemeinde Oberwil im Simmental, und Chilchli, Gemeinde Erlenbach im Simmental: wenige atypische Geräte aus Quarzit aus der Zeit des Neanderthalers vor rund 50000 Jahren

sowie Höhlenbärenknochen. Reiches Inventar von Feuersteingeräten sowie Rentierknochen aus dem Jungpaläolithikum von der Freilandstation Moosbühl, Gemeinde Moosseedorf, Kanton Bern, 10. bis 9. Jahrtausend v. Chr.

Mittelsteinzeit: Birsmatten-Basisgrotte, Gemeinde Nenzlingen, Kanton Bern: Halbhöhle mit Kulturschichten aus der beginnenden Nacheiszeit, reiches Inventar von Feuersteingeräten, darunter Mikrolithen, Tierknochenfunde vor allem von Waldtieren (Wildschwein, Rothirsch, Biber, Reh, Dachs, Wildkatze, Bär, Wolf und Wildrind).

Jungsteinzeit: Funde aus Seeufersiedlungen am Burgäschisee, Gemeinde Seeberg, Kanton Bern, und Gemeinde Aeschi, Kanton Solothurn, sowie am Bieler See, Gemeinden Twann, Sutz-Lattrigen, Lüscherz und Vinzelz: Siedlungen und Geräteinventare der ersten Bauernbevölkerung in der Schweiz: Keramik, Geräte aus Felsgestein (Steinbeile, Handmühlen), Feuerstein, Holz, Knochen und Geweih, Gewebe und Geflechte, Knochen von Haustieren (Rind, Schwein, Schaf, Ziege und Hund), Getreidereste (Weizen, Gerste).

BIEL *Museum Schwab*

Jungsteinzeit: Funde aus Seeufersiedlungen am Bieler See, Murtensee und Neuenburger See, Kanton Luzern, wie Steinbeile, Feuersteindolche, Handmühle von Gerolfingen, Glas- und Bernsteinperlen, Geflechte und Gewebe von Robenhausen, Keramik von Port und Twann, Schleudersteine von Nidau, Brotfragmente.

CHUR *Rätisches Museum*

Mittelsteinzeit: Mikrolithen von Mesocco-Tec nev.

Jungsteinzeit: Keramik aus Siedlungen von Castaneda, Mesocco-Tec nev, Tamins/Crestis, Cazis/Petrushügel und Chur/Welschdörfli.

FRAUENFELD *Thurgauisches Museum*

Jungsteinzeit: Funde von Eschenz/Insel Werd, Gachnang/Niederwil und von der Patenstation der Pfyner Kultur, Pfyn/Breitenloo.

FREIBURG *Museum für Kunst und Geschichte*

Altsteinzeit: Funde aus dem Alt-, Mittel- und Jungpaläolithikum: Sammlungen von Henri Breuil und Hugo Obermaier, Faustkeile und Geräte, Faksimile von Gravuren und Plastiken.

Mittelsteinzeit: Funde von Joressant, Gemeinde Haut-Vully.

Jungsteinzeit: Funde aus den Ufersiedlungen am Murtensee und Neuenburger See. Keramik, Stein-, Knochen- und Holzgeräte, Schmuck und Importware.

GENF *Musée d'art et d'histoire*

Altsteinzeit: endpaläolithische Funde aus den Stationen von Veyrier. Funde aus der Gegend von Schaffhausen (Kesslerloch, Schweizersbild). Funde aus dem Moustérien, Aurignacien, Solutréen und Magdalénien aus Frankreich (unter anderem Grotte du Placard).

Jungsteinzeit: endneolithisch-frühbronzezeitliche Funde aus Dolmen des Aveyron (Frankreich). Funde aus Seeufersiedlungen des Genfer Sees, besonders Eaux-Vives, Genf.

LAUFENTAL *Laufentaler Museum*

Altsteinzeit: Funde aus dem Magdalénien (Kohlerhöhle) und Spätpaläolithikum (Abri Wachtfels).

Mittelsteinzeit: Funde aus der Basisgrotte von Birsmatten und dem Abri Wachtfels. Rekonstruierte Bestattung aus der Basisgrotte von Birsmatten.

LAUSANNE *Musée cantonal d'archéologie*

Altsteinzeit: Stein- und Knochenindustrie aus den Abris von Baulmes und Ogens, Kanton Waadt, und vom Abri du Mollendruz.

Jungsteinzeit: Funde aus dem Abri du Vallon des Vaux, aus Gräberfeldern vom Typ Chamblandes sowie aus Seeufersiedlungen am Neuenburger See, Murtensee und Genfer See.

LENZBURG *Museum Burghalde*

Altsteinzeit: Steingeräte aus dem Magdalénien von Olten und Schaffhausen.

Mittelsteinzeit: Feuersteingeräte von verschiedenen Fundorten der Region Lenzburg/Seetal.

Jungsteinzeit: Tongefäße, Werkzeuge und Waffen aus Stein, Knochen und Geweih sowie Kupferwerkzeuge und Holzgeräte aus Seeufersiedlungen der Cortaillod-Kultur und Pfyner Kultur am Hallwiler See und Baldegger See. Teil einer Großgrabanlage mit neun Kinderbestattungen in Hockerstellung aus dem Gräberfeld der Cortaillod-Kultur am Goffersberg bei Lenzburg. Funde aus dem Gräberfeld »Zigiholz« der Schnurkeramischen Kulturen bei Sarmenstorf.

LIESTAL: *Kantonsmuseum Baselland*

Altsteinzeit: Faustkeil von Pratteln, ältester bisher in der Schweiz gefundener Zeuge menschlicher Anwesenheit.

Mittelsteinzeit: wenige Einzelfunde (Mikrolithen).

Jungsteinzeit: wenige Einzelfunde, ein Grabinventar.

LUZERN *Natur-Museum, Archäologische Abteilung*

Mittelsteinzeit: Artefakte aus verschiedenen mesolithischen Fundstellen des Wauwiler Mooses.

Jungsteinzeit: Artefakte aus dem Wauwiler Moos, vor allem der Siedlungen Egolzwil 2, 3, 4 und 5, sowie Keramik und Holzgeräte.

MEILEN *Ortsmuseum*

Jungsteinzeit: Steinbeilklingen und Hirschhornfassungen der Pfyner Kultur. Steinbeilklingen aus Serpentin, Spitzhacken, Feuersteinklingen und -pfeilspitzen, Geräte aus Hirschknochen und -geweih, Reste von Kochgefäßen der Schnurkeramischen Kulturen, ein Topf der Horgener Kultur.

MURTEN *Historisches Museum*

Jungsteinzeit: Keramik, Stein- und Knochengeräte, Schmuck und Kupferdolche aus den Stationen Grengmühle, Grenginsel, Merlach, Murten, Muntelier/Dorf, Muntelier/Steinberg, alle von der Uferzone des Murtensees, Kanton Freiburg.

NEUENBURG *Musée cantonal d'archéologie*

Altsteinzeit: Funde aus dem Moustérien aus der Höhle von Cotencher wie Steinwerkzeuge und Zähne eines Neanderthalers. Skelettreste eines Crô-Magnon-Menschen aus der Höhle von Bichon bei La Chaux-de-Fonds. Funde aus dem Magdalénien aus der Ufersiedlung von Champréveyres am Neuenburger See.

Mittelsteinzeit: Funde aus der Höhle Col-des-Roches bei Locle.

Jungsteinzeit: reiche Funde aus den Seeufersiedlungen Auvernier und Cortaillod am Neuenburger See.

OLTEN *Historisches Museum, Archäologische Sammlung des Kantons Solothurn*

Altsteinzeit: Oensingen-Rislisberghöhle: Magdalénieninventar, Ritzzeichnung eines Steinbocks. Olten, Trimbach und Winznau: Inventare von jungpaläolithischen Höhlen-, Abri- und Freilandsiedlungen.

Jungsteinzeit: rekonstruiertes Steinkistengrab von Däniken-Studenweid. Großer, bearbeiteter Bergkristall aus Starrkirch-Wil. Sehr viele Inventare aus kleineren Siedlungen.

SANKT GALLEN *Historisches Museum und Kirchhoferhaus*

Altsteinzeit: Knochen und Steinwerkzeuge aus dem Wildkirchli, Wildenmannlisloch am Selun, Gemeinde Alt St. Johann, und Drachenloch bei Vättis, Gemeinde Pfäfers.

SCHAFFHAUSEN *Museum zu Allerheiligen*

Altsteinzeit: Reste von Tieren der letzten Eiszeit. Feuerstein-, Knochen- und Rentiergeweihgeräte sowie Schmuck und Kleinkunst aus verschiedenen Rentierjägerstationen wie Thayngen-Kesslerloch, Schaffhausen-Schweizersbild, Schaffhausen-Rosenberghalde (Freudental), Thayngen-Untere Bsetzi, Thayngen-Vorder Eichen. Diorama der Station Kesslerloch.

Jungsteinzeit: Funde aus Siedlungen der Großgartacher Gruppe (Gächlingen-Niederwiesen), der Rössener Kultur (Wilchingen-Flüehalde), der Lutzengüetle-Kultur (Schaffhausen-Grüthalde), der Pfyner Kultur (Wilchingen-Flüehalde und als wichtiger Fundort Thayngen-Weier mit zahlreicher Keramik, Steingeräten und sehr gut erhaltenen Objekten aus Holz), der Horgener Kultur (Wilchingen-Flüehalde) und der Schnurkeramischen Kulturen (Bargen-Wootel). Rekonstruktion eines Wohnhauses aus der Siedlung Thayngen-Weier. Gräber aus Schaffhausen-Dachsenbühl, Schaffhausen-Schweizersbild, Thayngen-Untere Bsetzi, Thayngen-Vorder Eichen mit Beigaben von Röhrenperlen.

SCHÖNENWERD *Museum Bally-Prior*

Altsteinzeit: Feuersteinartefakte aus der Magdalénienstation Käsloch bei Winznau (Funde der Grabungen aus dem Jahre 1905 von Eduard Bally-Prior jun., Alexander Furrer und Jakob Heierli).

SCHÖTZ *Wiggertaler Museum*

Altsteinzeit: Klingenmaterial von Rentierjägern aus dem Magdalénien aus dem Jura.

Mittelsteinzeit: Klingenmaterial von etwa 30 Siedlungsplätzen des Wauwiler Mooses, Kanton Luzern, sowie Knochenharpune mit zwei Widerhaken.

Jungsteinzeit: Artefakte aus Felsgestein (Steinbeile und -meißel), Klingenmaterial aus Feuerstein, Geräte aus Knochen und Hirschgeweih sowie Keramik.

SITTEN *Kantonales Museum für Archäologie*

Jungsteinzeit: Keramik, Steinwerkzeuge und Waffen der Cortaillod-Kultur von verschiedenen Fundorten des Wallis. Keramik, Schmuck und anthropomorphe Stele der Saône-Rhone-Kultur von Sitten-Petit-Chasseur I. Anthropomorphe Stelen der Glockenbecher-Kultur von Sitten-Petit-Chasseur.

THUN *Historisches Museum*

Jungsteinzeit: Funde aus der Station Marktgasse Thun sowie Streufunde aus der Thuner Gegend.

TWANN *Pfahlbaumuseum Dr. Carl Irlet.*

Jungsteinzeit: Hunderte von Funden aller Art aus dem Neolithikum am Bieler See.

VÄTTIS *Museum Vättis, Drachenloch-Sammlung*

Altsteinzeit: Funde des Lehrers Theophil Nigg aus dem Drachenloch wie angebliche Jagdbeutereste, mutmaßliche Knochen- und Steinwerkzeuge sowie umstrittene Schädeldepots von Höhlenbären. Die Ausstellung wurde durch den Sohn von Theophil Nigg, den Professor und Ehrenbürger von Vättis Toni Nigg, gestaltet.

ZOFINGEN *Museum*

Altsteinzeit: Menschenzähne.

Mittelsteinzeit: Mikrolithen aus dem Wauwiler Moos und Hirschhornharpune.

Jungsteinzeit: Getreidemühle mit Reibstein, Keramikfragmente, Werkzeuge für Fischfang, Jagd, Ackerbau, Spinnwirtel, Steinbeile.

ZUG *Kantonales Museum für Urgeschichte (inkl. vorgeschichtliche Kollektion im Museum in der Burg)*

Altsteinzeit: mehrere Kleinkunstwerke mit Tierdarstellungen aus dem Magdalénien, darunter ein menschliches Stirnbein mit Ritzfigur eines geweihtragenden Tieres (Rentier oder Hirsch?).

Mittelsteinzeit: reiche Funde aus Siedlungsplätzen am ehemaligen Nordufer des Zuger Sees.

Jungsteinzeit: Umfangreiches Fundmaterial – vor allem der Horgener Kultur – aus zahlreichen Ufersiedlungen am unteren Zuger See.

ZÜRICH *Schweizerisches Landesmuseum*

Altsteinzeit: Faustkeil von Schlieren, Kanton Zürich. Lochstab aus Rentiergeweih mit Ritzzeichnung zweier sich folgender Wildpferde aus dem Magdalénien der Halbhöhle Schweizersbild bei Schaffhausen. Ritzzeichnung eines Steinbocks aus dem Magdalénien von der Rislisberghöhle bei Oensingen, Kanton Solothurn.

Mittelsteinzeit: Feuersteingeräte aus dem Hirschjägerlager Schötz 7 im Wauwiler Moos, Kanton Luzern. Harpunen aus der Höhle Liesberg Müli, Kanton Bern.

Jungsteinzeit: reiche Funde von verschiedenen jungsteinzeitlichen Kulturen, vor allem vom Wauwiler Moos und am Zürichsee, wie Keramik, Werkzeuge, Waffen, Textilien und Mahlzeitreste. Häuptlingsgrab von Lenzburg, Kanton Aargau.

Liechtenstein

VADUZ *Liechtensteinisches Landesmuseum*

Jungsteinzeit: Funde der Rössener Kultur vom Gutenberg bei Balzers. Keramik der Lutzengüetle-Kultur vom Lutzengüetle auf dem Eschnerberg, Gemeinde Gamprin. Geräte der Pfyner Kultur aus Feuerstein, Serpentin und Knochen sowie Keramikfragmente der Pfyner Kultur vom Lutzengüetle. Geräte der Horgener Kultur aus Stein, Knochen und Hirschgeweih vom Lutzengüetle und vom Borscht auf dem Eschnerberg. Ein Scherben der Horgener Kultur mit Ritzverzierung (vielleicht Sonnensymbol) vom Lutzengüetle.

Anmerkungen

DIE URGESCHICHTE

1] Die Beschäftigung mit den Funden der frühen Vergangenheit wurde im 19. Jahrhundert zunächst als Altertumskunde bezeichnet. Diesen Begriff verwendete man 1856 im »Leitfaden der nordischen Altertumskunde«. Ab Mitte des 19. Jahrhunderts bürgerte sich statt des Namens Altertumskunde die Bezeichnung prähistorische Archäologie und als deren Kurzform der Ausdruck Prähistorie ein. Ersterer Begriff fand 1866 mit der Gründung des »Internationalen Kongresses für Anthropologie und prähistorische Archäologie« weiteste Verbreitung. In Deutschland benutzte man damals außerdem häufig den Namen Vorgeschichte, obwohl auch die Bezeichnung Urgeschichte bekannt war. So wurde beispielsweise 1869 die Deutsche Gesellschaft für Anthropologie, Ethnologie und Urgeschichte gegründet.

2] Christian Jürgensen Thomsen, Sohn eines wohlhabenden Schiffsreeders, war ursprünglich Kaufmann, 1816 wurde er Sekretär der Kommission für die Aufbewahrung der Altertümer und eigentlicher Leiter des Museums, 1838 Inspektor der Königlichen Münzsammlung, 1842 Direktor der letzteren und 1849 Direktor des »Altnordischen Museums« in Kopenhagen.

3] Unabhängig von Thomsen (s. Anm. 2) nahmen zur gleichen Zeit auch der Schweriner Archivar und Leiter der Großherzoglichen Sammlung in Schwerin, Friedrich Lisch (1801–1883), sowie der Gymnasialprofessor und Rektor Johann Friedrich Danneil (1783–1869) aus Salzwedel die Einteilung Steinzeit, Bronzezeit und Eisenzeit vor. Hauptgegner dieses Dreiperiodensystems war der Mainzer Prähistoriker Ludwig Lindenschmit (1809 bis 1893).

DIE STEINZEIT

1] lateinisch: ars = Kunst, facere = machen. Unter einem Artefakt versteht man einen Gegenstand, der seine Form durch menschliche Einwirkungen erhielt. Neben Werkzeugen und Waffen aus Stein, Knochen, Elfenbein und Holz sind damit auch die bei der Herstellung entstandenen Abfallprodukte gemeint.

2] Das Eiszeitalter oder Pleistozän (vor etwa 2,5 Millionen bis 10 000 Jahren) ist der ältere und längere Abschnitt des Quartär. Der Begriff Quartär wurde 1829 von dem französischen Geologen und Historiker Jules Pierre Stanislas Desnoyers (1800–1887) als vierte und letzte Abteilung in einer heute nicht mehr gebräuchlichen Gliederung der Erdgeschichte verwendet. Er sprach von Primär, Sekundär, Tertiär und Quartär. Die Namen Primär und Sekundär sind heute überholt. Der jüngere und kürzere Abschnitt des Quartär wird Nacheiszeit oder Holozän (vor etwa 10 000 Jahren bis heute) genannt.

3] Der Begriff Matuyama-Epoche erinnert an den japanischen Geophysiker Yosiharu Matuyama (1884–1950), der 1929 nachwies, daß sich die Magnetisierung altquartärer Laven von der jüngerer Laven in Japan und der Mandschurei unterscheidet. Er hat eine paläomagnetische Zeitskala entwickelt. Die Matuyama-Epoche begann vor etwa 2,4 Millionen Jahren und endete vor etwa 700 000 Jahren. Das Ende der Matuyama-Epoche wird durch die Matuyama/Brunhes-Grenze markiert, an die sich die Brunhes-Epoche (vor etwa 700 000 Jahren bis heute) mit normaler Polarität anschloß. Der Begriff Brunhes-Epoche erinnert an den französischen Geophysiker Bernard Brunhes (1867–1910), der 1906 als erster nachwies, daß einige Lavaströme im französischen Zentralplateau entgegengesetzt zum heutigen Magnetfeld magnetisiert sind.
Im Laufe der Erdgeschichte hatte sich das Magnetfeld der Erde mehrfach geändert. Jedes dieser Ereignisse erfolgte weltweit und für geologische Verhältnisse nahezu schlagartig innerhalb weniger tausend Jahre. Daher konnte man eine auf der Polumkehr fußende Zeitskala aufstellen.
Das Magnetfeld der Erde ist mit dem eines Stabmagneten vergleichbar, wobei die magnetischen Feldlinien nahe den Polen vertikal und am Äquator horizontal ausgerichtet sind. Bei der Bildung von Gesteinen regeln sich die magnetischen Minerale parallel zu diesen Feldlinien ein und »konservieren« somit die Richtung des Magnetfeldes zum Zeitpunkt der Gesteinsbildung.

Aus diesem Grunde liefert beispielsweise die Schicht, in der die Matuyama/Brunhes-Grenze nachweisbar ist, einen wichtigen Anhaltspunkt für die Datierung urgeschichtlicher Funde aus der Altsteinzeit. Objekte aus Schichten unterhalb der Matuyama/Brunhes-Grenze sind – nach der Kalium/Argon-Datierung – mehr als 700 000 Kalium-Argon-Jahre alt, solche darüber weniger.

4] Manche Autoren hielten die Überschwemmungen in der ausgehenden Steinzeit im Orient für die biblische Sintflut. Archäologische Beweise für die Sintflut glaubte 1929 der englische Prähistoriker Charles Leonard Woolley (1880–1960) bei Ausgrabungen in Ur (Mesopotamien) entdeckt zu haben. Er deutete eine dicke Schicht von Sandablagerungen als Hinterlassenschaften der Sintflut und datierte sie ins 4. Jahrtausend v. Chr.

5] griechisch: megas = groß, lithos = Stein.

DIE ALTSTEINZEIT (Paläolithikum)

1] John Lubbock wurde 1834 in London geboren. Als junger Mann trat er in das Bankgeschäft seines Vaters ein und übernahm dieses 1865 nach dessen Tod. 1870 wurde er liberales Parlamentsmitglied für Maidstone und 1880 parlamentarischer Vertreter der Universität London. Ab 1899 hieß er Lord Avebury. 1900 berief man ihn ins Oberhaus. Lubbock machte sich um die Erhaltung britischer Altertümer und um das Erziehungswesen verdient. Er nahm biologische, zoologische und botanische Untersuchungen vor. Er starb 1913.

2] Der Begriff Eiszeit wurde 1837 von dem Tübinger Doktor der Philosophie Karl Friedrich Schimper (1803–1867) erstmals verwendet.

3] Der Name Pleistozän beruht darauf, daß von diesem Zeitabschnitt ab fast alle Mollusken den heutigen entsprachen (griechisch: pleiston = am meisten, kainos – latinisiert caenus – = neu). Der Ausdruck Pleistozän wurde 1839 von dem englischen Geologen Charles Lyell (1797–1875) aus London eingeführt.

4] Die Art *Australopithecus afarensis* wurde 1978 von Donald C. Johanson, damals Cleveland, Ohio, Tim D. White, Berkeley, Kalifornien, und Yves Coppens, Paris, beschrieben.

5] Die Art *Australopithecus africanus* wurde 1925 durch den südafrikanischen Anatomen Raymond Dart (1893–1988) beschrieben.

6] Der kenianische Paläontologe Louis S. B. Leakey (1903–1972) prägte 1958 die Bezeichnung *Zinjanthropus boisei*. Sie erinnert an den arabischen Namen Zinj für Ostafrika im Altertum und an den holländischen Arzt Charles Boise, der die Forschungsarbeiten in Olduvai finanziell unterstützte. Heute wird die Art *boisei* meist der Gattung *Australopithecus* zugerechnet.

7] Die Bezeichnung *Australopithecus robustus* wurde 1954 durch den englischen Anthropologen Kenneth Page Oakley eingeführt.

8] Die Art *Homo habilis* wurde 1964 von Louis S. B. Leakey (s. Anm. 7), dem Anatomen Phillip Tobias aus Johannesburg (Südafrika) und dem englischen Primatologen John Russel Napier (1917–1987) beschrieben.

9] Die Artbezeichnung *Homo erectus* geht auf den holländischen Militärarzt Eugène Dubois (1858–1940) zurück, der 1894 den Begriff *Pithecanthropus erectus* geprägt hatte. Dubois wirkte ab 1899 als außerordentlicher und von 1907 bis 1928 als ordentlicher Professor für Geologie, Mineralogie und Paläontologie in Amsterdam.

10] Den Begriff *Homo sapiens* hat 1758 der schwedische Naturforscher Carl von Linné (1707–1778) vorgeschlagen.

11] Bei Barnfield nahe Swanscombe wurden im Juni 1935 und im März 1936 durch den Londoner Zahnarzt Alvan T. Marston (1889–1971) zwei Scheitelbeine entdeckt. 1955 kam dort ein Hinterhauptsbein zum Vorschein (Entdecker: der Student John Wymer aus Mortimer bei Reading und der Lehrer Andrian Gibson aus Bishop's Storford). Diese Funde wurden *Homo sapiens protosapiens* genannt.

12] In der Lazaret-Höhle bei Nizza wurden im Oktober 1953 (Lazaret 1), 1958 (Lazaret 2) und im Mai 1964 (Lazaret 3) menschliche Skelettreste entdeckt. Ihr Entdecker ist der französische Commandant und Amateur-Archäologe François Charles Ernest Octobon (1881–1969) aus Menton.

13] In Fontéchevade wurden 1902–1910 von Marie Louis Durousseau-Dugontier (1878–1956) aus Montbron, 1933 von dem Archäologen Pierre David (1903–1963) aus Angoulême und 1947 von der Amateur-Archäologin Germaine Henri-Martin (1902–1975) aus Paris Skelettreste von sechs Menschen entdeckt: Fontéchevade 1 (linkes Scheitelbein), Fontéchevade 2 (Unterkiefer und Zähne eines Kindes), Fontéchevade 3 (rechte Speiche), Fontéchevade 4 (weibliches Stirnbein), Fontéchevade 5 (Stirnbein, rechtes und linkes Scheitelbein), Fontéchevade 6 (rechtes Scheitelbein).

14] In Montmaurin wurden 1949–1953 Skelettreste von vier Menschen entdeckt: Montmaurin 1 (Unterkiefer, Wirbel, Zähne), Montmaurin 2 (Zähne), Montmaurin 3 (Unterkiefer eines Kindes), Montmaurin 4 (Oberkiefer), Entdecker: der Prähistoriker Louis Méroc (1904–1970) aus Toulouse.

15] Der Begriff *Homo sapiens praesapiens* geht auf den damals in Jena wirkenden Anthropologen Gerhard Heberer (1901–1973) zurück, der 1944 den Begriff Praesapiens-Stufe verwendete.

16] Der Name *Homo steinheimensis* wurde 1936 von dem Stuttgarter Paläontologen Fritz Berckhemer (1890–1954) eingeführt. Später wurde daraus die Bezeichnung *Homo sapiens steinheimensis*.

17] Der Begriff Anteneanderthaler bzw. *Homo sapiens anteneanderthalensis* geht auf die französische Anthropologin Marie-Antoinette de Lumley zurück, die 1970 den Ausdruck Anténéandertalien verwendete.

18] Die Unterartbezeichnung *Homo sapiens neanderthalensis* geht auf den englischen Geologen William King (1809–1866) aus Galway zurück, der 1864 den berühmten Fund aus dem Neandertal (damalige Schreibweise »Neanderthal«) *Homo neanderthalensis* nannte. Aus diesem Grunde werden die Begriffe *Homo sapiens neanderthalensis* und Neanderthaler mit »h« geschrieben. Entsprechendes gilt auch für die Namen Anteneanderthaler und Präneanderthaler.

19] Der Begriff *Homo sapiens sapiens* geht auf 1759 von Carl von Linné (s. Anm. 10) zurück.

20] In populären und wissenschaftlichen Veröffentlichungen werden diese altsteinzeitlichen Frauenfiguren zuweilen unzutreffend als »Venusfiguren« oder als »Venus« bezeichnet. Dies ist auf den ursprünglich mehr ironisch gemeinten Namen »Venus von Brassempuy« für die 1892 und 1894 in Frankreich entdeckten Reste einer aus Elfenbein geschnitzten Figur zurückzuführen. Da der Name der römischen Göttin Venus dabei nur eine Metapher für Eros und Sexualität ist, verwenden manche Autoren heute Anführungszeichen oder sprechen von der »sogenannten Venus«, andere verzichten inzwischen ganz auf den Ausdruck »Venusfigur« oder »Venus«.

Die Altsteinzeit in Deutschland

1] Die Angaben über die Zeitdauer der Stufen der Altsteinzeit stammen überwiegend von dem Marburger Prähistoriker Lutz Fiedler sowie teilweise von den Prähistorikern Gerd Albrecht aus Tübingen und Klaus Bokelmann aus Schleswig.

Die Geröllgeräte-Industrien

1] Im Gegensatz dazu konnte sich der 1936 von dem Paläontologen Louis S. B. Leakey (1903–1972) vorgeschlagene Begriff Oldoway-Culture nicht behaupten.

2] Die Klimaverschlechterung der Prätegelen-Kaltzeit wurde 1950 von den holländischen Wissenschaftlern Isaac Martinus van der Vlerk (1892 bis 1974) aus Leiden und Frans Florschütz (1887–1965) aus Utrecht nachgewiesen.

3] Die Biber-Eiszeiten wurden 1956 von Ingo Schaefer vom Geographischen Institut der Universität Regensburg beschrieben.

4] Der Begriff Tegelen-Warmzeit wurde 1905 von dem holländischen Professor für Geologie, Mineralogie und Paläontologie Eugène Dubois (1858 bis 1940) aus Amsterdam eingeführt.

5] Die Eburon-Kaltzeit wurde 1957 von dem holländischen Geologen Waldo H. Zagwijn vom Rijksgeologischen Dienst in Haarlem nachgewiesen.

6] Geologische Spuren der Donau-Eiszeiten wurden 1930 von dem katholischen Geistlichen Bartholomäus Eberl (1883–1960) aus Obergünzburg entdeckt.

7] Die Waal-Warmzeit wurde 1957 von dem bereits erwähnten holländischen Geologen Waldo H. Zagwijn (s. Anm. 5) beschrieben.

8] Die Menap-Kaltzeit wurde 1957 von Waldo H. Zagwijn im holländischen Rhein-Mündungsgebiet erkannt.

Das Protoacheuléen

1] Der Name Acheuléen wurde 1869 von dem Prähistoriker Gabriel de Mortillet (1821–1898) aus Saint-Germain bei Paris eingeführt.

2] Der Bavel-Komplex bzw. das Bavelien wurde 1983 von dem Geologen Waldo H. Zagwijn und dem Palynologen Jan de Jong, beide beim Rijksgeologischen Dienst in Haarlem tätig, beschrieben.

3] Der Begriff Cromer-Komplex erinnert an die charakteristische Cromer-Forest-Bed-Abfolge bei Cromer in Norfolk (England), die 1882 von dem englischen Geologen Clement Reid (1853–1916) beschrieben wurde.

4] Die Mosbacher Sande sind nach dem kleinen Ort Mosbach benannt, in dessen Bereich schon 1845 erste eiszeitliche Großsäugerreste entdeckt wurden. Mosbach wurde später in Wiesbaden eingemeindet.

5] Die Mauerer Sande sind nach dem Fundort Mauer bei Heidelberg bezeichnet.

6] In Winningen an der Mosel wurden 1979 ein Chopper aus Quarzit und 1980 zwei Chopper entdeckt. Entdecker der beiden letzteren war der damalige Marburger Archäologiestudent Axel von Berg.

7] In Weiler bei Bingen hat der Winzer und Heimatforscher Heinrich Bell (1907–1986) aus Weiler seit 1948 Steinwerkzeuge gesammelt. Nach dem Vorbild von Bell trug später auch der Maurermeister und Heimatforscher Kurt Hochgesand aus Waldalgesheim altsteinzeitliche Artefakte zusammen.

8] 1918 entdeckte der Heimatforscher Franz Kilian (1875–1938), Besitzer der Löwenzeiler Mühle und zeitweise Buchhändler in Bad Kreuznach, in der Sandgrube Faust im Lindengrund von Heddesheim einen altsteinzeitlichen Lagerplatz, der von dem Lehrer und späteren Museumsdirektor Karl Geib (1885–1951) aus Bad Kreuznach ausgegraben und beschrieben wurde.

Das Altacheuléen

1] Die Günz-Eiszeit wurde 1909 von dem Berliner Geographen Albrecht Penck (1858–1945) und dem damals in Wien wirkenden deutschen Geographen Eduard Brückner (1862–1927) beschrieben.

2] Der Begriff Haslach-Eiszeit wurde 1981 von den Geologen Albert Schreiner aus Freiburg und Rudolf Ebel aus Arnach vorgeschlagen.

3] Der Name Elster-Eiszeit wurde 1909 von dem Berliner Geologen Konrad Keilhack (1858–1944) geprägt.

4] Der Ausdruck Mindel-Eiszeit wurde 1909 von Albrecht Penck (s. Anm. 1) und Eduard Brückner vorgeschlagen.

5] In Schwalmtal-Rainrod hat der Kaufmann und Amateur-Archäologe Hermann Schlemmer aus Alsfeld seit 1975 Steinwerkzeuge zusammengetragen.

6] Die Fundstelle Oberaula-Hausen wurde 1940 erstmals von dem Lehrer und Heimatforscher Adolf Luttrop (1896–1984) aus Steina aufgesucht und von ihm wiederholt bis Ende der sechziger Jahre abgesammelt.

7] Die Fundstelle »Reutersruh« bei Schwalmtal-Ziegenhain am Rand des Schwalmtales wurde 1958 durch Adolf Luttrop (s. Anm. 6) entdeckt. Ihm waren im Auffüllmaterial für einen Weg vor seinem Haus einige Artefakte aufgefallen, die aus einer Sandgrube von der »Reutersruh« stammten. Er machte die Fundstelle ausfindig und sammelte dort Steinwerkzeuge. 1952 nahm der Marburger Prähistoriker Otto Uenze (1905–1962) an der »Reutersruh« eine Grabung vor. 1966 wurde der Fundplatz durch das Institut für Ur- und Frühgeschichte der Universität Köln untersucht.

Das Jungacheuléen

1] Den Begriff Holstein-Warmzeit hat 1922 der Berliner Geograph Albrecht Penck (1858–1945) vorgeschlagen.

2] Der Name Saale-Eiszeit wurde 1909 von dem Berliner Geologen Konrad Keilhack (1858–1944) eingeführt.

3] Der Begriff Hoogeven-Warmzeit wurde 1973 von dem holländischen Geologen Waldo H. Zagwijn aus Haarlem geprägt.

4] Die Wacken-Warmzeit erhielt ihre Bezeichnung 1968 durch den Kieler Geologen Burchard Menke. Sie ist nach dem Fundort Wacken in Holstein benannt.

5] Der Begriff Dömnitz-Warmzeit wurde 1964 auf der 12. Tagung der Deutschen Quartärvereinigung in Lüneburg durch den Geologen Klaus Erd aus Berlin eingeführt. Publiziert wurde der Beitrag dann als Kurzreferat des Fachvortrages ein Jahr später. Die Dömnitz ist ein kleines Flüßchen bei Pritzwalk.

6] Der Name Riß-Eiszeit wurde 1909 von dem Berliner Geographen Albrecht Penck (s. Anm. 1) und dem aus Deutschland stammenden Wiener Geographen Eduard Brückner (1862–1927) geprägt.

7] Die Funde von Vértesszöllös (vier Zahnfragmente eines Kindes, das Hinterhaupt eines Erwachsenen) wurden 1965 von dem ungarischen Prähistoriker László Vértes (1914–1968) aus Budapest entdeckt. Er gab dem Hinterhauptsbein den Namen *Homo erectus palaeohungaricus*.

8] In der Höhle von Choukoutien wurden von 1927 bis 1939 Überreste von etwa 40 Frühmenschen geborgen. Sie werden als *Homo erectus pekinensis* bezeichnet. Dieser Begriff geht auf den kanadischen Anatomen Davidson Black (1884–1934) zurück, der damals am Peking Union Medical College wirkte und in Choukoutien großangelegte Ausgrabungen vornehmen ließ. Der schwedische Anthropologe Birger Bohlin entdeckte 1927 den ersten menschlichen Überrest in Choukoutien, einen Backenzahn, den Black dem *Sinanthropus pekinensis* zurechnete (heute: *Homo erectus pekinensis*). Der chinesische Anthropologe Pei Wen-chung (1904–1982), nach anderer Transliteration auch Pei Wen-zhong, fand den ersten Hirnschädel. Danach kamen weitere Skelettreste zum Vorschein. Diese Überreste des sogenannten Peking-Menschen gingen 1941 in Chingwantao verloren, als es von den Japanern erobert wurde.

9] Auf Java haben der holländische Militärarzt Eugène Dubois (1858–1940) in den Jahren 1891/92 sowie der in Deutschland geborene holländische Paläontologe Gustav Heinrich Ralph von Koenigswald (1902–1982) Überreste von Frühmenschen entdeckt.

10] Der Kartstein ist eine 30 Meter hohe Dolomitklippe mit zwei Höhlen und mehreren Nischen. Er wird nach dem angeblich in einer Höhle am Tiber hausenden Riesen Kakus auch Kakusfelsen – und die große Höhle Kakushöhle – genannt.

11] Die Funde bei Memleben wurden 1975 durch den Prähistoriker Dietrich Mania aus Halle/Saale sowie den Ingenieur und Amateur-Archäologen Georg Cubuk (1928–1984) aus Düsseldorf entdeckt.

12] Die Fundstelle Hundisburg ist seit 1904 durch die Veröffentlichungen des Rechtsanwalts und Heimatforschers Paul Favreau aus Neuhaldensleben sowie des Landschaftsmalers und Heimatforschers Eugen Bracht (1842 bis 1921) aus Dresden bekannt. 1938 wurde das Dorf Neuhaldensleben der Stadt Haldensleben eingemeindet.

13] Im Sommer 1911 zeigte ein Sammler dem Essener Geologen und Direktor des Ruhrland-Museums, Ernst Kahrs (1876–1948), ein Feuersteinwerkzeug, das von Arbeitern bei Ausschachtungen in der Baugrube von Schleuse 6 des Rhein-Herne-Kanals in etwa 12 Meter Tiefe im Flußschotter zum Vorschein gekommen war. Daraufhin untersuchte Kahrs die Fundstelle und entdeckte zerschlagene Tierknochen sowie weitere Steinwerkzeuge.

14] Die Steinwerkzeuge von Selm-Ternsche wurden 1934 bei der Erweiterung des Dortmund-Ems-Kanals in einer Sandgrube gefunden.

15] Die Feuersteinwerkzeuge von Bielefeld-Johannistal wurden 1970 durch den Heimatforscher Walter Adrian aus Bielefeld im Aushub eines Kanalgrabens entdeckt. Adrian war damals Leiter des von ihm eingerichteten Hausmuseums zur Geschichte der Hausbäckerei bei der Firma Oetker in Bielefeld.

16] Die Funde von Hannover-Döhren im Leinetal westlich des Flusses stammen aus drei Baggergruben. Die ersten Funde glückten 1931 dem Lehrer Karl Plasse (1864–1935) aus Arnum. Später lieferte der Sammler August Gassmann dem Landesmuseum in Hannover weitere Artefakte.

17] Im Raum von Lübbow fanden folgende Sammler Artefakte: Gerhard Voelkel, Ewald Müller, Werner Schütte, Siegfried Schramm (alle aus Lüchow), Erich Weiß (Hannover), Peter Blaffert (Esslingen), Hartmut Sitarek (Soltau), Hermann Leunig (Celle), Fritz Stoßmeister (Seevetal), Walter Gauger (Leiter der Geschiebesammlergruppe Lüneburg), Heinz-Jürgen Wilke (Hamburg).

Das Spätacheuléen

1] Nach Ansicht anderer Autoren ist das Spätacheuléen ein Teil des Jungacheuléen. In Frankreich wird der Begriff Spätacheuléen für Komplexe am Ende der vorletzten Eiszeit und der letzten Warmzeit benutzt.

2] Marine Ablagerungen aus der Eem-Warmzeit wurden 1874 erstmals von dem holländischen Mediziner und Botaniker Pieter Harting (1812–1885) aus Utrecht beschrieben.

3] Der Begriff Weichsel-Eiszeit wurde 1909 durch den Berliner Geologen Konrad Keilhack (1858–1944) eingeführt.

4] Der Fundplatz in Taubach wurde von dem Jenaer Kunsthistoriker Friedrich Klopffleisch (1831–1898) entdeckt. Die in Taubach gefundenen Reste von eiszeitlichen Großsäugern wurden 1878 von dem italienischen Geologen Alessandro Portis (1853–1931) publiziert.

5] Auf den Fundplatz auf dem Vulkan Plaidter Hummerich wurde man im März 1983 aufmerksam, als der damals in Saarbrücken wirkende Geograph Horst Strunk Tierknochen und Steinartefakte entdeckte. Die Fundplätze auf den Vulkanen Schweinskopf (1985), Tönchesberg (1985) und Wannen (1985) wurden durch den Sammler Karl-Heinz Urmersbach und dessen Sohn Andreas aus Weißenthurm aufgespürt.

6] Der mutmaßliche Zeltgrundriß in Ariendorf wurde 1981/82 bei Grabungen des Kölner Prähistorikers Gerhard Bosinski entdeckt.

7] Der damalige ehrenamtliche Leiter des Städtischen Museums von Mönchengladbach und Lehrer an der Städtischen Realschule Heinrich Brockmeier (1857–1941) sowie der Essener Geologe und Museumsdirektor Ernst Kahrs (1876–1948) haben die ersten Funde in der Ziegeleigrube Dreesen entdeckt. Im September 1949 nahm der Doktorand Karl Josef Narr aus Bonn eine erste Untersuchung vor. In den folgenden Jahren sammelte der Grubenbesitzer Karl Dreesen (1922–1980) aus Mönchengladbach-Rheindahlen zahlreiche Artefakte. Ab Oktober 1964 grub das Institut für Ur- und Frühgeschichte Köln in Mönchengladbach-Rheindahlen.

8] Bereits seit dem Ende der dreißiger Jahre des 19. Jahrhunderts wurden mit eiszeitlichen Tierresten durchsetzte Ablagerungen aus der Balver Höhle als phosphatreiche Düngemittel abgebaut und auf die umliegenden Felder gebracht. 1843 nahm J. Fr. Oest unter Aufsicht des Berggeschworenen Wagner die ersten Schürfe in der Höhle vor. 1844 gruben die Berggeschworenen Wilhelm Castendyck (1824–1894) und Hermann Wagner (1817–1888) vom damaligen Bergamt Siegen auf Veranlassung des Oberbergamtes Bonn in der Balver Höhle. Sie entdeckten Steinwerkzeuge, erkannten jedoch deren Bedeutung nicht. Es folgten Untersuchungen durch den Berggeschworenen Liste (1852), den Berggeschworenen Theodor Hundt (1818–1886) aus Siegen und den Paläontologen Wilhelm von der Marck (1815–1900) aus Hamm i. W. (um 1866). Bei diesen frühen Erforschern der Balver Höhle sind teilweise der Vorname, der Wohnort sowie das Geburts- und Todesjahr nicht zu eruieren. Danach forschten in der Balver Höhle: 1869 der Bergassessor Fritz Freiherr von Dücker (1827–1892), 1870 der Berliner Anatom Rudolf Virchow (1821–1902), 1871 der Bonner Geologe und Bergmann Ernst Heinrich Karl von Dechen (1800–1889), 1872 der Bonner Anatom Hermann Schaaffhausen (1816–1893), 1925/26 der Prähistoriker Julius Andree (1889–1942) aus Münster und 1939 der Rektor Bernhard Bahnschulte (1894–1974) aus Rüthen/Möhne.

Das Micoquien

1] In der Bocksteinhöhle nahm 1883/84 der Oberförster Ludwig Bürger (1844–1898) aus Langenau eine erste Ausgrabung vor.

2] Die Vogelherdhöhle wurde 1931 nach Besichtigung eines von dem Eisenbahnobersekretär und Heimatforscher Hermann Mohn (1896–1958) aus Heidenheim entdeckten Dachsbaues und einer Versuchsgrabung durch den Tübinger Prähistoriker Gustav Riek (1900–1976) aufgespürt.

3] Die Heidenschmiede wurde 1928 von Hermann Mohn (s. Anm. 2) aus Heidenheim entdeckt. Er begann 1930 mit Grabungen, die der Oberpostrat Eduard Peters (1869–1948) aus Veringenstadt weiterführte und im selben Jahr beendete.

4] Der Name Bocksteinschmiede beruht darauf, daß auf diesem Platz eine Steinschlägerwerkstätte nachgewiesen wurde.

5] In der Klausennische gruben ab 1912 im Auftrag des Institut de Paléontologie Humaine in Paris der damals an diesem Institut wirkende Prähistoriker Hugo Obermaier (1877–1946) und der Finanzamtmann und Heimatforscher Josef Fraunholz (1856–1951) aus Kastl bei Amberg. Dabei halfen zeitweise der Anthropologe und Prähistoriker Ferdinand Birkner (1868 bis 1944) aus München und der Paläontologe Paul Wernert (1889–1972) aus Straßburg mit.

6] Im Großen Schulerloch grub 1914/15 der Müncher Anthropologe und Prähistoriker Ferdinand Birkner (s. Anm. 5).

7] In der Breitenfurter Höhle grub 1950 der Architekt und Heimatforscher Karl Gumpert (1878–1955) aus Ansbach.

8] In der Höhle Hohler Stein grub 1951/52 Karl Gumpert (s. Anm. 7).

9] In der schon weitgehend durchwühlten Höhle Hohler Fels grub 1849 der Geologe Wilhelm von Gümbel (1823–1898) aus München. 1876 folgte eine Untersuchung durch den damals in Hersbruck wirkenden Gymnasiallehrer Christian Mehlis (1850–1935) und 1895 durch den Ingenieur August Gebhard (1840–1905) aus Hersbruck. 1906 nahm der Kustos und Sekretär der Naturhistorischen Gesellschaft Nürnberg, Konrad Hörmann (1859–1933), eine Ausgrabung vor. 1910 untersuchte der Kunstmaler Th.-August Mayr-Lenoir (1887–1968) aus Nürnberg die Höhle, und 1912 folgte eine zweite Ausgrabung durch Hörmann.

10] In der Höhle Buchenloch grub 1879 der damals in Karlsruhe wohnende Landschaftsmaler und Heimatforscher Eugen Bracht (1842–1921).

11] s. Anm. 8 Das Spätacheuléen.

12] Seit 1852 wurden knochenreiche Ablagerungen aus der Feldhofhöhle (bis 1869 Klusensteiner Höhle genannt) als Dünger auf die Felder gefahren. Der Bergassessor Fritz Freiherr von Dücker (1827–1892) barg 1867 die ersten Funde. 1869 grub der Bergingenieur Anton Beuther aus Miltenberg in der Höhle. 1872 und 1875 forschte der Bonner Anatom Hermann Schaaffhausen (1816–1893) in der Feldhofhöhle. 1884 sammelte C. Lent einige Artefakte, und 1925/26 grub der Prähistoriker Julius Andree (1889 bis 1942) aus Münster in der Höhle.

13] Der Gründer und Direktor des Emschertalmuseums der Stadt Herne, Karl Brandt (1898–1974), entdeckte in der Volkringhausener Höhle einen altsteinzeitlichen Fundplatz, der 1928 von ihm und Julius Andree (s. Anm. 12) ausgegraben wurde.

14] Erste Funde am Kartstein gelangen 1880 dem Bonner Anatomen Hermann Schaaffhausen (s. Anm. 12). 1911 und 1913 führte der Lehrer, Rektor, Begründer und Direktor des Kölner Museums für Vorgeschichte, Carl Rademacher (1859–1935), eine Ausgrabung durch.

15] Die Lindenthaler Hyänenhöhle wurde 1874 bei Steinbrucharbeiten nahe der Gastwirtschaft Lindenthal entdeckt. Als erster grub darin 1874 der Geraer Professor Karl Theodor Liebe (1828–1894). 1959 nahm der damals in Prag wirkende deutsche Prähistoriker Lothar Zotz (1889–1967) eine Nachgrabung vor.

16] Auf die Fundstelle bei Königsaue wurde man im Juli 1963 aufmerksam, als im 17 Meter unter der Erdoberfläche liegenden Bruchwalddorf aus der Weichsel-Eiszeit eine Handvoll Feuersteinabschläge und ein Kernstein zum Vorschein kamen.

17] Die ersten Geweih- und Knochenfunde von Salzgitter-Lebenstedt wurden im Winter 1951/52 in der Baugrube für das Pumpenhaus der Kläranlage von Lebenstedt in etwa 5 Meter Tiefe geborgen. Wer die ersten Funde entdeckt hat, ist umstritten. Die erste Ausgrabung des Braunschweigischen Landesmuseums wurde durch den Prähistoriker Alfred Tode geleitet. 1977 folgte eine Ausgrabung durch das Institut für Denkmalpflege, Hannover.

18] Die Fundstelle Wallertheim in der Ziegelei Schick wurde in den zwanziger Jahren durch den Zoologen und Direktor des Naturhistorischen Museums Mainz, Otto Schmidtgen (1879–1938), ausgegraben.

19] Nicht im Textteil erwähnte Fundstellen von Steinwerkzeugen aus dem Micoquien:
Baden-Württemberg: Kleinheppach-Belzberg (Kreis Waiblingen): 1930 erster Fund durch den Schlosser und Sammler Eugen Reinhard aus Kleinheppach.
Bayern: Schney (Kreis Lichtenfels): 1958 erster Fund durch den Sammler Andreas Werner auf dem Plateau nordöstlich von Schney.
Hessen: Buhlen (Kreis Waldeck-Frankenberg): 1966 Entdeckung des Fundplatzes durch die Wiesbadener Geologen Manfred Horn und Jens Kulick; Maden-Schanzenkopf (Schwalm-Eder-Kreis): seit 1951 Funde durch den Sammler Carl Hohmann aus Maden auf der Basaltkuppe Schanzenkopf; Rörshain (Schwalm-Eder-Kreis): 1958 durch den Lehrer und Heimatforscher Adolf Luttrop (1896–1984) aus Steina entdeckt.

Das Moustérien

1] Deutsche Experten taten sich in den sechziger und siebziger Jahren des vorigen Jahrhunderts dadurch hervor, daß sie den Fund aus dem Neandertal fehldeuteten. So ordnete man diese Skelettreste einem alten Holländer von der Insel Marken zu, aber auch einem desertierten mongolischen Kosaken, der sich 1814 aus dem Armeekorps des russischen Generals Tschernitschew entfernt habe, oder einem rachitischen Idioten. Entscheidenden Anteil daran, daß der Neanderthaler lange Zeit nicht als fossiler Mensch anerkannt wurde, hatte in Deutschland vor allem der renommierte Berliner Pathologe Rudolf Virchow (1821–1902). Ihm wird heute noch fälschlicherweise angekreidet, er habe den Neanderthaler-Fund als Fall eines rachitischen Idioten abgewertet. Tatsächlich hatte er gar nicht prononciert die Altertümlichkeit des Neanderthalers angezweifelt, sondern lediglich davor gewarnt, das Schädeldach aus dem Neandertal als hinreichendes Zeugnis einer Rasse anzusehen.

2] Der Arzt und Naturforscher Philippe-Charles Schmerling (1791–1836) aus Lüttich entdeckte schon 1829/30 bei Ausgrabungen in den Höhlen von Engis bei Lüttich Neanderthaler-Skelettreste, die jedoch erst 1936 durch den Anthropologen Charles Fraipont (1883–1946) aus Lüttich als solche akzeptiert wurden. Insgesamt sind in Engis 1829/30 und 1876 Skelettreste von vier Menschen geborgen worden. Auf Gibraltar wurde 1848 unter nicht genau bekannten Umständen in einem Steinbruch ein weiblicher Neanderthaler-Schädel geborgen. Der Fundort lag südöstlich der Artilleriestellung Forbes Barrier (nicht Forbes Quarry, wie immer wieder in der Fachliteratur zu lesen ist; Nature, S. 513, 1911). Diesen Fund meldete im März 1848 der englische Leutnant und Sekretär der Gibraltar Scientific Society, Edmund Henry René Flint, der 1857 auf Mauritius starb. Der englische Geologe George Busk (1807–1886) legte 1864 den Fund auf dem Kongreß der Britischen Gesellschaft vor. Der italienische Anthropologe Raffaele Battaglia (1906–1958) aus Padua gab dem Schädel aus Gibraltar 1924 den Namen *Homo gibraltarensis*.

Viele andere Neanderthaler wurden erst nach der Entdeckung des Fundes aus dem Neandertal geborgen (Auswahl):

1866 La Naulette/Belgien: Skelettreste einer Frau, Entdecker: der belgische Geologe Édouard Dupont (1841–1911), der von 1868 bis 1909 Direktor des Musée royal d'Histoire naturelle in Brüssel war.

1880: Šipka-Höhle/Tschechoslowakei: Unterkieferbruchstücke eines Kindes, Entdecker: der Lehrer und Archäologe Karel Jaroslav Maška (1851 bis 1916) aus Telc.

1886 Spy/Belgien: Skelettreste von drei Menschen (*Homo spyensis* genannt), Entdecker: der Archäologe Max Lohest (1857–1926) aus Lüttich und der Archäologe Marcel de Puydt (1855–1940) aus Rijckholt.

1887 Bañolas bei Gerona/Spanien: weiblicher Unterkiefer, Entdecker: der Apotheker Pere Alsius (1839–1915) aus Bañolas.

1888 Malarnaud/Frankreich. Unterkiefer, Entdecker: der Lehrer Alphonse Bourret (1855–1922) aus Montseron und der Anthropologe Félix Régnault (1863–1938) aus Paris.

1889–1905 Krapina/Jugoslawien (*Homo sapiens krapinensis* genannt): s. Anm. 31.

1905 Ochoz/Tschechoslowakei (Höhle Schwedentischgrotte): Entdecker von Ochoz 1 (Unterkieferbruchstück): der Student Karel Kubásek († 1917) aus Bilovice.

1907/08 Petit-Puymoyen/Frankreich: Oberkiefer, Unterkiefer, Zähne, Entdecker: der Schulrat Alexis Favraud (1843–1935) aus Angoulême.

1908 La Chapelle-aux-Saints/Frankreich (*Homo chapellensis* genannt): s. Anm. 26.

1908 Le Moustier/Frankreich: Le Moustier 1 (männl. Skelett): s. Anm. 25.

1908–1965 La Quina/Frankreich: Schädelknochen und Skelettreste von insgesamt 20 Neanderthalern. Die dort gefundenen moustéroiden Steinwerkzeuge werden dem Charentien zugerechnet.

1909 Pech de l'Azé/Frankreich: ein Kinderschädel, Entdecker: der Lehrer und Prähistoriker Denis Peyrony (1869–1954) aus Les Eyzies und der Prähistoriker Louis Capitan (1854–1929) aus Paris.

1909–1921 La Ferrassie/Frankreich: Entdecker: der Lehrer und Prähistoriker Denis Peyrony, s. Anm. 27.

1910/11 La Cotte de Saint-Brelade auf der Insel Jersey im Ärmelkanal/England: Zähne, ein kindliches Hinterhauptsbein (*Homo breladensis* genannt). Entdecker: der Journalist und spätere Anwalt Edmund Toulmin Nicholle (1868–1929) aus Saint-Hélier, der Museums-Kurator Joseph Sinel (1844 bis 1929) aus Saint-Clément bei Saint-Hélier, der Anwalt Philip Norman Richardson (1876–1956) aus Gorey bei Saint-Hélier und der Kurator der Société Jersiaise, Émile Frederick Guiton (1879–1972) aus Saint-Hélier.

1914 Le Moustier/Frankreich: Entdecker von Le Moustier 2 (Skelettreste eines Kindes): Denis Peyrony.

1921 Broken Hill/Sambia: (*Homo rhodesiensis* genannt).

1924–1926 Kiik Koba auf der Halbinsel Krim/Sowjetunion: Entdecker von Kiik Koba 1 (ein Zahn und Skelettreste) und Kiik Koba 2 (Skelettreste eines Kindes): der russische Archäologe und Paläontologe Gleb Anatol'evič Bonč-Osmolovskij (1890–1943) aus Leningrad.

1926 Gánovce/Tschechoslowakei: Schädelausguß mit Knochenresten, Entdecker: Steinbrucharbeiter. Die Bedeutung des Fundes wurde erst 1937 bei der Bearbeitung durch den Archäologen Jaroslav Petrbok (1881–1960) aus Prag erkannt.

1926 Devil's Tower/Gibraltar: Entdeckerin von Gibraltar 2 (Schädelbruchstücke und Zähne eines Kindes): die englische Prähistorikerin Dorothy Garrod (1892–1968) aus Oxford.

1928 La Cave/Frankreich: Zähne, Entdecker: der aus Illinois/USA stammende, am Musée de l'Homme in Paris tätige Prähistoriker Harper Kelley (1896–1962).

1928 Malarnaud-Las Maretas/Frankreich: Backenzähne, Entdecker: der Anthropologe Léon Pales (1905–1988) aus Toulouse.

1929–1934 Mugharet et-Tabun/Israel: Skelettreste von schätzungsweise 15 Menschen, Entdeckerin: Dorothy Garrod.

1929 und 1935 Saccopastore/Italien: Entdecker von Saccopastore 1 (Schädel einer Frau): der italienische Anthropologe Sergio Sergi (1878–1972) aus Rom, von Saccopastore 2 (Schädelbruchstücke eines Mannes): der französische Prähistoriker Henri Breuil (1877-1961) und der italienische Prähistoriker Alberto Carlo Baron Blanc (1906–1960) aus Rom.

1931/32 Mugharet es-Skhul/Israel: (Palaeoanthropus palestinus genannt), s. Anm. 28.

1931–1933 Ngandong/Java: Schädelbruchstücke, zwei Schienbeine, Entdecker: der holländische Bergingenieur Cornelis ter Haar und der in Berlin geborene Geologe und Paläontologe Gustav Heinrich Ralph von Koenigswald (1902–1982). Der holländische Bergingenieur Willem Frederik Florus Oppenoorth (1881–1965) beschrieb 1932 die ersten Funde als Homo (Javanthropus) soloensis.

1932 Subalyuk/Ungarn: Skelettreste einer Frau und eines Kindes, Entdecker: der Vorarbeiter János Dancza (1899–1985) bei den Höhlengrabungen des Geologen und Prähistorikers Ottokár Kadič (1876–1957) aus Budapest. Cóva Negra/Spanien: rechtes Schienbein eines Mannes, Entdecker: der Geistliche Pére Gonzalo Viñes (1885–1936) aus Xátiva.

1933–1935 Qafzeh/Israel: s. Anm. 29.

1935–1938: Eyasi/Tansania: Schädelbruchstücke, Zähne (Palaeoanthropus njarensis genannt), Entdecker: der deutsche Ethnologe und Prähistoriker Ludwig Kohl-Larsen (1884–1969) aus Tübingen.

1938 Tešik Taš in Usbekistan/Sowjetunion: s. Anm. 30.

1939 Grotta Guattari im Monte Circeo/Italien: Circeo I, Circeo II, s. Anm. 32.

1947 Cave of Hearths bei Makapansgat, Südafrika: Skelettreste eines Kindes, Entdecker: der Polizeioffizier Benjamin Kitching aus Graaff-Reinet.

1947 La Verrière/Frankreich: Skelettreste und ein Backenzahn, Entdecker: der Prähistoriker Camille Hugues aus Nîmes, der Prähistoriker Sylvain Gagnière aus Avignon und der Prähistoriker Paul Marcellin aus Nîmes.

1947 Arcy-sur-Cure (Grotte du Loup), Frankreich: Backenzahn, Skelettreste, 1949 und 1951 (Grotte de'l Hyène): Oberkiefer, Unterkiefer, Zähne, Entdecker: der Pariser Prähistoriker André Leroi-Gourhan (1911–1986).

1949–1953 La Chaise (Grotte Suard), Frankreich: 1949 Schädeldach, Bakkenzahn, 1950 Unterkiefer, 1951–1953 Unterkiefer, Zähne, Entdecker: der Prähistoriker François Bordes (1919–1981) aus Bordeaux, der Archäologe Pierre David (1903–1965) aus Angoulême.

1949 Pech de l'Azé/Frankreich: Unterkiefer, Zähne, Entdecker: der Amtsdiener und Amateur-Archäologe Raoul Cammas (1905–1987) aus Boulogne-sur-Gesse und der Prähistoriker Louis Méroc (1904–1970) aus Toulouse.

1951 Monsempron/Frankreich: Schädeldach, Oberkiefer, Unterkiefer, Entdecker: der Amateur-Archäologe Laurent Coulonges (1887–1980) aus Sauveterre-la-Lémance und der Notar André-Jean Lansac aus Royan.

1953 Hopefield (Saldanha), Südafrika (Homo saldensis genannt), Entdecker: der Archäologe Kieth Jolly (1927–1970) aus Rondebosch (Südafrika) und der Anatom Ronald Singer aus Chicago.

1953, 1957–1960 Shanidar/Irak: Skelettreste von sieben Menschen, Entdecker: der amerikanische Prähistoriker Ralph Solecki aus New York.

1953/54 Starosel'e/Sowjetunion: Skelettreste von zwei Menschen, Entdecker: der russische Prähistoriker Aleksandr Aleksandrovič Formozov aus Moskau.

1954 Grotta del Fosselone im Monte Circeo/Italien: s. Anm. 32.

1955 Gánovce/Tschechoslowakei: Abdrücke von Langknochen, Entdecker: der Prager Anthropologe Emanuel Vlček.

1955 Genay/Frankreich: Zähne, Entdecker: Abbé Joseph Joly aus Flavigny-sur-Océan.

1955 Carigüela/Spanien: Skelettreste von drei Menschen, Entdecker: der Prähistoriker Jean-Christian Spahni aus Genf.

1955 Sidi Abderrahman/Marokko: Mann von Casablanca, Entdecker: der französische Anthropologe Pierre Biberson aus Paris.

1957/58 Regourdou/Frankreich: Skelettreste eines Erwachsenen, Entdecker: der Landwirt Roger Constant aus Montignac.

1960–1964 Hortus/Südfrankreich: Reste von 20 bis 36 Neanderthalern, Entdecker: der Pariser Paläontologe Henry de Lumley.

1961 Sala/Tschechoslowakei: Stirnbein, Baggerfund aus dem Flußbett der Waag.

1961–1964 Amud/Israel: vorwiegend Schädelbruchstücke von fünf Menschen, Entdecker: der japanische Anthropologe Hisashi Suzuki aus Tokio.

1964 Ochoz/Tschechoslowakei: Ochoz 2 (ein Zahn, ein Schläfenbein, ein Stirnbein), Entdecker: die Schülerin Z. Vaňurova und deren Vater, der Mittelschulprofessor Jaromír Vaňura aus Brünn.

1965 Kůlna-Höhle bei Brünn/Tschechoslowakei: Oberkieferbruchstück und Zähne, Entdecker: der Prähistoriker Karel Valoch aus Brünn und der Präparator Vilém Gebauer aus Brünn, 1966 und 1969 drei Kinderzähne, 1970 Schädelreste, Entdecker: der Student Karel Dvorék aus Tionov.

Diese Auswahl von Neanderthaler-Funden basiert weitgehend auf: Léon Pales, »Les Néandertaliens en France«. Aus: Hundert Jahre Neandertaler 1856–1956. Beihefte der Bonner Jahrbücher, S. 32–37. Köln 1958; Johann Szilvássy, Anthropologie. Entwicklung des Menschen. Rassen des Menschen, Wien 1978.

3] Bereits 1858 bemerkte der Bonner Anatom Hermann Schaaffhausen (1816–1893) auf dem Schädeldach des Neanderthalers eine auffällige Verletzung. Sie dürfte durch Gewaltanwendung entstanden und noch zu Lebzeiten verheilt sein. Der Berliner Pathologe Rudolf Virchow (s. Anm. 1) beschrieb 1872 unter anderem eine systematische Abflachung und Vertiefung an den beiden Scheitelbeinhöckern (Malum senile), die nur bei alten Leuten auftritt. Am linken Oberarm stellte er eine krankhafte Veränderung infolge einer Verletzung fest, durch die der Arm verkürzt wurde. Die stark gekrümmten Oberschenkelknochen betrachtete er als Indiz dafür, daß dieser Mensch in der Kindheit an Rachitis gelitten habe. Tatsächlich ist dies aber ein Merkmal, das alle Neanderthaler haben, wie sich später zeigte. Der Tübinger Anthropologe Alfred Czarnetzki identifizierte 1980 die von Virchow erwähnte krankhafte Veränderung am linken Ellenbogengelenk des Neanderthalers als einen verheilten Unterarmbruch. Demnach dürfte dieser Mensch ein »Frühinvalide« gewesen sein, dessen Arm unnatürlich zum Körper gewinkelt war. Man hatte ihm vielleicht bei einem Kampf oder Überfall die Elle gebrochen.

4] In der Großen Grotte von Blaubeuren nahm 1960–1964 der Tübinger Prähistoriker Gustav Riek (1900–1964) Ausgrabungen vor.

5] In der Höhle Hohlenstein-Stadel führte 1935 sowie 1957 bis 1960 der Tübinger Anatom Robert Wetzel (1898–1962) Ausgrabungen durch. 1937–1939 grub der Geologe und Prähistoriker Otto Völzing im Hohlenstein-Stadel.

6] In der Sirgensteinhöhle nahm 1906 der Tübinger Prähistoriker Richard Rudolf Schmidt (1882–1950) Ausgrabungen vor.

7] s. Anm. 2 Das Micoquien.

8] Die Obernederhöhle ist nach dem Justizinspektor und Heimatforscher Alexander Oberneder (1863–1968) aus Kelheim benannt.

9] s. Anm. 6 Das Micoquien.

10] Die Fischleitenhöhle wurde 1918 unter der Leitung des Münchner Anthropologen und Prähistorikers Ferdinand Birkner (1868–1947) ausgegraben.

11] s. Anm. 7 Das Micoquien.

12] Die damals bereits zum größten Teil zerstörte Höhle am Buchberg bei Münster (auch Buchberghöhle genannt) wurde 1920 durch Ferdinand Birkner (s. Anm. 10) untersucht.

13] Im Großen Hasenloch fanden bereits 1876 erste Ausgrabungen statt. 1930/31 gruben Ferdinand Birkner (s. Anm. 10) und der Heimatforscher Max Näbe (1876–1945) aus Pottenstein darin.

14] Die Petershöhle wurde nach ihrem Entdecker, dem damals in Nürnberg lebenden Chemiker und Ingenieur Kuno Peters, benannt. Dieser hatte bei Streifzügen mit seinem Vater, der wiederholt Urlaub in Velden machte, vor Beginn des Ersten Weltkrieges den Eingang zur Höhle entdeckt. Er informierte die Naturhistorische Gesellschaft zu Nürnberg davon. 1914–1918 untersuchte der Nürnberger Amateur-Archäologe Konrad Hörmann (1859–1933) die Höhle.

15] s. Anm. 8 Das Spätacheuléen.

16] s. Anm. 14 Das Micoquien.

17] Die Höhle Wüste Scheuer wurde 1885 durch Grabungen des Kaufmanns und Heimatforschers Robert Eisel (1826–1917) aus Gera bekannt. 1925 nahmen der Berliner Geologe Heß von Wichdorff (1877–1932) und der Berliner Prähistoriker Alfred Götze (1855–1948) Ausgrabungen vor.

18] Der Name der Ilsenhöhle beruht auf einer Sage, derzufolge eine Druidin namens Ilse zusammen mit einer Herde goldener Schafe von einem bösen Riesen hierher verbannt worden sein soll, weil sie dessen Liebe verschmäht hatte. Die Ilsenhöhle wurde 1929 erstmals untersucht. Initiator und Förderer der Ausgrabungen war der damalige Besitzer der Burg Ranis, der Heimatforscher Dietrich von Breitenbach (1871–1949).

19] Die Baumannshöhle bei Rübeland wurde 1890–1899 durch den Braunschweiger Zoologen und Botaniker Wilhelm Blasius (1845–1912) untersucht. Er war Direktor des Naturhistorischen Museums in Braunschweig.

20] Die Untersuchungen am Fundplatz Edertal-Buhlen begannen 1966, als nach Hinweisen verschiedener Heimatforscher die Wiesbadener Geologen

Jens Kulick und Manfred Horn erste Schürfungen vornahmen. Dabei kamen Reste eiszeitlicher Tiere und Steinwerkzeuge zum Vorschein. Daraufhin führten der Kölner Prähistoriker Gerhard Bosinski, Jens Kulick und der Mainzer Paläontologiestudent Franz Malec von 1966 bis 1969 Ausgrabungen durch. 1980 wurden die Untersuchungen durch den Marburger Prähistoriker Lutz Fiedler fortgesetzt. Ihm und dem Studenten Klaus Hilbert glückte der Nachweis von Behausungsspuren.

21] s. Anm. 16 Das Micoquien.

22] Fundorte von Steinwerkzeugen aus dem Moustérien (Auswahl):
Baden-Württemberg: Halbhöhle Schafstall bei Veringenstadt (Kreis Sigmaringen): 1934–1936 erste Grabungen durch den Oberpostrat Eduard Peters (1869–1948) aus Veringenstadt; Göpfelsteinhöhle bei Veringen (Kreis Sigmaringen): 1910 erste Untersuchungen vermutlich durch den Tübinger Prähistoriker Richard Rudolf Schmidt (1882–1950), 1934/35 und 1944/45 Ausgrabungen durch Eduard Peters.
Bayern: Schulerloch (Kreis Kelheim): s. Anm. 6 Das Micoquien; Obere Klause (Fundschicht II) bei Essing (Kreis Kelheim): zwischen 1905 und 1908 Ausgrabungen durch den Finanzamtmann und Heimatforscher Josef Fraunholz (1856–1931) aus Kastl; Fischleitenhöhle bei Mühlbach (Kreis Kelheim): s. Anm. 10; Großes Hasenloch bei Pottenstein (Kreis Bayreuth): s. Anm. 13; Kleine Ofnethöhle (Kreis Donau-Ries): 1875/76 erste Grabungen durch den Stuttgarter Geologen Oskar Fraas (1821–1897), 1907/08 Grabungen durch Richard Rudolf Schmidt aus Tübingen, 1946 Grabungen durch den Apotheker und Heimatforscher Ernst Frickhinger (1876–1940) aus Nördlingen; Hohler Fels bei Happurg (Kreis Nürnberger Land): s. Anm. 9 Das Micoquien; Höhlenruine Hunas bei Hartmannshof (Kreis Nürnberger Land): 1961 Entdeckung des ersten Artefakts durch den Erlanger Paläontologen Florian Heller (1905–1978).
Rheinland-Pfalz: Pfeddersheim bei Worms: 1935/36 durch den Studienrat und Heimatforscher Wilhelm Weiler (1890–1972) aus Worms, der 1944 bis 1947 Direktor des Naturhistorischen Museums Mainz war.
Hessen: Höhle am Totenberg bei Treis an der Lumda (Wetteraukreis): 1924 Ausgrabungen durch den Geologen und Prähistoriker Heinrich Richter (1895–1970) aus Gießen.
Nordrhein-Westfalen: Mönchengladbach-Rheindahlen (Fundschichten A 2 und A 3): s. Anm. 7 Das Spätacheuléen; Kartsteinhöhle bei Eiserfey (Kreis Euskirchen): s. Anm. 14 Das Micoquien; Balver Höhle (Fundschicht IV) bei Balve (Märkischer Kreis): s. Anm. 8 Das Spätacheuléen; Cleve (Kreis Gütersloh): 1961 Entdeckung durch den Heimatforscher Walther Adrian aus Bielefeld; Bielefeld-Lutherstraße; Detmold-Heidenoldendorf (Kreis Lippe); Warburg-Daseburg (Kreis Höxter).

23] Die beiden Steinwerkzeuge aus dem Neandertal wurden im Herbst 1927 bei der Bergung eiszeitlicher Säugetierreste durch den Oberstudienrat Richard Rein (1883–1968) aus Düsseldorf geborgen.

24] Der aus einem Mammutknochen angefertigte Faustkeil von Rhede wurde von dem technischen Angestellten und Heimatforscher Manfred Tangerding aus Bocholt entdeckt.

25] 1908 fand der Schweizer Antiquitätenhändler und Archäologe Otto Hauser (1874–1932) in der unteren Grotte von Le Moustier das Skelett eines jungen Mannes. Der Breslauer Anatom und Anthropologe Hermann Klaatsch (1863–1916) beschrieb 1909 diesen Fund und nannte ihn *Homo mousteriensis Hauseri* (der »Moustier-Mensch Hausers«) Hauser verkaufte 1910 dieses Skelett und das von Combe Capelle (s. Anm. 7 Das Aurignacien) für zusammen 130000 Goldmark an das Museum für Völkerkunde in Berlin. Beide Skelette wurden am 3. Februar 1945 bei einem Luftangriff auf Berlin stark beschädigt. Die ausgelagerten Schädel von Le Moustier und Combe Capelle wurden nach dem Zweiten Weltkrieg zusammen mit anderem Museumsgut in die Sowjetunion überführt. 1958 erhielt die Regierung der DDR von dort einen Teil der Museumsbestände zurück. Darunter fand man 1965 bei Magazinierungsarbeiten den zerbrochenen Schädel von Le Moustier. Dagegen ist der Schädel aus Combe Capelle verschollen.

26] Die Bestattung des sogenannten »alten Mannes von La Chapelle-aux-Saints« im Tal der Souroire wurde 1908 durch die katholischen Geistlichen Jean Bouyssonie (1877–1965) und Amédée Bouyssonie (1866–1958) aus Brive entdeckt. Sie berichteten zusammen mit dem befreundeten Geistlichen Louis Bardon (1894–1944) aus Collonges-La-Rouge über die Ausgrabungen von La Chapelle-aux-Saints. Die Skelettreste dieses Neanderthalers wurden von dem Pariser Paläontologen Marcelin Boule (1861–1942) untersucht.

27] In der Höhle von La Ferrassie wurden 1909 ein Mann, 1910 eine Frau, 1912 zwei drei- bis fünfjährige Kinder, 1920 ein Kind oder ein Fötus und 1921 ein Kind entdeckt.

28] In der Skhul-Höhle (deutsch: Ziegenhöhle) wurden 1931/32 durch den amerikanischen Anthropologen Theodore D. McCown (1908–1969) aus Berkeley und den amerikanischen Prähistoriker Hallam Leonard Movius jr. (1907–1987) aus Cambridge insgesamt zehn Bestattungen (drei Kinder, sieben Erwachsene) entdeckt.

29] In Qafzeh wurden 1933–1935 durch den in Jerusalem wirkenden französischen Prähistoriker René Neuville (1899–1952) und den israelischen Prähistoriker Moshé Stekelis (1898–1967) aus Jerusalem Schädelbruchstücke und Reste vom übrigen Skelett entdeckt (Qafzeh 1–7). 1965–1969 kamen weitere Schädelbruchstücke und Reste vom übrigen Skelett zum Vorschein (Qafzeh 8–11).

30] Die Bestattung des Neanderthaler-Jungen von Tešik Taš wurde 1938 bei den Ausgrabungen des damals in Leningrad wirkenden russischen Prähistorikers Aleksey Pavlovič Okladnikov (1908–1981) entdeckt, der später Direktor der sibirischen Abteilung der Akademie der Wissenschaften der UdSSR in Novosibirsk war.

31] Die Ausgrabungen in der Halbhöhle von Krapina von 1899 bis 1905 wurden durch den Zagreber Paläontologen Dragutin Gorjanović-Kramberger (1856–1936) vorgenommen.

32] Der Schädel ohne Unterkiefer (Circeo I) aus der Grotta Guattari auf dem Monte Circeo wurde 1939 durch den Prähistoriker Alberto Carlo Baron Blanc (1906–1960) aus Rom gefunden. Kurz darauf entdeckte er eine Kinnlade (Circeo II), die nicht vom selben Individuum stammte. 1950 fanden der Anthropologe Antonio Ascenzi aus Rom und der Lehrer Giovanni Lacchei aus Albano Laziale außerhalb der Höhle eine weitere Kinnlade (Circeo III). 1954 barg Blanc in einer anderen Höhle des Monte Circeo, der Grotta del Fossellone, das Bruchstück eines Unterkiefers und drei zusätzliche Zähne eines Neanderthaler-Kindes im Alter von etwa zehn Jahren.

33] In der Vindija-Höhle hat 1974–1981 der jugoslawische Geologe und Paläontologe Mirko Malez aus Zagreb gegraben.

Die Blattspitzen-Gruppen

1] Der Begriff Moershoofd-Interstadial wurde 1968 durch den Geologen Waldo H. Zagwijn aus Haarlem und den Geologen Roland Paepe aus Brüssel eingeführt.

2] Der Name Hengelo-Interstadial wurde 1967 durch den Geologen und Botaniker Thomas van der Hammen aus Leiden (später Amsterdam), den Geomorphologen Gerard Maarleveld aus Wageningen/Amsterdam, den Physiker Johan Vogel aus Gronigen/Pretoria und den Geologen Waldo H. Zagwijn aus Haarlem vorgeschlagen.

3] In den Weinberghöhlen bei Mauern gruben 1937 der Tübinger Prähistoriker Richard Rudolf Schmidt (1882–1950), 1937/38 der holländische Prähistoriker Assien Bohmers aus Groningen und 1948/49 der Erlanger Prähistoriker Lothar Zotz (1889–1967).

4] Die Höhle Steinerner Rosenkranz wurde 1924/25 von dem Rundfunkjournalisten Alfred Graf (1883–1960) aus Nürnberg und dem Chefarzt Willy Dietrich (1885–1951) aus Mannheim untersucht.

5] Die Haldensteinhöhle war bereits im Mittelalter eingestürzt. 1965 wurden größere Teile der über dem Ort gelegenen Höhlenruine abgetragen, da sie Häuser unter dem Haldenstein gefährdete. Die Resthöhle wurde durch den Tübinger Prähistoriker Gustav Riek (1900–1964) ausgegraben, der 1938 darüber berichtete.

6] In der Mittleren Klause bei Essing nahmen 1912/13 der Prähistoriker Hugo Obermaier (1877–1946) sowie der Finanzamtmann und Heimatforscher Josef Fraunholz (1856–1931) aus Kastl bei Amberg Ausgrabungen vor.

7] s. Anm. 12 Das Moustérien.

8] s. Anm. 22 Das Moustérien.

9] s. Anm. 18 Das Moustérien.

10] In Kösten entdeckte 1913 der Geheime Sanitätsrat Gustav Roßbach (1843 bis 1927) aus Lichtenfels in einem Steinbruch und auf einem Acker Oberflächenfunde.

11] In Zeitlarn haben die Heimatforscher Werner Schönweiß aus Coburg und Hans-Jürgen Werner aus Neutraubling Artefakte gesammelt und 1986 beschrieben.

12] Der Malermeister Josef Knapp aus Coesfeld fand 1984 im Ortsteil Flamschen von Coesfeld ein den mittelpaläolithischen Blattspitzen ähnliches Feuersteingerät.

13] Die Blattspitze von Stapellage wurde vor 1930 zwischen der Dörenschlucht und dem Ort Stapellage gefunden. Sie wird im Lippischen Landesmuseum Detmold aufbewahrt.

Das Aurignacien

1] Die Höhle von Aurignac wurde 1852 entdeckt, als ein Mann auf ein Kaninchenloch stieß und diese Stelle aufgrub, um Kaninchen zu fangen. Dabei fand er menschliche Knochen, grub weiter und gelangte in eine Höhle, in der 17 menschliche Skelette lagen. Der Entdecker informierte den Bürgermeister von Aurignac, der anordnete, die Skelette auf dem Friedhof zu begraben. Als der Rechtsanwalt und Prähistoriker Édouard Lartet (1801 bis 1871) aus Paris acht Jahre später nach diesen Funden fragte, wußte niemand mehr, wo sie begraben worden waren. Lartet grub 1860 in der Höhle von Aurignac und barg Steinwerkzeuge und Speerspitzen einer Stufe, die später den Namen Aurignacien erhielt.

2] Die insgesamt neun Grimaldi-Höhlen befinden sich im Felsen Baossé und öffnen sich zum Meer. Zu ihnen gehören die Grotte Barma Grande, die Grotte Bassa da Torre, die Grotte del Conte e del Caviglione, die Grotte des Enfants (italienisch: Grotte dei Fanciulli; deutsch: Grotte der Kinder wegen der Kinderbestattungen), die Grotte del Principe und die Grotte du Vallon sowie zwei andere Grotten.

3] Der italienische Anthropologe Ugo Rellini (1870–1943) aus Rom hat 1920 den Begriff Grimaldiano eingeführt. Der Name Grimaldien wurde 1928 durch den französischen Geologen, Paläontologen und Prähistoriker Raymond Vaufrey (1890–1967) aus Paris geprägt.

4] In der 1700 Meter hoch gelegenen Potočka-Höhle fand 1928/29 der jugoslawische Prähistoriker Srečko Brodar (1893–1987) aus Ljubljana bei Versuchsgrabungen mehr als 80 Knochenspitzen, die in der Mehrzahl den Knochenspitzen vom Lautscher Typus entsprechen. Im Sommer 1929 barg er außerdem wenig bearbeitete Feuersteine.

5] Der Begriff Olschewien wurde 1928 von dem Wiener Prähistoriker Josef Bayer (1882–1931) vorgeschlagen.

6] Der Name Denekamp-Interstadial wurde 1951 durch den holländischen Botaniker Thomas van der Hammen aus Leiden eingeführt.

7] Der Begriff *Homo sapiens fossilis* wurde 1925 von dem Göttinger Anthropologen Karl Saller (1902–1969) erstmals verwendet. – Der Name *Homo aurignacensis Hauseri* (der »Aurignac-Mensch Hausers«, ein Fund von 1909 aus der eingestürzten Halbhöhle von Combe Capelle bei Montferrand-du-Périgord durch den Schweizer Antiquitätenhändler und Archäologen Otto Hauser, 1874–1932) geht auf den Breslauer Anatomen und Anthropologen Hermann Klaatsch (1856–1916) zurück. Auch diesen Fund verkaufte Hauser 1910 an das Museum für Völkerkunde in Berlin (s. Anm. 25 Das Moustérien). – Der Ausdruck *Homo grimaldicus* wurde 1924 durch den Pariser Anthropologen René Verneau (1852–1938) vorgeschlagen, er hatte bereits 1902 den Begriff Grimaldi-Rasse eingeführt.

8] Die Höhle von Crô-Magnon wurde 1868 beim Bau einer Bahnlinie entdeckt. Der Archäologe Louis Lartet (1840–1899), Sohn des Prähistorikers Édouard Lartet (s. Anm. 1), fand darin fünf menschliche Skelette (ein alter Mann, zwei jüngere Männer, eine Frau, ein Kind). Diese Funde wurden 1868 durch den Pariser Pathologen Paul Broca (1824–1880) untersucht und beschrieben.

9] Am Elbufer nahe der Insel Hahnöfersand wurde 1973 ein menschliches Stirnbein entdeckt. Der Fund wurde von dem Frankfurter Paläoanthropologen Reiner Protsch nach der Aminosäuren- und Radiokohlenstoffmethode datiert. Beide Verfahren ergaben ein übereinstimmendes Alter von etwa 36 000 Jahren. Der Hamburger Anthropologe Günter Bräuer hat das Stirnbein untersucht.

10] Die zwei Stirnbeine von etwa sechs und neun Jahre alten Kindern wurden 1958 bei einer Begehung der Kiesgrube von Rohrhof bei Brühl (Rhein-Neckar-Kreis) durch den Prähistoriker Berndmark Heukemes vom Kurpfälzischen Museum der Stadt Heidelberg sowie durch den damaligen Dekan der Medizinischen Fakultät der Universität Heidelberg, Werner Kindler (1895–1976) entdeckt. Die Schädelreste kamen in etwa 12 Meter Tiefe zusammen mit Resten von Mammut und Wisent zum Vorschein.

11] Die Honerthöhle lag etwa 600 Meter südöstlich von Binolen auf der linken Seite des Grübecker Tales, einem Seitenarm des Hönnetales. Sie wurde 1891 erstmals durch den Geologen Emil Carthaus (1862–1922) aus Anröchte entdeckt. 1926 fand der Prähistoriker Julius Andree (1889 bis 1942) aus Münster im hinteren Teil der Höhle Knochenfragmente von zwei Menschen. Die Honerthöhle wurde zu Beginn des Zweiten Weltkrieges teilweise durch einen Kalksteinbruch zerstört, der Rest wurde 1967 abgebaut.

12] Die Schädelreste von zwei Männern aus der Vogelherdhöhle bei Stetten wurden im Juli 1931 bei Grabungen des Tübinger Prähistorikers Gustav Riek (1900–1976) entdeckt. Der eine Fund – ein Hirnschädel mit Unterkiefer, aber ohne Gesicht, sowie ein Oberarmknochen, zwei Lendenwirbel und ein Mittelhandknochen – wird Stetten I genannt. Der andere Fund heißt

Stetten II. Da Stetten I in ungestörter Lage, Stetten II dagegen in gestörter Lage angetroffen wurde, ist unklar, ob beide zur selben Zeit bestattet worden sind.

13] Die Schädeldecke einer Frau wurde 1952 von einem Arbeiter in der Kiesgrube Willersin bei Kelsterbach südlich von Frankfurt entdeckt. Der Frankfurter Paläoanthropologe Reiner Protsch hat den Fund nach der Aminosäuren- und Radiokohlenstoffmethode auf etwa 32 000 Jahre datiert.

14] s. Anm. 5 Das Moustérien.

15] s. Anm. 2 Das Micoquien.

16] In der Brillenhöhle hat 1956–1963 der Tübinger Prähistoriker Gustav Riek (s. Anm. 12) gegraben.

17] In der Geißenklösterlehöhle haben 1973 der Stuttgarter Prähistoriker Eberhard Wagner und 1974–1982 der Tübinger Prähistoriker Joachim Hahn gegraben.

18] s. Anm. 6 Das Moustérien.

19] s. Anm. 22 Das Moustérien.

20] Es ist fraglich, ob in der Nikolaushöhle tatsächlich Funde aus dem Aurignacien gefunden worden sind. Die Ausgräber, der Oberpostrat a. D. Eduard Peters (1869–1948) aus Veringenstadt und der aus Reutlingen stammende Archäologiestudent Adolf Rieth (1902–1984), meinten 1936 in ihrer Publikation »Die Höhlen von Veringenstadt«: »Aurignaci-Leute schienen auch die Höhle besucht zu haben, vielleicht nur, um Höhlenbären nachzugehen, von denen wir zahlreiche Reste gefunden haben.« In dem 1946 als Privatdruck erschienenen Bericht »Meine Tätigkeit im Dienste der Vorgeschichte Südwestdeutschlands« von Peters heißt es: »Die Nikolaushöhle wurde endgültig ausgeräumt, soweit es sich um Kulturreste handelte. Auf die Freilegung weiterer Höhlenbärenreste wurde verzichtet. Die Durcharbeitung des Kontrollblocks erbrachte noch eine Anzahl Silices, die nunmehr veranlaßten, meine vorbehaltliche Annahme, es handele sich um ein älteres Magdalénien, erneut zu prüfen und zu erwägen, ob hier nicht ein Aurignacien in Frage komme.« Die Nikolaushöhle wird in der Publikation des Tübinger Prähistorikers Joachim Hahn mit dem Titel »Aurignacien. Das ältere Jungpaläolithikum in Mittel- und Osteuropa«. 1977, nicht als Aurignacien-Fundstelle aufgeführt.

21] s. Anm. 22 Das Moustérien.

22] s. Anm. 22 Das Moustérien.

23] s. Anm. 10 Das Micoquien.

24] In der Wildhaushöhle bei Steeden nahm 1874 der Prähistoriker Carl August von Cohausen (1812–1894) aus Wiesbaden Untersuchungen vor.

25] In der etwa 65 Meter von der Wildhaushöhle entfernten Wildscheuerhöhle grub 1905 der Forstmeister Heinrich Behlen (1860–1943), der damals in Haiger tätig war. 1908 wurde diese Höhle durch den Tübinger Prähistoriker Richard Rudolf Schmidt (1882–1950) untersucht.

26] s. Anm. 14 Das Micoquien.

27] s. Anm. 11.

28] s. Anm. 18 Das Moustérien.

29] Der Zugang zur Hermannshöhle bei Rübeland wurde 1866 beim Straßenbau freigelegt. Der Name Hermannshöhle erinnert an den Geheimen Kammerrat Hermann Grotrian (1811–1887) von der Braunschweiger Forstdirektion, auf den die erste größere Vermessung und wissenschaftliche Erforschung zurückgeht. 1962 nahm die Archäologin Ute Steiner aus Weimar in der Hermannshöhle Ausgrabungen vor.

30] Der Heimatpfleger Jean Bensberg (1907–1984) fand um 1955 auf einem Acker bei Weilerswist-Lommersum erstmals Feuersteinwerkzeuge. 1969 sowie 1971–1974 nahm der Tübinger Prähistoriker Joachim Hahn dort Ausgrabungen vor.

31] Die Funde auf dem Zoitzberg wurden durch den Friseurmeister und Heimatforscher Bruno Brause (1892–1941) aus Gera entdeckt und 1941 bekanntgemacht.

32] Die ersten Funde in Breitenbach kamen im Herbst 1924 zum Vorschein, als der Besitzer des Sägewerkes seinen Holzlagerplatz vergrößerte, wobei der nach Norden sanft ansteigende Hang angeschnitten wurde. Dabei stieß man in einer Tiefe von etwa 1 bis 1,50 Meter auf Tierknochen und -zähne sowie schwarze, mit Steinen und Knochenstücken durchsetzte Klumpen. Diese Funde wurden achtlos in den Abraum geworfen. Im Frühjahr 1925 erfuhr der Lehrer Erich Tiersch (1888–1973) aus Breitenbach von den Knochen im Abraum. Er erkannte als erster die Bedeutung des Fundes und informierte zuständige Stellen. Im April 1925 nahm das Berliner Völkerkundemuseum eine Grabung vor. Daran beteiligten sich die damals in Halle/Saale tätige schwedische Archäologe Nils Hermann Niklasson (1890–1966), der Berliner Prähistoriker Alfred Götze (1865–1948) und der Berliner Geologe Heß von Wichdorff (1877–1952). Nach fast zweijähriger

Pause grub die Landesanstalt für Vorgeschichte in Halle/Saale mehrere Wochen lang. Dabei wurden Knochen und Zähne vom Mammut, Skelettteile von Wolf und Hirsch sowie Schaber, Stichel und Bohrer aus Feuerstein geborgen.

33] Der Eingang der Höhle Bočkova díra von Mladeč wurde 1828 durch einen Steinbruchbetrieb entdeckt, der dort Straßenschotter abbaute. 1881 nahm der Wiener Archäologe Josef Szombathy (1853–1943) im Auftrag der prähistorischen Kommission der Wiener Akademie der Wissenschaften und mit Genehmigung des regierenden Fürsten Johann von und zu Liechtenstein Ausgrabungen vor. Dabei fand er 1881 ein menschliches Schädeldach und 1882 weitere Skelettreste. Ab 1902 grub der Besitzer der Höhle, Jan Nevrly, teilweise zusammen mit dem Oberlehrer und Prähistoriker Jan Knies (1860–1937), wiederholt in der Höhle. Nevrly, zerstritten mit der Fürstenfamilie Liechtenstein, baute eine Grenzmauer auf und öffnete später sogar einen neuen Eingang zur Höhle. 1904 kamen in einem kleinen, westlich neben dem Höhleneingang betriebenen Steinbruch unter einem eingestürzten Felsdach in einer Lehmablagerung Skeletteile von drei Menschen (zwei Erwachsene, ein Kind) zum Vorschein. Nach 1910 führten der Museumsverband von Litovel (Littau) unter Stanislev Smékal (1869–1939) und der Stadtarzt, Bürgermeister sowie Konservator des Museums von Litovel, Jan Smyčka (1855–1927), Grabungen durch. 1912 erwarb die Lautscher Gesellschaft die Höhle. Insgesamt wurden in Mladeč Skelettreste von mindestens sieben Menschen entdeckt.

34] In der Höhle Paviland in Wales wurde 1823 das erste Skelett eines Crô-Magnon-Menschen entdeckt. Es wurde dem Museum von Oxford übergeben und als weibliches Skelett betrachtet. Weil die Knochen durch Ocker rot gefärbt waren, sprach man von der »Red Lady of Paviland«. 1913 wies ein englischer Forscher nach, daß die »Red Lady« ein Mann war und das Skelett aus Schichten des Aurignacien stammt.

Das Gravettien

1] Der Begriff Périgordien wurde 1933 durch den Lehrer und Prähistoriker Denis Peyrony (1869–1954) aus Les Eyzies eingeführt.

2] Der Name Pavlovien wurde 1959 durch den Pariser Prähistoriker Henri Delporte geprägt.

3] Der namengebende Fundort Kostenki wurde 1879 durch den russischen Zoologen und Paläontologen Ivan Semenovič Poljakov (1845–1878) entdeckt. Der Fundort wurde später Kostenki I (Poljakov-Station) genannt. Danach hat man weitere Stationen ausgegraben und einem Teil davon den Namen russischer Archäologen gegeben. So gibt es eine Gorodcov-Station – nach dem Archäologen Vasilij Alexeevič Gorodcov (1860–1945) aus Moskau, eine Spicyn-Station – nach dem Archäologen Aleksandr Andreevič Spicyn (1858–1931) aus Petersburg –, und eine Thälmann-Station (russisch: Tel'manskaja stojanka), die nach der dortigen Thälmann-Kolchose benannt ist, die an den deutschen Politiker Ernst Thälmann (1886–1944) erinnert. Kostenki I wurde 1923–1936 durch den russischen Archäologen Petr Petrovič Efimenko (1884–1969) aus Kiew ausgegraben. Kostenki IV ist durch den Leningrader Archäologen Aleksandr Nikolaevič Rogačëv (1912 bis 1984) untersucht worden. Den Begriff Kostenkien hat Petr Petrovič Efimenko geprägt.

4] Am 2. April 1976 wurde bei Baggerarbeiten im Lippekies in Sande (Stadt Paderborn) in etwa 12 Meter Tiefe ein Schädel geborgen. Entdecker war der Kiesgrubenarbeiter Franz Düsterhaus. Er übergab den Fund Lorenz Gilles aus Paderborn, über den der Schädel ins Museum Schloß Neuhaus gelangte. Der Frankfurter Paläoanthropologe Reiner Protsch hat diesen Fund nach der Aminosäuren- und Radiokohlenstoffmethode auf 27 400 bzw. 26 000 Jahre datiert. Der Schädel wurde 1978 von Protsch und dem Mainzer Anthropologen Winfried Henke beschrieben.

5] Der Oberschädel von Binshof bei Speyer wurde am 25. April 1976 bei Baggerarbeiten in der inzwischen aufgelassenen Kiesgrube Binshof in etwa 10 bis 12 Meter Tiefe entdeckt und vom Kiesgrubenbesitzer und Heimatforscher Robert Seyler (1922–1987) aus Dudweiler/Saar sichergestellt. Der Frankfurter Paläoanthropologe Reiner Protsch ermittelte nach der Aminosäurenmethode ein Alter von 22 000 Jahren und nach der Radiokohlenstoffmethode ein Alter von 21 300 Jahren. Der Fund wurde 1980 von dem Mainzer Anthropologen Winfried Henke beschrieben.

6] s. Anm. 1 Das Micoquien.

7] s. Anm. 16 Das Aurignacien.

8] s. Anm. 17 Das Aurignacien.

9] s. Anm. 6 Das Moustérien.

10] s. Anm. 3 Die Blattspitzen-Gruppen.

11] s. Anm. 9 Das Micoquien.

12] In der Magdalenahöhle bei Gerolstein hat 1970 bis 1972 der Amateur-Archäologe Gerhard Weiß gegraben. Er benannte die Höhle nach dem Vornamen seiner Frau.

13] s. Anm. 25 Das Aurignacien.

14] s. Anm. 8 Das Spätacheuléen.

15] s. Anm. 18 Das Moustérien.

16] Die Fundstelle auf dem Linsenberg in Mainz wurde 1921–1923 durch den Direktor des Mainzer Altertumsvereins, Ernst Neeb (1861–1939), untersucht.

17] Die Freilandstation auf dem Steinberg (auch Napoleonshöhe) bei Sprendlingen wurde 1977 von dem Mainzer Geomorphologen Johannes Preuß entdeckt und im Sommer 1978 durch den Kölner Prähistoriker Gerhard Bosinski ausgegraben.

18] Die Funde in der Ziegeleigrube Wegler von Koblenz-Metternich wurden zum größten Teil 1882 durch den Bonner Anatomen Hermann Schaaffhausen (1816–1893) und durch den Direktor des Städtischen Tiefbauamtes in Koblenz, Adam Günther (1861–1940), geborgen. 1905 und 1906 nahm Adam Günther Ausgrabungen vor. 1937 erfolgte eine Nachgrabung durch den Prähistoriker Hans Leonhard Hofer (1908–1941) für das Landesmuseum Bonn.

19] Die ersten Funde aus Rhens in der Ziegelei Peters (später Müller) gelangen 1898 Adam Günther (s. Anm. 18) aus Koblenz. Weitere Funde barg 1938 der Bonner Prähistoriker Hans Leonhard Hofer.

20] Der Fundplatz Dolní Věstonice wurde 1922 entdeckt und 1924–1938 durch den Paläoanthropologen Karel Absolon (1887–1960) vom Mährischen Landesmuseum Brünn ausgegraben. Er fand lediglich eine große Anhäufung von Mammutknochen, die er als Abfallhaufen beschrieb. Die Siedlungsstelle Dolní Věstonice I wurde von dem Prähistoriker Bohuslav Klíma aus Brünn entdeckt und 1950 bekanntgemacht. 1951 wurde etwa 80 Meter davon entfernt die Siedlungsstelle Dolní Věstonice II entdeckt.

21] Die Siedlung von Ostrava-Petřkovice wurde 1953 durch Bohuslav Klíma untersucht.

22] In Pavlov wurde 1952 der Teil einer Siedlung entdeckt und in den Jahren danach untersucht.

23] In Solutré haben ab 1865 der Geologe Henri de Ferry (1826–1869) aus Bussières sowie der Archäologe und Paläograph Adrien Arcelin (1838–1904) aus Chaumont gegraben. 1873 wurden außer Herdstellen, Werkzeugen und Schmuck auch drei menschliche Skelette aus dem Solutréen entdeckt.

24] Den Begriff Solutréen hat 1869 der Prähistoriker Gabriel de Mortillet (1821–1898) aus Saint-Germain bei Paris geprägt.

25] Bei der »Venusfigur« aus den Weinberghöhlen soll es sich um eine sogenannte Zwei-Geschlechter-Figur mit männlichen und weiblichen Merkmalen handeln. Da die Existenz solcher Figuren vorher vom Ausgräber für die Altsteinzeit vermutet wurde, besteht in der Fachwelt der Verdacht, es handle sich bei dieser »Venusfigur« um eine Fälschung durch Freunde des Ausgräbers. Die »Venusfigur« aus den Weinberghöhlen soll sowohl einem Penis mit Hoden als auch einem Frauenkörper ähneln. Ihr Oberkörper wird durch einen dicken unförmigen Zapfen ohne Brüste gebildet. Umlaufende Linien markieren die Taille. Das Gesäß lädt stark nach hinten und seitlich aus. Beide Hälften werden durch einen tiefen Einschnitt voneinander getrennt. Die linke Gesäßbacke ist deutlich größer als die rechte. Der untere Gesäßteil und die rückwärtigen Teile beider Oberschenkel gehen fast waagrecht nach vorne, wobei eine Sitzfläche entsteht, auf die die »Venusfigur« – ohne zu wackeln – sitzen kann. Im Kniebereich gibt es einen scharfen Knick. Auf der Vorderseite bilden der Schoß ohne Schamdreieck und die Beinpartie eine Fläche. Unten endet die Figur stumpf ohne Füße.

Das Magdalénien

1] Der Begriff Brandenburger Stadium wurde 1926 durch den Geologen Paul Woldstedt (1888–1973) geprägt, der damals Mitarbeiter der Preußischen Geologischen Landesanstalt Berlin war.

2] Der Name Frankfurter Stadium wurde 1929 durch Paul Woldstedt (s. Anm. 1) eingeführt.

3] Der Ausdruck Pommersches Stadium wurde 1925 von Paul Woldstedt (s. Anm. 1) vorgeschlagen.

4] Im Abri La Madeleine nahm 1863/64 der Rechtsanwalt und Prähistoriker Édouard Lartet (1801–1871) aus Paris erste Ausgrabungen vor.

5] Den Begriff Creswellien hat 1926 die englische Prähistorikerin Dorothy Garrod (1892–1969) aus Cambridge eingeführt.

6] Die ersten Funde von der Patenstation Świdry Wielkie bei Warschau wurden von dem Warschauer Prähistoriker Ludwik Sawicki (1893–1972) an der Erdoberfläche aufgesammelt. Ausgrabungen nahm der Geologe und Prähistoriker Stefan Krukowski (1890–1982) aus Warschau vor. Der Ausdruck Swidérien (Swiderian) wurde 1921 von Stefan Krukowski verwendet. Dieser Name ist von dem kleinen Fluß Świder, einem rechten Nebenfluß der Weichsel, im Süden von Warschau abgeleitet. Während der zwanziger Jahre schlug Krukowski eine Kopplung von Begriffen mit dem Wort Swidérien vor, um so jene Industrien zu bestimmen, die dem Swidérien ähneln. 1936 prägten der polnische Prähistoriker Leon Kozłowski (1892–1944) aus Lemberg und der englische Prähistoriker John Grahame Douglas Clark aus Cambridge den Begriff Swidérien-Kultur (Swiderian Culture). Leon Kozłowski unterschied die Swidérien-Kultur von der Chwalibogowice-Kultur, ein Begriff, den er 1918 geprägt hatte, obwohl beide dieselbe Leitform aufweisen. Nach dem Zweiten Weltkrieg führte Stefan Krukowski den Namen Masovian-Kreis ein, dem er die Industrien Swidérien, Wyględowien, Pludien, Zaswiatien, Oronien und Tarnowien zurechnete. Auch danach gab es viele Diskussionen über das Swidérien. Heute werden beide Begriffe, die Swidérien-Kultur und der Masovian-Kreis, in Polen benutzt.

7] Der Begriff Dryas-Zeit wurde 1872 von dem Stockholmer Geologen und Polarforscher Otto Martin Torell (1828–1900) verwendet. Der Stockholmer Paläobiologe Alfred Gabriel Nathorst (1850–1921) hatte diese Zeit schon 1870 ohne Namensgebung beschrieben.

8] Der Begriff Bölling-Interstadial wurde 1942 durch den dänischen Geologen und Botaniker Johannes Iversen (1904–1971) geprägt.

9] Der Name Alleröd-Interstadial wurde 1901 durch den dänischen Paläontologen Nicolai Hartz (1867–1937) aus Kopenhagen und dem Geologen Vilhelm Milthers (1865–1962) aus Kopenhagen eingeführt.

10] Die Doppelbestattung am Stingenberg von Oberkassel wurde am 18. Februar 1914 von zwei Steinbrucharbeitern entdeckt. Davon erfuhr der Lehrer Franz Kissel (1891–1977) aus Oberkassel durch den Vorarbeiter, in dessen Haus er wohnte. Kissel besichtigte den Fund und riet dazu, diesen zu bergen. Daraufhin bewahrte man die Skelettreste in einer alten Munitionskiste auf, die Sprengstoff für Felssprengungen enthalten hatte. Kissel informierte den Steinbruchbesitzer Peter Uhrmacher, und dieser meldete die Entdeckung der Universität Bonn. Am 21. Februar 1914 kamen der Physiologe Max Verworn (1863–1921), der Anatom Robert Bonnet (1852–1921) sowie der Anatom und Anthropologe Friedrich Heiderich (1878–1940), alle aus Bonn, nach Oberkassel. Die Rheinische Friedrich-Wilhelms-Universität Bonn kaufte dem Steinbruchbesitzer den Fund ab. Die Doppelbestattung wurde durch Verworn, Bonnet, Heiderich und durch den Geologen Gustav Steinmann (1856–1929) aus Bonn untersucht.

11] Die Bärenfelsgrotte wurde 1932 durch den Heimatforscher Hermann Mohn (1896–1958) aus Heidenheim untersucht.

12] s. Anm. 16 Das Aurignacien.

13] Die völlig verschüttete Kniegrotte wurde 1950 durch den Postinspektor Martin Richter (1889–1967) aus Neustadt an der Orla entdeckt. Ihr Name basiert auf der Knieform des Höhlengrundrisses. Richter hat in der Kniegrotte von 1950 bis 1958 gegraben.

14] Die Entdeckungsgeschichte der Freilandsiedlung Gönnersdorf begann bei Ausschachtungsarbeiten für einen Neubau im März 1968. Dabei beobachtete der Architekt Klaus Richter aus Neuwied ein Steingerät und meldete dies dem Kreismuseum Neuwied. Von 1968 bis 1976 nahm der Kölner Prähistoriker Gerhard Bosinski Ausgrabungen vor.

15] Auf dem Sandberg bei Oelknitz grub zunächst der Jenaer Prähistoriker Gotthard Neumann (1902–1972), dann von 1957 bis 1967 die Weimarer Prähistoriker Günter Behm-Blancke und Rudolf Feustel.

16] Der Siedlungsplatz bei Hummelshain wurde bereits 1881 durch den Jenaer Kunsthistoriker Friedrich Klopffleisch (1831–1898) ausgegraben.

17] Die Freilandstation Bad Frankenhausen wurde 1955/56 durch Günter Behm-Blancke (s. Anm. 15) ausgegraben.

18] In der Höhlenruine »Teufelsbrücke« wurde 1960 eine Siedlungsschicht des Magdalénien angeschnitten und 1970 durch den Weimarer Prähistoriker Rudolf Feustel (s. Anm. 15) untersucht.

19] 1888 informierte der Förster Josef Brend'amour (1841–1908) aus Schlott bei Kelheim den Finanzamtmann Josef Fraunholz (1856–1931) aus Kastl bei Amberg darüber, daß er in der Kastlhänghöhle verschiedene urgeschichtliche Funde geborgen habe. Daraufhin begann Fraunholz mit Grabungen. Im Herbst 1895 stieß er auf eine altsteinzeitliche Schicht. 1897 lernte Fraunholz den aus Regensburg stammenden, damals 20jährigen Prähistoriker Hugo Obermaier (1887–1946) kennen. Zusammen mit ihm grub Fraunholz in seiner Freizeit bis 1907 die Höhle aus.

20] Der Oberpostrat Eduard Peters (1869–1948) aus Veringenstadt entdeckte 1927 bei Bittelbrunn eine Höhle, die er – nachdem Einwohner von Bittelbrunn diesen Namen erfunden hatten – Petersfelshöhle nannte. Peters führte drei Ausgrabungen durch: die erste vom 5. Oktober bis 12. November 1927, die zweite vom 15. bis 28. März 1928 und die dritte vom 9. Mai bis 16. Juli 1932. 1974–1978 untersuchte der Tübinger Prähistoriker Gerd Albrecht den Vorplatzbereich der Höhle.

21] Im Sommer 1866 stieß der Müller Karl Benedikt Kaeß (1816–1908) beim Tieferlegen der Schussenquelle bei Schussenried auf eiszeitliche Siedlungsreste. Daraufhin nahm der Stuttgarter Geologe Oskar Fraas (1821 bis 1897) eine Ausgrabung vor.

22] Der Lagerplatz Malta bei Irkutsk in Sibirien wurde 1928 entdeckt und 1928/29 sowie von 1956 bis 1958 durch den russischen Anthropologen und Archäologen Michail Michailovič Gerassimow (1907–1970) aus Moskau untersucht.

23] Der freie Mitarbeiter des Rheinischen Provinzialmuseums in Bonn Constantin Koenen (1854–1929) grub 1882 auf dem Martinsberg in Andernach römische und fränkische Gräber aus. Dabei achtete er auch auf urgeschichtliche Funde, worum ihn der Bonner Anatom Hermann von Schaaffhausen (1816–1893) gebeten hatte. Am 10. Februar 1883 teilte Koenen Schaaffhausen brieflich mit, er habe gespaltene Tierknochen entdeckt. Daraufhin besichtigte Schaaffhausen am Tag darauf die Fundstelle und ordnete eine genaue Untersuchung an. Bei den Grabungen von Schaaffhausen kamen dann Jagdbeutereste, Steinwerkzeuge, Knochennadeln, Geschoßspitzen aus Rengeweih, Schmuck und ein Kunstwerk zum Vorschein. Der alte, von Schaaffhausen untersuchte Fundplatz wurde im Herbst 1979 durch den Prähistoriker Stefan Veil, der damals an der Forschungsstelle Altsteinzeit der Universität Köln wirkte, wieder aufgefunden und untersucht.

24] Die Hohlensteinhöhle bei Ederheim wurde 1911–1913 durch den Anthropologen und Prähistoriker Ferdinand Birkner (1868–1944) aus München sowie durch den Apotheker und Heimatforscher Ernst Frickhinger (1876 bis 1940) ausgegraben.

25] Die vier benachbarten Freilandfundplätze Groitzsch A, B, C, und D wurden 1952–1961 durch den Prähistoriker Helmut Hanitzsch aus Halle/Saale untersucht.

26] Der Freilandfundplatz Saaleck wurde vor dem Zweiten Weltkrieg von dem Direktor des Elektrizitätswerkes in Camburg/Thüringen und Heimatforscher Dipl.-Ing. Alfred Wlost entdeckt und durch Grabungen ausgebeutet. Wlost hat in den zwanziger und dreißiger Jahren eine Kollektion von Bodenaltertümern aus Sachsen und Thüringen zusammengetragen.

27] Im Felsställe hat 1975 der Tübinger Prähistoriker Wolfgang G. Torke gegraben.

28] s. Anm. 8 Das Spätacheuléen.

29] In der Kleinen Scheuer wurde bereits 1916 erstmals durch den Tübinger Theologiestudenten Hans Maier (1897–1956) und den Tübinger Prähistoriker Richard Rudolf Schmidt (1882–1950) gegraben, im Hohlen Fels schon 1870 erstmals durch den Stuttgarter Geologen Oskar Fraas (1821–1897) und den Pfarrer Theodor Hartmann (1829–1885) aus Wippingen.

30] Der Bärenkeller bei Königsee wurde 1961–1969 durch den Weimarer Prähistoriker Rudolf Feustel ausgegraben.

31] Die schematisierte Frauenfigur aus Achat befindet sich in der Sammlung des Winzers und Heimatforschers Heinrich Bell (1907–1986). Sie wurde bei der Tagung der Hugo-Obermaier-Gesellschaft im April 1969 von der Prähistorikerin Elisabeth Schmidt aus Basel erkannt. Die Figur ist 6,7 Zentimeter groß, 2,5 Zentimeter breit und 0,5 Zentimeter dick.

32] In Chancelade entdeckten 1888 der Archäologe Michel Hardy (1840 bis 1893) aus Périgueux und der Ingenieur Maurice Féaux (1851 bis 1934), der spätere Direktor des Museums von Périgueux, ein menschliches Skelett.

33] Der damals in Paris wirkende Prähistoriker Hugo Obermaier (s. Anm. 19) entdeckte bei seinen Ausgrabungen in der Mittleren Klause am 4. Oktober 1913 Skelettreste eines Jungpaläolithikers, der in der Fachliteratur Neuessing 2 genannt wird. Im Gegensatz dazu wird der rechte obere Milchschneidezahn aus der Klausennische, der ebenfalls damals geborgen wurde, als Neuessing 1 bezeichnet.

Die »Hamburger Kultur«

1] Alfred Rust (1900–1985) war Elektromeister. Von 1930 bis 1933 betätigte er sich als Ausgräber in Jabrud (Syrien), wohin er mit dem Fahrrad gelangt war. Ab 1933 forschte und grub er für das Schleswig-Holsteinische Museum für Vor- und Frühgeschichte in Schleswig. 1942 habilitierte er sich in Kiel. Er verfaßte zahlreiche wissenschaftliche Publikationen.

2] Die ersten Funde im Ahrensburg-Meiendorfer Tunneltal glückten 1906 dem Landesgeologen an der damaligen Königlich Preußischen Landesanstalt in Berlin, Wilhelm Wolff (1872–1951). Er entdeckte auf dem Stellmoorhügel zahlreiche bearbeitete Feuersteine.

3] In Ahrensburg-Borneck grub Alfred Rust (s. Anm. 1) 1946.

4] Die Behausungsreste von Ahrensburg-Teltwisch 1 wurden 1971 durch den damals in Hamburg wirkenden Prähistoriker Gernot Tromnau entdeckt, die von Ahrensburg-Teltwisch 3 fand er 1967/68.

5] In Ahrensburg-Poggenwisch hat Alfred Rust (s. Anm. 1) 1951 gegraben.

6] In Ahrensburg-Hasewisch grub Alfred Rust (s. Anm. 1) 1951.

7] Die Fundstelle Schalkholz wurde im Juli 1970 durch die Kieler Geologen Wolfgang Lange und Georg Tontsch entdeckt. Anfang August 1970 besichtigten Alfred Rust und Gernot Tromnau die Fundstelle.

8] Die Fundstelle Querenstede wurde 1961 beim Abbaggern einer Düne entdeckt.

9] Der Fundplatz Dörgen wurde in den dreißiger Jahren des 20. Jahrhunderts durch den Lehrer Franz Wolf (1896–1955) aus Meppen entdeckt. Später führte das Landesmuseum Hannover Grabungen durch.

10] Der Fundplatz Heber wurde 1951 durch den Landwirt Erich Matthies aus Deimern entdeckt, der zusammen mit seinen Söhnen Feuersteinartefakte auflas. Weitere Funde glückten 1958. Daraufhin untersuchte der Mitarbeiter des Landesmuseums in Hannover, Hans-Jürgen Killmann, die Fundstelle.

11] Auch der Fundplatz Deimern wurde von Erich Matthies (s. Anm. 10) entdeckt.

12] Das Knochengerät aus Groß Wusternitz wurde in den zwanziger Jahren des 20. Jahrhunderts in den Haveltonen entdeckt. Die Fundumstände sind unbekannt.

13] Der Poggenwischstab wurde 1951 von Alfred Rust (s. Anm. 1) in Ahrensburg-Poggenwisch entdeckt.

14] Die Geweihschaufel in Form eines Fisches wurde bei den 1933/34 durch Alfred Rust in Meiendorf durchgeführten Ausgrabungen geborgen.

15] Im Herbst 1933 fand der Prähistoriker Hermann Schwabedissen im Osnabrücker Museum Feuersteinwerkzeuge der »Hamburger Kultur«, die ein Leutnant auf der Glaner Heide bei Wildeshausen entdeckt hatte und die vor 1888 dem Museum übergeben worden waren. Im Sommer 1936 fand Schwabedissen im Oldenburger Museum Feuersteinwerkzeuge der »Hamburger Kultur«, die 1875 durch einen Apotheker und zu einem kleinen Teil durch den Museumsdirektor Friedrich von Alten (1822–1884) aufgelesen worden waren.

Die Federmesser-Gruppen

1] Der Botaniker Wilhelm Jännicke (1863–1893) aus Frankfurt und der Präparator der Rheinischen Naturforschenden Gesellschaft in Mainz, Wilhelm von Reichenau (1847–1925), erkannten bereits in den achtziger Jahren des 19. Jahrhunderts, daß es sich beim Mainzer Sand um eine Reliktflora handelt, die mit dem erdgeschichtlichen Geschehen in diesem Gebiet in Zusammenhang steht. Wilhelm von Reichenau war von 1910 bis 1913 Direktor des Naturhistorischen Museums Mainz.

2] Der Usselo-Horizont wurde nach einem holländischen Fundort benannt.

3] Adam Günther (1871–1940) war Direktor des Städtischen Tiefbauamtes und Museumsdirektor in Koblenz. Er barg bei zahlreichen Rettungsgrabungen urgeschichtliche Funde.

4] Der Abri I am Bettenroder Berg wurde 1986/87 durch den Göttinger Prähistoriker Klaus Grote untersucht.

5] Der Rastplatz in Niederbieber wurde im Winter 1980/81 durch den Sammler Josef Halm aus Köln entdeckt und ab 1981 durch die Forschungsstelle Altsteinzeit der Universität Köln und die Bodendenkmalpflege Koblenz ausgegraben.

6] Im Herbst 1966 fand der Studienrat Günter Pausch bei Gartenarbeiten auf seinem Wohngrundstück in Urbar Steinwerkzeuge und Tierknochen; er meldete die Funde dem Staatlichen Amt für Vor- und Frühgeschichte Koblenz. Der Platz wurde zunächst durch den Koblenzer Archäologen Hans Eiden und dann durch den damals in Tübingen wirkenden Prähistoriker Hartwig Löhr ausgegraben.

7] Der Zeltplatz in Rüsselsheim wurde 1989 bei Erdarbeiten zu einer neuen Autobahnzufahrt neben der Adam-Opel-Straße durch den Arbeiter und Heimatforscher Jürgen Hubbert aus Bauschheim entdeckt. Die Notbergung ab Winter 1989 nahm der Marburger Prähistoriker Lutz Fiedler vor.

8] In der Westerbecker Heide bei Westerkappeln hat 1955 der Lehrer Karl Falkenberg aus Westerkappeln-Metten mindestens zehn Lagerplätze von Federmesser-Leuten aufgespürt.

9] Die Fundstelle Achmer wurde 1980 und 1981 durch den Osnabrücker Prähistoriker Andree Lindhorst untersucht.

10] Der Lagerplatz Ahrensburg-Borneck wurde im Spätherbst 1947 durch den Ahrensburger Prähistoriker Alfred Rust (1900–1985) entdeckt.

11] In Hamburg-Rissen wurden Mitte der dreißiger Jahre durch den Hamburger Zoologen Karl Stülcken (1897–1966) die ersten Funde geborgen. Weitere Entdeckungen gelangen dessen Schüler Werner Ehrich, der als Techniker am Seminar für Vor- und Frühgeschichte in Hamburg tätig war. Der Wohnplatz wurde durch den Leiter der vorgeschichtlichen Abteilung des Städtischen Museums Altona, Roland Schröder (1902–1943), entdeckt.

12] Der Fundplatz Wehlen wurde 1878 durch den Oberförster Karl Wilhelm Ernst Hilsenberg (1845–1910) aus Sellhorn aufgespürt. 1880 berichtete sein Freund, der damals in Karlsruhe lebende Kunstmaler und Heimatforscher Eugen Bracht (1842–1921), darüber.

13] Die Fundstelle Miesenheim II wurde im Juli 1982 durch den Marburger Archäologiestudenten Axel von Berg entdeckt. 1982 leitete der Kölner Prähistoriker Hermann-Josef Fruth eine kleinere Voruntersuchung für die Forschungsstelle Altsteinzeit (damals der Universität Köln angeschlossen). Danach wurde von der Universität Köln (später Römisch-Germanisches Zentralmuseum Mainz) und vom Botanischen Institut der Universität Stuttgart unter den Professoren Gerhard Bosinski und Burkhard Frenzel eine Arbeitsgruppe gebildet, die den Fundplatz untersuchte. Die Grabungsleitung oblag Martin Street. Ab 1984 lief die Grabung als Forschungsprogramm der Stiftung Volkswagenwerk.

14] Die Fundstelle Thür wurde im November 1980 durch den damals ehrenamtlichen Mitarbeiter des Landesamtes für Denkmalpflege, Abteilung Bodendenkmalpflege, Außenstelle Koblenz, Axel von Berg in einer Bimsgrube entdeckt. Er und der Kölner Prähistoriker Hermann-Josef Fruth besichtigten noch am Fundtag die Fundstelle.

15] Am Hochrand des Dowesees bei Braunschweig wurden bereits im vorigen Jahrhundert Feuersteinwerkzeuge entdeckt.

16] Die Fundstelle Leiferde wurde durch Kurt Vollbrecht aus Braunschweig entdeckt.

17] Die Funde von Westerbeck wurden durch den Lehrer und Leiter des Heimatmuseums in Gifhorn, Bernhard Zeitz (1897–1981), entdeckt.

18] In Misburg barg um die Mitte der dreißiger Jahre der Lehrer Anton Scholand (1890–1973) aus Misburg Feuersteinwerkzeuge.

19] Der Fundplatz Sögel wurde durch die Prähistorikerin Elisabeth Schlicht aus Sögel entdeckt, die 1940 darüber in ihrer Kieler Dissertation berichtete.

20] In Kalbe-Kremkau hat der Mittelschullehrer Heinrich Julius Müller (1888–1922) aus Kalbe an der Milde gesammelt.

21] s. Anm. 8 Das Spätacheuléen.

22] s. Anm. 12 Das Micoquien.

23] Der Prähistoriker Julius Andree (1889 bis 1942) aus Münster fand im Bonner Museum ein Kästchen mit Funden, die nach einer Notiz des Bonner Anatomen Hermann Schaaffhausen (1816–1893) aus Iserlohn stammen. Dabei handelt es sich vermutlich um Funde aus der Grürmannshöhle.

24] In der Martinshöhle hat 1870 Hermann Schaaffhausen gegraben. Sie wurde zu Beginn des 20. Jahrhunderts durch einen Steinbruchbetrieb zerstört.

25] Im Sommer 1935 wurden bei Abraumarbeiten an der Hohen Liet südlich von Warstein zahlreiche Knochen von eiszeitlichen Tieren entdeckt. Die Untersuchung durch den Konrektor Eberhard Henneböhle (1891–1979) aus Rüthen/Möhne ergab, daß dort eine ehemalige Höhle angeschnitten worden war. Im Anschluß an die Grabung an der Hohen Liet wurde auch die gegenüberliegende Höhle Eppenloch untersucht. Sie war 12 Meter lang, 2 Meter breit und hoch und besaß kurz vor ihrem Ende einen fast 5 Meter hohen Schacht. Das Eppenloch wurde 1953/54 durch Kalksteinabbau zerstört.

26] In Ahrensburg-Bornwisch hat Alfred Rust (s. Anm. 10) in den dreißiger Jahren beim Anlegen von Suchlöchern in jeweils 5 Meter Abstand auch Federmesser entdeckt.

27] In Grande haben der Mittelschullehrer Hans Riecken (1894–1967) aus Rausdorf und Herbert Schultz aus Hamburg-Fuhlsbüttel Funde zusammengetragen.

28] Funde aus Sprenge werden im Heimatmuseum Bad Oldesloe und im Museum Schleswig aufbewahrt.

29] Der Fundplatz Nettelhorst wurde durch Heinrich Julius Müller (s. Anm. 20) entdeckt.

Die »Bromme-Kultur«

1] Die ersten Feuersteinwerkzeuge von Bromme wurden 1942 von dem Juristen Erik Westerby (1901–1981) aus Ringkøbing (Jütland) entdeckt, der das Vorhandensein einer ungestörten Kulturschicht feststellte. Die weiteren Grabungen von 1945/46 standen unter der Leitung des Kopenhagener Archäologen Therkel Mathiassen (1892–1967). Daran beteiligten sich auch der norwegische Prähistoriker Gutorm Gjessing (1906–1979), der dänische Geologe und Botaniker Johannes Iversen (1904–1971) und der dänische Naturwissenschaftler Jørgen Andreas Troels-Smith.

2] Daß die »Bromme-Kultur« in das Alleröd-Interstadial fiel, hat 1946 Johannes Iversen (s. Anm. 1) nach einer Pollenanalyse am namengebenden Fundort Bromme erkannt.

3] Auf dem Pinnberg hat 1956–1938 der Ahrensburger Prähistoriker Alfred Rust (1900–1983) gegraben. Die in älterer Literatur erwähnten »drei Gräber« vom Pinnberg bei Ahrensburg halten der Kritik nicht stand.

Das Spätpaläolithikum

1] Einige Autoren datieren den Beginn der Nacheiszeit (Holozän) auf 10300 Jahre vor heute bzw. 8300 v. Chr.

2] Im Zigeunerfels hat 1971–1973 der damals in Tübingen wirkende Prähistoriker Wolfgang Taute gegraben.

3] In der Burghöhle von Dietfurt hat 1972 Wolfgang Taute (s.Anm. 2) gegraben.

4] s. Anm. 29 Das Magdalénien.

5] Im Helga-Abri hat 1958 der Tübinger Prähistoriker Gustav Riek (1900 bis 1976) gegraben.

6] s. Anm. 29 Das Magdalénien.

Die »Ahrensburger Kultur«

1] s. Anm. 3 Die »Hamburger Kultur«.

2] s. Anm. 26 Die Federmesser-Gruppen.

3] Der Behausungsgrundriß von Ahrensburg-Teltwisch-Mitte wurde im Sommer 1969 durch den damals in Hamburg wirkenden Prähistoriker Gernot Tromnau festgestellt.

4] Der Lagerplatz am Kaiserberg in Duisburg wurde im November 1978 von dem Arzt Kurt Hofius aus Duisburg-Meiderich entdeckt. Ihm waren in einer Baugrube prähistorische Tonscherben aufgefallen, die das Niederrheinische Museum in Duisburg zu einer mehrwöchigen Grabung bewogen. Dabei stieß der Archäologe Günter Krause aus Duisburg überraschenderweise auch auf eine Rentierjägerstation der »Ahrensburger Kultur«.

5] Im Hohlen Stein in Kallenhardt haben 1928–1934 mehrfach der Konrektor Eberhard Henneböhle (1891–1979) aus Rüthen/Möhne und der Prähistoriker Julius Andree (1889–1942) aus Münster gegraben.

6] In der Bilsteinhöhle wurden 1887 die ersten Funde entdeckt. 1888 und 1889 ist die Höhle untersucht worden.

7] Die Höhle Eppenloch bei Warstein wurde 1953/54 durch den Abbau von Kalkstein zerstört.

8] s. Anm. 24 Die Federmesser-Gruppen.

9] s. Anm. 10 Das Jungacheuléen.

10] Die Stielspitzen von Fußgönheim wurden in den achtziger Jahren von dem Sammler Kurt Hettich aus Fußgönheim gefunden und Anfang 1990 dem Kölner Prähistoriker Erwin Cziesla vorgelegt.

11] Der Auerochse von Potsdam-Schlaatz wurde am 27. Februar 1984 auf der Sohle eines etwa 3,50 Meter tiefen Grabens für eine Abwasserleitung durch einen Baumaschinisten entdeckt, der den Fund dem Museum für Ur- und Frühgeschichte Potsdam meldete.

Die Altsteinzeit in Österreich

1] Der Wiener Prähistoriker Richard Pittioni (1906–1985) hat 1954 die Altsteinzeit und die nachfolgende Mittelsteinzeit als Lithikum (deutsch: Steinzeit) bezeichnet. Dieser Begriff konnte sich jedoch nicht durchsetzen. In Mitteleuropa faßt man daher nach wie vor die Alt-, Mittel- und Jungsteinzeit zur Steinzeit zusammen.

Das Jungacheuléen

1] Gernot Rabeder ist Ordinarius für Paläontologie an der Universität Wien und gilt als Spezialist für eiszeitliche Bären.

2] Die Repolusthöhle wurde nach dem Arbeiter Anton Repolust (geboren 1877, gefallen im Ersten Weltkrieg an der italienischen Front) aus Badl bei Peggau benannt, der 1910 diese Höhle entdeckte. Zwischen 1947 und 1955 leitete Maria Mottl (1906–1980), Paläontologin und Geologin am Steiermärkischen Landesmuseum Joanneum in Graz, Grabungen in der Höhle. Die von Gernot Rabeder (s. Anm. 1) untersuchten Bärenreste stammen von den Grabungen Maria Mottls.

3] Das Steiermärkische Landesmuseum Joanneum in Graz wurde 1811 von Erzherzog Johann gegründet und nach ihm benannt.

4] Die Bärenart *Ursus deningeri* wurde 1906 von dem Mainzer Paläontologen Wilhelm von Reichenau (1847–1925) anhand eines Fundes aus den Mosbacher Sanden bei Wiesbaden beschrieben. Er benannte den Fund nach seinem Freund und früheren Mitarbeiter, dem in Mainz geborenen Geologen Karl Julius Deninger (1878–1917) aus Dresden.

5] Der Höhlenbär *Ursus spelaeus* wurde 1774 von dem Leipziger Anatomen Johannes Christian Rosenmüller (1771–1820) nach einem Schädelfund aus der Burggaillenreuther Zoolithenhöhle bei Muggendorf im bayerischen Regierungsbezirk Oberfranken beschrieben.

Das Moustérien

1] Der Begriff Riß/Würm-Interglazial wurde 1909 von dem Berliner Geographen Albrecht Penck (1858–1945) und dem damals in Wien wirkenden deutschen Geographen Eduard Brückner (1862–1927) geprägt. Statt Riß/Würm-Interglazial spricht man auch von der Riß/Würm-Warmzeit. Der Begriff Interglazial wurde 1865 durch den Zürcher Botaniker Oswald Heer (1809–1883) eingeführt.

2] Kurt Ehrenberg (1896–1979) war ein Schüler des berühmten österreichischen Paläontologen Othenio Abel (1875–1946). Er wurde später Abels Schwiegersohn. 1921–1923 war Ehrenberg Mitarbeiter von Abel bei den Grabungen in der Drachenhöhle bei Mixnitz in der Steiermark. Die Ausgrabung dieser alpinen Bärenhöhle hat die spätere Arbeitsrichtung Ehrenbergs maßgeblich beeinflußt.

3] Die Tischoferhöhle (auch Schäfer- oder Bärenhöhle genannt) wurde seit dem Mittelalter untersucht. 1859 nahm der Lehrer Adolf Pichler (1819 bis 1900) aus Innsbruck Grabungen vor. 1906 untersuchte der Paläontologe Max Schlosser (1854–1933) aus München die Höhle. 1960 folgte eine Untersuchung durch den Innsbrucker Prähistoriker Osmund Menghin (1920–1989).

4] In der Großen Badlhöhle bei Peggau grub 1837/38 Ferdinand Josef Johann Freiherr von Thinnfeld (1793–1868) aus Feistritz. Darüber berichtete 1858 der Grazer Botaniker Franz Unger (1800–1870).

5] s. Anm. 2.

6] s. Anm. 2 Das Jungacheuléen.

7] Der Paläontologe Othenio Abel (1875–1946) war Professor in Wien und Göttingen. Er gilt als Begründer der Paläobiologie.

8] Georg Kyrle (1887–1937) war ursprünglich Apotheker, studierte später jedoch Vorgeschichte, Anthropologie und Geographie. Er promovierte 1912, wurde wissenschaftlicher Mitarbeiter des Staatsdenkmalamtes in Wien, 1921 Generalkonservator im Bundesdenkmalamt und 1929 Professor für Höhlenkunde.

9] Die Salzofenhöhle wurde 1924–1944 durch den Schulrat Otto Körber (1886–1945) aus Bad Aussee untersucht. 1939–1948 nahm der Wiener Paläontologe Kurt Ehrenberg (s. Anm. 2) Grabungen vor.

10] Die Grabungen in der Ramesch-Knochenhöhle gehen auf eine Initiative des damaligen Direktors des Oberösterreichischen Landesmuseums in Linz, Hermann Kohl, zurück. Dieser schlug 1978 den späteren Grabungsleitern Karl Mais und Gernot Rabeder vor, für das Landesmuseum in einer hochalpinen Höhle zu graben, um diesen Typ einer eiszeitlichen Fossillagerstätte zu dokumentieren und im Rahmen der Eiszeitausstellung der Öffentlichkeit zu zeigen. Bei einer Studienexkursion im Juni 1978 in verschiedenen Höhlen des Toten Gebirges wurde die Knochenhöhle im Ramesch als für dieses Vorhaben besonders günstig erkannt.

11] Die bis zu den Grabungen von 1883 namenlose Höhle wurde von den ersten Ausgräbern nach dem Besitzer der Burg Hartenstein, Heinrich Reichsfreiherr von Gudenus (1839–1915), benannt. Der Fundkomplex aus der Gudenushöhle wurde 1908 durch den damals in Freiburg (Schweiz) wirkenden französischen Prähistoriker Henri Breuil (1877–1961) und durch den 1909–1911 in Wien tätigen deutschen Prähistoriker Hugo Obermaier (1877–1946) untersucht.

12] Willendorf I wurde 1883 durch den Ingenieur und Heimatforscher Ferdinand Brun (1850–1903) aus Kottes entdeckt. Er stammte aus Kindberg/Steiermark und starb in Mödling/Niederösterreich. In Willendorf I gruben außer Brun auch der Wiener Landschaftsmaler Hans Fischer (1848–1915) und der Prager Geologe und Paläontologe Jan Woldřich (1834–1906).

Das Aurignacien.

1] Der österreichische Quartärgeologe, -morphologe und Bodenkundler Julius Fink (1918–1981) aus Wien hat die Schichtenabfolge von Stillfried in Niederösterreich untersucht. Durch seine Arbeiten wurde diese Schichtenabfolge zu einem Standard-Lößprofil in Österreich und darüber hinaus. Fink bezeichnete drei zuunterst liegende Humuszonen zwischen Löß als Stillfried-A. Sie sind während frühwürmzeitlicher Klimaschwankungen entstanden. Darüber folgt eine schwache fossile Bodenbildung aus einer Wärmeschwankung, die von Fink Stillfried-B genannt wurde.

2] s. Anm. 3 Das Moustérien.

3] s. Anm. 4 Das Moustérien.

4] s. Anm. 2 Das Jungarcheuléen.

5] Die ersten Grabungen in der Höhle Lieglloch wurden 1926 auf Anregung des Oberlehrers Franz Angerer (1896–1949) aus Tauplitz durchgeführt. 1930 setzten dessen Schüler Franz Pichler (1920–1988) und Heinrich Pichler (1923–1943) die Grabungen fort. 1946 wurde die Höhle durch den Leiter der Steirischen Phosphat-Suchaktion, Alexander von Schouppé aus Graz, erforscht. Dabei fand der Ingenieur Viktor Maurin aus Graz einen Lagerplatz. 1947 ließ das Bundesdenkmalamt die Höhle untersuchen. Im August 1947 grub die Grazer Paläontologin und Geologin Maria Mottl (1906–1980) in der Höhle Lieglloch und entdeckte dabei einen Lagerplatz.

6] Die Fundstelle Willendorf II wurde 1889 durch den Ingenieur und Heimatforscher Ferdinand Brun (1850–1903) aus Kottes entdeckt, der 1883 bereits Willendorf I aufgespürt hatte.

7] Josef Szombathy (1853–1943) hat 1882 die urgeschichtliche Abteilung des Naturhistorischen Museums Wien gegründet und 40 Jahre lang betreut. Er bereicherte die Sammlungen dieser Abteilung durch zahlreiche auf dem Gebiet der damaligen österreichischen Monarchie durchgeführte Grabungen.

8] Die Funde von 1925 kamen bei einer Exkursion des Wiener Prähistorikers Josef Bayer (1882–1931) zum Vorschein, die von Mai bis November währte. Bayer wurde dabei von der Sekretärin Karoline (genannt Lotte) Adametz (1879–1966) von der Geologisch-Paläontologischen Sammlung des Naturhistorischen Museums Wien sowie von dem Weinbauer und Heimatforscher Karl Wallner (1878–1966) aus Wagram begleitet. Bayer war Direktor der Anthropologischen und Prähistorischen Abteilung des Naturhistorischen Museums Wien.

9] Die ersten Funde von Senftenberg wurden in den Jahren 1912–1930 beim Abbau von Löß durch einen Ziegeleibetrieb geborgen. 1949 nahmen der Wiener Prähistoriker Franz Hampl (1915–1980) und der Wiener Prähistoriker Karl Kromer eine Ausgrabung vor, bei der sie zahlreiche Artefakte entdeckten.

10] Der Lagerplatz A von Langmannersdorf wurde 1905 durch den damals in Klosterneuburg wirkenden Weinbauadjunkt und Heimatforscher Albert Stummer (1882–1972) entdeckt und bekanntgemacht. 1949 untersuchte der Wiener Prähistoriker Wilhelm Angeli diese Fundstelle.

11] Der Fundplatz Getzersdorf wurde 1909 durch den Wiener Prähistoriker Josef Bayer (s. Anm. 8) entdeckt und 1910/11 von ihm erforscht.

12] Die Fundstelle in Großweikersdorf wurde 1912 beim Lößabbau entdeckt und durch den Fabrikbesitzer und Prähistoriker Matthäus Much (1852 bis 1909) aus Wien untersucht. 1956 stellte der Wiener Prähistoriker Karl Kromer eine Kulturschicht mit zahlreichen Funden fest. 1967 folgte eine Untersuchung und teilweise Ausgrabung durch den Wiener Geologen und Prähistoriker Friedrich Brandtner und den Wiener Paläontologen Adolf Papp.

13] Bei der Fundstelle Horn-Raabserstraße handelt es sich um die ehemalige Sandgrube des Architekten und früheren Stadtbaumeisters Kamillo Krejči aus Horn. 1916 entdeckte der Notar Maximilian Bernhauer (1866–1946) aus Horn in dieser Sandgrube erstmals fossile Tierknochen. Nach dem Fund eines Feuersteinabsplisses untersuchte der Postbeamte Josef Höbarth (1891–1952), der Gründer und damalige Leiter des Stadtmuseums in Horn, die Fundstelle, wobei er eine Kulturschicht mit Holzkohle und zerschlagenen Tierknochen freilegte. Darauf informierten Bernhauer und Höbarth den Wiener Prähistoriker Josef Bayer (s. Anm. 8), der am Pfingstsonntag 1931 zusammen mit Bernhauer und Höbarth die Fundstelle besichtigte. Ende Mai 1931 nahm Bayer eine Ausgrabung vor, bei der Tierknochen, Absplisse, etwas Holzkohle und ein winziges Stück Graphit geborgen wurden. Da Bayer bald danach am 25. Juli 1931 starb, wurden die Grabungsbefunde nicht publiziert. Erst 1957, als die Sandgrube bereits größtenteils zugeschüttet war, führte der Wiener Geologe und Prähistoriker Friedrich Brandtner eine zweite Ausgrabung durch. Da Brandtner nach USA ging, kam es erneut zu keiner Publikation über die Funde. Eine Darstellung und Auswertung der Grabungsergebnisse anhand des Fundgutes und der zur Verfügung stehenden Unterlagen erfolgte erst 1980 durch den damals in Wien wirkenden Anthropologen Wolfgang Heinrich als Nachtrag zu dessen Doktorarbeit.

14] Als erster machte 1870 Gundaker Graf Wurmbrand (1838–1901) aus Wien auf die Fundstelle im Gruebgraben bei Kammern am Kamp aufmerksam. Gundaker Graf Wurmbrand war 1884–1895 und 1896/97 Landeshauptmann der Steiermark.

15] In der Ziegeleigrube bei Stratzing entdeckte im Frühjahr 1941 der Kaufmann, Amateur-Archäologe und -Paläontologe Emil Weinfurter (1904 bis 1968) aus Wien die ersten Funde.

16] Die dem »Plateaulehmpaläolithikum« zugerechneten Fundorte wurden meist von dem Wiener Ingenieur und Heimatforscher Franz Kießling (1859–1940) entdeckt: Thürnau (Flur Dasing-Feld) 1890, Autendorf (Flur Lüßen) im Sommer 1895; Funde von Klaubsteinhaufen, Trabersdorf (Flur Aufeld), von Kießling abgesucht, Nonndorf (Flur Schwarzäcker) 1902, Zissersdorf (Flur Käferäcker) 1904.

Das Gravettien

1] Wilhelm Ehgartner (1914–1965) war 1955–1965 Leiter der Anthropologischen Abteilung des Naturhistorischen Museums Wien.

2] Hermann Maurer leitet den Arbeitskreis Niederösterreich der Gesellschaft für Vor- und Frühgeschichte und das Archiv für die Waldviertler Urgeschichtsforschung in Horn.

3] In Aggsbach wurden mehrere Fundstellen entdeckt. Auf die erste – Fundstelle A genannt – stieß man 1883, als auf dem Grundstück des damaligen Bürgermeisters und Wirtes Ebner eine kleine Ziegelei errichtet wurde. Beim Lößabbau kamen erste Artefakte zum Vorschein, wovon der Ingenieur und Heimatforscher Ferdinand Brun (1850–1903) aus Kottes erfuhr, der diese Funde bekanntmachte. 1884 hörte der Wiener Prähistoriker Josef Szombathy (1853–1943) von der Entdeckung. Er besichtigte am 5. Oktober 1884 zusammen mit Brun die Fundstelle. Brun übernahm von da ab das Aufsammeln der Funde, wobei er von dem Wiener Landschaftsmaler Hans Fischer (1848–1915) unterstützt wurde, der in den Sommermonaten 1888 bis 1891 die Untersuchungen fortsetzte. Die Fundstelle B im Garten des Fabrikanten Heinrich Abel aus Wien wurde 1909 bei einem kurzen Besuch des Wiener Prähistorikers Josef Bayer (1882–1931) entdeckt und 1911 ausgegraben. Als Fundstelle C wird der Bergkirchner Keller bezeichnet, der im Winter 1910/11 eingestürzt war, wobei eine Kulturschicht sichtbar wurde. Weitere Fundstellen spürte man später auf.

4] Der Fabrikant und Heimatforscher Matthäus Much (1852–1909) aus Wien grub 1879, nachdem er einige Jahre zuvor von altsteinzeitlichen Funden erfahren hatte, in Stillfried eine Kulturschicht mit Tierknochen, Kohlestückchen und Artefakten aus. 1880/81 kamen beim Lößabbau an der gleichen Stelle weitere Teile der Kulturschicht an Tageslicht, worauf Much diese Fundstelle untersuchte. Danach haben verschiedene Sammler und Prähistoriker 1910, 1919, 1933, 1950 und um 1953 Artefakte geborgen. Ende der fünfziger Jahre stieß man in einem Keller bei Erweiterungsarbeiten auf eine Fundschicht mit Tierknochen und Holzkohle. Auch bei der seit 1969 unter der Leitung des Wiener Prähistorikers Fritz Felgenhauer vorgenommenen systematischen Ausgrabung wurden mehrfach Artefakte geborgen und schließlich 1974 eine Rentierjägerstation entdeckt.

5] In der Gegend von Gobelsburg-Zeiselberg wurden vier Fundstellen entdeckt. Die ältesten Ausgrabungen hat 1876/77 Gundaker Graf Wurmbrand (1858–1901) aus Wien durchgeführt.

Das Magdalénien

1] Der Begriff Bühlstadium wurde 1909 durch den Berliner Geographen Albrecht Penck (1858–1945) und den damals in Wien wirkenden deutschen Geographen Eduard Brückner (1862–1927) eingeführt. Das Bühlstadium ist nach Endmoränen im Raum Kirchbichl-Kufstein benannt.

2] Der Name Steinachstadium wurde 1950 durch den Innsbrucker Geologen Raimund von Klebelsberg (1886–1967) geprägt. Er hatte bei Steinach am Brenner geologische Spuren von Gletscherständen erkannt.

3] Der Ausdruck Gschnitzstadium wurde 1909 von Albrecht Penck und Eduard Brückner vorgeschlagen (s. Anm. 1). Das Gschnitzstadium ist nach dem Endmoränenbogen bei Trins im vorderen Gschnitztal benannt.

4] Auch der Begriff Daunstadium wurde 1909 von Albrecht Penck und Eduard Brückner vorgeschlagen (s. Anm. 1). Er basiert auf mehrstaffeligen Moränen bei Ranals im hinteren Stubaital.

5] Das Egesenstadium wurde 1929 durch den Innsbrucker Geographen Hans Kinzl (1898–1979) in den Stubaier Alpen erkannt. Es ist nach dem Egesengrat im Talschluß des Stubai bezeichnet.

6] In der Höhle Frauenlucken bei Schmerbach hat 1919 der Naturforscher Heinrich E. Wichmann (1889–1967) aus Fischau (heute Bad Fischau-Brunn) gegraben und erste Funde geborgen. Er hat später am Biologischen Institut in München gearbeitet, ein Mittel gegen Borkenkäfer erfunden und dafür von der Deutschen Forstbehörde in München den Professorentitel erhalten.

7] s. Anm. 11 Das Moustérien.

Das Spätpaläolithikum

1] Martin Hell (1885–1976) war mehr als 40 Jahre lang in verschiedenen Bereichen des Straßen- und Wasserbaus tätig. In seiner Freizeit betätigte er sich als Amateur-Archäologe. Seine Funde übergab er dem Salzburger Museum Carolino-Augusteum.

2] In der Zigeunerhöhle von Gratkorn hat 1917 der Geologe und Paläontologe Wilfried von Teppner (1891–1961) aus Graz gegraben. Die vollständige Ausgrabung wurde 1925 durch die Altertumssammlung des Joanneums in Graz zusammen mit Wilfried von Teppner durchgeführt.

3] Der Griffener Verschönerungsverein und das Kärntner Landesmuseum in Klagenfurt führten 1957 bis 1960 unter der Leitung des Ingenieurs und Archäologen Hans Dolenz (1902–1970), des Geologen Ernst Weiß und des Geologen Franz Kahler (alle aus Klagenfurt) Grabungen in der Tropfstein-höhle des Schloßberges bei Griffen durch. Zu diesem Zeitpunkt war der größte Teil der Fundschichten bereits durch den Bau eines Luftschutzstollens zerstört.

Die Altsteinzeit in der Schweiz

1] Die Angaben über die Zeitdauer der Stufen der Altsteinzeit stammen von dem Marburger Prähistoriker Lutz Fiedler.

2] Das »Suchende Rentier« wurde früher »Weidendes Rentier« genannt.

Das Jungacheuléen

1] Die archaisch aussehenden Steinwerkzeuge aus der Gegend von Burgdorf wurden 1919 von dem Besitzer eines Lebensmittelgeschäftes und Amateur-Archäologen, Ernst Dür-Sieber (1856–1929) aus Burgdorf, gefunden.

Das Micoquien

1] Der Faustkeil aus der Gegend von Möhlin wurde 1976 durch den Lehrer Werner Brogli aus Möhlin entdeckt.

2] Beim Ausschachten der Baugrube in Schlieren stießen Arbeiter auf die Reste einer Bestattung aus der Latènezeit (etwa 450 v. Chr. bis Christi Geburt). Über diesen Fund wurde der Postverwalter und Lokalhistoriker Karl Heid aus Dietikon informiert. Er dokumentierte den Befund und veranlaßte die Ablieferung der Beigaben an das Schweizerische Landesmuseum in Zürich. Der Faustkeil wurde erst nachträglich aus dem Erdaushub aufgelesen.

Das Moustérien

1] Bei den Ausgrabungen von Emil Bächler im Wildkirchli halfen der Mineralienhändler Otto Köberle (1867–1926) aus St. Gallen und der Wirt des Gasthauses »Zum Aescher-Wildkirchli«, Franz Dörig (1868–1918). Den Namen Wildkirchli erhielten die Höhlen, als der erste Eremit im 17. Jahrhundert sich den Sommer über in diese Höhlen zurückzog. In einer Höhle ist, mit einer Abschlußwand zum rückwärtigen Teil, eine Kapelle mit einem Altar (Barockbild) und einem Glockentürmchen in der Vorhalle der Höhle eingerichtet worden.

2] Der Lehrer Theophil Nigg (1880–1957) aus Vättis im Taminatal übergab Emil Bächler am 8. Juli 1917 eine Anzahl von Höhlenbärenknochen aus dem Drachenloch, das im Volksmund »Draggaloch« genannt wird. Daraufhin betreute Bächler die Ausgrabungen von Nigg, die er in den Sommerferien von 1917 bis 1923 in dieser Höhle durchführte.

3] 1903 suchten Emil Bächler und Otto Köberle (s. Anm. 1) im Wildenmannisloch nach Kalkspat. Dabei stießen sie auf Höhlenbärenknochen. Im Sommer 1923 grub der Prähistoriker Theodor Schweizer (1893–1956) aus Olten im Wildenmannisloch. Er fand Höhlenbärenknochen, mußte diese jedoch abliefern, weil er keine Grabungserlaubnis des Kantons St. Gallen eingeholt hatte. Von 1923 bis 1927 nahm Emil Bächler jeweils in den Herbstmonaten Ausgrabungen im Wildenmannisloch vor.

4] In der Höhle Steigelfadbalm (960 Meter über dem Meeresspiegel) grub ab 1913 der Heimatforscher Wilhelm Amrein (1872–1946) aus Luzern.

5] Nummuliten sind Einzeller, die Kalkschalen oder -gehäuse bauten, deren Form kleinen Münzen entspricht, daher der Name (lateinisch nummulus = kleine Münze).

Das Aurignacien

1] Die Angaben über die Temperaturen im Raum von Zürich und Basel während des Denekamp-Interstadials stammen aus dem Kapitel »Die Veränderungen des Klimas im Laufe des Eiszeitalters« des Buches »Eiszeitalter, Band 3. Die jüngste Erdgeschichte der Schweiz und ihrer Nachbargebiete« des Zürcher Geologen René Hantke.

Das Gravettien

1] Die Zeitspanne von vor etwa 20000 bis 18000 Jahren, in der die Ausbreitung der Gletscher ihren Höhepunkt erreichte, wird Hochglazial genannt.

Das Magdalénien

1] Die ersten Funde aus der Grotte du Scé wurden 1868 durch den französischen Pfarrer und Heimatforscher Louis Taillefer (1814–1878) entdeckt. 1969 grub der Genfer Zoologe Henri de Saussure (1829–1905) darin. Im Jahre 1900 nahmen die Professoren Alexandre Schenk (1874–1910) und Aloys Molin (1861–1914), beide aus Lausanne, und der deutsche Paläontologe Otto Schoetensack (1850–1912) eine Nachgrabung vor, wobei sie auch die Balm Derrière le Scé untersuchten.

2] Auf dem Gipfelplateau des Berges Baarburg fand 1925 der damals in Baarburg tätige Heimatforscher Josef Melliger (1898–1956), der später in Kempraten und schließlich als Friseurmeister in Wangen (Kanton Schwyz) arbeitete, ein menschliches Schädeldach, in das eine Hirschdarstellung eingeritzt ist.

3] Die Grotte Mayor wurde 1833 im Steinbruch Chavaz durch den Chirurgen François Mayor (1779–1854) aus Genf entdeckt.

4] Die Grotte Taillefer wurde 1854 durch den Pfarrer Louis Taillefer (s. Anm. 1) untersucht. Sie wurde später nach einem anderen Heimatforscher Grotte Thioly genannt (s. Anm. 5).

5] Auf den Abri Favre-Thioly im Steinbruch Fenouillet stieß 1867 der Geologe Alfons Favre (1815–1980) aus Genf. Diese Fundstelle wurde bis 1868 durch seinen Freund, den Zahnarzt François Thioly (1851–1911) aus Genf, untersucht.

6] Der Name des Abri Gosse im Steinbruch Fenouillet erinnert an den Arzt Hippolyte Jean Gosse (1843–1901) aus Genf, der 1871 diese Halbhöhle erforschte.

7] Die Station des Grenouilles im Steinbruch Achard wurde 1916 durch den Architekten Raoul Montandon (1877–1950) aus Genf entdeckt.

8] Die Nachgrabung aus dem Jahre 1906 in der Thiersteinhöhle wurde durch den Leiter des Völkerkundemuseums Basel, Fritz Sarasin (1859–1942), sowie dessen Vetter, den Zoologen und Ethnologen Paul Sarasin (1856 bis 1929) aus Basel, vorgenommen.

9] Karl Sulzberger (1876–1965) war 1903–1915 katholischer Pfarrer in Trimbach (Kanton Solothurn), 1915–1918 Assistent am Elsässischen Landesmuseum in Straßburg, danach Konservator des Kantons Schaffhausen und Direktor des Museums zu Allerheiligen in Schaffhausen.

10] Die Freilandstation Chempréveyres am Ufer des Neuenburger Sees wurde 1985–1986 durch die Archäologin Denise Leesch aus Neuenburg ausgegraben.

11] Die Freilandstation Moosbühl bei Moosseedorf wurde 1860 durch den Arzt Johann Uhlmann (1820–1882) aus Münchenbuchsee entdeckt. Danach geriet sie in Vergessenheit. 1918 erkannten der damals in Bern studierende deutsche Prähistoriker Hans Gummel (1891–1962) und der Berner Prähistoriker Otto Tschumi (1878–1960) bei der Bearbeitung der Funde von Uhlmann, daß diese von einer jungpaläolithischen Siedlung stammen müßten. 1924 fand der Arzt Friedrich König (1851–1927) aus Münchenbuchsee die Örtlichkeit wieder. 1924/25, 1926 und 1929 führte das Historische Museum Bern unter Leitung von Otto Tschumi Ausgrabungen durch. 1960 nahm die damals in Bern wirkende Prähistorikerin Hanni Schwab eine Rettungsgrabung vor.

12] Die an nordwestschweizerischen Fundstellen entdeckten Schmuckschnecken wurden durch den Mainzer Geologen Franz-Otto Neuffer und den Tübinger Biologen Wolfgang Rähle identifiziert.

13] Die Sammlung Christy ist das Werk des englischen Hutfabrikanten und Ethnologen Henry Christy (1810–1865), der sich aus Liebhaberei mit Geologie und Archäologie beschäftigte

Das Spätpaläolithikum

1] Der Begriff Azilien wurde 1895 durch den französischen Richter und Heimatforscher Édouard Piette (1827–1906) aus Rumigny geprägt. Er hatte 1887–1889 in der Höhle Mas-d'Azil im französischen Departement Ariège gegraben und dabei über Schichten aus dem Magdalénien eine neue Stufe entdeckt. Das Azilien wurde früher als Anfangsstufe der Mittelsteinzeit betrachtet, heute setzt man es an das Ende der Altsteinzeit. Der Pariser Prähistoriker Henry de Lumley bezeichnete das Azilien als letztes Stadium des ausgehenden Magdalénien. Als Zeitdauer dafür gab er die Spanne vor etwa 12 000 bis 10 000 Jahren an.

2] Die kleine Halbhöhle liegt in der rechten östlichen Felswand des Bösenbachtales, das bei der Neumühle ins Lützeltal mündet. Sie wurde 1963 entdeckt und 1965/66 durch den Berner Prähistoriker Hans-Georg Bandi ausgegraben.

3] In dem langgezogenen Felsdach (Abri) am Fuße des Wachtfelsens von Grellingen stellte der Betriebsleiter der Papierfabrik Grellingen, Albert Kohler (1887–1951), eine mächtige Brandschicht fest. Bei einer Probegrabung Ende 1938 wurden Tierknochen, Feuersteinartefakte und eine Knochenharpune entdeckt. Später grub darin der Tapezierer und Hobby-Archäologe Carl Lüdin (1900–1986) aus Basel.

4] Die Höhle Birseck-Ermitage im Schloßfelsen von Birseck wurde 1910 bis 1914 durch den Leiter des Völkerkundemuseums Basel, Fritz Sarasin (1859–1942), ausgegraben.

5] Die bemalten Kiesel aus der Höhle Birseck-Ermitage wurden durch Fritz Sarasin (s. Anm. 4) entdeckt. Solche Objekte werden auch Galets coloriés genannt.

DIE MITTELSTEINZEIT (Mesolithikum)

1] Der Begriff Holozän wurde um 1867 durch den Pariser Zoologen Paul Gervais (1816–1879) geprägt. Dieser Name fußt darauf, daß im Holozän (griechisch: holos = ganz, kainos [latinisiert: caenus] = neu) die Mollusken mit wenigen Ausnahmen bereits den heutigen entsprachen.

2] Der französische Prähistoriker Adrien de Mortillet (1853–1931) aus Paris hat 1896 den Begriff Tardenoisien geprägt. Dieser erinnert an die Funde von La Fère-en-Tardois im französischen Departement Aisne. Der Vater von Adrien, der Prähistoriker Gabriel de Mortillet (1821–1898) aus Saint-Germain bei Paris, führte den Begriff Tardenoisien in einem Buch über die Entstehung der französischen Nation einer breiteren Öffentlichkeit vor. Später ordnete man die Funde einem älteren und einem jüngeren Tardenoisien zu oder sogar einem älteren, mittleren und jüngeren. 1928 schlug der französische Rechtsanwalt, Notar und Amateur-Archäologe Laurent Coulonges (1887–1980) aus Sauveterre-la-Lémance für den älteren Abschnitt den Namen Sauveterrien vor. Dieser Begriff fußt auf den Funden aus der Halbhöhle von Martinet bei Sauveterre-la-Lémance im französischen Departement Lotet-Garonne. Das Sauveterrien kam nur in Westeuropa vor.

3] Den Begriff Fosna-Kultur hat 1929 als erster der norwegische Prähistoriker Anathon Bjørn (1897–1939) verwendet, der damals als Konservator an der Universitetes Oldsaksamling in Oslo wirkte. Manche Autoren schreiben irrtümlich dem Lehrer Anders Johnsen Nummedal (1867–1944) aus Kristiansund (Norwegen), der von 1922 bis 1938 Kurator an der Universitetes Oldsaksamling in Oslo war, dieses Verdienst zu. Von Nummedal stammt der Name Komsa-Kultur nach einer Anhöhe im Fundgebiet Finmarken.

4] Der Begriff Asturien wurde 1928 durch den portugiesischen Prähistoriker Rui Correa de Serpo Pinto (1907–1933) aus Porto geprägt.

5] Der Begriff Mugem-Gruppe wurde 1931 durch den portugiesischen Prähistoriker António Augusta Esteues Mendes Corrêa (1888–1960) aus Porto eingeführt. Namengebender Fundort ist Muge an der Einmündung des Flusses Mugem in den Tajo.

6] Der Begriff Natufien wurde 1957 von der englischen Prähistorikerin Dorothy Garrod (1892–1968) nach den Funden aus der Schubka-Höhle im Wadi An Natuf (Westjordanland) eingeführt.

7] Der Name Präboreal (Zeit vor dem Boreal) wurde vermutlich um 1876 durch den norwegischen Botaniker Axel Blytt (1843–1918) geprägt.

8] Der Begriff Yoldia-Meer wurde 1865 von dem schwedischen Geologen und Polarforscher Otto Martin Torell (1828–1900) geschaffen.

9] Auch der Ausdruck Boreal wurde vermutlich um 1876 von Axel Blytt (s. Anm. 7) eingeführt.

10] Der Name Ancylus-See wurde 1869 durch den baltischen Botaniker, Paläontologen und Geologen Friedrich Schmidt (1832–1908) aus Dorpat in Estland geprägt.

11] Auch der Begriff Atlantikum wurde vermutlich um 1876 von Axel Blytt (s. Anm. 7) verwendet.

12] Der Ausdruck Litorina-Meer wurde 1852 durch den Schweden Gustaf Lindström (1829–1901) aus Uppsala geprägt.

13] Die Siedlung Star Carr südöstlich von Scarborough in Derbyshire wurde 1949/50 durch den Prähistoriker John Grahame Douglas Clark aus Cambridge (England) ausgegraben. Sie dürfte etwa vier bis fünf Familien Platz geboten haben.

14] Die erste Bestattung von Vedbaek wurde 1944 entdeckt, das Gräberfeld erst 1975.

15] Die Bestattungen auf Téviec wurden 1928–1930 durch den Eisenwarenhändler und Amateur-Archäologen Saint-Just Péquart (1881–1944) und dessen Frau Marthe Péquart (1884–1963) aus Nancy entdeckt.

16] Die Bestattungen auf Hoëdic wurden 1932/33 durch das Ehepaar Saint-Just Péquart und Marthe Péquart (s. Anm. 15) entdeckt.

17] Erste Untersuchungen der Caverna delle Arene Candide erfolgten schon 1865, systematische Ausgrabungen 1940–1942 durch den Prähistoriker Luigi Bernabò Brea aus Syrakus (Sizilien) und andere.

18] Das Gräberfeld Lysaja Gora direkt am linken Ufer des Dnepr in der Ukraine – etwa 5 Kilometer von Vasil'evka entfernt – wurde 1959 durch den ukrainischen Forscher Aleksandr Vsevolodovič Bodjanskij entdeckt und 1961 publiziert in: Kratkie soobščenija Instituta archaeologii 11, Kiev. Es handelt sich um ein Gräberfeld vom Typ Mariupol. Das sind Gräberfelder von Jäger- und Fischergruppen mit einer noch »mittelsteinzeitlichen« Lebensweise, die aber verschiedene Merkmale der Jungsteinzeit übernahmen. Von diesem Gräberfeld kennt man auch schon eine sehr schöne und ausgeprägte Keramik.

19] Letztere Vermutung äußerte 1988 der Mainzer Journalist und Autor Rolf Dörrlamm.

Die Mittelsteinzeit in Deutschland

1] s. Anm. 2 Die Mittelsteinzeit.

2] s. Anm. 2 Die Mittelsteinzeit.

3] Der Begriff Campignien basiert auf dem Hügel Campigny bei Blagny-sur-Bresle im französischen Departement Seine-Inférieure. Dort haben 1867 der stellvertretende Direktor der Pariser Anthropologischen Schule, Philippe Salmon (1824–1900), und der Prähistoriker Louis Capitan (1854 bis 1929) aus Paris gegraben. Der Name Campignien wurde 1886 durch Philippe Salmon eingeführt.

Die Mittelsteinzeit in Baden-Württemberg

1] Statt des Begriffes Beuronien findet man in der Fachliteratur auch den 1975 durch den Warschauer Prähistoriker Stefan Karol Kozłowski eingeführten Namen Beuron-Coincy-Kultur. Er erinnert an die Fundorte Beuron in Deutschland und Coincy in Frankreich. Als Synonyme dafür gelten die Begriffe Facies Coincy (1971 von dem französischen Prähistoriker Jean-Georges Rozoy aus Charleville geprägt), Sauveterroider Horizont (1963 von dem Berner Prähistoriker Hans-Georg Bandi verwendet) und Komplexe vom Smolin-Typus (1972 durch Stefan Karol Kozłowski eingeführt).

2] In der Jägerhaushöhle hat 1964–1967 der damals in Tübingen wirkende Prähistoriker Wolfgang Taute gegraben.

3] In der Höhle Fohlenhaus haben 1883/84 der Oberförster Ludwig Bürger (1844–1898) aus Langenau, 1947/48 der Oberstudiendirektor Albert Kley aus Geislingen und 1962/63 Wolfgang Taute gegraben.

4] In Inzigkofen hat 1965 Wolfgang Taute gegraben.

5] s. Anm. 5 Das Spätpaläolithikum.

6] In der Spitalhöhle hat 1954 der Tübinger Prähistoriker Gustav Riek (1900 bis 1976) gegraben.

7] In der Höhle Malerfels haben im Herbst 1930 der Ingenieur Heinz Rösle (1888–1955) aus Heidenheim an der Brenz, 1931 der Oberpostrat Eduard Peters (1869–1948) aus Veringenstadt und 1971 der Tübinger Prähistoriker Gerd Albrecht gegraben.

8] s. Anm. 3 Das Spätpaläolithikum.

9] Im Probstfels hat 1907 der Tübinger Prähistoriker Richard Rudolf Schmidt (1882–1950) gegraben.

10] Im Felsdach Lautereck hat 1963 Wolfgang Taute gegraben.

Die Mittelsteinzeit in Bayern

1] Das heute als überholt geltende geologische Alter von rund 15 000 Jahren für die Ofnet-Funde wurde 1972 von dem Frankfurter Paläoanthropologen Reiner Protsch im Radiokohlenstoff-Labor der University of California in Los Angeles ermittelt. Eine Datierung von weiteren Knochenproben im Labor für C14-Datierung des Instituts für Ur- und Frühgeschichte der Universität zu Köln in den achtziger Jahren ergab dagegen ein Alter von 7720 Jahren. Nach Datierungen an der Universität Oxford von 1989 sind die Ofnet-Schädel etwa 7500 Jahre alt.

2] Am Kaufertsberg haben im Sommer 1913 der Anthropologe und Prähistoriker Ferdinand Birkner (1868–1947) aus München sowie der Apotheker und Heimatforscher Ernst Frickhinger (1876–1940) aus Nördlingen gegraben.

3] Das Höhlensystem Euerwanger Bühl kam 1970/71 zum Vorschein, als Dolomitschutt für das Straßenbauprogramm der Flurbereinigung gewonnen wurde.

4] Die Siedlungsreste in der Halbhöhle Hohlstein wurden 1931 durch den Maler Alexander Wolfgang (1894–1970) aus Gera entdeckt. Daraufhin nahm der Heimatforscher Max Näbe (1876–1945) aus Pottenstein eine Probegrabung vor. 1933 untersuchte Ferdinand Birkner (s. Anm. 2) einen Tag lang die Halbhöhle. Im Oktober 1937 grub der Architekt und Heimatforscher Karl Gumpert (1878–1955) aus Ansbach darin.

5] In der Höhle Adamsfels grub 1930 der Student Günter Tourneau aus Magdeburg.

6] Die Halbhöhle »In der Breit« bei Pottenstein wurde 1930 durch den Nürnberger Heimatforscher Konrad Hörmann (1859–1933) untersucht.

7] Im Fuchsenloch hat 1938 Karl Gumpert (s. Anm. 4) gegraben.

8] In der Gaiskirche haben 1928 der Nürnberger Heimatforscher Konrad Hörmann (s. Anm. 6) und 1928/29 Karl Gumpert (s. Anm. 4) gegraben.

9] In der Halbhöhle Rennerfels haben 1930 Karl Gumpert und Max Näbe (s. Anm. 4) gegraben. Die bis dahin im Volksmund als Geißkirche bezeichnete Halbhöhle wurde auf Vorschlag von Gumpert in Rennerfels umbenannt, weil es in der Fränkischen Schweiz mehrere derartige Felsen namens Geißkirche gibt. Der Name Rennerfels erinnert an den ehemaligen Forstmeister Ludwig Renner, den Erbauer der Ailsbachtalstraße.

10] In der Stempfersmühlhöhle grub um 1890 der Erlanger Geologe Dr. Friedrich Wigand Pfaff (1864–1946).

11] In der Halbhöhle Schräge Wand bei Weismain hat 1963/64 der damals in Erlangen wirkende Prähistoriker Friedrich B. Naber (1935–1980) Ausgrabungen vorgenommen. Der Name der Halbhöhle stammt von deren Entdecker, dem Amateur-Archäologen Werner Schönweiß, der damals in Weitramsdorf wohnte.

12] Das Felsdach an der Steinbergwand bei Ensdorf wurde 1930 durch Karl Gumpert (s. Anm. 4) untersucht.

13] In Hesselbach hat seit den sechziger Jahren des 20. Jahrhunderts der Lehrer Ernst Lauerbach aus Aidhausen Funde gesammelt.

14] Die ersten mittelsteinzeitlichen Artefakte in Nürnberg-Erlenstegen wurden Mitte der dreißiger Jahre des 20. Jahrhunderts entdeckt. Sie wurden vermutlich bei Geländebeobachtungen anläßlich der Erschließungsmaßnahmen für ein Neubaugebiet gefunden. 1950 und 1951 nahm der Nürnberger Archäologe Walter Ullmann an der Fundstelle Erlenstegen-Tiefgraben Ausgrabungen vor.

Die Mittelsteinzeit im Saarland

1] Der Begriff Muschelkalk wurde 1834 durch den baden-württembergischen Geologen und Bergmann Friedrich von Alberti (1795–1878), damals Verwalter der Saline Wilhelmshall, eingeführt, als er den Buntsandstein, Muschelkalk und Keuper zu einer Einheit, nämlich der Trias-Periode, zusammenfaßte. Die Muschelkalkzeit begann vor etwa 229 Millionen Jahren.

2] Der Name Buntsandstein stammt ebenfalls von Friedrich von Alberti (s. Anm. 1). Die Buntsandsteinzeit begann vor etwa 245 Millionen Jahren.

Die Mittelsteinzeit in Rheinland-Pfalz

1] Die Zahl der mittelsteinzeitlichen Fundstellen in Rheinland-Pfalz wurde mir brieflich von dem Kölner Prähistoriker Erwin Cziesla mitgeteilt.

2] Eine erste Sondierung in der Weidentalhöhle nahm 1971 der Heimatforscher Walter Ehescheid aus Wilgartswiesen vor. Es folgten 1980 und 1983 zwei Grabungskampagnen durch die Kölner Prähistoriker Erwin Cziesla und Andreas Tillmann.

3] Auf dem Benneberg sammelte von 1940 bis 1960 regelmäßig der ehrenamtliche Heimatpfleger Ludwig Gottschall aus Pirmasens den Ackerbereich.

ab. 1974/75 setzte der Mitarbeiter der Außenstelle Speyer des Landesamtes für Denkmalpflege Diethelm Malitius die Sammeltätigkeit auf dem Benneberg fort.

4] Auf der Kleinen Kalmit trug der Lehrer und Heimatforscher Walter Storck (1923–1982) aus Mutterstadt Artefakte zusammen und publizierte sie 1963.

5] Auf dem Kohlwoog-Acker bei Wilgartswiesen sammelte Erwin Cziesla Artefakte.

6] Die Freilandsiedlung in Hüttingen an der Kyll wurde 1982 durch den Trierer Prähistoriker Hartwig Löhr untersucht.

Die Mittelsteinzeit in Hessen

1] Nach Mitteilung des Marburger Prähistorikers Lutz Fiedler.

2] Der Schädel aus Rhünda wurde 1956 von dem Lehrer Eitel-Arwed Glatzer aus Rhünda nach einem Unwetter in einer freigespülten Bachböschung entdeckt.

3] Auf den Lagerplatz Hombressen stieß im März 1972 der Amateur-Archäologe Helmut Burmeister aus Hofgeismar.

4] Der Lagerplatz Stumpertenrod wurde durch den Landwirt Willi Dietz (1898–1971) aus Stumpertenrod entdeckt. Er meldete 1961 dem Direktor des Oberhessischen Museums in Gießen, Herbert Krüger, seine Funde.

5] Der Hund aus dem Senckenberg-Moor wurde 1914 entdeckt.

6] In Hattendorf hat der Postbeamte und Amateur-Archäologe Horst Quehl aus Alsfeld-Hattendorf zwei mittelsteinzeitliche Fundplätze entdeckt.

Die Mittelsteinzeit in Nordrhein-Westfalen

1] Die Fundstelle im Erfttal bei Bedburg lag mitten im Braunkohletagebau Garzweiler. Dort waren Ablagerungen eines alten Flußarmes der Erft erhalten geblieben. Über der Fundstelle entstand schon einige Jahrzehnte vor der Entdeckung ein mehr als 50 Meter hoher Abraumberg des Tagebaus, der sogenannte Pielsbusch. Als dieser Berg wieder abgetragen wurde, um die darunter liegende Kohle zu fördern, blieb wegen einer Baggerpanne ein etwa 20 Meter breiter Block mit Torfen und Sanden des alten Erftbettes stehen. Im Herbst 1987 kamen in wesentlich älteren Schottern der Erft Mammut- und Fellnashornknochen zum Vorschein. Eine Nachuntersuchung an dieser Fundstelle der schätzungsweise 200 000 Jahre alten Tierknochen lenkte den Blick auch auf den stehengebliebenen Block in der Nachbarschaft. Bei näherer Untersuchung wurden in dem Block Tierknochen entdeckt, darunter ein kapitales Hirschgeweih mit einem Stück vom Schädeldach, auf dem zwei von Menschenhand hergestellte Durchlochungen zu erkennen sind. Dieser Fund führte im Winter 1987/88 zu Ausgrabungen des Forschungsbereiches Altsteinzeit des Römisch-Germanischen Zentralmuseums Mainz im Auftrag des Rheinischen Amtes für Bodendenkmalpflege unter der Leitung des Prähistorikers Martin Street. Dabei wurden Jagdbeutereste und Geräte geborgen.

2] Der Fundplatz Scherpenseel wurde 1974 bei Rekultivierungsarbeiten und Aufforstungen angeschnitten. 1975/76 nahm dort der Prähistoriker Surendra K. Arora, der damals Stadtheimatpfleger in Übach-Palenberg war, Ausgrabungen vor.

3] Der Fundplatz Gustorf 8 wurde 1966 bei der archäologischen Landesaufnahme des ehemaligen Kreises Grevenbroich durch die Archäologin Johanna Brandt sowie den Sammler Heinz-Walter Gerresheim entdeckt. Im Sommer 1974 fanden dort Ausgrabungen statt.

4] In Zonhoven haben 1907 der Lütticher Professor Joseph Hamal-Nandrin (1869–1958) und der Konservator am Museum Curtius in Lüttich, Jean Servais (1871–1969), gegraben.

5] Die Fundstelle Beck bei Löhne wurde von dem Oberstudienrat und Heimatforscher Friedrich Langewiesche (1867–1958) aus Bünde entdeckt.

6] Die Fundstelle Gahlen wurde 1922 von dem Essener Geologen und Direktor des Ruhrlandmuseums, Ernst Kahrs (1876–1948), entdeckt.

7] Die Fundstelle Stimberg wurde durch den Prähistoriker Karl Brandt (1898–1974) aus Herne aufgespürt.

8] Auch die Fundstelle Emscher III wurde von Karl Brandt (s. Anm. 7) entdeckt.

Die Mittelsteinzeit in Niedersachsen

1] Die Fundstelle Ahlerstedt wurde durch den Prähistoriker Willi Wegewitz entdeckt und 1928 beschrieben. Er war damals Leiter der Vorgeschichtlichen Abteilung des Museums Stade. Später wurde er Direktor des Helms-Museums in Hamburg-Harburg.

2] Die Fundstelle Darlaten-Moor wurde Ende der zwanziger Jahre von dem Heimatforscher Walter Adrian aus Bielefeld entdeckt (s. Anm. 15 Das Jungacheuléen).

3] Die Fundstelle auf dem Katzenberge bei Diddersee wurde im April 1929 durch den Lehrer Friedrich Schaper (1895–1950) aus Wipshausen entdeckt. Er fand in der Wand einer Kiesgrube Feuersteinwerkzeuge. Kurze Zeit später stellte er im Beisein des Lehrers Reinhold Troitzsch (1876 bis 1948) aus Oberg einen Steinschlägerplatz fest.

4] Die Fundstelle Klausheide wurde durch den Arzt Karl Krumbein (1892 bis 1961) aus Nordhorn entdeckt.

5] An der Fundstelle Bienrode hat im 19. Jahrhundert bereits der Museumsassistent Fritz Grabowsky (1857–1929) aus Braunschweig gesammelt, der später Direktor des Zoologischen Gartens in Breslau wurde.

6] An der Fundstelle Westerbeck (»Insel im Moor«) trug der Lehrer Hermann von der Kammer (1899–1974) aus Sülze Artefakte zusammen.

7] An der Fundstelle Elmer See sammelte seit 1926 der ehrenamtliche Kreisbeauftragte für Natur- und Kulturdenkmalpflege des Kreises Bremervörde, August Bachmann (1893–1983).

8] Die Fundstelle Holter Moor bei Cuxhaven wurde durch den Monteur Paul W. Büttner (1893–1969) aus Cuxhaven untersucht.

9] Auf die Fundstelle Ohrensen/Issendorf wurde man 1925 aufmerksam, als große Teile der Heidefläche umgebrochen wurden. Dort gruben Willi Wegewitz aus Stade (s. Anm. 1) und der damals 16jährige Karl Kersten aus Stade, der spätere Direktor des Schleswig-Holsteinischen Landesmuseums für Vor- und Frühgeschichte in Schleswig.

10] Auf den Fundplatz Wangersen wurde der Lehrer Heinrich Reese (1886 bis 1941) aus Bützflethermoor/Stade aufmerksam.

11] Der Fundplatz Nordhemmern wurde Mitte der zwanziger Jahre durch den Heimatforscher Walter Adrian (s. Anm. 2) aus Bielefeld entdeckt.

12] Der Fundplatz Schäferberg bei Hambühren wurde 1900 von dem Eisenbahnbauinspektor Adolf Schacht (1856 bis 1932) aus Lüneburg entdeckt.

13] Der Fundplatz Schinderkuhle bei Celle wurde von dem Sammler Wilhelm Lampe (1825–1897) während dessen Tätigkeit in der Lazarettverwaltung Celle untersucht.

14] In Sögel (Hundeberge) sammelte der Rechtsanwalt Wilhelm Schlicht (1906–1974) aus Sögel.

Die Mittelsteinzeit in Thüringen, Sachsen-Anhalt, Sachsen und im südlichen Brandenburg

1] Nach brieflicher Mitteilung des Bürgermeisters von Bottendorf, Gerhard Schiele, war der Lehrer Hermann Apitz (1881–1947) aus Grochwitz an der Entdeckung der Bottendorfer Bestattungen beteiligt.

2] Das Grab vom Schafberg in Niederkaina wurde 1930 durch den Bodendenkmalpfleger Erich Schmidt (1901–1979) aus Bautzen entdeckt.

3] Die fünf Gräber von Schöpsdorf wurden 1985 durch den ehrenamtlichen Bodendenkmalpfleger Heinz Trost aus Hoyerswerda entdeckt.

4] In Gerwisch hat 1927 der Sammler Franz Mertzky aus Magdeburg eine Feuersteinschlagstätte ausgebeutet. Diese Funde wurden 1928 durch den aus Magdeburg stammenden Prähistoriker Carl Engel (1895–1947) aus Greifswald beschrieben. Engel war von 1942 bis 1947 Ordinarius für Vor- und Frühgeschichte der Universität Greifswald. 1952 beobachtete der ehrenamtliche Bodendenkmalpfleger Hans Lies (1899–1981) aus Magdeburg, daß auf dem Fundplatz große Sandentnahmen stattfanden und dabei unter anderem Feuersteingeräte zum Vorschein kamen. Daraufhin untersuchte der Bodendenkmalpfleger Wilhelm Hoffmann (1902–1970) aus Halle/Saale die Fundstelle.

Die Mittelsteinzeit in Schleswig-Holstein, Mecklenburg und im nördlichen Brandenburg

1] magle mose = deutsch: das »große Moor«.

2] Friedrich Lisch (1801–1883) war seit 1834 Schweriner Archivar, außerdem Leiter der Großherzoglichen Sammlungen in Schwerin, Begründer des Geschichts- und Altertumsvereins sowie Herausgeber des Mecklenburger Jahrbuches.

3] Ewald Schuldt (1914–1987) war 1953–1981 Direktor des Museums für Ur- und Frühgeschichte Schwerin.

4] Die ersten Funde von Tribsees hat im Mai 1981 der Schüler Hans-Werner Ganzow aus Tribsees beim Angeln entdeckt. Dabei handelte es sich um einige Geweihgeräte, die er im Aushubmaterial des ausgebaggerten Sammelbeckens des Schöpfwerkes Eichenthal in der Trebelniederung entdeckt hatte. Ganzow übergab die Funde seinem daran interessierten Mitschüler Rico Matthey aus Böhlendorf, der sie als mittelsteinzeitliche Werkzeuge erkannte. Er durchsuchte das Baggergut am Fundplatz und barg neben zahlreichen Tierknochenfragmenten auch Geweih- und Knochengeräte

sowie Feuersteinabschläge. Er meldete seine Funde dem Schweriner Museum für Ur- und Frühgeschichte. 1982 und 1984 untersuchte der Schweriner Prähistoriker Horst Keiling den Fundplatz.

Die Mittelsteinzeit in Österreich

1] Die Publikation, in der sämtliche bis dahin bekannten mittelsteinzeitlichen Fundstellen Österreichs beschrieben wurden, stammt von Walpurga Antl-Weiser: *Das Fundmaterial von Horn-Galgenberg und seine Stellung am Übergang vom Paläolithikum zum Mesolithikum.* Dissertation, Wien 1986.

Die letzten Jäger und Sammler vor der Einwanderung der ersten Bauern in Österreich

1] Der Begriff Venediger Kühlphase wurde 1973 durch den Innsbrucker Geographen und Meteorologen Gernot Patzelt geprägt.

2] Bei der Fundstelle Salzburg/Maxglan (Station I) handelt es sich um eine Siedlungsgrube der Münchshöfener Gruppe, die 1909 und 1912 ausgegraben wurde. Als Fundstelle Salzburg/Maxglan (Station II) wird eine frühbronzezeitliche Siedlung bezeichnet.

3] Die Fundstelle Burgschleinitz bei Horn wurde 1923 durch den Postbeamten Josef Höbarth (1891–1952) aus Horn entdeckt. Als erster erwähnte der Bankdirektor Alois Gulder (1900–1972) aus Wien diese Fundstelle in seiner Publikation über das niederösterreichische Mesolithikum. Weitere Funde glückten dem Oberstudienrat, Historiker und Geographen Ingo Prihoda aus Horn. Der Prähistoriker Walter Leitner aus Innsbruck hat das gesamte Fundmaterial von Burgschleinitz anläßlich der 50-Jahr-Feier des Höbarth-Museums in Horn 1980 beschrieben.

4] An der Fundstelle Mühlfeld bei Horn haben seit den siebziger Jahren des 20. Jahrhunderts vor allem der Schulwart Amand Körner aus Horn und Ingo Prihoda (s. Anm. 3) Feuersteingeräte gesammelt. 1983 machte Walter Leitner (s. Anm. 3) diese Fundstelle bekannt.

5] In Neusiedl/Seeäcker wurden 1951 Feuersteinartefakte gefunden, die vermutlich aus dem Spätmesolithikum stammen.

Die Mittelsteinzeit in der Schweiz

1] Die ersten Funde aus der Höhle Col des Roches wurden im Herbst 1926 durch einen Zöllner aus Morteau geborgen. 1930 grub dort der Genfer Archäologe Louis Reverdin (1894–1933).

2] Die Freilandstation Fischerhäusern (auch Schötz 1 genannt) wurde 1933 durch den deutschen Prähistoriker Hans Reinerth (1900–1990) ausgegraben. Dort hatte bereits 1904 der Bauer Johannes Meyer (1856–1911) aus Schötz erste Grabungen vorgenommen.

3] In der Basisgrotte von Birsmatten grub 1955/56 der Berner Prähistoriker Hans-Georg Bandi.

4] Die Freilandstation Robenhausen-Furtacker wurde 1959/60 durch den Zürcher Prähistoriker René Wyss ausgegraben. Dabei hat ihn der Lehrer Fritz Hürlimann aus Seegräben unterstützt.

Das Frühmesolithikum in der Schweiz

1] Der Tapezierer und Hobby-Archäologe Carl Lüdin (1900–1986) aus Basel hat 1940–1945 in der Basisgrotte von Birsmatten gegraben. Dabei fand er 1944 ein menschliches Skelett, das er später dem Professor für Zahnheilkunde an der Universität Basel Roland Bay zur wissenschaftlichen Bearbeitung überließ. Bay hat den Fund 1951 beschrieben. 1955 zeigte Lüdin dem Berner Prähistoriker Hans-Georg Bandi die bis dahin geheimgehaltene Fundstelle. Bandi selbst nahm 1955/56 Ausgrabungen vor.

2] Der Rastplatz unter dem Felsdach beim Oeyenriedschopf im Diemtigtal wurde 1937 durch die Lehrer David Andrist (1866–1960) aus Pieterlen, Albert Andrist (1887–1978) aus Bern und Walter Flükiger (1899–1973) aus Koppigen entdeckt.

3] s. Anm. 2 Die Mittelsteinzeit in der Schweiz.

4] Die Siedlungsstelle Liesbergmühle VI wurde 1949 durch die Brüder Anton und Erwin Jagher aus Basel entdeckt. Die beiden hatten Reste von Höhlenbären gesucht. 1955 untersuchte der Prähistoriker René Wyss aus Zürich die Fundstelle. Im Spätsommer 1970 erfolgte eine Notgrabung durch den Kantonsarchäologen Hans Grütter aus Bern, weil für den geplanten Ausbau der Talstraße ein Teil der vorspringenden Felswand, an deren Fuß die Halbhöhle Liesbergmühle VI lag, weggesprengt werden sollte.

5] Die Siedlungsstelle Moosmatten wurde 1962 durch Walter Flükiger (s. Anm. 2) bekanntgemacht.

6] Die Siedlungsstelle Hintere Burg bei Burgäschi wurde 1939 durch Walter Flükiger (s. Anm. 2) entdeckt. Er fand auf einem Acker, auf dem gerade Kartoffeln geerntet wurden, an der Oberfläche liegende Feuersteinwerkzeuge. Danach hat er diese Fundstelle etwa 70mal abgesucht.

7] s. Anm. 4 Das Spätpaläolithikum in der Schweiz.

8] s. Anm. 4 Die Mittelsteinzeit in der Schweiz.

9] Die ersten Streufunde von der Siedlungsstelle Dietrichberg wurden 1963 entdeckt. Heute wird der Fundort Dietrichberg in der Fachliteratur meist Oberschan/Moos genannt.

Das Spätmesolithikum in der Schweiz

1] s. Anm. 3 Die Mittelsteinzeit in der Schweiz.

2] s. Anm. 4 Das Frühmesolithikum in der Schweiz.

3] s. Anm. 3 Das Spätpaläolithikum in der Schweiz.

4] s. Anm. 1 Die Mittelsteinzeit in der Schweiz.

DIE JUNGSTEINZEIT (Neolithikum)

1] Der Begriff Protoneolithikum stammt von der englischen Archäologin Kathleen Kenyon (1906–1976).

2] Auch der Name Präkeramisches Neolithikum geht auf Kathleen Kenyon zurück.

3] Der Ausdruck Akeramikum oder Akeramisches Neolithikum wurde in den siebziger Jahren von verschiedenen Prähistorikern für keramiklose Fundorte verwendet.

4] s. Anm. 11 Die Mittelsteinzeit.

5] Der Begriff Subboreal wurde vermutlich 1876 von dem norwegischen Botaniker Axel Blytt (1843–1918) geprägt.

6] In Jericho gruben 1867 der englische Prähistoriker Charles Warren (1840 bis 1927), 1908–1911 der deutsche Theologe Ernst Sellin (1867–1946) aus Gießen, der deutsche Prähistoriker Carl Watzinger (1877–1948) aus Rostock, der Prähistoriker John Garstang (1876–1956) vom British Institute of Archaeology in Ankara und 1952–1956 die englische Archäologin Kathleen Kenyon (s. Anm. 1).

7] Dendrochronologie (von griechisch: dendron = Baum, griechisch: chronos = Zeit). Diese Wissenschaft beruht darauf, daß in unseren Breiten Baumstämme alljährlich einen Jahrring ansetzen, dessen Ausmaß vom Klima des jeweiligen Jahres abhängig ist. Als erster erkannte der nordamerikanische Astronom Andrew Ellicott Douglass (1867–1962) aus Flagstaff in Arizona, daß die unterschiedlich geprägte Ringfolge im Lauf der Jahre ein Muster ergibt, das an gleichzeitig gewachsenen Bäumen ähnlich abzulesen ist. Dies versetzte ihn in die Lage, eine sogenannte Jahrring-Chronologie aufzubauen. Letztere wurde jeweils verlängert, sobald man ältere Hölzer fand, die eine typische Abfolge von Jahrringen aufwiesen, die auch noch auf jüngeren erkennbar war. Bald konnte Douglass damit Hölzer aus historischen und archäologischen Fundstellen exakt datieren.
Da verschiedene Holzarten je nach Standortanpassung in ihrem Wachstum auf die klimatischen Bedingungen unterschiedlich reagieren, konzentrierten sich die Dendrochronologen in den niedrigen Lagen Europas im wesentlichen auf eine Baumart, nämlich die Eiche. Diese besitzt einerseits einen relativ regelmäßigen Jahrringaufbau und war andererseits schon immer ein häufig verwendetes Bauholz, das man auch vielfach bei archäologischen Ausgrabungen findet.
In Süddeutschland steht die bis 4089 v.Chr. reichende Eichenchronologie der Universität Stuttgart-Hohenheim zur Verfügung. Besonders hoch entwickelt ist die Dendrochronologie im Alpenvorland, wo aus zahlreichen Seeufersiedlungen exakt datierte Hölzer vorliegen.

8] Der Name »Fruchtbarer Halbmond« stammt von dem nordamerikanischen Orientalisten und Ägyptologen James Henry Breastedt (1865–1935) aus Chicago.

9] Ain Mallaha wurde 1955–1959 durch den französischen Prähistoriker Jean Perrot ausgegraben.

10] Abu Hurreira wurde 1972/73 durch den englischen Prähistoriker Andrew M. T. Moore ausgegraben.

11] In Muraibit nahm 1964 der holländische Prähistoriker Maurits van Loon eine erste Sondierung und 1965 eine Ausgrabung vor. 1971 bis 1974 erfolgten weitere Ausgrabungen durch den französischen Prähistoriker Jacques Cauvin aus Lyon. Der Fundort liegt heute im Assad-Staudamm-Gebiet. Er wurde vor der Überflutung untersucht.

12] Die Siedlung Zaw-e Chami Shanidar im irakischen Kurdistan wurde 1956/57 und 1960 durch das amerikanische Prähistoriker-Ehepaar Ralph und Rose Solecki aus New York ausgegraben.

13] In Cayönü haben 1964, 1968 und 1970 die türkische Prähistorikerin Halet Çambel aus Istanbul und der amerikanische Prähistoriker Robert J. Braidwood aus Chicago gegraben.

14] Can Hasan wurde ab 1961 durch den Prähistoriker David French vom British Institute of Archaeology in Ankara untersucht.

15] Die Siedlung Argissa Magula wurde 1956–1958 durch den jugoslawischen Prähistoriker Vladimir Milojčić (1918–1978) ausgegraben, der ab 1956 in Saarbrücken und ab 1958 in Heidelberg lehrte.

16] Der Begriff Karanovo-Kultur wurde 1959 beim Ersten Internationalen Symposium über das Neolithikum in der Tschechoslowakei von dem bulgarischen Prähistoriker Georgi Iliev Georgiev (1917–1988) aus Sofia geprägt. Er war lange Jahre Leiter der Sektion für Vor- und Frühgeschichte am Archäologischen Institut der Bulgarischen Akademie der Wissenschaften in Sofia. Die Siedlung Karanovo wurde 1947–1957 durch die bulgarischen Prähistoriker Vasil Vălov Mikov (1891–1970) aus Sofia und Georgi Iliev Georgiev ausgegraben.

17] Der Name Çris-Kultur wurde 1950 durch den rumänischen Prähistoriker Ion Nestor (1905–1974) aus Bukarest eingeführt.

18] In Starčevo gruben 1931/32 der jugoslawische Prähistoriker Miodrag Grbić (1901–1969) aus Belgrad, der damals an der Harvard University (USA) wirkende Prähistoriker Vladimir Jaroslav Fewkes (1901–1941), die amerikanische Prähistorikerin Hetty Goldman (1881–1972) aus Princeton/New Jersey und der amerikanische Anthropologe Robert William Ehrich. Der Begriff Starčevo-Kultur wurde 1939 von Grbić in die Fachliteratur eingeführt.

19] Der Begriff Körös-Kultur – nach dem ungarischen Fluß Körös – wurde 1936 erstmals durch die ungarischen Prähistoriker Ferenc von Tompa (1893–1945) aus Budapest und János Banner (1888–1971) aus Budapest verwendet. Erst danach erscheinen die ersten Artikel mit der entsprechenden Benennung.

20] Manche Prähistoriker stellen sich die »neolithische Revolution« anders vor, als sie in diesem Buch geschildert wird. Sie glauben nicht daran, daß Ackerbau und Viehzucht durch Wanderungen einer größeren Anzahl von Bauern weiterverbreitet worden sind, die auf diese Weise einer durch die neue Wirtschaftsmethode ausgelösten Überbevölkerung in ihrer Heimat entkommen wollten. Sie meinen, daß die Weitergabe der neuen Kenntnisse (Ackerbau, Viehzucht, Töpferei) und Produkte (Saatgut, Haustiere, Keramik) durch Tauschgeschäfte und Austausch von Ideen erfolgt sei. Nach diesem Denkmodell wären die einheimischen mittelsteinzeitlichen Jäger jeweils durch den Kontakt mit benachbarten jungsteinzeitlichen Kulturen zu Bauern geworden. Es bleibt dann aber die Frage, weshalb sie auch deren Hausbauweise, Keramikstil, Schmuck, Kunststil, Bestattungssitte und Religion übernommen haben? Normalerweise ist es üblich, daß alteingesessene Bevölkerungen radikalen Neuerungen in der Außenwelt eher ablehnend gegenüberstehen.

21] Der Name Afanasevo-Kultur wurde vermutlich 1927 durch den russischen Archäologen Sergej Aleksandrovič Teplouchow (1888–1933) aus Minussinsk eingeführt. Er hat 1920–1923 in Afanasevo gegraben.

22] Der Begriff Tripolje-Kultur oder Tripol'e-Kultur (dies wäre die exakte Schreibweise nach der Transliteration oder Bibliotheksumschrift) wurde anscheinend 1901 bei einem Vortrag des aus der Tschechoslowakei stammenden Archäologen Vikentij (Vicence) Vjačeslavovič Chvojka (1850 bis 1914) – auch Chvojko – auf dem 11. Archäologischen Kongreß in Kiew geprägt.

23] Der Begriff Dnepr-Donec-Kultur wurde anscheinend erstmals 1961 durch den Archäologen Dmitrij Kakovlevič Telegin aus Kiew verwendet.

24] Als Töpfe bezeichnen Prähistoriker engmundige Gefäße mit ausbiegendem Rand, der im Gegensatz zu Bechern deutlich ausgeprägt ist. Töpfe besitzen am Bauch ihre größte Weite und haben keine Henkel.

25] Schüsseln nennt man weitmundige, niedere Gefäße, bei denen die Randweite deutlich größer als die Höhe ist. Die Randweite kann mehr als die doppelte Größe der Gefäßhöhe erreichen.

26] Näpfe sind kleine Gefäße, deren Höhe und Breite 15 Zentimeter nicht übertrifft.

27] Von Tassen spricht man, wenn kleine Gefäße nicht höher und breiter als 15 Zentimeter sind und einen Henkel besitzen.

28] Als Becher gelten hohe, schlanke Gefäße, deren Höhe merklich größer ist als ihre Breite, aber auch niedere, gedrungene Formen, bei denen Breite und Höhe annähernd gleich groß ausfallen. Typisch ist der ausbiegende Rand. Becher überschreiten die Höhe von 15 Zentimetern nicht. Noch größere Formen nennt man Riesenbecher.

29] Amphoren sind engmundige Gefäße mit etwa gleicher Höhe und Breite. Sie haben zumeist zwei, oft aber auch mehrere am Bauch oder auf der Schulter angebrachte Henkel oder Ösenhenkel.

30] Als einer der ältesten Hinweise auf den Wagen gilt in Mesopotamien ein bildhaftes Zeichen auf einer Tontafel in Uruk, das in die Mitte des vierten Jahrtausends v. Chr. datiert wird. Es zeigt ein schlittenartiges Gefährt mit Kabinenaufsatz, unter dessen Kufen man sich zwei Achsen mit insgesamt vier Rädern dazudenken muß. Auf einem Tongefäß aus Chafadschah in Mesopotamien, das vor 3000 v. Chr. entstand, ist die älteste Darstellung eines einachsigen Wagens zu sehen. Eine Kupferplastik aus Tall Agrab in Mesopotamien um 3000 v. Chr. läßt einen zweirädrigen Wagen erkennen, auf dem der Fahrer breitbeinig über einem Karosseriesattel stand, auf dem er sich auch niederlassen konnte. Dieses Gefährt wurde von Halbeseln gezogen. Ein Stein/Muschel-Mosaik von Ur in Mesopotamien um 2700 v. Chr. bildet vierrädrige Prunkwagen mit Zugtieren beim Kampf ab. Von solchen Prunkwagen gab es auch Kupfermodelle.

31] In der älteren russischen Literatur war die Rede von »Kurganen mit gefärbten Skeletten«. Diese Redewendung hat der russische Archäologe Aleksandr Andreevič Spicyn (1858–1931) aus Moskau verwendet. Die erste Publikation mit dieser Bezeichnung erschien offenbar 1899. Gefärbte Skelette sind jedoch nicht nur ein Kennzeichen der Ockergrab-Kultur. Von Ockergrab-Kultur sprach 1921 der damals in Königsberg wirkende deutsche Archäologe Max Ebert (1879–1929), der Herausgeber des »Reallexikons der Vorgeschichte«, in seinem Buch »Südrußland im Altertum«. Darin schrieb er auch von Trägern der Ockergräber- oder Kurgankulturen, wobei er letztere als irreführende Benennung bezeichnete. Ob Ebert wirklich der erste war, der aus den gefärbten Skeletten der russischen Literatur Ockergräber machte, läßt sich nicht mit letzter Sicherheit sagen. Der Wiener Prähistoriker Franz Hancar (1893–1944) gebrauchte 1936 in seinem Buch »Urgeschichte Kaukasiens« nur den Ausdruck Ockergrabvolk, während der Begriff Ockergrab-Kultur darin nicht vorkommt.

32] Die Wagendarstellungen auf den Felsbildern von Kamennaja Mogila (deutsch: »Steinernes Grab«) bei Melitopol in der Sowjetunion zeigen Zweiradwagen mit Mitteldeichsel, Doppeljoch und ein angeschirrtes Rinderpaar. In Deutschland befinden sich unter den Felsgravierungen des Steinkammergrabes von Züschen in Hessen auch Motive von Zweiradwagen, die nach 3500 v. Chr. entstanden sind. Auf einer Tonplastik aus Kreznica Jara in Ostpolen sind zwei mit einem Nackenjoch verbundene Rinder abgebildet, die um 3000 v. Chr. als Henkel eines Gefäßes dienten. Ein Tongefäß aus Bronocice bei Krakau in Polen zeigt drei Darstellungen eines vierrädrigen Wagens. Wagenmodelle aus Ton entdeckte man in einem Kurgangrab von Tri Brata bei Elista in der Sowjetunion. Ein 17 Zentimeter hohes Modell stellte einen geschlossenen Wagen dar, dessen Stangengerüst mit Filzmatten bedeckt war. In einem früher als 3000 v. Chr. angelegten Scheingrab (Kenotaph) der Badener Kultur in Budakalász (Ungarn) barg man ein tönernes Wagenmodell, bei dem vier Radscheiben mit dem fest als Wagengefäß geformten Opfergefäß verbunden waren. Als Seltenheit gilt ein Kupfermodell von zwei ein Genickjoch tragenden Rindern von Bytyń in Polen aus dem dritten Jahrtausend v. Chr., das wohl Zugtiere eines Wagens darstellt.

33] Den Begriff Bodrogkeresztúr-Kultur hat 1929 der ungarische Anthropologe und Prähistoriker Jenö Hillebrand (1884–1950) aus Budapest geprägt. Er erinnert an den Fundort Bodrogkeresztúr nahe der Mündung des Flusses Bodrog am Abhang des Tokaj-Berges in Nordostungarn, wo von 1920 bis 1923 etwa 50 Gräber dieser Kultur entdeckt wurden.

34] Nach Berechnungen des Freiburger Prähistorikers Johannes Müller.

35] Der Name Dolmen besteht aus den keltischen Wörtern tol (= Tisch) und men (= Stein) wegen der steintischartigen Form der Steinkonstruktion dieser Großsteingräber.

36] Der Ausdruck Menhir setzt sich aus den bretonischen (keltischen) Wörtern men (= Stein) und hir (= lang) zusammen, bedeutet also »langer Stein«, hoher Stein oder aufgerichteter Stein. Er wurde 1804 in die wissenschaftliche Literatur eingeführt. Im Volksmund werden Menhire (Monolithe) auch Langer, Hoher, Dicker, Breiter, Spitzer bzw. Hunnen-, Gollen-, Spil- und Hinkelstein genannt. Die Begriffe Hyner- oder Hünestein wurden bereits im 14. Jahrhundert verwendet, der Name Hinkelstein erstmals im 16. Jahrhundert. Über die Entstehung des Wortes Hinkelstein gibt es unterschied-

liche Auffassungen, die der Heimatforscher Otto Gödel aus Bad Dürkheim 1987 in seinem Buch »Menhire – Zeugen des Kults« auflistete. Demnach könnte Hinkelstein unter anderem von Hunkelstein abgeleitet sein, was auf hunig oder hunigel zurückzuführen sei und hochragender Stein bedeuten würde. Nach einer anderen Theorie soll Hinkelstein auf das mittelhochdeutsche Wort Hiune (= Riese) zurückgehen. Es ist aber auch möglich, daß die Ausdrücke Henn-, Hunne-, Hüner- oder Hinkelstein in einem Sinnzusammenhang mit der Totenbestattung und dem Totenkult zu sehen sind. Dann wäre mit Hinkelstein ein Totenstein, also eine Begräbnisstätte, gemeint.

37] Die Allee von Ménec umfaßt mehr als tausend heute noch aufrecht stehender Menhire. Die größten davon stehen am Anfang und sind bis zu 7 Meter hoch und etwa 400 Tonnen schwer. Die Menhire waren innerhalb eines Rechtecks von über 1000 Meter Länge und mindestens 100 Meter Breite in elf parallelen Reihen aufgestellt. Sie trennen zehn breite Prozessionsstraßen voneinander ab. An den beiden Ecken des Rechtecks schließen sich Halbkreise aus Menhiren an. Vielleicht darf man hier die zentralen Schauplätze eines uns unbekannten Kultes vermuten.
Etwa 250 Meter von der Allee von Ménec entfernt liegt die von Kermario. Auch sie beginnt mit einem Halbkreis. Die Allee von Kermario ist mehr als 1100 Meter lang und besteht aus zehn parallelen Menhirreihen. Die größten davon im Westen sind teilweise mehr als 6 Meter hoch, die kleinsten im Osten erreichen gerade noch 1 Meter. In Nachbarschaft des östlichen Endes der Allee von Kermario ragt der Menhir von Manio etwa 5,80 Meter empor. Es folgt in einiger Entfernung die Allee von Kerlescan, die 13 Menhirreihen aufweist. Sie wird im Westen von einer Querreihe von Menhiren abgeschlossen und gegen einen Steinhalbkreis abgegrenzt. Dicht außerhalb von letzterem befinden sich ein 100 Meter langer und 2 Meter hoher Grabhügel mit Steinreihen an den Rändern sowie mehreren kleinen Steinkistengräbern in runden Steinhügeln und ein 4 Meter hoher Menhir am Westende. Die Alleen von Ménec, Kermario und Kerlescan sind zusammengenommen fast 4 Kilometer lang und bestehen aus insgesamt fast 3000 Menhiren.

38] Der Begriff Theiß-Kultur wurde 1929 durch den ungarischen Prähistoriker Ferenc von Tompa (1893–1945) aus Budapest geprägt. Er war 1923–1938 Kustos der prähistorischen Sammlung des Ungarischen Nationalmuseums in Budapest und 1938–1945 Professor an der Universität Budapest.

39] Stonehenge wurde schon 1130 als eines der vier Wunder Britanniens literarisch erwähnt. Um 1600 ließ der englische König Stonehenge untersuchen. Um 1718 wurde Stonehenge als Sternwarte der Druiden gedeutet. Der Londoner Astrophysiker Joseph Norman Lockyer (1836–1920) errechnete 1901, daß Stonehenge 1860 v. Chr. erbaut worden sei. Tatsächlich reichen die Anfänge von Stonehenge jedoch einige Jahrhunderte weiter zurück. 1950–1954 nahm der Prähistoriker Stuart Pigott aus Edinburgh Ausgrabungen vor.

Die Jungsteinzeit in Deutschland

1] Die Angaben über die Zeitdauer der jungsteinzeitlichen Kulturen in Deutschland fußen weitgehend auf: Dirk Raetzel-Fabian, »Phasenkartierung des mitteleuropäischen Neolithikums. Chronologie und Chorologie«. *British Archaeological Reports*, International Series, 316, Oxford 1986; Christian Strahm, »Zur Einführung. Das Forschungsvorhaben: ›Siedlungsarchäologische Untersuchungen im Alpenvorland‹«. *Archäologische Nachrichten aus Baden*, S. 4–10, Freiburg 1987; Christin Osterwalder/Peter A. Schwarz, »Chronologie. Archäologische Daten der Schweiz«, *Veröffentlichungen der Schweizerischen Gesellschaft für Ur- und Frühgeschichte*, Antiqua, Basel 1986.

2] Der Gutsbesitzer Nikolaus Henrich aus Weisenheim am Sand entdeckte 1899 im kurz zuvor gerodeten Weinberg des Mühlenbesitzers Disqué südlich der Eyersheimer Mühle erste Siedlungsreste und danach weitere Einzelfunde. 1904 und 1905 nahm der Gymnasiallehrer im Ruhestand Christian Mehlis (1850–1933) aus Neustadt an der Weinstraße dort Grabungen vor. 1906/07 grub der Student Friedrich Sprater (1884–1952) aus Speyer dort, 1931 Henrich zusammen mit Sprater und weiteren Mitarbeitern. Sprater prägte 1907 hierfür den Begriff Eyersheimer Typus.

3] Beim Aushub eines Grabens parallel zu einer neuen Straße wurden in Gröna urgeschichtliche Gruben angeschnitten, von denen eine im Oktober 1967 von den Prähistorikern Dieter Kaufmann und Waldemar Nitzschke, beide aus Halle/Saale, untersucht wurde. Kaufmann prägte für die Keramik aus der Grube, die sich keiner der bisher bekannten Kulturen oder

Gruppen der Jungsteinzeit in Mitteldeutschland zuweisen ließ, den Begriff Typus Gröna.

4] Auf dem Gelände des im Dezember 1978 erschlossenen Braunkohlentagebaues Schöningen wurden 1985 in zwei Gruben Keramikreste entdeckt, für die es bisher in Deutschland keine Entsprechung gibt. Die beiden Gruben, Stelle 31 und Stelle 74 genannt, wurden durch den Prähistoriker Hartmut Thieme aus Hannover untersucht, der 1987 über diese fremdartige Keramik berichtete.

5] Der Jugendliche Adolf Bernhard aus Degernau entdeckte 1936 im Gewann »Toter Mann« bei Degernau eine Fundstelle mit Keramikresten aus der Jungstein- und Frühbronzezeit. Diese wurden von dem Rektor Josef Schneider aus Freiburg ausgegraben. Anfang 1954 erfolgte eine Nachgrabung, bei der festgestellt werden sollte, ob in der Umgebung noch weitere Funde vorhanden seien. Bei diesen Arbeiten half der Oberlehrer Xaver Eggert aus Freiburg mit seinen beiden Söhnen und mehreren Schülern. Einer der Schüler – Julius Dufner aus Freiburg – entdeckte auf einem Acker einen größeren Stein, der sich unter der Erdoberfläche hinzuziehen schien. Rektor Josef Schneider ließ diesen Stein freilegen, weil er wegen des Flurnamens »Langenstein« hier einen »langen Stein« vermutete. Es handelte sich um eine große Steinplatte, in deren Umgebung weitere ortsfremde Steine gefunden wurden. Der aus Freiburg telefonisch herbeigerufene Student Rudolf Albert Maier bestätigte die Vermutung, daß es sich um Reste eines Großsteingrabes handle. Kurz darauf entdeckte man die Reste des Türlochsteines mit einem »Seelenloch«. Daraufhin setzte das Staatliche Amt für Ur- und Frühgeschichte Freiburg, unter der Leitung des Technikers Stefan Unser (1911–1987), die Ausgrabung fort.

6] Das Großsteingrab von Schwörstadt wurde 1844 von dem Freiburger Professor Heinrich Schreiber (1793–1872) als »Heidentempel« erwähnt (heute wird es auch Heidenstein genannt). Damals stand nur noch der 3,50 Meter hohe und breite Türlochstein. Die übrigen Steine des Großsteingrabes, das zuletzt als Rebhäuschen diente, hatte man um 1823 bei Straßenbauarbeiten entfernt. Dabei sollen menschliche Skelettreste von mehr als einem Toten entdeckt worden sein. Im Sommer 1922 nahm der Säckinger Heimatforscher Emil Gersbach (1855–1963) eine Probegrabung vor, bei der er nur einige unbestimmbare Tonscherben sowie Bruchstücke von Hornsteinwerkzeugen fand. Eine weitere Grabung erfolgte im Oktober 1926 durch den Freiburger Prähistoriker Georg Kraft (1894–1944). Dabei wurden außer Kieferresten und Zähnen von insgesamt 19 Menschen unter anderem Tierknochen und 13 durchlochte Tierzähne vom Hund oder Fuchs geborgen.

7] Während orkanartiger Stürme im August 1989 wurden bei Wiechs im Gewann »Auf den Heidengräbern« etliche Bäume umgeworfen. Dabei kamen am Rande des Wurzelballens eines Baumes ortsfremde Sandsteine und kleine menschliche Knochenpartikel zum Vorschein. Diese Funde lagen am Fuß eines flachen, 0,65 Meter hohen, 12 Meter langen und 8 Meter breiten Hügels. Bei der Untersuchung dieses Hügels stieß das Landesdenkmalamt auf eine 1,50 Meter lange und 0,50 Meter dicke Platte eines mutmaßlichen Steinkistengrabes. Die Begleitfunde – sieben Steinschlegel und acht durchbohrte Tierzähne (letztere ähnelten denen aus dem Großsteingrab von Schwörstadt) – sprechen für ein jungsteinzeitliches Alter.

8] Das Steinkistengrab von Schankweiler wurde im Mai 1965 durch drei Heimatforscher, den Gastwirt Johann Nöhl, den Landwirt Peter Weber und den Schüler Willi Gebers, alle aus Holsthum, entdeckt. Ihnen waren senkrecht aus dem Waldboden herauslugende Steinplatten aufgefallen. Dieses Steinkistengrab hatte die Maße 2 x 1,20 Meter. Es war in Anlehnung an einen größeren rechteckigen Felsblock des dort vorkommenden Sandsteins aus drei hochstehenden Platten errichtet. Eine dieser Platten besaß ein nahezu rundes Loch (»Seelenloch«) mit einem Durchmesser von 70 Zentimetern. Gebers informierte den Leiter des Kreismuseums Bitburg, Josef Hainz, über die Entdeckung. Dieser ließ seine Tochter, die Archäologiestudentin Rudolfine Hainz, Ermittlungen über die Fundstelle anstellen, übernahm die Funde nach Bitburg und übergab sie im Herbst 1965 dem Rheinischen Landesmuseum Trier. Im Oktober 1965 besichtigte der Trierer Archäologe Reinhard Schindler die Fundstelle und entschloß sich zu einer Nachuntersuchung, die er von August bis Oktober 1966 durchführte.

Die Linienbandkeramische Kultur

1] Die Entdeckungsgeschichte des Gräberfeldes Viesenhäuser Hof begann 1972 damit, daß der Sammler Gerhard Lämmle aus Hochberg auf einer größeren Fläche ausgepflügte menschliche Skelettreste beobachtete. Von Mai bis August 1982 führte der Stuttgarter Prähistoriker Jörg Biel eine Ausgrabung durch.

2] Das Massengrab bei Talheim wurde entdeckt, als der Landwirt Erhard Schoch auf dem Gelände seines Aussiedlerhofes ein Frühbeet aushob und dabei auf menschliche Skelettreste stieß. Er meldete die Funde beim Rathaus in Talheim. Im Frühjahr 1983 nahmen die Mitarbeiter des Landesdenkmalamtes Stuttgart, Eugen Stauss und Gerald Weißhuhn, eine Notbergung vor. Im Frühjahr 1984 folgte eine Grabung durch Jörg Biel (s. Anm. 1).

3] In Eberstadt hat 1913 der damals in Marburg wirkende Prähistoriker Walter Bremer (1887–1926) gegraben.

4] Die Siedlung auf dem Nachtwiesen-Berg bei Esbeck wurde im Sommer 1981 bei einer Sondiergrabung der Außenstelle Braunschweig des Instituts für Denkmalpflege untersucht. Die Fundstelle wurde durch die Familie Germer aus Esbeck entdeckt.

5] Die älteste Stufe der Linienbandkeramischen Kultur wurde 1956 durch den Prager Prähistoriker Evžen Neustupný beschrieben.

6] Das Gräberfeld in Schwetzingen wurde im Herbst 1988 durch den ehrenamtlichen Mitarbeiter der Archäologischen Denkmalpflege des Landesdenkmalamtes Baden-Württemberg Karl Fichtner aus Schwetzingen entdeckt. Er ist von Beruf Versicherungskaufmann, beobachtet aber schon seit Jahren alle Baustellen im Bereich seiner Heimatstadt.

7] Das Gräberfeld von Flomborn wurde 1901 durch den Arzt Karl Koehl (1847–1929) aus Worms entdeckt.

8] In Bruchstedt wurden bereits 1933 zwei Gräber und 1950 zwei weitere entdeckt und zerstört. Bei der Anlage eines Maissilos im Herbst 1958 wurde das Gräberfeld zum dritten Male angeschnitten. Dabei hat man acht Bestattungen zerstört. Bei Bergungsarbeiten wurden sechs weitere Bestattungen geborgen. 1959 sind die Rettungsgrabungen fortgesetzt worden. Im Juni 1959 waren bereits mehr als 50 Bestattungen bekannt.

9] Das Gräberfeld von Sondershausen wurde 1949, 1952 und 1955 erforscht.

10] Das Gräberfeld von Sengkofen wurde 1972 durch die Brüder Robert und Gerhard Pleyer aus Regensburg entdeckt, die auf einem Acker an neun Stellen ausgepflügte menschliche Skelettreste fanden. 1972 erfolgte eine Notgrabung und 1973 eine Ausgrabung des Gräberfeldes.

11] Otto Kunkel war 1953–1960 Direktor der Prähistorischen Staatssammlung in München.

12] Der Name der Höhle Hanseles Hohl beruht darauf, daß nach der Fronhofer Überlieferung und dem Eintrag ins Kirchenbuch von Unterringen der im Dreißigjährigen Krieg allein in Fronhofen zurückgebliebene Hansele in dieser Höhle Zuflucht fand.

13] In Ober-Hörgern nahmen 1986 die damals in Frankfurt tätige Archäologin Gail Larrabee und der ehrenamtliche Mitarbeiter des Landesdenkmalamtes, Abteilung Vor- und Frühgeschichte, in Wiesbaden Winfried Schunk aus Butzbach Notbergungen vor.

La-Hoguette- und Limburg-Gruppe

1] In La Hoguette wurde 1964–1969 ein Großsteingrab untersucht. Dabei kamen auf der alten Geländeoberfläche und im Boden verstreut insgesamt 179 Tonscherben von zwei Gefäßen zum Vorschein, die von den Ausgräbern Robert Caillaud und Édouard Lagnel aus Caen der Linienbandkeramischen Kultur zugeschrieben wurden. Erst als weitere Funde solcher Keramik aus Bischoffsheim und Oberlarg im Elsaß sowie vom Oberrhein vorlagen, definierte der Prähistoriker Christian Jeunesse aus Straßburg eine eigene keramische Gruppe: die La-Hoguette-Keramik.

2] Fundorte von La-Hoguette-Keramik in Baden-Württemberg: Leingarten-Großgartach (Kreis Heilbronn), Stuttgart-Weilimhof, Korntal-Münchingen und Gerlingen (beide Kreis Ludwigsburg), Filderstadt-Bernhausen (Kreis Esslingen), Ammerbuch-Pfäffingen, Ammerbuch-Reusten, Rottenburg-Hailfingen, Rottenburg am Neckar (alle vier Kreis Tübingen).

3] Fundorte von La-Hoguette-Keramik in Rheinland-Pfalz: Nackenheim (Kreis Mainz-Bingen), Dautenheim (Kreis Alzey-Worms), Herxheim (Kreis Südliche Weinstraße).

4] Fundorte von La-Hoguette-Keramik in Bayern: Zilgendorf (Kreis Lichtenfels), Nördlingen (Kreis Donau-Ries).

5] Fundorte von La-Hoguette-Keramik in Hessen: Bruchenbrücken und Bad Nauheim-Steinfurth (beide Wetteraukreis), Goddelau (Kreis Groß-Gerau).

6] Fundorte von La-Hoguette-Keramik in Nordrhein-Westfalen: Langweiler, Fundplatz 8 (Kreis Düren), Anröchte (Kreis Soest).

7] Fundorte von Limburg-Keramik in Deutschland: Xanten, Veen, Bochum-Hiltrop, Langweiler 2, Langweiler 8, Laurenzberg 7, Köln-Worringen, Köln-Lindenthal (alle Nordrhein-Westfalen); Maring-Noviand, Peffingen (beide Rheinland-Pfalz).

Die Stichbandkeramische Kultur

1] In Straubing-Lerchenhaid wurden von 1979–1982 Ausgrabungen vorgenommen.

2] In Zwenkau-Hart haben 1935 der damals in Leipzig wirkende Prähistoriker Kurt Tackenberg und 1952–1957 der damals ebenfalls in Leipzig tätige Prähistoriker Hans Quitta gegraben.

3] In Boberg hat 1950–1959 der damals in Hamburg wirkende Prähistoriker Reinhard Schindler Grabungen vorgenommen.

4] Das erste Grab von Erfurt-Steiger wurde 1905 durch den Arzt und Heimatforscher Paul Zschiesche (1849–1919) aus Erfurt beschrieben. 1926 meldete der Lehrer Ernst Lehmann (1895–1950) aus Erfurt weitere Gräberfunde. 1952 kamen bei Ausschachtungsarbeiten für den Bau einer Liegehalle der Tbc-Heilstätte erneut Gräber zum Vorschein. 1953/54 erfolgten Suchgrabungen.

5] Hermann Behrens war 1959–1980 Direktor des Landesmuseums für Vorgeschichte in Halle/Saale.

Die Oberlauterbacher Gruppe

1] Als Peter Michael Bayerlein während seiner Materialaufnahme erkannte, daß das bis dahin unterschiedlich benannte Fundgut einem einzigen Kulturphänomen zuzuordnen war, überlegte er, wie er diese Gruppe nennen sollte. Um zu den verschiedenen Namen nicht noch einen weiteren hinzuzufügen, wählte er schließlich den Namen Oberlauterbach, da dieser von den vielen Teilbezeichnungen der älteste war – außer etwa Hinkelstein oder Rössen, mit denen heute eindeutig andere archäologische Gruppen benannt werden. Zusätzlich zog er den Namen Südostbayerisches Mittelneolithikum in Betracht, da diese Bezeichnung auch die in das bayerische Donaugebiet eingedrungenen Elemente der Stichbandkeramischen Kultur erfaßt hätte.

2] Gero von Merhart wurde in Bregenz (Österreich) geboren. Zum Zeitpunkt der Ausgrabungen in Oberlauterbach promovierte er in München (Geologie, Anthropologie, Prähistorie). 1914 geriet er als Reserve-Oberleutnant der österreichischen Armee in russische Gefangenschaft. In Rußland arbeitete er in Museen, unter anderem 1920/21 als Vorstand der Archäologischen Abteilung des Museums Krasnojarsk. Nach seiner Rückkehr nach Deutschland wirkte er in München und Mainz. 1928 wurde er erster Ordinarius für Vorgeschichte in Deutschland an der Universität Marburg, wo er 1949 emeritiert worden ist.

3] Die Tierreste von Künzing-Unternberg wurden von der Tiermedizinerin Sibylle Ott-Luy aus Ulm untersucht und 1988 beschrieben.

4] Der Begriff Typ Hienheim wurde 1973 durch den Bielefelder Prähistoriker Klaus Günther geprägt.

5] Die Entdeckung des Grabenwerkes von Zeholfing-Kothingeichendorf geht indirekt auf Aktivitäten des Lehrers und Heimatforschers Rudolf Frey (1868–1934) aus Haid, Gemeinde Eichendorf (Kreis Dingolfing-Landau), zurück, der die Umgebung seines Wohnortes nach urgeschichtlichen Objekten absuchte und die Funde dem Landshuter Museum überließ. Frey sammelte schon um 1910 zusammen mit Schulkindern im Bereich des Grabenwerkes urgeschichtliche Siedlungshinterlassenschaften auf. Verfärbungen, die Gräben anzeigen, fielen ihm jedoch nicht auf. Letztere wurden erst durch den Grabungstechniker Josef Maurer (1868–1936) entdeckt, der seit 1908 dem Königlichen Generalkonservatorium in München (dem Vorläufer des Bayerischen Landesamtes für Denkmalpflege) angehörte, Maurer wollte – nach einem brieflichen Hinweis von Rudolf Frey vom 17. März 1919 – am Sagererberg bei Zeholfing eine Ausgrabung vornehmen. Während des Fußmarsches von Landau nach Zeholfing fielen ihm südlich der Straße im Acker schwarze Streifen auf, deren urgeschichtliche Entstehung ihm aber zunächst nicht sicher erschien. Da sich die geplante Ausgrabung nicht lohnte, wollte Maurer nicht unverrichteter Dinge heimkehren und grub deshalb am 29. März 1919 bei Kothingeichendorf. Bereits die erste Sondierung zeigte, daß die dunklen Streifen auf der Ackeroberfläche jungsteinzeitliche Gräben markierten. Die erste Untersuchung dauerte bis zum 12. April 1919. Die weiteren Ausgrabungen von 1921 bis 1924 wurden von Josef Maurer geleitet, der im Frühjahr 1922 durch Gero von Merhart (s. Anm. 2) unterstützt wurde.

6] Die Hirschbestattung aus Dingolfing-Spiegelbrunn wurde 1959 beim Bau des Hochwasserdammes entdeckt und durch den Bauingenieur Hanns Neubauer (1901–1986) aus Deggendorf geborgen.

Die Hinkelstein-Gruppe

1] Der Menhir vom Gewann »Hinkelstein« wurde 1868 von dem Mainzer Prähistoriker Ludwig Lindenschmit (1809–1893) als mächtiger pfeilerartiger Kalksteinblock mit einer Höhe von 9 Fuß und einer Dicke von 4 Fuß und

3 Zoll beschrieben. Man hat ihn kurz vor der Rodung des Geländes, auf der er stand, ausgehoben und in den Hof des Schlosses von Monsheim gebracht. Laut Lindenschmit wurde der Menhir zunächst Hünenstein, dann Hünerstein und schließlich entsprechend der Mundart Hinkelstein genannt.

2] Ludwig Lindenschmit wurde 1809 in Mainz geboren. Er wirkte von 1831 bis 1875 als Zeichenlehrer am Gymnasium Mainz und ab 1843 zusätzlich als Konservator des Mainzer Altertumsvereins. 1852 gründete er das Römisch-Germanische Zentralmuseum (RGZM) in Mainz. Inzwischen ist dies eine Forschungsstätte von Weltrang. Lindenschmit war zunächst erster Konservator des RGZM, später Direktor. Er gab die Publikationsreihe »Altertümer unserer heidnischen Vorzeit« heraus.

3] In Trebur wurden bereits 1939/40 bei Erdarbeiten zum Verlegen eines Kabels vier jungsteinzeitliche Gräber entdeckt. Diese gehörten zu der zeitlich auf die Hinkelstein-Gruppe folgenden Großgartacher Gruppe. Von 1971 bis 1975 kamen beim Pflügen an derselben Stelle fünf weitere Gräber zum Vorschein, von denen zwei der Hinkelstein-Gruppe zugerechnet werden. Der Heimatforscher Eugen Schenkel aus Astheim bei Trebur machte das Landesamt für Denkmalpflege auf die Fundstelle aufmerksam. Der Archäologe Holger Göldner von der Außenstelle Darmstadt des Landesamtes für Denkmalpflege untersuchte 1988/89 die Fundstelle und legte dabei insgesamt 122 Gräber frei, von denen etwa zwei Drittel in die Hinkelstein-Gruppe datiert werden.

4] Die Bestattung von Offenau wurde am 2. Juni 1959 beim Ausheben einer Baugrube am »Alten Wimpfener Weg« entdeckt. Die Skelettreste wurden von dem damals in Tübingen wirkenden Anthropologen Holger Preuschoft untersucht.

Die Großgartacher Gruppe

1] Die ersten Funde in Großgartach wurden 1899 entdeckt. Die Funde hat der Heilbronner Arzt und Prähistoriker Alfred Schliz (1848–1915) beschrieben.

2] Die noch teilweise erhaltene Grabenanlage von Langweiler 12 wurde 1970 aufgespürt.

3] s. Anm. 3 Die Hinkelstein-Gruppe.

Die Ertebölle-Ellerbek-Kultur

1] Der Begriff Lietzow-Kultur wurde vermutlich 1925 erstmals durch den Prähistoriker Franz Klinghardt (1882–1956) aus Greifswald in den Mitteilungen aus der Sammlung vaterländischer Altertümer der Universität Greifswald verwendet.

2] Schon 1827 entdeckte der Fabrikant und Heimatforscher Friedrich von Hagenow (1797–1865) aus Greifswald am Nordausgang von Lietzow eine Feuersteinschlagwerkstätte. 1867 und 1886 trug der damals in Berlin tätige Pathologe Rudolf Virchow (1821–1902) an demselben Fundstelle verschiedene Steinartefakte zusammen. Um 1897 barg der Studienrat Alfred Haas (1860–1950), der aus Bergen auf Rügen stammte und später in Stettin wirkte, in einer Kiesgrube der Halbinsel »Spitzer Ort« zahlreiche Feuersteinwerkzeuge. Ihm waren Artefakte in einem Kieshaufen am Bahnhof Lietzow neben dem Bahngleis aufgefallen. Bei seinen Nachforschungen zeigte sich, daß der Kieshaufen aus der Kiesgrube vom »Spitzen Ort« stammte. Um 1920 fand der Förster Wilhelm Wiese (1871–1959) aus Augustenhof bei Ralswiek an der Südseite des Großen Jasmunder Beckens Hirschgeweih- und Steinwerkzeuge. 1922/23 nahmen die Prähistoriker Franz Klinghardt (s. Anm. 1) und Wilhelm Petsch (1892–1938) die erste wissenschaftliche Grabung in Lietzow vor.

3] Der erste Einbaum von Tybrind Vig wurde 1979 bei Ausgrabungen des dänischen Prähistorikers Søren H. Andersen vom Institut für Vorgeschichte der Universität zu Århus entdeckt. Dieser Fund wird Tybrind Boot 1 genannt. Das später geborgene Heckbruchstück nennt man Tybrind Boot 2.

4] Die Entdeckungsgeschichte des kleinen Gräberfeldes von Strøby Egede begann im Sommer 1986. Damals stieß die Eigentümerin eines Karpfenteiches bei dessen Erweiterung auf Menschenknochen. Sie meldete dies dem lokalen Køge Museum. Kurz darauf begann der Kopenhagener Prähistoriker Erik Brinch Petersen mit Ausgrabungen, bei denen Skelettreste von insgesamt acht Menschen geborgen wurden. Bei den Bestatteten handelte es sich um drei Neugeborene, einen fünf- bis sechsjährigen Jungen, ein neun- bis zehnjähriges Mädchen, eine etwa 18jährige Frau, einen 30jährigen Mann und eine 50jährige Frau. Petersen erfuhr, daß bereits früher einige Meter von dieser Fundstelle entfernt Skeletteile zum Vorschein gekommen waren. Beim Ausheben des Fundaments für eines der Nachbarhäuser sollen sogar mehrere Gräber mit gut erhaltenen Skelettresten gefunden worden sein, ohne daß dies dem lokalen Museum mitgeteilt wurde.

5] Der Kultplatz im Gräberfeld Skateholm II wurde durch den schwedischen Prähistoriker Lars Larsson aus Lund entdeckt und 1988 beschrieben.

Die Rössener Kultur

1] Oberst a.D. Hans von Borries (1819–1901) war 1884–1890 Direktor des Museums für heimathliche Geschichte und Alterthumskunde der Provinz Sachsen in Halle/Saale.

2] Die Siedlung Goldberg I wurde bei den Ausgrabungen von 1911 bis 1929 durch den Prähistoriker Gerhard Bersu (1899–1964) aus Frankfurt untersucht.

3] Die Siedlung Inden 1 wurde im Mai 1965 durch den Primaner Hartwig Löhr aus Stolberg bei Aachen und ehrenamtlichen Mitarbeiter des Rheinischen Landesmuseums Bonn entdeckt. Im Juni 1965 begann in Zusammenarbeit mit dem Institut für Ur- und Frühgeschichte der Universität Köln eine Rettungsgrabung des Rheinischen Landesmuseums Bonn. Sie wurde durch die Kölner Prähistoriker Rudolf Kuper und Wilhelm Piepers vorgenommen.

4] Die Siedlung Bochum-Harpen wurde 1966 durch den Museumsdirektor a.D. Karl Brandt (1898–1974) und den Maschinenschlosser Gerhard Kempa aus Bonn entdeckt. Kurz darauf nahm der Bielefelder Prähistoriker Klaus Günther Ausgrabungen vor.

5] Die Siedlung Bochum-Laer wurde 1969 durch Gerhard Kempa (s. Anm. 4) entdeckt.

6] Am Fundort Moringen-Großenrode hat der Landwirt Friedrich Könecke aus Großenrode etwa 30 Jahre lang im ansonsten steinfreien Lößboden ortsfremde Kalk- und Sandsteine, menschliche Knochenfragmente, Keramikreste und Tierzähne beobachtet und geborgen. Er meldete diese Funde der staatlichen Denkmalpflege in Hannover und legte sie verschiedenen Fachleuten zur Begutachtung vor. Wegen der kontinuierlichen Zerstörung durch den Pflug und Gefährdung der Fundstelle durch den geplanten Ausbau der Kreisstraße 425 setzte das Seminar für Ur- und Frühgeschichte der Universität Göttingen 1988 eine Probe- und Rettungsgrabung an, der 1989/90 weitere Grabungen folgten. Bei den Grabungen unter der Leitung des Archäologen Andreas Heege wurden Spuren aus drei verschiedenen Epochen festgestellt: eine befestigte Siedlung der Rössener Kultur, zwei jungneolithische Kollektivgräber aus der Zeit um 3000 v.Chr. sowie spätbronze-/früheisenzeitliche Gruben, Pfostenlöcher und Steinsetzungen.

7] Der Hausgrundriß in Wahlitz wurde 1949 bei Grabungen durch den damals in Halle/Saale wirkenden Prähistoriker Klaus Schwarz (1915 bis 1985) und danach durch den Prähistoriker Friedrich Schlette aus Halle/Saale untersucht.

8] In Bochum-Hiltrop hat 1952 der Direktor des Emschertalmuseums der Stadt Herne, Karl Brandt (s. Anm. 4), gegraben.

9] In Kottenheim grub 1916 der Bonner Prähistoriker Hans Lehner (1865 bis 1939).

10] Das Gräberfeld Jechtingen wurde 1973 bei Rigolarbeiten entdeckt und bis 1976 durch den Freiburger Prähistoriker Edward Sangmeister untersucht.

11] Die ersten menschlichen Knochen des Gräberfeldes von Wittmar wurden im Mai 1976 entdeckt. Von 1976 bis 1979 grub dort der Prähistoriker Hartmut Rötting aus Braunschweig.

12] Die Bestattungen im Hohlenstein wurden 1937 durch den Tübinger Anatomen Robert Wetzel (1898–1962) entdeckt.

Die Schwieberdinger Gruppe

1] In Schwieberdingen hat im Oktober 1950 der Oberlehrer und Heimatforscher Wilhelm Müller (1878–1959) aus Zuffenhausen bei Stuttgart gegraben.

2] Am Nordhang des Kirchberges bei Reusten fand 1913 der Gärtner und Waldaufseher Johann Henne (1882–1964) aus Reusten mehrere ganz erhaltene Tongefäße. Damals war es üblich, dort dunkle Humuserde zur Bepflanzung von Gräbern abzubauen. Henne zeigte seine Funde dem Pfarrer Georg Finkbeiner (1865–1951) aus Reusten, der sie an den Tübinger Professor Eugen Nägele (1856–1937) weiterleitete. Dieser informierte das Landeskonservatorium vaterländischer Altertümer in Stuttgart, das im Sommer 1914 die Fundstelle besichtigte. Nach dem Ersten Weltkrieg machte der Oberlehrer und Heimatforscher Wilhelm Mönch (1876–1947) aus Unterjessingen auf Funde vom Kirchberg aufmerksam. Ende Mai 1919 besuchte der Stuttgarter Prähistoriker Oscar Paret (1889–1972) den Kirchberg. 1921, 1923 und 1929 grub der damals in Tübingen wirkende Prähistoriker Hans Reinerth (1900–1990) auf dem Kirchberg. Beendet wurden

diese Grabungen durch den Prähistoriker Hermann Stoll (1904–1944) aus Tübingen, dabei wurden auch Siedlungsspuren entdeckt.

Wie die ersten Metalle in Mitteleuropa bekannt wurden

1] griechisch: chalkos = Erz, Kupfer, griechisch: lithos = Stein.

2] Der Prager Prähistoriker Josef Schránil (1893–1940) hat 1929 den Begriff Steinkupferzeit verwendet.

3] Von einem Kupferalter sprach 1861 schon der irische Archäologe und Ethnologe William Robert Wilde (1815–1876) aus Dublin. Den Begriff Kupferzeit hat wohl am nachhaltigsten der österreichische Fabrikant und Prähistoriker Matthäus Much (1832–1909) aus Wien geprägt, der das 1893 erschienene Buch »Die Kupferzeit in Europa« schrieb.

4] Der Name Äneolithikum (lateinisch: aes = das Erz, Kupfer, Bronze, aeneus = ehern, griechisch: lithos = Stein, also Kupfersteinzeit) geht auf den römisch-katholischen Priester sowie Gründer und Direktor des Museo paletnologico in Reggio Emilia, Don Gaetano Chierici (1819–1886), zurück, der 1884 erstmals den Ausdruck »eneo litico« verwendete (Bulletino di Paletnologia Italiana 10, S. 151).

5] Der namengebende Fundort Tell Halaf wurde 1899 durch den deutschen Forschungsreisenden Max von Oppenheim (1860–1946) entdeckt. Er hat 1899, 1911–1913 und 1927–1929 dort Grabungen vorgenommen. Unter einem Tell versteht man einen Hügel, der dadurch entstand, daß am selben Ort immer wieder neue Behausungen (Lehmbauten) auf dem Schutt der vorherigen errichtet wurden. Der Begriff Tell-Halaf-Kultur wurde vermutlich zuerst in einem Brief des englischen Archäologen Charles Leonard Woolley (1880–1960) vom 26. Juni 1913 an den englischen Archäologen David George Hogarth (1862–1929) in Oxford verwendet. Eine der frühesten Verwendungen des Begriffs Tell-Halaf-Kultur bzw. -Stufe in der Literatur erfolgte in dem von dem deutschen Archäologen Ernst Herzfeld (1879 bis 1948) verfaßten Aufsatz »Völker- und Kulturzusammenhänge im Alten Orient« in »Deutsche Forschung. Aus der Arbeit der Notgemeinschaft der Deutschen Wissenschaft«, Heft 5, S. 33, 67, 1928.

6] Den Begriff Gumelniţa-Kultur hat 1928 der rumänische Prähistoriker Ion Nestor (1905–1974) aus Bukarest eingeführt. Der Tell Gumelniţa liegt im Donautal von Muntenien in Rumänien. Dort hat 1925 der Bukarester Prähistoriker Vladimir Dumitrescu gegraben.

7] s. Anm. 22 Die Jungsteinzeit.

8] Den Namen Vinča-Kultur hat 1936 der jugoslawische Prähistoriker Miloje M. Vasić (1869–1956) aus Belgrad geprägt. Der Fundort Vinča liegt an der Donau südlich von Belgrad. Vasić hat 1908 in Vinča gegraben. Der ältere Teil der Vinča-Kultur wird Vinča-Tordos-Gruppe genannt, der jüngere Vinča-Plocnik-Gruppe.

9] Der Ausdruck Tiszapolgár-Kultur im heutigen Sinn wurde 1963 erstmals durch die ungarische Prähistorikerin Ida Bognár-Kutzian aus Budapest verwendet. Namengebender Fundort ist das Gräberfeld Tiszapolgár-Basatanya östlich von Miskoc in Nordungarn. In Tiszapolgár legte 1929 der Budapester Prähistoriker Ferenc von Tompa (1893–1945) elf Gräber frei. Weitere 159 Gräber wurden 1950–1954 durch Ida Bognár-Kutzian aufgedeckt.

10] Der Begriff Balaton-Gruppe wurde 1969 von dem ungarischen Prähistoriker Nándor Kalicz aus Budapest verwendet.

11] s. Anm. 33 Die Jungsteinzeit.

12] Der Name Badener Kultur wurde Anfang der zwanziger Jahre von dem Wiener Prähistoriker Oswald Menghin (1888–1973) eingeführt.

13] Der Fundort Varna wurde bereits 1912 entdeckt.

Die Gaterslebener Gruppe

1] Bei Terrassierungsarbeiten am Steilhang des Karnckelberges bei Gatersleben wurden drei Skelettgräber entdeckt. Der Lehrer und Museumsleiter Karl Schirwitz (1886–1965) aus Quedlinburg beschrieb 1938 diese Funde.

2] Das Grab von Kloster Gröningen wurde Ende Februar 1938 durch Bauarbeiter auf dem Baugelände der Ziegelei entdeckt.

Die Bischheimer Gruppe

1] In Bischheim wurden Anfang der dreißiger Jahre des 20. Jahrhunderts unter einem Grabhügel aus der Latènezeit (etwa 450 v.Chr. bis Christi Geburt) Keramikreste der Bischheimer Gruppe gefunden.

2] Der damals in Köln wirkende Prähistoriker Jens Lüning lernte 1970 in der Sammlung des Amateur-Archäologen Hans Koppelt aus Gerolzhofen Funde aus den Gemarkungen Biberau und Schernau (beide Kreis Kitzingen) kennen, die in den Jahren zuvor geborgen worden waren. 1971 nahm Lüning eine knapp zehnwöchige Grabung in Schernau vor.

Die Aichbühler Gruppe

1] Von Aichbühler Kultur, Aichbühler Mischkeramik, älterer und jüngerer Aichbühler Keramik sprach 1923 der damals in Tübingen tätige Prähistoriker Hans Reinerth (1900–1990). Er trennte dabei Aichbühler und Schussenrieder Ware nicht genau, faßte darunter auch Pfyn, Mondsee und Laibach zusammen. Reinerth wirkte 1934–1945 als Professor für Vorgeschichte in Berlin, wo er die Nachfolge des Archäologen Gustaf Kossinna (1858–1931) angetreten hatte. Kossinna hat 1909 die Deutsche Gesellschaft für Vorgeschichte (später Gesellschaft für deutsche Vorgeschichte) gegründet sowie 1909 die Zeitschrift »Mannus« gegründet und herausgegeben.

2] Von einer Aichbühler Gruppe sprach 1960 der damals in Mainz wirkende Prähistoriker Jürgen Driehaus (1927–1986). Er beschrieb ihren Formenschatz deutlicher, faßte unter den Begriff jedoch auch die Schwieberdinger Gruppe.

3] s. Anm. 1.

4] Georg Kraft (1894–1944) wirkte später in Freiburg.

5] Riedschachen I wurde 1875 durch den Oberförster und Heimatforscher Eugen Frank (1842–1897) aus Schussenried und 1919–1928 durch die Tübinger Prähistoriker Richard Rudolf Schmidt (1882–1950) und Hans Reinerth (s. Anm. 1) ausgegraben.

Die Münchshöfener Gruppe

1] Die Funde aus einer der Höhlen bei Abbach wurden 1916 geborgen.

2] s. Anm. 19 Das Magdalénien. Zu den ersten Funden von 1888 aus der Kastlhänghöhle gehörten auch Tonscherben.

3] Die Räuberhöhle wurde von 1868 bis 1884 mehrfach durch den Leutnant E. Leik, dessen Bruder sowie den Lithographen Meyer begangen und untersucht. Bei E. Leik und dessen Bruder handelte es sich um Söhne des Lithographen Eduard Leik, der sich 1839 in Kelheim niedergelassen hatte. Mehr ist nicht bekannt, da die Einwohnerkartei von Kelheim 1945 teilweise verbrannte. Nach 1897 nahm der Kelheimer Justizinspektor und Heimatforscher Alexander Oberneder (1883–1968) mehrere Ausgrabungen vor. Dabei entdeckte er zwei Feuerstellen mit Steingeräten, Knochen und Keramik der Münchshöfener Gruppe.

4] Die Galeriehöhle I heißt auch Kuppelhöhle, die Galeriehöhle II auch Wallhöhle, die Galeriehöhle III auch Franzhöhle. Auch in den Galeriehöhlen hat Alexander Oberneder (s. Anm. 3) gesammelt und gegraben.

5] Vermutlich handelt es sich um Funde des Münchner Prähistorikers und Anthropologen Ferdinand Birkner (1868–1947) sowie des Apothekers und Heimatforschers Ernst Frickhinger (1876–1940) aus Nördlingen aus dem Jahre 1913.

6] In Glonn gibt es zwei Fundstellen: eine im Tuffsteinbruch beim Bahnhof, eine weitere in der Münchner Straße, Hausnummer 6. Die Funde vom Tuffsteinbruch wurden 1900/01 von dem Sanitätsrat und Arzt Max Lebsche (1858–1946) aus Glonn an die Münchner Staatssammlung abgegeben. Die Tierreste kamen an der mehr als 100 Meter entfernten Fundstelle in der Münchner Straße zum Vorschein.

7] Das Kindergrab von Pielweichs wurde Anfang Februar 1936 in der Kiesgrube Strassmeier entdeckt und durch den Bauingenieur Hanns Neubauer (1901–1986) aus Deggendorf geborgen.

8] Die Bestattung von Riekofen wurde 1953 in der Dorfstraße südwestlich von dem Haus mit der Nummer 33 gefunden.

9] Die menschlichen Skelettreste bei Langenhettenbach wurden 1972 bei Grabungen des Stadt- und Kreismuseums Landshut unter Leitung von dessen Direktor Georg Spitzlberger entdeckt.

Die Jordansmühler Gruppe

1] Die Ausgrabungen in Jordansmühl von 1898 bis 1905 wurden durch den Breslauer Prähistoriker Hans Seger (1864–1943) vorgenommen. Weitere Grabungen folgten 1906–1911.

2] Die tönerne Widderfigur von Jordansmühl wurde 1925 in einer Grube entdeckt.

3] Die zwölf tönernen Figuren wurden 1924 in der Gemeindesandgrube bei Wulfen entdeckt.

Die Michelsberger Kultur

1] Hans Lehner (1865–1938) war 1899–1930 Direktor des Rheinischen Provinzialmuseums in Bonn.

2] Franz Oelmann (1883 bis 1963) war 1930 bis 1949 Direktor des Rheinischen Landesmuseums Bonn, das bis 1934 Rheinisches Provinzialmuseum hieß.

3] Hans Lehner besichtigte im Herbst 1907 die Sammlung des Altertums- und Geschichtsvereins Mayen. Dabei fielen ihm Tonscherben auf, die mit den Gefäßtypen verwandt waren, die in großer Zahl bei dem Erdwerk von Urmitz gefunden worden waren. Er besichtigte die Fundstelle in Nähe des Ostbahnhofs von Mayen und entdeckte in der dortigen Sandgrube Reste eines langen, schmalen Streifens Erde von 4 bis 5 Meter Breite ohne den grauen vulkanischen Sand, der zur Mörtelbereitung abgebaut wurde. Zu beiden Seiten des Streifens war der vulkanische Sand entfernt worden. Ein Querschnitt durch den stehengebliebenen Erdstreifen zeigte, daß es sich um einen alten, breiten und tiefen Graben handelte, der im Laufe der Zeit mit vermischtem Boden zugefüllt worden war. Die Sandgrubenarbeiter hatten überall dort nicht gegraben, wo sie an den Rand des Grabens gelangten. Die erste Ausgrabung begann im Oktober 1907 und wurde im Dezember fortgesetzt. Weitere Ausgrabungen folgten im April und Mai 1908 sowie im April und Mai 1909. Im März 1910 gab es eine Nachgrabung.

4] Die Siedlung Felsberg-Wolfershausen wurde 1986 entdeckt und vom Landesamt für Denkmalpflege Hessen, Außenstelle Marburg, teilweise untersucht. Dabei kam ein U-förmiger Graben zum Vorschein.

5] Die Siedlung Wabern-Uttershausen wurde 1982 durch den Archäologen Dietwulf Baatz aus Bad Homburg v. d. H. entdeckt und 1986 durch das Landesamt für Denkmalpflege Hessen, Außenstelle Marburg, untersucht. Hierbei stellte man tiefe Spitzgräben fest.

6] In Edertal-Bergheim wurden 1964 bei der Erschließung eines Neubaugebietes Grabenspuren angeschnitten. Der Wiesbadener Geologe Jens Kulick barg 1964/65 erste Funde. Weitere Funde glückten 1966 dem Buchhändler und Heimatpfleger von Bad Wildungen, Rudolf Lorenz (1906–1979). 1967 untersuchte der Kölner Prähistoriker Jens Lüning die Fundstelle und 1977 der Kölner Prähistoriker Jörg Eckert.

7] Die Fundstelle Miel wurde 1919 bei Baggerarbeiten für die Neubaustrecke der Eisenbahnlinie Rheinbach – Liblar entdeckt.

8] Das Erdwerk Inden 9 wurde im Spätherbst 1973 entdeckt und 1974 ausgegraben.

9] Das Erdwerk von Koslar wurde 1977 erstmals untersucht und 1979–1981 von Jörg Eckert (s. Anm. 6) ausgegraben.

10] Karl Schumacher (1860–1934) wirkte 1887–1901 an den Großherzoglichen Sammlungen in Karlsruhe. Von 1901 bis 1926 war er Direktor des Römisch-Germanischen Zentralmuseums in Mainz.

11] Die befestigte Siedlung auf dem Schloßberg von Heilbronn-Klingenberg wurde 1980 durch den Spezialisten für archäologische Flugprospektion Otto Braasch aus Schwäbisch-Gmünd entdeckt. Der frühere Oberstleutnant der Bundesluftwaffe kam 1974 in seiner Freizeit zur Luftbildarchäologie und nahm 1980 seinen Abschied, um hauptberuflich für die Bodendenkmalpflege in Bayern zu arbeiten. Dort hat er bis Ende 1988 Tausende neuer Fundstellen entdeckt und über 420000 Luftbilder aufgenommen. Seit 1989 fliegt Braasch für die Landesarchäologie in Baden-Württemberg.

12] s. Anm. 2 Die Rössener Kultur.

13] Auf die Höhensiedlung auf dem Kapellenberg von Hofheim wurde als erster der Prähistoriker Carl August von Cohausen (1812–1894) aus Wiesbaden aufmerksam. Er hat sie 1888 bekanntgemacht.

14] Auf dem Bilstein fand der Rektor und Kreispfleger Rudolf Haarberg aus Kassel Siedlungsspuren wie Michelsberger Scherben, darunter Bruchstücke von »Backtellern«, und Pfeilspitzen.

15] Auf dem Büraberg grub 1926 der Fuldaer Prähistoriker Joseph Vonderau (1863–1951). Er wirkte 43 Jahre lang, zuletzt als Rektor, an der Domschule. Ab 1967 fanden auf dem Büraberg von der Deutschen Forschungsgemeinschaft finanzierte Ausgrabungen statt. Dabei wurden Siedlungsreste der Michelsberger Kultur festgestellt.

16] Auf dem vom Basaltsteinbruch fast vollständig abgebauten Gipfel des Lamsberges entdeckte 1960 der Pfleger Conrad Hohmann aus Maden erstmals Siedlungsspuren der Michelsberger Kultur wie Keramikreste und Artefakte.

17] Die Höhensiedlung auf der Altenburg bei Niedenstein wurde durch den Braunschweiger Archäologen Hermann Hofmeister (1878–1936) ausgegraben.

18] Auf dem Burgberg bei Großenritte entdeckte Rudolf Haarberg (s. Anm. 14) in den fünfziger Jahren wiederholt Tonscherben und Feuersteinartefakte, die darauf hinwiesen, daß dieser Berg schon in der Jungsteinzeit besiedelt war.

19] Auf dem Dörnberg bei Zierenberg entdeckte 1955 Rudolf Haarberg (s. Anm. 14) bei einer Probegrabung zahlreiche Michelsberger Scherben und zwei Pfeilspitzen.

20] Die Höhensiedlung auf dem Venusberg in Bonn ist 1882 durch den General Carl von Veith (1818–1892) aus Bonn erstmals kartographisch erfaßt und wegen in der Nähe befindlicher Geschützstellungen in die Zeit nach 1695 datiert worden. 1986/87 wurde das Gelände im Zuge von Recherchen für die 2000-Jahrfeier der Stadt Bonn durch den Prähistoriker Michael Fechter aus Bonn untersucht. Dabei erkannte man, daß es sich um eine Höhensiedlung der Michelsberger Kultur handelte.

21] Die Höhensiedlung Beusterburg wurde 1933 und 1935/36 durch den Prähistoriker Kurt Tackenberg untersucht, der seit 1929 in Hannover und ab 1934 in Leipzig wirkte.

22] Auf dem Gelände der Limburg bei Weilheim wurden 1913 Keramikreste der Michelsberger Kultur entdeckt. Die Hausgrundrisse kamen 1914 anläßlich der Burggrabung durch den damals in Stuttgart wirkenden Prähistoriker Gerhard Bersu (1889–1954) zum Vorschein.

23] Die Bestattungen von Heidelberg-Handschuhsheim wurden 1985 beim Ausheben von Wasserleitungsgräben für eine Kleingartenanlage entdeckt und durch Mitarbeiter des Kurpfälzischen Museums Heidelberg geborgen.

24] Die Gräber von Inningen wurden 1937 auf dem Gelände der Ziegelei Inningen entdeckt.

Die nordwestdeutsche Trichterbecher-Kultur

1] Zur Trichterbecher-Kultur werden in Deutschland die nordwestdeutsche Trichterbecher-Kultur (früher Tiefstichkeramik genannt), die Baalberger Kultur, die Salzmünder Kultur und die Walternienburg-Bernburger Kultur gerechnet. Daneben gab es andere Zweige der Trichterbecher-Kultur in den benachbarten Ländern.

2] Den Begriff Rosenhof-Gruppe hat 1979 der Kölner Prähistoriker Hermann Schwabedissen eingeführt. Zu dieser Gruppe gehören die Fundstellen Rosenhof bei Dahme (Kreis Ostholstein) und Siggeneben (Kreis Ostholstein).

3] Der Prähistoriker Gustav Schwantes (1881–1960) aus Kiel hat 1958 den Begriff Satrup-Zeit geprägt. Hermann Schwabedissen (s. Anm. 2) sprach 1968 von der Satrup-Stufe und 1979 von der Satrup-Gruppe. Zu dieser Gruppe zählen die Fundstellen Satrup-Pöttmoor (Kreis Schleswig-Flensburg) und Südensee-Damm (Kreis Schleswig-Flensburg).

4] Den Begriff Fuchsberg-Stufe hat 1968 Hermann Schwabedissen vorgeschlagen. Der Prähistoriker Jürgen Hoika aus Schleswig verwendete 1973 den Begriff Fuchsberg-Gruppe. Zu dieser Gruppe werden folgende Fundstellen gerechnet: Flensburg (Kreis Schleswig-Flensburg), Fuchsberg (Kreis Schleswig-Flensburg), Schulensee, Oldesloe Wolkenwehe (Kreis Stormarn), Sachsenwaldau (Kreis Stormarn), Haaßel (Kreis Uelzen), Tosterglope (Kreis Lüneburg), Kiel.

5] Den Begriff Troldebjerg-Gruppe im Sinne der ältesten Stufe des Mittelneolithikums hat 1953 der dänische Kaufmann, Gründer und Leiter des Langelands Museums in Rudkøbing, Jens Winther (1863–1955), verwendet. Der Zusatz »Gruppe« wurde 1979 erstmals von Hermann Schwabedissen benutzt. Diese Gruppe umfaßt folgende Fundorte: Klein-Bünstorf (Kreis Uelzen), Wittenwater (Kreis Uelzen), Raven (Kreis Harburg), Rohstorf (Kreis Lüneburg), Viöl (Kreis Nordfriesland).

6] Den Begriff Klintebakken hat 1951 der dänische Museumsassistent Hakon Berg (1913–1977) aus Rudkøbing in die bestehende Chronologie des Mittelneolithikums eingeschoben. Der Zusatz »Gruppe« wurde 1979 von Hermann Schwabedissen verwendet. Zu dieser Gruppe werden folgende Fundorte gerechnet: Schwesing (Kreis Nordfriesland), Denghoog/Sylt (Kreis Nordfriesland), Nebel/Amrun (Kreis Nordfriesland), Schuby (Kreis Schleswig-Flensburg).

7] Den Begriff Curslack-Gruppe hat 1979 Hermann Schwabedissen eingeführt. Dieser Gruppe ordnet man unter anderem die Fundorte Curslack bei Boberg unweit von Hamburg und Rohstorf (Kreis Lüneburg) zu. Andere Autoren rechnen die Curslack-Gruppe der Alttiefstich-Keramik zu. Letzterer Name wurde 1940 durch den Prähistoriker Rudolf Dehnke (1914–1988) in seiner Dissertation »Die Tiefstichtonware der Jungsteinzeit in Osthannover« eingeführt, die als Veröffentlichung des Landesmuseums zu Hannover erschien. Dehnke war 1938 als wissenschaftlicher Assistent an das Brandenburgische Landesmuseum für Vorgeschichte gekommen, aber schon Ende desselben Jahres zum Wehrdienst einberufen worden. Die alte Bezeichnung »Alttiefstich-Keramik« hat 1980 der Prähistoriker Joachim Preuß aus Halle/Saale aufgegeben. Er sprach nun von einer »Altmärkischen Gruppe der Tiefstichkeramik«.

8] Die Siedlung Büdelsdorf wurde 1971 durch das Landesamt für Vor- und Frühgeschichte von Schleswig-Holstein untersucht.

9] Der Hausgrundriß auf dem Schwarzen Berg bei Wittenwater wurde 1961 durch den Prähistoriker Klaus Ludwig Voß aus Hannover entdeckt.

10] In Flögeln grub 1971 der Archäologe W. Haio Zimmermann aus Wilhelmshaven.

11] Die Siedlungsreste von Neukirchen wurden 1953 entdeckt, als ein Entwässerungsgraben angelegt wurde.

12] Die Fundstelle bei Ralswiek wurde 1980 entdeckt und im Mai/Juni 1981 untersucht.

13] Die Söhne des Bauern Robert Friedrich aus dem Ortsteil Flötz von Gödnitz fanden 1927 bei Feldarbeiten in einer fast kreisrunden schwarzen Fläche zahlreiche Tonscherben. Sie übergaben die Funde an den Mittelschullehrer Otto Müller (1898–1976) vom Kreismuseum Haldensleben. Dieser barg bei der Nachsuche weitere Tonscherben. Müller überließ die Funde dem damals am Landesmuseum Halle/Saale tätigen schwedischen Prähistoriker Nils Hermann Niklasson (1890–1966). Daraus wurde ein reich verzierter Ösenbecher zusammengesetzt, den Niklasson 1928 publizierte.

14] Der ehrenamtliche Mitarbeiter des Museums für Ur- und Frühgeschichte Schwerin Robert Let aus Löcknitz entdeckte 1973 mit einem Fernglas vom drei Kilometer entfernten Westrand des Randowtales in einer Kiesabbaustelle von Glasow eine stark dunkle Verfärbung. Er fand dort jungsteinzeitliche Hinterlassenschaften. Von 1974 bis Herbst 1977 untersuchte die Archäologin Erika Nagel aus Schwerin diese Fundstelle. Sie barg Tierknochen, Feuerstein- und Knochengeräte.

15] Der Goldring von Himmelpforten wurde 1933 in Grab I entdeckt.

16] Bei Schwesing wurden 1939 bei Erdarbeiten sechs Grabhügel abgetragen, deren Untersuchung im Auftrag der Provinzialstelle für vor- und frühgeschichtliche Landesaufnahme und Bodendenkmalpflege von dem Geologen Albert Bantelmann aus Schleswig durchgeführt wurde. Dabei kam in Grabhügel 6 ein Großsteingrab (Langbett) zum Vorschein, in dem ein goldener Armring gefunden wurde.

17] In das Tongefäß von Bronocice sind außer vierrädrigen Wagen auch andere Symbole eingeritzt worden: das Kamm-, Zickzack-, Tannenzweig- und Kreismotiv sowie die Pfeillinie. Das Kammzeichen symbolisiert nach Ansicht von Prähistorikern den Regen, die Pfeillinien deutet man als Blitze. Die Zickzackbänder werden als Wasser angesehen, aus ihm wachsen die Getreideähren, die an Tannenzweige erinnern. Der kleine Kreis auf dem vierrädrigen Wagen gilt als Darstellung der Sonne.

18] Auf der Insel Tannenwerder wurden bereits 1877 bei Anlage eines Bootshafens die ersten Bestattungen entdeckt. 1878 beschrieb der Schweriner Archivar und Leiter der Großherzoglichen Sammlungen, Friedrich Lisch (1801–1883), diese Funde und 1880 weitere. 1884 publizierte der Rostocker Anthropologe Friedrich Merkel (1845–1919) die bis dahin bekannten Schädelfunde. Ausgrabungen erfolgten 1903 durch den Schweriner Gymnasiallehrer und Prähistoriker Robert Beltz (1854–1942) unter Mitwirkung des Direktors der Staatlichen Ausgrabungen in Rom, Giacomo Boni (1859 bis 1925), 1935 durch den Leiter der vorgeschichtlichen Sammlung des Landesmuseums Schwerin, Willy Bastian (1893–1970), und den Lehrer und stellvertretenden Bodendenkmalpfleger Bruno Hollmann aus Schwerin sowie 1961 durch den Schweriner Prähistoriker Ewald Schuldt (1914 bis 1987). Insgesamt wurden auf Tannenwerder mehr als 45 Körperbestattungen entdeckt.

19] Der Begriff Tiefstichkeramik geht auf den Berliner Prähistoriker Alfred Götze (1865–1948) zurück, der schon 1900 von Keramik mit Tiefornamentik sprach. Heute gilt die Tiefstichkeramik als westlicher Zweig der Trichterbecher-Kultur, dies erkannte 1959 der Prähistoriker Heinz Knöll aus Gießen als erster.

20] Die Keulen werden von dem Kölner Prähistoriker Hermann Schwabedissen nicht als Schlaginstrumente, sondern als Schwungscheiben für Bohrgeräte oder dergleichen gedeutet.

21] Die Beschreibung der verschiedenen Formen von Großsteingräbern stützt sich auf folgende Arbeiten aus dem 1979 von dem damals in Hannover wirkenden Prähistoriker Heinz Schirnig herausgegebenen Katalog *Großsteingräber in Niedersachsen*: Ulrich Fischer, »Europäische Verbindungen der niedersächsischen Großsteingräber«, S. 27–42; Friedrich Laux, »Die Großsteingräber im nordöstlichen Niedersachsen«, S. 59–82; Reinhard Maier, »Westeuropäische Steinkammergräber in Niedersachsen«, S. 91 bis 110; Heinz Schirnig, »Einführung«, S. 1–26; Elisabeth Schlicht, »Die Großsteingräber im nordwestlichen Niedersachsen«, S. 43–58, Hannover 1979.

22] Der damals in Frankfurt tätige Prähistoriker Ernst Sprockhoff (1892–1967) bezifferte 1938 die Zahl der Großsteingräber für den Norden des ehemaligen Deutschen Reiches zwischen holländischer Grenze und Ostpreußen auf rund 900. Davon entfielen nach seinen Angaben auf das heutige Niedersachsen 345 Großsteingräber. Derzeit sind etwa 400 Großsteingräber in

] Niedersachsen bekannt. Sprockhoff wirkte ab 1926 in Hannover, ab 1928 in Mainz, ab 1935 in Frankfurt und ab 1947 in Kiel.

23] In Barskamp gibt es insgesamt sieben Großsteingräber. Sechs davon wurden bereits 1924 durch den Architekten und Heimatforscher Franz Krüger (1873–1936) aus Lüneburg beschrieben. Darunter ist der Urdolmen. Das siebte Großsteingrab wurde 1960 entdeckt und 1964 durch das Lüneburger Museum freigelegt.

24] In den Gemarkungen Altenmedingen und Niendorf I sind nach den Aufzeichnungen des Privatgelehrten Georg Otto Carl Freiherr von Estorff (1811–1877), der damals im Kreis Uelzen lebte, 34 Großsteingräber vorhanden gewesen. Von Estorff war später Verwalter auf verschiedenen adeligen Besitztümern in Süddeutschland und Ungarn.

25] In der Gemarkung Nahrendorf gibt es zwei etwa 2,5 Kilometer voneinander entfernte Großsteingräber. Der Urdolmen wurde bereits 1924 von Franz Krüger (s. Anm. 23) erwähnt. Er wird in der Fachliteratur als Grab II bezeichnet.

26] Der Urdolmen »Sanjberg« bei Utersum wurde 1895 durch den Lehrer Hans Philippsen (1866–1926) aus Wyk auf Föhr ausgegraben.

27] Der erweiterte Dolmen Brutkamp ist seit Jahrhunderten bekannt.

28] In der Gemarkung Werpeloh existierten fünf Großsteingräber. Der Großdolmen (Grab V) wurde schon 1827 in der Literatur erwähnt.

29] Das Ganggrab von Ostenwalde (Gemeinde Werlte) wurde im Sommer 1971 durch den damals in Hannover wirkenden Prähistoriker Wolf-Dieter Tempel ausgegraben.

30] Das Ganggrab von Thuine wurde schon 1841 in der »Statistik der im Königreich Hannover vorhandenen heidnischen Denkmäler« des Forstrats Johann Karl Wächter (1772–1846) aus Hannover erwähnt.

31] Beim »Visbecker Bräutigam« handelt es sich um insgesamt fünf Großsteingräber, die schon 1827 bekannt waren. Eines der Gräber wird auch als »Brautwagen« bezeichnet.

32] Aus der Gemarkung Großenkneten sind insgesamt zwölf Großsteingräber im Bereich der Ahlhorner Heide bekannt.

33] Die Ganggräber Lübbensteine A und B wurden bereits 1665 durch den Helmstedter Rechtslehrer Hermann Conring (1606–1681) beschrieben. Zuvor wurden sie 1439 urkundlich erwähnt. Auf der ersten Darstellung von 1720 werden die Lübbensteine zerstört gezeigt. Vom Frühjahr 1935 bis Frühjahr 1936 wurden sie durch den Gymnasialoberlehrer, braunschweigischen Landesarchäologen und Professor für deutsche Vorgeschichte an der Technischen Hochschule Braunschweig, Hermann Hofmeister (1878 bis 1936), wieder hergestellt.

34] Das Ganggrab von Oldenburg bei Raven wurde 1964 durch den damals in Hamburg tätigen Prähistoriker Willi Wegewitz ausgegraben.

35] Das Ganggrab von Westerloh wurde bereits 1827 beschrieben.

36] Das Ganggrab Denghoog (Thinghügel) auf Sylt wurde 1886 durch den Chemiker Ferdinand Wibel (1840–1902) aus Hamburg untersucht.

37] Das Ganggrab bei Idstedt wurde 1913 beschrieben.

38] Das Ganggrab im Forst Waldhusen bei Lübeck wurde 1843 ausgegraben.

39] Das Ganggrab von Stralendorf wurde 1964 durch den Schweriner Prähistoriker Ewald Schuldt (1914–1987) ausgegraben.

40] Der 1966 von der Heidelberger Prähistorikerin Waltraud Schrickel vorgeschlagene Begriff Galeriegrab-Kultur konnte sich nicht durchsetzen, weil Galeriegräber sowohl in der Westgruppe der Trichterbecher-Kultur als auch in der Wartberg-Gruppe vorkommen.

41] Das Galeriegrab Atteln I wurde 1826 durch den Prähistoriker August Stieren (1885–1970) aus Münster entdeckt und ausgegraben. Etwa 500 Meter westlich davon befindet sich das Galeriegrab Atteln II. Stieren war ab 1925 Assistent und später Direktor des Landesmuseums für Vor- und Frühgeschichte Münster (Westfalen).

42] Das Galeriegrab von Brenken wurde bereits 1855 in der Literatur erwähnt.

43] Das Galeriegrab von Etteln auf dem Lechtenberg wurde im 19. Jahrhundert ausgegraben und 1976 durch den Bielefelder Prähistoriker Klaus Günther untersucht.

44] In Henglarn gibt es zwei Galeriegräber. Das Galeriegrab Henglarn I wurde 1913 entdeckt und durch den Geheimen Baurat Franz Biermann (1840 bis 1920) aus Paderborn begutachtet, der Mitglied der Altertumskommission für Westfalen war. 1979 erfolgte eine Nachuntersuchung durch Klaus Günther aus Bielefeld (s. Anm. 43).

45] Die Galeriegräber Kirchborchen I und II wurden 1575 im Auftrag des Fürstbischofs Salentin von Isenburg aus Paderborn geöffnet.

46] Das Galeriegrab von Schloß Neuhaus wurde um 1844 durch die Entnahme von Sandsteinplatten für eine Umfassungsmauer des »Tallhofes« und durch die Verwendung von Findlingen für das Kriegerehrenmal 1918 stark

zerstört. 1949 nahm der Archäologe Walter Lange aus Bielefeld eine Grabung vor. 1983 wurde dieses Galeriegrab durch Klaus Günther aus Bielefeld untersucht.

47] Das Galeriegrab im Almetal bei Wewelsburg wurde 1855 zerstört.

48] Das Galeriegrab von Wünnenberg ist seit 1855 bekannt, heute jedoch zerstört.

49] Das Galeriegrab von Lippborg war bereits um 1800 zerstört.

50] Das Galeriegrab von Hiddingsen wurde 1934 entdeckt und zunächst durch den Archäologiestudenten Heinz Knöll aus Münster (ab 1935 in Marburg) und später durch Walter Lange (s. Anm. 46) ausgegraben.

51] Das Galeriegrab von Lippstadt war schon Anfang des 19. Jahrhunderts zerstört.

52] Das Galeriegrab von Ostönnen wurde 1929 entdeckt.

53] Das Galeriegrab Schmerlecke I wurde um 1880 vom Verein für die Geschichte der Soester Börde ausgegraben und 1881 zerstört. Im Dezember 1953 wurde das Galeriegrab Schmerlecke II entdeckt.

54] Das Galeriegrab von Uelde war bereits 1859 teilweise zerstört. Der Rest wurde 1869 untersucht.

55] Das Galeriegrab von Völlinghausen wurde 1968 entdeckt.

56] In Beckum gibt es zwei Galeriegräber, die beide im 19. Jahrhundert entdeckt wurden.

57] Das Galeriegrab von Bredelem wurde 1830 aufgespürt und 1959/60 durch den Braunschweiger Prähistoriker Alfred Tode untersucht.

58] Das stark zerstörte Galeriegrab von Liebenburg wurde 1963 durch Alfred Tode (s. Anm. 57) untersucht.

59] Reste des Galeriegrabes von Rohden wurden 1929 durch den Lehrer Wilhelm Bode (1894–1966) aus Rohden ausgegraben.

60] In den achtziger Jahren des 19. Jahrhunderts wurde in Watenstedt der Türlochstein eines Galeriegrabes entdeckt.

61] Der damals in Osnabrück wirkende Prähistoriker Hans Gummel (1891 bis 1962) hat 1927 Teile der Grabkammer des Galeriegrabes von Heyersum ausgegraben.

62] Das Galeriegrab von Sorsum wurde 1955 bei Steinbrucharbeiten am Halsberg entdeckt; eigentlich liegt es in der Gemarkung Emmerke. Von 1956 bis 1960 nahm der Prähistoriker Martin Claus aus Hannover Ausgrabungen vor.

63] Das Galeriegrab von Evessen wurde 1870 entdeckt und ausgeräumt. Es enthielt Skelettreste von mindestens elf Menschen.

64] In Himmelpforten grub 1953 der Lehrer und Leiter des Vorgeschichtsmuseums Adolf Cassau aus Stade.

65] Die Flachgräber von Issendorf wurden im Herbst 1971 durch den damals in Hannover wirkenden Prähistoriker Wolf-Dieter Tempel entdeckt und anschließend ausgegraben.

66] Das Flachgrab von Cuxhaven-Gudendorf befand sich neben einem schon vor mehr als 80 Jahren zerstörten Großsteingrab.

67] Das Flachgräberfeld von Heek wurde im Sommer 1978 durch den Archäologiestudenten Heinz Dehnert aus Ochtrup entdeckt, als er in der Abbaukante einer Sandgrube Tongefäße der Trichterbecher-Kultur fand. Von 1978 bis 1981 nahm der Prähistoriker Walter Finke aus Münster Ausgrabungen vor.

68] Das Großsteingrab IV bei Oldendorf an der Luhe wurde 1970 durch den holländischen Archäologen Albert Egges van Giffen (1884–1973) aus Groningen, den Lüneburger Archäologen Gerhard Körner (1913–1984) und den damals ebenfalls in Lüneburg wirkenden Prähistoriker Friedrich Laux ausgegraben. Darin war nach den unbewiesenen Vermutungen von Gerhard Körner ein angeblich einflußreicher Mann mitsamt seiner Dienerschaft, die ihm ins Grab folgen mußte, zur letzten Ruhe gebettet. Die Diener sollen singend die gemeinsame Reise ins Jenseits angetreten haben, bis sie ein berauschender Gifttrank für immer einschlafen ließ. Diese phantasievolle Deutung findet jedoch kaum Anhänger, da sie sich auf keinerlei archäologische Hinweise stützen kann.

69] Die Männerbestattung von Laschendorf wurde 1984 bei einer Rettungsgrabung geborgen. Sie ist durch den Schweriner Prähistoriker Uwe Schoknecht untersucht worden.

Die Baalberger Kultur

1] Nils Hermann Niklasson (1890–1966) war 1915–1929 Assistent an der Landesanstalt für Vorgeschichte in Halle/Saale, 1929–1956 Direktor des Archäologischen Museums Göteborg und gleichzeitig Privatdozent für Vorgeschichte an der Universität Göteborg.

2] Das Steinkistengrab auf dem Schneiderberg, einem Hügel der Baalberge, wurde 1901 durch den Gymnasiallehrer a. D. und Museumsleiter von Wernigerode, Paul Höfer (1845–1914), ausgegraben.

3] Die Siedlung auf der Bischofswiese in der Dölauer Heide bei Halle/Saale wurde ab 1962 durch den Prähistoriker Hermann Behrens aus Halle/Saale ausgegraben.

4] Die Siedlung auf dem Hutberg bei Wallendorf wurde 1938/39 durch den Prähistoriker Friedrich Benesch aus Halle/Saale ausgegraben. 1956 folgte eine weitere Ausgrabung.

5] Die Gruppen- und Doppelbestattung von Wansleben wurde 1971 durch den Heimatforscher Otto Marschall aus Eisleben ausgegraben.

6] Die Gruppenbestattung von Gehofen wurde 1935 bei Ausschachtungsarbeiten für ein Fernkabel entdeckt und durch den Tischlermeister und Heimatforscher Gustav Adolf Spengler (1869–1961) aus Sangerhausen untersucht. An diesen verdienstvollen Heimatforscher erinnert das Spengler-Museum in Sangerhausen.

7] Die Gruppenbestattung von Preußlitz (Fundplatz Ilgensteinscher Mühlberg) wurde im Herbst 1923 durch den Kapellmeister und Kreiskonservator Walther Götze (1879–1953) aus Köthen/Anhalt ausgegraben.

8] Die Gruppenbestattung von Weißenfels wurde 1950 bei Ausgrabungen von Hermann Behrens (s. Anm. 3) in einer Kiesgrube gefunden.

9] Die Schädelbestattung von Braunsdorf wurde 1913 entdeckt.

Die Schussenrieder Gruppe

1] Von einem Schussenrieder Typus sprach man seit den Grabungen des Oberförsters und Heimatforschers Eugen Frank (1842–1897) aus Schussenried. Frank meinte damit sowohl Schussenrieder wie Aichbühler Keramik. Der Berliner Prähistoriker Alfred Götze (1865–1948) führte 1900 den Begriff Schussenrieder Typus als verbindlichen Terminus für die vor allem aus der oberen Siedlungsschicht am Riedschachen bekannte Keramik ein.

2] Der Begriff Schussenrieder Keramik wurde 1923 von dem damals in Tübingen wirkenden Prähistoriker Hans Reinerth (1900–1990) verwendet. Er meinte damit das Fundspektrum von Riedschachen II. Reinerth faßte Schussenried als Element der jüngeren Aichbühler Kultur seiner Definition auf.

3] Von Schussenrieder Kultur sprachen 1956 der französische Arzt und Prähistoriker Jean-Paul-Louis Arnal (1907–1987) aus Tréviers sowie der Prähistoriker Claude Burnez aus Cognac, wobei sie sich auf eine Veröffentlichung des Zürcher Prähistorikers Emil Vogt (1906–1974) aus dem Jahre 1950 bezogen.

4] Die Seeufersiedlung Hartöschle bei Alleshausen wurde im Sommer 1984 durch den Freiburger Prähistoriker Joachim Köninger entdeckt.

5] Die Moorsiedlung Riedschachen II wurde 1875 durch Eugen Frank (s. Anm. 1) aus Schussenried entdeckt. Die Funde lagen stratigraphisch über Riedschachen I. Funde aus Riedschachen II wurden 1902 durch Eugen Freiherrn von Tröltsch (1828–1901) aus Stuttgart beschrieben. Er war Offizier und Vorsitzender des Württembergischen Anthropologischen Vereins.

6] In Ludwigsburg-Schlößlesfeld kamen bereits 1877 die ersten Funde zum Vorschein. Ab 1960 wurden bei der Erschließung des Schlößlesfeld in Ludwigsburg an zahlreichen Stellen Siedlungsreste der Schussenrieder Gruppe geborgen. 1968 nahm der Stuttgarter Prähistoriker Hartwig Zürn dort Ausgrabungen vor. Das Fundmaterial wurde von dem damals in Köln wirkenden Prähistoriker Jens Lüning bearbeitet.

Die Hornstaader Gruppe

1] Helmut Schlichtherle ist Koordinator des Forschungsvorhabens »Siedlungsarchäologische Untersuchungen im Alpenvorland« und arbeitet am Landesdenkmalamt Baden-Württemberg, Abteilung Bodendenkmalpflege Pfahlbauarchäologie Bodensee-Oberschwaben, in Gaienhofen-Hemmenhofen.

2] Eduard von Paulus (1837–1907) war der Sohn des Finanzrates, Zeichners sowie Hauptgründers und Leiters des württembergischen Altertumsvereins, Karl Eduard von Paulus (1803–1878) aus Stuttgart. Er war württembergischer Landeskonservator, Dichter, Archäologe, Kunsthistoriker und Vorstand der Staatssammlung.

3] Die Fundstelle Hornstaad-Hörnle I wurde 1973 durch den Prähistoriker Helmut Schlichtherle (s. Anm. 1) erstmals untersucht.

4] Bei Hemmenhofen liegen zwei Fundstellen der Hornstaader Gruppe: Von Hemmenhofen-Im Leh kennt man seit dem 19. Jahrhundert einige Funde. In Hemmenhofen-Im Bohl wurden 1980 bei einer Probegrabung zwei durch Seekreide getrennte Schichten der Hornstaader Gruppe entdeckt.

5] Bei Nußdorf am Nordufer des Überlinger Sees wurden 1862 mehrere Pfahlbaustationen entdeckt. Die Siedlungsspuren der Hornstaader Gruppe wurden 1982 entdeckt.

Die Pfyner Kultur

1] Als Seeufersiedlungen der Pfyner Kultur gelten Hornstaad-Hörnle II sowie Hornstaad-Schlößle II und III.

2] Die ersten Funde von Bodman-Blissenhalde hat in den fünfziger Jahren der Sammler Hermann Schiele aus Dingelsdorf geborgen. Das Landesdenkmalamt erfuhr erst durch den Sammler Helmut Maier aus Konstanz von dieser Fundstelle, die im Winter 1985/86 bei extrem niedrigen Wasserständen durch den Prähistoriker Helmut Schlichtherle aus Gaienhofen-Hemmenhofen untersucht wurde.

3] Der Lehrer Karl Haller (1897–1956) aus Reute entdeckte 1934 im Schorrenried bei Reute Reste einer jungsteinzeitlichen Siedlung. Noch im selben Jahr grub dort der Stuttgarter Prähistoriker Oscar Paret (1889–1972) in den fünfziger Jahren bargen der Lehrer Paul Schurer aus Reute und der Zahnarzt Heinrich Forschner (1880–1959) aus Biberach weitere Funde. Von 1980 bis 1982 folgten Untersuchungen durch Helmut Schlichtherle (s. Anm. 2).

Die Altheimer Kultur

1] Die botanische Untersuchung in Pestenacker hat der Münchner Biologe Hans-Peter Stika vorgenommen, der 1989 darüber berichtete.

2] Der Entdecker der namengebenden Siedlung Altheim, Oberlehrer Johann Pollinger (1858–1912) aus Landshut, war seit 1890 Mitglied des Historischen Vereins für Niederbayern und wurde 1898 als 2. Sekretär in dessen Ausschuß gewählt, was heute etwa dem Schriftführer gleichkommt. Seine langjährige erfolgreiche Arbeit an der vor- und frühgeschichtlichen Sammlung des Museums des Historischen Vereins führte 1911 dazu, daß zum Konservator dieser Abteilung ernannt wurde. Pollinger hat in der Umgebung von Landshut zahlreiche urgeschichtliche Funde aus verschiedenen Zeiten gesammelt und der Sammlung des Historischen Vereins einverleibt.

3] Eugen Preß (1909–1979) wurde 1951 Kreisheimatpfleger und bekleidete dieses Amt bis 1976.

4] Die Siedlung Ergolding-Fischergasse wurde bei Erdaushebungen für einen Neubau entdeckt. In den Sommern 1982–1984 nahm das Department of Archaeology der Edinburgher Universität unter der Leitung der Prähistorikerin Barbara S. Ottaway eine Ausgrabung vor.

5] Die Pferdereste von Altenerding und Pestenacker wurden von dem Münchner Archäozoologen Joachim Boessneck identifiziert und 1956 beschrieben.

Die Pollinger Gruppe

1] Mündliche Mitteilung des Münchner Anthropologen Peter Schröter.

2] Das Heimatmuseum von Polling wurde 1926 auf Initiative von Postinspektor Hans Vogl (1878–1944) aus Polling gegründet.

3] Die Tierknochenfunde von Polling wurden 1954 durch den Münchner Archäozoologen Joachim Boessneck und 1968 durch dessen Schüler Wolfgang Blome beschrieben.

4] Die 1907 bei Aislingen ausgegrabenen Keramikreste wurden 1985 von dem Münchner Prähistoriker Rudolf Albert Maier bei Arbeiten zur Neueinrichtung des Dillinger Museums wiederentdeckt.

5] Helmut Gams (1893–1976) wurde in Brünn in Mähren geboren. Er promovierte 1918 mit der Arbeit »Prinzipienfragen der Vegetationsforschung«, die zu einem klassischen Standardwerk der Biozönologie wurde. Ab 1920 wirkte er in München. 1929 habilitierte er sich an der Universität Innsbruck. In Wasserburg am Bodensee gründete er eine private biologische Station. 1964 wurde er emeritiert.

Die Salzmünder Kultur

1] Die Höhensiedlung bei Salzmünde wurde 1924–1936 ausgegraben.

2] s. Anm. 3 Die Baalberger Kultur.

3] Von der Höhensiedlung auf dem Goldberg bei Mötzlich hat der damals in Halle/Saale wirkende Prähistoriker Paul Grimm bereits 1938 Keramikreste beschrieben.

4] s. Anm. 4 Die Baalberger Kultur.

5] Vereinzelte Keramikreste von der Höhensiedlung auf dem Kahlenberg wurden schon 1938 von Paul Grimm (s. Anm. 3) beschrieben.

6] Das Grab im Siebenhügel von Köttichau wurde 1950 durch den Prähistoriker Gerd Billig aus Halle/Saale untersucht.

7] Vor der Einführung des Namens Salzmünder Kultur sprach man von Opperschöner Kannen oder vom Opperschöner Typus. Damit nahm man Bezug auf entsprechende Funde von der Wüstung Opperschöner Mark zwischen Niemberg und Spickendorf (Saalkreis) in Sachsen-Anhalt. Der

Begriff Opperschöner Kannen bzw. Opperschöner Typus wurde 1925 von dem damals in Halle/Saale wirkenden schwedischen Prähistoriker Nils Hermann Niklasson (1890–1966) geprägt.

8] Das Steinkammergrab von Ammendorf-Radewell wurde 1863 entdeckt.

9] Die verzierte Steinaxt aus dem Steinkammergrab von Wegwitz wurde 1922 beschrieben. Ihr Fundjahr ist unbekannt.

10] Die Bestattung auf dem Janushügel von Reichardtswerben wurde 1957 durch die Prähistorikerin Ursula Schlenther aus Berlin ausgegraben.

11] Der Friedhof von Brachwitz wurde 1924 durch den damals in Breslau wirkenden Prähistoriker Kurt Tackenberg untersucht.

12] Die Kleinstkinderbestattung von Zauschwitz wurde 1978 durch den Grabungstechniker Claus Fritzsche vom Landesmuseum für Vorgeschichte Dresden geborgen.

13] Die Kinderbestattung von Plotha wurde 1960 durch den Chefrestaurator Waldemark Nitschke aus Halle/Saale untersucht.

Die Horgener Kultur

1] In Dullenried hat 1920 sowie 1928/29 der damals in Tübingen wirkende Prähistoriker Hans Reinerth (1900–1990) gegraben.

2] Schuhreste aus der Jungsteinzeit kennt man aus Spanien (bei Albuñol), Portugal (Alapraia) und Holland (bei Buinerveen). Bereits im 19. Jahrhundert wurden in der Cueva de los Murciélagos (deutsch: Fledermaushöhle) bei Albuñol in jungsteinzeitlichen Gräbern Sandalen entdeckt, die aus rundumgelegten Zöpfen aus Espartogras zusammengenäht worden sind. In einem Felskammergrab von Alapraia aus der späten Jungsteinzeit barg man ein Paar Schuhe aus Kalkstein, die wohl als Grabbeigabe gedacht waren. Und in einem Moor bei Buinerveen kam ein Lederschuh zum Vorschein, der aufgrund pollenanalytischer Untersuchungen der Jungsteinzeit zugerechnet wird.

Die Chamer Gruppe

1] Eugen Keßler (1892–1973) war Hörer der Vorgeschichtsvorlesungen des Münchner Anthropologen und Prähistorikers Ferdinand Birkner (1868 bis 1947) gewesen. Er hatte engen Kontakt zum Bayerischen Geologischen Landesamt in München, dem er seine Kartierungen und Forschungsergebnisse zur weiteren wissenschaftlichen Auswertung überließ. Keßler starb als 81jähriger in Westhofen bei Augsburg.

2] Auf die Fundstelle Riekofen (Flur Kellnerfeld) wurde 1972 der Maurermeister, Bautechniker und Amateur-Archäologe Hansjürgen Werner aus Neutraubling aufmerksam, als er zahlreiche urgeschichtliche Siedlungsspuren entdeckte. Er suchte das Gelände 1972–1975 ab und barg dabei Funde verschiedener Kulturen. 1975–1977 nahm Werner eine ausgedehnte Flächengrabung vor. Dabei kam der Abschnitt eines Grabens, der zu einem Erdwerk der Chamer Gruppe gehörte, zum Vorschein. Die Ausgrabungen und Luftaufnahmen zeigten, daß ein fast ebenes von Ost nach Südost und Süden verlaufendes ungeschütztes Areal durch ein doppeltes Graben-Wall-System abgeriegelt wurde.

3] Die Siedlung auf dem Galgenberg bei Kopfham wurde in den Sommermonaten von 1981/82 unter der Leitung der englischen Prähistorikerin Barbara S. Ottaway ausgegraben.

4] Die Ausgrabungen in Griesstetten bei Dietfurt erfolgten durch den Archäologischen Sonderdienst am Rhein-Main-Donau-Kanal unter der Leitung des Archäologen Michael Hoppe.

Die Goldberg III-Gruppe

1] Die erste Siedlung (Goldberg I) wird in die Rössener Kultur datiert, die zweite (Goldberg II) in die Michelsberger Kultur, und die dritte bezeichnet man als Goldberg III.

Die Wartberg-Gruppe

1] Auf dem Wartberg bei Kirchberg wurden bereits im 19. Jahrhundert immer wieder Probeschürfungen und kleinere Grabungen vorgenommen. Um 1856 grub der Sattler Knierim aus Kirchberg auf dem Wartberg. Er verkaufte die Funde, bei denen es sich vor allem um Tierknochen handelte, an den Marburger Anatomen Friedrich Matthias Claudius (1822–1869). 1859 schürfte der Kasseler Archivar Georg Landau (1807–1865) auf dem Wartberg. 1861 nahm der erwähnte Professor Claudius eine Grabung vor. 1876 folgte eine Grabung des Direktors des Museums Fridericianum (heute: Hessisches Landesmuseum) in Kassel, Eduard Pinder (1836–1890). 1905 forschte der Fuldaer Prähistoriker Joseph Vonderau (1863–1951) auf dem Wartberg. 1925 barg der Marburger Prähistoriker Walter Bremer (1887 bis

1926) Funde aus einer Grube. 1960 grub der damals in Marburg wirkende Prähistoriker Gernot Jacob-Friesen auf dem Wartberg.

2] Auf dem Hasenberg glückten 1962 die ersten Funde. 1964 erfolgte eine Untersuchung durch die Urgeschichtliche Arbeitsgemeinschaft Fritzlar in Zusammenarbeit mit dem Amt für Bodenaltertümer Marburg (heute: Landesamt für Denkmalpflege Hessen) und 1969 eine Untersuchung durch den Marburger Archäologiestudenten Winrich Schwellnus.

3] Der Fundplatz auf dem Bürgel ist seit 1957 bekannt. 1960 nahm Gernot Jacob-Friesen (s. Anm. 1) eine Probegrabung vor. 1971 führte der Marburger Prähistoriker Rolf Gensen wegen vorgesehener Bebauung eine Notgrabung durch.

4] Auf dem Güntersberg gruben 1963 Rolf Gensen (s. Anm. 3) und 1968 Winrich Schwellnus (s. Anm. 2).

5] Auf dem Odenberg weisen einige Tonscherben vom südöstlichen spornartigen Ende auf eine Siedlung hin.

6] Die zum Steinkammergrab von Lohra gehörende Siedlung wurde durch Winrich Schwellnus (s. Anm. 2) auf einem einen Kilometer nordöstlich des Grabes gelegenen, nach drei Seiten steil abfallenden Sporn lokalisiert.

7] Die Höhensiedlung auf dem Plateau des Weißen Holzes bei Rimbeck wurde 1982 durch den Prähistoriker Peter Glüsing aus Münster entdeckt.

8] Die Beschreibung des Züschener Steinkammergrabes sowie weiterer Gräber der Wartberg-Gruppe in diesem Kapitel stützt sich weitgehend auf eine Zusammenstellung der Kasseler Prähistorikerin Irene Kappel.

9] Johannes Boehlau (1861–1941) war 1893–1928 Direktor des Staatlichen Museums Fridericianum in Kassel.

10] General a.D. Gustav Eisentraut (1844–1926) wurde 1901 zum Vorsitzenden des Hessischen Geschichtsvereins gewählt und blieb dies 23 Jahre lang. Er beteiligte sich an zahlreichen Ausgrabungen und vermaß vor- und frühgeschichtliche Befestigungen in Kurhessen.

11] Das Steinkammergrab von Calden wurde 1948 durch den Marburger Prähistoriker Otto Uenze (1905–1962) ausgegraben. Er war ab 1947 Leiter des Staatlichen Amtes für Bodenaltertümer in Marburg.

12] Das Lautariusgrab im Forstdistrikt »Möhrchen« im Gudensberger Stadtwald wurde 1932 durch Otto Uenze (damals Assistent in Marburg; s. Anm. 11) und durch den Prähistoriker Walter Kersten (1907–1944) aus Marburg untersucht. Es ist nicht bekannt, seit wann der Volksmund dieses Steinkammergrab fälschlicherweise als Lautariusgrab bezeichnet. Auch die Ableitung dieses Namens vom römischen Waldgeist Laudarius ist unsicher.

13] Das Steinkammergrab von Lohra wurde 1931 von Studenten des vorgeschichtlichen Seminars in Marburg unter der Leitung von Otto Uenze (s. Anm. 11) ausgegraben.

14] Das Steinkammergrab am Jettenberg bei Willingshausen wurde 1817/18 durch den Historiker, Staatsarchiv- und Landesbibliothekdirektor Dietrich Christoph von Rommel (1781–1859) aus Kassel freigelegt. Er gründete 1834 den Verein für hessische Geschichte und Landeskunde.

15] Auf die Existenz eines Steinkammergrabes im »Rosenfeld« bei Gleichen deuten einige Funde sowie im Boden vorhandene große Steine hin.

16] Im »Wehrengrund« bei Lohne hat 1950 ein Lehrer aus Lohne ein Steinkammergrab geöffnet.

17] Das Steinkammergrab von Niedertiefenbach wurde schon 1847 gesprengt. Im Herbst 1961 nahm der damals in Wiesbaden wirkende Prähistoriker Helmut Schoppa (1907–1980) eine Ausgrabung vor. Schoppa war Leiter des Landesamtes für kulturgeschichtliche Bodenaltertümer und Direktor der Sammlung Nassauischer Altertümer in Wiesbaden.

18] Das Steinkammergrab von Niederzeuzheim wurde 1953 entdeckt und 1954 durch den Leiter des Heimatmuseums Weilburg, Karl Heymann (1886 bis 1966), untersucht.

19] Das Steinkammergrab von Hohenwepel wurde 1983 beim tieferen Pflügen durch den Landwirt Franz Welling entdeckt. Dabei stieß er auf einen einzelnen im Acker liegenden Stein, den er freilegte. Die Mutter des Entdeckers, Inge Welling, informierte den Heimatpfleger ihres Wohnortes, Alfons Reddemann in Borgentreich-Lütgeneder, über den Fund. Letzterer benachrichtigte den Beauftragten für Bodendenkmalpflege der Stadt Warburg, Oberstudienrat Rudolf Bialas, und dieser unterrichtete das Amt für Bodendenkmalpflege, Außenstelle Bielefeld. Die Grabungen von 1983/84 wurden zeitweise von dem Bielefelder Prähistoriker Klaus Günther und von seiner Mitarbeiterin Martina Viets aus Bochum geleitet.

20] Das Steinkammergrab von Rimbeck wurde 1906/07 durch den Berliner Prähistoriker Alfred Götze (1866–1948) untersucht.

Die Walternienburg-Bernburger Kultur

1] Die Skelettreste von 50 bis 60 Bestattungen in Gotha-Siebleben wurden 1984 durch den Bodendenkmalpfleger Ralf Rohbock aus Gotha entdeckt.

2] Die Höhensiedlung auf dem Langen Berg in der Dölauer Heide wurde bei den Untersuchungen der älteren Höhensiedlung der Baalberger Kultur auf der benachbarten Bischofswiese entdeckt (s. Anm. 3 Die Baalberger Kultur). Die Höhensiedlung auf dem Langen Berg wurde durch den Prähistoriker Detlef W. Müller aus Halle/Saale untersucht.

3] Die Höhensiedlung auf dem Steinkuhlenberg bei Derenburg wurde durch Beobachtungen des Museumsleiters Hans Becker († 1939) aus Blankenburg erkannt. Der Prähistoriker Paul Grimm, der damals in Halle/Saale wirkte, hat diese Höhensiedlung untersucht und 1940 darüber berichtet.

4] Das Steinkistengrab von Nietleben wurde 1826 ausgegraben.

5] Das Steinkistengrab von Schkopau wurde 1854 ausgegraben.

6] Die Menhirstatue aus Langeneichstädt wurde 1987 durch Detlef W. Müller (s. Anm. 2) entdeckt.

7] Das Grab von Niederbösa wurde 1959 durch den Weimarer Prähistoriker Rudolf Feustel ausgegraben.

8] Auch das Grab von Schönstedt wurde durch Rudolf Feustel ausgegraben, und zwar noch im Entdeckungsjahr 1969.

9] Das Kollektivgrab von Großeibstadt wurde im Sommer 1983 entdeckt.

10] Die Erdgräber von Walternienburg wurden 1895–1906 durch den Berliner Prähistoriker Alfred Götze (1865–1948) ausgegraben.

11] Die ersten Funde in Pevestorf wurden 1961 beim Bau eines Wohnhauses geborgen und durch den Mittelschuldirektor Alfred Pudelko aus Gartow sowie den Lehrer Otto Weide aus Nienwalde geborgen. 1963 erfolgte eine Notgrabung und 1964 eine Grabung durch den Prähistoriker Klaus Ludwig Voß aus Hannover.

Die Havelländische Kultur

1] Die Entdeckungsgeschichte des Gräberfeldes bei Dreetz begann im Frühjahr 1977 damit, daß die Schüler Andreas Pelzer, Michael Beetz und Thomas Beetz aus Dreetz im Baustellenbereich eines großen Spülbeckens am Dreetzer See ein vasenartiges Tongefäß fanden. Darüber informierten die Eheleute Karin und Peter Beetz aus Dreetz den Heimatforscher und Lehrer Gerhard Fenske aus Wusterhausen, der den Kreisbodendenkmalpfleger Manfred Teske aus Wusterhausen benachrichtigte. Bei einer sofortigen Besichtigung der Baustelle fand Teske in einer Grubenwand ein kleines verziertes Tongefäß. An dieser Besichtigung nahmen der Bodendenkmalpfleger Ernst Wienicke aus Dreetz sowie die Eheleute Beetz, die Schüler Michael Beetz und Thomas Beetz teil. Sie entdeckten in dem etwa 100 x 100 Meter großen, 4–6 Meter hoch eingedeichten, innen bis 2 Meter tief ausgeschobenen Areal Gefäßscherben, Feuersteinklingen sowie Verfärbungen und Steinbeile. Einen Tag später kam der von Teske benachrichtigte Bezirksbodendenkmalpfleger Friedrich Plate aus Potsdam und ordnete eine vorläufige Unterschutzstellung an. Die 1977/78 durchgeführten Ausgrabungen wurden durch Plate geleitet.

2] In Tangermünde wurde 1882 erstmals gegraben.

3] Der Glasermeister und Bodendenkmalpfleger Helmut Weinkauff aus Nauen entdeckte 1974 in Buchow-Karpzow kopf- bis faustgroße Feldsteine, um die sich menschlicher Leichenbrand und stichverzierte Scherben konzentrierten. Im Frühjahr 1975 nahm der Archäologe Günter Wetzel aus Cottbus eine Notgrabung vor. Er stellte eine Grabanlage mit angrenzendem Kultplatz fest. Es folgten weitere Untersuchungen. Der etwa einen Kilometer von dieser Fundstelle entfernte Opferplatz auf dem Mühlenberg bei Buchow-Karpzow wurde im Juni 1979 durch den Bodendenkmalpfleger Klaus-Peter Wechler aus Schönwalde entdeckt. Der Opferplatz ist kurz darauf durch den Prähistoriker Friedrich Plate aus Potsdam untersucht worden.

Die Kugelamphoren-Kultur

1] Die Bestattung von Dölkau wurde 1942 durch den Prähistoriker Wilhelm Albert von Brunn (1911–1988), der damals als Assistent in Halle/Saale wirkte, ausgegraben.

2] In Langendorf wurden 1943 zerstörte Skelettgräber mit Kugelamphoren, Schalen und Feuersteinartefakten entdeckt.

3] Das Grab von Mittelhausen wurde 1902 entdeckt.

4] Die Gräber von Cossebaude wurden 1895 gefunden.

5] Die Gräber in Ketzin wurden 1959 entdeckt.

6] Die Gräber von Zauschwitz wurden 1960/61 gefunden.

7] Das Steinkistengrab von Schönebeck wurde im September 1943 bei Ausschachtungsarbeiten entdeckt und durch den Kaufmann und Kustos des Kreisheimatmuseums in Schönebeck, Wolfgang Wanckel (1879–1964), untersucht.

8] Die beiden Rinderbestattungen von Stobra wurden 1936 durch den Leiter des Museums für Urgeschichte in Weimar, Erwin Schirmer (* 1908), entdeckt.

Die Schnurkeramischen Kulturen

1] Der Begriff Becher-Kulturen wurde 1929 durch den Duisburger Museumsdirektor Rudolf Stampfuß (1904–1978) geprägt.

2] Der Name Streitaxt-Kulturen geht auf den damals in Uppsala wirkenden schwedischen Prähistoriker Nils Åberg (1888–1957) zurück, der 1915 in seinem Buch »De nordiske stridsyxornas typologi« auf Seite 51 den Ausdruck »stridsyxkulturen« verwendete.

3] Manche Zweige der Schnurkeramischen Kulturen hat man nach anderen Merkmalen benannt. So ist in Dänemark, Norddeutschland, im nördlichen Ostdeutschland und in Holland die erwähnte Bezeichnung Einzelgrab-Kultur üblich. In Holland wird diese wegen der dortigen Becherform als Standfußbecher-Kultur bezeichnet. Der Begriff Standfußbecher-Kultur wurde 1955 durch den damals in Groningen wirkenden holländischen Prähistoriker Willem Glasbergen (1923–1976) eingeführt. Er schrieb zusammen mit dem Prähistoriker Johannes Diderik van der Waals aus Groningen einen Aufsatz, in dem er die Standfußbecher und van der Waals die Glockenbecher behandelte. In Südskandinavien, Südfinnland, Estland und Lettland spricht man von der Bootaxt-Kultur. Der Begriff Bootaxt-Kultur geht auf Nils Åberg (s. Anm. 2) zurück, der 1915 in seinem Buch »De nordiske stridsyxornas typologi« auf Seite 54 den Namen »Boot-axe-Period« verwendete. 1962 schlug der schwedische Prähistoriker Mats Malmer aus Stockholm statt dessen den Namen Schwedisch-norwegische Streitaxt-Kulturen (svensk-norska stridsyxkulturen) vor. Weitere Teile der Schnurkeramischen Kulturen sind die Mitteldnepr-Kultur, die Fatjanovo-Kultur und die Balanovo-Kultur, die in Teilen der Sowjetunion vorkamen. Der Name Mitteldnepr-Kultur wurde durch den russischen Prähistoriker Vasilij Alekseevič Gorodvoc (1860–1945) aus Moskau eingeführt. Der Ausdruck Fatjanovo-Kultur (auch Fat'janovo-Kultur) wurde 1881 durch den russischen Prähistoriker Aleksej Sergeevič Graf Uvarov (1825–1884) geprägt. Der Begriff Balanovo-Kultur wurde 1963 durch den russischen Prähistoriker Otto Nikolaevič Bader (1903–1979) aus Moskau eingeführt.

4] Die Bestattung von Landersdorf bei Thalmässung wurde 1986 durch den Archäologen Ulrich Pfauth aus Roth ausgegraben.

5] Der Begriff indogermanisch (Indo Germanic) wurde bereits 1810 von dem in Paris lebenden dänisch-französischen Geographen Conrad Malte-Brun (1775–1826) verwendet. Er basiert darauf, daß zwischen den Britischen Inseln im Westen bis nach Indien im Osten sowie von Italien im Süden bis nach Skandinavien im Norden zahlreiche Sprachen ähnliche Wörter enthalten. So heißt beispielsweise Vater lateinisch pater, gotisch fatar und altindisch pitár. Solche Gemeinsamkeiten versuchte man, durch eine ursprüngliche Grundsprache und deren spätere Verbreitung zu erklären. Man stellte auch die in indogermanischen Sprachen gemeinsam vorkommenden Wörter zu einer Grundsprache zusammen. Dazu gehörten Begriffe wie Dorf, Karren, Joch, Rad, Gold, Erz (Kupfer), Dolch und Axt, die für die zeitliche Datierung der Grundsprache eine wichtige Rolle spielten. Demnach hätte die Ausbreitung der Grundsprache frühestens in einem jüngeren Abschnitt der Jungsteinzeit erfolgt sein können, in dem es all diese erwähnten Dinge gab.
Die Schnurkeramiker wurden hauptsächlich deshalb als Indogermanen in Erwägung gezogen, weil ihr Gebiet sehr großräumig war und sich weit nach Osten ausdehnte. Außerdem schienen sie genau jene Errungenschaften zu besitzen, welche die sprachwissenschaftlich erschlossenen Indogermanen auszeichneten. In Wirklichkeit waren die Schnurkeramischen Kulturen keine einheitliche Erscheinung, weshalb von einem Volk mit gleicher Sprache keine Rede sein kann.

6] Die Seeufersiedlung Hornstaad-Schlößle I gehört den Schnurkeramischen Kulturen an, während Hornstaad-Schlößle II und III der Pfyner Kultur zugerechnet werden.

7] Hans Hahne (1875–1935) war von 1912–1935 Direktor des Provinzial-Museums für Vorgeschichte in Halle/Saale, das 1921 in Landesanstalt für Vorgeschichte und 1934 in Landesanstalt für Volkheitskunde umbenannt wurde.

8] Auf das verzierte Steinkammergrab von der Bischofswiese in der Dölauer Heide wurde 1952 ein Lehrer aus Halle-Dölau aufmerksam, der in einem der dortigen Grabhügel eine Grabung vorgenommen hat.

9] Das Gräberfeld von Schafstädt wurde 1950–1955 und 1962 durch den Prähistoriker Waldemar Mattias aus Halle/Saale ausgegraben.

10] Das Gräberfeld von Dittigheim wurde 1983 ausgegraben.

11] Das Gräberfeld von Bergrheinfeld wurde 1982 bei Straßenbauarbeiten entdeckt.

Die Einzelgrab-Kultur

1] Karl Hermann Jacob-Friesen (1886–1960) war ab 1910 Assistent am Museum für Völkerkunde Leipzig, ab 1913 Direktorialassistent am Provinzialmuseum Hannover, ab 1919 Abteilungsdirektor der urgeschichtlichen Sammlung und 1921–1951 Direktor des Provinzialmuseums Hannover (seit 1933 Landesmuseum, seit 1946 Niedersächsisches Landesmuseum).

2] Die Abfolge Untergräber, Bodengräber, Obergräber und Oberstgräber wurde von dem Prähistoriker Sophus Müller (1846–1934) aus Kopenhagen erkannt.

3] Der Friedhof von Goldbeck bei Stade war schon im 19. Jahrhundert bekannt.

4] Im Lohwald bei Altenbauna wurden 1936 elf Grabhügel der Einzelgrab-Kultur entdeckt.

5] Die Schädelbestattung von Metzendorf-Woxdorf wurde 1958 entdeckt und durch den damals in Hamburg wirkenden Prähistoriker Willi Wegewitz ausgegraben.

6] Die Gräber von Tensfeld wurden 1859 von der Kieler Prähistorikerin Johanna Mestorf (1829–1909) beschrieben.

Die Glockenbecher-Kultur

1] Die im Sommer 1939 entdeckte Siedlung von Ochtendung wurde durch den Bonner Prähistoriker Walter Rest (1912–1942) ausgegraben.

2] Die zweite Ochtendunger Siedlung wurde am 1. Oktober 1976 durch den im Raum Mayen tätigen Pfleger des Staatlichen Amtes für Vor- und Frühgeschichte in Koblenz, Friedel Gebert, aufgespürt. Er beobachtete bei der Anlage einer neuen Bimsgrube einige Verfärbungen, die sich durch Funde in die Jungsteinzeit datieren ließen. Die Grundrisse der Häuser I (5 x 4,50 Meter), II (4,50 x 4 Meter) und III (5,60 x 4,50 Meter) wurden im März 1977 durch den Grabungstechniker Hans Gadenz aus Koblenz festgestellt. Der im Juli 1977 entdeckte Grundriß von Haus IV (6,50 x 4,70 Meter) wurde durch den Prähistoriker Horst Fehr aus Koblenz untersucht.

3] Der ehrenamtliche Mitarbeiter des Bayerischen Landesamtes für Denkmalpflege, Grabungsbüro Ingolstadt, Richard Zwyrtels aus Manching entdeckte 1986 im Abstand von einigen Monaten in einer Kiesgrube westlich von Oberstimm zwei Gräber. Deren mit dunklem Erdreich verfüllte Grabgruben hatten sich deutlich im hellen Kies abgehoben. Die Gräber wurden von dem Prähistoriker Karl Heinz Rieder aus Ingolstadt untersucht. Das Fragment eines Pferdeschädels kam in Grab I zum Vorschein. Darin war ein nahezu 1,80 Meter großer Mann bestattet. Ihn hatte man mit zwei Tongefäßen – eine Schüssel und eine Henkeltasse – als Beigaben versehen. In der Schüssel lag ein Beckenknochen von einem kleinen Wiederkäuer als Speisebeigabe. Das Pferdeschädelfragment wurde in Nähe der Füße des Bestatteten geborgen. In Grab II war ein ähnlich großer Mann zur letzten Ruhe gebettet.

4] Die fünf verzierten Eberzahnanhänger kamen in Grab II von Oberstimm zum Vorschein (s. Anm. 3).

5] Die fünf Jadeitbeile von Mainz-Gonsenheim wurden 1899 bei Erdarbeiten geborgen.

6] Manche Prähistoriker halten diese länglichen Platten in erster Linie für Schmuck oder eine Art von Abzeichen oder Statussymbol, die ihre Besitzer auszeichneten.

7] Das Gräberfeld auf dem Warmholzberg von Wehrstedt wurde in den dreißiger Jahren in einer Kiesgrube entdeckt.

8] Im September 1946 fand der ehrenamtliche Bodendenkmalpfleger im Kreis Merseburg Gustav Pretzien (1869–1956) in Schafstädt drei Körperbestattungen, darunter ein Steingrab. Er barg sie wegen deren Gefährdung durch den Sandgrubenbetrieb. Bei einer Grabung des Landesmuseums für Vorgeschichte Halle/Saale unter Leitung des Prähistorikers Waldemar Matthias wurden acht weitere Gräber, darunter drei Steingräber, freigelegt.

Die Schönfelder Kultur

1] Günter Behm-Blancke war 1947–1977 Direktor des Museums für Ur- und Frühgeschichte Thüringens in Weimar.

2] Mitte der zwanziger Jahre entdeckten jugendliche Mitglieder des Bundes Wandervogel bei Klein Möringen einige Tonscherben. Sie zeigten diese

dem Prähistoriker Paul Kupka (1866–1949) aus Stendal, der eine Nachgrabung vornahm, bei der nur wenige Funde geborgen wurden. Mehr Erfolg hatte ein Arbeitsloser aus Klein Möringen, der illegal zahlreiche Keramikreste ausgrub, die er an das Provinzialmuseum in Halle/Saale abgab. Diese wurden 1937 von dem damals in Halle/Saale wirkenden Prähistoriker Walter Nowothnig (1907–1971) beschrieben.

3] In dem infolge Windbruchschäden gerodeten Wald auf dem Taubenberg bei Wahlitz entdeckten die ehrenamtlichen Bodendenkmalpfleger Hans Lies (1899–1981) und Ernst Ebert (1899–1978), beide aus Magdeburg, zahlreiche Tonscherben. Daraufhin unternahmen sie dort 1949/50 erste Grabungen. 1950–1955 setzte das Landesmuseum Halle/Saale die Grabungen fort.

Die Dolchzeit

1] Der Feuersteindolch von Wiepenkathen wurde am 23. Mai 1935 von den Arbeitern Wilhelm Deede und Klaus Deede aus Wiepenkathen beim Torfstechen entdeckt. Am Tag danach besichtigte der Lehrer und Leiter des Vorgeschichtsmuseums Adolf Cassau aus Stade die Fundstelle.

Die Jungsteinzeit in Österreich

1] Der Wiener Prähistoriker Richard Pittioni (1906–1985) schlug 1954 statt des Begriffes Jungsteinzeit den Namen Keramikum vor. Diese Bezeichnung setzte sich aber nicht durch.

2] Die Angaben über die Zeitdauer der jungsteinzeitlichen Kulturen in Österreich fußen auf: Heinz Felber/Elisabeth Ruttkay, »Absolutchronologie des Neolithikums in Österreich«. *Mitteilungen der Anthropologischen Gesellschaft*, S. 73-76, Wien 1983; Dirk Raetzel-Fabian, »Phasenkartierung des mitteleuropäischen Neolithikums. Chronologie und Chorologie«. *British Archaeological Reports*, International Series, Oxford 1986; Christian Strahm, »Zur Einführung. Das Forschungsvorhaben: ›Siedlungsarchäologische Untersuchungen im Alpenvorland‹«. *Archäologische Nachrichten aus Baden*, S. 4-10, Freiburg 1987; Christin Osterwalder/Peter A. Schwarz, »Chronologie. Archäologische Daten der Schweiz«. *Veröffentlichungen der Schweizerischen Gesellschaft für Ur- und Frühgeschichte*, Antiqua, Basel 1986.

Die Linienbandkeramische Kultur

1] Der Begriff Notenkopfkeramik stammt von dem Wiener Prähistoriker Oswald Menghin (1888–1973). Er schrieb 1921 in seiner »Urgeschichte Niederösterreichs« auf Seite 9: »Die Unterbrechung der Linien durch Striche oder notenkopfartige Grübchen findet sich nur auf jüngeren Formen dieser Ware…«

2] Die »Venus von Draßburg« wurde 1933 durch den Zahnarzt Friedrich Hautmann (1890–1955) aus Wiener Neustadt entdeckt, als er die Funde aus einer durch Sandgewinnung gefährdeten linienbandkeramischen Grube für das Burgenländische Landesmuseum in Eisenstadt barg. Hautmann war seit 1924 Korrespondent des Bundesdenkmalamtes und seit Februar 1925 ehrenamtlicher Konservator des Bundesdenkmalamtes in Wien für das Burgenland. Mit einer Korrespondenzkarte vom 21. August 1933 informierte Hautmann seinen Freund, den ersten Direktor des 1926 gegründeten Burgenländischen Landesmuseums in Eisenstadt, Alphons Augustus Barb (1901–1979), über die Entdeckung der »Venus« von Draßburg. Barb war 1926–1938 Direktor des Burgenländischen Landesmuseums.

3] Der Begriff Typus Zseliz wurde 1924 durch den Wiener Prähistoriker Herbert Freiherr von Mitscha-Märheim (1900–1976) eingeführt.

4] Der Name Typus Šárka wurde 1925 von dem Prager Professor der vorgeschichtlichen Archäologie und Ethnologie Albin Stocký (1876–1934) auf Seite 7 seines Buches »Praha Pravěká« geprägt.

5] Der Begriff Bükker Kultur wurde 1929 durch den Budapester Prähistoriker Ferenc von Tompa (1893–1945) vorgeschlagen. Er war damals Kustos der prähistorischen Sammlung des Ungarischen Nationalmuseums in Budapest.

6] Im Gräberfeld von Kleinhadersdorf nahm im April 1931 der Wiener Prähistoriker Josef Bayer (1882–1931) eine Ausgrabung vor. Nach dessen Tod im Juli 1931 setzte der Wiener Anthropologe Viktor Lebzelter (1889–1936) die Ausgrabungen fort. 1936 publizierten Lebzelter und dessen Mitarbeiter Günter Zimmermann (1914–1979) aus Danzig die Befunde von Kleinhadersdorf. Lebzelter war seit März 1932 provisorischer Leiter der Anthropo-

] logischen Abteilung des Naturhistorischen Museums Wien und seit April 1934 dessen Direktor. In Kleinhadersdorf wurden 1931 insgesamt 19 Gräber entdeckt. Als im Winter 1986/87 die über dem Gräberfeld gepflanzten Rebstöcke eines Weinberges erfroren und ausgehackt werden mußten, regte der Direktor des Stadtmuseums Poysdorf, Josef Preyer, eine Untersuchung an. Diese wurde im August 1987 durch die Wiener Prähistoriker Christine Neugebauer-Maresch und deren Ehemann Johannes-Wolfgang Neugebauer vorgenommen. Dabei stieß man auf zahlreiche in den dreißiger Jahren übersehene Gräber. Zwischen 1986 und 1989 kamen bei Ausgrabungen mehr als 50 Gräber zum Vorschein. Prähistoriker schätzen, daß im Umkreis des bisher freigelegten Gräberfeldes weitere 100 Gräber vorhanden sind.

7] Das Gräberfeld von Rutzing wurde 1960 entdeckt und durch den Linzer Anthropologen Ämilian Kloiber ausgegraben.

8] Der Tonaltar von Herrnbaumgarten wurde durch den Landwirt Johann Schodl aus Herrnbaumgarten entdeckt.

9] Der Begriff Tripolje-Kultur (auch Tripol'je-Kultur) wurde 1901 durch den ukrainischen Archäologen tschechischer Herkunft Vincenc V. Chojka (1850–1914) aus Kiew eingeführt. Der Name erinnert an die Siedlung Tripol'e bei Kiew.

10] Der Name Cucuteni-Kultur wurde 1932 durch den deutschen Archäologen Hubert Schmidt (1864–1933) aus Berlin geprägt, der die Ausgrabungen an der rumänischen Fundstelle Cucuteni leitete.

11] Die 18 Schädelbecher vom Taborac wurden 1932 entdeckt und 1949 von der Wiener Prähistorikerin Gertrud Moßler irrtümlich als jungsteinzeitlich datiert und publiziert.

12] Die zwei Knochenscheiben aus der Gegend von Sommerein wurden von dem Steinmetzmeister und Heimatforscher Friedrich Opferkuh aus Mannersdorf am Leithagebirge gefunden. Er ist Mitbegründer des Museums Mannersdorf am Leithagebirge und ehrenamtlicher Korrespondent des Bundesdenkmalamtes in Wien.

Die Stichbandkeramische Kultur

1] Die Fundstelle Bylany bei Kutná Hora wurde seit 1953 durch das Archäologische Institut Prag systematisch untersucht. Dort kamen linienbandkeramische und stichbandkeramische Siedlungsspuren zum Vorschein.

2] Die einzelnen Arten der Jagdbeutereste von Frauenhofen bei Horn wurden durch den Wiener Archäozoologen Erich Pucher bestimmt.

Die Lengyel-Kultur

1] Der Begriff Frosnitz-Kälteschwankung wurde 1972 durch den Innsbrucker Geographen und Meteorologen Gernot Patzelt eingeführt.

2] Die sieben Bestattungen auf der Antonshöhe von Mauer bei Wien wurden in den Jahren 1924 bis 1930 entdeckt. Im August 1924 kamen nach einer Sprengung im Gemeindesteinbruch die Skelettreste einer 25–30 Jahre alten Frau (Grab 1) und eines 25–30 Jahre alten Mannes (Grab 2) zum Vorschein. Diese Funde wurden dem Wiener Prähistoriker Josef Bayer (1882 bis 1931) übergeben, der die Fundstelle besuchte. 1927 wurden Skelettreste einer 25–30 Jahre alten Frau (Grab 3) geborgen. Im Januar 1929 wurden ein 9–10 Jahre altes Kind und ein maximal ein halbes Jahr altes Kleinkind (beide Grab 4) geborgen. Von Juli 1929 bis November 1930 unternahm Bayer Ausgrabungen, bei denen 1929 eine 32–35 Jahre alte Frau (Grab 5) und 1930 ein erwachsener Mann (Grab 6) gefunden wurden.

3] Der Hausgrundriß von Wetzleinsdorf wurde 1972 entdeckt. Bis 1978 leitete der Wiener Prähistoriker Stefan Nebehay die Ausgrabungen, ab 1979 der Wiener Prähistoriker Otto H. Urban.

4] Im Sommer 1931 meldete der Gutsbesitzer Karl Ruthammer (1881 bis 1946) aus Steinabrunn dem Niederösterreichischen Landesmuseum in Wien urgeschichtliche Funde, die er beim Pflügen ans Tageslicht gebracht hatte. Noch im selben Jahr untersuchte der Diplom-Ingenieur, Chemiker und Heimatforscher Kurt Hetzer (1897–1955) aus Stillfried die Fundstelle.

5] In Antau nahmen 1923 und 1926 der Zahnarzt und Konservator des Bundesdenkmalamtes in Wien für das Burgenland, Fritz Hautmann (1890 bis 1955) aus Wiener Neustadt, sowie der Oberst Franz Mühlhofer (1881 bis 1955) aus Wiener Neustadt Ausgrabungen vor.

6] Der Begriff Typus Wölbling wurde 1979 durch die Wiener Prähistorikerin Elisabeth Ruttkay eingeführt.

7] Der Name Typus Langenzersdorf-Wetzleinsdorf wurde 1978 von Elisabeth Ruttkay geprägt.

8] Der Begriff Typus Oberbergern wurde 1978 von Elisabeth Ruttkay vorgeschlagen.

9] Der Begriff Typus Wolfsbach wurde um 1930 durch Josef Bayer (s. Anm. 2) erstmalig verwendet.

10] Das Sauggefäß von Untermixnitz wurde 1977 von dem Landwirt Johann Achtsnit aus Untermixnitz gefunden.

11] Das Gräberfeld von Aszód wurde 1960 ausgegraben. Die Funde werden im Museum Aszód aufbewahrt.

12] Die Siedlung und das Gräberfeld von Zengővárkony wurden 1936/37, 1938/39, 1941, 1944 und 1947 bis 1949 durch das Museum Pécs ausgegraben.

13] In Kleinhadersdorf wurden 1925 zwei Körperbestattungen entdeckt. Im April 1931 grub Josef Bayer (s. Anm. 2) in Kleinhadersdorf, im August 1931 der Wiener Anthropologe Viktor Lebzelter (1889–1937). 1935 kamen in Kleinhadersdorf vier Körpergräber zum Vorschein.

14] Die Bestattungen von Eggenburg wurden 1932 entdeckt.

15] Die beiden Brandbestattungen von Langenzersdorf wurden 1944 beim Bau eines Luftschutzkellers gefunden. Die Gräber wurden durch den damals in Wien wirkenden deutschen Prähistoriker Christian Peschek geborgen.

16] Die Doppelbestattung von Mödling (Flur Leinerinnen) wurde 1977 bei einer Ausgrabung langobardischer Gräber durch das Bezirksmuseum Mödling unter der Leitung des Prähistorikers Peter Stadler (seit 1984 am Naturhistorischen Museum Wien) gefunden.

17] Die Doppelbestattung eines Erwachsenen und eines etwa 17 Jahre alten Jugendlichen aus Ebelsberg wurde im Mai 1950 durch den Graphiker und Mitarbeiter des oberösterreichischen Landesmuseums in Linz, Hans Pertlwieser, entdeckt.

18] Die Schädel und stark zertrümmerten Skelettreste von Langenlois wurden 1935 durch den Anthropologen Günter Zimmermann (1914–1979) aus Danzig beschrieben.

19] Anfang Juni 1955 stieß der Arbeiter Johann Peschek in Poigen bei Horn beim Abgraben einer Böschung für den Ausbau eines neuen Feldweges auf drei menschliche Schädel, die er versehentlich mit der Spitzhacke zerschlug. Er informierte das Höbarth-Museum der Stadt Horn über den Fund. Bei der Ausgrabung am nächsten Tag wurden zwei weitere Schädel entdeckt.

20] Die Skelettteile im Graben der Siedlung Eggenburg wurden 1958 gefunden. In Eggenburg waren bereits 1932 eine Körperbestattung und eine Brandbestattung durch die Leiterin des örtlichen Krahuletz-Museums, Angela Stifft-Gottlieb (1881–1949), ausgegraben worden.

21] Die beiden Bestattungen aus der Kreisgrabenanlage von Friebritz wurden 1979 bei Ausgrabungen des Wiener Prähistorikers Johannes-Wolfgang Neugebauer geborgen.

22] Die Männerbestattung von Bisamberg wurde 1967 bei Ausschachtungsarbeiten entdeckt. Im April 1968 führte der Wiener Prähistoriker Clemens Eibner eine Nachuntersuchung der Grabgrube durch. 1933 hatte der Heimatforscher Ladislaus Kmoch (1897–1971) aus Bisamberg in etwa 15–25 Meter Entfernung von dieser Fundstelle das Schädeldach eines Mädchens bzw. einer jungen Frau entdeckt.

23] Das Hundeopfer von Bernhardsthal wurde 1955 entdeckt und 1974 von Elisabeth Ruttkay (s. Anm. 7) beschrieben.

24] Die Kreisgrabenanlage von Strögen wurde um 1960 entdeckt.

25] Die Kreisgrabenanlage von Kamegg wurde 1981 durch den Wiener Prähistoriker Gerhard Trnka untersucht.

26] Die Kreisgrabenanlage von Friebritz wurde im Herbst 1979 durch den Heimatforscher Josef Eder aus Hagenberg entdeckt. Er beobachtete an einer Stelle menschliche Schädelteile, außerdem fielen ihm zwei dunkle Ringe auf, von denen der größere einen Durchmesser von etwa 150 Metern hatte. Eder informierte den Mittelschulprofessor und Betreuer des Museums Laa an der Thaya Alois Toriser. Durch letzteren und den Bezirksinspektor Legat vom Gendarmerieposten erfuhr die Abteilung für Bodendenkmale des Bundesdenkmalamtes in Wien von dieser Entdeckung. Am 10. November 1979 erfolgte die erste Bestandsaufnahme mit anschließender Fundbergung durch Johannes-Wolfgang Neugebauer (s. Anm. 21).

27] Die Kreisgrabenanlage in Porrau wurde 1981 entdeckt.

28] Die Kreisgrabenanlage in Immendorf wurde 1981 entdeckt.

29] Die Kreisgrabenanlage von Glaubendorf wurde Ende der siebziger Jahre entdeckt.

Die Bisamberg-Oberpullendorf-Gruppe

1] Der Begriff Epi-Lengyel wurde für burgenländisch-steirisch-kärntnerische Funde verwendet, die bis dahin von dem Wiener Prähistoriker Richard Pittioni (1906–1985) als Typus Kanzianiberg und zum Teil auch als Typus Pölshals-Strappelkogel zusammengefaßt wurden.

2] Der Lehrer und Heimatforscher Karl Kriegler (1891–1963) aus Wien hat 1916–1939 Ausgrabungen in Schleinbach vorgenommen. Die Gehöftgruppe aus der Epi-Lengyel-Zeit wurde in den Sommern 1981 und 1983 nachgewiesen.

3] Das Körpergrab aus Schleinbach wurde 1938 von Karl Kriegler (s. Anm. 2) entdeckt.

4] Das Brandgrab aus Siegendorf wurde 1984 entdeckt und durch die Prähistoriker Karl und Margarete Kaus aus Eisenstadt untersucht.

5] Der Begriff Lasinja-Gruppe wurde 1961 durch den jugoslawischen Prähistoriker Stojan Dimitirjević (1928-1981) geprägt. Der namengebende Fundort Lasinja liegt in Kroatien.

6] Der Begriff Ludanice-Typus wurde 1958 durch den damals in Nitra wirkenden tschechoslowakischen Prähistoriker Bohuslav Novotný geprägt. Ludanice liegt nördlich von Nitra in der Tschechoslowakei.

Die Lasinja-Gruppe

1] Um die Erforschung dieser Typengemeinschaft haben sich der Wiener Prähistoriker Richard Pittioni (1906–1985), der ungarische Prähistoriker Nándor Kalicz und der jugoslawische Prähistoriker Josip Korošec (1909–1966) verdient gemacht.

2] Das Bruchstück eines Oberschenkelknochens aus dem Keutschacher See wurde 1951/52 bei den Tauchaktionen unter der Leitung der Wiener Prähistorikerin Gertrud Moßler entdeckt. Das linke Scheitelbein wurde 1980 von einem Taucher geborgen.

3] Der Begriff Typus Kanzianiberg wurde 1954 von Richard Pittioni (s. Anm. 1) eingeführt.

4] Der Name Typus Pölshals-Strappelkogel stammt ebenfalls von Richard Pittioni (1954).

5] Die ersten Funde von der Höhensiedlung Steinkögelen glückten 1925.

6] Auf dem Buchkogel bei Wildon führte 1926/27 der Archäologe Walter Schmid (1875–1951) aus Graz Untersuchungen durch.

7] Als Entdecker des Fundplatzes Kögelberg gilt der Ingenieur Helmut Ecker-Eckhofen aus Mellach, der im Frühjahr 1984 umfangreiche Erdbewegungen im Zuge landwirtschaftlicher Arbeiten kontrollierte, wobei Siedlungsschichten angeschnitten wurden. Durch eine sofort eingeleitete Notbergung konnten wichtige Aufschlüsse über diesen überregional bedeutenden Fundplatz gewonnen werden.

8] Auf dem Raababerg wurden 1964 beim Abbau von Erdmaterial für die im Bau befindliche Südautobahn die ersten Funde entdeckt.

9] Die Kaiserliche Akademie der Wissenschaften in Wien beauftragte Ende Juli 1864 den in Wien wirkenden deutschen Geologen, Paläontologen und Geographen Ferdinand von Hochstetter (1829–1884), die Seen Kärntens und Krains »hinsichtlich des allfälligen Vorkommens von Pfahlbauten zu untersuchen«. Noch im selben Jahr führten die Forschungen von Josef Ullepitsch (1827–1896), der 1858 als k. k. Kontrollor an das Landes-Münzprobieramt nach Klagenfurt gekommen war, zur Entdeckung eines »Pfahlbaues« im Keutschacher See.

10] Das höchste nach der C-14-Methode ermittelte Alter für die Holzpfähle ist 3900 v. Chr., das niedrigste 3690 v. Chr.

Die Baalberger Kultur

1] Die Funde aus der Siedlung Steinabrunn wurden nach dem Ergebnis einer radiometrischen Datierung auf etwa 3730 v. Chr. datiert.

2] Die ersten Funde aus der Ziegelei Schwach in Retz (Flur Stadtfeld) wurden Anfang der achtziger Jahre des 19. Jahrhunderts beim Abbau von Löß entdeckt. 1888 unternahm der Wiener Historienmaler Ignaz Spöttl (1836–1892) eine größere Grabung. Diese Funde gelangten in die Prähistorische Abteilung des Naturhistorischen Museums Wien und wurden 1940 durch den Wiener Archäologen Otto Seewald (1898–1968) beschrieben, der damals den Begriff Retzer Gruppe prägte. 1954 kamen weitere Funde zum Vorschein, die von verschiedenen Heimatforschern geborgen wurden. Im August 1956 gruben der Wiener Archäologe Eduard Beninger (1897–1963) und der Lehrer und Kustos des Städtischen Museums Retz, Alexander Sackl (1896–1970), auf dem Gelände der Ziegelei Schwach.

3] In Pfaffstetten hat im Frühjahr 1937 der Postbeamte Josef Höbarth (1891 bis 1952) aus Horn gegraben.

4] Bei der Ausgrabung eines von drei Grabhügeln nahe einer jungsteinzeitlichen Befestigungsanlage in Ostichovec bei Slatinki im Juli 1979 wurden zwei Körperbestattungen von 5 bis 6 Jahre alten Kindern in Steinkistengräbern entdeckt. Die Ausgrabung wurde durch das Museum in Prostějov vorgenommen.

Die Badener Kultur

1] In älterer Literatur findet man statt der Bezeichnung Badener Kultur auch die Synonyme Péceler Kultur, Ossarner Kultur, Bandhenkel-Kultur, Kannelierte Keramik und Karpaten-Kultur, sie konnten sich jedoch in der Fachwelt nicht durchsetzen. Der Begriff Péceler Kultur wurde 1956 von dem Budapester Prähistoriker János Banner (1888–1971) geprägt. Der Name Ossarner Kultur wurde 1928 von dem Wiener Prähistoriker Josef Bayer (1882–1951) verwendet. Der Begriff Bandhenkel-Kultur wurde 1928 von Josef Bayer verwendet. Der Begriff Kannelierte Keramik wurde 1926 von dem tschechoslowakischen Prähistoriker Albin Stocký (1876–1934), der am Narodní Museum in Prag wirkte, vorgeschlagen. Der Name Karpaten-Kultur wurde 1941 von dem tschechoslowakischen Prähistoriker Jaroslav Böhm (1901–1962) eingeführt, der am Archäologischen Institut der Akademie der Wissenschaften tätig war.

2] Carl Calliano (1857–1934) war Kassierer und Sekretär der Gebietskrankenkasse Baden.

3] Gustav Calliano (1853–1930) war Mitarbeiter in einer Rechtsanwaltskanzlei in Baden und Schriftsteller.

4] Franz Skribany (1865–1938) war Schriftleiter der »Mödlinger Zeitung« sowie Gründer und vier Jahrzehnte lang auch Direktor des Bezirksmuseums in Mödling.

5] Der Begriff Boleráz-Gruppe wurde bereits früher von dem slowakischen Prähistoriker Vojtech Budinský-Kricka benutzt, jedoch erst ab 1964 von der tschechoslowakischen Prähistorikerin Viera Němejcová-Pavleková aus Nitra im heutigen Sinne definiert.

6] Der Begriff Ossarn-Gruppe geht auf Josef Bayer zurück, der 1928 von Ossarner Kultur sprach (s. Anm. 1).

7] Die zwei Brandbestattungen aus Sitzenberg bei Tulln wurden im März 1982 durch den Wiener Prähistoriker Johannes-Wolfgang Neugebauer und den Amateur-Archäologen Alois Gattringer aus Traismauer entdeckt.

8] Die beiden Körperbestattungen von Wolfersdorf wurden 1951 zusammen mit einer Brandbestattung beim Tiefpflügen entdeckt. Der Wiener Prähistoriker Franz Hampl (1915–1980) hat die Fundstelle untersucht.

9] Die Bestattung eines jungen Mannes aus Wagram an der Traisen wurde 1973 in der Schottergrube Göbl entdeckt. Vor seinem Brustbein lagen Schädelfragmente eines Kleinstkindes.

10] Der Name Königshöhle soll darauf beruhen, daß sich darin zeitweise ein ungarischer König versteckt haben soll. Angeblich handelte es sich um König Béla IV., der 1241 von Tataren aus seinem Reich vertrieben wurde. Die Königshöhle wird auch Zwerghöhle oder Rauchstall genannt.

11] Die Gräber von Loebersdorf wurden bereits im Sommer 1876 beim Bau der Ersten Wiener Hochquellenwasserleitung auf dem Gemeindegebiet von Loebersdorf in einer Schottergrube gefunden. Der k. k. Bergrat und Chefgeologe der k. k. Geologischen Reichsanstalt, Friedrich Teller (1852–1913) aus Wien, hat die Skelettreste untersucht. Der Direktor des Münz- und Antikenkabinetts in Wien, Eduard von Sacken (1825–1883), meinte, die auffällige Bestattung eines Erwachsenen mit fünf Kinderschädeln zu seinen Füßen sei damit zu erklären, daß man dem Verstorbenen die ausgegrabenen Köpfe früher verstorbener Angehöriger zu Füßen gelegt habe.

12] Die Mehrfachbestattung von Lichtenwörth wurde im Oktober 1933 entdeckt. Die Ausgrabungen nahmen der Volksschuldirektor Franz Hermann Wick (1883–1976) aus Lichtenwörth sowie der Zahnarzt Friedrich Hautmann (1890–1955) aus Wiener Neustadt vor.

13] Das Gräberfeld von Budakalász wurde ab 1952 ausgegraben.

14] Das Gräberfeld von Alsónémedi wurde ab 1950 untersucht.

15] Auf das Gefäßdepot von Donnerskirchen-Kreutberg war im Juli 1971 der Baggerführer Josef Sodfried gestoßen, der einen Keller für den Neubau eines Einfamilienhauses aushob. Die Tongefäße wurden durch den Apotheker von Donnerskirchen, Walter Bencic, ausgegraben. Mit Ausnahme einer kleinen Henkelschale, die er als Andenken behielt, übergab er alle Funde dem Grundeigentümer und Hausbesitzer Helmut Leeb. Im Dezember 1982 erfuhr das Burgenländische Landesmuseum in Eisenstadt von dieser Entdeckung. Im Januar 1983 suchten die Prähistoriker Karl Kaus aus Eisenstadt und Margarethe Kaus aus Wien die Familie Leeb auf und informierten sich über die Fundgeschichte. Dabei wurden ihnen die Tongefäße zur Restaurierung und wissenschaftlichen Bearbeitung überlassen. Im Februar 1983 übergab der Apotheker Bencic die Henkelschale an Karl Kaus.

Die Mondsee-Gruppe

1] Die Siedlung Abtsdorf im Attersee wurde 1977 bei Vermessungsarbeiten entdeckt.

2] Moritz Hoernes (1853–1917) war Assistent an der Anthropologisch-ethnographischen Abteilung des k. k. Naturhistorischen Hofmuseums, ab 1899 Professor im Fach Prähistorische Archäologie und Begründer der Wiener Prähistorischen Gesellschaft.

3] Der schon vor etlichen Jahrzehnten bekannte Begriff Kurgan-Kultur wurde 1956 von der aus Litauen stammenden Prähistorikerin Marija Gimbutas wiederverwendet, die ab 1949 in Kalifornien wirkte. Der damals in Königsberg tätige deutsche Prähistoriker Max Ebert (1879–1929) schrieb schon 1921 in seiner Publikation »Südrußland im Altertum«: »…und so machte man die Kimmerier zu Trägern der Ockergräber- oder Kurgankultur (eine irreführende Benennung, da in Südrußland jeder Grabhügel ›Kurgan‹ heißt).«

4] Der Name Kura-Araks-Kultur wurde 1941 durch den russischen Prähistoriker Boris Alekseevič Kuftin (1892–1953), der lange Zeit in Tiflis wirkte, eingeführt. Diese Kultur ist nach den Flüssen Kura und Araks benannt, zwischen denen sie hauptsächlich verbreitet war.

5] Unter einem Sandfischer versteht man jemand, der nach Sand schürft.

6] Der bisher einzige Einbaumfund, der mit der Mondsee-Gruppe in Verbindung gebracht wurde, ist gleich nach der Entdeckung verbrannt worden. Dieser Fund war 1930 bei der Regulierung des Leitenbaches in Hueb bei Lindbruck in Oberösterreich zusammen mit Resten eines Pfahlbaues zum Vorschein gekommen. Auf die Existenz von Einbäumen weist auch das 9,6 Zentimeter lange Tonmodell eines solchen Wasserfahrzeuges hin, das in der Station See am Mondsee geborgen wurde.

Die Mödling-Zöbing/Jevišovice-Gruppe

1] Zur Chamer Gruppe gehören vielleicht Keramikreste aus Kicking in Niederösterreich, die bereits 1949 bei Ausgrabungen des Bundesdenkmalamtes geborgen wurden.

2] In Spielberg bei Melk wurden bereits um die Wende vom 19. zum 20. Jahrhundert Grabungen durchgeführt. 1969 hat man diese Fundstelle untersucht, weil darüber der südliche Teil der neuen Donaubrücke Melk gebaut werden sollte.

3] Die tönerne Menschenfigur vom Kleinen Anzingerberg bei Meidling wurde 1978 durch den Wiener Druckereibesitzer Wolfgang Schön entdeckt.

4] Der Begriff Řivnáč-Kultur wurde 1932 durch den Arzt und Heimatforscher Jan Axamit (1870–1931) aus Prag eingeführt.

Die Kosihy-Čaka/Makó-Gruppe

1] In Malé Kosihy hat 1958 der tschechoslowakische Prähistoriker Anton Točík aus Nitra gegraben.

2] In Čaka gibt es zwei Fundstellen der Kosihy-Čaka/Makó-Gruppe: die Flur Diely medzi lukami und das Gräberfeld in der Flur Kopec. In der Flur Diely medzi lukami nahm 1950 Anton Točík (s. Anm. 1) eine Probegrabung vor. 1959 folgte eine Rettungsgrabung durch die Prähistoriker Jozef Paulík aus Preßburg und Titus Kolník aus Nitra sowie 1960 eine weitere Grabung durch den Prähistoriker Jozef Vladár aus Nitra.

3] Auf der Fundstelle Zámeček hat 1957 Anton Točík (s. Anm. 1 und 2) gegraben. Eine weitere Fundstelle der Kosihy-Čaka/Makó-Gruppe liegt in der Flur Vysoký breh, wo Gebrauchs- und Feinkeramik geborgen wurden.

4] In Sommerein kamen 1975 auf der Flur »In kurzen Maaden« (auch »Kurzen Ellen« genannt) beim Tiefpflügen Keramikreste und das tönerne Bruchstück eines menschlichen Fußes zum Vorschein. Diese Funde wurden durch den Steinmetzmeister und Heimatforscher Friedrich Opferkuh aus Mannersdorf am Leithagebirge geborgen.

5] Das Brandgrab von Šal'a wurde 1963 entdeckt.

6] Die Körpergräber von Ivanka pri Nitre wurden 1957 bei Erdbewegungen auf dem Areal eines Hanfverarbeitungsbetriebes entdeckt.

Die Schnurkeramischen Kulturen

1] In Franzhausen I wurden 1981–1983 elf schnurkeramische Gräber entdeckt. In Franzhausen II kamen 1985–1988 insgesamt 15 schnurkeramische Gräber zum Vorschein, 1989 wurden weitere schnurkeramische Gräber entdeckt.

2] Am Fundort Franzhausen-Schnellstraße S33 wurden insgesamt neun schnurkeramische Gräber entdeckt, darunter war ein Brandgrab. 1961: ein Grab, 1965: ein Grab, 1981: vier Gräber, 1985: ein Grab, 1987: zwei Gräber.

3] In Inzersdorf ob der Traisen wurden insgesamt sechs schnurkeramische Bestattungen entdeckt. 1969: zwei Gräber, 1984: ein Grab, 1985: drei Gräber. Es handelte sich um vier Körpergräber und zwei Brandbestattungen.

4] In Ossarn wurden vier schnurkeramische Körpergräber gefunden. 1982: ein Grab mit einer Doppelbestattung, 1983: zwei Gräber, 1984: ein Grab.

5] In St. Andrä an der Traisen stieß man auf eine schnurkeramische Bestattung.

6] In Gemeinlebarn-Mitte wurden 1982 vier schnurkeramische Körpergräber entdeckt, darunter war eine Doppelbestattung.

Die Glockenbecher-Kultur

1] Der Begriff Ragelsdorf-Oggau-Gruppe geht auf den Wiener Prähistoriker Richard Pittioni (1906–1985) zurück, der 1954 den Ausdruck Typus Ragelsdorf-Loretto prägte.

2] Die Bestattungen von Leopoldsdorf wurden im April 1936 durch den Wiener Prähistoriker Kurt Willvonseder (1903–1968) und Michael Müllner (1889–1965) vom Niederösterreichischen Landesmuseum ausgegraben. Willvonseder war ab 1954 Direktor des Salzburger Museums Carolino Augusteum.

3] Die vier Bestattungen aus Henzing wurden im März 1974 beim Abbau von Schotter in der Schottergrube Lechner entdeckt. Der Kustos des Heimatmuseums Tulln, Oberschulrat Josef Köstlbauer, informierte die Prähistorikerin Ingeborg Friesinger aus Zeiselmauer über den Fund. Sie und der Wiener Prähistoriker Horst Adler bargen die Bestattungen. Ein weiteres Grab war schon 1932 gefunden worden.

4] Die vier Bestattungen aus Oggau wurden bei Bauarbeiten in den Jahren 1931 bis 1941 geborgen.

5] Die Schädelreste von zwei Männern in Deutschkreuz wurden im Oktober 1950 und im Oktober 1952 in einer Schottergrube durch Direktor Alois Engelitsch (1894–1966) aus Deutschkreuz mit Schülern der Hauptschule geborgen.

6] Die zwei Brandgräber von Laa an der Thaya wurden 1932 in einer Sandgrube entdeckt. Der damalige Museumsleiter Karl Müller (1894–1933) und der Lehrer Friedrich Kohlhauser (1883–1952) bargen die Funde.

7] Das Brandgrab von Oberndorf in der Ebene wurde im Frühjahr 1982 entdeckt.

Die Jungsteinzeit in der Schweiz

1] Der Anthropologe und Prähistoriker Alain Gallay aus Genf teilt die Jungsteinzeit in fünf Phasen ein: Frühneolithikum (etwa 5500 bis 5000 v. Chr.), Mittelneolithikum I (etwa 5000 bis 4000 v. Chr.), Mittelneolithikum II (etwa 4000 bis 3200 v. Chr.), Jungneolithikum (etwa 3200 bis 2600 v. Chr.), Spätneolithikum (etwa 2600 bis 2500 v. Chr.).

2] Die Angaben über die Zeitdauer der jungsteinzeitlichen Kulturen in der Schweiz basieren auf: Alain Gallay/Gilbert Kaenel/François Wiblé, *Das Wallis vor der Geschichte*, Sitten 1986; Christin Osterwalder/Peter A. Schwarz, »Chronologie. Archäologische Daten der Schweiz«. *Veröffentlichungen der Schweizerischen Gesellschaft für Ur- und Frühgeschichte*, Antiqua, Basel 1986; Dirk Raetzel-Fabian, »Phasenkartierung des mitteleuropäischen Neolithikums. Chronologie und Chorologie«. *British Archaeological Reports*, International Series, 316, Oxford 1986.

Die Anfänge der Jungsteinzeit im Wallis, Tessin und in Graubünden

1] Die Beschreibung der Siedlung auf dem Planta-Platz von Sitten stützt sich weitgehend auf: Christina Brunier, »Sitten, Planta«. Aus: *Das Wallis vor der Geschichte*, S. 244–249, Sitten 1986.

2] Zur Gruppe von Vhò (um 5000 v. Chr.) gehören etwa zehn Fundstellen zwischen dem Po im Süden und dem Oglio im Norden.

3] Die Gruppe von Gaban existierte etwa um 5000 v. Chr. in Norditalien (Trentino).

4] Die Gruppe von Fagnigola ist nach der Fundstelle Fagnigola in Venetien benannt und wird etwa in die Zeit um 5000 v. Chr. datiert.

5] Die Gruppe von Fiorano soll ähnlich alt wie die Gruppen von Fagnigola und Gaban sein.

Die Linienbandkeramische Kultur

1] Walter Ulrich Guyan war von 1942 bis 1973 Direktor des Museums zu Allerheiligen, Schaffhausen.

Die Funde von Sitten-Sous-le-Scex

1] Die Beschreibung der Funde von Sitten-Sous-le-Scex in diesem Kapitel basiert weitgehend auf: Christina Brunier/Clarita Martinet/Nagui Elbiali,

»Sitten, Sous-le-Scex«. Aus: *Das Wallis vor der Geschichte*, S. 250–252, Sitten 1986.

2] Der Begriff Bocca-quadrata-Kultur (Cultura dei vasi a bocca quadrata) wurde 1946 durch den italienischen Archäologen Luigi Bernabò Brea aus Syrakus eingeführt. Er hatte 1940 bis 1942 in der Höhle Arene Candide etwa 20 Kilometer von Savona gegraben, wo Reste von Tongefäßen mit quadratischer Mündung gefunden wurden. Außerdem kamen dort auch Funde aus älterer und jüngerer Zeit zum Vorschein.

3] Nach der Gliederung des Genfer Anthropologen und Prähistorikers Alain Gallay fallen diese Siedlungsspuren nicht ins Frühneolithikum, sondern in die zweite Hälfte des Mittelneolithikums I (s. Anm. 1 Die Jungsteinzeit in der Schweiz).

4] Die Beilklinge am Weg über den Theodulpaß wurde von Jules Pollinger aus St. Niklas entdeckt.

Die Anfänge der Pfahlbauforschung

1] Das Kapitel über die Entdeckung und Erforschung der Pfahlbauten fußt vor allem auf: Josef Speck, »Pfahlbauten: Dichtung und Wahrheit? Ein Querschnitt durch 125 Jahre Forschungsgeschichte«. *Helvetia archaeologica*, S. 98–138, Zürich 1981; »125 Jahre Pfahlbauforschung«. Sondernummer *Archäologie der Schweiz*, Basel 1979; Helmut Schlichtherle/Barbara Wahlster, *Archäologie in Seen und Mooren. Den Pfahlbauten auf der Spur*, Stuttgart 1986.

2] Die »Eherne Hand« befindet sich heute im Museum Schwab in Biel (Bienne).

3] Der Bürgermeister von Sankt Gallen, Joachim Vadian, war zeitweise Rektor der Universität Wien. Er hatte seinen eigentlichen Familiennamen Watt in Vadian latinisiert, wie dies damals bei den Humanisten üblich war.

4] Pfahlbaubericht I erschien 1854, II/1858, III/1860, IV/1861, V/1863, VI/1866, VII/1876, VIII/1879, IX/1888, also bereits nach dem Tod von Ferdinand Keller, X/1924, XI/1930, XII/1930.

Die Egolzwiler Kultur

1] Die Göschener Schwankung wurde 1966 durch den schweizerischen Botaniker Heinrich Zoller aus Basel erkannt.

2] Die Seeufersiedlung Egolzwil 1 wird in älterer Literatur auch Pfahlbau Suter genannt.

Die Lutzengüetle-Kultur

1] Auf dem Lutzengüetle grub 1942–1944 als erster der Historische Verein für das Fürstentum Liechtenstein unter Leitung des Oberlehrers David Beck (1893–1966) aus Vaduz. 1945 nahm der Zürcher Prähistoriker Emil Vogt (1906–1974) dort Ausgrabungen vor.

2] Auf der Grüthalde bei Herblingen hatten Maulwürfe zusammen mit ihrem Erdauswurf kleine Feuersteingeräte ans Tageslicht gefördert. Diese Funde bewogen 1918 den Prähistoriker Karl Sulzberger (1876–1963) aus Schaffhausen und seinen Bruder, den Zollbeamten Hans Sulzberger (1886–1949) aus Thayngen, zu einer Untersuchung, bei der sie Feuersteinartefakte entdeckten. Weitere Untersuchungen folgten 1919 und 1958/59. Die von 1958/59 wurden durch den Prähistoriker Walter Ulrich Guyan aus Schaffhausen vorgenommen.

Die Cortaillod-Kultur

1] Als erster hat 1908 der französische Archäologe Joseph Déchelette (1861 bis 1914) aus Roanne die Keramik der Fundstelle Champs de Chassey beschrieben. Der damals in Edinburgh wirkende Prähistoriker Vere Gordon Childe (1892–1957) verwendete 1931 als erster die Begriffe Chassey-Kultur, Chassey-Gruppe und Chassey-Typus. Der Name Cortaillod-Chassey-Lagozza-Gruppe wurde 1955 durch den Pariser Prähistoriker Gérard Baillou eingeführt.

2] Der Begriff Lagozza-Kultur wurde 1959 durch die italienische Prähistorikerin Pia Laviosa-Zambotti (1898–1966) aus Mailand eingeführt. Namengebender Fundort ist die 1875 in Lagozza di Beonate entdeckte Moorsiedlung.

3] Der Begriff Piora-Schwankung wurde 1960 von dem Basler Botaniker Heinrich Zoller vorgeschlagen.

4] Die Höhensiedlung auf dem Hügelzug Heidnischbühl wurde 1960/61 durch den Genfer Anthropologen und Prähistoriker Marc-Rodolphe Sauter (1914–1983) ausgegraben.

5] Die Entdeckungsgeschichte der Siedlung von Sur-le-Grand-Pré in Saint-Léonard begann damit, daß der Tischler Georg Wolf aus Sitten 1956 im Abraum eines Quarzit-Steinbruches zahlreiche Tonscherben und Knochen-

reste fand und die zuständige Behörde davon informierte. 1957 bis 1959 und 1962 nahm Marc-Rodolphe Sauter (s. Anm. 4) Ausgrabungen vor.

6] Die Felszeichnungen von Saint-Léonard, Crête-des-Barmes, wurden 1974 durch den Genfer Archäologen Sébastien Favre entdeckt.

7] Die ersten Steinkistengräber von Chamblandes wurden 1880 durch Jules Barbey aus Chamblandes beim Fundamentieren seines Hauses entdeckt.

Die Pfyner Kultur

1] Die Funde der Pfyner Kultur wurden 1959 von dem Zürcher Prähistoriker Albert Baer (1925–1965) der jüngeren Phase der vor allem in Deutschland verbreiteten Michelsberger Kultur zugerechnet. Schon ein Jahr später erkannte jedoch der damals in Mainz wirkende Prähistoriker Jürgen Driehaus (1927–1986), daß im Fundgut dieser Kultur die klassischen Michelsberger Formen fehlen.

2] Karl Keller-Tarnuzzer war zunächst Lehrer, später Versicherungsinspektor. 1920 wurde er in Frauenfeld ansässig. 1924 richtete er im neugegründeten Heimatmuseum Frauenfeld eine urgeschichtliche Ausstellung ein und übernahm ehrenamtlich die Funktion des Konservators.

3] Die Ausgrabungen von 1863 bis 1878 in Niederwil bei Gachnang wurden durch den Zürcher Prähistoriker Ferdinand Keller (1800–1881) vorgenommen.

4] Die Siedlung Eschenz-Insel Werd wurde 1858 entdeckt und 1882 ausgegraben. Die Siedlung Steckborn-Turgi wurde 1882 erforscht.

5] Die ersten Funde von Zürich-Bauschanze kamen zu Anfang des 20. Jahrhunderts bei einer Baggerung zum Vorschein.

6] Die Seeufersiedlung Zürich-Rentenanstalt wurde 1961 bei einer Notgrabung unter der Leitung des Zürcher Prähistorikers Walter Drack erforscht, die anläßlich der Erweiterungsbauten der Schweizerischen Rentenanstalt erfolgte.

7] Die Seeufersiedlung Zürich-Utoquai wurde 1928 entdeckt.

8] Meilen-Obermeilen/Rohrenhaab wurde bereits 1854 entdeckt und gilt daher als die erste aufgespürte Seeufersiedlung.

9] Die Seeufersiedlung Männedorf-Unterdorf wurde 1888 im IX. Pfahlbaubericht erstmals erwähnt.

10] Beim Erweiterungsbau der Horgener Hafenanlage kamen 1961 im Baggeraushub Keramikreste zum Vorschein.

11] Die Seeufersiedlung Storen/Wildsberg wurde 1920 durch das Landesmuseum in Zürich untersucht.

12] Auf die Seeufersiedlung bei Ossingen stieß man bei der Ausbeutung des großen Torfmoores am Hausersee. 1918 und 1920 nahm der Konservator Fernand Blanc (1880–1952) vom Landesmuseum in Zürich Ausgrabungen vor.

13] Die Seeufersiedlung Robenhausen wurde 1858 durch den Antiquar Jakob Messikommer (1828–1918) aus Wetzikon ausgegraben. Der französische Prähistoriker Gabriel de Mortillet (1821–1898) aus Saint-Germain bei Paris hat die Arbeiten von Messikommer an Ort und Stelle beobachtet und war von den Funden aus Robenhausen so beeindruckt, daß er 1872 die Jungsteinzeit als »Époque Robenhausienne« bezeichnete. Dieser Begriff setzte sich aber nicht durch.

14] Bei den Ausgrabungen in Robenhausen wurde nicht nach Schichten getrennt.

Die Horgener Kultur

1] Die Doppelbestattung aus dem Steinkistengrab von Opfikon ist nicht genau zu datieren, weil keine Keramikreste vorliegen.

2] Auf dem Petrushügel bei Cazis hat der Forstingenieur und Heimatforscher Walo Burkart (1887–1952) aus Chur 1937 die ersten Funde entdeckt. Er untersuchte diesen Platz von 1939 bis 1951. Burkart gilt als einer der Pioniere in der Urgeschichtsforschung von Graubünden. Er hat zahlreiche prähistorische Siedlungen und Gräber aus unterschiedlicher Zeit aufgespürt.

3] Die ersten Funde von der Höhensiedlung Ramelen wurden 1925 durch den Heimatforscher Theodor Schweizer (1893–1956) aus Olten geborgen.

4] Bei Baggerungen in den Jahren 1882/83 wurden in Zürich-Großer Hafner große Mengen von prähistorischen Funden geborgen.

5] In Zürich-Wollishofen kamen bei Baggerungen im 19. Jahrhundert große Mengen prähistorischer Überreste zum Vorschein.

6] Die Seeufersiedlung Zürich-Rentenanstalt wird auch Zürich-Breitinger Straße genannt.

7] Die Seeufersiedlung Zürich-Bauschanze wurde bei einer Baggerung zu Anfang des 20. Jahrhunderts entdeckt. Im Winter 1967/68 bargen Taucher einige Keramikreste der Horgener Kultur.

8] Die Fundstelle Zürich-Kleiner Hafner wurde 1966/67 bei einer Unterwassergrabung untersucht.

9] Die Seeufersiedlung Zürich-Utoquai wurde 1928 entdeckt.

10] Die dicht bei der Seeufersiedlung Zürich-Utoquai liegende Fundstelle Zürich-Seewarte gehört womöglich zu ersterer.

11] Die Seeufersiedlung Erlenbach-Wyden wurde 1866 bei Baggerungen aufgespürt.

12] Meilen-Obermeilen ist die als erste entdeckte Seeufersiedlung der Schweiz. Sie wurde 1854 aufgespürt und damals durch den Zürcher Prähistoriker Ferdinand Keller (1800–1881) untersucht. 1908/09 nahm das Landesmuseum Grabungen vor.

13] Die Fundstelle Zug-Schützenhaus wird auch Zug-Schützenmatt genannt.

14] Die Seeufersiedlung Zug-Schutzengel wurde 1930 entdeckt.

15] Die Seeufersiedlung Cham-Bachgraben wurde 1887 durch den Zürcher Heimatforscher Jakob Heierli (1853–1912) entdeckt.

16] Die Seeufersiedlung Hünenberg-Chämleten (auch Hünenberg-Kemmatten genannt) ist seit 1921 durch Lesefunde bekannt.

17] Die Seeufersiedlung Risch-Schwarzbach-Nord wurde 1931 entdeckt.

18] Die Seeufersiedlung Risch III-West wurde Ende der neunziger Jahre des 19. Jahrhunderts entdeckt. Vielleicht ist Risch III-Ost identisch mit ihr.

19] Die Seeufersiedlung Seematte wurde 1958 durch den Bezirkslehrer und Heimatforscher Reinhold Bosch (1887–1973) aus Seengen entdeckt und erforscht.

Großsteingräber in der Schweiz

1] Großsteingräber mit Lochplatte bzw. mit »Seelenloch« kennt man in Frankreich aus Aroz, Traves, Fouvent-Le-Haut, Chariez und Palaincourt.

2] siehe Anm. 6 Die Jungsteinzeit in Deutschland.

3] Das Großsteingrab von Auvernier wurde bereits 1876 ausgegraben.

Die Saône-Rhone-Kultur

1] Die Fundstelle Auvernier-La Saunerie war schon seit fast 50 Jahren bekannt, als 1964/65 Grabungen durchgeführt wurden. Zu diesen hatte man sich entschlossen, als sich zeigte, daß durch die Nationalstraße N 5 ein Teil dieser Seeufersiedlung überdeckt wurde.

2] Die Seeufersiedlung Yverdon-Avenue des Sports wurde 1962 bei Bauarbeiten durch den Arzt Jean-Louis Wyss aus Yverdon entdeckt.

3] Der Begriff Remedello-Kultur wurde 1939 von der italienischen Prähistorikerin Pia Laviosa-Zambotti (1896–1966) aus Mailand eingeführt.

Die Schnurkeramischen Kulturen

1] Die Pflugspuren in Castaneda wurden 1979 bei Grabungen entdeckt.

2] Ab Oktober 1866 erforschte der Student Heinrich Angst (1847–1922), der später Direktor des Landesmuseums in Zürich wurde, die Gräber von Schöfflisdorf. 1909 deckten der Kunstmaler Joseph von Sury (1881–1951) aus Kreuzlingen und der Kaufmann Benno Schultheiß (1881–1951) aus Niederweningen zwei Grabhügel in Schöfflisdorf auf und schnitten einen dritten an. Vom 15. bis 22. Juni 1908 und vom 12. April bis Ende April 1909 untersuchte der Zürcher Heimatforscher Jakob Heierli (1853–1912) das Gräberfeld von Schöfflisdorf.

Die Glockenbecher-Kultur

1] Die Beschreibung der Totenstadt von Sitten-Petit-Chasseur fußt weitgehend auf: Alain Gallay: »Sitten, Petit-Chasseur«. Aus: *Das Wallis vor der Geschichte*, S. 232–242, Sitten 1986.

Ein neues Metall markiert das Ende der Steinzeit

1] Der Begriff Straubinger Kultur wurde 1902 durch den damals in Mainz wirkenden Prähistoriker Paul Reinecke (1872–1958) eingeführt. Er erinnert an den niederbayerischen Fundort Straubing.

2] Der Stuttgarter Prähistoriker Siegfried Junghans sprach 1954 vom Formenkreis Adlerberg/Singen, der Freiburger Prähistoriker Edward Sangmeister 1960 von der Gruppe Singen. Namengebender Fundort ist Singen in Baden.

3] Der Name Adlerberg-Gruppe geht auf den Arzt Karl Koehl (1847–1929) aus Worms zurück. Patenstation ist der Adlerberg in Worms.

4] Der Begriff Únĕticer Kultur (Aunjetitzer Kultur) wurde von dem Gräberfeld in Únĕtice (Aunjetitz) in Böhmen abgeleitet. Dieses Gräberfeld ist von dem Distriktsarzt in Roztoky bei Prag und Amateur-Archäologen Dr. med. Cenek Rýzner (1845–1925) entdeckt, in den siebziger Jahren des 19. Jahrhunderts erforscht und 1880 publiziert worden. Rýzner verwandte damals den Begriff Únĕticer Kultur (Aunjetitzer Kultur) nicht. Seit Ende des 19. Jahrhunderts sprach man von Funden (oder Gräbern) vom Typ Únĕtice bzw. Aunjetitz. Der Begriff Únĕticer Kultur wurde 1910 erstmals durch den tschechischen Archäologen Karel Buchtela (1864–1946) aus Prag und durch den tschechischen Archäologen, Anthropologen, Ethnographen und Historiker Lubor Niederle (1865–1944) aus Prag im *Handbuch der Tschechischen Archäologie* benutzt.

Literaturverzeichnis

DIE URGESCHICHTE

ADAM, Karl Dietrich: Der Mensch der Vorzeit. Führer durch das Urmensch-Museum Steinheim an der Murr, Steinheim 1984.

BLÄNKLE, Peter H.: Skelette erzählen. Begleitheft zur Sonderausstellung des Dreieich-Museums 16.5.–8.7.1990.

CHILDE, Vere Gordon: Vorgeschichte der europäischen Kultur, Hamburg 1960.

DIGEL, Werner: Meyers Taschenlexikon Geschichte in 6 Bänden, Mannheim-Wien-Zürich 1982.

EBERT, Max: Reallexikon der Vorgeschichte 1–15, Berlin 1921–1932.

FELGENHAUER, Fritz: Einführung in die Urgeschichtsforschung, Freiburg 1973.

FEUSTEL, Rudolf: Abstammungsgeschichte des Menschen, Jena 1976.

FILIP, Jan: Enzyklopädisches Handbuch zur Ur- und Frühgeschichte Europas, Stuttgart 1966.

FISCHER, Ulrich: Zur Ratio der prähistorischen Archäologie, Germania, S. 175–195, Frankfurt 1987.

GRAHMANN, Rudolf/MÜLLER-BECK, Hansjürgen: Urgeschichte der Menschheit, Stuttgart 1952.

HACHMANN, Rudolf: Ausgewählte Bibliographie zur Vorgeschichte von Mitteleuropa, Stuttgart 1984.

HOOPS, Johannes: Reallexikon der Germanischen Altertumskunde, Bände 1–4, Straßburg 1911.

JACOB-FRIESEN, Karl-Hermann: Vorgeschichte oder Urgeschichte. Festschrift für Gustav Schwantes, S. 1–3, Neumünster 1951.

JAŻDŻEWSKI, Konrad: Urgeschichte Mitteleuropas, Breslau 1984.

JELÍNEK, Jan: Das große Bilderlexikon des Menschen in der Vorzeit, Gütersloh 1976.

KUTSCHA, Gudrun: Auf den Spuren der Vorzeit, Gütersloh 1987.

MÜLLER, Sophus: Urgeschichte Europas, Straßburg 1905.

MÜLLER-KARPE, Hermann: Einführung in die Vorgeschichte, München 1975.

NARR, Karl J.: Abriß der Vorgeschichte, München 1957.

NARR, Karl J.: Handbuch der Urgeschichte. Erster Band. Ältere und mittlere Steinzeit, Bern 1966.

PARET, Oscar: Das neue Bild der Vorgeschichte, Stuttgart 1948.

PESCHEK, Christian: Lehrbuch der Urgeschichts-Forschung, Göttingen 1950.

PROBST, Ernst: Deutschland in der Urzeit. Von der Entstehung des Lebens bis zum Ende der Eiszeit, München 1986.

SCHMID, Elisabeth/HAAS, Susanne: Urgeschichte Europas. Museum für Völkerkunde und Schweizerisches Museum für Volkskunde Basel. Führer zur Ausstellung, Basel 1984.

SCHMIDT, Robert Rudolf: Die diluviale Vorzeit Deutschlands, Stuttgart 1912.

SCHWANTES, Gustav: Die Urgeschichte. Erster Teil, Neumünster 1958.

TENBROCK, Robert-Hermann/KLUXEN, Kurt/GOERLITZ, Erich: Zeiten und Menschen. Politik, Gesellschaft, Wirtschaft von der Urgeschichte bis 800 v. Chr., Paderborn 1987.

TORBRÜGGE, Walter: Europäische Vorzeit, Baden-Baden 1968.

WAHLE, Ernst: Deutsche Vorzeit, Leipzig 1952.

WOLF, Josef/BURIAN, Zdeněk: Menschen aus der Urzeit, Hanau 1977.

DIE STEINZEIT

ADAM, Karl Dietrich: Der Mensch im Eiszeitalter. Stuttgarter Beiträge für Naturkunde, Serie C, Stuttgart 1982.

BAYERLEIN, Peter Michael: Wie kam die Arche Noah auf den Gipfel des Ararat? Allgemeine Zeitung, Mainz, 7. Juli 1990.

BIEGERT, Josef: Herkunft und Werden des Menschen. Aus: Ur- und frühgeschichtliche Archäologie der Schweiz, S. 69–88, Basel 1968.

BRAY, Warwick/TRUMP, David: Lexikon der Archäologie, Reinbek bei Hamburg 1975.

FEUSTEL, Rudolf: Technik der Steinzeit, Weimar 1985.

JACOB-FRIESEN, Karl Hermann: Einführung in Niedersachsens Urgeschichte. I. Teil Steinzeit, Hildesheim 1959.

MAZÁK, Vratislav/BURIAN, Zdeněk: Der Urmensch u. seine Vorfahren, Prag 1985.

MENGHIN, Oswald: Weltgeschichte der Steinzeit, Wien 1931.

MÜLLER-KARPE, Hermann: Geschichte der Steinzeit, München 1974.

NARR, Karl J.: Die Steinzeit. Westfälische Geschichte. Band 1. Von den Anfängen bis zum Ende des Alten Reiches, S. 82–111, Düsseldorf o.J.

SCHULDT, Ewald: Technik der Steinzeit. Museum für Ur- und Frühgeschichte Schwerin, Schwerin 1965.

DIE ALTSTEINZEIT (Paläolithikum)

ALCOBE, Santiago: Die Neandertaler Spaniens. Aus: Hundert Jahre Neandertaler 1856–1956. Beihefte der Bonner Jahrbücher, S. 9–18, Köln 1958.

ANDREE, Julius: Über die deutschen Benennungen eiszeitlicher Kulturen. Nachrichtenblatt für deutsche Vorzeit, S. 8–11, Leipzig 1950.

ANGELI, Wilhelm: Zur Barttracht in der europäischen Urzeit. Annalen des Naturhistorischen Museums in Wien. Jungwirth-Festschrift, S. 7–11, Wien 1974.

BADER, Otto: Das zweite Grab der paläolithischen Siedlung Sungir im mittleren Rußland. Quartär, S. 103–105, Bonn 1970.

BOSINSKI, Gerhard: Die Geschichte der Forschung und das heutige Bild vom Anfang der europäischen Geschichte. Archäologie in Deutschland, Heft 3, S. 3–8, Stuttgart 1988.

BOULE, Marcellin/VALLOIS, Henri V.: Les hommes fossiles, Paris 1952.

BRÄUER, Günther: The Afro-European sapiens hypothesis, and hominid evolution in East Asia during the late Middle and Upper Pleistocene. Aus: ANDREWS, Peter/FRANZEN, Jens Lorenz: The Early Evolution of Man, with special emphasis on Southeast Asia and Africa. A Memorial Symposium, in Honour of G. H. R. von Koenigswald, S. 145–166, Frankfurt 1984.

BREITINGER, Emil: Das Schädelfragment von Swanscombe und das Praesapiensproblem. Mitteilungen der Anthropologischen Gesellschaft in Wien, S. 1–45, Wien 1955.

CLARK, Grahame: Frühgeschichte der Menschheit, Stuttgart 1964.

DART, Raymond: Australopithecus africanus: The man-ape of South-Africa. Nature, S. 195–199, London 1925.

DÉCHELETTE, Joseph: Manuel d'Archéologie, Préhistoire celtique et galloromaine, I Archéologie Préhistorique, Paris 1908.

DELMAS, André: Henri V. Vallois 1889–1981. L'Anthropologie, S. 1–29, Paris 1981.

DUBOIS, Eugène: Pithecanthropus erectus. Eine menschenähnliche Uebergangsform aus Java, Batavia 1894.

FEJFAR, Oldrich/FRIDRICHS, Jan: Prezletice. Archäologie in Deutschland, Heft 3, S. 19–22, Stuttgart 1988.

FEUSTEL, Rudolf: Urgesellschaft. Entstehung und Entwicklung sozialer Verhältnisse. Museum für Ur- und Frühgeschichte Thüringens, Weimar 1975.

FIEDLER, Lutz: Jäger und Sammler der Frühzeit. Alt- und Mittelsteinzeit in Nordhessen. Herausgegeben von den Staatlichen Kunstsammlungen Kassel, Kassel 1983.

FILIP, Jan: Müller-Beck, Hansjürgen. Enzyklopädisches Handbuch zur Ur- und Frühgeschichte Europas, S. 866, Prag 1969.

FILIP, Jan: Paläolithikum. Aus: Enzyklopädisches Handbuch zur Ur- und Frühgeschichte Europas, S. 992/993, Prag 1969.

GAUCHER, Gilles: André Leroi-Gourhan, 1911–1986. Bulletin de la Société Préhistorique Française, S. 302–315, Paris 1986.

GIESELER, Wilhelm: Gerhard Heberer, 1901–1973. Anthropologischer Anzeiger, S. 82, Stuttgart 1972–1974.

GUMMEL, Hans: Forschungsgeschichte in Deutschland, Berlin 1938.

HEBERER, Gerhard: Das Neandertalerproblem und die Herkunft der heutigen Menschheit. Jenaische Zeitschrift der Medizinischen Naturwissenschaften, S. 262–289, Jena 1944.

HENKE, Winfried/ROTHE, Hartmut: Ursprung des Menschen, Stuttgart 1980.

HERRMANN, Joachim: Lexikon früher Kulturen, Leipzig 1984.

HUTCHINSON, Horace G.: Life of Sir John Lubbock Lord Avebury, London 1914.

JELÍNEK, Jan: Neanderthal Man and Homo sapiens in Central and Eastern Europe. Current Anthropology, S. 475–503, Glasgow 1969.

JOHANSON, Donald C./WHITE, Tim D./COPPENS, Yves: A new species of the genus Australopithecus (Primates: Hominidae) from the pliocene of Eastern Africa. Kirtlandia, S. 1–14, Cleveland 1978.

KAHLKE, Hans Dietrich: Das Eiszeitalter, Köln 1981.

KLÍMA, Bohuslav: Dolní Vestonice, Prag 1963.

KLÍMA, Bohuslav: Das jungpaläolithische Massengrab von Dolní Vestonice. Quartär, S. 53–62, Bonn 1987.

KOENIGSWALD, Gustav Heinrich Ralph von: Die Geschichte des Menschen, Heidelberg 1968.

KÜHN, Herbert: Marcellin Boule. Jahrbuch für Prähistorische und Ethnographische Kunst, S. 104, Berlin 1956.

KÜHN, Herbert: Vorgeschichte der Menschheit. Altsteinzeit und Mittelsteinzeit, Köln 1962.

KUHN-SCHNYDER, Emil: Die Geschichte der Tierwelt des Pleistozäns und Alt-Holozäns. Aus: Ur- und frühgeschichtliche Archäologie der Schweiz, S. 45–68, Basel 1968.

KURTH, Gottfried: Gerhard Heberer. Verhandlungen der Deutschen Zoologischen Gesellschaft. S. 414–415, Stuttgart 1975.

LEAKEY, Louis Seymour Bazett/TOBIAS, Philipp V./NAPIER, John R.: A new species of the genus Homo from Olduvai Gorge. Nature, S. 7–9, London 1964.

LEHMANN, Ulrich: Paläontologisches Wörterbuch, Stuttgart 1977.

LUBBOCK, John: Prehistoric Times, London 1865.

LUMLEY, Henry de: Les fouilles de Terra Amata à Nice, Premiers résultats. Bulletin du Musée d'Anthropologie préhistorique, S. 29–51, Monaco 1966.

LUMLEY, Henry de: La Préhistoire Française, Paris 1976.

LUMLEY, Henry de/LUMLEY, Marie-Antoinette de: Découvertes de restes humains anténéandertaliens datés du début du Riss à la Caune de l'Arago (Tautavel, Pyrénées Orientales). Comptes-rendus de l'Académie des Sciences de Paris, S. 1739–1742, Paris 1971.

LUMLEY, Marie-Antoinette: Anténéandertaliens et Néandertaliens du Bassin méditerranéen occidental européen, Paris 1970.

LUSCHAN, Felix von: Gustav Schwalbe. Geb. 1. August 1844, gest. 23. April 1916. Korrespondenz-Blatt der Deutschen Gesellschaft für Anthropologie, Ethnologie und Urgeschichte, S. 15–18, Braunschweig 1916.

MÄGDEFRAU, Karl: Paläobiologie der Pflanzen, 4. Auflage, Jena 1952.

MÜLLER-KARPE, Hermann: Handbuch der Vorgeschichte 1. Altsteinzeit, München 1966.

MURAWSKI, Hans: Geologisches Wörterbuch, Stuttgart 1983.

NARR, Karl J.: Wohnbauten des Jungpaläothikums in Osteuropa. Aus: Palast und Hütte: Beiträge zum Bauen und Wohnen im Altertum (Symposium der Alexander von Humboldt-Stiftung 1979 in Berlin), 1982.

NARR, Karl J.: Älteste Spuren des Menschen. Aus: Der Mensch nimmt die Erde in Besitz. Studium generale Wintersemester 1982/83, S. 29–51, Münster 1984.

OAKLEY, Kenneth Page/CAMPBELL, Bernard Grant/MOLLESON, Theya Ivitsky: Catalogue of fossil Hominids. Part II: Europe. Trustees of the British Museum (Natural History), London 1971.

OAKLEY, Kenneth Page/CAMPBELL, Bernard Grant/MOLLESON, Theya Ivitsky: Catalogue of fossil Hominids. Part III: America, Asia, Australia. Trustees of the British Museum (Natural History), London 1975.

OŽEGOVIĆ, Franjo: Die Bedeutung der Entdeckung des Diluvialen Menschen von Krapina in Kroatien. Aus: Hundert Jahre Neandertaler 1856–1956. Beihefte der Bonner Jahrbücher, S. 27–51, Köln 1958.

PALES, Léon: Les Néandertaliens en France. Aus: Hundert Jahre Neandertaler 1856–1956. Beihefte der Bonner Jahrbücher, S. 32–37, Köln 1958.

PENCK, Albrecht/BRÜCKNER, Eduard: Die Alpen im Eiszeitalter. Erster Band. Die Eiszeiten in den nördlichen Ostalpen, Leipzig 1909.

PENCK, Albrecht/BRÜCKNER, Eduard: Die Alpen im Eiszeitalter. Zweiter Band. Die Eiszeiten in den nördlichen Westalpen, Leipzig 1909.

PENCK, Albrecht/BRÜCKNER, Eduard: Die Alpen im Eiszeitalter. Dritter Band. Die Eiszeiten in den Südalpen und im Bereich der Ostabdachung der Alpen, Leipzig 1909.

PERETTO, Carlo: Isernia, Reggio Molise. Archäologie in Deutschland, Heft 3, S. 22–24, Stuttgart 1988.

PROBST, Ernst: Hat der Vormensch von Afar einen falschen Namen? Allgemeine Zeitung, Mainz, 30. April 1985.

PROTSCH, Reiner: Wie alt ist der Homo sapiens? Ursprung und Ausbreitung der fossilen Subspezies des »anatomisch modernen Menschen« im oberen Pleistozän. Archäologische Informationen, S. 8–32, Köln 1978.

REIFF, Winfried: Einschlagkrater kosmischer Körper auf der Erde. Aus: Meteorite und Meteorkrater, Stuttgarter Beiträge zur Naturkunde, Serie C, Nr. 6, S. 24–47, Stuttgart 1976.

ROTH-LUTRA, Karl H.: Zum Gedenken an das erste Jahrhundert anthropologischer Jungpaläolithforschung (1868–1965) der Population Europas. Quartär, S. 109–140, Bonn 1983.

RUDZINSKI, Kurt: Der ungewisse Weg zum Menschen. Zum Tode des Paläoanthropologen Ralph von Koenigswald. Frankfurter Allgemeine Zeitung, Natur und Wissenschaft, S. 26, Frankfurt, 21. Juli 1982.

RUSPOLI, Mario: Lascaux. Heiligtum der Eiszeit, Freiburg i. B. 1986.

SCHÄFER, Wilhelm: Lerne im Museum, Senckenbergische Naturforschende Gesellschaft, Frankfurt 1976.

SCHMID, Elisabeth: Das Tier in der Kunst des Eiszeitmenschen. Akademische Vorträge an der Universität Basel Nr. 8, Kunst und Realität, Basel 1973.

SCHRÖTER, Peter: 75 Jahre Anthropologische Staatssammlung München 1902–1977, München 1977.

SEEWALD, Otto: Die Abfolge der alteuropäischen Musikinstrumente. Versuch einer Periodisierung. Mitteilungen der Österreichischen Arbeitsgemeinschaft für Ur- und Frühgeschichte, S. 33–78, Wien 1981.

SERGI, Sergio: Die Neandertalischen Palaeoanthropen in Italien. Aus: Hundert Jahre Neandertaler 1856–1956. Beihefte der Bonner Jahrbücher, S. 38–51, Köln 1958.

SICKENBERG, Otto: Mensch und Tier in der Altsteinzeit. Die Kunde, S. 2–12, Hannover 1964.

SKUTIL, Josef: Bibliografie Moravske'ho Pleistocénu 1850–1950, Brünn 1965.

SMOLLA, Günter: Epochen der menschlichen Frühzeit, Freiburg 1967.

STODIEK, Ulrich: Jungpaläolithische Speerschleudern und Speere – ein Rekonstruktionsversuch. Experimentelle Archäologie in Deutschland. Archäologische Mitteilungen aus Nordwestdeutschland/Beiheft, S. 287–297, Oldenburg 1990.

SZILVÁSSY, Johann/KENTNER, Georg: Anthropologische Entwicklung des Menschen. Rassen des Menschen. Veröffentlichungen aus dem Naturhistorischen Museum Wien, Wien 1978.

THENIUS, Erich: Pleistozäne Säugetiere als Klima-Indikatoren. Archaeologia Austriaca. Beiheft. Festschrift für Richard Pittioni. I. Urgeschichte, S. 91 bis 112, Wien 1976.

TRINKAUS, Erik/HOWELLS, William N.: Die Neandertaler. Spektrum der Wissenschaft, S. 81–90, Weinheim 1980.

ULLRICH, Herbert: Neandertalerfunde in der Sowjetunion. Aus: Hundert Jahre Neandertaler 1856–1956. Beihefte der Bonner Jahrbücher, S. 72–106, Köln 1958.

VALLOIS, Henri Victor: Sir Grafton Elliot Smith. L'Anthropologie, S. 419–420, Paris 1937.

VALOCH, Karel: Die Erforschung der Kůlna-Höhle 1961–1976, Brünn 1988.

VLČEK, Emanuel: Die Reste des Neandertalmenschen aus dem Gebiete der Tschechoslowakei. Aus: Hundert Jahre Neandertaler 1856–1956. Beihefte der Bonner Jahrbücher. S. 107–122, Köln 1958.

WENDT, Herbert: Ich suchte Adam. Die Entdeckung des Menschen, Rastatt (Baden) 1965.

WENDT, Herbert: Der Affe steht auf. Eine Bilddokumentation des Menschen, Reinbek 1971.

WENIGER, Gerd-Christian: Wildbeuter und ihre Umwelt. Archaeologica Venatoria, Tübingen 1982.

WIEGERS, Fritz: Diluvialprähistorie als geologische Wissenschaft, Berlin 1920.

ZOTZ, Lothar F.: Altsteinzeitfunde Mitteleuropas, Stuttgart 1951.

Die Altsteinzeit in Deutschland

ABELS, Björn-Uwe: Frühe Kulturen in Oberfranken von der Steinzeit bis zum Frühmittelalter. Schriften des Historischen Museums Bamberg, Bamberg 1986.

ABELS, Björn-Uwe/SAGE, Walter/ZÜCHNER, Christian: Oberfranken in vor- und frühgeschichtlicher Zeit, Bamberg 1986.

ANDREE, Julius: Der eiszeitliche Mensch in Deutschland und seine Kulturen, Stuttgart 1939.

BOSINSKI, Gerhard: Arbeiten zur Älteren und Mittleren Steinzeit in der Bundesrepublik Deutschland 1949–1974. Aus: Ausgrabungen in Deutschland. Teil 1. Vorgeschichte – Römerzeit, S. 3–24, Mainz 1975.

BOTT, Gerhard: Die vor- und frühgeschichtlichen Altertümer im Germanischen Nationalmuseum Nürnberg, Stuttgart 1983.

BRANDT, Karl Heinz: Focke-Museum Bremen. Vor- und Frühgeschichte des Bremer Raumes im Gang durch die Schausammlung, Bremen 1982.

ENGEL, Carl/RADIG, Werner: Einführung in die Vorgeschichte Mitteldeutschlands, Leipzig 1928.

FEUSTEL, Rudolf: Bilder zur Ur- und Frühgeschichte Thüringens. Museum für Ur- und Frühgeschichte Thüringens, Weimar 1983.

GOLDKUHLE, Fritz: Rheinisches Landesmuseum Bonn. Auswahlkatalog 1. Urgeschichte, Bonn 1977.

HERRMANN, Fritz/JOCKENHÖVEL, Albrecht: Die Vorgeschichte Hessens, Stuttgart 1990.

HOLLNAGEL, Adolf: Bibliographie zur Ur- und Frühgeschichte Mecklenburgs. Bezirke Rostock, Schwerin, Neubrandenburg, Schwerin 1968.

HÖMBERG, Philipp: Bibliographie zur Vor- und Frühgeschichte Westfalens, Hildesheim 1969.

PARET, Oscar: Württemberg in vor- und frühgeschichtlicher Zeit, Stuttgart 1961.

PROBST, Ernst: Zeugen der Urzeit im Museum. Ausflüge in die Erdgeschichte von Rheinland-Pfalz. Museumsführer Nr. 9, Naturhistorisches Museum Mainz, 1983.

PROBST, Ernst: Das neue Museum Monrepos in Niederbieber bei Neuwied zeigt die Ausstellung »Urgeschichte des Rheinlandes. Es begann vor einer Million Jahren«. Allgemeine Zeitung, Mainz, 29. August 1987.

SCHULDT, Ewald: Mecklenburg – urgeschichtlich, Schwerin 1954.

SCHWANTES, Gustav: Die Vorgeschichte Schleswig-Holsteins, Neumünster 1939.

STEINER, Ute: Ausgrabungen und Funde. Registerband für die Jahrgänge 1–25, Berlin 1983.

STUHLFAUTH, Adam: Vorgeschichte Oberfrankens. Die Steinzeit, Bayreuth 1953.

TODE, Alfred: Urgeschichte von Schleswig-Holstein, Hamburg und Lübeck, Glückstadt 1936.

WAGNER, Friedrich: Bibliographie der bayerischen Vor- und Frühgeschichte 1884–1955, Wiesbaden 1964.

WARTH, Manfred/ADAM, Karl Dietrich/RATHGEBER, Thomas: Höhlen. Stuttgarter Beiträge zur Naturkunde, Serie C, Stuttgart 1976.

Die Geröllgeräte-Industrien

ANONYMUS: Edward James Wayland 1888–1966. Proceedings, Geological Society of London, S. 251–252, London 1967.

DAVIES, K. A.: E. J. Wayland C. B. E. – A Tribute. Uganda Journal, S. 1–5, Kampala 1967.

LANGLANDS, B. W.: The published works of E. J. Wayland. Uganda Journal, S. 33–42, Kampala 1967.

LEAKEY, Louis Seymour Bazett: Steinzeit-Afrika. Übersetzt von Hans Reck, Stuttgart 1936.

MOVIUS, Hallam Leonard: Pebble tool-terminology in India and Pakistan. Man in India, S. 149–156, Ranchi/Indien 1957.

NARR, Karl J.: Grobe Steinartefakte: Steinzeitfragen Südostasiens. Allgemeine und vergleichende Archäologie, S. 29–65, München 1980.

POSNANSKY, M.: Wayland as an archaeologist. Uganda Journal, S. 9–12, Kampala 1967.

WAYLAND, Edward James: Palaeolithic types of implements in relation to the pleistocene Deposits of Uganda. Proceedings of the Prehistoric Society of East Anglia, S. 96–112, Ipswich 1925.

WAYLAND, Eward James: Summary of a note on the pebble industry of the Transvaal. Nature, S. 593, London 1928.

WAYLAND, Edward James: Northern Nigeria: Cleavers of Lower Palaeolithic type. Man, S. 82, London 1934.

WAYLAND, Edward James: Rifts, Rivers, Rains and Early Man in Uganda. The Journal of the Royal Anthropological Institute of Great Britain and Ireland, S. 333–352, London 1934.

Das Protoacheuléen

BOGAARD, Paul van den/BITTMANN, Felix/TURNER, Elaine/KRÖGER, Karl: Kärlich. Das Alter eines Fundplatzes ist nicht sicher vor Überraschungen. Archäologie in Deutschland, Heft 3, S. 15–18, Stuttgart 1988.

BOSCHEINEN, Joseph/BOSINSKI, Gerhard/BRUNNACKER, Karl/KOCH, Ulrike/KOLFSCHOTEN, Thijs van/TURNER, Elaine/URBAN, Brigitte: Ein altpaläolithischer Fundplatz bei Miesenheim, Kreis Mayen-Koblenz, Neuwieder Becken. Archäologisches Korrespondenzblatt, S. 1 bis 16, Mainz 1984.

CZARNETZKI, Alfred: Zur Entwicklung des Menschen in Südwestdeutschland. Aus: MÜLLER-BECK, Hansjürgen: Urgeschichte in Baden-Württemberg, S. 217–240, Stuttgart 1983.

FIEDLER, Lutz: Zur Formenkunde, Verbreitung und Altersstellung altpaläolithischer Geräte. Quartär, S. 81–112, Erlangen 1985.

FIEDLER, Lutz/CUBUK, Georg (†): Altpaläolithische Funde von Carmona bei Sevilla und ihre Beziehungen zum Protoacheuléen des Maghreb. Aus: FIEDLER, Lutz: Kleine Beiträge zur Urgeschichte der Sahara, des Maghreb und der Iberischen Halbinsel. Kleine Schriften aus dem Urgeschichtlichen Seminar der Philipps-Universität Marburg, S. 92–141, Marburg 1988.

KOSSINA, Gustaf: Otto Schötensack. Mannus, S. 458–459, Würzburg 1912.

PROBST, Ernst: Wann kam der erste Mensch nach Deutschland? Allgemeine Zeitung, Mainz, Wochenend-Journal, Mainz, 16. April 1988.

RUST, Alfred: Artefakte aus der Zeit des Homo heidelbergensis in Süd- und Norddeutschland, Bonn 1956.

RUST, Alfred: Ein frühpleistozänes Kalkartefakt von Würzburg-Schalksberg. Eiszeitalter und Gegenwart, S. 195–199, Erlangen 1978.

RUTTE, Erwin: Ein Aasfresserdepot aus der altpleistozänen Fossilfundstelle Würzburg-Schalksberg. Beiträge anläßlich der Inbetriebnahme des Neubaues der Universitäts-Nervenklinik Würzburg, Würzburg 1982.

SCHMIDTGEN, Otto: Nachweise einer paläolithischen Besiedlung im engeren Gebiete des Mainzer Beckens. Schumacher-Festschrift, S. 88–90, Mainz 1930.

SCHOETENSACK, Otto: Der Unterkiefer des Homo heidelbergensis aus den Sanden von Mauer bei Heidelberg. Ein Beitrag zur Paläontologie des Menschen, Leipzig 1908.

TURNER, Elaine: Miesenheim I. Archäologie in Deutschland, Heft 3, S. 11–12, Stuttgart 1988.

WERNERT, Paul: Otto Schmidtgen. L'Anthropologie, S. 440, Paris 1939/40.

WÜRGES, Konrad: Artefakte aus den ältesten Quartärsedimenten (Schichten A–C) der Tongrube Kärlich, Kreis Mayen-Koblenz/Neuwieder Becken. Archäologisches Korrespondenzblatt, S. 1–6, Mainz 1986.

ZAGWIJN, Waldo H./JONG, Jan de: Die Interglaziale von Bavel und Leerdam und ihre stratigraphische Stellung im niederländischen Früh-Pleistozän. S. J. Dijkstra memorial volume, mededelingen rijks geologische dienst, S. 155–169, Haarlem 1985/84.

Das Altacheuléen

ADAM, Karl Dietrich: Anfänge urgeschichtlichen Forschens in Südwestdeutschland. Quartär, S. 21–36, Bonn 1972/73.

BANDI, Hans-Georg/BELTRÁN-MARTÍNEZ, Antonio: Zur Erinnerung an Hugo Obermaier. Quartär, S. 7–12, Bonn 1987.

BOSINSKI, Gerhard: Eiszeitjäger im Neuwieder Becken. Archäologie des Eiszeitalters am Mittelrhein. Landesamt für Denkmalpflege Rheinland-Pfalz, Koblenz 1983.

BOSINSKI, Gerhard: Die jägerische Geschichte des Rheinlandes. Einsichten und Lücken. Jahrbuch des Römisch-Germanischen Zentralmuseums Mainz, S. 81–112, Mainz 1983.

BOSINSKI, Gerhard/VEIL, Stephan: Altsteinzeitliche Fundplätze aus dem Neuwieder Becken. Denkmalpflege in Rheinland-Pfalz, Jahresberichte 1979–1981, S. 143–149, Worms 1982.

FIEDLER, Lutz: Altpaläolithische Funde aus dem Mittelrheingebiet. Kölner Jahrbuch für Vor- und Frühgeschichte, Berlin 1975–1977.

FIEDLER, Lutz: Älterpaläolithische Funde aus dem Mittelrheingebiet. Kölner Jahrbuch für Vor- und Frühgeschichte, S. 13–23, Berlin 1981.

FIEDLER, Lutz/BERG, Axel von: Altpaläolithische Funde von Winningen und Koblenz-Bisholder an der unteren Mosel. Archäologisches Korrespondenzblatt, S. 291–298, Mainz 1983.

KAHLKE, Ralf-Dietrich: Die Sammlungen des Instituts für Quartärpaläontologie Weimar – Umfang und Bearbeitungsstand. Veröffentlichungen des Naturkundemuseums Erfurt 1986, S. 3–17, Erfurt 1986.

OBERMAIER, Hugo: Acheuléen. Aus: Der Mensch der Vorzeit, S. 122–131, Berlin, München, Wien 1915.

PROBST, Ernst: Am Mittelrhein jagten die ersten Europäer. 600 000 Jahre altes Steinwerkzeug in Kärlich entdeckt. Neuwieder Becken eine archäologische Schatzgrube. Allgemeine Zeitung, Mainz, 25. Mai 1983.

PROBST, Ernst: Ein Museum für die Hinterlassenschaften der eiszeitlichen Jäger. Allgemeine Zeitung, Mainz, 6. Juni 1986.

Das Jungacheuléen

ADAM, Karl Dietrich: Die Artefakte des Homo steinheimensis als Belege urgeschichtlichen Irrens. Stuttgarter Beiträge zur Naturkunde, Serie B (Geologie und Paläontologie), S. 1–99, Stuttgart 1975.

ADAM, Karl Dietrich: Der vermeintliche Fossilbeleg eines Urmenschen aus mittelpleistozänem Travertin von Stuttgart-Bad Cannstatt. Stuttgarter Beiträge zur Naturkunde, Serie B (Geologie und Paläontologie), S. 1–16, Stuttgart 1986.

ADAM, Karl Dietrich: Alte und neue Urmenschen-Funde in Südwestdeutschland – eine kritische Würdigung. Quartär, S. 177–190, Bonn 1989.

AGUIRRE, Emiliano: Ibeas Man. Menschenfunde aus den Höhlen von Atapuerca. Archäologie in Deutschland, Heft 3, S. 27–30, Stuttgart 1988.

ANONYMUS: Zu Ernst Lindigs Tode. Mitteldeutschland/Weimarische Zeitung, Weimar, 17. April 1934.

BAUMANN, Willfried/MANIA, Dietrich/TOEPFER, Volker/EISSMANN, Lothar: Die paläolithischen Neufunde von Markkleeberg bei Leipzig, Berlin 1983.

BEHM-BLANCKE, Günter: Umwelt, Kultur und Morphologie des eem-interglazialen Menschen von Ehringsdorf bei Weimar. Aus: Hundert Jahre Neandertaler 1856–1956. Beihefte der Bonner Jahrbücher, S. 141–150, Köln 1958.

BEHM-BLANCKE, Günter: Altsteinzeitliche Rastplätze im Travertingebiet von Taubach, Weimar, Ehringsdorf. Alt-Thüringen, Weimar 1960.

BEHM-BLANCKE, Günter: Zur Datierung der altsteinzeitlichen Artefakte von Ehringsdorf bei Weimar. Ausgrabungen und Funde, S. 247–251, Berlin 1967.

BEHM-BLANCKE, Günter: Die eem-zeitliche Travertinstation von Weimar-Ehringsdorf. Ausgrabungen und Funde, S. 28–30, Berlin 1976.

BEHM-BLANCKE, Günter: Zur geistigen Welt des Homo erectus von Bilzingsleben. Jahresschrift für mitteldeutsche Vorgeschichte, S. 41–82, Halle/Saale 1987.

BEURLEN, Karl: E. Wüst 29.9.1875–19.4.1934. Paläontologische Zeitschrift, S. 5–9, Berlin 1935.

BIRZER, Friedrich: Florian Heller 1905–1978. Quartär, S. 7–13, Bonn 1979.

BOSINSKI, Gerhard: Archäologie des Eiszeitalters. Vulkanismus und Lavaindustrie am Mittelrhein, Mainz 1986.

BOSINSKI, Gerhard/BRUNNACKER, Karl: Eine neue mittelpaläolithische Fundschicht in Rheindahlen. Archäologisches Korrespondenzblatt, S. 1–6, Mainz 1973.

CZARNETZKI, Alfred: Wilhelm Gieseler. Fundberichte aus Baden-Württemberg, S. 418–419, Stuttgart 1979.

CZARNETZKI, Alfred: New human remains of middle pleistocene age from Stuttgart-Bad Cannstatt. Abstracts of the International Centennial Anthropological Congress, S. 5, Budapest 1981.

CZARNETZKI, Alfred: Ein archaischer Hominidencalvariarest aus einer Kiesgrube in Reilingen, Rhein-Neckar-Kreis. Quartär, S. 191–201, Bonn 1989.

DÜRRE, Wilken: Alt- und mittelpaläolithische Funde in Norddeutschland. Veröffentlichungen der urgeschichtlichen Sammlungen des Landesmuseums zu Hannover, Hildesheim 1981.

ENGEL, Carl: Übersicht der altsteinzeitlichen Funde Mitteldeutschlands. Festschrift zur 10. Tagung der Gesellschaft für deutsche Vorgeschichte am 1.–7. September 1928. Abhandlungen und Berichte aus dem Museum für Natur- und Heimatkunde und dem Naturwissenschaftlichen Verein in Magdeburg, S. 149–194, Magdeburg 1928.

ERD, Klaus: Pollenanalytische Gliederung des mittelpleistozänen Richtprofils Pritzwalk/Prignitz. Eiszeitalter und Gegenwart, S. 252–253, Öhringen 1965.

FIEDLER, Lutz/HOCHGESAND, Kurt: Einige altsteinzeitliche Fundkomplexe vom unteren Nahetal. Sammlung Hochgesand. Mainzer Zeitschrift, S. 187 bis 214, Mainz 1980.

GRAHMANN, Rudolf: Abschläge von Clactonienart in Mitteldeutschland. Quartär, S. 123–177, Berlin 1938.

GROISS, Josef Th.: Erste Funde von Primaten der Höhlenruine von Hunas/Hartmannshof (Ldkr. Nürnberger Land). Altnürnberger Landschaft e. V., S. 193–197, Hersbruck 1986.

GÜNTHER, Klaus: Steinzeit und ältere Bronzezeit im Landesmuseum für Vor- und Frühgeschichte Münster, Münster 1979.

HAECKER, Hans-Joachim: Paläolithische Funde bei Hemmingen, Ldkr. Hannover. Nachrichten aus Niedersachsens Urgeschichte, S. 5–22, Hildesheim 1975.

HECK, Hermann: Das rheinische Paläolithikum. Die Eiszeit, S. 96–111, Leipzig 1925.

HELLER, Florian: Die Höhlenruine Hunas bei Hartmannshof (Landkreis Nürnberger Land). Quartär-Bibliothek, Bonn 1983.

HUCKRIEDE, Reinhold: Adolf Luttrop 6.10.1896–31.12.1984. Eiszeitalter und Gegenwart, S. 149–152, Hannover 1986.

JACOB, Karl Hermann/GÄBERT, Carl: Die altsteinzeitliche Fundstelle Markkleeberg bei Leipzig. Veröffentlichungen des Städtischen Museums für Völkerkunde zu Leipzig, Leipzig 1914.

JAHN, Martin: Die kulturgeschichtliche Bedeutung der alt- und mittelsteinzeitlichen Menschenfunde von Weimar-Ehringsdorf und Bottendorf, Kreis Querfurt. Jahresschrift für mitteldeutsche Vorgeschichte, S. 110–119, Halle/Saale 1949.

KRÜGER, Herbert: Paläolithikum in Oberhessen. Quartär, S. 5–65, Bonn 1956.

KRÜGER, Herbert: Zur cromerzeitlichen Datierung der Münzenberger Geröllgerät-Gruppe. Quartär, S. 229–240, Bonn 1987.

LANGER, Wolfhart: Ernst Friedrich von Schlotheim 1764–1832. Argumenta palaeobotanica, S. 16–40, Lehre 1966.

LUTTROP, Adolf/BOSINSKI, Gerhard: Der altsteinzeitliche Fundplatz Reutersruh bei Ziegenhain in Hessen. Fundamenta, Reihe A, Köln 1971.

MANIA, Dietrich: Bilzingsleben (Thüringen): Eine neue altpaläolithische Fundstelle mit Knochenresten des Homo erectus. Archäologisches Korrespondenzblatt, S. 265–272, Mainz 1975.

MANIA, Dietrich: Homo erectus von Bilzingsleben – Zur anthropologischen, geochronologischen und kulturellen Zuordnung der Fundstelle. Jahresschrift für mitteldeutsche Vorgeschichte, S. 29-40, Halle/Saale 1987.

MENKE, Burchard: Beiträge zur Biostratigraphie des Mittelpleistozäns in Norddeutschland. Mejniana, S. 35–42, Kiel 1968.

MÜLLER, Bruno: Joseph Heller und die Vorgeschichtsforschung in Oberfranken. Bericht der Naturforschenden Gesellschaft Bamberg, S. 1–24, Bamberg 1954/55.

NARR, Karl J.: Alt- und mittelpaläolithische Funde aus rheinischen Freilandstationen. Bonner Jahrbücher, S. 5–51, Bonn 1951.

NARR, Karl J.: Studien zur älteren und mittleren Steinzeit der niederen Lande. Antiqua, Bonn 1968.

POHLE, Hermann: Knochenartefakte aus dem Rixdorfer Horizont. Berliner Jahrbuch für Vor- und Frühgeschichte, S. 180–186, Berlin 1963.

PROBST, Ernst: Ein Frühmensch im Rheinkies. Zweiter Nachweis eines Homo erectus in der Bundesrepublik. Allgemeine Zeitung, Mainz, 29. September 1986.

RADEMACHER, Carl: Der Kartstein bei Eiserfey in der Eifel. Prähistorische Zeitschrift, S. 201–231, Berlin 1911.

REISCH, Ludwig/WEISSMÜLLER, Wolfgang: Eine Schichtenabfolge aus der vorletzten Eiszeit in der Höhlenruine von Hunas. Das archäologische Jahr in Bayern 1983, S. 23–26, Stuttgart 1984.

RUST, Alfred/STEFFENS, Gustav: Die Artefakte der Altonaer Stufe von Wittenbergen. Eine mittelpleistozäne Untergruppe der Heidelberger Kultur. Offa-Bücher, Neumünster 1962.

SCHÄFER, Joachim: Der altsteinzeitliche Fundplatz Schweinskopf am Karmelenberg, Gem. Bassenheim, Kreis Mayen-Koblenz, Archäologisches Korrespondenzblatt, S. 1–12, Mainz 1987.

SCHNATH, Georg: Professor Jacob-Friesen. Nachrichten aus Niedersachsens Urgeschichte, S. 3–5, Hildesheim 1960.

SCHUMACHER, Erich: Ernst Kahrs, der erste Direktor des Ruhrlandmuseums. Beiträge zur Geschichte von Stadt und Stift Essen, S. 129–151, Essen 1979.

SMOLLA, Günter: Adolf Luttrop zum 80. Geburtstag am 6. Oktober 1976. Fundberichte aus Hessen, S. 457–458, Wiesbaden 1980.

STAESCHE, Karl: Fritz Berckhemer. Jahreshefte Verein vaterländische Naturkunde in Württemberg, S. 69–81, Stuttgart 1955.

STEINER, Walter: Der Travertin von Ehringsdorf und seine Fossilien, Wittenberg 1981.

THIEME, Hartmut: Die Ziegeleigrube Dreesen in Mönchengladbach-Rheindahlen – ein mehrschichtiger altsteinzeitlicher Fundplatz. Rheydter Jahrbuch für Geschichte, Kunst und Heimatkunde, S. 11–52, Mönchengladbach 1982.

ULLRICH, Herbert: Kannibalismus im Paläolithikum. Aus: SCHLETTE, Friedrich/KAUFMANN, Dieter: Religion und Kult, S. 51–72, Berlin 1989.

VEIL, Stephan: Alt- und mittelsteinzeitliche Fundplätze des Rheinlandes. Kunst und Altertum am Rhein. Führer des Rheinischen Landesmuseums Bonn, Bonn 1978.

VLČEK, Emanuel: Ein neuer Fund von Homo erectus: Bilzingsleben (DDR). Anthropologie, S. 159–169, Brünn 1977.

WAGNER, Eberhard: Ein Jagdplatz des Homo erectus im mittelpleistozänen Travertin von Stuttgart-Bad Cannstatt. Germania, S. 229–267, Frankfurt 1984.

WAGNER, Eberhard: Jäger und Sammler im Cannstatter Travertingebiet. Fundberichte aus Baden-Württemberg, S. 62–91, Stuttgart 1985.

WEBER, Thomas: Clactonienfunde von Memleben, Kr. Nebra. Ausgrabungen und Funde, S. 196–200, Berlin 1977.

Das Spätacheuléen

ANDREE, Julius: Die altsteinzeitlichen Funde aus der Balver Höhle. Festschrift des hundertjährigen Bestehens des Vereins für Geschichte und Altertumskunde Westfalens 1824–1924, Münster 1924.

BOSINSKI, Gerhard/KULEMEYER, Jorge/TURNER, Elaine: Ein mittelpaläolithischer Fundplatz auf dem Vulkan Hummerich bei Plaidt, Kreis Mayen-Koblenz. Archäologisches Korrespondenzblatt, S. 415–428, Mainz 1985.

BOSINSKI, Gerhard / KRÖGER, Karl / SCHÄFER, Joachim / TURNER, Elaine: Altsteinzeitliche Siedlungsplätze auf den Osteifel-Vulkanen. Jahrbuch des RGZM Mainz, S. 97–130, Mainz 1986.

GÜNTHER, Klaus: Die altsteinzeitlichen Funde der Balver Höhle. Bodenaltertümer Westfalens, Münster 1964.

HEINRICH, Arno: Geologie und Vorgeschichte Bottrops, Bottrop 1987.

JUSTUS, Antje/URMERSBACH, Karl-Heinz/URMERSBACH, Andreas: Mittelpaläolithische Funde vom Vulkan »Wannen« bei Ochtendung, Kreis Mayen-Koblenz. Archäologisches Korrespondenzblatt, S. 409–418, Mainz 1987.

THIEME, Hartmut/VEIL, Stephan: Neue Untersuchungen zum eemzeitlichen Elefanten-Jagdplatz Lehringen, Ldkr. Verden. Die Kunde, S. 11–58, Hannover 1985.

TINNES, Johann: Ausgrabungen auf dem Tönchesberg bei Kruft, Kreis Mayen-Koblenz. Archäologisches Korrespondenzblatt, S. 419–428, Mainz 1987.

VEIL, Stephan: Die Nachbildung einer Jagdlanze der Neandertaler aus Lehringen, Ldkr. Verden. Experimentelle Archäologie in Deutschland. Archäologische Mitteilungen aus Nordwestdeutschland/Beiheft, S. 284–286, Oldenburg 1990.

Das Micoquien

BRANDT, Karl: Die Volkringhauser Höhle, ein wenig bekannter altsteinzeitlicher Rastplatz in Westfalen. Festschrift für Lothar Zotz, S. 83–91, Bonn 1960.

DRÖSSLER, Rudolf: Flucht aus dem Paradies. Leben, Ausgrabungen und Entdeckungen Otto Hausers, Halle, Leipzig 1988.

GROTE, Klaus/THIEME, Hartmut: Eiszeitliche Jagdtiere und Jäger der mittleren Altsteinzeit am Beispiel der Freilandstation Salzgitter-Lebenstedt. Ausgrabungen in Niedersachsen. Archäologische Denkmalpflege 1979 bis 1984, S. 51–57, Stuttgart 1985.

HAUSER, Otto: La Micoque. Die Kultur einer neuen Diluvialrasse, Leipzig 1916.

KÄSE, Alf/BUSCH, Ralf: Von der Eiszeit zur Völkerwanderung. Etappen Braunschweiger Archäologie, Braunschweig 1982.

LANTIER, Raymond: L'abbé Henri Breuil (1877–1961). Bulletin de la Société Préhistorique Française, S. 650–653, Paris 1961.

MANIA, Dietrich/TOEPFER, Volker: Königsaue, Gliederung, Ökologie und mittelpaläolithische Funde der letzten Eiszeit. Veröffentlichungen des Landesmuseums für Vorgeschichte in Halle, Berlin 1973.

MÜLLER, Adrian von: Berlins Urgeschichte. 55000 Jahre Mensch und Kultur im Berliner Raum. Berlin 1964.

RIEDER, Karl Heinz: Dollnstein und sein Umland in urgeschichtlicher Zeit. Aus: Dollnstein 600 Jahre Markt, S. 37–57, Kipfenberg 1987.

SCHMIDTGEN, Otto: Über die Jagd der Eiszeitjäger in Wallertheim. Mainzer Zeitschrift, S. 133–135, Mainz 1929/30.

TODE, Alfred: Der altsteinzeitliche Fundplatz Salzgitter-Lebenstedt. Fundamenta, Reihe A, Köln 1982.

Das Moustérien

ABEL, Wolfgang: Ein menschlicher Milchschneidezahn aus der Klausenhöhle (Niederbayern). Zeitschrift für Ethnologie, S. 256–259, Berlin 1937.

ANDREE, Christian: Rudolf Virchow als Prähistoriker. Band 1. Virchow als Begründer der neueren deutschen Ur- und Frühgeschichtswissenschaft, Köln 1976.

BAY, Roland: Das Gebiß des Neandertalers. Aus: Hundert Jahre Neandertaler 1856–1956. Beihefte der Bonner Jahrbücher, S. 125–140, Köln 1958.

BIRKNER, Ferdinand: Der Eiszeitmensch in Bayern. Beiträge zur Anthropologie und Urgeschichte Bayerns, S. 105–134, München 1911.

BOSINSKI, Gerhard: Die mittelpaläolithischen Funde im westlichen Europa. Fundamenta, Reihe A, Köln 1967.

BOSINSKI, Gerhard: Der Neandertaler und seine Zeit. Führer des Rheinischen Landeszentralmuseums Bonn, Köln 1985.

BÜRGER, Willy: Johann Carl Fuhlrott, der Entdecker des Neandertalmenschen, Wuppertal-Elberfeld 1946.

CARTAILHAC, Émile: Gabriel de Mortillet. L'Anthropologie, S. 601–612, Paris 1898.

CZARNETZKI, Alfred: Artefizielle Veränderungen an den Skelettresten aus dem Neandertal. Aus: 75 Jahre Anthropologische Staatssammlung München 1902–1977, S. 215–219, München 1977.

FEIST, Ernst: 100 Jahre Sektion für Anthropologie, Ethnologie und Urgeschichte – die Abteilung für Vorgeschichte der Naturhistorischen Gesellschaft Nürnberg. Natur und Mensch, S. 17–47, Nürnberg 1982.

FIEDLER, Lutz/HILBERT, Klaus: Archäologische Untersuchungsergebnisse der mittelpaläolithischen Station in Edertal-Buhlen, Kreis Waldeck-Frankenberg. Archäologisches Korrespondenzblatt, S. 135–150, Mainz 1987.

FILIP, Jan: Moustérien. Aus: Enzyklopädisches Handbuch zur Ur- und Frühgeschichte Europas, S. 859/860, Prag 1969.

FORSTMEYER, Alfred: Über die Wahrscheinlichkeit, Reste des pleistozänen Menschen und seine Hinterlassenschaft im immer eisfreien Raum Bayerns zu finden. Aus: 75 Jahre Anthropologische Staatssammlung München 1902 bis 1977, S. 31–37, München 1977.

FREUND, Gisela/GUENTHER, Ekke W.: Lothar Zotz 1899–1967. Quartär, S. 1–21, Bonn 1968.

FUHLROTT, Carl: Menschliche Ueberreste aus einer Felsengrotte des Düsselthals. Ein Beitrag zur Frage über die Existenz fossiler Menschen. Verhandlungen des naturhistorischen Vereines der preussischen Rheinlande und Westphalens, S. 129–151, Bonn 1859.

GARROD, Dorothy: The Stone Age of Mount Carmel I, Oxford 1937.

GEBHARDT, Ludwig: Kleinschmidt, Otto. Aus: Die Ornithologen Mitteleuropas, S. 183–185, Gießen 1964.

GÜNTHER, Klaus: Alt- und mittelsteinzeitliche Fundplätze in Westfalen, Münster 1988.

HÖRMANN, Konrad: Der hohle Fels bei Happurg. Abhandlungen der Naturhistorischen Gesellschaft zu Nürnberg, S. 21–64, Nürnberg 1913.

HÖRMANN, Konrad: Die Petershöhle bei Velden in Mittelfranken, eine altpaläolithische Station. Abhandlungen der Naturhistorischen Gesellschaft zu Nürnberg, S. 21–90, Nürnberg 1933.

HÜLLE, Werner: Die Ilsenhöhle. Eine Wohnstätte des Urmenschen in Mitteldeutschland und ihre Erforschung. Germanen-Erbe, S. 98–105, Leipzig 1936.

HÜLLE, Werner M.: Die Ilsenhöhle unter Burg Ranis/Thüringen. Eine paläolithische Jägerstation, Stuttgart 1977.

JOACHIM, Hans-Eckart: Vor 175 Jahren geboren. Fuhlrott, der »Entdecker« des Neandertalers, geb. 31.12.1803. Das Rheinische Landesmuseum Bonn, Berichte aus der Arbeit des Museums, S. 81–82, Bonn 1978.

KING, William: The reputed fossil man of the Neanderthal. The Quarterly Journal of Science, S. 88–97, London 1864.

KLEINSCHMIDT, Otto: Der Urmensch, Leipzig 1931.

KNUSSMANN, Rainer: Die mittelpaläolithischen menschlichen Knochenfragmente von der Wildscheuer bei Steeden (Oberlahnkreis). Nassauische Annalen, S. 1–25, Wiesbaden 1967.

KOENIGSWALD, Gustav Heinrich Ralph von: Liste der deutschen Neanderthalerfunde. Aus: Hundert Jahre Neanderthaler 1856–1956. Beihefte der Bonner Jahrbücher, S. 19–21, Köln 1958.

LEE, Sidney: King, William (1809–1886). Dictionary of National Biography, Band XI, S. 170, London 1909.

MORTILLET, Gabriel de: Essai d'une classification des cavernes et des stations sous abri, fondée sur les produits de l'industrie humaine. Matériaux pour l'Histoire Primitive et Naturelle de l'Homme, Paris 1869.

PARET, Oscar: Robert Wetzel. Anatom und Urgeschichtsforscher, 1898–1962. Jahreshefte des Vereins für vaterländische Naturkunde in Württemberg, S. 67–73, Stuttgart 1962.

PITTIONI, Richard: Oswald Menghin † (1888–1973). Mitteilungen der Anthropologischen Gesellschaft in Wien, S. 118–121, Wien 1975.

PROBST, Ernst: Als man den Neanderthaler noch für einen Idioten hielt. Allgemeine Zeitung, Mainz, Wochenend-Journal, 17. August 1986.

PROBST, Ernst: Mainzer Forscher maßgeblich an der Planung für das neue Neandertalmuseum beteiligt. Der berühmteste Urmensch zieht bald in ein neues Haus. Allgemeine Zeitung, Mainz, 6. November 1987.

REIN, Richard: Rheinische Urgeschichte. Eiszeit und Eiszeitmenschen am Rhein. Volk und Kunst, Köln 1954.

RICHTER, Heinrich: Die paläolithische Station bei Treis a. d. Lumda. Germania, S. 67–71, Bamberg 1925.

RIEK, Gustav: Bärenunterkieferhälften als Waffen oder Werkzeuge der Paläolithiker. Jahresschrift für mitteldeutsche Vorgeschichte. S. 141–147, Halle/Saale 1969.

SCHOTT, Lothar: Der Meinungsstreit um den Skelettfund aus dem Neandertal. Ausgrabungen und Funde, S. 235–238, Berlin 1977.

SCHOTT, Lothar: Fuhlrott und die Entwicklungsgeschichte des Neanderthalers. Biologische Rundschau, S. 302–312, Jena 1978.

SCHWALBE, Gustav: Der Neanderthalschädel. Bonner Jahrbücher, S. 1–72, Bonn 1901.

SPRATER, Friedrich: Ein neuer pfälzischer Fund aus der Eiszeit. Pfälzisches Museum, S. 82–85, Speyer 1915.

TANGERDING, Manfred: Das Tal der Bocholter Aa, geologisch und archäologisch betrachtet. Unser Bocholt. Zeitschrift für Kultur und Heimatpflege Bocholt e. V., S. 41–48, Bocholt 1984.

TÖPFER, Volker: Die Weichsel-Eiszeit und ihre paläolithischen Fundplätze im Gebiet der Deutschen Demokratischen Republik. Ausgrabungen und Funde, S. 9–17, Berlin 1968.

TÖPFER, Volker: Die Alt- und Mittelsteinzeit im Magdeburger Raum. Jahresschrift für mitteldeutsche Vorgeschichte, S. 57–82, Halle/Saale 1970.

TÖPFER, Volker: Alt-, Mittel- und Jungpaläolithikum. Ausgrabungen und Funde, S. 17–24, Berlin 1976.

TÖPFER, Volker: Das Jungquartär von Königsaue, Kr. Aschersleben, ein Richtungsprofil zur Gliederung von Klimaschwankungen und paläolithischen Kulturen der Weichselkaltzeit. Ausgrabungen und Funde, S. 26–28, Berlin 1976.

TROMNAU, Gernot: Eine bearbeitete Mammutrippe aus den Rheinkiesen bei Duisburg. Vor- und Frühgeschichte des unteren Niederrheins. Quellenschriften zur westdeutschen Vor- und Frühgeschichte, S. 197–201, Bonn 1982.

TROMMNAU, Gernot: Ein Mammutknochen-Faustkeil aus Rhede, Kreis Borken (Westfalen). Archäologisches Korrespondenzblatt, S. 287–289, Mainz 1983.

WAGNER, Eberhard: Johannes Gustav Riek 1900–1976. Fundberichte aus Baden-Württemberg, S. 617–618, Stuttgart 1977.

WAGNER, Friedrich: Ferdinand Birkner. Bayerische Vorgeschichtsblätter, S. 95, München 1948.

WEILER, Wilhelm: Überblick über die altsteinzeitlichen Funde im westlichen Mainzer Becken. Mainzer Zeitschrift, S. 1–9, Mainz 1949/50.

WETZEL, Robert: Die Bocksteinschmiede, Stuttgart 1958.

Die Blattspitzen-Gruppen

ANONYMUS: Julius Andree. Germanen-Erbe, S. 173, Leipzig 1952.

BÁRTA, Juraj: František Prošek. Slovenská archaeológica, S. 186–188, Nitra 1959.

BÁRTA, Juraj: Za univ. prof. dr. Josefom Skutilom. Slovenská archaeólogica, S. 227–229, Nitra 1966.

BÖHM, Jaroslav: PhDr. I.L. Cervinka, Památky archaeologické, S. 389–390, Prag 1053.

ČERVINKA, Inocenc Ladislav: Pravěk zemi českýh, S. 1–80, Brünn 1927.

FREUND, Gisela: Die Blattspitzen des Paläolithikums in Europa. Quartär-Bibliothek, Bonn 1952.

OBERMAIER, Hugo/WERNERT, Paul: Alt-Paläolithikum mit Blatt-Typen. Mitteilungen der Anthropologischen Gesellschaft in Wien, S. 293–310, Wien 1929.

PROŠEK, František: Szeletien na Slovensku/Le Széletien en Slovaquie. Slovenskà archeológica, Nitra 1953.

ROSSBACH, Gustav: Steinzeitliche Siedlungen bei Lichtenfels a.M. Abhandlungen der Naturhistorischen Gesellschaft zu Nürnberg, S. 1–8, Nürnberg 1913.

ROSSBACH, Gustav: Steinzeitliche Siedlungen bei Lichtenfels a.M. Abhandlungen der Naturhistorischen Gesellschaft zu Nürnberg, S. 121–154, Nürnberg 1929.

SCHÖNWEISS, Werner/WERNER, Hans-Jürgen: Ein Fundplatz des Szeletien in Zeitlarn bei Regensburg. Archäologisches Korrespondenzblatt, S. 7–12, Mainz 1986.

THÉVENIN, André: Nécrologie (Nachruf Paul Wernert). Cahiers Alsaciens d'Archéologie d'Art et d'Histoire, S. 209, Straßburg 1972.

ZOTZ, Lothar F.: Kösten ein Werkplatz des Praesolutréen in Oberfranken. Quartär-Bibliothek, Bonn 1959.

Das Aurignacien

BAUMBAUER, Doris: Wie man sich vor 30000 Jahren einen Gott vorgestellt hat. Allgemeine Zeitung, Mainz, 13. Oktober 1990.

BIRKNER, Ferdinand: Die erste altsteinzeitliche Felszeichnung in Deutschland. Bayerische Vorgeschichtsblätter, S. 59–64, München 1938.

BOHMERS, Assien: Die Felszeichnung in der Kastlhänghöhle. Germania, S. 39–40, Berlin 1939.

BOSINSKI, Gerhard: Die Kunst der Eiszeit in Deutschland und in der Schweiz. Römisch-Germanisches Zentralmuseum, Kataloge vor- und frühgeschichtlicher Altertümer, Bonn 1982.

BRAUSE, Bruno: Das Jungpaläolithikum vom Zoitzberg bei Taubenpreskeln (Ldkr. Gera). Mannus, S. 92–111, Leipzig 1941.

DRÖSSLER, Rudolf: Kunst der Eiszeit. Von Spanien bis Sibirien, Leipzig 1980.

FIEDLER, Lutz/VEIL, Stephan: Ein steinzeitlicher Werkplatz mit Quarzitartefakten vom Ravensberg bei Troisdorf, Siegkreis. Bonner Jahrbücher, S. 378 bis 407, Bonn 1974.

FILIP, Jan: Aurignacien. Aus: Enzyklopädisches Handbuch zur Ur- und Frühgeschichte Europas, S. 65, Prag 1966.

GÖTZE, Alfred: Heß von Wichdorff zum Gedächtnis. Mannus, S. 1–4, Leipzig 1933.

HAHN, Joachim: Sondierung einer jungpaläolithischen Freilandstation bei Lommersum, Kreis Euskirchen. Bonner Jahrbücher, S. 1–18, Bonn 1970.

HAHN, Joachim: Die Stellung der männlichen Statuette aus dem Hohlenstein-Stadel in der jungpaläolithischen Kunst. Germania, S. 1 bis 12, Mainz 1972.

HAHN, Joachim: Aurignacien. Das ältere Jungpaläolithikum in Mittel- und Osteuropa. Fundamenta, Köln 1977.

HAHN, Joachim: Elfenbeinplastiken des Aurignacien aus dem Geißenklösterle, Gem. Blaubeuren-Weiler, Alb-Donau-Kreis. Archäologisches Korrespondenzblatt, S. 135–142, Mainz 1979.

HAHN, Joachim: Zur Abfolge des Jungpaläolithikums in Südwestdeutschland. Kölner Jahrbuch für Vor- und Frühgeschichte, S. 52–57, Berlin 1981.

HAHN, Joachim: Eine menschliche Halbreliefdarstellung aus der Geißenklösterle-Höhle bei Blaubeuren. Fundberichte aus Baden-Württemberg, S. 1–12, Stuttgart 1982.

HAHN, Joachim: Kraft und Aggression. Die Botschaft der Eiszeitkunst im Aurignacien Süddeutschlands. Archaeologica Venetoria, Tübingen 1986.

HAHN, Joachim: Neue Erkenntnisse zur urgeschichtlichen Besiedlung der Geißenklösterle-Höhle, Gemeinde Blaubeuren-Weiler, Alb-Donau-Kreis. Archäologische Ausgrabungen in Baden-Württemberg 1987, S. 19–22, Stuttgart 1988.

HAHN, Joachim/MÜLLER-BECK, Hansjürgen/TAUTE, Wolfgang: Eiszeithöhlen im Lonetal, Führer zu archäologischen Denkmälern in Baden-Württemberg, Stuttgart 1985.

HAHN, Joachim/SCHEER, Anne: Jungpaläolithische Feuerstellen in der Höhle Geißenklösterle bei Blaubeuren, Alb-Donau-Kreis. Archäologische Ausgrabungen in Baden-Württemberg 1983, S. 29–32, Stuttgart 1984.

HAHNE, Hans: Hermann Klaatsch zum Gedächtnis. Mannus, S. 366–375, Leipzig 1915.

HANCAR, Franz: Probleme der jüngeren Altsteinzeit Osteuropas. Versuch einer Systematisierung. Quartär, S. 125–187, Freiburg im Breisgau 1942.

HENKE, Winfried: Die Menschen der letzten Eiszeit. Zur Frage der Differenzierung der endpleistozänen Hominiden Europas. Anthropologischer Anzeiger, S. 289–316, Stuttgart 1988.

HOFMANN, Wolfgang / BLAU, Heinz / WIEBECKE, Axel: 850 Jahre Breitenbach 1158–1988, Naumburg 1988.

KLAATSCH, Hermann/HAUSER, Otto: Homo Aurignacensis Hauseri, ein paläolithischer Skelettfund aus dem unteren Aurignacien der Station Combe Capelle bei Montferrand (Périgord). Prähistorische Zeitschrift, S. 180–182, Berlin 1909.

KLÍMA, Bohuslav: Problematik des Aurignacien und Gravettien in Mittel-Europa. Archaeologia Austriaca, S. 35–51, Wien 1959.

KOENIGSWALD, Wighart von/HAHN, Joachim: Jagdtiere und Jäger der Eiszeit, Stuttgart 1981.

MÜLLER-BECK, Hansjürgen/ALBRECHT, Gerd: Die Anfänge der Kunst vor 30000 Jahren, Stuttgart 1987.

NARR, Karl J.: Das Rheinische Jungpaläolithikum. Beiheft der Bonner Jahrbücher, Bonn 1955.

NARR, Karl J.: Felsbild und Weltbild. Zu Magie und Schamanismus im jungpaläolithischen Jägertum. Syndikat, S. 88–136, Frankfurt 1985.

PROBST, Ernst: Im Sande verwest. Interview zur Ausstellung »Anfänge der Kunst«. Hannoversche Allgemeine, S. 17, Hannover, 26. Mai 1989.

PROTSCH, Reiner/SEMMEL, Arno: Zur Chronologie des Kelsterbach-Hominiden. Eiszeitalter und Gegenwart, S. 200–210, Öhringen 1978.

RICHTER, Jürgen: Jungpaläolithische Funde aus Breitenbach, Kr. Zeitz, im Germanischen Nationalmuseum Nürnberg. Quartär, S. 63–96, Bonn 1987.

RIEK, Gustav: Paläolithische Station mit Tierplastiken und menschlichen Skelettresten bei Stetten ob Lontal. Germania, S. 1–8, Berlin 1932.

RIEK, Gustav: Altsteinzeitkulturen am Vogelherd bei Stetten ob Lontal (Württemberg). Jahrbuch für prähistorische ethnographische Kunst, S. 1–25, Leipzig 1932/33.

SCHMID, Elisabeth: Die altsteinzeitliche Elfenbeinstatuette aus der Höhle Stadel im Hohlenstein bei Asselfingen, Alb-Donau-Kreis. Fundberichte aus Baden-Württemberg, S. 33–96, Stuttgart 1989.

SZOMBATHY, Josef: Die diluvialen Menschenreste aus der Fürst-Johanns-Höhle bei Lautsch in Mähren. Die Eiszeit, S. 1–34, Leipzig 1925.

THIEME, Hartmut: Alt- und Mittelsteinzeit. Aus: HÄSSLER, Hans-Jürgen: Ur- und Frühgeschichte in Niedersachsen, S. 77–108, Stuttgart 1991.

TOEPFER, Volker: Steinzeitliche Funde aus den Rübeländer Höhlen im Harz. Ausgrabungen und Funde, S. 1–3, Berlin 1967.

WAGNER, Eberhard: Eine Löwenkopfplastik aus Elfenbein von der Vogelherdhöhle. Fundberichte aus Baden-Württemberg, S. 50–58, Stuttgart 1981.

Zotz, Lothar F./Freund, Gisela: Eine »paläolithische« Felszeichnung im Kleinen Schulerloch? Bayerische Vorgeschichtsblätter, S. 102–106, München 1951.

Das Gravettien

Bohmers, Assien: Die Ausgrabungen in den Höhlen von Mauern. Forschungen und Fortschritte, S. 183–185, Berlin 1939.

Bohmers, Assien: Die Höhlen von Mauern. Teil I. Kulturgeschichte der altsteinzeitlichen Besiedlung. Palaeohistoria, Groningen 1951.

Bosinski, Gerhard/Bosinski, Hannelore/Brunnacker, Karl/Cziesla, Erwin/Lanser, Klaus Peter / Neuffer, Franz Otto / Preuss, Johannes / Spoerer, Hartmut / Tillmanns, Wolfgang / Urban, Brigitte: Sprendlingen. Ein Fundplatz des mittleren Jungpaläolithikums in Rheinhessen. Jahrbuch des Römisch-Germanischen Zentralmuseums Mainz, S. 5–91, Mainz 1985.

Crawford, Anne/Hayter, Tony/Hughes, Anne/Prochaska, Frank/Stafford, Pauline/Vallance, Elizabeth: Garrod Dorothy (Anne Elizabeth). The Europa biographical dictionary of British women, S. 166–167, London 1983.

Delporte, Henri: Notes de voyage leptolithique en Europe Centrale. Rivista, S. 19–57, Florenz 1959.

Dörrlamm, Rolf: Von der Steinzeitvenus bis zur Jupitersäule. Mittelrheinisches Landesmuseum Mainz, Mainz 1982.

Garrod, Dorothy: The Upper Palaeolithic in the light of recent discovery. Proceedings of the Prehistoric Society, S. 1–26, Cambridge 1938.

Gerhardt, Kurt: Neue Studien an der Kalotte vom Röthekopf bei Säckingen. Aus: 75 Jahre Anthropologische Staatssammlung München 1902–1977, S. 221–231, München 1977.

Hahn, Andrea/Hahn, Joachim/Scheer, Anne: Neue Funde und Befunde aus dem Geißenklösterle bei Blaubeuren, Alb-Donau-Kreis. Aus: Archäologische Ausgrabungen in Baden-Württemberg 1989, S. 24–29, Stuttgart 1990.

Hahn, Joachim: Gravettien-Freilandstationen im Rheinland. Bonner Jahrbücher, S. 44–87, Bonn 1969.

Hanitzsch, Helmut/Toepfer, Volker: Gravettien. Aus: Herrmann, Joachim: Lexikon früher Kulturen, S. 323, Leipzig 1984.

Henke, Winfried: Der Jungpaläolithiker von Binshof bei Speyer – eine vergleichend-biometrische Studie. Mainzer naturwissenschaftliches Archiv, S. 147 bis 175, Mainz 1982.

Henke, Winfried: Der jungpaläolithische Schädel von Paderborn-Sande. Ausgrabungen und Funde in Westfalen-Lippe, S. 1–20, Mainz 1983.

Henke, Winfried: Kurzer Abriß der Stammesgeschichte des Menschen unter Berücksichtigung der ältesten Menschenfunde Niedersachsens. Ausgrabungen in Niedersachsen. Archäologische Denkmalpflege 1979 bis 1984, S. 58–62, Stuttgart 1985.

Koenigswald, Wighart von/Müller-Beck, Hansjürgen/Pressmar, Emma: Die Archäologie und Paläontologie in den Weinberghöhlen bei Mauern (Bayern). Grabungen 1937–1967. Archaeologica Venetoria, Tübingen 1974.

Narr, Karl J.: Weibliche Symbol-Plastik der älteren Steinzeit. Antaios, S. 132 bis 157, Stuttgart 1980.

Neeb, Ernst/Schmidtgen, Otto: Eine altsteinzeitliche Freilandraststelle auf dem Linsenberg b. Mainz. Mainzer Zeitschrift, S. 108–111, Mainz 1921/1924.

Otte, Marcel: Le Gravettien en Europe. L'Anthropologie, S. 479–503, Paris 1985.

Peyrony, Denis: Les industries »aurignaciennes« dans le bassin de la Vézère. Bulletin de la Société Préhistorique Française, S. 543–558, Paris 1933.

Riek, Gustav: Ein Beitrag zur Kenntnis des süddeutschen Solutréen. Germania, S. 147–150, Berlin 1938.

Riek, Gustav: Steinerne Einbauten in jungpaläolithischen besiedelten Höhlen der Schwäbischen Alb. Fundamenta, Reihe A, S. 298–305, Köln 1970.

Riek, Gustav: Das Paläolithikum der Brillenhöhle bei Blaubeuren. Forschungen und Berichte zur Vor- und Frühgeschichte in Baden-Württemberg, Stuttgart 1973.

Saint-Mathurin, Suzanne de: Nécrologies. – Dorothy Garrod. L'Anthropologie, S. 131–133, Paris 1970.

Weiss, Gerhard: Magdalenahöhle, Vbgm. Gerolstein, Kr. Daun. Aus: Veil, Stephan: Alt- und mittelsteinzeitliche Fundplätze des Rheinlandes, S. 104–105, Bonn 1978.

Zotz, Lothar F.: Das Paläolithikum in den Weinberghöhlen bei Mauern. Quartär-Bibliothek, Bonn 1955.

Das Magdalénien

Albrecht, Gerd: Frauengravierungen auf magdalénienzeitlichen Knochenfragmenten vom Petersfels in Südwestdeutschland. Mitteilungen der Anthropologischen Gesellschaft in Wien, S. 1–5, Wien 1988/89.

Albrecht, Gerd / Berke, Hubert/Poplin, François: Naturwissenschaftliche Untersuchungen an Magdalénien-Inventaren vom Petersfels, Grabungen 1974–1976. Tübinger Monographien zur Urgeschichte, Tübingen 1983.

Albrecht, Gerd/Berke, Hubert: Das Brudertal bei Engen/Hegau – Beispiel für eine Arealnutzung im Magdalénien. Mitteilungsblatt der Archaeologica Venetoria e. V., S. 1–11, Tübingen 1987.

Albrecht, Gerd/Drautz, Dieter/Kind, Joachim: Eine Station des Magdalénien in der Gnirshöhle bei Engen-Bittelbrunn im Hegau. Archäologisches Korrespondenzblatt, S. 161–179, Mainz 1977.

Albrecht, Gerd/Engelhardt, Heidi: Eiszeitliche Funde aus dem Brudertal bei Engen. Beiheft zur urgeschichtlichen Ausstellung des Städtischen Museums Engen/Hegau, Tübingen 1988.

Andree, Julius: Eine altsteinzeitliche Gravierung aus der Balver Höhle in Westfalen. Mannus, S. 65–70, Leipzig 1930.

Bauer, Anne: Die Steinzeitmenschen von Oberkassel. Ein Bericht über das Doppelgrab am Stingenberg, Bonn-Oberkassel 1985.

Baumbauer, Doris: Der Tauchsieder von Gönnersdorf: Neue Aufschlüsse über die Eiszeitjäger. Nur Frauen durften tanzen. Die Welt, S. 17, Bonn, 17. Juli 1981.

Behm-Blancke, Günter: Das jungpaläolithische Zeltlager von Oelknitz bei Jena. Ausgrabungen und Funde, S. 30–32, Berlin 1976.

Bosinski, Gerhard: Der Magdalénien-Fundplatz Feldkirchen-Gönnersdorf, Kr. Neuwied. Germania, S. 1–38, Berlin 1969.

Bosinski, Gerhard: Die Tierdarstellungen des Magdalénien-Fundplatzes Gönnersdorf, Kr. Neuwied. Archäologisches Korrespondenzblatt, S. 1–5, Mainz 1971.

Bosinski, Gerhard: Der Magdalénien-Fundplatz Gönnersdorf. Aus: Ausgrabungen in Deutschland. Teil 1. Vorgeschichte – Römerzeit, S. 42–65, Mainz 1975.

Bosinski, Gerhard: Kreise, Ovale und Dreieckszeichen unter den Gönnersdorfer Gravierungen. Kölner Jahrbuch für Vor- und Frühgeschichte, S. 83–85, Berlin 1981.

Czarnetzki, Alfred: Eine Femurdiaphyse aus der Gnirshöhle bei Engen-Bittelbrunn. Archäologisches Korrespondenzblatt, S. 181–184, Mainz 1977.

Dannheimer, Hermann: Prähistorische Staatssammlung. Museum für Vor- und Frühgeschichte München. Die Funde aus Bayern, München 1980.

Eiden, Hans: Zehn Jahre Ausgrabungen an Mittelrhein und Mosel. Einführung – Fundplätze – Funde. Herausgegeben vom Staatl. Amt für Vor- und Frühgeschichte aus Anlaß der Sonderausstellung (1976) im Landeshauptarchiv Koblenz, Koblenz 1977.

Feustel, Rudolf: Vier jungpaläolithische Freilandstationen in Ostthüringen. Alt-Thüringen, S. 1–26, Weimar 1957.

Feustel, Rudolf: Jungpaläolithische Wildbeuter in Thüringen. Museum für Ur- und Frühgeschichte Thüringens in Weimar, Weimar 1961.

Feustel, Rudolf: Eine endpaläolithische Höhlenstation auf dem Gleitsch bei Saalfeld. Ausgrabungen und Funde, S. 258–244, Berlin 1970.

Feustel, Rudolf: Die Kniegrotte. Eine Magdalénienstation in Thüringen, Weimar 1974.

Feustel, Rudolf: Archäologische Befunde zur Ernährung ur- und frühgeschichtlicher Menschen. Urgeschichte und Heimatforschung, S. 5–11, Weimar 1977.

Feustel, Rudolf: Eine Nashorn-Darstellung im Magdalénien der Kniegrotte bei Döbritz (Kr. Pößneck, Bezirk Gera). Archäologisches Korrespondenzblatt, S. 7–8, Mainz 1979.

Feustel, Rudolf: Magdalénienstation Teufelsbrücke. I. Archäologischer Teil, Weimar 1980.

Feustel, Rudolf / Kerkmann, Klaus / Schmid, Elisabeth / Musil, Rudolf / Jacob, Helga: Der Bärenkeller bei Königsee-Garsitz, eine jungpaläolithische Kulthöhle (I). Alt-Thüringen, S. 81–130, Weimar 1971.

Feustel, Rudolf / Kerkmann, Klaus / Schmid, Elisabeth / Musil, Rudolf / Mania, Dietrich / Knorre, Dietrich von / Jacob, Helga: Die Urdhöhle bei Döbritz, S. 130–226, Weimar 1971.

Feustel, Rudolf/Musil, Rudolf: Der Bärenkeller bei Königsee-Garsitz, eine jungpaläolithische Kulthöhle (II). Alt-Thüringen, S. 60–81, Weimar 1977.

Feustel, Rudolf/Teichert, Manfred/Unger, Kurt P.: Die Magdalénienstation Lausnitz in der Orlasenke. Alt-Thüringen, S. 202–211, Weimar 1963.

Filip, Jan: Magdalénien. Aus: Enzyklopädisches Handbuch zur Ur- und Frühgeschichte Europas, S. 750/751, Prag 1969.

Fraunholz, Joseph / Obermaier, Hugo / Schlosser, Max: Die Kastlhäng-Höhle, eine Rentierjägerstation im bayerischen Altmühltale. Beiträge zur Anthropologie und Urgeschichte Bayerns, S. 119–164, München 1911.

FREUND, Gisela: Das Paläolithikum der Oberneder-Höhle (Landkreis Kelheim/Donau), Bonn 1987.

GIESELER, Wilhelm: Das jungpaläolithische Skelett von Neuessing. Aus: 75 Jahre Anthropologische Staatssammlung München 1902–1977, S. 39–51, München 1977.

GIESELER, Wilhelm/CZARNETZKI, Alfred: Die menschlichen Skelettreste aus dem Magdalénien der Brillenhöhle. Aus: RIEK, Gustav: Das Paläolithikum der Brillenhöhle bei Blaubeuren (Schwäbische Alb). Forschung und Berichte zur Vor- und Frühgeschichte in Baden-Württemberg, S. 165–168, Stuttgart 1973.

GRIMM, Hans/ULLRICH, Herbert: Ein jungpaläolithischer Schädel und Skelettreste aus Döbritz, Kr. Pößneck. Alt-Thüringen, S. 50–89, Weimar 1965.

GUMPERT, Karl: Der madaleine-zeitliche »Rennerfels« in der Fränkischen Schweiz. Prähistorische Zeitschrift, S. 56–76, Berlin 1931.

HANITZSCH, Helmut: Grabungen auf der Spätmagdalénien-Station Groitzsch, Kr. Eilenburg. Ausgrabungen und Funde, S. 64–65, Berlin 1956.

HANITZSCH, Helmut: Gravierte Schieferplatten aus dem Spätmagdalénien von Saaleck. Archäologisches Korrespondenzblatt, S. 265–267, Mainz 1978.

HECK, Hermann: Eine neue paläolithische Station im Lahntale, die Wildweiberlei bei Diez a. d. Lahn. Korrespondenzblatt der Deutschen Gesellschaft für Anthropologie, Ethnologie und Urgeschichte, S. 56–59, Braunschweig 1920.

HENKE, Winfried: Die magdalénienzeitlichen Menschenfunde von Oberkassel bei Bonn. Bonner Jahrbücher, S. 317–366, Bonn 1986.

KRUKOWSKI, Stefan: Sprawozdanie z działalności Państwowego Urzędu Konserwatorskiego na Okręg Warszawski Południowy. Wiadomości Archaeologiczne, S. 156–165, Warschau 1921.

KRUKOWSKI, Stefan: Paleolit. Aus: Prehistoria Ziem Polskich. Encyklopedia Polske PAU, Krakau 1939/1948.

KUTSCH, Ferdinand: Altsteinzeitliche Schnitzerei aus Steeden a. d. Lahn. Jahrbuch für prähistorische ethnographische Kunst, S. 36–39, Leipzig 1952 bis 1933.

MAIER, Hans: Die altsteinzeitliche Wohnhöhle »Kleine Scheuer« im Rosenstein (Schwäb. Alb). Mannus, S. 235–252, Leipzig 1936.

MAUSER, Peter Florian: Die jungpaläolithische Höhlenstation Petersfels im Hegau. Badische Fundberichte, Freiburg 1970.

MAYR-LENOIR, August: Altsteinzeitfunde aus der Hasenlochhöhle bei Pottenstein in Oberfranken. Mannus, S. 244–254, Leipzig 1939.

NARR, Karl J.: Die Altsteinzeitfunde aus dem Hohlenstein bei Nördlingen. Bayerische Vorgeschichtsblätter, S. 1–9, München 1965.

NARR, Karl J.: Das Rätsel von Neuessing. Bemerkungen zu dem Skelettfund aus der Mittleren Klause. Aus: Festschrift 75 Jahre Anthropologische Staatssammlung München 1977, S. 53–56, München 1977.

NOBIS, Günter: Der älteste Haushund lebte vor 14.000 Jahren. Die Umschau, S. 610, Frankfurt 1979.

NOBIS, Günter: Die Wildsäugetiere in der Umwelt des Menschen von Oberkassel bei Bonn und das Domestikationsproblem von Wölfen im Jungneolithikum. Bonner Jahrbücher, S. 367–376, Bonn 1986.

OBERMAIER, Hugo / FRAUNHOLZ, Josef: Eine Mammutdarstellung aus Süddeutschland. Jahrbuch für prähistorische & ethnographische Kunst, S. 29 bis 32, Leipzig 1926.

OBERMAIER, Hugo/FRAUNHOLZ, Josef: Der skulptierte Rengeweihstab aus der mittleren Klausenhöhle bei Essing (Niederbayern). Jahrbuch für prähistorische ethnographische Kunst, S. 1–9, Leipzig 1927.

OEFTIGER, Claus/WAGNER, Eberhard: Der Rosenstein bei Heubach. Führer zu archäologischen Denkmälern in Baden-Württemberg, Stuttgart 1985.

OZOLS, Jacob: Vorgeschichtliche Tierdarstellungen und frühe Bildmagie. Kölner Jahrbuch für Vor- und Frühgeschichte, S. 9–30, Köln 1970.

OZOLS, Jacob: Zur Frage der paläolithischen Lochstäbe. Kölner Jahrbuch für Vor- und Frühgeschichte, S. 9–16, Köln 1974.

PARET, Oscar: Eduard Peters. Fundberichte aus Schwaben, S. 14–16, Stuttgart 1951.

PETERS, Eduard: Die altsteinzeitlichen Kulturen von Veringenstedt (Hohenzollern). Prähistorische Zeitschrift, S. 173–195, Berlin 1936.

PROTSCH, Reiner/GLOWATZKI, Georg: Das absolute Alter des paläolithischen Skeletts aus der Mittleren Klause bei Neuessing, Kreis Kelheim in Bayern. Anthropologischer Anzeiger, S. 140–144, Stuttgart 1974.

RICHTER, Martin: Die Kniegrotte bei Döbritz. Mannus, S. 75–84, Leipzig 1933.

SAWICKI, Ludwig: L'industrie swidérienne de la Station Świdry Wielkie I. Przegląd Archaeologizny, S. 1–23, Posen 1935.

SCHAAFFHAUSEN, Hermann: Die vorgeschichtliche Ansiedlung in Andernach. Bonner Jahrbücher, S. 1–41, Bonn 1888.

SCHMID, Elisabeth: Eine jungpaläolithische Frauenfigur aus Achat von Weiler bei Bingen. Quartär, S. 175–180, Bonn 1972/73.

SCHMID, Elisabeth: Neue Objekte der altsteinzeitlichen Kleinkunst. Verhandlungen der Naturforschenden Gesellschaft in Basel, S. 344 bis 347, Basel 1975.

STEFFENS, Max/MEINHARDT, Albert/SCHABOW, Dietrich/SCHÜTZ, Rosemarie: 50 Jahre Kreismuseum Neuwied 1928–1978, Neuwied 1978.

TAUTE, Wolfgang: Eine Tierkopfgravierung aus dem Spätmagdalénien von Saaleck, Kreis Naumburg. Jahresschrift für mitteldeutsche Vorgeschichte, S. 193–198, Halle/Saale 1969.

TAUTE, Wolfgang: Die steinzeitlichen Kulturreste aus der Burghöhle Dietfurt. Kölner Jahrbuch für Vor- und Frühgeschichte, S. 142–155, Berlin 1981.

TEICHERT, Manfred: Die Knochenreste aus der Wildpferdjägerstation Bad Frankenhausen. Alt-Thüringen, S. 227–234, Weimar 1971.

VEIL, Stephan: Neue Untersuchungen auf dem Magdalénien-Fundplatz Martinsberg in Andernach. Trierer Zeitschrift, S. 9–39, Trier 1977/78.

VEIL, Stephan: Drei Frauenstatuetten aus Elfenbein vom Magdalénien-Fundplatz Andernach, Rheinland-Pfalz. Archäologisches Korrespondenzblatt, S. 119–127, Mainz 1982.

WEGNER, Hans-Helmut: Koblenz und der Kreis Mayen-Koblenz. Führer zu archäologischen Denkmälern in Deutschland, Stuttgart 1986.

Die »Hamburger Kultur«

BOKELMANN, Klaus: Rentierjäger am Gletscherrand in Schleswig-Holstein. Offa, S. 12–22, Neumünster 1979.

BOKELMANN, Klaus/HEINRICH, Dirk/MENKE, Burchard: Fundplätze des Spätglazials am Hainholz-Esinger Moor, Kreis Pinneberg. Offa, S. 199–239, Neumünster 1983.

BOSINSKI, Gerhard: Der Poggenwischstab. Bonner Jahrbücher, S. 83–92, Bonn 1978.

GRAMSCH, Bernhard: Hamburger Kultur. Aus: HERRMANN, Joachim: Lexikon früher Kulturen, S. 342, Leipzig 1984.

KERSTEN, Karl: Festschrift für Gustav Schwantes zum 65. Geburtstag, Neumünster 1951.

LANGER, Kurt: Zu den Fundplätzen der Hamburger Kultur in Cuxhaven unter besonderer Berücksichtigung des Fundplatzes Hasenheide. Die Kunde, S. 25–35, Hannover 1979.

RUST, Alfred: Eine jungpaläolithische Gesichtsplastik aus Ahrensburg-Poggenwisch. Hammaburg, S. 1–3, Hamburg 1951/52.

RUST, Alfred: Rentierjäger der Eiszeit in Schleswig-Holstein. Archäologisches Landesmuseum der Christian-Albrechts-Universität. Wegweiser durch die Sammlung, Neumünster 1987.

SCHWABEDISSEN, Hermann: Die Hamburger Stufe im nordwestlichen Deutschland. Offa, S. 1–30, Kiel 1937.

SCHWABEDISSEN, Hermann: Ein eiszeitlicher Fundplatz auf der Glaner Heide bei Wildeshausen. Oldenburger Jahrbuch, S. 167–186, Oldenburg 1938.

SCHWABEDISSEN, Hermann: Zur Besiedlung des Nordseeraumes in der älteren und mittleren Steinzeit. Festschrift für Gustav Schwantes zum 65. Geburtstag, S. 59–98, Neumünster 1951.

SCHWANTES, Gustav: Die ältesten Bewohner des mittleren Norddeutschland. Forschungen und Fortschritte, S. 261–262, Berlin 1933.

TROMNAU, Gernot: Ein jungpaläolithischer Hüttengrundriß auf der Teltwisch bei Ahrensburg, Kr. Stormarn. Offa, S. 106–108, Neumünster 1970.

TROMNAU, Gernot: Ausgrabungen jungpaläolithischer Rentierjägerlager auf der Teltwisch im Ahrensburger Tunneltal, Kreis Stormarn. Archäologisches Korrespondenzblatt, S. 393–398, Mainz 1973.

TROMNAU, Gernot: Der jungpaläolithische Fundplatz Schalkholz, Kreis Dithmarschen. Hammaburg, S. 9–22, Neumünster 1974.

TROMNAU, Gernot: Neue Ausgrabungen im Ahrensburger Tunneltal. Ein Beitrag zur Erforschung des Jungpaläolithikums im nordwesteuropäischen Flachland. Offa-Bücher, Neumünster 1975.

TROMNAU, Gernot: Die jungpaläolithischen Fundplätze im Stellmoorer Tunneltal im Überblick, Hammaburg, S. 9–20, Neumünster 1975.

TROMNAU, Gernot: Die Fundplätze der Hamburger Kultur von Heber und Deimern, Kreis Soltau, Hildesheim 1975.

TROMNAU, Gernot: Rentierjäger der Spätzeit in Norddeutschland. Wegweiser zur Vor- und Frühgeschichte Niedersachsens, Hildesheim 1976.

TROMNAU, Gernot: Alfred Rust. 4. Juli 1900 – 14. August 1985. Hammaburg, S. 9–13, Neumünster 1984.

ZOLLER, Dieter: Die Ergebnisse der Grabung auf der Querenstedter Düne bis Juni 1962. Nachrichten aus Niedersachsens Urgeschichte, S. 189–192, Hildesheim 1962.

Die Federmesser-Gruppen

BRUNNACKER, Karl / FRUTH, Hermann-Josef / JUVIGNE, Étienne / URBAN, Brigitte: Spätpaläolithische Funde aus Thür, Kreis Mayen-Koblenz. Archäologisches Korrespondenzblatt, S. 417–427, Mainz 1982.

EIDEN, Hans / LÖHR, Hartwig: Der endpaläolithische Fundplatz Urbar, Kreis Mayen-Koblenz (Rheinland-Pfalz). Archäologische Informationen, S. 45 bis 47, Köln 1973/74.

FIEDLER, Lutz: Ein Siedlungsplatz der ausgehenden Altsteinzeit. Denkmalpflege in Hessen, S. 28 bis 29, Wiesbaden 1990.

FILIP, Jan: Jażdżewski, Konrad. Enzyklopädisches Handbuch zur Ur- und Frühgeschichte Europas, S. 553/554, Prag 1966.

GRAMSCH, Bernhard: Ein Lagerplatz der Federmesser-Gruppe bei Golßen, Kr. Luckau. Ausgrabungen und Funde, S. 121–128, Berlin 1969.

HÜLLE, Werner: R. R. Schmidt †. Quartär, S. 144–147, Bonn 1951.

KREMER, Bruno P.: Der Laacher See – zur Naturgeschichte einer bedeutenden Vulkanlandschaft II. Natur und Museum, Senckenbergische Naturforschende Gesellschaft, S. 1–11, Frankfurt am Main 1987.

LINDHORST, Andree: Der Federmesser-Fundplatz von Achmer, Stadt Bramsche, Landkreis Osnabrück. Ausgrabungen in Niedersachsen. Archäologische Denkmalpflege 1979 bis 1984, S. 63–68, Stuttgart 1985.

LOFTUS, John: Ein verzierter Pfeilschaftglätter von Fläche 64/74–75/78 des spätpaläolithischen Fundplatzes Niederbieber/Neuwieder Becken. Archäologisches Korrespondenzblatt, S. 313–316, Mainz 1982.

SCHWABEDISSEN, Hermann: Die Federmesser-Gruppen des nordwesteuropäischen Flachlandes. Zur Ausbreitung des Spät-Magdalénien, Neumünster 1954.

STAMPFUSS, Rudolf: Adam Günther. Mannus, S. 340–343, Leipzig 1940.

STREET, Martin: Ein Wald der Allerödzeit bei Miesenheim, Stadt Andernach (Neuwieder Becken). Archäologisches Korrespondenzblatt, S. 15–22, Mainz 1986.

TAUTE, Wolfgang: Funde der spätpaläolithischen Federmesser-Gruppen aus dem Raum zwischen mittlerer Elbe und Weichsel. Berliner Jahrbuch für Vor- und Frühgeschichte, S. 62–111, Berlin 1963.

Die »Bromme-Kultur«

BECKER, Carl Johan: Therkel Mathiassen og dansk arkaeologie. Aarbøger, S. 5–25, Kopenhagen 1968.

FISCHER, Anders / NIELSEN, Finn Ole Sonne: Senistidens bopladser ved Bromme. Med bidrag fra Erik Westerby. Aarbøger, Kopenhagen 1987.

FISCHER, Holger: Neues über die Bromme-Kultur. ur- und frühzeit, Heft 2, S. 4–5, Hornburg 1990.

GRAMSCH, Bernhard: Bromme. Aus: HERRMANN, Joachim: Lexikon früher Kulturen, S. 155, Leipzig 1984.

HINZ, Hermann: Vorgeschichte des nordfriesischen Festlandes, Neumünster 1954.

HOLMSEN, Gunnar: Minnetale over konservator P. A. Øyen. Det Norske Videnkaps-Akademi i Oslo, Årbok 1932, S. 75–82, Oslo 1932.

IVERSEN, Johannes: Geologisk datering of en senglacial boplads ved Bromme. Aarbøger, S. 198–231, Kopenhagen 1946.

MATHIASSEN, Therkel: En senglacial boplads ved Bromme. Aarbøger, S. 121 bis 197, Kopenhagen 1946.

RUST, Alfred: Mittelsteinzeitliche Hausgrundrisse und Gräber aus der Grabung Pinnberg (Ahrensburg/Holstein). Nachrichtenblatt für Deutsche Vorzeit, S. 13–15, Leipzig 1938.

RUST, Alfred: Die Funde vom Pinnberg. Offa-Bücher, Neumünster 1958.

TAUTE, Wolfgang: Bromme. Aus: Die Stielspitzen-Gruppen im nördlichen Mitteleuropa, S. 99–101, Köln 1968.

Das Spätpaläolithikum in Süddeutschland

ALBRECHT, Gerd: Der spätpleistozäne und altholozäne Fundplatz Malerfels I. Aus: HAHN, Joachim: Die steinzeitliche Besiedlung des Eselburger Tales bei Heidenheim (Schwäbische Alb), S. 90–122, Stuttgart 1984.

DÄMMER, Heinz-Werner/REIM, Hartmann/TAUTE, Wolfgang: Probegrabungen in der Burghöhle von Dietfurt im oberen Donautal. Fundberichte aus Baden-Württemberg, S. 1–25, Stuttgart 1974.

FILIP, Jan: Vencl, Slavomil. Enzyklopädisches Handbuch zur Ur- und Frühgeschichte Europas, S. 1576/77, Prag 1969.

TAUTE, Wolfgang: Die spätpaläolithisch-frühmesolithische Schichtenfolge im Zigeunerfels bei Sigmaringen (Vorbericht). Archäologische Informationen, S. 29–40, Köln 1972.

TAUTE, Wolfgang: Neue Forschungen zur Chronologie von Spätpaläolithikum und Mesolithikum in Süddeutschland. Archäologische Informationen, S. 59–66, Köln 1973/74.

TAUTE, Wolfgang: Ausgrabungen zum Späpaläolithikum in Süddeutschland. Aus: Ausgrabungen in Deutschland. Teil 1. Vorgeschichte – Römerzeit, S. 64–73, Mainz 1975.

TAUTE, Wolfgang: Die Grabungen 1988 und 1989 in der Burghöhle Dietfurt an der oberen Donau, Gemeinde Inzigkofen-Vilsingen, Kreis Sigmaringen. Aus: Archäologische Ausgrabungen in Baden-Württemberg 1989, S. 38–44, Stuttgart 1990.

VENCL, Slavomil: Das Spätpaläolithikum in Böhmen. Anthropologie, S. 3–37, Brünn 1970.

Die »Ahrensburger Kultur«

BOKELMANN, Klaus: Eine Rentiergeweihharpune aus der Bondenau bei Bistoft, Kreis Schleswig-Flensburg. Offa, S. 5–15, Neumünster 1988.

CZIESLA, Erwin: Ahrensburger Jäger in Südwestdeutschland? Archäologisches Korrespondenzblatt (im Druck), Mainz 1990.

DÜRRE, Wilcken: Fundplätze der Ahrensburger Kultur im Kreise Soltau, Hildesheim 1971.

ELLMERS, Detlev: Ein Fellboot-Fragment der Ahrensburger Kultur aus Husum, Schleswig-Holstein. Offa, S. 19–24, Neumünster 1980.

GRAMSCH, Bernhard: Ahrensburger Kultur. Aus: HERRMANN, Joachim: Lexikon früher Kulturen, S. 28, Leipzig 1984.

GRAMSCH, Bernhard: Zeugnisse menschlicher Aktivitäten in Verbindung mit dem spätglazialzeitlichen Ur-Fund am Schlaatz bei Potsdam. Veröffentlichungen des Museums für Ur- und Frühgeschichte Potsdam, S. 47–51, Berlin 1987.

HENNEBÖLE, Eberhard: Die Vor- und Frühgeschichte des Warsteiner Raumes. Herausgegeben von der Stadt Warstein, Warstein 1963.

KEILING, Horst: Archäologische Funde vom Spätpaläolithikum bis zur vorrömischen Eisenzeit aus den mecklenburgischen Bezirken. Museum für Ur- und Frühgeschichte Schwerin, Museumskatalog 1, Schwerin 1982.

LÖHR, Hartwig: Einige kennzeichnende Werkzeuge der späten Altsteinzeit aus dem Trierer Land. Funde und Ausgrabungen im Bezirk Trier, S. 3–11, Trier 1987.

RUST, Alfred: Die Grabungen beim Hof Stellmoor. Offa, S. 5–22, Kiel 1936.

RUST, Alfred: Das altsteinzeitliche Rentierjägerlager Meiendorf, Neumünster 1937.

RUST, Alfred: Die alt- und mittelsteinzeitlichen Funde von Stellmoor, Neumünster 1943.

RUST, Alfred: Die jungpaläolithischen Zeltanlagen von Ahrensburg. Offa-Bücher, Neumünster 1958.

SCHWANTES, Gustav: Nordisches Paläolithikum und Mesolithikum. Festschrift zum 50jährigen Bestehen des Hamburgischen Museums für Völkerkunde, S. 159–252, Hamburg 1928.

Die Altsteinzeit in Österreich

BAYER, Josef: Der Mensch im Eiszeitalter, Leipzig 1927.

BRANDTNER, Friedrich: Stand der Paläolithforschung in Niederösterreich. Mannus, S. 45–58, Bonn 1990.

EBNER, Fritz: Die Höhlen der Steiermark. Schild von Steier, S. 31–50, Graz 1972.

FELGENHAUER, Fritz: Kleidung und Schmuck in der Urzeit. Mitteilungen der Österreichischen Arbeitsgemeinschaft für Ur- und Frühgeschichte XVIII, S. 4–20, Wien 1967.

FONTANA, Josef / HAIDER, Peter W. / LEITNER, Walter / MÜHLBERGER, Georg / PALME, Rudolf/PARTELI, Othmar/RIEDMANN, Josef: Geschichte des Landes Tirol, Bozen 1985.

FRANZ, Leonhard: Die Kultur der Urzeit Europas, Frankfurt 1969.

FRANZ, Leonhard/NEUMANN, Alfred R.: Lexikon ur- und frühgeschichtlicher Fundstätten Österreichs, Wien 1965.

HEINRICH, Wolfgang: Paläolithforschung in Österreich. Mitteilungen der Österreichischen Arbeitsgemeinschaft für Ur- und Frühgeschichte, S. 1–40, Wien 1974/75.

HOERNES, Moritz: Der diluviale Mensch in Europa. Die Kulturstufen der älteren Steinzeit, Braunschweig 1903.

LITSCHAUER, Gottfried: Allgemeine Bibliographie des Burgenlandes, Eisenstadt 1959.

MODRIJAN, Walter: Vorzeit an der Mur. Schild von Steier, Seite 3 bis 32, Graz 1974.

MURBAN, Karl/GRÄF, Walter: Die steirische Höhlenforschung und das Landesmuseum Joanneum. Schild von Steier, S. 51–59, Graz 1972.

Neugebauer, Johannes-Wolfgang/Simperl, Kurt: Als Europa erwachte. Österreich in der Urzeit, Salzburg 1979.

Pittioni, Richard: Urgeschichte. Allgemeine Urgeschichte und Urgeschichte Österreichs, Leipzig 1937.

Pittioni, Richard: Urgeschichte des österreichischen Raumes, Wien 1954.

Pittioni, Richard: Vom Faustkeil zum Eisenschwert. Eine kleine Einführung in die Urgeschichte Niederösterreichs, Horn 1964.

Pittioni, Richard: Geschichte Österreichs, Band I/2 –Urzeit von etwa 80000 bis 15. v. Chr. Anmerkungen und Exkurse, Wien 1980.

Reitinger, Josef: Ur- und Frühgeschichte in Österreich in den letzten 50 Jahren. Oberösterreichische Heimatblätter, S. 13–27, Linz 1985.

Schwammenhöfer, Hermann: Archäologische Denkmale, Waldviertel, Wien 1987.

Das Jungacheuléen

Groiss, Josef Th.: Faunenzusammensetzung, Ökologie und Altersdatierung der Fundstelle Hunas. Quartär-Bibliothek, Bonn 1985.

Mottl, Maria: Die Repolusthöhle bei Peggau (Steiermark) und ihre eiszeitlichen Bewohner. Archaeologia Austriaca, S. 1–9, Wien 1951.

Neugebauer, Johannes-Wolfgang: Österreichs Urzeit, Wien 1990.

Rabeder, Gernot: Modus und Geschwindigkeit der Höhlenbären-Evolution. Schriften des Vereines zur Verbreitung naturwissenschaftlicher Kenntnisse, S. 105–125, Wien 1889.

Das Moustérien

Brun, Ferdinand: Funde aus der Gudenushöhle. Mitteilungen der Anthropologischen Gesellschaft in Wien, S. 70, Wien 1884.

Cashofer, Clemens A.: Leopold (Ludwig) Hacker. Profeßbuch des Benediktinerstiftes Göttweig, St. Ottilien 1983.

Dopsch, Heinz/Spatzenegger, Hans: Geschichte Salzburgs. Band I, Vorgeschichte, Altertum, Mittelalter, Salzburg 1981.

Ehrenberg, Kurt: Othenio Abel's Lebensweg. Wien (Eigenverlag) 1975.

Franz, Leonhard: Vorgeschichtliches Leben in den Alpen, Wien 1929.

Hacker, Leopold: Die Gudenushöhle, eine Renthierstation im niederösterreichischen Kremsthale. Mitteilungen der Anthropologischen Gesellschaft in Wien, S. 145–153, Wien 1884.

Menghin, Oswald: Georg Kyrle (1887–1937). Wiener Prähistorische Zeitschrift, S. 100–112, Wien 1937.

Mottl, Maria: Das Lieglloch im Ennstal, eine Jagdstation des Eiszeitmenschen. Archaeologia Austriaca, S. 18–23, Wien 1950.

Mottl, Maria: Was ist nun eigentlich das »alpine Paläolithikum«? Quartär, S. 33–52, Bonn 1975.

Obermaier, Hugo/Breuil, Henri: Die Gudenushöhle in Österreich. Mitteilungen der Anthropologischen Gesellschaft in Wien, S. 277–294, Wien 1908.

Rabeder, Gernot/Gruber, Bernhard: Höhlenbär und Bärenjäger. Ausgrabungen in der Ramesch-Knochenhöhle im Toten Gebirge. Katalog zur Sonderausstellung, Linz o.J.

Zapfe, Helmuth: In memoriam Univ.-Prof. Dr. Kurt Ehrenberg (22. 11. 1896–6. 10. 1979). Annalen des Naturhistorischen Museums Wien, S. 127–129, Wien 1982.

Das Aurignacien

Bayer, Josef: Der Mammutjägerhalt der Aurignacienzeit bei Lang-Mannersdorf a. d. Perschling (Nied.-Öst.). Mannus, S. 76–81, Leipzig 1921.

Bayer, Josef: Zwei Aurignacienstationen in der Gegend von Gösing in Niederösterreich. Die Eiszeit, S. 112–115, Leipzig 1925.

Bayer, Josef: Die Olschewa-Kultur. Die Eiszeit, S. 85–100, Leipzig 1929.

Beninger, Eduard: Franz Kießling (1859–1940). Wiener Prähistorische Zeitschrift, S. 202–214, Wien 1940.

Hampl, Franz: Das Aurignacien aus Senftenberg im Kremstal. N.-Ö. Archaeologia Austriaca, S. 80–96, Wien 1950.

Heinrich, Wolfgang: Das Jungpaläolithikum in Niederösterreich, Salzburg 1973.

Heinrich, Wolfgang: Die eiszeitliche Jagdstation Horn-Raabser Straße. Höbarthmuseum und Museumsverein in Horn 1930–1980. Festschrift zur 50-Jahr-Feier, S. 45–72, Horn 1980.

Kiessling, Franz: Die Aurignacienstation im Gruebgraben bei Kammern in Niederösterreich. Mitteilungen der Anthropologischen Gesellschaft in Wien, S. 229–246, Wien 1919.

Kiessling, Franz/Obermaier, Hugo: Das Plateaulehm-Paläolithikum des nordöstlichen Waldviertels von Niederösterreich. Mitteilungen der Anthropologischen Gesellschaft in Wien, S. 1–32, Wien 1911.

Menghin, Osmund: Früh-Aurignacium-Funde aus Tirol – Zur Geschichte und geochronologischen Stellung der Tischoferhöhle. Beiträge zur Urgeschichte Tirols, S. 11–38, Innsbruck 1969.

Much, Matthäus: Über die Zeit des Mammuth im Allgemeinen und über einige Lagerplätze von Mammuthjägern im Besonderen. Mittheilungen der Anthropologischen Gesellschaft in Wien, Seite 18 bis 64, Wien 1882.

Neugebauer-Maresch, Christine: Zum Neufund einer weiblichen Statuette bei den Rettungsgrabungen an der Aurignacien-Station Stratzing/Krems-Rehberg, Niederösterreich. Germania, S. 551–559, Frankfurt am Main 1989.

Schlosser, Max: Die Bären- oder Tischoferhöhle im Kaisertal bei Kufstein, München 1909.

Schmidt, Hubert: Matthäus Much †. Prähistorische Zeitschrift, S. 430–423, Berlin 1909.

Strobl, Johann/Obermaier, Hugo: Die Aurignacienstation von Krems. Jahrbuch für Altertumskunde, S. 129–148, Wien 1910.

Weinfurter, Emil: Zwei neue Aurignacien-Fundstellen aus Niederösterreich. Archaeologia Austriaca, S. 97–113, Wien 1950

Das Gravettien

Antl-Weiser, Walpurga: Steinschläger-Werkstatt der Altsteinzeit. Aus: Stillfried an der March von der Eiszeit bis zur Gegenwart. Katalog des Niederösterreichischen Landesmuseums, S. 19–24, Horn o.J.

Antl-Weiser, Walpurga: Die Steinzeit in Stillfried (Altsteinzeit und Jungsteinzeit). Veröffentlichungen des Museums für Ur- und Frühgeschichte Stillfried, S. 87–91, Wien 1988.

Bachmayer, Friedrich/Kollmann, Heinz A./Schultz, Ortwin/Summesberger, Herbert: Eine Mammutfundstelle im Bereich der Ortschaft Ruppertsthal (Groß-Weikersdorf) bei Kirchberg am Wagram, NÖ. Annalen des Naturhistorischen Museums Wien, S. 265–282, Wien 1971.

Bayer, Josef: Eine Station des Eiszeitjägers im Mießlingtal bei Spitz a.d. Donau in Niederösterreich. Die Eiszeit, S. 91–94, Leipzig 1927.

Bayer, Josef: Das zeitliche und kulturelle Verhältnis zwischen den Kulturen des Schmalklingenkulturkreises während des Diluviums in Europa. Die Eiszeit, S. 9–23, Leipzig 1928.

Bayer, Josef: Die Venus II von Willendorf. Die Eiszeit, S. 48 bis 54, Leipzig 1930.

Ehgartner, Wilhelm / Jungwirth, Johann: Ur- und frühgeschichtliche menschliche Skelette aus Österreich. Beiträge Österreichs zur Erforschung der Vergangenheit und Kulturgeschichte der Menschheit, S. 185–204, Horn 1959.

Eppel, Franz: Die Herkunft der Venus I von Willendorf. Archaeologia Austriaca, S. 114–145, Wien 1950.

Felgenhauer, Fritz: Aggsbach, ein Fundplatz des späten Paläolithikums in Niederösterreich. Mitteilungen der Prähistorischen Kommission der österreichischen Akademie der Wissenschaften, Seite 157 bis 272, Wien 1944.

Felgenhauer, Fritz: Die Paläolithstation Spitz a. d. Donau, N.-Ö. Archaeologia Austriaca, S. 1–19, Wien 1952.

Felgenhauer, Fritz: Willendorf in der Wachau. Monographie der Paläolith-Fundstellen I–VII. Mitteilungen der Prähistorischen Kommission der Österreichischen Akademie der Wissenschaften, Wien 1956–1959.

Felgenhauer, Fritz: Das niederösterreichische Freilandpaläolithikum. Mitteilungen der Arbeitsgemeinschaft für Ur- und Frühgeschichte XII, S. 1–16, Wien 1962.

Felgenhauer, Fritz: Ein jungpaläolithisches Steinschlägeratelier aus Stillfried an der March, Niederösterreich. Zur Herstellung von Mikrogravettespitzen. Forschungen in Stillfried, S. 7–40, Wien 1980.

Felgenhauer, Fritz: Erforschung des Lebens- und Kulturraumes. Aus: Stillfried an der March von der Eiszeit bis zur Gegenwart. Ausgrabung in Stillfried. Katalog des Niederösterreichischen Landesmuseums, S. 7–14, Horn o.J.

Heinrich, Wolfgang: Paläolithische Funde von Stillfried an der March. Forschungen in Stillfried, Veröffentlichungen der Österreichischen Arbeitsgemeinschaft für Ur- und Frühgeschichte, S. 55–60, Wien 1974.

Jenny, Wilhelm A. von: Josef Bayer †. Prähistorische Zeitschrift, S. 291–292, Berlin 1931.

Jungwirth, Johann: Doz. Dr. Wilhelm Ehgartner †. Mitteilungen der Anthropologischen Gesellschaft in Wien, S. 1–4, Wien 1957.

Jungwirth, Johann/Strouhal, Evžen: Jungpaläolithische menschliche Skelettreste von Krems-Hundssteig in Niederösterreich. Festschrift Kurt Gerhard zum 60. Geburtstag, S. 100–113, Zürich 1972.

KROMER, Karl: J. Bayers »Willendorf II«-Grabung im Jahre 1915. Archaeologia Austriaca, Heft 5, S. 63–79, Wien 1950.

SZOMBATHY, Josef: Der menschliche Unterkiefer aus dem Mießlingtal bei Spitz, N.-Ö. Archaeologia Austriaca, S. 35–62, Wien 1950.

Das Magdalénien

HANITZSCH, Helmut / TOEPFER, Volker: Magdalénien. Aus: HERRMANN, Joachim: Lexikon früher Kulturen, S. 7, Leipzig 1984.

LANGER, Helmut: Die »Frauenlucken« bei Schmerbach, eine prähistorische Wohnhöhle. Zwettler Nachrichten, S. 51–53, Zwettl 1968.

PRIHODA, Ingo: Josef Höbarth, das Museum und der Museumsverein in Horn. Höbarthmuseum und Museumsverein in Horn 1930–1980. Festschrift zur 50-Jahr-Feier, S. 7–18, Horn 1980.

WICHMANN, Heinrich E./BAYER, Josef: Die »Frauenlucken« bei Schmerbach im oberen Kamptale, eine Höhlenstation des Magdalénien in Niederösterreich. Die Eiszeit, S. 65–67, Leipzig 1924.

Das Spätpaläolithikum

ADLER, Helmut/MENKE, Manfred: Das Abri von Unken an der Saalach ein spätpaläolithischer Fundplatz der Alpenregion. Germania, S. 1–23, Frankfurt 1978.

KAHLER, Franz: Der Griffener Schloßberg und seine Höhlen. Carinthia I. Geschichtliche und volkskundliche Beiträge zur Heimatkunde Kärntens, S. 366–377, Klagenfurt 1961.

MODRIJAN, Walter: Walter Schmid zum Gedenken! Schild von Steier, S. 5–8, Graz 1953.

MODRIJAN, Walter: Die Höhlen im Hausberg von Gratkorn. Schild von Steier, S. 5–11, Graz 1955.

MOOSLEITNER, Fritz: Martin Hell † (1885–1975). Mitteilungen der Anthropologischen Gesellschaft in Wien, S. 122–123, Wien 1975.

PITTIONI, Richard: Die Funde aus der Zigeunerhöhle im Hausberg von Gratkorn, Steiermark. Schild von Steier, S. 12–24, Graz 1955.

Die Altsteinzeit in der Schweiz

HANTKE, René: Eiszeitalter. Band 1. Die jüngste Erdgeschichte der Schweiz und ihrer Nachbargebiete. Klima, Flora, Fauna, Mensch. Alt- und Mittelpleistozän. Vogesen, Schwarzwald, Schwäbische Alb, Thun 1978.

MÜLLER-BECK, Hansjürgen: Das Altpaläolithikum. Aus: Ur- und frühgeschichtliche Archäologie der Schweiz, S. 89–106, Basel 1968.

OSTERWALDER, Christian/ANDRÉ, Robert: Fundort Schweiz, Band 1, Von den Eiszeitjägern zu den ersten Bauern, Solothurn 1981.

PRIMAS, Margarita: Zum Stand der Paläolithforschung in der Schweiz. Geographica Helvetia, S. 153–158, Zürich 1987.

TSCHUMI, Otto: Urgeschichte der Schweiz, Frauenfeld 1949.

TSCHUMI, Otto: Urgeschichte des Kantons Bern, Bern 1953.

VOGT, Emil: Das Altpaläolithikum. Aus: Die ältere und mittlere Steinzeit der Schweiz. Repertorium der Ur- und Frühgeschichte der Schweiz, S. 25–30, Basel o.J.

Das Jungacheuléen

AUJOURD'HUI, Rolf d': Ein altpaläolithischer Faustkeil aus Pratteln BL. Festschrift für Elisabeth Schmid zu ihrem 65. Geburtstag, S. 1–14, Basel 1977.

HANTKE, René: Erdgeschichtliche Gliederung des mittleren und jüngeren Eiszeitalters im zentralen Mittelland. Aus: Ur- und frühgeschichtliche Archäologie der Schweiz, S. 7–26, Basel 1968.

Das Micoquien

HANITZSCH, Helmut/TOEPFER, Volker: Micoquien. Aus: HERRMANN, Joachim: Lexikon früher Kulturen, S. 55. Leipzig 1984.

LE TENSORER, Jean-Marie: Die ersten Spuren von Menschen im Fricktal – neue Erkenntnisse. Vom Jura zum Schwarzwald, S. 172–176, Frick 1986.

WYSS, René: Ein Faustkeil aus Schlieren bei Zürich. Jahresbericht des Schweizerischen Landesmuseums Zürich, S. 22–25, Zürich 1982.

Das Moustérien

ANDRIST, David/ANDRIST, Albert/FLÜKIGER, Walter: Das Ranggiloch bei Boltingen im Simmental. Jahrbuch des Bernischen Historischen Museums in Bern, S. 74–79, Bern 1934.

ANDRIST, David/FLÜKIGER, Walter/ANDRIST, Albert: Das Simmental zur Steinzeit. Acta Bernesia, Bern 1964.

BÄCHLER, Emil: Das Alpine Paläolithikum der Schweiz, Basel 1940.

BÄCHLER, Heinz: Die ersten Bewohner der Schweiz, Bern 1947.

BANDI, Hans-Georg: David Andrist † (11.1.1960). Jahrbuch des Bernischen Historischen Museums, S. 512–513, Bern 1961.

BANDI, Hans-Georg: Dr. h. c. Walter Flükiger, Nachruf. Jahrbuch des Oberaargaus, S. 29–34, Langenthal 1974.

BAY, Roland: Der menschliche Oberkiefer aus der Grotte du Cotencher (Rochefort, Neuchâtel, Suisse). Archives suisses d'anthropologie générale, S. 57–101, Genf 1981.

HANITZSCH, Helmut/TOEPFER, Volker: Moustérien. Aus: HERRMANN, Joachim: Lexikon früher Kulturen, S. 72, Leipzig 1984.

HANTKE, René: Die Alpen im Eiszeitalter. Mitteilungen der Naturforschenden Gesellschaft Luzern, S. 77–98, Luzern 1987.

JAGHER-MUNDWILER, Erwin/JAGHER-MUNDWILER, Nelly: Die mittelpaläolithische Freilandstation Löwenburg im Berner Jura. Jahrbuch des Bernischen Historischen Museums, S. 7–33, Bern 1977.

KOBY, Frédéric-Édouard: Une incisive néandertalienne trouvée en Suisse. Verhandlungen der Naturforschenden Gesellschaft in Basel, S. 1–15, Basel 1956.

LAUR-BELART, Rudolf: Emil Bächler †. Ur-Schweiz, S. 1–2, Basel 1950.

LE TENSORER, Jean-Marie: Das Schweizerische (Alpine) Paläolithikum. Mitteilungen der Naturforschenden Gesellschaft Luzern, S. 193–207, Luzern 1987.

LUMLEY, Henry de: La Grotte de l'Hortus (Valflaunès, Hérault). Situation, description et historique des fouilles. Aus: La Grotte de l'Hortus. Études Quaternaires, S. 9–16, Marseille 1972.

SCHMID, Elisabeth: Höhlenforschung und Sedimentanalyse. Ein Beitrag zur Datierung des Alpinen Paläolithikums. Schriften des Instituts für Ur- und Frühgeschichte der Schweiz, Basel 1958.

SCHMID, Elisabeth: Neue Ausgrabungen im Wildkirchli (Ebenalp, Kt. Appenzell), 1958/59. Ur-Schweiz, S. 4–11, Basel 1961.

SCHMID, Elisabeth: Zum Besuch der Wildkirchlihöhlen. Mitteilungsblatt der Schweizerischen Gesellschaft für Ur- und Frühgeschichte, S. 2–12, Basel 1977.

Das Aurignacien

BANDI, Hans-Georg: Das Jungpaläolithikum. Aus: Die ältere und mittlere Steinzeit der Schweiz. Repertorium der Ur- und Frühgeschichte der Schweiz, S. 31–36, Basel o.J.

BANDI, Hans-Georg: Das Jungpaläolithikum. Aus: Ur- und frühgeschichtliche Archäologie der Schweiz, S. 107–122, Basel 1968.

HANTKE, René: Eiszeitalter. Band 2. Letzte Warmzeiten, Würm-Eiszeit, Eisabbau, Nacheiszeit der Alpen-Nordseite vom Rhein- zum Rhone-System, Thun 1980.

OBERMAIER, Hugo: Aurignacien. Aus: Der Mensch der Vorzeit, S. 178–192, Berlin, München, Wien o.J.

Das Gravettien

FILIP, Jan: Gravettien. Aus: Enzyklopädisches Handbuch zur Ur- und Frühgeschichte Europas, S. 433, Prag 1966.

HANTKE, René: Eiszeitalter. Band 3. Die jüngste Erdgeschichte der Schweiz und ihrer Nachbargebiete. Westliche Ostalpen mit ihrem bayerischen Vorland bis zum Inn-Durchbruch und Südalpen zwischen Dolomiten und Mont-Blanc, Thun 1983.

Das Magdalénien

BANDI, Hans-Georg: Die Schweiz zur Rentierzeit, Frauenfeld 1947.

BANDI, Hans-Georg: Untersuchung eines Felsschutzdaches bei Neumühle (Gemeinde Pleigne, Kt. Bern).' Jahrbuch des Bernischen Historischen Museums Bern, S. 95–113, Bern 1967/68.

BANDI, Hans-Georg: Das Kesslerloch, ein Siedlungsplatz späteiszeitlicher Rentierjäger der Magdalénien-Kultur. Aus: Die Kultur der Eiszeitjäger aus dem Kesslerloch, S. 9–14, Konstanz 1973.

BANDI, Hans-Georg/LÜDIN, Karl/MAMBER, Willi/SCHAUB, Samuel/SCHMID, Elisabeth/WELTEN, Max: Die Brügglihöhle an der Kohlholzhalde bei Nenzlingen (Kt. Bern), eine neue Fundstelle des Spätmagdalénien im untern Birstal. Jahrbuch des Bernischen Historischen Museums in Bern, S. 32–33, Bern 1953.

BANDI, Hans-Georg/MAMBER, Willy/SCHAUB, Samuel/SCHMID, Elisabeth/WELTEN, Max: Die Brügglihöhle an der Kohlholzhalde bei Nenzlingen (Kt. Bern), eine neue Fundstelle des Spätmagdalénien im unteren Birstal. Jahrbuch des Bernischen Historischen Museums, S. 45–76, Bern 1954.

BARR, James Hubert: Die Spätmagdalénien-Freilandstation Moosbühl. Jahrbuch des Bernischen Historischen Museums, S. 199–205, Bern 1972.

BARR, James Hubert: Die Rislisberghöhle, ein neuer Magdalénien-Fundplatz im Schweizer Jura. Archäologisches Korrespondenzblatt. S. 85–87, Mainz 1977.

BAY, Roland: Die Magdalénienstation am Hollenberg bei Arlesheim (Kanton Baselland). Tätigkeitsberichte der Naturforschenden Gesellschaft Baselland, S. 164–178, Liestal 1959.

BÜHLER, Rolf: Archäologie im Niederamt vor 70 Jahren. Zusammenfassungen einiger Fundbestände im Museum der Bally-Museumsstiftung Schönenwerd. Archäologie der Schweiz, S. 87–90, Basel 1981.

GERHARDT, Kurt: Zur Typologie des jungpaläolithischen Menschen am Hochrhein. Aus: Die Kultur der Eiszeitjäger aus dem Kesslerloch, S. 52–55, Konstanz 1977.

GLÜCKERT, Gunnar: Zur letzten Eiszeit im alpinen und nordeuropäischen Raum, Geographica Helvetica, S. 93–98, Zürich 1987.

GUYAN, Walter Ulrich: Erforschte Vergangenheit, Schaffhausen 1971.

HÄUSLER, Rudolf: Die Ausgrabungen beim Schweizersbild. Mannus, S. 246 bis 260, Würzburg 1914.

HEIERLI, Jakob: Das Kesslerloch bei Thayngen, Zürich 1907.

HÖNEISEN, Markus: Kesslerloch und Schweizersbild: zwei Rentierjäger-Stationen in der Nordschweiz. Archäologie der Schweiz, S. 28–33, Basel 1986.

JOOS, Marcel: Die Kernbohrungen von 1980 im Vorplatzbereich des Kesslerlochs (Tayngen SH). Archäologie der Schweiz, S. 46–50, Basel 1982.

LAUR-BELART, Rudolf: Theodor Schweizer †, 1893–1956. Ur-Schweiz, S. 2–5, Basel 1956.

LÜDIN, Carl: Die Silexartefakte aus dem Spätmagdalénien der Kohlerhöhle. Jahrbuch der Schweizerischen Gesellschaft für Ur- und Frühgeschichte, S. 33–42, Basel 1963.

NUESCH, Jakob: Das Schweizersbild, eine Niederlassung aus palaeolithischer und neolithischer Zeit, Zürich 1902.

ROUX, Jean: Paul Sarasin (1856–1929). Notizen zur schweizerischen Kulturgeschichte, S. 327–329, Zürich 1929.

SCHMID, Elisabeth: Die Umwelt der Jäger vom Kesslerloch. Aus: Die Kultur der Eiszeitjäger aus dem Kesslerloch, S. 56–62, Konstanz 1977.

SCHWAB, Hanni: Moosbühl. Rettungsgrabung 1960. Jahrbuch des Bernischen Historischen Museums, S. 189–204, Bern 1969 und 1970.

SCHWAB, Hanni: Gagat und Bernstein auf dem Rentierjägerhalt Moosbühl bei Moosseedorf (Kanton Bern). Jahrbuch des Bernischen Historischen Museums, S. 252–262, Bern 1983/84.

SEDLMEIER, Jürg: Die Hollenberg-Höhle 3. Eine Magdalénien-Fundstelle bei Arlesheim. Kanton Basel-Landschaft. Basler Beiträge zur Ur- und Frühgeschichte, Derendingen-Solothurn 1982.

SEDLMEIER, Jürg: Jungpaläolithischer Molusken-Schalen-Schmuck aus nordwestschweizerischen Fundstellen als Nachweis für Fernverbindungen. Archäologisches Korrespondenzblatt, S. 1–6, Mainz 1988.

SPYCHER, Hanspeter/SEDLMEIER, Jürg: Steinzeitfunde bei Erschwill im Schwarzbubenland. Helvetia archaeologica, S. 78–80, Zürich 1985.

WILSON, David: The Forgotten Collector: Augustus Wollaston Franks of the British Museum, London 1984.

ZOLLER, Heinrich: Zur Geschichte der Vegetation im Spätglazial und Holozän der Schweiz. Mitteilungen der Naturforschenden Gesellschaft Luzern, S. 123–149, Luzern 1987.

Das Spätpaläolithikum

EGLOFF, Michel: Die ersten Einwohner im Kanton Neuenburg. Archäologie der Schweiz, S. 28–32, Basel 1984.

GIGON, Raymond: La grotte préhistorique du Bichon (La Chaux-de-Fonds, Neuchâtel). Archives suisses d'Anthropologie générale, S. 97–111, Genf 1956.

HOERNES, Moritz: Asylien (Tourassien) und Arisien. Aus: Der diluviale Mensch in Europa, S. 76–85, Braunschweig 1903.

KLÍMA, Bohuslav: Azilien. Aus: FILIP, Jan: Enzyklopädisches Handbuch zur Ur- und Frühgeschichte Europas, S. 72–73, Prag 1966.

OBERMAIER, Hugo: Azilien. Aus: Der Mensch der Vorzeit, S. 213–222, Berlin, München, Wien o.J.

SAUTER, Marc-Rodolphe: Le squelette préhistorique de la grotte du Bichon (Côtes-du-Doubs, La Chaux-de-Fonds, Neuchâtel): caractères craniofaciaux. Archives des Sciences, S. 330–335, Genf 1956.

SCHNEIDER, Ruth: Pollenanalytische Untersuchungen zur Kenntnis der spät- und postglazialen Vegetationsgeschichte am Südrand der Alpen zwischen Turin und Varese (Italien). Botanische Jahrbücher, Systematik, S. 26–109, Stuttgart 1978.

DIE MITTELSTEINZEIT (Mesolithikum)

ASMUS, Gisela: Mesolithische Menschenfunde aus Mittel-, Nord- und Osteuropa. Fundamenta, Reihe B, S. 28–86, Köln 1973.

BANDI, Hans-Georg: Die Mittlere Steinzeit Europas. Aus: NARR, Karl J.: Handbuch der Urgeschichte. Erster Band. Ältere Mittlere Steinzeit. Jäger- und Sammlerkulturen, S. 321–348, Bern 1966.

BJØRN, Anathon: Studier over Fosnakulturen. Bergen museums Årbok, Bergen 1929.

BUROV, Grigorij Michajlovič: Der Bogen bei den mesolithischen Stämmen Nordeuropas. Veröffentlichungen des Museums für Ur- und Frühgeschichte Potsdam, S. 373–388, Berlin 1980.

COULONGES, Laurent: Les gisements préhistoriques de Sauveterre-la-Lémance (Lot-et-Garonne). Archives de l'Institut de Paléontologie Humaine, Paris 1928.

FILIP, Jan: Bjørn, Anathon. Aus: Enzyklopädisches Handbuch zur Ur- und Frühgeschichte Europas, S. 128, Prag 1966.

FILIP, Jan: Mesolithikum. Aus: Enzyklopädisches Handbuch zur Ur- und Frühgeschichte, S. 809/810, Prag 1969.

GARROD, Dorothy: The Natufian culture. The life and economy of mesolithic people in the Near East, London 1957.

HÄUSLER, Alexander: Die Grabsitten der mesolithischen und neolithischen Jäger- und Fischergruppen auf dem Gebiet der UdSSR. Wissenschaftliche Zeitschrift der Universität Halle, S. 1141–1206, Halle/Saale 1962.

KAHLKE, Hans Dietrich: Die Pflanzenwelt im quartären Eiszeitalter, S. 80–91, Köln 1981.

KLAUSEN, Arne Martin: Minnetale over Gutorm Gjessing. Det Norske Videnskap-Akademi i Oslo, Årbok 1980, S. 225–232, Oslo 1980.

KOZŁOWSKI, Stefan Karol: Pradzieje ziem polskich od IX do V tysiaclecia p.n.e., Warschau 1972.

KOZŁOWSKI, Stefan Karol: Cultural Differentiation of Europe from 10th to 5th Millenium B.C. University Press, Warschau 1975.

KURTH, Gottfried: Bevölkerungsbiologische Überlegungen zur Besiedlungsgeschichte Europas vom Mesolithikum bis zum Mittelalter. Studium Generale, S. 457–480, Berlin 1963.

MENDES CORREA, António Augusto Esteves: Questions du Mésolithique portugais. Comptes Rendus of The First International Congress of Prehistoric and Protohistoric Sciences, S. 1–2, London 1932.

PINTO, Rui Correa de Serpa: O Asturiense em Portugal. Trabajos da Sociedade Portuguêsa de Antropologia e Etnologia e do Centro des Estudos de Etnologia Peninsular. S. 5–44, Porto 1928.

SCHWARZBACH, Martin: Erloschene Vulkane Europas. Aus: Berühmte Stätten geologischer Forschung, S. 207–222, Stuttgart 1970.

STEINERT, Harald: Auf einer Schwanenschwinge in die Ewigkeit. Aus: Geschichten, die die Forschung schreibt. 1. Von Sauriern, Computern und anderem mehr, S. 34–37. Bonn-Bad Godesberg 1984.

ZOTZ, Lothar F.: Kulturgruppen des Tardenoisien in Mitteleuropa. Prähistorische Zeitschrift, S. 19–49, Berlin 1932.

Die Mittelsteinzeit in Deutschland

ARORA, Surendra K.: Mittelsteinzeit am Niederrhein. Kölner Jahrbuch für Vor- und Frühgeschichte, S. 191–211, Köln 1975–1977.

CZIESLA, Erwin: Überblick über das Schrifttum zur Alt- und Mittelsteinzeit Rheinhessens, der Pfalz und des Saarlandes (1840–1987). Mitteilungen des historischen Vereines der Pfalz, S. 5–35, Speyer 1987.

FIEDLER, Lutz: Das Mesolithikum. Aus: Jäger und Sammler der Frühzeit. Alt- und Mittelsteinzeit in Nordhessen. Herausgegeben von den Staatlichen Kunstsammlungen Kassel, S. 104–111, Kassel 1985.

FREUND, Gisela: Die ältere und die mittlere Steinzeit in Bayern. Jahresbericht der bayerischen Bodendenkmalpflege, S. 9–167, München 1963.

GEUPEL, Volkmar: Spätpaläolithikum und Mesolithikum im Süden der DDR, Berlin 1979.

GRAMSCH, Bernhard: Spätpaläolithikum und Frühmesolithikum im nördlichen Mitteleuropa. Veröffentlichungen des Museums für Ur- und Frühgeschichte Potsdam, S. 65–66, Berlin 1980.

SALMON, Philippe/MESNIL, D. Ault du/CAPITAN, Louis: Le Campignien, fouille d'un fond de cabane au Campigny, Com. de Blangy-sur-Bresle, Seineinfér. Revue d'Anthropologie, S. 365, Paris 1898.

ZOTZ, Lothar: Fragen des Mesolithikums in Südwestdeutschland. Forschungen und Fortschritte, S. 212–215, Berlin 1961.

Die Mittelsteinzeit in Baden-Württemberg

CZARNETZKI, Alfred: Die menschlichen Zähne aus dem Mesolithikum der Jägerhaus-Höhle und des Felsdaches Inzigkofen an der oberen Donau. Tübinger Monographien zur Urgeschichte, Seite 75–177, Tübingen 1978.

CZARNETZKI, Alfred: Die menschlichen Skelettreste aus der mesolithischen Kulturgeschichte der Falkensteinhöhle bei Thiergarten an der oberen Donau. Tübinger Monographien zur Urgeschichte, S. 169–174, Tübingen 1978.

HAHN, Joachim: Die frühe Mittelsteinzeit. Aus: MÜLLER-BECK, Hansjürgen: Urgeschichte in Baden-Württemberg, S. 363–392, Stuttgart 1983.

JOACHIM, Michael: Der mittelsteinzeitliche Fundplatz Henauhof Nordwest, Stadt Bad Buchau, Kreis Biberach. Archäologische Ausgrabungen in Baden-Württemberg 1985, S. 33–36, Stuttgart 1986.

KIND, Claus-Joachim: Die abschließende Grabungskampagne 1985 in Ulm-Eggingen, Stadtkreis Ulm. Archäologische Ausgrabungen in Baden-Württemberg 1985, S. 45–51, Stuttgart 1986.

KIND, Claus-Joachim: Die spätmesolithischen Uferrandplätze am Henauhof bei Bad Buchau am Federsee, Kreis Biberach. Aus: Archäologische Ausgrabungen in Baden-Württemberg 1989, S. 57–62, Stuttgart 1990.

KIND, Claus-Joachim/TORKE, Wolfgang G.: Vorbericht über die Grabungen 1975–1980 in dem Abri »Felsställe« in Mühlen bei Ehingen, Alb-Donau-Kreis. Archäologisches Korrespondenzblatt, S. 99–110, Mainz 1980.

MÜLLER-BECK, Hansjürgen: Die späte Mittelsteinzeit. Urgeschichte in Baden-Württemberg, S. 398–404, Stuttgart 1983.

PETERS, Eduard: Das Mesolithikum der oberen Donau. Germania, S. 81–89, Berlin 1934.

PROBST, Ernst: Fund im Donau-Raum: Neues über die Bestattungsriten in der Mittelsteinzeit. Die Angst unserer Urahnen vor dem Erscheinen von Wiedergängern. Die Welt, S. 20, Bonn, 9. September 1988.

SEEWALD, Christa: Postmesolithische Funde vom Hohlenstein im Lonetal (Markung Asselfingen, Kreis Ulm). Fundberichte von Schwaben, S. 342 bis 395, Stuttgart 1971.

VÖLZING, Otto: Die Grabungen 1937 am Hohlestein im Lonetal, Markung Asselfingen, Kr. Ulm. Mesolithische Kopfbestattung mit drei Schädeln. Neolithische Knochentrümmerstätte mit vorwiegend menschlichen Resten. Fundberichte aus Schwaben, S. 1–7, Stuttgart 1935–1938.

Die Mittelsteinzeit in Bayern

FORSTMEYER, Alfred: Das Paläohöhlensystem Euerwanger Bühl bei Greding. Bayerische Vorgeschichtsbücher, S. 9–23, München 1984.

GERHARDT, Kurt/NABER, Friedrich B.: Die mesolithische Doppelbestattung bei Altessing, Gem. Essing, Ldkr. Kelheim/Ndb. Bayerische Vorgeschichtsblätter, S. 1–30, München 1983.

GLOWATZKI, Georg/PROTSCH, Reiner: Das absolute Alter der Kopfbestattungen in der Großen Ofnet-Höhle bei Nördlingen in Bayern. Homo, S. 1–6, Göttingen 1973.

GRAF, Norbert: Erlenstegen-Tiefgraben, eine mesolithische Freilandstation am östlichen Stadtrand von Nürnberg. Aus: Beiträge zur Vorgeschichte Nordbayerns, Band 2/1988: Mesolithische Fundplätze in Nordbayern, S. 101–124, Nürnberg 1988.

GRAICHEN, Gisela: Das Kultplatzbuch. Ein Führer zu den alten Opferplätzen, Heiligtümern und Kultstätten in Deutschland, Hamburg 1988.

GUMPERT, Carl: Fränkisches Mesolithikum. Die steinzeitliche Besiedlung der fränkischen Rezat und oberen Altmühl im Tardenoisien. Mannus-Bibliothek, Leipzig 1927.

GUMPERT, Carl: Die Tardenoisienstation Hohlstein im Klumpertal. BA Pegnitz (Fränkische Schweiz). Germania, S. 1–3, Berlin 1928.

HORNUNG, Hermann: Konrad Hörmann †. Nachrichtenblatt für deutsche Vorzeit, S. 177/178, Leipzig 1933.

KAULICH, Brigitte: Das Paläolithikum des Kaufertsberges bei Lierheim (Gem. Appetshofen, Ldkr. Donau-Ries). Quartär, S. 29–98, Bonn 1983.

KAULICH, Brigitte/GRAF, Norbert/MÜHLDORFER, Bernd: Zeugnisse der Steinzeit aus Mittelfranken. Naturhistorische Gesellschaft Nürnberg, Nürnberg o.J.

KUNKEL, Otto/SCHREIBMÜLLER, Hermann: Carl Gumpert. Jahresbericht des historischen Vereins für Mittelfranken, S. 1–19, Würzburg 1955.

NABER, Friedrich: Die »Schräge Wand« im Bärental, eine altholozäne Abrifundstelle im nördlichen Frankenjura. Quartär, S. 289–313, Bonn 1968.

NABER, Friedrich B.: Ein mesolithisches Doppelgrab aus dem unteren Altmühltal (Landkreis Kelheim, Bayern). Archäologische Informationen, S. 67–70, Köln 1973/74.

RIEDER, Karl Heinz: Das Schuttertal als Lebensraum für den frühen Menschen. Nassenfels, Beiträge zur Natur- und Kulturgeschichte des mittleren Schuttertales, S. 85–106, Kipfenberg 1986.

RIEDER, Karl Heinz/TILLMANN, Andreas: Steinzeitliche Fundhorizonte in der Wasserburg Nassenfels, Ldkr. Eichstätt. Aus: Steinzeitliche Kulturen an Donau und Altmühl, Ingolstadt 1989.

SALLER, Karl: Die Ofnetfunde in neuerer Zusammensetzung. Zeitschrift für Morphologie und Anthropologie, S. 1–51, Stuttgart 1952.

SCHEIDT, Walter: Die eiszeitlichen Schädelfunde aus der Grossen Ofnet-Höhle und vom Kaufertsberg bei Nördlingen, München 1923.

SCHMIDT, Robert Rudolf: Die spätpaläolithischen Bestattungen der Ofnet. Mannus, S. 56–62, Leipzig 1909.

SCHMIDT, Robert Rudolf: Die altsteinzeitlichen Schädelgräber der Ofnet und der Bestattungsritus der Diluvialzeit, Stuttgart 1913.

SCHÖNWEISS, Werner: Mittelsteinzeit in Franken. Abhandlungen der Naturhistorischen Gesellschaft zu Nürnberg, Nürnberg 1967.

SCHÖNWEISS, Werner: Die Ausgrabungen von Sarching-Friesheim im Rahmen des nordbayerischen Mesolithikums. Aus: Beiträge zur Vorgeschichte Nordbayerns, Band 2/1988: Mesolithische Fundplätze in Nordbayern, S. 11–99, Nürnberg 1988.

SCHÖNWEISS, Werner/WERNER, Hansjürgen: Mesolithische Wohngrundrisse von Friesheim (Donau). Aus: 75 Jahre Anthropologische Staatssammlung München 1902–1977, S. 57–66, München 1977.

SCHRÖTER, Peter: Zum Schädel vom Kaufertsberg bei Lierheim (Gem. Appetshofen, Ldkr. Donau-Ries). Quartär, S. 99–109, Bonn 1983.

SCHULTE IM WALDE, Thomas/FREUNDLICH, Jürgen C./SCHWABEDISSEN, Hermann/TAUTE, Wolfgang: Köln Radiocarbon Dates III. Aus: Radiocarbon 28, S. 134–140, Köln 1986.

TILLMANN, Andreas: Das Mesolithikum im nördlichen Oberbayern. Aus: Steinzeitliche Kulturen an Donau und Altmühl, Ingolstadt 1989.

ZIEGELMAYER, Gerfried/SCHWARZFISCHER, Friedrich: Karl Saller, 1902–1969. Anthropologischer Anzeiger, S. 287/288, Stuttgart 1969.

Die Mittelsteinzeit im Saarland

KOLLING, Alfons: Robert Seyler, 20. Mai 1922–10. April 1987. Zeitschrift für die Geschichte der Saargegend, S. 13–14, Saarbrücken 1988.

SEYLER, Robert: Mittelsteinzeitliche Funde aus dem Saarland. 8.–9: Bericht der Staatlichen Denkmalpflege im Saarland 1961–1962, S. 26–46, Saarbrücken 1961/62.

Die Mittelsteinzeit in Rheinland-Pfalz

CZIESLA, Erwin: Bericht über die Grabungen 1980 und 1983 in der Weidental-Höhle bei Wilgartswiesen, Pfälzer Wald. Mitteilungen des Historischen Vereins der Pfalz, S. 5–57, Speyer 1985.

CZIESLA, Erwin: Zur Besiedlungsgeschichte des Weidentales bei Wilgartswiesen, Pfälzer Wald. Karst und Höhle, S. 141–147, München 1987.

CZIESLA, Erwin/TILLMANN, Andreas: Mesolithische Funde aus der Weidentalhöhle bei Wilgartswiesen, Gem. Hauenstein, Pfälzer Wald. Archäologisches Korrespondenzblatt, S. 211–214, Mainz 1980.

CZIESLA, Erwin/TILLMANN, Andreas: Erste Ergebnisse der Grabung im Weidental bei Wilgartswiesen, VG Hauenstein, Pfälzer Wald, S. 1–6, Speyer 1982.

CZIESLA, Erwin/TILLMANN, Andreas: Mesolithische Funde der Freilandfundstelle »Auf'm Benneberg« in Burgalben, Waldfischbach, Kreis Pirmasens. Mitteilungen des historischen Vereins der Pfalz, S. 69–110, Speyer 1984.

EHRHARDT, Sophie: Der Schädel des mesolithischen Grabes vom Limburgerhofer Gänsberg. Mitteilungen des historischen Vereins der Pfalz, S. 154–162, Speyer 1966.

GOB, André: L'occupation mésolithique de l'abri du Loschbour près de Reuland (G. D. de Luxembourg). Aus: GOB, André/SPIER, Fernand: Le Mésolithique entre Rhin et Meuse, S. 91–117, Luxemburg 1982.

HERDMENGER, Johannes E.: Erstmalige Entdeckung einer mittelsteinzeitlichen Siedlung auf pfälzischem Boden. Pfälzer Heimat, S. 3–6, Speyer 1952.

LÖHR, Hartwig: Zur mittleren Steinzeit im Trierer Land. Kurtrierisches Jahrbuch, S. 3–9, Trier 1980.

LÖHR, Hartwig: Aperçu préliminaire sur l'Épipaléolithique et le Mésolithique de la région de Trèves. Publication de la Société Préhistorique Luxembourgeoise, S. 303–320, Luxemburg 1982.

LÖHR, Hartwig: Zur mittleren Steinzeit im Trierer Land II. Funde und Ausgrabungen im Bezirk Trier. S. 3–18, Trier 1984.

STORCK, Walter: Mittelsteinzeitliche Siedlungsplätze bei Mutterstadt. Pfälzer Heimat, S. 81–86, Speyer 1956.

Die Mittelsteinzeit in Hessen

FIEDLER, Lutz: Der mesolithische Fundplatz Hombressen bei Hofgeismar. Jahrbuch '79 Landkreis Kassel, S. 39–43, Kassel 1980.

FIEDLER, Lutz: Alt- und Mittelsteinzeit in Niederhessen. Aus: Führer zu vor- und frühgeschichtlichen Denkmälern, Kassel – Hofgeismar – Fritzlar – Melsungen – Ziegenhain, S. 14–41, Mainz 1982.

KRÜGER, Herbert/TAUTE, Wolfgang: Eine mesolithische Schlagstätte auf dem »Feuersteinacker« in Stumpertenrod im oberhessischen Kreis Alsfeld. Fundberichte aus Hessen, S. 18–35, Wiesbaden 1964.

MERTENS, Robert: Der Hund aus dem Senckenberg-Moor, ein Begleiter des Ur's. Natur und Volk, S. 499–562, Frankfurt 1936.

QUEHL, Horst: Vor- und frühgeschichtliche Funde aus der Gemarkung Hattendorf, Stadt Alsfeld, Vogelsbergkreis. Fundberichte aus Hessen, S. 1–21, Wiesbaden 1985.

Die Mittelsteinzeit in Nordrhein-Westfalen

ARORA, Surendra K.: Ein verziertes Knochenstück vom mesolithischen Fundplatz Gustorf, Kr. Grevenbroich. Archäologisches Korrespondenzblatt, S. 279, Mainz 1974.

ARORA, Surendra K.: Ist es ein Vogelkopf? Der erste verzierte mittelsteinzeitliche Knochenfund im Rheinland? Rheinisches Landesmuseum, S. 17, Bonn 1975.

BRANDT, Karl: Mittelsteinzeitliche Fundstellen am Niederrhein. Bonner Jahrbücher, S. 5–26, Bonn 1950.

CAPELLE, Torsten: Bilder zur Ur- und Frühgeschichte des Sauerlandes, Brilon 1982.

DÖRRLAMM, Rolf: Der Zauberer, der verhindern sollte, daß der große Wald noch größer wurde. Allgemeine Zeitung, Mainz, Stadtnachrichten, S. 7, 11. Februar 1988.

STIEVE, Hermann: Hans Virchow zum Gedenken. Anatomischer Anzeiger, S. 297–349, Jena 1942.

STREET, Martin: Ein frühmesolithischer Hund und Hundeverbiß an Knochen vom Fundplatz Bedburg-Königshofen, Niederrhein. Archäologische Informationen, S. 203–215, Köln 1990.

Die Mittelsteinzeit in Niedersachsen

ADRIAN, Walther: Die Tardenoisienstation Darlaten-Moor bei Uchte in Hannover. Prähistorische Zeitschrift, S. 77–88, Berlin 1931.

ANDREE, Julius: Beiträge zur Kenntnis des norddeutschen Paläolithikums und Mesolithikums. Mannus-Bibliothek, Leipzig 1932.

ASMUS, Wolfgang Dietrich: Die altsteinzeitliche Siedlung von Dörgen, Kr. Meppen. Die Kunde, S. 130–132, Hannover 1936.

BARNER, Wilhelm: Frühmesolithische Fundplätze und Einzelfunde im Raume Alfeld (Leine). Göttinger Jahrbuch, S. 57–48, Göttingen 1966.

BREEST, Klaus: Fundstellen der mittleren Steinzeit an der Lucie, Ldkr. Lüchow-Dannenberg. Die Kunde, S. 59–83, Hannover 1985.

BREEST, Klaus: Ein spätmesolithischer Siedlungsplatz im Übergang zum Protoneolithikum bei Grabow, Ldkr. Lüchow-Dannenberg. Die Kunde, S. 49–58, Hannover 1987.

CLAUS, Martin: Dr. Walter Nowothnig †. Nachrichten aus Niedersachsens Urgeschichte, S. 374–380, Hannover 1971.

FABESCH, Udo: Die Steinartefakte vom Wedebruch. Ein mesolithischer Fundplatz am Nordharzrand, Gem. Langelsheim, Kreis Goslar. Neue Ausgrabungen und Forschungen in Niedersachsen, S. 1–60, Hildesheim 1966.

GROTE, Klaus: Das südniedersächsische Berglandmesolithikum. Neue Ausgrabungen und Forschungen in Niedersachsen, S. 76–160, Hildesheim 1976.

GROTE, Klaus: Die Buntsandsteinabris im südniedersächsischen Bergland bei Göttingen. Erfassung und Untersuchung ihrer ur- und frühgeschichtlichen Nutzung (1985–1987). Die Kunde, S. 1–43, Hannover 1988.

GROTE, Klaus: Die Felsdächer im Buntsandsteingebiet bei Göttingen. Aus: Führer zu archäologischen Denkmälern in Deutschland, Stadt und Landkreis Göttingen, S. 25–42, Stuttgart 1988.

GROTE, Klaus: Urgeschichtlich besiedelte Abris am Bettenroder Berg im Reinhäuser Wald. Aus: Führer zu archäologischen Denkmälern in Deutschland, Stadt und Landkreis Göttingen, S. 222–225, Stuttgart 1988.

GROTE, Klaus: Das Buntsandsteinabri Bettenroder Berg IX im Reinhäuser Wald bei Göttingen – Paläolithikum und Mesolithikum. Archäologisches Korrespondenzblatt, S. 137–147, Mainz 1990.

HAECKER, Hans-Joachim: Bericht über neue Funde auf dem mittelsteinzeitlichen Siedlungsplatz von Bredenbeck am Deister, Gemeinde Wennigsen (Deister), Ldkr. Hannover. Nachrichten aus Niedersachsens Urgeschichte, S. 259–264, Hildesheim 1978.

KITZ, Werner: Die Fundstelle 13 bei Coldinne, Ldkr. Aurich – ein mesolithisches Jägerlager. Archäologische Mitteilungen aus Nordwestdeutschland, S. 1–10, Oldenburg 1986.

KITZ, Werner: Die Steinzeit in Ostfriesland, Aurich 1988.

NOWOTHNIG, Walter: Der mittelsteinzeitliche Siedlungsplatz von Bredenbeck am Deister, Kreis Hannover. Neue Ausgrabungen und Forschungen in Niedersachsen, S. 1–19, Hildesheim 1966.

PIESKER, Hans: Ein mittelsteinzeitlicher Grundriß von Bockum, Kreis Lüneburg. Nachrichtenblatt für Deutsche Vorzeit, S. 47–51, Leipzig 1937.

REESE, Heinrich: Mittelsteinzeitliche Funde vom Elmer See, Kr. Stade-Bremervörde. Die Kunde, S. 162–165, Hannover 1957.

SCHAPER, Friedrich: Ein mesolithischer Werkstättenfund auf dem Katzenberge bei Didderse im Kreise Gifhorn. Nachrichten aus Niedersachsens Vorgeschichte, S. 42–49, Hildesheim 1929.

SCHINDLER, Reinhard: Die Entdeckung zweier jungsteinzeitlicher Wohnplätze unter dem Marschenschlick im Vorgelände der Boberger Dünen und ihre Bedeutung für die Steinzeitforschung Nordwestdeutschlands. Hammaburg, S. 1–17, Hamburg 1953.

SCHWABEDISSEN, Hermann: Die mittlere Steinzeit im westlichen Norddeutschland. Offa-Bücher, Neumünster 1944.

SCHWANOLD, Heinrich: Die mesolithische Siedlung an den Retlager Quellen. Mitteilungen aus der lippischen Geschichte und Landeskunde, S. 94–114, Detmold 1953.

SCHWARZ-MACKENSEN, Gesine: Jägerkulturen zwischen Harz und Aller. Oberflächenfunde der Älteren und Mittleren Steinzeit im Braunschweigischen, Hildesheim 1978.

SCHWARZ-MACKENSEN, Gesine: Mesolithikum und Frühneolithikum im mittleren Niedersachsen. Führer zu vor- und frühgeschichtlichen Denkmälern. Hannover – Nienburg, S. 45–58, Mainz 1981.

THIEME, Hartmut: Alt- und Mittelsteinzeit in Niedersachsen. Ausgrabungen in Niedersachsen. Archäologische Denkmalpflege 1979 bis 1984, S. 49–51, Stuttgart 1985.

THIEME, Hartmut: Mittelsteinzeitliche Fundstreuungen bei Westerrode am Nordharz, Landkreis Goslar. Ausgrabungen in Niedersachsen, S. 76–78, Hannover 1985.

TROMNAU, Gernot: Präborealzeitliche Fundplätze im norddeutschen Flachland. Veröffentlichungen des Museums für Ur- und Frühgeschichte Potsdam, S. 67–71, Berlin 1980.

ZEITZ, Bernhard: Paläolithische und mesolithische Funde aus dem Kreis Gifhorn, Hildesheim 1969.

Die Mittelsteinzeit in Thüringen, Sachsen-Anhalt, Sachsen und im südlichen Brandenburg

BACH, Adelheid/BRUCHHAUS, Horst: Das mesolithische Skelett von Unseburg, Kr. Staßfurt, Jahresschrift für mitteldeutsche Vorgeschichte, S. 21–36, Halle/Saale 1988.

BICKER, Friedrich-Karl: Ein schnurkeramisches Rötelgrab mit Mikrolithen und Schildkröte in Dürrenberg, Kr. Merseburg. Jahresschrift für die Vorgeschichte der sächsisch-thüringischen Länder, S. 59–81, Halle/Saale 1936.

ENGEL, Carl: Übersicht der mittelsteinzeitlichen Fundplätze im Mittelelbegebiet. Abhandlungen und Berichte aus dem Museum für Natur- und Heimatkunde und dem Naturwissenschaftlichen Verein in Magdeburg, S. 216–242, Magdeburg 1928.

FEUSTEL, Rudolf: Das Mesolithikum in Thüringen. Alt-Thüringen, S. 18–75, Weimar 1961.

GEUPEL, Volkmar: Zum Verhältnis Spätmesolithikum – Frühneolithikum im mittleren Elbe-Saale-Gebiet. Veröffentlichungen des Museums für Ur- und Frühgeschichte Potsdam, S. 105–112, Berlin 1980.

GEUPEL, Volkmar: Ein mesolithisches Grab vom Schafberg in Niederkaina bei Bautzen? Arbeits- und Forschungsberichte zur sächsischen Bodendenkmalpflege, S. 7–15, Berlin 1983.

GEUPEL, Volkmar/GRAMSCH, Bernhard: Spätpaläolithikum und Mesolithikum. Ausgrabungen und Funde, S. 32–40, Berlin 1976.

GRAMSCH, Bernhard: Das Mesolithikum im Flachland zwischen Elbe und Oder. Veröffentlichungen des Museums für Ur- und Frühgeschichte Potsdam, Berlin 1973.

GRAMSCH, Bernhard: Ein mesolithischer Wohnplatz mit Hüttengrundrissen bei Jühnsdorf, Kreis Zossen. Veröffentlichungen des Museums für Ur- und Frühgeschichte Potsdam, Berlin 1976.

GRIMM, Hans: Paläopathologische Befunde an Menschenresten des Paläolithikums und Mesolithikums in der DDR als Hinweise auf den Lebenslauf und die Krankheitsbelastung. Ausgrabungen und Funde, S. 53–56, Berlin 1986.

Hoffmann, Wilhelm/Töpfer, Volker: Eine mittelsteinzeitliche Siedlungsschicht in der Elbdüne bei Gerwisch, Kreis Burg. Jahresschrift für mitteldeutsche Vorgeschichte, S. 81–99, Halle/Saale 1963.

Hohmann, Karl: Mesolithische Gräber in Brandenburg? Prähistorische Zeitschrift, S. 31–33, Berlin 1926.

Reifferscheidt, Heinrich: Friedrich Lisch. Mecklenburgs Bahnbrecher deutscher Altertumskunde. Mecklenburgische Jahrbücher, S. 261–267, Schwerin 1935.

Schneider, Max: Mesolithische Gräber in Brandenburg? Prähistorische Zeitschrift, S. 16–31, Berlin 1926.

Teichert, Lothar/Teichert, Manfred: Zoologische Untersuchung der mesolithischen Knochenhacke von Kessin, Kr. Altentreptow. Ausgrabungen und Funde, S. 174–176, Berlin 1972.

Teichert, Manfred/Teichert, Lothar: Tierknochenfunde aus dem spätmesolithischen/frühneolithischen Rötelgrab bei Bad Dürrenberg, Kr. Merseburg. Schriften zur Ur- und Frühgeschichte, S. 521–525, Berlin 1977.

Toepfer, Volker: Die mesolithischen Geweihgeräte aus dem Elbetal bei Glindenberg-Magdeburg. Jahresschrift für mitteldeutsche Vorgeschichte, S. 15–28, Halle/Saale 1961.

Toepfer, Volker: Eine eigenartige mittelsteinzeitliche Knochenspeerspitze aus Osterburg (Altmark). Ausgrabungen und Funde, S. 4–7, Berlin 1967.

Vlček, Emanuel: Die Mesolithiker aus Bottendorf, Kreis Artern. Forschungen und Fortschritte, S. 17–19, Berlin 1967.

Vlček, Emanuel: Die Anthropologie der mittelsteinzeitlichen Gräber von Bottendorf, Kreis Artern. Jahresschrift für mitteldeutsche Vorgeschichte, S. 53–64, Halle/Saale 1967.

Vlček, Emanuel: Die Überreste des mesolithischen Kindes von Bottendorf, Kreis Artern. Jahresschrift für mitteldeutsche Vorgeschichte, S. 241–247, Halle/Saale 1969.

Weber, Thomas: Ein mesolithisches Grab von Unseburg, Kr. Staßfurt. Jahresschrift für mitteldeutsche Vorgeschichte, S. 7–19, Halle/Saale 1988.

Wechler, Klaus-Peter: Steinzeitliche Rötelgräber von Schöpsdorf, Kr. Hoyerswerda. Veröffentlichungen des Museums für Ur- und Frühgeschichte Potsdam, S. 41–54, Berlin 1989.

Die Mittelsteinzeit in Schleswig-Holstein, Mecklenburg und im nördlichen Brandenburg

Almgren, Oscar: Georg Sarauw †. Vorgeschichtliches Jahrbuch, S. 578–580, Berlin und Leipzig 1930.

Bokelmann, Klaus: Duvensee, ein Wohnplatz des Mesolithikums in Schleswig-Holstein und die Duvensee-Gruppe. Offa, S. 5–26, Neumünster 1971.

Bokelmann, Klaus: Eine neue borealzeitliche Fundstelle in Schleswig-Holstein. Kölner Jahrbuch für Vor- und Frühgeschichte, S. 181–188, Berlin 1981.

Bokelmann, Klaus: Rast unter Bäumen. Ein ephemerer mesolithischer Lagerplatz auf dem Duvenseer Moor. Offa, Festschrift für Albert Bantelmann zum 75. Geburtstag, S. 149–163, Neumünster 1986.

Bokelmann, Klaus/Averdieck, Fritz Rudolf/Willkomm, Horst: Duvensee, Wohnplatz 8. Neue Aspekte zur Sammelwirtschaft im frühen Mesolithikum. Offa, Festschrift für Karl Wilhelm Struve, S. 21–40, Neumünster 1981.

Brauer, Gisela: Wolfgang Sonder. Aus: 750 Jahre Stadt Bad Oldesloe, Bad Oldesloe 1988.

Gramsch, Bernhard: Eine mesolithische Knochenhacke aus der Tollense bei Kessin, Kr. Altentreptow. Ausgrabungen und Funde, S. 180–184, Berlin 1971.

Gramsch, Bernhard: Ausgrabungen auf spätmesolithischen Siedlungsplätzen der Insel Rügen. Ausgrabungen und Funde, S. 40–42, Berlin 1976.

Gramsch, Bernhard: Der mesolithisch-neolithische Moorfundplatz bei Friesack, Kr. Nauen. Ausgrabungen und Funde, S. 65–72, Berlin 1981.

Gramsch, Bernhard: Maglemose-Kultur. Aus: Herrmann, Joachim: Lexikon früher Kulturen, S. 8, Leipzig 1984.

Gramsch, Bernhard: Der mesolithisch-neolithische Moorfundplatz bei Friesack, Kreis Nauen. Ausgrabungen und Funde, S. 57–67, Berlin 1985.

Keiling, Horst: Steinzeitliche Jäger und Sammler in Mecklenburg. Museum für Ur- und Frühgeschichte Schwerin, Museumskatalog 4, Schwerin 1985.

Keiling, Horst: Baggerfunde von einem ältermesolithischen Rastplatz im Trebeltal bei Tribsees, Kreis Stralsund. Bodendenkmalpflege in Mecklenburg, S. 29–46, Berlin 1988.

Keiling, Horst: Nekrolog – Ewald Schuldt 1914–1987. Gesellschaft für Heimatgeschichte im Kulturbund der DDR Bezirksvorstand Schwerin, Informationen des Bezirksarbeitskreises für Ur- und Frühgeschichte Schwerin, S. 80–92, Schwerin 1988.

Lehmkuhl, Ursula: Zur Kenntnis der Fauna vom mesolithischen Fundplatz Tribsees, Kreis Stralsund. Bodendenkmalpflege in Mecklenburg, Jahrbuch 1987, S. 47–82, Berlin 1988.

Lisch, Georg Christian Friedrich: Begräbnis von Plau. Jahrbücher und Jahresbericht des Vereins für mecklenburgische Geschichte und Altertumskunde, S. 400/401, Schwerin 1847.

Sarauw, Georg F.L.: Maglemose. Ein steinzeitlicher Wohnplatz im Moor bei Mullerup auf Seeland, verglichen mit verwandten Funden. Prähistorische Zeitschrift, S. 52–104, Leipzig 1911.

Sarauw, Georg F.L.: Vorkommen, Untersuchung und Gliederung des Frühneolithikums. Beiheft zum Korrespondenzblatt der Deutschen Gesellschaft für Anthropologie, Ethnologie und Urgeschichte, S. 5–8, Göttingen 1912.

Schneider, Max: Die Urkeramiker. Entstehung eines mesolithischen Volkes und seiner Kultur, Leipzig 1932.

Schuldt, Ewald: Ein mittelsteinzeitlicher Siedlungsplatz bei Hohen Viecheln, Kreis Wismar. Bodendenkmalpflege in Mecklenburg, Jahrbuch 1953, S. 9–25, Berlin 1954.

Schuldt, Ewald: Der mittelsteinzeitliche Wohnplatz von Flessenow, Kreis Schwerin. Bodendenkmalpflege in Mecklenburg, Jahrbuch 1959, S. 7–34, Berlin 1961.

Schuldt, Ewald: Der mittelsteinzeitliche Fundplatz von Hohen Viecheln, Kr. Wismar. Ausgrabungen und Funde, S. 117–122, Berlin 1966.

Schwabedissen, Hermann: Untersuchung mesolithisch-neolithischer Moorsiedlungen in Schleswig-Holstein. Aus: Neue Ausgrabungen in Deutschland, S. 26–42, Berlin 1958.

Schwabedissen, Hermann: Vom Jäger zum Bauern der Steinzeit in Schleswig-Holstein. Archäologisches Landesmuseum der Christian-Albrechts-Universität, Wegweiser durch die Sammlung, Neumünster 1987.

Schwantes, Gustav: Der frühneolithische Wohnplatz von Duvensee. Prähistorische Zeitschrift, S. 173–177, Berlin 1925.

Sonder, Wolfgang: Prähistorische Siedlungen an den Oldesloer Salzquellen. Mitteilungen der Geographischen Gesellschaft und des Naturhistorischen Museums in Lübeck, Lübeck 1926.

Die Mittelsteinzeit in Österreich

Antl-Weiser, Walpurga: Das Fundmaterial von Horn-Galgenberg und seine Stellung am Übergang vom Paläolithikum zum Mesolithikum. Dissertation, Wien 1986.

Gramsch, Bernhard: Mesolithikum. Aus: Herrmann, Joachim: Lexikon früher Kulturen, S. 49–51, Leipzig 1984.

Kozłowski, Stefan Karol: Bemerkungen zum Mesolithikum in der Tschechoslowakei und in Österreich. Veröffentlichungen des Museums für Ur- und Frühgeschichte Potsdam, S. 301–308, Berlin 1981.

Taute, Wolfgang: Neolithische Mikrolithen und andere neolithische Silexartefakte aus Süddeutschland und Österreich. Archäologische Informationen, S. 71–125, Köln 1973/74.

Die letzten Jäger und Sammler vor der Einwanderung der ersten Bauern in Österreich

Berg, Friedrich/Gulder, Alois: Vorläufiger Bericht über eine neue niederösterreichische Mesolithstation aus Kamegg im Kamptal. Archaeologia Austriaca, S. 49–62, Wien 1956.

Gulder, Alois: Beiträge zur Kenntnis des niederösterreichischen Mesolithikums. Archaeologia Austriaca, S. 5–52, Wien 1953.

Prihoda, Ingo: Karl Docekal verstorben. Das Waldviertel, S. 126, Horn 1979.

Reiter, Leo: Ein steinzeitlicher Fundplatz in Roith. Mitteilungen des Ischler Heimatvereins, S. 10–11, Bad Ischl 1953.

Strouhal, Robert: Ein vorneolithischer Siedlungsplatz in Bad Ischl. Oberösterreichische Heimatblätter, S. 569–576, Linz 1952.

Vonbank, Elmar: Zum Stand der Vorgeschichtsforschung in Vorarlberg. Jahrbuch des Vorarlberger Landesmuseumsvereins, S. 234–244, Bregenz 1959/60.

Die Mittelsteinzeit in der Schweiz

Wyss, René: Zur Erforschung des Schweizerischen Mesolithikums. Zeitschrift für Schweizerische Archäologie und Kunstgeschichte, S. 55–69, Zürich 1960.

Wyss, René: Das Mesolithikum. Aus: Ur- und frühgeschichtliche Archäologie der Schweiz, S. 123–144, Basel 1968.

WYSS, René: Zum Problemkreis des schweizerischen Mesolithikums. The Mesolithic in Europe, S. 615–627, Warschau 1973.

WYSS, René: Das Mesolithikum. Aus: Die ältere und mittlere Steinzeit der Schweiz. Repertorium der Ur- und Frühgeschichte der Schweiz, S. 37–43, Basel o.J.

ZOLLER, Heinrich: Pollenanalytische Untersuchungen zur Vegetationsgeschichte der insubrischen Schweiz. Denkschrift der Schweizerischen Naturforschenden Gesellschaft, S. 46–156, Zürich 1960.

Das Frühmesolithikum in der Schweiz

BANDI, Hans-Georg: Birsmatten-Basisgrotte. Eine mittelsteinzeitliche Fundstelle im unteren Birstal. Acta Bernesia, Bern 1963.

CROTTI, Pierre/PIGNAT, Gervaise: Der mesolithische Abri (Felsnische) von Vionnaz. Aus: GALLAY, Alain/KAENEL, Gilbert/WIBLE, François: Das Wallis vor der Geschichte, S. 168–175, Sitten 1986.

GAILLARD, Marie-Joseph: Étude palynologique de l'Évolution tardi- et postglaciaire de la végétation du Moyen-Pays Romand (Suisse). Dissertationes Botanicae, Vaduz 1984.

HOFMANN-WYSS, Anna Barbara: Liesbergmühle VI. Eine mittelsteinzeitliche Abri-Station im Birstal. Schriften des Seminars für Urgeschichte der Universität Bern, Bern 1978.

LÜDIN, Carl: Mesolithische Siedlungen im Birstal. Jahrbuch der Schweizerischen Gesellschaft für Urgeschichte, S. 11–27, Bern 1960/61.

REVERDIN, Louis: Eine mesolithische Siedlung bei Liesbergmühle (Kt. Bern). Zeitschrift für Schweizerische Archäologie und Kunstgeschichte, S. 1–13, Basel 1957.

SARASIN, Fritz: Die steinzeitlichen Stationen des Birstales zwischen Basel und Delsberg, Basel 1918.

SCHMID, Elisabeth: Nachruf. Carl Lüdin 1900–1986. Jahrbuch der Schweizerischen Gesellschaft für Ur- und Frühgeschichte, S. 311, Frauenfeld 1986.

WELTEN, Max: Vegetationsgeschichtliche Untersuchungen in den westlichen Schweizer Alpen: Bern – Wallis. Denkschriften der Schweizerischen Naturforschenden Gesellschaft, Basel 1982.

WYSS, René: Mesolithische Harpunen in Mitteleuropa. Helvetia Antiqua. Festschrift Emil Vogt, S. 9–20, Zürich 1966.

ZOLLER, Heinrich/SCHINDLER, Conrad/RÖTHLISBERGER, Hans: Postglaziale Gletscherstände und Klimaschwankungen im Gotthardmassiv und Vorderrheingebiet. Verhandlungen der Naturforschenden Gesellschaft, S. 97–164, Basel 1966.

Das Spätmesolithikum in der Schweiz

BODMER-GESSNER, Verena: Provisorische Mitteilungen über die Ausgrabung einer mesolithischen Siedlung in Schötz (»Fischerhäusern«), Wauwilermoos, Kt. Luzern, durch H. Reinerth im Jahre 1933. Jahrbuch der Schweizerischen Gesellschaft für Urgeschichte, S. 108–126, Frauenfeld 1949/50.

SEDLMEIER, Jürg: Der Abri Tschäpperfels. Eine mesolithische Fundstelle im Lützeltal. Jahrbuch des Bernischen Historischen Museums, S. 117–141, Bern 1967/68.

WEGMÜLLER, Samuel: Über die spät- und postglaziale Vegetationsgeschichte des südwestlichen Jura, Bern 1966.

WYSS, René: Das mittelsteinzeitliche Hirschjägerlager von Schötz 7 im Wauwilermoos. Archaeologische Forschungen, Zürich 1979.

WYSS, René: Mesolithische Traditionen in neolithischem Kulturgut der Schweiz. Veröffentlichungen des Museums für Ur- und Frühgeschichte Potsdam, S. 91–104, Berlin 1980.

DIE JUNGSTEINZEIT (Neolithikum)

ANGELI, Wilhelm: Zum Kulturbegriff in der Urgeschichtswissenschaft. Archaeologia Austriaca. Festschrift für Richard Pittioni zum siebzigsten Geburtstag. I Urgeschichte, S. 5–6, Wien 1976.

ARNAL, Jean-Paul-Louis: A propos de la »néolithisation« de l'Europe occidentale. Zephyrus, S. 23–27, Salamanca 1950.

BAILLOUD, Gérard: La civilisation de Seine-Oise-Marne. Aus: Le Nàéolithique dans le Bassin Parisien. II⁵ supplément à »Gallia Préhistoire«, S. 139–340, Paris 1964.

BANNER, János: Die Ethnologie der Körös-Kultur. Dolgozatok, S. 31–49, Szeged 1937.

BEHRENS, Hermann: Die neolithisch-frühmetallzeitlichen Tierskelettfunde der Alten Welt, Berlin 1964.

BERNABO BREA, Luigi: Gli scavi nella caverna delle Arer e Candide, Bordighera 1946.

BOSCH-GIMPERA, Pere/SERRA-RÀFOLS, Joseph de C.: Études sur le Néolithique et l'Enéolithique en France. Revue anthropologique, S. 318–345, Paris 1926.

BREUNIG, Peter: ¹⁴C-Chronologie des vorderasiatischen, südost- und mitteleuropäischen Neolithikums. Fundamenta, Köln, Wien 1987.

CHILDE, Vere Gordon: The continental affinities of British neolithic pottery. Archaeological Journal, S. 37–66, London 1931/32.

CHILDE, Vere Gordon: Stufen der Kultur. Von der Urzeit zur Antike, Stuttgart 1952.

DAHLHEIM, Werner/ENDRES, Rudolf/NARR, Karl J./POPP, Harald/WERNER, Robert: Zeiten und Menschen. Politik, Gesellschaft, Wirtschaft von der Urgeschichte bis 800 n.Chr., Paderborn 1987.

DRÖSSLER, Rudolf: Kulturen aus der Vogelschau. Archäologie im Luftbild, Leipzig 1987.

EGGEBRECHT, Arne: Das Alte Ägypten, München 1984.

FILIP, Jan: Jungsteinzeit. Aus: Enzyklopädisches Handbuch zur Ur- und Frühgeschichte Europas, S. 562/563, Prag 1966.

FISCHER, Ulrich: Gedanken zur Benennung der urgeschichtlichen Perioden. Fundberichte aus Hessen, S. 1–8, Wiesbaden 1975.

GEBEL, Hans Georg: Das Akeramische Neolithikum Vorderasiens. Beihefte zum Tübinger Atlas des Vorderen Orients, Wiesbaden 1984.

GEORGIEV, Georgi Iliev: Kulturgruppen der Jungstein- und Kupferzeit in der Ebene von Thrazien (Südbulgarien). L'Europe à la fin de l'âge de la pierre, S. 45–100, Prag 1961.

GIMBUTAS, Marija: The Prehistory of Eastern Europe. Part I. Mesolithic, Neolithic and Copper Age Cultures in Russia and the Baltic Area. American School of Prehistoric Research Peabody Museum Harvard University, Cambridge 1956.

GRBIĆ, Miodrag: Bemalte Keramik aus Starčevo. Księga Pamiątkowa W. Demetrý-Kiewiecza, S. 11–112, Posen 1930.

GRBIĆ, Miodrag: Preistoriko doba Vojvodine. Vojvodina I (Sammelband), S. 47, Novi Sad 1939.

HACHMANN, Rolf: Studien zum Kulturbegriff in der Vor- und Frühgeschichtsforschung, Bonn 1987.

HANČAR, Franz: Urgeschichte Kaukasiens, Wien 1937.

HÄUSLER, Alexander: Die Gräber der älteren Ockergrabkultur zwischen Dnepr und Karpathen, Berlin 1976.

HÄUSLER, Alexander: Rad und Wagen zwischen Europa und Asien. Aus: TREUE, Wilhelm: Achse, Rad und Wagen. S. 139–152, Göttingen 1986.

HAYEN, Hajo: Der Wagen in europäischer Frühzeit. Aus: TREUE, Wilhelm: Achse, Rad und Wagen, S. 109–158, Göttingen 1986.

HILLEBRAND, Jenö: Das frühkupferzeitliche Gräberfeld von Pusztaistvánháza. Archaeologia Hungarica, Budapest 1929.

HÖCKMANN, Olaf: Die menschengestaltige Figuralplastik der südosteuropäischen Jungsteinzeit und Steinkupferzeit, Hildesheim 1968.

HÖCKMANN, Olaf: Antike Seefahrt, München 1985.

HOOPS, Johannes: Reallexikon der Germanischen Altertumskunde, Berlin 1978.

JANKUHN, Herbert: Deutsche Agrargeschichte. Band I. Vor- und Frühgeschichte vom Neolithikum bis zur Völkerwanderungszeit, Stuttgart 1969.

KIMMIG, Wolfgang: Feuchtbodensiedlungen in Mitteleuropa. Archäologisches Korrespondenzblatt, S. 1–14, Mainz 1981.

KLUGE-PINSKER, Antje: Katalog der Abteilung III. Urgeschichte bis Römerzeit. Museum der Stadt Rüsselsheim, Rüsselsheim 1987.

KÜHN, Herbert: V. Gordon Childe. Jahrbuch für Prähistorische und Ethnologische Kunst, S. 100, Berlin 1959.

KÜHN, Herbert: Vorgeschichte der Menschheit. Neusteinzeit, Köln 1963.

LAVIOSA-ZAMBOTTI, Pia: Sulla costituzione dell'eneolitico italiano e le relazioni eneolitiche intermediterranee. Studi Etruschi, S. 11-85, Florenz 1939.

LÜNING, Jens: Zum Kulturbegriff im Neolithikum. Prähistorische Zeitschrift, S. 145–173, Berlin 1972.

MELLAART, James: Çatal Hüyük – Stadt der Jungsteinzeit. Bild der Wissenschaft, S. 134–145, Stuttgart 1969.

MÜLLER, Johannes: Ein Vergleich von Radiokarbon-Daten west- und nordeuropäischer Megalithgräber. Archäologisches Korrespondenzblatt, S. 71–76, Mainz 1987.

MÜLLER, Johannes: Arbeitsleistung und gesellschaftliche Leistung bei Megalithgräbern: Das Fallbeispiel Orkney. Acta Praehistorica et Archaeologica. Im Druck. Berlin 1990.

MÜLLER-KARPE, Hermann: Handbuch der Vorgeschichte. 2. Jungsteinzeit, München 1968.

NAGEL, Wolfram: Die Entwicklung des Wagens im frühen Vorderasien. Aus: TREUE, Wilhelm: Achse, Rad und Wagen, Seite 9 bis 34, Göttingen 1986.

NARR, Karl J.: Handbuch der Urgeschichte. Jüngere Steinzeit und Steinkupferzeit. Frühe Bodenbau- und Viehzuchtkulturen, Bern 1975.

NARR, Karl J.: Älteste stadtartige Anlagen. Aus: Die Stadt. Gestalt und Wandel bis zum industriellen Zeitalter, Köln 1985.

NESTOR, Ion: Probleme noi în legătură cu neoliticul din R. P. Română. Studii şi Cercetări de Istorie Veche, S. 210, Bukarest 1950.

PAULSEN, Harm: Schußversuche mit einem Nachbau des Bogens von Koldingen, Ldkr. Hannover. Experimentelle Archäologie in Deutschland. Archäologische Mitteilungen aus Nordwestdeutschland, Beiheft, S. 298–305, Oldenburg 1990.

POLLMANN, Bernhard: Daten der Geschichte, Düsseldorf 1983.

PROBST, Ernst: Frauen für den Erntegott. Neue Erkenntnisse über die Opfer der Steinzeitbauern. Allgemeine Zeitung, Mainz, S. 22, 26. April 1990.

RAETZEL-FABIAN, Dirk: Göttinger Typentafeln zur Ur- und Frühgeschichte Mitteleuropas. Band Neolithikum, Göttingen 1985.

REINERTH, Hans: Chronologie der jüngeren Steinzeit in Süddeutschland, Augsburg o. J.

SCHLETTE, Friedrich: Die ältesten Haus- und Siedlungsformen des Menschen. Ethnographisch-archäologische Forschungen, Berlin 1958.

SCHMALZRIEDT, Egidius: Der historische Hintergrund der griechischen Mythen. Aus: LESSING, Erich: Die griechischen Sagen, S. 11–59, München 1982.

SIELMANN, Burchard: Die frühneolithische Besiedlung Mitteleuropas. Fundamenta, Reihe A, S. 1–65, Köln 1972.

TOMPA, Ferenc von: Die Bandkeramik in Ungarn. Die Bükker- und die Theiss-Kultur. Archaeologia Hungarica, Budapest 1929.

TOMPA, Ferenc von: 25 Jahre Urgeschichtsforschung in Ungarn. Berichte der Römisch-Germanischen Kommission, S. 27–127, Berlin 1934/35.

UERPMANN, Hans-Peter: Die Anfänge von Tierhaltung und Pflanzenbau. Aus: MÜLLER-BECK, Hansjürgen: Urgeschichte in Baden-Württemberg, S. 405 bis 428, Stuttgart 1983.

WEINER, Jürgen: Jagdwaffen aus der Jungsteinzeit. Das Rheinische Landesmuseum Bonn, S. 81–86, Bonn 1986.

WILDE, William Robert: A description catalogue of the antiquities of animal materials and bronze in the Museum of the Royal Irish Academy, S. 355, Dublin 1861.

ZYLMANN, Detert: Als Glas noch so wertvoll wie Gold war. Ein Werkstoff, den schon die alten Ägypter schätzten. Allgemeine Zeitung, Mainz, Wochenend-Journal, 14. Januar 1989.

ZYLMANN, Detert: Steine, die unsere Phantasie erregen. Die Menhire in Rheinhessen geben heute noch Rätsel auf. Allgemeine Zeitung, Mainz, Wochenend-Journal, 6. Oktober 1990.

Die Jungsteinzeit in Deutschland

ABELS, Björn-Uwe: Archäologischer Führer Oberfranken. Führer zu archäologischen Denkmälern in Bayern. Franken 2, Stuttgart 1986.

BEHRENS, Hermann: Die Jungsteinzeit im Mittelelbe-Saale-Gebiet, Berlin 1973.

BEHRENS, Hermann: Die Anfänge des Neolithikums in Mitteleuropa. Aus: Frühe Bauernkulturen in Niedersachsen, S. 17–21, Oldenburg 1983.

FANSA, Mamoun: Die Jungsteinzeit in Niedersachsen. Ausgrabungen in Niedersachsen. Archäologische Denkmalpflege 1979 bis 1984, S. 85–86, Stuttgart 1985.

GÖTZE, Alfred: Über die Gliederung und Chronologie der jüngeren Steinzeit. Zeitschrift für Ethnologie, S. 259–278, Berlin 1900.

KAUFMANN, Dieter/NITSCHKE, Waldemar: Eine Siedlungsgrube des Spätlengyel-Horizontes von Gröna, Kreis Bernburg. Jahresschrift für mitteldeutsche Vorgeschichte, S. 9–20, Halle/Saale 1975.

KRAFT, Georg: Der Heidenstein bei Niederschwörstadt. Badische Fundberichte, S. 225–242, Freiburg 1927.

LÜNING, Jens: Zur Erforschung des Neolithikums (Alt- bis Jungneolithikum) in der BRD seit dem Jahre 1960. Jahresschrift für mitteldeutsche Vorgeschichte, S. 51–48, Halle/Saale 1976.

MAIER, Rudolf Albert: Die jüngere Steinzeit in Bayern. Jahresberichte der bayerischen Bodendenkmalpflege, S. 9–197, München 1964.

MEHLIS, Carl: Die neolithische Ansiedlung an der Eyersheimer Mühle in der Pfalz. Globus, S. 57–59, Braunschweig 1906.

MILDENBERGER, Gerhard: Mitteldeutschlands Ur- und Frühgeschichte, Leipzig 1955.

PAPE, Wolfgang/SANGMEISTER, Edward/STRAHM, Christian: Neolithikum und beginnende Bronzezeit im Hochrheintal und am südlichen Oberrhein. Aus: Führer zu vor- und frühgeschichtlichen Denkmälern, Band 47, Lörrach und das rechtsrheinische Vorland von Basel, S. 14–47, Mainz 1981.

PÖRTNER, Rudolf: Bevor die Römer kamen. Städte und Stätten deutscher Urgeschichte, Düsseldorf 1961.

RAETZEL-FABIAN, Dirk: Phasenkartierung des mitteleuropäischen Neolithikums. Chronologie und Chorologie. British Archaeological Reports, International Series 316, Oxford 1986.

RAETZEL-FABIAN, Dirk: Die ersten Bauernkulturen – Jungsteinzeit in Nordhessen (Vor- und Frühgeschichte im Hessischen Landesmuseum in Kassel 2). Mit Beiträgen von Lutz Fiedler, Holger Göldner, Irene Kappel, Kassel 1988.

REINERTH, Hans: Handbuch der vorgeschichtlichen Sammlungen Deutschlands. Süd- und Mitteldeutschland, Leipzig 1941.

SANGMEISTER, Edward/SCHNEIDER, Josef: Riesensteingrab und Menhir bei Degernau, Ldkrs. Waldshut. Badische Fundberichte, S. 77–92, Freiburg, Karlsruhe 1958.

SCHINDLER, Reinhard: Steinkiste mit Seelenloch und eisenzeitlicher Siedlungsplatz in Schwankweiler, Krs. Bitburg. Trierer Zeitschrift, S. 41–61, Trier 1967.

SCHIRWITZ, Karl: Beiträge zur Steinzeit des Harzvorlandes. Mannus, S. 299 bis 322, Leipzig 1938.

SCHLICHTHERLE, Helmut: Siedlungsarchäologie im Alpenvorland I, Stuttgart 1980.

SCHLICHTHERLE, Helmut: Siedlungen und Funde jungsteinzeitlicher Kulturgruppen zwischen Bodensee und Federsee. Aus: Die ersten Bauern 2, Pfahlbaufunde Europas, S. 135–155, Zürich 1990.

SELZER, Wolfgang/DECKER, Karl Victor/PAÇO, Anibal do: Schätze der Vorzeit aus dem Depot des Landesmuseums, Mainz 1987.

SPRATER, Friedrich: Ein Wohnplatz der jüngeren Steinzeit bei der Eyersheimer Mühle, Gemeinde Weisenheim a. S. Pfälzisches Museum, S. 98–100, Kaiserslautern 1907.

SPROCKHOFF, Ernst: Die Kulturen der jüngeren Steinzeit in der Mark Brandenburg, Berlin 1926.

THIEME, Hartmut/MAIER, Reinhard/URBAN, Brigitte: Archäologische Schwerpunktuntersuchungen im Helmstedter Braunkohlenrevier (ASHB) – Zum Stand der Arbeiten 1985–1986. Archäologisches Korrespondenzblatt, S. 445–462, Mainz 1987.

VOLLRATH, Friedrich: Aus der Vorgeschichte von Mittelfranken. Abhandlungen der Naturhistorischen Gesellschaft zu Nürnberg, Nürnberg 1961/62.

WINGERT-UHDE, Helga: Schätze und Scherben. Neue Entdeckungen der Archäologie in Deutschland, Österreich und der Schweiz, Oldenburg 1977.

Die Linienbandkeramische Kultur

ALBERT, Siegfried: Zwei seltene ovale Keramikformen der Jungsteinzeit. Fundberichte aus Baden-Württemberg, S. 141–176, Stuttgart 1986.

ANKEL, Cornelius/MEIER-ARENDT, Walter: Eine linienbandkeramische Tierplastik aus Nieder-Weisel, Kreis Friedberg (Oberhessen). Germania, S. 1–8, Berlin 1965.

AUFDERMAUER, Jörg/DIECKMANN, Bodo/FRITSCH, Barbara: Die Untersuchungen in der bandkeramischen Siedlung bei Hilzingen, Kreis Konstanz. Archäologische Ausgrabungen in Baden-Württemberg 1985, S. 56–41, Stuttgart 1986.

AUFDERMAUER, Jörg/DIECKMANN, Bodo/FRITSCH, Barbara: Die Untersuchungen in einer bandkeramischen Siedlung bei Singen am Hohentwiel, Kreis Konstanz. Archäologische Ausgrabungen in Baden-Württemberg 1985, S. 51–54, Stuttgart 1986.

BACH, Herbert/BACH, Adelheid: Paläanthropologie im Mittelelbe-Saale-Werra-Gebiet. Beiträge zur Rekonstruktion der biologischen Situation ur- und frühgeschichtlicher Bevölkerungen. Weimarer Monographien zur Ur- und Frühgeschichte, Weimar 1989.

BEHRENDS, Rolf-Heiner: Ein Gräberfeld der Bandkeramik von Schwetzingen. Aus: Archäologische Ausgrabungen in Baden-Württemberg 1989, S. 45–48, Stuttgart 1990.

BERNHARD, Günter: Die linearbandkeramische Siedlung von Köln-Lindenthal. Eine Neubearbeitung. Kölner Jahrbuch, S. 7–165, Köln 1986.

BERNHARD, Wolfram: Anthropologie der Bandkeramik. Fundamenta, Reihe B, S. 128–165, Köln 1978.

BIEL, Jörg: Ein bandkeramischer Friedhof beim Viesenhäuser Hof, Stuttgart-Mühlhausen. Archäologische Ausgrabungen in Baden-Württemberg 1982, S. 29–32, Stuttgart 1983.

BÖTTCHER, Gert: Eine Siedlung der Linienbandkeramik von Tornau, Kreis Hohenmölsen. Jahresschrift für mitteldeutsche Vorgeschichte, S. 121–216, Halle/Saale 1963.

BUSCH, Ralf: Eine Schnecke (Charonia nodifera) mit Feuersteindepot vom Ösel bei Wolfenbüttel. Frühe Bauernkulturen in Niedersachsen, S. 177/178, Oldenburg 1985.

CLASON, Antje T.: Die Tierknochen. Aus: MODDERMAN, Pieter J. R.: Die neolithische Besiedlung von Hienheim I. Materialhefte zur Bayerischen Vorgeschichte, S. 101–116, Kallmünz 1977.

DEHN, Wolfgang: Ein bandkeramisches Tiergefäß von Herkheim im Ries. Germania, S. 1–5, Berlin 1944–1950.

DEHN, Wolfgang/SANGMEISTER, Edward: Die Steinzeit im Ries. Materialhefte zur bayerischen Vorgeschichte, Kallmünz 1954.

DOHRN-IHMIG, Margarete: Das bandkeramische Gräberfeld von Aldenhoven-Niedermerz, Kreis Düren. Rheinische Ausgrabungen, Bonn 1983.

ENDRICH, Peter: Vor- und Frühgeschichte des bayerischen Untermaingebietes. Veröffentlichungen des Geschichts- und Kunstvereins Aschaffenburg e. V., Aschaffenburg 1961.

FANSA, Mamoun/KAMPFFMEYER, Ulrich: Vom Jäger und Sammler zum Ackerbauern. Ausgrabungen in Niedersachsen. Archäologische Denkmalpflege 1979 bis 1984, S. 108–111, Stuttgart 1985.

FANSA, Mamoun/THIEME, Hartmut: Eine Siedlung und Befestigungsanlage der Bandkeramik auf dem »Nachtwiesen-Berg« bei Esbeck, Stadt Schöningen, Ldkr. Helmstedt. Ausgrabungen in Niedersachsen. Archäologische Denkmalpflege 1979 bis 1984, S. 87–92, Stuttgart 1985.

FISCHER, Ulrich: Aus Frankfurts Vorgeschichte, Frankfurt 1971.

GAEBELE, Hartmut: Menschliche Skelettfunde der jüngeren Steinzeit und der frühen Bronzezeit aus Württemberg und Hohenzollern, Tübingen 1968.

GERHARDT, Kurt: Über die Paläoanthropologie des Neolithikums in Süddeutschland. Fundamenta, Reihe B, S. 44–65, Köln 1978.

GRIMM, Hans: Paläopathologische Befunde an Menschenresten aus dem Neolithikum in der DDR als Hinweise auf den Lebenslauf und die Krankheitsbelastung. Ausgrabungen und Funde, S. 268–276, Berlin 1976.

GRIMM, Paul: Die vor- und frühgeschichtliche Besiedlung des Unterharzes und seines Vorlandes auf Grund der Bodenfunde. Jahresschrift für die Vorgeschichte der sächsisch-thüringischen Länder, Halle/Saale 1930.

HERRMANN, Fritz Rudolf: Die bandkeramische Siedlung im Stadtgebiet von Friedberg. Wetterauer Geschichtsblätter, S. 1–13, Friedberg 1957.

HÖCKMANN, Olaf: Menschliche Darstellungen in der bandkeramischen Kultur. Jahrbuch des Römisch-Germanischen Zentralmuseums Mainz, S. 94–103, Mainz 1970.

HÖCKMANN, Olaf: Ein Statuettenteil aus der ältesten Linienbandkeramik von Goddelau, Kr. Groß-Gerau. Archäologisches Korrespondenzblatt, S. 15–24, Mainz 1988.

HOFFMANN, Edith: Zur Problematik der bandkeramischen Brandbestattungen in Mitteleuropa. Jahresschrift für mitteldeutsche Vorgeschichte, S. 71–103, Halle/Saale 1973.

HÖHN, Birgit: Ausgrabungen in der bandkeramischen Siedlung von Bietigheim-Bissingen, Kreis Ludwigsburg. Archäologische Ausgrabungen in Baden-Württemberg, S. 41–45, Stuttgart 1986.

HOPF, Maria: Vor- und frühgeschichtliche Kulturpflanzen aus dem nördlichen Deutschland, Mainz 1982.

HOPF, Maria/BLANKENHORN, Gerd: Kultur- und Nutzpflanzen aus vor- und frühgeschichtlichen Grabungen Süddeutschlands. Bericht der Bayerischen Bodendenkmalpflege 1983/84, S. 76–111, München 1986.

JOACHIM, Hans-Eckart: Ein Tag bei den Jungsteinzeitlern. So lebten die ersten Bauern und Viehzüchter in unserer Heimat. Allgemeine Zeitung, Mainz, Wochenend-Journal, 26. August 1989.

KAHLKE, Hans Dietrich: Ein Gräberfeld mit Bandkeramik im Stadtgebiet von Sondershausen. Ausgrabungen und Funde, S. 180–182, Berlin 1958.

KAHLKE, Hans Dietrich: Ein Gräberfeld mit Linienbandkeramik von Bruchstedt, Kr. Langensalza. Ausgrabungen und Funde, S. 229–233, Berlin 1959.

KAUFMANN, Dieter: Ein linienbandkeramisches Amulett von Ballenstedt, Kr. Quedlinburg. Ausgrabungen und Funde, S. 26–28, Berlin 1968.

KAUFMANN, Dieter: Linienbandkeramische Kultgegenstände aus dem Elbe-Saale-Gebiet. Jahresschrift für mitteldeutsche Vorgeschichte, S. 61–96, Halle/Saale 1976.

KAUFMANN, Dieter: Die ältestlinienbandkeramischen Funde von Eilsleben, Kr. Wanzleben, und der Beginn des Neolithikums im Mittelelbe-Saale-Gebiet. Nachrichten aus Niedersachsens Urgeschichte, S. 171–202, Hildesheim 1983.

KAUFMANN, Dieter: Kultische Äußerungen im Frühneolithikum des Elbe-Saale-Gebietes. Aus: SCHLETTE, Friedrich/KAUFMANN, Dieter: Religion und Kult in ur- und frühgeschichtlicher Zeit, S. 111–139, Berlin 1989.

KLOPFFLEISCH, Friedrich: Die Grabhügel von Leubingen, Sömmerda und Nienstedt. Vorangehend: Allgemeine Einleitung. Charakteristik und Zeitfolge der Keramik Mitteldeutschlands. Aus: Vorgeschichtliche Alterthümer der Provinz Sachsen und angrenzender Gebiete, Heft I und II, S. 92–102, Halle/Saale 1885 und 1884.

KNEIPP, Jürgen/BÜTTNER, Herbert: Anthropophagie in der jüngsten Bandkeramik der Wetterau. Germania, S. 489–497, Frankfurt 1988.

KRAFT, Hans Peter: Eine jungsteinzeitliche Knochenpfeife aus Brelten. Archäologische Nachrichten aus Baden, S. 8–10, Freiburg 1971.

KUNKEL, Otto: Die Jungfernhöhle eine neolithische Kultstätte in Oberfranken. Aus: Neue Ausgrabungen in Deutschland, S. 54–67, Berlin 1958.

KUPER, Rudolph/LÜNING, Jens: Untersuchungen zur neolithischen Besiedlung der Aldenhovener Platte. Aus: Ausgrabungen in Deutschland. Teil 1. Vorgeschichte – Römerzeit, S. 85–97, Mainz 1975.

LASER, Rudolf: Eine bandkeramische Hockerbestattung mit Spondylusschmuck aus Wulfen, Kr. Köthen. Jahresschrift für mitteldeutsche Vorgeschichte, S. 90–100, Halle/Saale 1959.

LEHNER, Hans: Prähistorische Ansiedlungen bei Plaidt an der Nette. Bonner Jahrbücher, S. 271–310, Bonn 1912.

LEYDEN, Alexander: Zu den Befestigungsanlagen der bandkeramischen Siedlung von Plaidt. Bonner Jahrbücher, S. 1–5, Bonn 1962.

LÜNING, Jens: Zur Verbreitung und Datierung bandkeramischer Erdwerke. Archäologisches Korrespondenzblatt, S. 155–158, Mainz 1988.

LÜNING, Jens/BRANDT, Detlef von/JOACHIM, Hans-Eckart: Vom Befund zum Lebensbild. Bandkeramische Besiedlung im Merzbachtal. Das Rheinische Landesmuseum Bonn, S. 5–10, Bonn 1989.

MAY, Eberhard: Haustiere früher Bauernkulturen in Niedersachsen. Frühe Bauernkulturen in Niedersachsen, S. 221–227, Oldenburg 1985.

MEIER-ARENDT, Walter: Die bandkeramische Kultur im Untermaingebiet, Bonn 1966.

MERHART, Gero von: Werner Buttler. Prähistorische Zeitschrift, S. 479–482, Berlin 1939/40.

MODDERMAN, Pieter J. R.: Ausgrabungen in Hienheim, Ldkr. Kelheim. Jahresbericht der Bayerischen Bodendenkmalpflege 10 – 1969, S. 7–26, München 1971.

MÜLLER, Hanns-Hermann: Die Haustiere der mitteldeutschen Bandkeramiker. Naturwissenschaftliche Beiträge zur Vor- und Frühgeschichte. Teil I, Berlin 1964.

NEUMANN, Gotthard: Dr. Friedrich Klopffleisch, Professor der Kunstgeschichte an der Universität Jena, Begründer der thüringischen Urgeschichtsforschung. Mannus, S. 134–136, Leipzig 1932.

NEUSTUPNÝ, Evžen: K relativní chronologii volutové keramiky – A la chronologie relative de la céramique spiralée. Archaeologické rozhledy VIII, S. 375, 386–407, 453–455, 461–462, Prag 1956.

OELMANN, Franz: Zur Erinnerung an Hans Lehner. Bonner Jahrbücher, S. 304–311, Bonn 1958.

OSTERHAUS, Udo: Das bandkeramische Gräberfeld von Aiterhofen-Ödmühle, Landkreis Straubing-Bogen, Niederbayern. Das archäologische Jahr in Bayern 1980, S. 58–59, Stuttgart 1981.

OSTERHAUS, Udo/PLEYER, Robert: Ein bandkeramisches Gräberfeld bei Sengkofen, Ldkr. Regensburg. Archäologisches Korrespondenzblatt, S. 399–404, Mainz 1973.

OZOLS, Jacob: Der Röntgenstil. Ein Beitrag zur vorgeschichtlichen Geistesgeschichte. Bonner Jahrbücher, S. 1–52, Bonn 1975.

PFAFFINGER, Maria/PLEYER, Robert: Rekonstruktion eines linienbandkeramischen Backofens. Experimentelle Archäologie in Deutschland. Archäologische Mitteilungen aus Nordwestdeutschland/Beiheft, S. 122–125, Oldenburg 1990.

PREUSCHOFT, Holger: Zur Anthropologie der Bandkeramiker aus Butzbach in Hessen. Fundberichte aus Hessen, S. 85–96, Bonn 1962.

PROBST, Ernst: Tonfiguren statt Menschenopfer. Bild der Wissenschaft, S. 15, Stuttgart, August 1989.

QUITTA, Hans: Zur Frage der ältesten Bandkeramik in Mitteleuropa. Prähistorische Zeitschrift, S. 1–153, Berlin 1960.

REDLICH, Klara: Bandkeramische Siedlungen bei Köln. Germania, S. 69–82, Berlin 1940.

RÖTTING, Hartmut: Das alt- und mittelneolithische Gräberfeld von Wittmar, Ldkr. Wolfenbüttel. Eine Übersicht zu den Grabungsergebnissen. Frühe Bauernkulturen in Niedersachsen, S. 135–157, Oldenburg 1985.

Rüger, Christoph B.: Waldemar Haberey †, 11.4.1985. Das Rheinische Landesmuseum Bonn, S. 48, Bonn 1985.

Sangmeister, Edward: Die ersten Bauern. Aus: Müller-Beck, Hansjürgen: Urgeschichte in Baden-Württemberg, S. 429–479, Stuttgart 1983.

Schaefer, Ulrich: Menschliche Skelettfunde aus dem Neolithikum im Gebiet der Länder Schleswig-Holstein, Niedersachsen, Nordrhein-Westfalen und Hessen (BRD). Fundamenta, Reihe B, S. 66–92, Köln 1978.

Schwarz-Mackensen, Gesine/Schneider, Werner: Fernbeziehungen im Frühneolithikum – Rohstoffversorgung am Beispiel des Aktinolith-Hornblendeschiefers. Frühe Bauernkulturen in Niedersachsen, S. 166–176, Oldenburg 1983.

Schwarz-Mackensen, Gesine: Die frühbandkeramische Siedlung bei Eitzum, Landkreis Wolfenbüttel. Veröffentlichungen des Braunschweigischen Landesmuseums, Braunschweig 1985.

Schwidetzky, Ilse: Neolithische und frühbronzezeitliche Menschenfunde aus der DDR, Fundamenta, Reihe B, S. 93–119, Köln 1978.

Teichert, Manfred: Größenveränderungen der Schweine vom Neolithikum bis zum Mittelalter. Archiv für Tierzucht, S. 229–240, Berlin 1970.

Torke, Wolfgang: Urgeschichtliche Umwelt und Fischwaid am Beispiel der bandkeramischen Fundstelle Singen »Scharmenseewadel«. Archäologische Nachrichten aus Baden, S. 18–19, Freiburg 1987.

Uerpmann, Hans-Peter: Betrachtungen zur Wirtschaftsform neolithischer Gruppen in Südwestdeutschland. Fundberichte aus Baden-Württemberg, S. 144–161, Stuttgart 1977.

Wahl, Joachim: Ein neolithisches Massengrab bei Talheim, Landkreis Heilbronn. Archäologische Ausgrabungen in Baden-Württemberg 1984, S. 30–32, Stuttgart 1985.

Wamser, Ludwig: Eine gefäßhaltende Idolfigur der frühen Linearbandkeramik aus Mainfranken. Jahresbericht der Bayerischen Bodendenkmalpflege, S. 26–36, München 1980.

Werner, Joachim: Otto Kunkel 14.7.1885–18.2.1984. Bayerische Vorgeschichtsblätter, S. 1–7, München 1985.

Willerding, Ulrich: Zum ältesten Ackerbau in Niedersachsen. Frühe Bauernkulturen in Niedersachsen, S. 221–227, Oldenburg 1983.

Ziegler, Reinhard: Neolithische Tierreste aus Straubing-Lerchenhaid (Niederbayern). Bericht der Bayerischen Bodendenkmalpflege, S. 7–32, München 1985/86.

La Hoguette- und Limburg-Gruppe

Caillaud, Robert/Lagnel, Édouard: Le cairn et le crématoire néolithiques de la Hoguette à Fontenay-le-Marmion (Calvados). Gallia Préhistoire, S. 157 bis 185, Paris 1972.

Filip, Jan: Lüning, Jens. Enzyklopädisches Handbuch zur Ur- und Frühgeschichte Europas, Prag 1969.

Jeunesse, Christian: Rapports avec la Néolithique ancien d'Alsace de la céramique danubienne de La Hoguette (Fontenay-le-Marmion, Calvados). Actes du Xe Colloque Interrégional sur le Néolithique. Caen 1983. Revue Archéologique de l'Ouest, S. 44–50, Rennes 1986.

Jeunesse, Christian: La céramique de la Hoguette. Un nouvel élément non-rubané du Néolithique ancien de l'Europe du Nord-Ouest. Cahiers Alsaciens, S. 5–33, Straßburg 1987.

Lüning, Jens/Kloos, Ulrich/Albert, Siegfried: Westliche Nachbarn der bandkeramischen Kultur: La Hoguette und Limburg. Germania, S. 355–420, Frankfurt 1989.

Lüning, Jens/Stehli, Peter: Die Bandkeramik in Mitteleuropa: Von der Natur- zur Kulturlandschaft. Siedlungen der Steinzeit. Haus, Festung und Kult, S. 110–120, Heidelberg 1989.

Modderman, Pieter J.R.: Die Limburger Keramik. Aus: Linearbandkeramik aus Elsloo und Stein, S. 141–143, Leiden 1970.

Pachali, Eike: Die vorgeschichtlichen Funde aus dem Kreis Alzey vom Neolithikum bis zur Hallstattzeit. Alzeyer Geschichtsblätter, Sonderheft, Alzey 1972.

Probst, Ernst: Scherben machen Furore. Steinzeitliche Kultur an Rhein und Neckar entdeckt. Allgemeine Zeitung, Mainz, Seite 23, 1. September 1989.

Die Stichbandkeramische Kultur

Barthel, Hans-Joachim: Tierreste aus zwei stichbandkeramischen Gruben von Erfurt. Ausgrabungen und Funde, S. 213–220, Berlin 1983.

Barthel, Hans-Joachim/Cott, Jutta: Eine Sumpfschildkröte aus der neolithischen Station Erfurt-Gipersleben. Ausgrabungen und Funde, S. 170–173, Berlin 1977.

Behrens, Hermann: The first »Woodhenge« in Middle Europe. Antiquity, S. 172–179, Cambridge 1981.

Behrens, Hermann: Ein hohes Radiokarbondatum für ein mitteldeutsches neolithisches Woodhenge. Archäologisches Korrespondenzblatt, S. 259 bis 262, Mainz 1984.

Brink, Henriette: Ein stichbandkeramischer Hausgrundriß aus Straubing-Lerchenhaid. Archäologische Denkmalpflege in Niederbayern, S. 20–24, München 1985.

Buchtela, Karel: Vorgeschichte Böhmens. I. Nordböhmen bis zur Zeit um Christi Geburt. Věstník Slovanských starožitnosti III (Beilage), S. 1–42, Prag 1899.

Busch, Ralf: Eine neolithische – vorwiegend stichbandkeramische – Siedlungsstelle in Klein Vahlberg, Ldkr. Wolfenbüttel. Aus: Frühe Bauernkulturen in Niedersachsen, S. 103/104, Oldenburg 1983.

Busch, Ralf: Ein Hausgrundriß der Stichbandkeramik oder der Rössener Kultur aus Gielde, Ldkr. Wolfenbüttel. Aus: Frühe Bauernkulturen in Niedersachsen, S. 103–105, Oldenburg 1983.

Coblenz, Werner/Fritzschke, Claus: Neolithische Siedlungsbestattung mit drei Skeletten und Resten weiterer Schädel aus Zauschwitz, Kr. Borna. Ausgrabungen und Funde, S. 276–281, Berlin 1973.

Filip, Jan: Karel Buchtela. Památky Archeologické, S. 173–174, Prag 1946.

Hoffmann, Edith: Die Körpergräber der Linien- und Stichbandkeramik in den Bezirken Halle und Magdeburg. Jahresschrift für mitteldeutsche Vorgeschichte, S. 135–201, Halle/Saale 1978.

Kahlke, Hans Dietrich: Gräberfeld mit Stichbandkeramik. Ausgrabungen und Funde, S. 270–274, Berlin 1956.

Kaufmann, Dieter: Wirtschaft und Kultur der Stichbandkeramiker im Saalegebiet. Veröffentlichungen des Landesmuseums für Vorgeschichte in Halle, Berlin 1976.

Kaufmann, Dieter/Günther, Hans: Ein Siedlungsfund mit Gesichtsdarstellung der späten Stichbandkeramik von Heldrungen, Kreis Artern. Ausgrabungen und Funde, S. 153–160, Berlin 1984.

Lippmann, Eberhard: Spätstichbandkeramische und Großgartacher Funde von Erfurt. Ausgrabungen und Funde, S. 206–213, Berlin 1983.

Lippmann, Eberhard: Neolithische Schlitzgruben von Erfurt. Ausgrabungen und Funde, S. 203–207, Berlin 1985.

Müller, Detlef W.: Siedlungen der Linien- und Stichbandkeramik sowie der Bernburger Kultur von Erfurt-Gispersleben. Ausgrabungen und Funde, S. 231–238, Berlin 1974.

Neugebauer, Alfred/Coblenz, Werner: Die Grabungen in Zauschwitz. Ausgrabungen und Funde, S. 67–70, Berlin 1956.

Wainwright, Geoffrey: Woodhenges – hölzerne Kultanlagen der Jungsteinzeit. Aus: Lüning, Jens: Siedlungen der Steinzeit, S. 170–179, Heidelberg 1989.

Walther, Wulf: Zur Herkunft und kulturellen Einordnung gebänderter Plattensilexartefakte aus Westthüringen. Ausgrabungen und Funde, S. 204–205, Berlin 1986.

Die Oberlauterbacher Gruppe

Bayerlein, Peter Michael: Die Oberlauterbacher Gruppe der Jungsteinzeit in Niederbayern. Jahresbericht des Historischen Vereins für Straubing und Umgebung, S. 30–56, Straubing 1979.

Bayerlein, Peter Michael: Die Gruppe Oberlauterbach in Niederbayern. Materialhefte zur bayerischen Vorgeschichte, Reihe A, Kallmünz 1985.

Christlein, Rainer/Schmotz, Karl: Zur Kenntnis des jungsteinzeitlichen Grabenwerkes von Kothingeichendorf. Beiträge zur Geschichte Niederbayerns II. Jahresbericht des Historischen Vereins für Straubing und Umgebung, S. 45–56, Straubing 1977/78.

Engelhardt, Bernd: Mittelneolithische Gräber von Landshut-Hascherkeller. Das archäologische Jahr in Bayern 1983, S. 34/35, Stuttgart 1984.

Engelhardt, Bernd: Eine Grube der Oberlauterbacher Gruppe von Obertraubling, Ldkr. Regensburg. Führer zu archäologischen Denkmälern. Regensburg-Kelheim-Straubing I, S. 147–152, Stuttgart 1984.

Engelhardt, Bernd: Die mittelneolithische Kultanlage (Rondell) von Künzing-Unternberg, Ldkr. Deggendorf, Ndb. Anläßlich Ausstellung im Gäubodenmuseum Straubing, Straubing 1986.

Engelhardt, Bernd: Ausgrabungen am Main-Donau-Kanal. Archäologie und Geschichte im Herzen Bayerns, Gräfelfing 1987.

Engelhardt, Bernd/Schmotz, Karl: Grabenwerke des älteren und mittleren Neolithikums in Niederbayern. Mitteilungen der österreichischen Arbeitsgemeinschaft für Ur- und Frühgeschichte, S. 27–64, Wien 1985/84.

Günther, Klaus: Eine neue Variante des mittelneolithischen Trapezhauses. Germania, S. 41–53, Frankfurt 1973.

HOCHLEITNER, Anton/KELLER, Erwin/BORGER, Hugo: Nachrufe auf Rainer Christlein. Das archäologische Jahr in Bayern 1982, S. 11–13, Stuttgart 1983.

KROMER, Karl: Gero Merhart von Bernegg. Mitteilungen der Anthropologischen Gesellschaft in Wien, S. 130, Horn, Wien 1959.

OTT-LUY, Sibylle: Die Tierknochenfunde aus der mittelneolithischen Station von Künzing-Unternberg, Ldkr. Deggendorf, München 1988.

PROBST, Ernst: Was da kreucht und fleucht ... Als bei uns noch Elche und Braunbären lebten. Ulmer Tiermedizinerin untersuchte unsere heimische Tierwelt vor 6500 Jahren. Südwest Presse, Ulm, 11. August 1990.

SPITZLBERGER, Georg: Vor- und frühgeschichtliche Fundstätten des unteren Bayerischen Waldes. Ostbairische Grenzmarken. Passauer Jahrbuch für Geschichte, Kunst und Volkskunde, S. 335–353, Passau 1972.

Die Hinkelstein-Gruppe

GERHARDT, Kurt: Anthropologische Befunde der jungsteinzeitlichen Hinkelsteingruppe von Ditzingen, Kreis Leonberg. Fundberichte aus Baden-Württemberg, S. 65–81, Stuttgart 1974.

GÖLDNER, Holger: Zum Gräberfeld von Trebur, Kreis Groß-Gerau. Archäologie in Deutschland, Aktuelles aus der Landesarchäologie, S. 42, Stuttgart 1989.

GÖLDNER, Holger: Ein Gräberfeld der Jüngeren Steinzeit bei Trebur. Denkmalpflege in Hessen, S. 11–14, Wiesbaden 1990.

HÖCKMANN, Olaf: Ein ungewöhnlicher neolithischer Statuenkopf aus Rockenberg, Wetteraukreis. Jahrbuch des Römisch-Germanischen Zentralmuseums Mainz, S. 92–107, Mainz 1985.

ILLERT, Georg: Führer durch das Museum der Stadt Worms, Worms 1979.

KOEHL, Karl: Neue steinzeitliche Gräber bei Worms. Separat-Abdruck aus dem Correspondenzblatt der Deutschen Anthropologischen Gesellschaft, Nr. 12, Bericht der XXIX. allgemeinen Versammlung in Braunschweig, S. 146–157, Braunschweig 1898.

KOEHL, Karl: Eine Neuuntersuchung der neolithischen Gräberfelder am Hinkelstein bei Monsheim in der Nähe von Worms. Westdeutsche Zeitschrift für Geschichte und Kunst, S. 1–22, Trier 1903.

KOEHL, Karl: Die Zeitfolge der rheinischen Steinzeitkulturen nach neuesten Beobachtungen in Rheinhessen. Mannus, S. 49–70, Würzburg 1912.

KOSSINNA, Gustav: Karl Koehl †. Mannus, S. 174–177, Leipzig 1930.

LINDENSCHMIT, Ludwig: Das Gräberfeld am Hinkelstein bei Monsheim (Rheinhessen), einer der ältesten Friedhöfe des Rheinlandes. Archiv für Anthropologie, Braunschweig 1868.

MAIER, Rudolf Albert: Ein Neolithgrab mit tierischen Hornzapfen-Beigaben. Germania, S. 244–250, Berlin 1964.

MEIER-ARENDT, Walter: Die Hinkelstein-Gruppe. Der Übergang vom Früh- zum Mittelneolithikum in Südwestdeutschland, Berlin 1975.

PROBST, Ernst: Mit Rindfleisch und Geschirr ins Jenseits. Größtes Gräberfeld der jungsteinzeitlichen Hinkelstein-Gruppe in Trebur entdeckt. Allgemeine Zeitung, Mainz, 20. März 1990.

REUTER, Fritz: Altertumsverein und Paulusmuseum. Aspekte der Wormser Wissenschafts-, Personen- und Stadtgeschichte im 19. Jahrhundert als Beitrag zum hundertjährigen Jubiläum der Stadt Worms 1881–1981. Der Wormsgau, S. 20–58, Worms 1979/1981.

SCHUMACHER, Karl: Ludwig Lindenschmit. Prähistorische Zeitschrift, S. 163, Berlin 1924.

ZAPOTOCKÁ-STEKLÁ, Marie: Hinkelstein-Gruppe. Aus: FILIP, Jan: Enzyklopädisches Handbuch zur Ur- und Frühgeschichte Europas, Seite 485, Prag 1966.

Die Großgartacher Gruppe

DOHRN-IHMIG, Margarete: Ein Großgartacher Siedlungsplatz bei Jülich-Welldorf, Kreis Düren, und der Übergang zum mittelneolithischen Hausbau. Rheinische Ausgrabungen, S. 233–282, Bonn 1983.

KUPER, Rudolph/SCHRÖTER, Ilse: Ein Großgartacher Erdwerk in Langweiler, Kreis Jülich. Germania, S. 195–196, Frankfurt 1971.

QUITTA, Hans: Großgartacher Gruppe. Aus: HERRMANN, Joachim: Lexikon früher Kulturen, S. 529, Leipzig 1984.

SCHLIZ, Alfred: Das steinzeitliche Dorf Grossgartach, seine Cultur und die spätere vorgeschichtliche Besiedlung der Gegend, Stuttgart 1901.

VIRCHOW, Hans: Erinnerungen an Alfred Schliz. Prähistorische Zeitschrift, S. 371–374, Berlin 1914.

Die Ertebölle-Ellerbek-Kultur

ADAMECK, Marco/LUND, Marquardt/MARTENS, Kai: Der Bau eines Einbaums. Zur Gebrauchsfähigkeit von geschliffenen Feuersteinbeilen. Experimentelle Archäologie in Deutschland. Archäologische Mitteilungen aus Nordwestdeutschland/Beiheft, S. 201–209, Oldenburg 1990.

ALBRETHSEN, Svend Erik/PETERSEN, Erik Brinch: Excavations of a Mesolithic Cemetery at Vedbaek, Denmark. Acta Archaeologica, S. 1–28, Kopenhagen 1977.

ANDERSEN, H. Søren: Tybrind Vig. A Preliminary Report on an Submerged Ertebølle Settlement of the West Coast of Fyn. Journal of Danish Archaeology, S. 52–69, Odense 1985.

FILIP, Jan: Schwabedissen, Hermann. Enzyklopädisches Handbuch zur Ur- und Frühgeschichte Europas, S. 1252, Prag 1969.

GRAMSCH, Bernhard: Ertebölle-Kultur. Aus: HERRMANN, Joachim: Lexikon früher Kulturen, S. 250, Leipzig 1984.

HAAS, Alfred: Das Dorf Lietzow auf Rügen und seine vorgeschichtliche Feuerstein-Werkstätte. Zeitschrift für Ethnologie, S. 291–302, Berlin 1897.

KLINGHARDT, Franz: Die steinzeitliche Kultur von Lietzow auf Rügen. Mitteilungen aus der Sammlung vaterländischer Altertümer der Universität Greifswald, S. 5–43, Greifswald 1924.

KUNKEL, Otto: Wilhelm Petsch. Nachrichtenblatt für Deutsche Vorzeit, S. 177 bis 180, Leipzig 1938.

LARSSON, Lars: A Construction for Ceremonial Activities from the Late Mesolithic. Meddelanden från Lunds Universitets historika Museum 1987–1988, S. 5–18, Lund 1987/88.

LEHMKUHL, Ursula: Neue Forschungsergebnisse zum Neolithikum im Norden der DDR anhand archäozoologischer Untersuchungen. Archäologische Informationen, S. 161–171, Köln 1990.

MEURERS-BALKE, Jutta: Steinzeitliche Aalstecher. Zur funktionalen Deutung ihrer Form. Offa, Festschrift Karl Wilhelm Struve, S. 151–151, Neumünster 1981.

MÜLLER, Sophus: Affaldsdynger fra Stenalderen i Danmark, Kopenhagen 1900.

NOBIS, Günter: Zur Fauna des ellerbekzeitlichen Wohnplatzes Rosenhof in Ostholstein. Archaeozoological Studies, S. 160–163, Amsterdam 1975.

PETERSEN, Erik Brinch: Ein mesolithisches Grab mit acht Personen von Stroby Egede, Seeland. Archäologisches Korrespondenzblatt, S. 121–126, Mainz 1988.

PETZSCH, Wilhelm: Die Beilformen der Lietzowkultur und ihre Bedeutung für die Typenentwicklung im Norden. Schriften der Gesellschaft der Freunde und Förderer der Universität Greifswald S. 44–55, Greifswald 1924.

PETZSCH, Wilhelm: Die Steinzeit Rügens. Schriften der Gesellschaft der Freunde und Förderer der Universität Greifswald, S. 1–156, Greifswald 1928.

PRICE, T. Douglas/PETERSEN, Erik Brinch: Ein Lagerplatz der Mittelsteinzeit in Dänemark. Siedlungen der Steinzeit. Haus, Festung und Kult, S. 44–52, Heidelberg 1989.

PROBST, Ernst: Im Einbaum auf der Ostsee. Drei Archäologen bauten ein Wasserfahrzeug der Jungsteinzeit mit Steinbeilen nach. Allgemeine Zeitung, Mainz, S. 5, 18. September 1990.

SCHWABEDISSEN, Hermann: Die Ausgrabungen im Satruper Moor. Zur Frage nach Ursprung und frühester Entwicklung des nordischen Neolithikums. Offa, S. 5–28, Neumünster 1958.

SCHWABEDISSEN, Hermann: Rosenhof (Ostholstein), ein Ellerbek-Wohnplatz am einstigen Ostseeufer. Archäologisches Korrespondenzblatt, S. 1–8, Mainz 1972.

Die Rössener Kultur

BERSU, Gerhard: Rössener Wohnhäuser vom Goldberg, OA. Nereskeim, Württemberg. Germania, S. 229–245, Berlin 1936.

BOESSNECK, Joachim: Die Tierknochen der Rössener Kultur von Schöningen, Kreis Helmstedt, Eichendorffstraße, und die Probleme ihrer Ausbeutung. Neue Ausgrabungen und Forschungen in Niedersachsen, S. 153–158, Hildesheim 1977.

BRANDT, Detlef von: Fortschritte im Hausbau. Ein neues Modell der vorgeschichtlichen Abteilung: Haus der Rössener Kultur. Das Rheinische Landesmuseum Bonn, S. 87–90, Bonn 1986.

CZARNETZKI, Alfred: Ein menschliches Skelett aus einem Grab der Rössener Kultur bei Trebur, Kr. Groß-Gerau. Homo, S. 272–280, Göttingen, Zürich 1972.

DEHN, Rolf: Ein Gräberfeld der Rössener Kultur von Jechtingen, Gemeinde Sasbach, Kreis Emmendingen. Archäologische Nachrichten aus Baden, S. 5–6, Freiburg 1985.

FÖRTSCH, Oskar: Nachruf auf Hans von Borries. Jahresschrift für Vorgeschichte der sächsisch-thüringischen Länder, S. III, Halle/Saale 1902.

GOLLER, Katharina: Die Rössener Kultur in ihrem südwestlichen Verbreitungsgebiet. Fundamenta, Reihe A, S. 231–269, Köln 1972.

GÖTZE, Alfred: Das neolithische Gräberfeld von Rössen und eine neue keramische Gruppe. Zeitschrift für Ethnologie, S. 257–255, Berlin 1900.

HEEGE, Andreas: Rössener Erdwerk und jungneolithisches Kollektivgrab – Großenrode, Stadt Moringen, Ldkr. Northeim – Ausgrabungskampagne 1988. Nachrichten aus Niedersachsens Urgeschichte, S. 71–116, Hildesheim 1989.

KNUSSMANN, Rainer/KNUSSMANN, Renate: Die Skelettreste der Rössener und Michelsberger Kulturepoche. Fundamenta, Reihe B, S. 164–217, Köln 1978.

KUPER, Rudolph/PIEPERS, Wilhelm: Eine Siedlung der Rössener Kultur in Inden (Kreis Jülich) und Lamersdorf (Kreis Düren). Bonner Jahrbücher, S. 370–376, Bonn 1966.

LICHARDUS, Jan: Rössen-Gatersleben-Baalberge. Ein Beitrag zur Chronologie des Mitteldeutschen Neolithikums und zur Entstehung der Trichterbecherkulturen. Saarbrücker Beiträge zur Altertumskunde, Bonn 1976.

LÖFFLER, Barbara: Ein Kindergrab der Rössener Kultur von Storkau, Kr. Stendal. Ausgrabungen und Funde, S. 15–17, Berlin 1972.

NEUMANN, Gotthard: Alfred Götze. Eine Würdigung seiner wissenschaftlichen Persönlichkeit. Jahresschrift für mitteldeutsche Vorgeschichte, S. 185–187, Halle/Saale 1950.

NIQUET, Franz: Die Rössener Kultur in Mitteldeutschland. Jahresschrift für die Vorgeschichte der sächsisch-thüringischen Länder, S. 1–104, Halle/Saale 1937.

NIQUET, Franz: Das Gräberfeld von Rössen, Kreis Merseburg. Veröffentlichungen der Landesanstalt für Volkheitskunde zu Halle, Halle/Saale 1938.

PIENING, Ulrike: Neolithische Nutz- und Wildpflanzenreste aus Endersbach, Rems-Murr-Kreis, und Ilsfeld, Kreis Heilbronn. Fundberichte aus Baden-Württemberg, S. 1–17, Stuttgart 1979.

PREUSS, Joachim: Rössener Kultur. Aus: HERRMANN, Joachim: Lexikon früher Kulturen, S. 206, Leipzig 1984.

SCHLETTE, Friedrich: Das erste Rössener Haus Mitteldeutschlands. Jahresschrift für mitteldeutsche Vorgeschichte, S. 20–26, Halle/Saale 1950.

STRIEN, Hans-Christoph: Mittelneolithische Hausgrundrisse aus Ostfildern-Ruit, Kreis Esslingen. Archäologische Ausgrabungen in Baden-Württemberg 1985, S. 54–56, Stuttgart 1986.

TEICHERT, Lothar: Tierknochenreste aus einer Rössener Siedlung bei Flemsdorf, Kr. Angermünde. Ausgrabungen und Funde, S. 120–123, Berlin 1974.

THIEME, Hartmut: Eine Siedlung der Rössener Kultur im Tagebau Schöningen bei Esbeck, Ldkr. Helmstedt. Ausgrabungen in Niedersachsen. Archäologische Denkmalpflege 1979 bis 1984, S. 102–103, Stuttgart 1985.

Die Schwieberdinger Gruppe

KIMMIG, Wolfgang: Georg Kraft (1894–1944). Badische Fundberichte, S. 17–28, Freiburg 1941–1947.

LÜNING, Jens: Aichbühl, Schwieberdingen, Bischheim. Študijné Zvesti, S. 233–252, Nitra 1969.

LÜNING, Jens: Die jungsteinzeitliche Schwieberdinger Gruppe. Veröffentlichungen des Staatlichen Amtes für Denkmalpflege Stuttgart, Stuttgart 1969.

PIENING, Ulrike: Verkohlte Getreidevorräte von Aldingen, Gem. Remseck am Neckar, Kreis Ludwigsburg. Fundberichte aus Baden-Württemberg, S. 191 bis 208, Stuttgart 1986.

Wie die ersten Metalle in Mitteleuropa bekannt wurden

BANNER, János: Neuere Beiträge zur Verbreitung der Zóker-Kultur. Dolgozatok, S. 85–92, Szeged 1939.

BOGNÁR-KUTZIÁN, Ida: The Copper Age Cemetery of Tiszapolgár-Basatanya, Budapest 1963.

HILLEBRAND, Eugen: Über die Bedeutung des altkupferzeitlichen Bodrogkeresztúrer Kulturkreises. Wiener Prähistorische Zeitschrift, S. 8–12, Wien 1929.

KALICZ, Nándor: Götter aus Ton. Das Neolithikum und die Kupferzeit in Ungarn, Budapest 1970.

MUCH, Matthäus: Die Kupferzeit in Europa und ihr Verhältnis zur Kultur der Indogermanen, Jena 1886.

MÜLLER, Detlef W.: Kupferführende Kulturen im Neolithikum der DDR. Rassegna di Archeologia, S. 157–176, Florenz 1987.

MÜLLER-KARPE, Hermann: Handbuch der Vorgeschichte, Dritter Band. Kupferzeit, München 1974.

NESTOR, Ion: Zur Chronologie der rumänischen Steinkupferzeit. Prähistorische Zeitschrift, S. 111–143, Berlin 1928.

PLESLOVÁ-ŠTIKOVÁ, Emilie: Die Entstehung der Metallurgie auf dem Balkan, im Karpatenbecken und in Mitteleuropa, unter besonderer Berücksichtigung der Kupferproduktion im ostalpenländischen Zentrum (kulturökonomische Interpretation). Památky Archeologické, S. 56–73, Prag 1977.

QUITTA, Hans: Kupfer. Aus: HERRMANN, Joachim: Lexikon früher Kulturen, S. 496–497, Leipzig 1984.

STRAHM, Christian: Chalkolithikum und Metallikum: Kupferzeit und frühe Bronzezeit in Südwestdeutschland und der Schweiz. Rassegna di Archeologia, S. 175–192, Florenz 1987.

VASIĆ, Miloje M.: Preistoriska Vinča I–IV, Belgrad 1932–1936.

Die Gaterslebener Gruppe

FISCHER, Ulrich: Über Nachbestattungen im Neolithikum von Sachsen-Thüringen. Festschrift des Römisch-Germanischen Zentralmuseums in Mainz zur Feier seines hundertjährigen Bestehens 1952, S. 161–181, Mainz 1953.

KAHMANN, Herbert: Ein Grabfund der Gaterslebener Gruppe in Kloster Gröningen, Kr. Oschersleben. Ausgrabungen und Funde, S. 11/12, Berlin 1959.

MAIER, Ferdinand: Ulrich Fischer zum 65. Geburtstag am 3. Juli 1980. Fundberichte aus Hessen, S. XI–XVI, Wiesbaden 1980.

PREUSS, Joachim: Bemerkungen zur Gaterslebener Gruppe in Mitteldeutschland. Jahresschrift für mitteldeutsche Vorgeschichte, S. 70–86, Halle/Saale 1961.

TEICHERT, Manfred: Tierreste aus einer neolithischen Siedlungsgrube bei Gröna, Kreis Bernburg. Jahresschrift für mitteldeutsche Vorgeschichte, S. 21–23, Halle/Saale 1975.

Die Bischheimer Gruppe

FILIP, Jan: Stroh, Armin. Aus: Enzyklopädisches Handbuch zur Ur- und Frühgeschichte Europas, S. 1395, Prag 1969.

LÜNING, Jens: Eine Siedlung der mittelneolithischen Gruppe Bischheim in Schernau, Kreis Kitzingen. Materialhefte zur bayerischen Vorgeschichte, Kallmünz 1981.

STROH, Armin: Eine neue keramische Gruppe der jüngeren Steinzeit in Süddeutschland. Marburger Studien, S. 234–342, Darmstadt 1938.

Die Aichbühler Gruppe

ANONYMUS: Oberförster Dr. Frank †. Schwäbischer Merkur, S. 740, Stuttgart, 10. April 1897.

FILIP, Jan: Aichbühl. Aus: Enzyklopädisches Handbuch zur Ur- und Frühgeschichte Europas, S. 13, Prag 1966.

FILIP, Jan: Reinerth, Hans. Aus: Enzyklopädisches Handbuch zur Ur- und Frühgeschichte Europas, S. 1133, Prag 1969.

LÜNING, Jens: Die Michelsberger Kultur. Ihre Funde in zeitlicher und räumlicher Gliederung. 48. Bericht der Römisch-Germanischen Kommission des Deutschen Archäologischen Instituts, S. 1–350, Berlin 1967.

REINERTH, Hans: Das Federseemoor als Siedlungsland des Vorzeitmenschen, Leipzig 1929.

RIETH, Adolf: Führer durch das Federseemuseum in Bad Buchau, Bad Buchau 1969.

Die Münchshöfener Gruppe

ANONYMUS: Josef Dahlem, freiresignierter Pfarrer †. 1. Dezember 1900. Verhandlungen des historischen Vereines von Oberpfalz und Regensburg, S. 353–357, Regensburg 1902.

BÖHM, Karl: Eine »Stier«-Plastik der Münchshöfener Gruppe aus Geiselhöring. Das archäologische Jahr in Bayern 1985, S. 48–49, Stuttgart 1986.

BREMER, Walter: Eberstadt, ein steinzeitliches Dorf in der Wetterau. Prähistorische Zeitschrift, S. 432, Berlin 1913.

JAKOBSTHAL, Paul: Walther Bremer, geb. 8. Juni 1887 zu Wismar, gest. 19. November 1926 zu Dublin. Prähistorische Zeitschrift, S. 281–285, Berlin 1926.

PETRASCH, Jörg/SCHMOTZ, Karl: Ein neues Idolfragment der Münchshöfener Kultur aus Niederbayern. Germania, S. 158–161, Frankfurt 1989.

REINECKE, Paul: Der Münchshöfener Typus im rechtsrheinischen Bayern. Der Bayerische Vorgeschichtsfreund, S. 8–17, München 1926.

SPITZLBERGER, Georg: 4500 Jahre alten Weizen bei Langenhettenbach gefunden. Münchner Kurier, S. 8–10, München 1973.

SÜSS, Lothar: Eine jungsteinzeitliche Siedlungsgrube beim Gradhof/Kösching, Landkreis Ingolstadt. Sammelblatt des Historischen Vereins Ingolstadt, S. 3–15, Ingolstadt 1954.

SÜSS, Lothar: Zur Münchshöfener Gruppe in Bayern. Fundamenta, Reihe A, S. 1–122, Köln 1976.

Die Jordansmühler Gruppe

BUSCHENDORF, Gisela: Zur Frage der Jordansmühler Kultur in Mitteldeutschland. Jahresschrift für mitteldeutsche Vorgeschichte, S. 16–27, Halle/Saale 1951.

JAHN, Martin: Hans Seger zum siebzigsten Geburtstage. Altschlesien, Festschrift zum 70. Geburtstag von Hans Seger, S. 1–4, Breslau 1934.

PREUSS, Joachim: Jordansmühler Gruppe. Aus: HERRMANN, Joachim: Lexikon früher Kulturen, S. 426, Leipzig 1984.

SEGER, Hans: Die Steinzeit in Schlesien. Archiv für Anthropologie, Breslau 1906.

SEGER, Hans: Die keramischen Stilarten der jüngeren Steinzeit Schlesiens. Schlesiens Vorzeit in Bild und Schrift, S. 1–89, Breslau 1916.

SEGER, Hans: Der Widder von Jordansmühl. Altschlesien, S. 204–209, Breslau 1926.

Die Michelsberger Kultur

BAATZ, Dietwulf: Die vorgeschichtliche Befestigung auf dem Kapellenberg bei Hofheim am Taunus. Saalburg-Jahrbuch, S. 7–15, Berlin 1963/64.

BEYER, Alix Irene: Die Tierknochenfunde. Aus: KOCH, Robert: Das Erdwerk der Michelsberger Kultur auf dem Hetzenberg bei Heilbronn-Neckargartach. Forschungen und Berichte zur Vor- und Frühgeschichte in Baden-Württemberg, Stuttgart 1972.

BIEL, Jörg: Vorgeschichtliche Höhensiedlungen in Südwürttemberg-Hohenzollern, Stuttgart 1987.

BIEL, Jörg: Ein Erdwerk der Michelsberger Kultur auf dem Schloßberg von Heilbronn-Klingenberg. Archäologische Ausgrabungen in Baden-Württemberg 1986, S. 45–49, Stuttgart 1987.

BOESSNECK, Joachim: Neolithische Tierknochenfunde von Kraichtal-Gochsheim, Kreis Karlsruhe. Fundberichte aus Baden-Württemberg, S. 13–30, Stuttgart 1982.

ECKERT, Jörg: Das Michelsberger Erdwerk Mayen, Oldenburg 1988.

ENGELHARDT, Bernd: Steinzeitlicher Silexabbau im Landkreis Kelheim. Erwin-Rutte-Festschrift, Weltenburger Akademie, S. 65–78, Kelheim/Weltenburg 1983.

FILIP, Jan: Michelsberger Kultur. Aus: Enzyklopädisches Handbuch zur Ur- und Frühgeschichte Europas, S. 817/818, Prag 1969.

FLORSCHÜTZ, B.: Karl August von Cohausen, Oberst z. D. und Königlicher Konservator, † am 2. Dezember 1894. Nassauische Annalen, S. 1–8, Wiesbaden 1895.

GROTE, Klaus: Höhensiedlungen vom mittleren Neolithikum bis zur frühen Bronzezeit im südlichen Niedersachsen. Die Kunde, S. 13–36, Hannover 1983/84.

HEUKEMES, Berndmark: Eine Mehrfachbestattung der Michelsberger Kultur in Heidelberg-Handschuhsheim. Archäologische Ausgrabungen in Baden-Württemberg, S. 70–74, Stuttgart 1986.

JUNGHANS, Siegfried: Oscar Paret 1889–1972. Fundberichte aus Baden-Württemberg, S. 698, Stuttgart 1974.

KIMMIG, Wolfgang: Neue Michelsberger Funde am Oberrhein. Badische Fundberichte, S. 95–127, Freiburg 1941–1947.

KIMMIG, Wolfgang: Walter Rest. Badische Fundberichte, S. 21–23, Freiburg 1948–1950.

KULICK, Jens/LÜNING, Jens: Neue Beobachtungen am Michelsberger Erdwerk in Bergheim, Kr. Waldeck. Fundberichte aus Hessen, S. 88–96, Wiesbaden 1974.

LEHNER, Hans: Die neolithische Festung bei Mayen in der Eifel. Bonner Jahrbücher, S. 206–229, Bonn 1910.

LÖHR, Hartwig: Jungsteinzeitliche Michelsberger Keramik im Trierer Land. Funde und Ausgrabungen im Bezirk Trier, S. 12–19, Trier 1986.

LÜNING, Jens: Mittelneolithische Grabenanlagen im Rheinland und in Westfalen. Mitteilungen der Österreichischen Arbeitsgemeinschaft für Ur- und Frühgeschichte, S. 9–26, Wien 1983/84.

MAIER, Rudolf Albert: Die jüngere Steinzeit in Bayern. Jahresberichte der Bayerischen Bodendenkmalpflege 5 – 1964, S. 9–197, München 1965.

MAIER, Rudolf Albert: »Michelsberg-Altheimer« Skelettgruben von Inningen bei Augsburg in Bayerisch-Schwaben. Germania, Seite 8–16, Berlin 1965.

OELMANN, Franz: Prähistorische Ansiedlungen bei Plaidt an der Nette. Bonner Jahrbücher, S. 271–310, Bonn 1912.

OELMANN, Franz: Zur Erinnerung an Hans Lehner. Bonner Jahrbücher, S. 304–311, Bonn 1938.

PETRIKOVITS, Harald von: Franz Oelmann, gestorben am 15. 9. 1963. Bonner Jahrbücher, S. 1–8, Bonn 1963.

REINECKE, Paul: Zur Kenntnis der frühneolithischen Zeit. Mainzer Zeitschrift, S. 57, Mainz 1908.

TACKENBERG, Kurt: Die Beusterburg – Ein jungsteinzeitliches Erdwerk in Niedersachsen. Veröffentlichungen der urgeschichtlichen Sammlungen des Landesmuseums zu Hannover, Hildesheim 1951.

WAGNER, Friedrich: Paul Reinecke zum Gedächtnis. Bayerische Vorgeschichtsblätter, S. V–VIII, München 1958.

WAND, Norbert: Die Ausgrabungen auf dem Büraberg bei Fritzlar. Fundberichte aus Hessen, S. 116–120, Wiesbaden 1969/70.

Die nordwestdeutsche Trichterbecher-Kultur

AHRENS, Claus: Vorgeschichtliche Wanderziele im Harburger Raum. Veröffentlichungen des Helms-Museums, Hamburgisches Museum für Vor- und Frühgeschichte, Hamburg 1976.

BASTIAN, Willi: Das jungsteinzeitliche Flachgräberfeld von Ostorf, Kreis Schwerin. Bodendenkmalpflege in Mecklenburg, Jahrbuch 1961, S. 7–130, Berlin 1962.

BEHRE, Karl-Ernst: Meeresspiegelbewegungen und Siedlungsgeschichte in den Nordseemarschen, Oldenburg 1987.

BELTZ, Robert: Die Urgeschichte von Mecklenburg, Berlin 1899.

BELTZ, Robert: Die vorgeschichtlichen Altertümer des Grossherzogthums Mecklenburg-Schwerin, Schwerin 1910.

BERG, Hakon: Klintebakken. En boplads fra yngre stenalder pa Langeland. Meddelser fra Langelands Museum, S. 7–18, Rudkøbing 1951.

BOESSNECK, Joachim: Die Vogelknochen aus der Moorsiedlung Hüde I am Dümmer, Kreis Grafschaft Diepholz. Neue Ausgrabungen und Forschungen in Niedersachsen, S. 155–169, Hildesheim 1978.

CASSAU, Adolf: Ein Flachgräberfeld der Megalithkultur in Himmelpforten, Kreis Stade. Nachrichten aus Niedersachsens Urgeschichte, S. 22–40, Hildesheim 1936.

CHRISTMANN, Ernst: Menhire und Hinkelsteine in der Pfalz, Speyer 1946.

DEHNKE, Rudolf: Die Tiefstichtonware der Jungsteinzeit in Osthannover, Hildesheim und Leipzig 1940.

FINKE, Walter: Ein Flachgräberfeld der Trichterbecherkultur bei Eeek, Kreis Borken. Ausgrabungen und Funde in Westfalen-Lippe, S. 27–32, Mainz 1985.

GÖDEL, Otto: Menhire – Zeugen des Kults, Grenz- und Rechtsbrauchtums in der Pfalz, Rheinhessen und dem Saargebiet, Speyer 1987.

GRIMM, Paul: Gräberfeld, Siedlung und Menhir der Endsteinzeit bei Nohra, Kreis Grafschaft Hohenstein. Mannus, S. 244–256, Leipzig 1932.

GÜNTHER, Klaus: Die Steinkistengräber von Kirchborchen. Aus: Führer zu vor- und frühgeschichtlichen Denkmälern. Paderborner Hochfläche – Paderborn – Büren – Salzkotten, S. 205–207, Mainz 1971.

GÜNTHER, Klaus: Das Steinkistengrab von Etteln. Aus: Führer zu vor- und frühgeschichtlichen Denkmälern. Paderborner Hochfläche – Paderborn – Büren – Salzkotten, S. 210–213, Mainz 1971.

GÜNTHER, Klaus: Zu den neolithischen Steinkistengräbern Kirchborchen I und Etteln. Germania, S. 250–253, Frankfurt 1978.

GÜNTHER, Klaus: Die neolithischen Steinkammergräber von Atteln, Kr. Paderborn (Westfalen). Germania, S. 153–161, Frankfurt 1979.

GÜNTHER, Klaus: Die neolithischen Steinkammergräber von Henglarn, Kr. Paderborn (Westfalen). Germania, S. 147–152, Frankfurt 1980.

GÜNTHER, Klaus: Zu den neolithischen Steinkammergräbern von Schloß Neuhaus bei Paderborn. Ausgrabungen und Funde in Westfalen-Lippe, S. 1–8, Mainz 1985.

GÜNTHER, Klaus/CZARZNETZKI, Alfred: Zu den neolithischen Steinkistengräbern von Kirchborchen, Gem. Borchen, Kreis Paderborn. Germania, S. 184 bis 191, Frankfurt 1976.

HEEGE, Elke/HEEGE, Andreas: Die Häuser der Toten. Jungsteinzeitliche Kollektivgräber im Landkreis Northeim, Hildesheim 1989.

HINGST, Hans: Eine befestigte jungsteinzeitliche Siedlung in Büdelsdorf, Kr. Rendsburg-Eckernförde. Offa, S. 90–95, Neumünster 1971.

HOIKA, Jürgen: Keramik vom Übergang zwischen Früh- und Mittelneolithikum aus Holstein. Archäologisches Korrespondenzblatt, S. 405–407, Mainz 1973.

HOIKA, Jürgen: Das Mittelneolithikum zur Zeit der Trichterbecherkultur in Nordostholstein, Neumünster 1987.

HÜSTER, Heidemarie: Die Fischknochen der neolithischen Moorsiedlung Hüde I am Dümmer, Kreis Grafschaft Diepholz. Neue Ausgrabungen und Forschungen in Niedersachsen, S. 401–480, Hildesheim 1985.

JAŻDŻEWSKI, Konrad: Die östliche Trichterbecherkultur in Nordwestpolen. Congressus Secundus Archaeologorum Balticorum, Riga 1930.

KAMPFMEYER, Ulrich: Der neolithische Siedlungsplatz Hüde I am Dümmer. Aus: Frühe Bauernkulturen in Niedersachsen, S. 119–154, Oldenburg 1983.

KEILING, Horst: Archäologische Zeugen der jungsteinzeitlichen Bauernbevölkerung Mecklenburgs. Museum für Ur- und Frühgeschichte Schwerin, Museumskatalog 5, Schwerin 1986.

KERSTEN, Karl: Bericht über die Untersuchung einiger Grabhügel bei Schwesing, Kreis Husum. Nachrichtenblatt für Deutsche Vorzeit, S. 93–94, Leipzig 1940.

KERSTEN, Karl/LA BAUME, Peter: Vorgeschichte der nordfriesischen Inseln, Neumünster 1958.

KIRCHNER, Horst: Die Menhire in Mitteleuropa und der Menhirgedanke, Mainz, Wiesbaden 1955.

KLINDT-JENSEN, Ole: Worm, Ole. Aus: Arkaeologisk ABC, S. 344, Kopenhagen 1972.

KNÖLL, Heinz: Die Trichterbecherkultur und ihre Beziehungen zu einigen neolithischen Kulturen Mitteldeutschlands. Jahresschrift für mitteldeutsche Vorgeschichte, S. 40–75, Halle/Saale 1954.

KÖRNER, Gerhard/LAUX, Friedrich: Ein Königreich an der Luhe, Lüneburg 1980.

KRÜGER, Franz: Megalithgräber der Kreise Bleckede, Dannenberg, Lüneburg und Winsen a. d. Luhe. Nachrichten aus Niedersachsens Urgeschichte, S. 4–79, Hildesheim 1927.

LANGENHEIM, Kurt: Die Tonware der Riesensteingräber in Schleswig-Holstein, Neumünster 1935.

LAUX, Friedrich: Ein Polygonaldolmen im nördlichen Niedersachsen. Die Kunde, S. 3–12, Hildesheim 1970.

LEHMKUHL, Ursula: Archäologische Untersuchungen am Tierknochenmaterial aus mecklenburgischen Großsteingräbern. Bodendenkmalpflege in Mecklenburg, S. 21–76, Berlin 1985.

LEIBER, Christian: Die Jungsteinzeit zwischen Hildesheimer Wald und Ith. Materialhefte zur Ur- und Frühgeschichte Niedersachsens, Hildesheim 1989.

LICHARDUS, Jan: Beiträge zur jüngeren Steinzeit und Bronzezeit im Saar-Mosel-Raum. I. Die Ausgrabungen in Hassel, Saar-Pfalz-Kreis, im Jahre 1978. 24. Bericht der Staatlichen Denkmalpflege im Saarland, S. 5–18, Saarbrücken 1978.

LICHARDUS, Jan: Zur Funktion der Geweihspitzen des Typus Ostorf. Germania, S. 1–24, Frankfurt 1980.

MEURERS-BALKE, Jutta: Siggeneben-Süd. Ein Fundplatz der frühen Trichterbecher-Kulur an der holsteinischen Ostseeküste. Offa, Neumünster 1983.

MÜLLER, Johannes: Die Arbeitsleistung für das Großsteingrab Kleinenkneten 1. Experimentelle Archäologie in Deutschland. Archäologische Mitteilungen aus Nordwestdeutschland/Beiheft, S. 210–219, Oldenburg 1990.

MÜLLER, Otto: Die Ausgrabung der nordischen Steinzeitsiedlung Flötz bei Güterslück. Mitteldeutsche Volkheit, S. 93–96, Halle/Saale 1938.

NAGEL, Erika: Ein Siedlungsplatz der Trichterbecherkultur in Glasow, Kreis Pasewalk. Bodendenkmalpflege in Mecklenburg, Jahrbuch 1979, S. 7–58, Berlin 1980.

NILIUS, Ingeburg: Das Neolithikum in Mecklenburg zur Zeit und unter besonderer Berücksichtigung der Trichterbecherkultur, Schwerin 1971.

NILIUS, Ingeburg/WARNKE, Dieter: Ein eingetiefter Gebäudegrundriß der mittelneolithischen Trichterbecherkultur von Ralswiek, Kreis Rügen. Bodendenkmalpflege in Mecklenburg, Jahrbuch 1983, S. 83–102, Berlin 1984.

PÄTZOLD, Johannes: Eine Siedlung der Großsteingrableute unter Normalnull bei Oldenburg. Oldenburger Jahrbuch, S. 83–98, Oldenburg 1955.

PREUSS, Joachim: Ausgrabung von Megalithgräbern im Haldensleber Forst. Ausgrabungen und Funde, S. 20–24, Berlin 1970.

PREUSS, Joachim: Die altmärkische Gruppe der Tiefstichkeramik. Veröffentlichungen des Landesmuseums für Vorgeschichte in Halle, Berlin 1980.

PREUSS, Joachim: Trichterbecherkultur. Aus: HERRMANN, Joachim: Lexikon früher Kulturen, S. 349/350, Leipzig 1984.

RECH, Manfred: Die Omphalosschalen aus Oldendorf, Kreis Lüneburg, und ihre Bedeutung für die Altersbestimmung der Großsteingräber in Niedersachsen. Aus: Großsteingräber in Niedersachsen, S. 161–169, Hildesheim 1979.

SCHIRNIG, Heinz: Großsteingräber in Niedersachsen. Veröffentlichungen der urgeschichtlichen Sammlungen des Landesmuseums zu Hannover, Hildesheim 1979.

SCHLICHT, Elisabeth: Kupferschmuck aus Megalithgräbern Nordwestdeutschlands. Nachrichten aus Niedersachsens Urgeschichte, S. 13–52, Hildesheim 1973.

SCHRICKEL, Waldtraut: Die Galeriegrab-Kultur in Westdeutschland. Fundamenta, Reihe A, S. 188–241, Köln 1976.

SCHULDT, Ewald: Steinzeitliche Grabmonumente der Insel Rügen. Museum für Ur- und Frühgeschichte Schwerin, Schwerin 1971.

SCHULDT, Ewald: Die steinzeitliche Inselsiedlung im Malchiner See bei Basedow, Kreis Malchin. Bodendenkmalpflege in Mecklenburg, S. 7–65, Schwerin 1974.

SCHULDT, Ewald: Die mecklenburgischen Megalithgräber. Ausgrabungen und Funde, S. 54–58, Berlin 1976.

SCHULDT, Ewald: Schälchen und Radkreuze auf dem Deckstein eines zerstörten Megalithgrabes von Blengow, Kr. Bad Doberan. Ausgrabungen und Funde, S. 109–111, Berlin 1985.

SCHWABEDISSEN, Hermann: Der neolithische Fundplatz Fuchsberg im Satruper Moor. Prähistorische Zeitschrift, S. 202–204, Berlin 1963.

SCHWABEDISSEN, Hermann: Die »Rosenhof-Gruppe« – ein neuer Fundkomplex des Frühneolithikums in Schleswig-Holstein. Archäologisches Korrespondenzblatt, S. 167–172, Mainz 1979.

SEGER, Hans: Oscar Montelius. Prähistorische Zeitschrift, S. 214–216, Berlin 1922.

SPROCKHOFF, Ernst: Die nordische Megalithkultur. Handbuch der Urgeschichte Deutschlands. Dritter Band, Berlin 1938.

SPROCKHOFF, Ernst: Atlas der Megalithgräber Deutschlands. Teil 1: Schleswig-Holstein. Textband, Bonn 1966.

SPROCKHOFF, Ernst: Atlas der Megalithgräber Deutschlands. Teil 2: Mecklenburg – Brandenburg – Pommern. Textband, Bonn 1967.

SPROCKHOFF, Ernst: Atlas der Megalithgräber Deutschlands. Teil 3: Niedersachsen – Westfalen. Textband, Bonn 1975.

TEMPEL, Wolf-Dieter: Erdgräber der Trichterbecherkultur in der Gemarkung Issendorf, Kreis Stade. Neue Ausgrabungen und Forschungen in Niedersachsen, S. 46–59, Hildesheim 1972.

TEMPEL, Wolf-Dieter: Bericht über die Ausgrabungen des Megalithgrabes I in Ostenwalde, Gemeinde Werlte, Kreis Aschendorf-Hümling. Neue Ausgrabungen und Forschungen in Niedersachsen, Seite 1 bis 31, Hannover 1978.

TEMPEL, Wolf-Dieter: Nachruf auf Rudolf Dehnke 24.4.1914–4.10.1988. Die Kunde, S. 231–233, Hildesheim 1989.

VOSS, Klaus Ludwig: Stratigraphische Notizen zu einem Langhaus der Trichterbecherkultur bei Wittenwater, Kr. Uelzen. Germania, S. 343–351, Frankfurt 1965.

WÄCHTER, Johann Carl: Statistik der im Königreich Hannover vorhandenen heidnischen Denkmäler, Hannover 1841.

WEGEWITZ, Willi: Die Gräber der Stein- und Bronzezeit im Gebiet der Niederelbe (Die Kreise Stade und Harburg), Hildesheim 1949.

WINTHER, Jens: Blandebjerg, Rudkøbing 1943.

Die Baalberger Kultur

BARTHEL, Hans-Joachim: Tierknochenreste aus einer Grube der Baalberger Gruppe von Erfurt. Ausgrabungen und Funde, S. 220–222, Berlin 1982.

BEHRE, Karl-Ernst: Wirkungen vorgeschichtlicher Kulturen auf die Vegetation Mitteleuropas. Naturwissenschaft und Medizin, herausgegeben von der Boehringer Mannheim GmbH, S. 15–30, Mannheim 1970.

BEHRENS, Hermann/SCHRÖTER, Erhard: Siedlungen und Gräber der Trichterbecherkultur und Schnurkeramik bei Halle/Saale. Veröffentlichungen des Landesmuseums für Vorgeschichte in Halle, Berlin 1980.

BÖTTCHER, Gerd: Ein Grab der Baalberger Gruppe mit Kupferschmuck von Büden/Kreis Burg. Ausgrabungen und Funde, S. 165–170, Berlin 1982.

COBLENZ, Werner: Gräber der Baalberger Gruppe aus Zauschwitz, Kr. Borna. Ausgrabungen und Funde, S. 53, Berlin 1976.

FILIP, Jan: Grimm, Paul. Enzyklopädisches Handbuch zur Ur- und Frühgeschichte Europas, S. 436, Prag 1966.

GEISLER, Horst: Neolithische und jungbronzezeitliche Funde von Angermünde. Ausgrabungen und Funde, S. 109–114, Berlin 1968.

GRIMM, Paul: Die Baalberger Gruppe. Aus: Die vor- und frühgeschichtliche Besiedlung des Unterharzes und seines Vorlandes auf Grund der Bodenfunde, S. 17–20, Halle/Saale 1930.

HENNIG, Egon: Das Baalberger Haus von Remstädt, Kr. Gotha. Ausgrabungen und Funde, S. 255–257, Berlin 1967.

MÜLLER, Detlef W.: Frühes Kupfer und Baalberge – Betrachtungen zu einem Grabfund von Unseburg, Kr. Staßfurt. Ausgrabungen und Funde, S. 166 bis 171, Berlin 1990.

PÖLLER, Heinz: Eine Bestattung der Baalberger Gruppe von Neuenfeld, Kreis Prenzlau. Ausgrabungen und Funde, S. 118–122, Berlin 1980.

Preuss, Joachim: Die Grabhügel der Baalberger Gruppe von Preußlitz, Kreis Bernburg. Jahresschrift für mitteldeutsche Vorgeschichte, S. 197–212, Halle/Saale 1957.

Schmidt-Thielbeer, Erika: Vor Jahrtausenden im Köthener Land. Zur vorgeschichtlichen Ausstellung im Heimatmuseum Köthen, Köthen 1977.

Schröter, Erhard: Baalberger Gräber auf der Schalkenburg bei Quenstedt, Kr. Hettstedt. Ausgrabungen und Funde, S. 229–233, Berlin 1976.

Schulz, Walther: Nils Niklasson. Jahresschrift für mitteldeutsche Vorgeschichte, S. 357–359, Halle/Saale 1968.

Stecher, Horst: Siedlungsfunde der Baalberger Kultur von Erfurt. Ausgrabungen und Funde, S. 215–219, Berlin 1982.

Die Schussenrieder Gruppe

Biel, Jörg: Eine jungsteinzeitliche Siedlung in Eberdingen-Hochdorf, Kreis Ludwigsburg. Archäologische Ausgrabungen 1978, S. 19–21, Stuttgart 1979.

Biel, Jörg: Abschließende Untersuchungen der jungsteinzeitlichen Siedlung bei Eberdingen-Hochdorf, Kreis Ludwigsburg. Archäologische Ausgrabungen 1979, S. 25–28, Stuttgart 1980.

Driehaus, Jürgen: Die Altheimer Gruppe und ihre westlichen Nachbarn. Aus: Die Altheimer Gruppe und das Jungneolithikum in Mitteleuropa, S. 155 bis 159, Mainz 1960.

Driesch, Angela von den/Boessneck, Joachim: Schnittspuren an neolithischen Tierknochen. Ein Beitrag zur Schlachttierzerlegung in vorgeschichtlicher Zeit. Germania, S. 1–25, Frankfurt 1975.

Frank, Eugen: Die Pfahlbaustation Schussenried, Lindau 1877.

Joachim, Hans-Eckart: Jürgen Driehaus. Gestorben am 29. Dezember 1986. Das Rheinische Landesmuseum Bonn, S. 79–80, Bonn 1987.

Küster, Hansjörg: Neolithische Pflanzenreste aus Hochdorf-Eberdingen (Kreis Ludwigsburg). Forschungen und Berichte zur Vor- und Frühgeschichte in Baden-Württemberg, S. 15–72, Stuttgart 1985.

Lüning, Jens: Schussenried und Jordansmühl. Fundamenta, Reihe A, S. 122 bis 187, Köln 1976.

Lüning, Jens: Zur Rohstoffversorgung der Schussenrieder Siedlung Ludwigsburg bei Stuttgart. Archäologisches Korrespondenzblatt, S. 269–274, Mainz 1978.

Lüning, Jens/Zürn, Hartwig: Die Schussenrieder Siedlung im »Schlößlesfeld«, Markung Ludwigsburg. Forschungen und Berichte zur Vor- und Frühgeschichte in Baden-Württemberg, Stuttgart 1977.

Piening, Ulrike: Verkohlte Nutz- und Wildpflanzenreste aus Großsachsenheim, Gemeinde Sachsenheim, Kreis Ludwigsburg. Fundberichte aus Baden-Württemberg, S. 177–190, Stuttgart 1986.

Quitta, Hans: Schussenrieder Gruppe. Aus: Herrmann, Joachim: Lexikon früher Kulturen, S. 245, Leipzig 1984.

Schmidt, Robert Rudolf: Jungsteinzeitliche Siedlungen im Federseemoor, Augsburg 1930.

Zürn, Hartwig: Das jungsteinzeitliche Dorf Ehrenstein im Blautal. Aus: Ausgrabungen in Deutschland. Teil 1. Vorgeschichte – Römerzeit, S. 115–118, Mainz 1975.

Die Hornstaader Gruppe

Becker, Bernd/Billamboz, André/Egger, Heinz/Gassmann, Patrick/Orcel, Alain/Orcel, Christian/Ruoff, Ulrich: Dendrochronologie in der Ur- und Frühgeschichte. Die absolute Datierung von Pfahlbausiedlungen nördlich der Alpen im Jahrringkalender Mitteleuropas. Antiqua, Basel 1985.

Billamboz, André/Schlichtherle, Helmut: Moor- und Seeufersiedlungen. Die Sondagen 1981 des »Projekts Bodensee-Oberschwaben«. Archäologische Ausgrabungen in Baden-Württemberg 1981, Stuttgart 1982.

Dieckmann, Bodo: Die neolithischen Ufersiedlungen von Hornstaad »Hörnle« am Bodensee, Kreis Konstanz. Archäologische Ausgrabungen in Baden-Württemberg 1984, S. 52–58, Stuttgart 1985.

Dieckmann, Bodo: Die neolithischen Ufersiedlungen von Hornstaad-Hörnle am Bodensee, Kreis Konstanz. Die Grabungskampagne 1984/85. Archäologische Ausgrabungen in Baden-Württemberg 1985, S. 59–65, Stuttgart 1986.

Dieckmann, Bodo: Die Ausgrabungen in Hornstaad im Rahmen der Pfahlbauarchäologie Bodensee-Oberschwaben. Vorträge des 6. Niederbayerischen Archäologentages, S. 57–82, Deggendorf 1988.

Feldtkeller, Annemarie/Schlichtherle, Helmut: Jungsteinzeitliche Kleidungsstücke aus Ufersiedlungen des Bodensees. Archäologische Nachrichten aus Baden, S. 74–84, Freiburg 1987.

Goessler, Peter: Oberstudienrat Dr. Eduard v. Paulus. Korrespondenz-Blatt der Deutschen Gesellschaft für Anthropologie, Ethnologie und Urgeschichte, S. 56, Braunschweig 1907.

Rösch, Manfred: Die Pflanzenreste der neolithischen Ufersiedlung von Hornstaad-Hörnle I am westlichen Bodensee. Aus: Berichte zu Ufer- und Moorsiedlungen Südwestdeutschlands 2, S. 164–189, Stuttgart 1985.

Schlichtherle, Helmut: Ausgrabungen des »Projekts Bodensee-Oberschwaben« in Hornstaad. Archäologische Nachrichten aus Baden, S. 56–66, Freiburg 1984.

Schlichtherle, Helmut: Prähistorische Ufersiedlungen am Bodensee – eine Einführung in naturräumliche Gegebenheiten und archäologische Quellen. Aus: Berichte zu Ufer- und Moorsiedlungen Südwestdeutschlands 2, S. 9–42, Stuttgart 1985.

Schlichtherle, Helmut: Vorgeschichtliche Pfahlbausiedlungen um die Spitze der Halbinsel Höri. Beiträge zur Geschichte der Gemeinde Gaienhofen, S. 17–29, Singen 1987.

Schlichtherle, Helmut: Pfahlbauten – die frühe Besiedlung des Alpenvorlandes. Siedlungen der Steinzeit. Haus, Festung und Kult, S. 140–153, Heidelberg 1989.

Tröltsch, Eugen von: Die Pfahlbauten des Bodenseegebiets, Stuttgart 1902.

Die Pfyner Kultur

Driehaus, Jürgen: Die Altheimer Gruppe und ihre westlichen Nachbarn. Aus: Die Altheimer Gruppe und das Jungneolithikum in Mitteleuropa, S. 145, Mainz 1960.

Keefer, Erwin/Köninger, Joachim: Moorsiedlungen des Federseerieds. Archäologische Ausgrabungen in Baden-Württemberg 1985, S. 66–70, Stuttgart 1986.

Mainberger, Martin: Ausgrabungen im Schorrenried bei Reute (Stadt Bad Waldsee, Kreis Ravensburg). Archäologische Ausgrabungen in Baden-Württemberg 1982, S. 56–58, Stuttgart 1983.

Preuss, Joachim: Pfyner Kultur. Aus: Herrmann, Joachim: Lexikon früher Kulturen, S. 147, Leipzig 1984.

Schlichtherle, Helmut/Rottländer, Rolf: Gußtiegel der Pfyner Kultur in Südwestdeutschland. Fundberichte aus Baden-Württemberg, S. 59–71, Stuttgart 1982.

Schlichtherle, Helmut: Bodmann-Blissenhalde – Eine neolithische Ufersiedlung unter dem Steilabhang des Bodanrücks. Archäologische Nachrichten aus Baden, S. 38–42, Freiburg 1987.

Die Altheimer Kultur

Aitchison, James Stuart/Engelhardt, Bernd/Moore, Peter: Neue Ausgrabungen in einer Feuchtbodensiedlung der jungneolithischen Altheimer Gruppe in Ergolding, Landkreis Landshut, Niederbayern. Das archäologische Jahr in Bayern, S. 43–47, Stuttgart 1988.

Boessneck, Joachim: Studien an vor- und frühgeschichtlichen Tierresten Bayerns. I. Tierknochen aus spätneolithischen Siedlungen Bayerns. Aus dem Tieranatomischen Institut der Universität München, S. 1–50, München 1956.

Christlein, Rainer: Das unterirdische Bayern. 7000 Jahre Geschichte und Archäologie im Luftbild, Stuttgart 1982.

Driehaus, Jürgen: Die Altheimer Gruppe und das Jungneolithikum in Mitteleuropa, Mainz 1960.

Reinecke, Paul: Altheim (Ndrbay.). Befestigte jungneolithische Siedlung. Römisch-germanisches Korrespondenzblatt, S. 9–11, Mainz 1915.

Spitzlberger, Georg: Vor- und frühgeschichtliche Fundstätten im Land an der Großen und Kleinen Laaber (Landkreis Rottenburg/Laaber) Landshut 1971.

Spitzlberger, Georg: Nachwort. Aus: Pollinger, Johann: Aus Landshut und Umgebung. Unveränderter Nachdruck von 1908, Landshut 1988.

Stika, Hans-Peter: Die botanische Untersuchung der jungneolithischen Feuchtbodensiedlung Pestenacker. Das archäologische Jahr in Bayern 1988, S. 38–39, Stuttgart 1989.

Wagner, Karl Heinz: Ernst Frickhinger †. Nachrichtenblatt für Deutsche Vorzeit, S. 296–297, Leipzig 1940.

Die Pollinger Gruppe

Birkner, Ferdinand: Ur- und Vorzeit Bayerns, S. 86, München 1936.

Blome, Wolfgang: Tierknochenfunde aus der spätneolithischen Station Polling. Dissertation, München 1968.

Maier, Rudolf Albert: Jäger und Gerber in der Neolithstation Polling im Alpenvorland. Jahresbericht der Bayerischen Bodendenkmalpflege. S. 24–32, München 1974/75.

Maier, Rudolf Albert: Ein Fundverband jungneolithischer Michelsberg- und Polling-Keramik von Aislingen bei Dillingen a. d. Donau (Bayer. Schwaben). Germania, S. 560–565, Frankfurt 1989.

Müller-Karpe, Hermann: Die spätneolithische Siedlung von Polling. Materialhefte zur bayerischen Vorgeschichte, Kallmünz/Opf. 1961.

Wagner, Friedrich: Ferdinand Birkner. Bayerische Vorgeschichtsblätter, S. 95, München 1948.

Die Salzmünder Kultur

Behrens, Hermann: Neues und Altes zu den neolithischen Tontrommeln. Fundberichte aus Hessen, S. 145–161, Wiesbaden 1980.

Benesch, Friedrich: Die Festung Hutberg bei Wallendorf, Kreis Merseburg. Nachrichtenblatt für Deutsche Vorzeit, S. 242/243, Leipzig 1940.

Billig, Gerhard: Der Siebenhügel bei Köttichau, Kreis Hohenmölsen. Jahresschrift für mitteldeutsche Vorgeschichte, S. 77–136, Halle/Saale 1962.

Coblenz, Werner/Fritzsche, Claus: Kleinstkindbestattung in einer reich ausgestatteten Salzmünder Grube mit Muschelschichten von Zauschwitz, Kreis Borna. Ausgrabungen und Funde, S. 5–17, Berlin 1980.

Grimm, Paul: Die Salzmünder Kultur in Mitteleuropa. Jahresschrift für die Vorgeschichte der sächsisch-thüringischen Länder, S. 1–104, Halle/Saale 1938.

Heidelk-Schacht, Siegrid: Ritzverzierte neolithische Steinäxte aus dem Bezirk Neubrandenburg. Ausgrabungen und Funde, S. 111 bis 117, Berlin 1985.

Lechler, Jörg: Die reichverzierten Steinäxte des sächsischen Typus. Mannus-Bibliothek, S. 1–10, Leipzig 1922.

Mangelsdorf, Günter: Eine verzierte Axt der Salzmünder Gruppe aus Strodehne, Kr. Rathenow. Ausgrabungen und Funde, S. 129–130, Berlin 1965.

Nitschke, Waldemar: Eine verzierte Trommel der Salzmünder Kultur von Gerstewitz, Ortsteil von Zorbau, Kr. Hohenmölsen. Ausgrabungen und Funde, S. 149–151, Berlin 1986.

Schlenther, Ursula: Der Janushügel bei Reichardtswerbern, Kreis Weißenfels. Jahresschrift für mitteldeutsche Vorgeschichte, S. 57–76, Halle/Saale 1962.

Die Horgener Kultur

Filip, Jan: Horgen. Aus: Enzyklopädisches Handbuch zur Ur- und Frühgeschichte Europas, S. 502/503, Prag 1966.

Filip, Jan: Vogt, Emil. Aus: Enzyklopädisches Handbuch zur Ur- und Frühgeschichte Europas, S. 1599, Prag 1969.

Pape, Wolfgang: Zur Zeitstellung der Horgener Kultur. Germania, S. 53–65, Frankfurt 1978.

Reinerth, Hans: Das Pfahldorf Sipplingen am Bodensee, Leipzig 1932.

Vogt, Emil: Zum Schweizerischen Neolithikum. Germania, S. 89–94, Berlin 1934.

Die Chamer Gruppe

Böhner, Kurt: Hans-Jürgen Hundt zum 65. Geburtstag am 25. Juli 1975. Jahrbuch des Römisch-Germanischen Zentralmuseums Mainz, S. IX–XVI, Mainz 1977.

Burger, Ingrid: Die Chamer Gruppe in Niederbayern. Beilage zum Amtlichen Schul-Anzeiger für den Regierungsbezirk Niederbayern, S. 28–44, Landshut 1978.

Burger, Ingrid: Die Siedlung der Chamer Gruppe von Dobl, Gemeinde Prutting, Landkreis Rosenheim, und ihre Stellung im Endneolithikum Mitteleuropas, Fürth/Bayern 1988.

Busch, Andreas: Tierknochenfunde aus einer endneolithischen Siedlung bei Riekofen/Ldkr. Regensburg, München 1985.

Engelhardt, Bernd: Das Chamer Erdwerk von Hadersbach, Stadt Geiselhöring, Landkreis Straubing-Bogen, Niederbayern. Das archäologische Jahr in Bayern 1986, S. 44–47, Stuttgart 1987.

Hundt, Hans-Jürgen: Eine neue jungneolithische Gruppe im östlichen Bayern (Chamer Gruppe). Germania, S. 5–16, Berlin 1951.

Maier, Rudolf Albert: Eine Chamer Höhensiedlung im niederbayerischen Vilstal. Germania, S. 70–74, Frankfurt 1963.

Maier, Rudolf Albert: Dolchblätter aus Pressigny-Silex von zwei Fundplätzen Südbayerns mit Keramik der Chamer Gruppe. Germania, S. 232–235, Frankfurt 1990.

Matuschik, Irenäus/Werner, Hansjürgen: Eine befestigte Siedlung des Endneolithikums aus Riekofen-Kellnerfeld, Lkr. Regensburg. Bericht der Bayerischen Bodendenkmalpflege, S. 37–55, München 1981/82.

Ottaway, Barbara S.: Eine befestigte Siedlung der Chamer Gruppe. Bericht der Bayerischen Bodendenkmalpflege, S. 19–36, München 1986.

Uenze, Hans Peter: Die endneolithische befestigte Siedlung von Dobl, Ldkr. Rosenheim, Bayerische Vorgeschichtsblätter, S. 1–36, München 1981.

Uenze, Hans Peter: Das Grabenwerk der endneolithischen Chamer Gruppe bei Piesenkofen, Gde. Obertraubling, Ldkr. Regensburg/Opf. (Piesenkofen I). Bayerische Vorgeschichtsblätter, S. 81–112, München 1985.

Wolf, Herbert: Knöbling-SSW. Die eponyme Siedlung der endneolithischen Chamer Gruppe und die weiteren vorgeschichtlichen Fundstellen im Gebiet des Gradabteilungsblattes 6841-Roding. Aus: Festschrift Gymnasium Studienheim Cham 1925–1973, S. 147–215, Bonn 1973.

Die Goldberg III-Gruppe

Bersu, Gerhard: Altheimer Wohnhäuser vom Goldberg, OA. Neresheim, Württemberg. Germania, S. 149–158, Berlin 1937.

Filip, Jan: Goldberg bei Nördlingen. Aus: Enzyklopädisches Handbuch zur Ur- und Frühgeschichte Europas, S. 419/420, Prag 1966.

Krämer, Werner: Gerhard Bersu zum Gedächtnis. Römisch-Germanische Kommission des Deutschen Archäologischen Instituts Frankfurt a. M., S. 1–2, Frankfurt 1965.

Schlichtherle, Helmut: Neue Fundstellen im Federseemoor bei Bad Buchau, Oggelshausen, Alleshausen und Seekirch, Kreis Biberach. Aus: Archäologische Ausgrabungen in Baden-Württemberg 1989, S. 57–62, Stuttgart 1990.

Schröter, Peter: Zur Besiedlung des Goldberges im Nördlinger Ries. Aus: Ausgrabungen in Deutschland. Teil 1. Vorgeschichte – Römerzeit. S. 98–114, Mainz 1975.

Die Wartberg-Gruppe

Anonymus: Vom General zum Heimatforscher. Das Wirken Gustav Eisentrauts – Geschichtsverein am Grabe eines großen Vorsitzenden. Hessische Allgemeine, Kassel, 6. März 1971.

Bantelmann, Niels/Lanting, Albert E./Waals, J. Diderik van der: Wiesbaden »Hebenkies«, das Grabmal auf dem Weg nach der Platte – Die Nachforschung von Wilhelm Dorow 1817 und die Untersuchungen in den Jahren 1975 bis 1979. Fundberichte aus Hessen, S. 185–249, Wiesbaden 1980.

Bergmann, Joseph: Urgeschichte und Frühgeschichte im Hessischen Landesmuseum Kassel, Kassel 1971.

Bergmann, Joseph: Urgeschichte des Stadtkreises Kassel. Führer zur nordhessischen Ur- und Frühgeschichte, Kassel 1981.

Czarnetzki, Alfred: Die menschlichen Skelettreste aus vier neolithischen Steinkisten Hessens und Niedersachsens, Tübingen 1966.

Czarnetzki, Alfred: Vier neolithische Steinkistenpopulationen aus Hessen und Niedersachsen. Fundamenta, Reihe B, S. 218–240, Köln 1978.

Dehn, Wolfgang: Hessische Steinkisten und frühes Metall. Fundberichte aus Hessen, S. 163–176, Wiesbaden 1980.

Filip, Jan: Müller-Karpe, Hermann. Enzyklopädisches Handbuch zur Ur- und Frühgeschichte Europas, S. 866, Prag 1969.

Fischer, Ulrich: Zu den neolithischen Kollektivgräbern in Hessen und Thüringen. Nassauische Annalen, S. 1–21, Wiesbaden 1968.

Gensen, Rolf: Neue Siedlungen der westeuropäischen Steinkistenkultur in Nordhessen. Fundberichte aus Hessen, S. 57–61, Bonn 1964.

Gercke, Peter: Johannes Boehlau 1861–1941. Aus: Lullies, Reinhard/Schiering, Wolfgang: Archäologenbildnisse. Porträts und Kurzbiographien von Klassischen Archäologen deutscher Sprache, S. 146/147, Mainz 1988.

Glüsing, Peter: Eine Siedlung der spätneolithischen Galeriegrabkultur im Weißen Holz bei Warburg-Rimbeck, Kreis Höxter. Ausgrabungen und Funde in Westfalen-Lippe, S. 17–21, Mainz 1984.

Günther, Klaus: Die neolithischen Steinkammern von Henglarn, Kreis Paderborn (Westfalen). Germania, S. 149–152, Frankfurt 1980.

Günther, Klaus: Ein Großsteingrab in der Warburger Börde bei Hohenwepel, Stadt Warburg, Kreis Höxter. Ausgrabungen und Funde in Westfalen-Lippe, S. 65–104, Mainz 1986.

Günther, Klaus: Archäologische und geophysikalische Arbeiten des Jahres 1985 am jungsteinzeitlichen Erdwerk Rimbeck, Stadt Warburg, Kreis Höxter. Ausgrabungen und Funde in Westfalen-Lippe, S. 1–7, Münster 1987.

Günther, Klaus: Neolithische Bildzeichen an einem ehemaligen Megalithgrab bei Warburg, Kreis Höxter (Westfalen). Germania, Frankfurt 1990.

Günther, Klaus/Czarnetzki, Alfred: Zu den neolithischen Steinkistengräbern von Kirchborchen, Gem. Borchen, Kr. Paderborn. Germania, S. 184 bis 191, Frankfurt 1976.

Jordan, Wilhelm: Das Steinkammergrab von Altendorf, Kr. Wolfhagen, S. 5–26, Marburg 1954.

Kappel, Irene: Steinkammergräber und Menhire in Nordhessen, Kassel 1978.

Kappel, Irene: Das Steinkammergrab bei Züschen. Denkmal europäischer Bedeutung in Nordhessen. Herausgegeben von der Abteilung für Vor- und

Frühgeschichte im Landesamt für Denkmalpflege Hessen, Wiesbaden, in Verbindung mit dem Verkehrsverein Züschen, Wiesbaden 1981.

Knöll, Heinz: Westfälisch-hessische Steinkisten und nordwestdeutsche Megalithgräber. Fundberichte aus Hessen, S. 20–34, Bonn 1961.

Probst, Ernst: Tiefe Gräben sollten Frauenräuber stoppen. 5000 Jahre alte Burg aus der Steinzeit entdeckt. Allgemeine Zeitung, Mainz, S. 20, 19. Juni 1990.

Raetzel-Fabian, Dirk: Nordhessen vor 5000 Jahren – Megalithgräber und Höhensiedlungen. Jahrbuch 1989 Landkreis Kassel, S. 28–33, Kassel 1989.

Schwellnus, Winrich: Nachuntersuchung auf dem Güntersberg bei Gudensberg, Kr. Fritzlar-Homberg. Fundberichte aus Hessen, S. 102–104, Wiesbaden 1969/70.

Schwellnus, Winrich: Untersuchung einer spätneolithischen Höhensiedlung auf dem Hasenberg bei Lohra, Kr. Fritzlar-Homberg. Fundberichte aus Hessen, S. 118–121, Wiesbaden 1971.

Schwellnus, Winrich: Wartberg-Gruppe und hessische Megalithik. Ein Beitrag zum späten Neolithikum des Hessischen Berglandes, Wiesbaden 1979.

Uenze, Otto: Die ersten Bauern (Jungsteinzeit), Marburg 1956.

Walter, Wulf: Siedlungsfunde der Wartberg-Gruppe im Mühlhäuser Becken. Alt-Thüringen, S. 97–111, Weimar 1986.

Wurm, Karl/Schoppa, Helmut/Ankel, Cornelius/Czarnetzki, Alfred: Die westeuropäische Steinkiste von Niedertiefenbach, Oberlahnkreis. Fundberichte aus Hessen, S. 46–77. Bonn 1963.

Die Walternienburg-Bernburger Kultur

Åberg, Nils: Das nordische Kulturgebiet in Mitteleuropa während der jüngeren Steinzeit, Uppsala, Leipzig 1918.

Bach, Adelheid/Bach, Herbert: Anthropologische Analyse des Walternienburg/Bernburger Kollektivgrabes von Schönstedt im Thüringer Becken. Alt-Thüringen, S. 59–107, Weimar 1972.

Bach, Adelheid/Barthel, Hans-Joachim/Gall, Werner: Neolithische Totenhütte bei Gotha-Siebleben. Alt-Thüringen, S. 55–62, Weimar 1987.

Behrens, Hermann: Götterthron oder Altar? Neuartige Gegenstände der mitteldeutschen neolithischen Bernburger Kultur. Ausgrabungen und Funde, S. 19–22, Berlin 1973.

Behrens, Hermann: Stand und Aufgaben der Steinzeitforschung in der DDR auf der Grundlage der Forschungen der letzten Jahre. Jahresschrift für mitteldeutsche Vorgeschichte, S. 9–15, Halle/Saale 1977.

Behrens, Hermann: Der Walternienburger und der Bernburger Keramikstil und die Walternienburg-Bernburger Kultur. Jahresschrift für mitteldeutsche Vorgeschichte, S. 11–16, Halle/Saale 1981.

Döhle, Hans-Jürgen/Stahlhofen, Heribert: Die neolithischen Rindergräber auf dem Löwenberg bei Derenburg, Kreis Wernigerode. Jahresschrift für mitteldeutsche Vorgeschichte, S. 157–177, Halle/Saale 1985.

Feustel, Rudolf: Die Walternienburg/Bernburger Totenhütte von Schönstedt im Thüringer Becken. Alt-Thüringen, S. 31–58, Weimar 1972.

Feustel, Rudolf/Ullrich, Herbert: Totenhütten der neolithischen Walternienburger Gruppe. Alt-Thüringen, S. 105–107, Weimar 1965.

Fischer, Ulrich: Blick aus der Hessischen Senke auf Walternienburg-Bernburg. Jahresschrift für mitteldeutsche Vorgeschichte, S. 89–97, Halle/Saale 1981.

Götze, Alfred: Der Bernburger Typus. Verhandlungen der Berliner Gesellschaft für Anthropologie, Ethnologie und Urgeschichte, S. 184–188, Berlin 1892.

Götze, Alfred: Das neolithische Gräberfeld von Walternienburg (Kr. Jerichow I). Jahresschrift für Vorgeschichte der sächsisch-thüringischen Länder, S. 159–166, Halle/Saale 1911.

Grimm, Paul: Eine Befestigung der Walternienburg-Bernburger Kultur vom Steinkuhlenberg bei Derenburg, Kr. Wernigerode. Nachrichtenblatt für Deutsche Vorzeit, S. 240/241, Leipzig 1940.

Häusler, Alexander: Zu den Grab- und Bestattungssitten der Walternienburg-Bernburger Kultur. Jahresschrift für mitteldeutsche Vorgeschichte, S. 75–87, Berlin 1981.

Müller, Detlef W.: Grabkammer vom mitteldeutschen Typ mit Menhir von Langeneichstätt, Kr. Querfurt. Ausgrabungen und Funde, S. 192–199, Berlin 1988.

Müller, Hanns-Hermann: Tierreste aus Siedlungsgruben der Bernburger Kultur von der Schalkenburg bei Quenstedt, Kreis Hettstedt. Jahresschrift für mitteldeutsche Vorgeschichte, S. 179–220, Halle/Saale 1985.

Nerman, Birger: Nils Åberg. Kungl. Vitterhets Historie och Antikvitets Akademiens Årsbok, S. 51–60, Stockholm 1957.

Nestler, Ilona: Eine neolithische Tontrommel aus Erfurt. Ausgrabungen und Funde, S. 211–214, Berlin 1984.

Niklasson, Nils: Studien über die Walternienburg-Bernburger Kultur. Jahresschrift für die Vorgeschichte der sächsisch-thüringischen Länder, S. 1–185, Halle/Saale 1925.

Peschek, Christian: Ein Siedlungsfund der Bernburger Kultur aus Nordbayern. Jahresschrift für mitteldeutsche Vorgeschichte, S. 201–205, Halle/Saale 1976.

Schmidt-Thielbeer, Erika: Eine Siedlung der Bernburger Kultur und eine schnurkeramische Totenhütte bei Kleinzerbst, Kr. Köthen. Ausgrabungen und Funde, S. 177–180, Berlin 1981.

Schrickel, Waldtraut: Westeuropäische Elemente im Neolithikum und in der frühen Bronzezeit Mitteldeutschlands, Leipzig 1957.

Schrickel, Waldtraut: Katalog der mitteldeutschen Gräber mit westeuropäischen Elementen und der Galeriegräber Westdeutschlands, Bonn 1966.

Schrickel, Waldtraut: Westeuropäische Elemente im neolithischen Grabbau Mitteldeutschlands und die Galeriegräber Westdeutschlands und ihre Inventare, Bonn 1966.

Stahlhofen, Heribert: Nach 150 Jahren wiederentdeckt – ein Grabhügel der Bernburger Kultur in Halle-Neustadt. Ausgrabungen und Funde, S. 170 bis 172, Berlin 1982.

Stahlhofen, Heribert: Ein Kollektivgrab der Bernburger Kultur auf dem Wichhäuser Hügel bei Derenburg, Kreis Wernigerode. Ausgrabungen und Funde, S. 163–166, Berlin 1984.

Stahlhofen, Heribert/Kurzhals, Andreas: Neolithische Rinderbestattungen bei Derenburg, Kr. Wernigerode. Ausgrabungen und Funde, S. 157–160, Berlin 1985.

Teichert, Manfred: Tierreste aus der neolithischen Totenhütte von Schönstedt. Alt-Thüringen, S. 107–114, Weimar 1972.

Wamser, Gertrudis: Ein Kollektivgrab der Walternienburg-Bernburger Kultur bei Großeibstadt. Das archäologische Jahr in Bayern, S. 41–44. Stuttgart 1984.

Die Havelländische Kultur

Behrens, Hermann: Funde vom Charakter der Havelländischen Kultur. Aus: Die Jungsteinzeit im Mittelelbe-Saale-Gebiet, S. 114–116, Berlin 1973.

Kirsch, Eberhard: Ein Kollektivgrab mit Totenkultplatz der Havelländischen Kultur bei Buchow-Karpzow, Kr. Nauen. Ausgrabungen und Funde, S. 52–55, Berlin 1977.

Kirsch, Eberhard: Die Havelländische Kultur und ihre kulturellen Beziehungen. Jahresschrift für mitteldeutsche Vorgeschichte, S. 99–111, Halle/Saale 1981.

Kirsch, Eberhard/Plate, Friedrich: Ein Körpergräberfeld der Havelländischen Kultur bei Dreetz, Kr. Kyritz. Veröffentlichungen des Museums für Ur- und Frühgeschichte Potsdam, S. 7–40, Berlin 1983.

Preuss, Joachim: Elb-Havel-Gruppe. Aus: Herrmann, Joachim: Lexikon früher Kulturen, S. 237, Leipzig 1984.

Die Kugelamphoren-Kultur

Beier, Hans-Jürgen: Die Kugelamphoren-Kultur im Mittelelbe-Saale-Gebiet und in der Altmark, Berlin 1988.

Götze, Alfred: Neolithische Kugel-Amphoren. Zeitschrift für Ethnologie, S. 154–177, Berlin 1900.

Kirsch, Eberhard: Ein Grab der Kugelamphorenkultur von Berlin-Friedrichsfelde. Ausgrabungen und Funde, S. 66–71, Berlin 1980.

Laux, Friedrich: Nachbestattungen der Kugelamphorenkultur in Steingräbern der Lüneburger Heide. Lüneburger Blätter, S. 71–86, Lüneburg 1982.

Neustupný, Evzen: Kugelamphorenkultur. Aus: Filip, Jan: Enzyklopädisches Handbuch zur Ur- und Frühgeschichte Europas, S. 651–655, Prag 1966.

Priebe, Hans: Die Westgruppe der Kugelamphoren. Jahresschrift für die Vorgeschichte der sächsisch-thüringischen Länder, Halle/Saale 1938.

Schacht, Sigrid: Ein verziertes Schädelrondell von Vanselow, Kreis Demmin. Ausgrabungen und Funde, S. 100–105, Berlin 1982.

Stolle, Thomas: Ein Grab der Kugelamphorenkultur mit Nackenkammaxt aus Benzingerode, Kreis Wernigerode. Ausgrabungen und Funde, S. 151 bis 154, Berlin 1986.

Wankel, Wolfgang: Ein Steinkistengrab der Kugelamphorenkultur von Schönebeck (Elbe). Jahresschrift für mitteldeutsche Vorgeschichte, S. 243–245, Halle/Saale 1958.

Weber, Valentin: Neue Siedlungsfunde der Kugelamphorenkultur. Ausgrabungen und Funde, S. 72–78, Berlin 1974.

Die Schnurkeramischen Kulturen

ABELS, Björn-Uwe: Ein Grab der Schnurkeramik aus Opferbaum, Ldkr. Schweinfurt. Archäologisches Korrespondenzblatt, S. 201–207, Mainz 1974.

ÅBERG, Nils: De nordiske stridsyxornas typology, Stockholm 1915.

BACH, Herbert: Ein schnurkeramisches Skelett mit zweifacher Schädeltrepanation aus Wechmar, Kr. Gotha. Alt-Thüringen, S. 202–211, Weimar 1963.

BANTELMANN, Niels: Die Urgeschichte des Kreises Kusel. Veröffentlichungen der Pfälzischen Gesellschaft zur Förderung der Wissenschaften in Speyer, Speyer 1972.

BANTELMANN, Niels: Endneolithische Funde im rheinisch-westfälischen Raum. Offa-Bücher, Neumünster 1982.

BANTELMANN, Niels: Eine schnurkeramische Siedlungsgrube in Speyer. Offa, Festschrift für Albert Bantelmann zum 75. Geburtstag, S. 13–27, Neumünster 1986.

BEHM-BLANCKE, Günther: Die schnurkeramische Totenhütte Thüringens, ihre Beziehungen zum Grabbau verwandter Kulturen und zum neolithischen Wohnbau. Alt-Thüringen, S. 63–83, Weimar 1955.

BEHRENS, Hermann: Die Schnurkeramik – nur ein Problem der Klassifikation? Jahresschrift für mitteldeutsche Vorgeschichte, S. 9–14, Halle/Saale 1981.

BEHRENS, Hermann/FASSHAUER, Paul/KIRCHNER, Horst: Ein neues innenverziertes Steinkammergrab der Schnurkeramik aus der Dölauer Heide bei Halle/Saale. Jahresschrift für mitteldeutsche Vorgeschichte, S. 13–50, Halle/Saale 1956.

BEHRENS, Hermann/SCHLETTE, Friedrich: Die neolithischen Becherkulturen im Gebiet der DDR und ihre europäischen Beziehungen, Berlin 1969.

BRUCHHAUS, Horst/HOLTFRETER, Jürgen: Der »trepanierte« Schädel eines Schnurkeramikers von Allstedt, Mallerbacher Feld, Kr. Sangershausen. Ausgrabungen und Funde, S. 215–219, Berlin 1984.

BRUCHHAUS, Horst/HOLTFRETER, Jürgen: Zwei trepanierte Schädel aus der Schnurkeramik des Mittelelbe-Saale-Gebietes von Braunsdorf, Kr. Merseburg, und von Laucha-Dorndorf, Kr. Nebra. Ausgrabungen und Funde, S. 167–171, Berlin 1985.

CLASON, Antje T.: Einige Bemerkungen über Viehzucht, Jagd und Knochenbearbeitung bei der mitteldeutschen Schnurkeramik. Aus: Die neolithischen Becherkulturen im Gebiet der DDR und ihre europäischen Beziehungen, S. 173–195, Berlin 1969.

COBLENZ, Werner: Schnurkeramische Gräber auf dem Schafberg Niederkaina bei Bautzen. Arbeits- und Forschungsberichte zur sächsischen Bodendenkmalpflege, S. 41–106, Dresden 1952.

FEUSTEL, Rudolf/BACH, Herbert/GALL, Werner/TEICHERT, Manfred: Beiträge zur Kultur und Anthropologie der mitteldeutschen Schnurkeramiker. Alt-Thüringen, S. 21–170, Weimar 1966.

FISCHER, Ulrich: Mitteldeutschland und die Schnurkeramik. Jahresschrift für mitteldeutsche Vorgeschichte, S. 254–298, Halle/Saale 1958.

FISCHER, Ulrich: Die Dialektik der Becherkulturen. Jahresschrift für mitteldeutsche Vorgeschichte, S. 235–245, Halle/Saale 1976.

GALL, Werner: Schnurkeramische Gräber im Neubaugebiet von Erfurt-Gispersleben. Ausgrabungen und Funde, S. 238–240, Berlin 1974.

GATERMANN, Heinz: Die Becherkulturen in der Rheinprovinz, Würzburg 1943.

GEBERS, Wilhelm: Das Endneolithikum im Mittelrheingebiet. Typologische und chronologische Studien. Saarbrücker Beiträge zur Altertumskunde, Bonn 1984.

GÖTZE, Alfred: Die Gefäßformen und Ornamente der neolithischen schnurverzierten Keramik im Flußgebiet der Saale, Jena 1891.

GRIMM, Hans: Neue schnurkeramische Skelettreste von Schafstädt, Kreis Merseburg. Jahresschrift für mitteldeutsche Vorgeschichte, S. 107–115, Halle/Saale 1964.

HÄUSLER, Alexander: Der Ursprung der Schnurkeramik nach Aussage der Grab- und Bestattungssitten. Jahresschrift für mitteldeutsche Vorgeschichte, S. 9–30, Halle/Saale 1983.

HÄUSLER, Alexander: Protoindoeuropäer, Baltoslawen, Urslawen. Bemerkungen zu einigen neuen Hypothesen. Zeitschrift für Archäologie, S. 1–11, Berlin 1988.

HÖCKNER, Hans: Vorläufige Mitteilung über die Ergebnisse der Ausgrabung von schnurkeramischen Hügelgräbern und Siedlungsplätzen im Luckauer Forst, Kr. Altenburg, 1953 bis 1955. Ausgrabungen und Funde, S. 70–72, Berlin 1966.

HOPPE, Frank/WEISS, Birgit: Ein Begräbnisplatz der Schnurkeramik bei Bergrheinfeld, Landkreis Schweinfurt. Unterfranken. Das archäologische Jahr in Bayern 1982, S. 37–38, Stuttgart 1983.

KRAUSE, Rüdiger: Die endneolithischen und frühbronzezeitlichen Grabfunde auf der Nordstadtterrasse von Singen am Hohentwiel, Stuttgart 1988.

KREINER, Ludwig: Die erste schnurkeramische Mehrfachbestattung in Südostbayern. Das archäologische Jahr in Bayern 1982, S. 39–41, Stuttgart 1983.

LIPPMANN, Eberhard: Schnurkeramische Bestattung von Erfurt. Ausgrabungen und Funde, S. 225–227, Berlin 1982.

MALMER, Mats P.: Jungneolithische Studien. Acta archaeologica lundensia, Bonn & Lund 1962.

MATTHIAS, Waldemar: Neue Funde und eine Menhirstatue aus der Gemarkung Schaftstädt, Kreis Merseburg. Jahresschrift für mitteldeutsche Vorgeschichte, S. 83–105, Halle/Saale 1964.

PESCHEL, Karl: Grabfunde der Schnurkeramik von Jena-Lobeda. Ausgrabungen und Funde, S. 255–259, Berlin 1966.

PFAUTH, Ulrich: Funde der Schnurkeramik von Landersdorf, Gemeinde Thalmässing, Landkreis Roth, Mittelfranken. Archäologisches Jahr in Bayern, S. 50/51, München 1986.

REINECKE, Paul: Zur jüngeren Steinzeit in West- und Süddeutschland. Westdeutsche Zeitschrift für Geschichte und Kunst, S. 209–270, Trier 1900.

SAAL, Walter: Die schnurkeramische Doppelbestattung von Bedra, Ortsteil von Braunsbedra, Kr. Merseburg. Ausgrabungen und Funde, S. 163/164, Berlin 1983.

SANGMEISTER, Edward: Schnurkeramik in Südwestdeutschland. Jahresschrift für mitteldeutsche Vorgeschichte, S. 117–141, Halle/Saale 1981.

SCHMIDT, Berthold/GEISLER, Horst: Ein schnurkeramisches Gräberfeld bei Schraplau-Schafsee, Kr. Querfurt. Jahresschrift für mitteldeutsche Vorgeschichte, S. 188–200, Halle/Saale 1959.

SCHMIDT, Berthold/NITZSCHKE, Waldemar: Eine Totenhütte der Schnurkeramischen Kultur bei Bösenburg, Kr. Eisleben. Ausgrabungen und Funde, S. 165–169, Berlin 1978.

SCHRÖTER, Erhard: Schnurkeramische Gräber von der Schalkenburg bei Quenstedt, Kr. Hettstedt. Ausgrabungen und Funde, S. 30–33, Berlin 1968.

SCHULZ, Walther: Hans Hahne, Direktor der Landesanstalt für Volkheitskunde 1912–1935. Ein Abschnitt der vorgeschichtlichen Erforschung der deutschen Mitte. Jahresschrift der sächsisch-thüringischen Länder, S. 1–15, Halle/Saale 1936.

SCHWIDETZKY, Ilse: Anthropologie der Schnurkeramik- und Streitaxtkulturen. Fundamenta, Reihe A, S. 241–264, Köln 1978.

STAMPFUSS, Rudolf: Die Jungneolithischen Kulturen in Westdeutschland. Rheinische Siedlungsgeschichte II, Bonn 1929.

STORK, Ingo: Schnurkeramische Gräber in Tauberbischofsheim, Main-Tauber-Kreis. Archäologische Ausgrabungen in Baden-Württemberg 1983, S. 65–66, Stuttgart 1984.

WAMSER, Ludwig: Begräbnisplätze der Becherkultur im Main-Tauber-Gebiet und ihr Bezug zur Schnurkeramik. Jahresschrift für mitteldeutsche Vorgeschichte, S. 143–165, Halle/Saale 1981.

Die Einzelgrab-Kultur

AHRENS, Claus: Vorgeschichte des Kreises Pinneberg und der Insel Helgoland, Neumünster 1966.

ARCTICUS, Rüdiger: Prof. Dr. med. Johanna Mestorff – Sie starb vor 75 Jahren. Die Heimat, Zeitschrift für Natur- und Landeskunde von Schleswig-Holstein und Hamburg, S. 233–235, Neumünster 1984.

BAUCH, Wolfgang: Eine Nachbestattung der Einzelgrabkultur mit Pferdeschädel in einem Megalithgrab von Borgstedt, Kreis Rendsburg-Eckernförde. Offa, S. 43–73, Neumünster 1988.

CASSAU, Adolf: Ein Feuersteindolch mit Holzgriff und Lederscheide aus Wiepenkathen. Mannus, S. 199–209, Leipzig 1935.

GEISLER, Horst: Gräber der Einzelgrabkultur und der jüngeren Bronzezeit von Schönermark, Kr. Angermünde. Ausgrabungen und Funde, S. 128–130, Berlin 1966.

MESTORFF, Johanna: Aus dem Steinalter. Gräber ohne Steinkammer unter Bodenniveau. Mitteilungen des Anthropologischen Vereins in Schleswig-Holstein, S. 9–24, Kiel 1892.

RIEDEL, Wolfgang: Karl Wilhelm Struve, geb. 12.2.1917, gest. 26.6.1988. Die Heimat, Zeitschrift für Natur- und Landeskunde von Schleswig-Holstein und Hamburg, S. 185–187, Neumünster 1988.

RÖSCHMANN, Jakob: Vorgeschichte des Kreises Flensburg, Neumünster 1963.

SCHMIDT, Herbert: Johanna Mestorff. Prähistorische Zeitschrift, S. 110/111, Berlin 1909.

STRUVE, Karl W.: Die Einzelgrabkultur in Schleswig-Holstein. Offa-Bücher, Neumünster 1955.

VOIGT, Theodor: Bemerkenswerte spätneolithische Brandgrabfunde von Biederitz, Kreis Burg. Jahresschrift für mitteldeutsche Vorgeschichte, S. 109–127, Halle/Saale 1956.

WEGEWITZ, Willi: Eine Schädelbestattung der Einzelgrabkultur. Nachrichten aus Niedersachsens Urgeschichte, S. 6–17, Hildesheim 1960.

Die Glockenbecher-Kultur

BEHRENS, Hermann: Die Glockenbecherkultur im Mittelelbe-Saale-Gebiet (Deutsche Demokratische Republik). Aus: L'âge du cuivre européen, S. 99–106, Paris 1984.

BUBNER, Thomas: Zum Beginn und Ablauf der Glockenbecherkultur. Hamburger Beiträge zur Archäologie, S. 53–67, Hamburg 1980.

CZARNETZKI, Alfred: The genetic influence of Bell Beaker people in Bohemia. Aus: L'âge du cuivre européen, S. 121–128, Paris 1984.

FEHR, Horst: Becherzeitliche Häuser in der Gemarkung Ochtendung, Kreis Mayen-Koblenz. Bonner Jahrbücher, S. 93–110, Bonn 1978.

FISCHER, Ulrich: Zur Deutung der Glockenbecherkultur. Nassauische Annalen, S. 1–13, Wiesbaden 1975.

GERHARD, Kurt: Paläanthropologie der Glockenbecherleute. Fundamenta, Reihe A, S. 265–316, Köln 1978.

LISSAUER, Abraham: Sitzung vom 21.Juli 1906 (Nachruf Albert Voss). Zeitschrift für Ethnologie, S. 761/762, Berlin 1906.

MÜLLER, Detlef W.: Gräber von Metallwerkern aus der Glockenbecherkultur des Mittelelbe-Saale-Gebietes. Ausgrabungen und Funde, S. 175–179, Berlin 1987.

OTTO, Karl-Heinz: Ein Glockenbechergräberfeld der sächsisch-thüringischen Mischgruppe von Schafstädt, Kr. Merseburg. Ausgrabungen und Funde, S. 56–80, Halle/Saale 1950.

REINECKE, Paul: Zur jüngeren Steinzeit in West- und Süddeutschland. Westdeutsche Zeitschrift, S. 209–270, Trier 1900.

RIEDER, Karl Heinz: Ein weiterer Bestattungsplatz der Glockenbecher-Kultur aus Oberstimm, Gemeinde Manching, Landkreis Pfaffenhofen a. d. Ilm, Oberbayern. Das archäologische Jahr in Bayern 1986, S. 47–50, Stuttgart 1987.

SAAL, Walter: Ein Glockenbechergrab mit bemerkenswertem Knochenbefund aus Merseburg, Ortsteil Kötzschen. Ausgrabungen und Funde, S. 23–25, Berlin 1967.

SANGMEISTER, Edward: Die Jungsteinzeit im nordmainischen Hessen. Teil III. Die Glockenbecherkultur und die Becherkulturen, Melsungen 1951.

SANGMEISTER, Edward: Sozial-ökonomische Aspekte der Glockenbecherkultur. Festschrift Kurt Gerhard zum 60.Geburtstag, S. 188–203, Zürich 1972.

SANGMEISTER, Edward: Die Glockenbecherkultur in S-W-Deutschland. Aus: L'âge du cuivre européen, S. 81–98, Paris 1984.

SCHRÖTER, Peter/WAMSER, Ludwig: Eine Etagen-Doppelbestattung der Glockenbecher-Kultur von Tückelhausen, Stadt Ochsenfurt/Unterfranken. Fundberichte aus Hessen, S. 287–325, Wiesbaden 1980.

STAHLHOFEN, Heribert: Ein Gräberfeld der Glockenbecherkultur in Osmarsleben, Kr. Staßfurt. Ausgrabungen und Funde, S. 22–26, Berlin 1973.

ULLRICH, Herbert: Schädel und Skelettreste des Glockenbecherfriedhofs von Schafstädt. Jahresschrift für mitteldeutsche Vorgeschichte, S. 108–125, Halle/Saale 1960.

WAALS, Johannes Diderik van der/GLASBERGEN, Willem: Beaker types and their distribution in the Netherlands, Palaeohistoria, S. 5–46, Leiden 1955.

Die Schönfelder Kultur

BEHRENS, Hermann: Schönfelder Kultur, Aunjetitzer Kultur und Schnurkeramik. Jahresschrift für mitteldeutsche Vorgeschichte, S. 135–155, Halle/Saale 1971.

BÖTTCHER, Gert/GOSCH, Gerhard: Eine Schönfelder Siedlung in Magdeburg-Neue Neustadt. Ausgrabungen und Funde, S. 14–17, Berlin 1971.

KUPKA, Paul: Eine neue spätneolithische Kultur aus der Altmark. Prähistorische Zeitschrift, S. 45–50, Berlin 1910.

KUPKA, Paul: Neue aufschlußreiche Schönfelder Gräber von Kleinmöringen i.Kr. Stendal. Beiträge zur Geschichte und zur Landes- und Volkskunde der Altmark, S. 139–167, Stendal 1939.

NEUMANN, Gotthard: Alfred Götze: Paul Lorenz Kupka. Jahresschrift für mitteldeutsche Vorgeschichte, S. 191–203, Halle/Saale 1950.

NOWOTHNIG, Walter: Die Schönfelder Gruppe. Ihr Wesen als Aussonderung der sächsisch-thüringischen Schnurkeramik und ihre Verbreitung. Jahresschrift für die Vorgeschichte der sächsisch-thüringischen Länder, S. 1–123, Halle/Saale 1937.

TEICHERT, Lothar: Zu Haus- und Wildtierfunden aus Siedlungen und Gräberfeldern der Schönfelder Gruppe im Raum der D.D.R. Archaeozoological Studies, S. 206–212, Amsterdam.

WETZEL, Günter: Eine Schädeltrepanation der Schönfelder Gruppe von Polkern, Kr. Osterburg. Ausgrabungen und Funde, Seite 27 bis 30, Berlin 1973.

WETZEL, Günter: Die Schönfelder Kultur. Veröffentlichungen des Landesmuseums für Vorgeschichte in Halle, Berlin 1978.

Die Dolchzeit

FILIP, Jan: Dolch. Aus: Enzyklopädisches Handbuch zur Ur- und Frühgeschichte Europas, S. 294, Prag 1966.

MÜLLER, Sophus: Flint dolkene i den nordiske Stenalder. Nordiske Fortidsminder, Kopenhagen 1890–1903.

SEGER, Hans: Sophus Müller. Prähistorische Zeitschrift, S. 343, Berlin 1933.

PAULSEN, Harm: Die Herstellung von oberflächenretuschierten Dolchen und Pfeilspitzen. Experimentelle Archäologie in Norddeutschland. Archäologische Mitteilungen aus Nordwestdeutschland/Beiheft, S. 279–282, Oldenburg 1990.

SZCESIAK, Rainer: Eine Bestattung aus der Dolchgrabzeit aus Friedland, Neubrandenburg. Ausgrabungen und Funde, S. 116–119, Berlin 1980.

Die Jungsteinzeit in Österreich

ALLESCH, Richard M.: Beiträge zur Vor- und Frühgeschichte im Klagenfurter Raum. Mannus-Bibliothek, Hückeswagen 1982.

BECKEL, Lothar/HARL, Ortolf: Archaeologie in Österreich. Flugbilder. Fundstätten, Wanderungen, Salzburg 1983.

HILBER, Vinzenz: Urgeschichte Steiermarks. Graz 1922.

MAURER, Hermann: Abriß der Ur- und Frühgeschichte des Waldviertels. Mannus, S. 276–325, Bonn 1985.

MAURER, Hermann: Einführung in die Vor- und Frühgeschichte des niederösterreichischen Weinviertels. Mannus-Bibliothek, S. 26–76, Bonn 1989.

MENGHIN, Oswald/WANSCHURA, Viktor: Urgeschichte Wiens, Wien 1925.

MITSCHA-MÄRHEIM, Herbert: Vorgeschichtliches aus dem unteren Grantale. Wiener Prähistorische Zeitschrift, S. 105–117, Wien 1924.

NEUGEBAUER, Johannes-Wolfgang: Urgeschichte in Niederösterreich. Wissenschaftliche Schriftenreihe Niederösterreich, St. Pölten 1985.

NEUGEBAUER, Johannes-Wolfgang: St. Pölten – Wegkreuz der Urzeit. Antike Welt, S. 3–18, Feldmeilen 1987.

RUTTKAY, Elisabeth: Das Neolithikum in Niederösterreich. Mitteilungen der Österreichischen Arbeitsgemeinschaft für Ur- und Frühgeschichte, S. 41–64, Wien 1974/75.

RUTTKAY, Elisabeth: Das Neolithikum in Niederösterreich. Forschungsberichte zur Ur- und Frühgeschichte, Wien 1985.

RUTTKAY, Elisabeth: Die Chamer Gruppe in Niederösterreich? Annalen des Naturhistorischen Museums Wien, S. 165–181, Wien 1987.

SCHWAMMENHÖFER, Hermann: Ur- und Frühgeschichte des Waldviertels. Lehrbehelf für das »Archäologische Praktikum«, Wien 1986.

Die Linienbandkeramische Kultur

BAYER, Josef: Ein sicherer Fall von prähistorischem Kannibalismus bei Hankenfeld, G.-B. Atzenbrugg, Niederösterreich. Mitteilungen der Anthropologischen Gesellschaft in Wien, S. 83/84, Wien 1923.

FELGENHAUER, Fritz: Bandkeramische Großbauten aus Mannswörth bei Wien. Archaeologia Austriaca, S. 1–10, Wien 1960.

FELGENHAUER, Fritz: Ein »Tonaltar« der Notenkopfkeramik aus Herrnbaumgarten, p. B. Mistelbach, NÖ. Archaeologia Austriaca, S. 1–20, Wien 1965.

FRANZ, Leonhard: Anton Hrodegh † (1926). Wiener Prähistorische Zeitschrift, S. 61–63, Wien 1927.

HRODEGH, Anton: Über die neolithischen Idole des niederösterreichischen Manhartsgebietes. Mitteilungen der Anthropologischen Gesellschaft in Wien, S. 197, Wien 1923.

JUNGWIRTH, Johann: Ein linearbandkeramisches Skelett aus Pöttsching im Burgenland. Anthropologischer Anzeiger, S. 123–132, Stuttgart 1965.

JUNGWIRTH, Johann: Die Bevölkerung Österreichs im Neolithikum. Aus: 75 Jahre Anthropologische Staatssammlung München 1902–1977, S. 233 bis 256, München 1977.

JUNGWIRTH, Johann: Ein neolithisches Skelett mit Grabbeigaben der linearbandkeramischen Kultur aus Henzing, Gemeinde Sieghartskirchen, Niederösterreich. Annalen des Naturhistorischen Museums Wien, S. 619–632, Wien 1978.

JUNGWIRTH, Johann/KLOIBER, Ämilian: Die neolithischen Skelette aus Österreich. Fundamenta, Reihe B, S. 200–209, Köln 1973.

KLOIBER, Ämilian/KNEIDINGER, Josef: Die neolithische Siedlung und die neolithischen Gräberfundplätze von Rutzing und Haid, Ortsgemeinde Hörsching, politischer Bezirk Linz-Land, Oberösterreich. Jahrbuch des oberösterreichischen Musealvereins, S. 9–58, Linz 1968.

LEBZELTER, Viktor/ZIMMERMANN, Günter: Neolithische Gräber aus Kleinhadersdorf bei Poysdorf. Mitteilungen der Anthropologischen Gesellschaft in Wien, S. 1–16, Wien 1936.

LENNEIS, Eva: Anthropomorphe und zoomorphe Motive auf Gefäßen der Linearkeramik im Raume Niederösterreich und Burgenland. Archaeologica Austriaca, Festschrift für Richard Pittioni, S. 235–248, Wien 1976.

LENNEIS, Eva: Die Siedlungsverteilung der Linienbandkeramik in Österreich. Archaeologica Austriaca, S. 1–19, Wien 1982.

MAURER, Hermann: Neolithische Kultobjekte aus dem niederösterreichischen Manhartsbergbereich. Mannus-Bibliothek, Band 19, Hückeswagen 1982.

MAURER, Hermann: Linearkeramische Kultobjekte aus Niederösterreich. Fundberichte aus Österreich, S. 57–94, Wien 1982.

MAURER, Hermann: Beiträge zur Ur- und Frühgeschichte der Waldviertler Randgebiete. Eine linearkeramische »Gesichtsdarstellung aus Pulkau«, pol Bz. Hollabrunn. Horner Schriften zur Ur- und Frühgeschichte, Horn 1982.

MAURER, Hermann: Steinzeitlicher Kult. Horner Schriften zur Ur- und Frühgeschichte, S. 7–42, Horn 1983.

MAURER, Hermann: Bemerkungen zu den frühneolithischen Plastiken Mitteleuropas. Gesellschaft für Vor- und Frühgeschichte, Mitteilungsblatt, S. 28–30, Bonn 1986.

PRIHODA, Ingo: Idolfragmente und frühe Plastik. Höbarthmuseum und Museumsverein in Horn 1930–1980. Festschrift zu 50-Jahr-Feier, S. 109 bis 130, Horn 1980.

PUCHER, Erich: Viehwirtschaft und Jagd zur Zeit der ältesten Linearbandkeramik von Neckenmarkt (Burgenland) und Strögen (Niederösterreich). Mitteilungen der Anthropologischen Gesellschaft in Wien, S. 141–155, Wien 1987.

WILLVONSEDER, Kurt: Die Venus von Draßburg. Germania, S. 1–5, Berlin 1940.

WINKLER, Eike-Meinrad: Urzeitliche Schädelamulette aus Sommerein, NÖ. Fundberichte aus Österreich, S. 93–95, Wien 1986.

Die Stichbandkeramische Kultur

LENNEIS, Eva: Siedlungsfunde aus Poigen und Frauenhofen bei Horn. Ein Beitrag zur Erforschung der Linear- und Stichbandkeramik in Niederösterreich. Prähistorische Forschungen, Horn, Wien 1977.

LENNEIS, Eva: Die stichbandkeramische Spitzgrabenanlage von Frauenhofen bei Horn, Niederösterreich. Archäologisches Korrespondenzblatt, S. 173 bis 177, Mainz 1979.

LENNEIS, Eva: Die Stichbandkeramik in Österreich und ihre Beziehungen zur Lengyel-Kultur. Internationales Symposium über die Lengyel-Kultur, S. 163–168, Nitra, Wien 1986.

MAURER, Hermann: Ein stichbandkeramisches Kultobjekt aus Untermixnitz, p. B. Horn, NÖ. Mannus, S. 276–280, Bonn 1988.

ZÁPOTOCKÁ-STEKLA, Marie: Stichbandkeramik. Aus: FILIP, Jan: Enzyklopädisches Handbuch zur Ur- und Frühgeschichte Europas, S. 1376–1380, Prag 1969.

Die Lengyel-Kultur

BARB, Alfons A.: Geschichte der Altertumsforschung im Burgenland bis zum Jahre 1938. Wissenschaftliche Arbeiten aus dem Burgenland, Eisenstadt 1954.

BAUER, Kurt/SPITZENBERGER, Friederike: Die Tierknochen aus dem neolithischen Hornsteinbergwerk von Mauer bei Wien. Mitteilungen der Anthropologischen Gesellschaft in Wien, S. 111–115, Wien 1970.

BENINGER, Eduard: Angela Stifft-Gottlieb (1881–1941). Wiener Prähistorische Zeitschrift, S. 156–158, Wien 1941.

BERG, Friedrich: Ein neolithisches Schädelnest aus Poigen, NÖ. Archaeologia Austriaca, S. 70–76, Wien 1956.

EHGARTNER, Wilhelm: Ein lengyelzeitlicher Glockenbecherschädel aus Eggenburg, NÖ. Mitteilungen der Anthropologischen Gesellschaft in Wien, S. 58–63, Horn 1956.

FILIP, Jan: Lengyeler Kultur. Aus: Enzyklopädisches Handbuch zur Ur- und Frühgeschichte Europas, S. 698, Prag 1969.

FRIESINGER, Herwig: Univ.-Prof. Dr. Herbert Mitscha-Märheim † 1900–1976. Mitteilungen der Anthropologischen Gesellschaft in Wien, S. 298–299, Wien 1977.

HETZER, Kurt/PITTIONI, Richard: Vier Wohngruben der Lengyelkultur in Steinabrunn in Niederösterreich. Mitteilungen der Anthropologischen Gesellschaft in Wien, S. 66–73, Wien 1937.

JUNGWIRTH, Johann: Ein lengyelzeitliches Skelett aus Wetzleinsdorf, Niederösterreich. Mitteilungen der Anthropologischen Gesellschaft in Wien, S. 19–27, Wien 1973.

KAUS, Karl: Die Geschichte der archäologischen Forschung. Siedlungsgeschichte. Sonderdruck aus: Allgemeine Landestopographie des Burgenlandes III (Der Verwaltungsbezirk Mattersburg). 1. Teilband: Allgemeiner Teil, S. 37–56, Eisenstadt 1981.

KLOIBER, Ämilian: Eduard Beninger in und für Österreich. Jahrbuch des Oberösterreichischen Musealvereins, S. 16–19, Linz 1964.

LADENBAUER-OREL, Hertha: Die neolithische Frauenstatuette von Lang-Enzersdorf bei Wien. Jahrbuch für prähistorische & ethnographische Kunst, S. 7–15, Berlin 1959.

LEONHARD, Franz: Niederösterreichische Funde aus der Zeit der neolithischen bemalten Keramik. Wiener Prähistorische Zeitschrift, S. 1–9, Wien 1924.

MAURER, Hermann: Ein mittelneolithisches Sauggefäß aus Untermixnitz, Niederösterreich. Archäologisches Korrespondenzblatt, S. 9–11, Mainz 1978.

MENGHIN, Oswald: Urgeschichte Niederösterreichs. Heimatkunde von Nieder-Oesterreich, S. 11, Wien, Leipzig, Prag 1921.

NARR, Karl J.: Oswald Menghin. Prähistorische Zeitschrift, S. 1–5, Berlin 1974.

NEUGEBAUER, Johannes-Wolfgang: Wehranlagen, Wallburgen, Herrensitze und sonstige Befestigungen und Grabhügel der Urzeit, des Mittelalters und der beginnenden Neuzeit im pol-Bezirk Mistelbach. Veröffentlichungen der Österreichischen Arbeitsgemeinschaft für Ur- und Frühgeschichte, Wien 1979.

NEUGEBAUER, Johannes-Wolfgang: Mittelneolithische Kreisgrabenanlagen und Befestigungen in Niederösterreich. Vorträge des 4. Niederösterreichischen Archäologentages, o. J.

NEUGEBAUER, Johannes-Wolfgang/GATTRINGER, Alois: Die Kremser Schnellstraße S 33. Vorbericht über Probleme und Ergebnisse der archäologischen Überwachung des Großbauvorhabens durch die Abt. f. Bodendenkmale des Bundesdenkmalamtes. Fundberichte aus Österreich, S. 157–190, Wien 1982.

NEUGEBAUER, Johannes-Wolfgang/GATTRINGER, Alois: Die Kremser Schnellstraße S 33. Zweiter Vorbericht über die Ergebnisse der archäologischen Überwachung des Großbauvorhabens durch die Abt. f. Bodendenkmale des Bundesdenkmalamtes im Jahre 1982, Fundberichte aus Österreich, S. 65 bis 95, Wien 1983.

NEUGEBAUER, Johannes-Wolfgang/GATTRINGER, Alois: Die Kremser Schnellstraße S 33 (Dritter Vorbericht). Fundberichte aus Österreich, S. 51–86, Wien 1984.

NEUGEBAUER, Johannes-Wolfgang/GATTRINGER, Alois: Rettungsgrabungen im unteren Traisental. Fundberichte aus Österreich, S. 97–128, Wien 1986.

NEUGEBAUER, Johannes-Wolfgang/GATTRINGER, Alois: Rettungsgrabungen im unteren Traisental in den Jahren 1985/86. Fundberichte aus Österreich, S. 71–105, Wien 1988.

NEUGEBAUER, Johannes-Wolfgang/NEUGEBAUER-MARESCH, Christine/WINKLER, Eike-Meinrad/WILFING, Harald: Die doppelte mittelneolithische Kreisgrabenanlage von Friebritz, NÖ. Fundberichte aus Österreich, S. 87–112, Wien 1984.

NEUGEBAUER-MARESCH, Christine/NEUGEBAUER, Johannes-Wolfgang: Bericht über die Grabungen in den Befestigungsanlagen der Lengyelkultur auf dem sogenannten Schanzboden zu Falkenstein in Niederösterreich. Fundberichte aus Österreich S. 151–156, Wien 1981.

NEUGEBAUER-MARESCH, Christine/NEUGEBAUER, Johannes-Wolfgang: 6000 Jahre Schanzboden. Bauern, Handwerker und Händler in der Steinzeitburg. Archäologische Sonderausstellung anläßlich der 400-Jahr-Feier der Markterhebung. Herausgegeben von der Stadt Poysdorf, Poysdorf 1982.

OHRENBERGER, Alois: Die Lengyel-Kultur im Burgenland. Študijné Zvesti, S. 501–514, Nitra 1969.

PUCHER, Erich: Jungsteinzeitliche Tierknochen vom Schanzboden bei Falkenstein (Niederösterreich). Annalen des Naturhistorischen Museums Wien, S. 137–176, Wien 1986.

RUTTKAY, Elisabeth: Das jungsteinzeitliche Hornsteinbergwerk mit Bestattung von der Antonshöhe bei Mauer (Wien XXIII). Mitteilungen der Anthropologischen Gesellschaft in Wien, S. 70–83, Wien 1970.

RUTTKAY, Elisabeth: Zusammenfassender Forschungsstand der Lengyel-Kultur in NÖ. Mitteilungen der österreichischen Arbeitsgemeinschaft für Ur- und Frühgeschichte, S. 211–246, Wien 1985/84.

RUTTKAY, Elisabeth/TESCHLER-NICOLA, Maria: Zwei Lengyel-Gräber aus Niederösterreich. Annalen des Naturhistorischen Museums Wien, S. 211–235, Wien 1985.

SCHMID, Hans/SCHROM, Heinrich: Burgenländisches Landesmuseum. Katalog der Schausammlung, Eisenstadt 1984.

SCHMIEDT, Sabine: Zwei Brandgräber aus Langenzersdorf, p. B. Korneuburg, NÖ. Archaeologia Austriaca, S. 4–10, Wien 1964.

STROUHAL, Eugen/JUNGWIRTH, Johann: Die menschlichen Skelette aus dem neolithischen Hornsteinbergwerk von Mauer bei Wien. Mitteilungen der Anthropologischen Gesellschaft in Wien, S. 85–110, Wien 1970.

SZILVÁSSY, Johann: In memoriam Johann Jungwirth (1909–1980). Mitteilungen der Anthropologischen Gesellschaft in Wien, S. 94–98, Wien 1980.

TRNKA, Gerhard: Fenster zur Urzeit. Luftbildarchäologie in Österreich. Katalog der Sonderausstellung im Museum Asparn/Zaya 1982.

TRNKA, Gerhard: Studien zu mittelneolithischen Kreisgrabenanlagen, 3 Bände. Habilitationsschrift, Wien 1989.

URBAN, Otto H.: Lengyelzeitliche Grabfunde in Niederösterreich und Burgenland. Mitteilungen der österreichischen Arbeitsgemeinschaft für Ur- und Frühgeschichte, S. 9–22, Wien 1979.

URBAN, Otto H.: Ein lengyelzeitliches Grab aus Bisamberg, Niederösterreich. Archäologisches Korrespondenzblatt, S. 377–385, Mainz 1979.

URBAN, Otto H.: Ein lengyelzeitlicher Hausgrundriß aus Wetzleinsdorf, Niederösterreich. Mitteilungen der Österreichischen Arbeitsgemeinschaft für Ur- und Frühgeschichte, S. 11–22, Wien 1980.

URBAN, Otto H.: Die lengyelzeitliche Grabenanlage von Wetzleinsdorf. Mitteilungen der Österreichischen Arbeitsgemeinschaft für Ur- und Frühgeschichte, S. 209–220, Wien 1983/84.

WOSINSKY, Mauritius: Das prähistorische Schanzwerk von Lengyel. Seine Erbauer und Bewohner, Budapest 1888.

Die Bisamberg-Oberpullendorf-Gruppe

ANGELI, Wilhelm: Der Depotfund von Stollhof. Annalen des Naturhistorischen Museums in Wien, S. 491–496, Wien 1966.

FILIP, Jan: Süß, Lothar. Aus: Enzyklopädisches Handbuch zur Ur- und Frühgeschichte Europas, S. 1414, Prag 1969.

FRIESINGER, Herwig: In memorian Richard Pittioni (1906–1985). Mitteilungen der Anthropologischen Gesellschaft in Wien, S. 181/182, Wien 1985.

RUTTKAY, Elisabeth: Beitrag zum Problem des Epi-Lengyel-Horizontes in Österreich. Archaeologia Austriaca, Festschrift für Richard Pittioni. I Urgeschichte, S. 285–319, Wien 1976.

RUTTKAY, Elisabeth: Das Ende der donauländischen Welt und Südosteuropa. Symposia Thracica, Xanthi 1984.

RUTTKAY, Elisabeth: Epilengyel-Siedlungsfunde und Brandgrab aus Siegendorf. Wissenschaftliche Arbeiten aus dem Burgenland, S. 13–25, Eisenstadt 1985.

RUTTKAY, Elisabeth: Älteres Jungneolithikum im Gebiet der östlichen Ausläufer der Alpen. Aus: PREUSS, Joachim: Handbuch des Neolithikums Mitteleuropas. Im Druck. Halle/Saale o.J.

RUTTKAY, Elisabeth: Bisamberg-Oberpullendorf-Gruppe. Aus: PREUSS, Joachim: Handbuch des Neolithikums Mitteleuropas. Im Druck. Halle/Saale o.J.

SCHWAMMENDÖRFER, Hermann: Eine Gehöftgruppe der Epilengyelzeit in der Ziegelei Schleinbach, NÖ. Fundberichte aus Österreich, S. 169–202, Wien 1984.

SÜSS, Lothar: Zum Problem der zeitlichen Stellung der Münchshöfener Gruppe. Študijné Zvesti, S. 393–414, Nitra 1969.

Die Lasinja-Gruppe

DIMITRIJEVIĆ, Stojan: Problem neolita i eneolita u sjeverozapadnoj Jugoslaviji. Opuscula archaeologica, S. 1–85, Zagreb 1961.

DOLENZ, Hans: Jungsteinzeitliche Funde vom Kanzianiberg bei Villach in Kärnten. Wiener Prähistorische Zeitschrift, S. 59–76, Wien 1938.

FUCHS, Gerald/KRAMER, Diether: Das Idol vom Kögelberg – die älteste menschliche Darstellung in der Steiermark. Johanneum aktuell, S. 6–7, Graz 1985.

KALICZ, Nándor: The historical problems of the Balaton-Lasinja culture and its metal founds. Archaeologiai Értesítö, S. 16/17, Budapest 1982.

KRAMER, Diether: Untersuchungen zur ältesten Besiedlungsgeschichte der Steiermark. Mit besonderer Berücksichtigung der mittelsteirischen Höhensiedlungen. Dissertation, Salzburg 1981.

MOSSLER, Gertrud: Neues zum vorgeschichtlichen Pfahlbau im Keutschacher See. Carinthia, S. 76–109, Klagenfurt 1954.

OBEREDER, Jörg: Die jungneolithische Siedlung Raababerg bei Graz. Diplomarbeit an der Geisteswissenschaftlichen Fakultät der Universität Wien, Wien 1989.

OFFENBERGER, Johann/NICOLUSSI, Siegfried: Der Pfahlbau im Keutschacher See in Kärnten. Fundberichte aus Österreich, S. 133–141, Wien 1982.

PITTIONI, Richard: Der Typus Pölshals-Strappelkogel. Aus: Urgeschichte des österreichischen Raumes, S. 208–210, Wien 1954.

RUTTKAY, Elisabeth: Beiträge zur Typologie und Chronologie der Siedlungen in den Salzkammergutseen. Aus: Die ersten Bauern, Band 2, S. 111–121, Zürich 1990.

VINSKI, Zdenko: Dimitrijević, Stojan. Aus: FILIP, Jan: Enzyklopädisches Handbuch zur Ur- und Frühgeschichte Europas, Band 1, S. 287, Prag 1966.

Die Baalberger Kultur

FILIP, Jan: Baalberger Gruppe. Aus: Enzyklopädisches Handbuch zur Ur- und Frühgeschichte Europas, S. 74, Prag 1966.

PRUDKÁ, Alena: Výzkum baalberské moholy na Ostichovci u Slatinek, Okr. Prostějov – Grabung eines Baalberger Hügelgrabes in Ostichovec bei Slatinki, Bez. Prostějov, Přehled Výzkumu, S. 21–22, Brünn 1976 (1978).

RUTTKAY, Elisabeth: Eine neue Gruppe mit Furchenstichkeramik in Niederösterreich. Archäologisches Korrespondenzblatt, S. 141–146, Mainz 1971.

RUTTKAY, Elisabeth: Mährisch-österreichische Baalberger Gruppe/Furchenstichkeramik. Aus: PREUSS, Joachim: Handbuch des Neolithikums Mitteleuropas. Im Druck. Halle/Saale o.J.

Die Badener Kultur

ANONYMUS: Gustav Calliano †. Badener Zeitung, S. 1/2, Baden, 15. Februar 1930.

ANONYMUS: Carl Calliano †. Badener Zeitung, S. 3, Baden, 6. Januar 1934.

AXAMÍT, Jan: Bádenská keramika v Čechách – Badener Keramik in Böhmen. Památky archeologické, S. 2–8, Prag 1932.

CALLIANO, Gustav: Prähistorische Funde in der Umgebung von Baden. Wien und Leipzig 1894.

KAUS, Margarete: Ein jungneolithisches Gefäßdepot von Donnerskirchen-Kreutberg. Wissenschaftliche Arbeiten aus dem Burgenland, S. 7–23, Eisenstadt 1984.

LADENBAUER-OREL, Hertha: Die jungneolithische Keramik aus der Königshöhle von Baden bei Wien. Archaeologia Austriaca, S. 67–99, Wien 1954.

MENGHIN, Oswald: Urgeschichte Niederösterreichs. Heimatkunde von Nieder-Oesterreich, S. 15, Wien, Leipzig, Prag 1921.

NEUGEBAUER-MARESCH, Christine/TESCHLER-NICOLA, Maria: Eine spätneolithische Doppelbestattung aus Sitzenberg, VB Tulln, NÖ. Fundberichte aus Österreich, S. 129–141, Wien 1986.

QUITTA, Hans: Badener Kultur. Aus: HERRMANN, Joachim: Lexikon früher Kulturen, S. 108, Leipzig 1984.

RUTTKAY, Elisabeth/TESCHLER-NICOLA, Maria: Zwei Gräber der Badener Kultur aus dem Verwaltungsbezirk St. Pölten, Niederösterreich. Annalen des Naturhistorischen Museums Wien, S. 71–87, Wien 1984.

SEEWALD, Otto: Die urgeschichtliche Kunst im Reichsgau Wien. Aus: DONIN, Richard K.: Geschichte der bildenden Kunst in Wien. Wien 1944.

TESCHLER-NICOLA, Maria/SCHULTZ, Michael: Jungneolithische Skelette der Badener Kultur aus Lichtenwörth und Leobersdorf, Niederösterreich. Annalen des Naturhistorischen Museums Wien, S. 111–144, Wien 1984.

Die Mondsee-Gruppe

BETTELHEIM, Anton: Wurmbrand-Stuppach, Ladislaus Gundacker Graf v.. Biographisches Jahrbuch und Deutscher Nekrolog, S. 1–9, Berlin 1904.

DAUBER, Albrecht: Ernst Wahle 1889–1981. Fundberichte aus Baden-Württemberg, S. 555–559, Stuttgart 1982.

FRANZ, Leonhard/WENINGER, Josef: Die Funde aus den prähistorischen Pfahlbauten im Mondsee. Materialien zur Urgeschichte Österreichs, Wien 1927.

GÖTZE, Alfred: Über die Gliederung und Chronologie der jüngeren Steinzeit, Zeitschrift für Ethnologie, S. 259–278, Berlin 1900.

MENGHIN, Oswald: Moritz Hoernes 1852–1917. Wiener Prähistorische Zeitschrift, S. 1–23, Wien 1917.

MUCH, Matthäus: Erster Bericht über die Auffindung eines Pfahlbaues im Mondsee. Mittheilung der anthropologischen Gesellschaft in Wien, S. 203 bis 206, Wien 1872.

RUTTKAY, Elisabeth: Typologie und Chronologie der Mondsee-Gruppe. Aus: Das Mondseeland. Geschichte und Kultur, S. 269–294, Linz 1981.

RUTTKAY, Elisabeth: Archäologisches Fundmaterial aus den Stationen Abtsdorf I, Abtsdorf II und Weyregg I. Fundberichte aus Österreich, Seite 19–23, Wien 1982.

RUTTKAY, Elisabeth: Mondsee-Gruppe. Aus: PREUSS, Joachim: Handbuch des Neolithikums Mitteleuropas. Im Druck. Halle/Saale o.J.

SANTIFALLER, Leo: Baumgartner, Andreas Frhr. von, Physiker und Staatsmann. Österreichisches Biographisches Lexikon, I. Band, S. 58, Graz 1957.

WILLVONSEDER, Kurt: Das Mondseeland in urgeschichtlicher Zeit. Oberösterreichische Heimatblätter, S. 97–113, Linz 1955.

WILLVONSEDER, Kurt: Die jungsteinzeitlichen und bronzezeitlichen Pfahlbauten des Attersees in Oberösterreich. Mitteilungen der Prähistorischen Kommission der Österreichischen Akademie der Wissenschaften, Wien 1963 bis 1968.

WOLF, Petra: Die Jagd- und Haustierfauna der spätneolithischen Pfahlbauten des Mondsees. Jahrbuch des Oberösterreichischen Musealvereins, S. 269 bis 347, Linz 1977.

Die Mödling-Zöbing/Jevišovice-Gruppe

FILIP, Jan: Medunová-Benešová, Anna. Aus: Enzyklopädisches Handbuch zur Ur- und Frühgeschichte Europas, S. 798, Prag 1969.

MEDUNOVÁ-BENEŠOVÁ, Anna: Jevišovice – Stary Zámek, Schicht B. Fontes, Brünn 1972.

MEDUNOVÁ-BENEŠOVÁ, Anna: Grešlové Mýto. Äneolithische Höhensiedlung Nad Mirovcem. Fontes, Brünn 1973.

MEDUNOVÁ-BENEŠOVÁ, Anna: Palliardiho Hradisko, eine äneolithische Höhensiedlung bei Vysočany, Bez. Znojmo. Fontes, Brünn 1977.

MEDUNOVÁ-BENEŠOVÁ, Anna: Jevišovická kultura na jihozápadni Moravě. Studie Archeologického Ústavu Československé Akademie Věd V Brně, S. 5–91, Brünn 1977.

RUTTKAY, Elisabeth: Über einige Fragen der Laibach-Vučedol-Kultur in Niederösterreich und im Burgenland. Arheološki Vestnik – Acta Archaeologica, S. 38–61, Ljubljana 1973.

Die Kosihy-Čaka/Makó-Gruppe

FILIP, Jan: Kalicz, Nándor. Aus: Enzyklopädisches Handbuch zur Ur- und Frühgeschichte Europas, S. 568, Prag 1966.

FILIP, Jan: Vladár, Jozef. Aus: Enzyklopädisches Handbuch zur Ur- und Frühgeschichte Europas, S. 1596, Prag 1969.

KALICS, Nándor: Die Frühbronzezeit in Nordost-Ungarn. Archaeologia Hungarica, Budapest 1968.

MEDUNOVÁ-BENEŠOVÁ, Anna: Zur Frage des Vorkommens der Kosihy-Čaka-Gruppe in Mähren. Slovenská Archeologia, S. 97–102, Nitra 1981.

RUTTKAY, Elisabeth: Neue Funde der Kosihy-Čaka/Makó-Gruppe in Niederösterreich. Beitrag zum Übergang vom Endneolithikum zur Frühbronzezeit. Fundberichte aus Österreich, S. 143–156, Wien 1983.

VLADÁR, Jozef: Zur Problematik der Kosihy-Čaka-Gruppe in der Slowakei. Slovenská Archeológia, S. 245–336, Nitra-Hrad 1966.

VLADÁR, Jozef: Skupina Kosihy-Čaka n. Slovensku/Kosihy-Čaka-Gruppe in der Slowakei. Zprávy, S. 1–12, Prag, Nitra, Brünn 1967.

Die Schnurkeramischen Kulturen

BEHRENS, Hermann: Die Lokalgruppe – die sozialökonomische Grundeinheit in der Steinzeit. Archaeologia Austriaca. Festschrift für Richard Pittioni, S. 47–55, Wien 1976.

BUCHVALDEK, Miroslav: Schnurkeramische Kulturen. Aus: FILIP, Jan: Enzyklopädisches Handbuch zur Ur- und Frühgeschichte Europas, S. 1239–1245, Prag 1969.

HELL, Martin: Eine schnurkeramische Streitaxt aus Elixhausen bei Salburg. Archaeologia Austriaca, S. 1–3, Wien 1970.

NEUGEBAUER-MARESCH, Christine: Schnurkeramische und andere spätneolithische Grabfunde im Unteren Traisental, Studie in Vorbereitung.

RUTTKAY, Elisabeth: Jungsteinzeit. Aus NEUGEBAUER, Johannes-Wolfgang: Herzogenburg-Kalkofen, ein ur- und frühgeschichtlicher Fundplatz im unteren Traisental, S. 25–27, Wien 1981.

Die Glockenbecher-Kultur

BAYER, Josef: Der erste Glockenbecher aus Österreich. Mitteilungen der Anthropologischen Gesellschaft in Wien, S. 51/52, Wien 1927.

EHGARTNER, Wilhelm: Vier frühbronzezeitliche Schädel aus Oggau, Burgenland. Archaeologia Austriaca, S. 1–26, Wien 1948.

FRIESINGER, Ingeborg: Glockenbecherzeitliche Grabfunde aus Henzing, Gemeinde Sieghartskirchen, pol. Bez. Tulln, Niederösterreich. Annalen des Naturhistorischen Museums Wien, S. 823–828, Wien 1976.

HÁJEK, Ladislav: Glockenbecherkultur. Aus: FILIP, Jan: Enzyklopädisches Handbuch zur Ur- und Frühgeschichte Europas, S. 411–416, Prag 1966.

JUNGWIRTH, Johann: Vier spätneolithische Skelette aus Henzing, Gemeinde Sieghartskirchen, Niederösterreich. Annalen des Naturhistorischen Museums Wien, S. 829–842, Wien 1976.

OHRENBERGER, Alois: Zwei Gräber aus der Spätphase der Glockenbecherkultur in Deutschkreuz. Archaeologia Austriaca, S. 98–106, Wien 1956.

TORISER, Alois: Funde der älteren Glockenbecherkultur aus Laa a. d. Thaya, p. B. Mistelbach, NÖ. Archaeologia Austriaca, S. 29–41, Wien 1976.

Die Jungsteinzeit in der Schweiz

BÜHLMANN, Joseph: Von Riesen, rätselhaften Gräbern und Münzschätzen. Eine Übersicht über die Anfänge und die Entwicklung der archäologischen Forschung in den Kantonen Luzern und Zug. Helvetia archaeologica, S. 85 bis 144, Basel 1983.

DRACK, Walter: Das Spätneolithikum der Schweiz. Aus: Die jüngere Steinzeit der Schweiz. Repertorium der Ur- und Frühgeschichte der Schweiz, S. 11 bis 16, Zürich 1955.

DRACK, Walter: Die frühen Kulturen mitteleuropäischer Herkunft. Aus: Ur- und frühgeschichtliche Archäologie der Schweiz, S. 67–82, Basel 1969.

DUBUIS, François-Olivier: Auf den Spuren der Ur- und Frühgeschichte des Wallis: Aus Grabungen und Forschungen von den Anfängen bis heute. Aus: GALLAY, Alain/KAENEL, Gilbert/WIBLÉ, François: Das Wallis vor der Geschichte, S. 12–19, Sitten 1986.

HANTKE, René: Das schweizerische Neolithikum. Aus: Eiszeitalter. Band 1. Die jüngste Erdgeschichte der Schweiz und ihrer Nachbargebiete, S. 230–240, Thun 1978.

HEMAN, Peter: Bodenfunde aus Basels Ur- und Frühgeschichte, Basel o.J.

KELLER-TARNUZZER, Karl/REINERTH, Hans: Urgeschichte des Thurgaus, Frauenfeld 1925.

OSTERWALDER, Christin/SCHWARZ, Peter A.: Chronologie. Archäologische Daten der Schweiz. Veröffentlichungen der Schweizerischen Gesellschaft für Ur- und Frühgeschichte, Antiqua, Basel 1986.

PRIMAS, Margarita: Urgeschichte des Zürichseegebietes im Überblick: Von der Steinzeit bis zur Früheisenzeit. Helvetia archaeologica, S. 5–18, Basel 1981.

REINERTH, Hans: Die jüngere Steinzeit der Schweiz, Augsburg 1926.

SAUTER, Marc-Rodolphe: Le Néolithique du Valais. Aus: Festschrift für Otto Tschumi, S. 38–52, Frauenfeld 1948.

SCHWAB, Hanni: Jungsteinzeitliche Fundstellen im Kanton Freiburg, Basel 1971.

SCHWARZ, G. Theodor: Das Misox in vor- und frühgeschichtlicher Zeit. Helvetia archaeologica, S. 26–48, Basel 1971.

VOGT, Emil: Schriften zum Neolithikum. Chronologie und Pfahlbaufrage, Frauenfeld 1977.

VOGT, Emil/MEYER, Ernst/PEYER, Hans Conrad: Zürich von der Urzeit zum Mittelalter, Zürich o.J.

VOUGA, Paul: Classification du Néolithique lacustre suisse. Anzeiger für schweizerische Altertumskunde, S. 81–91, Zürich 1929.

WEGMÜLLER, Peter: Vegetationsgeschichtliche Untersuchungen in den Thuralpen und im Faningebiet (Kantone Appenzell, St. Gallen, Graubünden/Schweiz). Botanische Jahrbücher, Systematik, S. 226–307, Stuttgart 1976.

WINIGER, Josef: Das Neolithikum der Schweiz. Vorlesungsskript, Schweizerische Landesbibliothek Ng 123 106, Basel 1981.

WINIGER, Josef/HASENFRATZ, Albin: Ufersiedlungen am Bodensee. Archäologische Untersuchungen im Kanton Thurgau 1981–1983, Basel 1985.

WYSS, René: Das Frühneolithikum der Schweiz. Aus: Die jüngere Steinzeit der Schweiz. Repertorium der Ur- und Frühgeschichte der Schweiz, S. 1–6, Zürich 1955.

ZÜRCHER, Andreas C.: Urgeschichtliche Fundstellen Graubündens. Schriftenreihe des Rätischen Museums Chur, Chur 1982.

Die Anfänge der Jungsteinzeit im Wallis, Tessin und in Graubünden

BRUNIER, Christine: Sitten, Planta. Aus: GALLAY, Alain/KAENEL, Gilbert/WIBLÉ, François: Das Wallis vor der Geschichte, S. 244–249, Sitten 1986.

CARAZETTI, Riccardo: La ceramia neolitica di Bellinzona, Castel Grande. Prime Osservazioni, S. 110–115, Basel 1986.

CHAIX, Louis: Haustiere der Urgeschichte. Aus: GALLAY, Alain/KAENEL, Gilbert/WIBLÉ, François: Das Wallis vor der Geschichte, S. 126, Sitten 1986.

GALLAY, Alain: Viehzucht und Ackerbau. Aus: GALLAY, Alain/KAENEL, Gilbert/WIBLÉ, François: Das Wallis vor der Geschichte, S. 84–86, Sitten 1986.

Die Linienbandkeramische Kultur

AUJOURD'HUI, Rolf d': Eine Fundstelle der Linearbandkeramik bei Basel. Jahrbuch der Schweizerischen Gesellschaft für Ur- und Frühgeschichte, S. 67–71, Basel 1965.

GUYAN, Walter Ulrich: Eine bandkeramische Siedlung in Gächlingen (Kt. Schaffhausen). Ur-Schweiz, S. 68–70, Basel 1953.

SOUDSKÝ, Bohumil: Linearkeramik (Linienbandkeramik). Aus: FILIP, Jan: Enzyklopädisches Handbuch zur Ur- und Frühgeschichte Europas, S. 716 bis 718, Prag 1969.

Die Funde von Sitten-Sous-le-Scex

BRUNIER, Christine/MARTINET, Clarita/EL-BIALI, Nagui: Sitten-Sous-le-Scex. Aus: GALLAY, Alain/KAENEL, Gilbert/WIBLÉ, François: Das Wallis vor der Geschichte, S. 252–242, Sitten 1986.

GALLAY, Alain: Ein neolithisches Beil aus der Bretagne am Weg zum Theodulpass. Aus: GALLAY, Alain/KAENEL, Gilbert/WIBLÉ, François: Das Wallis vor der Geschichte, S. 90–91, Sitten 1986.

Die Anfänge der Pfahlbauforschung an den Schweizer Seen

ANONYMUS: Nachruf auf Oberst Fritz Schwab. Schweizer Handels-Courier, 6. September 1869, Biel 1869.

BANDI, Hans-Georg: Albert Jahn. Ein hervorragender Förderer der Bernischen Altertumsforschung im 19. Jahrhundert. Schriften der Historisch-Antiquarischen Kommission der Stadt Bern, S. 1–26, Bern 1967.

FOREL, François Alphonse: Dr. Alexandre Schenk, né à Noville (Vaud) le 22 mars 1874, décédé à Lausanne le 14 novembre 1910. Dritter Jahresbericht der Schweizerischen Gesellschaft für Urgeschichte, S. 16/17, Zürich 1911.

GUYAN, Walter Ulrich/LEVI, Hilde/LÜDI, Werner/SPECK, Josef/TAUBER, Henrik/TROELS-SMITH, Jørgen/VOGT, Emil/WELTEN, Max: Das Pfahlbauproblem. Monographien zur Ur- und Frühgeschichte der Schweiz, Basel 1985.

HEIERLI, Jakob: Edmund von Fellenberg. Anzeiger für Schweizerische Altertumskunde, S. 104/105, Zürich 1902.

ISCHER, Theophil: Die Erforschungsgeschichte der Pfahlbauten des Bielersees. Anzeiger für Schweizerische Altertumskunde, S. 1–17, Basel 1913.

ISCHER, Theophil: Pfarrer Dr. h. c. Carl Irlet 1879–1953. Ur-Schweiz, S. 25–27, Basel 1953.

ISCHER, Theophil/LAUR-BELART, Rudolf: Ferdinand Keller zum Gedächtnis, 1800–1881. Ur-Schweiz, S. 21–50, Basel 1954.

KAENEL, Gilbert: L'archéologie vaudoise a 150 ans Frédéric Troyon et le Musée des antiquités. Perspectives, S. 24–26, Lausanne 1988.

KELLER, Ferdinand: Die keltischen Pfahlbauten in den Schweizerseen, Zürich 1865.

NÄF, Werner: Vadian und seine Stadt St. Gallen, 2 Bände, St. Gallen 1944–1957.

SCHLICHTHERLE, Helmut/WAHLSTER, Barbara: Archäologie in Seen und Mooren. Den Pfahlbauten auf der Spur, Stuttgart 1986.

STÖCKLI, Werner E.: Das Pfahlbauproblem heute. Archäologie der Schweiz, S. 50–56, Basel 1979.

STRAHM, Christian: Das Pfahlbauproblem. Eine wissenschaftliche Kontroverse als Folge falscher Fragestellung. Germania, S. 555 bis 560, Frankfurt 1983.

STUDER, Theophil: Edmund von Fellenberg. Ein Lebensbild. Neujahrsblatt herausgegeben vom Historischen Verein des Kantons Bern für 1903, S. 1–19, Bern 1902.

TATARINOFF, Eugen: Johannes Aeppli. Jahresbericht der Schweizerischen Gesellschaft für Urgeschichte, S. 7–9, Frauenfeld 1915.

TSCHUMI, Otto: Eduard von Jenner 1830–1917. Blätter für bernische Geschichte, Kunst und Altertumskunde, S. 312–516, Bern 1918.

TÜRLER, Heinrich/GODET, Marcel/ATTINGER, Victor: Aeppli, Johannes. Historisch-Biographisches Lexikon der Schweiz, Erster Band, S. 138, Neuenburg 1921.

TÜRLER, Heinrich/GODET, Marcel/ATTINGER, Victor: Desor, Pierre Jean Édouard. Historisch-Biographisches Lexikon der Schweiz, Zweiter Band, S. 698, Neuenburg 1924.

TÜRLER, Heinrich/GODET, Marcel/ATTINGER, Victor: Groß, Victor. Historisch-Biographisches Lexikon der Schweiz, Dritter Band, S. 757, Neuenburg 1926.

TÜRLER, Heinrich/GODET, Marcel/ATTINGER, Victor: Gilliéron, Victor. Historisch-Biographisches Lexikon der Schweiz, Dritter Band, S. 517, Neuenburg 1926.

TÜRLER, Heinrich/GODET, Marcel/ATTINGER, Victor: Schwab, Friedrich. Historisch-Biographisches Lexikon der Schweiz, Sechster Band, S. 260, Neuenburg 1931.

WEPFER, Hans Ulrich: Johann Adam Pupikofer, 1797–1882, Geschichtsschreiber des Thurgaus, Schulpolitiker und Menschenfreund. Thurgauische Beiträge zur vaterländischen Geschichte, S. 5–203, Frauenfeld 1969.

Die Egolzwiler Kultur

GUYAN, Walter Ulrich: Emil Vogt (1906–1974). Jahrbuch der Schweizerischen Gesellschaft für Ur- und Frühgeschichte, S. 320–322, Frauenfeld 1976.

SUTER, Peter J.: Zürich »Kleiner Hafner«. Tauchgrabungen 1981–1984. Berichte der Zürcher Denkmalpflege, Zürich 1987.

VOGT, Emil: Das steinzeitliche Dorf Egolzwil 5 (Kt. Luzern). Bericht über die Ausgrabung 1950. Zeitschrift der Schweizerischen Archäologie und Kunstgeschichte, S. 193–215, Basel 1951.

WYSS, René: Anfänge des Bauerntums in der Schweiz. Die Egolzwilerkultur (um 2700 v. Chr. Geb.), Bern 1959.

WYSS, René: Neue Ausgrabungen in Egolzwil 3, 1987. Schweizerisches Landesmuseum, 96. Jahresbericht 1987, S. 68–73, Zürich 1988.

Die Lutzengüetle-Kultur

BECK, David/GANSS, Ingbert/MARXER, Felix/MALIN, Georg/WILHELM, Gustav: Liechtensteinisches Landesmuseum Vaduz, Vaduz 1975.

FRICK, Alexander: Fürstlicher Studienrat Dr. h. c. David Beck Jahrbuch des Historischen Vereins für das Fürstentum Liechtenstein, S. 9–12, Vaduz 1967.

GUYAN, Walter Ulrich: Mitteilung über eine jungsteinzeitliche Kulturgruppe von der Grüthalde bei Herblingen (Kanton Schaffhausen) Zeitschrift für Schweizerische Archäologie und Kunstgeschichte, S. 65–96, Zürich 1942.

VOGT, Emil: Die Ausgrabungen auf dem Lutzengüetle bei Eschen 1945. Jahrbuch des Historischen Vereins für das Fürstentum Liechtenstein, S. 151–169, Vaduz 1945.

VOGT, Emil: Der Stand der neolithischen Forschung in der Schweiz. Jahrbuch der Schweizerischen Gesellschaft für Ur- und Frühgeschichte, S. 7–27, Basel 1964.

Die Cortaillod-Kultur

BAILLOUD, Gérard/BOOFZHEIM, P. Mieg de: Les civilisations néolithiques de la France dans leur contexte européen, Paris 1955.

BECKER, Cornelia/JOHANSSON, Friederike: Die neolithischen Ufersiedlungen von Twann. Tierknochenfunde, Bern 1981.

BIELMANN, Anne: Albert Naef. Aus: Histoire de l'histoire ancienne et de l'archéologie à l'Université de Lausanne 1537–1987, S. 61–70, Lausanne 1987.

FURGER, Alex/ORCEL, Alain/STÖCKLI, Werner/SUTER, Peter J.: Die Ausgrabungen der neolithischen Ufersiedlungen von Twann (1974–1976). Mitteilungsblatt der Schweizerischen Gesellschaft für Ur- und Frühgeschichte, S. 2–20, Basel 1977.

GALLAY, Alain: Marc-Rodolphe Sauter 1914–1983. Jahrbuch der Schweizerischen Gesellschaft für Ur- und Frühgeschichte, S. 253, Basel 1984.

GONZENBACH, Victorine von: Die Cortaillodkultur in der Schweiz Monographien zur Ur- und Frühgeschichte der Schweiz, Basel 1949.

SCHEFFRAHN, Wolfgang: Die menschlichen Populationen. Aus: Archäologie der Schweiz. Band II. Die Jüngere Steinzeit, S. 33–46, Basel 1969.

SCHWAB, Hanni: Hirschgeweihharpunen aus jungsteinzeitlichen Fundstellen des Kantons Freiburg. Jahrbuch der Schweizerischen Gesellschaft für Ur- und Frühgeschichte, S. 7–12, Basel 1970.

SCHWAB, Hanni: Die Vergangenheit des Seelandes in neuem Licht. Archäologische Entdeckungen bei der 2. Juragewässerkorrektion, Schweiz 1973.

SCHWAB, Hanni: Historisches Museum Murten. Die archäologische Sammlung, Murten o. J.

WÄHREN, Max: Brot und Getreidebrei von Twann aus dem 4. Jahrhundert vor Christus. Archäologie der Schweiz, S. 2–6, Basel 1984.

WYSS, René: Das jungsteinzeitliche Jäger- und Bauerndorf von Egolzwil 5 im Wauwilermoos. Archaeologische Forschungen, Zürich 1976.

WYSS, René: Die jungsteinzeitlichen Bauerndörfer von Egolzwil 4 im Wauwilermoos. Archaeologische Forschungen, (Bände 1–2), Zürich 1983, (Band 3), Zürich 1988.

WYSS, René: Die Bedeutung des Wauwilermooses für die Jungsteinzeitforschung. Archäologie der Schweiz, S. 40–52, Basel 1988.

WYSS, René: Jungsteinzeitliche Bauerndörfer im Wauwilermoos – neuere Forschungs- und Grabungsergebnisse. Aus: Gomolava – Chronologie und Stratigraphie der vorgeschichtlichen und antiken Kulturen der Donauniederung und Südosteuropas, S. 123–144, Novi Sad 1988.

Die Pfyner Kultur

BEAR, Albert: Die Michelsberger Kultur in der Schweiz. Aus: Die jüngere Steinzeit der Schweiz. Repertorium der Ur- und Frühgeschichte der Schweiz, S. 7–10, Zürich 1955.

EIBL, Franz: Tierknochen aus der neolithischen Station Feldmeilen-Vorderfeld am Zürichsee. I. Die Nichtwiederkäuer. Dissertation, München 1974.

FÖRSTER, Wolfgang: Die Tierknochenfunde aus der neolithischen Station Feldmeilen-Vorderfeld am Zürichsee. II. Die Wiederkäuer. Dissertation, München 1974.

HÖNEISEN, Markus: Zürich-Mozartstraße. Ein neuentdeckter prähistorischer Siedlungsplatz, S. 60–65, Basel 1982.

KELLER-TARNUZZER, Karl: Pfyn (Bez. Steckborn, Thurgau). Pfahlbau Breitenloo. Jahrbuch der Schweizerischen Gesellschaft für Ur- und Frühgeschichte, S. 42, Frauenfeld 1944.

MESSIKOMMER, Heinrich: Die Pfahlbauten von Robenhausen, Zürich 1913.

RUOFF, Ulrich: Die Ufersiedlungen an Zürich- und Greifensee. Helvetia archaeologica, S. 19–61, Basel 1981.

SITTERDING, Madeleine: Karl Keller-Tarnuzzer (1891–1973). Jahrbuch der Schweizerischen Gesellschaft für Ur- und Frühgeschichte, S. 219/220, Basel 1974/75.

WINIGER, Josef: Das Fundmaterial von Tayngen-Weier im Rahmen der Pfyner Kultur. Monographien zur Ur- und Frühgeschichte der Schweiz, Basel 1971.

WINIGER, Josef: Feldmeilen-Vorderfeld. Der Übergang von der Pfyner zur Horgener Kultur, Frauenfeld 1981.

WYSS, René: Ein neolithisches Radfragment aus dem Wauwilermoos. Helvetia archaeologica, S. 145–152, Basel 1985.

ZINDEL, Christian/DEFUNS, Alois: Spuren von Pflugackerbau aus der Jungsteinzeit in Graubünden. Helvetia archaeologica, S. 42–45, Basel 1980.

Die Horgener Kultur

ITTEN, Marion: Die Horgener Kultur. Aus: Ur- und frühgeschichtliche Archäologie der Schweiz, S. 85–96, Basel 1969.

KELLER-TARNUZZER, Karl: Walo Burkart †. Ur-Schweiz, S. 65/66, Basel 1952.

NUESCH, Jakob: Neuer Fund von Pygmäen aus der neolithischen Zeit. Anzeiger für Schweizerische Altertumskunde, S. 1–3, Zürich 1900.

PREUSS, Joachim: Pfyner Kultur. Aus: HERRMANN, Joachim: Lexikon früher Kulturen, S. 147, Leipzig 1984.

PRIMAS, Margarita: Cazis-Petrushügel in Graubünden. Neolithikum, Bronzezeit, Spätmittelalter. Zürcher Studien zur Archäologie, Zürich 1985.

SAUTER, Marc-Rodolphe/BIEGERT, Josef: Otto Schlaginhaufen (1879–1973). Archives suisses d'Anthropologie générale, S. 77–79, Genf 1974.

SCHWAB, Hanni: Schmuck und Volksglaube. Kantonaler Archäologischer Dienst, Freiburg 1982.

SCHWAB, Hanni: Portalban/Muntelier. Zwei reine Horgener Siedlungen der Westschweiz. Archäologisches Korrespondenzblatt, S. 15–52, Mainz 1982.

VOGT, Emil: Das Steinzeitgrab von Opfikon (Kt. Zürich). Jahresbericht des Landesmuseums in Zürich, S. 45–54, Zürich 1952.

Zeugnisse der Horgener Kultur?

BAY, Roland: Die menschlichen Skelettreste aus dem neolithischen Dolmengrab von Laufen im Kanton Bern. Festschrift Elisabeth Schmid zu ihrem 65. Geburtstag, S. 15–19, Basel 1977.

BÜCHI, Ulrich/BÜCHI, Greti: Die Bedeutung der Megalithforschung im Rahmen der Urgeschichte. Helvetia archaeologica, Seite 54 bis 70, Zürich 1988.

CERDÁ, Francisco Jordá: Pedro Bosch Gimpera 1891–1975. Zephyrus, S. 513/514, Salamanca 1979 (mit falschem Todesjahr, korrekt ist 1974).

DRACK, Walter: Dr. h. c. Alban Gerster (1898–1986). Jahrbuch der Schweizerischen Gesellschaft für Ur- und Frühgeschichte, S. 272, Basel 1987.

GERSBACH, Egon: Zur Herkunft und Zeitstellung der einfachen Dolmen vom Typus Aesch-Schwörstadt. Jahrbuch der Schweizerischen Gesellschaft für Ur- und Frühgeschichte, S. 15–28, Basel 1966/67.

GERSBACH, Emil: Der Heidenstein bei Niederschwörstadt. Badische Fundberichte, S. 97/98, Freiburg i. Br. 1926.

GERSTER-GIAMBONI, Alban: Das Dolmengrab von Laufen. Helvetia archaeologica, S. 2–8, Basel 1982.

KRAFT, Georg: Der Heidenstein bei Niederschwörstadt. Badische Fundberichte, S. 225–242, Freiburg i. Br. 1927.

PERELLO, E. Ripoldi: Professor Josep de Serra-Ràfols (1902–1971). Ampurias, S. 425–431, Barcelona 1971/72.

Die Saône-Rhone-Kultur

BOCKSBERGER, Alain: Site préhistorique avec dalles à gravures anthropomorphes et cistes du Petit-Chasseur à Sion. Jahrbuch der Schweizerischen Gesellschaft für Ur- und Frühgeschichte, S. 29–46, Basel 1964.

BOCKSBERGER, Olivier-Jean: Le Dolmen MVI. Texte, Lausanne 1976.

GALLAY, Alain/CHAIX, Louis: Le Dolmen MXI. Documents annexes, Lausanne 1984.

GALLAY, Gretel/SPINDLER, Konrad: Le Petit-Chasseur – chronologische und kulturelle Probleme. Helvetia archaeologica, S. 62–89, Basel 1971.

QUITTA, Hans: Saône-Rhone-Kultur. Aus: HERRMANN, Joachim: Lexikon früher Kulturen, S. 225, Leipzig 1984.

SAUTER, Marc-Rodolphe: Olivier-Jean Bocksberger † (1925–1970). Jahrbuch der Schweizerischen Gesellschaft für Ur- und Frühgeschichte, S. 285, Basel 1971.

STAMPFLI, Hans R.: Osteo-archaeologische Untersuchung des Tierknochenmaterials der spätneolithischen Ufersiedlung Auvernier La Saunerie, Solothurn 1976.

STRAHM, Christian: Neolithische Siedlung in Auvernier, La Saunerie 1965. Urschweiz, S. 65–66, Basel 1965.

STRAHM, Christian: Eine jungsteinzeitliche Siedlung in Yverdon. Helvetia archaeologica, S. 5–7, Basel 1970.

STRAHM, Christian: Die chronologische Bedeutung der Ausgrabungen in Yverdon. Jahrbuch des Römisch-Germanischen Zentralmuseums Mainz, S. 65–72, Mainz 1973.

STRAHM, Christian: Die Saône-Rhone-Kultur. Archäologisches Korrespondenzblatt, S. 273–282, Mainz 1975.

THEVENOT, Jean Paul/STRAHM, Christian/BEECHING, Alain/BILL, Jakob/BOCQUET, Aimé/GALLAY, Alain/PETREQUIN, Pierre/SCHIFFERDECKER, François: La Civilisation Saône-Rhone. Revue Archéologique de l'Est, S. 351–420, Dijon 1976.

Die Schnurkeramischen Kulturen

REINERTH, Hans/BOSCH, Reinhold: Das Grabhügelfeld von Sarmenstorf. Ausgrabungen 1927. Anzeiger für Schweizerische Altertumskunde, S. 1–17, Zürich 1929.

RUOFF, Ulrich: Die schnurkeramischen Räder von Zürich, Pressehaus. Archäologisches Korrespondenzblatt, S. 275–283, Mainz 1978.

STRAHM, Christian: Die späten Kulturen. Aus: Ur- und frühgeschichtliche Archäologie der Schweiz, S. 97–116, Basel 1969.

STRAHM, Christian: Die Gliederung der Schnurkeramischen Kultur in der Schweiz. Acta Bernesia, Bern 1971.

Die Glockenbecher-Kultur

BILL, Jakob: Die Glockenbecherkultur in der Schweiz und den angrenzenden Regionen. Helvetia archaeologica, S. 85–93, Basel 1976.

BILL, Jakob: Die Glockenbecherkultur in Süddeutschland, der Schweiz und Ostfrankreich (ohne Provence). Aus: L'âge du cuivre européen, S. 159–173, Paris 1984.

GALLAY, Alain: Le phénomène campaniforme: une nouvelle hypothèse historique (Symposium Sils-Maria, 1978). Archives suisses d'Anthropologie générale, S. 251–258, Genf 1979.

GALLAY, Alain/CHAIX, Louis: Le Dolmen MXI. Texte et planches, Lausanne 1984.

Ein neues Metall markiert das Ende der Steinzeit

BEHRENS, Hermann: Der Übergang vom Spätneolithikum zur frühen Bronzezeit als methodisches Problem. Acta Archaeologica Carpathia, S. 211–214, Krakau 1985.

BUCHTELA, Karel/NIEDERLE, Lubor: Rukovět české archeologie, S. 41, Prag 1910.

KRAUSE, Rüdiger: Die endneolithischen und frühbronzezeitlichen Grabfunde auf der Nordstadtterrasse von Singen am Hohentwiel, Stuttgart 1988.

METZLER, Alf/WILBERTZ, Otto Mathias: Bronzezeit. Aus: HÄSSLER, Hans-Jürgen: Ur- und Frühgeschichte in Niedersachsen, S. 155–192, Stuttgart 1991.

STRAHM, Christian: Die Bedeutung der Begriffe Kupferzeit und Bronzezeit. Slovenská Archeológia, S. 191–202, Preßburg 1981.

WALTER, Diethard: Frühe Bronzezeit. Aus: HERRMANN, Joachim: Archäologie in der Deutschen Demokratischen Republik, S. 85–90, Stuttgart 1989.

Pioniere der Steinzeitforschung (Auswahl)

DAHL, Svend/ENGELSTOFT, P.: Thomsen, Christian Jürgensen. Dansk Biografisk Haandleksikon, S. 561, Kopenhagen 1926.

FILIP, Jan: Enzyklopädisches Handbuch zur Ur- und Frühgeschichte, Prag 1966.

GUMMEL, Hans: Forschungsgeschichte in Deutschland, Berlin 1938.

HERRMANN, Joachim: Lexikon früher Kulturen, Leipzig 1984.

JAHN, Martin: Bibliographie zur Vor- und Frühgeschichte Mitteldeutschlands. Abhandlungen der Sächsischen Akademie der Wissenschaften zu Leipzig, Berlin 1955.

JAŻDŻEWSKI, Konrad: Geschichte der Forschungen über die älteste Vergangenheit Mitteleuropas. Aus: Urgeschichte Mitteleuropas, S. 13–44, Breslau 1984.

KÜHN, Herbert: Geschichte der Vorgeschichtsforschung, Berlin 1976.

LULLIES, Reinhard/SCHIERING, Wolfgang: Archäologenbildnisse, Mainz 1988.

PITTIONI, Richard: Bibliographie zur Urgeschichte Österreichs, Linz 1931.

REITINGER, Josef: Bibliographie zur Ur- und Frühgeschichte Österreichs, Wien 1965.

RUD, Mogens: Arkaeologisk ABC. Håndbog i Dansk Forhistorie, Kopenhagen 1972.

WAGNER, Friedrich: Bibliographie der Bayerischen Vor- und Frühgeschichte 1884–1959, Wiesbaden 1964.

Zeugen der Steinzeit in Museen

BÄR, Willi/BENTMANN, Reinhard/DAVITT, Hans-Udo/GERLACH, Walter/GOEBEL, Wulf-Norbert/KLOFT, Wolfgang/KÜHN, Rainer/MENNE, Yvonne/OBERLÄNDER, Harry/SCHULER, Wolfgang/WETH, Mayo: Der deutsche Museumsführer, Frankfurt 1979.

LAPAIRE, Claude/SCHÄRER, Martin R.: Schweizer Museumsführer, Bern 1980.

LIPPERT, Andreas: Reclams Archäologieführer Österreich und Südtirol, Stuttgart 1985.

STEPHAN, Peter: Die deutschen Museen, Braunschweig 1983.

WURLITZER, Bernd: Museen, Galerien, Sammlungen, Gedenkstätten, Berlin, Leipzig 1983.

Bildquellenverzeichnis

Zeichnungen: Archäologisches Landesmuseum der Christian-Albrechts-Universität zu Kiel, Schloß Gottorf, Schleswig (S. 336 ol); Anton Birkmaier (†), München (S. 176 ur); Professor Dr. Gerhard Bosinski, Römisch-Germanisches Zentralmuseum, Forschungsinstitut für Vor- und Frühgeschichte, Forschungsbereich Altsteinzeit, Schloß Monrepos, Neuwied 13 (S. 69 or, 197 ur); Landesmuseum Trier (S. 271); Rudolf Meyer, Westfälisches Museum für Archäologie, Münster (S. 108 ur); Naturhistorisches Museum Wien (S. 141 or); Reproduktion aus: Keller, Ferdinand: Die keltischen Pfahlbauten in den Schweizer Seen, Zürich 1865 (S. 469 u); Reproduktion aus: Tschumi, Otto: Urgeschichte der Schweiz, S. 542, Frauenfeld 1949 (S. 167 u); Reproduktion aus: Tackenberg, Kurt: Der Neandertaler und seine Umwelt. Gedenkschrift zur Erinnerung an seine Auffindung im Jahre 1856, Bonn 1956 (S. 70 ol); Rheinisches Landesmuseum Bonn (S. 74 or); Gyula Skultéty, Basel (S. 222 ul); Fritz Wendler, Weyarn (S. 33 o, 48 or, 51 ol, 52 u, 57 or, 60 u, 82 ol, 85 o, 90 u, 103 o, 117 or, 123 o, 131 u, 145 o, 149 o, 157 ur, 175 u, 177 ur, 179 o, 187 o, 196 ur, 204 or, 219 ol, 221 o, 229 o, 252 ur, 280 o, 282 o, 289 o, 292 u, 310 o, 317 u, 321 u, 330 u, 349 ur, 364 ol, 375 u, 379 ur, 380 ur, 396 o, 401 or, 408 ol, 418 u, 438 ol, 447 u, 464 l, 479 o, 488 o, 491 or, 503 or, 507 o); Beratung: Dr. Klaus Bokelmann, Archäologisches Landesmuseum der Christian-Albrechts-Universität zu Kiel, Schloß Gottorf, Schleswig, Dr. Lutz Fiedler, Landesamt für Denkmalpflege Hessen, Außenstelle Marburg, Dr. Elisabeth Ruttkay, Naturhistorisches Museum Wien.

Karten: Adolf Böhm, Aschheim (S. 249, 287, 315, 372, 397 leicht verändert nach Dirk Raetzel-Fabian: Die ersten Bauernkulturen, Kassel 1988, S. 417, 424, 442, 452 nach Angaben von Dr. Elisabeth Ruttkay, Naturhistorisches Museum Wien, S. 442 zusätzlich nach einer Vorlage von Dr. Christian Mayer, Wien, S. 472, 476, 489, 502 nach Angaben von Dr. René Wyss, Schweizerisches Landesmuseum Zürich).

Farbtafeln: Fritz Wendler, Weyarn (S. 154/155, 214/215, 266/267).

Farbaufnahmen: Professor Dr. Claus Ahrens, Direktor i.R., Hamburger Museum für Archäologie (S. 302/303); Frank Andraschko, Seminar für Ur- und Frühgeschichte, Universität Göttingen, und Archäologisches Freilichtmuseum Oerlinghausen (S. 68 o, 216 u, 268); Dr. Gerd Albrecht, Institut für Urgeschichte der Universität Tübingen (S. 68 ul); Dr. Klaus Brandt, Archäologisches Landesmuseum der Christian-Albrechts-Universität zu Kiel, Schloß Gottorf, Schleswig (S. 68 ur, 301, 304 ul, 304 um, 304 ur); Bundesdenkmalamt Wien, Abteilung für Bodendenkmale (Foto: Alice Schumacher, Wien S. 126), (Fotos: Studio Meyer, Wien Titelbild, 434, 435 o); Dr. Alfred Czarnetzki, Eberhard-Karls-Universität Tübingen, Osteologische Sammlung (S. 216 o); Dr. Irene Kappel, Hessisches Landesmuseum, Abteilung Vor- und Frühgeschichte, Kassel (Foto: Gabriele Bößert S. 389 o), (Foto: Ute Brunzel, S. 392 o); Dr. Erwin Cziesla, Institut für Ur- und Frühgeschichte, Forschungsstelle Afrika, Köln (S. 66 or, 213); Dr. Bernd Engelhardt, Bayerisches Landesamt für Denkmalpflege, Außenstelle Landshut der Abteilung für Vor- und Frühgeschichte (S. 390 ol); Joachim Feist, Fotografie für Dokumentation + Werbung, Pliezhausen (S. 66 um, 67 ol, 67 u); Dr. Dieter Kaufmann, Landesmuseum für Vorgeschichte Halle/Saale (S. 265 or, 390 or, 391 ol, 391 or, 391 u); Dr. Klaus Kaus, Burgenländisches Landesmuseum, Eisenstadt (S. 433); Dr. Erwin Keefer, Baden-Württembergisches Landesmuseum Stuttgart (S. 265 ol, 345 o, 390 u); Franz Klaus, Zug (S. 128 ur); Wolfgang Knust, Oldenburg (S. 304 o); Iris Krebs, Archäologischer Dienst des Kantons Bern (S. 496); Dr. Walter Kunze, Pfahlbaumuseum Mondsee (Foto: Herbert Riesner, S. 436 u); Liechtensteinisches Landesmuseum Vaduz (S. 493); Sascha Kopp, Wiesbaden (S. 46 u); Dr. Ferdinand Kutsch (†), Museum Wiesbaden, Sammlung Nassauischer Altertümer (S. 64 u); Dr. habil. Dietrich Mania, Landesmuseum für Vorgeschichte Halle/Saale (S. 66 ol); Marie Claude Morand, Erziehungsdepartement des Kantons Wallis, Dienststelle für Museen, Archäologie und Denkmalpflege, Sitten (Foto: Heinz Preisig, S. 495); Naturhistorisches Museum Wien, Prähistorische Abteilung, S. 127, (Studio Meyer, Wien, S. 435 u, 436 o); Dr. Hoyer von Prittwitz, Rheinisches Landesmuseum Bonn (S. 65 or); Professor Dr. Gernot Rabeder, Institut für Paläontologie der Universität Wien (S. 125); Rosgartenmuseum, Konstanz (S. 128 o, 128 ul, 153, 156 o, 156 u, 348 o); Dr. Helmut Schlichtherle, Landesdenkmalamt Baden-Württemberg, Archäologische Denkmalpflege, Pfahlbauarchäologie Bodensee-Oberschwaben, Gaienhofen-Hemmenhofen (S. 345 u, 348 u); Dr. Gunter Schöbel, Verein für Pfahlbau- und Heimatkunde e. V., Unteruhldingen (S. 346/347); Schweizerisches Landesmuseum Zürich (S. 493); Ingeborg Simon, Braunschweigisches Landesmuseum (S. 265 u); Städtisches Museum Ingol-

stadt (S. 392 u); Manfred Tangerding, Bocholt (S. 66 ul); Thomas Terberger, Johannes-Gutenberg-Universität Mainz, Institut für Vor- und Frühgeschichte (S. 66 ur); Kurt Wehrberger, Ulmer Museum, Prähistorische Abteilung (S. 67 or); Professor Dr. Bernhard Ziegler, Staatliches Museum für Naturkunde in Stuttgart (Foto: Hans Lumpe S. 65 ol).

Schwarzweißaufnahmen: Dr. Björn-Uwe Abels, Bayerisches Landesamt für Denkmalpflege, Archäologische Außenstelle für Oberfranken, Memmelsdorf bei Bamberg (Foto: Karlheinz Baur, S. 263 or); Dr. Kurt W. Alt, Institut für Humangenetik und Anthropologie der Albert-Ludwigs-Universität Freiburg/Br. (S. 160 or); Frank Andraschko, Seminar für Ur- und Frühgeschichte, Universität Göttingen, und Archäologisches Freilichtmuseum Oerlinghausen (S. 252 or); Arheološki muzej u Zagrebu, Zagreb (S. 511 ol); Dr. Adelheid Bach, Institut für Anthropologie und Humangenetik des Bereiches Medizin der Friedrich-Schiller-Universität Jena (S 201 ur); Heinz Bächler, Engelsburg bei St. Gallen (S. 150 ol); Klaus Benz (Reproduktion aus: Koenigswald, Wighart von / Hahn, Joachim: Jagdtiere und Jäger der Eiszeit, S, 75, Stuttgart 1981, S. 104 ol), (Reproduktion aus: Schmidt, Hubert: Matthäus Much †, Prähistorische Zeitschrift, S. 430–432, Berlin 1910, S. 449 or), (Reproduktion aus: Street-Jensen, Jørn: Christian Jürgensen Thomsen und Ludwig Lindenschmit. Eine Gelehrtenkorrespondenz aus der Frühzeit der Altertumskunde (1853–1864), Mainz 1985, S. 24 ol); Max Baumann, Werbeaufnahmen, Schaffhausen (S. 7 ol, 158 o, 161 u, 165 o, 466 u, 486 o, 487 ur); Bayerisches Landesamt für Denkmalpflege, Abteilung Vor- und Frühgeschichte, München (S. 242 o, 357 or, 357 ur, 358 o, 359 ul, 359 u); Bayerisches Landesamt für Denkmalpflege, Außenstelle Regensburg (S. 257 ol); Dr. Klaus Bokelmann, Archäologisches Landesmuseum der Christian-Albrechts-Universität zu Kiel, Schloß Gottorf, Schleswig (S. 111 r); Professor Dr. Gerhard Bosinski, Römisch-Germanisches Zentralmuseum, Forschungsinstitut für Vor- und Frühgeschichte, Forschungsbereich Altsteinzeit, Schloß Monrepos, Neuwied 13 (S. 36 o, 41 ol, 51 ur, 93 or, 96 or, 109 or, 110 ul, 195 ul, 195 or, 196 ol); Dr. Marcus Bourquin, Museum Schwab, Biel (S. 471 ol, 471 ur, 491 ul); Dr. Karl Brandt (†), Emschertal-Museum Herne (S. 293 ur); Dr. Klaus Brandt, Archäologisches Landesmuseum der Christian-Albrechts-Universität zu Kiel, Schloß Gottorf, Schleswig (S. 7 ul, 8 ur, 104 ol, 104 ur, 105 ol, 105 ur, 106 or, 118 ol, 170 ol, 174 o, 207 ul, 209 or, 288 l, 290 or, 291 or, 327 ur, 331 o, 332 ul, 405 ul, 414 ur, 415 or, 415 u, 513 o 2. v. r., 513 u 2. v. l., 514 ul, 514 u 2. v. l.; Dr. Friedrich Brandtner, Gars-Thunau (S. 139 r); Ronald Breithaupt, Landesdenkmalamt Hessen, Außenstelle Marburg (S. 43 or, 50 ur, 55 or); British Museum (Natural History), London (S. 28 ul, 515 u 2. v. r.); Pierre Corboud / Sébastien Favre, Université de Genève, Département d'Anthropologie et d'Écologie, Carouge-Genève (S. 482 ur, 485 ur, 484 o); Dr. Alfred Czarnetzki, Eberhard-Karls-Universität Tübingen, Osteologische Sammlung (S. 34 ol, 54 ol/or, 71 or, 73 r, 74 ul, 293 ol, 325 ul, 374 ul); Dr. Erwin Cziesla, Institut für Ur- und Frühgeschichte, Forschungsstelle Afrika, Köln (S. 190 ul, 191 ol); Dr. Bodo Dieckmann, Landesdenkmalamt Baden-Württemberg, Abteilung Bodendenkmalpflege, Pfahlbauarchäologie Bodensee Oberschwaben, Gaienhofen-Hemmenhofen (S. 510 ur); Dr. Claus Dobiat, Philipps-Universität Marburg, Fachbereich Altertumswissenschaften, Vorgeschichtliches Seminar (S. 510 u 2. v. l., 513 u 2. v. r.); Veronika Driehaus, Nürnberg (S. 511 o 2. v. l.); Rudolf Drößler, Zeitz (S. 512 ol); Professor Dr. Michel Egloff, Musée cantonal d'archéologie, Neuenburg (S. 148 ur, 166 or, 462 or, 498 o); Res Eichenberger, Kantonales Museum für Urgeschichte, Zug (S. 487 or); Dr. Ernst Englisch, Kulturverwaltung Krems (Foto: Michael Malina, S. 135 o); Dr. Jürg Ewald, Kantonsmuseum Basel-Land, Liestal (S. 146 ol); Dr. Mamoun Fansa, Staatliches Museum für Naturkunde und Vorgeschichte, Oldenburg (S. 233 ol); Joachim Feist, Fotografie für Dokumentation + Werbung, Pliezhausen (S. 80 ur, 81 ol, 180 ur, 181 or); Dr. Rudolf Feustel, Museum für Ur- und Frühgeschichte Thüringens, Weimar (S. 61, 32 ur, 42 o, 75 u, 79 o, 92 o, 95 ul, 100 o, 101 o, 227 o, 254 o, 381 r, 383 ur, 384 ol); Dr. Lutz Fiedler, Landesamt für Denkmalpflege Hessen, Außenstelle Marburg (S. 511 o 2. v. l.); Giulio Foletti, Ufficio cantonale dei monumenti storici, Bellinzona (S. 468 o); Forschungsinstitut Senckenberg, Sektion Paläozoologie, Frankfurt am Main (S. 192 ur); Dr. Herbert Frankenhäuser, Institut für spezielle Botanik, Johannes-Gutenberg Universität und Naturhistorisches Museum Mainz (S. 107 or); Alfred Frühwald, Städtische Sammlungen – Archiv / Rollettmuseum der Stadtgemeinde Baden (S. 444 ol); Professor Dr. Alain Gallay, Université de Genève, Département d'Anthropologie et d'Écologie, Carouge-Genève (S. 477 ur); Dr. Gerhard Gärtner, Enns (S. 459 or); Dr. Rupert Gebhard, Museumsverein der Prähistorischen Staatssammlung, München (S. 510 ul); Dr. Wolfgang Gettmann, Pfalzmuseum für Naturkunde (Pollichia-Museum), Bad Dürkheim (Foto: Dagmar Herr, S. 45 ur); Dr. Holger Göldner, Landesamt für Denkmalpflege Hessen, Außenstelle Darmstadt (Fotos: Pavel Odvody, S. 80 l, 283 ul, 283 or, 285 u, 286 or); Dr. Bernhard Gramsch, Museum für Ur- und Frühgeschichte Potsdam, S. 171 ul, 173 ol,

176ol, 207or, 208l, (Foto: Sven Gustavs, S.116 o), (Foto: Detlef Sommer, S.172ul, 173ur, 203ur, 204ul, 205u, 208r, 298or, 387ur, 393u, 394ol); Professor Dr. Paul Grimm, Berlin (S.511 u.2.v.r.); Klaus Grote, Kreisarchäologe, Landkreis Göttingen (S.198or, 199ul); Dr. Klaus Günther, Westfälisches Museum für Archäologie, Amt für Bodendenkmalpflege, Außenstelle Bielefeld (S.511 ur); Anton Harrer, Kustos, Heimatmuseum Melk (S.454ol); Norbert W. Hasler, Liechtensteinisches Landesmuseum Vaduz (Fotos: Walter Wachter, Schaan, S.238ul, 487ul, 492ol); Dr. Hans Heierli, Naturmuseum St. Gallen (Foto Gross, S.150ur); Dr. Jörg Heiligmann, Institut für Vor- und Frühgeschichte der Eberhard-Karls-Universität Tübingen (S.310ur); Arno Heinrich, Quadrat Bottrop, Museum für Ur- und Ortsgeschichte (S.26r, 30ol, 61or, 194or); Dr. habil. Winfried Henke, Johannes-Gutenberg-Universität Mainz, Institut für Anthropologie (Fotos: Wanda Weil, S.83or, 84ol); Dr. Berndmark Heukemes, Kurpfälzisches Museum Heidelberg (Foto: Einhart Kemmet, S.318o); Historisches Museum Bamberg (S.24or); Höbarthmuseum der Stadt Horn (S.243or, 416ur, 422ol, 429ol, 430ol); Dr. Hans Peter Hock, Dr. Walter Stolle, Hessisches Landesmuseum Darmstadt (S.247o, 257ur, 258ol, 307u); Dr. Olaf Höckmann, Römisch-Germanisches Zentralmuseum, Forschungsinstitut für Vor- und Frühgeschichte, Mainz (S.284ol); Willy Hofstetter, Vereinigung Alpines Museum, Zermatt (S.467or); Alfred Huber, Museum Lenzburg (S.504ur); Dr. Christian Jeunesse, Circonscription des Antiquités Préhistoriques d'Alsace, Straßburg (S.512or); Dr. Ralf-Dietrich Kahlke, jr., Institut für Quartärpaläontologie, Weimar (S.47, 58ul); Dr. Nándor Kalicz, Archäologisches Institut der Ungarischen Akademie der Wissenschaften, Budapest (S.456ur, 457o, 512ul); Dr. Irene Kappel, Hessisches Landesmuseum, Abteilung Vor- und Frühgeschichte, Kassel (S.244or, 373or, 375or, 376ul, 379ol, (Fotos: Arno Hensmanns, S.405or, 406ol), (Foto: Richard Schmulbach, S.376ol); Dr. Dieter Kaufmann, Landesmuseum für Vorgeschichte Halle/Saale (S.202ol, 248or, 251ul, 260ol, 262ur, 272ur, 273o, 294or, 295ul, 296ol, 305ur, 306o, 313or, 314o, 338or, 339u, 340ol, 341o, 363or, 364ur, 365ol, 384ur, 385ol, 386u, 387o, 401u, 402ul, 403o, 412or, 413or, 511 u 2.v.l., 512u 2.v.l., 512ur); Brigitte Kaulich, Nürnberg (S.185ul); Dr. Karl Kaus, Burgenländisches Landesmuseum, Eisenstadt (S.428ul, 445o, 455o); Dr. Erwin Keefer, Württembergisches Landesmuseum Stuttgart (S.44or, 81ur, 82ur, 309 or, 319or, 342ul, 343o, 356ur); Dr. Helga Kerchler, Institut für Ur- und Frühgeschichte der Universität Wien (Gemälde von R. Streit 1937, S.513o 2.v.l); Professor Dr. Horst Keiling, Museum für Ur- und Frühgeschichte Schwerin (S.206l, 210ol, 211, 237or, 239ol, 244ul, 324o, 326ul, 327ol, 328ol, 332ol, 337, 409ur); Dr. Claus-Joachim Kind, Landesdenkmalamt Baden-Württemberg, Außenstelle Tübingen (S.182o); Werner Kitz, Norden (Fotos: Friedrich Paulsen, Hage in Ostfriesland, S.199or, 200ur); Wolfgang Knust, Oldenburg (S.235o); Kungliga Biblioteket Stockholm (S.510ol); L.P. Louwe Kooijmans, Rijksuniversiteit Leiden, Archeologisch Centrum, Instituut voor Prehistorie, Leiden (S.513or); Sascha Kopp, Wiesbaden (S.78ol, 374or, 398or, 399ur, 510o 2.v.r); Josef Köstlbauer, Heimatmuseum Tulln (Foto: Schwarzenegger, Böheimkirchen, S.461o); Dr. Reinhart Kraatz, Ruprecht-Karls-Universität Heidelberg, Geologisch-Paläontologisches Institut (Foto: Karl Schacherl, S.49or); Landesbildstelle Baden, Karlsruhe (S.94o, 245ul, 295or, 316or, 322ol); Dr. Diether Kramer, Steiermärkisches Landesmuseum Joanneum, Abteilung für Vor- und Frühgeschichte, Graz (S.6r, 119ur, 121or, 130l, 132ur, 140o, 142or, 142ur, 143u, 439ur); Helmutz Kratz, Hauenstein, Luftbild freigegeben unter der Nr.14320-8, Bezirksregierung Rheinhessen/Pfalz vom 12.9.1983 (S.189u); Friedrich Kunkel, Städtisches Museum Halberstadt (S.412ul, 413ul); Landesdenkmalamt Baden-Württemberg, Abteilung Archäologische Denkmalpflege, Stuttgart (S.297or); Landesinstitut für Pädagogik und Medien (LPM), Dudweiler (Foto: Mechthild Schneider, S.188r); Landesmuseum Mainz S.24ur, 86ol, 87ur, 320or, 322ur, 400o, 411ul); Dr. Friedrich Laux, Hamburger Museum für Archäologie (Pressefoto: Makovec, Lüneburg, S.323or); Carl Lüdin (†), Basel (S.162ul); Professor Dr. Jens Lüning, Johann Wolfgang Goethe-Universität Frankfurt am Main, Seminar für Vor- und Frühgeschichte (S.250or, 270o, 271or, 308ol); Professor Dr. Karl Mägdefrau, Deisenhofen bei München (Reproduktion aus: Sörgel, Wolfgang: Eiszeitalter, Jena 1938, S.28or), (aus: Mägdefrau, Karl: Paläobiologie der Pflanzen, S.454, 483) (S.89or, 360ul); Walter Mahlke, Halberstadt (S.383o); Dr. habil. Dietrich Mania, Landesmuseum für Vorgeschichte Halle/Saale (S.27or, 29ul, 53ur, 56ur, 61ol); Hermann Maué, Germanisches Nationalmuseum Nürnberg (S.255r, 256ol); Hermann Maurer, Archiv für die Waldviertler Urgeschichtsforschung, Horn (Fotos: Wolfgang und Widmar Andraschek, Horn, S.421or, 423ur, 425ur); Dr. Harald M. Mechelk, Archäologisches Landesamt Sachsen mit Landesmuseum für Vorgeschichte Dresden (S.258ul), (Foto: Herbert Boswank, S.23or, 274or); Dr. Andraej Mikolajczyk, Muzeum Archeologiczne i Etnograficzne w. Łodzi, Łodz (S.512o 2.v.r.); Dipl.-Ing. Claus Möller, Ahrensburg (S.102ur); Marie Claude Morand, Erziehungsdepartement des Kantons Wallis, Dienststelle für Museen, Archäologie und Denkmalpflege, Sitten (Fotos: Heinz Preisig, S.465or, 481ol, 499ur, 501, 505or, 505ur, 506ul, 506ur); Stefan Müller, Westfälisches Museum für Archäologie, Amt für Bodendenkmalpflege, Münster (S.59ul, 61ur, 63or, 72ol, 329ur, 378u, 404or); Musée des antiquités nationales, St. Germain-en-Laye (S.513ul); Museum für Vor- und Frühgeschichte, Archäologisches Museum, Frankfurt am Main (S.511or); Naturhistorisches Museum Wien, Anthropologische Abteilung (S.135or); Naturhistorisches Museum Wien, Prähistorische Abteilung (S.134ul, 136ur, 137o, 138or, 140ur, 298ul, 420ul, 437ur, 441or, 444ul, 446ol, 449ur, 450l, 451ol, 451ur, 453or, 453ur); Natur-Museum Luzern (S.478l, 480or); Univ. Dozent Dr. Johannes-Wolfgang Neugebauer, Bundesdenkmalamt Wien, Abteilung für Bodendenkmale (S.122ol, 230o, 419ur, 443ur, 458ul, 460ur, (Foto: Prof. Ak. Rest. Ludwig Neustifter, S.429ur); Dr. Christine Neugebauer-Maresch, Klosterneuburg (S.458ur, 459ol, 459ur); Dr. Dieter Neumann, Museum der Stadt Villach (S.440ol); Newnham College Cambridge (S.511ul); Niedersächsiches Landesverwaltungsamt, Institut für Denkmalpflege, Hannover (S.325or); Rolf Ochßner, Worms (S.281ul); Österreichisches Bundesheer, freigegeben mit H. Z/L/5/80 (S.431o); Harm Paulsen, Archäologisches Landesmuseum der Christian-Albrechts-Universität zu Kiel, Schloß Gottorf, Schleswig (S.245or); Manfred Pertlwieser, Oberösterreichisches Landesmuseum, Abteilung für Ur- und Frühgeschichte, Linz (S.9ol, 243ul, 421ol, 427u); Dr. Bernhard Pinsker, Museum Wiesbaden, Sammlung Nassauischer Altertümer (S.9ur, 319ul, 377o, 508or); Dr. Hoyer von Prittwitz, Rheinisches Landesmuseum Bonn (S.38or, 91ol, 98or, 299o); Professor Dr. Reiner Protsch, Johann Wolfgang Goethe-Universität Frankfurt am Main, Institut der Anthropologie und Humangenetik für Biologen (S.77ul); Horst Quehl, Alsfeld (Foto: Atelier Thomas Zabel, Alsfeld, S.193o); Professor Dr. Gernot Rabeder, Institut für Paläontologie der Universität Wien (S.120ur, 122ur); Dr. Jürg Rageth, Archäologischer Dienst Graubünden, Haldenstein (S.503ul); Dr. Denis Ramseyer, Kantonaler Archäologischer Dienst, Freiburg/Schweiz (S.482ol, 490or, 499or); Rätisches Museum, Chur (S.490ol); Reproduktion aus: »Die Kultur der Eiszeitjäger aus dem Kesslerloch«, S.144, Konstanz 1977 (S.165ur); Dr. Sabine Rieckhoff, Museum der Stadt Regensburg (Fotos: Wolfgang Schmidt, Regensburg, S.312or, 368or, 369ul, 370ol); Dr. Karl Heinz Rieder, Bayerisches Landesamt für Denkmalpflege, Grabungsbüro Ingolstadt (S.25or, 62ur, 76o, 168ur, 184or, 185or, 236ol, 276ul, 278ur, 410or); Riksantikvarieämbetet och Statens Historiska Museer Stockholm (S.169ol); Römisch-Germanisches Zentralmuseum Mainz (S.311ur, 312ul, 410ul, 438ur, 448o, 470ol, 510u 2.v.r., 512o 2.v.l., 514ol, 514or, 514u 2.v.r., 515ul, Bundesdenkmalamt Wien, Neg. Nr. 2353, S.454ul); Römisch-Germanisches Zentralmuseum Mainz (Foto: Dr. Thea Elisabeth Haevernick †, S.313ul); Rosgartenmuseum Konstanz (S.163ol, 164u); Dr. Elisabeth Ruttkay, Naturhistorisches Museum Wien, Prähistorische Abteilung (S.514o 2.v.l.); Dr. Michael Salvator, Hoyos'sche Forstverwaltung, Horn (S.425or); François Schifferdecker, Office du patrimoine historique, Section d'archéologie, Porrentruy (S.497ur); Dr. Helmut Schlichtherle, Landesdenkmalamt Baden-Württemberg, Archäologische Denkmalpflege, Pfahlbauarchäologie Bodensee-Oberschwaben, Gaienhofen-Hemmenhofen (S.234ul, 234ol, 253ol, 350ol, 350ur, 351ol, 351ur, 352ol, 353u, 354, 355or, 356ol, 366ul, 366or, 367or, 367u); Dr. Karl Schmotz, Kreisarchäologe, Landratsamt Deggendorf (S.279o); Dr. Erhart Schröter (†), Landesmuseum für Vorgeschichte Halle/Saale (S.382u); Thomas Schulte im Walde, Universität Köln, Institut für Ur- und Frühgeschichte, Forschungsstelle Afrika (S.440); Hermann Schwammenhöfer, Wien (S.418or); Schweizerisches Landesmuseum, Zürich (S.225o, 462ul, 463u, 473or, 474o, 474ul, 483ur, 485ur, 515u 2.v.l.; Dr. Jürg Sedlmeier, Basel (S.144or, 220or, 220ol, 224ur); Matthias Seitz, Archäo-Service, Rottenburg/Neckar (S.253ur); Dr. Susanne Sievers, Römisch-Germanische Kommission des Deutschen Archäologischen Instituts, Frankfurt am Main (S.510or); Anne C. Sørensen, Nationalmuseet, 1 Afdeling Danmarks Oldtid, Kopenhagen (S. 513ol, 514o 2.v.r.); Christine Speroni, Les Musees de al ville de Strasbourgh, Straßburg (S. 515ur); Dr. Georg Spitzlberger, Stadt- und Kreismuseum Landshut (S.359or); Stadtarchiv Worms (S.281or, 512u 2.v.r.); Ulrich Stodiek, Köln (S.37ul); Professor Dr. Christian Strahm, Albert-Ludwigs-Universität Freiburg, Institut für Ur- und Frühgeschichte (S.501or, 514ur); Dr. Armin Stroh, Burglengenfeld (S.515ol); Dr. Lothar Süß, Rimhorn (S.515o 2.v.l.); Helmut Tischlinger, Denkendorf (S.186ol); Dr. Bendix Trier, Westfälisches Museum für Archäologie / Amt für Bodendenkmalpflege, Münster (S.115u, 333); Dr. Gerhard Trnka, Institut für Ur- und Frühgeschichte der Universität Wien (S.426or); Dr. Gernot Tromnau, Kultur- und Stadthistorisches Museum Duisburg (S.231or); Dr. Hans Peter Uenze, Prähistorische Staatssammlung, Museum für Vor- und Frühgeschichte, München (S.40ul, 88ul, 97ur, 99ol, 256ur, 259o, 261ol, 261ul, 261or, 262ol, 277o, 561, 407ur); Renate Uhlenkaut, Westfälisches Museum für Archäologie, Münster (S.39 or, 63ol, 239u, 320ul); Universität Köln (S.515o 2.v. r.); Dr. Stefan Veil, Niedersächsisches Landesmuseum, Urgeschichts-Abteilung, Hannover (S.59or, 200or, 329ol); Dr. Slavomil Vencl, Ceskoslovenska Akademie věd, Archeologicky Ústav, Prag (S.515or); Voralberger Landesmuseum, Bregenz (S.7or, 217u, 218u, 219ur); Walter Wachter, Photoatelier, Schaan (S.475u); Dr. Joachim Wahl, Landesdenkmalamt Baden-Württemberg, Archäologische Denkmalpflege, Arbeitsstelle Gaienhofen-Hemmenhofen (S.227u, 228ul, 251or); Dr. Max Währen, Bern (Foto: Jürg Währen, Bern, S.480ul); Wulf Walther, Heimatmuseum Mühlhausen (S.274ul, 275u, 394, 411or); Dipl.-Ing. Ralf Zantopp, Rheinisches Landesamt für Bodendenkmalpflege, Bonn (S.316ul); Dr. Reinhard Ziegler, Staatliches Museum für Naturkunde in Stuttgart (S.58ul, 151o); Dr. Karl Zimmermann, Bernisches Historisches Museum, Bern (S.7ur, 9ul, 223ol, 223ur, 231ul, 240o, 241ul, 299o, 481ur, 504ol); Dr. Christian Züchner, Universität Erlangen-Nürnberg, Institut für Altertumskunde, Ur- und Frühgeschichte, Erlangen (S.186ur, 513ur).

Die neuesten Entdeckungen

Zu Seite 84: Wenige Kilometer östlich von Wiesbaden (Hessen) wurde im Frühjahr 1991 eine Station der jüngeren Altsteinzeit bekannt, die Albert Kratz aus Wiesbaden entdeckt hat. Zu den Funden gehören bisher einige Steinwerkzeuge sowie Knochen des eiszeitlichen Wildpferdes. Hinzu kommt eine kleine Zahl von fossilen Schneckenhäusern, die von Menschen für die Herstellung von Schmuck gesammelt wurden. Die Steinwerkzeuge – vor allem Kratzer und Stichel – lassen von ihrem Charakter her eine Stellung in das Gravettien vor mehr als 21 000 Jahren vermuten. Die Fundstelle soll im Auftrag der hessischen Denkmalpflege von dem Mainzer Prähistoriker Thomas Terberger untersucht werden.

Zu Seite 318: Als das bisher eindrucksvollste Erdwerk der Michelsberger Kultur in Westfalen gilt die aus einem Strang von fünf parallel laufenden Gräben bestehende Befestigungsanlage von Oberntudorf bei Paderborn. Nach einem Bericht des Bielefelder Prähistorikers Klaus Günther von 1991 liegt diese Befestigung auf einer Hochfläche über dem Flußtal der Alme in annähernd ebenem Gelände, das landwirtschaftlich genutzt wird. Die Spuren dieses Erdwerks wurden im Juni 1985 bei einem privaten Flug des Spezialisten für archäologische Luftprospektion, Otto Braasch aus Schwäbisch-Gmünd, im Bewuchs von drei nebeneinander liegenden Feldern entdeckt. Zur ungewöhnlichen Entdeckungsgeschichte dieser Anlage gehört eine Nachricht aus den dreißiger Jahren, daß in der 400 Meter entfernten Ziegeleigrube »50 Meter lange Gräben voll Skeletten hintereinander in mehreren Reihen« beobachtet worden waren. Da menschliche Skelettreste zu den charakteristischen Funden jungsteinzeitlicher Erdwerke gehören, scheint das Grabenbündel, welches die Anlage von Oberntudorf umgibt, damals beim Tonabbau schon einmal erfaßt worden zu sein. Nach der Wiederentdeckung wurde dieses Erdwerk durch Fundprospektion im Innenraum, Magnetometermessungen und Sondagen am Rand der Tongrube, zusätzliche Luftbildflüge sowie zwei Grabungsschnitte durch das Befestigungssystem weiter erforscht. Die Querschnitte zeigen eine Folge von Sohlgräben, die bis 2 Meter unter die heutige Geländeoberfläche reichen und bis 1,50 Meter tief in den anstehenden Kalkfels eingelassen sind. Außer Tierknochen, Scherben von Tongefäßen und Feuersteinwerkzeugen fand man auf der Sohle des innersten Grabens eine Hacke aus Hirschgeweih, die als Werkzeug zum Lockern von Erde und Gestein gilt. Die Steinwerkzeuge und Gefäßscherben deuten darauf hin, daß das Erdwerk von Oberntudorf wahrscheinlich zunächst von Ackerbauern und Viehzüchtern der Michelsberger Kultur und später von Angehörigen der Trichterbecher-Kultur benutzt wurde. Diese Anlage mit ihren fünf dicht aufeinander folgenden Gräben ist in Mitteleuropa einzigartig und nur mit dem in ähnlicher Weise durch fünf Abschnittsgräben befestigten Erdwerk von Boitsfort in Belgien zu vergleichen.

Ein weiteres Erdwerk der Michelsberger Kultur wurde im Sommer 1983 bei einem Luftbildflug von Walter Sölter auf dem Schlachberg bei Daseburg im südlichen Teil der Warburger Börde in Westfalen entdeckt. Dort wird ein Bergsporn im Mündungswinkel der Eggel in die Diemel – einem linken Nebenfluß der Weser – durch drei in engem Abstand parallel laufende Gräben vom Hinterland abgetrennt. Die Grabenspuren konnten – nach Mitteilung des Bielefelder Prähistorikers Klaus Günther – im Winter 1988 durch eine Sondierungsgrabung, die Aufschluß über die Form und den Inhalt der Gräben geben sollte, als jungneolithisch bestimmt werden. In der Zwischenzeit hatte der Beauftragte für Bodendenkmalpflege der Stadt Warburg, Rudolf Bialas, 1984/85 typische Steinwerkzeuge und Keramik der Michelsberger Kultur aufgesammelt und der Außenstelle Bielefeld des Westfälischen Amtes für Bodendenkmalpflege zur Begutachtung vorgelegt. Diese Funde waren im Inneren der Anlage beim tiefen Pflügen eines Ackers zum Vorschein gekommen. Daraus hatten sich erste Hinweise auf die zeitliche und kulturelle Einordnung des Erdwerkes ergeben.

Zu Seite 373: Bei Calden (Kreis Kassel) in Nordhessen wurde 1990 nur hundert Meter südlich des seit 1976 bekannten Erdwerkes ein weiteres Steinkammergrab der Wartberg-Gruppe entdeckt und durch die Kasseler Prähistoriker Irene Kappel und Dirk Raetzel-Fabian untersucht. Da die Untersuchungen noch nicht abgeschlossen sind, sind über die Größe der Anlage und die Zahl der Bestattungen noch keine Aussagen möglich.

Zu Seite 377: Am Fundort des Steinkammergrabes Warburg I (mit Gravierungen wie in Züschen) in Westfalen sind nach Angaben des Bielefelder Prähistorikers Klaus Günther mittlerweile drei weitere Kollektivgräber der Wartberg-Gruppe entdeckt worden. Es sind das Holzkammergrab Warburg II (4,90 x 8,80 Meter), das Steinkammergrab Warburg III (2,40 x 32,60 Meter), das 1990/91 archäologisch untersucht worden ist, und ein weiteres Steinkammergrab (Warburg IV), dessen Reste 1990 durch einen Suchschnitt erfaßt worden sind.

Zu Seite 453: Das Heimatmuseum Melk grub Ende der achtziger Jahre auf dem Wachberg bei Melk in Niederösterreich den Teil eines Hofes mit Kuppelöfen und Webstuhlgewichten aus. Ein konservierter Ofen und rekonstruierte Keramiken sowie Steingeräte wurden im Sommer 1991 in einer Ausstellung des Heimatmuseums Melk gezeigt. Der Wachberg gilt jetzt mit etwa 40 vollständigen Tongefäßen und ebenso vielen Webgewichten als die bedeutendste Fundstelle Österreichs in der bisher fundarmen Mödling-Zöbing/Jevišovice-Gruppe.

Zu den Fotos auf Seite 453: Der Wiener Prähistorikerin Elisabeth Ruttkay gelang 1991 bei der Untersuchung der tönernen Frauenfigur von Meidling im Thale in Niederösterreich aus der Zeit der Mödling-Zöbing/Jevišovice-Gruppe eine interessante Entdeckung. Sie stellte fest, daß dieses Kunstwerk ursprünglich auf dem Kopf Stierhörner trug, wie es auch bei ähnlichen gleichzeitigen Funden aus Böhmen und Mähren der Fall ist. Diese Figuren verkörpern ein Mischwesen – Stier und Frau –, ein in Mitteleuropa seltenes archetypisches Motiv.

Fundstätten- und Ortsregister

Aufgeführt sind nur Fundstätten und Orte in Deutschland, Österreich und der Schweiz aus dem Haupttext. Die Fundstätten und Orte im Anhang sind nicht berücksichtigt. *Kursive* Ziffern verweisen auf Abbildungen oder Karten.

Schweiz

Personenregister

Pflanzen-, Tier- und Menschenregister

Sachregister